OCÉANO POCKET

Diccionario

Inglés • Español
Español • Inglés

D0711461

OCÉANO POCKET

Diccionario
Inglés • Español
Español • Inglés

OCEANO

Es una obra de

OCEANO
GRUPO EDITORIAL

ISBN 968-6321-26-8
ISBN 84-494-1408-3

IMPRESO EN ESPAÑA - PRINTED IN SPAIN

Depósito legal: M-39506-2000
Imprime: BROSMAC, S.L.
Polígono Industrial Arroyomolinos
Calle C, nº 31
Móstoles (Madrid)

9000232021000

Presentación

El estudio del inglés se ha convertido en una de las asignaturas básicas de los escolares y jóvenes estudiantes en la mayoría de los centros docentes del mundo hispánico, al igual que en vehículo de comunicación imprescindible para la promoción humana y social en todas las áreas del conocimiento y de la vida económica y profesional. Por otra parte, el incremento del turismo, de los viajes de negocios al extranjero y, en general, de los contactos humanos y comerciales entre ciudadanos de países de distinta órbita cultural ha impulsado a muchas personas en España y América Latina a adentrarse en el estudio de la lengua inglesa, que en el mundo contemporáneo ha asumido la condición de vehículo de comunicación universal. Es a todas estas personas a quienes se dirige este *Diccionario Océano Pocket Inglés/Español - Español/Inglés*, ofreciéndoles un medio de consulta rápido y manejable que las ayudará a avanzar por el camino emprendido, consolidando su vocabulario y solventando sus dudas en ortografía y fonética.

Al elaborar el **Diccionario Océano Pocket** los editores nos hemos fijado como objetivo incorporar el número máximo de voces posible, voces de uso común, de la lengua literaria y culta, y de la lengua de la calle, incluyendo términos corrientes del argot.

En la parte *inglés/español* del diccionario se han recogido las diferencias entre el inglés británico y el de Estados Unidos, incluso en las transcripciones fonéticas, que, a pesar de las reducidas dimensiones de la obra, se han incluido para todas las voces, habida cuenta de la dificultad que para un hispanohablante tiene la pronunciación inglesa. Tanto en esta parte como en la correspondiente al *español/inglés*, para las voces con acepciones pertenecientes a diferentes campos semánticos, se han numerado las distintas acepciones a fin de facilitar la consulta. Se ha prestado especial atención a especificar de una forma clara la categoría gramatical (adjetivo, sustantivo, etc.) a la que pertenece cada voz y, para las voces que pueden cumplir distinta función gramatical, se han separado con plecas verticales las acepciones correspondientes a cada una de estas funciones. En este contexto, para los sustantivos ingleses, el **Diccionario Océano Pocket** distingue entre sustantivos contables e incontables, algo que la mayoría de los diccionarios olvidan hacer y que sin duda resultará muy útil al lector que desee emplear una palabra inglesa con la que esté poco familiarizado. Otras características singulares de este diccionario son el gran número de americanismos que incorpora y la amplitud y claridad con que se han diseñado las páginas correspondientes al apéndice de la gramática inglesa, que constituye por sí solo una completa introducción a las reglas fundamentales de la gramática de esa lengua.

Así pues, el diccionario que el lector tiene en sus manos es una obra que une a su facilidad de uso y riqueza de contenido una decidida vocación pedagógica, y por ello estamos seguros que constituirá para el usuario una útil herramienta de trabajo además de un inseparable compañero de viaje.

LOS EDITORES

Símbolos Fonéticos

VOCALES Y DIPTONGOS

Símbolo:	Sonido que representa:		Ejemplo:
[i]	sonido largo como la *i* en *misma*	beet	[bit]
[ɪ]	sonido breve, abierto como la *i* en *afirmar*	bit	[bɪt]
[eɪ]	como *ei* en *seis*	bait	[beɪt]
[ɛ]	sonido breve, bastante abierto, como la *e* en *perro*	bet	[bɛt]
[æ]	sonido intermedio entre la *a* en *caso* y la *e* en *perro*	bat	[bæt]
[ʌ]	sonido intermedio entre la *o* y la *e*, parecido al de la *o* en la palabra francesa *homme*	but	[bʌt]
[ə]	sonido intermedio entre la *a* y la *o*, parecido al de la *e* en el artículo definido francés *le*	amaze	[əˈmeɪz]
[ɜr]	sonido parecido a *eu* en la palabra francesa *leur* (se omite la *r* en el inglés británico)	bird	[bɜrd, B bɜ]
[ər]	versión corta del sonido norteamericano [ɜr] en sílabas átonas	pepper	[ˈpɛpər, B -ə]
[u]	sonido de la *u* en *sumo*, prolongado	boot	[but]
[ʊ]	sonido de la *u* en *burro*, acortado	book	[bʊk]
[oʊ]	sonido de la *o* en *bola* seguido de la *u* en *burro*	boat	[boʊt]
[ɔ]	sonido de la *o* en *por*, prolongado	bought	[bɔt]

Símbolos Fonéticos

VOCALES Y DIPTONGOS

Símbolo:	Sonido que representa:	Ejemplo:	
[ɑ:]	sonido de la *a* en *bajo*, prolongado	calm	[cɑ:m]
[aɪ]	como *ai* en *baile*	bite	[baɪt]
[au]	como *au* en *causa*	bout	[baut]
[ɔɪ]	como *oi* en *voy*	boil	[bɔɪl]
[ɪə]	como *ia* en *tía*	beer	[bɪr, B bɪə]
[eə]	como *ea* en *fea*	bare	[beə]
[uə]	como *uo* en *búho*	boor	[bur, B buə]
[ɔə]	como *oa* en *boa*	bore	[bɔr, B bɔə]
[eɪə]	como *aye* en *cayena*	payer	['peɪər, B -ə]
[aɪə]	como *aie* en *aire*	buyer	['baɪər, B -ə]
[ɔɪə]	como *oie* en *oye*	employer	[ɪm'plɔɪər, B -ə]
[auə]	como *aue* en *fraude*	bower	['bauər, B -ə]
[ouə]	como *ó-u-e* en *incólume*	blower	['blouər B -ə]

CONSONANTES

Símbolo:	Sonido que representa:	Ejemplo:	
[b]	como la *b* en *mambo* (aspirada)	be	[bi]
[k]	como la *c* en *caso* (aspirada)	cold	[kould]
[d]	como la *d* en *conde* (aspirada)	deed	[did]
[f]	como la *f* en el español	fee	[fi]
[g]	como la *g* en *goma* (aspirada)	game	[geɪm]
[h]	como la *j* en *jerga*, pero mucho más suave	heed	[hid]

[l]	como la *l* en el español	leaf	[lif]
[m]	como la *m* en el español	me	[mi]
[n]	como la *n* en *nota*	need	[ni]
[p]	como la *p* en *pan* (aspirada)	pea	[pi]
[r]	(la *r* norteamericana es un sonido semivocal que se articula elevando la lengua hacia la bóveda palatina) (la *r* británica, prevocálica o intervocálica, es un sonido fricativo parecido a la *r* en *caro*)	around	[ə'aund]
[s]	como la *s* en el español	see	[si]
[t]	como la *t* en *tos* (aspirada)	tea	[ti]
[v]	*v* fuerte y definida	veal	[vil]
[w]	como *hu* en *huevo*	wine	[waɪn]
[z]	como la *s* en *mismo*, pero más sonora y vibrada	zeal	[zil]
[ð]	como la *d* de *nada*	then	[ðɛn]
[θ]	como la *c* en *dice* y la *z* en *zapato* en la pronunciación del Sur de España	theme	[θim]
[ʒ]	como la *ll* en *llegar* y la *y* en *ayer* en la pronunciación argentina	measure	['mɛʒər, B -ə]
[dʒ]	como el sonido anterior, pero mucho más fuerte y con un vestigio de *ch*	jeep	[dʒip]
[ʃ]	sonido parecido al que hacemos al callar a alguien, como la *ch* en la palabra francesa *chez*	sheet	[ʃit]
[tʃ]	como la *ch* en *hucha*	chest	[tʃɛst]
[j]	como la *y* en *yo* y la *i* en *ionosfera*	yield	[jild]
[hw]	como *ju* en *juego*, pero mucho más suave	wheel	[hwil]
[ŋ]	como la *n* en *vengo*	sing	[siŋ]

: signo fonético que indica la pronunciación prolongada de una vocal.
/ signo utilizado para indicar la partición a final de línea de una palabra en transcripción fonética.

Abreviaturas usadas en este diccionario

GRAMATICALES
(siempre en cursiva)

adj.	adjetivo
adv.	adverbio
art.	artículo
atr.	atributo, atributivo
c.	contable
card.	cardinal
conj.	conjunción
contr.	contracción
comp.	comparativo
cuant.	cuantificador
def.	definido
f.	género femenino
ger.	gerundio
i.	intransitivo
imp.	impersonal
ind.	indefinido
indic.	indicativo
int.	intensificador
interj.	interjección
interr.	interrogativo
inv.	invariable
irr./irreg.	irregular
m.	masculino
num.	numeral
o.d.	objeto directo
ord.	ordinal
pers.	personal
pl.	plural
pos.	posesivo
p.p.	participio pasado
prep.	preposición
pres.	presente
pred.	predicativo
pret.	pretérito
pron.	pronombre/ pronominal
r.	reflexivo
rel.	relativo
s.	sustantivo
s.c.	sustantivo contable
s.i.	sustantivo incontable
sing.	singular
suj.	sujeto
super.	superlativo
v.	verbo
v.i.	verbo intransitivo
v.pron.	verbo pronominal
v.t.	verbo transitivo

Abreviaturas usadas en este diccionario

MATERIAS
*(siempre en versalitas y
cerradas por punto)*

AER.	Aeronáutica
AGR.	Agricultura
ANAT.	Anatomía
ANTR.	Antropología
ARQ.	Arquitectura
ART.	Bellas Artes
ASTR.	Astronomía
ASTRON.	Astronáutica
BIOL.	Biologia
BIOQ.	Bioquímica
BOT.	Botánica
COM.	Comercio
DEP.	Deportes
DER.	Derecho
DER. MAR.	Derecho Marítimo
ECOL.	Ecología
ECON.	Economía
ELEC.	Electricidad
ELECTR.	Electrónica
FIL.	Filosofía
FILOL.	Filología
FIN.	Finanzas
FÍS.	Física
FISIOL.	Fisiología
FON.	Fonética
FOT.	Fotografía
GAST.	Gastronomía
GEOG.	Geografía
GEOL.	Geología
GEOM.	Geometría
GRAM.	Gramática
HIST.	Historia
INF.	Informática
LIT.	Literatura
LÓG.	Lógica
MAR.	Marina / Marítimo
MAT.	Matemáticas
MEC.	Mecánica
MED.	Medicina
MET.	Metalurgia
MIL.	Militar
MIN.	Minería
MÚS.	Música
OPT.	Optica
POL.	Política
PSIC.	Psicología
PSIQ.	Psiquiatría
QUÍM.	Química
RAD.	Radio
REL.	Religión
RET.	Retórica
TEC.	Tecnología
TV.	Televisión
ZOOL.	Zoología

Abreviaturas usadas en este diccionario

NIVELES DE LENGUAJE
REGISTROS,
DIALECTALISMOS
*(siempre en redonda y
entre paréntesis)*

(Am.)	América Latina	(EE.UU.)	Americanismo (del inglés)
(brit.)	británico (inglés británico)	(fam.)	familiar (lenguaje) / familiarmente
(desp.)	despectivo	(fig.)	figuradamente / figurado
(euf.)	eufemismo		

DICCIONARIO

inglés-español

A

a, A | eɪ | s.c. e *l.* 1 a, A (letra). 2 MUS.
La. ‖ *art. ind.* 3 un, una, uno. 4 cada, por,
al, a la.
aback | ə'bæk | V. take.
abacus | 'æbəkəs | s.c. ábaco.
abaft | ə'ba:ft | *adv.* a popa.
abandon | ə'bændən | *v.t.* 1 abando-
nar, desistir. 2 [to – to] abandonarse a,
entregarse a. ‖ *s.i.* 3 abandono; despreocupación.
abandonment | ə'bændənmənt | *s.i.*
abandono, desamparo. suspensión.
abase | ə'beɪs | *v.r.* humillarse, degra-
darse.
abashed | ə'bæʃt | *adj.* avergonzado.
abate | ə'beɪt | *v.i.* ceder, menguar(se).
abattoir | 'æbətwa: | s.c. matadero.
abbess | 'æbes | s.c. abadesa.
abbey | 'æbɪ | s.c. abadía, monasterio.
abbot | 'æbət | s.c. abad.
abbreviate | ə'bri:vɪeɪt | *v.t.* abreviar.
abbreviation | ə,bri:vɪ'eɪʃn | s.c.
abreviatura, resumen.
abdicate | 'æbdɪkeɪt | *v.t* e *i.* 1 abdi-
car. ‖ *v.t.* 2 eludir, rechazar.
abdication | æbdɪ'keɪʃn | s.c. e *i.* ab-
dicación, renuncia.
abdomen | 'æbdəmən | s.c. abdo-
men.
abduct | əb'dʌkt | *v.t.* secuestrar.
abductor | əb'dʌktə | s.c. 1 raptor,
secuestrador. 2 abductor (músculo).
aberration | æbə'reɪʃn | s.c. e *i.* abe-
rración, anormalidad.
abet | ə'bet | *v.t.* instigar, incitar (al
mal).

abettor, abetter | ə'betə | s.c. insti-
gador.
abhor | əb'hɔ: | *v.t.* aborrecer, detestar.
abide | ə'baɪd | *v.t.* 1 soportar, tolerar.
‖ *v.i.* 2 permanecer, durar.
ability | ə'bɪlətɪ | s.c. e *i.* capacidad,
dotes.
abject | 'æbdʒekt | *adj.* abyecto, vil.
abjure | əb'dʒʊə | *v.t.* renunciar, abju-
rar.
ablative | 'æblətɪv | s.c. ablativo.
ablaze | ə'bleɪz | *adj.* y *adv.* en llamas,
emocionado.
able | 'eɪbl | *adj.* 1 capaz, competente.
‖ 2 to be – to, poder, ser capaz de.
abnegation | æbnɪ'geɪʃn | *s.i.* abne-
gación, sacrificio.
abnormal | æb'nɔ:ml | *adj.* anormal,
deforme.
abnormality | æbnɔ:'mælətɪ | s.c. e
i. anormalidad, deformidad.
aboard | ə'bɔ:d | *prep.* y *adv.* a bordo.
abode | ə'bəud | *pret.* y *p.p.* 1 de
abide. ‖ s.c. 2 morada; domicilio.
abolish | ə'bɒlɪʃ | *v.t.* abolir, revocar.
abolition | æbə'lɪʃn | *s.i.* abolición, re-
vocación.
abominable | ə'bɒmɪnəbl | *adj.* abo-
minable, execrable.
abominate | ə'bɒmɪneɪt | *v.t.* abomi-
nar, detestar.
aboriginal | æbə'rɪdʒənl | *adj.* 1 ori-
ginario, indígena. ‖ s.c. 2 aborigen.
abort | ə'bɔ:t | *v.t.* e *i.* abortar, (fig.)
malograr(se).
abortion | ə'bɔ:ʃn | s.c. aborto.

abortive | ə'bɔːtɪv | *adj.* frustrado.

abound | ə'baʊnd | *v.i.* abundar.

about | ə'baʊt | *prep.* 1 acerca de, alrededor de. ‖ *adv.* 2 aproximadamente. ‖ 3 to be – to, estar a punto de. 4 that's – it/all, eso es todo. 5 what are you –?, ¿A qué te dedicas? 6 while one is – it, de paso, aprovechando eso.

about-turn | ə'baʊt'tɜn | *s.c.* 1 giro de 180°. 2 MIL. media vuelta.

above | ə'bʌv | *prep.* 1 sobre, encima de, más que, mas allá de, fuera de. ‖ *adv.* 2 encima, por encima, de encima. ‖ *adj.* 3 anterior. ‖ 4 – all, sobre todo. 5 to get – oneself, darse importancia.

aboveboard | ə'bʌvbɔːd | *adj.* legítimo, sin engaño.

above-mentioned | ə'bʌvmenʃnd | *adj.* citado anteriormente.

abrade | ə'breɪd | *v.t.* desgastar.

abrasion | ə'breɪʒn | *s.c.* abrasión, erosión.

abrasive | ə'breɪsɪv | *adj.* 1 hosco. 2 abrasivo, raspante. ‖ *s.c.* 3 abrasivo.

abreast | ə'brest | *adv.* 1 lado a lado, de frente. ‖ 2 – of, a la altura de. 3 to be/keep – of, estar al día de.

abridge | ə'brɪdʒ | *v.t.* abreviar.

abridgement | ə'brɪdʒmənt | *s.c.* resumen, compendio.

abroad | ə'brɔːd | *adv.* 1 al extranjero, en el extranjero. 2 propagado.

abrogate | 'æbrəgeɪt | *v.t.* anular, revocar.

abrogation | æbrə'geɪʃn | *s.i.* anulación, abrogación.

abrupt | ə'brʌpt | *adj.* brusco, abrupto.

abscess | 'æbses | *s.c.* absceso.

abscond | əb'skɒnd | *v.i.* fugarse, desaparecer.

absence | 'æbsəns | *s.c.* e *i.* 1 ausencia, falta. ‖ 2 – of mind, distracción.

absent | 'æbsənt | *adj.* 1 [– (from)] ausente. 2 distraído, abstraído. ‖ | əb'sent | *v.r.* 3 ausentarse.

absentee | æbsən'tiː | *s.c.* 1 absentista. ‖ 2 – ballot, (EE.UU.) voto por correspondencia.

absenteeism | 'æbsən'tiːɪzəm | *s.i.* absentismo, ausentismo.

absent-minded | 'æbsənt'maɪndɪd | *adj.* distraído, despistado.

absinthe | 'æbsɪnə | (también absinth) *s.i.* ajenjo.

absolute | 'æbsəluːt | *adj.* 1 completo, absoluto. ‖ *s.c.* 2 dogma, absoluto.

absolution | æbsə'luːʃn | *s.i.* absolución.

absolutism | 'æbsəlutɪzəm | *s.i.* absolutismo.

absolve | əb'zɒlv | *v.t.* [to – (from/of)] absolver, exculpar.

absorb | əb'sɔːb | *v.t.* absorber, encajar.

absorbed | əb'sɔːbd | *adj.* [– (in)] absorto.

absorption | əb'sɔːpʃn | *s.i.* 1 fascinación. 2 absorción.

abstain | əb'steɪn | *v.i.* 1 [to – (from)] abstenerse, privarse. 2 abstenerse (en votaciones).

abstemious | əb'stiːmɪəs | *adj.* abstemio, frugal.

abstention | əb'stenʃn | *s.c.* e *i.* 1 POL. abstención. ‖ *s.i.* 2 [– (from)] privación, abstención.

abstinence | 'æbstɪnəns | *s.i.* abstinencia; continencia.

abstract | 'æbstrækt | *adj.* 1 abstracto; teórico. ‖ *s.c.* 2 resumen, extracto. ‖ | əb'strækt | *v.t.* 3 resumir, extractar. ‖ *v.r.* 4 retirarse, ensimismarse.

abstracted | æb'stræktɪd | *adj.* abstraído, distraído.

abstraction | əb'strækʃn | *s.c.* 1 abstracción. ‖ *s.i.* 2 ensimismamiento, distracción. 3 extracción.

abstruse | əb'struːs | *adj.* abstruso.

absurd | əb'sɜːd | *adj.* absurdo.

abundance | ə'bʌndəns | *s.i.* [– (of)] abundancia, riqueza.

abundant | ə'bʌndənt | *adj.* abundante.

abuse | ə'bjuːs | *s.i.* 1 improperios, insultos. 2 [– (of)] maltrato, abuso. ‖ *s.i.* y *c.* 3 [– (of)] abuso, mal uso. ‖ | ə'bjuːz | *v.t.* 4 abusar de, hacer mal uso de.

abusive | ə'bjuːsɪv | *adj.* insultante, injurioso.

abut | ə'bʌt | *v.i.* [to – on] lindar con.

abysmal | ə'bɪzməl | *adj.* abismal.

abyss | ə'bɪs | *s.c.* 1 sima, abismo. 2 (fig.) infierno. 3 separación.

academic | ˌækə'demɪk | *adj.* 1 académico. || *s.c.* 2 profesor universitario.

academician | əˌkædə'mɪʃn | *s.c.* académico.

academy | ə'kædəmɪ | *s.c.* academia.

accede | ək'siːd | *v.i.* [to – (to)] acceder, consentir.

accelerate | ək'seləreɪt | *v.i.* 1 acelerar, incrementar la velocidad. || *v.t.* 2 acelerar.

acceleration | əkˌselə'reɪʃn | *s.i.* y c. aceleración.

accelerator | ək'seləreɪtə | *s.c.* acelerador.

accent | 'æksənt | *s.c.* 1 acento, énfasis. || | æk'sent | *v.t.* 2 acentuar, enfatizar.

accentuate | ək'sentʃueɪt | *v.t.* acentuar, intensificar.

accept | ək'sept | *v.t.* aceptar, admitir.

acceptability | əkˌseptə'bɪlətɪ | *s.i.* aceptabilidad.

acceptance | ək'septəns | *s.i.* 1 admisión, conformidad. || *s.i.* y c. 2 aceptación, inclusión. || *s.c.* 3 aceptación (de una letra).

access | 'ækses | *s.i.* 1 [– to] entrada, acceso a. 2 [– (to)] derecho, acceso. || *v.t.* 3 acceder.

accessibility | əkˌsesə'bɪlətɪ | *s.i.* accesibilidad, asequibilidad.

accessible | ək'sesəbl | *adj.* accesible, disponible para.

accesory | ək'sesərɪ | *s.c.* accesorio, complemento.

accident | 'æksɪdənt | *s.c.* accidente, descuido.

acclaim | ə'kleɪm | *v.t.* 1 aclamar, alabar. || *s.i.* 2 aclamación.

acclamation | ˌæklə'meɪʃn | *s.i.* aclamación, aplauso.

acclimatize | ə'klaɪmətaɪz | (también

acclimatise) *v.i.* y r. [to – (to)] aclimatizarse, adaptarse (a).

accolade | 'ækəleɪd | *s.c.* alabanza, encomio.

accommodate | ə'kɒmədeɪt | *v.t.* 1 alojar, hacer un favor a. || *v.i.* r. 2 [to – (to)] acomodarse.

accommodating | ə'kɒmədeɪtɪŋ | *adj.* complaciente, servicial.

accompaniment | ə'kʌmpənɪmənt | *s.i.* 1 acompañamiento. || *s.c.* 2 [– (to/of)] complemento, acompañamiento

accompanist | ə'kʌmpənɪst | *s.c.* MUS. acompañante, acompañamiento.

accompany | ə'kʌmpənɪ | *v.t.* acompañar.

accomplish | ə'kʌmplɪʃ | *v.t.* lograr, llevar a cabo.

accomplished | ə'kʌmplɪʃt | *adj.* experto, perfecto.

accomplishment | ə'kʌmplɪʃmənt | *s.c.* 1 logro, realización. || *s.i.* 2 habilidad, capacidad. 3 finalización, conclusión. || 4 accomplishments, dotes.

accord | ə'kɔːd | *v.t.* 1 conceder, otorgar. || *v.i.* 2 (form.) [to – with] concordar con, armonizar con. || *s.i.* 3 acuerdo, armonía. || *s.c.* 4 acuerdo, convenio.

accordance | ə'kɔːdəns | *prep.* in – with, de acuerdo con, según

according to | ə'kɔːdɪŋ tuː | *prep.* según, con arreglo a.

accordion | ə'kɔːdɪən | *s.c.* acordeón.

account | ə'kaunt | *s.c.* 1 relato. 2 cuenta (bancaria). || 3 to – for, explicar.

accountable | ə'kauntəbl | *adj.* [– (for/to)] responsable.

accountancy | ə'kauntənsɪ | *s.i.* contabilidad.

accountant | ə'kauntənt | *s.c.* contable.

accredit | ə'kredɪt | *v.t.* 1 acreditar, dar credenciales. 2 [to – to/with] atribuir.

accreditation | əˌkredɪ'teɪʃn | *s.i.* acreditación, autorización.

accretion | ə'kriːʃn | *s.c.* e i. aumento, acrecentamiento.

accrue | ə'kruː | *v.t.* e i. 1 acumular(se) (intereses). 2 coleccionar.

accumulate | ə'kju:mjuleɪt | v.t. e i. acumular(se), amontonar(se).

accumulation | ə‚kju:mju'leɪʃn | s.c. 1 gran cantidad. ‖ s.i. 2 acumulación.

accumulator | ə'kju:mjuleɪtə | s.c. acumulador.

accuracy | 'ækjərəsɪ | s.i. exactitud.

accurate | 'ækjərət | adj. correcto, fiel.

accursed | ə'kɜ:sɪd | adj. maldito, deleznable.

accusation | ‚ækju:'zeɪʃn | s.c. 1 [— (of/against)] acusación, inculpación. ‖ s.i. 2 denuncia, acusación.

accusative | ə'kju:zətɪv | adj. y s.c. acusativo.

accusatory | ə'kju:zətərɪ | adj. acusatorio.

accuse | ə'kju:z | v.t. acusar, culpar.

accustom | ə'kʌstəm | v.t. y r. [to — (to)] habituar(se), acostumbrar(se).

accustomed | ə'kʌstəmd | adj. 1 [— (to)] acostumbrado, habituado. 2 usual.

ace | eɪs | s.c. 1 as. 2 tanto directo de saque. ‖ adj. 3 (fam.) excelente, sobresaliente.

acerbic | ə'sɜ:bɪk | adj. acerbo, cruel.

acerbity | ə'sɜ:bətɪ | s.i. acritud, aspereza.

acetone | 'æsɪtəʊn | s.i. acetona.

acetylene | ə'setɪli:n | s.i. acetileno.

ache | eɪk | v.i. 1 doler. 2 (fig.) [to — (for)] ansiar, anhelar. ‖ s.c. 3 dolor. 4 (fig.) anhelo, deseo.

achieve | ə'tʃi:v | v.t. 1 lograr, realizar. ‖ v.i. 2 [to — (in)] tener éxito.

achievement | ə'tʃi:vmənt | s.c. e i. logro, realización.

achy | 'eɪkɪ | adj. (fam.) dolorido.

acid | 'æsɪd | s.c. e i. 1 ácido. ‖ s.i. 2 (fam.) LSD. ‖ adj. 3 ácido, mordaz.

acidic | ə'sɪdɪk | adj. ácido.

acidity | ə'sɪdətɪ | s.i. acidez, burla.

acknowledge | ək'nɒlɪdʒ | v.t. 1 reconocer, aceptar. 2 [to — + o. + (with)] saludar. 3 agradecer, apreciar. 4 acusar recibo de, confirmar.

acknowledgement | ək'nɒlɪdʒmənt | s.c. e i. reconocimiento, saludo.

acme | 'ækmɪ | s.i. apogeo.

acne | 'æknɪ | s.i. acné, espinillas.

acolyte | 'ækəlaɪt | s.c. 1 monaguillo, acólito. 2 discípulo, seguidor.

aconite | 'ækənaɪt | s.c. e i. acónito, napelo.

acorn | 'eɪkɔ:n | s.c. bellota.

acoustic | ə'ku:stɪk | adj. acústico.

acoustics | ə'ku:stɪks | s.i. acústica.

acquaint | ə'kweɪnt | v.t. 1 [to — + o. + with] informar de, dar detalles de. ‖ v.r. 2 [to — with] familiarizarse con, informarse.

acquaintance | ə'kweɪntəns | s.c. 1 conocido. ‖ s.i. 2 relación, trato. 3 to make someone's —, entablar una cierta amistad, conocer.

acquire | ə'kwaɪə | v.t. adquirir, recibir.

acquisition | ‚ækwɪ'zɪʃn | s.c. e i. 1 adquisición, compra. ‖ s.i. 2 aprendizaje.

acquisitive | ə'kwɪzətɪv | adj. (desp.) codicioso, acaparador.

acquit | ə'kwɪt | v.t. 1 absolver, exculpar. ‖ v.r. 2 comportarse.

acquittal | ə'kwɪtl | s.i. y c. absolución, exculpación.

acre | 'eɪkə | s.c. acre.

acrid | 'ækrɪd | adj. acre, agrio.

acrimonious | ‚ækrɪ'məʊnɪəs | adj. cáustico, mordaz.

acrimony | 'ækrɪmənɪ | s.i. aspereza, acrimonia.

acrobat | 'ækrəbæt | s.c. acróbata.

acrobatics | ‚ækrə'bætɪks | s.i. acrobacia.

acronym | 'ækrənɪm | s.c. sigla.

across | ə'krɒs | prep. 1 a través de, por, de un lado a otro. 2 al otro lado de. ‖ adv. 3 de ancho. 4 — from, en frente de.

acrylic | ə'krɪlɪk | adj. acrílico.

act | ækt | v.t. 1 representar, hacer el papel de. ‖ v.i. 2 actuar, funcionar. 3 [to — on/upon] actuar de acuerdo con, hacer caso de. ‖ s.c. 4 acto, acción. ‖ s.sing. 5 fingimiento, teatro. ‖ 6 ley, decreto. 7 to — out, a) expresar, sacar a la luz, representar.

acting | 'æktɪŋ | s.i. 1 profesión de actor. ‖ adj. 2 en funciones, interino.

action | ˈækʃn | *s.c.* 1 acción, acto. 2 DER. demanda. ‖ *s.sing.* 3 funcionamiento. *s.c.* e *i.* 4 batalla, acción de guerra. ‖ *s.i.* 5 movimiento, efecto. 6 to put/bring/call into –, poner en práctica, implementar. 7 to take –, tomar medidas.

activate | ˈæktɪveɪt | *v.t.* activar, poner en marcha.

active | ˈæktɪv | *adj.* 1 activo, enérgico. 2 vivo, fuerte.

activeness | ˈæktɪvnɪs | *s.i.* vigor.

activist | ˈæktɪvɪst | *s.c.* activista.

activity | ækˈtɪvətɪ | *s.i.* 1 actividad; diligencia. ‖ *s.c.* 2 ocupación.

actor | ˈæktə | *s.c.* actor.

actress | ˈæktrɪs | *s.c.* actriz.

actual | ˈæktʃuəl | *adj.* 1 real, verdadero. 2 mismo, en sí mismo.

actuality | ˌæktʃuˈælətɪ | *s.i.* realidad, objetividad.

actually | ˈæktʃulɪ | *adv.* 1 realmente, verdaderamente. 2 además.

actuary | ˈæktʃuərɪ | *s.c.* actuario.

acuity | əˈkju:ətɪ | *s.i.* agudeza.

acumen | ˈækjumen | *s.i.* perspicacia; buen sentido.

acupunture | ˈækjupʌŋktʃə | *s.i.* acupuntura.

acute | əˈkju:t | *adj.* 1 agudo; extremo. 2 perspicaz, sagaz. 3 penetrante; fuerte. 4 GEOM. agudo (ángulo). 5 FON. agudo.

ad | æd | *s.c.* (fam.) anuncio.

AD | ˈeɪˈdi: | *adv.* antes de Cristo, Anno Domini.

adagio | əˈdɑ:dʒɪəu | *adj.* y *adv.* MUS. adagio.

Adam | ˈædəm | Adam's apple, nuez (de la garganta).

adamant | ˈædəmənt | *adj.* inflexible.

adapt | əˈdæpt | *v.t.* 1 adaptar, refundir. acomodar. ‖ *v.i.* y *r.* 2 [to – (to)] adaptarse, acomodarse.

adaptability | əˌdæptəˈbɪlətɪ | *s.i.* adaptabilidad, flexibilidad.

adaptation | ˌædæpˈteɪʃn | *s.c.* 1 [– (of)] adaptación, versión. ‖ *s.i.* 2 adaptación, acomodación.

adapted | əˈdæptɪd | *adj.* adecuado.

add | æd | *v.t.* 1 añadir, agregar. ‖ *v.i.* 2 [to – to] sumarse a, unirse a. 3 to – in, incluir, contabilizar. 4 to – on, añadir, adjuntar. 5 to – on to, aumentar, engrandecer. 6 to – up, a) calcular el total. b) tener sentido. 7 to – up to, resultar en, querer decir.

addendum | əˈdendəm | [*pl.* addenda] *s.c.* apéndice.

adder | ˈædə | *s.c.* víbora.

addict | ˈædɪkt | *s.c.* adicto.

addicted | əˈdɪktɪd | *adj.* 1 [– (to)] adicto. 2 (fig.) [– (to)] amante, fanático.

addiction | əˈdɪkʃn | *c.i.* 1 [– (to)] adicción. ‖ *s.c.* e *i.* 2 (fig.) [– (to)] afición.

addictive | əˈdɪktɪv | *adj.* 1 causante de drogodependencia. 2 (fig.) apasionante, muy interesante.

addition | əˈdɪʃn | *s.c.* 1 adición, suplemento. ‖ *s.i.* 2 añadido, suma.

additional | əˈdɪʃənl | *adj.* otro, más, otro más, de más, extra.

additive | ˈædɪtɪv | *s.c.* aditivo.

addle | ˈædl | *v.t.* confundir, desconcertar.

addled | ˈædld | *adj.* podrido.

address | əˈdres | *s.c.* 1 dirección, señas. 2 discurso, conferencia. ‖ *v.t.* 3 dirigirse a, dirigir la palabra a.

address-book | əˈdresbuk | *s.c.* agenda.

adduce | əˈdju:s | *v.t.* aducir, citar (como ejemplo).

adenoids | ˈædɪnɔɪdz | *s. pl.* adenoides, vegetaciones.

adept | ˈædept | *adj.* [– (at/in)] experto, versado (en).

adequate | ˈædɪkwət | *adj.* adecuado, suficiente, apropiado.

adhere | ədˈhɪə | *v.i.* 1 [to – to] pegarse a, adherirse a. 2 [to – to] apoyar.

adherence | ədˈhɪərəns | *s.i.* [– to] observancia de, fidelidad a.

adherent | ədˈhɪərənt | *s.c.* seguidor.

adhesion | ədˈhi:ʒn | *s.i.* adherencia.

adhesive | ədˈhi:sɪv | *s.i.* 1 pegamento, adhesivo. ‖ *adj.* 2 adhesivo.

adiposity | ˌædɪˈpɒsətɪ | *s.i.* adiposidad.

adjacent | ə'dʒeɪsnt | *adj.* adyacente.

adjective | 'ædʒɪktɪv | *s.c.* adjetivo.

adjoin | ə'dʒɔɪn | *v.t.* estar contiguo a.

adjourn | ə'dʒɜːn | *v.t.* 1 aplazar, diferir. 2 DER. levantar (la sesión).

adjournment | ə'dʒɜːnmənt | *s.c.* aplazamiento, suspensión temporal.

adjudication | ə'dʒuːdɪ'keɪʃn | *s.i.* 1 DER. fallo, sentencia. 2 adjudicación.

adjunct | 'ædʒʌŋkt | *s.c.* accesorio.

adjure | ə'dʒʊə | *v.t.* conjurar.

adjust | ə'dʒʌst | *v.t.* 1 modificar, cambiar. ‖ *v.i.* y *v.r.* 2 [to – (to)] adaptarse.

adjustable | ə'dʒʌstəbl | *adj.* regulable.

adjusted | ə'dʒʌstɪd | *adj.* equilibrado.

adjustment | ə'dʒʌstmənt | *s.c.* e *i.* 1 [– (to/in)] ajuste, adaptación. 2 [– (from/to)] ajuste, acomodación.

administer | əd'mɪnɪstə | *v.t.* 1 administrar. 2 dar (una medicina).

administration | əd,mɪnɪ'streɪʃn | *s.i.* administración, dirección, organización.

administrative | əd'mɪnɪstrətɪv | *adj.* administrativo.

administrator | əd'mɪnɪstreɪtə | *s.c.* administrador.

admirable | 'ædmərəbl | *adj.* admirable.

admiral | 'ædmərəl | *s.c.* almirante.

Admiralty | 'ædmərəltɪ | *s. sing.* Almirantazgo, Ministerio de Marina.

admiration | ædmə'reɪʃn | *s.i.* admiración.

admire | əd'maɪə | *v.t.* admirar.

admissible | əd'mɪsəbl | *adj.* admisible, aceptable.

admission | əd'mɪʃn | *s.c.* e *i.* 1 admisión, recepción, reconocimiento. ‖ *s.i.* 2 [– (to/of)] admisión, ingreso.

admit | əd'mɪt | *v.t.* 1 admitir, aceptar. 2 [to – (to)] dejar entrar. ‖ *v.i.* 3 [to – of] permitir.

admittance | əd'mɪtns | *s.i.* admisión, entrada.

admittedly | əd'mɪtɪdlɪ | *adv.* justo es reconocerlo, es cierto.

admonish | əd'mɒnɪʃ | *v.t.* amonestar, reprender.

admonition | ædmə'nɪʃn | *s.c.* e *i.* amonestación.

ado | ə'duː | without further –/without more –, *adv.* inmediatamente.

adobe | ə'dəʊbɪ | *s.i.* adobe.

adolescence | ædə'lesns | *s.i.* adolescencia.

adolescent | ædə'lesnt | *adj.* 1 adolescente, inmaduro. ‖ *s.c.* 2 adolescente.

adopt | ə'dɒpt | *v.t.* adoptar asumir.

adopted | ə'dɒptɪd | *adj.* adoptivo.

adoption | ə'dɒpʃn | *s.c.* e *i.* adopción.

adorable | ə'dɔːrəbl | *adj.* adorable, encantador.

adoration | ædə'reɪʃn | *s.i.* adoración.

adore | ə'dɔː | *v.t.* adorar, reverenciar.

adorn | ə'dɔːn | *v.t.* ornamentar, embellecer.

adornment | ə'dɔːnmənt | *s.c.* 1 ornamento, adorno. ‖ *s.i.* 2 decoración.

adrift | ə'drɪft | *adj.* 1 a la deriva. ‖ 2 to be –, ser un fracaso.

adroit | ə'drɔɪt | *adj.* hábil, mañoso.

adroitness | ə'drɔɪtnɪs | *s.i.* habilidad, maña, astucia.

adulation | ædjʊ'leɪʃn | *s.i.* adulación.

adult | 'ædʌlt | *s.c.* 1 adulto, persona mayor. ‖ *adj.* 2 adulto, mayor.

adulterate | ə'dʌltəreɪt | *v.t.* diluir, aguar, rebajar.

adulterer | ə'dʌltərə | *s.c.* adúltero.

adulteress | ə'dʌltərɪs | *s.c.* adúltera.

adultery | ə'dʌltərɪ | *s.c.* e *i.* adulterio.

adulthood | 'ædʌlthʊd | *s.i.* madurez.

adumbration | ædʌm'breɪʃn | *s.c.* y *i.* bosquejo, esbozo.

advance | əd'vɑːns | *v.i.* 1 avanzar, adelantarse. 2 avanzar, progresar. 3 pasar, transcurrir. ‖ *v.t.* 4 adelantar (una reunión). 5 sugerir, proponer, (una idea). 6 anticipar (dinero). ‖ *s.c.* e *i.* 7 avance, progreso. ‖ *s.i.* 8 comienzo, llegada. ‖ *s.c.* 9 adelanto, cantidad a cuenta. ‖ *adj.* 10 por adelantado.

advanced | əd'vɑːnst | *adj.* 1 adelantado, avanzado, aventajado. 2 maduro.

advancement | əd'vɑːnsmənt | *s.i.* ascenso, mejora.

advantage |əd'va:ntıdʒ| s.c. 1 ventaja; mejora. || s.i. 2 provecho; ventaja. 3 DEP. ventaja (en tenis). 4 to take – of, aprovecharse de, usar inteligentemente.

advantageous |ædvən'teıdʒəs| adj. ventajoso, favorable.

advent |'ædvənt| s. sing. llegada, advenimiento, aparición.

adventitious |ædven'tıʃəs| adj. accidental, inesperado.

adventure |əd'ventʃə| s.c. e i. aventura.

adventurer |əd'ventʃərə| s.c. 1 aventurero. 2 (desp.) estafador; bandido.

adventurous |əd'ventʃərəs| adj. arriesgado, intrépido.

adverb |'ædvɜ:b| s.c. adverbio.

adversary |'ædvəsərı| s.c. oponente.

adverse |'ædvɜ:s| adj. adverso, desfavorable, contrario.

adversity |ædvɜ:sətı| s.c. e i. adversidad, infortunio.

advertise |'ædvətaız| v.t. anunciar, notificar.

advertisement |əd'vɜ:tısmənt| s.c. anuncio.

advice |əd'vaıs| s.i. consejo, aviso.

advisability |ədˌvaızə'bılətı| s.i. conveniencia.

advise |əd'vaız| v.t. aconsejar, asesorar.

advisory |əd'vaızərı| adj. asesor.

advocacy |'ædvəkəsı| s.i. [– (of)] defensa, apoyo.

advocate |'ædvəkeıt| v.t. 1 recomendar. || |'ædvəkət| s.c. 2 abogado.

aerate |'eəreıt| v.t. oxigenar, airear.

aerial |'eərıəl| s.c. 1 antena. || adj. 2 aéreo.

aerobic |cə'rəubık| adj. aeróbico.

aerodrome |'eərədrəum| s.c. (brit.) aeródromo.

aerodynamic |ˌeərəudaı'næmık| adj. aerodinámico.

aerodynamics |ˌeərəudaı'næmıks| s.i. aerodinámica.

aeronautical |ˌeərəno:tıkl| adj. aeronáutico.

aeronautics |ˌeərə'no:tıks| s.i. aeronáutica.

aeroplane |'eərəpleın| s.c. avión.

aerospace |'eərəuspeıs| adj. aeroespacial.

aesthete |'i:sɵi:t| (EE.UU. **esthete**) s.c. esteta.

aesthetic |i:s'ɵetık| (EE.UU. **esthetic**) adj. estético.

afar |ə'fa:| adv. 1 lejos. || 2 from –, desde lejos, de lejos.

affair |ə'feə| s.c. 1 asunto, negocio. 2 aventura amorosa.

affect |ə'fekt| v.t. afectar, influir.

affectation |ˌæfek'teıʃn| s.c. e i. (desp.) afectación, melindre.

affected |ə'fektıd| adj. (desp.) amanerado; artificial.

affection |ə'fekʃn| s.i. afecto, cariño.

affectionate |ə'fekʃənət| adj. cariñoso, afectuoso.

affidavit |ˌæfi'deıvıt| s.c. declaración jurada.

affiliate |ə'fılıeıt| v.i. y r. 1 [to – to /with] afiliarse a, asociarse con. || |ə'fılıət| s.c. 2 afiliado, socio.

affiliation |əˌfılı'eıʃn| s.c. e i. 1 [– (with/for)] afinidad, atracción. 2 similaridad, semejanza.

affirm |ə'fɜ:m| v.t. afirmar, aseverar.

affirmative |ə'fɜ:mətıv| adj. 1 afirmativo. || s.c. 2 afirmativa.

affix |ə'fıks| v.t. 1 [to – (to)] pegar, fijar. || |'æfiks| s.c. 2 prefijo, sufijo, afijo.

afflict |ə'flıkt| v.t. afligir, aquejar.

affliction |ə'flıkʃn| s.c. e i. aflicción, congoja.

affluence |'æfluəns| s.i. opulencia.

affluent |'æfluənt| adj. opulento; rico.

afford |ə'fo:d| v.t. 1 [+ inf.] arriesgarse a, permitirse el lujo de. 2 disponer de.

affray |ə'freı| s.c. reyerta, disputa.

affront |ə'frʌnt| s.c. 1 afrenta, agravio. || v.t. 2 afrentar, ofender.

afield |ə'fi:ld| **far –**, lejos, a mucha distancia.

afire |ə'faıə| adj. y adv. en llamas, ardiendo.

aflame | ə'fleɪm | adj. y adv. ardiente, llameante.

afloat | ə'fləʊt | adj. y adv. 1 a flote, flotante. 2 (fig.) en el mar. 3 solvente.

afoot | ə'fʊt | adj. en ciernes, en preparación.

aforementioned | ə'fɔː'menʃənd | adj. anteriormente mencionado, susodicho.

afraid | ə'freɪd | adj. [– (of)] temeroso, asustado.

afresh | ə'freʃ | adv. de nuevo.

aft | ɑːft | adv. popa.

after | ɑːftə | prep. 1 después de, tras, detrás, a por (algo). ‖ adv. 2 después, posteriormente, en seguida. ‖ conj. 3 después que, según. ‖ pret. 4 post.

afterlife | 'ɑːftəlaɪf | s.i. vida después de la muerte.

aftermath | 'ɑːftəmɑːθ | s.i. secuela, corolario.

afternoon | ɑːftə'nuːn | s.c. e i. tarde.

aftershave | 'ɑːftəʃeɪv | s.i. loción para después del afeitado.

aftertaste | 'ɑːftəteɪst | s.sing. dejo, postgusto.

afterthought | 'ɑːftəθɔːt | s.sing. ocurrencia, idea tardía, idea repentina.

afterwards | 'ɑːftəwədz | (EE.UU. afterward) adv. después, luego.

again | ə'gen | adv. otra vez, de nuevo, nuevamente, una vez más.

against | ə'genst | prep. 1 contra, en contra de. ‖ adv. 2 en contra.

agape | ə'geɪp | adj. boquiabierto.

agate | 'ægət | s.c. e i. ágata.

age | eɪdʒ | s.c. e. i. 1 edad. ‖ s.c. 2 época, era. ‖ s.i. 3 vejez, ancianidad. 4 envejecimiento, paso del tiempo. ‖ v.i. 5 envejecer. ‖ 6 – of consent, DER. mayoría de edad.

aged | eɪdʒt | adj. 1 de edad. 2 anciano.

ageing | 'eɪdʒɪŋ | (también aging) adj. 1 que está envejeciendo. ‖ s.i. 2 envejecimiento.

ageless | 'eɪdʒlɪs | adj. siempre joven, perenne.

agelong | 'eɪdʒlɒŋ | adj. de siempre, eterno.

agency | 'eɪdʒənsɪ | s.c. 1 agencia. ‖ 2 through/by the – of, por medio de, por mediación de.

agenda | ə'dʒendə | s.c. orden del día; programa.

agent | 'eɪdʒənt | s.c. 1 agente, delegado. 2 espía. 3 instrumento, medio.

age-old | eɪdʒ'əʊld | adj. muy antiguo, muy viejo, secular.

agglomerate | ə'glɒməreɪt | v.t. aglomerar, amontonar.

agglomeration | əglɒmə'reɪʃn | s.c. amontonamiento, acumulación.

agglutinate | ə'gluːtɪneɪt | v.t. e i. aglutinar(se), pegar(se).

agglutination | əgluːtɪ'neɪʃn | s.i. aglutinación, pegamiento.

aggrandize | ə'grændaɪz | v.t. engrandecer, exaltar.

aggravate | 'ægrəveɪt | v.t. 1 agravar, exacerbar. 2 exasperar, irritar.

aggregate | 'ægrɪgət | s.c. 1 total, conjunto. ‖ adj. 2 total, global, general. ‖ 'ægrɪgeɪt | v.t. 3 sumar, englobar.

aggression | ə'greʃn | s.i. 1 agresividad; competitividad. 2 agresión.

aggressive | ə'gresɪv | adj. agresivo.

aggressiveness | ə'gresɪvnɪs | s.i. beligerancia, agresividad.

aggressor | ə'gresə | s.c. agresor.

aggrieved | ə'griːvd | adj. ofendido.

aghast | ə'gɑːst | adj. horrorizado.

agile | 'ædʒaɪl | adj. ágil, ligero.

agility | ə'dʒɪlətɪ | s.i. agilidad, ligereza.

agitate | 'ædʒɪteɪt | v.t. 1 agitar, inquietar. ‖ v.i. 2 hacer propaganda.

agitated | 'ædʒɪteɪtɪd | adj. conmocionado, perturbado.

agitation | ædʒɪ'teɪʃn | s.i. inquietud, perturbación, agitación.

agnostic | æg'nɒstɪk | s.c. y adj. agnóstico.

agnosticism | æg'nɒstɪsɪzəm | s.i. agnosticismo.

ago | ə'gəʊ | adv. hace (se coloca detrás de la expresión de tiempo).

agog | ə'gɒg | adj. [– with] ansioso de.

agonize | ˈægənaɪz | (también **agonise**) v.i. [– over/about] angustiarse por-/sobre.

agonizing | ˈægənaɪzɪŋ | (también **agonising**) adj. atormentador, angustioso.

agony | ˈægənɪ | s.i.c. angustia, agonía.

agoraphobia | ˌægərəˈfəʊbɪə | s.i. agorafobia.

agrarian | əˈgreərɪən | adj. agrario.

agree | əˈgriː | v.i. 1 [to – with/on] estar de acuerdo con/sobre. 2 [+ inf.] consentir, en estar de acuerdo en. 3 [to – with/on] coincidir con/en, concordar con/en.

agreeable | əˈgriːəbl | adj. agradable, ameno.

agreement | əˈgriːmənt | s.c. acuerdo, pacto.

agriculture | ˈægrɪkʌltʃə | s.i. agricultura.

agronomist | əˈgrɒnəmɪst | s.c. técnico agrónomo.

agronomy | əˈgrɒnəmɪ | s.i. agronomía.

aground | əˈgraʊnd | adv. encallado, varado.

ah | ɑː | interj. ¡ah!

aha | ɑːˈhɑː | interj. ¡ajá!

ahead | əˈhed | adj. 1 adelantado, avanzado. || adv. 2 [– of] por delante de, antes que. 3 hacia delante. 4 (fig.) en el futuro. || 5 to go –, seguir, proseguir. 6 to move/go –, progresar, avanzar.

ahem | əˈhəm | interj. ejém.

aid | eɪd | s.i. 1 ayuda, auxilio. || s.c. 2 instrumento auxiliar. || v.t. 3 ayudar.

aide | eɪd | s.c. consejero, asistente.

AIDS | eɪdz | (Acquired Inmune Deficiency Sindrome) s.i. SIDA.

ail | eɪl | v.i. 1 doler; sufrir. || v.t. 2 afligir, aquejar.

aileron | ˈeɪlərɒn | s.c. alerón.

ailing | ˈeɪlɪŋ | adj. enfermizo, achacoso.

ailment | ˈeɪlmənt | s.c. achaque.

aim | eɪm | s.c. 1 objetivo, fin. || s.i. 2 puntería. || v.t. 3 [to – at] apuntar a.

aimless | ˈeɪmlɪs | adj. sin voluntad, sin objetivo.

ain't | eɪnt | contrac. (fam.) de isn't, am not, aren't, hasn't y haven't.

air | eə | s.i. 1 aire. 2 (fig.) aire, aspecto. || s.c. 3 melodía, tonada. || v.t. 4 ventilar, orear. || v.i. 5 ventilarse, airearse. || adj. 6 aéreo.

airbed | ˈeəbed | s.c. colchón neumático.

airborne | ˈeəbɔːn | adj. 1 aerotransportado. 2 volando, en el aire.

air-brush | ˈeəbrʌʃ | s.c. aerosol de pintura.

airbus | ˈeəbʌs | s.c. aerobús.

air-conditioning | ˈeəkəndɪʃənɪŋ | s.i. aire acondicionado.

air-cooled | ˈeəkuːld | adj. refrigerado por aire, enfriado por aire.

aircraft | ˈeəkrɑːft | s.c. 1 aeronave. || 2 – carrier, portaaviones.

aircraftman | ˈeəkrɑːftmən | (pl. aircraftmen) s.c. (brit.) soldado de las Fuerzas Aéreas.

aircraftwoman | ˈeəkrɑːftwʊmən | (pl. aircraftwomen) s.c. (brit.) mujer soldado de las Fuerzas Aéreas.

aircrew | ˈeəkruː | s.c. tripulación (de un avión).

airfield | ˈeəfiːld | s.c. aeródromo.

airforce | ˈeəfɔːs | s.c. Fuerzas Aéreas.

airgun | ˈeəgʌn | s.c. escopeta/pistola de aire comprimido.

air-hostess | ˈeəhɒstɪs | s.c. azafata.

airily | ˈeərɪlɪ | adv. frívolamente.

airlane | ˈeəleɪn | s.c. pasillo aéreo.

airless | ˈeəlɪs | adj. sofocante, sin ventilación.

airlift | ˈeəlɪft | s.c. 1 puente aéreo. || v.t. 2 aerotransportar.

airline | ˈeəlaɪn | s.c. aerolínea.

airliner | ˈeəlaɪnə | s.c. avión.

airmail | ˈeəmeɪl | s.i. correo aéreo.

airman | ˈeəmən | (pl. airmen) s.c. aviador.

airplane | ˈeəpleɪn | s.c. (EE.UU.) avión.

airport | ˈeəpɔːt | s.c. aeropuerto.

airship | 'eəʃɪp | s.c. dirigible, aeronave.

airsick | 'eəsɪk | adj. mareado, con mal de altura.

airstrip | 'eəstrɪp | s.c. pista de aterrizaje.

airtight | 'eətaɪt | adj. hermético, (fig.) libre de error.

airworthy | 'eəwɜːθɪ | adj. seguro para el vuelo.

airy | 'eərɪ | adj. 1 bien ventilado; fresco. 2 frívolo, insustancial.

airy-fairy | ˌeərɪ'feərɪ | adj. vacuo.

aisle | aɪl | s.c. 1 ARQ. nave. 2 pasillo.

aitch | eɪtʃ | s.c. hache (letra del alfabeto).

ajar | ə'dʒɑː | adj. entreabierta.

akimbo | ə'kɪmbəʊ | (with) arms –, con los brazos en jarras.

akin | ə'kɪn | adj. [to] semejante a.

alabaster | 'æləbɑːstə | s.i. alabastro.

alacrity | ə'lækrɪtɪ | s.i. presteza.

alarm | ə'lɑːm | s.i. 1 alarma, sobresalto. 2 v.t. 2 alarmar; asustar.

alarm-clock | ə'lɑːmklɒk | s.c. reloj despertador, despertador.

alarmist | ə'lɑːmɪst | s.c. y adj. alarmista.

albatross | 'ælbətrɒs | s.c. 1 albatros. 2 obstáculo; carga.

albeit | ɔːl'biːt | conj. si bien, aunque.

albino | æl'biːnəʊ | s.c. y adj. albino.

albumen | 'ælbjumɪn | s.i.c. clara de huevo.

albumin | ælbjumɪn | s.i. albúmina.

alchemist | 'ælkəmɪst | s.c. alquimista.

alchemy | 'ælkəmɪ | s.i. alquimia.

alcohol | 'ælkəhɒl | s.i. alcohol.

alcoholism | ˌælkə'hɒlɪzəm | s.i. alcoholismo.

alcove | 'ælkəʊv | s.c. nicho, hueco, rincón ovalado.

alder | 'ɔːldə | s.c. aliso.

alderman | 'ɔːldəmən | s.c. concejal.

ale | eɪl | s.i. cerveza amarga.

ale-house | 'eɪlhaʊs | s.c. taberna.

alert | ə'lɜːt | adj. 1 prevenido, alerta. 2

[– to] despierto ante, consciente de. || s.c. 3 MIL. alerta. || v.t. 4 alertar.

alfalfa | æl'fælfə | s.i. alfalfa.

algae | 'ældʒɪ | s.i. alga.

algebra | 'ældʒɪbrə | s.i. álgebra.

Algeria | æl'dʒɪərɪə | s.c. Argelia.

Algerian | æl'dʒɪərɪən | adj. y s.c. argelino.

algorithm | 'ælgərɪðəm | s.c. algoritmo.

alias | 'eɪlɪəs | s.c. 1 apodo, pseudónimo. || prep. 2 alias.

alibi | 'ælɪbaɪ | s.c. coartada.

alien | 'eɪlɪən | adj. 1 extranjero, forastero. 2 alienígena. || s.c. 3 extranjero.

alienate | 'eɪlɪəneɪt | v.t. 1 alienar. 2 DER. enajenar.

alienation | ˌeɪlɪə'neɪʃn | s.i. 1 alienación. 2 DER. enajenación.

alight | ə'laɪt | adj. 1 encendido. 2 [– with] (fig.) brillante de, iluminado con. 3 (fig.) excitado, emocionado. || v.i. 4 posarse.

align | ə'laɪn | v.t. 1 alinear, poner en línea. || v.i. 2 [to – with/against] aliarse con/contra.

alignment | ə'laɪnmənt | s.c. 1 alianza; alineamiento. || s.i. 2 colocación.

alike | ə'laɪk | adj. 1 igual, parecido. || adv. 2 de la misma manera, igualmente.

alimentary | ˌælɪ'mentərɪ | adj. alimenticio.

alimony | 'ælɪmənɪ | s.i. pensión (de un divorciado a su mujer).

alive | ə'laɪv | adj. 1 vivo, activo. 2 [– to] consciente de. || 3 – and kicking, vivito y coleando. 4 to come –, hacerse realidad.

alkali | 'ælkəlaɪ | s.i. álcali.

all | ɔːl | adj. ind. 1 todo, toda, todos, todas. || adv. 2 completamente, todo. 3 DEP. empate.

Allah | 'ælə | s.sing. Alá.

allay | ə'leɪ | v.t. apaciguar, calmar.

allegation | ˌælɪ'geɪʃn | s.c. alegación.

allege | ə'ledʒ | v.t. alegar; afirmar.

alleged | ə'ledʒt | adj. supuesto.

allegiance | ə'liːdʒəns | s.c. [– to] lealtad a, fidelidad a.

allegory | ˈælɪgərɪ | s.c.li. alegoría.

allegretto | ˌælɪˈgretəu | MUS. adj. y adv. 1 allegretto. || s.c. 2 allegretto.

allegro | əˈleigrəu | MUS. adj. y adv. 1 allegro. || s.c. 2 allegro.

all-embracing | ˈɔːlɪmbreɪsɪŋ | adj. global, que lo abarca todo.

allergic | əˈlɜːdʒɪk | adj. 1 [– to] alérgico a. || 2 to be – to, (fam.) aborrecer.

allergy | ˈælədʒɪ | s.c. e i. alergia.

alleviate | əˈliːvɪeɪt | v.t. aliviar, mitigar.

alley | ˈælɪ | s.c. 1 callejón. 2 paseo.

alliance | əˈlaɪəns | s.c. alianza, relación, amistad.

allied | æˈlaɪd | adj. 1 aliado. 2 relacionado; conexo.

alligator | ˈælɪgeɪtə | s.c. caimán.

alliteration | əˌlɪtəˈreɪʃn | s.c. aliteración.

allocate | ˈæləkeɪt | v.t. asignar.

allocation | ˌæləˈkeɪʃn | s.c. 1 asignación. || s.i. 2 [– of] reparto de.

allot | əˈlɒt | v.t. [to – to] asignar a, adjudicar a.

allotment | əˈlɒtmənt | s.i. porción.

all-out | ˈɔːlaut | adj. total, completo, masivo.

allow | əˈlau | v.t. 1 permitir, dejar. 2 reconocer, admitir. 3 v.r. **3** permitirse, darse. || 4 to be – for, tener en cuenta.

allowable | əˈlauəbl | adj. 1 FIN. deducible. 2 admisible, permisible.

allowance | əˈlauəns | s.c. 1 subsidio, subvención. 2 paga, dinero de bolsillo. || 3 to make allowances for somebody, ser comprensivo con alguien.

alloy | ˈælɔɪ | s.i. 1 aleación. | əˈlɔɪ | v.t. 2 hacer aleación de.

all-powerful | ˈɔːlpauəfl | adj. omnipotente, todopoderoso.

all-purpose | ˌɔːlˈpɜːpəs | adj. multiuso.

all-time | ˈɔːltaim | adj. de todos los tiempos, como nunca.

allude | əˈluːd | v.i. [to – to] aludir a.

allure | əˈluə | s.c. 1 fascinación, encanto. || v.t. 2 fascinar.

allusion | əˈluːʒn | s.c. alusión a.

allusive | əˈluːsɪv | adj. alusivo.

alluvial | əˈluːvɪəl | adj. aluvial.

ally | əˈlaɪ | s.c. 1 aliado. || v.r. 2 [– with] aliarse con.

almanac | ˈɔːlmənæk | (también **almanack**) s.c. calendario.

almighty | ɔːlˈmaɪtɪ | adj. todopoderoso, omnipotente.

almond | ˈɑːmənd | s.c. almendra.

almost | ˈɔːlməust | adv. casi.

almshouse | ˈɑːmzhaus | s.c. asilo de pobres, casa de beneficencia.

aloft | əˈlɒft | adv. en alto, en lo alto.

alone | əˈləun | adj. 1 solo, solitario, único. 2 por sí mismo (un hecho, evidencia, etc.). || adv. 3 sólo.

along | əˈlɒŋ | prep. 1 a lo largo de. || 2 all –, todo el tiempo, durante todo el tiempo. 3 – with, junto con.

alongside | əˈlɒŋsaid | prep./adv. al lado, al lado de, junto a, junto con.

aloof | əˈluːf | adj. 1 alejado, reservado. || 2 to keep –, mantenerse al margen.

aloud | əˈlaud | adv. en voz alta.

alpha | ˈælfə | s.c.i. alfa.

alphabet | ˈælfəbet | s.c. alfabeto.

alpine | ˈælpaɪn | adj. alpino.

already | ɔːlˈredɪ | adv. ya.

alright | ɔːlˈraɪt | (también **all right**) adj. 1 bien, aceptable. || adv. 2 bien, satisfactoriamente. 3 vale, de acuerdo, bien.

Alsatian | ælˈseɪʃn | adj. y s.c. alsaciano.

also | ˈɔːlsəu | adv. también, además.

altar | ˈɔːltə | s.c. 1 altar. || 2 – boy, monaguillo.

altar-piece | ˈɔːltəpiːs | s.c. retablo.

alter | ˈɔːltə | v.t.li. alterar(se).

alteration | ˌɔːltəˈreɪʃn | s.c. e i. cambio, alteración.

alternate | ˈɔːltəneɪt | v.i. y t. 1 alternar(se), tornar(se). || | ɔːlˈtɜːnət | adj. 2 alterno. 3 alternativo.

alternating | ˈɔːltəneɪtɪŋ | adj. alternante.

alternation | ˌɔːltəˈneɪʃn | s.i. y c. turno, alternancia.

alternative | ɔːlˈtɜːnətɪv | adj. 1 alternativo. || s.c. 2 alternativa.

alternator | ˈɔːltəˈneɪtə | s.c. alternador.

although | ɔːlˈðəu | conj. aunque.

altitude | ˈæltɪtjuːd | s.i. y c. altitud.

alto | ˈæltəu | s.c., s.i. y adj. contralto.

altogether | ˌɔːltəˈgeðə | adv. completamente, en conjunto.

altruism | ˈæltruːɪzəm | s.i. altruismo.

alum | ˈæləm | s.i. alumbre.

aluminium | ˌæljuˈmɪnɪəm | s.i. aluminio.

alveolar | ˌælˈvɪələ | adj. y s.c. alveolar.

always | ˈɔːlweɪz | adv. siempre.

am | æm |, | əm | 1.ª persona sing. del verbo to be.

a.m. | ˌeɪˈm | adv. a.m., ante meridian (desde las 12 de la noche hasta las 12 del mediodía).

amalgam | əˈmælgəm | s.c. amalgama.

amass | əˈmæs | v.t. amasar.

amatory | ˈæmətərɪ | adj. amoroso, amatorio.

amaze | əˈmeɪz | v.t. asombrar.

amazement | əˈmeɪzmənt | s.i. asombro, estupefacción.

ambassador | æmˈbæsədə | s.c. embajador.

ambassadress | æmˈbæsədrɪs | s.c. embajadora.

amber | ˈæmbə | adj. y s.i. ámbar.

ambience | ˈæmbɪəns | (también ambiance) s.c. ambiente.

ambiguity | ˌæmbɪˈgjuːətɪ | s.c. e i. ambigüedad.

ambiguous | æmˈbɪgjuəs | adj. ambiguo.

ambit | ˈæmbɪt | s.i. ámbito.

ambition | æmˈbɪʃn | s.c. y s.i. ambición; sueño.

ambitious | æmˈbɪʃəs | adj. ambicioso.

ambivalence | æmˈbɪvələns | s.i. ambivalencia, ambigüedad.

amble | ˈæmbl | v.i. deambular.

ambulance | ˈæmbjuləns | s.c. ambulancia.

ambush | ˈæmbuʃ | v.t. 1 emboscar. ‖ s.c. 2 emboscada.

ameliorate | əˈmiːlɪəreɪt | v.t. mejorar.

amen | ɑːmen | o | eɪˈmen | interj. amén, así sea.

amenable | əˈmiːnəbl | adj. [– to] dispuesto a, a favor de.

amend | əˈmend | v.t. enmendar.

amendment | əˈmendmənt | s.c. e i. enmienda, modificación.

amenity | əˈmiːnətɪ | s.c. comodidad, disposición adecuada.

amethyst | ˈæmɪəɪst | adj. 1 púrpura, violeta (color). ‖ s.c. 2 amatista.

amiable | ˈeɪmɪəbl | adj. cordial.

amicability | ˌæmɪkəˈbɪlətɪ | s.i. cordialidad, amistad.

amid | əˈmɪd | (también amidst) prep. entre, en medio de.

amiss | əˈmɪs | adj. 1 horrible; errado, impropio. ‖ 2 to take something –, tomar algo a mal.

amity | ˈæmətɪ | s.i. amistad.

ammeter | ˈæmɪtə | s.c. amperímetro.

ammo | ˈæməu | s.i. (fam.) munición.

ammonia | əˈməunɪə | s.i. amoníaco.

ammunition | ˌæmjuˈnɪʃn | s.i. munición.

amnesia | æmˈniːzɪə | s.i. amnesia.

amnesty | ˈæmnəstɪ | s.c. amnistía.

among | əˈmʌŋ | (también amongst) prep. 1 entre, en medio de. ‖ 2 to keep something – themselves, guardar un secreto entre ellos.

amoral | ˌeɪˈmɒrəl | adj. amoral.

amorous | ˈæmərəs | adj. amoroso, amatorio.

amorphous | əˈmɔːfəs | adj. amorfo.

amortization | əˌmɔːtɪˈzeɪʃn | s.i. amortización.

amortize | əˈmɔːtaɪz | v.t. amortizar.

amount | əˈmaunt | s.c. 1 [– of] cantidad de. ‖ v.i. 2 [to –] ascender a, totalizar. 3 [to – to] equivaler, significar, uvaler, servir de.

amp | æmp | s.c. (fam.) 1 amperio. 2 amplificador.

amperage | ˈæmpərɪdʒ | s.i. amperaje.

ampere | ˈæmpeə | s.c. amperio.

ampersand | ˈæmpəsænd | s.c. el signo & (utilizado con el sentido de "y").

amphetamine | æmˈfetəmiːn | s.c. anfetamina.

amphibian | æmˈfɪbɪən | s.c. y adj. anfibio.

amphiblous | æmˈfɪbɪəs | adj. anfibio.

ample | ˈæmpl | adj. amplio, adecuado.

amplifier | ˈæmplɪfaɪə | s.c. amplificador

amplify | ˈæmplɪfaɪ | v.t. amplificar, ampliar, aumentar.

amplitude | ˈæmplɪtjuːd | s.i. amplitud, extensión.

ampoule | ˈæmpuːl | (también EE.UU. **ampule**) s.c. ampolla (inyección).

amputate | ˈæmpjuteɪt | v.t. amputar.

amulet | ˈæmjulɪt | s.c. amuleto.

amuse | əˈmjuːz | v.t. 1 divertir, entretener. ‖ v.r. 2 divertirse, distraerse.

amusement | əˈmjuːzmənt | s.c. diversión, entretenimiento.

an | ən | V. a.

anachronism | əˈnækrənɪzəm | s.c. anacronismo.

anaemia | əˈniːmɪə | (también **anemia**) s.i. anemia.

anaesthetic | ænɪsˈθetɪk | (también **anesthetic**) s.c. y adj. anestésico.

anagram | ˈænəgræm | s.c. anagrama.

anal | ˈeɪnl | adj. anal.

analgesic | ænælˈdʒiːsɪk | s.c. y adj. analgésico.

analogous | əˈnæləgəs | adj. análogo.

analogue | ˈænəlɒg | (también **analog**) s.c. 1 copia. ‖ adj. 2 tradicional, de manillas (sólo de relojes).

analogy | əˈnælədʒɪ | s.c. analogía.

analyse | ˈænəlaɪz | (EE.UU. **analyze**) v.t. analizar, estudiar.

analysis | əˈnæləsɪs | s.c. 1 análisis, examen. ‖ s.i. 2 psicoanálisis. ‖ s.c. e i. 3 análisis (de gran número de cosas).

analyst | ˈænəlɪst | s.c. 1 experto, analista. 2 psicoanalista.

analytic | ænəˈlɪtɪk | (o **analytical**) adj. analítico.

anarchic | əˈnɑːkɪk | adj. anárquico.

anarchism | ˈænəkɪzəm | s.i. anarquismo.

anarchist | ˈænəkɪst | s.c. y adj. anarquista.

anarchy | ˈænəkɪ | s.i. anarquía.

anathema | əˈnæθəmə | s.i. anatema.

anatomical | ænəˈtɒmɪkl | adj. anatómico.

anatomy | əˈnætəmɪ | s.i. anatomía.

ancestor | ˈænsɛstə | s.c. antepasado.

ancestry | ˈænsɛstrɪ | s.c. e i. abolengo, linaje, raza.

anchor | ˈæŋkə | s.c. 1 MAR. ancla. 2 (fig.) soporte. ‖ v.t. 3 anclar.

anchorage | ˈæŋkərɪdʒ | s.c. fondeadero.

anchorite | ˈæŋkəraɪt | s.c. anacoreta.

anchovy | ˈæntʃəvɪ | s.c. anchoa.

ancient | ˈeɪnʃənt | adj. antiguo.

ancillary | ænˈsɪlərɪ | adj. complementario de, auxiliar.

and | ænd |, | əndðən | conj. 1 y. ‖ 2 — so forth, y así sucesivamente.

andante | ænˈdæntɪ | s.c. MUS. 1 andante. ‖ adv. 2 en andante. ‖ adj. 3 de andante.

andiron | ˈændaɪən | s.c. morillo.

androgynous | ænˈdrɒdʒɪnəs | adj. (lit.) andrógino.

anecdote | ˈænɪkdəʊt | s.c. anécdota.

anemia V. anaemia.

anemic V. anaemic.

anemometer | ænɪˈmɒmɪtə | s.c. anemómetro.

anemone | əˈnemənɪ | s.c. anémona.

anew | əˈnjuː | adv. nuevamente, otra vez.

angel | ˈeɪndʒl | s.c. ángel, amor.

angelic | ænˈdʒelɪk | adj. angelical.

angelus | ˈændʒɪləs | s. sing. ángelus.

anger | ˈæŋgə | s.i. 1 cólera, ira. ‖ v.t. 2 enfurecer, encolerizar.

angle | ˈæŋgl | s.c. 1 ángulo, codo. 2 punto de vista. ‖ v.t. 3 poner en ángulo, colocar en ángulo.

angler | ˈæŋglə | s.c. pescador.

Anglicanism |'æŋglɪkənɪzəm| *s.i.* anglicanismo.

anglicize |'æŋglɪsaɪz| (también **anglicise**) *v.t.* anglicanizar.

angling |'æŋglɪŋ| *s.i.* pescar (con caña).

anglophile |'æŋgləʊfaɪl| *adj.* anglófilo.

anglophobe |'æŋgləʊfəʊb| *adj.* anglófobo.

anglo-saxon |ˌæŋgləʊ'sæksn| *s.c.* y *adj.* anglosajón.

angry |'æŋgrɪ| *adj.* 1 enfadado, lleno de ira. 2 inflamado, de mal aspecto (herida).

angst |æŋst| *s.i.* angustia.

anguish |'æŋgwɪʃ| *s.i.* angustia, aflicción.

angular |'æŋgjʊlə| *adj.* angular.

angularity |ˌæŋgjʊ'lærətɪ| *s.c.* e *i.* angulosidad, angularidad.

aniline |'ænɪliːn| *s.i.* anilina.

animadversion |ˌænɪmæd'vɜːʃn| *s.c.* e *i.* animadversión, censura.

animal |'ænɪml| *s.c.* 1 animal. 2 (fig.) bruto. || *adj.* 3 instintivo, carnal.

animate |'ænɪmeɪt| *v.t.* 1 avivar, animar. || |'ænɪmət| *adj.* 2 animado.

animation |ˌænɪ'meɪʃn| *s.i.* animación, entusiasmo.

animator |'ænɪmeɪtə| *s.c.* animador, dibujante (para películas).

animism |'ænɪmɪzəm| *s.i.* animismo.

animosity |ˌænɪ'mɒsətɪ| *s.i.* y *c.* hostilidad, aversión.

animus |'ænɪməs| *s.i.* rencor.

anise |'ænɪs| *s.i.* anís.

ankle |'æŋkl| *s.c.* tobillo.

annals |'ænlz| *s.pl.* anales.

annex |ə'neks| (también **annexe**) *v.t.* 1 anexionar. || *s.c.* 2 edificio anexo.

annihilate |ə'naɪəleɪt| *v.t.* aniquilar, exterminar.

anniversary |ˌænɪ'vɜːsərɪ| *s.c.* aniversario.

annotate |'ænəteɪt| *v.t.* anotar.

annotation |ˌænə'teɪʃn| *s.c.* e *i.* anotación.

announce |ə'naʊns| *v.t.* 1 [— to] anunciar a. 2 anunciar, avisar de.

announcement |ə'naʊnsmənt| *s.c.* 1 declaración, anuncio, aviso. || *s.i.* 2 [— of] anuncio de, declaración de.

annoy |ə'nɔɪ| *v.t.* molestar, irritar.

annoyance |ə'nɔɪəns| *s.c.* e *i.* molestia, irritación, fastidio.

annual |'ænjʊəl| *adj.* 1 anual. || *s.c.* 2 anuario. 3 planta anual.

annuity |ə'njuːətɪ| *s.c.* anualidad.

annular |'ænjʊlə| *adj.* anular.

anode |'ænəʊd| *s.c.* ánodo.

anodyne |'ænədaɪn| *adj.* y *s.c.* anodino.

anoint |ə'nɔɪnt| *v.t.* ungir; untar.

anomalous |ə'nɒmələs| *adj.* anómalo, irregular.

anomie |'ænəmɪ| *s.i.* anomia.

anon |ə'nɒn| *adv.* prontamente.

anonymity |ˌænə'nɪmətɪ| *s.i.* anonimato.

another |ə'nʌðə| *pron.* 1 otro, otra. || *adj.* 2 otro, otra. || 3 one —, el uno al otro.

answer |'ɑːnsə| *v.t.* 1 contestar, responder. 2 abrir (la puerta), contestar (el teléfono). 3 satisfacer. 4 responder a (una acusación). 5 [to optativo] responder a, cuadrar con. || *v.i.* 6 contestar, responder. || *s.c.* 7 respuesta, contestación.

answerable |'ɑːnsərəbl| *adj.* 1 [— for] responsable de. 2 [— to] responsable ante.

ant |ænt| *s.c.* hormiga.

antagonism |æn'tægənɪzəm| *s.i.* [— towards] antagonismo hacia.

antagonize |æn'tægənaɪz| (también **antagonise**) *v.t.* enemistarse con.

antecedence |ˌæntɪ'siːdns| *s.c.* prioridad.

antecedent |ˌæntɪ'siːdnt| *s.c.* [— of/to] antecedente de.

antechamber |'æntɪtʃeɪmbə| *s.c.* vestíbulo, antesala.

antedate |ˌæntɪ'deɪt| *v.t.* preceder, anteceder (sólo en el tiempo).

antelope |'æntɪləʊp| *s.c.* antílope.

antenatal |ˌæntɪ'neɪtl| *adj.* prenatal.

antenna | æn'tenə | (pl. antennae o antennas) s.c. antena.

anthem | 'ænəəm | s.c. himno.

anther | 'ænəə | s.c. antera.

ant-hill | 'ænthıl | s.c. hormiguero.

anthology | æn'θɒlədʒı | s.c. antología.

anthracite | 'ænərəsaıt | s.i. antracita.

anthrax | 'ænəræks | s.i. ántrax.

anthropology | ænərə'pɒlədʒı | s.i. antropología.

anti- | 'æntı | pref. anti.

antibiotic | æntıbaı'ɒtık | s.c. antibiótico.

anticipate | æn'tısıpeıt | v.t. prever, adelantar, anticipar.

anticipation | æn,tısı'peıʃn | s.i. 1 expectación, anticipación. 2 ilusión.

anticlimactic | æntıklaı'mæktık | adj. decepcionante.

anticlimax | æntı'klaımæks | s.c. e i. desilusión, decepción.

anticlockwise | æntı'klɒkwaız | adj./adv. en dirección contraria a las manecillas del reloj.

antics | 'antics | s.pl. travesuras.

anticyclone | æntı'saıkləun | s.c. anticiclón.

antidote | 'æntıdəut | s.c. antídoto.

antifreeze | 'æntıfri:z | s.i. anticongelante.

antihero | 'æntıhıərəu | s.c. antihéroe.

antimatter | 'æntımætə | s.i. antimateria.

antimony | 'æntımənı | s.i. antimonio.

antipathy | æn'tıpəeı | s.i. [– to/towards] antipatía hacia.

antiperspirant | æntı'pɜ:spərənt | s.c. e i. desodorante.

antiquarian | æntı'kweərıən | adj. 1 de cosas antiguas. || s.c. 2 anticuario.

antiquated | 'æntıkweıtıd | adj. anticuado, pasado de moda.

antique | æn'ti:k | s.c. antigüedad.

antiseptic | æntı'septık | adj. 1 antiséptico. || s.c. e i. 2 antiséptico.

antithesis | æn'tıəəsıs | (pl. antitheses) s.i. antítesis.

antithetical | æntı'eetıkl | adj. [– to] opuesto a, incompatible con.

antler | 'æntlə | s.c. asta, cornamenta.

anus | 'eınəs | s.c. ano.

anvil | 'ænvıl | s.c. yunque.

anxiety | æn'zaıətı | s.i. 1 [– about/over] ansiedad de. 2 anhelo, ansia. || s.c. 3 preocupación, angustia.

anxious | 'ænkʃəs | adj. 1 [– about] inquieto por. 2 [– to inf.] ansioso por.

any | 'enı | adj. 1 [con neg.] ningún, ninguna, ningunos, ningunas, nada de. 2 [con interr.] algún, alguna, algunos, algunas, algo de. 3 cualquier. 4 [con neg.] gran, mucho. || pron. 5 alguno, alguna; cualquier. 6 nada, nadie. 7 [– of] alguno de, alguna de, alguien de; cualquiera de. || adv. 8 [enfatizando comp. neg.] de ningún modo, de ninguna manera. 9 (EE.UU.) en absoluto. || 10 **not just –**; no cualquier, no cualquiera.

anyone | 'enıwʌn | (también **anybody**) pron. ind. 1 [con neg. e interr.] nadie; alguien. 2 cualquiera.

anyplace | 'enıpleıs | adv. (EE.UU.) en cualquier sitio, en cualquier lado.

anyway | 'enıweı | (o también **anyhow**) adv. en cualquier caso, de cualquier forma, en todo caso.

anywhere | 'enıweə | adv. 1 [con neg. e interr.] en ningún sitio, a ningún sitio, en algún sitio. 2 en cualquier caso. 3 en todo (como énfasis). 4 [– from/between] en algún punto desde/entre. || 5 **to get/go –**, llegar/ir a alguna parte, lograr algo. 6 **miles from –**, en el quinto pino.

apace | ə'peıs | adv. con presteza.

apart | ə'pɑ:t | adv. 1 [– from] separado de, separadamente de, a un lado de. 2 de intervalo. 3 aparte, a un lado. || adj. 4 separado, alejado, aparte.

apartment | ə'pɑ:tmənt | s.c. (EE.UU.) apartamento, piso.

apathy | 'æpəeı | s.i. apatía.

ape | eıp | s.c. 1 mono (antropoide). || v.t. 2 imitar, copiar.

aperitif | ə'perətıf | s.c. aperitivo.

aperture | 'æpətʃə | s.c. abertura.

apex | 'eɪpeks | *s.c.* [– of] vértice de, punta de, cúspide de.

aphorism | 'æfərɪzəm | *s.c.* aforismo.

aphrodisiac | ˌæfrə'dɪzɪæk | *s.c. y adj.* afrodisíaco.

apiary | 'eɪpɪərɪ | *s.c.* colmenar.

apiece | ə'piːs | *adv.* cada uno, por cada uno, a cada uno.

apish | 'eɪpɪʃ | *adj.* simiesco.

apocalypse | ə'pɒkəlɪps | *s.i.* apocalipsis.

apocryphal | ə'pɒkrɪfl | *adj.* apócrifo.

apogee | 'æpədʒiː | *s.sing.* apogeo.

apolitical | ˌeɪpə'lɪtɪkl | *adj.* apolítico.

apologize | ə'pɒlədʒaɪz | (también apologise) *v.i.* [to – for/to] pedir perdón por/a, disculparse por/ante.

apology | ə'pɒlədʒɪ | *s.c. e i.* [– for/to] disculpa por/ante, excusa por/a.

apophthegm | 'æpəθem | (también apothegm) *s.c.* apotegma, sentencia breve e ingeniosa.

apostate | ə'pɒsteɪt | *s.c. y adj.* apóstata.

apostle | ə'pɒsl | *s.c.* apóstol.

apostolic | ˌæpə'stɒlɪk | *adj.* apostólico.

apostrophe | ə'pɒstrəfɪ | *s.c.* apóstrofe.

apothecary | ə'pɒθəkərɪ | *s.c.* boticario.

apotheosis | əˌpɒθɪ'əʊsɪs | (*pl.* **apotheoses**) *s.c.* apoteosis.

appal | ə'pɔːl | (EE.UU. **appall**) *v.t.* asombrar, consternar.

apparatus | ˌæpə'reɪtəs | *s.c.* 1 aparato, mecanismo. ‖ *s.i.* 2 equipamiento.

apparel | ə'pærəl | *s.i.* ropaje.

apparent | ə'pærənt | *adj.* 1 aparente. 2 [– to] manifiesto a, patente para.

apparition | ˌæpə'rɪʃn | *s.c.* aparición.

appeal | ə'piːl | *v.i.* 1 [to –] agradar, interesar. 2 [to – to] apelar a, recurrir a. 3 DER. apelar. ‖ *s.i.* 4 [– for] súplica, ruego. ‖ *s.c. e i.* 5 DER. apelación. ‖ *s.i.* 6 encanto, atractivo.

appear | ə'pɪə | *v.i.* 1 aparecer, materializarse. 2 [to – in/on] aparecer en, sa-

lir en. 3 DER. comparecer. 4 [– inf./that] parecer. 5 publicarse, salir.

appearance | ə'pɪərəns | *s.c.* 1 [– of] aparición de, llegada de. 2 DER. comparecencia. ‖ *s.i.* 3 [– of] irrupción de, llegada de. 4 apariencia.

appease | ə'piːz | *v.t.* apaciguar, calmar.

appellation | ˌæpə'leɪʃn | *s.c.* denominación.

append | ə'pend | *v.t.* poner como anexo, añadir.

appendix | ə'pendɪks | (*pl.* **appendices**) *s.c.* apéndice, anexo.

appertain | ˌæpə'teɪn | *v.i.* [– to] tener que ver con; pertenecer a.

appetite | 'æpɪtaɪt | *s.i. y c.* apetito.

appetizer | 'æpɪtaɪzə | (también **appetiser**) *s.c.* aperitivo, tapa.

appetizing | 'æpɪtaɪzɪŋ | *adj.* apetitoso, apetecible; tentador.

applaud | ə'plɔːd | *v.t. e i.* aplaudir.

applause | ə'plɔːz | *s.i.* aplauso.

apple | 'æpl | *s.c. e i.* manzana.

appliance | ə'plaɪəns | *s.c.* aparato, dispositivo.

applicant | 'æplɪkənt | *s.c.* [– for] solicitante de.

application | ˌæplɪ'keɪʃn | *s.c.* 1 solicitud. ‖ *s.c. e i.* 2 [– of] utilización de. ‖ *s.i.* 3 aplicación, esmero.

apply | ə'plaɪ | *v.t.* aplicar, emplear. ‖ *v.r.* 2 [– to] dedicarse a. ‖ *v.i.* 3 ser relevante, estar en vigor. 4 [– for] solicitar.

appoint | ə'pɔɪnt | *v.t.* 1 nombrar, designar. 2 fijar, señalar.

appointment | ə'pɔɪntmənt | *s.c.* 1 persona nombrada/designada. 2 puesto. 3 [– with] cita con. ‖ *s.c. e i.* 4 nombramiento. ‖ 5 by –, mediante cita previa.

apportion | ə'pɔːʃn | *v.t.* [to – between/among] distribuir entre.

apposite | 'æpəzɪt | *adj.* oportuno, adecuado, a propósito.

apposition | ˌæpə'zɪʃn | *s.i.* aposición.

appraise | ə'preɪz | *v.t.* evaluar.

appreciable | ə'priːʃəbl | *adj.* considerable, notable.

appreciate | ə'priːʃɪeɪt | *v.t.* 1 apreciar, estimar. 2 entender. 3 agradecer. ‖ v.i. 4 revalorizarse.

appreciation │ ə‚priːʃı'eıʃn │ s.i. 1 apreciación, elogio. 2 agradecimiento. 3 comprensión. ‖ s.c. 4 estimación, crítica. ‖ s.c. e i. 5 revaloración.

apprehend │ ‚æprı'hend │ v.t. 1 apresar, detener. 2 comprender.

apprehension │ ‚æprı'henʃn │ s.i. y c. 1 recelo, temor. ‖ s.i. 2 comprensión. 3 captura, detención.

apprentice │ ə'prentıs │ s.c. aprendiz.

apprise │ ə'praız │ v.t. [to – of] informar de.

approach │ ə'prəutʃ │ v.t. 1 aproximarse a, acercarse a. 2 abordar a, entablar conversación con. 3 enfocar, encarar. ‖ v.i. 4 acercarse, aproximarse. ‖ s.c. 5 aproximación, acercamiento.

approachable │ ə'prəutʃəbl │ adj. tratable, accesible.

appropriate │ ə'prəuprıət │ adj. 1 apropiado, adecuado. ‖ │ ə'prəuprıeıt │ v.t. 2 apropiarse de. 3 [– for] asignar para.

approval │ ə'pruːvl │ s.i. aprobación.

approve │ ə'pruːv │ v.i. 1 [to – of] aprobar, consentir. ‖ v.t. 2 ratificar, sancionar.

approximate │ ə'prɒksımət │ adj. 1 aproximado. ‖ │ ə'prɒksımeıt │ v.t. e i. 2 [to – to] aproximar(se) a, acercai(se) a.

approximation │ ə‚prɒksı'meıʃn │ s.c. [– to/of] aproximación a.

appurtenances │ ə'pɜːtınənsız │ s.pl. accesorios.

apricot │ 'eıprıkɒt │ s.c. albaricoque.

April │ 'eıprəl │ s.i. 1 Abril. ‖ 2 – Fool's Day, Día de los Inocentes.

apron │ 'eıprən │ s.c. delantal, mandil.

apropos │ ‚æprə'pəu │ prep. a propósito de, tocante a.

apse │ æps │ s.c. ábside.

apt │ æpt │ adj. 1 [– to inf.] propenso a. 2 [– at] capaz de. 3 apropiado.

aptitude │ 'æptıtjuːd │ s.c. [– for] aptitud para, talento para.

aquamarine │ ‚ækwəmə'riːn │ s.c. e i. aguamarina.

aquarium │ ə'kweərıəm │ (pl. **aquaria** o **aquariums**) s.c. 1 pecera. 2 acuario.

aquatic │ ə'kwætık │ adj. acuático.

aqueduct │ 'ækwıdʌkt │ s.c. acueducto.

arable │ 'ærəbl │ adj. y s.i. arable, cultivable.

arachnid │ ə'ræknıd │ adj. arácnido.

arbitrary │ 'ɑːbıtrərı │ adj. arbitrario.

arbitrate │ 'ɑːbıtreıt │ v.t. arbitrar.

arbor │ 'ɑːbə │ (brit. **arbour**) s.c. cenador, pérgola.

arboreal │ ɑː'bɔːrıəl │ adj. arbóreo.

arc │ ɑːk │ s.c. 1 arco, semicircunferencia. ‖ v.i. 2 formar un arco.

arcade │ ɑː'keıd │ s.c. 1 soportales. 2 galería. ‖ 3 shopping –, centro comercial.

arcane │ ɑː'keın │ adj. arcano.

arch │ ɑːtʃ │ s.c. 1 arco. 2 curva. 3 empeine. ‖ v.t. e i. 4 arquear(se), curvar(se). ‖ adj. 5 pícaro, socarrón. ‖ 6 arch-, archi- (como prefijo).

archaeology │ ‚ɑːkı'ɒlədʒı │ (también archeology) s.i. arqueología.

archaism │ 'ɑːkeızəm │ s.c. e i. arcaísmo.

archangel │ 'ɑːkeındʒl │ s.c. arcángel.

archbishop │ ‚ɑːtʃ'bıʃəp │ s.c. arzobispo.

archdeacon │ ‚ɑːtʃ'diːkən │ s.c. arcediano.

archdiocese │ ‚ɑːtʃ'daıəsıs │ s.c. archidiócesis.

archer │ 'ɑːtʃə │ s.c. arquero.

archery │ 'ɑːtʃərı │ s.i. tiro con arco.

archetypal │ ‚ɑːkı'taıpl │ adj. arquetípico.

archetype │ 'ɑːkıtaıp │ s.c. arquetipo.

archipelago │ ‚ɑːkı'peləgəu │ s.c. archipiélago.

architect │ 'ɑːkıtekt │ s.c. arquitecto.

architecture │ 'ɑːkıtektʃə │ s.i. arquitectura.

archive │ 'ɑːkaıv │ s.c. archivo.

arctic │ 'ɑːktık │ adj. polar.

ardent │ 'ɑːdnt │ adj. 1 apasionado, entusiasta. 2 ardiente, vehemente.

ardor │ 'ɑːdə │ (brit. **ardour**) s.i. 1 pasión, fervor. 2 [– for] vehemencia a favor de, ardor hacia.

arduous | ˈɑːdjuəs | *adj.* arduo.

are | ɑː | pronunciación relajada | ə | (2. persona *sing.* y *pl.*) V. **be**.

area | ˈeərɪə | *s.c.* 1 área, zona. 2 área (medida de superficie).

arena | əˈriːnə | *s.c.* 1 pista, ruedo, arena. 2 foro.

aren't | ɑːnt | pronunciación relajada | ənt | *contr.* de **are** y **not**, y en interrogativas también de **am** y **not**.

arguable | ˈɑːgjuəbl | *adj.* discutible.

argue | ˈɑːgjuː | *v.t.* 1 sostener, afirmar. 2 discutir, debatir. ‖ *v.i.* 3 [to – for/against] argumentar a favor de/en contra de. ‖ 4 to – into, .convencer de.

argument | ˈɑːgjumənt | *s.c.* 1 [– for/against] argumento a favor de/en contra de. 2 discusión. ‖ *s.i.* 3 discusión, disputa.

argumentation | ˌɑːgjumenˈteɪʃn | *s.i.* argumentación, raciocinio.

arid | ˈærɪd | *adj.* árido.

aright | əˈraɪt | *adv.* 1 correctamente, bien. ‖ 2 to put/set –, corregir.

arise | əˈraɪz | *v.i.* 1 surgir, aparecer. 2 elevarse, levantarse. 3 [to – from/out of] ser resultado de. 4 rebelarse.

aristocracy | ˌærɪsˈtɒkrəsɪ | *s.c.* aristocracia.

aristocrat | ˈærɪstəkræt | *s.c.* aristócrata.

arithmetic | əˈrɪθmətɪk | *s.i.* 1 aritmética. ‖ | ˌærɪθˈmetɪk | *adj.* 2 aritmético.

ark | ɑːk | *s.c.* arca.

arm | ɑːm | *s.c.* 1 brazo. 2 manga. 3 brazo (de asientos). 4 brazo, lengua (de mar, agua, tierra). 5 ala, brazo (de una organización). 6 autoridad, poder. 7 brazo mecánico. ‖ *v.t.* 8 armar. ‖ 9 **arms**, armas, armamento.

armament | ˈɑːməmənt | *s.i.* 1 preparación bélica. ‖ 2 **armaments**, armamento.

armband | ˈɑːmbænd | *s.c.* brazalete.

armchair | ˈɑːmtʃeə | *s.c.* sillón.

armed | ɑːmd | *adj.* 1 armado. 2 [– with] dotado de, provisto de. ‖ 3 -armed, de brazos (como sufijo).

armful | ˈɑːmful | *s.c.* montón (que se puede llevar en los brazos).

armhole | ˈɑːmhəul | *s.c.* sobaquera.

armistice | ˈɑːmɪstɪs | *s.c.* e *i.* armisticio.

armor | ˈɑːmə | (brit. **armour**) *s.i.* 1 armadura. 2 blindaje.

armored | ˈɑːməd | (brit. **armoured**) *adj.* blindado.

armory | ˈɑːmərɪ | (brit. **armoury**) *s.c.* armería, arsenal.

armpit | ˈɑːmpɪt | *s.c.* axila.

army | ˈɑːmɪ | *s.c.* ejército.

arose | əˈrəuz | V. **arise**.

around | əˈraund | (también **round**) 1 V. **round**. ‖ 2 to be –, estar por ahí.

arousal | əˈrauzl | *s.i.* 1 excitación. 2 [– of] despertar de (sentimientos).

arouse | əˈrauz | *v.t.* 1 despertar (interés). 2 provocar (sentimientos). 3 excitar.

arraignment | əˈreɪnmənt | *s.c.* e *i.* DER. citación.

arrange | əˈreɪndʒ | *v.t.* 1 organizar, ordenar. 2 disponer, colocar. 3 MUS. arreglar. ‖ *v.i.* 4 disponer.

arrangement | əˈreɪndʒmənt | *s.c.* 1 plan, acuerdo. 2 disposición, colocación. 3 MUS. arreglo. ‖ 4 **arrangements**, planes.

arrant | ˈærənt | *adj.* redomado.

array | əˈreɪ | *v.r.* 1 [to – in] ataviarse con. ‖ *v.t.* 2 engalanar, adornar. 3 formar en orden de batalla. ‖ *s.c.* 4 [– of] conjunto de, serie de.

arrears | əˈrɪəz | *s.c.* (sólo *pl.*) atrasos, deudas.

arrest | əˈrest | *v.t.* 1 arrestar, detener. 2 cautivar. ‖ *s.c.* e *i.* 3 arresto.

arrival | əˈraɪvl | *s.i.* llegada.

arrive | əˈraɪv | *v.i.* 1 llegar. 2 [to – at] llegar a, alcanzar. 3 aparecer, llegar.

arrogance | ˈærəgəns | *s.i.* arrogancia.

arrogate | ˈærəgeɪt | *v.r.* [to – to] arrogarse, atribuirse.

arrow | ˈærəu | *s.c.* flecha.

arrowroot | ˈærəuruːt | *s.i.* arrurruz.

arse | ɑːs | *s.c.* 1 culo. ‖ 2 to – about/ around, hacer el tonto.

arsehole | 'ɑːshəul | *s.c.* 1 ano. 2 imbécil, gilipollas.

arsenal | 'ɑːsənl | *s.c.* arsenal.

arsenic | 'ɑːsnɪk | *s.i.* arsénico.

arson | 'ɑːsn | *s.i.* incendio premeditado.

art | ɑːt | *s.i.* 1 arte. 2 dibujo, pintura. 3 arte, habilidad. 4 astucia, maña. ‖ *s.c.* 5 arte. ‖ 6 arts, letras, humanidades.

artefact | 'ɑːtɪfækt | (también **artifact**) *s.c.* artefacto, objeto.

artery | 'ɑtərɪ | *s.c.* 1 arteria. 2 carretera principal, línea principal de ferrocarril.

artful | 'ɑːtfl | *adj.* astuto.

artichoke | 'ɑːtɪtʃəuk | *s.c.* alcachofa.

article | 'ɑːtɪkl | *s.c.* 1 artículo. 2 cosa, objeto. 3 cláusula.

articulate | ɑːˈtɪkjulət | *adj.* 1 articulado. ‖ | ɑːˈtɪkjulert | *v.t.* 2 expresar, articular.

articulation | ɑːˌtɪkjuˈleɪʃn | *s.i.* 1 articulación, expresión (de ideas, sentimientos, etc.). ‖ *s.c. e i.* 2 articulación.

artifice | 'ɑːtɪfɪs | *s.c. e i.* artificio, ardid, estratagema.

artificial | ɑːˈtɪfɪʃl | *adj.* artificial.

artillery | ɑːˈtɪlərɪ | *s.i.* artillería.

artist | 'ɑːtɪst | *s.c.* artista.

artistry | 'ɑːtɪstrɪ | *s.i.* 1 saber hacer artístico. 2 habilidad, toque.

artless | 'ɑːtlɪs | *adj.* sencillo, natural.

artwork | 'ɑːtwɜːk | *s.i.* ilustraciones (acompañando a un texto).

arty | 'ɑːtɪ | *adj.* ostentoso, pseudoartístico.

as | æz | pronunciación relajada | əz | *conj.* 1 como, porque, ya que. 2 cuando, al mismo tiempo que, en el momento en que. 3 de la misma manera que, como, igual que. 4 [detrás de *adj.*] aunque. 5 en la medida en que. ‖ *adv.* 6 [en *comp.*] tan; como. 7 hasta, incluso. ‖ *prep.* 8 como, de. ‖ 9 – against, comparado con. 10 – ever, como siempre. 11 – follows, como sigue. 12 – for/to, en cuanto a, en lo que concierne a. 13 – from/–

of, a partir de, desde. 14 – if/– though, como si. 15 – I see it/– I understand it, en mi opinión, tal como lo veo. 16 – it were, por decirlo así. 17 – opposed to, en contraposición con, en contra de. 18 – regards, en lo que respecta a, en lo tocante a. 19 – such, per se, en sí mismo. 20 – to, (brit.) acerca de. 21 – well, también. 22 – yet, hasta ahora, aún. 23 – you wish/– you like, como quieras.

ascend | əˈsend | *v.i.* 1 ascender, elevarse. ‖ *v.t.* 2 subir.

ascendancy | əˈsendənsɪ | (también **ascendency**) *s.i.* [– over] dominio sobre.

ascendant | əˈsendənt | (también **ascendent**) *adj.* 1 predominante. ‖ 2 in the –, adquiriendo influencia.

ascent | əˈsent | *s.c.* 1 ascenso, cuesta. ‖ *s.i.* 2 ascenso, progreso.

ascertain | æsəˈteɪn | *v.t.* averiguar, determinar, cerciorarse de.

ascertainable | æsəˈteɪnəbl | *adj.* de posible averiguación, indagable.

ascetic | əˈsetɪk | *adj.* 1 ascético. ‖ *s.c.* 2 asceta.

ascribe | əˈskraɪb | *v.t.* atribuir, imputar.

ash | æʃ | *s.i.* 1 ceniza. 2 madera de fresno. ‖ *s.c.* 3 fresno.

ashamed | əˈʃeɪmd | *adj.* [– of] avergonzado de.

ashen | 'æʃn | *adj.* ceniciento.

ashore | əˈʃɔː | *adv.* 1 a tierra, a la costa. ‖ 2 to go –, desembarcar.

ashtray | 'æʃtreɪ | *s.c.* cenicero.

ashy | 'æʃɪ | *adj.* de ceniza.

aside | əˈsaɪd | *adv.* 1 a un lado. 2 aparte, dejando a un lado. ‖ *s.c.* 3 indirecta intencionada. 4 digresión.

asinine | 'æsɪnaɪn | *adj.* estúpido, necio.

ask | ɑːsk | *v.t.* 1 preguntar. 2 pedir. 3 [to – in/out] invitar a entrar/a salir.

askance | əˈskæns | *adv.* de reojo, oblicuamente.

askew | əˈskjuː | *adj. y adv.* torcido, torcidamente.

aslant | əˈslɑːnt | *adv.* 1 sesgadamente. || *prep.* 2 al través de (en forma oblicua).

asleep | ə'sli:p | *adj.* 1 dormido. 2 adormecido, ido, sin atender.

asp | æsp | *s.c.* áspid.

asparagus | ə'spærəgəs | *s.i.* espárrago.

aspect | 'æspekt | *s.c.* 1 aspecto, faceta. 2 apariencia. 3 orientación. || *s.i.* 4 aspecto (de los verbos).

aspen | 'æspən | *s.c.* álamo temblón.

asperity | æ'sperətɪ | *s.i.* aspereza.

aspersion | ə'spɜ:ʃn | *s.c.* calumnia, injuria.

asphalt | 'æsfælt | *s.i.* 1 asfalto. || *v.t.* 2 asfaltar.

asphyxia | əs'fiksɪə | *s.i.* asfixia.

aspirate | 'æspərət | *s.c.* 1 aspirada. || | 'æspəreit | *v.t.* 2 aspirar.

aspire | ə'spaɪə | *v.i.* [to – to] aspirar a.

ass | æs | *s.c.* 1 asno, burro. 2 tonto, bobo. 3 (EE.UU.) culo, trasero. || *s.i.* 4 (EE.UU.) coño.

assail | ə'seɪl | *v.t.* 1 agredir, atacar. 2 asaltar. 3 abrumar.

assailant | ə'seɪlənt | *s.c.* agresor.

assassin | ə'sæsɪn | *s.c.* asesino.

assault | ə'sɔ:lt | *s.c.* 1 asalto, ataque. || *s.c.* e *i.* 2 agresión. || *v.t.* 3 atacar.

assaulter | a'sɔ:ltə | *s.c.* asaltante, agresor.

assemblage | ə'semblɪdʒ | *s.c.* e *i.* 1 agrupamiento, conjunto. 2 TEC. empalme.

assemble | ə'sembl | *v.i.* 1 reunirse, juntarse. || *v.i.* 2 montar, ensamblar.

assembled | ə'sembl | *adj.* reunido, congregado.

assembly | ə'semblɪ | *s.c.* 1 asamblea, reunión. 2 parlamento. || *s.i.* 3 reunión. 4 MEC. montaje.

assent | ə'sent | *s.i.* 1 aquiescencia. || *v.i.* 2 [to – to] consentir en.

assert | ə'sɜ:t | *v.t.* 1 declarar, aseverar. 2 hacer valer. || *v.r.* 3 imponerse, infundir respeto.

assertion | ə'sɜ:ʃn | *s.i.* y *c.* declaración, aseveración.

assertive | ə'sɜ:tɪv | *adj.* enérgico, agresivo.

assess | ə'ses | *v.t.* valorar, enjuiciar.

assessor | ə'sesə | *s.c.* asesor..

asset | 'æset | *s.c.* 1 punto fuerte, ventaja. || 2 assets, bienes, posesiones.

asseverate | ə'sevərət | *v.t.* aseverar.

assiduous | ə'sɪdjuəs | *adj.* asiduo.

assign | ə'saɪn | *v.t.* asignar, distribuir.

assignation | æsɪg'neɪʃn | *s.c.* encuentro, cita.

assignment | ə'saɪnmənt | *s.c.* 1 cometido, misión, tarea. || *s.i.* 2 destino.

assimilate | ə'sɪmələt | *v.t.* 1 asimilar, comprender. || *v.i.* 2 integrarse.

assist | ə'sɪst | *v.t.* ayudar.

assistance | ə'sɪstəns | *s.i.* ayuda, asistencia.

assistant | ə'sɪstənt | *s.c.* 1 ayudante, secretario personal. 2 dependiente.

associate | ə'səʊʃɪeɪt | *v.t.* 1 [to – with] relacionar con. || *v.r.* 2 [with] asociarse con. || *v.i.* 3 [to – with] juntarse con. || | ə'səʊʃɪet | *adj.* 4 adjunto, asociado.

association | ə,səʊsɪ'eɪʃn | *s.c.* 1 asociación, conexión. || *s.i.* 2 asociación, relación. || 3 in – with, en colaboración con.

assorted | ə'sɔ:tɪd | *adj.* 1 surtido, variado. || 2 well/badly/... –, emparejado.

assortment | ə'sɔ:tmənt | *s.c.* [– of] surtido de, variedad de.

assuage | æ'sweɪdʒ | *v.t.* 1 calmar, mitigar. 2 satisfacer.

assume | ə'sju:m | *v.t.* 1 suponer. 2 tomar (responsabilidad). 3 adoptar, (apariencia). || 4 assumed name, seudónimo.

assumption | ə'sʌmpʃn | *s.c.* 1 suposición, idea. || *s.c.* 2 [– of] asunción de.

assurance | ə'ʃɔ:rəns | *s.c.* e *i.* 1 promesa, garantía. || *s.i.* 2 confianza. 3 seguro (como actividad de empresa).

assure | ə'ʃɔ: | *v.t.* 1 asegurar, garantizar. || *v.r.* 2 [to – of] asegurarse.

asterisk | 'æstərɪsk | *s.c.* asterisco.

astern | ə'stɜ:n | *adj.* 1 a popa, en la popa. || *adv.* 2 de popa, hacia atrás.

asthma | ˈæsmə | *s.i.* asma.

astir | əˈstɜː | *adj.* y *adv.* en movimiento, en actividad.

astonish | əˈstɒnɪʃ | *v.t.* asombrar, pasmar.

astonishment | əˈstɒnɪʃmənt | *s.i.* asombro, pasmo.

astound | əˈstaund | V. astonish.

astounded | əˈstaundɪd | V. astounded.

astral | ˈæstrəl | *adj.* astral.

astray | əˈstreɪ | *adv.* por mal camino, en el error.

astride | əˈstraɪd | *prep.* a horcajadas.

astringent | əˈstrɪndʒənt | *adj.* 1 astringente. 2 (fig.) severo, adusto.

astrology | əˈstrɒlədʒɪ | *s.i.* astrología.

astronaut | ˈæstrənɔːt | *s.c.* astronauta.

astronomer | əˈstrɒnəmə | *s.c.* astrónomo.

astronomy | əˈstrɒnəmɪ | *s.i.* astronomía.

astrophysics | ˌæstrəʊˈfɪzɪks | *s.i.* astrofísica.

astute | əˈstjuːt | *adj.* astuto, sagaz.

astuteness | əˈstjuːtnɪs | *s.i.* astucia.

asunder | əˈsʌndə | *adv.* en trozos, en dos trozos.

asylum | əˈsaɪləm | *s.c.* 1 manicomio, asilo. ‖ *s.i.* 2 asilo, amparo.

asymmetry | æˈsɪmɪtrɪ | *s.i.* asimetría.

at | æt | pronunciación relajada | ət | *prep.* en, a, cerca de, sobre, por, delante de, hacia, de, desde.

ate | et | V. eat.

atheism | ˈeɪθɪɪzəm | *s.i.* ateísmo.

atheist | ˈeɪθɪɪst | *s.c.* ateo.

athlete | ˈæθliːt | *s.c.* atleta.

athletic | æθˈletɪk | *adj.* atlético.

athletics | æθˈletɪks | *s.i.* atletismo.

atmosphere | ˈætməsfɪə | *s.c.* 1 atmósfera. ‖ *s.i.* 2 atmósfera, ambiente.

atmospheric | ˌætməsˈferɪk | *adj.* atmosférico.

atoll | ˈætɒl | *s.c.* atolón.

atom | ˈætəm | *s.c.* 1 átomo. 2 (fig.) átomo, pizca.

atomize | ˈætəmaɪz | (también atomise). *v.t.* fragmentar, atomizar.

atomizer | ˈætəmaɪzə | (también atomiser) *s.c.* aerosol, atomizador.

atop | əˈtɒp | *prep.* encima de.

atrocity | əˈtrɒsətɪ | *s.c.* e *i.* atrocidad.

atrophy | ˈætrəfɪ | *v.i.* 1 atrofiarse. ‖ *s.c.* 2 atrofia.

attach | əˈtætʃ | *v.t.* [to – to] 1 pegar a, unir a, juntar a. 2 dar, conceder (importancia, interés).

attaché | əˈtæʃeɪ | *s.c.* agregado (de embajada).

attached | əˈtætʃt | *adj.* [– to] apegado a (una persona); aficionado de.

attachment | əˈtætʃmənt | *s.c.* 1 [– to] apego a, cariño a. 2 accesorio, complemento. 3 unión; atadura. ‖ *s.i.* 4 [– to] adhesión a, unión con.

attack | əˈtæk | *v.t.* 1 atacar, agredir. 2 (fig.) criticar. 3 abordar, acometer. ‖ *v.i.* 4 DEP. atacar, lanzarse al ataque. ‖ *s.c.* 5 [– on] ataque a, asalto a, crítica a.

attain | əˈteɪn | *v.t.* lograr, conseguir.

attainable | əˈteɪnəbl | *adj.* alcanzable, realizable.

attainment | əˈteɪnmənt | *s.c.* 1 talento, dotes. ‖ *s.i.* 2 consecución, logro.

attempt | əˈtempt | *v.t.* 1 [– inf.] intentar, procurar. ‖ *s.c.* 2 intento, tentativa.

attend | əˈtend | *v.t.* 1 asistir a. 2 atender, cuidar (a enfermos).

attendance | əˈtendəns | *s.c.* e *i.* 1 [– at] asistencia a. ‖ *s.i.* 2 [– at] concurrencia a, presencia en. 3 [– on] asistencia a (enfermos o similar).

attendant | əˈtendənt | *s.c.* 1 ayudante, dependiente. ‖ *adj.* 2 acompañante.

attention | əˈtenʃn | *s.i.* 1 atención, cuidado. ‖ 2 –!, MIL. ¡firmes!

attentive | əˈtentɪv | *adj.* 1 atento, interesado. 2 cortés.

attenuate | əˈtenjʊeɪt | *v.t.* atenuar.

attest | əˈtest | *v.t.* 1 atestiguar, dar fe de. ‖ *v.i.* 2 [– to] testificar.

attic | ˈætɪk | *s.c.* ático.

attire | əˈtaɪə | *s.i.* vestimenta, ropaje.

attitude |ˈætɪtjuːd| *s.c.* actitud, disposición.

attorney |əˈtɜːnɪ| *s.c.* 1 (EE.UU.) abogado. ‖ 2 **Attorney General**, Fiscal General del Estado.

attract |əˈtrækt| *v.t.* [to – to] atraer a, interesar.

attraction |əˈtrækʃn| *s.i.* y *s.c.* 1 atracción. ‖ 2 **attractions**, atractivos, encantos.

attractive |əˈtræktɪv| *adj.* atrayente, sugestivo, guapo.

attribute |ˈætrɪbjuːt| *s.c.* 1 atributo, característica. ‖ |əˈtrɪbjuːt| *v.t* 2 atribuir, imputar.

attribution |ætrɪˈbjuːʃn| *s.i.* atribución, imputación.

attrition |əˈtrɪʃn| *s.i.* desgaste.

attuned |əˈtjuːnd| *adj.* 1 [– to] en armonía con,en la misma onda que, sensibilizado con.

atypical |eɪˈtɪpɪkl| *adj.* atípico.

aubergine |ˈəʊbəʒiːn| *s.c.* (brit.) berenjena.

auburn |ˈɔːbən| *adj.* castaño rojizo.

auction |ˈɔːkʃn| *s.c.* 1 subasta, licitación. ‖ *v.t.* 2 subastar.

audacious |ɔːˈdeɪʃəs| *adj.* audaz.

audible |ˈɔːdəbl| *adj.* audible.

audience |ˈɔːdɪəns| *s.c.* público, audiencia.

audio |ˈɔːdɪəʊ| *adj.* audio.

audiovisual |ɔːdɪəʊˈvɪʒuəl| *adj.* audiovisual.

audit |ˈɔːdɪt| *s.c.* 1 auditoría. ‖ *v.t.* 2 llevar a cabo una auditoría.

auditor |ˈɔːdɪtə| *s.c.* auditor, interventor de cuentas.

auditorium |ɔːdɪˈtɔːrɪəm| (*pl.* auditoriums o auditoria) *s.c.* 1 auditorio (donde se sienta la audiencia). 2 (EE.UU.) sala de conciertos.

auditory |ˈɔːdɪtrɪ| *adj.* auditivo.

auger |ˈɔːgə| *s.c.* berbiquí.

augment |ɔːgˈment| *v.t.* aumentar, incrementar.

augur |ˈɔːgə| *v.i.* [to – for] pronosticar, augurar, ser un augurio para.

augury |ˈɔːgjʊrɪ| *s.c.* presagio.

august |ɔːˈgʌst| *adj.* 1 augusto, majestuoso. ‖ |ˈɔːgəst| 2 **August**, agosto.

aunt |ɑːnt| *s.c.* tía.

aura |ˈɔːrə| *s.c.* aura; aire.

auricle |ˈɔːrɪkl| *s.c.* aurícula.

auriferous |ɔːˈrɪfərəs| *adj.* aurífero.

auspices |ˈɔːspɪsɪz| **under the – of**, bajo los auspicios de.

austerity |ɒˈsterətɪ| *s.i.* 1 austeridad. ‖ 2 **austerities**, privaciones.

autarchy |ˈɔːtɑːkɪ| *s.i.* y *s.c.* autarquía.

authentic |ɔːˈθentɪk| *adj.* auténtico.

authenticate |ɔːˈθentɪkeɪt| *v.t.* autentificar, compulsar; confirmar.

authenticity |ɔːen'tɪsətɪ| *s.i.* autenticidad, veracidad.

author |ˈɔːθə| *s.c.* 1 autor, escritor. ‖ *v.t.* 2 escribir, crear, idear.

authoress |ˈɔːθərɪs| *s.c.* autora, escritora.

authoritative |ɔːˈθɒrətətɪv| *adj.* 1 autoritario. 2 experto, versado.

authority |ɔːˈθɒrətɪ| *s.i.* 1 autoridad. 2 autorización, permiso (oficial). ‖ *s.c.* 3 [– on] autoridad en, experto en.

authorization |ɔːθəraɪˈzeɪʃn| (también **authorisation**) *s.c.* e *i.* autorización.

authorize |ˈɔːθəraɪz| (también **authorise**) *v.t.* autorizar, permitir.

authorship |ˈɔːθəʃɪp| *s.i.* autoría.

autistic |ɔːˈtɪstɪk| *adj.* autista.

autobiography |ɔːtəbarˈɒgrəfɪ| *s.c.* e *i.* autobiografía.

autocrat |ˈɔːtəkræt| *s.c.* autócrata.

autograph |ˈɔːtəgrɑːf| *s.c.* 1 autógrafo. ‖ *v.t.* 2 dedicar (un libro, foto, etc.).

automate |ˈɔːtəmeɪt| *v.t.* automatizar.

automatic |ɔːtəˈmætɪk| *adj.* 1 automático. 2 mecánico, inconsciente. ‖ *s.c.* 3 automática (pistola).

automaton |ɔːˈtɒmətən| (*pl.* automatons o automata) *s.c.* autómata, robot.

automobile |ˈɔːtəməbiːl| *s.c.* (EE.UU.) coche, automóvil.

autonomous |ɔːˈtɒnəməs| *adj.* autónomo, independiente.

autonomy |ɔːˈtɒnəmɪ| *s.i.* autonomía.

autopsy | ˈɔːtɒpsɪ | *s.c.* autopsia.
autumn | ˈɔːtəm | *s.i.* y *c.* otoño.
auxiliary | ɔːgˈzɪlɪərɪ | *s.c.* 1 ayudante, auxiliar. || *adj.* 2 auxiliar, de apoyo. || 3 – verb, verbo auxiliar.
avail | əˈveɪl | *v.r.* [to – of] aprovecharse de, aprovechar.
availability | əˌveɪləˈbɪlɪtɪ | *s.i.* disponibilidad, asequibilidad.
available | əˈveɪləbl | *adj.* disponible, asequible, sin compromiso.
avarice | ˈævərɪs | *s.i.* avaricia, codicia.
avaricious | ˌævəˈrɪʃəs | *adj.* avaricioso, codicioso.
avenge | əˈvendʒ | *v.t* vengar.
avenue | ˈævənjuː | *s.c.* avenida, medio.
aver | əˈvɜː | *v.t.* declarar, afirmar.
average | ˈævərɪdʒ | *s.c.* 1 promedio, término medio. || *adj.* 2 medio, normal. || *v.t* 3 producir por término medio, fabricar por término medio.
averse | əˈvɜːs | *adj.* [– to] contrario a, opuesto a.
aversion | əˈvɜːʃn | *s.c.* aversión, antipatía.
avert | əˈvɜːt | *v.t.* 1 impedir. 2 apartar (ojos, mirada, etc.).
aviary | ˈeɪvɪərɪ | *s.c.* aviario.
aviation | ˌeɪvɪˈeɪʃn | *s.i.* aviación.
avid | ˈævɪd | *adj.* [– for] ávido de.
avocado | ˌævəˈkɑːdəʊ | *s.c.* e *i.* aguacate.
avoid | əˈvɔɪd | *v.t.* evitar, eludir.
avoidable | əˈvɔɪdəbl | *adj.* evitable.
avow | əˈvaʊ | *v.t.* declarar, reconocer.
await | əˈweɪt | *v.t.* esperar, aguardar.
awake | əˈweɪk | *adj.* 1 despierto. 2 [– to] consciente de. || *v.* [pret. awoke y p.p. awoken] *t.* e *i.* 3 despertar(se).

awaken | əˈweɪkən | *v.t.* 1 despertar. 2 [to – to] despertar a. || *v.i.* 3 despertarse.
awakening | əˈweɪknɪŋ | *s.c.* despertar, surgimiento.
award | əˈwɔːd | *v.t.* 1 conceder, adjudicar. || *s.c.* 2 premio, ayuda.
aware | əˈweə | *adj.* 1 [– of] al tanto de, enterado de. 2 concienciado, atento. || 3 to be – of darse cuenta de.
awareness | əˈweənɪs | *s.i.* 1 conciencia. 2 [– of] conocimiento de.
awash | əˈwɒʃ | *adj.* 1 inundado. 2 [– with] (fig.) rebosante de.
away | əˈweɪ | *adv.* 1 fuera. 2 [– from] a... de distancia de, a... de camino de.
awe | ɔː | *s.i.* 1 temor, respeto. || *v.t.* 2 imponer respeto, atemorizar.
awful | ˈɔːfl | *adj.* 1 horrible, mal. 2 mal, enfermo. 3 terrible.
awhile | əˈwaɪl | *adv.* 1 un rato. || 2 for –, durante un rato.
awkward | ˈɔːkwəd | *adj.* 1 torpe, desmañado. 2 incómodo; nervioso. 3 difícil (con quien vivir, tratar, etc.). 4 complicado, problemático (de uso). 5 embarazoso, espinoso.
awl | ɔːl | *s.c.* lezna, punzón.
awning | ˈɔːnɪŋ | *s.c.* toldo, marquesina.
awoke | əˈwəʊk | V. awake.
awoken | əˈwəʊkn | V. awake.
awry | əˈraɪ | *adj.* 1 torcido. 2 (fig.) mal. || 3 to go –, salir mal (un plan, proyecto, etc.).
axe | æks | *s.c.* 1 hacha. 2 recorte (de un presupuesto). || *v.t.* 3 recortar.
axiom | ˈæksɪəm | *s.c.* axioma.
axis | ˈæksɪs | (pl. axes) *s.c.* 1 GEOM. eje. 2 MAT. coordenada.
axle | ˈæksl | *s.c.* MEC. eje, árbol.
azimuth | ˈæzɪməθ | *s.c.* azimut.
azure | ˈæʒə | *adj.* y *s.i.* azul celeste.

B

b, B | biː | *s.c.* e *i.* 1 b, B (letra). 2 MUS. si.

babble | ˈbæbl | *v.i.* 1 balbucear. 2 susurrar, murmurar. ‖ *v.t.* 3 decir balbuceando, barbotar. ‖ *s.c.* 4 balbuceo.

babe | beɪb | *s.c.* (fam. y EE.UU.) cariño, querida.

babel | ˈbeɪbl | *s.sing.* [– of] caos de, algarabía de; ruido incomprensible.

baboon | bəˈbuːn | *s.c.* mandril.

baby | ˈbeɪbɪ | *s.c.* 1 bebé. 2 infantil. 3 (fam. y EE.UU.) cariño, amor. ‖ *adj.* 4 pequeño, de bebé, para bebés.

babyhood | ˈbeɪbɪhʊd | *s.i.* infancia.

babyish | ˈbeɪbɪʃ | *adj.* de bebé, infantil.

baby-sit | ˈbeɪbɪsɪt | *v.i.* cuidar niños.

baby-sitter | ˈbeɪbɪsɪtə | *s.c.* niñera, chica canguro.

bacchanal | ˈbækənl | *s.c.* bacanal.

bachelor | ˈbætʃələ | *s.c.* 1 soltero. ‖ 2 bachelor's degree, licenciatura de primer grado. 3 Bachelor of Arts, Licenciado en Letras. 4 Bachelor of Science, Licenciado en Ciencias.

back | bæk | *s.c.* 1 espalda. 2 lomo. 3 reverso, dorso. 4 DEP. defensa, zaguero. ‖ *adj.* 5 posterior, trasero. 6 secundario. ‖ *v.t.* 7 dar marcha atrás. 8 apoyar. 9 empujar hacia atrás. 10 apostar por. ‖ *v.i.* 11 ir marcha atrás, retroceder. 12 [to – onto] dar a (por la parte de atrás de una casa o similar). ‖ *adv.* 13 hacia atrás, detrás, atrás. 14 – and forth, de atrás a delante; de allí para allá. 15 – copy, ejemplar atrasado. 16 to – off, retirarse; abandonar. 17 to – up, a) respaldar; confirmar. b) secundar, apoyar. c) retroceder, ir hacia atrás. 18 to turn one's –, dar la espalda, volver la espalda.

backache | ˈbækeɪk | *s.i.* dolor de espalda.

backbiting | ˈbækbaɪtɪŋ | *s.i.* calumnia, murmuración.

backbone | ˈbækbəʊn | *s.c.* 1 columna vertebral. 2 (fig.) base, columna. ‖ *s.i.* 3 determinación, firmeza.

backbreaking | ˈbækbreɪkɪŋ | *adj.* agotador, -matador.

backchat | ˈbæktʃæt | *s.i.* (fam. y brit.) descaro.

backcloth | ˈbækklɒθ | *s.c.* (brit.) telón de fondo.

back-comb | ˈbækkəʊm | *v.t.* peinar de detrás hacia delante.

backdate | ˈbækdeɪt | *v.t.* conceder efectos retroactivos.

backdoor | ˈbækdɔː | *adj.* (desp.) clandestino, deshonesto.

backdrop | ˈbækdrɒp | *s.c.* 1 (EE.UU.) telón de fondo. 2 fondo (de un paisaje).

-backed | bækt | *suf.* indica de qué está recubierto o cómo es la parte de atrás de un objeto.

backer | ˈbækə | *s.c.* partidario; patrocinador.

backfire | ˈbækfaɪə | *v.i.* 1 salir el tiro por la culata. 2 MEC. petardear.

backgammon | ˌbækˈgæmən | ˈbæk/gæmən | *s.i.* juego de chaquete.

background | ˈbækgraʊnd | *s.c.* 1 historial, antecedentes. 2 ART. fondo, tras-

fondo. ‖ *s.sing.* 3 marco (de una situación). ‖ *adj.* 4 de fondo, básico.
backhand |ˈbækhænd| *s.c.* DEP. 1 revés. 2 la mano mala.
backhanded |ˌbækˈhændɪd| *adj.* 1 con el revés de la mano. 2 irónico.
backing |ˈbækɪŋ| *s.i.* 1 apoyo (moral o monetario). 2 MUS. acompañamiento. ‖ *s.c. e i.* 3 revestimiento, forro.
backlash |ˈbæklæʃ| *s.sing.* reacción violenta, contragolpe.
backlog |ˈbæklɒg| *s.c.* acumulación, amontonamiento.
backpack |ˈbækpæk| *s.c.* (EE.UU.) mochila, macuto.
backroom |ˈbækˈruːm| *s.c.* 1 cuarto interior. ‖ 2 — boy, persona que trabaja en la sombra.
backside |ˈbæksaɪd| *s.c.* (fam.) trasero, culo.
backsliding |ˈbækslaɪdɪŋ| *s.i.* vuelta a las andadas, reincidencia.
backstage |ˈbæksteɪdʒ| *s.i.* 1 bambalinas, camerinos. 2 (fig.) entre bastidores. ‖ *adj.* 3 de detrás del telón.
backstroke |ˈbækstrəʊk| *s.i.* DEP. espalda (especialidad de natación).
backtrack |ˈbæktræk| *v.i.* retroceder.
backup |ˈbækʌp| *s.i.* 1 soporte, apoyo. 2 sustituto, sustitución.
backward |ˈbækwəd| *adj.* 1 hacia atrás, atrás, de atrás. 2 (desp.) atrasado, torpe.
backwards |ˈbækwədz| (también EE.UU. backward) *adv.* 1 atrás, hacia atrás. 2 al revés. ‖ 3 — and forwards, hacia delante y atrás, de aquí para allá.
backwash |ˈbækwɒʃ| *s.i.* 1 contracorriente. 2 consecuencias, secuelas.
backwater |ˈbækwɔːtə| *s.c.* (desp.) lugar alejado, lugar apartado.
backwoods |ˈbækwʊdz| *s.pl.* lugar remoto; quinto pino.
backyard |ˌbækjɑːd| *s.c.* 1 (brit.) patio trasero. 2 (EE.UU.) jardín trasero.
bacon |ˈbeɪkən| *s.i.* panceta.
bacteria |bækˈtɪərɪə| (**bacterium** *sing.*) *s.pl.* BIOL. bacteria.
bad |bæd| (comp. **worse**, super.

worst) *adj.* 1 malo, desagradable. 2 a — turn, una faena (en sentido negativo). 3 to feel — about, sentir tristeza sobre. 4 not —, aceptable, bien.
baddy |ˈbædɪ| *s.c.* (fam.) malo (en las películas, libros, etc.).
bade |beɪd| V. bid.
badge |bædʒ| *s.c.* insignia, chapa.
badger |ˈbædʒə| *s.c.* 1 tejón. ‖ *v.t.* 2 acosar, importunar (verbalmente).
badinage |ˈbædɪnɑːʒ| (EE.UU.) |ˌbædənˈɑːʒ| *s.i.* chanza.
hadly |ˈbædlɪ| *adv.* 1 mal, seriamente. ‖ 2 — off, sin blanca, sin un duro. 3 — off for, muy necesitado de.
baffle |ˈbæfl| *v.t.* desconcertar, confundir.
bafflement |ˈbæflmənt| *s.i.* desconcierto, confusión.
bag |bæg| *s.c.* 1 bolsa. 2 bolso. 3 (fig.) bolsa (contenido). ‖ *v.t.* 4 capturar.
baggage |ˈbægɪdʒ| *s.i.* (EE.UU.) equipaje.
baggy |ˈbægɪ| *adj.* holgado.
bagpipes |ˈbægpaɪps| *s.pl.* MUS. gaita.
bail |beɪl| (a veces **bale**) *s.c.* 1 fianza. 2 libertad bajo fianza. ‖ *v.t. e i.* 3 achicar (el agua en un barco). ‖ 4 to — out, a) sacar bajo fianza. b) sacar de apuros. 5 to — out (of), saltar en paracaídas (de) (un avión en peligro).
bailiff |ˈbeɪlɪf| *s.c.* 1 (brit.) DER. alguacil. 2 (EE.UU.) DER. corchete (administrativo de un tribunal). 3 (brit.) administrador.
bait |beɪt| *s.i.* 1 cebo, carnada. 2 (fig.) añagaza, cebo. ‖ *v.t.* 3 [to — (with)] poner un cebo. 4 (fig.) picar, hacer rabiar.
baize |beɪz| *s.i.* bayeta.
bake |beɪk| *v.t.* 1 cocer, hornear. ‖ *v.i.* 2 cocerse, hacerse al horno.
baker |ˈbeɪkə| *s.c.* panadero.
bakery |ˈbeɪkərɪ| *s.c.* panadería.
baking |ˈbeɪkɪŋ| *s.i.* 1 cocción, horneado. ‖ *adj.* 2 ardiente, calurosísimo. 3 — powder, levadura.
bakelite |ˈbeɪkəlaɪt| *s.i.* baquelita.
balance |ˈbæləns| *s.i.* 1 equilibrio,

armonía. ‖ *v.t* 2 sopesar, equilibrar. ‖ *v.i.* y *v.r.* 3 equilibrarse, compensarse. ‖ *s.c* 4 balanza. 5 COM. balance. ‖ 6 – of payments, balanza de pagos.

balanced | 'bælənst | *adj.* equilibrado, compensado, ajustado.

balcony | 'bælkənı | *s.c* 1 balcón. 2 galería, arriba (en cine o teatro).

bald | bɔːld | *adj.* 1 calvo. 2 sin dibujo (en las ruedas de coches). 3 desnudo, descubierto. 4 franco.

baldly | 'bɔːldlı | *adv.* francamente, sin pelos en la lengua.

baldness | 'bɔːldnıs | *s.i.* calvicie.

bale | beıl | *s.c* bala, fardo.

baleful | 'beɪlful | *adj.* pernicioso, malsano.

balk | bɔːk | (también **baulk**) *v.i.* [to – at] resistirse a, oponerse a, plantarse ante.

ball | bɔːl | *s.c* 1 pelota, balón, bola. 2 gran baile. ‖ *v.t* e *i.* 3 hacer(se) una bola. ‖ 4 a – game, (EE.UU.) partido de béisbol. 5 balls, (fam.) pelotas, agallas.

ballad | 'bæləd | *s.c* balada.

ballast | 'bæləst | *s.i.* 1 MAR. lastre. 2 grava, balasto.

ball-bearing | bɔːl'beərıŋ | *s.c* cojinete de bolas, rodamiento.

ballerina | bælə'riːnə | *s.c* bailarina.

ballet | 'bæleı | *s.i.* 1 ballet. ‖ *s.c* 2 grupo de ballet.

ballistic | bə'lıstık | *adj.* balístico.

balloon | bə'luːn | *s.c* 1 globo (para niños). 2 globo aerostático. 3 nube de viñeta (donde están las palabras que dicen los dibujos). ‖ *v.i.* 4 inflarse. 5 (fig.) aumentar a toda velocidad.

ballot | 'bælət | *s.c* 1 votación (secreta). 2 papeleta (para votar). ‖ *v.t* 3 decidir mediante votación.

ballot-box | 'bælətbɒks | *s.c* urna (para votar).

ballpoint | 'bɔːlpɔınt | *s.c* bolígrafo.

ballroom | 'bɔːlruːm | 'bɔːlrum | *s.c* salón de baile.

balm | bɑːm | (también **balsam**) *s.c* e *i.* 1 bálsamo. ‖ *s.i.* 2 (fig.) consuelo.

balmy | 'bɑːmı | *adj.* suave.

baloney | bə'ləunı | *s.i.* (fam. y EE.UU.) tontería, bobada.

balsam | 'bɔːlsəm | V. balm.

balustrade | bælə'streıd | *s.c* balustrada, baranda.

bamboo | bæm'buː | *s.c* e *i.* bambú.

ban | bæn | *v.t* 1 prohibir. 2 [to – + o.d. + from] inhabilitar para. ‖ *s.c* 3 [– (on)] prohibición.

banal | bə'nɑːl | (EE.UU.) | 'beınl | *adj.* banal, trivial.

banana | bə'nɑːnə | (EE.UU.) | bə'nænə | *s.c* e *i.* 1 plátano. ‖ 2 bananas, loco, chiflado.

band | bænd | *s.c* 1 grupo, banda, orquesta. 2 franja, tira. 3 RAD. banda (de frecuencias). 4 anillo (de un cigarro). 5 MEC. abrazadera. 6 brazalete.

bandage | 'bændıdʒ | *s.c* 1 venda, vendaje. ‖ *v.t* 2 vendar.

bandanna | bæn'dænə | (también **bandana**) *s.c* pañuelo grande.

-banded | 'bændıd | *sufijo* a... bandas, con... franjas.

bandit | 'bændıt | *s.c* bandido.

bandy | 'bændı | *adj.* 1 patizambo. ‖ *v.t* 2 intercambiar (palabras, insultos).

bane | beın | *s.sing.* [the – of] ruina; plaga, azote.

bang | bæŋ | *v.i.* 1 chocar, golpear. ‖ *v.t* 2 colocar, poner (con un ruido) (fam. y muy fuerte), follarse (a una mujer). ‖ *s.c* 4 golpe; detonación. ‖ *adv.* 5 (fam.) justo, exactamente (en una oposición). ‖ 6 to – about, (fam.) dar golpes descuidadamente. 7 to – out, (fam.) dar la murga.

banger | 'bæŋə | *s.c* (fam. y brit.) 1 salchicha. 2 cacharro (coche viejo). 3 petardo.

Bangladesh | bæŋglə'deʃ | *s.sing.* Bangladesh.

bangle | 'bæŋgl | *s.c* pulsera, brazalete.

banish | 'bænıʃ | *v.t* 1 [to – (from)] desterrar, exiliar. 2 [to – (from)] disipar; rechazar (pensamientos).

banister | 'bænıstə | (también **bannister**) *s.c* pasamano.

banjo | 'bændʒəʊ | s.c. banjo.
bank | bæŋk | s.c. 1 banco, banca, fila. 2 orilla. 3 talud, terraplén. 4 montículo. ‖ v.t. 5 meter en el banco (dinero). 6 amontonar. ‖ v.i. 7 [to – with] tener una cuenta bancaria con. 8 AER. inclinarse (para cambiar de dirección). ‖ 9 a – of keys, un teclado. 10 to – on, contar con; confiar en.
banker | 'bæŋkə | s.c. banquero.
banknote | 'bæŋknəʊt | s.c. billete de banco.
bankroll | 'bæŋkrəʊl | (EE.UU.) v.t. 1 financiar.‖ a.c. 2 fondos financieros.
bankrupt | 'bæŋkrʌpt | adj. 1 sin fondos, insolvente. ‖ s.c. 2 insolvente (la persona). ‖ v.t. 3 hacer caer en bancarrota. ‖ 4 to go –, declararse en quiebra.
bankruptcy | 'bæŋkrəpsɪ | s.i. 1 quiebra. ‖ s.c. 2 bancarrota, fracaso financiero.
banner | 'bænə | s.c. 1 estandarte, pancarta. 2 (fig.) bandera.
banns | bænz | s.pl. [the –] amonestaciones.
banquet | 'bæŋkwɪt | s.c. banquete.
banter | 'bæntə | s.i. 1 chanza, guasa. ‖ v.i. 2 [to – (with/about)] tomar el pelo.
Bantu | bæn'tu: | adj. bantú.
banyan | 'bænɪən | s.c. baniano.
baptism | 'bæptɪzəm | s.c. o i. bautismo.
Baptist | 'bæptɪst | s.c. baptista.
baptize | bæp'taɪz | (también **baptise**) v.t. bautizar.
bar | ba: | s.c. 1 (brit.) bar. 2 (EE.UU.) bar. 3 barra. 4 [a – of] lingote, pastilla, tableta. 5 prohibición. 6 compás. ‖ v.t. 7 obstruir, atrancar (una puerta). 8 poner rejas. 9 prohibir. ‖ prep. 10 salvo, con la excepción de.
barb | ba:b | s.c. 1 púa, lengüeta (de una flecha). 2 pincho, espino.
barbarian | ba:'beərɪən | s.c. bárbaro.
barbaric | ba:'bærɪk | adj. brutal.
barbarism | 'ba:bərɪzəm | s.i. barbarie.
barbecue | 'ba:bɪkju: | s.c. barbacoa.

barbed | ba:bd | adj. 1 con púas. ‖ 2 – wire, alambre de espino.
barber | 'ba:bə | s.c. 1 peluquero, barbero. ‖ v.t. 2 cortar finamente.
barbiturate | ba:'bɪtjʊrət | s.c. barbitúrico.
bare | beə | adj. 1 desnudo. 2 descubierta (cabeza). 3 desolado (paisaje). 4 vacío. 5 sin hojas. 6 mero, nada más que (con cantidades). ‖ v.t. 7 descubrir, desnudar. 8 to lay –, a) desnudar exhibir. b) revelar, descubrir.
barefoot | 'beəfʊt | (también **barefooted**) adj./adv. descalzo.
barely | 'beəlɪ | adv. apenas.
bareness | 'beənɪs | s.i. desnudez (de un paisaje o similar).
bargain | 'ba:gɪn | s.c. 1 trato, pacto. 2 ganga. ‖ v.i. 3 [to – (for/with)] negociar, pactar. 4 regatear. ‖ 5 to – for, prever, anticipar. 6 to drive a hard –, regatear. 7 into the –, además, por añadidura. 8 to strike/make a –, cerrar un trato.
barge | ba:dʒ | s.c. 1 barcaza, gabarra. ‖ v.i. 2 [to – (through/into)] irrumpir. ‖ 3 to – in/into, interrumpir (una conversación). 4 to – one's way through, abrirse camino por medio de.
bark | ba:k | v.i. 1 ladrar. ‖ v.t. 2 escupir (humo, llamas, etc.). ‖ s.c. 3 ladrido. ‖ s.i. 4 corteza (de un árbol).
barley | 'ba:lɪ | s.i. cebada.
barmaid | 'ba:meɪd | s.c. camarera (en un pub o similar).
barman | 'ba:mən | [pl.irreg. **barmen**] s.c. camarero (en un pub o similar).
barn | ba:n | s.c. 1 granero, pajar. 2 (EE.UU.) establo, cuadra. 3 (EE.UU.) cochera (de autobuses).
barnacle | 'ba:nəkl | s.c. percebe.
barnyard | 'ba:nja:d | s.c. corral.
barometer | bə'rɒmɪtə | s.c. barómetro.
baroque | bə'rɒk | (EE.UU.) | bə'rəʊk | adj. barroco.
barrack | 'bærək | v.t. e i. abuchear.
barracks | 'bærəks | s.pl. cuartel.
barrage | 'bæra:ʒ | s.c. 1 andanada, descarga. 2 presa.

barred | bɑːd | *adj.* enrejado.
barrel | ˈbærəl | *s.c.* 1 barril. 2 MEC. cilindro, tambor.
barren | ˈbærən | *adj.* estéril, yermo.
barricade | ˌbærɪˈkeɪd | *s.c.* 1 barricada. ‖ *v.t.* 2 bloquear. ‖ *v.r.* 3 atrincherarse.
barrier | ˈbærɪə | *s.c.* barrera, valla.
barring | ˈbɑːrɪŋ | *prep.* con la excepción de, salvo.
barrister | ˈbærɪstə | *s.c.* (brit.) abogado (para tribunales superiores).
barrow | ˈbærəʊ | *s.c.* carretilla (de mano).
bartender | ˈbɑːtendə | *s.c.* (EE.UU.) camarero.
barter | ˈbɑːtə | *v.t. e i.* 1 intercambiar mercancías. ‖ *s.i.* 2 trueque.
basalt | ˈbæsɔːlt | (EE.UU.) | ˈbeɪsɔːlt | | bəˈsɔːlt | *s.i.* basalto.
base | beɪs | *s.c.* 1 [the – of] parte inferior, base. 2 basa. 3 base. 4 fondo (con pinturas). 5 [– for] fundamento de, apoyo para. ‖ *v.t.* 6 [to – (on)] basar, fundamentar. ‖ *v.r.* 7 basarse. ‖ *adj.* 8 vil, ruin.
baseball | ˈbeɪsbɔːl | *s.i.* béisbol.
baseline | ˈbeɪslaɪn | *s.c.* línea de fondo, línea de saque.
basement | ˈbeɪsmənt | *s.c.* sótano.
bases | ˈbeɪsiːz | *pl.* de basis.
bash | bæʃ | *v.t.* 1 golpear, atizar, vapulear (con fuerza). ‖ *v.i.* 2 [to – at] golpear. 3 [to – into] darse contra. ‖ *s.c.* 4 golpe, porrazo.
bashful | ˈbæʃfl | *adj.* tímido, vergonzoso.
basic | ˈbeɪsɪk | *adj.* 1 básico, esencial. 2 [– (to)] vital, esencial. 3 primitivo, sencillo. ‖ 4 BASIC, lenguaje informático.
basics | ˈbeɪsɪks | *s.pl.* temas fundamentales, cosas esenciales.
basil | ˈbæzl | *s.i.* albahaca.
basilica | bəˈzɪlɪkə | *s.c.* basílica.
basilisk | ˈbæzɪlɪsk | *s.c.* basilisco.
basin | ˈbeɪsn | *s.c.* 1 cuenco, palangana. 2 dique, dársena. 3 lavabo. 4 cuenca (de un río). 5 depresión, hoya.
basis | ˈbeɪsɪs | [*pl.* bases] *s.c.* 1 fundamento, base. 2 punto de partida. ‖ 3

on a... –, con un sistema...; a..., por... 4 on the – of, en base a, con base en.
bask | bɑːsk | (EE.UU.) | bæsk | *v.i.* [to – in] tomar (el sol), solearse.
basket | ˈbɑːskɪt | (EE.UU.) | ˈbæskɪt | *s.c.* 1 cesto, canasta. ‖ 2 – case, (EE.UU.) caso para el manicomio, tipo loco.
basketball | ˈbɑːskɪtbɔːl | (EE.UU.) | ˈbæskɪtbɔːl | *s.i.* baloncesto.
bass | bæs | [*pl.* bass o basses] *s.c.* róbalo, perca.
bass | beɪs | MUS. *s.c.* 1 bajo (cantante). 2 bajo (guitarra o violón). ‖ *adj.* 3 bajo, grave.
basset | ˈbæsɪt | (también basset-hound | ˈbæsɪthaʊnd |) *s.c.* perro basset.
bassoon | bəˈsuːn | *s.c.* fagot.
bast | bæst | *s.i.* estera, esterilla.
bastard | ˈbɑːstəd | (EE.UU.) | ˈbæstəd | *s.c. y adj.* bastardo, ilegítimo.
bastardize | ˈbɑːstədaɪz | (EE.UU.) | ˈbæstədaɪz | (también bastardise) *v.t.* degradar, degenerar.
baste | beɪst | *v.t.* 1 lardear, pringar. ‖ *v.t. e i.* 2 hilvanar.
bastion | ˈbæstɪən | *s.c.* baluarte, fuerte.
bat | bæt | *s.c.* 1 murciélago. 2 bate (de béisbol). ‖ *v.i.* 3 batear. 4 not to – an eyelid, no pestañear, no inmutarse.
batch | bætʃ | *s.c.* 1 hornada. 2 [– (of)] grupo, montón, serie.
bated | ˈbeɪtɪd | with – breath, con la respiración contenida; ansiosamente.
bath | bɑːθ | (EE.UU.) | bæθ | *s.c.* 1 baño, bañera. ‖ *v.t.* 2 bañar. ‖ *v.i.* 3 (brit.) darse un baño. ‖ 4 – chair, silla de ruedas.
bathe | beɪð | *v.r.* 1 [to – (in)] bañarse. ‖ *v.t.* 2 bañar, lavar (una herida). 3 [to – o. (in/with)] inundar, cubrir (de luz, brillo). 4 [normalmente pasiva] inundar (con un sentimiento o emoción). ‖ *s.sing.* 5 baño, chapuzón.
bathing-trunks | ˈbeɪðɪŋtrʌŋks | *s.pl.* (brit.) bañador (de hombre).

bathos | 'beɪɒs | *s.i.* trivialidad, anti-clímax forzado.

bathrobe | 'bɑ:ərəub | *s.c.* 1 albornoz. 2 (EE.UU.) bata.

bathroom | 'bɑ:əru:m | *s.c.* 1 baño, cuarto de baño. 2 (EE.UU.) servicio.

bathtub | 'bɑ:ətʌb | *s.c.* bañera.

bathysphere | 'bæɪsfɪə | *s.c.* batisfera.

batiste | bæ'ti:st | bə'ti:st | *s.i.* batista.

baton | 'bætn | 'bætɒn | (EE.UU.) | bə'tɒn | *s.c.* 1 batuta. 2 testigo, posta (para relevos). 3 porra (de policía). 4 vara, bastón de mando.

battalion | bə'tælɪən | *s.c.* batallón.

batten | 'bætn | *s.c.* 1 tabla, listón. ‖ 2 to – down, clavar tablas en.

batter | 'bætə | *v.t.* 1 maltratar. 2 golpear, aporrear. ‖ *s.c.* 3 bateador (en béisbol). ‖ *s.i.* 4 pasta (para rebozar). ‖ 5 to – down, derribar, echar abajo.

battered | 'bætəd | *adj.* 1 estropeado, abollado (vehículos). 2 maltratado.

battery | 'bætərɪ | *s.c.* 1 batería. ‖ *adj.* 2 en batería.

battle | 'bætl | *s.c. e i.* 1 batalla, combate. ‖ *v.i.* 2 batallar, combatir.

battlements | 'bætlmənts | *s.pl.* almenas.

battleship | 'bætlʃɪp | *s.c.* barco de guerra.

baulk | bɔ:k | V. balk.

bawdy | 'bɔ:dɪ | *adj.* obsceno.

bawl | bɔ:l | *v.i.* 1 berrear, llorar a gritos. ‖ *v.t. e i.* 2 decir a gritos, berrear.

bay | beɪ | *s.c.* 1 bahía. 2 bayo. 3 laurel. 4 compartimento, zona. 5 esquina. ‖ *v.i.* 6 ladrar, aullar. ‖ 7 at –, acorralado, rodeado.

bayonet | 'beɪənɪt | *s.c.* 1 bayoneta. ‖ *v.t.* 2 clavar la bayoneta.

bayou | 'baɪu: | *s.c.* brazo pantanoso de un río.

bazaar | bə'zɑ: | *s.c.* bazar.

bazooka | bə'zu:kə | *s.c.* bazoka.

B.C. | bi:'si: | *s.i.* antes de Cristo.

be | bɪ | (forma fuerte | bi: |) *v.* [*pret.* was y were, *p.p.* been] *i.* 1 ser. 2 [to –

adj./adv.] ser, estar. 3 [to – profesión] ser, trabajar de. 4 hacer (fenómenos atmosféricos). 5 ser (para expresar la hora). 6 estar (con un lugar). 7 existir. 8 [to – of] ser de, estar hecho de. 9 [there –] haber. 10 ser, costar. 11 tener (con medidas de altura, distancia, edad, etc.) 12 ser, comportarse.

beach | bi:tʃ | *s.c.* 1 playa. ‖ *v.t. e i.* 2 varar(se), poner(se) en seco.

beachhead | 'bi:tʃhed | *s.c.* cabeza de puente.

beacon | 'bi:kən | *s.c.* 1 luz de aviso, fanal. 2 faro.

bead | bi:d | *s.c.* 1 cuenta, abalorio. 2 burbuja, gota. ‖ 3 beads, a) rosario. b) collares.

beaded | 'bi:dɪd | *adj.* 1 [– (with)] adornado. 2 [– (with)] lleno de gotas (de sudor).

beadle | 'bi:dl | *s.c.* (brit.) bedel (en universidad); alguacil (en tribunales).

beady | 'bi:dɪ | *adj.* pequeños (ojos).

beagle | 'bi:gl | *s.c.* pachón, sabueso pequeño.

beak | bi:k | *s.c.* pico (de pájaro).

beaker | 'bi:kə | *s.c.* 1 jarra (con pico). 2 cubeta, vaso de laboratorio.

beam | bi:m | *s.c.* 1 rayo. 2 sonrisa. 3 ELEC. rayo, haz. 4 ARQ. viga. ‖ *s.sing.* 5 [the –] DEP. la barra fija. ‖ *v.i.* 6 [to – (at)] sonreír. 7 irradiar. ‖ *v.t.* 8 RAD. emitir. 9 expresar mediante una sonrisa.

bean | bi:n | *s.c.* 1 (normalmente *pl.*) judía, frijol. 2 grano.

beanfeast | 'bi:nfi:st | (también beano) *s.c.* (brit., fam. y p.u.) fiesta por todo lo alto.

beansprout | 'bi:nspraut | (también beanshoot) *s.c.* (generalmente *pl.*) brote tierno de soja.

bear | beə | *v.* [*pret.* bore, *p.p.* borne] *t.* 1 llevar, portar. 2 aguantar, soportar. 3 dar a luz. 4 transportar. 5 producir. 6 [to – (of)] llevar, tener, poseer. 7 tener (parecido), guardar (relación). 8 escorarse, dirigirse suavemente. ‖ *r.* 9 conducirse. ‖ *s.c.* 10 oso. 11 FIN. tendencia a la baja. ‖ 12 to – a grudge, guardar rencor. 13

to – out, confirmar, sostener. 14 to – up, a) sostenerse. b) poner buena cara (a las dificultades). 15 to – with, soportar pacientemente.

bearable | 'beərəbl | *adj.* soportable, aguantable.

beard | bɪəd | *s.c.* 1 barba. ‖ *v.t.* 2 desafiar, retar..

bearer | 'beərə | *s.c.* portador.

bearing | 'beərɪŋ | *s.sing.* 1 porte, aspecto. ‖ *s.c.* 2 posición, orientación. 3 (generalmente *pl.*) cojinete, soporte. ‖ *s.i.* 4 [– (on)] relación, conexión. ‖ 5 – bearing, portador en compuestos con sustantivos). 6 bearings, características (de una situación).

bearish | 'beərɪʃ | *adj.* 1 hosco, malhumorado, rudo, áspero. 2 FIN. bajista.

beast | biːst | *s.c.* 1 bestia. ‖ *s.sing.* 2 [the – in] la bestia que hay en, lo peor que hay en (la naturaleza humana).

beat | biːt | *v.* [*pret.* beat, *p.p.* beaten] *t.* 1 golpear repetidamente, dar una paliza. 2 ganar, derrotar. 3 batir. 4 MUS. tocar, golpear. 5 adelantarse a. 6 sobrepasar, batir. ‖ *i.* 7 agitarse, moverse (alas). 8 batir (en la caza). 9 latir (el corazón). ‖ *s.c.* 10 latido, movimiento. ‖ *s.sing.* 11 MUS. ritmo. 12 golpeteo, martilleo. ‖ *adj.* 13 rebelde.

beaten | 'biːtn | *p.p.* 1 de beat. ‖ *adj.* 2 batido, amartillado.

beater | 'biːtə | *s.c.* 1 batidor (en la caza). 2 batidora (en la cocina).

beatific | bɪə'tɪfɪk | *adj.* beatífico.

beatification | bɪˌætɪfɪk'eɪʃn | *s.i.* beatificación.

beating | 'biːtɪŋ | *s.c.* 1 paliza, tunda. ‖ *s.sing.* 2 derrota. 3 to take a –, sufrir una clara derrota.

beatitude | brˈætɪtjuːd | (EE.UU.) | brˈætɪtuːd | *s.i.* 1 bienaventuranza, beatitud. ‖ 2 the Beatitudes, las Bienaventuranzas.

beaut | bjuːt | *s.c.* buenísimo, insuperable, magnífico.

beauteous | 'bjuːtɪəs | *adj.* bello.

beautician | bjuː'tɪʃn | *s.c.* esteticien.

beautiful | 'bjuːtɪfl | *adj.* hermoso, bello.

beautify | 'bjuːtɪfaɪ | *v.t.* embellecer.

beauty | 'bjuːtɪ | *s.i.* 1 belleza. ‖ *s.c.* 2 mujer bella, beldad. ‖ *adj.* 3 de belleza, estética. 4 – contest, concurso de belleza. 5 – parlour, salón de belleza.

beaver | 'biːvə | *s.c.* 1 castor. ‖ *s.i.* 2 castor (la piel). ‖ 3 to – away, trabajar sin parar.

bebop | 'biːbɒp | [también bop] *s.i.* tipo de música de jazz.

becalmed | brˈkɑːmd | *adj.* estático, inmóvil.

became | brˈkeɪm | *pret.* de become.

because | brˈkɒz | (EE.UU.) | brˈkɔːz | *conj.* 1 porque, como, ya que. ‖ 2 – of, a causa de, por.

beck | bek | *s.c.* arroyo, riachuelo.

beckon | 'bekən | *v.t.* e *i.* 1 [to – + o. (+ *inf./prep.*)] hacer señas, llamar por señas. 2 [to – (to)] atraer.

become | brˈkʌm | *v.* [*pret.* became, *p.p.* became] *i.* 1 llegar a ser; convertirse en. ‖ *t.* 2 convenir, sentar bien. ‖ 3 what has/will – of, qué ha sido/será de.

bed | bed | *s.c.* 1 cama, lecho. 2 lecho, cauce. 3 estrato, capa. 4 base, firme. 5 cuadro, macizo. ‖ *v.t.* 6 llevar a la cama. 7 to – down, meter en la cama, acostar. 8 in –, acostado.

bedaub | brˈdɔːb | *v.t.* [to – (with)] embadurnar.

bedbug | 'bedbʌg | *s.c.* chinche.

-bedded | 'bedɪd | *sufijo* de... camas.

bedeck | brˈdek | *v.t.* [to – (with)] adornar, embellecer.

bedevil | brˈdevl | *v.t.* confundir, acosar, desesperar.

bedfellow | 'bedfeləu | *s.c.* 1 compañero de cama. 2 (fig.) asociado, aliado.

bedhead | 'bedhed | *s.c.* cabecera (de una cama).

bedlam | 'bedləm | *s.i.* follón, escándalo.

bedpan | 'bedpæn | *s.c.* orinal, bacín.

bedpost | 'bedpəust | *s.c.* pilar de la cama.

bedraggled |bɪ'drægld| *adj.* sucio, mojado, enlodado.

bedridden |'bedrɪdn| *adj.* postrado en la cama (por enfermedad o vejez).

bedrock |'bedrɒk| *s.i.* 1 capa de piedra dura. 2 principio fundamental.

bedroll |'bedrəʊl| *s.c.* petate.

bedroom |'bedru:m| *s.c.* dormitorio.

bedspread |'bedspred| *s.c.* colcha.

bedtime |'bedtaɪm| *s.i.* hora de acostarse, hora de irse a la cama.

bee |bi:| *s.c.* 1 abeja. 2 (EE.UU.) reunión, tertulia. || 3 busy –, trabajador nato.

beech |bi:tʃ| *s.c.* o *i.* 1 haya. || *s.i.* 2 madera de haya. || 3 – tree, haya.

beef |bi:f| *s.i.* 1 carne de vacuno, carne de ternera. 2 (fam.) fuerza, músculo. || [*pl.* beeves] *s.c.* 3 ganado para el matadero. [*pl.* beefs] 4 (fam.) quejas, lloriqueos. || *v.i.* 5 [to – (about)] quejarse, llorar. 6 to – up, reforzar.

beefburger |'bi:fbɜ:gə| *s.c.* hamburguesa.

beefeater |'bi:fi:tə| *s.c.* alabardero (de la Torre de Londres).

beefiness |'bi:fɪnɪs| *s.i.* corpulencia.

beefsteak |'bi:fsteɪk| V. steak.

beehive |'bi:haɪv| *s.c.* colmena.

bee-keeper |'bi:ki:pə| *s.c.* apicultor.

been |bi:n| *p.p.* 1 de be. || 2 to have –, haber pasado.

beep |bi:p| *s.c.* 1 pip (sonido). || *v.t.* e *i.* 2 emitir un pip.

beer |bɪə| *s.c.* e *i.* cerveza.

beeswax |'bi:zwæks| *s.i.* cera de abejas.

beet |bi:t| *s.i.* remolacha.

beetle |'bi:tl| *s.c.* 1 escarabajo. 2 mazo. || *v.i.* 3 apresurarse.

beetle-browed |,bi:tl'braʊd| *adj.* de cejas pobladas.

beetroot |'bi:tru:t| *s.c.* e *i.* 1 raíz de remolacha. || *adj.* 2 rojo.

beeves |bi:vz| V. beef 3.

befall |bɪ'fɔ:l| *v.* [*pret.* befell, *p.p.* befallen] *t.* ocurrir, suceder.

befit |bɪ'fɪt| *v.t.* ser propio de, convenir.

befog |bɪ'fɒg| [*ger.* befogging, *pret.* y *p.p.* befogged] *v.t.* confundir, oscurecer.

before |bɪ'fɔ:| *conj.* 1 antes de que, antes que, antes de. || *prep.* 2 antes de. 3 ante. 4 delante de. 5 ante. || *adj.* 6 [*s.* –] anterior. || *adv.* 7 anteriormente.

beforehand |bɪ'fɔ:hænd| *adv.* con anterioridad, de antemano.

befriend |bɪ'frend| *v.t.* hacerse amigo de, amparar.

befuddle |bɪ'fʌdl| *v.t.* aturdir, confundir (mentalmente).

beg |beg| [*ger.* begging, *pret.* y *p.p.* begged] *v.t.* 1 pedir, mendigar. 2 [to – + pron. (+ *inf.*)] implorar, suplicar. || *v.i.* 3 [to – (for)] pedir, suplicar. || 4 to – leave, solicitar permiso. 5 to – off, excusarse.

began |bɪ'gæn| V. begin.

beget |bɪ'get| *v.* [*pret.* begot, *p.p.* begotten] *t.* 1 causar, generar. 2 engendrar.

beggar |'begə| *s.c.* 1 mendigo, indigente. || *v.t.* 2 pauperizar, empobrecer.

begin |bɪ'gɪn| *v.* [*pret.* began, *p.p.* begun] *t.* 1 empezar, iniciar. 2 encabezar. || *i.* 3 [to – + *inf./ger.*] empezar, comenzar.

beginner |bɪ'gɪnə| *s.c.* principiante.

begone |bɪ'gɒn| (EE.UU.) |bɪ'gɔ:n| *interj.* ¡fuera!

begot |bɪ'gɒt| |bɪ'gæt |) V. beget.

begotten |bɪ'gɒtn| V. beget.

begrudge |bɪ'grʌdʒ| *v.t.* 1 tener envidia de, resentir. 2 dar de mala gana.

beguile |bɪ'gaɪl| *v.t.* 1 [to – o. + (with/ into)] seducir, encantar. 2 entretener.

begun |bɪ'gʌn| V. begin.

behalf |bɪ'hɑ:f| (EE.UU.) |bɪ'hæf| on – of/on someone's –, en nombre de, de parte de, por encargo de.

behave |bɪ'heɪv| *v.i.* comportarse, portarse bien.

behaviour |bɪ'heɪvjə| (EE.UU. behavior) *s.i.* [– (of)] comportamiento, conducta.

behaviourism |bɪ'heɪvjərɪzəm| (EE.UU. behaviorism) *s.i.* PSIC. conductismo.

behead |bɪ'hed| *v.t.* decapitar.

beheld | bɪ'held | V. behold.

behest | bɪ'hest | at someone's –, por orden de, a instancias de.

behind | bɪ'haɪnd | prep. 1 detrás de, tras. 2 retrasado con respecto a, por detrás de. 3 en apoyo de. || adv. 4 detrás, atrás. 5 atrasado (reloj). 6 [– (in/with)] atrasado (en pagos). || s.c. 7 trasero, culo. 8 close/not far –, inmediatamente.

behindhand | bɪ'haɪndhænd | adv. atrasado, retrasado.

beheld | bɪ'held | pret. y p.p. de behold.

behold | bɪ'həʊld | v.t. [irreg. pret. y p.p. beheld] contemplar, mirar.

beholder | bɪ'həʊldə | s.c. espectador.

behove | bɪ'həʊv | (EE.UU. behoove) v.t. [it –] es menester.

being | 'biːɪŋ | ger. 1 de be. || s.c. 2 ser, persona, criatura. || s.i. 3 ser, naturaleza. || conj. 4 como, al ser, siendo. || 5 to bring something into –, engendrar. 6 to come into –, empezar su existencia.

bejewelled | bɪ'dʒuːəld | (EE.UU. bejeweled) adj. enjoyado.

belabour | bɪ'leɪbə | (EE.UU. belabor) v.t. 1 apalear, golpear. 2 elaborar (un tema).

belated | bɪ'leɪtɪd | adj. tardío, retrasado, demorado.

belay | bɪ'leɪ | DEP. v.i. 1 amarrar. || s.c. 2 agarradero.

belch | beltʃ | v.i. 1 eructar, regoldar. || v.t. 2 emitir, arrojar (humo, fuego). || s.c. 3 eructo.

beleaguered | bɪ'liːɡəd | adj. 1 sitiado, cercado. 2 molestado, importunado.

belfry | 'belfrɪ | s.c. campanario.

Belgian | 'beldʒən | adj. 1 belga. || s.c. 2 belga (ciudadano).

Belgium | 'beldʒəm | s.sing. Bélgica.

belie | bɪ'laɪ | [ger. belying] v.t. 1 representar mal, contradecir. 2 desmentir.

belief | bɪ'liːf | s.c. e i. 1 [– (in)] creencia. || s.c. 2 convicción firme. 3 fe. || 4 beyond –, increíble.

believable | bɪ'liːvəbl | adj. creíble.

believe | bɪ'liːv | v.t. 1 creer. 2 tener el convencimiento de que. || 3 – it or not, lo puedes creer o no, sorprendente pero es cierto. 4 I –, creo, opino.

believer | bɪ'liːvə | s.c. creyente.

belittle | bɪ'lɪtl | v.t. menospreciar.

bell | bel | s.c. 1 campana, timbre, cascabel. 2 – pepper, pimiento dulce. 3 sound as a –, en perfecto estado de salud.

belladonna | ˌbelə'dɒnə | s.i. belladona.

bell-boy | 'belbɔɪ | (también bell-hop) s.c. (EE.UU.) botones (de hotel).

belle | bel | s.c. belleza.

bellicose | 'belɪkəʊs | adj. belicoso.

belligerent | bɪ'lɪdʒərənt | adj. 1 beligerante, hostil. || s.c. 2 país en guerra.

bellow | 'beləʊ | v.i. 1 rugir, bramar. || v.t. 2 decir con un rugido. || s.c. 3 rugido.

bellows | 'beləʊz | s.pl. [– v.sing./pl.] fuelle.

bell-pull | 'belpʊl | s.c. cordón del timbre, cordón para llamar.

bell-push | 'belpʊʃ | s.c. timbre.

bell-ringer | 'belrɪŋə | s.c. campanero.

bell-tent | 'beltent | s.c. tienda de campaña (en forma de campana).

belly | 'belɪ | s.c. 1 barriga, abdomen. 2 to – out, hincharse, inflarse.

bellyache | 'belɪeɪk | (fam.) s.c. e i. 1 dolor de barriga. || v.i. 2 quejarse.

belly-band | 'belɪbænd | s.c. cincha.

belly-button | 'belɪbʌtn | s.c. ombligo.

belong | bɪ'lɒŋ | (EE.UU. | bɪ'lɔːŋ) v.i. 1 [to – to] pertenecer a, ser de. 2 [to – to] ser miembro de. 3 [to – to] corresponderse con, ser parte de.

beloved | bɪ'lʌvd | bɪ'lʌvɪd | adj. y s.c. amado, querido.

below | bɪ'ləʊ | prep. 1 debajo de, por debajo de. 2 menos de. || adv. 3 debajo, abajo. 4 más adelante (en un escrito).

belt | belt | s.c. 1 cinturón, cinto. 2 MEC. correa. || v.t. 3 poner cinturón. 4 golpear, atizar. || v.i. 5 ir a toda velocidad. 6 –

line, (EE.UU.) trayecto de circunvalación. 7 **to — out,** chillar, vocear.

bemoan | brˈməʊn | *v.t.* lamentar.

bemused | brˈmjuzd | *adj.* estupefacto, desconcertado.

bench | bentʃ | *s.c.* 1 banco (para sentarse). 2 banco de trabajo. 3 (normalmente *sing.*) estrado. || *s.sing.* 4 [the —] el tribunal. || *s.pl.* 5 (brit.) escaños.

benchmark | bentʃmɑːk | *s.c.* 1 cota de referencia (en topografía). 2 punto de referencia.

bend | bend | *v.* [*pret. y p.p. irreg.* bent] *t.* 1 inclinar, doblar. 2 curvar, cambiar de dirección. 3 doblegar, hacer cambiar. || *v.i.* 4 inclinarse, doblarse. 5 curvarse. 6 [to — to] doblegarse ante. || *s.c.* 7 curva, vuelta, recodo. 8 **to — the rules,** manipular la interpretación de las leyes.

bended | ˈbendɪd | **on — knee,** arrodillado, en posición genuflecta.

bender | ˈbendə | *s.c.* borrachera.

bendy | ˈbendɪ | *adj.* 1 llena de curvas. 2 flexible, que se puede doblar fácilmente.

beneath | brˈniːθ | *prep.* 1 bajo, debajo de, por debajo de. 2 bajo, debajo de (en categoría). 3 indigno de. || 4 debajo, abajo.

benediction | ˌbenrˈdɪkʃn | *s.c.* e *i.* bendición.

benefaction | ˌbenrˈfækʃn | *s.c.* 1 acto caritativo. || *s.i.* 2 beneficencia.

beneficence | brˈnefɪsns | *s.i.* beneficencia.

beneficiary | ˌbenrˈfɪʃərɪ | (EE.UU.) | ˌbenrˈfɪʃerɪ | *s.c.* beneficiario.

benefit | ˈbenɪfɪt | *s.c.* 1 beneficio, provecho. || *s.c.* e *i.* 2 subsidio. || *s.i.* 3 [— (to)] provecho, ventaja. || *adj.* 4 de caridad. || *v.t.* (EE.UU. *ger.* benefitting, *pret. y p.p.* benefitted) 5 beneficiar, aprovechar. || *v.i.* 6 [to — from/by] beneficiarse de/por.

benevolence | brˈnevələns | *s.i.* benevolencia.

benevolent | brˈnevələnt | *adj.* benigno, caritativo.

benighted | brˈnaɪtɪd | *adj.* ignorante.

benign | brˈnaɪn | *adj.* benigno, afable.

bent | bent | *pret.* y *p.p.* de **bend.** || *adj.* 2 inclinado, doblado. 3 torcido, curvado. 4 abollado. 5 [— on/upon] resuelto a, empeñado en. 6 corrupto, comprado. || 7 [a — (for)] tendencia, afición.

benumbed | brˈnamd | *adj.* aterido.

bequeath | brˈkwiːð | *v.t.* legar.

bequest | brˈkwest | *s.c.* legado.

berate | brˈreɪt | *v.t.* reprender.

bereave | brˈriːv | *v.t.* [to — o. (of)] privar.

bereaved | brˈriːvd | *adj.* | desconsolado. || 2 **the —,** los deudos.

bereft | brˈreft | *adj.* [— of] privado de, desolado.

beret | ˈbereɪ | (EE.UU.) | bəˈreɪ | *s.c.* boina, gorra.

berry | ˈberɪ | *s.c.* baya.

berserk | bəˈsɜːk | | bəˈzɜːk | *adj.* 1 loco. || 2 **to go —,** volverse loco.

berth | bɜːθ | *s.c.* 1 litera. 2 atracadero. || *v.t.* e *i.* 3 amarrar.

beseech | brˈsiːtʃ | *v.t.* [*pret. y p.p.* beseeched o besought] implorar, suplicar.

beset | brˈset | *v.t.* [*pret. y p.p.* beset] [to — + o. (with/by)] acosar, asediar. 2 [to — + o. + (with/by)] atacar, hostigar.

beside | brˈsaɪd | *prep.* 1 al lado de. 2 en comparación con. 3 junto a, en comparación con.

besides | brˈsaɪdz | *prep.* 1 además de; aparte de. 2 [*neg.* —] con la excepción de. || *adv.* 3 además.

besiege | brˈsiːdʒ | *v.t.* 1 asediar, sitiar. 2 [to — o. + (by/with)] abrumar.

besmear | brˈsmɪə | *v.t.* ensuciar.

besmirch | brˈsmɜːtʃ | *v.t.* mancillar.

besom | ˈbiːzəm | *s.c.* escoba.

besought | brˈsɔːt | *pret.* y *p.p.* de **beseech.**

bespeak | brˈspiːk | *v.t.* [*pret.* bespoke, *p.p.* bespoken] revelar, denotar.

bespectacled | brˈspektəkld | *adj.* con gafas, que lleva gafas.

bespoke | brˈspəʊk | *pret.* 1 de **bespeak.** || *adj.* 2 a medida, hecho a medida.

best | best | *super.* 1 de **good** y **well.**

‖ *adj.* 2 mejor, de más calidad. 3 [– *inf.*] lo más prudente. ‖ *adv.* 4 mejor, con más calidad. 5 de la mejor manera. 6 más, mejor. ‖ *s.sing.* 7 [the –] lo mejor, lo más adecuado. 8 lo mejor, lo más ventajoso. 9 [*adj.pos.* –] mejor ropa. ‖ 10 all the –, que vaya todo bien. 11 as – one can/could/etc., de la mejor manera posible. 12 at –, en lo mejor de los casos. 13 – man, padrino (en una boda). 14 for the –, con la mejor intención.

bestow ǀ bɪ'stəʊ ǀ *v.t.* [to – o. + (on)] otorgar.

bestrew ǀ bɪ'stru: ǀ *v.t* [*pret.* bestrewed, *p.p.* bestrewn] esparcir, desparramar.

bestride ǀ bɪ'straɪd ǀ *v.i.* [*pret.* bestrode, *p.p.* bestridden] sentarse a horcajadas sobre.

bet ǀ bet ǀ *v.* [*pret.* y *p.p. irreg.* bet o betted] *t.* 1 [to – + o. + (on)] apostar. ‖ *s.c.* 2 [– (on)] apuesta. 3 a safe –/a good –, una suposición probable; una cosa segura. 4 you –, por supuesto, no faltaría más.

beta ǀ 'bi:tə ǀ (EE.UU.) ǀ 'beɪtə ǀ *s.c.* e *i.* beta.

betel ǀ 'bi:tl ǀ *s.i.* nuez de betel.

betide ǀ bɪ'taɪd ǀ woe –, Dios socorra, el Cielo ayude.

betoken ǀ bɪ'təʊkən ǀ *v.t.* indicar, demostrar.

betray ǀ bɪ'treɪ ǀ *v.t.* traicionar, engañar.

betrayal ǀ bɪ'treɪəl ǀ *s.c.* 1 [– (of)] traición, engaño. ‖ *s.i.* 2 defraudación.

betrothal ǀ bɪ'trəʊðl ǀ *s.c.* [– (of/to)] compromiso matrimonial.

betrothed ǀ bɪ'trəʊðd ǀ *adj.* prometido (para matrimonio).

better ǀ 'betə ǀ 1 de good y well. ‖ *adj.* 2 de mejor calidad. 3 [– for/*inf.*] mejor, más conveniente. 4 [– at] mejor en. ‖ *adv.* 5 mejor, más adecuadamente. ‖ *v.t.* 6 mejorar. ‖ *v.r.* 7 subir de categoría social. ‖ 8 to be all the – for, venir bien. 9 to be – off, estar mucho mejor, estar mejor acomodado. 10 betters, superiores. 11 for – or worse, para bien o para mal. 12 for the –, hacia mejor, con mejora. 13 to get the – of, vencer. 14 had –, será mejor, sería mejor. 15 the sooner the –/the more the –, cuanto antes mejor.

better ǀ 'betə ǀ *s.c.* apostante.

betterment ǀ 'betəmənt ǀ *s.i.* mejora.

betting-shop ǀ 'betɪŋʃɒp ǀ *s.c.* despacho de apuestas.

between ǀ bɪ'twi:n ǀ *prep.* 1 entre. ‖ *adv.* 2 en medio, de por medio, por el medio. 3 – you and me, entre tú y yo.

betwixt ǀ bɪ'twɪkst ǀ *prep.* – and between, entre una cosa y otra.

bevel ǀ 'bevl ǀ *s.c.* 1 bisel, escuadra. ‖ *v.t.* 2 biselar.

beverage ǀ 'bevərɪdʒ ǀ *s.c.* bebida.

bevy ǀ 'bevɪ ǀ *s.c.* montón.

bewail ǀ bɪ'weɪl ǀ *v.t.* lamentar, llorar.

beware ǀ bɪ'weə ǀ *v.i.* [to – (of)] tener cuidado.

bewilder ǀ bɪ'wɪldə ǀ *v.t.* desconcertar, azorar, dejar perplejo.

bewildered ǀ bɪ'wɪldəd ǀ *adj.* [– (at/by /about)] desconcertado, azorado.

bewitch ǀ bɪ'wɪtʃ ǀ *v.t.* hechizar, embrujar.

beyond ǀ bɪ'jɒnd ǀ *prep.* 1 más allá de. 2 fuera de. 3 más allá de. 4 [– + *pron.*] imposible de entender, muy por encima de. 5 después de, más tarde de. ‖ *adv.* 6 más allá, más lejos. 7 – belief, increíble.

bi- ǀ baɪ ǀ *prefijo* bi (indica dos).

biannual ǀ baɪ'ænjʊəl ǀ *adj.* bianual.

bias ǀ 'baɪəs ǀ *s.c.* e *i.* 1 prejuicio. 2 sesgo. 3 inclinación, tendencia.

biased ǀ baɪəst ǀ (también **biassed**) *adj.* parcial, sesgado.

bib ǀ bɪb ǀ *s.c.* babero, peto.

bible ǀ 'baɪbl ǀ *s.c.* biblia.

biblical ǀ 'bɪblɪkl ǀ *adj.* bíblico.

bibliography ǀ ˌbɪblɪ'ɒgrəfɪ ǀ *s.c.* e *i.* bibliografía.

bibliophile ǀ 'bɪblɪəfaɪl ǀ *s.c.* bibliófilo.

bibulous ǀ 'bɪbjʊləs ǀ *adj.* borrachín.

bicentenary ǀ ˌbaɪsen'ti:nərɪ ǀ (EE.UU.) ǀ ˌbaɪ'sentənerɪ ǀ *s.c.* bicentenario.

biceps | ˈbaɪseps | [pl. **biceps**] s.c. bíceps.

bicker | ˈbɪkə | v.i. reñir, pelearse.

bicycle | ˈbaɪsɪkl | s.c. 1 bicicleta. || v.i. 2 ir en bicicleta, montar en bicicleta.

bicyclist | ˈbaɪsɪklɪst | s.c. ciclista.

bid | bɪd | v. [pret.irreg. bid o bade, p.p. bid o bidden] t. 1 [to – + o. + (for)] ofertar, licitar. 2 dar, decir (un saludo). 3 [to – + o. + inf.] solicitar, pedir. || i. 4 [to – for] licitar a favor de, licitar por. etc.. || s.c. 5 [– (for)] oferta, licitación. 6 [– + inf.] intento, tentativa.

bidden | ˈbɪdn | p.p. de bid.

bidder | ˈbɪdə | s.c. 1 postor, licitador. || 2 the highest –, el mejor postor.

bide | baɪd | v.i. 1 esperar, aguardar. || 2 to – one's time, esperar la ocasión.

bidet | ˈbiːdeɪ | (EE.UU.) | biˈdeɪ | s.c. bidé.

biennial | baɪˈenɪəl | adj. 1 bienal, bianual. || s.c. 2 planta bienal.

bier | bɪə | s.c. andas funerarias.

biff | bɪf | v.t. 1 arrear un tortazo. || s.c. 2 tortazo.

bifocal | ˌbaɪˈfəʊkl | adj. bifocal.

bifocals | ˌbaɪˈfəʊklz | s.pl. lentes bifocales, gafas bifocales.

bifurcate | ˈbaɪfəkeɪt | v.i. bifurcarse.

bifurcation | ˌbaɪfəˈkeɪʃn | s.c. bifurcación.

big | bɪg | [comp. bigger, super. biggest] adj. 1 grande, gran. 2 importante, influyente. 3 generoso, magnánimo. 4 mayor (hermano o hermana). 5 mayúscula. 6 (EE.UU.) pegando fuerte. 7 trascendental, importante. 8 con gran éxito. || 9 – bang, FIS. gran explosión. 10 – business, a) gran mundo empresarial. b) buen negocio. 11 – cat, felino. 12 – city, gran ciudad. 13 – dipper, (brit.) montaña rusa. 14 Big Dipper, (EE.UU.) Osa Mayor. 15 to make it –, tener un gran éxito. 16 to think –, pensar a lo grande.

bigamy | ˈbɪgəmɪ | s.i. bigamia.

biggish | ˈbɪgɪʃ | adj. grandote.

bight | baɪt | s.c. 1 ensenada, cala. 2 lazo (en una cuerda).

bigness | ˈbɪgnɪs | s.i. enormidad.

bigot | ˈbɪgət | s.c. fanático, intolerante.

bigwig | ˈbɪgwɪg | s.c. VIP, tipo importante.

bijou | ˈbiːʒuː | [pl. **bijoux** (misma pronunciación)] s.c. 1 joya. || adj. 2 chic, mono.

bike | baɪk | s.c. 1 bici; moto. || v.i. 2 ir en bicicleta. || 3 on your –, (brit.) lárgate.

bilabial | ˌbaɪˈleɪbɪəl | s.c. y adj. bilabial.

bilateral | ˌbaɪˈlætərəl | adj. bilateral.

bilateralism | ˌbaɪˈlætərəlɪzəm | s.i. reciprocidad (en acuerdos internacionales).

bilberry | ˈbɪlbrɪ | (EE.UU.) | ˈbɪlberɪ | s.c. arándano.

bile | baɪl | s.i. 1 bilis. 2 mal genio. || 3 – duct, conducto biliar.

bilge | bɪldʒ | s.c. 1 sentina. || s.i. 2 agua sucia. 3 sandez, bobada.

bilingual | ˌbaɪˈlɪŋgwəl | adj. y s.c. bilingüe.

bilious | ˈbɪlɪəs | adj. 1 pálido, con mala cara. 2 como de bilis (color). 3 con mal genio. || 4 to feel –, sentir ganas de vomitar.

bilk | bɪlk | v.t estafar, no pagar.

bill | bɪl | s.c. 1 cuenta, factura, recibo. 2 (EE.UU.) billete. 3 proyecto de ley parlamentaria. 4 cartel, letrero. 5 pico (de pájaros). || s.sing. 6 [the –] el elenco (en espectáculos). 7 programa. || v.t. 8 enviar la factura a. 9 anunciar, promocionar. 10 – of exchange, letra de cambio. 11 – of fare, carta (menú). 12 – of rights, declaración de derechos fundamentales.

billboard | ˈbɪlbɔːd | s.c. cartelera, valla para anuncios.

billet | ˈbɪlɪt | v.t. 1 alojar (especialmente a soldados). || s.c. 2 alojamiento para soldados.

billfold | ˈbɪlfəʊld | (brit. **wallet**) s.c. (EE.UU.) billetera, cartera.

billiards | ˈbɪlɪədz | s.i. 1 [– v.sing.] billar. || 2 billiard-, de billar.

billion | ˈbɪljən | num.card. (brit.) billón; (EE.UU.) cien mil millones.

billow | ˈbɪləʊ | v.i. 1 ondular, agitarse. 2 levantarse, alzarse (polvo). || s.c. 3 ola.

billy |'bɪlɪ| *s.c.* 1 bote, lata. || 2 – can, bote, lata. 3 – **goat,** macho cabrío.

biltong |'bɪltɒŋ| *s.i.* cecina, tasajo.

bimonthly |baɪ'mʌnθlɪ| *adj.* bimensual.

bin |bɪn| *s.c.* cubo, recipiente.

binary |'baɪnərɪ| *adj.* binario.

bind |baɪnd| *v.t.* [*pret.* y *p.p. irreg.* bound] 1 atar, liar. 2 ligar, vincular (a personas). 3 aglutinar. 4 recoger, sujetar. 5 obligar, comprometer. 6 encuadernar. 7 [to – + o. + (with)] ribetear. 8 estreñir. || *s.sing.* 9 [a –] un apuro. || 10 to be bound (to), estar asociado (con). 11 to – over, obligar bajo amenaza legal.

binder |'baɪndə| *s.c.* 1 archivador, carpeta. 2 aglutinante. 3 encuadernador. 4 cordel.

bindweed |'baɪndwiːd| *s.c.* e *i.* correhuela, convólvulo.

binge |bɪndʒ| (fam.) *s.sing.* 1 ventolera (de hacer algo repentinamente). || 2 to go on a –, irse de juerga.

binnacle |'bɪnəkl| *s.c.* bitácora.

binoculars |bɪ'nɒkjuləz| *s.pl.* prismáticos.

binomial |baɪ'nəumɪəl| *s.c.* binomio.

bio- |baɪəu| *prefijo* bio.

biochemistry |,baɪəu'kemɪstrɪ| *s.i.* bioquímica.

biodegradable |,baɪəudɪ'greɪdəbl| *adj.* biodegradable.

biography |baɪ'ɒɡrəfɪ| *s.i.* 1 biografía. || *s.c.* 2 biografía (libro).

biological |,baɪə'lɒdʒɪkl| *adj.* 1 biológico, de las ciencias naturales. 2 – **warfare** guerra bacteriológica.

biology |baɪ'ɒlədʒɪ| *s.i.* y *s. sing.* biología.

biosphere |'baɪəsfɪə| *s.sing.* biosfera.

biotechnology |,baɪəutek'nɒlədʒɪ| *s.i.* biotecnología.

bipartisan |,baɪpɑːtɪ'zæn| (EE.UU.) |,baɪ'pɑːtɪzn| *adj.* bipartidario.

biped |'baɪped| *s.c.* bípedo.

biplane |'baɪpleɪn| *s.c.* biplano.

birch |bɜːtʃ| *s.c.* e *i.* abedul.

bird |bɜːd| *s.c.* 1 pájaro, ave. 2 chica.

3 tipo, bicho. || 4 a – in the hand is worth two in the bush, más vale pájaro en mano que ciento volando.

birdcage |'bɜːdkeɪdʒ| *s.c.* jaula.

birdie |'bɜːdɪ| *s.c.* 1 pajarito. 2 birdie (golpe de golf).

birdlike |'bɜːdlaɪk| *adj.* de pájaro, similar a un pájaro.

birdseed |'bɜːdsiːd| *s.i.* alpiste.

biretta |bɪ'retə| *s.c.* birrete.

birth |bɜːθ| *s.c.* e *i.* 1 nacimiento. || *s.i.* 2 linaje, ascendencia. || *s.sing.* 3 [(the) – (of)] (fig.) origen. || 4 – **certificate,** partida de nacimiento. 5 by –, de nacimiento. 6 to give – (to), alumbrar, dar a luz. 7 to give – to, ausar, ocasionar.

birthday |'bɜːθdeɪ| *s.c.* cumpleaños.

birthright |'bɜːθraɪt| *s.c.* e *i.* derecho básico.

biscuit |'bɪskɪt| *s.c.* 1 (brit.) galleta. 2 (EE.UU.) bizcocho. || *s.i.* 3 marrón claro.

bisect |baɪ'sekt| *v.t.* bisecar.

bisexual |baɪ'sekʃuəl| *adj.* bisexual.

bishop |'bɪʃəp| *s.c.* 1 obispo. 2 alfil.

bismuth |'bɪzməθ| *s.i.* bismuto.

bison |'baɪsn| [*pl.* bison] *s.c.* búfalo, bisonte.

bistro |'biːstrəu| *s.c.* casa de comidas, restaurante pequeño.

bit |bɪt| *pret.irreg.* 1 de bite. || *s.c.* 2 trocito, pedazo. 3 INF. bit. 4 freno (de un caballo). 5 penique. || *s.sing.* 6 rollo. 7 a – **much/a – steep/a – strong/etc.,** demasiado. 8 a – of a, bastante, considerable. 9 – by –, poquito a poquito. 10 – part, papel pequeño. 11 every – as, igual de, justo tan. 12 for a –, durante un ratito. 13 for quite a –, durante bastante tiempo. 14 not a –, en absoluto, en nada. 15 quite a –/a –, bastante; mucho.

bitch |bɪtʃ| *s.c.* 1 perra, loba, zorra. 2 (fig. y desp.) mujer despreciable. || *v.i.* 3 [to – (about)] quejarse, lloriquear. || *s.sing.* 4 fastidio.

bitchiness |'bɪtʃɪnɪs| *s.i.* malicia.

bite |baɪt| *v.* [*pret.* bit, *p.p.* bitten] *t.* 1 morder. 2 morder, picar (animales). || *i.* 3 morder. 4 picar (los peces). 5 agarrarse (una superficie contra otra). 6 hacer mella. ‖ *s.c.* 7 mordisco. 8 mordedura, picadura. 9 [− (of/out of)] mordisco (trozo de alimento). 10 picada (de pez). ‖ *s.sing.* 11 un bocado. 12 fuerza cortante (del viento, del frío). ‖ *s.i.* 13 sabor picante. ‖ 14 to be bitten (by), ser atraído poderosamente (por). 15 to − into, corroer. 16 to − off more than one can chew, abarcar más de lo que uno puede.

bitten | ˈbɪtn | *p.p.* de bite.

bitter | ˈbɪtə | *adj.* 1 amargo. 2 amargado, resentido. 3 encarnizado, implacable (pelea). 4 cortante, desapacible (frío y viento). 5 doloroso (experiencia). ‖ *s.i.* 6 cerveza amarga.

bitterness | ˈbɪtənɪs | *s.i.* 1 amargura. 2 sabor amargo. 3 dureza, severidad.

bitty | ˈbɪtɪ | *adj.* (fam.) fragmentado, irregular.

bitumen | ˈbɪtjumən | (EE.UU.) | bəˈtuːmən | *s.i.* alquitrán.

bivouac | ˈbɪvuæk | *s.c.* 1 vivac, campamento. 2 [ger. bivouacking, pret. bivouacked] *v.i.* 2 acampar.

bizarre | bɪˈzɑː | *adj.* extraño, grotesco.

blab | blæb | [ger. blabbing, pret. blabbed] *v.i.* [to − (about/to)] chismear.

black | blæk | *adj.* 1 negro. 2 solo (café o té). 3 negro (humor). 4 negra (magia). 5 perverso, malvado. 6 sombrío, lúgubre. 7 melancólico, tristón. 8 oscuro (de color). ‖ *s.c.* 9 negro (persona). ‖ *s.i.* 10 negro, (lo) oscuro. ‖ *v.t.* 11 boicotear, no tratar con. 12 − economy, economía sumergida. 13 − mass, misa satánica. 14 to − out, a) desmayarse. b) dejar totalmente oscuro. c) ocultar, esconder. d) censurar, bloquear. 15 − spot, punto negro. 16 − tie, de etiqueta. 17 the Black Death, la peste negra.

blackball | ˈblækbɔːl | *v.t.* excluir, rechazar.

blackberry | ˈblækbrɪ | | ˈblækberɪ | *s.c.* 1 zarza. 2 zarzamora.

blackbird | ˈblækbɜːd | *s.c.* mirlo.

blackboard | ˈblækbɔːd | (EE.UU. chalkboard) *s.c.* pizarra, encerado.

blackcurrant | ˌblækkʌrənt | *s.c.* grosella negra.

blacken | ˈblækən | *v.t.* 1 ennegrecer, pintar de negro. 2 desacreditar.

blackhead | ˈblækhed | *s.c.* espinilla.

blackish | ˈblækɪʃ | *adj.* negruzco.

blackjack | ˈblækdʒæk | *s.c.* (EE.UU.) cachiporra.

blackmail | ˈblækmeɪl | *s.i.* 1 chantaje, extorsión. ‖ *v.t.* 2 chantajear.

blackness | ˈblæknɪs | *s.i.* 1 oscuridad. 2 negritud (como raza).

blackout | ˈblækaʊt | *s.c.* 1 apagón, corte de luz. 2 velo negro; luces apagadas. 3 censura, supresión.

blacksmith | ˈblæksmɪθ | *s.c.* herrero.

blackthorn | ˈblækθɔːn | *s.c.* endrino.

bladder | ˈblædə | *s.c.* vejiga.

blade | bleɪd | *s.c.* 1 hoja, cuchilla. 2 pala (de remo), aspa. 3 brizna (de hierba).

blame | bleɪm | *v.t.* 1 [to − o. + (for)] culpar, reprochar. ‖ *s.i.* 2 culpa. 3 censura. ‖ 4 to be to − (for), tener la culpa (de).

blameless | ˈbleɪmlɪs | *adj.* libre de culpa, intachable.

blameworthy | ˈbleɪmwɜːðɪ | *adj.* censurable, culpable.

blanch | blɑːntʃ | (EE.UU.) | blæntʃ | *v.i.* e *i.* 1 palidecer. ‖ *v.t.* 2 escaldar; blanquear.

bland | blænd | *adj.* 1 insípido, insulso. 2 aburrido.

blandness | ˈblændnɪs | *s.i.* 1 imperturbabilidad. 2 falta de sabor. 3 falta de fuerza, carencia de atractivo.

blandishments | ˈblændɪʃmənts | *s.pl.* zalamerías, halagos.

blank | blæŋk | *adj.* 1 en blanco. 2 libre, vacío. 3 sin expresión. 4 total, absoluto (rechazo). ‖ *s.c.* 5 espacio en blanco. ‖ *s.sing.* 6 [a −] un vacío total (de pensamiento). ‖ 7 − cartridge, cartucho de fogueo. 8 − verse, verso libre. 9 to go −, no saber qué decir.

blanket | ˈblæŋkɪt | *s.c.* 1 manta. 2 capa, manto (de nieve, niebla). 3 sensación sofocante. ‖ *adj.* 4 general . ‖ *v.t.* 5 cubrir por completo.

blankness | 'blæŋknɪs | *s.i.* 1 inexpresividad (rostro). 2 (lo) absoluto, (lo) radical.

blare | bleə | *v.i.* 1 atronar, pegar fuertes pitidos. ‖ *s.sing.* 2 estruendo, ruido fuerte.

blasé | 'blɑ ːzeɪ | (EE.UU.) | blɑ ːˈzeɪ | *adj.* indiferente, hastiado.

blasphemy | 'blæsfəmɪ | *s.i.* blasfemia.

blast | blɑːst | (EE.UU.) | blæst | *s.c.* 1 explosión, estallido. 2 ráfaga (de viento). 3 onda expansiva. 4 trompetazo. ‖ *v.t.* 5 destrozar. 6 abrir paso (mediante bombas). 7 abrirse paso a tiros. 8 emitir un estruendo ensordecedor. 9 criticar despiadadamente. ‖ *v.i.* 10 hacer explosión. 11 hacer un ruido fuerte. ‖ blast! *interj.* 12 to — away, a) disparar sin parar. b) sonar estruendosamente. 13 — furnace, alto horno. 14 — it!, ¡maldita sea!

blasted | 'blɑːstɪd | *adj.* (fam.) maldito, condenado.

blatancy | 'bleɪtnsɪ | *s.i.* evidencia.

blatant | 'bleɪtnt | *adj.* patente.

blaze | bleɪz | *v.i.* 1 arder, llamear. 2 [to — (with)] resplandecer. 3 [to — (with)] arder (emoción). 4 disparar (sin parar). ‖ *v.t.* 5 proclamar a grandes titulares. ‖ *s.c.* 6 llamarada (de sol, color). 7 fuego, incendio. ‖ *s.sing.* 8 [(a) — of] alarde de. ‖ 9 to — a trail, abrir caminos nuevos.

blazer | 'bleɪzə | *s.c.* chaqueta de sport.

blazon | 'bleɪzn | *v.t.* blasonar, exhibir.

bleach | bliːtʃ | *s.i.* 1 lejía. ‖ *v.t.* e *i.* 2 blanquear. 3 teñir de rubio (cabello).

bleak | bliːk | *adj.* 1 desolado, yermo 2 sombrío, triste. 3 desapacible.

bleakness | 'bliːknɪs | *s.i.* 1 desolación. 2 frialdad, tristeza.

bleary | 'blɪərɪ | *adj.* cansado, agotado, enrojecido (ojos).

bleat | bliːt | *v.i.* 1 balar. ‖ *v.t.* e *i.* 2 gemir. ‖ *s.c.* 3 balido. 4 gemido.

bleed | bliːd | *v.i.* 1 sangrar. 2 desco-

lorarse, desteñirse. ‖ *v.t.* 3 sangrar. 4 MED. sacar sangre. 5 (fig.) sacar el dinero a.

bleeder | 'bliːdə | *s.c.* cabrón, gilipollas.

bleep | bliːp | *s.c.* 1 sonido agudo, pitido. ‖ *v.i.* 2 emitir un sonido agudo. ‖ *v.t.* 3 llamar mediante chivato.

bleeper | 'bliːpə | *s.c.* buscapersonas, chivato buscapersonas.

blemish | 'blemɪʃ | *s.c.* 1 defecto, tacha. ‖ *v.t.* 2 manchar, mancillar.

blemished | 'blemɪʃt | *adj.* con algún defecto (especialmente fruta).

blench | blentʃ | *v.i.* [to — (at)] acobardarse, retroceder con miedo.

blend | blend | *v.t.* 1 mezclar. 2 combinar, armonizar. ‖ *v.i.* 3 mezclarse. 4 [to — (with)] combinar(se), armonizar(se). ‖ *s.c.* 5 mezcla. ‖ *s.sing.* 6 [— of] combinación de. ‖ 7 to — in/into, entremezclarse, desaparecer entre.

blender | 'blendə | *s.c.* licuadora.

bless | bles | *v.t.* [*pret.* y *p.p.* blessed o blest] 1 bendecir. 2 [to — + o. + (for)] agradecer profusamente, bendecir. 3 aprobar, dar la bendición a. ‖ 4 — my soul, válgame Dios. 5 — you, a) Jesús (al estornudar). b) Dios te lo agradezca. 6 God —, adiós, Dios te guarde.

blessed | 'blesɪd | [a veces blest detrás de s.] *adj.* 1 bendito, santo. 2 bienaventurado 3 dichoso, feliz.

blest | blest | *pret.* y *p.p.* de bless.

blether | 'bleðə | *v.i.* [to — (about)] decir bobadas, decir chorradas.

blew | bluː | *pret.* de blow.

blight | blaɪt | *s.i.* 1 plaga, enfermedad. ‖ *s.c.* 2 plaga, ruina. ‖ *v.t.* 3 arruinar.

blighter | 'blaɪtə | *s.c.* diablo.

blimey | 'blaɪmɪ | *interj.* mecachis.

blind | blaɪnd | *adj.* 1 ciego, invidente. 2 [— (with)] cegado. 3 [— (to)] ciego, insensible. 4 sin vanos (pared). 5 cegada (ventana). ‖ *s.c.* 6 persiana. 7 pretexto, subterfugio. ‖ *v.t.* 8 dejar ciego. 9 deslumbrar. ‖ *adv.* 10 a ciegas. 11 — alley, callejón sin salida.

blinder | 'blaɪndə | *s.c.* orgía, borrachera.

blindfold | 'blaɪndfəʊld | *s.c.* 1 venda. ‖ *v.t.* 2 vendar (los ojos). ‖ *adv.* 3 con los ojos vendados.

blindfolded | 'blaɪndfəʊldɪd | *adj.* vendados (ojos).

blindness | 'blaɪndnɪs | *s.i.* 1 ceguera, invidencia. 2 [— (to)] irracionalidad, insensatez.

blink | blɪŋk | *v.i.* 1 parpadear, pestañear. 2 brillar intermitentemente. ‖ *v.t.* 3 abrir y cerrar (los ojos). ‖ *s.c.* 4 parpadeo, pestañeo. 5 destello. ‖ 6 **a — of an eye/eyelid**, un abrir y cerrar de ojos.

blinkers | 'blɪŋkəz | (EE.UU. **blinders**) *s.pl.* (brit.) anteojeras (de caballo).

bliss | blɪs | *s.i.* dicha, felicidad.

blissful | 'blɪsfl | *adj.* venturoso, feliz.

blister | 'blɪstə | *s.c.* 1 ampolla. 2 burbuja, ampolla. ‖ *v.t.* e *i.* 3 salir ampollas.

blithe | blaɪð | *adj.* jovial, alegre.

blitz | blɪts | *s.c.* ataque relámpago.

blitzkrieg | 'blɪtskriːg | *s.c.* guerra relámpago.

blizzard | 'blɪzəd | *s.c.* ventisca; tempestad de nieve.

bloated | 'bləʊtɪd | *adj.* 1 hinchado, inflado. 2 harto.

bloater | 'bləʊtə | *s.c.* arenque ahumado.

blob | blɒb | *s.c.* 1 masa informe. 2 mancha.

block | blɒk | *s.c.* 1 [— (of)] bloque, edificio. 2 manzana, (Am.) cuadra. 3 témpano. 4 tapón, obstáculo. 5 fajo. 6 bloqueo mental. ‖ *v.t.* 7 bloquear, obstaculizar. ‖ 8 **— and tackle**, aparejo de poleas. 9 **to — in**, a) encajonar. b) esbozar en negro. 10 **to — off**, tapar completamente.

blockade | blɒkeɪd | *s.c.* 1 bloqueo, asedio. ‖ *v.t.* 2 bloquear, asediar.

blockage | 'blɒkɪdʒ | *s.c.* e *i.* obstrucción, atrancamiento.

blockbuster | 'blɒkbʌstə | *s.c.* 1 bomba de demolición. 2 exitazo.

blockhead | 'blɒkhed | *s.c.* cabeza de chorlito.

blockhouse | 'blɒkhaʊs | *s.c.* 1 búnker. 2 (EE.UU.) fuerte.

blonde | blɒnd | (también **blond**) *adj.* 1 rubia. ‖ *s.c.* 2 rubia, mujer rubia.

blood | blʌd | *s.i.* 1 sangre. 2 origen, ascendencia. ‖ 3 **bad —**, mala intención. 4 **to be in someone's —**, llevarlo en la sangre. 5 **— cell**, FISIOL. glóbulo rojo. 6 **— group**, grupo sanguíneo. 7 **— test**, análisis de sangre. 8 **— type**, grupo sanguíneo. 9 **in cold —**, a sangre fría. 10 **new /fresh/young —**, nuevo impulso.

bloodbath | 'blʌdbɑːθ | *s.c.* carnicería.

bloodhound | 'blʌdhaʊnd | *s.c.* sabueso.

bloodless | 'blʌdlɪs | *adj.* 1 sin derramamiento de sangre. 2 pálido, anémico. 3 sin fuerza, sin entusiasmo.

bloodlust | 'blʌdlʌst | *s.i.* deseo de matar, deseo de asesinar.

bloodshed | 'blʌdʃed | *s.i.* derramamiento de sangre.

bloodshot | 'blʌdʃɒt | *adj.* inyectados de sangre (ojos).

bloodstained | 'blʌdsteɪnd | *adj.* ensangrentado, manchado de sangre.

bloodsucker | 'blʌdsʌkə | *s.c.* sanguijuela.

bloodiness | 'blʌdɪnɪs | *s.i.* 1 crueldad, violencia. 2 sanguinolencia.

bloody | 'blʌdɪ | *adj.* 1 cruel, cruento. 2 sanguinolento, sangriento. ‖ *v.t.* 3 ensangrentar. ‖ *adj.* y *adv.* 4 maldito, asqueroso; muy.

bloom | bluːm | *v.i.* 1 florecer. 2 ser evidente, salir a la luz. ‖ *s.c.* 3 florecimiento, floración. ‖ *s.sing.* 4 lozanía, frescor. ‖ *s.i.* 5 vello, pelusa. ‖ 6 **in —/in full —**, en flor, en plena floración. 7 **to take the — off something**, quitar la alegría a algo, quitar la frescura a algo.

blooper | 'bluːpə | *s.c.* (EE.UU.) metedura de pata, gazapo.

blossom | 'blɒsəm | *v.i.* 1 florecer. 2 [to — (into)] convertirse, desarrollarse. ‖ *s.c.* e *i.* 3 floración, florecimiento. ‖ 4 **in —/in full —**, en flor.

blot | blɒt | *s.c.* 1 borrón, mancha. ‖

s.sing. 2 [– on] mancha en, borrón sobre. ‖ *v.t.* 3 secar (con papel secante). ‖ 4 to – out, a) ocultar, no dejar ver. b) suprimir, borrar. 5 to – up, absorber.

blotch | blɒtʃ | *s.c.* mancha, roncha (en la piel especialmente).

blotter | 'blɒtə | *s.c.* hoja de papel secante.

blotto | 'blɒtəu | *adj.* mamado (borracho).

blouse | blauz | (EE.UU.) | blaus | *s.c.* blusa.

blow | bləu | *v.* [*pret.* blew, *p.p.* blown] *i.* 1 soplar. 2 flotar (en el viento). 3 sonar (un instrumento de viento). 4 explotar (neumático). 5 saltar (fusible). ‖ *t.* 6 soplar, traer (el viento). 7 echar, soplar (con la boca). 8 hacer (burbujas). 9 sonarse. 10 [to – (*prep.*)] hacer (explosión). 11 hacer resonar, tocar. 12 hacer estallar (neumático). 13 hacer saltar (fusible). ‖ *s.c.* 14 golpe, porrazo. 15 [– for/against] empujón a/contra. 16 to – out, a) apagar(se). b) terminarse (tormenta). 17 to – over, a) apagarse, terminarse (problema). b) disminuir su fuerza (tormenta). 18 to – someone's mind, (fam.) impresionar.

blower | 'bləuə | *s.c.* (brit.) teléfono.

blowhole | 'bləuhəul | *s.c.* 1 respiradero. 2 espiráculo (en los cetáceos).

blowlamp | 'bləulæmp | (EE.UU. blowtorch) *s.c.* soplete.

blown | bləun | *p.p.* de blow.

blowpipe | 'bləupaip | *s.c.* 1 cerbatana. 2 caña de vidriero.

blowtorch | 'bləutɔːtʃ | V. blowlamp.

blowy | 'bləui | *adj.* (fam.) con viento.

blubber | 'blʌbə | *s.i.* 1 grasa de cetáceo. ‖ *v.i.* 2 llorar a lágrima viva.

bludgeon | 'blʌdʒən | *s.c.* 1 cachiporra, porra. ‖ *v.t.* 2 aporrear.

blue | bluː | *adj.* 1 azul. 2 (EE.UU.) triste, melancólico. 3 verde (obsceno). 4 [– (with)] helado (de frío). ‖ *s.i.* 5 azul. ‖ *v.t.* 6 [to – + o. + (on)] (brit.) tirar, malgastar.

bluebell | 'bluːbel | *s.c.* campánula, campanilla.

blueberry | 'bluːbri | (EE.UU.) | 'bluːberi | *s.c.* arándano.

blueprint | 'bluːprint | *s.c.* 1 [– (for /of)] diseño, proyecto. 2 [– (for/of)] anteproyecto, borrador.

bluff | blʌf | *s.c.* 1 engaño, farol. 2 risco, escarpadura. ‖ *s.i.* 3 farolada. ‖ *v.t.* e *i.* 4 engañar, farolear. 5 brusco. ‖ 6 to – it out, salir de una situación mediante faroles.

bluffness | 'blʌfnis | *s.i.* brusquedad.

bluish | 'bluːiʃ | *adj.* azulado.

blunder | 'blʌndə | *s.c.* 1 metedura de pata, gazapo. ‖ *v.i.* 2 meter la pata.

blunderbuss | 'blʌndəbʌs | *s.c.* trabuco.

blunt | blʌnt | *adj.* 1 romo, poco afilado, desafilado. 2 franco, sincero; brusco. ‖ *v.t.* 3 mellar, desafilar. 4 embotar (mente).

bluntness | 'blʌntnis | *s.i.* 1 franqueza, brusquedad. 2 falta de filo, falta de punta.

blur | blɜː | *v.t.* e *i.* 1 empañar(se), velar(se). 2 oscurecer(se). ‖ *s.c.* 3 borrón, manchón. ‖ *s.sing.* 4 borrosidad, nebulosidad (mental).

blurb | blɜːb | *s.sing.* [the –] la propaganda.

blurred | blɜːd | *adj.* 1 nublado, velado. 2 oscurecido (el pensamiento).

blurry | 'blɜːri | *adj.* poco definido.

blurt | blɜːt | to – out, a) dejar escapar, soltar sin darse cuenta. b) confesar, descubrir.

blush | blʌʃ | *v.i.* 1 sonrojarse. ‖ *s.c.* 2 sonrojo, rubor.

blusher | 'blʌʃə | *s.c.* e *i.* colorete.

bluster | 'blʌstə | *v.i.* 1 bramar. 2 vociferar, gritar amenazadoramente. ‖ *s.i.* 3 bravata, fanfarronada (verbal).

blustery | 'blʌstəri | *adj.* borrascoso.

boar | bɔː | [*pl.* boar o boars] *s.c.* 1 verraco. 2 jabato, jabalí.

board | bɔːd | *s.c.* 1 tablero, tabla. 2 tarima. 3 tablón. 4 consejo de dirección. 5 tablero (con mandos). ‖ *s.i.* 6 comida, pensión. ‖ *v.t.* 7 subirse a, embarcarse en. ‖ *v.i.* 8 subir, embarcar. 9 [to – with] hospedarse con. **10 across the** –, a todos los niveles. **11 to go by the** –, echarse a perder, frustrarse. **12 on** –, a bordo.

boarder | ˈbɔːdə | *s.c.* 1 huésped (en una pensión). 2 alumno interno.

boardroom | ˈbɔːdruːm | *s.c.* 1 sala de juntas, sala de reuniones. ‖ *s.sing.* 2 [the –] la dirección, la jefatura.

boardwalk | ˈbɔːdwɔːk | *s.c.* (EE.UU.) paseo marítimo con tablas de madera.

boast | bəʊst | *v.i.* 1 [to – (that/of/about)] jactarse, jactarse. ‖ *v.t.* 2 ostentar, jactarse de. ‖ *s.c.* 3 jactancia, alardo.

boat | bəʊt | *s.c.* 1 bote, barca. 2 barco. 3 salsera (plato profundo). ‖ *v.i.* 4 ir en barca, navegar.

boatman | ˈbəʊtmən | *[pl.irreg.* boatmen] *s.c.* barquero.

boatswain | ˈbəʊsn | *s.c.* contramaestre.

bob | bɒb | *[ger.* bobbing, *pret.* y *p.p.* bobbed] *v.i.* 1 balancearse. 2 [to – *prep.*] moverse, ir balanceándose. 3 hacer una reverencia. ‖ *v.t.* 4 mover (la cabeza). 5 dirigir, hacer (una reverencia). 6 gesto rápido, inclinación rápida (de la cabeza). 7 estilo de corte corto (de pelo). 8 reverencia. 9 *[pl.* bob] chelín.

bobbed | bɒbd | *adj.* cortado corto.

bobbin | ˈbɒbɪn | *s.c.* bobina, carrete.

bobble | ˈbɒbl | *s.c.* pompón.

bobby | ˈbɒbi | *s.c.* 1 (brit.) poli. ‖ 2 – **pin**, (EE.UU.) horquilla, pasador.

bobsleigh | ˈbɒbsleɪ | (también bobsled) *s.c.* trineo.

bobtail | ˈbɒbteɪl | *s.c.* cola recortada.

bod | bɒd | *s.c.* (brit.) tío, tipo.

bode | bəʊd | to – **well/ill/no good**, ser de buen/mal agüero.

bodge | bɒdʒ | (brit. y fam.) *v.i.* 1 hacer una chapuza. ‖ *s.c.* 2 chapuza.

bodice | ˈbɒdɪs | *s.c.* corpiño, corsé.

bodkin | ˈbɒdkɪn | *s.c.* punzón; pasador.

body | ˈbɒdi | *s.c.* 1 cuerpo. 2 torso, tronco. 3 cadáver. 4 colectivo, grupo. 5 chasis, carrocería. 6 [– **of**] comunidad de. 7 cantidad (de datos). 8 extensión (de

agua). 9 cuerpo sólido. ‖ *s.i.* 10 fuerza, cuerpo (licor o vino).. ‖ *s.sing.* 11 [the – of] la parte principal de.

bodyguard | ˈbɒdɪgɑːd | *s.c.* guardaespaldas.

boffin | ˈbɒfɪn | *s.c.* (brit.) científico, investigador.

bog | bɒg | *s.c.* 1 zona de pantanos, marisma. 2 (brit.), retrete. ‖ 3 – **down**, a) atorarse, hundirse. b) atascarse.

bogey | ˈbəʊgi | (también bogie o bogy) *s.c.* 1 pesadilla. 2 (brit.) media (de golpe en golf). 3 moco. 4 coco (para asustar a los niños).

boggle | ˈbɒgl | *v.i.* 1 [to – (at)] intimidarse, sobrecogerse. 2 [to – (at)] vacilar, dudar. ‖ *v.t.* 3 intimidar, sobrecoger.

boggy | ˈbɒgi | *adj.* pantanoso.

bogus | ˈbəʊgəs | *adj.* fraudulento.

bohemian | bəʊˈhiːmɪən | *adj.* 1 bohemio. ‖ *s.c.* 2 bohemio.

boil | bɔɪl | *v.i.* 1 hervir. 2 cocer. 3 [to – with] hervir de/con. 4 [to – with] bullir con (actividad). ‖ *v.t.* 5 hervir, cocer. ‖ *s.c.* 6 furúnculo, divieso. ‖ 7 – **down**, a) reducir hirviendo (líquido). b) (fig.) condensar (información). 8 – **down to**, resumirse en, reducirse a. 9 – **over**, a) salirse, rebosar (líquido). b) descontrolarse, estallar, (un conflicto)

boiler | ˈbɔɪlə | *s.c.* 1 caldera. 2 cazo.

boisterous | ˈbɔɪstərəs | *adj.* travieso, bullicioso, tumultuoso.

bold | bəʊld | *adj.* 1 atrevido, osado. 2 descarado. 3 vívido, fuerte (color). 4 negrita (en tipografía). 5 marcado, pronunciado (trazo).

bole | bəʊl | *s.c.* tronco (de un árbol).

bolero | bəˈleərəʊ | *s.c.* 1 chaquetilla corta, bolero. 2 bolero.

bollocks | ˈbɒləks | (brit.) *s.pl.* 1 cojones, cataplines. ‖ *interj.* 2 y un cojón, y una mierda.

bolshy | ˈbɒlʃi | (también bolshie) *adj.* (brit.) rebelde, inconformista.

bolster | ˈbəʊlstə | *v.t.* 1 apoyar, reanimar (la confianza). ‖ *s.c.* 2 cabezal, almohada dura.

bolt | bəʊlt | *s.c.* 1 tornillo, perno. 2

pasador, cerrojo. 3 saeta. 4 rollo (de tejido). 5 relámpago. ‖ *v.t.* 6 sujetar con tornillo. 7 echar el cerrojo. 8 engullir. ‖ *v.i.* 9 [to – to/on/onto] sujetar con un tornillo a. 10 desbocarse (caballo). 11 escaparse a toda velocidad. 12 crecer bruscamente sin florecer. ‖ 13 a – from the blue, caído del cielo. 14 to – down, engullir.

bomb ǀ bɒm ǀ *s.c.* 1 bomba. ‖ *s.sing.* 2 [the –] la bomba (atómica). 3 [a –] (brit.) un ojo de la cara. ‖ *v.t.* 4 bombardear. ‖ *v.i.* 5 [to – along] a toda velocidad. ‖ 6 to – out, devastar.

bombard ǀ bɒm'bɑːd ǀ *v.t.* 1 bombardear. 2 [to – (with)] abrumar.

bombardier ǀ ˌbɒmbə'dɪə ǀ *s.c.* 1 (brit.) cabo artillero. 2 (EE.UU.) miembro de la tripulación de un bombardero.

bombastic ǀ bɒm'bæstɪk ǀ *adj.* pomposo, grandilocuente.

bomber ǀ 'bɒmə ǀ *s.c.* MIL. bombardero.

bombshell ǀ 'bɒmʃel ǀ *s.c.* (normalmente *sing.*) bombazo, sorpresa.

bonanza ǀ bə'nænzə ǀ *s.c.* bonanza, período bueno.

bond ǀ bɒnd ǀ *s.c.* 1 [– (between/of)] lazo, vínculo 2 bono, obligación, título. 3 compromiso, garantía. ‖ *s.pl.* 4 lazos, compromisos. 5 ataduras. ‖ *v.t. e i.* 6 pegar(se), adherir(se).

bondage ǀ 'bɒndɪdʒ ǀ *s.i.* esclavitud, servidumbre.

bone ǀ bəʊn ǀ *s.c. y i.* 1 hueso. 2 espina (pez). ‖ *s.c.* 3 ballena (en la ropa). ‖ *v.t.* 4 quitar las espinas (al pescado). ‖ *adj.* 5 de hueso. 6 a bag of bones/all skin and –, en los huesos, chupado. 11 – of contention, tema de desavenencia. 8 to make up no bones (about), no andarse con rodeos (sobre). 9 the bare bones, datos fundamentales.

boner ǀ 'bəʊnə ǀ *s.c.* (EE.UU.) desatino; patochada, metedura de pata.

bonehead ǀ 'bəʊnhed ǀ *s.c.* imbécil, mentecato.

bonfire ǀ 'bɒnfaɪə ǀ *s.c.* hoguera, fogata.

bonhomie ǀ 'bɒnəmi ǀ *s.i.* afabilidad, camaradería.

bonkers ǀ 'bɒŋkəz ǀ *adj.* chalado.

bonnet ǀ 'bɒnɪt ǀ *s.c.* 1 (brit.) capó (de coche). 2 gorrito (de bebé); cofia.

bonny ǀ 'bɒni ǀ *adj.* bonito, (Am.) lindo.

bonus ǀ 'bəʊnəs ǀ *s.c.* 1 prima, gratificación. 2 dividendo extra.

bony ǀ 'bəʊni ǀ *adj.* 1 huesudo, flaco. 2 lleno de huesos (carne); lleno de espinas (pescado).

boo ǀ buː ǀ *v.t. e i.* 1 abuchear. ‖ *s.c.* 2 abucheo.

boodle ǀ 'buːdl ǀ *s.i.* (EE.UU.) dinero sucio, dinero de soborno.

boogie ǀ 'buːgɪ ǀ (EE.UU.) ǀ 'bʊgɪ ǀ *v.i.* bailar al son de música moderna.

boohoo ǀ ˌbuː'huː ǀ *v.i.* berrear (como lloran los niños).

book ǀ bʊk ǀ *s.c.* 1 libro. ‖ *s.pl.* 2 libro de contabilidad. ‖ *s.sing.* 3 libreto (de opera). ‖ *v.t.* 4 (brit.) reservar (hotel).

bookable ǀ 'bʊkəbl ǀ *adj.* abierto a reservas, reservable.

bookbinder ǀ 'bʊkbaɪndə ǀ *s.c.* encuadernador.

bookcase ǀ 'bʊkkeɪs ǀ *s.c.* estantería.

bookend ǀ 'bʊkend ǀ *s.c.* (normalmente *pl.*) sujetalibros, apoyalibros.

bookie ǀ 'bʊki ǀ *s.c.* corredor de apuestas.

bookish ǀ 'bʊkɪʃ ǀ *adj.* empollón.

bookkeeper ǀ 'bʊkkiːpə ǀ *s.c.* contable.

booklet ǀ 'bʊklɪt ǀ *s.c.* folleto.

bookseller ǀ 'bʊkselə ǀ *s.c.* librero, vendedor de libros.

bookshelf ǀ 'bʊkʃelf ǀ [*pl.* bookshelves] 1 estantería para libros. 2 librería.

bookshop ǀ 'bʊkʃɒp ǀ (EE.UU. bookstore) *s.c.* librería.

bookstall ǀ 'bʊkstɔːl ǀ *s.c.* puesto de libros; quiosco.

bookstore ǀ 'bʊkstɔː ǀ V. bookshop.

boom ǀ buːm ǀ *s.c.* 1 (normalmente *sing.*) boom, prosperidad súbita. 2 estampido. 3 botavara, botalón. 4 jirafa, brazo (de micrófono). ‖ *v.i.* 5 prosperar mucho.

boomerang | 'bu:məræŋ | *s.c.* 1 bumerang. ‖ *v.i.* 2 salir al revés de lo deseado (plan).

boon | bu:n | *s.c.* 1 [– (to)] bendición, dicha. ‖ 2 – **companion**, compañero del alma.

boor | buə | | bɔ: | *s.c.* bruto, bestia.

boorish | 'buərɪʃ | | bɔ:rɪʃ | *adj.* patán, grosero.

boorishness | bɔ:rɪʃnɪs | *s.i.* grosería.

boost | bu:st | *v.t.* 1 elevar, aumentar (la producción). 2 dar un empujón, elevar. 3 dar el espaldarazo, apoyar. ‖ *s.c.* 4 elevación, aumento (de la producción). 5 empujón, elevación (de la moral, ánimo, etc.). 6 espaldarazo, apoyo.

booster | 'bu:stə | *s.c.* 1 inyección de refuerzo, inyección supletoria. 2 elevador de potencia; elevador de voltaje. 3 inyección de moral.

boot | bu:t | *s.c.* 1 bota, botín. 2 (brit.) portaequipajes, maletín (de un coche). ‖ *s.sing.* 3 [a –] patada. ‖ *v.t.* 4 dar una patada. ‖ 5 to – **out**, echar.

booth | bu:ð | (EE.UU.) | bu:θ | *s.c.* 1 cabina. 2 puesto, barraca.

bootlace | 'bu:tleɪs | *s.c.* cordón.

bootleg | 'bu:tleg | [*ger.* bootlegging, *pret.* y *p.p.* bootlegged] *v.i.* 1 hacer contrabando de alcohol. ‖ *adj.* 2 de contrabando.

booty | 'bu:tɪ | *s.i.* botín.

booze | bu:z | *s.i.* 1 bebida alcohólica. ‖ *v.i.* 2 beber, atiborrarse de alcohol.

bop | bɒp | [*ger.* bopping, *pret.* y *p.p.* bopped] *v.i.* 1 menear el esqueleto. ‖ *s.c.* 2 baile. 3 puñetazo. ‖ *v.t.* 4 golpear, dar un meneo.

borage | 'bɒrɪdʒ | (EE.UU.) | 'bɔ:rɪdʒ | *s.i.* borraja.

border | 'bɔ:də | *s.c.* 1 frontera. 2 orla, franja. 3 borde, margen. 4 límite, orilla. ‖ *v.t.* 5 limitar con. 6 bordear. ‖ *v.i.* 7 [to – on] limitar con, rayar en, acercarse a.

borderland | 'bɔ:dəlænd | *s.sing.* 1 [– (between)] zona fronteriza. 2 [– (between)], zona intermedia.

borderline | 'bɔ:dəlaɪn | *s.sing.* 1 [– (between/of)] línea divisoria. ‖ *adj.* 2 limítrofe.

bore | bɔ: | *pret.irreg.* 1 de bear. ‖ *v.t.* 2 [to – + o. + (with)] aburrir, hartar. ‖ *v.t.* e *i.* 3 taladrar. ‖ *v.i.* 4 [to – into] taladrar (con la mirada). ‖ *s.c.* 5 pesado, aburrido. 6 oleada de marea. ‖ *s.sing.* 7 [a –] una lata, una pesadez.

bored | bɔ:d | *adj.* [– (with)] aburrido, harto.

born | bɔ:n | *adj.* 1 de nacimiento, innato. ‖ 2 to he –, a) nacer, venir al mundo. b) poner a uno el nombre de.

borne | bɔ:n | *p.p.* 1 de bear. ‖ 2 –borne, transportado en, transportado por (en compuestos). 3 it is – in/upon /on, uno se ha dado cuenta.

borough | 'bʌrə | (EE.UU.) | 'bʌrəʊ | *s.c.* municipio, distrito municipal.

borrow | 'bɒrəʊ | *v.t.* 1 [to – + o. + (from/off)] tomar prestado. ‖ *v.i.* 2 agenciarse un préstamo bancario. ‖ 3 to live/ exist on borrowed time, estar aún vivo de milagro.

borrower | 'bɒrəʊə | *s.c.* prestatario, persona que toma algo prestado.

bosom | 'buzəm | *s.c.* 1 pecho, seno (de mujer). ‖ *s.sing.* 2 [the – of] la parte delantera de, la pechera de. 3 [the – of] el seno de (una institución). ‖ 4 – **friend**, amigo íntimo. 5 to take someone to one's –, coger afecto a alguien.

bosomy | 'buzəmɪ | *adj.* de pechos grandes, de pecho voluminoso.

boss | bɒs | *s.c.* 1 jefe, patrón. 2 almohadilla (techo), protuberancia. ‖ *v.t.* 3 [to – (about/around)] estar en plan mandón hacia (alguien).

botany | 'bɒtənɪ | *s.i.* botánica.

botch | bɒtʃ | (fam.) *v.t.* 1 hacer algo chapuceramente. ‖ *s.c.* 2 chapuza.

botcher | 'bɒtʃə | *s.c.* chapucero.

both | bəuθ | *adj.* 1 los dos, ambos. ‖ *pron.* 2 [– (of)] ambos, los dos. ‖ 3 – and ..., tanto... como...

bother | 'bɒðə | *v.i.* 1 [to – (inf./ger. with/about)] molestarse, fastidiarse. 2 [to – about] preocuparse por. 3 [to – about] hacer caso de, importar, molestar (para su aprobación o no) ‖ *v.t.* 4 molestar. 5 preocupar. 6 hacer caso de, importar, molestar (para su aprobación o no). ‖ *s.i.* 7 molestia, fastidio. 8 dificultades. ‖ *s.sing.* 9 pelma. ‖ 10 –, (brit.) a la porra con. 11 it's no –, no es ninguna molestia.

bothered | ˈbɒðəd | *adj.* 1 molesto, incómodo. 2 indiferente, neutro. ‖ 3 **hot and –**, V. **hot.**

bottle | ˈbɒtl | *s.c.* 1 botella, frasco (de perfume). 2 biberón. ‖ *s.sing.* 3 [**the –**] (fam. y fig.) el alcohol, la bebida. 4 biberón, alimentación por biberón. 5 decisión, nervio. ‖ *v.t.* 6 embotellar. 7 poner en frascos (especialmente fruta). ‖ 8 **to – out,** no atreverse por falta de valor. 9 **to – up,** reprimir, contener (una emoción). 10 **to hit the –,** (fam.) beber demasiado.

bottled | ˈbɒtld | *adj.* 1 embotellado, envasado. ‖ 2 **– gas,** gas en bombonas.

bottleneck | ˈbɒtlnek | *s.c.* 1 cuello de botella. 2 obstáculo, dificultad.

bottom | ˈbɒtəm | *s.c.* 1 [**– (of)**] parte inferior, parte de abajo. 2 [**– (of)**] fondo. 3 [**– (of)**] final (parte más alejada del hablante). 4 [**– (of)**] pie (de una página). 5 pantalón. 6 (fam.) culo, trasero. ‖ *s.sing.* 7 [**the –**] lo más bajo, lo último. ‖ *adj.* 8 inferior, más bajo, último. ‖ 9 **at –,** en el fondo; en lo más íntimo de su ser. 10 **at /from the – of one's heart,** en/desde el fondo del corazón de uno. 11 **to be/lie at the – of,** estar en el fondo de, subyacer.

bough | bau | *s.c.* rama.

bought | bɔːt | *pret.* y *p.p. irreg.* de **buy.**

bouillon | ˈbuːjɒn | *s.c. e i.* caldo.

boulder | ˈbəʊldə | *s.c.* roca grande redonda.

boulevard | ˈbuːləvɑːd | (EE.UU.) | ˈbʊləvɑːd | *s.c.* bulevar, paseo.

bounce | baʊns | *v.i.* 1 botar, rebotar, 2 rebotar, reflejarse. 3 [**to – prep.**] dar brincos. 5 rechazar (un cheque). 6 [**to – (from)**] saltar, ir. ‖ *v.t.* 7 botar (una pelota). 8 balancear, dar botes. 9 rebotar,

reflejar. 10 rechazar (cheque). ‖ *s.c.* 11 bote, rebote (de pelota). 12 brinco, saltito. ‖ *s.i.* 13 vitalidad, energía, vigor. 14 elasticidad (hacia arriba).

bound | baʊnd | *pret.* y *p.p.* 1 de **bind.** ‖ *adj.* 2 [**– for**] con dirección a. 3 [**– (by/to)**] sujeto, obligado (por tratado). 4 encuadernado (libro). ‖ *s.c.* 5 salto, brinco. ‖ *s.pl.* 6 límites, fronteras. ‖ *v.t.* 7 rodear, limitar (físicamente). ‖ *v.i.* 8 [**to – prep.**] saltar, brincar. ‖ 9 **to be – to,** seguro que, por fuerza que. 10 **-bound, a)** con destino a (en compuestos). **b)** confinado en (en compuestos).

boundless | ˈbaʊndlɪs | *adj.* ilimitado.

bounteous | ˈbaʊntɪəs | *adj.* abundante, copioso; generoso.

bounty | ˈbaʊntɪ | *s.c.* 1 recompensa. ‖ *s.c. e i.* 2 regalo, merced. ‖ *s.sing.* 3 generosidad, liberalidad, munificencia.

bouquet | buˈkeɪ | *s.c.* 1 [**– (of)**] ramo, ramillete. ‖ *s.sing.* 2 fragancia, aroma.

bourbon | ˈbɜːbən | *s.c. e i.* whisky.

bourgeois | ˈbɔːʒwɑː | (EE.UU.) | ˌbʊəˈʒwɑː | [*pl.* **bourgeois**] *s.c.* 1 burgués. ‖ *adj.* 2 mediocre, aburguesado.

bout | baʊt | *s.c.* 1 [**– (of)**] ataque (enfermedad o sentimiento). 2 [**– (of)**] arrebato (de actividad). 3 combate (de boxeo).

bovine | ˈbəʊvaɪn | *adj.* bovino, vacuno.

bow | bəʊ | *s.c.* 1 lazo. 2 arco (arma). 3 arco (de violín).

bow | baʊ | *v.i.* 1 [**to – (to)**] saludar con una reverencia. 2 [**to – (to)**] doblegarse, ceder. ‖ *v.t.* 3 inclinar, saludar mediante inclinación de. ‖ *s.c.* 4 reverencia. 5 (también en *pl.*) proa. 6 **to – out (of),** retirarse, salir.

bowdlerize | ˈbaʊdləraɪz | (también **bowdlerise**) *v.t.* expurgar, recortar (un texto).

bowel | ˈbaʊəl | *s.sing.* 1 [**the –**] el intestino. ‖ *s.pl.* 2 intestinos, tripa. 3 [**the – of**] lo más profundo de. ‖ *adj.* 4 intestinal. ‖ 5 **– movement,** defecación.

bower | bauə | *s.c.* cenador, emparrado, glorieta.

bowl | bəul | *s.c.* 1 tazón, cuenco. 2 cazoleta (de pipa), taza (de retrete). 3 anfiteatro. 4 estadio. 5 bola. ‖ *v.t.* 6 hacer, marcar (puntos). 7 [to — + o. + prep.] enviar a gran velocidad. ‖ *v.i.* 8 bolear. 9 to — out, poner fuera de juego.

bowler | bəulə | *s.c.* 1 lanzador (en cricket y bolos). 2 sombrero hongo.

bowman | bəumən | [pl. bowmen] *s.c.* arquero.

box | bɒks | *s.c.* 1 [— (of)] caja, cajita. 2 casilla (en un impreso). 3 palco (teatro). 4 apartado de correos. 5 rinconcito, habitáculo. 6 rectángulo prohibido (en aparcamientos). ‖ *s.sing.* 7 [the —] (brit.) la tele. ‖ *s.i.* 8 boj. ‖ *v.i.* 9 boxear. ‖ *v.t.* 10 boxear contra. ‖ 11 -box, cabina, garito (en compuestos). 12 to — in, encajonar.

boxcar | bɒkskɑː | *s.c.* (EE.UU.) furgón de mercancías (tren).

boxer | bɒksə | *s.c.* 1 boxeador. 2 perro bóxer, bóxer.

box-office | bɒksɒfis | *s.c.* 1 taquilla (cine, teatro, etc.).

boxwood | bɒkswud | *s.i.* madera de boj, boj.

boy | bɔɪ | *s.c.* 1 chico, muchacho. 2 hijo. ‖ *s.pl.* 3 [the —] los chicos,. ‖ *interj.* 4 vaya; mecachis. ‖ 5 one of the boys, uno de los del grupo. 6 the boys/our boys, los reclutas, los soldados. 7 the boys in blue, (brit.) los chicos de azul (la policía).

boycott | bɔɪkɒt | *v.t.* 1 hacer un boicot. ‖ *s.c.* 2 [— (of/against /on)] boicot.

boyfriend | bɔɪfrend | *s.c.* novio, amigo especial.

boyhood | bɔɪhud | *s.i.* niñez.

boyish | bɔɪʃ | *adj.* 1 juvenil. 2 de chico, (hablando de mujeres).

bra | brɑː | *s.c.* sostén.

brace | breɪs | *v.r.* 1 [to — oneself (for /inf.)] prepararse; cobrar ánimo. ‖ *v.t.* 2 fortalecer, poner en tensión. 3 apoyar. 4 asegurar, apuntalar. ‖ *s.c.* 5 abrazadera.

6 reforzamiento. 7 llave, corchete (en tipografía). 8 aparato de ortodoncia.

bracing | breɪsɪŋ | *adj.* fortificante, vigorizante (clima, lugar, etc.).

bracken | brækən | *s.i.* helecho.

bracket | brækɪt | *s.c.* 1 paréntesis. 2 categoría, grupo (especialmente en el tema fiscal). 3 escuadra (para estantes). ‖ *v.t.* 4 poner entre paréntesis. 5 [to — o. (together/with)] agrupar, poner juntos.

brackish | brækɪʃ | *adj.* salobre (agua).

brag | bræg | [ger. bragging, pret y p.p. bragged] *v.i.* [to — (about/to/of)] jactarse, pavonearse.

braid | breɪd | *s.i.* 1 trenza, galón. ‖ *s.c.* 2 trenza (del pelo). ‖ *v.t.* 3 hacer trenzas.

brain | breɪn | *s.c.* 1 cerebro. 2 cabeza, mente. 3 genio, cabeza pensante. 4 inteligencia. ‖ *s.pl.* 5 sesos. 6 inteligencia.

brainchild | breɪntʃaɪld | *s.sing.* idea original, proyecto original.

brain-drain | breɪndreɪn | *s.sing.* fuga de cerebros.

brainless | breɪnlɪs | *adj.* sin cabeza, tonto, atontado, estúpido.

brainstorm | breɪnstɔːm | *s.c.* 1 (brit.) ataque de locura transitorio. 2 (EE.UU.) idea brillante y repentina.

brain-teaser | breɪntiːzə | *s.c.* rompecabezas; problema de difícil solución.

brainwash | breɪnwɒʃ | *v.t.* [to — + o. + (into)] lavar el cerebro.

brainwave | breɪnweɪv | (EE.UU. brainstorm) *s.c.* idea genial.

brainy | breɪnɪ | *adj.* despierto, listo.

braise | breɪz | *v.t.* dorar a fuego lento.

brake | breɪk | *s.c.* 1 freno. 2 [— (on/upon/off)] freno, parón. ‖ *v.i.* 3 frenar. ‖ *v.t.* 4 frenar (el progreso o parecido).

brake-shoe | breɪkʃuː | *s.c.* zapata (del freno).

bramble | bræmbl | *s.c.* zarza.

branch | brɑːntʃ | (EE.UU.) | bræntʃ | *s.c.* 1 rama. 2 sucursal, agencia. 3 ramo, especialidad. 4 sección, división. ‖ *v.i.* 5 bifurcarse.

brand | brænd | *s.c.* 1 marca (registrada). 2 tipo, manera. 3 marca (en el ganado). 4 tea. ‖ *v.t.* 5 marcar. 6 [to — o. (as)] tachar, tildar.

brandish | 'brændɪʃ | *v.t.* blandir, esgrimir (especialmente un arma).

brand-new | ˌbrænd'nju: | *adj.* recién, totalmente nuevo.

brash | bræ ɪt | *adj.* (desp.) 1 impetuoso, temerario; insolente. 2 chillón.

brass | brɑ :s | (EE.UU. | bræs |) *s.i.* 1 latón. 2 dinero. ‖ *s.c.* 3 placa conmemorativa (en latón). ‖ *s.sing.* 4 [the —] MUS. el metal. ‖ *adj.* 5 insolente.

brasserie | 'bræsəri | *s.c.* cervecería; restaurante (pequeño).

brassière | 'bræsɪə | (EE.UU.) | brə'zɪər | *s.c.* sostén, corpiño.

brasswork | 'brɑ:swɜ:k | *s.i.* objetos de latón.

brat | bræt | *s.c.* malcriado (niño).

bravado | brə'vɑ:dəʊ | *s.i.* bravata.

brave | breɪv | *adj.* 1 valiente. 2 magnífico, espléndido. ‖ *v.t.* 3 encarar (una situación difícil). ‖ *s.c.* 4 guerrero (indio).

brawl | brɔ:l | *s.c.* 1 pelea. ‖ *v.i.* 2 pelear.

brawn | brɔ:n | *s.i.* 1 fuerza muscular. 2 carne en gelatina.

bray | breɪ | *v.i.* 1 rebuznar. ‖ *s.c.* 2 rebuzno.

brazen | 'breɪzn | *adj.* 1 descarado. ‖ 2 to — out, salir con descaro.

brazier | 'breɪzɪə | *s.c.* brasero.

breach | bri:tʃ | *s.c.* e *i.* 1 incumplimiento. ‖ *s.c.* 2 ruptura. 3 [— (in)] brecha. ‖ *v.t.* 4 incumplir. 5 abrir una brecha. ‖ 6 — of promise, incumplimiento de compromiso matrimonial. 7 — of the peace, perturbación del orden público.

bread | bred | *s.i.* 1 pan. 2 sustento, comida. 3 dinero, pasta, (Am.) plata. ‖ 4 — and butter, sustento; pan y agua.

breadcrumb | 'bredkrʌm | *s.c.* (generalmente *pl.*) miga de pan.

breadfruit | 'bredfru:t | *s.c.* e *i.* fruta del árbol del pan.

breadth | bretə | *s.i.* 1 [— (of)] anchura. 2 envergadura, extensión. 3 liberalidad, carácter abierto.

breadwinner | 'bredwɪnə | *s.c.* sostén económico de una familia.

break | breɪk | *v.* [*pret.irreg.* broke, *p.p.* broken] *t.* 1 romper, partir. 2 fracturar (un hueso). 3 no cumplir (promesa), infringir (ley). 4 batir (un record). 5 romper (el saque en tenis). 6 descifrar. 7 cambiar (un billete en moneda menor). 8 forzar. 9 estropear (aparato). 10 destrozar. 11 comunicar, dar (noticias). 12 amortiguar. 13 interrumpir. 14 cortar (piel). 15 [to — + o. + of] quitar (idea). 16 acabar con (una situación). ‖ *i.* 17 romperse, partirse; quebrarse. 18 averiarse (aparato). 19 estallar (tormenta). 20 amanecer. 21 cambiar (el tiempo atmosférico). 22 [to — (for)] hacer una pausa. 23 anunciarse (noticias). 24 romper (olas). 25 separarse, desplegarse. 26 disgregarse (multitud). ‖ *s.c.* 27 rotura, fractura. 28 interrupción (de un proceso). 29 ruptura (de una relación). 30 ruptura (del saque en tenis; separación (de los boxeadores). 31 oportunidad buena. 32 descanso. 33 claro (tráfico). 34 grieta, raja. ‖ *s.i.* 35 (brit.) recreo (escolar). 36 to — even, ni ganar ni perder (económicamente). 37 to — into, entrar (en un lugar rompiendo algún sistema de seguridad). 38 to — off, separar por completo. 39 one's silence, romper el silencio. 40 to — out, a) escapar, huir. b) estallar (guerra). 41 to — through, a) penetrar a través de. b) aparecer. c) vencer.

breakage | 'breɪkɪdʒ | *s.c.* 1 rotura; objeto roto. ‖ *s.i.* 2 rotura.

breakaway | 'breɪkəweɪ | *s.c.* (normalmente *sing.*) separación, ruptura.

breakdown | 'breɪkdaʊn | *s.c.* 1 fracaso. 2 avería. 3 depresión (mental).

breaker | 'breɪkə | *s.c.* ola grande.

breakfast | 'brekfəst | *s.c.* e *i.* 1 desayuno. ‖ *v.i.* 2 desayunar.

break-in | 'breɪkɪn | *s.c.* entrada forzada, entrada violenta (en un edificio).

breakneck | 'breɪknek | *adj.* arriesgada, vertiginosa (velocidad).

breakthrough | 'breɪkeru: | *s.c.* avance, adelanto, progreso.

breakwater | 'breɪkwɔ:tə | *s.c.* rompeolas.

breast | brest | *s.c.* 1 pecho, seno, mama. 2 pecho (de hombre). 3 pechuga (de ave). 4 pecho, corazón. ‖ *s.sing.* 5 [the −] la parte delantera (de camisas o similar). ‖ *s.c.* e *i.* 6 pechuga.

breastbone | 'brestbəʊn | *s.c.* esternón.

breast-feed | 'brestfi:d | [*pret.* y *p.p. irreg.* breast-fed] *v.t.* e *i.* dar de mamar.

breastplate | 'brestpleɪt | *s.c.* peto (armadura).

breaststroke | 'breststrəʊk | *s.i.* braza (en la natación).

breath | breθ | *s.c.* 1 respiración, aliento. ‖ *s.sing.* 2 [− of] soplo de (aire). 3 murmullo, pizca. ‖ *s.i.* 4 aliento, fuelle. ‖ 5 a − of air, un soplo de aire. 6 bad −, mal aliento. 7 to catch one's −, a) recobrar el aliento. b) quedarse sin aliento. 8 to draw −, tomar aire. 9 in the same −, al mismo tiempo. 10 out of −, sin aliento. 11 to save one's −, ahorrar palabras.12 to take a −, tomar aire. 13 the − of life, lo más importante (para alguien).

breathable | 'breəʊbl | *adj.* respirable.

breathe | bri:ð | *v.i.* 1 respirar. 2 dejar que se airee (el vino). ‖ *v.t.* 3 respirar, tomar (aire). 4 emitir, soltar (humo). 5 susurrar. 6 [to − + o. + (into)] inspirar, infundir. 7 to − in, tomar aire, aspirar. 8 to − out, exhalar, espirar.

breather | 'bri:ðə | *s.c.* descanso.

breathless | 'breθlɪs | *adj.* 1 jadeante, falto de aliento. 2 estupefacto.

bred | bred | *pret.* y *p.p.irreg.* de breed.

breech | bri:tʃ | *s.c.* 1 recámara (de un arma de fuego). ‖ 2 − birth, parto de nalgas.

breeches | 'brɪtʃɪz | *s.pl.* pantalones hasta la rodilla, pantalones bombachos.

breed | bri:d | *v.* [*pret.* y *p.p.irreg.* bred] *t.* 1 criar (ganado); injertar (plantas). 2 [to − + o. + (for/inf.)] educar, criar. 3 producir, engendrar. ‖ *i.* 4 procrear (animales). 5 raza, tipo, clase.

breeze | bri:z | *s.c.* 1 brisa. ‖ *v.i.* 2 [to − prep.] ir como Pedro por su casa. ‖ 3 to shoot the −, (EE.UU.) charlar.

breezy | 'bri:zɪ | *adj.* 1 con brisa. 2 jovial, alegre.

brethren | 'breðrən | [no tiene *sing.*] *s.pl.* hermanos.

breve | bri:v | *s.c.* MÚS. breve.

breviary | 'bri:vɪərɪ | (EE.UU.) | 'brɪːvɪerɪ | *s.c.* breviario.

brevity | 'brevətɪ | *s.i.* brevedad.

brew | bru: | *v.i.* 1 hacerse (té o café). 2 cocerse (una situación). ‖ *v.t.* 3 preparar (té o café). 4 hacer (cerveza). ‖ *s.c.* 5 brebaje (cerveza). 6 infusión.

brewer | 'bru:ə | *s.c.* cervecero.

briar | 'braɪə | (también **brier**) *s.c.* zarza, brezo.

bribe | braɪb | *s.c.* 1 soborno. ‖ *v.t.* 2 sobornar.

bribery | 'braɪbərɪ | *s.i.* soborno.

bric-a-brac | 'brɪkəbræk | *s.i.* cachivaches (ornamentales).

brick | brɪk | *s.c.* 1 ladrillo. 2 bloque, corte (helado). 3 (brit.) maravilla, cielo de persona. ‖ *s.i.* 4 ladrillo. ‖ 5 to − off, tapar con ladrillos.

bricklayer | 'brɪkleə | *s.c.* albañil.

brickyard | 'brɪkjɑːd | *s.c.* fábrica de ladrillos.

bridal | 'braɪdl | *adj.* nupcial, de boda.

bride | braɪd | *s.c.* novia, prometida.

bridegroom | braɪd gru:m | *s.c.* novio, prometido.

bridesmaid | 'braɪdzmeɪd | *s.c.* dama de honor (de la novia).

bride-to-be | 'braɪdtʊbɪ | *s.c.* futura esposa.

bridge | brɪdʒ | *s.c.* 1 puente. 2 (fig.) nexo de unión. 3 ANAT. caballete (de la nariz). ‖ *s.i.* 4 bridge (juego de cartas). ‖ *v.t.* 5 tender un puente. 6 (fig.) salvar (distancias). ‖ 7 to − the/a gap, a) salvar las diferencias. b) llenar un vacío. 8

to burn one's bridges, quemar las naves.

bridgehead | 'brɪdʒhed | *s.c.* cabeza de puente.

bridle | 'braɪdl | *s.c.* 1 brida. || *v.t.* 2 embridar (caballo). 3 refrenar, dominar. || *v.i.* 4 [to – (at/with)] irritarse. 5 erguirse con desdén.

bridlepath | 'braɪdlpɑːθ | (también **bridleway**) *s.c.* camino de herradura.

brief | briːf | *adj.* 1 breve. 2 conciso. 3 brusco, cortante. || *s.c.* 4 instrucción, encargo. 5 informe, alegato, escrito. 6 informar, dar instrucciones. || 7 **briefs,** calzoncillos cortos. 8 **in –,** en pocas palabras.

briefcase | 'briːfkeɪs | *s.c.* cartera, cartera portafolio.

briefing | 'briːfɪŋ | *s.c. e i.* 1 sesión informativa. || *s.c.* 2 instrucción, informe.

brig | brɪg | *s.c.* 1 bergantín. 2 (EE.UU.) buque prisión.

brigade | brɪ'geɪd | [– *v.sing./pl.*] *s.c.* brigada.

brigadier | brɪgə'dɪə | *s.c.* (brit.) general de brigada.

brigand | 'brɪgənd | *s.c.* bandolero.

bright | braɪt | *adj.* 1 brillante, lleno de color. 2 brillante (idea). 3 resplandeciente (tiempo, sol). 4 brillante, inteligente. 5 lleno de luz (lugar). 6 alegre, vivo. 7 prometedor, brillante (futuro). || 8 – **lights,** vida de la gran ciudad. 9 **to look on the – side,** mirar el lado bueno.

brighten | 'braɪtn | *v.i.* 1 animarse, alegrarse. 2 hacerse más intensa, hacerse más fuerte (luz). 3 parecer menos negra (una situación). 4 mejorar (tiempo). 5 iluminarse. || *v.t.* 6 dar mayor colorido, alegrar. 7 abrillantar. 8 iluminar. 9 alegrar, dar animación (a una situación).

brightness | 'braɪtnɪs | *s.i.* 1 brillo. 2 fuerza, intensidad. 3 inteligencia. 4 viveza.

brill | brɪl | *s.c.* 1 rodaballo. || *interj.* 2 (brit.) guay, chupi.

brilliance | 'brɪlɪəns | (también **brilliancy**) *s.c.* 1 inteligencia, brillantez. 2 brillo.

brilliant | 'brɪlɪənt | *adj.* 1 magnífico (en inteligencia, obras). 2 prometedor, brillante (futuro). 3 brillante. 4 luminoso. 5 radiante (sonrisa). || *interj.* 6 estupendo.

brim | brɪm | *s.c.* 1 borde; ala (de sombrero). || *v.i.* 2 [to – (with)] estar lleno (de un líquido). 3 [to – (with)] rebosar. || 4 **to – over,** a) estar lleno hasta arriba. b) rebosar, desbordarse, ideas. 5 **to the –,** hasta arriba (lleno).

brimful | brɪm'fʊl | *adj.* [– of] lleno hasta arriba de.

brine | braɪn | *s.i.* salmuera.

bring | brɪŋ | [*pret. y p.p. irreg.* **brought**] *v.t.* 1 traer. 2 llevar consigo, traer consigo. 3 traer (a un sitio). 4 [to – + o. + (to/for)] producir, crear, traer (una cualidad a algo). 5 alcanzar (un precio). 6 introducir (algo como nuevo). 7 [to – + o. + (from)] provocar, causar. 8 causar, ser causa de. 9 [to – + o. + up/down] hacer subir/hacer bajar. || *v.r.* 10 [to – *inf.*] hacerse a la idea de. || 11 **to – about,** causar, acarrear. 12 **to – along,** traer consigo. 13 **to – back,** a) evocar, traer al pensamiento. b) revivir, reimplantar. 14 **to – down,** derribar. 15 **to – evidence (against),** traer pruebas palpables (contra). 16 **to – forth,** a) traer a colación. b) dar a luz (a un bebé). 17 **to – forward,** a) poner sobre el tapete. b) transferir, llevar un saldo (a la siguiente página). 18 **to – forward (to),** adelantar (en la fecha). 19 **to – in,** a) introducir (una regulación, ley, etc.). b) rendir (dinero). c) pronunciar (un veredicto). d) arrestar. e) recoger (cosecha). 20 **to – off,** conseguir, lograr. 21 **to – on,** causar, ocasionar (enfermedad, dolor). 22 **to – out,** a) sacar (nuevo producto). b) pronunciar (con dificultad). c) revelar, mostrar. 23 **to – up,** a) educar, formar. b) vomitar. c) traer a colación.

brink | brɪŋk | *s.sing.* 1 borde (de un precipicio). || 2 **on/from the – (of),** al/del borde (de), a punto de.

brinkmanship | 'brɪŋkmənʃɪp | *s.i.* política arriesgada, la crisis.

briny | 'braɪnɪ | *adj.* salado; salobre.

brisk | brɪsk | *adj.* 1 enérgico. 2 rápido, vigoroso. 3 continuo, abundante (negocio). 4 vigorizante, tonificante.

bristle | ˈbrɪsl | v.i. 1 ponerse de punta, erizarse (el pelo). 2 [to — (at)] montar en cólera. ‖ s.c. 3 [normalmente pl.] cerda (pelo de animal). 4 [normalmente pl.] pelo fuerte. ‖ s.i. 5 cerda, pelo fuerte. ‖ 6 to — with, a) estar cubierto de, estar erizado. b) (brit.) estar hasta arriba de.

bristly | ˈbrɪslɪ | adj. 1 como con espinos, como alambre (pelo). 2 crecida de varios días (barba).

Brit | brɪt | s.c. (fam.) británico, inglés.

Britain | ˈbrɪtn | s.sing. Gran Bretaña.

British | ˈbrɪtʃ | adj. 1 británico. ‖ 2 — English, inglés británico.

brittle | ˈbrɪtl | adj. 1 quebradizo, frágil. 2 débil, no asentado. 3 duro, hosco.

broach | brəʊtʃ | v.t. 1 abordar, (conversación, discusión). 2 descorchar.

broad | brɔːd | adj. 1 ancho. 2 extenso. 3 amplia (sonrisa). 4 general, amplio (término o expresión). 5 pronunciado, marcado (forma de hablar). 6 evidente, claro. 7 abierto (de ideas). 8 comprensivo. ‖ s.c. 9 (EE.UU.) tía, moza. ‖ 10 — bean, (brit.) haba cochinera. 11 — jump, (EE.UU.) salto de longitud.

broadcast | ˈbrɔːdkɑːst | (EE.UU.) | ˈbrɔːdkæst | [pret. y p.p. broadcast o broadcasted] v.t. y i. 1 emitir, radiar. 2 transmitir, televisar. ‖ v.t. 3 anunciar, informar. ‖ s.c. 4 emisión, transmisión.

broadcaster | ˈbrɔːdkɑːstə | s.c. locutor, entrevistador.

broaden | ˈbrɔːdn | v.i. 1 ensancharse. 2 ampliarse. 3 generalizarse. ‖ v.t. 4 ampliar. 5 generalizar.

broadly | ˈbrɔːdlɪ | adv. en general, en sentido amplio.

broadmindedness | ˌbrɔːdˈmaɪndɪdnɪs | s.i. tolerancia; amplitud de miras.

brocade | brəˈkeɪd | s.i. brocado.

brochure | ˈbrəʊʃə | (EE.UU.) | brəʊˈʃʊər | s.c. folleto, panfleto.

brogue | brəʊg | s.sing. 1 acento. ‖ s.c. 2 [normalmente pl.] zapato grueso.

broil | brɔɪl | v.t. asar a la parrilla.

broiler | ˈbrɔɪlə | s.c. 1 parrilla. 2 pollo joven, pollo tierno.

broiling | ˈbrɔɪlɪŋ | adj. (EE.UU.) sofocante, tórrido.

broke | brəʊk | pret.irreg. 1 de break. ‖ adj. 2 (fam.) sin un céntimo. ‖ 3 to go —, (fam.) quedarse sin un duro.

broken | ˈbrəʊkən | p.p.irreg. 1 de break. ‖ adj. 2 roto, fragmentado. 3 fracturado (hueso). 4 averiado. 5 chapurreado (idioma). 6 interrumpido (una línea, proceso, etc.). 7 destrozado. 8 incumplido (contrato). 9 roto, acabado (matrimonio, amistad, etc.).

broken-hearted | ˌbrəʊkənˈhɑːtɪd | adj. con el corazón destrozado.

broker | ˈbrəʊkə | s.c. agente de bolsa, corredor de bolsa.

brolly | ˈbrɒlɪ | s.c. (brit.) paraguas.

bromide | ˈbrəʊmaɪd | s.c. e i. 1 bromuro. 2 trivialidad.

bromine | ˈbrəʊmiːn | s.i. bromo.

bronchial | ˈbrɒŋkɪəl | adj. 1 bronquial. ‖ 2 — tube, bronquio.

bronco | ˈbrɒŋkəʊ | s.c. potro semisalvaje.

bronze | brɒnz | s.i. 1 bronce. 2 color de bronce. ‖ s.c. 3 estatua de bronce. ‖ adj. 4 de bronce.

bronzed | brɒnzd | adj. bronceado.

brooch | brəʊtʃ | s.c. broche.

brood | bruːd | v.i. 1 [to — (about)] cavilar. 2 cernerse, pender. ‖ s.c. 3 [- v.sing./pl.] nidada (de pájaros). 4 [- v.sing./pl.] prole. ‖ 5 to — on/over, no quitarse de la cabeza (algo negativo).

broodiness | ˈbruːdɪnɪs | s.i. melancolía.

brood-mare | ˈbruːdmeə | s.c. yegua de cría.

broody | ˈbruːdɪ | adj. 1 melancólico. 2 clueca (gallina). 3 (brit.) deseosa de tener un niño (mujer).

brook | brʊk | s.c. 1 arroyo. ‖ v.t. 2 tolerar.

broom | bruːm | s.c. 1 escoba. ‖ s.i. 2 retama, hiniesta.

broth | brɒθ | (EE.UU.) | brɔːθ | s.i. 1 caldo, sopa. 2 consomé.

brothel | ˈbrɒθəl | *s.c.* burdel.

brother | ˈbrʌðə | *s.c.* 1 hermano. 2 semejante, amigo. 3 macho, tío. 4 [– (to/of)] parecido. 5 [*pl.* brethren] hermano de una congregación religiosa.

brotherhood | ˈbrʌðəhud | *s.i.* 1 hermandad. ‖ *s.c.* 2 [– (of)] gremio.

brother-in-law | ˈbrʌðərɪnlɔː | *s.c.* cuñado.

brotherliness | ˈbrʌðəlɪnɪs | *s.i.* fraternidad (sentimiento o actitud).

brought | brɔːt | *pret.* y *p.p.irreg.* 1 de bring. ‖ 2 well/badly – up, bien/mal educado.

brouhaha | ˈbruːhɑːhɑː | (EE.UU.) | bruːˈhɑːhɑː | *s.i.* follón.

brow | brau | *s.sing.* 1 frente. ‖ *s.c.* 2 ceja. 3 [– (of)] cresta.

browbeat | ˈbraubiːt | *v.t.* [*pret.irreg.* browbeat, *p.p.* browbeaten] intimidar.

brown | braun | *adj.* 1 marrón, castaño. 2 moreno, tostado. 3 cobrizo. ‖ *s.i.* 4 marrón, castaño. 5 moreno. ‖ *v.t.* e *i.* 6 tostar(se); dorar(se). 7 – bread, pan integral. 8 browned off (with), (brit.) harto (de). 9 – paper, papel de envolver. 10 – rice, arroz integral.

brownie | ˈbraunɪ | *s.c.* 1 (EE.UU.) bizcocho de chocolate con avellanas. 2 niña exploradora (equivalente de Boy Scout).

brownstone | ˈbraunstəun | *s.i.* piedra arenisca.

browse | brauz | *v.i.* 1 [to – (through)] hojear. 2 curiosear. 3 pacer. ‖ *s.c.* 4 mirada curiosa relajada.

bruise | bruːz | *s.c.* 1 cardenal, magulladura. 2 trozo pocho (fruta). ‖ *v.t.* e *i.* 3 magullar(se). 4 poner(se) pocha (fruta). ‖ *v.t.* 5 [normalmente *pas.*] herir (sentimientos).

bruiser | ˈbruːzə | *s.c.* matón.

brunch | brʌntʃ | *s.c.* e *i.* (EE.UU.) desayuno tarde, almuerzo.

brunette | bruːˈnet | *s.c.* morena.

brunt | brʌnt | to bear/take the – (of), llevar el peso (de).

brush | brʌʃ | *s.c.* 1 cepillo. 2 brocha. 3 pincel. 4 [– with] roce con. 5 cola (de zorro). ‖ *s.sing.* 6 [a –] cepillado, restre-

gón. ‖ *s.i.* 7 (EE.UU.) monte bajo. ‖ *v.t.* 8 dar un cepillado a. 9 [to – *prep.*] quitar, apartar (con la mano). ‖ *v.t.* e *i.* 10 rozar con. ‖ 11 to – aside, apartar del pensamiento. 12 to – by, pasar rozando. 13 to – down, limpiar bien. 14 to – off, hacer caso omiso de.

brushed | brʌʃt | *adj.* tratado (tejido).

brushoff | ˈbrʌʃɒf | to give someone the –, tratar desconsideradamente a alguien.

brush-up | ˈbrʌʃʌp | *s.c.* 1 restregón (para limpiarse). 2 repaso, puesta al día.

brushwood | ˈbrʌʃwud | *s.i.* 1 monte bajo. 2 maleza, rastrojos.

brushwork | ˈbrʌʃwɜːk | *s.i.* ART. técnica de pincel, técnica de pintar.

brusque | bruːsk | (EE.UU.) | brʌsk | *adj.* brusco, áspero; rudo.

brusqueness | ˈbruːsknɪs | (EE.UU.) | ˈbrʌsknɪs | *s.i.* brusquedad, rudeza.

brussels sprout | ˈbrʌslzpraut | *s.c.* col de bruselas.

brutal | ˈbruːtl | *adj.* brutal, salvaje.

brutalize | ˈbruːtəlaɪz | (también **brutalise**) *v.t.* embrutecer.

brute | bruːt | *s.c.* 1 bruto, bestia. ‖ *adj.* 2 bruta (fuerza). 3 tosco, brutal.

brutish | ˈbruːtɪʃ | *adj.* cruel, tosco.

bubble | ˈbʌbl | *s.c.* 1 burbuja. 2 pompa de jabón. 3 campana de vidrio. 4 burbujeo. ‖ *v.i.* 5 burbujear. 6 cocerse, bullir (una situación). 7 [to – with] rebosar de. ‖ 8 to blow bubbles, hacer pompas de jabón.

bubblegum | ˈbʌblgʌm | *s.i.* chicle.

buccaneer | ˌbʌkəˈnɪə | *s.i.* bucanero.

buccaneering | ˌbʌkəˈnɪərɪŋ | *adj.* arriesgado, expuesto.

buck | bʌk | *s.c.* 1 (fam.) dólar. 2 ciervo, gamo; conejo macho. ‖ *v.i.* 3 encabritarse (caballo). ‖ *v.t.* 4 esquivar. ‖ *adj.* 5 protuberantes, de conejo (dientes superiores). ‖ 6 to – up, a) animar(se). b) alegrarse. c) apresurarse.

bucket | ˈbʌkɪt | *s.c.* 1 cubo, balde. 2 cubeta. ‖ *v.i.* 3 llover a mares. ‖ *s.pl.* 4 a montones.

bucketful | ˈbʌkɪtful | *s.c.* cubo (contenido).

buckle | ˈbʌkl | *s.c.* 1 hebilla. ‖ *v.t* 2 abrochar. 3 abombar, curvar. ‖ *v.i.* 4 abombarse, curvarse. 5 no sostener (las piernas). ‖ 6 to – down (to), ponerse a trabajar seriamente (en). 7 to – to, arreglárselas como uno pueda.

buckshot | ˈbʌkʃɒt | *s.i.* perdigón.

buckskin | ˈbʌkskɪn | *s.i.* piel de ante.

bucolic | bjuːˈkɒlɪk | *adj.* bucólico.

bud | bʌd | *s.c.* 1 brote, yema, capullo. 2 (EE.UU.) macho, colega, tío. 3 bastoncillo (normalmente de algodón). ‖ *v.i.* 4 echar brotes, echar capullos. ‖ 5 in –, en ciernes. 6 to nip in the –, cortar de raíz.

budding | ˈbʌdɪŋ | *adj.* prometedor.

budge | bʌdʒ | *v.i.* 1 ceder (físicamente). 2 ceder admitir el más mínimo compromiso. ‖ *v.t.* 3 hacer moverse un poco. ‖ 4 to – up, correrse un poquito.

budget | ˈbʌdʒɪt | *s.c.* 1 presupuesto. ‖ *v.i.* 2 hacer un presupuesto. ‖ *adj.* 3 económico, asequible. ‖ 4 – account, cuenta comercial con una tienda; cuenta de gastos corrientes. 5 to – for, contar en el presupuesto con.

budgetary | ˈbʌdʒɪtərɪ | (EE.UU.) | ˈbʌdʒɪterɪ | *adj.* presupuestario.

budgie | ˈbʌdʒɪ | (también budgerigar) *s.c.* periquito (ave).

buff | bʌf | *adj.* 1 color cuero. ‖ *s.c.* 2 enamorado, entusiasta. ‖ *v.t* 3 pulir.

buffer | ˈbʌfə | *s.c.* 1 amortiguador, parachoques. 2 protección; salvaguardia.

buffet | ˈbufeɪ | (EE.UU.) | bəˈfeɪ | *s.c.* 1 cafetería, cantina. 2 vagón restaurante. 3 buffet (comida de pie).

buffet | ˈbʌfɪt | *s.c.* 1 bofetada. ‖ *v.t.* 2 abofetear. 3 golpear (la vida, una experiencia). 4 zarandear (el viento o el mar).

buffoon | bəˈfuːn | *s.c.* bufón.

bug | bʌg | *s.c.* 1 bicho, insecto. 2 virus, germen. 3 micrófono oculto. 4 gusanillo (interés por algo). ‖ *v.t* 5 poner micrófonos ocultos en.

bugbear | ˈbʌgbeə | *s.c.* terror, coco.

bugger | ˈbʌgə | *s.c.* 1 cabrón, hijo puta. 2 cabroncete. 3 agilipollado. 4 sodomita. ‖ *v.t.* 5 tener relaciones sexuales anales con. ‖ *s.sing.* 6 [a –] una cabronada.

buggery | ˈbʌgərɪ | *s.i.* sodomía.

buggy | ˈbʌgɪ | *s.c.* 1 calesa. 2 cochecito de bebé.

bugle | ˈbjuːgl | *s.c.* corneta.

build | bɪld | *v.t.* [*pret.* y *p.p.irreg.* built] 1 construir. 2 levantar (una nueva sociedad). ‖ *s.sing.* 3 tipo (físico). ‖ 4 to – into, a) construir dentro de. b) ser parte integrante de. 5 to – on/upon, a) basar en. b) explotar (un éxito). 6 to – up, a) reunir (una colección). b) acumular(se), aumentar(se). c) fortalecer (la salud, el cuerpo). d) dar más (confianza, moral). e) dar moral, dar coba. f) edificar, urbanizar. g) hacerse (una clientela).

builder | ˈbɪldə | *s.c.* contratista de obras, aparejador.

building | ˈbɪldɪŋ | *s.c.* 1 edificio. ‖ *s.i.* 2 edificación. ‖ 3 – block, componente (de algo). 4 – site, solar.

build-up | ˈbɪldʌp | *s.c.* 1 aumento, incremento. 2 concentración. 3 [– to] el preludio de. ‖ *s.c.* e *i.* 4 propaganda, publicidad (de apoyo).

built | bɪlt | *pret.* y *p.p.irreg.* 1 de build. ‖ *adj.* 2 construido. 3 formado.

built-in | ˈbɪltˈɪn | *adj.* 1 empotrado. 2 incorporado, integrado.

bulb | bʌlb | *s.c.* 1 bombilla. 2 bulbo, tubérculo.

bulge | bʌldʒ | *s.c.* 1 protuberancia. 2 aumento transitorio. ‖ *v.i.* 3 hincharse, abultarse. 4 [to – (with)] estallar (por estar demasiado lleno).

bulk | bʌlk | *s.c.* 1 [– (of)] masa, mole. 2 corpachón (de persona). ‖ *s.i.* 3 grandes proporciones (de una persona). ‖ *s.sing.* 4 mayor parte, grueso. ‖ *adj.* 5 al por mayor.

bulkhead | ˈbʌlkhed | *s.c.* mampara, tabique.

bulky | ˈbʌlkɪ | *adj.* voluminoso.

bull | bʊl | *s.c.* 1 toro. 2 macho (elefante, ballena, etc.). 3 fortachón. 4 bula. 5 centro de un blanco. 6 (EE.UU.) poli. ‖ *s.i.* 7 bobada.

bulldoze | ˈbuldəuz | v.t. 1 excavar con una máquina excavadora. 2 [to – o. (into)] obligar, intimidar.

bullet | ˈbulɪt | s.c. 1 bala. ‖ 2 to bite the –, a lo hecho pecho.

bulletin | ˈbulətɪn | s.c. 1 boletín. 2 parte, comunicado (oficial). 3 revista, publicación periódica.

bullfight | ˈbulfaɪt | s.c. corrida de toros.

bullfighter | ˈbulfaɪtə | s.c. torero.

bullhorn | ˈbulhɔːn | s.c. (EE.UU.) megáfono.

bullion | ˈbulɪən | s.i. oro en lingotes, plata en lingotes.

bullish | ˈbulɪʃ | adj. en alza.

bullock | ˈbulək | s.c. novillo castrado.

bullring | ˈbulrɪŋ | s.c. plaza de toros.

bull's-eye | ˈbulzaɪ | s.c. 1 centro del blanco. 2 acierto en el blanco.

bullshit | ˈbulʃɪt | s.i. 1 mierda, gilipollez. ‖ v.t. e i. 2 tomar el pelo. ‖ interj. 3 vaya gilipollez.

bully | ˈbuli | s.c. 1 matón, chulo. ‖ v.t. e i. 2 comportarse como un matón. ‖ v.t. 3 [to – + o. + (into)] amedrentar, intimidar.

bulrush | ˈbulrʌʃ | s.c. espadaña.

bulwark | ˈbulwək | s.c. 1 [– (of/ against)] baluarte. 2 (fig.) defensa. 3 (normalmente pl.) rompeolas.

bum | bʌm | (fam.) s.c. 1 vago, holgazán. 2 (brit.) culo, trasero. ‖ adj. 3 inútil, de mierda. ‖ v.i. 4 [to – + o. + (off)] gorronear, sablear.

bumble | ˈbʌmbl | v.i. [to – (about)] hablar, andar torpemente.

bumblebee | ˈbʌmblbiː | s.c. abejorro.

bumbling | ˈbʌmblɪŋ | adj. inepto.

bummer | ˈbʌmə | s.c. (fam.) asco, incordio.

bump | bʌmp | s.c. 1 choque, encontronazo. 2 bache. ‖ v.i. 3 ir dando tumbos, (en un vehículo). ‖ v.t. 4 dar un golpe (inconscientemente).

bumper | ˈbʌmpə | s.c. 1 parachoques. 2 (EE.UU.) amortiguador (de tren). ‖ adj. 3 abundante (cosecha).

bumpkin | ˈbʌmpkɪn | s.c. (fam.) alcornoque; palurdo, patán.

bumptious | ˈbʌmpʃəs | adj. (desp.) presuntuoso, engreído.

bumpy | ˈbʌmpi | adj. 1 accidentado, lleno de baches.

bun | bʌn | s.c. 1 bollo. 2 moño.

bunch | bʌntʃ | s.c. 1 racimo, ramo, manojo, grupo (de personas). ‖ v.t. e i. 2 [to – + o. + (up/together)] amontonar(se), agrupar(se); juntar(se).

bundle | ˈbʌndl | s.c. 1 tajo (atado). 2 fardo, paquete. 3 (fam.) fastidio. ‖ v.t. 4 [to – prep.] empujar, lanzar. 5 to – off (to), salir a toda prisa (a). 6 to – up, a) arroparse, abrigarse, b) juntar, amontonar.

bung | bʌŋ | s.c. 1 tapón, bitoque. ‖ v.t. 2 (brit. y fam.) tirar, echar.

bungle | ˈbʌŋgl | v.t. e i. echar(se) a perder, hacer una chapuza.

bunion | ˈbʌnjən | s.c. juanete.

bunk | bʌŋk | s.c. 1 litera. ‖ s.i. 2 (fam.) palabrería insulsa.

bunny | ˈbʌni | s.c. conejito.

buoy | bɔɪ | s.c. 1 boya. ‖ 2 to – up, dar ánimos, animar, alentar.

buoyancy | ˈbɔɪənsi | s.i. 1 flotabilidad. 2 empuje, ánimo.

buoyant | ˈbɔɪənt | adj. 1 flotante. 2 boyante.

burble | ˈbɜːbl | v.i. borbotar.

burden | ˈbɜːdn | s.c. 1 peso, carga. 2 (fig.) gran responsabilidad. 3 s.sing. 4 [the – of] el sentido primario de (una obra de arte). ‖ v.t. 4 [to – + o. + (with)] apesadumbrar.

bureau | ˈbjuərəu | (EE.UU.) | bjuˈrəu | [pl. bureaux o bureaus] s.c. 1 (EE.UU.) organismo estatal. 2 (EE.UU.) cómoda, (mueble). 3 (brit.) escritorio.

bureaucracy | bjuəˈrɒkrəsi | s.i. 1 burocracia. ‖ s.c. 2 burocracia, sistema administrativo.

burgeon | ˈbɜːdʒən | v.i. florecer.

burger | ˈbɜːgə | s.c. 1 (fam.) hamburguesa.

burgher | ˈbɜːgə | s.c. burgués, ciudadano.

burglar I 'bɜːglə I *s.c.* ladrón de casas, caco.

burglarize I 'bɜːgləraɪz I (también **burglarise**) *v.t.* (EE.UU.) robar (casa o edificio).

burgle I 'bɜːgl I *v.t.* (brit.) robar (casa o edificio).

burial I 'berɪəl I *s.c.* 1 sepelio. || *s.c.* e *i.* 2 funeral.

burly I 'bɜːlɪ I *adj.* corpulento, robusto.

Burma I 'bɜːmə I *s.sing.* Birmania.

Burmese I ˌbɜːˈmiːz I *adj.* 1 birmano. || *s.c.* y *s.i.* 2 birmano.

burn I bɜːn I *v.* [pret. y p.p. burned o burnt] *t.* 1 quemar. || *i.* 2 arder, tostarse. 3 (fig.) arder, quemar (como por el fuego). || *r.* 4 quemarse. || *s.c.* 5 quemadura. 6 to – out, a) apagar(se), agotar(se). b) quedar(se) inservible (maquinaria).

burnish I 'bɜːnɪʃ I *v.t.* bruñir.

burnt I bɜːnt I *pret.* y p.p.irreg. 1 de burn. || *adj.* 2 quemado, incinerado.

burnt-out I 'bɜːntaʊt I *adj.* 1 quemado totalmente. 2 exhausto, agotado.

burp I bɜːp I *v.i.* 1 eructar, echar el aire. || *v.t.* 2 hacer eructar. || *s.c.* 3 eructo.

burr I bɜː I *s.c.* 1 (también bur) carda. 2 runruneo (especialmente de motor). || *v.i.* 3 hacer un runruneo.

burrow I 'bʌrəʊ I *s.c.* 1 madriguera. || *v.i.* 2 hacer un túnel. 3 rebuscar. 4 (fig.) acurrucarse. 5 excavar.

bursary I 'bɜːsərɪ I *s.c.* beca.

burst I bɜːst I *v.* [pret. y p.p.irreg. burst] *t.* 1 explotar, reventar (objeto). 2 arrollar. || *i.* 3 estallar. 4 hacer explosión. 5 irrumpir. 6 [to – (with)] estallar. || *s.c.* 7 reventón. 8 [– (of)] arrebato, impulso, estallido. 9 [– (of)] andanada, ráfaga. 10 [– of] ataque de. || 11 to – apart, abrirse de par en par. 12 to – in on, hacer una entrada violenta en. 13 to – into, a) estallar (de llanto, risa). b) brotar súbitamente.

bursting I 'bɜːstɪŋ I *adj.* .1 [– (with)] rebosante, abarrotado. 2 [– inf.] lleno de.

burton I 'bɜːtn I (brit.) to go for a –, a) irse al carajo. b) darse un porrazo.

bury I 'berɪ I *v.t.* 1 enterrar. 2 ocultar. || *v.i.* 3 incrustarse. 4 aislarse.

burying-ground I 'berɪŋgraʊnd I (también burying place) *s.c.* cementerio.

bus I bʌs I [(EE.UU. a veces) *pl.* busses] *s.c.* 1 autobús. || [(brit.) *ger.* bussing, *pret.* y *p.p.* bussed] *v.t.* 2 transportar en autobús. || *v.i.* 3 viajar en autobús.

bush I buʃ I *s.c.* 1 arbusto. 2 [– of] mata (de pelo). || *s.sing.* 3 [the –] la maleza, el matorral. || 4 to beat about the –, andarse por las ramas, no ir al grano.

bushed I buʃt I *adj.* (EE.UU.) agotado, roto.

bushel I 'buʃl I *s.c.* celemín (medida de volumen).

bushy I 'buʃɪ I *adj.* poblado (cejas), espeso (matorral), tupido (bosque).

business I 'bɪznɪs I *s.* 1 negocio, negocios. 2 actividad comercial, actividad profesional. 3 cosas importantes. 4 asuntos, cosas. || *s.c.* 5 empresa. || *s.sing.* 6 [the –] el campo (de los negocios). 7 asunto de. 8 tema personal, estar listo. 9 – is –, los negocios son los negocios. 10 to have no – (to), [+ inf.] no tener ningún derecho (a). 11 in –, en activo. 12 to mean –, estar en plan serio. 13 none of somebody's –, no te/le/etc., importa.

businesslike I 'bɪznɪslaɪk I *adj.* metódico, bien organizado.

busker I 'bʌskə I *s.c.* (brit.) cantante callejero.

busman I bʌsmən I [*pl.* busmen] *s.c.* empleado de autobús.

bus-stop I 'bʌstɒp I *s.c.* parada de autobús.

bust I bʌst I *v.t.* [pret. y p.p.irreg. bust o busted] 1 romper, destrozar. 2 arrestar. 3 hacer una redada en. || *adj.* 4 roto. *s.c.* 5 ART. busto. 6 busto (de mujer). || *s.i.* 7 busto, medida del busto. || 8 to – out, escaparse violentamente. 9 to – up, estropear. 10 to go – up, irse a la ruina.

buster I 'bʌstə I *s.c.* machote, tío.

bustle I 'bʌsl I *v.i.* 1 [to – (about/ around)] moverse apresuradamente; trabajar con prisas. 2 apresurarse. || *s.i.* 3 bullicio.

bustling |'bʌslɪŋ| *adj.* activo, enérgico.

bust-up |'bʌstʌp| *s.c.* pelea, riña.

busy |'bɪzɪ| *adj.* 1 ocupado. 2 activo. 3 concurrido. 4 [– *ger.*] atareado. 5 comunicando (teléfono). 6 intricado, recargado. ‖ *v.r.* 7 estar activo; ocuparse.

busybody |'bɪzɪbɒdɪ| *s.c.* chismoso.

but |bʌt|, |bət| *conj.* 1 pero, mas, sin embargo. 2 [*neg.* –] sino. 3 sólo que. 4 pero es que. ‖ *prep.* 5 con la excepción de. ‖ *adv.* 6 sólo. ‖ *s.pl.* 7 peros. 8 all –, casi. 9 – for, de no ser por. 10 – then, sin embargo. 11 cannot/couldn't –, no tener más remedio que.

butane |'bju:teɪn| *s.i.* butano.

butch |butʃ| *adj.* 1 machote, varonil. 2 lesbiana.

butcher |'butʃə| *s.c.* 1 carnicero. 2 asesino. ‖ *v.t.* 3 matar, asesinar.

butler |'bʌtlə| *s.c.* mayordomo.

butt |bʌt| *s.c.* 1 [– (of)] culata. 2 colilla. 3 tonel. 4 (EE.UU.) culo, trasero. ‖ *s.sing.* 5 [the –] el blanco (de insultos). ‖ *v.t.* e *i.* 6 embestir. ‖ 7 to – in, entrometerse.

butter |'bʌtə| *s.i.* 1 mantequilla. ‖ *v.t.* 2 untar con mantequilla. ‖ 3 to – up, adular.

butterfingers |'bʌtəfɪŋgəz| *interj.* manazas.

butterfly |'bʌtəflaɪ| *s.c.* mariposa.

buttery |'bʌtərɪ| *adj.* 1 cremoso. ‖ *s.c.* 2 cafetería.

buttock |'bʌtək| *s.c.* [normalmente *pl.*] glúteo.

button |'bʌtn| *s.c.* 1 botón (de ropa). 2 botón, pulsador. 3 (EE.UU.) chapa, insignia. ‖ *v.t.* 4 abotonar.

button-down |'bʌtndaʊn| *adj.* con botones en el cuello (camisa).

buttonhole |'bʌtnhəʊl| *s.c.* 1 ojal. 2 (brit.) flor en el ojal. ‖ *v.t.* 3 arrinconar, retener.

buttress |'bʌtrɪs| *s.c.* 1 contrafuerte, botarel. ‖ *v.t.* 2 fortalecer, apuntalar.

buy |baɪ| *v.t.* [*pret.* y *p.p.irreg.* bought] 1 comprar. 2 sobornar. 3 pagar. 4 ganar

(tiempo). 5 invitar. ‖ *s.c.* 6 compra, adquisición. ‖ 7 to – in, hacer acopio de.

buyer |baɪə| *s.c.* comprador.

buzz |bʌz| *s.c.* 1 zumbido. ‖ *v.i.* 2 emitir zumbidos. 3 [to – (with)] bullir (de actividad). 4 revolotear (pensamientos). 5 zumbar (oídos). ‖ *v.t.* 6 llamar por teléfono interior. ‖ *s.sing.* 7 [the –] lo último (de noticias). 8 ambiente, vida. ‖ 9 to – off, [siempre en imperativo] irse a la mierda.

buzzard |'bʌzəd| *s.c.* buitre.

buzzer |'bʌzə| *s.c.* timbre.

by |baɪ| *prep.* 1 junto, al lado de. 2 por, a través de. 3 en (medio de transporte). 4 [en *pas.*] por (agente). 5 según, por (ley, reglamento etc.). 6 por (escrito, cantado, etc.). 7 por delante de. 8 [+ *ger.*] a base de. 9 por parte de. 10 por (causa de). 11 por (multiplicación y división). 12 [– *num.*] por, a. 13 más o menos en. 14 [– the] de (una parte del cuerpo). 15 con (refiriéndose a algo dicho). 16 por, según (características de la personalidad). 17 [*s.* + – + *s.*] a, tras. ‖ 18 all – oneself/– oneself, a) a solas. b) sin ayuda de nadie. 19 – all means, V. mean. 20 – and –, un poco más tarde.

bye |baɪ| *interj.* adiós.

bye-bye |'baɪ'baɪ| *interj.* adiós.

bye-byes |'baɪbaɪz| to go to –, dormirse (lenguaje de niños).

bygone |'baɪgɒn| *adj.* 1 pasado, antaño. 2 let bygones be bygones, olvidemos lo pasado.

by-law |'baɪlɔː| *s.c.* ley local, ley de ámbito local.

by-line |'baɪlaɪn| *s.c.* línea con el nombre del autor de un artículo.

bypass |'baɪpɑːs| (EE.UU.) |baɪpæs| *v.t.* 1 circunvalar. 2 construir para circunvalación. 3 esquivar. 4 hacer una derivación coronaria. ‖ *s.c.* 5 carretera de circunvalación. ‖ *adj.* 6 de desviación coronaria.

by-play |'baɪpleɪ| *s.i.* juego escénico secundario.

by-product |'baɪprɒdʌkt| *s.c.* 1 [–

(of)] subproducto. 2 [– (of)] efecto secundario.

bystander | 'baɪstændə| *s.c.* espectador, curioso.

byte | baɪt | *s.c.* INF. byte, octeto.

byway | 'baɪweɪ | *s.c.* camino secundario, carretera secundaria.

byword | 'baɪwɜːd | *s.c.* 1 sobrenombre, apodo, mote. 2 [– for] prototipo de, símbolo de.

C

c, C |siː| *s.c.* e *i.* 1 c, C (letra). 2 MUS. do.

cab |kæb| *s.c.* 1 taxi. 2 cabina.

cabal |kə'bæl| *s.c.* [+ *v.sing./pl.*] cábala, camarilla.

cabaret |'kæbəreɪ| (EE.UU.) |ˌkæbə'reɪ| *s.i.* 1 cabaret. ‖ *s.c.* 2 espectáculo de cabaret, show de cabaret.

cabbage |'kæbɪdʒ| *s.c.* e *i.* 1 repollo, berza. ‖ *s.c.* 2 (brit. y fam.) muermo.

cabin |'kæbɪn| *s.c.* 1 camarote. 2 cabina (de avión). 3 cabaña. ‖ 4 — boy, chico, camarero; grumete. 5 — class, segunda clase (en barco).

cabinet |'kæbɪnɪt| *s.c.* 1 armario pequeño. ‖ 2 the Cabinet, el Gobierno, el ejecutivo.

cabinet-maker |'kæbɪnɪtmeɪkə| *s.c.* ebanista.

cable |'keɪbl| *s.c.* 1 cable, maroma. 2 cable (transmisor). 3 telegrama, cablegrama. ‖ *v.t.* 4 enviar un telegrama, un giro postal. ‖ 5 — car, vagón funicular. 6 — railway, funicular.

caboose |kə'buːs| *s.c.* 1 furgón de cola. 2 cocina, fogón (de barco).

cacao |kə'kaːeʊ| |kə'keɪəʊ| *s.c.* semilla o árbol de cacao.

cache |kæʃ| *s.c.* alijo (de armas o drogas).

cachet |'kæʃeɪ| (EE.UU.) |kæ'ʃeɪ| *s.sing.* prestigio, distinción.

cackle |'kækl| *v.i.* 1 cacarear (gallina). 2 reírse con un cierto cacareo. ‖ *s.sing.* 3 [a —] una risa aguda.

cacophonous |kə'kɒfənəs| *adj.* cacofónico.

cacophony |kə'kɒfənɪ| *s.i.* cacofonía.

cactus |'kæktəs| [*pl.* cactuses o cacti] *s.c.* cacto.

cadaver |kə'dævər| *s.c.* (EE.UU.) cadáver.

cadaverous |kə'dævərəs| *adj.* cadavérico.

caddie |'kædɪ| (también caddy) *s.c.* 1 cadi (portador de los palos en el golf). ‖ *v.i.* 2 hacer de cadi, actuar como cadi.

cadence |'keɪdns| *s.c.* cadencia.

cadet |kə'det| *s.c.* cadete.

cadge |kædʒ| (desp., fam. y brit.) *v.i.* gorronear, sablear, vivir de gorra.

cadmium |'kædmɪəm| *s.i.* cadmio.

cadre |'kaːdə| (EE.UU.) |'kædrɪ| *s.c.* [+ *v.sing./pl.*] cuadro de dirigentes.

café |'kæfeɪ|, (EE.UU.) |kæ'feɪ| *s.c.* café.

cafeteria |ˌkæfə'tɪərɪə| *s.c.* autoservicio; cafetería (en el lugar de trabajo).

caffeine |'kæfiːn| *s.i.* cafeína.

caftan |'kæftæn| |kəf'taːn| (también kaftan) *s.c.* 1 caftán. 2 túnica, manto (de señora).

cage |keɪdʒ| *s.c.* 1 jaula. 2 montacargas, ascensor (en una mina). ‖ *v.t.* 3 meter en una jaula, enjaular.

caged |keɪdʒt| *adj.* enjaulado.

cagey |'keɪdʒɪ| *adj.* [*comp.* cagier, *super.* cagiest] (fam.) cauteloso, astuto.

cagoule |kə'guːl| *s.c.* chubasquero.

cahoots | kə'hu:ts | **in – with**, (fam.) confabulado con, compinchado con.

caiman V. cayman.

cairn | keən | *s.c.* mojón.

cajole | kə'dʒəul | *v.t.* [to – + o. + (into/out of)] engatusar, camelar, persuadir.

cajolery | kə'dʒəulərı | *s.c.* halagos.

cake | keık | *s.c.* e *i.* 1 pastel, porción. || *v.t.* 2 [to – + o. + with] cubrir con, manchar con (algo endurecido). || *v.i.* 3 [to – (on/in)] solidificarse.

calamine | 'kæləmaın | (también **calamine lotion**) *s.i.* calamina.

calamitous | kə'læmıtəs | *adj.* (a veces hum.) calamitoso, desastroso.

calamity | kə'læmətı | *s.c.* e *i.* calamidad, catástrofe, desastre.

calcification | ,kælsıfı'keıʃn | *s.i.* calcificación.

calcify | 'kælsıfaı | *v.t.* e *i.* calcificar(se).

calcination | ,kælsı'neıʃn | *s.i.* calcinación.

calcine | 'kælsaın | *v.t.* e *i.* calcinar(se).

calcium | 'kælsıəm | *s.i.* calcio.

calculate | 'kælkjuleıt | *v.t.* e *i.* 1 calcular, estimar. || *v.t.* 2 determinar, fijar. || 3 **to be – to**, [+ *inf.*] tener el propósito de.

calculated | 'kælkjuleıtıd | *adj.* premeditado, deliberado.

calculating | 'kælkjuleıtıŋ | *adj.* (desp.) calculador, astuto.

calculation | ,kælkju'leıʃn | *s.c.* e *i.* 1 cálculo, cómputo, operación matemática. || *s.c.* 2 estimación, cálculo sopesado. || *s.i.* 3 (desp.) astucia, cálculo.

calculator | 'kælkjuleıtə | *s.c.* ELECTR. calculadora.

calculus | 'kælkjuləs | *s.i.* cálculo.

caldron V. cauldron.

calendar | 'kælımdə | *s.c.* 1 calendario. sistema de contabilizar el tiempo. || 2 **– month**, mes de calendario (no lunar). 3 **– year**, año civil.

calf | kɑ:f | (EE.UU.) | kæf | [*pl.* calves] *s.c.* 1 carnero, ternero, novillo. 2 cría joven (de otros mamíferos grandes). 3 pantorrilla, muslo. || *s.i.* 4 (también **calfskin**) piel de becerro.

caliber V. calibre.

calibrate | 'kælıbreıt | *v.t.* calibrar, graduar (un instrumento).

calibration | ,kælı'breıʃn | *s.i.* calibración, graduación.

calibre | 'kælıbə | (EE.UU. **caliber**) *s.c.* 1 calibre (de un arma de fuego). || *s.i.* 2 (fig.) calidad, carácter.

calico | 'kælıkəu | *s.i.* percal (tela).

caliper V. calliper.

caliph | 'keılıf | (también **calit**) *s.c.* califa.

call | kɔ:l | *v.t.* 1 llamar, poner el nombre de, dar el nombre de (persona u objeto), convocar, hacer venir. 2 llamar por teléfono. llamar en voz alta. 3 requerir (para aparecer en juicio). 4 escoger, decir (al echar suertes). || *v.i.* 5 telefonear, llamar por teléfono. 6 [to – (on/at)] visitar, pasar por. || *s.c.* 7 llamada en voz alta, grito, llamada telefónica, requerimiento. 8 sonido característico, canto, reclamo (de un ave u otro animal). || *s.i.* 9 [– for] necesidad de. || *s.sing.* 10 [the – (of)] llamada, la atracción, vocación. || *v.r.* 11 creerse, proclamarse, (algo que puede ser falso) 12 **to – back**, a) devolver la llamada; volver a llamar (telefónicamente). b) hacer regresar, pedir que regrese (alguien). 13 **to – for**, demandar, requerir, exigir. 14 **to – forth**, inspirar, provocar (un sentimiento, reacción). 15 **to – in**, hacer venir, requerir la presencia de; requerir la devolución de; llamar al trabajo, llamar a casa. 16 **to – off**, cancelar, anular. 17 **to – out**, hacer salir, requerir la presencia de (alguna institución para ayudar). 18 **to have first – on**, tener prioridad sobre. 19 **on –**, de guardia.

call-box | 'kɔ:lbɒks | *s.c.* cabina telefónica.

caller | 'kɔ:lə | *s.c.* visitante, visita, persona que llama por teléfono.

call-girl | 'kɔ:lgɜ:l | *s.c.* prostituta (que establece citas por teléfono).

calligraphy | kə'lıgrəfı | *s.i.* caligrafía.

calling | 'kɔːlɪŋ | s.sing. vocación.

calliper | 'kælɪpə | (también **caliper**) s.c. 1 (usualmente pl.) calibrador, compás de calibres. 2 (usualmente pl.) soporte ortopédico.

callisthenics | ˌkælɪs'θenɪks | (también **calisthenics**) s.pl. calistenia.

callosity | kæ'lɒsətɪ | s.c. e i. callosidad, zona endurecida de la piel.

callous | 'kæləs | adj. 1 con callo, encallecido (piel). 2 (fig.) insensible, cruel.

calloused | 'kæləst | adj. lleno de callos.

callousness | 'kæləsnɪs | s.i. insensibilidad, crueldad.

callow | 'kæləʊ | adj. inexperto, novato, inmaduro.

call-up | 'kɔːlʌp | || s.c. reclutamiento.

callus | 'kæləs | s.c. callo.

calm | kɑːm |, (EE.UU.) | kɑːlm | adj. 1 sereno, tranquilo, en calma. || s.i. 2 calma, paz, serenidad. || s.c. 3 calma (del tiempo atmosférico). || v.t. 4 calmar, serenar. || v.i. 5 calmarse, serenarse.

calmness | 'kɑːmnɪs | s.i. serenidad.

calorie | 'kælərɪ | s.c. caloría.

calorific | ˌkælə'rɪfɪk | adj. calorífico.

calumniate | kə'lʌmnɪeɪt | v.t. calumniar.

calumnious | kə'lʌmnɪəs | adj. calumnioso.

calumny | 'kæləmnɪ | s.c. e i. calumnia.

calvary | 'kælvərɪ | s.c. calvario.

calve | kɑːv | (EE.UU.) | kæv | v.i. parir (una vaca).

calves | kɑːvz | pl. de calf.

Calvinism | 'kælvɪnɪzəm | s.i. calvinismo.

cam | kæm | s.c. MEC. leva, cama.

camaraderie | ˌkæmə'rɑːdərɪ | (EE.UU.) | ˌkæmə'rædərɪ | s.i. camaradería, compañerismo.

cambric | 'keɪmbrɪk | s.i. holanda, batista (tejido).

came | keɪm | pret.irreg. de come.

camel | 'kæml | s.c. camello.

camellia | kə'miːlɪə | s.c. camelia.

cameo | 'kæmɪəʊ | s.c. 1 camafeo

(adorno). 2 (fig.) papel secundario brillante en una película u obra de teatro.

camera | 'kæmərə | s.c. 1 cámara, máquina fotográfica. || 2 in –, DER. en sesión a puerta cerrada. 3 on –, TV. en pantalla.

cameraman | 'kæmərəmæn | [pl.cameramen] s.c. TV. cameraman.

Cameroon | ˌkæmə'ruːn | s.sing. Camerún.

camomile | 'kæməmaɪl | (también **chamomile**) s.i. manzanilla.

camouflage | 'kæməflɑːʒ | s.i. 1 camuflaje, ocultamiento, engaño. || v.t. 2 camuflar. 3 (fig.) ocultar, fingir, esconder.

camp | kæp | s.c. 1 campamento, campo, lado, fracción. || s.i. 2 (fam.) frivolidad, superficialidad. || adj. 3 (fam.) afectado, cursi. || v.i. 4 acampar.

campaing | kæm'peɪn | s.c. 1 campaña, expedición militar. || s.i. 2 hacer una campaña (política o de otra clase).

capaigner | kæm'peɪnə | s.c. luchador de campaña, propagandista.

camp-bed | ˌkæmp'bed | s.c. cama de campaña, cama plegable.

camper | 'kæmpə | c.s. 1 campista, excursionista. 2 rulot, remolque, campera.

campsite | 'kæmpsaɪt | s.c. camping.

campus | 'kæmpəs | s.c. campus (de una universidad).

can | kæn | (forma relajada | kən, kn l) [pret.irreg. could] v.i. poder; saber.

can | kæn | [ger. canning, pret. yu p.p. canned] v.t. 1 enlatar, envasar, poner en conserva. || s.c. 2 bote, lata (para conservas, pinturas, etc.). 3 bidón (de petróleo). || s.sing. (EE.UU) 4 [the –] la cárcel. 5 [the –] el retrete, el wáter.

Canada | 'kænədə | s.sing. Canadá.

canal | kə'næl | s.c. 1 canal (hecho por el hombre). 2 ANAT. conducto, canal.

canalise V. canalize.

canalization | ˌkænəlaɪ'zeɪʃn | (EE.UU.) | ˌkænəl'zeɪʃn | (también **canalisation**) s.i. canalización.

canalize | 'kænəlaɪz | v.t. 1 canalizar (aguas). 2 (fig.) canalizar (energías, esfuerzos, etc.).

canapé | ˈkænəpeɪ | (EE.UU.) | ˌkænəˈpeɪ | s.c. canapé.

canard | kæˈnɑːd | ˈkænɑːd | s.c. bulo, patraña, noticia falsa.

canary | kəˈneərɪ | s.c. 1 canario. || 2 — yellow, amarillo claro.

cancel | ˈkænsl | v.t 1 cancelar, anular (evento, reserva, etc.). 2 invalidar, anular (contrato). 3 tachar, borrar (escrito). || 4 to — out, anularse mutuamente, neutralizarse.

cancellation | ˌkænsəˈleɪʃn | s.c. e i. cancelación, anulación.

cancer | ˈkænsə | s.c. e i. cáncer.

cancerous | ˈkænsrs | adj. cancerígeno.

candelabrum | ˌkændɪˈlɑːbrəm | (también candelabra) [pl. candelabra o candelabras] s.c. candelabro.

candid | ˈkændɪd | adj. franco, sincero.

candidacy | ˈkændɪdəsɪ | (también candidature) s.i. candidatura.

candidate | ˈkændɪdət | (EE.UU.) | ˈkændɪdeɪt | s.c. 1 POL. candidato. 2 opositor, aspirante (persona que hace un examen).

candidature | ˈkændɪdətʃə | V. candidacy.

candidness | ˈkændɪdnɪs | s.i. franqueza, sinceridad.

candied | ˈkændɪd | adj. azucarado, con caramelo.

candle | ˈkændl | s.c. 1 vela. || (fam.) 2 to burn the — at both ends, trasnochar y madrugar, gastar todas las fuerzas de uno, pasarse trabajando.

candlelight | ˈkændlstɪk | s.c. luz de vela.

candour | ˈkændə | (EE.UU. candor) s.i. franqueza, sinceridad.

candy | ˈkændɪ | s.c. e i. 1 (EE.UU.) caramelo. || 2 — floss, (brit.) dulce de hilos.

candy-striped | ˈkændɪstraɪpt | adj. rayado (blanco y rojo o rosa).

cane | keɪn | s.i. 1 BOT. caña. 2 bejuco (para muebles). || s.c. 3 caña. 4 vara (para golpear). 5 bastón, báculo. || s.sing.

6 [the —] la vara, el palo. || v.t. 7 dar con la vara, pegar con la vara.

canine | ˈkeɪnaɪn | adj. 1 canino. || s.c. 2 canino (perro). 3 colmillo.

canister | ˈkænɪstə | s.c. 1 bote, lata. 2 aerosol, bote de aerosol.

canker | ˈkæŋkə | s.i. 1 cancro. 2 llaga, úlcera (en la boca).

cannabis | ˈkænəbɪs | s.i. marihuana.

canned | kænd | adj. 1 enlatado, en bote. 2 (fam.) trompa, bebido.

cannery | ˈkænərɪ | s.c. fábrica de conservas.

canning | ˈkænɪŋ | s.i. enlatado.

cannibal | ˈkænɪbl | s.c. caníbal.

cannibalise V. canibalize.

cannibalism | ˈkænɪbəlɪzəm | s.i. canibalismo.

cannibalize | ˈkænɪbəlaɪz | (también cannibalise) v.t desmontar piezas viejas (para reparar otro coche).

cannon | ˈkænən | [pl. cannon o cannons] s.c. 1 cañón de ruedas. 2 ametralladora automática (en un avión). || 3 — ball, bola de cañón. 4 — fodder, (fig.) carne de cañón.

cannonade | ˌkænəˈnɪd | s.c. andanada (de cañón).

cannot | ˈkænɒt | contrac. de can y not.

canniness | ˈkænɪnɪs | s.i. cautela, sagacidad, astucia.

canny | ˈkænɪ | adj. cauto, sagaz.

canoe | kəˈnuː | s.c. canoa.

canoeing | kəˈnuːɪŋ | s.i. remo.

canon | ˈkænən | s.c. 1 canónigo. 2 principio, regla. || 3 — law código de derecho canónico.

canonical | kəˈnɒnɪkl | adj. canónico.

canonization | ˌkænənaɪˈzeɪʃn | (EE.UU.) | ˌkænənɪˈzeɪʃn | (también canonisation) s.c. e i. canonización.

canonize | ˈkænənaɪz | (también canonisation) v.t. canonizar.

canopied | ˈkænəpɪd | adj. cubierto por toldo (balcón).

canopy | ˈkænəpɪ | s.c. 1 toldo; baldaquín. 2 (fig.) bóveda.

cant | kænt | s.i. tópico, hipocresía.

can't | kɒːnt | (EE.UU.) | kænt | *contrac.* de can y not.

cantankerous | kæn'tænŋkərəs | *adj.* arisco, irritable.

canteen | kæn'tiːn | *s.c.*1 cafetería, comedor (en el lugar de trabajo). 2 cantimplora.

canter | 'kæntə | *v.i.* 1 trotar a buena velocidad, trotar con energía. ‖ *s.c.* 2 medio galope, trote vivaz.

canticle | 'kæntɪkl | *s.c.* cántico litúrgico.

cantilever | 'kæntɪliːvə | *s.c.* 1 viga voladiza, ménsula. ‖ 2 — **bridge** puente voladizo.

canto | 'kæntəu | *s.c.* canto, capítulo de poema épico.

canton | 'kæntɒn | *s.c.* cantón.

cantonment | kæn'tuːnmənt | (EE.UU.) | kæn'təunmənt | *s.c.* acantonamiento, acuartelamiento temporal.

canvas | 'kænvəs | *s.i.* 1 lona. ‖ *s.c.* e *i.* 2 linezo (para pintura). ‖ *sc.* 3 lienzo, cuadro.

canvass | 'kænvəs | *s.v.* 1 POL. dar propaganda, encuestar. ‖ *v.i.* 2 POL. hacer propaganda (casa por casa). ‖ *s.c.* 3 POL. propaganda directa en casa.

canyon | 'kænjən | *s.c.* cañón.

cap | kæp | *s.c.* 1 gorra, gorro. 2 tapa (de botella o similar). 3 capuchón (de pluma o bolígrafo). 4 (fam.) capuchón, diafragma (anticonceptivo). 5 casquete (especialmente polar). ‖ *v.t.* 6 [to — + o. + (with)] coronar, rematar. ‖ 7 — in hand, con la cabeza gacha, en actitud de súplica. 8 if the — fits, aplícate el cuento.

capability | ˌkeɪpə'bɪlətɪ | *s.c.* e *i.* capacidad, competencia, aptitud.

capable | 'keɪpəbl | *adj.* capaz, competente (persona).

capacious | kə'peɪʃəs | *adj.* espacioso.

capacity | kə'pæsətɪ | *s.i.* 1 capacidad, cabida. ‖ *s.c.* 2 capacidad, potencialidad (para hacer algo), habilidad. ‖ *s.c.* e *i.* 3 cilindrada (vehículos). ‖ *adj.* 4 lleno hasta arriba.

cape | keɪp | *s.c.* 1 GEOG. cabo. 2 capa, túnica (de vestir o de torear).

caper | 'keɪpə | *v.i.* 1 brincar, dar saltos. ‖ *s.c.* 2 alcaparra.

capercaillie | ˌkæpə'keɪlɪ | (también **capercailzie**) *s.c.* urogallo.

capillary | kə'pɪlərɪ | (EE.UU.) | 'kæpɪlərɪ | *s.c.* 1 vaso capilar, vena capilar, capilar. ‖ *adj.* 2 capilar, muy fino.

capital | 'kæpɪtl | *s.c.* 1 capital (de una nación). 2 (fig.) centro, capital (de la moda, arte, etc.). 3 mayúscula. 4 capitel, base. ‖ *s.i.* 5 capital, dinero, fondos. 6 — **punishment**, pena capital.

capitalise v. capitalize.

capitalism | 'kæpɪtəlɪzəm | *s.i.* capitalismo.

capitalist | 'kæpɪtəlɪst | *s.c.* 1 capitalista. 2 empresario. ‖ *adj.* 3 capitalista.

capitalistic | ˌkæpɪtə'lɪstɪk | *adj.* (desp.) capitalista.

capitalization | ˌkæpɪtəlaɪ'zeɪʃn | (EE.UU.) | ˌkæpɪtəlɪ'zeɪʃn | (también **capitalisation**) *s.i.* capitalización.

capitalize | 'kæpɪtəlaɪz | (también **capitalise**) *v.i.* 1 [to — (on/upon)] capitalizar, sacar partido de (una situación). ‖ *v.t.* 2 poner mayúsculas.

capitulate | kə'pɪtʃuleɪt | *v.i.* [to — (to)] capitular, rendirse, ceder.

capitulation | kəˌpɪtʃu'leɪʃn | *s.c.* e *i.* capitulación, rendición, cesión.

capon | 'keɪpən | *s.c.* capón.

caprice | kə'priːs | *s.c.* antojo, capricho.

capricious | kə'prɪʃəs | *adj.* 1 caprichoso, antojadizo, veleidoso. 2 (fig.) cambiante, impredecible.

Capricorn | 'kæprɪkɔːn | *s.sing.* Capricornio.

capsicum | 'kæpsɪkəm | *s.c.* e *i.* pimiento, guindilla; (Am.) ají.

capsize | kæp'saɪz | (EE.UU.) | 'kæpsaɪz | *v.t.* e *i.* MAR. zozobrar, volcar.

capsule | 'kæpsjuːl | (EE.UU.) | 'kæpsl | *s.c.* 1 cápsula. ‖ *adj.* 2 breve, conciso (como una cápsula).

captain | 'kæptɪn | *s.c.* 1 capitán. 2

capitán (de un equipo). ‖ *v.t.* 3 capitanear, liderar.

caption | 'kæpʃn | *s.c.* 1 encabezamiento, titular. 2 pie, leyenda (de una fotografía, ilustración, etc.). ‖ *v.t.* 3 titular; poner un pie.

captious | 'kæpʃəs | *adj.* capcioso, insidioso, falaz.

captivate | 'kæptɪveɪt | *v.t.* fascinar, cautivar (atención o similar).

captivating | 'kæptɪveɪtɪŋ | *adj.* fascinante, cautivante.

captivation | ˌkæptɪ'veɪʃn | *s.i.* encanto, fascinación (que alguien tiene).

captive | 'kæptɪv | *s.c.* 1 cautivo, prisionero. ‖ *adj.* 2 cautivo, prisionero.

captivity | kæp'tɪvətɪ | *s.i.* cautividad, cautiverio.

captor | 'kæptə | *s.c.* aprehensor, persona que hace prisioneros.

capture | 'kæptʃə | *v.t.* 1 capturar, conquistar 2 captar, reproducir fielmente (mediante música, pintura, escrito, etc.).

car | kɑ: | (EE.UU. **automobile**) *s.c.* 1 coche; (Am.) carro. 2 vagón (de tren).

carate | kə'ræf | *s.c.* garrafa.

caramel | 'kærəmel | *s.i.* 1 caramelo. ‖ *s.c.* 2 dulce, caramelo.

carat | 'kærət | (también **karat**) *s.c.* quilate (para medir oro y diamante).

caravan | 'kærəvæn | *s.c.* 1 (brit.) rulot. 2 caravana (en el desierto).

caraway | 'kærəweɪ | *s.i.* alcaravea.

carbine | 'kɑ:baɪn | *s.c.* carabina (arma de fuego).

carbohydrate | ˌkɑ:bəʊ'haɪdreɪt | *s.c.* e *i.* hidrato de carbono.

carbon | 'kɑ:bən | *s.i.* 1 carbono. ‖ *s.c.* 2 papel carbón. ‖ 3 — **copy**, copia hecha en papel carbón; réplica exacta, copia exacta (de persona o cosa).

carbonated | 'kɑ:bəneɪtɪd | *adj.* carbonatada (agua).

carbuncle | 'kɑ:bʌŋkl | *s.c.* 1 carbunco, grano, furúnculo. 2 carbúnculo (tipo de piedra preciosa parecida al rubí).

carburettor | ˌkɑ:bə'retə | (EE.UU. **carburetor**) | 'kɑ:rbəreɪtə | *s.c.* MEC. carburador.

carcass | 'kɑ:kəs | (también **carcase**) *s.c.* 1 animal muerto; esqueleto (de animal). 2 (fig., fam. y desp.) corpachón; culo.

carcinogen | kɑ:'sɪnədʒen | *s.c.* agente cancerígeno, sustancia cancerígena.

carcinogenic | ˌkɑ:sɪnə'dʒenɪk | *adj.* cancerígeno.

carcinoma | ˌkɑ:sɪ'nəʊmə | [*pl.* carcinomas o carcinomata] *s.c.* carcinoma.

card | kɑ:d | *s.c.* 1 tarjeta, carnet. 2 carta, naipe (para juego). ‖ *s.i.* 3 cartulina, papel cartulina. ‖ *s.pl.* 4 cartas (juego).

cardamom | 'kɑ:dəməm | *s.i.* cardamomo.

cardboard | 'kɑ:bɔ:d | *s.i.* 1 cartón. ‖ *adj.* 2 (fig.) falso, de cartón, de bisutería.

card-carrying | 'kɑ:dkærɪŋ | *adj.* oficialmente inscrito, con carnet.

cardiac | 'kɑ:dɪæk | *adj.* 1 cardíaco. ‖ 2 — **arrest**, paro cardíaco.

cardigan | 'kɑ:dɪgən | *s.c.* chaqueta de punto, chaqueta de lana.

cardinal | 'kɑ:dɪnl | *s.c.* 1 número cardinal. 2 cardenal. ‖ *adj.* 3 cardinal, fundamental, esencial. ‖ 4 — **point**, punto cardinal. 5 — **sin**, a) REL. pecado capital. b) (fig.) crimen capital, equivocación importante.

card-table | 'kɑ:dteɪbl | *s.c.* mesa de naipes, mesa para jugar a las cartas.

care | keə | *s.i.* 1 cuidado, precisión, atención, esmero. ‖ *s.c.* e *i.* 2 preocupación, inquietud. ‖ *v.i.* 3 importar, preocupar(se), inquietar(se). 4 [to — (for/about)] tener cariño, amar; estar dispuesto a amar ‖ 5 to — for, a) cuidar, atender (algo o alguien). b) apetecer, gustar; querer. 6 to take — of, a) cuidar, atender, encargarse de (persona). b) encargarse de, ocuparse de (algo).

careen | kə'ri:n | *v.i.* 1 carenar, enquillar. 2 (EE.UU.) ir dando tumbos.

career | kə'rɪə | *s.c.* 1 carrera profesional. 2 vida, curso vital. ‖ *adj.* 3 profesional, por profesión. || *v.i.* 4 ir a gran velocidad sin control.

careerist | kə'rɪərɪst | *s.c.* persona agresiva en su trabajo; arribista.

carefree | 'keəfri: | *adj.* sin preocupaciones, sin problemas.

careful | 'keəfl | *adj.* cuidadoso, cauteloso, prudente, ahorrativo.

carefulness | 'keəflnɪs | *s.i.* cuidado, cautela.

careless | 'keəlɪs | *adj.* descuidado, negligente, inconsciente, irresponsable.

carelessness | 'keəlɪsnɪs | *s.i.* descuido, negligencia, inconsciencia

caress | kə'res | *v.t.* 1 acariciar. || *s.c.* 2 caricia.

caretaker | 'keəteɪkə | *s.c.* 1 portero, guardia. || *adj.* 2 interino, provisional.

careworn | 'keəwɔ:n | *adj.* agobiado, lleno de ansiedad.

carfare | 'ka:feə | *s.c.* (EE.UU.) precio del trayecto (en autobús o similar).

cargo | 'ka:gəu | [*pl.* cargoes] *s.c.* e *i.* cargamento, carga.

caribou | 'kærɪbu: | [*pl.* caribou o caribous] *s.c.* caribú.

caricature | 'kærɪkətjuə | *s.c.* e *i.* 1 caricatura. || *s.c.* 2 [- (of)] (fig.) caricatura, remedo. || *v.t.* 3 caricaturizar.

caricaturist | 'kærɪkətjuərɪst | *s.c.* caricaturista.

caries | 'keərɪ:z | *s.i.* caries.

caring | keərɪŋ | *s.i.* 1 cariño, afecto. 2 compasión, actitud servicial. || *adj.* 3 compasivo.

carmine | 'ka:maɪn | *s.i.* carmín (color).

carnage | 'ka:nɪdʒ | *s.i.* matanza.

carnal | 'ka:nl | *adj.* 1 carnal. || 2 - knowledge, conocimiento carnal.

carnation | ka:'neɪʃn | *s.c.* clavel.

carnival | 'ka:nɪvl | *s.c.* carnaval.

carnivore | 'ka:nɪvə | *s.c.* carnívoro.

carob | | *s.c.* algarrobo.

carol | 'kærəl | *s.c.* 1 villancico. || *v.i.* 2 cantar alegremente.

carotid | kə'rɒtɪd | *adj.* 1 carótida. || 2 - artery, arteria carótida.

carousel | ˌkærə'sel | (EE.UU. carrou-

sel) *s.c.* 1 (EE.UU.) tiovivo. 2 cinta transportadora de equipajes.

carp | ka:p | [*pl.* carp] *s.c.* 1 carpa (pez). || *v.i.* 2 [to - (at/about)] quejarse.

car-park | 'ka:pa:k | *s.c.* aparcamiento de coches, parking.

carpenter | 'ka:pəntə | *s.c.* carpintero.

carpentry | 'ka:pəntrɪ | *s.i.* carpintería.

carpet | 'ka:pɪt | *s.c.* 1 alfombra, tapiz. || *v.t.* 2 alfombrar, tapizar. || 3 - slipper, zapatillas.

carpeted | 'ka:pɪtɪd | *adj.* alfombrado.

carriage | 'kærɪdʒ | *s.c.* 1 (brit.) vagón (de tren). 2 coche de caballos, carruaje. 3 carro (de una máquina de escribir o similar). || *s.i.* 4 transporte, costo de transporte.

carrier | 'kærɪə | *s.c.* 1 transportista, transportador, empresa de transporte. 2 portaaviones. 3 MED. portador. 4 MEC. soporte transportador. 5 - pigeon, paloma mensajera.

carrillon | kə'rɪljən | (EE.UU.) | 'kærələn | *s.c.* MUS. carrillón.

carrion | 'kærɪən | *s.i.* carroña.

carrot | 'kærət | *s.c.* e *i.* 1 zanahoria. || *s.c.* 2 (fig.) incentivo.

carroty | 'kærətɪ | *adj.* pelirrojo.

carry | 'kærɪ | *v.t.* 1 transportar, llevar, llevar en brazos. 2 portar, transmitir (enfermedades, microbios, etc.). 3 publicar. 4 ganar en, conseguir los votos de (distrito, circunscripción, etc.). 5 llevar aparejado, acarrear, significar (un castigo). 6 [to - + o. + through] llevar a término, aguantar durante (algo desagradable). 7 desarrollar, llevar hasta. || *v.i.* 8 oírse, llegar (sonidos y recorridos de distancias). || *v.r.* 9 moverse, andar, tener una postura (corporalmente). 10 to - off, a) llevarse, ganar, alzarse con (un premio). b) salir airoso en. 11 to - out, llevar a cabo.

carry-all | 'kærɔ:l | *s.c.* (EE.UU.) bolsa grande, cesta grande.

carrycot | 'kærɪkɒt | *s.c.* (brit.) cestillo, capazo (para bebés).

carsick | 'ka:sɪk | *adj.* mareado (yendo en coche).

carsickness | 'kɑːsɪknɪs | *s.i.* mareo (causado por coche).

cart | kɑːt | *s.i.* 1 carro, carromato, carreta (tirada por animales). 2 pequeña berlina (para personas). 3 carretilla (de mano). ‖ *v.t.* 4 llevar en carro, transportar en carro.

carte blanche | ˌkɑːt'blɒnʃ | *s.i.* [– + *inf.*] carta blanca.

cartel | kɑː'tel | *s.c.* FIN. cartel (para control de precios y de la competencia).

carthorse | 'kɑːθɔːs | *s.c.* caballo de tiro.

cartilage | 'kɑːtɪlɪdʒ | *s.c.* e *i.* cartílago.

cartilaginous | ˌkɑːtɪ'lædʒɪnəs | *adj.* cartilaginoso.

cartographer | kɑː'tɒɡrəfə | *s.c.* cartógrafo.

cartography | kɑː'tɒɡrəfi | *s.i.* cartografía.

carton | 'kɑːtn | *s.c.* 1 caja de cartón. 2 envase (para líquidos).

cartoon | kɑː'tuːn | *s.c.* 1 viñeta de humor, caricatura. 2 dibujo animado.

cartoonist | kɑː'tuːnɪst | *s.c.* PER. dibujante cómico.

cartridge | 'kɑːtrɪdʒ | *s.c.* 1 cartucho. 2 brazo del tocadiscos. 3 recambio (de bolígrafo o pluma). 4 FOT. cartucho.

cartridge-belt | 'kɑːtrɪdʒbelt | *s.c.* canana, cartuchera.

cartwheel | 'kɑːtwiːl | *s.c.* 1 rueda, rueda de carro. 2 pirueta de lado, pirueta mortal de lado. ‖ *v.i.* 3 dar piruetas.

carve | kɑːv | *v.t.* 1 tallar, cincelar. ‖ *v.t.* e *i.* 2 tallar, grabar (en madera, metal, etc.), trinchar (carne). ‖ 3 to – out, labrarse (una carrera, una vida, etc.).

carving | 'kɑːvɪŋ | *s.i.* 1 talla (de objetos como adorno). ‖ *s.c.* e *i.* 2 grabado (en madera, metal, etc.). ‖ *s.c.* 3 escultura, escultura pequeña. ‖ 4 – knife, cuchillo de trinchar, trinchante.

cascade | kæ'skeɪd | *s.c.* 1 cascada, salto de agua. ‖ *v.i.* 2 caer en cascada.

case | keɪs | *s.c.* 1 caso, situación: ejemplo. 2 caja, maleta, vitrina. 3 BOT.

vaina. 4 estuche, funda. ‖ *v.t.* 5 [to – + o. + in] enfundar en; revestir de.

casebook | 'keɪsbuk | *s.c.* registro.

casement | 'keɪsmənt | *s.c.* ventana batiente, ventana a bisagra.

casework | 'keɪswɜːk | *s.i.* trabajo de asistencia social.

cash | kæʃ | *s.i.* 1 dinero en efectivo. ‖ *v.t.* 2 hacer efectivo.

cash-and-carry | ˌkæʃən'kærɪ | *s.c.* tienda al por mayor.

cash-desk | 'kæʃdesk | *s.c.* caja.

cashier | kæ'ʃɪə | *s.c.* 1 cajero, caja. ‖ *v.t.* 2 MIL. separar del servicio.

cashmere | kæʃ'mɪə | *s.i.* cachemira.

casing | 'keɪsɪŋ | *s.c.* envoltura, revestimiento.

casino | kə'siːnəʊ | *s.c.* casino.

cask | kɑːsk | (EE.UU.) | kæsk | *s.c.* tonel, barril.

casket | 'kɑːskɪt | (EE.UU.) | 'kæskɪt | *s.c.* cofrecito, cajita, joyero.

cassava | kə'sɑːvə | *s.i.* mandioca.

casserole | 'kæsərəʊl | *s.c.* cazuela.

cassette | kə'set | *s.c.* casete, cinta. magnetofón, caset (aparato).

cassock | 'kæsək | *s.c.* sotana.

cast | kɑːst | (EE.UU.) | kæst | *v.* [*pret.* y *p.p. irreg.* cast] *t.* 1 echar, lanzar (mirada, vista, ojos, etc.). 2 mudar de (piel o similar por parte de ciertos animales). 3 formar, moldear (objetos); vaciar (esculturas). 4 [to – + o. + (as)] dar un papel, conceder un papel (en teatro, cine, etc.). ‖ *i.* 5 hacer un lanzamiento (de la caña de pescar). ‖ *s.c.* 6 [– *v.sing./pl.*] reparto (de actores), molde, forma. 7 escayola, vendaje enyesado (para roturas, esguinces, etc.).

castanet | ˌkæstə'net | *s.c.* castañuela.

castaway | 'kɑːstəweɪ | (EE.UU.) | 'kæstəweɪ | *s.c.* náufrago.

caste | kɑːst | *s.c.* e *i.* casta, clase.

castigate | 'kæstɪɡeɪt | *v.t.* reprobar, censurar.

casting | 'kɑːstɪŋ | (EE.UU.) | 'kæstɪŋ | *s.c.* 1 fundición. ‖ 2 – vote, voto de calidad.

castle |ˈkɑːsl| (EE.UU.) |ˈkæsl| s.c. castillo, fortaleza, torre.

cast-off |ˈkɑːstɒf| (EE.UU.) |ˈkæstɒf| adj. 1 inservible. ‖ s.c. 2 ropa vieja.

castor |ˈkɑːstə| (EE.UU.) |ˈkæstər| (también **caster**) s.c. 1 MEC. ruedecilla. ‖ 2 – oil, aceite de ricino.

castrate |kæsˈtreɪt| (EE.UU.) |ˈkæstreɪt| v.t. castrar.

castration |kæsˈtreɪʃn| (EE.UU.) |ˈkæstreɪʃn| s.i. castración.

casual |ˈkæʒuəl| adj. casual, fortuito, superficial, informal.

casualty |ˈkæʒuəltɪ| s.c. 1 MIL. baja. 2 víctima, accidentado grave.

casuistry |ˈkæzjuɪstrɪ| s.i. casuística.

cat |kæt| s.c. gato, felino.

cataclysm |ˈkætəklɪzam| s.c cataclismo.

catacombs |ˈkætəkuːmz| (EE.UU.) |ˈkætəkəumz| s.pl. catacumbas.

catalepsy |ˈkætəlepsɪ| s.i. catalepsia.

catalog |ˈkætəlɒːg| (brit. **catalogue**) |ˈkætələig| s.c. 1 catálogo. 2 [– of] serie de, enumeración de. ‖ v.t. 3 catalogar.

catalysis |kəˈtæləsɪs| s.i. catálisis.

catalyst |ˈkætəlɪst| s.c. catalizador.

catamaran |ˌkætəməˈræn| s.c. catamarán.

catapult |ˈkætəpʌlt| s.c. 1 lanzador, catapulta. ‖ v.t. 2 catapultar, lanzar. ‖ v.i. 3 lanzarse violentamente, catapultarse.

cataract |ˈkætərækt| s.c. 1 MED. catarata (ocular). 2 GEOG. catarata.

catarrh |kəˈtɑː| s.i. catarro con mucosidad.

catastrophe |kəˈtæstrəfɪ| s.c. catástrofe, desastre.

catcall |ˈkætkɒːl| s.c. silbido, abucheo.

catch |kætʃ| v. [pret. y p.p. irreg. caught] t. 1 coger, capturar, agarrar. 2 captar, apresar (un ambiente, paisaje, etc.). 3 adoptar, ser influenciado por (sentimientos de otros). ‖ i. 4 engancharse, enredarse. ‖ r. 5 contenerse, controlarse. ‖ s.c. 6 pesca, cantidad de

peces atrapados. ‖ s.sing. 7 trampa, truco, engañifa.

catcher |ˈkætʃə| s.c. DEP. receptor.

catching |ˈkætʃɪŋ| adj. contagioso.

catchphrase |ˈkætʃfreɪz| s.c. frase atrayente, eslogan, frase pegadiza.

catchy |ˈkætʃɪ| adj. pegadizo.

catechism |ˈkætəkɪzəm| s.c. catecismo.

categorical |ˌkætəˈgɒrɪkl| (EE.UU.) |ˌkætəˈgɔːrɪkl| adj. categórico.

categorize |ˈkætəgəraɪz| (también **categorise**) v.t. categorizar, clasificar.

category |ˈkætəgərɪ| (EE.UU.) |ˈkætəgɔːrɪ| s.c. categoría (clase).

cater |ˈkeɪtə| v.i. 1 [to – to/for] intentar complacer a. 2 [to – for] proveer de comida y bebida a.

caterer |ˈkeɪtərə| s.c. proveedor.

catering |ˈkeɪtərɪŋ| s.i. organización de banquetes; suministro, abastecimiento.

caterpillar |ˈkætəpɪlə| s.c. oruga.

caterwaul |ˈkætəwɔːl| v.i. chillar estridentemente.

catfish |ˈkætfɪʃ| s.c. barbo.

catharsis |kəˈθɑːsɪs| s.i. catarsis.

cathartic |kəˈθɑːtɪk| adj. catártico.

cathedral |kəˈθiːdrəl| s.c. catedral.

cathode |ˈkæθəud| s.c. cátodo.

Catholic |ˈkæθəlɪk| s.c. católico.

catkin |ˈkætkɪn| s.c. amento.

catnap |ˈkætnæp| s.c. 1 sueñecito, cabezada. ‖ v.i. 2 dar una cabezada.

cat's-cradle |ˌkætskreɪdl| s.c. e i. cunita (juego o forma).

cat's-eye |ˈkætsaɪ| s.c. baliza.

cattle |ˈkætl| s.pl. ganado.

cattle-grid |ˈkætlgrɪd| s.c. enrejado para evitar el paso de ganado.

cattle-market |ˈkætlmɑːkɪt| s.c. mercado de ganado.

catty |ˈkætɪ| adj. malicioso.

catwalk |ˈkætwɔːk| s.c. pasarela.

caucus |ˈkɔːkəs| s.c. 1 consejo político. 2 reunión política.

caught |kɔːt| pret. y p.p. irreg. 1 de catch. ‖ 2 to be – up in, estar metido en, estar comprometido en.

cauldron | 'kɔːldrən | *s.c.* caldero.
cauliflower | 'kɒlɪflauə | *s.c.* e *i.* coliflor.
causal | 'kɔːzl | *adj.* causal.
causality | kɔː'zælətɪ | (también causation) *s.i.* causalidad.
causative | 'kɔːzətɪv | *adj.* causativo.
cause | kɔːz | *s.c.* 1 causa, motivo. ‖ *s.i.* 2 [– *inf./*for] razón de. ‖ *v.t.* 3 causar.
causeway | 'kɔːzweɪ | *s.c.* calzada.
caustic | 'kɔːstɪk | *adj.* corrosivo, cáustico, mordaz.
cauterize | 'kɔːtəraɪz | *v.t.* cauterizar.
caution | 'kɔːʃn | *s.i.* 1 prevención, cautela. ‖ *s.c.* 2 aviso, amonestación. ‖ *v.t.* 3 avisar, advertir.
cautionary | 'kɔːʃənərɪ | (EE.UU.) | 'kɔːʃənerɪ | *adj.* aleccionador, admonitorio.
cautious | 'kɔːʃəs | *adj.* cuidadoso, cauteloso, precavido, prudente.
cavalcade | ˌkævl'keɪd | *s.c.* cabalgata.
cavalier | ˌkævə'lɪə | *adj.* 1 arrogante, altivo. ‖ *s.c.* 2 galán.
cavalry | 'kævlrɪ | *s.sing.* [the –] MIL. la caballería (en caballos o tanques).
cave | keɪv | *s.c.* cueva, caverna.
caveat | 'kævɪæt | 'keɪvɪæt | *s.c.* 1 advertencia. 2 DER. notificación.
cave-in | 'keɪvɪn | *s.c.* derrumbamiento.
caveman | 'keɪvmæn | [*pl.irreg.* cavemen] *s.c.* hombre de las cavernas.
cavern | 'kævən | *s.c.* gruta, caverna.
cavernous | 'kævənəs | *adj.* cavernoso.
caviar | 'kævɪaː | kə'vɪaː | *s.i.* caviar.
cavil | 'kævl | *s.c.* reparo.
cavity | 'kævətɪ | *s.c.* cavidad, caries.
cavort | kə'vɔːt | *v.i.* hacer cabriolas.
caw | kɔː | *v.i.* graznar.
cayenne | ker'en | *s.i.* pimentón.
cayman | 'keɪmən | (también caiman) *s.c.* caimán.
cease | siːs | *v.i.* cesar, terminar, dejar de, cesar de.
ceasefire | ˌsiːs'faɪə | *s.c.* alto el fuego.

ceaseless | 'siːslɪs | *adj.* continuo, incesante, perenne.
cedar | 'siːdə | *s.c.* e *i.* cedro.
cede | siːd | *v.t.* e *i.* ceder, entregar.
cedilla | sɪ'dɪlə | *s.c.* cedilla.
ceiling | 'siːlɪŋ | *s.c.* techo, límite.
celebrate | 'selɪbreɪt | *v.t.* celebrar, festejar, conmemorar.
celebration | ˌselɪ'breɪʃn | *s.c.* e *i.* celebración, festejo, conmemoración.
celebratory | sɪ'lebrətən | *adj.* conmemorativo.
celebrity | sɪ'lebrətɪ | *s.c.* celebridad.
celerity | sɪ'lerətɪ | *s.i.* rapidez.
celery | 'selərɪ | *s.i.* apio.
celestial | sɪ'lestɪəl | *adj.* celestial.
celibacy | 'selɪbəsɪ | *s.i.* celibato.
celibate | 'selɪbət | *adj.* célibe, casto, continente, virgen.
cell | sel | *s.c.* célula, celda.
cellar | 'selə | *s.c.* 1 sótano. 2 bodega.
cellist | 'tʃelɪst | *s.c.* violoncelista.
cello | 'tʃeləu | *s.c.* violoncelo.
cellophane | 'seləfeɪn | *s.i.* celofán.
cellular | 'seljulə | *adj.* celular.
celluloid | 'seljuləɪd | *s.i.* celuloide.
cellulose | 'seljuləus | *s.i.* celulosa.
Celsius | 'selsɪəs | *s.i.* centígrado.
Celt | kelt | *s.c.* celta, irlandés.
cement | sɪ'ment | *s.i.* 1 cemento, pegamento. 2 poner cemento en.
cemetery | 'semətrɪ | *s.c.* cementerio.
cenotaph | 'senətɑːf | *s.c.* cenotafio.
censor | 'sensə | *s.c.* 1 censor (de películas, libros, etc.). ‖ *v.t.* 2 censurar.
censorious | sen'sɔːrɪəs | *adj.* [– (of)] crítico, censurador, reprobador.
censorship | 'sensəʃɪp | *s.i.* censura.
censure | 'senʃə | *s.i.* 1 censura, crítica despiadada, reprobación fuerte. ‖ *v.t.* 2 criticar, censurar, condenar.
census | 'sensəs | *s.c.* censo.
cent | sent | *s.c.* centavo.
centenarian | ˌsentɪ'neərɪən | *adj.* 1 centenario. ‖ *s.c.* 2 centenario.
center | 'sentə | (brit. **centre**) *s.c.* 1 centro. ‖ *v.t.* 2 centrar, poner en el centro. ‖ *adj.* 3 del centro, de la parte del centro.

centigrade | 'sentɪgreɪd | *s.i.* centígrado.

centilitre | 'sentɪliːtə | (EE.UU. centiliter) *s.c.* centilitro.

centimeter | 'sentɪmiːtə | (brit. centimetre) *s.c.* centímetro.

centipede | 'sentɪpiːd | *s.c.* ciempiés.

central | 'sentrəl | *adj.* central, céntrico, cercano al centro, importante.

centralism | 'sentrəlɪzəm | *s.i.* centralismo.

centrality | sən'trælətɪ | *s.i.* posición central, suma importancia.

centralization | ˌsentrəlaɪ'zeɪʃn | | ˌsentrəlɪ'zeɪʃn | (también **centralisation**) *s.i.* centralización.

centralize | 'sentrəlaɪz | (también **centralise**) *v.t.* e *i.* centralizar(se).

centred | 'sentəd | (EE.UU. **centered**) *adj.* [— (in)] basado, fundamentado.

centre-forward | ˌsentə'fɔːwəd | *s.c.* delantero centro.

centrepiece | 'sentəpiːs | *s.c.* decoración central (normalmente en la mesa).

centrifugal | sen'trɪfjʊgl | *adj.* centrífugo.

centripetal | sen'trɪpɪtl | | ˌsentrɪ'piːtl | *adj.* centrípeto.

centrism | 'sentrɪzəm | *s.i.* centrismo.

centurion | sen'tjʊərɪən | *s.c.* centurión.

century | 'sentʃərɪ | *s.c.* siglo.

ceramic | sɪ'ræmɪk | *s.i.* cerámica.

cereal | 'sɪərɪəl | *s.c.* e *i.* cereal.

cerebral | 'serɪbrəl | *adj.* cerebral.

cerebrum | 'serɪbrəm | [*pl.* cerebrums o cerebra] *s.c.* cerebro.

ceremonious | ˌserɪ'məʊnɪəs | *adj.* ceremonioso.

ceremony | 'serɪmənɪ | (EE.UU.) | 'serɪməʊnɪ | *s.c.* 1 ceremonia, rito, ritual. || *s.i.* 2 ceremonia (trato formal).

certain | 'sɜːtn | *adj.* 1 seguro, cierto. || *pron.* 2 [— of] algunos de, determinados. . || 3 **for —**, con toda seguridad, a ciencia cierta.

certainty | 'sɜːtntɪ | *s.i.* certeza, seguridad, certidumbre.

certifiable | ˌsɜːtɪ'faɪbl | *adj.* demente, para encerrar.

certificate | sə'tɪfɪkət | *s.c.* certificado, diploma.

certification | ˌsɜːtɪfɪ'keɪʃn | *s.i.* certificación.

certify | 'sɜːtɪfaɪ | *v.t.* 1 declarar oficialmente. 2 conceder un título. 3 certificar la incapacidad mental.

certitude | 'sɜːtɪtjuːd | (EE.UU.) | 'sɜːtɪtuːd | *s.i.* certeza.

cervical | sə'vaɪkl | (EE.UU.) | sɜːvɪkl | *adj.* cervical.

cervix | 'sɜːvɪks | [*pl.* cervixes o cervices] *s.c.* cerviz (entrada a la vagina).

cessation | se'seɪʃn | *s.c.* e *i.* [— of] suspensión de.

cesspit | 'sespɪt | (también **cesspool**) *s.c.* pozo negro, sentina.

chafe | tʃeɪf | *v.i.* 1 irritarse (la piel). 2 [to — at/under] enfadarse por. || *v.t.* 3 irritar. || *s.c.* 4 irritación.

chaff | tʃɑːf | (EE.UU.) | tʃæf | *s.i.* barcia, paja desmenuzada.

chaffinch | 'tʃæfɪntʃ | *s.c.* pinzón.

chagrin | 'ʃægrɪn | (EE.UU.) | ʃə'griːn | *s.i.* 1 desazón, disgusto. || *v.t.* 2 (normalmente *pas.*) disgustarse.

chain | tʃeɪn | *s.c.* e *i.* 1 cadena (de eslabones). || *s.c.* 2 cadena. 3 cadena (de establecimientos comerciales). 4 cordillera. 5 serie (de acontecimientos). || *s.pl.* 6 grilletes (de prisionero). || *v.t.* 7 encadenar. 8 [to — + o. + (to)] limitar. 9 **— reaction**, reacción en cadena.

chain-mail | 'tʃeɪnmeɪl | *s.c.* cota de malla.

chair | tʃeə | *s.c.* 1 silla. 2 cátedra. || *s.sing.* 3 [the —] la presidencia. 4 [the —] la silla eléctrica. || *v.t.* 5 actuar de presidente de.

chairlift | 'tʃeəlɪft | *s.c.* telesilla.

chaise-longue | ʃeɪz'lɒŋ | (EE.UU.) | ʃeɪz'lɔːŋ | *s.c.* tumbona.

chalet | 'ʃæleɪ | *s.c.* 1 chalet. 2 cabaña.

chalice | 'tʃælɪs | *s.c.* cáliz.

chalk | tʃɔːk | *s.i.* 1 tiza. || *s.c.* e *i.* 2 tiza. || *v.t.* e *i.* 3 escribir con tiza. || 4 **by**

a long –, [con *neg.*] ni mucho menos. 5 to – up, anotar(se).

chalky | 'tʃɔːkɪ | *adj.* calcáreo, como tiza.

challenge | 'tʃælɪndʒ | *v.t.* 1 [to – + o. (+ *inf.*)] retar. 2 dar el alto a. 3 cuestionar. 4 DER. poner objeciones. || *s.c.* desafío. || *s.c.* e i. 6 MIL. alto. 7 duda. 8 estímulo.

chamber | 'tʃeɪmbə | *s.c.* 1 cámara. 2 recámara (de arma de fuego). 3 FIS. cámara. 4 cavidad anatómica || *s.pl.* DER. 5 despacho.

chambermaid | 'tʃeɪmbəmeɪd | *s.c.* camarera, sirvienta.

chamber-pot | 'tʃeɪmbəpɒt | *s.c.* orinal.

chamois | 'ʃæmwɑ: | (EE.UU.) | 'ʃæmɪ | [*pl.* chamois] *s.c.* gamuza.

champ | tʃæmp | *s.c.* 1 campeón. || *v.i.* 2 tascar (caballos); mascar (animales). 3 impacientarse. || *v.t.* 4 mordisquear (animales).

champion | 'tʃæmpɪən | *s.c.* 1 ganador, vencedor. || *v.t.* 2 defender, abogar por.

chance | tʃɑːns | (EE.UU.) | tʃæns | *s.c.* e i 1 probabilidad; (Am.) chance. || *s.c.* 2 [– *inf./of*], ocasión de. 3 riesgo, peligro. || *s.i.* 4 suerte, casualidad. || *v.t.* 5 arriesgarse a. || *v.i.* 6 [to – inf] dar la casualidad de. || *adj.* 8 fortuito, accidental. || 8 by any –, [con *interr.*] por casualidad. 9 by –/by pure –/by sheer –, por suerte. 10 to – on/upon, encontrarse fortuitamente con. 11 to stand a –, tener una posibilidad. 12 to take a – on, arriesgarse.

chancel | 'tʃɑːnsl | (EE.UU.) | 'tʃænsl | *s.c.* presbiterio.

chancellor | 'tʃɑːnsələ | (EE.UU.) | 'tʃænsələ | *s.c.* 1 canciller (en Centroeuropa). 2 (brit.) rector honorífico (de una universidad). 3 Ministro de Hacienda y Economía.

chancery | 'tʃɑːnsərɪ | (EE.UU.) | 'tʃænsərɪ | *s.c.* 1 (brit.) tribunal superior. 2 (EE.UU.) juzgado de paz.

charade | ʃəˈrɑːd | (EE.UU.) | ʃəˈreɪd |

chandelier | ʃændəˈlɪə | *s.c.* araña (candelabro).

change | tʃeɪndʒ | *v.t.* e i. 1 cambiar(se), transbordar. || *v.t.* 2 cambiar (dinero). 3 [to – + o. + (for)] reemplazar. 4 cambiar de sitio. 5 mudar (ropa). || *v.i.* 6 [to – (into/out of)] cambiarse (de ropa). 7 [to – (to)] cambiar. || *s.c.* e i. 8 cambio, alteración. || *s.c.* 9 [– (of)] recambio. || *s.i.* 10 cambio, (dinero). 11 – of life, menopausia. 12 to – over, intercambiar. 13 to – up, cambiar de marcha. 14 for a –, para variar.

channel | 'tʃænl | *s.c.* 1 canal, conducto, ranura. || *v.t.* 2 canalizar (dinero).

chant | tʃɑːnt | *s.c.* 1 sonsonete. 2 REL. cántico. || *v.t.* e i. 3 repetir incansablemente. 4 salmodiar.

chaos | 'keɪɒs | *s.i.* caos, desorden.

chaotic | keɪˈɒtɪk | *adj.* confuso, desordenado.

chap | tʃæp | *s.c.* (brit.) amigo, colega.

chapel | 'tʃæpl | *s.c.* 1 capilla. 2 templo protestante. 3 gremio (de trabajadores). 4 (EE.UU.) sección (de un club).

chaperon | 'ʃæpərəʊn | (también chaperone) *s.c.* 1 carabina. 2 jefe de grupo. || *v.t.* 3 ir de carabina con. 4 acompañar, escoltar.

chaplain | 'tʃæplɪn | *s.c.* [– (to/of)] capellán.

chapped | tʃæpt | *adj.* agrietada (piel).

chapter | 'tʃæptə | *s.c.* 1 capítulo. 2 período. 3 cabildo (de una catedral).

char | tʃɑː | [*ger.* charring, *pret.* y *p.p.* charred] *v.i* 1 trabajar como señora de la limpieza. || *s.i.* 2 (brit.) té. || *s.c.* 3 señora de la limpieza.

character | 'kærəktə | *s.c.* 1 personaje. 2 tipo, sujeto. 3 carácter tipográfico, ideograma. || *s.i.* 4 carácter. 5 índole, naturaleza. 6 reputación. 7 the ... –, la idiosincrasia...

characteristic | kærəktəˈrɪstɪk | *adj.* 1 [– (of)] característico, típico. || *s.c.* 2 [– (of)] peculiaridad, rasgo distintivo.

characterless | 'kærəktələs | *adj.* sin carácter.

charade | ʃəˈrɑːd | (EE.UU.) | ʃəˈreɪd |

s.c. e *i.* 1 acertijo. ‖ *s.c.* 2 [– (of)] charada.

charcoal | 'tʃɑːkəʊl | *s.i.* 1 carbón vegetal. 2 carboncillo.

charge | tʃɑːdʒ | *v.t.* 1 cobrar, (dinero). 2 [to – + o. + (with)] DER. acusar formalmente. 3 recargar. 4 [to – + o. + *inf.*] encomendar. 5 cargar (arma). ‖ *v.i.* 6 cobrar (dinero). 7 lanzarse a la carga. 8 costo. 9 carga explosiva. 10 carga, carga eléctrica. ‖ *s.i.* 11 encargo. ‖ *s.c.* e *i.* 12 ataque. ‖ 13 – **hand**, ayudante de capataz. 14 – **sheet**, pliego de acusaciones.

charlie | 'tʃɑːlı | *s.c.* (brit.) bobalicón.

charm | tʃɑːm | *s.c.* e *i.* 1 encanto, atracción. ‖ *s.c.* 2 amuleto. 3 hechizo (palabra). ‖ *v.t.* 4 encantar, fascinar, hechizar.

charred | tʃɑːd | *adj.* quemado, chamuscado.

chart | tʃɑːt | *s.c.* 1 gráfico, carta geográfica. ‖ *v.t.* 2 trazar un mapa de. 3 reseñar, anotar. 4 planificar.

charter | 'tʃɑːtə | *s.c.* 1 carta. ‖ *adj.* 2 no regular (vuelo). ‖ *v.t.* 3 contratar, fletar.

chary | 'tʃeərı | *adj.* [– (of)] cauteloso, cuidadoso.

chase | tʃeɪs | *v.t.* 1 perseguir, dar caza. 2 [to – + o. + *prep.*] ahuyentar. ‖ *v.i.* 3 [to – after] ir tras de.

chasm | 'kæzəm | *s.c.* abismo, precipicio, grieta.

chassis | 'ʃæsı | [*pl.* chassis | 'ʃæsız |] *s.c.* chasis, armazón.

chaste | tʃeɪst | *adj.* casto, púdico, fiel.

chasten | 'tʃeɪsn | *v.t.* disciplinar.

chat | tʃæt | [*ger.* chatting, *pret.* y *p.p.* chatted] *v.i.* 1 [to – (about/to/with)] charlar, conversar; (Am.) platicar. ‖ *s.c.* e *i.* 2 conversación; (Am.) plática.

chatter | 'tʃætə | *v.i.* 1 charlar, cotorrear, chillar, castañetear, ‖ *s.i.* 2 charla.

chatty | 'tʃætı | *adj.* locuaz, conversacional.

chauffeur | 'ʃəʊfə | (EE.UU.) | ʃəʊ'fɜːr | *s.c.* 1 chófer. ‖ *v.t.* 2 llevar en coche.

cheap | tʃiːp | *adj.* 1 barato, económico, de mala calidad. ‖ *adv.* 2 a bajo precio.

cheat | tʃiːt | (desp.) *v.i.* 1 engañar, hacer trampas. ‖ *v.t.* 2 [to – + o. + of/out of] estafar, timar. ‖ *s.c.* 3 trampa, timo.

check | tʃek | *v.t.* 1 comprobar, examinar, frenar. ‖ *v.i.* 2 [to – on] verificar. 3 [to – (with)] estar acorde. ‖ *v.r.* 4 frenarse, pararse, controlarse. ‖ *s.c.* 5 (EE.UU.) cuenta, nota (en restaurante). 6 (EE.UU.) cheque. ‖ *s.c.* e *i.* 7 tela de cuadros. ‖ *s.pl.* 8 cuadros (tejido).

check-in | 'tʃekın | *s.c.* mostrador.

checkmate | 'tʃekmeɪt | *s.i.* jaque y mate.

checkout | 'tʃekaʊt | *s.c.* 1 salida, marcha (de un hotel). 2 cajero.

checkpoint | 'tʃekpɔınt | *s.c.* punto de control, punto de inspección.

check-up | 'tʃekʌp | *s.c.* chequeo.

cheek | tʃiːk | *s.c.* 1 mejilla. ‖ *s.i.* 2 descaro. ‖ *v.t.* 3 tratar descaradamente.

cheep | tʃiːp | *v.i.* piar, hacer pío.

cheer | tʃıə | *v.t.* e *i.* 1 dar ánimos, alentar. ‖ *v.t.* 2 alegrar. ‖ *s.c.* 3 aplausos.

cheeriness | 'tʃıərınıs | *s.i.* alegría, jovialidad, animación.

cheerio | tʃıərı'əʊ | *interj.* (brit.) adiós, hasta luego, (Am.) chao.

cheerless | 'tʃıəlıs | *adj.* sombrío, triste.

cheery | 'tʃıərı | *adj.* alegre, jovial.

cheese | tʃiːz | *s.c.* e *i.* queso.

cheeseburger | 'tʃiːzbɜːgə | *s.c.* hamburguesa de queso.

cheesecloth | 'tʃiːzklɒθ | (EE.UU.) | 'tʃiːzklɔːθ | *s.i.* estopilla.

cheese-paring | 'tʃiːzpeərıŋ | *s.i.* 1 tacañería. ‖ *adj.* 2 tacaño, miserable.

cheetah | 'tʃiːtə | *s.c.* leopardo pequeño.

chef | ʃef | *s.c.* chef, jefe de cocina.

chemical | 'kemıkl | *adj.* 1 químico. ‖ *s.c.* 2 producto químico.

chemist | 'kemıst | *s.c.* 1 químico. ‖ 2 –/the chemist's, (brit.) la farmacia.

chemotherapy | ˌkiːməʊ'θerəpı | *s.i.* quimioterapia.

chenille | ʃə'ni:l | *s.i.* felpilla.

check | tʃek | (brit. **cheque**) *s.c.* cheque.

checkbook | 'tʃekbuk | (brit. **cheque-book**) *s.c.* talonario.

cherish | 'tʃerɪʃ | *v.t.* 1 albergar, abrigar. 2 apreciar. 3 querer, amar.

cheroot | ʃə'ru:t | *s.c.* puro pequeño.

cherry | 'tʃerɪ | *s.c.* 1 cereza. ‖ *adj.* 2 color cereza.

chervil | 'tʃɜ:vɪl | *s.i.* perifollo.

chess | tʃes | *s.i.* ajedrez.

chessboard | 'tʃesbɔ:d | *s.c.* tablero de ajedrez.

chest | tʃest | *s.c.* 1 pecho, tórax. 2 baúl. ‖ **3 – of drawers**, cómoda.

chestnut | 'tʃesnʌt | *s.c.* 1 castaño. 2 castaña. ‖ *adj.* 3 de color castaño.

chestiness | 'tʃestɪnɪs | *s.i.* 1 voluminosidad pectoral. 2 mucosidad

chevron | 'ʃevrən | *s.c.* galón.

chew | tʃu: | *v.t.* e *i.* 1 masticar, mascar. ‖ *s.c.* 2 bocado.

chewing-gum | 'tʃu:ɪŋgʌm | *s.i.* chicle.

chic | tʃɪk | *adj.* 1 elegante. ‖ *s.i.* 2 estilo.

chicanery | ʃɪ'keɪnərɪ | *s.c.* e *i.* embrollo.

chick | tʃɪk | *s.c.* 1 cría (de ave). 2 mozuela.

chicken | 'tʃɪkɪn | *s.c.* e *i.* 1 pollo. 2 (fam.) gallina.

chickenpox | 'tʃɪkɪnpɒks | *s.i.* varicela.

chickpea | 'tʃɪkpi: | *s.c.* garbanzo.

chickweed | 'tʃɪkwi:d | *s.i.* pamplina.

chicory | 'tʃɪkərɪ | *s.i.* achicoria.

chide | tʃaɪd | *v.t.* [*pret.* chided o chid, *p.p.* chided, chid o chidden] regañar, dar una regañina, reprender.

chief | tʃi:f | *s.c.* 1 jefe, director. ‖ *adj.* 2 principal. 3 superior.

chiffon | 'ʃɪfɒn | (EE.UU.) | ʃɪ'fɒn | *s.i.* chifón, gasa (tejido finísimo).

chilblain | 'tʃɪlbleɪn | *s.c.* sabañón.

child | tʃaɪld | [*pl.irreg.* children] *s.c.* 1 chico-a, niño-a. 2 hijo-a. 3 **child's play**,

(fam.) juego de niños. **4 with –**, embarazada.

childbirth | 'tʃaɪldbɜ:θ | *s.i.* parto.

childhood | 'tʃaɪldhud | *s.c.* e *i.* infancia, niñez.

childless | 'tʃaɪldlɪs | *adj.* sin descendencia.

childlike | 'tʃaɪldlaɪk | *adj.* infantil.

childminder | 'tʃaɪldmaɪndə | *s.c.* (brit.) cuidadora de niños.

chili | 'tʃɪlɪ | (brit. **chilli**) *s.c.* e *i.* chile, guindilla.

chill | tʃɪl | *v.t.* e *i.* 1 enfriar(se), refrigerar(se). ‖ *v.t.* 2 congelar. ‖ *s.c.* 3 resfriado, enfriamiento. 4 escalofrío. 5 (normalmente *sing.*) frialdad.

chilly | 'tʃɪlɪ | *adj.* 1 frío (tiempo). 2 helado, congelado.

chime | tʃaɪm | *v.i.* 1 repicar, tañer. ‖ *v.t.* 2 dar (horas de reloj). ‖ *s.c.* 3 carillón. ‖ *s.pl.* 4 carrillón, campanas.

chimera | kaɪ'mɪərə | (también **chimaera**) *s.c.* 1 quimera. 2 ilusión.

chimney | 'tʃɪmnɪ | *s.c.* 1 chimenea. 2 tubo de protección.

chimneysweep | 'tʃɪmnɪswi:p | *s.c.* deshollinador.

chimpanzee | ,tʃɪmpən'zi: | | ,tʃɪm/pænzi: | *s.c.* chimpancé.

chin | tʃɪn | *s.c.* barbilla, mentón

china | 'tʃaɪnə | *s.i.* porcelana china.

Chinese | tʃaɪ'ni:z | *adj.* chino.

chink | tʃɪŋk | *s.c.* 1 grieta, hendidura. ‖ *v.i.* 2 tintinear (sonido metálico).

chinless | 'tʃɪnlɪs | *adj.* sin personalidad, sin fuerza de carácter.

chintz | tʃɪnts | *s.i.* cretona (tejido).

chip | tʃɪp | [*ger.* chipping, *pret.* y *p.p.* chipped] *v.t.* e *i.* 1 astillar(se), desconchar(se). ‖ *s.c.* 2 (brit.) patata, (Am.) papa. 3 astilla. 4 (EE.UU.) patata frita. 5 chip.

chipboard | 'tʃɪpbɔ:d | *s.i.* aglomerado.

chipmunk | 'tʃɪpmʌŋk | *s.c.* ardilla listada.

chippings | 'tʃɪpɪŋz | *s.pl.* gravilla.

chiropodist | kɪ'rɒpədɪst | (EE.UU. **podiatrist**) *s.c.* pedicuro, callista.

chirp | tʃɜːp | *v.i.* 1 gorjear, piar. ‖ *v.t.* e *i.* 2 decir jovialmente. ‖ *s.c.* 3 gorjeo.

chisel | 'tʃɪzl | [brit. *ger.* chiselling, *pret.* y *p.p.* chiselled; EE.UU. *ger.* chiseling, *pret.* y *p.p.* chiseled] *v.t.* 1 cincelar, tallar. ‖ *s.c.* 2 cincel.

chiseller | 'tʃɪzlə | (EE.UU. chiseler) *s.c.* (fam.) tramposo.

chit | tʃɪt | *s.c.* vale, nota.

chivalrous | 'ʃɪvlrəs | *adj.* galante.

chives | tʃaɪvz | *s.i.* cebolleta.

chloride | 'klɔːraɪd | *s.c.* e *i.* cloruro.

chlorine | 'klɔːriːn | *s.i.* cloro.

chloroform | 'klɒrəfɔːm |, (EE.UU.) | 'klɔːrəfɔːm | *s.i.* 1 cloroformo. ‖ *v.t.* 2 cloroformizar.

chlorophyll | 'klɒrəfɪl | (EE.UU.) | 'klɔːrəfɪl | *s.i.* clorofila.

chock-a-block | ˌtʃɒkə'blɒk | *adj.* [– (with)] abarrotado.

chocolate | 'tʃɒklət | *s.i.* 1 chocolate. ‖ *s.c.* 2 bombón.

choice | tʃɔɪs | *s.c.* 1 elección, opción, preferencia. ‖ *adj.* 2 selecto.

choir | 'kwaɪə | *s.c.* coro.

choke | tʃəʊk | *v.t.* 1 ahogar, sofocar, asfixiar. 2 atascar. ‖ *v.i.* 3 ahogarse, sofocarse, asfixiarse. ‖ *s.c.* 4 ahogo, sofoco, asfixia. 5 estárter; obturador, (Am.) choc.

cholera | 'kɒlərə | *s.i.* cólera.

cholesterol | kə'lestərɒl | *s.i.* colesterol.

chomp | tʃɒmp | *v.t.* e *i.* (fam.) mascar ruidosamente.

choose | tʃuːz | *v.* [*pret.* chose, *p.p.* chosen] t. 1 elegir, seleccionar. ‖ *i.* 2 escoger, elegir. 3 [to – + *inf.*] decidir, preferir.

chop | tʃɒp | [*ger.* chopping, *pret.* y *p.p.* chopped] *v.t.* 1 cortar, tajar. ‖ *v.i.* 2 cortar, tajar. ‖ *s.c.* 3 tajo, chuleta (de carne).

chopper | 'tʃɒpə | *s.c.* helicóptero.

choppy | 'tʃɒpɪ | *adj.* agitado, picado.

chopstick | 'tʃɒpstɪk | *s.c.* palillo.

choral | 'kɔːrəl | *adj.* coral.

chord | kɔːd | *s.c.* 1 acorde. 2 cuerda.

chore | tʃɔː | *s.c.* tarea, faena.

choreographer | ˌkɒrɪ'ɒgrəfə | (EE.UU.) | ˌkɔːrɪ'ɒgrəfə | *s.c.* coreógrafo.

chortle | 'tʃɔːtl | *v.i.* reír entre dientes.

chorus | 'kɔːrəs | *s.c.* coro, refrán, estribillo.

chow | tʃaʊ | *s.c.* 1 perro chino. ‖ *s.i.* 2 (fam.) comida.

chowder | 'tʃaʊdə | *s.i.* sopa de pescado.

Christ | kraɪst | *s.sing.* Cristo.

christen | 'krɪsn | *v.t.* bautizar.

Christmas | 'krɪsməs | *s.c.* e *i.* 1 Navidad. 2 – Eve, Nochebuena.

chrome | krəʊm | (también chromium) *s.i.* cromo.

chromosome | 'krəʊməsəʊm | cromosoma.

chronic | 'krɒnɪk | *adj.* crónico.

chronicle | 'krɒnɪkl | *s.c.* 1 crónica, historia. ‖ *v.t.* 2 narrar.

chronological | ˌkrɒnə'lɒdʒɪkl | *adj.* cronológico.

chrysalis | 'krɪsəlɪs | *s.c.* crisálida.

chrysanthemum | krɪ'sænθəməm | *s.c.* crisantemo.

chubby | 'tʃʌbɪ | *adj.* regordete.

chuck | tʃʌk | (fam.) *v.t.* arrojar, tirar, echar, abandonar.

chuckle | 'tʃʌkl | *v.i.* 1 reírse ahogadamente. ‖ *s.c.* 2 risa sofocada.

chuffed | tʃʌft | *adj.* [– (about)] (brit.) encantado, contentísimo.

chug | tʃʌg | [*ger.* chugging, *pret.* y *p.p.* chugged] *v.i.* hacer ruidos de explosión repetidamente.

chum | tʃʌm | *s.c.* compinche.

chump | 'tʃʌmp | *s.c.* bobo.

chunk | 'tʃʌŋk | *s.c.* trozo, pedazo.

church | tʃɜːtʃ | *s.c.* 1 iglesia, templo. ‖ *s.sing.* 2 iglesia.

churchman | 'tʃɜːtʃmən | [*pl.* churchmen] *s.c.* clérigo.

churlish | 'tʃɜːlɪʃ | *adj.* maleducado, grosero.

churn | tʃɜːn | *v.t.* 1 batir. ‖ *v.t.* e *i.* 2 agitar(se). ‖ *v.i.* 3 (fam.) dar vuelcos (el estómago). ‖ *s.c.* 4 mantequera.

chute | ʃuːt | *s.c.* tobogán.

chutney l 'tʃʌtnɪ l *s.i.* condimento de especias.

cicada l sɪ'ka:də l *s.c.* cigarra.

cider l 'saɪdə l *s.i.* sidra.

cigar l sɪ'ga: l *s.c.* puro.

cigarette l sɪgə'ret l (EE.UU.) l 'sɪgərət l *s.c.* 1 cigarrillo, pitillo. ‖ 2 – end, colilla. 3 – case, pitillera.

cinch l sɪntʃ l *s.sing.* cosa chupada.

cinder l 'sɪndə l *s.c.* (normalmente *pl.*) carbonilla, pavesa.

cinema l 'sɪnəma: l 'sɪnəmə l *s.c.* 1 cine (lugar). ‖ *s.i.* 2 cine.

cinnamon l 'sɪnəmən l *s.i.* canela.

cipher l 'saɪfə l (también **cypher**) *s.c.* cifra, clave.

circa l 'sɜːkə l *prep.* cerca de.

circle l 'sɜːkl l *s.c.* 1 círculo. 2 circunferencia. ‖ *v.t.* 3 rodear.

circuit l 'sɜːkɪt l *s.c.* circuito, recorrido.

circuitry l 'sɜːkɪtrɪ l *s.i.* circuitos.

circular l 'sɜːkjulə l *adj.* 1 circular, redondo. ‖ *s.c.* 2 circular (administrativa).

circularity l sɜːkju'lærətɪ l *s.i.* tortuosidad, falta de lógica.

circulate l 'sɜːkjuleɪt l *v.t. e i.* 1 divulgar(se), propagar(se), circular. ‖ *v.i.* 2 mezclarse, entremezclarse.

circulation l sɜːkju'leɪʃn l *s.c.* circulación, difusión.

circulatory l sə:kju'leɪtərɪ l *adj.* circulatorio.

circumcision l sɜːkəm'sɪʒn l *s.c. e i.* circuncisión.

circumference l sə'kʌmfərəns l *s.c.* circunferencia.

circumflex l 'sɜːkəmfleks l *adj.* circunflejo.

circumscribe l 'sɜːkəmskraɪb l *v.t.* circunscribir, limitar.

circumspect l 'sɜːkəmspekt l *adj.* circunspecto, discreto, prudente.

circumstance l 'sɜːkəmstəns l *s.i.* circunstancia, fatalidad.

circumvent l sɜːkəm'vent l *v.t.* salvar, burlar, evitar, rodear.

cirrhosis l sɪ'rəusɪs l *s.i.* cirrosis.

cirrus l 'sɪrəs l [*pl.* cirri] *s.c. e i.* cirro.

cistern l 'sɪstən l *s.c.* cisterna, tanque.

citadel l 'sɪtədəl l *s.c.* fortaleza, ciudadela, alcázar, baluarte.

citation l saɪ'teɪʃn l *s.c.* 1 mención honorífica. 2 citación judicial.

cite l saɪt l *v.t.* 1 citar. 2 hacer una mención oficial.

citizen l 'sɪtɪzn l *s.c.* 1 ciudadano. 2 habitante (de una localidad).

citizenry l 'sɪtɪznrɪ l *s.i.* [– *v.sing./pl.*] ciudadanía (la gente).

citizenship l 'sɪtɪznʃɪp l *s.i.* 1 nacionalidad. 2 ciudadanía.

citrus l 'sɪtrəs l *s.c.* agrio.

city l 'sɪtɪ l *s.c.* ciudad.

civic l 'sɪvɪk l *adj.* municipal, cívico.

civil l 'sɪvl l *adj.* civil, público, educado.

civilian l sɪ'vɪlɪən l *s.c.* civil.

civility l sɪ'vɪlətɪ l *s.c. e i.* urbanidad, buena educación, cortesía.

civilization l sɪvəlaɪ'zeɪʃn l (también **civilisation**) *s.c. e i.* civilización, humanidad, mundo civilizado.

civilize l 'sɪvəlaɪz l (también **civilise**) *v.t.* 1 civilizar. 2 (fig.) embellecer.

civilizing l sɪvə'laɪzɪŋ l (también **civilising**) *adj.* civilizador, modernizador.

civvies l 'sɪvɪz l (también **civies**) *s.pl.* (fam.) traje de paisano.

clack l klæk l *v.t. e i.* 1 hacer un ruido seco. ‖ *s.c.* 2 ruido seco

cladding l 'klædɪŋ l *s.i.* revestimiento.

claim l kleɪm l *v.t.* 1 aseverar, asegurar, mantener. 2 [to – for/on/to] exigir, demandar. ‖ *s.c.* 3 aseveración, afirmación.

claimant l 'kleɪmənt l *s.c.* demandante.

clairvoyance l kleə'vɔɪəns l *s.i.* clarividencia.

clam l klæm l *s.c.* almeja.

clamber l 'klæmbə l *v.i.* encaramarse.

clammy l 'klæmɪ l *adj.* pegajoso.

clamor l 'klæmə l *s.i.* 1 clamor. ‖ *v.i.* 2 [to – for] clamar por, demandar. ‖ *s.c. e i.* 3 algarada.

clamorous l 'klæmərəs l *adj.* estridente, tumultuoso; vociferante.

clamp l klæmp l *s.c.* 1 abrazadera. ‖

v.t. 2 sujetar fuertemente. ‖ 3 to – down (on), apretar las clavijas (a).

clampdown |'klæmpdaun| *s.c.* [– (on)] restricción, prohibición, dificultación.

clandestine |klæn'destɪn| *adj.* clandestino, furtivo, subrepticio.

clang |klæŋ| ruido fuerte.

clank |klæŋk| *v.t.* e *i.* 1 hacer un ruido metálico. ‖ *s.sing.* 2 sonido metálico.

clannish |'klænɪʃ| *adj.* exclusivista, fiel sólo a su grupo.

clap |klæp| [ger. clapping, pret. y p.p. clapped] *v.t.* e *i.* 1 aplaudir, batir, dar (palmas). ‖ *v.t.* 2 golpear, dar una palmada. ‖ *s.c.* 3 aplauso.

clapboard |'klæpbɔ:d| *s.c.* tabla.

clapper |'klæpə| *s.c.* badajo.

clapperboard |'klæpəbɔ:d| *s.c.* claqueta (en el cine).

claptrap |'klæptræp| *s.i.* bobadas.

clarification |ˌklærɪfɪ'keɪʃn| *s.c.* e *i.* clarificación, esclarecimiento, aclaración.

clarify |'klærɪfaɪ| *v.t.* esclarecer.

clarinet |ˌklærə'net| *s.c.* clarinete.

clarinettist |ˌklærə'netɪst| *s.c.* clarinetista.

clarion |'klærɪən| *adj.* sonoro, fuerte y claro (sonido).

clarity |'klærətɪ| *s.i.* claridad, nitidez.

clash |klæʃ| *v.i.* 1 chocar, entrar en conflicto, desentonar. ‖ *v.t.* 2 hacer sonar estruendosamente. ‖ *s.c.* 3 conflicto, encontronazo, coincidencia.

clasp |klɑːsp| (EE.UU.) |klæsp| *v.t.* 1 agarrar con fuerza. ‖ *s.c.* 2 broche.

class |klɑːs|, (EE.UU.) |klæs| *s.c.* 1 clase, grupo, categoría 2 clasificar.

classic, classical |'klæsɪk| *adj.* clásico, típico, definitivo.

classicism |'klæsɪsɪzəm| *s.i.* clasicismo.

classification |ˌklæsɪfɪ'keɪʃn| *s.c.* e *i.* clasificación, tipificación.

classified |'klæsɪfaɪd| *adj.* 1 clasificado. 2 oficialmente secreto. ‖ 3 – advertisements, anuncios por palabras.

classify |'klæsɪfaɪ| *v.t.* clasificar.

classless |'klɑːslɪs| (EE.UU.) |'klæslɪs| *adj.* sin clases.

classmate |'klɑːsmeɪt| (EE.UU.) |'klæsmeɪt| *s.c.* compañero de clase.

classroom |'klɑːsrum| (EE.UU.) |'klæsrum| *s.c.* aula, clase.

clatter |'klætə| *v.t.* e *i.* 1 golpetear, tabletear. ‖ *s.sing.* 2 ruido repetitivo.

clause |klɔːz| *s.c.* oración gramatical, cláusula.

claustrophobia |ˌklɔːstrə'fəubɪə| *s.i.* claustrofobia.

clavichord |'klævɪkɔːd| *s.c.* clavicordio.

claw |klɔː| *s.c.* 1 garra, zarpa, uña. ‖ *v.t.* 2 hincar las garras en, atrapar.

clay |kleɪ| *s.i.* 1 arcilla. ‖ 2 – pigeon, tiro al plato.

clean |kliːn| *adj.* 1 limpio, aseado, puro, fino. ‖ *adv.* 2 completamente, totalmente, limpiamente. ‖ *v.t.* 3 limpiar, asear. ‖ *v.i.* 4 hacer la limpieza.

clean-cut |ˌkliːn'kʌt| *adj.* limpio, de buen aspecto, perfectamente definido.

cleaner |'kliːnə| *s.c.* limpiador.

cleaning |'kliːnɪŋ| *s.i.* limpieza, aseo.

cleanliness |'klenlɪnɪs| *s.i.* pulcritud.

cleanse |klenz| *v.t.* limpiar, desinfectar.

cleanser |'klenzə| *s.c.* e *i.* crema limpiadora, sustancia limpiadora.

cleanup |'kliːnʌp| *s.sing.* limpieza total, eliminación completa de suciedad.

clear |klɪə| *adj.* 1 claro, diáfano, fácil. ‖ *adv.* 2 con toda claridad, por completo. ‖ *adj.* y *adv.* 3 [– of] sin contacto con, separado de. ‖ *v.t.* 4 quitar, despejar, limpiar, quitar de enmedio. ‖ *v.i.* 5 despejarse, volver a una expresión normal. ‖ *v.t.* e *i.* 6 aclarar(se), hacer(se) transparente. 7 to – up, a) aclarar, solucionar (malentendido, problema, etc.). b) dejar las cosas en su sitio. c) mejorar.

clearance |'klɪərəns| *s.c.* e *i.* 1 despeje, derrumbamiento; tala. ‖ *s.i.* 2 permiso oficial, visto bueno.

clear-cut |ˌklɪə'kʌt| *adj.* clarísimo.

clear-headed |ˌklɪə'hedɪd| *adj.* sereno.

clearing | 'klɪərɪŋ | s.c. 1 claro. || s.i. 2 limpieza total.

clearness | 'klɪənɪs | s.i. claridad, lucidez.

clear-sightedness | ˌklɪə'saɪtɪdnɪs | s.i. clarividencia, perspicacia.

clearway | 'klɪəwcɪ | s.c. (brit.) autovía.

cleavage | 'kli:vɪdʒ | s.c. e i. 1 escote, hendidura. || s.c. 2 división, desunión.

cleave | kli:v | v. [pret. cleaved o clove, p.p. cleaved, cloven o cleft] t. 1 hendir, partir, dividir. || i. 2 [to – in] partirse en, dividirse en.

cleaver | 'kli:və | s.c. cuchillo.

clef | klef | s.c. MUS. clave.

cleft | kleft | p.p. 1 de cleave. || s.c. 2 hendidura, grieta.

clematis | 'klematɪs | klə'meɪtɪs | s.i. clemátide.

clemency | 'klemənsɪ | s.i. clemencia.

clench | klentʃ | v.t. agarrar con fuerza.

clergy | 'klɜ:dʒɪ | s.pl. clérigos.

clergyman | 'klɜ:dʒɪmən | [pl. clergymen] s.c. clérigo, cura, ministro.

clerical | 'klerɪkl | adj. 1 clerical, religioso. 2 de oficina, administrativo.

clerk | klɑ:k | (EE.UU.) | klɜ:rk | s.c. administrativo, oficinista, escribiente.

clever | 'klevə | adj. listo, despierto.

cleverness | 'klevənɪs | s.i. inteligencia, habilidad, destreza, ingenio.

cliché | 'kli:ʃeɪ | cliché, tópico.

click | klɪk | v.i. 1 hacer "clic". || v.t 2 chasquear, chascar (dedos). || s.c. e i. 3 chasquido, ruido seco.

client | 'klaɪənt | s.c. cliente.

clientele | ˌkli:ən'tel | clientela.

cliff | klɪf | s.c. despeñadero, risco.

climactic | klaɪ'mæktɪk | adj. culminante, decisivo (momento).

climate | 'klaɪmɪt | s.c. e i. clima.

climatic | klaɪ'mætɪk | adj. climático.

climax | 'klaɪmæks | s.i. 1 culminación, orgasmo. || v.t. e i. 2 culminar.

climb | klaɪm | v.t. e i. 1 trepar, escalar. || v.i. 2 incrementarse, ascender de valor. || s.c. 3 escalada, subida.

climb-down | 'klaɪmdaun | s.c. cambio de opinión, cambio de punto de vista.

climber | 'klaɪmə | s.c. escalador, trepador.

climbing | 'klaɪmɪŋ | s.i. montañismo.

clinch | klɪntʃ | v.t llegar a.

clinching | 'klɪntʃɪŋ | adj. decisorio.

cling | klɪŋ | v.i. [pret. y p.p. irreg. clung] [to – to] adherirse a, pegarse a.

clinging | 'klɪŋɪŋ | adj. apretada, estrecha (ropa).

clinic | 'klɪnɪk | s.c. clínica, centro médico, médico de clínica.

clinical | 'klɪnɪkl | adj. clínico.

clink | klɪŋk | v.i. 1 tintinear. || s.c. 2 tintineo.

clinker | 'klɪŋkə | s.i. escoria.

clip | klɪp | [ger. clipping, pret. y p.p. clipped] v.t. 1 recortar, omitir. || v.i. 2 [to – (to)] sujetar. || s.c. 3 sujetapapeles.

clipboard | 'klɪpbɔ:d | s.c. tablilla de apoyo (para escribir).

clip-on | 'klɪpon | adj. de quita y pon.

clipped | klɪpt | adj. bien cortado, bien arreglado (pelo).

clipper | 'klɪpə | s.c. barco veloz.

clippers | 'klɪpəz | s.pl. 1 maquinilla para cortar el pelo. 2 cortauñas.

clipping | 'klɪpɪŋ | s.c. 1 recorte (de periódico). 2 (normalmente pl.) trozo cortado (de uñas, pelo, etc.).

cliquey | 'kli:kɪ | adj. (desp.) exclusivo.

clitoris | 'klɪtərɪs | s.c. clítoris.

cloak | kləuk | s.c. 1 capa, manto. || v.t. 2 cubrir, esconder.

cloakroom | 'kləukrum | s.c. 1 guardarropa. 2 servicios, baño.

clobber | 'klobə | v.t. 1 atizar, sacudir. || s.i. 2 bártulos.

cloche | kloʃ | s.c. 1 sombrero en forma de campana. 2 protección de tiestos.

clock | klok | s.c. 1 reloj (no portátil). 2 cronómetro. 3 reloj para fichar. || s.sing. 4 cuentakilómetros. || v.t. 5 cronometrar, tomar la velocidad. 6 to – up, acumular, llegar hasta (una cantidad grande).

clockwise | 'klokwaɪz | adj. y adv. en el sentido de las manillas del reloj.

clockwork | 'klɒkwɜ:k | *adj.* 1 mecánico. || *s.i.* 2 mecanismo de relojería.

clod | klɒd | *s.c.* zoquete, estúpido.

clog | klɒg | [*ger.* **clogging**, *pret.* y *p.p.* **clogged**] *v.t.* 1 atascar, obstruir, atorar, tupir. || *s.c.* 2 zueco.

cloister | 'klɔɪstə | *s.c.* 1 claustro, convento. || *v.r.* 2 enclaustrarse.

cloistered | 'klɔɪstəd | *adj.* de ermitaño.

clone | kləun | *s.c.* clon.

clonk | 'klɒŋk | (fam.) *v.t.* e *i.* 1 hacer un ruido fuerte y seco. || *s.c.* 2 ruido fuerte y seco.

close | kləuz | *v.t.* e *i.* 1 cerrar(se), concluir(se). || *v.t.* 2 cerrar el paso de, bloquear. || *v.i.* 3 [to − (on)] acercarse, ganar terreno. || *s.sing.* 4 [the − (of)] la terminación, el final, la conclusión; el cierre (de alguna actividad o período). || | kləus | *adj.* 5 [− (to)] cerca, cercano, próximo, junto. || *adv.* 6 cerca. || *s.c.* 7 callejón.

close-cropped | ˌkləuz'krɒpt | *adj.* rapado (pelo).

closed | kləust | *adj.* cerrado, acabado.

closedown | 'kləusdaun | *s.c.* e *i.* TV. cierre de emisión.

close-fitting | ˌkləus'fɪtɪŋ | *adj.* ajustado.

close-knit | ˌkləus'nɪt | *adj.* muy unido, muy integrado, muy homogéneo.

closeness | 'kləuznɪs | *s.i.* intimidad.

close-run | ˌkləus'rʌn | *adj.* reñido.

close-set | ˌkləus'set | *adj.* muy juntos.

closet | 'klɒzɪt | *s.c.* 1 retrete rudimentario, servicio sin agua. || *adj.* 2 secreto, privado. || *v.r.* 3 encerrarse, esconderse.

closeted | 'klɒzɪtɪd | *adj.* encerrado.

close-up | 'kleusʌp | *s.c.* primer plano.

closing | 'kləusɪŋ | *adj.* final, de cierre.

closure | 'kləuʒə | *s.c.* e *i.* 1 cierre, clausura. || *s.c.* 2 bloqueo, cierre.

clot | | | [*ger.* **clotting**, *pret.* y *p.p.* **clotted**] *v.t.* e *i.* 1 coagular(se), solidificar(se). || *s.c.* 2 coágulo.

cloth | klɒθ | , (EE.UU.) | klɔ:θ | [*pl.*

cloths | klɒθs |] *s.i.* 1 paño, tela, género. || *s.c.* 2 trapo.

clothe | kləuð | *v.t.* vestir, cubrir.

clothed | kləuðid | *adj.* [− (in)] vestido, cubierto, recubierto.

clothes | kləuðz | *s.pl.* ropa.

clothes-peg | 'kləuðzpeg | (EE.UU. clothes -pin) *s.c.* pinza (para tender ropa).

clothing | 'kləuðɪŋ | *s.i.* 1 ropa, ropaje, tipo de ropa. || *adj.* 2 textil, de tejidos.

cloud | klaud | *s.c.* e *i.* 1 nube. || *v.t.* e *i.* 2 nublar(se), enturbiar(se). || *v.t.* 3 confundir.

cloudburst | 'klaudbɜ:st | *s.c.* chaparrón, aguacero.

cloudiness | 'klaudnɪs | *s.i.* nubosidad.

cloudless | 'klaudlɪs | *adj.* despejado.

cloudy | 'klaudɪ | *adj.* nuboso.

clout | klaut | *v.t.* 1 atizar, pegar, sacudir. || *s.c.* 2 sopapo, tortazo (fuerte).

clove | kləuv | *pret. irreg.* 1 de **cleave**. || *s.c.* 2 diente (de ajo). 3 BOT. clavo.

cloven | 'kləuvn | *p.p.irreg.* 1 de cleave. || 2 − hoof, pezuña hendida.

clover | 'kləuvə | *s.c.* trébol.

clown | klaun | *s.c.* 1 payaso, bufón. || *v.i.* 2 hacer el payaso.

clownish | 'kləunɪʃ | *adj.* bufonesco.

cloying | 'klɔɪɪŋ | *adj.* empalagoso.

club | klʌb | [*ger.* **clubbing**, *pret.* y *p.p.* **clubbing**] *v.t.* 1 golpear, dar bastonazos. || *s.c.* 2 asociación, peña. || *s.pl.* 3 bastos.

clubhouse | 'klʌbhaus | *s.c.* sede del club.

cluck | klʌk | *v.i.* 1 cloquear (gallina). || *s.c.* 2 chasquido desaprobatorio o de placer.

clue | klu: | *s.c.* [− (to)] pista, indicio.

clump | klʌmp | *s.c.* [− + *v.sing./pl.*] masa, grupo, conjunto.

clumsiness | 'klʌmzınıs | *s.i.* torpeza.

clumsy | 'klʌmzı | *adj.* torpe, desmañado, mal hecho, chapucero.

clung | klʌŋ | *pret.* y *p.p. irreg.* de cling.

clunk | klʌŋk | *s.c.* golpe apagado.

cluster | ˈklʌstə | *s.c.* 1 hato, racimo. ‖ *v.i.* 2 apiñarse, arremolinarse.

clutch | klʌtʃ | *v.t.* 1 agarrar ávidamente, sujetar con fuerza. ‖ *s.c.* 2 asimiento. 3 embrague. 4 nidada. 5 sucesión, serie (de cosas). ‖ *s.pl.* 6 garras, poder.

clutter | ˈklʌtə | *s.i.* 1 desorden, desbarajuste. ‖ *v.t.* 2 abarrotar sin orden.

cluttered | ˈklʌtəd | *adj.* amontonado.

coach | kəʊtʃ | *s.c.* 1 (brit.) autobús. 2 DEP. entrenador. ‖ *v.t. e i* 3 DEP. entrenar, hacer de entrenador.

coachman | ˈkəʊtʃmən | [*pl.* coachmen] *s.c.* cochero (en carruaje).

coagulate | kəʊˈæɡjʊleɪt | *v.t. e i.* coagular(se).

coagulation | kəʊˌæɡjʊˈleɪʃn | *s.i.* coagulación.

coal | kəʊl | *s.i.* 1 carbón. ‖ *s.c.* 2 bola de carbón, trozo de carbón.

coalesce | ˌkəʊəˈles | *v.i.* fundirse, unirse (dos cosas).

coalescence | ˌkəʊəˈlesns | *s.i.* unión.

coalfield | ˈkəʊlfiːld | *s.c.* yacimiento de carbón.

coalition | ˌkəʊəˈlɪʃn | *s.c.* 1 coalición (de gobierno). 2 alianza, liga.

coalman | ˈkəʊlmən | *s.c.* carbonero.

coalminer | ˈkəʊlmaɪnə | *s.c.* minero.

coarse | kɔːs | *adj.* tosco, ordinario.

coarsen | ˈkɔːsn | *v.t. e i.* hacer(se) tosco, hacer(se) ordinario.

coast | kəʊst | *s.c.* 1 costa, litoral. ‖ *v.i.* 2 deslizarse, marchar con cierta inercia.

coastal | ˈkəʊstəl | *adj.* costero.

coaster | ˈkəʊstə | *s.c.* posavasos.

coastguard | ˈkəʊstɡɑːd | *s.c.* guardacostas, el servicio de guardacostas.

coastline | ˈkəʊstlaɪn | *s.c.* litoral.

coat | kəʊt | *s.c.* 1 abrigo, chaquetón; capa (de pintura o similar). ‖ *v.t.* 2 [to − + o + (with)] poner una capa en, cubrir.

coating | ˈkəʊtɪŋ | *s.c.* baño, capa fina.

coattails | ˈkəʊteɪlz | *s.pl.* faldones.

co-author | kəʊˈɔːθə | *s.c.* coautor.

coax | kəʊks | *v.t.* [to − + o + inf./into/out of] inducir, instar, intentar.

coaxing | ˈkəʊksɪŋ | *adj.* halagador.

cob | kɒb | *s.c.* (brit.) pan (redondo).

cobalt | ˈkəʊbɔːlt | *s.i.* cobalto.

cobble | ˈkɒbl | *s.c.* adoquín.

cobbled | ˈkɒbld | *adj.* adoquinado.

cobblestone | ˈkɒblstəʊn | *s.c.* adoquín.

cobra | ˈkəʊbrə | *s.c.* cobra.

cobweb | ˈkɒbweb | *s.c. e i.* telaraña.

cocaine | kəʊˈkeɪn | *s.i.* cocaína.

coccyx | ˈkɒksɪks | *s.c.* coxis.

cock | kɒk | *s.c.* 1 gallo. 2 pájaro macho (de cualquier especie). 3 picha, polla. ‖ *v.t.* 4 levantar, enderezar.

cockatoo | ˌkɒkəˈtuː | *s.c.* cacatúa.

cockcrow | ˈkɒkrəʊ | *s.c.* 1 canto del gallo. ‖ 2 at −, al amanecer.

cocked | kɒkt | *adj.* montado (arma).

cockerel | ˈkɒkərəl | *s.c.* gallo joven.

cocker | ˈkɒkə | (también cocker spaniel) *s.c.* perro cocker, pachón inglés.

cockeyed | ˈkɒkaɪd | *adj.* bizco.

cockfight | ˈkɒkfaɪt | *s.c.* pelea de gallos.

cockle | ˈkɒkl | *s.c.* berberecho.

cockleshell | ˈkɒklʃel | *s.c.* 1 concha de berberecho. 2 bote ligero.

cockney | ˈkɒknɪ | *s.c.* 1 londinense nativo. ‖ *s.i.* 2 dialecto de Londres.

cockroach | ˈkɒkrəʊtʃ | *s.c.* cucaracha.

cockscomb | ˈkɒkskəʊm | *s.c.* cresta.

cocktail | ˈkɒkteɪl | *s.c.* cóctel.

cocky | ˈkɒkɪ | *adj.* presumido, petulante, chulela.

cocoa | ˈkəʊkəʊ | *s.i.* cacao, chocolate.

coconut | ˈkəʊkənʌt | *s.c.* coco.

cocoon | kəˈkuːn | *s.c.* capullo (de gusano de seda).

cocooned | kəˈkuːnd | *adj.* aislado.

cod | kɒd | [*pl.* cod] *s.c. e i.* bacalao, abadejo (pez).

coda | ˈkəʊdə | *s.c.* refrán, epílogo.

coddle | ˈkɒdl | *v.t.* 1 cocer a fuego lento. 2 mimar, consentir.

code | kəʊd | *s.c.* 1 código, clave. ‖ *v.t.* 2 cifrar, componer en clave.

codeine | ˈkəʊdiːn | *s.i.* codeína.

code-name | ˈkəudneim | s.c. nombre secreto, nombre en clave.

codex | ˈkəudeks | s.c. códice.

codger | ˈkɒdʒə | s.c. viejo excéntrico, tipo raro.

codicil | ˈkəudisil | s.c. codicilo.

codification | ˌkəudifiˈkeiʃn | s.i. codificación.

codify | ˈkəudifai | v.t. codificar.

co-ed | ˈkəuˈed | adj. mixta (escuela).

co-education | ˌkəuedʒuˈkeiʃn | s.i. coeducación.

coefficient | ˌkəuiˈfiʃnt | s.c. coeficiente.

coerce | kəuˈɜːs | v.t. [to – + o. + (into)] coaccionar, forzar.

coercion | kəuˈɜːʃn | s.i. coacción.

coercive | kəuˈɜːsiv | adj. coercitivo.

coexist | ˌkəuigˈzist | v.i. coexistir.

coexistence | ˌkəuigˈzistəns | s.i. coexistencia.

coffee | ˈkɒfi | s.c. e i. café.

coffee-break | ˈkɒfibreik | s.c. pausa para tomar un café.

coffee-mill | ˈkɒfimil | s.c. molinillo de café.

coffeepot | ˈkɒfipɒt | s.c. cafetera.

coffer | ˈkɒfə | s.c. 1 cofre. || s.pl. 2 fondos, tesorería.

coffin | ˈkɒfin | s.c. ataúd.

cog | kɒg | s.c. diente (de una rueda).

cog-wheel | ˈkɒgwiːl | s.c. rueda dentada.

cogent | ˈkəudʒənt | adj. convincente.

cogitate | ˈkɒdʒiteit | v.i. [to – (about)] cogitar, reflexionar.

cognac | ˈkɒnjæk | s.c. e i. coñac.

cognition | kɒgˈniʃn | s.i. cognición.

cognitive | ˈkɒgnitiv | adj. cognitivo.

cognizance | ˈkɒgnizəns | (también **cognisance**) s.i. conocimiento, conciencia.

cognizant | ˈkɒgnizənt | (también **cognisant**) adj. [– of] consciente de, sabedor de.

cohabit | kəuˈhæbit | v.i. [to – (with)] cohabitar.

cohere | kəuˈhiə | v.i. 1 tener coherencia. 2 pegarse, adherirse.

coherence | ˌkəuˈhiərəns | s.i. 1 coherencia, lógica. 2 unión, solidez.

coherent | ˌkəuˈhiərənt | adj. coherente, lógico, razonable.

cohesion | kəuˈhiːʒn | s.i. cohesión, armonía, unidad (en un grupo).

cohesive | kəuˈhiːsiv | adj. armonioso.

coiffure | kwɑːˈfɜː | s.c. peinado.

coil | kɔil | s.c. 1 rollo, vuelta, rosca, bobina, carrete. || v.i. 2 [to – (around)] enroscarse, enrollarse. || v.t. 3 enroscar, enrollar.

coiled | kɔild | adj. enroscado.

coin | kɔin | s.c. 1 moneda. || s.i. 2 metálico, moneda. || v.t. 3 acuñar (moneda).

coinage | ˈkɔinidʒ | s.i. 1 sistema monetario. || s.c. 2 palabra inventada.

coincide | ˌkəuinˈsaid | v.i. [to – (with)] coincidir, ocurrir al mismo tiempo.

coincidence | kəuˈinsidəns | s.c. e i. coincidencia, casualidad.

coincidental | kəuˌinsiˈdentl | adj. fortuito, casual, accidental.

coir | kɔiə | s.i. fibra de corteza de coco.

coitus | ˈkəuitəs | s.i. coito.

coke | kəuk | s.i. 1 cok, coque. 2 coca (cocaína). || 3 **Coke**, (fam.) Coca-Cola (marca registrada).

cola | ˈkəulə | s.c. cola.

colander | ˈkʌləndə | s.c. colador.

cold | kəuld | adj. 1 frío, helado. || s.i. 2 frío (tiempo). || adv. 3 inesperadamente, sin preparación. || s.c. 4 resfriado, constipado.

cold-blooded | ˈkəuldˈblʌdid | adj. 1 de sangre fría. 2 cruel.

coldness | ˈkəuldnis | s.i. 1 frialdad (del tiempo). 2 frialdad, indiferencia.

coleslaw | ˈkəulslɔː | s.i. ensalada fría de verduras con mayonesa.

colic | ˈkɒlik | s.i. cólico.

colicky | ˈkɒliki | adj. aquejado de cólico, con malestar estomacal.

colitis | kəˈlaitis | s.i. colitis.

collaborate | kəˈlæbəreit | v.i. colaborar, cooperar.

collaboration | kə‚læbə'reɪʃn | *s.i.* colaboración, cooperación.

collaborative | kə'læbərətɪv | *adj.* conjunto, de más de una persona (trabajo, obra de arte, etc.).

collaborator | kə'læbəreɪtə | *s.c.* colaborador, cooperador, colaboracionista.

collage | 'kɒlɑːʒ | (EE.UU.) | kə'lɑːʒ | *s.i.* montaje, collage.

collapse | kə'læps | *v.i.* 1 derrumbarse, colapsarse, desmoronarse. || *v.t.* 2 hacer más corto, comprimir (un escrito). || *s.i.* 3 derrumbamiento. || *s.c. e i.* 4 desintegración, fracaso, hundimiento.

collapsible | kə'læpsɪbl | *adj.* plegable.

collar | 'kɒlə | *s.c.* 1 cuello (de prenda de vestir). 2 collar. || *v.t.* 3 agarrar.

collarbone | 'kɒləbəʊn | *s.c.* clavícula.

collate | kə'leɪt | *v.t.* cotejar.

collateral | kə'lætərəl | *adj.* colateral, paralelo.

collation | kə'leɪʃn | *s.c. e i.* 1 cotejo, comparación. || *s.c.* 2 colación.

colleague | 'kɒliːg | *s.c.* colega.

collect | kə'lekt | *v.t.* 1 coleccionar, juntar, reunir, acumular, atraer. || *v.i.* 2 reunirse, congregarse, acumularse. || *v.r.* 3 serenarse, recobrarse, reponerse.

collected | kə'lektɪd | *adj.* 1 completas (obras). 2 sosegado.

collecting | kə'lektɪŋ | *s.i.* 1 coleccionismo. || *adj.* 2 para la colección.

collection | kə'lekʃn | *s.c.* 1 colección antología, recopilación. || *s.c. e i.* 2 colecta, recaudación.

collective | kə'lektɪv | *adj.* colectivo.

collectivism | kə'lektɪvɪzəm | *s.i.* colectivismo.

collectivize | kə'lektɪvaɪz | (también **collectivise**) *v.t.* estatalizar, colectivizar.

collectivized | kə'lektɪvaɪzd | (también **collectivised**) *adj.* colectivizado.

collector | kə'lektə | *s.c.* 1 coleccionista. 2 cobrador, recaudador.

college | 'kɒlɪdʒ | *s.c.* 1 institución de enseñanza superior. 2 (brit.) facultad universitaria.

collegiate | kə'liːdʒɪət | *adj.* universitario; colegial.

collide | kə'laɪd | *v.i.* colisionar.

collie | 'kɒlɪ | *s.c.* perro pastor escocés.

collision | kə'lɪʒn | *s.c. e i.* [– (between/with)] colisión, choque violento.

collocate | 'kɒləkeɪt | *s.c.* palabra parte de una colocación lingüística.

colloquial | kə'ləʊkwɪəl | *adj.* coloquial, informal, familiar.

colloquium | kə'ləʊkwɪəm | [*pl.* **colloquia**] *s.c.* seminario científico, pequeño congreso de especialistas.

colloquy | 'kɒləkwɪ | *s.c. e i.* coloquio.

collude | kə'luːd | *v.i.* conspirar.

collusion | kə'luːʒn | *s.i.* [– (with)] confabulación, conspiración.

cologne | kə'ləʊn | *s.i.* colonia.

Colombia | kə'lɒmbɪə | *s.sing.* Colombia.

colon | 'kəʊlən | *s.c.* 1 colon. 2 dos puntos (en ortografía).

colonel | 'kɜːnl | *s.c.* coronel.

colonial | kə'ləʊnɪəl | *adj.* colonial.

colonialism | kə'ləʊnɪəlɪzəm | *s.i.* colonialismo.

colonist | 'kɒlənɪst | *s.c.* colono.

colonization | ‚kɒlənaɪ'zeɪʃn | (EE.UU.) | ‚kɒlənɪ'zeɪʃn | (también **colonisation**) *s.i.* colonización.

colonize | 'kɒlənaɪz | (también **colonise**) *v.t. e i.* colonizar; establecer colonias.

colonizing | 'kɒlənaɪzɪŋ | (también **colonising**) *adj.* colonizador (país).

colonnade | ‚kɒlə'neɪd | *s.c.* columnata.

colony | 'kɒlənɪ | *s.c.* colonia.

coloration | ‚kʌlə'reɪʃn | *s.i.* coloración.

colossal | kə'lɒsl | *adj.* colosal.

colossus | kə'lɒsəs | [*pl.* **colossuses** o **colossi**] *s.c.* 1 coloso (estatua). 2 coloso, persona de gran estatura.

color | 'kʌlə | (brit. **colour**) *s.c.* 1 color, tinte, colorante. || *s.i.* 2 color, colorido. || *adj.* 3 de color, en color. || *s.pl.* 4 (fig.)

colores, bandera. ‖ *v.t.* 5 colorear, pintar. ‖ *v.i.* 6 colorearse.

color-blind | 'kʌləblaɪnd | *adj.* daltónico.

color-blindness | 'kʌləblaɪndnɪs | *s.i.* daltonismo.

colored | 'kʌləd | (brit. **coloured**) *adj.* 1 de distintos colores. ‖ *s.c.* 2 negro, persona de color.

colorful | 'kʌləfl | (brit. **colourful**) *adj.* lleno de colorido, con colorido.

coloring | 'kʌlərɪŋ | (brit. **colouring**) *s.i.* coloración, colorido.

colorless | 'kʌləlɪs | (brit. **colourless**) *adj.* incoloro, sin color, deslucido.

colt | kəʊlt | *s.c.* potro.

coltish | 'kəʊtɪʃ | *adj.* retozón.

columbine | 'kɒləmbaɪn | *s.c.* aguileña, pajarilla.

column | 'kɒləm | *s.c.* columna, pilar.

columnist | 'kɒləmnɪst | *s.c.* columnista.

coma | 'kəʊmə | *s.c.* MED. coma.

comatose | 'kəʊmətəʊs | *adj.* comatoso.

comb | kəʊm | *s.c.* 1 peine. ‖ *v.t.* 2 peinar. ‖ 3 to – out, desenredar.

combat | 'kɒmbæt | *s.c.* e *i.* 1 combate, lucha, pelea. ‖ *v.t.* 2 luchar contra.

combative | 'kɒmbətɪv | *adj.* combativo, belicoso.

combination | ˌkɒmbɪ'neɪʃn | *s.i.* 1 combinación, clave. ‖ *s.pl.* 2 calzoncillos largos y camiseta de manga larga.

combine | kəm'baɪn | *v.t.* e *i.* 1 combinar(se), mezclar(se). ‖ *v.t.* 2 combinar.

combined | kəm'baɪnd | *adj.* 1 [– (with)] combinado. 2 conjunta.

combustible | kəm'bʌstəbl | *adj.* combustible.

combustion | kəm'bʌstʃən | *s.i.* combustión.

come | kʌm | *v.* [*pret.irreg.* came, *p.p.* come] *v.* 1 venir, llegar, ir, acercarse. 2 [to – from] ser de, ser originario de. 3 [to – to] alcanzar la cantidad de, llegar a, lograr. 4 [to – into] aparecer ante. 5 (fam.) alcanzar un orgasmo. 6 [to – before] presentarse ante, aparecer ante. ‖ *t.* 7 [to

– + o. + with] (fam.) hacerse el... con. 8 to – across, a) darse con, encontrarse con. b) comunicarse. 9 to – and go, venir e ir, cambiar continuamente. 10 to – back, a) regresar, volver, retornar. b) volverse a poner de moda. c) reintroducir, volver a tener vigencia. 11 to – down, a) disminuir, decrecer (una cantidad). b) dar en tierra, caer, desplomarse. c) (brit.) dejar la universidad. 12 to – forward, presentarse voluntariamente, estar dispuesto voluntariamente, ofrecerse voluntario. 13 to – from, proceder de, ser de (un ambiente, familia, etc.). 14 to – in, a) llegar (tren, barco, avión, etc.). b) subir (marea). c) entrar en funciones, acceder al poder, conseguir gobernar (partido). d) llegar, difundirse. 15 to – into it, entrar en el tema, ser parte del tema. 16 to – of age, alcanzar la mayoría de edad. 17 – on, a) venga, vamos, ánimo. b) de prisa, vamos ya, no demores. c) por favor, venga, no seas así. 18 to – out, a) salir a la luz, revelarse. b) publicarse. 19 to – out in, quedar cubierto de (sudor, granos, etc.). 20 to – over, a) ocurrir, suceder, afectar. b) venir aquí, acercarse aquí. c) dejarse caer. d) dar una impresión. 21 to – round (to), a) llegar a apreciar (a), llegar a respetar (a), b) ponerse al lado (de), dejarse convencer (por). 22 to – through, a) pasar por, sufrir (una situación difícil). b) darse a conocer. 23 to – under, a) ser responsable de, ser competencia de. b) ser el blanco de, sufrir (críticas, insultos, etc.) c) estar clasificado bajo, estar bajo, estar agrupado bajo. 24 to – up against, darse de bruces con, encontrarse con.

comeback | 'kʌmbæk | *s.c.* reaparición, respuesta, contestación.

comedian | kə'miːdɪən | *s.c.* cómico.

comedienne | kəˌmiːdr'en | *s.c.* cómica.

comedown | 'kʌmdaʊn | *s.sing.* humillación, salto hacia atrás.

comedy | 'kɒmədɪ | *s.c.* e *i.* 1 comedia. ‖ *s.i.* 2 comedia, humor.

comer | ˈkʌmə | *s.c.* (normalmente *pl.*) el que llega, persona que llega.

comet | ˈkɒmɪt | *s.c.* ASTR. cometa.

come-uppance | kʌmˈʌpəns | *s.sing.* castigo merecido, castigo justo.

comfort | ˈkʌmfət | *s.i.* 1 comodidad, confort; bienestar. ‖ *s.c. e i.* 2 consuelo, solaz, alivio. ‖ *s.c.* 3 (normalmente *pl.*) comodidad, detalles de comodidad. ‖ *v.t.* 4 consolar, dar consuelo.

comfortable | ˈkʌmftəbl | (EE.UU.) | ˈkʌmfərtəbl | *adj.* 1 cómodo, confortable (físicamente). 2 adecuado, cómodo, holgado. 3 bien, con estado de salud.

comforter | ˈkʌmfətə | *s.c.* consolador, objeto de consuelo/alivio.

comforting | ˈkʌmfətɪŋ | *adj.* consolador.

comfortless | ˈkʌmfətlɪs | *adj.* incómodo, sin comodidad (física).

comfy | ˈkʌmfɪ | *adj.* (fam.) cómodo.

comic | ˈkɒmɪk | *adj.* 1 cómico, divertido. ‖ *s.c.* 2 cómico, comediante. 3 (brit.) tebeo, cómic, historieta.

comical | ˈkɒmɪkl | *adj.* gracioso.

coming | ˈkʌmɪŋ | *adj.* venidero, próximo (en el tiempo).

comma | ˈkɒmə | *s.c.* GRAM. coma.

command | kəˈmɑːnd | (EE.UU.) | kəˈmænd | *v.t.* 1 [to − + o. + (inf.)] mandar, ordenar, dar instrucciones. 2 merecer, obtener (por prestigio). ‖ *v.i.* 3 dar órdenes, mandar, estar al mando. ‖ *s.c. e i.* 4 mandato, orden; mando. ‖ *s.i.* 5 MIL. mando, control de, dominio de. ‖ *s.c.* 6 INF. comando. 7 vista, panorámica. 8 − post, MIL. puesto de mando.

commandant | ˌkɒmənˈdænt | *s.c.* comandante, jefe.

commandeer | ˌkɒmənˈdɪə | *v.t.* MIL. requisar, confiscar.

commander | kəˈmɑːndə | (EE.UU.) | kəˈmændə | *s.c.* 1 comandante (categoría). 2 capitán de fragata.

commanding | kəˈmɑːndɪŋ | (EE.UU.) | kəˈmændɪŋ | *adj.* 1 dominante, impresionante, autoritario, imponente. ‖ 2 − officer, oficial de mando.

commandment | kəˈmɑːndmənt | *s.c.* REL. mandamiento.

commando | kəˈmɑːndəu | (EE.UU.) | kəˈmændəu | *s.c.* comando.

commemorate | kəˈmeməreɪt | *v.t.* conmemorar, celebrar.

commemoration | kəˌmeməˈreɪʃn | *s.c. e i.* conmemoración.

commence | kəˈmens | *v.t. e i.* comenzar, iniciar.

commencement | kəˈmensmənt | *s.i.* 1 inicio. ‖ 2 Commencement, (EE.UU.) día de licenciatura (en la Universidad).

commend | kəˈmend | *v.t.* 1 [to − + o. + (for/to)] alabar, aplaudir. 2 [to − + o. + (to/as)] recomendar. ‖ *v.r.* 3 [to − (to)] aprobar, resultar aceptable.

commendable | kəˈmendəbl | *adj.* alabable, digno de encomio, loable.

commendation | ˌkɒmenˈdeɪʃn | *s.c. e i.* aplauso, alabanza.

commensurate | kəˈmenʃərət | *adj.* [− (with)] equivalente.

comment | ˈkɒment | *v.i.* 1 [to − (on/upon)] comentar, hacer un comentario. ‖ *s.c. e i.* 2 comentario, glosa.

commentary | ˈkɒməntrɪ | (EE.UU.) | ˈkɒmənterɪ | *s.c.* 1 [− (on)] TV. comentario, descripción. ‖ *s.c. e i.* 2 comentario.

commentator | ˈkɒmenteɪtə | *s.c.* TV. comentarista, narrador.

commerce | ˈkɒmɜːs | *s.i.* comercio.

commercial | kəˈmɜːʃl | *adj.* comercial, financiero, industrial.

commercialization | kəˌmɜːʃəlaɪˈzeɪʃn | (EE.UU.) | kəˌmɜːʃəlɪˈzeɪʃn | (también commercialisation) *s.i.* comercialización.

commercialize | kəˈmɜːʃəlaɪz | (también commercialise) *v.t.* comercializar.

commie | ˈkɒmɪ | *s.c.* (fam.) rojo, comunista.

commiserate | kəˈmɪzəreɪt | *v.i.* [to − (with)] apiadarse, compadecerse, sentir lástima.

commiseration | kəˌmɪzəˈreɪʃn | *s.i.* 1 conmiseración, compasión. ‖ 2 com-

miserations, lo siento, mi más sentido pésame.

commissariat | kəmɪ'seərɪət | *s.c.* [- *v.sing./pl.*] MIL. intendencia.

commission | kə'mɪʃn | *s.c.* e *i.* 1 comisión (económica). ‖ *s.c.* 2 encargo, cometido, misión. 3 nombramiento (de un oficial). ‖ *s.i.* 4 comisión, ejecución (de un crimen). ‖ *v.t.* 5 encargar (hacer algo).

commissionaire | kə,mɪʃə'neə | *s.c.* portero (de hotel, teatro, cine, etc.).

commissioner | kə'mɪʃənə | *s.c.* jefe de policía; jefe de servicio.

commit | kə'mɪt | [*ger.* **committing,** *pret.* y *p.p.* **committed**] *v.t.* 1 cometer (crimen o similar). 2 [to − + *o.* + (to)] confinar, recluir (en hospital, manicomio, etc.). 3 [to − + *o.* + (to)] consignar, depositar. ‖ *v.r.* 4 [to − (to)] comprometerse.

commitment | kə'mɪtmənt | *s.i.* 1 dedicación, lealtad. ‖ *s.c.* 2 responsabilidad.

committal | kə'mɪtl | *s.i.* confinamiento, reclusión.

committed | kə'mɪtɪd | *adj.* comprometido (en alguna ideología o similar).

committee | kə'mɪtɪ | *s.c.* [+ *v.sing./pl.*] comité, comisión.

commodity | kə'mɒdɪtɪ | *s.c.* producto, mercancía.

common | 'kɒmən | *adj.* 1 común, general, normal, compartido. ‖ *s.c.* 2 (brit.) espacio verde, zona verde. 3 Commons, (brit.) Cámara Baja.

commoner | 'kɒmənə | *s.c.* miembro de la Cámara de los Comunes.

common-law | ,kɒmən'lɔ: | *adj.* DER. no oficial, por mero acuerdo.

commonplace | 'kɒmənpleɪs | *adj.* 1 trivial, ordinario. ‖ *s.c.* 2 lugar común, cliché.

commonwealth | 'kɒmənwelθ | *s.c.* 1 estado, república, nación común. 2 the Commonwealth, la Mancomunidad británica de naciones.

commotion | kə'məʊʃn | *s.i.* conmoción, follón, tumulto.

communal | 'kɒmjʊnl | | kə'mju:nl | *adj.* común, público, colectivo.

commune | 'kɒmju:n | *s.c.* 1 [+ *v.sing./pl.*] comuna. ‖ *v.i.* 2 [to − with] comunicarse con, conversar con.

communicant | kə'mju:nɪkənt | *s.c.* persona que comulga.

communicate | kə'mju:nɪkeɪt | *v.i.* [to − (with)] comunicarse, relacionarse..

communication | kə,mju:nɪ'keɪʃn | *s.i.* 1 comunicación; transmisión. ‖ *s.c.* 2 mensaje, carta.

communicative | kə'mju:nɪkətɪv | *adj.* 1 comunicativo. 2 hablador.

communion | kə'mju:nɪən | *s.i.* 1 comunión. ‖ *s.c.* 2 [− (of)] hermandad.

communism | 'kɒmjʊnɪzəm | *s.i.* comunismo.

communist | 'kɒmjʊnɪst | *s.c.* comunista.

community | kə'mju:nətɪ | *s.sing.* 1 [the −] la comunidad, la sociedad. 2 [the −] la comunidad, el pacto entre naciones. ‖ *s.c.* 3 [+ *v.sing./pl.*] comunidad, agrupación. ‖ *s.i.* 4 comunidad, hermandad.

commute | kə'mju:t | *v.i.* 1 hacer un largo recorrido diario de casa al trabajo y viceversa. ‖ *v.t.* 2 conmutar.

compact | kəm'pækt | *adj.* 1 compacto, apretado. 2 conciso (estilo). ‖ *v.t.* 3 apretar fuertemente.

companion | kəm'pænɪən | *s.c.* 1 compañero. 2 acompañante, dama de compañía.

companionship | kəm'pænɪənʃɪp | *s.i.* compañerismo, camaradería.

company | 'kʌmpənɪ | *s.c.* y *s.i.* compañía, sociedad, asamblea, gremio.

comparable | 'kɒmpərəbl | *adj.* 1 [− (to/with)] comparable, igual, no menos. 2 [− (to/with)] equivalente, comparable.

comparative | kəm'pærətɪv | *adj.* 1 relativo. 2 comparativo, comparado.

compare | kəm'peə | *v.t.* 1 comparar, cotejar. 2 [to − + *o.* + (to)] equiparar. ‖ *v.i.* 3 [to − with] resultar la comparación de, ser la comparación de.

comparison | kəm'pærɪsn | *s.c.* e *i.* 1 comparación, cotejación. 2 equiparación, igualación.

compartment | kəm'pɑːtmənt | *s.c.*
1 compartimento. 2 sección, división.
compartmentalize | kəmpɑːt'men/
təlaɪz | (también **compartmentalise**) *v.t.*
dividir en secciones, separar en catego-
rías.
compass | 'kʌmpəs | *s.c.* 1 brújula. 2
a pair of – un compás. || *s.i.* 3 exten-
sión, alcance; ámbito.
compassion | kəm'pæʃn | *s.i.* com-
pasión, conmiseración.
compassionate | kəm'pæʃənət | *adj.*
compasivo.
compatibility | kəm'pætə'bɪltɪ | *a.i.*
[– (with/of/between)] compatibilidad.
compatibly | kəm'pætəblɪ | *adv.*
compatiblemente.
compatriot | kəm'pætrɪət | (EE.UU.)
| kəm'peɪtrɪət | *s.c.* compatriota.
compel | kəm'pel | [*ger.* compelling,
pret. y *p.p.* compelled] *v.t.* 1 [to – + o.
inf.] obligar, forzar. 2 exigir.
compelling | kəm'pelɪŋ | *adj.* convin-
cente, irresistible.
compensate | 'kɒmpenseɪt | *v.t.* 1 [to
– + o. + (for)] compensar, remunerar,
indemnizar. || *v.i.* 2 [to – for] compensar.
compensation | ˌkɒmpen'seɪʃn | *s.i.*
1 indemnización, reparación. || *s.c.* e *i.* 2
compensación, recompensa.
compere | 'kɒmpeə | (también com-
père) (brit.) *s.c.* 1 presentador (de un es
pectáculo). || *v.t.* e *i.* 2 presentar.
compete | kəm'piːt | *v.i.* competir, ri-
valizar.
competence | 'kɒmpɪtəns | *s.i.* 1 ca-
pacidad. 2 DER. competencia.
competent | 'kɒmpɪtənt | *adj.* 1
competente, capaz. 2 adecuado.
competing | kəm'piːtɪŋ | *adj.* irrecon-
ciliable, opuesto.
competition | ˌkɒmpə'tɪʃn | *s.i.* com-
petencia, rivalidad, competición.
competitive | kəm'petətɪv | *adj.* com-
petitivo, ambicioso, luchador.
competitiveness | kəm'petətɪvnɪs |
s.i. ambición, agresividad.
compilation | ˌkɒmpɪ'leɪʃn | *s.c.* e *i.*
recopilación.

compile | kəm'paɪl | *v.t.* recopilar.
compiler | kəm'paɪlə | *s.c.* recopila-
dor.
complacency | kəm'pleɪsnsɪ | (tam-
bién **complacence**) *s.i.* (desp.) complacencia, autosatisfacción.
complacent | kəm'pleɪsnt | *adj.* [–
(about)] (desp.) complacido.
complain | kəm'pleɪn | *v.t.* 1 [to –
o./about/of)] quejarse, lamentarse. 2 [to
– of] quejarse de.
complainant | kəm'pleɪnənt | *s.c.*
demandante.
complaint | kəm'pleɪnt | *s.c.* e *l.* 1
queja, crítica, objeción. 2 denuncia, de-
manda, reclamación. || *s.c.* 3 mal, enfer-
medad, dolencia.
complaisance | kəm'pleɪzəns | *s.i.*
cortesía, deferencia.
complement | 'kɒmplɪmənt | *v.t.* 1
complementar, completar. || *s.c.* 2 [–
(to)] complemento.
complementary | ˌkɒmplɪ'mentrɪ |
adj. [– (to)] complementario.
complete | kəm'pliːt | *adj.* 1 com-
pleto, absoluto, entero, perfecto. || *v.t.* 2
completar, acabar, terminar.
completion | kəm'pliːʃn | *s.i.* termi-
nación, finalización, consumación.
complex | 'kɒmpleks | (EE.UU.)
| kəm'pleks | *adj.* 1 complejo, compli-
cado. || *s.c.* 2 complejo.
complexion | kəm'plekʃn | *s.c.* 1 cu-
tis, tez. || *s.i.* 2 naturaleza, carácter.
complexity | kəm'pleksətɪ | *s.i.* com-
plejidad.
compliance | kəm'plaɪəns | *s.i.* sumi-
sión, acatamiento.
complicate | 'kɒmplɪkeɪt | *v.t.* com-
plicar.
complication | ˌkɒmplɪ'keɪʃn | *s.c.*
complicación; dificultad.
complicity | kəm'plɪsətɪ | *s.i.* compli-
cidad.
compliment | 'kɒmplɪmənt | *s.c.* 1
cumplido, lisonja. || *v.t.* 2 cumplimentar,
felicitar; lisonjear.
complimentary | ˌkɒmplɪ'mentrɪ |
adj. halagador; de regalo.

comply | kəm'plaɪ | *v.i.* obedecer.

component | kəm'pəunənt | *s.c.* y *adj.* constituyente, componente.

compose | kəm'pəuz | *v.t.* 1 componer, constituir, arreglar. || *v.r.* 2 calmarse, sosegarse, tranquilizarse.

composer | kəm'pəuzə | *s.c.* compositor.

composite | 'kɒmpəzɪt | *adj.* 1 compuesto. || *s.c.* 2 [– (of)] mezcla, síntesis.

composition | ˌkɒmpə'zɪʃn | *s.i.* composición, creación, conjunto.

compositor | kəm'pɒzɪtə | *s.c.* cajista.

compost | 'kɒmpɒst | *s.i.* 1 abono vegetal. || *v.t.* 2 abonar.

composure | kəm'pəuʒə | *s.i.* serenidad, calma.

compote | 'kɒmpəut | *s.i.* compota.

compound | 'kɒmpaund | *s.c.* 1 compuesto, recinto, mezcla. || *adj.* 2 compuesto. || *v.t.* 3 componer, combinar.

comprehend | ˌkɒmprɪ'hend | *v.t.* e *i.* comprender, entender.

comprehensible | ˌkɒmprɪ'hensəbl | *adj.* comprensible.

comprehension | ˌkɒmprɪ'henʃn | *s.i.* comprensión, entendimiento.

comprehensive | ˌkɒmprɪ'hensɪv | *adj.* amplio, comprensivo.

compress | kəm'pres | *v.t.* 1 comprimir, abreviar, condensar. || *v.i.* 2 comprimirse, apretarse.

compression | kəm'preʃn | *s.i.* compresión, condensación, reducción.

comprise | kəm'praɪz | *v.t.* comprender, incluir, constituir.

compromise | 'kɒmprəmaɪz | *s.c.* e *i.* 1 compromiso, acuerdo. || *v.i.* 2 llegar a un compromiso. || *v.t.* 3 poner en duda. || *v.r.* 4 comprometerse.

compulsion | kəm'pʌlʃn | *s.i.* 1 coacción, obligación. || *s.c.* 2 compulsión.

compulsive | kəm'pʌlsɪv | *adj.* compulsivo, irreprimible, irresistible.

compulsory | kəm'pʌlsərɪ | *adj.* obligatorio.

compute | kəm'pjuːt | *v.t.* calcular.

computer | kəm'pjuːtə | *s.c.* ordenador.

computerization | kəmˌpjuːtərar'zeɪʃn | (computerisation) *s.i.* informatización.

computerize | kəm'pjuːtəraɪz | (también **computerise**) *v.t.* 1 informatizar. 2 meter en el ordenador.

comrade | 'kɒmreɪd | (EE.UU.) | 'kɒmræd | *s.c.* camarada, compañero.

comradeship | 'kɒmreɪdʃɪp | *s.i.* camaradería, compañerismo.

concatenation | kɒnˌkætɪ'neɪʃn | *s.i.* [– of] concatenación de, sucesión de.

concave | 'kɒŋkeɪv | *adj.* cóncavo.

conceal | kən'siːl | *v.t.* ocultar, esconder, disimular.

concealment | kən'siːlmənt | *s.i.* ocultamiento, disimulo.

concede | kən'siːd | *v.t.* conceder, admitir, ceder.

conceit | kən'siːt | *s.i.* engreimiento.

conceivable | kən'siːvəbl | *adj.* concebible, imaginable.

conceive | kən'siːv | *v.t.* 1 concebir, idear. || *v.i.* 2 [to – of] concebir, imaginar. 3 quedar embarazada.

concentrate | 'kɒnsntreɪt | *v.i.* 1 [to – (on)] concentrarse. || *v.t.* 2 concentrar, agrupar. || *s.i.* 3 concentrado (líquido).

concentration | kɒnsn'treɪʃn | *s.i.* y *s.c.* concentración, acumulación.

concentric | kən'sentrɪk | *adj.* concéntrico.

concept | 'kɒnsept | *s.c.* concepto.

conception | kən'sepʃn | *s.c.* concepción, noción, formulación.

conceptual | kən'septʃuəl | *adj.* conceptual, nocional.

concern | kən'sɜːn | *v.t.* 1 concernir, incumbir, afectar, tratar de. || *v.r.* 2 [to – about] preocuparse por (una persona). || *s.c.* e *i.* 3 preocupación. || *s.c.* 4 empresa, grupo empresarial, firma comercial. || *s.i.* 5 [– (for)] consideración, cuidado, atención.

concerning | kən'sɜːnɪŋ | *prep.* tocante a, concerniente a, en cuanto a.

concert | 'kɒnsət | *s.c.* concierto.

concerted | kən'ɜ:tɪd | *adj.* concertado, serio, decidido.

concertmaster | ˈkɒnsət'mæstər | *s.c.* (EE.UU.) director de orquesta.

concession | kən'seʃn | *s.c.* y *s.i.* concesión, privilegio, entrega, cesión.

conch | kɒntʃ | *s.c.* concha.

concierge | kɒnsɪ'eəʒ | *s.c.* conserje.

conciliate | kən'sɪlɪeɪt | *v.t.* e *i.* conciliar(se), calmar(se), apaciguar(se).

conciliatory | kən'sɪlɪətərɪ | *adj.* conciliatorio, apaciguador.

concise | kən'saɪs | *adj.* sucinto, conciso, resumido.

conclave | ˈkɒŋkleɪv | *s.c.* cónclave.

conclude | kən'kluːd | *v.i.* 1 concluir. || *v.t.* 2 finalizar, cerrar.

concluding | kən'kluːdɪŋ | *adj.* final.

conclusion | kən'kluːʒn | *s.c.* conclusión, determinación final, cierre.

conclusive | kən'kluːsɪv | *adj.* concluyente, decisivo, convincente.

concoct | kən'kɒkt | *v.t.* confeccionar.

concoction | kən'kɒkʃn | *s.c.* e *i.* mezcolanza, extraña mezcla.

concomitant | kən'kɒmɪtənt | *adj.* acompañante, concomitante.

concord | ˈkɒŋkɔːd | *s.i.* concordia, armonía, concordancia.

concordance | kən'kɔːdəns | *s.i.* concordancia, similitud.

concourse | ˈkɒŋkɔːs | *s.c.* 1 vestíbulo abierto. 2 concurrencia.

concrete | ˈkɒŋkriːt | *adj.* 1 concreto, particular, sólido. || *s.i.* 2 cemento, hormigón.

concubine | ˈkɒŋkjubaɪn | *s.c.* concubina.

concupiscence | kən'kjuːpɪsns | *s.i.* concupiscencia.

concur | kən'kɜ: | [*ger.* concurring, *pret.* y *p.p.* concurred] *v.i.* [to – (with)] concurrir, convenir, concordar.

concurrence | kən'kʌrəns | *s.i.* coincidencia temporal, consentimiento.

concurrent | kən'kʌrənt | *adj.* coincidente, concurrente.

concuss | kən'kʌs | *v.t.* golpear con fuerza.

condemn | kən'dem | *v.t.* condenar, denunciar, censurar, desaprobar.

condemnation | ˌkɒndem'neɪʃn | *s.c.* e *i.* censura, condena, denuncia.

condensation | ˌkɒnden'seɪʃn | *s.c.* e *i.* condensación.

condense | kən'dens | *v.t.* e *i.* condensar(se), condensar.

condescend | ˌkɒndɪ'send | *v.i.* [to – (to)] ser condescendiente.

condiment | ˈkɒndɪmənt | *s.c.* condimento.

condition | kən'dɪʃn | *s.sing.* 1 condición, situación. || *s.i.* 2 estado. || *s.c.* 3 [– (for)] requerimiento. || *v.t.* 4 acondicionar, marcar.

conditional | kən'dɪʃənl | *adj.* condicionado, dependiente, condicional.

conditioner | kən'dɪʃənə | *s.c.* e *i.* acondicionador, suavizante.

condole | kən'dəul | *v.i.* [to – (with)] condolerse, compadecerse.

condolence | kən'dəuləns | *s.i.* pésame, condolencia.

condom | ˈkɒndəm | *s.c.* condón.

condominium | ˌkɒndə'mɪnɪəm | *s.c.* (EE.UU.) bloque de apartamentos.

condone | kən'dəun | *v.t.* perdonar.

condor | ˈkɒndɔː | *s.c.* cóndor.

conducive | kən'djuːsɪv | *adj.* [– to] conducente a, favorable a.

conduct | ˈkɒndʌkt | *s.i.* 1 conducta, comportamiento. || *v.t.* 2 conducir, llevar. || *v.r.* 3 conducirse, comportarse.

conductor | kən'dʌktə | *s.c.* 1 director (orquesta). 2 (brit.) cobrador (autobús); (EE.UU.) revisor (tren). 3 ELEC. conductor.

conduit | ˈkɒndɪt | *s.c.* conducto.

cone | kəun | *s.c.* cono, forma cónica, cucurucho, piña.

confection | kən'fekʃn | *s.c.* 1 confitura. 2 hechura, confección.

confectioner | kən'fekʃnə | *s.c.* confitero, pastelero.

confectionery | kən'fekʃənərɪ | *s.i.* 1 dulces. 2 repostería, confitería.

confederacy | kən'fedərəsɪ | *s.c.* confederación, alianza.

confederate |kən'fedərət| *adj.* 1 confederado, aliado (naciones). || *s.c.* 2 cómplice, compinche.

confer |kən'fɜː| *[ger.* conferring, *pret.* y *p.p.* conferred] *v.i.* 1 consultar. || *v.t.* 2 otorgar, conferir, conceder.

conference |'kɒnfərəns| *s.c.* discusión, reunión, congreso.

confess |kən'fes| *v.t.* 1 confesar, admitir. || *v.i.* 2 [to – to] admitir, reconocer.

confessed |kən'fest| *adj.* declarado.

confession |kən'feʃn| *s.c.* e *i.* confesión, admisión, reconocimiento.

confessor |kən'fesə| *s.c.* confesor.

confetti |kən'fetɪ| *s.i.* confeti.

confidant |kɒnfɪ'dænt| *s.c.* amigo íntimo, confidente.

confide |kən'faɪd| *v.t.* confiar, revelar, confesar.

confidence |'kɒnfɪdəns| *s.i.* y *s.c.* confianza, fe, confidencia.

confident |'kɒnfɪdənt| *adj.* seguro, confiado, seguro de uno mismo.

confidential |kɒnfɪ'denʃl| *adj.* confidencial, secreto.

confiding |kən'faɪdɪŋ| *adj.* confiado.

configuration |kən,fɪgə'reɪʃn| *s.c.* configuración, figura, forma.

confine |kən'faɪn| *v.t.* 1 confinar, encerrar. || *v.r.* 2 limitarse a.

confinement |kən'faɪnmənt| *s.i.* 1 reclusión, confinamiento. || *s.c.* e *i.* 2 parto, sobreparto.

confines |'kɒnfaɪnz| *s.pl.* [– of] (form.) límites de, confines de.

confirm |kən'fɜːm| *v.t.* confirmar, ratificar, corroborar.

confirmation |kɒnfə'meɪʃn| *s.c.* e *i.* confirmación, ratificación.

confiscate |'kɒnfɪskeɪt| *v.t.* confiscar.

conflagration |kɒnflə'greɪʃn| *s.c.* gran incendio.

conflation |kən'fleɪʃn| *s.c.* e *i.* [– of] fusión de, combinación de.

conflict |'kɒnflɪkt| *s.c.* e *i.* 1 conflicto, lucha, pelea, desacuerdo. || *s.i.* 2 agitación anímica. || *v.i.* 3 entrar en conflicto.

conflicting |kən'flɪktɪŋ| *adj.* contrario.

confluence |'kɒnfluəns| *s.c.* [– (of)] confluencia, unión.

conform |kən'fɔːm| *v.i.* acomodarse, conformarse, obedecer.

conformity |kən'fɔːmətɪ| *s.i.* conformidad; avenencia.

confound |kən'faʊnd| *v.t.* dejar perplejo, confundir.

confront |kən'frʌnt| *v.t.* afrontar, plantar cara, encararse con.

confrontation |kɒnfrʌn'teɪʃn| *s.c.* e *i.* confrontación, enfrentamiento.

confuse |kən'fjuːz| *v.t.* confundir, mezclar, desconcertar, desorientar.

confusing |kən'fjuːzɪŋ| *adj.* desconcertante, desorientador.

confusion |kən'fjuːʒn| *s.i.* confusión, desorden, caos.

congeal |kən'dʒiːl| *v.t.* e *i.* cuajar(se).

congenial |kən'dʒiːnɪəl| *adj.* agradable, sociable, simpático.

congenital |kən'dʒenɪtl| *adj.* congénito, de nacimiento.

congested |kən'dʒestɪd| *adj.* congestionado, transitado.

congestion |kən'dʒestʃən| *s.i.* congestión.

conglomerate |kən'glɒmərət| *s.c.* conglomerado (de empresas), mezcla

conglomeration |kən,glɒmə'reɪʃn| *s.c.* mezcolanza.

congratulate |kən'grætʃuleɪt| *v.t.* y *v.r.* felicitar, felicitarse.

congratulation |kən,grætʃu'leɪʃn| *s.i.* felicitación, enhorabuena.

congregate |'kɒŋgrɪgeɪt| *v.i.* congregarse, reunirse.

congregation |,kɒŋgrɪ'geɪʃn| *s.c.* [– *v.sing./pl.*] REL. congregación.

congress |'kɒŋgres| *s.c.* e *i.* congreso, convención.

congressman |'kɒŋgrəsmən| *[pl.* congressmen] *s.c.* (EE.UU.) congresista, representante, diputado.

congruence |'kɒŋgruəns| *s.i.* concordancia, congruencia.

congruent |'kɒŋgruənt| adj. [– (with)] congruente, concordante.

conical |'kɒnɪkl| adj. cónico.

conifer |'kɒnɪfə| s.c. conífero.

conjecture |kən'dʒektʃə| s.c. e i. 1 conjetura, suposición, especulación. || v.i. 2 conjeturar, suponer, especular.

conjugal |'kɒndʒugl| adj. marital.

conjunction |kən'dʒʌŋkʃn| s.c. conjunción.

conjunctivitis |kɒn,dʒʌŋktɪvaɪtɪs| s.i. conjuntivitis.

conjure |'kʌndʒə| v.t. invocar, hacer venir por magia, evocar.

conjuring |'kʌndʒərɪŋ| s.i. trucos de manos.

conker |'kɒŋkə| s.c. castaño de Indias.

connect |kə'nekt| v.t. 1 conectar, comunicar, asociar. || v.i. 2 conectar (un medio de transporte con otro).

connected |kə'nektɪd| adj. conectado, asociado, emparentado.

connection |kə'nekʃn| (también connexion) s.c. conexión, relación, enlace.

connivance |kə'naɪvəns| s.i. (desp.) confabulación, connivencia.

connive |kə'naɪv| v.i. consentir, tolerar.

conniving |kə'naɪvɪŋ| adj. conspirador.

connoisseur |,kɒnə'sɜː| s.c. experto

connote |kə'nəut| v.t. connotar, sugerir (una palabra).

connubial |kə'nju:bɪəl| adj. conyugal, matrimonial.

conquer |'kɒŋkə| v.t. e i. conquistar.

conquest |'kɒŋkwest| s.i. conquista.

conscience |'kɒnʃəns| s.c. 1 conciencia (ética). 2 remordimiento.

conscience-stricken |'kɒnʃənsstrɪ/ kən| adj. lleno de remordimientos.

conscientious |,kɒnʃɪ'enʃəs| adj. concienzudo, meticuloso, cuidadoso.

conscious |'kɒnʃəs| adj. [– of] consciente de, alerta.

consciousness |'kɒnʃəsnɪs| s.i. conciencia, conocimiento, mentalidad.

conscript |'kɒnskrɪpt| s.c. 1 recluta, quinto. || v.t. 2 alistar, reclutar.

conscription |kən'skrɪpʃn| s.i. MIL. reclutamiento, alistamiento.

consecrate |'kɒnsɪkreɪt| v.t. consagrar, dedicar.

consecration |,kɒnsɪ'kreɪʃn| s.i. consagración.

consecutive |kən'sekjutɪv| adj. consecutivo.

consensus |kən'sensəs| s.i. consenso.

consent |kən'sent| s.i. 1 consentimiento, permiso. || v.i. 2 consentir en.

consequence |'kɒnsɪkwəns| s.c. consecuencia, resultado.

consequent |'kɒnsɪkwənt| adj. consecuente, consiguiente.

conservation |,kɒnsə'veɪʃn| s.i. conservación, ahorro (de energía).

conservationist |,kɒnsə'veɪʃənɪst| s.c. conservacionista, ecologista.

conservatism |kən'sɜːvətɪzəm| s.i. conservadurismo, tradicionalismo.

conservative |kən'sɜːvətɪv| adj. conservador, reaccionario, tradicionalista.

conservatory |kən'sɜːvətrɪ| s.c. 1 invernadero (para plantas). 2 MUS. conservatorio.

conserve |kən'sɜːv| v.t. 1 conservar, preservar. || s.i. 2 compota.

consider |kən'sɪdə| v.t. 1 considerar, juzgar, estimar. || v.r. 2 considerarse, verse a sí mismo.

considerable |kən'sɪdərəbl| adj. considerable, sustancial, notable.

considerate |kən'sɪdərət| adj. considerado, atento, educado.

consideration |kən,sɪdə'reɪʃn| s.i. 1 consideración, estudio detenido. || s.c. 2 factor, consideración.

consign |kən'saɪn| v.t. relegar a, encomendar a, enviar.

consignment |kən'saɪnmənt| s.c. [– (of)] envío de mercancías).

consist |kən'sɪst| v.i. constar de, estar compuesto de, consistir en.

consistency |kən'sɪstənsɪ| s.i. y s.c. consistencia, coherencia.

consistent | kən'sıstənt | *adj.* consistente, constante, coherente.

consolation | ˌkɒnsə'leıʃn | *s.c.* e *i.* consolación, consuelo.

console | kən'səul | *v.t.* 1 consolar. ‖ *s.c.* 2 panel de instrumentos.

consolidate | kən'sɒlıdeıt | *v.t.* e *i.* 1 consolidar, reforzar. 2 fusionar(se).

consolidation | kənˌsɒlı'deıʃn | *s.i.* consolidación, reforzamiento, fusión.

consonant | 'kɒnsənənt | *s.c.* 1 consonante. ‖ *adj.* 2 [– with] en consonancia con, conforme con.

consort | 'kɒnsɔːt | *s.c.* 1 príncipe consorte, princesa consorte.
| kən'sɔːt | *v.i.* 2 [to – with/together] conchabarse con.

conspicuous | kən'spıkjuəs | *adj.* conspicuo, llamativo, sobresaliente.

conspiracy | kən'spırəsı | *s.c.* e *i.* conspiración, conjura, conjuración.

conspire | kən'spaıə | *v.i.* conspirar, tramar un complot, conjurarse.

constable | 'kʌnstəbl | *s.c.* (brit.) policía, número de la policía.

constabulary | kən'stæbjulərı | *s.c.* (brit.) policía local (distrito).

constancy | 'kɒnstənsı | *s.i.* constancia, perseverancia, fidelidad.

constant | 'kɒnstənt | *adj.* y *s.c.* constante.

constellation | ˌkɒnstə'leıʃn | *s.c.* constelación, conjunto de.

consternation | ˌkɒnstə'neıʃn | *s.i.* consternación.

constipated | 'kɒnstıpeıtıd | *adj.* estreñido.

constituency | kən'stıtjuənsı | *s.c.* distrito electoral.

constituent | kən'stıtjuənt | *s.c.* 1 votante (de un distrito electoral). 2 ingrediente, componente.

constitute | 'kɒnstıtjuːt | *v.t.* constituir, representar, formar.

constitution | ˌkɒnstı'tjuːʃn | *s.c.* 1 DER. constitución. 2 constitución (salud).

constitutionalism | ˌkɒnstı'tjuːʃənəlı/ zəm | *s.i.* constitucionalismo.

constrain | kən'streın | *v.t.* 1 constreñir, compeler, obligar. 2 restringir, inhibir.

constraint | kən'streınt | *s.i.* y *s.c.* 1 coacción, compulsión. 2 forma forzada.

constrict | kən'strıkt | *v.t.* comprimir, hacer encoger, apretar, limitar.

constriction | kən'strıkʃn | *s.i.* 1 constricción, contracción. ‖ *s.c.* 2 limitación, restricción.

construct | kən'strʌkt | *v.t.* 1 construir, hacer. ‖ *s.c.* 2 creación, fabricación.

construction | kən'strʌkʃn | *s.i.* y *s.c.* construcción, formación.

constructive | kən'strʌktıv | *adj.* constructivo, positivo (sugerencia, etc.).

construe | kən'struː | *v.t.* interpretar, explicar.

consul | 'kɒnsl | *s.c.* cónsul.

consulate | 'kɒnsjulət | *s.c.* consulado.

consult | kən'sʌlt | *v.t.* 1 consultar. ‖ *v.i.* 2 hablar, discutir.

consultant | kən'sʌltənt | *s.c.* 1 especialista hospitalario. 2 asesor de empresas, asesor.

consultation | ˌkɒnsl'teıʃn | *s.c.* e *i.* 1 [– (about/with)] reunión, consulta. ‖ *s.i.* 2 consulta (de libros).

consultative | kən'sʌltətıv | *adj.* consultivo, asesor.

consume | kən'sjuːm | *v.t.* consumir.

consumer | kən'sjuːmə | *s.c.* consumidor.

consumerism | kən'sjuːmərızəm | (EE.UU.) | kən'suːmərızəm | *s.i.* consumismo.

consummate | kən'sʌmət | *adj.* 1 consumado. | *v.t.* 2 consumar.

consumption | kən'sʌmpʃn | *s.i.* consumo (de comida, energía, etc.).

contact | 'kɒntækt | *s.c.* e *i.* 1 contacto, comunicación. ‖ *v.t.* 2 contactar con, ponerse en contacto con.

contagion | kən'teıdʒən | *s.i.* contagio, contaminación.

contagious | kən'teıdʒəs | *adj.* contagioso, infeccioso.

contain | kən'teın | *v.t.* 1 contener, tener, incluir, controlar, refrenar. 2 ser exactamente divisible por. || v.r. 3 refrenarse, contenerse.

contained | kən'teɪnd | adj. sereno.

container | kən'teɪnə | s.c. recipiente, envase, contenedor.

containment | kən'teɪnmənt | s.i. contención, política de contención.

contaminate | kən'tæmɪneɪt | v.t. contaminar.

contaminated | kən'tæmɪneɪtɪd | adj. contaminado.

contamination | kən,tæmɪ'neɪʃn | s.i. contaminación.

contemplate | 'kɒntempleɪt | v.t. e i. 1 pensar (sobre), proyectar. || v.t 2 contemplar.

contemplation | ,kɒntem'pleɪʃn | s.i. contemplación, reflexión.

contemporaneous | kən,tempə'reɪnɪəs | adj. contemporáneo.

contemporary | kən'temprərɪ | adj. contemporáneo.

contempt | kən'tempt | s.i. 1 desprecio, desdén. 2 DER. desacato.

contemptible | kən'temptəbl | adj. despreciable, vil.

contemptuous | kən'temptʃuəs | adj. desdeñoso, despectivo.

contend | kən'tend | v.t. 1 sostener, mantener. || v.i. 2 luchar, rivalizar.

contending | kən'tendɪŋ | adj. rival, opuesto, contendiente.

content | 'kɒntent | s.c y s.i. 1 contenido. 2 índice de materias (en un libro).

content | kən'tent | adj. 1 [— inf./with] contento de/con, feliz de/con. 2 alegre, satisfecho, contento. || v.t. 3 satisfacer, contentar. || v.r. 4 [to — with] contentarse con, sentirse satisfecho.

contention | kən'tenʃn | s.c. 1 argumento. || s.i. 2 contención, disputa.

contentious | kən'tenʃəs | adj. conflictivo, polémico, pendenciero.

contest | 'kɒntest | s.c. 1 certamen, concurso, pelea. || v.t 2 disputar, impugnar.

contestant | kən'testənt | s.c. 1 concursante, participante. 2 candidato.

context | 'kɒntekst | s.c. contexto.

contiguous | kən'tɪgjuəs | adj. [— (to /with)] contiguo, colindante.

continence | 'kɒntɪnəns | s.i. continencia.

continent | 'kɒntɪnənt | s.c. continente.

continental | ,kɒntɪ'nentl | adj. 1 continental. 2 (brit.) continental, del resto de Europa. || s.c. 3 (fam. y brit.) europeo, persona del continente europeo.

contingency | kən'tɪndʒənsɪ | s.c. contingencia, eventualidad.

contingent | kən'tɪndʒənt | s.c. y adj. contingente.

continuation | kən,tɪnjʊ'eɪʃn | s.i. 1 prolongación, permanencia. 2 extensión, continuación.

continue | kən'tɪnju: | v.i. y t. continuar, seguir, proseguir.

continuity | ,kɒntɪ'njʊ:ətɪ | s.c. e i. continuidad, permanencia.

continuous | kən'tɪnjuəs | adj. continuo, incesante, ininterrumpido.

contort | kən'tɔ:t | v.t. e i. 1 retorcer(se) (cuerpo). 2 demudar(se) (rostro).

contortion | kən'tɔ:ʃn | s.c. e i. contorsión, demudación.

contortionist | kən'tɔ:ʃənɪst | s.c. contorsionista.

contour | 'kɒntuə | s.c. perfil, contorno.

contraband | 'kɒntrəbænd | s.i. 1 contrabando. || adj. 2 de contrabando.

contraception | ,kɒntrə'sepʃn | s.i. contracepción.

contraceptive | ,kɒntrə'septɪv | s.c. anticonceptivo, contraceptivo.

contract | 'kɒntrækt | s.c. contrato.

contract | kən'trækt | v.t. 1 contraer, encoger, contratar. || v.i. 2 contraerse, tensarse, estipular mediante contrato.

contraction | kən'trækʃn | s.c. contracción.

contractor | kən'træktə | 'kɒntræktə | s.c. contratista (de obras).

contradict | ,kɒntrə'dɪkt | v.t. contradecir, refutar, disputar, oponerse.

contradiction | ,kɒntrə'dɪkʃn | s.c. e i. contradicción, inconsistencia.

contradictory | ˌkɒntrəˈdɪktərɪ | *adj.* contradictorio, inconsistente.

contraindication | ˌkɒntrəɪndɪˈkeɪʃn | *s.c.* contraindicación.

contraption | kənˈtræpʃn | *s.c.* (fam.) artilugio.

contrary | ˈkɒntrərɪ | opuesto, contrario, en contra de.

contrary | kənˈtreərɪ | *adj.* (desp.) terco, díscolo, recalcitrante.

contrast | kənˈtrɑːst | *v.t.* 1 contrastar, contraponer, comparar. ‖ *v.i.* 2 contrastar. ‖ *s.c.* 3 contraste, cambio total. ‖ *s.i.* 4 TV. contraste.

contrasting | kənˈtrɑːstɪŋ | *adj.* contrastante.

contravene | ˌkɒntrəˈviːn | *v.t.* contravenir, desobedecer, oponerse a.

contravention | ˌkɒntrəˈvenʃn | *s.c.* e *i.* infracción, desobediencia.

contribute | kənˈtrɪbjuːt | *v.t.* e *i.* contribuir, aportar.

contributing | kənˈtrɪbjuːtɪŋ | *adj.* de gran influencia, influyente.

contribution | ˌkɒntrɪˈbjuːʃn | *s.c.* y *s.i.* contribución, aportación.

contributor | kənˈtrɪbjuːtə | *s.c.* 1 colaborador (literario). 2 causa, origen. 3 donante.

contrite | ˈkɒntraɪt | *adj.* arrepentido.

contrition | kənˈtrɪʃn | *s.i.* arrepentimiento, contrición.

contrivance | kənˈtraɪvəns | *s.c.* 1 artilugio. 2 (desp.) maquinación, treta. ‖ *s.i.* 3 maniobras, estratagemas.

contrive | kənˈtraɪv | *v.t.* 1 efectuar, idear. ‖ *v.i.* 2 lograr, conseguir.

contrived | kənˈtraɪvd | *adj.* (desp.) artificial, artificioso, antinatural.

control | kənˈtrəʊl | *v.t.* 1 controlar, estar al mando de, dominar. ‖ *v.r.* 2 controlarse, dominarse. ‖ *s.i.* 3 control dominio, verificación. ‖ *s.c.* 4 control, botón.

controller | kənˈtrəʊlə | *s.c.* interventor, superintendente.

controversial | ˌkɒntrəˈvɜːʃl | *adj.* polémico, discutible (persona o asunto).

controversy | ˈkɒntrəvɜːsɪ | *s.c.* e *i.* polémica.

contusion | kənˈtjuːʒn | *s.c.* e *i.* contusión.

conurbation | ˌkɒnɜːˈbeɪʃn | *s.c.* conurbación, ciudad extendida.

convalesce | ˌkɒnvəˈles | *v.i.* convalecer.

convalescence | ˌkɒnvəˈlesns | *s.i.* convalecencia.

convection | kənˈvekʃn | *s.i.* convección.

convector | kənˈvektə | *s.c.* calentador.

convene | kənˈviːn | *v.t.* 1 convocar, citar. ‖ *v.i.* 2 reunirse.

convenience | kənˈviːnɪəns | *s.i.* 1 conveniencia, provecho, utilidad. ‖ *s.c.* 2 cosa conveniente, asunto provechoso.

convenient | kənˈviːnɪənt | *adj.* conveniente, adecuado, oportuno, apropiado.

convenor | kənˈviːnə | (también **convener**) *s.c.* convocante.

convent | ˈkɒnvent | *s.c.* convento.

convention | kənˈvenʃn | *s.c.* e *i.* convención, costumbre, acuerdo.

conventional | kənˈvenʃənl | *adj.* convencional, tradicional.

conventionality | kənˌvenʃənˈælətɪ | *s.i.* convencionalismo, formalismo.

converge | kənˈvɜːdʒ | *v.i.* converger, unirse, reunirse.

conversation | ˌkɒnvəˈseɪʃn | *s.c.* e *i.* conversación.

conversational | ˌkɒnvəˈseɪʃənl | *adj.* conversacional; coloquial.

converse | kənˈvɜːs | *v.i.* 1 conversar. ‖ *adj.* 2 inverso. ‖ *s.sing.* 3 lo contrario, lo opuesto.

conversion | kənˈvɜːʃn | *s.c.* e *i.* conversión, transformación.

convert | ˈkɒnvɜːt | *s.c.* 1 converso. ‖ *v.t.* e *i.* 2 transformar, convertir(se). ‖ *v.t.* 3 transformar, convertir.

converter | kənˈvɜːtə | (también **convertor**) *s.c.* ELEC. convertidor.

convertible | kənˈvɜːtəbl | *s.c.* 1 descapotable. ‖ *adj.* 2 convertible.

convex | ˈkɒnveks | *adj.* convexo.

convey | kənˈveɪ | *v.t.* llevar, transmitir.

conveyor | kənˈveɪə | *s.c.* portador, transportador.

convict | ˈkɒnvɪkt | *s.c.* 1 convicto. || *v.t.* 2 declarar culpable.

conviction | kənˈvɪkʃn | *s.c.* e *i.* convicción, convencimiento.

convince | kənˈvɪns | *v.t.* convencer.

convincing | kənˈvɪnsɪŋ | *adj.* convincente, persuasivo.

convivial | kənˈvɪvɪəl | *adj.* jovial.

conviviality | kənˌvɪvɪˈælətɪ | *s.i.* jovialidad, buen humor.

convocation | ˌkɒnvəˈkeɪʃn | *s.sing.* y *c.* convocatoria, asamblea.

convoluted | ˈkɒnvəluːtɪd | *adj.* curvado, complicado, intricado.

convoy | ˈkɒnvɔɪ | *s.c.* convoy.

convulse | kənˈvʌls | *v.i.* agitarse violentamente.

convulsion | kənˈvʌlʃn | *s.c.* convulsión, espasmo.

convulsive | kənˈvʌlsɪv | *adj.* convulso, espasmódico, convulsivo.

cooing | ˈkuːɪŋ | *adj.* arrullador.

cook | kʊk | *v.t.* e *i.* 1 cocinar, guisar. || *v.t.* 2 falsear. || *v.i.* 3 tramar. || *s.c.* 4 cocinero.

cookbook | ˈkʊkbʊk | *s.c.* recetario.

cooker | ˈkʊkə | *s.c.* cocina.

cookery | ˈkʊkərɪ | *s.i.* arte culinario.

cookie | ˈkʊkɪ | *s.c.* (EE.UU.) galleta.

cool | kuːl | *adj.* 1 fresco, sereno, tranquilo. || *v.t.* e *i.* 2 enfriar(se), refrescar(se).

coolant | ˈkuːlənt | *s.c.* e *i.* líquido de refrigeración.

cooler | ˈkuːlə | *s.c.* nevera portátil.

cooling | ˈkuːlɪŋ | *s.i.* 1 enfriamiento. || *adj.* 2 refrescante.

coolly | ˈkuːlɪ | *adv.* serenamente.

coolness | ˈkuːlnɪs | *s.i.* frescor, frío.

coop | kuːp | *s.c.* jaula.

cooperate | kəʊˈɒpəreɪt | *v.i.* [to — (with)] cooperar, colaborar.

cooperative | kəʊˈɒpərətɪv | *s.c.* 1 cooperativa. || *adj.* 2 colaborador.

coordinate | kəʊˈɔːdɪneɪt | *v.t.* 1 coordinar, controlar. || *s.c.* 2 (normalmente *pl.*) coordenada.

co-ordinator | ˌkəʊˈɔːdɪneɪtə | *s.c.* [— (of)] coordinador.

cop | kɒp | (fam.) *s.c.* 1 poli. || *v.t.* 2 recibir, apechar con, sufrir.

cope | kəʊp | *v.i.* 1 arreglárselas con, solucionar. || *s.c.* 2 REL. capa consistorial.

copier | ˈkɒpɪə | *s.c.* copiadora.

copilot | ˈkəʊˌpaɪlət | *s.c.* copiloto.

copious | ˈkəʊpɪəs | *adj.* copioso.

copper | ˈkɒpə | *s.i.* 1 cobre. || *s.c.* 2 (fam. y brit.) poli. 3 caldero (de cobre). 4 perra (dinero insignificante).

copse | kɒps | *s.c.* bosquecillo.

copula | ˈkɒpjʊlə | *s.c.* GRAM. cópula.

copulate | ˈkɒpjʊleɪt | *v.i.* copular, tener relaciones sexuales.

copulation | ˌkɒpjʊˈleɪʃn | *s.i.* coito.

copy | ˈkɒpɪ | *s.c.* 1 copia, duplicado, ejemplar. || *s.i.* 2 material escrito. || *v.t.* 3 reproducir exactamente. || *v.t.* e *i.* 4 copiar.

copybook | ˈkɒpɪbʊk | *s.c.* cuaderno.

copyright | ˈkɒpɪraɪt | *s.c.* e *i.* derechos de propiedad intelectual.

copywriter | ˈkɒpɪraɪtə | *s.c.* publicista.

cor | kɔː | *interj.* ¡jo!

coral | ˈkɒrəl | *s.i.* 1 coral. || *adj.* 2 coralino.

corbel | ˈkɔːbl | *s.c.* voladizo.

cord | kɔːd | *s.c.* e *i.* 1 cordel, cuerda fina. || *s.c.* 2 ELEC. cable. || *adj.* 3 de pana.

cordial | ˈkɔːdɪəl | *adj.* 1 cordial, amistoso. || *s.c.* e *i.* 2 (brit.) cordial (bebida).

cordiality | ˌkɔːdɪˈælətɪ | (EE.UU.) | ˌkɔːrdʒɪˈælətɪ | *s.i.* cordialidad.

cordite | ˈkɔːdaɪt | *s.i.* cordita.

cordon | ˈkɔːdn | *s.c.* cordón.

corduroy | ˈkɔːdərɔɪ | *s.i.* pana.

core | kɔː | *s.c.* 1 corazón, centro. || *v.t.* 2 quitar el corazón (de fruta).

cork | kɔːk | *s.i.* 1 corcho. || *v.t.* 2 poner un corcho (a una botella).

corkscrew | ˈkɔːkskruː | *s.c.* sacacorchos.

cormorant | ˈkɔːmərənt | *s.c.* cormorán.

corn | kɔːn | *s.i.* 1 (brit.), grano. 2 (EE.UU.) maíz. ‖ *s.c.* 3 callo.

cornea | 'kɔːnɪə | *s.c.* córnea.

corner | 'kɔːnə | *s.c.* 1 esquina, ángulo, rincón. 2 comisura (labios). ‖ *v.t.* 3 atrapar, poner en una situación comprometida. ‖ *v.i.* 4 coger las curvas (vehículo).

cornered | 'kɔːnəd | *adj.* atrapado.

cornerstone | 'kɔːnəstəun | *s.c.* piedra angular, primera piedra.

cornet | 'kɔːnɪt | *s.c.* cucurucho.

cornflour | 'kɔːnflauə | *s.i.* harina de maíz.

cornflower | 'kɔːnflauə | *s.c.* aciano, liebrecilla.

cornice | 'kɔːnɪs | *s.c.* cornisa.

cornucopia | kɔːnjuˈkəupɪə | *s.sing.* [– of] abundancia de.

corny | 'kɔːnɪ | *adj.* (fam. y desp.) 1 trillado, muy visto. 2 sentimentaloide.

corollary | kəˈrɒlərɪ | corolario.

corona | kəˈrəunə | *s.c.* corona.

coronation | kɒrəˈneɪʃn | (EE.UU.) | kɔːrəˈneɪʃn | *s.c.* coronación.

coroner | 'kɒrənə | *s.c.* juez de instrucción de una causa por muerte violenta.

coronet | 'kɒrənet | (EE.UU.) | 'kɔːrənet | *s.c.* diadema, pequeña corona.

corporate | 'kɔːpərət | *adj.* 1 empresarial. 2 colectivo, grupal.

corporation | kɔːpəˈreɪʃn | *s.c.* 1 gran empresa. 2 [– *v.sing./pl.*] (brit.) corporación municipal, ayuntamiento.

corps | kɔː | [*pl.* corps] *s.c.* cuerpo.

corpse | kɔːps | *s.c.* cadáver.

corpulence | 'kɔːpjuləns | *s.i.* corpulencia.

corpulent | 'kɔːpjulənt | *adj.* corpulento, grueso.

corpus | 'kɔːpəs | [*pl.* corpuses o corpora] *s.c.* corpus, colección.

corral | kəˈrɑːl | (EE.UU.) | kəˈræl | (EE.UU.) *s.c.* corral, cercado.

correct | kəˈrekt | *adj.* 1 correcto, en lo cierto. ‖ *v.t.* 2 corregir, rectificar.

correction | kəˈrekʃn | *s.c. e i.* corrección, rectificación.

corrective | kəˈrektɪv | *adj.* 1 corrector. ‖ *s.c.* 2 [– (to)] ajuste.

correlate | 'kɒrəleɪt | *v.t.* 1 relacionarse estrechamente. ‖ *v.i.* 2 estar en relación con.

correlation | kɒrəˈleɪʃn | (EE.UU.) | kɔːrəˈleɪʃn | *s.i.* correlación.

correspondence | kɒrɪˈspɒndəns | *s.i.* correspondencia (cartas).

correspondent | kɒrɪˈspɒndənt | *s.c.* corresponsal (del extranjero).

corresponding | kɒrɪˈspɒndɪŋ | *adj.* correspondiente.

corridor | 'kɒrɪdɔː | *s.c.* pasillo.

corroborate | kəˈrɒbəreɪt | *v.t.* corroborar, confirmar.

corroboration | kəˌrɒbəˈreɪʃn | *s.i.* corroboración, confirmación.

corrode | kəˈrəud | *v.t. e i.* corroer(se), oxidar(se).

corroding | kəˈrəudɪŋ | *adj.* oxidante.

corrosion | kəˈrəuʒn | *s.i.* corrosión.

corrosive | kəˈrəusɪv | *adj.* 1 corrosivo. 2 (fig.) mordaz, cáustico.

corrugated | 'kɒrəgeɪtɪd | *adj.* acanalado.

corrupt | kəˈrʌpt | *adj.* 1 corrupto, deshonesto, pervertido. ‖ *v.t. e i.* 2 corromper(se), depravar(se). ‖ *v.t.* 3 DER. pervertir.

corruption | kəˈrʌpʃn | *s.i.* corrupción.

corsage | kɔːˈsɑːʒ | *s.c.* ramillete.

corset | 'kɔːsɪt | *s.c.* corsé.

cortisone | 'kɔːtɪzəun | *s.i.* cortisona.

cosh | kɒʃ | (brit.) *s.c.* cachiporra.

cosine | 'kəusaɪn | *s.c.* coseno.

cosmetic | kɒzˈmetɪk | *s.c.* cosmético.

cosmic | 'kɒzmɪk | *adj.* cósmico.

cosmology | kɒzˈmɒlədʒɪ | *s.c. e i.* cosmología.

cosmonaut | 'kɒzmənɔːt | *s.c.* cosmonauta.

cosmopolitan | kɒzməˈpɒlɪtən | *adj.* y *s.c.* cosmopolita.

cosset | 'kɒsɪt | *v.t.* (desp.) mimar.

cost | kɒst | (EE.UU.) | kɔːst | *v.t.* [*pret.*

y *p.p.irreg.* **cost**] 1 costar. || *s.c.* 2 costo, precio.

costing | 'kɒstɪŋ | (EE.UU.) | 'kɔ:stɪŋ | *s.c.* e *i.* cálculo del coste.

costliness | 'kɒstlɪnɪs | (EE.UU.) | 'kɔ:stlɪnɪs | *s.i.* carestía.

costume | 'kɒstju:m | (EE.UU.) | 'kɒstu:m | *s.c.* 1 traje, vestido (en teatro, película, etc.). || *s.i.* 2 vestuario.

costumier | kɒ'stju:mɪə | (EE.UU.) | kɒ'stu:mɪə | *s.c.* sastre.

cosy | 'kəʊzɪ | (EE.UU. cozy) *adj.* 1 acogedor, agradable, cómodo. 2 íntimo, amistoso. || *s.c.* 3 protector del calor.

cot | kɒt | *s.c.* 1 (brit.) cuna. 2 (EE.UU.) cama portátil, cama plegable.

cottage | 'kɒtɪdʒ | *s.c.* casa rural.

cottager | 'kɒtɪdʒə | *s.c.* persona que vive en una casa rural.

cotton | 'kɒtn | *s.i.* algodón.

cottonwool | ˌkɒtn'wʊl | *s.i.* algodón (para usos médicos).

couch | kautʃ | *s.c.* 1 sofá, diván. || *v.t.* 2 expresar, formular. || *v.i.* 3 ponerse al acecho.

couchette | ku:'ʃet | *s.c.* litera (de tren).

cougar | 'ku:gə | *s.c.* puma.

cough | kɒf | (EE.UU.) | kɔ:f | *v.i.* y *t.* 1 toser, expulsar, escupir. || *s.c.* 2 tos.

coughing | 'kɒfɪŋ | *s.i.* ataque de tos.

could | kʊd | (forma relajada | kəd |) *pret. irreg.* 1 de can. || *v.i.* 2 podría.

couldn't | 'kʊdnt | *contr.* de could y not.

could've | 'kʊdəv | *contr.* de could y have.

council | 'kaʊnsl | *s.c.* [− *v.sing./pl.*] (brit.) consejo local, diputación provincial.

councillor | 'kaʊnsələ | (EE.UU. councilor) *s.c.* (brit.) diputado provincial.

counsel | 'kaʊnsl | *s.i.* 1 consejo, sugerencia. || *s.c.* e *i.* 2 asesor legal, abogado. || *v.t.* 3 dar un consejo, ofrecer una sugerencia.

counselling | 'kaʊnsəlɪŋ | (EE.UU. counseling) *s.i.* asesoramiento personal.

count | kaʊnt | *v.t.* 1 contar (números); incluir. || *v.i.* 2 contar, importar, tener importancia. || *s.c.* 3 cifra, cálculo. || *v.r.* 4 verse a uno a sí mismo como, considerarse.

countable | 'kaʊntəbl | *adj.* contable.

countdown | 'kaʊntdaʊn | *s.c.* cuenta atrás.

countenance | 'kaʊntənəns | *s.c.* 1 expresión facial. || *v.t.* 2 tolerar.

counter | 'kaʊntə | *s.c.* 1 mostrador. 2 ficha. || *v.t.* 3 contradecir. || *v.i.* 4 [to − (by/with)] replicar, oponerse. || 5 counter-, contra- (en compuesto).

counteract | ˌkaʊntə'rækt | *v.t.* contrarrestar, neutralizar.

counterbalance | 'kaʊntəbæləns | *v.t.* 1 compensar. || *s.c.* 2 contrapeso.

counterclockwise | ˌkaʊntə'klɒkwaɪz | *adj.* y *adv.* (EE.UU.) en sentido contrario a las manillas del reloj.

counterfeit | 'kaʊntəfɪt | *adj.* 1 falsificado, falso. || *v.t.* 2 falsificar.

counterfoil | 'kaʊntəfɔɪl | *s.c.* resguardo.

counterpane | 'kaʊntəpeɪn | *s.c.* colcha de adorno, cubrecama.

counterpart | 'kaʊntəpɑːt | *s.c.* homólogo (personas).

counter-revolution | ˌkaʊntəˌrevə'u:ʃn | *s.c.* contrarrevolución.

countersign | 'kaʊntəsaɪn | *v.t.* refrendar, aprobar, dar la aprobación.

countess | 'kaʊntɪs | *s.c.* condesa.

countless | 'kaʊntlɪs | *adj.* sin cuento, incontable, innumerable.

country | 'kʌntrɪ | *s.c.* 1 país, nación. || *s.sing.* 2 [the −] la nación (la población). 3 [the −] el campo (opuesto a la ciudad). || *adj.* 4 rural, del campo.

countryman | 'kʌntrɪmən | [*pl.* countrymen] *s.c.* 1 campesino, granjero. 2 compatriota.

countryside | 'kʌntrɪsaɪd | *s.i.* campo.

county | 'kaʊntɪ | *s.c.* 1 condado. || *adj.* 2 (fam. y brit.) de clase alta. ||

coup | ku: | *s.c.* golpe de Estado.

couple | 'kʌpl | *s.c.* 1 [− *v.sing./pl.*] pareja. || *v.t.* 2 empalmar a. 3 unir con, asociar con. || *v.i.* 4 copular.

couplet | 'kʌplɪt | *s.c.* pareado.

coupling | ˈkʌplɪŋ | *s.c.* e *i.* copulación, pareo (sexual).

coupon | ˈkuːpɒn | *s.c.* cupón, vale.

courage | ˈkʌrɪdʒ | *s.i.* coraje, valentía, valor, intrepidez.

courageous | kəˈreɪdʒəs | *adj.* valiente, intrépido, arrojado.

courgette | kɔːˈʒet | *s.c.* calabacín.

courier | ˈkurɪə | *s.c.* mensajero.

course | kɔːs | *s.c.* 1 curso, dirección, rumbo. 2 plato (de una comida). 3 DEP. pista. || *adv.* 4 (fam.) por supuesto, claro. || *v.i.* 5 recorrer, fluir (un líquido).

coursing | ˈkɔːsɪŋ | *s.i.* caza con perros.

court | kɔːt | *s.c.* 1 tribunal, juzgado, corte judicial. 2 patio. 3 pista (de tenis o similar). 4 corte (de un rey). || *v.t.* 5 exponerse a. 6 — **of law**, tribunal legal, corte de justicia.

corteous | ˈkɜːtɪəs | *adj.* [— (to)] atento, cortés, correcto.

courtesy | ˈkɜːtəsɪ | *s.i.* 1 cortesía, buenas maneras, gentileza. || *s.pl.* 2 detalles de cortesía, atenciones.

courthouse | ˌkɔːthaus | *s.c.* (EE.UU.) palacio de justicia.

courting | ˈkɔːtɪŋ | *s.i.* cortejo.

courtly | ˈkɔːtlɪ | *adj.* fino, detallista; distinguido.

courtroom | ˈkɔːtrum | *s.c.* sala de tribunal.

courtship | ˈkɔːtʃɪp | *s.i.* cortejeo, galanteo, noviazgo.

courtyard | ˈkɔːtjɑːd | *s.c.* patio.

cousin | ˈkʌzn | *s.c.* 1 primo. 2 compañero, camarada, amigo.

couture | kuːˈtuə | *s.i.* alta costura.

couturier | kuːˈtuərɪeɪ | *s.c.* diseñador de moda.

cove | kəuv | *s.c.* cala, caleta.

covenant | ˈkʌvənənt | *s.c.* contrato, pacto.

cover | ˈkʌvə | *v.t.* 1 cubrir, tapar, cubrir la información sobre, recorrer (distancia), proteger, escoltar. || *s.c.* 2 cubierta, tapa, funda. || *s.c.* 3 refugio, escondite. || *s.pl.* 4 [the —] la ropa de sobrecama.

coverage | ˈkʌvərɪdʒ | *s.i.* reportaje, cobertura.

covering | ˈkʌvərɪŋ | *s.c.* e *i.* 1 cubierta. || 2 — **letter**, carta acompañante.

coverlet | ˈkʌvəlɪt | *s.c.* colcha.

covert | ˈkʌvət | (EE.UU.) | ˈkəuvɜːt | *adj.* 1 secreto, furtivo, disimulado. || *s.c.* 2 espesura (vegetal).

covet | ˈkʌvɪt | *v.t.* codiciar.

covetous | ˈkʌvɪtəs | *adj.* codicioso.

cow | kau | *s.c.* 1 vaca. 2 hembra de animales grandes). 3 (fam.) adefesio de mujer, bruja. || *v.t.* 4 [normalmente *pas.*] acobardar, amedrentar, intimidar.

coward | ˈkauəd | *s.c.* cobarde.

cowboy | ˈkaubɔɪ | *s.c.* vaquero.

cowed | kaud | *adj.* acobardado.

cower | ˈkauə | *v.i.* agazaparse con miedo, encogerse de temor.

cowl | kaul | *s.c.* capucha.

cowpat | ˈkaupæt | *s.c.* boñiga.

cowslip | ˈkauslɪp | *s.c.* prímula.

coy | kɔɪ | *adj.* tímido, esquivo.

coyness | ˈkɔɪnɪs | *s.i.* timidez.

coyote | kɔɪˈəutɪ | *s.c.* coyote.

crab | kræb | *s.c.* e *i.* cangrejo.

crab-apple | ˈkræbæpl | *s.c.* e *i.* manzano silvestre.

crabbed | ˈkræbɪd | *adj.* apretado.

crack | kræk | *v.t.* e *i.* 1 romper(se), crujir. || *v.t.* 2 darse un golpe fuerte, 3 contar (chistes). || *v.i.* 4 resquebrajarse, romperse (la voz). || *s.c.* 5 raja, hendidura, grieta. || *s.i.* 6 (fam.) droga, crack. || *adj.* 7 de primera, superior, excelente.

crackdown | ˈkrækdaun | *s.c.* [— (on)] medida de fuerza, medida enérgica.

cracker | ˈkrækə | *s.c.* 1 galletita (de aperitivo). 2 petardo. 3 cascanueces (objeto para hacer ruido en fiestas).

cracking | ˈkrækɪŋ | *adj.* de primera, de fábula.

crackle | ˈkrækl | *v.i.* 1 chisporrotear, crepitar. || *s.c.* e *i.* 2 chisporroteo.

crackpot | ˈkrækpɒt | (fam.) *s.c.* 1 tipo chiflado. || *adj.* 2 alocado.

cradle | ˈkreɪdl | *s.c.* 1 cuna (de bebé). 2 horquilla, gancho (de teléfono). 3 plataforma colgante. ‖ *v.t* **4** acunar, sostener en los brazos.

craft | krɑːft | *s.c.* **1** trabajo manual, ocupación. **2** nave, embarcación. ‖ *s.i.* **3** destreza manual, habilidad manual. ‖ *v.t.* **4** hacer con gran destreza.

craftsman | 'krɑːftsmən | [*pl.* craftsmen] *s.c.* artesano.

craftsmanship | 'krɑːftsmənʃip | *s.i.* artesanía.

crafty | 'krɑːftɪ | (EE.UU.) | 'kræftɪ | *adj.* astuto, taimado, ladino.

crag | kræg | *s.c.* despeñadero, risco.

craggy | 'krægɪ | *adj.* escarpado.

cram | kræm | [*ger.* **cramming**, *pret.* y *p.p.* **crammed**] *v.t.* **1** llenar hasta arriba. ‖ *v.i.* **2** [to – (for)] (fam.) empollar (estudio).

cramp | kræmp | *s.i.* **1** [también *pl.*] calambre (muscular). ‖ *v.i.* **2** sufrir un calambre. ‖ *v.t.* **3** entorpecer, restringir.

cramped | kræmpt | *adj.* apretado.

crane | kreɪn | *s.c.* **1** grulla (ave). **2** grúa. ‖ *v.t.* e *i.* **3** estirar(se).

cranial | 'kreɪnɪəl | *adj.* craneal.

cranium | 'kreɪnɪəm | [*pl.* **craniums** o **crania**] *s.c.* cráneo.

crank | kræŋk | *s.c.* **1** manivela, manubrio. **2** (desp.) maniático. ‖ *v.t.* **3** mover mediante manivela.

cranky | 'kræŋkɪ | *adj.* (fam.) excéntrico, raro, estrafalario.

cranny | 'krænɪ | *s.c.* grieta pequeña.

crap | kræp | *s.i.* **1** mierda, caca. ‖ *v.i.* **2** cagar.

crappy | 'kræpɪ | *adj.* asqueroso.

crash | kræʃ | *v.i.* **1** estrellarse, chocar, hundirse estrepitosamente. ‖ *v.t.* **2** estrellar, chocar. ‖ *s.c.* **3** choque, colisión (de vehículos), estrépito.

crash-landing | kræʃ'lændɪŋ | *s.c.* aterrizaje de emergencia.

crass | kræs | *adj.* **1** craso, completo. **2** estúpido, insensato.

crate | kreɪt | *s.c.* **1** caja, cajón. ‖ *v.t.* **2** embalar (en caja).

crater | 'kreɪtə | *s.c.* cráter.

cravat | krə'væt | *s.c.* fular, pañuelo de cuello (para hombres).

crave | kreɪv | *v.t.* y *v.i.* ansiar, anhelar.

craven | 'kreɪvn | *adj.* amilanado, acobardado, pusilánime.

crawl | krɔːl | *v.i.* **1** reptar, andar a gatas. **2** marchar lentísimamente. ‖ *s.sing.* **3** [a –] una marcha lentísima (en un vehículo). **4** [the –] DEP. el crol (forma de nadar).

crawling | 'krɔːlɪŋ | *adj.* **1** infestado de. **2** reptante.

crayfish | 'kreɪfɪʃ | *s.c.* ZOOL. cangrejo de río.

crayon | 'kreɪən | *s.c.* e *i.* **1** lápiz de color. ‖ *v.t.* e *i.* **2** dibujar con lápices de colores.

craze | kreɪz | *s.c.* furor, delirio.

crazy | 'kreɪzɪ | *adj.* **1** loco, lunático. ‖ *s.c.* **2** (EE.UU.) chalado.

creak | kriːk | *v.t.* e *i.* **1** rechinar, chirriar. ‖ *s.c.* **2** chirrido.

creaking | 'kriːkɪŋ | *s.c.* e *i.* sonidos chirriantes.

cream | kriːm | *s.i.* **1** nata, crema. ‖ *s.c.* **2** bollo con nata. ‖ *adj.* **3** de color crema. ‖ *v.t.* **4** batir, hacer crema de.

creamy | 'kriːmɪ | *adj.* cremoso.

crease | kriːs | *v.t.* e *i.* **1** arrugar(se). ‖ *s.c.* **2** raya (de los pantalones). ‖ *v.t.* **3** (fam.) hacer reír.

creased | kriːst | *adj.* arrugado.

create | kriː'eɪt | *v.t.* crear, inventar.

creation | kriː'eɪʃn | *s.i.* y *s.c.* creación.

creative | kriː'eɪtɪv | *adj.* creativo.

creativity | ˌkriːeɪ'tɪvətɪ | *s.i.* creatividad.

creator | krɪː'eɪtə | *s.c.* creador.

creature | 'kriːtʃə | *s.c.* criatura.

credence | 'kriːdns | *s.i.* crédito.

credentials | krɪ'denʃlz | *s.pl.* credenciales, referencias.

credibility | ˌkredə'bɪlətɪ | *s.i.* credibilidad, verosimilitud.

credible | 'kredəbl | *adj.* convincente.

credit | 'kredɪt | *s.i.* **1** crédito, solvencia, honor, reconocimiento público. **2** ingreso, asiento. ‖ *s.pl.* **3** títulos de crédito. ‖ *v.t.* **4** abonar en, ingresar en atribuir el mérito de, reconocer. ‖ **5** a – to, un orgullo para. **6** – card, tarjeta de crédito. **7** on –, a crédito, a plazos.

creditable | ˈkredɪtəbl | *adj.* magnífico, excelente, digno de crédito.

creditor | ˈkredɪtə | *s.c.* acreedor.

credit-worthiness | ˈkredɪtwɜːɪnɪs | *s.i.* solvencia.

credo | ˈkriːdəu | | ˈkreɪdəu | *s.c.* credo (político, social, etc.).

credulity | krɪˈdjuːlətɪ | (EE.UU.) | krɪˈduːlətɪ | *s.i.* credulidad.

credulous | ˈkredjuləs | (EE.UU.) | ˈkredʒələs | *adj.* crédulo.

creed | kriːd | *s.c.* credo.

creek | kriːk | *s.c.* riachuelo.

creel | kriːl | *s.c.* cesta de pescador.

creep | kriːp | *v.i.* [*pret.* y *p.p.irreg.* crept] 1 deslizarse, arrastrarse. ‖ *s.c.* 2 cobista, pelotillero. ‖ 3 to − in, entrar poco a poco.

creeping | ˈkriːpɪŋ | *adj.* 1 trepadora (planta). 2 progresivo, gradual.

creepy | ˈkriːpɪ | *adj.* horripilante.

cremate | krɪˈmeɪt | *v.t.* incinerar.

cremation | krɪˈmeɪʃn | *s.c.* incineración.

creole | ˈkriːəul | *s.c.* criollo.

creosote | ˈkriːəsəut | *s.i.* 1 creosota. ‖ *v.t.* 2 pintar con creosota.

crepe | kreɪp | (también **crape**) *s.i.* 1 crespón (tejido). 2 crepé (en zapatos).

crept | krept | *pret.* y *p.p.irreg.* de creep.

crescent | ˈkresnt | *s.c.* 1 calle (curvada). 2 casas (en una calle curvada).

cress | kres | *s.i.* berro.

crest | krest | *s.c.* 1 cresta. 2 blasón.

crested | ˈkrestɪd | *adj.* con cresta.

crestfallen | ˈkrestfɔːlən | *adj.* abatido.

cretin | ˈkretɪn | *s.c.* subnormal.

crevasse | krɪˈvæs | *s.c.* fisura de glaciar, grieta de glaciar.

crevice | ˈkrevɪs | *s.c.* hendedura.

crew | kruː | *s.c.* tripulación, equipo técnico, equipo de especialistas.

crewman | ˈkruːmən | *s.c.* tripulante.

crib | krɪb | *s.c.* 1 (EE.UU.) cuna. 2 [− (from)] plagio, copia. ‖ *v.t.* e *i.* 3 copiar, plagiar.

cribbage | ˈkrɪbɪdʒ | *s.i.* juego de cartas.

crick | krɪk | *v.t.* 1 dar dolor en, causar tortícolis. ‖ *s.c.* 2 dolor, tortícolis.

cricket | ˈkrɪkɪt | *s.i.* 1 cricket. ‖ *s.c.* 2 grillo.

crier | ˈkraɪə | *s.c.* pregonero.

crime | kraɪm | *s.c.* e *i.* 1 crimen.

criminal | ˈkrɪmɪnl | *adj.* 1 criminal, delictivo. ‖ *s.c.* 2 delincuente.

criminologist | ˌkrɪmɪˈnɒlədʒɪst | *s.c.* criminalista, experto en criminología.

criminology | ˌkrɪmɪˈnɒlədʒɪ | *s.i.* criminología.

crimp | krɪmp | *v.t.* rizar.

crimson | ˈkrɪmzn | *adj.* carmesí.

cringe | krɪndʒ | *v.i.* agacharse.

crinkle | ˈkrɪŋkl | *v.t.* e *i.* 1 plegar(se). ‖ *s.c.* 2 pliegue, arruga leve.

crinkly | ˈkrɪŋklɪ | *adj.* en pliegues.

cripple | ˈkrɪpl | *s.c.* 1 lisiado, tullido. ‖ *v.t.* 2 tullir, lisiar, dejar inválido.

crippling | ˈkrɪplɪŋ | *adj.* incapacitador, paralizante, agobiante.

crisis | ˈkraɪsɪs | *s.c.* e *i.* crisis.

crisp | krɪsp | *adj.* crujiente.

crispness | ˈkrɪspnɪs | *s.i.* vigor.

crispy | ˈkrɪspɪ | *adj.* churruscadito.

criss-cross | ˈkrɪskrɒs | *v.t.* e *i.* 1 cruzar de un lado a otro. ‖ *adj.* 2 entrecruzado.

critic | ˈkrɪtɪk | *s.c.* crítico.

critical | ˈkrɪtɪkl | *adj.* crítico, crucial.

criticism | ˈkrɪtɪsɪzəm | *s.c.* e *i.* crítica, censura, comentario crítico.

criticize | ˈkrɪtɪsaɪz | (también **criticise**) *v.t.* 1 criticar, censurar. 2 analizar, evaluar.

croak | krəuk | *v.i.* 1 croar (rana); graznar (cuervo). ‖ *v.t.* 2 decir con voz ronca, gruñir. ‖ *s.c.* 3 graznido (cuervo).

crochet | ˈkrəuʃeɪ | *s.i.* labor de ganchillo, croché.

crock | krɒk | *s.c.* [− (of)] olla de barro, cacharro.

crockery | ˈkrɒkərɪ | *s.i.* loza.

crocodile | ˈkrɒkədaɪl | *s.c.* 1 cocodrilo. 2 (brit. y fam.) fila de escolares.

crocus | ˈkrəukəs | *s.c.* azafrán.

crone | krəun | s.c. arpía.

crony | 'krəuni | s.c. amigote.

crook | kruk | s.c. 1 (fam.) maleante, tramposo. 2 báculo, cayado. 3 [– of] pliegue de. || v.t. 4 doblar.

crooked | 'krukid | adj. doblado.

croon | kru:n | v.t. e i. cantar dulcemente, decir suavemente.

crop | krɒp | s.c. 1 cultivo, cosecha. || v.t. 2 cosechar, cultivar. || v.i. 3 dedicarse a producir, dedicarse a cosechar. || s.sing. 4 [a –] un corte de pelo corto.

cropper | 'krɒpə | s.c. cultivo.

croquet | 'krəukei | s.i. croquet.

croquette | krəu'ket | s.c. croqueta.

cross | krɒs | s.c. 1 cruz, carga pesada vital, cruce. || v.t. e i. 2 cruzar(se). || v.t. 3 pasar cruzando por. || v.r. 4 santiguarse. || adj. 5 enfadado, enojado.

crossbar | 'krɒsba: | s.c. 1 larguero (de una portería). 2 tubo horizontal.

crossbow | 'krɒsbəu | s.c. ballesta.

cross-check | krɒs'tʃek | (EE.UU.) | krɔ:s'tʃek | v.t. comprobar varias veces.

cross-country | krɒs'kʌntri | (EE.UU.) | krɔ:s'kʌntri | adj. y adv. campo a través

cross-examine | krɒsig'zæmin | (EE.UU.) | krɔ:sig'zæmin | v.t. hacer un interrogatorio riguroso.

crossing | 'krɒsiŋ | (EE.UU.) | 'krɔ:siŋ | s.c. cruce, intersección.

orossly | 'krɒsli | (EE.UU.) | 'krɔ:sli | adv. malhumoradamente.

cross-section | krɒs'sekʃn | (EE.UU.) | krɔ:s'sekʃn | s.c. corte transversal.

crossword | 'krɒswɜ:d | (EE.UU.) | 'krɔ:swɜ:d | s.c. crucigrama.

crotch | krɒtʃ | s.c. entrepierna.

crotchet | 'krɒtʃit | s.c. excentricidad.

crotchety | 'krɒtʃiti | adj. (fam.) caprichoso, inaguantable.

crouch | krautʃ | v.i. acuclillarse.

croupier | 'kru:piəɪ | s.c. crupier.

crow | krəu | s.c. 1 cuervo, grajo. || v.i. 2 cantar (el gallo). 3 emitir sonidos placenteros (bebés).

crowbar | 'krəuba: | s.c. palanca.

crowd | kraud | s.c. 1 multitud, mu-

chedumbre. || v.t. 2 abarrotar, llenar hasta arriba. || v.i. 3 [to – about /round] congregarse alrededor de.

crowded | 'kraudid | adj. [– (with)] abarrotado, atestado.

crowing | 'krəuiŋ | s.i. canto (del gallo).

crown | kraun | s.c. 1 corona. || v.t. 2 coronar, poner una funda a (diente), rematar, culminar.

crowning | 'krauniŋ | adj. supremo.

crucial | 'kru:ʃl | adj. crucial, esencial, fundamental.

crucible | 'kru:sibl | s.c. crisol.

crucifix | 'kru:sifiks | s.c. crucifijo.

crucify | 'kru:sifai | v.t. crucificar.

crude | kru:d | adj. 1 tosco, simplón, imperfecto (objeto). 2 grosero.

crudity | 'kru:diti | s.i. tosquedad, ramplonería, grosería.

cruel | kruəl | adj. cruel, duro.

cruelty | 'kruəlti | s.c. e i. crueldad.

cruet | 'kru:it | s.c. angarillas.

cruise | kru:z | v.i. 1 hacer un crucero. || s.c. 2 crucero, viaje turístico por mar.

cruiser | 'kru:zə | s.c. crucero.

crumb | krʌmb | s.c. migaja.

crumble | 'krʌmbl | v.t. e i. 1 desmenuzar(se). || v.i. 2 desmoronarse. || s.c. pastel al horno.

crumbly | 'krʌmbli | adj. desmenuzable, fácil de deshacerse.

crummy | 'krʌmi | adj. (fam.) mísero.

crumpet | 'krʌmpit | s.c. 1 buñuelo. || s.i. 2 tía buena.

crumple | 'krʌmpl | v.t. e i. arrugar(se), desplomarse.

crunch | krʌntʃ | v.t. e i. 1 masticar ruidosamente. || s.c. 2 crujido.

crunchy | 'krʌntʃi | adj. crujiente.

crush | krʌʃ | v.t. 1 apretar, aplastar, estrujar. || v.t. e i. 2 arrugar(se). || s.c. 3 gentío, muchedumbre.

crushed | krʌʃt | adj. desolado.

crushing | 'krʌʃiŋ | adj. aplastante.

crust | krʌst | s.c. e i. corteza.

crustacean | krʌ'steiʃn | s.c. crustáceo.

crusted | 'krʌstɪd | *adj.* [– (with)] cubierto con una costra.

crusty | 'krʌstɪ | *adj.* de corteza dura.

crutch | krʌtʃ | *s.c.* muleta, sostén.

crux | krʌks | *s.sing.* [the – of] el quid de, el punto esencial de.

cry | kraɪ | *v.i.* 1 llorar, gritar. ‖ *s.c.* 2 grito, exclamación, llanto.

crying | 'kraɪɪŋ | *s.i.* 1 lloro, llanto. ‖ *adj.* 2 perentorio, urgente.

crypt | krɪpt | *s.c.* cripta.

cryptic | 'krɪptɪk | *adj.* enigmático, misterioso, críptico.

crystal | 'krɪstl | *s.i. y c.* 1 cristal. ‖ *adj.* 2 transparente, purísimo.

crystalline | 'krɪstəlaɪn | *adj.* cristalino.

crystallization | ˌkrɪstəlaɪ'zeɪʃn | (también **crystallisation**) *s.c.* cristalización.

cub | kʌb | *s.c.* 1 cachorro (de felinos especialmente). 2 chaval explorador.

Cuba | 'kjuːbə | *s.sing.* Cuba.

cube | kjuːb | *s.c.* 1 cuadrado, terrón (de azúcar). 2 cubo, tercera potencia. ‖ *v.t.* 3 elevar al cubo.

cubic | 'kjuːbɪk | *adj.* cúbico.

cubicle | 'kjuːbɪkl | *s.c.* cubículo.

cubism | 'kjuːbɪzəm | *s.i.* cubismo.

cuckoo | 'kuku | *s.c.* cuclillo, cucú.

cucumber | 'kjuːkʌmbə | *s.c.* pepino.

cud | kʌd | *s.i.* bolo (de rumiantes).

cuddle | 'kʌdl | *v.t. e i.* 1 hacer mimos. ‖ *s.c.* 2 abrazo cariñoso, mimo.

cuddly | 'kʌdlɪ | *adj.* blando.

cudgel | 'kʌdʒl | *s.c.* 1 estaca, porra. ‖ *v.t.* 2 aporrear, maltratar.

cue | kjuː | *s.c.* 1 indirecta, aviso, indicación, apunte. 2 taco (de billar). ‖ *v.t.* 3 dar entrada (a un actor).

cuff | kʌf | *s.c.* 1 puño. 2 doblez (de pantalón). 3 esposa, grillete. ‖ *v.t.* 4 esposar, poner las esposas.

cufflink | 'kʌflɪŋk | *s.c.* (normalmente *pl.*) gemelo (para el puño de la camisa).

cuisine | kwɪ'ziːn | *s.i.* cocina.

culinary | 'kʌlɪnərɪ | *adj.* culinario.

cull | kʌl | *v.t.* 1 entresacar (información, ideas, etc.). ‖ *s.c.* 2 selección.

culminate | 'kʌlmɪneɪt | *v.i.* [to – in] culminar en, acabar en.

culpability | ˌkʌlpə'bɪlətɪ | *s.i.* culpabilidad.

culpable | 'kʌlpəbl | *adj.* culpable.

culprit | 'kʌlprɪt | *s.c.* culpable, reo.

cult | kʌlt | *s.c.* [– (of)] culto.

cultivate | 'kʌltɪveɪt | *v.t.* cultivar.

cultivated | 'kʌltɪveɪtɪd | *adj.* 1 cultivada, labrada (tierra). 2 refinado.

cultivator | 'kʌltɪveɪtə | *s.c.* labrador.

cultural | 'kʌltʃərəl | *adj.* cultural.

culture | 'kʌltʃə | *s.c. e i.* 1 cultura, civilización, cultivo. ‖ *v.t.* 2 cultivar, hacer cultivos de.

cumbersome | 'kʌmbəsəm | *adj.* embarazoso, engorroso, incómodo,

cumin | 'kʌmɪn | *s.i.* comino.

cumulative | 'kjuːmjʊlətɪv | *adj.* acumulativo.

cumulus | 'kjuːmjʊləs | [*pl.* **cumuli**] *s.c. e i.* cúmulo (nube).

cunning | 'kʌnɪŋ | *s.i.* 1 astucia, sagacidad. ‖ *adj.* 2 astuto, sagaz. 3 inteligente.

cunt | kʌnt | *s.c.* 1 coño. 2 gilipollas, coñazo.

cup | kʌp | *s.c.* 1 taza, copa. ‖ *v.t.* 2 ahuecar la mano en forma de copa. ‖ *s.i.* 3 ponche

cupboard | 'kʌbəd | *s.c.* armario.

cupful | 'kʌpfʊl | *s.c.* taza (contenido).

cupidity | kjuː'pɪdətɪ | *s.i.* avaricia.

curable | 'kjuərəbl | *adj.* curable.

curative | 'kjuərətɪv | *adj.* curativo.

curator | kjuə'reɪtə | *s.c.* conservador.

curb | kɜːb | *v.t.* 1 contener, refrenar. ‖ *s.c.* 2 [– (on)] freno, restricción.

curd | kɜːd | *s.c.* cuajada.

cure | kjuə | *v.t. e i.* 1 curar, sanar, resolver. ‖ *s.c.* 2 [– (for)] cura, remedio.

curfew | 'kɜːfjuː | *s.c.* toque de queda.

curiosity | ˌkjuərɪ'ɒsɪətɪ | *s.i.* curiosidad, interés.

curious | 'kjuərɪəs | *adj.* curioso, interesado, entrometido, extraño.

curl | kɜːl | *s.c.* 1 rizo, espiral, bucle. ‖ *v.t.* 2 rizar (el pelo). ‖ *v.t. e i.* 3 retorcer(se). ‖ *v.i.* 4 enroscarse.

curler | ˈkɜːlə | s.c. rulo.

curling | ˈkɜːlɪŋ | s.i. 1 juego escocés sobre hielo. ‖ 2 – tongs, tenacillas (para rizar el pelo).

currant | ˈkʌrənt | s.c. grosella.

currency | ˈkʌrənsɪ | s.c. e i. 1 moneda (sistema monetario de un país). ‖ s.i. 2 uso general, aceptación (de una palabra, idea, etc.).

current | ˈkʌrənt | adj. 1 actual, moderno, de uso corriente. ‖ s.c. 2 corriente.

curriculum | kəˈrɪkjʊləm | [pl. curriculumo o curricula] s.c. currículo, plan de estudios (asignaturas).

curried | ˈkʌrɪd | adj. con curry.

curry | ˈkʌrɪ | s.i. curry.

curse | kɜːs | v.i. y t 1 decir palabrotas, maldecir, insultar. ‖ s.c. 2 palabrota, obscenidad.

cursed | ˈkɜːsɪd | adj. maldito

cursive | ˈkɜːsɪv | adj. cursiva

cursory | ˈkɜːsərɪ | adj. superficial, desinteresado.

curt | kɜːt | adj. (desp.) brusco, seco.

curtail | kɜːˈteɪl | v.t. reducir, cortar.

curtailment | kɜːˈteɪlmənt | s.i. [– of] reducción de, recorte de.

curtain | ˈkɜːtn | s.c. e i. cortina. ‖ v.t. cubrir, ocultar.

curtsy | ˈkɜːtsɪ | (también curtsoy) v.i. 1 [to – (to)] hacer una reverencia. ‖ s.c. 2 reverencia (corporal).

curvaceous | kɜːˈveɪʃəs | adj. curvilíneo.

curvature | ˈkɜːvətʃə | s.i. curvatura.

curve | kɜːv | s.c. 1 curva. ‖ v.i. 2 curvarse, moverse haciendo curvas.

curving | ˈkɜːvɪŋ | adj. que hace curvas

curvy | ˈkɜːvɪ | adj. curvado,

cushion | ˈkuʃn | s.c. 1 cojín, almohadilla. ‖ v.t. 2 amortiguar.

cussed | ˈkʌsɪd | adj. obstinado, terco.

custard | ˈkʌstəd | s.c. natilla, flan.

custodian | kʌˈstəʊdɪən | s.c. guarda.

custody | ˈkʌstədɪ | s.i. custodia.

custom | ˈkʌstəm | s.c. 1 costumbre,

usanza. ‖ s.i. 2 clientela, parroquia (de tienda). ‖ 3 customs, aduana.

customer | ˈkʌstəmə | s.c. cliente.

customize | ˈkʌstəmaɪz | (también **customise**) v.t. hacer a gusto del comprador, retocar a gusto del comprador.

cut | kʌt | v. [pret. y p.p.irreg. cut] t. 1 cortar, reducir, dejar (de hacer algo que se hacía); tallar, grabar. ‖ i. 2 cortar, tener filo, atajar, atravesar. ‖ r. 3 cortarse, herirse. ‖ s.c. 4 corte, raja, herida, reducción, tajada, trozo. ‖ adj. 5 cortado, hecho rebanada, pulido. ‖ 6 a – above, ser superior a, ser mejor que. 7 to – both ways, tener doble filo (un problema, situación, etc.). 8 to – down (on), reducir el consumo de. 9 to – in, interrumpir. 10 to – off, a) cortar (pelo, cuando es largo). b) interrumpir, no dejar continuar, no dejar hablar. c) desconectar (en conversación telefónica). d) interrumpir el suministro de (agua, electricidad, etc.).

cutback | ˈkʌtbæk | s.c. [– (in)] reducción (especialmente de personal).

cute | kjuːt | adj. (EE.UU.) 1 mono, (Am.) lindo. 2 atractivo (desde un punto de vista sexual). 3 listo, despierto, agudo.

cut-glass | ˌkʌtˈɡlɑːs | adj. 1 de cristal tallado. 2 de habla refinada. ‖ s.i. 3 cristal tallado.

cutlass | ˈkʌtləs | s.c. alfanje.

cutlery | ˈkʌtlərɪ | s.i. cubertería.

cutlet | ˈkʌtlɪt | s.c. costilla.

cut-off | ˈkʌtɒf | (también cut-off point) s.c. límite, máximo.

cut-price | ˌkʌtˈpraɪs | adj. de rebajas, de recorte de precios.

cutter | ˈkʌtə | s.c. 1 aparato cortador. 2 balandra. ‖ s.pl. 3 tijeras grandes.

cut-throat | ˈkʌtθrəʊt | adj. despiadado.

cutting | ˈkʌtɪŋ | s.c. 1 recorte. 2 BOT. injerto. ‖ adj. 3 sarcástico, despiadado.

cuttlefish | ˈkʌtlfɪʃ | [pl. cuttlefish o cuttlefishes] s.c. sepia, jibia.

cyanide | ˈsaɪənaɪd | s.i. cianuro.

cybernetics | ˌsaɪbəˈnetɪks | s.i. cibernética.

cycle | ˈsaɪkl | v.i. 1 ir en bicicleta. ‖

s.c. 2 bicicleta. 3 (EE.UU.) motocicleta. 4 ciclo, secuencia, repetición.

cyclic | 'saɪklɪk | (también **cyclical**) *adj.* cíclico.

cyclist | 'saɪklɪst | *s.c.* ciclista.

cyclone | 'saɪkləʊn | *s.c.* ciclón.

cygnet | 'sɪgnɪt | *s.c.* cisne joven.

cylinder | 'sɪlɪndə | *s.c.* cilindro.

cylindrical | sɪ'lɪndrɪkl | *adj.* cilíndrico.

cymbal | 'sɪmbl | *s.c.* címbalo.

cynic | 'sɪnɪk | *s.c.* cínico.

cynical | 'sɪnɪkl | *adj.* cínico.

cynicism | 'sɪnɪsɪzəm | *s.i.* cinismo.

cypress | 'saɪprəs | *s.c.* ciprés.

Cypriot | 'sɪprɪət | *s.c. y adj.* chipriota.

Cyprus | 'saɪprəs | *s.sing.* Chipre.

cyst | sɪst | *s.c.* quiste.

cystitis | sɪ'staɪtɪs | *s.i.* cistitis.

Czech | tʃek | *s.c.* checo.

Czechoslovak | tʃekəʊ'sləʊvæk | (también **Czechoslovakian**) *adj.* checoslovaco.

d, D |diː| *s.c. e i.* 1 d, D (letra). 2 mus. Re.

dab |dæb| [ger. dabbing, *pret.* y *p.p.* dabbed] *v.t.* 1 aplicar con toques suaves. || *s.c.* 2 toquecito ligero, pincelada suave. 3 lenguado.

dabble |'dæbl| *v.i.* 1 [to – (in)] tener un interés superficial. || *v.t.* 2 mojar; chapotear.

dabbler |'dæblə| *s.c.* chapucero.

dace |deɪs| [*pl.* dace] *s.c.* albur.

dachshund |'dækshund| *s.c.* perro tejonero, dachshund.

dad |dæd| *s.c.* (fam.) papá.

daddy |'dædɪ| *s.c.* (fam.) papaíto.

daffodil |'dæfədɪl| *s.c.* narciso.

daft |dɑːft| *adj.* bobo, chiflado.

dagger |'dægə| *s.c.* daga.

dahlia |'deɪlɪə| *a.c.* dalia.

daily |'deɪlɪ| *adj.* 1 diario, al día. || *s.c.* 2 periódico diario. || *adv.* 3 diariamente.

dainty |'deɪntɪ| *adj.* refinado.

dairy |'deərɪ| *s.c.* 1 lechería. 2 vaquería; quesería. || *s.i.* 3 lácteo, de leche.

dairyman |'deərɪmən| *s.c.* lechero.

dais |'deɪs| *s.c.* estrado.

daisy |'deɪzɪ| *s.c.* margarita.

dally |'dælɪ| *v.i.* acariciar, juguetear.

dam |dæm| *s.c.* 1 presa; dique. 2 pantano, embalse. 3 madre (de animales cuadrúpedos). || *v.t.* 4 embalsar.

damage |'dæmɪdʒ| *v.t.* 1 dañar, estropear; deteriorar. || *s.i.* 2 daño, avería; deterioro.

damaging |'dæmɪdʒɪŋ| *adj.* [– (to)] dañino, perjudicial.

damask |'dæməsk| *s.i.* damasco.

dammit V. damn.

damn |dæm| *adj.* 1 maldito, condenado. || *adv.* 2 (fam.) muy; requete... || *interj.* 3 ¡mierda! || 4 condenar, maldecir.

damnation |dæm'neɪʃn| *s.i.* condenación.

damned |dæmd| *adj.* 1 (fam.) maldito, condenado. 2 REL. condenado. || *adv.* 3 (fam.) muy (lo importante es el énfasis).

damning |'dæmɪŋ| *adj.* concluyente.

damp |dæmp| *adj.* 1 húmedo. || *s.i.* 2 humedad (desagradable). || *v.t.* 3 mojar ligeramente, humedecer. || 4 – down, moderar, amortiguar.

dampen |'dæmpən| *v.t.* mojar ligeramente, humedecer.

damper |'dæmpə| *s.c.* 1 regulador de tiro (chimenea). 2 sordina.

dampness |'dæmpnɪs| *s.i.* humedad.

dance |dɑːns| *v.i.* y *v.t.* 1 bailar, danzar. || *s.c.* y *s.i.* 2 baile, danza.

dancer |'dɑːnsə| *s.c.* bailarín.

dancing |'dɑːnsɪŋ| *s.i.* 1 baile. || *adj.* 2 alegres; danzarines (ojos).

dandelion |'dændɪlaɪən| *s.c.* diente de león.

dandle |'dændl| *v.t.* mecer.

dandruff |'dændrʌf| *s.i.* caspa.

dandy |'dændɪ| *s.c.* petimetre.

Dane |deɪn| *s.c.* danés.

danger |'deɪndʒə| *s.i.* y *c.* peligro.

dangerous | 'deɪndʒərəs | *adj.* peligroso.

dangle | 'dæŋgl | *v.t.* 1 balancear, suspender. ‖ *v.i.* 2 pender.

Danish | 'deɪnɪʃ | *adj.* danés.

dank | dæŋk | *adj.* malsano.

dapper | 'dæpə | *adj.* pulcro, aseado.

dappled | 'dæpld | *adj.* moteado.

dare | deə | *v.i.* 1 atreverse, osar. ‖ *v.t.* 2 desafiar. ‖ *s.c.* 3 desafío.

daredevil | 'deədevl | *s.c.* temerario.

daring | 'deərɪŋ | *s.i.* 1 atrevimiento, osadía. ‖ *adj.* 2 atrevido, osado.

dark | dɑːk | *adj.* 1 oscuro, sombrío, triste, siniestro. ‖ *s.i.* 2 oscuridad. 3 before —, antes de que oscurezca.

darken | 'dɑːkən | *v.t.* e *i.* oscurecer(se), ensombrecer(se).

darkie | 'dɑːkɪ | (también **darky**) *s.c.* (desp.) negro.

darkish | 'dɑːkɪʃ | *adj.* moreno.

darkness | 'dɑːknɪs | *s.i.* oscuridad.

darling | 'dɑːlɪŋ | *s.c.* 1 querido, cariño. ‖ *adj.* 2 encantador.

darn | dɑːn | *v.t.* 1 zurcir. ‖ *s.c.* 2 zurcido, zurcidura. ‖ *adj.* 3 (fam.) maldito, condenado.

dart | dɑːt | *v.i.* 1 lanzarse; precipitarse. ‖ *v.t.* 2 lanzar (una mirada). ‖ *s.c.* 3 movimiento rápido, sprint. 4 dardo, saeta.

dash | dæʃ | *v.i.* 1 ir a toda velocidad. ‖ *v.t.* 2 arrojar (con gran violencia). ‖ *s.c.* 3 cárrera rápida. 4 raya, pincelada; toque.

dashboard | 'dæʃbɔːd | *s.c.* TEC. tablero de instrumentos, consola.

dashing | 'dæʃɪŋ | *adj.* elegante.

data | 'deɪtə | [*sing.* **datum**] *s.pl.* 1 datos. ‖ *s.i.* 2 información.

date | deɪt | *s.c.* 1 fecha, día. 2 cita, compromiso. 3 dátil. ‖ *v.t.* 4 fechar, poner la fecha. 5 (EE.UU.) salir con (persona del otro sexo). ‖ *v.i.* 6 pasarse de moda.

dated | 'deɪtɪd | *adj.* anticuado.

dative | 'deɪtɪv | *s.c.* dativo.

daub | dɔːb | *v.t.* pintarrajear.

daughter | 'dɔːtə | *s.c.* 1 hija. 2 (fig.) originaria. ‖ *adj.* 3 derivada.

daughter-in-law | 'dɔːtərɪnlɔː | *s.c.* nuera, hija política.

daunt | dɔːnt | *v.t.* acobardar.

daunting | 'dɔːntɪŋ | *adj.* intimidante.

dauntless | 'dɔːntlɪs | *adj.* intrépido.

dawdle | 'dɔːdl | *v.i.* demorarse.

dawdler | 'dɔːdlə | *s.c.* holgazán.

dawn | dɔːn | *s.c.* e *i.* 1 aurora, alba, amanecer. ‖ *v.i.* 2 amanecer.

day | deɪ | *s.c.* 1 día. 2 (fig.) día, época, tiempo. ‖ 3 any — now, un día de estos. 4 — in, — out, un día sí y otro también. 5 — off, día libre (del trabajo).

daybook | 'deɪbuk | *s.c.* ECON. diario.

daydream | 'deɪdriːm | *s.c.* 1 ensueño. ‖ *v.i.* 2 [to — (about/of)] fantasear.

daylight | 'deɪlaɪt | *s.i.* luz del día.

daytime | 'deɪtaɪm | *s.i.* día.

day-to-day | ˌdeɪtə'deɪ | *adj.* cotidiano.

daze | deɪz | *v.t.* (sólo voz pasiva) estar/quedar aturdido; atontado.

dazed | deɪzd | *adj.* aturdido; atontado.

dazzle | 'dæzl | *v.t.* 1 deslumbrar. ‖ *s.i.* 2 brillo deslumbrante.

dazzling | 'dæzlɪŋ | *adj.* deslumbrante, impresionante, fascinante.

deacon | 'diːkən | *s.c.* diácono.

deaconess | 'diːkənɪs | *s.c.* diaconisa.

deactivate | diːˈæktɪveɪt | *v.t.* desactivar.

dead | ded | *adj.* 1 muerto, difunto, estéril (tierra), insensible, entumecido. 2 sin corriente; sin línea. 3 [— (to)] indiferente, insensible, apagado, acabado. ‖ *adv.* 4 (fam.) exactamente, pero que muy. ‖ *s.i.* 5 más profundo (de la noche o invierno).

deaden | 'dedn | *v.t.* amortiguar.

deadline | 'dedlaɪn | *s.c.* fin/cierre de plazo; fecha señalada.

deadlock | 'dedlɒk | *s.i.* punto muerto.

deadly | 'dedlɪ | *adj.* 1 mortífero, letal. ‖ *adv.* 2 horriblemente, extremadamente.

deadpan | 'dedpæn | *adj.* impasible.

deaf | def | *adj.* sordo.

deafen | 'defn | *v.t.* ensordecer.

deaf-mute | ˈdefˈmjuːt | *s.c.* sordomudo.

deafness | ˈdefnɪs | *s.i.* sordera.

deal | diːl | *s.c.* 1 contrato; pacto, acuerdo. 2 trato, tratamiento. ‖ *v.t.* [dealt, dealt] 3 dar, asestar. ‖ *s.i.* 4 turno (de dar cartas). ‖ 5 to – in, comerciar en. 6 to – out, imponer. 7 to – with, versar sobre.

dealer | ˈdiːlə | *s.c.* comerciante.

dean | diːn | *s.c.* decano, deán.

deanery | ˈdiːnərɪ | *s.c.* deanato.

dear | dɪə | *adj.* 1 querido, apreciado, caro. ‖ *s.c.* 2 querido, encanto.

dearie | ˈdɪərɪ | (fam.) cariño.

dearth | dɜːθ | *s.i.* escasez.

death | deθ | *s.c. e i.* 1 muerte, defunción. 2 (fig.) fin (de una costumbre, de una institución, etc.).

deathbed | ˈdeθbed | *s.c.* lecho de muerte.

death-throes | ˈdeθrəus | *s. pl.* 1 agonía. 2 (fig.) últimas.

death-warrant | ˈdeθwɒrənt | *s.c.* sentencia de muerte.

debacle | deɪbɑːkl | *s.c.* debacle.

debar | dɪˈbɑː | [debarring, debarred] *v.t.* [to – from] DER. prohibir.

debase | dɪˈbeɪs | *v.t.* 1 degradar; envilecer. ‖ *v.r.* 2 degradarse; envilecerse.

debasement | dɪˈbeɪsmənt | *s.i.* degradación; envilecimiento.

debatable | dɪˈbeɪtəbl | *adj.* discutible.

debate | dɪˈbeɪt | *s.c. e i.* 1 debate, discusión. ‖ *v.t. e i.* 2 debatir, discutir.

debater | dɪˈbeɪtə | *s.c.* polemista.

debauch | dɪˈbɔːtʃ | *v.t.* corromper.

debauchery | dɪˈbɔːtʃərɪ | *s.i.* depravación.

debenture | dɪˈbentʃə | *s.c.* obligación.

debilitate | dɪˈbɪlɪteɪt | *v.t.* debilitar.

debility | dɪˈbɪlətɪ | *s.i.* debilidad.

debit | ˈdebɪt | *v.t.* 1 cargar (en la cuenta de alguien). ‖ *s.c.* 2 débito.

debonair | debəˈneə | *adj.* gallardo.

debrief | diːˈbriːf | *v.t.* interrogar.

debris | ˈdeɪbriː | *s.i.* restos; escombros.

debt | det | *s.c. e i.* deuda.

debtor | ˈdetə | *s.c.* deudor.

debug | diːˈbʌg | *v.t.* depurar (un programa para ordenador).

debunk | diːˈbʌŋk | *v.t.* desprestigiar.

debut | ˈdeɪbjuː | *s.c.* debut.

decade | ˈdekeɪd | *s.c.* década.

decadent | ˈdekədənt | *adj.* (desp.) decadente.

decaffeinated | diːˈkæfɪneɪtɪd | *adj.* descafeinado.

decamp | dɪˈkæmp | *v.i.* irse (secreta y rápidamente).

decant | dɪˈkænt | *v.t.* trasegar.

decanter | dɪˈkæntə | *s.c.* jarra.

decapitate | dɪˈkæpɪteɪt | *v.t.* decapitar, descabezar.

decay | dɪˈkeɪ | *v.i.* 1 corromperse, pudrirse. ‖ *s.i.* 2 descomposición.

decayed | dɪˈkeɪd | *adj.* podrido.

decease | dɪˈsiːs | *a.sing.* defunción.

deceit | dɪˈsiːt | *s.i.* engaño, duplicidad.

deceitful | dɪˈsiːtfl | *adj.* engañoso.

deceive | dɪˈsiːv | *v.t.* 1 [to – (into)] engañar. ‖ *v.r.* 2 engañarse.

decelerate | diːˈseləreɪt | *v.i.* disminuir la velocidad.

December | dɪˈsembə | *s.i.* diciembre.

decency | ˈdiːsnsɪ | *s.i.* decoro, deconcia, pudor, honradez.

decent | ˈdiːsnt | *adj.* apropiado, adecuado, honrado, decente.

decentralization | diːsentrəlaˈzeɪʃn | *s.i.* descentralización, desconcentración, dispersión.

decentralize | diːˈsentrəlaɪz | (también **decentralise**) *v.t.* descentralizar.

deception | dɪˈsepʃn | *s.c. e i.* engaño.

deceptive | dɪˈseptɪv | *adj.* engañoso.

decibel | ˈdesɪbel | *s.c.* decibelio.

decide | dɪˈsaɪd | *v.i. y t.* decidir, tomar la decisión de, llegar a la conclusión de que, sentenciar, resolver.

decided | dɪˈsaɪdɪd | *adj.* claro, rotundo, obvio.

deciduous | dɪˈsɪdjuəs | *adj.* caduco.

decimal | ˈdesiml | *adj.* y *s.c.* decimal.
decimalize | ˈdesɪmǝlaɪz | (también decimalise) *v.t.* convertir al sistema decimal.
decimate | ˈdesɪmeɪt | *v.t.* diezmar.
decimation | desɪˈmeɪʃn | *s.i.* [– of] pérdida de gran parte de.
decipher | dɪˈsaɪfǝ | *v.t.* descifrar.
decision | dɪˈsɪʒn | *s.c.* e *i.* decisión.
decisive | dɪˈsaɪsɪv | *adj.* concluyente, terminante, decisivo, decidido.
deck | dek | *s.c.* 1 plataforma, nivel. 2 plato (de un tocadiscos). 3 baraja. || *s.sing.* 4 MAR. cubierta. || 5 to – out, embellecer, engalanar, ataviar espléndidamente.
deckchair | ˈdektʃeǝ | *s.c.* hamaca; silla de cubierta.
declaim | dɪˈkleɪm | *v.t.* declamar, hablar grandiosamente, recitar.
declamation | deklǝˈmeɪʃn | *s.i.* 1 recitación, declamación. || *s.c.* 2 arenga.
declamatory | dɪˈklæmǝtǝrɪ | *adj.* grandioso, dramático.
declaration | deklǝˈreɪʃn | *s.c.* declaración, manifestación.
declaratory | dǝklǝrǝˈtɒrɪ | *adj.* firme.
declare | dɪˈkleǝ | *v.t.* 1 declarar, aseverar, afirmar, proclamar. || *v.r.* 2 manifestar su opinión, declararse.
declared | dɪˈkleǝd | *adj.* declarado.
decline | dɪˈklaɪn | *v.i.* y *v.t.* 1 declinar, disminuir. || *s.c.* e *i.* 2 disminución.
decode | diːˈkǝud | *v.t.* descifrar.
decoder | diːˈkǝudǝ | *s.c.* descifrador.
decolonization | diːkɒlǝnaiˈzeɪʃn | *s.i.* descolonización.
decolonize | diːkɒlǝnaɪz | (también decolonise) *v.t.* descolonizar.
decompose | diːkǝmˈpǝuz | *v.i.* descomponerse, pudrirse.
decompression | diːkǝmˈpreʃn | *s.i.* descompresión.
decontaminate | diːkǝnˈtæmɪneɪt | *v.t.* desinfectar, descontaminar.
decor | ˈdeɪkɔː | *s.i.* decoración.
decorate | ˈdekǝreɪt | *v.t.* decorar, adornar, mejorar.
decoration | dekǝˈreɪʃn | *s.c.* 1 con-

decoración. || *s.c.* e *i.* 2 decoración, ornamentación, adorno.
decorous | ˈdekǝrǝs | *adj.* decoroso, correcto, apropiado (de conducta).
decoy | ˈdiːkɔɪ | *s.c.* 1 señuelo, añagaza. 2 reclamo (en la caza). || *v.t.* 3 engañar.
decrease | dɪˈkriːs | *v.t.* e *i.* 1 disminuir(se), decrecer(se), aminorar(se). || *s.c.* 2 [– (of/in)] disminución.
decree | dɪˈkriː | *v.t.* 1 decretar. || *s.c.* 2 decreto. 3 (EE.UU.) edicto.
decrepit | dɪˈkrepɪt | *adj.* decrépito.
decrepitude | dɪˈkrepɪtjuːd | *s.i.* decrepitud.
dedicate | ˈdedɪkeɪt | *v.t.* y *r.* dedicar(se).
dedicated | ˈdedɪˈkeɪtɪd | *adj.* de gran dedicación, comprometido.
dedication | dedɪˈkeɪʃn | *s.i.* 1 dedicación. || *s.c.* 2 dedicatoria.
deduce | dɪˈdjuːs | *v.t.* deducir.
deduct | dɪˈdʌkt | *v.t.* substraer, deducir.
deduction | dɪˈdʌkʃn | *s.c.* deducción.
deed | diːd | *s.c.* 1 hecho (no palabra). 2 hazaña, proeza. 3 DER. escritura.
deed-box | ˈdiːdbɒks | *s.c.* caja fuerte.
deem | diːm | *v.t.* [to – *inf.*] juzgar, considerar.
deep | diːp | *adj.* 1 profundo, hondo. || *adv.* 2 profundamente, en lo más profundo, penetrantemente. || *s.sing.* 3 piélago. || 4 – down, en lo más íntimo, interiormente.
deepen | ˈdiːpǝn | *v.t.* e *i.* hacer más profundo, profundizar.
deep-rooted | diːpˈruːtɪd | *adj.* enraizado, muy arraigado.
deep-set | ˈdiːpset | *adj.* hundido (ojos).
deer | dɪǝ | [*pl.* deer] *s.c.* ciervo.
deerskin | ˈdɪǝskɪn | *s.i.* de piel de ciervo; cuero de venado.
deface | dɪˈfeɪs | *v.t.* emborronar, desfigurar, estropear.
defacement | dɪˈfeɪsmǝnt | *s.i.* emborronamiento, desfiguración.

defamation | ˌdefə'meɪʃn | *s.i.* difamación, calumnia.

defame | dɪ'feɪm | *v.t.* difamar.

default | dɪ'fɔ:lt | *v.i.* 1 [to – (in/on)] no aparecer (en un juicio). ‖ *s.i.* 2 incumplimiento (de contrato).

defaulter | dɪ'fɔ:ltə | *s.c.* incumplidor.

defeat | dɪ'fi:t | *v.t.* 1 derrotar, vencer, ganar. ‖ *s.c.* e *i.* 2 derrota, fracaso.

defeatism | dɪ'fi:tɪzəm | *s.i.* derrotismo.

defecate | 'defəkeɪt | *v.i.* defecar, evacuar (el vientre).

defect | 'di:fekt | *s.c.* 1 defecto, desperfecto, imperfección. ‖ *v.i.* 2 abandonar.

defection | dɪ'fekʃn | *s.c.* e *i.* deserción.

defective | dɪ'fektɪv | *adj.* defectuoso.

defence | dɪ'fens | (EE.UU. defense) *s.i.* y *s.c.* defensa, protección.

defenceless | dɪ'fenslɪs | (EE.UU. defenseless) *adj.* indefenso, desamparado.

defend | dɪ'fend | *v.t.* y *v.r.* defender(se), proteger(se).

defendant | dɪ'fendənt | *s.c.* acusado, demandado.

defender | dɪ'fendə | *s.c.* [– (of)] defensor, protector; campeón.

defensive | dɪ'fensɪv | *adj.* defensivo, de defensa, de protección.

defer | dɪ'fɜ: | [deferring, deferred] *v.t.* 1 [to – o.d./gerundio] diferir, retrasar; dilatar. ‖ *v.i.* 2 [to – to] someterse a.

deference | 'defərəns | *s.i.* deferencia.

deferential | ˌdefə'renʃl | *adj.* deferente.

deferment | dɪ'fɜ:mənt | *s.c.* e *i.* aplazamiento.

deferral | dɪ'fɜ:rəl | V. deferment.

deferred | dɪ'fɜ:d | *adj.* aplazado, retrasado.

defiance | dɪ'faɪəns | *s.i.* provocación, desafío, reto.

defiant | dɪ'faɪənt | *adj.* provocador.

deficiency | dɪ'fɪʃnsɪ | *s.c.* e *i.* deficiencia, carencia, imperfección.

deficient | dɪ'fɪʃnt | *adj.* deficiente, carente, insuficiente.

deficit | 'defɪsɪt | *s.c.* déficit.

defile | dɪ'faɪl | *v.t.* 1 profanar, mancillar. ‖ | 'di:faɪl | *s.c.* 2 desfiladero.

definable | dɪ'faɪnəbl | *adj.* definible.

define | dɪ'faɪn | *v.t.* definir.

defined | dɪ'faɪnd | *adj.* definido, clarificado, explicado.

definite | 'defɪnət | *adj.* determinado, fijo, asegurado, preciso, claro.

definition | ˌdefɪ'nɪʃn | *s.c.* 1 definición. ‖ *s.i.* 2 nitidez, claridad, definición.

definitive | dɪ'fɪnətɪv | *adj.* definitivo.

deflate | dɪ'fleɪt | *v.t.* 1 rebajar, disminuir. ‖ *v.i.* 2 desinflarse (un globo).

deflation | dɪ'fleɪʃn | *s.i.* desánimo, desilusión.

deflationary | ˌdi:'fleɪʃnərɪ | *adj.* deflacionario, de enfriamiento.

deflect | dɪ'flekt | *v.t.* 1 desviar, apartar (críticas o similar). 2 [to – (from)] apartar, desviar. ‖ *v.i.* 3 desviarse, apartarse.

deflection | dɪ'flekʃn | *s.c.* e *i.* 1 desvío, desviación. ‖ *s.c.* 2 FIS. desviación.

defoliate | ˌdi:'fəʊlɪeɪt | *v.t* deshojar (plantas, árboles, etc).

deforest | ˌdi:'fɒrɪst | *v.t.* desforestar.

deforestation | di:fɒrɪ'steɪʃn | *s.i.* tala.

deform | dɪ'fɔ:m | *v.t.* deformar, desfigurar, distorsionar.

deformity | dɪ'fɔ:mətɪ | *s.c.* e *i.* deformidad.

defraud | dɪfrɔ:d | *v.t.* [to – of] estafar.

defray | dɪ'freɪ | *v.t.* sufragar.

defrost | ˌdi:'frɒst | *v.t.* e *i.* descongelar(se), deshelar(se).

deft | deft | *adj.* hábil, diestro, ducho.

deftness | 'deftnɪs | *s.i.* habilidad, destreza, maña, experiencia.

defunct | dɪ'fʌŋkt | *adj.* inactivo.

defuse | ˌdi:'fju:z | *v.t.* 1 neutralizar. 2 desactivar (bomba o similar).

defy | dɪ'faɪ | *v.t.* desafiar, retar; desobedecer.

degeneracy | dɪ'dʒenərəsɪ | *s.i.* decadencia, degradación, depravación.

degenerate | dɪ'dʒenərət | *adj.* 1 degenerado, depravado. ‖ *s.c.* 2 degenerado, depravado. ‖ | d'dʒenəreɪt | *v.i.* 3 [to – (into/to)] degenerar, degradarse.

degradation | ˌdegrə'deɪʃn | *s.i.* degradación, miseria extrema, deterioro.

degrade | dɪ'greɪd | *v.t.* y *v.r.* envilecer(se).

degrading | dɪgreɪdɪŋ | *adj.* degradante.

degree | dɪ'gri: | *s.c.* 1 grado, punto, graduación. 2 título, grado (académico).

dehumanize | di:'hju:mənaɪz | (también **dehumanise**) *v.t.* 1 deshumanizar, embrutecer. ‖ 2 **to be dehumanized**, estar deshumanizado.

dehumanizing | ˌdi:'hju:mənaizɪŋ | *adj.* embrutecedor, que deshumaniza.

dehydrate | ˌdi:'haɪdreɪt | *v.t.* deshidratar, desecar.

dehydration | di:haɪ'dreɪʃn | *s.i.* deshidratación, desecación.

deify | 'di:ɪfaɪ | *v.t.* deificar.

deign | deɪn | *v.t.* [to – inf.] dignarse a.

deism | 'di:ɪzəm | *s.i.* deísmo.

deity | 'di:ɪti | *s.c.* deidad, dios, diosa.

dejected | dɪ'dʒektɪd | *adj.* abatido.

dejection | dɪ'dʒekʃn | *s.i.* abatimiento.

dekko | 'dekəʊ | **to have a – at**, (fam. y brit.) echar un vistazo a.

delay | dɪ'leɪ | *v.t.* 1 atrasar, retardar. 2 [to – ger.] retardar, posponer. ‖ *v.i.* 3 atrasarse. ‖ *s.c.* e *i.* 4 retraso, demora.

delaying | dɪ'leɪɪŋ | *adj.* dilatorio.

delectable | dɪ'lektəbl | *adj.* delicioso.

delectation | ˌdi:lek'teɪʃn | *s.i.* goce, fruición, deleite.

delegate | 'delɪgət | *s.c.* 1 delegado, comisionado. ‖ | 'delɪgeɪt | *v.t.* 2 delegar.

delegation | ˌdelɪ'geɪʃn | *s.c.* y *s.i.* delegación, diputación.

delete | dɪ'li:t | *v.t.* borrar, suprimir.

deleterious | ˌdelɪ'tɪəriəs | *adj.* nocivo, pernicioso.

deletion | dɪ'li:ʃn | *s.c.* e *i.* supresión.

deliberate | dɪ'lɪbərət | *adj.* 1 delibe-

rado, intencional. ‖ *v.i.* 2 deliberar, meditar.

deliberation | dɪˌlɪbə'reɪʃn | *s.i.* deliberación, meditación, consideración.

delicacy | ˌdelɪkəsɪ | *s.i.* 1 delicadeza, gentileza. ‖ *s.c.* 2 bocado exquisito.

delicate | 'delɪkət | *adj.* delicado, fino, exquisito, suave, frágil, sensible.

delicious. | dɪ'lɪʃəs | *adj.* delicioso, exquisito, agradable.

delight | dɪ'laɪt | *s.i.* 1 deleite, delicia, placer. ‖ *s.i.* 2 encanto, placer. ‖ *v.t.* 3 complacer, dar placer. ‖ *v.i.* 4 [to – in/at] complacerse en, alegrarse con.

delightful | dɪ'laɪtfl | *adj.* encantador.

delimit | di:'lɪmɪt | *v.t.* delimitar.

delineate | dɪ'lɪnɪeɪt | *v.t.* describir; trazar, bosquejar.

delinquency | dɪ'lɪŋkwənsɪ | *s.i.* y *c.* delincuencia, criminalidad.

delinquent | dɪ'lɪŋkwənt | *adj.* y *s.c.* delincuente, criminal.

delirious | dɪ'lɪrɪəs | *adj.* desvariado, delirante.

deliver | dɪ'lɪvər | *v.t.* 1 repartir, distribuir (casa por casa). 2 dar, pronunciar (discurso, sermón, etc.). 3 ayudar en el parto de 4 [to – (from)] librar, libertar. ‖ *v.i.* 5 hacer una entrega, realizar distribución.

delivery | dɪ'lɪvərɪ | *s.i.* y *c.* 1 reparto. 2 parto, alumbramiento. ‖ *s.c.* 3 entrega (de un pedido). ‖ *s.i.* 4 modo, forma, estilo.

delouse | ˌdi:'laʊs | *v.t.* despiojar.

delphinium | del'fɪnɪəm | *s.c.* delfinio, espuela de caballero.

delta | 'deltə | *s.c.* delta.

delude | dɪ'lu:d | *v.t.* y *r.* engañar(se).

deluge | 'delju:dʒ | *s.c.* 1 diluvio, inundación. ‖ *v.t.* 2 inundar, anegar.

delusion | dɪ'lu:ʒn | *s.c.* e *i.* falsa ilusión.

delusive | dɪ'lu:sɪv | *adj.* engañoso.

de luxe | də'lʌks | *adj.* de lujo, lujoso.

delve | delv | *v.i.* [to – (in/into)] sondear, ahondar.

demagogue | 'deməgɒg | *s.c.* (desp.) demagogo.

demagogy | 'deməgɒgɪ | *s.i.* demagogia.

demand | dɪ'mɑ:nd | *v.t.* 1 exigir, reclamar. 2 requerir, necesitar. ‖ *s.c.* 3 reclamación. ‖ *s.i.* 4 [– **(for)**] demanda.

demanding | dɪ'mɑ:ndɪŋ | *adj.* 1 agotador; absorbente. 2 exigente, duro.

demarcate | 'di:mɑ:keɪt | *v.t.* demarcar, delimitar.

demean | dɪ'mi:n | *v.t.* y *r.* humillar(se).

demeaning | dɪ'mi:nɪŋ | *adj.* humillante, degradante.

demented | dɪ'mentɪd | *adj.* demente.

demerit | di:'merɪt | *s.c.* demérito, desmerecimiento.

demilitarize | ˌdi:'mɪlɪtəraɪz | (también **demilitarise**) *v.t.* desmilitarizar.

demise | dɪ'maɪz | *s.sing.* defunción, muerte (no de una persona).

demist | ˌdi:'mɪst | *v.t.* desempañar.

demobilize | di:'məʊbɪlaɪz | (también **demobilise**) *v.t.* desmovilizar, licenciar.

democracy | dɪ'mɒkrəsɪ | *s.i.* y *s.c.* 1 democracia. 2 sistema democrático.

democrat | 'deməkræt | *s.c.* demócrata.

democratic | ˌdemə'krætɪk | *adj.* democrático.

democratize | dɪ'mɒkrətaɪz | (también **democratise**) *v.t.* democratizar.

demographic | ˌdemə'græfɪk | *adj.* demográfico.

demography | dɪmɒgrəfɪ | *s.i.* demografía.

demolish | dɪ'mɒlɪʃ | *v.t.* derruir.

demolition | ˌdemə'lɪʃn | *s.c.* e *i.* derribo, demolición.

demon | 'di:mən | *s.c.* demonio, diablo, espíritu maligno.

demoniac | dɪ'məʊnɪæk | (también **demoniacal**) *adj.* demoníaco, maligno.

demonstrable | 'demənstrəbl | *adj.* demostrable.

demonstrate | 'demənstreɪt | *v.t.* 1 demostrar, probar, exhibir. ‖ *v.i.* 2 manifestarse.

demonstration | ˌdemən'streɪʃn | *s.c.*

1 manifestación. ‖ *s.c.* e *i.* 2 demostración, prueba.

demonstrative | dɪ'mɒnstrətɪv | *adj.* 1 efusivo. ‖ *s.c.* 2 demostrativo.

demonstrator | 'demənstreɪtə | *s.c.* 1 manifestante. 2 vendedor.

demoralize | dɪ'mɒrəlaɪz | (también **demoralise**) *v.t.* desmoralizar.

demote | ˌdi:'məʊt | *v.t.* degradar.

demotic | dɪ'mɒtɪk | *adj.* 1 demótico. ‖ *s.i.* 2 griego moderno (idioma).

demur | dɪ'mɜː | *v.i.* 1 poner reparos, objetar. ‖ 2 **without –**, sin objeción.

demure | dɪ'mjʊə | *adj.* tímido.

demystify | ˌdi:'mɪstɪfaɪ | *v.t.* desmitificar.

den | den | *s.c.* madriguera, rincón privado, cubil, guarida.

denationalize | ˌdi:'næʃənəlaɪz | (también **denationalise**) *v.t.* privatizar, desnacionalizar (algo estatal).

denial | dɪ'naɪəl | *s.c.* 1 negativa, denegación. ‖ *s.i.* 2 [– **(of)**] rechazo.

denigrate | 'denɪgreɪt | *v.t.* denigrar; mancillar, minimizar (la reputación).

denim | 'denɪm | *s.i.* tejido de vaqueros, dril de algodón.

denomination | dɪˌnɒmɪ'neɪʃn | *s.c.* denominación, religión, creencia.

denominator | dɪ'nɒmɪneɪtə | *s.c.* denominador.

denotation | dɪnə'teɪʃn | *s.i.* denotación.

denote | dɪ'nəʊt | *v.t.* 1 denotar, indicar, designar. 2 representar, simbolizar.

denouement | deɪ'nu:mɒŋ | *s.c.* desenlace, solución final.

denounce | dɪ'naʊns | *v.t.* denunciar.

dense | dens | *adj.* denso, apretado, compacto, opaco.

density | 'densɪtɪ | *s.i.* e *c.* densidad.

dent | dent | *v.t.* 1 abollar (vehículo). ‖ *s.c.* 2 abolladura, golpe (en vehículo).

dental | 'dentl | *adj.* dental.

dented | 'dentɪd | *adj.* abollado, mellado (vehículo).

dentist | 'dentɪst | *s.c.* dentista.

dentistry | 'dentɪstrɪ | *s.i.* odontología.

dentures | 'dentʃəs | *s.pl.* dentadura postiza.

denude | dɪ'nju:d | *v.t.* 1 quitar. 2 desnudar, despojar, desposeer.

denunciation | dɪˌnʌnsɪ'eɪʃn | *s.c.* e *i.* [− (of)] condena, denuncia.

deny | dɪ'naɪ | *v.t.* 1 negar; rechazar. 2 [to − *ger.*] negar, denegar.

deodorant | di:'əʊdərənt | *s.c.* deodorante.

deodorize | di:'əʊdəraɪz | (también **deodorise**) *v.t.* desodorizar.

depart | dɪ'pɑːt | *v.i.* ir, irse, marcharse.

departed | dɪ'pɑːtɪd | *adj.* 1 difunto, fallecido. ‖ *s.sing.* 2 difunto.

department | dɪ'pɑːtmənt | *s.c.* 1 sección, departamento. 2 − **store**, gran almacén, grandes almacenes.

departure | dɪ'pɑːtʃə | *s.c.* e *i.* 1 marcha, salida. ‖ *s.c.* 2 derrotero, rumbo.

depend | dɪ'pend | *v.i.* depender.

dependability | dɪˌpendə'bɪlətɪ | *s.i.* formalidad.

dependable | dɪ'pendəbl | *adj.* formal.

dependant | dɪ'pendənt | (también **dependent**) *s.c.* persona a cargo, persona dependiente (ancianos, niños, etc.).

dependence | dɪ'pendəns | (EE.UU.) **dependance** *s.i.* dependencia, necesidad, apoyo, sostén.

dependency | dɪ'pendənsɪ | *s.c.* colonia, posesión (país).

depict | dɪ'pɪkt | *v.t.* retratar.

depiction | dɪ'pɪkʃn | *s.c.* descripción.

depilatory | dɪ'pɪlətrɪ | *adj.* depilatorio.

deplete | dɪ'pliːt | *v.t.* vaciar.

deplorable | dɪ'plɔːrəbl | *adj.* deplorable, lamentable.

deplore | dɪ'plɔː | *v.t.* deplorar.

deploy | dɪ'plɔɪ | *v.t.* desplegar.

deployment | dɪ'plɔɪmənt | *s.i.* despliegue, estructuración.

depopulate | di:'pɒpjuleɪt | *v.t.* despoblar.

deport | dɪ'pɔːt | *v.t.* deportar, expulsar.

depose | dɪ'pəʊz | *v.t.* destituir.

deposit | dɪ'pɒzɪt | *s.c.* 1 depósito, señal, fianza, sedimento. ‖ *v.t.* 2 sedimentar, posar, depositar, dejar en depósito. 3 on −, en depósito (dinero o similar).

deposition | depə'zɪʃn | *s.i.* 1 GEOL. sedimentación. 2 POL. destitución.

depot | 'depəʊ | *s.c.* almacén.

deprave | dɪ'preɪv | *v.t.* depravar.

depraved | dɪ'preɪvd | *adj.* corrupto.

deprecate | 'deprəkeɪt | *v.t.* desaprobar, condenar.

deprecating | 'deprəkeɪtɪŋ | *adj.* desaprobatorio, condenatorio.

depreciate | dɪ'pri:ʃieɪt | *v.i.* depreciarse.

depredation | deprə'deɪʃn | *s.c.* e *i.* depredación, pillaje.

depress | dɪ'pres | *v.t.* 1 deprimir, dar mucha tristeza. 2 reducir, disminuir.

depressed | dɪ'presd | *adj.* deprimido.

depression | dɪ'preʃn | *s.i.* y *c.* 1 depresión. 2 hundimiento. 3 borrasca.

depressive | dɪ'presɪv | *adj.* deprimente, desalentador.

deprivation | deprɪ'veɪʃn | *s.i.* y *c.* privación, carencia (de bienes).

deprive | dɪ'praɪv | *v.t.* [to − *o.d.* + (of)] privar, desposeer.

depth | depθ | *s.i.* y *c.* 1 profundidad. ‖ *s.i.* 2 intensidad, profundidad (de una emoción). 3 in −, en profundidad.

depute | dɪ'pju:t | *v.t.* [to − (for)] encargar, dar un encargo.

deputize | 'depjutaɪz | (también **deputise**) *v.i.* [to − (for)] delegar, suplir.

deputy | 'depjutɪ | *s.c.* 1 suplente. 2 ayudante, vice.

derail | dɪ'reɪl | *v.t.* descarrilar.

deranged | dɪ'reɪndʒd | *adj.* trastornado, loco, alterado.

derby | 'dɑːbɪ | *s.c.* 1 derby. 2 (EE.UU.) bombín (sombrero).

derelict | 'derəlɪkt | *adj.* 1 abandonado, en mal estado. ‖ *s.c.* 2 vago.

dereliction | derə'lɪkʃn | *s.i.* 1 abandono (edificio o similar). ‖ 2 − of duty, abandono del deber.

deride | dɪ'raɪd | *v.t.* ridiculizar.

derision | dɪˈrɪʒn | *s.i.* escarnio.
derisory | dɪˈraɪsərɪ | *adj.* irrisorio, ridículo (algo).
derivative | dɪˈrɪvətɪv | *adj.* 1 (desp.) copiado, no original. || *s.c.* 2 derivado.
derive | dɪˈraɪv | *v.i.* 1 [to – from] derivar de, originarse en. || *v.t.* 2 [to – o.d. + (from)] obtener, sacar.
derogatory | dɪˈrɒgətrɪ | *adj.* despectivo.
derrick | ˈderɪk | *s.c.* grúa, cabria.
derv | dɜːv | *s.i.* diesel.
descale | diːˈskeɪl | *v.t.* quitar el óxido.
descend | dɪˈsend | *v.i.* 1 descender, bajar, invadir. || *v.t.* 2 bajar (algo).
descendant | dɪˈsendənt | *s.c.* descendiente.
descending | dɪˈsendɪŋ | *adj.* descendiente (objeto).
descent | dɪˈsent | *s.c.* 1 descenso, bajada, cuesta. || *s.i.* 2 ascendencia.
describe | dɪˈskraɪb | *v.t.* describir.
description | dɪˈskrɪpʃn | *s.c. e i.* descripción, relato, narración, explicación.
descriptive | dɪˈskrɪptɪv | *adj.* descriptivo.
desecrate | ˈdesɪkreɪt | *v.t.* profanar.
desecration | ˌdesɪˈkreɪʃn | *s.i.* profanación.
desensitize | diːˈsensɪtaɪz | (también **desensitise**) *v.t.* insensibilizar.
desert | ˈdezət | *s.c.* 1 desierto. || *v.t.* 2 abandonar, desertar.
deserter | dɪˈzɜːtə | *s.c.* desertor.
desertion | dɪˈzɜːʃn | *s.i.* y *c.* deserción, abandono.
deserve | dɪˈzɜːv | *v.t.* merecer.
deserving | dɪˈzɜːvɪŋ | *adj.* 1 meritorio, de mérito, digno. || 2 – of, digno de, merecedor de.
desiccated | ˈdesɪkeɪtɪd | *adj.* desecado, reseco, sin humedad.
design | dɪˈzaɪn | *v.t.* 1 diseñar, concebir. || *s.c.* 2 diseño, dibujo, intención.
designate | ˈdezɪgneɪt | *adj.* 1 designado, electo. || *v.t.* 2 designar, nombrar.
designation | ˌdezɪgˈneɪʃn | *s.c.* y *s.i.* designación, denominación.
designer | dɪˈzaɪnə | *s.c.* diseñador.

desirability | dɪˌzaɪərəˈbɪlətɪ | *s.i.* valor, conveniencia, atracción sexual.
desirable | dɪˈzaɪərəbl | *adj.* deseable, apetecible.
desire | dɪˈzaɪə | *v.t.* 1 desear, anhelar. || *s.c. e i.* 2 deseo, anhelo.
desirous | dɪˈzaɪərəs | *adj.* [– of] deseoso de.
desist | dɪˈzɪst | *v.i.* desistir.
desk | desk | *s.c.* 1 mesa de trabajo, pupitre. 2 mostrador.
desk-top | ˈdesktɒp | *s.c.* 1 parte superior de una mesa de trabajo. || *adj.* 2 para/de la parte superior de una mesa de trabajo. || 3 – publishing, impresión por microcomputadora (normalmente conectada a una impresora láser).
desolate | ˈdesələt | *adj.* 1 desolado, desierto, afligido, sombrío. || | ˈdesəleɪt | *v.t.* 2 desolar, devastar, arrasar.
desolated | ˈdesəleɪtɪd | *adj.* devastado, arrasado, afligido, desconsolado.
despair | dɪˈspeə | *s.i.* 1 desesperación, desesperanza. || *v.i.* 2 desesperarse.
despatch | dɪˈspætʃ | V. **dispatch**.
desperate | ˈdespərət | *adj.* desesperado, peligroso, crítico.
desperation | ˌdespəˈreɪʃn | *s.i.* desesperación.
despicable | dɪˈspɪkəbl | *adj.* (desp.) despreciable, vil.
despise | dɪˈspaɪz | *v.t.* despreciar.
despite | dɪˈspaɪt | *prep.* a pesar de.
despoil | dɪˈspɔɪl | *v.t.* despojar.
despondency | dɪˈspɒndənsɪ | *s.i.* desaliento, desánimo.
despot | ˈdespɒt | *s.c.* déspota.
despotic | dɪˈspɒtɪk | *adj.* despótico.
despotism | ˈdespətɪzəm | *s.i.* despotismo.
dessert | dɪˈzɜːt | *s.c. e i.* postre.
destination | ˌdestɪˈneɪʃn | *s.c.* destino.
destiny | ˈdestɪnɪ | *s.c. e i.* destino, sino.
destitute | ˈdestɪtjuːt | *adj.* necesitado, indigente.
destitution | ˌdestɪˈtjuːʃn | *s.i.* indigencia, pobreza abyecta.

destroy | dɪˈstrɔɪ | *v.t.* destrozar, destruir, sacrificar.

destroyer | dɪˈstrɔɪə | *s.c.* 1 MAR. destructor. 2 fuerza destructora.

destruction | dɪˈstrʌkʃn | *s.i.* destrucción, aniquilamiento.

desultory | ˈdesəltrɪ | *adj.* irregular, esporádico, indiferente.

detach | dɪˈtætʃ | *v.t.* 1 [to – (from)] separar, apartar. ‖ *v.r.* 2 [to – (from)] apartarse; descomprometerse.

detachable | dɪˈtætʃəbl | *adj.* desmontable.

detached | dɪˈtætʃt | *adj.* separado.

detachment | dɪˈtætʃmənt | *s.i.* 1 indiferencia. ‖ *s.c.* 2 destacamento.

detail | ˈdiːteɪl | *s.c. e i.* 1 detalle, pormenor, minucia. ‖ *v.t.* 2 detallar, dar detalles. 3 in –, con todo detalle.

detailed | ˈdiːteɪld | *adj.* detallado.

detain | dɪˈteɪn | *v.t.* detener, retener.

detainee | ˌdiːteɪˈniː | *s.c.* detenido.

detect | dɪˈtekt | *v.t.* detectar.

detectable | dɪˈtektəbl | *adj.* detectable.

detection | dɪˈtekʃn | *s.i.* 1 detección. 2 investigación, averiguación.

detective | dɪˈtektɪv | *s.c.* detective.

detector | dɪˈtektə | *s.c.* detector.

detention | dɪˈtenʃn | *s.i.* 1 detención, arresto. ‖ *s.c. e i.* 2 castigo escolar.

deter | dɪˈtɜː | *v.t.* [to – (from)] disuadir, desanimar.

detergent | dɪˈtɜːdʒənt | *s.c. e i.* detergente.

deteriorate | dɪˈtɪərɪəreɪt | *v.i.* deteriorarse, desmejorarse, empeorar.

determination | dɪˌtɜːmɪˈneɪʃn | *s.i.* 1 determinación, resolución, firmeza. ‖ *s.sing.* 2 fijación, determinación.

determine | dɪˈtɜːmɪn | *v.t.* determinar.

determined | dɪˈtɜːmɪnd | *adj.* 1 decidido. 2 [– inf.] resuelto a.

determinism | dɪˈtɜːmɪnɪzəm | *s.i.* determinismo.

deterrence | dɪˈterəns | *s.i.* disuasión (equilibrio armamentístico).

deterrent | dɪˈterənt | *adj.* disuasivo.

detest | dɪˈtest | *v.t.* detestar, aborrecer.

detestation | ˌdiːteˈsteɪʃn | *s.i.* aborrecimiento, odio.

dethrone | diːˈθrəʊn | *v.t.* destronar.

detonate | ˈdetəneɪt | *v.t. e i.* detonar.

detonation | ˌdetəˈneɪʃn | *s.c. e i.* detonación, estallido.

detour | ˈdiːtʊə | *s.c.* rodeo, desvío.

detract | dɪˈtrækt | *v.i.* [to – from] disminuir; desmerecer.

detractor | dɪˈtræktə | *s.c.* detractor.

detriment | ˈdetrɪmənt | *s.i.* detrimento, daño.

detrimental | ˌdetrɪˈmentl | *adj.* [– (to)] dañino, perjudicial, nocivo.

detritus | dɪˈtraɪtəs | *s.i.* detritus.

devaluation | diːˌvæljuˈeɪʃn | *s.c. e i.* devaluación, depreciación.

devalue | diːˈvæljuː | *v.t.* 1 desvalorizar, devaluar. 2 despreciar.

devastate | ˈdevəsteɪt | *v.t.* devastar.

devastating | ˈdevəsteɪtɪŋ | *adj.* 1 devastador, desastroso, desolador. 2 (fam.) brillante, maravilloso.

devastation | ˌdevəsˈteɪʃn | *s.i. y c.* asolación, arrasamiento, destrozo.

develop | dɪˈveləp | *v.i.* 1 desarrollarse, evolucionar, crecer. ‖ *v.t.* 2 desarrollar, hacer crecer, hacer avanzar. 3 FOT. revelar. 4 adquirir, perfeccionar. 5 contraer, sufrir (enfermedad, desperfecto, etc.).

developed | dɪˈveləpt | *adj.* desarrollado.

developer | dɪˈveləpə | *s.c.* 1 agente inmobiliario. ‖ *s.i.* 2 FOT. revelador.

developing | dɪˈveləpɪŋ | *adj.* en vías de desarrollo (países).

development | dɪˈveləpmənt | *s.i.* 1 desarrollo, crecimiento. ‖ *s.c. e i.* 2 innovación, investigación. ‖ *s.c.* 3 urbanización.

deviance | ˈdiːvɪəns | *s.i.* desviación.

deviant | ˈdiːvɪənt | *adj. y s.c.* inconformista.

deviate | ˈdiːvɪeɪt | *v.i.* [to – (from)] desviarse, apartarse (en comportamiento).

deviation | di:vɪ'eɪʃn | *s.c.* e *i.* desviación, disconformidad.

device | dɪ'vaɪs | *s.c.* ingenio, dispositivo, artefacto, estratagema.

devil | 'devl | *s.c.* 1 espíritu maligno, diablo. ‖ *v.t.* 2 sazonar fuertemente.

devilish | 'devəlɪʃ | *adj.* 1 perverso, malvado. ‖ *adv.* 2 extremadamente.

devious | 'di:vɪəs | *adj.* taimado, engañoso, tortuoso.

devise | dɪ'vaɪs | *v.t.* idear, concebir.

devoid | dɪ'vɔɪd | *adj.* [— of] falto de.

devolution | di:və'lu:ʃn | *s.i.* devolución, traspaso, transferencia.

devolve | dɪ'vɒlv | *v.t.* 1 transferir; pasar. ‖ *v.i.* 2 [on — on/upon] incumbir a.

devote | dɪ'vəʊt | *v.t.* e *i.* [to — (to)] dedicar(se).

devoted | dɪ'vəʊtɪd | *adj.* enamorado; leal, fiel, intenso.

devotee | devəʊ'ti: | *s.c.* creyente.

devotion | dɪ'vəʊʃn | *s.i.* devoción, dedicación.

devour | dɪ'vaʊə | *v.t.* devorar, comer.

devouring | dɪ'vaʊərɪŋ | *adj.* absorbente, arrollador.

devout | dɪ'vaʊt | *adj.* devoto.

dew | dju: | *s.i.* rocío.

dewlap | 'dju:læp | *s.c.* papada.

dewy | 'dju:ɪ | *adj.* rociado.

dexterity | dek'sterətɪ | *s.i.* destreza.

dexterous | 'dekstrəs | (también **dextrous**) *adj.* mañoso, ágil con las manos, diestro.

diabetes | daɪə'bi:ti:z | *s.i.* diabetes.

diabolic | daɪə'bɒlɪk | *adj.* diabólico.

diadem | 'daɪədem | *s.c.* diadema.

diagnose | 'daɪəgnəʊz | *v.t.* diagnosticar.

diagnosis | daɪəg'nəʊsɪs | (*pl.* diagnoses) *s.c.* e *i.* diagnóstico.

diagonal | daɪ'ægənl | *adj.* y *s.c.* diagonal.

diagram | 'daɪəgræm | *s.c.* diagrama.

dial | 'daɪəl | *v.t.* e *i.* 1 marcar (teléfono). ‖ *s.c.* 2 estera (de algún aparato). 3 mando, dial (de aparatos). 4 disco (de marcar el teléfono).

dialect | 'daɪəlekt | *s.c.* dialecto.

dialog | 'daɪəlɒg | (brit. **dialogue**) *s.c.* e *i.* 1 diálogo. ‖ *s.c.* 2 conversación.

diameter | daɪ'æmɪtə | *s.c.* diámetro.

diamond | 'daɪəmənd | *s.c.* 1 diamante. 2 rombo.

diaper | 'daɪəpə | *s.c.* (EE.UU.) pañal.

diaphanous | daɪ'æfənəs | *adj.* transparente, diáfano.

diaphragm | 'daɪəfræm | *s.c.* diafragma.

diarrhoea | daɪə'rɪə | (EE.UU. **diarrhea**) *s.i.* diarrea.

diary | 'daɪərɪ | *s.c.* diario.

diaspora | daɪ'æspərə | *s.sing.* diáspora.

diatribe | 'daɪətraɪb | *s.c.* diatriba.

dice | daɪs | (*pl.* dice) *s.c.* 1 dado. ‖ *s.i.* 2 dados (juego). ‖ *v.t.* 3 trocear en cubitos (carne).

dicey | 'daɪsɪ | *adj.* (fam.) peligroso.

dick | dɪk | *s.c.* 1 (fam.) pene; polla. 2 (fam. y EE.UU.) polizonte, detective, pies planos.

dicky | 'dɪkɪ | *s.c.* pechera postiza.

dictate | dɪk'teɪt | *v.t.* 1 dictar. ‖ *v.i.* 2 [to — to] ordenar a, dar órdenes a. ‖ *s.c.* 3 orden, precepto.

dictation | dɪk'teɪʃn | *s.i.* y *s.c.* dictado, mandato.

dictator | dɪk'teɪtə | *s.c.* 1 (desp.) dictador. 2 (fig.) tirano, dictador.

dictatorship | dɪk'teɪtəʃɪp | *s.c.* e *i.* dictadura.

diction | 'dɪkʃn | *s.i.* dicción.

dictionary | 'dɪkʃənrɪ | *s.c.* diccionario.

dictum | 'dɪktəm | (*pl.* dictums/dicta) *s.c.* máxima, declaración, dictamen.

did | dɪd | *pret.* de do.

didactic | dɪ'dæktɪk | *adj.* didáctico.

diddle | 'dɪdl | *v.t.* (fam. y brit.) estafar.

die | daɪ | (*ger.* dying) *v.i.* 1 morir. 2 apagarse poco a poco. ‖ *v.t.* 3 [— death] sufrir, morir de. ‖ *s.c.* 4 troquel, molde. 5 to be dying of, (fam.) estar muriéndose de (sed, hambre, etc.). 6 to — back, ponerse mustia, caer la hoja (de una planta). 7 to — hard, aguantar, resistir, perdurar (ideas, tradiciones, costumbres, etc.). **8 to – off,** morir uno a uno. **9 to – out,** desaparecer gradualmente, extinguirse.

diehard | ˈdaɪhɑːd | *s.c.* reaccionario.

diesel | ˈdiːzl | *s.i.* gasoil, diesel.

diet | ˈdaɪət | *s.c.* y *s.i.* **1** dieta. ‖ *v.i.* **2** comer siguiendo una dieta/régimen. ‖ *adj.* **3** dietético. •

dietary | ˈdaɪətərɪ ‖ *adj.* de comer, alimenticio, dietético.

dietician | ˌdaɪəˈtɪʃn | *s.c.* dietista.

differ | ˈdɪfə | *v.i.* **1** [to – (from)] diferir, ser diferente. **2** disentir, discrepar.

difference | ˈdɪfrəns | *s.c.* e *i.* diferencia, disimilitud, desemejanza.

different | ˈdɪfrənt | *adj.* **1** [– (from/to)] diferente, distinto. **2** diferente, especial.

differentiate | ˌdɪfəˈrenʃɪeɪt | *v.t.* **1** [to – (from)] diferenciar, distinguir. ‖ *v.i.* **2** [to – between] distinguir entre.

difficult | ˈdɪfɪkəlt | *adj.* **1** difícil, no fácil. **2** terco, obstinado.

difficulty | ˈdɪfɪkəltɪ | *s.c.* e *i.* dificultad.

diffidence | ˈdɪfɪdəns | *s.i.* reserva.

diffident | ˈdɪfɪdənt | *adj.* reservado.

diffuse | dɪˈfjuːz | *v.t.* y *v.i.* **1** esparcir(se), difundir(se), propagar(se). ‖ *adj.* **2** impreciso, vago, difuso.

diffusion | dɪˈfjuːʒn | *s.i.* **1** difusión. **2** disolución (líquido o gas).

dig | dɪg | *v.* [*ger.* digging, *pret.* y *p.p.* dug] *t.* **1** cavar, excavar. ‖ *i.* **2** hacer un hoyo. **3** [to – into] pegar un golpe a; meterse en. ‖ *s.c.* **4** (fam.) indirecta, golpe; excavación arqueológica. ‖ **5 to – at,** tirar una indirecta a. **6 to – into/in,** mezclar.

digest | daɪˈdʒest | *v.t.* **1** digerir (comida). ‖ *s.c.* **2** compendio, resumen.

digestion | dɪˈdʒestʃən | *s.c.* e *i.* digestión.

digestive | dɪˈdʒestɪv | *adj.* digestible.

digger | ˈdɪgə | *s.c.* excavadora.

digit | ˈdɪdʒɪt | *s.c.* dígito, dedo.

digital | ˈdɪdʒɪtl | *adj.* digital.

dignified | ˈdɪgnɪfaɪd | *adj.* digno, serio.

dignify | ˈdɪgnɪfaɪ | *v.t.* **1** ennoblecer. **2** dignificar.

dignitary | ˈdɪgnɪtərɪ | *s.c.* dignatario.

dignity | ˈdɪgnətɪ | *s.i.* **1** dignidad, excelencia, señorío. ‖ **2 beneath one's –,** impropio de uno.

digress | daɪˈgres | *v.i.* [to – (from)] apartarse (del tema).

dike | daɪk | *V.* dyke.

dilapidated | dɪˈlæpɪdeɪtɪd | *adj.* ruinoso, (edificio o similar).

dilate | daɪˈleɪt | *v.t.* e *i.* dilatar(se).

dilatory | ˈdɪlətərɪ | *adj.* tardo, dilatorio.

dilettante | ˌdɪlɪˈtæntɪ | (*pl.* dilettantes /dilettanti) *s.c.* (desp.) diletante, aficionado.

diligence | ˈdɪlɪdʒəns | *s.i.* diligencia.

diligent | ˈdɪlɪdʒənt | *adj.* diligente.

dill | dɪl | *s.i.* eneldo.

dilute | daɪˈljuːt | *v.t.* **1** diluir, desleir, aguar. ‖ *adj.* **2** diluido, aguado.

dilution | daɪˈljuːʃn | *s.i.* adulteración.

dim | dɪm | *adj.* **1** débil, opaco, mortecino, confuso, oscuro. ‖ *v.i.* **2** oscurecerse, amortiguarse, desvanecerse. ‖ *v.t.* **3** oscurecerse, amortiguar, empañar.

dime | daɪm | *s.c.* moneda de 10 centavos de dólar.

dimension | dɪˈmenʃn | *s.c.* dimensión, ángulo, aspecto.

diminish | dɪˈmɪnɪʃ | *v.i.* **1** disminuir, decrecer, aminorarse. ‖ *v.t.* **2** reducir.

diminishing | dɪˈmɪnɪʃɪŋ | *adj.* decreciente, en declive, en descenso.

diminution | ˌdɪmɪˈnjuːʃn | *s.i.* [– (of/in)] disminución, reducción, merma.

diminutive | dɪˈmɪnjʊtɪv | *adj.* **1** diminutivo. **2** diminuto, menudo.

dimmer | ˈdɪmə | *s.c.* reductor de luz.

dimness | ˈdɪmnɪs | *s.i.* oscurecimiento.

dimple | ˈdɪmpl | *s.c.* hoyuelo.

din | dɪn | *s.c.* **1** estruendo, ruido, follón. ‖ **2 to – into,** meter/enseñar a base de repetir.

dine | daɪn | *v.i.* cenar, comer.

diner | ˈdaɪnə | *s.c.* **1** comensal, cliente (en restaurante). **2** (EE.UU.) fonda.

dinghy | 'dɪŋgɪ | *s.c.* esquife, bote.
dinginess | 'dɪndʒɪnɪs | *s.i.* suciedad.
dingy | 'dɪndʒɪ | *adj.* sucio, sombrío.
dinner | 'dɪnə | *s.c.* e *i.* 1 comida principal (del día); cena; comida de mediodía. ‖ *s.c.* 2 banquete.
dinner-service | 'dɪnəsəvɪs | *s.c.* vajilla.
dinnertime | 'dɪnətaɪm | *s.i.* hora de la cena, hora de la comida.
dinosaur | 'daɪnəsɔ: | *s.c.* dinosaurio.
dint | dɪnt | *s.c.* abolladura.
diocesan | daɪ'bsɪsn | *adj.* diocesano.
diocese | 'daɪəsɪs | *s.c.* diócesis. ‖
dip | dɪp | *v.t.* 1 mojar, humedecer. ‖ *v.i.* 2 [to — (in/into)] mojarse, humedecerse, meterse (en un líquido). 3 bajar, descender (carretera, camino, etc.). 4 [to — in/into] meter (la mano, cuchara, etc.) en. ‖ *s.c.* 5 bajada, chapuzón. 6 salsa.
diphteria | dɪf'eɪərɪə | *s.i.* difteria.
diphthong | 'dɪfθɒŋ | *s.c.* diptongo.
diploma | dɪ'pləʊmə | *s.c.* diploma.
diplomacy | dɪ'pləʊməsɪ | *s.i.* diplomacia.
diplomat | 'dɪpləmæt | *s.c.* diplomático.
diplomatic | dɪplə'mætɪk | *adj.* diplomático, discreto.
dipper | 'dɪpə | *s.c.* cazo.
dipping | 'dɪpɪŋ | *s.i.* desinfectación.
dipstick | 'dɪpstɪk | *s.c.* varilla.
dire | 'daɪə | *adj.* 1 horrendo, calamitoso, fatal. 2 — **straits**, situación difícil.
direct | dɪ'rekt | *adj.* 1 directo, derecho, sincero. ‖ *adv.* 2 directamente. ‖ *v.t.* 3 dirigir, encabezar, ordenar, mandar. ‖ 4 — **action**, acción directa. 5 — **rule**, gobierno centralizado; gobierno central.
direction | dɪ'rekʃn | *s.c.* 1 dirección, trayectoria. ‖ *s.c.* 2 dirección, gobierno, supervisión.
directive | dɪ'rektɪv | *s.c.* directiva, orden, instrucción.
directness | dɪ'rektnɪs | *s.i.* franqueza.
director | dɪ'rektə, daɪ'rektə | *s.c.* director.

directorate | dɪ'rektərət | *s.c.* directiva, departamento, Dirección General.
directory | dɪ'rektərɪ | *s.c.* guía, directorio.
dirge | dʒ:dʒ | *s.c.* canto fúnebre.
dirt | dʒ:t | *s.i.* 1 suciedad, mugre, inmundicia. 2 tierra, polvo (en su aspecto sucio). ‖ *s.c.* 3 excremento (de animales). ‖ *s.sing.* 4 (fam.) escándalo, chisme.
dirt-cheap | dʒ:t'ʃi:p | *adj.* y *adv.* (fam.) tirado, baratísimo.
dirty | 'dʒ:tɪ | *adj.* 1 sucio, mugriento, inmundo, indecente, obsceno, sórdido. 2 desapacible, lluvioso (tiempo). ‖ *v.t.* 3 ensuciar, manchar. ‖ 4 a — **word**, tabú. 5 — **old man**, (fam.) viejo verde.
disability | dɪsə'bɪlətɪ | *s.c.* 1 minusvalía. ‖ *s.i.* 2 incapacidad, invalidez.
disable | dɪs'eɪbl | *v.t.* incapacitar.
disablement | dɪs'eɪbəlmənt | *s.i.* incapacitación, inhabilitación.
disabuse | dɪsə'bju:z | *v.t.* [to — + o.d. + (of)] desengañar.
disadvantage | dɪsəd'vɑ:ntɪdʒ | *s.c.* desventaja, detrimento.
disadvantageous | dɪsædvɑ:n'teɪdʒəs | *adj.* [− (to)] desventajoso, desfavorable.
disaffected | dɪsə'fektɪd | *adj.* desafecto; desleal (a alguna causa).
disagree | dɪsə'gri: | *v.i.* [to — (with /about/over)] estar en desacuerdo, disentir, discrepar, desaprobar, oponerse.
disagreeable | dɪsə'gri:əbl | *adj.* desagradable, displicente, ingrato.
disagreement | dɪsə'gri:mənt | *s.c.* e *i.* desacuerdo, disconformidad.
disallow | dɪsə'laʊ | *v.t.* anular (un gol).
disappear | dɪsə'pɪə | *v.i.* desaparecer, perderse de vista, extinguirse.
disappearance | dɪsə'pɪərəns | *s.c.* e *i.* extinción, desaparición.
disappoint | dɪsə'pɔɪnt | *v.t.* decepcionar, defraudar; desilusionar.
disappointed | dɪsə'pɔɪntɪd | *adj.* [− (in/with/at)/ + inf.] decepcionado.
disappointment | dɪsə'pɔɪntmənt | *s.c.* e *i.* desilusión, decepción.

disapproval |ˌdɪsə'pruːvl| *s.i.* [− (of)] desaprobación, condenación.

disapprove |ˌdɪsə'pruːv| *v.i.* [to − of] desaprobar, condenar.

disarm |dɪs'ɑːm| *v.t.* 1 desarmar, apaciguar. ‖ *v.i.* 2 desarmarse.

disarming |dɪs'ɑːmɪŋ| *adj.* apaciguador, cautivador.

disarrange |ˌdɪsə'reɪndʒ| *v.t.* desarreglar, descomponer, desbarajustar.

disarray |ˌdɪsə'reɪ| *s.i.* desorden, confusión, desaliño.

disassociate |ˌdɪsə'səʊʃɪeɪt| *v.r.* [to − (from)] disociarse, separarse.

disaster |dɪ'zɑːstə| *s.c.* 1 desastre, catástrofe. ‖ *s.i.* 2 calamidad, desastre.

disastrous |dɪ'zɑːstrəs| *adj.* catastrófico, calamitoso, desastroso.

disavow |ˌdɪsə'vaʊ| *v.t.* desautorizar; repudiar.

disbelief |ˌdɪsbɪ'liːf| *s.i.* incredulidad.

disbelieve |ˌdɪsbɪ'liːv| *v.t.* e *i.* no creer en.

disbursement |dɪs'bɜːsmənt| *s.c.* e *i.* desembolso (de dinero).

disc |dɪsk| *s.c.* (EE.UU. **disk**) *s.c.* disco.

discard |dɪ'skɑːd| *v.t.* descartar.

discarded |dɪ'skɑːdɪd| *adj.* descartado, desechado; tirado.

discern |dɪ'sɜːn| *v.t.* percibir, discernir, darse cuenta de, distinguir.

discernible |dɪ'sɜːnɪbl| *adj.* perceptible, visible.

discernment |dɪ'sɜːnmənt| *s.i.* discernimiento, perspicacia.

discharge |dɪs'tʃɑːdʒ| *v.t.* 1 licenciar (del ejército), dar el alta (médico), poner en libertad. 2 (normalmente pasiva) despedir (del trabajo). ‖ *s.c.* e *i.* 3 MED. secreción, derrame, descarga.

disciple |dɪ'saɪpl| *s.c.* discípulo.

disciplinary |'dɪsɪplɪnərɪ| *adj.* disciplinario.

discipline |'dɪsɪplɪn| *s.c.* 1 disciplina, autoridad. ‖ *v.t.* 2 castigar, disciplinar. ‖ *v.r.* 3 disciplinarse, entrenarse.

disciplined |'dɪsɪplɪnd| *adj.* ordenado, disciplinado, organizado.

disclaim |dɪs'kleɪm| *v.t.* rechazar, repudiar, desaprobar.

disclose |dɪs'kləʊz| *v.t.* revelar, descubrir.

disclosure |dɪs'kləʊʒə| *s.i.* revelación, información.

discolor |dɪs'kʌlə| (brit. **discolour**) *v.t.* e *i.* descolorar(se).

discomfort |dɪs'kʌmfət| *s.i.* o *s.c.* malestar, molestia, incomodidad.

disconcert |ˌdɪskən'sɜːt| *v.t.* turbar.

disconnect |ˌdɪskə'nekt| *v.t.* desconectar, separar, cortar.

disconnected |ˌdɪskə'nektɪd| *adj.* inconexo, incoherente, deslavazado.

disconsolate |dɪs'kɒnsələt| *adj.* desconsolado, desolado, inconsolable.

discontent |ˌdɪskən'tent| *s.i.* descontento, insatisfacción.

discontinue |ˌdɪskən'tɪnjuː| *v.t.* suspender, interrumpir, anular.

discordant |dɪ'skɔːdənt| *adj.* 1 discordante, discrepante. 2 MUS. disonante.

discount |dɪs'kaʊnt| *s.c.* 1 desacuerdo, rebaja. ‖ *v.t.* 2 descontar, rebajar.

discourage |dɪ'skʌrɪdʒ| *v.t.* descorazonar, desanimar.

discouragement |dɪ'skʌrɪdʒmənt| *s.i.* 1 desánimo. ‖ *s.c.* 2 disuasión.

discourse |'dɪskɔːs| *s.c.* 1 disquisición. ‖ *s.i.* 2 conversación. ‖ *v.i.* 3 [to − (on)] disertar, hablar.

discourteous |dɪs'kɜːtɪəs| *adj.* descortés, desatento, grosero.

discover |dɪs'kʌvə| *v.t.* descubrir.

discovery |dɪs'kʌvərɪ| *s.c.* o *s.i.* descubrimiento, hallazgo.

discredit |dɪs'kredɪt| *v.t.* desacreditar, desprestigiar.

discredited |dɪs'kredɪtɪd| *adj.* desacreditado, desprestigiado.

discreet |dɪ'skriːt| *adj.* discreto, mesurado, moderado, prudente.

discrepancy |dɪ'skrepənsɪ| *s.c.* [− (between/in)] discrepancia.

discrete |dɪ'skriːt| *adj.* inconexo.

discretion |dɪ'skreʃn| *s.i.* discreción, tacto, arbitrio, albedrío.

discretionary | dɪ'skreʃənərɪ | *adj.* discrecional.

discriminate | dɪ'skrɪmɪneɪt | *v.i.* 1 [to — (between/among)] distinguir, diferenciar. 2 [to — (against/in favour of)] discriminar, hacer discriminación.

discrimination | dɪ,skrɪmɪ'neɪʃn | *s.i.* (desp.) discriminación, distinción.

discursive | dɪ'skɜ:sɪv | *adj.* digresivo, divagante.

discuss | dɪ'skʌs | *v.t.* discutir, tratar.

discussion | dɪ'skʌʃn | *s.c.* e *i.* debate, discusión; polémica.

disdain | dɪs'deɪn | *s.i.* 1 [— (for)] desdén, menosprecio. ‖ *v.t.* 2 despreciar.

disease | dɪ'zi:z | *s.c.* e *i.* enfermedad.

disembark | dɪsɪm'bɑ:k | *v.i.* y *t.* desembarcar, descargar.

disembodied | dɪsɪm'bɒdɪd | *adj.* incorpóreo, sin cuerpo.

disenchanted | dɪsɪn'tʃɑ:ntɪd | *adj.* desencantado, desilusionado.

disengage | dɪsɪn'geɪdʒ | *v.t.* desasir, soltar, librar.

disentangle | dɪsɪn'tæŋgl | *v.t.* desenredar, desembrollar, desenmarañar.

disequilibrium | dɪsi:kwɪ'lɪbrɪəm | *s.i.* inestabilidad.

disfavour | dɪs'feɪvə | (EE.UU. disfavor) *s.i.* 1 desagrado, desaprobación. ‖ *s.c.* 2 mala pasada.

disfigure | dɪs'fɪgə | *v.t.* desfigurar.

disgorge | dɪs'gɔ:dʒ | *v.t.* vomitar.

disgrace | dɪs'greɪs | *s.i.* 1 desgracia. ‖ *v.t.* y *r.* 2 deshonrar(se), desacreditar(se).

disgraceful | dɪs'greɪsfl | *adj.* deshonroso, vergonzoso, ignominioso.

disgruntled | dɪs'grʌntld | *adj.* malhumorado, descontento.

disguise | dɪs'gaɪz | *s.c.* 1 disfraz. ‖ *s.i.* 2 enmascaramiento. ‖ *v.r.* 3 [to — (as/with)] disfrazarse. ‖ *v.t.* 4 disfrazar.

disgust | dɪs'gʌst | *v.t.* 1 repugnar. ‖ *s.i.* 2 repugnancia, aversión, asco.

dish | dɪʃ | *s.c.* 1 plato; fuente. ‖ *v.t.* 2 (fam. y brit.) destrozar, tirar por el suelo (esperanzas, ilusiones). 3 to — up, (fam.) servir, poner (comida en el plato).

disharmony | dɪs'hɑ:mənɪ | *s.i.* falta de armonía, tensión.

disheartened | dɪs'hɑ:tnd | *adj.* desalentado, desanimado, descorazonado.

dishonest | dɪsɒnɪst | *adj.* fraudulento, falso; ímprobo.

dishonor | dɪsɒnə | (brit. dishonour) *s.i.* 1 deshonor, ignominia. ‖ *v.t.* 2 deshonrar; afrentar.

dishwasher | 'dɪʃwɒʃə | *s.c.* lavaplatos, lavavajillas.

dishwater | 'dɪʃwɔ:tə | *s.i.* agua de fregar, agua sucia (después del fregado).

dishy | 'dɪʃɪ | *adj.* (fam. y brit.) bueno.

disillusion | dɪsɪ'lu:ʒn | *v.t.* desencantar, desilusionar.

disillusionment | dɪsɪ'lu:ʒnmənt | *s.i.* desilusión, desencanto.

disinclination | dɪsɪnklɪ'neɪʃn | *s.i.* renuencia; aversión.

disinfect | dɪsɪn'fekt | *v.t.* desinfectar.

disinfection | dɪsɪn'fekʃn | *s.i.* desinfección.

disinformation | dɪsɪnfə'meɪʃn | *s.i.* desinformación.

disinherit | dɪsɪn'herɪt | *v.t.* desheredar.

disintegrate | dɪs'ɪntɪgreɪt | *v.i.* desintegrarse; deshacerse.

disinter | dɪsɪn'tɜ: | *v.t.* desenterrar.

disinterest | dɪs'ɪntrəst | *s.i.* desinterés.

disjointed | dɪs'dʒɔɪntɪd | *adj.* inconexo.

disk | dɪsk | *s.c.* disco, diskette.

dislike | dɪs'laɪk | *v.t.* 1 tener aversión a, no gustar. ‖ *s.i.* 2 aversión, antipatía.

dislocate | 'dɪsləkeɪt | *v.t.* dislocar.

dislodge | dɪs'lɒdʒ | *v.t.* desalojar.

disloyal | dɪs'lɔɪəl | *adv.* desleal.

dismal | 'dɪzməl | *adj.* deprimente.

dismantle | dɪs'mæntl | *v.t.* desmontar.

dismay | dɪs'meɪ | *v.t.* desalentar.

dismember | dɪs'membə | *v.t.* desmembrar, despedazar.

dismiss | dɪs'mɪs | *v.t.* despedir (del trabajo), destituir.

dismount | dɪs'maʊnt | *v.i.* [to — (from)] apearse, desmontar.

disobedience | ˌdɪsə'bi:dɪəns | *s.i.* desobediencia.

disobey | ˌdɪsə'beɪ | *v.t.* desobedecer.

disobliging | ˌdɪsə'blaɪdʒɪŋ | *adj.* poco servicial; desagradable, ofensivo.

disorder | dɪs'ɔ:də | *s.i.* desorden, desbarajuste, alboroto.

disorganization | dɪsˌɔ:gənər'zeɪʃn | *s.i.* desorganización.

disorientate | dɪs'ɔ:rɪənteɪt | (también **disorient**) *v.t.* desorientar.

disorientation | dɪsˌɔ:rɪən'teɪʃn | *s.i.* desorientación.

disown | dɪs'əʊn | *v.t.* repudiar.

disparage | dɪ'spærɪdʒ | *v.t.* menospreciar; denigrar.

disparate | 'dɪspərət | *adj.* desemejante, desigual.

dispassionate | dɪ'spæʃənət | *adj.* desapasionado; imparcial.

dispatch | dɪ'spætʃ | (también **despatch**) *s.c.* 1 crónica. 2 MIL. despacho, mensaje, envío. ‖ *v.t.* 3 enviar, despachar.

dispel | dɪ'spel | *v.t.* disipar.

dispensary | dɪ'spensərɪ | *s.c.* dispensario (de medicinas), botiquín.

dispensation | ˌdɪspen'seɪʃn | *s.i.* 1 dispensación, administración. ‖ *s.c.* 2 dispensa, exención.

dispense | dɪ'spens | *v.t.* distribuir, repartir, administrar.

dispersal | dɪ'spɜ:sl | *s.i.* dispersión.

dispersion | dɪ'spɜ:ʃn | *s.i.* dispersión.

dispirited | dɪ'spɪrɪtɪd | *adj.* abatido.

displace | dɪs'pleɪs | *v.t.* desplazar.

displacement | dɪs'pleɪsmənt | *s.i.* sustitución, desalojo, desplazamiento.

display | dɪ'spleɪ | *v.t.* 1 exhibir, enseñar. ‖ *s.c.* 2 escaparate, demostración. ‖ *s.i.* 3 exhibición.

displease | dɪs'pli:z | *v.t.* disgustar.

displeasure | dɪs'pleʒə | *s.i.* enojo.

disposable | dɪ'spəʊzəbl | *adj.* desechable, disponible.

disposal | dɪ'spəʊzl | *s.i.* [– (of)] eliminación (de basura).

dispose | dɪ'spəʊz | – of, desembarazarse de, deshacerse de (algo).

disposition | ˌdɪspə'zɪʃn | *s.i.* constitución, inclinación.

dispossess | ˌdɪspə'zes | *v.t.* [to – + o. + (of)] desposeer, privar.

disproportion | ˌdɪsprə'pɔ:ʃn | *s.c.* e *i.* disparidad; desproporción.

disprove | dɪs'pru:v | *v.t.* refutar.

disputation | ˌdɪspju:'teɪʃn | *s.i.* y *c.* disputa, debate, polémica.

dispute | dɪ'spju:t | *s.c.* 1 conflicto. ‖ *s.i.* 2 litigio. ‖ *v.i.* 3 [to – (with)] debatir. ‖ *v.t.* 4 cuestionar.

disqualification | dɪsˌkwɒlɪfɪ'keɪʃn | *s.c.* e *i.* [– (from)] descalificación.

disqualify | dɪs'kwɒlɪfaɪ | *v.t.* [to – + o. + (from)] descalificar, inhabilitar.

disquiet | dɪs'kwaɪət | *s.i.* 1 desasosiego, intranquilidad. ‖ *v.t.* 2 desasosegar, intranquilizar, inquietar.

disregard | ˌdɪsrɪ'ga:d | *v.t.* hacer caso omiso de, pasar por alto.

disreputable | dɪs'repjutəbl | *adj.* de mala fama; vergonzoso, deshonroso.

disrepute | ˌdɪsrɪ'pju:t | *s.i.* descrédito.

disrespect | ˌdɪsrɪ'spekt | *s.i.* descortesía, falta de respeto.

disrobe | dɪs'rəʊb | *v.t.* e *i.* desvestir(se).

disrupt | dɪs'rʌpt | *v.t.* desbaratar.

disruption | dɪs'rʌpʃn | *s.c.* e *i.* desorganización; interrupción.

dissatisfaction | dɪˌsætɪs'fækʃn | *s.i.* [– (with)] insatisfacción, descontento.

dissect | dɪ'sekt | *v.t.* 1 disecar. 2 (fig.) analizar minuciosamente.

disseminate | dɪ'semɪneɪt | *v.t.* diseminar, difundir.

dissension | dɪ'senʃn | *s.i.* disensión.

dissent | dɪ'sent | *v.i.* 1 discrepar. ‖ *s.i.* 2 disentimiento, discrepancia.

dissenter | dɪ'sentə | *s.c.* disidente.

dissertation | ˌdɪsə'teɪʃn | *s.c.* tesis, tesina, disertación.

disservice | dɪs'sɜ:vɪs | *s.c.* perjuicio.

dissimulate | dɪ'sɪmjuleɪt | *v.t.* e *i.* simular, fingir.

dissipate | 'dɪsɪpeɪt | *v.t.* y *v.i.* desvanecer(se), disipar(se).

dissociate | dɪ'səʊʃɪeɪt | v.t. y v.r. separarse, disociarse.

dissolute | 'dɪsəlu:t | adj. (desp.) disoluto, libertino.

dissolution | ˌdɪsə'lu:ʃn | s.i. o c. disolución.

dissolve | dɪ'zɒlv | v.t. 1 disolver. || v.i. 2 disolverse, desvanecerse.

dissuade | dɪ'sweɪd | v.t. [to – + o. + (from)] disuadir, desaconsejar.

distance | 'dɪstəns | s.c. e i. 1 distancia. || s.i. 2 lejanía; alejamiento. || v.r. 3 [to – (from)] distanciarse, alejarse. || v.t. 4 distanciar, alejar.

distant | 'dɪstənt | adj. distante, alejado, lejano, reservado.

distaste | dɪs'teɪst | s.i. aversión.

distend | dɪ'stend | v.t. e i. MED. agrandar(se), hinchar(se), dilatar(se).

distil | dɪ'stɪl | (EE.UU. **distill**) v.t. destilar, extraer, sacar.

distillation | ˌdɪstɪ'leɪʃn | s.i. 1 destilación. || s.c. 2 (fig.) extracción.

distilled | dɪ'stɪld | adj. destilado.

distinct | dɪ'stɪŋkt | adj. distinto, diferente, diverso, nítido.

distinction | dɪ'stɪŋkʃn | s.c. e i. distinción, mención, honor.

distinctive | dɪ'stɪŋktɪv | adj. característico, distintivo.

distinguish | dɪ'stɪŋgwɪʃ | v.t. 1 [to – + o. + (from)] distinguir. || v.r. 2 descollar. || v.i. 3 [to – between] distinguir entre.

distort | dɪ'stɔ:t | v.t. e i. deformar(se).

distortion | dɪ'stɔ:ʃn | s.c. e i. deformación, distorsión, tergiversación.

distract | dɪ'strækt | v.t. distraer.

distraction | dɪ'strækʃn | s.c. e i. distracción, entretenimiento.

distraught | dɪ'strɔ:t | adj. perturbado.

distress | dɪ'stres | v.t. 1 angustiar. || s.i. 2 angustia, aflicción.

distressing | dɪ'stresɪŋ | adj. inquietante, angustioso.

distribute | dɪ'strɪbju:t | v.t. distribuir.

district | 'dɪstrɪkt | s.c. 1 distrito, comarca. || s.sing. 2 localidad. || 3 – attorney, (EE.UU.) fiscal del distrito.

distrust | dɪs'trʌst | v.t. 1 desconfiar de, recelar de. || s.i. 2 [– (of)] desconfianza.

disturb | dɪ'stɜ:b | v.t. molestar.

disturbance | dɪ'stɜ:bəns | s.i. 1 turbación, alteración. || s.c. 2 conmoción.

disunite | ˌdɪsju:'naɪt | v.t. desunir, separar, dividir (personas).

disuse | dɪs'ju:s | s.i. abandono.

ditch | dɪtʃ | s.c. 1 cuneta, badén, zanja. || v.t. 2 (fam.) despedir, cortar.

dither | 'dɪðə | v.i. vacilar, dudar.

ditto | 'dɪtəʊ | adj. 1 ídem, lo mismo (en listas escritas). || adv. 2 (fam.) ídem.

diurnal | daɪ'ɜ:nl | adj. diurno.

divan | dɪ'væn | s.c. cama turca.

dive | daɪv | [EE.UU. pret. **dove**] v.i. 1 [to – (into)] zambullirse, saltar (al agua). 2 bucear; sumergirse. || s.c. 3 zambullida, lanzamiento en picado.

diver | 'daɪvə | s.c. buzo.

diverge | daɪ'vɜ:dʒ | v.i. divergir; ser diferente.

divergence | daɪ'vɜ:dʒəns | s.c. e i. divergencia; desacuerdo.

diverse | daɪ'vɜ:s | adj. diverso, variado.

diversify | daɪ'vɜ:sɪfaɪ | v.t. e i. diversificar(se).

diversion | daɪ'vɜ:ʃn | s.c. distracción, desviación.

diversity | daɪ'vɜ:sətɪ | s.i. y c. 1 diversidad, variedad. || s.i. 2 divergencia.

divert | daɪ'vɜ:t | v.t. desviar.

divest | daɪ'vest | v.r. 1 [to – of] despojarse de, librarse de. || v.t. 2 [to – + o.d. + of] despojar, quitar.

divide | dɪ'vaɪd | v.t. 1 dividir, partir, repartir. || v.i. 2 dividirse, separarse. || s.c. 3 división, separación. 4 to – off, aislar. 5 to – up, repartir equitativamente.

divided | dɪ'vaɪdɪd | adj. desunido.

dividend | 'dɪvɪdend | s.c. 1 dividendo. 2 (fig.) beneficio, ganancia.

divider | dɪ'vaɪdə | s.c. barrera.

divination | ˌdɪvɪ'neɪʃn | s.i. adivinación.

divine | dɪ'vaɪn | *adj.* 1 divino. ‖ *s.c.* 2 teólogo. ‖ *v.t.* 3 adivinar.

diving | 'daɪvɪŋ | *s.i.* 1 submarinismo. 2 saltos de trampolín.

divinity | dɪ'vɪnɪtɪ | *s.i.* 1 teología. 2 divinidad, deidad. ‖ *s.c.* 3 divinidad, dios.

division | dɪ'vɪʒn | *s.i.* 1 división, distribución. ‖ *s.c.* 2 (fig.) discordia, desunión. 3 ramo, departamento. ‖ *s.c. e i.* 4 (brit.) votación, voto.

divisive | dɪ'vaɪsɪv | *adj.* disgregador.

divorce | dɪ'vɔːs | *s.c. e i.* 1 divorcio. ‖ *v.t.* 2 divorciarse.

divorcee | dɪvɔː'siː | *s.c.* divorciado.

divulge | daɪ'vʌldʒ | *v.t.* divulgar.

dizzy | 'dɪzɪ | *adj.* 1 mareado. 2 [− (with)] confuso; aturdido. 3 vertiginoso.

djinn | dʒɪn | *s.c.* genio, geniecillo.

do | duː | *v.* [*pret.* did, *p.p.* done] *t.* 1 hacer; ejecutar. 2 [to − + o. + (about)] hacer, solucionar. 3 causar, hacer. 4 (fam.) matar, destrozar. 5 servir, ser suficiente. ‖ *i.* 6 [to − for] hacer bien, mejorar. ‖ *s.c.* 7 (fam.) fiesta, festejo. ‖ 8 to − away with, librarse de, acabar con. 9 done in, (fam.) agotado, destrozado. 10 to − out, (fam.) hacer limpieza total de. 11 to − over, rehacer, redecorar. 12 to − up, atar (zapatos), abrochar (botones), embellecer. 13 that will −, vale ya, no más, ya no más.

docile | 'dəʊsaɪl | *adj.* dócil, sumiso.

docility | dəʊ'sɪlɪtɪ | *s.i.* docilidad.

dock | dɒk | *s.c.* 1 muelle, dársena, desembarcadero. ‖ *s.c. e i.* 2 romaza. ‖ *v.t.* 3 poner en dique. 4 deducir, descontar. ‖ *v.i.* 5 entrar en dique, acoplarse (aviones en vuelo).

docker | 'dɒkə | *s.c.* estibador.

docket | 'dɒkɪt | (brit.) *s.c.* 1 etiqueta, rótulo, marbete. ‖ *v.t.* 2 etiquetar.

doctor | 'dɒktə | *s.c.* 1 doctor, médico. 2 doctor. ‖ *v.t.* 3 manipular, falsear.

doctorate | 'dɒktərət | *s.c.* doctorado.

doctrine | 'dɒktrɪn | *s.c. e i.* doctrina, credo (político, religioso, etc.).

document | 'dɒkjumənt | *s.c.* 1 documento. ‖ *v.t.* 2 documentar.

dodder | 'dɒdə | *v.i.* chochear.

doddle | 'dɒdl | *s.sing.* (fam.) una tarea chupada; coser y cantar.

dodge | dɒdʒ | *v.i.* 1 esquivar el cuerpo. ‖ *v.t.* 2 esquivar, evitar. ‖ *s.c.* 3 regate, truco, maniobra.

dodger | 'dɒdʒə | *s.c.* evasor.

dodgy | 'dɒdʒɪ | (fam.) *adj.* 1 tramposo (persona). 2 incierto, peligroso.

doe | dəʊ | *s.c.* gama; coneja.

doer | 'duːə | *s.c.* persona activa.

does | dʌz | [tercera persona *sing.* del verbo to do].

dog | dɒg | *s.c.* 1 perro. 2 macho de lobo, macho de zorro. 3 (fam.) rata, canalla. ‖ *v.t.* 4 seguirle los pasos a, acosar, atacar. 5 to go to the dogs, echarse a perder, irse a la porra.

dog-eared | 'dɒgɪəd | *adj.* usado (libro con las puntas dobladas).

dogged | 'dɒgɪd | *adj.* tenaz, obstinado.

doggerel | 'dɒgərəl | *s.i.* chabacanería.

doggo | 'dɒgəʊ | to lie doggo, (fam.) no mover un dedo.

doggone | 'dɒgɒn | *adj.* (EE.UU. y fam.) maldito.

dogleg | 'dɒgleg | *s.c.* curva cerrada.

dogma | 'dɒgmə | *s.c. e i.* dogma.

dogmatize | 'dɒgmətaɪz | (también dogmatise) *v.t.* dogmatizar.

dog-tired | 'dɒgtaɪəd | *adj.* (fam.) tirado, machacado, rendido.

doily | 'dɔɪlɪ | *s.c.* servilleta para adorno, paño para platos.

doings | 'duːɪŋz | *s.pl.* 1 actividades (en general). 2 chisme.

doldrums | 'dɒldrəmz | *s.pl.* 1 calmas de la zona ecuatorial. ‖ 2 in the −, estancado, sin actividad alguna, sin vida.

dole | dəʊl | *s.sing.* (brit.) paro, subsidio de paro.

doleful | 'dəʊlfl | *adj.* triste, lúgubre.

doll | dɒl | *s.c.* 1 muñeca (juguete). 2 (EE.UU. y fam.) chavala, moza.

dollar | 'dɒlə | *s.c.* dólar.

dollop | 'dɒləp | *s.c.* pegote, montón.

dolly | 'dɒlɪ | *s.c.* muñeca.

dolphin | 'dɒlfɪn | *s.c.* delfín.

dolt | dəʊlt | *s.c.* imbécil, tonto.

domain I dəʊ'meɪn I *s.c.* área, campo.

dome I dəʊm I *s.c.* cúpula.

domestic I də'mestɪk I *adj.* 1 interno (de un país). 2 doméstico, hogareño. ‖ *s.c.* 3 criado, criada, servicio.

domesticate I də'mestɪkeɪt I *v.t.* domesticar, amaestrar.

domestication I dəˌmestɪ'keɪʃn I *s.i.* amaestramiento, amansamiento.

domesticity I ˈdəʊme'stɪsətɪ I *s.i.* estado hogareño, estilo casero.

domicile I 'dɒmɪsaɪl I *s.c.* residencia, domicilio.

dominance I 'dɒmɪnəns I *s.i.* Importancia, prominencia.

dominant I 'dɒmɪnənt I *adj.* predominante, prominente, dominante.

dominate I 'dɒmɪneɪt I *v.t.* e *i.* regir, dominar, ejercer dominio.

domination I ˌdɒmɪ'neɪʃn I *s.i.* control.

domineering I ˌdɒmɪ'nɪərɪŋ I *adj.* avasallador, mandón, tiránico.

dominion I də'mɪnɪən I *s.i.* 1 [– (over)] control, soberanía. ‖ *s.c.* 2 territorio.

domino I 'dɒmɪnəʊ I *s.c.* dominó.

don I dɒn I [*ger.* donning, *p.p.* donned] *v.t.* 1 ponerse (ropa). ‖ *s.c.* 2 profesor titular (de universidad).

donate I dəʊ'neɪt I *v.t.* donar; regalar.

donation I dəʊ'neɪʃn I *s.i.* donación.

done I dʌn I *adj.* 1 completado, realizado, hecho. ‖ 2 –, trato hecho.

donkey I 'dɒŋkɪ I *s.c.* burro, asno.

donnish I 'dɒnɪʃ I *adj.* (brit.) erudito.

donor I 'dəʊnə I *s.c.* donante.

doodah I 'duːdɑː I *s.c.* chisme.

doodle I 'duːdl I *v.i.* garabatear.

doom I duːm I *v.t.* 1 condenar, sentenciar. ‖ *s.c.* 2 fatalidad, sino.

Doomsday I 'duːmzdeɪ I *s.sing.* Día del Juicio Final.

door I dɔː I *s.c.* 1 puerta. 2 (fig.) entrada, acceso. ‖ 3 to get in by the back –, conseguir mediante influencias. 4 out of doors, fuera, en el exterior, al aire libre.

doorbell I 'dɔːbel I *s.c.* timbre.

doorkeeper I 'dɔːkiːpə I *s.c.* conserje.

doorknob I 'dɔːnɒb I *s.c.* pomo.

doormat I 'dɔːmæt I *s.c.* felpudo.

door-plate I 'dɔːpleɪt I *s.c.* placa.

doorstep I 'dɔːstep I *s.c.* umbral.

doorway I 'dɔːweɪ I *s.c.* entrada; portal.

dope I dəʊp I (fam.) *s.i.* 1 droga (ilegal). 2 medicina, narcótico. ‖ *s.c.* 3 bobo, idiota. ‖ *v.t.* 4 drogar, dopar.

dopey I 'dəʊpɪ I (fam.) *adj.* aletargado, adormilado.

dormant I 'dɔːmənt I *adj.* inactivo.

dormer I 'dɔːmə I *s.c.* ventana abuhardillada.

dormouse I 'dɔːmaʊs I [*pl.* doormice] *s.c.* lirón.

dorsal I 'dɔːsl I *adj.* dorsal.

dosage I 'dəʊsɪdʒ I *s.c.* dosis.

dose I dəʊs I *s.c.* 1 dosis, toma (de medicina). ‖ *v.t.* y *r.* 2 administrar(se), medicar(se).

doss down I dɒsdaʊn I *v.i.* (fam. y brit.) pasar la noche (incómodamente).

dossier I 'dɒsɪeɪ I *s.c.* expediente.

dot I dɒt I *s.c.* 1 punto. ‖ *v.t.* 2 poner el punto a, motear, salpicar. 3 on the –, en punto (puntualidad).

dotage I 'dəʊtɪdʒ I *s.i.* (fam.) chochez.

dote I dəʊt I *v.i.* [to – on/upon] adorar.

doting I 'dəʊtɪŋ I *adj.* excesivamente amoroso, amante en demasía.

dotted I 'dɒtɪd I *adj.* discontinuo.

dotty I 'dɒtɪ I (brit. y fam.) *adj.* excéntrico; loco.

double I 'dʌbl I *cuant.* 1 doble, el doble, el doble de. ‖ *adj.* 2 doble, dos veces mayor. ‖ *s.c.* 3 doble, sustituto. ‖ *adv.* 4 doble, en dos, doblemente. ‖ *v.t.* 5 doblar en dos. ‖ *v.i.* 6 doblarse, duplicarse. 7 – figures, los dígitos. 8 to – over, retorcerse, desternillarse (de dolor, risa, etc.). 9 to – up, compartir el mismo coche/habitación, etc.

double-barrelled I ˌdʌbl'bærəld I *adj.* 1 de doble cañón (arma). 2 con apellido compuesto (por dos palabras).

double-breasted | ˌdʌbl'brestɪd | adj. cruzado, con doble hilera de botones.

double-check | ˌdʌbl'tʃek | v.t. e i. comprobar dos veces, asegurarse.

double-dealing | ˌdʌbl'di:lɪŋ | s.i. doblez.

double-decker | ˌdʌbl'dekə | s.c. autobús de dos pisos.

double-edged | ˌdʌbl'edʒt | adj. de dos filos.

double-glazing | ˌdʌbl'gleɪzɪŋ | s.i. doble ventana.

double-park | ˌdʌbl'pɑ:k | v.t. e i. aparcar en doble fila.

double-quick | ˌdʌbl'kwɪk | adj. y adv. con toda prontitud.

doublet | ˌdʌblɪt | s.c. casaca, jubón.

double-talk | 'dʌbltɔ:k | s.i. lenguaje engañoso; galimatías.

doubly | 'dʌblɪ | adv. por duplicado.

doubt | daʊt | s.c. e i. 1 [− (about)] duda, incertidumbre. ‖ v.t. 2 dudar de, desconfiar de, dudar. ‖ v.i. 3 tener dudas.

doubter | 'daʊtə | s.c. incrédulo.

doubtful | 'daʊtfl | adj. dudoso.

doubtless | 'daʊtlɪs | adj. indudable.

dough | dəʊ | s.i. 1 GAST. masa. ‖ s.c. 2 (fam.) dinero, pasta, parné.

doughnut | 'dəʊnʌt | s.c. buñuelo.

doughy | 'dəʊɪ | adj. pastoso.

dour | dʊə | adj. hosco, malhumorado.

douse | daʊs | (también **dowse**) v.t. apagar, extinguir; remojar.

dove | dəʊv | (EE.UU.) p.p. de dive.

dove | dʌv | s.c. paloma, tórtola.

dovecote | 'dʌvkɒt | s.c. palomar.

dovetail | 'dʌvteɪl | v.i. 1 encajar. ‖ s.c. 2 cola de milano (en carpintería).

dowager | 'daʊədʒə | s.c. 1 viuda con título (heredado del marido). 2 (fam.) matrona respetable.

dowdy | 'daʊdɪ | adj. desaliñado.

dowel | 'daʊəl | s.c. clavija, espiga.

down | daʊn | prep. 1 abajo, hacia abajo, abajo de. ‖ adv. 2 abajo, hacia abajo. ‖ adj. 3 (fam.) deprimido, tristón. ‖ s.i. 4 plumón, pelusilla, vello fino. ‖ 5 duna, pradera. ‖ v.t. 6 acabar con, derribar. ‖ 7 up and −, de un lado a otro.

down-and-out | 'daʊnənaʊt | s.c. vagabundo, pobre.

down-at-heel | 'daʊnəthi:l | adj. venido a menos, decaído.

downcast | 'daʊnkɑ:st | adj. abatido.

downer | 'daʊnə | (fam.) s.c. calmante.

downfall | 'daʊnfɔ:l | s.i. caída, ruina.

downgrade | 'daʊngreɪd | v.t. degradar.

downhill | ˌdaʊn'hɪl | adv. 1 cuesta abajo. 2 (fig.) en decadencia.

down-load | ˌdaʊn'ləʊd | v.t. INF. volcar.

down-payment | ˌdaʊn'peɪmənt | s.c. entrada, señal; depósito.

downpour | 'daʊnpɔ: | s.c. chaparrón.

downright | 'daʊnraɪt | adj. completo.

downstairs | ˌdaʊn'steəz | adv. 1 hacia abajo, escaleras abajo. ‖ adj. 2 abajo, abajo de las escaleras, de abajo.

downstream | ˌdaʊn'stri:m | adv. río abajo, aguas abajo, corriente abajo.

downtown | ˌdaʊn'taʊn | adj. y adv. del centro, al centro (de la ciudad).

downtrodden | 'daʊntrɪdn | adj. oprimido, esclavizado, pisoteado.

downward(s) | 'daʊnwəd | adj. 1 hacia abajo. 2 (fig.) en declive.

downwind | ˌdaʊn'wɪnd | adv. a favor del viento.

downy | 'daʊnɪ | adj. lleno de plumas, velloso.

dowry | 'daʊərɪ | s.c. dote.

dowse | daʊz | v.i. [to − for] buscar (agua o metales preciosos) por varita.

dowser | 'daʊzə | s.c. zahorí.

doyen | 'dɔɪən | s.c. decano.

doyenne | dɔɪ'en | s.c. decana.

doze | dəʊz | v.i. 1 dormitar, sestear. ‖ s.c. 2 siesta, sueño corto.

dozen | 'dʌzn | s.c. docena.

dozy | 'dəʊzɪ | adj. somnoliento.

drab | dræb | adj. deslustrado.

drabness | 'dræbnɪs | s.i. monotonía.

draft | drɑ:ft | s.c. 1 bosquejo, borrador, anteproyecto. 2 letra de cambio. ‖ s.sing. 3 (EE.UU.) reclutamiento, conscripción. ‖ v.t. 4 hacer un borrador de.

draftee | draːfˈtiː | s.c. (EE.UU.) conscripto, recluta.

drag | dræg | v.t. 1 arrastrar, tirar, rastrear, dragar, arrancar. ‖ v.r. 2 arrastrarse. ‖ s.sing. 3 [– (on)] estorbo, traba. 4 to – on/along, ser interminable.

dragnet | ˈdrægnɪt | s.c. red barredera.

dragon | ˈdrægən | s.c. dragón.

dragonfly | ˈdrægənflaɪ | s.c. libélula.

dragoon | drəˈguːn | s.c. 1 dragón (soldado a caballo). ‖ 2 to – into, obligar a, forzar a.

dragster | ˈdrægstə | s.c. coche preparado (para drag races).

drain | dreɪn | v.t. 1 drenar, consumir. ‖ v.i. 2 drenarse, desaguarse; vaciarse. 3 [to – from] desaparecer. ‖ s.c. 4 tubería de desagüe. 5 drenaje. ‖ 6 to be drained of, agotar reservas.

drainage | ˈdreɪnɪdʒ | s.c. alcantarillado, saneamiento.

drake | dreɪk | s.c. pato (macho).

dram | dræm | s.c. copita.

drama | ˈdrɑːmə | s.c. 1 drama, tragedia. ‖ s.i. y s.sing. 2 arte dramático.

dramatic | drəˈmætɪk | adj. 1 teatral. 2 dramático, trágico.

dramatist | ˈdræmətɪst | s.c. dramaturgo.

dramatize | ˈdræmətaɪz | (también dramatise) v.t. 1 escenificar. 2 (fig.) exagerar.

drank | dræŋk | pret. de drink.

drape | dreɪp | v.t. 1 cubrir. ‖ s.c. 2 (EE.UU.) cortina.

draper | ˈdreɪpə | (brit.) s.c. pañero, lencero, mercero.

drastic | ˈdræstɪk | adj. drástico, extremo, dramático.

draught | drɑːft | (EE.UU. draft) s.c. 1 corriente (de aire). 2 trago (de bebida).

draughtboard | ˈdrɑːftbɔːd | s.c. (brit.) tablero (para juego de damas).

draughthorse | ˈdrɑːfthɔːs | s.c. caballo de tiro.

draughtsman | ˈdrɑːfsmən | (EE.UU. draftsman) s.c. delineante, dibujante.

draw | drɔː | v. [pret. drew, p.p. drawn] t. 1 dibujar, trazar. 2 tirar de. 3 llevar. 4 sacar, inferir. 5 FIN. hacer efectivo. ‖ i. 6 [to – (with/against)] empatar, igualar. 7 [to – away] alejarse, irse. ‖ s.c. 8 (fam.) atracción, sorteo, empate. 9 to be drawn, mojarse (en dar una opinión o similar). 10 to – back, retroceder ante, huir. 11 to – breath, inspirar aire, tomar aire. 12 to – off, extraer, sacar, chupar (líquidos). 13 to – on, pasar (el tiempo). 14 to – out, hacer hablar, partir, salir. 15 to – up, pararse, detenerse; formular por escrito.

drawback | ˈdrɔːbæk | s.c. inconveniente, desventaja.

drawbridge | ˈdrɔːbrɪdʒ | s.c. puente levadizo.

drawer | drɔːə | s.c. 1 cajón. 2 dibujante, bocetista. 3 librador.

drawing | ˈdrɔːɪŋ | s.c. dibujo, boceto.

drawing-pin | ˈdrɔːɪŋpɪn | s.c. (brit.) chincheta.

drawl | drɔːl | v.i. 1 pronunciar lenta y pesadamente. ‖ s.sing. 2 arrastre de palabras.

drawn | drɔːn | p.p. 1 de draw. ‖ adj. 2 echado, corrido. 3 contraído, tenso.

dray | dreɪ | s.c. carreta.

dread | dred | v.t. 1 temer. ‖ s.i. 2 pavor, espanto.

dream | driːm | v. [pret. y p.p. dreamed o dreamt] i. 1 [to – (of/about)] soñar, fantasear. ‖ t. 2 soñar. ‖ s.c. 3 [– (of/about)] sueño. ‖ s.sing. 4 sueño, paraíso. ‖ adj. 5 de ensueño, ideal.

dreamland | ˈdriːmlænd | s.sing. tierra de fantasía, país de ensueños.

dreamlike | ˈdriːmlaɪk | adj. irreal.

dreamt | dremt | pret. y p.p. de dream.

dreamy | ˈdriːmɪ | adj. 1 ensoñador, soñador. 2 ida, distraída (mirada).

dreary | ˈdrɪərɪ | adj. melancólico, monótono, aburrido.

dredge | dredʒ | v.t. 1 dragar, rastrear. ‖ 2 to – up, desempolvar.

dredger | ˈdredʒə | s.c. draga.

dregs |dregz| *s.pl.* 1 posos, sedimento. 2 (fig.) escoria.
drench |drentʃ| *v.t.* empapar.
drenching |'drentʃɪŋ| *adj.* torrencial.
dress |dres| *s.c.* 1 vestido. || *s.i.* 2 ropa, atuendo. || *v.t.* 3 vestir. 4 limpiar. 5 aliñar. 6 cuidar (una herida). || *v.i.* 7 vestirse.
dresser |'dresə| *s.c.* 1 (fam.) persona (en cuanto a su gusto de vestir). 2 ayuda de cámara (en el teatro). 3 (brit.) armario de cocina. 4 (EE.UU.) tocador.
dressing-down |ˌdresɪŋ'daun| *s.sing.* regañina, reprimenda.
dressing-gown |'dresɪŋgaun| *s.c.* batín.
dressing-room |'dresɪŋru:m| *s.c.* camerino, vestidor.
dressing-table |'dresɪŋteɪbl| *s.c.* tocador.
dressing-up |'dresɪŋʌp| *s.i.* juego de disfraces (de niños).
dressmaker |'dresmeɪkə| *s.c.* modista.
dressy |'dresɪ| (fam.) *adj.* elegante, acicalado.
dribble |'drɪbl| *v.i.* 1 gotear. 2 babear. || *v.t.* 3 driblar. || *s.c.* 4 gota, chorrito. || *s.i.* 5 babas.
dried |draɪd| *adj.* 1 seco. || 2 — fruit, frutos secos.
dried-up |'draɪdʌp| *adj.* acartonado, apergaminado.
drift |drɪft| *v.i.* 1 flotar a la deriva. 2 amontonarse. || *s.i.* 3 flujo, corriente. || *s.c.* 4 amontonamiento. || *s.sing.* 5 tendencia (como cambio).
drifter |'drɪftə| *s.c.* vagabundo.
drill |drɪl| *s.c.* 1 taladradora. || *s.c.* e *i.* 2 entrenamiento, instrucción. || *s.i.* 3 algodón de dril. || *v.t.* 4 taladrar. 5 MIL. instruir. || *v.i.* 6 [to – (into)] hacer un agujero.
drink |drɪŋk| *v.irr.* [*pret.* drank, *p.p.* drunk] *t.* e *i.* 1 beber. || *r.* 2 [to – into/to] beber hasta. || *s.c.* 3 copa, trago || *s.i.* 4 bebida. 5 to – to, brindar por.
drinkable |'drɪŋkəbl| *adj.* potable, aceptable (bebida).

drip |drɪp| *s.c.* 1 goteo. 2 MED. gota a gota. || *v.i.* 3 gotear, chorrear.
drip-dry |ˌdrɪp'draɪ| *adj.* de secado rápido (ropa).
dripping |'drɪpɪŋ| *s.i.* 1 grasa. || *adj.* 2 empapado, calado.
drive |draɪv| *v.irr.* [*pret.* drove, *p.p.* driven] *t.* e *i.* 1 conducir. 2 impulsar, accionar. 3 clavar. 4 hacer ir, forzar. || *s.c.* 5 paseo en coche. 6 MIL. ataque, avance. 7 campaña. 8 to – away, alejar, librarse. 9 to – off, repeler, ahuyentar. 10 to – out, arrojar, echar, expulsar.
drive-in |'draɪvɪn| *adj.* de automovilista.
drivel |'drɪvl| (fam.) *s.i.* bobadas.
driven |'drɪvn| *p.p.* de drive.
driver |'draɪvə| *s.c.* conductor.
drive-shaft |'draɪvʃɑ:ft| *s.c.* árbol propulsor, eje transmisor.
driveway |'draɪvweɪ| *s.c.* camino particular, camino de acceso.
driving |'draɪvɪŋ| *s.i.* 1 conducción. || *adj.* 2 del conductor. 3 dinámico, enérgico.
drizzle |'drɪzl| *v.i.* 1 chispear, lloviznar. || *s.i.* 2 lluvia fina.
droll |drəul| *adj.* divertido, gracioso.
dromedary |'drɒmədərɪ| *s.c.* dromedario.
drone |'drəun| *v.i.* 1 zumbar (sonido). 2 (fig.) hablar monótonamente. || *s.c.* 3 zángano. || 4 to – on, dar la tabarra.
drool |dru:l| *v.i.* 1 babear. || *s.i.* 2 saliva.
droop |dru:p| *v.i.* 1 inclinarse, pender, colgar. 2 (fig.) decaer.
droopy |dru:pɪ| *adj.* lánguido, flojo.
drop |drɒp| *ger.* [dropping, *pret.* y *p.p.* dropped] *v.t.* 1 dejar caer, soltar, excluir. 2 bajar (la voz). 3 DEP. conceder, perder (un punto, un juego, etc.). || *v.i.* 4 caer, descender, dejarse caer. || *s.c.* 5 gota (de líquido). 6 caída, descenso, lanzamiento. || *s.sing.* 7 declive, pendiente, caída. 8 to – away, debilitarse, decaer. 9 to – back, quedarse retrasado. 10 to – off, a) quedarse dormido (sin intención). b) llevar y dejar (en

un vehículo). 11 to — out, salir, abandonar; desaparecer.

droplet | 'drɒplɪt | s.c. gotita.

dropper | 'drɒpə | s.c. cuentagotas.

droppings | 'drɒpɪŋz | s.pl. deyecciones, excrementos.

dropsy | 'drɒpsɪ | s.i. hidropesía.

dross | drɒs | s.i. escoria.

drought | draut | s.c. e i. sequía.

drove | drəʊv | p.p. 1 del verbo **drive**. ‖ s.c. 2 multitud, muchedumbre. 3 manada, rebaño, piara.

drown | draun | v.i. 1 ahogarse. ‖ v.t. 2 ahogar, anegar, empapar.

drowse | drauz | v.i. dormitar.

drowsiness | 'drauzɪnɪs | s.i. modorra.

drub | drʌb | [ger. **drubbing**, pret. y p.p. **drubbed**] v.t. (fam.) zurrar.

drubbing | 'drʌbɪŋ | (fam.) s.i. zurra.

drudgery | 'drʌdʒərɪ | s.i. trabajo pesado, labor pesada.

drug | drʌg | [drugged, drugging] v.t. 1 drogar, narcotizar. ‖ s.c. 2 droga.

drugged | drʌgd | adj. drogado.

druggist | 'drʌgɪst | s.c. (EE.UU.) 1 farmacéutico. 2 farmacia.

drugstore | 'drʌgstɔː | s.c. (EE.UU.) drugstore, tienda de artículos varios.

druid | 'druːɪd | s.c. druida.

drum | drʌm | [ger. **drumming**, pret. y p.p. **drummed**] v.i. 1 tamborilear. ‖ v.t. 2 tocar el tambor. 3 (fig.) golpear repetidamente. ‖ s.c. 4 tambor, bidón. ‖ 5 to — into, meter a fuerza de repetir. 6 to — out, expulsar, echar ignominiosamente. 7 to — up, reunir, organizar.

drummer | 'drʌmə | s.c. tambor.

drumming | 'drʌmɪŋ | s.i. 1 tamboreo. 2 repicoteo, martilleo.

drumstick | 'drʌmstɪk | s.c. 1 palillo de tambor. 2 muslo de ave (cocinada).

drunk | drʌŋk | p.p. 1 de **drink**. ‖ adj. y s.c. 2 borracho, bebido.

drunken | 'drʌŋkən | adj. 1 borracho, ebrio. 2 de borrachos, de borrachera.

drunkenness | 'drʌŋkənnɪs | s.i. embriaguez, borrachera.

dry | draɪ | adj. 1 seco, irónico. ‖ v.t. 2

secar. ‖ v.i. 3 secarse. 4 — **goods**, (EE.UU.) artículos de lencería. 5 — **ice**, nieve carbónica. 6 to — out, a) desecarse. b) (fam.) dejar de beber.

dry-cleaner | draɪ'kliːnə | s.c. 1 tintorero, limpiador en seco. 2 tintorería.

dryer | draɪə | s.c. secador(a).

drying-up | 'draɪɪŋʌp | s.i. secado (de platos).

dryness | 'draɪnɪs | s.i. 1 sequedad, aridez. 2 ironía.

dual | 'djuːəl | adj. dual, doble.

dualism | 'djuːəlɪzəm | s.i. dualismo.

dub | dʌb | v.t. denominar, bautizar.

dubbing | 'dʌbɪŋ | s.i. doblaje (de películas).

dubious | 'djuːbɪəs | adj. dudoso.

ducal | 'djuːkl | adj. ducal.

duchess | 'dʌtʃɪs | s.c. duquesa.

duchy | 'dʌtʃɪ | s.c. ducado.

duck | dʌk | s.c. e i. 1 pato. ‖ v.t. 2 esquivar, evitar. ‖ v.i. 3 agacharse, zambullirse, lanzarse. ‖ 4 to — out, remolonear.

ducking | 'dʌkɪŋ | s.c. aguadilla.

duckling | 'dʌklɪŋ | s.c. patito.

duct | dʌkt | s.c. tubería, conducto.

dud | dʌd | adj. inútil, inoperativo.

dudgeon | 'dʌdʒən | in high dudgeon, hecho un basilisco.

due | djuː | adj. 1 debido, merecido. ‖ prep. 2 (EE.UU.) debido a, acordado con. ‖ adv. 3 directamente (con puntos cardinales). ‖ 4 to be due to, deber; suponerse que.

duel | 'djuːəl | s.c. 1 duelo, combate. ‖ v.i. 2 luchar en un duelo.

duet | djuː'et | s.c. 1 dúo.

duff | dʌf | (fam. y brit.) adj. falso.

duffel-bag | 'dʌflbæg | s.c. talego.

duffel-coat | 'dʌflkəut | s.c. trenca.

duffer | 'dʌfə | s.c. (fam.) zoquete.

dug | dʌg | pret. y p.p. de **dig**.

dugout | 'dʌgaut | s.c. 1 piragua, canoa. 2 MIL. trinchera cubierta.

duke | djuːk | s.c. duque.

dukedom | 'djuːkdəm | s.i. ducado.

dull | dʌl | adj. 1 aburrido, tedioso,

romo. ‖ v.t 2 embotar, entorpecer. ‖ v.i.
3 oscurecerse, opacarse, empañarse.
dullard | ˈdʌləd | s.c. lerdo, estúpido,
bobo.
dullness | ˈdʌlnɪs | s.i. aburrimiento.
duly | ˈdjuːlɪ | adv. debidamente.
dumb | dʌm | adj. 1 mudo, silencioso,
reticente, contenido. ‖ 2 – show, espectáculo de mimo. 3 – waiter, montacargas.
dumbfounded | dʌmˈfaʊndɪd | adj.
atónito, pasmado.
dumbo | ˈdʌmbəʊ | s.c. (fam.) bobo.
dumbstruck | ˈdʌmstrʌk | adj. ató-
nito.
dummy | ˈdʌmɪ | s.c. 1 maniquí. ‖ adj.
2 falso, postizo. ‖ 3 – ammunition, munición de fogueo.
dump | dʌmp | v.t 1 tirar, arrojar, des-
hacerse de. ‖ s.c. 2 basurero.
dumper-truck | ˈdʌmpətrʌk | s.c.
volquete.
dumping | ˈdʌmpɪŋ | s.i. 1 dumping,
inundación del mercado con precios ba-
jos. 2 arrojado, vaciado.
dumpy | ˈdʌmpɪ | adj. regordete.
dun | dʌn | adj. pardo.
dunce | dʌns | s.c. (desp.) zoquete.
dune | djuːn | s.c. duna.
dung | dʌŋ | s.i. excremento; estiércol.
dunghill | ˈdʌŋhɪl | s.c. estercolero.
dungarees | ˌdʌŋɡəˈriːz | s.pl. mono,
traje de faena.
dungeon | ˈdʌndʒən | s.c. mazmorra.
dunk | dʌŋk | v.t mojar, remojar.
duo | ˈdjuːəʊ | s.c. pareja, dúo.
duodenum | ˌdjuːəˈdiːnəm | s.c. duo-
deno.
dupe | djuːp | s.c. 1 primo, incauto,
inocentón. ‖ v.t 2 embaucar, timar.
duplex | ˈdjuːpleks | adj. dual, doble.
duplicate | ˈdjuːplɪkeɪt | v.t 1 copiar.
‖ adj. 2 duplicado. ‖ s.c. 3 copia.
duplicity | djuːˈplɪsətɪ | s.i. duplicidad.
durability | ˈdjʊərəˈbɪlətɪ | s.i. aguante.
durable | ˈdjʊərəbl | adj. fuente, resis-
tente, durable.
durables | ˈdjʊərəblz | s.pl. objetos no
perecederos.

duration | djʊˈreɪʃn | s.sing. duración.
duress | djʊˈres | s.i. [under –] bajo
coacción.
during | ˈdjʊərɪŋ | prep. 1 durante. 2
en el transcurso de.
dusk | dʌsk | s.sing. crepúsculo, ano-
checer.
dusky | ˈdʌskɪ | adj. 1 oscuro. 2 ne-
gruzco, oscuro (pelo).
dust | dʌst | s.i. 1 polvo. ‖ v.t 2 quitar
el polvo a. 3 empolvarse (especialmente
la cara). ‖ v.i. 4 limpiar el polvo. ‖ 5 to
– down, cepillar el polvo, limpiar el polvo.
6 to – off, quitar la suciedad totalmente.
duster | ˈdʌstə | s.c. guardapolvo.
dust-jacket | ˈdʌstdʒækɪt | s.c. sobre-
cubierta (de un libro).
dustman | ˈdʌstmən | s.c. (brit.) basu-
rero.
dustpan | ˈdʌstpæn | s.c. cogedor.
dustup | ˈdʌstʌp | s.c. (fam.) pelea,
riña.
dusty | ˈdʌstɪ | adj. polvoriento.
Dutch | dʌtʃ | adj. y s.i. holandés.
dutiful | ˈdjuːtɪfl | adj. cumplidor, obe-
diente, sumiso.
duty | ˈdjuːtɪ | s.i. 1 tarea, trabajo, obli-
gación. ‖ s.c. 2 tarea específica. ‖ s.c. e
i. 3 arancel, impuesto. ‖ 4 off –, fuera de
servicio. 5 on –, de servicio.
duty-bound | ˌdjuːtɪˈbaʊnd | adj. [–
inf.] obligado por sentido del deber.
duty-free | ˌdjuːtɪˈfriː | adj. y adv. libre
de impuestos.
duvet | ˈduːveɪ | s.c. edredón.
dwarf | dwɔːf | (pl. dwarfs o dwarves)
s.c. 1 enano. ‖ adj. 2 diminuto. ‖ v.t 3
empequeñecer.
dwarfish | ˈdwɔːfɪʃ | adj. diminuto.
dwell | dwel | v. [pret. y p.p. dwelled o
dwelt] i. 1 morar, habitar, residir. ‖ 2 to
– on/upon, explayarse en.
dweller | ˈdwelə | s.c. residente, habi-
tante.
dwindle | ˈdwɪndl | v.i. menguar.
dwindling | ˈdwɪndlɪŋ | adj. decre-
ciente.
dye | daɪ | v.t 1 teñir. ‖ s.c. 2 tinte.
dyed | daɪd | adj. teñido (pelo).

dyer | daɪə | *s.c.* tintorero.
dying | daɪŋ | *ger.* 1 de **die**. || *adj.* 2 moribundo, agonizante. 3 en las últimas, sin futuro (industria, tradición, etc.). 4 último (suspiro o parecido). || **5 the –**, los agonizantes, los moribundos; los enfermos terminales.
dyke | daɪk | (también **dike**) *s.c.* 1 dique. 2 lesbiana.
dynamic | daɪ'næmɪk | *adj.* dinámico.
dynamics | dər'næmɪks | *s.i.* FIS. dinámica.

dynamism | 'daɪnəmɪzəm | *s.i.* dinamismo (cualidad personal positiva).
dynamite | 'daɪnəmaɪt | *s.i.* 1 dinamita. || *v.t.* 2 dinamitar.
dynamo | 'daɪnəməu | *s.c.* dinamo.
dynastic | dɪ'næstik | *adj.* dinástico.
dynasty | 'dɪnəsti | *s.c.* dinastía.
dysentery | 'dɪsəntrɪ | *s.i.* disentería.
dyslexia | dɪs'leksɪə | *adj.* dislexia.
dyspepsia | dɪs'pepsɪə | *s.i.* dispepsia.
dystrophy | 'dɪstrəfi | *s.i.* distrofia.

E

e, E | iː | s.c. e i. 1 e, E (letra). 2 MUS. Mi.

each | iːtʃ | adj.indef. 1 [– + v./s.sing] cada (con una sola unidad). ‖ pron. 2 cada uno. 3 [– of] cada uno de. ‖ adv. 4 cada uno, por persona.

eagerness | iːgənıs | s.i. 1 [– (for /inf.)] ansia, impaciencia. 2 entusiasmo.

eagle | iːgl | s.c. 1 águila. ‖ 2 golden –, ZOOL. águila real.

ear | ıə | s.c. 1 oreja, oído. 2 espiga. ‖ s.sing. 3 [– (for)] oído, aptitud. ‖ s.c. e i. 4 (fig.), predisposición.

earache | ıəreık | s.i. y sing. dolor de oídos.

eardrum | ıədrʌm | (también **drum**) s.c. tímpano.

earful | ıəful | to give/get an –, (fam.) regañar/recibir una regañina.

earl | ɜːl | (f. **countess**) s.c. conde.

earldom | ɜːldəm | s.i. condado.

earlier | ɜːlıə | comp. 1 de early. ‖ adj. 2 anterior. ‖ adv. 3 antiguamente.

earliest | ɜːlıəst | super. 1 de early. ‖ adj. 2 primero, primerizo. ‖ 3 at one's – convenience, tan pronto como (le) sea posible.

earliness | ɜːlınıs | s.i. prontitud, presteza.

earlobe | ıələub | s.c. ANAT. lóbulo.

early | ɜːlı | [comp. **earlier**, super. **earliest**] adj. y adv. 1 temprano. 2 a principios de. 3 prematuro, tierno (edad), precoz. ‖ 5 an – bird, un tipo madrugador. 6 as – as, incluso en, hasta en, ya. 7 – closing, que cierra temprano. 8 the – hours, la madrugada.

early-warning | ɜːlıˈwɔːnıŋ | adj. de aviso previo.

earmark | ıəmɑːk | v.t 1 [to – + o. + (for)] designar, destinar. ‖ 2 earmarks (of), señales (de), marcas (de).

earn | ɜːn | v.t. 1 ganar (dinero). 2 devengar (intereses). 3 (fig.) merecer.

earner | ɜːnə | s.c. receptor (de un sueldo), proveedor (de una familia), productor (de intereses).

earnest | ɜːnıst | adj. 1 serio, formal. ‖ s.sing. 2 pago (a cuenta). 3 (fig.) prenda, fianza. ‖ 4 in –, en serio, de veras.

earnestness | ɜːnıstnıs | s.i. seriedad, formalidad.

earnings | ɜːnıŋz | s.pl. ingresos.

earphone | ıəfəun | s.c. [generalmente pl.] auricular.

earpiece | ıəpiːs | s.c. 1 audífono. 2 patillas (de las gafas).

earring | ıərıŋ | s.c. pendiente, arete.

earshot | ıəʃɒt | s.c. within –/out of –, al alcance del oído.

earth | ɜːθ | s.sing. 1 [the –] la tierra (el planeta). 2 [the –] la superficie terrestre. ‖ s.c. 3 madriguera. 4 [generalmente sing.] toma de tierra. ‖ s.i. 5 tierra, suelo. ‖ v.t. 6 (brit.) conectar la toma de tierra. ‖ 7 to come back to –, regresar a la tierra, volver a la realidad. 8 to – up, enterrar, cubrir con tierra. 9 to go to –, esconderse. 10 to run someone/something to –, dar con alguien/algo, encontrar alguien/algo. 11 **the ends of the −**, los confines del mundo.

earthbound I ˈɜːbaʊnd I *adj.* 1 incapaz de volar. 2 (fig.) pedestre, prosaico.

earthen I ˈɜːən I *adj.* 1 de arcilla, de barro (cocido). 2 de tierra (dura).

earthiness I ˈɜːɪnɪs I *s.i.* desenfado, sinceridad natural.

earthquake I ˈɜːəkweɪk I *s.c.* terremoto.

earth-shattering I ˈɜːəʃætərɪŋ I *adj.* importantísimo.

earthwork I ˈɜːwɜːk I *s.c.* terraplén de fortificación.

earthworm I ˈɜːwɜːm I *s.c.* lombriz.

earthy I ˈɜːɪ I *adj.* 1 terroso, parecido a tierra. 2 desenfadado, sincero, natural.

earwig I ˈɪəwɪg I *s.c.* tijereta.

ease I iːz I *s.i.* 1 [− (of/with)] facilidad. 2 comodidad, confort. ‖ *v.t.* 3 aliviar (dolor), disminuir (tensiones), mejorar (una situación mala). 4 mitigar, moderar. 5 dejar caer, poner, colocarse. ‖ *v.r.* 6 dejarse caer, ponerse, colocarse. ‖ *v.i.* 7 mitigarse, moderarse. ‖ 8 **at −/at one's −**, relajado, cómodo. 9 **at −/stand at −**, MIL. ¡descanso! 10 **to − off**, aflojar, disminuir. 11 **to − up**, aflojar, apaciguarse, disminuir. 12 **to − up on**, (fam.) tratar con menos rigor, tratar con más relajación. 13 **ill at −**, nervioso, incómodo. 14 **with −**, con facilidad.

easel I ˈiːzl I *s.c.* atril, caballete.

easily I ˈiːzɪlɪ I *adv.* 1 fácilmente, sencillamente. 2 relajadamente, sin excesivas tensiones. 3 sobradamente, con mucho (como énfasis). 4 probablemente. 5 con demasiada facilidad, con demasiada rapidez.

easiness I ˈiːzɪnɪs I *s.i.* facilidad, sencillez.

east I iːst I *s.sing.* 1 [(the) −] este (punto cardinal). ‖ *adv.* 2 hacia el este. ‖ 3 este, del este. ‖ 4 **East German**, alemán oriental. 5 **East Germany**, Alemania Oriental. 6 **the East**, a) países del Este de Europa. b) el Oriente.

Easter I ˈiːstə I *s.i.* 1 Semana Santa, Pascua. ‖ 2 **− egg**, huevo de Pascua. 3 **− Sunday**, domingo de Resurrección.

eastern I ˈiːstən I *adj.* 1 oriental, del este. 2 del oriente.

easternmost I ˈiːstənməʊst I *adj.* más hacia el este, más oriental.

easy I ˈiːzɪ I *adj.* 1 fácil, sencillo. 2 relajado. 3 [− **(on)**] (fam.) bueno para, agradable para. 4 sencillo, cómodo, sin preocupaciones. 5 propicio (víctima), fácil (presa). 6 (desp. y fam.) chupado, tirado. ‖ 7 **as − as pie**, (fam.) chupado, tirado. 8 **to be − about**, a) (fam. y brit.) no tener una preferencia clara por. b) [con *neg.*] encontrarse cómodo con, encontrarse a gusto con. 9 **− chair**, butacón, poltrona. 10 **− does it**, (fam.) cuidado, no te apresures. 11 **− touch**, (fam.) toque suave, toque delicado. 12 **far from −/none too −/no − task**, nada fácil, demasiado difícil. 13 **to go − on**, (fam.), no pasarse en. 14 **to stand −**, MIL. estar en posición de descanso. 15 **to take it/things −**, tomárselo con calma. 16 **too −**, demasiado fácil. 17 **woman of − virtue**, mujer de vida fácil.

eat I iːt I *v.irr.* [*pret.* **ate**, *p.p.* **eaten**] *t.* 1 comer, tomar, ingerir. 2 (fam.) intranquilizar ‖ *i.* 3 comer, hacer la comida (del día). ‖ *s.pl.* 4 (fam.) comida. ‖ 5 **to − away**, desgastar poco a poco. 6 **to − humble pie**, V. **humble**. 7 **to − in**, comer en casa. 8 **to − into**, a) corroer, desgastar. b) mermar, hacer estragos en. 9 **to − like a horse**, (fam.) comer muchísimo. 10 **to − one's hat**, V. **hat**. 11 **to − one's heart out**, sufrir en silencio. 12 **to − one's words**, V. **word**. 13 **to − out**, comer fuera de casa. 14 **to − someone out of house and home**, V. **house**. 15 **to − up**, a) comer todo. b) absorber, deshacerse de. c) (generalmente pasiva) (fam. y desp.) corroer (envidia).

eatable I ˈiːtəbl I *adj.* comestible.

eaten I ˈiːtn I V. **eat**.

eater I ˈiːtə I *s.c.* 1 comedor; devorador. 2 (fam.) fruta de mesa.

eaves I iːvz I *s.pl.* aleros.

eavesdrop I ˈiːvzdrɒp I [*ger.* eaves-

dropping, *p.p.* **eavesdropped**] *v.i.* [to — (on)] escuchar a escondidas.

eavesdropper | ˈiːvzdrɒpə | *s.c.* espía (en forma de escucha).

ebb | eb | *v.i.* 1 bajar, menguar (la marea). 2 (fig.) decaer, declinar (los sentimientos). || *s.sing.* 3 [(the) —] reflujo (de la marea). || 4 at a low —, en un punto bajo, en franca decadencia. 5 the — and flow of, el flujo y reflujo.

ebony | ˈebənɪ | *s.c.* 1 ébano. || *s.i.* 2 madera de ébano. || *adj.* 3 ébano. 4 de ébano (muebles).

ebullience | ɪˈbʌlɪəns | *s.i.* exaltación, exuberancia (de personas).

eccentric | ɪkˈsentrɪk | *adj. y s.c.* excéntrico, extravagante.

eccentricity | ˌeksenˈtrɪsətɪ | *s.i.* 1 excentricidad, extravagancia. || *s.c.* 2 (generalmente *pl.*) excentricidad.

ecclesiastic | ɪˌkliːzɪˈæstɪk | *s.c.* eclesiástico, clérigo.

echelon | ˈeʃəlɒn | *s.c.* 1 categoría, grado. 2 MIL. escalonamiento.

echo | ˈekəʊ | [*pl.* **echoes**] *s.c.* 1 eco. 2 [— (of)] (fig.) repetición, eco. 3 [— (of)] eco, trazo. || *v.i.* 4 hacer eco, reverberar. 5 resonar, estar lleno de ecos. 6 (fig.), oírse, estar en candelero. || *v.t.* 7 hacerse eco de, repetir, reproducir.

echo-sounder | ˈekəʊsaʊndə | *s.c.* onda acústica, sonar.

eclat | ˈeɪklɑː | (EE.UU.) | eɪˈklɑː |) *s.i.* 1 gran éxito. 2 aplauso, aclamación.

eclecticism | ɪˈklektɪsɪzəm | *s.i.* eclecticismo.

eclipse | ɪˈklɪps | *s.c.* 1 eclipse. || *s.sing.* 2 (fig.), desaparición, oscurecimiento. || *v.t.* 3 eclipsar. 4 (fig.) eclipsar, dejar empequeñecido. || 5 in/into —, en proceso de desaparición.

eco- | iːkɒ | *prefijo* eco (para compuestos que tengan relación con la ecología).

ecologist | iːˈkɒlədʒɪst | *s.c.* 1 experto en ecología, ecólogo. 2 POL. verde.

ecology | iːˈkɒlədʒɪ | *s.i.* 1 ecología. || 2 the Ecology Party, (también the Green

Party) el partido verde, el partido ecologista.

economic | ˌiːkəˈnɒmɪk | | ˌekəˈnɒ/mɪk | *adj.* 1 económico, financiero. 2 económico, que cuesta poco. 3 eficiente, ajustado (uso de tiempo).

economics | ˌiːkəˈnɒmɪks | | ˌekəˈnɒ/mɪks | *s.i.* 1 economía (como ciencia). || *s.pl.* 2 medidas económicas.

economist | ɪˈkɒnəmɪst | *s.c.* economista.

economize | ɪˈkɒnəmaɪz | (también **economise**) *v.i.* [to — (on)] economizar.

economy | ɪˈkɒnəmɪ | *s.c.* 1 economía, sistema económico. 2 (generalmente *pl.*), economía, reducción de costes. 3 [generalmente *sing.*], situación económica. || *s.i.* 4 ahorro, reducción de costes. 5 [— (of)] (fig.) ahorro, uso inteligente, (del tiempo). || *adj.* 6 ahorrativo, económico.

ecosystem | ˈiːkəʊsɪstəm | *s.c.* ecosistema.

ecstasy | ˈekstəsɪ | *s.c. e i.* 1 éxtasis, embeleso. 2 rapto, frenesí.

ecstatic | ɪkˈstætɪk | *adj.* eufórico, embelesado, de puro éxtasis.

ectoplasm | ˈektəplæzəm | *s.i.* 1 ectoplasma. 2 emanación del médium.

ECU | ˈiːkjuː | *s.c.* ecu (siglas de "European Currency Unit").

Ecuador | ˈekwədɔː | *s.sing.* Ecuador.

ecumenical | ˌiːkjuːˈmenɪkl | (también **oecumenical**) *adj.* 1 ecuménico. || 2 — council, concilio ecuménico.

ecumenicism | ˌiːkjuːˈmenɪsɪzəm | (también **ecumenism**) *s.i.* ecumenismo.

eczema | ˈeksɪmə | *s.i.* eczema.

eddy | ˈedɪ | *v.i.* 1 revolotear, arremolinarse. || *s.c.* 2 remolino, revoloteo.

edelweiss | ˈeɪdlvaɪs | [*pl.* **edelweiss**] *s.c.* edelweiss.

Eden | ˈiːdn | *s.sing.* Edén.

edge | edʒ | *s.c.* 1 [— (of)] borde, límite, margen. 2 filo (de un cuchillo). 3 [— (of)] borde (parte fina de un objeto). || *s.sing.* 4 [the — (of)] el borde, el límite (de una situación). 5 [— (over)] ventaja, prioridad. 6 [an — (to)] deje, sabor, acento cortante. ‖ *v.t.* 7 bordear, ribetear. 8 empujar poco a poco, trasladar gradualmente (un objeto). ‖ *v.i.* 9 acercarse/alejarse poco a poco. ‖ 10 -edged, de borde, de lado(en compuestos). 11 on –, en tensión. 12 to take the – off, suavizar, mitigar.

edgeways | 'edʒweɪz | (también edgewise) *adv.* 1 de filo, de canto. ‖ 2 to get a word in –, (generalmente *neg.*) meter baza (hablando).

edgewise | 'edʒwaɪz | V. edgeways.

edginess | 'edʒɪnɪs | *s.i.* (fam.) nerviosismo, intranquilidad.

edgy | 'edʒɪ | *adj.* nervioso, inquieto.

edible | 'edɪbl | *adj.* comestible.

edict | 'iːdɪkt | *s.c.* 1 instrucción oficial, mandato oficial. 2 decreto, edicto.

edification | ˌedɪfɪ'keɪʃn | *s.i.* edificación, enseñanza (moral).

edifice | 'edɪfɪs | *s.c.* 1 edificio, construcción. 2 (fig. y fam.) estructura, edificio, entramado (en sentido intangible).

edify | 'edɪfaɪ | *v.t.* instruir, enseñar.

edit | 'edɪt | *v.t.* 1 corregir, anotar (un texto). 2 dirigir una colección de artículos). 3 dirigir (periódico) 4 TV. montar (película). 5 editar (un texto por ordenador). ‖ *v.i.* 6 corregir, hacer correcciones. ‖ *s.c.* 7 corrección (de un texto). ‖ 8 to – out, cortar (de un texto o película).

edition | ɪ'dɪʃn | *s.c.* 1 edición (texto). 2 tirada, edición. 3 [– (of)] TV. programa (uno dentro de una serie).

editor | 'edɪtə | *s.c.* 1 PER. director. 2 PER. jefe de sección. 3 TV. jefe de montaje. 4 corrector; compilador, coordinador (de una obra literaria). 5 editor de textos (programa).

editorial | ˌedɪ'tɔːrɪəl | *s.c.* 1 PER. editorial. ‖ *adj.* 2 editorial (textos). 3 editorial (de una publicación). ‖ 4 – staff, redacción.

editorialize | ˌedɪ'tɔːrɪəlaɪz | (también editorialise) *v.i.* hacer comentarios de matiz subjetivo.

editorially | ˌedɪ'tɔːrɪəlɪ | *adv.* en cuanto a su política editorial.

editorship | 'edɪtəʃɪp | *s.i.* PER. dirección.

educate | 'edʒukeɪt | *v.t.* 1 educar, instruir, formar (la mente). 2 pagar una educación, dar una educación. 3 formar, informar, educar (para la mejora).

education | ˌedʒu'keɪʃn | *s.i.* 1 educación, instrucción (sistema). 2 educación, formación (intelectual). 3 pedagogía.

educationalist | ˌedʒu'keɪʃənəlɪst | (también educationist) *s.c.* especialista en educación, pedagogo.

educator | 'edʒukeɪtə | *s.c.* pedagogo, profesor.

EEC | ˌiːiː'siː | *s.sing.* [the –] la CEE (European Economic Community).

eel | iːl | *s.c.* anguila.

eerie | 'ɪərɪ | (también eery) *adj.* misterioso, fantástico, extraño.

eery V. eerie.

eff | ef | *v.i.* – off, irse a la porra.

efface | ɪ'feɪs | *v.t.* 1 borrar, hacer olvidar (un sentimiento desagradable); eclipsar (una mala impresión). 2 borrar, hacer desaparecer (físicamente). ‖ *v.r.* 3 retirarse de la escena, pasar inadvertido.

effacement | ɪ'feɪsmənt | *s.i.* 1 borrado, tachadura. 2 modestia, discreción.

effect | ɪ'fekt | *s.c.* 1 [– (on)] efecto, resultado, consecuencia. 2 sensación, efectos, resultado (corporal). 3 (generalmente *sing.*) efecto final, efecto total, efecto, impacto total. ‖ *s.i.* 4 resultado, consecuencia. ‖ *s.pl.* 5 efectos personales, , pertenencias. 6 efectos especiales. ‖ *v.t.* 7 ejecutar, llevar a cabo. ‖ 8 for –, para causar efecto. 9 in –, en efecto. 10 to take –, hacer efecto. 11 to no/little/etc. –, sin resultados, inútilmente. 12 to the – that, en el sentido de que.13 to this/that –, en este/ese sentido.

effectiveness | ɪ'fektɪvnɪs | *s.i.* 1 eficacia. 2 impresión, impacto. 3 vigencia.

effeminacy | ɪ'femɪnəsɪ | *s.i.* (desp.) afeminamiento, afeminación.

effervesce | ˌefə'ves | *v.i.* 1 hacer efervescencia. 2 [to – (with)] bullir, estar eufórico.

effervescence I ˌefəˈvesns I *s.i.* 1 efervescencia. 2 (fig.) euforia.

effeteness I rˈfiːtnis I *s.i.* (desp.) incapacidad, decadencia, debilidad.

efficacy I ˈefikəsi I *s.i.* eficacia (nunca de una persona).

efficiency I rˈfiʃnsi I *s.i.* 1 eficiencia, profesionalidad. ‖ *s.c.* e *i.* 2 FIS. eficiencia, rendimiento.

effigy I ˈefidʒi I *s.c.* 1 efigie, escultura. 2 muñeco, pelele, efigie.‖ 3 in −, en forma de muñeco.

efflorescence I ˌefloːˈresns I *s.i.* florecimiento.

effluent I ˈefluənt I *s.c.* e *i.* desperdicio (en estado líquido).

effort I ˈefət I *s.c.* 1 esfuerzo. 2 sacrificio. 3 intento (fallido), obra (de mala calidad), esfuerzo infructuoso (de hacer algo). ‖ *s.i.* 4 esfuerzo. 5 dificultad, sacrificio. ‖ 6 an − of will, un esfuerzo de la voluntad. 7 to be worth the −, valer la pena el esfuerzo. 8 to make the −, hacer esfuerzos.

effortlessness I ˈefətlisnis I *s.i.* facilidad, ausencia de esfuerzo.

effrontery I rˈfrʌntəri I *s.i.* descaro.

effulgence I rˈfʌldʒəns I *s.i.* refulgencia, resplandor (de luz).

effusion I rˈfjuːʒn I *s.c.* e *i.* 1 efusión (de líquido, gas.). 2 desahogo (de sentimientos.).

effusiveness I rˈfjuːsivnis I *s.i.* efusividad, naturaleza efusiva.

e.g. I ˌiːˈdʒiː I (*abreviatura* de exempli gratia) por ejemplo, es decir.

egalitarian I rˈgæliˈteəriən I *adj.* y *s.c.* igualitario.

egalitarianism I ˌgæliˈteəriənizəm I *s.i.* igualitarismo.

egg I eg I *s.c.* 1 huevo. 2 óvulo. ‖ *s.c.* e *i.* 3 huevo (como comida). ‖ 4 a bad −, una mala persona. 5 to − on, azuzar, incitar. 6 to walk on eggs, actuar con precaución.

egghead I ˈeghed I *s.c.* (fam. y desp.) cabeza pensante, intelectual.

eggshell I ˈegʃel I *s.c.* e *i.* 1 cáscara (de huevo). ‖ *adj.* 2 fino; frágil. 3 lustroso; indistinto (de color).

ego I ˈegəʊ I (EE.UU. I ˈiːgəʊ I) *s.c.* 1 (fam.) ego, autoestima. 2 PSIC. ego.

egocentricity I ˌegəʊsənˈtrisəti I *s.i.* egocentrismo.

egoism I ˈegəʊizəm I (EE.UU. I ˈiːgəʊizəm I) V. **egotism**.

egoist I ˈegəʊist I (EE.UU. I ˈiːgəʊist I) V. **egotist**.

egomania I ˌegəʊˈmeiniə I *s.i.* preocupación obsesiva por el propio yo.

egotism I ˈegəʊtizəm I (EE.UU. I ˈiːgəʊtizəm I) *s.i.* 1 egoísmo. 2 egocentrismo.

egotist I ˈegəʊtist I (EE.UU. I ˈiːgəʊtist I) *s.c.* egoísta.

egregious I rˈgriːdʒiəs I *adj.* egregio, insigne; atroz (para algo negativo).

egress I ˈiːgres I *s.i.* 1 salida. ‖ *s.c.* DER. derecho de salida.

egret I ˈiːgrit I *s.c.* airón, penacho.

Egypt I ˈiːdʒipt I *s.sing.* Egipto.

eh I ei I *interj.* ¿eh?, ¿no? (expresando contestación o búsqueda de acuerdo).

eiderdown I ˈaidədaun I *s.c.* edredón.

eight I eit I *num. card.* 1 ocho. ‖ *s.c.* 2 embarcación de ocho remeros. ‖ 3 eight-, de ocho (en compuestos).

eighteen I eiˈtiːn I *num.card.* dieciocho.

eighth I eitə I *num.ord.* 1 octavo. ‖ *s.c.* 2 octava parte. ‖ 3 − note, (EE.UU.) corchea.

eightsome I ˈeitsəm I *s.sing.* 1 grupo de ocho personas. ‖ 2 − reel, baile escocés.

eighty I ˈeiti I *num.card.* ochenta.

either I ˈaiðə I (EE.UU. I ˈiːðə I) *adv.* 1 [con *neg.*] tampoco (se coloca al final de la oración). 2 [con *neg.*] además (al final de la oración). ‖ *pron.* 3 cualquiera (de dos). 4 [− of] cualquiera de (dos). 5 [con *neg.*] ninguno (de dos). ‖ *adj.* 6 cualquier (de dos). 7 [con *neg.*] ninguno (de dos). 8 [− *sing.*] ambos, los dos.

ejaculate I rˈdʒækjuleit I *v.t.* e *i.* 1 eyacular. 2 exclamar.

ejaculation | ˌɪˌdʒækjuˈleɪʃn | *s.i.* 1 eyaculación (de semen). 2 exclamación.

eject | ɪˈdʒekt | *v.t.* expeler, lanzar, expulsar.

ejection | ɪˈdʒekʃn | *s.i.* 1 expulsión, acto de expeler, lanzamiento. 2 expulsión. ‖ 3 – seat, (EE.UU.) AER. asiento de lanzamiento.

eke | iːk | to – out, estirar (el dinero), complementar, suplir, hacer durar.

elaborateness | ɪˈlæbərətnɪs | *s.i.* 1 complejidad. 2 perfección, primor (en el arte). 3 esmero (proyecto o similar).

elaboration | ɪˌlæbəˈreɪʃn | *s i* 1 explicación detallada, desarrollo total. 2 refinamiento (de una teoría). ‖ *s.c.* 3 (generalmente *pl.*) detalle prolijo, adición excesiva.

élan | eɪˈlɑːn | | eɪˈlæn | *s.i.* brío; donaire.

eland | ˈiːlənd | *s.c.* antílope.

elapse | ɪˈlæps | *v.i.* transcurrir.

elastic | ɪˈlæstɪk | *adj.* 1 elástico, flexible. 2 (fig.) adaptable. ‖ *s.i.* 3 elástico (material).

elasticity | ˌelæˈstɪsətɪ | *s.i.* 1 elasticidad. 2 (fig.) flexibilidad, adaptabilidad.

elation | ɪˈleɪʃn | *s.i.* júbilo, alborozo.

elbow | ˈelbəʊ | *s.c.* 1 codo. 2 (fig.) codo, curvatura (en tuberías). ‖ *v.t.* 3 utilizar los codos.

elder | ˈeldə | *comp.irr.* 1 de old. ‖ *adj.* 2 mayor. ‖ *s.c.* 3 mayor. 4 anciano venerable. 5 saúco.

elderberry | ˈeldəbrɪ | *s.c.* 1 baya (de saúco). ‖ 2 – wine, vino de baya.

elderly | ˈeldəlɪ | *adj.* 1 mayor, de avanzada edad. 2 anticuado (un objeto). ‖ 3 the –, los mayores.

eldest | ˈeldɪst | *super.irr.* 1 de old. ‖ *adj.* 2 mayor. ‖ *s.sing.* 3 (fam.) el hijo mayor.

elect | ɪˈlekt | *v.t.* 1 elegir, seleccionar. ‖ *v.i.* 2 [to – *inf.*] apetecer, optar por. ‖ *adj.* 3 [s. –] electo. ‖ 4 the –, los elegidos.

election | ɪˈlekʃn | *s.c.* e *i.* 1 elección. ‖ *s.sing.* 2 nombramiento, elección.

elective | ɪˈlektɪv | *adj.* 1 de elección democrática. 2 (EE.UU.) optativo, no obligatorio. ‖ *s.c.* 3 (EE.UU.) asignatura optativa.

elector | ɪˈlektə | *s.c.* elector.

electorate | ɪˈlektərət | *s.c.* (generalmente *sing.*) electorado.

electric | ɪˈlektrɪk | *adj.* 1 eléctrico. 2 (fig.) electrizante, excitante. ‖ 3 – blanket, manta eléctrica.

electrician | ɪˌlekˈtrɪʃn | *s.c.* electricista.

electricity | ɪˌlekˈtrɪsətɪ | *s.i.* electricidad.

electrify | ɪˈlektrɪfaɪ | *v.t.* 1 electrificar, instalar la electricidad. 2 suministrar corriente eléctrica. 3 (fig.) exaltar (ánimos).

electro- | ɪˈlektrəʊ | *prefijo* electro.

electrocute | ɪˈlektrəkjuːt | *v.t.* 1 electrocutar. ‖ *v.r.* 2 electrocutarse.

electrocution | ɪˌlektrəˈkjuːʃn | *s.i.* electrocución.

electrode | ɪˈlektrəʊd | *s.c.* electrodo.

electrolysis | ˌɪlekˈtrɒləsɪs | *s.i.* electrólisis.

electronics | ˌɪlekˈtrɒnɪks | *s.i.* 1 electrónica. ‖ *s.pl.* 2 objetos electrónicos.

electroplate | ɪˈlektrəpleɪt | *v.t.* galvanizar.

elegance | ˈelɪgəns | *s.i.* elegancia.

elegiac | ˌelɪˈdʒaɪək | *adj.* elegíaco.

elegy | ˈelədʒɪ | *s.c.* elegía.

element | ˈelɪmənt | *s.c.* 1 elemento, componente. 2 característica, factor. 3 ELEC. resistencia. 4 (normalmente *pl.*) elemento (persona o individuo). ‖ *s.pl.* 5 puntos básicos. 6 [the –] los elementos (fenómenos atmosféricos). ‖ *s.sing.* e *i.* 7 [(an) – of] partícula de, algo de.

elephant | ˈelɪfənt | *s.c.* elefante.

elevate | ˈelɪveɪt | *v.t.* 1 elevar, empujar hacia arriba. 2 [to – + o. + (to/into)] alzar, ascender. 3 (fig.) ennoblecer, exaltar.

elevation | ˌelɪˈveɪʃn | *s.c.* 1 elevación, altura (física). 2 altiplano, colina. 3 ARQ. alzado.‖ *s.sing.* 4 [– to] ascenso a.

elevator | ˈelɪveɪtə | *s.c.* 1 (EE.UU.) ascensor. 2 montacargas, 3 AER. timón de profundidad. 4 silo.

eleven | ɪˈlevn | *num.card.* once; de once (en compuestos). primero, onceavo.
elevenses | ɪˈlevnzɪz | *s.pl.* [- *v.sing.*] (brit.) tentempié, refrigerio.
elfin | ˈelfin | *adj.* 1 de duende, traviesillo. 2 mágico, encantador.
elicit | ɪˈlɪsɪt | *v.t.* 1 [to - + *o.d.* + (from)] provocar, producir. 2 sonsacar.
elide | ɪˈlaɪd | *v.t.* omitir, suprimir.
eligible | ˈelɪdʒəbl | *adj.* 1 [- (for/*inf.*)] idóneo, apto. 2 aceptable.
eliminate | ɪˈlɪmɪneɪt | *v.t.* 1 eliminar, erradicar. 2 (fam.) liquidar.
elision | ɪˈlɪʒn | *s.i.* omisión.
elite | eɪˈliːt | *s.c.* 1 élite. ǁ *adj.* 2 elitista.
elixir | ɪˈlɪksə | *s.c.* e *i.* [- (of)] elixir.
elk | elk | [*pl.* elk o elks] *s.c.* alce.
elm | elm | *s.c.* e *i.* olmo.
elocution | ˌeləˈkjuːʃn | *s.i.* declamación, locución.
elongate | ˈiːlɒŋgeɪt | (EE.UU. | ɪˈlɔːŋgeɪt |) *v.t.* e *i.* alargar(se).
elongation | ˌiːlɒŋˈgeɪʃn | | ɪˌlɔːŋ'/ geɪʃn | *s.c.* e *i.* prolongación.
elope | ɪˈləʊp | *v.i.* escaparse, evadirse.
elopement | ɪˈləʊpmənt | *s.c.* e *i.* huida, fuga.
eloquence | ˈeləkwəns | *s.i.* elocuencia.
else | els | *adv.* 1 what-, qué otra cosa. ǁ 2 if nothing -, por lo menos, a falta de 3 or -, si no.
elsewhere | ˌelsˈweə | *adv.* en algún otro sitio.
elucidate | ɪˈluːsɪdeɪt | *v.t.* elucidar.
elucidation | ɪˌluːsɪˈdeɪʃn | *s.i.* aclaración.
elude | ɪˈluːd | *v.t.* 1 eludir, esquivar. 2 escapársele a uno.
elusive | ɪˈluːsɪv | *adj.* esquivo, escurridizo.
emaciated | ɪˈmeɪʃɪeɪtɪd | *adj.* esquelético.
emaciation | ɪˌmeɪsɪˈeɪʃn | *s.i.* demacración.
emanate | ˈeməneɪt | *v.i.* 1 [to - from] brotar de, proceder de. ǁ *v.t.* 2 irradiar.

emanation | ˌeməˈneɪʃn | *s.i.* emanación.
emancipate | ɪˈmænsɪpeɪt | *v.t.* emancipar.
emancipation | ɪˌmænsɪˈpeɪʃn | *s.i.* [- (of)] emancipación.
emasculate | ɪˈmæskjuleɪt | *v.t.* 1 castrar. 2 debilitar, enervar.
embalm | ɪmˈbɑːm | (EE.UU. | ɪmˈbɑːlm |) *v.t.* embalsamar.
embalmment | ɪmˈbɑːmmənt | (EE.UU. | ɪmˈbɑːlmmənt |) *s.i.* embalsamamiento.
embankment | ɪmˈbæŋkmənt | *s.c.* malecón, dique.
embargo | ɪmˈbɑːgəʊ | *s.c.* e *i.* 1 [- (on)] embargo. ǁ *v.t.* 2 embargar. 3 requisar.
embark | ɪmˈbɑːk | *v.i.* embarcar.
embarkation | ˌembɑːˈkeɪʃn | *s.c.* e *i.* embarque.
embarrass | ɪmˈbærəs | *v.t.* 1 avergonzar. 2 POL. poner en apuros. 3 desconcertar.
embarrassment | ɪmˈbærəsmənt | *s.i.* 1 [- (at/of)] vergüenza; turbación. 2 apuro. ǁ *s.sing.* 3 estorbo, impedimento.
embassy | ˈembəsi | *s.c.* embajada.
embattled | ɪmˈbætld | *adj.* cercado, sitiado.
embed | ɪmˈbed | [*ger.* embedding, *pret.* y *p.p.* embedded] *v.t.* [to - + *o.* + (in)] incrustar, empotrar.
embellish | ɪmˈbelɪʃ | *v.t.* 1 [to - + *o.* + (with)] embellecer. 2 (fig.) adornar.
embellishment | ɪmˈbelɪʃmənt | *s.c.* e *i.* embellecimiento; ornamentación.
ember | ˈembə | *s.c.* (generalmente *pl.*) ascua, brasa, pavesa.
embezzle | ɪmˈbezl | *v.t.* e *i.* malversar.
embezzler | ɪmˈbezlə | *s.c.* malversador.
embitter | ɪmˈbɪtə | *v.t.* amargar (carácter); envenenar.
embitterment | ɪmˈbɪtəmənt | *s.i.* amargura.
emblazon | ɪmˈbleɪzən | *v.t.* adornar con.

emblazonment | ɪmˈbleɪzənmənt | *s.i.* engalanamiento.

emblem | ˈembləm | *s.c.* 1 emblema, insignia. 2 (fig.) símbolo, signo.

embody | ɪmˈbɒdɪ | *v.t.* 1 encarnar. 2 incluir.

embodiment | ɪmˈbɒdɪmənt | *s.sing.* personificación, encarnación.

embolden | ɪmˈbəʊldən | *v.t.* animar.

embossed | ɪmˈbɒst | ɪmˈbɔːst | *adj.* grabado en relieve, repujado.

embrace | ɪmˈbreɪs | *v.t.* e *i.* 1 abrazar. ‖ *v.t.* 2 (fig.) aceptar. 3 abarcar, incluir. ‖ *s.c.* 4 abrazo.

embrasure | ɪmˈbreɪʒə | *s.c.* 1 tronera, cañonera. 2 alféizar, hueco.

embrocation | ˌembrəˈkeɪʃn | *s.i.* linimento.

embroider | ɪmˈbrɔɪdə | *v.t.* e *i.* bordar, recamar.

embroidery | ɪmˈbrɔɪdərɪ | *s.c.* e *i.* 1 bordado. 2 (fig.) adorno.

embroil | ɪmˈbrɔɪl | *v.t.* [to − + o. + (with/in)] embrollar, enredar.

embryo | ˈembrɪəʊ | *s.c.* 1 embrión. ‖ *adj.* 2 embrionario, en germen.

embryology | ˌembrɪˈɒlədʒɪ | *s.i.* embriología.

emcee | ˌemˈsiː | *s.c.* 1 maestro de ceremonias. ‖ *v.t.* e *i.* 2 hacer de maestro de ceremonias; llevar.

emend | ɪˈmend | *v.t.* enmendar, corregir (un escrito).

emendation | ˌiːmenˈdeɪʃn | *s.c.* e *i.* corrección, enmienda (en un escrito).

emerald | ˈemərəld | *s.c.* y *adj.* esmeralda.

emerge | ɪˈmɜːdʒ | *v.i.* 1 [to − (from /out of)] surgir, emerger. 2 aparecer. 3 [to − from] surgir de, salir de.

emergency | ɪˈmɜːdʒənsɪ | *s.c.* 1 urgencia, aprieto. ‖ *adj.* 2 de emergencia.

emeritus | ɪˈmerɪtəs | *adj.* emérito.

emery | ˈemərɪ | *s.i.* 1 esmeril. ‖ 2 − board, lima (de uñas).

emetic | ɪˈmetɪk | *s.c.* y *adj.* vomitivo.

emigrant | ˈemɪgrənt | *s.c.* emigrante.

emigrate | ˈemɪgreɪt | *v.i.* [to − (to /from)] emigrar.

emigration | ˌemɪˈgreɪʃn | *s.i.* emigración.

émigré | ˈemɪgreɪ | *s.c.* emigrado.

eminence | ˈemɪnəns | *s.i.* altura, eminencia, importancia.

emir | eˈmɪə | (también **amir**) *s.c.* emir.

emissary | ˈemɪsərɪ | *s.c.* emisario.

emission | ɪˈmɪʃn | *s.c.* e *i.* emisión.

emit | ɪˈmɪt | [*ger.* emitting, *pret.* y *p.p.* emitted] *v.t.* emitir, despedir.

emollient | ɪˈmɒlɪənt | *adj.* 1 suavizante. ‖ *s.c.* 2 crema suavizante.

emolument | ɪˈmɒljumənt | *s.c.* (normalmente *pl.*) emolumento.

emotion | ɪˈməʊʃn | *s.c.* e *i.* emoción. ‖ *s.i.* 2 pasión, sentimientos.

emotionless | ɪˈməʊʃnlɪs | *adj.* sin emoción.

empanel | ɪmˈpænl | (también **Impanel**) *v.t.* nombrar para un jurado.

empathize | ˈempəθaɪz | (también **empathise**) *v.i.* [to − (with)] hacerse cargo.

empathy | ˈempəθɪ | *s.i.* empatía.

emperor | ˈempərə | *s.c.* emperador.

emphases | ˈemfəsiːz | *pl.* de emphasis.

emphasis | ˈemfəsɪs | [*pl.* emphases] *s.c.* e *i.* énfasis, acento, relieve.

emphasize | ˈemfəsaɪz | (también **emphasise**) *v.t.* enfatizar.

empire | ˈempaɪə | *s.c.* imperio.

empiricism | ɪmˈpɪrɪsɪzəm | *s.i.* empirismo.

empiricist | ɪmˈpɪrɪsɪst | *s.c.* empírico.

emplacement | ɪmˈpleɪsmənt | *s.c.* MIL. emplazamiento, ubicación.

employ | ɪmˈplɔɪ | *v.t.* 1 dar trabajo a. 2 usar, utilizar. ‖ *s.i.* 3 servicio, empleo.

employment | ɪmˈplɔɪmənt | *s.i.* 1 empleo, trabajo. 2 uso, utilización.

emporium | ɪmˈpɔːrɪəm | [*pl.* emporiums o emporia] *s.c.* 1 grandes almacenes. 2 (EE.UU.) bazar.

empower | ɪmˈpaʊə | *v.t.* facultar, autorizar.

empress | ˈemprɪs | *s.c.* emperatriz.

emptiness | ˈemptɪnɪs | *s.i.* 1 vacío. 2 (fig.), vacuidad, vaciedad (como sentimiento). ‖ *s.c.* 3 (normalmente *sing.*) extensión, paisaje (vacío).

empty | 'empti | *adj.* 1 vacío. 2 [– of] sin. 3 vano, inútil. ‖ *v.t.* 4 vaciar, verter. 5 desalojar. ‖ *v.i.* 6 vaciarse, verterse.

emulate | 'emjuleit | *v.t.* emular, imitar.

emulation | ˌemju'leifn | *s.i.* emulación, imitación.

emulsifier | ɪ'mʌlsɪfaɪə | *s.c.* emulsionador.

emulsion | ɪ'mʌlʃn | *s.c. e i.* 1 emulsión. ‖ *s.i.* 2 pintura mate.

enable | ɪ'neɪbl | *v.t.* 1 permitir, capacitar. 2 autorizar.

enact | ɪ'nækt | *v.t.* 1 promulgar, decretar. 2 representar.

enactment | ɪ'næktmənt | *s.c. e i.* 1 promulgación. ‖ *s.i.* 2 representación.

enamel | ɪ'næml | (brit. **enamelling.** EE.UU. **enameling** *v.t.* 1 esmaltar, pintar con esmalte. ‖ *s.i.* 2 esmalte.

enamoured | ɪ'næməd | (EE.UU. **enamored**) *adj.* [– (of)] fascinado. enamorado.

encamp | ɪn'kæmp | *v.i.* acampar.

encampment | ɪn'kæmpmənt | *s.c.* campamento.

encapsulate | ɪn'kæpsjuleɪt | *v.t.* narrar de forma resumida, incluir.

encase | ɪn'keɪs | *v.t.* encerrar, revestir.

enchant | ɪn'tʃɑːnt | (EE.UU. | ɪn'tʃænt |) *v.t.* 1 encantar, hechizar. 2 (fig.), deleitar.

enchanter | ɪn'tʃɑːntə | *s.c.* hechicero.

enchantment | ɪn'tʃɑːntmənt | *s.i.* 1 embeleso, fascinación. ‖ *s.c.* 2 encantamiento.

enchantress | ɪn'tʃɑːntrɪs | *s.c.* 1 bruja. 2 (fig.) seductora.

encircle | ɪn'sɜːkl | *v.t.* rodear.

encirclement | ɪn'sɜːklmənt | *s.i.* circunvalación, rodeo.

enclave | 'enkleɪv | *s.c.* enclave; zona.

enclose | ɪn'kləʊz | *v.t.* 1 [to – + *o.d.* + (in/with)] cercar, encerrar. 2 [to – + *o.d.* + (in/with)] adjuntar, incluir.

enclosure | ɪn'kləʊʒə | *s.c.* 1 cercado, encerramiento. 2 anexo.

encode | ɪn'kəʊd | *v.t.* codificar.

encomium | ɪn'kəʊmɪəm | [*pl.* **encomiums** o **encomia**] *s.c.* elogio.

encompass | ɪn'kʌmpəs | *v.t.* 1 cubrir totalmente. 2 incluir, abarcar.

encore | 'ɒŋkɔː | *interj.* 1 otra vez. ‖ *s.c.* 2 repetición (de actuación).

encounter | ɪn'kaʊntə | *v.t.* 1 encontrarse con. 2 tropezar con. 3 experimentar. ‖ *s.c.* 4 [– (with/between)] encuentro, choque.

encourage | ɪn'kʌrɪdʒ | *v.t.* 1 [to – + *o.d.* + *inf.*] animar, alentar. 2 fomentar, estimular.

encouragement | ɪn'kʌrɪdʒmənt | *s.i.* ánimo, aliento, estímulo.

encroach | ɪn'krəʊtʃ | *v.i.* 1 invadir, usurpar. 2 [to – on/upon] ocupar, robar.

encroachment | ɪn'krəʊtʃmənt | *s.c. e i.* [– (of/on/upon)] invasión, usurpación, ocupación.

encrust | ɪn'krʌst | *v.t. e i.* incrustar(se), cubrir(se).

encrustation | ˌənˌkrʌst'eɪʃn | *s.c. e i.* incrustación; capa.

encumber | ɪn'kʌmbə | *v.t.* 1 recargar, estorbar. 2 abarrotar.

encumbrance | ɪn'kʌmbrəns | *s.c.* estorbo, impedimento.

encyclical | ɪn'sɪklɪkl | *s.c.* encíclica.

encyclopedia | ɪnˌsaɪklə'piːdɪə | (también **encyclopaedia**) *s.c.* enciclopedia.

end | end | *s.sing.* 1 fin, final. ‖ *s.c.* 2 [normalmente *sing.* (to/of)] finalización, término. 3 objetivo, fin. 4 extremo, punta. 5 resto, sobrante. 6 muerte, fin. ‖ *v.i.* 7 terminar, acabar. 8 [to – (on/with)] concluir, terminarse. ‖ *v.t.* 9 terminar, finalizar. 10 from beginning to –, de principio a fin. 11 in the –, al final. 12 to the bitter /very –, hasta el fin. 13 to the – of time, hasta siempre. 14 without –, sin fin, sin final.

endanger | ɪn'deɪndʒə | *v.t.* comprometer, hacer peligrar.

endear |ɪn'dɪə| *v.t.* hacer querer, encariñar con.

endearment |ɪn'dɪəmənt| *s.c.* e *i.* palabra cariñosa.

endeavour |ɪn'devə| (EE.UU. **endeavor**) *s.c.* y *s.i.* 1 empeño, esfuerzo. ‖ *v.i.* 2 [– *inf.*] esforzarse por.

endemic |en'demɪk| *adj.* [– (to/in)] endémico.

endive |'endɪv| (EE.UU. |'endaɪv|) *s.c.* e *i.* 1 escarola. 2 (EE.UU.) achicoria.

endocrine |'endəkrɪn| *adj.* endocrino.

endorse |ɪn'dɔːs| *v.t.* 1 apoyar, aprobar. 2 FIN. endosar. 3 marcar, confirmar. 4 (brit.) señalar infracciones.

endorsement |ɪn'dɔːsmənt| *s.c.* e *i.* 1 [– (of)] apoyo, aprobación. 2 [– (of)] FIN. confirmación, respaldo.

endow |ɪn'dau| *v.t.* 1 donar. 2 [to – + *o.d.* + with] dotar de.

endowment |ɪn'daumənt| *s.c.* 1 contribución económica. 2 parte, dote.

endurance |ɪn'djuərəns| *s.i.* aguante, paciencia.

endure |ɪn'djuə| *v.t.* 1 aguantar, resistir. ‖ *v.i.* 2 perdurar.

endways |'endweɪz| (también **endwise**) *adv.* con la parte trasera hacia delante.

endwise |'endwaɪz| V. **endways**.

enema |'enɪmə| *s.c.* enema.

enemy |'enəmɪ| *s.c.* enemigo, adversario.

energize |'enədʒaɪz| (también **energise**) *v.t.* dar energía a.

energy |'enədʒɪ| *s.i.* energía, vigor, tesón. ‖ 2 **energies**, esfuerzos.

enfold |ɪn'fəuld| *v.t.* 1 [to – + *o.d.* + (in)] abrazar. 2 [to – + *o.d.* + (in)] envolver, rodear.

enforce |ɪn'fɔːs| *v.t.* 1 imponer. 2 exigir, forzar.

enforcement |ɪn'fɔːsmənt| *s.i.* [– (of)] imposición, exigencia.

enfranchise |ɪn'fræntʃaɪz| *v.t.* 1 conceder derechos de sufragio. 2 libertar.

enfranchisement |ɪn'fræntʃɪzmənt|

s.i. 1 concesión del derecho de sufragio. 2 liberación.

engage |ɪn'geɪdʒ| *v.i.* 1 [to – in/on/upon] participar en, ocuparse de. 2 entablar batalla. 3 [to – (with)] encajar, acoplarse. ‖ *v.t.* 4 captar, atraer, cautivar. 5 contratar. 6 acoplar, hacer engranar.

engagement |ɪn'geɪdʒmənt| *s.c.* 1 compromiso. 2 acción militar, batalla. ‖ *s.i.* 3 contratación, empleo. 4 acople, ajuste. 5 **engagements**, compromisos financieros.

engender |ɪn'dʒendə| *v.t.* engendrar, causar, producir.

engine |'endʒɪn| *s.c.* 1 motor. 2 locomotora, máquina.

engineer |ˌendʒɪ'nɪə| *s.c.* 1 ingeniero. 2 especialista. ‖ *v.t.* 3 construir, hacer. 4 (fam.) fraguar, tramar.

English |'ɪnglɪʃ| *adj.* 1 inglés. ‖ *s.i.* 2 inglés.

engrave |ɪn'greɪv| *v.t.* 1 grabar, burilar. 2 (fig.) imprimir.

engraver |ɪn'greɪvə| *s.c.* grabador.

engrossed |ɪn'grəust| *adj.* [– (in)] absorto, enfrascado.

engulf |ɪn'gʌlf| *v.t.* 1 cubrir totalmente. 2 (fig.) sumergir, sumir.

enhance |ɪn'hɑːns| (EE.UU.) |ɪn'hæns| *v.t.* realzar, aumentar.

enhancement |ɪn'hɑːnsmənt| *s.c.* e *i.* realce, aumento, mejora.

enigma |ɪ'nɪgmə| *s.c.* enigma.

enjoin |ɪn'dʒɔɪn| *v.t.* 1 [to – + *o.d.* + *inf.*] ordenar, prescribir. 2 [to – + *o.d.* + (on/upon)] imponer, mandar.

enjoy |ɪn'dʒɔɪ| *v.t.* 1 disfrutar de/con. 2 [to – ger.] gozar, pasarlo bien. ‖ *v.r.* 3 divertirse.

enjoyment |ɪn'dʒɔɪmənt| *s.i.* 1 disfrute, goce. 2 uso. ‖ *s.c.* 3 placer.

enkindle |ɪn'kɪndl| *v.t.* avivar, inflamar.

enlarge |ɪn'lɑːdʒ| *v.t.* 1 aumentar, agrandar, extender. 2 FOT. ampliar. ‖ *v.i.* 3 aumentarse, extenderse.

enlargement |ɪn'lɑːdʒmənt| *s.c.* 1 FOT. ampliación. ‖ *s.i.* 2 agrandamiento. ‖ *s.sing.* 3 [the – of] el aumento de.

enlarger | ɪn'lɑːdʒə | *s.c.* FOT. ampliadora.

enlighten | ɪn'laɪtn | *v.t.* aclarar, esclarecer; ilustrar.

enlightenment | ɪn'laɪtnmənt | *s.i.* cultura, ilustración, esclarecimiento.

enlist | ɪn'lɪst | *v.t.* 1 alistar, reclutar. 2 (fig.) conseguir, asegurarse; reclutar ‖ *v.i.* 3 [to — (in/into)] alistarse.

enliven | ɪn'laɪvn | *v.t.* animar, avivar.

enmeshed | ɪn'meʃt | *adj.* [— (in)] enredado, enmarañado.

enmity | 'enmɪtɪ | *s.c.* e *i.* enemistad, hostilidad.

ennoble | ɪ'nəʊbl | *v.t.* 1 hacer noble. 2 (fig.) elevar, dignificar.

ennoblement | ɪ'nəʊblmənt | *s.i.* 1 concesión de un título nobiliario. 2 (fig.) dignificación.

ennui | ɒn'wiː | *s.i.* tedio, fastidio.

enormity | ɪ'nɔːmɪtɪ | *s.sing.* [the — (of)] la enormidad, la magnitud.

enough | ɪ'nʌf | *adv.* 1 bastante, suficiente, suficientemente. 2 [*adj.* —] suficientemente. ‖ *pron.* 3 [— (of)] suficiente, bastante. ‖ 4 — **is** —, vale ya, no más.

en passant | ˌɒn'pæsɒn | *adv.* de pasada, de paso.

enrage | ɪn'reɪdʒ | *v.t.* enfurecer.

enraptured | ɪn'ræptʃəd | *adj.* arrobado, embelesado.

enrich | ɪn'rɪtʃ | *v.t.* enriquecer.

enrichment | ɪn'rɪtʃmənt | *s.i.* enriquecimiento, aumento de calidad.

enrol | ɪn'rəʊl | (EE.UU. **enroll**) *v.t.* e *i.* apuntar(se), inscribir(se).

enrolment | ɪn'rəʊlmənt | *s.i.* matriculación, inscripción.

ensconce | ɪn'skɒns | *v.r.* [to — (in/at)] acomodarse, situarse.

ensemble | ɒn'sɒmbl | *s.c.* 1 grupo, conjunto. 2 conjunto (de vestir).

enshrine | ɪn'ʃraɪn | *v.t.* venerar.

enshroud | ɪn'ʃraʊd | *v.t.* ocultar velar.

ensign | 'ensən | *s.c.* enseña, pabellón, bandera.

enslave | ɪn'sleɪv | *v.t.* 1 esclavizar. 2 (fig.) dominar.

enslavement | ɪn'sleɪvmənt | *s.i.* 1 esclavitud. 2 [— (to)] (fig.) dominio.

ensnare | ɪn'sneə | *v.t.* 1 atrapar. 2 (fig.) seducir, engañar.

ensue | ɪn'sjuː | (EE.UU. | ɪn'suː |) *v.i.* [to — (from)] resultar.

en suite | ˌɒn'swiːt | *adv.* en conjunto, unido.

ensure | ɪn'ʃɔː | (EE.UU. **insure**) *v.t.* [to — (that/o.d.)] asegurar, garantizar.

entail | ɪn'teɪl | *v.t.* 1 significar, conllevar, acarrear. 2 DER. vincular. ‖ *s.c.* e *i.* 3 DER. vínculo.

entangle | ɪn'tæŋgl | *v.t.* 1 enredar, enmarañar. ‖ 2 **to be entangled in,** (fig.) estar embrollado en.

entanglement | ɪn'tæŋglmənt | *s.i.* 1 enredo, enmarañamiento. ‖ *s.c.* 2 enredo, embrollo. ‖ 3 **entanglements,** alambradas.

entente | ɒn'tɒnt | *s.c.* e *i.* 1 convenio, pacto. 2 alianza (de países).

enter | 'entə | *v.t.* 1 entrar en, penetrar en. 2 unirse a. 3 participar en, registrarse en. 4 apuntar, anotar. ‖ *v.i.* 5 entrar en escena.

enteritis | ˌentə'raɪtɪs | *s.i.* enteritis, inflamación intestinal.

enterprise | 'entəpraɪz | *s.c.* 1 empresa, proyecto, aventura. 2 compañía. ‖ *s.i.* 3 iniciativa, resolución, empuje. 4 espíritu de empresa.

entertain | ˌentə'teɪn | *v.t.* 1 agasajar. 2 divertir, distraer. 3 (fig.) abrigar, acariciar. 4 considerar, plantearse. ‖ *v.i.* 5 dar fiestas, recibir invitados.

entertainer | ˌentə'teɪnə | *s.c.* anfitrión, animador, director de un espectáculo.

entertainment | ˌentə'teɪnmənt | *s.i.* 1 entretenimiento. ‖ *s.c.* 2 espectáculo.

enthral | ɪn'θrɔːl | (EE.UU. **enthrall**) *v.t.* cautivar, hechizar, encantar.

enthralment | ɪn'θrɔːlmənt | (EE.UU. **enthrallment**) *s.i.* hechizo, encantamiento, subyugación.

enthrone | ɪn'θrəʊn | *v.t.* 1 entronizar (a un rey). 2 (fig.) dar prominencia (a una idea).

enthronement | ɪn'θrəʊnmənt | *s.c.* 1 entronización. 2 (fig.) entronización, prominencia, elevación.

enthuse | ɪn'θju:z | *v.i.* 1 [to – over /about] entusiasmarse por. 2 decir animadamente‖ *v.t.* 3 entusiasmar.

enthusiasm | ɪn'θju:zɪæzəm | *s.c. e i.* 1 [– (for)] entusiasmo. ‖ *s.c.* 2 pasión, interés sumo.

entice | ɪn'taɪs | *v.t.* seducir, engatusar.

enticement | ɪn'taɪsmənt | *s.c. e i.* tentación, seducción, engatusamiento.

entire | ɪn'taɪə | *adj.* entero, completo.

entitle | ɪn'taɪtl | *v.t.* 1 (normalmente *pas.*) titular. 2 habilitar, autorizar.

entitlement | ɪn'taɪtlmənt | *s.c. e i.* autorización, derecho.

entity | 'entətɪ | *s.c. e i.* 1 entidad, ente. 2 entidad (del ser).

entomb | ɪn'tu:m | *v.t.* sepultar, enterrar.

entombment | ɪn'tu:mmənt | *s.i.* enterramiento.

entomology | ˌentə'mɒlədʒɪ | *s.i.* entomología.

entourage | ˌɒntʊ'rɑːʒ | *s.c.* cortejo, séquito.

entrails | 'entreɪlz | *s.pl.* entrañas, vísceras.

entrance | 'entrəns | *s.c.* 1 [– (to/into/of)] entrada, acceso. 2 llegada. 3 aparición en escena. ‖ *s.i.* 4 [– (to/into)] acceso. 5 [– (to/into)] admisión. ‖ | ɪn'trɑːns |, (EE.UU. | ɪn'træns |) *v.t.* 6 [normalmente *pas.*] fascinar, encantar. 7 – fee, cuota de entrada, derechos de admisión.

entrant | 'entrənt | *s.c.* 1 ingreso, miembro nuevo. 2 concursante.

entrap | ɪn'træp | [*ger.* entrapping, *pret.* y *p.p.* entrapped] *v.t.* atrapar, engañar, hacer caer en una trampa.

entrapment | ɪn'træpmənt | *s.c. e i.* arresto ilegal.

entreat | ɪn'tri:t | *v.t.* [to – + *o.d.* + (*inf.*)] implorar, suplicar.

entreaty | ɪn'tri:tɪ | *s.c. e i.* súplica.

entrée | 'ɒntreɪ | *s.sing.* 1 entrada, ad-

misión. ‖ *s.c.* 2 plato principal de una comida.

entrench | ɪn'trentʃ | *v.t.* 1 (normalmente *pas.*) MIL. atrincherar. 2 (fig.) fortalecer.

entrepreneur | ˌɒntrəprə'nɜː | *s.c.* empresario.

entropy | 'entrəpɪ | *s.i.* entropía; caos, desorden.

entrust | ɪn'trʌst | *v.t.* [to – + *o.d.* + to /with] confiar, encomendar.

entry | 'entrɪ | *s.c.* 1 entrada (física). 2 llegada. 3 anotación. 4 COM. asiento. 5 INF. dato. 6 artículo, voz (en diccionario). 7 participante. ‖ *s.sing.* 8 lista total de participantes. ‖ *s.i.* 9 acceso, admisión, (física).

entryism | 'entrɪɪzəm | *s.i.* POL. submarinismo, entrismo.

entwine | ɪn'twaɪn | *v.t. e i.* entrelazar(se).

enumeration | ɪˌnjuːmə'reɪʃn | *s.i.* enumeración.

enunciate | ɪ'nʌnsɪeɪt | *v.t.* 1 pronunciar. 2 expresar, proclamar. ‖ *v.i.* 3 pronunciar, articular.

enunciation | ɪˌnʌnsɪ'eɪʃn | *s.i.* 1 pronunciación, dicción. 2 expresión, proclamación.

envelop | ɪn'veləp | *v.t.* envolver, cubrir.

envelope | 'envələʊp | *s.c.* sobre.

enviable | 'envɪəbl | *adj.* envidiable, magnífico.

environment | ɪn'vaɪərənmənt | *s.sing.* 1 [the –] el medio ambiente. ‖ *s.c. e i.* 2 ambiente, medio (de una persona). ‖ *s.c.* 3 BIOL. hábitat.

environs | ɪn'vaɪərənz | *s.pl.* alrededores, zonas próximas.

envisage | ɪn'vɪzɪdʒ | (EE.UU. envision) *v.t.* concebir, imaginar.

envoy | 'envɔɪ | *s.c.* mensajero, enviado.

envy | 'envɪ | *s.i.* 1 envidia. ‖ *v.t.* 2 envidiar.

EP | i:'pi: | *s.c.* single, (Extended Play).

epaulet | 'pəlet | (también epaulette) *s.c.* charretera.

ephemera | ɪˈfemərə | *s.pl.* cosas efímeras.

epic | ˈepɪk | *s.c.* 1 épica. ‖ *adj.* 2 (fig.) grandioso.

epicentre | ˈepɪsentə | (EE.UU. **epicenter**) *s.c.* . epicentro.

epicure | ˈepɪkjʊə | *s.c.* 1 epicúreo. 2 (fig.) gurmet.

epidemic | ˌepɪˈdemɪk | *s.c.* MED. epidemia.

epigraph | ˈepɪgræf | *s.c.* epígrafe.

epilogue | ˈepɪlɒg | (EE.UU. **epilog**) *s.c.* epílogo.

episiotomy | əˌpiːzɪˈɒtəmɪ | *s.c.* corte vaginal.

episode | ˈepɪsəʊd | *s.c.* episodio.

epistle | ɪˈpɪsl | *s.c.* epístola, misiva.

epitaph | ˈepɪtɑːf | (EE.UU. | ˈepɪtæf |) *s.c.* epitafio.

epithelium | əpɪˈθeliəm | [*pl.* **epitheliums** o **epithelia**] *s.c.* . epitelio.

epitome | ɪˈpɪtəmɪ | *s.sing.* 1 epítome, compendio, sumario. 2 modelo, ejemplo.

epitomize | ɪˈpɪtəmaɪz | *v.t.* 1 (brit.) tipificar, ejemplificar. 2 resumir, compendiar.

epoch | ˈiːpɒk | *s.c.* 1 época, período. 2 . era. 3 . edad.

equal | ˈiːkwəl | (brit. **equall**) *adj.* 1 igual, comparable. 2 tanto, mismo. 3 equitativo. 4 imparcial, justo; tranquilo, sosegado. 5 parejo. ‖ *s.c.* 6 par, semejante. ‖ *v.t.* 7 igualar, nivelar, equivaler a. 8 to have no –, no tener igual.

equality | iːˈkwɒlətɪ | | ɪˈkɑːlətɪ | *s.i.* igualdad, paridad, uniformidad.

equalize | ˈiːkwəlaɪz | (brit. **equalise**) *v.t.* 1 igualar. 2 emparejar. ‖ *v.i.* 3 (brit.) equilibrar, nivelar.

equalizer | ˈiːkwəlaɪzə | *s.c.* 1 (brit.) empate. 2 equilibrio. 3 MEC. compensador. 4 ecualizador.

equanimity | ˌekwəˈnɪmətɪ | *s.i.* ecuanimidad, calma, equilibrio.

equate | ɪˈkweɪt | *v.t.* 1 comparar. ‖ *v.i.* 2 ser igual, corresponder.

equation | ɪˈkweɪʒn | *s.c.* 1 ecuación. ‖ *s.i.* 2 equilibrio, balance.

equator | ɪˈkweɪtə | *s.* ecuador.

equestrian | ɪˈkwestrɪən | *adj.* 1 ecuestre. ‖ *s.c.* 2 jinete.

equidistant | ˌiːkwɪˈdɪstənt | *adj.* equidistante, a la misma distancia.

equilateral | ˌiːkwɪˈlætərəl | *adj.* equilátero.

equilibrium | | | [*pl.* **equilibria** o **equilibriums**] *s.c.* e *i.* equilibrio, serenidad, aplomo.

equip | ɪˈkwɪp | *v.t.* 1 [to – (with/for)] equipar, proveer de. 2 [to – (for)] preparar (para), dotar (para). 3 (EE.UU.) vestirse de etiqueta.

equipment | ɪˈkwɪpmənt | *s.i.* 1 equipo, aparatos. 2 equipaje. 3 capacidad, aptitud. 4 dotación.

equipoise | ˈekwɪpɔɪz | *s.i.* equilibrio, autocontrol (mental).

equity | ˈekwətɪ | *s.i.* 1 equidad, justicia. 2 derecho natural. ‖ 3 acciones de interés variable.

equivalence | ɪˈkwɪvələns | *s.i.* equivalencia, correspondencia.

equivocal | ɪˈkwɪvəkl | *adj.* 1 dudoso, ambiguo, vago. 2 sospechoso, incierto. 3 discutible.

equivocate | ɪˈkwɪvəkeɪt | *v.i.* 1 hablar con ambigüedad. 2 soslayar el tema.

equivocation | ɪˌkwɪvəˈkeɪʃn | *s.c.* 1 ambigüedad. ‖ *s.i.* 2 uso equívoco del lenguaje.

era | ˈɪərə | *s.c.* era, edad, época.

eradiate | ɪˈreɪdɪeɪt | *v.t.* irradiar, radiar.

eradication | ɪˌreɪdˈeɪʃn | *s.i.* erradicación, supresión, eliminación.

eradicator | ɪˈrædɪkeɪtə | *s.c.* quitamanchas.

erase | ɪˈreɪz | | ɪˈreɪs | *v.t.* borrar.

eraser | ɪˈreɪzə | | ɪˈreɪsər | *s.c.* 1 (EE.UU. y fam.) goma de borrar. 2 borrador.

erasure | ɪˈreɪʒə | *s.c.* 1 borradura, tachadura. ‖ *s.i.* 2 eliminación.

ere | eə | *prep.* 1 antes de. ‖ *conj.* 2 antes de que.

erect | ɪˈrekt | *adj.* 1 erecto, derecho, vertical. 2 erizado, (el pelo). ‖ *v.t.* 3 erigir, elevar, construir 4 (fig.) establecer. 5 montar.

erectile | ɪˈrektaɪl | (EE.UU. | ɪˈrektɪl |) *adj.* eréctil.

erection | ɪˈrekʃn | *s.i.* 1 construcción, edificación. 2 montaje. || *s.c.* 3 estructura, edificio. || *s.c. e i.* 4 erección.

ermine | ˈɜːmɪn | *s.i.y c.* armiño.

erode | ɪˈrəud | *v.t.* 1 erosionar. 2 corroer, desgastar. || *v.i.* 3 erosionarse. 4 raerse, corroerse.

erosion | ɪˈrəuʒn | *s.i.* 1 erosión. 2 desgaste.

eroticism | ɪˈrɒtɪsɪzəm | *s.i.* erotismo.

err | ɜː | *v.i.* 1 errar, equivocarse. 2 pecar.

errand | ˈerənd | *s.c.* 1 recado, encargo. 2 misión.

errant | ˈerənt | *adj.* 1 errante. 2 descarriado.

erratic | ɪˈrætɪk | *adj.* 1 irregular, inconstante. 2 voluble, caprichoso. 3 excéntrico.

error | ˈerə | *s.c. e i.* 1 error, equivocación. 2 transgresión. 3 falta.

ersazt | ˈeəzæts | *adj.* sucedáneo.

erstwhile | ˈɜːstwaɪl | *adj.* anterior, de otro tiempo.

erudition | ˌeruːˈdɪʃn | *s.i.* erudición, cultura.

erupt | ɪˈrʌpt | *v.i.* 1 entrar en erupción. 2 estallar. 3 (fig.) estallar, brotar. 4 MED. tener una erupción. || *v.t.* 5 arrojar (lava).

eruption | ɪˈrʌpʃn | *s.c. e i.* 1 erupción. 2 MED. brote. 3 (fig.) estallido.

escalate | ˈeskəleɪt | *v.t. e i.* 1 intensificar(se), extender(se). 2 aumentar. 3 empeorar, agravarse.

escalation | ˌeskəˈleɪʃn | *s.c. e i.* 1 escalada, extensión. 2 ascenso, aumento. 3 empeoramiento.

escapade | ˌeskəˈpeɪd | *s.c.* escapada, travesura.

escape | ɪˈskeɪp | *v.i.* 1 escaparse, huir, fugarse. || *v.t.* 2 salvarse de, librarse de. 3 evitar, eludir. || *s.c. e i.* 4 evasión, fuga.

escapee | ɪˌskeɪˈpiː | *s.c.* persona escapada, fugado.

escapology | ˌeskəˈpɒlədʒɪ | *s.i.* contorsionismo.

escarpment | ɪˈskɑːpmənt | *s.c.* 1 acantilado. 2 zona escarpada.

eschew | ɪsˈtʃuː | *v.t.* abstenerse, evitar, renunciar.

escort | eˈskɔːt | *s.c.* 1 escolta. 2 convoy. 3 acompañamiento, pareja. || | ˈeskɔːt | *v.t.* 4 escoltar.

escritoire | ˌeskrɪˈtwɑː | *s.c.* escritorio.

escrow | ˈesˌkrəu | *s.c.* DER. plica, depósito.

escutcheon | ɪˈskʌtʃən | *s.c.* 1 blasón, emblema. 2 espejo de popa. 3 (fig.) honor.

esoteric | ˌesəuˈterɪk | *adj.* 1 esotérico, oculto, secreto. 2 confidencial.

especial | ɪˈspeʃl | *adj.* especial, particular.

espionage | ˌespɪəˈnɑːʒ | | ˈespjəˈnɑːʒ | *s.i.* espionaje.

esplanade | ˌespləˈneɪd | *s.c.* explanada.

espouse | ɪˈspauz | *v.t.* 1 adherirse, abrazar. 2 desposar, casarse con.

espresso | eˈspresəu | *[pl.* espressos] *s.c. e i.* café exprés.

espy | ɪˈspaɪ | *v.t.* divisar, vislumbrar.

esquire | ɪˈskwaɪə | *s.c.* 1 (brit.) señor, don. 2 escudero. 3 (brit.) noble.

essay | ˈeseɪ | *s.c.* 1 ensayo (literario). 2 composición (escolar). 3 prueba, intento. 4 muestra, ejemplo. || *v.t.* 5 probar, ensayar.

essence | ˈesns | *s.sing.* 1 esencia, naturaleza intrínseca. 2 [the —] lo esencial. 3 QUIM. esencia, extracto. || 4 in —, esencialmente. 5 of the —, indispensable, esencial.

establish | ɪˈstæblɪʃ | *v.t.* 1 establecer, fundar. 2 implantar, crear. 3 arraigar. 4 probar, demostrar. 5 (gen. pasiva) reconocer. 6 promulgar. 7 tomar (contacto). || *v.r.* 8 [to — oneself] establecerse, asentarse.

establishment | ɪˈstæblɪʃmənt | *s.i.* 1 establecimiento, fundación. || *s.c.* 2 negocio, casa. 3 MIL. fuerzas, efectivos. 4 Establishment, clase dirigente, grupo dirigente. 5 Establisment, (brit.) Iglesia Anglicana. 6 plantilla, personal.

estate | ɪˈsteɪt | *s.c.* 1 finca, hacienda, heredad. 2 (brit.) barrio, zona, polígono. 3 relictos, herencia. 4 propiedades, fortuna. ‖ 5 the fourth –, (fam.) el cuarto poder.

esteem | ɪˈstiːm | *s.i.* 1 estima, respeto. 2 juicio, opinión. ‖ *v.t.* 3 admirar.

esthete | ˈiːsθiːt | (EE.UU. aesthete) *s.c.* esteta, amante de la belleza.

estimate | ˈestɪmət | *v.t.* 1 [to – (at)] calcular, valorar, tasar. 2 juzgar, presuponer. ‖ *v.i.* 3 [to – (for)] presupuestar. ‖ *s.c.* 4 cálculo, evaluación. 5 presupuesto. 6 juicio, suposición.

estimation | ˌestɪˈmeɪʃn | *s.i.* 1 juicio, opinión. 2 estima, aprecio. ‖ *s.c.* 3 valoración, tasación.

estrange | ɪˈstreɪndʒ | *v.t.* [to – from] separarse de, apartarse de.

estrangement | ɪˈstreɪndʒmənt | *s.c.* e *i.* extrañamiento, desavenencia.

estuary | ˈestjʊərɪ | *s.c.* estuario.

etcetera | ɪtˈsetərə | *adv.* 1 etcétera. ‖ *s.pl.* 2 extras.

etch | etʃ | *v.t.* e *i.* 1 grabar al aguafuerte. 2 (fig.) grabarse.

eternal | iːˈtɜːnl | *adj.* 1 eterno, sempiterno. 2 perpetuo, perenne. 3 (fig.) constante. 4 inmutable, absoluto.

eternity | iːˈtɜːnətɪ | *s.i.* 1 eternidad. 2 (fig.) mucho tiempo.

ether | ˈiːθə | *s.i.* éter; espacio.

ethereal | iːˈθɪərɪəl | *adj.* etéreo, celestial, sublime.

ethic | ˈeθɪk | *s.sing.* sistema moral, ética.

ethics | ˈeθɪks | *s.i.* 1 [– *v.sing./pl.*] ética. 2 moralidad.

ethnic | ˈeθnɪk | *adj.* étnico, racial.

ethnology | eθˈnɒlədʒɪ | *s.i.* etnología.

ethos | ˈiːθɒs | *s.sing.* carácter distintivo.

etiolated | ˈiːtɪəʊleɪtɪd | *adj.* pálido, blanquecino.

etiquette | ˈetɪket | *s.i.* 1 etiqueta, protocolo. 2 honor profesional.

etymology | ˌetɪˈmɒlədʒɪ | *s.i.* y *s.c.* etimología.

eucalyptus | juːkəˈlɪptəs | [*pl.* eucalyptuses o eucalypti] *s.c.* e *i.* eucalipto.

eugenics | juːˈdʒenɪk | *s.i.* eugenesia.

eulogize | ˈjuːlədʒaɪz | *v.t.* e *i.* alabar.

eulogy | ˈjuːlədʒɪ | *s.c.* e *i.* panegírico, apología, alabanza.

eunuch | ˈjuːnək | *s.c.* 1 eunuco, castrado. 2 (fig.) don nadie.

euphemism | ˈjuːfɪmɪzəm | *s.c.* e *i.* eufemismo.

euphoria | juːˈfɔːrɪə | *s.i.* euforia, entusiasmo.

evacuate | ɪˈvækjʊeɪt | *v.t.* 1 evacuar, desalojar. 2 evacuar, expeler.

evacuation | ɪˌvækjʊˈeɪʃn | *s.c.* e *i.* 1 evacuación, desalojo. 2 defecación.

evade | ɪˈveɪd | *v.t.* 1 evadir, eludir. 2 defraudar. 3 esquivar a.

evaluate | ɪˈvæljueɪt | *v.t.* 1 evaluar, valorar. 2 calcular. 3 interpretar.

evaluation | ɪˌvæljuˈeɪʃn | *s.c.* 1 evaluación, cálculo. 2 evaluación. 3 interpretación.

evanescent | iːvəˈnesnt | *adj.* evanescente, efímero, breve.

evangelist | ɪˈvændʒəlɪst | *s.c.* 1 evangelista. 2 evangelizador.

evaporate | ɪˈvæpəreɪt | *v.t.* e *i.* 1 evaporar. 2 (fig.) desaparecer.

evaporation | ɪˌvæpəˈreɪʃn | *s.i.* evaporación.

evasion | ɪˈveɪʒn | *s.c.* e *i.* evasión, fuga.

evasiveness | ɪˈveɪsɪvnɪs | *s.i.* tono evasivo.

eve | iːv | *s.sing.* 1 Eva. ‖ *s.i.* 1 víspera, vigilia. 2 atardecer, anochecer. ‖ 3 Christmas Eve, Nochebuena. 4 New Year's Eve, Nochevieja.

even | ˈiːvn | *adv.* 1 incluso, hasta, aún. 2 aún, todavía (enfatizando comparaciones). 3 verdaderamente, se diría (que). ‖ 4 not –, ni siquiera. ‖ *adj.* 5 llano, liso. 6 nivelado, al ras. 7 igual, parejo. 8 par. 9 regular, constante. 10 apacible (de carácter). ‖ *s.i.* 11 tarde. ‖ *v.t.* e *i.* 12 [to – out] igualar, nivelar. ‖ *v.t.* 13 [to – up] balancear (cuentas). ‖ 14 an – chance, un 50% de probabilidades. 15 to be – with, estar empatado con.

evening | ˈiːvnɪŋ | *s.c.* e *i.* 1 tarde,

anochecer. 2 (fig.) ocaso, final. ‖ *s.c.* 3 velada, noche. ‖ *adj.atr.* 4 de etiqueta.

evenness | 'i:vnnɪs | *s.i.* 1 lisura, uniformidad. 2 imparcialidad. 3 suavidad.

event | ɪ'vent | *s.c.* 1 acontecimiento, evento.‖ 2 at all events, a pesar de todo, en todo caso. 3 in any –, en cualquier caso. 4 (brit.) in the –, en ese momento.

eventuality | ɪˌventʃu'ælətɪ | *s.c.* eventualidad, posibilidad.

eventually | ɪ'ventʃuəlɪ | *adv.* a la larga, finalmente.

ever | 'evə | *adv.* 1 [en frases interrogativas y condicionales] alguna vez. 2 [en fraces negativas, con comparativos, superlativos] nunca, jamás. 3 (EE.UU. y tam.) absolutamente. 4 – so/such, tan, muy.

evergreen | 'evəgri:n | *adj.* 1 de hoja perenne. 2 (fig.) de siempre.‖ *s.c.* 3 árbol de hoja perenne. ‖ *s.pl.* 4 ramas verdes.

every | 'evrɪ | *adj.* 1 [– *s.c.*] cada. 2 todos los. 3 todo. 4 absoluto. 5 (fam.) – last, todo, hasta el final. 6 – other day, un día sí y otro no, cada dos días. 7 (fam.) – which way, desordenadamente.

everybody | 'evrɪˌbɒdɪ | 'evrɪbɑːdɪ | *pron.* todos, cada cual.

everyday | 'evrɪdeɪ | *adj.* 1 ordinario, corriente, acostumbrado. 2 cotidiano.

everything | 'evrɪθɪŋ | *pron.* 1 [– *v.sing.*] todo, todas las cosas. 2 lo más importante. ‖ 3 and –, (fam.) etcétera.

everywhere | 'evrɪweə | (EE.UU. everyplace) *adv.* en todas partes.

evict | ɪ'vɪkt | *v.t.* desahuciar.

evidence | 'evɪdəns | *s.i.* 1 evidencia. 2 DER. testimonio. 3 certeza, convicción. 4 in –, a la vista, manifiesto. 5 to show –, presentar indicios.

evil | 'i:vl | *adj.* 1 maligno, perverso. 2 (fam.) desagradable. 3 aciago. ‖ *s.c.* e *i.* 4 maldad. 5 desgracia.

evildoer | ˌi:vl'du:ə | *s.c.* malhechor.

evince | ɪ'vɪns | *v.t.* revelar, mostrar, manifestar.

eviscerate | ɪ'vɪsəreɪt | *v.t.* destripar, desentrañar.

evocation | ˌi:vəʊ'keɪʃn | *s.c.* e *i.* evocación.

evoke | ɪ'vəʊk | *v.t.* evocar, sugerir.

evolution | ˌi:və'lu:ʃn | (EE.UU. | ˌevə'lu:ʃn | *s.i.* proceso, evolución.

evolve | ɪ'vɒlv | *v.t.* e *i.* 1 evolucionar, desarrollar. 2 producir, emitir (calor).

ewe | ju: | *s.c.* oveja (vieja).

exacerbate | ek'sæsəbeɪt | *v.t.* 1 exacerbar, agravar (un dolor). 2 irritar, alterar.

exact | ɪg'zækt | *adj.* 1 exacto, preciso. 2 certero. ‖ *v.t.* 3 exigir, requerir.

exactitude | ɪg'zæktɪtju:d | *s.i.* 1 exactitud, precisión. 2 meticulosidad.

exaggerate | ɪg'zædʒəreɪt | *v.t.* e *i.* exagerar, ponderar.

exaggeration | ɪg'zædʒəreɪʃn | *s.c.* e *i.* exageración.

exalt | ɪg'zɔ:lt | *v.t.* 1 exaltar, alabar, ensalzar. 2 elevar (de rango).

exaltation | ˌegzɔ:l'teɪʃn | *s.i.* 1 exaltación, glorificación. 2 éxtasis.

examination | ɪgˌzæmɪ'neɪʃn | *s.c.* 1 examen. ‖ *s.c.* e *i.* 2 MED. reconocimiento. 3 interrogatorio. 4 investigación.

examine | ɪg'zæmɪn | *v.t.* 1 examinar. 2 hacer un reconocimiento. 3 inspeccionar. 4 investigar. 5 interrogar.

example | ɪg'za:mpl | *s.c.* 1 ejemplo, muestra, tipo. 2 modelo. 3 problema.

exasperate | ɪg'zæspəreɪt | *v.t.* (gen. pas.) 1 exasperar, irritar. 2 agravar.

exasperation | ɪgˌzæspə'reɪʃn | *s.i.* exasperación, enojo.

excavate | 'ekskəveɪt | *v.t.* e *i.* excavar.

excavation | ˌekskə'veɪʃn | *s.c.* e *i.* excavación.

exceed | ɪk'si:d | *v.t.* 1 exceder. 2 (desp.) sobrepasar. 3 extralimitarse.

excel | ɪk'sel | *v.t.* e *i.* sobresalir, ser el mejor.

excellence | 'eksələns | *s.i.* excelencia.

except | ɪk'sept | *prep.* 1 excepto, salvo. 2 (fam.) pero, solo que. 3 a menos que. ‖ *v.t.* 4 exceptuar, excluir. ‖ *v.i.* 5 objetar a. ‖ 6 – for, aparte de.

exception | ɪk'sepʃn | *s.c.* e *i.* 1 excepción, salvedad. ‖ 2 to take – (to), ofenderse (por).

excerpt | ˈeksɜːpt | *s.c.* 1 extracto, cita. ‖ *v.t.* 2 extractar, citar.

excess | ɪkˈses | *s.c. e i.* 1 exceso, demasía. 2 superávit, excedente. 3 tropelía, abuso. 4 intemperancia, exceso. ‖ *adj.* 5 excesivo, de más. 6 in – of, superior a. 7 to –, en exceso.

exchange | ɪksˈtʃeɪndʒ | *s.c. e i.* 1 cambio, trueque. 2 canje. 3 intercambio (escolar). 4 ejemplar de canje. 5 central telefónica. 6 mercado de valores. ‖ *v.t.* 7 intercambiar, canjear.

excise | ˈeksaɪz | *s.i.* 1 impuesto de consumo. ‖ *v.t.* 2 gravar al consumo. 3 extirpar, amputar.

excite | ɪkˈsaɪt | *v.t.* 1 excitar, alterar. 2 enardecer, entusiasmar. 3 emocionar, apasionar. 4 suscitar, despertar. 5 estimular. 6 FIS. activar.

excitement | ɪkˈsaɪtmənt | *s.i.* 1 excitación, nerviosismo. 2 ilusión. 3 alboroto. ‖ *s.c.* 4 emoción.

exclaim | ɪkˈskleɪm | *v.t. e i.* exclamar.

exclamation | ˌekskləˈmeɪʃn | *s.c.* 1 exclamación, grito. 2 interjección.

exclude | ɪkˈskluːd | *v.t.* 1 [to – (from)] excluir (de). 2 prohibir (el paso). 3 rechazar, omitir.

exclusion | ɪkˈskluːʒn | *s.i.* 1 exclusión, omisión. ‖ 2 to the – of, con exclusión de, excepto.

exclusive | ɪkˈskluːsɪv | *adj.* 1 selecto, elegante. 2 exclusivo, único. 3 incompatible. ‖ *s.c.* 4 exclusiva.

excommunicate | ˌekskəˈmjuːnɪkeɪt | *v.t.* 1 excomulgar. ‖ *adj.* 2 excomulgado.

excrement | ˈekskrɪmənt | *s.i.* excrementos, heces.

excrescence | ɪkˈskresns | *s.c.* 1 excrecencia. 2 (fig.) bodrio, birria.

excrete | ekˈskriːt | *v.t. e i.* excretar.

excruciating | ɪkˈskruːʃɪeɪtɪŋ | *adj.* 1 intenso, agudísimo. 2 (fig.) penosísimo, fatal.

exculpate | ˈekskʌlpeɪt | *v.t.* exculpar.

excursion | ɪkˈskɜːʃən | | ɪkˈskɜːʒən | *s.c.* 1 excursión, paseo. 2 incursión. 3 divergencia. 4 MIL. expedición.

excuse | ɪkˈskjuːs | *v.t.* 1 excusar, perdonar. 2 justificar, defender. 3 (gen. *pas.*)

dar permiso, permitir. 4 dejar salir. ‖ *s.c.* 5 pretexto, disculpa. 6 justificación. 7 – me, perdone, lo siento, por favor.

executant | ɪgˈzekjutənt | *s.c.* MUS. intérprete, ejecutante.

execute | ˈeksɪkjuːt | *v.t.* 1 ejecutar, ajusticiar. 2 realizar. 3 MUS. interpretar.

execution | ˌeksɪˈkjuːʃn | *s.c. e i.* 1 ejecución. *s.i.* 2 cumplimiento, realización. 3 MUS. interpretación.

executioner | ˌeksɪˈkjuːʃnə | *s.c.* 1 verdugo. 2 intérprete, ejecutante.

executive | ɪgˈzekjutɪv | *adj.* 1 ejecutivo (poder). 2 directivo, administrativo. ‖ *s.c.* 3 ejecutivo, directivo, administrador.

executor | ɪgˈzekjutə | *s.c.* 1 albacea, testamentario. 2 ejecutante.

exegesis | ˌeksɪˈdʒiːsɪs | [*pl.* **exegeses**] *s.c. e i.* exégesis, interpretación, análisis.

exemplary | ɪgˈsemplərɪ | *adj.* ejemplar, extraordinario.

exemplification | ɪgˌzemplɪfɪˈkeɪʃn | *s.c. e i.* ejemplificación.

exemplify | ɪgˈzemplɪfaɪ | *v.t.* 1 ejemplificar, tipificar. 2 ilustrar, dar un ejemplo. 3 DER. certificar.

exempt | ɪgˈzempt | *adj.* 1 exento, excusado. 2 separado. ‖ *v.t.* 3 [to – from] eximir de. 4 separar.

exercise | ˈeksəsaɪz | *s.c. e i.* 1 ejercicio, entrenamiento. ‖ *s.c.* 2 ejercicio, deber (escolar). 3 MIL. maniobra. 4 tarea. ‖ *s.pl.* 5 ejercicios espirituales. ‖ *s.i.* 6 ejercicio (de un derecho). ‖ *v.t. e i.* 7 hacer ejercicio físico. ‖ *v.t.* 8 ejercer, usar (un derecho).

exert | ɪgˈzɜːt | *v.t.* 1 utilizar, emplear. 2 ejercer. ‖ *v.r.* 3 [to – oneself] esforzarse.

exertion | ɪgˈzɜːʃn | *s.c. e i.* esfuerzo extenuante.

exhalation | ˌekshəˈleɪʃn | *s.c. e i.* exhalación (de aire).

exhale | eksˈheɪl | *v.t. e i.* 1 exhalar, espirar. 2 emitir, despedir. 3 evaporar, disipar.

exhaust | ɪgˈzɔːst | *v.t.* 1 estar exhausto, agotar. 2 consumir, gastar. 3 vaciar, sacar. ‖ *v.i.* 4 escapar, fugarse (el gas). ‖ *s.c.* 5 tubo de escape. ‖ *s.i.* 6 gases de escape. ‖ 7 (brit.) – pipe/(EE.UU.) tail pipe, tubo de escape.

exhibit | ɪg'zɪbɪt | *v.t.* e *i.* 1 exhibir, exponer. ‖ *v.t.* 2 mostrar, manifestar. ‖ *s.c.* 3 obras de arte. 4 prueba documental. 5 (EE.UU.) exposición.

exhibition | ˌeksɪ'bɪʃn | *s.c.* 1 exposición. 2 demostración. 3 comportamiento estúpido. 4 (brit.) beca.

exhibitor | ɪg'zɪbɪtə | *s.c.* expositor.

exhilarate | ɪg'zɪləreɪt | *v.t.* 1 encantar, emocionar. 2 estimular.

exhort | ɪg'zɔːt | *v.t.* 1 exhortar, incitar. 2 aconsejar. ‖ *v.i.* 3 urgir.

exhortation | ˌegzɔː'teɪʃn | *s.c.* e *i.* 1 exhortación, incitación. 2 invocación.

exhume | eks'hjuːm | | ɪk'sjuːm | *v.t.* 1 exhumar. 2 sacar a la luz.

exigence, exigency | 'eksɪdʒəns | *s.c.* (gen. *pl.*) 1 exigencia, urgencia. ‖ *s.i.* 2 exigencia, requerimiento.

exile | 'eksaɪl | *s.i.* 1 exilio, destierro. ‖ *s.c.* 2 exiliado, deportado. ‖ *v.t.* 3 exiliar.

exist | ɪg'zɪst | *v.i.* 1 existir, ser, haber. 2 subsistir, sobrevivir.

existence | ɪg'zɪstəns | *s.i.* 1 existencia. 2 vida, subsistencia.

existentialism | ˌegzɪ'stenʃəlɪzəm | *s.i.* existencialismo.

exit | 'eksɪt | *s.c.* 1 salida. 2 marcha, abandono. 3 (fig.) muerte. ‖ *v.i.* 4 partir.

exodus | 'eksədəs | *s.sing.* éxodo.

exonerate | ɪg'zɒnəreɪt | *v.t.* [to – (from)] exonerar, exculpar, eximir.

exorbitant | ɪg'zɔːbɪtənt | *adj.* exorbitante, desorbitado, excesivo.

exorcise | 'eksɔːsaɪz | (EE.UU. **exorcize**) *v.t.* 1 exorcizar, conjurar. 2 (fig.) librarse de.

exorcism | 'eksɔːsɪzəm | *s.c.* e *i.* 1 exorcismo, conjuro. 2 (fig.) liberación, erradicación.

exoticism | ɪg'zɒtɪsɪzəm | *s.i.* exotismo.

expand | ɪk'spænd | *v.t.* e *i.* 1 expandir, incrementar, ensanchar. 2 dilatar, hinchar. 3 aumentar. 4 alargar, detallar. 5 desplegar. 6 MAT. desarrollar. ‖ *v.i.* 7 [to

– on/upon] hablar con confianza, desahogarse.

expanse | ɪk'spæns | *s.c.* 1 espacio, área, extensión. 2 expansión.

expansion | ɪk'spænʃn | *s.i.* 1 ampliación, ensanche. ‖ *s.i.* 2 expansión, desarrollo.

expansive | ɪk'spænsɪv | *adj.* 1 expansivo, eufórico. 2 extenso. 3 espléndido.

expansiveness | ɪk'spænsɪvnɪs | *s.i.* 1 efusividad. 2 extensión, amplitud. 3 generosidad.

expatiate | ɪk'speɪʃɪeɪt | *v.i.* [to – on/upon/about] explayarse en/sobre, extenderse sobre.

expatriate | eks'pætrɪət | *s.c.* 1 expatriado, desterrado. ‖ *v.t.* 2 expatriar, exiliar. ‖ *v.r.* 3 expatriarse.

expect | ɪk'spekt | *v.t.* 1 esperar, creer, anticipar. 2 figurarse, contar con (algo). 3 aguardar. 4 presumir, suponer. 5 requerir. ‖ 6 to be expecting, estar embarazada. 7 only to be expected, es muy normal.

expectation | ˌekspek'teɪʃn | *s.c.* e *i.* 1 expectativa. 2 índice, probabilidad (de vida). 3 [*pl.*] perspectivas de heredar.

expedience, expediency | ɪk'spiː/dʒəns | | ek'spiːdʒənsɪ | *s.i.* 1 conveniencia, oportunidad. 2 ventaja.

expedite | 'ekspɪdaɪt | *v.t.* 1 acelerar, facilitar (un asunto). 2 actuar con rapidez. 3 expedir, despachar.

expedition | ˌekspɪ'dɪʃn | *s.c.* 1 [– *v.sing./pl.*] expedición, viaje. 2 MIL. expedición. ‖ *s.i.* 3 rapidez.

expel | ɪk'spel | *v.t.* 1 expulsar, echar, destituir. 2 expeler (aire).

expend | ɪk'spend | *v.t.* 1 consumir, dedicar (tiempo). 2 derrochar, gastar. 3 poner, pasar (cuidado).

expenditure | ɪk'spendɪtʃə | *s.c.* e *i.* 1 gasto, desembolso (de dinero). 2 consumo, dedicación (de tiempo).

expense | ɪk'spens | *s.c.* e *i.* 1 gasto, coste, dispendio. 2 detrimento, quebranto (de salud). 3 costa, expensas. 4 [*pl.*] gastos, dietas.

expensive | ık'spensıv | *adj.* caro.

experience | ık'spıərıəns | *s.i.* 1 experiencia, práctica. || *s.c.* 2 vivencia. || *v.t.* 3 sufrir, sentir. 4 afrontar, enfrentarse a, tropezar con (dificultades).

experiment | ık'sperımənt | *s.c. e i.* 1 experimento, ensayo. || *v.i.* 2 [to — (on /with)] realizar pruebas (científicas). 3 probar, intentar.

expert | 'eksp3:t | *s.c.* 1 experto, diestro. 2 especialista. || *adj.* 3 experto, experimentado, versado.

expertise | eksp3:'ti:z | *s.i.* 1 experiencia, pericia, habilidad. 2 juicio, criterio.

expiate | 'ekspıeıt | *v.t.* expiar, purgar.

expiation | ekspı'eıʃn | *s.i.* expiación, reparación (de culpas).

expiration | ekspı'reıʃn | *s.i.* 1 expiración. 2 vencimiento. 3 muerte.

expire | ık'spaıə | *v.i.* 1 expirar, terminar. 2 COM. vencer. 3 morir. 4 exhalar.

explain | ık'spleın | *v.t.* 1 explicar, aclarar. 2 interpretar. || *v.t.* 3 justificar. || *v.r.* 4 to — oneself, justificarse.

explanation | eksplə'neıʃn | *s.c. e i.* 1 [— (of, for)] explicación, aclaración. 2 justificación, disculpa.

expletive | ık'spli:tıv | 'eksplətıv | *s.c.* imprecación, juramento, taco.

explicit | ık'splısıt | *adj.* 1 explícito, preciso, claro. 2 detallado, gráfico. 3 franco.

explode | ık'spləud | *v.t. e i.* 1 estallar, hacer explosión. 2 hacer eclosión, brotar. || *v.i.* 3 [to — (in/into/with)] estallar (de ira); reventar (de risa). || *v.t.* 4 [gen. *pas.*] refutar, rebatir.

exploit | ık'sploıt | *v.t.* 1 explotar, utilizar (una persona). 2 sacar provecho a (la tierra). || 'eksploıt | *s.c.* 3 hazaña, gesta.

exploitable | ık'sploıtəbl | *adj.* 1 aprovechable, utilizable. 2 explotable (gente).

exploitation | eksploı'teıʃn | *s.i.* explotación, aprovechamiento.

exploration | eksplə'reıʃn | *s.c. e i.* 1 exploración. 2 examen, investigación.

explore | ık'splo | *v.t.* 1 explorar, descubrir. 2 examinar, investigar.

explorer | ık'splo:rə | *s.c.* 1 explorador, descubridor. 2 MED. sonda. 3 (EE.UU.) sonda espacial.

explosion | ık'spləuʒn | *s.c.* explosión.

exponent | ek'spəunənt | *s.c.* 1 exponente, defensor. 2 experto, versado. || *adj.* 3 explicativo.

export | ek'spo:t | *v.t. e i.* 1 exportar. 2 (fig.) extender (una idea). || 'ekspo:t | *s.i.* 3 exportación. || *s.c.* 4 producto para la exportación.

exportation | ekspo:'teıʃn | *s.i.* exportación. || *s.c.* producto para exportación.

expose | ık'spəuz | *v.t.* 1 exponer, exhibir, mostrar. 2 (fig.) arriesgar, comprometer. 3 delatar.

exposition | ekspəu'zıʃn | *s.c. e i.* 1 exposición, explicación. || *s.c.* 2 exposición internacional. 3 exordio (de una sonata). 4 abandono (de un niño).

expostulate | ık'spostjuleıt | *v.i.* 1 objetar, protestar. 2 tratar de disuadir. 3 [to — with] reprender a.

expostulation | ık,spostju'leıʃn | *s.c. e i.* 1 protesta, recriminación. 2 disuasión.

exposure | ık'spəuʒə | *s.c. e i.* 1 exposición, riesgo. 2 revelación. || *s.c.* 3 fotografía, exposición. || *s.i.* 4 hipotermia. 5 frente (de un edificio). 6 abandono.

expound | ık'spaund | *v.t. e i.* [to — (on)] exponer, explicar (una idea).

express | ık'spres | *v.t.* 1 expresar, manifestar. 2 transmitir, comunicar. 3 (brit.) enviar por correo urgente. 4 MAT. representar. || *v.r.* 5 [to — oneself] expresarse. || *s.c.* 6 rápido, expreso. || *s.i.* 7 (brit.) correo urgente. || *adv.* 8 por servicio urgente. || *adj.* 9 rápido, urgente. 10 preciso, expreso. 11 específico, particular, a propósito.

expression | ık'spreʃn | *s.c. e i.* 1 expresión, manifestación. || *s.c.* 2 semblante, aspecto. 3 modismo, frase hecha. 4 MAT. representación. || *s.i.* 5 emoción.

expressiveness | ık'spresıvnıs | *s.i.* expresividad.

expropriate | eks'prəupriəit | v.t. 1 expropiar. 2 desposeer (ilegalmente).
expropriation | eks,prəupri'eiʃn | s.c. e i. 1 expropiación. 2 desposesión.
expulsion | ik'spʌlʃn | s.c. e i. 1 expulsión. 2 descarga.
expunge | ek'spʌndʒ | v.t. borrar.
expurgate | 'ekspɜːgeit | v.t. expurgar, mutilar.
exquisite | 'ekskwizit | adj. 1 exquisito, refinado. 2 delicado. . || s.c. 3 petimetre.
extant | ek'stænt | adj. existente.
extemporize | ik'stemporaiz | (también **extemporise**) v.t. improvisar.
extend | ik'stend | v.i. 1 [to – adv./prep.] extenderse, prolongarse. 2 abarcar, llegar hasta. 3 (fig.) incluir (a alguien). || v.t. 4 extender, prolongar. 5 estirar (los brazos). 6 desplegar (las alas). 7 tender (algo a alguien). 8 ofrecer, brindar. 9 COM. conceder. 10 (gen. pas.) forzarse a. 11 adulterar. 12 (brit.) tasar, evaluar. 13 embargar. || v.r. 14 [to – oneself] rendir al máximo, trabajar al máximo.
extension | ik'stenʃn | s.c. e i. 1 extensión. 2 prórroga. || s.c. 3 anexo (en una vivienda). 4 extensión telefónica.
extent | ik'stent | s.i. 1 dimensión, área. 2 (fig.) magnitud. 3 importancia, alcance. 4 límite. 5 (brit.) embargo.
extenuate | ek'stenjueit | v.t. 1 atenuar, reducir, disminuir. 2 debilitar.
extenuation | ik,stenju'eiʃn | s.i. atenuante.
exterminate | ik'stɜːmineit | v.t. exterminar.
extermination | ik,stɜːmi'neiʃn | s.i. exterminación, aniquilación.
external | ek'stɜːnl | ek'stɜːrnl | adj. 1 exterior. 2 superficial. || s.pl. 3 apariencias.
externalize | ik'stɜːnəlaiz | (también **externalise**) v.t. exteriorizar.
extinction | ik'stiŋkʃn | s.i. 1 extinción. 2 desaparición, destrucción, abolición.
extinguish | ik'stiŋgwiʃ | v.t. 1 extinguir, apagar. 2 eclipsar. 3 derogar.

extirpate | 'ekstɜːpeit | v.t. 1 erradicar, exterminar. 2 extirpar.
extol | ik'stəul | v.t. ensalzar.
extort | ik'stɔːt | v.t. extorsionar.
extortion | ik'stɔːʃn | s.i. 1 extorsión. 2 robo, atropello.
extortioner | ik'stɔːʃnə | s.c. usurpador, concusionario (un funcionario).
extra | 'ekstrə | adj. 1 extra, adicional, suplementario. 2 de recargo, aparte. 3 de recambio (piezas). 4 superior, óptimo. || adv. 5 extra, especialmente, excepcionalmente, en extremo. 6 muy, más de lo normal. || s.c. 7 suplemento, recargo.
extract | ik'strækt | v.t. 1 extraer, sacar. 2 (fig.) arrancar, obtener por la fuerza (una confesión). 3 extractar, condensar. 4 MAT. extraer, calcular. || s.c. 5 extracto, selección. || s.i. 6 QUIM. extracto.
extraction | ik'strækʃn | s.c. e i. extracción.
extracurricular | ,ekstrəkə'rikjələ | adj. complementario, de actividades extraescolares (en la educación).
extradite | 'ekstrədait | v.t. extraditar.
extradition | ,ekstrə'diʃn | s.c. e i. extradición.
extra-mural | ,ekstrə'mjuərəl | adj. de fuera, externa.
extraneous | ek'streiniəs | adj. irrelevante, intrascendente, sin importancia.
extraordinary | ik'strɔːdnri | adj. 1 extraño, increíble. 2 extraordinario, notable.
extrapolation | ik,stræpə'leiʃn | s.i. extrapolación, inferencia.
extraterritorial | 'ekstrə,teri'tɔːriəl | adj. 1 extraterritorial. 2 con inmunidad.
extravagance | ik'strævəgəns | s.c. e i. extravagancia, excentricidad.
extreme | ik'striːm | adj. 1 [no comp.] extremo, sumo, intenso. 2 [no comp.] remoto, alejado. 3 (desp.) radical. 4 drástico, severo. || s.c. 5 extremo, límite, cabo.
extremism | ik'striːmizəm | s.i. (gen. desp.) extremismo, radicalismo.
extremity | ik'streməti | s.i. 1 extremo, más alto grado. 2 extremismo, ra-

dicalismo. ‖ *s.c.* 3 extremo, punto más lejano. ‖ *s.pl.* 4 extremidades, miembros.

extricate | 'ekstrɪkeɪt | *v.t.* 1 [to — from] retirar de, liberar de. 2 desenredar, desenmarañar. ‖ *v.r.* 3 [to — oneself] (fig.) librarse, lograr salir.

extrinsic | ek'strɪnsɪk | *adj.* 1 extrínseco, extraño. 2 accesorio, no inherente.

extrovert, extravert | 'ekstrəʊvɜːt | *s.c. y adj.* extrovertido, extravertido.

extrude | ɪk'struːd | *v.t.* e *i.* expulsar.

exuberance | ɪg'zjuːbərəns | *s.i.* alegría, gozo; exuberancia.

exuberant | ɪg'zjuːbərənt | | ɪg'zuː/bərənt | *adj.* 1 efusivo, entusiasta, lleno de vida. 2 (fig.) espléndido, generoso. 3 exuberante, frondoso (una planta).

exude | ɪg'zjuːd | *v.t.* e *i.* rezumar.

exult | ɪg'zʌlt | *v.i.* [to — at/in/over] exultar, alegrarse en extremo.

eye | aɪ | *s.c.* 1 ojo. 2 vista, visión. 3 (fig.) vista, ojo, intuición. 4 centro, foco. 5 opinión. ‖ *v.t.* 6 [to — (up)] observar. ‖ 7 to catch someone's —, captar la atención de alguien. 8 in the eyes of, en opi-

nión de. 9 to keep one's — on/out of, echar una ojeada a, vigilar a. 10 to shut /close one's eyes to, cerrar los ojos a, ignorar. 11 with an — to, con vistas a.

eyeball | 'aɪbɔːl | *s.c.* 1 globo ocular. ‖ *v.t.* 2 (EE.UU.) mirarse a la cara.

eyebath | 'aɪbɑːθ | [*pl.* eyebaths] *s.c.* ojera.

eyebrow | 'aɪbraʊ | *s.c.* ceja.

eye-catcher | 'aɪˌkætʃə | *s.c.* cosa que llama la atención.

eyeful | 'aɪfʊl | *s.c.* 1 (fam.) un vistazo. 2 (fam.) persona interesante.

eyeglass | 'aɪglɑːs | | 'aɪglæs | *s.c.* 1 monóculo. 2 [*pl.*] anteojos, gafas.

eyelash | 'aɪlæʃ | *s.c.* pestaña.

eyelid | 'aɪlɪd | *s.c.* párpado.

eyeshade | 'aɪʃeɪd | *s.c.* visera.

eyeshadow | 'aɪˌʃædəʊ | *s.c.* e *i.* sombreador de ojos.

eyesight | 'aɪsaɪt | *s.i.* alcance visual.

eyestrain | 'aɪstreɪn | *s.i.* fatiga ocular, vista fatigada.

eyewash | 'aɪwɒʃ | *s.i.* colirio.

eyewitness | aɪ'wɪtnɪs | *s.c.* testigo ocular, testigo presencial.

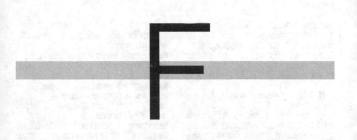

f, F |ef| *s.c.* e *i.* 1 f, F (letra). || 2 MUS. Fa.

fab |fæb| *adj.* fabuloso, magnífico.

fable |'feɪbl| *s.c.* 1 fábula. 2 (fig.) cuento.

fabric |'fæbrɪk| *s.c.* e *i.* 1 tela, paño, tejido. || *s.sing.* 2 [(the) – (of)] (fig.) base, fundamento.

fabricate |'fæbrɪkeɪt| *v.t.* 1 inventar falsificando. 2 fabricar, manufacturar.

fabrication |ˌfæbrɪ'keɪʃn| *s.c.* e *i.* 1 invención, falsificación, mentira. || *s.i.* 2 fabricación, manufactura.

façade |fə'sɑːd| *s.c.* 1 fachada, frente. || *s.sing.* 2 (fig.) apariencia pretenciosa.

face |feɪs| *s.c.* 1 cara, rostro, faz. 2 (fig.) aspecto. 3 esfera (del reloj). 4 haz, derecho, parte delantera. || *s.sing.* 5 cariz, apariencia. || *v.t.* 6 encarar, mirar hacia. 7 confrontar, colocarse ante. 8 arrostrar, afrontar. 9 to – down, (EE.UU.) vencer con la mirada. 10 to – out, (brit.) manejar, solucionar.

faceless |'feɪslɪs| *adj.* desconocido, anónimo, sin cara.

facet |'fæsɪt| *s.c.* 1 [– (of)] faceta, aspecto. || 2 facets, MIN. caras.

facetious |fə'siːʃəs| *adj.* frívolamente chistoso.

facial |'feɪʃl| *adj.* 1 facial. || *s.c.* 2 tratamiento facial.

facile |'fæsaɪl| *adj.* facilón; superficial.

facilitate |fə'sɪlɪteɪt| *v.t.* facilitar.

facilitation |fəˌsɪlɪ'teɪʃn| *s.i.* facilitación.

facility |fə'sɪlətɪ| *s.c.* 1 ventaja extra. 2 (normalmente *pl.*) tienda para servicio público. || *s.c.* e *i.* 3 [– in/for] facilidad en/para.

facing |'feɪsɪŋ| *s.i.* 1 guarnición. || *s.c.* e *i.* 2 ARQ. revestimiento.

facsimile |fæk'sɪmɪlɪ| *s.c.* facsímil.

fact |fækt| *s.c.* e *i.* 1 hecho, realidad. || *s.c.* 2 dato; hecho concreto. || 3 as a matter of –, en realidad. 4 for a –, a ciencia cierta. 5 the – remains, sin embargo, a pesar de todo. 6 that's a –, eso es un hecho, así son las cosas.

faction |'fækʃn| *s.c.* 1 [– *v.sing./pl.*] facción, camarilla. || *s.i.* 2 división.

factious |'fækʃəs| *adj.* partidista, sectario.

factitious |fæk'tɪʃəs| *adj.* artificial.

factor |'fæktə| *s.c.* 1 factor. 2 MAT. factor, divisor. || *s.sing.* 3 grado.

factory |'fæktərɪ| *s.c.* 1 fábrica.

factotum |fæk'təʊtəm| *s.c.* factótum, persona que lo hace todo.

factual |'fæktʃʊəl| *adj.* real, exacto.

faculty |'fæklti| *s.c.* 1 facultad. 2 (normalmente *pl.*) potencia. 3 [– (for/of)] aptitud, habilidad.

fad |fæd| *s.c.* última novedad, moda pasajera.

faddish |'fædɪʃ| *adj.* (desp.) caprichoso.

fade |feɪd| *v.t.* 1 descolorar, hacer desvanecer los colores. || *v.i.* 2 descolorarse. 3 desvanecerse, apagarse poco a poco (la señal). 4 decaer, disminuir. 5 envejecer. 6 marchitarse. 7 desaparecer (sonrisa). 8 deslizarse. 9 apagarse, morir. ‖ s.c. 10 TV. disolvencia.

fade-in | 'feɪdɪn | s.c. TV. enfoque.

fade-out | 'feɪdaʊt | s.c. TV. desenfoque.

faeces | 'fiːsiːz | (EE.UU. **feces**) s.i. heces.

faff | fæf | — **about/around**, (brit.) hacer el tonto.

fag | fæg | s.c. 1 (brit.) pitillo, cigarrillo. 2 (EE.UU.) marica. 3 estudiante ayudante. ‖ s.sing. 4 (fam.) faena pesada, trabajo duro. ‖ v.i. 5 [to — (for)] atender, servir. ‖ 6 trabajar duramente.

fag-end | 'fægend | s.c. 1 colilla (de cigarrillo). 2 [— of] última parte de.

fagged | fægd | (también **fagged out**) adj. (brit.) agotado, tirado.

faggot | 'fægət | s.c. 1 gavilla, haz de palos (para el fuego). 2 (EE.UU.) marica, sarasa. 3 (normalmente pl.) (brit.) albóndigas.

fail | feɪl | v.i. 1 suspender. 2 fracasar, fallar. 3 [to — inf.] no lograr. 4 averiarse. 5 cerrar, fracasar. 6 debilitarse, decaer. 7 acabarse, terminarse. 8 irse, desaparecer. ‖ v.t. 9 suspender (asignaturas). 10 fallar, desilusionar. 11 abandonar, desertar. ‖ s.c. 12 suspenso.

failed | feɪld | adj. 1 fracasado, fallido. 2 quebrado.

failure | 'feɪlɪə | s.c. 1 fracaso. ‖ s.i. 2 fallo, malogro. ‖ s.c. e i. 3 [— inf.] fracaso en. 4 quiebra. 5 deficiencia. 6 fallo, pérdida.

fain | feɪn | adv. alegremente, gustosamente.

faint | feɪnt | adj. 1 tenue, débil. 2 desfallecido, debilitado. 3 desmotivado, vago. ‖ s.c. 4 desmayo. ‖ v.i. 5 desmayarse.

faintness | 'feɪntnɪs | s.i. 1 languidez, debilidad. 2 desfallecimiento.

fair | feə | adj. 1 justo, imparcial, razonable. 2 rubio. 3 considerable, adecuado. 4 regular, aceptable, no mal. 5 blanco, pálido. 6 agradable, bueno. 7 agudo, inteligente. ‖ s.c. 8 (brit.) feria, parque

fairground | 'feəɡraʊnd | s.c. terreno de feria, zona de ferias.

fairly | 'feəlɪ | adv. 1 bastante. 2 razonablemente, con justicia. 3 en gran manera; muchísimo.

fairness | 'feənɪs | s.i. 1 justicia, equidad, imparcialidad. 2 belleza. 3 palidez, blancura (de tez).

fairway | 'feəweɪ | s.c. 1 calle (en el golf). 2 MAR. paso navegable.

fairy | 'feərɪ | s.c. 1 hada. 2 (argot) maricón, afeminado.

fairyland | 'feərɪlænd | s.i. 1 país de las hadas. 2 (fig.) mundo mágico, paisaje de encanto.

fairy-tale | 'feərɪteɪl | s.c. 1 cuento de hadas. 2 (fig.) patraña, embuste.

fait accompli | ˌfeɪtə'kɒmpliː | s.c. hecho consumado.

faith | feɪθ | s.i. 1 [— (in)] fe, confianza. 2 fe, creencia. ‖ s.c. 3 fe, religión. 4 **in bad —**, de mala fe. 5 **in good —**, de buena fe. 6 **to keep — with**, cumplir la palabra dada a.

faithful | 'feɪθfl | adj. 1 leal, fiel. 2 [— (to)] firme, constante, muy fiel.

faithfulness | 'feɪθfəlnɪs | s.i. 1 fidelidad, lealtad. 2 exactitud. 3 (fig.) lealtad. 4 constancia.

faithlessness | 'feɪθlɪsnɪs | s.i. deslealtad, infidelidad.

fake | feɪk | adj. 1 falso, falsificado; fraudulento. ‖ s.c. 2 falsificación. 3 farsante, impostor. ‖ v.t. 4 falsificar. 5 (fig.) fingir, simular.

fakir | 'feɪkɪə | s.c. faquir.

falcon | 'fɔːlkən | s.c. halcón.

falconry | 'fɔːlkənrɪ | s.i. cetrería.

fall | fɔːl | v. [pret. **fell**, p.p. **fallen**] i. 1 caer, desplomarse. 2 descender. 3 cubrir. 4 desaparecer, irse. 5 bajar, disminuir. 6 [to — to] descender hasta, colgar hasta. 7 convertirse en (paso de un estado a otro). 8 pertenecer a. 9 ser capturado. 10 morir, caer (en batalla). 11 [to — from] salir de (la boca). 12 pecar. 13 decrecer, disminuir. ‖ s.c. 14 caída, desplome. 15 [— in] descenso de. 16 (EE.UU.) otoño. ‖ s.sing. 17 POL. caída, colapso. 18 caída, toma, conquista, forma de caída de. 19 caída. 20 declive, inclinación, pendiente.

21 to — back, a) MIL. retroceder. **b)** echarse hacia atrás. **22 to — back on,** recurrir a (solución o similar). **23 — guy,** ingenuo, crédulo. **24 to — in, a)** desplomarse hacia dentro (un tejado o similar). **b)** MIL. ponerse en fila, alinearse. **25 to — in with,** dar su conformidad a.

fallacy | 'fæləsɪ | s.c. **1** error, idea errónea. ‖ s.c. e i. **2** (fig.) defecto (en el razonamiento).

fallen | 'fɔːlən | p.p. **1** de fall. ‖ adj. **2** caído, desmoronado. **3** deshonrada (mujer infiel). **4** REL. caído, pecador. **5 — arches,** pies planos. **6 the —,** los caídos (en batalla).

fallibility | fælə'bɪlətɪ | s.i. falibilidad.

fallout | 'fɔːlaut | s.i. escape (radioactivo).

fallow | 'fæləu | adj. **1** en barbecho (tierra). **2** (fig.) inactivo. ‖ **3 — deer,** ZOOL. gamo, corzo.

false | fɔːls | adj. **1** falso, incorrecto. **2** equivocado. **3** postizo. **4** engañoso, traicionero. **5** desleal, insincero. ‖ **6 to be — to,** traicionar. **7 — move,** movimiento en falso. **8 — start, a)** DEP. salida en falso. **b)** comienzo inseguro. **9 — step,** paso en falso. **10 to play somebody —,** traicionar a alguien.

falsehood | 'fɔːlshud | s.i. **1** falsedad. ‖ s.c. **2** mentira.

falseness | 'fɔːlsnɪs | s.i. engaño, insinceridad.

falsetto | fɔːl'setəu | (pl. falsettos) s.c. e i. falsete.

falsies | 'fɔːlsɪz | s.pl. (fam.) senos postizos.

falsification | fɔːlsɪfɪ'keɪʃn | s.c. e i. falsificación.

falsify | 'fɔːlsɪfaɪ | v.t. falsificar.

falsity | 'fɔːlsətɪ | s.i. y c. falsedad, mentira.

falter | 'fɔːltə | v.i. **1** [to — (in)] vacilar, titubear. **2** tartamudear, balbucear. **3** tropezar. **4** perder fuerza, debilitarse, vacilar. ‖ v.t. **5** decir balbuceando.

fame | feɪm | s.i. fama, renombre.

familial | fəmɪlɪəl | adj. de familia, de la familia.

familiar | fə'mɪlɪə | adj. **1** [— (to)] familiar, muy conocido. **2** [— (with)] familiarizado. **3** familiar, íntimo. ‖ s.c. **4** espíritu protector.

familiarity | fə,mɪlɪ'ærətɪ | s.i. **1** familiaridad, acostumbramiento. **2** [— (with)] familiaridad, conocimiento. **3** confianza, intimidad. ‖ **4 familiarities,** libertades (en el teatro). **5 breeds contempt,** la confianza da asco.

familiarization | fə,mɪlɪəraɪz'eɪʃn | s.i. familiarización, habituación.

familiarize | fə'mɪlɪəraɪz | (también **familiarise**) v.t. y r. [to — with/to — o. + with] familiarizar(se) con, habituar(se) a.

family | 'fæmɪlɪ | s.c. [v.sing./pl.] **1** familia. **2** (fig.) antepasados, familia. **3** familia, grupo (de lenguas). ‖ s.i. **4** familia, linaje. ‖ adj. **5** de familia, adecuado para una familia. ‖ **6 — circle,** círculo familiar.

famine | 'fæmɪn | s.c. e i. hambre, hambruna.

famous | 'feɪməs | adj. [— (for)] famoso, conocido, célebre.

fan | fæn | s.c. **1** fan, hincha, admirador. **2** abanico. **3** ventilador. **4** [— (of)] (fig.) forma en abanico. ‖ v.t. **5** abanicar, dar aire. **6** avivar (un fuego). **7** (fig.) excitar, atizar (pasiones). ‖ v.r. **8** abanicarse. ‖ **9 — belt,** correa del ventilador.

fanatic | fə'nætɪk | a.c. **1** fanático, extremista. **2** (fig. y fam.) amante, fanático.

fanaticism | fə'nætɪsɪzəm | s.i. fanatismo, extremismo.

fancier | 'fænsɪə | s.c. **1** criador (de animales o plantas). ‖ comp. **2** de fancy.

fancy | 'fænsɪ | s.i. **1** fantasía; imaginación (desbocada). ‖ s.c. **2** (fam.) capricho, antojo. ‖ s.c. e i. **3** fantasía, irrealidad. ‖ adj. **4** (fam.) selecto. **5** (fam.) lujoso. **6** (fam.) excesivo (en el precio). ‖ v.t. **7** [to — ger.] (fam.) apetecer. **8** (fam.) agradar, gustar (referido al sexo). **9** imaginar(se), suponer. ‖ v.r. **10** (fam. y desp.) ser muy engreído. **11** [to — inf.] (fam.) imaginarse. ‖ **12 fancies,** pastelillos dulces. **13 — ball,** baile de disfraces.

fancy-free | fænsɪ'friː | adj. sin una preocupación, sin una responsabilidad.

fandango |fæn'dæŋgəu| (*pl.* fandangoes) *s.c.* 1 fandango. 2 (fig.) tonterías, bobadas.

fanfare |'fænfeə| *s.c.* MUS. toque de trompetas; bombo y platillos.

fang |fæŋ| *s.c.* (normalmente *pl.*) colmillo.

fanlight |'fænlaɪt| *s.c.* ARQ. abanico, montante (ventanilla sobre una puerta).

fanny |'fænɪ| *s.c.* 1 (EE.UU.) culo. 2 (brit.) coño.

fantasia |fæn'teɪzɪə| (también fantasy) *s.c.* MUS. fantasía.

fantasize |'fæntəsaɪz| (también fantasise) *v.t.* e *i.* [to — (that/about)] fantasear, soñar, imaginar.

fantasy |'fæntəsɪ| *s.c.* e *i.* fantasía, ensueño, imaginación.

far |fɑː| (*comp.* farther/further, *super.* farthest/furthest) *adv.* 1 lejos, alejado, alejadamente. 2 lejos (en el futuro). 3 (fig.) a un punto avanzado. 4 [— *comp./too*] muy, mucho, muchísimo (como enfático). || *adj.* 5 remoto, alejado, lejano. 6 de allá, del otro lado, del lado de más allá. 7 POL. extremo. || 8 a bit —/too —, demasiado lejos, más allá del límite. 9 a — cry from, V. cry. 10 as — as, a) hasta (en el espacio). b) hasta el extremo, hasta el punto (que sea). c) hasta (enfático). 11 as/so — as somebody is concerned, en lo que respecta a alguien. 12 as/so — as somebody knows/remembers, que sepa/recuerde alguien. 13 as/so — as it goes, hasta cierto punto, hasta cierto grado. 14 as/so — as something goes/is concerned, en lo que concierne a algo. 15 by –/– and away, con mucho, en gran manera. 16 – be it from me, (*inf.*) yo sería incapaz de. 17 – from, a) alejado de; distinto de. b) no muy, no... nada. 18 – from it, en absoluto. 19 – gone, muy avanzado. 20 few and – between, V. few. 21 to go as/so – as, ir hasta el extremo de. 22 to go –, V. go. 23 to go too –, pasarse de la raya. 24 how –, a) a qué distancia. b) hasta qué punto. 25 in so – as/insofar as, en cuanto que, hasta el punto que. 26 not – wrong/not

– out/not – off/not – short, casi correcto.

faraway |'fɑːəweɪ| *adj.* 1 alejado, distante. 2 (fig.) abstraído, distraído.

farce |fɑːs| *s.c.* 1 farsa, entremés. || *s.i.* 2 farsa, enredo (estilo de escribir).

farcical |'fɑːsɪkl| *adj.* ridículo, absurdo, de sainete.

fare |feə| *s.c.* 1 precio del trayecto, tarifa del viaje. 2 pasajero (en un taxi). || *s.i.* 3 comida, dieta. || *v.i.* 4 irle a uno (bien o mal).

farewell |ˌfeə'wel| *interj.* 1 adiós. || *s.c.* 2 despedida.

far-fetched |fɑː'fetʃt| *adj.* muy improbable, inverosímil.

far-flung |fɑː'flʌŋ| *adj.* 1 vasto, extenso. 2 remoto, muy distante.

farinaceous |færɪ'neɪʃəs| *adj.* farináceo.

farm |fɑːm| *s.c.* 1 granja, explotación. || *v.t.* e *i.* 2 cultivar, labrar. || 3 to — out, encargar, repartir.

farmer |'fɑːmə| *s.c.* granjero, agricultor.

farmhouse |'fɑːmhaʊs| *s.c.* casa (en una granja).

farming |'fɑːmɪŋ| *s.i.* agricultura.

farmland |'fɑːmlænd| *s.c.* e *i.* tierra de cultivo.

farmyard |'fɑːmjɑːd| *s.c.* corral.

far-off |'fɑːrɒf| *adj.* y *adv.* distante, remoto.

far-out |'fɑːraʊt| *s.c.* extraño, raro, grotesco.

farrago |fə'rɑːgəu| (brit. *pl.* farragos, EE.UU. *pl.* farragoes) *s.c.* fárrago, mescolanza, mezcla.

far-reaching |ˌfɑː'riːtʃɪŋ| *adj.* de largo alcance, de gran repercusión.

farrier |'færɪə| *s.c.* herrador.

farrow |'færəu| *v.i.* parir (sólo para cerdas).

far-sightedness |ˌfɑː'saɪtɪdnɪs| *s.i.* 1 prudencia, sagacidad, previsión. 2 (EE.UU.) hipermetropía.

fart |fɑːt| *v.i.* 1 pedorrear, tirarse un pedo. || *s.c.* 2 pedo. 3 (fig.) imbécil, gilipollas.

fascia | ˈfeɪʃə | *s.c.* 1 ARQ. faja, imposta. 2 panel de mandos.

fascinate | ˈfæsɪneɪt | *v.t.* fascinar, hechizar, encantar.

fascination | ˌfæsɪˈneɪʃn | *s.c. e i.* fascinación, hechizo, encanto.

fascism | ˈfʌʃɪzəm | (también **Fascism**) *s.i.* fascismo.

fascist | ˈfæʃɪst | (también **Fascist**) *s.c.* 1 fascista. ‖ *adj.* 2 fascista.

fashion | ˈfæʃn | *s.c. e i.* 1 moda, boga. 2 tendencia. ‖ *s.c.* 3 manera, modo, estilo. ‖ *v.t.* 4 moldear. ‖ 5 **after a –**, hasta cierto punto, un poco. 6 **after the – of**, a manera de, con el estilo de (alguien)

fast | fɑːst | *adj.* 1 rápido, veloz. 2 (fig.) vivo, ágil. 3 DEP. rápida (pista). 4 adelantado (reloj). 5 FOT. rápido, de alta sensibilidad. 6 permanente, fijo. 7 intenso. 8 (desp.) inmoral. 9 rápido, inmediato. ‖ *adv.* 10 rápidamente, velozmente. 11 **– (ger.)**, a toda velocidad. 12 vivamente, ágilmente. 13 inmediatamente, rápidamente. 14 firmemente, establemente (con la sujeción adecuada). ‖ *v.i.* 15 REL. ayunar. ‖ *s.c.* 16 REL. ayuno.

fasten | ˈfɑːsn | *v.t.* 1 atar, sujetar, abrochar. 2 (fig.) clavar (dientes, mirada), poner (manos). ‖ *v.i.* 3 atarse, sujetarse, abrocharse. ‖ 4 **to – on/upon**, fijar(se) en.

fastener | ˈfɑːsnə | *s.c.* mecanismo de cierre.

fastidiousness | fəˈstɪdɪəsnɪs | *s.i.* 1 quisquillosidad, exigencia. 2 (desp.) remilgo, melindre.

fastness | ˈfɑːstnɪs | *s.i.* 1 rapidez, velocidad. 2 firmeza, fijeza. ‖ *s.c.* 3 plaza fuerte, fortaleza.

fat | fæt | *adj.* 1 gordo, obeso. 2 grueso, ancho. 3 fértil, rico. 4 próspero, de abundancia. 5 (fam.) pingüe, lucrativo, provechoso. 6 estúpido, torpe. ‖ *s.i.* 7 grasa, gordo. 8 manteca. ‖ 9 **a – lot of good**, (fam.) nada de nada, no vale para nada. 10 **to chew the –/rag**, charlar, (Am.) platicar. 11 **– cat**, (fam. y EE.UU.)

potentado. 12 **– chance**, (fam.) ni en sueños, ni por asomo.

fatal | ˈfeɪtl | *adj.* 1 funesto, muy serio, muy significante. 2 fatal.

fatalism | ˈfeɪtəlɪzəm | *s.i.* fatalismo.

fatalist | ˈfeɪtəlɪst | *s.c.* fatalista.

fatality | fəˈtælɪti | *s.c.* 1 fatalidad, calamidad, desgracia. ‖ *s.i.* 2 fatalidad.

fate | feɪt | *s.i.* 1 destino, hado, sino. ‖ *s.c.* 2 suerte, fortuna.

fateful | ˈfeɪtfl | *adj.* trascendental; fatídico.

fathead | ˈfæthed | *s.c.* idiota, imbécil, palurdo.

father | ˈfɑːðə | *s.c.* 1 padre, progenitor. 2 [(the) – (of)] (fig.) padre, autor, inventor. ‖ *v.t.* 3 engendrar, procrear (hijos). ‖ 4 **Father, a)** Padre (Dios). **b)** padre. 5 **Father Christmas,** Papá Noel. 6 **fathers, a)** antecesores. **b)** padres (de la patria o similar). 7 **from – to son**, de padres a hijos.

fatherhood | ˈfɑːðəhʊd | *s.i.* paternidad.

father-in-law | ˈfɑːðərɪnlɔː | *s.c.* suegro, padre político.

fatherland | ˈfɑːðəlænd | *s.c.* patria.

fatherless | ˈfɑːðəlɪs | *adj.* huérfano, sin padre.

fathom | ˈfæðəm | *s.c.* 1 MAR. braza. ‖ *v.t.* 2 desentrañar, resolver.

fathomless | ˈfæðəmlɪs | *adj.* insondable, impenetrable.

fatigue | fəˈtiːg | *s.i.* 1 fatiga, cansancio. 2 (fig.) fatiga. ‖ *v.t.* 3 fatigar. ‖ 4 **fatigues,** MIL. traje de faena.

fatless | ˈfætlɪs | *adj.* sin grasa.

fatness | ˈfætnɪs | *s.i.* 1 gordura, obesidad. 2 riqueza, abundancia.

fatso | ˈfætsəu | *s.sing.* (fam.) regordete (como insulto o apodo).

fatstock | ˈfætstɒk | *s.i.* ganado de engorde.

fatten | ˈfætn | *v.t. e i.* 1 engordar, cebar(se). 2 (fig.) hacer(se) rico.

fatty | ˈfæti | *s.c.* 1 gordinflón. ‖ *adj.* 2 grasiento, lleno de grasa. 3 adiposo.

fatuity | fəˈtjuːəti | *s.c. e i.* fatuidad, simpleza, estupidez.

fatuousness |'fætʃuəsnɪs| *s.i.* fatuidad, necedad.

faucet |'fɔːsɪt| *s.c.* (EE.UU.) grifo.

fault |fɔːlt| *s.sing.* 1 culpa. ‖ *s.c.* 2 error, equivocación. 3 defecto. 4 DEP. falta. 5 GEOL. falla. ‖ *v.t.* 6 [to – o. (on/with)] culpar, hallar defectos en.

faultless |'fɔːltlɪs| *adj.* perfecto, impecable, sin falta alguna.

faulty |fɔːltɪ| *adj.* defectuoso.

faun |fɔːn| *s.c.* fauno.

fauna |'fɔːnə| *s.pl.* fauna.

faux pas |ˌfəuˈpɑː| *(pl.* faux pas) *s.c.* paso en falso.

favour |'feɪvə| (EE.UU. favor) *s.c.* 1 favor, servicio. ‖ *s.i.* 2 aprecio, estimación. 3 privilegio. ‖ *v.t.* 4 preferir, apoyar. 5 beneficiar. 6 honrar.

favourite |'feɪvərɪt| *adj.* 1 preferido, predilecto. ‖ *s.c.* 2 favorito.

fawn |fɔːn| *adj.* 1 amarillo-marrón; color piel. ‖ *s.c.* 2 cervatillo, gamo joven. ‖ *v.i.* 3 [to – on] adular, lisonjear.

faze |feɪz| *v.t.* molestar, perturbar.

fear |fɪə| *s.c.* e *i.* 1 temor, miedo. ‖ *v.t.* 2 [to – o./ger./inf.] recelar de. 3 tener mal presagio. ‖ *v.i.* 4 [to – for] temer por.

fearless |'fɪəlɪs| *adj.* intrépido, osado.

fearsome |'fɪəsəm| *adj.* terrible, espantoso.

feasibility |ˌfiːzəˈbɪlətɪ| *s.i.* viabilidad.

feasible |'fiːzəbl| *adj.* realizable, factible.

feast |fiːst| *s.c.* 1 banquete. 2 festividad. ‖ *v.i.* 3 comer como un rey. ‖ *v.t.* 4 festejar.

feat |fiːt| *s.c.* proeza, hazaña.

feather |'feðə| *s.c.* 1 pluma. ‖ *v.t.* 2 cubrir con plumas.

feature |'fiːtʃə| *s.c.* 1 [– (of/in)] característica, aspecto. 2 largometraje. 3 [– (on)] reportaje principal. 4 [– (on)] RAD. programa especial. ‖ *v.t.* 5 ofrecer, tener en su programa. 6 destacar, promocionar. ‖ *v.i.* 7 [to – in] aparecer en. ‖ 8 features, rasgos, facciones, fisonomía.

febrile |'fiːbraɪl| *adj.* febril.

February |'februərɪ| *s.i.* febrero.

feckless |'feklɪs| *adj.* 1 indeciso. 2 incompetente, inconsciente.

fecundity |fɪˈkʌndətɪ| *s.i.* fecundidad.

federal |'fedərəl| *adj.* 1 federal. 2 central, nacional (en estados federales).

federation |ˌfedəˈreɪʃn| *s.c.* federación, agrupamiento.

fed up |ˌfedˈʌp| *adj.* [– (with/about)] harto, aburrido.

fee |fiː| *s.c.* 1 honorarios. 2 derechos, matrícula, cuota. 3 DER. patrimonio. 4 HIS. feudo. ‖ *v.t.* 5 DER. contratar.

feeble |'fiːbl| *adj.* 1 débil, sin fuerzas. 2 tenue (luz). 3 imperceptible (sonido).

feed |fiːd| *v. [pret. y p.p.* fed] *t.* 1 dar de comer, alimentar. 2 introducir, meter, cargar (en cualquier tipo de máquina). 3 INF. introducir, meter. 4 nutrir, alimentar (una planta). 5 dar el pecho. 6 fomentar. 7 DEP. pasar, centrar (la pelota). 8 alimentar (un fuego). 9 (normalmente pasiva) recibir como afluente. ‖ *i.* 10 [to – (on/off)] alimentarse, nutrirse. 11 [to – on] (fig.) alimentarse de, crecer a base de. ‖ *s.i.* 12 pienso. ‖ *s.c.* 13 comida (animales), toma (bebés). 14 (fam.) comilona. 15 MEC. mecanismo de alimentación.

feedback |'fiːdbæk| *s.i.* 1 información acerca del resultado de un proceso, feedback. 2 retroacción, realimentación, reacción.

feed-bag |'fiːdbæg| *s.c.* (EE.UU.) morral.

feeder |'fiːdə| *s.c.* 1 MEC. alimentador. 2 (brit.) biberón; babero. 3 [*adj.* –] que come. 4 ramal secundario.

feeding |'fiːdɪŋ| *s.c.* e *i.* alimentación, alimento, nutrición..

feel |fiːl| *v. [pret. y p.p.* felt] *i.* 1 sentirse, encontrarse. 2 [to – adj.] dar la sensación de, parecer. 3 [to – as if/like] sentirse como si, sentirse como si fuera. 4 [to – (about)] opinar. ‖ *t.* 5 sentir. 6 palpar, tocar. 7 opinar, creer. 8 notar, sentir en su propia vida. 9 [to – o. + inf.] *sentir, parecer.* ‖ *v.r.* 10 darse cuenta de. ‖ *s.sing.* 11 tacto (uno de los cinco sentidos). 12 ambiente, atmósfera. 13 to – oneself, sentirse bien, sentirse sano. 14 to – up to, sentirse capaz de. 15 to get the – of, acostumbrarse a, hacerse a.

feeler | 'fi:lə | s.c. antena, tentáculo, palpo.

feeling | 'fi:lɪŋ | s.c. 1 sentimiento. 2 sensación. 3 impresión. || s.i. 4 emoción, sentimiento. 5 sensación de tacto. 6 [– (for)] simpatía. || s.sing. 7 [a – for] un gusto especial por. 8 presentimiento. 9 ambiente, atmósfera (especialmente de un libro o similar). || s.c. e i. 10 parecer, opinión. || adj. 11 sensible, tierno.

feign | feɪn | v.t. aparentar, fingir.

feint | feɪnt | s.c. e i. 1 finta, amago. || s.i. 2 papel a rayas. || v.t. e i. 3 fintar, hacer un amago.

feisty | 'fi:stɪ | adj. 1 (EE.UU. y fam.) lleno de energía. 2 (desp.), de mal genio.

felicitate | fə'lɪsɪteɪt | v.t. felicitar.

felicitation | fə'lɪsɪ'teɪʃn | s.c. e i. felicitación.

felicity | fə'lɪsətɪ | s.i. 1 dicha, felicidad. 2 gracia. || 3 felicities, ocurrencias.

feline | 'fi:laɪn | adj. y s.c. felino.

fell | fel | pret. 1 de fall. || v.t. 2 cortar (un árbol). 3 derribar. || s.c. 4 colina.

fellatio | fə'leɪʃɪ:əʊ | s.i. estimulación oral del pene.

fellow | 'feləʊ | (fam. también fella/ feller) s.c. 1 (fam.) tipo, socio, tío. 2 novio, pareja. 3 miembro. 4 (EE.UU.) becario || adj. 5 compañero de. || 6 fellow-, con- (en compuestos).

fellowship | 'feləʊʃɪp | s.i. 1 camaradería. 2 condición de socio. || s.c. 3 sociedad, hermandad. 4 beca.

felon | 'felən | s.c. DER. criminal.

felony | 'felənɪ | s.i. y c. crimen, delito mayor.

felt | felt | pret. y p.p. 1 de feel. || s.i. 2 fieltro.

female | 'fi:meɪl | s.c. 1 hembra. 2 mujer, chica. || adj. 3 femenino. 4 MEC. matriz.

feminist | 'femɪnɪst | s.c. y adj. feminista.

fen | fen | s.c. e i. marjal, ciénaga.

fence | fens | s.c. 1 valla, cerca. 2 DEP. obstáculo. 3 (fam.) receptor (de objetos robados). || v.t. 4 cercar, vallar. || v.i. 5 practicar esgrima. 6 lanzar evasivas, no comprometerse.

fend | fend | v.t. 1 to – for oneself, valerse por sí mismo, ganarse la vida. 2 to – off, a) defenderse contra. b) (fig.) repeler, rechazar.

fender | 'fendə | s.c. 1 guardafuego. 2 MAR. andullo, pallete. 3 (EE.UU.) parachoque.

fennel | 'fenl | s.i. hinojo.

feral | 'fɪərəl | adj. salvaje, fiero.

ferment | 'fɜ:ment | s.i. 1 agitación, tumulto. || fə'ment | v.t. e i. 2 fermentar(se).

fermentation | fɜ:men'teɪʃn | s.c. e i. fermentación.

fern | fɜ:n | (pl. fern o ferns) helecho.

ferocity | fə'rɒsətɪ | s.i. ferocidad, fiereza; crueldad.

ferret | 'ferɪt | s.c. 1 hurón. || v.i. 2 [to – about] (fam.) husmear, hurgar.

ferroconcrete | ferəʊ'kɒŋkri:t | s.i. cemento armado, hormigón.

ferrule | 'feru:l | s.c. férula, casquillo.

ferry | 'ferɪ | s.c. 1 ferry, transbordador. || v.t. 2 transportar.

fertility | fə'tɪlətɪ | s.i. 1 fertilidad, fecundidad. 2 (fig) creatividad.

fertilization | fɜ:təlaɪ'zeɪʃn | s.i. fertilización, fecundación.

fervour | 'fɜ:və | (EE.UU. fervor) s.i. fervor, vehemencia.

fester | 'festə | v.i. 1 supurar. 2 (fig.) deteriorarse (una situación), etc.).

festival | 'festəvl | s.c. festival, fiesta.

festivity | fe'stɪvətɪ | s.i. 1 alegría. || 2 festivities, celebraciones.

festoom | fe'stu:n | v.t. adornar, engalanar.

fetch | fetʃ | v.t. 1 traer, ir a por. 2 alcanzar un precio de. 3 (fam.) atizar, (un golpe). 4 to – up, (EE.UU. y fam.) aparecer inesperadamente.

fete | feɪt | (también fête) s.c. fiesta (al aire libre con recaudación de fondos).

fetish | 'fetɪʃ | *s.c.* 1 fetiche. 2 (fig.) manía.

fetter | 'fetə | *v.t.* 1 aherrojar, sujetar con grilletes. 2 (fig.) inhibir; estorbar. ‖ *s.c. pl.* 3 grilletes, pihuelas.

feud | fju:d | *s.c.* 1 odio inveterado, disputa permanente. ‖ *v.i.* 2 [to – (with)] luchar sin tregua.

feudalism | 'fju:dəlɪzəm | *s.i.* feudalismo.

fever | 'fi:və | *s.c.* e *i.* 1 fiebre, calentura. ‖ *s.c.* 2 (fig.) frenesí, agitación.

few | fju: | *adj.* 1 pocos. ‖ *cuant.* 2 pocos (con sentido negativo). 3 [a –] algunos, unos pocos. ‖ *pron.* 4 pocos. 5 [a –] unos cuantos. ‖ 6 as – as, únicamente. 7 the –, los menos. 8 the lucky –, los afortunados.

fiancé | fɪ'ɔnseɪ | *s.c.* prometido.

fiasco | fɪ'æskəʊ | (EE.UU. *pl.* **fiascoes** /brit. *pl.* **fiascos**) *s.c.* fracaso.

fiat | 'faɪæt | *s.c.* fiat, mandato.

fib | fɪb | (fam.) *s.c.* 1 mentirijilla. ‖ *v.i.* 2 decir mentiras.

fibber | 'fɪbə | *s.c.* embustero.

fibre | 'faɪbə | (EE.UU. **fiber**) *s.c.* 1 fibra, filamento. 2 temperamento, carácter. ‖ *s.c.* e *i.* 3 hilo, tejido.

fibrosis | faɪ'brəʊsɪs | *s.i.* fibrosis.

fibula | 'fɪbjʊlə | (*pl.* **fibulae** o **fibulas**) *s.c.* peroné.

fickleness | 'fɪklnɪs | *s.i.* (desp.) veleidad, inestabilidad.

fiction | 'fɪkʃn | *s.i.* 1 ficción, irrealidad. ‖ *s.c.* 3 mentira.

fiddle | 'fɪdl | *v.i.* 1 [to – with] manosear. 2 [to – with] toquetear; manipular. ‖ *v.t.* 3 (fam.) falsificar. ‖ *s.c.* 4 (fam.) violín.

fiddly | 'fɪdlɪ | *adj.* (fam.) difícil.

fidelity | fɪ'delətɪ | *s.i.* 1 [– (to)] fidelidad, lealtad. 2 (form.) exactitud, fidelidad (de una traducción).

fidget | 'fɪdʒɪt | *v.i.* 1 no parar de moverse. 2 [to – with] manosear. ‖ *s.c.* 3 (fig. y fam.) culo de mal asiento. ‖ 4 **to be fidgeting**, (*inf.*), estar impaciente por.

fie | faɪ | *interj.* [– on] vergüenza sobre, deshonra sobre.

fief | fi:f | *s.c.* feudo.

field | fi:ld | *s.c.* 1 campo. 2 terreno de juego. 3 yacimiento. 4 especialidad, ramo (de ciencia). 5 fondo (de una moneda). 6 campo de batalla. 7 [– *v.sing./pl.*] competidores, participantes. ‖ *adj.* 8 de campaña; de prácticas. ‖ *v.t.* 9 contestar satisfactoriamente (preguntas). 10 DEP. sacar a jugar. 11 poner a punto. ‖ *v.i.* 12 parar (la pelota). ‖ 13 – **event**, lanzamiento, salto. 14 – **sports**, caza y pesca.

fiend | fi:nd | *s.c.* 1 monstruo, demonio. 2 [s. –] (fam.) fanático de.

fierceness | 'fɪəsnɪs | *s.i.* 1 agresividad; ferocidad. 2 firmeza. 3 intensidad.

fiery | 'faɪərɪ | *adj.* 1 llameante. 2 enrojecido. 3 que quema, picante. 4 apasionado, fogoso.

fiesta | fɪ'estə | *s.c.* fiesta, celebración; vacación.

fife | faɪf | *s.c.* pífano.

fifteen | fɪf'ti:n | *num. card.* quince.

fifth | fɪfθ | *num. ord.* 1 quinto, cinco (en fechas). ‖ *s.c.* 2 MUS. quinta.

fifty | 'fɪftɪ | *num. card.* cincuenta.

fig | fɪg | *s.c.* higo, breva.

fight | faɪt | *v.* [*pret.* y *p.p.* **fought**] *t.* 1 luchar contra, combatir; enfrentarse a. 2 resistir (un sentimiento). 3 tomar parte en, (en una guerra). ‖ *i.* 4 [to – (against)] luchar, combatir. ‖ *s.c.* 5 [– (against)] lucha, batalla. 6 riña. ‖ *s.i.* 7 combatividad, brío.

fighter | 'faɪtə | *s.c.* 1 luchador, combatiente, contrincante. 2 caza (avión).

figleaf | 'fɪgli:f | *s.c.* hoja de higuera.

figment | 'fɪgmənt | *s.c.* [– (of)] invención, ficción.

figure | 'fɪgə | *s.c.* 1 cifra, dato; número. 2 silueta, figura, tipo. 3 (fig.) personaje. 4 símbolo. 5 ilustración, dibujo. ‖ *v.t.* 6 (EE.UU. y fam.) creer, imaginar, deducir. 7 (EE.UU.) calcular. ‖ *v.i.* 8 (EE.UU.) hacer cuentas aritméticas. 9 [to – in] estar incluido en.

figurehead | 'fɪgəhed | *s.c.* 1 mascarón de proa. 2 (fig.) testaferro.

figurine | 'fɪgəri:n | *s.c.* estatuilla.

filament | 'filəmənt | s.c. filamento, hilillo.

filch | filtʃ | v.t. afanar, hurtar.

file | fail | s.c. 1 ficha, archivador, carpeta. 2 dossier. 3 lima (para las uñas). 4 hilera, columna. || v.t. 5 archivar, fichar. 6 cursar, entrar en el registro (solicitud, queja, etc.). 7 entregar, presentar, someter. 8 limar. || v.i. 9 ir en fila. 10 limarse.

filet | 'filei | GAST. (EE.UU.) s.c. filete de solomillo.

filial | 'filiəl | adj. filial.

filibuster | 'filibʌstə | POL. (EE.UU.) s.c. 1 retraso; maniobra dilatoria. || v.i. 2 retrasar; dilatar.

filigree | 'filigriː | s.i. filigrana.

filings | 'failiŋz | s.pl. virutas, limaduras.

fill | fil | v.t. 1 llenar, tapar. 2 rellenar, ocupar, llenar. 4 [to – o. (with)] embargar, llenar. 5 [to – o. (with)] inundar. 6 cumplir. 7 hacer (un papel, rol, etc.). 8 (EE.UU.) preparar (una bebida). 9 empastar (dientes). 10 hinchar (velas). 11 ocupar. || v.i. 12 [to – (with)] llenarse. 13 hincharse (las velas). || s.sing. 14 [– (of)] hartazgo, hartura. || v.r. 15 [to – (with)] llenarse, hartarse. || 16 to – in) rellenar.

filler | 'filə | s.i. relleno, tapaporos.

fillet | 'filit | s.c. e i. 1 filete. || v.t. 2 cortar en filetes.

fillip | 'filip | s.c. estímulo, incentivo.

filly | 'fili | s.c. potrilla, potranca.

film | film | s.c. 1 película, filme. 2 capa, película, velo (de polvo) || s.i. 3 metraje (de película). 4 plástico fino para envolver. || s.c. e i. 5 film para fotos. 6 cine (como arte). || v.t. e i. 7 filmar(se), en película.

filmy | 'filmi | adj. tenue, diáfano.

filter | 'filtə | s.c. 1 filtro. 2 ordenación, (de tráfico). || v.t. 3 filtrar, colar. || v.i. 4 filtrarse, colarse. 5 canalizar, organizar (el tráfico). || adj. 6 de filtro.

filth | filθ | s.i. 1 inmundicia. 2 (fig.) obscenidad, procacidad.

filthiness | 'filθinis | s.i. suciedad, asquerosidad.

fin | fin | s.c. aleta (de peces).

finale | fi'nɑːli | s.c. última escena.

finalist | 'fainəlist | s.c. finalista.

finality | fai'næləti | s.i. finalidad, rotundidad.

finalization | ˌfainəlai'zeiʃn | s.i. retoque último.

finalize | 'fainəlaiz | (también **finalise**) v.t. dar los últimos toques a.

finance | fai'næns | s.i. 1 finanzas, dinero. 2 ciencia financiera. || v.t. 3 financiar, costear.

financier | fai'nænsiə | s.c. financiero.

finch | fintʃ | s.c. pinzón (especie de pájaro).

find | faind | v. [pret. y p.p. found] t 1 encontrar, descubrir, hallar. 2 [to – that/o. + inf.] encontrar que, descubrir que. 3 notar, observar. 4 DER. declarar. 5 alcanzar, dar en (el objetivo). 6 hallar; ver. || v.r. 7 encontrarse inesperadamente. 8 encontrarse (por ideas). || s.c. 9 descubrimiento, hallazgo. || 10 all found, todo incluido.

finder | 'faində | s.c. descubridor, el que encuentra (algo).

fine | fain | adj. 1 estupendo, excelente, muy bueno. 2 fino. 3 sutil. 4 importante. 5 bonito, agradable. || adv. 6 estupendamente, magníficamente. || s.c. 7 multa. || v.t. 8 multar.

fineness | 'fainnis | s.i. 1 sutilidad. 2 fineza.

finery | 'fainəri | s.i. galas, adornos.

finesse | fi'nes | s.i. finura, tino, tacto.

finger | 'fiŋgə | s.c. 1 dedo. 2 dedo (de un guante). 3 (fig.) columna. || v.t. 4 tocar, palpar (con los dedos). 5 MUS. tocar. 6 (fam.) chivarse (a la policía).

fingernail | 'fiŋgəneil | s.c. uña.

fingerprint | 'fiŋgəprint | s.c. 1 huella dactilar. || v.t. 2 coger/tomar las huellas.

fingertip | 'fiŋgətip | s.c. yema (del dedo).

finicky | 'finiki | adj. (desp.) remilgado, melindroso.

finish | 'finiʃ | v.t. 1 acabar, terminar. 2 perfeccionar, pulir (un objeto). 3 concluir. || v.i. 4 [– ger.] acabar de, terminar de. || s.sing. 5 [(the) – (of)] finalización, final. ||

s.c. 6 llegada, meta. ‖ *s.c.* e *i.* 7 acabado, perfección 8 to – off, a) despachar, rematar. b) completar.

finished | 'fɪnɪʃt | *adj.* 1 [– (with)] no interesado. 2 [– (with)] finalizado.

fir | fɛː | *s.c.* abeto.

fire | 'faɪə | *s.i.* 1 fuego. 2 (fig.) inspiración. 3 (fig.) críticas. ‖ *s.c.* 4 fuego. ‖ *s.c.* e *i.* 5 incendio. ‖ *v.i.* y *t.* 6 disparar. 7 MEC. saltar la chispa. 8 despedir.

fire-brigade | 'faɪəbrɪgeɪd | *s.sing.* y *c.* los bomberos.

firecracker | 'faɪəkrækə | *s.c.* petardo.

fire-engine | 'faɪərendʒɪn | *s.c.* coche de bomberos.

fire-escape | 'faɪərɪskeɪp | *s.c.* salida de incendios.

firefly | 'faɪəflaɪ | *s.c.* luciérnaga.

fire-irons | 'faɪəraɪənz | *s.pl.* utensilios para la chimenea.

fireman | 'faɪəmən | *s.c.* bombero.

fireproof | 'faɪəpruːf | *adj.* 1 a prueba de fuego. ‖ *v.t.* 2 revestir.

fireside | 'faɪəsaɪd | *s.c.* fuego, hogar.

firewater | 'faɪəwɔːtə | *s.i.* (fam.) licor.

firewood | 'faɪəwud | *s.i.* leña; astillas.

firework | 'faɪəwɜːk | *s.c.* bengala.

firm | fɜːm | *s.c.* 1 empresa, compañía. ‖ *adj.* 2 firme, sólido. 3 fijo, estable. 4 definitivo. 5 FIN. constante. 6 decidido. 7 cierto, seguro. ‖ *v.t.* 8 apretar, afirmar. 9 to – up, a) finiquitar. b) fortalecer. 10 to hold – to, ser fiel a, ser leal a. 11 to stand –, no vacilar.

firmament | 'fɜːməmənt | *s.sing.* firmamento, cielo.

firmness | 'fɜːmnɪs | *s.i.* 1 firmeza, solidez. 2 fuerza. 3 rotundidad.

first | fɛːst | *num. ord.* 1 [– sing. o pl.] primero. ‖ *adv.* 2 en primer lugar. ‖ *s.c.* 3 primera vez. 4 [(a) – (in)] matrícula. ‖ *s.i.* 5 primera (marcha de un vehículo). ‖ 6 to come –, ser lo primero. 7 – aid, primeros auxilios. 8 – thing, antes que nada.

first-born | 'fɜːstbɔːn | *s.sing.* y *adj.* primogénito.

first-class | ˌfɜːstˈklɑːs | *adj.* de primera clase.

fiscal | 'fɪskl | *adj.* 1 fiscal. ‖ 2 – year, año fiscal.

fish | fɪʃ | (*pl.* fish o fishes) *s.c.* 1 pez. ‖ *s.i.* 2 pescado. *v.t.* 3 pescar. 4 [to – (out/from)] (fam.) sacar, extraer. ‖ *v.i.* 5 pescar. 6 [to – for] buscar.

fishbone | 'fɪʃbəun | *s.c.* espina, raspa.

fishbowl | 'fɪʃbəul | *s.c.* pecera.

fishmonger | 'fɪʃmʌngə | (brit.) *s.c.* pescadero.

fishwife | 'fɪʃwaɪf | *s.c.* (desp. y fam.) verdulera.

fission | 'fɪʃn | *s.i.* fisión.

fissure | 'fɪʃə | *s.c.* fisura; grieta.

fist | fɪst | *s.c.* puño.

fistful | 'fɪstful | *s.c.* puñado.

fit | fɪt | (a veces EE.UU. pasado y participio fit) *v.t.* [fitting, fittted] 1 sentar bien, caer bien. 2 ajustar, acoplar. 3 ir con. 4 [to – (to/with)] instalar; equipar. 5 [to – (for/to + inf.)] (lit.) adecuar; dar derecho. ‖ *v.i.* 6 ajustarse, ir. 7 [to – in] caber, entrar. ‖ *adj.* 8 en forma, sano. 9 [– (for/to + inf.)] adecuado, digno. ‖ *adj.* y *adv.* 10 [– inf.] (fam.) como para, dispuesto a. ‖ *s.c.* 11 ataque. ‖ *s.sing.* 12 encaje, talle.

fitful | 'fɪtfl | *adj.* intermitente, irregular.

fitment | 'fɪtmənt | *s.c.* mueble de acoplamiento.

fitted | 'fɪtɪd | *adj.* 1 [– (for/to + inf.)] adecuado, idóneo. 2 hecho a medida. 3 empotrado. 4 amueblado. 5 enmoquetado, alfombrado.

fitter | 'fɪtə | *s.c.* ajustador, montador.

fitting | 'fɪtɪŋ | *adj.* 1 conveniente, apropiado. ‖ *s.c.* 2 accesorio. 3 (brit.) horma.

five | faɪv | *num. card.* cinco.

fix | fɪks | *v.t.* 1 fijar, sujetar. 2 establecer, decidir. 3 reparar. 4 adecentar. 5 retocar, arreglar. 6 preparar. 7 organizar, planificar. 8 resolver, solucionar.

fixed | fɪkst | *adj.* 1 fijo. 2 artificial. 3 (fam.) arreglado.

fixture | 'fɪkstʃə | *s.c.* 1 mueble. 2 (brit.)

DEP. encuentro, partido. 3 (fam.) incondicional.

fizz | fɪz | v.i. 1 burbujear. ‖ s.i. 2 efervescencia. 3 champán.

fizzle | 'fɪzl | v.i. 1 chisporrotear. ‖ 2 to – out, apagarse; acabar mal.

fjord | fjɔːd | (también **fiord**) s.c. fiordo.

flabby | 'flæbɪ | adj. fofo, blando.

flaccid | 'flæksɪd | adj. fláccido.

flag | flæg | s.c. 1 bandera, pabellón, estandarte. 2 losa, baldosa. ‖ s.sing. 3 (fig.) causa. ‖ [flagging, flagged] v.i. 4 decaer, debilitarse.

flagellate | 'flædʒəlɛɪt | v.t. flagelar.

flagellation | ˌflædʒə'leɪʃn | s.i. flagelación.

flagon | 'flægən | s.c. jarro grande.

flagpole | 'flægpəʊl | s.c. asta (de bandera).

flagrant | 'fleɪgrənt | adj. flagrante.

flagship | 'flægʃɪp | s.c. 1 buque insignia. 2 (fig.) modelo.

flagstone | 'flægstəʊn | s.c. losa, baldosa.

flail | fleɪl | v.i. 1 agitar. ‖ v.t. 2 azotar. ‖ s.c. 3 mayal, desgranador.

flair | fleə | s.sing. 1 [(a) – for] capacidad para. ‖ s.i. 2 estilo.

flak | flæk | s.i. 1 fuego antiaéreo. 2 (fam.) crítica.

flake | fleɪk | s.c. 1 copo; escama; trocito. ‖ v.t. 2 trocear. ‖ v.i. 3 trocearse, partirse. ‖ 4 to – out, (fam.) quedar inconsciente/rendido.

flambé | 'flɒmbeɪ | v.t. cocinar con coñac quemado.

flamboyance | flæm'bɔɪəns | s.i. 1 extravagancia, ostentación. 2 vistosidad.

flame | fleɪm | s.c. e i. 1 llama. ‖ s.c. 2 arrebato. ‖ v.i. 3 llamear. 4 brillar. ‖ 5 in flames, ardiendo.

flamenco | flə'meŋkəʊ | s.c. e i. flamenco.

flamingo | flə'mɪŋgəʊ | s.c. flamenco.

flammable | 'flæməbl | adj. inflamable.

flan | flæn | s.c. bizcocho.

flange | flændʒ | s.c. pestaña, brida.

flank | flæŋk | s.c. 1 costado, ijada. 2

MIL. flanco. 3 lado. ‖ v.t. 4 flanquear; estar al lado de.

flannel | 'flænl | s.i. 1 franela. 2 lisonja, coba. ‖ s.c. 3 (brit.) toallita. ‖ v.t. 4 (fam.) dar coba.

flap | flæp | v.i. 1 aletear, mover las alas. 2 agitarse. ‖ v.t. 3 mover, batir. ‖ s.c. 4 solapa. 5 AER. alerón.

flapjack | 'flæpdʒæk | s.i. 1 (brit.) torta. ‖ s.c. 2 (EE.UU.) torta (plana y rellena de dulce).

flare | fleə | s.c. 1 bengala. ‖ 2 [to – (up)] estallar; avivarse. 3 [to – (out)] ensancharse.

flare-path | 'fleəpɑːθ | s.c. baliza.

flare-up | 'fleərʌp | s.c. 1 llamarada. 2 estallido súbito.

flash | flæʃ | v.i. 1 destellar, fulgurar; relampaguear. 2 [to – (by/past/through)] pasar/moverse como un relámpago. 3 (fam.) exhibirse. 4 brillar de cólera/emoción. ‖ v.t. 5 hacer destellar. 6 mostrar rápidamente. 7 PER. transmitir. ‖ s.c. 8 destello. 9 (EE.UU.) linterna. 10 instante. ‖ s.i. 11 FOT. flash. ‖ adj. 12 (fam.) chillón. ‖ 13 to – back (to), retrotraerse, recordar. 14 in a –, inmediatamente.

flashback | 'flæʃbæk | s.c. flashback, escena/narración retrospectiva.

flasher | 'flæʃə | s.c. (fam.) 1 intermitente (de un coche). 2 exhibicionista.

flashpoint | 'flæʃpɔɪnt | s.c. 1 punto de ignición. 2 sitio conflictivo.

flashy | 'flæʃɪ | adj. ostentoso, llamativo.

flask | flɑːsk | s.c. 1 frasco, botella de bolsillo. 2 (fam.) termo. 3 matraz.

flat | flæt | s.c. 1 piso. 2 neumático pinchado. 3 parte plana (de un objeto). 4 bemol. ‖ adj. 5 plano, horizontal. 6 achatado, bajo. 7 mate (en pintura). 8 rotundo. 9 monótono; neutro. 10 flojo. 11 insípido, aburrido. 12 sin tacones. 13 desinflado; pinchado. 14 descargado (batería). 15 estándar, uniforme. 16 sin burbujas. ‖ adv. 17 de plano, tumbado.

flatness | 'flætnɪs | s.i. 1 llanura, lo liso/llano. 2 monotonía.

flatten | 'flætn | v.t. 1 aplastar, allanar.

2 (fig.) desconcertar. ‖ v.r. 3 [to — against] apretarse contra. ‖ v.i. 4 (a veces con out) aplastarse, allanarse. ‖ 5 to — out, AER. enderezarse.

flatter | 'flætə | v.t. 1 halagar, adular. 2 favorecer. ‖ v.r. 3 felicitarse.

flattery | 'flætərɪ | s.i. adulación, halago.

flatulence | 'flætjʊləns | s.i. flatulencia.

flaunt | flɔːnt | v.t. ostentar, hacer ostentación de.

flautist | 'flɔːtɪst | s.c. flautista.

flavour | 'fleɪvə | (EE.UU. flavor) s.i. y c. 1 sabor, gusto. 2 (fig.), toque. ‖ v.t. 3 [to — with] condimentar con, sazonar con.

flavourless | 'fleɪvəlɪs | adj. insípido, soso.

flaw | flɔː | s.c. [— (in)] desperfecto; defecto.

flawless | 'flɔːlɪs | adj. perfecto.

flax | flæks | s.i. lino.

flaxen | 'flæksn | adj. pajizo.

flay | fleɪ | v.t. desollar, despellejar.

flea | fliː | s.c. 1 pulga. ‖ 2 — market, mercado de ocasiones.

fleck | flek | s.c. punto, puntito.

fledgling | 'fledʒlɪŋ | s.c. 1 cría de pájaro. ‖ adj. 2 inexperto.

flee | fliː | v. [pret. y p.p. fled] t. e i. huir de.

fleece | fliːs | s.c. 1 vellón. 2 piel de lana de oveja. ‖ v.t. 3 (fam.) desplumar.

fleet | fliːt | s.c. flota.

fleeting | 'fliːtɪŋ | adj. efímero, fugaz.

Fleet Street | 'fliːt striːt | s.sing. (brit.) la prensa.

flesh | fleʃ | s.i. 1 carne. 2 (fig.) cuerpo. 3 pulpa. ‖ 4 — and blood, de carne y hueso. 5 — wound, herida superficial. 6 in the —, en persona.

flex | fleks | s.c. e i. 1 cordón, cable (eléctrico). ‖ v.t. 2 flexionar; doblar. 3 (EE.UU.) mostrar.

flexibility | ˌfleksə'bɪlətɪ | s.i. flexibilidad.

flick | flɪk | v.t. 1 dar un golpecito. 2 dar un latigazo. ‖ v.i. 3 moverse. ‖ s.c. 4 movimiento rápido y corto. 5 golpecito. 6 latigazo. 7 ojeada rápida.

flicker | 'flɪkə | v.i. 1 parpadear. 2 (fig.) fluctuar. 3 oscilar; temblar. ‖ v.t. 4 hacer temblar. ‖ s.c. 5 parpadeo. 6 oscilación.

flight | flaɪt | s.c. 1 vuelo. 2 bandada. 3 tramo (de escalera). 4 arrebato. ‖ s.i. 5 vuelo. 6 huida, fuga. 7 in —, volando.

flighty | 'flaɪtɪ | adj. frívolo.

flimsy | 'flɪmzɪ | adj. 1 frágil, endeble. 2 fino, ligero. ‖ s.c. e i. 3 papel cebolla.

flinch | flɪntʃ | v.i. 1 arredrarse; echarse para atrás. 2 [to — (from)] acobardarse; retroceder.

fling | flɪŋ | v. [pret. y p.p. flung] t. 1 arrojar, tirar. 2 echar, agitar. 3 poner. 4 decir (agresivamente). ‖ r. 5 arrojarse. ‖ s.c. 6 (fam.) aventura amorosa, plan. 7 escape.

flint | flɪnt | s.c. e i. 1 pedernal. ‖ s.c. 2 piedra.

flip | flɪp | v.t. 1 dar, golpear. 2 tirar al aire (con el pulgar). ‖ v.i. 3 [to — (through)] pasar las hojas rápidamente. 4 (fam.) enfurecerse. ‖ adj. 5 petulante; frívolo. ‖ interj. 6 (brit.) ¡mecachis!.

flippant | 'flɪpənt | adj. frívolo, ligero.

flipper | 'flɪpə | s.c. aleta.

flipping | 'flɪpɪŋ | adj. y adv. (fam. y brit.) condenado, maldito.

flirt | flɜːt | v.i. [to — (with)] coquetear, flirtear.

flit | flɪt | v.i. 1 moverse rápidamente. ‖ s.c. 2 desaparición secreta.

float | fləʊt | v.i. 1 flotar. 2 viajar, vagar. ‖ v.t. 3 poner a flote. 4 lanzar; idear. 5 ECON. no fijar. ‖ s.c. 6 flotador. 7 carroza. 8 cambio; monedas sueltas.

flock | flɒk | s.c. 1 [— v.sing./pl.] rebaño, hato, manada. 2 multitud, tropel. ‖ s.i. 3 borra, copo de algodón. 4 fieltro, fibra. ‖ v.i. 5 [to — adv./prep.] reunirse, congregarse, afluir.

floe | fləʊ | s.c. témpano.

flog | flɒg | v.t. 1 azotar, flagelar. 2 (brit.) vender. ‖ 3 desperdiciar energías.

flood | flʌd | s.c. e i. 1 inundación, diluvio. 2 riada. 3 torrente. ‖ v.t. e i. 4 inundar, anegar. 5 saturar. 6 abarrotar. ‖ *i.* 7 desbordarse (un río).

floodgate | 'flʌdgeɪt | *s.c.* (generalmente *pl.*) compuerta.

flooding | 'flʌdɪŋ | *s.i.* inundación.

floodlight | 'flʌdlaɪt | *s.c.* 1 foco, reflector. ‖ *v.t. irr.* [*pret.* y *p.p.* floodlighted o floodlit] 2 iluminar con focos.

floodtide | flʌdtaɪd | *s.sing.* 1 pleamar, marea creciente. 2 punto álgido.

floor | flɔ: | *s.c.* 1 suelo, pavimento. 2 piso. 3 [the – of + s.] el fondo. 4 hemiciclo. ‖ *v.t.* 5 pavimentar, entarimar. 6 tumbar, derribar. 7 vencer. 8 desconcertar, asombrar. 9 – cloth, bayeta. 10 show, espectáculo.

floorboard | 'flɔ:bɔ:d | *s.c.* tablilla, tabla.

floozy | 'flu:zɪ | *s.c.* putilla barata.

flop | flɔp | *v.i.* 1 [to – adv./prep.] desplomarse, colapsar. 2 moverse torpemente. 3 (fam.) fracasar. ‖ *s.sing.* 4 sonido sordo. ‖ *s.c.* 5 (fam.) fracaso.

floppy | 'flɔpɪ | *adj.* 1 flexible, fofo. 2 flojo, colgante.

florid | 'flɔrɪd | *adj.* 1 recargado, florido. 2 arrebolado, encendido, rojo.

florist | flɔrɪst | *s.c.* florista.

floss | flɒs | *s.i.* borra, cadarzo.

flotation | fləʊ'teɪʃn | *s.c.* e *i.* flotación, lanzamiento.

flotsam | flɒtəm | *s.i.* 1 pecios, restos de naufragio. 2 desechos.

flounce | flaʊns | *s.c.* 1 cenefa, volante. 2 contorsión. ‖ *v.i.* 3 [– + adv./prep.] moverse exageradamente.

flounder | flaʊndə | *v.i.* 1 caminar torpemente. 2 titubear. ‖ *s.c.* 3 tropiezo.

flour | flaʊə | *s.i.* 1 harina. ‖ *v.t.* 2 echar harina.

flourish | flʌrɪʃ | *v.i.* 1 crecer sanamente. 2 prosperar. ‖ *v.t.* 3 blandir, esgrimir. ‖ *s.c.* 4 gesto, ademán. 5 floritura. 6 rúbrica. 7 toque de trompeta.

flout | flaʊt | *v.t.* desobedecer, despreciar.

flow | fləʊ | *s.c.* 1 flujo, caudal. 2 chorro. 3 (fig.) profusión. 4 fluidez. 5 raudal. 6 subida. 7 menstruación. ‖ *v.i.* 8 fluir. 9

flotar, ondear. 10 [to – with] rebosar, nadar en. ‖ *t.* 11 inundar. 12 to – into, desembocar en.

flower | 'flaʊə | *s.c.* 1 flor, capullo, planta. ‖ *v.i.* 2 florecer.

flowerbed | 'flaʊəbed | *s.c.* macizo.

flowerpot | 'flaʊəpɒt | *s.c.* tiesto.

flu | flu: | (también **influenza**) *s.i.* gripe, influenza.

fluctuate | 'flʌktjʊeɪt | *v.i.* 1 fluctuar, oscilar. ‖ *v.t.* 2 hacer fluctuar.

flue | flu: | *s.c.* 1 tubo de chimenea. 2 tubo. 3 MUS. cañón.

fluency | 'flu:ənsɪ | *c.i.* fluidez, labia

fluff | flʌf | *s/* 1 (brit.) pelusa, borra. 2 plumón. 3 fracaso. ‖ *s.c.* 4 golpe defectuoso (en golf). ‖ *v.t.* 5 [to – (out/up)]. esponjar, ahuecar. 6 (fam.) arruinar, estropear.

fluid | 'flu:ɪd | *adj.* y *s.c.* e *i.* 1 líquido, fluido. 2 variable. 3 dúctil, plegable.

fluke | flu:k | *s.c.* (fam.) carambola, chiripa.

flummox | 'flʌməks | *v.t.* despistar, embrollar.

flunk | flʌŋk | *v.t.* 1 (EE.UU.) suspender. 2 (EE.UU.) dar una mala nota. ‖ *s.c.* 3 suspenso.

flunkey | 'flʌŋkɪ | (también **flunky**) *adj.* 1 lacayo. 2 adulador, pelota.

fluorescence | flʊə'resns | *s.i.* fluorescencia, luminiscencia.

flurry | 'flʌrɪ | *s.c.* 1 ráfaga, racha. 2 agitación. ‖ *v.t.* 3 (generalmente *pas.*) aturdir. ‖ *v.i.* 4 moverse a ráfagas.

flush | flʌʃ | *s.c.* 1 limpieza, baldeo. 2 rubor. 3 [– of] abundancia de. ‖ *adj.* 4 TEC. nivelado, al ras. 5 [– + (with)] (fam.) rico, adinerado. ‖ *v.t.* 6 [to – out] baldear. 7 tirar de la cadena (del retrete). 8 [to – o. + adv./prep.] espantar. ‖ *v.t.* e *i.* 9 ruborizar(se). ‖ *adv.* 10 [– prep.] de lleno.

fluster | 'flʌstə | *s.i.* 1 nerviosismo. ‖ *v.t.* e *i.* 2 confundir(se), aturdir(se).

flute | flu:t | *s.c.* 1 flauta. 2 ARQ. estría. 3 pliegue (en la ropa). ‖ *v.t.* 4 tocar la flauta. 5 decorar con estrías.

flutter | 'flʌtə | *s.* 1 revoloteo, aleteo,

agitación. 2 nerviosismo. 3 TEC. vibración. || s.c. 4 (generalmente sing.) (brit.) especulación. || v.t. e i. 5 revolotear. || v.i. 6 ondear, volar al viento.

flux | flʌks | s.i. flujo, cambio continuo.

fly | flaɪ | v. [irr.pret. flew, p.p. flown] i. 1 volar. 2 viajar en avión. 3 ondear. 4 [to – adv./prep.] salir despedido. || t. 5 volar con. 6 cruzar (en avión). || t. e i. 7 pilotar. 8 ondear. 9 [to – from] huir, escapar. || s.c. 10 mosca. 11 vuelo. 12 bragueta. 13 (brit.) astuto, despierto. 14 toldo. 15 bambalinas (teatro). 16 to – a kite, sondear la opinión.

flyover | flaɪˌəʊvə | s. 1 (brit.) paso elevado. 2 (EE.UU.) vuelo rasante.

flysheet | ˈflaɪʃiːt | s.c. lona, cubierta.

fob | fɒb | s.c. 1 leontina. || 2 to – off, deshacerse con disculpas (de alguien). 3 to – off on, encasquetar.

foal | fəʊl | s.c. 1 potro, cría de asno. || v.i. 2 parir (una yegua).

foam | fəʊm | s.i. 1 espuma. 2 el mar. 3 poliexpán. || v.t. e i. 4 espumajear.

foamy | fəʊmɪ | adj. focal, céntrico.

focus | fəʊkəs | (pl. focuses o foci,) s.c. e i. 1 foco, centro de atención, énfasis. || v.t. e i. 2 [to – on] enfocar. || v.t. 3 [to – on] ajustar (una lente).

fodder | fɒdə | s.i. 1 pasto, pienso. 2 carne, material. || v.t. 3 alimentar con forraje.

foe | fəʊ | s.c. enemigo.

foetus o **fetus** | fiːtəs | s.c. feto.

fog | fɒg | s.c. e i. 1 niebla, bruma. 2 FOT. velado. 3 segunda cosecha (de pasto). || v.t. e i. 4 cubrirse de niebla. 5 FOT. velar. 6 [to – up] empañar. 7 aturdir.

fogey o **fogy** | fəʊgɪ | s.c. persona anticuada, vejestorio.

foible | ˈfɔɪbl | s.c. debilidad, manía.

foil | fɔɪl | s.i. 1 papel de aluminio. 2 hojuela, pan (de oro). || s.c. 3 [– to/for] contraste. 4 DEP. florete. 5 huella, pista. 6 ARQ. lóbulo. || v.t. 7 envolver en papel de plata. 8 realzar. 9 frustrar.

foist | fɔɪst | v.t. [to – on] imponer.

fold | fəʊld | s.c. 1 doblez, arruga. 2 hendidura. 3 redil, aprisco. || v.t. 4 plegar, doblar. 5 [to – prep./adv.] cubrir, envolver. || v.i. 6 plegar, cerrar. 7 plegarse a.

folder | fəʊldə | s.c. 1 carpeta. 2 folleto propagandístico.

foliage | ˈfəʊlɪdʒ | s.i. follaje.

foliation | fəʊlɪˈeɪʃn | s.i. 1 foliación. 2 decoración. 3 paginación. 4 laminación.

folio | fəʊlɪəʊ | s.c. 1 folio, hoja. || s.i. 2 pliego de papel doblado en dos. 3 paginación. || v.t. 4 paginar.

folk | fəʊk | s.c. 1 pl. gente, pueblo, tribu. 2 parientes. 3 amigos. || s.i. 4 música tradicional. || adj. 5 tradicional.

folklore | fəʊklɔː | s.i. folklore, tradiciones.

follicle | ˈfɒlɪkl | s.c. folículo.

follow | ˈfɒləʊ | v.t. e i. 1 seguir, ir detrás de. 2 imitar, aceptar. 3 suceder. 4 [to – (that)] deducirse (que). || v.t. 5 proseguir. 6 observar. 7 atender, observar. 8 entender. 9 aceptar. 10 cursar. 11 tratar de. 12 to –, después, a continuación.

follower | ˈfɒləʊə | s.c. 1 partidario, seguidor. 2 hincha. 3 perseguidor. 4 subalterno. 5 polea, engranaje.

folly | ˈfɒlɪ | s.c. e i. 1 locura, estupidez. || s.c. 2 desvarío, insensatez. 3 construcción extravagante.

foment | fəʊˈment | v.t. fomentar, avivar.

fomentation | fəʊmenˈteɪʃn | s.i. 1 provocación. 2 cataplasma, fomento.

fond | fɒnd | [gen. to be – of] adj. 1 afectuoso, cariñoso. 2 interesado en. 3 enamorado. 4 ingenuo.

fondant | ˈfɒndənt | s.c. dulce de caramelo.

fondle | fɒndl | v.t. 1 acariciar. 2 (desp.) manosear. 3 ser indulgente. || v.i. 4 mostrarse cariñoso.

fondness | ˈfɒndnɪs | s.i. 1 cariño, afecto. 2 afición, interés.

fondue | ˈfɒndjuː | s.c. e i. queso derretido.

font | fɒnt | s.c. 1 pila bautismal. 2 depósito de una lámpara de aceite. 3 fuente, origen. 4 INF. familia de caracteres.

food | fu:d | *s.i.* 1 alimento, comida. 2 pasto. || *s.c. e i.* 3 alimentos, víveres.

food-mixer | 'fu:dmɪksə | *s.c.* batidora.

foodstuffs | 'fu:dstʌfs | *s.c. e i.* (generalmente *pl.*) producto alimenticio.

fool | fu:l | *s.c.* 1 tonto, idiota. 2 [— for] loco por. 3 bufón, payaso. || *s.c. e i.* 4 (brit.) compota con crema. || *v.t.* 5 engañar. || *v.i.* 6 bromear. || *adj.* 7 (EE.UU.) estúpido, loco.

foolery | 'fu:lərɪ | *s.c. e i.* tontería, estupidez.

foolproof | 'fu:lpru:f | *adj.* 1 infalible, seguro. 2 TEC. a prueba de impericia. 3 fácil de entender.

foot | fut | (*pl.* feet) *s.c.* 1 pie, pata. 2 MEC. prensatelas. 3 sedimento. || *adj.* 4 de a pie. || *v.i.* 5 caminar. 6 bailar. || *v.t.* 7 hacer a pie. 8 pagar (una factura).

football | 'futbɔ:l | *s.i.* 1 balompié, fútbol. 2 rugby. || *s.c.* 3 balón de fútbol. 4 pasatiempo.

footboard | 'futbɔ:d | *s.sing.* 1 estribo, plataforma. 2 pie de cama.

footbridge | 'futbrɪdʒ | *s.c.* puente peatonal.

footed | 'futɪd | *adj.* (en combinación con otra palabra). de... patas, de... pies.

footfall | 'futfɔ:l | *s.c.* pisada, paso (sonido).

footing | 'futɪŋ | *s.i.* 1 pie, balance, equilibrio; suelo. 2 base, fundamento.

footmark | 'futmɑ:k | *s.c.* huella (de pisada).

footpath | 'futpɑ:ə | *s.c.* sendero, camino.

footsie | 'futsɪ | to play — with, flirtear con.

footwear | 'futweə | *s.i.* calzado.

fop | fɔp | *s.c.* dandi, petimetre.

for | fɔ: | | fə | *prep.* 1 para (destinado a). 2 para (una finalidad). 3 por, para (ayudar, beneficiar). 4 por, a causa de, con motivo de. 5 para, con ocasión de (una fecha). 6 para, por, durante (un tiempo). 7 por, para, por lo que respecta a, por parte de. 8 para, con el fin de (conseguir algo). 9 por (una cantidad, un precio). 10 por, como (representante de). 11 por, de, (como signo de, en representación de). 12 por, a favor de, en defensa de. 13 para, hacia, en dirección a. 14 [*comp.* —] por, después de, como resultado de, a causa de. 15 para, considerando. 16 [— each/every + número] por (para indicar correlación). 17 [— s./pron./inf. + to] que, para que, de que. || *conj.* 18 porque, puesto que. || *prefijo.* 19 completamente, excesivamente (con efectos destructivos).

forage | 'fɔrɪdʒ | *s.i.* 1 forraje. 2 forrajeo. || *v.i.* 3 [— adv./prep.] forrajear. 4 buscar, afanosamente.

foray | 'fɔreɪ | *s.c.* 1 incursión, razzia. 2 aventura, incursión. || 3 [— (into)] saquear.

forbear | fɔ:'beə | *v.t. e i. irr. pret.* forbore, *p.p.* forborn. 1 [to — from + inf.]/[to — to + ger.] contenerse, abstenerse de. || *s.c.* 2 (EE.UU.) variante de **forebear**, progenitor.

forbearance | fɔ:'beərəns | *s.i.* 1 paciencia. 2 clemencia, indulgencia.

forbid | fə'bɪd | *v.irr.* [*pret.* forbade, *p.p.* forbidden] *t.* 1 prohibir. 2 impedir, hacer imposible.

forbidden | fə'bɪdn | *pret.* 1 de forbid. || *adj.* 2 prohibido, ilícito.

forbidding | fə'bɪdɪŋ | *adj.* 1 poco amistoso, repulsivo. 2 amenazante, formidable.

force | fɔ:s | *s.i.* 1 fuerza, energía, vigor. 2 influencia. || *s.c.* 3 influencia, poder. 4 MIL. *pl.* el ejército. || *s.c. e i.* 5 FIS. fuerza. || *v.t.* 6 [to — on/upon/to] forzar a. 7 violentar (algo).

forceps | 'fɔ:seps | *s.pl.* 1 fórceps. 2 tenacillas.

forcible | 'fɔ:səbl | *adj.* 1 forzoso, por la fuerza, a la fuerza. 2 potente, vigoroso, poderoso, enérgico (tono de voz).

ford | fɔ:d | *s.c.* 1 vado (de río). || *v.t.* 2 vadear.

fore | fɔə | *adv.* 1 hacia delante. 2 a proa. || *adj.* 3 delantero. || *s.c.* 4 frente, delantera. 5 proa.

forearm | fɔ:r'ɑ:m | *s.c.* antebrazo.

forebode | fɔː'bəud | *v.t.* anunciar, presagiar.

foreboding | fɔː'bəudɪŋ | *s.c.* e *i.* premonición.

forecast | 'fɔːkɑːst | *v.irr.* [*pret.* y *p.p.* forecast o forecasted] *t.* 1 pronosticar. ‖ *s.c.* 2 presagio.

foreclose | fɔː'kləuz | *v.t.* e *i.* ejecutar.

forefather | 'fɔːfɑːðə | *s.c.* (generalmente *pl.*) antepasado.

forefinger | 'fɔːfɪŋgə | *s.c.* dedo índice.

foregoing | fɔ'gəuɪŋ | *adj.* 1 anterior, previo. ‖ *s.c.* (generalmente *sing.*) 2 lo anterior.

foregone | fɔː'gɒn | 1 *p.p.* de forego. *adj.* 2 previo. ‖ 3 a – conclusion, una conclusión previa.

foreground | 'fɔːgraund | *s.sing.* primer plano.

forehand | 'fɔːhænd | *s.c.* directo, derechazo.

forehead | 'fɒrɪd | *s.c.* frente.

foreign | 'fɒrən | *adj.* extranjero, exterior, extraño.

foreknowledge | fɔː'nɒlɪdʒ | *s.i.* clarividencia.

foreland | 'fɔːlənd | *s.c.* cabo, punta, promontorio.

forelock | 'fɔːlɒk | *s.c.* mechón del flequillo.

foreman | 'fɔːmən | (*pl.* foremen) *s.c.* capataz, encargado.

forensic | fə'rensɪk | *adj.* forense.

forerunner | 'fɔːˌrʌnə | *s.c.* 1 presagio. 2 precursor.

foresee | fɔː'siː | *v.irr.* [*pret.* foresaw, *p.p.* foreseen] *t.* predecir, prever.

foreshadow | fɔː'ʃædəu | *v.t.* anunciar, presagiar.

foreskin | 'fɔːskɪn | *s.c.* prepucio.

forest | 'fɒrɪst | *s.c.* e *i.* 1 bosque, monte. 2 (fig.) montón, masa. 3 forestal. ‖ *v.t.* 4 arbolar.

forestall | fɔː'stɔːl | *v.t.* 1 prevenir. 2 interceptar. 3 acaparar.

forestry | 'fɒrɪstrɪ | *s.i.* 1 silvicultura. 2 terreno boscoso.

foretaste | fɔː'teɪst | *s.c.* muestra, anticipo.

foretell | fɔː'tel | *v.irr.* [*pret.* y *p.p.* foretold] *t.* predecir.

forethought | 'fɔːðɔːt | *s.i.* previsión, prevención.

forewarn | fɔː'wɔːn | *v.t.* [to – of/ against/about] advertir de.

foreword | 'fɔːwɜːd | *s.c.* prólogo, introducción.

forfeit | 'fɔːfɪt | *s.c.* 1 penalización, precio. 2 prenda. ‖ *v.t.* 4 confiscar. ‖ *adj.* 5 perdido.

forge | fɔːdʒ | *v.t.* 1 falsificar. 2 forjar. 3 (fig.) fraguar, forjar. ‖ *v.i.* 4 [to – ahead] avanzar con firmeza, adelantarse. ‖ *s.c.* 5 fragua. 6 fundición.

forgery | 'fɔːdʒərɪ | *s.c.* e *i.* falsificación.

forget | fə'get | *v.irr.* [*pret.* forgot, *p.p.* forgotten] *t.* 1 [to – wh-/about] olvidar, abandonar. 2 [to – *inf.*] dejar de. 3 [to – (that)] olvidarse(le) a uno (que). ‖ *v.i.* 4 no recordar.

forgettable | fə'getəbl | *adj.* corriente.

forgive | fə'gɪv | *v. irr.* [*pret.* forgave, *p.p.* forgiven] *t.* 1 [to – for] perdonar, eximir.

forgiveness | fəxgɪvnɪs | *s.i.* perdón, indulgencia.

forgo o **forego** | fɔː'gəu | fɔː'gəu | *v.t. irr.* [*pret.* forwent, *p.p.* forgone] 1 renunciar a. 2 desperdiciar.

fork | fɔːk | *s.c.* 1 tenedor. 2 horca. 3 ramificación. 4 *pl.* MEC. horquilla. ‖ *v.t.* 5 trabajar con horca. ‖ *v.i.* 6 bifurcarse.

forlorn | fə'lɔːn | *adj.* 1 desamparado. 2 abandonado.

form | fɔːm | *s.c.* 1 forma, clase. 2 formulario. 3 (brit.) curso. ‖ *s.i.* 4 estructura. 5 estado físico. ‖ *v.t.* e *i.* 6 adiestrar, educar. 7 desarrollar. 8 surgir, aparecer. ‖ *v.t.* 9 componer. 10 constituir. 11 organizar.

formal | 'fɔːml | *adj.* 1 formal, serio. 2 elegante. 3 oficial.

formality | fɔː'mælɪtɪ | *s.i.* 1 convencionalismo. ‖ *s.c.* 2 formalidad.

formalize | 'fɔːməlaɪz | (también formalise) *v.t.* dar forma, concretar.

format | 'fɔ:mæt | s.c. 1 formato, tamaño, forma. 2 TV. estructura general. ‖ v.t. 3 INF. formatear.

formation | fɔ'meɪʃn | s.i. 1 formación, desarrollo. ‖ s.c. e i. 2 orden, forma.

formative | 'fɔ:mətɪv | adj. formativo.

former | 'fɔ:mə | adj. 1 previo, anterior. ‖ s.c. 2 [the —] el primero.

formless | 'fɔ:mlɪs | adj. 1 informe, deforme. 2 (desp.) desordenado.

formula | 'fɔ:mjulə | (pl. formulas o formulae) s.c. 1 [— (for)] fórmula. 2 [— (for)] receta. 3 método. 4 (EE.UU.) papilla. ‖ s.i. 5 [— número] coche de carreras.

formulate | 'fɔ:mjuleɪt | v.t. 1 formular. 2 concebir, elaborar.

formulation | fɔ:mju'leɪʃn | s.c. e i. 1 formulación. 2 elaboración.

fornication | fɔ:nɪ'keɪʃn | s.i. fornicación.

forsake | fə'seɪk | v.t.irr. [pret. forsook, p.p. forsaken] 1 abandonar, renunciar. 2 repudiar.

forswear | fɔ:'sweə | v.t.irr. [pret. forswore, p.p. forsworn] 1 [to — (ger.)] renunciar a. 2 repudiar.

fort | fɔ:t | s.c. fuerte, fortaleza.

forte | 'fɔ:teɪ | s.c. 1 (generalmente sing.) fuerte. ‖ adj. 2 MUS. forte, alto. ‖ adv. 3 fuertemente.

forth | fɔ:θ | adv. 1 [v. —] adelante (lugar). 2 en adelante.

forthcoming | fɔ:θ'kʌmɪŋ | adj. (no comp.) 1 próximo, venidero. 2 [v.neg. —] amistoso, comunicativo.

forthright | fɔ:eraɪt | adj. 1 espontáneo, abierto. 2 contundente.

forthwith | fɔ:θ'wɪð | adv. inmediatamente.

fortification | fɔ:tɪfɪ'keɪʃn | s.c. y s.i. (generalmente pl.) fortificación.

fortify | 'fɔ:tɪfaɪ | v.t. 1 fortificar, reforzar. 2 reafirmar.

fortnight | 'fɔ:tnaɪt | s.c. quincena, quince días.

fortnightly | 'fɔ:tnaɪtlɪ | adj. 1 quincenal. ‖ adv. 2 quincenalmente.

fortuitous | fɔ:'tju:ɪtəs | adj. casual, accidental.

fortunate | 'fɔ:tʃnət | adj. 1 afortunado, con suerte, exitoso. 2 adecuado.

fortune | 'fɔ:tʃu:n | s.c. 1 fortuna, dineral. 2 (generalmente pl.) casualidades, azares. ‖ s.i. 3 suerte, fortuna.

fortuneteller | 'fɔ:tʃəntelə | s.c. adivina.

forty | 'fɔ:tɪ | adj.num.card. cuarenta.

forum | 'fɔ:rəm | (pl. forums o fora) s.c. 1 foro. 2 [— (for)] tribuna.

forward | 'fɔ:wəd | 'fɔ:rwərd | (también forwards.) adv. 1 adelante, hacia delante. 2 hacia al fondo. 3 a colación. 4 a proa. ‖ adj. 5 (no comp.) delantero. 6 progresivo (un movimiento). 7 avanzado. 8 precoz. 9 confiado. 10 ansioso. ‖ s.c. 11 DEP. delantero. ‖ v.t. 12 enviar, expedir. 13 promover, acelerar.

fossil | 'fɔsl | adj. y s.c. fósil.

foster | 'fɒstə | v.t. 1 adoptar. 2 acoger. 3 fomentar. 4 alimentar. ‖ adj. 5 acogido, adoptivo. 6 temporal.

foul | faul | adj. 1 molesto, fétido. 2 grosero, obsceno. 3 brutal. 4 viciado (aire, agua). 5 vil, cruel. 6 enmarañado. 7 obstruido. ‖ s.c. 8 [— against/on] falta. 9 obstrucción. ‖ v.t. e i. 10 cometer falta. 11 enredar, enmarañar. ‖ v.t. 12 ensuciar, defecar (animales).

found | faund | pret. y p.p. de find. ‖ v.t. 2 fundar, establecer. 3 constituir. 4 [to — on/upon y generalmente pás.] basar en. 5 fundir metales.

foundation | faun'deɪʃn | s.i. 1 fundación, inicio. 2 fundamento, base. ‖ s.c. 3 institución. 4 pl. cimientos.

founder | 'faundə | s.c. 1 fundador. ‖ v.i. 2 zozobrar, hundirse. 3 (fig.) fracasar. 4 quedar inválido, caer (un animal).

foundry | 'faundrɪ | s.c. fundición.

fount | faunt | s.c. 1 fuente, origen. 2 manantial. 2 TEC. familia de letras.

fountain | 'fauntɪn | s.c. 1 surtidor. 2 manantial. 3 chorro. 4 depósito de agua.

four | fɔ: | s.num.card. 1 cuatro. ‖ adj. 2 cuatro.

four-flusher | 'fɔ:'flʌʃə | s.c. 1 farolero. 2 pretencioso.

fourfold | 'fɔ:fəuld | *adj.* 1 cuádruple. || *adv.* 2 cuatro veces.

fourth | fɔ:θ | *num.ord.* cuarto, cuarta parte.

fowl | faul | *s.c.* y *s.i.* 1 ave de corral. 2 ave (de caza). || *v.i.* 3 cazar (aves).

fox | fɔks | *s.c.* 1 zorro, raposa. 2 cabo corto. 3 (EE.UU.) mujer seductora. || *s.i.* 4 piel de zorro. || *v.t.* 5 confundir. 6 fermentar.

foxed | fɔkst | *adj.* manchado, descolorido.

foxhole | 'fɔkshəul | *s.c.* trinchera.

foyer | 'fɔɪeɪ | *s.c.* 1 vestíbulo. 2 (EE.UU.) recibidor.

fracas | 'fræka: | *s.c.* alboroto, disturbio.

fraction | 'frækʃn | *s.c.* fracción, quebrado.

fractious | 'frækʃəs | *adj.* 1 irritable, malhumorado. 2 díscolo, rebelde.

fracture | 'fræktʃə | *s.c.* 1 fractura, rotura. 2 grieta, fisura. || *v.t.* e *i.* 3 fracturar. 4 infringir.

fragile | 'frædʒaɪl | *adj.* frágil, quebradizo, enfermizo.

fragility | frə'dʒɪlətɪ | *s.i.* fragilidad.

fragment | 'frægmənt | *s.c.* 1 fragmento, trozo. || *v.t.* e *i.* 2 dividir, fragmentar.

fragrance | 'freɪgrəns | *s.c.* fragancia, perfume.

frailty | 'freɪltɪ | *s.i.* 1 fragilidad, debilidad. || *s.c.* 2 debilidad (moral).

frame | freɪm | *s.c.* 1 marco, cerco. 2 montura. 3 esqueleto, figura. 4 estructura. 5 turno. 6 fotograma. || *v.t.* 7 enmarcar, encuadrar. 8 formular, expresar.

framework | 'freɪmwɜ:k | *s.c.* 1 armazón. 2 marco.

franc | fræŋk | *s.c.* franco.

franchise | 'fræntʃaɪz | *s.c.* franquicia.

frank | fræŋk | *adj.* 1 franco, sincero. 2 claro. || *v.t.* 3 franquear, enviar gratis.

frankfurt(er) | 'fræŋkfɜ:tə | *s.c.* salchicha ahumada.

frankincense | 'fræŋkɪnsens | *s.i.* incienso.

frankness | 'fræŋknɪs | *s.i.* franqueza, candor.

fraternity | frə'tɜ:nətɪ | *s.c.* sociedad, asociación.

fraternization | frætənar'zeɪʃn | *s.i.* [− (with)] confraternización.

fraternize | 'frætənaɪz | (también fraternise) *v.i.* [to − with] fraternizar con, congeniar.

fratricide | 'frætrɪsaɪd | *s.c.* 1 fratricida. || *s.i.* 2 fratricidio.

fraud | frɔ:d | *s.c.* 1 fraudulencia, engaño. 2 farsante. || *s.i.* 3 fraude.

fraught | frɔ:t | *adj.* [− with] pleno de, lleno de.

fray | freɪ | *s.c.* 1 batalla, pelea. || *v.t* e *i.* 2 deshilachar, raer. 3 irritar (los ánimos).

frazzle | 'fræzl | *s.i.* 1 agotamiento, cansancio. 2 desgaste. || *v.t.* 3 agotar. || *v.i.* 4 deshilacharse.

freak | fri:k | *s.c.* 1 fenómeno, monstruo. 2 anormalidad, mutación. 3 casualidad. 4 antojo. 5 (EE.UU.) hippy, drogadicto. 6 (EE.UU.) fanático. || *adj.* 7 engaño. *v.t.* e *i.* 8 tener un mal viaje (droga), coger un mal rollo.

freckle | 'frekl | *s.c.* (generalmente *pl.*) peca.

free | fri: | *adj.* 1 libre. 2 independiente. 3 sin trabas. 4 (no *comp.*) gratuito. 5 (no *comp.*) libre (tiempo). 6 vacante. 7 abierto. 8 (no *comp.*) suelto, flojo. 9 [− of/from] exento de. 10 flexible (movimiento). 11 [− with] generoso. 12 (no *comp.*) puro, no combinado. || *adv.* 13 sin control, suelto. || *v.t.* 14 [− from/of] liberar. 15 [− from] rescatar. 16 desenredar. 17 eximir.

freebie | 'fri:bi: | *s.c.* (fam.) chollo.

freedom | 'fri:dəm | *s.i.* 1 libertad. || *s.c.* 2 [− of/+ *inf.*] libertad de. 3 [− (from)] inmunidad. 4 desenvoltura.

freehold | 'fri:həuld | *s.c.* e *i.* 1 dominio absoluto. || *adv.* 2 en propiedad.

freelance | 'fri:la:ns | *s.c.* 1 trabajador por cuenta propia. || *adj.* 2 independiente. || *adv.* 3 por cuenta propia. || *v.t.* e *i.* 4 trabajar como independiente.

free-standing | ˌfriːsˈtændɪŋ | *adj.* sin fijación.

free-way | ˈfriːweɪ | *s.c.* (EE.UU.) autopista.

freewheel | ˌfriːwiːl | *v.i.* ir en punto neutro.

freewheeling | ˌfriːˈwiːlɪŋ | *adj.* despreocupado.

freeze | friːz | *v.irr.* [*pret.* froze, *p.p.* frozen] *t.* e *i.* 1 congelar, solidificar. 2 estar helado. 3 paralizarse. || *t.* 4 fijar, controlar. || *s.c.* 5 helada. 6 congelación.

freezer | ˈfriːzə | *s.c.* congelador.

freightage | ˈfreɪtɪdʒ | *s.i.* flete, carga.

freighter | ˈfreɪtə | *s.c.* buque de carga, carguero.

frenzied | ˈfrenzɪd | *adj.* 1 frenético, exasperado. 2 enloquecido, histérico.

frenzy | ˈfrenzɪ | *s.c.* e *i.* (generalmente *sing.*) 1 frenesí, locura. || *v.t.* 2 enfurecer.

frequency | ˈfriːkwənsɪ | *s.c.* e *i.* frecuencia.

frequent | ˈfriːkwənt | *adj.* 1 frecuente, repetido, usual. || *v.t.* | friˈkwent | 2 frecuentar.

fresco | ˈfreskəʊ | (*pl.* frescos o frescoes) *s.c.* e *i.* 1 fresco. || *v.t.* 2 pintar al fresco.

fresh | freʃ | *adj.* 1 fresco, natural. 2 [- from] (no *comp.*) recién llegado de. 3 (no *comp.*) potable (agua). 4 (no *comp.*) nuevo, diferente. 5 reciente. 6 lozana. 7 puro (aire). 8 fuerte (viento). 9 [- (with)] (fam.) descarado. || *adv.* 10 [- *adj.*] recientemente. || *v.t.* e *i.* 11 [to - up] refrescar.

freshen | ˈfreʃn | *v.t.* e *i.* 1 refrescar. 2 avivar (el viento). || 3 to - up, asearse.

freshness | ˈfreʃnɪs | *s.i.* 1 frescor. 2 lozanía. 3 (fam.) descaro.

fret | fret | *v.t.* e *i.* 1 [to - (about/over)] preocuparse, inquietarse. 2 corroer(se), rasgar(se). || *v.t.* 3 agitar (el agua). 4 formar surcos. 5 decorar con marquetería. || *s.c.* 6 irritación, inquietud. 7 roce, desgaste. 8 calado; decoración en relieve.

fretsaw | ˈfretsɔː | *s.c.* sierra de marquetería.

fretwork | ˈfretwɜːk | *s.i.* greca, adorno calado.

friable | ˈfraɪəbl | *adj.* friable, desmenuzable, terroso.

friar | ˈfraɪə | *s.c.* 1 fraile. 2 fray.

fricassee | ˈfrɪkəsiː | *s.c.* e *i.* fricasé; carne estofada.

fricative | ˈfrɪkətɪv | *s.c.* 1 fricativa. || *adj.* 2 fricativo.

friction | ˈfrɪkʃn | *s.i.* 1 fricción, rozamiento. || *s.c.* e *i.* 2 desavenencia, desacuerdo.

Friday | ˈfraɪdɪ | *s.c.* 1 viernes. || 2 girl -, secretaria personal.

fridge | frɪdʒ | *s.c.* (brit.) frigorífico, nevera.

fried | fraɪd | *pret.* y *p.p.* de fry. *adj.* frito.

friend | frend | *s.c.* amigo, compañero.

friendliness | ˈfrendlɪnɪs | *s.i.* 1 amistad, simpatía, cordialidad. 2 [the -] lo acogedor.

friendly | ˈfrendlɪ | *adj.* 1 [- to/towards] amistoso, cordial, afable. 2 acogedor. || *s.c.* 3 (brit.) juego amistoso.

friendship | ˈfrendʃɪp | *s.i.* 1 amistad. || *s.c.* 2 amigo, camarada.

frieze | friːz | *s.c.* 1 friso. 2 cenefa.

frig | frɪg | [frigging, frigged] to - about/around, hacer el gilipollas.

frigate | ˈfrɪgɪt | *s.c.* fragata.

frigging | ˈfrɪgɪŋ | *adj.* jodido.

fright | fraɪt | *s.i.* y *s.c.* susto, miedo.

frighten | ˈfraɪtn | *v.t.* asustar, aterrorizar.

frightfulness | ˈfraɪtfulnɪs | *s.i.* horror, terror.

frigid | ˈfrɪdʒɪd | *adj.* 1 frígido (sexualmente). 2 (fig.) indiferente. 3 TEC. (no *comp.*) helado (clima).

frigidity | frɪˈdʒɪdətɪ | *s.i.* 1 frigidez. 2 frío (físico).

frill | frɪl | *s.c.* 1 adorno, chorrera. 2 guirnalda. 3 (fam.) *pl.* adorno superfluo.

fringe | frɪndʒ | *s.c.* 1 (brit.) flequillo. 2

fleco, orla. 3 margen. ‖ *v.t.* 4 bordear, rodear.

frippery ǀ ˈfrɪpərɪ ǀ (también **fripperies**) *s.i.* (desp.) chorradas, fruslerías.

frisk ǀ frɪsk ǀ *v.i.* 1 retozar, juguetear. ‖ *v.t.* 2 (fam.) cachear. 3 *s.c.* 3 registro.

fritter ǀ ˈfrɪtə ǀ *s.c.* 1 fruta o vegetal rebozado, buñuelo. ‖ *v.t.* 2 desmenuzar. 3 [to — away] malgastar (dinero).

frivolity ǀ frɪˈvɒlətɪ ǀ *s.i.* 1 (desp.) frivolidad, ligereza. ‖ *s.c.* 2 *pl.* (desp.) frivolidades.

frizz ǀ frɪz ǀ *v.t.* rizar (el pelo).

frizzle ǀ ˈfrɪzl ǀ *v.t.* e *i.* freír(se), churruscar(se).

fro ǀ frəu ǀ *adv.* atrás, hacia atrás.

frock ǀ frɒk ǀ *s.c.* vestido.

frog ǀ frɒg ǀ *s.c.* rana.

frolic ǀ ˈfrɒlɪk ǀ *s.c.* 1 retozo, jugueteo. 2 regocijo. ‖ *v.i.* 3 retozar.

from ǀ frɒm ǀ — ǀ frəm ǀ *prep.* 1 de, desde (un lugar específico, posición, condición, origen, ocasión, distancia). 2 de, desde, a partir de (un punto en el tiempo, un precio). 3 a, de (indica privación). 4 de, contra (un peligro). 5 de, entre (para hacer una diferenciación). 6 de, a partir de (un agente). 7 por, a causa de. 8 por, según, considerando.

front ǀ frʌnt ǀ *s.c.* 1 fachada, parte delantera. 2 malecón. 3 línea de combate. 4 área (de dificultad). 5 apariencia. 6 pantalla, tapadera. 7 frente (atmosférico). 8 frente, testa. 9 pechera. 10 inicio, principio. ‖ *adj.* 11 primero, frontal. 12 dirigente. ‖ *v.i.* 13 [to — onto] dar a, mirar a. ‖ *v.t.* 14 cubrir, recubrir (una fachada). 15 dirigir.

frontage ǀ ˈfrʌntɪdʒ ǀ *s.c.* 1 frente, orientación. 2 fachada.

frontier ǀ ˈfrʌntɪə ǀ *s.c.* 1 [— between /with] frontera con, límite con. 2 [the —] (EE.UU.) región fronteriza. ‖ *adj.* 3 limítrofe.

frontispiece ǀ ˈfrʌntɪspiːs ǀ *s.c.* (generalmente *sing.*) portada.

frost ǀ frɒst ǀ *s.i.* 1 escarcha. ‖ *s.c.* e *i.* 2 helada. ‖ *v.t.* e *i.* 3 [to — over/up] escarcharse. ‖ *v.t.* 4 esmerilar (el cristal).

frostbite ǀ ˈfrɒstbaɪt ǀ *s.i.* 1 congelación, entumecimiento. ‖ *v.t.irr.* [*pret.* frostbit, *p.p.* frostbitten] 2 congelar, entumecer.

frosted ǀ ˈfrɒstɪd ǀ *adj.* empañado, mate (el cristal).

frosting ǀ ˈfrɒstɪŋ ǀ *s.i.* 1 superficie opaca. 2 (EE.UU.) capa de escarcha.

froth ǀ frɒθ ǀ *s.i.* 1 espuma, burbuja. 2 espumajo. 3 (desp.) trivialidad, frivolidad. ‖ *v.i.* 4 espumajear.

frown ǀ fraun ǀ *v.i.* 1 fruncir el ceño, arrugar la frente. ‖ *s.c.* 2 ceño, entrecejo. ‖ 3 to — on/upon, desaprobar.

frugality ǀ fruːˈgælətɪ ǀ *s.i.* frugalidad, sobriedad, austeridad.

fruit ǀ fruːt ǀ *s.c.* e *i.* (*pl.* fruit o fruits) 1 fruta. 2 fruto. 3 *pl.* frutos, resultados. 4 (EE.UU.) (fam.) homosexual. ‖ *v.i.* 5 dar fruto.

fruitful ǀ ˈfruːtful ǀ *adj.* 1 útil, provechoso. 2 fértil.

fruition ǀ fruːˈɪʃn ǀ *s.i.* 1 fructificación, realización, cumplimiento. 2 alegría, complacencia.

frump ǀ frʌmp ǀ *s.c.* (fam.) mujer insulsa, aburrida, anticuada.

frustrate ǀ frʌˈstreɪt ǀ *v.t.* 1 frustrar, defraudar. 2 invalidar.

frustration ǀ frʌˈstreɪʃn ǀ *s.i.* frustración, desencanto.

fry ǀ fraɪ ǀ *v.t.* 1 freír. ‖ *v.i.* 2 quemarse, asarse (de calor). 3 (EE.UU. y fam.) ser ejecutado. ‖ *s.i.* 4 *pl.* pececillos.

frying pan ǀ ˈfraɪŋpæn ǀ *s.c.* sartén.

fuck ǀ fʌk ǀ *v.t.* follar, joder. ‖ *s.c.* 2 jodida, follada.

fudge ǀ fʌdʒ ǀ *s.i.* 1 dulce de turrón. ‖ *v.t.* 2 no decir claramente.

fuel ǀ fjuəl ǀ *s.i.* y *s.c.* 1 combustible, carburante. ‖ *v.t.* 2 (EE.UU.) aprovisionar. 3 alentar.

fug ǀ fʌg ǀ *s.sing.* (brit.) humo, atmósfera cargada.

fugitive ǀ ˈfjuːdʒətɪv ǀ *adj.* 1 fugitivo. 2 efímero, breve. 3 pasajero. 4 ininteligible. 5 errante. ‖ *s.c.* 6 fugitivo, prófugo. 7 lo efímero, lo fugaz.

fugue ǀ fjuːg ǀ *s.c.* e *i.* fuga.

fulcrum | 'fʌlkrəm | (pl. fulcrums o fulcra) s.c. fulcro, punto de apoyo.

fulfill | ful'fil | v.t. 1 llevar a cabo, cumplir, ejecutar. 2 desarrollar, expresar.

fulfillment | ful'filmənt | s.i. 1 cumplimiento, ejecución. 2 satisfacción, agrado.

full | ful | adj. 1 [– of/up] lleno, repleto. 2 [– (of)] cargado. 3 [– up] satisfecho. 4 todo, detallado. 5 [at –] máximo, todo. 6 intenso (el color). 7 fuerte (el sonido). 8 pleno. 9 titular. || adv. 10 exactamente, directamente. 11 muy, perfectamente.

fuller | 'fulə | s.c. batanero, batán.

fullness | 'fulnɪs | s.i. 1 saciedad; abundancia. 2 redondez. 3 riqueza (de sonido). 4 aroma pleno (de sabor).

full-time | ,ful'taɪm | adj. y adv. 1 a tiempo completo. || s.i. 2 DEP. tiempo, final.

fulminate | 'fʌlmɪneɪt | v.i. [to – (at/against)] tronar, criticar severamente.

fulmination | ,fʌlmɪ'neɪʃn | s.c. e i. crítica.

fulsome | 'fulsəm | adj. (desp.) exagerado, extravagante.

fumble | 'fʌmbl | v.i. 1 manosear torpemente. 2 farfullar.

fume | fju:m | v.i. 1 echar humo. 2 (fig. y fam.) echar humo (por enfado).

fumigate | 'fju:mɪgeɪt | v.t. fumigar, desinfectar.

fumigation | ,fju:mɪ'geɪʃn | s.i. fumigación.

fun | fʌn | s.i. 1 diversión, regocijo. || adj. 2 gracioso (de personas).

function | 'fʌŋkʃn | s.c. 1 función, objeto. 2 solemnidad. 3 [– of] en función de. 4 función, operación. || s.i. 5 funcionamiento. || v.i. 6 [to – (as)] funcionar; operar; servir.

functional | 'fʌŋkʃən| | adj. 1 funcional. 2 práctico. 3 funcionando.

functionalism | 'fʌŋkʃənəlɪzəm | s.i. funcionalismo.

functionalist | 'fʌŋkʃənəlɪst | s.c. funcionalista.

functionary | 'fʌŋkʃənərɪ | s.c. funcionario.

fund | fʌnd | s.c. 1 fondo, reserva. 2 [– of] (fig.) acopio de. || v.t. 3 financiar, dedicar fondos a.

fundamental | ,fʌndə'mentl | adj. 1 [– (to)] fundamental, esencial. 2 básico. || 3 fundamentals, principios básicos.

fundamentalism | ,fʌndə'mentəlɪzəm | s.i. fundamentalismo.

fundamentalist | ,fʌndə'mentəlɪst | s.c. fundamentalista.

funeral | 'fju:nərəl | s.c. funeral, exequias.

funfair | 'fʌnfeə | c.c. (brit.) parque de atracciones.

fungal | 'fʌŋgəl | adj. fungoideo, de hongos.

fungicide | 'fʌndʒɪsaɪd | s.c. e i. fungicida.

fungus | 'fʌŋgəs | (pl. fungus, fungi, funguses) s.c. e i. hongo.

funicular | fju:'nɪkjulə | s.c. funicular.

funk | fʌŋk | s.i. 1 temor, miedo. 2 música funk. || s.c. 3 cobarde. || v.t. 4 temer, tener miedo de.

funnel | 'fʌnl | s.c. 1 embudo. 2 chimenea (de barcos). 3 (fig.) túnel. || v.t. e i. 4 dirigir(se), encausar(se).

funny | 'fʌnɪ | adj. 1 extraño, raro, peculiar. 2 divertido. 3 the funnies, (EE.UU. y fam.) PER. las tiras cómicas.

fur | fɜ: | s.i. 1 piel, pelaje. 2 piel sintética. 3 sarro. || s.c. e i. 4 piel. || v.i. 5 llenarse de sarro.

furbish | 'fɜ:bɪʃ | v.t. renovar, restaurar.

furious | 'fjuərɪəs | adj. 1 furioso, colérico. 2 lleno de vigor.

furl | fɜ:l | v.t. cerrar, enrollar.

furlough | 'fɜ:ləu | s.c. e i. licencia, permiso.

furnace | 'fɜ:nɪs | s.c. 1 horno, caldera. || s.sing. 2 (fam.) horno.

furnish | 'fɜ:nɪʃ | v.t. 1 amueblar. 2 [to – + o. + with] proveer.

furniture | 'fɜ:nɪtʃə | s.i. mobiliario.

furore | fju'rɔ:rɪ | (EE.UU. furor) s.sing. furor, rabia.

furrow | 'fʌrəu | s.c. 1 surco. 2 canal.

3 arruga. ‖ v.t. 4 arrugar (la frente). 5 hacer un surco en. ‖ v.i. 6 arrugarse (la frente).

furry | 'fɜ:rɪ | adj. 1 velloso, lanudo, peludo (animales). 2 parecido a piel. 3 sarroso (lengua).

further | 'fɜ:ðə | (comp. de far) adv. 1 ulteriormente; más. 2 más avanzado; más allá. 3 lo que es más (al principio de una oración). 4 más lejos. 5 más (en el tiempo). ‖ adj. 6 más, añadido. 7 alejado. ‖ v.t. 8 promover, fomentar. ‖ 9 – back, más atrás, anteriormente. 10 – to, en lo que respecta a.

furtherance | 'fɜ:ðərəns | s.i. fomento, promoción.

furthest | 'fɜ:ðɪst | (super. de far) adv. y adj. 1 más, lo que más. 2 más alejado.

furtiveness | 'fɜ:tɪvnɪs | s.i. sigilo, disimulo.

fury | 'fjʊərɪ | s.i. furia, ira.

fuse | fju:z | s.c. 1 fusible. 2 mecha (en explosivos). ‖ v.t. e i. 3 (brit.) fundir(se). 4 unir(se).

fuselage | 'fju:zəlɑːʒ | s.c. fuselaje.

fusillade | ˌfju:zə'leɪd | s.sing. descarga, andanada.

fusion | 'fju:ʒn | s.c. 1 fusión, unión. ‖ s.i. 2 síntesis.

fuss | fʌs | s.sing. 1 [– (about/over)] conmoción, follón. 2 agitación. 3 (fam.) bronca. ‖ v.i. 4 [to – (about/over)] inquietarse. ‖ v.t. 5 (fam. y EE.UU.) molestar.

fussiness | 'fʌsɪnɪs | s.i. remilgo, melindre.

fussy | 'fʌsɪ | adj. 1 nervioso, agitado. 2 remilgado (en el vestir). ‖ 3 I'm not –, no me importa.

fusty | 'fʌstɪ | adj. 1 (desp.) anticuado, pasado de moda. 2 rancio (olor).

futile | 'fju:taɪl | adj. 1 fútil, vano, infructuoso. 2 insignificante.

futility | fju:'tɪlətɪ | s.i. futilidad, inutilidad.

future | 'fju:tʃə | s.sing. 1 futuro, mañana. ‖ s.c. 2 futuro profesional. ‖ adj. 3 futuro.

futurism | 'fju:tʃərɪzəm | s.i. futurismo.

fuzz | fʌs | s.i. 1 pelusa, vello. 2 pelo fosco. ‖ 3 the –, (fam.) la policía.

fuzzily | 'fʌzɪlɪ | adv. confusamente (en los pensamientos).

fuzziness | 'fʌzɪnɪs | s.i. 1 vellosidad. 2 (lo) borroso, (lo) indistinto.

fuzzy | 'fʌzɪ | adj. 1 foscado, encrespado (pelo). 2 borroso. 3 con vello.

G

g, G |dʒiː| *s.c. e i.* 1 g, G (letra). 2 MUS. sol. 3 *abreviatura* de gravedad. 4 *abreviatura* de gramo, galón y alemán (german).

gab |gæb| *v.i.* 1 charlar. ‖ *s.i.* 2 parloteo.

gabardine |'gæbədiːn| (también **gaberdine**) *s.i.* 1 gabardina. ‖ *s.c.* 2 gabardina.

gabble |gæbl| *v.t. e i.* 1 barbullar, barbotear. 2 graznar. ‖ *s.i.* 3 parloteo.

gadabout |'gædəbaut| *s.c.* juerguista.

gadfly |'gædflaɪ| *s.c.* 1 tábano, moscardón. 2 pesado.

gadget |'gædʒɪt| *s.c.* artilugio.

gadgetry |'gædʒɪtrɪ| *s.i.* artilugios, artefactos.

Gael |geɪl| *s.c.* gaélico.

Gaelic |'geɪlɪk| *adj.* gaélico.

gaff |gæf| *s.c.* gancho, arpón.

gaffe |gæf| *s.c.* metedura de pata.

gaffer |'gæfə| *s.c.* 1 viejo. 2 capataz.

gag |gæg| *s.c.* 1 chiste, gracia. 2 payasada. 3 mordaza. 4 limitación. 5 abrebocas. ‖ *v.t.* 6 amordazar. 7 censurar. 8 bloquear. ‖ *v.i.* 9 sentir náuseas. 10 contar chistes.

gaga |'gɑːgɑː| *adj.* chiflado.

gaggle |'gægl| *s.c.* manada.

gaiety |'geɪətɪ| *s.i.* 1 alegría, alboroto. 2 *pl.* diversión.

gain |geɪn| *v.t. e i.* 1 [to— (by, from)] ganar, obtener. 2 adelantar(se). ‖ *v.t.* 3 ganar, adquirir. ‖ *v.i.* 4 [— (on, upon)] acercarse. ‖ *s.i.* 5 ganancia. ‖ *c.c.* 6 incremento.

gainer |geɪnə| *s.c.* ganador.

gainsay |ˌgeɪn'seɪ| *v.* [*pret.* y *p.p.* **gainsaid**] *t.* negar.

gait |geɪt| *s.c.* polaina, sobrebota.

gal |gæl| *s.c.* chica, muchacha.

gala |'gɑːlə| *s.c.* 1 celebración, festival. 2 certamen. ‖ *adj.* 3 festivo, de gala.

galactic |gə'læktɪk| *adj.* 1 lácteo. 2 galáctico.

galantine |'gæləntiːn| *s.i.* galantina.

galaxy |'gæləksɪ| *s.c.* galaxia, constelación.

gale |geɪl| *s.c.* 1 vendaval, ventisca. 2 brisa.

Galician |gə'lɪʃən| *adj.* y *s.c.* gallego.

Galilee |'gælɪlɪ| *s.sing.* Galilea

gall |gɔːl| *s.i.* 1 descaro, osadía. 2 rencor. 3 bilis, hiel. 4 rozadura. 5 irritación. 6 inflamación. ‖ *v.t.* 7 irritar, molestar. ‖ *v.i.* 8 irritarse, molestarse.

gallant |'gælənt| *adj.* 1 valiente. 2 galante, cortés. 3 majestuoso. ‖ *s.c. e i.* 4 caballero, señor.

gallantry |'gæləntrɪ| *s.c. e i.* 1 valentía, valor. 2 cortesía.

galleon |'gælɪən| *s.c.* galeón.

gallery |'gælərɪ| *s.c.* 1 galería de arte. 2 sala, museo, pinacoteca. 3 tribuna.

galley |'gælɪ| *s.c.* 1 galera. 2 cocina.

gallicism |'gælɪsɪəm| *s.c.* galicismo.

galling |'gɔːlɪŋ| *adj.* irritante.

gallon |'gælən| *s.c.* galón (medida, brit. = 4,5 l., EE.UU. = 3,7 l.).

gallop |ˈgæləp| *s.c.* 1 galope. ‖ *v.t.* e *i.* 2 galopar. 3 ir de prisa.

gallows |ˈgæləʊz| *s.c. sing.* y *pl.* horca.

galore |gəˈlɔː| *adj.* muchísimo.

galosh |gəˈlɒʃ| *s.c. gen. pl.* botas de goma.

galvanic |gælˈvænɪk| *adj.* 1 galvánico. 2 estimulante.

galvanize |ˈgælvənaɪz| *v.t.* 1 galvanizar. 2 [to — into] excitar.

galvanized |ˈgælvənaɪzd| *adj.* galvanizado.

gambit |ˈgæmbɪt| *s.c.* 1 táctica. 2 gambito.

gamble |ˈgæmbl| *v.i.* [to — (on/with)] 1 apostar. ‖ *v.t.* 2 [to — (on)] jugar. ‖ *s.c.* 3 riesgo. 4 apuesta.

gambler |ˈgæmblə| *s.c.* jugador.

gambol |ˈgæmbl| *v.i.* 1 saltar, brincar. ‖ *s.c.* 2 salto, brinco, cabriola, juguete.

game |geɪm| *s.c.* 1 juego, deporte, partida. 2 set. 3 torneo. 4 *pl.* juegos. 5 diversión, entretenimiento. 6 profesión. 7 broma, truco. 8 estratagema. ‖ *s.i.* 9 caza. 10 presa. ‖ *adj.* 11 valeroso. ‖ *v.i.* 12 apostar.

gamebag |ˈgeɪmbæg| *s.c.* zurrón.

gamecock |ˈgeɪmkɒk| *s.c.* gallo de pelea.

gamekeeper |ˈgeɪmˌkiːpə| *s.c.* guardabosques.

gamesmanship |ˈgeɪmzmənʃɪp| *s.i.* maestría.

gamete |ˈgæmiːt| *s.c.* gameto.

gamin |gæmɪn| *s.c.* pilluelo, golfillo.

gamma |ˈgæmə| *s.c.* e *i.* 1 gamma. 2 TV. grado de contraste. 3 — rays, rayos gamma.

gammon |ˈgæmən| *s.i.* 1 jamón. 2 juego doble (en backgammon). 3 charla. ‖ *v.t.* 4 ganar al backgammon. ‖ *v.i.* 5 hablar con engaño.

gammy |ˈgæmɪ| *adj.* en mal estado.

gamut |ˈgæmət| *s.sing.* serie.

gamy, gamey |ˈgeɪmɪ| *adj.* 1 fuerte. 2 intrépido. 3 de mala fama. 4 escandaloso.

gander |ˈgændə| *s.c.* 1 ganso. 2 simplón, tontarrón. 3 ojeada.

gang |gæŋ| *s.c.* 1 [— v. sing. o pl.] 1 banda. 2 pandilla. 3 juego (de herramientas). ‖ *v.i.* 4 [to — up/on/against] conspirar contra.

ganger |ˈgæŋə| *s.c.* capataz.

gangland |ˈgæŋlənd| *s. sing.* mundo del hampa.

gangling |ˈgæŋglɪŋ| *adj.* delgaducho.

gangplank |ˈgæŋplæŋk| *s.c.* rampa.

gangrene |ˈgæŋgriːn| *s.i.* 1 gangrena. ‖ *v.t.* e *i.* 2 gangrenar(se).

gangway |ˈgæŋweɪ| *s.c.* 1 pasadizo. 2 pasarela, escalerilla.

gaol |dʒeɪl| *s.c.* e *i.* cárcel.

gaoler |ˈdʒeɪlə| *s.c.* carcelero.

gap |gæp| *s.c.* 1 brecha, abertura. 2 hueco. 3 intervalo. 4 desfiladero. ‖ *v.t.* 5 abrir un espacio. ‖ *v.i.* 6 abrirse.

gape |geɪp| *v.i.* 1 [to — at] mirar boquiabierto. 2 bostezar. 3 separarse.

gappy |ˈgæpɪ| *adj.* desdentado.

garage |ˈgærɑːdʒ 'gærɪdʒ| *s.c.* 1 garaje. 2 taller de reparación. 3 gasolinera. ‖ *v.t.* 4 guardar.

garb |gɑːb| *s.i.* 1 vestimenta. ‖ *v.t.* 2 vestir, ir de (un color).

garbage |ˈgɑːbɪdʒ| *s.i.* basura.

garble |ˈgɑːbl| *v.t.* 1 falsear. 2 escoger, seleccionar. ‖ *s.i.* 3 distorsión.

garbled |ˈgɑːbld| *adj.* confuso.

garden |ˈgɑːdn| *s.c.* 1 jardín. 2 huerto. 3 *pl.* parques. 4 vergel. ‖ *v.i.* 5 cultivar el jardín. ‖ *adj.* 6 de jardín.

gardener |ˈgɑːdnə| *s.c.* jardinero.

gargantuan |gɑːˈgæntjuən| *adj.* enorme, inmenso.

gargle |ˈgɑːgl| *s.c.* e *i.* 1 gárgaras. ‖ *v.i.* 2 hacer gárgaras, aclarar.

gargoyle |ˈgɑːgɔɪl| *s.c.* gárgola.

garish |ˈgeərɪʃ| *adj.* chillón, llamativo.

garland |ˈgɑːlənd| *s.c.* e *i.* 1 guirnalda. 2 estrobo, arza. 3 antología. ‖ *v.t.* 4 [to — with] enguirnaldar.

garlic |ˈgɑːlɪk| *s.i.* ajo.

garment |ˈgɑːnə| *v.t.* 1 acumular, almacenar, recoger. ‖ *s.c.* 2 granero.

garnet | ˈlɡɑːnɪt | *s.c.* granate.

garnish | ˈɡɑːnɪʃ | *s.c.* e *i.* 1 condimento, guarnición. 2 decoración. || *v.t.* 3 [to – with] aderezar, condimentar.

garnishee | ɡɑːnɪˈʃiː | *v.t.* 1 embargar. || *s.c.* 2 embargado.

garnishment | ˈɡɑːnɪʃmənt | *s.* 1 embargo. 2 notificación, citación.

garret | ˈɡærət | *s.c.* buhardilla.

garrison | ˈɡærɪsn | *s.c.* 1 destacamento, guarnición. 2 campamento. || *v.t.* 3 destacar (tropas). 4 guarnecer.

garrulity | ɡæˈruːlətɪ | *s.i.* charlatanería.

garrulous | ɡærələs | *adj.* charlatán.

garter | ˈɡɑːtə | *s.c.* 1 liga. 2 jarretera. || *v.t.* 3 sujetar con liga.

gas | ɡæs | [*pl.* gases o gasses] *s.c.* e *i.* 1 gas. 2 sustancia gaseosa. || *s.i.* 3 gasolina. 4 anestésico gaseoso. 5 entretenimiento, diversión. 6 cháchara. || *v.t.* 7 asfixiar con gas.

gaseous | ˈɡæsjəs | *adj.* 1 gaseoso. 2 inconcreto.

gash | ɡæʃ | *v.t.* 1 hacer un corte. || *s.c.* 2 brecha, corte.

gasholder | ˈɡæsˌhəʊldə | *s.c.* bombona.

gaslight | ˈɡæslaɪt | *s.i.* 1 luz de gas. || *s.c.* 2 lámpara de gas.

gasify | ˈɡæsɪfaɪ | *v.i* gasificarse.

gasket | ˈɡæskɪt | *s.c.* junta, arandela.

gasoline | ˈɡæsəʊliːn | *s.i.* gasolina.

gasometer | ɡæˈsmɪtə | *s.c.* gasómetro.

gasp | ɡɑːsp | *v.i.* 1 [to – at/with/in] cortarse la respiración, quedarse sin aliento, boquiabierto. 2 jadear. || *v.t.* 3 [to – out] hablar entrecortadamente. || *s.c.* 4 jadeo.

gassy | ˈɡæsɪ | *adj.* gaseoso.

gastronome | ˈɡæstrənəʊm | *s.c.* gastrónomo.

gastronomy | ɡæˈstrɒnəmɪ | *s.i.* gastronomía.

gat | ɡæt | *s.c.* 1 canal, pasaje. 2 pistola.

gate | ɡeɪt | *s.c.* 1 verja, portón. 2 barrera. 3 puerta de embarque. 4 com-

puerta, esclusa. 5 válvula. 6 taquilla, entrada. 7 camino. 8 método, estilo. || *v.t.* 9 castigar.

gatecrash | ˈɡeɪtkræʃ | *v.t.* entrar sin ser invitado.

gatehouse | ˈɡeɪthaʊs | *s.c.* casa del guarda.

gatekeeper | ˈɡeɪtˌkiːpə | *s.c.* guarda.

gatepost | ˈɡeɪtpəʊst | *s.c.* pilar, poste.

gateway | ˈɡeɪtweɪ | *s.c.* entrada, paso.

gather | ˈɡæðə | *v.t.* 1 [to – in/up] recoger. 2 recolectar. 3 ganar, aumentar. 4 cubrirse con. 5 fruncir, formar pliegues. 6 cobrar. 7 abrazar. || *v.i.* 8 [– round] reunirse, juntarse. 9 supurar.

gauche | ɡəʊʃ | *adj.* patoso, torpe.

gaudy | ˈɡɔːdə | *adj.* chillón, llamativo.

gauge, gage | ɡeɪd | *s.c.* 1 calibre. 2 pluviómetro. 3 manómetro. 4 medida, norma. 5 nivel. 6 ancho de vía. 7 calado. 8 espesor. 9 espesor. || *v.t.* 10 medir con precisión. calibrar.

Gaul | ɡɔːl | *s.sing.* 1 Galicia. || *s.c.* 2 galo.

gaunt | ɡɔːnt | *adj.* 1 flaco. 2 demacrado.

gauntlet | ˈɡɔːntlɪt | *s.c.* 1 guante de trabajo. 2 guantelete, manopla. 3 reto.

gauze | ɡɔːz | *s.i.* 1 gasa. 2 venda.

gauzy | ˈɡɔːzɪ | *adj.* brumoso.

gave | ɡeɪv | *pret.* de **gIve**.

gavel | ˈɡævɪl | *s.c.* martillo, mazo.

gawk | ɡɔːk | *v.i.* 1 [to – at] mirar boquiabierto. || *s.c.* 2 bobo.

gawky | ˈɡɔːkɪ | *adj.* torpe.

gay | ɡeɪ | *adj.* y *s.c. pred.* 1 homosexual. 2 atractivo, alegre. || 3 *atr.* divertido, festivo. 4 libertino.

gaze | ɡeɪz | *v.i.* [to – adv./prep.] 1 mirar fijamente. || *s.c.* 2 mirada penetrante, fija.

gazelle | ɡəˈzel | *s.c.* gacela.

gazette | ɡəˈzet | *s.c.* 1 boletín. 2 gaceta. || *v.t.* 3 publicar en el boletín oficial.

gazeteer | ɡæzəˈtɪə | *s.c.* lista de lugares geográficos.

gazump | ɡəˈʌmp | *v.t.* [usualmente *pas.*] engañar.

gazumper | gəˈzʌmpə | s.c. tramposo.

gear | gɪə | s.c. 1 marcha, velocidad. 2 cambio de piñón. 3 engranaje. 4 actividad. ‖ s.i. 5 equipo, ropa. 6 instrumentos. 7 aparejos. 8 tren, frenos. ‖ v.t. 9 engranar.

gearbox | ˈgɪəbɒks | s.c. caja de cambios.

gecko | ˈgekəʊ | s.c. salamandra.

gee | dʒiː | s.c. 1 letra g. ‖ interj. 2 icaramba!. 3 1.000 dólares.

geezer | ˈgiːzə | s.c. 1 extraño, raro. 2 tipo, tío.

gel | dˀel | s.c. e i. 1 gel. ‖ v.i. 2 cuajar.

gelatin(e) | dʒeləˈtiːn | s.i. gelatina.

gelatinous | dʒəˈlætɪnəs | adj. gelatinoso, viscoso.

geld | geld | v.t. 1 castrar. ‖ s. 2 impuesto.

gem | dʒem | s.c. 1 gema, joya. 2 tesoro. 3 bizcocho, bollo. ‖ v.t. 4 adornar con joyas.

Gemini | ˈdʒemɪnaɪ | s. y s.c. Géminis.

gemstone | ˈdʒemstəʊn | s.c. piedra preciosa.

gen | dʒen | s.i. [the – on] la información sobre.

gendarme | ˈʒɒɑːdɑːm | s.c. gendarme.

gender | ˈdʒendə | s.c. e i. 1 género. ‖ v.t. 2 engendrar.

gene | dʒiːn | s.c. gene.

genealogy | dʒiːnɪˈælədʒɪ | s.i. 1 genealogía. ‖ s.c. 2 árbol genealógico.

general | ˈdʒenərəl | adj. 1 general, común. 2 total, ilimitado. 3 mixto. 4 generalizado, extendido, usual, frecuente. 5 indefinido. 6 jefe principal. ‖ s.c. 7 MIL. General.

generality | dʒenəˈrælɪtɪ | s.c. 1 vaguedad. ‖ s.i. 2 generalidad.

generalize | ˈdʒenərəlaɪz | v.i. y t. 1 generalizar. 2 sacar conclusiones. 3 extenderse.

generate | ˈdʒenəreit | v.t. 1 generar. 2 INF. producir.

generation | dʒenəˈreɪʃn | s.c. e i generación.

generative | ˈdʒenərətɪv | adj. generativo, procreador.

generator | ˈdʒenəreitə | s.c. generador, dinamo.

generic | dʒɪˈnerɪk | adj. genérico, común.

generosity | dʒenəˈrɒsɪtɪ | s.c. e i. generosidad.

generous | ˈdʒenərəs | adj. 1 generoso, dadivoso. 2 magnánimo. 3 abundante.

genetic | dʒɪˈnetɪk | adj. genético.

genetics | dʒɪˈnetɪks | s.i. genética.

genial | ˈdʒiːnjəl | adj. 1 simpático, amistoso. 2 brillante, ocurrente.

geniality | dʒiːnɪˈælətɪ | s.i. simpatía.

genital(s) | ˈdʒenɪtl(z) | s. pl. órganos genitales.

genitive | ˈdʒenɪtɪv | adj. y s.c. genitivo.

genius | ˈdʒiːnjəs | s.i. 1 genio, inteligencia. ‖ s.c. 2 experto.

genned up | ˈdʒendʌp | adj. al tanto.

genocide | ˈdʒenəʊsaɪd | s.i. genocidio.

Genoese | dʒenəʊˈiːz | adj. y s.c. genovés.

gent | dʒent | s.c. 1 gentleman, hombre. ‖ 2 gents, retrete de caballeros.

genteel | dʒenˈtiːl | adj. 1 pomposo. 2 cortés, respetuoso.

gentile | ˈdʒentaɪl | s.c. y adj. gentil, cristiano, no judío.

gentility | dʒenˈtɪlɪtɪ | s.i. 1 gentileza, cortesía. 2 nobleza.

gentle | ˈdʒentl | adj. 1 tranquilo. 2 suave, moderado. 3 dócil. 4 ligero, lento. 5 agradable, benigno. 6 relajante. 7 amable. 8 de buena familia. 9 noble. ‖ v.t. 10 suavizar.

gentleman | ˈdʒentlmən | [pl. gentlemen] s.c. caballero, señor.

gentleness | ˈdʒentlnɪs | s.i. 1 suavidad, dulzura. 2 docilidad. 3 amabilidad.

gentlewoman | ˈdʒentlwʊmən | [pl. gentlewomen] s.c. señora.

gently | ˈdʒentlɪ | adv. suavemente.

gentrify | ˈdʒentrɪfaɪ | v.t. embellecer.

gentry | ˈdʒentrɪ | s.i. 1 [the –] la aristocracia. 2 clase acomodada. 3 gente, familia.

genuflect | ˈdʒenjuːflekt | *v.i.* [to – (before)] doblar la rodilla.

genuine | ˈdʒenjuɪn | *adj.* 1 genuino, auténtico. 2 sincero.

genus | ˈdʒiːnəs | [*pl.* **genera**] *s.c.* género, clase, tipo.

geocentric | ˌdʒiːəʊˈsentrɪk | *adj.* geocéntrico.

geographer | dʒɪˈɒɡrəfə | *s.c.* geógrafo.

geographical | dʒɪəˈɡræfɪkl | *adj.* geográfico.

geography | dʒɪˈɒɡrəfɪ | *s.i.* geografía.

geologist | dʒɪˈɒlədʒɪst | *s.c.* geólogo.

geology | dʒɪˈɒlədʒɪ | *s.i.* geología.

geometric(al) | ˌdʒɪəʊˈmetrɪkl | *adj.* geométrico.

geometry | dʒɪˈmətrɪ | *s.i.* geometría.

geophysics | ˌdʒiːəʊˈfɪzɪks | *s.i.* geofísica.

geopolitical | ˌdʒɪəʊpəˈlɪtɪk | *adj.* geopolítico.

Georgian | ˈdʒɔːdʒən | *adj.* y *s.c.* georgiano.

geranium | dʒəˈrenjəm | *s.c.* geranio.

geriatric | ˌdʒerɪˈætrɪk | *adj.* geriátrico.

geriatrician | ˌdʒerɪəˈtrɪʃn | *s.c.* experto en geriatría.

germ | dʒɜːm | *s.c.* germen.

German | ˈdʒɜːmən | *s.c., s.i.* y *adj.* alemán.

germane | dʒɜːˈmeɪn | *adj.* relativo, oportuno, relevante.

Germanic | dʒɜːˈmænɪk | *adj.* y *s.i.* germánico, alemán.

Germany | ˈdʒɜːmənɪ | *s. sing.* Alemania.

germicidal | ˌdʒɜːmɪˈsaɪdl | *adj.* germicida.

germinate | ˈdʒɜːmɪneɪt | *v.t.* 1 germinar, brotar. 2 aparecer. || *v.i.* 3 hacer germinar.

gerrymander | ˈdʒerɪmændə | | ˌdʒerɪˈmændə | *v.t.* e *i.* alterar, dividir.

gestate | dʒeˈsteɪt | *v.t.* 1 gestar. 2 concebir.

gestation | dʒeˈsteɪʃn | *s.i.* gestación.

gesticulate | dʒeˈstɪkjuleɪt | *v.i.* 1 gesticular. || *v.t.* 2 expresarse con gestos.

gesture | ˈdʒestʃə | *s.c.* e *i.* 1 gesto, ademán. || *s.c.* 2 acto, muestra. || *v.i.* 3 [to – *adv./prep.*] gesticular, hacer señas. || *v.t.* 4 [to – + *adv./prep.*] señalar con un gesto.

get | get | *v. irr.* [*pret.* got, *p.p.* (brit.) got, (EE.UU.) gotten] *t.* 1 conseguir, obtener. 2 adquirir. 3 recibir. 4 ganar, cobrar. 5 [have got] tener, poseer. 6 ser condenado. 7 coger. 8 agarrar, asir. 9 recoger, traer, ir a buscar. 10 preparar, hacer. 11 entender, comprender. 12 conectar con, 13 coger, contestar. 14 sintonizar. 15 emocionar. 16 molestar, irritar. 17 [to – for] pagar (por), castigar. 18 memorizar. 19 reservar. 20 hacerse. 21 pasar por. 22 eliminar. 23 engendrar. 24 [have got *inf.*] tener que, estar obligado a. 25 [to – *p.p.*] mandar. 26 [to – *o. ger.*] conseguir que. 27 [to – *adj./p.p*] ponerse, volverse, hacerse. 28 [to – *inf.*] llegar a. 29 [to – + *adv./prep.*] 30 to – about/around, salir, viajar. 31 to – across, hacerse entender (por), lograr comunicarse/entenderse (con). 32 to – ahead, triunfar. 33 to – a kick out of, pasárselo bien. 34 to – along, a) arreglárselas, b) avanzar. 35 to – away with, cometer. 36 to – back (+ in), volver, regresar. 37 to – back at somebody, vengarse de alguien. 38 to – behind, retrasarse. 39 to – by, a) arreglárselas, b) estar pasable, c) burlar, eludir. 40 to – down, a) agacharse, bajarse, b) dejar la mesa. 41 to – in, a) subir, b) llegar, c) ser admitido. 42 to – in on, participar. 43 to – into, a) subir, montar. 44 to – off, a) bajarse, apearse, b) quitarse, c) enviar. 45 to – off on, divertirse. 46 to – off to, empezar. 47 to – on, a) avanzar, progresar. 48 to – onto, a) ponerse en contacto con. 49 to – out, irse, salir. 50 to – over with, terminar con.

getaway | ˈɡetəweɪ | *s.c.* 1 huida, fuga. 2 salida, partida.

geyser | 'gaɪzə' | *s.c.* 1 géiser. 2 calentador de agua.

Ghana | 'gɑːnə' | *s.sing.* Ghana.

Ghanaian | gɑːˈneɪən | *adj.* 1 de Ghana. ‖ *s.c.* 2 ghaneano.

ghastly | 'gɑːstlɪ | *adj.* 1 desagradable, espantoso. 2 horripilante, atroz. 3 pálido.

gherkin | 'gɜːkɪn | *s.c.* 1 pepinillo. 2 tipo de vino.

ghost | gəʊst | *s.c.* 1 fantasma, aparición. 2 alma. 3 recuerdo, memoria. 4 TV sombra. 5 negro. 6 demonio. 7 publicación fantasma. ‖ *v.t.* e *i.* 8 escribir para otro. ‖ *v.t.* 9 rondar, vagar.

ghostly | 'gəʊstlɪ | *adj.* 1 fantasmal, espectral. 2 espiritual.

ghoul | guːl | *s.c.* 1 espíritu necrófago. 2 (fig.) persona morbosa. 3 ladrón.

ghoulish | guːlɪʃ | *adj.* 1 desagradable, macabro. 2 sádico, morboso.

giant | 'dʒaɪənt | *f.* **giantess** *s.c.* y *adj.* gigante.

gibber | 'dʒɪbə | *v.i.* 1 farfullar. ‖ *s.i.* 2 parloteo.

gibberish | 'dʒɪbərɪʃ | *s.i.* galimatías.

gibbet | 'dʒɪbɪt | *s.c.* horca.

gibbon | 'gɪbən | *s.c.* gibón.

gibe | dʒaɪb | *s.c.* 1 burla, mofa. ‖ *v.t.* 2 burlarse, mofarse. ‖ *v.i.* 3 [to – about/at] mofarse de.

giddy | 'gɪdɪ | *adj.* 1 mareado, aturdido. 2 vertiginoso. 3 frívolo. ‖ *v.t.* e *i.* 4 marearse.

gift | gɪft | *s.c.* 1 regalo, obsequio, presente. 2 dádiva, ofrenda.

gifted | 'gɪftɪd | *adj.* 1 dotado. 2 superdotado.

gig | gig | *s.c.* 1 sesión musical, concierto. 2 contrato. 3 calesa. 4 arpón. 5 anzuelo múltiple. 6 canoa, lancha. 7 informe militar. ‖ *v.i.* 8 remar. 9 pescar con anzuelo. ‖ *v.t.* 10 arponear. 11 castigar por infracción.

giga | 'gɪgə | *prefijo* 1.000 millones.

gigantic | dʒɪˈgæntɪk | *adj.* gigantesco.

giggle | 'gɪgl | *s.c.* 1 risita. 2 diversión. ‖ *v.i.* 3 reírse tontamente.

giggly | 'gɪglɪ | *adj.* con facilidad para reír.

gild | gɪld | *v.t. irr.* [*pret. p.p.* **gilded** o **gilt**] dorar.

gilder | 'gɪldə | *s.c.* dorador.

gill | gɪl | *s.c.* 1 branquias, agallas. 2 papada, barba. 3 | dʒɪl | 1/8 de litro (medida de volumen). ‖ *v.t.* 4 limpiar. ‖ 5 pescar.

gillyflower | 'dʒɪlɪˌflaʊə | *s.c.* 1 alhelí amarillo. 2 gariofilílea.

gilt | gɪlt | *v.pret.* y *p.p* de **gild**. ‖ *s.i.* 1 adorno. 2 brillo falso. ‖ *adj.* 3 dorado. 4 atractivo.

gimcrack | 'dʒɪmkræk | *adj.* baratija.

gimlet | 'gɪmlɪt | *s.c.* 1 barrena. 2 cóctel de ginebra con zumo de lima. ‖ *adj.* 3 penetrante.

gimmick | 'gɪmɪk | *s.c.* 1 truco. 2 dispositivo secreto. ‖ *adj.* 3 artero, engañoso.

gimmickry | 'gɪmɪkrɪ | *s.i.* artimañas.

gimmicky | 'gɪmɪkɪ | *adj.* tramposo.

gin | dʒɪn | *s.c.* e *i.* 1 ginebra. 2 polea, grúa. 3 máquina desmotadora de algodón. 4 trampa. ‖ *v.t.* 5 desmotar algodón.

ginger | 'dʒɪndʒə | *s.i.* 1 jengibre. 2 ánimo, energía. 3 color amarillento. ‖ *v.t.* 4 sazonar con jengibre. 5 animar, estimular.

gingham | 'gɪŋəm | *s.i.* guinga, zaraza.

gipsy, gypsy | 'dʒɪpsɪ | *s.c.* y *adj.* gitano.

giraffe | dʒɪˈrɑːf | [*pl.* **giraffes** o **giraffe**] *s.c.* jirafa.

gird | gɜːd | *v.t.pret.* y *p.p* **girded** o **girt**. 1 rodear, apretar. 2 ceñir, atar. 3 equipar, dotar. ‖ *v.t.* e *i.* 4 burlarse, mofarse. ‖ *s.i.* 5 mofa, burla.

girder | 'gɜːdə | *s.c.* viga maestra.

girdle | 'gɜːdl | *s.c.* 1 corsé, faja. 2 cinturón. 3 anillo. 4 corte anular. 5 borde de una gema. 6 arco pectoral pelviano. ‖ *v.t.* 7 rodear, circundar. 8 atar, rodear.

girl | gɜːl | *s.c.* 1 chica, niña, muchacha. 2 hija. 3 criada. 4 novia, amiga.

girlfriend | 'gɜːl,frend | *s.c.* 1 novia. 2 amiga. 3 amante.

girlhood | 'gɜːlud | *s.i.* niñez, juventud.

girlish | 'gɜːlɪʃ | gɜːrlɪ | *adj.* de desnudos femeninos.

giro | 'dʒaɪrəʊ | *s.c. e i.* giro, giro bancario.

girth | gɜə | *s.c. e i.* 1 circunferencia. 2 tamaño, volumen. ‖ *s.c.* 3 cincha. ‖ *v.t.* 4 medir la circunferencia. 5 rodear, ceñir.

gist | dʒɪst | *s.* [the — of] la esencia de, la idea central de.

give | gɪv | *v.irr.* [*pret.* **gave**, *p.p.* **given**] *t.* 1 dar, entregar. 2 aceptar. 3 donar. 4 subir. 5 hacer. 6 producir, cansar, contagiar. 7 citar, revelar. 8 arrojar. 9 administrar. 10 otorgar. 11 emitir. 12 prestar. 13 admitir. 14 excusar, disculpar. 15 brindar. ‖ *i.* 16 hacer regalos. 17 rendirse. 18 suceder, pasar. 19 entregarse. ‖ *s.i.* 20 elasticidad.

giveaway | 'gɪvəweɪ | *s.c.* 1 regalo; premio. 2 revelación.

given | 'gɪvn | *p.p.* de give. ‖ *adj.* 1 dado, determinado, específico. ‖ *prep.* 2 [to s./that] teniendo en cuenta (que), supuesto (que).

giver | 'gɪvə | *s.c.* donante, donador.

gizzard | 'gɪzəd | *s.* molleja.

glacial | 'gleɪsjəl | *adj.* glacial helado.

glaciation | ˌglæsi'eɪʃn | *s.i.* glaciación.

glacier | 'læsjə | *s.c.* glaciar.

glad | glæd | *adj.* 1 [— about s./inf.] contento, feliz, encantado. 2 [— of] agradecido. 3 [— inf.] deseoso (de). 4 buena. ‖ *v.t. e i.* 5 encantar, estar encantado.

gladden | 'glædn | *v.t.* alegrar.

glade | gleɪd | *s.c.* claro.

gladiolus | ˌglædi'əʊləs | [*pl.* gladioli, gladioluses] *s.c.* gladiolo.

gladness | 'glædnɪs | *s.i.* felicidad.

gladsome | 'glædsəm | *adj.* jubiloso, alegre.

glamorize | 'glæməraɪz | *v.t.* 1 hacer atractivo, embellecer. 2 ensalzar, alabar.

glamorous | 'glæmərəs | *adj.* glamoroso, atractivo.

glamor, glamour | 'glæmə | *s.i.* 1 glamour, encanto, hechizo. 2 fascinación.

glance | glɑːns | *s.c.* 1 mirada, vistazo. 2 mineral brillante. ‖ *v.i.* 3 [to — adv./prep.] mirar.

glancing | glɑːnsɪŋ | *adj.* indirecto, sin fuerza.

gland | glænd | *s.c.* glándula.

glandular | 'glændjʊlə | *adj.* glandular.

glaring | gleərɪŋ | *adj.* 1 deslumbrante, intenso. 2 fuerte. 3 hiriente. 4 feroz, iracundo.

glass | glɑːs | *s.i.* 1 cristal, vidrio. 2 cristalería, objetos de cristal. ‖ *s.c.* 3 vaso, copa. 4 *pl.* gafas, lentes. 5 *pl.* gemelos. ‖ *v.t.* 6 poner en recipiente de cristal, embotellar. ‖ *v.i.* 7 vitrificarse. ‖ *adj. atrib.* 8 de cristal, de vidrio.

glass-blower | 'glɑːsbləʊə | *s.c.* vidriero.

glassful | 'glɑːsfʊl | *s.c.* vaso.

glasshouse | 'glɑːshaʊs | *s.c.* 1 invernadero. 2 vidriera.

glassware | 'glɑːsweə | *s.i.* cristalería.

glassworks | 'glɑːswɜːks | *s.pl.* [—*v.sing./pl.*] fábrica de vidrio.

glassy | 'glɑːsɪ | 'glæsɪ | *adj.* 1 cristalino, transparente. 2 vítreo, acuoso.

glaze | gleɪz | *v.t.* 1 barnizar, vidriar, lustrar. 2 glasear. 3 acristalar, poner cristal. ‖ *v.i.* 4 [to — over] vidriarse. ‖ *s.c.* 5 mogate, vidriado. 6 barniz, lustre. 7 glaseado.

glazed | gleɪzd | *adj.* 1 vidrioso. 2 vidriado.

glazier | 'gleɪjə | *s.c.* cristalero, vidriero.

gleam | gliːm | *s.c.* 1 destello, centelleo, fulgor. 2 luz tenue. 3 [— of] chispa de. ‖ *v.i.* 4 destellar, fulgurar, centellear. 5 brillar tenuemente.

glean | gliːn | *v.t.* 1 entresacar, recoger. ‖ *v.t. e i.* 2 espigar.

gleaner | gliːnə | *s.c.* investigador.

gleanings | gliːnɪŋz | *s.pl.* 1 fragmentos de información. 2 espigas.

glee | gliː | *s.i.* 1 satisfacción, júbilo. ‖ *s.c.* 2 canción.

glen | glen | *s.c.* valle estrecho.

glib | glɪb | *adj.* locuaz, charlatán.

glide | glaɪd | *v.i.* 1 [to – *adv./prep.*] deslizarse. 2 moverse furtivamente. 3 escurrirse. 4 planear. || *s.* 5 deslizamiento, escurrimiento. 6 paso gradual de un sonido a otro. 7 semivocal.

glider | ˈglaɪdə | *s.c.* 1 planeador. 2 columpio.

glimmer | ˈglɪmə | *v.i.* 1 brillar con luz tenue e intermitente. || *s.c.* 2 luz trémula, tenue. 3 signo, rastro.

glimpse | glɪmps | *v.t.* 1 vislumbrar, entrever, avistar. || *v.i.* 2 mirar fugazmente. || *s.c.* 3 ojeada. 4 breve destello, fulgor.

glint | glɪnt | *v.t.* e *i.* 1 destellar, fulgurar, brillar. || *s.c.* 2 centelleo.

glissade | glɪˈseɪd | *s.c.* 1 descenso, deslizamiento. 2 paso suave de ballet. || *v.i.* 3 descender, deslizarse.

glisten | ˈglɪsn | *v.i.* resplandecer.

glitter | ˈglɪtə | *v.i.* 1 relucir. 2 brillar. || *s.i.* 3 brillo, resplandor. 4 glamour; atracción. 5 lentejuelas, brillo.

glitterati | ˌglɪtəˈrɑːti | *s.pl.* gente guapa, jet.

glitz | glɪts | *s.i.* horterada.

glitzy | ˈglɪtsi | *adj.* hortera, cutre.

gloaming | ˈgləʊmɪŋ | *s.sing.* crepúsculo.

gloat | gləʊt | *v.i.* 1 [to – over] mirar o pensar maliciosamente, relamerse de gusto. 2 recrearse, regocijarse. || *s.i.* 3 malicia.

glob | glɒb | *s. cuant.* [a – of + *s.i.*] 1 gota, glóbulo. 2 grumo, montoncito. 3 terrón, porción.

global | ˈgləʊbl | *adj.* 1 mundial. 2 global, total. 3 esférico.

globe | gləʊb | *s.c.* 1 globo, esfera. 2 globo terráqueo. || *v.t.* e *i.* 3 tomar forma de globo.

globular | ˈglɒbjʊlə | *adj.* esférico, redondo.

globule | ˈglɒbjuːl | *s.cuant.* glóbulo, gota.

gloom | gluːm | *s.sing.* 1 desesperanza, tristeza. 2 penumbra. 3 lugar tenebroso. || *v.i.* 4 oscurecerse. 5 entristecerse. || *v.t.* 6 oscurecer. 7 entristecer.

gloomy | ˈgluːmi | *adj.* 1 oscuro. 2 cubierto. 3 triste, desdichado. 4 desesperada, desalentadora.

glorification | ˌglɔːrɪfɪˈkeɪʃn | *s.sing.* 1 glorificación. 2 bondad.

glorified | ˈglɔːrɪfaɪd | *adj.* exagerado.

glorify | ˈglɔːrɪfaɪ | *v.t.* 1 ensalzar, adular, alabar. 2 glorificar. || *v.i.* 3 tener pretensiones.

glorious | ˈglɔːrɪəs | *adj.* 1 admirable, loable. 2 espléndido, maravilloso. 3 magnífico, estupendo.

glory | ˈglɔːri | *s.i.* 1 fama, prestigio. 2 esplendor. 3 gloria. || *v.i.* 4 [to – in something] alegrarse de.

gloss | glɒs | *s.i. sing.* 1 brillo, lustre, pulimento, reflejo. 2 engaño, apariencia. 3 glosa, glosario. || *v.t.* 4 lustrar, pulir, pulimentar. 5 glosar.

glossary | ˈglɒsəri | *s.c.* glosario.

glossy | ˈglɒsi | *adj.* 1 lustroso, brillante. 2 satinado, con brillo. 3 llamativo.

glove | glʌv | *s.c.* 1 guante. || *v.t.* 2 cubrir con guantes.

glover | ˈglʌvə | *s.c.* guantero.

glow | gləʊ | *v.i.* 1 estar incandescente, ponerse al rojo, arder. 2 brillar, resplandecer. || *s.c. gen. sing.* 3 resplandor, luz difusa.

glower | ˈglaʊə | *v.i.* 1 [to – (at)] mirar encolerizadamente. 2 amenazar. || *s.c.* 3 mirada colérica.

glowing | ˈgləʊɪŋ | *adj.* 1 entusiasta, apasionado. 2 radiante.

glucose | ˈgluːkəʊs | *s.i.* glucosa.

glue | gluː | *s.i.* 1 cola. || *v.t.* 2 encolar, pegar. 3 [– to] prestar mucha atención a.

gluey | ˈgluːi | *adj.* pegajoso, viscoso.

glum | glʌm | *adj.* melancólico, triste.

glut | glʌt | *s.c. gen. sing.* 1 [– (of)] exceso. 2 exceso, abuso. || *v.t. gen. pas.* 3 inundar. || *v.r.* 4 [– oneself with] hartarse de.

glutinous | ˈgluːtɪnəs | *adj.* glutinoso, pegajoso.

glutton | ˈglʌtn | *s.c.* 1 glotón. || 2 [– for] incansable, insaciable.

gluttonous | ˈglʌtnəs | adj. goloso.

gluttony | ˈglʌtnɪ | s.i. glotonería.

glycerine | ˈglɪsəriːn | s.i. glicerina.

gnarled | nɑːld | adj. 1 nudoso, retorcido. 2 curtido.

gnash | næʃ | v.t. 1 crujir. || s.i. 2 crujido (de dientes).

gnome | nəum | s.c. gnomo.

gnu | nuː | s.c. ñu.

go | gəu | v.irr. [pret. went. p.p. gone] i. 1 irse. 2 viajar, ir en. 3 acabarse. 4 llevarse. 5 ir a parar. 6 pasar a, ser heredado. 7 fallar, 8 empezar. 9 andar, marchar. 10 estropearse, romperse. fastidiarse. 11 decir, rezar, continuar. 12 sonar. 13 pasar. 14 caer bien. 15 hacer juego. 16 venderse. 17 [to – far/further /beyond] comprometerse, aventurar. 18 ser válido. 19 morirse, agotarse. 20 inf. quedar, faltar. 21 to – ahead, seguir, continuar. 22 to – at something, atacar. 23 to – back, regresar, volver. 24 to – down with something, caer enfermo con, 25 to – in, entrar. 26 to – off, explotar, estallar. 27 to – on, suceder, ocurrir, pasar. 28 to – on with, ir tirando. 29 to – out, a) salir de casa; b) [to – together /with], salir juntos, tener relaciones con. 30 to – over, ver, visitar, examinar. 31 to – round, bastar, ser suficiente. 32 to – under, hundirse. 33 to – as far as/so far as, llegar hasta. 34 to – for nothing, perderse.

goad | gəud | v.t. 1 [to – (into/on)] provocar. 2 incitar. 3 arrear. s.c. 4 aguijada.

goal | gəul | s.c. 1 portería, meta. 2 tanto, gol. 3 objetivo. || 4 – area, área. 5 – keeper, portero.

goalie | gəulɪ | s.c. portero.

goalpost | ˈgəulpəust | s.c. poste de la portería.

goat | gəut | s.c. 1 cabra. 2 casanova, donjuán. 3 capricornio.

goatherd | ˈgəuthɜːd | s.c. cabrero.

goatskin | ˈgəutskɪn | s.c. e i. piel, cuero de cabra.

gob | gɒb | s.c. 1 boca, bocaza. 2 [– (of)] grumo.

gobble | ˈgɒbl | v.t. e. i. 1 [to – (up)] engullir, devorar. || v.i. 2 graznar. || s.c. 3 graznido.

gobblet | ˈgɒblɪt | s.c. copa.

gobblin | ˈgɒblɪn | s.c. duende, gnomo.

god | gɒd | s.c. m. 1 dios. 2 ídolo. 3 pl. paraíso.

godchild | ˈgɒdtʃaɪld | [pl. godchildren] s.c. ahijado, ahijada.

goddaughter | ˈgɒdˌdɔːtə | s.c. ahijada.

goddess | ˈgɒdɪs | s.c. f. 1 diosa, deidad. 2 ídolo.

godfather | ˈgɒdˌfɑːðə | s.c. padrino.

godfearing | ˈgɒdˌfɪərɪŋ | adj. devoto.

godforsaken | ˈgɒdfəˌseɪkən | adj. 1 remoto, desolado. 2 aburrido, monótono.

godless | ˈgɒdlɪs | adj. impío, ateo.

godly | ˈgɒdlɪ | adj. 1 santo, divino. 2 devoto.

godmother | ˈgɒdˌmʌðə | s.c. f. 1 madrina. || 2 fairy –, hada madrina.

godparents | ˈgɒdˌpeərənts | s.pl. padrinos.

godsend | ˈgɒdsend | s.c. bendición.

godson | ˈgɒdsʌn | s.c. ahijado.

goes | gəuz | 3a. persona sing. presente de to go. V. go.

goggle | ˈgɒgl | v.i. 1 [to – (at)] quedarse atónito. || s.pl. 2 gafas protectoras.

going | ˈgəuɪŋ | ger. de to go. || s.i. 1 marcha, partida. 2 estado. 3 rumbo, orientación. || adj. 4 disponible, obtenible. 5 actual, existente. 6 activo.

gold | gəuld | s.c. 1 oro. 2 color de oro. 3 riqueza. 4 medalla de oro. || adj. 5 de oro, dorado.

goldbrick | ˈgəuldˌbrɪk | s.i. 1 bisutería. 2 holgazán. || v.i. 3 holgazanear. || v.t. 4 timar, estafar.

Gold Coast | ˈgəuldkɒst | s.sing. Costa de Oro.

golden | ˈgəuldən | adj. 1 de oro. 2 dorado. 3 excelente. 4 prometedor. 5 radiante.

goldfilled | ˈgəuldˌfɪld | adj. chapado en oro.

goldfinch | ˈgəuldfɪʃ | s.c. jilguero.

goldfish | ˈgəʊldfɪʃ | s.c. carpa dorada.

goldsmith | ˈgəʊldʃmɪt | s.c. joyero.

golf | gɒlf | s.i. 1 golf. ‖ v.i. 2 jugar al golf.

golfer | ˈgɒlfə | s.c. jugador de golf.

golly | ˈgɒlɪ | ˈgɑːlɪ | interj. ¡Dios!, idioses!

golosh | gəˈlɒʃ | s.c. 1 chanclo. 2 zuecos.

gonad | ˈgəʊnæd | s.c. gónada.

gondola | ˈgɒndələ | s.c. 1 góndola. 2 batea. 3 barquilla. 4 teleférico.

gone | gɒn | p.p. de to go, V. go. ‖ adj. 1 absorto, ausente. 2 embarazada. 3 [– (on)] enamorado (de). 4 pasado, transcurrido. 5 agonizante. 6 perdido. 7 exhausto, agotado.

goner | ˈgɒnə | s.c. condenado.

gong | gɒŋ | s.c. gong, campana.

goo | guː | s.i. 1 sustancia pegajosa. 2 zalamería.

good | gʊd | adj. [comp. better, super. best] 1 bueno, fiel. 2 útil, práctico. 3 agradable. 4 apto. 5 atractivo. 6 beneficioso. 7 inteligente, habilidoso. 8 virtuoso. ‖ s.i. 9 bien, beneficio. 10 pl. flete, carga, mercancía. ‖ adv. 11 bien.

godd-bye | gʊdbaɪ | interj. adiós.

goodly | ˈgʊdlɪ | adj. 1 grande, gran. 2 agradable, atractivo.

goody | ˈgʊdɪ | s.c. 1 pl. golosinas, dulces. 2 pl. atractivos, caprichos. 3 tía. ‖ interj. 4 guay, chupi, chachi.

goodwill | ˈgʊdɪl | s.i. 1 buena voluntad. 2 plusvalía.

gooey | ˈguːɪ | adj. viscoso, pegajoso.

goofy | ˈguːfɪ | adj. ridículo, bobo.

goon | guːn | s.c. 1 imbécil, tonto, estúpido. 2 gorila.

goose | guːs | [pl. geese] [m. gander] s.c. 1 ganso, ánsar. 2 ganso, tonto.

gooseberry | ˈgʊzbərɪ | s.c. 1 grosellero, uva espina. 2 grosella.

gooseflesh | ˈguːsfleʃ | s.i. carne de gallina.

goosepimples | ˈguːsˌpɪmplz | (EE.UU.) **goosebumps** s.i. carne de gallina.

gopher | ˈgəʊfə | s.c. 1 tuza. 2 ardilla de tierra. 3 tortuga de tierra.

gore | gɔː | v.t. 1 embestir, empitonar. 2 poner. ‖ s.i. 3 sangre coagulada. ‖ s.c. 4 cuchillo.

gorge | gɔːdʒ | s.c. 1 desfiladero. 2 entrada. 3 garganta. 4 atasco. ‖ v.t. 5 atiborrar, llenar. 6 devorar, engullir. ‖ v.i. 7 [to – oneself on/with] (desp.) hartarse de.

gorgeous | ˈgɔːdʒəs | adj. 1 fantástico, maravilloso. 2 bellísimo.

gorilla | gəˈrɪlə | s.c. gorila.

gormandize | ˈgɔːməndaɪz | (brit. **gormandise**) v.t. e i. glotonear.

gory | ˈgɔːrɪ | adj. sangriento, violento.

gosh | gɒʃ | interj. idioses!, iostras!, ¡Jesús!

gosling | ˈgɒzlɪŋ | s.c. 1 gansito. 2 tontorrón.

gospel | ˈgɒspl | s.i. 1 evangelio. 2 doctrina, credo. 3 mus. música gospel.

gossamer | ˈgɒsəmə | s.i. 1 telaraña. 2 gasa, tela delicada, tela finísima. 3 delicadeza, finura.

gossip | ˈgɒsəp | s.c. e i. 1 cotilleo. 2 trivialidad. ‖ s.c. 3 cotilla, chismoso. 4 amigo íntimo. 5 padrino, madrina. ‖ v.i. 6 cotillear.

gossiping | ˈgɒsɪpɪŋ | adj. 1 cotilla. ‖ s.i. 2 cotilleo.

gossipy | ˈgɒsɪpɪŋ | ˈgɒsɪpɪ | adj. 1 lleno de cotilleo. 2 chismoso.

got | gɒt | prep. y p.p. de to get.

Goth | gɒθ | s.c. godo.

Gothic | ˈgəʊɪk | adj. 1 gótico. 2 germánico, teutónico. 3 bárbaro, cruel. ‖ s.i. 4 gótica (lengua).

gotten | gɒtn | (EE.UU.) p.p. de to get.

gouge | gaʊdʒ | s.c. 1 gubia. 2 ranura, agujero. 3 estría. 4 estafa. ‖ v.t. 5 estriar. 6 cavar, mellar. 7 sacar.

gourd | gʊəd | s.c. calabaza.

gourmand | ˈgʊəmənd | s.c. glotón.

gout | gaʊt | s.i. gota.

govern | ˈgʌvn | v.t. e i. 1 gobernar. ‖ v.t. 2 controlar.

government | ˈgʌvəmənt | ˈgʌvən-mənt | ˈgʌrnmənt | s.c. 1 [– + v.

sing. o *pl.*] gobierno, administración. || *s.i.* 2 administración. 3 regulación.

governmental | ˌgʌvn'mentl | *adj.* gubernamental, ministerial.

governor | 'gʌvənə | *s.c.* 1 gobernador. 2 director, alcaide. 3 jefe, superior. 4 director. 5 tutor. 6 automático.

governorship | 'gʌvənəʃɪp | *s.i.* gobierno, ministerio.

gown | gaun | *s.c.* 1 traje de noche. 2 toga. 3 bata de casa. 4 sotana. 5 miembros de la universidad. || *v.t.* 6 vestir de largo, llevar traje largo.

grab | græb | *v.t.* 1 agarrar, arrebatar. 2 tomar apresuradamente. 3 capturar. 4 agarrar, tomar. 5 interesar. 6 captar, atraer. || *s.i.* 7 tirón.

grace | greɪs | *s.i.* 1 gracia. 2 benevolencia. 3 respiro. 4 bendición. 5 tacto. 6 don. 7 generosidad. || *v.t.* 8 [to — with/by] gen. *pas.* favorecer con.

graceless | 'greɪslɪs | *adj.* 1 sin gracia. 2 grosero.

gracious | 'greɪʃəs | *adj.* 1 amable, bondadoso. 2 elegante. 3 graciosa.

gradation | grə'deɪʃn | *s.c.* 1 [in (in/of)] gradación. 2 grado, fase.

grade | greɪd | *s.c.* 1 nivel, categoría, calidad. 2 grado. 3 año (escolar). 4 calificación (escolar). || *v.t.* clasificar, graduar. || *v.i.* 5 tener categoría.

gradient | 'greɪdjənt | *s.c.* 1 pendiente. 2 nivel de inclinación. 3 curva.

gradual | 'grædʊəl | *adj.* gradual, progresivo.

graduate | 'grædjʊert | *s.c.* 1 graduado. 2 probeta, pipeta. || *adj.* 3 titulado. || *v.i.* 4 graduarse, titularse. || *v.t.* 5 graduar, titular.

graduation | ˌgrædjʊ'eɪʃn | *s.i.* y *s.c.* graduación.

graft | grɑːft | *s.c.* 1 injerto. 2 trasplante. || *s.i.* 3 soborno. 4 extorsión. 5 trabajo duro. || *v.t.* 6 injertar. 7 trasplantar. || *v.i.* 8 injertarse.

Grail | greɪl | *s.sing.* Grial.

grain | greɪn | *s.c.* 1 grano. 2 partícula. 3 cochinilla. || *s.i.* 4 mieses, cereales. 5

pl. masa. || *v.t.* 6 granular, motear. || *v.i.* 7 granularse, cristalizarse.

gram, grame | græm | *s.c.* 1 gramo. 2 variedad de garbanzo.

grammar | 'græmə | *s.i.* y *s.c.* 1 gramática. 2 principios, elementos.

grammarian | grə'meərɪən | *s.c.* gramático.

grammatical | grə'mætɪkl | *adj.* 1 gramatical. 2 correcto.

gramophone | 'græməfəun | *s.c.* gramófono.

granary | 'grænərɪ | 'greɪnərɪ | *s.c.* granero.

grand | grænd | *adj.* 1 impresionante. 2 noble. 3 maravilloso, fascinante. 4 importante. 5 gran, principal. || *s.c.* 6 1.000 dólares; 1.000 libras. 7 piano de cola.

granddad, grandad | 'grændæd | *s.c.* abuelo.

grandchild | 'græntʃɪld | [*pl.* grandchildren] *s.c.* nieto, nieta.

granddaughter | 'græn,dɔːtə | *s.c.* nieta.

grandfather | 'grænd,fɑː§ə | *s.c.* abuelo.

grandiloquent | græn'dɪləkwənt | *adj.* grandilocuente.

grandiose | 'grændɪəus | *adj.* grandioso, magnífico.

grandma | 'grænmɑː | *s.c.* abuela.

grandmother | 'græn,mʌðə | *s.c.* abuela.

grandpa | 'grænpɑː | *s.c.* abuelo.

grandparents | 'græn,peərənt | *s.pl.* abuelos.

grandson | 'grænsʌn | *s.c.* nieto.

grandstand | 'grændstænd | *s.c.* 1 tribuna. 2 público. || *v.i.* 3 actuar para la tribuna.

granite | 'grænɪt | *s.i.* 1 granito. 2 resistencia.

granny, grannie | 'grænɪ | *s.c.* abuelita.

grant | grɑːnt | *v.t.* 1 consentir, conceder. 2 conferir, dispensar. 3 admitir, aceptar. 4 subvencionar. || *s.c.* 5 subvención.

granulated | 'grænjʊleɪt | *adj.* granulado.

granule | 'grænju:l | *s.c.* gránulo, granito.

grape | greɪp | *s.c.* 1 uva. 2 vid, parra. ‖ *s.i.* 3 metralla.

grapefruit | 'greɪpfru:t | *s.c.* pomelo.

grapejuice | 'greɪpfru:t | *s.i.* zumo de uva.

grapeshot | 'greɪpʃt | *s.i.* metralla.

grapevine | 'greɪpvaɪn | *s.c.* 1 parra. 2 rumoreo.

graph | græf | *s.c.* 1 gráfico. ‖ *v.t.* 2 representar gráficamente.

graphic | 'græfɪk | *adj.* 1 gráfica. ‖ *s.pl.* 2 representaciones gráficas.

graphite | 'græfaɪt | *s.i.* grafito.

graphology | græ'flɒd'ɪ | *s.i.* grafología.

grapnel | 'græpnl | *s.c.* ancla pequeña.

grapple | 'græpl | *v.t.* 1 [to — with] agarrar con. 2 MAR. aferrar, asegurar, enganchar. ‖ *v.i.* 3 agarrarse. 4 luchar cuerpo a cuerpo. 5 luchar. 6 abordar. ‖ *s.c.* 7 garfio, arpón.

grappling iron | 'græplɪŋ,aɪən | *s.c.* arpeo, arpón, garfio.

grasp | grɑ:sp | *v.t.* 1 asir, coger. 2 aferrar, atraer. 3 tomar. 4 comprender, entender. ‖ *v.i.* 5 [to — (at)] tratar de asir, tratar de coger. ‖ *s.sing.* 6 aferramiento, sujeción.

grass | grɑ:s | græs | *s.i.* 1 hierba. 2 césped. 3 mariguana. ‖ *s. pl.* 4 hierbas. 5 chivato, soplón. ‖ *v.t.* 6 sembrar hierba. ‖ *v.i.* 7 [to — on] cubrirse de hierba.

grasshopper | 'grɑ:s,hɒpə | 'græs/hɑ:pə | *s.c.* saltamontes.

grassland | 'grɑ:slænd | *s.c. e. i.* prado.

grassy | 'grɑ:sɪ | *adj.* 1 cubierto de hierba. 2 verde hierba.

grate | greɪt | *s.c.* 1 rejilla. 2 enrejado. 3 chimenea, hogar. 4 tamiz. 5 chirrido. ‖ *v.t.* 6 rallar. 7 hacer rechinar. 8 raspar. 9 irritarse. 10 raspar, rozar. ‖ *v.i.* 11 [to — on] chirriar, rechinar.

grateful | 'greɪtfʊl | *adj.* 1 agradecido. 2 agradable.

grater | greɪtə | *s.c.* rallador, raspador.

gratification | grætɪfɪ'keɪʃn | *s.c. e i.* 1 gratificación. 2 satisfacción. 3 propina.

gratify | 'grætɪfaɪ | *v.t.* alegrar, satisfacer.

grating | 'greɪtɪŋ | *s.c.* 1 reja. 2 rejilla. 3 red de difracción. 4 chirriante.

gratis | greɪtɪs | *adv.* gratis, gratuito.

gratitude | 'grætɪtju:d | *s.i.* gratitud.

gratuity | grə'tju:ɪtɪ | *s.c.* 1 propina, aguinaldo. 2 gratificación.

grave | greɪv | *s.c.* 1 sepultura. 2 [the —] la muerte. ‖ *adj.* 3 grave, preocupante. 4 importante. 5 solemne. 6 peligrosa. 7 sombrío, oscuro. 8 grave (acento, tono). ‖ *v.t.* 9 esculpir, grabar.

gravel | grævl | *s.i.* 1 gravilla. 2 arenilla. ‖ *v.t.* 3 cubrir de grava. 4 confundir.

gravelled, graveled | 'grævld | *adj.* cubierto de grava.

graven | 'greɪvn | *adj.* grabado.

gravestone | 'greɪvstəʊn | *s.c.* lápida sepulcral.

graveyard | 'greɪvjɑ:d | *s.c.* cementerio.

graving dock | 'greɪvɪŋdɒk | *s.c.* dique seco.

gravitate | 'grævɪteɪt | *v.i.* 1 gravitar. 2 [— to/towards] tender hacia. 3 ir gradualmente hacia.

gravitation | ,grævɪ'teɪʃn | *adj.* gravedad.

gravity | 'grævətɪ | *s.i.* 1 gravitación, peso. 2 seriedad, importancia.

gravy | 'greɪvɪ | *s.i.* 1 salsa, jugo. 2 dinero fácil.

gray | greɪ | (brit.) grey. V. grey.

graze | greɪz | *v.t. e i.* 1 pacer, pastar. 2 pastorear. ‖ *v.t.* 3 rozar, raspar. 4 tocar ligeramente. ‖ *s.sing.* 5 rozadura, rasguño, arañazo. 6 abrasión.

grease | gri:s | *s.i.* 1 grasa. 2 brillantina. 3 aceite lubricante. 4 lana sucia. ‖ *v.t.* 5 engrasar, untar.

greasepaint | 'gri:speɪnt | *adj.* impermeable a la grasa.

greasy | ˈgriːzɪ | *adj.* 1 grasiento. 2 resbaladizo. 3 adulador.

great | greɪt | *adj.* 1 gran, grande, enorme. 2 numeroso. 3 avanzado. 4 significativo. 5 famoso. 6 espléndido. 7 [— at], experto en. 8 [— *adj.*] gran, muy. 9 principal. || *s.p* 10 los famosos. || *adv.* 11 muy bien.

greater | greɪtə | *adj. comp.* de great. mayor.

greatest | ˈgreɪtɪst | *adj. super.* de great. 1 el mayor. 2 el más grande.

Grecian | ˈgriːʃn | *adj.* griego.

Greece | griːs | *s.* Grecia.

greed | griːd | *s.i.* 1 avaricia, codicia. 2 glotonería.

greedy | ˈgriːdɪ | *adj.* 1 voraz, glotón, goloso. 2 [— (for)] ávido.

Greek | griːk | *adj.* y *s.i.* griego, de Grecia.

green | griːn | *adj.* 1 verde. 2 cubierto de hierba. 3 inmaduro. 4 crudo. 5 no curada. 6 pálido. 7 joven. 8 demudado. 9 fresco. 10 suave, templado. 11 reciente. || *s.c.* e *i.* 12 verde. || *s.c.* 13 césped, jardín. 14 pista. 15 *pl.* verduras. || *v.t.* e *i.* 16 plantar verde.

greenery | ˈgriːnərɪ | *s.i.* 1 follaje. 2 verde. 3 invernadero.

greengrocer | ˈgriːngrəʊsə | *s.c.* 1 verdulero. || 2 verdulería.

greenhorn | ˈgriːhɔːn | *s.c.* 1 inmigrante. 2 novato. 3 simplón.

greenhouse | ˈgriːnhaʊs | *s.c.* invernadero.

greenish | ˈgriːnɪʃ | *adj.* verdoso.

Greenland | ˈgriːnlənd | *s.* Groenlandia.

Greenlander | ˈgriːnləndə | *s.c.* groenlandés.

greenstuff | ˈgriːnstʌf | *s.i.* verduras.

greet | griːt | *v.t.* 1 saludar. 2 recibir.

greeting | ˈgriːtɪŋ | *s.c.* 1 saludo. 2 *pl.* bienvenida. 3 *pl.* recuerdos.

gregarious | grɪˈgeərɪəs | *adj.* 1 sociable. 2 gregario.

gremlin | ˈgremlɪn | *s.c.* (gen. *pl.*) duende.

grenade | grɪˈneɪd | *s.c.* granada, bomba de mano.

grenadine | grenəˈdiːn | | ˈgrenədiːn | *s.i.* zumo de granada.

grew | gruː | *pret.* de to grow.

grey | greɪ | *adj.* 1 gris. 2 pálido. 3 nuboso. || *s.c.* e *i.* 4 gris. || *v.t.* e *i.* 5 encanecer.

greyish | ˈgreɪʃ | (EE.UU.) **grayish**. *adj.* grisáceo.

grid | grɪd | *s.c.* 1 reja. 2 parrilla. 3 red. 4 cuadrícula numerada. 5 parrilla de salida.

gridiron | ˈgrɪd.aɪən | *s.c.* 1 parrilla. 2 campo de fútbol. 3 telar.

grief | griːf | *s.i.* 1 pena, dolor. 2 desdicha, disgusto.

grievance | ˈgriːvns | *s.c.* e *i.* 1 motivo de queja. 2 injusticia. 3 resentimiento. 4 dolor.

grieve | griːv | *v.i.* 1 [to — for/over)] llorar por. || *v.t.* 2 apenar, afligir.

grievous | ˈgriːvəs | *adj.* 1 grave, lamentable. 2 doloroso. 3 fuerte. 4 atroz.

griffin, griffon, griphon | ˈgrɪfɪn | *s.c.* grifo, grifón.

grill | grɪl | (EE.UU.) **broil** *v.t.* e *i.* 1 asar a la parrilla. 2 estar asado. || *v.t.* 3 torturar sin piedad. 4 interrogar. 5 marcar a fuego. || *s.c.* 6 broiler, parrilla. 7 gratinador.

grille | grɪl | *s.c.* 1 reja, rejilla. 2 verja.

grilled | grɪld | *adj.* 1 asado a la parrilla. 2 enrejado con rejas.

grim | grɪm | *adj.* 1 sombrío. 2 desagradable. 3 deprimente. 4 implacable.

grimace | grɪˈmeɪs | | ˈgrɪməs | *v.i.* 1 [— (at/with)] hacer muecas a. || *s.c.* 2 mueca, gesto.

grime | graɪm | *s.i.* mugre, suciedad.

grimy | ˈgraɪmɪ | *adj.* mugriento, sucio.

grin | grɪn | *v.t.* e *i.* 1 [— (with/at)] sonreír abiertamente. 2 sonreír irónicamente. || *s.c.* 3 sonrisa abierta.

grind | graɪnd | *v.irr.* [*pret.* ground, *p.p.* ground] *t.* 1 moler, pulverizar. 2 rechinar. 3 pulir. 4 afilar. 5 [— + o *adv./prep.*] oprimir, aplastar. 6 tocar un organillo. 7 inculcar, enseñar. || *v.i.* 8 molerse, pulverizarse. 9 rechinar. 10 circular lenta y ruidosamente. 11 empollar, estudiar. 12 menear las caderas. ‖ *s.sing.* 13 trabajo pesado. 14 paliza. 15 empollón. 16 molienda. 17 movimiento erótico.

grinder | ˈgraɪndə | *s.c.* 1 molinero. 2 afilador. 3 pulidor. 4 molino. 5 máquina de afilar. 6 máquina pulidora.

grindstone | ˈgraɪndstəun | *s.c.* muela.

gringo | ˈgrɪŋgəu | *s.c.* gringo.

grip | grɪp | *v.t.* e. *i.* 1 agarrar, coger. 2 empuñar. ‖ *v.t.* 3 atraer, conquistar. 4 afectar. ‖ *s.c.* 5 agarrón, apretón. 6 control, poder. 7 facultad. 8 forma de asir. 9 asa, asidero. 10 fijador.

gripe | grɪp | *v.i.* 1 [– (at/about)] refunfuñar. 2 sentir retortijones. ‖ *v.t.* 3 producir un cólico. 4 irritar, fastidiar. 5 agarrar, asir.

gripping | grɪpɪŋ | *adj.* atractivo.

grisly | ˈgrɪlɪ | *adj.* repugnante.

grist | grɪst | *s.i.* molienda.

gristle | ˈgrɪsl | *s.i.* cartílago.

gristly | grɪzlɪ | *adj.* cartilaginoso.

grit | grɪt | *s.i.* 1 gravilla, arena. 2 valor. 3 estructura. 4 piedra de sílice. ‖ *v.t.* 5 cubrir de gravilla. 6 apretar los dientes. ‖ *v.t.* 7 rechinar.

grizzle | ˈgrɪzl | *v.i.* 1 (brit. y fam.) lloriquear. 2 quejarse. ‖ *v.t.* e *i.* 3 agrisar. ‖ *s.i.* 4 color grisáceo.

grizzled | grɪld | *adj.* grisáceo.

groan | grəun | *v.i.* 1 gemir, quejarse. 2 gruñir. ‖ *v.t.* 3 expresarse con gemidos. ‖ *s.c.* 4 gemido.

grocer | ˈgrəusə | *s.c.* 1 tendero de ultramarinos. 2 dependiente de almacén.

groceries | ˈgrəusərɪz | *s.c. pl.* comestibles.

grocery | ˈgrəusərɪ | *s.c.* 1 tienda de ultramarinos. 2 bodega.

groggy | ˈgrɒgɪ | *adj.* débil, mareado.

groin | grɔɪn | *s.c.* ingle.

groom | gruːm | *s.c.* 1 mozo de cuadra. 2 novio. 3 oficial. 4 criado. 5 hombre. ‖ *v.t.* 6 cuidar caballos. 7 [to – (for)] acicalar, asear. 8 entrenar para. ‖ *v.t.* e *i.* 9 despiojarse, limpiarse.

groove | gruːv | *s.c.* 1 surco, estría. 2 rutina, costumbre. 3 deleite, placer, goce. ‖ *v.t.* 4 ranurar, estriar. ‖ *v.i.* 5 disfrutar, deleitarse, gozar.

grooved | gruːvd | *adj.* estriado.

grope | grəup | *v.i.* 1 [to – adv./prep. for] buscar a tientas. 2 (fig.) vacilar. ‖ *v.t.* 3 [to – o + adv./prep.] andar a tientas. 4 meter mano. ‖ *s.c.* 5 duda. 6 manoseo.

gross | grəus | *adj.* 1 no *comp.* total, completo. 2 inexcusable, injustificable. 3 vulgar. 4 sero. 5 grueso, 6 denso. 7 amplio, general. 8 macroscópico. ‖ *v.t.* 9 ganar en bruto. ‖ *s.c.* 10 el total, el grueso.

grotesque | grəuˈtesk | *adj.* grotesco.

grotto | grɒtəu | *[pl.* **grottoes** o **grottos**] *s.c.* gruta, cueva.

grouch | grautʃ | *s.c.* 1 *sing.* gruñido. 2 refunfuñón. 3 mal genio. ‖ *v.i.* 4 renegar.

grouchy | grautʃɪ | *adj.* malhumorado.

ground | graund | *(pret.* y *p.p.* de **grind)** *s.i.* y *s.c.* 1 suelo, tierra, terreno. 2 suelo, piso. 3 *pl.* tierras. 4 fondo. 5 campo, área. 6 *pl.* base, fundamento. 7 causa. 8 posición. ‖ *v.t.* e *i.* 9 encallar. 10 obligar a permanecer en tierra.

grounding | ˈgraundɪŋ | *s.c. sing.* curso básico.

groundless | ˈgraundlɪs | *adj.* sin fundamento.

groundsel | ˈgraunsl | *s.i.* hierba.

groundsheet | ˈgraunʃiːt | *s.c.* tela impermeable.

groundswell | ˈgraundswel | *s.c. sing.* 1 mar de fondo, corriente. 2 marejada.

groundwork | ˈgraunwɜːk | *s.i.* trabajo de base.

group | gruːp | *s.c.* 1 [– *v. sing./pl.*] grupo, agrupación. 2 conjunto. ‖ *v.t.* e *i.* 3 agrupar(se), juntar(se).

grouper | ˈgruːpə | *s.c.* mero.

grouse | graus | *[pl.* **grouse** o **grouses**] *s.c.* 1 gallo de monte. ‖ *s.i.* 2 queja, protesta. ‖ *v.i.* 3 [to – (about)] (fam.) refunfuñar.

grout | graut | *s.i.* 1 lechada. 2 yeso

fino. 3 *pl.* sedimentos, posos. ‖ *v.t.* 4 rellenar con yeso.

grovel |ˈgrɒvl| | ˈgrɑːvl| | ˈgrʌvl| [(brit.) **grovell**] *v.i.* 1 [to — (to)] (desp.) humillarse. 2 arrastrarse.

grovelling |ˈgrɒvlɪŋ| *adj.* rastrero.

grow |grəʊ| *v.irr.* [*pret* **grew**, *p.p* **grown**] *i.* 1 crecer, ganar estatura. 2 desarrollarse. 3 brotar. 4 darse, adecuarse. 5 desarrollarse. 6 [to — *adj./p.p./inf.*] aprender a. ‖ *v.t.* 7 cultivar, producir.

grower |ˈgrəʊə| *s.c.* 1 cultivador. 2 crecimiento.

growl |graʊl| *v.i.* 1 gruñir. 2 aullar. ‖ *v.t.* 3 decir refunfuñando, expresarse con gruñidos. ‖ *s.c.* 4 gruñido, aullido.

growth |grəʊθ| *s.i.* 1 desarrollo, crecimiento. 2 tamaño. 3 madurez. 4 [— (in)] expansión. 5 evolución. ‖ *s.c.* 6 alargamiento. 7 tumor. 8 barba de días. 9 producción. ‖ *s.c. e i.* 10 vegetación, planta.

grub |grʌb| *s.c.* 1 larva, gusano. 2 esclavo. 3 [to — *adv./prep.*] remover la tierra. 4 buscar afanosamente. ‖ *v.t.* 5 arrancar de raíz.

grubby |ˈgrʌbi| *adj.* mugriento.

grudge |grʌdʒ| *v.t.* 1 [to — *ger.*] resistirse a dar. 2 admitir de mala gana. 3 envidiar. ‖ *s.c.* 4 rencor.

gruel |ˈgruəl| *s.i.* 1 papilla de avena. 2 castigo severo.

gruelling |ˈgruəlɪŋ| (EE.UU.) **grueling**. *adj.* 1 duro. 2 abrumador. 3 reñido.

gruesome |ˈgruːsəm| *adj.* horripilante.

gruff |grʌf| *adj.* 1 duro, áspero. 2 brusco.

grumble |ˈgrʌmbl| *v.i.* 1 quejarse, protestar. 2 rugir. ‖ *s.c.* 3 queja. 4 estruendo.

grumpy |ˈgrʌmpi| *adj.* (fam.) gruñón.

grunt |grʌnt| *v.i.* 1 gruñir. ‖ *v.t. e i.* 2 refunfuñar. ‖ *s.c.* 3 gruñido, refunfuño.

guarantee |gærənˈtiː| *s.c.* 1 garantía. 2 promesa firme. 3 fianza. 4 fiador. ‖ *v.t.* 5 garantizar.

guaranteed | gærənˈtiːd| *adj.* garantizado.

guarantor | gærənˈtɔː| *s.c.* avalador.

guard |gɑːd| *s.c.* 1 guardián. 2 [the — *v. sing./pl.*] la guardia. 3 protector. 4 maquinista, ferroviario. 5 defensa. ‖ *s.i.* 6 guardia, protección, vigilancia. ‖ *v.t.* 7 proteger, vigilar.

guarded |ˈgɑːdɪd| *adj.* 1 cauteloso, prudente. 2 protegido.

guardhouse |ˈgɑːdhaʊs| [*pl.* **guardhouses**] *s.c.* gen. *sing.* 1 caseta. 2 cuartelillo. 3 prisión militar.

guardian |ˈgɑːdjən| *s.c. y adj.* 1 guardián. 2 tutor.

guardsman |ˈgɑːdzmən| [*pl.* **guardsmen**] *s.c.* centinela.

Guatemala | ˌgwætɪˈmɑːlə| *s.sing.* Guatemala.

Guatemalan | ˌgwætɪˈmɑːlən| *adj. y s.c.* guatemalteco.

Guayana |ˈgaɪˈɑːnə| *s.sing.* Guayana.

gubernatorial | ˌguːbənəˈtɔːrɪəl| *adj.* gubernativo.

guerrilla, guerila |gəˈrɪlə| *s.c.* 1 guerrillero. 2 guerrilla.

guess |ges| *v.t.* 1 adivinar, suponer. ‖ *v.i.* 2 hacer una conjetura. ‖ *s.c.* 3 conjetura.

guesswork |ˈgeswɜːk| *s.i.* suposición.

guest |gest| *s.c.* 1 huésped, invitado. 2 parásito. ‖ *v.t. e i.* 3 hospedar.

guffaw |gʌˈfɔː| *v.i.* 1 reírse a carcajadas. ‖ *s.c.* 2 risotada, carcajada.

Guiana |gaɪˈænə| *s.sing.* Guayana.

guidance |ˈgaɪdns| *s.i.* 1 asesoramiento, consejo. 2 teledirección.

guidebook |ˈgaɪdbʊk| *s.c.* guía de viaje.

guide |gaɪd| *s.c.* 1 asesor. 2 guía turístico. 3 guía. 4 poste indicador. ‖ *v.t.* 5 [to — *adv./prep.*] guiar, señalar el camino. ‖ *v.i.* 6 trabajar como guía.

guided |ˈgaɪdɪd| *adj.* dirigido.

guidepost |ˈgaɪdpəʊst| *s.c.* poste indicador.

guild |gɪld| *s.c.* 1 hermandad. 2 asociación.

guile |gaɪl| *s.i.* 1 astucia. 2 truco. ‖ *v.t.* 3 engañar.

guileful |ˈgaɪlfʊl| *adj.* astuto.

guileless | 'gaɪllɪs | *adj.* ingenuo.
guilty | 'gɪltɪ | *adj.* 1 culpable. 2 [– (of)] responsable (de).
Guinea | 'gɪnɪ | *s.sing.* Guinea.
guinea-pig | 'gɪnɪpɪg | *s.c.* conejillo de Indias.
guise | gaɪz | *s.c.* 1 guisa, manera. 2 vestidura. 3 costumbre.
guitar | gɪ'tɑː | *s.c.* guitarra.
gulch | gʌtʃ | *s.c.* 1 golfo. 2 abismo, precipicio. 3 abismo. 4 torbellino, remolino.
gull | gʌl | *s.c.* 1 gaviota, golondrina de mar. 2 ingenuo. || *v.t.* 3 engañar.
gullet | 'gʌlɪt | *s.c.* 1 esófago. 2 garganta.
gullible | 'gʌləbl | *adj.* ingenuo.
gully | gʌlɪ | *s.c.* 1 barranco. 2 reguera.
gulp | gʌlp | *v.t.* 1 [to – (down)] tragar, engullir. 2 tragar saliva. || *v.i.* 3 entrecortarse la voz. || *s.c.* 4 trago.
gum | gʌm | *s.i.* 1 goma. 2 cola de pegar, pegamento. 3 chicle. || *s.c.* 4 eucalipto. 5 *gen. pl.* encías. || *v.t.* 6 pegar, engomar. || *v.i.* 7 pegarse.
gumdrop | 'gʌmdrɒp | *s.c.* caramelo.
gummy | 'gʌmɪ | *adj.* pegajoso, viscoso.
gumption | 'gʌmpʃn | *s.i.* 1 sentido común. 2 iniciativa.
gun | gʌn | *s.c.* 1 arma de fuego, pistola, revólver. 2 pistola de presión. 3 cañonazo. 4 pistolero. 5 cazador. 6 inyector. || **7 the guns,** la artillería. || *v.t.* 8 disparar a, tirar a. || *v.i.* 9 cazar, ir de caza
gunboat | 'gʌnbəʊt | *s.c.* lancha.
gunfire | 'gʌn,faɪə | *s.i.* 1 fuego de artillería. 2 tiroteo.
gunman | 'gʌnmən | [pl. **gunmen**] *s.c.* 1 pistolero. 2 terrorista.
gunner | 'gʌnə | *s.c.* 1 soldado. 2 cabo de artillería. 3 cazador.
gunnery | gʌnərɪ | *s.i.* artillería.
gunpowder | 'gʌn,paʊdə | *s.i.* pólvora.

gunrunner | 'gʌn,rʌnə | *s.c.* traficante de armas.
gunshot | 'gʌnʃt | *s.c.* 1 disparo, tiro. || *s.i.* 2 tiro, alcance.
gunsmith | 'gʌnsmɪθ | *s.c.* armero.
gunwale | 'gʌnweɪl | *s.c.* borda.
gurgle | 'gɜːgl | *v.i.* 1 gorgotear, gorgojear. || *v.t.* 2 expresarse con gorgoritos. || *s.c.* 3 gorgoteo.
gush | gʌʃ | *v.i.* 1 [to – *adv./prep.*] salir a chorros. 2 [to – (over)] (desp.) hablar efusivamente. || *v.t.* 3 a verter chorros, chorrear. || *s.sing.* 4 chorro, borbotón.
gushing | 'gʌʃɪŋ | *adj.* cordial.
gusset | 'gʌsɪt | *s.c.* cuchillo.
gust | gʌst | *s.c.* 1 ráfaga. 2 explosión. || *v.i.* 3 soplar a ráfagas.
gusto | 'gʌstəʊ | *s.i.* 1 gusto, placer. 2 entusiasmo. 3 estilo.
gut | gʌt | *s.c.* 1 intestino. 2 desfiladero. 3 estrecho. 4 *pl.* (fig.) tripas, interiores. || *s.i.* 5 cuerda. 6 *pl.* a, estómago, coraje. || *v.t.* 7 destripar. || *adj.* 8 visceral.
gutter | 'gʌtə | *s.c.* 1 cuneta, zanja. 2 canal, gotera. 3 surco. || *v.t.* 4 acanalar, estriar. || *v.i.* 5 parpadear.
guttersnipe | 'gʌtəsnaɪp | *s.c.* golfillo, pilluelo.
guy | gaɪ | *s.c.* 1 tío, individuo. 2 *pl.* chicos y chicas. 3 muñeco, monigote. 4 fantoche. 5 viento. || *v.t.* 6 ridiculizar, parodiar.
guzzle | 'gʌzl | *v.t. e i.* tragar, engullir.
gym | dʒɪm | *s.c.* 1 gimnasio. || *s.i.* 2 gimnasia.
gynecologist | gaɪnɪ'kɒlədʒɪst | *s.c.* ginecólogo.
gyp | dʒɪp | *s.i.* 1 dolor agudo. 2 timo. 3 estafador. 4 timar, estafar.
gypsum | 'dʒɪpsəm | *s.i.* yeso.
gyrate | 'dʒaɪərɪt | *v.i.* 1 girar, rotar. || *adj.* 2 redondo.
gyratory | 'dʒaɪərətərɪ | *adj.* giratorio, rotatorio.
gyroscope | 'dʒaɪərəskəʊp | *s.c.* giroscopio.

h, H | eɪtʃ | *s.c.* e *i.* h, H (letra).
haberdashery | ˈhæbədæʃən | *s.i.* 1 (brit.) productos de mercería. 2 (EE.UU.) artículos de caballero, ropa de caballero. ‖ *s.c.* 3 mercería (tienda).
habit | ˈhæbɪt | *s.c.* e *i.* 1 hábito, costumbre. ‖ *s.c.* 2 vicio.
habitat | ˈhæbɪtæt | *s.c.* hábitat.
habitation | hæbɪˈteɪʃn | *s.i.* 1 habitación, ocupación (de vivienda). ‖ *s.c.* 2 vivienda, habitáculo.
habitual | həˈbɪtjʊəl | *adj.* habitual.
hack | hæk | *v.t.* 1 cortar, hacer tajos. 2 abrir camino. ‖ *s.c.* 3 caballo de alquiler. ‖ *v.i.* 4 (brit.) ir a caballo. ‖ *adj.* 5 (fam.) pesado, aburrido.
hacker | ˈhækə | *s.c.* (fam.) fanático de los ordenadores, rata de ordenador.
hacking | ˈhækɪŋ | *adj.* 1 seca y fuerte (tos) ‖ 2 — jacket, chaqueta de montar (a caballo).
hackneyed | ˈhæknɪd | *adj.* gastado.
had | hæd | (forma relajada | həd |) *pret.* y *p.p.irreg.* de have.
haddock | ˈhædək | *s.c.* e *i.* abadejo, bacalao.
haematology | hiːməˈtɒlədʒɪ | (EE.UU. hematology) *s.i.* hematología.
haemoglobin | hiːməˈgləubɪn | (EE.UU. hemoglobin) *s.i.* hemoglobina.
haemorrhage | ˈhemərɪdʒ | (EE.UU. hemorrhage) *s.c.* e *i.* hemorragia.
haft | hɑːft | *s.c.* mango, puño.
haggard | ˈhægəd | *adj.* ojeroso.
haggle | ˈægl | *v.i.* discutir, disputar.
hail | heɪl | *v.i.* 1 granizar. 2 [to — from]

(form.) ser originario de. ‖ *s.i.* 3 granizo. ‖ *s.c.* 4 (fig.) lluvia, torrente. ‖ *v.t.* 5 llamar, atraer la atención de.
hair | heə | *s.c.* e *i.* 1 pelo, cabello, vello. ‖ *s.c.* 2 pelo, crin (de animal).
haircut | ˈheəkʌt | *s.c.* corte de pelo.
hairdresser | ˈheədresə | *s.c.* peluquero.
hairiness | ˈheərɪnɪs | *s.i.* abundancia de pelo, abundancia de cabello.
hairless | ˈheəlɪs | *adj.* sin pelo, calvo.
hair-line | ˈheəlaɪn | *s.c.* 1 entradas. ‖ *adj.* 2 (fig.) del tamaño de un pelo.
hairpiece | ˈheəpiːs | *s.c.* tupé, peluca.
hairpin | ˈheəpɪn | *s.c.* horquilla.
hairy | ˈheərɪ | *adj.* peludo, velludo.
hake | heɪk | *s.c.* merluza.
hale | heɪl | *adj.* sano, robusto.
half | hɑːf | (EE.UU.) | hæf | [*pl.* halves] *s.c.* 1 medio, mitad. 2 DEP. mitad, parte. ‖ *adj.* 3 medio. ‖ *pron.* 4 la mitad. ‖ *adv.* 5 medio.
half-baked | hɑːfˈbeɪkt | *adj.* disparatado, absurdo.
half-caste | ˈhɑːfkeɪst | *s.c.* mestizo.
half-life | ˈhɑːflaɪf | *s.c.* FIS. período medio.
halfpenny | ˈheɪfpnɪ | [*pl.* halfpennies o halfpence] *s.c.* perra gorda.
half-time | hɑːfˈtaɪm | *s.i.* DEP. descanso.
halfway | hɑːfˈweɪ | *adj.* 1 a mitad de camino. 2 en la mitad.
halitosis | hælɪˈtəusɪs | *s.i.* halitosis.
hall | hɔːl | *s.c.* 1 vestíbulo, entrada, re-

cibidor (de una casa). 2 sala. 3 salón de actos. 4 (brit.) comedor.

hallmark | 'hɔːlmɑːk | *s.c.* 1 marca, sello. || *v.t.* 2 poner una marca.

hallowed | 'hæləud | *adj.* santo.

Halloween | ˌhæləu'iːn | *s.i.* víspera de Todos los Santos.

hallstand | 'hɔːlstænd | *s.c.* perchero.

hallucinate | hə'luːsɪneɪt | *v.i.* ver alucinaciones, alucinar.

hallucinogen | hə'luːsɪnədʒen | *s.c.* alucinógeno.

hallway | 'hɔːlweɪ | *s.c.* 1 entrada, vestíbulo, zaguán. 2 (EE.UU.) pasillo.

halt | hɔːlt | *v.t.* e *i.* 1 parar(se). 2 finalizar(se). || *s.c.* 3 alto, parada. 4 (brit.) apeadero (de tren).

halting | 'hɔːltɪŋ | *adj.* titubeante.

halve | hɑːv | *v.t.* e *i.* 1 reducir(se) a la mitad. || *v.t.* 2 partir en dos.

halves | hɑːvz | *pl.* 1 de **half**. || 2 **to go — (with)**, ir a medias (con).

ham | hæm | *s.i.* 1 jamón. || *s.c.* 2 jamón, pernil.

hamburger | 'hæmbɜːgə | *s.c.* hamburguesa.

hamlet | 'hæmlɪt | *s.c.* aldea, villorio.

hammer | 'hæmə | *s.c.* 1 martillo. 2 percusor. 3 macillo. || *v.t.* 4 golpear con un martillo. 5 criticar, machacar. || *v.i.* 6 [to — at] repetir insistentemente. || *s.sing.* 7 [the —] DEP. el martillo. 8 **to — out**, elaborar con trabajo.

hamper | 'hæmpə | *s.c.* 1 cesto, canasta, capacho. 2 cesta. || *v.t.* 3 impedir, entorpecer, poner trabas a.

hamstring | 'hæmstrɪŋ | *v.t.* [*pret.* y *p.p.* **hamstringed** o **hamstrung**] incapacitar, paralizar.

hand | hænd | *s.c.* 1 mano. 2 operario, peón. 3 manilla (de reloj). || *s.sing.* 4 [the — of] la mano de (influencia). 5 dar, pasar, acercar. || 6 **a free —**, carta blanca. 7 **by —**, a mano, en la mano. 8 **— and foot**, de pies y manos (atado). 9 **to — down**, pasar, transmitir. 10 **to — in**, entregar. 11 **— over fist**, a toda velocidad, sin tregua; a manos llenas (ganando dinero especialmente). 12 **hands off**, quítame

las manos de encima, no me toques. 13 **hands up**, manos arriba.

handbag | 'hændbæg | *s.c.* bolso.

handball | 'hændbɔːl | *s.c.* balonmano.

handbook | 'hændbʊk | *s.c.* libro de instrucciones.

handcart | 'hændkɑːt | *s.c.* carretilla.

handcuff | 'hændkʌf | *s.c.* 1 (normalmente *pl.*) esposa, manilla. || *v.t.* 2 esposar.

handful | 'hændfʊl | *s.c.* puñado, manojo; pocos.

handicap | 'hændɪkæp | [*ger.* **handicapping**, *pret.* y *p.p.* **handicapped**] *v.t.* 1 estorbar, perjudicar, poner obstáculos a. || *s.c.* 2 minusvalía. 3 hándicap.

handiwork | 'hændɪwɜːk | *s.i.* trabajo manual, obra manual.

handkerchief | 'hæŋkətʃɪːf | *s.c.* pañuelo.

handle | 'hændl | *v.t.* 1 manejar, usar (objetos). 2 manosear, tocar. 3 gestionar. || *v.i.* 4 manejarse, llevarse, funcionar. || *s.c.* 5 manilla, manivela, mango, asa. || *s.sing.* 6 [— for] (fig.) pretexto para.

handlebar | 'hændlbɑː | *s.c.* manillar.

handler | 'hændlə | *s.c.* manipulador.

handmade | ˌhænd'meɪd | *adj.* hecho a mano, artesanal, de artesanía.

handout | 'hændaut | *s.c.* 1 regalo, limosna. 2 folleto, impreso, octavilla.

handshake | 'hændʃeɪk | *s.c.* apretón de manos.

handsome | 'hænsəm | *adj.* 1 bien parecido, guapo (hombre). 2 guapetona, guapa. 3 majo, elegante, espléndido.

handwriting | 'hændraɪtɪŋ | *s.i.* letra, caligrafía.

handy | 'hændɪ | *adj.* 1 útil, práctico 2 (fam.) mañoso, diestro. 3 (fam.) a mano, cercano.

hang | hæŋ | *v.* [*pret.* y *p.p.irreg.* **hung**] *i.* 1 colgar, suspender. 2 (fig.) flotar, estar suspendido. 3 [to — over] cernerse sobre. || *t.* 4 colgar, suspender. 5 dejar curar, curar (comida). || *s.sing.* 6 [the —] la forma de colgar, la caída (de ropa o tejido.). || 7 **to be hung with**, estar adornado de. **8 to – in** the air, quedar sin solucionar. **9 to – on/onto,** sujetar, agarrarse con fuerza. **10 to – out, a)** tender (la ropa lavada); **b)** (fam.) frecuentar (lugar). **11 to – up on,** (fam.) colgar a, acabar una conversación telefónica con (alguien).

hangdog | 'hæŋdg | *adj.* culpable.

hanger | 'hæŋə | *s.c.* percha.

hanging | 'hæŋɪŋ | *s.c. e i.* **1** ahorcamiento, ejecución en la horca. || *s.c.* **2** colgadura. || *adj.* **3** pendiente, sin decidir.

hangover | 'hæŋəʊvə | *s.c.* resaca.

hank | hæŋk | *s.c.* madeja.

hanker | 'hæŋkə | *v.i.* [to – after/for] anhelar, desear vivamente.

hanky-panky | ˌhæŋkɪ'pæŋkɪ | *s.i.* (fam.)**1** magreo, filete (con personas del otro sexo). **2** trampas, trucos.

happen | 'hæpən | *v.i.* **1** ocurrir, suceder, acaecer. **2** [to – to] ocurrir a, pasar a. **3** [to – inf.] dar la casualidad de.

happening | 'hæpənɪŋ | *s.c.* **1** suceso, acontecimiento. **2** espectáculo improvisado, happening.

happiness | 'hæpɪnɪs | *s.i.* felicidad.

happy | 'hæpɪ | *adj.* feliz, alegre, contento, dispuesto a (con alegría).

harangue | hə'ræŋ | *s.c.* **1** (a veces desp.) arenga, perorata. || *v.t.* **2** arengar.

harass | 'hærəs | *v.t.* acosar, hostigar.

harbinger | 'ha:bɪndʒə | *s.c.* [– of] heraldo de, presagio de.

harbor | 'ha:bə | (brit. **harbour**) *s.c.* **1** puerto. **2** (fig.) refugio, lugar protegido. || *v.t.* **3** proteger, encubrir. **4** albergar, abrigar (esperanzas, temores, etc.). || *v.i.* **5** encontrar puerto seguro.

hard | ha:d | *adj.* **1** duro, sólido, firme, compacto. **2** difícil, arduo. **3** [– on] duro con, inflexible con. || *adv.* **4** duramente, fuertemente. **5** mucho, en grandes cantidades, con gran fuerza. **6** de cerca (en el espacio), inmediatamente. **7** as – as nails, duro, resistente; despiadado, sin compasión. **8** – cash, dinero contante y sonante, dinero en metálico, (Am.) plata pura. **9** – disk, disco duro.

hardback | 'ha:dbæk | *s.c.* libro de tapas duras.

hard-bitten | 'ha:dbɪtn | *adj.* tenaz.

harden | 'ha:dn | *v.t.* e *i.* **1** endurecer(se), solidificar(se). || *v.i.* **2** ECON. estabilizarse.

hardened | 'ha:dnd | *adj.* empedernido.

hardiness | 'ha:dɪnɪs | *s.i.* **1** dureza, robustez, resistencia. **2** osadía.

hardly | ha:dlɪ | *adv.* apenas.

hardship | 'ha:dʃɪp | *s.c. e i.* dificultad, apuro, privación.

hardware | 'ha:dweə | *s.i.* **1** artículos de ferretería. **2** hardware. **3** armamentos.

hardy | 'ha:dɪ | *adj.* duro, fuerte, resistente, intrépido.

hare | heə | *s.c. e i.* **1** liebre. || *v.i.* **2** [to – off/away] irse a toda velocidad.

harelip | 'heəlɪp | *s.c. e i.* labio leporino.

haricot | 'hærɪkəʊ | *s.c.* judía, alubia.

hark | ha:k | *v.i.* **1** escuchar. **2** to – back (to), recordar, rememorar.

harm | ha:m | *s.i.* **1** baño, herida, perjuicio (físico o intangible). || *v.t.* **2** dañar, herir, perjudicar, estropear.

harmful | 'ha:mfl | *adj.* dañino.

harmless | 'ha:mlɪs | *adj.* seguro, inofensivo, inocuo (algo).

harmlessness | 'ha:mlɪsnɪs | *s.i.* ausencia de peligro.

harmonious | ha:məʊnɪəs | *adj.* **1** cordial, de buena vecindad. **2** armonioso, melódico, suave. **3** equilibrado.

harmonize | 'ha:mənaɪz | (también **harmonise**) *v.t.* e *i.* **1** MUS. armonizar, poner armonía a. || *v.i.* **2** [to – (with)] ir bien juntos, armonizar.

harmony | 'ha:mənɪ | *s.i.* armonía.

harness | 'ha:nɪs | *s.c. e i.* **1** arreos (de monturas). || *s.c.* **2** correaje. || *v.t.* **3** [to – + o.o.d. + (to)] enjaezar, poner los arreos. **4** sacar partido de.

harp | ha:p | *s.c.* **1** arpa. || *v.t.* **2** to – on, no cesar de repetir.

harpoon | ha:'pu:n | *s.c.* **1** arpón. || *v.t.* **2** arponear.

harried | 'hærɪd | *adj.* atormentada.

harrowing | ˈhærəʊɪŋ | *adj.* horroroso.

harry | ˈhærɪ | *v.t.* 1 acosar, hostigar. 2 saquear, pillar (de manera constante).

harsh | hɑːʃ | *adj.* severo, duro, áspero.

harshness | ˈhɑːʃnɪs | *s.i.* dureza, rigor, severidad.

hart | hɑːt | [*pl.* hart o harts] *s.c.* ciervo.

harvest | ˈhɑːvɪst | *s.c.* 1 cosecha, recolección; vendimia (uva). ‖ *s.i.* 2 tiempo de la cosecha. ‖ *s.sing.* 3 [the –] la cosecha, la siega. ‖ *v.t.* 4 cosechar, recolectar; vendimiar (uva).

harvester | ˈhɑːvɪstə | *s.c.* 1 cosechadora. 2 segador (persona).

has | hæz | (forma relajada | həz |) *tercera persona sing. pres.* de have.

hash | hæʃ | *s.i.* picadillo.

hashish | ˈhæʃiːʃ | *s.i.* hachís.

hasp | hɑːsp | *s.c.* pasador.

haste | heɪst | *s.i.* prisa; precipitación.

hasten | ˈheɪsn | *v.t.* acelerar.

hasty | ˈheɪstɪ | *adj.* 1 apresurado, precipitado. 2 irreflexivo, imprudente.

hat | hæt | *s.c.* 1 sombrero. ‖ *s.sing.* 2 (fam.) función profesional.

hatch | hætʃ | *s.c.* 1 escotilla, compuerta, ventanilla. ‖ *v.i.* 2 salir del cascarón. ‖ *v.t.* 5 (fig.) tramar, proyectar, idear.

hatchery | ˈhætʃərɪ | *s.c.* vivero.

hatchet | ˈhætʃɪt | *s.c.* hacha pequeña.

hate | heɪt | *v.t.* 1 odiar, detestar. ‖ *s.c.* 2 odio, repugnancia.

hateful | ˈheɪtfl | *adj.* odioso.

hatred | ˈheɪtrɪd | *s.i.* [– (for/of/towards) odio, desprecio.

haughty | ˈhɔːtɪ | *adj.* arrogante.

haul | hɔːl | *v.t.* e *i.* 1 arrastrar, tirar con fuerza de. ‖ *v.r.* 2 ponerse, introducirse. ‖ *s.c.* 3 tirón, arrastre.

haulage | ˈhɔːlɪd | *s.i.* transporte en carretera.

haulier | ˈhɔːlɪə | (EE.UU. **hauler**) *s.c.* transportista.

haunt | hɔːnt | *v.t.* 1 embrujar, obsesionar, perseguir. ‖ *s.c.* 2 sitio favorito, lugar predilecto.

have | hæv | (forma relajada | həv |) *v.t.* [*pret.* y *p.p.irreg.* had] 1 [to – (got)] tener, poseer. 2 [to – (got)] sufrir de, tener (enfermedad). 3 [to – (got)] experimentar, recibir tener. 4 [to – (got) + *inf.*] tener que, verse obligado a, deber. 5 dar a luz, tener (bebé). 6 tomar, ingerir, comer, beber. 7 [to – + *o.d.* + *inf.*] ordenar, hacer mandar. 8 [to – *o.d./ger.*] permitir, tolerar. 9 poseer, disfrutar, gozar. (Am) coger. 10 to be had up for, (fam.) ser llevado a juicio por, ser puesto en la picota por. 11 to – had it, (fam.) estar para el arrastre.

haven | ˈheɪvn | *s.c.* 1 lugar seguro, refugio. 2 puerto.

haversack | ˈhævəsæk | *s.c.* mochila.

haves | hævz | *s.pl.* ricos, acaudalados.

havoc | ˈhævək | *s.i.* desolación, destrucción total.

hawk | hɔːk | *s.c.* 1 halcón. ‖ *v.t.* 2 (frecuentemente desp.) vender barato.

hawker | ˈhɔːkə | *s.c.* vencedor ambulante, quincallero.

hawser | ˈhɔːzə | *s.c.* maroma.

hay | heɪ | *s.i.* heno.

hay-fever | ˈheɪfiːvə | *s.i.* fiebre del heno (alergia).

haywire | ˈheɪwaɪə | to be/go –, (fam.) estar embrollado, ponerse difícil.

hazard | ˈhæzəd | *s.c.* 1 riesgo, peligro. 2 obstáculo (en golf). ‖ *v.t.* 3 poner en peligro, arriesgar.

hazardous | ˈhæzədəs | *adj.* peligroso.

haze | heɪz | *s.i.* 1 neblina. ‖ *s.sing.* 2 [a –] (fig.) confusión, desconcierto.

hazel | ˈheɪzl | *s.c.* e *i.* avellano.

hazelnut | ˈheɪzlnʌt | *s.c.* avellana.

hazy | ˈheɪzɪ | *adj.* 1 neblinoso, brumoso. 2 (fig.) confuso, desconcertado.

he | hiː | *pron.pers.* él.

head | hed | *s.c.* 1 cabeza. 2 (fig.) cabeza, mente, cerebro, jefe, mandamás. 3 nacimiento (de un río). 4 división, sección, parte. ‖ *s.sing.* 5 parte de arriba, parte superior. ‖ *adj.* 6 principal, central. ‖ *v.t.* 7 dirigir, controlar, encabezar. 8 titular, poner de título. ‖ *v.i.* 9 dirigirse.

headache | 'hedeɪk | *s.c.* dolor de cabeza.

headboard | 'hedbɔːd | *s.c.* cabezal.

header | 'hedə | *s.c.* 1 cabezazo. ‖ *s.sing.* 2 [a —] un salto de cabeza.

heading | 'hedɪŋ | *s.c.* cabo punta.

headlight | 'hedlaɪt | *s.c.* faro.

headline | 'hedlaɪn | *s.c.* 1 titular, encabezamiento. ‖ *s.pl.* 2 grandes titulares. ‖ *v.t.* 3 titular, encabezar.

headlong | 'hedlɒŋ | *adj.* y *adv.* 1 derecho, directo. ‖ *adj.* 2 precipitado, temerario. ‖ *adv.* 3 precipitadamente, temerariamente.

headmaster | hed'mɑːstə | *s.c.* director (de colegio).

headphone | 'hedfəun | *s.c.* [normalmente *pl.*] auricular, casco.

headquarters | ˌhed'kwɔːtəz | *s.pl.* 1 cuartel general. 2 sede, centro.

headstone | 'hedstəun | *s.c.* lápida.

headstrong | 'hedstrɒŋ | *adj.* obstinado, terco; voluntarioso.

heady | 'hedɪ | *adj.* embriagador, excitante, apasionado.

heal | hiːl | *v.t.* e *i.* 1 curar(se), sanar(se). ‖ *v.t.* 2 (fig.) remediar, cicatrizar, curar.

healer | 'hiːlə | *s.i.* curandero.

health | helθ | *s.i.* salud, buena salud.

healthy | 'helθɪ | *adj.* sano, saludable, próspero, beneficioso.

heap | hiːp | *s.c.* 1 montón, pila. ‖ *v.t.* 2 amontonar. ‖ 3 **heaps**, (fam.) un montón, muchísimo.

hear | hɪə | *v.* [*pret.* y *p.p.irreg.* **heard**] *t.* 1 oír. 2 escuchar, prestar atención a. 3 DER. dar audiencia a. ‖ *i.* 4 oír, escuchar. 5 [to — (about/of)] tener noticias, recibir noticias; oír hablar.

hearing | 'hɪərɪŋ | *s.i.* 1 oído. ‖ *s.c.* 2 audiencia, proceso, investigación oficial.

hearsay | 'hɪəseɪ | *s.i.* rumores.

heart | hɑːt | *s.c.* 1 corazón, cogollo, centro, parte más interior. ‖ *s.i.* 2 coraje, valentía, arrojo. ‖ *s.c.* e *i.* 3 (fig.) corazón, generosidad, compasión.

heartbeat | 'hɑːtbiːt | *s.c.* e *i.* latido.

heartbreaking | 'hɑːtbreɪkɪŋ | *adj.* desgarrador, que parte el corazón.

hearten | 'hɑːtn | *v.t.* animar.

heartfelt | 'hɑːtfelt | *adj.* sincero.

hearth | hɑːθ | *s.c.* 1 chimenea, hogar. ‖ *s.sing.* 2 [the —] el hogar (la familia).

heartwarming | 'hɑːtwɔːmɪŋ | *adj.* reconfortante, grato; animador.

hearty | 'hɑːtɪ | *adj.* 1 enérgico; alegre, entusiasta. 2 franca (risa); vigoroso. 3 copioso, total, completo.

heat | hiːt | *s.i.* 1 calor. 2 temperatura (cuando es alta). 3 (fig.) pasión, vehemencia. ‖ *s.sing.* 4 sofoco, calor, bochorno. 5 calefacción. ‖ *s.c.* 6 DEP. eliminatoria. ‖ *v.t.* 7 calentar.

heater | 'hiːtə | *s.c.* MEC. calentador, estufa.

heathen | 'hiːðn | *s.c.* y *adj.* 1 pagano, infiel. 2 (fig.) vándalo, guerrero.

heather | 'heðə | *s.i.* brezo.

heating | 'hiːtɪŋ | *s.i.* calefacción.

heave | hiːv | *v.* [*pret.* y *p.p.* **heaved** o MAR. **hove**] *t.* 1 tirar de, levantar, tirar, arrojar. ‖ *i.* 2 tirar, empujar, vomitar violentamente. 3 subir y bajar (pechos, por ejemplo); palpitar. ‖ *s.c.* 4 empellón, tirón.

heaven | 'hevn | *s.i.* 1 (fig. y fam.) paraíso, cielo. ‖ *s.pl.* 2 cielo, firmamento.

heaven-sent | ˌhevn'sent | *adj.* providencial, milagroso, venido del cielo.

heavy | 'hevɪ | *adj.* 1 pesado. 2 abundante, considerable, fuerte. 3 denso, espeso (líquido o sustancia). 4 tornido, grandote. 5 pesada (maquinaria). 6 pesado, difícil, duro, penoso (trabajo). ‖ *s.c.* 7 (fam.) matón, gorila. ‖ 8 **to be — on**, (fam.) consumir mucho.

heavy-handed | ˌhevɪ'hændɪd | *adj.* 1 autoritario, duro, despótico. 2 torpe, desmañado.

Hebrew | 'hiːbruː | *s.c.* y *adj.* hebreo, judío.

heck | hek | *interj.* mierda, coño.

heckle | 'hekl | *v.t.* e *i.* interrumpir con abucheos.

hectare | 'hekteə | *s.c.* hectárea.

hector | 'hektə | *v.t.* e *i.* intimidar.

hedge | hedʒ | s.c. 1 seto. 2 [– against] protección contra, seguro contra (de índole financiero). || v.i. 3 [to – against] asegurarse contra. || v.t. 4 poner un seto alrededor de.

hedgehog | 'hedʒhɒg | s.c. erizo, puerco espín.

hedonism | 'hi:dənɪzəm | s.i. hedonismo.

heed | hi:d | v.t. prestar atención a, atender a.

heel | hi:l | s.c. 1 talón. 2 tacón (de zapato). || v.t. 3 poner tacones.

hefty | 'heftɪ | (fam.) adj. fuerte, vigoroso; robusto.

hegemony | hɪ'gmənɪ | s.c. e i. hegemonía, preeminencia.

heifer | 'hefə | s.c. vaca joven, novilla.

height | haɪt | s.c. e i. 1 altura, elevación. || s.i. 2 talla, estatura. || s.c. 3 (normalmente pl.) altura, cerro, altozano, apogeo, cumbre. || s.sing. 4 punto más alto, punto más álgido.

heighten | 'haɪtn | v.t. e i. intensificar(se), aumentar.

heinous | 'heɪnəs | adj. atroz, infame, horrendo (casi maléfico).

heir | eə | s.c. 1 [– (to)] heredero. || 2 to be – to, (fig.) ser heredero de

heiress | 'eərɪs | s.c. heredera.

heist | haɪst | (EE.UU.) s.c. 1 robo a mano armada. || v.t. 2 robar a mano armada.

hell | hel | s.i. 1 (fam.) un infierno, un tormento. || interj. 2 mecachis, mierda, jolines. || 3 a – of a/one – of a, (fam.) de aúpa, de campeonato.

hell-bent | ,hel'bent | adj. [– on] resuelto por completo a.

Hellenic | he'li:nɪk | adj. helénico.

hellish | 'helɪʃ | adj. (fam.) infernal.

hello | 'heləʊ | (también hallo y hullo) s.c. 1 hola; saludo. || interj. 2 vaya, caramba (sorpresa).

helm | helm | s.c. 1 (normalmente sing.) timón. 2 (fig.) timón, mando, dirección. || 3 at the –, al mando, al timón.

helmet | 'helmɪt | s.c. casco.

help | help | v.t. 1 ayudar, socorrer, auxiliar. 2 ayudar, asistir, ser útil para. 3 [to – (to)] servirse (comida o bebida). 4 coger uno mismo, tomar uno mismo (algo). || s.i. 5 ayuda, socorro, asistencia, apoyo, consejo. || s.c. 6 asistenta (persona).

helper | 'helpə | s.c. ayudante.

helpful | 'helpfl | adj. 1 útil, servicial. 2 beneficioso, provechoso.

helping | 'helpɪŋ | s.c. porción, ración.

helpless | 'helplɪs | adj. desvalido.

hem | hem | [ger. hemming, pret. y p.p. hemmed] v.t. e i. 1 hacer el dobladillo en, hacer los bajos (ropa). || s.c. 2 dobladillo, bajo (de ropa). || v.i. 3 hacer ejem, decir ejem. || interj. 4 ejem.

hemisphere | 'hemɪsfɪə | s.c. semiesfera, hemisferio.

hemlock | 'hemlɒk | s.i. cicuta.

hemp | emp | s.i. cáñamo.

hemstitch | 'hemstɪtʃ | s.i. vainica.

hen | hen | s.c. 1 gallina. 2 hembra.

hence | hens | adv. 1 así, así, pues, por lo tanto, por ello. 2 a partir de ahora.

henceforth | ,hens'fɔ:θ | (también henceforward) adv. de ahora en adelante, en lo sucesivo.

henpecked | 'henpekt | adj. calzonazos.

her | hɜ: | (pronunciación relajada | ɜ: |) pron.o. 1 le, la, a ella. || adj.pos. 2 su (de ella).

herald | 'herəld | v.t. 1 anunciar, proclamar. || s.c. 2 [– of] anuncio de presagio de.

herb | hɜ:b | s.c. hierba.

herbivore | 'hɜ:bɪvɔ: | s.c. herbívoro.

herd | hɜ:d | s.c. 1 rebaño, manada, piara. 2 multitud, turba. || v.t. 3 agrupar, reunir.

here | hɪə | adv. 1 aquí. 2 aquí, de aquí, junto a mí. 3 en este punto, en este momento. || interj. 4 presente, oye, he.

hereabouts | ,hɪərə'baʊts | (también hereabouts) adv. por aquí, en algún sitio de aquí, por esta zona.

hereafter | ,hɪər'ɑ:ftə | adv. a partir de ahora.

hereby | ,hɪə'baɪ | adv. por esto.

hereditary | hɪˈredɪtrɪ | *adj.* hereditario.

herein | ˌhɪərˈɪn | *adv.* en este punto.

heresy | ˈherəsɪ | *s.c. e i.* herejía.

heritage | ˈherɪtɪdʒ | *s.sing.* herencia.

hermaphrodite | hɜːˈmæfrədaɪt | *s.c.* hermafrodita.

hermetic | hɜːˈmetɪk | *adj.* hermético.

hermit | ˈhɜːmɪt | *s.c.* ermitaño.

hernia | ˈhɜːnɪə | *s.c. e i.* hernia.

hero | ˈhɪərəʊ | [*pl.* **heroes**] *s.c.* héroe.

heroic | hɪˈrəʊɪk | *adj.* heroico.

heron | ˈherən | *s.c.* garza.

herring | ˈherɪŋ | [*pl.* **herring** o **herrings**] *s.c.* 1 arenque. ‖ 2 **– gull**, gaviota argéntea.

hers | hɜːz | *pron.pos.* suyo, suya, suyos, suyas (de ella).

herself | hɜːˈself | *pron.r.* 1 a ella misma, se... a sí misma. 2 ella sola. 3 misma.

hesitancy | ˈhezɪtənsɪ | (también **hesitance**) *s.i.* vacilación, indecisión.

hesitate | ˈhezɪteɪt | *v.i.* vacilar, titubear, mostrarse indeciso.

hesitation | ˌhezɪˈteɪʃn | *s.c. e i.* vacilación, indecisión, titubeo.

heterogeneous | ˌhetərəˈdʒiːnɪəs | *adj.* heterogéneo.

het up | ˈhetʌp | *adj.* (tam.) sofocado, acalorado.

hew | hjuː | [*pret.* **hewed**, *p.p.* **hewed** o **hewn**] *v.t.* 1 [to – + o.d. + out] hendir, partir (sin ningún cuidado). 2 [to – o + out/from] excavar.

heyday | ˈheɪdeɪ | *s.sing.* auge, apogeo.

hi | haɪ | *interj.* (tam.). 1 hola, qué tal. 2 oye, escucha (atrayendo atención).

hibernate | ˈhaɪbəneɪt | *v.i.* hibernar, invernar.

hiccup | ˈhɪkʌp | *s.c.* hipo.

hickory | ˈhɪkərɪ | *s.c.* nogal.

hide | haɪd | *v.* [*pret.* **hid**, *p.p.* **hidden**] *t.* 1 esconder, ocultar. 2 disimular, cubrir. ‖ *i. y r.* 3 esconderse, ocultarse. ‖ *s.c.* 4 piel.

hideous | ˈhɪdɪəs | *adj.* espantoso, atroz.

hideout | ˈhaɪdaut | *s.c.* escondite.

hiding | ˈhaɪdɪŋ | *s.c.* zurra, paliza.

hierarchy | ˈhaɪərɑːkɪ | *s.c.* jerarquía.

hight | haɪ | *adj.* 1 alto, elevado (cosas). 2 de altura, de alto. 3 alto, importante. 4 excelente, de primera. 5 elevado, agudo, alto (voz o sonido). ‖ *adv.* 6 alto, elevado, a lo alto. 7 intensamente, con fuerza. ‖ *s.c.* 8 punto álgido, punto culminante, anticiclón.

highbrow | ˈhaɪbrau | *adj.* pedante, sofisticado.

higher | ˈhaɪə | *adj.comp.* 1 de **high**. ‖ *adj.* 2 superior.

highlands | ˈhaɪləndz | *s.pl.* tierras altas, zonas altas.

highlight | ˈhaɪlaɪt | *v.t.* 1 subrayar, destacar. 2 resaltar (escrito). ‖ *s.c.* 3 momento crucial. 4 FOT. realce de luz. ‖ *s.pl.* 5 reflejos (en el pelo).

Highness | ˈhaɪnɪs | **Your/His –**, su alteza (para miembros de la familia real menos el rey y la reina).

high-pitched | ˌhaɪˈpɪtʃt | *adj.* chillona.

highroad | ˈhaɪrəʊd | *s.c.* 1 carretera principal. 2 [– **to**] camino más rápido a.

high-up | ˈhaɪʌp | *s.c.* (fam.) alto personaje, mandamás, pez gordo.

highway | ˈhaɪweɪ | *s.c.* 1 (EE.UU.) carretera principal, autopista. 2 (fig.) camino más directo.

high-wire | ˌhaɪˈwaɪə | *s.c.* cuerda, cuerda floja (de funambulistas).

hijack | ˈhaɪdʒæk | *v.t.* secuestrar.

hike | haɪk | *s.c.* 1 paseo largo, caminata. ‖ *v.i.* 2 dar largos paseos. ‖ 3 **to – up**, subirse.

hiking | ˈhaɪkəŋ | *s.i.* excursionismo.

hilarious | hɪˈleərɪəs | *adj.* divertidísimo, regocijante.

hill | hɪl | *s.c.* colina, cerro, altozano.

hillock | ˈhɪlək | *s.c.* otero.

hillside | ˈhɪlsaɪd | *s.c.* cumbre.

hilt | hɪlt | *s.c.* puño, empuñadura.

him | hɪm | (pronunciación relajada | həm |) *pron.o.* a él, le.

himself | *pron.r.* 1 él mismo, se. 2 él sólo. 3 mismo.

hinder | ˈhaɪndə | *adj.* 1 trasera, posterior, de atrás (pata de un animal). || *v.t.* 2 dificultar, estorbar, impedir.

hindrance | ˈhɪndrəns | *s.c.* e *i.* [— (to)] obstáculo, estorbo, dificultad.

hinge | hɪndʒ | *s.c.* 1 gozne, bisagra. || 2 to — on/upon, depender de.

hint | hɪnt | *v.i.* 1 [to — (at)] insinuar, hacer alusión a. || *s.c.* 2 alusión, indirecta, insinuación. 3 sugerencia, consejo. 4 [—of] señal de, indicio de.

hip | hɪp | *s.c.* cadera.

hire | ˈhaɪə | *v.t.* 1 alquilar, contratar los servicios de. || *s.c.* 2 alquiler, contratación temporal. || 3 for —, en alquiler.

hire-purchase | ˌhaɪəˈpɜːtʃəs | *s.i.* COM. compra a plazos.

hirsute | ˈhɜːsjuːt | *adj.* hirsuto.

his | hɪz | *adj.pos.* 1 su (de él). || *pron.pos.* 2 suyo (de él).

hiss | hɪs | *v.i.* 1 sisear, silbar. || *v.t.* e *i.* 2 abuchear. || *s.c.* 3 siseo.

historic | hɪˈstɒrɪk | *adj.* histórico.

history | ˈhɪstrɪ | *s.i.* 1 historia. 2 (fig.) agua pasada, historia. || *s.c.* 3 historia, historial.

histrionic | ˌhɪstrɪˈɒnɪk | *adj.* 1 histriónico; melodramático.

hit | hɪt | *v.* [*ger.* hitting, *pret.* y *p.p.irreg.* hit] *t.* 1 pegar, golpear. 2 (fam.) llegar a alcanzar. || *i.* 3 golpear con fuerza (una desgracia, catástrofe o similar). || *s.c.* 4 éxito.

hitch | hɪtʃ | *v.t.* 1 atar, enganchar. || *v.t.* e *i.* 2 (fam.) hacer autostop. || *s.c.* 3 dificultad, problema.

hitchhike | ˈhɪtʃhaɪk | *v.i.* hacer autostop, viajar en autostop.

hither | ˈhɪðə | *adv.* aquí, acá.

hitherto | ˌhɪðəˈtuː | *adv.* hasta ahora, anteriormente.

hive | haɪv | *s.c.* 1 colmena (de abejas). 2 [— of] hervidero de.

hoard | hɔːd | *v.t.* 1 amontonar, acaparar, acumular. || *s.c.* 2 [— (of)] tesoro secreto, acumulación.

hoarding | ˈhɔːdɪŋ | *s.c.* valla publicitaria, cartel gigante publicitario.

hoarse | hɔːs | *adj.* ronco (en la voz).

hoary | ˈhɔːrɪ | *adj.* 1 plateado (el pelo por la edad). 2 antiquísimo.

hoax | həʊks | *s.c.* 1 burla, engaño. || *v.t.* 2 engañar.

hob | hɒb | *s.c.* quemador.

hobby | ˈhɒbɪ | *s.c.* pasatiempo.

hobnob | ˈhɒbnɒb | *v.i.* [to — with] (fam.) codearse con, alternar con.

hock | hɒk | *s.i.* 1 vino blanco alemán. 2 empeño (acción de empeñar objetos). || *s.c.* 3 corvejón (de animales). || *v.t.* 4 (fam.) empeñar.

hoe | həʊ | *s.c.* 1 azada, azadón. || *v.t.* e *i.* 2 remover el suelo con azada.

hog | hɒg | *s.c.* 1 cerdo capado; (Am) chancho. 2 (fam.) puerco, cerdo, guarro.

hoist | hɔɪst | *v.t.* 1 enarbolar (bandera); izar (velas). 2 elevar, alzar. 3 subir. || *s.c.* 4 montacargas, grúa.

hold | həʊld | *v.* [*pret.* y *p.p.irreg.* held] *t.* 1 sujetar, sostener, agarrar. 2 abrazar, coger en los brazos. 3 agarrar, inmovilizar. 4 reservar, guardar (sitio, billete, etc.) || *i.* 5 [to — on to/to] sujetar, sostener, agarrar. 6 estar a la espera (en una llamada telefónica). || *s.c.* 7 apoyo, punto de apoyo (físico), bodega (en barco o avión). || *s.i.* 8 capacidad de agarrarse. 9 asimiento, acción de agarrar, acción de sostener. 10 [— over] poder sobre, dominio sobre. 11 to — back, retener, retrasar. 12 to — off, mantener a distancia. 13 to — out, extender la mano.

holdall | ˈhəʊldɔːl | *s.c.* bolsa de viaje.

holder | ˈhəʊldə | *s.c.* persona que tiene, persona que lleva.

holding | ˈhəʊldɪŋ | *s.c.* 1 participación (en un negocio o empresa), colección. || *adj.* 2 de contención.

hold-up | ˈhəʊldʌp | *s.c.* 1 atasco. 2 atraco, robo.

hole | həʊl | *s.c.* 1 agujero, hoyo, boquete. 2 (fam.) apuro, aprieto, dificultad. *v.t.* 3 hacer un agujero en. || *v.t.* e *i.* 4 DEP. meter en el agujero, embocar.

holiday | ˈhɒlɪdeɪ | *s.c.* 1 vacaciones. || *s.c.* e *i.* 2 fiesta, descanso. || *v.i.* 3 ir de vacaciones.

holiness | ˈhəʊlɪnɪs | REL. *s.i.* 1 santidad. ‖ **2 Your/His Holiness,** Su Santidad (forma de dirigirse al Papa).

holler ǀ ˈhɒlə ǀ (fam.) *v.i.* 1 pegar gritos, lanzar chillidos, berrear. ‖ *s.c.* 2 grito, chillido, berrido.

hollow ǀ ˈhɒləʊ ǀ *adj.* 1 hueco, cóncavo, ahuecado, vacío. ‖ *s.c.* 2 hueco, agujero. ‖ *v.t.* 3 hacer un hueco en.

holly ǀ ˈhɒlɪ ǀ *s.i.* acebo.

holocaust ǀ ˈhɒləkɔːst ǀ *s.c.* e *i.* holocausto, desastre terrible.

holster ǀ ˈhəʊlstə ǀ *s.c.* pistolera.

holy ǀ ˈhəʊlɪ ǀ *adj.* santo, sagrado.

homage ǀ ˈhɒmɪdʒ ǀ *s.i.* 1 [– (to)] homenaje. ‖ 2 **to pay/do – (to),** rendir homenaje (a).

home ǀ həʊm ǀ *s.c.* e *i.* 1 hogar, casa. 2 patria; patria chica. ‖ *s.c.* 3 asilo, casa cuna. ‖ *s.i.* 4 DEP. base, meta, casa. ‖ *adj.* 6 donde nací, de nacimiento natal. 6 de casa, doméstico. ‖ *s.sing.* 7 (fig.) cuna, lugar de origen. ‖ *adv.* 8 a casa.

homeland ǀ ˈhəʊmlænd ǀ *s.c.* patria, solar patrio.

homeless ǀ ˈhəʊmlɪs ǀ *adj.* sin hogar, sin techo, sin casa.

homely ǀ ˈhəʊmlɪ ǀ *adj.* 1 (brit.) sencillo, simple, llano. 2 hogareño, familiar; cómodo (ambiental). 3 (EE.UU. y desp.) feúcho, no muy agraciado.

home-made ǀ ˌhəʊmˈmeɪd ǀ *adj.* casero, hecho en casa; artesanal

homesick ǀ ˈhəʊmsɪk ǀ *adj.* nostálgico.

homespun ǀ ˈhəʊmspʌn ǀ *s.i.* 1 paño casero. ‖ *adj.* 2 sencillo, llano.

homework ǀ ˈhəʊmwɜːk ǀ *s.i.* 1 deberes, tarea (de la escuela). 2 (fig.) preparación, documentación.

homicide ǀ ˈhɒmɪsaɪd ǀ *s.c.* e *i.* 1 homicidio. ‖ *s.c.* 2 homicida.

homily ǀ ˈhɒmɪlɪ ǀ *s.c.* homilía.

homing ǀ ˈhəʊmɪŋ ǀ *adj.* 1 MIL. direccional. 2 BIOL. con instinto direccional hacia el nido.

homogeneous ǀ ˌhɒməˈdʒiːnɪəs ǀ *adj.* homogéneo.

homonym ǀ ˈhɒmənɪm ǀ *s.c.* GRAM. homónimo.

homosexual ǀ ˌhɒməˈsekʃʊəl ǀ *adj.* y *s.c.* homosexual.

hone ǀ həʊn ǀ *v.t.* 1 afilar. 2 (fig.) preparar, capacitar.

honest ǀ ˈɒnɪst ǀ *adj.* 1 honrado, sincero. ‖ *adv.* 2 (fam.) de verdad, te lo juro.

honesty ǀ ˈɒnɪstɪ ǀ *s.i.* 1 honradez. 2 franqueza, sinceridad.

honey ǀ ˈhʌnɪ ǀ *s.i.* 1 miel (de abejas). ‖ *s.c.* 2 (fam.) encanto, cielo. 3 (EE.UU.) cariño, amor, querido.

honeycomb ǀ ˈhʌnɪkəʊm ǀ *s.c.* e *i.* panal.

honeyed ǀ ˈhʌnɪd ǀ *adj.* suave, meloso.

honeymoon ǀ ˈhʌnɪmuːn ǀ *s.c.* 1 luna de miel. ‖ *v.i.* 2 ir de luna de miel.

honk ǀ hʌŋk ǀ *v.t.* c *i.* 1 tocar (la bocina de un vehículo). ‖ *s.c.* 2 bocinazo.

honorary ǀ ˈɒnərərɪ ǀ *adj.* honorario.

honour ǀ ˈɒnə ǀ (EE.UU. honor) *s.i.* 1 honor, honra, señal de respeto. ‖ *s.sing.* 2 [an – to] un honor para, una honra para. ‖ *v.t.* 3 respetar, hacer el honor de.

honourable ǀ ˈɒnərəbl ǀ (EE.UU. honorable) *adj.* 1 digno, honroso. 2 honorable.

hood ǀ hʊd ǀ *s.c.* 1 capucha. 2 capota, toldo.

hook ǀ hʊk ǀ *s.c.* 1 gancho, garfio. ‖ *v.t.* 2 enganchar, sujetar con un gancho, pescar

hooked ǀ hʊkt ǀ *adj.* en forma de gancho, en forma de garfio.

hooker ǀ ˈhʊkə ǀ *s.c.* (fam.) puta.

hooligan ǀ ˈhuːlɪgən ǀ *s.c.* (desp.) gamberro (especialmente en el fútbol).

hoop ǀ huːp ǀ *s.c.* arco, aro.

hooped ǀ huːpt ǀ *adj.* en forma de aro.

hoot ǀ huːt ǀ *v.i.* 1 dar un bocinazo. 2 abuchear, armar un griterío. 3 ulular (búho). *v.t.* 4 dar (bocinazo). ‖ *s.c.* 5 bocinazo.

hop ǀ hɒp ǀ [*ger.* hopping, *pret.* y *p.p.* hopped] *v.i.* 1 dar saltitos, saltar, brincar. ‖ *s.c.* 2 saltito, brinco.

hope ǀ həʊp ǀ *v.t.* 1 [to – that/*inf.*] esperar, confiar. ‖ *v.i.* 2 [to – (for)] esperar, confiar. ‖ *s.i.* 3 esperanza (una virtud teologal). ‖ *s.c.* 4 esperanza, deseo, aspiración. ‖ *s.sing.* 5 esperanza, posibilidad.

hopeful | 'həupfl | *adj.* 1 esperanzado, optimista, confiado. 2 esperanzador, prometedor. ‖ *s.c.* 3 aspirante, candidato.

hopeless | 'həuplɪs | *adj.* imposible, inútil, sin solución.

horde | hɔːd | *s.c.* horda.

horizon | hə'raɪn | *s.c.* horizonte.

horizontal | ˌhɒrɪ'zɒntl | *adj.* horizontal.

horn | hɔːn | *s.c.* cuerno, asta.

hornet | 'hɔːnɪt | *s.c.* avispón.

horny | 'hɔːnɪ | *adj.* duro, duro como un hueso.

horrendous | hɒ'rendəs | *adj.* horroroso, horrendo, horrible.

horrible | 'hɒrəbl | *adj.* horrible, espantoso.

horrid | 'hɒrɪd | *adj.* 1 desagradable, horroroso, horrible. 2 bestia, maleducado.

horrific | hə'rɪfɪk | *adj.* sobrecogedor, horroroso, espantoso.

horrify | 'hɒrɪfaɪ | *v.t.* horrorizar, aterrar.

horror | 'hɒrə | *s.i.* 1 horror, pavor. ‖ *s.c.* 2 (normalmente *pl.*) experiencia horrorosa, hecho pavoroso. ‖ *s.sing.* 3 [a – of] odio a, aversión a.

horse | hɔːs | *s.c.* 1 caballo. 2 DEP. potro (para saltar en gimnasia). ‖ *s.i.* 3 (fam.) caballo; heroína.

horseback | 'hɔɪsbæk | *adj. y adv.* a caballo.

horse-chestnut | ˌhɔːst'tʃesnʌt | *s.c.* castaño de Indias.

horsefly | 'hɔːsflaɪ | *s.c.* tábano.

horsemanship | 'hɔːsmənʃɪp | *s.i.* equitación.

horseradish | 'hɔːsrædɪʃ | *s.i.* rábano.

horseshoe | 'hɔːsfuː | *s.c.* herradura.

horsewhip | 'hɔːswɪp | *s.c.* fusta.

horticulture | 'hɔːtɪkʌltʃə | *s.i.* horticultura.

hose | həus | *s.c.* 1 manguera. 2 mango, manguito. ‖ *s.i.* 3 medias, leotardos. ‖ *v.t. e i.* 4 regar, echar agua.

hospice | 'hɒspɪs | *s.c.* hospital de enfermos terminales.

hospital | 'hɒspɪtl | *s.c.* hospital.

hospitality | ˌhɒspɪ'tælətɪ | *s.i.* hospitalidad.

hospitalize | 'hɒspɪtəlaɪz | *v.t.* hospitalizar.

host | həust | *s.c.* 1 anfitrión. 2 país anfitrión. 3 TV. presentador, anfitrión. ‖ *v.t.* 4 TV. presentar (un programa).

hostage | 'hɒstɪdʒ | *s.c.* rehén.

hostel | 'hɒstl | *s.c.* hostal, albergue.

hostess | 'həustɪs | *s.c.* 1 anfitriona. 2 TV. presentadora. 3 azafata.

hostile | 'hɒstaɪl | (EE.UU.) | 'hɒstl | *adj.* hostil, enemigo, desfavorable.

hot | hɒt | [comp. **hotter**, *super.* **hottest**] *adj.* 1 caluroso, caliente, picante, pasional, vehemente. ‖ 2 to blow – and cold, (fam.) no tener un criterio fijo. 3 – air, (fam. y desp.) promesas huecas, vaciedades. 4 – dog, perro caliente. 5 – flush, sofoco (en la menopausia). 6 – potato, (fam.) asunto caliente, mal asunto.

hotchpotch | 'hɒtʃpɒtʃ | *s.sing.* (fam.) mezcolanza, batiburrillo, desorden.

hotel | həu'tel | *s.c.* hotel.

hothead | 'hɒthed | *s.c.* (desp.) alocado.

hothouse | 'hɒthəus | *s.c.* 1 invernadero. 2 hervidero de ideas.

hotpot | 'hɒtpɒt | *s.c. e i.* estofado (de carne con verduras).

hound | haund | *s.c.* 1 perro, sabueso. ‖ *v.t.* 2 perseguir, no dejar en paz.

hour | auə | *s.c.* 1 hora (sesenta minutos). 2 [the –] la hora. ‖ *s.pl.* 3 horario, periodo, tiempo.

hourglass | 'auəglaːs | *s.c.* reloj de arena.

hourly | 'auəlɪ | *adj.* 1 de cada hora. ‖ *adv.* 2 por hora, por cada hora.

house | haus | [pl. **houses** | 'ha'uzɪz |] *s.c.* 1 casa. 2 empresa, firma, casa. 3 cámara parlamentaria. ‖ *atr.* 4 de la casa (especialmente vino). ‖ *v.t.* 5 albergar, contener, alojar. ‖ *s.sing.* 6 [the –] la casa, la familia.

houseboat I ˈhausbəut I *s.c.* casa flotante.

housebreaker I ˈhausbreɪkə I *s.c.* ladrón de casas.

houseful I ˈhausful I *s.c.* casa llena.

household I ˈhaushəuld I *s.c.* 1 casa, familia. ‖ *s.sing.* 2 casa, hogar. ‖ *adj.* 3 conocido, familiar.

householder I ˈhaushəuldə I *s.c.* cabeza de familia; arrendatario; propietario.

housekeeper I ˈhauski:pə I *s.c.* ama de llaves.

housemaid I ˈhausmeɪd I *s.c.* criada.

house-owner I ˈhousəunə I *s.c.* propietario (de una casa).

houseplant I ˈhjausplænt I *s.c.* planta de casa, planta interior.

houseproud I ˈhauspraud I *adj.* exagerado en el cuidado de la casa.

housetop I ˈhaustɒp I *s.c.* tejado, terraza (en el tejado).

housetrain I ˈhaustreɪn I *v.t.* acostumbrar a vivir en casa (a un animal).

housewife I ˈhauswaif I [*pl.* housewives] *s.c.* ama de casa.

housework I ˈhausw:k I *s.i.* tareas de la casa, quehaceres domésticos.

housing I ˈhauzɪŋ I *s.i.* 1 vivienda. ‖ *s.c.* 2 MEC. caja, cubierta, tapa.

hovel I ˈhɒvl I *s.c.* 1 casucha, choza. 2 (fig.) chabola, cuchitril.

hover I ˈhɒvə (EE.UU.) I ˈhʌvər I *v.i.* 1 permanecer quieto en el aire. 2 titubear.

hovercraft I ˈhɒvəkrɑ:ft I [*pl.* hovercraft] *s.c.* hidrodeslizador, hovercraft.

how I hau I *adv.interr.* 1 cómo. 2 de qué manera, de qué modo. 3 [− *adj.*adv. (old, long, etc.)] qué, cuánto, cuántos. 4 [− *adj./adv.*] qué (en formas exclamativas). ‖ *conj.* 5 (fam.) de la manera en que, del modo como.

howdy I ˈhaudɪ I *interj.* ¿qué hay?, ¿qué tal?, ¿cómo vas?

however I hauˈevə I *conj.* 1 sin embargo, no obstante. 2 del modo que, de la manera que. ‖ *adj.* 3 [− *adj./adv.*] por muy... que... ‖ *adv.interr.* 4 cómo, cómo es posible que.

howl I haul I *v.i.* 1 aullar, dar un aullido, dar un alarido. ‖ *s.c.* 2 aullido, alarido.

howling I ˈhulɪŋ I *s.i.* 1 aullidos, alaridos. ‖ *adj.* 2 clamoroso (fracaso o éxito).

hub I hʌb I *s.c.* 1 [− of] cubo, eje (de una rueda). 2 [to − of] centro de.

hubby I ˈhʌbɪ I *s.c.* (fam.) marido.

hubcap I ˈhʌbkæp I *s.c.* tapacubos.

huddle I ˈhʌdl I *v.i.* 1 apretarse (unos contra otros). 2 [to − with] reunirse con. ‖ *s.c.* 3 grupo amontonado.

hue I hju: I *s.c.* color.

huff I hʌf I *v.i.* 1 decir malhumoradamente. 2 echar aliento.

hug I hʌg I [*ger.* hugging, *pret.* y *p.p.* hugged] *v.t.* e. *i.* 1 abrazar estrecharse contra sí. ‖ *v.t.* 2 coger con fuerza. ‖ *s.c.* 3 abrazo.

huge I hju:dʒ I *adj.* enorme.

hugeness I ˈhju:dʒnɪs I *s.i.* intensidad.

hulk I hʌlk I *s.c.* 1 barco viejo. 2 mole.

hulking I ˈhʌlkɪŋ I *adj.* gigantesco.

hull I hʌl I *s.c.* 1 armazón, casco. 2 BOT. vaina. ‖ *v.t.* 3 quitar la vaina a.

hum I hʌm I *v.i.* 1 zumbar. 2 tararear. ‖ *v.t.* 3 canturrear (canciones). ‖ *s.c.* 4 zumbido. ‖ *interj.* 5 ejem.

human I ˈhju:mən I *adj.* 1 humano, del hombre. ‖ *s.c.* 2 humano, ser humano.

humane I hju:meɪn I *adj.* humano, compasivo, bondadoso.

humanistic I ˌhju:məˈnɪstɪk I *adj.* humanista, humanístico.

humanity I hju:ˈmænətɪ I *s.i.* 1 humanidad (colectivo) 2 condición humana.

humanize I ˈhju:mənaɪz I (también humanise) *v.t.* humanizar.

humankind I ˌhju:mənˈkaɪnd I *s.i.* género humano, raza humana.

humanoid I ˈhju:mənɔɪd I *s.c.* humanoide, robot.

humble I ˈhʌmbl I *adj.* 1 humilde, insignificante. ‖ *v.t.* 2 humillar.

humdinger I ˌhʌmˈdɪŋə I *s.c.* (fam.) auténtica maravilla, maravilla.

humid I ˈhju:mɪd I *adj.* húmedo.

humidify I hju:ˈmɪdɪfaɪ I *v.t.* humedecer.

hummingbird | 'hʌmɪŋbɜːd | *s.c.* colibrí.

humorist | 'hjuːmərɪst | *s.c.* humorista.

humour | 'hjuːmə | (EE.UU. **humor**) *s.i.* 1 humor. 2 gracia, elemento cómico. || *v.t.* 3 complacer.

hump | hʌmp | *s.c.* 1 joroba, jiba. 2 altozano, cerro, montículo. || *v.t.* 3 (fam.) llevar con dificultad, arrastrar.

humpback | 'hʌmpbæk | *s.c.* 1 jorobado, chepa. || *adj.* 2 de fuerte pendiente (puente).

hunch | hʌntʃ | *s.c.* 1 (fam.) corazonada, intuición. || *v.t.* 2 encoger (los hombros). || *v.i.* 3 encogerse de hombros. 4 encorvarse.

hundred | 'hʌndrəd | *num.card.* cien, ciento.

hundredth | 'hʌndrədə | *num.ord.* centésimo.

hundredweight | 'hʌndrədweɪt | *s.c.* quintal (unidad de medida).

hunger | 'hʌŋgə | *s.i.* 1 hambre. || *s.sing.* 2 [– (for)] ansia, deseo vehemente, anhelo. || *v.i.* 3 [to – for/after] ansiar, anhelar.

hungover | ˌhʌŋˈgəʊvə | *adj.* (fam.) con una resaca fuerte.

hungry | 'hʌŋgrɪ | *adj.* hambriento.

hunk | hʌŋk | *s.c.* pedazo, trozo.

hunt | hʌnt | *v.t.* e *i.* 1 cazar, ir de caza. || *v.i.* 2 [to – for] buscar afanosamente. || *v.t.* 3 dar caza, perseguir. || *s.c.* 4 caza (en general). || 5 to – down, dar caza a.

hunter | 'hʌntə | *s.c.* cazador.

hunting | 'hʌntɪŋ | *s.i.* caza.

hurdle | 'hɜːdl | *s.c.* 1 obstáculo, problema, dificultad. || *s.pl.* 2 carrera de obstáculos.

hurl | hɜːl | *v.t.* 1 arrojar violentamente, tirar con gran fuerza (algo). 2 (fig.) llenar de, arrojar.

hurricane | 'hʌrɪkən | *s.c.* huracán.

hurried | 'hʌrɪd | *adj.* 1 apresurado. 2 superficial, hecho con prisa.

hurry | 'hʌrɪ | *v.i.* 1 darse prisa, apresurarse. || *v.t.* 2 apresurar, dar prisa (a

alguien). || *s.i.* 3 prisa, apresuramiento; (Am) apuro.

hurt | hɜːt | *v.* [pret. y p.p.irreg. **hurt**] *t.* 1 herir, hacer daño, lastimar. || *i.* 2 doler. || *adj.* 3 herido, lastimado.

hurtful | 'hɜːtfl | *adj.* hiriente.

husband | 'hʌzbənd | *s.c.* 1 marido, esposo. || *v.t.* 2 conservar, economizar.

hush | hʌʃ | *v.i.* 1 callarse, guardar silencio. || *v.t.* 2 acallar, hacer callar. || *interj.* 3 silencio. || *s.i.* 4 silencio, quietud. || 5 to – up, encubrir.

hushed | hʌʃt | *adj.* en silencio.

husk | hʌsk | *s.c.* cáscara, vaina.

husky | 'hʌskɪ | *adj.* 1 ronca (voz). 2 (fam.) fornido, atractivo. || *s.c.* 3 perro esquimal.

hustings | 'hʌstɪŋz | *s.pl.* campaña electoral.

hustle | 'hʌstl | *v.t.* 1 impeler, apresurar. 2 vender agresivamente. || *v.i.* 3 (EE.UU.) hacer la calle (como prostituta). || *s.c.* 4 bullicio.

hut | hʌt | *s.c.* cabaña, choza, barraca.

hutch | hʌtʃ | *s.c.* conejera.

hyacinth | 'haɪəsɪnθ | *s.c.* jacinto.

hybrid | 'haɪbrɪd | *s.c.* híbrido.

hydrant | 'haɪdrənt | *s.c.* boca de riego.

hydrate | 'haɪdreɪt | *s.c.* hidrato.

hydro- | haɪdrə | *prefijo* hidro, hídrico.

hydrogen | 'haɪdrədʒen | *s.i.* hidrógeno.

hydroplane | 'haɪdrəpleɪn | *s.c.* 1 hidroavión. || *v.i.* 2 elevarse por encima del agua.

hyena | haɪˈiːnə | (también **hyaena**) *s.c.* hiena.

hygiene | 'haɪdʒːn | *s.i.* higiene.

hymen | 'haɪmən | *s.c.* himen.

hymn | hɪm | *s.c.* himno.

hyper- | haɪpə | *prefijo* hiper.

hyperbole | haɪˈpɜːbəlɪ | *s.c.* GRAM. hipérbole.

hypertension | ˌhaɪpəˈtenʃn | *s.i.* hipertensión arterial.

hyphen | 'haɪfn | *s.c.* guión (signo de puntuación).

hypnosis | hɪpˈnəʊsɪs | *s.i.* hipnosis.

hypnotize | ˈhɪpnətaɪz | (también **hypnotise**) *v.t.* **1** hipnotizar. **2** (fig.) dejar alelado, hipnotizar, atraer poderosamente la atención de alguien.

hypo | ˌhaɪpə | *prefijo* hipo.

hypochondriac | ˌhaɪpəˈkɒndrɪæk | *s.c.* hipocondríaco.

hipocrisy | hɪˈpɒkrəsɪ | *s.c. e i.* (desp.) hiprocesía.

hypocrite | ˈhɪpəkrɪt | *s.c.* (desp.) hipócrita.

hypodermic | ˌhaɪpəˈdɛːmɪk | (tam-bién **hypodermic needle** o **hypodermic syringe**) *s.c.* inyección (todo el objeto).

hypotenuse | haɪˈpɒtənjuːz | (EE.UU.) | haɪˈpɒtənuːs | *s.c.* hipotenusa.

hypothesis | haɪˈpɒθəsɪs | *s.c. e i.* hipótesis.

hysterectomy | ˌhɪstəˈrektəmɪ | *s.c.* histerectomía.

hysteria | hɪˈtɪərɪə | *s.i.* histeria.

hysterics | hɪˈterɪks | *s.pl.* **1** histe-rismo, ataque de histeria. **2** (fam.) paro-xismo (de miedo, excitación, etc.). **3** (fam.) ataque de risa incontrolable.

i, I | aɪ | *s.c.* e *i.* i, I (letra).

I | aɪ | *pron.* 1 yo (sujeto). 2 [the –] el ego.

ice | aɪs | *s.i.* 1 hielo. 2 joyas. ‖ *s.c.* 3 sorbete, granizado. ‖ *v.t.* 4 refrigerar, congelar. ‖ *v.t.* e *i.* 5 [to – over/up] *gen.pas.* cubrirse de hielo.

iceberg | 'aɪsbɜːg | 'aɪsbɜːrg | *s.c.* 1 iceberg. 2 (fam.) témpano, hielo.

icebucket | 'aɪsˌbʌkɪt | *s.c.* cubitera.

ice-cream | aɪs'kriːm | *s.c.* e *i.* helado.

ice-cube | aɪs'kjuːb | *s.c.* cubito.

Iceland | 'aɪslənd | *s.sing.* Islandia.

ice-lolly | 'aɪsˌlɒlɪ | *s.c.* polo.

ice-skating | 'aɪsskeɪtɪŋ | *s.i.* patinaje sobre hielo.

icicle | 'aɪsɪkəl | *s.c.* carámbano.

icon, ikon | 'aɪkɒn | *s.c.* icono.

icy | 'aɪsɪ | *adj.* helado, glacial, gélido.

idea | aɪ'dɪə | *s.c.* 1 idea, sugerencia. 2 noción, impresión, ‖ *s.c.* e *i.* 3 conocimiento, concepción.

ideal | aɪ'dɪəl | *adj.* 1 ideal, perfecto. 2 [– for] ideal para, adecuado para. 3 modélico, soñado.

idealize | aɪ'dɪəlaɪz | (brit.) idealise. *v.t.* 1 idealizar. ‖ *v.i.* 2 concebir un ideal.

identical | aɪ'dentɪkl | *adj.* 1 idéntico, exacto, igual. 2 el mismo.

identification | aɪ'dentɪfɪ'keɪʃn | *s.i.* identificación, reconocimiento.

identify | aɪ'dentɪfaɪ | *v.t.* 1 identificar. 2 descubrir. 3 [to – with] identificarse con.

identity | aɪ'dentətɪ | *s.c.* e *i.* 1 identidad. 2 exactitud, parecido exacto.

ideology | ˌaɪdɪ'ɒlədʒɪ | *s.c.* e *i.* ideología.

idiocy | 'ɪdɪəsɪ | *s.i.* y *s.c.* idiotez.

idiom | 'ɪdɪəm | *s.c.* 1 modismo, frase hecha. 2 lenguaje, jerga.

idiosyncrasy | ˌɪdɪə'sɪŋkrəsɪ | *s.c.* 1 idiosincrasia, peculiaridad. 2 hipersensibilidad (a una droga).

idle | 'aɪdl | *adj.* 1 ocioso, desocupado, inoperante. 2 inactivo, en paro. 3 holgazán, perezoso, haragán. 4 inútil, vago. ‖ *v.i.* 5 estar ocioso, estar inactivo. ‖ *v.t.* 6 [to – away] pasar el rato.

idler | 'aɪdlə | *s.c.* 1 holgazán, haragán, vago. 2 ocioso, desocupado.

idol | 'aɪdl | *s.c.* ídolo, héroe.

idolatry | aɪ'dɒlətrɪ | *s.i.* idolatría.

idolize | 'aɪdəlaɪz | (brit.) idolise. *v.t.* idolatrar, adorar, admirar ciegamente.

idyl | 'ɪdɪl | (brit.) idyll. *s.c.* idilio.

i.e. | ˌaɪ'iː | (id est.) es decir.

if | ɪf | *conj.* 1 si, en caso de que, suponiendo que. 2 [even –] aunque. 3 [*s./adj./adv.* – *s./adj./adv.*] si bien. ‖ *s.c.* 4 (generalmente *pl.*) duda, hipótesis.

iffy | 'ɪfɪ | *adj.* (fam.) dudoso, inseguro.

igneous | 'ɪgnɪəs | *adj.* GEOL. ígneo, volcánico. 2 (fig.) apasionado, ardiente.

ignite | ɪg'naɪt | *v.t.* e *i.* encender.

ignominious | ˌɪgnəʊ'mɪnɪəs | *adj.* ignominioso, deshonroso, vergonzoso.

ignorance | 'ɪgnərəns | *s.i.* ignorancia.

ignore | ɪg'nɔː | *v.t.* ignorar.

ilk | ɪlk | *s.sing.* clase, tipo, familia.

ill | ɪl | *adj.* 1 enfermo, indispuesto. 2 (brit.) herido, malherido. 3 aciago, funesto. 4 penoso, adverso. 5 nocivo. 6 hostil, con mala intención. || *adv.* [*gen.* – *p.p.*]. 7 cruelmente. 8 apenas, pobremente.

illegal | ɪ'li:gl | *adj.* ilegal, ilícito.

illegible | ɪ'ledʒəbl | *adj.* ilegible.

illegitimate | ɪlɪ'dʒɪtɪmət | *adj.* 1 ilegítimo, bastardo. 2 ilícito, no permitido.

ill-fated | ɪl'feɪtɪd | *adj.* desafortunado.

ill-health | ɪl'helə | *s.i.* mala salud.

illiberal | ɪ'lɪbərəl | *adj.* 1 conservador. 2 intolerante, represor. 3 tacaño.

illicit | ɪ'lɪsɪt | *adj.* ilícito, prohibido.

illiteracy | ɪ'lɪtərəsɪ | *s.i.* analfabetismo.

illness | 'ɪlnɪs | *s.c.* e *i.* enfermedad.

illogical | ɪ'lɒdʒɪkl | | ɪ'lɑ:dʒkl | *adj.* 1 ilógico, poco razonable. 2 irracional.

illuminate | ɪ'lju:mɪneɪt | *v.t.* 1 iluminar, alumbrar. 2 clarificar, esclarecer.

illumination | ɪ'lju:mɪ'neɪʃn | | ɪ,lu:mɪ'neɪʃn | *s.i.* 1 iluminación, alumbrado, luz. || *s.c.* 2 (gen. *pl.*) ilustración, grabado (en un libro).

illumine | ɪ'lju:mɪn | *v.t.* iluminar.

illusion | ɪ'lu:ʒn | *s.c.* e *i.* 1 ilusión. || *s.c.* 2 fantasía. 3 ilusionismo.

illusory, illusive | ɪ'lu:sərɪ | *adj.* ilusorio, imaginario, engañoso.

illustrate | 'ɪləstreɪt | *v.t.* 1 (gen. *pas.*) ilustrar, demostrar. || *v.i.* 2 clarificar.

illustration | ɪlə'streɪʃn | *s.c.* ilustración, grabado, lámina, diagrama.

illustrative | 'ɪləstrətɪv | *adj.* ilustrativo.

illustrious | ɪ'lʌstrɪəs | *adj.* ilustre.

image | 'ɪmɪdʒ | *s.c.* 1 OPT. imagen. 2 concepto, idea, noción.

imagination | ɪˌmædʒɪ'neɪʃn | *s.c.* e *i.* imaginación, inventiva, fantasía.

imagine | ɪ'mædʒɪn | *v.t.* 1 imaginar, soñar, inventar. 2 [to – (that)/o.] suponer, creer. || *v.i.* 3 usar la imaginación.

imbecile | 'ɪmbəsi:l | *s.i.* imbécil.

imbue | ɪm'bju: | *v.t.* (gen. *pas.*) imbuir.

imitate | 'ɪmɪteɪt | *v.t.* 1 imitar, copiar, remedar. 2 plagiar.

immaculate | ɪ'mækjulət | *adj.* 1 inmaculado, limpísimo. 2 perfecto.

immaterial | ˌɪmə'tɪərɪəl | *adj.* irrelevante, sin importancia, indiferente, inmaterial.

immaturity | ˌɪmə'tjuərətɪ | *s.i.* inmadurez, falta de madurez, infantilismo.

immediate | ɪ'mi:djət | *adj.* inmediato.

immense | ɪ'mens | *adj.* 1 inmenso, enorme, infinito. 2 inconmensurable, vastísimo. 3 (jerga) espléndido.

immerse | ɪ'mɜ:s | *v.t.* 1 [to – in] sumergir en. 2 [to – in] estar inmerso en.

immersion | ɪ'mɜ:ʃn | *s.i.* 1 inmersión. 2 bautismo por inmersión.

immigrant | 'ɪmɪgrənt | *s.c.* inmigrante.

imminent | 'ɪmɪnənt | *adj.* inminente.

immobile | ɪ'məubaɪl | | ɪ'məubi:l | *adj.* inmóvil, inmovible, estático, fijo.

immobilize | ɪ'məubɪlaɪz | (brit.) **immobilise** *v.t.* inmovilizar, paralizar.

immodest | ɪ'mɒdɪst | *adj.* inmodesto.

immoral | ɪ'mɒrəl | *adj.* inmoral.

immortal | ɪ'mɔ:tl | | ɪ'mɔ:rtl | *adj.* 1 inmortal, eterno, imperecedero. || *s.c.* 2 inmortal (una deidad, un héroe).

immortalize | ɪ'mɔ:təlaɪz | (brit.) **immortalise.** *v.t.* inmortalizar, perpetuar.

immune | ɪ'mju:n | *adj.* inmune; invulnerable, exento.

immunity | ɪ'mju:nətɪ | *s.i.* inmunidad.

immunize | 'ɪmju:naɪz | (brit.) **immunise.** *v.t.* inmunizar.

imp | ɪmp | *s.c.* 1 diablillo, duende. || *v.t.* 2 injertar plumas.

impact | 'ɪmpækt | *s.c.* 1 impacto, choque. || *v.t.* e *i.* 2 (EE.UU.) tener impacto.

impair | ɪm'peə | *v.t.* debilitar, empeorar, deteriorar, perjudicar.

impart | ɪm'pɑ:t | *v.t.* 1 comunicar, transmitir. 2 impartir.

impartial | ɪm'pɑ:ʃl | *adj.* imparcial.

impasse | æm'pɑ:s | *s.sing.* 1 callejón

sin salida, punto muerto. 2 atolladero, parálisis; (Am.) impasse.

impassioned | ɪm'pæʃnd | *adj.* 1 apasionado, ardiente. 2 entusiasmado.

impassive | ɪm'pæsɪv | *adj.* impasible, imperturbable, inmóvil.

impatience | ɪm'peɪʃns | *s.i.* 1 impaciencia, nerviosismo. 2 exasperación.

impeach | ɪm'piːtʃ | *v.t.* 1 censurar. 2 inculpar. 3 (EE.UU.) procesar.

impeccable | ɪm'pekəbl | *adj.* impecable, intachable, inmaculado.

impede | ɪm'piːd | *v.t.* impedir, entorpecer, estorbar, dificultar, obstaculizar.

impediment | ɪm'pedɪmənt | *s.c.* impedimento, obstáculo, dificultad.

impel | ɪm'pel | (brit.) **impell.** *v.t.* 1 impeler, impulsar. 2 incitar, instigar.

impenetrable | ɪm'penɪtrəbl | *adj.* 1 impenetrable. 2 (fig.) indescifrable.

imperative | ɪm'perətɪv | *adj.* imperioso, urgente, ineludible, vital.

imperfect | ɪm,'pɜːfɪkt | *adj.* imperfecto.

imperial | ɪm'pɪərɪəl | *adj. y s.c.* imperial.

imperious | ɪm'pɪərɪəs | *adj.* imperioso.

imperisable | ɪm'perɪʃəbl | *adj.* imperecedero, indestructible.

impersonal | ɪm'pɜːsnl | *adj.* impersonal, distante.

impersonate | ɪm'pɜːsəneɪt | *v.t.* 1 asumir la personalidad de. 2 interpretar (en teatro).

impertinence | ɪm'pɜːtɪnəns | *s.i.* impertinencia, insolencia, rudeza.

impervious | ɪm'pɜːvjəs | *adj.* impermeable.

impetuosity | ɪm,petjuː'ɒsɪtɪ | *s.i.* impetuosidad.

impetus | 'ɪmpɪtəs | *s.i.* 1 ímpetu, fuerza, brío. 2 estímulo, impulso.

impinge | ɪm'pɪndʒ | *v.t.* 1 [to – on/upon] afectar a, influir sobre. 2 golpear.

impious | 'ɪmpɪəs | *adj.* impío.

impish | 'ɪmpɪʃ | *adj.* travieso.

implacable | ɪm'plækəbl | *adj.* implacable, inflexible, inexorable, severo.

implant | ɪm'plɑːnt | *v.t.* 1 implantar, infundir. 2 introducir gradualmente.

implement | 'ɪmplɪmənt | *s.c.* 1 utensilio, herramienta, apero. 2 medio. || *v.t.* 3 cumplir, ejecutar.

implicate | 'ɪmplɪkət | *v.t.* 1 DER. implicar, conectar. 2 comprometer.

implication | ,ɪmplɪ'keɪʃn | *s.c. e i.* 1 insinuación, deducción, inferencia. 2 implicación, trascendencia.

implicit | ɪm'plɪsɪt | *adj.* implícito.

implore | ɪm'plɔː | *v.t.* implorar.

imply | ɪm'plaɪ | *v.t.* 1 insinuar. 2 implicar.

impolite | ,ɪmpə'laɪt | *adj.* descortés.

imponderable | ɪm'pɒndərəbl | *adj.* imponderable, incalculable, inestimable.

import | 'ɪmpɔːt | *v.t.* 1 importar. 2 introducir. || *s.c.* 3 (gen. *pl.*) importaciones.

importance | ɪm'pɔːtns | *s.i.* importancia, valor, significado, alcance.

importer | ɪm'pɔːtə | *s.c.* importador.

importunate | ɪm'pɔːtjunət | *adj.* 1 importuno. 2 machacón, pesado.

importune | ɪm'pɔːtjuːn | ɪm,pɔː'tjuːn | *v.t.* 1 importunar, insistir. 2 molestar, irritar. || *adj.* 3 insistente.

impose | ɪm'pəʊz | *v.t.* 1 imponer. || *v.i.* 2 [to – upon] abusar de, molestar a. || *v.r.* 3 [to – oneself] imponerse.

imposition | ,ɪmpə'zɪʃn | *s.c. e i.* imposición, gravamen, impuesto.

impossible | ɪm'pɒsəbl | *adj.* imposible, irrealizable.

imposture | ɪm'pɒstʃə | *s.c. e i.* engaño, falsedad.

impotence | 'ɪmpətəns | *s.i.* impotencia, incapacidad.

impotent | 'ɪmpətənt | *adj.* impotente.

impound | ɪm'paʊnd | *v.t.* 1 embargar. 2 aprisionar.

impoverish | ɪm'pɒvərɪʃ | ɪm'pɑːvərɪʃ | *v.t.* (gen. *pas.*) empobrecer, arruinar, depauperar.

impractical | ɪm'præktɪkəl | *adj.* 1 poco práctico. 2 desmañado.

imprecation | ,ɪmprɪ'keɪʃn | *s.c. e i.* imprecación, maldición.

impregnate | 'ımpregneıt | v.t. 1 fecundar, preñar. 2 impregnar, empapar.

impress | 'ımpres | v.t. 1 (gen. pas.) impresionar, causar impresión. 2 afectar, influir. 3 [to – on/upon + o.]/[to – + o. + with] inculcar, imbuir, fijar (una idea). 4 imprimir, grabar, estampar.

impression | ım'preʃn | s.c. 1 impresión, efecto. 2 impresión, marca, huella. 3 imitación, parodia. 4 (gen. sing.) impresión, tirada, edición. || s.i. 5 impresión.

impressive | ım'presıv | adj. impresionante, enorme, grandioso, fantástico.

imprint | ım'prınt | v.t. 1 imprimir, marcar. 2 (fig.) dejar huella (en la memoria). || s.c. 3 impresión, huella, marca, señal.

imprison | ım'prızn | v.t. encarcelar.

improbability | ım,prɒbə'bılıtı | s.c. e i. improbabilidad, inverosimilitud.

improper | ım'prɒpə | adj. 1 inapropiado, inadecuado. 2 incorrecto, impropio. 3 indecoroso, indecente.

improve | ım'pru:v | v.t. 1 mejorar, perfeccionar, aumentar. || v.i. 2 recuperarse.

improvise | 'ımprəvaız | v.t. e i. improvisar.

imprudent | ım'pru:dənt | adj. 1 imprudente. 2 irreflexivo, atrevido.

impudence | 'ımpju:dəns | s.i. insolencia, descaro.

impugn | ım'pju:n | v.t. impugnar.

impulse | 'ımpʌls | s.c. o i. impulso, estímulo, acicate.

impulsion | ım'pʌlʃn | s.i. impulso.

impunity | ım'pju:nətı | s.i. impunidad.

impure | ım'pjʊə | adj. 1 impuro, adulterado, mezclado. 2 contaminado.

impute | ım'pju:t | v.t. [to – to] imputar a, achacar a, atribuir a (injustamente).

in | ın | prep. 1 en, dentro de. 2 a, hacia, en, de. 3 a, con, en. 4 en, durante, por, de, dentro de. 5 por cada, en cada, sobre. || adv. 6 dentro, adentro, en el interior, en casa. 7 de moda, popular. || adj. 8 interior, de adentro, interno.

inability | ɪnə'bılıtı | s.i. incapacidad.

inaccesible | ,ınæk'sesəbl | adj. 1 inaccesible. 2 incomprensible, difícil.

inaccuracy | ın'ækjʊrəsı | s.c. (gen. sing.) e i. inexactitud.

inactivity | ,ınæk'tıvıtı | s.i. inactividad, pasividad, ociosidad, indolencia.

inadequate | ın'ædıkwət | adj. 1 inadecuado, insuficiente. 2 incompetente.

inadmissible | ,ınəd'mısəbl | adj. inadmisible, inaceptable, no permitido.

inadvertent | ,ınəd'vɜ:tənt | adj. inadvertido, involuntario.

inane | ı'neın | adj. 1 estúpido. || s.i. 2 vacío.

inanity | ı'nænətı | s.i. estupidez.

inappropriate | ,ınə'prəʊprıət | adj. 1 inapropiado. 2 impropio.

inapt | ın'æpt | adj. 1 inadecuado. 2 inepto, torpe.

inasmuch | ,ınəz'mʌtʃ | adv. [– as] debido a, ya que, puesto que.

inaudible | ın'ɔ:dəbl | adj. inaudible.

inaugurate | ı'nɔ:gjʊreıt | v.t. 1 inaugurar, iniciar. 2 (gen. pasiva) nombrar.

inauspicious | ,ınɔ:'spıʃəs | adj. adverso, poco propicio.

inborn | ,ın'bɔ:n | adj. innato, inherente.

inbred | ,ın'bred | adj. 1 innato. 2 endogámico.

incalculable | ın'kælkjʊləbl | adj. incalculable, inmenso, inestimable.

incandescent | ,ınkæn'desnt | adj. incandescente, candente, al rojo.

incapacitate | ,ınkə'pæsıteıt | v.t. 1 incapacitar. 2 inhabilitar.

incarcerate | ın'kɑ:səreıt | v.t. encarcelar, meter en prisión.

incarnation | ,ınkɑ:'neıʃn | ,ınkɑ:r/ neıʃn | s.i. 1 encarnación, personificación. || s.c. 2 reencarnación, encarnación.

incautious | ın'kɔ:ʃəs | adj. 1 incauto, ingenuo. 2 imprudente, negligente.

incendiary | ın'sendjərı | adj. incendiario.

incense | 'ınsens | s.i. 1 incienso. 2 sustancia perfumada. || v.t. 3 (gen. pas.) enfadar.

incentive | ın'sentıv | s.c. 1 incentivo.

‖ *s.i.* 2 incentivación, motivación. ‖ *adj.* 3 motivador, estimulante.

incessant ‖ ɪn'sesnt ‖ *adj.* incesante.

incest ‖ 'ɪnsest ‖ *s.i.* incesto.

inch ‖ ɪntʃ ‖ *s.c.* 1 pulgada (2.54 cm.). 2 (fig.) nimiedad. ‖ 3 [to — *adv./prep.*] avanzar con dificultad. ‖ *v.t.* 4 [to — *adv./prep.*] mover con dificultad.

inchoate ‖ 'ɪnkəʊeɪt ‖ *adj.* 1 incipiente. 2 incompleto.

incident ‖ 'ɪnsɪ'dent ‖ *s.c.* 1 incidente. ‖ *adj.* 2 incidental.

incinerate ‖ ɪn'sɪnəreɪt ‖ *v.t.* (gen. *pas.*) incinerar, quemar.

incipient ‖ ɪn'sɪpɪənt ‖ *adj.* incipiente.

incise ‖ ɪn'saɪz ‖ *v.t.* 1 (gen. *pas.*) MED. incidir, hacer una incisión. 2 grabar.

incisive ‖ ɪn'saɪsɪv ‖ *adj.* incisivo.

incisor ‖ ɪn'saɪzə ‖ *s.c.* incisivo (diente).

incite ‖ ɪn'saɪt ‖ *v.t.* [to — (to)] incitar.

incline ‖ ɪn'klaɪn ‖ *v.t.* 1 inclinar, influenciar. 2 hacer una reverencia. ‖ *v.i.* 3 inclinarse por. ‖ *v.t. e i.* 4 inclinar(se), ladear(se). ‖ *s.c.* 5 cuesta, pendiente.

include ‖ ɪn'klu:d ‖ *v.t.* 1 incluir, comprender. 2 introducir en, poner en.

inclusion ‖ ɪn'klu:ʒn ‖ *s.i.* 1 inclusión. ‖ *s.c.* 2 inclusión, introducción.

incoherence ‖ ɪnkəʊ'hɪərəns ‖ *s.i.* incoherencia, incongruencia, inconexión.

income ‖ 'ɪŋkʌm ‖ *s.c. e i.* 1 renta, ingresos. 2 interés, rédito.

incomparable ‖ ɪn'kɒmpərəbl ‖ *adj.* incomparable, inigualable.

incompatibility ‖ 'ɪnkəmˌpætə'bɪlətɪ ‖ *s.i.* incompatibilidad.

incompetence ‖ ɪn'kɒmpɪtəns ‖ *s.i.* incompetencia, ineptitud, incapacidad.

incomplete ‖ ɪnkəm'pli:t ‖ *adj.* incompleto, insuficiente.

inconceivable ‖ ɪnkən'si:vəbl ‖ *adj.* inconcebible, increíble, inimaginable.

inconclusive ‖ ɪnkən'klu:sɪv ‖ *adj.* no concluyente, no decisivo, no definitivo.

incongruous ‖ ɪn'kɒŋɡruəs ‖ *adj.* 1 incongruente. 2 disonante.

inconsiderable ‖ ɪnkən'sɪdərəbl ‖ *adj.* 1 insignificante, irrisorio, trivial. 2 vulgar.

inconsistent ‖ ɪnkən'sɪstənt ‖ *adj.* (desp.) inconsistente, contradictorio.

inconspicuous ‖ ɪnkən'spɪkjuəs ‖ *adj.* irrelevante, poco visible.

incontinence ‖ ɪn'kɒntɪnəns ‖ *s.i.* 1 incontinencia. 2 lascivia, lujuria.

inconvenient ‖ ɪnkən'vi:njənt ‖ *adj.* 1 inconveniente, incómodo. 2 inoportuno.

incorporate ‖ ɪn'kɔ:pəreɪt ‖ *v.t.* 1 incorporar, añadir. ‖ *v.i.* 2 incorporarse.

incorrect ‖ ɪnkə'rekt ‖ *adj.* incorrecto.

incorrigible ‖ ɪn'kɒrɪdʒəbl ‖ ‖ ɪn'kɑːrɪdʒəbl ‖ *adj.* (desp.) incorregible.

increase ‖ ɪn'kri:s ‖ *v.t. e i.* 1 incrementar, crecer. *s.c.* 2 incremento.

incredible ‖ ɪn'kredəbl ‖ *adj.* increíble.

incredulity ‖ ɪnkrɪ'dju:lətɪ ‖ *s.i.* incredulidad.

increment ‖ 'ɪnkrəmənt ‖ *s.c.* incremento, aumento, crecimiento.

incriminate ‖ ɪn'krɪmɪneɪt ‖ *v.t.* incriminar, acriminar, imputar un delito.

incubate ‖ 'ɪnkjubeɪt ‖ *v.t. e i.* incubar.

inculcate ‖ 'ɪnkʌlkeɪt ‖ *v.t.* inculcar.

incumbent ‖ ɪn'kʌmbənt ‖ *s.c.* 1 ministro (de la iglesia Anglicana). 2 titular, funcionario. ‖ *adj.* 3 obligatorio, incumbente. 4 titular, poseedor (de un cargo). 5 apoyado.

incursion ‖ ɪn'kɜ:ʃn ‖ ‖ ɪn'kɜ:rʒən ‖ *s.c.* (gen. *sing.*) incursión, invasión.

indebted ‖ ɪn'detɪd ‖ *adj.* reconocido a, en deuda con.

indecent ‖ ɪn'di:snt ‖ *adj.* indecente.

indecision ‖ ɪndɪ'sɪʒn ‖ *s.i.* indecisión, indeterminación, inseguridad.

indefensible ‖ ɪndɪ'fensəbl ‖ *adj.* 1 injustificable. 2 indefinible.

indefinite ‖ ɪn'defɪnət ‖ *adj.* indefinido, indeterminado, ilimitado.

indelible ‖ ɪn'deləbl ‖ *adj.* indeleble.

indelicate ‖ ɪn'delɪkət ‖ *adj.* desconsiderado, embarazoso.

indemnity ‖ ɪn'demnətɪ ‖ *s.i.* indemnización, reparación.

indent ‖ 'ɪndent ‖ *v.t.* 1 dentar, hacer muescas. 2 ensamblar. 3 sangrar (párrafos). ‖ *v.i.* 4 (brit.) extender una orden de pedido. ‖ *s.c.* 5 (brit.) pedido.

indentation | ˌɪnden'teɪʃn | s.i. 1 hendidura. || s.c. 2 concavidad.

independence | ˌɪndɪ'pendəns | s.i. independencia, libertad.

indescribable | ˌɪndɪ'skraɪbəbl | adj. indescriptible, inenarrable, increíble.

indeterminate | ˌɪndɪ'tɜːmɪnət | adj. indeterminado, racimoso.

index | 'ɪndeks | pl. indexes o indices. s.c. 1 índice, indicador, señal. || v.t. e i. 2 poner índice, catalogar, clasificar.

india rubber | ˌɪndjə'rʌbə | s.c. e i. 1 goma de borrar. 2 caucho, goma.

indicate | 'ɪndɪkeɪt | v.t. e i. 1 indicar, oo ñalar. 2 explicar, aclarar.

indication | ˌɪndɪ'keɪʃn | s.c. e i. 1 indicación. 2 sugerencia.

indict | ɪn'daɪt | v.t. 1 [to – (for)] procesar. 2 acusar, inculpar.

indictment | ɪn'daɪtmənt | s.c. e i. acusación, denuncia.

indifferent | ɪn'dɪfrənt | adj. 1 indiferente, apático. 2 mediocre, pobre.

indigenous | ɪn'dɪdʒɪnəs | adj. [– (to)] indígena, originario.

indignant | ɪn'dɪgnənt | adj. indignado.

indignity | ɪn'dɪgnɪtɪ | s.c. e i. indignidad, humillación, vejación.

indirect | ˌɪndɪ'rekt | adj. indirecto.

indiscreet | ˌɪndɪ'skriːt | adj. indiscreto.

indiscriminate | ˌɪndɪ'skrɪmɪnət | adj. indiscriminado, falto de criterio.

indisposition | ˌɪndɪspə'zɪʃn | s.c. e i. 1 indisposición, trastorno. || s.i. 2 [– to inf.] falta de disposición para.

indisputable | ˌɪndɪ'spjuːtəbl | adj. indisputable, innegable.

indistinct | ˌɪndɪ'stɪŋkt | adj. indistinto.

individual | ˌɪndɪ'vɪdjuəl | adj. 1 individual, particular. 2 personal.

individualize | ˌɪndɪ'vɪdjuəlaɪz | (brit.) individualise. v.t. 1 individualizar, caracterizar. 2 particularizar.

indolence | 'ɪndələns | s.i. indolencia.

indoor | 'ɪndɔː | adj. 1 interior, interno, de interior. 2 DEP. de salón, de sala.

indrawn | ɪn'drɔːn | adj. 1 acelerada. 2 reservado.

indubitable | ɪn'djuːbɪtəbl | | ɪn'duː/bɪtəbl | adj. indudable.

induce | ɪn'djuːs | v.t. 1 [to – + o. + to inf.] inducir. 2 provocar el parto.

-induced | ɪn'djuːst | sufijo. inducido.

inducement | ɪn'djuːsmənt | | ɪn'duːsmənt | s.c. e i. 1 incitación, persuasión. 2 motivo, estímulo.

induct | ɪn'dʌkt | v.t. 1 (gen. pas.) nombrar. 2 consagrar. 3 admitir.

inductive | ɪn'dʌktɪv | adj. 1 inductivo. 2 inoitador, pcruuúsivo.

indulge | ɪn'dʌldʒ | v.t. 1 ser indulgente, consentir. 2 conceder dispensa. || v.i. 3 darse a la bebida.

indulgence | ɪn'dʌldʒəns | s.i. 1 indulgencia, complacencia. 2 desenfreno. 3 tolerancia. || s.c. 4 capricho. || s.c. e i. 5 indulgencia. 6 prórroga, aplazamiento.

indulgent | ɪn'dʌldʒənt | adj. indulgente, benevolente.

industrial | ɪn'dʌstrɪəl | adj. 1 industrial. || s.c. 2 trabajador de la industria. 3 empresa.

industrialist | ɪn'dʌstrɪəlɪst | s.c. empresario industrial.

industrialized | ɪn'dʌstrɪəlaɪzd | adj. industrializado.

industrious | ɪn'dʌstrɪəs | adj. 1 trabajador. 2 experto.

industry | 'ɪndəstrɪ | s.i. y s.c. 1 industria. 2 aplicación, trabajo.

inebriate | ɪ'niːbrɪeɪt | v.t. 1 gen.pas. embriagar. || s.c. y adj. 2 ebrio.

inebriated | ɪ'niːbrɪeɪtɪd | adj. ebrio.

inedible | ɪn'edɪbl | adj. incomestible.

ineffable | ɪn'efəbl | adj. 1 inolvidable. 2 inexpresable.

ineffective | ˌɪnɪ'fektɪv | adj. inefectivo.

ineffectual | ˌɪnɪ'fektʃuəl | adj. ineficaz, inútil.

inefficiency | ˌɪnɪ'fɪʃnsɪ | s.i. ineficiencia, incompetencia.

inefficient | ˌɪnɪ'fɪʃnt | adj. ineficaz, inoperante, incapaz, inepto.

inelegant | ɪn'elɪgənt | *adj.* vulgar, ordinario.

inelegible | ɪn'elɪdʒəbl | *adj.* no apto.

inept | ɪ'nept | *adj.* 1 inepto. 2 torpe. 3 absurdo.

inequality | ˌɪnɪ'kwɒlətɪ | | ˌɪnɪ'kwɑːlətɪ | *s.c.* e *i.* 1 desigualdad, injusticia. 2 desnivel.

inequity | ɪn'ekwətɪ | *s.c.* e *i.* injusticia.

ineradicable | ˌɪnɪ'rædɪkəbl | *adj.* inextinguible.

inert | ɪ'nɜːt | | ɪ'nɜːrt | *adj.* 1 inerte, inmóvil. 2 perezoso.

inertia | ɪ'nɜːʃə | | ɪ'nɜːrʃə | *s.i.* 1 inercia. 2 pereza.

inescapable | ˌɪnɪ'skeɪpəbl | *adj.* inevitable.

inestimable | ɪn'estɪməbl | *adj.* incalculable.

inevitable | ɪn'evɪtəbl | *adj.* 1 inevitable, irremediable. 2 obligado.

inexact | ˌɪnɪg'zækt | *adj.* inexacto.

inexcusable | ˌɪnɪk'skjuːzəbl | *adj.* imperdonable, intolerable.

inexorable | ɪn'eksərəbl | *adj.* 1 inexorable. 2 inflexible.

inexpensive | ˌɪnɪk'spensɪv | *adj.* barato.

inexperience | ˌɪnɪk'spɪərɪəns | *s.i.* 1 inexperiencia. 2 ignorancia.

inexplicable | ˌɪnɪk'splɪkəbl | | ɪn'eksplɪkəbl | *adj.* inexplicable.

inexpressible | ˌɪnɪk'spresəbl | *adj.* inexpresable, inenarrable.

inexpressive | ˌɪnɪk'spresɪv | *adj.* inexpresivo.

infallibility | ɪnˌfælə'bɪlətɪ | *s.i.* infalibilidad.

infallible | ɪn'fæləbl | *adj.* infalible.

infamous | 'ɪnfəməs | *adj.* infame.

infamy | 'ɪnfəmɪ | *s.i.* 1 infamia, deshonor. || *s.c.* 2 acto infame, acto ignominioso.

infancy | 'ɪnfənsɪ | *s.c.* e *i.* 1 infancia, niñez. 2 comienzo, principio.

infant | 'ɪnfənt | *s.c.* 1 infante, criatura. 2 menor de edad. 3 cría. || *adj.* 4 infantil.

infanticide | ɪn'fæntɪsaɪd | *s.c.* e *i.* 1 infanticidio. || *s.c.* 2 infanticida.

infantile | 'ɪnfəntaɪl | *adj.* pueril.

infantry | 'ɪnfəntrɪ | *s.sing.* [-*v.sing./pl.*] infantería.

infatuated | ɪn'fætjʊeɪt | *adj.* [-(with)] loco (por).

infatuation | ɪnˌfætjʊ'eɪʃn | *s.c.* e *i.* enamoramiento, infatuación.

infect | ɪn'fekt | *v.t.* 1 infectar, contagiar. 2 contaminar. 3 contagiar.

infected | ɪn'fektɪd | *adj.* infectado.

infection | ɪn'fekʃn | *s.c.* e *i.* 1 infección, contagio. 2 enfermedad.

infer | ɪn'fɜː | *v.t.* 1 [to – (form)] inferir, deducir. || *v.i.* 2 sacar conclusiones.

inference | 'ɪnfərəns | *s.i.* 1 inferencia. || *s.c.* 2 deducción.

inferior | ɪn'fɪərɪə | *adj.* y *s.c.* 1 inferior. 2 subordinado.

inferiority | ɪnˌfɪərɪ'ɒrətɪ | | ɪnˌfɪə-rɪ'ɔːrətɪ | *s.i.* inferioridad.

infernal | ɪn'fɜːnl | | ɪn'fɜːrnl | *adj.* infernal.

inferno | ɪn'fɜːnəʊ | | ɪn'fɜːrnəʊ | *pl.* infernos *s.c.* infierno, lugar, infernal.

infertile | ɪn'fɜːtaɪl | | ɪn'fɜːrtaɪl | *adj.* 1 estéril. 2 improductivo.

infest | ɪn'fest | *v.t.* [to – (with)] infestar, plagar.

infidel | 'ɪnfɪdəl | *s.c.* y *adj.* infiel.

infidelity | ˌɪnfɪ'delətɪ | *s.c.* e *i.* 1 infidelidad. 2 adulterio.

infighting | 'ɪnfaɪtɪŋ | *s.i.* 1 rivalidad. 2 disputa.

infiltrate | 'ɪnfɪltreɪt | *v.t.* e *i.* 1 filtrar. 2 calar. || *s.i.* 3 infiltración.

infinite | 'ɪnfɪnət | *adj.* 1 infinito. 2 enorme, muchísimo.

infinitesimal | ˌɪnfɪnɪ'tesɪml | *adj.* mínimo, minúsculo.

infinitive | ɪn'fɪnətɪv | *s.c.* infinitivo.

infinity | ɪn'fɪnətɪ | *s.c.* infinidad.

infirm | ɪn'fɜːm | | ɪn'fɜːrm | *adj.* 1 débil. || *s.pl.* 2 the –, los ancianos.

infirmary | ɪn'fɜːmərɪ | | ɪn'fɜːrmərɪ | *s.c.* 1 hospital. 2 enfermería.

infirmity | ɪn'fɜːmətɪ | | ɪn'fɜːrmətɪ | *s.c.* (gen. *pl.*) e *i.* 1 achaque, dolencia. 2 incapacidad. 3 impedimento.

inflame | ɪn'fleɪm | *v.t.* 1 excitar. || *v.t.* e *i.* 2 enfurecer(se). 3 inflamar(se).

inflamed | ın'fleımd | *adj.* inflamado, hinchado.

inflammable | ın'flæməbl | *adj.* 1 inflamable. 2 explosivo.

inflammation | ˌınflə'meıʃn | *s.c. e i.* inflamación, hinchazón.

inflammatory | ın'flæmətərı | *adj.* 1 inflamatorio. 2 explosivo.

inflate | ın'fleıt | *v.t. e i.* 1 hinchar(se), inflar(se), llenar(se) de aire. || *v.t.* 2 aumentar excesivamente.

inflated | ın'fleıtıd | *adj.* 1 exagerado, excesivo. 2 desorbitada. 3 hinchado.

inflation | ın'fleıʃn | *s.i.* inflación.

inflationary | ın'fleıʃnərı | ın'fleı/ ʃənərı | *adj.* inflacionario, inflacionista.

inflect | ın'flekt | *v.t. e i.* 1 inflexionar. 2 modular. 3 doblar, torcer.

inflection | ın'flekʃn | (brit.) **inflexion.** *s.i.* y *s.c.* 1 inflexión. 2 modulación.

inflexible | ın'fleksəbl | *adj.* rígido.

inflict | ın'flıkt | *v.t.* 1 [to – (on/upon)] infligir, imponer. 2 apenar.

infliction | ın'flıkʃn | *s.c. e i.* 1 imposición. 2 castigo, pena.

inflow, influx | 'ınfləu | *s.c. e i.* afluencia, flujo.

influence | 'ınfluəns | *s.c. e i.* 1 [– (over/on/upon/with)] influencia, influjo. || *v.t.* influir en, afectar a.

influential | ˌınflu'enʃl | *adj.* influyente.

influenza | ˌınflu'enzə | *s.i.* gripe.

inform | ın'fɔːm | *v.t.* 1 [to – (of/ about)] informar. 2 animar. 3 instruir.

informal | ın'fɔːml | ın'fɔːrml | *adj.* informal.

informality | ˌınfɔː'mælətı | *s.i.* 1 formalidad. 2 desenvoltura, familiaridad.

informant | ın'fɔːmənt | ın'fɔːr/ mənt | *s.c.* 1 delator, confidente. 2 informador.

information | ˌınfə'meıʃn | *s.i.* 1 [– (on/about)] información. 2 datos, conocimientos. 3 acusación.

informative | ın'fɔːmətıv | *adj.* informativo.

informed | ın'fɔːmd | *adj.* 1 [– (on/about)] informado, al corriente. 2 aproximado.

informer | ın'fɔːmə | *s.c.* informador.

infrastructure | 'ınfrəˌstrʌktʃə | *s.c.* infraestructura.

infrequent | ın'friːkwənt | *adj.* raro.

infringe | ın'frındʒ | *v.t. e i.* 1 infringir, incumplir. 2 violar, usurpar.

infringement | ın'frındʒmənt | *s.c. e i.* 1 infracción, violación. 2 intrusión, abuso.

infuriate | ın'fjuərıeıt | *v.t.* 1 encolerizar. || *adj.* 2 furioso.

infuriating | ın'fjuərıeıtıŋ | *adj.* enloquecedor, irritante, exasperante.

infuse | ın'fjuːz | *v.t.* 1 [to | o. | with] infundir de. 2 extender. || *v.t. e i.* 3 hacer o preparar una infusión.

infusion | ın'fjuːʒn | *s.c. e i.* 1 infusión. 2 adición, inyección.

ingenious | ın'dʒiːnjəs | *adj.* ingenioso.

ingenuity | ˌındʒı'njuːətı | ˌındʒı/ nuːətı | *s.i.* ingenio, genialidad.

ingenuous | ın'dʒenjuəs | *adj.* ingenuo, inocente.

inglorious | ın'glɔːrıəs | *adj.* 1 vergonzoso. 2 desconocido.

ingot | 'ıŋgət | *s.c.* lingote.

ingrained | ˌın'greınd | *adj.* 1 incrustado. 2 arraigado.

ingratiate | ın'greıʃıeıt | *v.t.* [to – (with)] ganarse (a).

ingratiating | ın'greıʃıeıtıŋ | *adj.* (desp.) adulador.

ingratitude | ın'grætıtjuːd | ın'grætıtuːd | *s.i.* ingratitud.

ingredient | ın'griːdjənt | *s.c.* 1 ingrediente. 2 componente.

ingrowing, ingrown | 'ınˌgrəuıŋ | *adj.* que crece hacia adentro.

inhabit | ın'hæbıt | *v.t.* 1 habitar. 2 residir. 3 abrigar.

inhabitant | ın'hæbıtənt | *s.c.* habitante.

inhale | ın'heıl | *v.t. e i.* inspirar.

inherent | ın'hıərənt | *adj.* inherente.

inherit | ın'herıt | *v.t. e i.* heredar.

inheritance | ın'herıtəns | *s.c.* 1 legado. || *s.i.* 2 sucesión.

inheritor | ın'herıtə | *s.c.* heredero.

inhibit | ɪn'hɪbɪt | *v.t.* 1 inhibir. 2 frenar. 3 reprimir.

inhibition | ,ɪnhɪ'bɪʃn | *s.c. e i.* inhibición.

inhospitable | ɪn'hɒspɪtəbl | | ,ɪnhɒ:'spɪtəbl | *adj.* poco hospitalario.

inhuman | ɪn'hju:mən | *adj.* 1 inhumano. 2 frío, reservado. 3 monstruoso.

inhumane | ,ɪn'hju:'meɪn | *adj.* inhumano.

inhumanity | ,ɪn'hju:'mænətɪ | *s.c. e i.* inhumanidad, barbaridad.

inimical | ɪ'nɪmɪkl | *adj.* hostil.

inimitable | ɪ'nɪmɪtəbl | *adj.* inimitable.

iniquitous | ɪ'nɪkwɪtəs | *adj.* inicuo.

initial | ɪ'nɪʃl | *adj.* 1 inicial, primero. ǁ *s.c.* 2 letra inicial.

initiate | ɪ'nɪʃɪət | *v.t.* 1 iniciar. 2 [to – (into)] introducir. ǁ | ɪ'nɪʃɪət | *s.c.* 3 iniciado.

initiation | ,ɪnɪʃɪ'eɪʃn | *s.c. e i.* 1 [– (into)] iniciación. 2 principio.

initiative | ɪ'nɪʃɪətɪv | *s.c. e i.* iniciativa.

inject | ɪn'dʒekt | *v.i.* 1 [to – (with /into)] inyectar, inocular. 2 introducir.

injection | ɪn'dʒekʃn | *s.c. e i.* inyección.

injuditious | ,ɪndʒu:'dɪʃəs | *adj.* imprudente.

injunction | ɪn'dʒʌŋkʃn | *s.c.* 1 orden. 2 advertencia.

injure | 'ɪndʒə | *v.t.* 1 herir. 2 ofender.

injurious | ɪn'dʒʊərɪəs | *adj.* perjudicial, nocivo.

injury | ɪndʒərɪ | *s.c. e i.* 1 daño, herida. 2 ofensa.

injustice | ɪn'dʒʌstɪs | *s.c. e i.* injusticia, arbitrariedad.

ink | ɪŋk | *s.c. e i.* 1 tinta. ǁ *v.t.* 2 entintar.

inkwell | 'ɪŋkwel | *s.c.* tintero.

inky | 'ɪŋkɪ | *adj.* 1 entintado. 2 oscuro.

inlaid | ɪn'leɪd | [*pret.* y *p.p.* de **inlay**] *adj.* [– (in/into)] incrustado.

inland | ɪn'lænd | *adj.* 1 interior. ǁ *adv.* 2 tierra adentro.

inlay | ,ɪnleɪ | *s.c. e i.* 1 incrustación. ǁ *s.c.* 2 empaste. ǁ *v.t.* 3 incrustar.

inlet | 'ɪnlet | | 'ɪnlət | *s.c.* ría.

inmate | 'ɪnmeɪt | *s.c.* 1 residente, habitante. 2 inquilino.

inmost, innermost | 'ɪnməʊst | *adj.* 1 profundo. 2 íntimo, secreto.

inn | ɪn | *s.c.* 1 posada. 2 restaurante.

innards | 'ɪnədz | *s.pl.* 1 entrañas, tripas. 2 interior.

innate | ɪ'neɪt | *adj.* 1 innato. 2 natural.

inner | 'ɪnə | *adj.* 1 interior, interno. 2 íntimo. 3 profundo. 4 influyente.

inning | 'ɪnɪŋ | *s.c. pl.* 1 turno, entrada. 2 oportunidad.

innkeeper | 'ɪn,ki:pə | *s.c.* posadero.

innocence | 'ɪnəsəns | *s.i.* inocencia.

innocent | 'ɪnəsnt | *adj. y s.c.* 1 inocente. 2 puro. 3 inofensivo.

innocuous | ɪ'nɒkjuəs | | ɪ'nɑ:kjuəs | *adj.* 1 inocuo. 2 insignificante.

innovate | 'ɪnəʊveɪt | *v.t. e i.* innovar.

innovation | ,ɪnəʊ'veɪʃn | *s.c. e i.* innovación.

innovative, innovatory | 'ɪnə,veɪtɪv | *adj.* innovador.

innovator | 'ɪnəʊveɪtə | *s.c.* innovador.

innuendo | ,ɪnju'endəʊ | *pl.* innuendos o innuendoes *s.c. y s.i.* insinuación.

innumerable | ɪ'nju:mərəbl | | ɪ'nu:mərəbl | *adj.* innumerable.

inoculate | ɪ'nɒkjuleɪt | | ɪ'nɑ:kjuleɪt | *v.t.* [to – (with/against)] inocular, vacunar.

inoculation | ɪ,nɒkju'leɪʃn | | ɪ,nɑ:/kju'leɪʃn | *s.i.* 1 inoculación, vacunación. ǁ *s.c.* 2 vacuna.

inoffensive | ,ɪnə'fensɪv | *adj.* inofensivo.

inoperable | ɪn'ɒpərəbl | | ɪn'ɑ:pərəbl | *adj.* 1 inoperable. 2 impracticable.

inoperative | ɪn'ɒpərətɪv | | ɪn'ɑ:pə/rətɪv | *adj.* 1 ineficaz. 2 inaplicable.

inopportune | ɪn'ɒpətjuːn | | ,ɪnɒ,r'tuːn | *adj.* inoportuno.

inordinate | ɪ'nɔ:dɪnət | | ɪ'nɔ:r/dənɪt | *adj.* desproporcionado, desmesurado.

inorganic | ˌɪnɔːˈgænɪk | | ˌɪnɔːrˈgænɪk | *adj.* 1 inorgánico. 2 artificial.

input | ˈɪnput | *s.c.* e *i.* 1 potencia, energía, consumo, gasto. 2 inversión.

inquest | ˈɪnkwest | *s.c.* 1 investigación judicial. 2 indagación.

inquire | ɪnˈkwaɪə | *v.t.* e *i.* 1 preguntar. 2 indagar, averiguar.

inquirer | ɪnˈkwaɪərə | *s.c.* investigador.

inquiring, enquiring | ɪnˈkwaɪərɪŋ | *adj.* penetrante, curioso.

inquiry | ɪnˈkwaɪərɪ | | ˈɪŋkwərɪ | *s.c.* 1 [– (into/about)] indagación. ‖ *s.c.* 2 [– (into)] investigación.

inquisition | ˌɪnkwɪˈzɪʃn | *s.c.* investigación oficial.

inquisitive | ɪnˈkwɪzətɪv | *adj.* inquisitivo, curioso.

inquisitor | ɪnˈkwɪzɪtə | *s.c.* inquisidor, investigador.

inquisitorial | ɪnˌkwɪzɪˈtɔːrɪəl | *adj.* inquisitorial.

insane | ɪnˈseɪn | *adj.* demente, loco.

insanitary | ɪnˈsænɪtərɪ | | ɪnˈsænɪterɪ | *adj.* nocivo, antihigiénico.

insanity | ɪnˈsænɪtɪ | *s.i.* demencia.

insatiable | ɪnˈseɪʃəbl | *adj.* [– (for)] insaciable, voraz.

inscribe | ɪnˈskraɪb | *v.t.* inscribir.

inscription | ɪnˈskrɪpʃn | *s.c.* 1 inscripción. 2 alistamiento.

inscrutable | ɪnˈskruːtəbl | *adj.* inescrutable, misterioso.

insect | ˈɪnsekt | *s.c.* 1 insecto. 2 bicho, miserable.

insecticide | ɪnˈsektɪsaɪd | *s.c.* e *i.* insecticida.

insecure | ˌɪnsɪˈkjʊə | *adj.* inseguro.

insecurity | ˌɪnsɪˈkjʊərətɪ | *s.i.* 1 inseguridad. 2 peligro.

inseminate | ɪnˈsemɪneɪt | *v.t.* 1 inseminar. 2 sembrar, plantar.

insemination | ɪnˌsemɪˈneɪʃn | *s.i.* inseminación.

insensible | ɪnˈsensəbl | *adj.* 1 inconsciente. 2 ignorante. 3 insensible.

insensitive | ɪnˈsensətɪv | *adj.* insensible, indiferente.

insensitivity | ɪnˈsensətɪvɪtɪ | *s.i.* insensibilidad.

inseparable | ɪnˈsepərəbl | *adj.* inseparable, indivisible.

insert | ɪnˈsɜːt | | ɪnˈsɜːrt | *v.t.* 1 insertar. 2 incluir. ‖ *s.c.* 3 inserción.

insertion | ɪnˈsɜːʃn | *s.i.* 1 inserción, introducción. ‖ *s.c.* 2 anuncio.

inset | ˈɪnset | *s.c.* 1 mapa, grabado. 2 inserción de páginas. 3 entredós. 4 flujo. 5 canal.

inshore | ɪnˈʃɔː | *adv.* 1 a la orilla. ‖ *adj.* 2 cercano a la orilla.

inside | ɪnˈsaɪd | | ˈɪnsaɪd | *s.c.* 1 [the –] el interior. 2 [the –] parte interna.

insider | ɪnˈsaɪdə | *s.c.* 1 persona de confianza. 2 miembro, socio.

insidious | ɪnˈsɪdɪəs | *adj.* 1 insidioso, malévolo. 2 sutil.

insight | ˈɪnsaɪt | *s.c.* e *i.* intuición.

insignia | ɪnˈsɪgnɪə | *s.c. sing.* y *pl.* 1 insignia, emblema. 2 distintivo.

insignificance | ˌɪnsɪgˈnɪfɪkəns | *s.i.* insignificancia.

insincere | ˌɪnsɪnˈsɪə | *adj.* hipócrita.

insincerity | ˌɪnsɪnˈserətɪ | *s.i.* insinceridad.

insinuate | ɪnˈsɪnjʊeɪt | *v.t.* insinuar.

insinuation | ɪnˌsɪnjʊˈeɪʃn | *s.c.* o *i.* in sinuación, sugerencia.

insipid | ɪnˈsɪpɪd | *adj.* insípido, soso.

insist | ɪnˈsɪst | *v.i.* 1 [to – (on/upon)] insistir en. 2 reclamar, demandar.

insistence, insistency | ɪnˈsɪstəns | *s.i.* insistencia, obstinación.

insistent | ɪnˈsɪstənt | *adj.* 1 obstinado. 2 urgente.

insole | ˈɪnsəʊl | *s.c.* plantilla.

insolence | ˈɪnsələns | *s.i.* insolencia.

insolent | ˈɪnsələnt | *adj.* insolente.

insoluble | ɪnˈsɒljʊbl | | ɪnˈsɑːljʊbl | *adj.* insoluble, inexplicable.

insolvency | ɪnˈsɒlvənsɪ | *s.i.* insolvencia.

insomnia | ɪnˈsɒmnɪə | | ɪnˈsɑːmnɪə | *s.i.* insomnio.

insouciance | ɪnˈsuːsjəns | *s.i.* despreocupación.

insouciant | ɪn'su:sjənt | adj. despreocupado.

inspect | ɪn'spekt | v.t. 1 inspeccionar, examinar. 2 reconocer.

inspection | ɪn'spekʃn | s.c. e i. inspección.

inspector | ɪn'spektə | s.c. inspector, supervisor.

inspectorate | ɪn'spektərət | s.c. 1 inspectorado. 2 supervisión.

inspiration | ˌɪnspə'reɪʃn | s.i. 1 inspiración. || s.c. 2 idea brillante.

inspire | ɪn'spaɪə | v.t. e i. 1 inspirar, estimular. 2 respirar.

inspired | ɪn'spaɪəd | adj. 1 inspirado, brillante. 2 acertado.

inspiring | ɪn'spaɪərɪŋ | adj. 1 inspirador. 2 alentador.

instability | ˌɪnstə'bɪlətɪ | s.i. inestabilidad, inseguridad.

install | ɪn'stɔ:l | (EE.UU.) instal. v.t. instalar, colocar.

installation | ˌɪnstə'leɪʃn | s.i. y s.c. 1 instalación. || MIL. base.

instalment | ɪn'stɔ:lmənt | (EE.UU.) installment. s.c. 1 fascículo. 2 TV. capítulo. 3 plazo. || s.i. 4 instalación.

instance | 'ɪnstəns | s.c. 1 ejemplo, caso. 2 juicio. 3 instancia, solicitud. || v.t. 4 citar como ejemplo.

instant | 'ɪnstənt | s.c. 1 instante, momento. || adj. 2 inmediato, instantáneo.

instead | ɪn'sted | adv. en lugar.

instigate | 'ɪnstɪgeɪt | v.t. iniciar.

instigation | ˌɪnstɪ'geɪʃn | s.i. instigación, incitación.

instigator | 'ɪnstɪgeɪtə | s.c. instigador.

instil | ɪn'stɪl | v.t. [to – (in/into)] inculcar, implantar.

instinct | 'ɪnstɪŋkt | s.c. e i. 1 instinto, inclinación. 2 intuición. || adj. 3 saturado.

instinctive | ɪn'stɪŋktɪv | adj. instintivo.

instinctual | ˌɪns'tɪŋktjəl | adj. instintivo.

institute | 'ɪnstɪtju:t | s.c. 1 instituto, organización. 2 cursillo, taller. || v.t. 3 instituir, establecer. 4 organizar, planear.

institution | ˌɪnstɪ'tju:ʃn | | ˌɪnstɪtu:ʃn |

s.c. y s.i. 1 institución, práctica. 2 fundación, organización.

institutional | ˌɪnstɪ'tju:ʃənl | adj. institucional.

institucionalize | ˌɪnstə'tju:ʃənəlaɪz | (brit.) institucionalise. v.t. 1 institucionalizar, establecer. 2 internar, confinar.

instruct | ɪn'strʌkt | v.t. [to – + o.d. + to inf.] 1 ordenar, mandar. || v.i. 2 actuar como instructor.

instruction | ɪn'strʌkʃn | s.c. 1 (gen. pl.) instrucción. 2 pl. instrucciones.

instructive | ɪn'strʌktɪv | adj. instructivo.

instructor | ɪn'strʌktə | s.c. instructor.

instrument | 'ɪnstrumənt | s.c. 1 instrumento, herramienta. || v.t. 2 equipar, dotar. 3 notificar, comunicar.

instrumental | ˌɪnstru'mentl | adj. 1 instrumental. 2 significativo, útil.

instrumentalist | ˌɪnstru'mentəlɪst | s.c. instrumentalista.

instrumentation | ˌɪnstrumen'teɪʃn | s.i. 1 instrumentación. 2 instrumental.

insubordinate | ˌɪnsəbɔ:dnət | | ˌɪnsəbɔ:rdnət | adj. insubordinado.

insubordination | ˌɪnsəˌbɔ:dɪ'neɪʃn | s.i. insubordinación.

insubstantial | ˌɪnsəb'stænʃl | adj. 1 insustancial, insignificante. 2 frágil.

insufficiency | ˌɪnsə'fɪʃnsɪ | s.c. e i. insuficiencia, deficiencia.

insufficient | ˌɪnsə'fɪʃnt | adj. insuficiente.

insular | 'ɪnsjulə | adj. 1 insular, provinciano. 2 aislado. 3 isleño.

insularity | 'ɪnsju'lærətɪ | | ˌɪnsə'lærətɪ | s.i. 1 insularidad, aislamiento. 2 provincianismo.

insulate | 'ɪnsjuleɪt | | 'ɪnsəleɪt | | 'ɪnfəleɪt | v.t. 1 [to – (from/against)] aislar. 2 proteger, apartar.

insulation | ˌɪnsju'leɪʃn | | ˌɪnsə'leɪʃn | s.i. 1 aislamiento. 2 capa aislante.

insulator | 'ɪnsjuleɪtə | | 'ɪnsəleɪtə | s.c. aislante.

insulin | 'ɪnsjulɪn | | 'ɪnsəlɪn | s.i. insulina.

insult | 'ɪnsʌlt | v.t. 1 insultar, injuriar. 2

atacar, asaltar. ‖ *v.i.* **3** comportarse con arrogancia. ‖ *s.c.* **4** insulto, agravio.

insuperable | ɪn'sjuːpərəbl | | ɪn'suːpərəbl | *adj.* insuperable.

insupportable | ˌɪnsə'pɔːtəbl | *adj.* insoportable, inaguantable.

insurance | ɪn'ʃuərəns | *s.i.* **1** seguro, mutualidad. **2** prima. **3** indemnización. **4** compañía de seguros. **5** seguridad, protección. ‖ *s.c.* **6** [− (against)] seguro.

insure | ɪn'ʃuə | *v.t.* **1** [to − (against)] asegurar. **2** asegurar. ‖ *v.i.* **3** asegurarse.

insured | ɪn'ʃuəd | | ɪn'ʃəd | *s.c. y adj.* asegurado.

insurer | ɪn'ʃuərə | *s.c.* asegurador.

insurgent | ɪn'sɜːdʒənt | | ɪn'sɜːrdʒənt | *s.c. y adj.* insurgente.

insurmountable | ˌɪnsə'mauntəbl | | ˌɪnsər'mauntəbl | *adj.* insuperable.

insurrection | ˌɪnsə'rekʃn | *s.c. e i.* insurrección, sublevación.

intact | ɪn'tækt | *adj.* intacto, indemne.

intake | 'ɪnteɪk | *s.i.* **1** consumo. **2** admisión, entrada. **3** respiración. ‖ *s.c.* **4** entrada, toma, conducto.

intangible | ɪn'tændʒəbl | *adj.* **1** intangible. ‖ *s.c.* **2** *pl.* bienes inmateriales.

integer | 'ɪntɪdʒə | *s.c.* **1** número entero. **2** unidad.

integral | 'ɪntɪɡrəl | *adj. y s.c.* **1** íntegro, completo. **2** intrínseco, esencial.

integrate | 'ɪntɪɡreɪt | *v.t. e i.* **1** integrar(se), unir(se). ‖ *v.t.* **2** integrar, combinar.

integrated | 'ɪntɪɡreɪtɪd | *adj.* integrado.

integration | ˌɪntɪ'ɡreɪʃn | *s.i.* integración.

integrity | ɪn'teɡrətɪ | *s.i.* integridad, honestidad, honradez.

intellect | 'ɪntəlekt | *s.c. e i.* **1** intelecto, inteligencia. ‖ *s.c.* **2** persona inteligente.

intelligence | ɪn'telɪdʒəns | *s.i.* **1** inteligencia. **2** [− *v.sing./pl.*] información secreta. **3** servicio de inteligencia.

intelligentsia | ɪn,telɪ'dʒentsɪə | *s.sing.* [the − *v.sing./pl.*] la intelectualidad.

intelligible | ɪn'telɪdʒəbl | *adj.* comprensible.

intend | ɪn'tend | *v.t.* **1** proponerse, tener en mente. **2** [to − + to *inf.* o *ger./o.d.* + to *inf.*] pretender. **3** [to − + *o.d.* + for/ as] ser para, destinar a, reservar a; tener la finalidad de. **4** llevar implícito.

intended | ɪn'tendɪd | *s.c.* **1** (gen. *sing.*) prometido. ‖ *adj.* **2** pretendido.

intense | ɪn'tens | *adj.* **1** intenso, fuerte, profundo. **2** exagerado, nervioso.

intensification | ɪn,tensɪfɪ'keɪʃn | *s.i.* intensificación, agravamiento.

intensifier | ɪn'tensɪfaɪ | *s.c.* **1** intensificador. **2** FOT. reforzador.

intensify | ɪn'tensɪfaɪ | *v.t. e i.* **1** intensificar, aumentar. **2** FOT. reforzar.

intensity | ɪn'tensətɪ | *s.i.* **1** intensidad, fuerza. **2** FIS. potencia. **3** FOT. contraste.

intensive | ɪn'tensɪv | *adj.* **1** intensivo. **2** concentrado.

intent | ɪn'tent | *s.c.* **1** [− (with)] intención, objetivo. **2** significado. ‖ *adj.* **3** absorto. **4** determinado.

intention | ɪn'tenʃn | *s.c. e i.* **1** intención, propósito, objetivo. **2** sentido.

inter | ɪn'tɜː | *v.t.* enterrar, sepultar.

interact | ˌɪntər'ækt | *v.i.* **1** [to − (with)] obrar recíprocamente. **2** intercomunicarse, influirse.

intercede | ˌɪntə'siːd | | ˌɪntər'siːd | *v.t. e i.* [to − (with/for)] interceder, mediar.

intercept | ˌɪntə'sept | | ˌɪntər'sept | *v.t.* interceptar, detener.

intercession | ˌɪntə'seʃn | | ˌɪntər'seʃn | *s.i.* intercesión, mediación.

interchange | ˌɪntə'tʃeɪndʒ | | ˌɪntər'tʃeɪndʒ | *v.t. e i.* **1** [to − (with)] intercambiar, permutar. **2** canjear. ‖ *s.c. e i.* **3** intercambio. ‖ *s.c.* **4** cruce, salida.

intercom | 'ɪntəkɒm | | 'ɪntərkɑːm | *s.c.* sistema de megafonía.

interconnect | ˌɪntəkə'nekt | *v.t. e i.* interconectar, intercomunicar.

intercourse | 'ɪntəkɔːs | | 'ɪntərkɔːs | *s.i.* **1** relación, vínculo. **2** coito.

interest | 'ɪntrɪst | *s.c. e i.* **1** interés. ‖ *s.i.* **2** curiosidad. **3** rédito. ‖ *s.c.* **4** afición. **5** beneficio. **6** participación (en un negoció). 7 COM. sector. 8 *pl.* intereses, conexiones financieras. ‖ *v.t.* 9 interesar. 10 [to — in] interesar en.

interested | ˈɪntrɪstɪd | *adj.* interesado, preocupado.

interface | ˈɪntəfeɪs | *s.c.* 1 zona de interconexión. 2 INF. interconexión, acoplamiento. ‖ *v.t. e i.* 3 INF. interconectar.

interfere | ˌɪntəˈfɪə | *v.i.* 1 [to — (in /between)] (desp.) interferir. 2 interrumpir. 3 tropezar, (los caballos). 4 DEP. bloquear, obstruir (ilegalmente).

interference | ˌɪntəˈfɪərəns | | ˌɪntərˈfɪərəns | *s.i.* 1 interferencia, intromisión. 2 interrupción. 3 DEP. bloqueo.

interim | ˈɪntərɪm | *adj.* 1 no *comp.* interino, provisional. 2 ínterin, intermedio, intervalo. ‖ 3 in the —, entre tanto.

interior | ɪnˈtɪərɪə | *s.c.* (gen. *sing.*) 1 interior. ‖ *adj.* 2 interno. 3 profundo.

interject | ˌɪntəˈdʒekt | | ˌɪntərˈdʒekt | *v.t. e i.* interponer, insertar.

interjection | ˌɪntəˈdʒekʃn | | ˌɪntərˈdʒekʃn | *s.c. e i.* 1 observación, interrupción. ‖ *s.c.* 2 interjección.

interlink | ˌɪntəˈlɪŋk | | ˌɪntərˈlɪŋk | *v.t.* [to — (with)] interconectar, unir, relacionar.

interlock | ˌɪntəˈlɒk | | ˌɪntərˈlɑːk | *v.t. e i.* 1 entrelazar(se). 2 INF. interbloquear.

interloper | ˈɪntələʊpə | | ˈɪntərlˌəʊpə | *s.c. e i.* (desp.) intruso.

interlude | ˈɪntəluːd | | ˈɪntərluːd | *s.c.* 1 intervalo, intermedio. 2 interludio.

intermediary | ˌɪntəˈmiːdjərɪ | | ˌɪntərˈmiːdɪerɪ | *s.c.* 1 intermediario. 2 intermedio.

intermediate | ˌɪntəˈmiːdjət | | ˌɪntərˈmiːdjət | *adj.* 1 no *comp.* intermedio. ‖ *s.c.* 2 grado intermedio. ‖ *v.i.* 3 mediar. 4 intervenir.

interment | ɪnˈtɜːmənt | | ɪnˈtɜːrˌmənt | *s.c. e i.* entierro.

interminable | ɪnˈtɜːmɪnəbl | | ɪnˈtɜːrmɪnəbl | *adj.* (desp.) interminable.

intermingle | ˌɪntəˈmɪŋgl | | ˌɪntərˈmɪŋgl | *v.i.* [to — (with)] mezclarse, entremezclarse.

intermission | ˌɪntəˈmɪʃn | | ˌɪntərˈmɪʃn | (EE.UU.) interval *s.c.* entreacto, intermedio.

intermittent | ˌɪntəˈmɪtənt | | ˌɪntərˈmɪtənt | *adj.* intermitente.

intern | ɪnˈtɜːn | | ɪnˈtɜːrn | *v.t.* 1 internar. ‖ | ˈɪntɜːn | *s.c.* 2 (EE.UU.) médico residente. 3 (EE.UU.) profesor en prácticas. 4 interno.

internal | ɪnˈtɜːnl | | ɪnˈtɜːrnl | *adj.* interno.

internalize | ɪnˈtɜːnəlaɪz | | ɪnˈtɜːrnəlaɪz | (brit.) internalise *v.t.* interiorizar, incorporar.

international | ˌɪntəˈnæʃənl | | ˌɪntərˈnæʃənl | *adj.* internacional.

internment | ɪnˈtɜːnmənt | | ɪnˈtɜːrnmənt | *s.c.* internamiento.

interplay | ˈɪntəpleɪ | | ˈɪntərpleɪ | *s.i.* [— (of/between)] interacción.

interpolate | ɪnˈtɜːpəuleɪt | | ɪnˈtɜːrpəleɪt | *v.t.* 1 interpolar. 2 insertar.

interpose | ˌɪntəˈpəʊz | | ˌɪntərˈpəʊz | *v.t. e i.* 1 [to — (in)] interponer(se), mediar.

interpret | ɪnˈtɜːprɪt | | ɪnˈtɜːrprɪt | *v.t.* 1 interpretar, entender. ‖ *v.t. e i.* 2 traducir.

interpretation | ɪnˌtɜːprɪˈteɪʃn | | ɪnˌtɜːrprɪˈteɪʃn | *s.c. e i.* interpretación.

interpreter | ɪnˈtɜːprɪtə | | ɪnˈtɜːrprɪtə | *s.c.* intérprete.

interrelationship | ˌɪntərɪˈleɪʃnʃɪp | *s.c.* interrelación, conexión (entre cosas).

interrogate | ɪnˈterəʊgeɪt | *v.t.* interrogar, inquirir.

interrogation | ɪnˌterəʊˈgeɪʃn | *s.c. e i.* 1 interrogatorio. 2 interrogación.

interrupt | ɪnˈtərʌpt | *v.t.* 1 interrumpir, cortar. 2 perturbar.

interruption | ˌɪntəˈrʌpʃn | *s.c. e i.* interrupción.

intersection | ˌɪntəˈsekʃn | | ˌɪntərˈsekʃn | *s.c.* 1 intersección, cruce. ‖ *s.i.* 2 intersección, unión.

intersperse | ˌɪntəˈspɜːs | | ˌɪntərˈspɜːrs | *v.t.* [to — (with/in)] intercalar, esparcir.

interstice | ɪnˈtɜːstɪs | | ɪnˈtɜːrstɪs | *s.c.* (gen. *pl.*) intersticio, grieta.

intertwine | ˌɪntəˈtwaɪn | | ˌɪntərtwain | *v.t.* e *i.* 1 entretejer, entrelazar. 2 (fig.) unir firmemente.

interval | ˈɪntəvl | | ˈɪntərvl | *s.c.* 1 intervalo, pausa. 2 (EE.UU.) entreacto.

intervene | ˌɪntəˈviːn | | ˌɪntərˈviːn | *v.i.* 1 [to — (in)] intervenir, mediar. 2 sobrevenir. 3 participar.

intervention | ˌɪntəˈvenʃn | | ˌɪntərˈvenʃn | *s.c.* e *i.* intervención.

interview | ˈɪntəvjuː | | ˈɪntərvjuː | *s.c.* 1 entrevista, audiencia. || *v.t* e *i.* 2 entrevistar.

interviewer | ˈɪntəvjuːə | | ˈɪntərvjuːə | *s.c.* 1 entrevistador. 2 periodista.

intestine | ɪnˈtestɪn | *s.c.* intestino.

intimacy | ˈɪntɪməsɪ | *s.i.* 1 intimidad, confianza. 2 *pl.* relaciones sexuales. || *s.c.* 3 (gen. *pl.*) secreto, interioridad.

intimidate | ɪnˈtɪmɪdeɪt | *v.t.* intimidar.

into | ˈɪntu | *prep.* 1 a, en. 2 hasta. 3 dentro. 4 — the bargain, por añadidura.

intolerable | ɪnˈtɒlərəbl | | ɪnˈtɑːlərəbl | *adj.* 1 intolerable, insufrible. 2 excesivo.

intolerance | ɪnˈtɒlərəns | *s.i.* intolerancia.

intonation | ˌɪntəʊˈneɪʃn | *s.c.* e *i.* entonación.

intone | ɪnˈtəʊn | *v.t.* e *i.* entonar.

intoxicated | ɪnˈtɒksɪkeɪtɪd | *adj.* 1 ebrio, borracho. 2 excitado.

intoxication | ɪnˈtɒksɪˈkeɪʃn | | ɪnˈtɑːksɪˈkeɪʃn | *s.c.* e *i.* embriaguez.

intractable | ɪnˈtræktəbl | *adj.* 1 problemática (una situación). 2 intratable.

intransigence | ɪnˈtrænsɪdʒəns | *s.i.* intransigencia, intolerancia.

intrepid | ɪnˈtrepɪd | *adj.* intrépido.

intricate | ˈɪntrɪkət | *adj.* intrincado.

intrigue | ɪnˈtriːg | *v.t.* 1 intrigar, fascinar. || *v.i.* 2 [to — (against)] conspirar. || ˈɪntriːg | *s.c.* e *i.* 3 intriga, conspiración.

intrinsic | ɪnˈtrɪnsɪk | *adj.* intrínseco.

introduce | ˌɪntrəˈdjuːs | | ˌɪntrəˈduːs | *v.t.* 1 [to — (to)] presentar. 2 [to — (to/into)] introducir, implantar. 3 dar entrada. 4 mencionar. 5 prologar. 6 iniciar. || 7 to — (something) into, meter en.

introduction | ˌɪntrəˈdʌkʃn | *s.i.* introducción, presentación.

introductory | ˌɪntrəˈdʌktərɪ | *adj.* preliminar.

introspective | ˌɪntrəʊˈspektɪv | *adj.* introspectivo.

introvert | ˈɪntrəʊvɜːt | | ˈɪntrəʊvɜːrt | *s.c.* 1 introvertido. || *v.t.* 2 concentrarse en uno mismo.

intrude | ɪnˈtruːd | *v.i.* 1 [to — (into/on /upon)] molestar, estorbar. || *v.t.* 2 interferir. 3 interpolar.

intruder | ɪnˈtruːdə | *s.c.* intruso.

intrusion | ɪnˈtruːʒn | *s.c.* e *i.* invasión.

intrusive | ɪnˈtruːsɪv | *adj.* intruso.

intuit | ɪnˈtjuːɪt | *v.t.* e *i.* intuir.

intuition | ˌɪntjuːˈɪʃn | *s.c.* e *i.* intuición.

inundate | ˈɪnʌndeɪt | *v.t.* 1 (gen. *pas.*) inundar, anegar. 2 (fig.) abrumar.

inure | ɪˈnjʊə | *v.t.* [to — to] habituarse a, acostumbrarse a.

invade | ɪnˈveɪd | *v.t.* e *i.* 1 invadir. || *v.t.* 2 (desp.) fastidiar, alterar.

invalid | ɪnˈvælɪd | *adj.* 1 no válido, nulo. || *s.c.* 2 inválido, impedido.

invalidate | ɪnˈvælɪdeɪt | *v.t.* invalidar.

invaluable | ɪnˈvæljʊəbl | *adj.* incalculable, de gran valor.

invariable | ɪnˈveərɪəbl | *adj.* invariable, constante.

invasion | ɪnˈveɪʒn | *s.c.* e *i.* invasión.

invective | ɪnˈvektɪv | *s.c.* e *i.* improperio, insulto.

inveigh | ɪnˈveɪ | *v.t.* [to — (against)] condenar, censurar.

invent | ɪnˈvent | *s.i.* 1 invención. 2 ingenio. || *s.c.* 3 invento.

inventor | ɪnˈventə | *s.c.* inventor.

inventory | ˈɪnvəntrɪ | | ˈɪnvəntɔːrɪ | *s.c.* 1 inventario. 2 existencias. || *v.t.* 3 inventariar.

inverse | ˌɪnˈvɜːs | | ˌɪnˈvɜːrs | *s.sing.* 1 lo inverso, lo opuesto. || *adj.* 2 inverso.

inversion | ɪnˈvɜːʃn | | ɪnˈvɜːrʒn | *s.c.* e *i.* inversión, alteración.

invert | ɪnˈvɜːt | | ɪnˈvɜːrt | *v.t.* 1 invertir. 2 poner del revés.

invertebrate | ɪnˈvɜːtɪbrət | | ɪnˈvɜːrtɪbreɪt | *s.c.* invertebrado.

invest | ɪn'vest | *v.t.* e *i.* [to − in] invertir en, comprar.

investigate | ɪn'vestɪgeɪt | *v.t.* e *i.* 1 investigar, indagar. 2 estudiar, analizar.

investiture | ɪn'vestɪtʃə | *s.c.* investidura, ceremonia.

investment | ɪn'vestmənt | *s.c.* e *i.* 1 inversión. ‖ *s.c.* 2 adquisición. 3 investidura.

investor | ɪn'vestə | *s.c.* inversor.

inveterate | ɪn'vetərət | *adj.* inveterado, empedernido.

invidous | ɪn'vɪdɪəs | *adj.* 1 odioso, fastidioso. 2 injusto.

invigorated | ɪn'vɪgəreɪtɪd | *adj.* revigorizado.

invincible | ɪn'vɪnsəbl | *adj.* invencible.

invincibly | ɪn'vɪnsɪblɪ | *adv.* de modo incuestionable.

inviolable | ɪn'vaɪələbl | *adj.* inviolable.

invisible | ɪn'vɪzəbl | *adj.* 1 invisible, oculto. 2 FIN. no declarados.

invite | ɪn'vaɪt | *v.t.* 1 [to − + o.d. + to /for] invitar a, convidar a. 2 pedir, estimular. ‖ | 'ɪnvaɪt | *s.c.* 3 invitación escrita.

invoice | 'ɪnvɔɪs | *s.c.* 1 factura, cuenta. ‖ *v.t.* 2 pasar factura.

invoke | ɪn'vəʊk | *v.t.* 1 recurrir a. 2 invocar. 3 implorar. 4 evocar.

involuntary | ɪn'vɒləntərɪ | *adj.* involuntario, espontáneo.

involve | ɪn'vɒlv | | ɪn'vɒːlv | *v.t.* 1 implicar. 2 suponer. 3 participar.

involved | ɪn'vɒlvd | *adj.* comprometido, complicado.

involvement | ɪn'vɒlvmənt | | ɪn'vɒl/vmənt | *s.i.* participación, compromiso.

invulnerable | ɪn'vʌlnərəbəl | *adj.* invulnerable.

inward | 'ɪnwəd | *adj.* 1 interior, interno. 2 íntimo. 3 familiar. ‖ *adv.* 4 hacia dentro. 5 *s. pl.* tripas, entrañas.

iodine | 'aɪəudiːn | *s.i.* yodo.

ion | 'aɪən | *s.c.* (gen. *pl.*) ión.

iota | aɪ'əʊtə | *s.c.* pizca, ápice.

IOU | 'aɪəʊ'juː | *s.c.* owe you, pagaré.

IQ | aɪkjuː | *s.c.* **intelligence quotient**, cociente intelectual (CI).

irascible | ɪ'ræsɪbl | *adj.* irascible.

irate | aɪ'reɪt | *adj.* indignado.

ire | 'aɪə | *s.i.* ira, cólera.

iris | 'aɪərɪs | *s.c.* 1 iris del ojo. 2 lirio.

irk | əːk | *v.t.* molestar, fastidiar.

irksome | 'əːksəm | *adj.* fastidioso.

iron | 'aɪən | *s.i.* 1 hierro. 2 (fig.) acero, hierro. ‖ *s.c.* 3 plancha. ‖ *v.t.* 4 planchar.

ironic, ironical | aɪ'rɒnɪk | *adj.* 1 irónico. 2 paradójico.

ironing | 'aɪənɪŋ | *s.i.* [the −] el planchado de la ropa.

ironmonger | 'aɪənˌmʌŋgə | *s.c.* 1 ferretería (tienda). 2 (brit.) ferretero.

irony | 'aɪərənɪ | *s.i.* ironía, sarcasmo.

irradiate | ɪ'reɪdɪeɪt | *v.t.* e *i.* irradiar.

irrational | ɪ'ræʃənl | *adj.* 1 irracional. 2 ilógico.

irreconciliable | ɪ'rekənsaɪləbl | *adj.* irreconciliable.

irrefutable | ɪ'refjutəbl | *adj.* irrefutable, indiscutible.

irregular | ɪ'regjulə | *adj.* 1 irregular, desigual. 2 atípico, ilegal.

irregularity | ɪˌregju'lærɪtɪ | *s.c.* irregularidad, anomalía.

irrelevant | ɪ'relɪvənt | *adj.* 1 irrelevante. 2 improcedente.

irreplaceable | ɪrɪ'pleɪsəbl | *adj.* irremplazable.

irrepressible | ɪrɪ'presəbl | *adj.* 1 activo, enérgico. 2 irrefrenable.

irreproachable | ɪrɪˌprəʊtʃəbl | *adj.* irreprochable.

irresistible | ɪrɪ'zɪstəbl | *adj.* irresistible.

irresolute | ɪ'rezəluːt | *adj.* indeciso.

irresponsible | ɪrɪs'pɒnsəbl | *adj.* irresponsable, poco serio.

irretrievable | ɪrɪ'triːvəbl | *adj.* irreparable.

irreverent | ɪ'revərənt | *adj.* 1 irreverente. 2 irrespetuoso.

irrevocable | ɪ'revəkəbl | *adj.* irrevocable, inapelable.

irrigate | 'ɪrɪgeɪt | *v.t.* 1 regar. 2 irrigar.

irritable | 'ɪrɪtəbl | *adj.* irritable.

irritate | ˈɪrɪteɪt | *v.t.* irritar, fastidiar.
irritation | ɪrɪˈteɪʃən | *s.i.* 1 irritación, enfado. ‖ *s.c.* 2 molestia. 3 picor.
is | ɪz | *v. 3a. persona sing.* de to be, es, está.
island | ˈaɪlənd | *s.c.* isla.
isolate | | *v.t.* (gen. *pas.*) aislar.
issue | ˈɪʃu | ˈɪsju | *s.c.* 1 asunto. 2 edición. 3 emisión. 4 reparto. 5 desacuerdo. ‖ *s.i.* 6 MED. flujo. 7 publicación. 8 salida. 9 *pl.* ganancias. ‖ *v.t.* 10 promulgar. 11 entregar, dar. 12 emitir. 13 publicar. 14 distribuir. 15 librar. 16 impartir. ‖ *v.i.* 17 brotar.
isthmus | ˈɪsməs | *s.c.* istmo.
it | ɪt | *pron.* 1 [como *suj.* u *o.*] él, ella, ello; lo, la, le; eso, esa, esto, esta. ‖ *s.i.* 2 IT., *abreviatura* de Information Technology, INF. Tecnología de la información.
italic | ɪˈtælɪk | *s.pl.* 1 cursiva, bastardilla (la letra). ‖ *adj.* 2 cursiva, bastardilla.
itch | ɪtʃ | *v.i.* 1 picar. ‖ *s.c.* 2 picazón.

3 [the —] la sarna. ‖ *s.i.* 4 deseo imperioso.
item | ˈaɪtəm | *s.c.* 1 artículo. 2 palabra. 3 asunto a tratar. 4 noticia, reportaje.
itemize | ˈaɪtəmaɪz | (brit.) itemise. *v.t.* detallar.
itinerary | aɪˈtɪnərəri | *s.c.* itinerario.
its | ɪts | *adj. pos.* de 3.ª persona *sing.* 1 su, sus. ‖ *pron. pos.* 2 (el) suyo, (la) suya.
itself | ɪtˈself | *pron. r.* y enfático de 3.ª persona *sing.* 1 mismo, él mismo, ella misma, ello mismo. 2 sí mismo, se. 3 solo, por sí, en sí mismo. ‖ 4 by —, a) por sí solo, automáticamente; b) solo, solitario.
IUD | aɪjuːˈdiː | *s.c.* Intrauterine Device, dispositivo intrauterino (DIU).
ivory | ˈaɪvəri | *s.i.* 1 marfil. ‖ *s.c.* 2 colmillo de elefante. 3 *pl.* teclas de piano. 4 bolas de billar. ‖ *adj.* 5 de marfil.
ivy | ˈaɪvi | *s.i.* hiedra.

j, J | dʒeɪ | *s.c.* e *i.* j, J (letra).
jab | dʒæb | *v.t.* e *i. pret.* y *p.p.* jabbed.
1 pinchar, clavar, herir con arma blanca.
‖ *s.c.* 2 pinchazo.
jabber | 'dʒæbə | *v.i.* 1 [to – (away)]
farfullar. ‖ *v.t.* 2 [to – (out)] mascullar. ‖
s.c. 3 bulla, jaleo.
jack | dʒæk | *s.c.* 1 MEC. gato. 2 saca-
botas. 3 sota, valet (en juegos de naipes).
4 boliche. 5 jornalero; leñador. 6 pollino,
burro. 7 enchufe hembra. 8 aguardiente
de manzana. ‖ *v.t.* 9 pescar con farol o
con antorcha. ‖ 10 to – in, (brit.) dejar,
abandonar. 11 to – up, levantar, elevar;
tener confianza en.
jackal | 'dʒækɔːl | | 'dʒækəl | *s.c.* 1
chacal. 2 cómplice, secuaz; mercenario.
3 sirviente.
jackass | 'dʒækæs | *s.c.* 1 imbécil, es-
túpido. 2 burro, asno, pollino.
jackdaw | 'dʒækdɔː | *s.c.* corneja,
grajo.
jacket | 'dʒækɪt | *s.c.* 1 americana,
chaqueta de paño. 2 patata asada con su
piel. 3 forro, sobrecubierta (de un libro). 4
MEC. camisa, chaqueta. 5 (EE.UU.) funda,
(de un disco). ‖ *v.t.* 6 envolver, cubrir,
enfundar.
jackpot | 'dʒækpɒt | | 'dʒækpɑːt | *s.c.*
premio gordo, bote.
jade | dʒeɪd | *s.i.* 1 jade. ‖ *s.c.* 2
(desp.) mujerzuela, fulana. ‖ *v.t.* e *i.* 3
cansar, hartar.
jaded | dʒeɪdɪd | *adj.* [– (with)] can-
sado, harto.
jagged, jaggy | dʒægɪd | | dʒægɪ |

adj. 1 dentado, desigual. 2 escarpado. 3
tosco, basto.
jail | dʒeɪl | (brit.) **gaol** *s.c.* e *i.* 1 prisión,
cárcel. ‖ *v.t.* 2 encarcelar, confinar.
jam | dʒæm | (EE.UU.) **jelly** *s.c.* 1 mer-
melada. ‖ *s.c.* 2 atasco, aglomeración. 3
aprieto, embrollo. ‖ *v.t.* e *i.* 4 apretar(se),
estrujar(se). ‖ *v.t.* 5 apiñar. 6 (generalmente pasiva) bloquear (el teléfono). 7
obstruir, atascar. 8 pillarse (un dedo). 9
introducir por la fuerza. 10 RAD. interferir.
‖ *v.i.* 11 [to – up] atascarse, obstruirse.
jamb | dʒæm | *s.c.* jamba.
jamboree | ,dʒæmbə'riː | *s.c.* 1 (fam.)
juerga, fiesta, celebración. 2 congreso,
reunión, asamblea.
jangle | 'dʒæŋgl | *v.t.* e *i.* 1 producir un
ruido discordante, tintinear. ‖ *v.t.* 2 crispar. ‖ *s.i.* 3 tintineo, ruido metálico.
janitor | 'dʒænɪtə | *s.c.* (EE.UU.) 1 por-
tero. 2 conserje.
January | 'dʒænjʊərɪ | | 'dʒænjʊrɪ |
| 'dʒænjʊerɪ | *s.c.* e *i.* enero.
jar | dʒɑː | *s.c.* 1 tarro, pote. 2 impacto,
choque. 3 chirrido. ‖ *v.i.* 4 irritar, crispar.
‖ *v.t.* 5 sacudir, hacer vibrar. 6 sobresaltar.
jargon | 'dʒɑːgən | | 'dʒɑːrgən | *s.c.* e
i. jerga.
jaundice | 'dʒɔːndɪs | | 'dʒɑːndɪs | *s.i.*
ictericia.
jaundiced | 'dʒɔːndɪst | | 'dʒɑːndɪst |
adj. 1 envidioso. 2 amargado, decepcio-
nado.
jaunt | dʒɔːnt | | dʒɑːnt | *s.c.* e *i.* 1 ex-

cursión corta; paseo. ‖ *v.i.* 2 ir de excursión.

jaunty | ˈdʒɔːntɪ | *adj.* 1 elegante. 2 seguro de sí, desenvuelto.

javelin | ˈdʒævlɪn | *s.c.* jabalina.

jaw | dʒɔː | *s.c.* 1 mandíbula. ‖ *pl.* 2 boca; fauces; pico. 3 MEC. mordaza. 4 (fig.) garras. 5 embocadura, entrada (de un valle). ‖ *s.c. e i.* 6 cháchara, palique. ‖ *v.i.* 7 (fam.) charlar. 8 gritar, vocear.

jay | dʒeɪ | *s.c.* 1 ZOOL. grajo. 2 charlatán. 3 novato.

jaywalker | ˈdʒeɪwɔːkə | *s.c.* peatón imprudente.

jazz | dʒæz | *s.i.* 1 jazz. 2 (EE.UU.) palique. 3 entusiasmo. ‖ *v.t.* 4 tocar jazz. ‖ *v.t. e i.* 5 exagerar, tomar el pelo. ‖ 6 to – up, animar, activar.

jealousy | ˈdʒeləsɪ | *s.c. e i.* 1 celos. 2 envidia, resentimiento.

jeans | dʒiːnz | *s.pl.* (EE.UU.) pantalones vaqueros.

jeep | dʒiːp | *s.c.* jeep, coche todo terreno.

jeer | dʒɪə | *v.t. e i.* 1 [to – (at)] mofarse, escarnecer. ‖ *v.t.* 2 insultar. ‖ *s.c.* 3 abucheo, insulto.

jejune | dʒɪˈdʒuːn | *adj.* 1 infantil. 2 aburrido. 3 poco alimenticio.

jell, gel | dʒel | *s.c. e i.* 1 gel, brillantina. ‖ *v.i.* 2 gelatinarse, cuajar. 3 aclararse; ver con claridad.

jelly | ˈdʒelɪ | *s.c. e i.* 1 gelatina. 2 jalea. 3 jugo. 4 (EE.UU.) mermelada. ‖ *v.t. e i.* 5 solidificar, cuajar.

jellyfish | ˈdʒelɪfɪʃ | [*pl.* **jellyfish** o **jellyfishes**] *s.c.* 1 medusa, (Am.) agua mala. 2 calzonazos.

jemmy | ˈdʒemɪ | (EE.UU.) **jimmy** *s.c.* 1 palanca, alzaprima (usada por los ladrones). ‖ *v.t.* 2 abrir con palanqueta (puertas, cajones).

jeopardize | ˈdʒepədaɪz | (brit.) **jeopardise** *v.t.* exponer, arriesgar.

jerk | dʒɜːk | *v.t.* 1 tirar bruscamente, arrancar con fuerza. 2 hablar con convulsiones. ‖ *v.i.* 3 moverse a saltos, ir traqueteando. ‖ *s.c.* 4 tirón. 5 espasmo. 6

(EE.UU.) estúpido, torpe. ‖ 7 to – off, (EE.UU.) masturbarse.

jerkin | ˈdʒɜːkɪn | ˈdʒɜːrkɪn | *s.c.* jubón, (EE.UU.) chaleco de cuero.

jersey | ˈdʒɜːzɪ | ˈdʒɜːrzɪ | *s.c.* jersey, (Am.) chompa.

jessamine | ˈdʒesəmɪn | *s.c.* jazmín.

jest | dʒest | *v.i.* 1 bromear, mofarse. ‖ *v.t.* 2 ridiculizar. ‖ *s.c.* 3 broma, chiste. 4 mofa.

Jesus | ˈdʒiːzəs | *s.* Jesús.

jet | dʒet | *s.c.* 1 reactor. 2 chorro, borbotón. 3 quemador (de gas). ‖ *s.c. e i.* 4 azabache. ‖ *v.t. e i.* 5 salir a chorro, brotar. ‖ *v.i.* 6 [to – *adv./prep.*] (fam.) viajar en avión.

jettison | ˈdʒetɪsn | ˈdʒetɪzən | *v.t.* 1 deshacerse de. 2 abandonar, descartar. ‖ *s.i.* 3 echazón.

jetty | ˈdʒetɪ | *s.c.* 1 espigón, rompeolas. 2 embarcadero. ‖ *adj.* 3 de azabache.

Jew | dʒuː | *f.* **Jewess** *s.c.* judío, israelita.

jewel | ˈdʒuːəl | *s.c.* 1 piedra preciosa. 2 (generalmente *pl.*) joyas. 3 rubí. ‖ *v.t.* 4 enjoyar.

jib | dʒɪb | *s.c.* 1 MEC. aguilón, pescante (de grúa). 2 NAUT. foque. ‖ *v.i.* 3 [to – at] resistirse a. ‖ *v.t. e i.* 4 NAUT. cambiar la vela de amura.

jiffy | ˈdʒɪfɪ | *s.c.* momento, periquete.

jig | dʒɪg | *s.c.* 1 giga. 2 (fig.) papel, comportamiento. 3 chiste, truco. 4 MEC. plantilla. ‖ *v.t. e i.* 5 bailar o tocar una giga. 6 moverse a saltitos. 7 pescar a cuchara. ‖ *v.t.* 8 cribar.

jiggle | ˈdʒɪgl | *v.t. e i.* 1 balancear(se). 2 mover(se) nerviosamente. ‖ *s.c.* 3 balanceo.

jigsaw, jigsaw puzzle | ˈdʒɪgsɔː | *s.c.* 1 rompecabezas. 2 sierra de vaivén. 3 (fig.) lío.

jilt | dʒɪlt | *v.t.* 1 dejar plantado. ‖ *s.c.* 2 mujer que da la calabazas.

jingle | ˈdʒɪŋgl | *s.sing.* 1 tintineo. 2 soniquete, estribillo. ‖ *v.i.* 3 tintinear. ‖ *v.t.* 4 hacer sonar.

jingoism l'dʒɪŋgəʊɪzəm l *s.i.* (desp.) jingoísmo, patrioterismo.

jink l dʒɪŋk l *v.i.* 1 correr en zigzag. || *s.c.* 2 regate. 3 *pl.* jugueteo.

jinx l dʒɪŋks l *s.c.* 1 [– (on)] mal de ojo. 2 gafe. || *v.t.* 3 echar mal de ojo.

jitters l'dʒɪtəz l l'dʒɪtərz l *s.pl.* [the –] ansiedad, nervios.

jive l dʒaɪv l *s.i.* 1 música con mucho ritmo, música de ritmo frenético. || *v.i.* 2 bromear.

job l dʒb l *s.c.* 1 trabajo, empleo. 2 tarea. 3 situación difícil. 4 deber, función. 5 (fam.) fracaso. 6 delicia, buen trabajo. 7 (fam.) operación de cirugía plástica. 8 (argot) robo. || *v.i.* 9 trabajar ocasionalmente. 10 trabajar a destajo. || *v.t.* 11 especular. || *v.t.* e *i.* 12 conseguir por influencia. 13 subcontratar. 14 **on the –**, manos a la obra.

jockey l'dʒki l l'dʒɑːki l *s.c.* 1 jockey. 2 (EE.UU.) conductor, operador (Am.) (de máquinas). || *v.t.* e *i.* 3 [to – o. (into)] manipular, maniobrar. 4 engañar. || *v.t.* 5 montar a caballo (profesionalmente).

jocular l'dʒkjulə l l'dʒɑːkjulə l *adj.* jocoso, humorístico.

jodhpurs l'dʒɒdpəz l *s.pl.* pantalones de montar.

jog l dʒɒg l *v.t.* 1 empujar levemente. 2 estimular, avivar (la conciencia). || *v.i.* 3 [to – *adv./prep.*] moverse lentamente. 4 practicar footing. 5 (fig.) ir sin prisas. 6 (EE.UU.) virar. || *s.sing.* 7 empujoncito. 8 carrera lenta, footing. 9 (EE.UU.) viraje. 10 (EE.UU.) saliente, prominencia.

jogging l'dʒɒgɪŋ l *s.i.* footing.

joggle l'dʒɒgl l *v.t.* e *i.* 1 sacudir ligeramente. || *v.t.* 2 ensamblar. || *s.c.* 3 traqueteo, ensambladura.

join l dʒɔɪn l *v.t.* 1 [to – (to/together /up)] unir, juntar. 2 conectar. 3 reunirse con. 4 estar contiguo a. 5 tomar parte en. || *v.t.* e *i.* 6 confluir. 7 asociarse. 8 afiliarse a. 9 MIL. incorporarse. || *s.c.* 10 unión, conexión. 11 costura.

joiner l dʒɔɪnə l *s.c.* ebanista.

joinery l dʒɔɪnəri l *s.i.* ebanistería.

joint l dʒɔɪnt l *s.c.* 1 articulación, nudi-

llo. 2 unión, empalme. 3 grieta. 4 (EE.UU.) 5 garito. 6 (argot) porro. 7 (EE.UU.) pene. || *adj.* 8 común, combinado. || *v.t.* 9 combinar, unir. 10 articular. 11 cortar, despiezar (animales).

joist l dʒɔɪst l *s.c.* viga, vigueta.

joke l dʒəʊk l *s.c.* 1 chiste. 2 broma. 3 escarnio, insulto. || *v.t.* e *i.* 4 gastar bromas. 5 hacer chistes.

jolly l'dʒli l l'dʒɑːli l *adj.* 1 alegre, animado. 2 divertido. || *adv.* 3 muy, extraordinariamente. || *v.t.* 4 [to – o. + into/out of] (brit.) camelar, engatusar. || *s.pl.* 5 brit. juerga.

jolt l dʒəʊlt l *v.t.* e *i.* 1 traquetear. 2 sacudir. 3 (fig.) desconcertar. || *s.c.* 4 sacudida, impacto. 5 susto.

jostle l'dʒsl l l'dʒɑːsl l *v.t.* e *i.* 1 dar empellones. 2 codear. 3 colisionar. || *s.c.* 4 empujón.

jot l dʒɒt l l dʒaɪt l *s.c.* 1 [to v. *negativo* –] ápice, pizca. || *v.t.* 2 [to – down] tomar notas.

jotter l'dʒtə l l'dʒɑːtə l *s.c.* taco para escribir notas.

journal l'dʒɜːnl l l'dʒɜːrnl l *s.c.* 1 revista, publicación. 2 periódico. 3 diario (personal). 4 acta.

journalism l'dʒɜːnəlɪzəm l l'dʒɜːr/nəlɪzəm l *s.i.* 1 periodismo. 2 prensa (periódicos y revistas).

journalist l'dʒɜːnəlɪst l l'dʒɜːr/nəlɪst l *s.c.* periodista.

journey l'dʒɜːni l l'dʒɜːrni l *s.c.* 1 viaje. 2 trayecto. || *v.i.* 3 [to – *adv./prep.*] ir de viaje.

joust l dʒaust l *v.i.* 1 [to – (with)] justar, tomar parte en un torneo. || *s.c.* 2 torneo, justa.

joviality l‚dʒəʊvi'æləti l *s.i.* jovialidad, alegría.

jowl, jowls l dʒaul l *s.c.* papada, quijada.

joy l dʒɔɪ l *s.i.* 1 alegría. 2 (brit.) éxito. || *s.c.* 3 placer, deleite, dicha, honor. || *v.t.* e *i.* 4 [to – (in)] alegrarse, deleitarse. 5 gozar de.

joyride l'dʒɔɪraɪd l *s.c.* 1 paseo en

coche (robado). ‖ *v.i.* 2 ir a dar una vuelta en coche (robado).

joystick | 'dʒɔɪstɪk | *s.c.* 1 AER. palanca de mando. 2 palanca.

jubilation | ˌdʒuːbɪ'leɪʃn | *s.i.* júbilo, alborozo.

jubilee | 'dʒuːbɪli | | ˌdʒuːbɪ'liː | *s.c.* aniversario.

judder | 'dʒʌdə | *v.i.* (brit.) vibrar.

judge | dʒʌdʒ | *v.t.* 1 juzgar. ‖ *v.t. e i.* 2 arbitrar. 3 opinar, considerar. 4 evaluar, estimar. 5 juez, árbitro. 6 experto.

judgement, judgment | 'dʒʌdʒ/mənt | *s.c.* 1 sensatez, criterio. ‖ *s.c.* 2 opinión. 3 castigo. ‖ *s.c. e i* 4 sentencia 5 crítica.

jug | dʒʌg | (EE.UU.) pitcher *s.c.* 1 jarra, vasija, (Am.) cana. ‖ *v.t.* 2 estofar.

juggernaut | 'dʒʌgənɔːt | | 'dʒʌgər/nɔːt | *s.c.* 1 (brit., fam. y desp.) camión de gran tonelaje. 2 fuerza destructiva.

juggle | 'dʒʌgl | *v.t. e i.* 1 hacer malabarismo. 2 falsear. ‖ *s.i.* 3 malabarismo. 4 truco, treta.

juggler | 'dʒʌglə | *s.c.* malabarista, tramposo.

jugular | 'dʒʌgjʊlə | *s.c.* yugular.

juice | dʒuːs | *s.i.* 1 zumo, jugo, extracto. 2 (argot) licor. 3 (EE.UU.) meollo. ‖ *v.t.* 4 exprimir. ‖ 5 to – up, (EE.UU.) animar, divertir.

juju | 'dʒuːdʒuː | *s.c.* talismán.

July | dʒuː'laɪ | (abreviatura Jul) *s.c. e i.* julio (mes).

jumble | 'dʒʌmbl | *v.t.* 1 [to – (up/together)] (generalmente *pas.*) desordenar, mezclar. 2 embrollar. ‖ *v.i.* 3 mezclarse, embarullarse. ‖ *s.sing.* 4 lío, desorden. ‖ *s.i.* 5 (brit.) mezcolanza.

jump | dʒʌmp | *v.i.* 1 brincar. 2 saltar. 3 asustarse. 4 dispararse (los precios). ‖ *v.t.* 5 saltarse, pasarse. ‖ *s.c.* 6 salto, brinco. 7 valla, obstáculo. 8 salto, desviación (de tema). 9 elevación (de precios, nivel).

jumper | dʒʌmpə | *s.c.* 1 (brit.) jersey. 2 (EE.UU.) vestido pichi. 3 saltador.

jumpy | 'dʒʌmpɪ | *adj.* nervioso, inquieto.

junction | 'dʒʌŋkʃn | *s.c.* 1 cruce. 2 empalme.

juncture | 'dʒʌŋktʃə | *s.c.* coyuntura, punto, momento.

June | dʒuːn | *s.i.* junio.

jungle | 'dʒʌŋgl | *s.c. e i.* 1 jungla, selva. ‖ *s.c.* 2 embrollo, jaleo. 3 (EE.UU.) campamento.

junior | 'dʒuːnjə | *s.c.* 1 menor, joven. 2 subordinado, subalterno. 3 (brit.) alumno de primaria. 4 (EE.UU.) alumno de tercer año de secundaria o de Universidad. 5 (EE.UU.) juvenil (talla de ropa para adolescentes). 6 Junior, hijo. ‖ *adj.* 7 menor, joven, juvenil 8 (EE.UU.) Junior, hijo. 9 (EE.UU.) alumno de tercer año de secundaria o de Universidad. 10 subordinado, subalterno. ‖ 11 – school, (brit.) escuela primaria (de 7 a 11 años).

juniper | 'dʒuːnɪpə | *s.c. e i.* enebro, junípero, grojo.

junk | dʒʌŋk | *s.i.* 1 trastos viejos. 2 chatarra. 3 psicotrópico, narcótico. 4 bobadas. ‖ *s.c.* 5 NAUT. junco. 6 NAUT. cecina. ‖ *v.t.* 7 deshacerse de trastos viejos.

junket | 'dʒʌŋkɪt | *s.c.* 1 viaje, visita. ‖ *s.i.* 2 cuajada. ‖ *v.t. e i.* 3 hacer fiesta.

junkie, junky | 'dʒʌŋkɪ | *s.c.* adicto, drogata.

junta | 'dʒʌntə | | 'huntə | *s.c.* 1 junta militar. 2 asamblea.

jurisdiction | ˌdʒʊərɪs'dɪkʃn | *s.i.* jurisdicción.

jurisprudence | ˌdʒʊərɪs'pruːdəns | *s.i.* jurisprudencia.

jurist | 'dʒʊərɪst | *s.c.* jurista.

juror, juryman | 'dʒʊərə | *f.* jurywoman *s.c.* jurado.

jury | 'dʒʊərɪ | *s.c.* 1 [– v.sing./pl.] jurado. ‖ *adj.* 2 NAUT. provisional.

just | dʒʌst | *adv.* 1 exactamente, precisamente. 2 muy cerca. 3 [– pret.perfecto] justamente. 4 ya, enseguida. 5 simplemente, solamente. 6 apenas. 7 francamente. 8 [can/could –] fácilmente. ‖ *adj.* 9 justo, imparcial, recto. 10 correcto. 11 apropiado. 12 legítimo. 13 justificado. ‖ 14 – about, aproximada-

mente. 15 – like/as/the same, lo mismo.
16 – now, hace un instante. 17 – then,
justo entonces.
justice | 'dʒʌstɪs | *s.i.* 1 justicia, impar-
cialidad. ‖ *s.c.* 2 juez, magistrado.
justification | ˌdʒʌstɪfɪ'keɪʃn | *s.i.*
1 justificación. ‖ *s.c.* 2 disculpa.
justify | 'dʒʌstɪfaɪ | *v.t.* [to – o.d. + ger.]
justificar, disculpar.
jut | dʒʌt | *v.i.* 1 [to – adv./prep.] sobre-
salir. ‖ *s.c.* 2 proyección.

jute | dʒuːt | *s.i.* yute, cáñamo.
jutting | dʒʌtɪŋ | *adj.* prominente.
juvenile | 'dʒuːvənaɪl | | 'dʒuːvənəl |
adj. 1 (no *comp.*) de menores, menor. 2
juvenil, inmaduro. ‖ *s.c.* 3 joven. 4 cachorro. 5 galán.
juxtapose | ˌdʒʌkstə'pəʊz | | 'dʒʌks/
təpəʊz | *v.t.* yuxtaponer.
juxtaposition | ˌdʒʌkstəpə'zɪʃn | *s.i.*
yuxtaposición.

K

k, K | keı | *s.c.* e *i.* 1 k, K (letra). || *s.sing.* 2 *abreviatura* de kilo. 3 K *abreviatura* de Kelvin. || *prefijo* 4 1.000.
kale | keıl | *s.c.* e *i.* col rizada.
kaleidoscope | kə'laıdəskəʊp | *s.c.* caleidoscopio.
kamikaze | kæmı'kɑːzı | *adj.* kamikaze, suicida.
kangaroo | 'kæŋgə,ruː | *s.c.* 1 canguro. 2 niñera.
keel | kiːl | *s.c.* 1 quilla. || 2 to – over, zozobrar.
keen | kiːn | *adj.* 1 entusiasta. 2 afilado. 3 penetrante. 4 agudo. 5 perspicaz. 6 económico.
keenness | 'kiːnnıs | *s.i.* 1 entusiasmo. 2 viveza, agudeza.
keep | kiːp | *v.* [*pret.* y *p.p. irreg.* kept] *t.* 1 guardar. 2 cumplir 3 observar, atenerse. 4 acudir. 5 celebrar. 6 imponer. 7 criar. 8 escribir. 9 llevar. 10 reservar. 11 detener. || 12 seguir, continuar. || *s.c.* 13 torre del homenaje. 14 subsistencia. 15 to – something clean, conservar limpio. 16 to – off, mantenerse alejado de. 17 to – on [+ *ger.*] a) continuar; b) mantener a uno en un trabajo; c) seguir conservando algo; d) hablar continuamente. 18 to – out, permanecer fuera. 19 to – out of, no entrar en. 20 to – quiet, no hacer ruido.
keeper | 'kiːpə | *s.c.* 1 guardián. 2 custodio. 3 archivero.
keepsake | 'kiːpseık | *s.c.* recuerdo.
keg | keg | *s.c.* 1 barrilete. || *s.i.* 2 cerveza de barril.

kennel | 'kənəl | *s.c.* 1 perrera. 2 cuchitril.
kept | kept | *pret.* y *p.p. irrog.* 1 de keep. || *adj.* 2 mantenido.
kerb | kз:b | *s.c.* bordillo.
kerchief | 'kз:tʃıf | *s.c.* pañuelo.
kerfuffle | kə'fʌfl | *s.c.* tumulto.
kernel | 'kз:nl | *s.c.* 1 almendra. 2 esencia.
kerosene | 'kerəsın | *s.i.* 1 queroseno. || 2 – lamp, lámpara de petróleo.
kestrel | 'kestrəl | *s.c.* cernícalo.
ketchup | 'ketʃəp | *s.i.* salsa de tomate.
kettle | 'ketl | *s.c.* tetera.
kettledrum | 'ketlədrʌm | *s.c.* timbal.
key | kiː | *s.c.* 1 llave. 2 tecla. 3 interruptor. 4 clave. 5 tono, tonalidad.
keyboard | 'kiːbɔːd | *s.c.* teclado.
keyhole | 'kiːhəʊl | *s.c.* ojo de la cerradura.
keynote | 'kiːnəʊt | *s.c.* idea clave.
keyring | 'kiːrıŋ | *s.c.* llavero.
keystone | 'kiːstəʊn | *s.c.* pilar principal.
kg *s.c.* abreviatura de kilogramo.
khaki | 'kɑːkı | *s.i.* 1 tela fuerte de color amarillo marronáceo. || *adj.* 2 color caqui.
kick | kık | *s.c.* 1 puntapié, patada; coz. 2 reacción. || *v.t.* y *v.i.* 3 dar patadas, dar de coces, quejarse. 4 to get a – out of, entusiasmar, encontrar placer en, gustar de. 5 to – about, dejar algo abandonado. 6 to – against, reaccionar violentamente. 7 to – off, a) DEP. lanzar el ba-

lón; b) empezar una discusión; c) quitarse de una patada (los zapatos).

kickback | ˈkɪkbæk | *s.c.* suma de dinero recibida.

kick-off | ˈkɪkəf | *s.c.* 1 principio de un partido. 2 la hora en la que empieza una fiesta.

kickstart | ˈkɪkstɑrt | *s.c.* palanca de arranque de una motocicleta.

kid | kɪd | *s.c.* 1 niño, chaval. 2 cabrito, chivo. 3 carne de cabrito. ‖ *v.t.* 4 tomar el pelo. ‖ *v.i.* 5 bromear. ‖ *adj.* 6 de piel de cabritillo usada para hacer guantes.

kiddie | ˈkɪdɪ | *s.c.* niño muy pequeño.

kidnap | ˈkɪdˌnæp | *v.t.* secuestrar.

kidnapper | ˈkɪdˌnæpə | *s.c.* secuestrador.

kidney | ˈkɪdnɪ | *s.c.* 1 riñón. ‖ 2 — bean, judía blanca.

kill | kɪl | *v.t.* 1 matar, asesinar. 2 destruir. 3 (fig.) quitar. 4 parar. 5 to — off, exterminar. 6 to — with laughter, morirse de risa. 7 to — time, matar el tiempo.

killer | ˈkɪlə | *s.c.* 1 asesino. 2 — whale, orca.

killjoy | ˈkɪldʒɔɪ | *s.c.* aguafiestas.

kiln | kɪln | *s.c.* horno.

kilo | ˈkiːləʊ | *s.c.* kilogramo, kilo.

kilogram | ˈkɪləɡrəm | *s.c.* kilogramo.

kilometre | ˈkɪləmiːtə | *s.c.* kilómetro.

kilowatt | ˈkɪləwɒt | *s.c.* kilovatio.

kilt | kɪlt | *s.c.* falda escocesa.

kimono | kɪˈməʊnəʊ | *s.c.* quimono.

kin | kɪn | *s.c.* 1 familia. 2 next of —, pariente más próximo.

kind | kaɪnd | *s.c.* 1 clase, género. ‖ *adj.* 2 amable, bondadoso. 3 benigno. 4 elogioso, comprensivo. 5 dulce, tierno. 6 to be — enough, to [+ *inf.*], tener la amabilidad de. 7 a — of, más o menos. 8 to pay in —, pagar en especie.

kindergarten | ˈkɪndəɡɑːtən | *s.c.* jardín de infancia.

kindle | ˈkɪndl | *v.t.* 1 encender. 2 inspirar. ‖ *v.i.* 3 encenderse.

kindliness | ˈkaɪndlɪnɪs | *s.i.* bondad.

kindling | ˈkaɪndlɪŋ | *s.c.* astillas.

kindly | ˈkaɪndlɪ | *adj.* 1 bondadoso, benévolo. 2 benigno. 3 cariñoso, dulce.

kindred | ˈkɪndrɪd | *s.i.* 1 parentesco. ‖ *adj.* 2 emparentado. 3 semejante, afín.

kinetic | kɪˈnetɪk | *adj.* cinético.

king | kɪŋ | *s.c.* rey.

kingdom | ˈkɪŋdəm | *s.c.* 1 reino. 2 dominio.

kingfisher | ˈkɪŋfɪʃə | *s.c.* martín pescador.

kingly | ˈkɪŋlɪ | *adj.* real, regio.

kingpin | ˈkɪŋpɪn | *s.c.* 1 perno, pinzote. 2 piedra angular.

kingship | ˈkɪŋʃɪp | *s.i.* monarquía.

kink | kɪŋk | *s.c.* 1 enroscadura. 2 rizo. 3 arruga, pliegue.

kinship | ˈkɪnʃɪp | *s.i.* 1 parentesco. 2 afinidad.

kinsman | ˈkɪnzmən | *s.c.* pariente.

kinsmen | ˈkɪnzmən | *pl.irreg.* de kinsman.

kiosk | ˈkiːɒsk | *s.c.* quiosco.

kip | kɪp | (fam.) *s.c.* 1 alojamiento, cama. ‖ *v.i.* 2 dormir.

kipper | ˈkɪpə | *s.c.* arenque ahumado.

kirk | kɜːk | *s.c.* iglesia.

kiss | kɪs | *s.c.* 1 beso. 2 roce. ‖ *v.t.* 3 besar. ‖ *v.i.* 4 besarse.

kisser | ˈkɪsə | *s.c.* 1 persona que besa. 2 (fam.) boca.

kissproof | ˈkiːspruːf | *adj.* indeleble.

kit | kɪt | *s.c.* 1 equipaje. 2 herramientas. 3 botiquín. 4 equipo.

kitbag | ˈkɪtbæɡ | *s.c.* 1 saco de viaje. 2 macuto.

kitchen | ˈkɪtʃɪn | *s.c.* cocina.

kitchenette | ˈkɪtʃɪnet | *s.c.* cocina pequeña.

kitchenware | ˌkɪtʃɪnˈweə | *s.c.* batería de cocina.

kite | kaɪt | *s.c.* 1 cometa. 2 milano real.

kitten | ˈkɪtn | *s.c.* gatito.

kittiwake | ˈkɪtɪweɪk | *s.c.* gaviota.

kitty | ˈkɪtɪ | *s.c.* colecta.

kiwi | ˈkiːwɪ | *s.c.* kiwi.

klaxon | ˈklæksən | *s.c.* bocina, claxon.

kleptomania | ˌkleptəˈmeɪnɪə | *s.i.* cleptomanía.

kleptomaniac | ˌkleptəˈmeɪnɪæk | s.c. cleptómano.

knack | næk | s.i. talento, destreza.

knacker | ˈnækə | s.c. 1 matarife de caballos. 2 persona que vende cosas usadas.

knackered | ˈnækəd | adj. agotado, exhausto.

knapsack | ˈnæpsæk | s.c. mochila.

knave | neɪv | s.c. 1 bribón. 2 sota.

knavery | ˈneɪvərɪ | s.i. bellaquería, bribonería.

knead | niːd | v.t. amasar, sobar.

knee | niː | s.c. 1 rodilla. || v.t. 2 dar un rodillazo.

kneecap | ˌniːˌkæp | s.c. rótula.

kneedeep | ˈniːˌdiːp | adj. hasta las rodillas.

kneel | niːl | v. [pret. y p.p.irreg. knelt] i. 1 arrodillarse. || 2 adj. kneeling, arrodillado.

kneepad | ˈniːpæd | s.c. rodillera.

knell | nel | s.c. toque de difuntos.

knelt | nelt | pret. y p.p.irreg. de kneel.

knew | njuː | pret.irreg. de know.

knickerbockers | ˈnɪkəbɒkəz | s.pl. pantalones cortos.

knickers | ˈnɪkəz | s.pl. bragas de señora.

knife | naɪf | [pl. knives] s.c. cuchillo, navaja.

knifing | ˈnaɪfɪŋ | s.c. puñalada.

knight | naɪf | s.c. 1 caballero. 2 caballo. || v.t. 3 armar caballero.

knighthood | ˈnaɪthʊd | s.c. 1 orden de caballería. 2 título de caballero.

knightly | ˈnaɪtlɪ | adj. caballeroso.

knit | nɪt | v.t. 1 hacer punto de aguja. 2 hacer calceta. 3 fruncir. 4 soldarse. 5 unirse.

knitted | ˈnɪtɪd | adj. de punto.

knitter | ˈnɪtə | s.c. tejedora.

knitwear | ˈnɪtweə | s.i. géneros de punto.

knives | ˈnaɪvz | pl. de knife.

knob | nɒb | s.c. 1 protuberancia,

bulto. 2 botón, interruptor. 3 tirador. 4 puño.

knobbly | ˈnɒblɪ | adj. nudoso.

knock | nɒk | v.t. 1 golpear. 2 chocar contra. 3 criticar. || v.i. 4 llamar a la puerta. || s.c. 5 golpe. 6 llamada.

knockabout | ˈnɒkəbaʊt | adj. bullicioso.

knockdown | ˈnɒkdaʊn | adj. 1 baratísimo. 2 convincente.

knocker | ˈnɒkə | s.c. 1 aldaba. 2 crítico.

knocking | ˈnɒkɪŋ | s.c. 1 golpe. 2 llamada, golpeo.

knockout | ˈnɒkaʊt | s.c. 1 fuera de combate. 2 eliminatoria.

knoll | nəʊl | s.c. montículo.

knot | nɒt | s.c. 1 nudo. 2 lazo. 3 grupo, corrillo. || v.t. 4 anudar, atar. || v.i. 5 anudarse.

knotty | ˈnɒtɪ | adj. 1 nudoso. 2 difícil.

know | nəʊ | v. [pret. knew y p.p.irr. known] t. e i. 1 saber, conocer. 2 reconocer. 3 hablar un idioma.

knowable | ˈnəʊəbəl | adj. conocible.

knowingly | ˈnəʊɪŋlɪ | adv. adrede.

knowledge | ˈnɒlɪdʒ | s.i. 1 conocimiento. 2 información.

known | nəʊn | p.p. 1 de know. || adj. 2 conocido, reconocido.

knuckle | ˈnʌkl | s.c. 1 nudillo. || 2 to – down to something, ponerse a.

knurl | nɜːl | s.c. 1 protuberancia. || v.t. 2 moletear.

knurled | nɜːld | adj. 1 nudoso. 2 moleteado.

KO | keɪəʊ | s.c. abreviatura de knock out, fuera de combate.

koala | kəʊˈɑːlə | s.c. koala.

Koran | kɔːˈrɑːn | s.sing. El Corán.

kosher | ˈkəʊʃə | adj. 1 autorizado por la ley judía. 2 propio, correcto.

kris | krɪs | s.c. cuchillo con el filo curvado.

krona | ˈkrəʊnə | s.c. corona.

kudos | ˈkjuːdɒs | s.i. mérito, prestigio.

L

l, L | el | *s.c.* e *i.* l, L (letra).
lab | læb | *s.c.* laboratorio.
label | 'leɪbl | *s.c.* 1 etiqueta, rótulo. ‖ *v.t.* 2 etiquetar.
labia | 'leɪbɪə | *s.pl.* ANAT. labios (del aparato genital femenino).
labor | 'leɪbə | (*brit.* labour) *s.i.* 1 trabajo, tarea, labor. ‖ *v.i.* 2 esforzarse. 3 avanzar con dificultad, costar. 4 [to – under] actuar bajo, tener (engaño). 5 insistir.
laboratory | lə'bɒrətərɪ | *s.c.* laboratorio.
labored | 'leɪbəd | *adj.* 1 dificultoso. 2 poco ágil.
laborer | 'leɪbərə | *s.c.* peón, bracero.
laborious | lə'bɔːrɪəs | *adj.* laborioso, penoso.
laboriousness | lə'bɔːrɪəsnɪs | *s.i.* diligencia, laboriosidad.
laburnum | lə'bɜːnəm | *s.c.* codeso.
labyrinth | 'læbərɪnθ | *s.c.* laberinto.
lace | leɪs | *s.c.* 1 cordón. ‖ *s.i.* 2 encaje, puntilla. ‖ *v.t.* 3 atar (los cordones). 4 [to – (with)] añadir (licor a bebidas).
lacerate | 'læsəreɪt | *v.t.* 1 lacerar, magullar. 2 (fig.) herir.
laceration | læsəreɪtʃn | *s.c.* laceración, herida.
lachrymose | 'lækrɪməʊs | *adj.* llorón.
lack | læk | *s.i.* 1 carencia, falta, escasez. ‖ *v.t.* 2 carecer. ‖ *v.i.* 3 [to – in] carecer de.
lackey | 'lækɪ | *s.c.* (desp.) lacayo.

lacklustre | 'læklʌstə | (EE.UU. lack-luster) *adj.* apagado, carente de brillo.
laconic | lə'kɒnɪk | *adj.* lacónico, conciso.
lacquer | 'lækə | *s.i.* 1 laca. ‖ *v.t.* 2 lacar.
lactation | læk'eɪʃn | *s.i.* lactancia.
lactose | 'læktəʊs | *s.i.* lactose.
lacuna | lə'kjuːnə | [*pl* lacunae o lacunas] *s.c.* omisión, laguna.
lacy | 'leɪsɪ | *adj.* 1 de encaje. 2 (fig.) delicado.
lad | læd | *s.c.* (fam.) muchacho, chaval.
ladder | 'lædə | *s.c.* 1 escalera de mano. 2 escala social. 3 carrera (en las medias). 4 escala, estadio. ‖ *v.t.* 5 hacerse carreras.
laden | 'leɪdn | *adj.* [– with] lleno, repleto, cargado de.
ladle | 'leɪdl | *s.c.* 1 cucharón. ‖ *v.t.* 2 servir (sopa).
lady | 'leɪdɪ | *s.c.* 1 señora, dama. 2 (título nobiliario).
ladybird | 'leɪdɪbɜːd | *s.c.* ZOOL. mariquita.
ladylike | 'leɪdɪlaɪk | *adj.* fino, educado.
ladyship | 'leɪdɪʃɪp | *s.c.* señoría.
lag | læg | *v.i.* [to – behind] 1 quedarse atrás, rezagarse. ‖ *v.t.* 2 revestir, proteger. ‖ *s.c.* 3 (fam.) presidiario reincidente. ‖ 4 time –, intervalo de tiempo.
lager | 'lɑːgə | *s.i.* cerveza (rubia).
laggard | 'lægəd | *s.c.* (desp.) vago, perezoso.

lagging | 'lægɪŋ | *s.i.* aislante, revestimiento.

lagoon | lə'guːn | *s.c.* laguna.

lair | leə | *s.c.* cueva, madriguera, cubil.

laissez-faire | ˌleɪseɪ'feə | *s.i.* 1 política de libertades. || *adj.* 2 liberal.

lake | 'leɪk | *s.c.* lago.

lam | læm | *v.t.* 1 golpear, pegar. || *v.i.* 2 (EE.UU.) (fam.) largarse. || 3 on the —, huido.

lamb | læm | *s.c.* 1 cordero. || *s.i.* 2 carne de cordero.

lambaste | læm'beɪst | *v.t.* (fam.) 1 zurrar, dar una tunda. 2 regañar.

lambency | 'læmbənsɪ | *s.i.* brillo tenue.

lame-duck | 'leɪm:dʌk | *s.c.* 1 incapaz, inútil. 2 (EE.UU.) cesante (funcionario).

lameness | 'leɪmnɪs | *s.i.* 1 cojera. 2 debilidad, inconsistencia (de una excusa).

lament | lə'ment | *v.t. e. i.* 1 lamentar, lamentarse. || *s.c.* 2 lamento.

lamentation | ˌlæmen'teɪʃn | *s.c.* lamentación.

lamented | lə'mentɪd | *adj.* llorado.

laminate | 'læmɪneɪt | *v.t.* 1 laminar. || | 'læmɪnət | *adj.* 2 laminado.

lamplit | 'læmplɪt | *adj.* iluminado.

lampoon | læm'puːn | *s.c.* 1 sátira, invectiva. || *v.t.* 2 satirizar.

lamprey | 'læmprɪ | *s.c.* lamprea.

lampshade | 'læmpʃeɪd | *s.c.* pantalla (de una lámpara).

lance | læns | *v.t.* 1 punzar. || *s.c.* 2 lanza. 3 MED. lanceta. || 4 — corporal, MIL. cabo interino.

lancet | 'lɑːnsɪt | *s.c.* bisturí.

land | lænd | *s.i.* 1 tierra (en contraste con mar). 2 tierra de labor. || *s.c.* 3 terreno. 4 patria. 5 *v.i.* aterrizar, poner pie en tierra. || *v.t.* 6 (fam.) llevar (a una situación difícil). 7 (fam.) golpear. || 8 — mass, continente.

landau | 'lændɔː | *s.c.* landó.

landed | 'lændɪd | *adj.* terrateniente, hacendado.

landfall | 'lændfɔːl | *s.c.* recalada, llegada a tierra.

landing | 'lændɪŋ | *s.c.* 1 aterrizaje. 2 desembarco.

landing-craft | 'lændɪŋkræft | *s.c.* lancha de desembarco.

landlady | 'lændˌleɪdɪ | *s.c.* 1 patrona. 2 propietaria.

landlocked | 'lændlɒkt | *adj.* cercado, sin salida al mar.

landlord | 'lændlɔːd | *s.c.* dueño, propietario.

landowner | 'lændˌəunə | *s.c.* terrateniente.

landscape | 'lænskeɪp | *s.c.* 1 paisaje, vista. || *v.t.* 2 ajardinar.

landslide | 'lændslaɪd | *s.c.* corrimiento de tierra, avalancha.

lane | leɪn | *s.c.* 1 senda. 2 carril. 3 ruta aérea o marítima.

language | 'læŋwɪdʒ | *s.c.* lengua, idioma.

languid | 'læŋgwɪd | *adj.* lánguido, indolente, perezoso.

languish | 'læŋgwɪʃ | *v.i.* 1 languidecer, soportar. 2 [to — (for)] suspirar por.

languor | 'læŋgə | *s.i.* languidez, indolencia.

lank | læŋk | *adj.* 1 lacio (cabello). 2 alto y delgado.

lanolin | 'lænəlɪn | (también **lanoline**) *s.i.* lanolina.

lanyard | 'lænjəd | *s.c.* acollador.

lap | læp | *s.c.* 1 regazo, seno. 2 doblez. 3 etapa. 4 DEP. vuelta. || *v.t.* 5 doblar, ganar una vuelta. 6 beber (como un gato). || *v.i.* 7 [to — (against)] bañar, lamer.

lap-dog | 'læpdɒg | *s.c.* perrito faldero.

lapel | lə'pel | *s.c.* solapa.

lapidary | 'læpɪdərɪ | *s.c.* 1 cortador/pulidor de piedras. 2 *adj.* 2 lapidario; conciso.

lapping | 'læpɪŋ | *s.i.* chapoteo suave (del mar).

lapse | læps | *s.c.* 1 error, lapsus. 2 espacio temporal. 3 (fig.) desliz. || *v.i.* 4 [to —(into)] sumirse en. 5 pasar, transcurrir (el tiempo). 6 (desp.) incurrir en falta. 7 prescribir, caducar.

lapwing | ˈlæpwɪŋ | s.c. avefría.

larceny | ˈlɑːsənɪ | s.i. hurto, robo.

lard | lɑːd | s.i. 1 manteca (de cerdo). || v.t. 2 mechar. 3 [to – (with)] (fig.) entreverar, salpicar de.

larder | ˈlɑːdə | s.c. despensa.

large | lɑːdʒ | adj. 1 grande, voluminoso, abundante. 2 serio (problema). || 3 as – as life, en persona. 4 at –, libre, sin control.

largeness | ˈlɑːdʒnɪs | s.i. 1 tamaño, grosor. 2 (fig.) amplitud (de mente).

largesse | lɑːˈdʒʲes | s.i. generosidad.

largo | ˈlɑːgəu | adj. y adv. 1 MUS. largo. || s.m.pl. 2 largo (movimiento).

lariat | ˈlærɪət | s.c. (EE.UU.) lazo (para animales).

lark | lɑːk | s.c. 1 alondra. 2 (fam.) travesura. 3 (fam.) juerga.

larva | ˈlɑːvə | s.c. larva.

larynx | ˈlærɪŋks | [pl. larynges] s.c. ANAT. laringe.

lasagne | ləˈzænjə | s.i. lasaña.

lascivious | ləˈsɪvɪəs | adj. lascivo, lujurioso.

laser | ˈleɪzə | s.c. láser.

lash | læʃ | s.c. 1 látigo. 2 azote. 3 (fig.) sarcasmo. 4 (fig.) sarcasmo. 5 pestaña. 6 amarra. || v.t. 7 azotar. 8 atar. 9 (fig.) fustigar. 10 amarrar. || v.i. sacudir, chocar.

lass | læs | s.c. (fam.) muchacha, novia.

lassitude | ˈlæsɪtjuːd | s.i. lasitud, abandono, pereza.

lasso | læˈsuː | s.c. lazo (para animales).

last | lɑːst | adj. 1 último, final. 2 pasado. || 3 el último. 4 por última vez. 5 finalmente. || s.c. 6 el resto, lo último. 7 horma (zapato). || v.i. 8 durar. 9 alcanzar. 10 resistir. || 11 at –, por fin.

latch | lætʃ | s.c. 1 picaporte, pestillo. || v.t. 2 cerrar con picaporte.

latchkey | ˈlætʃˈkiː | s.c. llave de picaporte.

late | leɪt | adj. 1 tardío, retrasado. 2 de fines de. 3 reciente. 4 ex, antiguo. 5 fallecido. || adv. 6 tarde. || 7 as – as, todavía en.

latent | ˈleɪtənt | adj. latente.

later | ˈleɪtə | (comp. de late) adj. 1 posterior. || adv. 2 más tarde.

lateral | ˈlætərəl | adj. lateral.

latest | ˈleɪtɪst | (super. de late) adj. 1 último. || 2 at the –, no después.

latex | ˈleɪteks | s.i. látex.

lath | lɑːθ | s.i. listón, soporte.

lathe | leɪə | s.c. torno.

lather | ˈlɑːəə | s.c. 1 espuma. 2 sudor (de caballo). || v.i. 3 hacer espuma. || v.t. 4 enjabonar.

Latin | ˈlætɪn | s.i. 1 latín. || s.c. adj. 2 latino.

latitude | ˈlætɪtjuːd | s.c. 1 latitud. || s.i. 2 libertad de acción.

latitudinarian | ˌlætɪtjuːdɪˈneərɪən | s.c. latitudinario, amplio de miras.

latrine | ləˈtriːn | s.c. letrina.

latter | ˈlætə | s.c. rejilla, celosía.

laud | lɔːd | v.t. loar, alabar.

laugh | lɑːf | v.i. 1 reír. 2 [to – (at)] reírse de. || s.c. 3 risa, carcajada.

laughable | ˈlɑːfəbl | adj. divertido, regocijante.

laughter | ˈlɑːftə | s.c. carcajada, risa.

launch | lɔːntʃ | v.t. 1 lanzar. 2 iniciar. 3 botar (un barco). || v.i. 4 [to – (out into)] lanzarse a. || s.c. 5 botadura.

launder | ˈlɔːndə | v.t. lavar y planchar.

laundry | ˈlɔːndrɪ | s.c. 1 lavandería. || s.i. 2 (fam.) ropa lavada o por lavar.

laurel | ˈlɒrəl | s.i. 1 laurel, laureles. 2 laurels (fig.) laureles, honores.

lava | ˈlɑːvə | s.i. lava.

lavatory | ˈlævətərɪ | s.i. 1 lavabo, retrete. || 2 – paper, papel higiénico.

lavender | ˈlævəndə | s.i. 1 espliego, lavanda. || adj. 2 azul.

lavish | ˈlævɪʃ | 1 adj. pródigo, generoso. 2 abundante. || v.t. 3 derrochar.

law | lɔː | s.c. 1 ley. 2 norma, regla. || s.i. 3 derecho.

law-court | ˈlɔːkɔːt | s.c. juzgado, tribunal de justicia.

lawless | ˈlɔːlɪs | adj. sin ley.

lawmaker | ˈlɔːmeɪkə | s.c. legislador.
lawn | lɔːn | s.i. césped.
lawnmower | ˈlɔːnˌməʊə | s.c. corta-césped.
lawsuit | ˈlɔːsuːt | s.c. pleito, litigio.
lawyer | ˈlɔːjə | s.c. abogado.
laxity | ˈlæksətɪ | s.i. 1 negligencia, descuido. 2 colitis.
lay | leɪ | v. [laid, laid] t. 1 poner, colo-car, tender. 2 disponer, preparar. 3 des-pejar, disipar. 4 [to – (on)] apostar di-nero en. 5 formular (reclamación). 6 cargar (impuestos). 7 cubrir (superficies). 8 colorear. 9 (argot) ligar, follar. 10 MIL. poner (minas). || v.i. 11 poner huevos || s.c. 12 posición. 13 balada. 14 ligue. || adj. 15 lego, profano.
layabout | ˈleɪəˌbaʊt | s.c. (fam.) vago, gandul.
lay-by | ˈleɪbaɪ | s.c. área de des-canso.
layer | ˈleɪə | s.c. 1 capa, veta. 2 po-nedora (gallina). 3 instalador.
layette | leɪˈet | s.c. canastilla.
layoff | ˈleɪɒf | s.c. despedido.
layout | ˈleɪaʊt | s.c. 1 trazado. 2 for-mato, diseño.
lay-over | ˈleɪəʊvə | s.c. (EE.UU.) pa-rada.
laze | leɪz | v.i. descansar, holgazanear.
lazybones | ˈleɪzɪˌbəʊnz | s.c. holga-zán.
lead | liːd | s.c. 1 guía, dirección. 2 [to – (over)] ventaja sobre. 3 protagonista. || adj. 4 principal. || v. [led, led] t. 5 guiar, conducir. 6 inducir. 7 llevar (un tipo de vida). || i. 8 abrir camino. 9 dirigir. 10 ser mano (naipes). 11 llevar la delantera. || 12 in the –, a la cabeza. 13 to – astray, pervertir. 14 to – off, comenzar.
lead | led | s.i. 1 plomo. 2 mina (de lá-piz). || 3 to swing the –, (fam.) escabu-llirse.
leader | ˈliːdə | s.c. 1 líder, cabecilla, guía. 2 el primero. 3 rama principal (planta).
leadership | ˈliːdəˌʃɪp | s.i. liderazgo.
lead-in | ˈliːdɪn | s.c. entrada, introduc-ción.

leaf | liːf | s.c. 1 hoja. 2 lámina. 3 ala, trampilla. || v.t. 4 [to – through] hojear (un libro). || 5 to come into –, brotar.
leafage | ˈliːfɪdʒ | s.i. follaje.
leaflet | ˈliːflɪt | s.c. 1 folleto, octavilla. || v.t. 2 (brit.) repartir (folletos).
league | liːg | s.c. 1 liga. 2 asociación. 3 (fam.) nivel (de calidad). || v.i. 4 aliarse.
leak | liːk | s.c. 1 fisura, rotura. 2 go-tera. 3 fuga. 4 infiltración. || v.i. 5 esca-parse. || v.t. 6 filtrar.
leakage | ˈliːkɪdʒ | s.c. fuga, goteo, fil-tración.
lean | liːn | v.irreg. [leant, leant (EE.UU. leaned)] i. 1 inclinarse. || t. 2 [to – (against)] apoyar, sostener contra. || adj. 3 flaco, enjuto. || s.i. 4 magro.
leaning | ˈliːnɪŋ | s.c. 1 inclinación, propensión. 2 predilección. || adj. 3 incli-nado.
leanness | ˈliːnnɪs | s.i. 1 delgadez. 2 escasez, pobreza.
leap | liːp | v.irreg. [leapt, lept (EE.UU. leaped] i. 1 saltar. 2 (fig.) apresurarse. || t. 3 rebasar. || s.c. 4 brinco. 5 (fig.) es-fuerzo mental.
leapfrog | ˈliːpfrɡ | s.i. 1 juego de la pídola. || v.t. 2 saltar.
leaping | ˈliːpɪŋ | adj. variable.
learn | lɜːn | v. irreg. [learned o learnt] t. 1 aprender. 2 saber. 3 memorizar. || i. 4 [to – (of/about)] informarse de. 5 (fam.) enterarse.
learned | ˈlɜːnɪd | adj. culto, docto.
learning | ˈlɜːnɪŋ | s.i. ciencia, cultura.
lease | liːs | s.c. 1 arriendo. || v.t. 2 arrendar.
leaseholder | ˈliːsˌhəʊldə | s.c. arren-datario.
leash | liːʃ | s.c. correa, cadena (para perro).
least | liːst | [super. de little] adv. 1 menos. 2 mucho menos. || adj./pron. 3 mínimo. 4 not –, principalmente. 5 that is the – of it, eso es lo de menos.
leather | ˈleðə | s.i. piel, cuero.
leave | liːv | v. irreg. [left, left] i. 1 par-tir, marcharse. || v.t. 2 abandonar. 3 ale-

jarse de. 4 dejar olvidado. 5 legar. ‖ *s.c.*
6 permiso.
leaven | 'levn | *s.c.* 1 levadura, fer-
mento. 2 influencia. ‖ *v.t.* 3 fermentar.
leavings | 'li:viŋz | *s.c.* restos, desper-
dicios.
lecher | 'letʃə | *s.c.* libertino.
lechery | 'letʃərı | *s.i.* lascivia, lujuria.
lectern | 'lektən | *s.c.* atril.
lecture | 'lektʃə | *s.c.* 1 conferencia. 2
(fig.) reprimenda. ‖ *v.t.* e *i.* 3 disertar. 4
(fig.) sermonear.
lecturer | 'lektʃərə | *s.c.* conferen-
ciante.
ledge | 'ledʒ | *s.c.* libro mayor.
lee | li: | *s.c.* 1 socaire, refugio. 2 sota-
vento.
leech | li:tʃ | *s.c.* 1 sanguijuela. 2 (fig.)
gorrón.
leek | li:k | *s.c.* puerro.
leer | lıə | *s.c.* 1 (desp.) mirada mali-
ciosa. ‖ *v.i.* 2 [to – (at)] mirar lasciva-
mente.
lees | li:z | *s. pl.* sedimentos, posos.
leeway | 'li:weı | *s.i.* libertad de ac-
ción.
left | left | *adj.* 1 izquierdo, zurdo. ‖ *s.i.*
2 izquierda. ‖ *adv.* 3 a/hacia la izquierda.
left-handed | ‚left'hændıd | *adj.*
zurdo.
leg | leg | *s.c.* 1 pierna. 2 pata. 3 per-
nera. 4 DEP. etapa. ‖ *v.i.* 5 correr, escapar.
legacy | 'legəsı | *s.c.* herencia, legado.
legal | 'li:gl | *adj.* legal, lícito.
legality | li:'gælətı | *s.i.* legalidad.
legalize | 'li:gəlaız | *v.t.* legalizar.
legend | 'ledʒənd | *s.c.* 1 leyenda. 2
celebridad. ‖ *s.i.* 3 mitología.
legendary | 'legəndərı | *adj.* 1 legen-
dario. 2 célebre.
—legged | legd | 'legıd | *adj.* com-
puesto del número señalado de patas.
leggings | 'legıŋz | *s.c.* polainas.
legibility | ‚ledʒı'bılətı | *s.i.* legibilidad.
legion | 'li:dʒən | *s.c.* 1 legión. 2 mul-
titud. ‖ *adj.* 3 legión.
legionary | 'li:dʒənərı | *s.c.* legionario.
legislate | 'ledʒısleıt | *v.i.* legislar.

legislation | ‚ledʒıs'leıʃn | *s.i.* legisla-
ción.
legislature | 'ledʒısleıtʃə | *s.c.* legisla-
tura.
legitimize | lı'dʒıtımaız | *v.t.* legitimar,
justificar.
leg-room | 'legru:m | *s.i.* espacio
(para estirar las piernas).
legume | 'legju:m | 'lı'gju:m | *s.c.* e
i. legumbre.
leisure | 'leʒə | *s.i.* 1 ocio, tiempo li-
bre. ‖ 2 at –, desocupado.
lemon | 'lemən | *s.c.* 1 limón. 2 (fam.)
fracaso. 3 (brit.) bobo. ‖ *s.i.* 4 zumo de
limón.
lemonade | 'lemə'neıd | *s.i.* limona-
da, agua de limón.
lend | lend | *v.irreg.t* [lent, lent] 1 de-
jar. 2 prestar. 3 dar, conferir (calidad).
lender | 'lendə | *s.c.* prestamista.
length | leŋθ | *s.i.* 1 longitud. ‖ *s.c.* 2
trozo. 3 at –, a) extensamente, b) final-
mente, al cabo. 4 to go to lengths, estar
dispuesto.
lengthen | 'leŋθən | *v.t.* e *i.* alar-
gar(se).
lengthways | 'leŋθweız | *adv.* a lo
largo.
lengthy | 'leŋθı | *adj.* largo, prolon-
gado.
leniency | 'li:njənsı | *adj.* indulgente.
lens | lenz | *s.c.* 1 lente. 2 cristalino.
lent | lent | *s.i.* Cuaresma.
lentil | 'lentl | *s.c.* lenteja.
leopard | 'lepəd | *s.c.* leopardo.
leotard | 'li:əuta:d | *s.c.* mallas, mai-
llot.
leper | 'lepə | *s.c.* leproso.
lesbian | 'lezbıən | *s./adj.* lesbiana.
lesion | 'li:ʒən | *s.c.* 1 lesión. 2 disfun-
ción.
less | les | [comp. de little] *adv.* 1 me-
nos. ‖ *adj.* 2 menos. ‖ *prep.* 3 menos. ‖
4 – and –, cada vez menos. 5 – of that/
it, iya está bien! 6 – than (*adj./adv.*) (euf.)
en absoluto. 7 no –, nada menos.
lessee | le'si: | *s.c.* arrendatario.
lessen | 'lesn | *v.t.* e *i.* 1 reducir, dis-
minuir. 2 restar.

lesson | 'lesn | s.c. 1 lección. 2 clase.
lessor | 'lesɔ: | s.c. arrendador.
lest | lest | conj. 1 para que no, no sea que. 2 que (determinado por idea de temor).
let | let | v.irreg.t [let, let] 1 dejar, permitir. 2 (brit.) arrendar, alquilar. 3 deber. 4 suponer. || s.c. 5 (brit.) arrendamiento. || s.i. 6 DER. impedimento. 7 — alone, cuánto menos. 8 to — by, dejar pasar. 9 to — down, a) alargar (ropa). b) decepcionar. 10 to — fall, dejar caer. 11 to — fly (at), golpear. 12 — me see, veamos. 13 to — on, a) permitir subir. 14 to — out, a) dejar salir. b) emitir. c) agrandar (ropa). d) dar a conocer. e) (EE.UU.) cerrar, terminar: f) (brit.) arrendar, alquilar. 15 let's face it, admitámoslo.
letdown | letdaun | s.c. (fam.) decepción.
lethal | 'li:θl | adj. letal, mortal.
lethargy | 'leθədʒɪ | s.i. 1 letargo, somnolencia. 2 (fig.) indolencia.
let-up | 'letʌp | s.c. pausa, interrupción.
letter | 'letə | s.c. 1 letra. 2 carta, epístola. || s.i. 3 letra, texto, redacción.
letter-box | 'letə,bɒks | s.c. buzón.
lettuce | 'letɪs | s.c. e i lechuga.
level | 'levl | adj. 1 plano, llano, raso. 2 equilibrado. 3 fijo, penetrante. 4 estable. 5 ordenado. 6 tranquilo. || s.c. 7 nivel. 8 plano, llano. || adv. 9 a nivel, horizontalmente. || v.t. 10 nivelar, igualar. 11 arrasar. 12 to —with, ser sincero con, decir la verdad. 13 on the —, (fam.) honrado, serio.
level-crossing | 'levl'krɒsɪŋ | s.c. (brit.) paso a nivel.
level-headed | 'levlɒhedɪd | adj. sensato.
lever | 'li:və | s.c. 1 palanca. || v.t. 2 apalancar.
leverage | 'li:vərɪdʒ | s.i. 1 apalancamiento. 2 (fig.) influencia.
levitate | 'levɪteɪt | v.t. e i. levitar.
levitation | 'levɪ'teɪʃn | s.c. e i. levitación.

levity | 'levətɪ | s.i. ligereza, informalidad.
levy | 'levɪ | s.c. 1 exacción, recaudación, impuestos. 2 MIL. reclutamiento. || v.t. 3 recaudar (impuestos).
lewd | lu:d | adj. lascivo, obsceno.
lexicography | ,leksɪ'kɡrəfɪ | s.i. lexicografía.
lexicon | 'leksɪkən | s.c. léxico, diccionario.
liability | ,laɪə'bɪlətɪ | s.i. 1 responsabilidad. 2 tendencia. 3 riesgo. || s.c. 4 deuda, debe, pasivo. 5 carga, inconveniente.
liable | 'laɪəbl | adj. 1 expuesto, propenso. 2 responsable. 3 obligado.
liaise | lɪ'eɪz | v.i. [to — (with)] conectar, captar.
liaison | li:'eɪzɒn | s.i. 1 conexión, relación. 2 lío, relación amorosa.
liar | 'laɪə | s.c. mentiroso.
libel | 'laɪbl | s.c. 1 libelo. 2 (fam.) calumnia, injuria. || v.t. 3 difamar.
liberal | 'lɪbərəl | adj. 1 liberal, tolerante. || s.c. 2 liberal.
liberality | ,lɪbə'rælətɪ | s.i. 1 generosidad. 2 liberalidad.
liberate | 'lɪbəreɪt | v.t. liberar, librar.
libertine | 'lɪbəti:n | atr. libertino.
liberty | 'lɪbətɪ | s.c. e i. 1 libertad. 2 (fam.) familiaridad. 3 to be at — (to), a) estar en libertad. b) estar libre. c) (fam.) estar autorizado a.
library | 'laɪbrərɪ | s.c. 1 biblioteca. 2 colección de libros.
licence | 'laɪsəns | (también EE.UU. license) s.c. 1 permiso, carnet. 2 autorización. || s.i. 3 libertad (de acción). 4 (desp.) libertinaje.
license | 'laɪsəns | v.t. permitir, autorizar.
licensee | ,laɪsən'si: | s.c. concesionario.
lick | lɪk | v.t. 1 lamer. 2 (fig.) bañar. 3 (fam.) vencer. 4 lamedura, lengüetada. 5 (fam.) mano (de pintura).
lid | lɪd | s.c. 1 tapa, tapadera. 2 [eye —] párpado.
lido | 'li:dəu | s.c. 1 (brit.) piscina. 2 zona de baño.
lie | laɪ | v. irreg. [lay, lain] i. 1 echarse,

tumbarse. 2 yacer, reposar. 3 hallarse, residir. 4 [to – with] depender de. 5 estar escondido. 6 estar próximo a abrirse. 7 cernirse, extenderse. ‖ s.c. 8 posición, emplazamiento. 9 to – back, a) recostarse. b) despreocuparse. 10 to – behind, estar detrás, esconderse. 11 to – in, (brit.) levantarse tarde. 12 to – low, esconderse.

lie ǀ laɪ ǀ v.i. 1 mentir. 2 engañar. ‖ s.c. 3 mentira, embuste.

lie-down ǀ ˈlaɪdaʊn ǀ s.c. (brit.) breve descanso.

liege ǀ liːdʒ ǀ adj. feudal.

liegeman ǀ ˈliːdˈmən ǀ s.c. vasallo.

lien ǀ lɪən ǀ s.c. [– (on/upon)] embargo preventivo.

lieu ǀ lju ǀ s.i. 1 lugar, puesto. ‖ 2 in – of, en lugar de

lieutenant ǀ lˈjtænənt ǀ (EE.UU. ǀ lu: nənt ǀ) s.c. 1 teniente. 2 sustituto, lugarteniente.

life ǀ laɪf ǀ s.i. y c. 1 vida. 2 existencia humana. 3 funcionamiento (máquina). 4 duración, vigencia. 5 mundo, experiencia. 6 actividad social. 7 vigor, energía. 8 biografía. 9 (fam.) cadena perpetua. 10 realidad (como fuente artística). 11 for dear –, con el mayor esfuerzo. 12 for –, de por vida. 13 how's –?, (fam.) ¿qué tal?. 14 that's –, así es la vida.

life-and-death ǀ ˈleaɪfənˈdeə ǀ adj. de vida o muerte.

lifeblood ǀ ˈlaɪfblʌd ǀ s.i. 1 alma, nervio, oxígeno. 2 sangre vital.

lifeboat ǀ ˈlaɪfbəʊt ǀ s.c. 1 vidas. 2 bote salvavidas.

lifeguard ǀ ˈlaɪfgɑːd ǀ s.c. 1 salvavidas, guarda de playa. 2 guardia militar.

lifejacket ǀ ˈlaɪfdʒekɪt ǀ s.c. chaleco salvavidas.

lifeless ǀ ˈlaɪflɪs ǀ adj. muerto, sin vida.

life-size ǀ ˈlaɪfˈsaɪz ǀ adj. de tamaño natural.

lifestyle ǀ ˈlaɪfstaɪl ǀ s.c. estilo de vida.

lift ǀ lɪft ǀ v.t. 1 levantar, alzar, elevar. 2 transportar (por avión). 3 rescindir. 4 [to – (down)] bajar. 5 (fam.) copiar, plagiar. 6 aliviar (problemas), quitar (peso de en-

cima). 7 (fam.) robar. 8 arrancar (verduras). 9 elevar la voz. ‖ v.i. 10 levantar, desaparecer. ‖ s.c. 11 levantamiento, elevación. 12 (brit.) ascensor. 13 empuje (hacia arriba), ascensión. 14 (fam.) energía, vigor. ‖ 15 to – off, despegar (un avión).

ligament ǀ ˈlɪgəmənt ǀ s.c. ligamento.

light ǀ laɪt ǀ s.i. 1 luz. 2 claridad. 3 viveza. 4 conocimiento, información. ‖ s.c. 5 luz. 6 semáforo. 7 fuego, lumbre, fósforo. 8 ventana, claraboya. 9 lumbrera, eminencia. ‖ v.irreg. [lit, lit (o lighted)] t. 10 encender. 11 iluminar. 12 alumbrar. ‖ i. 13 arder. 14 caer, llegar a tierra. ‖ adj. 15 iluminado. 16 ligero. 17 corto, reducido. 18 llevadero, suave. 19 moderado. 20 ágil, grácil. 21 ligero. 22 alegre, feliz. ‖ adv. 23 ligero. 24 lights, posibilidades, medios.

lightbulb ǀ ˈlaɪtbʌlb ǀ s.c. bombilla.

lighten ǀ ˈlaɪtn ǀ v.t. 1 iluminar, alumbrar, dar luz. 2 avivar (color). 3 aligerar, aliviar. 4 reducir carga. ‖ v.i. 5 iluminarse, brillar. 6 clarear. 7 hacerse más alegre, alegrarse.

lighter ǀ ˈlaɪtə ǀ s.c. 1 encendedor, mechero. 2 gabarra, barcaza. ‖ adj. 3 más ligero.

light-headed ǀ ˈlaɪtˈhedɪd ǀ adj. 1 aturdido, mareado. 2 insensato.

light-hearted ǀ ˈlaɪtˈhɑːtɪd ǀ adj. 1 alegre, optimista. 2 desenfadado.

lighting ǀ ˈlaɪtɪŋ ǀ s.i. iluminación, alumbrado.

lightning ǀ ˈlaɪtnɪŋ ǀ s.i. 1 rayo, relámpago. ‖ adj. 2 (fig.) fugaz, corto.

lightweight ǀ ˈlaɪtweɪt ǀ adj. ligero, de poco peso.

like ǀ laɪk ǀ v.t. 1 gustarle (a uno). 2 tener simpatía por. 3 parecerle (a uno), opinar. 4 querer, desear. 5 preferir. 6 not to like, no estar dispuesto a. ‖ prep. 7 como, igual que. 8 propio de. 9 como, por ejemplo. ‖ conj. 10 (fam.) como, del mismo modo que. ‖ adj. 11 parecido. 12 igual, equivalente. ‖ adv. 13 probablemente. ‖ s.c. 14 igual. 15 similar. ‖ 16 and the likes, y cosas por el estilo, etcétera. **17 I don't feel –it**, (fam.) no me apetece. **18 – as not/– enough**, probablemente. **19 – hell**, (fam.) muchísimo. **20 likes and dislikes**, simpatías y antipatías. **21 – this/that/so**, así. **22 more –**, más bien. **23 nothing – it**, nada como, lo mejor.

likeable | 'laɪkəbl | *adj.* agradable, simpático.

likelihood | 'laɪklɪhud | *s.i.* probabilidad, posibilidad.

likely | 'laɪklɪ | *adj.* **1** probable, verosímil, posible. **2** (brit.) (fam.) formal, prometedor. || *adv.* **3** probablemente. **4 not –**, seguro que no.

like-minded | 'laɪk'maɪndɪd | *adj.* de igual, parecido (pensamiento).

liken | 'laɪkən | *v.t.* [**to – (to)**] comparar con.

likeness | 'laɪknɪs | *s.c. e i.* **1** parecido, semejanza, similitud. **2** retrato.

likewise | 'laɪkwaɪz | *adv.* **1** de igual modo, igual, lo mismo. **2** también, asimismo. || **3 to do –**, hacer lo mismo, seguir el modelo.

liking | 'laɪkɪŋ | *s.c.* afición, simpatía, cariño.

lilac | 'laɪlək | *s.c.* **1** lila. || *adj.* **2** lila (color).

lilo | 'laɪləʊ | *s.c.* (brit.) colchón de playa hinchable.

lilt | 'lɪlt | *s.c.* **1** ritmo, cadencia (en habla). **2** (fig.) gracia, soltura.

lily | 'lɪlɪ | *s.c.* **1** lirio. **2 water –**, nenúfar.

lily-livered | 'lɪlɪ'lɪvəd | *adj.* cobarde.

limb | lɪm | *s.c.* **1** extremidad. **2** rama. || **3 in wind and –**, en todo el cuerpo, totalmente.

limber | 'lɪmbə | *adj.* **1** ágil, flexible, elástico. || *v.i.* **2** [**to – up**], entrenar, ejercitar los músculos.

limbo | 'lɪmbəʊ | *s.c.* **1** incógnita, incertidumbre. **2** limbo.

lime | 'laɪm | *s.c.* **1** lima. **2** limero. || *s.i.* **3** zumo de lima. **4** QUIM. cal. || *v.t.* **5** encalar, fertilizar.

limelight | 'laɪmlaɪt | *s.i.* **1** luz, alumbrado. **2** centro, foco (de atención).

limerick | 'lɪmərɪk | *s.c.* quintilla absurda y humorística.

limestone | 'laɪmstəʊn | *s.i.* piedra caliza.

limey | 'laɪmɪ | *s.c.* (EE.UU.) (desp.) británico.

limit | 'lɪmɪt | *s.c.* **1** límite, confín, término. || *v.t.* **2** limitar, restringir, reducir. **3 the sky is the –**, sin restricciones.

limitation | 'lɪmɪ'teɪʃn | *s.c.* limitación, restricción.

limited | 'lɪmɪtɪd | *adj.* limitado, reducido.

limousine | 'lɪmuːziːn | *s.c.* limusina.

limp | lɪmp | *v.i.* **1** cojear, renquear. || *s.c.* **2** cojera. || *adj.* **3** flojo, mustio, débil.

limpet | 'lɪmpɪt | *s.c.* lapa.

limpidity | lɪm'pɪdətɪ | *s.i.* claridad, transparencia.

linchpin | 'lɪntʃpɪn | *s.c.* **1** (fig.) pieza clave, aglutinante. **2** MEC. pezonera.

linctus | 'lɪŋktəs | *s.i.* (brit.) jarabe anticatarral.

line | laɪn | *s.c.* **1** línea. **2** línea de meta. **3** frontera. **4** dirección. **5** fila. **6** generación. **7** renglón. **8** arruga (de la piel). **9** contorno. **10** cuerda. **11** sedal. **12** tendido (telefónico o eléctrico). **13** comunicación (telefónica). **14** medio de transporte. **15** cadena (de producción o montaje). **16** diseño. **17** (fig.) facilidad. **18** (fam.) impresión, idea (falsa). || *v.t.* **19** trazar líneas, rayar. **20** arrugar (el rostro). **21** alinearse. **22** [**to – (with)**] revestir, forrar. **23** enriquecerse, llenarse.

lineal | 'lɪnɪəl | *adj.* lineal, en línea directa.

lineament | 'lɪnɪəmənt | *s.c.* corte, línea, rasgos.

linear | 'lɪnɪə | *adj.* lineal, compuesto de líneas.

lined | laɪnd | *adj.* **1** arrugado (de cara). **2** pautado (papel).

linen | 'lɪnɪn | *s.i.* **1** lino. **2** ropa doméstica.

liner | 'laɪnə | *s.c.* **1** transatlántico. **2** forro, revestimiento. **3** bolsa de plástico.

line-up | 'laɪnʌp | *s.c.* **1** (EE.UU.) cola,

fila. 2 rueda de sospechosos. 3 formación, selección.

linger | ˈlɪŋgə | v.i. 1 persistir, subsistir, continuar. 2 quedarse, rezagarse. 3 prolongar.

lingering | ˈlɪŋgərɪŋ | adj. lento, rezagado.

lingo | ˈlɪŋgəu | s.c. 1 (fam.) lengua, idioma (extranjero). 2 jerga.

linguist | ˈlɪŋgwɪst | s.c. lingüista.

liniment | ˈlɪnɪmənt | s.i. linimento.

lining | ˈlaɪnɪŋ | s.c. forro.

link | lɪŋk | s.c. 1 eslabón. 2 conexión, enlace, vínculo. || v.t. 3 unir, enlazar. || v.i. 4 [to – (with)] unirse.

linnet | ˈlɪnɪt | s.c. jilguero.

lino | ˈlaɪnəu | s.i. linóleo.

linseed | ˈlɪnsiːd | s.i. linaza.

lint | lɪnt | s.i. 1 gasa, hilas. 2 pelusa, tamo.

lintel | ˈlɪntl | s.c. dintel.

lion | ˈlaɪən | s.c. 1 león. 2 (fig.) bravo, valiente.

lip | lɪp | s.c. 1 labio. 2 borde, reborde. 3 (fam.) insolencia, grosería.

lipstick | ˈlɪpstɪk | s.c. 1 pintura de labios. 2 barra de labios.

liquefy | ˈlɪkwɪfaɪ | v.t. e i. licuar, licuarse.

liqueur | lɪˈkjuə | s.i. licor.

liquid | ˈlɪkwɪd | s.i. 1 líquido. || adj. 2 líquido. 3 claro, transparente (ojos). 4 claro, fluido (sonido).

liquidate | ˈlɪkwɪdeɪt | v.t. 1 liquidar, matar, deshacerse de. 2 com. cerrar.

liquidation | lɪkwɪˈdeɪʃn | s.c. eliminación, aplastamiento.

liquidize | ˈlɪkwɪdaɪz | v.t. licuar.

liquidizer | ˈlɪkwɪˌdaɪzə | s.c. licuadora.

liquor | ˈlɪkə | s.i. licor.

liquorice | ˈlɪkərɪs | (EE.UU. **licorice**) s.i. regaliz.

lira | ˈlɪərə | [pl. lire o liras] s.c. lira.

lisp | lɪsp | s.c. 1 ceceo. 2 balbuceo. || v.t. e i. 3 cecear. 4 balbucear.

lissom | ˈlɪsəm | adj. ágil, ligero, grácil.

list | lɪst | s.c. 1 lista, relación, catálogo. 2 inclinación. || v.t. 3 hacer una lista, ca

talogar. || v.i. 4 inclinarse, escorarse. 5 desear. 6 escuchar, oír.

listed | ˈlɪstɪd | adj. 1 incluido en lista, catalogado. || 2 a – **building**, (brit.) edificio protegido.

listen | ˈlɪsn | v.i. 1 escuchar, atender, prestar atención. 2 dejarse persuadir. 3 enterarse, prestar oídos. || s.c. 4 (fam.) atención, oído, audición.

listener | ˈlɪsnə | s.c. oyente, radioyente.

listing | ˈlɪstɪŋ | s.c. lista, listado.

listless | ˈlɪstlɪs | adj. apático, indiferente.

litany | ˈlɪtəni | s.c. (fig.) letanía, lista (larga y aburrida).

literacy | ˈlɪtərəsi | s.i. 1 capacidad de leer y escribir. || 2 – **campaign**, campaña de alfabetización.

literal | ˈlɪtərəl | adj. 1 literal. 2 (desp.) prosaico, carente de creatividad.

literally | ˈlɪtərəli | adv. 1 literalmente, al pie de la letra. 2 (fam.) materialmente, absolutamente.

literary | ˈlɪtərəri | adj. literario.

literate | ˈlɪtərət | adj. que sabe leer y escribir.

literature | ˈlɪtrətʃə | (EE.UU. ˈlɪtrətʃuər) s.i. 1 literatura. 2 documentación. 3 folletos, material escrito.

lithe | laɪð | adj. ligero, grácil, elástico.

lithograph | ˈlɪθəugrɑːf | s.c. litografía.

litigation | lɪtɪˈgeɪʃn | s.c. e i. litigio, pleito.

litmus | ˈlɪtməs | s.i. tornasol.

litter | ˈlɪtə | s.i. 1 basura, desperdicios, papeles. 2 desorden. 3 cama, lecho de paja. || s.c. 4 camada. 5 camilla. || v.t. 6 ensuciar, desordenar. 7 andar rodando, estar esparcido. 8 cubrir, llenar (de cosas desordenadas). 9 acostar (animales). || v.i. 10 acostar (animales). || v.i. 11 – **bin**, cubo de la basura.

little | ˈlɪtl | adj. 1 pequeño (con cierto matiz de afecto). 2 corto, poco (tiempo), un rato. 3 menor, más joven. 4 pequeño, insignificante, trivial. 5 poco, insuficiente. || s.cuant. 6 poco, no mucho. 7 un poco, algo. 8 un rato. || adv. 9 poco. 10 poco, nada, en absoluto. 11 poco, raramente. ‖ 12 a — bit, (fam.) un poco. 13 — by —, poco a poco. 14 — finger, dedo meñique. 15 — if any, muy poco. 16 — or nothing, entre poco y nada.

littoral ǀ ˈlɪtərəl ǀ *s./adj.* litoral, costa.

liturgy ǀ ˈlɪtədʒɪ ǀ *s.c. e i.* liturgia.

live ǀ lɪv ǀ *v.i.* 1 vivir, existir. 2 persistir, perdurar. 3 residir, morar. 4 [to — by/on] alimentarse de. 5 llevar una vida determinada. 6 disfrutar de la vida. 7 (fig.) guardar, poner. ‖ *v.t.* 8 vivir, revivir (experiencias). ‖ ǀ laɪv ǀ *adj.* 9 vivo, viviente. 10 en directo, en vivo. 11 candente, de interés, importante. 12 encendido, ardiendo. 13 activado, cargado, sin explotar (munición). 14 conectado, con corriente. ‖ ǀ laɪv ǀ *adv.* 15 en directo. ‖ 16 a — wire, (fig.) persona viva y activa. 17 to — and learn, vivir para ver. 18 to — for, vivir para.

liveable ǀ ˈlɪvəbl ǀ (también **livable**) *adj.* sufrible, soportable.

liveable-in ǀ ˈlɪvəblɪn ǀ (también **livable-in** *adj.* habitable.

live-in ǀ ˈlɪvɪn ǀ *adj.* (fam.) interno.

livelihood ǀ ˈlaɪvlɪhud ǀ *s.c.* medio de vida, sustento.

livelong ǀ ˈlaɪvlɔːŋ ǀ *adj.* 1 todo a lo largo (del día, de la noche). ‖ 2 all the — day, todo el santo día.

lively ǀ ˈlaɪvlɪ ǀ *adj.* 1 vivo, animado, vigoroso. 2 alegre, divertido.

liven up ǀ ˈlaɪvnʌp ǀ *v.t. e i.* animar(se), alegrar(se).

liver ǀ ˈlɪvə ǀ *s.c. e i.* hígado.

liverish ǀ ˈlɪvərɪʃ ǀ *adj.* 1 enfermo del hígado. 2 irritable.

livery ǀ ˈlɪvərɪ ǀ *s.c. e i.* uniforme, librea.

livestock ǀ ˈlaɪvstɒk ǀ *s.i.* ganado, ganadería, cabaña.

livid ǀ ˈlɪvɪd ǀ *adj.* 1 lívido, amoratado. 2 (fam.) fuera de sí.

living ǀ ˈlɪvɪŋ ǀ *adj.* 1 vivo, viviente. 2 en uso, activo. ‖ *s.c. e i.* 3 vivo, viviente. 4 en uso, activo. ‖ *s.c. e i.* 5 vida, medio de vida. 6 forma de vida, vivir.

lizard ǀ ˈlɪzəd ǀ *s.c.* lagarto.

llama ǀ ˈlɑːmə ǀ *s.c.* llama.

lo ǀ ləu ǀ *interj.* ¡ojo!, ¡mira!

load ǀ ləud ǀ *s.c.* 1 carga, peso. 2 cantidad de carga. 3 cantidad de trabajo. 4 cargar. 5 recibir carga. ‖ *v.t.* 6 [to — (up) with] cargar de.

loaded ǀ ˈləudɪd ǀ *adj.* 1 cargado. 2 reforzado, preparado. 3 (fam.) forrado (de dinero).

loading ǀ ˈləudɪŋ ǀ *s.c. e i.* COM. recargo, pago adicional.

loadstone ǀ ˈləudstəun ǀ *s.c. e i.* 1 magnetita. 2 imán. 3 (fig.) foco de atracción.

loaf ǀ ləuf ǀ *s.c.* 1 barra, pistola. ‖ *v.i.* 2 (fam.) holgazanear. 3 use your —, (brit.) recapacita, usa la cabeza.

loafer ǀ ˈləufə ǀ *s.c.* 1 holgazán, vago. 2 (EE.UU.) zapato mocasín.

loam ǀ ləum ǀ *s.i.* marga.

loan ǀ ləun ǀ *s.c.* 1 préstamo. 2 préstamo, permiso (para usar una cosa). ‖ *v.t.* 3 (EE.UU.) prestar dejar. 4 ceder (objetos).

loath ǀ ləuθ ǀ *adj.* 1 reacio, contrario, retraído. 2 nothing —, de buena gana.

loathe ǀ ləuð ǀ *v.t.* odiar, detestar.

loathsome ǀ ˈləuðsəm ǀ *adj.* odioso, asqueroso, repugnante.

lobby ǀ ˈlɒbɪ ǀ *s.c.* 1 vestíbulo, antesala. 2 antecámara. 3 grupo de opinión. ‖ *v.t. e i.* 4 cabildear, ejercer influencia o presión.

lobe ǀ ləub ǀ *s.c.* lóbulo.

lobster ǀ ˈlɒbstə ǀ *s.c. e i.* langosta.

local ǀ ˈləukl ǀ *adj.* 1 local, lugareño, del barrio. 2 de cercanías. 3 MED. localizado, aislado. ‖ *s.c.* 4 (brit.) (fam.) bar, taberna. 5 (EE.UU.) ramo, sección.

locale ǀ ləuˈkɑːl ǀ *s.c.* exteriores (para el rodaje de una película).

locality ǀ ləuˈkælɪtɪ ǀ *s.c.* 1 posición, situación. 2 localidad, vecindad.

localization ǀ ˌləukəlaˈzeɪʃn ǀ *s.i.* localización, ubicación.

localize ǀ ˈləukəlaɪz ǀ *v.t.* localizar, aislar.

locate ǀ ləuˈkeɪt ǀ (EE.UU. ǀ ˈləukeɪt ǀ) *v.t.* 1 localizar, encontrar, hallar. 2 asentar, abrir. ‖ v.i. 3 (EE.UU.) establecerse, asentarse.

location | ləu'keɪʃn | s.c. e i. 1 lugar, posición, situación. 2 hallazgo.

loch | lɒk | lɒx | (Escocia) s.c. 1 lago. 2 ría, brazo de mar.

lock | lɒk | s.c. 1 cerradura. 2 esclusa. 3 (brit.) ángulo de giro (de vehículos). 4 mechón de cabello. 5 DEP. llave. ‖ s.i. 6 posición de bloqueo (en máquinas). ‖ v.t. 7 cerrar (con llave). 8 agarrar, amarrar. ‖ v.i. 9 [to — (into)] (fig.) enzarzarse. 10 bloquearse, atascarse. 11 to — in, encerrar. 12 locks, pelo, cabello.

locker | lɒkə | s.c. taquilla, casillero.

locket | lɒkɪt | s.c. relicario (para colgar del cuello).

lock-gate | lɒk'geɪt | s.c. compuerta, esclusa.

lockout | lɒkaut | s.c. cierre patronal.

locksmith | lɒksmɪθ | s.c. cerrajero.

lockup | lɒkʌp | s.c. calabozo, prisión.

locomotive | ˈləukəˌməutɪv | s.c. 1 locomotora. ‖ adj. 2 motriz.

locum | ˈləukəm | s.c. (brit.) suplente, interino.

locus | ˈləukəs | s.c. lugar, sitio, punto.

locust | ˈləukəst | s.c. langosta (insecto).

locution | ləu'kju:ʃn | s.c. locución, acento, habla.

lode | ləud | s.c. filón, veta.

lodestar | ˈləudstɑː | s.c. 1 estrella polar. 2 (fig.) norte, guía.

lodge | lɒdʒ | s.c. 1 cabina, cuarto, casa. 2 logia. 3 cabaña, refugio. 4 cobertizo. ‖ v.t. e i. 5 alojarse, hospedarse. 6 interponer (recursos). 7 depositar (dinero). 8 quedar, perdurar (recuerdos).

lodger | lɒdʒə | s.c. huésped, inquilino.

lodging | lɒdʒɪŋ | s.c. e i. alojamiento, pensión.

loft | lɒft | s.c. 1 ático, desván. 2 galería. 3 pajar. ‖ v.t. 4 DEP. golpear alto.

lofty | lɒftɪ | adj. 1 noble, elevado. 2 (desp.) altanero, arrogante. 3 alto. 4 afectado, elaborado (discurso).

log | lɒg | s.c. 1 tronco, leño. 2 diario

de a bordo. ‖ v.t. 3 escribir, anotar (en el diario). 4 [to — (up)] viajar, navegar.

logarithm | lɒgərɪðm | s.c. logaritmo.

loggerheads | ˈlɒgəhedz | s. pl. at — (with), enfrentado, peleado.

loggia | ˈləudʒə | s.c. galería, mirador.

logging | ˈlɒgɪŋ | s.c. tala forestal.

logic | ˈlɒdʒɪk | s.i. lógica.

logical | ˈlɒdʒɪkl | adj. lógico.

logician | ləu'dʒɪʃn | s.c. lógico.

logistic | ləu'dʒɪstɪk | adj. logístico.

log-jam | ˈlɒgdʒæm | s.c. (EE.UU.) obstrucción, bloqueo.

logo | ˈləugəu | s.c. logotipo.

loin | lɔɪn | s.c. e i. lomo.

loincloth | ˈlɔɪnklɒθ | s.c. taparrabos.

loiter | ˈlɔɪtə | v.i. 1 merodear. 2 rezagarse, distraerse.

logarithmic | ˈlɒgəˈrɪðmɪk | adj. logarítmico.

loiterer | ˈlɔɪtərə | s.c. holgazán, vagabundo.

loll | lɒl | v.t. e i. [to — (about)] 1 vaguear, estar relajado. 2 colgar, dejar caer.

lollipop | ˈlɒlɪpɒp | s.c. 1 pirulí, piruleta. 2 (brit.) polo (helado).

lollop | ˈlɒləp | v.i. (fam.) moverse torpe y pesadamente.

lolly | ˈlɒlɪ | (brit. y fam.) s.c. 1 polo (helado). 2 pasta, dinero.

lone | ləun | adj. 1 solo, solitario. 2 separado, independiente.

loneliness | ˈləunlɪnɪs | s.i. soledad, aislamiento.

loner | ˈləunə | s.c. solitario, independiente.

lonesome | ˈləunsəm | (EE.UU.) adj. solo, solitario.

long | lɒŋ | (EE.UU. | lɔːŋ |) adj. 1 largo (longitud, distancia, tiempo). 2 largo, dilatado. 3 cansado, interminable. 4 bueno, que lleva muy lejos, largo (memoria). 5 grande, mucho, numeroso (probabilidades en juego). 6 fresco, ligero (bebida no alcohólica). 7 FON. largo (sonido vocálico). ‖ s.i. 8 largo rato, mucho tiempo (poco tiempo, según los casos). ‖ adv. 9 mucho, mucho tiempo. 10 hace tiempo, tiempo antes, tiempo después. 11

a lo largo. ‖ *v.i.* 12 [to – for] estar deseoso de, anhelar. ‖ 13 a – face, expresión de tristeza. 14 a – haul, ardua tarea. 15 a – shot, intento desesperado. 16 as/so – as, a) (brit.) siempre que, si. b) (EE.UU.) puesto que. 17 at the longest, lo más tardar.

longbow | ˈlɒŋbəʊ | *s.c.* arco.

longed-for | ˈlɒŋdfə | *adj.* anhelado, soñado.

longevity | lɒnˈdʒevətɪ | *s.i.* 1 longevidad, larga vida. 2 ciclo vital.

longhand | ˈlɒŋhænd | *s.i.* escritura a mano.

longIng | ˈlɒŋɪŋ | *s.c.* e *i.* anhelo, anoia.

longitude | ˈlɒndʒɪtjuːd | *s.c.* e *i.* longitud.

long-lasting | ˈlɒŋˈlɑːstɪŋ | *adj.* duradero, perdurable.

long-lived | ˈlɒŋˈlɪvd | *adj.* 1 longevo. 2 largo, duradero.

long-lost | ˈlɒŋˈlɒst | *adj.* perdido hace tiempo.

long-playing | ˈlɒŋˈpleɪɪŋ | de larga duración.

long-range | ˈlɒŋˈreɪndʒ | *adj.* 1 de largo alcance. 2 a largo plazo.

long-running | ˈlɒŋˈrʌnɪŋ | *adj.* de largo tiempo en cartel.

long-term | ˈlɒŋˈtɜːm | *adj.* a largo plazo.

long-time | ˈlɒŋˈtaɪm | *adj.* duradero.

long-wave | ˈlɒŋˈweɪv | *s.c.* e *i.* onda larga.

loo | luː | *s.c.* (brit. y fam.) lavabo, retrete.

loofah | ˈluːfə | *s.c.* esponja de baño.

look | lʊk | *v.t.* e *i.* 1 mirar. 2 [to – (at)] mirar, ver, prestar atención. 3 observar, fijarse. 4 parecer, tener aspecto de. 5 [to – like] parecer, ser como. 6 [to – out/on/onto/towards] mirar a, estar orientado a. 7 dar la apariencia, aspecto o impresión adecuados. 8 (fam.) pensar, tener la intención de. 9 expresar con los ojos. 10 [– (at)] mirada, vistazo. 11 mirada (según se especifique). 12 apariencia, aspecto. 13 estilo, moda. ‖ *Interj.* 14

imira! 15 to – after, cuidar, ser responsable de. 16 to – at, a) considerar, juzgar. b) examinar, ver. 17 to – back (to/on), a) recordar. b) (fam.) cambiar la suerte de uno. 18 to – bad, estar mal visto. 19 to – in (on), (fam.) pasarse un rato por. 20 to – into, investigar, examinar. 21 to – on/upon, a) mirar, ser espectador. b) considerar, tener por. 22 to – out (for), icuidado! (en imperativos). 23 to – sharp, (brit. y fam.) a) darse prisa. b) tener cuidado. 24 looks, aspecto de una persona. 25 to – well, sentar bien.

look-alike | ˈlʊkəˌlaɪk | *s.c.* (fam.) sosia, doble (do otra persona).

looker | ˈlʊkə | *s.c.* (fam.) mujer bella, belleza.

looker-on | ˈlʊkərˈɒn | *s.c.* mirón, espectador.

look-in | ˈlʊkən | *s. sing.* oportunidad, posibilidad.

lookout | ˈlʊkaʊt | *s.c.* e *i.* 1 atalaya, garita, puesto de vigilancia. 2 centinela, vigía. 3 vigilancia, guardia. 4 [– (for)] (fam.) perspectiva, futuro.

look-over | ˈlʊkəʊvə | *s. sing.* vistazo de comprobación.

look-through | ˈlʊkəru | *s. sing.* vistazo rápido.

loom | luːm | *s.c.* 1 telar. ‖ *v.i.* 2 [to – (up)] surgir, aparecer.

looming | ˈluːmɪŋ | *adj.* 1 elevado, descollante. 2 futuro, inminente, inquietante.

loony | ˈluːnɪ | (fam.) *adj.* 1 loco, bobo. ‖ 2 – bin, manicomio.

loop | luːp | *s.c.* 1 lazo, vuelta, bucle. 2 trayectoria con giros cruzados, rizos. 3 espiral o DIU. 4 circuit electrónico completo. 5 INF. bucle repetitivo. ‖ *v.t.* e *i.* 6 [to – (up)] hacer lazos, bucles.

loophole | ˈluːphəʊl | *s.c.* aspillera, tronera. 2 escapatoria, pretexto.

loopy | ˈluːpɪ | *adj.* (fam.) loco, sonado.

loose | luːs | *adj.* 1 flojo, inseguro, movedizo. 2 suelto, descontrolado. 3 no envasado. 4 holgado, ancho. 5 ralo, disperso. 6 inexacto, descontrolado. 7 descuidado, irresponsable. ‖ *v.t.* 8 soltar, liberar. 9 disparar. ‖ adv. 10 holgado, holgadamente. ‖ 11 at a – end/(EE.-UU.) at – ends, no saber qué hacer. 12 – cover, funda de mueble. 13 – ends, cosas sueltas, flecos. 14 on the –, a) huido de prisión. b) sin control.

loosen | ˈluːsn | v.t. e i. 1 aflojar. 2 soltar, liberar. 3 to – up, relajar.

loot | luːt | s.i. 1 botín, ganancias. 2 (fam.) dinero, riqueza. ‖ v.t. 3 saquear.

looter | ˈluːtə | s.c. saqueador.

looting | ˈluːtɪŋ | s.i. rapiña, pillaje.

lop | lɒp | v.t. mochar, desmochar, podar.

lope | ləʊp | v.i. [to – (off)] 1 correr a grandes zancadas (animales). ‖ s. sing. 2 zancada veloz.

lop-eared | ˈlɒpˌɪəd | adj. de orejas caídas.

lopsided | ˈlɒpˈsaɪdɪd | adj. desequilibrado.

loquacity | ləˈkwæsɪtɪ | s.i. locuacidad, verbosidad.

loquat | ˈləʊkwæt | s.c. níspero.

lord | lɔːd | s.c. 1 señor, amo. 2 señor feudal. 3 lord. ‖ v.t. 4 (fam.) esclavizar, tratar dominantemente.

lordly | ˈlɔːdlɪ | adj. 1 (desp.) arrogante, dominante. 2 digno de un lord, distinguido.

Lordship | ˈlɔːdʃɪə | s.c. señoría.

lore | lɔː | s.i. conocimiento, cultura, tradiciones.

lorn | lɔːn | adj. melancólico, triste.

lorry | ˈlɒrɪ | (EE.UU. | ˈlɔːrɪ |) s.c. (brit.) camión.

lose | luːz | v.irreg. [lost, lost] t. 1 perder. 2 dejar de tener, disminuir. 3 desaparecer, dejar escapar. 4 no encontrar. 5 [to – (on)] no entender, no hacer gracia. 6 causar, costar (la pérdida de algo). 7 [to – (in)] embeberse, entregarse totalmente. 8 perder el hilo, confundirse, no recordar. ‖ v.i. 9 ser derrotado, disminuir, empobrecerse. 10 retrasar(se) 11 to – face, ser humillado, perder imagen. 12 to – heart, desanimarse. 13 to – one's heart (to), enamorarse de. 14 to – sight (of), perder de vista, olvidar. 15 to –

track, perder la pista, no tener información.

loss | lɒs | (EE.UU. | lɔːs |) s.c. e i. 1 pérdida. 2 bajas (personas). 3 dinero perdido. 4 daño, contratiempo, desventaja. ‖ 5 at a –, a) a precio ruinoso. b) sin saber qué hacer o decir.

lost | lɒst | (EE.UU. | lɔːst |) 1 [pret. y p.p. de lose] ‖ adj. 2 perdido, desaparecido. 3 desperdiciado. 4 destruido, hundido, ahogado. 5 get –, (fam.) vete a paseo, olvídame.

lot | lɒt | s.c. [– (of)] 1 gran cantidad de, número elevado de, mucho, muchos. 2 todo, el conjunto. 3 tanda, lote. 4 conjunto, grupo. 5 (EE.UU.) solar, terreno. 6 suerte, fortuna, destino. 7 medio, método, objetos (de echar suertes). 8 suerte, azar, sorteo. 9 estudio cinematográfico. ‖ adv. (fam.) 10 bastante; considerablemente. 11 mucho. 12 a menudo, con frecuencia.

lotion | ˈləʊʃn | s.c. e. i. loción.

lottery | ˈlɒtərɪ | s.c. e i. 1 lotería. 2 (fig.) azar, suerte.

lotus | ˈləʊtəs | s.c. e i. 1 loto. 2 flor de loto.

loud | laʊd | adj. 1 fuerte, elevado, alto (sonido). 2 ruidoso, chillón. 3 llamativo (de color). ‖ 4 – and clear, bien claro. 5 out –, bien alto, nada de susurros.

loudhailer | ˈlaʊdˈheɪlə | s.c. (brit.) megáfono.

loudmouth | ˈlaʊdmaʊθ | s.c. (fam.) gritón, bocazas.

loudness | ˈlaʊdnɪs | s.i. volumen (de sonido), ruido.

loudspeaker | ˈlaʊdˈspiːkə | s.c. altavoz.

lounge | laʊndʒ | s.c. 1 sala de espera. 2 salón público. 3 (brit.) cuarto de estar. ‖ v.i. 4 estar recostado perezosamente. ‖ 5 – bar, (brit.) bar reservado.

lounger | ˈlaʊndʒə | s.c. vago, gandul.

lour | ˈlaʊə | v.i. [to – (at/on)] 1 mirar amenazantemente, fruncir el ceño. 2 (fig.) oscurecerse.

louse | laʊs | s.c. 1 piojo. 2 (fig. y fam.) persona despreciable. ‖ v.t. 3 [to – (up)] (fam.) echar a perder.

lout | laut | *s.c.* patán, gamberro.

louvre | 'lu:və | (EE.UU. **louver**) *s.c.* 1 listón, tablilla (de persiana). 2 persiana.

lovable | 'lʌəbl | *adj.* amable, bondadoso, cariñoso.

love | lʌv | *s.i.* 1 amor, cariño. 2 pasión, atracción sexual. 3 inclinación, interés, afición. 4 besos, saludos, recuerdos. 5 (fam.) encanto, delicia. 6 DEP. cero, nada (tenis). 7 caridad, misericordia (de Dios). ‖ *s.c.* 8 amor, persona amada. 9 (brit. y fam.) amor, cielo, guapo. ‖ *v.t.* 10 amar, querer. 11 gustar, sentir debilidad, tener afición 12 apetecer.

love-affair | 'lʌvəfeə | *s.c.* aventura amorosa.

loveless | 'lʌvlɪs | *adj.* sin amor.

lovely | 'lʌvlɪ | *adj.* 1 bello, atractivo, precioso. 2 (fam.) agradable, estupendo. ‖ *s.c.* 3 (fam.) belleza.

lover | 'lʌvə | *s.c.* 1 amante. 2 aficionado, entusiasta, interesado en. ‖ 3 lovers, pareja de enamorados.

loving | 'lʌvɪŋ | *adj.* amante, amoroso, cariñoso, tierno.

low | ləu | *adj.* 1 bajo. 2 pequeño, reducido. 3 [– (on)] corto, escaso. 4 negativo, desfavorable. 5 [– (in)] bajo en, con poca cantidad de. 6 bajo, suave (sonido). 7 triste, deprimido. 8 corto, lento (velocidad). 9 rastrero, vulgar. 10 débil, insuficiente. ‖ *adv.* 11 bajo. ‖ *a.c. o i.* 12 nivel o valor bajo. ‖ *v.i.* 13 mugir. ‖ 14 at a – ebb, en un estado de depresión, en horas bajas.

lowbrow | 'ləubrau | *adj.* 1 simple, ordinario. ‖ *s.c.* 2 (desp.) persona inculta.

low-class | 'ləukla:s | *adj.* de clase baja.

low-cut | 'ləukʌt | *adj.* escotado.

low-down | 'ləudaun | *s. sing.* 1 la realidad, lo que hay que saber. ‖ | 'ləu'daun | *adj.* 2 (fam.) bajo, vil, rastrero.

lower | 'ləuə | *adj.* 1 más bajo (*comp.* de low). 2 bajo, inferior. 3 segundo, menos importante. 4 parte baja, bajos. 5 de bajo nivel o graduación. ‖ *v.t.* 6 bajar 7 abaratar, disminuir. 8 rebajarse (en ne-

gativas). 9 bajar (los ojos). 10 hablar bajo. ‖ | 'ləuə | *v.i.* 11 oscurecerse, amenazar tormenta. 12 [to – (at/on)] mirar con enfado, fruncir el ceño.

lowering | 'ləuərɪŋ | *s.i.* bajada, descenso.

lowlands | 'ləuləndz | *s.c.* tierras bajas.

lowliness | 'ləulɪnɪs | *s.i.* modestia, humildad.

lowly | 'ləulɪ | *adj.* 1 modesto, humilde, discreto. ‖ *adv.* 2 modestamente.

low-minded | 'ləu'maɪndɪd | *adj.* vulgar.

lox | lɒks | lɑ:ks | (EE.UU. **salmon**) *s.i.* salmón (ahumado).

loyal | 'lɔɪəl | *adj.* [– (to)] leal, fiel.

loyalist | 'lɔɪəlɪst | *s.c.* 1 persona fiel, leal. ‖ *adj.* 2 fiel, leal.

loyalty | 'lɔɪəltɪ | *s.c. e. i.* [– (to)] 1 lealtad, fidelidad. ‖ 2 loyalties, lealtades.

lozenge | 'lɒzɪndʒ | *s.c.* 1 pastilla, gragea, tableta. 2 losange.

LP | el'pi: | (abreviatura de **long-playing record**) *s.c.* LP, disco grande, o de larga duración.

lubricant | 'lu:brɪkənt | *s.c. e i.* lubricante.

lubricate | 'lu:brɪkeɪt | *v.t.* 1 lubricar, engrasar. 2 (fig.) hacer hablar.

lucerne | lu:'s':n | (EE.UU. **alfalfa**) *s.i.* alfalfa.

lucid | 'lu:sɪd | *adj.* 1 lúcido, claro, fácil. 2 consciente, sano (mental).

luck | lʌk | *s.i.* 1 suerte, fortuna, azar. 2 buena fortuna, buenaventura.

lucky | 'lʌkɪ | *adj.* 1 afortunado, de suerte. 2 agraciado. 3 por suerte, por casualidad. 4 que da suerte, de la suerte. ‖ 5 – devil/– you, (fam.) los hay con suerte. 6 – dip(s), (brit.) tómbola. 7 to strike (it) –, (fam.) tener suerte.

lucrative | 'lu:krətɪv | *adj.* lucrativo, rentable.

lucre | 'lu:kə | *s.i.* 1 lucro, ganancia, negocio. ‖ 2 filthy –, vil metal.

Luddite | 'lʌdaɪt | *s.c.* reaccionario, retrógrado.

ludicrous | 'lu:dɪkrəs | adj. ridículo, absurdo.

ludo | 'lu:dəu | s.i. (brit.) parchís.

luff | lʌf | v.i. orzar, barloventear.

lug | lʌg | v.t. 1 (fam.) arrastrar, llevar con dificultad. ‖ s.c. 2 mango, saliente, asa.

luggage | 'lʌgɪdʒ | (EE.UU. **baggage**) s.i. 1 equipaje, maletas. ‖ 2 – **boot**, maletero, portaequipajes.

lughole | 'lʌghəul | s.c. (brit.) oído.

lugubriousness | lə'gu:brɪəsnɪs | s.i. tristeza, melancolía.

lukewarm | 'lu:kwɔ:m | adj. 1 tibio, templado. 2 (fig.) poco entusiasta, frío.

lull | lʌl | s.c. 1 pausa, calma. ‖ v.t. 2 calmar, sosegar. 3 dar (falsa impresión).

lullaby | 'lʌləbaɪ | s.c. nana.

lumbago | lʌm'beɪgəu | s.i. lumbago.

lumbar | 'lʌmbə | adj. lumbar.

lumber | 'lʌmbə | s.i. 1 (brit.) trastos, cosas inservibles. 2 (EE.UU.) madera. ‖ v.i. 3 moverse con dificultad, avanzar pesadamente. 4 (EE.UU.) cortar árboles, hacer madera.

lumberjack | 'lʌmbədʒæk | s.c. (EE.UU.) leñador.

lumber-room | 'lʌmbərum | s.c. (brit.) trastero.

luminary | 'lu:mɪnərɪ | s.c. lumbrera, persona famosa.

luminous | 'lu:mənəs | adj. luminoso, resplandeciente.

lump | lʌmp | s.c. 1 trozo, pedazo, bloque. 2 grumo. 3 bulto, protuberancia. 4 terrón (de azúcar). 5 cantidad, masa, conjunto, total. 6 (brit. y fam.) conjunto de trabajadores eventuales. 7 (fig.) pelmazo, imbécil. ‖ v.t. 8 tratar de forma conjunta, amontonar, agrupar. 9 aceptar, soportar (algo impuesto).

lumpish | 'lʌmpɪʃ | adj. patoso, torpe.

lumpy | 'lʌmpɪ | adj. abultado.

lunacy | 'lu:nəsɪ | s.i. locura, enajenación mental.

lunar | 'lu:nə | adj. lunar.

lunatic | 'lu:nətɪk | s.c. 1 (fam.) lunático, loco. 2 enfermo mental. 3 erróneo. 4 confuso, descontrolado.

lunch | lʌntʃ | s.c. 1 almuerzo, comida (de mediodía) 2 hora del almuerzo. 3 almuerzo, banquete. 4 (EE.UU.) piscolabis, tentempié, colación (a cualquier hora). ‖ v.i. 5 almorzar (en restaurante) ‖ v.t. 6 agasajar (invitándole a comer).

luncheon | 'lʌntʃən | s.c. almuerzo, banquete (como celebración especial).

lung | lʌŋ | s.c. pulmón.

lunge | lʌndʒ | v.i. [to – (at/towards)] 1 abalanzarse, arremeter, atacar. ‖ s.c. 2 ataque, embestida.

lupin | 'lu:pɪn | (EE.UU. **lupine**) s.c. BOT. lupino, altramuz.

lurch | lə:tʃ | v.i. 1 dar bandazos, tambalearse, desequilibrarse. 2 (fig.) variar, cambiar (de opinión). ‖ s.c. 3 bandazo, sacudida. 4 cambio, variación.

lure | ljuə | luə | v.t. 1 atraer, tentar, fascinar, sugerir. ‖ s.c. 2 atractivo, fascinación, señuelo. 3 cebo.

lurgy | 'lə:gɪ | s. sing. (brit. y fam.) enfermedad leve.

lurid | 'ljuərɪd | adj. 1 coloreado, de color vivo, chillón. 2 violento, fuerte, terrorífico.

lurk | lə:k | v.i. 1 estar escondido, acechar. 2 existir (sin ser percibido), ocultarse. 3 surgir (veladamente), insinuarse.

luscious | 'lʌʃəs | adj. 1 delicioso, apetitoso, exquisito. 2 rico, sugerente. 3 (fam.) voluptuoso, sensual.

lush | lʌʃ | adj. 1 exuberante, lozano, lujuriante (plantas). 2 (fam.) lujoso, selecto. 3 (EE.UU. y fam.) borracho.

lust | lʌst | s.c. e i. 1 lujuria, lascivia, libido. 2 [– (for/of)] codicia, afán. ‖ v.i. 3 [to – (after/for)] desear (sexualmente), codiciar, ansiar.

lustre | 'lʌstə | (EE.UU. **luster**) s.c. e i. lustre, brillo, esplendor.

lusty | 'lʌstɪ | adj. 1 vigoroso, vital, sano.

lute | lu:t | s.c. 1 laúd. ‖ s.i. 2 zulaque.

luxuriance | lʌg'zjuərɪəns | s.i. exuberancia, vigor, lozanía (vegetación).

luxuriate | lʌg'zjuərɪeɪt | v.i. [to – (in)] disfrutar, deleitarse.

luxurious |lʌgˈzjuəriəs| *adj.* 1 lujoso, de lujo. 2 voluptuoso, sensual, placentero, relajante.

luxury |ˈlʌkʃəri| *s.c.* e *i.* 1 lujo, confort. ‖ *atr.* 2 de lujo, caro, fastuoso. ‖ 3 – **goods**, bienes superfluos.

lychee |ˈlaɪtʃi| *s.c.* e *i.* lichi.

lye |laɪ| *s.i.* lejía.

lymph |lɪmf| *s.i.* linfa.

lymphatic |lɪmˈfætɪk| *adj.* 1 linfático. 2 lento, perezoso.

lynch |lɪntʃ| *v.t.* linchar.

lynx |lɪŋks| *s.c.* lince.

lyre |ˈlaɪə| *s.c.* lira.

lyric |ˈlɪrɪk| *adj.* 1 lírico. 2 para ser cantado. ‖ *s.c.* 3 poema lírico.

lyricist |ˈlɪrɪsɪst| *s.c.* escritor de canciones.

lysergic |lɪˈsədʒɪk| *adj.* lisérgico.

M

m, M |em| *s.c.* e *i.* 1 m, M (letra). 2 *abreviatura* de **metre, million, minute.**

ma |mɑ:| *s.c.* (fam.) mamá.

mac |mæk| *s.c.* (brit. y fam.) impermeable.

macabre |məˈkɑːbrə| |məˈkɑːbər| *adj.* macabro.

mace |meɪs| *s.c.* 1 bastón de mando. 2 maza.

macerate |ˈmæsəreɪt| *v.t.* macerar, ablandar.

machinations |ˌmækɪˈneɪʃn| *s.pl.* maquinaciones.

machine |məˈʃiːn| *s.c.* 1 máquina. ‖ *v.t.* 2 producir a máquina. 3 tornear.

machine-gun |məˈʃiːngʌn| *s.c.* ametralladora.

machinery |məˈʃiːnərɪ| *s.i.* 1 maquinaria. 2 mecanismo.

machinist |məˈʃiːnɪst| *s.c.* maquinista, mecánico.

machismo |məˈtʃɪzməʊ| |məˈkɪz/məʊ| |mɑːˈtʃɪzməʊ| *s.i.* machismo.

mackerel |ˈmækrəl| [*pl.* mackerel o mackerels] *s.c.* e *i.* ZOOL. caballa.

mackintosh, macintosh |ˈmækɪn tɒʃ| *s.c.* (brit.) impermeable.

macrobiotics |ˌmækrəʊbarˈɒtɪks| |ˌmækrəʊbɑːˈɒtɪk| *s.i.* macrobiótica.

mad |mæd| *adj.* 1 loco. 2 (fig.) frenético. 3 divertidísimo. 4 rabioso. ‖ 5 to drive somebody –, enfurecer a alguien. 6 to go –, enloquecer, volverse loco. 7 – keen, (brit. y fam.) entusiasmado.

madam |ˈmædəm| *s.c.* señora.

madcap |ˈmædkæp| *adj.* (fam.) alocado.

madden |ˈmædn| *v.t.* e *i.* 1 (gen. pasiva) enfurecer, encolerizarse. ‖ *v.t.* 2 enloquecer.

made |meɪd| *pret.* y *p.p.* V. **make.** ‖ *adj.* 1 [– from/of] hecho de. 2 [– for] adecuado para. ‖ 3 to be – for life/to have it –, (fam.) tener el éxito asegurado.

maelstrom |ˈmeɪlstrom| *s.sing.* 1 remolino. 2 (fig.) torbellino.

mag |mæg| *s.c.* (fam.) revista.

magazine |mægəˈziːn| |ˈmægəziːn| *s.c.* 1 revista ilustrada. 2 recámara (de un arma). 3 FOT. cámara, cartucho. 4 polvorín.

maggot |ˈmægət| *s.c.* larva, gusano.

magic |ˈmædʒɪk| *s.i.* 1 magia, encantamiento. 2 juegos de magia. 3 (fig.) magia, encanto. ‖ *adj.* 4 mágico, encantado.

magical |ˈmædʒɪkl| *adj.* mágico.

magician |məˈdʒɪʃn| *s.c.* mago.

magisterial |mædʒɪˈstɪərɪəl| *adj.* 1 magistral. 2 autoritario.

magistrate |ˈmædʒɪstreɪt| *s.c.* magistrado; juez.

magma |ˈmægmə| *s.i.* magma.

magnanimity |ˌmægnəˈnɪmətɪ| *s.i.* magnanimidad.

magnanimous |mægˈnænɪməs| *adj.* magnánimo.

magnate |ˈmægneɪt| *s.c.* magnate.

magnesium |mægˈniːzjəm| *s.i.* magnesio.

magnet |ˈmægnɪt| *s.c.* imán.

magnetic |mæg'netik| *adj.* magnético, imantado.
magnetism |'mægnɪtɪzəm| *s.i.* magnetismo.
magnetize |'mægnɪtaɪz| (brit.) **magnetise** *v.t.* magnetizar, imantar.
magnification |mægnɪfɪ'keɪʃn| *s.c.* aumento, amplificación.
magnificence |mæg'nɪfɪsns| *s.i.* magnificencia.
magnificent |mæg'nɪfɪsnt| *adj.* magnífico, espléndido, generoso.
magnify |'mægnɪfaɪ| *v.t.* 1 OPT. aumentar, ampliar. 2 (fig.) exagerar.
magniloquence |mæg'nɪləkwəns| *s.i.* grandilocuencia.
magniloquent |mæg'nɪləkwənt| *adj.* grandilocuente.
magnitude |'mægnɪtjuːd| |'mæ/gnɪtuːd| *s.i.* 1 magnitud, envergadura. 2 importancia. || *s.c.* 3 ASTR. magnitud.
magnolia |mæg'nəʊljə| *s.c.* . magnolio, magnolia.
magpie |'mægpaɪ| *s.c.* 1 . urraca. 2 (fig.) charlatán.
mahogany |mə'hɒgənɪ| |mə'hɑːgənɪ| *s.c.* 1 caoba. || *s.i.* 2 madera de caoba. 3 color caoba.
maid |meɪd| *s.c.* 1 doncella, criada, sirvienta, (Am.) mucama, fámula. 2 doncella, virgen, soltera.
maiden |'meɪdn| *s.c.* 1 doncella || *adj.* 2 primero, inaugural. 3 soltera. 4 – name, nombre de soltera.
mail |meɪl| *s.i.* 1 [the –] (EE.UU.) correo. 2 correspondencia.|| *v.t.* 3 (EE.UU.) enviar por correo.
mailbox |'meɪlbɒks| *s.c.* (EE.UU.) buzón (en una vivienda).
mailman |'meɪlmæn| [*pl.* mailmen] *s.c.* (EE.UU.) cartero.
maim |meɪm| *v.t.* 1 mutilar. 2 estropear, desfigurar.
main |meɪn| *adj.* no *comp.* 1 principal, esencial. 2 primero, principal (piso). || *s.c.* 3 *pl.* cañerías principales. 4 ELEC. línea principal. 5 fuerza física. 6 tierra firme. 7 mar abierta. 8 in the –, en general.

mainland |'meɪnlənd| *s.sing.* 1 [the –] el continente. || *adj.* 2 de tierra adentro.
mainstream |'meɪnstriːm| *s.sing.* 1 [the –] la corriente principal. || *adj.* 2 corriente, ordinario.
maintain |meɪn'teɪn| *v.t.* 1 mantener. 2 sostener. 3 alimentar.
maintenance |'meɪntənəns| *s.i.* 1 mantenimiento; limpieza. 2 (brit.) manutención.
maisonette |meɪzə'net| *s.c.* (brit.) apartamento dúplex.
maize |meɪz| (EE.UU. corn) *s.i.* . maíz.
majestic |mə'dʒestɪk| *adj.* majestuoso.
majesty |'mædʒəstɪ| *s.i.* majestad, grandeza, esplendor.
major |'meɪdʒə| *adj.* 1 mayor, principal. 2 MUS. mayor. || *s.c.* 3 MIL. comandante, mayor.
majordomo |meɪdʒə'dəʊməʊ| *s.c.* mayordomo.
majority |mə'dʒɒrətɪ| *s.sing.* 1 [the – + *v.sing./pl.*] la mayoría. || *s.c.* 2 (gen.*sing.*) mayoría. || *s.i.* 3 . mayoría de edad.
make |meɪk| *v.irr.* [*pret.* y *p.p.* made] *t.* 1 hacer, fabricar. 2 preparar, aderezar. 3 cometer. 4 instituir, establecer. 5 redactar. 6 nombrar, proponer. 7 convertir. 8 [to – + o. + (to) *inf.*] obligar a. 9 [to – + o. + (to) *inf.*] representar. 10 alcanzar. 11 ganar, obtener. 12 sumar. 13 conceder, donar. || *v.i.* 14 comportarse. 15 disponerse a. 16 crecer. || *s.c.* 17 marca, producto. || to – + *adv./prep.* 18 to – away with something/someone, robar algo; suicidar(se). 19 to – for something, dirigirse. 20 to – into, convertir en. 21 to – something of, a) sacar de; b) dar importancia a; 22 to – out, a) extender, rellenar; b) (fam.) distinguir, descifrar; c) (fam.) mantener, alegar; d) justificar. 23 to – out with, (fam.) hacer el amor con. 24 to – towards, (fam.) ir hacia. 25 to – up, a) inventar, tramar; b) maquillar(se); c) preparar, arreglar; d) juntar, reunir; e) formar, integrar; f) confeccionar, transformar; g) conseguir, reunir; h) reconciliarse; i) sub-

sanar; j) indemnizar. **26 to – up for,** compensar, recuperar, recompensar. **27 on the –,** decidido a triunfar.

maker | ˈmeɪkə | *s.c.* **1** fabricante, constructor. **2** director (de cine). **3** (gen.*pl.*) firma creadora.

makeshift | ˈmeɪkʃɪft | *adj.* **1** improvisado. ‖ *s.i.* **2** invento.

make-up | ˈmeɪkʌp | *s.i.* **1** maquillaje. **2** temperamento.

making | ˈmeɪkɪŋ | *s.i.* **1** [the – of] el talento de. **2** [*pl.*] cualidades, facultades. **3 in the –,** en vías de formación.

malachite | ˈmæləkaɪt | *s.i.* . malaquita.

maladjustement | ˌmæləˈdʒʌstmənt | *s.c.* e *i.* **1** inadaptación, desequilibrio. **2** MEC. desajuste.

maladroit | ˌmæləˈdrɔɪt | *adj.* torpe.

malaise | məˈleɪz | *s.i.* malestar.

malaria | məˈleərɪə | *s.i.* malaria.

malcontent | ˈmælkənˌtent | | ˌmælkənˈtent | *s.c.* descontento, rebelde.

male | meɪl | *adj.* y *s.m.* masculino, varón, macho.

malediction | ˌmælɪˈdɪkʃn | *s.c.* maldición, maleficio.

malefactor | ˈmælɪfæxtə | *s.c.* malhechor, criminal.

maleficent | məˈlefɪsnt | *adj.* maléfico.

malevolence | məˈlevələns | *s.i.* malevolencia, maldad.

malformation | ˌmælfɔːˈmeɪʃn | *s.c.* e *i.* malformación, deformidad.

malfunction | mælˈfʌŋkʃn | *s.c.* **1** funcionamiento defectuoso. ‖ *v.i.* **2** funcionar mal.

malice | ˈmælɪs | *s.i.* malicia.

malicious | məˈlɪʃəs | *adj.* malicioso.

malign | məˈlaɪn | *v.t.* **1** difamar. ‖ *adj.* **2** maligno.

malinger | məˈlɪŋgə | *v.i.* simular una enfermedad.

mall | mɔːl | | mæl | *s.c.* (EE.UU.) galerías comerciales.

mallard | ˈmælɑːd | | ˈmæləd | [*pl.* mallard o mallards] *s.c.* pato salvaje.

malleable | ˈmælɪəbl | *adj.* maleable.

mallet | ˈmælɪt | *s.c.* mazo, maza.

mallow | ˈmæləʊ | *s.c.* . malva.

malnutrition | ˌmælnjuːˈtrɪʃn | | ˌmælnjuˈtrɪʃn | *s.i.* desnutrición.

malodorous | mælˈəʊdərəs | *adj.* maloliente.

malpractice | ˌmælˈpræktɪs | *s.c.* e *i.* negligencia.

malt | mɔːlt | *s.i.* malta.

maltreat | mælˈtriːt | *v.t.* maltratar.

maltreatment | mælˈtriːtmənt | *s.i.* maltrato, abuso.

mam | mæm | *s.c.* (brit.) mamá.

mamba | ˈmæmbə | | ˈmɑːmbə | *s.c.* cobra africana.

mammal | ˈmæml | *s.c.* . mamífero.

mammary | ˈmæmərɪ | *adj.* . mamario.

mammoth | ˈmæməθ | *s.c.* **1** mamut. ‖ *adj.* **2** enorme.

mammy | ˈmæmɪ | *s.c.* (EE.UU.) mamá, mami.

man | mæn | [*pl.* men] *s.c.* **1** hombre, varón. **2** el ser humano. ‖ *v.t.* **3** tripular, manejar. ‖ **4 as one –,** como un solo hombre. **5 to be one's own –,** ser independiente.

manacle | ˈmænəkl | *s.c.* [gen. *pl.*] **1** esposa. ‖ *v.t.* **2** esposar.

manage | ˈmænɪdʒ | *v.t.* **1** administrar, dirigir. ‖ *v.i.* **2** arreglárselas, ingeniárselas, ir tirando.

manageable | ˈmænɪdʒəbl | *adj.* manejable.

management | ˈmænɪdʒmənt | *s.i.* administración, gerencia.

manager | ˈmænɪdʒə | [*f.* manageress] *s.c.* **1** gerente, director. **2** empresario (de teatro). **3** seleccionador.

mandarin | ˈmændərɪn | *s.c.* **1** mandarina. **2** mandarín.

mandate | ˈmændeɪt | *s.c.* mandato, comisión.

mandatory | ˈmændətərɪ | *adj.* obligatorio.

mandible | ˈmændɪbl | *s.c.* mandíbula.

mandolin I ˈmændəlɪn I s.c. mandolina.

mandrake I ˈmændreɪk I s.c. (también **mandragora**) mandrágora.

mandrill I ˈmændrɪl I s.c. mandril.

mane I meɪn I s.c. crin; melena; penacho.

maneuver V. manoeuvre.

manganese I ˈmæŋgəniːz I s.i. manganeso.

mange I meɪndʒ I s.i. sarna.

manger I ˈmeɪndʒə I s.c. pesebre.

mangle I ˈmæŋgl I v.t. (gen. pas.) destrozar, deformar, mutilar.

mango I ˈmæŋgəʊ I [pl. mangoes o mango] s.c. BOT. mango.

mangy I ˈmeɪndʒɪ I adj. sarnoso, roñoso.

manhandle I ˈmænˌhændl I v.t. 1 arrastrar, mover a mano. 2 tratar a baquetazo, zarandear.

manhole I ˈmænhəʊl I s.c. boca de alcantarilla.

manhood I ˈmænhʊd I s.i. 1 edad adulta. 2 virilidad.

mania I ˈmeɪnjə I s.c. e i. manía, obsesión.

maniac I ˈmeɪnɪæk I adj./s.c. e i. maníaco, obsesivo; maniático, lunático.

manic I ˈmænɪk I adj. maníaco.

manicure I ˈmænɪˌkjʊə I s.c. e i. 1 manicura. ‖ v.t. 2 hacer la manicura.

manicurist I ˈmænɪkjʊərɪst I s.c. manicura, manicuro.

manifest I ˈmænɪfest I adj. 1 manifiesto, evidente. ‖ v.t. 2 manifestar. 3 demostrar.

manifestation I ˌmænɪfeˈsteɪʃn I I ˌmænɪfəˈsteɪʃn I s.c. e i. manifestación, prueba.

manifesto I ˌmænɪˈfestəʊ I [pl. manifestoes o manifestos] s.c. manifiesto.

manifold I ˈmænɪfəʊld I adj. múltiple, variado.

manila I məˈnɪlə I s.i. papel manila.

manioc I ˈmænɪɒk I s.i. mandioca.

manipulate I məˈnɪpjʊleɪt I v.t. manipular, manejar, controlar.

manipulation I məˌnɪpjʊˈleɪʃn I s.c. e i. manipulación, falsificación.

manipulator I məˈnɪpjʊleɪtə I s.c. manipulador.

mankind I mænˈkaɪnd I s.sing. [– + v.sing./pl.] humanidad.

manna I ˈmænə I s.i. maná.

manned I ˈmænd I adj. pilotado.

mannequin, manikin I ˈmænɪkɪn I s.c. maniquí.

manner I ˈmænə I s.c. (gen. sing.) modo, estilo; hábito.

mannered I ˈmænəd I I ˈmænərd I adj. afectado, amanerado.

mannerism I ˈmænərɪzəm I s.c. 1 hábito. 2 amaneramiento.

manoeuvre I məˈnuːvə I (EE.UU. **maneuver**) s.c. 1 (gen. pl.) maniobras. 2 maniobra, truco. ‖ v.t. 3 maniobrar.

manoeuvering I məˈnuːvərɪŋ I (EE.UU. **maneuvering**) s.c. e i. maniobra, manipulación.

manometer I məˈnɒmɪtə I s.c. manómetro.

manor I ˈmænə I s.c. 1 finca, terreno. ‖ 2 – house, casa solariega.

manpower I ˈmænˌpaʊə I s.i. mano de obra.

manqué I ˈmɑːŋkeɪ I I ˈmɒŋkeɪ I adj. [s. + –] frustrado, fracasado.

manse I mæns I s.c. rectoría.

mansion I ˈmænʃn I s.c. mansión.

manslaughter I ˈmænˌslɔːtə I s.i. homicidio.

mantelpiece I ˈmæntlpiːs I s.c. repisa de la chimenea.

mantis I ˈmæntɪs I s.c. (también **praying mantis**) mantis religiosa.

mantle I ˈmæntl I s.c. (gen. sing.) 1 manto, capa. ‖ v.t. e i. 2 envolver, esparcirse, extenderse.

manual I ˈmænjʊəl I adj. 1 manual. ‖ s.c. 2 libro.

manufacture I ˌmænjʊˈfæktʃə I v.t. 1 manufacturar, fabricar. ‖ s.i. 2 manufactura. ‖ s.c. 3 artículo.

manufacturer I ˌmæbnjʊˈfæktʃərə I s.c. fabricante.

manure | mə'njuə | | mə'nuər | *s.i.* 1 estiércol. || *v.t.* 2 abonar.

manuscript | 'mænjuskrıpt | *adj.* y *s.c.* manuscrito.

many | 'menı | *pron.* y *adj.* [*comp.* more, *super.* most] 1 muchos. 2 [so —] tantos. || *s.pl.* 3 [— + *v.pl.*] muchos, la mayoría. 4 as — as, tantos como, no menos de.

map | mæp | *s.c.* 1 mapa, plano. || *v.t.* 2 dibujar un mapa de.

maple | 'meıpl | *s.c.* arce.

mar | mɑ: | *v.t.* 1 dañar, perjudicar. || *s.c.* 2 mancha.

marabou | 'mærəbu: | *s.c.* marabú.

marathon | 'mærəθæn | | 'mærə,θæn | *s.c.* maratón.

marauder | mə'rɔ:də | *s.c.* 1 merodeador. 2 depredador.

marble | 'mɑ:bl | *s.i.* 1 mármol. || *s.c.* 2 canica. || *v.t.* 3 vetear, jaspear.

march | mɑ:tʃ | *v.i.* 1 marchar, desfilar. 2 manifestarse. || *s.c. e i.* 3 marcha, caminata. 4 March, marzo. || *s.c.* 5 marcha. 6 manifestación.

mare | meə | *s.c.* yegua.

margarine | ,mɑ:dʒə'ri:n | | ,mɑ:gə/ 'ri:n | *s.i.* margarina.

margin | 'mɑ:dʒın | *s.c. e i.* 1 margen, límite. || *v.t.* 2 poner margen.

marginal | 'mɑ:dʒınl | *adj.* 1 [no *comp.*] marginal, periférico. 2 fronterizo.

marigold | 'mærıgould | *s.c.* caléndula.

marijuana, marihuana | ,mærı'jwɑ:/ nə | *s.i.* marihuana.

marina | mə'ri:nə | *s.c.* puerto deportivo.

marinade | ,mærı'neıd | *s.c. e i.* 1 escabeche. || *v.t.* 2 escabechar.

marine | mə'ri:n | *adj.* 1 marino, marítimo. || *s.c.* 2 infante de marina.

marionette | ,mærıə'net | *s.c.* marioneta.

marital | 'mærıtl | *adj.* 1 marital, conyugal. || 2 — status, estado civil.

maritime | 'mærıtaım | *adj.* marítimo.

marjoram | 'mɑ:dʒərəm | *s.i.* mejorana, orégano.

mark | mɑ:k | *s.c.* 1 marca, mancha, señal. 2 huella. 3 *sing.* signo, prueba. 4 calificación. || *v.t.* 5 marcar, señalar.

marker | 'mɑ:kə | *s.c.* 1 rotulador. 2 marcador, señal; mojón.

market | 'mɑ:kıt | *s.c.* 1 mercado. 2 comercio. || *v.t.* 3 vender, poner en venta.

marketing | 'mɑ:kıtıŋ | *s.i.* 1 comercialización. 2 publicidad.

marksman | 'mɑ:ksmən | [*pl.* marksmen, *f.* markswoman] *s.c.* tirador.

marksmanship | 'mɑ:ksmənʃıp | *s.i.* puntería.

marlin | 'mɑ:lın | [*pl.* marlin] *s.c.* pez aguja.

marmalade | 'mɑ:məleıd | *s.i.* mermelada (de cítricos).

maroon | mə'ru:n | *v.t.* 1 abandonar a la suerte. 2 (gen. *pas.*) dejar abandonado. || *adj.* 3 rojo oscuro.

marquee | mɑ:'ki: | *s.c.* entoldado.

marquis, marquess | 'mɑ:kwıs | [*f.* marchioness] *s.c.* marqués.

marriage | 'mærıdʒ | *s.c. e i.* 1 boda. 2 matrimonio.

married | mærıd | *adj.* 1 casado. 2 matrimonial, conyugal. || *s.c.* 3 casado.

marrow | 'mærəu | *s.i.* 1 médula. || *s.c.* 2 calabacín.

marry | 'mærı | *v.t. e i.* 1 casar(se). || *v.t.* 2 unir en matrimonio.

marsh | mɑ:ʃ | *s.c. e i.* 1 pantano, marisma. || 2 — gas, gas metano.

marshal | 'mɑ:ʃl | *s.c.* 1 mariscal. || (brit. marshall) *v.t.* 2 ordenar. 3 guiar, dirigir.

marshmallow | ,mɑ:ʃ'mæləu | | 'mɑ:ʃmeləu | *s.c.* malvavisco.

marsupial | mɑ:'sju:pjəl | *s.c.* marsupial.

marten | 'mɑ:tın | *s.c.* marta.

martial | 'mɑ:ʃl | *adj.* 1 marcial. || 2 — art, artes marciales. 3 — law, MIL. ley marcial.

Martian | 'mɑ:ʃən | *adj.* y *s.c.* marciano.

martin | 'mɑ:tın | *s.c.* vencejo.

martyr | 'mɑ:tə | *s.c.* 1 mártir. || *v.t.* 2 martirizar.

martyrdom | 'mɑ:tədəm | *s.i.* martirio.

marvel | 'mɑ:vl | *s.c.* 1 maravilla, portento. 2 asombro. || (brit. **marvell**) *v.t.* e *i.* 3 maravillarse.

marvellous | 'mɑ:vələs | (EE.UU. **marvelous**) *adj.* maravilloso, espléndido.

Marxism | 'mɑ:ksɪzəm | *s.i.* marxismo.

marzipan | ˌmɑ:zɪ'pæn | *s.i.* mazapán.

mascara | mæ'skɑ:rə | | mæ'skæərə | *s.i.* rímel.

mascot | 'mæskət | | 'mæskɑ:t | *s.c.* mascota.

masculine | 'mæskjʊlɪn | *adj.* y *s.c.* masculino.

mash | mæʃ | *v.t.* 1 [to – (up)] aplastar, hacer puré. || *s.c.* e *i.* 2 masa, mezcla. 3 mezcolanza, batiburrillo.

mashed | mæʃt | *adj.* 1 en puré. 2 – **potatoes**, puré de patata.

mask | mɑ:sk | | mæsk | *s.c.* 1 máscara, mascarilla. || *v.t.* 2 enmascarar, camuflar.

masochism | 'mæsəʊkɪzəm | *s.i.* masoquismo.

mason | 'meɪsn | *s.c.* 1 albañil. 2 masón.

masonry | 'meɪsnrɪ | *s.i.* 1 albañilería. 2 mampostería. 3 masonería.

masquerade | ˌmæskə'reɪd | *s.c.* 1 mascarada, farsa. 2 baile de máscaras. || *v.i.* 3 enmascarar.

mass | mæs | *s.c.* 1 masa. 2 masas, muchedumbre. || *s.* 3 FIS. masa. 4 misa. || *v.i.* 5 concentrarse. || *adj.* 6 *no comp.* en masa. 7 de masas. || 8 – **media**, medios de comunicación de masas.

massacre | 'mæsəkə | *s.c.* e *i.* 1 masacre, matanza. || *v.t.* 2 hacer una carnicería.

massage | 'mæsɑːʒ | | mə'sɑːʒ | *s.c.* e *i.* 1 masaje. || *v.t.* 2 dar masaje.

massed | mæst | *adj.* denso, tupido.

masseur | mæ'sɜː | | mə'sɜː | [*f.* **masseuse**] *s.c.* masajista.

massif | 'mæsiːf | | mæ'siːf | *s.c.* macizo.

massive | 'mæsɪv | *adj.* 1 sólido. 2 pesado. 3 extraordinario.

mast | mɑ:st | | mæst | *s.c.* 1 mástil, palo. 2 TV. antena, torre. 3 bellota, hayuco.

master | 'mɑ:stə | *s.c.* 1 amo, dueño, patrono. 2 (brit.) tutor, maestro. 3 doctor (universitario). 4 doctorado. || *v.t.* 5 conocer a fondo, dominar. || 6 – **key**, llave maestra. 7 **Master of Arts**, Doctor en Filosofía. 8 – **switch**, conmutador.

mastermind | 'mɑ:stəmaɪnd | | 'mæstəmaɪnd | *s.c.* 1 cerebro. || *v.t.* 2 (fam.) planificar inteligentemente.

masterpiece | 'mɑ:stəpi:s | *s.c.* obra maestra.

mastery | 'mɑ:stərɪ | | 'mæstərɪ | *s.i.* 1 [– (over/of)] dominio. 2 competencia.

masticate | 'mæstɪkeɪt | *v.t.* e *i.* masticar.

mastication | ˌmæstɪ'keɪʃn | *s.i.* masticación.

mastiff | 'mæstɪf | *s.c.* mastín.

mastitis | mæ'staɪtɪs | *s.i.* mastitis.

mastodon | mæstədən | *s.c.* mastodonte.

masturbate | 'mæstəbeɪt | *v.t.* e *i.* masturbar(se).

masturbation | ˌmæstə'beɪʃən | *s.i.* masturbación.

mat | mæt | *s.c.* 1 estera, felpudo. || *adj.* mate, sin brillo.

matador | 'mætədɔ: | *s.c.* matador.

match | mætʃ | *s.c.* 1 partido, competición. 2 contendiente, rival. 3 conjunto. 4 matrimonio. 5 cerilla. || *v.t.* e *i.* 6 hacer juego. || *v.t.* 7 ser igual. 8 emparejar. 9 competir.

mate | meɪt | *s.c.* 1 amigo, compañero. 2 hembra, macho (entre animales). 3 cónyuge. 4 mate (en ajedrez). || *v.t.* e *i.* 5 cruzar, aparear.

material | mə'tɪrɪəl | *adj.* 1 material. 2 sustancial, pertinente, adecuado. || *s.i.* 3 [– (for)] datos, información. 4 [*pl.*] instrumentos, herramientas.

materialization | məˌtɪrɪələr'zeɪʃn | (también **materialisation**) *s.i.* materialización.

materialism | mə'tɪrɪəlɪzm | *s.i.* materialismo.

materialist | məˈtɪrɪəlɪ st | *adj.* y *s.c.* materialista.

materialize | məˈtɪrɪəlaɪz | (brit.) **materialise** *v.t.* e *i.* 1 materializar(se). ‖ *v.i.* 2 hacerse realidad.

maternal | məˈtɜːnl | | məˈtɜːrnl | *adj.* maternal; materno.

maternity | məˈtɜːnɪti | | məˈtɜːnəti | *s.i.* y *c.* maternidad.

mathematical | ˌmæθəˈmætɪkl | *adj.* matemática, matemático.

mathematician | ˌmæθəməˈtɪʃn | *s.c.* matemático.

mathematics | ˌmæθəˈmætɪks | *s.i.* matemáticas.

mating | ˈmeɪtɪŋ | *s.i.* 1 apareamiento. ‖ *adj.* 2 – **season**, época de celo.

matriarchy | ˈmeɪtrɪɑːki | | ˈmeɪtrɪɑːrki | *s.c.* e *i.* matriarcado.

matriculate | məˈtrɪkjuleɪt | *v.i.* matricularse.

matrimonial | ˌmætrɪˈməʊnjəl | *adj.* matrimonial, conyugal.

matrix | ˈmeɪtrɪks | [*pl.* **matrices** o **matrixes**] *s.c.* 1 matriz. 2 útero.

matron | ˈmeɪtrən | *s.c.* 1 (brit.), jefa de enfermeras, supervisora. 2 (EE.UU.) matrona (en cárceles, comisarías).

matt, mat | mæt | (EE.UU.) **matte** *adj.* mate, sin brillo.

matter | ˈmætə | *s.c.* 1 tema, cuestión. 2 [the – (with)] el problema. 3 *s.i.* 3 materia. 4 sustancia. ‖ *v.i.* 5 tener importancia. ‖ 6 **as a – of course**, porque sí. 7 **as a – of fact**, en realidad. 8 **it doesn't** –, no importa. 9 **no – what**, a pesar de todo. 10 **what's the –?**, ¿qué pasa?.

matter-of-fact | ˌmætərəʊˈfækt | *adj.* práctico, realista.

matting | ˈmætɪŋ | *s.i.* 1 estera. 2 superficie mate.

mattock | ˈmætək | *s.c.* azadón.

mattress | ˈmætrɪs | *s.c.* colchón.

maturation | ˌmætjuˈreɪʃn | *s.i.* maduración.

mature | məˈtjʊə | *adj.* 1 maduro, adulto. ‖ *v.t.* e *i.* 2 madurar(se).

maudlin | ˈmɔːdlɪn | *adj.* sensiblero.

maul | mɔːl | *v.t.* 1 herir, destrozar. ‖ *s.c.* 2 (EE.UU.) mazo, maza.

mausoleum | ˌmɔːsəˈlɪəm | *s.c.* mausoleo.

mauve | məʊv | *adj.* malva.

maw | mɔː | *s.c.* estómago, molleja.

mawkish | ˈmɔːkɪʃ | *adj.* 1 empalagoso. 2 insípido.

maxim | ˈmæksɪm | *s.c.* máxima, lema.

maximize | ˈmæksəmaɪz | (brit. **maximise**) *v.t.* 1 incrementar al máximo. 2 dar la máxima importancia.

maximum | ˈmæksɪməm | [*pl.* máxima o **máximums**] *adj.* y *s.c.* máximo.

may | meɪ | *v.t.irr.* [*pret.* might.] 1 poder, ser posible. ‖ *s.i.* 2 **May**, mayo. ‖ 2 **May Day**, Primero de Mayo.

maybe | ˈmeɪbi: | *adv.* quizá, tal vez.

mayhem | ˈmeɪhem | *s.i.* caos, confusión.

mayonnaise | ˌmeɪəˈneɪz | | ˈmeɪəneɪz | *s.i.* mayonesa.

mayor | meə | | meɪər | *s.c.m.* alcalde.

mayoress | meərɪs | | meɪərɪs | *s.c.f.* alcaldesa.

maze | meɪz | *s.c.* 1 laberinto, confusión. ‖ *v.t.* 2 dejar perplejo, aturdir.

me | mi: | | mɪ | *pron. pers. o.d.* 1a. persona. 1 me, mi, a mí. ‖ 2 **it's –**, soy yo. 3 **with –**, conmigo.

mead | mi:d | *s.i.* (brit.) aguamiel.

meadow | ˈmedəʊ | *s.c.* prado.

meagre | ˈmi:gə | (EE.UU. **meager**) *adj.* 1 escaso, miserable. 2 flaco.

meal | mi:l | *s.c.* comida.

mean | mi:n | *adj.* 1 tacaño. 2 cruel, mezquino. 3 (EE.UU.) peligroso (un animal). 4 medio, de término medio. ‖ *v.t. irr.* [*pret.* y *p.p.* meant] 5 significar, querer decir. 6 simbolizar. 7 referirse a. 8 pretender. 9 hablar en serio. 10 ir dirigido a. ‖ *s.pl.* 11 medio, instrumento. 12 **by any means**, naturalmente.

meander | mɪˈændə | *v.i.* 1 serpentear. 2 vagar. ‖ *s.c.* 3 meandro. 4 camino tortuoso. 5 ARQ. meandro.

meandering | mɪˈændərɪŋ | *adj.* 1

serpenteante, zigzagueante. 2 desordenado, vago.

meaning | 'mi:nɪŋ | s.c. e i. 1 significado, acepción, sentido. ‖ adj. 2 significativo.

meantime | ˌmiːn'taɪm | s.sing. 1 ínterin. ‖ adv. 2 mientras tanto, en el ínterin. ‖ 3 in the –, entretanto.

meanwhile | ˌmiːn'waɪl | adv. 1 entre tanto. 2 por otra parte.

measles | 'miːzlz | s.i. 1 sarampión. ‖ 2 German –, rubéola.

measurable | 'meʒərəbl | adj. mensurable; significativo.

measure | 'meʒə | v.t. e i. 1 medir, tomar medidas. 2 valorar, estimar. ‖ v.t. 3 registrar, señalar‖ s.c. 4 pl. medidas, disposiciones. 5 [– (of)] medida. ‖ s.i. 6 grado, categoría.

measured | 'meʒəd | adj. mesurado; preciso; medido.

measurement | 'meʒəmənt | s.i. medida, cálculo.

meat | miːt | s.i. 1 carne. 2 (fig.) sustancia.

meatball | 'miːtbɔːl | s.c. albóndigas.

meaty | miːtɪ | adj. 1 carnoso. 2 (fig.) sustancioso.

mechanic | mɪ'kænɪk | s.c. mecánico.

mechanical | mɪ'kænɪkl | adj. no comp. mecánico, automático.

mechanics | mɪ'kænɪks | s.i. mecánica.

mechanism | 'mekənɪzəm | s.c. mecanismo.

mechanization | ˌmekənar'zeɪʃn | s.i. mecanización.

mechanize | 'mekənaɪz | (brit. mechanise) v.t. mecanizar.

medal | 'medl | s.c. medalla, condecoración.

medallion | mɪ'dæljən | s.c. medallón.

medallist | 'medlɪst | (EE.UU. medalist) s.c. ganador de una medalla.

meddle | 'medl | v.i. entrometerse; estropear, manosear.

meddlesome | 'medlsəm | adj. entrometido, impertinente.

media | 'miːdɪə | s.sing. 1 [– + v.sing./pl.] medios de comunicación. 2 [pl.] de medium.

median | 'miːdjən | s.sing. mediana; media.

mediate | 'miːdɪət | v.i. 1 [to – (between/in)] mediar. ‖ v.t. 2 resolver, arbitrar.

mediation | ˌmiːdɪ'eɪʃn | s.i. mediación, arbitraje.

mediator | 'miːdɪeɪtə | s.c. mediador.

medical | 'medɪkl | adj. 1 médico. ‖ s.c. 2 reconocimiento médico.

medicament | me'dɪkəmənt | mɪ'dɪkəmənt | s.c. (gen. pl.) medicamento.

medicated | 'medɪkeɪtɪd | adj. medicado, con medicina.

medication | medɪ'keɪʃn | s.c. e i. tratamiento, medicación.

medicinal | me'dɪsɪnl | adj. medicinal, curativo.

medicine | 'medɪsɪn | s.c. e i. 1 medicina; remedio. ‖ s.i. 2 medicina.

medieval | ˌmedɪ'iːvl | ˌmiːdɪ'iːvl | adj. medieval.

mediocre | ˌmiːdɪ'əukə | adj. mediocre, corriente.

mediocrity | ˌmiːdɪ'ɒkrətɪ | s.c. e i. mediocridad.

meditate | 'medɪteɪt | v.t. e i. [to – (on/upon)] meditar.

Mediterranean | ˌmedɪtə'reɪnjən | adj. y s. mediterráneo.

medium | 'miːdjəm | [pl. media o mediums] adj. 1 mediano, medio. ‖ s.c. 2 medio, instrumento. 3 médium.

medlar | 'medlə | s.c. níspero.

medley | 'medlɪ | s.c. 1 mezcla. 2 popurrí. 3 prueba de relevos.

meek | miːk | adj. dulce, dócil.

meet | miːt | [v.irr.pret. y p.p. met] t e i. 1 encontrarse con, reunirse con. 2 presentar(se), conocer(se). 3 jugar contra. ‖ t. 4 ir a buscar a. 5 satisfacer, pagar. 6 enfrentarse a. ‖ i. 7 reunirse. ‖ s.c. 8 (EE.UU.) encuentro. (brit.) cacería. 9 to – with, a) tropezar con; b) experimentar, sufrir; c) (EE.UU.) reunirse con.

meeting | 'miːtɪŋ | *s.c.* 1 mitin, asamblea, congreso, sesión, junta. 2 *sing.* reunión, entrevista. 3 encuentro, competición, concurso.

meeting-place | 'miːtɪŋpleɪs | *s.c.* punto de encuentro.

megalith | 'megəlɪθ | *s.c.* megalito.

megalomania | ˌmegələʊ'meɪnjə | *s.i.* megalomanía.

megalomaniac | ˌmegələʊ'meɪnɪæk | *adj.* megalómano.

megaphone, | 'megəfəʊn | *s.c.* megáfono.

megaton | 'megətʌn | *s.c.* megatón.

melancholy | 'melənkəlɪ | | 'melən/kɑːlɪ | *s.i.* 1 melancolía. || *adj.* 2 melancólico, deprimente.

mélange | meɪ'lɑːnʒ | *s.sing.* mezcla.

melanin | 'melənɪn | *s.i.* . melanina.

mêlée | 'meleɪ | *s.c.* barullo, refriega.

mellow | 'meləʊ | *adj.* 1 maduro, dulce. 2 cálido, suave. 3 tranquilo, apacible. || *v.t.* e *i.* 4 suavizar(se), dulcificar(se), ablandar(se). 5 madurar. 6 relajarse

melodic | mɪ'lɒdɪk | mɪ'lɑːdɪk | *adj.* melódico.

melodious | mɪ'ləʊdjəs | *adj.* melodioso.

melodrama | 'meləʊˌdrɑːmə | *s.c.* e *i.* melodrama.

melodramatic | ˌmeləʊdrə'mætɪk | *adj.* melodramático.

melody | 'melədɪ | *s.c.* e *i.* melodía.

melon | 'melən | *s.c.* melón.

melt | melt | *v.t.* e *i.* 1 derretir(se), fundir(se). || *v.i.* 2 [to — (away)] esfumarse. || *s.i.* 3 derretimiento.

melting | meltɪŋ | *s.i.* 1 derretimiento. 2 — pot, crisol.

member | 'membə | *s.c.* 1 miembro, socio. 2 parlamentario, diputado. 3 integrante.

membership | 'membəʃɪp | | 'mem/bərʃɪp | *s.i.* 1 pertenencia, calidad de socio. || *s.c.* 2 [— + *v.sing./pl.*] número de socios o militantes.

membrane | 'membreɪn | *s.c.* e *i.* membrana, tejido.

memento | mɪ'mentəʊ | *s.c.* recuerdo, reliquia.

memoir | 'memwɑː | *s.c.* 1 memoria. 2 [*pl.*] autobiografía.

memorable | 'memərəbl | *adj.* memorable.

memorandum | ˌmemə'rændəm | [*pl.* memoranda o memorandums] *s.c.* memorándum, comunicado; apunte.

memorial | mɪ'mɔːrɪəl | *s.c.* 1 memorial, monumento. || *adj.* 2 conmemorativo.

memorize | mɪ'məraɪz | (brit. **memorise**) *v.t.* memorizar.

memory | 'memərɪ | *s.c.* 1 memoria. 2 recuerdo.

men | men | *s.* 1 [*pl.* de **man**] || 2 **men's room,** retrete de caballeros.

menace | 'menəs | *s.c.* e *i.* 1 amenaza. || *s.c.* 2 molestia, estorbo.

mend | mend | *v.t.* 1 reparar, arreglar. 2 remendar, zurcir. || *v.i.* 3 recuperarse, reponerse. || *s.c.* 4 remiendo, zurcido. 5 reparación. || 6 to — one's ways, enmendarse. 7 on the —, recuperándose.

mendacious | men'deɪʃəs | *adj.* mendaz, mentiroso.

mending | mendɪŋ | *s.i.* 1 ropas para remendar. 2 zurcido.

menial | 'miːnjəl | *adj.* doméstico; bajo, servil.

meningitis | ˌmenɪn'dʒaɪtɪs | *s.i.* meningitis.

menopause | 'menəʊpɔːz | *s.i.* menopausia.

menstruate | 'menstrueɪt | *v.i.* menstruar.

menstruation | ˌmenstru'eɪʃn | *s.c.* e *i.* menstruación.

mental | 'mentl | *adj.* 1 mental, psíquico. 2 — hospital, hospital psiquiátrico.

mentality | men'tælətɪ | *s.i.* 1 capacidad mental. || *s.c.* 2 mentalidad.

menthol | 'menθɒl | | 'menθɔːl | | 'menθɑːl | *s.i.* mentol.

mention | menʃn | *v.t.* 1 mencionar. || *s.c.* 2 mención. || 3 don't — it, de nada. 4 not to —, además de.

mentor | 'mentɔː | *s.c.* mentor.

menu I 'menju: I *s.c.* menú.

mercantile I 'mɜːkəntail I 'mɜːrkəntiːl I *adj.* 1 mercantil, comercial. || 2 – marine, marina mercante.

mercenary I 'mɜːsınərı I *adj.* mercenario.

merchandise I 'mɜːtʃəndaız I *s.i.* 1 mercancía, género. || *v.t.* 2 comerciar con.

merchant I 'mɜːtʃənt I *s.c.* 1 comerciante. || *adj.* 2 mercante. 3 comercial. 4 – ship, buque mercante.

merciful I 'mɜːsıful I *adj.* 1 misericordioso, compasivo. 2 afortunado.

merciless I 'mɜːsılıs I *adj.* despiadado.

mercury I 'mɜːkjurı I *s.i.* mercurio.

mercy I 'mɜːsı I *s.i.* 1 misericordia, compasión. 2 suerte. || 3 at the – of, a merced de.

mere I mıə I *adj.* 1 no *comp.* mero, solo. 2 no más de.

merge I mɜːdʒ I *v.t.* e *i.* 1 fundir(se), mezclar(se). 2 fusionar(se).

merger I 'mɜːdʒə I *s.c.* fusión, unión.

meridian I mə'rıdıən I *s.c.* meridiano.

meridional I mə'rıdıənl I *adj.* meridional.

meringue I mə'ræŋ I *s.c.* e *i.* merengue.

merit I 'merıt I *s.i.* 1 mérito, valor. || *s.c.* 2 *pl.* cualidades, ventajas. || *v.t.* 3 merecer. || *v.i.* 4 hacer méritos.

meritorious I ,merı'tɔːrıəs I *adj.* meritorio.

merlin I 'mɜːlın I *s.c.* azor.

mermaid I 'mɜːmeıd I *s.c.* sirena.

merman I 'mɜːmæn I *s.c.* tritón.

merriment I 'merımənt I *s.i.* hilaridad, alegría, alborozo.

merry I 'merı I *adj.* 1 alegre, feliz. 2 divertido, simpático.

merry-go-round I 'merıgəu,raund I *s.c.* carrusel, tiovivo.

mesh I meʃ I *s.c.* e *i.* 1 malla, trama. 2 engranaje. || *v.i.* 3 [to – (with)] engranar.

mesmerize I 'mezməraız I (brit. **mesmerise**) *v.t.* fascinar, hechizar.

mess I mes I *s.i.* 1 desorden, suciedad. 2 confusión, embrollo. || *s.c.* 3 [*sing.*] persona desarreglada, desastre. || *s.c.* 4 to – about/ (EE.UU.) around, a) perder el tiempo en tonterías; b) hacer el tonto; c) liar, fastidiar. 5 to – up, desordenar, revolver.

message I 'mesıdʒ I *s.c.* 1 mensaje, recado. || 2 to get the –, captar la insinuación.

messenger I 'mesındʒə I *s.c.* mensajero, recadero.

messianic I ,mesı'ænık I *adj.* mesiánico.

met I met I 1 [*pret* y *p.p.* de **meet**] || 2 *abreviatura* de **meteorological**, **metaphore**, **metropolitan** y **metaphisic**.

metabolic I ,metə'bɒlık I *adj.* metabólico.

metabolism I mə'tæbəlızəm I *s.c.* e *i.* metabolismo.

metabolize I mə'tæbəlaız I (también **metabolise**) *v.t.* metabolizar.

metal I 'metl I *s.c.* e *i.* 1 metal. 2 temple, brío. || *adj.* 3 de metal, metálico.

metallic I mı'tælık I *adj.* metálico; metalizado.

metallurgist I me'tælədʒıst I *s.c.* metalúrgico.

metallurgy I me'tælədʒı I *s.i.* metalurgia.

metamorphose I ,metə'mɔːfəuz I I ,metə'mɔːrfəuz I *v.t.* e *i.* [to – (from /into)] metamorfosear(se), transformar(se).

metamorphosis I ,metə'mɔːfəsıs I [*pl.* **metamorphoses**] *s.c.* e *i.* metamorfosis, transformación.

metaphor I 'metəfə I *s.c.* e *i.* metáfora.

metaphorical I ,metə'fɒrıkl I I ,metə'fɔːrıkl I *adj.* metafórico.

metaphysical I ,metə'fızıkl I *adj.* no *comp.* metafísico.

metaphysics I ,metə'fızıks I *s.i.* metafísica.

mete I miːt I *v.t.* 1 [to – out] imponer, condenar a. 2 medir, mensurar. || *s.c.* 3 límite, frontera.

meteor I 'miːtıə I *s.c.* meteoro.

meteorite | 'mi:tjərait | *s.c.* meteorito.

meteorological | ,mi:tjərə'lɒdʒikl | *adj.* meteorológico.

meteorologist | ,mi:tjə'rɒlədʒist | *s.c.* meteorólogo.

meteorology | ,mi:tjə'rɒlədʒi | *s.i.* meteorología.

meter | 'mi:tə | *s.c.* 1 contador; taxímetro; parquímetro. 2 (EE.UU.) metro (unidad de medida). || *v.t.* 3 medir con contador, taxímetro o parquímetro.

methane | 'mi:θein | 'meθein | *s.i.* metano.

method | 'meθəd | *s.c.* método, sistema.

methodical | mɪ'θɒdɪkl | mɪ'θɑːdɪkl | *adj.* metódico.

Methodism | 'meθədɪzəm | *s.i.* Metodismo.

methodology | ,meθə'dɒlədʒi | ,meθə'dɑːlədʒi | *s.c.* e *i.* metodología.

meticulous | mɪ'tɪkjuləs | *adj.* meticuloso.

metre | 'mi:tə | (EE.UU. **meter**) *s.c.* metro.

metric | 'metrɪk | *adj.* 1 métrico. || 2 — **system**, sistema métrico. 3 — **ton**, tonelada métrica.

metro | 'metrəu | *s.c.* [gen. *sing.*] metro, metropolitano.

metronome | 'metrənəum | *s.c.* metrónomo.

metropolis | mɪ'trɒpəlɪs | mɪ'trɑː:pəlɪs | *s.c.* metrópolis, capital.

metropolitan | ,metrə'pɒlɪtən | ,metrə'pɑ:lɪtən | *adj.* metropolitano.

mettle | 'metl | *s.i.* coraje, temple, valor, brío.

mew | mju: | *v.i.* 1 maullar. 2 mudar la pluma. || *s.c.* 3 maullido.

Mexican | 'meksɪkən | *adj.* y *s.c.* mejicano.

Mexico | 'meksɪkəu | *s.sing.* Méjico.

miaow | mi:'au | (EE.UU.) **mew** *v.i.* maullar.

miasma | mɪ'æzmə | *s.c.* e *i.* miasma.

mica | 'maɪkə | *s.i.* mica.

mice | maɪs | *pl.* de **mouse**.

microbe | 'maɪkrəub | *s.c.* microbio.

microbiology | ,maɪkrəubaɪ'ɒlədʒi | ,maɪkrəubaɪ'ɑːlədʒi | *s.i.* microbiología.

microfilm | 'maɪkrəufɪlm | *s.c.* e *i.* 1 microfilm. || *v.t.* 2 microfilmar.

microphone | 'maɪkrəfəun | *s.c.* micrófono.

microscopic | ,maɪkrə'skɒpɪk | ,maɪkrə'skɑː:pɪk | *adj.* microscópico, a través de microscopio.

microwave | 'maɪkrəweɪv | *s.c.* 1 microonda. 2 horno de microondas.

mid- | mɪd | *prefijo* 1 medio, en medio de. || *adj.* 2 medio, central.

midday | 'mɪddeɪ | *s.i.* mediodía.

middle | 'mɪdl | *s.c.* [gen. *sing.*] 1 medio, parte central. 2 cintura. || *adj.* 3 medio, intermedio.

middle-aged | ,mɪdl'eɪdʒd | *adj.* de mediana edad.

middle-class | ,mɪdl'klɑ:s | *s.c.* 1 clase media. || *adj.* 2 de clase media.

middling | 'mɪdlɪŋ | *adj.* 1 regular, mediano. || *adv.* 2 regular.

midge | mɪdʒ | *s.c.* mosquito.

midget | 'mɪdʒɪt | *adj.* y *s.c.* enano, pequeño.

midnight | 'mɪdnaɪt | *s.i.* 1 media noche. || *adj.* 2 de media noche.

midriff | 'mɪdrɪf | *s.c.* diafragma.

midst | mɪdst | *prep.* 1 en medio de. || 2 **in our —/in our very —**, entre nosotros.

midsummer | ,mɪd'sʌmə | *s.i.* 1 pleno verano. 2 solsticio de verano. || 3 — **day**, 24 de junio.

midway | ,mɪd'weɪ | *adv.* 1 a medio camino. || *adj.* 2 intermedio.

midweek | ,mɪd'wi:k | *adv.* 1 a media semana. || *adj.* 2 de entre semana.

midwife | 'mɪdwaɪf | *s.c.* comadrona.

midwifery | 'mɪdwɪfəri | *s.i.* obstetricia, partería.

midwinter | ,mɪd'wɪntə | *s.i.* 1 pleno invierno. 2 solsticio de invierno.

mien | mi:n | *s.i.* semblante; expresión.

might | maɪt | *v.aux.* 1 [*pret.* de **may**] poder, ser posible. 2 deber, ser necesario o conveniente. || *s.i.* 3 poder, fuerza.

mighty | 'maɪti | *adj.* 1 poderoso,

fuerte. || *adv.* 2 (EE.UU.) muy, extremadamente.

migraine | 'mi:greɪn | *s.i.* migraña.

migrant | 'maɪgrənt | *s.c.* 1 temporero. || *adj.* 2 migratorio.

migrate | maɪ'greɪt | *v.i.* migrar, emigrar.

migration | maɪ'greɪʃn | *s.i.* migración.

migratory | 'maɪgrətəri | *adj.* migratorio.

mike | maɪk | *s.c.* micro.

mild | maɪld | *adj.* agradable, dulce, apacible, de buen carácter; templado, benigno; leve.

mildew | 'mɪldju: | *s.i.* 1 moho. 2 mildiu. || *v.t.* e *i.* 3 enmohecer(se).

mile | maɪl | *s.c.* milla (1.609 metros).

mileage | 'maɪlɪdʒ | *s.c.* [gen. *sing.*] distancia recorrida en millas, kilometraje.

milepost | 'maɪlpəʊst | *s.c.* 1 poste, mojón. 2 (fig.) hito.

milestone | 'maɪlstəʊn | *s.c.* 1 mojón, señal. 2 (fig.) hito, logro.

milieu | 'mi:ljз: | *s.c.* medio social.

militant | 'mɪlɪtənt | *s.c.* militante.

militarized | 'mɪlɪtəraɪzd | (brit.) militarised *adj.* militarizado.

military | 'mɪlɪtəri | *adj.* 1 militar. || *s.pl.* 2 [the —] las fuerzas armadas. || 3 — police, policía militar.

militate | 'mɪlɪteɪt | *v.i.* militar.

militia | mɪ'lɪʃə | *s.c.* e *i.* milicia.

militiaman | mɪ'lɪʃəmən | *s.c.* miliciano.

milk | mɪlk | *s.i.* 1 leche. || *v.t.* 2 ordeñar. 3 explotar, chupar. || *v.i.* 4 dar leche.

milking | mɪlkɪŋ | *s.i.* ordeño.

milkman | 'mɪlkmən | *s.c.* lechero.

milkshake | 'mɪlkʃeɪk | *s.c.* batido.

milky | 'mɪlki | *adj.* 1 pálido, blanquecino. 2 con leche. || 3 Milky Way, Vía Láctea.

milord | mɪ'lɔ:d | *s.c.* señor.

mill | mɪl | *s.c.* 1 molino. 2 molinillo. 3 fábrica textil. 4 fresadora. 5 prensa para acuñar moneda. || *v.t.* 6 moler, triturar. 7 acordonar (moneda). 8 fresar, laminar. 9 batir. 10 abatanar el paño.

millennium | mɪ'leniəm | *s.c.* milenio, milenario.

miller | 'mɪlə | *s.c.* molinero.

millet | 'mɪlɪt | *s.i.* mijo.

milligram | 'mɪligræm | *s.c.* miligramo.

millilitre | 'mɪlɪli:tə | *s.c.* mililitro.

millimetre | 'mɪlɪmi:tə | *s.c.* milímetro.

millinery | 'mɪlɪnəri | *s.i.* sombrerería.

million | 'mɪljən | *s.c.num.* millón.

millionaire | ‚mɪljə'neə | *s.c.* millonario.

millionth | 'mɪljənθ | *s.c.ord.* 1 millonésimo. 2 millonésima parte. || *adj.ord.* 3 millonésimo.

millipede | 'mɪlɪpi:d | *s.c.* miriápodo, cochinilla.

millstone | 'mɪlstəʊn | *s.c.* rueda de molino.

mime | maɪm | *s.i.* 1 mímica. 2 pantomima. 3 actor de mimo. || *v.t.* 4 representar con mímica, expresar con gestos.

mimetic | mɪ'metɪk | *adj.* mimético.

mimic | 'mɪmɪk | *v.t.* 1 imitar, parodiar. 2 fingir, simular. || *s.c.* 3 imitador. || *adj.* 4 simulado. 5 mimético.

mimicry | 'mɪmɪkrɪ | *s.i.* 1 imitación. 2 mimetismo.

minaret | 'mɪnəret | *s.c.* minarete.

mince | mɪns | *s.i.* 1 carne picada. || *v.t.* 2 hacer picadillo. 3 hablar afectadamente. || 4 not to — one's words, no andarse con rodeos.

mincemeat | 'mɪnsmi:t | *s.i.* 1 pasta de fruta triturada. 2 (EE.UU.) carne picada.

mincer | mɪnsə | *s.c.* máquina de picar, picadora.

mind | maɪnd | *s.c.* e *i.* mente, cabeza. 2 intención, voluntad. 3 [gen. *sing.*] inteligencia, cerebro. 4 atención, interés. 5 opinión. || *s.i.* 6 memoria. 7 inclinación. || *v.t.* 8 cuidar, atender. 9 preocuparse por, hacer caso de. 10 tener cuidado con/en. 11 to bear/keep in —, tener presente. 12 to have in —, tener pensado. 13 I don't —, no me importa. 14 to make up one's —/to make one's — up, tomar una decisión. 15 — out!, ¡cui-

dado! 16 – **reader**, adivino. 17 **never** –,
no importa. 18 **out of one's** –, loco, fuera
de sí. 19 **to speak one's** –, hablar claro.
20 **state of** –, estado de ánimo. 21 **to my**
–, en mi opinión.

mind-blowing | ˈmaɪndˌbləʊɪŋ | *adj.*
alucinante; asombroso.

minded | ˈmaɪndɪd | *adj.* 1 [– + *inf.*]
dispuesto, inclinado. 2 [*adj.* + –] de
mentalidad. 3 [*adv.* + –] dedicado. 4 [*s.*
–] inclinado a.

mindful | ˈmaɪndfʊl | *adj.* 1 atento,
cortés. 2 responsable.

mindless | ˈmaɪndlɪs | *adj.* 1 estúpido,
sin sentido. 2 descuidado, negligente.

mine | maɪn | [*pron.pos.* 1ª persona.]
1 mío, míos. || *s.c.* 2 mina. || *v.t* e *i.* 3
trabajar en una mina. || *v.t* 4 extraer de
la mina.

miner | ˈmaɪnə | *s.c.* 1 minero. 2 mi-
nador, zapador.

mineral | ˈmɪnərəl | *adj./s.c.* e *i.* 1 mi-
neral. || *s.c.* 2 [gen. *pl.*] (brit.) aguas mi-
nerales, soda.

mineralogy | ˌmɪnəˈrælədʒɪ | *s.i.* mi-
neralogía.

minesweeper | ˈmaɪnˌswiːpə | *s.c.*
dragaminas.

mingle | ˈmɪŋgl | *v.t* e *i.* 1 mezclar,
unir, combinar. || *v.i.* 2 [to – (with/togeth-
er)] mezclarse, juntarse.

mingy | ˈmɪndʒɪ | *adj.* 1 tacaño, poco
generoso. 2 miserable, mínimo.

miniature | ˈmɪnətʃə | ˈmɪnɪətʃə |
| ˈmɪnɪətʃʊər | *s.c.* 1 miniatura. || *adj.* 2
en miniatura.

miniaturize | ˈmɪnɪtʃəˌraɪz | (brit. min-
iaturise) *v.t.* construir en miniatura, reducir a miniatura.

minibus | ˈmɪnɪbʌs | *s.c.* microbús.

minicab | ˈmɪnɪkæb | *s.c.* microtaxi.

minim | ˈmɪnɪm | (EE.UU. half note)
s.c. 1 mínima. 2 ápice, pizca. 3 trazo.

minima | ˈmɪnɪmə | *pl.* de minimum.

minimal | ˈmɪnɪml | *adj.* mínimo.

minimize | ˈmɪnɪmaɪz | (brit.) mini-
mise *v.t.* 1 reducir al mínimo, minimizar.
2 subestimar, restar importancia.

minimum | ˈmɪnɪməm | *adj.* 1 mí-

nimo, inferior. || [*pl.* **minima** o **minimums**]
s.c. 2 mínimo, minimum. || 3 **at the** –,
como mínimo.

mining | ˈmaɪnɪŋ | *s.i.* 1 minería, ex-
tracción de minerales. 2 minado.

minion | ˈmɪnjən | *s.c.* 1 subalterno. 2
adulador.

minister | ˈmɪnɪstə | *s.c.* 1 ministro. 2
REL. pastor. || *v.t.* e *i.* 3 [to – to] atender
a, auxiliar a.

ministry | ˈmɪnɪstrɪ | *s.c.* ministerio.

mink | mɪŋk | *s.c.* visón.

minor | ˈmaɪnə | *adj.* 1 menor, mí-
nimo, sin importancia. || *s.c.* 2 menor de
edad.

minority | maɪˈnɒrɪtɪ | mɪˈnɔːrɪtɪ |
| mɪˈnɑːrɪtɪ | *s.c.* 1 [the – + *v.sing/pl.*]
la minoría. 2 minoría. || *s.i.* 3 minoría de
edad. || *adj.* 4 minoritario.

minstrel | ˈmɪnstrəl | *s.c.* juglar.

mint | mɪnt | *s.i.* 1 menta. || *s.c.* 2
pastilla de menta. || *v.t.* 3 acuñar mo-
neda, medallas.

minuet | ˌmɪnjuˈet | *s.c.* minueto.

minus | ˈmaɪnəs | *prep.* 1 menos. 2
bajo, por debajo de. || [*pl.* **minusses**] *s.c.*
3 signo menos. 4 desventaja, inconve-
niente, problema. || *adj.* 5 negativo.

minuscule, miniscule | ˈmɪn/
əskjuːl | *adj.* 1 minúsculo. || *s.c.* 2
(EE.UU.) letra minúscula.

minute | ˈmɪnɪt | *s.c.* 1 minuto. 2 [*pl.*]
actas. || *v.t.* 3 escribir en acta, constar en
acta. 4 anotar. || | maɪˈnjuːt | *adj.* 5 di-
minuto. || 6 **wait/just a** –, espera un ins-
tante.

minutiae | maɪˈnjuːʃiɪ | | mɪnuːʃɪaɪ |
s.pl. minucias.

miracle | ˈmɪrəkl | *s.c.* milagro.

mirage | ˈmɪrɑːʒ | | mərɑːʒ | *s.c.* es-
pejismo.

mire | maɪə | *s.i.* lodazal, fango.

mirror | ˈmɪrə | *s.c.* 1 espejo. || *v.t.* 2
reflejar.

mirth | mɜːθ | *s.i.* alegría, júbilo.

mirthless | ˈmɜːθlɪs | *adj.* triste.

misadventure | ˌmɪsədˈventʃə | *s.c.* e
i. 1 desventura, contratiempo. || 2 **death
by** –, muerte accidental.

misanthrope, misanthropist | 'mɪz/ənθrəup | *s.c.* misántropo.

misapply | ,mɪsə'plaɪ | *v.t.* aplicar mal, abusar de.

misapprehend | 'mɪs,æprɪ'hend | *v.t.* comprender mal.

misapprehension | 'mɪs,æprɪ'henʃn | *s.c.* e *i.* malentendido, equívoco.

misappropriate | ,mɪsə'prəuprɪeɪt | *v.t.* apropiarse indebidamente, malversar.

misbegotten | ,mɪsbɪ'gɒtn | *adj.* ilegítimo.

misbehave | mɪsbɪ'heɪv | *v.t.* e *i.* comportarse mal.

mlsbehaviour | ,mɪsbɪ'heɪvjə | (EE.UU. misbehavior) *s.i.* mala conducta.

miscalculate | ,mɪs'kælkjuleɪt | *v.t.* e *i.* 1 calcular mal. 2 juzgar mal.

miscarriage | ,mɪs'kærɪdʒ | *s.c.* e *i.* 1 aborto involuntario. || 2 — of justice, DER. error judicial.

miscellany | mɪ'selənɪ | | 'mɪsəlemɪ | *s.c.* miscelánea.

mischance | ,mɪs'tʃɑːns | | ,mɪs'tʃæns | *s.c.* e *i.* desgracia, infortunio.

mischief | 'mɪstʃɪf | *s.i.* 1 travesura. 2 malicia. 3 daño, deterioro.

mischievous | 'mɪstʃɪvəs | *adj.* 1 travieso. 2 malicioso. 3 irritante.

misconception | ,mɪskən'sepʃn | *s.c.* e *i.* equivocación.

misconduct | ,mɪs'kɒndʌkt | | 'mɪs/kuːndʌkt | *s.c.* e *i.* 1 mala conducta. 2 malversación.

misdeed | ,mɪs'diːd | *s.c.* delito, infracción.

misdemeanor | ,mɪsdɪ'miːnə | (brit. misdemeanour) *s.c.* e *i.* 1 delito. 2 fechoría.

misdirect | ,mɪsdɪ'rekt | *v.t.* 1 escribir mal las señas; informar mal. 2 [gen. pas.] abusar; descaminar.

miser | maɪzə | *s.c.* 1 avaro, (Amer.) amarrete. 2 glotón.

miserable | 'mɪzərəbl | *adj.* 1 triste, deprimido. 2 deprimente. 3 vil, despreciable.

miserly | 'maɪzərlɪ | *adj.* 1 avariento. 2 raquítico, mezquino.

misery | 'mɪzərɪ | *s.i.* 1 desdicha, desgracia. 2 miseria, privación.

misfire | ,mɪs'faɪə | *v.i.* 1 errar el tiro. 2 fallar el encendido. 3 fracasar.

misfit | 'mɪsfɪt | *s.c.* 1 inadaptado. 2 que no encaja.

misfortune | mɪs'fɔːtʃən | *s.c.* e *i.* 1 desventura, desgracia. 2 percance.

misgiving | mɪs'gɪvɪŋ | *s.c.* e *i.* duda, desconfianza, recelo.

misguided | ,mɪs'gaɪdɪd | *adj.* engañado, equivocado.

mishandle | ,mɪs'hændl | *v.t.* 1 llevar mal. 2 maltratar.

mishap | 'mɪshæp | *s.c.* e *i.* percance, contratiempo.

mishear | ,mɪs'hɪə | *v.t.* e *i.* irr. [pret. y p.p. misheard] oír mal.

misinform | ,mɪsɪn'fɔːm | *v.t.* (gen.pas.) informar mal, despistar.

misinterpret | ,mɪsɪn'tɜːprɪt | *v.t.* interpretar mal, tergiversar.

misjudge | ,mɪs'dʒʌdʒ | *v.t.* juzgar equivocadamente o injustamente a.

mislay | ,mɪs'leɪ | *v.t.irr.* [pret. y p.p. mislaid] traspapelar, extraviar.

mislead | ,mɪs'liːd | *v.t.irr.* [pret. y p.p. misled] descaminar, despistar.

misled | ,mɪs'led | *pret.* y *p.p.* de mislead.

mismanage | ,mɪs'mænɪdʒ | *v.t.* administrar mal, organizar mal.

mismanagement | ,mɪs'mnɪdʒmənt | *s.i.* mala administración.

misnomer | ,mɪs'nəumə | *s.c.* término erróneo, desatino.

misogynlst | mɪ'sɒdʒɪnɪst | | mɪ'/sɑːdʒɪnɪst | *s.c.* misógino.

misplaced | ,mɪs'pleɪst | *adj.* inapropiado, mal colocado, equivocado.

misprint | 'mɪsprɪnt | *s.c.* 1 errata. || *v.t.* 2 imprimir mal.

mispronounce | mɪsprə'naʊns | *v.t.* pronunciar incorrectamente.

misread | ,mɪs'riːd | *v.t.irr.* [pret. y p.p. misread] | ,mɪs'red | 1 leer mal. 2 interpretar mal.

misrepresent | 'mɪs,reprɪ'zent |

v.t.gen.pas. 1 distorsionar, tergiversar. 2 representar mal.

miss | mıs | *v.t.* e *i.* 1 errar el objetivo. 2 pasar por alto. 3 no encontrar. 4 no captar. 5 perder, llegar con retraso. || *v.t.* 6 evitar. 7 echar de menos. || *s.c.* 8 fracaso, fallo. 9 señorita.

missal | ˈmɪsl | *s.c.* misal.

misshapen | mɪsˈʃeɪpən | | mɪʃeɪpən | *adj.* deformado, desfigurado.

missile | ˈmɪsaɪl | | ˈmɪsəl | *s.c.* misil.

missing | ˈmɪsɪŋ | *adj.* desaparecido, ausente.

mission | ˈmɪsn | *s.c.* 1 MIL. misión, tarea, objetivo. || *v.t.* 2 enviar en una misión. 3 comisionar.

missionary | ˈmɪʃnərɪ | | ˈmɪʃənerɪ | *adj.* y *s.c.* misionero, evangelizador.

missive | ˈmɪsɪv | *s.c.* misiva.

misspell | mɪsˈspel | *v.t.* e *i.irr.* [*pret.* y *p.p.* misspelt o misspelled.] deletrear mal, cometer errores ortográficos.

misspend | mɪsˈspend | *v.t.irr.* [*pret.* y *p.p.* misspent.] malgastar, desperdiciar.

mist | mɪst | *s.c.* e *i.* 1 neblina, bruma. || *s.i.* 2 vaho, vapor. || *v.t.* e *i.* 3 [to – over] nublar(se), empañar(se). || *v.i.* 4 caer una fina lluvia.

mistake | mɪˈsteɪk | *v.t.irr.* [*pret.* mistook, *p.p.* mistaken] 1 entender mal, juzgar erróneamente. 2 confundir, equivocar. || *s.c.* e *i.* 3 error, errata.

mistaken | mɪˈsteɪkən | *adj.* 1 equivocado, confundido. 2 incorrecto.

mister | ˈmɪstə | *s.* señor, caballero.

mistletoe | ˈmɪsltəʊ | *s.i.* muérdago.

mistook | mɪˈstʊk | *pret.* de mistake.

mistreat | mɪsˈtriːt | *v.t.* maltratar, tratar desconsideradamente.

mistreatment | mɪsˈtriːtmənt | *s.c.* e *i.* maltrato.

mistress | ˈmɪstrɪs | *s.c.* 1 dueña, señora. 2 amante, querida. 3 (brit.) profesora.

mistrust | mɪsˈtrʌst | *v.t.* 1 desconfiar, dudar. || *s.i.* 2 desconfianza, sospecha.

mistrustful | mɪsˈtrʌstfʊl | *adj.* desconfiado, receloso.

misty | ˈmɪstɪ | *adj.* 1 brumoso, caliginoso. 2 pálido, deslucido.

misunderstand | mɪsʌndəˈstænd | | mɪsʌndərˈstænd | *v.t.* e *i.irr.* [*pret.* y *p.p.* misunderstood] entender mal, comprender mal.

misunderstanding | mɪsʌndəˈstn/dɪŋ | | mɪsʌndərˈstændɪŋ | *s.c.* e *i.* malentendido, mala interpretación.

misuse | mɪsˈjuːs | *v.t.* 1 malgastar. 2 maltratar.

mite | maɪt | *s.c.* garrapata, ácaro.

mitigate | ˈmɪtɪgeɪt | *v.t.* mitigar, aliviar.

mitigation | mɪtɪˈgeɪʃn | *s.i.* 1 mitigación. || 2 in –, como atenuante.

mitre | ˈmaɪtə | (EE.UU. miter) *s.c.* 1 mitra. 2 inglete.

mitt | mɪt | *s.c.* mitón, manopla.

mitten | ˈmɪtn | *s.c.* mitón, manopla.

mix | mɪks | *v.t.* e *i.* 1 mezclar, unir, diluir. 2 combinar. 3 aderezar. 4 amasar. *s.c.* e *i.* 5 mezcla, masa, disolución. || 6 to – up, confundir, mezclar.

mixer | ˈmɪksə | *s.c.* 1 batidora, licuadora; hormigonera, mezcladora. 2 combinado, combinación.

mixture | ˈmɪkstʃə | *s.c.* 1 mezcla, combinación, surtido. || *s.i.* 2 jarabe, medicina.

mix-up | ˈmɪksʌp | *s.c.* 1 lío, confusión. 2 pelotera, riña.

mnemonics | nɪˈmɒnɪks | *s.pl.* nemotecnia.

moan | məʊn | *s.c.* 1 gemido, lamento, quejido. || *v.i.* 2 gemir, lamentarse. || *v.t.* e *i.* 3 protestar, quejarse.

moaner | məʊnə | *s.c.* quejica, llorón, protestón.

moat | məʊt | *s.c.* 1 foso. || *v.t.* 2 rodear con foso.

mob | mɒb | | maːb | *s.c.* [– + *v.sing./pl.*] 1 masa, gentío. 2 pandilla. 3 gentuza, chusma. || *v.t.* 4 rodear, atropellar, aglomerarse alrededor.

mobile | ˈməʊbaɪl | | ˈməʊbiːl | *adj.* 1 móvil, movible, variable. || 2 – home, casa remolque, caravana.

mobility | məu'bɪləti | *s.i.* 1 movilidad. 2 versatilidad.

mobilize | 'məubɪlaɪz | (brit. *mobilise*) *v.t.* movilizar, reunir.

mobilization | ˌməubɪlaɪ'zeɪʃn | *s.i.* movilización, organización, reunión.

moccasin | 'mɒkəsɪn | | 'mɑːkəsɪn | *s.c.* mocasín.

mock | mɒk | | mɑːk | *v.t.* e *i.* 1 mofar(se), burlar(se). || *v.t.* 2 ridiculizar, imitar. 3 desbaratar, frustrar. || *adj.* 4 fingido, simulado.

mockery | 'mɒkərɪ | *s.i.* 1 irrisión, burla. 2 farsa, parodia. || 3 to make a — of, poner en ridículo.

mock-up | 'mɒkʌp | *s.c.* maqueta.

mode | məud | *s.c.* 1 modo, estilo. 2 [the —] la moda.

model | 'mɒdl | *s.c.* 1 copia, maqueta. 2 modelo. 3 pauta, norma. || *v.t* (EE.UU. modell). 4 modelar, dar forma. 5 exhibir, presentar. || *adj.* 6 modélico, ejemplar.

moderate | 'mɒdərət | | 'mɑːdərət | *adj.* 1 moderado, medio, módico. || | mɒdə'reɪt | *v.t.* e *i.* 2 moderas, templar, atenuar.

moderation | ˌmɒdə'reɪʃn | | ˌmɑː/ də'reɪʃn | *s.i.* moderación, prudencia.

modern | 'mɒdən | | 'mɑːdərn | *adj.* (no *comp.*) moderno, contemporáneo, actual.

modernism | 'mɒdənɪzəm | | 'mɑːdər/ nɪzəm | *s.i.* modernismo.

modernization | ˌmɒdənaɪ'zeɪʃn | | ˌmɑːdərnə'zeɪʃn | *s.c.* e *i.* modernización, innovación.

modernize | 'mɒdənaɪz | | 'mɑː/ dərnaɪz | (brit. *modernise*) *v.t.* e *i.* modernizar(se), actualizar(se).

modest | 'mɒdɪst | | 'mɑːdɪst | *adj.* 1 modesto, discreto. 2 limitado, razonable.

modesty | 'mɒdɪstɪ | *s.i.* 1 modestia, discreción. 2 recato, pudor.

modicum | 'mɒdɪkəm | *s.sing.* [— + *v.sing/pl.*] mínimo, pizca.

modification | ˌmɒdɪfɪ'keɪʃn | *s.i.* 1 modificación, transformación. || *s.c.* e *i.* 2 revisión, ajuste.

modify | 'mɒdɪfaɪ | *v.t.* modificar.

modular | 'mɒdjulə | | 'mɑːdʒələ | *adj.* modular.

modulation | ˌmɒdju'leɪʃn | | ˌmɑː/ dʒəleɪʃn | *s.c.* e *i.* modulación.

modulate | 'mɒdjuleɪt | | 'mɑːdʒəleɪt | *v.t.* modular, ajustar, regular.

module | 'mɒdjuːl | | 'mɑːdʒuːl | *s.c.* módulo, elemento.

mogul | 'məugʌl | *s.c.* 1 potentado, magnate. 2 mogol, mongol.

mohair | 'məuheə | *s.i.* moer, mohair.

Mohammedanism | məu'hæmɪdə/ nɪzəm | *s.i.* mahometanismo.

moist | mɔɪst | *adj.* húmedo, mojado, empapado.

moisten | 'mɔɪsn | *v.t.* e *i.* humedecer(se), mojar(se), empapar(se).

moisture | 'mɔɪstʃə | *s.i.* humedad.

moisturize | 'mɔɪstʃəraɪz | (también *moisturise*) *v.t.* hidratar, humedecer.

moisturizer | 'mɔɪstʃəraɪzə | (también *moisturiser*) *s.c.* crema hidratante.

molar | 'məulə | *s.c.* molar, muela.

molasses | məu'læsɪz | (EE.UU. *treacle*) *s.i.* melaza.

mold v. **mould** (y derivados).

mole | məul | *s.c.* 1 ZOOL. topo. 2 lunar.

molecular | məu'lekjulə | *adj.* molecular.

molecule | 'mɒlɪkjuːl | | 'mɑːlɪkjuːl | *s.c.* molécula, mol.

molest | məu'lest | *v.t.* 1 atacar, agredir, meterse con. 2 (EE.UU.) molestar, fastidiar.

molestation | ˌməule'steɪʃn | *s.i.* molestia, fastidio.

mollify | 'mɒlɪfaɪ | | 'mɑːlɪfaɪ | *v.t.* apaciguar, aplacar, calmar.

mollusc | 'mɒləsk | | 'mɑːləsk | (EE.UU. *mollusk*) *s.c.* molusco.

mollycoddle | 'mɒlɪˌkɒdl | *v.t.* 1 mimar. || *s.c.* 2 mimado.

molt v. **moult**.

molten | 'məultən | *adj.* 1 fundido, derretido. 2 resplandeciente.

mom | mɒm | (EE.UU. mum) *s.c.* mamá.

moment |ˈməumənt| *s.c.* momento, rato, instante.

momentary |ˈməuməntərɪ| |ˈmə'uməntərɪ| *adj.* 1 momentáneo, pasajero, transitorio, breve, temporal. 2 (EE.UU.) pronto, inmediato.

momentous |məu'mentəs| |mə'mentəs| *adj.* importante, crítico, decisivo, trascendental.

momentum |məu'mentəm| |mə'mentəm| [*pl.* momenta o momentums] *s.c.* e *i.* 1 fuerza, ímpetu, velocidad. || *s.i.* 2 momento.

momma |ˈmɒmə| |ˈmɑ:mə| *s.c.* (EE.UU.) mamá.

monarch |ˈmɒnək| |ˈmɑ:nərk| *s.c.* monarca, soberano.

monarchical |mɒ'nɑ:kɪkl| |mə'nɑ:rkɪkl| *adj.* monárquico.

monarchist |ˈmɒnəkɪst| |ˈmɑ:nərkɪst| *adj.* monárquico.

monarchy |ˈmɒnəkɪ| |ˈmɑ:nərkɪ| *s.c.* e *i.* monarquía.

monastery |ˈmɒnəstərɪ| |ˈmɑ:nəstərɪ| *s.c.* monasterio, convento, claustro.

monastic |mə'næstɪk| *adj.* monástico.

Monday |ˈmʌndɪ| *s.c.* e *i.* lunes.

monetary |ˈmʌnɪtərɪ| |ˈmɑ:nɪtərɪ| *adj.* monetario, financiero.

money |ˈmʌnɪ| *s.i.* 1 dinero, moneda. 2 riqueza, capital. || *s.pl.* 3 fondos, finanzas. || 4 – market, mercado de valores.

moneybox |ˈmʌnɪbɒks| |ˈmʌnɪbɑ:ks| *s.c.* hucha.

moneymaker |ˈmʌnɪmeɪkə| *s.c.* 1 negocio redondo. 2 experto en ganar dinero.

Mongol |ˈmɒŋgɒl| |ˈmɑ:ŋgəl| *adj./s.c.* mongol, mogol.

Mongolia |mɒŋ'gəuljə| *s.sing.* Mongolia.

Mongolian |mɒŋ'gəuljən| *adj./s.c.* e *i.* mongol, mogol.

mongoose |ˈmɒŋgu:s| |ˈmɑ:ŋgu:s| *s.c.* mangosta.

mongrel |ˈmʌŋgrəl| |ˈmɑ:ŋgrəl| *s.c.* sin pedigrí, callejero.

monitor |ˈmɒnɪtə| |ˈmɑ:nɪtə| *s.c.* 1 tv. monitor, receptor de imagen, pantalla. || *v.t.* 2 controlar, revisar.

monk |mʌŋk| *s.c.* monje, fraile.

monkey |ˈmʌŋkɪ| *s.c.* 1 mono, primate. 2 diablillo, trasto. || *v.i.* 3 [to – about/around] hacer el tonto. || 4 – business, trampas, trapisondas.

monochrome |ˈmɒnəkrəum| |ˈmɑ:nəkrəum| *adj.* monocromo.

monocle |ˈmɒnəkl| |ˈmɑ:nəkl| *s.c.* monóculo.

monogamy |mɒ'nɒgəmɪ| |mə'nɑ:gəmɪ| *s.i.* monogamia.

monogram |ˈmɒnəgræm| |ˈmænəgræm| *s.c.* monograma.

monograph |ˈmɒnəgrɑ:f| |ˈmɑ:nəgræf| *s.c.* monografía.

monolingual |ˌmɒnə'lɪŋgwəl| *adj.* de un solo idioma.

monolith |ˈmɒnəulɪə| |ˈmɑ:nəulɪə| *s.c.* monolito.

monolithic |ˌmɒnəu'lɪəɪk| |ˌmɑ:nəu'lɪəɪk| *adj.* monolítico, colosal.

monologue |ˈmɒnəlɒg| |ˈmɑ:nəlɑ:g| (EE.UU. monolog) *s.c.* e *i.* monólogo, soliloquio.

monopolistic |məˌnɒpə'lɪstɪk| |məˌnɑ:pə'lɪstɪk| *adj.* monopolizador, monopolista, de monopolio.

monopolization |məˌnɒpəlaɪ'zeɪʃn| |məˌnɑ:pələ'zeɪʃən| *s.i.* monopolización.

monopolize |mə'nɒpəlaɪz| |mə'nɑ:pəlaɪz| (brit. monopolise) *v.t.* monopolizar.

monopoly |mə'nɒpəlɪ| *s.c.* 1 monopolio. 2 [– of] monopolio de.

monorail |ˈmɒnəureɪl| |ˈmɑ:nəureɪl| *s.c.* tren monorail.

monosyllabic |mɒnəusɪ'læbɪk| |ˌmɑ:nəsɪ'læbɪk| *adj.* monosilábico.

monosyllable |ˈmɒnə'sɪləbl| |ˈmɑ:nə sɪləbl| *s.c.* monosílabo.

monotheism |ˈmɒnəuəi:ɪzəm| *s.i.* monoteísmo.

monotone |ˈmɒnətəun| |ˈmɑ:nətəun| *s.c.* monótono.

monotonous |mə'nɒtnəs| |mə'nɑ:tənəs| *adj.* monótono, repetitivo.

monotony, monotonousness |məˈ

nɒtənəsnıs | məˈnɑːtənəsnıs | *s.i.* monotonía, tedio.

monsoon | mɒnˈsuːn | | mɑːnˈsuːn | *s.c.* monzón.

monster | ˈmɒnstə | | ˈmɑːnstə | *s.c.* monstruo, engendro.

monstrosity | mɒnˈstrɒsətı | | mɑːnˈstrɑːsətı | *s.c.* (fam.) monstruosidad, engendro.

monstrous | ˈmɒnstrəs | *adj.* monstruoso, enorme; deforme, grotesco.

montage | ˈmɒntɑːʒ | | mɑːnˈtɑːʒ | *s.c.* e *i.* montaje.

month | mʌnθ | *s.c.* mes.

monument | ˈmɒnjumənt | | ˈmɑːnjumənt | *s.c.* 1 monumento. 2 hito, mojón, lindero.

monumental | ˌmɒnjuˈmentl | | ˌmɑːnjuˈmentl | *adj.* monumental.

moo | muː | *v.i.* 1 mugir. || *s.c.* 2 mugido.

mooch | muːtʃ | *v.t.* 1 (EE.UU.) gorronear, sablear. || *v.i.* 2 [to – about/around] deambular, vagar.

mood | muːd | *s.c.* 1 humor, estado de ánimo. 2 [gen. *pl.*] mal humor. 3 *sing.* atmósfera, ambiente. 4 inclinación, disposición. 5 modo. || 6 in the – for, apetecer, tener ganas de, querer.

moodiness | ˈmuːdınıs | *s.i.* mal humor; melancolía.

moody | ˈmuːdı | *adj.* malhumorado, melancólico.

moon | muːn | *s.sing.* 1 luna. || *s.c.* 2 [gen. *pl.*] meses, lunas. || *v.i.* 3 [to – about/around] (fam.) soñar despierto, estar en la luna. || *v.t.* 4 [to – over] (fam.) soñar, fantasear. || 5 once in a blue –, muy de vez en cuando. 6 over the –, (fam.) pedir peras al olmo.

moonbeam | ˈmuːnˌbiːm | *s.c.* rayo de luna.

moonless | ˈmuːnlıs | *adj.* sin luna, oscura (la noche).

moonlight | ˈmuːnlaıt | *s.i.* 1 luz de luna. || *v.i.* 2 pluriemplearse.

moonlit | ˈmuːnlıt | *adj.* iluminado por la luna, de luna.

moonshine | ˈmuːnʃaın | *s.i.* 1 (fam.)

tontería, patochada. 2 luz de luna, claro de luna.

moony | ˈmuːnı | *adj.* 1 (fam.) soñador, despistado. 2 semejante a la luna.

moor | muə | *s.c.* 1 (brit.) páramo, brezal. || *v.t.* e *i.* 2 anclar, amarrar.

moorhen | ˈmuəhen | | ˈmuərhen | *s.c.* (brit.) polla de agua.

mooring | ˈmuərıŋ | *s.c.* 1 amarras. 2 amarradero. 3 amarra.

Moorish | ˈmuərıʃ | *adj.* moro, morisco.

moorland | ˈmuələnd | | ˈmuərlənd | *s.i.* (brit.) páramo, paramera.

moose | muːs | *s.c.* [*sing.* y *pl.* **moose**] alce, ante.

mooted | ˈmuːtıd | *adj.* sugerido, insinuado.

moot point | ˈmuːtˌpɔınt | *s.c.* [generalmente *sing.*] interrogante, punto de debate.

mop | mɒp | *s.c.* 1 mopa, fregona. 2 (fam.) greña, mata. || *v.t.* 3 limpiar con mopa. 4 [to – (with)] secar, enjugar. || 5 to – up acabar con, limpiar.

mope | məup | *v.i.* 1 (desp.) estar deprimido, estar taciturno. || 2 to – about/around, (desp.) andar alicaído.

moped | ˈməupəd | *s.c.* moto, ciclomotor.

moral | ˈmɒrəl | | ˈmɔːrəl | *adj.* 1 moral, ético. 2 intachable, honrado. || *s.c.* 3 moral, moraleja. 4 [*pl.*] moralidad, principios. || 5 a – victory, una victoria moral. 6 – support, apoyo moral.

morale | mɒˈrɑːl | | məˈræl | *s.i.* moral, optimismo.

moralist | ˈmɒrəlıst | | ˈmɔːrəlıst | *s.c.* 1 moralista, profesor de ética. 2 (desp.) moralista, puritano.

moralistic | ˌmɒrəˈlıstık | | ˌmɔːrəˈlıstık | *adj.* (desp.) moralizador, puritano.

morality | məˈrælətı | *s.i.* 1 moralidad, integridad. || *s.c.* 2 moralidad, sistema de valores. || 3 – play, LIT. auto.

moralize | ˈmɒrəlaız | | ˈmɔːrəlaız | (brit. **moralise**) *v.t.* e *i.* [to – (about/on)] (desp.) moralizar, dar lecciones morales.

morass | mə'ræs | *s.c.* 1 marisma, terreno pantanoso. 2 (fig.) laberinto, embrollo.

moratorium | ˌmɒrə'tɔːrɪəm | | ˌmɔːrə'tɔːrɪəm | [*pl.* **moratoria**] *s.c.* moratoria.

morbid | 'mɔːbɪd | | 'mɔːrbɪd | *adj.* 1 (desp.) morboso, enfermizo. 2 horrible, espeluznante. 3 mórbido; patológico.

morbidity | mɔː'bɪdətɪ | *s.i.* (desp.) morbosidad.

mordant | 'mɔːdənt | | 'mɔːrdənt | *adj.* mordaz, sarcástico.

more | mɔː | *adv.comp.* 1 más, en mayor grado. 2 en este momento, otra vez. ‖ *pron.* 3 mayor número mejor. 4 más, otro. ‖ *s.i.* 5 mayoría, mayor parte.‖ 6 no — than,/not — than, no más de. 7 not any —,/no —, nunca más, ya no. 8 no — than,/nothing — than,/not much — than, no más allá de, apenas. 9 — and —, cada vez más, más y más. 10 — or less, más o menos. 11 — than, por encima de. 12 — ... than, más... que. 13 once —,/twice —, etc., una vez más, dos veces más, etc. 14 what is —,/what's —, y lo que es más, y además de todo eso.

moreover | mɔː'rəuvə | *adv.* además, por otra parte.

mores | 'mɔːriːz | *s.pl.* costumbres, usos.

morgue | mɔːg | | mɔːrg | *s.c.* 1 morgue, depósito de cadáveres. 2 (desp. y fig.) cementerio, lugar aburrido.

moribund | 'mɒɒrɪbʌnd | | 'mɔːrɪbʌnd | *adj.* 1 moribundo, agonizante. 2 obsoleto, anticuado.

Mormon | 'mɔːmən | *s.* mormón.

morn | mɔːn | *s.c. e i.* alborada, aurora.

morning | 'mɔːnɪŋ | *s.c. e i.* 1 mañana, amanecer. ‖ *adj.* 2 de mañana, matutino.‖ 3 in the —, por la mañana. 4 — dress, traje de chaqué. 5 — sickness, náuseas, vómitos.

Moroccan | mə'rɒkən | | mə'rɑːkən | *adj.* 1 marroquí, de Marruecos. ‖ *s.c.* 2 marroquí.

Morocco | mə'rɒkəu | | mə'rɑːkəu | *s.* 1 Marruecos. ‖ 2 morocco, tafilete.

moron | 'mɔːrɒn | | 'mɔːrɑːn | *s.c.* 1 (desp. y fam.) imbécil, idiota. 2 deficiente mental.

morose | mə'rəus | *adj.* (desp.) arisco, malhumorado.

morpheme | 'mɔːfiːm | *s.c.* morfema.

morphine | 'mɔːfiːn | *s.i.* morfina.

morphology | mɔː'fɒlədʒɪ | *s.i.* morfología.

morrow | 'mɒrəu | | 'mɑːrəu | *s.sing.* [the —] mañana; el futuro.

morsel | 'mɔːsl | | mɔːrsəl | *s.c.* porción, fragmento.

mortal | 'mɔːtl | | 'mɔːrtl | *adj.* 1 mortal, perecedero. 2 mortal, humano. 3 implacable. 4 letal, mortífero. ‖ *s.pl.* 5 mortal, ser humano. ‖ *adv.* 6 extremadamente, muy. ‖ 7 — sin, pecado mortal.

mortality | mɔː'tælətɪ | | mɔːr'tælətɪ | *s.i.* mortalidad; mortandad.

mortar | 'mɔːtə | | 'mɔːrtə | *s.i.* 1 mortero, argamasa. ‖ *s.c.* 2 mortero, almirez. 3 MIL. mortero.

mortgage | 'mɔːgɪdʒ | | 'mɔːrgɪdʒ | *s.c.* 1 hipoteca, interés. ‖ *v.t.* 2 hipotecar, empeñar.

mortician | mɔː'tɪʃən | (brit. **undertaker**) *s.c.* (EE.UU.) empresario de pompas fúnebres.

mortification | ˌmɔːtɪfɪ'keɪʃn | | ˌmɔːrtɪfɪ'keɪʃən | *s.i.* 1 mortificación, orgullo herido. 2 gangrena.

mortify | 'mɔːtɪfaɪ | *v.t.* 1 (gen. *pas.*) mortificar, ofender. 2 controlar, mortificar.

mortifying | 'mɔːtɪfaɪɪŋ | *adj.* mortificante, humillante.

mortise | 'mɔːtɪs | | 'mɔːrtɪs | *s.c.* 1 muesca, entalladura. ‖ 2 — lock, cerradura embutida.

mortuary | 'mɔːtjuərɪ | *s.c.* 1 morgue, tanatorio. ‖ *adj.* 2 mortuorio, funerario.

mosaic | məu'zeɪk | *s.c. e i.* 1 mosaico. ‖ *s.c.* 2 (fig.) mosaico, mezcla, variedad. ‖ *v.t.* 3 decorar con mosaico.

mosey | 'məuzɪ | *v.i.* 1 [to — + *adv./prep.*] (EE.UU. y fam.) vagar, deambular. 2 irse, marcharse.

mosque I mɒsk I *s.c.* mezquita.
mosquito I məˈskiːtəu I [*pl.* mosquitoes o mosquitos] *s.c.* 1 mosquito. || 2 – net, mosquitero.
moss I mɒs I I mɔːs I *s.i.* musgo, moho.
most I məust I [*super.* de many y de much] *adv.* 1 más, en mayor grado. 2 muy, sumamente. 3 (EE.UU.) casi. || *pron.* 4 casi todos, en su mayoría. 5 el mayor, el máximo. || *adj.* 6 más, mayor. || 7 *sufijo* -most, más.|| 8 at –/at the –, a lo más, como máximo. 9 for the – part, en su mayor parte, principalmente.
mostly I məustlı I *adv.* principalmente, en general.
moth I mɒθ I I mɔːθ I *s.c.* 1 polilla, mariposa nocturna. 2 [the –] la polilla.
mothball I mɒθbɔːl I I mɔːθbɔːl I *s.gen.pl.* 1 bolas de alcanfor, naftalina. || 2 in mothballs, almacenado, en reserva.
moth-eaten I mɒθiːtn I *adj.* apolillado, en mal estado.
mother I mʌðə I *s.c.* 1 madre. 2 [the – of] la causa de, la fuente de. 3 madre, sedimento. || *v.t.* 4 (gen., desp.) mimar, proteger. 5 parir, dar a luz. 6 crear, producir. || *adj.* 7 materno, matriz. 8 nativo, patrio. || 9 – country, madre patria.
motherhood I mʌðəhud I I mʌðərhud I *s.i.* maternidad.
mother-in-law I mʌðərınlɔː I [*pl.* mothers-in-law] *s.c.* suegra, madre política.
motherland I mʌðəlænd I *s.c.* patria.
mother-of-pearl, nacre I mʌðər əuˈpɜːl I *s.i.* 1 nácar, madreperla. || *adj.* 2 nacarado.
mother-to-be I mʌðətəˈbiː I [*pl.* mothers-to-be] *s.c.* embarazada.
mother-tongue I mʌðəˈtʌŋ I [*pl.* mother-tongues] *s.c.* lengua materna.
motif I məuˈtiːf I *s.c.* motivo; adorno; tema.
motion I məuʃn I *s.i.* 1 movimiento, acción. || *s.c.* 2 gesto, señal. 3 moción, propuesta. 4 (brit.) defecación, movimiento del vientre. 5 impulso, inclinación. 6 modulación. 7 recurso, petición. || *v.i.* 8

[to – + *inf./adv./prep.*] hacer señas. || 9 to go through the motions, (fam.) hacer algo por puro formulismo. 10 in –, en marcha, en movimiento. 11 to set something in –/to put the wheels in –, poner algo en marcha, empezar algo.
motion-picture I məuʃnˈpıktʃə I *s.c.* (EE.UU.) película, filme.
motivate I məutıveıt I *v.t.* 1 motivar, incitar. 2 (gen. *pas.*) ser el motivo, ser la causa.
motivated I məutıveıtıd I *adj.* motivado, causado.
motivation I məutıˈveıʃn I *s.c.* e *i.* motivación, incentivo.
motive I məutıv I *s.c.* 1 motivo; 2 ART. tema. || *adj.* 3 motriz, impulsor. || *v.t.* 4 motivar, inspirar.
motley I mɒtlı I I mɑːtlı I *adj.* 1 (desp.) heterogéneo, variado. 2 multicolor, policromo, abigarrado. || *s.i.* 3 traje de payaso. 4 mezcla multicolor.
motor I məutə I *s.c.* 1 motor. 2 (brit. y fam.) vehículo, automóvil. || *adj.* 3 a motor, de motor. 4 motriz.
motorbike I məutəbaık I I məutər baık I *s.c.* (brit. y fam.) motocicleta, ciclomotor.
motorboat I məutəbəut I I məutər bəut I *s.c.* lancha motora.
motorcycle I məutəˌsaıkl I *s.c.* ciclomotor.
motoring I məutərıŋ I *adj.* automovilístico, del automóvil.
motorist I məutərıst I *s.c.* automovilista, motorista.
motorized I məutəraızt I (brit.) motorised *adj.* motorizado.
motorway I məutəweı I (EE.UU.) expressway, freeway *s.c.* autopista.
mottled I mɒtld I I mɑːtld I *adj.* moteado, multicolor.
motto I mɒtəu I I mɑːtəu I [*pl.* mottoes o mottos] *s.c.* 1 lema, divisa. 2 (brit.) chiste sorpresa.
mould I məuld I (EE.UU. mold) *s.i.* 1 moho, cardenillo. 2 mantillo, tierra vegetal. || *s.c.* 3 molde, plantilla. 4 carácter, naturaleza. 5 forma, configuración. || *v.t.*

6 moldear, dar forma. 7 amoldar, ajustarse a.

moulder | 'mǝuldǝ | (EE.UU. molder) v.i. descomponerse, desmoronarse.

moulding | 'mǝuldɪŋ | (EE.UU. molding) s.c. e i. 1 moldura, listón. 2 cornisa.

mouldy | 'mǝuldɪ | (EE.UU. moldy) adj. 1 mohoso, enmohecido. 2 (brit. y argot) miserable; anticuado.

moult | mǝult | (EE.UU. molt) v.t. e i. 1 mudar, cambiar. || s.c. e i. 2 muda, cambio (de pluma, de pelo).

mound | maund | s.c. 1 túmulo. 2 montículo, terraplén. 3 montón, pila.

mount | maunt | v.t. e i. 1 montar, subirse. 2 subir, remontar. || v.t. 3 [to — (on)] poner a caballo. 4 lanzar, iniciar. 5 montar, poner en marcha. 6 engastar. 7 enmarcar. 8 montar. || v.i. 9 subir, incrementar. || s.c. 10 engaste, montadura. 11 base, montaje. 12 montura, cabalgadura. 13 Mount, monte, montaña.

mountain | 'mauntɪn | s.c. 1 montaña, monte. 2 (gen. pl.) montón, pila. 3 (fam.) cúmulo, cantidad enorme. || adj. 4 montañero, de montaña. || 5 — range /range of mountains, cordillera, cadena de montañas.

mountaineer | ˌmauntɪ'nɪǝ | s.c. 1 montañero, alpinista. 2 montañés, serrano. || v.i. 3 DEP. escalar, hacer montañismo.

mountaineering | ˌmauntɪ'nɪǝrɪŋ | s.i. montañismo, alpinismo.

mountainous | 'mauntɪnǝs | adj. 1 montañoso. 2 enorme, impresionante.

mountainside | 'mauntɪnsaɪd | s.c. (gen. sing.) ladera de una montaña, falda de una montaña.

mountebank | 'mauntɪbæŋk | (desp.) s.c. 1 charlatán de feria, farsante. || v.i. 2 embaucar, engañar.

mounted | 'mauntɪd | adj. 1 montado, a caballo. 2 montada.

mounting | 'mauntɪŋ | adj. 1 ascendente, progresivo. || s.c. 2 engaste. 3 base, soporte.

mourn | mɔːn | v.t. e i. 1 lamentar(se), gemir. 2 plañir, llorar la muerte de.

mourner | 'mɔːnǝ | s.c. 1 deudo, plañidera. 2 quejica, llorón.

mournful | 'mɔːnfl | adj. (gen. desp.) 1 triste, melancólico. 2 lastimero, lúgubre.

mourning | 'mɔːnɪŋ | s.i. 1 duelo, aflicción, dolor. 2 lamento, gemido. || 3 in —, de luto.

mouse | maus | [pl. mice] s.c. 1 ratón, roedor. 2 (fam.) cobarde, asustadizo. 3 moretón, cardenal. || v.i. 4 cazar ratones. 5 merodear, buscar furtivamente.

mousetrap | 'maustræp | s.c. ratonera, trampa para ratones.

moustache | mǝ'staːʃ | | 'mʌstæʃ | (EE.UU.) **mustache** s.c. bigote, mostacho.

mousy | 'mausɪ | adj. 1 pardusco, grisáceo. 2 (desp.) tímida, callada. 3 (fam.) ratonil.

mouth | mauθ | s.c. 1 boca, labios. 2 (fam.) bocazas, charlatán. 3 entrada; boquilla. 4 desembocadura. 5 mueca, gesto. 6 (fig.) lenguaje, palabras. 7 portavoz. || v.t. 8 recitar silenciosamente. 9 proferir, vocear. 10 llevar a la boca. || v.i. 11 declamar afectadamente. 12 hacer muecas. || 13 down in the —, (fam.) triste, alicaído. 14 from the horse's —, de fuentes solventes. 15 to keep one's — shut, mantener la boca cerrada. 16 to make one's — water, hacérsele a uno la boca agua. 17 to — off, (fam. y desp.) protestar a voces. 18 mouths to feed, (fig.) bocas que alimentar, personas a cargo de uno. 19 not to open one's —, no abrir la boca.

mouthful | 'mauθful | s.c. 1 bocado. 2 (fam. y hum.) trabalenguas. 3 (EE.UU. y fam.) observación perspicaz.

mouthpiece | 'mauθpiːs | s.c. 1 bocadura, boquilla. 2 bocina, micrófono. 3 (gen. desp.) portavoz, órgano de expresión. 4 protector dental. 5 (argot) abogado defensor.

mouthwash | 'mauθwɒʃ | | 'mauθwɔːʃ | | 'mauθwaːʃ | s.c. e i. enjuague, enjuagadientes, colutorio.

movable, moveable | 'muːvǝbl | adj. 1 móvil, articulado. 2 movible, cambiable. 3 bienes muebles. 4 mobiliario, muebles.

move |muːv| *v.t.* e *i.* 1 mover(se), desplazar(se). 2 sacudir(se), agitar(se). 3 pasar(se), trasladar(se). 4 (fam.) correr. 5 mover. 6 proponer una resolución, (Am.) mocionar. 7 vender. ‖ *v.t* 8 [to – (to)] (form.) conmover; encolerizar. 9 persuadir. 10 quitar. ‖ *v.i.* 11 avanzar, progresar. 12 mudarse, trasladarse. 13 [to – (on)] tomar medidas, entrar en acción. 14 [to – + *adv./prep.* among/in] frecuentar, moverse en. ‖ *s.c.* 15 movimiento, sacudida. 16 mudanza, traslado. 17 jugada, movimiento. 18 paso, gestión. 19 avance, progreso. ‖ 20 **to get moving**, ponerse en marcha; hacer progresos. 21 **to get something moving**, poner algo en marcha. 22 **to – along**, avanzar, ir hacia delante. 23 **to – heaven and earth**, remover cielo y tierra. 24 **to – in**, instalarse en; (desp.) invadir. 25 **to – off**, marcharse, salir. 26 **to – on**, cambiar de tema; progresar; mudarse; echar de un lugar. 27 **to – one's vowels/one's vowels –**, defecar, evacuar. 28 **to – over**, pasar a, cambiar a; dejar sitio. 29 **to – up**, dejar sitio; subir, ascender; movilizar. 30 **to – with the times**, ir con los tiempos. 31 **on the –**, en movimiento, en marcha.

moved |muːvd| *adj.* emocionado, conmovido.

movement |'muːvmənt| *s.c.* e *i.* 1 movimiento; perturbación; cambio. 2 tendencia, inclinación. ‖ *s.c.* 3 [– + *v.sing./pl.*] movimiento, organización. 4 movimiento 5 mecanismo. 6 defecación, evacuación. 7 MIL. maniobra. 8 [*pl.*] movimientos, planes. 9 LIT. progresión, ritmo.

mover |muːvə| *s.c.* 1 proponente. 2 [*adj.* + –] persona que se mueve. 3 (fam.) éxito, logro. 4 (EE.UU.) empleado de mudanzas.

movie |'muːvi| *s.c.* (EE.UU. y fam.) 1 filme. 2 [the movies] cine. 3 [*pl.*] industria cinematográfica.

moving |muːvɪŋ| *adj.* 1 conmovedor, impresionante. 2 motriz. 3 articulado. 4 mudanza. ‖ 5 **– picture** filme. 6 **the – spirit/the – force**, la inspiración.

mow |məʊ| *v.t.* e *i.* [*irr.pret.* mowed

p.p. mowed o mown] 1 segar, cortar. ‖ 2 **to – down**, abatir, arrasar.

mower |məʊə| *s.c.* cortacésped; segador.

MP |,em'piː| *s.c.* 1 *abreviatura* de **Member of Parliament**, parlamentario. 2 (fam.) *abreviatura* de **Military Police**, policía militar.

Mr |'mɪstə| *s. abreviatura* de **Mister**, Sr.

Mrs |'mɪsɪz| *s. abreviatura* de **Mistress**, Sra.

Ms |mɪz| o |məz| *s.* abreviatura ante el apellido de una mujer.

much |mʌtʃ| *adv.* 1 mucho, con mucho: 2 enormemente, muy. 3 casi. ‖ *adj.* 4 [– + *s.i.*] mucho, gran. ‖ *s.sing.* 5 mucho, gran cantidad, gran parte. 6 importante, notable. 7 **how –**, cuánto. ‖ 8 **as – as one could do**, todo cuanto se pudo hacer. 9 **I thought as –**, (desp.) me lo suponía. 10 **– as**, a pesar de que, aunque. 11 **nothing –**, nada más. 12 **not – of a**, no muy bueno. 13 **not – of a one for**, no gustar, no estar muy interesado en. 14 **not so – ... as**, no tanto... como. 15 **not to hear – of**, no tener noticias de, no saber nada de. 16 **not to see – of**, verse poco. 17 **so – as**, siquiera, apenas. 18 **so – for**, basta de. 19 **so – the better**, tanto mejor. 20 **too –**, demasiado. 21 **too – for**, demasiado para.

muck |mʌk| *s.i.* (fam.) 1 suciedad, inmundicia. 2 barro, fango. 3 estiércol; mantillo. 4 (fig.) basura, porquería. ‖ *v.t.* 5 (fam.) estercolar, abonar. ‖ 6 **to make a – of**, (brit. y fam.) estropear, fastidiar. 7 **to – about/around**, (brit. y fam.) hacer el tonto; tratar con desconsideración. 8 **to – in**, (brit. y fam.) unir fuerzas. 9 **to – out**, desestercolar. 10 **to – up**, (brit. y fam.) manchar; estropear.

mucky |'mʌki| *adj.* (fam.) 1 sucio, inmundo. 2 (brit.) desapacible. 3 sucio, pornográfico.

mucous |'mjuːkəs| *adj.* 1 mucoso. ‖ 2 **– membrane**, mucosa.

mucus |'mjuːkəs| *s.i.* moco, mucus.

mud |mʌd| *s.i.* 1 barro, fango. ‖ 2

someone's name is —, el nombre de alguien está por los suelos.

muddle | 'mʌdl | *s.c.* (gen. *sing.*) 1 confusión, embrollo. 2 dilema, apuro. || *v.t.* 3 [to — (up)] desordenar, mezclar. 4 confundir, aturdir. 5 estropear, fastidiar. 6 mezclar, revolver. || 7 to — along, ir tirando. 8 to — through, arreglárselas.

muddled | 'mʌdld | *adj.* 1 embarullado, desordenado. 2 confuso, aturdido.

muddled-headed | 'mʌdl,hedɪd | *adj.* 1 confuso, poco claro. 2 atontado, estúpido.

muddy | 'mʌdɪ | *adj.* 1 enlodado. 2 pardusco, turbio. 3 confuso, oscuro. || *v.t.* 4 enlodar, embarrar. 5 nublar, oscurecer. 6 confundir, embrollar.

mudflat | 'mʌdflæt | *s.c.* (gen. *pl.*) marismas, tierras bajas.

mudguard | 'mʌdgɑːd | | 'mʌdgɑːrd | *s.c.* guardabarros, (Am.) guardafango.

mudslinging | 'mʌdslɪŋɪŋ | *s.i.* (desp.) difamación.

muezzin | muːˈezɪn | | 'mwezɪn | *s.c.* muezín.

muff | mʌf | *s.c.* 1 manguito. 2 torpeza, fallo. || *v.t.* 3 fallar. 4 [to — (up)] (fam.) desperdiciar.

muffin | 'mʌfɪn | *s.c.* (brit.) bollito.

muffle | 'mʌfl | *v.t.* (gen. *pas.*) 1 atenuar, apagar, amortiguar. 2 [to — (up)] embozarse, envolverse. 3 moderar, templar. 4 decir de forma imprecisa. || *s.c.* 5 amortiguador. 6 horno para porcelana. 7 hocico, nariz.

muffled | 'mʌfld | *adj.* apagado, débil.

muffler | 'mʌflə | *s.c.* 1 bufanda. 2 (EE.UU.) silenciador.

mug | mʌg | *s.c.* 1 taza, platillo. 2 (brit. y fam.) incauto, tonto. 3 (argot) jeta, boca. 4 mueca. 5 rufián, matón, malhechor, ladrón. 6 fotografía. || *v.t.* 7 asaltar, robar con violencia. 8 fotografiar. || *v.i.* 9 gesticular, hacer muecas. || 10 a mug's game, (brit. y fam.) trabajo poco provechoso. 11 — shot, (argot) fotografía de identificación. 12 to — up, (brit. y fam.) empollar.

mugger | 'mʌgə | *s.c.* asaltante, ladrón.

muggin | 'mʌgɪn | *s.c.* e *i.* robo con violencia.

muggins | 'mʌgɪnz | *s.c.sing.* (brit. y fam.) tonto, primo.

muggy | 'mʌgɪ | *adj.* (fam.) bochornoso, sofocante y húmedo.

mulberry | 'mʌlbərɪ | | 'mʌlberɪ | *s.c.* 1 morera. 2 mora. 3 color morado.

mulch | mʌltʃ | *s.i.* 1 compost. || *v.t.* 2 proteger con compost.

mule | mjuːl | *s.c.* 1 mula, macho. 2 selfactina. 3 (gen. *pl.*) pantufla, chinela.

mulish | 'mjuːlɪʃ | *adj.* testarudo, obstinado.

mull | mʌl | *s.c.* 1 promontorio sobre el mar. 2 muselina. || 3 to — over, meditar.

mulled | mʌld | *adj.* especiado y caliente.

mullet | 'mʌlɪt | *s.c.* mújol, salmonete.

multifarious | ˌmʌltɪˈfeərɪəs | *adj.* múltiple, plural.

multinational | ˌmʌltɪˈnæʃənəl | *adj.* y *s.c.* multinacional.

multiple | 'mʌltɪpl | *adj.* 1 [no *comp.*] múltiple, variado. || *s.c.* 2 múltiplo. || 3 — sclerosis, esclerosis múltiple.

multiplex | 'mʌltɪpleks | *adj.* múltiple, complejo.

multiplication | ˌmʌltɪplɪˈkeɪʃn | *s.i.* 1 multiplicación. 2 aumento, incremento. || 3 — table, tabla de multiplicar.

multiplicity | ˌmʌltɪˈplɪsətɪ | *s.i.* [— (of)] multiplicidad, variedad.

multiply | 'mʌltɪplaɪ | *v.t.* e *i.* 1 multiplicar. 2 incrementar, aumentar. || *v.i.* 3 reproducirse.

multitude | 'mʌltɪtjuːd | | 'mʌltɪtuːd | *s.c.* 1 [— *v.sing./pl.*] multitud, montón. 2 [the —/multitudes] la multitud, las masas. || 3 to cover/hide a — of sins, ser una disculpa corriente.

mum | mʌm | (EE.UU.) mom *s.c.* 1 mamá, mami. 2 (fam.) crisantemo. || *adj.* 3 silencioso, callado. || *v.i.* 4 actuar en una pantomima. || 5 to keep —, (fam.), mantener en secreto. 6 mum's the word, punto en boca.

mumble | 'mʌmbl | *v.t.* e *i.* 1 mascullar, farfullar. ‖ *v.t.* 2 masticar con dificultad. ‖ *s.c.* 3 murmullo, balbuceo.

mumbo-jumbo | ˌmʌmbəu'dʒʌmbəu | *s.i.* 1 (desp. y fam.) galimatías, monserga, sinsentido, tonterías. 2 fetiche. 3 conjuro, ritual.

mummified | 'mʌmɪfaɪd | *adj.* momificado.

mummify | 'mʌmɪfaɪ | *v.t.* 1 momificar. ‖ *v.t.* e *i.* 2 disecar(se), marchitar(se).

mumming | 'mʌmɪŋ | *s.i.* ART. mimo.

mummy | 'mʌmɪ | (EE.UU.) mommy, momma *s.c.* 1 (fam.) mamá, mami. 2 momia.

mumps | mʌmps | *s.i.* paperas, parotiditis.

munch | mʌntʃ | *v.t.* e *i.* ronchar.

mundane | ˌmʌn'deɪn | *adj.* mundano; terrenal.

municipal | mju:'nɪsɪpl | mju'nɪsɪpl | *adj.* municipal.

municipality | mju:ˌnɪsɪ'pæləti | mjuˌnɪsɪ'pæləti | *s.c.* 1 municipio. 2 [– *v.sing./pl.*] municipalidad.

munificence | mju:'nɪfɪsns | *s.i.* munificencia.

munitions | mju:'nɪsnz | mju'nɪʃnz | *s.pl.* municiones.

mural | 'mjʊərəl | *s.c.* fresco; mural.

murder | 'mɜ:də | 'mɜ:rdə | *s.c.* e *i.* 1 asesinato, crimen. ‖ *s.c.* 2 (fam.) horror. ‖ *v.t.* 3 asesinar, matar. 4 (fam.) destrozar, fastidiar. 5 (argot) vapulear.

murderer | 'mɜ:dərə | *s.c.m.* asesino.

murderous | 'mɜ:dərəs | *adj.* criminal.

murk | 'mɜ:k | *s.i.* 1 oscuridad. ‖ *adj.* 2 tenebroso.

murky | 'mɜ:kɪ | *adj.* 1 sombrío, lóbrego. 2 oscuro, turbio. 3 nebuloso. 4 confuso.

murmur | 'mɜ:mə | *s.c.* 1 murmullo, rumor. 2 queja, protesta. ‖ *s.c.* e *i.* 3 soplo cardiaco. ‖ *v.t.* e *i.* 4 murmurar, susurrar. ‖ *v.i.* 5 protestar, rezongar.

muscle | 'mʌsl | *s.c.* e *i.* 1 músculo, musculatura. ‖ *s.i.* 2 fuerza muscular, vigor. 3 poder, autoridad. ‖ *v.i.* 4 [to – in/into] entrar por la fuerza en; inmis-

cuirse. ‖ 5 **not to move a –**, no mover un músculo, quedarse impertérrito.

muscular | 'mʌskjulə | *adj.* 1 muscular. 2 musculoso, fornido. ‖ 3 – **dystrophy**, distrofia muscular.

muse | mju:z | *v.i.* 1 [to – (over/(up)on)] meditar, ponderar. ‖ *s.c.* 2 [the Muse] la Musa (diosa del arte). 3 musa, inspiración. ‖ *s.i.* 4 reflexión, meditación.

museum | mju:'zɪəm | mju'zɪəm | *s.c.* 1 museo. ‖ 2 – **piece**, antigüedad, pieza de museo, pieza artística; (fig.) antigualla, carcamal.

mush | mʌʃ | *s.i.* 1 (fam.) pasta, masa. 2 (EE.UU.) gachas de maíz. 3 (fam.) sentimentalismo, sensiblería. 4 viaje en trineo. ‖ *v.i.* 5 viajar en trineo.

mushroom | 'mʌʃrum | 'mʌʃru:m | *s.c.* 1 seta, hongo. ‖ *v.i.* 2 multiplicarse, crecer como hongos. 3 [to – + *adv./prep.*] tomar forma de hongo.

mushy | 'mʌʃɪ | *adj.* 1 blando, cremoso. 2 sensiblero, sentimental.

music | 'mju:zɪk | *s.i.* 1 música. 2 composición musical. ‖ 3 – **to one's ears**, música celestial. 4 **to face the –**, encarar la realidad.

musical | 'mju:zɪkl | *adj.* 1 [no *comp.*] musical. 2 amante de la música. 3 melodioso. ‖ *s.c.* 4 comedia musical. ‖ 5 – **box**, (EE.UU.) cajita de música. 6 – **instrument**, instrumento musical.

music-hall | 'mju:zɪkhɔ:l | (EE.UU.) vaudeville *s.c.* e *i.* 1 (brit.); teatro de variedades. ‖ *s.c.* 2 (EE.UU.), sala de conciertos.

musician | mju:'zɪʃn | mju'zɪʃn | *s.c.* músico.

musicianship | mju:'zɪʃənʃɪp | mju'zɪʃənʃɪp | *s.i.* habilidad musical.

music-stand | 'mju:zɪkstænd | *s.c.* atril.

musk | mʌsk | *s.i.* 1 almizcle. 2 olor de almizcle. 3 almizclero. 4 almizcleña.

musket | 'mʌskɪt | *s.c.* MIL. mosquete.

Muslim, Moslem | 'muslɪm | *s.c.* y *adj.* musulmán.

muslin | 'mʌzlɪn | *s.i.* muselina.

mussel | ˈmʌsl | *s.c.* mejillón.

must | mʌst | | məst | *v.t.* [*pret.* had to o must] 1 deber, ser preciso, ser obligatorio. 2 requerir, necesitar. 3 deber, ser probable. 4 tener que. 5 tener la certeza. 6 tener que. || *s.sing.* 7 (fam.) deber, obligación. 8 mosto. 9 almizcle. 10 enmohecimiento. || 11 if I —, si no tengo más remedio. 12 if you —, si te empeñas. 13 if you — know, si quieres saberlo.

mustard | ˈmʌstəd | *s.i.* 1 mostaza. || 2 as keen as —, (brit. y fam.) listo como un lince.

muster | ˈmʌstə | *v.t.* e *i.* 1 congregar(se), convocar. || *s.c.* 2 reunión, asamblea. 3 rol, lista de dotación. || 4 to — in, alistar. 5 to — out, licenciar, dar de baja. 6 to — up, reunir. 7 to pass —, ser aceptado, ser adecuado.

musty | ˈmʌsti | *adj.* 1 mohoso. 2 pasado de moda. 3 trillado, gastado.

mutant | ˈmjuːtənt | *s.c.* y *adj.* mutante.

mutate | mjuːˈteit | *v.t.* e *i.* mutar(se), transformar(se).

mutation | mjuːˈteiʃn | *s.c.* e *i.* mutación, transformación.

mute | mjuːt | *adj.* 1 mudo, callado. 2 oclusiva, muda. || *s.c.* 3 mudo. 4 oclusiva, muda. 5 sordina. || *v.t.* 6 atenuar, poner sordina. 7 silenciar, reprimir. 8 suavizar, apagar. || *v.i.* 9 defecar, evacuar.

muted | mjuːtid | *adj.* amortiguado; reprimido.

mutilate | ˈmjuːtileit | *v.t.* (gen. *pas.*) 1 mutilar, lisiar. 2 desfigurar, alterar.

mutilation | ˌmjuːtiˈleiʃn | *s.c.* e *i.* mutilación, tara.

mutineer | ˌmjuːtiˈniə | | ˌmjuːtəˈniə | *s.c.* amotinado, insurrecto.

mutinous | ˈmjuːtinəs | | ˈmjuːtənəs | *adj.* amotinado; incontrolable.

mutiny | ˈmjuːtini | | ˈmjuːtəni | *s.c.* e *i.* 1 motín, rebelión. || *v.i.* 2 amotinarse, sublevarse.

mutt | mʌt | *s.c.* 1 incompetente, tonto, bobo. 2 perro callejero.

mutter | ˈmʌtə | *v.t.* e *i.* 1 murmurar, decir en voz baja. || *v.i.* 2 refunfuñar. || *s.c.* 3 (gen. *sing.*) rumor, murmullo. 4 refunfuño.

muttering | ˈmʌtəriŋ | *s.c.* e *i.* murmullo, bisbiseo.

mutton | ˈmʌtn | *s.i.* carne de cordero.

mutual | ˈmjuːtʃuəl | *adj.* mutuo, recíproco, común, compartido.

muzzle | ˈmʌzl | *s.c.* 1 hocico, morro. 2 bozal. 3 orificio de un arma de fuego. || *v.t.* 4 poner bozal.

muzzy | ˈmʌzi | *adj.* confuso, borroso.

my | mai | *adj.pos.* 1 mí. 2 [— + *s.*] mío.

myopia | maiˈəupiə | *s.i.* miopía.

myopic | maiˈɒpik | | maiˈɑːpik | *adj.* miope.

myriad | ˈmiriəd | *adj.* innumerable, en gran cantidad.

myself | maiˈself | [*pl.* myselves] *pron.* 1 me, mí. 2 mí mismo, yo mismo.

mysterious | miˈstiəriəs | *adj.* 1 incomprensible, sorprendente. 2 misterioso, enigmático.

mystery | ˈmistəri | *s.c.* 1 misterio, enigma. 2 novela policiaca; auto sacramental. || *s.i.* 3 magia, secreto. || *adj.* 4 misterioso, enigmático.

mystic | ˈmistik | *s.c.* místico.

mystical | ˈmistikl | *adj.* místico.

mysticism | ˈmistisizm | *s.i.* misticismo, contemplación.

mystification | ˌmistifiˈkeiʃn | *s.i.* 1 mistificación. 2 confusión.

mystifying | ˈmistifaiiŋ | *adj.* desconcertante.

mystify | ˈmistifai | *v.t.* 1 confundir, desconcertar. 2 mistificar.

myth | miθ | *s.c.* e *i.* 1 mito. || *s.c.* 2 fábula, leyenda.

mythic | ˈmiθik | *adj.* mítico.

mythical | ˈmiθikl | *adj.* V. mythic.

mythological | ˌmiθəˈlɒdʒikl | | ˌmiθələˈdʒikl | *adj.* 1 mitológico. 2 fabuloso.

mythology | miˈθɒlədʒi | | miˈθɑːlədʒi | *s.c.* e *i.* mitología.

n, N |en| *s.c.* e *i.* **1** n, N (letra). **2** abreviatura de north, noun, nitrogen.

nab |næb| *v.t.* [nabbing, nabbed] **1** atrapar. **2** arrebatar.

nacre |neikə| *s.i.* nácar.

nag |næg| *v.i.* [nagging, nagged] **1** importunar, regañar. ‖ *s.c.* **2** jaco.

nagging |nægiŋ| *adj.* **1** gruñón. **2** continuo, persistente.

nail |neil| *s.c.* **1** clavo. **2** uña. ‖ *v.t.* **3** [to – (up/down)] clavar, fijar. **4** descubrir.

naive |neiv| *adj.* inocente, ingenuo.

naivety |nar'i:vti| *s.i.* inocencia.

naked |'neikid| *adj.* **1** desnudo, al descubierto. **2** obvio. **3** descarado, agresivo. **4** – eye, a simple vista.

namby-pamby |'næmbi'pæmbi| *adj.* remilgado, insulso.

name |neim| *s.c.* **1** nombre **2** reputación. ‖ *v.t.* **3** nombrar, denominar. **4** to call someone names/a –, insultar.

name-day |'neimdei| *s.c.* día del santo.

nameless |'neimlis| *adj.* **1** sin nombre, anónimo. **2** incontables. **3** sin clasificar.

namely |'neimli| *adv.* a saber, es decir.

namesake |'neimseik| *s.i.* tocayo.

nanny |'næni| *s.c.* niñera.

nap |næp| *s.c.* **1** siesta. **2** lanilla. ‖ *v.i.* [napping, napped] **3** echar una cabezada.

napalm |'neipɑ:m| *s.i.* **1** napalm. ‖ *v.t.* **2** atacar con napalm.

nape |neip| *s.i.* nuca.

naphtha |'næfθə| *s.i.* nafta.

naphthalene |'næfθəli:n| *s.i.* naftalina.

napkin |'næpkn| *s.c.* servilleta.

nappy |'næpi| *s.c.* (brit.) pañal.

nark |nɑ:k| *s.c.* **1** soplón. ‖ *v.t.* **2** incordiar.

narcissism |'nɑ:sisizəm| *s.i.* narcisismo.

narcissus |nɑ:'sisəs| *s.c.* [pl. narcissi] narciso.

narcotic |nɑ:'kɒtik| *adj* y *s.c.* narcótico, analgésico.

narrate |nə'reit| *v.t.* narrar, contar.

narration |nə'reiʃən| *s.c.* relato; reseña.

narrative |'nærətiv| *s.i.* **1** narrativa. ‖ *s.c.* **2** narración. ‖ *adj.* **3** narrativo.

narrator |nə'reitə| *s.c.* narrador.

narrow |'nærəu| *adj.* **1** estrecho. **2** escaso. **3** atento. ‖ *v.t.* **4** estrechar. ‖ *v.i.* **5** estrecharse, reducirse.

narrowing |'nærəuiŋ| *s.i.* limitación.

narrow-minded |'nærəu'maindid| *adj.* corto de miras.

narwhal |'nɑ:wəl| *s.c.* narval.

nasal |'neizəl| *adj.* y *s.c.* nasal.

nasalize |'neizəlaiz| (también nasalise) *v.t.* nasalizar.

nascent |'næsənt| *adj.* naciente.

nasturtium |ne'stɜ:ʃəm| *s.c.* capuchina.

nasty |'nɑ:sti| *adj.* **1** desagradable. **2** peligroso.

nation |'neiʃən| *s.c.* nación, estado.

national |'næʃənəl| *adj.* **1** nacional. **2**

– insurance, seguridad social. 3 – service, servicio militar.

nationalism | ˈnæʃənəlɪzəm | *s.i.* nacionalismo.

nationality | næʃəˈnælɪtɪ | *s.i.* nacionalidad.

nationalization | ˌnæʃənəlaɪˈzeɪʃən | *s.i.* nacionalización.

nationalize | ˈnæʃənəlaɪz | *v.t.* nacionalizar.

native | ˈneɪtɪv | *s.c.* 1 nativo. 2 indígena. ‖ *adj.* 3 natal.

Nativity | nəˈtɪvɪtɪ | *s.sing.* Natividad.

natter | ˈnætə | *v.i.* 1 charlar. ‖ *s.sing.* 2 charla.

natty | ˈnætɪ | *adj.* 1 elegante. 2 ingenioso.

natural | ˈnætʃərəl | *adj.* 1 natural. ‖ *s.c.* 2 superdotado, genio.

naturalism | ˈnætʃəlɪzəm | *s.i.* naturalismo.

naturalization | ˌnætʃərəlaɪˈzeɪʃn | *s.i.* naturalización.

naturalize | ˈnætʃərəlaɪz | *v.i.* 1 naturalizarse, nacionalizarse. ‖ *v.t.* 2 naturalizar.

nature | ˈneɪtʃ | *s.i.* 1 la Naturaleza, naturaleza. 2 esencia. ‖ 3 **back to** –, regreso a la naturaleza. 4 **better** –, buenos sentimientos.

naturism | ˈneɪtʃərɪzm | *s.i.* naturismo, nudismo.

naturopathy | ˌneɪtʃəˈrɒpəɵɪ | *s.i.* naturismo.

naughty | ˈnɔːtɪ | *adj.* 1 travieso. 2 obsceno.

nausea | ˈnɔːzɪə | *s.i.* náusea.

nauseate | ˈnɔːzɪeɪt | *v.t.* dar náuseas.

nauseous | ˈnɔːzɪəs | *adj.* nauseabundo.

nautical | ˈnɔːtɪkəl | *adj.* náutico.

naval | ˈneɪvəl | *adj.* naval, marítimo.

nave | neɪv | *s.c.* nave.

navel | ˈneɪvəl | *s.c.* ombligo.

navigable | ˈnævɪgəbəl | *adj.* navegable.

navigate | ˈnævɪgeɪt | *v.i.* 1 navegar. 2 ir por.

navigation | ˌnævɪˈgeɪʃən | *s.i.* navegación.

navigator | ˈnævɪgeɪtə | *s.c.* navegante.

navvy | ˈnævɪ | *s.c.* peón, bracero.

navy | ˈneɪvɪ | *s.c.* 1 la Armada de guerra. 2 – **blue**, azul marino.

Nazism | ˈnɑːtsɪzəm | *s.i.* nazismo.

neap | niːp | *s.c.* (también **neap-tide**) *s.sing.* marea muerta.

Neapolitan | nɪəˈpɒlɪtən | *adj.* napolitano.

near | nɪə | *prep.* 1 cerca de, a punto de, alrededor de. ‖ *adv.* 2 cerca. ‖ *adj.* 3 cercano, próximo. ‖ 4 **in the** – **future**, en un futuro próximo. 5 **nowhere** –/**not anywhere** –, en modo alguno.

nearby | nɪəˈbaɪ | *prep.* 1 cerca de. ‖ *adv.* 2 cercano.

nearly | ˈnɪəlɪ | *adv.* 1 casi, aproximadamente. ‖ 2 **not** –, ni con mucho.

nearside | ˈnɪəsaɪd | *s.sing.* lado interior.

neat | niːt | *adj.* 1 pulcro. 2 claro. 3 puro.

nebula | ˈnebjʊlə | [*pl.* **nebulas** o **nebulae**] *s.c.* nebulosa.

nebulous | ˈnebjʊləs | *adj.* vago.

necessarily | ˈnesɪsərɪlɪ | *adv.* 1 necesariamente. ‖ *adj.* 2 necesario.

necessitate | nɪˈsesɪteɪt | *v.t.* necesitar, exigir.

necessitous | nɪˈsesɪtəs | *adj.* necesitado, indigente.

necessity | nɪˈsesɪtɪ | *s.i.* 1 necesidad. 2 indigencia.

neck | nek | *s.c.* 1 cuello, garganta. ‖ *v.t.* 2 besarse, acariciarse. ‖ 3 **breathing down one's** –, vigilar estrechamente. 4 – **and** –, hombro con hombro.

necklace | ˈneklɪs | *s.c.* collar.

neckline | ˈneklaɪn | *s.c.* escote.

necktie | ˈnektaɪ | *s.c.* corbata.

necromancy | ˈnekrəmænsɪ | *s.i.* gromancia, magia negra.

necropolis | nɪˈkrɒpəlɪs | [*pl.* **necropoles**] *s.c.* necrópolis.

nectar | ˈnektə | *s.i.* néctar.

nectarine | ˈnektəriːn | *s.c.* nectarina.

nee | neɪ | *prep.* nombre de soltera.

need | niːd | *s.c.* 1 necesidad, obligación. ‖ *s.i.* 2 carencia, pobreza. ‖ *v.t.* 3 necesitar. 4 exigir. 5 tener que.‖ 6 to have no − of, poder pasar sin. 7 I − hardly say/− I say, no hace falta que diga.

needful | niːdful | *adj.* necesario.

needle | niːdl | *s.c.* 1 aguja. ‖ *v.t.* 2 pinchar, molestar.

needless | niːdləs | *adj.* 1 innecesario. ‖ 2 − to say, es obvio que.

needlework | niːdlwɜːk | *s.i.* la costura.

needy | niːdi | *adj.* necesitado.

negate | nɪˈɡeɪt | *v.t.* negar.

negation | nɪˈɡeɪʃən | *s.i.* negación.

negative | neɡətɪv | *s.c.* 1 negativa. 2 FOT. negativo. ‖ *adj.* 3 negativo.

neglect | nɪˈɡlekt | *s.i.* 1 abandono, negligencia. ‖ *v.t.* 2 olvidar, desatender.

negligee | neɡlɪʒeɪ | *s.c.* salto de cama.

negligence | neɡlɪdʒens | *s.i.* negligencia.

negligent | neɡlɪdʒent | *adj.* negligente.

negligible | neɡlɪdʒəbəl | *adj.* insignificante.

negotiable | nɪˈɡəʊʃɪəbəl | *adj.* 1 negociable; transferible. 2 transitable.

negotiate | nɪˈɡəʊʃɪeɪt | *v.t. e i.* negociar.

negotiation | nɪɡəʊʃɪˈeɪʃən | *s.c.* negociación.

Negress | niːɡrɪs | *s.c.* negra.

Negro | niːɡrəʊ | *s.c.* negro.

Negroid | niːɡrɔɪd | *adj.* negroide.

neigh | neɪ | *s.c.* 1 relincho. ‖ *v.i.* 2 relinchar.

neighbour | neɪbə | *s.c.* 1 vecino. 2 prójimo.

neighbourhood | neɪbəhud | *s.c.* 1 vecindario, barrio. 2 in the −, a) en las cercanías de. b) aproximadamente.

neighbouring | neɪbərɪŋ | *adj.* vecino.

neighbourly | neɪbəlɪ | *adj.* amistoso.

neither | naɪðə | | niːðə | *pron.* 1 ninguno, ninguno de los dos, ni el uno ni el otro. ‖ *conj.* 2 − ... nor, ni... ni. ‖ *adv.* 3 − am, is, have, has, do, does, ..., I, he, ..., yo, el..., tampoco.

neoclassicism | niːəʊˈklæsɪsɪzəm | *s.i.* neoclasicismo.

neolithic | niːəˈlɪθɪk | *adj.* neolítico.

neologism | niːˈɒlədʒɪzəm | *s.c.* neologismo.

neon | niːɒn | *s.i.* neón.

neophyte | niːəfaɪt | *s.c.* neófito.

nephew | nevjuː | *s.c.* sobrino.

nephritis | nɪˈfraɪtɪs | *s.i.* nefritis.

nepotism | nepotɪzm | *s.i.* nepotismo.

nerve | nɜːv | *s.c.* 1 nervio. ‖ *s.i.* 2 valor. ‖ *v.t.r.* 3 armar(se) de valor, dar(se) ánimo. ‖ 4 to get on one's −, crispar los nervios. 5 to have a/the −, tener el valor, la presencia de ánimo.

nerve-cell | nɜːvsel | *s.c.* neurona.

nerveless | nɜːvləs | *adj.* 1 débil, sin fuerza. 2 sin miedo, frío.

nerve-racking | nɜːvˌrækɪŋ | *adj.* agobiante.

nervous | nɜːvəs | *adj.* 1 nervioso, ansioso, tenso. ‖ 2 − breakdown, crisis nerviosa.

nest | nest | *s.c.* 1 nido. ‖ *v.i.* 2 anidar.

nest-egg | nesteɡ | *s.c.* ahorros.

nestle | nesəl | *v.i.* acurrucarse, acomodarse.

nestling | nestlɪŋ | *s.c.* cría de ave.

net | net | *s.i.* 1 red.‖ *adj.* 2 neto. ‖ *v.t.* 3 adquirir, conseguir. 4 cubrir con una red.

netball | netbɔːl | *s.i.* nétbol.

nettle | netl | *s.c.* 1 ortiga. ‖ *v.t.* 2 molestar, irritar.

nettle-rash | netlræʃ | *s.i.* urticaria.

network | netwɜːk | *s.c.* 1 (fig.) red. 2 organización.‖ *v.t.* 3 interconectar.

neuralgia | njuˈrældʒə | *s.i.* MED. neuralgia.

neurasthenia | ˌnjuərəsˈθiːnɪə | *s.i.* neurastenia.

neurology | njuˈrɒlədʒɪ | *s.i.* neurología.

neuron | njurən | *s.c.* neurona.

neurosis | nju'rəʊsɪs | *s.i.* [*pl.* -ses] neurosis.

neurotic | nju'rɒtɪk | *adj. y s.c.* neurótico.

neuter | 'njuːtə | *adj. y s.c.* 1 neutro. || *v.t.* 2 castrar, capar.

neutral | 'njuːtrəl | *adj.* 1 neutral. 2 frío, sereno. 3 **indefinido.** 4 neutro.|| *s.i.* 5 punto muerto.

neutralism | 'njuːtrəlɪzəm | *s.i.* neutralismo.

neutrality | njuː'trælɪtɪ | *s.i.* neutralidad.

neutralization | ˌnjuːtrəlaɪˈzeɪʃən | *s.i.* neutralización.

neutralize | 'njuːtrəlaɪz | *v.t.* neutralizar, contrarrestar.

neutron | 'njuːtrɒn | *s.c.* neutrón.

never | 'nevə | *adv.* 1 nunca. 2 – ever, nunca más. 3 – mind, no importa.

never-ending | 'nevərendɪŋ | *adj.* interminable.

never-never | ˌnevə'nevə | *adj.* imaginario, irreal.

nevertheless | ˌnevəðə'les | *adv.* sin embargo, no obstante.

new | njuː | nuː | *adj.* 1 nuevo. || 2 – Year's Day, el día de Año Nuevo. 3 – Year's Eve, Nochevieja.

newborn | 'njuːbɔːn | *adj.* recién nacido.

newcomer | 'njuːkʌmə | *s.c.* recién llegado.

new-found | njuːfaʊnd | *adj.* reciente.

newly | 'njuːlɪ | *adv.* recién.

newness | 'njuːnɪs | *s.i.* novedad.

news | njuːz | nuːz | *s.i.* noticias.

newsagent | 'njuːzˌeɪdʒent | *s.c.* vendedor de periódicos.

newscast | 'njuːzkɑːst | *s.c.* telediario.

newsletter | 'njuːzˌletə | *s.c.* hoja informativa.

newsman | 'njuːmæn | *s.c.* periodista.

newspaper | 'njuːzˌpeɪpə | *s.c.* periódico.

newsreel | 'njuːzriːl | *s.c.* noticiario.

newsroom | 'njuːzrʊm | *s.c.* redacción, sala de prensa.

news-sheet | 'njuːʃiːt | *s.c.* hoja informativa, gaceta.

news-stand | 'njuːzstænd | *s.c.* quiosco de periódicos.

newt | njuːt | nuːt | *s.c.* ZOOL. tritón.

New Zealander | njuː'ziːləndə | *s.c.* neozelandés.

next | nekst | *adj.* 1 el siguiente. || *adv.* 2 a continuación, después. || *prep.* 3 junto a. || 4 – door, al lado. 5 **the week (month, year...) after** –, dentro de dos semanas, meses, años...

nexus | 'neksəs | *s.c.* (*pl.=sing.*). nexo.

nib | nɪb | *s.c.* plumilla.

nibble | 'nɪbəl | *s.c.* bocado, mordisco.

nice | naɪs | *adj.* 1 simpático, agradable, encantador, amable. 2 encantado, es un placer. 3 fino, sutil. || 4 (fam.) **a** – **one,** ¡muy buena!

nice-looking | 'naɪslʊkɪŋ | *adj.* atractivo, guapo.

nicety | 'naɪsɪtɪ | *s.i.* 1 detalles. 2 placeres. 3 claridad.

niche | nɪtʃ | *s.c.* 1 nicho. 2 puesto de trabajo.

nick | nɪk | *s.c.* 1 muesca. || *s.sing.* 2 (argot) chirona. || *v.t. y r.* 3 hacer(se) un corte. 4 (argot) birlar. 5 (argot) trincar.

nickel | 'nɪkəl | *s.i.* níquel.

nickname | 'nɪkneɪm | *s.c.* 1 apodo, alias. || *v.t.* 2 apodar.

nicotine | 'nɪkətiːn | *s.i.* nicotina.

niece | niːs | *s.c.* sobrina.

niff | nɪf | *s.i.* (brit. y argot) olor, tufo.

nifty | 'nɪftɪ | *adj.* (fam.) agradable.

Nigerian | naɪ'dʒɪərɪən | *adj. y s.c.* nigeriano.

niggardly | 'nɪɡədlɪ | *adj.* avariento.

nigger | 'nɪɡə | *s.c.* (desp.) negro.

niggle | 'nɪɡəl | *v.t. e i.* 1 inquietar. 2 criticar.

niggling | 'nɪɡəlɪŋ | *adj.* 1 delicado. 2 nimio.

night | naɪt | *s.c. e i.* 1 noche. || *adj.* 2 nocturno. || 3 **to have an early** –, acostarse pronto. 4 – **safe,** cajero nocturno.

night-bird | 'naɪtbɜːd | *s.c.* 1 ave nocturna. 2 (fig. y fam.) trasnochador.

nightcap |'naɪtkæp| *s.c.* 1 gorro de dormir. 2 (fam. y fig.) la última copa.
nightclothes |'naɪtkləʊðz| *s.pl.* ropa de dormir.
nightclub |'naɪtklʌb| *s.c.* cabaret.
nightdress |'naɪtdres| *s.c.* camisón.
nightfall |'naɪtfɔːl| *s.i.* anochecer.
nightgown |'naɪtgaʊn| *s.c.* camisón.
nightie |'naɪtɪ| *s.c.* (fam.) camisón.
nightingale |'naɪtɪŋgeɪl| *s.c.* ruiseñor.
nightjar |'naɪtdʒɑː| *s.c.* chotacabras.
nightmare |'naɪtmeə| *s.c.* pesadilla.
nightmarish |'naɪtmeərɪʃ| *adj.* alerrador, de pesadilla.
nights |naɪts| *adv.* (EE.UU.) por la noche.
night-shift |'naɪtʃɪft| *s.c. e i.* turno de noche.
nightshirt |'naɪtʃɜːt| *s.c.* camisón.
nightstick |'naɪt͵stɪk| *s.c.* (EE.UU.) porra.
nightwatchman |͵nəɪt'wɒtʃmən| *s.c.* vigilante nocturno.
nihilism |'naɪəlɪzəm| *s.i.* nihilismo.
nil |nɪl| *s.i.* nada, nulo; cero.
nimble |'nɪmbəl| *adj.* ágil; listo.
nimbus |'nɪmbəs| *s.c. [pl.* nimbuses o nimbi] 1 nimbo. 2 halo.
nincompoop |'nɪŋkəmpuːp| *s.c.* (fam.) loco, estúpido.
nine |naɪn| *num.* 1 nueve. || 2 – times out of ten, (fam.) casi siempre.
nineteen |͵naɪn'tiːn| *num.* diecinueve.
ninety |'naɪntɪ| *num.* noventa.
ninny |'nɪnɪ| *s.c.* (fam. y desp.) bobo.
ninth |naɪnθ| *ord.* noveno.
nip |nɪp| *v.* [nipping, nipped] *tr.* 1 pellizcar. || *v.i.* 2 [– off, in, out, up, down] ir en una corrida. || *s.c.* 3 pellizco, mordisco. 4 (fam.) un trago. 5 – in the bud, cortar de raíz.
nipper |'nɪpə| *s.c.* 1 (fam.) pibe, zagal. 2 nippers, alicates.
nipple |'nɪpəl| *s.c.* 1 pezón, tetilla. 2 tetina.
nippy |'nɪpɪ| *adj.* 1 ágil, listo. 2 frío.
nirvana |nɪə'vɑːnə| *s.i.* nirvana.

nit |nɪt| *s.i.* 1 liendre. 2 imbécil.
nitrate |'naɪtreɪt| *s.c. e i.* nitrato.
nitre |'naɪtə| (EE.UU. **niter**) *s.i.* nitro, nitrato potásico.
nitric |'naɪtrɪk| *adj.* nítrico.
nitrogen |'naɪtrədʒən| *s.i.* nitrógeno.
nitty-gritty |͵nɪtɪ'grɪtɪ| *s.sing.* (fam.) el núcleo, lo fundamental.
nitwit |'nɪtwɪt| *s.c.* estúpido, tonto.
no |nəʊ| *adv.* [pl. noes, o no's] 1 no. 2 ¡vale!, ¡basta! 3 no sin, sin. 4 ya no. || 5 nada de. 6 prohibido. || *s.* 7 un no, noes.
nob |nɒb| *s.c.* 1 cabeza. 2 pez gordo.
nobility |nəʊ'bɪlətɪ| *s.i.* dignidad, nobleza.
noble |'nəʊbl| *adj. y s.c.* noble.
nobody |'nəʊbədɪ| *pron.ind.* 1 nadie. || *s.c.* 2 don nadie, nulidad.
nocturnal |nɒk'tɜːnl| *adj.* nocturno.
nod |nɒd| *s.c.* [nodding, nodded] 1 cabezada. 2 orden o saludo. || *v.i.* 3 asentir, indicar..., con la cabeza. 4 cabecear. || *v.r.* 5 inclinarse.
node |nəʊd| *s.c.* 1 nodo. 2 nudo.
nodule |'nɒdjuːl| *s.c.* nódulo.
nohow |'nəʊhaʊ| *adv.* de ninguna manera.
noise |nɔɪz| *s.c. e i.* 1 ruido. 2 escándalo. || 3 big –, personaje, pez gordo.
noiseless |'nɔɪzlɪs| *adj.* silencioso tranquilo.
noisome |'nɔɪsəm| *adj.* 1 nocivo. 2 desagradable. 3 maloliente.
nomad |'nəʊmæd| *s.c.* nómada.
nomenclature |nə'mɛnklətʃə| *s.i.* nomenclatura.
nominal |'nɒmɪnl| *adj.* nominal.
nominate |'nɒmɪneɪt| *v.t.* 1 nombrar. 2 proponer. 3 designar.
nomination |͵nɒmɪ'neɪʃn| *s.c.* 1 seleccionado. || *s.i.* 2 nombramiento.
nominative |'nɒmɪnətɪv| *adj. y s.c.* nominativo.
nominee |͵nɒmɪ'niː| *s.c.* candidato.
non- |nɒn| *prefijo* no-, in-.
nonage |'nəʊnɪdʒ| *s.i.* minoría de edad.

nonchalant | 'nɒnʃələnt | *adj.* indiferente.

noncommittal | ˌnɒnkə'mɪtl | *adj.* sin definir, no comprometido.

nonconformist | ˌnɒnkən'fɔːmɪst | *e. s.c.* inconformista, rebelde.

nonconformity | ˌnɒnkən'fɔːmɪti | *s.i.* [– to/with] inconformismo, disidencia.

nondescript | 'nɒndɪskrɪpt | *adj.* sin carácter, indeterminado.

none | nʌn | *pron.* 1 nadie, ninguno. 2 nada. 3 no, ya no. 4 – other than, ni más ni menos que.

nonentity | nɒ'nɛntɪti | *s.c.* 1 nulidad. || *s.i.* 2 insignificancia.

nonetheless | ˌnʌnðə'lɪs | *adv.* sin embargo, no obstante, con todo.

nonplussed | ˌnɒn'plʌst | *adj.* 1 confundido, perplejo. 2 superado, desbordado.

nonsense | 'nɒnsns | *s.i.* disparate, tontería.

non-shrink | ˌnɒn'ʃrɪŋk | *adj.* inencogible.

non-skid | ˌnɒn'skɪd | *adj.* antideslizante.

non-starter | ˌnɒn'stɑːtə | *s.c.* imposible, impracticable.

non-stick | ˌnɒn'stɪk | *adj.* antiadherente.

non-stop | ˌnɒn'stɒp | *adj.* 1 continuo. 2 directo.

noodles | nuːdl | *s.pl.* tallarines.

nook | nʊk | *s.c.* rincón, escondrijo.

noon | nuːn | *s.c.* 1 mediodía. || *adj.* 2 del mediodía.

no-one | 'nəʊwʌn | *pron.* V. nobody.

noose | nuːs | *s.c.* 1 nudo corredizo, lazo. || *v.t.* 2 asegurar con un nudo; ahorcar.

nope | nəʊp | *adv.* (fam.) no.

nor | nɔː | *conj.* ni. V. **neither**.

Nordic | 'nɔːdɪk | *adj.* nórdico.

norm | nɔːm | *s.c.* norma.

normal | 'nɔːml | *adj.* normal.

normality | nɔː'mælɪti | *s.i.* normalidad.

normalization | ˌnɔːməlaɪ'zeɪʃn | *s.i.* normalización.

normalize | 'nɔːməlaɪz | *v.t.* normalizar.

Norman | 'nɔːmən | *adj./ s.c.* normando.

normative | 'nɔːmətɪv | *adj.* normativo.

north | nɔːθ | *s.sing.* 1 norte. || *adj.* 2 norteño, septentrional. || *adv.* 3 hacia el norte.

north-east | ˌnɔːθ'iːst | *s.sing.* 1 nordeste. || *adj.* 2 del nordeste. || *adv.* 3 hacia el nordeste.

north-west | ˌnɔːθ'wɛst | *s.sing.* 1 noroeste. || *adj.* 2 del noroeste. || *adv.* 3 en o hacia el noroeste.

Norwegian | nɔː'wiːdʒən | *adj.* y *s.c.* noruego.

nose | nəʊz | *s.c.* 1 nariz. 2 hocico, morro, trompa. 3 proa. 4 olfato, intuición. || *v.t.* 5 deslizarse. || *v.i.* 6 7 to – about, curiosear, fisgonear. 8 to – out, descubrir.

nosebag | 'nəʊzbæg | *s.c.* morral.

nosebleed | 'nəʊzbliːd | *s.c.* hemorragia por la nariz.

nosedive | 'nəʊdaɪv | *s.c.* caída, bajada en picado.

nosey-parker | ˌnəʊzi'pɑːkə | [nosy-parker] *s.c.* fisgón, cotilla.

nosiness | 'nəʊzɪnɪs | *s.i.* curiosidad.

nostalgia | nɒ'stældʒə | *s.i.* nostalgia.

nostalgic | nɒ'stældʒɪk | *adj.* nostálgico.

nostril | 'nɒstrəl | *s.c.* ventana de la nariz.

nosy | 'nəʊzi | *adj.* [nosey] inquisitivo, curioso.

not | nɒt | *adv.* [n't] 1 no. 2 ni a, no más de. 3 no tanto. 4 no es que. || 5 – at all, en absoluto, de nada. 6 – even, ni siquiera. 7 – to say, por no decir.

notable | 'nəʊtəbl | *adj.* y *s.c.* notable, persona importante.

notary | 'nəʊtəri | *s.c.* notario.

notch | nɒtʃ | *s.c.* 1 muesca. 2 puntos, diferencia. || *v.t.* 3 mellar. 4 marcar un hito.

note | nəʊt | *s.c.* 1 nota, mensaje; apunte. 2 papel moneda. 3 tono de voz. ||

v.t. 4 notar, observar. 5 anotar. 6 hacer notar, manifestar.

notebook | 'nəutbuk | *s.c.* libreta.

notecase | 'nəutkeɪs | *s.c.* billetera.

noted | nəutɪd | *adj.* conocido, famoso.

notepad | 'nəutpæd | *s.c.* bloc.

notepaper | 'nəutpeɪpə | *s.i.* papel de cartas.

noteworthy | 'nəutwɜːði | *adj.* notable, digno de atención.

nothing | nʌθɪŋ | *pron.* 1 nada; trivialidad. ‖ *adv.* 2 en modo alguno, ni mucho menos. ‖ *s.c.* 3 nulidad, don nadie. ‖ 4 for –, a) innecesariamente. b) gratis. 5 – less than, ni más ni menos que.

notice | 'nəutɪs | *s.i.* 1 aviso. 2 despido, dimisión. 3 nota, reseña. 4 reconocimiento. ‖ *v.t.* 5 notar, reconocer. 6 escribir una nota, reseñar. ‖ 7 at short –, inmediatamente. 8 to give –, avisar el despido. 9 until further –, hasta nuevo aviso.

noticeable | 'nəutɪsəbl | *adj.* 1 obvio, evidente. 2 notable.

notification | ‚nəutɪfɪ'keɪʃn | *s.i.* notificación.

notify | 'nəutɪfaɪ | *v.t.* 1 notificar. 2 denunciar.

notion | 'nəuʃn | *s.c.* 1 noción, concepto. 2 idea, creencia. 3 deseo, intención.

notoriety | ‚nəutə'raɪətɪ | *s.i.* notoriedad.

notorious | nəu'tɔːrɪəs | *adj.* notorio, famoso.

notwithstanding | ‚nɒtwɪə'stændɪŋ | *prep.* 1 a pesar de, no obstante. ‖ *adv.* 2 sin embargo. ‖ *conj.* 3 aunque.

nougat | 'nuːgɑː | *s.i.* turrón, guirlache.

noun | naun | *s.c.* nombre, sustantivo.

nourish | 'nʌrɪʃ | *v.t.* 1 alimentar, mantener. 2 [to – on] alimentarse. 3 alentar.

nourishing | 'nʌrɪʃɪŋ | *adj.* nutritivo.

nourishment | 'nʌrɪʃmənt | *s.i.* alimento.

novel | 'nɒvl | *s.c.* 1 novela. ‖ *adj.* 2 novedad.

novelist | 'nɒvəlɪst | *s.c.* novelista.

novelty | 'nɒvltɪ | *s.i.* 1 nuevo. ‖ *s.c.* 2 novedad.

November | nəu'vembe | *s.i.* noviembre.

novice | 'nɒvɪs | *s.c.* 1 novato. 2 novicio.

now | nau | *adv.* 1 ahora, inmediatamente. 2 en aquel momento, por aquel entonces. 3 pues bien. 4 ahora bien, sin embargo. ‖ 5 – and again, una y otra vez. 6 every – and then, de vez en cuando. 7 – then, así pues.

nowadays | 'nauədeɪz | *adv.* hoy en día.

nowhere | 'nəuweə | *adv.* (fam., EE.UU.) 1 ningún sitio. 2 no sirve de nada, a ninguna parte. ‖ 3 to be –/to be getting –, fracasar. 4 – near, en modo alguno.

noxious | 'nɒkʃəs | *adj.* 1 nocivo. 2 desagradable.

nozzle | 'nɒzl | *s.c.* tobera, inyector.

nuance | 'njuːɑːns | *s.i.* 1 sutileza. ‖ *s.c.* 2 matiz.

nub | nʌb | *s.sing.* 1 el núcleo, lo esencial. ‖ *s.c.* 2 tocón. 3 trozo.

nuclear | 'njuːklɪə | *adj.* nuclear, atómico.

nucleic acid | njuːˌkliːɪk'æsɪd | *s.i.* ácido nucleico.

nucleus | 'njuːklɪəs | *s.c.* núcleo.

nude | njuːd | *s.c.* e *i.* desnudo.

nudge | nʌdʒ | *v.t.* 1 tocar con el codo. ‖ *v.i.* 2 abrirse camino. 3 convencer. 4 aproximarse. ‖ *s.c.* 5 golpe con el codo.

nudism | njuːdɪzəm | *s.i.* desnudismo.

nudity | njuːdɪtɪ | *s.i.* desnudez.

nuisance | 'njuːsns | *s.c.* 1 molestia, problema. 2 pelma.

null | nʌl | *adj.* 1 nulo. 2 – and void, sin efecto.

nullification | ‚nʌlɪfɪ'keɪʃn | *s.i.* anulación.

nullify | 'nʌlɪfaɪ | *v.t.* 1 anular. 2 cancelar, frustrar.

nullity | 'nʌlɪtɪ | *s.i.* 1 nulidad. 2 sin sentido. ‖ *s.c.* 3 inútil.

numb | nʌm | *adj.* 1 insensible, entumecido. 2 aturdido, paralizado. ‖ v.t. 3 entumecer. 4 calmar, apaciguar.

number | 'nʌmbə | s.c. 1 número, cifra. 2 grupo. 3 ejemplar. 4 actuación. ‖ v.i. 5 numerar, contar. 6 sumar un total de. 7 incluir. ‖ 8 beyond –/without –, incontables.

numberless | 'nʌmbəlɪs | adj. incontable.

numeral | 'njuːmərəl | s.c. números, sistema numérico.

numeration | ˌnjuːmə'reɪʃn | s.i. numeración.

numerator | 'njuːməreɪtə | s.c. numerador.

numerical | njuː'merɪkl | adj. numérico.

numerous | 'njuːmərəs | adj. numeroso, muchos.

numismatics | ˌnjuːmɪz'mætɪks | s.pl. [– + v.sing.] numismática.

nun | nʌn | s.c. monja.

nuncio | 'nʌnsɪəu | s.c. nuncio.

nunnery | 'nʌnəri | s.c. convento de religiosas.

nuptial | 'nʌpsl | adj. nupcial.

nuptials | 'nʌpʃlz | s.pl. boda, nupcias.

nurse | nɜːs | s.c. 1 enfermera. 2 niñera. ‖ v.t. e i. 3 cuidar, atender. 4 amamantar. 5 fomentar. ‖ 6 wet –, nodriza.

nursery | 'nɜːsəri | s.c. 1 guardería. 2 invernadero.

nursing | 'nɜːsɪŋ | s.i. 1 profesión de enfermero. 2 período de lactancia.

nurture | 'nɜːtʃə | s.i. 1 educación, nutrición. ‖ v.t. 2 nutrir, cuidar. 3 animar.

nut | nʌt | s.c. 1 fruto seco, nuez. 2 loco. 3 admirador. 4 cojones, testículos. ‖ 5 a hard – to crack, un hueso duro de roer. 6 to be nuts, estar loco.

nut-brown | nʌtbraun | adj. color avellana.

nutcracker | 'nʌtˌkrækə | s.c. cascanueces.

nutmeg | 'nʌtmeg | s.c. e i. nuez moscada.

nutrient | 'njuːtrient | adj. 1 nutritivo. ‖ s.c. 2 alimento.

nutriment | 'njuːtrɪment | s.c. e i. alimento.

nutrition | njuː'trɪʃn | s.i. nutrición.

nutritionist | njuː'trɪʃənɪst | s.c. experto en nutrición.

nutritious | njuː'trɪʃəs | adj. nutricio.

nutritive | 'njuːtrɪtɪv | adj. nutritivo.

nutshell | 'nʌtʃel | s.c. 1 cáscara. 2 in a –, en pocas palabras.

nutty | 'nʌti | adj. 1 sabor a nuez. 2 sabroso. 3 loco por.

nuzzle | 'nʌzl | v.t. [to – against] 1 rozar. ‖ v.i. 2 acomodarse.

nylon | 'naɪlɒn | s.i. 1 nilón. ‖ adj. 2 de nilón.

nymph | nɪmf | s.c. ninfa.

nymphomania | ˌnɪmfə'meɪnɪə | s.i. ninfomanía.

o, O | əu | *a.c. c i.* 1 o, O (letra). || *num.* 2 cero. || *interj.* 3 ¡oh!

oaf | əuf | *s.c. [pl.* oafs u oaves] idiota.

oafish | əufiʃ | *adj.* torpe, tosco.

oak | əuk | *s.c.* 1 roble. || *adj.* 2 de roble.

oar | ɔː | *s.c.* 1 remo. || *v.i.* 2 remar.

oasis | əuˈeisis | *s.c. [pl.* oases] oasis.

oat | əut | *s.pl.* 1 avena. || 2 to be off one's oats, estarse indispuesto.

oath | əuθ | *s.c.* 1 juramento. 2 blasfemia.

oatmeal | ˈəutmiːl | *s.i.* harina de avena.

obdurate | ˈɒbdjurət | *adj.* obstinado.

obedience | əˈbiːdjəns | *s.i.* 1 obediencia. || 2 in – to, de conformidad con.

obedient | əˈbiːdjənt | *adj.* obediente.

obelisk | ˈɒbəlisk | *s.c.* obelisco.

obesity | əuˈbiːsiti | *s.i.* obesidad.

obey | əˈbei | *v.t.e.i.* obedecer.

object | ˈɒbdʒikt | *s.c.* 1 objeto. 2 [– (of)] objetivo, intención. 3 complemento. || | ˈɒbˈdʒekt | *v.i.* 4 [– (to)] oponerse, rechazar. || *v.t.* 5 objetar.

objection | əbˈdʒekʃn | *s.c.* [– + (to)] objeción.

objectionable | əbˈdʒekʃnəbl | *adj.* 1 inadmisible. 2 desagradable

objective | əbˈdʒektiv | *s.c.* 1 objetivo, meta. || *adj.* 2 imparcial.

objectivity | ˌɒbdʒekˈtivəti | *s.i.* objetividad, imparcialidad.

objector | əbˈdʒektə | *s.c.* 1 objetor. || 2 conscientious –, objetor de conciencia.

obligation | ˌɒbligeiʃn | *s.c. e i.* obligación, deber.

obligatory | əˈbligətəri | *adj.* obligatorio; necesario.

oblige | əˈblaidʒ | *v.t.* 1 [to – to + (to)] obligar. 2 ayudar.

obliging | əˈblaidʒiŋ | *adj.* 1 servicial. 2 cortés.

oblique | əˈbliːk | *adj.* 1 oblicuo. 2 (fig.) indirecto, evasivo. || *s.c.* 3 oblicua.

obliterate | əˈblitəreit | *v.t.* 1 arrasar. 2 destruir. 3 matasellar.

obliteration | əˌblitəˈreiʃn | *s.i.* eliminación, aniquilación.

oblivion | əˈbliviən | *s.i.* 1 inconsciencia. 2 olvido.

oblivious | əˈbliviəs | *adj.* 1 [– of/to] inconsciente. 2 olvidadizo.

oblong | ˈɒblɒŋ | *s.c.* 1 rectángulo. || *adj.* 2 oblongo.

obnoxious | əbˈnɒkʃəs | *adj.* 1 desagradable. 2 odioso.

oboe | ˈəubəu | *s.c.* oboe.

obscene | əbˈsiːn | *adj.* obsceno.

obscenity | əbˈsenəti | *s.i.* obscenidad.

obscurantism | ˌɒbskjuˈræntizəm | *s.i.* oscurantismo.

obscure | əbˈskjuə | *adj.* 1 poco conocido. 2 incomprensible. 3 confuso; oscuro. || *v.t.* 4 esconder. 5 oscurecer.

obscurity | əbˈskjuərəti | *s.i.* 1 oscuridad. 2 complejidad.

obsequious | əbˈsiːkwiəs | *adj.* servil.

observable | əbˈzɜːvəbl | *adj.* observable.

observance |əb'zə:vns| *s.i.* obediencia, cumplimiento.

observant |əb'zə:vnt| *adj.* observador; agudo, perspicaz.

observation |ˌɒbzə'veɪʃn| *s.c.* e *i.* observación.

observatory |əb'zə:vətrɪ| *s.c.* 1 observatorio. 2 mirador.

observe |əb'zə:v| *v.t.* e *i.* observar, examinar.

observer |əb'zə:və| *s.c.* observador.

obsess |əb'ses| *v.t.* obsesionar.

obsession |əb'seʃn| *s.c.* obsesión.

obsessive |əb'sesɪv| *adj.* obsesivo.

obsolete |'ɒbsəli:t| *adj.* anticuado, obsoleto.

obstacle |'ɒbstəkl| *s.c.* obstáculo.

obstetrics |ɒb'stetrɪks| *s.i.* obstetricia.

obstinacy |'ɒbstɪnəsɪ| *s.i.* obstinación.

obstinate |'ɒbstənət| *adj.* obstinado.

obstreperous |əb'strepərəs| *adj.* 1 ruidoso. 2 rebelde.

obstruct |əb'strʌkt| *v.t.* 1 obstruir. 2 obstaculizar.

obstruction |əb'strʌkʃn| *s.c.* 1 obstrucción. 2 estorbo.

obtain |əb'teɪn| *v.t.* 1 obtener. 2 sacar. 3 prevalecer.

obtrude |əb'tru:d| *v.t.* e *i.* 1 imponer. 2 entrometerse. ‖ *v.i.* 3 asomar.

obtrusive |əb'tru:sɪv| *adj.* 1 molesto. 2 intruso.

obtuse |əb'tju:s| *adj.* torpe, obtuso.

obverse |'ɒbvɜ:s| *s.sing.* 1 [the –(of)] lo contrario. 2 anverso. ‖ *adj.* 3 del anverso.

obviate |'ɒbvɪeɪt| *v.t.* prevenir, evitar.

obvious |'ɒbvɪəs| *adj.* obvio, evidente.

occasion |ə'keɪʒn| *s.c.* 1 ocasión. 2 ceremonia. 3 oportunidad. ‖ 4 on/upon –, de vez en cuando.

occasional |ə'keɪʒənl| *adj.* ocasional; fortuito.

occult |ɒ'kʌlt| *s.sing.* 1 ocultismo. ‖ *adj.* 2 oculto. ‖ *v.t.* 3 ocultar.

occupant |'ɒkjupənt| *s.c.* ocupante; inquilino.

occupation |ˌɒkju'peɪʃn| *s.c.* e *i.* ocupación, profesión; quehacer.

occupational |ˌɒkju:'peɪʃənl| *adj.* profesional.

occupied |'ɒkjupaɪd| *adj.* 1 ocupado. 2 invadido.

occupier |'ɒkjupaɪə| *s.c.* ocupante; inquilino.

occupy |'ɒkjupaɪ| *v.t.* 1 ocupar, habitar. 2 invadir. 3 [to – + o. + in/with] emplear.

occur |ə'kə:| *v.i.* 1 ocurrir. 2 producirse. 3 hallarse. 4 ocurrirse.

occurrence |ə'kʌrəns| *s.c.* 1 acontecimiento. ‖ *s.i.* 2 incidencia.

ocean |'əuʃn| *s.c.* 1 océano. ‖ 2 oceans of, montones de.

ocean-going |ˌəuʃn'gəuɪŋ| *adj.* transatlántico.

oceanography |ˌəuʃə'nɒgrəfɪ| *s.i.* oceanografía.

ochre |'əukə| (EE.UU. **ocher**) *adj.* y *s.i.* ocre.

o'clock |ə'klɒk| *adv.* se utiliza después de los números 1 a 12, para expresar las horas.

octagon |'ɒktəgən| *s.c.* octágono.

octane |'ɒkteɪn| *s.i.* octano.

October |ɒk'təubə| *s.i.* octubre.

octopus |'ɒktəpəs| *s.c.* [*pl.* **octopus** u **octopuses**] pulpo.

oculist |'ɒkjulɪst| *s.c.* (EE.UU.) oculista, oftalmólogo.

odd |ɒd| *adj.* 1 raro, extraño. 2 impar. 3 desparejado, suelto. 4 ocasional. 5 [*num.* – *s.pl.*] aproximadamente, y pico. ‖ 6 odds, posibilidades. 7 odds and ends, cosas sueltas.

oddity |'ɒdɪtɪ| *s.c.* e *i.* rareza; peculiaridad.

oddness |'ɒdnɪs| *s.i.* singularidad.

ode |əud| *s.c.* oda.

odious |'əudjəs| *adj.* odioso.

odorous |'əudərəs| *adj.* oloroso.

odour |'əudə| (EE.UU. **odor**) *s.c.* olor, fragancia, hedor.

odourless |'əudəlɪs| *adj.* inodoro.

odyssey | ˈɒdɪsɪ | *s.c.* odisea.

oesophagus | iˈsɒfəgəs | *s.c.* [*pl.* oesophagi u oesophaguses] esófago.

oestrogen | ˈiːstrəʊdʒən | (también estrogen) *s.i.* estrógeno.

of | ɒv | *prep.* 1 [*s.* + –] de. 2 [*adj.* + – + *pr.*] de parte de. 3 [*s.* + – + *s.*] de. 4 de, acerca de. 5 de, que tiene. 6 (EE.UU.) menos (en horas). 7 en. 8 a. 9 entre. 10 – course, por supuesto, claro.

off | ɒf | *adv.* 1 de distancia, a una distancia de. 2 de descuento. 3 [to be – + *prep./ger.*] lejos; fuera. ‖ 4 to be –, irse. 5 to fell –, sentirse algo indispuesto. 6 on the – chance, por si acaso. 7 – and on, de vez en cuando.

offal | ˈɒfl | *s.i.* menudos, despojos.

off-balance | ɒfˈbæləns | *adj.* 1 inestable. 2 desprevenido.

offbeat | ɒfˈbiːt | (también off-beat) *adj.* original.

off-centre | ɒfˈsentə | *adj.* descentrado.

off-colour | ɒfˈkʌlə | (EE.UU. off-color) *adj.* 1 indispuesto. 2 de mal gusto. 3 desteñido.

off-day | ɒfˈdeɪ | *s.c.* (fam.) día malo.

offence | əˈfens | (EE.UU. offense) *s.c.* 1 delito. ‖ *s.c.* e *i.* 2 ofensa.

offend | əˈfend | *v.t.* 1 ofender. 2 [– (against)] infringir. ‖ *v.i.* 3 delinquir. 4 pecar.

offender | əˈfendə | *s.c.* 1 delincuente. 2 culpable. 3 pecador.

offensive | əˈfensɪv | *adj.* 1 ofensivo. 2 desagradable. ‖ *s.c.* MIL. ofensiva.

offer | ˈɒfə | *v.t.* 1 [to – + o. + o. + (to)] ofrecer. 2 proponer. 3 mostrar. ‖ *v.i.* 4 ofrecerse. ‖ *s.c.* 5 oferta.

offering | ˈɒfərɪŋ | *s.c.* 1 oferta. 2 ofrenda.

off-guard | ɒfˈgɑːd | (también off guard) *adj.* desprevenido.

off-hand | ɒfˈhænd | (también off hand) *adj.* 1 indiferente. 2 brusco. 3 improvisado. 4 desenvuelto. ‖ *adv.* 5 de improviso.

office | ˈɒfɪs | *s.c.* 1 oficina, despacho. 2 departamento. 3 ministerio. 4 (EE.UU.)

consultorio. ‖ *s.i.* 5 cargo. ‖ 6 good offices, mediación.

office-holder | ˈɒfɪsˌhəʊldə | *s.c.* funcionario.

officer | ˈɒfɪsə | *s.c.* 1 oficial. 2 funcionario. 3 agente de policía.

official | əˈfɪʃl | *adj.* 1 oficial. ‖ *s.c.* 2 empleado, funcionario.

officialdom | əˈfɪʃldəm | *s.i.* burocracia.

officiate | əˈfɪʃɪeɪt | *v.i.* [– (at)] oficiar.

offing | ˈɒfɪŋ | *s.sing.* 1 alta mar. ‖ 2 in the –, inminente.

off-season | ˌɒfˈsiːzn | *s.sing.* temporada baja.

offset | ˈɒfset | *v.t.* 1 [– (against)] compensar. 2 imprimir por offset.

offshoot | ˈɒfʃuːt | *s.c.* 1 rama. 2 (fig.) retoño.

offshore | ɒfˈʃɔː | *adj.* 1 a cierta distancia de la costa. ‖ *adv.* 2 mar adentro.

offside | ɒfˈsaɪd | *s.sing.* fuera de juego.

offspring | ˈɒfsprɪŋ | *s.inv.* 1 prole. 2 resultado.

off-stage | ɒfˈsteɪdʒ | (también off stage) *adj.* y *adv.* entre bastidores.

off-the-record | ˌɒfðəˈrekɔːd | *adj.* confidencial.

often | ˈɒfn | *adv.* 1 a menudo. ‖ 2 how –?, ¿con qué frecuencia?.

ogle | ˈəʊgl | *v.t.* 1 echar el ojo. ‖ *s.c.* 2 mirada provocativa.

ogre | ˈəʊgə | *s.c.* [f. ogress] ogro.

ohm | əʊm | *s.c.* ohm, ohmio.

oil | ɔɪl | *s.i.* 1 petróleo. 2 fuel. 3 aceite. ‖ *v.t.* 4 engrasar.

oilcan | ˈɔɪlkæn | (también oil-can) *s.c.* 1 alcuza. 2 bidón de aceite.

oilcloth | ˈɔɪlklɒθ | *s.i.* tela de hule.

oilfield | ˈɔɪlfiːld | (también oil field) *s.c.* yacimiento petrolífero.

oilrig | ˈɔɪlrɪg | (también oil rig) *s.c.* plataforma de perforación.

oilskin | ˈɔɪlskɪn | *s.c.* prenda de vestir impermeable.

oil-tanker | ˈɔɪlˌtæŋkə | (también oil tanker) *s.c.* petrolero.

oil-well | ˈɔɪlwel | (también **oil well**) *s.c.* pozo de petróleo.

oily | ˈɔɪlɪ | *adj.* aceitoso.

ointment | ˈɔɪntmənt | *s.i.* ungüento.

okay | ˌəʊˈkeɪ | (también **OK**) *adj.* 1 bueno, correcto. 2 bien. ‖ *adv.* 3 muy bien. ‖ *interj.* 4 ¡bien!, ¡vale! ‖ *v.t.* 5 aprobar.

okra | ˈəʊkrə | *s.i.* quimbombó.

old | əʊld | *adj.* 1 viejo. 2 antiguo. 3 de edad. ‖ *s.pl.* 4 the —, los ancianos. 5 in the — days, antaño. 6 (fam.) — man, padre. 7 — woman, madre; parienta, mujer. 8 to be — enough, tener suficiente edad.

old-fashioned | ˌəʊldˈfæʃnd | *adj.* anticuado.

oleander | ˌəʊlɪˈændə | *s.c.* adelfa.

oligarchy | ˈɒlɪɡɑːkɪ | *s.c.* e *i.* oligarquía.

olive | ˈɒlɪv | *s.c.* 1 aceituna. 2 olivo. ‖ *adj.* 3 verde oliva.

olive-oil | ˌɒlɪvˈɔɪl | (también **olive oil**) *s.i.* aceite de oliva.

olympic | əʊˈlɪmpɪk | *adj.* 1 olímpico. ‖ *s.pl.* 2 — Games, The Olympics, Olimpiadas, Juegos Olímpicos.

ombudsman | ˈɒmbʊdzmən | *s.c.* intermediario del gobierno.

omega | ˈəʊmɪɡə | *s.i.* omega.

omelette | ˈɒmlɪt | (EE.UU. **omelet**) tortilla.

omen | ˈəʊmen | *s.c.* 1 presagio. ‖ *v.t.* 2 presagiar.

ominous | ˈɒmɪnəs | *adj.* siniestro.

omission | əˈmɪʃn | *s.c.* 1 descuido, olvido. ‖ *s.i.* 2 omisión.

omit | əˈmɪt | *v.t.* 1 omitir. 2 [— to + inf.] olvidar.

omnibus | ˈɒmnɪbəs | *s.sing.* 1 antología. ‖ *s.c.* 2 autobús.

omnipotence | ɒmˈnɪpətəns | *s.i.* omnipotencia.

omnivorous | ɒmˈnɪvərəs | *adj.* 1 omnívoro. 2 (fig.) infatigable.

on | ɒn | *prep.* 1 en. 2 sobre, encima de. 3 sobre, acerca de. 4 a costa de. 5 a. 6 de. 7 [— + ger.] 8 con. 9 por. 10 por, en. 11 por. 12 contra. 13 bajo. 14 junto. ‖ 15 and so —, y así sucesiva-

mente. 16 from now —, de ahora en adelante. 17 — and off, de vez en cuando. 18 — and —, continuarmente. 19 — purpose, adrede. 20 — time, puntualmente.

once | wʌns | *adv.* 1 una vez. 2 en otro tiempo. ‖ *conj.* 3 cuando, en cuanto. ‖ 4 all at —, de repente. 5 for —, por una vez. 6 — again/— more, de nuevo. 7 — in a while, de vez en cuando. 8 — upon a time, érase una vez.

oncoming | ˈɒnˌkʌmɪŋ | *adj.* 1 próximo. ‖ *s.sing.* 2 proximidad.

one | wʌn | *num./pron.* y *s.c.* 1 uno. ‖ *adj.* 2 [— + sing.] único. 3 un tal. 4 primero. 5 mismo. ‖ *s.sing.* 6 la una (hora).

onerous | ˈɒnərəs | *adj.* 1 pesado, fastidioso. 2 caro.

oneself | wʌnˈself | *pron.ref.* 1 uno mismo, sí mismo. 2 se. 3 solo, sin ayuda. ‖ 4 by —, por sí solo.

one-sided | ˌwʌnˈsaɪdɪd | *adj.* 1 unilateral. 2 parcial. 3 desigual.

one-time | ˌwʌnˈtaɪm | *adj.* 1 ex. 2 antiguo.

one-to-one | ˌwʌntəˈwʌn | *adj.* 1 individual. 2 exacto.

one-way | ˌwʌnˈweɪ | *adj.* 1 de sentido único. 2 de ida. 3 unilateral.

ongoing | ˈɒnˌɡəʊɪŋ | *adj.* 1 actual. 2 continuo.

onion | ˈʌnjən | *s.c.* e *i.* cebolla.

onlooker | ˈɒnˌlʊkə | *s.c.* 1 espectador. 2 mirón.

only | ˈəʊnlɪ | *adv.* 1 sólo. ‖ *adj.* 2 único. ‖ *conj.* 3 [— (if)] sólo. 4 — just, apenas.

onomatopoeia | ˌɒnəʊmætəʊˈpiːə | *s.i.* onomatopeya.

onrush | ˈɒnˌrʌʃ | *s.sing.* 1 embestida. 2 (fig.) avalancha.

onset | ˈɒnˌset | *s.sing.* 1 principio. 2 ataque.

onslaught | ˈɒnslɔːt | *s.c.* ataque violento.

onto | ˈɒntu | (también **on to**) *prep.* hacia; sobre.

onus l 'əʊnəs l *s.sing.* responsabilidad.

onwards l 'ɒnwədz l *adv.* (brit.) hacia adelante.

onyx l 'ɒnɪks l *s.i.* ónice, ónix.

oodles l 'uːdəlz l *s.pl.* (fam.) montones.

oomph l umf l *s.i.* 1 vigor. 2 atractivo.

ooze l uːz l *v.t.* e *i.* 1 rezumar(se). || *v.t.* 2 sudar. 3 (fig.) rebosar. || *s.i.* 4 lodo.

opacity l əʊ'pæsətɪ l *s.i.* 1 opacidad. 2 (fig.) complejidad. 3 torpeza.

opal l 'əʊpl l *s.c.* e *i.* ópalo.

opaque l əʊ'peɪk l *adj.* 1 opaco. 2 (fig.) ininteligible. 3 torpe.

open l 'əʊpən l *v.t.* 1 abrir. 2 inaugurar. 3 emprender, Inlclar. || *v.i.* 4 abrirse. 5 estrenarse. 6 empezar. || *adj.* 7 abierto. 8 franco. 9 expuesto. 10 desabrochado. 11 vacante.

open-air l ˌəʊpn'eə l *s.sing.* al aire libre.

open-ended l ˌəʊpn'endɪd l *s.c.* indefinido.

opener l əʊpənə l *s.c.* 1 abrelatas. 2 abridor.

opening l 'əʊpnɪŋ l *s.i.* 1 abertura. || *s.c.* 2 grieta. 3 principio. 4 apertura. 5 oportunidad. 6 inauguración. || *adj.* 7 primero.

open-minded l ˌəʊpn'maɪndɪd l *adj.* 1 receptivo. 2 liberal.

open-mouthed l ˌəʊpn'maʊðd l *adj.* boquiabierto.

openness l 'əʊpnɪs l *s.i.* sinceridad.

opera l 'ɒpərə l *s.c.* ópera.

operate l 'ɒpəreɪt l *v.t.* e *i.* 1 operar. 2 manejar. || *v.t.* 3 realizar.

operation l ˌɒpə'reɪʃn l *s.c.* 1 operación. 2 maniobra. || *s.i.* 3 funcionamiento.

operator l 'ɒpəreɪtə l *s.c.* 1 telefonista. 2 operador. 3 (EE.UU.) especulador. 4 embaucador.

operetta l ˌɒpə'retə l *s.c.* e *i.* opereta; zarzuela.

opiate l 'əʊpɪət l *s.c.* narcótico.

opine l əʊ'paɪn l *v.t.* e *i.* opinar.

opinion l ə'pɪnjən l *s.c.* e *i.* opinión.

opinionated l ə'pɪnjəneɪtɪd l *adj.* terco.

opium l 'əʊpjəm l *s.i.* opio.

opossum l ə'pɒsəm l *s.c.* zarigüeya, oposum.

opponent l ə'pəʊnənt l *s.c.* 1 adversario, oponente. 2 contrincante. 3 [– (of)] contrario. || *adj.* 4 opuesto.

opportune l 'ɒpətjuːn l *adj.* oportuno.

opportunism l 'ɒpətjuːnɪzm l *s.i.* oportunismo.

opportunity l ˌɒpə'tjuːnətɪ l *s.c.* e *i.* oportunidad, ocasión.

oppose l ə'pəʊz l *v.t.* 1 oponerse a. 2 [to – + o. + (to)] comparar. 3 oponer. || 4 to be opposed to, cotar/ir en contra de.

opposed l ə'pəʊzd l *adj.* [– (to)] opuesto.

opposite l 'ɒpəzɪt l *prep.* 1 enfrente de, frente a. || *adv.* 2 enfrente. || *adj.* 3 contrario, opuesto. || *s.c.* 4 [the –] lo opuesto.

opposition l ˌɒpə'zɪʃn l *s.i.* oposición.

oppress l ə'pres l *v.t.* 1 oprimir. 2 agobiar.

oppression l ə'preʃn l *s.c.* e *i.* 1 opresión. || *s.c.* 2 abuso. || *s.i.* 3 agobio.

oppressor l ə'presə l *s.c.* opresor.

opprobrium l ə'prəʊbrɪəm l *s.i.* oprobio, infamia.

opt l ɒpt l *v.i.* [to – + for] optar por.

optics l 'ɒptɪks l *s.i.* óptica.

optimism l 'ɒptɪmɪzəm l *s.i.* optimismo.

optimist l 'ɒptɪmɪst l *s.c.* optimista.

optimum l 'ɒptɪməm l *adj.* óptimo.

option l 'ɒpʃn l *s.c.* opción, alternativa.

opulence l 'ɒpjʊləns l *s.i.* opulencia.

opulent l 'ɒpjʊlənt l *adj.* opulento.

or l ɔː l *conj.* 1 o; u. 2 [not ... –] ni.

oracle l 'ɒrəkl l *s.c.* oráculo.

oral l 'ɔːrəl l *adj.* 1 oral, verbal. 2 bucal.

orange l 'ɒrɪndʒ l *s.c.* 1 naranja. || *adj.* 2 color naranja.

orangeade l ˌɒrɪndʒ'eɪd l *s.i.* naranjada.

orang-outang l ɔːˌræŋuːˈtæŋ l (también **orang-utan**) *s.c.* orangután.

oration l ɔː'reɪʃn l *s.c.* discurso.

orator l 'ɒrətə l *s.c.* orador.

oratory | ˈɒrətəri | s.i. 1 oratoria. || s.c. 2 capilla.

orbit | ˈɔːbɪt | s.c. 1 órbita. || v.t. 2 girar alrededor de. 3 poner en órbita.

orchard | ˈɔːtʃəd | s.c. huerto.

orchestra | ˈɔːkɪstrə | s.c. 1 orquesta. 2 (EE.UU.) platea.

orchestrate | ˈɔːkɪstreɪt | v.t. orquestar.

orchid | ˈɔːkɪd | s.c. orquídea.

ordain | ɔːˈdeɪn | v.t. REL. ordenar.

ordeal | ɔːˈdiːl | s.c. situación penosa.

order | ˈɔːdə | conj. 1 [in – to/that] para (que), a fin de (que). || s.c. 2 orden. 3 pedido. 4 giro. || v.t. 5 [to – + o. + (to)] ordenar. 6 pedir. 7 law and –, orden público. 8 out of –, estropeado.

ordinal | ˈɔːdɪnl | adj. y s.c. ordinal.

ordinance | ˈɔːdɪnəns | s.c. ordenanza, decreto.

ordinary | ˈɔːdnri | adj. común, corriente.

ordination | ɔːdɪˈneɪʃn | s.c. REL. ordenación.

ore | ɔː | s.inv. mineral.

oregano | ˌɒrɪˈɡɑːnəʊ | s.i. orégano.

organ | ˈɔːɡən | s.c. órgano.

organdie | ˈɔːɡəndɪ | (EE.UU. organdy) s.i. organdí.

organic | ɔːˈɡænɪk | adj. orgánico.

organism | ˈɔːɡənɪzəm | s.c. organismo.

organist | ˈɔːɡənɪst | s.c. e i. organista.

organization | ˌɔːɡənaɪˈzeɪʃn | (también organisation) s.c. organización.

organize | ˈɔːɡənaɪz | (también organise) v.t. e i. 1 organizar. 2 to – oneself, organizarse.

organizer | ˈɔːɡənaɪzə | (también organiser) s.c. organizador.

orgasm | ˈɔːɡæzəm | s.c. orgasmo.

orgy | ˈɔːdʒɪ | s.c. orgía.

orient | ˈɔːrɪənt | v.t. orientar.

oriental | ɔːrɪˈentl | adj. y s.c. oriental.

orientate | ˈɔːrɪenteɪt | v.t. e i. 1 orientar(se). 2 (fig.) adaptarse.

orientation | ˌɔːrɪenˈteɪʃn | s.c. e i. orientación.

orifice | ˈɒrɪfɪs | s.c. orificio.

origin | ˈɒrɪdʒɪn | s.c. e i. origen.

original | əˈrɪdʒənl | adj. original.

originality | əˌrɪdʒəˈnælətɪ | s.i. originalidad.

originate | əˈrɪdʒəneɪt | v.t. 1 originar. || v.i. 2 originarse.

originator | əˈrɪdʒəneɪtə | s.c. [– + (of)] creador.

ornament | ˈɔːnəmənt | s.c. 1 adorno. || v.t. 2 adornar, decorar.

ornamentation | ˌɔːnəmenˈteɪʃn | s.i. decoración.

ornate | ɔːˈneɪt | adj. recargado, rebuscado.

ornery | ˈɔːnərɪ | (EE.UU. y fam.) adj. 1 terco. 2 grosero.

ornithology | ˌɔːnɪˈθɒlədʒɪ | s.i. ornitología.

orphan | ˈɔːfn | s.c. y adj. huérfano.

orphanage | ˈɔːfənɪdʒ | s.c. 1 orfanato. || s.i. 2 orfandad.

orthodox | ˈɔːθədɒks | adj. ortodoxo.

orthodoxy | ˈɔːθədɒksɪ | s.c. e i. ortodoxia.

orthography | ɔːˈθɒɡrəfɪ | s.i. ortografía.

orthopaedics | ɔːθəʊˈpiːdɪks | (EE.UU. orthopedics) s.i. ortopedia.

oscillate | ˈɒsɪleɪt | v.i. oscilar.

oscillation | ˌɒsɪˈleɪʃn | s.c. fluctuación.

osier | ˈəʊzɪə | s.c. e i. mimbre.

osmosis | ɒzˈməʊsɪs | s.i. ósmosis.

ossify | ˈɒsɪfaɪ | v.t. e i. 1 osificar(se). 2 (fig.) estancar(se).

ossuary | ˈɒsjʊərɪ | s.c. osario.

ostensible | ɒˈstensəbl | adj. aparente.

ostentation | ˌɒstenˈteɪʃn | s.i. ostentación.

ostentatious | ˌɒstenˈteɪʃəs | adj. 1 ostentoso. 2 claro, manifiesto.

ostracism | ˈɒstrəsɪzəm | s.i. ostracismo.

ostracize | ˈɒstrəsaɪz | (también ostracise) v.t. condenar al ostracismo.

ostrich | ˈɒstrɪtʃ | s.c. avestruz.

other | ˈʌðə | adj. 1 otro. 2 demás. || pron. 3 otro. || s.pl. 4 otros, demás. || 5 to be – than, ser distinto a. 6 every –, cada dos. 7 on the – hand, por otra parte. 8 – than, a parte de.

otherwise |ˈʌðəwaɪz| *adv.* 1 de otro modo. 2 por lo demás. 3 de lo contrario, o si no. ‖ *adj.* 4 otro; diferente. ‖ 5 – called, alias.

otter |ˈɒtə| *s.c.* nutria.

ouch |autʃ| *interj.* ¡ay!.

ought |ɔːt| *v.mod.* deber, tener que.

ounce |auns| *s.c.* 1 onza. ‖ *s.sing.* 2 (fig.) pizca.

our |auə| *adj.pos.* nuestro.

ours |ˈauəz| *pron.pos.* (el) nuestro.

ourselves |ˌauəˈselvz| *pron.* 1 nosotros mismos. 2 nos, a nosotros. 3 por nosotros mismos, solos.

oust |aust| *v.t.* [to – + o. + (from)] echar, despedir.

out |aut| *adv.* 1 fuera. 2 afuera. ‖ *prep.* [– of] 3 fuera de. 4 por, movido por. 5 de cada. 6 entre. 7 sin. 8 sacado de. ‖ 9 – and about, haciendo vida normal. 10 – loud, en voz alta. 11 – with it, suéltalo, desembucha. 12 the ins and outs, los pormenores, los detalles.

out-and-out |ˌautndˈaut| *adj.* empedernido.

outbid |ˌautˈbɪd| *v.t.* [*pret.* y *p.p.* outbid u outbidded] pujar más alto que.

outboard |ˈautbɔːd| *adj.* – motor, motor fuera borda.

outbreak |ˈautbreɪk| *s.c.* 1 estallido. 2 brote. 3 erupción; arrebato. 4 motín.

outburst |ˈautbɜːst| *s.c.* 1 arranque, arrebato. 2 ataque.

outcast |ˈautkɑːst| *s.c. y adj.* paria.

outclass |ˌautˈklɑːs| *v.t.* aventajar.

outcome |ˈautkʌm| *s.c.* 1 resultado. 2 consecuencias.

outcrop |ˈautkrɒp| *s.c.* 1 afloramiento. ‖ *v.i.* 2 aflorar.

outcry |ˈautkraɪ| *s.c.* 1 protesta pública. 2 tumulto.

outdated |ˌautˈdeɪtɪd| *adj.* anticuado, obsoleto.

outdid |ˌautˈdɪd| *pret.* de outdo.

outdistance |ˌautˈdɪstəns| *v.t.* dejar atrás.

outdo |ˌautˈduː| *v.t.* [*pret.* outdid; *p.p.* outdone] superar, aventajar.

outdoor |ˈautdɔː| *adj.* al aire libre.

outer |ˈautə| *adj.* externo, exterior.

outermost |ˈautəməust| *adj.* más alejado.

outfit |ˈautfɪt| *s.c.* 1 ropa, conjunto. 2 equipo. 3 herramientas. 4 uniforme. ‖ *v.t.* 5 equipar.

outflow |ˈautfləu| *s.c.* 1 flujo. 2 desagüe.

outgoing |ˌautˈgəuɪŋ| *adj.* 1 saliente. 2 extrovertido. ‖ 3 outgoings, gastos.

outgrow |ˌautˈgrəu| *v.t.* [*pret.* outgrew; *p.p.* outgrown] 1 crecer más que. 2 dejar atrás.

outgrowth |ˈautgrəuθ| *s.sing.* resultado, consecuencia natural.

outing |ˈautɪŋ| *s.c.* excursión; paseo.

outlandish |autˈlændɪʃ| *adj.* 1 estrafalario. 2 extraño. 3 tosco.

outlast |ˌautˈlɑːst| *v.t.* durar más que.

outlaw |ˈautlɔː| *v.t.* 1 prohibir. 2 proscribir.

outlay |ˈautleɪ| *s.c.* gasto, inversión.

outlet |ˈautlet| *s.c.* 1 [– + (for)] (fig.) vía de escape. 2 mercado. 3 desagüe.

outline |ˈautlaɪn| *v.t.* 1 esbozar. 2 perfilar. 3 resumir. ‖ *s.sing.* 4 visión general. 5 perfil.

outlive |ˌautˈlɪv| *v.t.* 1 sobrevivir a. 2 durar más que.

outlook |ˈautluk| *s.c.* 1 actitud. 2 vista, panorama. 3 mirador. ‖ *s.sing.* 4 expectativas.

outlying |ˈautˌlaɪɪŋ| *adj.* 1 distante. 2 alejado del centro.

outnumber |ˌautˈnʌmbə| *v.t.* exceder en número.

out-of-date |ˌautəˈdeɪt| *adj.* anticuado; desfasado.

outpouring |ˈautpɔːrɪŋ| *s.c.* 1 [– (of)] torrente, flujo. ‖ 2 outpourings, efusión.

output |ˈautput| *s.i.* 1 producción. ‖ *s.c. e i.* 2 salida de información. 3 producción total de energía.

outrage |ˈautreɪdʒ| *v.t.* 1 escandalizar. 2 ofender. 3 violar. || *s.c.* 4 ataque, atentado. || *s.i.* 5 indignación.

outrageous | aut'reidʒəs | *adj.* 1 chocante. 2 escandaloso. 3 atroz, monstruoso.

outran | aut'ræn | *pret.* de outrun.

outright | 'autraɪt | *adj.* 1 claro. 2 franco. 3 absoluto. || *adv.* 4 francamente. 5 al contado. 6 completamente.

outrun | aut'ʌn | *v.t.* [*pret.* outran; *p.p.* outrun] adelantar.

outset | 'autset | *s.sing.* principio.

outshine | aut'ʃaɪn | *v.t.* [*pret.* y *p.p.* outshone] 1 brillar más que. 2 (fig.) ser mejor que.

outside | aut'said | *s.c.* 1 exterior. 2 apariencia externa. || *adj.* 3 exterior, externo. || *adv.* 4 fuera, afuera. || *prep.* 5 fuera de. 6 más allá de.

outsider | aut'saɪdə | *s.c.* extraño; intruso.

outsize | 'autsaɪz | *adj.* muy grande.

outskirts | 'autskɜːts | *s.pl.* afueras.

outspoken | aut'spəukən | *adj.* franco.

outspread | aut'spred | *adj.* desplegado.

outstanding | aut'stændɪŋ | *adj.* 1 excepcional. 2 pendiente.

outstretched | aut'stretʃt | *adj.* estirado.

outstrip | aut'strip | *v.t.* superar, sobrepasar.

outward | 'autwəd | *adj.* 1 de ida. 2 externo. || *adv.* 3 hacia fuera. || 4 to be − bound for/from, salir hacia/de.

outwardly | 'autwədlɪ | *adv.* aparentemente; exteriormente.

outweigh | aut'weɪ | *v.t.* superar.

outwit | aut'wɪt | *v.t.* ser más astuto que.

outworn | 'autwɔːn | *adj.* 1 anticuado. 2 trillado.

oval | 'əuvl | *s.c.* 1 óvalo. || *adj.* 2 ovalado, oval.

ovary | 'əuvərɪ | *s.c.* ovario.

ovation | əu'veɪʃn | *s.c.* ovación.

oven | 'ʌvn | *s.c.* horno.

ovenproof | 'ʌvnpruːf | *adj.* refractario.

over | 'əuvə | *prep.* 1 sobre, por encima de. 2 más de. 3 al otro lado de. 4 junto a. 5 por. 6 a causa de. 7 hasta. 8 a lo largo de. 9 durante. || 10 all −, a) por todo. b) del todo. 11 − again/all − again, de nuevo. 12 to be −/to be all −, haberse terminado. 13 − and above, además de.

overact | əuvər'ækt | *v.t.* e *i.* exagerar.

overall | 'əuvərɔːl | *adj.* 1 total. 2 global. || *adv.* 3 en general. || *s.c.* 4 bata, guardapolvo. 5 overalls, mono de trabajo.

overbalance | əuvə'bæləns | *v.i.* perder el equilibrio.

overbearing | əuvə'beərɪŋ | *adj.* dominante, autoritario.

overboard | 'əuvəbɔːd | *adv.* por la borda.

overcame | əuvə'keɪm | *pret.* de overcome.

overcast | 'əuvəkɑːst | *adj.* 1 nublado. || *v.t.* e *i.* [*pret.* y *p.p.* overcast] 2 nublar(se).

overcoat | 'əuvəkəut | *s.c.* abrigo.

overcome | əuvə'kʌm | *v.t.* [*pret.* overcame; *p.p.* overcome] 1 superar. 2 vencer.

overcrowded | əuvə'kraudɪd | *adj.* 1 superpoblado. 2 abarrotado.

overdo | əuvə'duː | *v.t.* [*pret.* overdid; *p.p.* overdone] 1 excederse en. 2 [− it] exagerar.

overdone | əuvə'dʌn | *adj.* demasiado cocido.

overdose | 'əuvədəus | *s.c.* sobredosis.

overdrawn | əuvə'drɔːn | *adj.* en números rojos.

overdressed | əuvə'drest | *adj.* demasiado bien vestido.

overdue | əuvə'djuː | *adj.* 1 retrasado. 2 atrasado. 3 requerido.

overestimate | əuvər'estɪmeɪt | *v.t.* sobreestimar.

overflow | 'əuvəfləu | *v.t.* e *i.* 1 rebosar. 2 desbordarse. ‖ *s.c.* 3 desagüe. 4 excelente.

overgrown | ˌəuvə'grəun | *adj.* cubierto de plantas, hierbas, etc.

overhang | 'əuvəhæŋ | *v.t.* [*pret.* y *p.p.* overhung] 1 pender sobre. ‖ *v.i.* 2 sobresalir. ‖ *s.c.* 3 saliente.

overhaul | 'əuvəhɔːl | *v.t.* 1 revisar. 2 alcanzar. ‖ *s.c.* 3 examen, revisión.

overhead | ˌəuvə'hed | *adv.* 1 arriba, por lo alto. ‖ *adj.* 2 de arriba. ‖ 3 overheads, gastos generales.

overhear | ˌəuvə'hɪə | *v.t.* e *i.* [*pret.* y *p.p.* overheard] oír por casualidad.

overhung | ˌəuvə'hʌŋ | *pret.* y *p.p.* de overhang.

overjoyed | ˌəuvə'dʒɔɪd | *adj.* [− (at)] encantado.

overland | 'əuvəlænd | *adj.* y *adv.* por tierra.

overlap | 'əuvəlæp | *v.t.* e *i.* 1 cubrir. ‖ *s.c.* e *i.* 2 coincidencia.

overlay | 'əuvəleɪ | *v.t.* [*pret.* y *p.p.* overlaid] 1 [− (with)] recubrir. ‖ *s.sing.* 2 capa, revestimiento.

overleaf | ˌəuvə'liːf | *adv.* en la otra página.

overload | 'əuvələud | *v.t.* 1 sobrecargar. ‖ *s.c.* 2 sobrecarga.

overlook | ˌəuvə'luk | *v.t.* 1 mirar a, dar a. 2 pasar por alto. 3 supervisar.

overnight | ˌəuvə'naɪt | *adv.* 1 durante la noche. 2 (fig.) de la noche a la mañana. ‖ *adj.* 3 de una noche.

overpass | ˌəuvə'pɑːs | *s.c.* (EE.UU.) viaducto.

overplay | ˌəuvə'pleɪ | *v.t.* exagerar.

overpopulation | 'əuvəˌpɒpjuˈleɪʃn | *s.i.* superpoblación.

overpower | ˌəuvə'pauə | *v.t.* 1 dominar. 2 (fig.) abrumar.

overpowering | ˌəuvə'pauərɪŋ | *adj.* irresistible.

overran | ˌəuvə'ræn | *pret.* de overrun.

overreach | ˌəuvə'riːtʃ | *v.t.* 1 engañar. 2 llegar más allá de. ‖ 3 to − oneself, propasarse.

override | ˌəuvə'raɪd | *v.t.* [*pret.* overrode; *p.p.* overridden] 1 sustituir. 2 hacer caso omiso de. 3 anular.

overriding | ˌəuvə'raɪdɪŋ | *adj.* primordial.

overrule | ˌəuvə'ruːl | *v.t.* 1 rechazar. 2 anular. 3 denegar. 4 rescindir.

overrun | ˌəuvə'rʌn | *v.t.* [*pret.* overran; *p.p.* overrun] 1 extenderse por; invadir. 2 rebasar.

overseas | ˌəuvə'siːz | *adj.* 1 de ultramar. 2 exterior. ‖ *adv.* 3 allende los mares.

oversee | ˌəuvə'siː | *v.t.* [*pret.* oversaw, *p.p.* overseen] supervisar.

overseer | 'əuvəsɪə | *s.c.* 1 supervisor. 2 capataz.

oversell | ˌəuvə'sel | *v.t.* [*pret.* y *p.p.* oversold] sobrevalorar.

overshadow | ˌəuvə'ʃædəu | *v.t.* 1 dominar. 2 (fig.) eclipsar. 3 deslucir.

overshoe | 'əuvəʃuː | *s.c.* chanclo.

overshoot | ˌəuvə'ʃuːt | *v.t.* e *i.* [*pret.* y *p.p.* overshot] pasarse (de).

oversight | 'əuvəsaɪt | *s.c.* e *i.* 1 descuido, negligencia. 2 vigilancia.

oversleep | ˌəuvə'sliːp | *v.i.* [*pret.* y *p.p.* overslept] quedarse dormido.

overstate | ˌəuvə'steɪt | *v.t.* exagerar.

overstatement | ˌəuvə'steɪtmənt | *s.c.* e *i.* exageración.

overstep | ˌəuvə'step | *v.t.* propasar.

overt | 'əuvɜːt | *adj.* claro, evidente.

overtake | ˌəuvə'teɪk | *v.t.* e *i.* [*pret.* overtook; *p.p.* overtaken] 1 adelantar. 2 sorprender. ‖ 3 to be overtaken by, ser reemplazado por.

overthrow | 'əuvəθərəu | *v.t.* [*pret.* overthrew; *p.p.* overthrown] 1 derribar, derrocar, deponer. ‖ *s.c.* 2 derrocamiento.

overtime | 'əuvətaɪm | *s.i.* 1 horas extras. ‖ *s.c.* 2 (EE.UU.) prórroga.

overtone | 'əuvətəun | *s.c.* indicio, insinuación, sugerencia.

overtook | ˌəuvə'tuk | *pret.* de overtake.

overture | 'əuvətjuə | *s.c.* 1 obertura. 2 preludio. 3 proposición.

overturn | ˈəʊvətɜːn | v.t. e i. 1 volcar(se). ‖ v.t. 2 invalidar. 3 derrocar.

overview | ˈəʊvəvju: | s.c. [– + (of)] visión general.

overweight | ˈəʊvəweɪt | adj. 1 obeso. ‖ s.i. 2 exceso de peso. ‖ v.t. 3 cargar excesivamente.

overwhelm | ˌəʊvəˈwelm | v.t. abrumar, confundir.

overwhelming | ˌəʊvəˈwelmɪŋ | adj. 1 abrumador, agobiante. 2 irresistible.

overwork | ˈəʊvəwɜːk | v.t. 1 hacer trabajar demasiado. 2 utilizar demasiado. ‖ v.i. 3 trabajar demasiado. ‖ s.i. 4 exceso de trabajo.

overwrought | ˌəʊvəˈrɔːt | adj. 1 sobreexcitado. 2 exhausto.

ovulation | ˌɒvjuˈleɪʃn | s.i. ovulación.

ovum | ˈəʊvəm | [pl. ova] s.c. óvulo.

ow | aʊ | interj. ¡ay!.

owe | əʊ | v.t. 1 deber. ‖ 2 owing to, debido a.

owl | aʊl | s.c. 1 búho. 2 lechuza. ‖ 3 little –, mochuelo.

owlish | ˈaʊlɪʃ | adj. serio, austero.

own | əʊn | adj. 1 propio, natural. 2 [adj.pos. + –] (el) mío, (el) tuyo, (el) suyo, etc. ‖ v.t. 3 poseer. 4 admitir.

owner | ˈəʊnə | s.c. propietario, dueño.

ownership | ˈəʊnəʃɪp | s.i. propiedad.

ox | ɒks | [pl. oxen] s.c. buey.

oxide | ˈɒksaɪd | s.c. e i. óxido.

oxidize | ˈɒksɪdaɪz | v.t. e i. oxidar(se).

oxtail | ˈɒksteɪl | s.i. rabo de buey.

oxygen | ˈɒksɪdʒən | s.i. oxígeno.

oxygenate | ɒksɪdʒəneɪt | v.t. oxigenar.

oyster | ˈɔɪstə | s.c. ostra.

ozone | ˈəʊzəʊn | s.i. ozono.

P

p, P |piː| s.c. e i. **1** p, P (letra.) **2** (brit.) *abreviatura* de penny o pence. **3** *abreviatura* de page, participle, population, parking, police, Phosphorus.

pace |peɪs| s.i. **1** paso, ritmo. || s.c. **2** caminar. || v.t. c i. **3** pasear. **4** controlar el ritmo.

pacemaker |ˈpeɪsˌmeɪkə| (EE.UU. pacesetter) s.c. **1** el que marca el paso. **2** marcapasos.

pachiderm |ˈpækɪdɜːm| s.c. paquidermo.

pacific |pəˈsɪfɪk| adj. pacífico.

pacification |pæsɪfɪˈkeɪʃn| s.i. pacificación, conciliación.

pacifier |ˈpæsɪfaɪə| s.c. **1** pacificador. **2** (EE.UU.) chupete, (Am.) chupón.

pacifism |ˈpæsɪfɪzəm| s.i. pacifismo.

pacifist |ˈpæsɪfɪst| adj y s.c. pacifista, antibelicista.

pacify |ˈpæsɪfaɪ| v.t. calmar; pacificar.

pack |pæk| s.c. **1** fardo, envoltorio. **2** mochila. **3** (EE.UU.) cajetilla, paquete. **4** caja. **5** [– v.sing./pl.] manada. **6** baraja. **7** grupo. || v.t. e i. **8** empaquetar. **9** amontonar. || v.t. **10** empacar, hacer las maletas. **11** envasar. || v.i. **12** salir a toda prisa.

package |ˈpækɪdʒ| s.c. **1** paquete. **2** (EE.UU.) cajetilla. **3** caja, envase.|| v.t. [to — (up)] **4** empaquetar. **5** envasar.

packed |pækt| adj. atestado, abarrotado.

packet |ˈpækɪt| (EE.UU. pack) s.c. **1** paquete, cajetilla. **2** envase. **3** (generalmente sing.) dineral.

packing |ˈpækɪŋ| s.i. **1** equipaje. **2** embalaje.

pact |pækt| s.c. pacto, acuerdo.

pad |pæd| s.c. **1** almohadilla, hombrera, relleno. **2** bayeta. **3** bloc de notas. || v.t. **4** rellenar, forrar. || v.i. **5** [to — adv./prep.] andar sin hacer ruido.

padded |ˈpædɪd| adj. **1** forrado, relleno. **2** grueso. || **3** — cell, celda acolchada.

paddle |ˈpædl| s.c. **1** remo, canalete; paleta. || v.t. e i. **2** remar. **3** remover con paleta.

paddock |ˈpædək| s.c. prado, corral.

paddy, paddy field, rice paddy |ˈpædɪ| s.c. **1** arrozal. **2** (brit.) rabieta.

padlock |ˈpædlɒk| s.c. **1** candado. || v.t. **2** cerrar con candado.

padre |ˈpɑːdrɪ| |ˈpɑːdeɪ| s.c. padre, capellán.

paediatrics |piːdɪˈætrɪks| (EE.UU. pediatrics) s.i. pediatría.

paella |paˈelə| |pɑːˈelə| s.i. paella.

pagan |ˈpeɪgən| adj y s.c. pagano.

paganism |ˈpeɪgənɪzm| s.i. paganismo.

page |peɪdʒ| s.c. **1** página, plana. **2** botones, acomodador. **3** (EE.UU.) ujier. **4** paje. || v.t. **5** llamar por altavoz. **6** trabajar como botones, acomodador u ordenanza. **7** paginar || v.i. **8** pasar páginas.

pageant |ˈpædʒənt| s.c. **1** espectáculo al aire libre. **2** desfile, procesión. || s.i. **3** pompa, ostentación.

pagoda |pəˈgəʊdə| s.c. pagoda.

paid | peɪd | 1 *pret.* y *p.p.* de **pay**. ||
adj. 2 remunerado, retribuido, pagado.
pail | peɪl | *s.c.* e *i.* cubo.
pain | peɪn | *s.c.* e *i.* 1 dolor. 2 angustia. || *v.t.* 3 dar pena.
pained | peɪnd | *adj.* 1 herido, ofendido. 2 afligido.
painful | ˈpeɪnfʊl | *adj.* doloroso, penoso; desagradable; laborioso.
painkiller | ˈpeɪnˌkɪlə | *s.c.* analgésico, calmante.
painless | ˈpeɪnlɪs | *adj.* 1 indoloro. 2 que no exige esfuerzo.
painstaking | ˈpeɪnzˌteɪkɪŋ | *adj.* esmerado, cuidadoso, laborioso.
paint | peɪnt | *s.i.* 1 pintura. || *v.t.* e *i.* 2 pintar.
painter | ˈpeɪntə | *s.c.* 1 pintor. 2 (EE.UU.) puma.
painting | ˈpeɪntɪŋ | *s.i.* 1 pintura. || *s.c.* 2 cuadro.
pair | peə | *s.c.* 1 [– of] par. 2 [– v. *sing./pl.*] pareja. || *v.t.* e *i.* 3 [to – off] emparejarse, casarse.
pal | pæl | *s.c.* amigo, camarada.
palace | ˈpælɪs | *s.c.* palacio.
palatable | ˈpælətəbl | *adj.* 1 sabroso. 2 (fig.) aceptable.
palate | ˈpælət | *s.c.* e *i.* 1 [– (for)] paladar, gusto.
palaver | pəˈlɑːvə | *s.i.* palabrería, cháchara.
pale | peɪl | *adj.* 1 pálido, descolorido. || *v.i.* 2 palidecer.
palette | ˈpælət | *s.c.* paleta.
palisade | ˌpælɪˈseɪd | *s.c.* 1 empalizada. || 2 **palisades** (EE.UU.) acantilado.
pall | pɔːl | *v.t.* e *i.* 1 [to – (on/upon)] hastiar, dejar de interesar. || *s.sing.* 2 capa, manto. || *s.c.* 3 (EE.UU.) ataúd.
palliative | ˈpælɪətɪv | *adj.* y *s.c.* paliativo.
pallid | ˈpælɪd | *adj.* 1 pálido. 2 (fig.) soso.
pallor | ˈpælə | *s.i.* palidez.
pally, palsy walsy | ˈpælɪ | *adj.* [– (with)] amistoso, amigo.
palm, palm tree | pɑːm | *s.c.* 1 palmera, palma. 2 palma (de la mano). 3

palmo. 4 pala (de remo). 5 palma, triunfo.
|| *v.t.* 6 esconder en la mano. 7 **Palm Sunday**, Domingo de Ramos.
palmistry | ˈpɑːmɪstrɪ | *s.i.* quiromancia.
palpable | ˈpælpəbl | *adj.* evidente, palpable, tangible.
palpitate | ˈpælpɪteɪt | *v.i.* 1 palpitar. 2 [to – (with)] temblar, vibrar.
paltry | ˈpɔːltrɪ | *adj.* 1 insignificante. 2 vil, ruin.
pamper | ˈpæmpə | *v.t.* mimar.
pamphlet | ˈpæmflɪt | *s.c.* panfleto.
pan | pæn | *s.c.* 1 cazuela, sartén, cazo. 2 charco. 3 salina. || *v.t.* e *i* 4 tomar panorámicas || *prefijo.* 5 pan.
panacea | ˌpænəˈsɪə | *s.c.* panacea.
panache | pæˈnæʃ | (EE.UU.) | pəˈnæʃ | *s.i.* desenvoltura, garbo.
Panamanian | ˌpænəˈmeɪnjən | *adj.* y *s.c.* panameño.
pancake | ˈpænkeɪk | (EE.UU. **crepe**) *s.c.* 1 tortita fina, crepe, (Am.) panqueque. || *v.t.* e *i.* 2 aterrizar verticalmente.
pancreas | ˈpæŋkrɪəs | *s.c.* páncreas.
panda | ˈpændə | *s.c.* panda.
pandemonium | ˌpændɪˈməʊnjəm | *s.i.* pandemonio, caos, griterío.
pander | ˈpændə | *v.t.* [to – to] satisfacer a, complacer a, mimar a.
pane | peɪn | *s.c.* cristal; panel.
panel | ˈpænl | *s.c.* 1 panel, tablero. 2 artesón. || *v.t.* 3 poner paneles.
pang | pæŋ | *s.c.* dolor agudo, espasmo, punzada.
panic | ˈpænɪk | *s.c.* e *i.* 1 pánico, terror. 2 (brit. y fam.) prisa, urgencia. || *v.t.* e *i.* 3 aterrar, tener pánico.
panicky | ˈpænɪkɪ | *adj.* aterrado.
panic-stricken | ˈpænɪkˌstrɪkən | *adj.* aterrorizado.
pannier | ˈpænɪə | *s.c.* 1 cesta. 2 alforja.
panoply | ˈpænəplɪ | *s.i.* panoplia, esplendor.
panorama | ˌpænəˈrɑːmə | *s.c.* y panorama, vista panorámica.
panpipes | ˈpænpaɪps | *s.pl.* zampoña.

pansy | ˈpænzɪ | *s.c.* 1 BOT. pensamiento. 2 (fam. y desp.) marica.

pant | pænt | *v.i.* 1 jadear, resoplar. 2 [to — (for)] suspirar, anhelar. || *v.t.* 3 hablar jadeando. || *s.c.* 4 jadeo.

pantechnicon | pænˈteknɪkən | *s.c.* 1 camión de mudanzas. 2 almacén de muebles.

pantheism | ˈpænθiːɪzəm | *s.i.* panteísmo.

pantheon | ˈpænθɪən | (EE.UU.) | ˈpænθɪɒn | *s.c.* 1 panteón. 2 (fig.) flor y nata.

panther | ˈpænθə | *s.c.* pantera.

panties | ˈpæntɪz | (brit. **pants**) *s.pl.* bragas, (Am.) bombacha.

pantomime | ˈpæntəmaɪm | *s.c.* e *i.* 1 pantomima. || *s.i.* 2 mimo.

pantry | ˈpæntrɪ | *s.c.* despensa.

pantyhose | ˈpæntɪhəʊz | *s.pl.* (EE.UU.) medias hasta la cintura, pantis.

papa, poppa | pəˈpɑː | *s.c.* (EE.UU. y fam.) papá, papaíto, papi.

papaya, papaw, papaw | pəˈpaɪə | *s.c.* e *i.* 1 papaya (fruta). 2 papayo (árbol).

paper | ˈpeɪpə | *s.i.* 1 papel. 2 papel pintado.|| *s.c.* 3 periódico, revista. 4 examen. 5 disertación. 6 documento escrito. 7 letra de cambio.|| *v.t.* 8 empapelar. 9 [to — (over/up)] esconder, disimular. 10 envolver, forrar.|| *adj.* 11 de papel, como el papel. 12 (fig. y gen. desp.) imaginario, de mentira. || 13 on —, por escrito. 14 — shop, quiosco de prensa. 15 **papers**, documentación.

paperback | ˈpeɪpəbæk | *s.c.* libro de bolsillo.

paper-knife | ˈpeɪpənaɪf | *s.c.* abrecartas.

paperweight | ˈpeɪpəweɪt | *s.c.* pisapapeles.

paperwork | ˈpeɪpəwɜːk | *s.i.* papeleo, burocracia.

paprika | ˈpæprɪkə | *s.i.* pimentón.

papyrus | pəˈpaɪrəs | [*pl.* **papyruses** o **papyri**] *s.c.* e *i.* papiro.

par | pɑː | *s.sing.* 1 par. 2 ECON. paridad.|| *adj.* 3 normal.

parable | ˈpærəbl | *s.c.* GEOM. parábola.

parabola | pəˈræbələ | *s.c.* parábola.

parachute | ˈpærəʃuːt | *s.c.* 1 paracaídas. 2 membrana alar. || *v.t. e i.* 3 lanzar(se) en paracaídas.

parade | pəˈreɪd | *s.c.* 1 desfile, procesión. 2 ostentación. 3 (brit.) fila de tiendas. 4 sucesión. 5 plaza pública. || *v.i.* 6 [to — adv./prep.] desfilar. || *v.t. e i.* 7 formar. 8 (generalmente desp.) exhibir(se), alardear.

paradigm | ˈpærədaɪm | *s.c.* [— (of)] paradigma.

paradise | ˈpærədaɪs | *s.i.* paraíso.

paradox | ˈpærədɒks | *s.c.* paradoja.

paraffin | ˈpærəfɪn | (EE.UU. kerosene) *s.i.* 1 parafina. || *v.t.* 2 parafinar.

paragon | ˈpærəgən | (EE.UU.) | ˈpærəgɒn | *s.c.* 1 [— (of)] parangón. || *v.t.* 2 parangonar.

paragraph | ˈpærəgrɑːf | (EE.UU.) | ˈpærəgræf | *s.c.* 1 párrafo. 2 **new paragraph**, punto y aparte. 3 artículo breve.

parakeet | ˈpærəkiːt | *s.c.* periquito.

parallel | ˈpærəlel | *adj.* 1 paralelo. 2 [— (to/with)] en paralelo. 3 [— (to)] análogo. || *s.c.* 4 línea paralela. 5 [— (between/with)] semejanza. || *s.c. e i.* 6 [— (to/with)] paralelo, equivalente. || *v.t.* 7 poner en paralelo. 8 ser paralelo a.

paralyse | ˈpærəlaɪz | (EE.UU. paralyze) *v.t.* paralizar.

paralysed | ˈpærəlaɪzd | *adj.* paralizado, inmovilizado.

paralysis | pəˈrælɪsiːz | *s.c. e i.* parálisis.

paralytic | ˌpærəˈlɪtɪk | *adj. y s.c.* paralítico.

parameter | pəˈræmɪtə | *s.c.* (generalmente *pl.*) parámetro.

paramount | ˈpærəmaʊnt | *adj.* 1 máximo, supremo. 2 principal. || *s.c.* 3 autoridad.

paranoia | ˌpærəˈnɔɪə | *s.i.* paranoia.

parapet | ˈpærəpɪt | *s.c.* parapeto.

paraphernalia | ˌpærəfəˈneɪljə | *s.i.* 1 cachivaches. 2 (brit. y fam.) parafernalia.

paraphrase |ˈpærəfreɪz| *s.c.* 1 paráfrasis. ‖ *v.t e i.* 2 parafrasear.

paraplegia |ˌpærəˈpliːdʒə| *s.i.* paraplejía.

parasite |ˈpærəsaɪt| *s.c.* parásito.

parasol |ˈpærəsɒl| (EE.UU.) |ˈpærəsɔːl| *s.c.* sombrilla, parasol.

parcel |ˈpɑːsl| (EE.UU. **package**) *s.c.* 1 paquete, envoltorio. 2 parcela. 3 lote *s.c. e i.* 4 montón. ‖ *v.t* 5 [to – out] parcelar. 6 [to – up] empaquetar.

parch |pɑːtʃ| *v.t e i.* 1 tostar, asar. 2 secar, resecar.

parched |pɑːtʃt| *adj.* 1 deshidratado, sediento. 2 reseco.

parchment |ˈpɑːtʃmənt| *s.i.* pergamino.

pardon |ˈpɑːdn| *s.c.* 1 perdón, indulto. 2 indulgencia. ‖ *s.c. e i.* 3 [– (for)] perdón, excusas. ‖ *v.t* 4 perdonar. ‖ 5 to beg someone's –, pedir perdón a alguien.

pare |peə| *v.t* 1 [to – (down)] cortar, recortar. 2 [to – (down)] reducir. 3 [to – (away/off)] pelar, mondar.

parent |ˈpeərənt| *s.c.* 1 padre, madre. 2 progenitor.

parentage |ˈpeərəntɪdʒ| *s.i.* paternidad, origen, ascendencia.

parenthesis |pəˈrenθɪsɪs| [*pl.* parentheses] *s.c.* 1 (brit.) (generalmente *pl.*) corchete, llave. 2 paréntesis.

parenthood |ˈpeərənthʊd| *s.i.* paternidad o maternidad.

pariah |ˈpærɪə| |pəˈraɪə| *s.c.* paria.

paring |ˈpeərɪŋ| *s.c.* (generalmente *pl.*) peladura, mondadura.

parish |ˈpærɪʃ| *s.c.* 1 parroquia. 2 (brit.) ayuntamiento.

parishioner |pəˈrɪʃənə| *s.c.* feligrés, parroquiano.

parity |ˈpærətɪ| *s.i.* paridad, igualdad.

park |pɑːk| *s.c.* 1 parque, jardines. 2 [(the) –] (brit. y argot) campo de deportes. 3 polígono, zona. ‖ *v.t e i.* 4 aparcar. ‖ *v.t* 5 [to – o.d. + adv./prep.] dejar, depositar.

parking |ˈpɑːkɪŋ| *s.i.* 1 aparcamiento. ‖ 2 – lot, (EE.UU.) aparcamiento. 3 – meter, parquímetro. 4 – ticket, multa de aparcamiento.

parky |ˈpɑːkɪ| *adj.* (brit. y fam.) frío.

parley |ˈpɑːlɪ| *s.c. e i.* 1 conversaciones, conferencia, parlamento. ‖ *v.i.* 2 parlamentar, conferenciar.

parliament |ˈpɑːləmənt| *s.c.* parlamento.

parliamentarian |ˌpɑːləmenˈteənən| *adj. y s.c.* parlamentario, diputado.

parlor |ˈpɑːlə| (brit. **parlour**) *s.c.* (EE.UU.) tienda, salón, casa.

parlormaid |ˈpɑːləmeɪd| (brit. **parlourmaid**) *s.c.* camarera, doncella.

parody |ˈpærədɪ| *s.c. e i.* 1 parodia. ‖ *v.t* 2 parodiar, imitar.

parole |pəˈrəʊl| *s.i.* 1 libertad condicional. 2 santo y seña. 3 palabra de honor. ‖ *v.t* 4 dar libertad condicional.

paroxysm |ˈpærəksɪzəm| *s.c.* paroxismo.

parquet |ˈpɑːkeɪ| (EE.UU.) |pɑːrˈkeɪ| *s.i.* 1 parquet, tarima. ‖ *s.c.* 2 platea. ‖ *v.t* 3 poner parquet.

parricide |ˈpærɪsaɪd| *s.i.* 1 parricidio. ‖ *s.c.* 2 parricida.

parrot |ˈpærət| *s.c.* 1 loro, papagayo. ‖ *v.t* 2 (desp.) imitar como un loro.

parry |ˈpærɪ| *v.t* 1 esquivar. 2 (fig.) rehuir, eludir. ‖ *s.c.* 3 quite, parada. 4 evasiva.

parsimonious |ˌpɑːsɪˈməʊnjəs| *adj.* mesurado, parco, sobrio.

parsimony |ˈpɑːsɪmənɪ| *s.i.* ahorro, mesura, parquedad.

parsley |ˈpɑːslɪ| *s.i.* perejil.

parsnip |ˈpɑːsnɪp| *s.c. e i.* chirivía.

parson |ˈpɑːsn| *s.c.* ministro, párroco, pastor.

part |pɑːt| *s.c. e i.* 1 [– (of)] parte, trozo. ‖ *s.c.* 2 entrega, episodio. 3 pieza. 4 porción. 5 papel, rol. 6 (EE.UU.) raya (del pelo). ‖ *s.i.* 7 [– (in)] parte, participación. ‖ *v.t e i.* 8 separar(se), abandonar. 9 separar, dividir. 10 dispersar. ‖ *v.t* 11 peinarse con raya. 12 marchar. 13 morir. ‖ *adv.* 14 parcialmente, en parte. ‖ *adj.* 15 parcial. ‖ *prefijo.* 16 [– *adj./s./v.*] co-. ‖ 17 for one's –, en lo que a uno respecta. **18 to play a –**, tomar parte.

partake | pɑː'teɪk | *v.* [*irr.pret.* **partook**, *p.p.* **partaken**] *t.* e *i.* **1** [to – (in)] participar. ‖ *v.i.* **2** [to – (of)] beber, comer.

partial | 'pɑːʃl | *adj.* **1** parcial, incompleto. **2** sin objetividad. **3** [– to] (fam.) aficionado a.

participate | pɑː'tɪsɪpeɪt | *v.i.* **1** [to – (in)] participar. ‖ *v.t.* **2** tomar, beber.

participation | pɑːˌtɪsɪ'peɪʃn | *s.i.* [– (in)] participación, intervención.

participle | 'pɑːtɪsɪpl | *s.c.* participio.

particle | 'pɑːtɪkl | *s.c.* **1** partícula. **2** (fig.) pizca.

particular | pə'tɪkjulə | *adj.* **1** [no *comp.*] particular, especial. **2** [no *comp.*] concreto. **3** [– (about/over)] exigente, raro. **4** minucioso. ‖ *s.c.* **5** (generalmente *pl.*) detalle.

particularize | pə'tɪkjuləraɪz | (brit. **particularise**) *v.t.* e *i.* particularizar, concretar.

parting | 'pɑːtɪŋ | *s.c.* e *i.* **1** división. **2** despedida. ‖ *s.c.* **3** (brit.) raya. ‖ *adj.* **4** de despedida, final.

partisan | ˌpɑːtɪ'zæn | | 'pɑːtɪzən | (EE.UU.) | 'pɑːtɪzæn | *adj.* **1** (desp.) partidista. ‖ *s.c.* **2** partisano, guerrillero. **3** militante, partidario.

partition | pɑː'tɪʃn | *s.c.* **1** tabique. **2** compartimento. ‖ *s.i.* **3** [– (into)] partición. ‖ *v.t.* **4** [to – (into)] dividir. **5** [to – off] poner tabiques.

partner | 'pɑːtnə | *s.c.* **1** compañero, pareja. **2** socio. ‖ *v.t.* **3** acompañar. **4** emparejar. ‖ *v.i.* **5** [to – (up/with)] emparejarse.

partnership | 'pɑːtnəʃɪp | *s.i.* asociación, sociedad.

partook | pɑː'tuk | *pret.* de partake.

partridge | 'pɑːtrɪdʒ | [*pl.* **partridges** o **partridge**] *s.c.* perdiz.

part-time | 'pɑːtˌtaɪm | *adj.* y *adv.* de media jornada.

party | 'pɑːtɪ | *s.c.* **1** fiesta. **2** [– *v.sing./pl.*] grupo. **3** destacamento. **4** [– *v.sing./pl.*] partido. **5** interesado. **6** (fam.)

persona, tipo. **7** (argot) coito. **8** (argot) orgía. ‖ *v.i.* **9** (EE.UU. y fam.) hacer una fiesta. ‖ *adj.* **10** de fiesta, de gala. **11** de partido.

parvenu | 'pɑːvənjuː | *s.c.* (gen. desp.) nuevo rico.

pass | pɑːs | (EE.UU.) | pæs | *v.t.* e *i.* **1** [to – (by)] pasar por delante. **2** mover(se), circular. **3** convertir(se). **4** (fig.) intercambiar. **5** cruzar. **6** hacer un pase. **7** aprobar. **8** pasar. **9** dictar sentencia. ‖ *v.t.* **10** [to – (to)] pasar, dar. **11** pasar por. **12** poner en circulación. **13** [to – (on/upon)] expresar. **14** pasar por alto. ‖ *v.i.* **15** [to – + *adv./prep.* (from/to/to)] pasar a ser. **16** [to – + *adv./prep.* (to/into)] ir a parar. **17** morir. ‖ *s.c.* **18** pase. **19** certificado. **20** aprobado. **21** desfiladero. **22** fase. ‖ **23 to –** by/over, dejar de lado.

passage | 'pæsɪdʒ | *s.c.* **1** pasillo. **2** conducto, tubo. **3** [– (through)] camino. **4** [– (from/to)] pasaje; travesía. **5** episodio. ‖ *s.i.* **6** [– (of)] tránsito; acceso. **7** promulgación. **8** paso. **9** muerte.

passageway | 'pæsɪdʒˌweɪ | *s.c.* pasillo.

passenger | 'pæsɪndʒə | *s.c.* **1** pasajero. **2** (brit. y desp.) parásito.

passerby | ˌpæsə'baɪ | *s.c.* peatón.

passion | 'pæʃn | *s.c.* e *i.* **1** pasión. **2** cólera.

passionate | 'pæʃənət | *adj.* **1** apasionado. **2** colérico.

passive | 'pæsɪv | *adj.* **1** pasivo. ‖ *s.i.* **2** [the –] la voz pasiva.

passivity | pæ'sɪvətɪ | *s.i.* (generalmente desp.) pasividad.

passport | 'pɑːspɔːt | (EE.UU.) | 'pæspɔːt | *s.c.* pasaporte.

password | 'pɑːswɜːd | (EE.UU.) | 'pæswɜːrd | *s.c.* contraseña.

past | pɑːst | (EE.UU.) | pæst | *adj.* **1** pasado, anterior. **2** transcurrido. **3** previo. **4** pretérito. ‖ *prep.* **5** más allá de. **6** más de. ‖ *s.c.* **7** [(the) –] (el) pasado. ‖ *adv.* **8** más allá, por delante.

pasta | 'pæstə | (EE.UU.) | 'pɑːstə | *s.i.* pasta.

paste | peɪst | *s.c.* e *i.* **1** pasta, masa.

2 goma. 3 crema, puré. 4 (argot) puñetazo. ‖ v.t. 5 [to – adv./prep.] pegar, engomar. 6 (argot) abofetear.
pastel | ˈpæstel | (EE.UU.) | pæˈstel |
s.c. e i. 1 pastel. ‖ s.c. 2 pintura al pastel.
3 color pastel. 4 bosquejo literario. ‖ adj.
5 al pastel. 6 de color pastel.
pasteurize | ˈpɑːstʃəraɪz | (EE.UU.)
| ˈpæstʃəraɪz | (brit. **pasteurise**) v.t. pas-
teurizar.
pastiche | pæˈstiːʃ | s.c. e i. pastiche.
pastille | ˈpæstəl | s.c. pastilla, tableta.
pastime | ˈpɑːstaɪm | (EE.UU.)
| ˈpæstaɪm | s.c. pasatiempo.
pasting | ˈpeɪstɪŋ | s.sing. paliza, ra-
papolvo.
pastor | ˈpɑːstə | (EE.UU.) | ˈpæstə |
s.c. pastor protestante, párroco.
pastry | ˈpeɪstrɪ | s.i. 1 pasta, masa. ‖
s.c. 2 pasta, pastel.
pasture | ˈpɑːstʃə | (EE.UU.) | ˈpæstʃə |
s.c. e i. 1 pasto; prado. ‖ v.t. 2 llevar a
pastar. ‖ v.i. 3 [to – (on)] pastar, pacer.
pasty | ˈpæstɪ | s.c. 1 empanadilla. ‖
| ˈpeɪstɪ | adj. 2 pálido.
pat | pæt | s.c. 1 golpecito, palmadita.
2 [normalmente sing.] ruido de palma-
das, ruido de pasos. 3 [– (for)] trocito. ‖
v.t. 4 dar una palmadita, acariciar. 5 moldear con la palma. ‖ adv. 6 (generalmente desp.) al instante. ‖ adj. 7 (generalmente desp.) rápido, rotundo.
patch | pætʃ | s.c. 1 mancha, lunar. 2
remiendo. 3 parcela. 4 parche de ojo. 5
(brit. y fam.) zona, distrito. 6 fragmento. ‖
v.t. 7 remendar.
patchy | ˈpætʃɪ | adj. 1 desigual. 2
(generalmente desp.) incompleto. 3 re-
mendado.
pate | peɪt | s.i. coronilla, cráneo.
pâté | ˈpæteɪ | (EE.UU.) | pɑːˈteɪ | s.i.
paté.
patella | pəˈtelə | s.c. rótula.
paten | ˈpætən | s.c. patena.
patent | ˈpeɪtənt | | ˈpætənt | (EE.UU.)
| ˈpætnt | adj. 1 patente, obvio. 2 paten-
tado. 3 ingenioso. ‖ s.c. 4 marca registrada. 5 título de propiedad (de una tierra). ‖ v.t. 6 patentar.

paternalism | pəˈtɜːnəlɪzəm | s.i. pa-
ternalismo.
paternity | pəˈtɜːnɪtɪ | s.i. paternidad.
path | pɑːθ | (EE.UU.) | pæθ | s.c. ca-
mino, trayectoria, senda.
pathetic | pəˈθetɪk | adj. patético.
pathfinder | ˈpɑːθfaɪndə | s.c. 1 ex-
plorador, guía. 2 descubridor, inventor.
pathology | pəˈθɒlədʒɪ | s.i. patología.
pathway | ˈpɑːθweɪ | s.c. sendero.
patience | ˈpeɪʃns | s.i. 1 paciencia. 2
resignación.
patient | ˈpeɪʃnt | adj. 1 paciente, tole-
rante. 2 perseverante. ‖ s.c. 3 paciente,
enfermo.
patina | ˈpætɪnə | s.i. pátina, brillo.
patio | ˈpætɪəʊ | [pl. patios] s.c. patio.
patriarch | ˈpeɪtrɪɑːk | s.c. patriarca.
patrician | pəˈtrɪʃn | s.c. patricio.
patricide | ˈpætrɪsaɪd | s.i. 1 parricidio.
‖ s.c. 2 parricida.
patrimony | ˈpætrɪmənɪ | (EE.UU.)
| ˈpætrɪməʊnɪ | s.i. patrimonio.
patriot | ˈpætrɪət | (EE.UU.) | ˈpeɪ/
trɪət | s.c. patriota.
patrol | pəˈtrəʊl | s.c. 1 patrulla. ‖ v.t.
i. 2 patrullar, vigilar. ‖ 3 – car, coche
patrulla.
patron | ˈpeɪtrən | [f. patroness] s.c. 1
[– (of)] benefactor, protector; mecenas. 2
cliente. 3 patrón, dueño.
patronize | ˈpætrənaɪz | (EE.UU.)
| ˈpeɪtrənaɪz | (brit. **patronise**) v.t. 1 tratar
con aire protector. 2 ser cliente de. 3 patrocinar.
patsy | ˈpætsɪ | s.c. (argot) simplón.
patter | ˈpætə | v.i. 1 [to – adv./prep.]
golpear. 2 andar con ruido ligero. ‖ v.t. e
i. 3 parlotear. 4 rezar mecánicamente. ‖
s.sing. 5 [– (of)] repiqueteo, golpeteo.
‖ s.i. 6 parloteo. 7 jerga, lenguaje.
pattern | ˈpætən | s.c. e i. 1 dibujo,
estampado. 2 diseño. ‖ s.c. 3 pauta. 4
modelo. 5 patrón. ‖ v.t. 6 [to – (with)]
estampar. 7 [to – adv./prep. after/on/up-
on] imitar.
paucity | ˈpɔːsɪtɪ | s.sing. escasez.
paunch | pɔːntʃ | s.c. panza.
pauper | ˈpɔːpə | s.c. pobre, mendigo.

pauperism | 'pɔ:pərizəm | s.i. pobreza.

pauperize | 'pɔ:pəraiz | v.t. depauperar.

pause | pɔ:z | s.c. 1 pausa. || v.i. 2 hacer una pausa. 3 pararse.

pave | peiv | v.t. [to – (with)] pavimentar.

pavement | 'peivmənt | s.c. 1 (brit.) acera. || s.c. e i. 2 (EE.UU.) calzada. 3 pavimento.

pavilion | pə'viljən | s.c. 1 caseta, vestuario. 2 pabellón.

paw | pɔ: | s.c. 1 garra, pata. 2 mano, puño. || v.t. e i. 3 escarbar, dar zarpazos. 4 meter mano.

pawn | pɔ:n | v.t. 1 empeñar. 2 arriesgar. || s.i. 3 depósito. || s.c. 4 peón.

pawnbroker | 'pɔ:n,brəukə | s.c. prestamista.

pawpaw | 'pɔ:pɔ: | s.c. (brit.) papaya.

pay | pei | v.irr. [pret. y p.p. paid] t. e i. 1 pagar, abonar. 2 producir, rendir. || t. 3 liquidar. 4 [to – (in/into)] ingresar 5 presentar. 6 prestar. 7 hacer. || s.i. 8 sueldo, paga. 9 premio. 10 sanción. || s.c. 11 pagador. || 12 to – back, devolver.

paydesk | 'peidesk | s.c. caja.

payee | pei'i: | s.c. portador.

payer | peiə | s.c. pagador.

paying guest | 'peiiŋgest | s.c. inquilino.

paying-in book | 'peiiŋ,buk | s.c. talonario.

payload | 'peiləud | s.c. e i. 1 cargamento. 2 pasaje, carga aérea.

payment | 'peimənt | s.i. 1 pago, remuneración. 2 (fig.) agradecimiento, premio. || s.c. 3 pago, plazo.

payoff | 'peiɔf | s.c. 1 paga. 2 soborno. 3 recompensa. 4 desenlace.

pay-phone | 'peifəun | s.c. teléfono público.

payroll | 'peirəul | s.c. nómina.

pea | pi: | s.c. (generalmente pl.) guisante.

peace | pi:s | s.i. 1 paz, concordia. 2 [the –] la paz, el orden. 3 acuerdo, pacto. 4 armonía. || 5 to hold/keep one's –,

guardar silencio. 6 to make – with/to make one's – with, hacer las paces con.

peaceful | 'pi:sful | adj. 1 apacible, sereno. 2 pacífico.

peach | pi:tʃ | s.c. 1 melocotón. || s.i. 2 color de melocotón. || s.sing. 3 (fam.) belleza, encanto. || v.t. e i. 4 (argot) delatar.

peacock | 'pi:kɒk | s.c. 1 pavo real. 2 dandi, petimetre. || adj. 3 verde azulado. || v.i. 4 pavonearse, presumir.

pea-green | ,pi:'gri:n | adj. verde claro.

peahen | ,pi:'hen | s.c. pava real.

peak | pi:k | s.c. 1 pico, cumbre. 2 cresta. 3 apogeo. 4 visera. 5 rasel. || v.i. 6 alcanzar la cumbre. 7 llevar a punto de nieve. || v.t. 8 orzar. 9 hacer culminar. || adj. 10 punta. 11 máximo, óptimo.

peal | pi:l | s.c. 1 estruendo, ruido. 2 repiqueteo. 3 melodía. || v.t. e i. 4 repicar.

peanut | 'pi:nʌt | s.c. cacahuete.

pear | peə | s.c. e i. 1 pera. 2 peral.

pearl | pɜ:l | s.c. e i. 1 perla. || s.i. 2 color gris perla. 3 nácar. 4 (fig.) perla, joya. || v.t. 5 adornar con perlas. || v.i. 6 pescar perlas. || adj. 7 perlado.

peasant | 'peznt | s.c. 1 campesino. 2 palurdo. || adj. 3 pueblerino.

peashooter | 'pi:,ʃu:tə | s.c. cerbatana.

peat | pi:t | s.c. e i. turba.

pebble | 'pebl | s.c. guijarro.

peck | pek | v.t. e i. 1 picar, picotear. 2 pinchar. 3 mordisquear, comer con desgana. || v.i. 4 censurar. || s.c. 5 picotazo. 6 montón, cantidad.

pecker | pekə | s.c. 1 picoteador. 2 criticón.

pectin | 'pektin | s.i. pectina.

pectoral | 'pektərəl | adj. y s.c. pectoral.

peculiar | pi'kju:ljə | adj. 1 extraño, grotesco. 2 [– (to)] peculiar. || s.c. 3 privilegio.

peculiarity | pi,kju:li'ærəti | s.i. peculiaridad.

pedagogic, pedagogical I ˌpedə'gɒ/ dʒɪk I *adj.* pedagógico.
pedagogy I 'pedəgɒdʒɪ I *s.i.* pedagogía.
pedal I 'pedl I *s.c.* 1 pedal. || (brit. pedall) *v.t.* e *i.* 2 pedalear. || *adj.* 3 de pedal; del pie.
pedant I 'pedənt I *s.c.* pedante.
pedantry I 'pedəntri I *s.c.* e *i.* pedantería.
peddle I 'pedl I *v.t.* e *i.* 1 vender de puerta en puerta. || *v.t.* 2 difundir rumores.
pedestal I 'pedɪstl I *s.c.* pedestal.
pedestrian I pɪ'destrɪən I *s.c.* 1 peatón. || *adj.* 2 pedestre. 3 peatonal.
pedicure I 'pedɪˌkjuə I *s.i.* 1 pedicura. || *s.c.* 2 pedicuro.
pedigree I 'pedɪgriː I *s.c.* 1 pedigree. 2 genealogía.
pee I piː I *v.i.* (fam.) 1 mear. || *s.c.* 2 meada.
peek I piːk I *v.i.* 1 mirar a hurtadillas. || *s.c.* 2 [- (at)] ojeada.
peel I piːl I *v.t.* e *i.* 1 pelar, mondar. || *v.i.* 2 desconcharse, desprenderse. || *s.i.* 3 monda, cáscara, piel.
peelings I 'piːlɪŋz I *s.i.* peladuras.
peep I piːp I *v.i.* 1 fisgar. 2 piar. || *v.t.* e *i.* 3 [to - adv./prep.] asomarse. || *s.c.* 4 [- (at)] ojeada.
peephole I 'piːphəʊl I *s.c.* mirilla.
peepshow I 'piːpʃəʊ I *s.c.* espectáculo pornográfico.
peer I pɪə I *s.c.* 1 (brit.) par, noble. || *v.i.* 2 [to - adv./prep.] mirar con dificultad. 3 asomarse.
peeved I piːvd I *adj.* resentido, ofendido.
peevish I 'piːvɪʃ I *adj.* 1 irritado, enfadado. 2 terco.
peewit I 'piːwɪt I *s.c.* avefría.
peg I peg I *s.c.* 1 gancho, percha. 2 (brit.) pinza de la ropa. 3 clavija. 4 (fig.) pretexto. || *v.t.* 5 asegurar con clavijas. 6 (brit.) colgar con pinzas. || *v.i.* 7 [to - away] insistir.
pejorative I 'piːdʒərətɪv I (EE.UU.) I pɪ'dʒɔːrətɪv I *adj.* peyorativo.

pekinese I ˌpiːkɪ'niːz I *s.c.* pequinés.
pelican I 'pelɪkən I *s.c.* pelícano.
pellagra I pə'lægrə I *s.i.* pelagra.
pellet I 'pelɪt I *s.c.* 1 bolita. 2 bala, perdigón, proyectil.
pelt I pelt I *v.t.* 1 [to - (with)] atacar, lanzar. || *v.i.* 2 [to - (down/with)] llover a cántaros. || *s.c.* 3 golpe. 4 pellejo. || 5 at full -, a toda velocidad.
pelvic I 'pelvɪk I *adj.* pélvico.
pelvis I 'pelvɪs I *s.c.* pelvis.
pen I pen I *s.c.* 1 pluma, bolígrafo. 2 (EE.UU. y argot) chirona. || *v.t.* 3 escribir, redactar. 4 recluir, confinar.
penal I 'piːnl I *adj.* 1 penal. 2 - servitude, trabajos forzados.
penalize I 'piːnəlaɪz I (brit.) **penalise**. *v.t.* [to - (for)] penalizar, sancionar.
penalty I 'penltɪ I *s.c.* 1 [- (for)] pena, sanción. 2 inconveniente. || 3 - area, área de castigo.
penance I 'penəns I *s.c.* e *i.* penitencia.
pence I pens I *s.pl.* de **penny**, peniques.
pencil I 'pensl I *s.c.* 1 lapicero, lápiz. || *v.t.* 2 escribir a lápiz.
pendant, pendent I 'pendənt I *s.c.* 1 medallón, colgante. 2 lámpara de techo. || *adj.* 3 colgante, pendiente.
pending I 'pendɪŋ I *prep.* 1 hasta. || *adj.* 2 pendiente. 3 inminente.
pendulum I 'pendjʊləm I *s.c.* péndulo.
penetrate I 'penɪtreɪt I *v.t.* e *i.* 1 penetrar, traspasar. 2 comprender. || *v.t.* 3 (generalmente pasiva) conmover.
penetrating I 'penɪtreɪtɪŋ I *adj.* penetrante, profundo, agudo.
penetration I ˌpenɪ'treɪʃn I *s.c.* e *i.* 1 penetración, introducción. 2 infiltración. 3 perspicacia.
penguin I 'peŋgwɪn I *s.c.* pingüino.
penicillin I ˌpenɪ'sɪlɪn I *s.i.* penicilina.
peninsula I pɪ'nɪnsjʊlə I *s.c.* península.
penis I 'piːnɪs I *s.c.* pene.
penitence I 'penɪtəns I *s.i.* arrepentimiento, contrición.

penitentiary | ˌpenɪˈtenʃərɪ | s.c. 1 (EE.UU.) penitenciaría, cárcel. ‖ adj. 2 penitenciario. 3 penal.

penknife | ˈpennaɪf | s.c. navaja.

penmanship | ˈpenmənʃɪp | s.i. caligrafía.

pen-name | ˈpenneɪm | s.c. seudónimo.

pennant | ˈpenənt | s.c. banderín, banderola.

pennies | ˈpenɪz | pl.irreg. de penny.

penniless | ˈpenɪlɪs | adj. pobre.

penny | ˈpenɪ | [pl. pennies o pence] s.c. 1 (brit.) penique; (EE.UU.) centavo. ‖ 2 a — for your thoughts, ¿en qué piensas? 3 — whistle, silbato.

pension | ˈpenʃn | s.c. 1 pensión, jubilación. | ˈpɑːŋsɪɔːn | 2 pensión, hospedaje. ‖ v.t. 3 [to — off] jubilar.

pensionable | ˈpenʃənəbl | adj. con derecho a jubilación.

pensioned | ˈpenʃnd | adj. pensionado.

pensioner | ˈpenʃənə | s.c. pensionista.

pensive | ˈpensɪv | adj. pensativo; melancólico.

pentagon | ˈpentəgən | s.c. pentágono.

pentathlon | penˈtæθlɒn | s.c. pentatlón.

penthouse | ˈpenthaʊs | s.c. ático.

pent-up | ˌpentˈʌp | adj. reprimido.

penultimate | peˈnʌltɪmət | adj. penúltimo.

peony | ˈpɪənɪ | s.c. peonía.

people | ˈpiːpl | s.pl. 1 gente, personas. 2 pueblo, ciudadanos. 3 antepasados, parientes. ‖ s.c. 4 [— v.sing./pl.] país, habitantes. ‖ v.t. (generalmente pas.) 5 habitar, poblar.

pep | pep | s.i. (fam.) 1 energía, vigor. ‖ v.t. 2 [to — up] animar.

pepper | ˈpepə | s.i. 1 pimienta. ‖ s.c. 2 pimiento. ‖ v.t. 3 [to — (with)] salpicar; sazonar.

peppercorn | ˈpepəkɔːn | s.c. grano de pimienta.

peppermint | ˈpepəmɪnt | s.i. 1 menta. ‖ s.c. 2 caramelo de menta.

peppery | ˈpepərɪ | adj. 1 picante. 2 irritable.

per | pɜː | prep. por, a.

perceive | pəˈsiːv | v.t. percibir; comprender.

percentage | pəˈsentɪdʒ | s.c. porcentaje.

perceptible | pəˈseptəbl | adj. perceptible.

perception | pəˈsepʃn | s.i. percepción, apreciación.

perceptive | pəˈseptɪv | adj. perceptivo; sagaz.

perch | pɜːtʃ | s.c. 1 percha. 2 pedestal. 3 perca. ‖ v.i. 4 posarse.

percolate | ˈpɜːkəleɪt | v.t. e i. 1 [to — adv./prep.] colar, filtrar. 2 (fig.) infiltrar(se).

percolator | ˈpɜːkəleɪtə | s.c. cafetera con filtro.

percussion | pəˈkʌʃn | s.i. percusión.

perdition | pəˈdɪʃn | s.i. perdición.

peregrination | ˌperɪɡrɪˈneɪʃn | s.c. peregrinación.

peremptory | pəˈremptərɪ | (EE.UU.) | ˈperəmptɔːrɪ | adj. 1 perentorio, terminante. 2 indiscutible.

perennial | pəˈrenjəl | adj. perenne, constante.

perfect | ˈpɜːfɪkt | adj. 1 perfecto. 2 excelente, fantástico. ‖ v.t. 3 perfeccionar, mejorar.

perfection | pəˈfekʃn | s.i. perfección.

perfectionism | pəˈfekʃnɪsm | s.i. perfeccionismo.

perfidy | ˈpɜːfɪdɪ | s.c. e i. perfidia.

perforate | ˈpɜːfəreɪt | v.t. perforar.

perforation | ˌpɜːfəˈreɪʃn | s.c. perforación.

perform | pəˈfɔːm | v.t. 1 llevar a cabo, realizar. 2 cumplir, desempeñar. ‖ v.t. e i. 3 interpretar. ‖ v.i. 4 funcionar.

performance | pəˈfɔːməns | s.c. 1 interpretación, actuación. 2 función, sesión. 3 funcionamiento, rendimiento.

performer | pəˈfɔːmə | s.c. artista.

perfume | ˈpɜːfjuːm | (EE.UU.) | pərˈfjuːm | (brit. scent) s.c. e i. 1 perfume. ‖ | pəˈfjuːm | v.t 2 [to – (with)] perfumar.

perfunctory | pəˈfʌŋktərɪ | adj. superficial.

pergola | ˈpɜːgələ | s.c. pérgola.

perhaps | pəˈhæps | præs | adv. quizá(s), tal vez, acaso.

peril | ˈperəl | s.c. 1 peligro, riesgo. ‖ v.t 2 poner en peligro.

perimeter | pəˈrɪmɪtə | s.c. e i. perímetro.

period | ˈpɪərɪəd | s.c. 1 período, etapa. 2 racha. 3 sesión. 4 era. 5 punto (ortográfico).

periodic, periodical | ˌpɪərɪˈɒdɪk | adj. periódico, regular.

peripheral | pəˈrɪfərəl | adj. periférico, exterior.

periphery | pəˈrɪfərɪ | s.c. periferia.

periscope | ˈperɪskəup | s.c. periscopio.

perish | ˈperɪʃ | v.i. 1 perecer, fallecer. ‖ v.t e i. 2 (brit.) estropear(se), dañar(se). ‖ 3 – the thought, (fam.) ni pensarlo.

perishable | ˈperɪʃəbl | adj. perecedero.

perishing | ˈperɪʃɪŋ | adj. helado, glacial.

periwinkle | ˈperɪˌwɪŋkl | s.c. 1 vincapervinca. 2 bígaro.

perjury | ˈpɜːdʒərɪ | s.c. e i. perjurio.

perk | pɜːk | s.c. (generalmente pl.) 1 (fam.) ventajas, extras. ‖ v.t e i. [to – up] 2 (fam.) animar(se).

perky | ˈpɜːkɪ | adj. animado.

perm, permanent wave | pɜːm | (EE.UU. permanent) s.c. 1 permanente. ‖ v.t. 2 hacer la permanente.

permanence, permanency | ˈpɜːmə/nəns | s.i. permanencia.

permanent | ˈpɜːmənənt | adj. permanente.

permeable | ˈpɜːmjəbl | adj. permeable.

permeate | ˈpɜːmɪeɪt | v.t. e i. impregnar.

permissible | pəˈmɪsəbl | adj. permisible.

permission | pəˈmɪʃn | s.i. permiso.

permissive | pəˈmɪsɪv | adj. permisivo.

permit | ˈpɜːmɪt | v.t. e i. 1 [to – o.i. + o.d./ger./o. + inf.] permitir. ‖ | ˈpɜːmɪt | s.c. 2 permiso.

pernicious | pəˈnɪʃəs | adj. pernicioso, nocivo.

pernickety | pəˈnɪkətɪ | (EE.UU. persnickety) adj. 1 quisquilloso. 2 minucioso.

peroxide | pəˈrɒksaɪd | s.i. 1 peróxido. ‖ v.t. 2 tratar con agua oxigenada.

perpendicular | ˌpɜːpənˈdɪkjulə | adj. s.c. e i perpendicular, vertical.

perpetrate | ˈpɜːpɪtreɪt | v.t. perpetrar.

perpetual | pəˈpetʃuəl | adj. perpetuo.

perpetuate | pəˈpetʃueɪt | v.t. perpetuar.

perpetuity | ˌpɜːpɪˈtjuːətɪ | (EE.UU.) | ˌpɜːpɪˈtuːətɪ | s.i. perpetuidad.

perplex | pəˈpleks | v.t. desconcertar.

persecute | ˈpɜːsɪkjuːt | v.t. perseguir, maltratar.

persecution | ˌpɜːsɪˈkjuːʃn | s.c. e i. persecución.

perseverance | ˌpɜːsɪˈvɪərəns | s.c. perseverancia.

persevere | ˌpɜːsɪˈvɪə | v.i. [to – (at/in /with)] perseverar.

persimmon | pɜːˈsɪmən | s.c. caqui.

persist | pəˈsɪst | v.i. [to – (in/with)] persistir.

persistence | pəˈsɪstəns | s.i. persistencia.

person | ˈpɜːsn | s.c. e i 1 [pl. people] persona. 2 personalidad, carácter.

persona | pɜːˈsəunə | s.c. persona.

personable | ˈpɜːsnəbl | adj. agradable.

personage | ˈpɜːsnɪdʒ | s.c. personaje.

personal | ˈpɜːsnl | adj. 1 [no comp.] personal, privado. 2 – pronoun, pronombre personal.

personality | ˌpɜːsəˈnælətɪ | s.c. e i. personalidad.

personalization | ˌpɜːsənəlaɪˈzeɪʃn | s.i. personalización.

personalize | ˈpɜːsnəlaɪz | (brit. personalise) *v.t.* personalizar.
personification | pɜːˌsɒnɪfɪˈkeɪʃn | *s.c.* e *i.* personificación.
personify | pɜːˈsɒnɪfaɪ | *v.t.* personificar.
personnel | ˌpɜːsəˈnel | *s.pl.* y *s.i.* personal.
perspective | pəˈspektɪv | ‖ *s.c.* e *i.* perspectiva, punto de vista.
perspiration | ˌpɜːspəˈreɪʃn | *s.i.* transpiración.
perspire | pəˈspaɪə | *v.i.* transpirar.
persuade | pəˈsweɪd | *v.t.* 1 [to — (in to/out of)] persuadir. 2 [to — (of)] convencer.
persuasion | pəˈsweɪʒn | *s.i.* 1 persuasión.‖ *s.c.* 2 creencia, convicción.
persuasive | pəˈsweɪsɪv | *adj.* persuasivo, convincente.
pert | pɜːt | *adj.* 1 fresco, atrevido 2 gracioso, encantador.
pertain | pɜːˈteɪn | *v.t.* [to — (to)] pertenecer, atañer.
pertinent | ˈpɜːtɪnənt | *adj.* [— (to)] pertinente, relacionado.
perturb | pəˈtɜːb | *v.t.* perturbar.
perturbation | ˌpɜːtəˈbeɪʃn | *s.i.* perturbación.
peruse | pəˈruːz | *v.t.* leer con atención; examinar a fondo.
Peruvian | pəˈruːvjən | *adj.* y *s.c.* peruano.
pervade | pəˈveɪd | *v.t.* saturar, impregnar.
pervasive | pəˈveɪsɪv | *adj.* penetrante.
perverse | pəˈvɜːs | *adj.* 1 perverso. 2 terco; rebelde.
perversion | pəˈvɜːʃn | (EE.UU.) | pəˈvɜːʒn | *s.c.* 1 distorsión.‖ *s.c.* e *i* 2 perversión.
perversity, perverseness | pəˈvɜː/səti | *s.i.* 1 perversidad. 2 terquedad, contumacia.
pervert | pəˈvɜːt | *v.t.* 1 pervertir. 2 distorsionar.‖ | ˈpɜːvɜːt | *s.c.* 3 pervertido.
pesky | ˈpeskɪ | *adj.* (EE.UU) irritante.
pessary | ˈpesərɪ | *s.c.* pesario.

pessimism | ˈpesɪmɪzəm | *s.i.* pesimismo.
pessimist | ˈpesɪmɪst | *s.c.* pesimista.
pessimistic | ˌpesɪˈmɪstɪk | *adj.* pesimista, melancólico.
pest | pest | *s.c.* 1 peste, plaga. 2 (fam) pelmazo.
pester | ˈpestə | *v.t.* [to — (for/with)] molestar.
pesticide | ˈpestɪsaɪd | *s.i.* . pesticida.
pestle | ˈpesl | *s.c.* mano de mortero.
pet | pet | *s.c.* 1 animal doméstico. 2 *sing.* (fam.) cielo, encanto. ‖ *v.t.* 3 acariciar, mimar.
petal | ˈpetl | *s.c.* pétalo.
petard | peˈtɑːd | *s.c.* 1 petardo. ‖ 2 to be hoist with one's own —, salirle a uno el tiro por la culata.
peter | ˈpiːtə | *v.i.* [to — out] agotarse.
petite | pəˈtiːt | *adj.* pequeña, chiquita.
petition | pɪˈtɪʃn | *s.c.* 1 [— (for/against)] petición, instancia. ‖ *v.t.* e *i* 2 [to — (for /against)] solicitar, suplicar.
petrification | ˌpetrɪfɪˈkeɪʃn | *s.i.* petrificación, fosilización.
petrify | ˈpetrɪfaɪ | ‖ *v.t.* e *i.* petrificar(se), fosilizar(se).
petrol | ˈpetrəl | (EE.UU.) gasoline, gas *s.i.* 1 (brit.) gasolina. 2 — station, gasolinera.
petroleum | pɪˈtrəʊljəm | *s.i.* petróleo.
petticoat | ˈpetɪkəʊt | *s.c.* enaguas, combinación, falda, (Am.) fustán.
pettiness | ˈpetɪnɪs | *s.i.* mezquindad.
petty | ˈpetɪ | *adj.* 1 insignificante. 2 mezquino. ‖ 3 — cash, dinero para gastos menores.
petulant | ˈpetjulənt | *adj.* malhumorado.
petunia | pɪˈtjuːnjə | *s.c.* petunia.
pew | pjuː | *s.c.* banco.
pewter | ˈpjuːtə | *s.i.* 1 peltre. ‖ *adj.* 2 de peltre.
phalanx | ˈfælæŋks | [*pl.* phalanxes o phalanges] *s.c.* falange.
phallic | ˈfælɪk | *adj.* fálico.
phallus | ˈfæləs | *s.c.* falo, pene.
phantasmagoria | ˌfæntæzməˈgɒrɪə |

(EE.UU.) | ˌfæntæzmə'gɔːrɪə | *s.c.* fantasmagoría.

phantom | 'fæntəm | *adj. y s.c.* fantasma.

pharaoh | 'feərəʊ | *s.c.* faraón.

Pharisee | 'færɪsiː | *s.c.* **1** fariseo. ‖ **2** pharisee, hipócrita.

pharmaceutical | ˌfɑːmə'sjuːtɪkl | *adj.* **1** farmacéutico. ‖ **2** pharmaceuticals, productos farmacéuticos.

pharmacist | 'fɑːməsɪst | *s.c.* farmacéutico.

pharmacology | ˌfɑːmə'kɒlədʒɪ | *s.i.* farmacología.

pharmacy | 'fɑːməsɪ | *s.c. e i.* farmacia.

phase | feɪz | *s.c.* **1** [(in/of) —] fase, etapa. ‖ *v.t.* **2** realizar en fases. ‖ **3** in —, sincronizado.

pheasant | 'feznt | *s.c.* [*pl.* pheasant] faisán.

phenomena | fə'nɒmɪnə | *s.pl.* de phenomenom.

phenomenal | fə'nɒmɪnəl | *adj.* fenomenal, enorme.

phenomenon | fə'nɒmɪnən | [*pl.* phenomena] *s.c.* fenómeno; prodigio.

phew | fjuː | *interj.* ¡puf!, ¡fiu!

phial, vial | 'faɪəl | *s.c.* frasco, ampolla.

philanthropy | fɪ'lænθrəpɪ | *s.i.* filantropía.

philately | fɪ'lætəlɪ | *s.i.* filatelia.

Philippine | 'fɪlɪpiːn | *adj. y s.c.* filipino.

philistine | 'fɪlɪstaɪn | *adj.* ignorante, inculto.

philology | fɪ'lɒlədʒɪ | *s.i.* filología.

philosopher | fɪ'lɒsəfə | *s.c.* filósofo.

philosophic, philosophical | ˌfɪlə'sɒfɪkl | *adj.* filosófico.

philosophize | fɪ'lɒsəfaɪz | (brit. philosophise) *v.i.* [to — (about)] filosofar.

philosophy | fɪ'lɒsəfɪ | *s.i.* filosofía.

phlegm | flem | *s.i.* flema.

phobia | 'fəʊbjə | *s.c.* [— (about)] fobia.

phoenix | 'fiːnɪks | *s.c.* fénix.

phone | fəʊn | *s.c. e i.* **1** teléfono. **2**

(EE.UU.) audífono. ‖ *v.t. e i.* **3** [to — (up)] telefonear. ‖ **4** — book, guía telefónica.

phone-booth | 'fəʊnˌbuːð | *s.c.* **1** locutorio telefónico. **2** (EE.UU.) cabina.

phone-box | 'fəʊnˌbɒks | *s.c.* cabina.

phoneme | 'fəʊniːm | *s.c.* fonema.

phonetics | fəʊ'netɪks | *s.i.* fonética.

phoney | 'fəʊnɪ | (EE.UU. phony) *adj.* **1** falso, simulado; hipócrita. ‖ *s.c.* **2** fraude, engaño.

phonology | fəʊ'nɒlədʒɪ | *s.i.* fonología.

phosphate | 'fɒsfeɪt | *s.c. e i.* **1** fosfato. **2** fertilizante;

phosphorescence | ˌfɒsfə'resns | *s.i.* fosforescencia, luminiscencia.

phosphorus | 'fɒsfərəs | *s.i.* fósforo.

photo | 'fəʊtəʊ | *s.c.* [*pl.* photos] **1** foto. ‖ *v.t. e i.* **2** fotografiar(se), tomar fotografías. ‖ *prefijo* **3** foto.

photocopy | 'fəʊtəʊˌkɒpɪ | *s.c.* **1** fotocopia. ‖ *v.t.* **2** fotocopiar.

photogenic | ˌfəʊtəʊ'dʒenɪk | *adj.* fotogénico.

photograph | 'fəʊtəɡrɑːf | (EE.UU.) | 'fəʊtəɡræf | *s.c.* **1** fotografía. ‖ *v.t.* **2** fotografiar, hacer fotografías, sacar fotografías.

photographer | fə'tɒɡrəfə | *s.c.* fotógrafo.

photography | fə'tɒɡrəfɪ | *s.i.* fotografía.

phrase | freɪz | *s.c.* **1** frase, locución. **2** expresión, giro. ‖ *v.t.* **3** [to — o.d. + adv./prep.] frasear, formular.

phraseology | ˌfreɪzɪ'ɒlədʒɪ | *s.i.* fraseología.

physical | 'fɪzɪkl | *adj.* **1** físico, corporal. ‖ *s.c.* **2** reconocimiento médico. ‖ **3** — education, educación física.

physician | fɪ'zɪʃn | *s.c.* **1** médico, doctor. **2** (EE.UU.) curandero.

physicist | 'fɪzɪsɪst | *s.c.* físico.

physics | 'fɪzɪks | *s.i.* **1** física. **2** propiedades físicas.

physio | 'fɪzɪəʊ | *s.c.* **1** fisioterapeuta. ‖ *s.i.* **2** fisioterapia. ‖ *prefijo* **3** fisio.

physiognomy | ˌfɪzɪ'ɒnəmɪ | *s.c.* fisionomía.

physiology | ˌfɪzɪˈɒlədʒɪ | *s.i.* fisiología.

physiotherapy | ˌfɪzɪəˈθerəpɪ | *s.i.* fisioterapia.

physique | fɪˈziːk | *s.c.* e *i.* físico.

pi | paɪ | *num.* 1 pi. 2 letra del alfabeto griego.

pianist | ˈpɪənɪst | *s.c.* pianista.

piano | pɪˈænəʊ | *s.c.* e *i.* piano.

picaresque | ˌpɪkəˈresk | *adj.* picaresco.

pick | pɪk | *v.t.* 1 elegir, escoger. 2 coger, recoger. 3 [to – (from/out of)] picar, picotear. 4 hurgar. 5 provocar. 6 ratear. 7 cavar. 8 lanzar. ‖ *s.i.* 9 elección, opción 10 cosecha. ‖ *s.c.* 11 pico, piqueta. ‖ 12 to – someone's pocket, robarle a uno. 13 to – up speed, acelerar. 14 to – up the pieces, recoger los pedazos.

picket | ˈpɪkɪt | *s.c.* 1 piquete. ‖ *v.t.* e *i.* 2 actuar como piquete.

pickings | ˈpɪkɪŋz | *s.pl.* 1 ganancias extra. 2 sobras.

pickle | ˈpɪkl | *s.i.* 1 escabeche, adobo. 2 (brit.) encurtido. 3 lío, dificultad, aprieto. ‖ *s.c.* 4 (brit.) pilluelo. ‖ *v.t.* 5 encurtir, escabechar, conservar en vinagre.

pickpocket | ˈpɪkˌpɒkɪt | *s.c.* carterista, (Am.) pericote.

pick-up | ˈpɪkʌp | *s.c.* 1 brazo de tocadiscos 2 camioneta, furgoneta. 3 reparto. 4 arresto, detención. ‖ *s.i.* 5 (EE.UU.) aceleración. ‖ 6 – truck, camioneta de reparto

picnic | ˈpɪknɪk | *s.c.* merienda campestre, picnic.

pictorial | pɪkˈtɔːrɪəl | *adj.* 1 pictórico. 2 ilustrado.

picture | ˈpɪktʃə | *s.c.* 1 pintura, cuadro, dibujo. 2 [– (of)] fotografía. 3 imagen. 4 película. ‖ *v.t.* 5 representar. 6 [to – o.d. + adv./prep.] pintar, retratar. ‖ 7 to get the –, entender la situación.

picturesque | ˌpɪktʃəˈresk | *adj.* pintoresco

piddle | ˈpɪdl | *v.i.* 1 hacer pis. 2 perder el tiempo. ‖ *s.i.* 3 pis.

pie | paɪ | *s.c.* e *i.* 1 empanada, pastel. 2 urraca.

piebald | ˈpaɪbɔːld | *adj.* pío.

piece | piːs | *s.c.* 1 [– (of)] trozo, fracción, fragmento. 2 pieza, prenda. 3 ficha. 4 artículo. 5 moneda. ‖ *v.t.* 6 remendar. ‖ 7 to go to pieces, desmoronarse. 8 to say one's –, expresar su opinión.

piecemeal | ˈpiːsmiːl | *adj.* 1 gradual, lento. ‖ *adv.* 2 gradualmente. 3 por fragmentos.

piecework | ˈpiːswɜːk | *s.i.* trabajo a destajo.

pier | pɪə | *s.c.* 1 espigón. 2 embarcadero.

pierce | pɪəs | *v.t.* 1 perforar, atravesar, 2 cortar, apuñalar. 3 comprender. 4 conmover.

piercing | ˈpɪəsɪŋ | *adj.* estremecedor, desgarrador, agudo; penetrante.

pierrot | ˈpɪərəʊ | *f.* pierrette. *s.c.* pierrot.

piety, piousness | paɪətɪ | *s.i.* piedad.

pig | pɪg | (EE.UU. hog) *s.c.* 1 puerco, cerdo, (Am.) chancho. 2 carne de cerdo. ‖ *v.i.* 3 parir (una cerda). ‖ 4 – in a poke, gato por liebre.

pigeon | ˈpɪdʒɪn | [*pl.* pigeon o pigeons] *s.c.* 1 pichón, paloma. 2 primo, incauto.

pigeon-hole | ˈpɪdʒɪnhəʊl | *s.c.* 1 casilla. ‖ *v.t.* 2 almacenar, archivar, encasillar.

piggery | ˈpɪgərɪ | *s.c.* 1 granja de cerdos. 2 pocilga.

piggybank | ˌpɪgɪˈbæŋk | *s.c.* hucha.

pigheaded | ˌpɪgˈhedɪd | *adj.* terco.

piglet | ˈpɪglɪt | *s.c.* cerdito, lechón.

pigment | ˈpɪgmənt | *s.c.* e *i.* pigmento.

pigmentation | ˌpɪgmenˈteɪʃn | *s.i.* pigmentación, coloración.

pigpen | ˈpɪgpen | *s.c.* (EE.UU.) pocilga.

pigsty | ˌpɪgstaɪ | *s.c.* pocilga.

pigtail | ˌpɪgteɪl | *s.c.* trenza, coleta.

pike | paɪk | [*pl.* pike o pikes] *s.c.* 1 lucio. 2 punta de lanza, pica.

pilau, pilaf | pɪˈlaʊ | *s.c.* e *i.* arroz con especias.

pilchard | ˌpɪltʃəd | s.c. sardina, arenque.

pile | paɪl | s.c. 1 [– (of)] montón, pila. 2 pira funeraria. 3 (fam.) dineral. ‖ v.t. e i. 4 [to–(on/up)] amontonar(se). 5 [to–(onto/with)] cargar. ‖ v.i. 6 entrar o salir en tropel.

pilfer | ˈpɪlfə | v.t. e i. ratear, sisar.

pilgrim | ˈpɪlgrɪm | s.c. peregrino.

pilgrimage | ˈpɪlgrɪmɪdʒ | s.c. e i. peregrinaje.

pill | pɪl | s.c. 1 píldora, tableta. 2 [the –] (fam.) píldora anticonceptiva.

pillage | ˈpɪlɪdʒ | s.i. pillaje, saqueo, rapiña.

pillar | ˈpɪlə | s.c. pilar; columna.

pillar-box | ˈpɪləbɒks | s.c. (brit.) buzón.

pillion | ˈpɪljən | s.c. asiento trasero.

pillory | ˈpɪlərɪ | s.c. picota.

pillow | ˈpɪləu | s.c. almohada, cojín.

pillowcase | ˈpɪləukeɪs | s.c. funda de almohada.

pilot | ˈpaɪlət | adj. y s.c. 1 piloto. ‖ v.t. 2 pilotar.

pimento | pɪˈmentəu | s.c. pimiento.

pimp | pɪmp | s.c. proxeneta, chulo.

pimple | ˈpɪmpl | s.c. grano, pústula.

pin | pɪn | s.c. 1 alfiler. 2 (EE.UU.) broche, emblema. 3 clavija. 4 pinza. ‖ v.t. [pinned, pinning] 5 [to – o. + adv./prep.] sujetar con alfiler. 6 to – down, a) concretar. b) forzar. 7 to – on/upon, echar la culpa a.

pinafore | ˈpɪnəfɔː | s.c. 1 delantal, mandil. ‖ 2 – dress, vestido pichi.

pinball | ˈpɪnbɔːl | s.i. juego de máquinas recreativas.

pince-nez | ˈpæns'neɪ | s.c. [sing. y pl.] quevedos.

pincer | ˈpɪnsə | s.c. (generalmente pl.) tenazas, pinzas.

pinch | pɪntʃ | v.t. e i. 1 pellizcar. 2 aplastar. ‖ v.t. 3 (brit.) afanar, guindar. 4 [to – (with) y generalmente pas.] angustiar. 5 [to – (for) y generalmente pas.] pescar, pillar. ‖ v.i. 6 escatimar. ‖ s.c. 7 pellizco. 8 apuro.

pincushion | ˈpɪnˌkuʃn | s.c. acerico.

pine, pinetree | paɪn | s.c. 1 pino. ‖ v.i. 2 [to – (away)] languidecer. 3 [to – (for)] suspirar por.

pineapple | ˈpaɪnˌæpl | s.c. e i. piña, ananás.

pinecone | ˈpaɪnkəun | s.c. piña.

pinewood | ˈpaɪnwud | s.c. pinar.

ping | pɪŋ | s.c. tintineo; zumbido, silbido.

ping-pong | ˈpɪŋpɒŋ | s.i. ping-pong.

pinhead | ˈpɪnhed | s.c. 1 cabeza de alfiler. 2 cabeza de chorlito.

pinion | ˈpɪnjən | v.t. sujetar, maniatar.

pink | pɪŋk | adj. 1 rosa. 2 ruborizado. ‖ s.c. e i. 3 color rosa. ‖ s.c. 4 clavel. ‖ (EE.UU. pring) v.i. 5 picar, zumbar.

pinnacle | ˈpɪnəkl | s.c. [– (of)] apogeo, cumbre.

pinpoint | ˈpɪnpɔɪnt | v.t. 1 identificar, determinar. 2 apuntar con precisión. ‖ adj. 3 exacto, preciso.

pint | paɪnt | s.c. 1 pinta (0,57 litros). 2 (brit.) jarra de cerveza.

pioneer | ˌpaɪəˈnɪə | s.c. 1 pionero, explorador. 2 [– (of)] innovador, promotor. 3 zapador. ‖ adj. 4 colonizado. 5 innovador. ‖ v.t. 6 iniciar, promover. 7 innovar. 8 explorar, colonizar.

pious | ˈpaɪəs | adj. pío, piadoso.

pip | pɪp | (EE.UU. seed) s.c. 1 pepita, semilla. 2 (fam.) maravilla, preciosidad. 3 pitido; señal. 4 bulbo. ‖ v.t. [pipped, pipping] 5 (brit. y fam.) superar, suspender. ‖ 6 to give someone the –, fastidiar enormemente.

pipe | paɪp | s.c. 1 tubería, conducto. 2 pipa. 3 flauta, tubo; silbato. 4 barrica. ‖ v.t. 5 [to – (in/on)] entubar. ‖ v.t. e i. 6 cantar, silbar.

pipeline | ˈpaɪplaɪn | s.c. 1 oleoducto. 2 cañería.

piper | ˈpaɪpə | s.c. 1 gaitero, flautista. 2 fontanero. ‖ 3 to play the –, cargar con los gastos.

pipette | pɪˈpet | pəˈpet | s.c. probeta.

pipsqueak | ˈpɪpskwiːk | s.c. nulidad.

piquancy | ˈpiːkənsɪ | s.i. sabor picante, excitación.

piquant | ˈpiːkənt | *adj.* picante, excitante.

pique | piːk | *s.i.* 1 pique, rencor. ‖ *v.t.* (generalmente pasiva) 2 ofender, irritar. 3 provocar.

piracy | ˈparərəsɪ | *s.i.* piratería.

piranha | pɪˈrɑːnjə | *s.c.* piraña.

pirate | ˈparərət | *s.c.* 1 pirata. ‖ *v.t.* 2 piratear.

pirouette | pɪruˈet | *s.c.* pirueta.

piss | pɪs | (argot) *v.i.* 1 mear. ‖ *v.r.* 2 [to — oneself] mearse de risa. ‖ *s.c.* 3 meada, pis. ‖ 4 [— off!, ¡lárgate!

pissed | ˈpɪst | (argot) *adj.* 1 (brit.) borracho. 2 (EE.UU.) irritado.

pistol | pɪstl | *s.c.* pistola, revólver.

piston | ˈpɪstən | *s.c.* pistón.

pit | pɪt | *s.c.* 1 hoyo. 2 mina, pozo. ‖ *v.t.* (pitted, pitting) 3 hacer hoyos. 4 luchar contra. ‖ 5 to — against, competir con.

pitch | pɪtʃ | *v.t.* 1 montar, preparar. 2 clavar, fijar. 3 [to — o. + adv./prep.] ajustar. 4 [to — o. + adv./prep.] tirar. ‖ *v.i.* 5 cabecear. 6 [to — adv./prep.] inclinarse; tambalearse; precipitarse. ‖ *s.c.* 7 (brit.) campo. 8 lanzamiento. ‖ 9 to — in, echar una mano. 10 to — into, criticar.

pitched | pɪtʃt | *adj.* inclinado.

pitcher | pɪtʃə | *s.c.* 1 (brit.) cántaro. 2 (FF.UU.) jarra. 3 lanzador.

piteous | pɪtɪəs | *adj.* lastimoso.

pitfall | pɪtfɔːl | *s.c.* trampa.

pith | pɪθ | *s.i.* 1 médula. 2 (fig.) meollo.

pithy | pɪθɪ | *adj.* 1 conciso, expresivo. 2 medular.

pitiful | pɪtɪful | *adj.* lastimoso, patético.

pitiless | pɪtɪlɪs | *adj.* despiadado, implacable.

pittance | pɪtəns | *s.sing.* miseria.

pituitary | pɪˈtjuːtəˈrɪ | *s.c.* pituitaria.

pity | pɪtɪ | *s.i.* 1 lástima, compasión. ‖ *v.t.* 2 apiadarse de. ‖ 3 for pity's sake!, ¡por el amor de Dios!

pivot | pɪvət | *s.c.* 1 pivote. 2 (fig.) factor esencial. ‖ *v.i.* 3 [to — (on)] rotar. ‖ *v.t.* 4 fijar con eje. ‖ 5 to — on, (fig.) depender de.

pixie | pɪksɪ | *s.c.* y *adj.* duende.

pizza | piːtsə | *s.c.* e *i.* pizza.

placard | ˈplækɑːd | *s.c.* pancarta, rótulo.

placate | pləˈkeɪt | (EE.UU.) | ˈpleɪkeɪt | *v.t.* aplacar, apaciguar.

place | pleɪs | *s.c.* 1 lugar, punto; turno. 2 (brit.) plaza. 3 localidad; puesto; 4 ocasión. 5 posición. ‖ *v.t.* 6 [to — o. + adv./prep.] situar, colocar. 7 recordar. ‖ 8 in one's —, en su lugar. 9 to take —, ocurrir.

placebo | pləˈsiːbəʊ | *s.c.* placebo.

placement | ˈpleɪsmənt | *s.c.* e *i.* colocación.

placenta | pləˈsentə | *s.c.* placenta.

placid | ˈplæsɪd | *adj.* plácido, tranquilo.

plagiarize | ˈpleɪdʒjəraɪz | (brit. **plagiarise**) *v.t.* e *i.* plagiar.

plague | pleɪg | *s.c.* 1 plaga, epidemia. ‖ *v.t.* 2 sufrir. 3 infectar. 4 molestar.

plain | pleɪn | *adj.* 1 sencillo, simple. ‖ *s.c.* 2 llanura, pradera. ‖ *adv.* 3 (fam.) completamente.

plaint | pleɪnt | *s.c.* 1 lamento. 2 demanda.

plaintive | ˈpleɪntɪv | *adj.* 1 lastimero. 2 melancólico.

plan | plæn | *s.c.* 1 [— (for/of)] plan, proyecto. 2 plano, diseño. ‖ *v.i.* e *i.* [planned, planning] 3 planear, pensar. ‖ *v.t.* 4 diseñar. ‖ 5 according to —, como estaba previsto.

plane | pleɪn | *s.c.* 1 avión; ala. 2 plano. 3 plátano. ‖ *adj.* 4 plano. ‖ *v.t.* 5 alisar. ‖ *v.i.* 6 AER. planear. 7 (EE.UU.) viajar en avión.

planet | plænɪt | *s.c.* planeta.

planetarium | ˌplænɪˈteərɪəm | [*pl.* planetariums o planetaria] *s.c.* planetario.

plank | plæŋk | *s.c.* 1 tabla. ‖ *v.t.* 2 entarimar. 3 tirar violentamente.

plankton | ˈplæŋtən | *s.i.* plancton.

planned | plænd | *adj.* planeado.

planner | plænə | *s.c.* planificador.

planning | plænɪŋ | *s.i.* planificación.

plant | plɑːnt | (EE.UU.) | plænt | *s.c.*

1 planta. 2 instalación. ‖ *v.t.* 3 plantar. 4 [to – (with)] sembrar.

plantation | plæn'teɪʃn | plɑː'teɪʃn | *s.c.* plantación.

planting | 'plɑːntɪŋ | *s.i.* cultivo.

plaque | plɑːk | *s.c. e i.* placa.

plasma | 'plæzmə | *s.i.* plasma, suero.

plaster | 'plɑːstə | (EE.UU.) | 'plæstə | *s.i.* 1 yeso. ‖ *v.t.* 2 enyesar. 3 [to – o. + adv./prep.] aplastar. 4 (fam.) dar una paliza.

plasterer | 'plɑːstərə | *s.c.* enyesador.

plastic | 'plæstɪk | *s.c. e i.* plástico.

plate | pleɪt | *s.c.* 1 (EE.UU. **dish**) plato. 2 placa. 3 lámina. 4 matrícula. ‖ *v.t.* 5 chapar, niquelar.

plateau | ,plæ'təʊ | (EE.UU.) | 'plæ'təʊ | *s.c.* meseta, altiplano.

platform | 'plætfɔːm | *s.c.* andén, plataforma.

platinum | 'plætɪnəm | *s.i. y adj.* platino.

platitude | 'plætɪtjuːd | *s.c.* (desp.) tópico.

platoon | plə'tuːn | *s.c.* [– *v.sing./pl.*] MIL. pelotón.

platter | 'plætə | *s.c.* (EE.UU.) fuente, (Am.) azafata.

plausible | 'plɔːzəbl | *adj* plausible.

play | pleɪ | *s.i.* 1 juego. ‖ *s.c.* 2 obra de teatro; función. 3 broma. ‖ *v.i.* 4 jugar. 5 [to – adv./prep.] reflejarse. ‖ *v.t.* 6 [to – o. + adv./prep.] lanzar. 7 tocar. 8 representar. ‖ 9 in –, en juego. 10 to – something back, repetir.

playbill | 'pleɪbɪl | *s.c.* cartel, programa.

player | 'pleɪə | *s.c.* 1 jugador. 2 músico. 3 actor.

playground | 'pleɪgraʊnd | *s.c.* (EE.UU. **recreation ground**) patio de recreo.

playmate | 'pleɪmeɪt | *s.c.* compañero de juegos.

playoff | 'pleɪɒf | *s.c.* partido de desempate.

playtime | 'pleɪtaɪm | *s.i.* recreo.

plaza | 'plɑːzə | (EE.UU.) | 'plæzə | *s.c.* 1 plaza. 2 (EE.UU.) centro comercial.

plea | pliː | *s.c.* 1 [– (for)] petición, súplica. 2 [– (of)] defensa; apelación. 3 justificación.

plead | pliːd | *v.* [*pret.* y *p.p.* pleaded, (EE.UU.) pled] *i.* 1 interceder por.‖ *t.* 2 implorar. 3 alegar.‖ *t. e i.* 4 pedir.

pleasant | 'pleznt | *adj.* 1 agradable, encantador. 2 simpático, amistoso.

pleasantry | 'plezntrɪ | *s.c.* cumplido.

please | pliːz | *v.t. e i.* 1 agradar.‖ *v.i.* 2 [to – adv./prep. en oraciones subordinadas] gustar, preferir. ‖ *interj.* 3 por favor. 4 sí, gracias. ‖ 5 – yourself, ¡como quieras!, ¡como se te antoje!

pleased | pliːzd | *adj.* [– (with/about)] encantado.

pleasure | 'pleʒə | *s.i.* 1 placer, satisfacción. ‖ 2 at someone's –, como a uno le plazca. 3 with –, con mucho gusto.

pleat | pliːt | *s.c.* 1 pliegue. ‖ *v.t.* 2 plisar, fruncir, hacer dobleces.

pleb | pleb | *s.c.* (fam. y desp.) plebeyo.

plebeian | plɪ'biːən | *s.c. y adj.* plebeyo.

pled | pled | (EE.UU.) *pret.* y *p.p.* de plead.

pledge | pledʒ | *s.c.* 1 garantía, compromiso 2 [– (of)] prenda, prueba. 3 fianza. ‖ *v.t.* 4 prometer formalmente, garantizar. 5 empeñar. ‖ *v.i.* 6 brindar.

plenary | 'pliːnərɪ | *adj.* [no *comp.*] plenario.

plentiful | 'plentɪful | *adj.* abundante.

plenty | 'plentɪ | *pron.* 1 abundante, bastante, suficiente. ‖ *adv.* 2 bastante.

pleurisy | 'plʊərəsɪ | *s.i.* pleuresía.

pliable | 'plaɪəbl | *adj.* flexible, dúctil.

pliers | 'plaɪəz | *s.pl.* alicates.

plight | plaɪt | *s.sing.* 1 adversidad. ‖ *v.t.* 2 dar palabra de.

plimsoll | 'plɪmsəl | (EE.UU. **sneaker**) *s.c.* (brit.) zapatilla con suela de goma.

plod | plɒd | [plodded, plodding] *v.i.* 1 [to – adv./prep.] andar pesadamente. 2 [to – adv./prep. (away/on)] trabajar laboriosamente. ‖ *s.i.* 3 trabajo o camino lento.

plonk | plɒŋk | | plɑ:ŋk | | plɔ:ŋk | (EE.UU. **plunk**) s.c. 1 golpe seco. 2 (brit.) vino barato. ‖ v.t. 3 [to – o. + adv./prep.] dejar caer con ruido seco.

plop | plɒp | | plɑ:p | s.c. plaf, plof.

plot | plɒt | | plɑ:t | s.c. 1 argumento, trama. 2 complot. 3 parcela. v.i. [plotted, plotting] 4 [to – (against)] conspirar.

plough | plau | (EE.UU. **plow**) s.c. 1 arado. ‖ v.t. e i. 2 [to – (up/in)] arar, hacer surcos. ‖ 3 **the plough** (EE.UU.) **The Big Dipper**, la Osa Mayor.

plover | plʌvə | s.c. chorlito.

ploy | plɔɪ | s.c. táctica, estratagema.

pluck | plʌk | v.t. 1 desplumar. 2 [to – (out/from/of)] depilar. ‖ s.i. 3 coraje, valor. ‖ s.c. 4 tirón.

plug | plʌg | s.c. 1 tapón. 2 taco. 3 tampón. 4 enchufe, clavija. 5 bujía. ‖ v.t. [plugged, plugging] 6 [to – (up)] tapar, cerrar, obturar. ‖ 7 to – in/into, enchufar, conectar.

plughole | plʌɡhəʊl | s.c. 1 (brit.) desagüe. ‖ 2 **down the –**, al traste.

plum | plʌm | s.c. 1 ciruela. 2 (fam.) chollo, (Am.) pichincha.

plumage | plu:mɪdʒ | s.i. plumaje.

plumb | plʌm | v.t. 1 sondear. ‖ adv. (fam.) 2 [– adv./prep.] exactamente. 3 (EE.UU.) completamente.

plumber | plʌmə | s.c. fontanero.

plumbing | plʌmɪŋ | s.i. fontanería.

plume | plu:m | s.c. pluma, plumaje, penacho.

plummet | plʌmɪt | v.i. caer en picado.

plump | plʌmp | adj. 1 rollizo, llenito. 2 abundante. ‖ s.c. 3 caída pesada. ‖ adv. 4 a plomo, directamente.

plunder | plʌndə | v.t. e i. 1 saquear. 2 robar. ‖ s.i. 3 botín, pillaje, rapiña.

plunge | plʌndʒ | v.t. e i. 1 precipitar(se). 2 zambullir(se). ‖ s.c. 3 salto, zambullida. ‖ 4 **to take the –**, arriesgarse.

plunger | plʌndʒə | s.c. 1 desatascador. 2 émbolo.

plunging | plʌndʒɪŋ | adj. escotado.

pluperfect | plu:'pɜ:fɪkt | s.sing. pluscuamperfecto.

plural | plʊərəl | adj. plural.

pluralism | plʊərəlɪzəm | s.i. pluralismo.

plus | plʌs | prep. 1 más. ‖ s.c. [pl. plusses, o pluses] 2 (también **plus sign**) signo más, positivo. ‖ adj. 3 más de, por encima de.

plush | plʌʃ | (también **plushy**). adj. 1 elegante. 2 de felpa.

plutonium | plu:'təʊnjəm | s.i. plutonio.

ply | plaɪ | s.i. 1 cabo. 2 chapa. 3 propensión. ‖ v.i. 4 [to – adv./prep.] estar de servicio. 5 manejar. ‖ 6 to – **somebody with**, a) atiborrar a uno de. b) importunar a uno con.

plywood | plaɪwʊd | s.i. madera contrachapada, (Am.) triplex.

p.m., P.M. | pi:'em | abreviatura de 1 post meridiem, después del mediodía. 2 Prime Minister, (brit.) Primer Ministro. 3 Police Magistrate, juez de instrucción.

pneumatic | nju:'mætɪk | adj. neumático.

pneumonia | nju:'məʊnjə | s.i. neumonía.

PO | pi:'əʊ | abreviatura de 1 Post Office, Correos. 2 Postal Order, giro postal. 3 **PO box**, apartado de correos.

poach | pəʊtʃ | v.t. 1 escalfar (huevos). ‖ v.t. e i. 2 cazar, pescar furtivamente.

pock | pɒk | | pɑ:k | s.c. 1 pústula, grano. 2 cicatriz de viruela.

pocket | pɒkɪt | | pɑ:kɪt | s.c. 1 bolsillo. ‖ v.t. 2 meter al bolsillo; embolsarse. ‖ adj. 3 de bolsillo; en miniatura.

pod | pɒd | | pɑ:d | s.c. vaina.

podgy | pɒdʒɪ | | pɑ:dʒɪ | (también **pudgy**) adj. regordete, rechoncho.

podium | pəʊdɪəm | [pl. **podiums** o **podia**] s.c. podio, estrado.

poem | pəʊɪm | s.c. poema, poesía.

poet | pəʊɪt | s.c. poeta.

poetic | pəʊ'etɪk | adj. poético.

poetry | pəʊɪtrɪ | s.i. poesía.

poignant | pɔɪnənt | adj. patético, conmovedor; agudo; relevante.

point | pɔɪnt | *s.c.* 1 punta, pico. 2 lugar. 3 punto, característica. 4 tema, idea. 5 [the —] lo importante. 6 (EE.UU.) punto (ortográfico, vocálico). || *s.i.* 7 [— (in/of)] sentido, ventaja. || *v.i.* 8 [to — (at/to)] apuntar, señalar con el dedo. || 9 beside the —, que no viene a cuento. 10 to get the —, entender. 11 I take your —, lo admito. 12 to stretch a —, hacer una concesión. 13 up to a —, hasta cierto punto.

point-blank | ˌpɔɪnt'blæŋk | *adv.* a quemarropa.

pointed | ˌpɔɪntɪd | *adj.* puntiagudo, afilado.

pointer | ˌpɔɪntə | *s.c.* aguja, manecilla.

pointless | ˌpɔɪntlɪs | *adj.* sin razón, sin sentido.

poise | pɔɪz | *s.i.* 1 aplomo. 2 elegancia. 3 estabilidad, equilibrio. || *v.t.* 4 [to — adv./prep.] colocar equilibradamente, llevar equilibradamente.

poison | pɔɪzn | *s.c. e i.* 1 veneno. || *v.t.* 2 envenenar. 3 contaminar. 4 — gas, gas tóxico.

poisonous | ˌpɔɪznəs | *adj.* 1 venenoso, tóxico. 2 pernicioso.

poke | pəʊk | *v.t. e i.* 1 [to — o. + adv./prep.] asomar. 2 [to — (in/with)] pinchar, clavar. 3 [to — (at)] atizar. || *v.i.* 4 (fig.) entrometerse. 5 haraganear. || *s.c.* 6 pinchazo, codazo.

poker | pəʊkə | *s.c.* 1 badila, atizador. || *s.i.* 2 póquer. || 3 — face, expresión impasible, (Am.) cara de palo.

poky | pəʊkɪ | (también pokey) *adj.* [*comp.* pokier, *super.* pokiest] 1 pequeño, estrecho. 2 lento. 3 desaliñado.

polar | pəʊlə | *adj.* 1 polar. || 2 — bear, oso polar, oso blanco.

polarity | pəʊ'lærətɪ | *s.c. e i.* polaridad.

polarization | ˌpəʊləraɪ'zeɪʃn | | ˌpəʊlərə'zeɪʃn | *s.i.* polarización.

polarize | ˌpəʊləraɪz | (brit. polarise) *v.t. e i.* [to — (into)] polarizar(se).

pole | pəʊl | *s.c.* 1 poste, estaca. 2 pértiga. 3 polo. || 4 Pole, polaco.

polecat | ˌpəʊlkæt | *s.c.* 1 turón. 2 (EE.UU.) mofeta.

polemic | pɒ'lemɪk | *s.c. e i.* 1 polémica. || *adj.* 2 polémico.

police | pə'liːs | *s.pl.* 1 [(the) —] policía, cuerpo de policía. || *v.t.* 2 patrullar, mantener el orden público. || 3 — constable, (brit.) guardia. 4 — officer, agente. 5 — station, comisaría de policía.

policeman | pə'liːsmən | [*pl.* policemen, *m*]. *s.c.* policía, guardia.

policewoman | pə'liːˌwʊmən | [*pl.* policewomen, *f*.] *s.c.* policía, guardia.

policy | ˌpɒləsɪ | | ˌpɑːləsɪ | *s.c. e i.* 1 política. || *s.c.* 2 póliza.

polio | pəʊlɪəʊ | (también poliomyelitis) *s.i.* polio.

polish | pɒlɪʃ | | pɑːlɪʃ | *v.t.* 1 [to — (up)] abrillantar. 2 refinar, pulir. || *s.i.* 3 cera, betún. 4 lustre. 5 polaco. || *s.c.* 6 limpieza, lustre. || 7 to — up, perfeccionar

polite | pə'laɪt | *adj.* cortés, educado.

politic | ˌpɒlɪtɪk | | pɑːlɪtɪk | *adj.* prudente, hábil.

politics | ˌpɒlɪtɪks | *s.i.* política.

political | pə'lɪtɪkl | *adj.* 1 [no *comp.*] político. 2 politizado.

politician | ˌpɒlɪ'tɪʃn | *s.c.* político.

politicize | pə'lɪtɪsaɪz | (brit. politicise) *v.t.* politizar.

polity | ˌpɒlɪtɪ | [*pl.* polities] *s.c. e i.* gobierno, estado.

polka | pɒlkə | *s.c.* 1 polca. || 2 — dot, estampado de lunares.

poll | pəʊl | *s.c.* 1 (también opinion poll) encuesta, sondeo de opinión. 2 votos. || *v.t.* 3 encuestar. 4 conseguir votos. || *v.i.* 5 votar, emitir un voto. || 6 polls, elecciones.

pollen | ˌpɒlən | | pɑːlən | *s.i.* polen.

pollination | ˌpɒlɪ'neɪʃn | | pɑːlɪ'neɪʃn | *s.i.* polinización.

polling | pəʊlɪŋ | *s.i.* 1 votación, elecciones. 2 número de votos. || 3 — day, día de elecciones. 4 — station, colegio electoral.

polluted | pə'luːtɪd | *adj.* contaminado.

pollution | pə'lu:ʃn | *s.i.* contaminación.

polo | ˌpəʊləʊ | *s.i.* polo.

polyester | ˌpɒlɪ'estə | (EE.UU.) | ˌpɒli:estər | *s.i.* poliéster.

polygamy | pə'lɪgəmi | *s.i.* poligamia.

polyglot | ˌpɒlɪglɒt | | ˌpɑ:lɪglɑ:t | *adj.* políglota.

polygon | ˌpɒlɪgən | | ˌpɑ:lɪgɑ:n | *s.c.* polígono.

polymer | ˌpɒlɪmə | *s.c.* polímero.

polyp | ˌpɒlɪp | | ˌpɑ:lɪp | *s.c.* e *i.* pólipo.

polyurethane | ˌpɒlɪ'jʊərɪθeɪn | *s.i.* poliuretano.

pomegranate | ˌpɒmɪˌgrænɪt | | ˌpɑmgrænɪt | *s.c.* 1 granado. 2 granada (fruto).

pomp | pɒmp | | pɑ:mp | *s.i.* pompa.

pompous | ˈpɒmpəs | | ˈpɑ:mpəs | *adj.* pomposo, ostentoso.

pond | pɒnd | | pɒ:nd | *s.c.* charca, estanque.

ponder | ˈpɒndə | | ˈpɒ:ndə | *v.t.* e *i.* ponderar, reflexionar.

pontiff | ˈpɒntɪf | | ˈpɒ:ntɪf | *s.* pontífice.

pontifical | pɒn'tɪfɪkl | *adj.* pontifical.

pontificate | ˈpɒntɪfɪkeɪt | | pɒn'tɪfɪkeɪt | *v.i.* 1 [to — (about/on)] (desp.) pontificar. || *s.c.* 2 pontificado.

pontoon | pɒn'tu:n | | pɒ:n'tu:n | *s.c.* 1 pontón. || *s.i.* 2 (brit.) veintiuna (juego de cartas).

pony | ˈpəʊni | *s.c.* 1 poney. 2 (EE.UU.) chuleta (para un examen). 3 (brit.) 25 libras esterlinas.

ponytail | ˈpəʊnɪteɪl | *s.c.* cola de caballo.

poodle | ˈpu:dl | *s.c.* caniche.

pooh | pu: | *interj.* ¡uf!

pooh-pooh | ˌpu:'pu: | *v.t.* desdeñar.

pool | pu:l | *s.c.* 1 poza, remanso. 2 laguna, charca. 3 piscina. 4 consorcio. 5 apuesta. || *s.i.* 6 (EE.UU.) billar americano. || 7 pools, quinielas.

poop | pu:p | *s.c.* popa.

poor | pʊə | | pɒ: | *adj.* 1 pobre. 2 deficiente. 3 débil, endeble. 4 árido. 5 yermo. 5 desnutrido. || *prefijo.* 6 [s. poor —] pobre en, pobre de.

poorhouse | ˌpʊəhaʊs | [*pl.* poorhouses] *s.c.* asilo.

pop | pɒp | [popped, popping]. *v.t.* e *i.* 1 estallar. 2 disparar. || *v.t.* 3 [to — *o.d.* + *adv./prep.*] asomar. || *s.c.* 4 ruido seco, estallido. 5 pop. || *adv.* 6 deprisa, inesperadamente.

popcorn | ˌpɒpkɔ:n | *s.i.* palomitas de maíz.

Pope | pəʊp | *s.* 1 Papa. 2 pope.

pop-eyed | ˌpəʊp'aɪd | *adj.* de ojos saltones.

poplar | ˌpɒplə | *s.c.* e *i.* chopo.

poplin | ˌpɒplɪn | *s.i.* popelín.

poppy | ˌpɒpɪ | | ˌpɑ:pɪ | *s.c.* amapola.

populace | ˌpɒpjʊləs | | ˌpɑ:pjʊləs | *s.sing.* [the — *v.sing./pl.*] el pueblo, la plebe.

popular | ˌpɒpjʊlə | | ˌpɑ:pjʊlə | *adj.* popular.

popularize | ˌpɒpjʊləraɪz | | ˈpɑ:pjʊ/ləraɪz | (brit. popularise). *v.t.* popularizar, divulgar.

populate | ˌpɒpjʊleɪt | | ˌpɑ:pjʊleɪt | *v.t.* poblar, habitar.

population | ˌpɒpjʊ'leɪʃn | | ˌpɑ:pjʊ'/leɪʃn | *s.sing.* 1 población, habitantes. 2 demografía. 3 asentamiento.

populous | ˌpɒpjʊləs | *adj.* populoso.

porcelain | ˌpɔ:səlɪn | *s.i.* porcelana.

porch | pɔ:tʃ | *s.c.* 1 porche, pórtico. 2 (EE.UU.) terraza cubierta; soportales.

porcupine | ˌpɔ:kjʊpaɪn | *s.c.* puerco espín.

pore | pɔ: | *s.c.* 1 poro (en la piel, suelo, etc..). || *v.t.* 2 [to — over] examinar, escrutar, ponderar.

pork | pɔ:k | *s.i.* 1 carne de cerdo. || 2 — pie, (brit.) empanada de cerdo.

porn | pɔ:n | *adj.* y *s.i.* porno.

pornography | pɔ:'nɒgrəfi | | pɔ:'nɑ:/grəfi | *s.i.* pornografía.

porous | ˌpɔ:rəs | *adj.* poroso.

porpoise | ˌpɔ:pəs | *s.c.* marsopa.

porridge | ˌpɒrɪdʒ | *s.i.* gachas de avena.

port | pɔːt | *s.c.* e *i.* 1 puerto. ‖ *s.i.* 2 babor. 3 oporto. ‖ *adj.* 4 portuario.

portable | ˈpɔːtəbl | *adj.* portátil.

portal | ˈpɔːtl | *s.c.* pórtico.

portend | pɔːˈtend | *v.t.* presagiar.

portent | ˈpɔtent | *s.c.* presagio.

porter | ˈpɔːtə | *s.c.* 1 mozo de estación. 2 (brit.) portero.

portfolio | pɔːtˈfəʊljəʊ | *s.c.* 1 portafolios. 2 cartera, ministerio.

porthole | ˈpɔːtʰəʊl | *s.c.* ojo de buey, portilla.

portico | ˈpɔːtɪkəʊ | [*pl.* **porticoes** o **porticos**] *s.c.* pórtico, atrio.

portion | ˈpɔʃn | *s.c.* 1 [— (of)] parte, sección. 2 porción, ración. ‖ *v.t.* 3 [to — out] repartir, dividir; legar.

portly | ˈpɔːtlɪ | *adj.* corpulento.

portrait | ˈpɔːtrɪt | *s.c.* retrato.

portray | pɔːˈtreɪ | *v.t.* pintar un retrato de, dibujar un retrato de.

portrayal | pɔːˈtreɪəl | *s.c.* e *i.* representación.

pose | pəʊz | *v.t.* e *i.* 1 posar. ‖ *v.t.* 2 plantear. ‖ *s.c.* 3 postura, pose.

poser | ˈpəʊzə | *s.c.* enigma.

poseur | pəʊˈzɜː | *s.c.* presuntuoso.

posh | pɒʃ | *adj.* (brit. y fam.) elegante; refinado, afectado.

position | pəˈzɪʃn | *s.c.* 1 posición, situación. 2 postura. 3 [generalmente *sing.*] situación, estado. 4 [— (on)] opinión. ‖ *v.t.* 5 [to — o.d. + *adv./prep.*] situar.

positive | ˈpɒzətɪv | | ˈpɑːzətɪv | *adj.* 1 [— (about/of)] seguro, convencido. 2 positivo, constructivo.

positivism | ˈpɒzɪtɪvɪzəm | *s.i.* positivismo.

posse | ˈpɒsɪ | *s.c.* [— (of)] partida, pelotón.

possess | pəˈzes | *v.t.* poseer.

possession | pəˈzeʃn | *s.i.* posesión.

possessive | pəˈzesɪv | *adj.* posesivo.

possibility | ˌpɒsəˈbɪlətɪ | *s.c.* e *i.* posibilidad.

possible | ˈpɒsəbl | *adj.* 1 posible. 2 razonable. ‖ *s.c.* 3 candidato. ‖ 4 **as much as —**, en lo posible. 5 **as soon as —**, cuanto antes.

possum | ˈpɒsəm | (brit. **opossum**) *s.c.* 1 zarigüeya. 2 (Am.) carachupa.

post | pəʊst | *s.c.* 1 poste, pilar, estaca. 2 [the —] la meta. 3 (también **goalpost**) portería, meta. 4 empleo, cargo. 5 puesto; guarnición. ‖ *s.i.* 6 [the —] correos. ‖ *v.t.* 7 [to — (off/to)] (EE.UU. **mail**) echar al correo. 8 registrar. 9 fijar carteles. 10 destinar. ‖ 11 **— office**, correos.

postage | ˈpəʊstɪdʒ | *s.i.* franqueo.

postal | ˈpəʊstəl | *adj.* 1 postal. ‖ 2 **— order**, (brit.) giro postal.

post-box | ˈpəʊstbɒks | (EE.UU. **mail-box**) *s.c.* buzón.

post-card | ˈpəʊstkɑːd | *s.c.* tarjeta postal.

postcode | ˈpəʊstkəʊd | (EE.UU. **zip code**) *s.c.* código postal.

postdate | ˌpəʊstˈdeɪt | *v.t.* fechar con posterioridad.

poster | ˈpəʊstə | *s.c.* cartel.

poste restante | ˌpəʊstˈrestɑːnt | | ˌpəʊstˈrestɒnt | (EE.UU. **general delivery**) *s.i.* lista de correos.

posterior | pɒˈstɪərɪə | | pɑːˈstɪərɪə | *adj.* [no *comp.*]. 1 [— to] posterior. ‖ *s.c.* 2 trasero, nalgas.

posterity | pɒˈsterɪtɪ | | pɑːˈsterɪtɪ | *s.i.* posteridad.

posthumous | ˈpɒstjʊməs | | ˈpɑːstʃəməs | *adj.* póstumo.

postman | ˈpəʊstmən | [*pl.* **postmen**] (EE.UU. **mailman**) *s.c.* cartero.

postmark | ˈpəʊstmɑːk | | ˈpəʊstmɑːrk | *s.c.* matasellos.

post-mortem | ˌpəʊstˈmɔːtem | | ˌpəʊstˈmɔːrtem | (también **postmortem examination**) *s.c.* autopsia.

postpone | ˌpəʊstˈpəʊn | *v.t.* [to — (to/until)] posponer.

postscript | ˈpəʊsskrɪpt | (también **P.S.**) *s.c.* postdata.

postulate | ˈpɒstjʊleɪt | | ˈpɑːstʃəleɪt | *v.t.* 1 postular, aducir. ‖ | ˈpɒstjʊlət | | ˈpɑːstʃələt | *s.c.* 2 postulado.

posture | ˈpɒstʃə | | ˈpɑːstʃə | *s.c.* e *i.* 1 postura, posición. ‖ *v.t.* 2 posar.

post-war | pəʊst'wɔː | *adj.* de posguerra.

posy | 'pəʊzɪ | *s.c.* ramillete de flores.

pot | pɒt | (EE.UU.) | pɑːt | *s.c.* 1 maceta. 2 tarro. 3 pote, olla. 4 [– (of)] (también potful) cafetera, tetera. 5 fuente, plato. 6 orinal. 7 fondo común. || *s.i.* 8 (argot) marihuana. || *v.* [potted, potting] *t. e i.* 9 cazar. || *v.t.* 10 [to – (up)] plantar. 11 envasar. || **12 to keep the – boiling,** mantener las cosas en marcha.

potash | 'pɒtæʃ | | 'pɑːtæʃ | *s.i.* potasa.

potassium | pə'tæsjəm | *s.i.* potasio.

potato | pə'teɪtəʊ | [*pl.* potatoes] *s.c. e i.* patata, (Am.) papa.

potency | 'pəʊtənsɪ | *s.i.* fuerza, poder, potencia.

potent | 'pəʊtənt | *adj.* fuerte, eficaz, efectivo.

potentate | 'pəʊtənteɪt | *s.c.* potentado.

potential | pəʊ'tenʃl | *adj. y s.c.* potencial, potencia.

pothole | 'pɒthəʊl | *s.c.* 1 poza, pozo. 2 bache.

potholing | 'pɒthəʊlɪŋ | *s.i.* espeleología.

potion | 'pəʊʃn | *s.c.* poción.

potpourri | ˌpəʊ'pʊriː | *s.c.* 1 popurrí. 2 antología.

pot-shot | 'pɒt'ʃɒt | | 'pɑːtʃɑːt | *s.c.* [– (at)] disparo al azar.

potted | 'pɒtɪd | *adj.* 1 en conserva. 2 en tiesto.

potter | 'pɒtə | | 'pɑːtə | *s.c.* 1 alfarero, ceramista. || (EE.UU. putter) *v.i.* 2 [to – adv./prep.] (brit.) deambular. 3 perder el tiempo.

pottery | 'pɒtərɪ | *s.i.* 1 alfarería, cerámica. 2 loza. || *s.c.* 3 alfar.

potty | 'pɒtɪ | | 'pɑːtɪ | *adj.* (brit.). 1 chiflado. 2 insignificante. || *s.c.* 3 orinal.

pouch | paʊtʃ | *s.c.* 1 zurrón. 2 tabaquera, petaca. || *v.t.* 3 embolsar.

pouffe | puːf | *s.c.* puf.

poultice | 'pəʊltɪs | *s.c.* 1 cataplasma. || *v.t.* 2 aplicar una cataplasma.

poultry | 'pəʊltrɪ | *s.pl.* aves de corral.

pounce | paʊns | *v.i.* 1 [to – (on)] precipitarse (sobre). || *s.sing.* 2 ataque. 3 zarpa, garra.

pound | paʊnd | *s.c.* 1 (*abreviatura* lb) libra (unidad de peso equivalente a 0.454 kg). 2 libra (unidad monetaria). 3 perrera. 4 depósito. || *v.t.* 5 [to – (up)] triturar, machacar. || *v.i.* 6 [to – adv./prep.] caminar ruidosamente. || *v.t. e i.* 7 latir con fuerza, martillear.

pounding | 'paʊndɪŋ | *s.c. e i.* 1 latido, palpitación. 2 martilleo. || *s.c.* 3 paliza, derrota.

pour | pɔː | *v.t.* 1 [to – o.d. + adv./prep.] escanciar, derramar, verter. || *v.i.* 2 [to – adv./prep.] manar, salir a raudales. 3 [to – (down)] diluviar.

pout | paʊt | *v.t. e i.* 1 hacer pucheros. 2 poner morritos. || *s.c.* 3 pucheros, mala cara.

poverty | 'pɒvətɪ | *s.i.* pobreza.

pow | paʊ | *interj.* (fam.) ¡paf!, ¡zas!

POW | ˌpiːəʊ'dʌblju | *s.c.* (**prisoner of war**) prisionero de guerra.

powder | 'paʊdə | *s.c. e i.* 1 polvo. || *s.i.* 2 polvos de maquillaje. 3 pólvora. || *v.t.* 4 empolvar. 5 pulverizar.

powdery | 'paʊdərɪ | *adj.* 1 quebradizo, frágil. 2 polvoriento.

power | 'paʊə | *s.i.* 1 poder, autoridad. 2 [– (of)] facultad, habilidad. 3 potencia, energía. || *v.t.* 4 (generalmente pasiva) impulsar. || *adj.* 5 eléctrico, mecánico. 6 – **failure,** apagón. || *adj.* 5 eléctrico, mecánico. 6 – **plant,** (brit.) central eléctrica.

power-boat | ˌpaʊəbəʊt | *s.c.* lancha motora.

power-cut | ˌpaʊəkʌt | *s.c.* corte de luz, apagón.

powerful | 'paʊəful | *adj.* 1 fuerte, vigoroso. 2 eficaz. || *adv.* 3 muy, enormemente.

powerless | 'paʊəlɪs | *adj.* impotente.

pox | pɒks | *s.sing.* 1 sífilis. || *s.i.* 2 viruela.

practicability | ˌpræktɪkə'bɪlətɪ | *s.i.* viabilidad, factibilidad.

practicable | ˌpræktɪkəbl | *adj.* 1 practicable, factible. 2 práctico, útil.

practical |ˌpræktɪkl| *adj.* 1 práctico, posible, factible. ‖ 2 — **joke**, broma pesada.

practice |ˌpræktɪs| (EE.UU. **practise**) *s.c.* e *i.* 1 práctica, ejercicio. ‖ *s.c.* 2 consulta; bufete.

practise |ˌpræktɪs| (EE.UU. **practice**) *v.t.* e *i.* 1 practicar. 2 [to — (as)] ejercer de.

practising |ˌpræktɪsɪŋ| *adj.* en ejercicio, en activo.

practitioner |prækˈtɪʃnə| *s.c.* 1 médico. 2 abogado.

praesidium |prɪˈsɪdɪəm| *s.c.* V. **presidium**.

pragmatic |prægˈmætɪk| *adj.* 1 pragmático. 2 entrometido.

pragmatism |ˌprægmətɪzəm| *s.i.* pragmatismo.

prairie |ˈpreərɪ| *s.c.* e *i.* pradera.

praise |preɪz| *v.t.* 1 [— (for)] alabar. ‖ *s.i.* 2 alabanza.

praiseworthy |ˌpreɪz,wɜːðɪ| *adj.* digno de alabanza.

pram |præm| (brit. **perambulator**, EE.UU. **baby buggy, baby carriage**) *s.c.* cochecito de niño.

prance |prɑːns| (EE.UU.) |præns| *v.i.* [to — *adv./prep.*] encabritarse.

prank |præŋk| *s.c.* 1 travesura, broma. ‖ *v.t.* e *i.* 2 acicalar(se).

prattle |ˈprætl| *v.i.* 1 [to — (about/on)] parlotear. ‖ *s.i.* 2 parloteo.

prawn |prɔːn| *s.c.* gamba.

pray |preɪ| *v.i.* rezar, rogar.

prayer |ˈpreɪə| *s.c.* oración, plegaria.

preach |priːtʃ| *v.t.* e *i.* predicar.

preacher |priːtʃə| *s.c.* predicador.

preamble |priːˈæmbl| |ˈpriːæmbl| *s.c.* e *i.* preámbulo.

prearranged |ˌpriːəˈreɪndʒt| *adj.* planeado de antemano.

precarious |prɪˈkeərɪəs| *adj.* precario.

precaution |prɪˈkɔːʃn| *s.c.* precaución.

precede |priːˈsiːd| *v.t.* 1 preceder. 2 [to — *o.d.* + *adv./prep.*] prologar.

precedence |ˌpriːˈsiːdəns| *s.i.* precedencia, prioridad.

precedent |ˈpresɪdənt| *s.c.* e *i.* precedente, antecedente.

preceding |priːˈsiːdɪŋ| *adj.* precedente.

precept |ˈpriːsept| *s.c.* precepto.

precinct |ˈpriːsɪŋkt| *s.c.* 1 (brit.) zona comercial peatonal. 2 (EE.UU.) distrito. ‖ 3 **precincts**, recinto, alrededores.

precious |ˈpreʃəs| *adj.* 1 preciado. 2 apreciado.

precipice |ˈpresɪpɪs| *s.c.* precipicio, abismo.

precipitate |prɪˈsɪpɪteɪt| *v.t.* 1 provocar. ‖ *adj.* (también **precipitous**) 2 precipitado.

precipitation |prɪˌsɪpɪˈteɪʃn| *s.i.* precipitación.

precipitous |prɪˈsɪpɪtəs| *adj.* escarpado, pendiente, empinado.

précis |ˈpreɪsiː| |preɪˈsiː| *s.c.sing.* y *pl.* resumen.

precise |prɪˈsaɪs| *adj.* preciso.

precision |prɪˈsɪʒn| (también **preciseness**) *s.i.* 1 precisión. ‖ *adj.* 2 de precisión. 3 exacto.

preclude |prɪˈkluːd| *v.t.* [to — (from)] excluir, evitar, impedir.

precocious |prɪˈkəʊʃəs| *adj.* precoz.

preconceived |ˌpriːkənˈsiːvd| *adj.* preconcebido.

preconception |ˌpriːkənˈsepʃn| *s.c.* [— (about)] idea preconcebida.

precondition |ˌpriːkənˈdɪʃn| *s.c.* [— (for /of)] condición previa.

precursor |ˌpriːˈkɜːsə| *s.c.* [— (of/to)] precursor.

predate |priːˈdeɪt| *v.t.* [to — (by)] preceder.

predator |ˌpredətə| *s.c.* predador.

predatory |ˈpredətərɪ| *adj.* (también **predaceous** o **predacious**) de rapiña.

predecessor |ˈpriːdɪsesə| *s.c.* predecesor, antecesor.

predestination |priːˌdestɪˈneɪʃn| |prɪˌdestɪˈneɪʃn| *s.i.* predestinación, destino.

predetermined |ˌpriːdɪˈtɜːmɪnd| *adj.* predeterminado.

predicament |prɪˈdɪkəmənt| *s.c.* apuro, aprieto.

predicate |ˈpredɪkət| *s.c.* 1 predicado. || *v.t.* 2 [to – (on)], generalmente *pasiva*] basar, fundar. 3 [to – (of)] predicar, divulgar. 4 dar a entender.

predicative |prɪˈdɪkətɪv| *adj.* predicativo.

predict |prɪˈdɪkt| *v.t.* anticipar, pronosticar.

predictable |prɪˈdɪktəbl| *adj.* pronosticable, profetizable.

prediction |prɪˈdɪkʃn| *s.c.* e *i.* profecía.

predictive |prɪˈdɪktɪv| *adj.* profético.

predilection |ˌpriːdɪˈlekʃn| |ˌpred/lˈekʃn| *s.c.* [– (for)] predilección.

predispose |ˌpriːdɪˈspəʊz| *v.t.* [to – o.d. + adv./prep. + to inf.] predisponer.

predisposition |ˌpriːˌdɪspəˈzɪʃn| *s.c.* predisposición.

predominance |prɪˈdɒmɪnəns| *s.i.* [– (of)] predominio.

predominate |prɪˈdɒmɪneɪt| *v.i.* [to – (over)] predominar.

pre-empt |priːˈempt| *v.t.* 1 (generalmente pasiva) frustrar. 2 adquirir por derecho de prioridad.

prefabricated |ˌpriːˈfæbrɪkeɪtəd| *adj.* prefabricado.

preface |ˈprefɪs| *s.c.* 1 prólogo, introducción. 2 pretacio. || *v.t.* 3 prologar.

prefect |ˈpriːfekt| *s.c.* prefecto, tutor.

prefer |prɪˈfɜː| [preferred, preferring] *v.t.* 1 preferir. 2 [to – (to)] ascender. 3 dar prioridad.

preferable |ˈprefərəbl| *adj.* [– (to)] preferible.

preference |ˈprefərəns| *s.c.* e *i.* preferencia.

preferential |ˌprefəˈrenʃl| *adj.* preferencial, preferente.

preferment |ˌprɪˈfɜːmənt| *s.i.* ascenso.

preferred |prɪˈfɜːd| *adj.* preferido.

prefigure |priːˈfɪɡə| *v.t.* prefigurar.

prefix |ˈpriːfɪks| *s.c.* 1 prefijo. 2 título. || *v.t.* 3 anteponer.

pregnancy |ˈpregnənsɪ| *s.c.* e *i.* 1 embarazo. || 2 – test, prueba del embarazo.

pregnant |ˈpregnənt| *adj.* 1 embarazada. 2 [– (with)] abundante, rico.

preheat |ˌpriːˈhiːt| *v.t.* precalentar.

prehensile |prɪˈhensaɪl| |prɪˈhensəl| *adj.* prensil.

prehistory |ˌpriːˈhɪstərɪ| *s.i.* prehistoria.

prejudge |ˌpriːˈdʒʌdʒ| *v.t.* prejuzgar.

prejudice |ˈpredʒʊdɪs| *s.c.* e *i.* 1 [– (against/in favour of)] prejuicio. || *v.t.* 2 [to – (against/in favour of) y generalmente *pasiva*] predisponer. 3 perjudicar.

prejudicial |ˌpredʒʊˈdɪʃl| *adj.* perjudicial.

prelate |ˈprelɪt| *s.c.* prelado.

preliminary |prɪˈlɪmɪnərɪ| (EE.UU.) |prɪˈlɪmɪnerɪ| *adj.* preliminar.

prelude |ˈpreljuːd| *s.c.* preludio, preámbulo.

premature |ˌpreməˈtjʊə| (EE.UU.) |ˌprɪˈməˈtʊər| *adj.* prematuro.

premeditation |ˌpriːˈmedɪˈteɪʃn| *s.i.* premeditación.

premier |ˈpremɪə| (EE.UU.) |priːˈmɪər| *s.c.* 1 primer ministro, presidente. || *adj.* 2 principal.

premiere |ˈpremɪə| (EE.UU.) |prɪˈmɪər| *s.c.* 1 estreno. || *v.t.* 2 (generalmente pasiva) estrenar.

premise |prɪˈmaɪz| *s.c.* 1 premisa. || *v.t.* 2 basar. || 3 premises, establecimiento.

premium |ˈpriːmjəm| *s.c.* 1 prima, bonificación, premio. || 2 – bond, bonos del Estado.

premonition |ˌpriːməˈnɪʃn| |ˌpremə/ˈnɪʃn| *s.c.* premonición.

premonitory |prɪˈmɒnɪtərɪ| (EE.UU.) *adj.* premonitorio.

prenatal |ˌpriːˈneɪtl| *adj.* prenatal.

preoccupation |priːˌɒkjʊˈpeɪʃn| *s.i.* [– (with)] preocupación.

preoccupied |priːˈɒkjʊpaɪd| *adj.* preocupado.

preoccupy | ˌpriːˈɒkjupaɪ | v.t. preocupar.

preparation | ˌprepəˈreɪʃn | s.i. 1 [– (for /of)] preparación. 2 deberes. ‖ s.c. 3 [– (for) generalmente pl.] preparativo.

preparatory | prɪˈpærətrɪ | (EE.UU.) | prɪˈpærətɔːrɪ | adj. preparatorio, preliminar.

prepare | prɪˈpeə | v.t. e i. preparar, disponer.

preponderance | prɪˈpɒndərəns | s.i. preponderancia, predominio.

preposition | ˌprepəˈzɪʃn | s.c. preposición.

prepossessing | ˌpriːpəˈzesɪŋ | adj. atractivo, agradable.

preposterous | prɪˈpɒstərəs | adj. absurdo, ilógico, descabellado.

prerequisite | ˌpriːˈrekwɪzɪt | [– (for /of/to)] s.c. 1 requisito previo. ‖ adj. 2 esencial.

prerogative | prɪˈrɒgətɪv | s.c. (generalmente sing.) prerrogativa.

presage | ˈpresɪdʒ | prɪˈseɪdʒ | v.t. presagiar. ‖ s.c. 2 [– (of)] presagio.

pre-school | ˌpriːˈskuːl | adj. preescolar.

prescribe | prɪˈskraɪb | v.t. e i. prescribir, recetar.

prescription | prɪˈskrɪpʃn | s.c. 1 [– (for)] prescripción. ‖ 2 on –, con receta.

prescriptive | prɪˈskrɪptɪv | adj. prescriptivo.

presence | ˈprezns | s.i. 1 presencia. 2 cooperación. 3 personalidad. ‖ s.c. 4 (generalmente sing.) influencia.

present | ˈpreznt | s.c. 1 regalo, obsequio. 2 [the –] el presente. 3 GRAM. presente. ‖ | prɪˈzent | v.t. 4 presentar, plantear. 5 representar. ‖ v.r. 6 presentarse. ‖ adj. 7 asistente. 8 actual. ‖ 9 – participle, gerundio, participio de presente. 10 – perfect, pretérito perfecto. 11 – tense, tiempo presente.

presentable | prɪˈzentəbl | adj. presentable.

presentation | ˌprezənˈteɪʃn | (EE.UU.) | ˌpriːzenˈteɪʃn | s.c. e i. presentación, representación.

presently | ˌprezntlɪ | adv. 1 pronto, dentro de poco. 2 (EE.UU.) actualmente.

preservation | ˌprezəˈveɪʃn | s.i. preservación, custodia, defensa.

preservative | prɪˈzɜːvətɪv | adj./s.c. e i. conservante.

preserve | prɪˈzɜːv | v.t. 1 [to – (from)] preservar, proteger. 2 [to – (in)] poner en conserva. ‖ s.c. 3 coto, reserva.

pre-set | ˌpriːˈset | [pret. y p.p. preset, ger. presetting] v.t. programar.

preside | prɪˈzaɪd | v.i. [to – (at/over)] presidir, dirigir.

presidency | ˈprezɪdənsɪ | s.c. e i. presidencia.

president | ˈprezɪdənt | s.c. presidente, rector, decano.

presidential | ˌprezɪˈdenʃl | adj. presidencial.

press | pres | v.t 1 presionar, empujar. 2 prensar, exprimir. 3 planchar. 4 apretar, abrazar. 5 [to – o. + to inf.] obligar, urgir. ‖ v.i. 6 hacer presión. ‖ s.c. 7 prensa, impresión; editorial. ‖ 8 – box, tribuna de la prensa. 9 – release, comunicado de prensa.

pressing | ˌpresɪŋ | adj. 1 apremiante, urgente. 2 insistente. ‖ s.c. 3 planchado.

press-up | ˌpresʌp | (EE.UU. push-up) s.c. (generalmente pl.) flexión.

pressure | ˈpreʃə | s.i. 1 presión, compresión. 2 urgencia, prisa. ‖ s.c. e i. 3 tensión, fatiga. ‖ v.t 4 [to – (into)] (EE.UU.) ejercer presión.

pressure-cooker | ˌpreʃəˌkukə | s.c. olla a presión.

pressurize | ˈpreʃəraɪz | (brit. pressurise) v.t. (EE.UU.) presionar; presurizar.

prestige | preˈstiːʒ | adj. y s.i. prestigio.

prestigious | preˈstɪdʒəs | adj. prestigioso.

presume | prɪˈzjuːm | v.t. 1 presumir, suponer. ‖ v.i. 2 atreverse. ‖ 3 I –, tengo entendido.

presumption | prɪˈzʌmpʃn | s.c. e i. presunción, suposición; atrevimiento.

presumptuous | prɪˈzʌmptjuəs | adj. presuntuoso.

presuppose | ˌpriːsə'pəʊz | v.t. presuponer.

pretence | prɪ'tens | | 'priːtens | (EE.UU. pretense). s.c. e i. 1 simulación. ‖ s.i. 2 [– to] pretensión.

pretend | prɪ'tend | v.t. e i. 1 fingir, aparentar. 2 imaginar. ‖ v.t. 3 pretender, afirmar.

pretender | prɪ'tendə | s.c. pretendiente.

pretension | prɪ'tenʃn | s.c. [– (to)] pretensión, aspiración.

pretentious | prɪ'tenʃəs | adj. pretencioso.

pretext | prɪ'tekst | s.c. [– (for/of)] pretexto.

pretty | prɪtɪ | adj. 1 bonito. encantador, atractivo. 2 elegante. 3 fantástico. ‖ adv. 4 bastante. ‖ 5 – well, medianamente.

prevail | prɪ'veɪl | v.i. [to – (among/in)] prevalecer, imperar.

prevailing | prɪ'veɪlɪŋ | adj. 1 predominante. 2 actual.

prevalence | 'prevələns | s.i. predominio.

prevaricate | prɪ'værɪkeɪt | v.i. 1 tergiversar. 2 prevaricar.

prevent | prɪ'vent | v.t. [to – (from)] prevenir, impedir.

preventable | prɪ'ventəbl | (también preventible) adj. inevitable.

prevention | prɪ'venʃn | s.i. 1 prevención. ‖ s.i. 2 impedimento.

preventive | prɪ'ventɪv | adj. preventivo.

preview | 'priːvjuː | (también prevue). s.c. 1 preestreno. 2 avance. ‖ v.t. 3 preestrenar. 4 dar un avance.

previous | 'priːvjəs | adj. previo, anterior; prematuro.

prey | preɪ | s.i. 1 presa. 2 rapiña. ‖ v.i. 3 cazar, rapiñar. ‖ 4 to be – to, ser víctima de. 5 to – on/upon, a) atacar. b) aprovecharse.

price | praɪs | s.c. 1 precio. 2 recompensa. ‖ v.t. 3 [to – o.d. + adv./prep.] (generalmente pasiva) tasar, valorar.

prick | prɪk | s.c. 1 pinchazo, punzada.

2 remordimiento. 3 aguijón, púa. ‖ v.t. 4 [to – (with /on)] pinchar, punzar. ‖ v.t. e i. 5 causar escozor; remorder.

prickle | prɪkl | s.c. 1 espina, pincho. 2 púa, aguijón. 3 [(the) –] escozor. ‖ v.t. e i. 4 picar, causar picazón.

prickly | prɪklɪ | adj. 1 espinoso, que pica. 2 (fam.) malhumorado. ‖ 3 – pear, higo chumbo.

pride | praɪd | s.i. orgullo.

priest | priːst | s.c.m. sacerdote.

priestess | 'priːstɪs | s.c.f. sacerdotisa.

prig | prɪg | s.c. (desp.) 1 melindroso. 2 pedante.

prim | prɪm | adj. remilgado; formalista; primoroso.

primacy | 'praɪməsɪ | s.i. [– (of/over)] primacía.

primal | 'praɪml | adj. primario, básico.

primary | 'praɪmərɪ | (EE.UU.) | 'praɪmerɪ | adj. 1 principal, fundamental. 2 primario.

primate | 'praɪmeɪt | s.c. 1 primate. 2 primado.

prime | praɪm | s.sing. 1 [(the) –] juventud, plenitud. 2 alba. 3 primavera. 4 [the –] la flor y nata. ‖ s.c. 5 número primo. ‖ 6 [to – (with)] preparar. ‖ 7 Prime Minister, Primer Ministro.

primeval | praɪ'miːvl | (brit.) primaeval adj. primitivo, primario.

primitive | 'prɪmɪtɪv | adj. primitivo.

primordial | praɪ'mɔːdjəl | adj. primordial.

primrose | 'prɪmrəʊz | s.c. prímula.

primula | 'prɪmjuːlə | s.c. prímula.

prince | prɪns | s.c. príncipe.

princely | 'prɪnslɪ | adj. 1 principesco, regio. 2 espléndido.

princess | prɪn'ses | s.c.f. princesa.

principal | 'prɪnsəpl | adj. 1 principal, primordial. ‖ s.c. 2 director, rector. 3 capital. 4 protagonista. 5 cómplice, criminal.

principality | ˌprɪnsɪ'pælətɪ | s.c. principado.

principle | 'prɪnsəpl | s.c. e i. principio, norma; regla, ley.

print | prɪnt | s.i. 1 letra impresa. ‖ s.c. 2 (en combinación) huella, señal. 3 copia. 4 grabado ‖ *v.t.* e *i.* 5 imprimir, grabar. ‖ *v.t.* 6 publicar, sacar. ‖ 7 in –, publicado. 8 out of –, agotado.

printable ǀ ˈprɪntəbl ǀ *adj.* publicable.

printer ǀ ˈprɪntə ǀ *s.c.* impresor.

printing ǀ ˈprɪntɪŋ ǀ *s.c.* 1 imprenta. ‖ *s.c.* 2 tirada, impresión.

prior ǀ ˈpraɪə ǀ *adj.* 1 previo, anterior. 2 prioritario.

priority ǀ praɪˈɒrɪtɪ ǀ *s.c.* e *i.* prioridad, preferencia.

prise ǀ praɪz ǀ (EE.UU. prize) *v.t.* 1 abrir por la fuerza. ‖ 2 to – out, sonsacar.

prism ǀ ˈprɪzəm ǀ *s.c.* prisma.

prison ǀ ˈprɪzn ǀ *s.c.* e *i.* 1 prisión. ‖ *v.t.* 2 encarcelar.

prisoner ǀ ˈprɪzənə ǀ *s.c.* preso.

prissy ǀ ˈprɪsɪ ǀ *adj.* escrupuloso.

pristine ǀ ˈprɪstaɪn ǀ *adj.* prístino.

privacy ǀ ˈprɪvəsɪ ǀ *s.i.* 1 privacidad, intimidad. 2 secreto.

private ǀ ˈpraɪvɪt ǀ *adj.* 1 privado, íntimo, confidencial. 2 reservado, solitario. ‖ *s.c.* 3 soldado raso.

privation ǀ praɪˈveɪʃn ǀ *s.c.* e *i.* privación.

privatization ǀ ˌpraɪvɪtaɪˈzeɪʃn ǀ *s.i.* privatización.

privatize ǀ ˌpraɪvɪtaɪz ǀ (brit. **privatise**) *v.t.* privatizar.

privet ǀ ˈprɪvɪt ǀ *s.i.* ligustro.

privilege ǀ ˈprɪvəlɪdʒ ǀ *s.c.* e *i.* 1 privilegio. ‖ *v.t.* 2 privilegiar. 3 eximir.

privy ǀ ˈprɪvɪ ǀ *adj.* 1 [– to] informado de. 2 reservado, oculto. ‖ *s.c.* 3 retrete, servicio. ‖ 4 **Privy Council**, (brit.) Consejo Privado.

prize ǀ praɪz ǀ *s.c.* 1 premio; 2 recompensa. 3 presa. ‖ *adj.* 4 premiado. 5 de premio. ‖ *v.t.* 6 apreciar, valorar.

prize-fighter ǀ ˈpraɪzfaɪtə ǀ *s.c.* boxeador.

pro ǀ prəu ǀ [*pl.* **pros**] *s.c.* 1 profesional. ‖ *prep.* 2 a favor de. ‖ prefijo. 3 [pro-*adj./s.*] pro. 4 **the pros and cons**, los pros y los contras.

probability ǀ ˌprɒbəˈbɪlɪtɪ ǀ *s.c.* e *i.* [– (of)] probabilidad.

probable ǀ ˈprɒbəbl ǀ *adj.* probable.

probation ǀ prəˈbeɪʃn ǀ (EE.UU.) ǀ prəuˈbeɪʃn ǀ *s.i.* 1 prueba. ‖ 2 on –, en período de prueba; en libertad condicional.

probationary ǀ prəˈbeɪʃnrɪ ǀ (EE.UU.) ǀ prəuˈbeɪʃənərɪ ǀ (también **probational**) *adj.* de prueba.

probationer ǀ prəˈbeɪʃnə ǀ *s.c.* persona en libertad condicional.

probe ǀ prəub ǀ *s.c.* 1 sonda. 2 [– (into)] investigación. ‖ *v.t.* e *i.* 3 examinar.

probing ǀ ˈprəubɪŋ ǀ *s.i.* investigación.

probity ǀ ˈprəubɪtɪ ǀ *s.i.* probidad.

problem ǀ ˈprɒbləm ǀ *s.c.* problema.

problematic ǀ ˌprɒbləˈmætɪk ǀ (también **problematical**) *adj.* problemático.

proboscis ǀ prəˈbɒsɪs ǀ trompa.

procedural ǀ prəˈsiːdʒərəl ǀ *adj.* procesal, de procedimiento.

procedure ǀ prəˈsiːdʒə ǀ *s.c.* e *i.* procedimiento, fórmula, trámite.

proceed ǀ prəˈsiːd ǀ *v.i.* 1 [to – (to /with)] proceder, continuar. ‖ 2 to – against, procesar a.

proceeding ǀ prəˈsiːdɪŋ ǀ *s.c.* (generalmente *pl.*) procedimiento, trámite.

process ǀ ˌprəuses ǀ (EE.UU.) ǀ ˈprɒses ǀ *s.c.* 1 proceso. 2 procedimiento. 3 excrecencia. ‖ *v.t.* 4 tratar, procesar; estudiar. ‖ *adj.* 5 procesado.

processing ǀ prəˈsesɪŋ ǀ *s.i.* elaboración.

procession ǀ prəˈseʃn ǀ *s.c.* e *i.* desfile, cabalgata, procesión, sucesión.

proclaim ǀ prəˈkleɪm ǀ *v.t.* 1 proclamar. 2 elogiar.

proclamation ǀ ˌprɒkləˈmeɪʃn ǀ *s.c.* 1 proclamación. 2 edicto.

proclivity ǀ prəˈklɪvɪtɪ ǀ *s.c.* propensión.

procreate ǀ ˈprəukrɪeɪt ǀ *v.t.* e *i.* procrear.

procurator ǀ ˌprɒkjuəreɪtə ǀ *s.c.* procurador.

procure ǀ prəˈkjuə ǀ ǀ prəuˈkjuə ǀ *v.t.* [to – (for)] procurar, lograr.

procurement ǀ prəˈkjuəmənt ǀ *s.i.* adquisición.

prod | prɒd | [*pret.* y *p.p.* **prodded**] *v.t.* e *i.* 1 [to – (at)] pinchar. 2 [to – (at)] dar un codazo. ‖ *v.t.* 3 [to – (into)] urgir. ‖ *s.c.* 4 pinchazo, picotazo; advertencia.

prodigal | ˈprɒdɪgl | *adj.* pródigo.

prodigious | prəˈdɪdʒəs | *adj.* prodigioso.

prodigy | ˈprɒdɪdʒɪ | *s.c.* prodigio.

produce | prəˈdjuːs | *v.t.* 1 producir. 2 parir (un animal). 3 presentar. 4 producto, producción.

producer | prəˈdjuːsə | *s.c.* productor.

product | ˈprɒdʌkt | *s.c.* producto.

production | prəˈdʌkʃn | *s.i.* 1 presentación. 2 producción.

productive | prəˈdʌktɪv | *adj.* productivo.

productivity | ˌprɒdʌkˈtɪvətɪ | *s.i.* productividad.

prof | prɒf | *s.c.* profe.

profane | prəˈfeɪn | *adj.* 1 profano. 2 blasfemo. ‖ *v.t.* 3 profanar.

profess | prəˈfes | *v.t.* 1 confesar, admitir. 2 profesar.

profession | prəˈfeʃn | *s.c.* profesión.

professional | prəˈfeʃənl | *adj.* y *s.c.* profesional, experto.

professionalism | prəˈfeʃnəlɪzəm | *s.i.* profesionalismo.

professor | prəˈfesə | *s.c.* 1 (brit.) catedrático. 2 (EE.UU.) profesor.

proffer | ˈprɒfə | *v.t.* [to – (to)] 1 ofrecer. ‖ *s.c.* 2 oferta.

proficiency | prəˈfɪʃnsɪ | *s.i.* 1 [– (at/in)] destreza. 2 rendimiento.

proficient | prəˈfɪʃnt | *adj.* [– (at/in)] experto, competente.

profile | ˈprəʊfaɪl | *s.c.* 1 perfil, silueta. 2 característica. ‖ *v.t.* 3 describir.

profit | ˈprɒfɪt | *s.c.* e *i.* 1 beneficio. ‖ *v.i.* 2 [to – o. (*indirecto*) + o. (*directo*)] beneficiar.

profitability | ˌprɒfɪtəˈbɪlɪtɪ | *s.i.* rentabilidad.

profitable | ˈprɒfɪtəbl | *adj.* rentable.

profiteer | ˌprɒfɪˈtɪə | *s.c.* 1 acaparador. ‖ *v.i.* 2 acaparar.

profligate | ˈprɒflɪgət | *adj.* y *s.c.* pródigo.

profound | prəˈfaʊnd | *adj.* profundo.

profundity | prəˈfʌndətɪ | *s.i.* profundidad.

profuse | prəˈfjuːs | *adj.* profuso.

profusion | prəˈfjuːʒn | *s.i.* profusión.

progenitor | prəʊˈdʒenɪtə | *s.c.* progenitor, antepasado.

prognosis | prɒgˈnəʊsɪs | [*pl.* **prognoses**] *s.c.* pronóstico.

prognostication | prəgˌnɒstɪˈkeɪʃn | *s.c.* e *i.* pronóstico.

program | ˈprəʊgræm | *s.c.* 1 programa. ‖ *v.* [*pret.* y *p.p.* **programmed** o **programed**] *t.* 2 programar.

programme | ˈprəʊgræm | (brit. program) *s.c.* 1 programa. ‖ *v.t.* 2 programar.

programmer, programer | ˈprəʊgræmə | *s.c.* programador.

programming | ˈprəʊgræmɪŋ | *s.i.* programación.

progress | ˈprəʊgres | ˈprɑːgres | *s.i.* 1 progreso. ‖ | prəʊˈgres | *v.i.* 2 progresar. ‖ 3 in –, en proceso de realización.

progression | prəʊˈgreʃn | *s.i.* progresión.

progressive | prəʊˈgresɪv | *adj.* 1 [no *comp.*] progresivo. ‖ *s.c.* 2 progresista.

prohibit | prəˈhɪbɪt | prəʊˈhɪbɪt | *v.t.* 1 [to – (from)] prohibir. 2 impedir.

prohibition | ˌprəʊɪˈbɪʃn | *s.c.* e *i.* 1 prohibición. 2 (EE.UU.) prohibicionismo.

prohibitive | prəˈhɪbɪtɪv | prəʊˈhɪbɪtɪv | *adj.* prohibitivo.

project | ˈprɒdʒekt | *s.c.* 1 proyecto. | prəˈdʒekt | *v.t.* e *i.* 2 proyectar(se). 3 vender, ofrecer. 4 calcular, estimar.

projectile | prəʊˈdʒektaɪl | prəʊˈdʒektl | *s.c.* proyectil.

projection | prəˈdʒekʃn | *s.c.* 1 saliente, protuberancia. 2 planificación. 3 proyección. ‖ *s.i.* 4 proyección.

projector | prəˈdʒektə | *s.c.* proyector.

proletarian | ˌprəʊlɪˈteərɪən | *adj.* y *s.c.* proletario.

proletariat | ˌprəʊlɪˈteərɪət | *s.sing.* proletariado.

proliferate | prəʊˈlɪfəreɪt | *v.i.* proliferar.

prolific | prəʊˈlɪfɪk | *adj.* prolífico.

prolix | ˌprəʊˈlɪks | prəʊˈlɪks | *adj.* prolijo.

prologue | ˈprəʊlɒg | (EE.UU.) | ˌprˈəʊ/lɔːg | (EE.UU. **prolog**). *s.c.* prólogo.

prolong | prəʊˈlɒŋ | prəˈlɔːŋ | *v.t.* prolongar.

prom | prɒm | *s.c.* 1 (brit.) concierto al aire libre. 2 (brit.) paseo al lado del mar. 3 (EE.UU.) baile de etiqueta.

promenade | ˌprɒməˈnɑːd | (EE.UU.) | ˌprɒməˈneɪd | *s.c.* 1 (brit. **prom**) paseo. || *v.t.* e *i.* 2 pasear.

prominence | ˈprɒmɪnəns | *s.c.* e *i.* preeminencia.

prominent | ˈprɒmɪnənt | *adj.* prominente.

promiscuity | ˌprɒmɪˈskjuːɪtɪ | *s.i.* promiscuidad.

promiscuous | ˌprəˈmɪskjuəs | *adj.* promiscuo.

promise | ˈprɒmɪs | *s.c.* 1 promesa. || *v.t.* e *i.* 2 prometer.

promising | ˈprɒmɪsɪŋ | *adj.* prometedor.

promontory | ˈprɒməntrɪ | ˌprɑː/məntɔːrɪ | *s.c.* promontorio.

promote | prəˈməʊt | *v.t.* 1 ascender, promover. 2 alentar. 3 anunciar.

promoter | prəˈməʊtə | *s.c.* promotor.

promotion | ˌprəˈməʊʃn | *s.c.* e *i.* promoción.

promotional | ˌprəˈməʊʃənəl | *adj.* de promoción.

prompt | prɒmpt | *v.t.* 1 inspirar, sugerir. 2 impulsar, alentar. 3 insinuar. || *v.t.* e *i.* 4 apuntar (en teatro). || *adj.* 5 rápido. || *adv.* 6 puntualmente. || *s.c.* 7 aviso. 8 (también **prompter**) apuntador.

prompting | ˈprɒmptɪŋ | *s.c.* e *i.* aviso, ayuda, recordatorio.

promptness | ˈprɒmptnɪs | *s.i.* prontitud.

promulgate | ˈprɒmlgeɪt | *v.t.* promulgar.

prone | prəʊn | *adj.* 1 propenso. 2 tendido boca abajo.

prong | prɒŋ | prɔːŋ | *s.c.* púa, punta.

pronominal | prəʊˈnɒmɪnl | *adj.* pronominal.

pronoun | ˈprəʊnaʊn | *s.c.* pronombre.

pronounce | prəˈnaʊns | *v.t.* 1 pronunciar. 2 [to – o. + *adj./s.*] declarar.

pronounced | prəˈnaʊnst | *adj.* 1 pronunciado. 2 tajante, resuelto.

pronouncement | prəˈnaʊnsmənt | *s.c.* pronunciamiento.

pronto | ˈprɒntəʊ | *adv.* pronto.

pronunciation | prəˌnʌnsɪˈeɪʃn | *s.c.* e *i.* pronunciación.

proof | pruːf | *s.c.* e *i.* 1 [– (of)] prueba. || *s.i.* 2 graduación (del alcohol). || *adj.* 3 [– (against)] resistente a. || *v.t.* 4 [to – (against)] someter a prueba de.

proof-read | ˈpruːfriːd | *v.t.* e *i.* [*pret.* y *p.p.* **proof-read**] corregir pruebas.

prop | prɒp | *s.c.* 1 puntal. 2 (también **propeller**) hélice. || *v.t.* [*pret.* y *p.p.* **propped**] 3 [to – o. + *adv./prep.*] sostener.

propaganda | ˌprɒpəˈgændə | *s.i.* propaganda.

propagate | ˈprɒpəgeɪt | *v.t.* e *i.* propagar(se).

propagation | ˌprɒpəˈgeɪʃn | *s.i.* propagación.

propane | ˈprəʊpeɪn | *s.i.* propano.

propel | prəˈpel | *v.t.* [*pret.* y *p.p.* **propelled**] propulsar.

propellant | prəˈpelənt | (también **propellent**) *adj./s.c.* e *i.* propulsor.

propensity | prəˈpensɪtɪ | *s.c.* [– (for /to/towards)] propensión.

proper | ˈprɒpə | *adj.* 1 [no *comp.*] correcto, adecuado. 2 auténtico. || *3 – noun*, GRAM. nombre propio.

property | ˈprɒpətɪ | *s.i.* propiedad.

prophecy | ˈprɒfɪsɪ | *s.c.* e *i.* profecía.

prophesy | ˈprɒfɪsaɪ | *v.t.* e *i.* profetizar.

prophet | ˈprɒfɪt | ˌprɑːfɪt | *s.c.m.* profeta.

prophetess | ˈprɒfɪtɪs | *s.c.f.* profetisa.

prophetic | prəˈfetɪk | (también **prophetical**) *adj.* profético.

prophylactic | ˌprɒfɪˈlæktɪk | *adj.* y *s.c.* profiláctico.

prophylaxis | ˌprɒfɪˈlæksɪs | [pl. prophylaxes] s.i. profilaxis.
propitiate | prəˈpɪʃɪeɪt | v.t. sosegar.
propitiatory | prəˈpɪʃɪətərɪ | prəˈpɪ/ ʃɪətɔːᵊɪ | adj. propiciatorio.
propitious | prəˈpɪʃəs | adj. [– (for/to /towards)] propicio.
proponent | prəˈpəʊnənt | s.c. defensor.
proportion | prəˈpɔːʃn | s.i. 1 proporción. || s.c. e i. 2 [– (of)] porcentaje, número. || v.t. 3 [to – (to)] adaptar. || 4 to get something out of –, sacar las cosas de quicio. 5 proportions, dimensiones, medidas.
proportional | prəˈpɔːʃənl | adj. 1 [– (to)] proporcional. 2 proporcionado.
proposal | prəˈpəʊzl | s.c. e i. proposición.
propose | prəˈpəʊz | v.t. 1 proponer. 2 planear.
proposition | ˌprɒpəˈzɪʃn | s.c. proposición; propuesta.
proprietary | prəˈpraɪətərɪ | (EE.UU.) | prəˈpraɪəterɪ | adj. 1 patentado. 2 exclusivo. || s.c. 3 propietario. || s.i. 4 propiedad.
proprietor | prəˈpraɪətə | s.c.m. propietario.
propietress | prəˈpraɪətrɪs | s.c.f. propietaria, dueña.
propriety | prəˈpraɪətɪ | s.i. 1 corrección. 2 conveniencia.
propulsion | prəˈpʌlʃn | s.i. propulsión.
prosaic | prəʊˈzeɪɪk | adj. prosaico.
proscenium | prəʊˈsiːnjəm | prəˈ/ siːnjəm | s.c. proscenio.
proscribe | prəʊˈskraɪb | v.t. 1 proscribir. 2 denunciar.
proscription | prəʊˈskrɪpʃn | prəˈ/ skrɪpʃn | s.c. e i. proscripción, prohibición.
prose | prəʊz | s.i. prosa.
prosecute | ˈprɒsɪkjuːt | v.t. e i. 1 [to – (for)] procesar. || v.i. 2 acusar. || v.t.3 proseguir.
prosecution | ˌprɒsɪˈkjuːʃn | s.c. e i. 1

procesamiento. 2 [the – v.sing./pl.] acusación. || s.i. 3 prosecución.
prosecutor | ˌprɒsɪkjuːtə | s.c. acusador, fiscal.
proselytize | ˈprɒsɪlɪtaɪz | (brit. proselytise) v.t. e i. hacer proselitismo.
prospect | ˈprɒspekt | s.c. e i. 1 [– (of)] expectativa. || s.i. 2 [– (of)] perspectiva. || s.c. 3 panorama. || v.t. e i. 4 [to – (for)] explorar, buscar.
prospective | prəˈspektɪv | adj. 1 probable, posible. 2 inminente.
prospectus | prəˈspektəs | s.c. prospecto.
prosper | ˈprɒspə | v.i. 1 prosperar. || v.t. 2 favorecer.
prosperity | prɒˈsperɪtɪ | s.i. prosperidad.
prosperous | ˈprɒspərəs | adj. próspero.
prostate | ˈprɒsteɪt | (también prostate gland) s.c. próstata.
prostitute | ˈprɒstɪtjuːt | (EE.UU.) | ˈprɒstɪtuːt | s.c.f. 1 prostituta. || v.t. 2 (fig.) prostituir. || v.r. 3 prostituir(se).
prostitution | ˌprɒstɪˈtjuːʃn | (EE.UU.) | ˌprɒstɪˈtuːʃn | s.i. prostitución.
prostrate | ˈprɒstreɪt | prɒˈstreɪt | v.t. y r. postrar(se).
prostration | prɒˈstreɪʃn | s.i. postración.
prosy | ˈprəʊzɪ | adj. prosaico.
protagonist | prəʊˈtægənɪst | s.c. protagonista.
protect | prəˈtekt | v.t. [to – (against /from)] proteger, amparar.
protection | prəˈtekʃn | s.i. protección.
protectionism | prəˈtekʃənɪzəm | s.i. proteccionismo.
protective | prəˈtektɪv | adj. [no comp.] protector.
protector | prəˈtektə | s.c. protector.
protectorate | prəˈtektərət | s.c. protectorado.
protégé | ˌprɒtɪʒeɪ | (EE.UU.) | ˌprəʊ/ tɪˈʒeɪ | s.c.m. (f. protégée) protegido.
protein | ˈprəʊtiːn | s.c. e i. proteína.
protest | ˈprəʊtest | s.c. e i. 1 protesta.

‖ *s.c.* 2 protesto. ‖ | prəˈtest | *v. t e i.* 3 protestar. ‖ 4 under –, contra su voluntad.

protestant | ˌprɒtɪstənt | *adj. y s.c.* protestante.

protestation | ˌprəʊteˈsteɪʃn | | ˌprəʊˈsteɪʃn | *s.c. e i.* declaración; protesta.

protester | prəˈtestə | *s.c.* manifestante.

protocol | ˈprəʊtəkɒl | *s.c. e i.* protocolo.

proton | ˈprəʊtɒn | *s.c.* protón.

protoplasm | ˈprəʊtəuplæzəm | *s.i.* protoplasma.

prototype | ˈprəʊtəutaɪp | *s.c.* prototipo.

protract | prəˈtrækt | (EE.UU.) | prəʊˈtrækt | *v.t.* prolongar.

protrude | prəˈtruːd | (EE.UU.) | prəʊˈtruːd | *v.t. e i.* sacar, empujar hacia afuera.

protruding | prəˈtruːdɪŋ | (EE.UU.) | prəʊˈtruːdɪŋ | *adj.* sobresaliente.

protuberance | prəˈtjuːbərəns | (EE.UU.) | prəʊˈtuːbərəns | *s.c.* protuberancia.

proud | praud | *adj.* [*comp.* prouder, *super.* proudest] orgulloso, digno.

provable | ˌpruːvəbl | *adj.* comprobable.

prove | pruːv | *v.t.* [*pret. y p.p.* proved, (EE.UU.) *p.p.* proven] 1 probar. 2 confirmar, verificar. 3 experimentar. ‖ *v.i.* 4 resultar.

proven | ˈpruːvən | (brit. proved). *adj.* comprobado.

provenance | ˈprɒvənəns | *s.i.* procedencia.

provender | ˈprɒvɪndə | *s.i.* pienso, forraje.

proverb | ˈprɒvɜːb | *s.c.* proverbio.

proverbial | prəˈvɜːbjəl | *adj.* proverbial.

provide | prəˈvaɪd | *v.t.* 1 [to – (for /with)] suministrar, proporcionar. 2 [to – that] disponer que. ‖ 3 to – against, a) tomar medidas contra; b) prohibir. 4 to – for, a) alimentar; b) prever.

provided | prəˈvaɪdɪd | (también provided that, providing, providing that) *conj.* si, con tal que, siempre que.

providence | ˈprɒvɪdəns | *s.i.* providencia.

providential | ˌprɒvɪˈdenʃl | *adj.* providencial.

provider | prəˈvaɪdə | *s.c.* proveedor.

province | ˈprɒvɪns | | ˈprɑːvɪns | *s.c.* 1 provincia, departamento. 2 competencia.

provincial | prəˈvɪnʃl | *adj.* [no *comp.*] provincial.

provincialism | prəˈvɪnʃəlɪzəm | *s.c. e i.* provincianismo.

provision | prəˈvɪʒn | *s.i.* 1 [– (of)] provisión. 2 [– (against/for)] previsión. ‖ *s.c.* 3 disposición. ‖ *v.t.* 4 [to – (for)] aprovisionar. ‖ *adj.* 5 de aprovisionamiento.

provisional | prəˈvɪʒənl | *adj.* provisional.

proviso | prəˈvaɪzəu | [*pl.* provisos] *s.c.* cláusula, disposición.

provocation | ˌprɒvəˈkeɪʃn | *s.i.* provocación.

provocative | prəˈvɒkətɪv | *adj.* provocativo; provocador.

provoke | prəˈvəuk | *v.t.* [to – (into/to)] provocar.

prow | prau | *s.c.* proa.

prowess | ˈprauɪs | *s.c.f.* [– (as/at/in)] 1 destreza. 2 valor.

prowl | praul | *v.t. e i.* 1 merodear, rondar. ‖ 2 on the –, al acecho. 3 – car, (EE.UU.) coche patrulla, (Am.) radiopatrulla.

proximity | prɒkˈsɪmətɪ | *s.i.* [– (of/to)] proximidad.

proxy | ˈprɒksɪ | *s.i.* 1 poder, delegación. ‖ *s.c.* 2 apoderado. ‖ 3 by –, por poderes.

prude | pruːd | *s.c.* puritano.

prudence | ˈpruːdns | *s.i.* prudencia.

prudent | ˈpruːdnt | *adj.* prudente, discreto, sensato.

prune | pruːn | *v.t.* 1 podar, cortar. 2 [to – (away/down)] reducir. ‖ *s.c.* 3 ciruela pasa.

pruning | pru:nıŋ | *s.i.* poda.
prurience | ˌpruərıəns | *s.i.* sensualidad.
pry | praı | *v.i.* [to – (into)] 1 entrometerse. ‖ *v.t.* 2 (EE.UU. prise) abrir con palanca.
PS | ˌpi:'es | (postscript) postdata.
psalm | sɑ:m | | sɑ:lm | *s.c.* salmo.
pseudonym | 'sju:dənım | (EE.UU.) | 'su:dənım | *s.c.* seudónimo.
psyche | saıkı | *s.sing.* psique.
psychedelic | ˌsaıkı'delık | *adj.* psicodélico.
psychiatrio | ˌsaıkı'ætrık | *adj* psiquiátrico.
psychiatrist | saıkaıətrıst | *s.c.* psiquiatra.
psychiatry | saı'kaıətrı | *s.i.* psiquiatría.
psychic | 'saıkık | (también psychical) *adj.* 1 adivino. 2 [no *comp.*] psíquico. ‖ *s.c.* 3 médium.
psycho | 'saıkəu | *s.c.* 1 psicópata. ‖ *prefijo* 2 psico.
psychoanalyse | ˌsaıkəu'ænəlaız | (EE.UU. psychoanalyze). *v.t.* psicoanalizar.
psychanalysis | ˌsaıkəuə'næləsıs | *s.i.* psicoanálisis.
psychological | ˌsaıkə'lɒdʒıkl | *adj.* 1 psicológico, mental. ‖ 2 – warfare, guerra psicológica.
psychology | saı'kɒlədʒı | *s.i.* psicología.
psychopath | 'saıkəupæθ | *s.c.* psicópata.
psychosis | saı'kəusıs | [*pl.* psychoses] *s.c.* e *i.* psicosis.
psychotherapy | ˌsaıkəu'θerəpı | *s.i.* psicoterapia.
psychotic | saı'kɒtık | *adj.* y *s.c.* psicótico; psicópata.
PT | ˌpi:'ti: | *s.i.* 1 *abreviatura* de physical training, educación física. 2 *abreviatura* de Pacific Time, hora del Pacífico.
PTA | ˌpi:ti:'eı | *s.c. abreviatura* de Parent Teacher Asociation, Asociación de Padres y Profesores.

pterodactyl | ˌtərəu'dæktıl | *s.c.* pterodáctilo.
pub | pʌb | (también public house) *s.c.* (brit.) bar, taberna.
puberty | 'pju:bətı | *s.i.* pubertad.
pubescent | pju:'besnt | *adj.* púber.
pubic | 'pju:bık | *adj.* púbico.
public | 'pʌblık | *adj.* 1 [no *comp.*] público. ‖ *s.sing.* 2 [the *v.sing./pl.*] el público. ‖ 3 – company, empresa que cotiza en Bolsa. 4 – school, (brit.) escuela privada; (EE.UU.) escuela pública.
publication | ˌpʌblı'keıʃn | *s.c.* e *i.* publicación.
publiclst | ˌpʌblısıst | *s.c.* publicista.
publicity | pʌb'lısətı | *s.i.* publicidad.
publicize | ˌpʌblısaız | (brit. publicise) *v.t.* dar publicidad, divulgar.
publish | ˌpʌblıʃ | *v.t.* e *i.* publicar, editar.
publisher | ˌpʌblıʃə | *s.c.* editor.
publishing | ˌpʌblıʃıŋ | *s.i.* 1 publicación, edición. ‖ 2 – house, editorial.
puce | pju:s | *adj.* de color castaño rojizo.
pucker | ˌpʌkə | *v.t.* e *i.* 1 enfurruñar(se), fruncir, arrugar (el ceño, la cara). 2 arrugar(se). ‖ *s.c.* 3 arruga, frunce.
puckish | ˌpʌkıʃ | *adj.* travieso.
pud | pud | *s.c.* e *i.* pudín, budín.
pudding | ˌpudıŋ | *s.c.* e *i.* pudín, budín.
puddle | ˌpʌdl | *s.c.* 1 charco, poza. 2 argamasa. ‖ *v.t.* 3 enlodar. 4 hacer argamasa.
puerile | ˌpjuəraıl | *adj.* pueril.
puff | pʌf | *v.i.* 1 resoplar, resollar. ‖ *v.t.* e *i.* 2 [to – *adv./prep.*] aspirar; fumar, dar caladas. 3 [to – *adv./prep.*] echar humo. 4 hinchar(se), ufanarse. ‖ *s.c.* 5 bocanada. 6 calada. 7 ráfaga. ‖ *s.i.* 8 aliento. ‖ 9 out of –, sin aliento. 10 to – out, hinchar.
puffball | ˌpʌfbɔ:l | *s.c.* bejín.
puffed | pʌft | *adj.* hinchado, inflamado.
puffin | ˌpʌfın | *s.c.* frailecillo.
puffy | ˌpʌfı | *adj.* hinchado.
pug | pʌg | *s.c.* 1 dogullo. ‖ *s.i.* 2 ar-

cilla batida. ‖ *v.t* [*pret.* y *p.p.* pugged] 3 mezclar (arcilla). ‖ 4 – **nose**, nariz respingona.

puke | pjuːk | *v.t* e *i.* 1 [to – (up)] vomitar. ‖ *s.i.* 2 vómito.

pull | pʊl | *v.t* e *i.* 1 tirar de, arrastrar. 2 golpear oblicuamente. 3 remar. 4 virar. ‖ *v.t* 5 presionar (el gatillo de un arma). 6 [to – (out/up)] extraer. 7 conquistar. 8 imprimir. ‖ *s.c.* e *i.* 9 golpe. 10 cuesta. 11 trago. ‖ *s.i.* 12 atracción. 13 influencia. ‖ *v.r.* 14 arrastrarse.

pulley | pʊlɪ | *s.c.* polea.

pullover | pʊl.əʊvə | *s.c.* jersey.

pulmonary | pʌlmənərɪ | pʊlm/ənerɪ | *adj.* pulmonar.

pulp | pʌlp | *s.i.* 1 pulpa. ‖ *v.t* e *i.* 2 reducir(se) a pulpa. ‖ *adj.* 3 sensacionalista, de mala calidad (un libro, una revista).

pulpit | pʊlpɪt | *s.c.* púlpito.

pulpy | pʌlpɪ | *adj.* 1 pulposo. 2 de mala calidad.

pulsate | pʌlˈseɪt | pʌlseɪt | *v.i.* [to – (with)] vibrar, latir.

pulsation | pʌlˈseɪʃn | *s.c.* 1 latido. ‖ *s.i.* 2 pulsación.

pulse | pʌls | *s.c.* 1 pulso, latido. 2 ritmo. 3 impulso. 4 pulsación. ‖ *v.i.* 5 [to – (through /with)] latir, palpitar. 6 temblar, agitarse.

pulverize | pʌlvəraɪz | (brit. **pulverise**) *v.t* 1 moler, machacar. 2 (fam. y fig.) pulverizar, cascar.

puma | pjuːmə | *s.c.* puma.

pumice | pʌmɪs | (también **pumice stone**). *s.i.* pómez, piedra pómez.

pump | pʌmp | *s.c.* 1 bomba. ‖ *s.sing.* 2 bombeo. ‖ *v.t* 3 [to – *adv./prep.*] inflar. 4 [to – *adv./prep.*] bombear. ‖ *v.i.* 5 [to – (away)] accionar una bomba. 6 [to – (away)] latir con fuerza. 7 [to – *adv./prep.*] brotar. ‖ 8 **petrol** –, surtidor de gasolina.

pumpkin | pʌmpkɪn | *s.c.* e *i.* calabaza, (Am.) zapallo.

punch | pʌntʃ | *v.t* 1 [to – (in/on)] dar puñetazos. 2 agujerear. ‖ *s.c.* 3 [–

(in/on)] puñetazo, trompazo. 4 perforadora. ‖ *s.i.* 5 atractivo. 6 ponche.

punchy | pʌntʃɪ | *adj.* 1 (fam.) ingenioso. 2 (fam.) tocado.

punctilious | pʌŋkˈtɪlɪəs | *adj.* puntilloso.

punctual | pʌŋktjʊəl | *adj.* puntual.

punctuality | pʌŋktjʊˈæləti | *s.i.* puntualidad, precisión, exactitud.

punctuate | pʌŋktjʊeɪt | *v.t* 1 GRAM. puntuar. 2 [to – (with)], generalmente pasiva] cortar.

punctuation | pʌŋktjʊˈeɪʃn | *s.i.* puntuación.

puncture | pʌŋktʃə | *s.c.* 1 pinchazo. 2 punción. ‖ *v.t* e *i.* 3 pinchar, perforar. ‖ *v.t* 4 (fig.) deshinchar, desinflar.

pungent | pʌndʒənt | *adj.* 1 agrio. 2 mordaz.

punish | pʌnɪʃ | *v.t* [to – (for)] castigar.

punishing | pʌnɪʃɪŋ | *adj.* 1 severo. ‖ *s.sing.* 2 (fam.) castigo.

punishment | pʌnɪʃmənt | *s.i.* castigo.

punter | pʌntə | *s.c.* (brit.) bateador.

pup | pʌp | *s.c.* cachorro.

pupa | pjuːpə | [*pl.* pupas o pupae] *s.c.* crisálida.

pupil | pjuːpl | *s.c.* 1 alumno. 2 pupila.

puppet | pʌpɪt | *s.c.* 1 marioneta. 2 muñeca.

puppeteer | pʌpəˈtɪə | *s.c.* titiritero, marionetista.

puppy | pʌpɪ | *s.c.* cachorro.

purchase | pɜːtʃəs | *v.t* 1 comprar. 2 conseguir. ‖ *s.i.* y *c.* 3 compra. 4 palanca.

pure | pjʊə | *adj.* 1 puro. 2 potable. 3 – **and**, pura y simplemente.

pure-bread | pjʊəbred | *adj.* de pura sangre.

puree | pjʊəreɪ | pjuːˈreɪ | *s.c.* e *i.* puré.

purgative | pɜːɡətɪv | *s.c.* purgante.

purgatory | pɜːɡətərɪ | *s.i.* purgatorio.

purge | pɜːdʒ | *v.t* 1 [to – (of/from)] purgar. ‖ *s.c.* 2 purga; purgante.

purify | ˈpjuərɪfaɪ | v.t 1 [to – (of)] purificar. 2 depurar.

purist | ˈpjuərɪst | s.c. purista.

puritan | ˈpjuərɪtən | adj. puritano.

purity | ˈpjuərɪtɪ | s.i. pureza.

purl | pɜːl | s.i. 1 punto del revés. 2 murmullo. ‖ v.t. e i. 3 tejer del revés. ‖ v.i. 4 susurrar.

purlieus | ˈpɜːljuːz | | ˈpɜːrluːz | s.pl. [– (of)] alrededores, cercanías, afueras.

purple | ˈpɜːpl | adj. 1 morado. ‖ s.i. 2 color morado. ‖ 3 – heart, (EE.UU.) medalla al valor.

purport | ˈpɜːpət | v.t 1 [to – to v./o.] pretender. 2 proponer, proyectar. ‖ s.i. 3 [– (of)] significado, intención.

purpose | ˈpɜːpəs | s.c. 1 propósito, finalidad. ‖ s.i. 2 determinación. ‖ v.t 3 proponerse, planear. 4 on –, deliberadamente.

purposeful | ˈpɜːpəsful | adj. determinado, resuelto, intencionado.

purr | pɜː | v.i. 1 ronronear. ‖ v.t e i. 2 murmurar. ‖ s.sing. 3 ronroneo. 4 zumbido.

purse | pɜːs | s.c. 1 (brit.) billetera. 2 (EE.UU.) bolso de mano. 3 premio. ‖ s.sing. 4 recursos. ‖ v.t 5 [to – (up)] fruncir.

pursuance | pəˈsjuːəns | (EE.UU.) | pəˈsuːəns | s.i. ejecución.

pursue | pəˈsjuː | (EE.UU.) | pəˈsuː | v.t 1 perseguir. 2 seguir. 3 ejercer.

pursuer | pəˈsjuːə | (EE.UU.) | pəˈsuːə | s.c. perseguidor.

pursuit | pəˈsjuːt | (EE.UU.) | pəˈsuːt | s.i. 1 busca. 2 s.c. 2 profesión.

purvey | pəˈveɪ | v.t 1 suministrar. 2 transmitir.

purveyor | pəˈveɪə | s.c. 1 proveedor. 2 transmisor.

pus | pʌs | s.i. pus.

push | puʃ | v.t e i. 1 empujar. 2 pulsar. 3 abrirse paso a empujones. ‖ v.t 4 [to – (into)] presionar, obligar. 5 (fam.) promover. 6 aprovechar. ‖ v.i. 7 [to – (into)] atacar. 8 seguir. ‖ s.c. 9 empujón. 10 ofensiva. 11 esfuerzo. ‖ s.i. 12 (fam.) empuje. ‖ 13 to – ahead/forward/on,

continuar. 14 to – for, urgir. 15 to – forward, llamar la atención. 16 to – over, hacer caer.

pushed | puʃt | adj. (fam.) [– (for)] apurado.

pushing | ˈpuʃɪŋ | ‖ adj. emprendedor.

pusillanimous | ˌpjuːsɪˈlænɪməs | adj. (desp.) pusilánime, tímido.

puss | pus | s.c. (fam.) gato.

pussy | ˈpusɪ | s.c. (brit. y fam.) gatito.

pussy-willow | ˌpusɪˈwɪləʊ | s.c. e i. sauce.

pustule | ˈpʌstjuːl | (EE.UU.) | ˈpʌstjuːl | s.c. pústula.

put | put | v. [pret. y p.p.irreg. put ger. putting] t. 1 [to – o. + adv./prep.] poner. 2 [to – o. + adv./prep.] concentrarse en. 3 [to – o. + adv./prep.] invertir. 4 [to – o. + adv./prep.] decir. 5 [to – o. + adv./prep.] trazar. 6 [to – o. + adv./prep. (into)] traducir a. 7 [to – o. + adv./prep.] destinar. 8 [to – o. + adv./prep.] guiar. 9 [to – above/before/over] anteponer, dar mayor importancia a. ‖ i. [to – adv./prep.] 10 dirigirse. 11 to – at, calcular. 12 to – away, guardar. 13 to – back, aplazar. 14 to – off, retrasar.

putative | ˈpjuːtətɪv | adj. 1 supuesto. 2 DER. putativo.

putrefaction | ˌpjuːtrɪˈfækʃn | s.i. putrefacción.

putrefy | ˈpjuːtrɪfaɪ | v.t e i. 1 descomponer(se). 2 gangrenar(se).

putrescent | pjuːˈtresnt | adj. putrescente.

prutrid | ˈpjuːtrɪd | adj. 1 pútrido, descompuesto. 2 malsano.

putsch | putʃ | s.c. golpe de estado.

putt | pʌt | s.c. golpe suave.

putty | ˈpʌtɪ | s.i. 1 masilla. 2 emplaste. ‖ v.t 3 rellenar, enmasillar.

put-up | ˈpʌtʌp | adj. (fam.) tramado.

puzzle | ˈpʌzl | v.t 1 (generalmente pasiva) confundir. ‖ v.i. 2 [to – adv./prep.] darle vueltas. ‖ s.c. 3 rompecabezas. 4 crúcigrama.

puzzled | ˈpʌzld | adj. 1 perplejo, confuso. 2 misterioso, enigmático.

pygmy | ˈpɪgmɪ | *s.c.* pigmeo.
pyjamas | pəˈdʒɑːmə | (EE.UU. pajamas) *s.pl.* pijama.
pylon | ˈpaɪlən | (EE.UU.) | ˈpaɪlɒn | *s.c.* 1 poste. 2 pilón.
pyramid | ˈpɪrəmɪd | *s.c.* pirámide.

pyramidal | prˈræmɪdl | *adj.* piramidal.
pyre | paɪə | *s.c.* pira, hoguera.
pyrotechnics | ˌpaɪrəʊˈtekniks | | ˌpaɪərəˈtekniks | *s.i.* pirotecnia.
python | ˈpaɪθn | (EE.UU.) | ˈpaɪθɒn | *s.c.* pitón, serpiente pitón.

q, Q | kju: | s.c. e i. 1 q, Q (letra). 2 *abreviatura* de question o Queen.

quack | kwæk | s.c. 1 graznido. 2 charlatán, curandero. ‖ *v.i.* 3 graznar.

quad | kwɒd | s.c. cuatrillizo.

quadrangle | 'kwɒdræŋgl | s.c. 1 patio. 2 cuadrángulo.

quadrangular | kwɒ'dræŋgjulə | *adj.* cuadrangular.

quadrant | 'kwɒdrənt | s.c. cuadrante.

quadrilateral | ˌkwɒdrɪ'lætərəl | s.c. cuadrilátero.

quadruped | 'kwɒdruped | s.c. cuadrúpedo.

quadruple | 'kwɒdrupl | | kwɒ'/dru:pl | *adj.* 1 cuádruple. ‖ *v.t.* 2 cuadruplicar.

quagmire | 'kwægmaɪə | s.c. 1 tremedal, cenegal. 2 atolladero, apuro.

quail | kweɪl | s.c. 1 codorniz. ‖ *v.i.* 2 [to – (at/before)] acobardarse.

quaint | kweɪnt | *adj.* curioso.

quake | kweɪk | *v.i.* temblar.

Quaker | kweɪkə | s.c. cuáquero.

qualification | ˌkwɒlɪfɪ'keɪʃn | s.c. e i. 1 calificación; cualificación. 2 salvedad.

qualified | 'kwɒlɪfaɪd | *adj.* 1 cualificado. 2 limitado.

qualifier | 'kwɒlɪfaɪə | s.c. 1 clasificado. 2 calificativo.

qualify | 'kwɒlɪfaɪ | *v.t.* e i. 1 capacitar(se). 2 matizar. 3 [to – (for)] tener derecho. 4 [to – (as)] calificar. 5 clasificarse.

qualitative | 'kwɒlɪtətɪv | (EE.UU.) | 'kwɒlɪteɪtɪv | *adj.* cualitativo.

quality | 'kwɒlətɪ | s.i. 1 calidad, categoría. ‖ s.c. 2 características.

qualm | kwɑ:m | s.c. duda, reparo.

quandary | 'kwɒndərɪ | s.c. dilema.

quanta | 'kwɒntə | *pl.irreg.* de quantum.

quantification | ˌkwɒntɪfɪ'keɪʃn | s.i. cuantificación.

quantify | 'kwɒntɪfaɪ | *v.t.* cuantificar.

quantitative | 'kwɒntɪtətɪv | (EE.UU.) | 'kwɒntɪteɪtɪv | *adj.* cuantitativo.

quantity | 'kwɒntətɪ | s.c. e i. 1 cantidad. ‖ 2 – **surveyor**, aparejador.

quantum | 'kwɒntəm | s.c. *[pl.irreg.* quanta]* 1 cantidad. 2 cuanta.

quarantine | 'kwɒrəntiːn | s.sing. 1 cuarentena. ‖ *v.t.* 2 poner en cuarentena.

quarrel | 'kwɒrəl | s.c. 1 disputa, riña. ‖ *v.i.* 2 [to – (about/over/with)] disputar.

quarrelling | 'kwɒrəlɪŋ | (EE.UU. quarreling) *s.i.* disputa, riña.

quarrelsome | 'kwɒrəlsəm | *adj.* pendenciero.

quarry | 'kwɒrɪ | (EE.UU.) | 'kwɔ:rɪ | s.c. 1 presa. 2 cantera, mina. ‖ *v.t.* 3 extraer. ‖ *v.i.* 4 investigar.

quarter | 'kwɔ:tə | s.c. e i. 1 cuarto, cuarta parte. 2 [– (to/of)] (menos) cuarto (hora). 3 [– (past/after)] (y) cuarto. 4 barrio, distrito. 5 sector. ‖ *v.t.* 6 cuartear. 7 alojar.

quarterly | 'kwɔ:təlɪ | *adv.* 1 trimestralmente. ‖ *adj.* 2 trimestral.

quartet | kwɔ:'tet | s.c. cuarteto.

quartz | kwɔ:ts | s.i. cuarzo.

quash | kwɒʃ | *v.t.* 1 anular. 2 reprimir.

quasi- | 'kweizaɪ | *prefijo* cuasi-.

quaver | 'kweɪvə | *v.i.* 1 temblar, vibrar. || *s.sing.* 2 temblor. || *s.c.* 3 corchea.

quay | 'ki: | *s.c.* muelle.

queasy | 'kwi:zɪ | *adj.* 1 indispuesto. 2 delicado. 3 preocupado.

queen | kwi:n | *s.c.* reina.

queenly | 'kwi:nlɪ | *adj.* regio.

queer | kwɪə | *adj.* 1 extraño, raro. 2 indispuesto. || *s.c.* 3 maricón.

quell | kwel | *v.t.* 1 suprimir, reprimir. 2 vencer, superar.

quench | kwentʃ | *v.t.* calmar, apagar.

querulous | 'kwerʊləs | *adj.* quejoso.

query | 'kwɪərɪ | *s.c.* 1 pregunta. || *v.t.* 2 cuestionar.

quest | kwest | *s.c.* 1 [– (for)] busca, búsqueda. || *v.i.* 2 [to – (for)] buscar.

question | 'kwestʃən | *s.c.* 1 pregunta. 2 cuestión, asunto. || *s.i.* 3 duda. || *v.t.* 4 interrogar. || 5 **beyond –**, fuera de toda duda. 6 **out of the –**, imposible. 7 **– mark**, signo de interrogación.

questionable | 'kwestʃənəbl | *adj.* cuestionable.

questioning | 'kwestʃənɪŋ | *s.i.* 1 interrogatorio. || *adj.* 2 interrogante.

questionnaire | ˌkwestɪə'neə | *s.c.* cuestionario.

queue | kju: | (brit.) *s.c.* 1 cola, fila. || *v.i.* 2 hacer cola.

quibble | 'kwɪbl | *v.i.* 1 argumentar con sutilezas. || *s.c.* 2 sutileza.

quick | kwɪk | *adj.* 1 rápido. 2 inteligente. 3 fácilmente irritable. || *adv.* 4 pronto.

quicken | 'kwɪkən | *v.t. e i.* acelerar.

quicksand | 'kwɪksænd | *s.c. e i.* arena movediza.

quid | kwɪd | *s.c.* [*pl.* quid] (brit. y fam.) libra (esterlina).

quiescent | kwaɪ'esnt | *adj.* inactivo.

quiet | 'kwaɪət | *adj.* 1 callado, silencioso. 2 suave. 3 tranquilo. 4 reservado. || *v.t. e i.* 5 (EE.UU.) calmar, acallar, tranquilizar. || *s.i.* 6 tranquilidad.

quieten | 'kwaɪətn | *v.t. e i.* calmar(se), tranquilizarse.

quilt | kwɪlt | *s.c.* edredón, colcha.

quilted | 'kwɪltɪd | *adj.* acolchado.

quince | kwɪns | *s.c.* membrillo.

quinine | kwɪ'ni:n | *s.i.* quinina.

quintet | kwɪn'tet | *s.c.* quinteto.

quip | kwɪp | *s.c.* 1 ingeniosidad. || *v.i.* 2 ironizar.

quirk | kwɜ:k | *s.c.* 1 rareza. 2 casualidad.

quit | kwɪt | (fam.) *v.t. e i.* [quit, quit; (brit.) quitted] 1 dejar, abandonar. 2 irse. 3 cesar.

quite | kwaɪt | *adv.* 1 bastante. 2 (EE.UU.) muy, realmente. || 3 **– so**, así es, ciertamente.

quitter | 'kwɪtə | *s.c.* inconstante.

quiver | 'kwɪvə | *v.i.* 1 temblar. || *s.c.* 2 temblor.

quizzical | 'kwɪzɪkl | *adj.* burlón.

quod | kwɒd | *s.i.* (brit. y argot.) chirona, talego, (Am.) chichera.

quorum | 'kwɔ:rəm | *s.sing.* quórum.

quota | 'kwəʊtə | *s.c.* cuota, cupo.

quotable | 'kwəʊtəbl | *adj.* 1 digno de mención. 2 cotizable.

quotation | kwəʊ'teɪʃn | *s.c.* 1 cita. 2 presupuesto. 3 cotización. || 4 **– marks**, comillas.

quote | kwəʊt | *v.t. e i.* 1 citar. 2 presupuestar. 3 citar. 4 [to – (at)] cotizar. || *s.c.* 5 cita. 6 presupuesto.

quotidian | kwɒ'tɪdɪən | *adj.* cotidiano.

quotient | 'kwəʊʃnt | *s.sing.* cociente.

R

r, R | ɑː | *s.c.* c *i.* r, R (letra).
rabbit | ˈræbɪt | *s.c.* conejo.
rabble | ˈræbl | *s.sing.* multitud.
rabid | ˈræbɪd | *adj.* 1 exaltado. 2 rabioso.
rabies | ˈreɪbiːz | *s.i.* rabia.
raccoon | rəˈkuːn | *s.c.* mapache.
race | reɪs | *s.c.* 1 carrera, competición. ‖ *s.c.* e *i.* 2 raza. 3 estirpe. ‖ *v.t.* 4 [− (against)] competir en una carrera. 5 acelerar. ‖ *v.i.* 6 correr.
racecourse | ˈreɪskɔːs | (también race-course o race course). *s.c.* hipódromo.
racer | ˈreɪsə | *s.c.* vehículo de carreras; caballo de carreras.
racetrack | ˈreɪstræk | *s.c.* 1 pista de carreras. 2 (EE.UU.) hipódromo.
racial | ˈreɪʃl | *adj.* racial.
racialism | ˈreɪʃəlɪzəm | *s.i.* (brit.) racismo.
racing | ˈreɪsɪŋ | *s.i.* 1 carreras. ‖ *adj.* 2 de carreras.
racism | ˈreɪsɪzəm | *s.i.* racismo.
rack | ræk | *s.c.* 1 percha. 2 escurreplatos. 3 estante. 4 potro de tortura. ‖ *v.t.* (EE.UU. también wrack) 5 torturar.
racket | ˈrækɪt | *s.sing.* 1 jaleo. ‖ *s.c.* 2 (fam.) estafa. 3 chantaje. 4 negocio sucio. 5 (también racquet) raqueta. ‖ *v.i.* 6 alborotar, armar jaleo.
racketeer | ˌrækəˈtɪə | *s.c.* timador; chantajista.
racking | ˈrækɪŋ | *adj.* terrible.
racy | ˈreɪsɪ | *adj.* gracioso, saleroso.
radar | ˈreɪdɑː | *s.i.* radar.

radial | ˈreɪdjəl | *adj.* radial.
radiance | ˈreɪdjəns | *s.i.* resplandor.
radiant | ˈreɪdjənt | *adj.* radiante.
radiate | ˈreɪdɪeɪt | *v.i.* 1 [− (from)] extenderse (desde un punto central). ‖ *v.t.* e *i.* 2 irradiar.
radiation | ˌreɪdɪˈeɪʃn | *s.c.* e *i.* radiación.
radiator | ˈreɪdɪeɪtə | *s.c.* radiador.
radical | ˈrædɪkl | *adj.* y *s.c.* radical.
radicalism | ˈrædɪkəlɪzəm | *s.i.* radicalismo.
radicalize | ˈrædɪkəlaɪz | (también radicalise) *v.t.* radicalizar.
radio | ˈreɪdɪəʊ | *s.c.* e *i.* 1 radio. ‖ *v.t.* e *i.* 2 radiar. ‖ *adj.* 3 radiofónico.
radioactive | ˌreɪdɪəʊˈæktɪv | *adj.* radiactivo.
radii | ˈreɪdɪaɪ | *pl.* de radius.
radioactivity | ˌreɪdɪəʊækˈtɪvɪtɪ | *s.i.* radiactividad.
radiography | ˌreɪdɪˈɒɡrəfɪ | *s.i.* radiografía.
radiology | ˌreɪdɪˈɒlədʒɪ | *s.i.* radiología.
radish | ˈrædɪʃ | *s.c.* rábano.
radium | ˈreɪdɪəm | *s.i.* radio.
radius | ˈreɪdɪəs | *s.c.* [*pl.* radii o radiuses] radio.
raffia | ˈræfɪə | *s.i.* rafia.
raffish | ˈræfɪʃ | *adj.* chulo.
raffle | ˈræfl | *s.c.* 1 rifa, sorteo. ‖ *v.t.* 2 rifar, sortear.
raft | rɑːft | *s.c.* balsa; colchón hinchable.
rafter | ˈrɑːftə | *s.c.* viga.

rag | ræg | *s.c. e i.* 1 trapo, paño. 2 broma.

ragbag | 'rægbæg | (también rag-bag) *s.c.* (fig. y fam.) cajón de sastre.

rage | reidʒ | *s.c. e i.* 1 ira, furia. || *s.sing.* 2 [– (for)] (fam.) pasión. || *v.i.* 3 [– (about/at/against)] encolerizarse. || 4 to be (all) the –, hacer furor.

ragged | 'rægid | *adj.* 1 andrajoso. 2 imperfecto. 3 mellado. || 4 to be at the – edge, (EE.UU.) estar muy nervioso. 5 to run someone –, (fam.) agotar.

raging | 'reidʒiŋ | *adj.* 1 violento. 2 furioso. 3 terrible.

raglan | 'ræglən | *adj.* raglán.

ragtag | 'rægtæg | (también rag-tag) *adj.* (fam.) desorganizado; poco respetable.

raid | reid | *s.c.* 1 [– (on)] incursión. 2 redada. 3 asalto. || *v.t.* 4 invadir. 5 hacer una redada. 6 asaltar. || 7 air –, ataque aéreo.

rail | reil | *s.c.* 1 verja. 2 cerca. 3 raíl. 4 baranda.

railing | 'reiliŋ | *s.c.* 1 verja. 2 barandilla. 3 pasamanos. 4 barrera.

railroad | 'reilrəud | (EE.UU.) *s.c.* ferrocarril.

railway | 'reilwei | (brit.) *s.c.* 1 ferrocarril. 2 vía férrea. 3 línea ferroviaria. || 4 – car, (EE.UU.) vagón ferroviario. 5 – crossing, a) paso a nivel; b) cruce de vías. 6 – line, (brit.) a) línea ferroviaria; b) carriles ferroviarios. 7 – station, estación de ferrocarril. 8 – track, (brit.) vía férrea.

railwayman | 'reilweimən | *s.c.* [pl.irreg. railwaymen] (brit.) ferroviario.

rain | rein | *s.i.* 1 lluvia. || *v.imp.* 2 llover. || 3 it never rains but it pours, las desgracias nunca vienen solas. 4 to – cats and dogs, llover a cántaros.

rainbow | 'reinbəu | *s.c.* arco iris.

raincoat | 'reinkəut | *s.c.* impermeable.

rainforest | 'reinfɒrist | (también rain forest) *s.c.* bosque tropical.

rainstorm | 'reinstɔːm | *s.c.* chaparrón.

rainy | 'reini | *adj.* 1 lluvioso. || 2 for a – day, (fig.) para tiempos difíciles.

raise | reiz | *v.t.* 1 levantar. 2 aumentar. 3 subir. 4 conseguir, reunir. 5 educar, criar. 6 cultivar. 7 plantear. || *v.r.* 8 levantarse. || *s.c.* 9 (EE.UU.) aumento de sueldo.

raisin | 'reizn | *s.c.* pasa.

rake | reik | *s.c.* 1 rastrillo. || *s.sing.* 2 inclinación. || *v.t.* 3 rastrillar. 4 atizar. 5 [– (around/through/over)] rebuscar.

rakish | 'reikiʃ | *adj.* 1 garboso. || 2 at a – angle, ladeado.

rally | 'ræli | *s.c.* 1 mitin, manifestación. 2 recuperación. 3 rally. 4 peloteo. || *v.t.* 5 reunir. 6 recuperar.

ram | ræm | *s.c.* 1 carnero. 2 maza; pisón. 3 [the –] Aries (constelación). 4 ariete. || *v.t.* 5 colisionar (un vehículo, un barco). 6 [– (against/at/on/into)] chocar fuertemente contra.

ramble | 'ræmbl | *s.c.* 1 caminata, paseo. || *v.i.* 2 pasear. 3 divagar. 4 trepar.

ramification | ˌræmifi'keiʃn | *s.c.* implicación.

ramp | ræmp | *s.c.* 1 rampa. 2 estafa. || 3 to – about, ponerse hecho una furia.

rampant | 'ræmpənt | *adj.* 1 incontrolado. 2 exhuberante. 3 rampante.

rampart | 'ræmpɑːt | *s.c.* muralla.

ramrod | 'ræmrɒd | *s.c.* 1 baqueta. || *adj.* 2 rígido, tieso.

ramshackle | 'ræmʃækl | *adj.* ruinoso.

ran | ræn | *pret.* de run.

ranch | rɑːntʃ | *s.c.* hacienda, rancho.

rancid | 'rænsid | *adj.* rancio.

rancorous | 'ræŋkərəs | *adj.* rencoroso.

rancor | 'ræŋkə | (brit. rancour) *s.i.* rencor.

random | 'rændəm | *adj.* al azar.

randy | 'rændi | *adj.* cachondo.

rang | ræŋ | *pret.* de ring.

range | reindʒ | *s.c.* 1 [– (of)] alcance. 2 radio de acción. 3 surtido, gama. 4 escala. 5 hilera; cadena. || *v.t.* 6 alinear. ||

v.i. 7 extenderse. 8 [— (from... to/between... and)] oscilar. 9 alcanzar.

ranger | 'reɪndʒə | *s.c.* 1 guardabosques. 2 (EE.UU.) miembro de la policía montada.

rank | ræŋk | *s.c. e i.* 1 categoría, clase. || *s.c.* 2 fila. || *v.t.* 3 clasificar. || *v.i.* 4 figurar.

ranking | 'ræŋkɪŋ | *s.c.* clasificación.

rankle | 'ræŋkl | *v.i.* [— (with)] doler.

ransack | 'rænsæk | *v.t.* revolver.

ransom | 'rænsəm | *s.c.* 1 rescate. || *v.t.* 2 rescatar.

rant | rænt | *v.i.* 1 desvariar. 2 hablar ampulosamente.

rap | ræp | *v.t. e i.* 1 [— (at)] golpear. || *v.i.* 2 (EE.UU.) charlar. || *s.c.* 3 golpe seco. 4 reprimenda. || 5 to care a —, importar un comino.

rapacious | rə'peɪʃəs | *adj.* codicioso.

rape | reɪp | *v.t.* 1 violar. || *s.c. e i.* 2 violación. || *s.c.* 3 rapto. || *s.i.* 4 colza.

rapid | 'ræpɪd | *adj.* rápido.

rapist | 'reɪpɪst | *s.c.* violador.

rapport | ræ'pɔː | *s.i.* [— (between /with)] compenetración.

rapprochement | ræ'prɒʃmɑːŋ | *s.sing.* [— (between/of/with)] reconciliación.

rapt | ræpt | *adj.* absorto.

rapture | 'ræptʃə | *s.i.* éxtasis.

rare | reə | *adj.* raro, poco frecuente.

rarefied | 'reərɪfaɪd | (también **rarified**) *adj.* 1 (fig.) refinado. 2 (fig.) enrarecido.

raring | 'reərɪŋ | *adj.* [— + *inf.*] deseoso.

rarity | 'reərətɪ | *s.c. e i.* rareza.

rascal | 'rɑːskəl | *s.c.* bribón, pillo.

rase V. **raze**.

rash | ræʃ | *adj.* 1 impetuoso. || *s.c.* 2 sarpullido. || *s.sing.* 3 (fig.) oleada.

rasher | 'ræʃə | *s.c.* loncha.

rashness | 'ræʃnɪs | *s.i.* imprudencia.

rasp | rɑːsp | *s.sing.* 1 chirrido. || *s.c.* 2 escofina. || *v.i.* 3 chirriar. || *v.t.* 4 crispar.

raspberry | 'rɑːzbərɪ | *s.c.* frambuesa; frambueso.

rasping | 'rɑːspɪŋ | *adj.* áspero.

rat | ræt | *s.c.* 1 rata. || *v.i.* 2 [— (on)] chivarse. 3 [— (on)] desertar. || 4 rats!, imecachis!

ratchet | 'rætʃɪt | *s.c.* trinquete.

rate | reɪt | *s.c.* 1 razón. 2 índice, tasa. 3 velocidad. 4 tarifa. 5 ritmo. || *v.t.* 6 [— (as)] considerar. 7 [— (at)] valorar. || 8 at any —, en todo caso.

rather | 'rɑːðə | *adv.* 1 algo, ligeramente. 2 [— than] más bien (que). 3 bastante. 4 por el contrario. || *prep.* o *conj.* 5 [— than] antes que, en vez de.

ratification | ˌrætɪfɪ'keɪʃn | *s.i.* ratificación.

ratify | 'rætɪfaɪ | *v.t.* ratificar.

rating | 'reɪtɪŋ | *s.c.* categoría, clase.

ratio | 'reɪʃɪəʊ | *s.c.* proporción.

ration | 'ræʃn | *s.c.* 1 ración. || *v.t.* 2 racionar.

rational | 'ræʃənl | *adj.* racional.

rationalism | 'ræʃnəlɪzm | *s.i.* racionalismo.

rationalization | ˌræʃnəlaɪ'zeɪʃn | *s.c. e i.* 1 justificación. || *s.i.* 2 racionalización.

rationalize | 'ræʃnəlaɪz | (también **rationalise**) *v.t. e i.* 1 justificar. || *v.t.* 2 razonar.

rattiness | 'rætɪnɪs | *s.i.* mal genio.

rattle | 'rætl | *v.t. e i.* 1 golpear. || *v.t.* 2 desconcertar. || *v.i.* 3 traquetear. || *s.c.* 4 ruido; traqueteo.

rattlesnake | 'rætlsneɪk | *s.c.* serpiente de cascabel.

ratty | 'rætɪ | *adj.* (brit.) malhumorado.

raucous | 'rɔːkəs | *adj.* 1 ronco. 2 áspero. 3 estridente.

ravage | 'rævɪdʒ | *v.t.* 1 devastar. 2 saquear. || *s.i.* 3 destrucción.

rave | reɪv | *v.i.* 1 desvariar. 2 [— (against/about/at)] echar pestes. 3 [— (about/of/over)] deshacerse en elogios.

raven | 'reɪvn | *s.c.* cuervo.

ravenous | 'rævənəs | *adj.* hambriento.

ravine | rə'viːn | *s.c.* barranco.

raving | 'reɪvɪŋ | *adj.* 1 chalado. || 2 — mad, loco perdido.

ravish | 'rævɪʃ | *v.t.* fascinar.

raw | rɔː | *adj.* 1 crudo. 2 sin clasificar.

3 puro. 4 en carne viva. 5 riguroso, crudo. ‖ 6 – **cotton**, algodón en rama.

ray | reɪ | s.c. 1 rayo. 2 raya. ‖ s.sing. 3 (fig.) pizca. 4 re.

rayon | 'reɪɒn | s.i. rayón.

raze | reɪz | (también **rase**) v.t. [– (to)] arrasar.

razor | 'reɪzə | s.c. maquinilla de afeitar; navaja de afeitar.

razzle | 'ræzl | s.i. juerga.

re | riː | s.sing. re.

reach | riːtʃ | v.t. 1 llegar a. 2 alcanzar. 3 ponerse en contacto con. 4 [to – out (for)] alargar. ‖ v.i. 5 [– (to)] extenderse. ‖ s.i. 6 alcance.

react | rɪ'ækt | v.i. 1 reaccionar. 2 producirse una reacción.

reaction | rɪ'ækʃn | s.c. e i. reacción.

reactionary | rɪ'ækʃnərɪ | adj. y s.c. reaccionario.

reactivate | rɪ'æktɪveɪt | v.t. reactivar.

reactive | rɪ'æktɪv | adj. reactivo.

reactor | rɪ'æktə | s.c. reactor.

read | riːd | v. [pret. y p.p. read] t. e i. 1 leer. 2 comprender. 3 indicar.

reader | 'riːdə | s.c. lector.

readjust | riə'dʒʌst | v.t. e i. readaptar(se).

ready | 'redɪ | adj. 1 [– (for/to)] listo, preparado. 2 rápido. 3 efectivo. ‖ v.t. 4 [– (for)] preparar.

ready-made | redɪ'meɪd | adj. confeccionado.

reaffirm | riːəˈfɜːm | v.t. reafirmar.

real | rɪəl | adj. 1 real, verdadero. ‖ adv. 2 (EE.UU.) muy. ‖ 3 for –, de veras. 4 – **estate**, a) bienes inmuebles. b) inmobiliario.

realise V. realize.

realism | 'rɪəlɪzəm | s.i. realismo.

reality | rɪ'ælətɪ | s.i. realidad.

realizable | 'rɪəlaɪzəbəl | adj. realizable.

realization | rɪəlaɪ'zeɪʃn | (EE.UU.) | rɪəlɪ'zeɪʃn | s.sing. 1 comprensión. 2 realización.

realize | 'rɪəlaɪz | (también **realise**) v.t. 1 darse cuenta de. 2 realizar.

realm | relm | s.c. reino.

reap | riːp | v.t. e i. cosechar.

reaping | 'riːpɪŋ | s.i. siega.

reappear | riːə'pɪə | v.i. reaparecer.

reappearance | riːə'pɪərəns | s.c. reaparición.

reappraisal | riːə'preɪzəl | s.c. e i. nueva valoración.

reappraise | riːə'preɪz | v.t. reconsiderar.

rear | rɪə | s.sing. 1 parte de atrás. ‖ adj. 2 trasero. ‖ v.t. 3 criar, educar; cultivar. 4 alzar.

rearguard | 'rɪəɡɑːd | s.sing. retaguardia.

rearm | riː'ɑːm | v.t. e i. rearmar(se).

rearmost | rɪəməʊst | adj. último.

rearrange | riːə'reɪndʒ | v.t. disponer de distinta forma.

reason | 'riːzn | s.c. e i. 1 razón, motivo. ‖ v.i. 2 razonar.

reasonable | 'riːznəbl | adj. razonable.

reassemble | riːə'sembl | v.t. e i. reagrupar(se).

reassert | riːə'sɜːt | v.t. y r. reafirmar(se).

reassess | riːə'ses | v.t. reconsiderar.

reassure | riːə'ʃɔː | v.t. 1 reconfortar, tranquilizar. 2 alentar.

rebate | 'riːbeɪt | s.c. 1 desembolso. 2 descuento.

rebel | 'rebl | adj. y s.c. 1 rebelde. ‖ | rɪ'bel | v.i. 2 [– (against)] rebelarse.

rebellion | rɪ'beljən | s.c. e i. rebelión; rebeldía.

rebellious | rɪ'beljəs | adj. rebelde.

rebirth | riː'bɜːθ | s.i. renacimiento.

rebound | rɪ'baʊnd | v.i. 1 [– (from)] rebotar. 2 [– (on/upon)] (fig.) recaer. ‖ s.c. 3 rebote.

rebuff | rɪ'bʌf | v.t. 1 despreciar. ‖ s.c. 2 desaire.

rebuild | riː'bɪld | v. [pret. y p.p. rebuilt] t. e i. reconstruir.

rebuke | rɪ'bjuːk | v.t. 1 [– (of)] reprender. 2 censurar. ‖ s.c. e i. 3 reprimenda. 4 censura.

rebut | rɪ'bʌt | v.t. refutar, rebatir; impugnar.

recalcitrance | rɪ'kælsɪtrəns | *s.c.* obstinación.

recall | rɪ'kɔːl | *v.t* 1 recordar. 2 revocar. || *s.i.* 3 recuerdo; memoria. 4 revocación.

recant | rɪ'kænt | *v.t* e *i.* 1 retractar(se). || *v.t* 2 renunciar a.

recap | riː'kæp | *v.t* e *i.* 1 resumir. || *s.c.* 2 resumen.

recapitulate | ˌriːkə'pɪtjuleɪt | *v.t* e *i.* resumir.

recapture | ˌriː'kæptʃə | *v.t.* recuperar.

recast | ˌriː'kɑːst | *v.* [*pret* y *p.p.* recast] *t.* reestructurar, remodelar.

recede | rɪ'siːd | *v.i.* 1 [- (from)] alejarse. 2 descender.

receipt | rɪ'siːt | *s.c.* e *i.* 1 recibo. || *s.pl.* 2 ingresos. || *v.t* 3 dar un recibo por.

receive | rɪ'siːv | *v.t.* recibir.

receiver | rɪ'siːvə | *s.c.* 1 auricular. 2 aparato receptor.

recent | 'riːsnt | *adj.* reciente.

receptacle | rɪ'septəkl | *s.c.* receptáculo.

reception | rɪ'sepʃn | *s.i.* 1 recepción. || *s.c.* 2 recibimiento.

receptionist | rɪ'sepʃənɪst | *s.c.* recepcionista.

receptive | rɪ'septɪv | *adj.* [- (to/of)] receptivo.

receptivity | ˌresep'tɪvətɪ | *s.c.* [- (to)] receptividad.

recess | rɪ'ses | *s.c.* e *i.* 1 descanso, pausa. 2 (EE.UU.) recreo. || *s.c.* 3 hueco, nicho.

recession | rɪ'seʃn | *s.c.* e *i.* recesión.

recidivist | rɪ'sɪdɪvɪst | *s.c.* reincidente.

recipe | 'resɪpɪ | *s.c.* receta.

recipient | rɪ'sɪpɪənt | *s.c.* destinatario.

reciprocal | rɪ'sɪprəkl | *adj.* recíproco.

reciprocate | rɪ'sɪprəkeɪt | *v.t* e *i.* 1 corresponder. 2 intercambiar.

reciprocity | ˌresɪ'prɒsətɪ | *s.i.* reciprocidad.

recital | rɪ'saɪtl | *s.c.* recital.

recite | rɪ'saɪt | *v.t* e *i.* recitar.

reckless | 'reklɪs | *adj.* temerario.

reckon | 'rekən | *v.t* e *i.* 1 creer, pen-

sar. 2 considerar. || 3 to - in, incluir. 4 to - on/upon, contar con.

reckoning | 'rekənɪŋ | *s.c.* e *i.* 1 cálculo. || *s.c.* 2 cuenta. 3 ajuste de cuentas.

reclaim | rɪ'kleɪm | *v.t.* reclamar.

reclamation | ˌreklə'meɪʃn | *s.i.* recuperación.

recline | rɪ'klaɪn | *v.t* e *i.* recostar(se), reclinar(se).

recluse | rɪ'kluːs | *s.c.* solitario.

recognition | ˌrekəg'nɪʃn | *s.i.* 1 identificación. 2 reconocimiento.

recognizable | 'rekəgnaɪzəbl | (también **recognisable**) *adj.* reconocible.

recognize | 'rekəgnaɪz | (tamién **recognise**) *v.t.* reconocer; identificar.

recoil | rɪ'kɔɪl | *v.i.* 1 retroceder. || | 'riːkɔɪl | *s.i.* 2 retroceso.

recollect | ˌrekə'lekt | *v.t.* recordar.

recollection | ˌrekə'lekʃn | *s.c.* e *i.* recuerdo.

recommend | ˌrekə'mend | *v.t.* recomendar.

recommendation | ˌrekəmen'deɪʃn | *s.c.* e *i.* recomendación.

recompense | 'rekəmpens | *v.t* 1 recompensar. || *s.c.* e *i.* 2 recompensa; compensación.

reconcile | 'rekənsaɪl | *v.t* 1 [- (to /with)] conciliar. 2 [- (to/wIth)] reconciliarse. || *v.r.* 3 [- to] resignarse a.

reconciliation | ˌrekənsɪlɪ'eɪʃn | *s.c.* e *i.* reconciliación; conciliación.

recondite | 'rekəndaɪt | *adj.* abstruso.

recondition | ˌriːkən'dɪʃən | *v.t.* arreglar, reparar.

reconnoiter | ˌrekə'nɔɪtə | (brit. **reconnoitre**) *v.t* e *i.* reconocer.

reconsider | ˌriːkən'sɪdə | *v.t* e *i.* reconsiderar.

reconstitute | ˌriː'kɒnstɪtjuːt | *v.t.* reconstituir.

reconstruct | ˌriːkən'strʌkt | *v.t.* reconstruir.

reconstruction | ˌriːkən'strʌkʃn | *s.i.* reconstrucción.

record | 'rekɔːd | *s.c.* 1 registro. 2 acta. 3 antecedentes. 4 récord. 5 currículum vitae. 6 disco. ‖ *adj.* 7 récord; sin precedentes. ‖ *v.t.* 8 registrar. 9 anotar. 10 indicar. ‖ 11 off the —, confidencial. 12 **records**, archivos.

record-breaker I 'rekɔ:d'breɪkə I *s.c.* plusmarquista.

recorder I rɪ'kɔ:də I *s.c.* 1 flauta. 2 contador.

recording I rɪ'kɔ:dɪŋ I *s.c.* grabación.

record-player I 'rekɔ:d,pleɪə I (también record player) *s.c.* tocadiscos.

recount I rɪ'kaunt I *v.t.* 1 relatar. ‖ I 'ri:kaunt I *s.c.* 2 recuento.

recoup I rɪ'ku:p I *v.t.* recuperar(se).

recourse I rɪ'kɔ:s I *s.i.* 1 recurso. ‖ 2 to have — to, recurrir a.

recover I rɪ'kʌvə I *v.t.* e *i.* 1 recuperar(se), reponer(se). ‖ *v.t.* 2 I ,ri:'kʌvə I tapizar.

recoverable I rɪ'kʌvərəbl I *adj.* recuperable.

recovery I rɪ'kʌvərɪ I *s.c.* e *i.* restablecimiento, recuperación.

recreate I ,ri:krɪ'eɪt I *v.t.* 1 recrear. ‖ *v.t.* e *i.* 2 entretener(se).

recreation I ,rekrɪ'eɪʃn I *s.c.* e *i.* 1 entretenimiento. ‖ I ,ri:krɪ'eɪʃn I *s.i.* 2 recreación. ‖ 3 — **ground**, parque recreativo.

recreational I ,rekrɪ'eɪʃnəl I *adj.* recreativo.

recriminate I rɪ'krɪmɪneɪt I *v.i.* recriminar.

recruit I rɪ'kru:t I *s.c.* 1 recluta. ‖ 2 reclutar.

recta I 'rektə I *pl.* de **rectum**.

rectangle I 'rek,tæŋgl I *s.c.* rectángulo.

rectangular I rek'tæŋgjulə I *adj.* rectangular.

rectification I ,rektɪfɪ'keɪʃn I *s.i.* rectificación.

rectify I 'rektɪfaɪ I *v.t.* rectificar.

rectilinear I ,rektɪ'lɪnɪə I *adj.* rectilíneo.

rectitude I 'rektɪtju:d I *s.i.* rectitud.

rector I 'rektə I *s.c.* 1 vicario. 2 (brit.) rector.

rectum I 'rektəm I *s.c.* [*pl.* **rectums** o **recta**] ANAT. recto.

recuperate I rɪ'ku:pəreɪt I *v.t.* e *i.* recuperar(se).

recuperation I rɪ,ku:pə'reɪʃn I *s.i.* recuperación.

recuperative I rɪ'kju:pərətɪv I *adj.* recuperador.

recur I rɪ'kɜ: I *v.i.* repetirse.

recurrence I rɪ'kʌrəns I *s.c.* e *i.* 1 repetición. 2 recaída.

recycle I ,ri:'saɪkl I *v.t.* reciclar.

red I red I *adj./s.c.* 1 rojo. ‖ 2 in the —, en números rojos. 3 — **cell/corpuscle**, glóbulo rojo. 4 **Red Cross**, Cruz Roja. 5 — **light district**, barrio chino. 6 — **tape**, papeleo.

redden I 'redn I *v.t.* e *i.* enrojecer(se).

reddish I 'redɪʃ I *adj.* rojizo.

redeem I rɪ'di:m I *v.t.* 1 recuperar. 2 salvar, rescatar.

redeemable I rɪ'di:məbl I *adj.* amortizable.

redeemer I rɪ'di:mə I *s.sing.* [the —] el Redentor.

redemption I rɪ'dempʃn I *s.i.* 1 redención. 2 cumplimiento.

redheaded I ,red'hedɪd I *adj.* pelirrojo.

red-hot I ,red'hɒt I *adj.* candente, al rojo vivo.

redirect I ,ri:dɪ'rekt I *v.t.* 1 reencauzar. 2 desviar.

redo I ,ri:'du: I [*pret.* redid; *p.p.* redone] *v.t.* rehacer.

redolent I 'redələnt I *adj.* [— of] evocador, fragante.

redouble I ,ri:'dʌbl I *v.t.* redoblar, intensificar.

redoubt I rɪ'daut I *s.c.* reducto.

redoubtable I rɪ'dautəbl I *adj.* temible.

redress I rɪ'dres I *v.t.* 1 desagraviar, reparar. ‖ *s.i.* 2 desagravio, reparación.

reduce I rɪ'dju:s I *v.t.* reducir.

reduction I rɪ'dʌkʃn I *s.c.* e *i.* reducción; rebaja.

redundancy I rɪ'dʌndənsɪ I *s.c.* despido; desempleo.

redundant |rɪ'dʌndənt| *adj.* 1 redundante. 2 sin empleo.

redwood |'redwʊd| *s.c.* e *i.* secoya.

reed |ri:d| *s.c.* e *i.* 1 caña. || *s.c.* 2 lengüeta; caramillo.

reef |ri:f| *s.c.* arrecife; escollo.

reek |ri:k| *v.i.* 1 apestar (a). || *s.sing.* 2 peste, hedor.

reel |ri:l| *s.c.* 1 bobina, carrete. 2 rollo. || *v.i.* 3 tambalear(se). || *v.t.* 4 devanar.

refectory |rɪ'fektərɪ| *s.c.* refectorio.

refer |rɪ'fɜ:| *v.t.* e *i.* 1 [— (to)] aludir, referirse (a). 2 remitirse. 3 consultar. 4 relacionar.

referee |ˌrefə'ri:| *s.c.* 1 árbitro. || *v.t.* e *i.* 2 arbitrar.

reference |'refrəns| *s.i.* 1 [— (to)] referencia. 2 [— (to)] relación. || *s.c.* 3 remisión. 4 informe. || 5 — **book**, libro de consulta.

referendum |ˌrefə'rendəm| *s.c.* [*pl.* referenda o referendums] referéndum.

refill |'ri:fɪl| *v.t.* 1 volver a llenar. || *s.c.* 2 recambio.

refine |rɪ'faɪn| *v.t.* refinar.

refinement |rɪ'faɪnmənt| *s.c.* e *i.* modificación; refinamiento.

refinery |rɪ'faɪnərɪ| *s.c.* refinería.

reflect |rɪ'flekt| *v.t.* e *i.* reflejar(se).

reflection |rɪ'flekʃn| *s.c.* 1 reflejo. 2 reflexión.

reflective |rɪ'flektɪv| *adj.* 1 pensativo. 2 reflexivo. 3 [— (of)] indicativo.

reflector |rɪ'flektə| *s.c.* reflector.

reflex |'ri:fleks| *adj.* y *s.c.* reflejo.

reflexive |rɪ'fleksɪv| *adj.* 1 reflejo. || 2 — **pronoun**, pronombre reflexivo. 3 — **verb**, verbo reflexivo.

reforestation |ˌri:fɒrɪ'steɪʃən| *s.i.* repoblación forestal.

reform |rɪ'fɔ:m| *s.c.* e *i.* 1 reforma. || *v.t.* e *i.* 2 corregir(se). || *v.t.* 3 reformar.

refract |rɪ'frækt| *v.t.* e *i.* refractar.

refractory |rɪ'fræktərɪ| *adj.* 1 terco, obstinado. 2 refractario.

refrain |rɪ'freɪn| *v.i.* 1 [— (from)] abstenerse. 2 [— (from)] reprimir(se).

refresh |rɪ'freʃ| *v.t.* refrescar.

refrigerate |rɪ'frɪdʒəreɪt| *v.t.* refrigerar.

refrigerator |rɪ'frɪdʒəreɪtə| *s.c.* nevera.

refuel |ˌri:'fjʊəl| *v.t.* e *i.* repostar.

refuge |'refju:dʒ| *s.i.* refugio.

refugee |ˌrefju'dʒi:| *s.c.* refugiado.

refund |'ri:fʌnd| *s.c.* 1 reembolso. || *v.t.* 2 [— (to)] reembolsar.

refusal |rɪ'fju:zl| *s.i.* negativa; desaire.

refuse |rɪ'fju:s| *v.t.* e *i.* 1 negar(se). 2 rechazar. || |'refju:s| *s.i.* 3 desperdicios.

refute |rɪ'fju:t| *v.t.* refutar.

regain |rɪ'geɪn| *v.t.* recobrar, recuperar.

regal |'ri:gl| *adj.* real, regio.

regalia |rɪ'geɪlɪə| *s.i.* insignias reales.

regard |rɪ'gɑ:d| *v.t.* 1 considerar. || *s.i.* 2 [— (for)] consideración. || 3 as regards, en cuanto a. 4 regards, recuerdos, saludos.

regarding |rɪ'gɑ:dɪŋ| *prep.* referente a.

regardless |rɪ'gɑ:dlɪs| *adv.* a pesar de.

regatta |rɪ'gætə| *s.c.* regata.

regency |'ri:dʒənsɪ| *s.c.* regencia.

regenerate |rɪ'dʒenərət| *v.t.* e *i.* 1 regenerar(se), renovar(se); reactivar(se). || *adj.* 2 renovado.

regenerative |rɪdʒenərətɪv| *adj.* regenerador; revitalizador.

regent |'ri:dʒənt| (también **Regent**) *s.c.* regente.

regime |reɪ'ʒi:m| (también **régime**) *s.c.* régimen.

regiment |'redʒɪmənt| *s.c.* regimiento.

regimentation |ˌredʒɪmen'teɪʃn| *s.i.* reglamentación.

region |'ri:dʒən| *s.c.* región, zona.

regional |'ri:dʒənl| *adj.* regional.

regionalism |'ri:dʒənəlɪzəm| *s.i.* regionalismo.

register |'redʒɪstə| *s.c.* 1 registro. 2 lista. 3 (EE.UU.) registrador. || *s.sing.* 4 registro. || *v.t.* 5 registrar. 6 mostrar, expresar. 7 certificar. 8 matricular. 9 marcar.

registration | ˌredʒɪ'streɪʃn | s.i. 1 registro. 2 matriculación. 3 facturación. 4 certificación.

registry | 'redʒɪstrɪ | s.c. 1 registro. 2 — office, registro civil.

regress | 'riːgres | v.i. [— (to)] retroceder.

regression | rɪ'greʃn | s.i. regresión.

regressive | rɪ'gresɪv | adj. regresivo; retrógrado.

regret | rɪ'gret | v.t. 1 arrepentirse de. 2 [— (to)] lamentar. ‖ s.i. 3 pesar, pena, dolor.

regretfull | rɪ'gretfʊl | adj. apenado.

regrettable | rɪ'gretəbl | adj. deplorable.

regroup | riː'gruːp | v.t. e i. reagrupar(se).

regular | 'regjʊlə | adj. 1 regular. 2 normal, corriente. 3 habitual. 4 metódico. 5 fijo, estable.

regularity | ˌregjʊ'lærətɪ | s.c. e i. regularidad.

regularize | 'regjʊləraɪz | (también **regularise**) v.t. regularizar.

regulate | 'regjʊleɪt | v.t. regular.

regulated | 'regjʊleɪtɪd | adj. controlado; ordenado.

regulation | ˌregjʊ'leɪʃn | s.c. 1 reglamento, regla. ‖ s.i. 2 reglamentación. 3 regulación. ‖ adj. 4 reglamentario; estándar.

regulator | 'regjʊleɪtə | s.c. regulador.

regurgitate | rɪ'gɜːdʒɪteɪt | v.t. e i. regurgitar; devolver.

rehabilitate | ˌriːə'bɪlɪteɪt | v.t. rehabilitar.

rehabilitation | 'riːəˌbɪlɪ'teɪʃn | s.i. rehabilitación.

rehash | ˌriː'hæʃ | s.c. 1 [— (of)] copia, reproducción. ‖ v.t. 2 rehacer.

rehearsal | rɪ'hɜːsl | s.c. e i. ensayo.

rehearse | rɪ'hɜːs | v.t. e i. ensayar.

reign | reɪn | v.i. 1 reinar. ‖ s.c. 2 reinado. ‖ s.sing. 3 [— (of)] dominio.

reigning | reɪnɪŋ | reinante, actual.

reimburse | ˌriːɪm'bɜːs | v.t. 1 [— (to)] reembolsar. 2 [— (for)] indemnizar.

reimbursement | ˌriːɪm'bɜːsmənt | s.i. 1 reembolso. 2 indemnización.

rein | reɪn | s.c. o s.pl. 1 riendas. 2 andadores. ‖ 3 to give a free — to, dar rienda suelta. 4 to hold/take the reins, tomar las riendas.

reincarnate | ˌriːɪn'kɑːneɪt | v.t. reencarnar.

reincarnation | ˌriːɪnkɑː'neɪʃn | s.i. reencarnación.

reindeer | 'reɪndɪə | s.inv. reno.

reinforce | ˌriːɪn'fɔːs | v.t. 1 reforzar. 2 ratificar.

reinforcement | ˌriːɪn'fɔːsmənt | s.c. e i. 1 aumento, intensificación. ‖ 2 reinforcements, refuerzos.

reinstate | ˌriːɪn'steɪt | v.t. rehabilitar.

reissue | riː'ɪʃuː | s.c. 1 reedición. ‖ v.t. 2 reeditar.

reiterate | riː'ɪtəreɪt | v.t. reiterar.

reject | rɪ'dʒekt | v.t. 1 rechazar. 2 descartar. ‖ | 'riːdʒekt | s.c. 3 desecho.

rejection | rɪ'dʒekʃn | s.c. e i. rechazo.

rejoice | rɪ'dʒɔɪs | v.t. e i. [— (in/at/over/to)] regocijar(se).

rejoin | rɪ'dʒɔɪn | v.t. 1 reunirse con. 2 reincorporarse a.

rejuvenate | rɪ'dʒuːvəneɪt | v.t. e i. 1 rejuvenecer. ‖ v.t. 2 renovar.

rekindle | riː'kɪndl | v.t. e i. 1 volver a encender. ‖ 2 reavivar.

relaid | riː'leɪd | pret. y p.p. de relay.

relapse | rɪ'læps | v.i. 1 [— (into)] reincidir. 2 recaer. ‖ | riːlæps | s.c. 3 [— (into)] recaída.

relate | rɪ'leɪt | v.t. e i. [— (to/with)] relacionar(se).

related | rɪ'leɪtɪd | adj. 1 emparentado; vinculado. 2 afín.

relating | rɪ'leɪtɪŋ | prep. [— to] acerca de, en relación con, referente a.

relation | rɪ'leɪʃn | s.i. 1 relación. 2 pariente. ‖ 3 in/with — to, en relación con.

relationship | rɪ'leɪʃnʃɪp | s.c. relación.

relative | 'relətɪv | *adj.* 1 relativo. 2 respectivo. || *s.c.* 3 pariente.
relativity | ˌrelə'tɪvətɪ | *s.i.* relatividad.
relax | rɪ'læks | *v.t.* 1 relajar. 2 reducir. || *v.i.* 3 relajarse. 4 aflojarse. || 5 to – the bowels, hacer de vientre.
relaxation | ˌriːlæk'seɪʃn | *s.i.* 1 esparcimiento. 2 relajación. 3 reducción. || *s.c.* 4 distracción.
relay | 'riːleɪ | *s.c.* 1 relevo. 2 repetidor. || ˌriː'leɪ | *v.t.* 3 [– (to)] transmitir.
release | rɪ'liːs | *v.t.* 1 [– (from)] soltar. 2 disparar. 3 estrenar. 4 divulgar. || *s.c.* e *i.* 5 liberación. 6 anuncio. || *s.i.* 7 [– (from)] alivio.
relegate | 'relɪgeɪt | *v.t.* 1 [– (to)] relegar. 2 desterrar. 3 remitir.
relegation | ˌrelɪ'geɪʃn | *s.i.* descenso.
relent | rɪ'lent | *v.i.* ceder.
relentless | rɪ'lentlɪs | *adj.* implacable, inexorable.
relevance | 'reləvəns | *s.i.* 1 [– (to)] pertinencia, conexión. 2 [– (to)] importancia.
relevant | 'reləvənt | *adj.* 1 [– (to)] pertinente, oportuno. 2 adecuado, apropiado.
reliability | rɪˌlaɪə'bɪlətɪ | *s.i.* fiabilidad.
reliable | rɪ'laɪəbl | *adj.* 1 fiable. 2 fehaciente.
reliance | rɪ'laɪəns | *s.i.* 1 [– (on/upon)] confianza. 2 dependencia.
reliant | rɪ'laɪənt | *adj.* 1 [– (on/upon)] necesitado, dependiente. || 2 to be – (on), a) depender (de). b) confiar (en).
relic | 'relɪk | *s.c.* 1 reliquia. || 2 old –, antigualla. 3 relics, a) restos mortales; b) ruinas; c) residuos.
relief | rɪ'liːf | *s.i.* o *s.sing.* 1 alivio. || *s.i.* 2 ayuda (social). 3 relieve. || *s.sing.* 4 [the – (of)] relevo.
relieve | rɪ'liːv | *v.t.* 1 aliviar. 2 socorrer. 3 relevar. || 4 to – one's feelings, desahogarse.
religion | rɪ'lɪdʒən | *s.i.* religión.
religious | rɪ'lɪdʒəs | *adj.* religioso.
relinquish | rɪ'lɪŋkwɪʃ | *v.t.* 1 abandonar. 2 renunciar a. 3 dejar.

relish | 'relɪʃ | *v.t.* 1 gustar, apetecer. || *s.i.* 2 [– (for)] gusto, entusiasmo.
relive | ˌriː'lɪv | *v.t.* revivir, recordar.
relocation | ˌriːləʊ'keɪʃən | *s.i.* traslado.
reluctance | rɪ'lʌktəns | *s.i.* [– (to)] reluctancia; desgana.
rely | rɪ'laɪ | *v.i.* [– (on/upon)] confiar en, contar con.
remain | rɪ'meɪn | *v.i.* 1 permanecer. 2 sobrar. 3 quedar. || 4 remains, a) [– (of)] sobras. b) restos (mortales); c) ruinas.
remainder | rɪ'meɪndə | *s.sing.* [the – (of)] el resto, lo restante.
remake | ˌriː'meɪk | *v.* [*pret.* y *p.p.* remade] 1 rehacer. || 'riːmeɪk | *s.c.* 2 nueva versión.
remark | rɪ'mɑːk | *v.i.* 1 [– (on/upon)] comentar. || *s.c.* 2 comentario.
remarkable | rɪ'mɑːkəbl | *adj.* notable, extraordinario.
remarry | ˌriː'mærɪ | *v.t.* e *i.* volver a casarse (con).
remedial | rɪ'miːdjəl | *adj.* 1 terapéutico. 2 de recuperación.
remedy | 'remədɪ | *s.c.* 1 remedio. 2 recurso. || *v.t.* 3 remediar, curar.
remember | rɪ'membə | *v.t.* e *i.* 1 recordar, acordarse de. 2 [– o. + to] dar recuerdos a.
remembrance | rɪ'membrəns | *s.c.* e *i.* recuerdo.
remind | rɪ'maɪnd | *v.t.* recordar.
reminder | rɪ'maɪndə | *s.c.* recordatorio; notificación.
reminiscence | ˌremɪ'nɪsns | *s.c.* e *i.* memoria, recuerdo.
reminiscent | ˌremɪ'nɪsnt | *adj.* [– (of)] evocador.
remiss | rɪ'mɪs | *adj.* descuidado.
remission | rɪ'mɪʃn | *s.i.* remisión.
remit | rɪ'mɪt | *v.t.* e *i.* remitir.
remnant | 'remnənt | *s.c.* resto.
remodel | ˌriː'mɒdl | *v.t.* remodelar.
remorse | rɪ'mɔːs | *s.i.* remordimiento.
remorseless | rɪ'mɔːslɪs | *adj.* despiadado.
remote | rɪ'məʊt | *adj.* 1 remoto, dis-

tante. 2 aislado. || 3 – **control**, mando a distancia.

remould | 'ri:məʊld | s.c. neumático recauchutado.

removable | rɪ'mu:vəbl | adj. 1 trasladable. 2 amovible. 3 separable.

removal | rɪ'mu:vl | s.i. 1 traslado. 2 mudanza. 3 supresión. || 4 – **van**, camión de mudanzas.

remove | rɪ'mu:v | v.t. 1 [– (from/to)] retirar. 2 quitar. 3 suprimir. 4 llevarse. 5 destituir. || v.i. 6 [– (to)] mudarse.

remunerate | rɪ'mju:nəreɪt | v.t. remunerar.

remuneration | rɪ,mju:nə'reɪʃn | s.c. e i. remuneración.

remunerative | rɪ'mju:nərətɪv | adj. rentable.

renaissance | rə'neɪsəns | s.sing. 1 renacimiento. || adj. 2 renacentista.

renal | 'ri:nl | adj. renal.

rename | ,ri:'neɪm | v.t. poner nuevo nombre a.

rend | rend | v. [pret. y p.p. rent] t. desgarrar, rasgar.

render | 'rendə | v.t. 1 volver. 2 dejar. 3 proporcionar. 4 devolver.

rendezvous | 'rɒndɪvu: | s.c. cita.

rendition | ren'dɪʃn | s.c. representación; interpretación.

renegade | 'renɪgeɪd | s.c. y adj. renegado.

renew | rɪ'nju: | v.t. 1 renovar, reanudar. 2 recuperar.

renewable | rɪnju:əbl | adj. 1 transformable. 2 renovable.

renewal | rɪ'nju:əl | s.i. 1 [– (of)] reanudación. 2 renovación.

rennet | 'renɪt | s.i. cuajo.

renounce | rɪ'naʊns | v.t. renunciar a, renegar de, abjurar.

renovate | 'renəʊveɪt | v.t. restaurar, renovar.

renovation | ,renəʊ'veɪʃn | s.c. e i. renovación. 2 restauración. 3 reparación.

renown | rɪ'naʊn | s.i. renombre.

rent | rent | v. [pret. y p.p. rent] t. e i. 1 alquilar(se). || s.c. e i. 2 renta, alquiler. ||

s.c. 3 rasgadura. 4 grieta. || 5 **for –**, a) (EE.UU.) se alquila; b) de alquiler.

rental | 'rentl | adj. de alquiler.

reorganization | 'ri:,ɔ:gənaɪ'zeɪʃn | (también **reorganisation**) s.c. e i. reorganización.

reorganize | ,ri:'ɔ:gənaɪz | (también **reorganise**) v.t. e i. reorganizar.

rep | rep | s.c. representante.

repaid | ri:'peɪd | pret. y p.p. de repay.

repair | rɪ'peə | s.c. e i. 1 reparación. 2 reforma. || v.t. 3 reparar, arreglar.

reparation | ,repə'reɪʃn | s.i. reparación.

repartee | ,repɑ:'ti: | s.c. réplica ingeniosa.

repatriate | ri:'pætrɪeɪt | v.t. repatriar.

repatriation | ,ri:pætrɪ'eɪʃn | s.i. repatriación.

repay | ri:'peɪ | v. [pret. y p.p. repaid] t. 1 [– (to)] devolver dinero. 2 [– (for)] pagar. 3 recompensar.

repayable | ri:'peɪəbl | adj. reintegrable.

repayment | ri:'peɪmənt | s.c. (generalmente en pl.) pago.

repeal | rɪ'pi:l | v.t. 1 revocar. || s.i. 2 [– (of)] revocación.

repeat | rɪ'pi:t | v.t. e i. 1 repetir. || s.c. 2 repetición.

repel | rɪ'pel | v.t. 1 repeler. 2 rechazar.

repellent | rɪ'pelənt | adj. repelente.

repent | rɪ'pent | v.t. e i. [– (of/for)] arrepentirse (de).

repentance | rɪ'pentəns | s.i. arrepentimiento.

repercussion | ,ri:pə'kʌʃn | s.c. e i. repercusión, eco.

repertoire | 'repətwɑ: | s.sing. repertorio.

repertory | 'repətəri | s.sing. repertorio.

repetition | ,repɪ'tɪʃn | s.c. e i. repetición.

repetitious | ,repɪ'tɪʃəs | adj. repetitivo.

repetitive | rɪ'petətɪv | adj. repetitivo.

replace |rɪ'pleɪs| *v.t.* 1 [– (with/by)] sustituir. 2 volver a colocar.

replacement |rɪ'pleɪsmənt| *s.i.* 1 sustitución. || *s.c.* 2 sustituto.

replay |'riːpleɪ| *s.c.* 1 partido de desempate. 2 repetición.

replenish |rɪ'plenɪʃ| *v.t.* 1 [– (with)] rellenar. 2 reponer.

replica |'replɪkə| *s.c.* [– (of)] réplica, copia, reproducción.

replicate |'replɪkeɪt| *v.t.* reproducir.

reply |rɪ'plaɪ| *v.i.* 1 [– (to)] replicar, responder. || *s.c.* 2 [– (to)] réplica, respuesta.

report |rɪ'pɔːt| *v.t.* 1 relatar. 2 informar. 3 [(to)] denunciar. || *v.i.* 4 [– (to /for)] presentarse. || *s.c.* e *i.* 5 rumor. 6 parte, informe. 7 reportaje. 8 memoria, informe. 9 noticia. || 10 it is reported (that), se dice.

reporter |rɪ'pɔːtə| *s.c.* reportero.

repose |rɪ'pəʊz| *s.i.* 1 reposo. || *v.i.* 2 reposar, descansar. 3 recostar. 4 [– (on)] basarse.

repossess |ˌriːpə'zes| *v.t.* recobrar.

reprehensible |ˌreprɪ'hensəbl| *adj.* reprensible.

represent |ˌreprɪ'zent| *v.t.* 1 representar. 2 describir.

representation |ˌreprɪzen'teɪʃn| *s.i.* representación.

representative |ˌreprɪ'zentətɪv| *s.c.* 1 representante. 2 apoderado. 3 diputado. || *adj.* 4 [– (of)] representativo.

repress |rɪ'pres| *v.t.* contener, reprimir.

repression |rɪ'preʃn| *s.i.* represión.

repressive |rɪ'presɪv| *adj.* represivo.

reprieve |rɪ'priːv| *v.t.* indultar.

reprimand |'reprɪmɑːnd| *v.t.* 1 amonestar, reprender. || *s.c.* e *i.* 2 reprimenda.

reprint |ˌriː'prɪnt| *v.t.* 1 reimprimir. || |ˌriː'prɪnt| *s.c.* 2 reimpresión.

reprisal |rɪ'praɪzl| *s.i.* represalia.

reproach |rɪ'prəʊtʃ| *s.i.* 1 reproche. || *v.t.* 2 [– (for/with)] reprochar.

reproachful |rɪ'prəʊtʃful| *adj.* reprobador.

reproduce |ˌriːprə'djuːs| *v.t.* reproducir(se), repetir(se).

reproduction |ˌriːprə'dʌkʃn| *s.i.* reproducción.

reproductive |ˌriːprə'dʌktɪv| *adj.* reproductor.

reproof |rɪ'pruːf| *s.i.* reproche.

reprove |rɪ'pruːv| *v.t.* [– (for)] reprender.

reptile |'reptaɪl| *s.c.* reptil.

republic |rɪ'pʌblɪk| *s.i.* república.

republican |rɪ'pʌblɪkən| *s.c.* y *adj.* republicano.

republicanism |rɪ'pʌblɪkənɪzəm| *s.i.* republicanismo.

repudiate |rɪ'pjuːdɪeɪt| *v.t.* 1 repudiar. 2 rechazar.

repugnance |rɪ'pʌgnəns| *s.i.* 1 repugnancia, repulsión. 2 [– (of/with)] incompatibilidad.

repugnant |rɪ'pʌgnənt| *adj.* 1 [– (to)] repugnante, repulsivo. 2 [– (to)] desagradable. 3 [– (with)] incompatible.

repulse |rɪ'pʌls| *v.t.* 1 repeler, rechazar. 2 repeler, asquear. || *s.c.* 3 desaire.

repulsion |rɪ'pʌlʃn| *s.i.* repulsión, asco.

repulsive |rɪ'pʌlsɪv| *adj.* 1 repulsivo, asqueroso. 2 repelente. 3 opuesto, que se rechaza.

reputable |'repjutəbl| *adj.* 1 acreditado, de confianza. 2 respetable.

reputation |ˌrepju'teɪʃn| *s.c.* e *i.* reputación, fama.

repute |rɪ'pjuːt| *s.i.* 1 reputación, fama. || 2 by –, de oídas.

reputed |rɪ'pjuːtɪd| *adj.* 1 supuesto. 2 reputado, considerado.

request |rɪ'kwest| *v.t.* 1 solicitar. 2 rogar, pedir. || *s.c.* 3 petición; ruego. 4 instancia, solicitud.

requiem |'rekwɪəm| *s.c.* réquiem.

require |rɪ'kwaɪə| *v.t.* 1 requerir, exigir. 2 necesitar. 3 desear. || 4 to be required, necesitarse; exigirse.

requirement |rɪ'kwaɪəmənt| *s.c.* 1 requisito, condición. 2 necesidad. 3 exigencias.

requisite | 'rekwɪzɪt | *adj.* 1 [– (for)] requerido, necesario. || *s.c.* 2 requisito.

requisition | ˌrekwɪ'zɪʃn | *v.t.* 1 requisar. 2 requerir. || *s.c.* 3 [– (for)] requisa, orden. || *s.i.* 4 requisición.

requite | rɪ'kwaɪt | *v.t.* 1 corresponder. 2 recompensar, pagar.

re-run | ˌriː'rʌn | *s.c.* 1 reposición. || | ˌriː'rʌn | *v.* [*pret.* re-ran; *p.p.* re-run] *t.* 2 reponer (una película).

rescind | rɪ'sɪnd | *v.t.* 1 rescindir, anular. 2 derogar. 3 revocar.

rescue | 'reskjuː | *v.t.* 1 rescatar, librar. || *s.i.* 2 rescate, liberación. || *s.c.* 3 salvamento.

research | rɪ'sɜːtʃ | *s.i.* 1 investigación. || *v.t.* e *i.* 2 investigar.

researcher | rɪ'sɜːtʃə | *s.c.* investigador.

reseat | ˌriː'siːt | *v.t.* 1 poner nuevos asientos. 2 [– + *pron.r.*] volver a sentarse. 3 volver a ajustar.

resell | ˌriː'sel | *v.* [*pret.* resold; *p.p.* resold] *t.* e *i.* revender.

resemblance | rɪ'zembləns | *s.sing.* o *s.i.* [– (to/between)] parecido; semejanza.

resemble | rɪ'zembl | *v.t.* asemejarse a; parecerse a.

resent | rɪ'zent | *v.t.* 1 ofenderse por. 2 estar resentido por.

resentment | rɪ'zentmənt | *s.c.* e *i.* 1 resentimiento. 2 rencor. || *s.i.* 3 indignación.

reservation | ˌrezə'veɪʃn | *s.c.* 1 reserva, salvedad. 2 limitación. 3 (EE.UU.) territorio reservado.

reserve | rɪ'zɜːv | *v.t.* 1 reservar, guardar. || *s.c.* 2 reserva. 3 (brit.) precio mínimo. || *s.sing.* 4 [the –] reserva. || *s.i.* 5 reserva, comedimiento. 6 cautela. 7 introversión, timidez.

reservoir | 'rezəvwɑː | *s.c.* 1 embalse, presa de contención. 2 depósito. 3 [– (of)] (fig.) mina.

reset | ˌriː'set | *v.* [*pret.* y *p.p.* reset] *t.* 1 reajustar. 2 volver a montar. 3 ANAT. volver a encajar. 4 volver a afilar. 5 recomponer.

resettle | ˌriː'setəl | *v.i.* 1 volver a instalarse, volver a establecerse. || *v.t.* 2 ayudar a establecerse. 3 volver a colonizar, volver a poblar.

reshuffle | ˌriː'ʃʌfl | *s.c.* 1 reorganización. 2 nueva mezcla. || *v.t.* 3 reorganizar(se). 4 volver a barajar.

reside | rɪ'zaɪd | *v.i.* residir, morar.

residence | 'rezɪdəns | *s.c.* 1 residencia, vivienda. || *s.i.* 2 residencia. 3 permanencia, estancia.

resident | 'rezɪdənt | *s.c.* 1 residente, habitante. 2 vecino. 3 no migratorio. || *adj.* 4 residente, interno.

residential | ˌrezɪ'denʃl | *adj.* 1 residencial. 2 interno.

residual | rɪ'zɪdjʊəl | residual.

residue | 'rezɪdjuː | *s.c.* 1 residuo, desecho. 2 bienes residuales. 3 (fig.) resto.

resign | rɪ'zaɪn | *v.t.* e *i.* 1 [– (from/ as)] dimitir (de), renunciar a. || *v.t.* 2 [– + *pron.r.* + (to)] resignarse, conformarse.

resignation | ˌrezɪg'neɪʃn | *s.c.* e *i.* 1 dimisión, renuncia. || *s.i.* 2 resignación.

resilience | rɪ'zɪlɪəns | *s.i.* 1 elasticidad. 2 (fig.) resistencia. 3 (fig.) capacidad de recuperación. 4 (fig.) animación, fuerza moral.

resin | 'rezɪn | *s.i.* resina.

resist | rɪ'zɪst | *v.t.* 1 resistir. 2 oponerse a. 3 resistirse a. 4 resistir, aguantar. || *v.i.* 5 resistirse, ofrecer resistencia.

resistance | rɪ'zɪstəns | *s.i.* 1 [– (to)] resistencia, oposición. 2 [– (to)] capacidad de defensa.

resistant | rɪ'zɪstənt | *adj.* 1 [– (to)] contrario. 2 [– (to)] resistente, inmune.

resistor | rɪ'zɪstə | *s.c.* reostato.

resolute | 'rezəluːt | 1 resuelto, determinado. 2 firme, inflexible.

resolution | ˌrezə'luːʃn | *s.i.* 1 resolución, decisión. || *s.c.* 2 [– (to)] propósito. 3 acuerdo. *s.sing.* 4 descomposición.

resolve | rɪ'zɒlv | *v.i.* 1 [– (to)] resolver, decidir. 2 [– (to)] proponerse. || *v.t.* 3 resolver, solucionar. 4 FIS. descomponer. || *s.c.* e *i.* 5 propósito, determinación. 6 resolución, decisión.

resonance |'rezənəns| *s.i.* 1 resonancia. || *s.c.* e *i.* 2 vibración.
resonant |'rezənənt| *adj.* 1 resonante, sonoro. 2 que produce resonancia. || *s.c.* 3 fonema sonoro.
resonate |'rezəneɪt| *v.i.* 1 resonar. 2 [— (with)] retumbar.
resort |rɪ'zɔːt| *v.i.* 1 [— (to)] recurrir, acudir. 2 [— (to)] acudir frecuentemente. || *s.c.* 3 lugar. 4 recurso. 5 punto de encuentro, lugar de reunión. 6 refugio. || *s.i.* 7 recurso. 8 concurrencia. || 9 **as a last —**, como último recurso.
resound |rɪ'zaʊnd| *v.i.* 1 resonar. 2 [— (with)] retumbar. 3 repercutir. 4 (fig.) tener repercusiones, tener resonancia.
resounding |rɪ'zaʊndɪŋ| *adj.* 1 sonoro. 2 clamoroso, sonado.
resource |rɪ'sɔːs| *s.c.* 1 recurso, medio. || *s.i.* 2 inventiva, ingenio.
respect |rɪ'spekt| *v.t.* 1 respetar. 2 acatar, cumplir. 3 respetar, tomar en consideración. || *s.i.* 4 [— (for)] respeto. 5 [— (for)] respeto, consideración. || 6 **as respects**, por lo que respecta a. 7 **in may respects**, en cierto modo. 8 **respects**, respetos, saludos.
respectability |rɪ,spektə'bɪlətɪ| *s.i.* respetabilidad; reputación.
respectable |rɪ'spektəbl| *adj.* 1 respetable, decente. 2 (fam.) digno, aceptable.
respective |rɪ'spektɪv| *adj.* respectivo.
respiration |,respə'reɪʃn| *s.i.* respiración.
respirator |'respəreɪtə| *s.c.* 1 respirador. 2 careta antigás.
respiratory |rɪ'spaɪərətərɪ| *adj.* respiratorio.
respire |rɪ'spaɪə| *v.i.* respirar.
respite |'respaɪt| *s.i.* 1 respiro, descanso. 2 aplazamiento, prórroga. 3 alivio. || *s.c.* 4 suspensión.
resplendence |rɪ'splendəns| *s.i.* resplandor, esplendor.
resplendent |rɪ'splendənt| *adj.* [— (in)] resplandeciente, esplendoroso.
respond |rɪ'spɒnd| *v.i.* 1 [— (to

/with/by)] responder, contestar. 2 replicar, contestar. 3 [— (to)] reaccionar, responder. 4 [— (to)] corresponder, ser sensible. 5 [— (to)] obedecer.
respondent |rɪ'spɒndənt| *s.c.* 1 encuestado. 2 demandado.
response |rɪ'spɒns| *s.c.* 1 respuesta, contestación. 2 responsorio. || *s.c.* e *i.* 3 reacción. 4 [— (to)] acogida.
responsibility |rɪ,spɒnsə'bɪlətɪ| *s.i.* 1 [— (for)] responsabilidad. 2 formalidad, seriedad. || *s.c.* 3 responsabilidad, obligación.
responsible |rɪ'spɒnsəbl| *adj.* 1 [— (for/to)] responsable. 2 responsable, digno de confianza. 3 de responsabilidad.
responsive |rɪ'spɒnsɪv| *adj.* 1 [— (to)] sensible. 2 impresionable. 3 que responde.
rest |rest| *s.i.* 1 descanso, reposo. 2 pausa. 3 tregua, pausa. || *s.c.* 4 apoyo, soporte. 5 posada. 6 cesura, pausa. || *s.sing.* 7 [the — (of)] resto. 8 [the — (of)] demás. || *v.t.* e *i.* 9 apoyar(se). || *v.t.* 10 descansar, relajar. || *v.i.* 11 reposar. 12 [— (with)] residir. 13 [— (on/upon)] apoyarse, basarse. 14 [— (on/upon)] posarse. 15 permanecer. 16 [— (with)] depender.
restate |,riː'steɪt| *v.t.* 1 reafirmar, reiterar. 2 volver a expresar. 3 repetir.
restaurant |'restərɒnt| *s.c.* restaurante.
rested |restɪd| *adj.* descansado, tranquilo.
restitution |,restɪ'tjuːʃn| *s.i.* 1 restitución, devolución. 2 indemnización.
restive |'restɪv| *adj.* 1 impaciente; agitado. 2 desobediente, inquieto.
restless |'restlɪs| *adj.* 1 inquieto, movido. 2 impaciente. 3 intranquilo, revoltoso. 4 (fig.) agitado.
restock |,riː'stɒk| *v.t.* 1 reabastecer, reaprovisionar. 2 repoblar. || *v.i.* 3 reponer existencias.
restoration |,restə'reɪʃn| *s.i.* 1 [— (of)] restauración, restablecimiento. 2 re-

cuperación. 3 devolución, restitución. 4 renovación.

restorative | rɪ'stɒrətɪv | *adj.* 1 reconstituyente; tonificante. || *s.c.* 2 estimulante, reconstituyente.

restore | rɪ'stɔː | *v.t.* 1 [— (to)] devolver, restituir. 2 restaurar. 3 restablecer. 4 [— (to)] devolver. 5 reconstruir.

restrain | rɪ'streɪn | *v.t.* 1 [— (from)] reprimir, contener. 2 [— (from)] moderar, reducir. 3 [— (from)] restringir; refrenar. 4 [— (from)] impedir. 5 cohibir. 6 recluir.

restraint | rɪ'streɪnt | *s.c. e i.* 1 restitución, limitación. || *s.i.* 2 moderación, comedimiento. 3 reclusión, confinamiento.

restrict | rɪ'strɪkt | *v.t.* [— (to)] restringir; limitar.

restricted | rɪ'strɪktɪd | *adj.* 1 restringido, limitado. 2 reducido. 3 reservado, secreto.

restriction | rɪ'strɪkʃn | *s.c.* 1 [— (of/on)] restricción. 2 limitación.

restrictive | rɪ'strɪktɪv | *adj.* restrictivo.

rest-room | 'restruːm | (también **rest room**) *s.c.* (EE.UU.) retrete, lavabo.

restructure | ˌriː'strʌktʃə | *v.t.* reestructurar, reconstruir.

result | rɪ'zʌlt | *s.c. e i.* 1 resultado, consecuencia. || *s.c.* 2 resultado, solución. || *v.i.* 3 [— (in)] motivar, causar. 4 resultar. 5 [— (from)] derivarse de, ser consecuencia.

resultant | rɪ'zʌltənt | *adj.* resultante, consiguiente.

resume | rɪ'zjuːm | *v.t. e i.* 1 reanudar, proseguir. || *v.t.* 2 volver a tomar. 3 volver a ocupar. 4 recuperar. 5 reasumir. || *v.i.* 6 recomenzar, volver a empezar.

résumé | 'rezjuːmeɪ | (también **resumé**) *s.c.* 1 resumen, sumario. 2 (EE.UU.) curriculum vitae.

resumption | rɪ'zʌmpʃn | *s.i.* 1 reanudación, resurgimiento. 2 reasunción. 3 prosecución, continuación.

resurface | ˌriː'sɜːfɪs | *v.t.* 1 revestir. 2 poner nuevo firme a. || *v.i.* 3 salir a la superficie. 4 (fam.) reaparecer.

resurgence | rɪ'sɜːdʒəns | *s.i.* [— (of)] reaparición, resurgimiento.

resurgent | rɪsɜːdʒənt | *adj.* renaciente.

resurrect | ˌrezə'rekt | *v.t.* 1 (fig.) resucitar, hacer revivir. 2 (fam.) desenterrar. || *v.t. e i.* 3 resucitar.

resurrection | ˌrezə'rekʃn | (fig.) resurgimiento, reaparición.

resuscitate | rɪ'sʌsɪteɪt | *v.t. e i.* revivir, resucitar.

retail | 'riːteɪl | *s.i.* 1 venta al por menor. || *adv. y adj.* 2 al por menor. || *v.t.* 3 vender al por menor. 4 [— (to)] detallar, contar con detalles. || *v.i.* 5 [— (at)] venderse al por menor.

retailer | riː'teɪlə | *s.c.* COM. minorista, detallista.

retain | rɪ'teɪn | *v.t.* 1 conservar, mantener. 2 retener, conservar. 3 guardar, conservar. 4 detener, guardar. 5 mantener.

retainer | rɪ'teɪnə | *s.c.* 1 anticipo. 2 criado, sirviente. 3 secuaz.

retake | ˌriː'teɪk | *v.irr.* [*pret.* retook; *p.p.* retaken] *t.* 1 reconquistar, volver a tomar. 2 volver a capturar. 3 repetir. || *s.c.* 4 repetición. 5 nuevo examen.

retaliate | rɪ'tælɪeɪt | *v.i.* [— (against/on/upon)] vengarse, tomar represalias.

retaliation | rɪˌtælɪ'eɪʃn | *s.i.* 1 venganza, represalia. || 2 in — (for), en desquite, como venganza.

retard | rɪ'tɑːd | *v.t.* 1 retrasar, retardar. 2 atrasar. 3 demorar.

retardation | ˌriːtɑː'deɪʃn | *s.i.* retraso, atraso.

retarded | rɪ'tɑːdɪd | *adj.* 1 retrasado, atrasado. || 2 the — los retrasados mentales.

retch | retʃ | *v.i.* 1 tener arcadas, tener náuseas. || *s.c.* 2 arcada, náusea.

retell | ˌriː'tel | *v.* [*pret. y p.p.* de retold] *t.* volver a contar.

retention | rɪ'tenʃn | *s.i.* 1 conservación. 2 retención.

retentive | rɪ'tentɪv | *adj.* retentivo.

rethink | ˌriː'θɪŋk | *v.irr.* [*pret. y p.p.* rethought] *t. e i.* reconsiderar.

reticence |'retɪsəns| *s.c.* e *i.* 1 reticencia. ‖ *s.i.* 2 reserva, taciturnidad.

reticent |'retɪsənt| *adj.* 1 [– (about /on)] reservado. 2 callado, taciturno.

retina |'retɪnə| *s.c.* [*pl.* retinae o retinas] retina.

retinue |'retɪnju:| *s.c.* [– (of)] séquito.

retire |rɪ'taɪə| *v.i.* 1 retirarse, jubilarse. 2 retirarse, marcharse. 3 recogerse, acostarse. 4 replegarse. ‖ *v.t.* 5 retirar anticipadamente. 6 abandonar. ‖ *s.sing.* 7 retirada, retreta.

retired |rɪ'taɪəd| *adj.* 1 retirado, jubilado. 2 solitario, retirado. 3 apartado, alejado.

retirement |rɪ'taɪəmənt| *s.i.* 1 retiro, jubilación. 2 retirada, repliegue. 3 abandono. 4 pensión de jubilación.

retook |ri:'tʊk| *pret.* de retake.

retort |rɪ'tɔ:t| *v.i.* 1 replicar. 2 devolver. ‖ *s.c.* 3 réplica, contestación. 4 retorta.

retouch |ri:'tʌtʃ| *v.t.* retocar.

retrace |rɪ'treɪs| *v.t.* repasar mentalmente, recordar.

retract |rɪ'trækt| *v.t.* e *i.* 1 retirar, retractar(se). 2 retraer(se), encoger(se). 3 replegar(se). ‖ *v.t.* 4 abandonar.

retractable |rɪ'træktəbl| *adj.* replegable, retráctil.

retractile |rɪ'træktaɪl| *adj.* retráctil, contráctil.

retraction |rɪ'trækʃn| *s.c.* e *i.* 1 retractación. 2 MED. retracción.

retrain |ri:'treɪn| *v.t.* readaptar.

retraining |ri:'treɪnɪŋ| *s.i.* readaptación.

retread |'ri:tred| *s.c.* 1 neumático recauchutado. ‖ *v.t.* 2 recauchutar.

retreat |rɪ'tri:t| *v.i.* 1 [– (to)] retirarse, apartarse. 2 retroceder, batirse en retirada. 3 [– (from)] volverse atrás. 4 (fig.) [– (into)] refugiarse. ‖ *s.c.* e *i.* 5 retirada. 6 (fig.) [– (into)] refugio. 7 [– (from)] apartamiento, alejamiento. ‖ *s.i.* y *c.* 8 retiro (espiritual). 9 MIL. retreta.

retrench |rɪ'trentʃ| *v.t.* 1 reducir. ‖ 2 economizar, ahorrar.

retrial |ri:'traɪəl| *s.c.* nuevo proceso, nuevo juicio.

retribution |,retrɪ'bju:ʃn| *s.i.* castigo, pena.

retrieve |rɪ'tri:v| *v.t.* 1 recuperar, recobrar. 2 salvar. 3 reparar. 4 [– (from)] (fig.) rescatar, salvar. ‖ *s.i.* 5 recuperación.

retroactive |,retrəʊ'æktɪv| *adj.* [– (to)] retroactivo.

retrograde |'retrəʊgreɪd| *adj.* 1 retrógrado, hacia atrás. ‖ *v.i.* 2 (fig.) ir hacia atrás, decaer.

retrogress |,retrəʊ'gres| *v.i.* 1 [– (to)] retroceder. 2 [– (to)] (fig.) degenerar, empeorar.

retrogression |,retrəʊ'greʃn| *s.i.* 1 retroceso. 2 empeoramiento; decaimiento. 3 retrogradación.

retrospective |,retrəʊ'spektɪv| *s.c.* 1 retrospectiva (exposición). ‖ *adj.* 2 retrospectivo. 3 con efecto retroactivo.

return |rɪ'tɜ:n| *v.i.* 1 volver, regresar. 2 [– (to)] volver. 3 [– (to)] reanudar. 4 (p.u.) replicar. ‖ *v.t.* 5 [– (to)] devolver. 6 (brit.) elegir. 7 pronunciar. 8 declarar. 9 producir. ‖ *s.i.* 10 vuelta, retorno. 11 devolución. 12 retroceso. ‖ *s.c.* e *i.* 13 beneficio; rédito, interés. ‖ *s.c.* 14 informe, declaración. 15 billete de ida y vuelta. ‖ 16 by –/by – mail/by – of post, a vuelta de correo. 17 returns, resultados.

reunion |ri:'ju:njən| *s.i.* 1 reunión. ‖ *s.c.* 2 reencuentro.

reunite |,ri:ju:'naɪt| *v.t.* e *i.* 1 [– (with)] reunir(se). 2 [– (with)] reconciliar(se). 3 reunificar.

re-use |ri:'ju:s| (también reuse) *s.c.* 1 aprovechamiento. ‖ |,ri:'ju:z| *v.t.* 2 aprovechar, volver a emplear.

rev |rev| (fam.) *v.t.* e *i.* 1 acelerar(se). ‖ 2 revs, revoluciones.

revaluation |,ri:væljʊ'eɪʃən| *s.i.* revalorización, revaluación.

revalue |,ri:'vælju:| *v.t.* 1 revalorizar. 2 volver a valorar.

reveal |rɪ'vi:l| *v.t.* 1 revelar, dar a conocer. 2 dejar al descubierto, mostrar. 3 manifestar. 4 (fig.) reflejar.

reveille | rı'vælı | *s.i.* toque de diana.

revel | 'revl | *v.i.* 1 [— (in)] gozar, disfrutar. 2 divertirse, pasarlo bomba. ‖ *v.t.* 3 gastar en diversiones. ‖ *s.c.* e *i.* 4 (normalmente en *pl.*) juerga, diversión.

revelation | ‚revə'leıʃn | *s.c.* e *i.* 1 [— (of)] revelación. ‖ *s.sing.* 2 [— (to)] descubrimiento.

reveller | 'revələ | (EE.UU. reveler) *s.c.* juerguista.

revenge | rı'vendʒ | *s.i.* 1 venganza. 2 revancha. ‖ *v.t.* 3 [— (on)] vengar. ‖ *v.i.* 4 vengarse.

revenue | 'revənju: | *s.i.* o *s.pl.* 1 renta. 2 ingresos.

reverberate | rı'vɜ:bəreıt | *v.i.* 1 retumbar, resonar. 2 (fig.) tener repercusiones. 3 reverberar.

reverberation | rı‚vɜ:bə'reıʃn | (normalmente *pl.*) *s.c.* 1 repercusión. ‖ *s.c.* e *i.* 2 eco, resonancia.

revere | rı'vıə | *v.t.* reverenciar, venerar.

reverence | 'revərəns | *s.i.* 1 reverencia, profundo respeto. ‖ *v.t.* 2 reverenciar, respetar profundamente.

reverend | 'revərənd | *s.inv.* 1 reverendo. ‖ *s.c.* 2 (fam.) padre; pastor. ‖ *adj.* 3 venerable.

reverie | 'revərı | *s.c.* e *i.* ensueño, ensoñación.

reverse | rı'vɜ:s | *v.t.* 1 invertir. 2 revocar, anular. 3 dar la vuelta. 4 intercambiar, trocar. 5 cambiar radicalmente. ‖ *v.t.* e *i.* 6 dar marcha atrás. ‖ *v.i.* 7 moverse en sentido contrario. ‖ *s.i.* 8 marcha atrás. ‖ *s.c.* 9 revés, contratiempo. 10 derrota. ‖ *s.sing.* 11 reverso. 12 dorso. 13 revés. 14 [the —] lo contrario, lo opuesto. ‖ *adj.* 15 inverso. 16 opuesto, contrario.

reversible | rı'vɜ:səbl | *adj.* 1 reversible. 2 revocable.

reversion | rı'vɜ:ʃn | *s.c.* 1 [— (to)] regreso, vuelta. 2 [— (to)] regresión, salto atrás.

revert | rı'vɜ:t | *v.i.* 1 [— (to)] regresar, volver. 2 sufrir una regresión, retroceder. 3 [— (to)] volver. 4 [— (to)] revertir.

review | rı'vju: | *s.c.* 1 crítica, reseña. 2 artículo. 3 revista. ‖ *s.c.* e *i.* 4 nuevo examen, revisión. 5 análisis, examen. 6 repaso. ‖ *v.t.* 7 hacer una crítica. 8 revisar; analizar. 9 repasar. 10 pasar revista a. ‖ 11 under —, en estudio.

reviewer | rı'vju:ə | *s.c.* ART. crítico.

revile | rı'vaıl | *v.t.* insultar.

revise | rı'vaız | *v.t.* 1 revisar. 2 modificar, reconsiderar. 3 corregir. ‖ *v.t.* e *i.* 4 repasar; empollar.

revised | rı'vaızd | *adj.* 1 rectificado. 2 corregido.

revision | rı'vıʒn | *s.c.* e *i.* 1 [— (of)] revisión, corrección. 2 modificación. ‖ *s.i.* 3 repaso.

revitalize | ‚ri:'vaıtəlaız | (también revitalise) *v.t.* revivificar, reavivar.

revival | rı'vaıvl | *s.c.* e *i.* 1 resurgimiento, reaparición. ‖ *s.sing.* 2 reanimación, renovación. 3 (fig.) renacimiento. ‖ *s.c.* 4 reposición, reestreno.

revive | rı'vaıv | *v.t.* e *i.* 1 reactivar(se), impulsar(se). 2 (fig.) renacer, recobrar fuerzas. 3 reanimar. 4 revivir, volver en sí. 5 (fig.) infundir ánimos. 6 (fig.) resucitar. ‖ *v.t.* 7 reponer, reestrenar.

revivify | ri:'vıvıfaı | *v.t.* reavivar; reanimar.

revocation | ‚revə'keıʃn | *s.i.* revocación, anulación.

revoke | rı'vəuk | *v.t.* 1 revocar. 2 anular, cancelar. 3 renunciar. ‖ *s.c.* 4 renuncio.

revolt | rı'vəult | *s.c.* e *i.* 1 revuelta, rebelión. 2 sublevación, insurrección. ‖ *s.i.* 3 rebeldía. ‖ *v.i.* 4 [— (against)] rebelarse, sublevarse. 5 repugnar, repeler. 6 indignar; escandalizar.

revolution | ‚revə'lu:ʃn | *s.c.* e *i.* 1 revolución. ‖ *s.c.* 2 (fig.) cambio. 3 giro, vuelta.

revolutionary | ‚revə'lu:ʃnərı | *adj.* y *s.c.* 1 revolucionario. 2 (fig.) innovador.

revolutionize | ‚revə'lu:ʃnaız | *v.t.* revolucionar, transformar totalmente.

revolutionizing | ‚revə'lu:ʃənaızıŋ | *adj.* transformador, innovador.

revolve | rı'vɒlv | *v.i.* 1 [— (around

/round)] girar, dar vueltas. 2 [– (around/round)] (fig.) girar, centrarse.

revolver | rɪ'vɒlvə | s.c. revólver.

revolving | rɪ'vɒlvɪŋ | adj. giratorio.

revue | rɪ'vju: | s.c. revista.

revulsion | rɪ'vʌlʃn | s.i. 1 repulsa. 2 repugnancia, asco.

reward | rɪ'wɔ:d | s.c. e i. 1 recompensa, gratificación. ‖ v.t. 2 recompensar, premiar. 3 merecer.

rewind | ri:'waɪnd | v.irr. [pret. y p.p. rewound] t. 1 rebobinar. 2 dar cuerda.

rework | ri:'wɔ:k | v.t. poner al día.

rewrite | ri:'raɪt | v.irr. [pret. rewrote; p.p. rewritten] t. 1 modificar, volver a redactar. ‖ | | s.c. 2 (fam.) corrección, modificación.

rhapsodize | 'ræpsədaɪz | v.i. [– (about /on/over)] elogiar, hablar con entusiasmo.

rhapsody | 'ræpsədɪ | s.c. rapsodia.

rheostat | 'ri:əustæt | s.c. reostato.

rhetoric | 'retərɪk | s.i. 1 (desp.) palabrería, retórica. 2 retórica, oratoria.

rhetorician | ˌretə'rɪʃn | s.c. 1 retórico. 2 orador.

rheumatism | 'ru:mətɪzəm | s.i. reumatismo, reúma.

rhino | 'raɪnəu | s.c. (fam.) rinoceronte.

rhinoceros | raɪ'nɒsərəs | s.c. rinoceronte.

rhododendron | ˌrəudə'dendrən | s.c. rododendro.

rhombus | 'rɒmbəs | [pl. rhombuses o rhombi] s.c. rombo.

rhubarb | 'ru:bɑ:b | s.i. 1 ruibarbo. 2 (EE.UU.) discusión acalorada.

rhyme | raɪm | v.i. 1 [– (with)] rimar. ‖ s.c. e i. 2 rima.

rhythm | 'rɪðəm | s.c. e i. ritmo, cadencia.

rhythmic | 'rɪðmɪk | adj. rítmico.

rib | rɪb | s.c. 1 costilla. 2 varilla. 3 nervio.

ribbed | rɪbd | adj. 1 con nervadura. 2 acanalado.

ribbon | 'rɪbən | s.c. e i. 1 cinta. ‖ s.c. 2 banda, condecoración.

rib-cage | 'rɪbkeɪdʒ | (también rib cage) s.c. caja torácica.

rice | raɪs | s.i. arroz.

rich | rɪtʃ | adj. 1 rico. 2 [– (in/with)] abundante. 3 fértil. 4 costoso, suntuoso. 5 melodioso. 6 vivo. 7 copioso, opíparo. 8 pesado, fuerte (una comida). 9 abundante.

rick | rɪk | s.c. 1 montón de paja o heno. 2 (fam.) tirón. ‖ v.t. 3 (fam.) torcer, darse un tirón en. 4 amontonar.

rickets | 'rɪkɪts | s.i. raquitismo.

rickety | 'rɪkətɪ | adj. 1 desvencijado, destartalado. 2 tambaleante, inestable. 3 raquítico.

ricochet | 'rɪkəʃeɪ | v.i. 1 rebotar. ‖ s.c. 2 rebote.

rid | rɪd | v.irr. [pret. rid o ridded; p.p. rid o ridded] t. 1 [– (of)] librar. ‖ adj. 2 [– (of)] libre.

riddle | 'rɪdl | s.c. 1 adivinanza, acertijo. 2 enigma, misterio. 3 criba, tamiz. ‖ v.t. 4 [– (with)] acribillar. 5 (fig.) acribillar a preguntas. 6 refutar (un argumento). 7 pasar por la criba, tamizar.

ride | raɪd | v.irr. [pret. rode; p.p. ridden] t e i. 1 [– (on)] montar. 2 [– (on)] cabalgar. 3 conducir. 4 (fig.) dominar. 5 recorrer. 6 correr. ‖ v.i. 7 [– in] ir en, viajar en. 8 [– (on)] flotar.‖ s.c. 9 viaje; paseo. 10 cabalgata. 11 camino. ‖ 12 to – out the storm, (fig.) capear el temporal.

rider | 'raɪdə | s.c. 1 jinete. 2 ciclista. 3 motociclista, motorista.

ridge | rɪdʒ | s.c. 1 loma, cerro. 2 contrafuerte, estribación. 3 lomo, caballete. 4 [– (of)] zona. 5 ondulación. 6 cordoncillo.

ridicule | 'rɪdɪkju:l | s.i. 1 ridículo, irrisión. ‖ v.t. 2 ridiculizar, burlarse de.

ridiculous | rɪ'dɪkjuləs | adj. 1 ridículo, grotesco. 2 absurdo. 3 (fig.) escaso.

riding | 'raɪdɪŋ | s.i. 1 equitación. ‖ adj. 2 de montar, de equitación.

rife | raɪf | adj. 1 corriente, frecuente. 2 [– (with)] plagado, lleno.

riffle | 'rɪfəl | v.t. e i. [– (through)] hojear, mirar por encima.

riffraff | 'rɪfræf | (también riff-raff) *s.i.* gentuza, chusma.

rifle | 'raɪfl | *s.c.* 1 rifle, fusil. || *v.i.* 2 [– (through)] hojear, mirar por encima. || *v.t.* 3 vaciar, limpiar; desvalijar.

rift | rɪft | *s.c.* 1 [– (between/in)] desacuerdo, discrepancia. 2 (fig.) ruptura. 3 grieta, hendidura. 4 claro.

rig | rɪg | *v.t.* 1 amañar, arreglar. 2 trucar. 3 improvisar. 4 MAR. equipar, aparejar. || *s.c.* 5 aparejo, equipo. 6 plataforma. || *s.i.* 7 (fam.) atuendo, indumentaria.

right | raɪt | *adj.* 1 correcto. 2 justo, exacto. 3 justo, debido. 4 apropiado, adecuado. 5 derecho. 6 (fam.) bien. 7 verdadero. 8 respetable. 9 oportuno. || *adv.* 10 bien, correctamente. 11 a la derecha. 12 justo, exactamente. 13 muy. 14 (fam.) inmediatamente. 15 directamente. 16 completamente. 17 de lleno. || *s.c.* 18 [– (to)] derecho. 19 DEP. derechazo. || *s.i.* 20 bien. || *s.sing.* 21 derecha. 22 [the –] la derecha. || *v.t.* 23 enderezar. 24 arreglar. 25 deshacer. 26 corregir, rectificar. || 27 to be –, tener razón. 28 by rights, por derecho; en justicia. 29 – and left, a diestro y siniestro. 30 – now, (fam.) ahora mismo.

right-about turn | 'raɪtəbaʊt tɜːn | *s.c.* media vuelta.

right-angled | 'raɪtæŋgl | *adj.* 1 rectangular; rectángulo. 2 en ángulo recto.

righteous | 'raɪtʃəs | *adj.* 1 virtuoso, honrado. 2 justo, justificado.

rightful | 'raɪtfʊl | *adj.* 1 legítimo. 2 justo; justificable.

right-handed | ˌraɪt'hændɪd | *adj.* diestro.

rightism | 'raɪtɪzm | *s.i.* conservadurismo.

right-minded | ˌraɪt'maɪndɪd | *adj.* 1 honrado, virtuoso. 2 razonable, sensato.

rigid | 'rɪdʒɪd | *adj.* 1 estricto, riguroso. 2 severo, inflexible. ||

rigmarole | 'rɪgmərəʊl | (fam.) *s.c.* 1 galimatías, confusión. 2 disparate.

rigorous | 'rɪgərəs | *adj.* 1 riguroso, severo. 2 escrupuloso, meticuloso.

rigour | 'rɪgə | (EE.UU. rigor) *s.pl.* 1 [the – of] rigores. || *s.i.* 2 (brit.) severidad, rigidez, inflexibilidad.

rile | raɪl | *v.t.* (fam.) enfadar, sacar de quicio.

rim | rɪm | *s.c.* 1 borde; orilla. 2 llanta. 3 aro, montura. 4 [– (of)] cerco.

rind | raɪnd | *s.c.* e *i.* cáscara, corteza.

ring | rɪŋ | *v.irr.* [*pret.* rang; *p.p.* rung] *t.* 1 llamar por teléfono. 2 tocar. 3 repicar. 4 [– (for)] anunciar. 5 encerrar, rodear. || *i.* 6 sonar. || *s.c.* 7 llamada. 8 timbre, brazo. 9 telefonazo. 10 tañido, repique. 11 anillo, sortija. 12 [– (of)] corro, cerco. 13 aro. 14 ruedo, arena. 15 cuadrilátero. 16 pista (de circo). || *s.sing.* 17 (fig.) tono, retintín. || 18 to – off, colgar.

ringing | 'rɪŋɪŋ | *s.i.* 1 timbre (sonido). 2 campanilleo, tintineo. 3 zumbido. || *adj.* 4 sonoro.

ringleader | 'rɪŋˌliːdə | *s.c.* cabecilla.

ringlet | 'rɪŋlɪt | *s.c.* bucle, rizo.

ringside | 'rɪŋsaɪd | *s.sing.* primera fila.

ringworm | 'rɪŋwɜːm | *s.i.* tiña.

rink | rɪŋk | *s.c.* pista de patinaje.

rinse | rɪns | *v.t.* 1 aclarar, enjuagar. 2 dar reflejos. || *s.c.* 3 aclarado. 4 reflejo.

riot | 'raɪət | *s.c.* 1 motín. 2 disturbio, alboroto. || *s.sing.* 3 [– (of)] (fig.) explosión, orgía. 4 (fig.) derroche. 5 [a –] (fam.) éxito. || *v.i.* 6 amotinarse, alborotarse.

rip | rɪp | *v.t.* e *i.* 1 rasgar(se), romper(se). || *v.t.* 2 arrancar. || *s.c.* 3 rasgadura, desgarrón. 4 descosido.

ripe | raɪp | *adj.* 1 maduro. 2 en su punto. 3 (fam.) acre, fuerte. 4 (fam.) basto, grosero. 5 [– (for)] listo, preparado.

ripen | 'raɪpən | *v.t.* e *i.* madurar.

rip-off | 'rɪpɒf | (también ripoff) *s.c.* (fam.) timo, estafa.

riposte | rɪ'pɒst | *s.c.* 1 réplica ingeniosa. || *v.i.* 2 contestar con ingenio.

ripper | 'rɪpə | *s.c.* (fam.) destripador.

ripple | 'rɪpl | *s.c.* 1 ondulación, rizo. 2 onda. 3 pliegue. || *s.sing.* 4 [– (of)] murmullo. || *v.t.* e *i.* 5 ondear; ondular. || *v.i.* 6 agitarse; estremecerse. 7 murmurar.

rise | raɪz | *v.irr.* [*pret.* rose; *p.p.* risen] *i.* 1 subir, ascender. 2 subir, aumentar. 3

salir. 4 subir. 5 ascender. 6 levantarse, ponerse de pie. 7 [– (against)] alzarse, sublevarse. 8 ascender. 9 aumentar, incrementarse. 10 alcanzar. 11 elevarse. 12 suspender la sesión. 13 surgir, aparecer. 14 [– (from)] proceder, originarse. 15 (fig.) crecer. 16 emerger. 17 [– (to)] replicar, contestar. 18 resucitar. 19 nacer. ‖ s.c. 20 pendiente, cuesta. 21 (fam.) aumento de sueldo. ‖ s.i. 22. subida, ascenso. ‖ s.sing. 23 nacimiento. 24 [– (of)] aumento.

rising ǀ'raɪzɪŋ ǀ s.c. 1 levantamiento, revuelta. ‖ s.i. 2 salida. ‖ adj. 3 creciente. 4 ascendente. 5 elevado, en pendiente. 6 prometedor, de porvenir. ‖ 7 – **clamp**, humedad (en un edificio).

risk ǀ rɪsk ǀ s.c. e i. 1 riesgo; peligro. ‖ v.t. 2 arriesgar, poner en peligro. 3 correr el riesgo de, exponerse a. ‖ 4 **at one's own –**, por su cuenta y riesgo.

risqué ǀ'riːskeɪ ǀ adj. escabroso.

risky ǀ rɪskɪ ǀ adj. arriesgado, peligroso.

rissole ǀ'rɪsəʊl ǀ s.c. croqueta.

rite ǀ raɪt ǀ s.c. rito, ceremonia.

ritual ǀ'rɪtjʊəl ǀ s.c. e i. 1 ritual, ceremonial. 2 (fig.) costumbre. ‖ adj. 3 ritual.

rival ǀ'raɪvl ǀ s.c. y adj. 1 rival, competidor. ‖ v.t. 2 [to – + o. (in)] rivalizar con, competir con.

rivalry ǀ'raɪvlrɪ ǀ s.c. e i. rivalidad, competencia.

river ǀ'rɪvə ǀ s.c. 1 río. 2 gran abundancia de. ‖ adj. 3 fluvial.

river-bank ǀ'rɪvəbæŋk ǀ (también river bank) s.c. orilla, ribera.

river-bed ǀ'rɪvəbed ǀ (también river bed) s.c. lecho, cauce.

riverside ǀ'rɪvəsaɪd ǀ s.sing. 1 ribera. ‖ adj. 2 ribereño.

rivet ǀ'rɪvɪt ǀ v.t. 1 absorber, cautivar. 2 atraer. 3 [– (on)] (fig.) clavar. 4 remachar. ‖ s.c. 5 remache.

riveting ǀ'rɪvɪtɪŋ ǀ adj. 1 cautivador, absorbente. ‖ s.i. 2 remachado.

roach ǀ rəʊtʃ ǀ s.inv. 1 gobio. ‖ s.c. 2 (fam.) cucaracha.

road ǀ rəʊd ǀ s.c. 1 carretera. 2 vía. 3 camino. 4 calle. 5 calzada. ‖ adj. 6 de

carretera. 7 vial. ‖ 8 **one for the –**, (fam.) la última copa.

roadside ǀ'rəʊdsaɪd ǀ s.c. 1 borde del camino. ‖ adj. 2 de carretera.

roadway ǀ'rəʊdweɪ ǀ s.c. calzada; carretera.

roam ǀ rəʊm ǀ v.t. e i. vagar, andar errante.

roan ǀ rəʊn ǀ s.c. roano.

roar ǀ rɔː ǀ v.i. 1 bramar. 2 rugir. 3 (fig.) vociferar. 4 [– (with)] aullar, gritar. ‖ s.c. 5 bramido, rugido. 6 estruendo. ‖ 7 – **of laughter**, carcajada.

roaring ǀ rɔːrɪŋ ǀ adj. 1 ruidoso. 2 tempestuoso. 3 (fam.) clamoroso, estrepitoso. 4 magnífico.

roast ǀ rəʊst ǀ v.t. e i. 1 asar(se). ‖ v.t. 2 tostar. ‖ v.i. 3 (fig.) asarse, morirse de calor. 4 (EE.UU.) criticar duramente; ridiculizar. ‖ adj. 5 asado. ‖ s.c. e i. 6 asado, carne asada.

roasting ǀ rəʊstɪŋ ǀ s.c. (fam.) bronca, rapapolvo.

rob ǀ rɒb ǀ v.t. 1 [– (of)] robar. 2 asaltar, atracar. 3 [– (of)] privar.

robber ǀ rɒbə ǀ s.c. ladrón, atracador.

robbery ǀ'rɒbərɪ ǀ s.c. e i. robo, atraco.

robe ǀ rəʊb ǀ s.c. 1 bata. 2 toga. 3 manto, túnica. ‖ v.t. e i. 4 [– (in)] vestir(se).

robin ǀ'rɒbɪn ǀ s.c. petirrojo.

robot ǀ'rəʊbɒt ǀ s.c. 1 robot. 2 autómata; androide.

robotic ǀ rəʊ'bɒtɪk ǀ adj. (fig.) mecánico.

robotics ǀ rəʊ'bɒtɪks ǀ s.i. robótica.

robust ǀ rəʊ'bʌst ǀ adj. 1 robusto, fuerte. 2 saludable. 3 duro. 4 vigoroso. 5 firme.

rock ǀ rɒk ǀ s.i. 1 roca. 2 rock. ‖ s.c. 3 peña. 4 peñón. 5 (EE.UU.) guijarro, canto. 6 diamante; piedra preciosa. ‖ v.t. e i. 7 balancear(se). 8 mecer(se). 9 sacudir(se). ‖ v.t. 10 (fig.) conmocionar, estremecer. ‖ 11 **on the rocks**, con cubitos de hielo (una bebida).

rock-bottom ǀ ˌrɒk'bɒtəm ǀ adj. mínimo, muy bajo.

rock-climber | ˌrɒˈklaɪmə | (también rock climber) alpinista, escalador.

rocker | ˈrɒkə | s.c. 1 mecedora, balancín. 2 arco. 3 rockero.

rocket | ˈrɒkɪt | s.c. 1 cohete. ‖ s.sing. 2 (fam.) rapapolvo, reprimenda. ‖ v.i. 3 (fam.) subir vertiginosamente.

rocking-chair | ˈrɒkɪŋtʃeə | (también rocking chair) s.c. mecedora.

rocky | ˈrɒkɪ | adj. 1 rocoso, pedregoso. 2 (fam.) inestable. 3 (fam.) tambaleante.

rod | rɒd | s.c. 1 varilla. 2 barra. 3 vara. 4 caña.

rodent | ˈrəʊdənt | s.c. roedor.

rodeo | rəʊˈdeɪəʊ | s.c. rodeo.

roe | rəʊ | s.i. 1 hueva. ‖ s.c. o inv. 2 corzo.

rogue | rəʊg | s.c. 1 tunante, granuja. 2 canalla, sinvergüenza. ‖ adj. 3 solitario.

roguery | ˈrəʊgərɪ | s.i. 1 desvergüenza. 2 picaresca.

roguish | ˈrəʊgɪʃ | adj. 1 pícaro, burlón. 2 malicioso. 3 travieso.

role | rəʊl | (también rôle) s.c. 1 papel. 2 (fig.) papel, función.

roll | rəʊl | v.t. 1 hacer rodar. 2 doblar. 3 liar. 4 enrollar. 5 laminar. 6 allanar, alisar. 7 mover en círculo; poner en blanco. 8 balancear. ‖ v.i. 9 rodar. 10 balancearse, bambolearse. 11 retumbar. 12 redoblar. 13 revolverse, revolcarse. 14 funcionar. 15 [— (down)] correr. 16 ondular. ‖ s.c. 17 rollo; carrete. 18 bollo, rosco. 19 registro; lista. 20 estruendo, ruido. 21 redoble. 22 (EE.UU.) fajo. ‖ s.sing. 23 balanceo.

rolled | rəʊld | adj. 1 enrollado. 2 laminado.

roller | ˈrəʊlə | s.c. 1 rodillo; cilindro. 2 rulo.

roller-coaster | ˈrəʊləˌkəʊstə | s.c. montaña rusa.

Roman | ˈrəʊmən | adj. 1 romano. ‖ s.c. 2 romano. 3 redonda.

romance | rəʊˈmæns | s.c. e i. 1 romance, idilio. ‖ s.i. 2 fantasía romántica. 3 lo romántico. ‖ adj. 4 romance, románico. ‖ v.i. 5 [— (about)] fantasear.

Romanesque | ˌrəʊməˈnesk | adj. ART. románico.

romantic | rəʊˈmæntɪk | adj. 1 romántico, idealista. 2 poco realista.

Romany | ˈrɒmənɪ | s.c. y adj. 1 gitano. ‖ s.i. 2 caló.

romp | rɒmp | v.i. 1 juguetear, divertirse. ‖ s.sing. 2 jugueteo, diversión.

rompers | ˈrɒmpəz | s.pl. pelele.

roof | ruːf | s.c. 1 tejado. 2 techo. 3 techumbre. 4 cielo. 5 (fig.) hogar. ‖ v.t. 6 [to — + o. + (in/over)] techar. ‖ 7 to be going through the —, (fam.) subir por las nubes. 8 flat —, azotea. 9 to hit the —, (fam.) poner el grito en el cielo.

roof-rack | ˈruːfræk | (también roofrack) s.c. baca.

rook | | s.c. 1 grajo. 2 torre.

rookie | ˈrʊkɪ | (fam.) s.c. 1 bisoño. 2 novato.

room | ruːm | s.c. 1 habitación. 2 dormitorio. 3 despacho. 4 cuarto. 5 sala. 6 alojamiento. ‖ s.i. 7 espacio. 8 [— (for)] sitio, cabida. ‖ v.i. 9 [— (with/together)] (EE.UU.) vivir, compartir habitación. 10 [— (with)] alojarse, hospedarse.

roomate | ˈruːmeɪt | (también roommate) s.c. compañero de habitación.

roomy | ˈruːmɪ | adj. 1 espacioso, amplio. 2 holgado.

roost | ruːst | s.c. 1 percha, vara. 2 gallinero. ‖ v.i. 3 acurrucarse. 4 (fig.) pasar la noche.

rooster | ˈruːstə | s.c. (EE.UU.) gallo.

root | ruːt | s.c. 1 raíz. 2 (fig.) fondo, base. 3 (fig.) causa, origen. ‖ adj. 4 básico, fundamental. ‖ v.i. 5 prender, arraigar. 6 husmear, hozar. ‖ 7 — crop, tubérculo. 8 to — for, (EE.UU. y fam.) animar; aclamar.

rooted | ˈruːtɪd | adj. 1 arraigado. 2 [— (in)] basado, fundamentado. ‖ 3 to be/stand —, (fig.) quedarse helado.

rootless | ˈruːtlɪs | adj. desarraigado.

rope | rəʊp | s.c. e i. 1 cuerda. 2 soga. 3 lazo. 4 maroma. ‖ v.t. 5 [— (to /together)] amarrar, atar. 6 encordar.

ropey | ˈrəʊpɪ | (también ropy) adj. 1 malo, de mala calidad. 2 enfermo.

rosary | 'rəʊzərɪ | *s.c.* 1 rosario. 2 rosaleda.

rose | rəʊz | *pret.* de **rise.**

rose | rəʊz | *s.c.* 1 rosa. 2 rosal. 3 alcachofa. || *adj.* 4 color de rosa.

rosé | rəʊzeɪ | *s.i.* rosado.

rosebud | 'rəʊzbʌd | *s.c.* pimpollo, capullo de rosa.

rosebush | 'rəʊzbʊʃ | *s.c.* rosal.

rose-hip | 'rəʊzhɪp | (también **rose hip**) *s.c.* escaramujo.

rosemary | 'rəʊzmərɪ | *s.i.* romero.

rosette | rəʊ'zet | *s.c.* 1 escarapela. 2 roseta, rosetón.

rosewood | 'rəʊzwʊd | *s.i.* palisandro.

roster | 'rɒstə | *s.c.* lista.

rostrum | 'rɒstrəm | *s.c.* [*pl.* **rostrums** o **rostra**] 1 tribuna. 2 pico.

rosy | 'rəʊzɪ | *adj.* 1 rosado, rosáceo. 2 sonrosado. 3 (fig.) prometedor, halagüeño.

rot | rɒt | *v.i.* 1 pudrirse. || *v.t.* 2 pudrir. 3 corromper. || *s.i.* 4 podredumbre, putrefacción. 5 (fig.) tonterías, estupideces.

rotary | 'rəʊtərɪ | *adj.* 1 rotativo, giratorio. || *s.c.* 2 (EE.UU.) glorieta.

rotate | rəʊ'teɪt | *v.t.* 1 hacer rodar, hacer girar. 2 alternar. 3 alternar. || *v.i.* 4 girar, rodar.

rotation | rəʊ'teɪʃn | *s.c.* e *i.* 1 rotación. || *s.c.* 2 giro, revolución. || *s.i.* 3 alternancia. || 4 **in** ~, en secuencia, por orden.

rote | rəʊt | *adj.* 1 maquinal. || 2 **by** ~, por rutina, maquinalmente.

rotor | 'rəʊtə | *s.c.* rotor.

rotten | 'rɒtn | *adj.* 1 podrido. 2 (fam.) malísimo, de mala calidad. 3 (fam.) lamentable, desagradable. 4 cariado. 5 (fam.) sucio, asqueroso. 6 (fam.) malo, pachucho. 7 (fig.) corrompido. 8 malo, pésimo. 9 (fam.) maldito.

rotund | rəʊ'tʌnd | *adj.* rechoncho, gordo.

rotunda | rəʊ'tʌndə | *s.c.* rotonda.

rouge | ruːʒ | *s.c.* 1 colorete. || *v.t.* e *i.* 2 poner(se) colorete.

rough | rʌf | *adj.* 1 áspero, rugoso. 2 basto. 3 escabroso, desigual. 4 burdo, tosco. 5 alborotado, revuelto. 6 violento. 7 [~ (on)] (fam.) duro, difícil. 8 aproximado. 9 severo. 10 brutal. 11 chapucero, mal acabado. 12 baldío. 13 sórdido. 14 áspera. || 15 **to cut up** ~, (fam.) irritarse, enfadarse. 16 **in** ~, en sucio.

roughen | 'rʌfən | *v.t.* e *i.* 1 poner(se) áspero. 2 agrietar.

rough-hewn | rʌf'hjuːn | *adj.* 1 sin desbastar. 2 labrado toscamente.

roughness | 'rʌfnɪs | *s.i.* 1 aspereza. 2 rudeza. 3 agitación.

roulette | ruː'let | *s.i.* ruleta.

round | raʊnd | *adj.* 1 redondo, circular. 2 esférico. 3 rotundo, categórico. 4 redondo, regordete. 5 claro; suave. 6 completo. || *prep.* 7 alrededor de; en torno a. 8 a la vuelta de. 9 sobre, a eso de. 10 por, por todo. 11 cerca de, por. 12 aproximadamente. 13 (fig.) en torno a. || *adv.* 14 alrededor. 15 de circunferencia. 16 a la redonda. 17 de un lado para otro. || *s.c.* 18 serie, sucesión. 19 visita. 20 recorrido. 21 ronda. 22 asalto. 23 vuelta, ronda. 24 ronda. 25 recorrido. 26 tanda, salva. 27 disparo; descarga. 28 ciclo. 29 rodaja. || *v.t.* 30 rodear. 31 redondear.

roundabout | 'raʊndəbaʊt | (brit.) *s.c.* 1 tiovivo. 2 glorieta. || *adj.* 3 indirecto.

round-eyed | 'raʊndaɪd | *adj.* con los ojos desorbitados.

roundup | 'raʊndʌp | (también **round-up**) *s.c.* 1 resumen. 2 rodeo. 3 (fig.) redada.

rouse | raʊz | *v.t.* e *i.* 1 despertar(se). || *v.t.* 2 [~ (to)] incitar, animar. 3 [~ (to)] provocar. 4 suscitar, despertar.

rousing | 'raʊzɪŋ | *adj.* 1 conmovedor. 2 incitante. 3 animado. 4 caluroso. 5 resplandeciente (fuego).

rout | raʊt | *v.t.* 1 derrotar fácilmente. 2 poner en fuga. || *s.c.* e *i.* 3 derrota completa. 4 desbandada. || 5 **to** ~ **out**, sacar.

route | ruːt | *s.c.* 1 ruta, camino. 2 itinerario, trayecto. 3 rumbo. 4 (fig.) vía, camino. || *v.t.* 5 enviar; encaminar.

routine | ruː'tiːn | *adj.* 1 rutinario, de rutina. || *s.c.* e i. 2 rutina. || *s.sing.* 3 (fam.) farsa, montaje.

rove | rəuv | *v.t.* e i. 1 vagar (por), errar (por). || *v.t.* 2 recorrer. || *v.i.* 3 mirar en todas direcciones.

rover | rəuvə | *s.c.* vagabundo; trotamundos.

row | rəu | *s.inv.* 1 hilera. || *s.c.* 2 fila. 3 (fam.) bronca, riña. 4 (fam.) debate, discusión. 5 (fam.) escándalo, ruido. || *v.i.* 6 remar. 7 [– (with)] (fam.) pelear, discutir. || *v.t.* 8 hacer avanzar a remo.

rowdies | 'raudız | *s.c.* [normalmente en *pl.*] gamberros, golfos, camorristas.

rower | 'rəuə | *s.c.* remero.

rowing | 'rəuıŋ | *s.i.* remo.

royal | 'rɔıəl | *adj.* 1 real. 2 (fig.) regio, espléndido.

rub | rʌb | *v.t.* 1 [– (together)] frotar(se). 2 friccionar. 3 rozar. 4 sacar brillo a. 5 fregar, limpiar frotando. || *v.i.* 6 rozar. 7 frotarse, friccionarse. || *s.sing.* 8 dificultad, pega, impedimento. || *s.c.* 9 friega, restregón. 10 roce, rozadura.

rubber | 'rʌbə | *s.i.* 1 goma, caucho. || *s.c.* 2 goma de borrar. 3 goma, condón, preservativo. 4 partida decisiva. || *adj.* 5 de goma.

rubber-stamp | ,rʌbə'stæmp | (también **rubber stamp** cuando es *s.c.*) *s.c.* 1 estampilla. || *v.t.* 2 estampillar.

rubbing | 'rʌbıŋ | *s.sing.* 1 roce. || *s.c.* 2 fricción, friega.

rubbish | 'rʌbıʃ | *s.i.* 1 basura, desperdicios. 2 (fig.) porquería. 3 (fam.) tonterías, bobadas. || *v.t.* 4 (fam.) censurar, criticar.

rubble | 'rʌbl | *s.i.* 1 escombros. 2 ripio, cascotes.

rubella | ru'belə | *s.i.* rubéola.

rubicund | 'ruːbıkənd | *adj.* rubicundo.

rubric | 'ruːbrık | *s.c.* 1 rúbrica. 2 advertencia.

ruby | 'ruːbı | *s.c.* 1 rubí. || *adj.* 2 del color del rubí.

ruck | rʌk | *s.c.* 1 pelotón (en una carrera). 2 arruga, pliegue. || *s.sing.* 3 (fig.)

el vulgo, la gente corriente. || 4 to – up, arrugarse, fruncirse.

rucksack | 'rʌksæk | *s.c.* mochila.

ruction | 'rʌkʃn | *s.c.* (fam.) follón, lío.

rudder | 'rʌdə | *r.c.* timón (de un barco o avión).

rude | ruːd | *adj.* 1 rudo, mal educado. 2 grosero, indecente. 3 brusco, repentino. 4 rudimentario. 5 tosco, sin refinar. 6 (fig.) violento.

rudimentary | ,ruːdı'mentərı | *adj.* 1 rudimentario, primitivo. 2 elemental, muy sencillo.

rudiments | 'ruːdı'ments | *s.pl.* rudimentos, nociones elementales.

rue | ruː | *v.t.* 1 lamentar, arrepentirse de. || *s.c.* 2 compasión, lástima. 3 ruda.

rueful | 'ruːful | *adj.* 1 triste. 2 arrepentido.

ruff | rʌf | *s.c.* 1 gola, lechuguilla. 2 ZOOL. collar. 3 fallo. || *v.t.* e i. 4 fallar.

ruffle | 'rʌfl | *v.t.* 1 depeñar, alborotar. 2 pasar rápidamente. 3 encrespar, erizar. 4 agitar. 5 perturbar, molestar. 6 rizar, arrugar. || *v.i.* 7 despeinarse. 8 encresparse, agitarse; rizarse. 9 incomodarse, molestarse. 10 arrugarse. || *s.c.* 11 pliegue; volante. 12 gola, lechuguilla. || *s.i.* 13 agitación. 14 enojo.

rug | rʌg | *s.c.* 1 alfombrilla, tapete. 2 (brit.) manta de viaje.

rugby | 'rʌgbı | *s.i.* rugby.

rugged | 'rʌgıd | *adj.* 1 accidentado, rocoso. 2 abrupto. 3 áspero. 4 fuerte, recio. 5 austero, duro. 6 tosco, basto. 7 fuerte, resistente.

ruin | 'ruın | *v.t.* 1 arruinar, echar a perder. 2 destruir, asolar. 3 estropear. || *s.i.* 4 ruina, destrucción. 5 miseria, bancarrota. 6 (fig.) perdición.

ruinous | 'ruınəs | *adj.* ruinoso.

rule | ruːl | *s.c.* 1 regla, norma. 2 reglamento. 3 pauta. 4 precepto. || *s.sing.* 5 [the –] lo normal, la regla general. || *s.i.* 6 control, mando. 7 dominio, imperio. 8 (fig.) gobierno. || *v.t.* 9 [– (over)] gobernar, regir. 10 [– (over)] controlar; dominar. 11 influenciar. 12 trazar. 13 dirigir, regir. || *v.i.* 14 gobernar. 15 (fig.) imperar, reinar. 16 decidir, sentenciar. 17 mantenerse.

ruled | ruːld | *adj.* rayado.

ruler | ruːlə | *s.c.* 1 gobernantes. 2 regla (objeto).

rum | rʌm | *s.inv.* 1 ron. ‖ *adj.* 2 (brit. y fam.) extraño.

rumble | rʌmbl | *s.c.* 1 rumor, murmullo. 2 estruendo. ‖ *v.t.* 3 (fam.) calar, darse cuenta de. ‖ *v.i.* 4 sonar, hacer ruidos. 5 retumbar.

rumbling | rʌmblɪŋ | *s.c.* 1 rumor, murmullo. 2 estruendo. ‖ 3 **rumblings**, señales, muestras.

ruminate | ruːmɪneɪt | *v.i.* 1 reflexionar, cavilar. 2 rumiar.

rummage | rʌmɪdʒ | *v.i.* 1 [– (among /in/through)] revolver, rebuscar. ‖ *v.t.* 2 [– (through)] registrar a fondo. ‖ *s.i.* 3 (EE.UU.) prendas usadas.

rummy | rʌmɪ | *s.i.* juego de cartas.

rumor | ruːmə | (brit. **rumour**) *s.c.* e *i.* rumor, habladuría.

rump | rʌmp | *s.c.* 1 trasero, culo. 2 anca. 3 rabadilla.

rumple | rʌmpl | *v.t.* 1 (fam.) arrugar. 2 desgreñar, despeinar. 3 chafar, estrujar.

rumpus | rʌmpəs | *s.c.* (fam.) barullo, revuelo.

run | rʌn | *v.* [*pret.* **ran**; *p.p.* **run**] *i.* 1 [– (to)] correr. 2 competir. 3 escapar, huir. 4 [– (to)] acudir. 5 presentarse. 6 funcionar. 7 circular. 8 rodar. 9 fluir, correr. 10 deslizarse. 11 correr, deslizarse. 12 manar, fluir. 13 chorrear. 14 recorrer. 15 supurar. 16 tratar, girar. 17 estar en cartel. 18 correrse. 19 [– (to/in)] concentrarse. 20 decir, rezar. 21 extenderse. 22 [– to/into] alcanzar. 23 durar. 24 transcurrir. 25 estar vigente. 26 navegar. ‖ *t* 27 participar en, tomar parte en. 28 pasar ilegalmente. 29 pasar, deslizar. 30 dirigir. 31 manejar. 32 llevar a cabo. 33 ejecutar. 34 tener, poseer. 35 meter; llevar. 36 hacer fluir. 37 llenar. 38 publicar. ‖ *s.sing.* 39 carrera. 40 [– (for)] (fig.) lucha. 41 desarrollo. ‖ *s.c.* 42 carrera, corrida. 43 vuelta, paseo. 44 viaje. 45 trayecto. 46

racha. 47 tirada. 48 cantidad de producción.

runabout | rʌnəbaʊt | *s.c.* utilitario, coche pequeño.

runaway | rʌnəweɪ | *s.c.* y *adj.* 1 fugitivo. ‖ *adj.* 2 desbocado (un caballo). 3 incontrolado (un vehículo). 4 secreto, clandestino. 5 inmediato. ‖ *s.c.* 6 caballo desbocado. 7 huida, fuga.

run-down | rʌndaʊn | (también **run down**) *adj.* 1 (fam.) agotado. 2 ruinoso. 3 en decadencia. ‖ *s.sing.* 4 declive, decadencia. ‖ *s.c.* 5 [– (on)] informe.

rung | rʌŋ | *s.c.* 1 escalón, barrote. 2 [the – (of)] (fig.) grado.

runner | rʌnə | *s.c.* 1 DEP. corredor. 2 recadero. 3 contrabandista. 4 tapete. 5 corredera. 6 patín. 7 alfombra. 8 caballo

running | rʌnɪŋ | *s.i.* 1 carrera. 2 dirección, manejo. 3 marcha, funcionamiento. ‖ *adj.* 4 consecutivo, seguido. 5 corriente. 6 supurante. 7 corredizo. 8 corrida.

runny | rʌnɪ | (fam.) *adj.* 1 demasiado aguado, demasiado líquido. 2 que moquea. 3 lloroso.

runway | rʌnweɪ | *s.c.* pista de aterrizaje.

rupture | rʌptʃə | *s.c.* 1 ruptura. 2 hernia. 3 rotura. ‖ *v.t.* 4 romper. ‖ *v.r.* 5 herniarse.

rural | ruərəl | *adj.* rural.

ruse | ruːz | *s.c.* e *i.* estratagema, ardid.

rush | rʌʃ | *v.t.* 1 hacer deprisa, despachar con prisa. 2 meter prisa, apresurar. 3 lanzarse sobre. 4 tomar por asalto. 5 llevar rápidamente. 6 sacar. 7 enviar sin demora. ‖ *v.i.* 8 darse prisa. 9 precipitarse, lanzarse. 10 [– (at)] abalanzarse. 11 apresurarse; ir a gran velocidad. ‖ *s.sing.* 12 prisa. 13 [– (for/on)] gran demanda. 14 bullicio, ajetreo. 15 arranque, arrebato. 16 torrente. 17 afluencia, tropel. 18 ímpetu. 19 acometida. ‖ *s.c.* 20 junco.

rushed | rʌʃt | *adj.* 1 ajetreado, ocupado. 2 hecho a toda prisa.

rush-hour | rʌʃaʊə | *s.c.* hora punta.

rust | rʌst | *s.i.* 1 herrumbre, orín. 2

oxidación. ‖ *adj.* 3 rojizo. ‖ *v.i.* 4 oxidarse. ‖ 5 to – away, oxidarse.
rusted |'rʌstɪd| *adj.* oxidado.
rustic |'rʌstɪk| *adj.* 1 rústico, sin afectaciones. 2 (desp.) tosco, basto, paleto. 3 rústico. ‖ *s.c.* 4 paleto, palurdo.
rustle |'rʌsl| *v.t.* e *i.* 1 susurrar. 2 crujir. ‖ *v.t.* 3 (EE.UU.) robar. ‖ *s.c.* e *i.* 4 susurro. 5 crujido.
rustling |'rʌslɪŋ| *s.c.* susurro; crujido.
rusty |'rʌsti| *adj.* 1 oxidado. 2 rojizo. 3 (fig.) desentrenado.

rut |rʌt| *s.c.* 1 rodada. 2 (fig.) rutina. ‖ *s.sing.* 3 celo.
ruthless |'ru:θlɪs| *adj.* cruel; implacable.
ruthlessness |'ru:θlɪsnɪs| *s.i.* 1 crueldad. 2 fiereza.
rutted |'rʌtid| *adj.* lleno de baches.
rye |raɪ| *s.i.* centeno.
ryegrass |raɪgra:s| (también rye grass) *s.i.* BOT. especie de hierba para pasto.

S

s, S | es | *s.c. e i.* s, S (letra).

sabbatical | sə'bætɪkl | *adj.* 1 sabatino. 2 sabático.

saber V. sabre.

sable | 'seɪbl | [*pl.* sabes o sable] *s.c. e i* marta.

sabotage | 'sæbəʊʒ | *s.i.* 1 sabojate. || *v.t.* 2 sabotear.

saboteur | ˌsæbə'tɜ: | *s.c.* saboteador.

sabre | 'seɪbə | (EE.UU. **saber**) *s.c.* sable.

saccharine | 'sækəri:n | *s.i.* (también **saccharin**) sacarina.

sachet | 'sæʃeɪ | *s.c.* (brit.) sobre; saquito.

sack | sæk | *s.c.* 1 saco. || *s.sing.* 2 saqueo. || *v.t.* 3 despedir.

sacking | 'sækɪŋ | *s.i.* 1 arpillera. || *s.c.* 2 despido. 3 saqueo.

sacrament | 'sækrəmənt | *s.c.* sacramento.

sacred | 'seɪkrɪd | *adj.* sagrado.

sacrifice | 'sækrɪfaɪs | *s.c. e i.* 1 sacrificio. || *v.t.* 2 sacrificar.

sacrilege | 'sækrɪlɪdʒ | *s.i.* sacrilegio.

sacrilegious | ˌsækrɪ'lɪdʒəs | *adj.* sacrílego.

sacristy | 'sækrɪstɪ | *s.c.* sacristía.

sacrosanct | 'sækrəʊsæŋkt | *adj.* sacrosanto.

sad | sæd | [*comp.* **sadder**, *super.* **saddest**] *adj.* 1 triste, abatido. 2 deplorable, lamentable.

sadden | 'sædn | *v.t.* entristecer.

saddle | 'sædl | *s.c.* 1 silla de montar. 2 sillín. || *s.c. e i.* 3 [— of] lomo. || *v.t.* 4 ensillar. 5 [to — o. + with] cargar con.

saddlebag | 'sædlbæg | *s.c.* alforja.

sadism | 'seɪdɪəm | *s.i.* sadismo.

sadistic | sə'dɪstɪk | *adj.* sádico.

safari | sə'fɑ:rɪ | *s.c.* safari.

safe | seɪf | *adj.* 1 [— (from)] a salvo, seguro. 2 inofensivo. 3 prudente. || *s.c.* 4 caja fuerte; (Am.) caja de fierro.

safe-conduct | ˌseɪf'kɒndʌkt | *s.c. e i.* salvoconducto.

safeguard | 'seɪfgɑ:d | *s.c.* 1 [— (against)] salvaguardia. || *v.t.* 2 salvaguardar.

safekeeping | ˌseɪfki:pɪŋ | *s.i.* custodia.

safety | 'seɪftɪ | *s.i.* 1 seguridad. 2 asilo, refugio.

safety belt | 'seɪfɪbelt | *s.c.* cinturon de seguridad.

safety-pin | 'seɪftɪpɪn | *s.c.* imperdible.

saffron | 'sæfrən | *s.i.* azafrán.

sag | sæg | [ger. **sagging**, *pret.* y *p.p.* **sagged**] *v.i.* 1 combarse. 2 flaquear. || *s.c.* 3 hundimiento.

saga | 'sɑ:gə | *s.c.* saga.

sagacious | sə'geɪʃəs | *adj.* sagaz.

sagacity | sə'gæsɪtɪ | *s.i.* sagacidad.

sage | seɪdʒ | *adj.* y *s.c.* 1 sabio. || *s.c.* 2 salvia.

sago | 'seɪgəʊ | *s.i.* sagú.

said | sed | *pret.* y *p.p.irreg.* de say.

sail | seɪl | *s.c.* 1 vela. || *s.sing.* 2 viaje en barco. || *v.i. e i.* 3 viajar en barco; navegar. 4 to set —, zarpar.

sailcloth | 'seɪlkloθ | *s.i.* lona.

sailing | 'seɪlɪŋ | *s.c.* viaje en barco.

sailor | 'seɪlə | *s.c.* marinero.

saint | seɪnt | *s.c.* santo.

sainthood | 'seɪnthʊd | *s.i.* santidad.

sake | seɪk | 1 for God's/heaven's –, por el amor de Dios. 2 for someone's –, a causa de alguien. 3 for the – of, por motivo de.

salacious | sə'leɪʃəs | *adj.* salaz.

salad | 'sæləd | *s.c.* e *i.* ensalada.

salamander | 'sæləmændə | *s.c.* salamandra.

salaried | 'sælərɪd | *adj.* asalariado.

salary | 'sælərɪ | *s.c.* e *i.* salario; asalariado.

sale | seɪl | *s.c.* 1 venta. 2 rebajas.

sale-room | 'seɪlru:m | *s.c.* sala de subastas.

sales-clerk | 'seɪlsklɑ:k | *s.c.* (EE.UU.) vendedor, dependiente.

salesgirl | 'seɪlsgɜ:k | *s.c.* dependienta.

salesman | 'seɪlsmən | [*pl.irreg.* salesmen] *s.c.* vendedor, viajante.

saline | 'seɪlaɪn | (EE.UU.) | 'seɪli:n | *adj.* salino.

salinity | sə'lɪnətɪ | *s.i.* salinidad.

saliva | sə'laɪvə | *s.i.* saliva.

salivary | 'sælɪvərɪ | (EE.UU.) | 'sæləverɪ | *adj.* de la saliva.

sallow | 'sæləʊ | *adj.* amarillento.

salmon | 'sæmən | [*pl.* salmon] *s.c.* e *i.* salmón.

salmonella | ˌsælmə'nelə | *s.i.* salmonela.

salon | 'sælɒn | (EE.UU.) | sə'lɒn | salón.

saloon | sə'lun | *s.c.* (EE.UU.) bar.

salt | sɔ:lt | *s.i.* 1 sal. || *adj.* 2 salino. || *v.t.* 3 echar sal.

salted | 'sɔ:ltɪd | *adj.* salado, con sal.

salt-cellar | 'sɔ:lt,selə | *s.c.* salero.

saltpetre | 'sɔ:lt'pi:tə | (EE.UU. saltpeter) *s.i.* salitre.

salty | 'sɔ:ltɪ | *adj.* salado, salobre.

salubrious | sə'lu:brɪəs | *adj.* saludable, salubre.

salutary | 'sæljʊtrɪ | (EE.UU.) | 'sæljʊterɪ | *adj.* saludable.

salutation | ˌsælju:'teɪʃn | *s.c.* e *i.* saludo.

salute | sə'lu:t | *s.c.* 1 saludo. 2 [– to] homenaje.

salvage | 'sælvɪdʒ | *v.t.* 1 rescatar. || *s.i.* 2 salvamento, rescate.

salvation | sæl'veɪʃn | *s.i.* salvación.

salve | sælv | (EE.UU.) | sæv | *s.i.* ungüento.

salver | 'sælvə | *s.c.* bandeja.

samba | 'sæmbə | *s.c.* samba.

same | seɪm | *adj.* y *pron.* 1 [the – (as)] el mismo, la misma, los mismos, las mismas. || 2 all the –/just the –, a pesar de todo.

sample | 'sɑ:mpl | (EE.UU.) | 'sæmpl | *s.c.* 1 muestra. 2 muestreo. || *v.t.* 3 probar.

sanatorium | ˌsænə'tɔ:rɪəm | (EE.UU. sanitarium) [*pl.* sanatoriums o sanatoria] *s.c.* sanatorio.

sanctify | 'sæŋktɪfaɪ | *v.t.* santificar.

sanction | 'sæŋkʃn | *v.t.* 1 sancionar. || *s.c.* 2 sanción.

sanctity | 'sæŋktətɪ | *s.i.* [– (of)] inviolabilidad, santidad.

sanctuary | 'sæŋktʃʊərɪ | (EE.UU.) | 'sæŋktʃuerɪ | *s.c.* e *i.* santuario; refugio.

sand | sænd | *s.i.* 1 arena. || *v.t.* 2 lijar.

sandal | 'sændl | *s.c.* sandalia.

sandalwood | 'sændlwʊd | *s.i.* sándalo.

sandpaper | 'sændpeɪpə | *s.i.* 1 lija. || *v.t.* 2 lijar.

sandwich | 'sænwɪdʒ | (EE.UU.) | 'sænwɪtʃ | *s.c.* 1 bocadillo. || *v.t.* 2 insertar. || 3 – man, hombre anuncio.

sandy | 'sændɪ | *adj.* arenoso.

sane | seɪn | *adj.* cuerdo; sensato.

sang | sæŋ | *pret.irreg.* de sing.

sanitarium | ˌsænə'teərɪəm | V. sanatorium.

sanitary | 'sænɪtrɪ | (EE.UU.) | 'sænɪtərɪ | *adj.* 1 sanitario, higiénico. || 2 – napkin, (EE.UU.) compresa. 3 – towel/pad, compresa.

sanitation | ˌsænɪ'teɪʃn | *s.i.* higiene, sanidad.

sanity | 'sænətɪ | *s.i.* cordura.

sank | sæŋk | *pret.irreg.* de sink.

sap | sæp | [ger. sapping, pret y p.p. sapped] *v.t* 1 agotar. || *s.i.* 2 savia.

sapling | 'sæplɪŋ | *s.c.* árbol joven.

sapphire | 'sæfaɪə | *s.c.* zafiro.

sarcasm | 'sɑː'kæzəm | *s.i.* sarcasmo.

sarcastic | sɑː'kæstɪk | *adj.* sarcástico.

sarcophagus | sɑː'kòfəgəs | [*pl.* sarcophaguses o sarcophagi] *s.c.* sarcófago.

sardine | sɑː'diːn | *s.c.* sardina.

sardonic | sɑː'dònɪk | *adj.* burlón.

sash | sæʃ | *s.c.* 1 fajín, faja. || 2 – window, ventana de guillotina.

sat | sæt | *pret.* y *p.p.irreg.* de sit.

satanic | sə'tænɪk | (EE.UU.) | seɪ'tænɪk | *adj.* satánico.

satchel | 'sætʃəl | *s.c.* cartera.

satellite | 'sætəlaɪt | *s.c.* satélite.

satiate | 'seɪʃɪeɪt | *v.t.* saciar.

satiety | sə'taɪətɪ | *s.i.* saciedad.

satin | 'sætɪn | (EE.UU.) | 'sænt | *s.i.* satén, raso.

satire | 'sætaɪə | *s.i.* sátira.

satirical | sə'tɪrɪkl | *adj.* satírico.

satirize | 'sætəraɪz | (también satirise) *v.t.* satirizar.

satisfaction | ˌsætɪs'fækʃn | *s.i.* 1 satisfacción. 2 indemnización.

satisfactory | ˌsætɪs'fæktərɪ | *adj.* satisfactorio, adecuado.

satisfied | 'sætɪsfaɪd | *adj.* 1 satisfecho. 2 convencido.

satisfy | 'sætɪsfaɪ | *v.t.* 1 satisfacer. 2 convencer.

saturate | 'sætʃəreɪt | *v.t.* colmar, saturar.

saturation | ˌsætʃə'reɪʃn | *s.i.* saturación.

Saturday | 'sætədɪ | *s.c.* e *i.* sábado.

satyr | 'sætə | *s.c.* sátiro.

sauce | sɔːs | *s.i.* 1 salsa. || *s.sing.* 2 caradura.

saucepan | 'sɔːspən | (EE.UU.) | 'sɔːspæn | *s.c.* cacerola, cazuela, cazo.

saucer | 'sɔːsə | *s.c.* platillo.

sauna | 'sɔːnə | *s.c.* sauna.

saunter | 'sɔːntə | *v.i.* 1 pasear tranquilamente. || *s.c.* 2 paseo tranquilo.

sausage | 'sɒsɪdʒ | (EE.UU.) | 'sɔːsɪdʒ | *s.c.* e *i.* salchicha.

savage | 'sævɪdʒ | *adj.* y *s.c.* salvaje.

savagery | 'sævɪd'rɪ | *s.i.* salvajismo.

savannah | sə'vænə | (también savanna) *s.c.* e *i.* sabana.

save | seɪv | *v.t.* e *i.* 1 salvar. 2 conservar. 3 ahorrar. || *s.c.* 4 DEP. parada. || *prep.* 5 excepto.

saving | 'seɪvɪŋ | *s.c.* ahorro.

saviour | 'seɪvɪə | *s.c.* salvador.

savor | 'seɪvə | (brit. savour) *v.t.* saborear. || *s.c.* e *i.* 2 sabor.

savory | 'seɪvərɪ | (brit. savoury) *adj.* sabroso.

saw | sɔː | *pret.irreg.* 1 de see. || *s.c.* 2 sierra. || *v.* [*pret.* sawed, *p.p.irreg.* sawn] *t.* 3 serrar, aserrar, cortar con sierra. || *i.* 4 cortar con sierra.

sawdust | 'sɔːdʌst | *s.i.* serrín.

sawmill | 'sɔːmɪl | *s.c.* aserradero.

sawn | sɔːn | *p.p.irreg.* de saw.

sax | sæks | *s.c.* saxo.

Saxon | 'sæksn | *adj.* sajón.

saxophone | 'sæksəfəʊn | *s.c.* saxofón.

say | seɪ | *v.t* [*pret.* y *p.p.irreg.* said] 1 decir; expresar; admitir. || *Interj.* 2 (EE.UU.) oye, oiga. || 3 enough said/– no more, vale, basta. 4 it goes without saying, ni que decir tiene. 5 needless to –, por supuesto. 6 –, por ejemplo. 7 to – nothing of, sin mencionar. 8 that is to –, es decir.

saying | 'seɪŋ | *s.c.* dicho, refrán.

scab | skæb | *s.c.* costra.

scabies | 'skeɪbiːz | *s.i.* sarna.

scads | skædz | *s.pl.* (fam. y EE.UU.) montones.

scaffold | 'skæfəʊld | *s.c.* 1 (normalmente sing.) patíbulo. 2 andamio.

scald | skɔːld | *v.t.* 1 quemar, escaldar. || 2 quemadura.

scalding | 'skɔːldɪŋ | *adj.* hirviendo.

scale | 'skeɪl | *s.sing.* 1 escala. || *s.c.* 2 gradación. 3 (normalmente *pl.*) escama. 4 platillo (de la balanza). || *s.pl.* 5 balanza. || *s.i.* 6 sarro. || *v.t.* 7 escalar.

scallop | 'skɒləp | *s.c.* (normalmente *pl.*) 1 festón. 2 venera.

scalp | skælp | *s.c.* cuero cabelludo.

scalpel | 'skælpəl | *s.c.* bisturí.

scaly | 'skeɪlɪ | *adj.* escamoso.

scamp | skæmp | *s.c.* tunante, diablillo.

scamper | 'skæmpə | *v.i.* correr a toda prisa.

scampi | 'skæmpɪ | *s.i.* langostinos rebozados

scan | skæn | [*ger.* scanning, *pret.* y *p.p.* scanned] *v.t.* e *i.* 1 examinar, escudriñar. || *s.c.* 2 (normalmente en *sing.*) exploración.

scandal | 'skændl | *s.c.* escándalo.

scandalize | 'skændəlaɪz | (también scandalise) *v.t.* escandalizar.

scandalous | 'skændələs | *adj.* 1 escandaloso. 2 vergonzoso.

Scandinavian | ˌskændɪ'neɪvɪən | *adj.* y *s.c.* escandinavo.

scanner | 'skænə | *s.c.* escáner.

scant | skænt | *adj.* escaso, exiguo.

scapegoat | 'skeɪpgəut | *s.c.* cabeza de turco.

scapula | 'skæpjulə | *s.c.* escápula.

scar | skɑː | *s.c.* 1 cicatriz. 2 señal. || *v.t.* 3 dejar cicatriz, dejar señal.

scarce | skeəs | *adj.* 1 raro, escaso. || 2 to make oneself –, esfumarse.

scarcely | 'skeəslɪ | *adv.* 1 apenas. 2 probablemente no.

scare | skeə | *v.t.* e *i* 1 asustar(se). || *s.c.* 2 (normalmente *sing.*) susto, pánico. || 3 to – away/off, alejar.

scarecrow | 'skeəkrəu | *s.c.* espantapájaros.

scarf | skɑːf | [*pl.* scarfs o scarves] *s.c.* bufanda.

scarlet | 'skɑːlət | *adj.* y *s.c.* 1 escarlata. || 2 – fever, escarlatina.

scarper | 'skɑːpə | *v.i.* (brit.) salir pitando.

scarves | skɑːvz | *pl.* de scarf.

scathing | 'skeɪðɪŋ | *adj.* mordaz.

scatter | 'skætə | *v.i.* 1 esparcir. 2 dispersar. || *v.i.* 3 dispersarse.

scatterbrain | 'skætəbreɪn | *s.c.* cabeza de chorlito.

scatterbrained | 'skætəbreɪnd | *adj.* atolondrado.

scattered | 'skætəd | *adj.* 1 disperso. 2 aislado. 3 [– (with)] cubierto.

scattering | 'skætərɪŋ | *s.c.* puñado.

scatty | 'skætɪ | *adj.* (brit. y fam.) atontado.

scavenge | 'skævɪndʒ | *v.t.* e *i.* [to – (for)] buscar carroña.

scenario | sɪ'nɑːrɪəu | *s.c.* 1 argumento. 2 serie de acontecimientos.

scene | siːn | *s.c.* e *i.* 1 escena. 2 decorado. 3 vista, perspectiva. || 4 not to be one's –, no ser el ambiente de uno.

scenery | 'siːnərɪ | *s.i.* 1 paisaje. 2 escenario.

scenic | 'siːnɪk | *adj.* 1 escénico. 2 pintoresco.

scent | sent | *s.c.* 1 fragancia. 2 rastro. || *s.i.* 3 perfume. || *v.t.* 4 olfatear, oler.

scepter V. sceptre.

scepticism | 'skeptɪsɪzəm | (EE.UU. skepticism) *s.i.* escepticismo.

sceptre | 'septə | (EE.UU. scepter) *s.c.* cetro.

schedule | 'ʃedjuːl | (EE.UU.) | 'skedʒul | *s.c.* 1 programa. 2 horario. 3 inventario. || 4 to be scheduled, [+ *inf.*/for] estar previsto. 5 on –, a su hora.

schema | 'skiːmə | [*pl.* schemata] *s.c.* esquema.

schematic | skiː'mætɪk | *adj.* esquemático.

scheme | skiːm | *s.c.* 1 plan, proyecto. || *v.i.* 2 (desp.) tramar.

scheming | 'skiːmɪŋ | *s.i.* 1 intrigas. || *adj.* 2 intrigante.

schism | 'sɪzəm | *s.c.* e *i.* cisma.

schizophrenia | ˌskɪtsəu'friːnɪə | *s.i.* esquizofrenia.

scholar | 'skɒlə | *s.c.* 1 erudito. 2 becado.

scholarship | 'skɒləʃɪp | *s.c.* 1 [– (to)] beca. || *s.i.* 2 erudición.

school |skuːl| *s.c.* e *i.* 1 escuela, colegio. 2 escuela superior, facultad.
schooling |'skuːlɪŋ| *s.i.* educación.
schooner |'skuːnə| *s.c.* goleta.
sciatica |saɪ'ætɪkə| *s.i.* ciática.
science |'saɪəns| *s.c.* e *i.* ciencia.
scientific |saɪən'tɪfɪk| *adj.* científico.
scientist |'saɪəntɪst| *s.c.* científico.
scimitar |'sɪmɪtə| *s.c.* cimitarra.
scintillating |'sɪntɪleɪtɪŋ| *adj.* ingenioso.
scissors |'sɪzəz| *s.pl.* tijeras.
sclerosis |sklə'rəʊsɪs| *s.i.* esclerosis.
scoff |skɒf| (EE.UU.) |ɡkɔːf| *v.i.* 1 [to — (at)] mofarse. || *v.t.* 2 (brit.) devorar.
scold |skəʊld| *v.t.* e *i.* regañar.
scolding |'skəʊldɪŋ| *s.c.* regañina.
scone |skɒn| (EE.UU.) |skəʊn| *s.c.* bollo.
scoop |skuːp| *s.c.* 1 cazo. 2 pala, paleta. || *v.t.* 3 coger con un cazo.
scoot |skuːt| *v.i.* (fam.) escabullirse.
scooter |'skuːtə| *s.c.* 1 motocicleta. 2 patinete.
scope |skəʊp| *s.i.* 1 campo, espacio. 2 alcance, ámbito.
scorch |skɔːtʃ| *v.t.* 1 chamuscar. 2 quemar, abrasar. 3 agostar. || *v.i.* 4 (brit.) ir a toda pastilla.
score |skɔː| *v.t.* e *i.* 1 DEP. marcar. 2 ganar. 3 hacer una marca en. 4 (argot) comprar droga. || *s.c.* 5 (normalmente *sing.*) tanteo. 6 puntuación. || 7 to know the —, conocer el percal.
scoreboard |'skɔːbɔːd| *s.c.* marcador.
scorn |skɔːn| *s.i.* 1 desprecio. || *v.t.* 2 despreciar.
scornful |'skɔːnfl| *adj.* desdeñoso.
scorpion |'skɔːpɪən| *s.c.* escorpión.
Scot |skɒt| *s.c.* escocés.
scotch |skɒtʃ| *v.t.* 1 frustrar, desmentir. || *s.c.* 2 escocés.
Scotland |'skɒtlənd| *s.sing.* Escocia.
Scots |skɒts| *adj.* y *s.i.* escocés.
Scottish |'skɒtɪʃ| *adj.* 1 escocés. || 2 the —, los escoceses.
scoundrel |'skaʊndrəl| *s.c.* canalla.

scour |'skaʊə| *v.t.* 1 rebuscar. 2 restregar.
scourer |'skaʊərə| *s.c.* estropajo.
scourge |skɜːdʒ| *v.t.* 1 azotar; hostigar. || *s.c.* 2 flagelo.
scout |skaʊt| *s.c.* 1 explorador. || *v.t.* e *i.* 2 reconocer, explorar.
scowl |skaʊl| *v.i.* 1 [to — (at)] poner mala cara. || *s.c.* 2 mirada amenazadora.
scrabble |'skræbl| *v.i.* 1 [to — (at/against)] escarbar; rascar. 2 [to — (round /around)] rebuscar.
scraggy |'skrægi| *adj.* flacucho.
scram |skræm| *v.i.* (fam.) largarse a toda pastilla.
scramble |'skræmbl| *v.i.* 1 gatear. 2 [to — + *prep.*] moverse de prisa. || *v.t.* 3 revolver (huevos).
scrap |skræp| *s.c.* 1 [— (of)] trozo. 2 (fam.) pelea. || *s.pl.* 3 sobras. || *s.i.* 4 chatarra. || *v.t.* 5 (fam.) desechar. || *v.i.* 6 (fam.) pelearse.
scrape |'skreɪp| *v.t.* 1 raspar. 2 rozar.
scrappy |'skræpi| *adj.* incompleto, desorganizado; deslavazado.
scratch |skrætʃ| *v.t.* e *i.* 1 rascar(se). 2 rayar. 3 arañazo; rasguño.
scrawl |skrɔːl| *v.t.* e *i.* 1 garabatear. || *s.c.* 2 garabato.
scrawny |skrɔːni| *adj.* esquelético.
scream |skriːm| *v.i.* 1 chillar. || *v.t.* 2 lanzar un chillido. || *s.c.* 3 chillido.
screech |skriːtʃ| *v.i.* 1 chillar. 2 chirriar. || *s.c.* 3 (normalmente *sing.*) chillido. || *s.i.* 4 chirrido.
screen |skriːn| *s.c.* 1 pantalla. 2 biombo, panel. || *v.t.* 3 (normalmente *pasiva*) exhibir (película).
screening |'skriːnɪŋ| *s.c.* e *i.* 1 proyección (de película). 2 chequeo médico.
screw |skruː| *s.c.* 1 tornillo. 2 (fam.) funcionario de prisiones. || *v.t.* 3 atornillar(se). 4 joder. || 5 to have a — loose, (fam.) faltarle un tornillo. 6 to — up one's courage, armarse de valor.
screwdriver |'skruːdraɪvə| *s.c.* destornillador.
screwy |'skruːi| *adj.* chiflado.

scribble | 'skrɪbl | v.t. e i. 1 garabatear. ‖ s.c. e i. 2 garabato.

scribe | skreɪb | s.c. 1 copista. 2 escriba.

scrimmage | 'skrɪmɪdʒ | s.c. pelea, melé.

scrimp | skrɪmp | v.i. [to – (on)] economizar muchísimo.

script | skrɪpt | s.c. 1 guión. ‖ s.c. e i. 2 escritura. ‖ s.i. 3 manuscrito.

scripture | 'skrɪptʃə | s.c. e i. escritura.

scroll | skrəʊl | s.c. 1 pergamino. 2 voluta.

scrotum | 'skrəʊtəm | [pl. scrotums o scrota] s.c. escroto.

scrounge | skraʊndʒ | (fam.) v.t. e i. 1 gorronear. ‖ 2 on the –, de gorra, de balde.

scrub | skrʌb | [ger. scrubbling, pret. y p.p. scrubbed] v.t. e i. 1 fregar. 2 cancelar. ‖ 3 s.i. matorral.

scruff | skrʌf | by the – of the/one's neck, por el pescuezo.

scruffy | 'skrʌfi | adj. (fam.) desaliñado.

scrumptious | 'skrʌmpʃəs | adj. de rechupete.

scrunch | skrʌntʃ | v.t. e i. 1 estrujar(se). ‖ s.c. 2 crujido.

scruple | 'skru:pl | s.c. (normalmente pl.) escrúpulo.

scrupulous | 'skru:pjʊləs | adj. 1 escrupuloso. 2 detallista.

scrutinize | 'skru:tɪnaɪz | (EE.UU.) | 'skru:tənaɪz | (también scrutinise) v.t. examinar con detalle.

scrutiny | 'skru:tɪnɪ | (EE.UU.) | 'skru:tənɪ | s.i. observación atenta.

scud | skʌd | [ger. scudding pret. y p.p. scudded] v.i. moverse, deslizarse.

scuff | skʌf | v.t. arrastrar los pies.

scuffle | 'skʌfl | s.c. 1 reyerta. ‖ v.i. 2 enzarzarse en una pelea.

scull | skʌl | s.c. 1 espadilla, remo corto. ‖ v.t. e i. 2 remar con espadilla.

scullery | 'skʌlərɪ | s.c. fregadero.

sculpt | skʌlpt | v.t. esculpir.

sculpture | 'skʌlptʃə | s.c. e i. 1 escultura. ‖ v.t. 2 esculpir.

scum | skʌm | s.c. e i. 1 espuma sucia. ‖ s.pl. 2 escoria.

scurry | 'skʌrɪ | v.i. 1 escabullirse rápidamente. ‖ s.sing. 2 echar a pique.

scythe | saɪð | s.c. 1 guadaña. ‖ v.t. e i. 2 cortar con guadaña.

sea | si: | s.c. 1 mar. ‖ s.sing. 2 [the –] el mar, la costa. 3 [– of] montón. ‖ atr. 4 marino, marítimo. ‖ 5 by –, por mar, por vía marítima. 6 on the high seas, en alta mar. 7 out to –, mar adentro.

seaboard | 'si:bɔ:d | s.c. (normalmente sing.) litoral, costa.

seadog | 'si:dɒg | s.c. lobo de mar.

seafaring | 'si:feərɪŋ | adj. marítimo, marinero.

seafood | 'si:fu:d | s.i. marisco.

seafront | 'si:frʌnt | s.c. paseo marítimo.

sea-going | 'si:gəʊɪŋ | adj. de altura.

seagull | 'si:gʌl | s.c. gaviota.

seahorse | 'si:hɔ:s | s.c. caballito de mar.

seal | si:l | s.c. 1 sello, precinto. 2 foca. ‖ v.t. 3 sellar; cerrar.

sealion | 'si:laɪən | s.c. león marino.

seam | si:m | s.c. 1 costura. 2 juntura. 3 filón.

seamy | 'si:mɪ | adj. sórdido.

sear | sɪə | v.t. 1 quemar, chamuscar. 2 cauterizar.

search | sɜ:tʃ | v.t. e i. 1 [to – (for)] buscar. 2 explorar. ‖ v.t. 3 registrar, cachear. ‖ s.c. 4 [– (for)] búsqueda. 5 registro. ‖ 6 in – of, a la búsqueda de. 7 – me, ni idea.

searching | 'sɜ:tʃɪŋ | adj. penetrante.

searchlight | 'sɜ:tʃlaɪt | s.c. reflector.

search-party | 'sɜ:tʃpɑ:tɪ | s.c. grupo de rescate.

searing | 'sɪərɪŋ | adj. abrasador, punzante.

seashore | 'si:ʃɔ: | s.c. litoral, costa.

seasickness | 'si:sɪknɪs | s.i. mareo.

seaside | 'si:saɪd | s.sing. 1 playa. ‖ adj. 2 costero.

season | 'si:zn | s.c. 1 estación. 2 temporada. ‖ v.t. 3 sazonar.

seasonal | 'si:zənl | *adj.* de temporada.

seasoned | 'si:znd | *adj.* experimentado.

seasoning | 'si:zənɪŋ | *s.c. e i.* condimento.

seat | si:t | *s.c.* 1 asiento. 2 escaño. 3 sede. ‖ *v.r.* 4 sentarse. ‖ *v.t.* 5 tener cabida para.

seat-belt | 'si:tbelt | *s.c.* cinturón de seguridad.

-seater | 'si:tə | *sufijo* de... asientos, de... plazas.

seaweed | 'si:wi:d | *s.c. e i.* alga marina.

sec | sek | *s.c.* (fam.) segundo.

secateurs | 'sekətɜ:z | ˌsekə'tɜ:z | *s.pl.* tijeras de podar.

secession | sɪ'seʃn | *s.c. e i.* [– (from)] secesión; baja.

seclude | sɪ'klu:d | *v.t. y r.* retirar(se).

seclusion | sɪ'klu:ʒn | *s.i.* aislamiento.

second | 'sekənd | *s.c. adj. y num.ord.* 1 segundo. ‖ *v.t.* 2 secundar, apoyar.

secondary | 'sekəndrɪ | (EE.UU.) | 'sekəndərɪ | *adj.* 1 secundario. ‖ *s.c.* 2 escuela secundaria.

second-rate | ˌsekənd'reɪt | *adj.* mediocre.

secrecy | 'si:krəsɪ | secreto, discreción.

secret | 'si:krɪt | *adj. y s.c.* secreto.

secretariat | ˌsekrə't'ərɪət | *s.c.* secretariado.

secretary | 'sekrɪtrɪ | (EE.UU.) | 'sekrətərɪ | *s.c.* secretario; oficinista.

secrete | sə'kri:t | *v.t.* 1 secretar. 2 ocultar.

secretion | sə'kri:ʃn | *s.c.* secreción.

secretive | 'si:krətɪv | *adj.* reservado.

sect | sekt | *s.c.* secta.

sectarian | sek'teərɪən | *adj.* sectario.

section | 'sekʃn | *s.c.* sección.

sectional | 'sekʃənl | *adj.* seccional, minoritario.

sector | 'sektə | *s.c.* sector.

secular | 'sekjulə | *adj.* secular.

secularize | 'sekjuləraɪz | (también **secularise**) *v.t.* secularizar.

secure | sɪ'kjuə | *adj.* 1 seguro. ‖ *v.t.* 2 asegurar. 3 sujetar. 4 obtener.

security | sɪ'kɪʊərətɪ | *s.i.* 1 seguridad. ‖ *s.c. e i.* 2 fianza. ‖ *s.c.* 3 título, valor.

sedate | sɪ'deɪt | *adj.* 1 tranquilo. ‖ *v.t.* 2 sedar.

sedative | 'sedətɪv | *adj. y s.c.* sedante.

sedentary | 'sedntrɪ | (EE.UU.) | 'sedntərɪ | *adj.* sedentario.

sedge | sedʒ | *s.c.* juncia.

sediment | 'sedɪmənt | *s.c. e i.* poso.

sedimentary | ˌsedɪ'mentrɪ | *adj.* sedimentario.

sedition | sɪ'dɪʃn | *s.i.* sedición.

seditious | sɪ'dɪʃəs | *adj.* sedicioso.

seduce | sɪ'dju:s | *v.t.* 1 inducir. 2 seducir.

seduction | sɪ'dʌkʃn | *s.c. e i.* seducción.

seductive | sɪ'dʌktɪv | *adj.* seductor.

see | si: | *v.irr.* [*pret.* saw, *p.p.* seen] *i.* 1 ver. ‖ *t.* 2 ver. 3 acompañar. 4 imaginar. 5 comprobar. 6 asegurarse de. 7 considerar. ‖ *r.* 8 verse, imaginarse. ‖ 9 **seeing as/that**, dado que. 10 **to – off**, despedir. 11 **to – to**, ocuparse de. 12 **– you/– later/be seeing you**, hasta luego, hasta la vista.

seed | si:d | *s.c.* 1 semilla. ‖ *v.t.* 2 [**to – + o.** + (**with**)**]** sembrar con semilla.

seedling | 'si:dlɪŋ | *s.c.* plántula.

seedy | 'si:dɪ | *adj.* 1 desaseado; sórdido. 2 lleno de pepitas (fruta).

seek | si:k | *v.* [*pret. y p.p.irreg.* sought] *t.* 1 buscar. 2 solicitar. 3 [**to – + inf.**] intentar.

seem | si:m | *v.i.* [**to – + adj./adv./inf.**] parecer.

seeming | 'si:mɪŋ | *adj.* aparente.

seen | si:n | *p.p.irreg.* de see.

seep | si:p | *v.i.* filtrarse.

seesaw | 'si:sɔ: | *s.c.* 1 columpio. ‖ *v.i.* 2 hacer un vaivén.

seethe | si:ð | *v.i.* 1 hervir. 2 estar agitado. 3 [**to – with**] ser un hervidero de.

see-through | 'si:ɵru: | *adj.* transparente.

segment | 'segmənt | *s.c.* sección, segmento.

segmentation | ‚segment'teiʃn | *s.i.* segmentación.

segregate | 'segrigeit | *v.t.* separar.

segregation | ‚segri'geiʃn | *s.i.* segregación.

seismic | 'saizmik | *adj.* sísmico.

seismograph | 'saiməgra:f | (EE.UU.) | 'saiməgræf | *s.c.* sismógrafo.

seize | si:z | *v.t.* 1 agarrar, sujetar. 2 dominar. 3 embargar. 4 (normalmente pasiva) detener.

seizure | 'si:ʒə | *s.i.* 1 ataque. || *s.c.* e *i.* 2 [– of] captura de.

seldom | 'seldəm | *adv.* rara vez.

select | si'lekt | *v.t.* 1 seleccionar || *adj.* 2 selecto.

selection | si'lekʃn | *s.c.* e *i.* selección.

selective | si'lektiv | *adj.* selectivo.

selector | si'lektə | *s.c.* 1 seleccionador. 2 selector.

self | self | [*pl.* selves] *s.c.* uno mismo.

self-assurance | ‚selfə'ʃɔ:rəns | (EE.UU.) | ‚selfə'ʃuərəns | *s.i.* confianza en uno mismo.

self-centred | ‚self'sentəd | (EE.UU. self-centered) *adj.* egoísta, egocéntrico.

self-confidence | ‚self'kɒnfidəns | *s.i.* confianza en uno mismo.

self-confident | ‚self'kɒnfidənt | *adj.* que confía en sus propias fuerzas.

self-congratulation | ‚selfk'ən‚græ/tʃu'leiʃn | *s.i.* autocomplacencia.

self-conscious | ‚self'kɒnʃəs | *adj.* cohibido, tímido, inseguro.

self-contained | ‚selfkən'teind | *adj.* 1 autosuficiente. 2 independiente.

self-controlled | ‚selfkən'trəuld | *adj.* sereno, autocontrolado.

self-defeating | ‚selfdi'fi:tiŋ | *adj.* contraproducente.

self-defence | ‚selfdi'fens | (EE.UU. self-defense) *s.i.* autodefensa.

self-denial | ‚selfdi'naiəl | *s.i.* abnegación.

self-determination | ‚selfdit':mi'neiʃn | *s.i.* 1 autodeterminación. 2 independencia personal.

self-drive | ‚self'draiv | *adj.* sin chófer.

self-educated | ‚self'edʒukeitid | *adj.* autodidacta.

self-effacing | ‚selfi'feisiŋ | *adj.* modesto.

self-employed | ‚selfim'plɔid | *adj.* autónomo, que trabaja por cuenta propia.

self-esteem | ‚selfi'sti:m | *s.i.* amor propio, autoestima.

self-evident | ‚self'evidənt | *adj.* patente, evidente.

self-governing | ‚self'gʌvəniŋ | *adj.* autónomo.

self-help | ‚self'help | *s.i.* esfuerzo propio.

self-importance | ‚selfim'pɔ:təns | *s.i.* presunción.

self-imposed | ‚selfim'pəuzd | *adj.* voluntario.

self-indulgent | ‚selfin'dʌldʒənt | *adj.* comodón, sibarita.

self-interest | ‚self'intrist | *s.i.* interés propio, egoísmo.

selfish | 'selfiʃ | *adj.* egoísta.

selfless | 'selflis | *adj.* desinteresado.

self-made | ‚self'meid | *adj.* que se ha hecho a uno mismo.

self-opinionated | ‚selfə'pinjəneitid | *adj.* terco.

self-pity | ‚self'piti | *s.i.* compasión de uno mismo, lástima de uno mismo.

self-portrait | ‚self'pɔ:treit | *s.c.* autorretrato.

self-possessed | ‚selfpə'zest | *adj.* sereno.

self-preservation | ‚selfprezə'veiʃn | *s.i.* autoconservación.

self-reliance | ‚selfri'laiəns | *s.i.* independencia.

self-respecting | ‚selfri'spektiŋ | *adj.* 1 digno. 2 que se precie.

self-righteous | ‚self'raitʃəs | *adj.* farisaico.

self-sacrifice | ‚self'sækrifais | *s.i.* abnegación.

self-same | 'selfseim | *adj.* mismo.

self-seeking |ˌselfˈsiːkɪŋ| *adj.* 1 egoísta. || *s.i.* 2 egoísmo.
self-service |ˌselfˈsɜːvɪs| *s.i.* autoservicio.
self-starter |ˌselfˈstɑːtə| *s.c.* motor de arranque.
self-styled |ˌselfˈstaɪld| *adj.* supuesto.
self-taught |ˌselfˈtɔːt| *adj.* autodidacta.
self-willed |ˌselfˈwɪld| *adj.* terco.
sell |sel| *v.irr.* [*pret.* y *p.p.* sold] *t, i.* y *r.* 1 vender. || 2 to – off, liquidar. 3 to – out, quedarse sin existencia. 4 to – up, venderlo todo.
seller |ˈselə| *s.c.* 1 vendedor. 2 producto que vende.
selling |ˈselɪŋ| *s.c.* venta.
sell-out |ˈselaʊt| *s.c.* (normalmente *sing.*) éxito de taquilla.
selves |selvz| *pl.* de *self.*
semantics |sɪˈmæntɪks| *s.i.* semántica.
semblance |ˈsembləns| *s.sing.* [– of] mínima apariencia de.
semen |ˈsiːmen| *s.i.* semen.
semester |sɪˈmestə| *s.c.* (EE.UU.) semestre.
semi |ˈsemi| *s.c.* 1 (brit. y fam.) chalet adosado. || 2 semi-, semi.
semicircle |ˈsemɪsɜːkl| *s.c.* semicírculo.
semi-colon |ˌsemɪˈkəʊlən| *s.c.* punto y coma.
seminal |ˈsemɪnl| *adj.* fundamental.
seminar |ˈsemɪnɑː| *s.c.* seminario.
seminary |ˈsemɪnəri| (EE.UU.) |ˈsemɪneri| *s.c.* REL. seminario.
semiotics |ˌsemɪˈɒtɪks| *s.i.* semiótica.
semolina |ˌseməˈliːnə| *s.i.* sémola.
Senate |ˈsenɪt| *s.sing.* [the –] el Senado.
senator |ˈsenətə| *s.c.* senador.
send |send| *v.t.* [*pret.* y *p.p.irreg.* sent] 1 enviar. 2 transmitir. 3 poner (en un estado). 4 lanzar.
sender |ˈsendə| *s.c.* remitente.
send-off |ˈsendɒf| *s.c.* (fam.) despedida.

send-up |ˈsendʌp| *s.c.* (fam.) parodia.
Senegalese |ˌsenɪɡəˈliːz| [*pl.* Senegalese] *adj.* y *s.c.* senegalés.
senile |ˈsiːnaɪl| *adj.* senil.
senility |sɪˈnɪləti| *s.i.* senilidad.
senior |ˈsiːnɪə| *adj.* 1 mayor categoría. 2 [– (to)] mejor, mayor, superior. || *s.sing.* 3 [*adj.pos.* –] mayor.
sensation |senˈseɪʃn| *s.c.* e *i.* sensación.
sensational |senˈseɪʃənl| *adj.* sensacional.
sensationalism |senˈseɪʃənəlɪzəm| *s.i.* sensacionalismo.
sense |sens| *s.c.* 1 sentido. || *s.sing.* 2 talento, instinto. 3 [the – (of)] lo fundamental. || *s.i.* 4 inteligencia. || *v.t.* 5 percibir, captar. || 6 in a –, hasta cierto punto. 7 in no –, de ninguna manera. 8 to make –, tener sentido; ser comprensible. 9 to talk –, hablar con lógica.
senseless |ˈsenslɪs| *adj.* sin sentido, inconsciente.
sensibility |ˌsensəˈbɪləti| *s.i.* sensibilidad.
sensible |ˈsensəbl| *adj.* sensato, juicioso.
sensitise V. sensitize.
sensitive |ˈsensɪtɪv| *adj.* sensible, delicado.
sensitivity |ˌsensəˈtɪvəti| *s.c.* e *i.* 1 susceptibilidad. 2 sensibilidad. || *s.i.* 3 precisión.
sensitize |ˈsensɪtaɪz| (también **sensitise**) *v.t.* sensibilizar.
sensor |ˈsensə| *s.c.* sensor.
sensory |ˈsensəri| *adj.* sensorial.
sensual |ˈsenʃʊəl| *adj.* sensual.
sensuality |ˌsenʃʊˈæləti| *s.i.* sensualidad.
sent |sent| *pret.* y *p.p.irreg.* de send.
sentence |ˈsentəns| *s.c.* 1 oración. 2 sentencia, fallo. || *v.t.* 3 sentenciar, condenar. || 4 – adverb, oración adverbial.
sentiment |ˈsentɪmənt| *s.i.* 1 (normalmente desp.) sentimiento. || *s.c.* 2 opinión, sentir.

sentimental | ˌsentɪˈmentl | *adj.* sentimental, sentimentaloide.

sentry | ˈsentrɪ | *s.c.* centinela.

separable | ˈsepərəbl | *adj.* separable.

separate | ˈsepreɪt | *v.t.* e *i.* 1 separar(se), dividir(se). 2 [to − ++ o + from] diferenciar de. ‖ | ˈsepəreɪt | *adj.* 3 [− (from)] separado.

separation | ˌsepəˈreɪʃn | *s.c.* e *i.* separación.

separatism | ˈsepərətɪzəm | *s.i.* separatismo.

sepia | ˈsiːpɪə | *adj.* y *s.i.* sepia.

September | sepˈtembə | *s.i.* septiembre.

septic | ˈseptɪk | *adj.* infectado.

sepulchre | ˈseplkə | (EE.UU. sepulcher) *s.c.* sepulcro.

sequel | ˈsiːkwəl | *s.c.* [− (to)] consecuencia.

sequence | ˈsiːkwəns | *s.c.* secuencia.

sequin | ˈsiːkwɪn | *s.c.* lentejuela.

Serbo-Croat | ˌsɜːbəʊˈkrəʊæt | *s.i.* serbocroata.

serenade | ˌserəˈneɪd | serenata.

serene | sɪˈriːn | *adj.* sereno, tranquilo.

sergeant | ˈsɑːdʒənt | *s.c.* sargento.

serial | ˈsɪərɪəl | *adj.* y *s.c.* serial.

series | ˈsɪəriːz | [*pl.* series] *s.c.* serie, ciclo.

serious | ˈsɪərɪəs | *adj.* serio.

sermón | ˈsɜːmən | *s.c.* sermón.

serrated | sɪˈreɪtɪd | (EE.UU.) | ˈsereˈɪtɪd | *adj.* serrado, dentellado.

serum | ˈsɪərəm | *s.c.* e *i.* suero.

servant | ˈsɜːvənt | *s.c.* criado; servidor.

serve | sɜːv | *v.t.* e *i.* 1 servir. 2 suministrar. 3 cumplir sentencia. ‖ *s.sing.* 4 servicio, saque.

service | ˈsɜːvɪs | *s.c.* 1 servicio. 2 culto, oficio. 3 mantenimiento, revisión. ‖ *s.i.* 4 servicio doméstico. 5 funcionamiento. ‖ *adj.* 6 de servicio. ‖ *v.t.* 7 revisar, hacer el mantenimiento. 8 pagar intereses. ‖ 9 of −, útil.

serviceable | ˈsɜːvɪsəbl | *adj.* útil.

serviette | ˌsɜːvɪˈet | *s.c.* (brit.) servilleta.

servile | ˈsɜːvaɪl | (EE.UU.) | ˈsɜːvl | *adj.* servil.

serving | ˈsɜːvɪŋ | *s.c.* 1 ración. ‖ *adj.* 2 de servir.

sesame | ˈsesəmɪ | *s.i.* ajonjolí, sésamo.

session | ˈseʃn | *s.c.* sesión, período.

set | set | *v.* [*pret.* y *p.p.irreg.* set; *ger.* setting] *t.* 1 poner, colocar. 2 estar situado. 3 fijar. 4 ajustar. 5 ambientar. 6 montar, encasar. 7 asignar. 8 [to − + *ger*] causar. ‖ *i.* 9 ponerse (el sol). 10 solidificarse. ‖ *r.* 11 [to − + *inf.*] decidirse. ‖ *s.c.* 12 juego, serie. 13 conjunto. 14 aparato (de radio o televisión). ‖ *adj.* 15 fijo.

setback | ˈsetbæk | *s.c.* contratiempo.

settee | seˈtiː | *s.c.* sofá.

setting | ˈsetɪŋ | *s.c.* 1 escena, marco. 2 cubierto. 3 situación, ambiente. 4 ajuste. 5 (normalmente *sing.*) ocaso.

settle | ˈsetl | *v.t.* e *i.* 1 colocar(se), asentar(se), poner(se). ‖ *v.t.* 2 resolver. 3 (normalmente pasiva) dejar sentado. 4 colonizar. 5 pagar. ‖ *v.i.* 6 ponerse cómodo. 7 llegar a un arreglo.

settlement | ˈsetlmənt | *s.c.* 1 asentamiento. 2 acuerdo, arreglo. ‖ *s.i.* 3 pago. ‖ *s.c.* e *i.* 4 contrato.

set-up | ˈsetʌp | *s.c.* (normalmente *sing.*) montaje, tinglado.

seven | ˈsevn | *num.card* siete.

seventeen | sevnˈtiːn | *num.card* diecisiete.

seventh | ˈsevnθ | *num.ord.* séptimo.

seventy | ˈsevntɪ | *num.card* setenta.

sever | ˈsevə | *v.t.* cortar, partir.

several | ˈsevrəl | *adj.* y *pron.indef.* varios.

severance | ˈsevərəns | *s.i.* 1 [− (of-/from)] ruptura. ‖ 2 − pay, indemnización.

severe | sɪˈvɪə | *adj.* 1 severo. 2 austero. 3 grave.

sew | səʊ | *v.t.* e *i.* [*pret.* sewed, *p.p.irreg.* sewn] coser.

sewage | ˈsjuːɪdʒ | (EE.UU.) | ˈsuːɪdʒ | *s.i.* aguas residuales.

sewee |ˈsuːə| *s.i.* labor, costura.

sex |seks| *s.c.* e *i.* 1 sexo. ‖ 2 **to have — (with)**, irse a la cama (con).

sexism |ˈseksɪzəm| *s.i.* sexismo.

sexual |ˈsekʃʊəl| *adj.* sexual.

sexuality |ˌsekʃuˈælətɪ| *s.i.* sexualidad.

sexy |ˈseksɪ| *adj.* atractivo sexualmente.

shabby |ˈʃæbɪ| *adj.* 1 miserable. 2 andrajoso. 3 vil.

shackle |ˈʃækl| *v.t.* 1 poner grilletes. 2 poner trabas. ‖ *s.pl.* 3 grilletes. 4 trabas.

shade |ʃeɪd| *s.i.* 1 sombra. ‖ *s.c.* 2 pantalla (de una lámpara). 3 matiz. ‖ *s.pl.* 4 gafas de sol. ‖ *v.t.* 5 (normalmente pasiva) dar sombra.

shadow |ˈʃædəʊ| *s.c.* e *i.* sombra.

shaft |ʃɑːft| (EE.UU.) |ʃæft| *s.c.* 1 fuste, asta. 2 pozo. 3 eje, árbol. 4 [— (of)] haz (de luz).

shag |ʃæg| [*ger.* **shagging**; *pret.* y *p.p.* **shagged**] *v.t.* 1 joder. ‖ *interj.* 2 a la mierda con. ‖ *s.c.* 3 cormorán. ‖ *s.i.* 4 tabaco picado.

shaggy |ˈʃægɪ| *adj.* desgreñado; peludo.

shake |ʃeɪk| *v.* [*pret.irreg.* **shook**; *p.p.irreg.* **shaken**] *t.* e *i.* 1 agitar, sacudir. 2 conmover. 3 debilitar. 4 temblar. ‖ *s.c.* 5 [a —] una sacudida. ‖ *s.ing.* 6 tembloor. 7 **— hands (with)**, dar la mano (a). 8 **to — one's head**, negar con la cabeza.

shaken |ˈʃeɪkən| *p.p.irreg.* 1 de shake. ‖ *adj.* 2 conmocionado, desconcertado.

shaker |ˈʃeɪkə| *s.c.* coctelera.

shake-up |ˈʃɪzkʌp| (también **shakeout**) *s.c.* conmoción; reorganización.

shale |ʃeɪl| *s.i.* esquisto, pizarra.

shall |ʃæl| |ʃəl| *v.i.* 1 [solamente *interr.*] qué te parece si. 2 futuro.

shallot |ʃəˈlɒt| *s.c.* chalote.

shallow |ˈʃæləʊ| *adj.* 1 poco profundo. 2 superficial. ‖ *s.pl.* 3 aguas poco profundas.

sham |ʃæm| *s.c.* 1 impostor. 2 falsificación. ‖ *adj.* 3 fingido. ‖ *v.t.* 4 simular.

shamble |ˈʃembl| *v.i.* andar arrastrando los pies.

shambles |ˈʃæmblz| *s.sing.* follón.

shame |ʃeɪm| *s.i.* 1 vergüenza. ‖ *s.sing.* 2 [a —] una lástima. ‖ *v.t.* 3 avergonzar. ‖ 4 **— on you**, debería darte vergüenza.

shameful |ˈʃeɪmfl| *adj.* vergonzoso.

shameless |ˈʃeɪmlɪs| *adj.* desvergonzado.

shampoo |ʃæmˈpuː| *s.c.* e *i.* champú.

shamrock |ˈʃæmrɒk| *s.c.* trébol.

shandy |ˈʃændɪ| *s.c.* e *i.* cerveza con gaseosa.

shank |ʃæŋk| *s.c.* 1 astil. ‖ *s.pl.* 2 pantorrillas.

shanty |ˈʃæntɪ| *s.c.* chabola; (Am.) bohío.

shape |ʃeɪp| *s.c.* e *i.* 1 forma, figura. ‖ *s.c.* 2 silueta. ‖ 3 estructura interna. ‖ 4 moldear. 5 configurar. ‖ 6 **in —**, en forma.

shapeless |ˈʃeɪplɪs| *adj.* 1 informe. 2 impreciso.

shapely |ˈʃeɪplɪ| *adj.* bien formado.

share |ʃeə| *v.t.* e *i.* 1 compartir. 2 repartir(se). ‖ 3 FIN. acción. ‖ *s.sing.* 4 [— (in/of)] porción, parte.

shareholder |ˈʃeəhəʊldə| *s.c.* accionista.

share-out |ˈʃeəraʊt| *s.c.* [— (of)] reparto.

shark |ʃɑːk| *adj.* tiburón.

sharp |ʃɑːp| *adj.* 1 afilado. 2 puntiagudo. 3 vivo, penetrante, agudo. 4 claro. 5 pronunciada. 6 [*num.* + —] en punto. ‖ *adv.* 7 pronunciadamente; abruptamente.

sharpen |ˈʃɑːpən| *v.t.* afilar.

sharpener |ˈʃɑːpnə| *adj.* sacapuntas.

sharp-eyed |ʃɑːpˈaɪd| *adj.* con vista.

shat |ʃæt| *pret.* y *p.p.irreg.* de shit.

shatter |ˈʃætə| *v.t.* e *i.* 1 hacer(se) añicos, romper(se), destrozar(se).

shave |ʃeɪv| *v.t.* e *i.* 1 afeitar(se). ‖ *s.c.* 2 afeitado.

shaven |ˈʃeɪvn| *adj.* afeitado.

shaver |ˈʃeɪvə| *s.c.* afeitadora.

shaving |ˈʃeɪvɪŋ| *atr.* de afeitar.

shawl |ʃɔːl| *s.c.* chal, mantón.

she | ʃiː | *pron.pers.* 1 ella. 2 – who, la que, aquella que, quien. || *s.sing.* 3 hembra.

sheaf | ʃiːf | [*pl.* **sheaves**] *s.c.* haz, fajo.

shear | ʃɪə | *v.t.* [*pret.* **sheared**; *p.p.irreg.* **shorn**] 1 trasquilar. || *s.pl.* 2 tijeras de trasquilar.

sheath | ʃiːθ | *s.c.* 1 vaina; funda. 2 preservativo.

sheathe | ʃiːð | *v.t.* envainar.

sheaves | ʃiːvz | *pl.* de sheaf.

shed | ʃed | *v.t.* [*pret.* y *p.p.irreg.* shed; *ger.* **shedding**] 1 desprenderse de. 2 derramar. || *s.c.* 3 cobertizo.

sheen | ʃiːn | *s.c.* brillo; resplandor.

sheep | ʃiːp | [*pl.* **sheep**] *s.c.* oveja.

sheepdog | ʃiːpdɒg | *s.c.* perro pastor.

sheepfold | ʃiːpfəʊld | *s.c.* redil.

sheepish | ʃiːpiʃ | *adj.* tímido.

sheer | ʃɪə | *adj.* 1 absoluto, puro. 2 fino, diáfano. 3 abrupto. || *v.i.* 4 desviarse.

sheet | ʃiːt | *s.c.* 1 sábana. 2 lámina. 3 hoja. 4 capa. 5 escota.

sheikh | ʃeɪk | (también **sheik**) *s.c.* jeque.

shekels | ʃeklz | *s.pl.* pasta, parné.

shelf | ʃelf | [*pl.* **shelves**] *s.c.* 1 estante, repisa. 2 GEOL. plataforma.

shelf-life | ʃelflaɪf | *s.sing.* durabilidad.

shell | ʃel | *s.c.* e *i.* 1 cáscara. 2 concha. 3 caparazón. || *s.c.* 4 estructura. 5 proyectil, obús, bomba. || *v.t.* 6 quitar la cáscara. 7 bombardear.

she'll | ʃiːl | *contr.* de she y will.

shellfish | ʃelfiʃ | [*pl.* **shellfish**] *s.c.* e *i.* marisco.

shelter | ʃeltə | *s.c.* e *i.* 1 refugio; protección. || *v.t.* 2 proteger, refugiar.

sheltered | ʃeltəd | *adj.* protegido.

shelve | ʃelv | *v.t.* aparcar, aplazar indefinidamente.

shelves | ʃelvz | *pl.* de shelf.

shelving | ʃelvɪŋ | *s.i.* estanterías.

shepherd | ʃepəd | *s.c.* 1 pastor. || *v.t.* 2 conducir, guiar. || 3 **shepherd's pie**, patatas con carne picada.

shepherdess | ʃepədɪs | *s.c.* pastora.

sheriff | ʃerɪf | *s.c.* (EE.UU.) jefe de policía del condado.

sherry | ʃerɪ | *s.c.* e *i.* jerez.

she's | ʃiːz | *contr.* 1 de she e is. 2 de she y has.

shield | ʃiːld | *s.c.* 1 escudo. 2 protección. || *v.t.* 3 proteger.

shift | ʃɪft | *v.t.* e *i.* 1 mover(se), cambiar(se). || *v.t.* 2 transferir. || *s.c.* 3 cambio, variación. 4 [+ *v.sing./pl.*] tanda, turno.

shiftily | ʃɪftɪlɪ | *adv.* con trampa.

shiftiness | ʃɪftɪnɪs | *s.i.* trampa.

shiftless | ʃɪftlɪs | *adj.* vago.

shifty | ʃɪftɪ | *adj.* tramposo.

shilling | ʃɪlɪŋ | *s.c.* chelín.

shilly-shally | ʃɪlɪʃælɪ | *v.i.* titubear, vacilar.

shimmer | ʃɪmə | *v.i.* 1 rielar. || *s.sing.* 2 luz trémula.

shin | ʃɪn | *s.c.* 1 espinilla. 2 jarrete.

shindig | ʃɪndɪg | *s.c.* jarana.

shine | ʃaɪn | *v.* [*pret.* y *p.p.irreg.* shone] *i.* 1 brillar, resplandecer. 2 [to – (at)] ser excelente, destacar. || *t* 3 iluminar. || *s.sing.* 4 brillo, resplandor; lustre.

shine | ʃaɪn | *v.t.* 1 sacar brillo. || *s.sing.* 2 [a –] un lustre notable.

shiner | ʃaɪnə | *s.c.* ojo a la funerala.

shingle | ʃɪŋgl | *s.i.* 1 guijarros. || *s.c.* 2 rótulo. || *s.pl.* 3 herpes.

ship | ʃɪp | *s.c.* 1 barco, buque. || *v.t.* 2 enviar por barco.

shipment | ʃɪpmənt | *s.c.* e *i.* transporte, envío.

shipshape | ʃɪpʃeɪp | *adj.* en regla.

shipwreck | ʃɪprek | *s.c.* e *i.* naufragio.

shipyard | ʃɪpjaːd | *s.c.* astillero.

shire | ʃaɪə | *s.c.* condado.

shirk | ʃɜːk | *v.t.* e *i.* eludir; hacer el vago.

shirt | ʃɜːt | *s.c.* camisa.

shirtfront | ʃɜːtfrʌnt | *s.c.* pechera.

shit | ʃɪt | *v.i.* [*pret.* y *p.p.irreg.* shat; también **shitted**; *ger.* **shitting**] 1 cagar. || *s.sing.* 2 cagada. || *s.c.* 3 mierda, asco. || *s.i.* 4 heces, caca. || *interj.* 5 joder.

shiver | ʃɪvə | *v.i.* 1 temblar, estremecerse (de miedo); tiritar (de frío). ‖ s.c. 2 estremecimiento, escalofrío.

shock |ʃɒk| s.c. e i. 1 trauma, chock, conmoción. 2 choque, golpetazo. ‖ v.t. e i. 3 escandalizar, disgustar. ‖ v.t. 4 conmover.

shocking |'ʃɒkɪŋ| adj. espantoso.

shockproof |'ʃɒkpruːf| adj. a prueba de golpes.

shod |ʃɒd| pret. p.p.irreg. 1 de shoe. ‖ adj. 2 ataviado.

shoddy |'ʃɒdɪ| adj. burdo.

shoe |ʃuː| s.c. 1 zapato. 2 herradura. ‖ [pret. y p.p.irreg. shod] v.t. 3 herrar. ‖ 4 in someone's shoes, en el lugar de alguien.

shoehorn |'ʃuːhɔːn| s.c. calzador.

shoelace |'ʃuːleɪs| s.c. (brit.) cordón.

shoemaker |'ʃuːmeɪkə| s.c. zapatero.

shoestring |'ʃuːstrɪŋ| s.c. 1 (EE.UU) crodón. ‖ adj. 2 reducido. ‖ on a — (fam.) con poquísimo dinero.

shoetree |'ʃuːtriː| s.c. horma.

shone |ʃɒn| (EE.UU.) |ʃəʊn| pret. y p.p.irreg. de shine.

shoo |ʃuː| v.t. 1 ahuyentar. ‖ interj. 2 fuera.

shook |ʃʊk| pret. irreg. de shake.

shoot |ʃuːt| v. [pret. y p.p.irreg. shot] 1 [to — (at)] disparar. 2 (brit.) cazar. 3 DEP. chutar. 4 rodar. 5 ir a gran velocidad. ‖ s.c. 6 brote. 7 (brit.) caza.

shooting |'ʃuːtɪŋ| s.c. e i. 1 tiroteo; (Am.) balacera. ‖ s.i. 2 (brit.) caza. ‖ 3 — star, estrella fugaz.

shoot-out |'ʃuːtaʊt| s.c. tiroteo.

shop |ʃɒp| s.c. 1 tienda. 2 taller. ‖ v.i. 3 comprar. ‖ v.t. 4 (fam.) engañar.

shopkeeper |'ʃɒpkiːpə| s.c. tendero.

shoplifter |'ʃɒplɪftə| s.c. ladrón de tiendas.

shopper |'ʃɒpə| s.c. comprador.

shopping |'ʃɒpɪŋ| s.i. 1 compras. ‖ s.sing. 2 [the —] lo comprado. ‖ 3 — centre, centro comercial.

shore |ʃɔː| s.c. 1 orilla, ribera. ‖ 2 — up, reforzar.

shoreline |'ʃɔːlaɪn| s.c. costa, orilla.

shorn |ʃɔːn| p.p.irreg. 1 de shear. ‖ adj. 2 cortado al cero (pelo); pelado.

short |ʃɔːt| adj. 1 corto, breve. 2 bajo. 3 abrupto. 4 [— (of)] falto, carente. ‖ s.c. 5 cortometraje. ‖ s.pl. 6 pantalones cortos. 7 (EE.UU.) calzoncillos. 8 to be — for, ser diminutivo de. 9 to cut —, interrumpir. 10 in —, en pocas palabras. 11 to run — of, agotarse.

shortage |'ʃɔːtɪdʒ| s.c. falta, escasez.

short-circuit |ʃɔːt'sɜːkɪt| s.c. 1 cortocircuito. ‖ v.t. e i. 2 haber un cortocircuito.

shortcoming |'ʃɔːtkʌmɪŋ| s.c. (normalmente pl.) deficiencia.

shortcrust |'ʃɔːtkrʌst| adj. de pasta quebradiza.

short-cut |'ʃɔːtkʌt| s.c. atajo.

shorten |'ʃɔːtn| v.t. e i. acortar(se).

shortening |'ʃɔːtnəŋ| s.i. (EE.UU.) manteca (de cocinar).

shortfall |'ʃɔːtfɔːl| s.c. déficit.

shorthand |'ʃɔːthænd| s.c. taquigrafía.

short-handed |ʃɔːt'hændɪd| adj. con falta de personal.

short-list |'ʃɔːtlɪst| s.c. 1 (normalmente sing.) preselección. ‖ v.t. 2 preseleccionar.

short-lived |ʃɔːt'lɪvd| (EE.UU.) |ʃɔːt'laɪvd| adj. efímero.

shortly |'ʃɔːtlɪ| adv. 1 en poco tiempo. 2 bruscamente.

short-range |ʃɔːt'reɪndʒ| adj. de cerca, de corto alcance.

short-sighted |ʃɔːt'saɪtɪd| adj. miope.

short-staffed |ʃɔːt'stɑːft| V. short-handed.

short-tempered |ʃɔːt'tempəd| adj. de mal genio.

short-term |ʃɔːt'tɜːm| adj. 1 de corto plazo. ‖ adj. 2 a corto plazo.

shot |ʃɒt| pret. y p.p.irreg. 1 de shot. ‖ s.c. 2 disparo. 3 [adj. —] tirador. 4 fotografía. 5 inyección. 6 (fam.) copazo. ‖ s.i. 7 perdigones, balines. ‖ adj. 8 tornasolado. 9 [— through/with] saturado de.

shotgun |'ʃɒtgʌn| s.c. escopeta.

should | ʃud | | ʃəd | *v.i.* 1 debería, deber. || 2 | –, (fam.) yo que tu... (dando un consejo). 3 **you –**, tenías que (expresando sorpresa, extrañeza, etc.) 4 auxiliar de condicional para las primeras personas. 5 en oraciones condicionales indica una posiglidad remota. 6 señala sorpresa enfática. 7 en oraciones, completivas con un significado subjuntivo.

shoulder | ʃəuldə | *s.c.* 1 hombro. 2 hombrera. 3 cuarto delantero (carne de animal). 4 (EE.UU.) arcén. || *s.pl.* 5 espaldas. || *v.t.* 6 golpear con el hombro. 7 llevar sobre los hombros.

shoulder-blade | ʃəuldəbleid | *s.c.* omóplato.

shouldn't | ʃudnt | | ʃədnt | *contr.* de should y not.

should've | ʃudəv | | ʃədəv | *contr.* de should y have.

shout | ʃaut | *v.i.* 1 gritar, chillar. || *v.t.* 2 decir a gritos. || *s.c.* 3 grito, chillido.

shove | ʃʌv | *v.t. e i.* 1 empujar. 2 meter descuidadamente. || *s.c.* 3 (normalmente *sing.*) empujón.

shovel | ʃʌl | *s.c.* 1 pala; (Am.) palana. || *v.t.* 2 cavar con una pala.

shovelful | ʃʌvlful | *s.c.* palada.

show | ʃəu | *v. [pret. showed, p.p.irreg. shown]* t. 1 mostrar, enseñar, exhibir. 2 demostrar. 3 descubrir. 4 acompañar. || *i.* 5 notarse. || *s.c.* 6 ostentación, espectáculo. 7 exposición.

show-business | ʃəubiznis | *s.i.* mundo del espectáculo.

showcase | ʃəukeis | *s.c.* vitrina.

showdown | ʃəudaun | *s.c.* (normalmente *sing.*) confrontación.

shower | ʃauə | *s.c.* 1 ducha. 2 chubasco, aguacero. || *v.i.* 3 darse una ducha. || *v.t.* 4 [to – + o + with] colmar de.

shown | ʃəun | *p.p.irreg.* de show.

show-off | ʃəuɒf | *s.c.* chulo.

showy | ʃəui | *adj.* llamativo.

shrank | ʃræŋk | *pret.irreg.* de shrink.

shrapnel | ʃræpnəl | *s.i.* metralla.

shred | ʃred | *[ger. shhredding, pret. y p.p. shredded]* *v.t.* 1 desmenuzar, frag-

mentar. || *s.c.* 2 (normalmente *pl.*) pedacito, fragmento.

shrew | ʃru: | *s.c.* musaraña.

shrewd | ʃru:d | *adj.* astuto, sagaz.

shriek | ʃri:ik | *v.i.* 1 chillar. || *v.t.* 2 decir chillando. || *s.c.* 3 [– of] chillido.

shrill | ʃril | *adj.* 1 chillón, estridente. || *v.i.* 2 emitir un sonido desagradable. || *v.t.* 3 decir con voz estridente.

shrimp | ʃrimp | *s.c.* gamba.

shrine | ʃrain | *s.c.* 1 santuario. 2 sepulcro.

shrink | ʃriŋk | *[pret.irreg. shrank, p.p.irreg. shrunk]* *v.t. e i.* 1 encoger(se). 2 disminuir de tamaño. || *v.i.* 3 retroceder. **to – from]** acobardarse. || *s.c.* 4 (fam.) psiquiatra.

shrinkage | ʃriŋkidʒ | *s.i.* encogimiento.

shrivel | ʃrivl | *v.t. e i.* (también **shrivel up**) arrugarse, resecarse.

shroud | ʃraud | *s.c.* 1 mortaja. || *v.t.* 2 (normalmente pasiva) ocultar, cubrir.

shrub | ʃrʌb | *s.c.* arbusto.

shrug | ʃrʌg | *[ger. shrugging, pret. y p.p. shugged]* *v.t. e i.* 1 encoger(se) (hombros). || *s.c.* 2 (normalmente *sing.*) encogimiento de hombros.

shrunk | ʃrʌŋk | *p.p.irreg.* de shrink.

shrunken | ʃrʌŋkən | *adj.* encogido.

shucks | ʃks | *interj.* (EE.UU.) caramba, vaya.

shudder | ʃdə | *v.i.* 1 temblar, estremecerse. || *s.c.* 2 (normalmente *sing.*) estremecimiento, escalofrío.

shuffle | ʃʌfl | *v.i.* 1 caminar arrastrando los pies. || *v.t. e i.* 2 barajar (las cartas). 3 mover los pies nerviosamente. || *v.t.* 4 desordenar.

shun | ʃʌn | *[ger. shunning, pret. y p.p. shunned]* *v.t.* esquivar, rehuir.

shunt | ʃʌnt | *v.t.* 1 trasladar, trajinar. || *v.t. e i.* 2 maniobrar.

shush | ʃʌʃ | *interj.* 1 calla, chsss. || *v.i. e i.* 2 hacer callar, callar.

shut | ʃʌt | *v. [pret. y p.p.irreg. shut]* t. e i. 1 cerrar(se). || *adj.* 2 cerrado.

shut-eye | ʃʌtai | *s.i.* (fam.) sueñecito.

shutter | ʃʌtə | *s.c.* 1 (normalmente

pl.) contraventana. 2 FOT. obturador. 3 cierre.

shuttle | ˈʃʌtl | *s.c.* 1 puente, enlace. 2 puente aéreo. 3 lanzadera. ‖ *v.t.* 4 transportar, enalzar.

shy | ʃaɪ | *adj.* 1 tímido, retraído, huraño. 2 [– of] temeroso de.

sigilant | ˈsɪbɪlənt | *adj.* sibilante.

sick | sɪk | *adj.* 1 enfermo. 2 mareado. 3 triste. 4 [– of] harto de. ‖ *s.i.* 5 (brit. y fam.) vómito.

sicken | ˈsɪkən | *v.t.* enfermar, sacar de quicio.

sickening | ˈsɪkənɪŋ | *adj.* desagradable, repugnante.

sickle | ˈsɪkl | *s.c.* hoz.

sickly | ˈsɪklɪ | *adj.* 1 enfermizo. 2 pálido, demacrado. 3 asqueroso.

sickness | ˈsɪknɪs | *s.i.* 1 enfermedad, dolencia. 2 mareo, náusea.

side | saɪd | *s.c.* 1 lado, parte. 2 orilla. 3 ladera. 4 arcén. ‖ *adj.* 5 secundaria (calle o carretera). 6 lateral (puerta, entrada, etc.). ‖ 7 on the – of, a favor de, en apoyo de. 8 to – against, agruparse contra. 9 – issue, tema secundario.

sideboard | ˈsaɪdbɔːd | *s.c.* 1 aparador. ‖ *s.p.* 2 patillas.

sidecar | ˈsaɪdkaː | *s.c.* sidecar.

side-effect | ˈsaɪdɪfekt | *s.c.* (normalmente *pl.*) efecto secundario.

sidelight | ˈsaɪdlaɪt | *s.c.* luz de posición.

sideline | ˈsaɪdlaɪn | *s.c.* 1 trabajo extra, empleo suplementario. 2 (normalmente *pl.*) línea de demarcación, línea lateral, línea de banda. ‖ 3 on the sidelines, desde la barrera, sin comprometerse.

sidelong | ˈsaɪdlɒŋ | *adj.* y *adv.* de soslayo.

sideshow | ˈsaɪdʃəʊ | *s.c.* barraca de feria.

side-splitting | ˈsaɪdsplɪtɪŋ | *adj.* (fam.) de partirse de risa.

sidestep | ˈsaɪdstep | *v.t.* e *i.* evadir.

sidetrack | ˈsaɪdtræk | *v.t.* apartar de su finalidad.

sidewalk | ˈsaɪdwɔːk | *s.c.* (EE.UU.) acera.

sideways | ˈsaɪdweɪz | *adj.* y *adv.* 1 de lado, hacia un lado, al lado. 2 sin progresar. ‖ 3 to knock someone –, (fam.) dejar a alguien estupefacto.

siding | ˈsaɪdɪŋ | *s.c.* apartadero.

sidle | ˈsaɪdl | *s.c.* e *i.* sitio, asedio.

siesta | sɪˈestə | *s.c.* e *i.* siesta.

sieve | sɪv | *s.c.* 1 tamiz, colador. ‖ *v.t.* 2 tamizar, cribar, pasar por un colador.

sift | sɪft | *v.t.* 1 tamizar, cribar. 2 examinar, escudriñar.

sigh | saɪ | *v.t.* e *i.* 1 suspirar. ‖ *s.c.* 2 suspiro.

sight | saɪt | *s.i.* 1 vista. ‖ *s.c.* 2 escena, paisaje. 3 mira. ‖ *v.t.* 4 ver brevemente. ‖ 5 a –, (fam.) muchísimo. 6 to catch – of, avisar. 7 in –, a la vista.

sightseeing | ˈsaɪtsiːɪŋ | *s.i.* visita a lugares de interés.

sign | saɪn | *s.c.* 1 signo, símbolo. 2 señal, gesto. 3 prueba, muestra. ‖ *v.t.* e *i.* 4 firmar.

signal | ˈsɪɡnəl | *s.c.* 1 señal, seña. 2 aviso, indicación. ‖ *v.t.* 3 hacer señas. 4 indicar.

signatory | ˈsɪɡnətrɪ | (EE.UU.) | ˈsɪɡnətɔːrɪ | *s.c.* singatario, firmante.

signature | ˈsɪɡnətʃə | *s.c.* e *i.* 1 firma. ‖ *s.c.* 2 (fig.) característica.

signboard | ˈsaɪnbɔːd | *s.c.* letrero.

signet | ˈsɪɡnət | *s.c.* sello.

significance | sɪɡˈnɪfɪkəns | *s.i.* 1 significación. 2 significado.

significant | sɪɡˈnɪfɪkəns | *s.i.* 1 significación. 2 significado.

signify | ˈsɪɡnɪfaɪ | *v.t.* significar.

Sikh | siːk | *adj.* y *s.c.* sij.

silage | ˈsaɪlɪdʒ | *s.i.* ensilaje.

silence | ˈsaɪləns | *s.c.* e *i.* 1 silencio. ‖ *v.t.* 2 hacer callar.

silencer | ˈsaɪlənsə | *s.c.* silenciador.

silent | ˈsaɪlənt | *adj.* 1 silencioso. 2 mudo, que no dice nada.

silhouette | ˌsɪluːˈet | *s.c.* silueta.

silica | ˈsɪlɪkə | *s.i.* sílice.

silicon | ˈsɪlɪkən | *s.i.* silicio.

silicone | ˈsɪlɪkəʊn | *s.i.* silicona.

silk | sɪlk | *s.c.* e *i.* seda.
silken | ˈsɪlkən | *adj.* de seda.
silkiness | ˈsɪlkinɪs | *s.i.* suavidad.
silk-screen | ˈsɪlkˈskriːn | *adj.* 1 de serigrafía. || 2 — **printing,** serigrafía.
silkworm | ˈsɪlkwɜːm | *s.c.* gusano de seda.
sill | sɪl | *s.c.* alféizar.
silly | ˈsɪlɪ | *adj.* tonto, ridículo.
silo | ˈsaɪləʊ | *s.c.* silo.
silt | sɪlt | *s.i.* sedimento.
silver | ˈsɪlvə | *s.i.* 1 plata || *adj.* 2 de plata. || || 3 — **birch,** abedul.
silverfish | ˈsɪlvəfɪʃ | [*pl.* silverfish] *s.c.* lepisma.
silver-plated | ˌsɪlvəˈpleɪtɪd | *adj.* chapado en plata.
silversmith | ˈsɪlvəsmɪə | *s.c.* platero.
silvery | ˈsɪlvərɪ | *adj.* plateado.
similar | ˈsɪmɪlə | *adj.* similar.
similarity | ˌsɪmɪˈlærɪtɪ | *s.i.* 1 semejanza. || *s.c.* 2 cosa parecida.
simile | ˈsɪmɪlɪ | *s.c.* símil.
simmer | ˈsɪmə | *v.t.* e *i.* cocer a fuego lento.
simper | ˈsɪmpə | *v.i.* 1 sonreír con expresión bobalicona. || *s.c.* 2 sonrisa tonta.
simple | ˈsɪmpl | *adj.* sencillo, simple, natural.
simple-minded | ˌsɪmplˈmaɪndɪd | *adj.* inocentón.
simpleton | ˈsɪmpltən | *s.c.* simplón.
simplicity | sɪmˈplɪsɪtɪ | *s.i.* simplicidad, sencillez.
simplification | ˌsɪmplɪfɪˈkeɪʃn | *s.c.* e *i.* simplificación.
simplify | ˈsɪmplɪfaɪ | *v.t.* simplificar.
simplistic | sɪmˈplɪstɪk | *adj.* simplista.
simply | ˈsɪmplɪ | *adv.* 1 sólo, únicamente. 2 sencillamente. 3 (también **quite** —), sin duda alguna.
simulate | ˈsɪmjʊleɪt | *v.t.* fingir, simular.
simulation | ˌsɪmjʊˈleɪʃn | *s.c.* e *i.* simulación.
simultaneous | ˌsɪmlˈteɪnɪəs | (EE.UU.) | ˌsaɪmlˈteɪnɪəs | *adj.* simultáneo.
sin | sɪn | *s.c.* e *i.* 1 pecado. || [*ger.*

sinning, *pret.* y *p.p.* sinned] *v.i.* 2 [to — (against)] pecar.
since | sɪns | *prep.* 1 desde. || *conj.* 2 desde que. 3 ya que, puesto que. || *adv.* 4 desde entonces.
sincere | sɪnˈsɪə | *adj.* sincero.
sincerely | sɪnˈsɪəlɪ | *adv.* 1 sinceramente. || 2 —/yours —/yours very —, atentamente.
sincerity | sɪnˈserɪtɪ | *s.i.* sinceridad.
sinew | ˈsɪnjuː | *s.c.* tendón.
sinewy | ˈsɪnjuːɪ | *adj.* vigoroso.
sinful | ˈsɪnfl | *adj.* pecaminoso.
sing | sɪŋ | *v.* [*pret.irreg.* sang, *p.p.irreg.* sung] *t.* e *i.* 1 cantar. 2 silbar (balas, el viento, etc.). 3 zumbar (oídos). || 4 to — someone's praises, alabar a alguien.
Singapore | ˌsɪŋəˈpɔː | *s.sing.* Singapur.
singe | sɪndʒ | [*ger.* singeing] *v.t.* e *i.* 1 chamuscar(se). || *s.c.* 2 quemadura leve.
singer | ˈsɪŋə | *s.c.* cantante.
singing | ˈsɪŋɪŋ | *s.i.* 1 canto. || *s.sing.* 2 zumbido.
single | ˈsɪŋgl | *adj.* 1 único, solo. 2 soltero. 3 concreto. 4 individual. 5 sólo de ida (billete).
single-minded | ˌsɪŋglˈmaɪndɪd | *adj.* resuelto, firme.
singlet | ˈsɪŋglɪt | *s.c.* (brit.) camiseta.
singly | ˈsɪŋglɪ | *adv.* individualmente.
singular | ˈsɪŋgjʊlə | *adj.* singular.
singularity | ˌsɪŋgjʊˈlærɪtɪ | *s.i.* 1 (lo) extraordinario. 2 peculiaridad.
sinister | ˈsɪnɪstə | *adj.* siniestro.
sink | sɪŋk | *v.* [*pret.irreg.* sank, *p.p.irreg.* sunk] *i.* 1 hundirse. 2 descender. 3 deprimirse. || *s.c.* 4 pila, fregadero. 5 lavabo.
sinking | ˈsɪŋkɪŋ | *adj.* 1 que se hunde. || *s.i.* 2 hundimiento. || 3 — fund, fondo de amortización.
sinner | ˈsɪnə | *s.c.* pecador.
sinuous | ˈsɪnjʊəs | *adj.* sinuoso.
sinus | ˈsaɪnəs | *s.c.* seno (nasal).
sip | sɪp | [*ger.* sipping, *pret.* y *p.p.* sipped] *v.t.* e *i.* 1 beber a sorbos. || *s.c.* 2 sorbo.
siphon | ˈsaɪfn | (también **syphon**) *s.c.*

1 tubo de sifón. 2 sifón. ‖ *v.t.* (también siphon off). 3 sacar mediante sifón.

sir ‖ sɜː ‖ *s.c.* señor.

siren ‖ 'saɪərən ‖ *s.c.* 1 sirena, alarma. 2 sirena (mujer pez).

sirloin ‖ 'sɜːlɔɪn ‖ *s.c.* e *i.* solomillo.

sisal ‖ 'saɪsl ‖ *s.i.* sisal, pita.

sissy ‖ 'sɪsɪ ‖ (también **cissy**) *s.c.* (fam. y desp.) 1 cobarde. 2 marica.

sister ‖ 'sɪstə ‖ *s.c.* 1 hermana. 2 (brit.) enfermera jefe. 3 (fam. y EE.UU.) amiga.

sisterhood ‖ 'sɪstəhʊd ‖ *s.i.* hermandad.

sister-in-law ‖ 'sɪstəʳɪnlɔː ‖ [*pl.* **sister-in-law**] *s.c.* cuñada.

sit ‖ sɪt ‖ [*pret.* y *p.p.irreg.* **sat**; *ger.* **sitting**] *i.* 1 sentarse. 2 [to — for] posar para. 3 [to — on] encubar. ‖ *t* 4 sentar, hacer sentar. 5 to — up, a) incorporarse (sentado); b) no acostarse; c) prestar atención súbita.

site ‖ saɪt ‖ *s.c.* 1 solar. 2 lugar, escena. 3 yacimiento (arqueológico). ‖ *v.t.* 4 (normalmente *pasiva*) situar.

sit-in ‖ 'sɪtɪn ‖ *s.c.* encierro (protesta).

sitter ‖ 'sɪtə ‖ *s.c.* (fam.) chica canguro.

sitting ‖ 'sɪtɪŋ ‖ *adj.* 1 sentado. 2 en funciones. ‖ *s.i.* 3 sesión.

sitting-room ‖ 'sɪtɪŋruːm ‖ *s.c.* cuarto de estar.

situate ‖ 'sɪtjʊeɪt ‖ (EE.UU.) ‖ 'sɪtʃʊeɪt ‖ *v.t.* colocar, situar.

situation ‖ sɪtjʊ'eɪʃn ‖ *s.c.* 1 situación. 2 crisis.

six ‖ sɪks ‖ *num.card.* seis.

sixpence ‖ 'sɪkspəns ‖ *s.c.* seis peniques.

sixteen ‖ sɪk'stiːn ‖ *num.card.* dieciséis.

sixth ‖ sɪksθ ‖ *num.ord.* sexto.

sixty ‖ 'sɪkstɪ ‖ *num.card.* sesenta.

sizable V. sizeable.

size ‖ saɪz ‖ *s.i.* 1 tamaño, dimensiones. ‖ *s.c.* 2 talla, número.

sizeable ‖ 'saɪzəbl ‖ (también **sizable**) *adj.* considerable, importante.

sizzle ‖ 'sɪzl ‖ *v.i.* crepitar, churruscar.

skate ‖ skeɪt ‖ *s.c.* 1 patín. 2 raya (pez). ‖ *v.i.* 3 patinar.

skateboard ‖ 'skeɪtbɔːd ‖ *s.c.* monopatín.

skater ‖ 'skeɪtə ‖ *s.c.* pintador.

skeletal ‖ 'skelətl ‖ *adj.* del esqueleto, esquelético.

skeleton ‖ 'skelɪtn ‖ *s.c.* esqueleto.

sketch ‖ sketʃ ‖ *s.c.* 1 bosquejo, esbozo. ‖ *v.t.* e *i.* 2 hacer un bosquejo, esbozar.

sketchy ‖ 'sketʃɪ ‖ *adj.* incompleto.

skew ‖ skjuː ‖ *v.i.* 1 torcerse, desviarse. ‖ *adj.* 2 sesgado. ‖ *adv.* 3 sesgadamente.

skewer ‖ skjuːə ‖ *s.c.* 1 brocheta. ‖ *v.t.* 2 poner en un pincho.

ski ‖ skiː ‖ *v.i.* 1 esquiar. ‖ *s.c.* 2 esquí. ‖ *atr.* 3 de esquiar.

skid ‖ skɪd ‖ [*ger.* **skidding**, *pret.* y *p.p.* **skidded**] *v.i.* 1 derrapar, patinar. ‖ *s.c.* 2 patinazo, derrape. ‖ 3 — row, (fam. y EE.UU.) barrio de mala muerte.

skier ‖ 'skiːə ‖ *s.c.* esquiador.

skiff ‖ skɪf ‖ *s.c.* esquife.

skilful ‖ 'skɪlfl ‖ (EE.UU. **skillful**) *adj.* hábil, diestro.

skill ‖ skɪl ‖ *s.i.* 1 habilidad, destreza. ‖ *s.c.* 2 técnica.

skim ‖ skɪm ‖ [*ger.* **skimming**, *pret.* y *p.p.* **skimmed**] *v.t.* 1 rozar. 2 desnatar. 3 echar un vistazo. ‖ *v.i.* 4 [to — through] hojear.

skimp ‖ skɪmp ‖ *v.t.* escatimar, economizar mucho.

skimpy ‖ 'skɪmpɪ ‖ *adj.* escaso.

skin ‖ skɪn ‖ *s.c.* e *i.* 1 piel. 2 cáscara. ‖ *v.t.* 3 despellejar, quitar la piel ‖ 4 by the — of one's teeth, por los pelos. 5 it's no — off my nose, (fam.) no es asunto mío.

skin-deep ‖ skɪn'diːp ‖ *adj.* superficial.

skinflint ‖ 'skɪnflɪnt ‖ *s.c.* (fam.) avaro.

skinhead ‖ 'skɪnhed ‖ *s.c.* cabeza rapada.

skinny ‖ 'skənɪ ‖ *adj.* flacucho.

skint ‖ skɪnt ‖ *adj.* (fam.) sin blanca.

skin-tight ‖ skɪn'taɪt ‖ *adj.* ceñido.

skip ‖ skɪp ‖ [*ger.* **skipping**, *pret.* y *p.p.* **skipped**] *v.i.* 1 dar saltitos. 2 saltar a la comba. 3 no centrarse. ‖ *v.t* 4 omitir, saltar. ‖ *s.c.* 5 brinco.

skipper | ˈskɪpə | *s.c.* (fam.) 1 MAR. capitán. 2 DEP. capitán.

skipping-rope | ˈskɪpɪŋrəup | *s.c.* comba.

skirmish | ˈskɜːmɪʃ | *s.c.* 1 escaramuza. 2 (fig.) refriega (verbal).

skirt | skɜːt | *s.c.* 1 falda; (Am.) pollera. ‖ *v.t.* 2 rodear. 3 evitar, dar rodeos.

skirting | ˈskɜːtɪŋ | (también **skirting board**) *s.c. e i.* (brit.) rodapié.

skit | skɪt | *s.c.* sátira, parodia.

skitter | ˈskɪtə | *v.i.* dar brincos.

skittish | ˈskɪtɪʃ | *adj.* capricho; juguetón.

skittle | ˈskɪtl | *s.c.* 1 bolo. ‖ *s.pl.* 2 bolos (juego).

skive | skaɪv | *v.i.* (brit.) racanear.

skulk | skʌlk | *v.i.* acechar.

skull | skʌl | *s.c.* cráneo.

skunk | skʌŋk | *s.c.* 1 mofeta; (Am.) zorrillo. 2 (desp.) canalla.

sky | skaɪ | *s.sing.* [the –] el cielo, el firmamento.

sky-blue | ˌskaɪˈbluː | *adj.* azul celeste.

sky-high | ˌskaɪˈhaɪ | *adj.* 1 de gran altitud. 2 por las nubes.

skylark | ˈskaɪlɑːk | *s.c.* alondra.

skylight | ˈskaɪlaɪt | *s.c.* tragaluz.

skyline | ˈskaɪlaɪn | *s.c.* horizonte.

skyscraper | ˈskaɪskreɪpə | *s.c.* rascacielos.

skywards | ˈskaɪwədz | (también **skyward**) *adj. y adv.* hacia el cielo.

slab | slæb | *s.c.* losa, bloque.

slack | slæk | *adj.* 1 flojo. ‖ *s.i.* 2 flojedad. ‖ *s.pl.* 3 pantalones de sport.

slacken | ˈslækən | *v.t.* 1 disminuir. 2 aflojar(se).

slacker | ˈslækə | *s.c.* (fam.) vago.

slag | slæg | *s.i.* 1 escoria. ‖ 2 – heap, escombrera. 3 to – off, (fam.) criticar.

slain | sleɪn | *p.p.irreg.* de slay.

slake | sleɪk | *v.t.* apagar (sed).

slam | slæm | *v.t.* 1 golpear, cerrar de un golpe. ‖ *v.i.* 2 cerrarse de golpe (puerta). ‖ *s.c.* 3 golpe. 4 portazo.

slammer | ˈslæmə | *s.c.* (fam.) cárcel.

slander | ˈslɑːndə | *s.c.* 1 calumnia. ‖ *v.t.* 2 calumniar.

slang | slæŋ | *s.i.* 1 argot, jerga. ‖ *adj.* 2 palabra del argot.

slant | slænt | *v.t. e i.* 1 inclinar(se), sesgar(se). ‖ *s.c.* 2 inclinación, sesgo. 3 punto de vista.

slant-eyed | ˌslɑːntˈaɪd | *adj.* de ojos almendrados.

slantwise | ˈslɑːntwaɪz | *adj.* al sesgo.

slap | slæp | *v.t.* 1 dar una palmada a. 2 pegar, golpear. ‖ *s.c.* 3 palmada, manotada. ‖ *adv.* 4 de lleno, de plano. 5 directamente. ‖ *interj.* 6 ¡zas!

slap-bang | ˈslæpbæŋ | *adv.* 1 ruidosamente. 2 directamente.

slapdash | ˈslæpdæʃ | *adj.* descuidado.

slap-happy | ˈslæpˈhæpɪ | *adj.* alegre y despreocupado.

slapstick | ˈslæpstɪk | *s.i.* payasadas.

slap-up | ˈslæpʌp | *adj.* (fam.) comilona.

slash | slæʃ | *v.t.* 1 acuchillar. 2 rasgar. 3 azotar. 4 machacar, quemar. 5 atacar, criticar severamente. ‖ *s.c.* 6 cuchillada, latigazo.

slashing | ˈslæʃɪŋ | *adj.* fulminante.

slat | slæt | *s.c.* tablilla.

slate | sleɪt | *s.i.* 1 pizarra. ‖ *s.c.* 2 (EE.UU.) lista de candidatos. ‖ *adj.* 3 de pizarra.

slatepencil | ˈsleɪtˈpensl | *s.c.* pizarrín.

slattern | ˈslætən | *s.c.* mujer dejada.

slatternly | ˈslæntənlɪ | *adj.* desaseado.

slaughter | ˈslɔːtə | *v.t.* 1 matar, sacrificar en gran número. 2 hacer una carnicería de. 3 (fam. y fig.) engañar. ‖ *s.i.* 4 matanza.

slaughterer | ˈslɔːtərə | *s.c.* jifero.

Slav | slɑːv | *adj. y s.c.* eslavo.

slave | sleɪv | *s.c.* esclavo.

slave-driver | ˈsleɪvˌdraɪvə | *s.c.* negrero.

slaver | ˈsleɪvə | *s.c.* negrero.

slaver | ˈslævə | *v.i.* 1 babear. ‖ *s.i.* 2 baba.

slavery | sleɪvrɪ | *s.i.* esclavitud.

slave-trade | sleɪv'treɪd | *s.sing.* 1 tráfico de esclavos. ‖ 2 white —, trata de blancas.

slavey | 'sleɪvɪ | *s.c.* fregona.

Slavic | 'slævɪc | *adj. s.c.* eslavo.

slavish | sleɪvɪʃ | *adj.* servil.

slay | sleɪ | *v.* [*pret.irreg.* slew y *p.p.irreg.* slain] *t.* matar, asesinar.

slayer | 'sləːɪə | *s.c.* asesino.

sleazy | 'sliːzɪ | *adj.* desaseado.

sled | sled | (brit. **sledge**) *s.c.* 1 trineo. ‖ *v.t.* 2 llevar en trineo. ‖ *v.i.* 3 ir en trineo. ‖ 4 — **hammer**, mazo.

sleek | sliːk | *adj.* 1 lustroso. 2 pulcro. ‖ *v.t.* 3 alisar, pulir.

sleep | sliːp | *s.i.* 1 sueño. ‖ *v.* [*pret.* y *p.p.irreg.* slept] *i.* y *t.* 2 dormir. ‖ 3 deep —, heavy —, sueño profundo. 4 to — the hours away, pasar las horas durmiendo. 5 to — on something, consultar algo con la almohada.

sleeper | 'sliːpə | *s.c.* 1 durmiente. 2 traviesa (raíl). 3 cochecama (tren).

sleeping | 'sliːpɪŋ | *adj.* 1 durmiente. 2 para dormir. ‖ *s.i.* 3 sueño.

sleeping-bag | 'sliːpɪŋbæg | (también sleeping bag) *s.c.* saco de dormir.

sleeping-car | 'sliːpɪŋkaː | *s.c.* cochecama.

sleeping-draught | 'sliːpɪŋdraːft | *s.c.* soporífero.

sleepless | 'sliːplɪs | *adj.* desvelado.

sleeplessness | 'sliːplɪsnɪs | *s.i.* insomnio.

sleepwalker | 'sliːpwɔːkə | *s.c.* sonámbulo.

sleepy | sliːpɪ | *adj.* 1 soñoliento. 2 soporífero.

sleepyhead | 'sliːpɪhed | *s.c.* dormilón.

sleet | sliːt | *s.i.* nevisca, aguanieve.

sleeve | sliːv | *s.c.* 1 manga. 2 manguito, enchufe.

sleeved | sliːvd | *adj.* 1 con mangas. ‖ 2 long-sleeved, con mangas largas.

sleevless | 'sliːvlɪs | *adj.* sin mangas.

sleeve links | 'sliːvlɪŋks | *s.pl.* gemelos (camisas).

sleigh | sleɪ | V. sled.

sleight | slaɪt | *s.i.* — of hand, escamoteo.

slender | 'slendə | *adj.* 1 delgado. 2 esbelto. 3 escaso.

slenderize | 'slendəraɪz | *v.t.* (EE.UU.) adelgazar.

slept | slept | *pret.* y *p.p.irreg.* de sleep.

slew | sluː | *v.t.* e *i.* 1 torcer. 2 *pret.* de slay.

slice | slaɪs | *s.c.* 1 trozo. 2 rebanada. 3 tajada. 4 rodaja. ‖ *v.t.* 5 cortar, tajar.

slick | slɪk | *adj.* 1 hábil. 2 rápido. 3 astuto. 4 zalamero. ‖ *s.i.* 5 masa flotante. ‖ *v.t.* 6 V. sleek.

slicker | 'slɪkə | *s.c.* (EE.UU.) embaucador, tramposo.

slide | slaɪd | *v.* [*pret.* y *p.p.irreg.* slid] *t.* 1 pasar. 2 deslizar. ‖ *v.i.* 3 resbalar, deslizarse. ‖ *s.c.* 4 resbaladero.

sliding | 'slaɪdɪŋ | *adj.* 1 corredizo. 2 — scale, escala móvil.

slight | slaɪt | *adj.* 1 delgado, fino. 2 bajo. 3 frágil, delicado. 4 insignificante. ‖ *s.c.* 5 desaire. ‖ *v.t.* 6 ofender, insultar. 7 to a — extent, de escasa importancia.

slighting | 'slaɪtɪŋ | *adj.* despreciativo.

slightly | 'slaɪtlɪ | *adv.* un poco.

slim | slɪm | *adj.* 1 delgado, esbelto. 2 escaso (recurso). ‖ *v.i.* 3 adelgazar. ‖ 4 to get —, adelgazar

slime | slaɪm | *s.i.* 1 limo, lodo. 2 baba (caracol).

sling | slɪŋ | *v.* [*pret.* y *p.p.irreg.* slung] *t.* 1 lanzar. 2 colgar, suspender. 3 alzar. 4 eslingar. ‖ *s.c.* 5 honda. 6 portafusil. 7 cabestrillo. 8 eslinga.

slingshot | 'slɪŋʃɒt | *s.c.* honda.

slink | slɪŋk | *v.i.* [*pret.* y *p.p.irreg.* slunk] 1 esconderse. ‖ 2 to — along, andar furtivamente. 3 to — away, to — off, irse cabizbajo.

slip | slɪp | *v.t.* 1 deslizar. 2 eludir. ‖ *v.i.* 3 declinar, caer. 4 irse. ‖ *s.c.* 5 resbalón. 6 tropezón. 7 estaca. 8 equivocación. 9 ficha. 10 funda (almohada). 11 combinación (ropa interior). ‖ 12 to — a coin into a slot, introducir una moneda en una ranura. 13 to — into bed, meterse en la cama.

slipcase | 'slɪpkeɪs | *s.c.* estuche.

slipcover | 'slɪpkɔːvə | *s.c.* (EE.UU.) funda.

slipper | 'slɪpə | *s.c.* zapatilla, babucha.

slippery | 'slɪpərɪ | *adj.* 1 resbaladizo. 2 viscoso. 3 escurridizo.

slip-up | 'slɪpʌp | ó | 'slɪp'ʌp | *s.c.* 1 (fam.) falta, error. 2 descuido.

slit | slɪt | *v.t.* [*pret.* y *p.p.irreg.* slit] 1 hender, rajar. || *s.c.* 2 hendura, raja.

slither | 'slɪðə | *v.i.* 1 deslizarse. 2 ir rodando.

sliver | 'slɪvə | *s.c.* 1 raja. 2 astilla.

slob | slɒb | *s.c.* 1 perezoso. 2 desordenado. 3 (fig.) odioso.

slobber | 'slɒbə | *v.i.* 1 babear. || *s.i.* 2 baba.

sloe | sləʊ | *s.c.* endrina; endrino.

slog | slɒg | *v.i.* 1 afanarse. || *s.i.* 2 trabajo duro.

slogan | 'sləʊgan | *s.c.* eslogan.

sloop | sluːp | *s.c.* corbeta.

slop | slɒp | *v.t.* e *i.* 1 derramar, verter. || 2 to — about in the mud, chapotear en el lodo.

slope | sləʊp | *s.c.* 1 inclinación. 2 cuesta, pendiente. 3 vertiente, ladera de la montaña. || *v.t.* e *i.* 4 inclinar(se). || 5 — arms!, ¡armas al hombro!

sloppy | 'slɒpɪ | *adj.* 1 descuidado. 2 sentimental, sensiblero. 3 poco sólido.

slosh | slɒʃ | *v.i.* 1 derramarse. || *v.t.* 2 (fam.) pegar a alguien.

sloshed | slɒʃt | *adj.* (fam.) borracho.

slot | slɒt | *s.c.* 1 muesca, ranura. 2 hueco.

sloth | sləʊθ | *s.c.* 1 pereza. 2 perezoso.

slouch | slaʊtʃ | *v.i.* 1 andar desgarbadamente. 2 tumbarse a la bartola. || 3 to — off, irse cabizbajo.

slough | slaʊ | *s.c.* 1 fangal, cenagal. 2 abismo. || slʌf | *v.t.* 3 mudar. || *v.i.* 4 desprenderse, caerse.

Slovak | 'sləʊvæk | *adj.* eslovaco.

sloven | 'slʌvn | *s.c.* persona desgarbada.

Slovene | 'sləʊviːn | *adj.* y *s.c.* esloveno.

slow | sləʊ | *adj.* 1 lento. 2 atrasado (reloj) 3 torpe. 4 aburrido. || *adv.* 5 despacio. || *v.t.* 6 retardar. 7 reducir la velocidad. || *v.i.* 8 ir más d espacio.

slowly | 'sləʊlɪ | *adv.* despacio.

slow-motion | ˌsləʊməʊʃən | (también **slow motion**) *s.i.* cámara lenta.

slow-witted | sləʊ'wɪtɪd | *adj.* torpe.

slow worm | 'sləʊzɜːm | *s.c.* culebra.

sludge | slʌdʒ | *s.i.* 1 lodo, fango. 2 aguas residuales.

slug | slʌg | *s.c.* 1 babosa. 2 (fam.) y EE.UU.) posta. 3 lingotazo (bebida) || *v.t.* 4 pegar.

sluggard | 'slʌgəd | *s.c.* haragán.

sluice | sluːs | *s.c.* 1 compuerta. || *v.i.* 2 to — out, salir a borbotones.

sluiceway | 'sluːsweɪ | *s.c.* canal.

slum | slʌm | *s.c.* 1 barrio pobre. 2 tugurio.

slumber | 'slʌmbə | *s.i.* y *s.pl.* sueño profundo.

slumberous | 'slʌmbərəs | (también **slumbrous**) *adj.* soñoliento.

slummy | 'slʌmɪ | *adj.* pobre.

slump | slʌmp | *v.i.* 1 sufrir un bajón. || *s.c.* 2 depresión, declive económico.

slung | slʌŋ | *pret.* y *p.p.irreg.* de sling.

slunk | slʌŋk | *pret.* y *p.p.irreg.* de slink.

slur | slɜː | *s.c.* 1 calumnia. 2 borrón. || *v.t.* e *i.* 3 pasar por alto.

slurred | slɜːd | *adj.* indistinto.

slurp | slɜːp | *v.t.* e *i.* beber haciendo ruido.

slurry | 'slʌrɪ | *s.i.* barro, barrizal.

slush | slʌʃ | *s.i.* 1 nieve a medio derretir. 2 fango 3 (fam.) cursilería.

slut | slʌt | *s.c.* (insulto) marrana.

sly | slaɪ | *adj.* 1 disimulado, sigiloso. 2 astuto. 3 malicioso. || 4 on the —, a hurtadillas.

smack | smæk | *v.t.* 1 dar un manotazo. || *v.i.* 2 tener un sabor. || *s.c.* 3 tortazo. 4 palmada. 5 heroína (droga). ||

adv. 6 exactamente. ‖ 7 to – one's lips, relamerse. 8 to – a kiss, dar un beso sonoro.

smacker | 'smækə | *s.c.* (fam.) 1 beso sonado. 2 golpe ruidoso. 3 (EE.UU.) dólar.

small | smɔːl | *adj.* 1 pequeño. 2 bajo. 3 escaso. 4 menor. 5 insignificante. 6 minúsculo. 7 to feel –, sentirse humillado. 8 – wonder, sorprendente.

small-ad | 'smɔːləd | (también small-ads) *s.c.* anuncios por palabras.

small-fry | smɔːl'fraɪ | *s.c.* don nadie.

smallholding | 'smɔːlhəʊldɪŋ | *s.c.* minifundios.

small-minded | 'smɔːlmaɪndɪd | *adj.* intolerante.

smallness | 'smɔːlnɪs | *s.i.* 1 pequeñez. 2 escasez.

smallpox | 'smɔːlpɒks | *s.i.* viruela.

small talk | 'smɔːltɔːk | *s.i.* banalidades.

small-time | 'smɔːltaɪm | *adj.* 1 en pequeña escala. 2 de poca monta.

small-town | 'smɔːltaʊn | *adj.* pueblerino.

smarmy | 'smɑːmɪ | *adj.* (fam.) pelota.

smart | smɑːt | *adj.* 1 elegante. 2 aseado. 3 (fig.) listo. 4 ladino, cuco. 5 pronto, rápido. ‖ *s.i.* 6 escozor. ‖ 7 you shall – for this!, ¡me las pagarás!

smarten | smɑːtn | *v.i.* 1 arreglar. ‖ *v.r.* 2 to – oneself up, acicalarse.

smarty | 'smɑːtɪ | *s.c.* sabelotodo.

smash | smæʃ | *v.t.* 1 romper. 2 hacer pedazos. 3 destruir. 4 golpear violentamente. 5 estallar (contra algo). ‖ *v.i.* 6 romperse. 7 hacerse pedazos. 8 chocar (contra). ‖ *s.c.* 9 choque, colisión. 10 encontronazo. 11 accidente. 12 rotura.

smashed | smæʃt | *adj.* 1 (fam.) borracho. 2 (fam.) drogado. 3 roto en mil pedazos.

smashing | 'smæʃɪŋ | *adj.* (fam.) imponente, estupendo.

smash-up | 'smæʃʌp | *s.c.* (fam.) colisión violenta.

smattering | 'smætərɪŋ | *s.c.* conocimientos elementales.

smear | smɪə | *s.c.* 1 mancha. 2 difamación. 3 MED. frotis. ‖ *v.t.* 4 untar, manchar. 5 calumniar.

smeary | 'smɪərɪ | *adj.* manchado.

smell | smel | *s.c.* 1 olor. ‖ *s.i.* 2 olfato (sentido del). ‖ *v.* [*pret.* y *p.p.irreg.* de smelt] *t* y *v.i.* 3 oler, olfatear.

smelly | smelɪ | *adj.* que huele mal.

smelt | smelt | 1 *pret.* y *p.p.* de smell. ‖ *v.t.* 2 fundir.

smelting | 'smeltɪŋ | *s.c.* fundición.

smile | smaɪl | *s.c.* 1 sonrisa. ‖ *v.i.* 2 sonreír, sonreírse. ‖ *v.t.* 3 expresar con una sonrisa. 4 to be all smiles, ser todo sonrisas. 5 to raise a –, forzar una sonrisa.

smirch | smɜːtʃ | *v.t.* mancillar.

smirk | smɜːk | *v.i.* 1 sonreírse afectadamente. ‖ *s.c.* 2 sonrisa de satisfacción, afectada.

smite | smaɪt | *v.* [*pret.irreg.* smote, *p.p.irreg.* smitten] *t* 1 golpear. 2 castigar. 3 doler, afligir. 4 herir. ‖ 5 my conscience smites me, me remuerde la conciencia.

smith | smɪθ | *s.c.* herrero.

smithereens | 'smɪðəriːnz | *s.pl.* to smash something to –, hacer añicos.

smithy | 'smɪðɪ | *s.c.* herrería.

smitten | 'smɪtn | *p.p.* de smite. *adj.* cautivado, entusiasmado.

smock | smɒk | *s.c.* 1 delantal. 2 bata corta. ‖ *v.t.* 3 fruncir.

smog | smɒg | *s.i.* niebla espesa.

smoke | sməʊk | *s.i.* 1 humo. 2 pitillo. ‖ *v.t.* 3 fumar. 4 ahumar. ‖ *v.i.* 5 humear. ‖ 6 holy –!, ¡caramba! 7 there's no – without fire, cuando el río suena, agua lleva.

smoke bomb | 'sməʊkbɒm | *s.c.* bomba de humo.

smoked | sməʊkt | *adj.* ahumado.

smoker | 'sməʊkə | *s.c.* fumador.

smokescreen | 'sməʊkskriːn | *s.c.* cortina de humo.

smokestack | 'sməʊkstæk | *s.c.* chimenea de una fábrica.

smoking | 'sməʊkɪŋ | *adj.* 1 humeante. 2 de, para fumador.

smoky | ˈsməʊkɪ | *adj.* 1 humeante. 2 lleno de humo. 3 ahumado.

smooch | smuːtʃ | *v.i.* 1 acariciarse. ‖ *s.c.* 2 abrazo.

smoochy | smuːtʃɪ | *adj.* romántico, amoroso.

smooth | smuːð | *adj.* 1 liso, llano, uniforme, suave. 2 terso. 3 en calma (mar). 4 afable. ‖ *v.t.* 5 alisar, igualar (superficie). 6 arreglar (vestido). ‖ 7 **to – the way for someone**, allanar el camino para alguien.

smoothie | ˈsmuːðɪ | (también **smoothy**) *s.c.* (fam.) afectado.

smoothing iron | ˈsmuːðɪŋˌarən | *s.c.* plancha.

smote | sməʊt | *pret.irreg.* de **smite**.

smother | ˈsmʌðə | *v.t.* 1 ahogar, sofocar. 2 apagar. 3 contener (bostezo). 4 desterrar (duda). ‖ *v.i.* 5 ahogarse, sofocarse.

smoulther | ˈsməʊldə | (EE.UU. **smolder**) *v.i.* arder lentamente.

smudge | smʌdʒ | *s.c.* 1 mancha. ‖ *v.i.* 2 mancharse.

smug | smʌg | *adj.* 1 autosuficiente. 2 presumido.

smuggle | smʌgl | *v.t.* 1 pasar de contrabando. ‖ *v.i.* 2 hacer contrabando.

smuggler | ˈsmʌglə | *s.c.* contrabandista.

smugly | ˈsmʌˈglɪ | *adv.* 1 con aire satisfecho, de suficiencia. 2 presunción.

smut | smʌt | *s.c.* 1 tizne, mancha. 2 mota de carbonilla (ojo). 3 tizón. 4 (fig.) obscenidades.

smutty | ˈsmʌtɪ | *adj.* 1 tiznado. 2 (fig.) obsceno.

snack | snæk | *s.c.* 1 bocadillo, tentempié. ‖ 2 **to have a –**, picar algo.

snack bar | ˈsnækbɑː | *s.c.* cafetería.

snaffle | ˈsnæfl | *s.c.* 1 bribón. ‖ *v.t.* 2 afanar.

snafu | ˈsnæˌfuː | *adj.* (EE.UU.) 1 confuso. 2 estropeado. ‖ *s.c.* 3 equivocación grane. 4 situación confusa.

snag | snæg | *s.c.* 1 obstáculo, estorbo. 2 nudo (madera). 3 tocón (árbol). 4 raigón (diente). ‖ *v.t.* 5 rasgar.

snail | sneɪl | *s.c.* caracol.

snake | sneɪk | *s.c.* serpiente.

snaky | sneɪkɪ | *adj.* serpentino.

snap | snæp | *v.t.* 1 chasquear, castañear. 2 romper, hacer saltar. ‖ *s.c.* 3 chasquido, castañeo. 4 estallido. 5 (fam.) vigor. 6 foto instantánea. ‖ *adj.* 7 repentino.

snapish | ˈsnæpɪʃ | *adj.* brusco.

snappy | ˈsnæpɪ | *adj.* 1 que viste a la última. 2 (fam.) rápido, enérgico.

snapshot | ˈsnæpʃʊt | *s.c.* foto instantánea.

snare | snɛə | *s.c.* 1 lazo, trampa. 2 *v.t.* coger con trampas.

snarl | snɑːl | *v.t.* 1 gruñir. ‖ 2 *s.c.* gruñido.

snatch | snætʃ | *v.t.* 1 asir. 2 arrebatar. 3 coger al vuelo. 4 (fam.) robar, secuestrar. ‖ *s.c.* 5 arrebatamiento. 6 (fam.) robo, secuestro.

sneak | sniːk | *v.t.* 1 moverse con sumo cuidado. ‖ *s.c.* 2 soplón.

sneaking | ˈsniːkɪŋ | *adj.* furtivo.

sneak thief | ˈsniːkəiːf | *s.c.* ratero.

sneer | snɪə | *v.i.* 1 hacer una expresión de burla y desprecio. ‖ *s.c.* 2 burla, mofa.

sneerer | ˈsnɪərə | *s.c.* socarrón.

sneeze | sniːz | *v.i.* 1 estornudar. ‖ *s.c.* 2 estornudo.

snick | snɪk | *v.t.* 1 cortar (un poco). 2 desviar ligeramente (balón). ‖ *s.c.* 3 corte, tijerazo.

snicker | ˈsnɪkə | *v.i.* 1 reírse con disimulo. ‖ *s.c.* 2 risa disimulada.

snide | snaɪd | *adj.* despreciativo.

sniff | snɪf | *v.t.* 1 olfatear, esnifar. 2 husmear. ‖ *s.c.* 3 olfateo.

sniffle | ˈsnɪfl | *v.i.* 1 respirar con ruido. 2 gangosear. ‖ *s.c.* 3 ruido de la nariz. 4 gangueo.

snifly | ˈsnɪflɪ | *adj.* (fam.) desdeñoso.

snifter | ˈsnɪftə | *s.c.* 1 trago (bebida alcohólica). 2 (EE.UU.) copa para beber coñac.

snigger | snəp | *v.t.* y *i.* 1 tijeretear. ‖ *s.c.* 2 tijeretazo. 3 ganga.

snipe | snaɪp | *v.t.* 1 criticar. || *s.c.* 2 agachadiza.

sniper | 'snaɪpə | *s.c.* francotirador.

snippet | 'snɪpɪt | *s.c.* retazo; retal.

snitch | snɪtʃ | *v.i.* (fam.) 1 soplarse. || *s.c.* 2 napias.

snivel | 'snɪvl | *v.i.* 1 (EE.UU.) lloriquear. || *s.c.* 2 lloriqueo.

snob | snɒb | *s.c.* esnob.

snog | snɒg | *v.i.* 1 (fam.) abrazarse. || *s.c.* 2 abrazo.

snook | snu:k | *s.c.* (fam.) to cock a – at someone, sacar la lengua a uno.

snooker | 'snu:kə | *s.c.* 1 billar. || *v.t.* 2 to – someone, poner en un aprieto.

snoop | snu:p | *v.i.* 1 curiosear. || *s.c.* 2 fisgón.

snooper | 'snu:pə | *s.c.* investigador encubierto.

snooty | 'snu:tɪ | *adj.* (fam.) presumido.

snooze | snu:z | *s.c.* cabezada.

snore | snɔ: | *v.i.* 1 roncar. || *s.c.* 2 ronquido.

snorkel | 'snɔ:kl | *s.c.* 1 tubo de respiración. || *v.i.* 2 bucear con un tubo.

snort | snɔ:t | *v.i.* 1 bufar. || *s.c.* 2 bufido.

snorter | 'snɔ:tə | *s.c.* estupendo.

snot | snɒt | *s.c.* moco.

snotty | 'snɒtɪ | *adj.* (fam.) mocoso.

snout | snaʊt | *s.c.* hocico, morro.

snow | snəʊ | *s.i.* 1 nieve. 2 (argot) cocaína. || *v.i.* 3 nevar.

snowball | 'snəʊbɔ:l | *s.c.* 1 bola de nieve. || *v.t.* 2 lanzar bolas de nieve.

snowdrift | 'snəʊdrɪft | *s.c.* ventisca de nieve.

snowdrop | 'snəʊdrɒp | *s.c.* campanilla blanca.

snowfall | 'snəʊfɔ:l | *s.c.* nevada.

snowflake | 'snəʊfleɪk | *s.c.* de nieve.

snowman | 'snəʊmæn | *s.c.* muñeco de nieve.

snowplough | 'snəʊplaʊ | (EE.UU. snowplow) *s.c.* quitanieves.

snowslide | 'snəʊslaɪd | *s.c.* (EE.UU.) alud de nieve.

Snow-White | 'snəʊwaɪt | Blancanieves.

snub-nosed | 'snʌb'nəʊzd | *adj.* chato.

snuff | snʌf | *s.i.* 1 rapé. || *v.t.* 2 aspirar, sorber por la nariz. || 3 to – it, (fam.) estirar la pata.

snuffle | 'snʌfl | *v.i.* V. sniffle.

snug | snʌg | *adj.* 1 cómodo. 2 abrigado. 3 ajustado.

snuggery | 'snʌgərɪ | *s.c.* cuarto cómodo.

snuggle | 'snʌgl | *v.i.* 1 acomodarse. || 2 to – up to someone, arrimarse a alguien.

so | səʊ | *adv.* 1 [– + *adj./adv.*] tan, hasta tal punto, tanto, de tal manera. 2 así, de esta manera. 3 [– + be/have /do/will/can/should + *suj.*] también. 4 por lo tanto. 5 [– there/*pron.suj.* + be /have/do/will/can/should] sí, ciertamente. 6 muy, tan. 7 aproximadamente. || *conj.* 8 en consecuencia. 9 así que. 10 que importa que. || *s.i.* 11 mus. sol.

soak | səʊk | *v.t.* e *i.* 1 [to – (in)] remojar, poner a remojo. 2 calar(se), empapar(se). 3 (argot) emborrachar(se). || *v.t.* 4 [to – + o. + *adv./prep.*] absorber, empapar. 5 (fam. y desp.) clavar. || *s.c.* 6 remojo. 7 (argot) borrachín. || 8 – to the skin, calado hasta los huesos.

so-and-so | 'səʊənsəʊ | *s.i.* 1 (fam.) fulano de tal. 2 esto y lo otro.

soap | səʊp | *s.i.* 1 jabón. 2 (EE.UU. y argot) dinero. || *v.t.* 3 enjabonar. || 4 – opera, telenovela.

soapsuds | 'səʊpsʌds | *s.pl.* burbujas.

soapy | 'səʊpɪ | *adj.* jabonoso.

soar | sɔ: | *v.i.* 1 remontarse. 2 planear. 3 ponerse por las nubes.

sob | sɒb | [*pret.* y *p.p.* sobbed, *ger.* sobbing] *v.t.* e *i.* 1 [to – + o. + *adv./prep.*] sollozar. || *s.c.* 2 sollozo. || 3 to – one's heart out, llorar a mares.

sobbing | 'sɒbɪŋ | *s.i.* sollozos.

sober | 'səʊbə | *adj.* 1 sobrio. || *v.t.* e *i.* 2 [to – (down)] sentar la cabeza.

sobering | 'səʊbərɪŋ | *adj.* sensato.

sobriety | səʊ'braɪɪtɪ | *s.i.* seriedad.

Soc | sɒk | *abreviatura de* Socialist, society.

so-called | ˌsəu'kɔːld | *adj.* denominado, supuesto.

soccer | 'sɒkə | (también football) *s.i.* fútbol.

sociable | 'səuʃəbl | *adj.* 1 sociable. || *s.c.* 2 (EE.UU.) reunión informal.

sociability | ˌsəuʃə'bılətı | *s.i.* sociabilidad.

social | 'səuʃl | *adj.* 1 social, de la sociedad, comunal. || 2 – services, asistencia social. 3 – work, asistencia social.

socialization | ˌsəuʃəlaı'zeıʃn | (EE.UU.) | ˌsəuʃəlı'zeıʃn | *s.i.* socialización.

socialize | 'səuʃəlaız | (brit. socialise) *v.i.* [to – (with)] socializar; hacer amistades.

socializing | 'səuʃəlaızıŋ | (brit. socialising) *s.i.* reuniones sociales.

society | sə'saıətı | *s.i.* 1 sociedad. || *s.c.* 2 asociación.

socio- | 'səusıɒ | *prefijo* [– + adj./s.] socio–, social.

sociology | ˌsəusı'ɒlədʒı | *s.i.* sociología.

sock | sɒk | *s.c.* 1 calcetín. 2 [– (on)] (fam.) puñetazo. 3 comedia. || *v.t.* 4 (fam.) [to – (on)] pegar. 5 to pull one's socks up, (brit. y fam.) hacer un esfuerzo.

socket | 'sɒkıt | *s.c.* 1 enchufe hembra. 2 órbita (del ojo). 3 fosa. 4 ANAT. alveolo.

socking | 'sɒkıŋ | *adv.* (brit. y fam.) enormemente.

sod | sɒd | *s.c.* 1 (brit.) cabrón. 2 infeliz. 3 pesadez. || 4 not to give/care a –, no importar un comino.

soda | 'səudə | *s.c. e i.* 1 soda. || *s.i.* 2 (EE.UU.) bebida gaseosa. 3 sosa. || *s.c.* 4 (EE.UU.) refresco.

sodden | 'sɒdn | *adj.* empapado.

sodium | 'səudjəm | *s.i.* 1 sodio. || 2 – bicarbonate, bicarbonato sódico.

sodomy | 'sɒdəmı | *s.i.* sodomía.

sofa | 'səufə | *s.c.* 1 sofá. || 2 – bed, sofá cama.

soft | sɒft | *adj.* 1 blando, suave. 2 dúctil. 3 silencioso, tranquilo. 4 [– (with)] (fam. y desp.) débil, blandengue. 5 [– (on)] conciliador. 6 no alcohólico. || *adv.* 7 suavemente. || 8 to have a – spot for someone, (fam.) tener predilección por alguien. 9 – in the head, tocado.

soft-boiled | 'sɒftbɔıld | *adj.* pasado por agua (huevo).

soften | 'sɒfn | (EE.UU.) | sɔːfn | *v.t. e i.* 1 deshacer(se), ablandar(se). 2 suavizar(se). 3 debilitar(se).

softener | 'sɒfnə | *s.c.* suavizante.

soft-headed | ˌsɒft,hedıd | *adj.* poco juicioso, tonto.

soft-hearted | ˌsɒft'hɑːtıd | *adj.* bondadoso.

softie V. softy.

softly-softly | ˌsɒːftlısɒftlı | *adj.* cauto.

softness | 'sɒftnıs | *s.i.* 1 blandura, suavidad. 2 ductilidad.

soft-pedal | ˌsɒft'pedl | [(brit. soft-pedalle, soft-pedalling), (EE.UU. soft-pedaled, soft-pedalling)] *v.t.* restar importancia.

soft-soap | ˌsɒft,səup | *v.t.* (fam.) dar jabón.

softy | 'sɒftı | (EE.UU.) | 'sɔːftı | (también softie) *s.c.* sentimental; llorica.

soggy | 'sɒgı | *adj.* mojado.

soil | sɔıl | *s.c. e i.* 1 tierra, suelo. || *s.i.* 2 país. || *v.t. e i.* 3 manchar(se), ensuciar(se).

soiled | sɔıld | *adj.* sucio, manchado.

soiree, soirée | 'swɑːreı | | swɑː'reı | *s.c.* velada.

sojourn | 'sɒdʒən | (EE.UU.) | səu'dʒɜːrn | *s.c.* 1 estancia temporal. || *v.i.* 2 [to – + adv./prep.] pasar una temporada.

sol | sɒl | | sɑːl | *s.i.* MUS. sol.

solace | 'sɒləs | *s.c. e i.* alivio, consuelo.

solar | 'səulə | *adj.* 1 solar. || 2 – plexus, plexo solar.

solarium | səu'leərıəm | [pl. solaria o solariums] *s.c.* solario.

sold | səuld | *pret. y p.p. de* sell.

solder | 'sɒldə | (EE.UU.) | 'sɒdər | *s.i.* 1 soldadura. || *v.t.* 2 soldar.

soldering iron | ˈsɒldərɪŋˌaɪən | *s.c.* soldador.

soldier | ˈsəʊldʒə | *s.c.* soldado.

sole | səʊl | *s.c.* 1 suelo, piso. 2 planta (del pie). ‖ *s.c. e i.* 3 lenguado. ‖ *v.t.* 4 (generalmente pasiva) poner suelas. ‖ *adj.* 5 solo, único.

solemn | ˈsɒləm | *adj.* solemne.

solemnity | səˈlemnətɪ | *s.c. e i* solemnidad.

solicit | səˈlɪsɪt | *v.t. e i.* 1 [to – (for)] solicitar. ‖ *v.i.* 2 incitar a la prostitución.

solicitor | səˈlɪsɪtə | *s.c.* (brit.) abogado defensor, procurador (en tribunales locales).

solicitous | səˈlɪsɪtəs | *adj.* [– (about/for/of)] 1 solícito. 2 meticuloso.

solicitude | səˈlɪsɪtjuːd | *s.i.* solicitud.

solid | ˈsɒlɪd | *adj.* 1 sólido. 2 compacto. ‖ *s.c.* 3 materia sólida. ‖ 4 to be/go – for, apoyar unánimemente a.

solidarity | ˌsɒlɪˈdærətɪ | *s.i.* [– (with)] solidaridad.

solidify | səˈlɪdɪfaɪ | *v.t. e i.* 1 solidificar(se) 2 consolidar(se).

solidity | səˈlɪdətɪ | (también **solidness**) *s.i.* solidez.

solidness V. solidity.

soliloquy | səˈlɪləkwɪ | *s.c. e i.* soliloquio.

solitaire | ˌsɒlɪˈteə | (EE.UU.) | ˈsɒlɪteə | *s.c.* 1 solitario (anillo). ‖ *s.i.* 2 (EE.UU.) solitario.

solitariness | ˈsɒlɪtərɪnɪs | *s.i.* soledad.

solitary | ˈsɒlɪtrɪ | (EE.UU.) | ˈsɒlɪterɪ | *adj.* 1 solitario. 2 [frases *interrogativas y negativas*] solo, único. ‖ *s.i.* 3 (argot) aislamiento penal.

solitude | ˈsɒlɪtjuːd | | ˈsɒlɪtuːd | *s.i.* soledad.

solo | ˈsəʊləʊ | *s.c.* 1 MUS. solo. ‖ *s.i.* 2 solo, solitario. ‖ *adj.* 3 solo, sin compañía. ‖ *adv.* 4 a solas, solo.

solstice | ˈsɒlstɪs | *s.c.* solsticio.

soluble | ˈsɒljʊbl | *adj.* soluble.

solution | səˈluːʃn | *s.c.* solución.

solvable | ˈsɒlvəbl | *adj.* soluble. .

solve | sɒlv | | sɔːlv | *v.t.* resolver.

solvency | ˈsɒlvənsɪ | *s.i.* solvencia.

solvent | ˈsɒlvənt | | ˈsɔːlvənt | *adj.* 1 solvente. 2 soluble. ‖ *s.c. e i.* 3 disolvente.

sombre | ˈsɒmbə | (EE.UU. **somber**) *adj.* sombrío, melancólico.

sombrero | sɒmˈbreərəʊ | *s.c.* sombrero (mejicano).

some | sʌm | *adj.* 1 alguno, algún, poco de, unos. ‖ *pron.* 2 un poco, algo, algunos, unos pocos. ‖ *adv.* 3 aproximadamente. 4 (EE.UU. y fam.) en cierto modo.

somebody | ˈsʌmbədɪ | | ˈsʌmbɒdɪ | V. someone.

somehow | ˈsʌmhaʊ | *adv.* 1 de algún modo. 2 por alguna razón.

someone | ˈsʌmwʌn | (también **somebody**) *pron.ind.* 1 alguien, alguno, alguna persona. ‖ *s.c.* 2 personaje.

someplace | ˈsʌmpleɪs | *adv.* (EE.UU. y fam.) en alguna parte.

somersault | ˈsʌməsɔːlt | *s.c.* 1 voltereta. 2 (fig.) cambio de chaqueta. ‖ *v.i.* 3 dar una voltereta.

something | ˈsʌmθɪŋ | *pron.* 1 algo, alguna cosa. ‖ *adv.* 2 un poco, hasta cierto punto. 3 aproximadamente.

sometime | ˈsʌmtaɪm | *adv.* algún día, alguna vez.

sometimes | ˈsʌmtaɪmz | *adv.* a veces, de vez en cuando.

somewhat | ˈsʌmwɒt | (EE.UU.) | ˈsʌmhwɒt | *adv.* algo, un tanto, en cierto modo.

somewhere | ˈsʌmweə | (EE.UU.) | ˈsʌmhweər | *adv.* 1 en algún lugar, a alguna parte. 2 aproximadamente. ‖ *s.c.* 3 lugar, sitio. ‖ 4 to be getting –, estar progresando.

somnambulist | sɒmˈnæmbjʊlɪst | *s.c.* somnámbulo.

son | sʌn | *s.c.* 1 hijo. 2 (generalmente *pl.*) descendiente. ‖ 3 like father like –, de tal palo tal astilla. 4 – of a bitch, (EE.UU.) hijo de puta. 5 – of a gun, (euf.) hijo de puta.

sonar | ˈsəʊnɑː | *s.i.* sonar.

song | sɒŋ | *s.c.* 1 canción. ‖ *s.i.* 2

cántico. ‖ *s.c.* e *i.* 3 canto. ‖ 4 **for a —**, (fam.) por cuatro. 5 **to make a — and dance**, (fam.) armar la marimorena.

songbird | 'sɒŋbɜːrd | *s.c.* pájaro cantor.

songbook | 'sɒŋbuk | *s.c.* cancionero.

sonic | sɒnɪk | *adj.* sónico.

son-in-law | 'sʌnɪnlɔː | [*pl.* sons-in-law] *s.c.* yerno, hijo político.

sonnet | 'sɒnɪt | *s.c.* soneto.

sonority | sə'nɒrətɪ | *s.i.* sonoridad.

sonorous | sə'nɔːrəs | 'sɒnərəs | *adj.* sonoro.

soon | suːn | *adv.* 1 pronto, en breve. 2 temprano, rápidamente. ‖ 3 **as — as**, en cuanto.

sooner | 'suːnə | *adv.comp.* 1 más pronto, mucho antes. ‖ 2 **the — the better**, cuanto antes mejor.

soot | sut | *s.i.* 1 hollín, tizne. ‖ *v.t.* 2 [**to — up**] manchar de hollín, tiznar.

soothe | suːð | *adj.* 1 tranquilizador, conciliador. 2 calmante, sedante.

sop | sɒp | *s.c.* 1 (desp.) regalo, contrapartida. 2 sopa. ‖ *v.t.* [*prep.* y *p.p.* sopped, *ger.* sopping] 3 [**to — up**] (fam.) absorber, empapar. ‖ *v.i.* 4 empaparse, saturarse.

sophistication | sə,fɪstɪ'keɪʃn | *s.i.* 1 sofisticación, elegancia. 2 complejidad.

soporific | ,sɒpə'rɪfɪk | *adj.* 1 soporífico, soporífero. 2 soporífero, aburrido.

sopping | 'sɒpɪ | *adj.* (brit. desp. y fam.) 1 sentimentaloide, empalagoso. 2 [**— about**] tonto, loco. 3 venado, estúpido. 4 húmedo, lluvioso. 5 empapado, hecho una sopa.

soprano | sə'prɑːnəu | (EE.UU.) | sə'prænəu | *s.c.* soprano, tiple.

sorbet | 'sɔːrbət | 'sɔːbeɪ | (EE.UU.) sherbet) *s.c.* e *i.* sorbete.

sorcery | 'sɔːsərɪ | *s.i.* brujería, hechicería.

sordid | 'sɔːdɪd | *adj.* 1 sórdido. 2 deprimente, desagradable.

sore | sɔː | *adj.* 1 dolorido, inflamado. 2 (fam.) doloroso, delicado. 3 (EE.UU. y

fam.) disgustado, resentido. 4 mucho, gran. ‖ *s.c.* 5 herida, úlcera.

sorrel | 'sɒrəl | *s.i.* 1 acedera. 2 caballo alazán.

sorrow | 'sɒrgu | 'sɔːrəu | *s.c.* e *i.* 1 [**at/for/over**] pena, pesar. ‖ *v.i.* 2 [**(at/for/over)**] apenarse, apesadumbrarse, compungirse.

sorry | 'sɒrɪ | 'sɔːrɪ | *adj.* 1 [**— (about/for)**] apenado. 2 [**— (about/for)**] avergonzado, arrepentido. 3 lastimoso, terrible. 4 miserable. ‖ 5 **I'm —**, lo siento. 6 **I'm — to say**, me temo, lo siento. 7 **I really am — / I'm —**, lo siento mucho, lo siento muchísimo. 8 **—**, perdón, lo siento.

sort | sɔːt | *s.c.* 1 [**to — (of)**] tipo, variedad. 2 formas, manera. 3 (generalmente *sing.*) (fam.) persona, tipo. 4 carácter, naturaleza. 5 tipo (en imprenta). ‖ *v.t.* e *i.* 6 [**to — (out/through)**] clasificar, organizar. ‖ *v.t.* 7 arreglar, reparar, ajustar. 8 **— of**, (fam.) más bien, algo así, más o menos.

sortie | sɔːti | *s.c.* 1 salida, ataque. 2 vuelo en misión de combate. 3 (fam.) salida.

so-so | 'səusəu | *adj.* 1 (fam.) normal, del montón. ‖ *adv.* 2 así así, regular.

sotto voce | ,sɒtəu'vəutʃɪ | *adj.* 1 en voz baja. ‖ *adv.* 2 en voz baja, por lo bajo.

souffle, soufflé | 'suːfleɪ | (EE.UU.) | suː'fleɪ | *s.c.* e *i.* sufle, soufflé.

sough | sʌf | (EE.UU.) | sau | *v.i.* 1 susurrar. ‖ *s.c.* 2 susurro, murmullo.

sought-after | 'sɔːt,ɑːftə | *adj.* solicitado.

soul | səul | *s.c.* 1 alma, espíritu. 2 persona, ser humano. 3 ánima, espíritu. 4 [**— (of)**] esencia, naturaleza. ‖ *s.i.* 5 emoción; honestidad; vitalidad, energía. 6 música soul.

soul-destroying | səuldɪ'strɔɪɪŋ | *adj.* (desp.) muy aburrido, poco interesante.

soulful | 'səulful | *adj.* conmovedor, sentimental.

soulless | 'səullɪs | *adj.* 1 (desp.) falto de sentimientos. 2 sin interés.

soul-searching | 'səʊl,sɜːtʃɪŋ | *s.i.* examen de conciencia.

sound | saʊnd | *s.c.* e *i.* 1 sonido, son. 2 ruido, alboroto. 3 impresión, implicación. 4 brazo de mar, estrecho. 5 ensenada, rada. 6 vejiga natatoria. || *s.i.* 7 sonido, volumen. 8 sonda. || *v.i.* 9 sonar, dar la impresión. 10 sumergirse. || *v.t.* e *i.* 11 sonar, tañer. 12 sondar. || *v.t.* 13 hacer sonar, comunicar. 14 celebrar, dar a conocer. 15 pronunciar, articular. 16 auscultar. 17 (fig.) sondear, tantear. || *adj.* 18 firme, fuerte. 19 sano, robusto. 20 sensato, juicioso. 21 segura, buena (una inversión). 22 sólido, acertado. 23 fuerte, severo (castigo). 24 profundo (el sueño). 25 conservador (de ideas). 26 legal, válido. || *adv.* 27 profundamente, completamente.

sounding | saʊndɪŋ | *s.sing.* 1 sonido, tañido. || *s.c.* 2 (generalmente *pl.*) comprobación, investigación.

soundproof | 'saʊndpruːf | *adj.* 1 insonorizado. || *v.t.* 2 insonorizar.

soundtrack | 'saʊndtræk | *s.c.* banda sonora.

soup | suːp | *s.c.* e *i.* 1 sopa. || *v.t.* 2 [to – up] (argot) aumentar la potencia. || 3 from – to nuts, (EE.UU. y fam.) de principio a fin. 4 in the –, (fam.) en apuros.

soupçon | 'suːpsɒn | (EE.UU.) | suːp'sɒn | *s.sing.* pizca, pellizco.

sour | 'saʊə | *adj.* 1 agrio, ácido, avinagrado, acre. || *v.t.* 2 agriar(se), amargar(se).

source | sɔːs | *s.c.* 1 [– (of)] fuente, suministro. 2 causa, razón.

south | saʊə | *s.sing.* o *i.* [the –] el sur, el mediodía. || *adj.* 2 meridional, del sur. || *adv.* 3 al sur.

southbound | 'saʊə,baʊnd | *adj.* hacia el sur.

south-east | saʊə'iːst | *s.sing.* o *i.* 1 [the –] el sudeste. || *adj.* 2 del sudeste, al sudeste. || *adv.* 3 hacia el sudeste.

south-eastern | saʊə'iːstən | *adj.* del sudeste, sudeste.

southern | 'sʌðən | *adj.* [no *comp.*] meridional, del sur.

south-west | saʊə'west | *s.sing.* o *i.* 1 [the –] el sudoeste, el suroeste. || *adj.* 2 del sudoeste, del suroeste. || *adv.* 3 hacia el suroeste.

souvenir | ,suːvə'nɪə | (EE.UU.) | 'suːvənɪə | *s.c.* recuerdo, objeto de recuerdo.

sovereign | 'sɒvrɪn | *s.c.* 1 soberano, rey. || *adj.* 2 supremo, sumo. 3 libre, independiente. 4 eficaz, excelente.

sow | saʊ | *v.t.* e *i.* [*irr.pret* sowed, *p.p.* sown o sowed] 1 sembrar, plantar. 2 (fig.) esparcir, propagar. 3 *s.c.* cerda, marrana.

soya, soy | 'sɔɪə | *s.i.* 1 soja. || 2 – bean, semilla de soja.

sozzled | 'sɒzld | *adj.* (brit.) borracho, como una cuba.

space | speɪs | *s.i.* 1 espacio, capacidad. 2 infinito, vacío. 3 universo. || *s.c.* 4 hueco. || *s.c.* e *i.* 5 zona, área. 6 período, intervalo. 7 rato, momento. 8 espacio para publicidad. || *v.t.* 9 [to – + o. *adv./prep.* (out)]; generalmente *pas.*) espaciar, distanciar. || 10 into –, al infinito, al vacío. 11 to make – for, hacer un hueco para.

spaced out | 'speɪstaʊt | *adj.* (fam.) ido, semiconsciente.

spacing | speɪsɪŋ | *s.i.* espaciado, separación.

spade | speɪd | *s.c.* 1 pala, laya. 2 [– (of)] palada, pala. 3 (jerga y desp.) negro. || *s.c.* e *i.* 4 espada, palo de espadas.

spadework | 'speɪdwɜːk | *s.i.* (fig.) trabajo preparatorio.

span | spæn | 1 *pret.irreg.* de spin. || *s.c.* 2 período, intervalo. 3 ARQ. ojo. 4 palmo, cuarta. 5 vano. || *v.t.* 6 [pret. y *p.p.* spanned, *ger.* spanning] 7 cruzar, extenderse sobre. 8 abarcar, incluir.

spangle | 'spæŋgl | *s.c.* 1 lentejuela, adorno brillante. || *v.t.* 2 [to – (with)] decorar, sembrar. || *v.i.* 3 brillar, relucir.

Spanish | 'spænɪʃ | *adj.* 1 español, hispano. 2 castellano. || *s.pl.* 3 [the –] los españoles.

spank | spæŋk | *v.t* 1 dar una azotaina, dar una zurra. || *v.i.* 2 [to – + *adv./prep.* (along)] caminar con garbo, ir volando. || *s.c.* 3 azotaina.

spanner | 'spænə | (EE.UU. **wrench**) *s.c.* 1 llave de tuercas, llave inglesa. 2 variedad de oruga.

spar | spɑː | *s.c.* 1 palo, verga. 2 viga, larguero. 3 pelea de gallos con espolones. 4 boxeo. || *s.i.* 5 espato. || *v.i.* 6 hacer prácticas de boxeo. 7 disputar, discutir. 8 pelear con espolones. || *v.t.* 9 poner mástiles. 10 apretar con tuercas.

spare | speə | *v.t.* 1 [to – (for)] prescindir de, tener. 2 escatimar, cicatear. 3 [to – + o.] evitar, ahorrar. 4 salvar, perdonar. || *v.i.* 5 ser frugal, escatimar. 6 ser misericordioso, tener piedad. || *adj.* 7 de repuesto, de más. 8 libre, sobrante. 9 enjuto, delgado. 10 frugal, parco. || *s.c.* 11 pieza de repuesto. 12 rueda de recambio.

spark | spɑːk | *s.c.* 1 chispa, centella. 2 (fig.) chispa, factor activador. 3 destello, fulgor. 4 [– (of)] pizca, gota. 5 chispazo, descarga eléctrica. 6 lechuguino, petimetre. 7 enamorado, pretendiente. || *v.i.* 8 echar chispas, chispear. || *v.t.* 9 [to – (off)] hacer estallar. 10 (EE.UU.) estimular, incitar. 11 cortejar, pretender. 12 – **plug**, (EE.UU.) bujía.

sparkle | 'spɑːkl | *v.i.* 1 centellear, relucir. 2 (fig.) estar animado, ser muy movido. 3 (fig.) brillar, ser ingenioso. 4 hacer burbujas, ser efervescente. || *s.c. e i.* 5 centelleo, chispa. 6 (fig.) brillantez, interés.

sparkler | 'spɑːklə | *s.c.* bengala.

sparring partner | 'spɑːriŋpɑːtnə | *s.c.* 1 pareja de entrenamiento. 2 (fig.) compañero de discusiones.

sparrow | 'spærəʊ | *s.c.* gorrión.

sparse | spɑːs | *adj.* escaso.

spasm | 'spæzəm | *s.c. e i.* 1 espasmo, contracción. 2 [– (of)] acceso, explosión.

spat | spæt | 1 *pret.* y *p.p.* de *spit.* || *s.c.* 2 polaina, corta, botín. 3 (fam.) riña, disputa. 4 (fam.) bofetada, sopapo. 5

freza, ostra joven. || *v.i.* 6 ZOOL. desovar, frezar. 7 abofetear, dar un sopapo. 8 discutir, disputar.

spate | speɪt | *s.sing.* [– (of)] (brit.) serie, exceso.

spatial | 'speɪʃl | *adj.* espacial, del espacio.

spatter | 'spætə | *v.t.* 1 salpicar, manchar. 2 (fig.) difamar, manchar la reputación. || *v.i.* 3 [to – (on)] gotear, caer. || *s.sing.* 4 salpicadura, mancha. 5 lluvia, rociada.

spatula | 'spætjʊlə | 'spætʃələ | *s.c.* espátula.

spawn | spɔːn | *v.t. e i.* 1 frezar, desovar. || *v.t.* 2 (fam.) producir, engendrar. || *s.i.* 3 ZOOL. freza, hueva. 4 cría, descendencia. 5 engendro. 6 producto, resultado.

speak | spiːk | *v.* [*pret.irreg.* **spoke**, *p.p.irreg.* **spoken**] *i.* 1 [to – (about/to /with)] hablar. 2 [to – (about/on/to)] dirigirse, pronunciar un discurso. 3 [to – (of)] hablar (de), 4 hablarse. 5 sonar. || *t.* 6 decir, expresar. 7 hablar, conocer. 8 revelar, demostrar.

speaker | 'spiːkə | *s.c.* 1 orador, conferenciante. 2 [– (of)] hablante. 3 altavoz, pantalla acústica.

spear | spɪə | *s.c.* 1 lanza, venablo. 2 hoja; brote, tallo. || *v.t.* 3 pinchar, punzar. 4 cazar con lanza, arponear.

spearmint | 'spɪəmɪnt | *s.i.* 1 BOT. menta verde. || *s.c.* 2 caramelo de menta, pastilla de menta.

specs | speks | *s.pl.* gafas.

special | 'speʃl | *adj.* 1 especial, único. 2 (también **especial**) especial, más cercano. 3 enorme, mucho. 4 específico, único. 5 urgente. 6 principal, esencial. 7 adicional, extra. 8 especializado. || *s.c.* 9 programa especial, número extraordinario. 10 tren especial. 11 (EE.UU. y fam.) ganga, oferta especial. 12 (EE.UU.) plato del día.

specialist | 'speʃəlɪst | *s.c.* 1 especialista, experto. || *adj.* 2 especializado.

specialize | 'speʃəlaɪz | (brit. **specialise**) *v.i.* 1 [to – (in)] especializarse, concentrarse. ‖ v.t. 2 particularizar, mencionar en particular.

species | 'spi:fi:z | s.c.sing. y pl. 1 especie, familia. 2 [– (of)] clase, modelo. 3 metálico, efectivo.

specific | spɪ'sɪfɪk | adj. 1 específico, preciso. 2 determinado. 3 [– to] específico de, limitado.

specification | spesɪfɪ'keɪʃn | s.i. 1 especificación; requisito. ‖ 2 **specifications**, normas, instrucciones.

specimen | 'spesmɪn | s.c. 1 [– (of)] espécimen, modelo. 2 muestra. 3 (fam. y desp.) individuo, tipo.

specious | 'spi:ʃəs | adj. (desp.) engañoso, falaz.

speck | spek | s.c. [– (of)] 1 mota, partícula. 2 manchita, marca. 3 (fig.) punto. 4 pizca, vestigio.

speckle | 'spekl | s.c. 1 punto, marca. ‖ v.t. 2 motear, salpicar.

spectacle | 'spektəkl | s.c. 1 espectáculo, exhibición. 2 [– (of)] (fig.) situación lamentable, ridículo. ‖ s.c. e i. 3 espectáculo, panorama. 4 **spectacles**, gafas, anteojos.

spectacular | spek'tækjʊlə | adj. 1 espectacular, grandioso. ‖ s.c. 2 espectáculo, exhibición impresionante.

spectator | spek'teɪtə | (EE.UU.) | 'spekteɪtər | s.c. espectador, concurrente.

spectre | 'spektə | (EE.UU. specter) s.c. 1 espectro, aparición. 2 (fig.) fantasma, amenaza.

speculate | 'spekjʊleɪt | v.t. e i. 1 especular, reflexionar. 2 negociar, comerciar.

speculative | 'spekjʊlətɪv | adj. 1 especulativo, meditativo. 2 [no comp.] teórico, basado en la razón. 3 especulativo, arriesgado.

speech | spi:tʃ | s.i. 1 habla, palabra. 2 lenguaje, idioma. ‖ s.c. 3 [– (to)] discurso, alocución. 4 parlamento, recitado.

speed | spi:d | s.c. e i. 1 velocidad. 2 rapidez, prisa. 3 (jerga) anfetamina, estimulante. ‖ s.c. 4 velocidad de obturación; sensibilidad. ‖ [pret. y p.p. speed-

ed o speed] t. e i. 5 apresurar(se), correr a toda velocidad. ‖ v.i. 6 correr mucho, conducir deprisa. ‖ sufijo. 7 de velocidades, de marchas.

speedboat | 'spi:dbəʊt | s.c. motora, lancha rápida.

speedway | 'spi:dweɪ | s.i. 1 carrera de motocicletas. ‖ s.c. 2 pista de carreras. 3 (EE.UU.) autopista.

speedy | 'spi:dɪ | adj. 1 rápido, veloz. 2 presta, pronta. 3 (jerga) estimulante, anfetamínico.

speleology, spelaeology | spelɪ'ɒlədʒɪ | s.i. espeleología.

spell | spel | v.irr. (brit.) [pret. y p.p. spell, (EE.UU.) spelled] t. e i. 1 escribir correctamente, tener buena ortografía. ‖ v.t. 2 [no pasiva] deletrear, componer (palabras). 3 (fam.) querer. 4 sustituir, reemplazar, relevar. ‖ s.c. 5 período, temporada. 6 ataque, acceso. 7 relevo, sustitución. 8 turno, tanda. 9 encantamiento, palabras mágicas. ‖ s.sing. 10 encanto, fascinación. 11 rance.

spellbound | 'spelbaʊnd | adj. fascinado, embelesado.

spelling | 'spelɪŋ | s.i. 1 deletreo, escritura. ‖ s.c. 2 ortografía.

spend | spend | v. [irr.pret. y p.p. spent] t. e i. 1 [to – (on)] gastar, dedicar. ‖ v.t. 2 [to – + o. + ger./adv./prep.] pasar, emplear (tiempo). 3 agotar, desgastar. 4 despilfarrar, malgastar. 5 sacrificar, arriesgar.

sperm | spɜ:m | [pl. sperm o sperms] s.c. 1 esperma, espermatozoo. ‖ s.i. 2 semen. ‖ 3 – whale, cachalote.

spew | spju: | v.t. e i. 1 fluir, salir. 2 lanzar, echar. 3 [to – (up)] (jerga) vomitar, devolver.

sphere | sfɪə | s.c. 1 esfera. 2 bola, globo. 3 planeta, orbe. 4 cielo, esfera celeste. 5 (fig.) campo. 6 círculo, posición.

sphinx | sfɪŋks | s.c. 1 esfinge. 2 (fig.) persona enigmática.

spice | spaɪs | s.c. e i. 1 especia. ‖ s.i. 2 interés, sabor; placer, deleite. ‖ v.t. 3 [to – (up/with)] adornar, dar cierto sabor picante. 4 [to – (with)] (generalmente pasiva) sazonar, condimentar.

spick-and-span | 'spıkǝns'pæn | adj. impecable, hecho un primor.

spicy | 'spaısı | adj. 1 especiado, fuerte. 2 picante, atrevido.

spiel | ʃpi:l | (EE.UU.) | spi:l | s.c. e i. (argot y desp.) perorata, disertación.

spike | spaık | s.c. 1 pincho, púa. 2 clavo, tachuela. 3 vértice, subida pronunciada. 4 espiga. 5 clavo largo, punta. 6 cuerno, asta. ‖ v.t. 7 clavar un pincho, perforar. 8 [to – (with)] (EE.UU. y fam.) añadir alcohol. 9 impedir, parar.

spill | spıl | v.irr. (brit.) [pret. y p.p. spilt, (EE.UU.) spilled] t e i. 1 derramar, volcar. ‖ v.i. 2 [to – + adv./prep. (over)] extenderse, desbordar. ‖ v.t. 3 hacer caer, arrojar. ‖ s.c. 4 (también spillage) vuelco, vertido. 5 (fam.) caída, accidente. 6 mecha, astilla. ‖ 7 to – out, divulgar, revelar. 8 to – someone's blood, matar a alguien, derramar la sangre de alguien.

spin | spın | v.irr. [pret. span o spun, p.p. spun, ger. spinning] t e i. 1 girar, hacer girar. 2 echar a cara o cruz. 3 rodar, bailar. 4 (fig.) dar vueltas. 5 hacer bailar. 6 hilar. ‖ v.t. 7 tejer. 8 centrifugar. 9 descender en barrena. ‖ v.i. 10 [to – + adv./prep.] (fam.) rodar velozmente, ir muy deprisa. ‖ s.c. 11 vuelta, rotación. 12 (fam.) vuelta, excursión. 13 barrena. ‖ s.sing. 14 rotación, movimiento giratorio. 15 centrifugado. 16 rotación lateral, efecto. 17 (fam.) pánico, nerviosismo.

spinach | 'spınıdʒ | s.i. espinaca.

spinal | 'spaınl | adj. 1 espinal. ‖ 2 – column, columna vertebral, espina dorsal. 3 – cord, médula espinal.

spindle | 'spındl | adj. (fam. y desp.) larguirucho, delgaducho.

spine | spaın | s.c. 1 (también backbone, spinal column) columna vertebral, espinazo. 2 espina, pincho. 3 púa, aguijón. 4 lomo.

spineless | 'spaınlıs | adj. 1 (fig. y desp.) cobarde, sin temple. 2 invertebrado, sin columna vertebral. 3 sin espinas, sin púas.

spinet | spı'net | s.c. espineta.

spinner | 'spınǝ | s.c. 1 hilandero, hilador. 2 bola con efecto.

spinney | 'spını | s.c. (brit.) matorral, bosquecillo.

spin-off | 'spınɒf | s.c. e i. 1 subproducto, derivado. 2 consecuencia, secuela. 3 segunda parte.

spinster | 'spınstǝ | s.c. 1 soltera, solterona. 2 hilandera.

spiral | spaırǝl | adj. 1 espiral, helicoidal. 2 de caracol. ‖ s.c. 3 espiral, hélice. 4 (fig.) espiral, aceleración creciente o decreciente. ‖ v.i. [(brit.) spiralled, spiralling, (EE.UU.) spiraled, spiraling] 5 [to – + adv./prep.] moverse en espiral, dar vueltas en espiral. 6 subir vertiginosamente.

spire | spaıǝ | s.c. 1 aguja, chapitel. 2 brizna. 3 cúspide, cima.

spirit | 'spırıt | s.c. 1 espíritu, mente. 2 ser, individuo. 3 ánima, hada. ‖ s.i. 4 energía, coraje. 5 espíritu, tendencia. ‖ s.sing. 6 [– (of)] espíritu, propósito. 7 [– (of)] humor; animación. 8 actitud, disposición. ‖ v.t. 9 [to – + o. + adv./prep.] llevarse misteriosamente. 10 animar, reanimar.

spiritual | 'spırıtjuǝl | adj. 1 espiritual, mental. 2 religioso. 3 eclesiástico. 4 incorpóreo, sobrenatural. ‖ s.c. 5 espiritual.

spit | spıt | v.irr. [pret. y p.p. spat, (EE.UU.) spit, ger. spitting] t e i. 1 escupir, expectorar. ‖ v.t. 2 [to – (out)] (fig.) escupir, desembuchar. 3 espetar. ‖ v.i. 4 [it + v. (with)] lloviznar, caer unas gotas. 5 chisporrotear. ‖ s.i. 6 saliva, esputa. ‖ [the – (of)] imagen, figura. ‖ s.c. 7 espetón, barilla. 8 punta de tierra; banco de arena. ‖ 9 – it out!, (fam.) ¡desembucha!

spite | spaıt | s.i. 1 rencor, resentimiento. ‖ v.t. 2 fastidiar, mortificar. ‖ 3 in – of, a pesar de, no obstante.

spitfire | 'spıt,faıǝ | s.c. fiera, cascarrabias.

spittle | 'spıtl | s.i. saliva, baba.

spittoon | spı'tu:n | (EE.UU. cuspidor) s.c. escupidera.

splash | splæʃ | v.t. e i. 1 caer ruidosamente, golpetear. 2 [to — (out/on)] (fam. y brit.) derrochar, malgastar. ‖ *v.t* 3 [to — (with)] esparcir. 4 (fam.) publicar con grandes titulares. ‖ *v.i.* 5 chapotear. ‖ *s.c.* 6 chapoteo, ruido sordo. 7 mancha, salpicadura. 8 (fam.) impresión, éxito. 9 (brit.) chorrito. ‖ *adv.* 10 [— + *prep.*] con enorme ruido.

splat ‖ splæt ‖ *s.sing.* 1 (fam.) ruido sordo, chapoteo. ‖ *v.t* e *i.* [*pret.* y *p.p.* splatted, *ger.* splatting] 2 [to — (against)] (fam.) caer con ruido sordo.

splatter ‖ 'splætə ‖ *v.t* e *i.* 1 salpicar. ‖ *s.c.* 2 salpicadura.

splay ‖ spleɪ ‖ *v.t* e *i.* 1 derrumbar(se), caer(se). 2 abrir(se), partir(se). 3 achaflanar, biselar. 4 dislocar(se). ‖ *adj.* 5 abierto, desplegado. 6 despatarrado, derrumbado. ‖ *s.i.* 7 extensión, expansión. 8 bisel, chaflán.

spleen ‖ splin ‖ *s.c.* 1 bazo. ‖ *s.i.* 2 mal humor, bilis.

splendid ‖ 'splendɪd ‖ *adj.* 1 espléndido, magnífico. 2 excelente, fantástico.

splendour ‖ 'splendə ‖ (EE.UU. splendor) *s.i.* 1 esplendor, grandiosidad. ‖ *s.sing.* 2 grandeza, pompa.

splice ‖ splaɪs ‖ *v.t* 1 [to — (to/onto/together)] empalmar, pegar. ‖ *s.c.* 2 empalme, unión.

splint ‖ splɪnt ‖ *s.c.* 1 tabilla. 2 varilla. 3 sobrehueso. ‖ *v.t* 4 entablillar.

splinter ‖ 'splɪntə ‖ *s.c.* 1 astilla, esquirla. ‖ *v.t* e *i.* 2 astillar(se), romper(se) en esquirlas. ‖ *v.i.* 3 [to — (off)] separarse, disociarse. ‖ 4 — group, facción o grupúsculo disidente.

split ‖ splɪt ‖ *v.irr.* [*pret.* y *p.p.* split, *ger.* splitting] *t.* e *i.* 1 partir(se), rajar(se). 2 [to — (up/into)] dividir(se), disgregar(se). ‖ *v.t* 3 dividir, distribuir. 4 ganar la mitad de los partidos. ‖ *v.i.* 5 [to — up/with] separarse, romper relaciones. 6 [to — on] (brit. y fam.) chivarse, soplar. 7 (jerga) largarse, irse. ‖ *s.c.* 8 [— (in)] grieta, brecha. 9 [— (in)] escisión, cisma. 10 ruptura, separación. 11 astilla, fragmento. 12 tiras de mimbre. 13 división, repartición.

14 media botella, media porción. ‖ *adj.* 15 dividido, rajado.

splitting ‖ 'splɪtɪŋ ‖ *adj.* muy fuerte, agudo.

splodge ‖ splɒdʒ ‖ (EE.UU. splotch) *s.c.* 1 [— (of)] (fam.) manchón, borrón. ‖ *v.t* 2 manchar, llenar de borrones.

splurge ‖ splɜːdʒ ‖ *v.t* e *i.* 1 [to — (on)] (fam.) gastar en exceso. ‖ *s.c.* 2 ostentación, lujo.

splutter ‖ 'splʌtə ‖ *s.c.* 1 chisporroteo, crepitación. ‖ *v.t* e *i.* 2 tartamudear, balbucear. ‖ *v.i.* 3 chisporrotear, crepitar.

spoil ‖ spɔɪl ‖ *v.t* [*irr.pret.* y *p.p.* spoiled o spoilt] 1 estropear, destrozar. 2 dañar, perjudicar. 3 mimar, ser complaciente. 4 despojar, arrebatar. ‖ *v.i.* 5 pudrirse, ponerse mal.

spoilage ‖ 'spɔɪlɪdʒ ‖ *s.i.* desperdicio, residuos.

spoiled, spoilt ‖ spɔɪlə ‖ *adj.* mimado, consentido.

spoilsport ‖ 'spɔɪlspɔːt ‖ *s.c.* (fam.) aguafiestas, amargado.

spoilt ‖ spɔɪlt ‖ *pret.* y *p.p.irreg.* de spoil.

spoke ‖ spəʊk ‖ 1 *pret.* de speak. ‖ *s.c.* 2 radio. 3 cabilla. 4 peldaño, barra.

spoken ‖ spəʊkən ‖ 1 *p.p.* de speak. ‖ *adj.* 2 hablado, oral. ‖ *sufijo* 3 [*adv.* + —] hablado.

spokersperson ‖ 'spəʊkspɜːsn ‖ *s.c.* portavoz.

sponge ‖ spʌndʒ ‖ *s.c.* 1 ZOOL. esponja. 2 gorrón, parásito. ‖ *s.c.* e *i.* 3 esponja. 4 (brit.) bizcocho. 5 (jerga) borracho; glotón. ‖ *v.t* 6 [to — (down/off/out)] limpiar con esponja. 7 [to — (up)] absorber con esponja.

spongebag ‖ 'spʌndʒbæg ‖ *s.c.* (brit.) bolsa de aseo, neceser.

sponsor ‖ spɒnsə ‖ *s.c.* 1 patrocinador, promotor. 2 financiador. 3 padrino, madrina. 4 fiador. ‖ *v.t* 5 patrocinar, financiar. 6 promover, auspiciar. 7 apadrinar.

spontaneous ‖ spɒn'teɪnjəs ‖ *adj.* 1 espontáneo, natural. 2 instintivo, no premeditado.

spoof | spu:f | *s.c.* 1 [– (of/on)] (fam.) parodia, copia burda. 2 truco, broma. ‖ *v.t.* e *i.* 3 tomar el pelo, bromear.

spook | spu:k | *s.c.* 1 (fam.) fantasma, aparecido. 2 (EE.UU. y fam.) espía, agente secreto. ‖ *v.t.* 3 (EE.UU. y fam.) meter miedo, espantar.

spool | spu:l | *s.c.* 1 carrete. 2 (EE.UU.) canilla, bobina. ‖ *v.t.* 3 enrollar en carrete.

spoon | spu:n | *s.c.* 1 cuchara. 2 [– (of)] cucharada. 3 cucharilla, anzuelo de cuchara. ‖ *v.t.* 4 [to – + o. + adv./prep.] servir (con cuchara).

spoor | spuə | *s.sing.* rastro, pisadas (de un animal).

sporadic | spə'rædɪk | *adj.* esporádico, ocasional.

spore | spɔ: | *s.c.* 1 espora. ‖ *v.i.* 2 producir esporas, formar esporas.

sport | spɔ:t | *s.c.* e *i.* 1 deporte, competición. ‖ *s.c.* 2 (fam.) buen perdedor, persona optimista. ‖ *s.i.* 3 diversión, chanza. ‖ *v.t.* 4 hacer alarde de, lucir ostentosamente. ‖ *v.i.* 5 juguetear, retozar.

sportsman | 'spɔ:tsmən | [*pl.irreg.* sportsmen] *s.c.m.* 1 deportista. 2 buen perdedor, caballero.

spot | spɒt | *s.c.* 1 [– (of)] lunar, mancha. 2 grano, peca. 3 (fig.) mancha, tacha. 4 lugar, parte. 5 aspecto, rasgo. 6 (fam.) aprieto, situación difícil. 7 espacio, programa. 8 (fam.) posición, rango. 9 (fam.) punto de luz, foco. ‖ *s.sing.* 10 punto, tema. 11 [– (of)] (brit. y fam.) poquitín, algo. ‖ *s.i.* 12 gota (de lluvia). ‖ *v.t.* [spotted, spotting] 13 ver, encontrar. 14 [to – (with)] (generalmente *pasiva*) manchar, salpicar. 15 decorar, estampar. 16 [to – + o. indirecto + o. directo.] (EE.UU. y fam.) dar ventaja, dejar la delantera. ‖ *v.i.* 17 [it – + v.] (brit.) lloviznar, gotear. ‖ *adj.* 18 al contado, contante y sonante. 19 de entrega inmediata (género). 20 al instante, en el momento. 21 publicitario, de publicidad. ‖ *adv.* 22 [– + *prep.*] (brit. y fam.) exactamente, precisamente.

spotlight | 'spɒtlaɪt | *s.c.* 1 foco, lámpara. 2 [the –] atención, prominencia. ‖ *v.t.irr.* [*pret.* y *p.p.* spotlighted o spotlit] 3 destacar, subrayar.

spot-on | 'spɒtɒn | *adj.* (brit. y fam.) 1 totalmente correcto, muy cabal. ‖ *adv.* 2 correctísimamente, con total exactitud.

spotty | 'spɒtɪ | *adj.* (generalmente desp.) 1 (brit. y fam.) lleno de granos, cubierto de manchas. 2 (EE.UU.) irregular, desigual. 3 estampado, de lunares.

spout | spaʊt | *v.t.* e *i.* 1 [to – (out)] salir a borbotones, echar a chorro. 2 llamear, salir a llamaradas. ‖ *v.t.* 3 (fam. y desp.) hablar incansablemente, hablar tediosamente. 4 (brit. y jerga) empeñar, entregar en prenda. ‖ *v.i.* 5 lanzar agua a chorro. ‖ *s.c.* 6 espita, canilla. 7 pico, pitorro. 8 surtidor, chorro. 9 (brit. y fam.) casa de empeño.

sprain | spreɪn | *v.t.* 1 dislocar, torcer (un tobillo). ‖ *s.c.* 2 torcedura, dislocación.

sprat | spræt | *s.c.* sardineta, arenque pequeño.

sprawl | sprɔ:l | *v.t.* e *i.* 1 repantingarse, arrellanarse. 2 desmadejarse, despatarrarse. ‖ *v.i.* 3 [to – + adv./prep.] desparramarse de forma irregular. ‖ *s.sing.* 4 postura desgarbada. 5 desparramamiento.

spray | spreɪ | *v.i.* 1 [to – + adv./prep.] salir, esparcirse. ‖ *v.t.* 2 pulverizar, atomizar. 3 pintar con pistola pulverizadora. 4 diseminar, esparcir. ‖ *s.i.* 5 rociada, aspersión. 6 espuma. ‖ *s.c.* 7 pulverizador, atomizador. 8 ramo, ramaje.

spread | spred | *v.* [*irr.pret.* y *p.p.* spread] *t.* e *i.* 1 extender(se), desarrollar(se). 2 desplegar, alargar. 3 extender(se), propagar(se). 4 [to – (around)] difundir, propalar. 5 untar(se), esparcir(se). ‖ *v.i.* 6 [to – + adv./prep.] extenderse, cubrir. ‖ *v.t.* 7 [to – (over/among)] distribuir, espaciar. 8 compartir, repartir. 9 poner, preparar (la mesa). ‖ *s.sing.* 10 [(the) – (of)] diseminación, difusión. 11 extensión, espacio (de tiempo). ‖ *s.c.* 12 extensión, expansión. 13 gama, escala. 14 doble página; despliegue a toda página. 15 (fam.) comilona, merendola. 16 (EE.UU.) rancho, granja. || *s.i.* 17 crema. || *s.c. e i.* 18 gordura.

spree | spri: | *s.c.* 1 juerga, jolgorio. 2 período de gran actividad; gasto excesivo.

sprig | sprɪg | *s.c.* 1 [– (of)] ramillete, ramo. 2 joven, chaval. 3 clavo sin cabeza.

spring | sprɪŋ | *v.i.* irr. [*pret.* sprang o sprung, *p.p.* sprung] 1 [to – + adv./prep.] saltar, brincar. 2 saltar con pértiga, saltar por encima. 3 [to – + adv./prep.] levantarse, alzarse. 4 surgir, nacer. 5 brotar (las lágrimas). 6 (fam.) aparecer, salir. 7 combarse; relajarse. 8 saltar, salir despedido. || *v.t.* 9 saltar, soltar (un resorte). 10 [to – (on)] revelar, divulgar. 11 (fam.) ayudar a escapar. || *s.c. e i.* 12 primavera. || *s.c.* 13 manantial, fuente. 14 resorte, ballesta. 15 salto, brinco. || *s.i.* 16 elasticidad, rebote. 17 vigor, fuerza.

sprinkle | 'sprɪnkl | *v.t.* 1 rociar, espolvorear. 2 (fig.) sembrar, salpicar. || *v.i.* 3 [it – + v.] lloviznar. || *s.sing.* 4 llovizna, chirimiri. 5 pizca, poquito.

sprint | sprɪnt | *v.i.* 1 correr a gran velocidad, hacer esprint. || *s.sing.* 2 carrera a toda velocidad, esprint.

sprite | spraɪt | *s.c.* 1 hada, trasgo. 2 fantasma, aparición. 3 alma.

sprocket | 'sprɒkɪt | 'sprɑːkɪt | *s.c.* 1 (también sprocket wheel) rueda de engranaje. 2 carrete con dientes de engranaje. 3 diente de engranaje.

sprout | spraʊt | *v.t. e i.* 1 [to – (from /up)] brotar, retoñar. 2 crecer, dejarse salir (barba, bigote). 3 surgir, aparecer. || *v.i.* 4 echar yemas, retoñar. || *s.c.* 5 brote, pimpollo. 6 (brit.) col de bruselas.

spruce | spruːs | *s.c. e i.* 1 abeto, picea. || *adj.* 2 pulcro, elegante. || *v.t. e i.* 3 [to – up] (fam.) emperifollar(se), asear(se).

sprung | sprʌŋ | *p.p.* y (EE.UU.) *pret.* 1 de spring. || *adj.* 2 de muelles, con resortes.

spry | spraɪ | *adj.* ágil, enérgico (una persona mayor).

spud | spʌd | *s.c.* 1 (fam.) patata (Am.) papa. 2 escarda. || *v.t.* 3 escardar, entresacar.

spume | spjuːm | *s.i.* 1 espuma. || *v.i.* 2 hacer espuma.

spun | spʌn | *pret.* y *p.p.irreg.* de spin.

spunk | spʌnk | *s.i.* 1 (fam.) agallas, ánimo. 2 (brit.) semen.

spur | spɜ: | *s.c.* 1 espuela. 2 [– (to)] aguijón, incentivo. 3 estribación, ramal. 4 bifurcación, vía secundaria. 5 vía muerta. 6 espolón, garrón. 7 cornezuelo. 8 garfio, pincho. 9 rama, vástago. 10 puntal, machón. || *v.t.* 11 [to – (on)] espolear, picar con espuelas. 12 (fig.) espolear, meter prisa.

spurious | 'spjʊərɪəs | *adj.* (fam.) 1 falso, inexacto. 2 falso, simulado. 3 falsificado.

spurn | spɜ:n | *v.t.* rechazar, despreciar.

spurt | spɜ:t | *v.t. e i.* 1 salir a borbotones, salir con fuerza. || *v.i.* 2 [to – (for)] hacer un esfuerzo, acelerar. || *s.c.* 3 esfuerzo, arrebato. 4 [– (of)] chorro; llamarada.

sputter | 'spʌtə | *v.i.* 1 chisporrotear. 2 zumbar, hacer explosiones repetidas. 3 hablar despidiendo saliva, echar perdigones. || *v.t. e i.* 4 farfullar, tartamudear. || *s.c.* 5 chisporroteo. 6 farfulleo, barboteo. 7 chispeo de saliva.

spy | spaɪ | *s.c.* 1 espía, agente secreto. || *s.i.* 2 espionaje, vigilancia. || *v.i.* 3 [to – (on/upon)] espiar, ser espía. 4 [to – (into/on)] espiar. 5 [to – (into/on)] escudriñar, acechar. || *v.t.* 6 observar, notar.

sq. | es kju: | 1 *abreviatura* de square, cuadrado (en medidas). 2 square, plaza.

squabble | 'skwɒbl | *v.i.* 1 [– + to (about/over)] discutir, disputar. || *s.c.* 2 discusión riña.

squad | skwɒd | *c.s.* 1 [– + v.sing./pl.] brigada, cuadrilla. 2 escuadrón, patrulla. 3 equipo atlético.

squadron | 'skwɒdrən | skwɑːdrən | *s.c.* [– + v.sing./pl.] escuadrón, escuadra, escuadrilla.

squalid | skwɒlɪd | *adj.* 1 miserable, sucio. 2 perverso, repulsivo.

squall | skwɔːl | *s.c.* 1 vendaval, tempestad. 2 (fig.) discusión, gritería. || *v.i.* 3 gritar, chillar.

squander | 'skwɒndə | *v.t.* 1 [to — (on)] despilfarrar, malgastar. 2 desparramar, esparcir.

square | skweə | *s.c.* 1 cuadrado. 2 cuadro. 3 plaza. 4 [— (of)] cuadrado, segunda potencia. 5 casilla, escaque. 6 (jerga) conservador, anticuado. 7 escuadra. || *adj.* 8 [no *comp.*] cuadrado, cuadriculado. 9 en escuadra, en ángulo recto. 10 [no *comp.*] cuadrado. 11 [s. + — y no *comp.*] en cuadro. 12 [— (with)] a nivel, paralelo. 13 saldada, liquidada (una deuda). 14 arreglado, limpio (un lugar). 15 honesto, formal (un trato). 16 rotunda, directa (una respuesta, una negativa). 17 fornido, robusto. 18 empatado, igualado. || *v.t.* 19 [to — (off/up)] arreglar, enderezar. 20 (generalmente pasiva) cuadrar, elevar al cuadrado. 21 [to — (of)] cuadricular, dividir en cuadros. 22 igualar, empatar. 23 (fam.) saldar, arreglar (cuentas), resarcirse. 24 (fam.) sobornar, comprar. || *v.t.* e *i.* 25 [to — (with)] cuadrar, ajustar(se).

squash | skwɒʃ | skwɒːʃ | *v.t.* 1 aplastar, despachurrar. 2 acallar, sofocar. || *v.t.* e *i.* 3 apretar(se), apretujar(se). || *s.sing.* 4 apiñamiento, aplastamiento. || *s.i.* 5 (también **squash rackets**) (fam.) squash. || *s.c.* e *i.* 6 (EE.UU.) calabaza, cidra.

squashy | skwɒʃi | *adj.* blando, esponjoso.

squat | skwɒt | [*pret.* y *p.p.* squatted, *ger.* squatting] *v.i.* 1 [to — (down/on)] sentarse en cuclillas. 2 acurrucarse, agazaparse. 3 [to — (in/on)] ocupar sin pagar renta. || 4 guarida, madriguera. || *adj.* 5 regordete, achaparrado.

squatter | skwɒtə | *s.c.* intruso, ocupante ilegal.

squaw | skwɔː | *s.c.* india norteamericana, mujer piel roja.

squawk | skwɔːk | *v.i.* 1 graznar, chillar. 2 (fam.) quejarse, protestar. || *s.c.* 3 graznido, chillido. 4 protesta, bronca.

squeak | skwiːk | *v.i.* 1 chillar. 2 chirriar,

rechinar. 3 [to — + *adv./prep.*] (fam.) triunfar, escapar. || *s.c.* 4 chillido. 5 chirrido, crujido.

squeal | skwiːl | *v.i.* 1 chillar, dar alaridos. 2 chirriar, crujir. 3 [to — (on)] (jerga) cantar, confesar. || *s.c.* 4 chillido, alarido. 5 chirrido.

squeamish | 'skwiːmɪʃ | *adj.* 1 melindroso, sensible. 2 delicado, propenso a la náusea. 3 susceptible, suspicaz.

squeeze | skwiːz | *v.t.* 1 apretujar, prensar. 2 [to — + o. + *adv./prep.*] exprimir, estrujar. 3 [to — + o. + *adv./prep.*] meter, hacer un hueco. 4 acosar, apretar. 5 exprimir, extorsionar. 6 obligar a descartarse. || *v.t.* e *i.* 7 [to — + *adv./prep.*] introducir(se) a presión, meterse a la fuerza. 8 ganar apuradamente. || *s.c.* 9 compresión, presión. 10 apretón. 11 [— (of)] expresión, estrujón. 12 restricción, embargo. || 13 to put the — on, (fam.) presionar, apretar las clavijas.

squelch | skweltʃ | *v.i.* 1 chapotear. || *v.t.* 2 despachurrar, pisotear. 3 apabullar. || *s.sing.* 4 chapoteo. 5 réplica grosera.

squib | skwɪb | *s.c.* 1 petardo, buscapiés. 2 pasquín, libelo.

squid | skwɪd | *s.c.* calamar.

squiggle | 'skwɪgl | *s.c.* (fam.) garabato, línea ondulada.

squint | skwɪnt | *v.i.* 1 forzar la vista. 2 bizquear, tener ojos estrábicos. 3 mirar de soslayo, mirar por el rabillo del ojo. || *s.c.* 4 estrabismo, mirada bizca. 5 mirada de soslayo. 6 mirada forzada. || *adj.* 7 (fam.) de lado, torcido. 8 desviado, estrábico. || *adv.* 9 de forma ladeada.

squire | 'skwaɪə | *s.c.* 1 propietario, hacendado. 2 escudero. 3 (brit. y fam.) señor, caballero.

squirm | skwɜːm | *v.i.* 1 retorcerse, sufrir. 2 sentirse violento, avergonzarse. 3 culebrear, serpear. || *s.c.* 4 sufrimiento. 5 contorsión, retorcimiento. 6 vergüenza, mal rato.

squirrel | 'skwɪrəl | 'skwɜːrəl | *s.c.* ardilla.

squirt | skwɜːt | *v.t.* e *i.* 1 salir a presión, salir a chorro. 2 [to — (with)] arrojar a chorro. || *s.c.* 3 [— (of)] chorro, chorretada. 4 (desp.) presumido, farolero, presuntuoso.

Sr. | 'esə | *abreviatura de* 1 **Senior**, padre. 2 **Sister**, hermana. 3 **strontium**, estroncio. 4 señor (en Sudamérica).

St | sɒnt | *abreviatura* de 1 **Street**, calle. 2 **Saint**, [*pl.* **SS.**] santo, san. 3 **(st) stone**, 14 libras. || *sufijo* 4 **-st**, terminación de *ord.*

stab | stæb | [**stabbed**, **stabbing**] *v.t.* e *i.* 1 apuñalar, herir con arma blanca. 2 empujar; indicar, señalar. || *s.c.* 3 puñalada, cuchillada. 4 [— (of)] punzada, pinchazo. 5 [— (at)] (fam.) intento, prueba. || 6 **to — someone in the back**, apuñalar a alguien por la espalda, traicionar a alguien. 7 — **in the back**, puñalada trapera, traición. 8 **to have/make a —**, hacer un intento, hacer la prueba. 9 — **wound**, herida de arma blanca, puñalada.

stability | stəˈbɪlɪtɪ | *s.i.* 1 estabilidad, equilibrio. 2 integridad, fiabilidad.

stabilizer | ˈsteɪbɪlaɪzə | (brit. **stabiliser**) *s.c.* 1 estabilizador, plano estabilizador. 2 amortiguador.

stable | ˈsteɪbl | *adj.* 1 estable, no cambiante. 2 firme, seguro. 3 sereno, formal. || *s.c.* 4 establo, cuadra, caballeriza. 5 [— (of)] (fig.) grupo (de deportistas, de artistas). || *v.t.* 6 guardar en establo, albergar en cuadra.

staccato | stəˈkɑːtəʊ | *adj.* 1 MUS. staccato. 2 entrecortado, quebrado. || *adv.* 3 en staccato. || *s.pl.* 4 staccato.

stack | stæk | *s.c.* 1 montón, rimero. 2 niara, hacina. 3 [— (of)] (fam.) montón, gran número. 4 estante, balda. 5 pila, lote. 6 pabellón de fusiles. 7 chimenea; húmero, cañón. || *v.t.* e *i.* 8 [**to — (up)**] apilar(se), hacinar(se) || *v.t.* 9 [**to — (with)**] y generalmente pasiva] colocar en montones. 10 [**to — (against)**] (fam.) hacer trampas.

stadium | ˈsteɪdɪəm | [*pl.* **stadiums** o **stadia**] *s.c.* estadio.

staff | stɑːf | (EE.UU.) | stæf | *s.c.* 1 [— + *v.sing./pl*] plantilla, personal. 2 plana mayor, estado mayor. 3 [*pl.* **staves**] bastón, varilla. 4 báculo, bordón. 5 asta, palo. 6 pentagrama. || *v.t.* 7 [**to — (with)**] y generalmente pasiva] dotar de personal, proveer de personal. 8 (generalmente *pasiva*) trabajar en plantilla, ser de plantilla.

stag | stæg | *s.c.* 1 ciervo, venado. 2 castrado. 3 soltero. 4 fiesta de solteros. 5 (brit.) especulador. || *adj.* 6 sólo para hombres, de solteros. || 7 — **party**, despedida de soltero.

stage | steɪdʒ | *s.c.* 1 escenario. 2 (fig.) teatro, carrera teatral. 3 plataforma, tablado. 4 andamio. 5 portaobjeto. 6 (fig.) escena, acontecimientos. 7 estadio, paso. 8 parada de postas, estación. 9 diligencia. 10 etapa. 11 nivel, planta. 12 GEOL. era, etapa. 13 ELECTR. paso, etapa. || *v.t.* 14 poner en escena, montar. 15 organizar, llevar a cabo.

stagecoach | ˈsteɪdʒkəʊtʃ | *s.c.* diligencia.

stagehand | ˈsteɪdʒhænd | *s.c.* tramoyista.

stage-manage | ˌsteɪdʒˈmænɪdʒ | *v.t.* 1 (fam.) preparar de antemano, manipular. 2 dirigir (una obra teatral).

stagger | ˈstægə | *v.i.* 1 [**to — +** *adv./prep.*] tambalearse, titubear. || *v.t.* 2 asombrar, chocar. 3 escalonar, arreglar a intervalos. || *s.c.* 4 tambaleo, vacilación.

stagnant | ˈstægnənt | *adj.* 1 estancado, infecto. 2 paralizado, estático.

stagnate | stægˈneɪt | (EE.UU.) | ˈstægneɪt | *v.i.* estancarse, vegetar.

staid | steɪd | *adj.* austero, serio; carca, conservador.

stain | steɪn | *v.t.* e *i.* 1 manchar(se), ensuciar(se) || *v.t.* 2 teñir, pintar. 3 (generalmente *pasiva*) (fig.) manchar, mancillar. || *s.c.* 4 mancha, lamparón. 5 (fig.) estigma, señal. || *s.c.* e *i.* 6 tinte, pintura, colorante.

stainless | ˈsteɪnlɪs | *adj.* 1 inoxidable. 2 inmaculado, sin tacha. || 3 — **steel**, acero inoxidable.

stair | steə | *s.c.* 1 escalera, escalinata. 2 peldaño, escalón. 3 piso, tramo.

staircase | ˈsteəkeɪs | *s.c.* escaleras, escalinata.

stairwell | ˈsteəwel | *s.c.* hueco de la escalera.

stake | steɪk | *s.c.* 1 estaca, punta. 2

(arc.) hoguera, suplicio. 3 [– (in)] interés, cuota. 4 puesta, apuesta. ‖ *v.t.* 5 [to – (on)] apostar, jugar. 6 arriesgar, exponer. 7 [to – (up)] apuntalar, atar una estaca. 8 [to – (off/out)] marcar con estacas, cercar con estacas. 9 financiar. ‖ 10 at –, en peligro, en juego.

stale | steil | *adj.* 1 rancio, mohoso. 2 viciado. 3 aburrido, anticuado. 4 estancado, cansado. ‖ *v.i.* 5 ponerse rancio, estar mohoso. 6 estar anticuado, perder la originalidad.

stalemate | ˈsteilmeit | *s.c. e i.* 1 mate ahogado (en ajedrez). 2 punto muerto, paralización.

stalk | stɔːk | *s.c.* 1 tallo, troncho. 2 peciolo, pedúnculo. 3 pie (de un vaso). ‖ *v.t.* 4 acechar, seguir los pasos (a un animal). ‖ *v.i.* 5 [to – + *adv./prep.*] caminar dándose importancia. ‖ *v.t. e i.* 6 merodear, andar al acecho.

stall | stɔːl | *s.c.* 1 (brit.) puesto, caseta. 2 cuadra, pesebre. 3 silla, del coro. 4 cabina, cubículo. 5 dedil. ‖ *s.i.* 6 pérdida de velocidad, ahogo (de una máquina). ‖ *v.t. e i.* 7 ahogar(se), perder velocidad. ‖ *v.t.* 8 (fam.) dejar a un lado, dar largas; entretener, distraer. 9 estabular. ‖ *v.i.* 10 (fam.) andar con rodeos, mostrarse indeciso. 11 (the) stalls, (brit.) patio de butacas de un teatro.

stallion | ˈstæljən | *s.c.* semental, garañón, (Am.) padrillo.

stalwart | ˈstɔːlwət | *adj.* 1 incondicional, leal. 2 resuelto, determinado. 3 robusto, fuerte. ‖ *s.c.* 4 incondicional, leal.

stamen | ˈsteimen | [*pl.* stamens o stamina] *s.c.* estambre.

stamina | ˈstæminə | *s.i.* resistencia, vigor, aguante, energía.

stammer | ˈstæmə | *v.t. e i.* 1 tartamudear, balbucir. ‖ *s.sing.* 2 tartamudeo, balbuceo.

stamp | stæmp | *v.t. e i.* 1 [to – + *adv./prep.*] pisotear, golpear con los pies. ‖ *v.t.* 2 sellar, grabar. 3 franquear, timbrar. 4 [to – (as)] identificar, destacar. 5 moldear, acuñar. ‖ *s.c.* 6 (también **postage stamp**) sello, timbre, (Am.) estampi-

lia. 7 póliza. 8 (también **trading** –) cupón. 9 tampón, troquel. 10 sello, marca. 11 (fig.) marca, signo. 12 pateo, pisotón. 13 clase, calaña.

stampede | stæmˈpiːd | *s.c.* 1 estampida, desbocamiento. 2 (fig.) carrera alocada; demanda. ‖ *v.t. e i.* 3 [to – (into)] salir de estampida, desbocar(se). 4 precipitar(se), presionar.

stance | stæns | *s.sing.* 1 posición, postura. 2 [to – (on)] actitud, punto de vista.

stanchion | ˈstænʃən | (EE.UU.) | ˈstæntʃən | *s.c.* puntal, soporte.

stand | stænd | *v.* [*irr.pret. y p.p.* stood] *i.* 1 estar de pie, estar derecho. 2 levantarse, erguirse. 3 [to – + *adv./prep.*] estar, permanecer. 4 hallarse, estar ubicado. 5 reposar, sedimentar. 6 (EE.UU.) detenerse, pararse. 7 [to – + *adv./prep.*] perdurar, quedar. 8 [to – + *adv./prep.*] estar, ir. 9 ser válido, quedar en pie. 10 [to – + *inf.*] suponer, estar a punto de. 11 [(brit.) to – for, también (EE.UU.) run] ser candidato. 12 mantener, rumbo, poner rumbo. ‖ *t.* 13 [generalmente en *interr. y negativas;* not to – + *s/o. ger./ger.*] soportar, tolerar. 14 [to – + *o.indirecto* + *o.directo*] invitar, sufragar. 15 pasar, aguantar (una prueba). ‖ *t. e i.* 16 colocar, ubicar. ‖ *s.c.* 17 puesto, quiosco. 18 estante de exposición, exhibidor. 19 pedestal, pie. 20 resistencia. 21 oposición, antagonismo. 22 [– (on)] posición, actitud. 23 parada (de taxis). 24 (EE.UU.) estrado, tribuna. 25 [también *pl.*] ganadería, gradas.

standard | ˈstændəd | *s.c.* 1 nivel, grado. 2 regla, concepto. 3 pauta, precepto. 4 patrón. 5 estandarte, enseña. 6 soporte, palo. 7 planta, tronco. 8 norma, de dominio público. 9 canción popular. ‖ *adj.* 10 estándar. 11 conocido, clásico. 12 correcto, ortodoxo.

standardize | ˈstændədaiz | (brit. standardise) *v.t.* estandarizar, normalizar.

standby | ˈstændbai | *s.c.* 1 recurso, repuesto. 2 de lágrimas. ‖ 3 to be on – by, estar de reserva.

stand-in | 'stændɪn | *s.c.* 1 doble. 2 sustituto, suplente.

standing | 'stændɪn | *adj.* 1 continuo, arraigado. 2 eterno, efectivo. 3 de pie, en pie. 4 erguido, vertical. 5 estacionario, inamovible. ‖ *s.i.* 6 estatus, posición. 7 reputación, categoría. 8 duración, antigüedad.

standpoint | 'stændpɔɪnt | *s.c.* punto de vista, posición.

staple | 'steɪpl | *s.c.* 1 grapa. 2 laña, patilla. 3 producto básico. 4 materia prima. 5 tema central, elemento esencial. ‖ *v.t.* 6 sujetar con grapas o patillas. ‖ *adj.* 7 básico, principal. 8 común, establecido.

star | stɑː | *s.c.* 1 estrella, astro. 2 condecoración, insignia. 3 asterisco. 4 (gen.) estrella, celebridad. 5 suerte, éxito. ‖ *v.t.* [starred, starring] 6 presentar como estrella. 7 marcar con asterisco. ‖ *v.i.* 8 [to — (in)] protagonizar, ser la estrella.

starboard | 'stɑːbəd | *adj.* 1 estribor. ‖ *adv.* 2 a estribor.

starch | stɑːtʃ | *s.c. e i.* 1 almidón, hidratos de carbono. ‖ *v.t.* 2 almidonar.

stare | steə | *v.i.* 1 [to — (at)] mirar fijamente, fijar la vista. 2 [to — + *adv./prep.*] saltar a la vista, llamar la atención. ‖ *s.c.* 3 mirada fija.

starfish | 'stɑːfɪʃ | *s.c.* estrella de mar.

stark | stɑːk | *adj.* 1 estricto, riguroso. 2 (fig.) simple, mondo y lirondo. 3 desolado, pelado. 4 total, obvio. ‖ *adv.* 5 totalmente, absolutamente.

starlight | 'stɑːlaɪt | *s.i.* luz de las estrellas.

starling | 'stɑːlɪn | *s.c.* estornino.

starry-eyed | ˌstɑːrɪˈaɪd | *adj.* (fam. y desp.) romántico, emocionado.

start | stɑːt | *v.t. e i.* 1 [to — + *s./inf./ger.*] empezar, principiar. 2 [to — (up)] fundar(se), crear (un negocio). 3 arrancar, empezar a funcionar. ‖ *v.i.* 4 [to — (in/on)] empezar a trabajar. 5 [to — (for/off/out)] partir, ponerse en camino. 6 tomar parte, iniciar (una competición). 7 (fam.) ponerse pesado. 8 [to — (at)] sobresaltarse, espantarse. 9 [to — +

adv./prep.] saltar, ponerse (de pie) bruscamente. ‖ *v.t.* 10 abrir, iniciar. 11 causar, provocar. ‖ *s.c.* 12 salida, marcha. 13 comienzo, principio. 14 [the —] línea de salida. 15 (generalmente *sing.*) sobresalto, susto. 16 impulso, pronto. ‖ *s.c. e i.* 17 [— (on/over)] ventaja, delantera.

starter | 'stɑːtə | *s.c.* 1 corredor, participante. 2 juez de salida. 3 motor de arranque. 4 (brit. y fam.) entrante, aperitivo.

startle | 'stɑːtl | *v.t.* alarmar, sobrecoger.

starvation | stɑːˈveɪʃn | *s.i.* 1 inanición, hambre. 2 (fig.) hambre, privación.

starve | stɑːv | *v.t. e i.* 1 morir de hambre, sufrir hambre. 2 [to — (of)] privar, sufrir por falta de cariño. ‖ 3 to be starving, (fig.) estar hambriento, morirse de hambre.

stash | stæf | *v.t.* 1 [to — + *o.* + *adv./prep.*] (fam.) esconder, ocultar. ‖ *s.c.* 2 (fam.) escondite, escondrijo. 3 objeto oculto, cosa escondida.

state | steɪt | *s.c.* 1 [— (of)] estado, situación. 2 aspecto, naturaleza. 3 estado, territorio. 4 provincia, departamento. ‖ *s.i.* 5 [(the) —] gobierno. 6 magnificencia, pompa. 7 posición social, dignidad. *v.t.* 8 declarar, manifestar. 9 especificar. ‖ *adj.* 10 estatal, de estado. 11 ceremonial, lujoso.

stateless | 'steɪtlɪs | *adj.* apátrida, sin nacionalidad.

statement | 'steɪtmənt | *s.c.* 1 declaración, informe. 2 testimonio, declaración. 3 estado de cuenta, cuenta. ‖ *s.i.* 4 expresión, exposición.

stateroom | 'steɪtrum | *s.c.* 1 camarote. 2 salón de recepciones.

static | 'stætɪk | *adj.* 1 estático, fijo. 2 inactivo, inmóvil. ‖ *s.i.* 3 interferencia.

station | 'steɪʃn | *s.c.* 1 estación. 2 observatorio. 3 comisaría, cuartel. 4 gasolinera. 5 puesto. 6 colegio (electoral). 7 emisora. 8 clase social. ‖ *v.t.* 9 [to — + *o.* + *adv./prep.* y generalmente *pas.*] estacionar, destinar. ‖ 10 — wagon, furgoneta, rubia.

stationery |'steɪʃənrɪ| (EE.UU.) |'steɪʃənəɪ| *s.i.* 1 útiles de papelería, efectos de escritorio. 2 papel de escribir y sobres.

statistic |stə'tɪstɪk| *s.c.* 1 dato, cifra. ‖ 2 **statistics**, estadística; estadísticas, datos estadísticos.

stature |'stætʃə| *s.c. e i.* 1 (fig.) estatura. 2 altura, tamaño.

status |'steɪtəs| |'stætəs| *s.c. e i.* 1 estado, condición. ‖ *s.i.* 2 rango, prestigio. ‖ *s.c.* 3 situación.

statute |'stætjuːt| *s.c.* 1 ley. 2 estatuto, reglamento.

staunch |stɔːntʃ| *adj.* 1 incondicional, partidario. ‖ *v.t.* 2 (EE.UU.) **stanch**, restañar, taponar.

stave |steɪv| *s.c.* 1 (también **staff**) pentagrama. 2 duela. 3 peldaño. 4 garrote, porra. 5 estrofa, estancia. ‖ *v.t.* [*irr.pret.* y *p.p.* **staved** o **stove**] 6 romper las duelas. ‖ 7 **to — in**, romper, abrir un boquete; desfondarse. 8 **to — off**, mantener alejado, detener.

stay |steɪ| *v.i.* 1 quedar(se), estar. 2 [**to — +** *adv./prep.*] proseguir. 3 [**to — (at /with)**] hospedarse, residir. 4 (generalmente *imperativo*) esperar, parar. 5 aguantar, resistir. 6 quedarse (en el póker). ‖ *v.t.* 7 parar, poner freno. 8 posponer, retardar. 9 aplazar, prorrogar. 10 calmar, serenar. 11 sujetar, apuntalar. 12 (fig.) resistir, aguantar. ‖ *s.sing.* 13 estancia, permanencia. 14 estay. 15 soporte, puntal. ‖ *s.c. e i.* 16 aplazamiento, suspensión. 17 parada, detención. ‖ *s.i.* 18 (fig.) sostén, apoyo.

steadfast |'stedfɑːst| (EE.UU.) |'stedfæst| *adj.* 1 fiel, constante. 2 determinado, firme.

steady |'stedɪ| *adj.* 1 firme, resistente. 2 uniforme, constante. 3 estable, fijo. 4 sensato, maduro. 5 tranquilo, sosegado. ‖ *v.t. e i.* 6 estabilizar(se), regularizar(se). 7 tranquilizar(se), calmar(se). ‖ *adv.* 8 regularmente.

steak |steɪk| *s.c. e i.* 1 filete, bistec. ‖ *s.i.* 2 (brit.) carne picada.

steal |stiːl| *v.irr.* [*pret.* **stole**, *p.p.* **stolen**] *t. e i.* 1 [**to — (from)**] robar, quitar. ‖ *v.t.* 2 [**to — (from)**] (fig.) obtener, conseguir (por sorpresa, con rapidez). ‖ *v.i.* 3 [**to — +** *adv./prep.*] escabullirse. ‖ *s.sing.* 4 (EE.UU. y fam.) ganga, chollo.

stealth |stelθ| *s.i.* 1 secreto, sigilo. ‖ 2 **by —**, a hurtadillas, subrepticiamente, con disimulo.

steam |stiːm| *s.i.* 1 vapor. 2 (fig.) energía, rapidez. 3 vaho. ‖ *v.i.* 4 humear, exhalar vapor. 5 [**to — +** *adv./prep.*] avanzar a vapor. ‖ *v.t.* 6 cocer al vapor. 7 [**to — +** *o. +* *adj./adv./prep.*] abrir al vapor. ‖ *adj.* 8 [*no comp.*] a vapor, de vapor. 9 (brit.) pasado de moda.

steamer |'stiːmə| *s.c.* buque de vapor, barco de vapor.

steamroller |'stiːmɹəʊlə| *s.c.* 1 apisonadora de vapor. 2 (fam.) fuerza arrolladora, poder irresistible. ‖ *v.t.* 3 (fam.) arrollar, arrasar.

steed |stiːd| *s.c.* corcel, alazán.

steel |stiːl| *s.i.* 1 acero. 2 industria del acero, producción de acero. 3 (fig.) acero, bronce. 4 puñal, cuchillo. 5 piedra de afilar; eslabón. 6 color gris oscuro. ‖ *v.t.* 7 [**to — +** *o. +* **to** *inf.*] fortalecer, cobrar ánimo. ‖ *adj.* 8 de acero, como el acero. 9 de color gris oscuro, gris azulado.

steely |'stiːlɪ| *adj.* 1 (fig.) fría, severa (una mirada). 2 inflexible, firme. 3 como el acero, metálico.

steep |stiːp| *adj.* 1 escarpado, abrupto. 2 en picado, fuerte. 3 (fam.) exagerado, exorbitante. 4 (fam.) ambicioso, difícil (una tarea). ‖ *v.t. e i.* 5 marinar, adobar. 6 poner en remojo, impregnar.

steeple |'stiːpl| *s.c.* 1 aguja, chapitel. 2 torre, campanario.

steer |stɪə| *v.t. e i.* 1 guiar, maniobrar. 2 (fig.) llevar, conducir. 3 (fig.) encauzar, encaminar. 4 seguir un curso, tomar. ‖ *v.i.* 5 obedecer al timón. ‖ *s.c.* 6 buey, novillo. 7 (EE.UU.) consejo, recomendación.

stellar |'stelə| *adj.* 1 estelar; astral. 2 notable, principal.

stem |stem| *s.c.* 1 tallo, pedúnculo. 2 pie. 3 cañón (de una pipa, de una pluma). **4** raíz, tema (de una palabra). ‖ *v.t.* [*pret.* y *p.p.* **stemmed**, *ger.* **stemming**] **5** restañar, detener (el flujo). **6** (fig.) frenar, hacer frente.

stench | stentʃ | *s.sing.* hedor, hediondez.

stencil | ˈstentʃ | *s.c.* **1** estarcido, patrón picado. **2** cliché. ‖ *v.t.* [(brit.) **stencilled, stencllling**, (EE.UU.) **stenciled, stenciling**] **3** estarcir. **4** sacar un cliché, hacer un cliché.

stenography | stəˈnɔgrəfɪ | *s.c.* taquigrafía.

stentorian | stenˈtɔːrɪən | *adj.* estentóreo.

step | step | *s.c.* **1** paso. **2** pisada, huella. **3** distancia corta, metro. **4** peldaño, grada. **5** medida, gestión. **6** categoría, esfera. **7** paso (de baile). **8** (EE.UU.) intervalo. **9** carlinga. **10** INF. paso, instrucción. ‖ *v.i.* [**stepped, stepping**] **11** dar un paso, dar pasos. **12** caminar, ir. **13** [to — on] pisar, tropezar. **14** tratar con indiferencia. ‖ *v.t.* **15** poner, plantar (el pie). **16** medir a pasos. **17** escalonar.

stepbrother | ˈsteptˌbrʌə | *s.c.* hermanastro.

stepchild | ˈsteptʃaɪld | [*pl.* **stepchildren**] *s.c.* hijastro.

stepdaughter | ˈstepˌdɔːtə | *s.c.* hijastra.

stepladder | ˈstepˌlædə | *s.c.* escalera de mano.

stepparent | ˈstepˌpərənt | *s.c.* padrastro, madrastra.

steppe | step | *s.c.* estepa.

stereo | ˈsterɪəʊ | | ˈstɪərɪəʊ | ‖ *s.i.* **1** sonido estereofónico. ‖ *adj.* (también **stereophonic**) **2** estereofónico.

stereotype | ˈstɪərɪətaɪp | *s.c.* **1** [— (of)] (desp.) estereotipo, cliché. ‖ *v.t.* **2** (desp.) estereotipar, encasillar. **3** imprimir, estereotipar.

sterile | ˈsteraɪl | *adj.* **1** [no *comp.*] estéril, infecundo. **2** árido, baldío. **3** aséptico, desinfectado. **4** (desp. y fig.) estéril, falto de imaginación.

sterling | ˈstɜːlɪŋ | *s.i.* **1** libra esterlina.

‖ *adj.* **2** [no *comp.*] excelente, leal. **3** de ley, genuino.

stern | stɜːn | *adj.* **1** severo, inflexible. **2** desagradable, duro. ‖ *s.c.* **3** popa. **4** (fam.) trasero, nalgas.

sternum | ˈstɜːnm | [*pl.* **sternums** o **sterna**] *s.c.* esternón.

steroid | ˈstɪərɔɪd | *s.c.* esteroide.

stethoscope | ˈsteəskəʊp | *s.c.* estetoscopio.

stew | stjuː | (EE.UU.) | stuː | *v.t.* e *i.* **1** guisar, hacer a fuego lento. ‖ *v.i.* **2** (fam.) sofocarse, acalorarse. **3** preocuparse, inquietarse. ‖ *s.c.* e *i.* **4** estofado, guiso, (Am.) puchero. ‖ *s.sing.* **5** (fam.) ansiedad, agitación mental. **6** lío, apuro.

steward | ˈstjuəd | (EE.UU.) | ˈstuːərd | *s.c.m.* **1** ayudante de vuelo, camarero. **2** organizador, director. **3** encargado, mayordomo.

stick | stɪk | *s.c.* **1** palo, astilla. **2** bastón, varo. **3** palo, tranca. **4** [— (of)] tallo, barra. **5** bate, raqueta. **6** cartucho. **7** (brit. y fam.) tipo, tío. **8** (fam.) trasto, mueble sin valor. **9** (argot) porro de marihuana. **10** AER. palanca de mando. **11** mástil, verga. **12** bombas en serie. **13** pinchazo, punzada. **14** dificultad, impedimento. ‖ *s.i.* **15** (brit. y fam.) paliza; regañina. **16** adherencia, pegajosidad. ‖ *v.irr.* [*pret.* y *p.p.* **stuck**] *t.* **17** [to — + o. + adv./prep.] clavar, hincar. **18** [to — + o. adv./prep.] (fam.) poner (ropa); meter. **19** (generalmente en *interr.* y *negativa*) (brit. y fam.) tolerar, aguantar. **20** (brit. y jerga) quedarse con. ‖ *v.i.* **21** atascarse, bloquearse. **22** prenderse, estar prendido (un alfiler). **23** pegarse, recordar continuamente. **24** (fam.) persistir, sostenerse. ‖ *v.t.* e *i.* **25** pegar(se), encolar(se).

stickler | ˈstɪklə | *s.c.* **1** [— (for)] (fam.) rigorista, quisquilloso. **2** dificultad, problema serio.

sticky | ˈstɪkɪ | *adj.* **1** pegajoso, viscoso. **2** adhesivo, engomado. **3** húmedo y caluroso. **4** (fam.) difícil, desagradable. **5** [— (about)] (fam.) renuente, reacio.

stiff | stɪf | *adj.* **1** rígido, tieso. **2** agarrotado, tenso. **3** denso, consistente. **4**

formalista, frío. 5 (fam.) fuerte, cargado (una bebida alcohólica). 6 fuerte (un viento). 7 duro, severo. 8 difícil, embrollada (una actividad). 9 tenaz, firme (una resistencia). 10 (fam.) inaceptable, exorbitante. ‖ *adv.* 11 extremadamente, enormemente. ‖ *s.c.* 12 (jerga) cadáver. 13 formalista, ceremonioso.

stiffen | ˈstɪfn | *v.t.* e *i.* 1 endurecer, poner rígido. 2 fortalecer(se). ‖ *v.i.* 3 ponerse rígido.

stifle | ˈstaɪfl | *v.t.* e *i.* 1 asfixiar, sofocar. ‖ *v.t.* 2 evitar, reprimir.

stigma | ˈstɪgmə | [*pl.* **stigmas** o **stigmata**] *s.c.* estigma, tacha.

stigmatize | ˈstɪgmətaɪz | (brit. **stigmatise**) *v.t.* estigmatizar.

stiletto | stɪˈletəʊ | *s.c.* estilete, punzón.

still | stɪl | *adv.* 1 aún, todavía. 2 sin embargo, no obstante. 3 incluso, aún más. 4 constantemente, habitualmente. ‖ *adj.* 5 inmóvil, quieto. 6 apacible, en calma. 7 tranquilo, callado. 8 sin gas, sin burbujas. ‖ *v.t.* 9 silenciar, sosegar. 10 aliviar, apaciguar. ‖ *s.c.* 11 foto fija. 12 [the − + *s.sing.* + of] quietud, paz, calma. 13 alambique, destilador. 14 destilería. ‖ 15 − **life**, ART. naturaleza muerta.

stillborn | ˈstɪlbɔːn | ˌstɪlˈbɔːn | *adj.* 1 nacido muerto (un niño). 2 (fig.) malogrado, fracasado.

stilt | stɪlt | *s.c.* (generalmente *pl.*). 1 zanco. 2 pilar, soporte. 3 cigüeña. ‖ *v.t.* 4 poner en zancos. 5 levantar sobre pilares.

stimulant | ˈstɪmjʊlənt | *s.c.* 1 estimulante, excitante. 2 [− (to)] (fig.) estímulo, aliciente.

stimulate | ˈstɪmjʊleɪt | *v.t.* 1 [to − (to)] estimular, ser un acicate. 2 [to − o. + to *inf.*] inspirar, incitar.

stimulus | ˈstɪmjʊləs | [*pl.* **stimuli**] *s.c.* [− (to)] 1 estímulo. ‖ *s.c.* e *i.* 2 incentivo, acicate.

sting | stɪŋ | *v.irr.* [*pret.* y *p.p.* **stung**] *t.* e *i.* 1 picar, punzar. 2 escocer, picar. 3 (fig.) herir. 4 remorder. ‖ *v.t.* 5 atormentar, afligir. 6 aguijonear, poner en acción. 7 [to − (for)] (jerga) estafar, clavar. ‖ *s.c.*

8 aguijón. 9 pelillo urticante. 10 picazón, dolor agudo. 11 picadura, picada.

stinginess | ˈstɪndʒɪnɪs | *s.i.* 1 cicatería, avaricia. 2 miseria, insuficiencia.

stink | stɪŋk | *v.* [*irr.pret.* **stank**, *p.p.* **stunk**] *i.* 1 [to − (of)] heder, oler mal. 2 (fam. y fig.) oler m al, ser horrible. 3 (fig.) tener mala fama. ‖ *s.c.* 4 hedor, mal olor.

stint | stɪnt | *v.t.* e *i.* 1 (generalmente en *negativa*) privar(se), restringir. 2 detener, desistir. ‖ *s.c.* 3 trabajo, obligación. 4 limitación, restricción.

stipend | ˈstaɪpend | *s.c.* estipendio, remuneración.

stippled | ˈstɪpld | *adj.* granulado, picado.

stipulate | ˈstɪpjʊleɪt | *v.t.* estipular, fijar como condición.

stir | stɜː | [*pret.* y *p.p.* **stirred**, *ger.* **stirring**] *v.t.* 1 revolver, dar vueltas. 2 atizar, remover (el fuego) 3 [to − (to)] despertar, excitar (un sentimiento). 4 conmover, incitar. ‖ *v.t.* e *i.* 5 agitar(se), mover(se). 6 despertar(se), levantar(se). ‖ *v.i.* 7 (fam. y desp.) fomentar descontento, meter cizaña. ‖ *s.c.* 8 movimiento, vuelta. 9 [− (of)] y generalmente *sing.*] revuelo, agitación. 10 conmoción, júbilo. ‖ *s.i.* 11 (jerga) prisión, maco.

stir-fry | ˈstɜːfraɪ | *v.t.* 1 rehogar, sofreír. ‖ *adj.* 2 rehogado, sofrito.

stirrup | ˈstɪrəp | ˈsteˈrəp | *s.c.* estribo.

stitch | stɪtʃ | *s.c.* 1 puntada. 2 punto. 3 punto de sutura. ‖ *s.c.* e *i.* 4 punto. ‖ *s.sing.* 5 dolor de costado, punzada. 6 (generalmente en *negativa*) (fam.) ropa. ‖ *v.t.* e *i.* 7 coser. 8 [to − (up)] suturar.

stitching | ˈstɪtʃɪŋ | *s.i.* costura.

stoat | stəʊt | *s.c.* comadreja.

stock | stk | *s.c.* 1 [− (of)] y generalmente *pl.*] provisión, existencias. 2 colección, serie. 3 tallo, cepa. 4 patrón (en que se injerta una planta). 5 culata, caja (del fusil). 6 mango, soporte. 7 alhelí. ‖ *s.c.* e *i.* 8 capital, papel. 9 caldo concentrado, extracto. 10 linaje, casta. 11 cálculo, estimación. ‖ *s.i.* 12 reputación, notoriedad. 13 confianza, credibilidad. 14

ganado, ganadería. 15 materia prima. ‖ *v.t.* 16 almacenar, tener en existencia. 17 [to − (on/with)] proveer, surtir. ‖ *adj.* 18 (desp.) corriente, trillado. 19 en existencia, disponible.

stockade |stɒˈkeɪd| *s.c.* 1 empalizada, estacada. ‖ *v.t.* 2 vallar con estacas, fortificar.

stockbroker |ˈstɒkˌbrəʊkə| *s.c.* corredor de bolsa, agente de bolsa.

stockholder |ˈstɒkˌhəʊldə| *s.c.* (EE.UU.) accionista.

stocking |ˈstɒkɪŋ| |ˈstɑːkɪŋ| *s.c.* 1 media. 2 calcetín de caballero.

stock-in-trade |ˌstɒkɪnˈtreɪd| *s.i.* o *sing.* 1 (fig.) recursos, repertorio. 2 útiles, instrumentos.

stockist |ˈstɒkɪst| *s.c.* (brit.) distribuidor, representante.

stockpile |ˈstɒkpaɪl| *s.c.* 1 [− (of)] reserva, acumulación. ‖ *v.t.* 2 almacenar, acumular.

stockroom |ˈstɒkruːm| *s.c.* almacén, depósito.

stocktaking |ˈstɒkˌteɪkɪŋ| *s.i.* 1 balance, inventario. 2 (fig.) revisión, análisis.

stocky |ˈstɒkɪ| *adj.* rechoncho, robusto.

stodge |stɒdʒ| |staːdʒ| *s.i.* 1 (fam. y desp.) comida pesada. 2 (fig.) literatura aburrida.

stoic |ˈstəʊɪk| (también **stoical**) *s.c.* estoico, impasible.

stoke |stəʊk| *v.t.* 1 [to − (up/with)] atizar, poner leña. 2 cargar, llenar.

stole |stəʊl| 1 *pret.irreg.* de **steal**. ‖ *s.c.* 2 estola.

stolid |ˈstɒlɪd| *adj.* impasible, imperturbable.

stomach |ˈstʌmək| *s.c.* 1 estómago. 2 abdomen, vientre. ‖ *s.i.* 3 [− for, generalmente en negativa] intención, humor. 4 orgullo, arrogancia. ‖ *v.t.* 5 [en *interr.* y *negativa*] 6 (fig.) aceptar, tragar. 7 comer, tragar.

stomp |stɒmp| |stɑːmp| *v.i.* 1 [to − *adv./prep.*] (fam.) pisar fuerte. 2 (EE.UU.) pisar, pisotear.

stone |stəʊn| *s.c.* 1 piedra, roca. 2

lápida, losa. 3 muela, piedra de moler. 4 piedra de afilar. 5 mojón, hito. 6 gema. 7 (EE.UU. **pit**) hueso, pepita. 8 cálculo, piedra. ‖ *v.t.* 9 apedrear, lapidar. 10 (EE.UU. **to pit**) deshuesar, despepitar (una fruta). ‖ *adj.* 11 de piedra, pétreo.

stoned |stəʊnd| *adj.* (fam.) 1 borracho, ajumado. 2 (argot) ido, colgado.

stony |ˈstəʊnɪ| *adj.* 1 pedregoso, pétreo. 2 (fig.) de piedra, desalmado. 3 fría, glacial. 4 rígido, impasible. 5 paralizante.

stony-broke |ˈstəʊnɪˌbrəʊk| *adj.* (brit. y fam.) sin blanca, sin un duro.

stood |stʊd| *pret.* y *p.p. irreg.* de **stand**.

stool |stuːl| *s.c.* 1 taburete, banqueta. 2 escabel. 3 inodoro. 4 heces, evacuación de vientre. 5 cepa.

stoolpigeon |ˈstuːlpɪdʒɪn| (EE.UU. **stoolie**) *s.c.* (jerga y desp.) soplón, delator, chivato.

stoop |stuːp| *v.i.* 1 inclinarse, encorvarse. 2 caminar encorvado. 3 bajar en picado, arrojarse sobre su presa. ‖ *s.c.* 4 encorvamiento, cargazón de espalda. 5 condescendencia, humillación. 6 (EE.UU.) pórtico, porche. ‖ 7 to − to, (desp.) rebajarse, condescender.

stop |stɒp| |*pret.* y *p.p.* **stopped**, *ger.* **stopping**| *v.t.* e *i.* 1 parar(se), detener(se). 2 finalizar, interrumpir(se). ‖ *v.t.* 3 [to − (from)] impedir, prohibir. 4 [to − (up)] bloquear. 5 (fig.) tapar, callar. 6 empastar. 7 retener, cancelar (un pago). ‖ *v.i.* 8 hacer una pausa, interrumpir. 9 (brit.) quedarse, permanecer. ‖ *s.c.* 10 parada, pausa. 11 parada, apeadero. 12 estancia, visita. 13 obstrucción. 14 tope, retén. 15 (brit.) GRAM. punto. 16 abertura (del objetivo). 17 MÚS. registro; llave, tecla; agujero; traste.

stopcock |ˈstɒpkɒk| (brit. **turncock**) *s.c.* llave de paso, válvula.

stopover |ˈstɒpəʊvə| *s.c.* escala, parada temporal.

stoppage |ˈstɒpɪdʒ| *s.c.* 1 paro, huelga. 2 interrupción, alto. ‖ *s.c.* e *i.* 3 deducción, impuesto. 4 suspensión, cancelación. 5 obstrucción, atasco.

stopper | ˈstɒpə | *s.c.* 1 (EE.UU. plug) tapón, obturador. ‖ *v.t.* 2 tapar, obturar.

stopwatch | ˈstɒpwɒtʃ | *s.c.* cronómetro.

store | stɔː | *v.t.* 1 [to − (up)] almacenar, guardar. 2 [to − (away)] poner a buen recaudo. 3 archivar. ‖ *s.c.* 4 [− (of)] almacenamiento, reserva. 5 (EE.UU.) tienda, (brit.) almacén. 6 [− (of)] montón, acopio.

storehouse | ˈstɔːhaʊs | *s.c.* 1 [− (of)] (fig.) fuente inagotable, mina. 2 (EE.UU.) almacén, depósito.

storey | ˈstɔːrɪ | (EE.UU. story) *s.c.* piso, planta.

stork | stɔːk | *s.c.* cigüeña.

storm | stɔːm | *s.c.* 1 tormenta, tempestad. 2 [− (of)] (fig.) torrente, vendaval. 3 [− of] polvareda, revuelo. 4 ataque, lluvia. 5 asalto. ‖ *v.t.* 6 MIL. asaltar, atacar. ‖ *v.i.* 7 [to − + adv./prep.] estallar en cólera, enfurecerse.

storming | ˈstɔːmɪŋ | *s.i.* conquista, toma.

story | ˈstɔːrɪ | *s.c.* 1 [− (about)] cuento, relato. 2 biografía, historia. 3 argumento, trama. 4 chisme, habladuría. 5 [− (on)] artículo, noticia. 6 (fam. y euf.) mentira, embuste. 7 (EE.UU.) piso, planta.

stout | staʊt | *adj.* 1 (euf.) corpulento, gordo. 2 sólido, grueso. 3 valiente, osado. 4 tenaz, resoluto. 5 vigoroso, potente. ‖ *s.i.* 6 cerveza de malta.

stove | stəʊv | *pret.* y *p.p.irreg.* 1 de **stave**. ‖ *s.c.* 2 (EE.UU.) hornillo, fuego. 3 estufa.

stow | stəʊ | *v.t.* 1 [to − (away)] guardar, almacenar. 2 estibar. 3 colocar, poner. 4 (fig.) engullir, zampar.

stowaway | ˈstəʊəweɪ | *s.c.* polizón, (Am.) pavo.

straddle | ˈstrædl | *v.t.* 1 sentarse a horcajadas. 2 extenderse a un lado y otro. 3 extenderse por, cubrir. 4 nadar entre dos aguas. ‖ *s.c.* 5 postura a horcajadas. 6 posición ambigua. 7 opción de compra y venta.

straggle | ˈstrægl | *v.i.* [to − +

adv./prep.] (desp.) 1 esparcirse desordenamente. 2 rezagarse, perderse.

straight | streɪt | *adj.* 1 recto, derecho. 2 lacio, liso. 3 recto, nivelado. 4 erguido, recto. 5 ordenado, arreglado. 6 [− (with)] honesto, directo. 7 correcto, claro. 8 simple, sin ambages. 9 continuo, seguido. 10 puro, sin agua. 11 serio. 12 (fam.) en orden, en regla. 13 (jerga) heterosexual. 14 (jerga) abstemio, no consumidor de drogas. 15 convencional, amante de la ley. 16 fijo, sin descuento. ‖ *adv.* 17 [− + *adv./prep.*] directamente, en línea recta. 18 [− + *adv./prep.*] directamente. 19 claramente, francamente. 20 sin interrupción, seguido. ‖ *s.sing.* 21 línea recta, recta. 22 (jerga) heterosexual. 23 (jerga) abstemio, persona que no usa drogas.

straighten | ˈstreɪtn | *v.t.* e *i.* 1 enderezar(se), poner(se) recto. 2 alisar. ‖ 3 to − out, resolver; calmar.

straightforward | ˌstreɪtˈfɔːwəd | *adj.* 1 honesto, franco. 2 simple, fácil. 3 total, completo.

strain | streɪn | *v.t.* 1 hacer daño, violentar. 2 distender, producir un tirón. 3 forzar, cansar (la vista). 4 colar, tamizar. 5 pedir demasiado, propasarse en. 6 [to − + o. + to + *inf.*] aguzar (el oído). 7 esforzarse, hacer grandes esfuerzos. 8 [to − (against)] aferrarse, asirse. ‖ *s.c.* e *i.* 9 tensión, presión. 10 fatiga, cansancio. 11 crispación, tirantez. 12 torcedura. ‖ *s.c.* 13 [− (of)] variedad, raza. ‖ *s.sing.* 14 [− (of)] melodía, acorde. 15 [− (of)] característica, peculiaridad. 16 [− (of)] vena (de locura). 17 (fam.) línea, orientación.

strained | streɪnd | *adj.* 1 tenso, forzado. 2 tensa, crispada. 3 cansado, fatigado.

strainer | ˈstreɪnə | *s.c.* 1 colador. 2 filtro, tamiz.

strait | streɪt | (también **straits**) *s.c.* 1 estrecho. ‖ *adj.* 2 estrecho, reducido. 3 encerrado, confinado. 4 rígido, riguroso. ‖ 5 **in dire financial straits**, en una situación económica apurada, pasando muchas estrecheces y penalidades.

straitjacket | ˈstreɪtˌdʒækɪt | *s.c.* 1

camisa de fuerza. 2 (desp.) restricción, cortapisa.

straitlaced | ˌstreɪtˈleɪst | *adj.* 1 (desp.) puritano, gazmoño. 2 ceñido, ajustado.

strand | strænd | *s.c.* 1 [– (of)] hebra, filamento. 2 mechón. 3 sarta (de perlas). 4 (fig.) hilo, elemento. 5 playa, ribera. ‖ *v.t.* 6 varar, encallar. 7 trenzar, unir. 8 romper un cabo. ‖ *v.t. e i.* 9 abandonar, dejar colgado.

strange | streɪndʒ | *adj.* 1 extraño, exótico. 2 [– (to)] desconocido, poco familiar. 3 [– to] no acostumbrado, nuevo. 4 raro, mareado; incómodo. ‖ 5 – to say, aunque parezca mentira.

stranger | ˈstreɪndʒə | *s.c.* 1 extraño, desconocido. 2 forastero, nuevo.

strangle | ˈstræŋgl | *v.t.* 1 estrangular, asfixiar. 2 (fig.) sofocar, arruinar.

strap | stræp | *s.c.* 1 correa, trabilla. 2 hombrera, tirante. 3 asidero. ‖ *v.t.* [strapped, strapping] 4 [to – + o. + adv./prep.] atar con correa, asegurar con cinturón. 5 [to – (up), generalmente *pasiva*] vendar, fajar.

strapping | ˈstræpɪŋ | *adj.* 1 (fam.) corpulento, robusto. ‖ *s.i.* 2 correaje.

stratagem | ˈstrætədʒəm | *s.c.* estratagema, treta.

strategy | ˈstrætɪdʒɪ | *s.i.* 1 estrategia. ‖ *s.c.* 2 táctica política, plan.

stratosphere | ˈstrætəˌsfɪə | *s.sing.* estratosfera.

stratum | ˈstrɑːtəm | [*pl.* strata] *s.c.* 1 estrato. 2 [– (of)] (fig.) capa, nivel.

straw | strɔː | *s.c. e i.* 1 paja. ‖ *s.c.* 2 pajita. 3 [generalmente *sing.* y en *negativa o interr.*] (fig.) insignificancia, bagatela.

strawberry | ˈstrɔːbərɪ | (EE.UU.) | ˈstrɔːberɪ | *s.c.* 1 fresa, fresón. 2 color fresa. ‖ 3 – **mark**, antojo, mancha de nacimiento.

stray | streɪ | *v.i.* 1 [to – (from)] extraviarse, apartarse. 2 (fig.) desviarse. 3 vagar, deambular. ‖ *s.c.* 4 animal callejero. 5 niño abandonado, niño vagabundo. 6 (fam.) descarriado, perdido. ‖ *adj.* 7

errante, abandonado. 8 aislado, esporádico.

streak | striːk | *s.c.* 1 [– (of)] línea, lista. 2 [– (of)] vena (de color). 3 [– (of)] rayo (de luz). 4 [– (of)] vena, rasgo. 5 racha (de suerte). ‖ *v.i.* 6 [to – + adv./prep.] pasar como un rayo. 7 relampaguear. 8 correr desnudo a gran velocidad en un lugar público. ‖ *v.t.* 9 marcar, vetear.

stream | striːm | *s.c.* 1 arroyo, riachuelo. 2 [– (of)] corriente, chorro. 3 (generalmente *sing.*) corriente, dirección. 4 (fig.) riada, caravana. 5 (fig.) torrente. 6 (brit.) nivel, clasificación. 7 curso (de historia). ‖ *v.i.* 8 [to – + adv./prep.] brotar, manar. 9 [to – + adv./prep.] salir o entrar en tropel. 10 [to – + adv./prep.] ondear, flotar. 11 [to – (with)] llorar, lagrimear. ‖ *v.t.* 12 (brit.) clasificar, colocar por niveles.

streamer | ˈstriːmə | *s.c.* 1 serpentina. 2 gallardete, banderola. 3 rayo, franja. 4 titular a toda plana.

streamline | ˈstriːmlaɪn | *v.t.* 1 aerodinamizar, perfilar. 2 modernizar, hacer más eficaz. 3 perfilar, simplificar.

street | striːt | *s.c.* 1 calle. 2 [the –] la calle, el exterior.

strength | streŋθ | *s.c. e i.* 1 fuerza, resistencia. 2 confianza, coraje. 3 intensidad, fuerza. ‖ *s.c.* 4 [– (of)] eficacia, firmeza. ‖ *s.i.* 5 número, efectivos. 6 poder, influencia.

strengthen | ˈstreŋθən | ˈstreŋθən | *v.t. e i.* 1 reforzar(se), robustecer(se), hacer(se) más fuerte. 2 incrementar, intensificar.

strenuous | ˈstrenjʊəs | *adj.* 1 extenuante, arduo. 2 enérgico, activo.

stress | stres | *s.c. e i.* 1 tensión, ansiedad. 2 fuerza, presión. 3 [– (on)] acento, énfasis. ‖ *v.t.* 4 subrayar, recalcar. 5 acentuar.

stretch | stretʃ | *v.t. e i.* 1 ensanchar(se), dilatar(se). ‖ *v.t.* 2 [to – (out)] extender, alargar. 3 (fam.) adaptar, hacer una concesión. 4 forzar, distorsionar. 5 exigir, requerir. 6 esforzar, pugnar. 7 (fam.) caer al suelo por un golpe. ‖ *v.i.* 8 [to –

+ adv./prep.] extenderse, prolongarse. 9 [to — (out)] estirarse, desentumecerse. ‖ s.c. 10 estiramiento, desentumecimiento. 11 [— (of)] extensión, paisaje. 12 (generalmente sing.) trecho, etapa. 13 [— (of)] período, intervalo. 14 (generalmente sing.) (jerga) condena, pena. ‖ s.i. 15 elasticidad.

stretcher | stretʃə | s.c. 1 camilla, parihuelas. 2 tensor, ensanchador. 3 bastidor. 4 viga, tirante. 5 soga, ladrillos al hilo.

strew | stru: | v.t. [pret. y p.p. strewed o strewn] 1 desparramar, derramar. 2 (fig.) saturar, colmar.

stricken | 'strɪkən | adj. 1 acongojado, afligido. 2 herido, afectado. 3 debilitado, maltrecho.

strict | strɪkt | adj. 1 [— (with)] estricto, riguroso. 2 preciso, exacto. 3 terminante. 4 escrupuloso, absoluto.

stricture | 'strɪktʃə | s.c. 1 [— (on)] y generalmente pl.] condena, reparo. 2 limitación, restricción. 3 estrechez, constricción.

stride | straɪd | v.i. [pret.irreg. strode, p.p. stridden] 1 [to — + adv./prep.] andar a zancadas, dar zancadas. ‖ s.c. 2 zancada, paso largo.

strident | 'straɪdnt | adj. 1 (desp.) estridente, chirriante. 2 (fig.) clamorosa, potente (una protesta).

strife | straɪf | s.i. 1 disensión, conflicto. 2 pelea, batalla.

strike | straɪk | v. [pret. y p.p.irreg. struck] t. 1 golpear, pegar. 2 atacar, asaltar. 3 afligir con, atacar (una enfermedad). 4 caer sobre (un rayo, una luz). 5 tocar, tañer. 6 [to — + o + adv./prep. y generalmente pas.] quedarse de repente. 7 [to — + o + adv./prep.] penetrar profundamente (un sentimiento). 8 encender, frotar. 9 [to — + o. + adv./prep.] eliminar, borrar. 10 encontrar, hallar. 11 alcanzar, lograr (un acuerdo). 12 [to — (as)] parecer, impresionar. 13 ocurrir(le), parecer(le). 14 asumir, adoptar (una postura). 15 acuñar, imprimir. ‖ v.i. 16 [to — (on)] atacar, golpear. 17 [to — (for)] declararse en huelga. 18 tocar fondo, encallar (un barco). 19 penetrar, atravesar. 20 echar

raíces, arraigar. ‖ v.t. e i. 21 dar la hora. 22 morder, picar (una serpiente). 23 morder la carnada (un pez). 24 chocar (con), colisionar. 25 arriar, bajar (la bandera). ‖ s.c. 26 huelga, paro. 27 ataque aéreo, bombardeo. 28 descubrimiento, hallazgo. 29 mordedura (del pez a la carnada). 30 emisión (de moneda). 31 lanzamiento, pasada.

striker | 'straɪkə | s.c. 1 huelguista. 2 delantero. 3 badajo, percutor, macillo. 4 arpón. 5 arponero.

striking | 'straɪkɪŋ | adj. 1 sorprendente, chocante. 2 impresionante, llamativa (una persona).

string | strɪŋ | s.c. e i. 1 cuerda, cordel. ‖ s.c. 2 MUS. cuerda. 3 sarta. 4 ristra. 5 reata. 6 procesión, hilera. 7 retahíla, montón. 8 cadena, serie. 9 fibra, nervio. 10 condición, restricción. ‖ v.irr. [pret. y p.p. strung] t. 11 encordar, ensartar. 12 atar, colgar. 13 (fig.) ensartar, unir. 14 extender, colocar (una cuerda). 15 MUS. tensar (cuerdas). ‖ adj. 16 de cuerda, hecho de cuerda.

stringent | 'strɪndʒənt | adj. 1 severa, estricta (una ley, una regla). 2 difícil, estrecho (un período económico).

stringy | 'strɪŋɪ | adj. (desp.) 1 fibroso, correoso. 2 estropajoso, ratonil (el pelo). 3 largo y delgado (un brazo).

strip | strɪp | [pret. y p.p. stripped, ger. stripping] v.t. 1 [to — (from/of/off)] despellejar, desollar. 2 [to — (from/of/off)] arrancar, descortezar. 3 arrancar, lijar. 4 [to — (down)] desmantelar, desmontar. 5 MEC. estropear. 6 pasarse de rosca (un tornillo). ‖ v.t. e i. 7 desnudar(se), quitar(se) la ropa. ‖ s.c. 8 franja, zona. 9 banda, lista (de material). 10 tira cómica, tira de dibujos. 11 lámina, fleje. 12 espectáculo de "strip-tease".

stripe | straɪp | s.c. 1 raya, banda. 2 MIL. galón. 3 clase, calaña ‖ s.i. 4 material de rayas.

stripling | 'strɪplɪŋ | s.c. muchacho, mozuelo.

strive | straɪv | v. [pret.irreg. strove,

p.p. striven] *i.* [to — (after/against/for)] esforzarse, porfiar.

stroke | strəʊk | *v.t* 1 acariciar, pasar la mano por. 2 ser el primer remero. 3 golpear, dar a (la pelota). || *s.c.* 4 golpe, latigazo. 5 apoplejía, ataque apológico. 6 DEP. golpe, hoyo. 7 tacada (en billar). 8 trazo, pincelada. 9 palada, remada. 10 brazada. 11 campanada, tañido. 12 oblicua, raya oblicua.

stroll | strəʊl | *v.i.* 1 pasear, vagar. || *s.c.* 2 paseo, vuelta.

strong | strɒŋ | *adj.* 1 fuerte, vigoroso. 2 potente, influyente. 3 resistente. 4 fervoroso, acérrimo. 5 sano, robusto. 6 impetuoso, violento. 7 intenso, fuerte. 8 chillona (una voz). 9 marcado, intenso (un parecido). 10 firme, convincente. 11 importante, considerable. 12 con buenas posibilidades. 13 marcado, acusado. 14 fuerte (una droga); cargada. 15 franca, definitiva. 16 [— on] bueno, diestro. 17 (fam.) severo, inaceptable. 18 irregular (un verbo). 19 próspero, en alza.

stroppy | strɒpi | *adj.* (brit. y fam.) malhumorado, de trato difícil.

structure | strʌktʃə | *s.i.* 1 estructura, disposición. || *s.c.* 2 armazón, esqueleto. 3 construcción. 4 entramado, sistema. || *v.t* 5 estructurar, disponer.

struggle | strʌgl | *v.i.* 1 luchar, batallar. 2 esforzarse, desvivirse. || *s.c.* 3 lucha, pugna. 4 (euf.) guerra. 5 esfuerzo, forcejeo.

strum | strʌm | [strummed, strumming] *v.t* e *i.* 1 resguear. || *s.c.* 2 rasgueo.

strut | strʌt | [*pret.* y *p.p.* strutted, *ger.* strutting] *v.i.* 1 (desp.) pavonearse, darse importancia. || *v.t* 2 apuntalar, reforzar. || *s.c.* 3 puntal, soporte. 4 pavoneo, contoneo.

strychnine | strɪknin | | strɪknam | *s.i.* estricnina.

stub | stʌb | *s.c.* 1 trozo, cabo. 2 tocón, cepa. 3 colilla, (Am.) pucho. 4 matriz (de un talonario). || *v.t* [*pret.* y *p.p.* stubbed, *ger.* stubbing] 5 tropezar. 6 arrancar,

quitar (malas hierbas). 7 desarraigar (un árbol).

stubborn | stʌbən | *adj.* 1 (desp.) terco, porfiado. 2 obstinado, determinado. 3 firme, arraigado. 4 persistente, difícil de remover. 5 dificultoso, duro.

stubby | stʌbɪ | *adj.* (desp.) regordete, corto.

stucco | stʌkəʊ | *s.i.* 1 estuco. || *v.t* 2 estucar. || *adj.* 3 de estuco.

stuck | stʌk | *pret.* y *p.p.* 1 de **stick**. || *adj.* 2 atascado, pillado. 3 obstruido, atrancado. 4 (fam.) estancado, paralizado. 5 [— with] (fam.) atrapado por, cargado con. 6 abandonado, dejado a su suerte. 7 [on] (fam.) enamorado de, encantado con. || *s.c.* 8 [in —] (brit. y jerga) problema, dificultad.

stud | stʌd | *s.c.* 1 botón de cuello; gemelo. 2 taco, tachuela. 3 pendiente. 4 yeguada. 5 (fig.) semental. || *v.t* [*pret.* y *p.p.* studded, *ger.* studding] [to — (with)] 6 poner tacos, poner tachuelas. 7 (fig.) tachonar, sembrar.

student | stjuːdnt | *s.c.* 1 estudiante. 2 alumno, escolar. 3 estudioso, investigador.

studio | stjuːdɪəʊ | *s.c.* 1 estudio. 2 academia de baile.

studious | stjuːdɪəs | (EE.UU.) | stuːdɪəs | *adj.* 1 estudioso, aplicado. 2 deliberado.

study | stʌdɪ | *s.c.* 1 estudio, observación. 2 meditación, ensimismamiento. || *s.c.* 3 [— (of)] investigación. 4 asignatura, materia. 5 despacho, gabinete. 6 [— (of)] boceto, bosquejo. || *v.t* e *i.* 7 estudiar, cursar estudios. || *v.t* 8 analizar, examinar.

stuff | stʌf | *s.i.* 1 (fam.) materia, ingrediente. 2 pertenencias, bienes. 3 esencia, cualidad. 4 paño, tejido. 5 (jerga) tontería. 6 (jerga) arte, habilidad. 7 (jerga) dinero. 8 (jerga) droga dura. || *v.t* 9 [to — (with)] rellenar, atiborrar. 10 [to — (into)] empaquetar deprisa. 11 rellenar. 12 disecar. 13 introducir votos fraudulentos, dar pucherazo. 14 enlustrar.

stultify | stʌltɪfaɪ | *v.t* 1 entontecer,

embrutecer. 2 ridiculizar. 3 invalidar, inutilizar. 4 alegar locura.

stumble |'stʌmbl| *v.i.* 1 [to − (on/over)] tropezar, dar un traspié. 2 [to − + *adv./prep.* (along) tambalearse, vacilar. 3 [to − (at/over)] trabarse la lengua, vacilar. ‖ *s.c.* 4 tropezón, traspié. 5 desliz, vacilación.

stump |stʌmp| *s.c.* 1 tocón, gancho. 2 estaca, palo (en críquet). 3 fragmento, fracción. 4 raigón. 5 colilla, (Am.) pucho. 6 cabo, trozo (de vela). 7 difumino. 8 muñón. ‖ *v.i.* 9 [to − + *adv./prep.*] caminar pesadamente, andar pisando fuerte. 10 cojear, renquear. ‖ *v.t.* 11 (fam.) confundir, dejar sin palabras. 12 difuminar. 13 (fam.) retar, desafiar.

stunned |stʌnd| *adj.* 1 sorprendido, asombrado. 2 atontado, sin sentido.

stung |stʌŋ| 1 pret. y *p.p.* de sting. ‖ *adj.* 2 ofendido, irritado.

stunt |stʌnt| *v.t.* 1 atrofiar, impedir el desarrollo. ‖ *v.i.* 2 realizar acrobacias. ‖ *s.c.* 3 proeza, malabarismo. 4 truco, ardid. 5 atrofia.

stunted |stʌntɪd| *s.i.* 1 estupefacción, aburrimiento. 2 asombro, pasmo.

stupefy |'stju:pɪfaɪ| (EE.UU.) |'stu:pɪfaɪ| *v.t.* (generalmente *pasiva*) 1 dejar estupefacto, asombrar. 2 entontecer, atontar.

stupendous |stju:'pendəs| (EE.UU.) |stu:'pendəs| *adj.* estupendo, prodigioso.

stupid |'stju:pɪd| (EE.UU.) |'stu:pəd| *adj.* 1 estúpido, infantil. 2 atontado, cansado. 3 (fam.) molesto, dichoso.

stupor |'stju:pə| (EE.UU.) |'stu:pə| *s.c.* e *i.* estupor, letargo.

sturdy |'stɜ:dɪ| *adj.* 1 robusto, saludable. 2 fuerte, sólido. 3 tenaz, decidido.

sturgeon |'stɜ:dʒən| *s.c.* [*pl.* sturgeon] esturión.

stutter |'stʌtə| *v.t.* e *i.* 1 tartamudear, tartajear. ‖ *v.i.* 2 andar a saltitos, funcionar a golpes. ‖ *s.c.* 3 tartamudeo, tartajeo.

stye |staɪ| *s.c.* orzuelo.

style |staɪl| *s.c.* e *i.* 1 estilo. 2 estilo,

moda. ‖ *s.c.* 3 estilo, modelo. 4 tratamiento, título. 5 estilo, punzón. 6 sonda, cánula. 7 pistilo. 8 ZOOL. púa, pincho. ‖ *s.sing.* 9 estilo, forma de ser. ‖ *s.i.* 10 elegancia, finura. ‖ *v.t.* 11 diseñar, cortar a la moda. 12 dar estilo, dar forma. 13 [to − + *o. + s.*] dar título de, nombrar.

stylus |'staɪləs| *s.c.* 1 aguja (de tocadiscos). 2 estilete, punzón.

stymie |'staɪmɪ| *v.t.* 1 (fam.) dificultar, bloquear. ‖ *s.c.* 2 obstáculo, impedimento.

suave |swɑ:v| *adj.* 1 encantador, zalamero. 2 cortés, sofisticado.

sub |sʌb| *s.c.* (fam.) 1 submarino. 2 sustituto. 3 (brit.) suscripción. 4 (brit.) adelanto de sueldo. 5 redactor, corrector de pruebas. 6 subordinado, subalterno. ‖ [*pret.* y *p.p.* subbed, *ger.* subbing) *v.i.* 7 [to − (for)] DEP. sustituir, tomar el puesto de. ‖ *v.t.* 8 pagar un adelanto. 9 corregir, preparar para una prensa.

subaltern |'sʌbltən| (EE.UU.) |sə'bɔ:ltərn| *s.c.* y *adj.* 1 (brit.) alférez. 2 subalterno, subordinado. 3 LOG. proposición particular.

subconscious |ˌsʌb'kɒnʃəs| *adj.* y *s.sing.* [no *comp.*] subconsciente.

subcontinent |ˌsʌb'kɒntɪnənt| *s.c.* subcontinente.

subcontract |ˌsʌbkɒn'trækt| *v.t.* 1 subcontratar. ‖ *s.c.* 2 subcontrato.

subdue |səb'dju:| (EE.UU.) |səb'du:| *v.t.* 1 someter, controlar. 2 vencer, avasallar. 3 calmar, serenar. 4 suavizar, amortiguar.

subheading |'sʌbˌhedɪŋ| *s.c.* subtítulo, título secundario.

subhuman |ˌsʌb'hju:mən| |ˌsʌb'ju:mən| *adj.* infrahumano.

subject |səb'dʒekt| *s.c.* 1 tema, contenido. 2 tema, conversación. 3 asignatura, materia. 4 súbdito, ciudadano. 6 [− (for/of)] causa, motivo. 7 sujeto, material. 8 MED. caso. 9 MUS. tema, frase. ‖ *adj.* 10 [− to] propenso a, dispuesto a. 11 [− to] sujeto a, sometido a. 12 [no *comp.*] sometido, subyugado. ‖ |səb'dʒekt| *v.t.* 13 someter.

subjective | səbˈdʒˈektɪv | *adj.* 1 (desp.) subjetivo, personal. 2 [no *comp.*] imaginario. 3 GRAM. del sujeto.

subjoin | ˈsʌbdʒɔɪn | *v.t.* adjuntar.

subjugate | ˈsʌbdʒugeɪt | *v.t.* 1 subyugar, avasallar. 2 someter, dominar.

subjunctive | səbˈdʒʌŋktɪv | *s.sing.* y *adj.* (también **subjunctive mood**) subjuntivo.

sublet | sʌbˈlet | *v.t.* e *i.* [*pret.* y *p.p.* sublet o **subletted**, *ger.* **subletting**] subarrendar.

sublimate | ˈsʌblɪmeɪt | *v.t.* 1 sublimar, sustituir. | ˈsʌblɪmət | *s.c.* y *adj.* 2 sublimado.

sublime | səˈblaɪm | *adj.* 1 sublime, incomparable. 2 (fam.) excelente, maravilloso. 3 (fam. y desp.) completo, extremo. 4 arrogante, altanero. || *s.sing.* 5 [the –] lo sublime. || *v.t.* 6 sublimar, exaltar. || *v.i.* 7 FIS. sublimar.

sub-machine gun | ˌsʌbməˈʃiːgʌn | *s.c.* metralleta, pistola ametralladora.

submarine | ˌsʌbməˈriːn | (EE.UU.) | ˌsʌbməˈriːn | *adj.* y *s.c.* submarino.

submerge | səbˈmɜːdʒ | *v.t.* e *i.* 1 sumergir(se), hundir(se). || *v.t.* 2 ocultar, tapar. 3 (fig.) sumir, estar inmerso en.

submission | səbˈmɪʃn | *s.c.* e *i.* 1 sumisión, rendimiento. 2 presentación. || *s.i.* 3 proposición, opinión. 4 [– (to)] obediencia. || *s.c.* 5 petición, sometimiento a arbitraje.

submit | səbˈmɪt | [*pret.* y *p.p.* **submitted**, *ger.* **submitting**] *v.i.* 1 [to – (to)] rendirse, resignarse. 2 aceptar, conformarse. || *v.t.* 3 [to – (to)] someter, presentar (a consideración). 4 [to – (that)/o.] aducir, sugerir. 5 [to – (to)] aceptar, someterse.

subnormal | ˌsʌbˈnɔːml | *adj.* 1 subnormal, deficiente. 2 anormal, por debajo de lo corriente. || *s.pl.* 3 [the –] los subnormales.

subordinate | səˈbɔːdnət | (EE.UU.) | səˈbɔːdənət | *adj.* 1 [– (to)] subordinado, secundario. 2 [– (to)] subalterno. *s.c.* 3 subordinado, subalterno. ||

| səˈbɔːdnet | | səˈbɔːrdəneɪt | *v.t.* 4 [to – (to)] subordinar, sojuzgar.

subpoena | səbˈpiːnə | | səˈpiːnə | *s.c.* 1 citación. || *v.t.* 2 citar, emplazar.

subscribe | səbˈskraɪb | *v.i.* [to – (to)]. 1. donar, contribuir con dinero. 2 suscribirse, abonarse. || *v.t.* 3 contribuir, entregar. 4 firmar, poner la firma.

subscription | səbˈskrɪpʃn | *s.c.* (también **sub**) subscripción, cuota, abono.

subsection | ˈsʌbsekʃn | *s.c.* apartado, subdivisión.

subsequent | ˈsʌbsɪkwənt | *adj.* 1 subsiguiente, posterior. || 2 – to, después de.

subservience | səbˈsɜːvjəns | *s.i.* subordinación, servilismo.

subside | səbˈsaɪd | *v.i.* 1 hundirse (un edificio). 2 (fig.) dejarse caer, desplomarse. 3 amainar, calmarse. 4 bajar, descender. 5 disminuir, sosegarse.

subsidiary | səbˈsɪdjəri | (EE.UU.) | səbˈsɪdɪəri | *adj.* 1 [– (to)] subsidiario, secundario. 2 auxiliar, suplementario. || *s.c.* 3 compañía subsidiaria, sucursal. 4 MUS. tema secundario.

subsidize | ˈsʌbsɪdaɪz | (brit. **subsidise**) *v.t.* subvencionar.

subsidy | ˈsʌbsɪdi | *s.c.* e *i.* subvención.

subsist | səbˈsɪst | *v.i.* [to – (on)] subsistir, sustentarse.

subsistence | səbˈsəstəns | *s.i.* 1 subsistencia, supervivencia. 2 sustento, subsistencias.

subsoil | ˈsʌbsɔɪl | *s.sing.* 1 subsuelo. || *v.t.* 2 remover el subsuelo.

subsonic | ˌsʌbˈsɒnɪk | *adj.* subsónico.

subspecies | ˈsʌbˌspiːʃiːz | *s.c.* [*sing./pl.*] subespecie.

substance | ˈsʌbstəns | *s.c.* 1 sustancia, material. || *s.i.* 2 verdad, solidez. 3 [the – (of)] la esencia, lo sustancioso. 4 importancia, significación. 5 (form.) riqueza, bienes.

substantial | səbˈstænʃl | *adj.* 1 sólido, fuerte. 2 sustancial, copioso. 3 con-

siderable, importante. 4 acaudalado, rico.
5 esencial, sustancial.

substantiate | səbˈstænʃɪeɪt | v.t. confirmar, probar.

substantive | ˈsʌbstəntɪv | s.c. 1 sustantivo. ‖ | səbˈstæntɪv | ˈsʌbstəntɪv | adj. 2 significativo, actual. 3 sustantivo. 4 permanente, fijo.

substitute | ˈsʌbstɪtjuːt | (EE.UU.) | ˈsʌbstɪtuːt | 1 s.c. [— (for)] sustituto, suplente. 2 sucedáneo. ‖ v.t. e i. 3 [to — (for)] sustituir, suplir. 4 actuar como suplente, ocupar el puesto. ‖ adj. 5 suplente, sustituto. 6 sucedáneo.

substitution | ˈsʌbstɪtjuːʃn | (EE.UU.) | ˈsʌbstɪtuːʃn | s.c. e i. [— (for)] sustitución, cambio.

substructure | ˈsʌbˌstrʌktʃə | s.c. subestructura, infraestructura.

subtenancy | ˌsʌbˈtenənsɪ | s.c. e i. subarriendo, realquiler.

subterfuge | ˈsʌbtəfjuːdʒ | s.c. e i. subterfugio, evasiva.

subterranean | ˌsʌbtəˈreɪnjən | adj. subterráneo.

subtitle | ˈsʌbˌtaɪtl | s.c. 1 subtítulo. ‖ v.t. subtitular.

subtle | ˈsʌbtl | adj. 1 sutil, exquisito. 2 leve, ligero. 3 sutil, insidioso. 4 inteligente, penetrante.

subtlety | ˈsʌbtlɪ | s.i. 1 sutileza, sensibilidad. 2 sagacidad, picardía. ‖ s.c. 3 (generalmente pl.) matiz, detalle intrincado.

substract | səbˈstrækt | v.t. [to — (from)] sustraer, deducir.

subtropical | ˌsʌbˈtrɪpɪkl | (también semitropical) adj. subtropical.

suburb | ˈsʌbɜːb | s.c. periferia, afueras.

suburban | səˈbɜːən | adj. 1 de barrio. 2 suburbano. 3 de cercanías.

subversion | səbˈvɜːʃn | s.i. subversión, alteración.

subvert | sbˈvɜːt | v.t. subvertir, trastornar.

subway | ˈsʌbweɪ | s.c. 1 pasaje subterráneo, subterráneo. 2 (EE.UU.) metro, (Am.) subte.

succeed | səkˈsiːd | v.i. 1 [to — (in)] triunfar, conseguir. 2 hacerse rico. ‖ v.t. e i. 3 suceder; acceder a, heredar. ‖ v.t. 4 suceder, proseguir.

success | səkˈses | s.c. e i. 1 [— (in)] éxito, triunfo. ‖ s.i. 2 prosperidad, progreso.

successful | səkˈsəsful | adj. 1 [— (in)] afortunado, (Am.) exitoso. 2 triunfador, con fortuna.

succession | səkˈseʃn | s.i. 1 sucesión, secuencia. 2 [— (to)] sucesión, descendencia. ‖ s.sing. 3 [— (of) + v.sing./pl.] serie. ‖ 4 in —, sucesivamente, en serie.

succinct | səkˈsɪŋkt | adj. sucinto, breve.

succor | ˈsʌkə | (brit. succour) s.i. 1 socorro, asistencia. ‖ v.t. 2 socorrer, prestar asistencia.

succulent | ˈsʌkjulənt | adj. 1 suculento, delicioso. ‖ s.c. 2 planta suculenta.

succumb | səˈkʌm | v.i. [to — (to)] 1 sucumbir, rendirse. 2 morir.

such | sʌtʃ | adj. 1 tal, semejante. 2 tan. ‖ pron. 3 tal cosa, eso. ‖ 4 and —, (fam.) y cosas así. 5 or some —, o algo parecido.

suchlike | ˈsʌtʃlaɪk | adj. 1 tal, por el estilo. ‖ pron. 2 (fam.) gente o cosas de ese tipo.

suck | sʌk | v.t. e i. 1 chupar, libar. 2 mamar. ‖ v.t. 3 [to — + adv./prep.] succionar. 4 (fig.) absorber. ‖ s.c. 5 succión, sorbo. 6 calada. ‖ 7 to — up, (brit. y fam.) hacer la pelota, lisonjear.

sucker | ˈsʌkə | s.c. 1 succionador, chupador. 2 mamón. 3 ZOOL. ventosa. 4 ventosa, émbolo. 5 BOT. retoño, serpollo. 6 [— for] (fam.) incauto, ingenuo, primo. 7 (EE.UU.) pirulí, caramelo.

suckle | ˈsʌkl | v.t. e i. 1 amamantar, criar. 2 mamar.

suction | ˈsʌkʃn | s.i. succión, aspiración.

sudden | ˈsʌdn | adj. 1 repentino, precipitado. ‖ 2 all of a —, de repente.

suddenness | ˈsʌdnnəs | s.i. premura, brusquedad.

suds | sʌdz | (también **soapsuds**) *s.pl.* pompas de jabón, jabonaduras.

sue | sju: | *v.t.* e *i.* 1 DER. demandar, entablar un pleito. ‖ 2 to − for, pedir, suplicar.

suede | sweɪd | (también **suède**) *s.i.* ante, gamuza.

suet | sjuɪt | *s.i.* sebo.

suffer | sʌfə | *v.i.* 1 [to − (for)] sufrir, padecer. 2 deteriorarse, sufrir daño. ‖ *v.t.* 3 sufrir, aguantar. 4 tolerar, aceptar sin protestar. 5 [to − + o. + to *inf.*] permitir, consentir.

sufferance | sʌfərəns | *s.i.* 1 capacidad de sufrimiento, tolerancia. 2 paciencia. 3 permiso, consentimiento.

suffering | sʌfərɪŋ | *adj.* 1 doliente, sufrido. ‖ *s.i.* 2 sufrimiento, padecimiento. ‖ 3 sufferings, sufrimientos, tormentos.

suffice | sə'faɪs | *v.t.* e *i.* 1 ser suficiente, llegar. ‖ 2 − it to say, basta decir.

sufficient | sə'fɪʃnt | *adj.* [− (for)] suficiente, bastante.

suffix | sʌfɪks | *s.c.* 1 sufijo. ‖ *v.t.* 2 añadir un sufijo a.

suffocate | sʌfəkeɪt | *v.t.* e *i.* 1 sofocar(se), ahogar(se). 2 (fig.) sofocar, impedir.

suffrage | sʌfrɪdʒ | *s.i.* 1 sufragio, voto. 2 oración, preces.

sugar | ʃugə | *s.i.* 1 azúcar. ‖ *s.c.* 2 sacarosa, sacarina. 3 [en *vocativo*] (EE.UU. y fam.) cariño, encanto. ‖ *v.t.* 4 azucarar, almibarar, garrapiñar.

suggest | sə'dʒest | (EE.UU.) | səg'dʒest | *v.t.* 1 sugerir, plantear. 2 indicar, manifestar. 3 evocar, ocurrirse.

suggestion | sə'dʒestʃən | . | səg'dʒestʃən | *s.c.* 1 sugerencia, insinuación. ‖ *s.i.* 2 sugestión. ‖ *s.sing* 3 [− (of/that)] generalmente en *interr.* y *negativas*] traza, indicación.

suicide | sjuɪsaɪd | . | su:ɪsaɪd | *s.c.* e *i.* 1 suicidio. ‖ *s.c.* 2 DER. suicida. ‖ *s.i.* 3 (fig.) suicidio, destrucción.

suit | su:t | . | sju:t | *s.c.* 1 traje. 2 armadura. 3 palo. 4 juego. 5 vasallaje. 6 galanteo, cortejo. 7 juicio, litigio. 8 pe-

dida, petición de mano. ‖ *v.t.* 9 satisfacer, agradar. 10 [no *pasiva*] favorecer, caer bien. 11 convenir a, adaptarse. 12 to follow −, (fig.) hacer lo mismo; seguir el palo (en naipes).

suitable | 'su:təbl | . | 'sju:təbl | *adj.* [− (for/to)] adecuado, idóneo.

suitcase | 'su:tkeɪs | . | 'sju:tkeɪs | *s.c.* maleta.

suite | swi:t | *s.c.* 1 mobiliario, juego de muebles. 2 [− (of)] suite, apartamento. 3 MUS. suite. 4 [− + *v.sing./pl.*] séquito, comitiva.

sulk | sʌlk | *v.i.* 1 estar enfurruñado, estar enrabietado. ‖ *s.c.* 2 malhumor, rabieta.

sullen | 'sʌlən | *adj.* 1 malhumorado, taciturno. 2 desagradable, plomizo (el tiempo, el cielo). 3 lento, perezoso.

sully | 'sʌlɪ | *v.t.* 1 manchar, ensuciar. 2 (fig.) mancillar, manchar. ‖ *s.c.* 3 mancha. 4 mancilla, deshonra.

sulphur | 'sʌlfə | (EE.UU. **sulfur**) *s.i.* azufre.

sultan | 'sʌltən | *s.c.* sultán.

sultry | 'sʌltrɪ | *adj.* 1 bochornoso, tórrido. 2 seductor, sensual.

sum | sʌm | *s.c.* 1 [− (of)] suma, cuantía. 2 cálculo aritmético. ‖ *s.sing.* 3 [the − (of)] la suma, el total. 4 [the − (of)] el conjunto, la meta. ‖ *v.t.* [*pret.* y *p.p.* summed, *ger.* summing] 5 sumar, totalizar. 6 in −, en suma, en resumen. 7 to − up, resumir, compendiar.

summarize | 'sʌməraɪz | (brit. **summarise**) *v.t.* e *i.* resumir, abreviar.

summary | 'sʌmərɪ | *s.c.* 1 [− (of)] resumen, esquema. ‖ *adj.* 2 sumario, sucinto. ‖ 3 in −, en resumen.

summer | 'sʌmə | *s.c.* e *i.* 1 verano, estío. ‖ *s.c.* 2 primavera, abril. 3 viga maestra; dintel. ‖ *v.i.* 4 veranear, pasar el verano. ‖ *v.i.* 5 llevar a pastar, poner a pastar. ‖ *adj.* 6 de verano, estival, veraniego.

summertime | 'sʌmətaɪm | *s.i.* verano, estío.

summing-up | sʌmɪŋ'ʌp | *s.c.* recapitulación, resumen.

summit I ˈsʌmɪt I *s.c.* 1 [– (of)] cima, cumbre. 2 [the – (of)] (fig.) cima, cúspide. 3 conferencia, cumbre.

summon I ˈsʌmən I *v.t.* 1 convocar, invitar. 2 (generalmente *pasiva*) citar, notificar. 3 cobrar, reunir (fuerzas, coraje).

summons I ˈsʌmənz I *s.c.* 1 citación, requerimiento. 2 orden, llamamiento. ‖ *v.t.* 3 (generalmente *pasiva*) notificar, entregar una citación.

sump I sʌmp I *s.c.* 1 (brit.) cárter. 2 sumidero, letrina.

sumptuous I ˈsʌmptjuəs I *adj.* suntuoso, magnífico.

sun I sʌn I *s.sing.* 1 sol. 2 astro, estrella. ‖ *v.t.* [sunned, sunning] 3 tomar el sol, asolear.

sunbathe I ˈsʌnbeɪð I *v.i.* tomar el sol.

sunbathing I ˈsʌnbeɪðɪŋ I *s.i.* baños de sol.

sunbeam I ˈsʌnbi:m I *s.c.* rayo de sol.

sunbed I ˈsʌnbed I *s.c.* tumbona, hamaca.

sunburn I ˈsʌnbɜ:n I *s.i.* 1 quemadura de sol, eritema solar. ‖ *v.t.* e *i.* 2 quemar(se) al sol.

Sunday I ˈsʌndɪ I *s.c.* e *i.* domingo.

sundeck I ˈsʌndek I *s.c.* 1 cubierta superior (de un barco). 2 terraza, terrado.

sundial I ˈsʌndaɪəl I *s.c.* reloj de sol.

sundown I ˈsʌndaun I *s.i.* (EE.UU.) puesta de sol, ocaso.

sunflower I ˈsʌnˌflauə I *s.c.* girasol.

sunglasses I ˈsʌnˌglɑ:sɪz I ˈsʌnˌglæ/ sɪz I *s.pl.* gafas para el sol.

sunken I ˈsʌŋkən I *adj.* 1 hundido, sumergido. 2 hundido, sumido. 3 construido a nivel inferior.

sunless I ˈsʌnlɪs I *adj.* sin sol, oscuro.

sunlight I ˈsʌnlaɪt I *s.i.* luz del sol, luz solar.

sunlit I ˈsʌnlɪt I *adj.* iluminado por el sol.

sunny I ˈsʌnɪ I *adj.* 1 soleado. 2 iluminado por el sol. 3 alegre, optimista.

sunrise I ˈsʌnraɪz I (también fam. **sunup**) *s.c.* e *i.* 1 salida del sol, amanecer.

sunset I ˈsʌnset I *s.i.* (brit.) puesta de sol, ocaso.

sunshade I ˈsʌnʃeɪd I *s.c.* 1 sombrilla, parasol. 2 toldo, marquesina. 3 cortina, persiana.

sunshine I ˈsʌnʃaɪn I *s.i.* 1 [the –] el sol (rayos o calor del sol). 2 alegría, optimismo.

sunstroke I ˈsʌnstrəuk I *s.i.* insolación.

suntan I ˈsʌntæn I (también **tan**) *s.c.* bronceado.

sup I sʌp I [*pret.* y *p.p.* supped, *ger.* supping] *v.t.* e *i.* 1 beber a sorbitos. ‖ *v.i.* 2 [to – (on/off)] (arc.) cenar. ‖ *s.c.* 3 sorbo, trago.

super I ˈsu:pə I ˈsju:pə I *adj.* 1 (fam.) super, fantástico. 2 superior, mejor.

superabundance I su:pərəˈbʌndəns I sju:pərəˈbʌndəns I *s.sing.* [– (of)] sobreabundancia, exceso.

superb I sju:ˈpɜ:b I su:ˈpɜ:rb I *adj.* excelente, espléndido.

supercilious I su:pəˈsɪlɪəs I sju:pəˈsɪlɪəs I *adj.* (desp.) desdeñoso, altanero.

superficial I su:pəˈfɪʃəl I sju:pəˈrʃəl I *adj.* 1 [no *comp.*] superficial, externo. 2 somero, ligero. 3 (desp.) superficial, vano.

superfluous I su:ˈpɜ:flυəs I sju:/ ˈpɜ:flυəs I *adj.* superfluo, sobrante.

superhuman I su:pəˈhju:mən I sju:pəˈhju:mən I *adj.* sobrehumano.

superimpose I su:pərɪmˈpəuz I sju:pərɪmˈpəuz I *v.t.* [to – (on)] 1 superponer, sobreponer. 2 añadir.

superintendent I su:pərɪnˈtendənt I sju:pərɪnˈtendənt I *s.c.* 1 inspector, subjefe (de policía). 2 superintendente, capataz.

superior I su:ˈpɪərɪə I sju:ˈpɪərɪə I *adj.* 1 [– (to)] superior. 2 [– (to)] superior, mejor. 3 (desp.) superior, altivo. 4 superior, prior. ‖ *s.c.* 5 superior, jefe. 6 superior, prior.

superlative I su:ˈpɜ:lətɪv I sju:ˈpɜ:r/ lətɪv I *adj.* 1 [no *comp.*] superlativo. 2 soberbio, supremo. 3 notable, excelente. ‖ *s.c.* 4 [the –] el superlativo. 5 exagerado, ponderado.

superman I ˈsu:pəmæn I ˈsju:pə/

mæn | [*pl. irreg.* **supermen**] *s.c.* super-hombre.

supernatural | ˌsuːpəˈnætʃərəl | | ˌsjuːpəˈnætʃərəl | *adj.* 1 sobrenatural. ‖ *s.sing.* 2 [the —] lo sobrenatural, lo oculto.

superpower | ˈsuːpəpaʊə | | ˈsjuː/ pəˌpaʊə | *s.c.* superpotencia.

supersede | ˌsuːpəˈsiːd | | ˌsjuːpə/ ˈsiːd | *v.t.* (generalmente *pasiva*) sustituir, reemplazar.

supersonic | ˌsuːpəˈsɒnɪk | | ˌsjuːpə/ ˈsɒnɪk | *adj.* supersónico.

superstition | ˌsuːpəˈstɪʃən | | ˌsjuːpəˈstɪʃən | *s.c. e i.* superstición.

supervise | ˈsuːpəvaɪz | | ˈsjuːpəvaɪz | *v.t. e i.* supervisar, atender, vigilar.

supervision | ˌsuːpəˈvɪʒn | | ˌsjuːpə/ ˈvɪʒn | *s.i.* supervisión, inspección, control.

supine | ˈsuːpaɪn | | ˈsjuːpaɪn | *adj.* 1 supina (posición). 2 débil, indolente, incapaz.

supper | ˈsʌpə | *s.c. e i.* 1 cena. 2 bocadillo, bocado.

supplant | səˈplɑːnt | | səˈplænt | *v.t.* suplantar, sustituir.

supple | ˈsʌpl | *adj.* 1 flexible, ágil. 2 flexible, dúctil.

supplement | ˈsʌplɪmənt | *s.c.* 1 suplemento, complemento. 2 separata, apéndice. 3 (brit.) complemento, paga complementaria. 4 [to — (by/with)] complementar, añadir.

supplicate | ˈsʌplɪkeɪt | *v.t. e i.* suplicar, rogar, implorar.

supplier | səˈplaɪə | (también **suppliers**) *s.c.* proveedor, abastecedor.

supply | səˈplaɪ | *v.t.* 1 [to — (to/with)] proveer, distribuir. 2 [to — (to/wlth)] aprovisionar, equipar. 3 satisfacer, compensar. 4 suplir, reemplazar. ‖ *s.c.* 5 [— (of) generalmente *sing.*] provisión, suministro. 6 sustituto, suplente. ‖ *s.i.* 7 [— (of)] aprovisionamiento, abastecimiento. 8 oferta. ‖ *adj.* 9 de suministro, de abastecimiento.

support | səˈpɔːt | *v.t.* 1 sostener, descansar sobre. 2 sustentar, ayudar. 3 pagar, soportar. 4 apoyar, respaldar. 5 [can/cannot —] sufrir, tolerar. ‖ *s.i.* 6 so-

porte, apoyo. 7 aprobación, respaldo. 8 mantenimiento, sustento. 9 soporte, pruebas. ‖ *s.c.* 10 pilar, puntal.

supporter | səˈpɔːtə | *s.c.* 1 partidario, afiliado. 2 hincha, seguidor. 3 defensor, partidario.

suppose | səˈpəʊz | *v.t.* 1 [to — (that)/o.] suponer, figurarse. 2 [to — + o. + *inf./adj.* y generalmente en *pasiva*] presumir, dar por sentado. 3 presuponer, requerir. ‖ *conj.* 4 (también **supposing**) si solamente, y si.

supposed | səˈpəʊzd | *adj.* 1 (desp.) supuesto, hipotético. ‖ 2 to be — to, deber, tocar.

supposition | ˌsʌpəˈzɪʃn | *s.i.* 1 suposición, presuposición. ‖ *s.c.* (generalmente *sing.*) 2 sospecha, hipótesis, recelo.

suppress | səˈpres | *v.t.* 1 suprimir. 2 reprimir, sofocar. 3 ahogar, ocultar. 4 prohibir, impedir. 5 ocultar. 6 contener.

suppurate | ˈsʌpjʊəreɪt | *v.i.* supurar.

supreme | suːˈpriːm | | sjuːˈpriːm | *adj.* 1 supremo, sumo. 2 máximo. 3 magnífico, brillante.

surcharge | ˈsɜːtʃɑːd | *v.t.* 1 [to — (on)] sobrecargar, recargar. ‖ *s.c.* 2 recargo, sobretasa.

sure | ʃʊə | *adj.* 1 seguro, convencido. 2 [— + to + *inf.*] infalible, inevitable. 3 confiado, seguro. 4 firme, absoluto. ‖ *adv.* 5 (EE.UU. y fam.) claro, por supuesto.

surety | ˈʃʊərətɪ | *s.c. e i.* 1 fiador, avalista. 2 fianza, aval. 3 garantía.

surf | sɜːf | *s.i.* 1 espuma, oleaje. ‖ *v.i.* 2 hacer surf.

surface | ˈsɜːfɪs | *s.c.* 1 superficie, faz. 2 firme (de la carretera). 3 superficie. 4 [the —] (fig.) la superficie, exterior. ‖ *v.i.* 5 emerger, salir a la superficie. 6 (fam. y hum.) levantarse, aparecer. ‖ *v.t.* 7 recubrir, revestir. 8 alisar, pulir. ‖ *adj.* 9 exterior, externo. 10 superficial, poco profundo.

surfboard | ˈsɜːfbɔːd | *s.c.* tabla de surf.

surfeit | ˈsɜːfɪt | *s.sing.* 1 [— (of)] exceso, sobreabundancia. 2 empacho, indigestión. 3 saciedad, hartura. ‖ *v.t* e *i.* 4 [to − (with)] saciar(se), atracar(se), llenar(se), empachar(se).

surge | sɜːdʒ | *s.sing.* 1 [− (of)] avalancha, oleada. 2 (fig.) arrebato. 3 oleaje, marejada. ‖ *v.i.* 4 [to − + *adv./prep.*] abalanzarse, entrar en tropel. 5 [to − (up)] bullir, llenarse. 6 agitarse, embravecer(se).

surgeon | ˈsɜːdʒən | *s.c.* cirujano.

surgery | ˈsɜːdʒərɪ | *s.i.* 1 cirugía, operación. ‖ *s.c.* e *i.* 2 consultorio, quirófano. ‖ *s.c.* 3 consulta, sesión de consulta.

surging | sɜːdʒɪŋ | *adj.* encrespado, amenazante.

surly | ˈsɜːlɪ | *adj.* malhumorado, áspero, rudo.

surmise | ˈsɜːmaɪz | *v.t.* 1 [to − + o. (that)] suponer, conjeturar. ‖ *s.c.* e *i.* 2 suposición, sospecha.

surmount | sɜːmaunt | *v.t.* 1 superar, vencer. 2 (generalmente *pasiva*) remontar, coronar.

surname | ˈsɜːneɪm | *s.c.* 1 (también family name) apellido. 2 sobrenombre, mote. ‖ *v.t.* 3 apellidar.

surpass | səˈpɑːs | *v.t.* 1 sobrepasar, ser superior. 2 superar, salvar.

surplice | ˈsɜːplɪs | *s.c.* roquete, sobrepelliz.

surplus | ˈsɜːpləs | *s.c.* e *i.* 1 exceso, sobrante. ‖ *adj.* 2 excedente, superfluo.

surprise | səˈpraɪz | *s.i.* 1 sorpresa, desconcierto. ‖ *s.c.* 2 susto, sobresalto. 3 sorpresa (regalo). ‖ *v.t.* 4 sorprender, desconcertar. 5 coger por sorpresa. 6 atacar por sorpresa. ‖ *adj.atr.* 7 sorpresa, de sorpresa.

surreal | səˈrɪəl | *adj.* surreal, raro.

surrender | səˈrendə | *v.t.* e *i.* 1 rendir(se), capitular. 2 (fig.) ceder, abandonar(se). ‖ *v.t.* 3 abandonar, renunciar. 4 entregar, dar.

surreptitious | ˌsʌrəpˈtɪʃəs | *adj.* subrepticio, furtivo.

surrogate | ˈsʌrəgeɪt | ˈsʌrəgeɪt | *s.c.* 1 sustituto, suplente. 2 (EE.UU.) juez de testamentaría. 3 vicario, coadjutor. ‖ *adj.* 4 sustitutivo, suplente.

surround | səˈraund | *v.t.* 1 rodear, circundar. 2 (fig.) asediar, acorralar. 3 (fig.) concernir, atañer. 4 sitiar, asediar; acorralar. ‖ *s.c.* 5 marco, borde.

surrounding | səˈraundɪŋ | *adj.* 1 circundante, de alrededor. ‖ 2 surroundings, alrededores, vecindario.

surveillance | sɜːˈveɪləns | *s.i.* vigilancia, observación.

survey | ˈsɜːveɪ | *v.t.* 1 observar, examinar. 2 estudiar, considerar. 3 peritar, reconocer. 4 deslindar, levantar el plano. 5 (generalmente pasiva) hacer una encuesta. ‖ *s.c.* 6 encuesta. 7 estudio, investigación. 8 visión panorámica. 9 peritación, examen. 10 medición, apeo.

surveyor | səˈveɪə | *s.c.* perito, agrimensor, topógrafo.

survival | səˈvaɪvl | *s.i.* 1 supervivencia. ‖ *s.c.* 2 reliquia, vestigio.

survive | səˈvaɪv | *v.i.* 1 sobrevivir, subsistir. ‖ *v.t.* 2 sobrevivir a, durar.

survivor | səˈvaɪvə | *s.c.* superviviente.

susceptible | səˈseptəbl | *adj.* 1 susceptible, influenciable. 2 [− to] sensible a, propenso a. 3 impresionable, susceptible. 4 [− of] susceptible de, sujeto a.

suspect | səˈspekt | *v.t.* 1 sospechar, pensar. 2 [to − (of)] sospechar (de), recelar (de). 3 (fam.) imaginarse, figurarse. ‖ | sʌspekt | *s.c.* 4 sospechoso. ‖ *adj.* 5 sospechoso, bajo sospecha. 6 cuestionable, dudoso.

suspend | səˈspend | *v.t.* 1 suspender, finalizar. 2 [to − (from)] suspender, cesar. 3 [to − + o. + *adv./prep.*] suspender, colgar. 4 (generalmente pasiva) tener en suspensión; dispersar.

suspender | səˈspendə | *s.c.* 1 (brit.) liga. ‖ 2 suspenders, (EE.UU.) tirantes (de pantalón).

suspense | səˈspens | *s.i.* 1 suspense, duda. 2 suspensión.

suspension | səˈspenʃn | *s.i.* 1 suspensión. 2 privación, retirada. ‖ *s.c.* 3 QUIM. suspensión.

suspicion | səˈspɪʃn | *s.c.* e *i.* 1 sospecha, recelo. 2 suposición, conjetura. ‖ *s.sing.* 3 [− (of)] pizca, traza.

suspicious |sə'spıʃəs| *adj.* [− (about/of)] sospechoso, desconfiado. 2 dudoso.

suss |sʌs| *v.t.* 1 [to − + (that)/o.] (brit. y jerga) descubrir, darse cuenta. ‖ 2 to − out, (brit.) averiguar; calar, desenmascarar.

sustain |ə'steın| *v.t.* 1 mantener, nutrir. 2 sostener (el ánimo, el interés). 3 sufrir, padecer. 4 cargar, soportar (un peso). 5 aceptar. 6 MUS. sostener.

suture |'su:tʃə| *s.c.* 1 sutura. ‖ *v.t.* 2 suturar, coser.

svelte |svelt| *adj.* esbelto, delgado.

SW abreviatura de **south west**, suroeste.

swab |swb| *s.c.* 1 algodón, torunda. 2 muestra (recogida en una torunda). 3 estropajo, trapo. ‖ *v.t.* [*pret.* y *p.p.* swabbed, *ger.* swabbing] 4 [to − (down)] limpiar con algodón. 5 fregar, limpiar con estropajo.

swaddle |'swɒdl| *v.t.* 1 envolver en mantillas, fajar (a un bebé). 2 envolver, vendar.

swagger |'swægə| *v.i.* 1 contonearse, pavonearse. ‖ *s.sing.* 2 pavoneo, aires de grandeza.

swain |'sweın| *s.c.* 1 mozo, zagal. 2 cortejador, pretendiente.

swallow |'swɒleu| *v.t.* 1 tragar, pasar. 2 (fam. y fig.) aceptar pacientemente, tolerar. 3 (fig.) contener (el orgullo). ‖ *v.i.* 4 tragar saliva. ‖ *s.c.* 5 trago; bocado. 6 golondrina.

swamp |swɒmp| *s.c.* e *i.* 1 ciénaga, marisma. ‖ *v.t.* 2 inundar, agobiar. 3 inundar, hacer naufragar.

swampy |swɒmpı| *adj.* pantanoso.

swan |swɒn| *s.c.* 1 cisne. ‖ *v.i.* [swanned, swanning] 2 [to − + *adv./prep.*] (fam.) vagar, pasear.

swank |swæŋk| *v.i.* 1 (fam.) presumir, pavonearse. ‖ *s.i.* 2 (fam.) ostentación, faroleo. ‖ *s.c.* 3 farolero, fanfarrón. ‖ *adj.* 4 (también swanky) lujoso, ostentoso, elegante.

swap |swp| (también **swop**) [*pret.* y *p.p.* swapped, *ger.* swapping] *v.t.* e *i.* 1 (fam.) intercambiar, canjear. 2 cambiar, sustituir. ‖ *s.c.* (fam.) 3 cambio.

swarm |swɔ:m| *s.c.* 1 [− + *v.sing./pl.*] enjambre. 2 (también **swarms**) [− (of) gentío, multitud. ‖ *v.i.* 3 [to − + *adv./prep.*] ir en tropel. 4 enjambrar. 5 [to − + *adv./prep.*] trepar, escalar.

swarthy |'swɔ:ðı| *adj.* moreno, aceitunado.

swashbuckling |'swɒʃ,bʌklıŋ| *adj.* bravucón, fanfarrón.

swastika |'swɒstıkə| |'swɑ:stıkə| *s.c.* esvástica, cruz gamada.

swat |swɒt| | swɑ:t| [swatted, swatting] *v.t.* 1 aplastar de un golpe. ‖ *s.c.* 2 palmetazo, golpe. 3 palmeta.

swathe |sweıð| (también **swath**) *s.c.* 1 hilera, ringlera. 2 franja, línea. 3 tira, venda. ‖ *v.t.* 4 [to − in y generalmente *pas.*] vendar, fajar.

sway |sweı| *v.t.* e *i.* 1 mecer(se), mover(se). ‖ *v.t.* 2 (generalmente *pasiva*) inclinar, persuadir. ‖ *s.c.* 3 vaivén, oscilación ‖ *s.i.* 4 poder, dominio. 5 influencia, ascendiente.

swear |sweə| *v.irr.* [*pret.irreg.* swore, *p.p.* sworn] *i.* 1 [to − (at)] maldecir, decir juramentos. ‖ *v.t.* 2 jurar, prometer. ‖ *v.t.* e *i.* 3 [to − (on)] jurar, prestar (juramento).

swear-word |'sweəwɜ:d| *s.c.* palabrota, maldición.

sweat |swet| *v.i.* 1 (también **perspire**) sudar, transpirar. 2 resudar, rezumar. 3 (fam.) sudar, estar nervioso. ‖ *v.t.* 4 (brit.) rehogar en mantequilla. 5 explotar (a los obreros). ‖ *s.i.* 6 (también **perspiration**) sudor, transpiración. ‖ *s.sing.* 7 (fam.) nervios, sudor. 8 (fam.) sudor, trabajo penoso. ‖ *s.c.* 9 (fam.) currante; (brit.) soldado viejo.

sweatband |'swetbænd| *s.c.* 1 badana, tafilete. 2 banda, tira.

sweater |swetə| *s.c.* jersey, suéter, (Am.) chompa.

sweatshirt |'swetʃɜ:t| *s.c.* camiseta de deporte, sudadera.

swede |swi:d| (también **rutabaga**) *s.c.* e *i.* rutabaga, nabo sueco.

Swede | swiːd | *s.c.* sueco.
Swedish | 'swiːdiʃ | *adj.* 1 sueco, de Suecia. ‖ *s.i.* 2 sueco (lengua).
sweep | swiːp | *v.* [*pret.* y *p.p.irreg.* swept] *t.* 1 barrer, limpiar; deshollinar. 2 despejar, limpiar (de un golpe). 3 examinar, escudriñar. ‖ *v.t.* e *i.* 4 [to — + (o.) + *adv./prep.*] barrer, llevar(se). ‖ *v.i.* 5 precipitarse, entrar o salir precipitadamente. 6 [to — + *adv./prep.*] extenderse, pasar por. ‖ *s.c.* 7 barrido, escobazo. 8 golpe, vuelo. 9 extensión, paisaje. 10 (fig.) envergadura, alcance. 11 gama, montón. 12 barrido, redada.
sweet | seit | *adj.* 1 dulce, azucarado. 2 dulce, melodiosa. 3 suave. 4 fresco, fragante. 5 agradable, amable. 6 mono, majo. ‖ *s.c.* 7 (brit.) caramelo, golosina. ‖ *s.c.* e *i.* 8 (brit.) postre. 9 querido, cielo, cariño.
sweet-and-sour | swiːtən'saʊə | *adj.* agridulce.
sweetbread | 'swiːtbred | *s.c.* mollejas (de cordero, de ternera.)
sweeten | 'swiːtn | *v.t.* e *i.* 1 endulzar, azucarar. ‖ *v.t.* 2 (fig.) endulzar, suavizar. 3 [to — (up)] (fam.) sobornar (con regalos).
sweetheart | 'swiːthɑːt | *s.c.* 1 novio, amor. 2 cariño, cielo.
swell | swel | *v.* [*pret.* swelled, *p.p.irreg.* swollen o swelled] *i.* 1 [to — (up)] hincharse, dilatarse. 2 (fig.) henchirse (de orgullo). 3 agitarse, embravecerse (el mar). ‖ *v.t.* 4 hinchar, engrosar. ‖ *v.i.* e *i.* 5 [to — (out)] hinchar, llenar de aire. ‖ *s.c.* 6 marejada, oleaje. ‖ *s.sing.* 7 crescendo. 8 hinchazón, prominencia. ‖ *s.c.* 9 (fam.) personaje, personalidad. ‖ *adj.* 10 (EE.UU. y fam.) fantástico, bárbaro.
swelling | 'swelin | *s.c.* 1 hinchazón. ‖ *s.i.* 2 inflamación.
swelter | 'sweltə | *v.i.* pasar calor, sudar.
swerve | swɜːv | *v.i.* 1 esquivar, virar con rapidez. 2 [to — (from), generalmente en *negativas*] cambiar de idea. ‖ *v.t.* 3 DEP. desviar, torcer. ‖ *s.c.* 4 viraje, desvío.

swift | swift | *adj.* 1 rápido, acelerado. 2 rápido. ‖ *s.c.* 3 vencejo, avión.
swill | swil | *v.t.* 1 [to — (down/out)] echar cubos de agua. 2 (desp.) beber a gran velocidad. ‖ *s.i.* 3 bazofia, aguachirle.
swim | swim | *v.* [*pret.* swam, *p.p.* swum; *ger.* swimming] *i.* 1 nadar, bañarse. 2 [to — (in/with)] inundarse, flotar. 3 dar vueltas, flotar (la cabeza). ‖ *v.t.* 4 cruzar a nado, cubrir a nado. ‖ *s.sing.* 5 baño, nadada. ‖ 6 in the —, (fam.) al corriente, enterado.
swimmer | 'swimə | *s.c.* nadador, bañista.
swimming | 'swimin | *s.i.* 1 natación. ‖ 2 — bath, (brit.) piscina municipal (generalmente cubierta). 3 — pool, piscina.
swindle | 'swindl | *v.t.* 1 [to — (out /of)] timar, engañar. ‖ *s.c.* 2 [*pl.* swine o swines] (jerga y fig.) cerdo, canalla.
swing | swin | *v.irr.* [*pret.* y *p.p.* swung] *t.* e *i.* 1 balancear(se), mecerse. 2 [to — + *adv./prep./o.* + *adv./prep.*] girar, virar. 3 [to — + *adv./prep./o.* + *adv./prep.*] suspender(se), colgar(se). 4 [to — + *adv./prep./o.* + *adv./prep.*] dar(se) la vuelta, girar. 5 (fig.) cambiar, invertir. 6 [to — + *adv./prep.*] caminar airosamente, andar garbosamente. 7 (fam.) tocar con mucho ritmo. 8 [to — (for)] (fam.) ser ahorcado, ser colgado. ‖ *v.t.* 9 (fam.) arreglar, colar. ‖ *s.c.* 10 balanceo, oscilación, vaivén. 11 columpio. 12 giro, viraje. ‖ *s.sing.* 13 swing, ritmo sincopado. ‖ *s.i.* 14 música sincopada.
swingeing | 'swindʒin | *adj.* enorme, exorbitante, desmesurado, abrumador.
swipe | swaip | *s.c.* 1 golpe, manotazo. ‖ *v.t.* e *i.* 2 golpear, dar un manotazo. 3 (fam.) birlar, guindar.
swirl | swɜːl | *v.t.* e *i.* 1 formar remolinos, arremolinar(se). ‖ *s.c.* 2 vuelta, viraje. 3 remolino, torbellino.
swish | swiʃ | *v.t.* e *i.* 1 zumbar, silbar. ‖ *v.i.* 2 crujir, sonar (las ropas). ‖ *s.c.* 3 zumbido, crujido. ‖ *adj.* 4 (fam.) elegante, caro.
switch | switʃ | *s.c.* 1 interruptor, con-

mutador. 2 cambio, giro. 3 vara, látigo. 4 postizo, trenza postiza. 5 punta de la cola. 6 agujas, cambio de vía. ‖ *v.t.* e *i.* 7 cambiar, pasar(se) a. ‖ *v.t.* 8 conectar, desconectar; conmutar. 9 (fig.) cambiar. 10 intercambiar.

switchboard |'swɪtʃbɔːd| *s.c.* 1 centralita telefónica. 2 cuadro de distribución.

swivel |'swɪvl| (brit. swivell) *v.t.* e *i.* 1 girar, dar vueltas. ‖ *s.c.* 2 pivote. ‖ *adj.* 3 giratorio, rotatorio.

swollen |'swəulən| 1 *p.p.* de swell. ‖ *adj.* 2 hinchado, dilatado.

swoon |swuːn| *v.i.* 1 (fig.) caer, desmayarse. 2 desvanecerse, perder el conocimiento. ‖ *s.c.* 3 desmayo, desvanecimiento.

swoop |swuːp| *v.i.* 1 bajar en picado, arrojarse. 2 [to – (on)] (fam.) arremeter, caer (sobre alguien). ‖ *s.c.* 3 arremetida, lanzamiento. 4 redada.

sword |sɔːd| *s.c.* 1 espada. ‖ 2 to cross swords, reñir, habérselas (con alguien).

swordfish |sɔːfɪʃ| [*pl.* swordfish o swordfishes] *s.c.* pez espada.

swordplay |sɔːpleɪ| *s.i.* esgrima.

swot |swɒt| |swɑːt| (EE.UU. grind) *s.c.* 1 (fam. y desp.) empollón. ‖ *v.t.* [swotted, swotting] 2 [to – (up)] (fam. y desp.) empollar.

sycamore |'sɪkmɔː| *s.c.* sicomoro.

sycophantic |ˌsɪkəʊ'fæntɪk| *adj.* obsequioso, servil.

syllable |'sɪləbl| *s.c.* sílaba.

syllabus |'sɪləbəs| *s.c.* programa de estudios.

symbiosis |ˌsɪmbɪ'əʊsɪs| *s.i.* simbiosis.

symbol |sɪmbl| *s.c.* [– (of)] símbolo.

symbolic |sɪmbɒlɪk| *adj.* simbólico.

symbolize |'sɪmbəlaɪz| (brit. symbolise) *v.t.* simbolizar, encarnar.

symmetrical |sə'metrɪkl| (también symmetric) *adj.* simétrico.

symmetry |'sɪmɪtrɪ| *s.i.* simetría.

sympathetic |ˌsɪmpə'θetɪk| *adj.* 1 amable, compasivo. 2 [– (to/towards)]

comprensivo, solidario. 3 simpático, encantador. 4 simpático (un nervio, la tinta).

sympathize |'sɪmpəθaɪz| (brit. sympathise) *v.i.* [to – (with)] 1 compadecerse, condolerse. 2 simpatizar, congeniar.

sympathy |'sɪmpəθɪ| *s.i.* 1 lástima, condolencia. 2 comprensión, afinidad.

symphony |'sɪmfənɪ| *s.c.* 1 sinfonía. 2 (fig.) sinfonía, armonía.

symposium |sɪm'pəuzjəm| [*pl.* symposia] *s.c.* 1 simposio, congreso. 2 recolección, recopilación.

symptom |'sɪmptəm| *s.c.* 1 síntoma. 2 indicio, señal.

symptomatic |ˌsɪmptə'mætɪk| *adj.* sintomático, indicativo.

synagogue |'sɪnəgɒg| |'sɪnəgɑːg| *s.c.* sinagoga.

synchronize |'sɪŋkrənaɪz| (brit. synchronise) *v.t. i.* sincronizar(se), coincidir, sintonizar.

syncope |'sɪŋkəpɪ| *s.i.* 1 síncope. 2 síncopa.

syndicate |'sɪndɪkɪt| *s.c.* 1 [– + *v.sing./pl.*] agrupación, grupo (de empresas para fines comunes). 2 agencia periodística. ‖ *v.t.* 3 vender por agencia, distribuir por agencia. ‖ *v.t.* e *i.* 4 agruparse, asociar(se) (varias empresas). 5 FIN. concertar (un préstamo).

syndrome |'sɪndrəum| *s.c.* síndrome.

synod |'sɪnəd| *s.c.* sínodo.

synonym |'sɪnənɪm| *s.c.* sinónimo.

synopsis |sɪ'nɒpsɪs| |sɪ'nɑːpsɪs| [*pl.* synopses] *s.c.* sinopsis, síntesis.

syntax |'sɪntæks| *s.i.* sintaxis.

synthesis |'sɪnəsɪs| [*pl.* syntheses] *s.i.* [– (of)] 1 síntesis, sinopsis. 2 QUIM. síntesis. ‖ *s.c.* 3 síntesis, amalgama.

synthesizer |'sɪnθɪsaɪzə| *s.c.* MUS. sintetizador.

synthetic |sɪn'θetɪk| *adj.* 1 sintético. 2 electrónico. 3 artificial, poco natural.

syphilis |'sɪfɪlɪs| *s.i.* sífilis.

syringe |'sɪrɪndʒ| *s.c.* 1 jeringuilla, jeringa. ‖ *v.t.* 2 hacer un lavado, inyectar una lavativa (con jeringuilla).

syrup |'sɪrəp| *s.i.* almíbar, jarabe.

syrupy |'sirəpɪ| |'sɛːrəpɪ| *adj.* 1 almibarado. 2 (fig.) almibarado, dulzón, sentimentaliode.

system |'sɪstəm| *s.c.* 1 sistema, organización. 2 MED. organismo. 3 sistema (operativo). 4 ELECT. instalación. || *s.i.* 5 sistema, método. || *s.sing.* 6 (fam.) POL. sistema. || 7 **systems analysis,** INF. análisis de sistemas.

systematic |ˌsɪstɪ'mætɪk| *adj.* sistemático, metódico.

systematics |ˌsɪstɪ'mætɪks| *s.c.* e *i.* sistemática, taxonomía.

systematize |'sɪstɪmətaɪz| (brit. **systematise**) *v.t.* sistematizar, organizar.

systole |'sɪstəl| *s.c.* sístole.

T

t, T | ti: | s.c. e i. 1 t, T (letra). || 2 to
oross the l's, ser meticuloso.
ta | tɑ: | (fam. y bril.) gracias.
tab | tæb | s.c. 1 etiqueta. 2 anilla, lengüeta.
tabby | 'tæbi | s.c. gato atigrado.
tabernacle | 'tæbənækl | s.c. tabernáculo.
table | 'teibl | s.c. 1 mesa. 2 gráfico,
tabla. || adj. 3 de mesa. || v.t. 4 proponer. 5 (EE.UU.) posponer.
tableau | 'tæblau | s.c. [pl. tableaux
/tableaus]1 retablo. 2 escena.
tablecloth | 'teiblklɒθ | s.c. mantel.
table-land | 'teiblænd | s.c. altiplano.
table-linen | 'teibllinin | s.i. mantelería.
tablet | 'tæblit | s.c. 1 tableta. 2 lápida.
table-tennis | 'teibltenis | s.i. ping-pong.
tableware | 'teiblweə | s.i. servicio de
mesa.
taboo | tə'bu: | adj. y s.c. tabú.
tabulate | 'tæbjuleit | v.t. tabular.
tabulator | 'tæbjuleitə | s.c. tabulador.
tacit | 'tæsit | adj. tácito.
taciturn | 'tæsitə:n | adj. taciturno.
tack | tæk | s.c. 1 tachuela, chincheta.
2 hilván. 3 curso oblicuo. 4 modo, método; táctica. || v.t. e i. 5 tachonar. 6 hilvanar.
tackle | 'tækl | s.i. 1 aparejo. 2 equipo
de deporte. 3 presa. || v. 4 abordar. 5 regatear, blocar. 6 apresar.
tacky | 'tæki | adj. 1 (brit.) pegajoso. 2
(EE.UU.) raído.

tact | tækt | s.i. tacto, delicadeza
tactio | 'tæktik | s.i. táctica.
tactical | 'tæktikl | adj. táctico.
tactician | 'tæk'tiʃn | s.c. táctico; experto.
tactile | 'tæktail | (EE.UU.) | 'tæktəl |
adj. táctil.
tadpole | 'tædpaul | s.c. renacuajo.
taffeta | 'tæfitə | s.i. tafetán.
tag | tæg | s.c. 1 etiqueta. 2 placa de
identificación. 3 frase hecha. 4 andrajo. ||
v.t. e i. [tagged] 5 seguir de cerca. 6 etiquetar. || 7 to – along, proceder con
calma. 8 – on, añadir, agregar. 9 –
question, coletilla.
tail | teil | s.c. 1 cola, rabo. 2 vigilante.
3 chaqué, frac. 4 cruz (en una moneda).
|| v.t. 5 seguir de cerca. || v.i. 6 disminuir
progresivamente.
tailback | 'teilbæk | s.c. atasco.
taillight | 'teillait | s.c. luces traseras.
tail-off | 'teilɒf | s.sing. bajada.
tailor | 'teilə | s.c. 1 sastre. || v.t 2
ajustar, adaptar.
tailored | 'teiləd | adj. a medida.
tailpipe | 'teilpaip | s.c. tubo de escape.
taint | teint | s.sing. 1 mancha, estigma. || v.t. 2 contaminar. 3 estropear.
tainted | 'teintid | adj. 1 pasado. || 2
contaminado, marcado.
taintless | 'teintlis | adj. puro.
take | teik | v.t. [pret.irreg. took, p.p.
irreg. taken] 1 acompañar. 2 transportar.
3 coger. 4 sacar. 5 restar. 6 ganar. 7
aceptar. 8 caber. 9 elegir, comprar. 10

tomar. ‖ *s.c.* 11 toma, secuencia. 12 parte, porción. ‖ 13 l – it, imagino. 14 to – after, parecerse. 15 to – back, a) devolver; b) disculparse; c) recordar. 16 to – up on, tomar la palabra.

taken | ˈteɪkən | *p.p.* 1 de take. ‖ *adj.* 2 [with] interesado, atraído.

takeoff | ˈteɪkɒf | *s.i.* despegue.

takeover | ˈteɪkˌəʊvə | *s.c.* e *i.* absorción.

takings | ˈteɪkɪnz | *s.pl.* ingresos.

talcum powder | ˈtælkəmˌpaʊdə | *s.i.* polvos de talco.

tale | teɪl | *s.c.* 1 cuento, narración breve. 2 cuento, chisme.

talent | ˈtælənt | *s.i.* talento.

talisman | ˈtælɪzmən | *s.c.* talismán.

talk | tɔːk | *v.t.* e *i.* 1 hablar. ‖ *s.i.* 2 conversación. ‖ *s.c.* 3 [on/about] ponencia, conferencia. 4 talks, negociaciones, conversaciones. 5 to – back, replicar. 6 to – into, convencer.

talkative | ˈtɔːkətɪv | *adj.* hablador.

talker | ˈtɔːkə | *s.c.* 1 hablador. 2 charlatán.

talking-point | ˈtɔːkɪŋpɔɪnt | *s.c.* tema de conversación.

tall | tɔːl | *adj.* 1 alto. ‖ 2 talk –, fanfarronear. 3 to walk –, caminar con la cabeza bien alta.

tallow | ˈtæləʊ | *s.i.* sebo, grasa animal.

tally | ˈtælɪ | *s.c.* 1 cuenta, puntuación. 2 etiqueta. ‖ *v.i.* 3 [with] ajustarse a.

talon | ˈtælən | *s.c.* garra.

tamarind | ˈtæmərɪnd | *s.c.* tamarindo.

tamarisk | ˈtæmərɪsk | *s.c.* tamarisco.

tambour | ˈtæmbʊə | *s.c.* tambor.

tambourine | ˌtæmbəˈriːn | *s.c.* pandereta.

tame | teɪm | *adj.* 1 domado, domestico. 2 sumiso. 3 apagado. ‖ *v.t.* 4 domar, domesticar. 5 someter. 6 controlar.

tamer | ˈteɪmə | *s.c.* domador.

tamper | ˈtæmpə | *v.t.* 1 interferir. 2 sobornar.

tampon | ˈtæmpən | *s.c.* tampón.

tan | tæn | *s.sing.* 1 bronceado. ‖ *adj.* 2 tostado; moreno. ‖ *v.i.* 3 broncearse.

tandem | ˈtændəm | *s.c.* tándem.

tang | tæŋ | *s.c. sing.* 1 olor penetrante. 2 sabor fuerte.

tangent | ˈtændʒənt | *s.c.* tangente.

tangerine | ˌtændʒəˈriːn | *s.c.* mandarina.

tangible | ˈtændʒəbl | *adj.* 1 tangible. ‖ 2 – assets, bienes muebles e inmuebles.

tangle | ˈtæŋgl | *s.c.* 1 enredo. 2 caos. 3 escaramuza. ‖ *v.i.* 4 enredar. 5 pelearse con.

tango | ˈtæŋgəʊ | *s.c.* tango.

tangy | ˈtæŋgɪ | [tangier, tangiest] *adj.* picante, penetrante.

tank | tæŋk | *s.c.* 1 tanque, cisterna. ‖ *v.t.* 2 llenar el depósito.

tankard | ˈtæŋkəd | *s.c.* pichel.

tanked up | ˈtæŋktʌp | *adj.* borracho.

tanner | ˈtænə | *s.c.* curtidor.

tannin | ˈtænɪn | *s.i.* tanino.

tantalize | ˈtæntəlaɪz | (también tantalise) *v.i.* atormentar.

tantamount | ˈtæntəmaʊnt | *adj.* equivalente.

tantrum | ˈtæntrəm | *s.c.* rabieta.

tap | tæp | *s.c.* 1 grifo, espita. 2 golpe, palmada. ‖ *v.t.* 3 dar palmadas; tamborilear. 4 aprovechar. 5 sonsacar.

tap-dancing | ˈtæpdɑːnsɪŋ | *s.i.* zapateado.

tape | teɪp | *s.c.* 1 cassette. 2 grabación. 3 cinta, tirilla. ‖ *s.i.* 4 cinta. ‖ *v.t.* 5 grabar.

tape-measure | ˈteɪpˌmeʒə | *s.c.* cinta métrica.

taper | ˈteɪpə | *s.c.* 1 vela, bujía. 2 disminución. ‖ *v.i.* 3 estrecharse.

tape-recorder | ˈteɪprɪˌkɔːdə | *s.c.* magnetófono, grabadora.

tapestry | ˈtæpɪstrɪ | *s.c.* e *i.* 1 tapiz. 2 tapicería.

tapeworm | ˈteɪpwɜːm | *s.c.* tenia.

tapioca | ˌtæpɪˈəʊkə | *s.i.* tapioca.

tapir | ˈteɪpə | *s.c.* tapir.

tar | tɑː | *s.i.* 1 alquitrán, brea. ‖ *v.t.* [pret. y p.p. tarred] 2 alquitranar.

tarantula | təˈræntjʊlə | s.c. tarántula.
tardiness | ˈtɑːdɪnɪs | s.i. tardanza, retraso, lentitud.
tardy | ˈtɑːdɪ | adj. tardío.
target | ˈtɑːgɪt | s.c. blanco, objetivo.
tariff | ˈtærɪf | s.c. tarifa, arancel.
tarmac | ˈtɑːmæk | s.i. (también tarmacadam) alquitrán.
tarnish | ˈtɑːnɪʃ | v.i. 1 empañar, manchar. ‖ s.c. e i. 2 mancha.
tarot | ˈtærəʊ | s.sing. [the —] el Tarot.
tarpaulin | tɑːˈpɔːlɪn | s.c. e i. tela asfáltica.
tarragon | ˈtærəgən | s.i. estragón.
tarry | ˈtærɪ | v.i. 1 retrasarse. ‖ | ˈtɑːrɪ | adj. 2 alquitranado.
tart | tɑːt | adj. 1 ácido, agrio. 2 cáustico, desabrido, hiriente. ‖ s.c. e i. 3 tarta. 4 furcia.
tartan | ˈtɑːtən | s.c. e i. tartán.
tartar | ˈtɑːtə | s.i. 1 sarro. ‖ 2 — sauce, salsa tártara.
task | tɑːsk | s.c. 1 tarea, trabajo. 2 misión. ‖ 3 to take someone to —, reprender.
task-force | ˈtɑːskfɔːs | s.c. fuerza de choque.
taskmaster | ˈtɑːskˌmɑːstə | [f. taskmistress] s.c. amo, capataz, encargado.
tassel | ˈtæsl | s.c. borla.
taste | teɪst | s.c. e i. 1 gusto. 2 degustación. 3 [for] interés por. ‖ v.t. 4 probar. ‖ v.i. 5 tener sabor.
taste-bud | ˈteɪstˌbʌd | adj. elegante.
tasteless | ˈteɪstlɪs | adj. insípido.
taster | ˈteɪstə | s.c. catador.
tastiness | ˈteɪstɪnɪs | s.i. sabor, gusto.
tasting | ˈteɪstɪŋ | s.c. 1 degustación. ‖ adj. 2 de sabor.
tasty | ˈteɪstɪ | adj. sabroso, apetitoso.
ta-ta | təˈtɑː | (fam. y brit.) adiós.
tatters | ˈtætəz | s.i. andrajos, jirones.
tattler | ˈtætlə | s.c. charlatán.
tattoo | təˈtuː | s.c. 1 retreta. 2 tatuaje. ‖ v.t. 3 tatuar. 4 tamborilear.
tatty | ˈtætɪ | adj. ajado, raído.
taught | tɔːt | pret. y p.p. irreg. de teach.

taunt | tɔːnt | s.c. 1 burla. ‖ v.t. 2 mofarse. ‖ 3 — with, echar en cara.
taut | tɔːt | adj. tenso, tirante.
tauten | ˈtɔːtən | v.t. e i. tensar.
tavern | ˈtævən | s.c. taberna.
tawdry | ˈtɔːdrɪ | adj. cursi, ostentoso.
tawny | ˈtɔːnɪ | adj. leonado.
tax | tæks | s.c. 1 impuesto, contribución. ‖ adj. 2 tributario. ‖ v.t. 3 gravar, tasar. 4 poner a prueba. 5 tachar de. ‖ 6 — avoidance, desgravación fiscal.
taxable | ˈtæksəbl | adj. imponible.
taxation | tækˈseɪʃn | s.i. impuesto.
tax-collector | ˈtækskəˌlektə | (también taxman) s.c. inspector de hacienda.
taxi | ˈtæksɪ | s.c. 1 taxi. ‖ 2 — rank/— stand, parada de taxis.
taxicab | ˈtæksɪkæb | s.c. taxi.
taxidermy | ˈtæksɪdːmɪ | s.i. taxidermia.
taxi-driver | ˈtæksɪˌdraɪvə | s.c. taxista.
taxing | ˈtæksɪŋ | adj. difícil.
taxonomy | tækˈsɒnəmɪ | s.i. taxonomía.
taxpayer | ˈtæksˌpeɪə | s.c. contribuyente.
tea | tiː | s.i. 1 té, infusión. 2 merienda, cena.
tea-bag | ˈtiːbæg | s.c. bolsa de té.
tea-break | ˈtiːbrɪk | s.c. hora del té.
teach | tiːtʃ | [pret. y p.p. irreg. taught] v.t. e i. enseñar.
teacher | ˈtiːtʃə | s.c. profesor.
teach-in | ˈtiːtʃɪn | s.c. seminario.
teaching | ˈtiːtʃɪŋ | s.i. 1 enseñanza. ‖ adj. 2 docente, pedagógico.
teacloth | ˈtiːklɒθ | (también tea-towel) s.c. paño de cocina.
teacup | ˈtiːkʌp | s.c. taza de té.
teak | tiːk | s.i. teca.
team | tiːm | s.c. 1 equipo, grupo. ‖ adj. 2 de equipo, en equipo. ‖ v.t. 3 trabajar en equipo.
teamster | ˈtiːmstə | s.c. camionero.
teapot | ˈtiːpɒt | s.c. tetera.
tear | tɪə | s.c. 1 desgarro. 2 lágrima. ‖ v.t. [pret. irreg. tore, p.p. irreg. torn] 3 rasgar. ‖ 4 to — away, mar-

charse precipitadamente. 5 to — **loose**, liberarse.

tearaway | 'tɪərəweɪ | s.c. (brit.) rebelde.

teardrop | 'tɪədrɒp | s.c. lágrima.

tear-gas | 'tɪəgæs | s.i. gas lacrimógeno.

tearing | 'tɪərɪŋ | adj. 1 desgarrador. 2 to be in a — **hurry**, tener una prisa loca.

tear-jerker | 'tɪə,dʒɜːkə | s.c. obra sentimentaloide.

tea-room | 'tɜːruːm | s.c. salón de té.

tease | tiːz | s.c. 1 bromista. 2 broma. || v.i. 3 burlarse. 4 incitar. || 5 to — **out**, desenredar.

teaser | 'tɜːzə | s.c. 1 rompecabezas. 2 burlón.

teasing | 'tɜːzɪŋ | s.i. 1 guasa. || adj. 2 burlón.

teaspoon | 'tɜːspuːn | s.c. cucharilla.

teat | tɜːt | s.c. 1 pezón, tetilla. 2 tetina.

technical | 'teknɪkl | adj. técnico.

technicality | ˌteknɪ'kælɪtɪ | s.c. tecnicismo, aspecto técnico.

technician | tek'nɪʃn | s.c. técnico.

technique | tek'nɪːk | s.c. e i. técnica.

technology | tek'nɒlədʒɪ | s.i. tecnología.

teddy | 'tedɪ | s.c. osito.

tedious | 'tiːdjəs | adj. tedioso.

tedium | 'tiːdjəm | s.i. tedio.

teem | tiːm | v.i. 1 abundar, pulular. || 2 — **down**, diluviar.

teeming | 'tiːmɪŋ | adj. plagado, abarrotado.

teenage | 'tiːn,eɪdʒ | (también, teenaged) adj. joven, adolescente.

teens | 'tiːnz | s.i. adolescencia.

teeny | 'tiːnɪ | (también teensy, teenyweeny, teensy-weensy) V. tiny.

tee-shirt V. T-shirt.

teeter | 'tiːtə | s.c. 1 balanceo. || 2 v.i. balancearse.

teeth | tiːθ | pl. irreg. de tooth.

teething | 'tiːðɪŋ | s.i. dentición.

teetotal | tiː'təʊtl | (EE.UU.) | 'tiː'təʊtl | adj. abstemio.

telegram | 'telɪgræm | s.c. e i. telegrama.

telegraph | 'telɪgrɑːf | | 'telɪgræf | s.c. e i. 1 telégrafo. || adj. 2 telegráfico. || v.i. 3 telegrafiar.

telegraphy | tɪ'legrəfɪ | s.i. telegrafía.

telepathy | tɪ'lepəθɪ | s.i. telepatía.

telephone | 'telɪfəʊn | s.c. e i. (también fam. **phone**) 1 teléfono. || adj. 2 telefónico. || v.i. 3 telefonear. 4 — **book/directory**, guía de teléfonos. 5 — **booth/box**, cabina telefónica.

telephonist | tɪ'lefənɪst | s.c. telefonista.

telephoto lens | ˌtelɪ'fəʊtəʊ'lenz | s.c. teleobjetivo.

teleprinter | 'telɪ,prɪntə | s.c. teletipo.

telescope | 'telɪskəʊp | s.c. 1 telescopio, catalejo. || v.t. 2 encajar, condensar.

teletype | 'telɪtaɪp | s.c. teletipo.

televise | 'telɪvaɪz | s.c. televisar.

television | 'telɪ,vɪʒn | s.c. e i. 1 televisión, televisor. || adj. 2 televisivo.

telex | 'teleks | s.c. 1 télex. || v.i. 2 enviar por télex.

tell | tel | [pret. y p.p. irreg. told] v.t. e i. 1 decir, informar, comunicar. 2 ordenar, dirigir. 3 distinguir. 4 deducir. 5 contar. 6 to — **the time**, dar la hora.

teller | 'telə | s.c. 1 narrador. 2 cajero.

telling | 'telɪŋ | s.i. 1 narración, recuento. || adj. 2 eficaz, enérgico. 3 revelador.

telling-off | 'telɪŋəf | s.c. reprimenda.

telly | 'telɪ | s.c. e i. (fam.) tele.

temerity | tɪ'merətɪ | s.i. temeridad.

temp | temp | s.c. 1 sustituto. || v.i. 2 hacer sustituciones.

temper | 'temp | s.c. 1 temple, genio. || v.t. 2 atemperar, moderar. || 3 to lose one's —, perder el control.

temperament | 'tempərəmənt | s.c. e i. temperamento.

temperance | 'tempərəns | s.i. moderación.

temperate | 'tempərət | adj. templado, moderado.

temperature | 'temprətʃə | s.i. 1 temperatura. || s.c. 2 (fig.) ánimos.

tempest | 'tempɪst | s.c. tempestad.

tempestuous | tem'pestjuəs | adj. tempestuoso, agitado.

tempi | 'tempiː | V. tempo.

template | 'templɪt | s.c. plantilla.

temple | 'templ | s.c. 1 templo. 2 sien, pulso.

tempo | 'tempəu | [plural tempos/ tempi] s.i. (fig.) tempo, ritmo; compás.

temporal | 'tempərəl | adj. temporal.

temporary | 'tempərərɪ | adj. temporal.

temporize | 'tempəraɪz | (también, temporise) v.i 1 contemporizar. 2 temporizar.

tempt | tempt | v.t 1 tentar. || 2 to — from, apartar.

temptation | temp'teɪʃn | s.i. tentación.

ten | ten | adj. num. diez.

tenable | 'tenəbl | adj. defendible, plausible.

tenacious | tɪ'neɪʃəs | adj. tenaz.

tenacity | tɪ'næsɪtɪ | s.i. tenacidad.

tenancy | 'tenənsɪ | s.i. tenencia.

tenant | 'tenənt | adj. 1 arrendatario. || v.t 2 alquilar.

tench | tentʃ | s.c. tenca.

tend | tend | v.i. 1 tender. || v.t 2 atender.

tendency | 'tendənsɪ | s.i. tendencia.

tendentious | ten'denjəs | adj. tendencioso.

tender | 'tendə | s.c. 1 oferta, propuesta. 2 cuidado. || adj. 3 tierno. 4 espinoso. || v.t 5 ofrecer. || 6 legal —, moneda de curso legal.

tenderfoot | 'tendəfut | [pl. tenderfoots/tenderfeet] s.c. principiante, novato.

tender-hearted | ˌtendə'hɑːtɪd | adj. amable, cariñoso.

tenderize | 'tendəraɪz | (también tenderise) v.i. macerar, ablandar.

tenderloin | 'tendələɪn | s.i. filete.

tendon | 'tendən | s.c. e i. tendón.

tendril | 'tendrəl | s.i. 1 zarcillo. 2 mechón.

tenement | 'tenəmənt | s.i. 1 propiedad. || s.c. 2 vivienda.

tenet | 'tenɪt | s.i. principio, dogma.

tenner | 'tenə | s.c. (fam.) billete de diez libras.

tennis | 'tenɪs | s.i. 1 tenis. || 2 — court, pista de tenis.

tenon | 'tenən | s.c. 1 espiga, almilla. || v.i 2 espigar, ensamblar.

tenor | 'tenə | s.c. 1 curso, contenido. 2 tenor.

tenpence | 'tenpəns | s.c. diez peniques.

tenpin | 'tenpɪn | s.i. 1 bolos. || s.c. 2 bolo.

tense | tens | adj. 1 tenso, nervioso. 2 rígido, tieso. || v.t 3 tensar, tesar.

tenseness | 'tensnɪs | s.i. tensión.

tensile | 'tensaɪl | adj. extensible.

tension | 'tenʃn | s.i. tensión.

tent | tent | s.c. tienda de campaña.

tentative | 'tentətɪv | adj. 1 provisional, experimental. || s.c. 2 tentativa.

tenth | tenθ | num. ord. décimo.

tenuous | 'tenjuəs | adj. tenue.

tenure | 'tenjuə | s.i. tenencia, ocupación.

tepid | 'tepɪd | adj. templado, tibio.

term | tɜːm | s.c. 1 término, expresión, palabra. 2 sesión, período, trimestre. || v.t 3 nombrar, denominar. || 4 to come to terms with, llegar a un acuerdo. 5 in terms of, por lo que se refiere a.

terminal | 'tɜːmɪnl | adj. y s.c. 1 terminal. 2 trimestral.

terminate | 'tɜːmɪneɪt | v.t. e i. terminar, poner término.

termini | 'tɜːmɪnɪ | V. terminus.

terminology | ˌtɜːmɪ'nsflədʒɪ | s.c. e i. terminología.

terminus | 'tɜːmɪnəs | [pl. termini/terminuses] s.c. terminal.

termite | 'tɜːmaɪt | s.c. termita.

tern | tɜːn | s.c. golondrina marina.

terrace | 'terəs | s.c. 1 fila de casas adosadas. 2 terraza, galería. 3 bancal. 4 graderío. || v.t. 5 formar terrazas.

terracotta | ˌterə'ktə | s.i. terracota.

terrain | 'terɪn | s.i. terreno.

terrapin | 'terəpɪn | s.c. tortuga de agua.

terrestrial | təˈrestrɪəl | *adj.* 1 terrestre. ‖ *s.c.* 2 terrícola.

terrible | ˈterəbl | *adj.* terrible.

terrific | teˈrɪfɪk | *adj.* 1 terrorífico, terrible. 2 tremendo, estupendo.

terrified | ˈterɪfaɪd | *adj.* aterrorizado.

territorial | ˌterəˈtɔːrɪəl | *adj.* 1 territorial. 2 jurisdiccional.

territory | ˈterɪtərɪ | *s.c. e i.* 1 territorio. 2 competencia, esfera.

terror | terə | *s.c. e i.* terror, pánico.

terrorism | ˈterərɪzəm | *s.i.* terrorismo.

terrorization | ˌterəraɪˈzeɪʃən | (también **terrorisation**) *s.i.* intimidación.

terrorize | ˈterəraɪz | (también **terrorise**) *v.t.* aterrorizar.

terror-stricken | ˈterəˈstrɪkn | *adj.* aterrorizado.

terry | ˈterɪ | *s.i.* felpa.

terse | tɜːs | *adj.* abrupto, lacónico.

tessellated | ˈtesɪleɪtɪd | (EE.UU. **tesselated**) *adj.* de mosaico.

test | test | *s.c.* 1 prueba, experimento. ‖ *v.t.* 2 probar, experimentar, examinar.

testament | ˈtestəmənt | *s.c.* 1 testimonio. 2 testamento.

testicle | ˈtestɪkl | *s.c.* testículo.

testify | ˈtestɪfaɪ | *v.i.* [for, against, to] testificar, atestiguar.

testimonial | ˌtestɪˈməʊnjəl | *s.c.* testimonio, recomendación.

testimony | ˈtestɪmənɪ | *s.c. e i.* declaración, testimonio.

testing | testɪŋ | *adj.* de prueba difícil.

test-tube | ˈtestjuːb | *s.c.* probeta.

testily | ˈtestɪlɪ | *adv.* con irritación.

testy | ˈtestɪ | *adj.* irritable, impaciente.

tetanus | ˈtetənəs | (también, fam., **lockjaw**) *s.i.* tétanos.

tetchy | ˈtetʃɪ | *adj.* irritable, irascible.

tether | ˈteðə | *s.c.* 1 ronzal. ‖ *v.t.* 2 atar con una cuerda.

tethered | ˈteðəd | *adj.* atado, sujeto.

text | tekst | *s.c.* texto, tema.

textile | ˈtekstaɪl | *s.c.* 1 tejido, tela. ‖ *adj.* 2 textil.

textual | ˈtekstjʊəl | *adj.* textual, literal.

texture | ˈtekstʃə | *s.i.* textura, tacto.

Thai | taɪ | *adj./s.c. e i* tailandés.

Thames | temz | *s.sing.* Támesis.

than | ðæn | *prep./conj.* 1 que. 2 de, del que, de la que, de lo que.

thank | θæŋk | *v.i.* 1 agradecer, dar las gracias. ‖ 2 — you, gracias.

thankful | ˈθæŋkfʊl | *adj.* agradecido.

thankless | ˈθæŋklɪs | *adj.* ingrato.

thanksgiving | ˈθæŋksˌgɪvɪŋ | *s.i.* acción de gracias.

that | ðæt | ðət | [*pl.* **those** | ðəʊz |] *adj./pron.dem.* 1 ese, ése; esa, ésa; eso, aquel, aquél; aquella, aquélla; aquello. 2 el que, la que, lo que, el de, la de. 3 de que, aquellos. ‖ *adv.* 4 tan. ‖ *pron.rel.* 5 que, quien, cual. ‖ *conj.* 6 que. 7 para que. 8 de que. 9 at —, pero. 10 — is it, así es, exacto; es todo.

thatch | θætʃ | *s.c.* 1 techo de paja. 2 mata de pelo. ‖ *s.i.* 3 paja.

that's | ðæts | forma contracta de **that is**.

thaw | θɔː | *s.c.* 1 deshielo. ‖ *v.i.* 2 fundirse, derretirse.

the | ðə | ante consonantes; | ðɪ | ante vocales y en uso enfático. *art.* 1 el, la, lo; los, las. ‖ *adv.* 2 suficiente. 3 cuanto. 4 por, uno.

theater | ˈθɪətə | (brit. **theatre**) *s.c.* 1 teatro. 2 quirófano. 3 aula.

theatrical | θɪˈætrɪkl | *adj.* teatral.

thee | ðiː | *pron. pers.* (arcaico) 1 te. ‖ 2 with —, contigo.

theft | θeft | *s.c. e i.* robo, hurto.

their | ðeə | *adj. pos.* 1 su, sus (de ellos). 2 Su (con títulos).

theirs | ðeəz | *pron. pos* 1 (el) suyo, (la) suya; (los) suyos, (las) suyas (de ellos). ‖ 2 of —, de ellos, suyo.

them | ðem | *pron.pers.* los, las; les; ellos, ellas.

thematic | θɪˈmætɪk | *adj.* temático.

theme | θiːm | *s.c.* tema, disertación.

themselves | ðəmˈselvz | *pron.r.pl.* 1 se, a sí mismo, a sí misma. 2 ellos mismos, ellas mismas; sí mismos, sí mismas. ‖ 3 by —, solos, sin ayuda. 4 in —, en sí mismos.

then | ðen | *adv.* 1 entonces, de entonces, en ese momento, en aquel entonces. 2 luego, después. ‖ *adj.* 3 el entonces, de entonces. ‖ *conj.* 4 pues.

thence | ðens | *adv.* 1 de allí. 2 por consiguiente.

thenceforth | ðens'fɔːθ | (también thenceforward) *adv.* desde entonces.

theocracy | ɵɪ'nkrəsɪ | *s.c.* teocracia.

theology | ɵɪ'blədʒɪ | *s.i.* teología.

theorem | 'ɵɪərəm | *s.c.* teorema.

theoretical | ɵɪə'retɪkl | *adj.* teórico.

theoretician | ɵɪərə'tɪʃn | *s.c.* teórico.

theorist | 'ɵɪərɪst | *s.c.* teórico.

theorize | 'ɵɪəraɪz | (también theorise) *v.i.* 1 teorizar. 2 – about, especular.

theory | 'ɵɪərɪ | *s.c.* teoría, hipótesis.

therapeutical | ɵerə'pjuːtɪkl | *adj.* terapéutico.

therapist | 'ɵerəpɪst | *s.c.* terapeuta.

therapy | 'ɵerəpɪ | *s.i.* terapia.

there | ðeə | *adv.* 1 allí, allá; ahí. 2 en eso, en ese punto. ‖ *interj.* 3 ¡vaya! 4 – is/are, hay. 5 so –, así pues.

thereabouts | ðeərəbauts | *adv.* 1 por ahí, allí cerca. 2 más o menos.

thereafter | ðeər'ɑːftə | *adv.* después de.

thereby | ðeəbaɪ | *adv.* por eso.

therefore | 'ðeəfɔː | *adv.* por tanto.

therein | ðeər'ɪn | *adv.* allí dentro, en ese sentido.

thereof | ðeər'v | *adv.* de eso.

thereupon | ðeərə'pn | *adv.* en eso.

thermal | 'ɵəːml | *adj.* 1 termal. 2 térmico.

thermometer | ɵə'mɒmɪtə | *s.c.* termómetro.

Thermos | 'ɵəːmɒs | *s.c.* termo.

thermostat | 'ɵəːməustæt | *s.c.* termostato.

these | ðiːz | *pl.* de this.

thesis | 'ɵiːsɪs | [*pl.* theses | 'ɵiːsiːz |] *s.c.* argumento, tesis.

they | ðeɪ | *pron.pers.* ellos, ellas.

they'd | ðeɪd | *contr.* 1 they had. 2 they would.

they'll | ðeɪəl | *contr.* they shall/will.

they're | ðeə | *contr.* they are.

they've | ðeɪv | *contr.* they have.

thick | ɵɪk | *adj.* 1 espeso, grueso, an-

cho. 2 corto, estúpido. 3 viscoso, denso. 4 oscuro, nublado.

thicken | 'ɵɪkən | *v.i.* crecer, espesarse.

thick-skinned | ɵɪk'skɪnd | *adj.* insensible.

thief | ɵiːf | [*pl.* thieves] *s.c.* ladrón.

thieve | ɵiːv | *v.t.* robar, hurtar.

thigh | ɵaɪ | *s.c.* 1 muslo. ‖ 2 thighbone *s.c.* fémur.

thimble | 'ɵɪmbl | *s.c.* dedal.

thin | ɵɪn | *adj.* 1 delgado, estrecho. 2 fino, ligero. 3 escaso. 4 débil. ‖ *v.t.* 5 disminuir, diluir, aclarar. 6 adelgazar. ‖ *v.i.* 7 roduoiroo.

thine | ðaɪn | *pron.pos.sing* (arcaico) tu, tuyo, tuya. V. thou, thee, thy.

thing | ɵɪŋ | *s.c.* 1 cosa. 2 asunto. 3 to do one's own –, hacer lo que a uno le apetece. 4 just the –/the very –, justo lo que quería. 5 the – is..., lo que ocurre.

thingamabob V. thingummy.

thingummy | 'ɵɪŋəmɪ | *s.c.* chisme.

think | ɵɪŋk | [*pret., p.p.* thought] *v.t* e *irreg.* 1 pensar. 2 imaginar(se). 3 razonar. 4 acordarse. 5 ocurrirse. 6 opinar. ‖ 7 to – ahead, anticipar. 8 to – out, planificar. 9 to – the best of, tener plena confianza.

thinking | 'ɵɪŋkɪŋ | *adj.* 1 racional. ‖ *s.i.* 2 pensamiento.

thinner | ɵɪnə | *s.i.* disolvente.

thin-skinned | ɵɪn'skɪnd | *adj.* susceptible.

third | ɵəːd | *num.ord.* tercero.

thirst | ɵəːst | *s.i.* 1 sed. 2 deseo, afán. ‖ *v.i.* 3 tener sed.

thirsty | 'ɵəːstɪ | *adj.* sed, sediento.

thirty | 'ɵəːtɪ | *num.card.* treinta.

this | ðɪs | [*pl.* these] *adj. y pron.dem.* 1 este, esta, esto; éste, ésta. 2 like –, así.

thistle | 'ɵɪsl | *s.c.* cardo.

thong | ɵɒŋ | *s.c.* tira, correa.

thorax | 'ɵɔːræks | *s.c.* [*pl.* thoraces/thoraxes] tórax.

thorn | ɵɔːn | *s.c.* 1 espina. 2 espino.

thorny | 'ɵɔːnɪ | *adj.* espinoso.

thorough | 'ɵʌrə | *adj.* 1 exhaustivo, a fondo, minucioso. 2 empedernido.

thoroughgoing | 'ɵʌrəgəʊɪŋ | *adj.* profundo, exhaustivo, perfecto.

thoroughness l'θʌrənɪs l *s.i.* profundidad, perfección.

those l ðəuz l *pl.* 1 de that. ‖ 2 — were the days!, ¡qué tiempos aquellos!

thou l ðau l *pron.pers.* (arcaico) tú.

though l ðəu l (también, although, tho) *conj.* 1 aunque, a pesar de que. ‖ *adv.* 2 sin embargo. ‖ 3 as —, como si.

thought l θɔ:t l *s.c.* pensamiento, idea.

thoughful l 'θɔ:tful l *adj.* 1 pensativo. 2 cuidadoso. 3 considerado.

thoughtless l 'θɔ:tlɪs l *adj.* 1 irreflexivo. 2 desconsiderado.

thousand l 'θauznd l *adj.num.card.* y *s.c.* mil.

thrall l θrɔ:l l *s.c.* 1 esclavo. ‖ *s.i.* 2 esclavitud. ‖ *v.t.* 3 esclavizar.

thrash l θræʃ l *s.c.* 1 movimiento. ‖ *v.t.* 2 pegar, dar una paliza. ‖ *v.i.* 3 (about) agitarse.

thrashing l θræʃɪŋ l *s.c.* 1 paliza. 2 trilla. 3 — floor, era.

thread l θred l *s.i.* 1 hebra, hilo. 2 voluta. ‖ *v.t.* 3 enhebrar. 4 colarse por.

threadbare l 'θredbeə l *adj.* 1 deshilachado. 2 trillado.

threat l θret l *s.c.* 1 amenaza. 2 riesgo.

threaten l θretn l *v.t.* e *i.* 1 amenazar. 2 poner en peligro.

three l θri: l *adj.num.card.* tres.

three-cornered l 'θri:'kɔːnəd l *adj.* triangular.

three-dimensional l θri:dɪ'menʃənl l (también, 3-D) *adj.* tridimensional.

three-quarters l 'θri:'kwɔːtəz l *adj.* tres cuartos.

threesome l 'θri:səm l *s.c.* trío.

thresh l θreʃ l *v.t.* e *i.* trillar.

threshold l 'θreʃəuld l *s.c.* umbral.

threw l θru: l *pret.* de throw.

thrift l θrɪft l *s.i.* economía, ahorro.

thrill l θrɪl l *s.c.* 1 emoción. ‖ *v.t.* 2 emocionar. ‖ 3 to — at/to, emocionarse, estremecerse por/a causa de.

thriller l 'θrɪlə l *s.c.* novela, película, etc., de intriga y misterio.

thrive l θraɪv l [*pret.reg.*, thrived; *irreg.*,

throve, *p.p.reg.* thrived; *irreg.* thriven] *v.i.* 1 crecer, desarrollarse. 2 florecer.

throat l θrəut l *s.c.* 1 garganta. 2 cuello, gaznate.

thriven l θrɪvn l *p.p.* de thrive.

throaty l 'θrəuti l *adj.* gutural.

throb l θrɒb l *s.c.* 1 latido, pulsación. 2 vibración. ‖ *v.i.* 3 palpitar. 4 vibrar. 5 bullir.

throbbing l 'θrɒbɪŋ l *s.c.* 1 latido, vibración. ‖ *adj.* 2 palpitante, muy activo.

thrombosis l θrɒm'bəusɪs l [*pl.* thromboses] *s.c.* e *i.* trombosis.

throne l θrəun l *s.c.* trono.

throng l θrɒŋ l *s.c.* 1 multitud. ‖ *v.t.* 2 atestar. ‖ *v.i.* 3 acudir en masa.

throttle l θrɒtl l *s.c.* e *i.* 1 gaznate. 2 válvula de admisión. ‖ *v.t.* 3 ahogar.

through l θru: l (EE.UU. thru) *prep.* 1 a través de, por. 2 al otro lado de. 3 por todo. V. throughout. 4 hasta. 5 a causa de. ‖ *adj.* 6 directo. 7 acabado. ‖ *adv.* 8 totalmente. ‖ 9 to be — with, haber terminado con.

throughout l θru:'aut l *prep.* y *adv.* 1 durante todo. 2 por todo.

throve l θrəuv l *prep.* de thrive.

throw l θrəu l *s.c.* 1 tiro, jugada. 2 derribo. ‖ *v.t.* e *i.* [*pret.* threw, *p.p.* thrown] 3 lanzar(se), tirar(se). 4 empujar. 5 encender, apagar. 6 producir.

throwaway l 'θrəuəˌweɪ l *adj.* 1 desechable. ‖ *s.c.* 2 prospecto.

throwback l 'θrəubæk l *s.c.* recuerdo.

throw-in l 'θrəuɪn l *s.c.* saque de banda.

thrum l θrʌm l *v.t.* e *i.* teclear, rasguear, tamborilear.

thrust l θrʌst l *s.i.* 1 impulso, ímpetu, empujón. 2 estocada, puñalada. ‖ *s.sing.* 3 tendencia, dirección. ‖ *v.t.* [*pret.* y *p.p.irreg.* thrust] 4 empujar. 5 clavar. ‖ *v.i.irreg.* 6 seguir, avanzar. 7 dar un empujón, lanzar una estocada. ‖ *v.i.reg.* 8 darse importancia.

thud l θʌd l *s.c.* 1 ruido, sonido sordo. ‖ *v.t.* 2 golpear, dejar caer. ‖ *v.i.* 3 caer con ruido sordo.

thuggery | ˈθʌgərɪ | *s.i.* gamberrismo.
thumb | θʌm | *s.c.* 1 pulgar. || *v.t.* 2 hojear. 3 hacer auto-stop.
thumbtack | ˈθʌmtæk | *s.c.* chincheta.
thump | θʌmp | *s.c.* 1 puñetazo, golpe. 2 ruido sordo. || *v.t.* 3 golpear. || *v.i.* 4 dar golpes.
thumping | ˈθʌmpɪŋ | *adj.* aplastante.
thunder | ˈθʌndə | *s.i.* 1 trueno. || *v.i.* 2 tronar. || *v.t.* 3 vociferar.
thunderbolt | ˈθʌndəbəult | *s.c.* rayo.
thunderclap | ˈθʌndəklæp | *s.c.* trueno.
thundering | ˈθʌndərɪŋ | *adj.* de trueno.
thunderous | ˈθʌndərəs | *adj.* atronador.
thunderstorm | ˈθʌndəstɔːm | *s.c.* tormenta.
thundery | ˈθʌndərɪ | *adj.* tormentoso.
Thursday | ˈθɜːzdɪ | *s.c. e i.* jueves.
thus | ðʌs | *adv.* 1 así. 2 por lo tanto.
thwack | θwæk | *s.c.* 1 porrazo. 2 tentativa. || *v.t.* 3 golpear.
thwart | θwɔːt | *v.t.* frustrar, desbaratar.
thy | ðaɪ | *adj.pos.* (arcaico) tu.
thyme | taɪm | *s.i.* tomillo.
thyroid | ˈθaɪrɔɪd | *s.c.* tiroides.
tiara | tɪˈɑːrə | *s.c.* 1 tiara. 2 diadema.
tibia | ˈtɪbɪə | *[pl. tibias/tibiae] s.c.* tibia.
tick | tɪk | *s.c.* 1 marca, señal. 2 un segundo. 3 garrapata. || *v.t.* 4 marcar. 5 hacer tic-tac.
ticket | ˈtɪkɪt | *s.c.* 1 entrada, billete. 2 etiqueta, tarjeta. 3 multa.
ticking | ˈtɪkɪŋ | *s.i.* 1 feliz. || 2 – off, reprimenda.
tickle | ˈtɪkl | *s.sing.* 1 cosquilleo, picor. || *v.t.* 2 hacer cosquillas, picar. 3 irritar.
tidal | ˈtaɪdl | *adj.* 1 riada, marea. 2 – wave, maremoto, marejada.
tiddly | ˈtɪdlɪ | *adj.* 1 (fam. y brit.) achispado. 2 diminuto.
tidiness | ˈtaɪdɪnɪs | *s.i.* limpieza, orden.
tidy | ˈtaɪdɪ | *adj.* 1 limpio, ordenado. 2

grande, notable. 3 lógica. || *s.c.* 4 cajón de sastre. || *v.t.* 5 ordenar.
tie | taɪ | *s.c.* 1 corbata. 2 enlace, lazo. 3 limitación. 4 empate. || *v.t.* [*ger.* tying] 5 atar, anudar. 6 unir, vincular. || *v.i.* 7 atarse, empatar.
tied | taɪd | *adj.* anejo.
tied-up | ˈtaɪdʌp | *adj.* 1 ocupado. 2 implicado.
tie-pin | ˈtaɪpɪn | *s.c.* alfiler de corbata.
tier | tɪə | *s.c.* 1 gradas. 2 departamento.
tiff | tɪf | *s.c.* riña, disputa.
tiger | ˈtaɪgə | *s.c.* tigre.
tight | taɪt | *adj.* 1 ajustado, apretado. 2 firme, asegurado. 3 tenso. 4 estricto. || 5 sleep –, dormir profundamente. 6 tights, leotardos.
tighten | ˈtaɪtn | *v.t.* 1 apretar. 2 tensar. 3 endurecer.
tight-fisted | ˈtaɪtfɪstɪd | *adj.* (fam.) tacaño.
tightness | ˈtaɪtnɪs | *s.i.* estrechez.
tightrope | ˈtaɪtrəup | *s.c.* cuerda floja.
tigress | ˈtaɪgrɪs | *s.c.* tigresa.
tilde | tɪld | *s.c.* tilde, vírgula.
tile | taɪl | *s.c.* 1 plancha. 2 teja, baldosa. || *v.t.* 3 tejar. || 4 to have a – loose, faltarle a uno una tuerca.
till | tɪl | *prep.* 1 hasta. V. until || *conj.* 2 hasta que. || *s.c.* 3 caja registradora. || *v.t.* 4 labrar. || 5 to be caught with one fingers in the –, coger a alguien con las manos en la masa.
tiller | ˈtɪlə | *s.c.* 1 caña del timón. 2 labrador.
tilt | tɪlt | *s.c.* 1 inclinación. || *v.t. e i.* 2 inclinar. || 3 at full –, a toda velocidad.
timber | ˈtɪmbə | *s.i.* 1 viga, madero. || *v.t.* 2 enmaderar.
time | taɪm | *s.i.* 1 tiempo, hora. 2 período, época. 3 jornada. 4 multiplicado por. || *s.c.* 5 hora, ocasión. || *v.t.* 6 multiplicar. 7 fijar la hora. 8 cronometrar, poner en hora. || 9 – about, ya es hora que. 10 all in good –, a su debido tiempo. 11 all the –, siempre. 12 at a –, a la vez. 13 to be doing –, cumplir condena. 14 behind –, tarde, retrasado, mal

de tiempo. 15 for all −, para siempre, eternamente, permanentemente. 16 for the − being, de momento. 17 from − to −, de vez en cuando. 18 − out, pausa, descanso.

time-bomb | 'taɪmbɒm | s.c. bomba de relojería.

timed | taɪmd | adj. calculado.

timekeeper | 'taɪmˌkiːpə | s.c. cronómetro.

time-lag | 'taɪmlæg | s.c. intervalo.

timeless | 'taɪmlɪs | adj. eterno.

timely | 'taɪmlɪ | adv. oportuno.

timer | 'taɪmə | s.c. temporizador, cronómetro.

timeserver | 'taɪmsɜːvə | s.c. contemporizador, chaquetero.

time-share | 'taɪmʃeə | s.c. turno.

timetable | 'taɪmteɪbl | s.c. horario.

timid | 'tɪmɪd | adj. tímido, timorato.

timidity | tɪ'mɪdətɪ | s.i. timidez.

timing | 'taɪmɪŋ | s.i. 1 oportunidad. 2 cronometraje. ‖ s.sing. 3 encendido.

timorous | 'tɪmərəs | adj. timorato.

timpani | 'tɪmpənɪ | s.pl. timbales.

tin | tɪn | s.i. 1 estaño, hojalata. ‖ s.c. 2 lata. V. **can**. 3 molde. ‖ adj. 4 estaño, de hojalata. ‖ v.t. [ger. tinning, pret. y p.p. tinned] 5 estañar, enlatar.

tincture | 'tɪŋktʃə | s.c. 1 tintura. 2 tinte, barniz. ‖ v.t. 3 [to − with] teñir de, matizar.

tinder | 'tɪndə | s.i. yesca.

tinderbox | 'tɪndəbɒks | s.c. yesquero.

tine | taɪn | s.c. punta, púa.

tinfoil | 'tɪnfɔɪl | s.i. papel de estaño.

ting | tɪŋ | s.c. 1 tintineo. 2 tin. ‖ v.i. 3 tintinear, hacer sonar.

ting-a-lingh | ˌtɪŋə'lɪŋ | adv. tilín.

tinge | tɪndʒ | s.c. 1 tinte, matiz. ‖ v.t. 2 [to − with] teñir de, matizar.

tinged | tɪndʒt | adj. [− with] teñido, matizado.

tingle | 'tɪŋgl | s.c. 1 pinchazos, hormigueo, escozor. ‖ v.i. 2 escocer, dar pinchazos.

tinker | 'tɪŋkə | s.c. 1 calderero, quincallero, gitano. 2 pillo. 3 revisión. ‖ v.t. 4

componer, remendar. ‖ v.i. 5 [to − with] jugar con.

tinkle | 'tɪŋkl | s.c. 1 tintineo. ‖ v.i. 2 tintinear.

tinned | tɪnd | adj. enlatado.

tinny | 'tɪnɪ | adj. 1 de estaño, de hojalata. 2 metálico.

tin-opener | 'tɪnəʊpənə | s.c. abrelatas.

tinpot | 'tɪnpɒt | adj. de pacotilla.

tinsel | 'tɪnsl | s.i. oropel.

tint | tɪnt | s.c. 1 tinte, tono. 2 teñido. ‖ v.t. 3 teñir.

tinted | 'tɪntɪd | adj. coloreado, teñido.

tiny | 'taɪnɪ | adj. diminuto.

tip | tɪp | s.c. 1 punta, extremo. 2 advertencia, consejo. 3 propina. 4 pronóstico, confidencia. 5 basurero. 6 pocilga. ‖ v.t. 7 inclinar, ladear. 8 tirar (basura). 9 pronosticar. 10 verter. 11 dar propina.

tip-off | 'tɪpɒf | s.c. advertencia.

tippet | 'tɪpɪt | s.c. esclavina.

tipple | 'tɪpl | s.c. 1 bebida. 2 (EE.UU.) vertedero. ‖ v.t. 3 empinar el codo.

tippler | 'tɪplə | s.c. bebedor, borracho.

tipster | 'tɪpstə | s.c. pronosticador.

tipsy | 'tɪpsɪ | adj. alegre, achispado.

tiptoe | 'tɪptəʊ | s.i. 1 punta del pie, puntillas. ‖ v.i. 2 ir de puntillas.

tip-top | tɪp'tɒp | adj. 1 estupendo, excelente. ‖ 2 on − form, en plena forma.

tirade | taɪ'reɪd | s.c. diatriba, perorata.

tire | taɪə | v.i. cansar(se), aburrir(se).

tireless | 'taɪəlɪs | adj. incansable.

tiresome | 'taɪəsəm | adj. irritante.

tiring | 'taɪərɪŋ | adj. pesado, cansado.

tissue | 'tɪʃuː | s.i. 1 tejido. ‖ s.c. 2 pañuelo de papel.

tit | tɪt | s.c. 1 zool. paro. 2 estúpido. 3 teta. ‖ 4 − for tat, donde las dan las toman.

titan | 'taɪtn | s.c. titán, gigante.

titanium | taɪ'teɪnɪəm | s.i. titanio.

titbit | 'tɪtbɪt | s.c. 1 chisme. 2 manjar exquisito.

titchy | 'tɪtʃɪ | adj. diminuto.

tithe | taɪð | s.c. contribución.

titillate | ˈtɪtɪleɪt | *v.t.* excitar, estimular.

title | ˈtaɪtl | *s.c.* 1 título, nombre. 2 publicación. 3 campeonato. ‖ *s.i.* 4 derecho. ‖ *v.t.* 5 titular.

titter | ˈtɪtə | *s.c.* 1 risita. ‖ *v.i.* 2 reírse con disimulo.

tittle-tattle | ˈtɪtltætl | *s.i.* charla.

titular | ˈtɪtjʊlə | *adj.* nominal, titular.

tizzy | ˈtɪzɪ | *s.i.* nerviosismo.

to | tuː | *tɔ* | *prep.* 1 a, para, con destino a. 2 hacia, contra. 3 en. 4 hasta. 5 menos, para las (reloj). 6 de, con. 7 por, en honor de. 8 en cada, por. 9 según. 10 comparado con. ‖ *adv.* 11 cerca. ‖ *conj.* 12 a, para.

toad | təʊd | *s.c.* sapo.

toadstool | ˈtəʊdstuːl | *s.c.* hongo venenoso.

toady | ˈtəʊdɪ | *s.c.* adulador.

toast | təʊst | *s.i.* 1 tostada. ‖ *s.c.* 2 brindis. ‖ *v.t. e i.* 3 tostar(se). 4 brindar.

toaster | ˈtəʊstə | *s.c.* tostadora.

tobacco | təˈbækəʊ | *s.i.* tabaco.

tobacconist | təˈbækənɪst | *s.c.* the tobacconist's, el estanco.

toboggan | təˈbɒgən | *s.c.* 1 trineo. ‖ *v.i.* 2 (EE.UU.) ir en trineo.

toccata | təˈkɑːtə | *s.c.* tocata.

tod | tɒd | *(fam., brit.)* **on one's tod,** solo.

today | təˈdeɪ | *s.c. y adv.* hoy.

toddler | ˈtɒdlə | *s.c.* niño que empieza a andar.

toddy | ˈtɒdɪ | *s.c. e i.* ponche.

to-do | təˈduː | *s.sing* (fam.) lío, follón.

toe | təʊ | *s.c.* 1 dedo (del pie). 2 puntera. ‖ *v.t. e i.* 3 pisar con la punta del pie.

toecap | ˈtəʊkæp | *s.c.* puntera.

toenail | ˈtəʊneɪl | *s.c.* 1 uña del pie. 2 clavo oblicuo.

toffee | ˈtɒfɪ | (EE.UU.) | ˈtɔːfɪ | (también **toffy**) *s.c. e i.* tofe, caramelo.

toffee-nosed | ˈtɒfɪnəʊzd | *adj.* engreído.

toffy v. **toffee.**

togs | tɒgz | *s.i.* ropa, vestidos.

toga | ˈtəʊgə | *s.c.* toga.

together | təˈgeðə | *adj.* 1 junto, juntamente, a la vez. 2 ininterrumpidamente.

togetherness | təˈgeðənɪs | *s.i.* solidaridad.

toggle | ˈtɒgl | *s.c.* pasador, cierre.

toil | tɔɪl | *s.i.* 1 trabajo, esfuerzo. ‖ *v.i.* 2 trabajar duro. 3 andar penosamente.

toilet | ˈtɔɪlɪt | *s.c.* 1 retrete, lavabo, servicios. 2 arreglo, aseo. ‖ *adj.* 3 de tocador.

toilet-bag | ˈtɔɪlɪtbæg | *s.c.* bolsa de aseo.

toiletries | ˈtɔɪlɪtrɪz | *s.i.* artículos de tocador.

token | ˈtəʊkən | *s.c.* 1 ficha. 2 muestra. 3 simbólico. ‖ 4 **by the same –,** por la misma razón.

told | təʊld | *pret. p.p.irreg.* 1 **tell** ‖ 2 **all –,** contando todo, en total.

tolerable | ˈtɒlərəbl | *adj.* 1 tolerable. 2 adecuado.

tolerance | ˈtɒlərəns | *s.c. e i.* tolerancia, resistencia.

tolerant | ˈtɒlərənt | *adj.* 1 tolerante. 2 [– **of**] resistente a.

tolerate | ˈtɒləreɪt | *v.t.* 1 tolerar. 2 soportar.

toleration | ˌtɒləreɪʃn | *s.i.* tolerancia.

toll | təʊl | *s.c.* 1 peaje. 2 bajas. ‖ *v.t.* 3 [to – (for)] doblar (las campanas).

tollhouse | ˈtəʊlhaʊs | *s.c.* estación de peaje.

tom | tɒm | *s.c.* gato macho.

tomato | təˈmɑːtəʊ | (EE.UU.) | təˈmeɪtəʊ | [*pl.* **tomatoes**] *s.c.* tomate.

tomb | tuːm | *s.c.* tumba, sepulcro.

tombola | tɒmˈbəʊlə | *s.c. e i.* tómbola.

tombstone | ˈtuːmstəʊn | *s.c.* lápida.

tomcat | ˈtɒmkæt | *s.c.* gato macho. V. **tom.**

tome | təʊm | *s.c.* 1 volumen. 2 libraco.

tomfoolery | ˌtɒmˈfuːlərɪ | *s.c.* tonterías.

tommyrot | ˌtɒmɪˈrɒt | *s.i.* disparates.

tomorrow | təˈmɒrəʊ | *adv.* mañana.

tomtit | ˈtɒmtɪt | *s.c.* carbonero común.

tom-tom | 'tɒmtɒm | *s.c.* tam-tam.

ton | tʌn | (también **tonne**) *s.c.* tonelada.

tonal | 'təunl | *adj.* tonal.

tonality | təu'nælətı | *s.i.* tonalidad.

tone | təun | *s.c. e i.* 1 tono, carácter, estilo. || *s.sing.* 2 buen tono. || *v.i.* 3 [to — with] armonizar con. || *v.t.* 4 entonar.

toneless | 'təunlıs | *adj.* monótono.

tongs | tɒŋz | *s.pl.* pinzas, tenazas.

tongue | tʌŋ | *s.c.* 1 lengua 2 lengüeta, badajo.

tongue-twister | 'tʌŋtwıstə | *s.c.* trabalenguas.

tonic | 'tɒnık | *s.c.* 1 tónico. || *s.i.* 2 agua tónica. 3 tonificante.

tonight | tə'naıt | *adv.* esta noche.

tonnage | 'tʌnıdʒ | *s.c. e i.* tonelaje.

tonne V. ton.

tonsil | 'tɒnsl | *s.c.* amígdala.

tonsilitis | tɒnsı'laıtıs | *s.i.* amigdalitis.

tonsure | 'tɒnʃə | *s.c.* 1 tonsura. || *v.t.* 2 tonsurar.

too | tu: | *adv.* 1 también. 2 a la vez. 3 es más. 4 por cierto. 5 muy. 6 — much, demasiado.

took | tuk | *pret.irreg.* de take.

tool | tu:l | *s.c.* herramienta, utensilio.

toot | tu:t | *s.c.* 1 toque de bocina. || *v.i.* 2 tocar la bocina.

tooth | tu:θ | [*pl.irreg.* teeth] *s.c.* 1 diente, muela. 2 púa, pico. || 3 fed up to the teeth, hasta las narices.

toothache | 'tu:θeık | *s.i.* dolor de muelas.

toothbrush | 'tu:θbrʌʃ | *s.c.* cepillo de dientes.

toothless | 'tu:θlıs | *adj.* desdentado.

toothpaste | 'tu:θpeıst | *s.i.* pasta dentrífica.

toothpick | 'tu:θpık | *s.c.* mondadientes.

toothy | 'tu:θı | *adj.* dentón, dentudo.

tootsie | 'tu:tsı | (también **tootsy**) *s.c.* 1 (EE.UU.) nena. 2 (fam.) piececito.

top | tɒp | *s.c.* 1 [the —], la parte superior. 2 extremo, techo. 3 tapa. 4 chaqueta, blusa. 5 peonza. 6 cima. || *s.i.* 7 MEC. la directa. || *adj.* 8 lo más alto, máximo, más importante. || *v.t.* 9 alcanzar la cima, sobrepasar. 10 superar. 11 cubrir. || 12 to be on — of, dominar. 13 to blow one's —, estallar de furia. 14 from — to bottom, completamente.

topaz | 'təupæz | *s.c.* topacio.

topcoat | 'tɒpkəut | *s.c.* 1 última mano (de pintura). 2 abrigo.

top-drawer | ˌtɒp'drɔ:ə | *s.c.* de primera.

top-hat | ˌtɒp'hæt | *s.c.* chistera.

topic | 'tɒpık | *s.c.* tópico, tema.

topical | 'tɒpıkl | *adj.* actual.

top-knot | 'tɒpnɒt | *s.c.* moño, copete.

topless | 'tɒplıs | *adj.* con el busto desnudo.

topography | tə'pɒgrəfı | *s.i.* topografía.

topping | 'tɒpıŋ | *s.i.* cúspide, cobertura.

topple | 'tɒpl | *v.t.* 1 derribar. || *v.i.* 2 volcarse, caerse.

top-secret | ˌtɒp'si:krıt | *adj.* confidencial.

topsy-turvy | ˌtɒpsı'tə:vı | *adj.* revuelto.

torch | tɔ:tʃ | *s.c.* 1 linterna. 2 antorcha.

tore | tɔ: | *pret.irreg.* de tear.

torment | 'tɔ:ment | *s.c. e i.* 1 suplicio. || *v.t.* 2 atormentar; fastidiar.

tormentor | tɔ:'mentə | *s.c.* torturador.

torn | tɔ:n | *p.p.irreg.* de tear.

tornado | tɔ:'neıdəu | [*pl.* tornados o tornadoes] *s.c.* tornado, ciclón.

torpedo | tɔ:'pi:dəu | [*pl.* torpedoes] *s.c.* 1 torpedo. || *v.t.* 2 torpedear.

torpid | 'tɔ:pıd | *adj.* letárgico, torpe.

torpor | 'tɔ:pə | *s.i.* letargo, sopor.

torrent | 'tɒrənt | *s.c.* torrente.

torrential | tə'renʃl | *adj.* torrencial.

torrid | 'tɒrıd | *adj.* tórrido; ardiente.

torsion | 'tɔ:ʃn | *s.i.* torsión.

torso | 'tɔ:səu | *s.c.* torso, tronco.

tort | tɔ:t | *s.c. e i.* agravio, daño.

tortilla | tɔ:'tıjə | *s.c.* tortilla, tortita.

tortoise | 'tɔ:təs | *s.c.* tortuga.

tortuous | 'tɔːtʃuəs | *adj.* tortuoso.
torture | 'tɔːtʃə | *s.c.* e *i.* 1 tortura. 2 tormento. || *v.t.* 3 torturar, atormentar.
torturer | 'tɔːtʃərə | *s.c.* torturador.
Tory | 'tɔːrɪ | *s.c.* conservador.
toss | tɒs | (EE.UU.) | tɔːs | *s.c.* 1 movimiento, sacudida. 2 lanzamiento. || *v.t.* e *i.* 3 [to — (about/around)] tirar, echar. 4 mover(se), dar vueltas. 5 sacudir(se). 6 to — a coin, echarlo a cara o cruz. 7 to — around, considerar. 8 to — away, desaprovechar. 9 not to give a —, no importar un comino. 10 to — out, expulsar, librarse de, rechazar.
toss-up | 'tɒsʌp | *s.sing.* incertidumbre.
tot | tɒt | *s.c.* 1 nene. || *s.i.* 2 trago. || 3 to — up, sumar.
total | 'təʊtl | *adj.* y *s.c.* 1 total. || *v.t.* 2 sumar.
totalitarianism | ˌtəʊtælɪ'teərɪənɪzəm | *s.i.* totalitarismo.
totality | təʊ'tælətɪ | *s.i.* totalidad.
tote | təʊt | *s.sing.* 1 totalizador. 2 (fam. brit.) sistema de apuestas. || *v.t.* 3 acarrear.
totem | 'təʊtəm | *s.c.* tótem.
totter | 'tɒtə | *v.t.* tambalearse.
toucan | 'tuːkæn | *s.c.* tucán.
touch | tʌtʃ | *s.i.* 1 tacto. || *s.c.* 2 roce, contacto. 3 detalle. 4 enfoque, aproximación. 5 pincelada. || *cuant.* 6 poco. || *v.t.* 7 tocar, rozar. 8 acariciar. 9 sacar. 10 afectar. 11 probar. 12 rivalizar. 13 trastornar. || *v.i.* 14 tocarse, rozarse. || 15 in —, en contacto.
touchdown | 'tʌtʃdaun | *s.c.* e *i.* aterrizaje, amerizaje.
touché | 'tuːʃeɪ | *interj.* itocado!
touchiness | 'tʌtʃɪnɪs | *s.i.* irritabilidad.
touching | 'tʌtʃɪŋ | *adj.* conmovedor.
touchstone | 'tʌtʃstəʊn | *s.c.* piedra de toque.
touchy | 'tʌtʃɪ | *adj.* conmovedor.
tough | 'tʌf | *s.c.* 1 duro. || *adj.* 2 resistente. 3 violento. 4 difícil.
toughen | 'tʌfn | *v.t.* e *i.* 1 endurecer. 2 curtir.
toughness | 'tʌfnɪs | *s.i.* fuerza.

toupee | 'tuːpeɪ | *s.c.* tupé.
tour | tuə | *s.c.* 1 viaje, excursión. 2 visita turística. 3 gira. || *v.t.* 4 viajar por. || *v.i.* 5 ir de viaje, hacer una gira.
tourism | tuərɪzəm | *s.i.* turismo.
tourist | 'tuərɪst | *s.c.* 1 turista. || *adj.* 2 turístico.
tournament | 'tɔːnəmənt | *s.c.* concurso.
tourniquet | 'tuənɪkeɪ | (EE.UU.) | 'tɔːnɪket | *s.c.* torniquete.
tousled | 'tauzld | *adj.* 1 ajado. 2 enmarañado.
tout | taut | *s.c.* 1 revendedor. || *v.t.* 2 revender. 3 acosar. || *v.i.* 4 to — (for), solicitar.
tow | təu | *s.c.* 1 remolque, sirga. || *v.t.* 2 remolcar.
towards | tə'wɔːdz | (EE.UU.) | 'tɔːrdz | (también toward) *prep.* 1 hacia, a, cerca de. 2 para con, en relación con. 3 a eso de, alrededor de. 4 para.
towel | 'tauəl | *s.c.* 1 toalla. || *v.i.* 2 secar con una toalla.
tower | 'tauə | *s.c.* 1 torre. || *v.i.* 2 [to — (above/over)] elevarse, sobresalir. || 3 a — of strength, una gran ayuda. 4 — block, bloque de pisos, rascacielos.
town | taun | *s.c.* 1 ciudad, pueblo. 2 (fig.) gente, ciudadanos. 3 el centro. || *adj.* 4 urbano, de la ciudad.
township | 'taunʃɪp | *s.c.* municipio.
toxic | 'tɒksɪk | *adj.* tóxico.
toxin | 'tɒksɪn | *s.c.* e *i.* toxina.
toy | tɔɪ | *s.c.* 1 juguete, entretenimiento. || *adj.* 2 juguete, de jugar. || *v.i.* [to — with] 3 jugar con, acariciar. 4 considerar. 5 divertirse con, utilizar a.
trace | treɪs | *s.c.* 1 prueba, rastro. 2 vestigio, indicio. 3 dibujo, diseño || *v.t.* 4 rastrear, localizar. 5 descubrir, remontar. 6 seguir la pista, describir. 7 buscar, tratar de localizar. 8 calcar, contornear. || 9 without —, sin (dejar) rastro.
trachea | trə'kɪə | *s.c.* tráquea.
tracing | 'treɪsɪŋ | *s.c.* 1 calco. || 2 — paper, papel de calco.
track | træk | *s.c.* 1 sendero, pista. 2

vía, trayectoria. 3 rastro, vestigio. 4 pista. ‖ *v.t.* 5 rastrear, seguir la pista.

tract | trækt | *s.c.* 1 panfleto, folleto. 2 territorio, zona. 3 aparato, sistema.

traction | 'trækʃn | *s.c.* tractor.

trade | treɪd | *s.i.* 1 comercio, transacción. ‖ *s.c.* 2 negocio, oficio. ‖ *adj.* 3 comercial, de negocios. ‖ *v.t.* e *i.* 4 comerciar, trocar. ‖ 5 — **union**, sindicato.

trademark | 'treɪdmɑːk | *s.c.* 1 marca comercial. 2 (fig.) sello característico, característica.

trade-name | 'treɪdneɪm | *s.c.* nombre comercial, marca registrada.

trader | 'treɪdə | *s.c.* comerciante, negociante.

tradesman | 'treɪdzmən | *s.i.* tendero, comerciante.

trading | 'treɪdɪŋ | *s.c.* 1 comercio. ‖ *adj.* 2 comercial.

tradition | trə'dɪʃn | *s.c.* 1 tradición, costumbre. ‖ *s.i.* 2 folclore.

traditional | trə'dɪʃnl | *adj.* 1 tradicional. 2 normal. 3 convencional.

traduce | trə'djuːs | *v.t.* difamar, calumniar.

traffic | 'træfɪk | *s.i.* 1 tráfico, circulación. 2 tránsito, comercio. ‖ *adj.* 3 de la circulación, del tráfico. ‖ 4 — **circle**, (EE.UU.) glorieta, encrucijada. 5 —**jam**, atasco. 6 — **light**, semáforo. 7 — **warden**, agente de tráfico.

tragedy | 'trædʒədɪ | *s.c.* 1 tragedia, drama. 2 obra trágica. ‖ *s.i.* 3 género trágico, tragedia.

tragic | 'trædʒɪk | (también **tragical**) *adj.* trágico.

tragicomedy | ˌtrædʒɪ'kɒmədɪ | *s.c.* tragicomedia.

trail | treɪl | *s.c.* 1 pista forestal, camino. 2 ruta, trayecto. 3 pista, reguero. ‖ *v.t.* e *i* 4 perseguir, rastrear. 5 arrastrar, llevar detrás. 6 [to — by] ir por detrás, estar por debajo.

trailer | 'treɪlə | *s.c.* 1 trailer, caja de camión. 2 avance, documental. 3 caravana, casa remolque.

train | treɪn | *s.c.* 1 tren. 2 fila. 3 cadena, sucesión. 4 cola (de un vestido). ‖

v.t. 5 entrenar, instruir. 6 apuntar, dirigir. ‖ *v.i.* 7 entrenarse, ejercitarse. ‖ 8 **in** —, en marcha, en curso. 9 **in its** —, en consecuencia.

trained | treɪnd | *adj.* 1 cualificado, experto. 2 entrenado, adiestrado.

trainee | treɪ'niː | *s.c.* aprendiz, novato.

trainer | 'treɪnə | *s.c.* 1 entrenador, preparador. 2 (EE.UU.) recluta.

training | 'treɪnɪŋ | *s.i.* 1 entrenamiento, educación física. 2 instrucción, preparación.

trait | treɪt | *s.c.* rasgos, características.

traitor | 'treɪtə | *s.c.* [— (to)] traidor.

trajectory | trə'dʒektəri | *s.c.* 1 trayectoria. 2 evolución, desarrollo.

tram | træm | (también **tramcar**) *s.c.* tranvía.

trammel | 'træml | *s.c.* 1 restricción, obstáculo. ‖ *v.t.* 2 poner trabas, impedir.

tramp | træmp | *s.c.* 1 vago, vagabundo. 2 puta, fulana. 3 mercante, barco de carga. 4 caminata. ‖ *v.i.* 5 recorrer.

trample | 'træmpl | *v.t.* 1 [to — (down)] pisar, pisotear. 2 [to — on/upon] (fig.) ignorar, despreciar.

trampoline | 'træmpəliːn | *s.c.* cama elástica.

tramway | 'træmweɪ | *s.c.* tranvía.

trance | trɑːns | (EE.UU.) | træns | *s.c.* 1 trance, rapto. 2 catalepsia, cataplexia.

tranquil | 'træŋkwɪl | *adj.* tranquilo, pacífico.

tranquillize | 'træŋkwɪlaɪz | (EE.UU. tranquilize) *v.t.* e *i.* 1 tranquilizar(se), relajar(se). 2 aplacar, reconciliar.

tranquilizer | 'træŋkwɪlaɪzə | *s.c.* (EE.UU. tranquilizer) tranquilizante.

transact | træn'zækt | *v.t.* [to — with] llevar a cabo.

transaction | træn'zækʃn | *s.c.* 1 transacción, tramitación. ‖ 2 **transactions**, actas, memorias.

transatlantic | ˌtrænzət'læntɪk | *adj.* transatlántico.

transcend | træn'send | *v.t.* trascender, rebasar.

transcendental | ˌtrænsen'dentl | adj. trascendental, sobrenatural.

transcribe | træn'skraɪb | v.t. 1 transcribir, copiar. 2 arreglar, adaptar. 3 grabar.

transcription | træn'skrɪpʃn | s.c. 1 transcripción, copia. 2 difusión, grabación. || 3 phonetic –, pronunciación figurada.

transfer | træns'fə: | s.c. 1 traslado, trasbordo. 2 calcomanía. || s.i. 3 transporte, traslado. 4 transferencia bancaria. 5 trasmisión, traspaso. 6 cambio, entrega de poder. || v.t. 7 trasladar. 8 transferir. 9 grabar, transcribir. 10 tranomitir, transferir la propiedad. 11 entregar el poder. 12 cambiar, desplazar. || v.i. 13 trasladarse.

transference | 'trænsfərəns | s.i. transferencia, traslado.

transfigure | træns'fɪgə | v.t. transformarse, transfigurarse.

transfix | træns'fɪks | v.t. 1 paralizar, quedar paralizado. 2 atravesar.

transform | træns'fɔ:m | v.t. [to – (into)] transformar, metamorfosear.

transformation | ˌtrænsfə'meɪʃn | s.c. e i. transformación, metamorfosis.

transfusion | træns'fju:ʒn | s.c. transfusión.

transgress | trænz'gres | v.t. 1 traspasar, exceder. 2 infringir, violar. || v.i. 3 pecar, trasgredir.

transience | 'trænziəns | s.i. brevedad, transitoriedad.

transient | 'trænziənt | s.c. 1 transeúnte. || adj. 2 transitorio, temporal.

transistor | træn'zɪstə | s.c. transistor.

transit | 'trænzɪt | s.i. tránsito.

transition | træn'zɪʃn | s.c. e i. transición, evolución.

transitive | 'trænzətɪv | adj. transitivo.

transitory | 'trænsɪtrɪ | adj. transitorio.

translate | trænz'leɪt | v.t. 1 [to – (from/into)] traducir, transferir. 2 [to – (into)] convertir, transformar. 3 poner en práctica, hacer realidad. 4 [to – (as)] tomar, entender.

translation | trænz'leɪʃn | s.c. 1 tra-

ducción, retransmisión. 2 ejercicio de traducción. 3 transformación, conversión.

translator | trænz'leɪtə | s.c. traductor, intérprete.

translucent | trænz'lu:snt | (también translucid) adj. traslúcido.

transmission | trænz'mɪʃn | s.i. 1 traslado, transmisión. 2 traspado. 3 emisión, retransmisión. || s.c. 4 retransmisión. 5 transmisión.

transmit | trænz'mɪt | v.t. 1 transmitir, emitir. 2 distribuir, contagiar. 3 ser conductor, propagar. 4 comunicar.

transmutation | ˌtrænzmju:'teɪʃn | s.c. e i. 1 transmutación, transformismo. 2 transformación.

transmute | trænz'mju:t | v.t. [to – (into)] transmutar, transformar.

transparency | træns'pærənsɪ | s.i. 1 transparencia. || s.c. 2 diapositiva.

transparent | træns'pærənt | adj. 1 transparente, limpio. 2 obvio. 3 patente.

transpire | træn'spaɪə | v.t. 1 transpirar, exudar. 2 revelarse, divulgarse, a saber. 3 ocurrir, tener lugar.

transplant | 'trænsplɑ:nt | s.c. 1 transplante. || v.t. 2 transplantar. 3 trasladar.

transport | 'trænspɔ:t | s.c. 1 transporte, vehículo. 2 deportado. || s.i. 3 acarreo, arrebato. 4 transporte, servicio de transportes. || v.t. 5 transportar, acarrear. 6 deportar. 7 arrebatar, embelesar.

transporter | træns'pɔ:tə | s.c. 1 transportista, transportador. 2 camión de transporte.

transpose | træn'spəʊz | v.t. 1 transponer, cambiar. 2 MUS. transportar.

transverse | 'trænzvə:s | s.c. 1 músculo transverso. || adj. 2 trasverso, transversal.

transvestite | trænz'vestaɪt | s.c. travestido.

trap | træp | s.c. 1 trampa, celada. 2 escotillón, trampa. 3 ratonera. 4 sifón, bombillo. || v.t. 5 poner trampas, coger en una trampa. 6 coger, aprisionar. 7 rodear, cercar, bloquear. 8 retener, controlar.

trapdoor | 'træp'dɔː | s.c. 1 trampilla, trampa. 2 escotillón.

trapeze | trə'piːz | (EE.UU.) | træ'piːz | s.c. trapecio.

trapper | 'træpə | s.c. trampero, cazador.

trappings | 'træpɪŋz | s.i. adornos.

trash | træʃ | s.i. 1 baratija, trastos viejos. 2 pacotilla, porquería. 3 gentuza, gente inútil. || v.t. 4 podar, desbrozar.

trashcan | 'træʃkæn | s.c. (EE.UU.) cubo de la basura.

trashy | 'træʃɪ | adj. malo, inútil.

trauma | 'trɔːmə | (EE.UU.) | 'traumə | s.c. trauma.

travel | 'trævl | s.i. 1 viaje, viajes. 2 recorrido, trayecto. || v.i. 3 viajar, cubrir. 4 ir en coche, desplazarse.

traveller | 'trævlə | (EE.UU., **traveler**) s.c. 1 viajero, viajante. 2 puente de grúa.

travelling | 'trævlɪŋ | s.c. 1 viajar. 2 travelín. || adj. 3 de viaje, móvil.

traverse | trə'vɜːs | s.c. 1 travesía, travesaño. 2 línea quebrada, traslación. || adj. 3 transversal. || v.t. 4 atravesar, recorrer. 5 examinar detenidamente. || v.i. 6 pivotar, girar sobre el eje.

traverser | trə'vɜːsə | s.c. transbordador.

travesty | 'trævəstɪ | s.c. 1 parodia, farsa. || v.t. 2 parodiar.

trawl | trɔːl | s.c. 1 red de arrastre, barredera. 2 selección. 3 (EE.UU.) palangre. || v.t. e i. 4 pescar al arrastre, dragar. 5 seleccionar.

tray | treɪ | s.c. 1 bandeja, platillo. 2 cubeta, cajón.

treacherous | 'tretʃərəs | adj. 1 traidor, engañoso. 2 peligroso.

treachery | 'tretʃərɪ | s.i. traición.

treacle | 'triːkl | s.i. melaza.

tread | tred | s.c. 1 paso, peldaño. 2 andares, modo de andar. 3 huella. 4 suela, dibujo de la llanta. || v.t. e i [pret.irreg. trod, p.p.irreg. trodden] 5 pisar, poner el pie. 6 aplastar, escachar. 7 andar con tiento.

treadle | 'tredl | s.c. 1 pedal. || v.i. 2 pedalear.

treason | 'triːzn | s.i. traición.

treasure | 'treʒə | s.i. 1 tesoro, joya. || v.t. 2 valorar, acumular.

treasury | 'treʒərɪ | s.i. 1 tesoro, tesorería. 2 antología.

treat | triːt | s.i. 1 invitación, regalo. || v.t. 2 tratar de. 3 comprar, regalar. 4 invitar, convidar. 5 tratar, atender. || v.i. 6 tratar, manejar.

treatise | 'triːtɪz | s.c. tratado.

treatment | 'triːtmənt | s.i. 1 tratamiento, trato. 2 interpretación, adaptación. 3 medicación, tratamiento.

treaty | 'triːtɪ | s.c. tratado, acuerdo.

treble | 'trebl | s.c. 1 tiple, soprano. || adj. 2 triple. 3 de tiple, de soprano. 4 de sol. || v.t. e i. 5 triplicar(se).

tree | triː | s.c. 1 árbol. 2 horma. || v.t. 3 refugiarse en un árbol, poner la horma.

treetop | 'triːtɒp | s.c. copa del árbol, cima.

trefoil | 'trefɔɪl | s.i. 1 trébol. 2 trifolio.

trek | trek | s.c. 1 expedición, migración. || v.i. 2 hacer un viaje largo, emigrar.

trellis | 'trelɪs | s.c. 1 enrejado, espalderas. || v.t. 2 poner un enrejado.

tremble | 'trembl | s.c. 1 temblor, estremecimiento. || v.i. 2 estremecerse, temblar. 3 sacudir, mover.

trembling | 'tremblɪŋ | adj. tembloroso.

tremendous | trɪ'mendəs | adj. 1 tremendo, inmenso. 2 formidable.

tremolo | 'tremələʊ | s.c. e i. trémolo.

tremor | 'tremə | s.c. temblor.

tremulous | 'tremjʊləs | adj. trémulo, febril; tímido.

trench | trentʃ | s.c. 1 zanja, foso. 2 trinchera, refugio. 3 acequia. || v.t. e i. 4 abrir zanjas o trincheras. 5 atrincherar. 6 excavar, remover.

trenchant | 'trentʃənt | adj. agudo, directo.

trench-coat | 'trentʃkəʊt | s.c. trinchera.

trend | trend | s.i. 1 tendencia, orientación. || v.i. 2 tender, dirigirse, orientarse. || 3 to set a –, marcar la pauta.

trend-setter | 'trendsetə | *s.c.* líder.

trendy | 'trendɪ | *s.c.* 1 moderno. ‖ 2 *adj.* elegante, a la última.

trepidation | ˌtrepɪ'deɪʃn | *s.i.* trepidación, agitación.

trespass | 'trespəs | *s.c.* 1 delito, intrusión. ‖ *v.i.* 2 infringir, delinquir. 3 pecar contra. ‖ 4 to – upon, abusar de.

tress | tres | *s.i.* mechón, melena.

trestle | 'tresl | *s.c.* caballete.

triad | 'traɪæd | *s.c.* 1 tríada, trío. 2 trivalente. 3 trinidad.

trial | 'traɪəl | *s.c. e i.* 1 prueba, tentativa. 2 dificultad, sufrimiento. 3 vista, proceso. ‖ *adj.* 4 de prueba. ‖ 5 on –, probando, a prueba.

triangle | 'traɪæŋgl | *s.c.* 1 triángulo. 2 escuadra, cartabón. 3 conflicto a tres bandas.

triangular | traɪ'æŋgjʊlə | *adj.* triangular, tripartito.

tribal | 'traɪbl | *adj.* tribal, de tribu.

tribe | traɪb | *s.c.* 1 tribu. 2 manada, bandada. 3 masa, tropel.

tribulation | ˌtrɪbjʊ'leɪʃn | *s.i.* tribulación.

tribunal | traɪ'bjuːnl | *s.c.* tribunal.

tributary | 'trɪbjʊtrɪ | *s.c.* 1 afluente, tributario. ‖ *adj.* 2 tributario.

tribute | 'trɪbjuːt | *s.i.* 1 tributo, ofrenda. 2 mérito. 3 contribución, gabela.

triceps | 'traɪseps | *s.c.* tríceps.

trick | trɪk | *s.c.* 1 truco, treta. 2 astucia, maña. 3 tranquilo, truco. 4 broma, faena. 5 estafa, timo. ‖ *v.t.* 6 engañar, timar.

trickery | 'trɪkərɪ | *s.i.* engaño, fraude.

trickster | 'trɪkstə | *s.c.* embaucador, timador.

tricky | 'trɪkɪ | *adj.* 1 difícil, delicado. 2 hábil, tramposo.

tricolour | 'trɪkələ | *adj.* tricolor.

tricycle | 'traɪsɪkl | *s.c.* triciclo.

tried | traɪd | *pret., p.p.* 1 de try. ‖ *adj.* 2 probado, de garantía.

trier | 'traɪə | *s.c.* investigador, árbitro.

trifle | 'traɪfl | *s.i.* 1 nadería, miseria. 2 tarta. ‖ *v.t.* 3 [to – away] perder el

tiempo, malgastar dinero. ‖ *v.i.* 4 [to – with] jugar con.

trifling | 'traɪflɪŋ | *s.i.* 1 frivolidad, trivialidad. ‖ *adj.* 2 insignificante, sin importancia. 3 ligero, trivial.

trigger | 'trɪgə | *s.c.* gatillo, disparador.

trigonometry | ˌtrɪgə'nɒmɪtrɪ | *s.i.* trigonometría.

trill | trɪl | *s.i.* 1 trino, gorjeo. 2 vibración, vibrante. ‖ *v.i.* 3 trinar, gorjear. 4 producir una vibración.

trillion | 'trɪlɪən | *num.card.* 1 trillón. 2 (EE.UU.) billón.

trilogy | 'trɪlədʒɪ | *s.c.* trilogía.

trim | trɪm | *s.i.* 1 estado, arreglo. 2 marco. 3 orientación, equilibrio. ‖ *adj.* 4 elegante, cuidado. ‖ *v.t.* 5 arreglar, adornar. 6 recortar, guillotinar. 7 equilibrar, orientar. 8 echar una bronca. ‖ *v.i.* 9 ser oportunista. ‖ 10 in –/in good –, en forma.

trimming | 'trɪmɪŋ | *s.i.* 1 arreglo, recorte. 2 desbastado, cepillado. 3 orientación, estiba. 4 oportunismo.

trinket | 'trɪŋkɪt | *s.c.* dije, bisutería.

trio | 'triːəʊ | *s.c.* trío.

trip | trɪp | *s.c.* 1 viaje, excursión. 2 tropezón, zancadilla. 3 desliz, error. 4 disparador. 5 (fam.) viaje, rollo. ‖ *v.t.* 6 poner la zancadilla, hacer caer. 7 confundir, coger en falta. 8 levar anclas, izar. ‖ *v.i.* 9 dar un traspié, caer. 10 cometer un error.

tripartite | ˌtraɪ'pɑːtaɪt | *adj.* tripartito.

tripe | traɪp | *s.i.* 1 callos. 2 (fam.) tonterías, bobadas.

triple | 'trɪpl | *s.c.* 1 triple. ‖ *adj.* 2 triple. 3 ternario. ‖ *v.t. e i.* 4 triplicar(se).

triplet | 'trɪplɪt | *s.c.* 1 trío, trillizo. 2 terceto. 3 tresillo.

triplicate | 'trɪplɪkət | *adj.* 1 triplicado. ‖ *v.t.* 2 triplicar, hacer por triplicado.

tripod | 'traɪpɒd | *s.c.* trípode.

tripper | 'trɪpə | *s.c.* 1 turista, excursionista. 2 disparador.

trite | traɪt | *adj.* trivial, vulgar.

triumph | 'traɪʌmf | *s.c.* 1 triunfo, éxito. ‖ *v.i.* 2 triunfar, vencer. 3 alegrarse, regocijarse.

triumvirate | traɪˈʌmvɪrət | s.c. triunvirato.

trivia | ˈtrɪvɪə | pl.irreg. 1 de **trivium**. ‖ s.pl. 2 trivialidades, banalidades.

trivial | ˈtrɪvɪəl | adj. trivial, superficial.

trod | trɒd | pret.irreg. de **tread**.

trodden | ˈtrɒdn | p.p. 1 de **tread**. ‖ adj. 2 pisoteado, hollado.

troglodyte | ˈtrɒɡlədaɪt | s.c. troglodita.

troll | trəʊl | s.c. 1 cucharilla, anzuelo de cuchara. 2 carrete. 3 trol. 4 canon. ‖ v.t. e i. 5 cantar en canon. 6 pescar con cucharilla.

trolley | ˈtrɒlɪ | s.c. 1 carretilla, vagoneta. 2 teleférico. 3 (EE.UU.) tranvía.

trolley-bus | ˈtrɒlɪbʌs | s.c. trolebús.

trombone | trɒmˈbəʊn | s.c. trombón.

troop | truːp | s.i. 1 banda, grupo. 2 manada, bandada. 3 tropa, compañía.

trooper | ˈtruːpə | s.c. 1 soldado de caballería, policía montado. 2 barco de transporte militar. ‖ v.i. 3 ir en grupos, apiñarse.

trophy | ˈtrəʊfɪ | s.c. trofeo.

tropical | ˈtrɒpɪkl | adj. tropical.

tropics | ˈtrɒpɪks | s.pl. trópicos.

trot | trɒt | s.i. 1 trote. ‖ v.t. 2 hacer trotar, ir al trote. ‖ v.i. 3 trotar, correr.

troth | trəʊθ | s.c. palabra, promesa.

trotter | ˈtrɒtə | s.c. 1 trotón. 2 mano (de cerdo).

troubadour | ˈtruːbədɔː | s.c. trovador, juglar.

trouble | ˈtrʌbl | s.i. 1 problemas, inquietudes. 2 apuro, dificultad. 3 disgusto, engorro. ‖ v.t. e i. 4 afligir, importunar. 5 afectar, aquejar. 6 enturbiar. ‖ 7 in –, en un apuro.

troubled | ˈtrʌbld | adj. 1 preocupado, agitado. 2 revuelto, turbulento.

troublemaker | ˈtrʌblmeɪkə | s.c. alborotador, camorrista.

troublesome | ˈtrʌblsəm | adj. molesto, importuno.

trough | trɒf | s.c. 1 pesebre, bebedor. 2 artesa, amasadera. 3 seno, zona de bajas presiones. 4 MAT. mínimo.

trounce | traʊns | v.t. 1 dar una paliza, zurrar. 2 derrotar.

troupe | truːp | s.c. compañía de teatro.

trouser | ˈtraʊzə | s.c. pantalón.

trout | traʊt | s.c. trucha.

trowel | ˈtraʊəl | s.c. 1 paleta, llana. 2 desplantador, trasplantador. ‖ v.t. 3 allanar, pasar la llana. 4 desplantar, trasplantar.

truant | ˈtruːənt | (fam.) s.c. 1 alumno que hace novillos, haragán. ‖ adj. 2 vago, perezoso.

truce | truːs | s.c. tregua, suspensión.

truck | trʌk | s.c. 1 trueque, cambio. 2 trato, pago. 3 vagoneta, carreta; carrito. 4 (EE.UU.) camión. ‖ v.t. e i. 5 trocar, cambiar. 6 transportar en camión.

trucker | ˈtrʌkə | s.c. 1 (EE.UU.) transportista, camionero. 2 hortelano.

truckle | ˈtrʌkl | s.c. 1 rueda, ruedecita. ‖ v.i. 2 [to – to] ser servil con.

truculent | ˈtrʌkjʊlənt | s.c. feroz.

trudge | trʌdʒ | s.c. 1 caminata, paseo. ‖ v.t. 2 recorrer una distancia con dificultad.

true | truː | adj. 1 verdadero, auténtico. 2 afinado. 3 exacto, alineado. ‖ v.t. 4 corregir, rectificar. 5 centrar. ‖ 6 to come –, cumplirse.

true-blue | ˌtruːˈbluː | adj. fiel, leal; legal.

truffle | ˈtrʌfl | s.c. trufa.

trump | trʌmp | s.c. 1 triunfo, baza. 2 (fam.) buena persona. ‖ v.t. 3 perder la baza, fallar; forjar, falsificar.

trumped-up | ˈtrʌmptʌp | adj. imaginado, inventado.

trumpet | ˈtrʌmpɪt | s.c. 1 trompeta, trompetista. 2 trompetilla. ‖ v.t. 3 tocar la trompeta. 4 barritar, bramar. ‖ v.i. 5 pregonar. ‖ 6 to blow one's own –, darse bombo.

trumpeter | ˈtrʌmpɪtə | s.c. trompetista.

truncate | trʌnˈkeɪt | v.t. truncar.

truncheon | ˈtrʌntʃən | s.c. porra.

trundle | ˈtrʌndl | s.c. 1 ruedecita. 2

cama con ruedas. 3 carretilla. ‖ *v.t* e *i.* 4 rodar, hacer rodar. 5 empujar, llevar.

trunk | trʌŋk | *s.c.* 1 tronco. 2 tórax, tronco. 3 trompa. 4 línea interurbana; línea principal. 5 baúl. 6 fuste. 7 conducto, cañería. 8 bañador, pantalón corto. 9 (EE.UU.) maleta, portaequipajes.

truss | trʌs | *s.c.* 1 braguero. 2 racimo. 3 modillón. ‖ *v.t.* 4 atar, liar, espetar. 5 apuntalar.

trust | trʌst | *s.i.* 1 confianza, cargo. 2 deber, obligación. 3 depósito. ‖ *v.t.* e *i.* 4 confiar en, fiarse.

trustee | trʌ'sti: | *s.c.* 1 fideicomisario 2 administrador, síndico.

trustful | 'trʌsfl | *adj.* confiado.

trustworthy | 'trʌstwə:ðɪ | *adj.* digno de confianza, fidedigno.

truth | tru:θ | *s.i.* 1 verdad, sinceridad. 2 exactitud.

truthful | 'tru:θfl | *adj.* 1 veraz, verídico. 2 parecido (retrato).

try | traɪ | *s.c.* 1 prueba, tentativa. 2 ensayo. ‖ *v.t.* 3 probar, tratar. 4 ensayar, poner a prueba. 5 probar, catar. 6 hacer sufrir, cansar. ‖ *v.i.* 7 esforzarse, hacer un intento.

trying | 'traɪɪŋ | *adj.* molesto, difícil.

try-out | 'traɪaut | *s.c.* 1 prueba de aptitud. 2 audición.

tryst | trɪst | *s.c.* cita.

tsetse-fly | 'tsetsɪflaɪ | *s.c.* mosca tsetsé.

T-shirt | 'ti:ʃə:t | *s.c.* camiseta.

tub | tʌb | *s.c.* 1 bañera, baño. 2 tina. ‖ *v.t.* e *i.* 3 tomar un baño, bañar(se).

tuba | 'tju:bə | *s.c.* tuba.

tubby | 'tʌbɪ | *adj.* rechoncho.

tube | tju:b | *s.c.* 1 tubo. 2 el Metro. 3 trompa, tubo. 4 túnel. 5 (EE.UU.) lámpara, válvula. 6 cámara neumática. 7 entubar, meter en tubos. 8 ir en metro. ‖ 9 Fallopian –, trompa de Falopio.

tuber | 'tju:bə | *s.c.* 1 tubérculo, tuberosidad. 2 tubérculo.

tuberculosis | tju:,bə:kju'ləusɪs | *s.i.* tuberculosis.

tubing | 'tju:bɪŋ | *s.i.* 1 tubería, tubos. 2 entubado.

tubular | 'tju:bjulə | *adj.* tubular.

tuck | tʌk | *s.i.* 1 pliegue, alforza. 2 comestibles, caramelos. 3 comida. ‖ *v.t.* 4 meter, hacer pliegues. 5 devorar, zampar. ‖ *v.i.* 6 comer con apetito, caber.

tuck-shop | 'tʌkʃɒp | *s.c.* confitería.

Tuesday | 'tju:zdɪ | *s.c.* martes.

tuft | tʌft | *s.c.* 1 penacho, mata. 2 borla, copo. ‖ *v.t.* 3 poner un penacho, una borla; acolchar.

tug | tʌg | *s.c.* 1 tirón, tracción. 2 tirante. 3 remolcador. ‖ *v.t.* 4 tirar, remolcar. ‖ *v.i.* 5 tirar, dar un estirón fuerte. 6 remolcar. ‖ 7 = boat, remolcador.

tug-of-war | ,tʌgəv'wɔ: | [*pl.* tugs-of-war] *s.c.* 1 juego de la cuerda. 2 lucha. 3 tira y afloja.

tuition | tju:'ɪʃn | *s.i.* 1 enseñanza, educación. 2 clases particulares. 3 (EE.UU.) matrícula.

tulip | 'tju:lɪp | *s.c.* tulipán.

tulle | tju:l | *s.i.* tul.

tumble | 'tʌmbl | *s.c.* 1 caída, voltereta. 2 revoltijo. ‖ *v.t.* 3 derribar, deshacer. 4 derrocar. ‖ *v.i.* 5 caerse.

tumbled | 'tʌmbld | *adj.* revuelto, desordenado.

tumbledown | 'tʌmbldaun | *adj.* ruinoso, destartalado.

tumble-dryer | 'tʌmbldraɪə | *s.c.* secadora.

tumbler | 'tʌmblə | *s.c.* 1 vaso, cubilete. 2 acróbata. 3 tambor. 4 balancín.

tumbler-dryer | 'tʌmblədraɪə | *s.c.* tambor secador.

tumbling | 'tʌmblɪŋ | *s.i.* caída, acrobacia.

tumbrel | 'tʌmbrəl | *s.c.* volquete.

tummy | 'tʌmɪ | *s.c.* (fam.) barriga.

tumour | 'tju:mə | *s.c.* tumor.

tumult | 'tju:mʌlt | *s.c.* tumulto.

tumultuous | tju:'mʌltjuəs | *adj.* tumultuoso.

tun | tʌn | *s.c.* cuba, tonel.

tuna | 'tju:nə | *s.c.* 1 atún. 2 nopal, chumbera.

tundra | 'tʌndrə | *s.i.* tundra.

tune | tju:n | *s.c.* 1 aire, tono; armonía.

2 sintonización. || *v.t.* e *i.* 3 afinar, adaptar.

tuner | 'tjuːnə | *s.c.* 1 afinador. 2 sintonizador.

tungsten | 'tʌŋstən | *s.i.* tungsteno.

tunic | 'tjuːnɪk | *s.c.* túnica.

tunnel | 'tʌnl | *s.c.* 1 túnel. 2 galería. || *v.t.* 3 cavar, hacer un túnel. 4 hacer galerías.

turban | 'tɜːbən | *s.c.* turbante.

turbid | 'tɜːbɪd | *adj.* denso.

turbine | 'tɜːbaɪn | *s.c.* turbina.

turbot | 'tɜːbət | *s.c.* rodaballo.

turbulence | 'tɜːbjʊləns | *s.c.* turbulencia, disturbios.

turbulent | 'tɜːbjʊlənt | *adj.* 1 turbulento, tumultuoso. 2 revoltoso.

turd | tɜːd | *s.c.* 1 mierda. 2 desagradable, indeseable.

tureen | tə'riːn | *s.c.* sopera, salsera.

turf | tɜːf | [*pl.* turfs/turves] *s.c.* 1 césped. 2 turba. 3 deporte hípico, carreras de caballos. || *v.t.* 4 poner césped.

turgid | 'tɜːdʒɪd | *adj.* 1 turgente, hinchado. 2 (fam.) ampuloso.

turkey | 'tɜːkɪ | *s.c.* pavo.

turmoil | 'tɜːmɔɪl | *s.c.* confusión.

turn | tɜːn | *s.c.* e *i.* 1 vuelta, giro. 2 curva, recodo. 3 movimiento, oportunidad. 4 cambio, aspecto. 5 susto, ataque. || *v.t.* 6 hacer girar, dar la vuelta. 7 volver, doblar. 8 desviar, eludir. 9 rechazar, rebasar. 10 echar a perder, cortar. 11 tornear, labrar. || *v.i.* 12 girar, virar. 13 cambiar, ponerse. 14 echarse a perder, cortarse. 15 dedicarse, recurrir. || 16 a bad —, una faena. 17 a good —, un favor. 18 at every —, a cada paso.

turnabout | 'tɜːnəbaut | (también turnaround) *s.c.* 1 vuelta, cambio. 2 (EE.UU.) tiovivo.

turning | 'tɜːnɪŋ | *s.c.* vuelta, ángulo, recodo, curva.

turning-point | 'tɜːnɪŋpɔɪnt | *s.c.* viraje, punto decisivo.

turn-off | 'tɜːnɒf | *s.c.* 1 desvío. 2 (EE.UU.) bocacalle.

turnstile | 'tɜːnstaɪl | *s.c.* torniquete.

turn-up | 'tɜːnʌp | *s.c.* 1 vuelta. 2

(fam.) pelea, trifulca. || *adj.* 3 nariz respingona. 4 alto.

turpentine | 'tɜːpəntaɪn | *s.i.* trementina.

turpitude | 'tɜːpɪtjuːd | *s.i.* bajeza, vileza.

turps | tɜːps | *s.i.* trementina, aguarrás.

turquoise | 'tɜːkwɔɪz | *adj.* y *s.i.* turquesa.

turtle | 'tɜːtl | *s.c.* 1 tortuga marina. || *v.i.* 2 cazar tortugas.

turtledove | 'tɜːtldʌv | *s.c.* tórtola.

tusk | tʌsk | *s.c.* 1 colmillo. 2 espiga.

tussle | 'tʌsl | *s.c.* 1 pelea, riña. || *v.i.* 2 pelearse.

tussock | 'tʌsək | *s.c.* mata de hierba.

tutelage | 'tjuːtɪlɪdʒ | *s.i.* tutela.

tutor | 'tjuːtə | *s.c.* 1 tutor, preceptor. 2 ayo. 3 método de aprendizaje. 4 tutor. || *v.t.* e *i.* 5 enseñar, instruir. 6 ser tutor de.

twaddle | 'twɒdl | *s.i.* 1 tonterías. || *v.i.* 2 decir tonterías.

twang | twæŋ | *s.i.* 1 tañido, sonido de cuerda. || *v.t.* 2 mus. puntear. 3 disparar.

tweak | twiːk | *s.c.* 1 pellizco. || *v.t.* 2 pellizcar.

tweed | twiːd | *s.i.* tejido de lana, tweed.

twelve | twelv | *num.card.* doce.

twenty | 'twentɪ | *num.ord.* veinte.

twerp | twɜːp | *s.c.* tío, imbécil.

twice | twaɪs | *adj.* dos veces.

twiddle | 'twɪdl | *s.i.* 1 vuelta. || *v.t.* 2 girar, dar vueltas.

twilight | 'twaɪlaɪt | *s.c.* 1 crepúsculo, ocaso. || *adj.* 2 crepuscular. 3 decadente.

twin | twɪn | *adj.* 1 gemelo, mellizo. || *s.c.* 2 gemelo, parecido. || *v.t.* 3 hermanar, vincular. || *v.i.* 4 dar a luz mellizos.

twine | twaɪn | *s.* 1 guita, bramante. 2 torcimiento, enredo. 3 meandro. || *v.t.* 4 retorcer, rodear. || *v.i.* 5 enroscarse.

twinge | twɪndʒ | *s.i.* 1 punzada, dolor agudo. 2 arrebato, remordimiento. || *v.t.* e *i.* 3 dar punzadas, remorder.

twinkle | 'twɪŋkl | *s.i.* 1 centelleo, guiño. || *v.i.* 2 titilar, brillar. 3 moverse rápidamente.

twin-set | 'twɪnset | (también **twinset**) *s.i.* conjunto.

twirl | twəːl | *s.i.* 1 vuelta, pirueta. ‖ *v.t.* 2 girar rápidamente, voltear. 3 atusarse. ‖ *v.i.* 4 hacer piruetas.

twist | twɪst | *s.c.* 1 retorcimiento, mecha. 2 movimiento giratorio. 3 giro, variación. 4 twist (baile). ‖ *v.t.* e *i.* 5 girar, contorsionar(se). 6 enrollar. 7 dar vueltas, serpentear. 8 distorsionar. 9 bailar el twist.

twister | 'twɪstə | *s.c.* 1 deshonesto, estafador. 2 (fam.) rompecabezas, problema difícil. 3 (EE.UU.) tornado

twit | twɪt | (fam.) *s.c.* 1 rollo. ‖ *v.t.* 2 tomar el pelo, burlarse.

twitch | twɪtʃ | *s.c.* 1 tirón, contracción. ‖ *v.t.* 2 dar un tirón, crispar. ‖ *v.i.* 3 crisparse.

twitter | 'twɪtə | *s.i.* 1 gorjeo. 2 agitación, nerviosismo. ‖ *v.i.* 3 gorjear. 4 ponerse nervioso. 5 temblar, agitarse.

two | tuː | *num.card.* dos.

twofold | 'tuːfəʊld | *adj.* 1 doble. ‖ *adv.* 2 dos veces.

two-handed | tuː'hændɪd | *adj.* de dos manos, ambidextro.

two-piece | tuː'piːs | *adj.* de dos piezas.

tycoon | taɪ'kuːn | *s.c.* magnate.

tyke | taɪk | *s.c.* 1 niño travieso, pícaro. 2 (fam.) chucho.

type | taɪp | *s.c.* 1 tipo, clase. ‖ *v.t.* 2 mecanografiar, imprimir.

typecast | 'taɪpkɑːst | *adj.* 1 encasillado. ‖ *v.t.* 2 encasillar.

typhoid | 'taɪfɔɪd | *s.i.* fiebre tifoidea

typhoon | taɪ'fuːn | *s.c.* tifón.

typical | 'tɪpɪkl | *adj.* típico.

typify | 'tɪpɪfaɪ | *v.t.* 1 simbolizar. 2 tipificar, caracterizar.

topography | tə'pɒgrəfɪ | *s.i.* topografía.

tyranny | 'tɪrənɪ | *s.c.* e *i.* tiranía.

tyre | taɪə | *s.c.* neumático.

tyro | 'taɪrəʊ | *s.c.* aprendiz, principiante.

u, U *s.c.* e *i.* 1 u, U (letra). 2 *abreviatura* de uranium, unit, united, University.

UAE I ju:eɪ'iː I (United Arab Emirates) Emiratos Arabes Unidos.

ubiquitous I juː'bɪkwɪtəs I *adj.* ubicuo.

ubiquity I juː'bɪkwətɪ I *s.i.* ubicuidad.

udder I 'ʌdə I *s.c.* ubre, mama.

UFO I juː'efəu I (Unidentified flying object) objeto volante no identificado.

ugliness I 'ʌglɪnəs I *s.i.* fealdad.

ugly I 'ʌglɪ I *adj.* 1 feo, repulsivo. 2 ofensivo, peligroso.

uh-huh I ə'hə I *interj.* (fam.) ¡ajá!.

UK I juː'keɪ I (United Kingdom) Reino Unido.

ulcer I 'ʌlsə I *s.c.* úlcera, llaga.

ulcerous I 'ʌlsərəs I *adj.* ulceroso.

ulna I 'ʌlnə I [*pl.* ulnae o ulnas] *s.c.* cúbito.

ulterior I ʌl'tɪərɪə I *adj.* 1 oculto. 2 ulterior, posterior. 3 remoto.

ultimate I 'ʌltɪmət I *adj.* 1 último, final. 2 fundamental. 3 (fam.) mayúsculo.

ultimatum I ʌltɪ'meɪtəm I [*pl.* ultimatums o ultimata] *s.c.* ultimátum.

ultramarine I ʌltrəmə'riːn I *adj.* 1 azul ultramarino. 2 ultramarino.

ultrasonic I ʌltrə'sɒnɪk I *adj.* ultrasónico.

ultraviolet I ʌltrə'vaɪələt I *adj.* ultravioleta.

ululate I 'juːljuleɪt I *v.i.* ulular, rugir.

ululation I juːljuːleɪʃn I *s.i.* ululato, aullido.

umbilical I ʌm'bɪlɪkl I *adj.* 1 umbilical. || 2 – cord, cordón umbilical.

umbilicus I ʌm'bɪlɪkəs I *s.c.* ombligo.

umbrage I 'ʌmbrɪdʒ I *s.i.* 1 resentimiento. || *s.c.* 2 insinuación, aviso.

umbrella I ʌm'brelə I *s.c.* 1 paraguas; sombrilla. 2 (fig.) protección.

umlaut I 'umlaut I *s.c.* 1 diéresis. 2 metafonía. || *v.t.* 3 modificar un sonido vocálico. 4 poner diéresis.

umpire I 'ʌmpaɪə I *s.c.* 1 árbitro. 2 juez. || *v.t* e *i.* 3 arbitrar.

umpteen I ʌmp'tiːn I *adj.* innumerables.

umpteenth I ʌmp'tiːnθ I *adj.* enésimo.

UN I juː'en I (United Nations) Naciones Unidas.

unabashed I ʌnə'bæʃt I *adj.* desenvuelto.

unable I ʌn'eɪbl I *adj.* incapaz.

unabridged I ʌnə'brɪdʒd I *adj.* íntegro.

unaccompanied I ʌnə'kʌmpənɪd I *adj.* solo, sin compañía.

unaccountable I ʌnə'kauntəbl I *adj.* inexplicable.

unaccounted I ʌnə'kauntɪd I *adj.* inexplicado, no encontrado.

unaccustomed I ʌnə'kʌstəmd I *adj.* 1 no habituado. 2 poco común.

unacknowledged I ʌnək'nɒlɪdʒd I *adj.* reconocido, ignorado.

unacquainted I ʌnə'kweɪntɪd I *adj.* [– (with)] poco familiarizado.

unaffected I ˌʌnə'fektɪd I *adj.* 1 no afectado. 2 franco.

unaided I ˌʌn'eɪdɪd I *adj.* y *adv.* sin ayuda.

un-American I ˌʌn'əmerɪkən I *adj.* antiamericano.

unanswerable I ˌʌn'ɑ:nsərəbl I *adj.* 1 incontestable. 2 irrefutable.

unappealing I ˌʌnə'pi:lɪŋ I *adj.* desagradable.

unappetizing, unappetising I ˌʌn'æ/pɪtaɪzɪŋ I *adj.* poco apetecible.

unapproachable I ˌʌnə'prəʊtʃəbl I *adj.* inaccesible.

unarguable I ˌʌn'ɑ:gjuəbl I *adj.* indisculible.

unarmed I ˌʌn'ɑ:md I *adj.* 1 desarmado. 2 sin espinos.

unashamed I ˌʌnə'ʃeɪmd I *adj.* sinvergüenza.

unasked I ˌʌn'ɑ:skt I (EE.UU. I ˌʌn'æskt I) *adj.* 1 no mencionado. 2 no invitado. ‖ *adv.* 3 voluntariamente.

unassailable I ˌʌnə'seɪləbl I *adj.* 1 inexpugnable. 2 irrebatible.

unassisted I ˌʌnə'sɪstɪd I *adj.* sin ayuda.

unassuming I ˌʌnə'sju:mɪŋ I *adj.* modesto.

unattached I ˌʌnə'tætʃt I *adj.* soltero; libre.

unauthorized I ˌʌn'ɔ:θəraɪzd I (brit.) unauthorised. *adj.* desautorizado.

unavailable I ˌʌnə'veɪləbl I *adj.* agotado; inasequible.

unaware I ˌʌnə'weə I *adj.* [– (of)] desconocedor, ajeno.

unawares I ˌʌnə'weəz I *adv.* 1 inesperadamente. ‖ 2 to catch/take somebody –, coger a alguien desprevenido.

unbalance I ˌʌn'bæləns I *v.t.* 1 desequilibrar. ‖ *s.i.* 2 desequilibrio.

unbar I ˌʌn'bɑː I *v.t.* desatrancar.

unbearable I ʌn'beərəbl I *adj.* insoportable.

unbelief I ˌʌnbɪ'li:f I *s.i.* incredulidad.

unbelievable I ˌʌnbɪ'li:vəbl I *adj.* increíble.

unbelieving I ˌʌnbɪ'li:vɪŋ I *adj.* incrédulo.

unbend I ˌʌnbend I *v.t.* e *i.* [*irr.pret.* y *p.p.* unbent] 1 suavizar(se). 2 enderezar.

unbending I ˌʌn'bendɪŋ I *adj.* inflexible.

unbiased, unbiassed I ˌʌn'baɪəst I *adj.* imparcial.

unbind I ˌʌn'baɪnd I *v.t.* [*irr.pret.* y *p.p.* unbound] desatar, soltar.

unblemished I ˌʌn'blemɪʃt I *adj.* sin tacha.

unblinking I ˌʌn'blɪŋkɪŋ I *adj.* imperturbable.

unborn I ˌʌn'bɔ:n I *adj.* 1 nonato. 2 venidero.

unbound I ˌʌn'baʊnd I 1 *pret.* y *p.p.* de unbind. ‖ *adj.* 2 suelto.

unbowed I ˌʌn'baʊd I *adj.* erguido.

unbreakable I ˌʌn'breɪkəbl I *adj.* irrompible.

unbroken I ˌʌn'brəʊkən I *adj.* 1 intacto. 2 inviolada (una ley). 3 continuo. 4 indómito.

unburden I ˌʌn'bɜ:dn I *v.t.* desahogar.

unbutton I ˌʌn'bʌtn I *v.t.* desabrochar.

uncalled-for I ˌʌn'kɔ:ldfɔ: I *adj.* innecesario.

uncanny I ʌn'kænɪ I *adj.* 1 extraño. 2 pavoroso.

uncared-for I ˌʌn'keədfɔ: I *adj.* abandonado.

unceasing I ʌn'si:sɪŋ I *adj.* incesante.

unceremonious I 'ʌnˌserɪ'məʊnjəs I *adj.* 1 descortés. 2 informal.

uncertain I ʌn'sɜ:tn I *adj.* 1 [– (of)] dudoso. 2 variable.

uncertainty I ʌn'sɜ:tntɪ I *s.c.* e *i.* incertidumbre.

unchain I ʌn'tʃeɪn I *v.t.* desencadenar, libertar.

unchallenged I ˌʌn'tʃæləndʒd I *adj.* 1 indisputable. 2 sin restricción.

unchangeable I ˌʌn'tʃeɪndʒəbl I *adj.* inmutable.

uncharacteristic I ˌʌnkæræktər'ɪstɪk I *adj.* poco característico, inusual, poco corriente, sorprendente.

uncle I 'ʌŋkl I *s.c.* tío

unclean | ʌnˈkliːn | *adj.* sucio.

unclothed | ˌʌnˈkləʊðd | *adj.* desnudo.

uncluttered | ʌnˈklʌtəd | *adj.* despejado.

uncoil | ʌnˈkɔɪl | *v.t* e *i.* desenroscar(se).

uncoloured | ʌnˈkʌləd | (EE.UU. **uncolored**) *adj.* 1 sin color. 2 imparcial.

uncomfortable | ʌnˈkʌmfətəbl | (EE.UU. | ʌnˈkʌmfərtəbl |) *adj.* 1 incómodo. 2 preocupado, molesto.

uncomplaining | ˌʌnkəmˈpleɪnɪŋ | *adj.* resignado, impasible.

uncomprehending | ʌnˌkɒmprɪˈhendɪŋ | *adj.* desconcertado, confuso.

uncompromising | ʌnˈkɒmprəmaɪzɪŋ | *adv.* intransigente, inflexible.

unconcealed | ˌʌnkənˈsiːld | *adj.* no disimulado, abierto.

uncongenial | ˌʌnkənˈdʒiːnjəl | *adj.* 1 inhóspito. 2 incompatible. 3 inadecuado.

unconnected | ˌʌnkəˈnektɪd | *adj.* 1 [− (with)] incoherente.

unconsidered | ˌʌnkənˈsɪdəd | *adj.* 1 irreflexivo. 2 inadvertido.

uncork | ʌnˈkɔːk | *v.t.* descorchar.

uncount noun | ʌnˈkaʊntˌnaʊn | *s.c.* nombre incontable.

uncouple | ʌnˈkʌpl | *v.t* desenganchar.

uncover | ʌnˈkʌvə | *v.t.e.i.* 1 descubrir. 2 desenterrar.

unction | ˈʌŋkʃn | *s.i.* 1 extremaunción. 2 halago. 3 ungüento.

uncultivated | ˌʌnˈkʌltɪveɪtɪd | *adj.* no cultivado, yermo.

uncultured | ʌnˈkʌltʃəd | *adj.* (desp.) inculto, (Am.) adocenado.

uncurl | ʌnˈkɜːl | *v.t* e *i.* enderezar(se).

uncut | ʌnˈkʌt | *adj.* 1 íntegro. 2 sin cortar. 3 en bruto.

undamaged | ʌnˈdæmɪdʒd | *adj.* intacto, indemne.

undated | ʌnˈdeɪtɪd | *adj.* sin fecha.

undecided | ˌʌndɪˈsaɪdɪd | *adj.* indeciso.

undemanding | ˌʌndɪˈmɑːndɪŋ | *adj.* 1 que requiere poco esfuerzo. 2 poco exigente.

undemonstrative | ˌʌndɪˈmɒnstrətɪv | *adj.* poco efusivo, reservado.

undeniable | ˌʌndɪˈnaɪəbl | *adj.* 1 innegable. 2 excelente.

under | ˈʌndə | *prep.* 1 debajo de, bajo. 2 menos de, inferior a. 3 conforme a. || *adv.* 4 debajo, bajo. 5 menos. || *adj.* 6 inferior. || *prefijo.* 7 [− *adj.*] poco, sub. 8 [− s.] bajo; inferior.

underarm | ˈʌndərɑːm | (también **underhand**) *adj.* 1 (euf.) de axila. || *adv.* 2 por debajo del hombro. || *s.c.* 3 axila.

underbrush | ˈʌndəbrʌʃ | *s.i.* (EE.UU.) maleza, monte bajo.

undercarriage | ˈʌndəˌkærɪdʒ | (también **landing gear**) *s.c.* 1 tren de aterrizaje. 2 chasis.

undercharge | ʌndəˈtʃɑːdʒ | *v.t* e *i.* 1 cobrar de menos. || *s.i.* 2 precio menor.

underclothes | ˈʌndəkləʊðz | (también **underclothing**) *s.pl.* ropa interior.

undercoat | ˈʌndəkəʊt | *s.c.* e *i.* base (de pintura).

undercover | ˌʌndəˈkʌvə | *adj.* 1 secreto, confidencial. || 2 − **agent**, agente secreto.

undercurrent | ˈʌndəˌkʌrənt | *s.c.* 1 corriente submarina. 2 [− (of)] contracorriente.

undercut | ʌndəˈkʌt | *v.t* [irr. pret. y p.p. **undercut**, ger. **undercutting**] 1 rebajar los precios. || *v.t* e *i.* 2 socavar. 3 cincelar.

underdeveloped | ˌʌndədɪˈveləpt | *adj.* subdesarrollado.

underdog | ˈʌndədɒg | *s.c.* poco favorecido, desamparado.

underdone | ˌʌndəˈdʌn | *adj.* poco hecho (alimento).

underemployed | ˌʌndərɪmˈplɔɪd | *adj.* 1 subempleado. 2 infrautilizado.

underestimate | ˌʌndərˈestɪmət | *v.t* e *i.* 1 infravalorar. || *v.t* 2 subestimar. || *s.i.* 3 infravaloración.

underfed | ˌʌndəˈfed | *adj.* desnutrido.

underfoot | ˌʌndəˈfʊt | *adv.* 1 en el suelo. 2 estorbando.

undergo | ˌʌndə'gəʊ | *v.t.* [*irr.pret.* underwent, *p.p.* undergone] someterse a, pasar por.

underground | ˌʌndə'graʊnd | *adv.* 1 bajo tierra. 2 clandestinamente. || | 'ʌndəgraʊnd | *adj.* 3 subterráneo. 4 no convencional. || *s.sing.* 5 [the –] (también brit. fam. tube, EE.UU. subway) metro.

undergrowth | 'ʌndəgrəʊð | *s.i.* maleza.

underhand | ˌʌndə'hænd | *adj.* 1 (desp.) poco limpio, fraudulento. || *adv* 2 solapadamente.

underlie | ˌʌndə'laɪ | *v.t.* [*irr.pret.* underlay, *p.p.* underlain] 1 subyacer, ser la base de. 2 estar debajo.

underline | 'ʌndəlaɪn | (también underscore) *v.t.* 1 subrayar. || *s.c.* 2 raya, línea.

underling | 'ʌndəlɪŋ | *s.c.* (desp.) subalterno.

underlip | 'ʌndəlɪp | *s.c.* labio inferior.

undermentioned | ˌʌndə'menʃnd | *adj.* (brit. y form.) abajo mencionado.

undermine | ˌʌndə'maɪn | *v.t.* minar.

underneath | ˌʌndə'niːə | *prep.* 1 por debajo de. || *adv.* 2 debajo, por dentro. || *s.sing.* 3 [the –] (fam.) la parte inferior. *adj.* 4 inferior.

underpants | 'ʌndəpænts | *s.pl.* calzoncillos.

underpass | 'ʌndəpɑːs | (EE.UU. | 'ʌndəpæs |) *s.c.* paso subterráneo.

underpin | ˌʌndə'pɪn | *v.t.* apuntalar, afianzar.

underpinning | ˌʌndə'pɪnɪŋ | *s.c. e i.* 1 base, soporte. 2 apuntalamiento. || 3 underpinnings, (fam.) piernas.

underplay | ˌʌndə'pleɪ | *v.t.* minimizar.

underpopulated | ˌʌndə'pɒpjuleɪtɪd | *adj.* con poca densidad de población, escasamente poblado.

underprivileged | ˌʌndə'prɪvɪlɪdʒd | *adj.* necesitado, desamparado.

underrate | ˌʌndə'reɪt | *v.t.* minusvalorar, subestimar.

underscore | ˌʌndə'skɔː | V. underline.

undersea | ˌʌndəsiː | *adj.* submarino.

under-secretary | ˌʌndə'sekrətəri | *s.c.* subsecretario.

undersell | ˌʌndə'sel | *v.t.* [*irr.pret.* y *p.p.* undersold] malvender.

undershirt | 'ʌndəʃɜːt | *s.c.* (EE.UU.) camiseta.

underside | 'ʌndəsaɪd | *s.c.* parte baja.

undersigned | ˌʌndə'saɪnd | *adj.* 1 subscrito. || *s.pl.* 2 [the –] los abajo firmantes.

undersized | ˌʌndəsaɪzd | (también undersize) *adj.* (desp.). muy pequeño.

underslung | ˌʌndəslʌŋ | *adj.* colgante.

undersold | ˌʌndə'səʊld | V. undersell.

understaffed | ˌʌndə'stɑːft | *adj.* infradotado, falto de personal.

understand | ˌʌndə'stænd | *v.* [*irr.pret.* y *pp* understood] *t. e i.* 1 entender, comprender. 2 tener entendido, inferir. 3 (generalmente pasiva) dar por sentado.

understanding | ˌʌndə'stændɪŋ | *s.i.* 1 entendimiento. 2 conocimiento. 3 [– (of)] interpretación. 4 comprensión, simpatía. 5 *s.c.* (generalmente *sing.*) 5 acuerdo, pacto. || *adj.* 6 comprensivo, tolerante. || 7 on the – that, a condición de que.

understate | ˌʌndə'steɪt | *v.t.* 1 disminuir, reducir. 2 exponer modestamente.

understatement | ˌʌndə'steɪtmənt | *s.c. e i.* juicio modesto, estimación insuficiente.

understood | ˌʌndə'stʊd | *pret.* y *p.p.* de understand.

understudy | ˌʌndə,stʌdɪ | *s.c.* 1 doble, actor sustituto. 2 suplente, sustituto.

undertake | ˌʌndə'teɪk | *v.t.* [*irr.pret.* undertook, *p.p.* undertaken] 1 acometer, iniciar. 2 [to – (to *inf.*)] prometer, comprometerse a.

undertaking | ˌʌndə'teɪkɪŋ | *s.c.* 1 tarea, exigencia. 2 promesa, compromiso. || *s.i.* 3 profesión de empresario de funeraria.

undertone | ˌʌndətəʊn | *s.c.* 1 voz

baja, sonido suave. 2 [– (of)] matiz de fondo, tono. 3 color apagado, tono mortecino.

undertow | ˈʌndətəu | s.c. e i. resaca, corriente de fondo.

undervalue | ˌʌndəˈvælju: | v.t. infravalorar, menospreciar.

underwater | ˌʌndəˈwɔ:tə | adj. 1 subacuático, submarino. || adv. 2 bajo el agua.

underway | ˌʌndəˈwei | adj. en movimiento, comenzado.

underwear | ˈʌndəweə | (también underclothes, underclothing) s.i. ropa interior, prendas íntimas.

underwent | ˌʌndəˈwent | pret. de undergo.

underworld | ˈʌndəwɜ:ld | s.sing. 1 infierno, inframundo. 2 [the –] el hampa, los bajos fondos. 3 antípodas. 4 [the –] la tierra, el mundo terrenal.

underwrite | ˈʌndərait | v.t. 1 asegurar, asumir financieramente. 2 respaldar, avalar.

underwriter | ˈʌndəˌraitə | s.c. asegurador, empresa aseguradora.

undeserved | ˌʌndɪˈzɜ:vd | adj. inmerecido, injustificado.

undesirable | ˌʌndɪˈzaiərəbl | adj. 1 indeseable. 2 inaguantable, desagradable. || s.c. 3 (desp.) persona indeseable, persona inaguantable.

undetected | ˌʌndɪˈtektɪd | adj. no detectado, inadvertido.

undeveloped | ˌʌndɪˈveləpt | adj. 1 subdesarrollado, no desarrollado. 2 inmaduro. 3 verde, poco madura. 4 no revelada, sin revelar.

undies | ˈʌndiz | s.pl. (fam.) prendas íntimas, paños menores.

undignified | ʌnˈdɪgnɪfaid | adj. 1 poco digno, indecoroso. 2 embarazoso, vergonzoso.

undiluted | ˌʌndaiˈlju:tɪd | adj. 1 puro, no adulterado. 2 no diluido, concentrado.

undischarged | ˌʌndɪsˈtʃɑ:dʒd | adj. 1 no pagado, no cargado en cuenta. 2 incumplido (deber). 3 endeudado. 4 no descargado, no desembarcado.

undisciplined | ʌnˈdɪsɪplɪnd | adj. indisciplinado, malcriado.

undisguised | ˌʌndɪsˈgaizd | adj. abierto, franco.

undismayed | ˌʌndɪsˈmeid | adj. impávido, imperterrito.

undivided | ˌʌndɪˈvaidɪd | adj. 1 indiviso, íntegro. 2 total, todo.

undo | ʌnˈdu: | v.t. [irr.pret. undid, p.p. undone] 1 desatar, desabotonar. 2 abrir, deshacer. 3 anular, destruir. 4 (generalmente pasiva) descomponer, trastornar.

undoing | ʌnˈdu:ɪŋ | s.i. 1 ruina, fracaso. 2 anulación, cancelación. 3 aflojamiento, acto de desabrochar.

undone | ʌnˈdʌn | adj. 1 desatado, desabotonado. 2 no hecho, pendiente. 3 perdido, arruinado.

undoubted | ʌnˈdautɪd | adj. indudable, incuestionable.

undress | ʌnˈdres | v.t. e i. 1 desvestir(se), desnudar(se). || s.i. 2 desnudez, falta de ropa. 3 ropa de casa, ropa informal.

undressed | ʌnˈdrest | adj. 1 desnudo, sin ropa. || 2 to get –, desnudarse, desvestirse.

undue | ʌnˈdju: | (EE.UU. | ʌnˈdu: |) adj. excesivo, innecesario.

undulate | ˈʌndjuleit | (EE.UU. | ˈʌndʒuleit |) v.i. ondular, ondear.

undying | ʌnˈdaiɪŋ | adj. eterno, indestructible.

unearned | ʌnˈɜ:nd | adj. 1 no devengado, no ganado. 2 inmerecido. || 3 – income, renta de capital.

unearth | ʌnˈɜ:θ | v.t. 1 desenterrar, excavar. 2 (fig.) desvelar, descubrir, sacar a la luz.

unearthly | ʌnˈɜ:θli | adj. 1 sobrenatural, misterioso. 2 (fam.) intempestivo, inconveniente. 3 (fam.) horrible, estruendoso.

unease | ʌnˈi:z | s.i. ansiedad, tensión.

uneasiness | ʌnˈi:zinis | s.i. inquietud, intranquilidad.

uneasy | ʌnˈi:zi | adj. 1 angustiado, nervioso. 2 inquietante, perturbador. 3 desasosegado, agitado.

uneducated | ˌʌn'edjukeɪtɪd | *adj.* inculto, iletrado.

unemotional | ˌʌnɪ'məʊʃənl | *adj.* (desp.) frío, indiferente.

unemployed | ˌʌnɪm'plɔɪd | *adj.* 1 desempleado, parado. || *s.pl.* 2 [the —] los parados, los desempleados.

unemployement | ˌʌnɪm'plɔɪmənt | *s.i.* 1 desempleo, paro. || 2 — benefit, subsidio de desempleo.

unending | ʌn'endɪŋ | *adj.* interminable, inacabable.

unequal | ʌn'iːkwəl | *adj.* 1 [— (to)] desigual, diferente. 2 (desp.) discriminatorio, desequilibrado. 3 [— (to)] inadecuado, incapaz.

unequivocal | ˌʌnɪ'kwɪvəkl | *adj.* 1 inequívoco, indudable. 2 categórico, terminante.

unerring | ʌn'ɜːrɪŋ | *adj.* infalible, seguro.

uneven | ʌn'iːvn | *adv.* 1 desigual, escabroso. 2 irregular, inconstante. 3 irregular, con altibajos. 4 desigual, injusto. 5 impar.

unevenness | ʌn'iːvnnɪs | *s.i.* 1 desigualdad, ondulación. 2 inconstancia. 3 desequilibrio, injusticia.

unexceptional | ˌʌnɪk'sepʃənl | *adj.* ordinario, vulgar.

unexciting | ˌʌnɪk'saɪtɪŋ | *adj.* aburrido, trivial.

unexpected | ˌʌnɪk'spektɪd | *adj.* 1 inesperado, accidental. || *s.i.* 2 [the —] acontecimiento inesperado.

unexpectedness | ˌʌnɪk'spektɪdnɪs | *s.i.* casualidad, accidente.

unfailing | ʌn'feɪlɪŋ | *adj.* 1 continuo, inagotable. 2 infalible.

unfair | ʌn'feə | *adj.* 1 injusto, indebido. 2 parcial, exagerado. 3 no equitativo, desigual. 4 desleal, poco ético. 5 sucio.

unfaithful | ʌn'feɪθful | *adj.* 1 infiel, adúltero. 2 desleal, no cumplidor.

unfamiliar | ˌʌnfə'mɪljə | *adj.* 1 desconocido, extraño. 2 [— (with)] ignorante, poco familiarizado.

unfasten | ʌn'fɑːsn | *v.t.* e *i.* desabrochar, desatar.

unfeeling | ʌn'fiːlɪŋ | *adj.* insensible, despiadado.

unfeigned | ʌn'feɪnd | *adj.* genuino, auténtico.

unfettered | ʌn'fetəd | *adj.* libre, exento.

unfinished | ʌn'fɪnɪʃ | *adj.* inacabado, inconcluso.

unfit | ʌn'fɪt | *adj.* 1 en baja forma, poco saludable. 2 [— (for)] poco cualificado, inapropiado. || *v.t.* e *i.* 3 Incapacitar, inhabilitar

unflagging | ʌn'flægɪŋ | *adj.* incansable, incesante.

unflappable | ʌn'flæpəbl | *adj.* (brit. y fam.) inmutable, flemático.

unflattering | ʌn'flætərɪŋ | *adj.* poco atractivo, poco halagador.

unflinching | ʌn'flɪntʃɪŋ | *adj.* firme, impávido.

unfold | ʌn'fəʊld | *v.t.* e *i.* 1 desdoblar(se), desenrollar(se). 2 clarificar(se), descubrir(se).

unforeseen | ˌʌnfɔː'siːn | *adj.* inesperado, repentino.

unforgettable | ˌʌnfə'getəbl | *adj.* inolvidable.

unforgivable | ˌʌnfə'gɪvəbl | *adj.* imperdonable, inexcusable.

unforgiving | ˌʌnfə'gɪvɪŋ | *adj.* implacable, inhumano.

unformed | ʌn'fɔːmd | *adj.* 1 inmaduro. 2 imperfecto, informe.

unfortunate | ʌn'fɔːtʃnət | *adj.* 1 infeliz, desdichado. 2 desafortunado, desastroso. 3 rudo, falto de tacto. || *s.c.* 4 desgraciado, desafortunado.

unfounded | ʌn'faundɪd | *adj.* 1 infundado, sin base. 2 no establecido.

unfreeze | ʌn'friːz | *v.* [irr.pret. unfroze, *p.p.* unfrozen] *t.* e *i.* 1 descongelar, deshelar. || *t.* 2 liberar. 3 descongelar (salarios, precios).

unfrequented | ˌʌnfrɪ'kwentɪd | *adj.* desierto, solitario.

unfriendly | ʌn'frendlɪ | *adj.* 1 poco

amistoso, hostil. 2 desfavorable, poco propicio.

unfruitful | ʌn'fruːtful | adj. 1 infructuoso, ineficaz. 2 yermo, infecundo.

unfulfilled | ʌnful'fild | adj. 1 incumplido, no cumplido. 2 insatisfecho, frustrado.

unfurl | ʌn'fɜːl | v.t. desenrollar, desplegar.

ungainly | ʌn'ɡɪnlɪ | adj. torpe, patoso, desmañado.

ungenerous | ʌn'dʒenərəs | adj. 1 poco generoso, avariento. 2 falto de tacto, desconsiderado.

ungodly | ʌn'ɡɒdlɪ | adj. 1 impío, blasfemo. 2 (fam.) inverosímil, nefasto. 3 pecaminoso, vil.

ungovernable | ʌn'ɡʌvənəbl | adj. ingobernable, incontrolable.

ungracious | ʌn'ɡreɪʃəs | adj. 1 desagradable, grosero. 2 inaceptable, poco atractivo. 3 malvado, demoniaco.

ungrateful | ʌn'ɡreɪtful | adj. 1 desagradecido, ingrato. 2 desagradable, fastidioso.

unguarded | ʌn'ɡɑːdɪd | adj. 1 inoportuno, poco prudente. 2 franco, sin ambages. 3 no vigilado, vulnerable.

unhampered | ʌn'hæmpəd | adj. libre, sin trabas, sin estorbo.

unhappy | ʌn'hæpɪ | adj. 1 infeliz, triste. 2 [− (about/at)] preocupado, inquieto. 3 inoportuno, desacertado. 4 desgraciado, desafortunado.

unharmed | ʌn'hɑːmd | adj. ileso, sin daño.

unhealthy | ʌn'helɪ | adj. 1 enfermizo, poco sano. 2 insalubre, perjudicial. 3 (desp.) morboso, enfermizo.

unheard | ʌn'hɜːd | adj. desatendido, sin tomar en cuenta.

unheeded | ʌn'hiːdɪd | adj. despreciado, desatendido.

unhelpful | ʌn'helpful | adj. inútil, inservible.

unheralded | ʌn'herəldɪd | adj. no anunciado, sin previo aviso.

unhesitating | ʌn'hezɪteɪtɪŋ | adj. decidido, sin vacilación.

unhesitatingly | ʌn'hezɪteɪtɪŋlɪ | adv. decididamente, firmemente.

unhinge | ʌn'hɪndʒ | v.t. desequilibrar, alterar, trastornar.

unholiness | ʌn'həʊlɪnɪs | s.i. maldad, perversidad.

unholy | ʌn'həʊlɪ | adj. 1 perverso, impío. 2 (fam.) ultrajante, atroz. 3 preocupante, no deseable.

unhook | ʌn'huk | v.t. 1 desenganchar, descolgar. 2 desabrochar.

unhoped-for | ʌn'həʊptfɔː | adj. inesperado, casual.

unhurried | ʌn'hʌrɪd | adj. pausado, parsimonioso.

unhurt | ʌn'hɜːt | adj. ileso, indemne.

unicellular | juːnɪ'seljʊlə | adj. unicelular.

unicorn | 'juːnɪkɔːn | s.c. unicornio.

unidentified | ʌnaɪ'dentɪfaɪd | adj. 1 no identificado, poco familiar. 2 no identificado, anónimo.

unification | juːnɪfɪ'keɪʃn | s.i. unificación.

uniform | 'juːnɪfɔːm | s.c. e i. 1 uniforme. ‖ adj. 2 uniforme, idéntico; regular. ‖ v.t. 3 uniformar.

unify | 'juːnɪfaɪ | v.t. [pret y p.p. unified] 1 unificar, unir. 2 uniformar, igualar.

unilateral | juːnɪ'lætərəl | adj. unilateral.

unimaginable | ʌnɪ'mædʒɪnəbl | adj. inimaginable, inconcebible.

unimaginative | ʌnɪ'mædʒɪnətɪv | adj. poco imaginativo, falto de imaginación.

unimpaired | ʌnɪm'peəd | adj. intacto, no mermado.

unimpeachable | ʌnɪm'piːtʃəbl | adj. indudable, irreprochable.

unimpeded | ʌnɪm'piːdɪd | adj. ininterrumpido, constante.

unimportant | ʌnɪm'pɔːtənt | adj. poco importante, menor.

unimpressive | ʌnɪm'presɪv | adj. poco impresionante, trivial.

uninformed | ʌnɪn'fɔːmd | adj. 1 desinformado. 2 ignorante, inculto.

uninhabitable | ˌʌnɪn'hæbɪtəbl | *adj.* inhabitable.

uninhabited | ˌʌnɪn'hæbɪtɪd | *adj.* deshabitado, desierto.

uninhibited | ˌʌnɪn'hɪbɪtɪd | *adj.* desinhibido, sin inhibiciones.

uninitiated | ˌʌn'nɪʃɪeɪtɪd | *adj.* 1 no acostumbrado, sin experiencia. ‖ *s.pl.* 2 [the —] no iniciado, profano.

unintelligible | ˌʌnɪn'telɪdʒəbl | *adj.* ininteligible, incomprensible.

unintended | ˌʌnɪn'tendɪd | *adj.* no intencionado, involuntario.

unintentional | ˌʌnɪn'tenʃənl | *adj.* sin intención, sin querer.

uninterested | ˌʌn'ɪntrɪstɪd | *adj.* 1 [— (in)] no interesado, desinteresado. 2 falto de interés, indiferente.

uninterrupted | 'ʌnˌɪntə'rʌptɪd | *adj.* sin interrupción, continuo.

uninviting | ˌʌnɪn'vaɪtɪŋ | *adj.* 1 desagradable, poco atractivo. 2 poco apetitoso.

union | 'juːnjən | *s.c.* 1 [— v.sing./pl.] unión, asociación. 2 [— v.sing./pl.] sindicato, gremio. 3 unión, alianza. 4 unión, tuerca de unión. 5 emblema. ‖ *s.i.* 6 unión, armonía. 7 unión, matrimonio.

unionism | 'juːnjənɪzəm | *s.i.* 1 sindicalismo, gremialismo. 2 unionismo.

unique | juː'niːk | *adj.* [no *comp.*] 1 único, solo. 2 (fam.) poco corriente, extraordinario. 3 [— to] exclusivo, único.

uniqueness | juː'niːknəs | *s.i.* unidad, originalidad.

unisex | 'juːnɪseks | *adj.* unisexual.

unison | 'juːnɪzn | *s.i.* 1 armonía, concordancia. 2 unisonancia. ‖ 3 in —, simultáneamente; en armonía.

unit | 'juːnɪt | *s.c.* 1 [— v.sing./pl.] unidad. 2 [— (of)] unidad. 3 unidad, mueble. 4 lección, tema. 5 unidad, grupo (de máquinas).

unite | juː'naɪt | *v.t.* e *i.* 1 unir(se), anexionar(se). 2 casar(se). 3 [to — (in/for/against)] asociar(se), aliarse. 4 [to — (with)] reunir, combinar.

unity | 'juːnɪti | *s.c.* e *i.* 1 unidad. ‖ *s.i.*

2 unión, concordia. 3 cohesión, coherencia. 4 unidad, número uno.

universal | ˌjuːnɪ'vɜːsl | *adj.* 1 universal, cósmico. 2 general, total. ‖ *s.c.* 3 concepto universal, principio general. 4 proposición universal.

universe | 'juːnɪvɜːs | *s.c.* [the —] el universo, el mundo.

university | ˌjuːnɪ'vɜːsəti | *s.c.* e *i.* universidad.

unjust | ʌn'dʒʌst | *adj.* 1 (desp.) injusto, parcial. 2 deshonesto, desleal.

unjustifiable | ʌn'dʒʌstɪfaɪəbl | *adj.* injustificable, inexcusable.

unjustified | ʌn'dʒʌstɪfaɪd | *adj.* injustificado, infundado.

unkempt | ʌn'kempt | *adj.* 1 sucio, sin arreglar. 2 despeinado, desgreñado. 3 maleducado, rudo.

unkind | ʌn'kaɪnd | *adj.* 1 desagradable, cruel. 2 malo, inclemente.

unknown | ʌn'nəʊn | *adj.* 1 [— (to)] desconocido, no identificado. ‖ *s.c.* 2 desconocido. 3 [the —] lo misterioso, lo ignoto, lo desconocido. ‖ 4 — quantity, (fig.) incógnita.

unlace | ʌn'leɪs | *v.t.* desenlazar, desatar.

unladen | ʌn'leɪd | *adj.* sin carga, vacío.

unlawful | ʌn'lɔːfʊl | *adj.* 1 ilegal, ilícito. 2 ilegítimo.

unleash | ʌn'liːʃ | *v.t.* 1 [to — (on/upon)] (fig.) descargar, liberar. 2 desatar, dejar libre.

unleavened | ʌn'levnd | *adj.* ácimo, sin levadura.

unless | ən'les | *conj.* 1 a menos que, a no ser que, si no. ‖ *prep.* 2 excepto, salvo.

unlettered | ʌn'letəd | *adj.* 1 iletrado, ignorante. 2 analfabeto.

unlike | ʌn'laɪk | *prep.* 1 a diferencia de, no como. 2 impropio de. ‖ *adj.* 3 diferente, opuesto.

unlikely | ʌn'laɪkli | *adj.* 1 improbable, remoto. 2 inverosímil, poco creíble.

unlimited | ʌn'lɪmɪtɪd | *adj.* ilimitado, incalculable.

unlined |ʌn'laɪnd| *adj.* 1 sin forrar, sin forro. 2 sin rayar, sin rayas. 3 sin arrugas, terso.

unlit |ʌn'lɪt| *adj.* 1 apagado, no encendido. 2 oscuro, sin luz.

unload |ʌn'ləʊd| *v.t.* 1 descargar, aligerar. 2 [to — (on)] (fam.) deshacerse de, vender en grandes cantidades. ‖ *v.t.* e *i.* 3 desembarcar, descargar. 4 descargar, vaciar.

unlock |ʌn'lɒk| *v.t.* 1 abrir. 2 (fig.) descubrir, resolver. 3 dejar en libertad, desencadenar.

unlooked-for |ʌn'lʊktfɔ:| *adj.* inesperado, casual.

unloose |ʌn'lu:s| *v.t.* 1 (fig.) desencadenar, descargar. 2 soltar, desatar.

unlovable |ʌn'lʌbəbl| *adj.* antipático.

unlovely |ʌn'lʌvlɪ| *adj.* feo, desagradable.

unlucky |ʌn'lʌkɪ| *adj.* 1 desafortunado, con mala suerte. 2 nefasto, aciago. 3 decepcionante, desilusionante.

unman |ʌn'mæn| *v.t.* 1 desanimar, acobardar, acojonar. 2 castrar, emascular.

unmanly |ʌn'mænlɪ| *adj.* 1 afeminado. 2 cobarde, tímido. 3 degradante, poco honorable.

unmarked |ʌn'mɑ:kt| *adj.* 1 ileso, sin marcas. 2 sin letrero, sin identificación.

unmarried |ʌn'mærɪd| *adj.* soltero, célibe.

unmask |ʌn'mɑ:sk| (EE.UU.) |ʌn'mæsk| *v.t.* e *i.* 1 desenmascarar(se), descubrir(se). ‖ *v.t.* 2 (fig.) desenmascarar, descubrir.

unmatched |ʌn'mætʃt| *adj.* único, sin rival.

unmerciful |ʌn'mɜ:sɪfʊl| *adj.* despiadado, desalmado.

unmindful |ʌn'maɪndfʊl| *adj.* desconsiderado, olvidadizo.

unmistakable |ʌnmɪ'steɪkəbl| *adj.* inconfundible, obvio.

unmitigated |ʌn'mɪtɪgeɪtɪd| *adj.* 1 inexcusable, redomado. 2 no aliviado, no mitigado.

unmoved |ʌn'mu:vd| *adj.* 1 impasible, frío. 2 tranquilo, inalterado.

unnamed |ʌn'neɪmd| *adj.* 1 no mencionado. 2 sin nombre.

unnatural |ʌn'nætʃrəl| *adj.* 1 inusual, peculiar. 2 (desp.) antinatural, anormal. 3 insincero, afectado.

unnecessary |ʌn'nesəsərɪ| *adj.* innecesario, inútil.

unnerve |ʌn'nɜ:v| *v.t.* asustar, acobardar.

unnerving |ʌn'nɜ:vɪŋ| *adj.* alarmante, desalentador.

unnumbered |ʌn'nʌmbəd| *adj.* 1 sin número, no numerado. 2 innumerable, incontable.

unobserved |ʌnəb'zɜ:vd| *adj.* desapercibido, inadvertido.

unobtainable |ʌnəb'teɪnəbl| *adj.* inasequible.

unoccupied |ʌn'ɒkjupaɪd| *adj.* 1 desocupado, vacante. 2 despoblado, deshabitado. 3 MIL. no ocupado. 4 ocioso, sin ocupación.

unofficial |ʌnə'fɪʃl| *adj.* 1 extraoficial. 2 informal, privado.

unopened |ʌn'əʊpənd| *adj.* cerrado, sin abrir.

unpaid |ʌn'peɪd| *adj.* 1 no asalariado, no retribuido. 2 no pagado, sin pagar.

unparalleled |ʌn'pærəleld| *adj.* inigualable, sin par.

unpardonable |ʌn'pɑ:dnəbl| *adj.* imperdonable, inadmisible.

unpick |ʌn'pɪk| *v.t.* descoser.

unpleasant |ʌn'pleznt| *adj.* 1 desagradable, repugnante. 2 antipático, grosero.

unplug |ʌn'plʌg| *v.t.* desenchufar, desconectar.

unpopular |ʌn'pɒpjulə| *adj.* impopular.

unpredictable |ʌnprɪ'dɪktəbl| *adj.* 1 imprevisible, impredecible. 2 caprichoso, voluble.

unprincipled |ʌn'prɪnsəpld| *adj.* sin principios, poco ético.

unprofitable |ʌn'prɒfɪtəbl| *adj.* 1

improductivo, poco lucrativo. 2 improductivo, inútil.

unprompted | ʌn'prɒmptɪd | adj. espontáneo.

unprotected | ʌn'prə'tektɪd | adj. 1 desprotegido, desvalido. 2 descubierto, sin protección.

unprovided | ʌnprə'vaɪdɪd | adj. 1 [— with] desprovisto, desabastecido. 2 [— for] desamparado, desvalido.

unpublished | ʌn'pʌblɪʃt | adj. inédito.

unpunished | ʌn'pʌnɪʃt | adj. impune.

unqualified | ʌn'kwɒlɪfaɪd | adj. 1 no cualificado, sin licencia. 2 incompetente, inepto. 3 ilimitado, entero.

unquestioning | ʌn'kwestʃənɪŋ | adj. incondicional, ciego.

unquiet | ʌn'kaɪət | adj. 1 intranquilo, desasosegado. 2 turbulento, desordenado.

unquote | ʌn'kwəʊt | adv. 1 fin de la cita. || v.t. e i. 2 cerrar comillas.

unravel | ʌn'rævl | (brit. unravell) v.t. e i. 1 deshilar(se), deshilachar(se). || v.t. 2 desenmarañar, descifrar.

unreadable | ʌn'ri:dəbl | adj. 1 (desp.) poco útil, malo. 2 ilegible. 3 incomprensible, difícil de leer.

unreality | ʌnrɪ'ælətɪ | s.i. irrealidad.

unreasonable | ʌn'ri:znəbl | adj. 1 irrazonable, exagerado. 2 abusivo, excesivo.

unreasoning | ʌn'ri:znɪŋ | adj. irracional, ilógico.

unreel | ʌn'ri:l | v.t. e i. desenrollar, desenroscar.

unrelated | ʌnrɪ'leɪtɪd | adj. sin conexión, inconexo.

unreliable | ʌnrɪ'laɪəbl | adj. 1 poco fiable, informal. 2 que funciona mal (máquina).

unrelieved | ʌnrɪ'li:vd | adj. continuo, no mitigado.

unremarkable | ʌnrɪ'mɑ:kəbl | adj. sin importancia, corriente.

unremitting | ʌnrɪ'mɪtɪŋ | adj. persistente, incesante.

unrepeatable | ʌnrɪ'pi:təbl | adj. 1 irrepetible. 2 obsceno, ofensivo.

unrepentant | ʌnrɪ'pentənt | adj. impenitente, contumaz.

unreserved | ʌnrɪ'zɜ:vd | adj. 1 absoluto, completo. 2 sin reserva, libre. 3 candido, poco reservado.

unrest | ʌn'rest | s.i. 1 intranquilidad, inquietud. 2 disturbio, desorden.

unroll | ʌn'rəʊl | v.t. e i. 1 desenrollar(se), desplegar(se). 2 (fig.) desplegar(se), extender(se).

unruly | ʌn'ru:lɪ | adj. 1 revoltoso, rebeldo. 2 despeinado, incontrolable.

unsavory | ʌn'seɪvərɪ | (brit. unsavoury) adj. 1 despreciable, inmoral. 2 desagradable, insípido.

unsay | ʌn'seɪ | v.t. desdecirse de, retractarse de.

unscramble | ʌn'skræmbl | v.t. 1 descifrar. 2 desenredar, desenmarañar.

unscrew | ʌn'skru: | v.t. 1 desatornillar, destornillar. 2 desenroscar.

unseasonable | ʌn'si:znəbl | adj. 1 fuera de temporada. 2 a destiempo, inoportuno.

unseat | ʌn'si:t | v.t. 1 (también un-saddle) derribar, descabalgar. 2 destituir, deponer.

unseen | ʌn'si:n | adj. 1 invisible. 2 oculto, secreto. 3 inadvertido, desapercibido.

unselfish | ʌn'selfɪʃ | adj. generoso, altruista.

unsettle | ʌn'setl | v.t. 1 desazonar, trastornar. 2 desordenar, descomponer.

unsettled | ʌn'setld | adj. 1 pendiente, en suspenso. 2 incierto, indeterminado. 3 variable, inestable. 4 intranquilo, agitado. 5 revuelto, mal. 6 pendiente, no pagado. 7 despoblado, no colonizado.

unshaken | ʌn'ʃeɪkən | adj. firme, sólido.

unshockable | ʌn'ʃɒkəbl | adj. tolerante.

unskilled | ʌn'skɪld | adj. no cualificado, inexperto.

unsocial | ʌn'səʊʃl | *adj.* 1 insociable, huraño. 2 de noche.

unsound | ʌn'saund | *adj.* 1 débil, enfermizo. 2 poco sólido, defectuoso. 3 falso, insostenible.

unsparing | ʌn'speərɪŋ | *adj.* 1 generoso, pródigo. 2 incansable, infatigable. 3 despiadado, cruel.

unspoken | ʌn'spəʊkən | *adj.* 1 no expresado, no mencionado. 2 tácito.

unstable | ʌn'steɪbl | *adj.* 1 inestable, poco firme. 2 inestable, desequilibrado. 3 imprevisible, fluctuante. 4 QUIM. inestable. 5 radioactivo.

unsteady | ʌn'stedɪ | *adj.* 1 inseguro, poco firme. 2 tembloroso, no uniforme. 3 fluctuante, inconstante.

unstick | ʌn'stɪk | *v.t.* [irr.pret. y p.p. unstuck] despegar, soltar.

unstop | ʌn'stɒp | [unstopped, unstopping] *v.t.* destapar, desobstruir. 2 descorchar, destapar.

unstrap | ʌn'stræp | [unstrapped, unstrapping] *v.t.* desabrochar, quitar.

unstuck | ʌn'stʌk | *adj.* 1 flojo, suelto. ‖ 2 to come −, (fam.) despegarse, aflojarse; fracasar.

unsuited | ʌn'su:tɪd | *adj.* 1 impropio, no apto. 2 incompatible, discordante.

unsuspecting | ʌnsə'spektɪŋ | *adj.* confiado, incauto.

unsympathetic | 'ʌnsɪmpə'θetɪk | *adj.* 1 poco compasivo, indiferente. 2 [− to] hostil a, contrario a.

untangle | ʌn'tæŋgl | *v.t.* 1 desenredar, desenmarañar. 2 (fig.) desentrañar, resolver.

untenable | ʌn'tenəbl | *adj.* 1 insostenible, indefendible. 2 inhabitable, difícil de ocupar.

untested | ʌn'testɪd | *adj.* no probado, no comprobado.

unthinking | ʌn'θɪŋkɪŋ | *adj.* irreflexivo, irresponsable.

untidy | ʌn'taɪdɪ | *adj.* 1 desaliñado, desaseado. 2 desordenado, desorganizado.

until, till | ən'tɪl | *prep.* 1 hasta. ‖ *conj.* 2 hasta que. ‖ 3 up −, (fam.) hasta.

untimely | ʌn'taɪmlɪ | *adj.* 1 prematuro, intempestivo. 2 inapropiado, inoportuno. ‖ *adv.* 3 prematuramente. 4 inoportunamente, inapropiadamente.

untiring | ʌn'taɪərɪŋ | *adj.* incansable, infatigable.

unto | 'ʌntu | *prep.* 1 a, hacia, para. 2 hasta.

untouched | ʌn'tʌtʃt | *adj.* 1 intacto, indemne; íntegro, entero. 2 inconmovible, insensible.

untoward | ʌntə'wɔːd | (EE.UU.) | ʌn'tɔːd | *adj.* 1 adverso, extraño. 2 obstinado, ingobernable. 3 impropio, inadecuado.

untrue | ʌn'tru: | *adj.* 1 falso, inexacto. 2 desleal, pérfido.

untruth | ʌn'tru:θ | *s.c.* 1 mentira, calumnia. 2 infidelidad, felonía.

unusable | ʌn'ju:zəbl | *adj.* inservible, inútil.

unusual | ʌn'ju:ʒʊəl | *adj.* raro, extraordinario.

unvarnished | ʌn'vɑːnɪʃt | *adj.* 1 no barnizado. 2 sencillo, simple y llano.

unveil | ʌn'veɪl | *v.t.* 1 quitar el velo. 2 (fig.) desvelar, mostrar.

unwaged | ʌn'weɪdʒd | *adj.* (brit. y euf.) parado, desempleado.

unwelcome | ʌn'welkəm | *adj.* 1 no querido, inoportuno. 2 embarazosa, desagradable.

unwelcoming | ʌn'welkəmɪŋ | *adj.* 1 frío, hostil. 2 inhóspito, inhabitable.

unwholesome | ʌn'həʊlsəm | *adj.* 1 malsano, nocivo. 2 indecente, indeseable.

unwieldy | ʌn'wi:ldɪ | *adj.* 1 pesado, abultado. 2 ineficiente, desorganizado.

unwilling | ʌn'wɪlɪŋ | *adj.* reacio, poco dispuesto.

unwind | ʌn'waɪnd | *v.* [irr.pret. y p.p. unwound] *t. e i.* 1 desenrollar(se), desenroscar(se). ‖ *i.* 2 (fam.) relajarse, serenarse.

unwise | ʌn'waɪz | *adj.* imprudente, desatinado.

unworldly | ʌn'wɜːldlɪ | *adj.* 1 espiritual, poco realista. 2 ingenuo, sencillo.

unworthy |ʌn'wɔːθɪ| *adj.* 1 indigno. 2 inaceptable, vil.

unwritten |ʌn'rɪtn| *adj.* 1 no escrito, no registrado. 2 tradicional, oral. 3 tácito, sobreentendido. ‖ 4 – **law/rule**, derecho consuetudinario; costumbre.

up |ʌp| *adv.* 1 hacia arriba, para arriba; allá, hacia el norte. 2 en pie, de pie, derecho. 3 más, arriba, hacia arriba. 4 [to be –] levantado, en pie. 5 hasta, hacia. 6 más alto, más fuerte. 7 totalmente, absolutamente todo; en pedazos. 8 firmemente, fuertemente. 9 juntamente, en total. 10 on consideración, a relucir. ‖ *prep.* 11 en lo alto de, encima de. 12 subiendo hacia, a lo largo de. 13 contra, en contra de. 14 (brit.) hasta, hacia; en. ‖ *adj.* no *comp.* 15 ascendente, que sube. 16 en reparación, en obras; en mal estado. 17 INF. en funcionamiento, en uso. 18 levantado; erecto, erguido. 19 (fam.) inculpado, acusado. 20 (fam.) eufórico, excitado. 21 agitado, acelerado. 22 [– in/on] (fam.) informado sobre, al tanto de. 23 acabado, terminado. ‖ *v.t.* (**upped**, **upping**) (fam.) 24 subir, incrementar. ‖ *v.i.* 25 ponerse de repente a, actuar con rapidez. ‖ 26 **not – to much**, (fam.) no muy bueno, nada especial. 27 **upped**, de repente, sin más. 28 **ups and downs**, altibajos, peripecias. 29 – **yours!**, ¡vete al cuerno!.

up-and-coming |ʌpən'kʌmɪŋ| *adj.* prometedor, halagüeño.

upbeat |'ʌpbiːt| *adj.* (fam.) alegre, feliz.

upbraid |ʌp'breɪd| *v.t.* recriminar, reñir.

upbringing |'ʌpˌbrɪŋɪŋ| *s.i.* educación, crianza.

upcountry |ʌp'kʌntrɪ| *adv.* 1 del interior, de tierra adentro. ‖ *adj.* 2 interior, recóndito. 3 pueblerino, del campo.

update |ʌp'deɪt| *v.t.* modernizar, actualizar; poner al día.

upend |ʌp'end| *v.t.* 1 poner boca abajo, volcar. 2 (fam.) derribar, tirar al suelo.

up-front |ʌp'frʌnt| *adj.* (fam.) directo, sin doblez.

upgrade |ʌp'greɪd| *v.t.* 1 ascender, promover. 2 mejorar. ‖ *s.c.* 3 rampa, cuesta. ‖ *adj.* 4 ascendente, en cuesta. ‖ *adv.* 5 cuesta arriba. ‖ 6 **on the –**, mejorando, prosperando.

upheaval |ʌp'hiːvl| *s.c.* e *i.* 1 cataclismo, trastorno. 2 levantamiento. 3 levantamiento (de la corteza terrestre).

uphill |ʌp'hɪl| *adj.* 1 pendiente, en cuesta. 2 arduo, penoso. ‖ *adv.* 3 cuesta arriba, pendiente arriba. 4 penosamente, con dificultad.

uphold |ʌp'həʊld| *v.t.* [*irr.pret.* y *p.p.* **upheld**] 1 mantener, defender. 2 apoyar, ratificar.

upholder |ʌp'həʊldə| *s.c.* defensor, protector.

upholster |ʌp'həʊlstə| *v.t.* tapizar.

upholstered |ʌp'həʊlstəd| *adj.* 1 tapizado. ‖ 2 **well –**, (fig.) gordinflón, cebón.

upkeep |'ʌpkiːp| *s.i.* mantenimiento, conservación.

upland |'ʌplənd| *s.c.* 1 altiplano, meseta. ‖ *adj.* 2 mesetario, del altiplano. ‖ 3 **the uplands**, las tierras altas.

uplift |ʌp'lɪft| *v.t.* 1 elevar, exaltar. 2 elevar, alzar. ‖ |'ʌplɪft| *s.i.* 3 elevación. 4 exaltación, edificación. 5 levantamiento.

uplifted |ʌp'lɪftɪd| *adj.* elevado, prominente.

uplifting |ʌp'lɪftɪŋ| *adj.* edificante, enriquecedor.

upmarket |ʌp'mɑːkɪt| *adj.* (fam.) exclusivo, caro.

upon |ə'pɒn| *prep.* 1 sobre, en, encima de. 2 después de, una vez que. 3 por. 4 y.

upper |'ʌpə| *adj.* 1 superior, de encima. 2 alto, superior. 3 interior; del norte. ‖ *s.c.* 4 pala, cara. 5 (fam.) litera superior. 6 (argot) droga estimulante.

upper-cut |'ʌpəkʌt| *s.c.* DEP. gancho.

uppermost, upmost |'ʌpəməʊst| *adj.* 1 más alto, encima. 2 obvio, principal. ‖ *adv.* 3 en primer lugar, en primera posición. 4 principalmente, predominantemente.

uppish | 'ʌpɪʃ | adj. orgulloso, presumido.

upright | 'ʌpraɪt | adj. 1 erecto, derecho. 2 vertical, de pie. 3 (fig.) honesto, responsable. || adv. 4 verticalmente, sin doblar. 5 rectamente, responsablemente. || s.c. 6 poste, viga.

uprising | 'ʌp,raɪzɪŋ | s.c. levantamiento, revuelta.

up-river | ˌʌp'rɪvə | adv. río arriba.

uproar | 'ʌprɔː | s.i. 1 alboroto, protesta. 2 controversia, debate.

uproarious | ʌp'rɔːrɪəs | adj. 1 ruidoso, bullicioso. 2 animadísimo, hilarante.

uproot | ʌp'ruːt | v.t. 1 arrancar de raíz, sacar de cuajo. 2 erradicar, extirpar. 3 (fig.) desarraigar, arrancar.

upset | 'ʌpset | v.t. [irr.pret. y p.p. upset] 1 volcar, derramar. 2 trastocar, desbaratar. 3 disgustar, acongojar. 4 alterar, poner fatal. 5 recalcar, achatar. || s.c. e i. 6 trastorno estomacal. 7 resultado inesperado. 8 recalco, tas. || adj. 9 disgustado, acongojado. 10 alterado, mal.

upshot | 'ʌpʃɒt | s.sing. resultado, conclusión.

upside-down | ˌʌpsaɪd'daun | adj. 1 al revés, invertido. 2 desordenado, confuso. || adv. 3 patas arriba.

upstage | ʌp'steɪdʒ | adj. 1 localizado al fondo del escenario. 2 (fam.) arrogante, engreído. || adv. 3 hacia el fondo del escenario. || v.t. 4 robar la escena, captar la atención. 5 (fam.) tratar con arrogancia, comportarse altaneramente.

upstairs | ʌp'steəz | adv. 1 arriba, al piso superior. 2 a nivel superior, a un puesto superior. || adj. 3 de arriba, del piso superior. || s.i. 4 [the –] el piso de arriba.

upstanding | ʌp'stændɪŋ | adj. 1 respetable, íntegro. 2 buen mozo, garboso.

upstart | 'ʌpstɑːt | s.c. 1 (desp.) arribista, nuevo rico. || adj. 2 arribista, advenedizo. 3 presuntuoso, jactancioso.

upstream | ˌʌp'striːm | adv. contra corriente, aguas arriba.

upsurge | 'ʌpsɜːdʒ | s.sing. 1 ascenso, aumento. || v.i. 2 subir vertiginosamente, incrementar.

upswing | 'ʌpswɪŋ | s.c. 1 [– (in)] subida, recuperación. 2 mejora, alza.

uptake | 'ʌpteɪk | s.sing. 1 entendimiento, comprensión. || s.c. e i. 2 captación, aceptación. || s.c. 3 tubo de ventilación, chimenea. || 4 quick on the –, muy listo, inteligente. 5 slow on the –, torpe.

uptight | 'ʌptaɪt | adj. 1 (argot) tenso, inquieto. 2 molesto, enfadado. 3 indigente, menesteroso. 4 (EE.UU.) rígido, ceremonioso.

up-to-date | ˌʌptə'deɪt | adj. 1 moderno, de última hora. 2 muy al día, muy al corriente.

upturn | 'ʌptɜːn | s.c. 1 alza, mejora. || v.t. e i. 2 volver(se) hacia arriba. 3 volcar(se), caer(se).

upturned | 'ʌptɜːnd | adj. 1 respingona, vuelta hacia arriba (nariz). 2 volcado, derribado.

upwards | 'ʌpwədz | (EE.UU. upward) adv. 1 hacia arriba, para arriba. || adj. 2 ascendente, hacia arriba. 3 ascendente, en alza. || 4 – of, (fam.) más de.

uranium | ju'reɪnjəm | s.i. uranio.

urban | 'ɜːbən | adj. urbano, de ciudad.

urbane | ɜː'beɪn | adj. educado, cortés.

urbanization | ɜːbənaɪ'zeɪʃn | s.i. urbanización.

urbanize | 'ɜːbənaɪz | (brit. urbanise) v.t. urbanizar.

urchin | 'ɜːtʃɪn | s.c. 1 rapazuelo, golfillo. 2 travieso, diablillo. 3 erizo de mar; erizo.

urea | 'juərɪə | (EE.UU.) | 'jurɪə | s.i. urea.

ureter | juə'riːtə | s.c. uréter.

urethra | juə'riːθrə | [pl. urethrae o urethras] s.c. uretra.

urge | ɜːdʒ | v.t. 1 urgir, compeler. 2 instar, exhortar. 3 [to – on] abogar, propugnar. ‖ *v.t.* e *i.* 4 obligar, impeler. ‖ *s.c.* 5 deseo, vehemencia.

urgency | ˈɜːdʒənsɪ | *s.i.* urgencia, premura.

urgent | ˈɜːdʒənt | *adj.* 1 urgente, apremiante. 2 insistente, desesperado.

urinal | juəˈraɪnl | (EE.UU.) | ˈjuərɪnl | *s.c.* 1 orinal. 2 urinario.

urinate | ˈjuərɪneɪt | *v.i.* orinar.

urine | ˈjuərɪn | *s.i.* orina, orines.

urn | ɛːn | *s.c.* 1 urna. 2 cafetera, tetera.

us | ʌs | | əs | *pron.* (o. de we). 1 nos, a nosotros, nosotros. 2 (brit. y fam.) me, a mí.

usable | ˈjuːzəbl | *adj.* usable, servible.

usage | ˈjuːsɪdʒ | ˈjuːzɪdʒ | *s.c.* e *i.* 1 uso, utilización. 2 manejo, uso. 3 costumbre, usanza.

use | juːz | *v.t.* 1 usar, aprovechar. 2 (fam.) tomar, utilizar. 3 consumir, derrochar. 4 utilizar, aprovecharse. 5 [to — o. + adv./prep.] tratar, portarse con. ‖ *v.i.* | juːst | 6 acostumbrar, soler. ‖ *s.i.* 7 [— (of)] uso, empleo. 8 usufructo, derecho de utilización. 9 utilidad. ‖ *s.c.* e *i.* 10 uso, servicio. 11 costumbre, uso. 12 liturgia, rito. ‖ 13 to have its uses, tener sus ventajas. 14 it is no —/there is no —, no vale la pena, no sirve de nada. 15 to — up, agotar, gastar.

uocd | juːst | *adj.* 1 usado, de segunda mano. 2 habituado, acostumbrado.

useful | ˈjuːsful | *adj.* 1 útil, provechoso. 2 servicial, capaz. 3 (brit. y fam.) satisfactorio, excelente. ‖ 4 to come in —, venir bien.

useless | ˈjuːslɪs | *adj.* 1 inútil, inservible. 2 vano, ineficaz. 3 incompetente, inepto.

user | ˈjuːzə | *s.c.* usuario.

user-friendly | ˈjuːzəˈfrendlɪ | *adj.* de fácil manejo.

usher | ˈʌʃə | *s.c.* 1 ujier, conserje; al-

guacil. 2 acomodador. 3 anunciador, presentador. 4 profesor auxiliar. ‖ *v.t.* 5 [to — o. + adv./prep.] acomodar, aposentar. 6 [to — in] (fig.) anunciar, ser el comienzo de.

usual | ˈjuːʒʊəl | *adj.* 1 usual, acostumbrado. ‖ 2 as —, como de costumbre, como siempre.

usurer | ˈjuːʒərə | *s.c.* usurero.

usurp | juːˈzɜːp | *v.t.* usurpar, despojar.

usury | ˈjuːʒʊrɪ | *s.i.* usura.

utensil | juːˈtensl | *s.c.* utensilio, implemento.

uterine | ˈjuːtəraɪn | *adj.* uterino, del útero.

uterus | ˈjuːtərəs | [*pl.* uteres] *s.c.* útero.

utilitarian | ˌjuːtɪlɪˈtɛərɪən | *adj.* 1 (desp.) funcional, utilitario. 2 utilitarista.

utility | juːˈtɪlɪtɪ | *s.i.* 1 utilidad, rendimiento. ‖ *s.c.* 2 servicio, prestación. ‖ 3 utilities, empresa de servicios.

utilization | ˌjuːtɪlaɪˈzeɪʃn | *s.i.* utilización, aprovechamiento.

utilize | ˈjuːtɪlaɪz | (brit.) **utilise**. *v.t.* usar, aprovechar.

utmost, uttermost | ˈʌtməʊst | *adj.* 1 sumo, máximo. ‖ *s.sing.* 2 [the —] lo sumo, lo máximo.

utopia | juːˈtəʊpjə | *s.c.* e *i.* utopía.

utopian | juːˈtəʊpjən | *adj.* y *s.c.* utópico, idealista.

utter | ˈʌtə | *adj.* 1 completo, total. ‖ *v.t.* 2 articular, proferir. 3 poner en circulación. 4 publicar, editar. 5 vender, repartir.

utterance | ˈʌtərəns | *s.i.* 1 pronunciación, expresión. ‖ *s.c.* 2 declaración, opinión. 3 fin, último suspiro.

uttermost | ˈʌtəməʊst | V. utmost.

U-turn | ˈjuːtɜːn | *s.c.* 1 viraje en U. 2 (fam. y desp.) cambio total, viraje total.

uvula | ˈjuːvjʊlə | [*pl.* uvulae o uvulas] *s.c.* úvula.

v, V | vi: | *s.c.* e *i.* 1 v, V (letra). ‖ 2 *abreviatura* de verse, very, verb, volt and volume. ‖ 3 *número romano* cinco.

vac | væk | (brit. y fam.) *abreviatura* de vacation, vacuum.

vacancy | 'veɪkənsɪ | *s.c.* 1 plaza libre, habitación disponible. 2 puesto vacante. ‖ *s.i.* 3 vaguedad.

vacant | 'veɪkənt | *adj.* 1 libre, disponible. 2 vacío, distraído.

vacate | və'keɪt | (EE.UU.) | 'veɪkeɪt | *v.t.* dejar libre.

vacation | və'keɪʃn | (EE.UU.) | veɪ/ɪkeɪʃn | *s.c.* 1 vacaciones. ‖ *s.i.* 2 desalojo. ‖ *v.i.* 3 (EE.UU.) estar de vacaciones.

vaccinate | 'væksɪneɪt | *v.t.* [to — (against)] vacunar.

vaccine | 'væksiːn | (EE.UU.) | vaek'siːn | *s.c.* e *i.* vacuna.

vacillate | 'væsɪleɪt | *v.i.* [to — (between)] vacilar, dudar.

vacua | 'vækjuə | *pl.irreg.* de vacuum.

vacuity | væ'kjuːətɪ | *s.i.* vacío, vaguedad.

vacuous | 'vækjuəs | *adj.* vacuo, superficial.

vacuum | 'vækjuəm | *s.sing.* 1 vacío. ‖ *s.c.* 2 (fam.) aspiradora. ‖ *v.t.* e *i.* 3 pasar la aspiradora.

vacuum-cleaner | 'vækjuəm,kliːnə | *s.c.* aspiradora.

vacuum-flask | 'vækjuəmflɑːsk | *s.c.* (brit.) termo.

vagabond | 'vægəbɒnd | *s.c.* vagabundo; (Am.) lambarero.

vagary | 'veɪgərɪ | *s.c.* capricho.

vagina | vədʒaɪnə | *s.c.* vagina.

vaginal | və'dʒaɪnl | *adj.* vaginal.

vagrancy | 'veɪgrənsɪ | *s.i.* vagancia; (Am.) vagabundería.

vagrant | 'veɪgrənt | *s.c.* 1 vagabundo, vago; (Am.) perdido. ‖ *adj.* 2 nómada.

vague | veɪg | *adj.* 1 vago, superficial. 2 confuso, ambiguo. 3 inseguro, indeciso. 4 ausente.

vainglory | vem'glɔːrɪ | *s.i.* vanagloria.

vainness | 'veɪnnɪs | *s.i.* vanidad.

valance | 'væləns | (también **valence**) *s.c.* cenefa.

vale | veɪl | *s.c.* valle.

valence | 'veɪləns | *s.i.* valencia.

valerian | və'lɪərɪən | *s.i.* valeriana.

valiant | 'vælɪənt | *adj.* valiente, (Am.) chirote, (Am.) agalludo.

valid | 'vælɪd | *adj.* válido, legal.

validate | 'vælɪdeɪt | *v.t.* validar.

validation | ,vælɪ'deɪʃn | *s.i.* validación.

validity | və'lɪdətɪ | *s.i.* 1 validez. 2 seriedad, firmeza.

valise | və'liːz | *s.c.* maletín.

valley | 'vælɪ | *s.c.* valle.

valour | 'vælə | (EE.UU. **valor**) *s.i.* valor, coraje.

valuable | 'væljuəbl | *adj.* 1 valioso. ‖ 2 valuables, objetos de valor.

valuation | ,vælju'eɪʃn | *s.c.* e *i.* valoración, tasación.

value | 'vælju: | *s.c. e i.* 1 valor, utilidad. || *v.t.* 2 valorar, estimar.

valuer | 'væljuə | *s.c.* tasador.

valve | vælv | *s.c.* válvula.

vamoose | və'mu:s | *v.i.* (EE.UU. y fam.) largarse.

vamp | væmp | *s.c.* 1 empella (de zapato). || *v.t.* 2 engatusar. || 3 to – something up, (fam.) renovar.

vampire | 'væmpaiə | *s.c.* vampiro.

van | væn | *s.c.* 1 furgoneta. 2 vagón.

vandal | 'vændl | *s.c.* vándalo.

vandalism | 'vændəlizəm | *s.i.* vandalismo.

vandalize | 'vændəlaiz | (también vandalise) *v.t.* destruir, destrozar.

vane | vein | *s.c.* 1 veleta. 2 aspa.

vanguard | 'vænga:d | *s.sing.* vanguardia.

vanilla | və'nilə | *s.i.* vainilla.

vanish | 'væniʃ | *v.i.* desaparecer, extinguirse, dejar de existir.

vanity | 'vænəti | *s.i.* 1 vanidad. || 2 – bag/case, neceser.

vanquish | 'væŋkwiʃ | *v.t.* vencer.

vantage | 'va:ntidʒ | (EE.UU.) | 'væntidʒ | *s.i.* situación de ventaja.

vapid | 'væpid | *adj.* insípido.

vapidity | væ'pidəti | *s.i.* 1 sosería, aburrimiento. || *s.c.* 2 estupidez.

vapor | 'veipə | V. **vapour**.

vaporize | 'veipəraiz | (también vaporise) *v.t. e i.* vaporizar.

vaporization | veipərai'zeiʃn | *s.i.* vaporización.

vaporous | 'veipərəs | *adj.* vaporoso.

vapour | 'veipə | (EE.UU. **vapor**) *s.i.* 1 vapor. 2 estado gaseoso.

variability | veəriə'biləti | *s.i.* variabilidad.

variable | 'veəriəbl | *adj. y s.c.* variable.

variance | 'veəriəns | *s.c.* disparidad.

variant | 'veəriənt | *s.c.* 1 variante, alternativa. || *adj.* 2 distinto.

variation | veəri'eiʃn | *s.c. e i.* variación, cambio.

varicose | 'værikəus | *adj.* 1 varicoso. || 2 – veins, varices.

varied | 'veərid | *pret.* y *p.p.* 1 de **vary**. || *adj.* 2 variado.

variegated | 'veərigeitid | *adj.* 1 jaspeado, multicolor. 2 diversificado.

variety | və'raiəti | *s.i.* 1 variedad. 2 (brit.) variedades, revista. || *s.c.* 3 [– (of)] tipo, especie.

various | 'veəriəs | *adj.* vario, diferente.

varnish | 'va:niʃ | *s.i.* 1 barniz. 2 (brit.) esmalte (de uñas). || *v.t.* 3 barnizar.

vary | 'veəri | *v.t. e i.* 1 variar; alterarse. || *v.t.* 2 cambiar.

vascular | 'væskjulə | *adj.* vascular.

vaoc | va:z | (EE.UU.) | veis | *s.c.* jarrón.

vasectomy | væ'sektəmi | *s.c.* vasectomía.

vaseline | 'væsili:n | *s.i.* vaselina, crema.

vassal | 'væsl | *s.c.* vasallo.

vast | va:st | *adj.* vasto, amplio.

vastness | 'va:stnis | *s.i.* amplitud.

vat | væt | *s.c.* barrica, cuba.

vault | vo:lt | *s.c.* 1 cámara acorazada (de un banco). 2 cripta. 3 bóveda. 4 sótano. || *v.i.* 5 [to – (over)] saltar (sirviéndose de las manos o pértiga).

vaulted | 'vo:ltid | *adj.* abovedado.

vaulting | 'vo:lŋ | *s.i.* 1 abovedado. || 2 – horse, plinto.

vaunt | vo:nt | *v.t.* jactarse, alardear.

veal | vi:l | *s.i.* carne de ternera.

vector | 'vektə | *s.c.* 1 vector. 2 rumbo.

veer | viə | *v.i.* 1 virar, girar. 2 cambiar, variar.

vegetable | 'vedʒtəbl | *s.c.* 1 hortaliza, legumbre, verdura. || 2 – marrow, calabacín.

vegetarian | vedʒi'teəriən | *adj. s.c.* vegetariano.

vegetate | 'vedʒiteit | *v.i.* vegetar.

vegetation | vedʒi'teiʃn | *s.i.* vegetación.

vehemence | 'vi:məns | *s.i.* vehemencia.

vehement | 'vi:mənt | *adj.* vehemente.

vehicle | 'vi:ikl | *s.c.* vehículo.

veil | veɪl | *s.c.* 1 velo. 2 halo, bruma. ‖ *v.t.* 3 ocultar, disimular.

vein | veɪn | *s.c.* 1 vena. 2 veta. 3 fibra, hebra. 4 (fig.) rasgo, sombra.

velar | 'viːlə | *adj.* velar.

veldt | velt | felt | (también **veld**) *s.sing.* llanura, páramo, sabana.

vellum | 'veləm | *s.i.* vitela, pergamino.

velocity | vɪ'lɒsətɪ | *s.i.* e *i.* velocidad.

velour | və'luə | *s.i.* fieltro.

velvet | 'velvɪt | *s.i.* terciopelo.

venality | viː'nælətɪ | *s.i.* venalidad, corrupción.

vend | vend | *v.t.* vender.

vending-machine | 'vendɪŋmætʃiːn | *s.c.* máquina expendedora.

vendor | 'vendə | *s.c.* vendedor.

veneer | və'nɪə | *s.sing.* 1 barniz, apariencia. ‖ *s.i.* 2 contrachapado.

venerable | 'venərəbl | *adj.* venerable.

venerate | 'venəreɪt | *v.t.* venerar.

veneration | ˌvenə'reɪʃn | *s.i.* veneración.

venereal | və'nɪərɪəl | *adj.* venéreo.

Venetian blind | veˌniːʃn'blaɪnd | *s.c.* persiana.

vengeance | 'vendʒəns | *s.i.* venganza.

vengeful | 'vendʒfl | *adj.* vengativo.

venial | 'viːnɪəl | *adj.* venial.

venison | 'venzn | *s.i.* carne de venado.

venom | 'venəm | *s.i.* veneno.

venomous | 'venəməs | *adj.* 1 venenoso. 2 envenenado, maligno.

venous | 'viːnəs | *adj.* venoso.

vent | vent | *s.c.* 1 respiradero. 2 orificio, escape.

ventilate | 'ventɪleɪt | *v.t.* 1 ventilar. 2 airear, soltar.

ventilation | ˌventɪ'leɪʃn | *s.i.* ventilación.

ventilator | 'ventɪleɪtə | *s.c.* ventilador.

ventricle | 'ventrɪkl | *s.c.* ventrículo.

ventriloquism | ven'trɪləkwɪzəm | *s.i.* ventriloquia.

venture | 'ventʃə | *s.c.* 1 aventura. ‖ *v.t.* e *i.* 2 aventurarse, arriesgar(se).

venue | 'venjuː | *s.c.* lugar (de un acontecimiento, reunión, etc.).

veracious | və'reɪʃəs | *adj.* veraz, sincero.

veracity | və'ræsətɪ | *s.i.* veracidad, sinceridad.

veranda | və'rændə | (también **verandah**) *s.c.* porche, terraza.

verb | vɜːb | *s.c.* verbo.

verbal | 'vɜːbl | *adj.* 1 verbal. 2 literal.

verbalize | 'vɜːbəlaɪz | (también **verbalise**) *v.t.* e *i.* expresar, decir.

verbatim | vɜː'beɪtɪm | *adv.* y *adj.* palabra por palabra, literal.

verdict | 'vɜːdɪkt | *s.c.* 1 veredicto. 2 opinión, juicio.

verge | vɜːdʒ | *s.c.* 1 borde. ‖ 2 on the – of, a punto de. 3 to – on/upon something, rozar.

verification | ˌverɪfɪ'keɪʃn | *s.i.* verificación.

verify | 'verɪfaɪ | *v.t.* comprobar.

veritable | 'verɪtəbl | *adj.* auténtico.

vermicelli | ˌvɜːmɪ'selɪ | *s.i.* fideos.

vermilion | və'mɪljən | *s.i.* 1 bermellón. ‖ *adj.* 2 bermejo.

vermin | 'vɜːmɪn | *s.pl.* 1 bichos. 2 (fig.) peste.

verminous | 'vɜːmɪnəs | *adj.* infestado.

vermouth | 'vɜːməθ | *s.i.* vermut.

vernacular | və'nækjulə | *s.c.* 1 lengua vernácula. ‖ *adj.* 2 vernáculo.

verruca | və'ruːkə | *s.c.* verruga.

versatile | 'vɜːsətaɪl | *adj.* polifacético; polivalente.

verse | vɜːs | *s.i.* 1 verso, poesía. ‖ *s.c.* 2 versículo.

versed | vɜːst | *adj.* [– (in)] versado.

versify | 'vɜːsɪfaɪ | *v.t.* e *i.* versificar.

version | 'vɜːʃn | *s.c.* versión.

versus | 'vɜːsəs | *prep.* contra, frente a.

vertebra | 'vɜːtɪbrə | *s.c.* [pl.irreg. vertebrae] vértebra.

vertebral | 'vɜːtɪbrəl | *adj.* vertebral.

vertebrate | 'vɜːtɪbrət | *adj.* y *s.c.* vertebrado.

vertex | 'vɜːteks | *s.c.* [pl. vertexes o vertices] vértice.

vertical | 'vɜ:tɪkl | *adj. y s.c.* vertical.

vertiginous | vəˈtɪdʒɪnəs | *adj.* vertiginoso.

vertigo | 'vɜ:tɪgəʊ | *s.i.* vértigo.

verve | vɜ:v | *s.i.* brío, vigor.

very | 'verɪ | *adv.* 1 muy. 2 realmente. || *adj.* 3 absoluto, mismo, del todo.

vesicle | 'vesɪkl | *s.c.* vesícula.

vessel | 'vesl | *s.c.* 1 barco, buque. 2 vaso, vasija.

vest | vest | *s.i.* 1 (brit.) camiseta. 2 (EE.UU.) chaleco.

vestal | 'vestl | *adj.* vestal.

vested | 'vestɪd | *adj.* 1 [– (in)] concedido, encomendado. || 2 interesl(s), intereses creados.

vestibule | 'vestɪbju:l | *s.c.* vestíbulo.

vestige | 'vestɪdʒ | *s.c.* vestigio.

vestry | 'vestrɪ | *s.c.* sacristía.

vet | vet | *s.c.* 1 (también veterinary surgeon) (brit. y fam.) veterinario. 2 (EE.UU. y fam.) veterano. || *v.t.* [vetted, vetted] 3 revisar, comprobar.

vetch | vetʃ | *s.i.* arveja, algarroba, (Am.) guisante.

veteran | 'vetərən | *s.c.* 1 veterano. 2 antiguo, ex-.

veterinarian | ˌvetəriˈneərɪən | *s.c.* (EE.UU.) veterinario.

veterinary | 'vetərɪnərɪ | *adj.* veterinario.

veto | 'vi:təʊ | *s.c. e i.* [pl.irreg. vetoes] 1 veto. || *v.t.* [vetoed, vetoes, vetoing] 2 vetar.

vex | veks | *v.t.* molestar.

vexation | vek'seɪʃn | *s.c. e i.* molestia.

via | 'vaɪə | *prep.* vía, a través de.

viability | ˌvaɪəˈbɪlətɪ | *s.i.* viabilidad.

viable | 'vaɪəbl | *adj.* viable, posible.

viaduct | 'vaɪədʌkt | *s.c.* viaducto.

vial | 'vaɪəl | *s.c.* frasco, ampolla.

vibes | vaɪbz | *s.pl.* (fam.) vibraciones.

vibrancy | 'vaɪbrənsɪ | *s.i.* brío.

vibrant | 'vaɪbrənt | *adj.* vibrante.

vibraphone | 'vaɪbrəfəʊn | *s.c.* vibráfono.

vibrate | vaɪ'breɪt | (EE.UU.) | 'vaɪ/breɪt | *v.i.* vibrar.

vibration | vaɪ'breɪʃn | *s.c. e i.* vibración.

vibrator | vaɪ'breɪtə | *s.c.* vibrador.

vicar | 'vɪkə | *s.c.* 1 párroco. 2 vicario.

vicarage | 'vɪkərɪdʒ | *s.c.* vicaría.

vicarious | vɪˈkeərɪəs | (EE.UU.) | vaɪˈkeərɪəs | *adj.* delegado, indirecto, sucedáneo.

vice | vaɪs | *s.c. e i.* 1 vicio. 2 (EE.UU. vise) tornillo de banco. || *prefijo* 3 vice-. 4 – versa, viceversa.

viceroy | 'vaɪsrɔɪ | *s.c.* virrey.

vicinity | vɪˈsɪnətɪ | *c.sing.* vecindad, cercanía.

vicious | 'vɪʃəs | *adj.* 1 cruel, violento. 2 vicioso. 3 salvaje, fiero.

viciousness | 'vɪʃəsnɪs | *s.i.* crueldad.

victim | 'vɪktɪm | *s.c.* víctima.

victimize | 'vɪktɪmaɪz | (también victimise) *v.t.* hacer víctima, castigar.

Victorian | vɪkˈtɔːrɪən | *adj. y s.c.* victoriano.

victorious | vɪkˈtɔːrɪəs | *adj.* victorioso.

victory | 'vɪktərɪ | *s.c. e i.* victoria.

victual | 'vɪtl | *v.t. e i.* abastecer.

video | 'vɪdɪəʊ | *s.c. e i.* 1 vídeo. || *v.t.* 2 grabar en vídeo.

vie | vaɪ | *v.i.* [ger. vying] [to – (with)] competir, disputar.

view | vju: | *s.c. e i.* 1 vista; panorama. 2 opinión. 3 visión, observación. || *v.t.* 4 ver, considerar, mirar, contemplar. || 5 to come into –, aparecer. 6 in – of, considerando. 7 on –, expuesto.

viewer | 'vju:ə | *s.c.* televidente, espectador.

viewpoint | 'vju:pɔɪnt | *s.c.* 1 opinión. 2 mirador.

vigil | 'vɪdʒɪl | *s.c.* vigilia, guardia.

vigilance | 'vɪdʒɪləns | *s.i.* vigilancia.

vigilant | 'vɪdʒɪlənt | *adj.* vigilante.

vigilante | ˌvɪdʒɪˈlæntɪ | *s.c.* vigilante.

vignette | vɪˈnjet | *s.c.* viñeta.

vigorous | 'vɪgərəs | *adj.* 1 vigoroso, enérgico. 2 activo, entusiasta. 3 robusto.

vigour | 'vɪgə | (EE.UU. vigor) *s.i.* energía, vigor, entusiasmo, vitalidad.

Viking | 'vaɪkɪŋ | *adj. y s.c.* vikingo.

vile | vaɪl | *adj.* vil, horrible.

vilify | 'vɪlɪfaɪ | *v.t.* vilipendiar, difamar.

villa | 'vɪlə | *s.c.* chalet, quinta.

village | 'vɪlɪdʒ | *s.c.* pueblo, aldea.

villager | 'vɪlɪdʒ | *s.c.* aldeano.

villain | 'vɪlən | *s.c.* 1 villano, malvado. 2 (fam.) criminal. 3 (fam.) canalla.

villainous | 'vɪlənəs | *adj.* malvado, perverso, vil.

villainy | 'vɪlənɪ | *s.c. e i.* villanía.

vinaigrette | ˌvɪneɪ'gret | *s.i.* vinagreta.

vindicate | 'vɪndɪkeɪt | *v.t.* vindicar, justificar.

vindictive | vɪn'dɪktɪv | *adj.* vengativo.

vindictiveness | vɪn'dɪktɪvnɪs | *s.i.* rencor.

vine | vaɪn | *s.c.* vid, parra.

vinegar | 'vɪnɪgə | *s.i.* vinagre.

vinegary | 'vɪnɪgərɪ | *adj.* avinagrado.

vineyard | 'vɪnjəd | *s.c.* viña, viñedo.

vintage | 'vɪntɪdʒ | *s.c.* 1 vendimia. 2 cosecha. ‖ *adj.* 3 selecto, de crianza (vino). 4 (fig.) de solera.

vintner | 'vɪntnə | *s.c.* vinatero.

vinyl | 'vaɪnɪl | *s.i.* vinilo.

viola | vɪ'əʊlə | *s.c.* viola.

violate | 'vaɪəleɪt | *v.t.* 1 violar, infringir. 2 invadir, perturbar.

violation | ˌvaɪə'leɪʃn | *s.c. e i.* violación, infracción, perturbación.

violator | 'vaɪəleɪtə | *s.c.* violador.

violence | 'vaɪələns | *s.i.* violencia.

violent | 'vaɪələnt | *adj.* 1 violento. 2 intenso, brutal. 3 radical, drástico. 4 chillón. 5 desapacible, tormentoso.

violet | 'vaɪələt | *adj./s.c.e i.* violeta.

violin | ˌvaɪə'lɪn | *s.c.* violín.

viper | 'vaɪpə | *s.c.* víbora.

viperish | 'vaɪpərɪʃ | *adj.* viperino.

viral | 'vaɪərəl | *adj.* vírico.

virgin | 'vɜːdʒɪn | *adj. y s.c.* virgen.

virile | 'vɪraɪl | (EE.UU.) | 'vɪrəl | *adj.* viril.

virility | vɪ'rɪlətɪ | *s.i.* virilidad.

virology | ˌvaɪə'rɒlədʒɪ | *s.i.* virología.

virtual | 'vɜːtʃuəl | *adj.* virtual, efectivo.

virtue | 'vɜːtjuː | *s.c. e i.* virtud.

virtuoso | ˌvɜːtjuː'əʊzəʊ | *s.c.* [pl. virtuosos o **virtuosi**] virtuoso.

virtuous | 'vɜːtjuəs | *adj.* virtuoso.

virulence | 'vɪrʊləns | *s.i.* virulencia.

virulent | 'vɪrʊlənt | *adj.* virulento.

virus | 'vaɪərəs | *s.c.* virus.

visa | 'viːzə | *s.c.* visado.

visage | 'vɪzɪdʒ | *s.c.* rostro.

vis-à-vis | 'viːzɑːviː | *prep.* con relación a, respecto de.

viscera | 'vɪsərə | *s.pl.* vísceras.

visceral | 'vɪsərəl | *adj.* visceral.

viscose | 'vɪskəʊz | *s.i.* viscosa.

viscosity | vɪ'skɒsətɪ | *s.i.* viscosidad.

viscount | 'vaɪkaʊnt | *s.c.* vizconde.

viscountess | 'vaɪkaʊntɪs | *s.c.* vizcondesa.

viscous | 'vɪskəs | *adj.* viscoso.

vise | vaɪs | V. **vice**.

visibility | ˌvɪzɪ'bɪlətɪ | *s.i.* visibilidad.

visible | 'vɪzəbl | *adj.* visible, obvio.

vision | 'vɪʒn | *s.i.* 1 vista. 2 visión, perspectiva. ‖ *s.c.* 3 idea, imagen.

visionary | 'vɪʒnərɪ | *s.c.* 1 visionario. ‖ *adj.* 2 imaginativo, carismático.

visit | 'vɪzɪt | *v.t.* 1 visitar. ‖ *s.c.* 2 visita, consulta. 3 viaje, estancia.

visitor | 'vɪzɪtə | *s.c.* visitante, turista.

visor | 'vaɪzə | *s.c.* visera.

visual | 'vɪzjuəl | *adj.* visual.

visualize | 'vɪzjuəlaɪz | *v.t.* (también **visualise**) visualizar.

vital | 'vaɪtl | *adj.* vital.

vitality | vaɪ'tælətɪ | *s.i.* 1 vitalidad. 2 vida, existencia.

vitamin | 'vɪtəmɪn | (EE.UU.) | 'vaɪt/əmɪn | *s.c.* vitamina.

vitiate | 'vɪʃɪeɪt | *v.t.* 1 viciar, debilitar. 2 quitar valor.

viticulture | 'vɪtɪkʌltʃə | *s.i.* viticultura.

vitreous | 'vɪtrɪəs | *adj.* vítreo.

vituperate | vɪ'tjuːpəreɪt | (EE.UU.) | vaɪ'tuːpəreɪt | *v.i.* [to — (against)] vituperar.

vivacious | vɪ'veɪʃəs | *adj.* vivaz, atractivo, alegre.

vivacity | vɪ'væsətɪ | *s.i.* vivacidad.

vivid | 'vɪvɪd | *adj.* 1 fuerte, brillante. 2 vivo, portentoso. 3 intenso.

vivisection | ˌvɪvɪˈsekʃn | s.i. vivisección.

vixen | ˈvɪksn | s.c. zorra.

vizier | vɪˈzɪə | s.c. visir.

V-neck | viːˈnek | s.c. cuello.

vocabulary | vəʊˈkæbjʊlərɪ | s.c. e i. vocabulario.

vocal | ˈvəʊkl | adj. 1 vocal. 2 gritón, ruidoso. ‖ s.c. 3 voz, canto. 4 – cords /chords, cuerdas vocales.

vocalist | ˈvəʊkəlɪst | s.c. vocalista.

vocalize | ˈvəʊkəlaɪz | (también vocalise) v.t. e i. vocalizar.

vocation | vəʊˈkeɪʃn | s.c. e i. vocación.

vocational | vəʊˈkeɪʃənl | adj. profesional.

vocative | ˈvɒkətɪv | s.c. vocativo.

vociferate | vəʊˈsɪfəreɪt | v.t. e i. vociferar.

vociferous | vəʊˈsɪfərəs | adj. vociferante.

vodka | ˈvɒdkə | s.i. vodka.

vogue | vəʊg | s.c. boga, moda.

voice | vɔɪs | s.c. 1 voz. ‖ v.t. 2 vociferar, gritar. ‖ 3 to lower one's –, bajar la voz. 4 to raise one's –, elevar la voz.

voiced | vɔɪst | adj. sonoro.

voiceless | ˈvɔɪslɪs | adj. 1 mudo, afónico. 2 sordo.

void | vɔɪd | s.c. 1 vacío, hueco. 2 sin valor. ‖ v.t. 3 evacuar (el intestino). 4 anular.

voile | vɔɪl | s.i. gasa.

volatile | ˈvɒlətaɪl | adj. inestable, volátil; imprevisible.

volatility | ˌvɒləˈtɪlɪtɪ | s.i. volatilidad.

volcanic | vɒlˈkænɪk | adj. volcánico.

volcano | vɒlˈkeɪnəʊ | s.c. [pl. volcanoes] volcán.

volition | vəʊˈlɪʃn | s.i. 1 deseo, voluntad. ‖ 2 of one's own –, por propia voluntad.

volley | ˈvɒlɪ | s.c. 1 descarga, ráfaga, salva. 2 torrente, retahíla. 3 DEP. volea. ‖ v.t. 4 DEP. volear.

volleyball | ˈvɒlɪbɔːl | s.i. balonvolea.

volt | vəʊlt | s.c. voltio.

voltage | ˈvəʊltɪdʒ | s.c. e i. voltaje.

volubility | ˌvɒljuˈbɪlɪtɪ | s.i. fluidez.

voluble | ˈvɒljʊbl | adj. 1 locuaz, (Am.) labioso. 2 entusiasta, fogoso.

volume | ˈvɒljuːm | (EE.UU.) | ˈvɒljəm | s.c. e i. volumen.

voluminous | vəˈljuːmɪnəs | adj. 1 amplio, holgado. 2 voluminoso, abundante.

voluntary | ˈvɒləntərɪ | adj. 1 voluntario. ‖ s.c. 2 MUS. solo.

volunteer | ˌvɒlənˈtɪə | s.c. voluntario.

voluptuous | vəˈlʌptʃʊəs | adj. voluptuoso.

vomit | ˈvɒmɪt | v.t. e i. 1 vomitar. ‖ s.i. 2 vómito.

vomiting | ˈvɒmɪtɪŋ | s.i. vómito, vomitona.

voodoo | ˈvuːduː | s.i. vudú.

voracious | vəˈreɪʃəs | adj. 1 voraz, insaciable. 2 (fig.) ávido.

voracity | vəˈræsətɪ | s.i. voracidad, insaciabilidad.

vortex | ˈvɔːteks | s.c. [pl. vortexes o vortices] 1 vórtice, torbellino. 2 (fig.) torbellino, vorágine.

vote | vəʊt | s.c. 1 voto, sufragio. 2 voto, votación. 3 voto, papeleta. 4 voto, votantes. 5 voto, derecho al voto. ‖ v.t. e i. [to – (for/against/on)] 6 votar. 7 votar, proponer. 8 votar. 9 nombrar/destituir cargos. 10 asignar, aprobar. 11 (fam.) proclamar, considerar. 12 [to – out] rechazar, retirar del poder.

voter | ˈvəʊtə | s.c. votante.

votive | ˈvəʊtɪv | adj. votivo.

vouch | vautʃ | v.t. 1 confirmar, hacerse responsable. ‖ 2 to – for someone, responder por. 3 to – for something, garantizar, atestiguar algo.

voucher | ˈvautʃə | s.c. 1 (brit.) vale, bono. 2 comprobante, factura.

vouchsafe | ˌvautʃˈseɪf | v.t. 1 regalar, otorgar. 2 asegurar, garantizar.

vow | vau | v.t. 1 jurar, prometer solemnemente. ‖ s.c. 2 voto, promesa solemne.

vowel | vauəl | s.c. 1 vocal. ‖ atr. 2 vocálico.

voyage | ˈvɔiidʒ | s.c. 1 viaje. ‖ v.i. 2 viajar.

voyager | ˈvɔiədʒə | s.c. viajero.

voyeur | vwɑːˈjɜː | *s.c.* voyeur, mirón.

vulcanite | ˈvʌlkənait | *s.i.* vulcanita, ebonita.

vulcanization | ˌvʌlkənaiˈzeiʃn | (también **vulcanisation**) *s.i.* vulcanización, vulcanizado.

vulcanize | ˈvʌlkənaiz | (también **vulcanise**) *v.t.* vulcanizar.

vulgar | ˈvʌlgə | *adj.* 1 vulgar, de mal gusto. 2 vulgar, obsceno. 3 vulgar, barriobajero.

vulgarity | vʌlˈgærəti | *s.i.* 1 vulgaridad, indecencia. ‖ *s.c.* 2 ordinariez, indecencia.

vulnerability | ˌvʌlnərəˈbiləti | *s.i.* vulnerabilidad, desprotección.

vulnerable | ˈvʌlnərəbl | *adj.* [– (to)] vulnerable, desprotegido.

vulpine | ˈvʌlpain | *adj.* vulpino.

vulture | ˈvʌltʃə | *s.c.* 1 (fig.) buitre, aprovechado. 2 buitre.

vulva | ˈvʌlvə | *s.c.* [*pl.* **vulvas** o **vulvae**] vulva.

W

w, W | ˈdʌblju: | s.c. e l. **1** w, W (letra). **2** abreviatura de *woct, watt,* oeste, valio.

wacky | ˈwækɪ | (también **whacky**) *adj.* (EE.UU. y fam.) tonto, chiflado.

wad | wɒd | s.c. **1** rollo, tapón. **2** fajo. **3** (brit. y fam.) bollo. ‖ *v.t.* **4** embalar, empaquetar, proteger. **5** enguatar.

wadding | ˈwɒdɪŋ | s.i. **1** guata. **2** acolchado.

waddle | ˈwɒdl | *v.i.* (desp.) moverse como un pato.

wade | weɪd | *v.t. e i.* **1** vadear. ‖ **2 to — in,** actuar con energía y determinación. **3 to — through,** (fam.) hacer un trabajo costoso. **4 wading bird,** ave zancuda. **5 wading pool,** (EE.UU.) piscina (para niños).

wader | ˈweɪdə | s.c. **1** ave zancuda. ‖ **2 waders,** botas altas de goma.

wadi | ˈwɒdɪ | s.c. lecho de un río seco.

wafer | ˈweɪfə | s.c. **1** oblea, barquillo. **2** sello (oficial). **3** hostia.

waffle | ˈwɒfl | s.c. e i. **1** bollo, buñuelo. **2** palabrería. ‖ *v.i.* **3** (brit. y fam.) meter mucha paja.

waft | wɑ:ft | (EE.UU.) | wæft | *v.i.* **1** flotar. ‖ s.c. **2** soplo, ráfaga.

wag | wæg | *v.t. e i.* [*ger.* wagging, *pret.* y *p.p.* wagged] **1** menear, agitar. **2** (fig.) murmurar. ‖ s.c. **3** meneo. **4** (fam.) guasón. ‖ **5 tongues —,** dicen las malas lenguas.

wage | weɪdʒ | s.c. **1** salario, jornal. ‖ *v.t.* **2** declarar, librar (guerras). ‖ **3 — freeze,** congelación salarial.

wage-claim | ˈweɪdʒkleɪm | s.c. demanda de mejoras salariales.

wager | ˈweɪdʒə | *v.t. e i.* **1** [to — (on)] apostar. ‖ **2** apuesta.

waggle | ˈwægl | *v.t. e i.* **1** mover. ‖ s.c. **2** movimiento.

wagon | ˈwægən | (brit. **waggon**) s.c. **1** carro. **2** (brit.) vagón. **3** (EE.UU.) carretilla.

wagon-lit | ˌwægɒnˈli: | [*pl.* wagons-lits] s.c. coche-cama.

wagtail | ˈwægteɪl | s.c. ZOOL. lavandera.

wail | weɪl | *v.i.* **1** gemir, lamentarse. ‖ s.c. **2** gemido, lamento.

wainscot | ˈweɪnskət | s.c. zócalo.

waist | weɪst | s.c. cintura, talle.

waistcoat | ˈweɪstkəut | s.c. chaleco.

waisted | ˈweɪstɪd | *adj.* entallado.

wait | weɪt | *v.t. e i.* **1** esperar. ‖ s.c. **2** espera.

waiter | ˈweɪtə | s.c. camarero.

waiting-room | ˈweɪtɪŋru:m | s.c. sala de espera.

waitress | ˈweɪtrɪs | s.c. camarera.

waive | weɪv | *v.t.* dejar sin efecto, renunciar.

wake | weɪk | *v.t. e i.* [*pret.* woke o waked, *p.p.* woken o waked] **1** despertar(se). ‖ s.c. **2** estela. **3** velatorio. ‖ **4 in one's —,** tras de sí. **5 in the — of,** como resultado de.

wakeful | ˈweɪkful | *adj.* despierto; alerta.

wakefulness | ˈweɪkfulnɪs | s.i. insomnio.

wakey wakey | ˌweɪkɪˈweɪkɪ | *interj.* (brit.) ¡despierta!

waking | ˈweɪkɪŋ | *adj.* de vigilia.

Wales | weɪlz | *s.sing.* Gales.

walk | wɔːk | *v.i.* 1 andar. ‖ *v.t.* 2 recorrer a pie. 3 acompañar. ‖ *s.c.* 4 paseo. 5 condición, tipo. ‖ *s.sing.* 6 paso, ritmo. 7 distancia a pie. 8 andares. ‖ 9 – of life, ocupación. 10 – up! – up!, pasen y vean.

walker | ˈwɔːkə | *s.c.* paseante, peatón.

walkie-talkie | ˌwɔːkɪˈtɔːkɪ | *s.c.* aparato emisor-receptor portátil.

walk-in | ˈwɔːkɪn | *adj.* (EE.UU.) 1 espacioso. 2 fácil.

walkman | ˈwɔːkmən | *s.c.* cassette con auriculares.

walk-out | ˈwɔːkaut | *s.c.* 1 abandono. 2 huelga.

walk-over | ˈwɔːkəʊvə | *s.c.* victoria fácil.

walkway | ˈwɔːkweɪ | *s.c.* pasadizo.

wall | wɔːl | *s.c.* 1 pared, muro; muralla. ‖ *v.t.* 2 amurallar. ‖ 3 to bang one's head against a brick –, darse contra un muro. 4 to – in, rodear.

wallchart | ˈwɔːltʃɑːt | *s.c.* mural.

wallet | ˈwɒlɪt | *s.c.* cartera, billetera.

wallflower | ˈwɔːlˌflaʊə | *s.c.* alhelí.

wallop | ˈwɒləp | (fam.) *v.t.* 1 golpear contundentemente. 2 [to – (at)] barrer (en el juego).

walloping | ˈwɒləpɪŋ | *s.c.* zurra.

wallow | ˈwɒləʊ | *v.i.* 1 revolcarse, sumirse. 2 zozobrar. ‖ *s.sing.* 3 inmersión. ‖ *s.c.* 4 barrizal.

wallpaper | ˈwɔːlˌpeɪpə | *s.i.* 1 papel (de pared). ‖ *v.t.* 2 empapelar.

wally | ˈwɒlɪ | *s.c.* (brit.) inútil, (Am.) maleta.

walnut | ˈwɔːlnʌt | *s.c.* e *i.* 1 nuez. 2 nogal.

walrus | ˈwɔːlrəs | *s.c.* morsa.

waltz | wɔːls | , (EE.UU.) wɔːlts | *s.c.* 1 vals. ‖ *v.t.* e *i.* 2 bailar el vals. ‖ 3 to – off, echar el guante.

wan | wɒn | *adj.* [comp. wanner, super. wannest] pálido, tenue.

wand | wɒnd | *s.c.* 1 varita mágica. 2 lápiz fotoeléctrico.

wander | ˈwɒndə | *v.t.* e *i.* 1 [to – (about)] vagar, errar, deambular. 2 serpentear. 3 [to – (from/off)] desviarse.

wandering | ˈwɒndərɪŋ | *adj.* errante.

wanderings | ˈwɒndərɪŋz | *s.pl.* andanzas.

wane | weɪn | *v.i.* 1 disminuir, decaer. 2 menguar.

wangle | ˈwæŋgl | *v.t.* [to – (into/out of)] (fam.) conseguir.

wank | wæŋk | (brit.) *v.i.* 1 masturbarse. ‖ *s.c.* 2 paja, (Am.) puñeta.

want | wɒnt | *v.t.* 1 querer, desear. 2 querer ver. 3 [to – (for)] buscar. 4 desear. ‖ *s.c.* e *i.* 5 carencia, necesidad. ‖ 6 for – of, a falta de. 7 wants, necesidades.

wanton | ˈwɒntən | *adj.* 1 inexplicable. 2 insinuante. 3 incontrolado.

war | wɔː | *s.c.* e *i.* 1 guerra. ‖ *v.i.* 2 guerrear.

warble | ˈwɔːbl | *v.i.* 1 trinar. ‖ *s.sing.* 2 trino.

ward | wɔːd | *s.c.* 1 sala, sección. 2 pupilo. ‖ 3 wards of court, niños bajo la tutela del estado.

-ward | wəd | (también -wards) *adj./adv.* hacia.

warden | ˈwɔːdn | *s.c.* 1 guarda. 2 director (instituciones académicas). 3 (EE.UU.) alcaide.

warder | ˈwɔːdə | *s.c.* (brit.) carcelero.

wardress | ˈwɔːdrɪs | *s.c.* carcelera.

wardrobe | ˈwɔːdrəʊb | *s.c.* 1 armario. 2 guardarropía.

-ware | weə | *s.i.* 1 productos, artículos. 2 cerámica, porcelana.

warehouse | ˈweəhaʊs | *s.c.* almacén.

wares | weəz | *s.pl.* baratijas.

warfare | ˈwɔːfeə | *s.i.* guerra.

warlike | ˈwɔːlaɪk | *adj.* belicoso.

warlock | ˈwɔːlɒk | *s.c.* brujo, mago.

warm | wɔːm | *adj.* 1 caliente. 2 de abrigo. 3 sincero. 4 cálido. ‖ *v.t.* e *i.* 5 calentar(se). ‖ *s.sing.* 6 calor, ambiente cálido. ‖ **7 as – as a toast**, (fam.) estar bien calentito. **8 to get –**, entrar en calor.

warm-blooded Ι ˌwɔːmˈblʌdɪd Ι *adj.* de sangre caliente.

warm-hearted Ι ˌwɔːmˈhɑːtɪd Ι *adj.* afectivo.

warmonger Ι ˈwɔːˌmʌŋgə Ι *s.c.* belicista.

warmth Ι wɔːmθ Ι *s.i.* 1 calor; abrigo. 2 entusiasmo.

warm-up Ι ˈwɔːmʌp Ι *s.c.* puesta a punto.

warn Ι wɔːn Ι *v.t.* e *i.* [to – (of/against)] avisar, advertir.

warning Ι ˈwɔːnɪŋ Ι *s.c.* advertencia.

warp Ι wɔːp Ι *v.i.* 1 alabearse, combarse. ‖ *v.t.* 2 (fig.) afectar, influir. ‖ *s.sing.* 3 alabeo. 4 alteración.

warrant Ι ˈwɒrənt Ι (EE.UU.) Ι ˈwɔːrənt Ι *s.c.* e *i.* 1 derecho, autorización. ‖ *v.t.* 2 autorizar, dar derecho. 3 garantizar.

warrantee Ι ˌwɒrənˈtiː Ι (EE.UU.) Ι ˌwɔːrənˈtiː Ι *s.c.* poseedor (de una autorización, etc.).

warrant-officer Ι ˈwɒrəntˌɒfɪsə Ι *s.c.* suboficial.

warranty Ι ˈwɒrəntɪ Ι (EE.UU.) Ι ˈwɔːrəntɪ Ι *s.c.* e *i.* garantía.

warren Ι ˈwɒrən Ι (EE.UU.) Ι ˈwɔːrən Ι *s.c.* 1 madriguera. 2 laberinto de calles.

warring Ι ˈwɔːrɪŋ Ι *adj.* enfrentado.

warrior Ι ˈwɒrɪə Ι (EE.UU.) Ι ˈwɔːrɪər Ι *s.c.* guerrero, combatiente.

warship Ι ˈwɔːʃɪp Ι *s.c.* buque de guerra.

wart Ι Ι *s.c.* verruga.

wary Ι ˈweərɪ Ι *adj.* cauto, receloso.

was Ι wɒz Ι Ι wəz Ι *pret.* de be.

wash Ι wɒʃ Ι, (EE.UU.) Ι wɔːʃ Ι *v.t.* e *i.* 1 lavar(se). 2 arrastrar (el agua). 3 [to – (against/over)] chapotear. 4 [to – (with)] convencer, colar. ‖ *s.c.* 5 lavado. ‖ *adj.* 6 (EE.UU.) lavable. ‖ **7 to – away**, arrasar, arrastrar. **8 to – up**, a) (brit.) fregar (los cacharros); b) (EE.UU.) lavarse.

washable Ι ˈwɒʃəbl Ι *adj.* lavable.

washbasin Ι ˈwɒʃˌbeɪsɪn Ι *s.c.* palangana.

washbowl Ι ˈwɒʃˌbəʊl Ι *s.c.* (EE.UU.) palangana.

washed-out Ι ˌwɒʃtˈaʊt Ι *adj.* 1 descolorido. 2 exhausto.

washed-up Ι ˌwɒʃtˈʌp Ι *adj.* (fam.) acabado, fracasado.

washer Ι ˈwɒʃə Ι (EE.UU.) Ι ˈwɔːʃər Ι *s.c.* 1 arandela. 2 (EE.UU.) lavadora.

washing Ι ˈwɒʃɪŋ Ι (EE.UU.) Ι ˈwɔːʃɪŋ Ι *s.c.* e *i.* 1 lavado. 2 ropa sucia. ‖ **3 – powder**, detergente. **4 – soda**, sosa cáustica.

washing-machine Ι ˈwɒʃɪŋməˌʃiːn Ι *s.c.* lavadora.

washing-up Ι ˈwɒʃɪŋˈʌp Ι *s.i.* (brit. y fam.) 1 fregado. 2 platos sucios.

washroom Ι ˈwɒʃrʊm Ι *s.c.* (EE.UU.) lavabo.

wasn't Ι ˈwɒznt Ι *pret.* de to be, (*contr.* de was not), V. be.

wasp Ι wɒsp Ι *s.c.* avispa.

waspish Ι ˈwɒspɪʃ Ι *adj.* mordaz.

waspishness Ι ˈwɒspɪʃnɪs Ι *s.i.* sarcasmo.

wastage Ι ˈweɪstɪdʒ Ι *s.i.* 1 derroche. 2 bajas, pérdidas.

waste Ι weɪst Ι *s.i.* 1 derroche, pérdida. 2 residuos. ‖ *v.t.* 3 [to – (on)] derrochar. 4 desperdiciar. ‖ *adj.* 5 inútil, gastado. 6 de desagüe. ‖ **7 to – away**, languidecer.

wastebasket Ι ˈweɪstbɑːskɪt Ι *s.c.* (EE.UU.) papelera.

wasted Ι ˈweɪstɪd Ι *adj.* 1 innecesario. 2 cansado, débil.

wasteful Ι ˈweɪstfʊl Ι *adj.* derrochador.

wasteland Ι ˈweɪstlænd Ι *s.c.* yermo.

wasting Ι ˈweɪstɪŋ Ι *adj.* devastador.

watch Ι wɒtʃ Ι *v.t.* e *i.* 1 mirar, observar. 2 ver (televisión, deportes, etc.). 3 vigilar, cuidar. ‖ *s.c.* 4 reloj (de pulsera). 5 vigilancia. ‖ **6 – it!**, (fam.) ten cuidado. **7 to – one's step**, (fam.) ir con tiento. **8 to – the world go by**, observar lo que pasa alrededor. **9 you –**, ya lo verás.

watchband Ι ˈwɒtʃbænd Ι *s.c.* (EE.UU.) pulsera de reloj.

watchdog Ι ˈwɒtʃdɒg Ι *s.c.* 1 perro guardián. 2 (fig.) vigilante.

watcher | ˈwɒtʃə | s.c. 1 espectador. || 2 -watcher, observador, estudioso.

watchful | ˈwɒtʃful | adj. atento.

watchmaker | ˈwɒtʃˌmeɪkə | s.c. relojero.

watchman | ˈwɒtʃmən | s.c. vigilante.

watchtower | ˈwɒtʃˌtauə | s.c. atalaya.

watchword | ˈwɒtʃwəːd | s.c. consigna.

water | ˈwɔːtə | s.i. 1 agua. || v.t. 2 regar. 3 abrevar. 4 aguar. || v.i. 5 llorar (los ojos). 6 hacerse agua (la boca). || 7 in deep −, en graves dificultades.

waterbed | ˈwɔːtəbed | s.c. colchón de agua.

water-bird | ˈwɔːtəbəːd | s.c. ave acuática.

waterborne | ˈwɔːtəbɔːn | adj. 1 transportado en barco. 2 transmitido por el agua.

water-butt | ˈwɔːtəbʌt | s.c. tubo, cañón.

water-closet | ˈwɔːtəˌklɒzɪt | s.c. lavabo.

watercolour | ˈwɔːtəˌkʌlə | (EE.UU. watercolor) s.c. acuarela.

watercourse | ˈwɔːtəkɔːs | s.c. corriente de agua, canal.

watercress | ˈwɔːtəkres | s.i. berro.

waterfall | ˈwɔːtəfɔːl | s.c. cascada.

waterfowl | ˈwɔːtəfaul | s.c. aves acuáticas.

waterfront | ˈwɔːtəfrʌnt | s.c. puerto.

waterhole | ˈwɔːtəhəul | s.c. charco.

watering-can | ˈwɔːtərɪŋkæn | s.c. regadera.

waterless | ˈwɔːtəlɪs | adj. árido.

waterlily | ˈwɔːtəˌlɪlɪ | s.c. nenúfar.

waterline | ˈwɔːtəlaɪn | s.c. línea de flotación.

waterlogged | ˈwɔːtəlɒgd | (EE.UU.) | ˈwɔːtələːgd | adj. empapado, saturado.

water-main | ˈwɔːtəmeɪn | s.c. tubería principal (del abastecimiento de agua).

water-meadow | ˈwɔːtəˌmedəu | s.c. vega.

watermelon | ˈwɔːtəˌmelən | s.c. e i. sandía.

watermill | ˈwɔːtəmɪl | s.c. molino de agua.

water-polo | ˈwɔːtəˌpəuləu | s.i. waterpolo.

water-power | ˈwɔːtəˌpauə | s.i. energía hidráulica.

waterproof | ˈwɔːtəpruːf | adj. y s.c. 1 impermeable. || v.t. 2 impermeabilizar.

water-rat | ˈwɔːtəræt | s.c. rata de agua.

waters | ˈwɔːtəz | s.pl. 1 aguas territoriales. 2 aguas medicinales.

watershed | ˈwɔːtəʃed | s.c. 1 vertiente. 2 (fig.) rumbo nuevo.

waterside | ˈwɔːtəsaɪd | s.sing. orilla.

water-ski | ˈwɔːtəskiː | s.c. esquí acuático.

water-supply | ˈwɔːtəsəˌplaɪ | s.c. e i. abastecimiento de agua.

watertight | ˈwɔːtətaɪt | adj. 1 hermético. 2 (fig.) irrecusable.

waterway | ˈwɔːtəweɪ | s.c. canal navegable.

waterwheel | ˈwɔːtəwiːl | s.c. rueda hidráulica.

water-wings | ˈwɔːtəˌwɪŋz | s.pl. flotadores.

waterworks | ˈwɔːtəwəːks | s.pl. sistema de abastecimiento de agua.

watery | ˈwɔːtərɪ | adj. 1 aguado, claro. 2 pálido. 3 húmedo.

watt | wɒt | s.c. vatio.

wattle | ˈwɒtl | s.c. e i. 1 zarzo. 2 carúncula.

wave | weɪv | s.c. 1 ola. 2 ademán, (de saludo, etc.). 3 [− (of)] oleada. 4 onda. || v.t. e i. 5 [− (at)] agitar la mano (en señal de saludo, etc.). 6 ondear. 7 ondular. || 8 to − aside, rechazar.

wavelength | ˈweɪvleŋkə | s.c. longitud de onda.

waver | ˈweɪvə | v.i. 1 desfallecer, debilitarse. 2 vacilar, dudar.

waviness | ˈweɪvɪnɪs | s.i. ondulación.

wavy | ˈweɪvɪ | adj. ondulado, curvo.

wax | wæks | s.i. 1 cera. || v.t. 2 encerar. || 3 to − and wane, brillar y extinguirse.

waxen | ˈwæksən | adj. pálido.

waxwork |'wækswə:k| *s.c.* 1 figura de cera. || 2 **waxworks**, museo de cera.

waxy |'wæksɪ| *adj.* pálido.

way |weɪ| *s.c.* 1 camino, ruta. 2 dirección. 3 manera, forma. 4 aspecto, punto de vista. 5 opción. 6 opinión, actitud. || 7 **as is the —/that's the way**, como suele suceder. 8 **by a long —**, con mucho. 9 **by the —**, a propósito. 10 **by — of**, a) modo de; b) por, vía. 11 **either —**, en cualquier caso. 12 **to get in the —**, estorbar. 13 **to give —**, ceder. 14 **in a big/small —**, a gran/pequeña escala. 15 **in a good/bad —**, en buen/mal estado. 16 **no —**, (fam.) no, ni hablar. 17 **that's the —**, estupendo, me alegro. 18 **the other — (a)round**, al revés. 19 **under —**, en proceso, realizándose. 20 **you can't have it both ways**, o una cosa o la otra.

wayward |'weɪwəd| *adj.* voluble, egoísta.

we |wi:| *pron.pers.suj.* nosotros.

weak |wi:k| *adj.* 1 débil, flojo. 2 inconsistente. 3 limitado. || 4 **a — moment**, un momento de debilidad. 5 **the —**, los débiles.

weaken |'wi:kən| *v.t.* e *i.* 1 debilitar(se). 2 ablandarse, ceder. 3 bajar, perder valor.

weakness |'wi:knɪs| *s.c.* e *i.* debilidad.

weal |wi:l| *s.c.* contusión, moratón.

wealth |welθ| *s.i.* 1 riqueza, fortuna. || *s.sing.* 2 **[— of]** abundancia de.

wealthy |'welθɪ| *adj.* 1 rico, adinerado. 2 **[— (in)]** abundante, pródigo.

wean |wi:n| *v.t.* 1 destetar. 2 **[to — (from/off)]** desacostumbrar, apartar.

weaning |'wi:nɪŋ| *s.i.* destete.

weapon |'wepən| *s.c.* arma.

weaponry |'wepənrɪ| *s.i.* armamento.

wear |weə| *v.t.* [*pret.irreg.* **wore**, *p.p.irreg.* **worn**] 1 llevar puesto, vestir.|| *v.i.* 2 gastarse, envejecer. 3 durar, aguantar. || *s.i.* 4 uso. 5 desgaste. 6 ropa.

wearable |'weərəbl| *adj.* en buen uso.

wearied |'wɪərɪd| *adj.* harto.

weariness |'wɪərɪnɪs| *s.i.* cansancio.

wearing |'wɪərɪŋ| *adj.* 1 cansado. 2 perjudicial.

weary |'wɪərɪ| *adj.* 1 cansado, exhausto. 2 aburrido. || *v.t.* e *i.* 3 cansar(se), hartar(se).

weasel |'wi:zl| *s.c.* 1 comadreja. || 2 **to — out (of)**, (EE.UU. y fam.) escurrir el bulto.

weather |'weðə| *s.i.* 1 tiempo. || *v.t.* 2 aguantar, superar. || *v.i.* 3 erosionarse, secarse, curtirse. 4 **— forecast**, pronóstico meteorológico. 5 **— station**, estación meteorológica.

weatherbeaten |'weðə,bi:tn| *adj.* curtido por el tiempo.

weathercock |'weðəkɒk| *s.c.* veleta.

weave |wi:v| *v.t.* [*pret.irreg.* **wove**, *p.p.irreg.* **woven**] 1 tejer. 2 urdir, tramar. 3 entrelazar. || *i.* [*pret.* y *p.p.* **eaved**]. 4 abrirse paso. || *s.c.* 5 tejido, textura. || 6 **to get weaving**, (brit. y fam.) aplicarse a la tarea.

weaver |'wi:və| *s.c.* tejedor.

weaving |'wi:vɪŋ| *s.i.* tejido, tejeduría.

web |web| *s.c.* 1 tejido, telaraña, red. 2 maraña. 3 membrana.

webbed |webd| *adj.* palmeado.

webbing |'webɪŋ| *s.i.* lona, cincha.

wed |wed| *v.t.* e *i.* [*pret.* y *p.p.* **wedded** o **wed**] casarse.

we'd |wɪd| *contr.* 1 we had. 2 we would.

wedding |'wedɪŋ| *s.c.* boda.

wedge |wedʒ| *s.c.* 1 cuña, calce. 2 tronco, porción. || *v.t.* 3 acuñar, calzar. 4 encajar, apretarse.

wedlock |'wedlɒk| *s.i.* matrimonio.

Wednesday |'wenzdɪ| *s.c.* e *i.* miércoles.

wee |wi:| *adj.* 1 diminuto. || *s.i.* 2 meado. || *v.i.* 3 mear.

weed |wi:d| *s.c.* 1 mala hierba. 2 ova. 3 (brit.) enclenque. 4 (fam.) tabaco. || *v.t.* e *i.* 5 quitar hierba.

week |wi:k| *s.c.* semana.

weekday |'wi:kdeɪ| *s.c.* día laborable.

weekend | ˌwiːkˈend | (EE.UU.) | ˈwiːkend | s.c. 1 fin de semana. ‖ v.i. 2 pasar el fin de semana. ‖ 3 long —, puente.

weekly | ˈwiːklɪ | adj. 1 semanal. ‖ adv. 2 semanalmente. ‖ s.c. 3 semanario.

weeny | ˈwiːnɪ | adj. (fam.) pequeñito.

weep | wiːp | [pret. y p.p.irreg. wept] i. 1 llorar. 2 rezumar. ‖ t. 3 derramar (lágrimas). ‖ s.sing. 4 llanto. ‖ 5 weeping willow, sauce llorón.

weepy | ˈwiːpɪ | adj. lloroso.

weevil | ˈwiːvɪl | s.c. gorgojo.

wee-wee | ˈwiːwiː | s.i. (fam.) orín.

weft | weft | s.c. trama, red.

weigh | weɪ | v.t e i. pesar; sopesar.

weight | weɪt | s.c. e i. 1 peso. 2 pesa. ‖ v.t. 3 pesar.

weighted | ˈweɪtɪd | adj. [— in favour of] inclinado, favorable.

weightiness | ˈweɪtɪnɪs | s.i. pesadez, seriedad, importancia.

weightless | ˈweɪtlɪs | adj. ingrávido.

weightlessness | ˈweɪtlɪsnɪs | s.i. ingravidez.

weightlifting | ˈweɪtlɪftɪŋ | s.i. levantamiento de peso.

weighty | ˈweɪtɪ | adj. 1 pesado. 2 serio, grave.

weir | wɪə | s.c. 1 vertedero. 2 dique.

weird | wɪəd | adj. extraño, peculiar.

weirdness | ˈwɪədnɪs | s.i. rareza.

weirdo | ˈwɪədəʊ | (también weirdie) s.c. (fam.) persona excéntrica.

welch | welʃ | V. welsh.

welcome | ˈwelkəm | v.t. 1 dar la bienvenida, saludar, recibir. 2 aceptar, acoger. ‖ adj. 3 bienvenido. ‖ s.c. 4 bienvenida, acogida. ‖ interj. 5 ¡bienvenido! ‖ 6 to outstay/overstay one's —, abusar de la hospitalidad. ‖ 7 you're —, no hay de qué.

welcoming | ˈwelkəmɪŋ | adj. acogedor.

weld | weld | v.t. 1 soldar. 2 unir. ‖ s.c. 3 soldadura.

welder | ˈweldə | s.c. soldador.

welfare | ˈwelfeə | s.i. 1 bienestar. 2 asistencia social. 3 (EE.UU.) fondos públicos asistenciales.

well | wel | adv. [comp. better, super. best] 1 bien. 2 totalmente. 3 [— + prep.] mucho, muy. 4 [how —] qué tal, cómo. 5 [— + adj.] ciertamente. 6 probablemente. ‖ interj. 7 bueno, vaya. ‖ adj. [comp. better, super. best] 8 bien, sano, saludable. ‖ s.c. 9 pozo. ‖ v.i. 10 [— (out/up)] fluir, manar. ‖ 11 as —, también, asimismo. 12 as — as, tanto como, al igual que. 13 — and truly, del todo, completamente. 14 — enough, bastante.

well-advised | ˌweləd'vaɪzd | adj. sensato.

well-aimed | wel'eɪmd | adj. certero.

well-balanced | wel'bælənst | adj. estable; equilibrado.

well-behaved | welbɪ'heɪvd | adj. 1 formal. 2 manso.

well-being | ˌwel'biːŋ | s.i. bienestar.

well-born | ˌwel'bɔːn | adj. de buena cuna.

well-bred | wel'bred | adj. educado.

well-brought-up | ˌwel'brɔːtʌp | adj. educado.

well-built | wel'bɪlt | adj. fornido.

well-defined | ˌweldɪ'faɪnd | adj. claro.

well-disposed | ˌweldɪ'spəʊzd | adj. favorable.

well-done | ˌwel'dʌn | adj. bien hecho, bien pasado (carne).

well-earned | ˌwel'ɜːnd | adj. merecido.

well-established | ˌwele'stæblɪʃt | adj. firme.

well-founded | ˌwel'faʊndɪd | adj. bien fundado, documentado.

well-groomed | ˌwel'gruːmd | adj. pulcro.

well-informed | ˌwelɪn'fɔːmd | adj. bien informado, instruido.

wellington | ˈwelɪŋtən | s.c. bota de goma.

well-intentioned | ˌwelɪn'tenʃnd | adj. bienintencionado, noble.

well-known | ˌwel'nəʊn | adj. bien conocido, célebre.

well-mannered |ˌwel'mænəd| *adj.* educado, culto.

well-meaning |ˌwel'miːnɪŋ| *adj.* bienintencionado, noble.

well-nigh |'welnaɪ| *adv.* casi, poco menos que.

well-off |ˌwel'ɒf| *adj.* [*comp.* better-off, *super.* best-off] 1 rico, pudiente. 2 [— (for)] bien surtido. 3 the —, los ricos.

well-oiled |ˌwel'ɔɪld| *adj.* (fam.) cargado, trompa.

well-read |ˌwel'red| *adj.* muy leído, documentado.

well-rounded |ˌwel'raundɪd| *adj.* 1 gordito, rellenito. 2 amplio, rico.

well-thought-of |ˌwel'ɵɔːtəv| *adj.* admirado, considerado.

well-thumbed |ˌwel'ɵʌmd| *adj.* manoseado, muy hojeado.

well-timed |ˌwel'taɪmd| *adj.* oportuno, a su debido tiempo.

well-to-do |ˌweltə'duː| *adj.* 1 rico, pudiente. || 2 the —, los ricos.

well-tried |ˌwel'traɪd| *adj.* experimentado, de buenos resultados.

well-turned |ˌwel'tɜːnd| *adj.* 1 escogido, favorable. 2 elegante, bien hecho.

well-versed |ˌwel'vɜːst| *adj.* [— (in)] versado, experimentado.

wellwisher |'welˌwɪʃə| *s.c.* persona amiga, leal y sincera.

well-worn |ˌwel'wɔːn| *adj.* 1 gastado, impresentable. 2 visto, sin interés.

Welsh |welʃ| *adj.* y *s.i.* galés.

welsher |'welʃə| *s.c.* deudor, incumplidor.

welt |welt| *s.c.* 1 verdugo, roncha. 2 vira.

welter |'weltə| *s.sing.* mezcla, mescolanza.

welterweight |'weltəweɪt| *s.c.* welter, peso welter.

wench |wentʃ| *s.c.* 1 chica, sirvienta. 2 puta, fulana. || *v.i.* 3 acostarse con putas.

wend |wend| *v.i.* encaminarse.

went |went| *pret.irreg.* de go.

wept |wept| *pret.irreg.* de weep.

werewolf |'wɪəwulf| *s.c.* [*pl.irreg.* werewolves] hombre lobo.

wesleyanism |'wezlɪanɪʒəm| *s.c.* metodismo.

west |west| (también West) *s.sing.* 1 oeste, occidente, poniente. || *adj.* 2 oeste, occidental. 3 de poniente. || *adv.* 4 hacia el oeste, dirección oeste.

westbound |'westbaund| *adj.* hacia el oeste, con destino al oeste.

westerly |'westəlɪ| *adj.* 1 oeste, occidental. 2 del oeste, de poniente.

western |'westən| (también Western) *adj.* 1 occidental, del oeste. || *s.c.* 2 película o novela del oeste (norteamericano).

westernmost |'westənməust| *adj.* más occidental, más al oeste.

westward |'westwəd| *adj.* 1 oeste, hacia el oeste. || *adv.* (también westwards) 2 hacia el oeste, rumbo oeste.

wet |wet| *adj.* [*comp.* wetter, *super.* wettest] 1 húmedo, mojado. 2 lluvioso. 3 fresco, reciente. 4 lloroso, cubierto de lágrimas. 5 mojado, cubierto de orines. 6 (fam.) apagado, inseguro. || *s.c.* e *i.* 7 lluvia. 8 humedad. 9 (brit. y fam.) moderado. || *v.t.* [*pret.* y *p.p.* wetted o wet] 10 humedecer. 11 mojar, orinarse.

whack |wæk| |hwˠ| (fam.) *v.t.* 1 golpear, (Am.) chicotear. || *s.c.* 2 golpe. 3 [— (at)] tentativa, intentona. 4 parte, lo que corresponde.

whacked |wækt| |hwˠ| *adj.* (fam.) exhausto, hecho polvo.

whacking |'wækɪŋ| |'hwˠ| (fam.) *s.c.* 1 zurra, paliza. || *adj.* 2 enorme, soberano. || *adv.* 3 enormemente, desmesuradamente.

whale |weɪl| |hwˠ| *s.c.* 1 ballena. || 2 to have a — of a time, (fam.) pasarlo la mar de bien.

whaler |'weɪlə| |'hwˠ| *s.c.* ballenero.

whaling |'weɪlɪŋ| |'hwˠ| *s.i.* 1 pesca de ballena. || *atr.* 2 ballenero, de ballena.

wham |wæm| |hwˠ| *interj.* 1 (fam.) izas! || *s.c.* 2 estruendo, golpe.

wharf | wɔːf | | hwˈ | s.c. [pl. wharfs o wharves] muelle, embarcadero.

what | wɒt | | hwˈ | pron.interr. 1 qué, cuál. 2 qué (en preguntas indirectas). 3 (fam.) sí, dime. 4 (fam.) cómo, ¿eh?. ‖ pron.rel. 5 lo que. ‖ adj.interr. 6 qué. ‖ adj.ind. 7 cuanto, todo cuanto. ‖ interj. 8 ¡cómo!, ¡vaya!. 9 qué. 10 bueno, veamos. ‖ adv. 11 qué. ‖ 12 guess –/do you know –, ¿te imaginas?. 13 I tell you –/I know –, (fam.) lo que yo te diga/ya sé. 14 – have you, y demás. 15 – is it?/what's the matter?, (fam.) ¿cuál es el problema?/¿qué pasa? 16 what's –, (fam.) lo principal, lo que hay que... 17 – with (something), entre (una cosa) y (la otra).

whatever | wɒtˈevə | | hwˈ | pron.ind. 1 todo lo que, cualquier cosa que. 2 pase lo que pase. 3 sea lo que sea. ‖ pron.interr. 4 qué, cuál. 5 todo, cualquier. 6 cualquiera, no importa cómo. ‖ adv. 7 absolutamente, en absoluto. ‖ 8 or –, (fam.) o algo parecido/por el estilo.

whatnot | ˈwɒtnɒt | | hwˈ | s.c. e i. 1 chisme, cualquier cosa. 2 estante, estantería. ‖ 3 and/or –, (fam.) y tal, o cosas por el estilo.

whatsoever | ˌwɒtsəʊˈevə | | hwˈ | adv. absolutamente, en absoluto.

wheat | wiːt | | hwˈ | s.i. trigo.

wheatmeal | ˈwiːtmiːl | | hwˈ | s.i. harina de trigo.

wheedle | ˈwiːdl | | hwˈ | v.t. e i. [to – (out of/into)] engatusar, convencer; sacar.

wheedling | ˈwiːdlɪŋ | | hwˈ | adj. halagador, (Am.) pechichoso.

wheel | wiːl | | hwˈ | s.c. 1 rueda. 2 volante. 3 timón. 4 torno. 5 ciclo. 6 vuelta. ‖ v.t. e i. 7 rodar, empujar. 8 girar, volverse. 9 volar en círculo. ‖ 10 at/behind the –, al volante. 11 Ferris –, noria. 12 wheels, (fam.) coche, (Am.) carro. 13 wheels within wheels, influencias, circunstancias.

wheelbarrow | ˈwiːlˌbærəʊ | | hwˈ | s.c. carretilla.

wheelchair | ˌwiːlˈtʃeə | | hwˈ | s.c. silla de ruedas.

wheeled | ˈwiːld | | hwˈ | adj. 1 (provisto) de ruedas. 2 rodado.

wheeler-dealer | ˌwiːləˈdiːlə | | hwˈ | s.c. (desp.) ventajista, intrigante, (Am.) mazamorrero.

wheeze | wiːz | | hwˈ | v.i. 1 respirar con dificultad, jadear. ‖ s.c. 2 resuello, respiración ruidosa. 3 (brit. y fam.) treta, golpe de ingenio.

wheeziness | ˈwiːzɪnɪs | | hwˈ | s.i. jadeo, dificultad respiratoria.

whelp | welp | | hwˈ | s.c. 1 cachorro. 2 trasto. ‖ v.i. 3 parir.

when | wen | | hwˈ | adv.interr. 1 cuándo. ‖ adv.rel. 2 [time/day/month/ etc. –] cuando, en que. 3 con ocasión de. ‖ conj. 4 cuando. 5 siempre que. 6 si, considerando que.

whence | wens | | hwˈ | adv., pron., conj. 1 de donde. 2 de dónde.

whenever | wenˈevə | | hwˈ | conj. 1 siempre que, cuando quiera que. ‖ adv.interr. 2 cuándo. ‖ 3 or –, (fam.) o así, o por ahí.

where | weə | | hwˈ | adv.interr. 1 dónde. ‖ adv.rel. 2 donde. ‖ conj. 3 donde.

whereabouts | ˈweərəbaʊts | | hwˈ | s.c. 1 localización, paradero, lugares que uno frecuenta. ‖ adv.interr. 2 dónde, por dónde.

whereas | weərˈæz | | hwˈ | conj. 1 pero, mientras. 2 DER. considerando que.

whereby | weəˈbaɪ | | hwˈ | adv.rel. por donde, de acuerdo con el cual.

wherefore | ˈweəfɔː | | hwˈ | adv.interr. 1 por qué. ‖ conj. 2 de ahí que, en consecuencia. ‖ 3 the whys and wherefores, las razones, el por qué y el para qué.

wherein | weərˈɪn | | hwˈ | adv.interr. 1 dónde, en qué. ‖ adv.rel. 2 en donde, en el que.

whereof | weərˈɒv | | hwˈ | adv.rel. del que, de donde.

whereupon | weərʌˈpɒn | | hwˈ |

conj. después de lo cual, como consecuencia de lo cual.

wherever |weər'evə| |hwʻ| *conj.* 1 dondequiera que, no importa dónde. ‖ *adv.interr.* 2 dónde (diablos). ‖ 3 **or –,** (fam.) o donde sea.

wherewithal |'weəwɪðɔːl| |'hwʻ| *s.sing.* (fam.) medios, recursos.

whet |wet| |hwʻ| *v.t.* [*pret.* y *p.p.* whetted, *ger.* whetting] 1 estimular, avivar. 2 afilar, amolar.

whether |'weðə| |'hwʻ| *conj.* 1 si. 2 tanto si, aunque.

whetstone |'wetstəun| |'hwʻ| *s.i.* piedra de afilar.

whew |hwuː| (también **phew**) *interj.* ¡uf!, ¡vaya!

whey |weɪ| |hwʻ| *s.i.* suero.

which |wɪtʃ| |hwʻ| *adj.interr.* 1 qué, cuál. 2 quién. ‖ *pron.rel.* 3 que, el cual, al cual. 4 lo cual. ‖ *adj.rel.* 5 que, cuyo.

whichever |wɪtʃ'evə| |hwʻ| *adj.ind.* 1 cualquier. ‖ *pron.ind.* 2 cualquiera que. ‖ *adj.* o *pron.interr.* 3 cuál.

whiff |wɪf| |hwʻ| *s.c.* 1 [**– (of)**] soplo, bocanada; chupada; olorcillo. 2 (fig.) indicio, pista.

while |waɪl| |hwʻ| *s.sing.* 1 rato, tiempo. ‖ *conj.* (también **whilst**) 2 mientras, cuando. 3 aunque, aun cuando. 4 mientras que, pero. ‖ *v.t.* 5 pasar, entretener. ‖ 6 **all the –/the whole –,** todo el tiempo, mientras tanto. 7 **to – (something) away,** pasar, entretener.

whim |wɪm| |hwʻ| *s.c.* e *i.* capricho, antojo, (Am.) retobo.

whimper |'wɪmpə| |'hwʻ| *v.i.* 1 lloriquear, quejarse. ‖ *v.t.* 2 decir lloriqueando. ‖ *s.c.* 3 lloriqueo, sollozo.

whimsical |'wɪmzɪkl| |'hwʻ| *adj.* caprichoso, extraño.

whimsy |'wɪmzɪ| |'hwʻ| (también **whimsey**) *s.c.* e *i.* capricho, antojo, (Am.) retobo.

whine |waɪn| |hwʻ| *v.i.* 1 gañir, silbar. 2 (desp.) gimotear, quejarse. ‖ *s.c.* 3 gañido, queja.

whinge |wɪndʒ| |hwʻ| *v.i.* (fam.) quejarse.

whining |'waɪnɪŋ| |'hwʻ| *s.i.* gimoteo, lloriqueo.

whinny |'wɪnɪ| |'hwʻ| *s.c.* 1 relincho. ‖ *v.i.* 2 relinchar.

whip |wɪp| |hwʻ| *s.c.* 1 látigo, zurriago. 2 (brit.) llamada a los diputados. 3 mezcla dulce de huevos y fruta. ‖ [*ger.* whipping, *pret.* y *p.p.* whipped] *v.t.* 4 dar latigazos, azotar. 5 batir. 6 (fam.) batir, barrer. 7 (brit. y fam.) quitar, birlar. 8 golpear, sacudir. 9 mover. ‖ *v.i.* 10 ondear, agitarse.

whiplash |'wɪplæʃ| |'hwʻ| *s.c.* 1 tralla. ‖ 2 **– injury,** lesión cervical.

whipped |wɪpt| |hwʻ| *adj.* batido.

whippersnapper |'wɪpəˌsnæpə| |'hwʻ| *s.c.* (fam. y desp.) carota, mequetrefe.

whippet |'wɪpɪt| |'hwʻ| *s.c.* perro lebrel.

whipping |'wɪpɪŋ| |'hwʻ| *s.c.* 1 flagelación, derrota. ‖ 2 **a – boy,** cabeza de turco. 3 **– cream,** crema batida. 4 **– top,** peonza, trompo.

whippy |'wɪpɪ| |'hwʻ| *adj.* flexible, elástico.

whip-round |'wɪpraund| |'hwʻ| *s.c.* (brit. y fam.) colecta.

whirl |wɜːl| |hwʻ| *v.t.* e *i.* 1 girar, rotar. 2 [**– (away/about)**] llevar, arrancar. 3 estar confuso o excitado. ‖ *s.c.* 4 giro, rotación. 5 ritmo vertiginoso.

whirlpool |'wɜːpuːl| |'hwʻ| *s.c.* 1 remolino, torbellino. 2 ritmo loco, espiral.

whirlwind |'wɜːlwɪnd| |'hwʻ| *s.c.* 1 torbellino, manga. ‖ *adj.* 2 de torbellino, fugaz.

whirr |wɜː| |hwʻ| (también **whir**) *v.i.* 1 zumbar, batir alas. ‖ *s.c.* 2 zumbido.

whisk |wɪsk| |hwʻ| *v.t.* 1 mover, sacudir. 2 agitar, batir. 3 [**to – (away/off)**] llevar, retirar. ‖ *s.c.* 4 batidor. 5 sacudida, movimiento. 6 escobilla.

whisker |'wɪskə| |'hwʻ| *s.c.* 1 barba, bigote. 2 patilla. ‖ 3 **by a –,** (fam.) por muy poco.

whisky |'wɪskɪ| |'hwʻ| (EE.UU. e Irlanda **whiskey**) *s.i.* 1 whisky. ‖ *s.c.* 2 whisky (vaso o copa).

whisper |ˈwɪspə| |ˈhwˈ| v.t. e i. 1 susurrar, cuchichear. 2 susurrar, murmurar. 3 insinuar, comunicar. ‖ s.c. 4 susurro, voz baja. 5 susurro, murmullo. 6 rumor.

whist |wɪst| |ˈhwˈ| s.i. whist.

whistle |ˈwɪsl| |ˈhwˈ| s.c. 1 silbido, silbo. 2 pito, silbato. ‖ v.t. e i. 3 silbar. 4 zumbar. 5 piar. 6 pitar. ‖ 7 to – for (something), (fam.) esperar sentado. 8 to wet one's –, (fam.) echar un trago.

whit |wɪt| |ˈhwˈ| s.sing. lo más mínimo, ápice.

white |waɪt| |ˈhwˈ| adj. 1 blanco. 2 [– (with)] pálido, lívido. 3 con leche. ‖ s.c. e i. 4 blanco. 5 clara. ‖ 6 – elephant, algo costoso e inútil.

whitebait |ˈwaɪtbeɪt| |ˈhwˈ| s.pl. pescaditos variados, morralla.

whitecaps |ˈwaɪtkæps| |ˈhwˈ| s.c. olas de cresta blanca.

white-collar |ˌwaɪtˈkɒlə| |ˌhwˈ| adj./atr. de cuello blanco, de oficina.

white-haired |ˌwaɪtˈheəd| |ˈhwˈ| adj. de pelo blanco, canoso.

white-hot |ˌwaɪtˈhɒt| |ˌhwˈ| adj. candente, incandescente.

whiten |ˈwaɪtn| |ˈhwˈ| v.t. e i. blanquear.

whiteness |ˈwaɪtnɪs| |ˈhwˈ| s.i. blancura, claridad.

whiteout |ˈwaɪtaut| |ˈhwˈ| s.c. nevada, luminosidad de nieve.

whitewash |ˈwaɪtwɒʃ| |ˈhwˈ| s.i. 1 cal, jalbegue. 2 maquillaje, justificación. ‖ v.t. 3 encalar, enjalbegar. 4 encubrir, justificar.

whither |ˈwɪðə| |ˈhwˈ| adv. adónde, hacia donde.

whiting |ˈwaɪtɪŋ| |ˈhwˈ| s.c. e i. 1 blanqueador, blanco. 2 pescadilla.

whitish |ˈwaɪtɪʃ| |ˈhwˈ| adj. blanquecino, blancuzco.

whittle |ˈwɪtl| |ˈhwˈ| v.t. e i. 1 modelar, cortar. ‖ 2 to – (something) away/to – away (at something), reducir, llevarse.

whizz |wɪz| |ˈhwˈ| (fam.) v.i. 1 zum-

bar, pasar zumbando. ‖ s.c. 2 zumbido. 3 [– (at)] diestro, genio.

whizz-kid |ˈwɪzkɪd| |ˈhwˈ| s.c. (fam.) joven de éxito, triunfador.

who |huː| pron.interr. 1 quién (en preguntas directas). 2 quién (en preguntas indirectas). ‖ pron.rel. 3 que, quien (en función especificativa). 4 que, quien, el cual (en función explicativa).

whoa |wəu| interj. iso!

whoever |huːˈevə| pron.ind. 1 quienquiera que, el que. 2 quienquiera que sea el que, sea quien sea quien. 3 no importa quién, independientemente de quién. ‖ pron.interr. 4 quién. ‖ 5 or –, (fam.) o quien sea.

whole |həul| adj. 1 todo, completo. 2 todo, todo a lo largo de. 3 completo, sano. ‖ s.sing. 4 todo. 5 todo, conjunto. ‖ adv. 6 entero, completamente. ‖ 7 as a –, como un todo; en general. 8 on the –, en general, en conjunto. 9 – note, (EE.UU.) redonda. 10 – number, número entero.

wholefood |ˈhəulfuːd| s.c. e i. 1 alimento integral, alimento natural. ‖ atr. 2 integral.

wholehearted |ˌhəulˈhɑːtɪd| adj. entusiasta, sin reservas.

wholemeal |ˈhəulmiːl| s.i. 1 harina integral. ‖ atr. 2 integral.

wholeness |ˈhəulnɪs| s.i. totalidad, unidad.

wholesale |ˈhəulseɪl| atr. 1 al por mayor. 2 (desp.) masivo, desmedido. ‖ adv. 3 al por mayor.

wholesaler |ˈhəulˌseɪlə| s.c. mayorista.

wholesome |ˈhəulsəm| adj. 1 sano, consciente. 2 sano, nutritivo.

wholewheat |ˈhəulwiːt| (EE.UU.) s.i. 1 harina integral. ‖ 2 integral.

wholly |ˈhəuli| adv. totalmente, absolutamente.

whom |huːm| pron.interr. 1 a quién. 2 [prep. + –] quién. ‖ pron.rel. 3 a quien, al cual. 4 a quien, al cual. 5 [prep. –] quien, el cual.

whoop |huːp| |ˈhwˈ| v.i. 1 gritar. ‖

s.c. 2 grito. ‖ 3 **to — it up**, (fam.) divertirse o celebrarlo ruidosamente. 4 whoops, iuf!, ivaya!, iay! lo siento.

whoopee |'wupɪ: | | 'hwˈ | (fam.) *interj.* 1 iyupi! ‖ *s.i.* 2 fiesta, celebración ruidosa.

whoosh | wʊʃ | (fam.) *s.sing.* 1 zumbido, bufido. ‖ *v.i.* 2 pasar zumbando. ‖ *interj.* 3 ibuf!, izas!

whop | wɒp | | 'hwˈ | *v.t.* (EE.UU. y fam.) golpear, derrotar.

whopper |'wɒpə | | 'hwˈ | (fam.) *s.c.* 1 gran mentira, (Am.) bolada. 2 pieza, ejemplar.

whopping |'wɒpɪŋ | | 'hwˈ | *adj.* (fam.) enorme, grandísimo.

whore | hɔː | *s.c.* 1 puta, prostituta.

whorehouse |'hɔːhaʊs | *s.c.* (fam.) casa de putas, burdel.

whorl | wɜːl | | 'hwˈ | *s.c.* 1 espiral, espira. 2 verticilo.

whose | huːz | *pron.interr.* 1 de quién. ‖ *pron.rel.* 2 cuyo (en función especificativa). 3 cuyo (en función explicativa).

whosoever | ˌhuːsəʊ'evə | *pron.ind.* quienquiera que, todo el que.

why | waɪ | *adv.* 1 por qué. 2 [— (not)] por qué (no). ‖ *conj.* 3 por qué. ‖ *pron.rel.* 4 [(reason) —] (razón) por la que. ‖ *interj.* 5 (EE.UU.) cómo, si. ‖ *s.c.* 6 porqué. ‖ 7 — **not**, por qué no, claro.

wick | wɪk | *s.c.* 1 mecha, pábilo. ‖ 2 **to get on one's —**, (brit. y fam.) fastidiar continuamente.

wicked |'wɪkɪd | *adj.* 1 malo, malintencionado. 2 (fig.) mordaz, retorcido. 3 (fam.) horrible, inaguantable.

wickedness |'wɪkɪdnɪs | *s.i.* malicia, crueldad.

wicker |'wɪkə | *s.i.* 1 mimbre. ‖ *atr.* 2 de mimbre.

wickerwork |'wɪkəwɜːk | *s.i.* 1 cestería, artículos de mimbre. ‖ *atr.* 2 de mimbre.

wide | waɪd | *adj.* 1 ancho. 2 amplio, extenso. 3 de ancho. 4 completamente abierto. 5 amplio, importante. 6 errado, desatinado. ‖ *adv.* 7 completamente, del todo. 8 [— (of)] lejos, desviado. ‖ 9 **open —**, de par en par.

wide-angle | ˌwaɪd'æŋgl | *adj.* de amplio espectro, de gran ángulo.

wide-awake | ˌwaɪdə'weɪk | *adj.* despierto, despabilado.

wide-eyed | ˌwaɪd'aɪd | *adj.* 1 de ojos muy abiertos. 2 inexperto, sin malear.

widely |'waɪdlɪ | *adv.* ampliamente, considerablemente.

widen |'waɪdn | *v.t.* e *i.* 1 ensanchar, extender. 2 abrir, aumentar.

wide-ranging | ˌwaɪd'reɪndʒɪŋ | *adj.* amplio, trascendente.

widespread |'waɪdspred | *adj.* amplio, difundido.

widow |'wɪdəʊ | *s.c.* 1 viuda. ‖ *v.t.* 2 [en *pas.* generalmente] enviudar, quedar viuda.

widowed |'wɪdəʊd | *adj.* viudo.

widower |'wɪdəʊə | *s.c.* viudo.

widowhood |'wɪdəʊhʊd | *s.i.* viudez, viudedad.

width | wɪdθ | *s.i.* 1 anchura, envergadura. ‖ *s.c.* 2 ancho.

widthways |'wɪdəweɪz | *adv.* a lo ancho.

wield | wiːld | *v.t.* 1 manejar, enarbolar. 2 ejercer.

wife | waɪf | *s.c.* [*pl.irreg.* **wives**] esposa, mujer.

wig | wɪg | *s.c.* peluca.

wigging |'wɪgɪŋ | *s.sing.* (brit. y fam.) regañina, reprimenda.

wiggle |'wɪgl | *v.t.* 1 mover, menear. ‖ *s.c.* 2 meneo, movimiento.

wild | waɪld | *adj.* 1 salvaje, en libertad. 2 silvestre. 3 salvaje, sin cultivar. 4 salvaje, sin civilizar. 5 revuelto, bravo. 6 largo, descuidado. 7 fiero, fuera de sí. 8 frenético, histérico. 9 (fam.) furioso, descontrolado. 10 (fam.) estupendo, insuperable. 11 [— about] loco por. 12 descabellado, original. 13 impulsivo, enérgico. 14 irracional, improbable. ‖ *s.sing.* 15 ambiente, hábitat natural. ‖ 16 **beyond one's wildest dreams**, del todo imprevisto, fuera de toda lógica. 17 — **boar**, jabalí. 18 **wilds**, tierra virgen, yermo.

wildcat | 'waıldkæt | *s.c.* 1 gato montés. || *adj.* 2 salvaje, ilegal. 3 osado, loco.

wildebeest | 'waıldbi:st | 'vıldə | *s.c.* [*pl.* wildebeest o wildebeests] ñu.

wilderness | 'wıldənıs | *s.c.* desierto, yermo.

wildfire | 'waıldfaıə | *s.sing.* 1 fuego incontrolado. || 2 to spread like –, propagarse como la pólvora.

wildfowl | 'waıldfaul | *s.pl.* aves salvajes.

wild-goose chase | ˌwaıld'gu:stʃeıs | *s.c.* esfuerzo inútil, búsqueda de algo inexistente.

wildlife | 'waıldlaıf | *s.i.* vida salvaje.

wildly | 'waıldlı | *adv.* salvajemente, totalmente.

wildness | 'waıldnıs | *s.i.* turbulencia, frenesí.

wiles | waılz | *s.pl.* tretas, ardides.

wilful | 'wılful | *adj.* (desp.) 1 intencionado, premeditado. 2 testarudo.

will | wıl | *v.modal* 1 (auxiliar para construir el futuro). 2 [I/we –] (intencionalidad). 3 (expresa que una situación suele repetirse). 4 (enfatiza una conducta reprochable). 5 (expresa sospecha, etc.). || *v.t.* 6 hacer, conseguir. 7 querer, desear. 8 legar, dejar en herencia. || *s.c.* e *i.* 9 voluntad, ganas. 10 fuerza de voluntad, amor propio. 11 deseo, voluntad. 12 testamento, legado.

willing | 'wılıŋ | *adj.* 1 dispuesto, listo. 2 voluntarioso, favorable.

willingness | 'wılıŋnıs | *s.i.* buena disposición, diligencia.

will-o'-the-wisp | ˌwıləðə'wısp | *s.c.* quimera, fuego fatuo.

willow | 'wıləu | *s.c.* sauce.

willowy | 'wıləuı | *adj.* esbelto, grácil.

will-power | 'wılˌpauə | *s.i.* fuerza de voluntad, amor propio.

willy | 'wılı | (también **willie**) *s.c.* (fam.) colita, pene.

willy-nilly | ˌwılı'nılı | *adv.* a la fuerza, se quiera o no se quiera.

wilt | wılt | *v.t.* e *i.* 1 marchitarse, ponerse mustio. 2 debilitar, perder moral.

wily | 'waılı | *adj.* astuto, taimado.

wimp | wımp | *s.c.* (fam.) hombre cortado, pasmarote.

wimpish | 'wımpıʃ | *adj.* (fam.) cortado, cobarde.

win | wın | *v.t.* e *i.* [*pret.* y *p.p.irreg.* won] 1 ganar. 2 vencer, derrotar. 3 conseguir, alcanzar. || *s.c.* 4 victoria, triunfo. || 5 to – hands down, (fam.) vencer fácilmente.

wince | wıns | *v.i.* 1 [to – (at)] estremecerse, retroceder. || *s.c.* 2 estremecimiento, mueca de dolor.

winch | wıntʃ | *s.c.* 1 cabrestante, torno. || *v.t.* 2 rescatar, levantar.

wind | wınd | *s.c.* e *i.* 1 viento. 2 aliento, resuello. 3 (fam.) gases, flatulencia. 4 aire, viento. 5 rastro. 6 (fam.) tontería, trola. 7 mus. viento, sección de viento. || *v.t.* 8 (pasiva) dejar sin respiración. 9 olfatear, seguir el rastro. || 10 to break –, ventosear. 11 to get the – up, (fam.) entrarle a uno miedo, amilanarse. 12 to get – of, (fam.) llegar a enterarse de algo. 13 in the –, (fam.) en preparación.

wind | waınd | *v.i.* [*pret.* y *p.p.irreg.* wound] 1 serpentear, zigzaguear. || *t.* 2 enrollar, bobinar. 3 dar cuerda, girar. 4 soplar, hacer sonar. || *s.c.* 5 giro, vuelta.

windbag | 'wındbæg | *s.c.* (fam.) charlatán, cencerro, (Am.) lengüeta.

windbreak | 'wındbreık | *s.c.* barrera, protección contra el viento.

windfall | 'wındfɔ:l | *s.c.* 1 lluvia de dinero, herencia inesperada. 2 fruta caída del árbol.

winding | 'waındıŋ | *adj.* 1 tortuoso, zigzagueante. 2 de caracol (escalera).

windlass | 'wındləs | *s.c.* polea, cabrestante.

windless | 'wındlıs | *adj.* sin viento, sereno.

windmill | 'wınmıl | *s.c.* molino de viento.

window | 'wındəu | *s.c.* 1 ventana, ventanilla. 2 escaparate. || 3 out of the –, desaparecido completamente.

window-dressing | 'wındəuˌdresıŋ |

s.i. 1 decoración de escaparate. 2 (desp.) fachada, falsedad.

window-frame | 'wɪndəʊˌfreɪm | *s.c.* marco de ventana.

window-pane | 'wɪndəʊˌpeɪn | *s.c.* cristal, panel de cristal.

window-seat | 'wɪndəʊˌsi:t | *s.c.* asiento de ventana.

window-sill | 'wɪndəʊˌsɪl | *s.c.* alféizar.

windpipe | 'wɪndpaɪp | *s.c.* tráquea.

windscreen | 'wɪndskri:n | (brit.) *s.c.* 1 parabrisas. ‖ 2 — **wiper**, limpiaparabrisas.

windshield | 'wɪndʃi:ld | *s.c.* 1 protector transparente. 2 (EE.UU.) parabrisas.

windstorm | 'wɪndstɔ:m | *s.c.* tormenta de viento, huracán.

windsurfing | 'wɪndˌsɜːfɪŋ | *s.i.* windsurfing.

windswept | 'wɪndswept | *adj.* 1 barrido por el viento, desprotegido. 2 desaseado.

wind-up | 'waɪndʌp | *atr.* 1 de cuerda. 2 (fam.) provocador. ‖ *s.c.* 3 (fam.) provocación.

windward | 'wɪndwəd | *adj./adv.* 1 contra el viento, con el viento de cara. 2 de barlovento. ‖ *s.i.* 3 barlovento.

windy | 'wɪndɪ | *adj.* 1 ventoso, azotado por el viento. 2 (fam.) pomposo, hueco. 3 que produce gases. 4 (brit. y fam.) asustado, nervioso.

wine | waɪn | *s.i.* 1 vino. 2 licor.

wine-bar | 'waɪnbɑː | *s.c.* (brit.) taberna, bar.

wing | wɪŋ | *s.c.* 1 ala. 2 (brit.) guardabarros. ‖ *v.t. e i.* 3 volar. 4 herir en brazo o ala. ‖ 5 **on the —**, en vuelo, mientras vuela. 6 **to take —**, echar a volar, emprender el vuelo.

winged | wɪŋd | *adj.* alado, con alas.

winger | 'wɪŋə | *s.c.* ala, alero.

wingspan | 'wɪŋspæn | *s.c. e i.* envergadura.

wink | wɪŋk | *v.t. e i.* 1 guiñar, pestañear. 2 centellear, hacer reflejos. ‖ *s.c.* 3 guiño, pestañeo. ‖ 4 **a nod is as good as a —**, a buen entendedor pocas pala-

bras. 5 **to have/take forty winks**, (fam.) echar una cabezadita, descabezar un sueño.

winner | 'wɪnə | *s.c.* 1 ganador, triunfador. 2 (fam.) éxito.

winning | 'wɪnɪŋ | *adj.* 1 ganador, victorioso. 2 atractivo, determinante. ‖ 3 **winnings**, ganancias.

winnow | 'wɪnəʊ | *v.t.* aventar.

winsome | 'wɪnsəm | *adj.* atractivo, encantador.

winter | 'wɪntə | *s.c. e i.* 1 invierno. ‖ *v.i.* 2 invernar. ‖ 3 — **sports**, deportes de invierno.

wintertime | 'wɪntətaɪm | *s.i.* invierno, estación invernal.

wintry | 'wɪntrɪ | *adj.* 1 invernal, glacial. 2 frío, adusto.

wipe | waɪp | *v.t.* 1 limpiar, pasar un paño. 2 secar, enjugar. 3 borrar, grabar encima (cintas). ‖ *s.c.* 4 limpieza.

wiper | 'waɪpə | *s.c.* limpiaparabrisas.

wire | waɪə | *s.c.* 1 alambre. 2 cable. 3 (EE.UU.) telegrama. ‖ *v.t.* 4 unir, atar. 5 [**to — (up)**] conectar, instalar. 6 (EE.UU.) enviar un telegrama. 7 (EE.UU.) girar dinero. ‖ 8 — **wool**, estropajo metálico.

wired | waɪəd | *adj.* 1 protegido, reforzado (con alambre). 2 provisto de alarma, conectado a alarma. 3 vigilado microfónicamente.

wireless | 'waɪəlɪs | *s.c. e i.* 1 radio, radiofonía. ‖ *atr.* 2 por radio, radiofónico.

wire-tap | 'waɪətæp | *v.t.* espiar, pinchar (teléfono).

wire-tapping | 'waɪəˌtæpɪŋ | *s.i.* escucha telefónica.

wiring | 'waɪərɪŋ | *s.i.* cableado, instalación eléctrica.

wiry | 'waɪərɪ | *adj.* 1 duro como el alambre. 2 tieso, áspero.

wisdom | 'wɪzdəm | *s.i.* 1 sabiduría, conocimiento. 2 rectitud de juicio, prudencia. 3 opinión, sentir. ‖ 4 — **tooth**, muela del juicio.

wise | waɪz | *adj.* 1 sabio, prudente. ‖ 2 **to get — to**, (EE.UU. y fam.) descubrir, averiguar algo secreto. 3 **in no —**, de ninguna manera, en absoluto. **4 no /none the/not any the wiser,** no saber/entender más que antes. **5 to put someone –to,** (EE.UU. y fam.) poner a alguien al tanto.

wisecrack | ˈwaɪzkræk | (fam.) *s.c.* 1 broma, cuchufleta. || *v.i.* 2 bromear, hacerse el gracioso.

wish | wɪʃ | *s.c.* 1 deseo, esperanza. || *v.t.* e *i.* 2 desear, querer. 3 [to – (for)] expresar deseos. 4 [to – + *v.* en *pret.*] desear. 5 **wishes (for),** saludos (en cartas); votos, deseos.

wishful thinking | ˌwɪʃfʊlˈθɪŋkɪŋ | *s.i.* buenos deseos, ilusiones.

wishy-washy | ˈwɪʃɪˌwɒʃɪ | *adj.* 1 ligero, sin consistencia. 2 (fam.) sin convicción, indeciso.

wisp | wɪsp | *s.c.* 1 brizna, matojo, mechón, mata. 2 columna, jirón. 3 rastro, sombra.

wispy | ˈwɪspɪ | *adj.* delgado, sutil.

wisteria | wɪˈstɪərɪə | (también **wistaria**) *s.i.* vistaria.

wistful | ˈwɪstfʊl | *adj.* triste, meditabundo.

wit | wɪt | *s.c.* e *i.* 1 ingenio, agudeza. 2 persona ingeniosa. 3 inteligencia, talento. 4 intuición, agilidad mental. || **5 at one's wits' end,** al borde de la ofuscación. **6 to –,** a saber.

witch | wɪtʃ | *s.c.* bruja, hechicera.

witchcraft | ˈwɪtʃkrɑːft | *s.i.* brujería.

witch-doctor | ˈwɪtʃˌdɒktə | *s.c.* hechicero.

witch-hazel | ˈwɪtʃˌheɪzl | *s.i.* ungüento medicinal.

witch-hunt | ˈwɪtʃhʌnt | *s.c.* 1 caza de brujas. 2 persecución de personas subversivas.

with | wɪð | wɪə | *prep.* 1 con. 2 de, a causa de. 3 con respecto a, en cuanto a. 4 a favor de, en el sentido de.

withdraw | wɪðˈdrɔː | *v.t.* e *i.* [*pret.* **withdrew,** *p.p.* **withdrawn**] 1 retirar, sacar. 2 marcharse, abandonar un lugar. 3 retirar, retirarse. 4 abandonar, causar baja. 5 retirar (algo dicho previamente).

withdrawal | wɪðˈdrɔːəl | *s.c.* e *i.* 1

retirada, abandono. 2 reintegro, retirada de fondos. 3 retiro, aislamiento. 4 retirada. || **5 – symptoms,** síndrome de abstinencia.

withdrawn | wɪðˈdrɔːn | *p.p.* 1 de **withdraw.** || *adj.* 2 introvertido, reservado, callado.

wither | ˈwɪðə | *v.i.* 1 [to – (away)] debilitarse, desaparecer. 2 marchitarse, secarse.

withered | ˈwɪðəd | *adj.* 1 seco, muerto. 2 arrugado, ajado. 3 deformado, marchito.

withering | ˈwɪðərɪŋ | *adj.* desdeñoso, humillante.

withhold | wɪðˈhəʊld | *v.t.* e *i.* negar, mantener para sí.

within | wɪˈðɪn | *prep.* 1 dentro de. || *adv.* 2 dentro. 3 internamente.

without | wɪˈðaʊt | *prep.* 1 sin. 2 fuera. || *adv.* 3 sin. || **4 – so much as,** sin siquiera.

withstand | wɪðˈstænd | *v.t.* [*pret.* y *p.p.irreg.* **withstood**] aguantar, resistir.

witless | ˈwɪtlɪs | *adj.* estúpido, (Am.) nefasto.

witness | ˈwɪtnɪs | *s.c.* 1 testigo. 2 [– (to)] testigo, signo.|| *v.t.* 3 observar, ser testigo. 4 ver, vivir. 5 firmar como testigo. 6 considerar, tener en cuenta. || *v.i.* 7 [to – (to)] ser testigo, hacer de testigo.

witter | ˈwɪtə | *v.i.* (fam.) decir tonterías, gastar saliva.

witticism | ˈwɪtɪsɪzəm | *s.c.* agudeza, ocurrencia.

wittingly | ˈwɪtɪŋlɪ | *adv.* a sabiendas, conscientemente.

witty | ˈwɪtɪ | *adj.* ingenioso, salado.

wizard | ˈwɪzəd | *s.c.* 1 mago. 2 genio, experto.

wizened | ˈwɪznd | *adj.* seco, arrugado.

woad | wəʊd | *s.i.* tinte azul.

wobble | ˈwɒbl | *v.i.* tambalear, balancear.

wodge | wɒdʒ | *s.c.* (brit. y fam.) buen trozo, porción grande.

woe | wəʊ | *s.c.* e *i.* 1 pesar, cuita. || *interj.* 2 ay, oh, horror.

woebegone |ˈwəʊbɪɡɒn| *adj.* triste, apesadumbrado.

woeful |ˈwəʊful| *adj.* 1 triste, angustiado. 2 horrible, lamentable.

wog |wɒɡ| *s.c.* (desp.) negro.

wolf |wulf| *s.c.* [*pl.irreg.* wolves] 1 lobo. ‖ *v.t.* 2 devorar, comer vorazmente.

wolfhound |ˈwulfhaund| *s.c.* perro lobo.

wolfram |ˈwulfrəm| *s.i.* volframio.

woman |ˈwumən| *s.c.* [*pl.irreg.* women] 1 mujer. 2 sirvienta, asistenta. 3 esposa, amante. 4 señora. ‖ *s.i.* 5 mujer.

womanish |ˈwumənɪʃ| *adj.* (desp.) afeminado.

womanizer |ˈwumənaɪzə| (también **womaniser**) *s.c.* (desp.) mujeriego, ligón.

womb |wuːm| *s.c.* matriz, útero.

women |ˈwɪmɪn| *pl.irreg.* de woman.

won |wʌn| *pret.* y *p.p.irreg.* de win.

wonder |ˈwʌndə| *v.t.* e *i.* 1 preguntarse. 2 [to – (if/whether)] preguntarse. 3 [to – (that)] sorprenderse. 4 [to – (at)] maravillarse, extrañarse. 5 dudar, poner en duda. ‖ *s.i.* 6 extrañeza, admiración. ‖ *s.c.* 7 maravilla. 8 prodigio, maravilla.

wonderland |ˈwʌndəlænd| *s.c.* e *i.* 1 país de las maravillas. 2 mundo maravilloso.

wonderment |ˈwʌndəmənt| *s.i.* sorpresa, admiración.

wonky |ˈwɒŋkɪ| *adj.* 1 flojo, inseguro. 2 cojo.

wont |wəunt| *adj.* 1 [– (to)] habituado, acostumbrado. ‖ 2 as is one's –, como de costumbre.

woo |wuː| *v.t.* 1 atraer, ganarse. 2 pretender, cortejar.

wood |wud| *s.i.* 1 madera, leña. 2 madera, leño. ‖ *s.c.* 3 bosque, soto.

wood-carving |ˈwudkɑːvɪŋ| *s.c.* e *i.* tallado de madera, talla de madera.

woodcock |ˈwudkɒk| *s.c.* chocha, becada.

woodcutter |ˈwudˌkʌtə| *s.c.* leñador.

wooden |ˈwudn| *adj.* 1 de madera, de palo. 2 (desp.) inexpresivo, aburrido.

wooden-headed |ˌwudnˈhedɪd| *adj.* (fam.) estúpido, descerebrado.

woodland |ˈwudlənd| *s.c.* e *i.* 1 bosque, zona boscosa. ‖ *adj.* 2 de los bosques, silvestre.

woodlouse |ˈwudlaus| [*pl.irreg.* woodlice] *s.c.* cochinilla.

woodpecker |ˈwudpekə| *s.c.* pito, pájaro carpintero.

woodshed |ˈwudʃed| *s.c.* leñera, almacén de leña.

woodwork |ˈwudwɜːk| *s.i.* (brit.) carpintería, trabajo de madera.

woodworm |ˈwudwɜːm| *s.i.* carcoma.

wooer |wuə| *s.c.* pretendiente.

woof |wuːf| *s.c.* 1 (fam.) guau-guau, perro. 2 trama.

wool |wul| *s.i.* lana, material de lana.

woollen |ˈwulən| (EE.UU. **woolen**) *adj.* 1 de lana, de punto. ‖ 2 **woollens**, ropa de lana, géneros de punto.

woolly |ˈwulɪ| (EE.UU. **wooly**) *adj.* 1 de lana. 2 (desp.) oscuro, vago. ‖ *s.c.* 3 (fam.) prenda de lana, jersey.

woozy |ˈwuːzɪ| *adj.* (fam.) débil, indispuesto.

wop |wɒp| *s.c.* (desp.) italiano.

word |wɜːd| *s.c.* 1 palabra. 2 (fam.) conversación. 3 comentario, frase. 4 aviso, advertencia. 5 mensaje. 6 noticia, anuncio. 7 promesa. 8 orden. 9 mensaje, enseñanza. ‖ *v.t.* 10 expresar con palabras, redactar. ‖ 11 in so many words, lisa y llanamente. 12 mark my words, (fam.) fíjate bien lo que te digo.

word-blind |ˈwɜːdblaɪnd| *adj.* disléxico, con dificultades de lectura.

wordbook |ˈwɜːdbuk| *s.c.* vocabulario.

wording |ˈwɜːdɪŋ| *s.i.* redacción, estilo.

wordless |ˈwɜːdlɪs| *adj.* 1 callado, sin palabras, sin texto. 2 inarticulado, ininteligible.

wordplay |ˈwɜːdpleɪ| *s.i.* juego de palabras.

word-processing |ˈwɜːdˌprəusisɪŋ| *s.i.* procesamiento de texto.

wordy |ˈwɜːdɪ| *adj.* prolijo, difuso.

work |wɜːk| *s.i.* 1 trabajo, ocupación.

2 obra. 3 estudio, investigación. 4 actividad, esfuerzo. ‖ *s.c.* 5 obra, trabajo. ‖ *v.t.* e *i.* [*pret.* y *p.p.* worked, wrought] 6 trabajar. 7 funcionar (máquinas). 8 poner en funcionamiento. 9 exigir, hacer trabajar. 10 funcionar, hacer trabajar. 11 hacer, surtir efecto. 12 [to — (in/with)] trabajar (en-/con materiales). 13 [to — (with)] trabajar (con). 14 cubrir. 15 cultivar. 16 operar, jugar. 17 [to — *(adj.)*] producir, operar. 18 hacer, abrir. 19 mover. 20 calcular. ‖ 21 **to go/set/get to —**, ponerse manos a la obra.

workable |'wəːkəbl| *adj.* práctico, laborable.

workaday |'wəːkədeɪ| *adj.* ordinario, gris.

workbook |'wəːkbuk| *s.c.* libro de trabajo, cuaderno de ejercicios.

workday |'wəːkdeɪ| *s.c.* 1 jornada laboral. 2 día laborable.

worker |'wəːkə| *s.c.* 1 trabajador, operario. 2 trabajador especializado. 3 obrera (abejas o avispas).

workforce |'wəːkfɔːs| *s.c.* 1 población en edad laboral. 2 mano de obra, parte social.

workhorse |'wəːkhɔːs| *s.c.* 1 caballo de labor. 2 (fig.) animal de carga, esclavo.

working |'wəːkɪŋ| *adj.* 1 trabajador, laboral. 2 laborable, de trabajo. 3 laboral, activo. 4 de trabajo, de faena. 5 de explotación, por negocio. 6 suficiente, práctico. 7 provisional, funcional. ‖ 8 **in — order**, en pleno funcionamiento. 9 — **capital**, capital en efectivo, disponible. 10 — **class**, clase obrera.

workload |'wəːkləud| *s.c.* carga laboral, volumen de trabajo asignado.

workman |'wəːkmən| *s.c.* [*pl.irreg.* workmen] trabajador, obrero.

workmanlike |'wəːkmənlaɪk| *adj.* eficiente, correcto.

workmanship |'wəːkmənʃɪp| *s.i.* hechura, obra, habilidad.

workmate |'wəːkmeɪt| *s.c.* (fam.) compañero, colega.

workout |'wəːkaut| *s.c.* entrenamiento, ejercicio físico.

workpeople |'wəːkpiːpl| *s.pl.* personal asalariado, trabajadores.

workshop |'wəːkʃɒp| *s.c.* taller.

work-shy |'wəːkʃaɪ| *adj.* perezoso, gandul.

worktop |'wəːktɒp| *s.c.* encimera.

work-to-rule |ˌwəːktə'ruːl| *s.c.* huelga de celo.

world |wəːld| *s.sing.* 1 mundo, planeta. 2 reino, grupo. 3 países, naciones. 4 público, la gente. 5 vida, experiencia. 6 sociedad. ‖ *s.c.* 7 planeta, galaxia. 8 reino, plano. ‖ *adj.* 9 mundial, de primer orden. ‖ 10 **the — over**, en todas partes. 11 **worlds apart**, completamente distinto, como de la noche al día.

worldliness |'wəːldlɪnɪs| *s.i.* mundo, experiencia.

worldly |'wəːdlɪ| *adj.* 1 mundano, terrenal. 2 material. 3 experimentado, práctico.

world-weary |ˌwəːdl'wɪərɪ| *adj.* cansado de la vida, apático.

worldwide |ˌwəːld'waɪd| 1 *adj.* mundial, universal. ‖ *adv.* 2 en todo del mundo.

worm |wəːm| *s.c.* 1 gusano, lombriz. 2 (desp.) gusano, canalla. 3 rosca. ‖ *v.t.* 4 purgar, desinfectar. ‖ *v.i.* 5 arrastrarse, trepar. 6 (desp.) introducirse.

worm-eaten |'wəːmˌiːtn| *adj.* carcomido, apolillado, podrido.

wormwood |'wəːmwud| *s.i.* 1 (fig.) hiel, resentimiento. 2 ajenjo.

wormy |'wəːmɪ| *adj.* lleno de gusanos, carcomido.

worn |wɔːn| *p.p.* 1 de wear. ‖ *adj.* 2 gastado. 3 viejo, cansado.

worn-out |ˌwɔːn'aut| *adj.* 1 gastado, para tirar. 2 muy cansado, para el arrastre.

worried |'wʌrɪd| *adj.* 1 preocupado, desasosegado. ‖ 2 **to have someone —**, (fam.) inquietar. 3 **not —**, (fam.) sin cuidado, da igual.

worrier |'wʌrɪə| *s.c.* aprensivo, depresivo.

worrisome |'wʌrɪsəm| *adj.* preocupante, alarmante.

worry |'wʌrɪ| *v.t.* e *i.* 1 preocupar, alarmar. 2 [to — (about/over)] preocuparse, inquietarse. 3 molestar. 4 desagradar. 5 asustar, ladrar. || *s.i.* 6 preocupación, desasosiego. 7 responsabilidad, deber. || *s.c.* 8 problema, preocupación. || 9 nothing to — about, todo bajo control. 10 not to —, tranquilo, no te preocupes.

worse |wɜːs| *adj.comp.* de bad 1 peor, más bajo. 2 más enfermo. || *adv.comp.* de badly. 3 peor.

worsen |'wɜːsn| *v.t.* e *i.* empeorar, dificultar.

worsening |'wɜːsnɪŋ| *s.i.* empeoramiento, deterioro.

worship |'wɜːʃɪp| *s.i.* 1 culto, veneración. 2 adoración. || *v.t.* (brit.) *pret.* y *p.p.* **worshipped**, *ger.* **worshipping** 3 adorar, venerar. 4 rendir culto, admirar.

worshipper |'wɜːʃɪpə| (EE.UU. **worshiper**) *s.c.* 1 creyente, adorador. 2 devoto, admirador.

worst |wɜːst| *adj.sup.* de bad. 1 el peor, el más desagradable. 2 el de menor calidad, el menor éxito. 3 el más afectado. || *adv.sup.* de badly. 4 peor. || *s.c.* 5 peor. || *v.t.* 6 vencer, derrotar. || 7 at —/at the —, en el peor de los casos, a lo peor. 8 if the — comes to the —, si las cosas se ponen muy feas.

worsted |'wʊstɪd| *s.i.* estambre.

worth |wɜːθ| *adj.* 1 de un valor (determinado), valorado. 2 que merece, que vale (la pena, el esfuerzo, etc.). || *s.i.* 3 valía, valor. || 4 to be — it, valer la pena. 5 to be — someone's while, merecerle a alguien la pena.

worthiness |'wɜːðɪnɪs| *s.i.* dignidad, merecimiento.

worthwhile |wɜːθwaɪl| *adj.* bueno, que vale la pena.

worthy |'wɜːðɪ| *adj.* 1 [— (of)] digno, justo. 2 digno, esforzado. || *s.c.* 3 personalidad, notable.

would |wʊd| |wəd| *v.modal* 1 en lugar de will en enunciados de estilo indirecto. 2 referido a una actitud contraria y continuada. 3 referido al deseo de que algo suceda. 4 en peticiones corteses. 5 para expresar una opinión no del todo segura. 6 (fam.) sugiriendo un consejo. 7 referido al deseo de que algo hubiera sucedido de distinta forma. 8 en expresión de suposiciones o deducciones referidas al pasado.

would-be |'wʊdbiː| *adj.* futuro, aspirante.

wound |wuːnd| *s.c.* 1 herida. 2 daño, mal. || *v.t.* 3 herir. 4 (pasiva) herir.

wounding |'wuːndɪŋ| *adj.* hiriente, cruel.

wow |waʊ| *interj.* (fam.) ¡huau!

wraith |reɪθ| *s.c.* fantasma, espectro.

wrangle |'ræŋgl| *v.i.* 1 [to — (over)] discutir, reñir. *s.c.* 2 riña, disputa.

wrap |ræp| *v.t.* [*ger.* **wrapping**, *pret.* y *p.p.* **wrapped**] 1 [to — (in)] envolver. 2 [to — (round)] enrollar, poner alrededor. 3 arropar, abrigar. 4 rodear; poner, echar alrededor. || *s.c.* 5 prenda.

wrapper |'ræpə| *s.c.* envoltura, sobrecubierta.

wrapping |'ræpɪŋ| *s.i.* envoltura, envase.

wrath |rɒθ| *s.i.* ira, cólera.

wreak |riːk| *v.t.* causar, desencadenar.

wreathe |riːð| *v.t.* 1 envolver, cubrir. 2 decorar. || *v.i.* 3 subir, elevarse. || 4 **wreathed in smiles**, radiante de felicidad.

wreck |rek| *v.t.* 1 romper, arruinar. 2 (pasiva) hundir, naufragar. || *s.c.* 3 siniestro, accidente. 4 vehículo afectado en siniestro. 5 naufragio, hundimiento. 6 (fam.) ruina, carcamal.

wreckage |'rekɪdʒ| *s.i.* 1 restos, ruinas. 2 despojos.

wrecker |'rekə| *s.c.* 1 destructor, ruina. 2 (EE.UU.) grúa, remolcador.

wren |ren| *s.c.* chochín, reyezuelo.

wrench |rentʃ| *v.t.* e *i.* 1 soltar(se), liberar(se). 2 torcer, retorcer. 3 retirar, apartar. || *s.c.* 4 tirón, sacudida. 5 pena, dolor. 6 (EE.UU.) llave de tuercas.

wrest ǀ rest ǀ *v.t.* 1 arrancar, llevarse. 2 usurpar, llevarse.

wrestle ǀ 'resl ǀ *v.t.* e *i.* 1 [to – (with)] luchar. 2 esforzarse, resolver. 3 tener dificultades.

wrestler ǀ 'reslə ǀ *s.c.* luchador.

wrestling ǀ 'reslɪŋ ǀ *s.i.* lucha libre.

wretch ǀ retʃ ǀ *s.c.* 1 desgraciado, canalla. 2 infeliz, pobre diablo.

wretched ǀ 'retʃɪd ǀ *adj.* 1 pobre, lastimoso (personas). 2 horrible, enfermo. 3 malo, impresentable. 4 (fam.) maldito, dichoso.

wretchedness ǀ 'retʃɪdnɪs ǀ *s.i.* miseria, abatimiento.

wriggle ǀ 'rɪgl ǀ *v.t.* e *i.* 1 menear, cambiar de postura. 2 avanzar culebreando, colarse. ǁ *s.c.* 3 meneo, movimiento ligero.

wring ǀ rɪŋ ǀ *v.t.* [*pret.* wrung, *p.p.* wrung] 1 sacar, conseguir. 2 escurrir. 3 retorcer(se). 4 estrechar, apretar fuerte. 5 retorcer.

wringer ǀ 'rɪŋə ǀ *s.c.* 1 escurridor. ǁ 2 **to put someone through the –**, (fam.) poner a alguien en aprietos.

wrinkle ǀ 'rɪŋkl ǀ *s.c.* 1 arruga. 2 pliegue. 3 (fam.) sugerencia, dato práctico. ǁ *s.c.* e *i.* 4 arrugarse, plegarse. 5 arrugar.

wrist ǀ rɪst ǀ *s.c.* ANAT. muñeca.

wristwatch ǀ 'rɪstwɒtʃ ǀ *s.c.* reloj de pulsera.

writ ǀ rɪt ǀ *s.c.* 1 escrito, autorización. ǁ 2 **– large**, claro y evidente; en versión corregida y aumentada.

write ǀ raɪt ǀ *v.t.* e *i.* [*pret.* wrote, *p.p.* written] 1 escribir. 2 ser escritor, dedicarse a escribir. 3 completar, rellenar. 4 hacer, extender. ǁ 5 **to – something up**, redactar un escrito; poner al día; hacer la reseña, crítica, etc. de una obra.

writer ǀ 'raɪtə ǀ *s.c.* escritor, autor.

write-up ǀ 'raɪtʌp ǀ *s.c.* crítica, reseña.

writhe ǀ raɪð ǀ *v.i.* retorcerse, debatirse.

writing ǀ 'raɪtɪŋ ǀ *s.i.* 1 escritura, escrito. 2 oficio de escritor. 3 texto literario. 4 letra, escritura a mano. ǁ 5 **in –**, por escrito. 6 writings, obras.

written ǀ 'rɪtn ǀ *p.p.* 1 de write. ǁ *adj.* 2 escrito.

wrong ǀ rɒŋ ǀ *adj.* 1 mal, chocante. 2 [– (with)] defectuoso, que pasa algo. 3 inaceptable, inadecuado. 4 incorrecto, erróneo. 5 desacertado, que no tiene razón. 6 equivocado, imperdonable. 7 injusto, que es delito. 8 erróneo, confundido. 9 inconveniente, inadecuado. 10 del revés, el revés. ǁ *adv.* 11 mal, por error. ǁ *s.i.* 12 lo malo, lo injusto. ǁ *s.c.* 13 error, injusticia. ǁ *v.t.* 14 tratar, juzgar. 15 **to get something –**, entender mal algo. 16 **to have/get the – number**, marcar un número de teléfono equivocado.

wrongdoer ǀ 'rɒŋduːə ǀ *s.c.* malhechor, pecador.

wrongdoing ǀ 'rɒŋduːɪŋ ǀ *s.c.* e *i.* maldad, pecado.

wrong-foot ǀ ˌrɒŋ'fʊt ǀ *v.t.* sorprender, poner en ridículo.

wrong-headed ǀ ˌrɒŋ'hedɪd ǀ *adj.* malpensado, obstinado.

wrote ǀ rəʊt ǀ *pret.irreg.* de write.

wrought ǀ rɔːt ǀ *pret.* y *p.p.* 1 de work. ǁ *v.t.* 2 (en pasado) producir, causar. ǁ *adj.* 3 labrado, decorado.

wrought-iron ǀ ˌrɔːt'aɪən ǀ *s.i.* hierro forjado.

wrung ǀ rʌŋ ǀ *pret.* y *p.p.* de wring.

wry ǀ raɪ ǀ *adj.* 1 burlón, avieso. 2 irónico, zumbón.

X

x, X |eks| *s.c. e i* **1** x, X. (letra). **2** número indeterminado. **3** símbolo de beso al final de una carta. **4** MAT. incógnita. **5** X número romano: 10.

xantho |zan'θou| *prefijo.* xanto: amarillo.

xenon |zenɒn| *s.i.* xenón.

xenophobia |ˌzenə'fəubjə| *s.i.* xenofobia.

xenophobic |zenə'fəubik| *adj.* xenófobo.

xerography |zɪərɒgrəfj| *s.i.* xerografía.

xerophilous |zɪərɒfərələs| *adj.* xerófilo.

xerophite |zɪərɒfiṭ'| *adj y s.c.* xerófito.

xerothermic |zɪər'əəv'mik| *adj.* xerotérmico.

Xerox |'zɪərɒks| *s.c.* **1** fotocopiadora. **2** fotocopia. ‖ *v.t.* **3** fotocopiar.

Xmas |'krɪsməs| *abreviatura* (de Chrismas) Navidad.

X-ray |eks'reɪ| *s.c.* **1** rayos x. ‖ *v.t.* **2** radiografiar, hacer radiografías.

xylem |'zaɪləm| *s.c.* xilema.

xylene |'zaɪljn| *s.i.* xileno.

xylo— |zaɪləu| *prefijo* xilo: madera.

xylophone |'zaɪləfəun| *s.c.* xilófono.

xylose |'zaɪlous| *s.i.* xilosa.

y ,Y | waɪ | *s.c.* e *i.* y, Y (letra).
yacht | jɒt | *s.c.* yate, balandro.
yachting | 'jɒtɪŋ | *s.i.* **1** navegación en yate. **2** vela, balandrismo.
yachtsman | 'jɒtsmən | *s.c.* [*pl.irreg.* yachtsmen] navegante de yate.
yack | jæk | (fam.) *v.i.* **1** charlar, rajar. ‖ *s.c.* **2** charla, cháchara.
yackety-yack | jækətɪ'jæk | *s.i.* (fam.) cháchara.
yahoo | jə'hu: | *s.c.* bruto, patán.
yak | jæk | *s.c.* yac.
yam | jæm | *s.c.* batata, ñame.
yammer | 'jæmə | *v.i.* (fam.) **1** lloriquear, gemir. **2** aullar, dar alaridos.
yank | jæŋk | *s.c.* **1** (brit. y fam.) yanqui. **2** tirón. ‖ *v.t.* e *i.* **3** (fam.) tirar, dar un tirón.
Yankee | 'jæŋkɪ | *s.c.* (brit. y fam.) yanqui.
yap | jæp | *v.i.* **1** gañir, aullar. **2** (fam.) darle a la lengua, no parar de hablar.
yard | jɑ:d | *s.c.* **1** (también yd) yarda (91,4 cm.). **2** patio, corral. **3** verga.
yardstick | 'jɑ:dstɪk | *s.c.* criterio, canon.
yarn | jɑ:n | *s.i.* **1** hilo, hilaza. ‖ *s.c.* **2** (fam.) cuento, historia. ‖ *v.i.* **3** (fam.) contar historias.
yarrow | 'jærəu | *s.c.* e *i.* milenrama.
yashmak | 'jæʃmæk | *s.c.* velo.
yaw | jɔ: | *v.i.* **1** guiñar, desviar el rumbo. ‖ *s.c.* **2** guiñada.
yawl | jɔ:l | *s.c.* yola.
yawn | jɔ:n | *v.i.* **1** bostezar. **2** estar abierto, resquebrajado. ‖ *s.c.* **3** bostezo. **4** (fam.) aburrimiento, bodrio.
ye | ji: | | jɪ | *pron.pers.* **1** vosotros, vosotras. ‖ *art.* **2** el, la, los, las.
yea | jeɪ | *adv.* **1** sí, de acuerdo. **2** sí, en efecto. ‖ **3 – or nay**, sí o no.
yeah | jeə | (fam.) *adv.* **1** sí. ‖ **2 oh –?**, ¿ah sí?
year | jɪə | | jɜ: | *s.c.* **1** año. **2** año, curso académico. **3** alumno. **4** año, ejercicio. ‖ **5 – by –**, progresivamente, cada año más. **6 – in – out**, año tras año, un año sí y el otro también.
yearling | 'jɪəlɪŋ | *s.c.* potro.
year-long | jɪə'lɒŋ | *adj.* que dura todo el año, de duración anual.
yearly | 'jɪəlɪ | *adj.* **1** anual. ‖ *adv.* **2** anualmente, todos los años.
yearn | jɜ:n | *v.i.* [to – (for)] suspirar, anhelar.
yearning | 'jɜ:nɪŋ | *s.c.* e *i.* ansia, anhelo.
year-round | jɪə'raund | *adj.* de todo el año, continuo.
yeast | ji:st | *s.i.* levadura.
yeasty | 'ji:stɪ | *adj.* amargo, fermentado.
yell | jel | *v.i.* **1** [to – (at)] gritar, vociferar. **2** chillar, protestar. ‖ *v.t.* **3** decir a gritos. ‖ *s.c.* **4** grito, alarido. **5** (EE.UU.) grito de ánimo. ‖ **6 to – out**, gritar, vociferar.
yellow | 'jeləu | *adj.* **1** amarillo. **2** (fam.) cobarde, cortado, (Am.) vilote. ‖ *s.i.* **3** amarillo. ‖ *v.t.* e *i.* **4** amarillear, volverse amarillo.

yelp | jelp | *v.i.* 1 gañir, aullar. 2 gritar. ‖ *s.c.* 3 gañido, grito.

yen | jen | *s.c. [pl.* yen] 1 yen. 2 [— to *inf./for*] (fam.) deseo, ilusión.

yeoman | 'jəumən | *s.c. [pl.irreg.* yeomen] (brit.) 1 terrateniente, dueño de su tierra. 2 voluntario.

yes | jes | *adv.* 1 sí. 2 ¿sí? 3 sí, pero. 4 sí, por supuesto. 5 ¿ah sí? 6 sí, bueno. 7 ah, sí. 8 sí, eso es. ‖ *s.c.* 9 sí.

yes-man | 'jesmæn | *s.c. [pl.irreg.* yesmen] pelotillero, lameculos.

yesterday | 'jestədɪ | 'jestədeɪ | *adv.* 1 ayer. 2 pasado. ‖ 3 the day before —, anteayer. 4 — week, hace una semana.

yesteryear | 'jestəjɪə | *s.i.* antaño, viejos tiempos.

yet | jet | *adv.* 1 todavía, aún. 2 ya. 3 hasta ahora, de momento. 4 encima. ‖ *conj.* 5 sin embargo, pero. ‖ 6 as —, todavía, de momento. 7 not —, todavía no. 8 — again, una vez más.

yeti | 'jetɪ | *s.c.* yeti.

yew | ju: | *s.c.* (también yew tree) tejo.

yid | jɪd | *s.c.* (fam. y desp.) judío.

Yiddish | 'jɪdɪʃ | *s.i.* yiddish.

yield | ji:ld | *v.t.* 1 producir. 2 rendir. 3 ceder. ‖ *v.i.* [to — (to)] 4 entregarse, someterse. 5 ser sustituido. 6 venirse abajo. 7 (EE.UU.) ceder el paso. ‖ *s.c.* 8 fruto, producto, rendimiento.

yielding | 'ji:ldɪŋ | *adj.* flexible, dócil.

yippee | 'jɪpɪ: | *interj.* ¡yupi!

YMCA | ˌwaɪ em si: 'eɪ | *siglas* (de Young Men's Christian Association) 1 Asociación Cristiana de Jóvenes. 2 albergue de esta asociación.

yob | jɔb | (también yobbo) *s.c.* (brit. y fam.) gamberro, (Am.) rechelero.

yobbo | 'jɔbəu | V. yob.

yoga | 'jəugə | *s.i.* yoga.

yoghurt | 'jɔgət | (también yogurt o yoghourt) *s.i.* yogur.

yogi | 'jəugɪ | *s.c.* yogui.

yoke | jəuk | *s.c.* 1 yugo. 2 [*pl.* yoke] yunta. 3 canesú. ‖ *v.t.* 4 uncir. 5 [to — (together/to)] vincular.

yokel | 'jəukl | *s.c.* (desp.) paleto.

yolk | jəuk | *s.c.* e *i.* yema (de huevo).

yonks | jɔŋks | *s.i.* (fam.) la tira (de tiempo).

you | ju: | *pron.pers.* 1 tú, vosotros, vosotras; usted, ustedes (como sujeto). 2 te, os, usted, ustedes (como objeto). 3 ti, vosotros, vosotras, usted, ustedes (como objeto preposicional).

you-all | 'ju:ɔ:l | *pron.pers.* (EE.UU.) vosotros, vosotras, ustedes.

young | jʌŋ | *adj.* joven; juvenil.

youngish | 'jʌnɪʃ | *adj.* bastante joven.

youngster | 'jʌŋstə | *s.c.* joven.

your | jɔ: | (EE.UU.) | juər | *adj.pos.* tu, tus, vuestro/s, vuestra/s, su, sus (de usted/es).

yours | jɔ:z | (EE.UU.) | juərz | *pron.pos.* tuyo/s, tuya/s, vuestro/s, vuestra/s, suyo/s (de usted/es).

yourself | jɔ:'self | (EE.UU.) | juər'self | *pron.r. [pl.* yourselves] 1 te, ti mismo/a; os, vosotros/as mismos/as; se, usted/es mismo/s (como objeto directo o preposicional). 2 tú solo, por ti mismo. ‖ 3 by —/yourselves, solo/s, sola/s.

yourselves | jɔ:'selvz | *pl.irreg.* de yourself.

youth | ju:θ | *s.i.* 1 juventud. ‖ *s.c.* 2 joven, adolescente. 3 gente joven, población joven. ‖ 4 — hostel, albergue de juventud.

youthful | 'ju:θful | *adj.* joven, juvenil.

youthfulness | 'ju:θfulnɪs | *s.i.* juventud.

yowl | jaul | *v.i.* 1 aullar, ulular. ‖ *s.c.* e *i.* 2 aullido, alarido.

yo-yo | 'jəujəu | *s.c.* yo-yó.

yucca | 'jʌkə | *s.c.* yuca.

yummy | 'jʌmɪ | *adj.* (fam.) de rechupete.

YWCA | ˌwaɪ dʌblju: si: 'eɪ | *siglas* (de Young Women's Christian Association). 1 Asociación Cristiana de Jóvenes Mujeres. 2 albergue de esta asociación.

Z

z, Z | zed | (EE.UU.) | zi: | *s.c. e i.* z, Z (letra).

zany | zeɪnɪ | *adj.* (fam.) extraño, disparatado.

zap | zæp | *v.t. e i.* (fam.) 1 liquidar, matar. 2 [to — (into/through)] ir pitando, hacer (algo) pitando.

zeal | zi:l | *s.i.* celo, fanatismo.

zealot | zelət | *s.c.* fanático, intransigente.

zealous | zeləs | *adj.* apasionado, convencido.

zebra | zi:brə | *s.c.* 1 cebra. ‖ 2 — **crossing,** (brit.) paso de cebra, paso de peatones.

zenith | zenɪθ | *s.sing.* 1 cenit, cúspide. 2 cenit.

zephyr | zefə | *s.c.* céfiro, marea.

zero | zɪərəʊ | *num.* [*pl.* zeros o zeroes] 1 cero, nada. 2 punto de congelación. ‖ *adj.* 3 (EE.UU.) (fam.) ningún, nulo. ‖ 4 to — **in on** (a target), apuntar/dirigirse un proyectil (hacia un blanco). 5 to — **in on** (a problem/subject), centrar la atención en un problema/asunto.

zest | zest | *s.i.* 1 [— (for)] entusiasmo, interés. ‖ 2 cáscara de naranja o limón.

zestful | zestful | *adj.* entusiasta, apasionado.

zigzag | zɪgzæg | *s.c.* 1 zigzag, línea en zigzag. ‖ *adj.* 2 zigzagueante, con curvas a derecha e izquierda. ‖ *v.i.* 3 [zigzagged, zigzagging] zigzaguear, avanzar en zigzag.

zillion | zɪljən | *s.c.* (EE.UU.) (fam.) [— (of)] cantidad enorme, tropecientos.

zinc | zɪŋk | *s.i.* cinc.

zing | zɪŋ | *s.i.* (fam.) chispa, marcha.

zip | zɪp | *s.c.* 1 (brit.) cremallera. ‖ *v.t.* 2 cerrar la cremallera, unir con cremallera. ‖ 3 — **code,** (EE.UU.) código postal. 4 — **fastener,** (brit.) (cierre de) cremallera.

zipper | zɪpə | *s.c.* (EE.UU.) cremallera.

zippy | zɪpɪ | *adj.* (fam.) vivo, marchoso.

zither | zɪðə | *s.c.* cítara.

zodiac | zəʊdiæk | *s.sing.* zodiaco.

zombie | zɒmbɪ | *s.c.* 1 zombie, cadáver resucitado. 2 (fig.) autómata.

zonal | zəʊnl | *adj.* zonal.

zone | zəʊn | *s.c.* 1 zona, región. 2 área, zona, enclave. ‖ *v.t.* 3 dividir en zonas. 4 [to — (as/for)] asignar, dedicar.

zoning | zəʊnɪŋ | *s.i.* distribución en zonas.

zonked | zɒŋkt | *adj.* (fam.) cansado, roto.

zoo | zu: | *s.c.* zoo.

zoological | ˌzəʊə'lɒdʒɪkl | *adj.* 1 zoológico. ‖ 2 — **gardens,** parque zoológico.

zoology | zəʊ'ɒlədʒɪ | *s.i.* zoología.

zoom | zu:m | *v.i.* 1 ir zumbando. 2 (fam.) dispararse, subir muy deprisa. ‖ *s.i.* 3 zumbido. 4 subida vertical, empinadura. ‖ 5 — **lens,** zoom, objetivo de distancia focal variable.

zucchini | zuːkiːnɪ | *s.c.* [*pl.* zucchini] (EE.UU.) calabacín.

GRAMÁTICA INGLESA

EL ARTÍCULO: Existen en inglés dos clases de artículos: el indeterminado a (an) y el determinado the.

1. Forma y pronunciación del artículo indeterminado

a   Se utiliza a | ə | ante palabras que comienzan por sonidos consonánticos.
a coat | əkout |
a week | əwiːk |
a boy | əbɔɪ |

Se usa an | ən | ante palabras que comienzan por sonidos vocálicos.
an idea | ənaɪˈdɪə |
an estimate | ənˈestɪmət |
an artist | ənˈɑːtɪst |

2. Forma y pronunciación del artículo determinado

a   Se usa the | ðə | ante palabras que comienzan por sonidos consonánticos.
the coat | ðəkout |
the week | ðəwiːk |
the boy | ðəbɔɪ |

Se usa the ante palabras que comienzan por sonidos vocálicos.
the idea | ðiːaɪˈdɪə |
the estimate | ðiːˈestɪmət |
the artist | ðiːˈɑːtɪst |

b   Se usa a y the | ðə | ante u cuando esta tiene sonido consonántico | j |
a university | əjuːnˈvɜːsətɪ |
the university | ðəjuːnˈvɜːsətɪ |

Se usa an y the | ðiː | ante h cuando esta es muda.

an hour | ənəuə |
the hour | ðiːəuə |

3. **Usos del artículo indeterminado a (an)**

El artículo indeterminado es invariable en cuanto al género, y puede ir ante sustantivos masculinos o femeninos.

a   Se usa **a (an)** ante sustantivos contables en singular, cuando el oyente no sabe qué persona o cosa estamos mencionando y para el hablante expresa *uno* cualquiera.

a pencil   an elephant   we saw a film last monday.

b   También se utiliza **a (an)** ante nombres de profesiones, religiones, clases, nacionalidades:

He is a doctor and a Catholic, but he is a fool. A Frenchman came.

c   También se utiliza **a (an)** ante ciertas expresiones de medida, de peso, de precio:

It took a hundred miles an hour. It's $2 a yard. That's 60p a kilo. He earns $200 a week.

Y con expresiones como:

a dozen eggs; a hundred pounds; a thousand years; a million days.

d   También se utiliza **a (an)** en frases exclamativas que comienzan por *What*:

What a nice necklace! What an interesting film.

e   Se utiliza a veces ante nombres propios con el significado de *un tal*:

A Mr. Jones telephoned = Un tal Jones llamó por teléfono.

f   Cuando tiene el significado de *same* se utiliza **a (an)** en ciertos proverbios y frases hechas:

Birds of a feather flock together.

g   Se utiliza **a (an)** detrás de **quite** y de **such**:

It's quite a good book. We had such a nice time.

Y también delante o detrás de **rather**:

It's rather an interesting job. It's a rather interesting job.

4. **Omisiones del artículo indeterminado**

a   Nunca se usa **a (an)** ante sustantivos contables en plural.

a books   an oranges   a jokes

Tampoco ante sustantivos incontables:

a milk   a water   a rice

b No se usa **a (an)** si el nombre al que acompaña es un título, oficio o rango, que sólo puede detentar una única persona, o ante *title* o *rank*:
He acted as chairman. He became King in 1956. She has got the rank of Colonel and the title of Lord.

c Tampoco se utiliza **a (an)** tras el verbo *turn* cuando significa *become*:
After a few years teaching he turned lawyer.

d Como ya se ha mencionado, no se utiliza **a (an)** con sustantivos incontables, aunque hay un gran número de excepciones que son generalmente frases hechas.
It's a pity. Keep this a secret. He was in a hurry. I got a discount/premium. To take an interest. As a rule.
Y delante de nombres de enfermedades: *to have a toothache; a cold; a pain, etc.*

5. **Usos del artículo determinado the**

a El artículo determinado **the** es invariable en cuanto al género y al número, y se utiliza con sustantivos contables en singular y en plural: **the** dog/dogs; **the** gloss/glosses; **the** door/doors; y con sustantivos incontables:
the milk   the water   the rice

b Se utiliza cuando el oyente o el lector sabe exactamente de qué persona o cosa se trata:
  I   bien porque ha sido previamente mencionada:
      He met a girl last Saturday. The girl is tall and blonde and her name is Sue.
  II o porque se especifica claramente a qué persona o cosa nos referimos:
      What is the object on that table? The parcel from Paris.
  III o cuando está claro por la situación a qué persona o cosa nos referimos:
      Where is Mary? She is in the kitchen (la de la casa).
  IV o cuando el sustantivo al que acompaña es único:
      the moon   the west   the Coran.

c Se utiliza **the** ante números ordinales en títulos:
Queen Elisabeth the Second.

d   Ante un sustantivo seguido por un nombre propio:
    the planet Earth   *the novelist García Márquez*
e   Con nombres de profesiones, si van precedidos por nombre propio:
    Doyle, the headmaster; Brown, the dentist
f   Generalmente se utiliza **the** ante nombres de lugares cuando éstos incluyen un sustantivo contable: unión, republic, states, kingdom, isle:
    the Soviet Union   *the United States*   *the United Kingdom*
g   Por lo general se utiliza **the** ante nombres de:

cadenas de montañas	the Alps	the Himalayas
barcos, trenes, aviones	the Queen Mary	the Comet
océanos y mares	the Pacific	the Atlantic
ríos	the River Sena	the Amazon
grupos de islas	the Hebrides	the West Indies
desiertos	the Sahara	the Kalahari
canales	the Suez Canal	the Panama Canal
hoteles, cines	the Hilton	the Odeon
restaurantes, pubs	the York Café	the Swam
museos, clubs	the Tate Gallery	the French Club

h   También utilizamos **the** ante nombres propios que son plurales:
    the Netherlands
i   Se utiliza **the** con nombre de lugares como:
    the Artic/Antarctic   *the Middle/Far East*   *the Costa Brava*
j   También se utiliza ante nombres que llevan la preposición **of**:
    the Statue of Liberty   *the Bank of England*
k   Con nombres de instrumentos musicales cuando se usan éstos en sentido general:
    She plays the flute and the piano.
l   También utilizamos **the** con sustantivos contables en singular cuando generalizamos:
    the dog is man's best fried.
m   Con el superlativo cuando éste se utiliza atributiva o adverbialmente:
    It was the best I could get. That is the longest bridge here.

n   Ante adjetivos usados como sustantivos cuando denotan toda una clase:

     the blind   *the poor*   *the rich*   *the old*

6.   Omisiones del artículo determinado

a   El artículo determinado no se utiliza ante nombres abstractos cuando éstos son usados en sentido general, aunque sí se utiliza cuando éstos son limitados:

     Freedom is a preciated thing. The freedom they have isn't such.

b   Tampoco se utiliza **the** ante nombres de materiales o nombres de comidas cuando se mencionan en sentido general:

     Coal is very much used here. When are we having lunch?
     Pero:
     the coal they bought yesterday

c   No se utiliza ante sustantivos plurales usados en sentido general:

     You can get magazines at the newsagent's.

d   Generalmente no se utiliza ante nombres propios o ante palabras como *Lake, Cape* o *Mount*:

     Park Lane   He comes from London   Mount Everest is the highest in the world   Is she leaving Cape Town?

     Aunque encontramos algunas excepciones:

     the Lake of Lucerne   the Cape of Good Hope   the Mount of Olives

e   Generalmente no se utiliza **the** ante nombres de lugares como:

continentes	Europe, Asia, America
países, estados	Spain, Brazil, France
departamentos	Yorkshire, Texas
ciudades y pueblos	London, Bristol, Pisa
islas y montañas solas	Creta, Long Island, Mount Etna
lagos	Lake Como, Lake Michigan
calles	Regent Street, Broadway

f   Ante títulos seguidos por nombres propios tampoco se utiliza **the**:

Lord Russel.   President González.

g   También se omite ante nombres de lenguas:

She did English. Now she's studying French.

h   Con algunas palabras como: **school, prison, church, hospital, bed, college, university** cuando pensamos en la función o el uso que de estos lugares se hace:

Mary goes to school every day (to learn).

When are you going to church? (a misa, a rezar).

Pero sí se antepone **the** cuando no son utilizados como tales:

She went to the Univesity (to meet her friend).

We are going to the hospital (to visit someone).

i   No se utiliza **the** con los medios de transporte:

Are you going by train or by car?

EL SUSTANTIVO: Es el nombre de cualquier cosa: **table, dog, boy.**

1.   Formación del plural: plurales regulares

a   La mayoría forman el plural añadiendo **-s** al singular.

girl	girls
table	tables
boy	boys

b   Los sustantivos que acaban en **-ch, -s, -sh,** o **-x** añaden **-es**.

glass	glasses
box	boxes
church	churches
dish	dishes

c   Los sustantivos que acaban en **-o** añaden **-s** o **-es**.

photo	photos
kilo	kilos
tomato	tomatoes

d   Los sustantivos que acaban en **-y** precedida de consonante cambian la **-y** en **-i** y añaden **-es**.

lady	ladies
story	stories
army	armies

2. **Formación del plural: plurales irregulares**

a   Algunos sustantivos forman el plural con un cambio vocálico.

man	men
woman	women
foot	feet
tooth	teeth
pence	pennies

b   Algunos sustantivos terminados en **-f**, o en **-fe** pierden la f o la fe y añaden **-ves** para formar el plural.

wife	wives
leaf	leaves
proof	prooves

c   Algunos sustantivos forman el plural añadiendo **-en**.

child	children
ox	oxen

d   Algunos sustantivos procedentes del latín o del griego, etc. mantienen sus plurales latinos, griegos, etc.

phenomenon	phenomena
radius	radii
crisis	crises

f   Hay sustantivos que tienen la misma forma en singular y en plural.

sheep	sheep
aircraft	aircraft
series	series

Algunos admiten ambas.

fish	fish/fishes

g   A menudo el plural de **person** es **people**.

person	people/persons

h   Los sustantivos compuestos forman el plural generalmente como los simples, añadiendo **-(e)s** o haciendo los cambios necesarios en la segunda palabra.

schoolgirl	schoolgirls
housewife	housewives
toothbrush	toothbrushes
record shop	record shops

Pero los que terminan en **-in-law** y algunos otros añaden **-(e)s** a la primera palabra para formar el plural.

mother-in-law	mothers-in-law
passer-by	passers-by
looker-on	lookers-on

3. **Concordancia del sustantivo**

a   Cuando el sustantivo es singular generalmente el verbo y los pronombres van en singular y si el sustantivo es plural, el verbo y los pronombres irán en plural:

Is the glass in the kitchen? No, it's in the living room.

Are the glasses in the kitchen? No, they are in the living room.

b   Pero hay algunos sustantivos que pueden tomar el verbo y los pronombres en singular y en plural. Estos sustantivos se llaman *colectivos* y funcionan del siguiente modo:

I   Van con el verbo y los pronombres en singular si pensamos en el grupo como un todo:

*The **team** plays quite well. It has been training hard.*

II   Van con el verbo y los pronombres en plural si pensamos en el grupo como un número determinado de individuos:

*The **class** are making a lot of improvements.*

III   El verbo siempre va en plural con los siguientes sustantivos:

people   cattle   police   public

c   Expresiones como **a number of** y **a group of** llevan el sustantivo, el verbo y el pronombre en plural:

*A **number of houses** were demolished becaused **they** were too old.*

d   Generalmente dos o más sujetos unidos por **and** llevan el verbo en plural:

The father and his son are planning a trip.

Pero si estos dos sujetos se consideran como una sola cosa, o aun cuando teniendo el sujeto forma plural se considere singular en cuanto a significado, el verbo irá en singular:

A whisky and soda is what I'd like just now.

Fifteen years is a short time to pay such a lot of money.

Four thousand pounds is too much.

e   Hay sustantivos que acaban en -s pero son singulares, por lo tanto toman el verbo en singular:
mathematics, physics, economics, politics, billiards, rabies, athletics, news.

f   Otros sustantivos tienen solamente forma de plural, aunque se convierten en singular anteponiéndoles **a pair of:**
*These **trousers** were very expensive.*
*There is **a pair of** jeans on the bed.*

g   Los sustantivos incontables no tienen, por lo general, forma plural y van con verbo en singular:
*There was **milk** everywhere. **Glass** is very delicate.*

4.   Sustantivos contables e incontables

a   En inglés hay que hacer una importante distinción gramatical entre los sustantivos que son *contables* y los que son *incontables*. Son *contables* aquellos sustantivos que hacen mención a cosas que se pueden contar y éstos tienen forma singular y plural y por lo tanto pueden ir con verbos en singular o en plural. También se puede anteponer *a/an* o *one* a un sustantivo *contable* y *some* u otros **números** si este sustantivo está en plural:
*There is a **chair** in the kitchen. There are **some chairs** here.*
***One** dictionary is not enough. We need **two dictionaries**.*

Por el contrario, los sustantivos *incontables* son aquellos que no son separables por ser nombres de sustancias que no se pueden contar, aunque sí se pueden medir. No tienen forma de plural y siempre van con el verbo en singular:
***Tea** isn't very expensive. There is **water** on the floor.*

Pero **tea, coffee** o **beer**, etc. son excepciones cuando se trata de pedirlos en un bar. Se entiende que se pide una taza de ...
*I'd like **two teas**, please. Can I have **three beers**, please?*

b   Algunos sustantivos pueden ser *contables* e *incontables* con diferencia en el significado:

contable	*incontable*
an iron	iron (metal)
a glass	glass (material para vasos, ventanas)

c Podemos convertir un sustantivo *incontable* en *contable* por medio de una serie de frases referentes a medidas como **a bottle of, a kilo of, a packet of, a loaf of, a tin of,** etc....

milk/a bottle of milk   beer/two glasses of beer
bread/a loaf of bread   meat/a tin of meat
tea/half a pound of tea   advice/a piece of advice
luggage/a piece of luggage   news/a piece of news

5. **Sustantivos compuestos**

Los sustantivos compuestos son unidades formadas por dos palabras, cada una de las cuales puede ser utilizada por separado, pero al formar un sustantivo compuesto se entienden como una sola. Estos sustantivos se forman:

a sustantivo + sustantivo:
a hairpin / a tin-opener / a baby sitter

b gerundio + sustantivo:
a waiting room / a boxing-match

c adjetivo + sustantivo:
a blackbird / a greenhouse

d sustantivo + preposición:
a passer-by / a looker-on
Para la formación del plural de estos sustantivos V. el Sustantivo (la formación del plural).

EL VERBO: Los verbos, en inglés, pueden clasificarse del siguiente modo:

1. **Verbos auxiliares, que se utilizan para formar distintos tiempos**
to be, to have, to do.

a *To do*
I *Do* como auxiliar se utiliza para formar la negativa y la interrogativa del **Presente simple** y *did* para formar el **Pasado simple**.
II *Do* se utiliza solamente en la forma positiva para dar **énfasis** al verbo principal:
He **does** work hard.   I **did** do my exercices!

III *Do* también se utiliza para las *tag questions* (coletillas) y las **respuestas cortas:**

*She tries hard, **doesn't she**? You went to London, **didn't you**?*

A. *Do you like fish?* A. *Who arrived yesterday?*
B. *Yes, I do.* B. *Mary did.*

b **To be**

I **Be + participio de presente o gerundio** sirve para formar los tiempos **continuos:**

*He **is telephoning** at the moment.*
*He **was watering** the flowers.*
*The cat **has been playing** with the wool.*
*Will you **be coming** soon?*

II **Be + participio de pasado** sirve para formar la Voz Pasiva:

*The bridge **is made** of iron.*
*The children **are being looked** after by my mother.*
*She **was taken** to hospital very ill.*
*The building **will be demolished** in a few days.*
*The station **has been built** in a short period of time.*

c **To have**

Have + participio de pasado sirve para formar los tiempos de Perfecto:

*He's never **been** to Australia.*
*She **had read** the whole book by the end of the trip.*
*Will you **have arrived** by then?*

2. **Verbos auxiliares modales**

can	may	shall	will	dare
could	might	should	would	
must	ought to	used to	need	

Estos verbos también sirven como auxiliares a otros verbos al mismo tiempo que sirven para expresar duda, certeza, posibilidad, disposición, habilidad, obligación, consejo y permiso:

*They **must** be at home because the light is on* (certeza).
*I **might** go to Madrid next weekend* (posibilidad).

*He **can** speak English* (habilidad).
*He **should** see the doctor* (consejo).

3. **Verbos léxicos o verbos completos, son todos los verbos restantes**

to walk, to see, to call, to buy

Además, estos verbos también se clasifican en:

Verbos **regulares** que forman el Pretérito y el Participio de Pasado añadiendo **-ed**.

Verbos **irregulares** que generalmente forman el Pretérito y el Participio de Pasado con algún cambio vocálico (V. Tabla de Verbos Irregulares).

Tanto unos como otros pueden ser **transitivos e intransitivos**.

TABLA DE CONJUGACION DE LOS VERBOS AUXILIARES

TO BE: Presente

Afirmativa	Negativa	Interrogativa
I am	I am not	am I?
you are	you are not	are you?
he is	he is not	is he?
she is	she is not	is she?
it is	it is not	is it?
we are	we are not	are we?
you are	you are not	are you?
they are	they are not	are they?

Contracciones

a El verbo se contrae tanto con un *pronombre* sujeto como con un *sustantivo* sujeto, aunque generalmente después de *sustantivo* sólo la 3.ª persona del singular se contrae:

Peter's two years old today. His mother's being making a cake.

b No hay posibilidad de contraer **am not**.

c No se contrae ningún verbo auxiliar cuando no le sigue otro verbo:

Is she at home? Yes, she is.

Pasado simple

Afirmativa	Negativa	Interrogativa
I was	I was not	was I?
you were	you were not	were you?
he was	he was not	was he?
she was	she was not	was she?
it was	it was not	was it?
we were	we were not	were we?
you were	you were not	were you?
they were	they were not	were they?

Contracciones

I'm = I am, she's = she is, you're = you are
he isn't = he is not, they aren't = they are not
he wasn't = he was not, they weren't = they were not

TO HAVE

a En inglés británico este verbo se usa a menudo con **got** para indicar "posesión", y es más informal, por lo tanto se utiliza en conversación o para escribir a amigos. Significa lo mismo que have en esta frase:
I've got a friend in NY = I have a friend in NY (NY = abreviatura de Nueva York).

b Cuando utilizamos **got** con to have la interrogativa también lo lleva. Pero si va solo to have se puede conjugar con el auxiliar do en la interrogativa y en la negativa, tal y como veremos que se conjugan los verbos léxicos, lo que sucede si hablamos de alguna cosa que se repite a menudo, o simplemente como se ve en el cuadro de conjugación:
I don't often have much spare time. Do you usually have colds?

c **Got** no se usa con have cuando hablamos del pasado:
We had nice flowers in our garden last summer.

d Tampoco se utiliza **got** en respuestas cortas:
Have we got any milk left? Yes, we have.

Presente

Afirmativa	Negativa	Interrogativa
I have (got)	I have not (got)	have I (got)?
you have (got)	you have not (got)	have you (got)?
he has (got)	he has not (got)	has he (got)?
she has (got)	she has not (got)	has she (got)?
it has (got)	it has not (got)	has it (got)?
we have (got)	we have not (got)	have we (got)?
you have (got)	you have not (got)	have you (got)?
they have (got)	they have not (got)	have they (got)?

Contracciones

I've (got) = I have (got), they haven't (got) = they have not (got).
she's (got) = she has (got), he hasn't (got) = he has not (got).

4. **Uso de los verbos auxiliares modales**

Estos verbos tienen significado propio y varios puntos en común pero son diferentes de otros verbos.

a   Se utilizan cuando queremos expresar que ciertos acontecimientos son posibles, ciertos, probables o improbables, o cuando esperamos que algo suceda:

She may bring the book we need.

b   No experimentan variación alguna en ninguna persona:

I can, you can, he can, we can, etc...

c   Las formas interrogativa y negativa no se hacen con **do**, sino como los verbos auxiliares:

Could you come tomorrow? I can't (cannot) swim.

d   No tienen infinitivos, ni tiempos de pasado. **Could** y **Would** se utilizan a veces con un significado de pasado, pero por lo general se utilizan otras expresiones:

She had to leave school at half past one (y no *she must...*).

e   Pueden ir delante de un infinitivo de perfecto para expresar algo que debería haber sucedido, o algo del pasado sobre lo que no estamos muy seguros:

I should have gone to Portugal.
Someone may have stolen it.

Cada auxiliar modal tiene al menos dos significados. Veamos por medio de cuales de estos verbos expresamos posibilidad, probabilidad, duda, certeza, etc...

a	CERTEZA:	
	shall, shan't	I shall be there on time.
		He shan't come tomorrow.
	will, won't	Everything will be all.
		You won't get all you think.
	would, wouldn't	You would do a good godfather.
		I soon saw he wouldn't do it.
	can't, couldn't	We can't go to the cinema.
		They couldn't come last summer.
b	PROBABILIDAD:	
	should, shouldn't,	The train should be there by now.
	ought to,	They ought to be waiting there.
	oughtn't to,	It oughtn't to be difficult.
	may (not),	I may (not) be buying a new car.
	might (not),	I might (not) go to the cinema.
	could	We could all pass the exam.
c	POSIBILIDAD:	
	can, may,	Your mum can be awful at times.
	might, could	They might win the cup.
d	HABILIDAD:	
	can	He can play the flute.
	could	I could speak German when I was 6.
	be able to	I was able to to swim, too.
e	PERMISO:	
	can, could,	Can/could I come in?
	may, might,	May I use your telephone?
	be allowed to	Is it allowed to smoke here?

f   OBLIGACIÓN:

ought to,   You shouldn't/oughtn't to eat cakes.
should

g   NECESIDAD:

must,   You must be here early.
have to,   I had to wait there.
needn't   You needn't do all this work.

h   PETICIONES:

can, could,   Can/could I have a cup of tea?
may,   May I sit down?
will, would   Will you put the light on?

i   OFERTAS:

will, shall,   Shall I give you a hand?
can, could,   I can do this for you.
would   Would you like me to ring?

j   NEGATIVAS:

won't,   The clock won't work.
wouldn't   It wouldn't this morning.

k   PROMESAS,
AMENAZAS:

will   I will pay everything I owe you.
    I'll go crazy if you don't stop.

l   HÁBITOS:

used to, will,   I used to ride a bike a lot.
would   Dad would bring lots of things from his trips.

5. **Verbos léxicos o completos**

Son todos los verbos restantes.

LOS TIEMPOS VERBALES.
(Prescindimos del pronombre femenino y del neutro en la tercera persona del singular.)

Presente simple

Afirmativa	Negativa	Interrogativa
I speak	I don't speak	do I speak?
you speak	you don't speak	do you speak?
he speaks	he doesn't speak	does he speak?
we speak	we don't speak	do we speak?
you speak	you don't speak	do you speak?
they speak	they don't speak	do they speak?

Presente continuo

Afirmativa	Negativa	Interrogativa
I am speaking	I am not speaking	am I speaking?
you are speaking	you are not speaking	are you speaking?
he is speaking	he is not speaking	is he speaking?
we are speaking	we are not speaking	are we speaking?
you are speaking	you are not speaking	are you speaking?
they are speaking	they are not speaking	are they speaking?

Pasado simple

Afirmativa	Negativa	Interrogativa
I spoke	I didn't speak	did I speak?
you spoke	you didn't speak	did you speak?
he spoke	he didn't speak	did he speak?
we spoke	we didn't speak	did we speak?
you spoke	you didn't speak	did you speak?
they spoke	they didn't speak	did they speak?

Pasado continuo

Afirmativa	Negativa	Interrogativa
I was speaking	I was not speaking	was I speaking?
you were speaking	you were not speaking	were you speaking?
he was speaking	he was not speaking	was he speaking?
we were speaking	we were not speaking	were we speaking?
you were speaking	you were not speaking	were you speaking?
they were speaking	they were not speaking	were they speaking?

Futuro simple

Afirmativa	Negativa	Interrogativa
I shall speak	I shall not speak	shall I speak?
you will speak	you will not speak	will you speak?
he will speak	he will not speak	will he speak?
we shall speak	we shall not speak	shall we speak?
you will speak	you will not speak	will you speak?
they will speak	they will not speak	will they speak?

Futuro simple continuo

Afirmativa	Negativa
I shall be speaking	I shall not be speaking
you will be speaking	you will not be speaking
he will be speaking	he will not be speaking
we shall be speaking	we shall not be speaking
you will be speaking	you will not be speaking
they will be speaking	they will not be speaking

Interrogativa
shall I be speaking?
will you be speaking?
will he be speaking?
shall we be speaking?
will you be speaking?
will they be speaking?

Futuro Perfecto

Afirmativa
I shall have spoken
you will have spoken
he will have spoken
we shall have spoken
you will have spoken
they will have spoken

Negativa
I shall not have spoken
you will not have spoken
he will not have spoken
we shall not have spoken
you will not have spoken
they will not have spoken

Interrogativa
shall I have spoken?
will you have spoken?
will he have spoken?
shall we have spoken?
will you have spoken?
will they have spoken?

Futuro Perfecto Continuo

Afirmativa
I shall have been speaking
you will have been speaking
he will have been speaking
we shall have been speaking
you will have been speaking
they will have been speaking

Negativa
I shall not have been speaking
you will not have been speaking
he will not have been speaking
we shall not have been speaking
you will not have been speaking
they will not have been speaking

Interrogativa
shall I have been speaking?
will you have been speaking?
will he have been speaking?
shall we have been speaking?
will you have been speaking?
will they have been speaking?

NOTA: SHALL es común en la primera personal del singular y del plural, pero el inglés moderno acepta igualmente WILL para todas las personas.

Pretérito Perfecto

Afirmativa	Negativa	Interrogativa
I have spoken	I have not spoken	have I spoken?
you have spoken	you have not spoken	have you spoken?
he has spoken	he has not spoken	has he spoken?
we have spoken	we have not spoken	have we spoken?
you have spoken	you have not spoken	have you spoken?
they have spoken	they have not spoken	have they spoken?

Pretérito Perfecto Continuo

Afirmativa	Negativa
I have been speaking	I have not been speaking
you have been speaking	you have not been speaking
he has been speaking	he has not been speaking
we have been speaking	we have not been speaking
you have been speaking	you have not been speaking
they have been speaking	they have not been speaking

Interrogativa
have I been speaking?
have you been speaking?
has he been speaking?
have we been speaking?
have you been speaking?
have they been speaking?

Pretérito Pluscuamperfecto

Afirmativa	Negativa	Interrogativa
I had spoken	I had not spoken	had I spoken?
you had spoken	you had not spoken	had you spoken?
he had spoken	he had not spoken	had he spoken?
we had spoken	we had not spoken	had we spoken?
you had spoken	you had not spoken	had you spoken?
they had spoken	they had not spoken	had they spoken?

Pretérito Perfecto Continuo

Afirmativa
I had been speaking
you had been speaking
he had been speaking
we had been speaking
you had been speaking
they had been speaking

Negativa
I had not been speaking
you had not been speaking
he had not been speaking
we had not been speaking
you had not been speaking
they had not been speaking

Interrogativa
had I been speaking?
had you been speaking?
had he been speaking?
had we been speaking?
had you been speaking?
had they been speaking?

Infinitivo	Imperativo	Participio de Presente
to speak	speak	speaking
	Let't speak	

Participio de Presente o Gerundio

El Participio de Presente se forma:

a   por regla general añadiendo la terminación -ing al infinitivo:
 walk = walking   watch = watching   tell = telling

b   Los verbos que acaban en e pierden la e:
 gave = giving   gaze = gazing   come = coming

c   Los verbos que acaban en ee conservan la terminación y añaden -ing:
 see = seeing   agree = agreeing

d   Los verbos monosílabos que acaban en **consonante precedida de vocal**, doblan la consonante final, excepto si esta consonante final es y o w:
 stop = stopping   cut = cutting   plan = planning
 play = playing   grow = growing

Participio de Pasado

regular, añade -**ed** al infinitivo: **walk** = **walk-ed**;

si el verbo acaba en **e** añade **d**: **range** = **rang-ed**.

irregular, experimenta cambios vocálicos que pueden consultarse en la tabla de verbos irregulares: **brought, seen**, etc.

Los verbos irregulares tienen pretérito y participio pasado específicos (ver la tabla siguiente).

Para la formación de los tiempos verbales compuestos de los verbos irregulares se siguen las mismas normas que para los regulares.

TABLA DE CONJUGACION DE LOS VERBOS IRREGULARES

Infinitive	Past Tense	Past Participle
abide	abode, abided	abode, abided
arise	arose	arisen
awake	awoke	awaked, awoke
be	was	been
bear	bore	borne, born
beat	beat	beaten
become	became	become
befall	befell	befallen
beget	begot	begotten
begin	began	begun
behol	beheld	beheld
bend	bent	bent, bended
bereave	bereaved, bereft	bereaved, bereft
beseech	besought	besought
beset	beset	beset
bet	bet, betted	bet, betted
betake	betook	betaken

bethink	bethought	bethought
bid	bade, bid	bidden, bid
bide	bode, bided	bided
bind	bound	bound
bite	bit	bitten, bit
bleed	bled	bled
blend	blended, blent	blended, blent
bless	blessed, blest	blessed, blest
blow	blew	blown
break	broke	broken
breed	bred	bred
bring	brought	brought
broadcast	broadcast, broadcasted	broadcast, broadcasted
build	built	built
burn	burnt, burned	burnt, burned
burst	burst	burst
buy	bought	bought
cast	cast	cast
catch	caught	caught
chide	chid	chidden, chid
choose	chose	chosen
cleave	clove, cleft	cloven, cleft
clung	clung	clung
clothe	clothed	clothed
come	came	come
cost	cost	cost
creep	crept	crept
crow	crowed, crew	crowed
cut	cut	cut
dare	dared, durst	dared
deal	dealt	dealt
dig	dug	dug
dive	dived, (US) dove	dived
do	did	done
draw	drew	drawn
dream	dreamed, dreamt	dreamed, dreamt

drink	drank	drunk
drive	drove	driven
dwell	dwelt	dwelt
eat	ate	eaten
fall	fell	fallen
feed	fed	fed
feel	felt	felt
fight	fought	fought
find	found	found
flee	fled	fled
fling	flung	flung
fly	flew	flown
forbear	forbore	forborne
forbid	forbade, forbad	forbidden
forecast	forecast, forecasted	forecast, forecasted
foreknow	foreknew	foreknown
foresee	foresaw	foreseen
foretell	foretold	foretold
forget	forgot	forgotten
forgive	forgave	forgiven
forsake	forsook	forsaken
forswear	forswore	forsworn
freeze	froze	frozen
gainsay	gainsaid	gainsaid
get	got	got, (US) gotter
gild	gilded, gilt	gilded
gird	girded, gird	girded, girt
give	gave	given
go	went	gone
grave	graved	graven, graved
grind	ground	ground
grow	grew	grown
hamstring	hamstringed, hamstrung	hamstringed, hamstrung
hang	hung, hanged	hung, hanged
have	had	had

hear	heard	heard
heave	heaved, hove	heaved, hove
hew	hewed	hewed, hewn
hide	hid	hidden, hid
hit	hit	hit
hold	held	held
hurt	hurt	hurt
inlay	inlaid	inlaid
keep	kept	kept
kneel	knelt	knelt
knit	knitted, knit	knitted, knit
know	knew	known
lade	laded	laden
lay	laid	laid
lead	led	led
lean	leant, leaned	leant, leaned
leap	leapt, leaped	leapt, leaped
learn	learnt, learned	learnt, learned
leave	left	left
lend	lent	lent
let	let	let
lie	lay	lain
light	lighted, lit	lighted, lit
lose	lost	lost
make	made	made
mean	meant	meant
meet	met	met
melt	melted	melted, molten
miscast	miscast	miscast
misdeal	misdealt	misdealt
misgive	misgave	misgiven
mislay	mislaid	mislaid
mislead	misled	misled
misspell	misspelt	misspelt
misspend	misspent	misspent
mistake	mistook	mistaken
misunderstand	misunderstood	misunderstood

mow	mowed	mown, (US) mowed
outbid	outbade, outbid	outbidden, outbid
outdo	outdid	outdone
outgo	outwent	outgone
outgrow	outgrew	outgrown
outride	outrode	outridden
outrun	outran	outrun
outshine	outshone	outshone
overbear	overbore	overborne
overcast	overcast	overcast
overcome	overcame	overcome
overdo	overdid	overdone
overhang	overhung	overhung
overhear	overheard	overheard
overlay	overlaid	overlaid
overleap	overleapt	overleapt, overleaped
overlie	overlay	overlain
override	overrode	overridden
overrun	overran	overrun
oversee	oversaw	overseen
overset	overset	overset
overshoot	overshot	overshot
oversleep	overslept	overslept
overtake	overtook	overtaken
overthrow	overthrew	overthrown
overwork	overworked	overworked, overwrought
partake	partook	partaken
pay	paid	paid
prove	proved	proved, proven
put	put	put
read	read/red	read/red
rebind	rebound	rebound
rebuild	rebuilt	rebuilt
recast	recast	recast
redo	redid	redone

relay	relaid	relaid
remake	remade	remade
rend	rent	rent
repay	repaid	repaid
rerun	reran	rerun
reset	reset	reset
retell	retold	retold
rewrite	rewrote	rewritten
rid	rid, ridded	rid, ridded
ride	rode	ridden
ring	rang	rung
rise	rose	risen
rive	rived	riven, rived
run	ran	run
saw	sawed	saw, sawed
say	said	said
see	saw	seen
seek	sought	sought
sell	sold	sold
send	sent	sent
set	set	set
sew	sewed	sewn, sewed
shake	shook	shaken
shave	shaved	shaved, shaven
shear	sheared	shorn, sheared
shed	shed	shed
shoe	shod	shod
shoot	shot	shot
show	showed	shown, showed
shred	shredded	shredded
shrink	shrank, shrunk	shrunk, shrunken
shrive	shrove, shrived	shriven, shrived
shut	shut	shut
sing	sang	sung
sink	sank	sunk, sunken
sit	sat	sat
slay	slew	slain

sleep	slept	slept
slide	slid	slid, slidden
sling	slung	slung
slink	slunk	slunk
slit	slit	slit
smell	smelt, smelled	smelt, smelled
smite	smote	smitten
sow	sowed	sown, sowed
speak	spoke	spoken
speed	sped, speeded	sped, speeded
spell	spelt, spelled	spelt, spelled
spend	spent	spent
spill	spilt, spilled	spilt, spilled
spin	spun, span	spun
spit	spat	spat
split	split	split
spoil	spoilt, spoiled	spoilt, spoiled
spread	spread	spread
spring	sprang	sprung
stand	stood	stood
stave	staved, stove	staved, stove
steal	stole	stolen
stick	stuck	stuck
sting	stung	stung
stink	stank, stunk	stunk
strew	strewed	strewn, strewed
stride	strode	stridden, strid
strike	struck	struck, stricken
string	strung	strung
strive	strove	striven
sunburn	sunburned, sunburnt	sunburned, sunburnt
swear	swore	sworn
sweep	swept	swept
swell	swelled	swollen, swelled
swim	swam	swum
swing	swung	swung

take	took	taken
teach	taught	taught
tear	tore	torn
tell	told	told
think	thought	thought
thrive	throve, thrived	thriven, thrived
throw	threw	thrown
thrust	thrust	thrust
tread	trod	trodden, trod
unbend	unbent	unbent
unbind	unbound	unbound
underbid	underbid	undebidden, underbid
undergo	underwent	undergone
understand	understood	understood
undertake	undertook	undertaken
undo	undid	undone
upset	upset	upset
wake	woke, waked	woken, waked
waylay	waylaid	waylaid
wear	wore	worn
weave	wove	woven, wove
wed	wedded	wedded, wed
weep	wept	wept
win	won	won
wind	winded, wound	winded, wound
withdraw	wirthdrew	withdrawn
withold	withheld	withheld
withstand	withstood	withstood
work	worked, wrought	worked, wrought
wring	wrung	wrung
write	wrote	written

EL ADJETIVO

El Adjetivo en inglés no varía en cuanto a número, género, persona o caso. La misma forma se utiliza en singular y en plural, con masculino o con femenino, etc.

1. Clasificación y posición

   La mayoría de los adjetivos pueden ser *atributivos* y *predicativos*. Algunos como **former, latter, inner, outer** sólo se usan atributivamente. Otros sólo se utilizan predicativamente como son los que comienzan por "a": **asleep, alive, afraid, alone, awake,** y otros como **ill** o **well**.

a Son *atributivos* cuando van delante del sustantivo al que califican:
   *She's a **nice** girl. He has written a **new** novel.*

b Son *predicativos* cuando hacen de predicado de verbos como to be, to seem, to fall, look, sound, smell,....
   *That house is **new**. I fell **asleep**.*

2. Orden

   Cuando utilizamos dos o más adjetivos se observa el siguiente orden:
   tamaño + edad + forma + color + origen + material + propósito + SUSTANTIVO.
   a nice, English lady; a green Indian silk scarf.

3. Formación

a Algunos sustantivos funcionan como adjetivos atributivos, anteponiéndolos al sustantivo y como adjetivos no pluralizan:
   *a **garden** chair, some **garden** chairs.*

b Por medio de *sufijos* como: -y, -ly, -ful, -less, -en, -ous, -able, -some, -ic, -ed, -like, -al, -an, -ian, -ical o -ish:

cloud	cloudy
care	careless
child	childlike
friend	friendly

gold	golden
use	useful
luxury	luxurious

c Por medio de prefijos como: un-, in-, im-, ir-, il-, dis-, o de sufijos: -less, formamos adjetivos negativos.

happy	unhappy
agreable	disagreeable
accurate	inaccurate
care	careless
possible	impossible

EL ADVERBIO

1. Tipos de adverbio

a *Adverbios de MODO.*
Expresan cómo sucede algo, calificando al verbo del mismo modo que un adjetivo califica a un sustantivo: **easily, beautifully, quickly, splendidly,** etc.
*He watched **carefully**.*
Generalmente acaban en -ly, excepto algunos como **well, high, near,** etc.
Suelen ir al final de la frase o tras el objeto directo. Alguno puede ir en posición intermedia:
*He **easily** climbed the mountain.*
En inglés informal o en inglés americano a veces se utiliza un adjetivo en lugar del adverbio:
*They bought it **cheaply/cheap**.*

b *Adverbios de LUGAR y TIEMPO.*
Los Adverbios o frases adverbiales de LUGAR: **here, there, everywhere, around, across, below, down, upstairs,** etc. y de TIEMPO: **tomorrow, yesterday, early, tonight, today, soon,** etc., pueden ir, por lo general al comienzo o al final de la frase:
At Paul's house they have a nice little cat.
I'll see you at the disco.
Yesterday she told me he could come.

Los Adverbios o frases adverbiales de LUGAR van generalmente antes que los de TIEMPO cuando van ambos al final de la frase:

I'll see you at the pub tomorrow.

Algunos Adverbios de TIEMPO, **soon**, **already**, **now**, **just**, **then**, también pueden ir en posición intermedia:

I've just seen him.

Still va generalmente después de un verbo LÉXICO o después de un AUXILIAR, mientras que en frases negativas va después del sujeto:

Do you still live at the same place? He's still in the bathroom.

Yet sólo se utiliza en frases interrogativas y negativas y va al final. En respuestas cortas negativas se utiliza solamente tras **not**:

Have you done the shopping yet? No, not yet.

c   *Adverbios de FRECUENCIA.*

Los Adverbios de FRECUENCIA: **always**, **never**, **ever**, **often**, **sometimes**, **usually**, **generally**, **frecuently**, etc. muestran cada cuanto tiempo se da una acción:

I usually read at night. We frecuently go to Rome.

Generalmente van en posición intermedia dentro de la frase, aunque algunos de ellos: **sometimes**, **usually**, **normally** y **occasionally**, pueden ir al comienzo de la frase:

We go to the theatre occasionally. Sometimes we see good plays.

Las frases adverbiales que llevan **every**, **a/an**, pueden ir al principio o al final de la frase:

She goes to the swimming pool twice a week.

Every August they go to the sea.

d   *Adverbios de GRADO o MODIFICADORES.*

Estos Adverbios: **very**, **so**, **too**, **enough**, **rather**, **pretty**, **fairly**, **quite**, **extremely**, **completely**, etc. modifican el significado de un adjetivo, de un adverbio, o de un verbo, lo hacen más fuerte. En general van delante de adjetivos, etc. a los que modifican:

It's extremely hot. The boy is too tall. The way is so long.

Enough va después del adjetivo, etc.
*It isn't big **enough**.*
Very y **extremely** dan al adjetivo, verbo, etc. un significado muy fuerte. **Rather**, **pretty**, **fairly** y **quite** dan un significado menos fuerte, de menos a más irían en este orden:

    fairly   **quite**   **rather/pretty**   **very**   **extremely**

pretty y **rather** son muy similares en significado, pero **pretty** se utiliza en estilo informal.

e   *Adverbios de PROBABILIDAD.*

Indican la certeza que tenemos sobre algo: **certainly, definitely, probably, obviously.**

Generalmente van delante de los verbos LÉXICOS o detrás de los AUXILIARES. En las frases negativas se colocan delante de la negación.

*They **probably** know each other.*   *He is **definitely** coming.*
*We are **obviously** not going.*   *She **definitely** didn't do it.*

2.   **Adverbios y adjetivos con la misma forma**

Hay una serie de *adverbios* que tienen la misma forma que el *adjetivo:*

*He's a **hard** worker.*	*He works **hard**.*
*A **daily** paper.*	*We got there **daily**.*
*She was **early**.*	*She arrived **early**.*

3.   **Comparación del adjetivo y del adverbio**

Forma de los COMPARATIVOS y SUPERLATIVOS.

a   *Adjetivos* y *adverbios* de una sola sílaba y algunos de dos que acaban en -y, forman el *comparativo* añadiendo -er, y el *superlativo* con la terminación -est, teniendo en cuenta que pueden producirse ciertos cambios, ya que si el *adjetivo* o el *adverbio* ya acaba en -e sólo se añade -r o -st, si acaba en vocal + consonante, se dobla la consonante final, o si acaban en consonante + -y, la -y cambia a -i y añaden -er y -est.

Positivo	Comparativo	Superlativo
tall	**taller**	**tallest**
big	**bigger**	**biggest**
funny	**funnier**	**funniest**
fast	**faster**	**fastest**

b Los *adjetivos* y *adverbios* de tres sílabas y la mayoría de los de dos hacen el *comparativo* y el *superlativo* con **more** y **most** respectivamente, sin que el *adjetivo* o el *adverbio* sufra modificación alguna:

Positivo	Comparativo	Superlativo
intelligent	**more intelligent**	**most intelligent**
beautiful	**more beautiful**	**most beautiful**

c Algunos *adjetivos* de dos sílabas pueden hacer el *Comparativo* y el *Superlativo* con er-, -est o con **more** y **most**:

Positivo	Comparativo	Superlativo
polite	**politer**/	**politest**/
	more polite	**most polite**
common	**commoner**/	**commonest**/
	more common	**most common**

d *Comparativos* y *Superlativos* irregulares:

Positivo	Comparativo	Superlativo
good	**better**	**best**
bad	**worse**	**worst**
far	**father/further**	**farthest/furthest**
old	**older/elder**	**oldest/eldest**
little	**less**	**least**
much/many	**more**	**most**

Uso del comparativo

a De *Superioridad*.

I Para comparar una o varias personas, cosas o animales con otros utilizamos las siguientes estructuras:

*John is **older than** Anne but she is **more intelligent than** he is.*

*This clock is **more expensive than** that one. I want a **cheaper** one.*

*You can buy them **more cheaply**.*

II Utilizamos **comparativo + and + comparativo** para expresar que algo aumenta o decrece:

*Petrol is getting **more and more expensive** these days.*

*He drove **faster and faster**.*

III La estructura **the + frase de comparativo + the + frase de comparativo**, expresa que dos cosas cambian al mismo tiempo, o que una depende de otra:

*The harder you work, **the easier** it is to pass.*

b De *Igualdad*.

I Se utiliza **as +** adjetivo/adverbio + **as** para expresar que dos personas (o dos grupos de personas), cosas o animales son iguales:

*John is **as tall as** Mary.*

*I'm driving **as fast as** I can.*

II En frases negativas se puede utilizar **not as + adjetivo + as** o **not so + adjetivo + as**:

*John isn't **as/so tall as** Mary.*

*I **can't** speak French **as/so well as** you can.*

Usos del superlativo

a Se usa el *superlativo* para comparar una persona, cosa o animal que pertenece a un grupo, con dos miembros del mismo grupo, y va precedido por el *artículo determinado* **the**:

*John is **the tallest** in the group.*

*This sofa is **the most expensive** of them all.*

*She can swim **the farthest**.*

b Con frecuencia se usa **by far** o **easily** delante de un superlativo para resaltar más la diferencia:

*It's **by far the most interesting** novel I've read.*

LOS PRONOMBRES Y CUANTIFICADORES

1. **Pronombres personales sujeto pronombres de objeto**

singular	*plural*	*singular*	*plural*
I	we	me	us
you	you	you	you
he		him	
she	they	her	them
it		it	

Los pronombres sustituyen al nombre cuando el oyente sabe de quién hablamos.

a   Los *pronombres sujeto* funcionan como sujeto de un verbo, y los *pronombres objeto* como objeto de verbos o de preposiciones:
     She likes Peter. I don't like it. He'll write to us.

b   Como objeto indirecto:
     She sent them a parcel. They gave us a present.

c   En frases de *comparativo*, después de **than**, en estilo informal:
     He's taller than her.

2.   Usos de los diferentes pronombres

a   **I/me** para la persona que habla.
     you para la persona o personas a las que uno se dirige.
     he/him para una sola persona del género masculino, o para un animal doméstico macho.
     she/her para una sola persona del género femenino, o para un animal doméstico hembra.
     it para una sola cosa o animal si se desconoce el sexo.
     we/us para la persona que habla y otra u otras.
     they/them para personas o animales varios.

b   A veces usamos los *pronombres* plurales **they/them** con significado singular, en estilo informal:
     If anyone comes, give them the message.

c   A veces se usa **it** para una persona cuando preguntamos o decimos quien es esa persona:
     A. *Who is it?*
     B. *It's Jane.*

d   **it** también funciona como sujeto cuando hablamos del tiempo, la hora, la distancia, la temperatura:
     It's four o'clock. It's raining. It's seven miles far.

e   It funciona así mismo como "sujeto preparatorio" al inicio de oraciones en que el sujeto es una oración subordinada introducida por **to** + inf. o por **that**.
     It's strange that they haven't arrived yet.
     It's nice to have you with us.

3. **Pronombres y adjetivos posesivos**

Adjetivos Posesivos		Pronombres posesivos	
singular	*plural*	*singular*	*plural*
my	our	mine	ours
your	your	yours	yours
his		his	
her	their	hers	theirs
its			

Usos

a Los *adjetivos* se usan antes de un nombre para expresar a quién pertenece algo, mientras que los *pronombres* se usan en lugar del nombre, cuando éste se sobreentiende:
   A. *Is this your book?*
   B. *No, it isn't mine.*

b A veces se usan los *adjetivos posesivos* con **own** para resaltar más algo que pertenece a una única persona:
   It isn't my own room. It is my brother's.

c También se usa a menudo **of** + **pronombre** para expresar posesión:
   A friend of mine = One of my friends.

4. **Pronombres reflexivos**

Singular	Plural
myself	ourselves
yourself	yourselves
himself	
herself	themselves
itself	

Usos

a Cuando el *sujeto* y el *objeto* de una frase es el mismo:
   I'm doing myself a nice cup of coffee.

5. **Pronombres enfáticos**

Tienen la misma forma que los *pronombres reflexivos,* pero los *enfáticos* van en posición final o directamente detrás de la frase nominal a la que se refieren.

Usos

a   Los *pronombres enfáticos* para resaltar una frase nominal:
*My sister did it **herself**. It was the King **himself**.*

6.   **Adjetivos y pronombres demostrativos**

Singular	*Plural*
this	these
that	those

Usos

a   Utilizamos **this** y **these** para hablar de personas, cosas o animales que están más cerca de la persona que habla.

b   **That** y **those** se usan para hablar de personas, animales o cosas que están más lejos de la persona que habla.

7.   **Pronombres indefinidos o cuantificadores**

Es éste grupo formado por **some, any, no, every** y sus compuestos además de **all, one, none, other, another, much, less, (a) few, (a) little, enough, each, more, most, half, either** y **neither**.

Usos generales

a   Muchos de estos pronombres, excepto **none, a lot** y **half** funcionan como *adjetivos* y por lo tanto van delante del sustantivo.

b   Excepto **no** y **every** también pueden ser usados antes de **of** + **them/her/your/this**, etc. + **sustantivo:**
Some of them went home, a lot of us stayed.

Usos de some, any

a   Se utilizan con sustantivos incontables o contables en plural, para hablar de una cantidad indefinida:

Some milk.	*any milk.*
Some books.	*any books.*

b   Generalmente se usa **some** en frases afirmativas y **any** en interrogativas y negativas:

*There is **some** milk.*	*There isn't **any** milk.*
*There are **some** books.*	*Are there **any** books?*

c   **Some** se usa en frases interrogativas cuando hacemos una petición o una oferta, o cuando esperamos que la respuesta sea afirmativa:
*Can I have **some** tea?*   *Would you like **some** more coffee?*

d   **Any** se usa en frases afirmativas cuando su significado es "cualquiera":
***Any** of those papers will be all right.*
*You can get it at **any** shop.*

   Usos de much, many, a lot of, lots of (a) little, (a) few

a   *Con sustantivos contables*   *Con sustantivos incontables*
   a lot, lots of, many,   a lot of, lots of, much,
   a few   a little

b   **A lot of/lots of** en frases afirmativas y en negativas en estilo informal.

c   **Much** y **many** en frases interrogativas y negativas, aunque en las interrogativas, si la respuesta que esperamos es afirmativa se utiliza **a lot of**.

d   **Much** y **many** se usa también después de **too**, **as**, **so** y **very**:
*We don't have **too many** days. Bring **as much** as you can.*

   Usos de every, each, all, no y none

a   Usamos **every** para hablar de un gran número indefinido de gente o de cosas, en el sentido de "todos sin excepción":
***Every** student has to be here at 9.00.*

b   **Each** se usa para hablar de personas o cosas individuales dentro de un grupo:
***Each** pupil needs a good mark if the group wants to pass.*

c   **All** se utiliza con el mismo significado que **every** pero siempre con sustantivos en plural, mientras que **every** se usa con sustantivos en singular:
***All** the students came. **Every** student came.*

d   **No** se usa delante de un sustantivo contable en singular o en plural y delante de sustantivos incontables:
*There's **no** window in that room. There are **no** exercises today.*
*There's **no** milk in the fridge.*

e   **None** es un pronombre, por lo tanto va solo y podemos usarlo delante de **of** + pronombre objeto:
*Are there any windows in that room? No, **none**.*
***None** of them came to the party.*

Usos de either, neither y both
Usamos **either, neither** o **both** para hablar de dos personas, animales o cosas.

a   **Either** (= el uno o el otro) y **neither** (ni el uno, ni el otro) con sustantivos contables en singular:
*We can go in June or July. **Either** month is all right.*
***Neither** box was very expensive.*

b   **Both** (= uno y el otro, los dos juntos) se usa con sustantivos contables en plural:
***Both** girls were quite tall.*

c   También se usa **either/neither/both** + **of** + adjetivo posesivo/ adjetivo demostrativo/artículo + sustantivo contable plural.
***Either** of my friends will do it for you.*
***Neither** of these boxes was/were very expensive.*
***Both** of the books were really good.*

d   **Either of, neither of** y **both of** se usan también delante de pronombres objeto en plural:
***Neither** of us can waste time. Can **either** of you come here?*
***Both** of them are interesting.*

Compuestos de some, any, no y every

	some	any	no	every
-thing	something	anything	nothing	everything
-body	somebody	anybody	nobody	everybody
-one	someone	anyone	none	everyone
-where	somewhere	anywhere	nowhere	everywhere

Usos

a   Las diferencias entre **something/somebody, anything/any-body** son las mismas que entre **some** y **any**, y se usan del mismo modo, **something/somebody** generalmente en frases afirmativas, mientras que **anything/anybody** se usan principalmente en interrogativas y negativas, con la única excepción de peticiones y ofertas.

b   Todos estos compuestos son singulares, por lo tanto el verbo va en singular, aunque a veces, en estilo informal usemos pronombres en plural:

Somebody has sent their adress.

8. Pronombres interrogativos

What: interroga sobre acciones o cosas: *What are you doing?*

Who: sobre personas: *Who's coming tonight?*

Where: sobre lugares: *Where is York?*

When: sobre tiempo en que algo ocurre: *When's your birthday?*

How: sobre modo, grado, medios: *How did you do it?*
                                How long did it take?

Why: sobre razones, propósitos: *Why did you do it?*

Whose: sobre posesión: *Whose is this hat?*

Which: sobre cosas y personas cuando tenemos un número restringido:

Which tie do you prefer? The red one or the green one?

LA CONJUNCION

Las conjunciones son palabras como **and, but, because, although, or, if, when, so that, that, as** que se utilizan para unir unas frases con otras o mostrar la relación entre las ideas que encierran las frases. Estas son las conjunciones más corrientes para unir diferentes oraciones subordinadas:

after, as soon as, before, since, when, whenever, while, until, till	DE TIEMPO
where, wherever	LUGAR
as, because, since	EXPLICATIVAS
in order that, so that,	FINALES
so and so, therefore,	RESULTATIVAS
so + adjetivo + that, such	
although, though, even though, despite, however, while, whereas, in spite of,	CONCESIVAS
as, as if, (in) the way	MODALES

LA PREPOSICION

Al ser el inglés una lengua analítica, las preposiciones juegan un papel importante, y al mismo tiempo son causa de dificultad para estudiantes de esta lengua, ya que muchas veces no existe una explicación lógica de por qué una preposición es correcta en un contexto y en otros es incorrecta, y es casi imposible dar todos los significados que cada una de ellas tiene. Por esto, no hay mejor guía que un buen diccionario y la lectura atenta de textos donde se vea cuándo es correcto utilizar cada preposición. Originalmente denotaban *lugar* o *dirección*. Las principales preposiciones y grupos preposicionales son:

Preposiciones de lugar: in, at, on.

Preposiciones de lugar y movimiento: about, above, across, against, along, among, at, by, before, behind, below, beneath, beside, between, beyond, down, from, in, inside, into, near, off, on, over, past, round, through, to, towards, under, underneath, up, at the back (front, top, side, bottom) of, at the beginning of, at the end of, away from, far from, in front of, in the middle of, out of.

Preposiciones de tiempo: about, after, at, by, before, between, during, for, from, in, on, since, till, through, throughout, to at the beginning (end) of, at the time, in the middle (midst) of, down to, up to.

Generalmente, at, by, on indican un punto en el tiempo:
at 4 o'clock, by 3.30, on Saturday, on the 13th of July.

Las preposiciones after, before, by, in, since, till, until, indican un período de tiempo:

after Christmas	*before Sunday*	*since you arrived*
until 4 o'clock	*in the evening*	*by Monday.*

Las preposiciones for, during, indican duración de un período de tiempo.

For + período de tiempo (indica "cuanto" tiempo llevó una actividad):
I've been waiting for 2 hours.

During + sustantivo (indica "cuando" sucedió algo):
He worked as a gardener during the summer.

LA INTERJECCION

La *Interjección* puede ser una palabra o un sonido que generalmente usamos para expresar una emoción o un sentimiento repentino y que no entra en la estructura gramatical de la frase. Entre las más utilizadas tenemos:

Oh! que con frecuencia se escribe **O!** para expresar dolor o sorpresa.

Ah! para expresar sorpresa o satisfacción.

Hello! para saludar o para expresar sorpresa.

Hey! para atraer la atención de alguien.

Alas! es una interjección literaria que expresa pena, desilusión, decepción

ORACIONES DE RELATIVO O ADJETIVAS O ATRIBUTIVAS

Las oraciones de relativo califican a un nombre. El nombre al que califican se llama *antecedente,* y la oración de relativo sigue al antecedente:

That is the house that I'm going to buy.

The house that I'm going to buy has a marvellous garden.

En ambas frases el antecedente es "house".

Los *pronombres relativos* más corrientes son: who, whom, which y that. Pero también hay oraciones de relativo con otros *pronombres:* where, when, why, whose, what.

Hay dos tipos diferentes de oraciones de relativo.

Unas son "**defining**" o **restrictivas** y otras son "**non-defining**" o **no restrictivas.**

1. **Oraciones de relativo "Defining" o restrictivas**

   Pronombres relativos

	Persona	Cosa
Sujeto	who (that)	that (which)
Objeto	(that)	(that)

   Las formas entre paréntesis no son muy comunes.

a El pronombre relativo no es necesario cuando introduce una oración de relativo que define al *objeto* de la frase:
The lady who is sitting next to Peter is his wife (sujeto).
Have you open the present (that) I bought for you? (objeto).

b Estas oraciones de relativo no van encerradas entre comas en inglés escrito, y en inglés hablado no se hacen pausas.

2. **Oraciones de relativo "non-defining" o no restrictivas**

Pronombres relativos

	Persona	Cosa
Sujeto	,who ... ,	,which ... ,
Objeto	,who ... ,	,which ...,
	,whom ...,	

a El pronombre relativo es absolutamente necesario en las oraciones de relativo "non-defining" o no restrictivas.

b Va entre comas en inglés escrito, y en inglés hablado se hacen pausas antes y después de una oración de este tipo.

c That no se utiliza en estas oraciones.

d Hay un tipo de oraciones de relativo "non-defining", no muy corriente en inglés hablado, que tiene como antecedente una frase entera. En este caso el pronombre que introduce la oración de relativo es siempre which:
He came to the wedding, which was very annoying.
They had invited me, which was very nice of them.

3. **Oraciones de relativo con otros pronombres**

Como ya hemos mencionado hay otros pronombres que introducen oraciones de relativo:

a Why, when y where pueden introducir oraciones restrictivas y no restrictivas.

b En oraciones de relativo restrictivas why y when pueden omitirse, pero where no se omite a menos que añadamos una preposición:
I know the reason (why) she was so angry.
Do you know the place where she is staying?
Do you know the place she's staying at?

DICCIONARIO
español-inglés

a, A *s.f.* **1** a, A (letra). **2** to. **3** in, at. **4** by, on, in. **5** to, toward. **6 – no ser por,** were it not for.

ábaco *s.m.* abacus.

abad *s.m.* abbot.

abadejo *s.m.* cod, codfish.

abadesa *s.f.* abbess.

abadía *s.f.* abbey, abbacy.

abajo *adv.* **1** below. **2** down, downwards. **3** downstairs (en casa) ‖ **4 por –** underneath.

abalanzar *v.t.* to fling, to hurl.

abalaustrado, -a *adj.* balustered.

abalorio *s.m.* bead(s).

abanderar *v.t.* to register.

abandonar *v.t.* **1** to abandon. **2** to retire. **3** to give up.

abandono *s.m.* **1** abandonment. **2** withdrawal. **3** giving up. **4** neglect, moral abandon.

abanicar *v.t.* to fan.

abanico *s.m.* **1** fan. **2** (fig.) range.

abaratar *v.t.* to lower, to reduce price.

abarcar *v.t.* **1** to embrace. **2** to cover. **3** to undedake.

abarrancar *v.t.* y *v.pron.* to get bogged down.

abarrotamiento *s.m.* filling, stowing.

abarrotar o **embarrotar** *v.t.* **1** to slow. **2** to fill up.

abastecer *v.t.* y *v.pron.* to supply, to provide.

abastecimiento *s.m.* supplying, provision.

abasto *s.m.* **1** supply. **2** (Am.) supplies.

abate *s.m.* father (clérigo).

abatido, -a *adj.* **1** downcast, dejected. **2** humblo.

abatimiento *s.m.* **1** demolition. **2** dejection, depression.

abatir *v.t.* y *v.pron.* **1** to demolish. **2** to humiliate. **3** to discourage. ‖ *v.t.* **4** to take down.

abdicación *s.f.* abdication.

abdicar *v.t.* to abdicate.

abdomen *s.m.* abdomen.

abductor *s.m.* abductor.

abecedario *s.m.* **1** alphabet. **2** spelling book.

abedul *s.m.* birch-tree.

abeja *s.t.* bee.

abejaruco *s.m.* bee-eater.

abejero, -a *s.m.* y *f.* **1** beekeeper, apiarist. ‖ *s.m.* **2** bee-eater (ave).

abejón *s.m.* drone, bumble bee.

abejorro *s.m.* **1** bumble bee, buzzing bee. ‖ **2** cokchafer.

aberración *s.f.* aberration.

aberrante *adj.* aberrant.

abertura *s.f.* opening, apertura, hole.

abeto *s.m.* fir, silver fir, hem lork.

abierto, -a *adj.* open, frank, clear.

abigarrado, -a *adj.* variegated; multicoloured.

abigarrar *v.t.* to paint in many colours, to variegate.

abisinio, -a *adj.* y *s.* Abyssinian.

abismal *adj.* abysmal.

abismo *s.m.* abyss.

abjuración *s.f.* abjuration.

abjurar *v.t.* to abjure, to retract.

ablandar *v.t.* y *v.pron.* to soften, to loosen, to mitigate

ablativo *s.m.* ablative.

ablución *s.f.* ablution.

abnegación *s.f.* abnegation, self-denial.

abnegar *v.t.* to abnegate, to deny oneself.

abocar *v.i.* to bring one's mouth nearer. || **2** *v.t.* to pour.

abochornar *v.t.* to get close, to blush.

abocinar *v.t.* to shape like a trumpet.

abofetear *v.t.* to slap.

abogacía *s.f.* profession of a lawyer.

abogado, -a *s.m.* y *f.* lawyer, mediator, patron saint.

abogar *v.i.* to defend.

abolengo *s.m.* ancestry.

abolición *s.f.* abolition.

abolir *v.t.* to abolish.

abolladura *s.f.* dent.

abollar *v.t.* to dent.

abombar *v.t.* **1** to make convex. || *v.i.* **2** to bang (dar a la bomba). || *v.pron.* **3** to bulge.

abominable *adj.* abominable.

abominar *v.t.* to abominate, to detest.

abonado, -a *adj.* **1** fertilized. || *s.m.* y *f.* **2** subscriber, commuter.

abonar *v.t.* **1** to pay, to credit, to fertilize. || *v.pron.* **2** to subscribe.

abono *s.m.* fertilizer, credit, subscription.

abordaje *s.m.* boarding.

abordable *adj.* approachable.

abordar *v.t.* e *i.* to board; to approach.

aborigen *adj.* y *s.m.* y *f.* aboriginal.

aborrecer *v.t.* y *v.pron.* to loathe.

aborrecible *adj.* loathsome.

abortar *v.t.* e *i.* to miscarry, to abort.

abortivo, -a *adj.* abortive.

aborto *s.m.* miscarriage, abortion.

abotagarse o **abotargarse** *v. pron.* to swell up, to become swollen.

abotonar *v.t.* y *v.pron.* to button up.

abrasador, -ora *adj.* burning, scorching.

abrasar *v.t.* y *v.pron.* to burn, to squander, to shame.

abrasión *s.m.* abrasion, graze.

abrazadera *s.f.* clasp.

abrazar *v.t.* y *v.pron.* to embrace, to include, to adopt.

abrazo *s.m.* embrace, hug.

abrecartas *s.m.* letter opener.

abrelatas *s.m.* tin opener, can opener.

abrevadero *s.m.* watering place, for cattle.

abrevar *v.t.* to water, to cattle.

abreviado, -a *adj.* brief, abbreviated.

abreviar *v.t.* to abbreviate, to reduce.

abreviatura *s.f.* abbreviation.

abridor *s.m.* opener.

abrigado, -a *adj.* **1** wrapped up. **2** sheltered.

abrigar *v.t.* y *v.pron.* to shelter, to cover.

abrigo *s.m.* **1** overcoat. **2** shelter.

abril *s.m.* **1** April. || *s.pl.* **2** years of youth.

abrillantar *v.t.* to polish, to cut into facets (a precious stone).

abrir *v.t.* **1** to open, to lead, to sink. || *v.t.* y *v.pron.* **2** to reveal, to unstick, || *v.i.* y *v.pron.* to open. **4** to get wider, to open out. || **5 – con llave**, to unlock.

abrochar *v.t.* y *pron.* to button up.

abrogar *v.t.* to annul, to abrogate.

abrumador, -a *adj.* tiresome, tiring.

abrumar *v.t.* **1** to overwhelm. || *v.pron.* **2** to get foggy.

abrupto, -a *adj.* steep, sheer.

absceso *s.m.* abscess.

absentismo *s.m.* absenteeism.

ábside *s.m.* y *f.* **1** apse. **2** apsis.

absolución *s.f.* absolution, acquittal.

absolutismo *s.m.* absolutism.

absoluto, -a *adj.* absolute, uncondicional.

absolver *v.t.* **1** to acquit. **2** to absolve.

absorbente *adj.* absorbent.

absorber *v.t.* to absorb, to take up.

absorción *s.f.* absorbtion.

absorto, -a *adj.* absorbed.

abstemio, -a *adj.* abstemious.

abstención *s.f.* abstention.

abstencionismo *s.m.* abstentionism.

abstenerse *v.pron.* to abstain.

abstinencia *s.f.* abstinence.

abstracción *s.f.* abstraction.

abstracto, -a *adj.* abstract.

abstraer *v.t.* **1** to abstract, to separate ideas. || *v.pron.* **2** to be absorbed.

abstraído, -a *adj.* **1** absorbed. **2** absentminded.

abstruso, -a *adj.* abstruse, difficult.

absurdo, -a *adj.* **1** absurd || *s.m.* **2** absurdity.

abuchear *v.t.* to boo.

abuela *s.f.* grandmother.

abuelo *s.m.* **1** grandfather. || *s.m.pl.* **2** grandparents.

abulia *s.f.* lack of willpower.

abúlico, -a *adj.* weak-willed.

abultamiento *s.m.* bulkiness.

abultar *v.i.* **1** to be bulky. || *v.t.* **2** to exaggerate.

abundancia *s.f.* abundance, plenty.

abundante *adj.* abundant, plentiful.

abundar *v.t.* to abound, to be plentiful.

aburguesarse *v.pron.* to become bourgeois.

aburrido, -a *adj.* bored, fed up.

aburrimiento *s.m.* boredom, tedium.

aburrir *v.t.* to bore, to tire.

abusar *v.t.* to abuse, to overuse.

abusivo, -a *adj.* improper; outrageous.

abuso *s.m.* abuse; betrayal.

abyección *s.f.* abjection.

abyecto, -a *adj.* abject, wretched.

acá *adv.* here.

acabado, -a *adj.* **1** finished || *s.m.* **2** finish.

acabar *v.t.* y *v.pron.* **1** to finish. || *v.i.* **2** to end, to die.

acacia *s.f.* acacia.

academia *s.f.* academy.

académico, -a *adj.* **1** academic. || *s.m.* y *f.* **2** academician.

acaecer *v.i.* to happen.

acallar *v.t.* to silence.

acaloramiento *s.m.* heat, keenness.

acalorar *v.t.* **1** to warm up, to excite. || *v.pron.* **2** to get heated.

acampanado, -a *adj.* bell-shaped.

acampar *v.i.* y *v.pron.* to camp.

acanalado, -a *adj.* grooved.

acanalar *v.t.* to groove.

acantilado *s.m.* cliff.

acanto *s.m.* acanthus.

acantonar *v.t.* y *v.pron.* to quarter.

acaparar *v.t.* to monopolize, to hoard.

aceramelar *v.t.* **1** to coat with caramel. || *v.pron.* **2** to be a darling.

acariciar *v.t.* to caress.

acarrear *v.t.* to carry, to lead to.

acarreo *s.m.* carrying, transport.

acaso *s.m.* **1** accident, chance. || *adv.* **2** perhaps.

acatamiento *s.m.* respect.

acatar *v.t.* to respect, to observe, to obey.

acatarrarse *v.pron.* to catch cold.

acaudalado, -a *adj.* wealthy.

acaudillar *v.t.* to command troops.

acceder *v.i.* to accede, to assent.

accesible *adj.* accessible, attainable; approachable.

acceso *s.m.* **1** access, approach. **2** outburst (de violencia).

accesorio, -a *adj. s.m.* **1** accessory. || *s.pl.* **2** spare parts.

accidentado, -a *adj.* **1** rough. **2** hilly. **3** injured. **4** damaged. **5** troubled.

accidental *adj.* accidental, unexpected, circumstantial.

accidentarse *v.pron.* to have an accident.

accidente *s.m.* **1** accident, chance. **2** the property of a word.

acción *s.f.* **1** action, fact. **2** share. || **3** – legal, lawsuit.

accionar *v.t.* **1** to work. || *v.i.* **2** to gesticulate.

accionariado, accionistas *s.m.* shareholders.

acebo *s.m.* holly tree.

acebuche *s.m.* wild olive tree.

acechar *v.t.* to observe, to lie in wait for.

acedía *s.f.* acidity, sorness.

aceitar *v.t.* to add oil.

aceite *s.m.* oil.

aceitera *s.f.* oil bottle.

aceituna *s.f.* olive.

aceitunado, -a *adj.* olive-coloured.

aceleración *s.f.* acceleration.

acelerar *v.t.* y *v.pron.* to accelerate, to hurry.

acelga *s.f.* chard, beet.
acendrado, -a *adj.* clean, purified.
acendrar *v.t.* to purify to refine.
acento *s.m.* accent, emphasis.
acentuación *s.f.* accentuation.
acentuar *v.t.* 1 to place an accent. ‖ *v.pron.* 2 to become more important.
acepción *s.f.* meaning, sense.
aceptable *adj.* acceptable.
aceptación *s.f.* 1 acceptance. 2 success (éxito).
aceptar *v.t.* to accept, to agree.
acequia *s.f.* irrigation ditch.
acera *s.f.* pavement sidewalk room.
acerado, -a *adj.* steely (made of steel).
acerar *v.t.* 1 to coat with steel. ‖ *v.t.* y *v.pron.* 2 to strengthen (fortalecer).
acerbamente *adv.* bitterly, harshly.
acerbo, -a *adj.* 1 bitter, sour. 2 cruel, harsh.
acerca *prep.* about, relating to.
acercar *v.t.* 1 to approach, to draw together. ‖ *v.pron.* 2 to draw near.
acero *s.m.* 1 steel. 2 stainless steel.
acérrimo, -a *adj.* steadfast, staunch.
acertado, -a *adj.* right, fit.
acertar *v.t.* 1 to hit upon, to hit on. ‖ *v.t.* e *i.* 2 to be successful, to succeed.
acertijo *s.m.* riddle, puzzle.
acervo *s.m.* 1 heap. 2 common property.
achacable *adj.* attributable.
achacar *v.t.* 1 to attribute. 2 to put on, to lay on.
achacoso, a *adj.* sickly, weakly.
achaparrado, -a *adj.* tubby, squat.
achaque *s.m.* ailment, pretext.
achatar *v.t.* y *v.pron.* to squash, to flatten, to level.
achicar *v.t.* y *v. pron.* 1 to reduce, to make smaller. 2 to humiliate. ‖ *v.t.* 3 to drain (una mina). 4 to bale out (un barco).
achicharrar o **chicharrar** *v.t.* y *v.pron.* to burn, to overheat.
achicoria *s.f.* chicory.
acholado *adj.* (Am.) intimidated.
achuchar *v.t.* 1 to push. 2 to squeeze.
aciago, a *adj.* fateful, ill-fated.
acíbar *s.m.* 1 aloe. 2 bitterness.

acicalar *v.t.* 1 to clean. 2 to polish. ‖ *v.t.* y *v.pron.* 3 to decorate, to adorn.
acicate *s.m.* spur, incentive.
acidez *s.f.* acidity.
acidificar *v.t.* y *v.pron.* to acidify.
ácido, -a *adj.* y *s.m.* acid.
acierto *s.m.* 1 ability, prudence. 2 good hit. 3 wisdom.
ácimo, -a *adj.* unleavened.
aclamación *s.f.* acclamation.
aclamar *v.t.* to acclaim, to hail.
aclaración *s.f.* 1 clarification, explanation. 2 rinsing (de la ropa).
aclarar *v.t.* y *v.pron.* 1 to explain. ‖ *v.pron.* 2 to rinse. ‖ *v.i.* 3 to clear up.
aclimatar *v.t.* 1 to acclimatize. ‖ *v.pron.* 2 to adapt oneself.
acné *s.m.* acne.
acobardar *v.t.* y *v.pron.* to frighten, to intimidate.
acodado, -a *adj.* bent, elbowed.
acodar *v.t.* y *v.pron.* 1 to lean, to rest. ‖ *v.t.* 2 to draw.
acogedor, -a *adj.* 1 cosy. 2 friendly, warm (persona, ambiente).
acoger *v.t.* 1 to welcome, to receive. ‖ *v.t.* y *v.pron.* 2 to give refuge.
acogida *adj.* welcome, acceptance.
acogotar *v.t.* 1 to kill by a blow on the neck. 2 to dominate.
acolchar o **colchar** *v.t.* to pad, to quilt.
acólito *s.m.* acolyte.
acometer *v.t.* 1 to attack, to assail. 2 to undertake.
acometida *s.f.* 1 attack. 2 connection.
acomodación *s.f.* accomodation, adaptation.
acomodado, -a *adj.* well-off.
acomodador,-a *s.m.* y *f.* usher, usherette.
acomodar *v.t.* 1 to adjust, to show to a seat. ‖ *v.pron.* 2 to agree, to come to an agreement.
acomodo *s.m.* job, agreement.
acompañado, -a *adj.* accompanied.
acompañante *adj.* 1 accompanying. ‖ *s.m.* 2 companion. 3 accompanist.

acompañamiento *s.m.* accompaniment.

acompañar *v.t.* y *v.pron.* 1 to accompany, to go with || *v.t.* 2 to share.

acompasado, -a *adj.* rhythmic.

acompasar o **compasar** *v.t.* to mark the rhythm of, to keep in time.

acondicionado, -a *adj.* 1 equipped. || 2 aire –, air conditioning.

acondicionador *s.m.* conditioner.

acondicionar *v.t.* y *v.pron.* 1 to arrange. || *v.t.* 2 to create an atmosphere.

acongojante *adj.* upseling.

acongojar *v.t.* 1 to upset. || *v.pron.* 2 to get upset.

aconsejable *adj.* advisable.

aconsejar *v.t.* 1 to advise. || *v.pron.* 2 to take advice.

acontecer *v.i.* to happen, to occur.

acontecimiento *s.m.* event.

acopiar *v.t.* to gather, to stock.

acopio *s.m.* collecting, stocking.

acopiado, -a *adj.* matched.

acoplar *v.t.* 1 to couple, to combine. 2 to connect. || *v.t.* y *v.pron.* 3 to mate (unión sexual de animales). || *v.pron.* 4 to get attached to.

acoquinar *v.t.* 1 to intimidate, to hassle. || *v.pron.* 2 to be intimidated.

acorazado, -a *adj.* 1 armour-plated, armored. || *s.m.* 2 battleship.

acorchado, -a *adj.* oork-like.

acordado, -a *adj.* agreed.

acordar *v.t.* 1 to agree, to resolve. 2 to tune (afinar).

acorde *adj.* 1 in agreement, agreed. || *s.m.* 2 chord.

acordeón *s.m.* accordion.

acordonar *v.t.* 1 to tie up. 2 to surround.

acorralar *v.t.* y *v.pron.* 1 to corral, to round up. || *v.t.* 2 to corner.

acortamiento *s.m.* shortening.

acortar *v.t.* to shorten, to reduce.

acosar *v.t.* 1 to pursue, to harry. 2 to bother.

acostar *v.t.* 1 to put to bed. || *v.i.* y *v.pron.* 2 to lean. || *v.i.* 3 to reach land. || *v.pron.* 4 to go to bed.

acostumbrar *v.i.* 1 to be in the habit. || *v.t.* y *v.pron.* 2 to get accustomed.

acotación *s.f.* 1 note (note). 2 marginal note. 3 comment.

acotar *v.t.* 1 to demarcate, to delimit. 2 to annotate.

acre *adj.* 1 acrid (olor). 2 bitter, sourd (sabor). 3 acre (medida). 4 biting.

acrecentamiento *s.m.* rise, increase.

acrecentar *v.t.* y *v.pron.* 1 to rise, to increase. || *v.t.* 2 to improve.

acreditado, -a *adj.* 1 reputable. 2 accredited.

acreditar *v.t.* y *v.pron.* 1 to do credit to. 2 to add to the reputation of. || *v.t.* 3 to accredit (embajador), 4 to vouch for.

acreedor, -a *adj.* 1 deserving, worthy (de mérito). || *s.m.* 2 creditor.

acribillar *v.t.* to riddle, to pepper.

acrisolar *v.t.* 1 to purify. || *v.t.* y *v.pron.* 2 to prove.

acritud *s.f.* acridness, bitterness.

acrobacia *s.f.* acrobatics.

acta *s.f.* minutes, record.

actitud *s.f.* 1 position, pose. 2 attitude.

activar *v.t.* to activate.

actividad *s.f.* activity, livcliness.

activo, -a *adj.* 1 active, smart. || *s.m.* 2 COM. assets.

acto *s.m.* act, ceremony.

actor *s.m.* actor.

actriz *s.f.* actress.

actuación *s.f.* performance.

actual *adj.* present, current.

actualidad *s.f.* 1 present. 2 current importance. || 3 en la –, nowadays.

actualizar *v.t.* to modernize, to bring up to date.

actuar *v.i.* 1 to act, to perform. 2 to operate, to work.

acuarela *s.f.* watercolour.

acuario *s.m.* aquarium.

acuartelado, -a *adj.* quartered.

acuartelar *v.t.* y *v.pron.* to quarter, to billet.

acuático, -a *adj.* aquatic.

acuchillar *v.t.* 1 to knife, to stab (apuñalar). 2 to slash (ropa).

acuciar v.t. to urge, to press.

acudir v.i. 1 to turn up. 2 to turn to someone.

acueducto s.m. aquaduct.

acuerdo s.m. agreement, pact.

acullá adv. over there.

acumulable adj. accumulative.

acumular v.t. y v.pron. to accumulate, to amass.

acunar v.t. to rock.

acuñar v.t. 1 to mint, to coin. 2 to wedge (meter cuñas).

acuoso, -a adj. watery.

acupuntura s.f. acupuncture.

acurrucarse v.pron. to huddle up.

acusación s.f. accusation.

acusado, -a adj. y s.m. accused.

acusador, -a adj. 1 accusing. || s.m. y f. 2 accuser.

acusar v.t. 1 to accuse, to blame. 2 to acknowledge (avisar el recibo de algo).

acusativo s.m. accusative.

acusatorio, -a adj. accusatory.

acuse s.m. acknowledgement.

acústica s.f. acoustics.

adagio s.m. 1 adage, proverb. 2 MÚS. adagio.

adalid s.m. leader.

adamascar v.t. to damask.

adaptación s.f. adaptation.

adaptado, -a adj. integrated.

adaptar v.t. 1 to adapt, to adjust. || v.pron. 2 to adapt oneself.

adecentar v.t. y v.pron. to make decent.

adecuación s.f. adequacy, suitability.

adecuado, -a adj. adequate, suitable.

adecuar v.t. to adapt, to make suitable.

adefesio s.m. absurdity.

adelantado, -a adj. 1 advanced, fast. || 2 por –, in advance.

adelantamiento s.m. overtaking.

adelantar v.t. y v.pron. 1 to move forward, to anticipate. || v.t. 2 to speed up. 3 to pay in advance. || v.i. 4 to overtake. 5 to progress, to get ahead.

adelante adv. forward, onward.

adelanto s.m. 1 improvement, advancement. 2 advance, loan.

adelgazamiento s.m. slimming.

adelgazar v.t. y v.pron. 1 to make thin, to slender. || v.i. 2 to slim. || v.t. 3 to purify.

ademán s.m. 1 expression, attitude. || s.m.pl. 2 manners (modales).

además adv. besides, in addition.

adentrarse v.pron. to go inside.

adentro adv. inside.

adepto, -a adj. y s.m. 1 follower, supporter. || 2 supporting, in favour.

aderezar v.t. 1 to season, to dress. || v.t. y v.pron. 2 to decorate (adornar).

aderezo s.m. seasoning (condimento).

adeudar v.t. 1 to owe. || v.pron. 2 to get into debt.

adherencia s.f. sticking, adhesion.

adherente s.m. y f. y adj. adherent.

adherir v.i. y v.pron. to adhere, to stick.

adhesión s.f. adhesion, support.

adicción s.f. adiction.

adición s.f. addition, sum.

adicto, -a adj. 1 attached, fond. || 2 addict (drogas).

adiestramiento s.m. training.

adiestrar v.t. y v.pron. 1 to train, to teach. || v.t. 2 to guide.

adinerado adj. wealthy, rich.

adiós interj. 1 good-bye, bye, bye-bye. || s.m. 2 good-bye, farewell.

adiposo, -a adj. fat, obese.

aditamento s.m. addition.

aditivo, -a adj. y s.m. additive.

adivinación s.f. guessing, divination.

adivinanza s.f. riddle, puzzle (acertijo).

adivinar v.t. 1 to predict. 2 to solve (un enigma). 3 to guess.

adivino, -a s.m. y f. fortune-teller.

adjetivar v.t. 1 to use adjectively. 2 to describe (calificar). || v.pron. 3 to use as an adjective.

adjetivo s.m. adjectival, adjective.

adjudicación s.f. 1 adjudication. 2 award.

adjudicar v.t. 1 to adjudicate, to distribute. || v.pron. 2 to appropriate something.

adjuntar v.t. 1 to enclose. 2 to attach.

administración s.f. administration; management.

administrador, -a *adj.* 1 administrating. || *s.m.* y *f.* 2 administrator, manager.

administrar *v.t.* to administer, to manage.

administrativo, -a *adj.* 1 administrative. || *s.m.* 2 office worker.

admiración *s.f.* 1 admiration. 2 exclamation mark.

admirador, -a *s.m.* y *f.* admirer.

admirar *v.t.* 1 to admire. 2 to respect. || *v.pron.* 3 to be amazed.

admisión *s.f.* 1 admission. 2 acceptance. 3 intake.

admitir *v.t.* to admit, to allow.

admonición *s.f.* warning, admonition.

admonitorio, -a *adj.* warning.

adobar *v.t.* 1 to cook. 2 to marinate. 3 to tan.

adobe *s.m.* adobe.

adocenado *adj.* 1 ordinary, common. 2 (Am.) ignorant, thick.

adoctrinamiento *s.m.* indoctrination.

adoctrinar o **doctrinar** *v.t.* to indoctrinate.

adolecer *v.i.* 1 to be ill. || *v.pron.* 2 to feel sorry, to feel pity.

adolescencia *s.f.* adolescence.

adolescente *adj.* y *s.m.* y *f.* adolescent.

adonde *conj.* where.

adónde *adv.interr.* where.

adondequiera *adv.* wherever.

adopción *s.f.* adoption.

adoptar *v.t.* to adopt.

adoptivo, -a *adj.* adopted, adoptive.

adoquín *s.m.* paving stone,.

adoquinado, -a *adj.* 1 paved. || *s.m.* 2 paving.

adoración *s.f.* adoration, worship.

adorar *v.t.* 1 to adore, to worship. || *v.pron.* 2 to pray.

adormecer *v.t.* 1 to send to sleep, to calm. || *v.pron.* 2 to get sleepy.

adormecimiento *s.m.* sleepiness, drowsiness.

adormidera *s.f.* poppy.

adormilarse *v.pron.* to doze, to drowse.

adornar *v.t.* y *v.pron.* 1 to adorn, to decorate. 2 to garnish (la comida). || *v.t.* 3 to endow.

adorno *s.m.* 1 adornment, decoration. 2 garnishing.

adosar *v.t.* to lean.

adquirir *v.t.* 1 to acquire, to obtain. 2 to purchase, to buy.

adquisitivo, -a *adj.* 1 acquisitive. || 2 poder -, purchasing power.

adrede *adv.* onpurpose, deliberately.

adscribir *v.t.* 1 to attach, to attribute. || *v.t.* y *v.pron.* 2 to appoint, to assign.

adscripción *s.f.* appointment.

aduana *s.f.* customs.

aduanero, -a *adj.* 1 customs. || 2 *s.m.* y *f.* customs officer.

aducir *v.t.* to adduce.

aductor, -a *adj.* y *s.m.* adductor.

adueñarse *v.pron.* to take possession.

adulación *s.f.* adulation.

adular *v.t.* to adulate.

adúltera *s.f.* adultress.

adulteración *s.f.* adulteration.

adulterar *v.t.* 1 to adulterate. || *v.i.* 2 to commit adultery.

adulterio *s.m.* 1 adultery. 2 adulteration.

adúltero, -a *adj.* 1 adulterous. || 2 *s.m.* y *f.* adulterer.

adulto, -a *adj.* y *s.m.* y *f.* adult, grownup.

adusto, -a *adj.* serious, austere.

advenedizo, -a *adj.* 1 foreign newcomer. || *s.m.* y *f.* 2 upstart. (nuevo rico).

advenimiento *s.m.* arrival, coming.

adverbial *adj.* adverbial.

adverbio *s.m.* adverb.

adversario *s.m.* y *adj.* opposing, opponent.

adversidad *s.f.* adversity, setback.

adverso, -a *adj.* 1 adverse. 2 opposite, facing.

advertencia *s.f.* 1 warning. 2 foreword.

advertido, -a *adj.* 1 warned. 2 wary.

advertir *v.t.* 1 to warn, to notice. || *v.t.* e *i.* 2 to observe.

advocación *s.f.* dedication, name.

advocar *v.t.* to advocate.

adyacente *adj.* adjacent

aéreo, -a *adj.* 1 aerial, air. 2 flimsy, light. 3 subtle.

aerodinámico, -a *adj.* aerodynamic.
aeródromo *s.m.* aerodrome, airfield.
aeromodelismo *s.m.* aeromodelling.
aeronáutica *s.f.* aeronautics.
aeronáutico, -a *adj.* aeronautical.
aeroplano *s.m.* aeroplane.
aeropuerto *s.m.* airport.
aerosol *s.m.* aerosol.
afable *adj.* affable, pleasant.
afamar *v.t.* to make famous.
afán *s.m.* toil, desire.
afanar *v.i.* y *v.pron.* 1 to toil. ‖ *v.t.* 2 to work hard. ‖ *v.pron.* 3 to strive.
afanoso, -a *adj.* tough, industrious.
afección *s.f.* 1 illness, disease. 2 affection.
afectación *s.f.* affectation
afectado, -a *adj.* affected, upset.
afectar *v.t.* 1 to affect, to concern. ‖ *v.t.* y *v.pron.* 2 to cause a sensation.
afectivo, -a *adj.* affective.
afecto, -a *adj.* 1 affectionate (cariñoso). ‖ *s.m.* 2 affection, liking (cariño)
afectuoso, -a *adj.* affectionate.
afeitado *s.m.* shave.
afeitadora *s.f.* razor, shaver.
afeitar *v.t.* y *v.pron.* to shave.
afeite *s.m.* make up.
afelpar *v.t.* to make plush.
afeminación *s.f.* effeminacy.
afeminar *v.t.* y *v.pron.* to become effeminate.
aferrar *v.t.* e *i.* 1 to grab (asir). ‖ *v.i.* y *v.pron.* 2 to stick to (insistir).
afgano, -a *adj.* y *s.m.* y *f.* Afghan.
afianzamiento *s.m.* strengthening, consolidation.
afianzar *v.t.* 1 to guarantee. ‖ *v.t.* y *v.pron.* 2 to grasp, to hold. 3 to cling to.
afición *s.f.* 1 fondness, liking. 2 hobby.
aficionado, -a *adj.* 1 enthusiastic. 2 fond, keen.
aficionar *v.t.* y *v.pron.* to become fond, to take a liking.
afijo, -a *adj.* affixed, affix.
afilado, -a *adj.* sharp.
afilador *s.m.* 1 knite-grinder. 2 sharpener. 3 strop.
afiladura *s.f.* sharpening.

afilar *v.t.* to sharpen.
afiliación *s.f.* affiliation.
afiliar *v.t.* y *v.pron.* to become affiliated, to become a member.
afín *adj.* adjacent, similar, related.
afinar *v.t.* y *v.pron.* 1 to tune. 2 to refine, to purify.
afincar *v.i.* y *v.pron.* to settle.
afinidad *s.f.* 1 affinity, similarity. 2 relationship, kinship.
afirmación *s.f.* affirmation, assertion
afirmar *v.t.* 1 to affirm, to state. ‖ *v.t.* y *v.pron.* 2 to secure.
aflicción *s.f.* affliction, sorrow.
aflictivo, -a *adj.* grievous, distressing.
afligir *v.t.* y *v.pron.* to afflict, to distress.
aflojar *v.t.* 1 to loosen. 2 to slacken. ‖ *v.i.* 3 to weaken.
aflorar *v.i.* to crop out.
afluencia *s.f.* fluency, verbosity.
afluente *adj.* 1 flowing, eloquent. ‖ *s.m.* 2 tributary.
afluir *v.i.* to flock, to flow.
afonía *s.f.* loss of voice.
afónico, -a *adj.* hoarse.
aforado,-a *adj.* privileged.
aforamiento *s.m.* gauging.
aforar *v.t.* 1 to grant a privilege. 2 to value. 3 to gauge.
aforismo *s.m.* aphorism.
aforo *s.m.* 1 gauging, measuring. 2 capacity.
afortunado, -a *adj.* fortunate, lucky.
afrenta *s.f.* shame, insult.
afrentar *v.t.* 1 to shame. 2 to insult. ‖ *v.pron.* 3 to be ashamed.
afrodisiaco, -a o **afrodisíaco, -a** *adj.* y *s.m.* aphrodisiac.
afrontar *v.t.* e *i.* 1 to place opposite ‖ *v.t.* 2 to face up to.
afuera *adv.* 1 outside, abroad ‖ *s.f.pl.* 2 suburbs.
agachado, -a *adj.* 1 bent. 2 (Am.) sly.
agachar *v.t.* e *i.* 1 to bend. ‖ *v.pron.* 2 to bend down, to squat. 3 (Am) to give in, to submit.
agalla *s.f.* 1 gill (branquia de los peces). ‖ *s.pl.* 2 guts (valor).
ágape *s.m.* feast, banquet.

agarradero *s.m.* handle.
agarrado, -a *adj.* mean, tight.
agarrar *v.t. y v.pron.* to grab.
agarrotado, -a *adj.* tied, bound, stiff.
agarrotar *v.t.* 1 to tie up, to bind. ‖ *v.pron.* 2 to stiffen.
agasajar *v.t.* to put up, to regale.
agencia *s.f.* agency, office.
agenciar *v.t. y v.pron.* to procure.
agenda *s.f.* agenda, diary.
agente *s.m.* agent.
agigantar *v.t. y v.pron.* 1 to enlarge. ‖ *v.pron.* 2 to be encouraged.
ágil *adj.* agile, nimble.
agilizar *v.t.* to make agile.
agitación *s.f.* 1 agitation. 2 huotle (en la calle). 3 roughness (del mar). 4 waving.
agitador, -a *s.m.* shaker, agitator.
agitar *v.t.* y *v.pron.* 1 to shake, to agitate. ‖ *v.t.* 2 to agitate, to rouse, 3 to wave.
aglomeración *s.f.* aglomeration, mass.
aglomerado, -a *adj.* 1 crowded together. ‖ 2 agglomerate.
aglomerar *v.t. y v.pron.* 1 to pile, to amass. 2 to agglomerate, to crowd together (juntar).
aglutinar *v.t. y r.* to agglutinate.
agnosticismo *s.m.* agnosticism.
agobiado, -a *adj.* tired, exhausted.
agobiante *adj.* oppressive, overwhelming.
agobiar *v.t. y r.* 1 to weigh down. 2 to exhaust. 3 to overwhelm.
agolpamiento *s.m.* crowd, pile.
agolparse *v.pron.* 1 to crowd together. 2 to pile up.
agonía *s.f.* agony, pangs of death.
agonizante *s.m. y f.* a dying person.
agonizar *v.i.* to be dying.
agorero, -a *adj.* ominous, of ill-omen.
agostamiento *adj.* withering.
agostar *v.t. y r.* 1 to dry up, to wither. ‖ *v.i.* 2 to graze.
agosto *s.m.* August.
agotado, -a *adj.* 1 exhausted, worn out. 2 sold out.
agotamiento *s.m.* exhaustion, tiredness.

agotar *v.t.* 1 to exhaust. 2 to empty. ‖ *v.pron.* 3 to exhaust oneself. 4 to run out.
agraciado, -a *adj.* pretty, graceful.
agraciar *v.t.* to grace, to adorn.
agradable *adj.* nice, pleasant.
agradar *v.i.* 1 to please, to be pleasing to. ‖ *v.pron.* 2 to be pleased. 3 to like each other (gustarse).
agradecer *v.t.* to thank, to be grateful.
agradecido, -a *adj.* grateful.
agrado *s.m.* friendliness, pleasure.
agrandamiento *s.m.* enlargement.
agrandar *v.t.* 1 to enlarge, to make bigger. ‖ *v.pron.* 2 to get bigger.
agravamiento *s.m.* worsening, aggravation.
agravante *s.m. y f.* unpleasant circumstances.
agravar *v.t.* 1 to increase the weight, to aggravate. ‖ *v.t. y v.pron.* 2 to worsen.
agraviar *v.t.* 1 to insult, to offend. 2 to wrong. ‖ *v.r* 3 to take offence.
agravio *s.m.* offence, wrong.
agredir *v.t.* to attack, to assault.
agregación *s.f.* aggregation.
agregado, -a *s.m. y f.* aggregate.
agregar *v.t.* 1 to add, to aggregate. ‖ *v.pron.* 2 to be added.
agresión *s.f.* aggression.
agresivo *adj.* aggressive.
agresor *s.m. y f.* aggressor.
agreste *adj.* rural, uncouth.
agriado, -a *adj.* 1 (Am.) resentful. 2 sour.
agriar *v.t. y v.pron.* to turn sour, to irritate.
agricultor, -a *s.m. y f.* farmer.
agricultura *s.f.* agriculture, farming.
agridulce *adj.* bittersweet.
agrietar *v.t. y v.pron.* to crack.
agrio *adj.* sour, rough.
agronomía *s.f.* agronomy.
agrónomo, -a *s.m. y f.* agronomist.
agrupable *adj.* able to be grouped.
agrupación *s.f.* group, association.
agrupar *v.t. y v.pron.* to group, to group together.
agua *s.f.* 1 water, liquor. 2 leak (abertura en un barco).

aguacate *s.m.* 1 avocado. 2 (Am.) dope, fool (persona floja).

aguacero *s.m.* heavy shower.

aguafiestas *s.m.* y *f.* killjoy.

aguafuerte *s.f.* 1 nitric acid. ‖ *s.m.* 2 etching.

aguamarina *s.f.* aquamarine,

aguantar *v.t.* 1 to bear, to endure. 2 to swallow, to tolerate. ‖ *v.pron.* 3 to keep quiet, to hold oneself back.

aguar *v.t.* to water down, to dilute.

aguardar *v.t.*, *i* y *pron.* to wait for, to await.

aguardiente *s.m.* aguardiente, liquor.

aguarrás *s.m.* turpentine,

agudizar *v.t.* 1 to sharpen. ‖ *v.pron.* 2 to intensify. 3 to get worse.

agudo, -a *adj.* 1 sharp, keen. 2 oxytone.

agüero *s.m.* omen, presage, prediction.

aguerrido, -a *adj.* hardened.

aguijón *s.m.* goad, sting.

aguijonear *v.t.* 1 to goad. 2 to spur.

águila *s.f.* eagle.

aguileño, -a *adj.* aquiline, sharp-featured.

aguilucho *s.m.* eaglet.

aguija *s.f.* needle, steeple.

agujazo *s.m.* prick, jab.

agujerear *v.t.* to make holes, to perforate.

agujero *s.m.* hole.

agujetas *s.f.pl.* stiffness.

aguzar *v.t.* to sharpen, to spur.

aherrojar *v.t.* to shackle.

ahí *adv.* there, over there.

ahijada *s.f.* goddaughter.

ahijado *s.m.* godson.

ahijar *v.t.* 1 to adopt. ‖ *v.i.* 2 to shoot.

ahínco *s.m.* effort, earnestness.

ahíto *adj.* full, fed up.

ahogado, -a *adj.* drowned, muffled.

ahogamiento *s.m.* 1 drowning. 2 suffocation.

ahogar *v.t.* y *v.pron.* 1 to drown. 2 to put out. 3 to soak. ‖ *v.t.* e *i.* 4 to oppress, to tire.

ahogo *s.m.* 1 tight spot. 2 anguish, tightness.

ahondar *v.t.* to deepen.

ahora *adv.* 1 now, at the moment. ‖ *conj.* 2 then, or.

ahorcar *v.t.* 1 to hang. ‖ *v.pron.* 2 to hang oneself.

ahornar *v.t.* to put in an oven.

ahorrar *v.t.* y *pron.* to save.

ahorrativo, -a. *adj.* thrifty.

ahorro *s.m.* saving.

ahuecar *v.t.* to hollow out.

ahumado, -a *adj.* smoked, smoky.

ahumar *v.t.* to smoke.

ahuyentar *v.t.* to drive away.

airado, -a *adj.* angry, cross.

airar *v.t.* 1 to anger (enfadar). ‖ *v.pron.* 2 to get angry.

aire *s.m.* 1 air, wind. 2 appearance, look.

aireación *s.f.* ventilation.

airear *v.t.* to air, to ventilate. ‖ *v.t.* 2 to reveal.

roso, -a *adj.* 1 airy, ventilated. 2 (fig.) elegant, graceful.

aislacionismo *s.m.* isolationism.

aislado, -a *adj.* isolated, alone.

aislador, -a *adj.* y *s.m.* insulating.

aislamiento *s.m.* isolation, insulation.

aislar *v.t.* 1 to isolate, to insulate. ‖ *v.pron.* 2 to isolate oneself.

ajar *v.t.* 1 to crumple. 2 to offend, to humiliate. ‖ *v.pron.* 3 to get old, to age.

ajardinar *v.t.* to landscape.

ajedrecista *s.m.* y *f.* chess player.

ajedrez *s.m.* chess.

ajenjo *s.m.* 1 wormwood. 2 absinthe.

ajeno, -a *adj.* someone else's.

ajetrear *v.t.* 1 (Am.) to tire out. ‖ *v.pron.* 2 to tire oneself out.

ajetreo *s.m.* bustle, rush.

ajo *s.m.* garlic.

ajuar *s.m.* furnishings, trousseau.

ajustado, -a *adj.* correct, adjusted.

ajustador, -a *adj.* 1 adjuster. ‖ *s.m.* 2 fitter.

ajustar *v.t.* y *pron.* 1 to fit, to adapt, to arrange. ‖ *v.t.* 2 to settle, to fix. ‖ *v.pron.* 3 to adapt oneself.

ajuste *s.m.* adjustment, fixing.

ajusticiamiento *s.m.* execution.

ajusticiar *v.t.* to execute.

al *contr.* when, to the.

ala *s.f.* wing, brim, flank.

alabanza *s.f.* praise.

alabar *v.t.* **1** to praise, boast.

alacrán *s.m.* scorpion.

alado, -a *adj.* winged.

alambicado, -a *adj.* distilled, subtle.

alambrada *s.f.* barbed-wire entanglement.

alambrado *s.m.* wire netting, wire fence.

alambrar *v.t.* to wire.

alambre *s.m.* wire.

alameda *s.m.* boulevard, poplar grove.

álamo *s.m.* poplar.

alancear *v.t.* to spear.

alano, -a *adj. y s.m. y f.* mastiff.

alar *s.m.* eaves, pavement.

alarde *s.m.* display, show, parade.

alardear *v.i.* to show off, to boast.

alargamiento *s.m.* lenghtening, prolongation.

alargar *v.t. y v.pron.* **1** to lengthen, to prolong. ‖ *v.t.* **2** to pass, to spin out.

alarido *s.m.* scream, yell.

alarma *s.f.* alarm.

alarmar *v.t.* to alarm, to call to arms.

alarmista *adj. y s.m. y f.* alarmist.

alazán o **alazano** *adj. y s.* sorrel.

alba *s.f.* dawn, daybreak.

albacea *s.m. y f.* executor, executrix.

albahaca *s.f.* basil.

albanés, -esa *adj./s.m.y f.* Albanian.

albañil *s.m.* bricklayer, mason.

albarán *s.m.* invoice.

albarca *s.f.* sandal.

albaricoque *s.m.* apricot.

albatros *s.m.* albatross.

albedrío *s.m.* free will.

albergar *v.t. y pron.* to give shelter.

albergue *s.m.* **1** shelter, lodgings. **2** den, lair.

albino, -a *adj./s.m. y f.* albino.

albóndiga o **almóndiga** *s.f.* meatball.

albor *s.m.* **1** whiteness. **2** beginning. ‖ *pl.* **3** daylight, dawn light.

alborada *s.f.* daybreak, dawn.

albornoz *s.m.* bathrobe.

alborotador, -a *adj.* **1** noisy, rowdy. ‖ *s.m. y f.* **2** rebel, troublemaker.

alborotar *v.t. y pron.* to make a racket, to disturb.

alboroto *s.m.* racket, disturbance.

alborozado, -a *adj.* jubilant, overjoyed.

alborozar *v.t.* **1** to make happy, to fill with joy. ‖ *v.pron.* **2** to be overjoyed.

alborozo *s.m.* joy, jubilation.

albufera *s.f.* lagoon.

álbum *s.m.* album.

albur *s.m.* **1** dace (pez). **2** chance.

alcachofa *s.f.* artichoke.

alcahuete *s.m. y f.* pimp, procurer.

alcaide *s.m.* governor.

alcalde *s.m.* mayor.

alcaldía *s.f.* mayor's office.

álcali *s.m.* alkali.

alcalino, -a *adj.* alkaline.

alcaloide *adj. y s.* alkaloid.

alcance *s.m.* reach, range (arma de fuego)

alcancía *s.f.* moneybox.

alcanfor *s.m.* camphor.

alcantarilla *s.f.* sewer, drain.

alcantarillado *s.m.* drains, drainage system.

alcanzado, -a *adj.* in debt, needy.

alcanzar *v.t.* to catch up with, to manage.

alcaparra *s.f.* caper.

alcatraz *s.m.* gannet.

alcayata *s.f.* hook.

alcázar *s.m.* fortress, citadel.

alce *s.m.* moose, elk.

alcoba *s.f.* bedroom, alcove.

alcohol *s.m.* alcohol.

alcohólico -a *adj./s.m. y f.* alcoholic.

alcornoque *s.m.* **1** cork oak. **2** idiot, dope.

alcurnia *s.f.* lineage, ancestry.

aldaba *s.f.* **1** doorknocker, latch. ‖ *pl.* **2** influence.

aldea *s.f.* hamlet, small village.

aldeano *adj.* **1** rustic. ‖ *s.m. y f.* **2** villager.

aleación *s.f.* alloy.

aleatorio *adj.* lucky, fortuitous.

aleccionar *v.t.* to teach, to instruct.

aledaño *adj.* **1** bordering. ‖ *s.m.* **2** limit. ‖ *pl.* **3** surrounding area.

alegación *s.f.* allegation, assertion.

alegar *v.t.* **1** to allege, to put forward. **2** (Am.) to argue, to dispute.

alegato *s.m.* plea, statement.

alegoría *s.f.* allegory.

alegórico *adj.* allegorical.

alegrar *v.t.* **1** to cheer up, to liven up. ‖ *v.pron.* **2** to be glad, to cheer up.

alegre *adj.* happy, fun, tipsy.

alegreto *adj.* y *s.* allegretto.

alegría *s.f.* joy, cheerfulness.

alejar *v.t.* **1** to move or to keep away. ‖ *v.pron.* **2** to go or to move away.

alelar *v.t.* **1** to stun, to bewilder. ‖ *v.pron.* **2** to be stunned.

alelí *s.f.* wallflower.

aleluya *interj.* **1** hallelujah. ‖ *s.f.* **2** wood sorrel ‖ *s.pl.* **3** (pintura).

alemán, -ana *adj./s.m.* y *f.* German.

alentar *v.i.* **1** to breathe. ‖ *v.t.* y *pron.* **2** to encourage, to cheer.

alergia *s.f.* allergy.

alérgico, -a *adj.* allergic.

alero *s.m.* eaves.

alerón *s.m.* aileron.

alerta *adj.* **1** alert, watchful. ‖ *interj.* **2** look out!, careful!

alertar *v.t.* **1** to alert. ‖ *v.pron.* **2** to suspect.

aleta *s.f.* fin, flipper, sinall wing.

aletargar *v.t.* **1** to make lethargic. ‖ *v.pron.* **2** to fall into a lethargy.

aletear *v.i.* to flap its wings.

aleteo *s.m.* flapping, flicking, flutter.

alevín *s.m.* small fish, fry.

alevosía *s.f.* treachery, caution.

alevoso o **aleve** *adj.* treacherous.

alfa *s.f.* alpha.

alfabético, -a *adj.* alphabetical.

alfabetizado, -a *adj.* literate.

alfabetizar *v.t.* to put in alphabetical order, to teach to read and write.

alfabeto *s.m.* alphabet.

alfanje *s.m.* cutlass.

alfarería *s.f.* pottery.

alfarero *s.m.* potter.

alféizar *s.m.* embrasure, splay.

alfeñique *s.m.* weakling.

alférez *s.m.* standard bearer.

alfil *s.m.* bishop.

alfiler *s.m.* pin, brooch.

alfombra *s.f.* carpet.

alfombrar *v.t.* to carpet.

alforja *s.f.* saddlebag.

alga *s.f.* alga.

algarabía *s.f.* gibberish, racket.

algarada *s.f.* uproar, din.

algarroba *s.f.* vetch.

algarrobo *s.m.* carob tree.

álgebra *s.f.* algebra.

algo *pron.indef.* **1** something, anything. ‖ **1** *adv.* **2** rather, quite, somewhat.

algodón *s.m.* cotton, swab.

algodoncillo *s.m.* milkweed.

algodonero, -a *adj.* **1** ,cotton. ‖ *s.m.* **2** cotton plant. ‖ *s.m.* y *f.* **3** cotton dealer.

algodonoso, -a *adj.* cottony.

alguacil o **aguacil** *s.m.* bailiff.

alguien *pron.indef.* someone, anybody.

algún *adj.* (apócope de alguno) any, some.

alguno, -a *adj.* **1** some, any. ‖ *pron. indef.* **2** one, somebody.

alhaja *s.f.* jewel, treasure.

alharaca *s.f.* y *pl.* fuss.

aliado, -a *adj.* **1** allied. ‖ *s.m.* y *f.* **2** ally.

alianza *s.f.* **1** alliance. **2** engagement ring.

aliar *v.t.* to ally. ‖ *v.pron.* to form an alliance.

alias *adv.* y *s.m.* alias.

alicaído, -a *adj.* weak, depressed.

alicatar *v.t.* to tile.

alicates *s.m.pl.* pliers.

aliciente *s.m.* incentive.

alícuota *adj.* aliquot.

alienación *s.f.* alienation,

alienado, -a *adj.* **1** insane, demented. ‖ *s.m.* y *f.* **2** lunatic.

alienar *v.t.* to alienate.

alienígena *adj./s.m.* y *f.* alien.

aliento *s.m.* **1** breath, breathing. **2** courage, encouragement.

aligeramiento *s.m.* lightenning.

aligerar *v.t.* y *pron.* **1** to lighten. ‖ **2** to quicken, to put back.

alijo *s.m.* unloading, contraband.

alimaña *s.f.* vermin, pest.

alimentar v.t. y pron. 1 to feed. || v.t. 2 to supply.

alimenticio, -a adj. nourishing.

alimento s.m. food.

alimón m.adv. al –, together.

alineación s.f. alignment, line-up.

alineado, -a adj. aligned.

alinear v.t. 1 to align, to form up. || v.pron. 2 to line up, to fall in.

aliño s.m. adornment, dressing.

alisar v.t. to smooth.

aliseda, alisal o **alisar** s.f. alder grove.

alisios adj. trade, trade winds.

aliso s.m. alder.

alistado, -a adj. enlisted, enrolled.

alistamiento s.m. enlistment.

alistar v.t. 1 to put on a list. 2 to recruit. 3 to prepare. || v.i. 4 to wake up. || v.pron. 5 to enrol. 6 (Am.) to get ready (arreglarse).

aliteración s.f. alliteration.

aliviadero s.m. overflow channel.

aliviar v.t. 1 to alleviate, to relieve. || v.pron. 2 to get beter, to improve.

alivio s.m. relief, alleviation.

aljaba s.f. quiver.

aljibe s.m. tank, tanker.

aljófar s.m. pearl.

allá adv. there, long ago.

allanamiento s.m. 1 levelling, flattening. || 2 – de morada, housebreaking.

allanar v.t. 1 to level, to flatten 2 to burgle, to break into.

allegado, -a adj. y s.m. immediate, relative.

allegar v.t. to gather, to add.

allende adv. over there, beyond.

allí adv. there, over there.

alma s.f. soul, human being.

almacén s.m. warehouse, store.

almacenaje s.m. storage.

almacenar v.t. to store, to keep.

almanaque s.m. almanac.

almazara s.f. oil mill.

almeja s.f. clam.

almena s.f. battlements.

almendra s.f. 1 almond. 2 pebble.

almendrado, -a adj. almond-shaped.

almendro s.m. almond tree.

almíbar s.m. syrup.

almibarar v.t. 1 to cover with syrup. 2 to use sweet words.

almidón s.m. starch.

almirante s.m. admiral.

almirez s.m. mortar.

almizcle s.m. musk.

almohada s.f. pillow, cushion.

almohadilla s.f. small cushion, hardness pad.

almohadillado, -a adj. padded.

almohadillar v.t. to pad.

almohadón s.m. pillowcase.

almóndiga o **almondiguilla** s.f. meatball.

almoneda s.f. auction, sale.

almorrana s.f. piles, haemorrhoids.

almorzar v.i. to have lunch.

almuerzo s.m. lunch, breakfast.

alocado, -a adj. mad, crazy.

alocución s.f. allocution.

áloe, aloe o **aloes** s.m. aloe.

alojado, -a adj. 1 housed. || 2 (Am.) guest, lodger.

alojamiento s.m. lodgings, accommodation.

alojar v.t. 1 to lodge, to billet. || v.pron. 2 to lodge.

alondra s.f. lark.

alpinismo s.m. mountaineering.

alpino adj. Alpine.

alpiste s.m. birdseed.

alquería s.f. farm, farmstead.

alquilar v.t. to rent, to hire, to charter.

alquiler s.m. rent, hire charge.

alquimia s.f. alchemy.

alquitrán s.m. tar.

alrededor adv. 1 around, round, about. || s.m.pl. 2 surroundings.

alta s.f. 1 enrollment. 2 discharge.

altanería s.f. pride.

altanero, -a adj. arrogant, proud.

altar s.m. altar.

altavoz s.m. speaker, loudspeaker.

alterabilidad s.f. changeability.

alterable adj. changeable.

alteración s.f. alteration, quarrel.

alterar v.t. y pron. to change, to upset.

altercado s.m. quarrel, row.

altercar *v.i.* to argue, to quarrel.
alternado, -a *adj.* alternate.
alternancia *s.f.* alternation.
alternar *v.t.* y *v.i.* **1** to alternate, to change. || *v.pron.* **2** to take turns.
alternativa *s.f.* alternative.
alterno, -a *adj.* alternating.
alteza *s.f.* height, Highness.
altibajos *s.m.pl.* bumps, ups and downs.
altillo *s.m.* hill, attic.
altiplanicie *s.f.* high plateau.
altisonante *adj.* pompous.
altitud *s.f.* altitude, height.
altivez o **altiveza** *s.f.* arrogance.
altivo, -a *adj.* arrogant, haughty.
alto, -a *adj.* **1** high, sharp. || *s.m.* **2** height. || *adv.* **3** high up; loud.
altruismo *s.m.* altruism.
altura *s.f.* **1** height, altitude. || *s.pl.* **2** heaven.
alubia *s.f.* kidney bean.
alucinación *s.f.* hallucination.
alucinar *v.t.* **1** to hallucinate, (fam.) to be amazed. || *v.pron.* **2** to delude oneself.
alucinógeno *s.m.* y *adj.* hallucinogen, hallucinogenic.
alud *s.m.* avalanche.
aludir *v.i.* to allude.
alumbrado *adj.* **1** lit up, lighted. || *s.m.* **2** lighting.
alumbrar *v.i.* **1** to shed light. || *v.t.* **2** to illuminate, to give birth.
alúmina *s.f.* alumina.
aluminio *s.m.* aluminium.
alumno, -a *s.m.* y *f.* pupil, student.
alusión *s.f.* allusion, reference.
aluvial *adj.* alluvial.
aluvión *s.m.* flood.
alveolar *adj.* alveolar.
alvéolo o **alveolo** *s.m.* cell, alveolus.
alza *s.f.* price rise, sight (de un arma).
alzada *s.f.* height.
alzado *adj.* **1** fixed. **2** (Am.) insolent.
alzamiento *s.m.* **1** revolt. **2** increase.
alzar *v.t.* **1** to raise, to lift. || **2** to steal. || *v.pron.* **3** to revolt.
ama *s.f.* **1** owner of the house. || **2 – de cría,** wet nurse. **3 – de llaves,** housekeeper.
amabilidad *s.f.* kindness.

amable *adj.* kind, friendly.
amado, -a *adj.* **1** beloved. || *s.m.* y *f.* **2** lover.
amaestrar *v.t.* to train.
amagar *v.t.* **1** to threaten, to show signs. || *v.pron.* **2** to hide away.
amago *s.m.* first signs, feint.
amainar *v.t.* **1** to take in. || *v.i.* **2** to slacken, to drop.
amalgamar *v.t.* to amalgamate.
amamantar *v.t.* to breast-feed.
amanecer *s.m.* **1** dawn, daybreak. || *v.i.* **2** to dawn.
amanecida *s.f.* dawn, daybreak.
amaneramiento *s.m.* affectation.
amansar *v.t.* to tame.
amante *adj.* **1** loving. || *s.m.* y *f.* lover. || *s.pl.* **3** lovers.
amanuense *s.m.* scribe.
amapola *s.f.* poppy.
amar *v.t.* to love.
amarar *v.i.* to land on the sea.
amargar *v.t.* **1** to sour, to grieve. || *v.i.* **2** to taste bitter. || *v.pron.* **3** to become bitter.
amargo, -a *adj.* bitter, unpleasant.
amargura *s.f.* **1** bitterness. **2** distress.
amarillento, -a *adj.* **1** yellowish. **2** sallow.
amarillo, -a *adj.* y *s.m.* yellow.
amarra *s.f.* cable, mooring line.
amarradero *s.m.* bollard, mooring ring.
amarrado, -a *adj.* tied.
amarrar *v.t.* to moor, to fasten.
amarre *s.m.* mooring.
amartelar *v.t.* **1** to make fall in love. || *v.pron.* **2** to fall in love (enamorarse).
amartillar *v.t.* to hammer, to cock.
amasado, -a *adj.* doughy.
amasar *v.t.* to knead, to amass.
amasijo *s.m.* kneading, mess.
amateur *adj.* y *s.m.* y *f.* amateur.
amatista *s.f.* amethyst.
amatorio, -a *adj.* amatory.
amazacotado, -a *adj.* heavy, shapeless.
amazona *s.f.* rider, horsewoman.

amazónico, -a o **amazonio, -a** *adj.* Amazon.

ambages *s.m.pl.* beating about the bush, circumlocutions.

ámbar *s.m.* amber.

ambición *s.f.* ambition.

ambicionar *v.t.* to strive after.

ambicioso, -a *adj.* ambitious.

ambidextro, -a o **ambidiestro, -a** *adj.* ambidextrous.

ambientación *s.f.* atmosphere, setting.

ambiental *adj.* environmental.

ambientar *v.t.* to create an atmosphere.

ambiente *adj.* 1 surrounding. *s.m.* 2 atmosphere.

ambiguo,-a *adj.* ambiguous.

ámbito *s.m.* ambit, field.

ambos *adj.pl.* both.

ambulancia *s.f.* ambulance.

ambular *v.i.* to wander around.

ambulante *adj.* travelling, walking.

ameba o **amiba** *s.f.* amoeba.

amedrentar *v.t.* 1 to terrify, to scare. ‖ *v.pron.* 2 to be scared.

amén *s.m.* amen.

amenaza *s.f.* threat.

amenazador, -a *adj.* threatening.

amenazar *v.t.* to threaten.

amenguamiento *s.m.* diminishing.

amenguar *v.t.* e *i* to reduce, to diminish.

amenidad *s.f.* pleasantness, amenity.

amenizar *v.t.* to make more pleasant, to liven up.

ameno, -a *adj.* pleasant, charming.

americana *s.f.* jacket, coat.

americanización *s.f.* Americanization.

americano, -a *adj.* y *s.m.* y *f.* American.

ametralladora *s.f.* machine gun.

amianto *s.m.* asbestos.

amiba *s.f.* amoeba.

amiga *s.f.* friend, girlfriend.

amigable *adj.* amicable, friendly.

amigacho *s.m.* y *f.* chum, mate.

amígdala *s.f.* tonsil.

amigdalitis *s.m.* tonsillitis.

amigo *s.m.* 1 friendly. ‖ *s.m.* 2 friend, boyfriend. ‖ 3 - **íntimo**, close friend.

amigote *s.m.* old mate, old friend.

amilanado, -a *adj.* frightened, scared.

amilanar *v.t.* 1 to scare. ‖ *v.pron.* 2 to be discouraged.

aminorar *v.t.* to diminish.

amistad *s.f.* friendship.

amistoso, -a *adj.* friendly, amicable.

amnistía *s.f.* amnesty.

amnistiar *v.t.* to amnesty.

amo *s.m.* master, boss.

amodorrado, -a *adj.* drowsy, sleepy.

amodorramiento *s.m.* drowsiness, sleepiness.

amodorrarse *v.pron.* to get sleepy.

amolar *v.t.* to sharpen, to grind.

amoldar *v.t.* 1 to mould, to shape, ‖ *v.pron.* 2 to adapt oneself.

amonedado, -a *adj.* (Am.) rich.

amonestación *s.f.* 1 warning, reprimand, rebuke. ‖ *s.pl.* 2 marriage banns.

amonestar *v.t.* 1 to warn, 2 to reprove, to publish the banns.

amoniaco *s.m.* ammonia.

amontonar *v.t.* 1 to pile up, (Am.) to insult. ‖ 2 *v.pron.* to pile up, to crowd together.

amor *s.m.* love, devotion.

amoral *adj.* amoral.

amoralidad *s.f.* amorality.

amoratarse *v.pron.* to turn purple.

amordazamiento *s.m.* gagging, muzzling.

amordazar *v.t.* to gag, (fig.) to silence.

amorfo, -a *adj.* amorphous.

amoroso, -a *adj.* loving, tender.

amortajar *v.t.* to shroud.

amortiguación *s.f.* deadening, dimming, damping.

amortiguador *s.m.* 1 shock-absorber, dimmer. ‖ *adj.* 2 muffling, deadening.

amortiguar *v.t.* 1 to deaden. 2 to dim. 3 to cushion.

amortizable *adj.* redeemable.

amortización *s.f.* amortization.

amortizar *v.t.* to amortize, to pay off.

amotinado *s.m.* 1 mutineer. ‖ *adj.* 2 mutinous.

amotinamiento *s.m.* riot, mutiny.

amotinar *v.t.* **1** to stir up, to incite a mutiny. ‖ *v.pron.* **2** to riot, to mutiny.

amparar *v.t.* **1** to protect, to help. ‖ *v.pron.* **2** to seek protection.

amperímetro *s.m.* ammeter.

amperio *s.m.* ampere, amp.

ampliación *s.f.* extension, amplification.

ampliadora *s.f.* enlarger.

ampliar *v.t.* to enlarge, to amplify.

amplificación *s.f.* amplification, enlargement.

amplificador *s.m.* amplifier.

amplificar *v.t.* to amplify.

amplio, -a *adj.* spacious, broad.

amplitud *s.f.* spaciousness, size.

ampolla *s.f.* blister, bottle.

ampolleta *s.f.* phial, bulb.

ampuloso, -a *adj.* bombastic, pompous.

amputado, -a *adj.* amputated.

amputar *v.t.* to amputate.

amueblar *v.t.* to furnish.

amuleto *s.m.* amulet, charm.

amura *s.f.* width, beam.

amurallar *v.t.* to wall, to wall in.

anabaptismo *s.m.* anabaptism.

anacarado, -a *adj.* mother-of-pearl.

anacardo *s.m.* cashew.

anaconda *s.f.* anaconda.

anacoreta *s.f.* anachorite.

anacrónico, -a *adj.* anachronistic.

ánade *s.m.* mallard.

anaerobio *adj.* y *s.m.* anaerobic.

anáfora *s.f.* anaphora.

anagrama *s.f.* anagram.

anal *adj.* anal.

anales *s.m.pl.* anals, annals.

analfabetismo *s.m.* illiteracy.

analfabeto, -a *s.m.* y *f.* illiterate.

analgésico *s.m.* y *adj.* analgesic.

análisis *s.m.* analysis, test.

analista *s.m.* y *f.* analyst.

analítico, -a *adj.* analytic, analytical.

analizador *s.m.* analyser.

analizar *v.t.* to analyse, to analyze.

analogía *s.f.* analogy.

analógico, -a *adj.* analogical.

análogo, -a *adj.* similar, analogous.

ananá o **ananás** *s.m.* pineapple.

anaquel *s.m.* shelt.

anaranjado, -a *adj.* y *s.m.* orange.

anarquía *s.f.* anarchy.

anarquismo *s.m.* anarchism.

anarquista *adj./s.m.* y *f.* anarchist.

anatema *s.m.* anathema.

anatomía *s.f.* anatomy.

anatómico, -a *adj.* anatomic, anatomical.

anatomista *s.m.* y *f.* anatomist.

anca *s.f.* haunch, rump.

ancestral *adj.* ancestral.

ancho, -a *adj.* **1** broad, full. ‖ *s.m.* **2** width, guage (ferrocarril).

anchoa *s.f.* anchovy.

anchura *s.f.* **1** width, breadth. **2** (fig.) freedom, comfort.

anciano, -a *adj.* y *s.m.* old, aged.

ancla *s.f.* anchor.

anclar *v.t.* to anchor.

áncora *s.f.* anchor.

andaluz, -a *adj./s.m.* y *f.* Andalusian.

andamio *s.m.* scaffolding.

andanada *s.f.* broadside.

andante *adv.* andante.

andanza *s.f.* fortune, fate.

andar *v.i.* y *v.t.* to walk, to run.

andariego, -a *s.m.* y *f.* wanderer, keen walker.

andarín, -ina *s.m.* y *f.* walker.

andas *s.f.* stretcher, bier.

andén *s.m.* platform.

andino, -a *adj.* Andean, of the Andes.

andrajo *s.m.* rag, tatter.

andrajoso, -a *adj.* ragged.

andurrial, es *s.m.* (Am.) muddy place, out-of-the-way place.

anécdota *s.f.* anecdote.

anecdótico, -a *adj.* anecdotic.

anegar *v.t.* y *v.pron.* **1** to drown, to overflow. ‖ **2** (fig.) to destroy.

anejo, -a *adj.* attached, annex.

anemia *s.f.* anaemia, anemia.

anemómetro *s.m.* anemometer.

anémona o **anémone** *s.f.* anemone.

anestesia *s.f.* anaesthesia.

anestésico, -a *s.m.* y *adj.* anaesthetic.

aneurisma *s.m.* aneurism,

anexionar o **anexar** *v.t.* to annex.

anexionismo *s.m.* annexionism.

anexo, -a *adj.* 1 attached, annexed. 2 attached. ‖ *s.m.* 3 annex, annexe. 4 annex, appendix.

anfibio, -a *adj.* 1 amphibious. ‖ *s.m.* 2 amphibian.

anfiteatro *s.m.* amphitheatre.

anfitrión *s.m.* y *f.* host; hostess.

ánfora *s.f.* amphora.

ángel *s.m.* angel, charm.

angélico, -a *adj.* angelic, angelical.

angina *s.f.* angina, tonsil.

angiospermas *s.f. pl.* angiospermae.

anglicano, -a *adj./s.m.* y *f.* Anglican.

anglicismo *s.m.* anglicism.

anglo *adj.* y *s.m.* anglian.

angloamericano, -a *adj./s.m.* y *f.* Angloamerican.

anglófilo, -a *adj./s.m.* y *f.* anglophile.

anglosajón *adj./s.m.* y *f.* Anglo-Saxon.

angostar *v.t.* y *v.pron.* to narrow.

angosto, -a *adj.* narrow.

angostura *s.f.* narrowness.

anguila *s.f.* eel, conger eel.

angula *s.f.* elver.

angular *adj.* angular, angle iron.

angularidad *s.f.* angularity

ángulo *s.m.* 1 angle, corner, 2 curve, bend.

angustia *s.f.* anguish, distress.

angustiado, -a *adj.* 1 anguished, distressed. 2 worried.

angustiar *v.t.* 1 to cause anguish to. 2 to worry. ‖ *v.pron.* 3 to become distressed. 4 to worry.

angustioso, -a *adj.* distressing, anguished.

anhelante *adj.* panting, longing.

anhelar *v.i.* 1 to gasp. ‖ *v.pron.* 2 (fig.) to long o yearn for.

anhelo *s.m.* yearning, craving.

anhídrido *s.m.* anhydride.

anidar *v.t.* 1 to take in, to shelter. ‖ *v.i.* y *pron.* 2 to nest.

anilina *s.f.* aniline.

anilla *s.f.* ring, curtain ring.

anillo *s.m.* ring.

ánima *s.f.* 1 soul. 2 bore.

animación *s.f.* animation, movement.

animado, -a *adj.* lively, bustling.

animador *adj.* 1 encouraging. ‖ *s.m.* y *f.* 2 entertainer.

animadversión *s.f.* ill-will.

animal *s.m.* y *adj.* 1 animal. 2 (fig.) brute, daft.

animar *v.t.* 1 to animate, to cheer up. ‖ *v.pron.* 2 to pluck up courage. ‖ 3 ¡anímate!, cheer up! 4 ¿te animas?, do you fancy it?

anímico, -a *adj.* psychic.

ánimo *s.m.* mind, soul, spirit, courage, pluck.

animosidad *s.f.* animosity, enmity.

animoso *adj.* brave, daring.

aniñado, -a *adj.* childish.

aniquilar *v.t.* annihilate, to overwhelm.

anís *s.m.* 1 anise, aniseed. 2 anis, anisette.

aniversario *s.m.* y *adj.* aniversary.

ano *s.m.* anus.

anoche *adv.* last night.

anochecer *v.i.* 1 to get dark. ‖ *s.m.* 2 nightfall, dusk.

anodino, -a *adj.* anodyne, insignificant.

ánodo *s.m.* anode.

anomalía *s.f.* anomaly.

anómalo, -a *adj.* anomalous.

anonadar *v.t.* to annihilate.

anónimo *adj.* y *f.* 1 anonymous. ‖ *s.m.* 2 anonimity.

anormal *adj.* y *s.m.* abnormal.

anormalidad *s.f.* abnormality.

anquilosamiento *s.m.* anchylosis.

anquilosar *v.t.* y *v.pron.* to anchylose.

ansia *s.f.* anxiety, nervous tension.

ansiar *v.t.* to long for, to yearn for.

ansiedad *s.f.* anxiety, worry.

ansioso, -a *adj.* anxious, longing.

antagónico, -a *adj.* antagonistic.

antártico *s.m.* y *adj.* antarctic.

ante *s.m.* 1 elk, moose. 2 suede, buckskin. 3 tapir.

ante *prep.* before, with regard to.

anteanoche *adv.* the night, before last.

anteayer *adv.* the day before yesterday.

antebrazo *s.m.* forearm.

antecámara *s.f.* antechamber.

antecedente *s.m.* 1 antecedent. ‖ *adj.* 2 previous, preceding. ‖ 3 **antecedentes penales**, criminal record.

anteceder *v.t.* to precede, to go before.

antecesor, -a *adj.* 1 preceding, former. ‖ *s.m.* 2 predecessor.

antediluviano, -a *adj.* antediluvian.

antelación *s.f.* precedence, priority.

antemano *adv.* de –, beforehand.

antena *s.f.* feeler, antenna.

anteojera *s.f.* blinker (caballos).

anteojo *s.m.* 1 telescope ‖ *s.m.pl.* 2 opera glasses, binoculars.

antepasado *s.m.* ancestor, forefather.

anteponer *v.t.* 1 to place in front. 2 (fig.) to prefer.

anterior *adj.* front, former.

anterioridad *s.f.* 1 anteriority. 2 priority. ‖ 3 *conj.* before; in advance.

antes *adv.* 1 before, first. ‖ 2 *prep.* before, earlier. ‖ *conj.* 3 on the contrary, rather than. ‖ *adj.* 4 previous.

anti- anti-.

antiaéreo, -a *adj.* anti-aircraft.

antibiótico *s.m.* antibiotic.

anticiclón *s.m.* anticyclone.

anticipación *s.f.* anticipation, forestate.

anticipado, -a *adj.* advance, in advance.

anticipar *v.t.* 1 to bring foreward, to pay in advance. ‖ *v.pron.* 2 to anticipate, to take up beforehand.

anticipo *s.m.* 1 beginning. 2 advance, loan.

anticonceptivo *adj.* y *s.m.* contraceptive.

anticongelante *s.m.* antifreeze.

anticuado, -a *adj.* antiquated, outdated, out of fashion.

anticuario *s.m.* antique dealer.

antídoto *s.m.* antidote.

antiestético, -a *adj.* unsightly.

antifaz *s.m.* mask.

antífona *s.f.* antiphon.

antigüedad *s.f.* antiquity.

antiguo, -a *adj.* 1 antique. 2 former. 3 oldfashioned.

antílope *s.m.* antelope.

antinatural *adj.* unnatural.

antinomia *s.f.* antinomy.

antiparras *s.f.pl.* specs, glasses.

antipatía *s.f.* antipathy, unfriendliness.

antípoda *adj.* 1 antipodal. ‖ *s.m.* 2 antipode.

antisemita *s.m.* y *f.* anti-semite.

antiséptico, -a *adj.* y *s.m.* antiseptic.

antojadizo, -a *adj.* whimsical, capricious.

antojarse *v.pron.* to take a fancy to.

antojo *s.m.* 1 whim, fancy. 2 birthmark.

antología *s.f.* anthology.

antónimo *s.m.* antonym.

antonomasia *s.f.* antonomasia.

antorcha *s.f.* torch.

antracita *s.f.* anthracite.

antro *s.m.* cavern.

antropocéntrico, -a *adj.* antropocentric.

antropofagia *s.f.* cannibalism.

antropoide *adj.* anthropoid.

antropología *s.f.* anthropology.

antropometría *s.f.* anthropometry.

anual *adj.* annual.

anualidad *s.f.* annuity, annual payment.

anuario *s.m.* yearbook, annual.

anubarrado, -a *adj.* cloudy, overcast, dark.

anudar *v.t.* 1 to knot, to fasten. ‖ *v.pron.* 2 to get into knots, to get tied up.

anuencia *s.f.* consent.

anulación *s.f.* cancellation.

anular *adj.* 1 annular, ring-shaped. ‖ *s.m.* 2 ring-finger.

anular *v.t.* 1 to revoke. 2 to annul, to cancel. 3 to overule. 4 to disallow. 5 MAT. to cancel out.

anunciación *s.f.* 1 announcement. 2 REL. annunciation.

anunciante *s.m.* y *f.* advertiser.

anunciar *v.t.* to announce, to advertise.

anuncio *s.m.* announcement.

anverso *s.m.* obverse.

anzuelo *s.m.* hook.

añadido, -a *adj.* added.

añadidura *s.f.* addition.

añadir *v.t.* 1 to add. 2 to increase.

añagaza *s.f.* decoy, lure.
añal *adj.* yearly, annual.
añejo, -a *adj.* old, mellow.
añicos *s.m.pl.* 1 bits, fragments. || 2 **estar hecho –,** (fig.) to be worn out.
añil *s.m.* indigo.
año *s.m.* year.
añojal *s.m.* break, strip of land.
añoranza *s.f.* longing, yearning.
añorar *v.t.* 1 to long for, to grieve. || *v.i.* 2 to yearn, to pine for.
apabullar *v.t.* to squash, to flatten.
apacentamiento *s.m.* grazing.
apacentar *v.t. y v.pron.* to graze.
apacible *adj.* gentle, calm.
apaciguar *v.t.* 1 to calm (down), to soothe. || *v.pron.* 2 to calm down.
apadrinar *v.t.* to be godfather to, to support.
apagado, -a *adj.* 1 extinguished. 2 dull, lifeless. 3 muffled.
apagar *v.t.* 1 to put out, to extinguish. 2 to turn a switch off. 3 to quench, mute. || *v.pron.* 4 to go out, to fade away.
apagón *s.m.* blackout.
apaisado, -a *adj.* oblong, longer than broad.
apalabrar *v.t.* to make a verbal agreement on, to agree to.
apalancar *v.t.* to lever up.
apaleamiento *s.m.* beating.
apalear *v.t.* to beat.
apañado, -a *adj.* skillful, handy.
apañar *v.t.* 1 to patch, to suit. || *v.pron.* 2 to fix things. || 3 **apañárselas,** to manage.
apaño *s.m.* repair, mend.
aparador *s.m.* sideboard, shopwindow.
aparato *s.m.* set, apparatus.
aparatosidad *s.f.* showiness.
aparatoso, -a *adj.* 1 showy. 2 spectacular. 3 pompous.
aparcamiento *s.m.* parking, lay-by.
aparcar *v.t. e i.* to park.
aparcero, -a *s.m. y f.* tenant farmer.
apareamiento *s.m.* 1 matching up. 2 mating.
aparecer *v.i.* 1 to appear. 2 to be. 3 (fam.) to show up.

aparecido *s.m.* ghost.
aparejado, -a *adj.* fit, ready.
aparejo *s.m.* 1 preparation, gear. 2 rigging.
aparentar *v.t.* 1 to feign, to seem to be. || *v.pron.* 2 to show off.
aparente *adj.* apparent, visible.
aparición *s.f.* apparition.
apariencia *s.f.* appearance, aspect.
apartado, -a *adj.* 1 isolated, aloof. || *s.m.* 2 paragraph.
apartamento *s.m.* flat.
apartar *v.t.* 1 to pad, to put aside, to put off. || *v.pron.* 2 to go away, to stray from.
aparte *adv.* aside, separately,
apasionado, -a *adj.* passionate.
apasionar *v.t.* 1 to fill with passion, to excite. || *v.pron.* 2 to get excited, to fall madly in love.
apatía *s.f.* apathy.
apático, -a *adj.* apathetic.
apátrida *adj.* stateless.
apear *v.t.* 1 to help down, to get down. || *v.pron.* 2 to dismount. 3 to get off.
apechar o **apechugar** *v.t.* to shoulder, to face up to.
apedreamiento *s.m.* stoning.
apego *s.m.* 1 affection, interest. || 2 **tener – a,** to be fond of.
apelación *s.f.* DER. appeal.
apelar *v.i.* to appeal.
apelativo *adj. y s.m.* appellative.
apellido *s.m.* surname.
apelmazar *v.t.* to compress.
apelotonar *v.t.* 1 to roll into a ball. || *v.pron.* 2 to go lumpy.
apenar *v.t.* 1 to cause grief. || *v.pron.* 2 to be grieved.
apenas *adv.* 1 hardly. || 2 **apenas... cuando...,** no sooner... than...
apéndice *s.m.* appendix.
apendicitis *s.f.* appendicitis.
apeo *s.m.* surveying (de tierras).
apercibimiento *s.m.* warning.
apercibir *v.t.* to get ready, to provide, to warn (advertir).
apergaminado, -a *adj.* 1 parchment-like. 2 (fig.) wizened (la cara, etc.).
aperitivo *s.m.* aperitive.

apero s.m. 1 agricultural equipment, 2 (Am.) riding outfit (útiles de montar a caballo).

apertura s.f. opening, beginning.

apesadumbrar v.t. 1 to upset. || v.pron. 2 to get upset.

apestar v.i. 1 to stink. || v.t. 2 to infect with the plague.

apetecedor adj. tempting.

apetecer v.t. 1 to long for, to crave. || v.i. 2 to tempt, to take one's fancy.

apetecible adj. tempting, attractive.

apetencia s.f. longing, craving.

apetito s.m. appetite.

apetitoso, -a adj. appetizing, tempting.

apiadar v.t. to pity.

ápice s.m. apex, point, tip, crux.

apícola adj. apicultural.

apicultor s.m. y f. beekeeper.

apilamiento s.m. piling up, heaping.

apilar v.t. y pron. to pile up, to heap up.

apiñado, -a adj. crammed, packed.

apisonadora s.f. steamroller.

apisonar v.t. to roll, to ram.

aplacar v.t. to appease, to calm.

aplanador adj. 1 smoothing, levelling, flattening. || s.f. 2 leveller.

aplanar v.t. 1 to smooth, to level, to flatten. 2 (fig. y fam.) to knock out.

aplastamiento s.m. crushing.

aplastar v.t. 1 to squash, to flatten, to crush. || v.pron. 2 to be crushed o squashed o flattened.

aplaudir v.t. e i. to applaud, to clap.

aplauso s.m. applause.

aplazamiento s.m. postponement, deferment.

aplazar v.t. to postpone, to put off.

aplicación s.f. 1 application. 2 use. 3 (Am.) request (petición).

aplicar v.t. 1 to apply. 2 to put into effect. || v.pron. 3 to work hard, to devote oneself.

aplique s.m. wall lamp.

aplomo s.m. aplomb.

apocado, -a adj. timid.

apocalipsis s.m. apocalypse.

apocamiento s.m. timidness.

apocar v.t. 1 to make smaller, to intimidate. || v.pron. 2 to feel humble.

apócope s.f. apocopation.

apócrifo adj. apocryphal.

apoderado s.m. agent, manager.

apodar v.t. to nickname.

apodo s.m. nickname.

apogeo s.m. apogee.

apolíneo, -a adj. apolionian.

apolítico, -a adj. apolitical.

apología s.f. vindication, apology.

apólogo s.m. apologue.

apoltronarse v.pron. to become lazy.

apoplejía s.f. apoplexy.

apoquinar v.t. to pay cash.

aporrear v.t. to beat, to pound on.

aportación s.f. contribution.

aportar v.t. to contribute, to present.

aporte s.m. supply, contribution.

aposentamiento s.m. lodging.

aposentar v.t. y pron. to settle down.

aposento s.m. room, lodging.

apósito s.m. bandage.

aposta adv. on purpose.

apostador, -a s.m. y f. punter, better.

apostar v.t. 1 to bet. || v.t. y pron. 2 to post, to take a position.

apóstata s.m. y f. apostate.

apostilla s.f. marginal note, annotation.

apóstol s.m. apostle.

apostólico, -a adj. apostolic.

apostrofar v.t. to apostrophize.

apóstrofo s.m. apostrophe.

apotema s.f. apothem.

apoteosis s.f. apotheosis

apoyar v.t. to support, to lean.

apoyo s.m. support, basis.

apreciable adj. worthy, noticeable.

apreciación s.f. appreciation.

apreciar v.t. 1 to assess. 2 to be fond of. 3 to notice. 4 to appreciate.

aprecio s.m. esteem, regard, appraisal.

aprehender v.t. to seize.

aprehensión s.f. apprehension, capture.

aprehensivo, -a adj. apprehensive.

apremiante adj. urgent, pressing.

apremiar v.t. to press.

apremio s.m. 1 pressure, urgency. 2 judicial order, writ.

aprender *v.t.* to learn.
aprendiz, -iza *s.m.* y *f.* apprentice.
aprensión *s.f.* apprehension, dread.
aprensivo, -a *adj.* apprehensive.
apresamiento *s.m.* capture, seizure.
apresar *v.t.* to capture, to clutch.
aprestar *v.t.* y *pron.* to get ready.
apresuramiento *s.m.* hurry, haste.
apresurar *v.t.* y *pron.* to hurry.
apretado, -a *adj.* cramped, tight.
apretar *v.t.* **1** to tighten, to press. ‖ *v.i.* **2** to get worse. ‖ *v.pron.* **3** to huddle together. ‖ **4** to hug, to squeeze.
apretón *s.m.* squeeze, crush.
apretujar *v.t.* **1** to squeeze, to press hard. ‖ *v.pron.* **2** to crowd.
aprieto *s.m.* difficulty, fix.
aprisa *adv.* quickly, swiftly.
aprisionar *v.t.* v. apresar.
aprobación *s.f.* approval, consent.
aprobar *v.t.* **1** to approve, to consent. **2** to pass.
apropiado, -a *adj.* suitable, fitting.
apropiar *v.t.* **1** (Am.) to earmark. ‖ *v.pron.* **2** to take.
aprovechado, -a *adj.* opportunistic.
aprovechamiento *s.m.* exploitation.
aprovechar *v.t.* **1** to use, to take advantage of. ‖ *v.i.* **2** to improve. ‖ *v.pron.* **3** to avail oneself of.
aprovicionamiento *s.m.* supplying.
aprovisionar *v.t.* to supply.
aproximado, -a *adj.* near, next.
aproximar *v.t.* **1** to bring near. ‖ *v.pron.* **2** to come near.
aptitud *s.m.* aptitude, ability.
apto, -a *adj.* apt, able.
apuesto, -a *adj.* **1** good-looking. ‖ *s.f.* **2** bet.
apuntador, -ora *s.m.* y *f.* prompter.
apuntalar *v.t.* to prop up.
apuntar *v.t.* **1** to aim, to darn (coser muy ligeramente). ‖ *v.i.* **2** to begin to show.
apunte *s.m.* note, prompter.
apuñalar *v.t.* to knife, to stab.
apuñalear *v.t.* (Am.) to knife.
apurar *v.t.* **1** to finish up. **2** (Am.) to hurry, to rush. ‖ *v.pron.* **3** to worry, to fret.
apuro *s.m.* difficulty, jam.

aquejar *v.t.* to afflict.
aquel, aquella, aquello *adj.* **1** that, that... over there. ‖ *pron.* **2** that, that one.
aquí *adv.* **1** here. **2** now. **3** at this point.
aquietar *v.t.* y *pron.* to calm, to soothe.
aquilatar *v.t.* to appraise, to weigh up.
árabe *adj.* **1** Arabian. ‖ *s.m.* y *f.* **2** Arab.
arábigo, -a o **arábico, -a** *adj.* arabic.
arable *adj.* (Am.) arable.
arácnido, -a *adj.* arachnid.
arada *s.f.* plowing.
arado *s.m.* plough, plow.
arancel *s.m.* customs tariff, duty.
arándano *s.m.* bilberry.
arandela *s.f.* washer.
araña *s.f.* spider.
arañar *v.t.* y *pron.* to scratch.
arar *v.t.* to plough.
arbitrar *v.t.* **1** to arbitrate. **2** to allot. ‖ *v.t.* e *i.* **3** to umpire.
arbitrario, -a *adj.* arbitrary.
arbitrio *s.m.* **1** will, free will. ‖ *s.m.pl.* **2** municipal taxes.
árbitro *s.m.* referee, umpire.
árbol *s.m.* **1** tree. **2** axle.
arboladura *s.f.* masting.
arboleda *s.f.* grove, wooded land.
arbusto *s.m.* shrub, bush.
arca *s.m.* **1** chest. ‖ *s.f.pl.* **2** coffers.
arcabuz *s.m.* harquebus.
arcada *s.f.* retch.
arcaico, -a *adj.* archaic.
arcángel *s.m.* archangel.
arcano, -a *adj.* arcane.
arce *s.m.* maple tree.
arcén *s.m.* border, edge.
archiduque *s.m.* archduke.
archiduquesa *s.f.* archduchess.
archipiélago *s.m.* archipelago.
archivador *s.m.* letter file, filing cabinet.
archivar *v.t.* to file, to shelve.
archivero, -a *s.m.* y *f.* archivist.
archivo *s.m.* archives, records.
arcilla *s.f.* clay.
arcilloso, -a *adj.* clayey, clay-like.
arcipreste *s.m.* archpriest.

arco *s.m.* **1** bow. **2** arc. **3** arch.

arder *v.i.* **1** to burn, to glow. ‖ *v.t.* **2** to burn, to scorch.

ardid *s.m.* stratagem, artifice.

ardiente *adj.* burning, ardent.

ardilla *s.f.* squirrel.

ardor *s.m.* burning sensation.

ardoroso, -a *adj.* burning, zealous.

arduo, -a *adj.* ardous, difficult.

área *s.f.* area, zone.

arena *s.f.* **1** sand. **2** bullring. **3** (fig.) arena.

arenga *s.f.* harangue, address.

arenoso, -a *adj.* sandy.

arenque *s.m.* herring.

argamasa *s.f.* modar.

argelino, -a *adj./s.m.* y *f.* Algerian.

argénteo, -a *adj.* silvery, silver-white.

argolla *s.f.* shackles.

argot *s.m.* slang.

argucia *s.f.* sophistry, subtlety.

argüir *v.i.* **1** to argue. ‖ *v.t.* **2** to reproach. **3** to infer.

argumentar *v.t.* to argue, to dispute.

argumento *s.m.* **1** argument. **2** plot.

aridez *s.f.* aridity, aridness.

árido, -a *adj.* **1** arid, dry. **2** dull.

ariete *s.m.* **1** battering ram. **2** centre forward.

arisco, -a *adj.* unsociable, surly, shy.

arista *s.f.* edge.

aristócrata *s.m.* y *f.* aristocrat.

aritmética *s.f.* arithmetic.

arlequín *s.m.* harlequin.

arlequinado, -a *adj.* parti-coloured.

arma *s.f.* **1** weapon. **2** MIL. division. ‖ **3** — blanca, bladed weapon.

armada *s.f.* navy, naval forces.

armadillo *s.m.* armadillo.

armador, -a *s.m.* y *f.* shipowner.

armadura *s.f.* **1** armour. **2** frame.

armamento *s.m.* weaponry.

armar *v.t.* to arm.

armario *s.m.* wardrobe, closet.

armatoste *s.m.* contraption.

armazón *s.m.* frame, framework.

armería *s.f.* **1** gunsmith's shop. **2** armory.

armiño *s.m.* ermine.

armisticio *s.m.* armistice.

armonio *s.m.* harmonium.

armonioso, -a *adj.* harmonious.

armonizar *v.t.* to harmonize.

árnica *s.f.* arnica.

aro *s.m.* hoop, wedding ring.

aroma *s.m.* scent, bouquet.

aromático, -a *adj.* aromatic.

aromatizar *v.t.* to aromatize, to scent.

arpa *s.m.* harp.

arpillera *s.f.* burlap, sackcloth.

arponear *v.t.* to harpoon.

arquear *v.t.* y *pron.* **1** to arch, to curve. ‖ *v.t.* **2** to gauge.

arqueología *s.f.* archaeology.

arquero *s.m.* **1** archer. **2** DEP. goalkeeper (portero).

arqueta *s.f.* small coffer.

arquetipo *s.m.* archetype.

arquitecto, -a *s.m.* y *f.* architect.

arquitectura *s.f.* architecture.

arquitrabe *s.m.* architrave.

arrabal *s.m.* suburb.

arracimarse *v.pron.* to cluster.

arraigado, -a *adj.* well-rooted.

arraigar *v.i.* y *pron.* **1** to take root. ‖ *v.t.* **2** to establish. ‖ *v.pron.* **3** to settle down.

arraigo *s.m.* rooting, hold.

arramblar *v.t.* y *pron.* **1** to cover with sand. ‖ *v.t.* **2** to sweep away. **3** to make off with.

arrancada *s.f.* sudden burst.

arrancar *v.t.* **1** to uproot, to snatch. ‖ *v.t.* e *i.* **2** to start. ‖ *v.i.* **3** to stem.

arranque *s.m.* **1** uprooting. **2** stading. **3** outburst. **4** start, beginning.

arrasar *v.t.* **1** to flatten. **2** to devastate.

arrastrar *v.t.* **1** to drag. ‖ *v.pron.* **2** to crawl.

arrastre *s.m.* pulling, dragging.

¡arre! *interj.* giddyap, get up.

¡arrea! *interj.* my God, geepers.

arrear *v.t.* to drive, to urge on.

arrebatador, -a *adj.* charming.

arrebatar *v.t.* **1** to snatch. ‖ *v.t.* y *pron.* **2** to move. ‖ *v.pron.* **3** to be seized.

arrebato *s.m.* rage, capture.

arreciar *v.i.* y *pron.* to grow worse.

arrecife *s.m.* reet.

arredrar *v.t.* y *pron.* to frighten away.

arreglado, -a p.p. **1** de **arreglar.** ‖ adj. **2** tidy. **3** fixed, mended.

arreglar v.t. **1** to fix, to mend. **2** to range. **3** to settle.

arreglo s.m. arrangement, repair.

arrellanarse v.pron. to lounge.

arremeter v.i. to attack, to rush.

arremolinarse v.pron. to mill about, to eddy.

arrendador, -a s.m. y f. tenant.

arrendamiento s.m. rental, rent, hire.

arrendar v.t. to rent out, to let.

arrendatario, -a adj. **1** renting. **1** s.m. y f. **2** tenant.

arreo v.t. **1** ornament. ‖ s.pl. harness.

arrepentimiento s.m. regret.

arrepentirse v.pron. to repent, gret.

arrestado, -a p.p. de **arrestar.**

arrestar v.t. to arrest, to detain.

arresto s.m. arrest, confinement.

arrevesado, -a adj. (Am.) intricate.

arriar v.t. to haul down.

arriba adv. **1** above. **2** upstairs. ‖ **3 de – abajo,** from top to bottom.

arribar v.i. to arrive, to land.

arribista s.m. arriviste, upstart.

arriendo s.m. rent, renting.

arriero s.m. muleteer.

arriesgado, -a adj. risky, bold.

arriesgar v.t. y pron. to take a risk.

arrimadero s.m. support, prop

arrimar v.t. y pron. **1** to bring near. ‖ v.t. **2** to put aside. ‖ v.pron. **3** to lean.

arrinconar v.t. **1** to put away. ‖ **2** v.pron. to withdraw.

arrobado, -a p.p. **1** de **arrobar.** ‖ adj. **2** ecstatic, enraptured.

arrobar v.t. y pron. to enrapture.

arrodillar v.t. y pron. to kneel down.

arrogante adj. arrogant.

arrogar v.t. to arrogate; to adopt.

arrojado, -a adj. bold, dashing.

arrollador s.m. rolling, winding.

arrollar v.t. to carry away, to run over.

arropamiento s.m. wrapping up.

arropar v.t. to tuck in.

arrostrar v.t. to face (up to).

arroyo s.m. stream, brook.

arroz s.m. rice.

arruga s.f. wrinkle, crease.

arrugar v.t. **1** to wrinkle. **2** to crease (ropa). **3** to crumple (papel). **4** (Am.) to bother, to annoy. ‖ v.pron. **5** to shrink.

arrullador, -ora adj. cooing, lulling.

arrullar v.t. to coo.

arrumbar v.t. to put aside.

arsenal s.m. navy yard, shipyard.

arsénico s.m. arsenic.

arte s.m. art.

artefacto s.m. device, appliance.

artemisa s.f. mugwort, sagebrush.

arteria s.f. fartery.

artero, -a adj. ounning, crafty.

artesa s.f. trough, kneading trough.

artesano s.m. craftsman.

artesiano, -a adj. artesian.

ártico, -a adj. arctic.

articulación s.f. articulation; joint.

articular v.t. to articulate.

artículo s.m. article.

artífice s.m. artificer, artist.

artificiero s.m. artificer.

artificio s.m. device, contrivance.

artificioso, -a adj. cunning, crafty.

artillería s.f. artillery.

artillero s.m. gunner, artilleryman.

artImaña s.f. trick trap.

artista s.m. y f. artist.

artrosis s.f. arthrosis.

arzobispo s.m. archbishop.

as s.m. ace, star.

asa s.f. handle, grip.

asado, -a p.p. **1** de **asar.** ‖ adj. **2** cooked.

asalariado, -a adj. **1** salaried. ‖ s.m. y f. **2** wage-earner.

asaltante s.m. y f. attacker, assailant.

asaltar v.t. to attack to assault.

asalto s.m. assault, attack.

asamblea s.f. assembly, meeting.

asaz adv. quite, too (demasiado).

asbesto s.m. asbestos.

ascendencia s.f. ancestry.

ascendente adj. ascending, upward.

ascender v.i. **1** to ascend, to rise. **2** to be promoted. **3** to amount to.

ascendiente s.m. **1** influence. ‖ s.m. y f. **2** ancestor.

ascensor *s.m.* lift, elevator.
asceta *s.m* y *f.* ascetic.
asco *s.m.* disgust, revulsion.
ascua *s.f.* ember.
asear *v.t.* y *pron.* to wash, to clean.
asediar *v.t.* to besiege.
asedio *s.m.* siege.
asegurador, -ora *adj.* insuring.
asegurar *v.t.* 1 to secure. 2 to assure. ‖ *v.pron.* 3 to insure oneself. 4 to make sure.
asemejar *v.t.* y *pron.* to liken.
asentar *v.t.* 1 to note. 2 to suppose. ‖ *v.pron.* 3 to settle down. 4 to alight.
asentir *v.i.* to assent, to agree.
aseo *s.m.* 1 cleanliness. 2 washroom.
asequible *adj.* accessible, obtainable.
aserradero *s.m.* sawmill.
aserrar *v.t.* to saw.
aserrín o **serrín** *s.m.* sawdust.
aserto *s.m.* assertion, statement.
asesinar *v.t.* to murder.
asesino, -a *s.m.* y *f.* killer, murderer.
asesor, -ora *s.m.* y *f.* adviser, assessor, counsellor.
asesorar *v.t.* to counsel, to advise.
asestar *v.t.* to deal; to deliver.
aseverar *v.t.* to asseverate.
asfalto *s.m.* asphalt.
asfixia *s.f.* asphyxia, asphyxiation.
asfixiar *v.t.* to asphyxiate; to suffocate.
así *adv.* 1 this way, like this. ‖ *conj.* 2 therefore. 3 so. 4 – **que**, when, at the time.
asidero *s.m.* handle, hold.
asiduo, -a *adj.* assiduous, frequent.
asiento *s.m.* 1 seat. 2 entry.
asignación *s.f.* allotment; allowance.
asignado, -a *adj.* assigned.
asignatura *s.f.* subject.
asilar *v.t.* to give shelter.
asilo *s.m.* shelter; residence.
asimetría *s.f.* asymmetry.
asimiento *s.m.* grasping, holding.
asimilar *v.t.* to assimilate.
asimismo o **así mismo** *adv.* in like manner, also.
asir *v.t.* to grasp, to seize.
asistencia *s.f.* attendance; assistance.
asistenta *s.f.* charwoman, home help.
asistir *v.i.* to be present, to attend.

asma *s.f.* asthma.
asno, -a *s.m.* y *f.* ass, donkey.
asociación *s.f.* association, partnership.
asociado, -a *p.p.* 1 de **asociar**. ‖ *adj.* 2 associated. ‖ *s.m.* y *f.* 3 member.
asolar *v.t.* to ravage, to destroy.
asomar *v.i.* 1 to appear, to be visible. ‖ *v.t.* 2 to show. ‖ *v.pron.* 3 to lean out.
asombrar *v.t.* to amase, to astonish.
asombro *s.m.* amazement, fright.
asomo *s.m.* suspicion.
asonancia *s.f.* assonance.
aspa *s.f.* X-shaped cross, sail.
aspaviento *s.m.* exaggerated behavior.
aspecto *s.m.* aspect, looks.
aspereza *s.f.* roughness; sourness.
áspero, -a *adj.* rough; bitter.
aspersión *s.f.* aspersion, sprinkling.
aspiración *s.f.* inhalation; suction.
aspirador, -a *s.m.* o *f.* vacuum cleaner.
aspirante *s.m.* y *f.* candidate.
aspirar *v.t.* 1 to inhale, to breath in. 2 to suck (succionar).
aspirina *s.f.* aspirin.
asquear *v.t.* 1 to nauseate, to disgust. ‖ *v.i.* 2 to be sickening.
asquerosidad *s.f.* filth.
asta *s.f.* 1 horn. 2 shaft. ‖ 3 **a media–**, at half mast.
asterisco *s.m.* asterisk.
asteroide *s.m.* asteroid.
astilla *s.f.* splinter, chip.
astillero *s.m.* shipyard.
astro *s.m.* heavenly body, star.
astrología *s.f.* astrology.
astronauta *s.m.* astronaut.
astronomía *s.f.* astronomy.
astuto, -a *adj.* cunning, sly.
asueto *s.m.* day off.
asumir *v.t.* to assume, to take on.
asunto *s.m.* matter, topic; affair.
asustar *v.t.* to frighten, to scare.
atacar *v.t.* to attack.
atajar *v.t.* 1 to stop, to intercept. 2 to parry (un golpe). ‖ *v.i.* 3 to short cut (un atajo). ‖ *v.pron.* 4 (Am.) to get drunk.
atalaya *s.f.* watch tower.

atañer *v.imp.* to concern, to respect.

atar *v.t.* to tie, to bind; to fasten.

atardecer *s.m.* dusk.

atarear *v.t.* 1 to assign work to. || *v.pron.* 2 to busy oneself.

atasco *s.m.* blockage, obstruction.

ataúd *s.m.* coffin.

ataviar *v.t.* to adorn, to deck out.

atavío *s.m.* decoration, adornment.

ateísmo *s.m.* atheism.

atemorizar *v.t.* to frighten, to terrify.

atemperar *v.t.* to temper.

atenazar *v.t.* to hold down; to grip.

atención *s.f.* 1 attention, heed. 2 kindness.

atender *v.t.* e *i.* 1 to pay attention to. 2 to take care of. || *v.t.* 3 to wait for.

ateneo *s.m.* athenaeum.

atenerse *v.pron.* to abide by.

atentamente *adv.* attentively, politely.

atentar *v.t.* 1 to commit an illegal act. || *v.i.* 2 to try to kill somebody.

atento, -a *adj.* observant, attentive.

atenuar *v.t.* to attenuate, to diminish.

ateo, -a *adj.* 1 atheistic. || *s.m.* y *f.* 2 atheist.

aterirse *v.pron.* to be frozen, to be numb with cold.

aterrar *v.t.* to terrify, to frighten.

aterrizaje *s.m.* landing.

aterrizar *v.t.* to land, to touch down.

aterrorizar *v.t.* to frighten, to terrorize.

atesorar *v.t.* to store up, to hoard.

atestar *v.t.* 1 to stuff. 2 to witness.

atestiguar *v.t.* to attest, to witness.

atiborrar *v.t.* 1 to cram. || *v.pron.* 2 to stuff oneself.

ático *s.m.* attic.

atildado, -a *adj.* neat, elegant.

atildar *v.t.* to spruce up.

atinado, -a *adj.* 1 sensible, sound. 2 apt, relevant.

atiplado, -a *adj.* high-pitched.

atiplar *v.t.* to raise the pitch of.

atisbar *v.t.* to peep, to observe.

atisbo *s.m.* inkling.

atizar *v.t.* 1 to stir. 2 to hit, to strike.

atlántico *adj.* atlantic.

atlas *s.m.* atlas.

atleta *s.m.* y *f.* athlete.

atletismo *s.m.* athletics.

atmósfera *s.f.* atmosphere.

atmosférico, -a *adj.* atmospheric.

atolón *s.m.* atoll.

atolondramiento *s.m.* recklessness.

atolondrado, -a *adj.* reckless.

átomo *s.m.* atom.

atónito, -a *adj.* amazed, astonished.

átono, -a *adj.* atonic.

atontamiento *s.m.* bewilderment.

atontar *v.t.* to confuse, to bewilder.

atorar *v.t.* to obstruct, to clog.

atormentar *v.t.* 1 to torment. 2 to plague (molestar continuamente).

atornillar *v.t.* to screw in, to screw on.

atosigamiento *s.m.* urging, pressing.

atosigar *v.t.* 1 to poison. 2 to rush. || *v.pron.* 3 to get flustered.

atracadero *s.m.* dock.

atracar *v.t.* y *pron.* 1 to hold up. 2 to gorge || *v.t.* e *i.* 3 to moor.

atracción *s.f.* attraction.

atraco *s.m.* robbery, holdup.

atracón *s.m.* overeating, gorging.

atractivo, -a *adj.* attractive.

atraer *v.t.* to attract, to draw.

atragantarse *v.pron.* 1 to choke. 2 to take a strong dislike towards.

atrancar *v.t.* to bar, to bolt.

atrapar *v.t.* to catch, to trap.

atrás *adv.* 1 back, behind. 2 ago. || *interj.* 3 get back.

atrasado, -a *p.p.* 1 de **atrasar.** || *adj.* 2 behind (en los estudios). 3 slow (reloj). 4 delayed. 5 backward.

atrasar *v.t.* y *pron.* 1 to delay. 2 to put back. || *v.i.* 3 to be slow. || *v.pron.* 4 to be delayed.

atraso *s.m.* delay, tardiness.

atravesar *v.t.* 1 to pierce. 2 to cross.

atreverse *v.pron.* to dare.

atrevido, -a *adj.* daring, bold.

atribución *s.f.* attribution.

atribular *v.t.* 1 to distress, to afflict. || *v.pron.* 2 to become distressed.

atributo *s.m.* attribute.

atril *s.m.* music stand.

atrincherar *v.t.* to entrench.

atrio *s.m.* porch, entrance.
atrocidad *s.f.* atrocity, outrage.
atrofiar *v.t.* e *i.* 1 to atrophy. ‖ *v.pron.* 2 to suffer atrophy.
atronar *v.t.* to thunder, to deafen.
atropellar *v.t.* 1 to knock down, to run over. 2 to bully, to abuse.
atropello *s.m.* attack assault.
atroz *adj.* atrocious, enormous.
atuendo *s.m.* dress, pomp.
atún *s.m.* tuna, tunny.
aturdimiento *s.m.* bewilderment.
atusar *v.t.* to slick, to smooth.
audaz *adj.* audacious, bold.
audición *s.f.* hearing, audition.
audiencia *s.f.* 1 hearing. 2 high court.
audífono *s.m.* hearing aid.
auditor *s.m.* adviser, counselor.
auditorio *s.m.* 1 auditorium. 2 audience.
auge *s.m.* acme, apogee.
augurar *v.t.* to augur, to predict.
augurio *s.m.* augury, omen.
aula *s.f.* classroom, lecture hall.
aullar *v.i.* to howl.
aumentar *v.t.* e *i.* to increase.
aumento *s.m.* increase.
aun *adv.* even, even though.
aún *adv.* still, yet.
aunar *v.t.* to join, to unite.
aunque *conj.* although, though.
aupar *v.t.* to lift, to help up.
áureo, -a *adj.* golden, aureous.
aureola *s.f.* 1 aureole, circular stain.
auricular *adj.* 1 aural. ‖ *s.m.* 2 receiver (del teléfono).
aurífero, -a *adj.* gold-bearing.
auriga *s.f.* charioteer.
aurora *s.f.* dawn.
auscultar *v.t.* to auscultate.
ausencia *s.f.* 1 absence. 2 lack.
ausentarse *v.pron.* to absent oneself.
ausentismo *s.m.* absenteeism.
auspicio *s.m.* auspice, omen.
austero, -a *adj.* austere.
austral *adj.* austral, southern.
autarquía *s.f.* autarchy.
auténtico, -a *adj.* authentic, genuine.
autentificar *v.t.* to authenticate.
autillo *s.m.* tawny owl.

auto *s.m.* 1 car. ‖ *prefijo* 2 auto-, self-.
autobiográfico, -a *adj.* autobiographical.
autobombo *s.m.* self-glorification.
autobús *s.m.* bus, omnibus, autobus.
autocar *s.m.* coach, autocar, bus.
autóctono, -a *adj.* nativo, indigenous.
autodeterminación *s.f.* self-determination.
autodidacta *adj.* self-taught.
autogestión *s.f.* self-management.
autógrafo, -a *adj.* autograph.
autómata *s.m.* automaton.
automatismo *s.m.* automatism.
automotriz *adj.* sel-propelled.
automovilismo *s.m.* automobilism.
automovilista *s.m.* y *f.* driver, motorist.
autonomía *s.f.* selfgovernment.
autopista *s.f.* motorway.
autopsia *s.f.* autopsy.
autor, -ora *s.m.* y *f.* author.
autorizar *v.t.* to authorize.
autorretrato *s.m.* self-portrait.
autoservicio *s.m.* self-service.
auxiliar *v.t.* to help.
auxilio *s.m.* help, assistance.
aval *s.m.* endorsement, guarantee.
avalancha *s.f.* avalanche.
avalar *v.t.* to endorse, to guarantee.
avance *s.m.* 1 advance. 2 preview.
avanzar *v.t.* y *pron.* to advance.
avaricia *s.f.* avarice, greediness.
avaro, -a *adj.* 1 greedy. ‖ *s.m.* y *f.* miser, greedy person.
avasallar *v.t.* to subdue.
ave *s.f.* bird.
avecinarse *v.pron.* to come near.
avellano *s.m.* hazel tree.
avena *s.f.* oat, oats.
avenencia *s.f.* agreement, compromise.
avenir *v.t.* to reconcile.
aventajar *v.t.* to excell.
aventura *s.f.* adventure, chance.
aventurar *v.t.* to risk, to venture.
avergonzar *v.t.* 1 to make (someone) ashamed. ‖ *v.pron.* 2 to be ashamed.
avería *s.f.* spoilage; break-down.

averiarse *v.pron.* to break down.
averiguación *s.f.* ascertainment.
averiguar *v.t.* to ascertain, to enquire.
aversión *s.f.* aversion, dislike.
avestruz *s.f.* ostrich.
avezar *v.t.* to accustom.
aviación *s.f.* aviation, air force.
aviador, -a *s.m.* y *f.* pilot.
aviar *v.t.* to equip.
avicultor, -a *s.m.* y *f.* chicken farmer.
avieso, -a *adj.* malicious, pervers.
avinagrar *v.t.* 1 to make sour. || *v.pron.* 2 to turn sour.
avío *s.m.* supplies, provisions.
avión *s.m.* airplane, aircraft.
avisado, -a *p.p.* 1 de avisar. || *adj.* 2 prudent, discreet
avisar *v.t.* to inform, to notify.
aviso *s.m.* notice, warning.
avispa *s.f.* wasp.
avispado, -a *adj.* clever, smart.
avistar *v.t.* to sight.
avituallar *v.t.* to provision.
avivar *v.t.* to spur on, to enliven.

avizorar *v.t.* to watch, to spy on.
axila *s.f.* armpit.
ayer *adv.* y *s.m.* yesterday.
ayudar *v.t.* to help, to aid.
ayuno *s.m.* fast, fasting.
ayuntamiento *s.m.* town hall.
ayuntar *v.t.* to join, to unite.
azabache *s.m.* jet.
azada *s.f.* hoe.
azafata *s.f.* airline stewardess, hostess.
azafrán *s.m.* saffron.
azahar *s.m.* orange blossom.
azar *s.m.* chance.
ázimo *adj.* unleavened.
azoramiento *s.m.* alarm, confusion.
azotar *v.t.* y *pron.* to beat, to whip.
azotea *s.f.* flat roof.
azúcar *s.m.* sugar.
azucena *s.f.* white lily.
azufre *s.f.* sulphur.
azul *s.m.* y *adj.* blue.
azulejo *s.m.* glazed tile.
azuzar *v.t.* to set on, to incite.

B

b, B *s.f.* b, B (letra).
baba *s.f.* saliva, spittle.
babear *v.i.* to slaver.
babel *s.f.* chaos, bedlam.
babero *s.m.* bib.
babor *s.m.* port.
babosa *s.f.* slug.
babucha *s.f.* slipper.
baca *s.f.* luggage rack.
bacalao *s.m.* cod.
bacante *s.m.* bacchante.
bacará o **bacarrá** *s.m.* baccarat.
bache *s.m.* hole, pothole.
bachillerato *s.m.* school-leaving certificate.
bacía *s.f.* shaving bowl.
bacilo *s.m.* germ, microbe.
bacín *s.m.* chamberpot.
bacina *s.f.* begging bowl.
bacinada *s.f.* chamberpot.
bacteria *s.f.* germ, bacterium.
bactericida *adj. y s.f.* germicide.
bacteriología *s.f.* bacteriology.
báculo *s.m.* stick, walking stick, staff.
badajo *s.m.* clapper.
badana *s.f.* tanned hide.
bafle *s.m.* speaker.
bagaje *s.m.* luggage, baggage.
bagatela *s.f.* trinket, bagatelle.
bagre *s.m.* catfish.
bahía *s.f.* bay.
bailar *v.t.* e *i.* to dance.
bailarín, -ina *s.m. y f.* dancer.
baile *s.m.* dance.
bailotear *v.i.* to dance around.

baja *s.m.* **1** drop, fall; casualty. ‖ **2 darse de –,** to go sick, to retire.
bajada *s.f.* slope; descent.
bajamar *s.f.* low tide, low water.
bajar *v.t.* **1** to lower. **2** to take down. **3** to help down. **4** to drop. **5** to turn down. ‖ *v.i.* **6** to go down, to come down. **7** to get out, to get off.
bajeza *s.f.* meanness.
bajío *s.m.* sandbank.
bajo, -a *adj.* low; shod; soft; humble; palo; below. ‖ *prep.* under, underneath.
bajura *s.f.* **1** lowness, smallness. ‖ **2 pesca de –,** coastal fishing.
bala *s.f.* bullet.
balacera *s.f.* (Am.) shoot-out.
balada *s.f.* ballad.
baladí *adj.* insignificant, worthless.
balance *s.m.* COM. balance.
balancear *v.t.* **1** to balance. ‖ *v.i.* **2** to swing, to rock.
balancín *s.m.* balance beam; swing.
bálano o **balano** *s.m.* glans penis.
balanza *s.f.* **1** scales. **2** balance. **3 – de pagos,** balance of payments.
balar *v.i.* to baa, to bleat.
balaustre *s.m.* bannister, balustrade.
balazo *s.m.* shot; bullet wound.
balbucir o **balbucear** *v.i.* to stammer.
balcón *s.m.* balcony.
balconcillo *s.m.* gallery.
balda *s.f.* shelf; knocker.
balde *s.m.* **1** bucket. ‖ **2 de –,** free. **3 en –,** in vain.
baldear *v.t.* to swill, to wash down.

baldío, -a *adj.* uncultivated.

baldonar o **baldonear** *v.t.* to insult.

baldosa *s.f.* paving stone.

balear *adj.* 1 Balearic. || *v.t.* 2 (Am.) to shoot, to fire.

balido *s.m.* baa, bleat.

balística *s.f.* ballistics.

baliza *s.f.* buoy; beacon.

ballena *s.f.* 1 whale. 2 whalebone.

ballesta *s.f.* crossbow; spring.

ballet *s.m.* ballet.

balneario, -a *adj.* 1 thermal. || *s.c.* 2 spa.

balón *s.m.* ball, balloon.

baloncesto *s.m.* basketball.

balonmano *s.m.* handball.

balonvolea *s.m.* volleyball.

balsa *s.f.* 1 pond. 2 raft.

bálsamo *s.m.* balsam.

baluarte *s.m.* bastion.

bambalina *s.f.* fly.

bambú *s.f.* bamboo.

banal *adj.* banal, trivial.

banana *s.f.* banana, banana tree.

banasta *s.f.* large basket.

bancarrota *s.f.* bankruptcy, failure.

banco *s.m.* 1 bank. 2 bench. 3 shoal.

banda *s.f.* 1 strip, band; sash, ribbon. 2 side. 3 gang 4 MUS. band, group.

bandada *s.f.* 1 flock. 2 crowd.

bandazo *s.m.* lurch, violent roll.

bandear *v.t.* 1 to change sides. || *v.t.* y *v.pron.* 2 to swing, to move to and from.

bandeja *s.f.* tray.

bandera *s.f.* flag, banner.

bandería *s.f.* band, faction.

banderín *s.m.* small flag, pennant.

bandidaje o **bandolerismo** *s.m.* banditry.

bando *s.m.* 1 edict. 2 party, side.

bandolero, -a *s.m.* y *f.* bandoleer.

banquero *s.m.* banker.

banqueta *s.f.* stool.

banquete *s.m.* banquet, feast.

banquillo *s.m.* prisoner's seat, dock.

bañador *s.m.* swimming costume.

bañar *v.t.* 1 to bathe. 2 to cover. || *v.pron.* 3 to bath. 4 to swim.

baño *s.m.* 1 bath; bathroom; coat. || *pl.* 2 spa.

baptisterio *s.m.* baptist(e)ry.

baquelita *s.f.* bakelite.

baqueta *s.c.* 1 drumsticks. 2 jonquil.

bar *s.m.* bar.

barahúnda *s.f.* din, racket.

baraja *s.f.* pack of cards.

barajar *v.t.* to shuffle.

baranda *s.f.* balustrade; cushion.

barandilla *s.f.* 1 balustrade. 2 bannister.

baratija *s.f.* trinket.

baratillo *s.m.* cheap goods.

barato, -a *adj.* 1 cheap. || *adv.* 2 cheaply. || *s.m.* 3 cheapness.

baraúnda *s.f.* din, racket.

barba *s.f.* chin; beard.

barbacoa *s.f.* barbecue.

barbaridad *s.f.* 1 barbarity. 2 atrocity. 3 exaggeration. 4 enormous quantity.

barbarie *s.f.* barbarity, cruelty.

barbarismo *s.m.* 1 barbarity. 2 incorrect use of foreign or Spanish words.

bárbaro, -a *adj.* 1 barbarian. 2 cruel.

barbear *v.t.* to shave.

barbecho *s.m.* fallow land.

barbero *s.m.* hairdresser, barber.

barbilampiño *adj.* beardless.

barbilla *s.f.* chin.

barbotar o **barbotear** *v.i.* to mumble.

barbullar *v.i.* to chatter, to babble.

barca *s.f.* small boat.

barcaza *s.f.* barge, lighter.

barcia *s.f.* chaff.

barco *s.m.* boat, ship.

bardo *s.m.* bard.

baremo *s.m.* 1 scale. 2 ready reckoner.

bario *s.m.* barium.

barítono *s.m.* baritone.

barlovento *s.m.* windward.

barniz *s.m.* varnish.

barómetro *s.m.* barometer.

baronía *s.f.* barony.

barquilla *s.f.* 1 mold. 2 small boat.

barquillo *s.m.* wafer, cornet.

barra *s.f.* 1 bar. 2 lever. 3 counter. 4 loaf of bread.

barrabasada *s.f.* thoughtless action.

barraca *s.f.* shack, hut.

barragán *s.m.* wool cloth.

barragana *s.f.* concubine.

barranco *s.m.* ravine, gorge.

barrenar *v.t.* to drill.

barrendero, -a *s.m.* y *f.* street-sweeper.

barreno, -a *s.m.* y *f.* large bowl.

barrer *v.t.* to sweep.

barrera *s.f.* barrier, fence.

barriada *s.f.* district, area.

barricada *s.f.* barricada.

barriga *s.f.* stomach, belly.

barril *s.m.* barrel, cask.

barrio *s.m.* district, area, suburb.

barrizal *s.m.* mire, bog.

barro *s.m.* 1 mud; clay. 2 pimple.

barroco, -a *adj.* y *s.m.* baroque.

barroso, -a *adj.* muddy.

barrote *s.m.* thick bar.

barrunto *s.m.* suspicion.

bartola *loc. adv.* a la –, carelessly.

bartulear o **bartular** *v.i.* to think over.

bártulos *s.m.pl.* everyday things.

barullo *s.m.* disturbance, uproar.

barzón *s.m.* wander, stroll.

basalto *s.m.* basalt.

basar *v.t.* 1 to base. ‖ *v.pron.* 2 to be based upon.

basca *s.f.* nausea.

bascosidad *s.f.* dirt.

báscula *s.f.* scales, weighing machine.

bascular *v.i.* to swing.

básico, -a *adj.* basic.

basílica *s.f.* 1 basilica. 2 large church.

bastante *adj.* y *adv.* enough, sufficiently.

bastar *v.i.* y *pron.* to be enough.

bastidor *s.m.* frame; wing; axle.

bastilla *s.f.* hem.

bastimento *s.m.* provision, supply.

basto, -a *adj.* 1 rough, coarse. ‖ 2 ¡basta!, that's enough, stop it!

bastón *s.m.* walking stick.

basura *s.f.* rubbisih, refuse.

basurero *s.m.* dustman.

bata *s.f.* dressing gown.

batacazo *s.m.* thud, bump, thump.

batahola, bataola o **tabaola** *s.f.* uproar, din, rumpus.

batalla *s.f.* battle.

batallón, -ona *s. m.* battalion.

batán *s.m.* fulling hammer.

batata *s.f.* yam, sweet potato.

bate *s.m.* baseball bat.

batería *s.f.* 1 battery. 2 MÚS. drums. ‖ *s.m.* 3 MUS. drummer.

batiburrillo, batiborrillo o **baturrillo** *s.m.* pot-pourri, hotchpotch.

batido *s.m.* milk shake.

batidor, -a *s.m.* y *f.* mixer beater.

batiente *s.m.* trame; damper.

batín *s.m.* short dressing gown.

batir *v.t.* 1 to beat. 2 to whisk, to combat. ‖ 3 – una marca, to break a record.

batiscafo *s.m.* bathysphere.

batista *s.f.* batiste.

batuta *s.f.* baton.

baúl *s.m.* trunk, chest.

bautismo *s.m.* baptism.

bautisterio o **baptisterio** *s.m.* baptist(e)ry.

bautizar *v.t.* to baptise, to christen.

baya *s.f.* berry.

bayeta *s.f.* dish cloth; baize.

bayoneta *s.f.* bayonet.

baza *s.f.* trick (cartas).

bazar *s.m.* bazaar.

bazo *s.m.* spleen.

bazoca o **bazuca** *s.f.* bazooka.

bazofia *s.f.* rubbish, left-overs.

be *s.c.* 1 be por be, meticulously. 2 baa.

beatería *s.f.* false piety, cant.

beatificar *v.t.* to beatify.

beato, -a *adj.* 1 content, happy. 2 REL. blessed.

bebé *s.m.* baby.

bebedor, -a *s.m.* y *f.* drinker.

beber *v.t.* to drink.

beca *s.f.* grant.

becerro *s.m.* yearling calf.

bedel *s.m.* porter, watchman.

beduino, a *adj./s.m.* y *f.* Bedouin.

befar *v.i.* to taunt, to jeer.

befo, -a *adj.* thick-lipped.

béisbol *s.m.* baseball.
bejuco *s.m.* liana.
beldad *s.f.* beauty.
belén *s.m.* nativity scene.
bélico, -a *adj.* bellicose, warlike.
beligerante *adj.* belligerent.
bellaco, -a *adj.* 1 wicked; cunning, sly.
|| *s.m. y f.* 2 rogue, scoundrel.
bellaquería *s.f.* dirty trick.
belleza *s.f.* beauty.
bello, -a *adj.* beautiful, lovely, pretty.
bellota *s.f.* acorn.
bemol *c.m. y adj.* MUS. flat.
bendecir *v.t.* 1 to praise. 2 to bless.
bendito, -a *adj.* 1 saintly, holy. 2 lucky,
3 simple.
benedictino, -a *adj./s.m. y f.* 1
Benedictine. || *s.m.* 2 benedictine (be-
bida).
beneficencia *s.f.* charity.
beneficiar *v.t.* 1 to benefit. 2 to cultivate. 3 to exploit (minas). 4 to process (minerales).
beneficio *s.m.* 1 benefit. 2 profit.
benéfico, -a *adj.* beneficent, charitable.
benemérito, -a *adj.* meritorius.
beneplácito *s.m.* approval, consent.
benévolo, -a *adj.* kind, benevolent.
bengala *s.f.* flare.
benigno, -a *adj.* kindly, benign.
benjamín, -ina *s.m. y f.* youngest son
or daughter.
beodo, -a *adj.* drunk.
berberecho *s.m.* cockle.
berbiquí *s.m.* carpenter's brace.
berenjena *s.f.* aubergine, eggplant.
bergante *s.m.* rogue, scoundrel.
bergantín *s.m.* brig, brigantine.
berlina *s.f.* two-seater car.
bermejo, -a *adj.* reddish.
bermellón *s.m.* vermilion.
berrear *v.i.* to low; to bellow.
berrido *s.m.* lowing; bellowing.
berrinche *s.m.* tantrum, rage.
berrocal *s.m.* rocky area, place.
berza *s.f.* cabbage.
besar *v.t.* to kiss.
beso *s.m.* kiss.

bestia *s.f.* beast, animal.
bestial *adj.* beastly, bestial.
besugo *s.m.* sea bream.
besuquear *v.t.* to smother with kisses.
betún *s.m.* bitumen, asphalt; shoe polish.
bozo *s.m.* thick lip.
biberón *s.m.* feeding bottle.
biblia *s.f.* Bible.
bíblico, -a *adj.* biblical.
bibliografía *s.f.* bibliography.
biblioteca *s.f.* library.
bibliotecario, -a *s.m. y f.* librarian.
bicarbonato *s.m.* bicarbonate.
bicéfalo, -a *adj.* two-headed.
bicho *s.m.* 1 small animal. 2 (fam.) bug.
bicicleta *s.f.* bicycle.
bicoca *s.f.* bargain.
bicornio *s.m.* two-cornered hat.
bidé *s.m.* bidet.
bidón *s.m.* tin, can; drum (grande).
biela *s.f.* connecting rod.
bielda *s.f.* winnowing fork.
bien *s.m.* 1 good. 2 benefit. || *adv.* 3 well.
bienal *adj.* biennial.
bienaventurado, -a *adj.* happy, fortunate; blessed.
bienestar *s.m.* 1 well-being. 2 comfort.
bienhablado, -a *adj.* well-spoken.
bienhechor, -a *adj.* beneficial.
bienio *s.m.* two-year period, biennium.
bienvenido, -a *adj.* welcome.
bies *s.m.* bias.
bifásico, -a *adj.* two-phase.
bífido, -a *adj.* bifid.
bifurcación *s.f.* bifurcation.
bifurcarse *v.pron.* to bifurcate.
bigamia *s.f.* bigamy.
bigote *s.m.* moustache.
bigotera *s.f.* 1 moustache support. 2
bow compass.
bilateral *adj.* bilateral.
bilingüismo *s.m.* bilingualism.
bilis *s.f.* bile.
billar *s.m.* billiards.
billete *s.m.* 1 note. 2 ticket. 3 banknote.
billetero *s.m.* wallet.
billón *s.m.* 1 (brit.) billion. 2 (EE.UU.) tril-
lion.

binario *adj.* binary.

binóculo *s.m.* binoculars.

binza *s.f.* membrane.

biografía *s.f.* biography.

biombo *s.m.* folding screen.

biopsia *s.f.* biopsy.

bioquímica *s.f.* biochemistry.

bipartidismo *s.m.* bipartitism.

bípedo, -a o **bípede** *adj./s.m. y f.* biped.

biplano *s.m.* biplane.

birlar *v.t.* to swindle, to cheat.

birrete *s.f.* biretta; cap bonnet.

birria *s.f.* useless, worthless thing.

bis *adv.* twice; encore.

bisabuelo, -a *s.m. y f.* 1 great-grand-father (hombre). 2 great-grandmother (mujer). || *s.m.pl.* 3 great-grandparents.

bisagra *s.f.* hinge.

bisecar *v.t.* bisect.

bisel *s.m.* bevel, bevel edge.

bisexual *adj.* bisexual.

bisiesto *adj.* 1 bisextile. || **año –**, leap year.

bisnieto, -a o **bisnieto, -a** *s.m. y f.* great-grandson; great-granddaughter.

bisonte *s.m.* bison.

bisoñé *s.m.* toupee.

bistec *s.m.* steak, beetsteak.

bisturí *s.m.* scalpel, bistoury.

bisutería *s.f.* imitation jewellery.

bitácora *s.f.* binnacle.

bizarría *s.f.* courage, bravery.

bizaza o **biaza** *s.f.* leather bag.

bizco, -a *adj.* cross-eyed.

bizcocho *s.m.* sponge cake.

biznieto *s.m. y f.* great-grandson; great-granddaughter.

bizquear *v.i.* to squirt, to be cross-eyed.

blanco, a *adj.* 1 white (color). 2 white skinned (gente). || *s.m.* 3 target. 4 gap. 5 blank space. 6 aim; goal. || **7 estar en –**, to understand nothing. **8 estar sin blanca**, to be broke. **9 pasar la noche en –**, to have a sleepless night.

blandear *v.i.* 1 to weaken. || *v.t.* 2 to convince.

blandicia o **blandeza** *s.f.* softness; adulation; flattery.

blandir *v.t.* to brandish.

blando, -a *adj.* soft.

blanquear *v.t.* 1 to whiten. 2 to bleach.

blasfemar *v.i.* to blaspheme.

blasfemia *s.f.* blasphemy.

blasón *s.m.* coat of arras; heraldry.

blasonar *v.i.* to boast, to brag.

bledo *s.m.* blite.

blindaje *s.m.* armour plating.

blindar *v.t.* to armour, to armour-plate.

bloc *s.m.* pad, writing pad, note-book.

bloque *s.m.* block.

bloquear *v.t.* to block.

blusa *s.f.* blouse; overalls, smock.

blusón *s.m.* long shirt, blouse.

boato *s.m.* show, ostentation.

bobada *s.f.* silly, foolish thing.

bobalicón *adj.* idiotic, very stupid.

bobina *s.f.* 1 bobbin. 2 FOT. reel. 3 ELEC. coil.

bobo, -a *adj.* silly, toolish, stupid.

boca *s.f.* 1 mouth; pincer (de crustáceos). 2 muzzle (de un arma).

bocacalle *s.f.* entrance (a una calle).

bocado *s.m.* 1 mouthful, bite. 2 piece, bit.

bocajarro *loc. adv.* **a bocajarro** *adv.* 1 at point-blank range. 2 to say something without warning.

bocamanga *s.f.* cuff.

bocanada *s.f.* 1 mouthtul, swallow. 2 puff (de humo, de viento).

bocaza(s) *adj.* loud mouth.

boceto *s.m.* sketch, outline, design.

bochorno *s.m.* 1 stifling atmosphere. 2 blush. 3 embarrassment.

bocina *s.f.* 1 horn (de coche). 2 megaphone.

bocio *s.m.* goitre.

boda *s.f.* wedding, marriage.

bodega *s.f.* 1 wine cellar. 2 wine shop.

bodegón *s.m.* 1 cheap restaurant; inn, tavern. 2 ART. still life.

bodrio *s.m.* hotchpotch.

bofe *s.m.* lung; light.

bofetada *s.f.* slap.

boga *s.f.* 1 rowing. 2 fashion, vogue.

bogavante *s.c.* lobster.

bohemio, -a o **bohemo, -a** *adj./ s.m. y f.* Bohemian; gypsy.

boina *s.f.* beret.

boj o **boje** *s.m.* box.

bol *s.m.* bowl.

bola *s.f.* 1 ball. ‖ 2 – **de nieve,** snowball.

bolear *v.t.* 1 to throw. ‖ *v.i.* 2 to play dirty.

bolero, -a *adj.* 1 lying, fibbing. ‖ *s.m.* 2 bolero (baile).

boleta *s.f.* ticket.

boletín *s.m.* 1 bulletin. 2 journal, review. 3 ticket. 4 form.

boliche *s.m.* skittles, bowls (juego).

bólido *s.m.* 1 meteorite. 2 racing car.

bolígrafo *s.m.* pen, ball-point pen.

bollar *v.t.* 1 to emboss. 2 to dent.

bollería *s.f.* pastry shop, baker's.

bollo *s.m.* 1 bun, roll. 2 dent.

bollón *s.m.* 1 stud. 2 stud earring.

bolo *s.m.* skittle, ninepin.

bolsa *s.f.* 1 bag. 2 crease (ropa). 3 COM. stock market.

bolsillo *s.m.* 1 pocket. 2 purse (money).

bolso *s.m.* purse; bag; handbag.

bomba *s.f.* 1 bomb. 2 pump. 3 glass (de lámparas). 4 bombshell (noticia bomba).

bombacho, -a *adj. y s.m.* baggy trousers.

bombardear *v.t.* to bombard, to shell.

bombardero *s.m.* 1 gunboat. 2 bomber (avión). ‖ *adj.* 3 bombing, bomber.

bombear *v.t.* 1 MIL. to shell, to bomb. 2 to lob (a ball). 3 to pump (liquids).

bombeo *s.m.* 1 bulge. 2 camber (carretera). 3 convexity.

bombero *s.m.* fireman.

bombilla *s.f.* ELEC. bulb.

bombín *s.m.* bowler hat.

bombo *s.m.* MUS. large drum.

bombón *s.m.* sweet, chocolate.

bombona *s.f.* gas bottle, cylinder.

bombonera *s.f.* chocolate tin, box.

bombonería *s.f.* sweetshop.

bonachón, -ona *adj./s.m y f.* honest, easy-going, candid.

bonancible *adj.* calm, settled.

bonanza *s.f.* 1 calm, fair weather. 2 COM. bonanza, boom.

bondad *s.f.* goodness, kindliness.

bonete *s.c.* biretta, hat.

boniato o **buniato** *s.m.* sweet potato.

bonificación *s.f.* 1 rise, improvement. 2 bonus. 3 discount.

bonificar *v.t.* 1 AGR. to improve, to better. 2 COM. to discount.

bonito, -a *adj.* 1 pretty, nice. ‖ *s.m.* 2 MAR. luna.

bono *s.m.* 1 voucher. 2 FIN. bond.

boñiga *s.f.* cow dung

boom *s.m.* boom.

boqueada *s.f.* last gasp, breath.

boquear *v.t.* 1 to utter, to pronounce. ‖ *v.i.* 2 to gasp, to gape.

boquerón *s.m.* anchovy.

boquete *s.m.* 1 opening. 2 breach.

boquiabierto, -a *adj.* open mouthed. 2 amazed, agog.

boquilla *s.f.* 1 mouthpiece. 2 cigarette holder.

bórax *s.m.* borax.

borbollar o **borbollear** *v.i.* to buble.

borbotar o **borbotear** *v.i.* to bubble.

borceguí *s.m.* half boot.

bordado, -a *adj.* embroided.

bordar *v.t.* to embroider.

borde *s.m.* 1 edge. 2 border. 3 side (de carreteras). 4 rim, lip (de tazas, vasijas, etc.). 5 MAR. board. 6 hem (de vestidos).

bordo *s.m.* MAR. side, board.

boreal *adj.* 1 northern. ‖ 2 **aurora –,** aurora borealis.

borgoña *s.m.* 1 GEOG. Burgundy. 2 burgundy (wine).

borla *s.f.* tassel.

borne *s.m.* ELEC. terminal.

bornear *v.t.* 1 to twist. 2 to place. ‖ *v.pron.* 3 to warp (madera).

boro *s.m.* boron.

borra *s.f.* 1 lamb. 2 coarse wool. 3 flock. 4 fluff. 5 sediment.

borrachera *s.f.* drunkenness.

borracho, -a *adj.* 1 drunk. 2 rum baba.

borrador *s.m.* first draft.

borradura *s.f.* crossing-out.

borraja *s.f.* 1 BOT. borage. || 2 **quedar algo en agua de borrajas,** to come to nothing.

borrar *v.t.* 1 to rub out, to erase, to wipe out. || *v.t. y pron.* 2 to fade, to disappear.

borrasca *s.f.* 1 storm. 2 danger, hazard.

borrascoso, -a *adj.* stormy, squally.

borrego o **borro, -a** *s.m. y f.* 1 lamb. 2 dope, fool. || *adj.* 3 foolish.

borrico *s.m.* 1 donkey, ass. 2 (fam.) fool.

borrón *s.m.* 1 smudge, blot. 2 (fig.) stain.

borronear *v.t.* 1 to scribble. 2 to doodle.

borroso, -a *adj.* blurred, fuzzy.

boscoso, -a *adj.* wooded.

bosque *s.m.* wood, forest.

bosquejar *v.t.* to sketch.

bosquejo *s.m.* sketch, outline.

bostezo *s.m.* yawn.

bota *s.f.* 1 boot. 2 wineskin.

botadura *s.f.* launching.

botafumeiro *s.m.* incense burner.

botánico, -a *adj.* botanic, botanical.

botar *v.t.* 1 to fling. 2 MAR. to launch. || *v.i.* 3 to bounce (pelota).

botarate *s.m. y f.* fool, dolt, idiot.

bote *s.m.* 1 tin, can. 2 pot, jar. 3 MAR. boat. 4 box (para propinas).

botella *s.f.* bottle.

botellín *s.m.* small bottle.

botica *s.f.* chemist's, pharmacy.

botijo *s.m. y f.* earthenware jug.

botín, -ina *s.m.* 1 ankle boot, bootee. || *s.m.* 2 MIL. plunder, booty, loot.

botiquín *s.m.* medicine cabinet.

botón *s.m.* 1 button. 2 BOT. bud. 3 door knob, door handle.

bóveda *s.f.* vault; crypt.

bovino, -a *adj.* 1 bovine. || *s.m.pl.* 2 bovines.

boxear *v.i.* to box.

boxeo *s.m.* boxing.

boya *s.f.* buoy.

boyante *adj.* 1 MAR. buoyant. 2 prosperous.

boyar *v.i.* to float.

bracero, -a *s.m. y f.* labourer, worker.

braga *s.f.* 1 rope, guy. 2 nappy. || *s.pl.* 3 knickers, panties.

bragado, -a *adj.* 1 tough, hard. 2 evil.

braguero *s.m.* truss.

bragueta *s.f.* fly.

braguetazo *s.m.* marriage of convenience.

bramar *v.i.* 1 to bellow, to roar. 2 to low (vacas). 3 to trumpet (elefantes).

bramido *s.m.* bellowing, roaring.

brandy *s.m.* brandy, cognac.

branquia *s.f.* gill.

brasa *s.f.* ember, hot coal.

brasero *s.m.* 1 brazier. 2 stake. 3 eart (en casa).

bravata *s.f.* boasting, bragging.

bravío, -a *adj.* wild, fierce.

bravo, -a *adj.* 1 brave. 2 fierce (animal). 3 excellent. 4 boastful. 5 rough (mar).

bravucón, -ona *adj.* 1 boastful. || *s.m. y f.* 2 boaster, show-off.

bravura *s.f.* wildness, fierceness.

braza *s.c.* 1 MAR. fathom. 2 MAR. brace.

brazada *s.f.* 1 movement of the arras. 2 stroke (de un nadador o de un remo). 3 fathom (medida).

brazalete *s.m.* armband.

brazo *s.m.* 1 arm. 2 ZOOL. foreleg. 3 BOT. branch, limb.

brea *s.f.* pitch, tar.

brebaje o **brebajo** *s.m.* concoction.

brecha *s.f.* 1 breach, gap. 2 opening.

brécol, bracolera o **bróculi** *s.m.* o *f.* broccoli.

bregar *v.i.* to tight, to struggle.

breñal o **breñar** *s.m.* scrub, brush.

brescar *v.t.* to uncap (las colmenas).

brete *s.m.* 1 shackles, fetters. 2 (fig.) tight spot, corner.

bretón, -ona *adj./s.m. y f.* 1 Breton. || *s.m.* 2 BOT. tree cabbage.

breva *s.c.* 1 BOT. early fig. 2 BOT. early acorn (bellota). 3 flattened cigar.

breve *adj.* short, brief.

brevedad *s.f.* 1 brevity. || 2 **con –,** concisely. 3 **con la mayor –,** as soon as possible. 4 **para mayor –,** to be brief.

breviario *s.m.* 1 breviary. 2 compendium.

brezal *s.m.* moor, heath.

bribón, -ona *adj.* 1 roguish, rascally. || *s.m.* y *f.* 2 rogue, rascal.

bricolage *s.m.* do-it-yourself.

brida *s.f.* 1 bridle, rein. 2 TEC. clamp. 3 flange (de un tubo).

brigada *s.f.* 1 brigade. 2 gang, squad.

brigadier *s.m.* brigadier.

brillante *adj.* brilliant, bright, shining.

brillantez *s.f.* brilliance, brightness.

brillantina *s.f.* brilliantine.

brillar *v.i.* 1 to shine (en general), 2 to sparkle. 3 to glow (de felicidad).

brillo *s.m.* 1 brilliance, brightness, shine, sparkle. 2 lustre, shine (de superficies).

brincar *v.i.* to jump.

brinco *s.m.* jump, leap, hop.

brindar *v.i.* 1 to toast. || *v.t.* 2 to offer. || *v.pron.* 3 to offer oneself.

brindis *s.m.* toast.

brío *s.m.* 1 spirit, dash. 2 energy, verve. 3 daring. 4 elegance.

brioso, -a *adj.* spirited, dashing.

brisa *s.f.* breeze.

briscar *v.t.* to brocade.

británico, -a *adj./s.m.* y *f.* British.

brizna *s.f.* 1 strand, filament. 2 blade (de hierba). 3 piece, bit (trozo).

broca *s.f.* bit, drill.

brocado *s.m.* 1 brocade. || *adj.* 2 brocaded.

brocha *s.f.* 1 paintbrush. 2 shaving brush.

brochazo *s.m.* brushstroke.

broche *s.m.* 1 brooch. 2 clip, fastener.

broma *s.f.* joke, prank; fun.

bromear *v.i.* to joke.

bromista *s.m.* y *f.* 1 joker. 2 practical joker. || *adj.* 3 fond of joking.

bronca *s.f.* quarrel, row.

bronce *s.m.* bronze.

bronceado *adj.* 1 tanned (tostado). || *s.m.* 2 suntan, tan. 3 TEC. bronzing.

broncear *v.t.* 1 TEC. to bronze. 2 to suntan, to tan (sol).

bronco, -a *adj.* 1 coarse, rough. 2 harsh, gruff (sonido, voz). 3 surly (carácter).

bronquio *s.m.* bronchus.

broquelarse *v.r.* to shield oneself.

brotar *v.i.* 1 BOT. to germinate, to sprout. 2 to bud (raíces). 3 to flow, to glush (agua). 4 to flow (lágrimas).

brote *s.m.* bud, shoot; outbreak.

broza *s.f.* 1 dead leaves. 2 rubbish. 3 undergrowth (maleza).

bruja *s.f.* witch.

brujería *s.f.* witchcraft, sorcery.

brujo *s.m.* 1 wizard, 2 witch doctor.

brújula *s.f.* compass.

bruma *s.f.* mist; sea mist.

brumoso, -a *adj.* misty.

bruno, -a *adj.* dark brown.

bruñido, -a *s.m.* y *f.* 1 polishing. || *adj.* 2 polished.

bruñir *v.t.* 1 to polish, to shine. 2 to make up. 3 (Am.) to pester.

brusco, -a *adj.* 1 abrupt. 2 sharp.

brutal *adj.* 1 brutal. 2 fantastic.

bruto, -a *adj.* 1 stupid, thick. 2 ignorant. 3 brutish. 4 rough, coarse (tosco). 5 uncut (diamante). || *s.m.* y *f.* 6 beast (animal). || 7 producto –, gross product.

bruzar *v.t.* to brush.

bucal *adj.* buccal, oral.

bucanero *s.m.* buccaneer.

búcaro *s.m.* vase, jar.

bucear *v.i.* to swim under water.

buche *s.m.* 1 craw, crop (de aves). 2 maw (de animales).

bucle *s.m.* curl, ringlet.

bucólico, -a *adj.* bucolic, pastoral.

budín *s.m.* pudding, pie.

budismo *s.m.* buddhism.

buenaventura *s.f.* good luck.

bueno, -a *adj.* 1 good (persona o cosa). 2 kind. 3 healthy. 4 of good quality. 5 fit, suitable. 6 good, fair (tiempo atmosférico). 7 funny (divertido). 8 considerable. 9 naive (bonachón). || *adv.* 10 enough (basta).

buey *s.m.* ox, bullock.

bufa *s.f.* 1 joke. 2 drunkenness. || *adj.* 3 drunk.

búfalo *s.m.* buffalo.

bufanda *s.f.* scarf.

bufar *v.i.* 1 to snort (toro) 2 to spit (gato).

bufete *s.m.* 1 writing desk. 2 lawyer's office. 3 lawyer's practise.
buffet *s.m.* 1 sideboard. 2 buffet.
bufido *s.m.* 1 snort (toro). 2 hiss (gato).
bufo -a *adj.* comic, ridiculous.
bufón *adj.* 1 comical. || *s.m.* 2 buffoon, clown. 3 HIST. jester.
bufonearse *v.r.* 1 to play the clown. 2 to make fun of.
buharda *s.f.* dormer window.
buhardilla, bohardilla o **boardilla** *s.f.* attic, garret.
búho *s.m.* owl.
buhonero *s.m.* pedlar, hawker.
buitre *s.m.* vulture.
buje *s.m.* axle box, bushing.
bujía *s.f.* 1 MEC. spark plug. 2 candle (vela).
bula *s.f.* papal bull.
bulbo *s.m.* bulb.
bulla *s.f.* 1 racket, din, uproar, noise. 2 crowd, mob.
bullanguero, -a *adj.* noisy, riotous.
bullicio *s.m.* 1 din, racket, uproar. 2 bustle. 3 riot, contusion.
bullir *v.i.* 1 to boil. 2 to bubble (a borbotones). 3 to swarm (insectos).
bulo *s.m.* hoax, false news.
bulto *s.m.* 1 size (volumen). 2 shape. 3 bundle (fardo). 4 bump (chichón).
búnker *s.m.* bunker.
buñuelo *s.m.* 1 doughnut. 2 mess.
buque *s.m.* 1 boat, ship. 2 hull (casco).
buqué *s.m.* bouquet.
burbuja *s.f.* bubble.

burbujear *v.i.* to bubble.
burdel *s.m.* brothel.
burdo, -a *adj.* 1 rough (tosco). 2 clumsy.
burgo *s.m.* hamlet.
burgomaestre *s.m.* burgomaster.
burguesía *s.f.* middle-class, bourgeois.
buril *s.m.* burin.
burilar *v.t.* to chisel, to engrave.
burla *s.f.* 1 taunt, jibe. 2 joke (broma). 3 trick, hoax (engaño).
burlador, -a *s.m y f.* 1 mocker. 2 hoaxer, joker. 3 *s.m.* seducer.
burlar *v.t.* to fool, to deceive, to trick.
buró *s.m.* bureau, writing desk.
burocracia *s.f.* 1 civil service. 2 (desp.) bureaucracy.
burocrático, -a *adj.* bureaucratic.
burrada *s.f.* 1 drove of donkeys. 2 (fam.) stupid thing.
burro *s.m.* 1 donkey. 2 (fig.) idiot, ass.
bursátil *adj.* stock-exchange, financial.
busca *s.f.* search.
buscar *v.t.* 1 to look for. 2 to seek.
buscavidas *s.m. y f.* 1 busybody. 2 hustler.
buscón, -ona *s.m. y f.* 1 searcher. 2 thief (ladrón). 3 crook (estafador). 4 prostitute.
búsqueda *s.i.* hunt, search.
busto *s.m.* bust.
butaca *s.f.* armchair, easy chair; seat.
butano *s.m.* butane.
butifarra *s.c.* Catalan sausage.
buzamiento *s.c.* GEOL. dip.
buzo *s.c.* diver.
buzón *s.c.* letter box, post box.

C

c, C s.f. c, C, (letra).
cabal adj. right, complete.
cabalgar v.i. 1 to ride. 2 to mount.
cabalgata s.f. group of riders.
caballa s.f. mackerel.
caballeresco, -a adj. knightly.
caballería s.f. cavalry.
caballeriza s.f. stable.
caballero s.m. 1 rider. 2 gentleman. 3 knight. 4 sir.
caballeroso, -a adj. gentlemanly.
caballete s.m. 1 ridge (tejado). 2 bridge (nariz), 3 easel (pintura).
caballo s.m. 1 horse. 2 knight (ajedrez).
cabaña s.f. 1 hut, shack. 2 (Am.) cattlebreeding ranch.
cabe prep. next to, near to.
cabecear v.i. 1 to shake the head. 2 to nod (sueño). 3 MAR. to pitch.
cabecera s.f. head, headboard.
cabello s.m. hair.
cabelludo, -a adj. hairy, shaggy.
caber v.i. 1 to fit. 2 to befall.
cabestro s.m. 1 halter. 2 bell-ox.
cabeza s.f. head, leader.
cabezada s.f. 1 butt. 2 nod (sueño).
cabezo s.m. 1 peak. 2 MAR. reef.
cabezota s.m. big head.
cabida s.f. space, capacity.
cabina s.f. cabin.
cabizbajo, -a adj. downcast.
cable s.m. cable, rope.
cabo s.m. 1 end. 2 cape. 3 bit, butt. 4 thread, strand. 5 corporal.
cabra s.f. goat.

cabrero s.c. 1 goatherd. ‖ adj. 2 (Am.) bad-tempered,
cabrestrante o **cabestrante** s.m. capstan.
cabrillear v.i. 1 to ripple (mar). 2 to shimmer (luz).
cabriola s.f. 1 skip, leap. 2 somersault.
cabrito s.m. kid.
cabrón s.m. 1 male goat. 2 bastard.
cacahuete s.m. peanut, monkey nut.
cacao s.m. 1 cocoa tree. 2 cocoa.
cacarear v.i. 1 to cackle. 2 to crow.
cacatúa s.f. cockatoo.
cacería s.f. hunting, shooting.
cacerola s.f. saucepan.
cacharrería s.f. pot shop.
cacharro s.m. 1 pot. 2 (desp.) crock.
cachaza s.f. calmness, phlegm.
cachear v.t. to frisk.
cacheo s.m. frisking.
cachete s.m. slap, whack.
cachivache s.m. good-for-nothing.
cacho s.m. bit, crumb, slice.
cachorro s.m. pup, puppy.
cacique s.c. (Am.) chief, political boss.
caco s.m. 1 thief. 2 coward.
cacofonía s.f. cacophony.
cada adj. each.
cadalso s.m. 1 platform. 2 scaffold.
cadáver s.m. corpse.
cadena s.f. chain, bond.
cadencia s.f. cadence, rhythm.
cadera s.f. hip.
cadete s.m. 1 cadet. 2 (Am.) errand boy.
cadmio s.m. cadmium.

caducar *v.i.* 1 to become senile. 2 to expire. 3 to wear out.

caducidad *s.f.* expiry.

caducifolio, -a *adj.* deciduous.

caduco, -a *adj.* 1 very old. 2 perishable.

caer *v.i.* to fall, to drop.

café *s.m.* 1 coffee. 2 café.

cafeína *s.f.* caffeine.

cafetera *s.f.* coffee pot.

cafetería *s.f.* café, coffee house.

cafre *adj.* 1 Kaffir. 2 cruel, savage.

cagada *s.f.* 1 shit. 2 (fig.) balls-up.

cagar *v.i.* 1 to shit, to have a shit. ‖ *v.t.* 2 to balls up.

caído, -a *adj.* fallen.

caimán *s.m.* 1 caiman. 2 crafty person.

caite *s.m.* (Am.) coarse wool.

caja *s.c.* 1 box. 2 coffin. 3 MÚS. case. 4 body (coche). 5 COM. cashdesk. 6 stock (arma de fuego). 7 drum (instrumento).

cajero, -a *s.m.* y *f.* cashier.

cajón *s.m.* 1 big box. 2 drawer. 3 COM. stall. 4 (Am.) ravine.

cal *s.f.* lime.

cala *s.f.* 1 cove. 2 slice (fruta). 3 plug. 4 suppository. 5 MAR. hold.

calabacín *s.m.* 1 marrow. 2 blockhead.

calabaza *s.f.* pumpkin.

calabozo *s.m.* cell, dungeon.

calada *s.f.* 1 soaking. 2 swoop (ave de rapiña). 3 drag (de cigarrillo).

calado *s.m.* 1 drawnwork (costura). 2 draught (barco). 3 depth (mar).

calamar *s.m.* squid.

calambre *s.m.* cramp.

calamidad *s.f.* calamity.

calamita *s.f.* 1 lodestone. 2 compass.

calamocha *s.f.* yellow ochre.

calandria *s.f.* 1 lark. 2 TEC. calender, mangle. 3 hypochondriac.

calaña *s.f.* 1 sample. 2 nature. 3 fan.

calar *v.t.* 1 to penetrate, to perforate. ‖ *v.pron.* 2 to pull right down (sombrero). 3 to get soaked. ‖ 4 to stall (motor).

calavera *s.f.* skull.

calcar *v.t.* 1 to trace. 2 to copy.

calcáreo, -a *adj.* lime.

calceta *s.f.* 1 stocking. 2 shackle.

calcetín *s.m.* sock.

cálcico, -a *adj.* calcic.

calcificar *v.t.* y *v.i.* to calcify.

calcio *s.m.* calcium.

calco *s.m.* tracing.

calcular *v.t.* to calculate.

cálculo *s.c.* calculation.

calda *s.f.* 1 heating. ‖ 2 *pl.* hot springs.

caldear *v.t.* to heat up.

caldera *s.f.* boiler.

calderilla *s.f.* loose change, copper money.

caldero *s.m.* metal pot.

caldo *s.m.* 1 stock. 2 salad dressing. ‖ 3 – de cultivo, culture medium.

caldoso, -a *adj.* with a lot of stock.

calé *s.m.* y *f.* gypsy.

calefacción *s.f.* heating.

calendario *s.m.* calendar.

calendas *s.f.pl.* calends.

calentador *s.m.* heater.

calentar *v.t.* 1 to heat. 2 to hit. 3 to speed up. ‖ *v.pron.* 4 to get heated up.

calenturiento, -a *adj.* feverish.

caleta *s.f.* cave, inlet.

caletre *s.m.* (fam.) brains.

calibrar *v.t.* 1 to calibrate. 2 to gauge.

calibre *s.m.* 1 calibre. 2 size.

calidad *s.f.* 1 quality. 2 position.

cálido, -a *adj.* hot.

caliente *adj.* 1 hot. 2 heated.

calificación *s.f.* 1 qualification. 2 mark.

calificar *v.t.* 1 to qualify. 2 to mark (examen). 3 to ennoble.

calificativo, -a *adj.* qualifying.

caligrafía *s.f.* calligraphy.

calilla *s.f.* (Am.) nuisance.

calima o **calina** *s.f.* haze.

calimba *s.f.* (Am.) branding-iron.

cáliz *s.m.* 1 chalice. 2 BOT. calyx.

caliza *s.f.* limestone.

callado, -a *adj.* 1 quiet. 2 reserved.

callar *v.i.* 1 to keep quiet. ‖ *v.t.* 2 not to mention.

calle *s.f.* 1 street. 2 lane.

callejón *s.m.* alleyway.

callicida *s.f.* corn remover.

callista *s.m.* y *f.* chiropodist.
callo *s.m.* 1 corn. 2 callosity.
calma *s.f.* 1 calm. 2 inactivity.
calmante *s.m.* sedative.
calmar *v.t.* to calm.
calor *s.m.* 1 heat. 2 warmth. 3 fervour.
caloría *s.f.* calory.
calorífico, -a *adj.* calorific.
calumnia *s.f.* slander.
calumniar *v.t.* to slander.
calva *s.f.* bald patch.
calvicie *s.f.* baldness.
calvo, -a *adj.* 1 bald. 2 barren.
calzada *s.f.* road.
calzado, -a *s.m.* footwear.
calzador *s.m.* shoehorn.
calzar *v.t.* 1 to put on shoes. 2 to wedge.
calzonazos o **calzorras** *s.m.* wimp.
calzoncillos *s.m.* underpants.
cama *s.f.* bed.
camada *s.f.* litter.
camafeo *s.m.* cameo.
camal *s.m.* 1 halter, 2 (Am.) abattoir.
camaleón *s.m.* chameleon.
camándula *s.f.* 1 rosary. 2 slyness.
cámara *s.f.* room, chamber, camera.
camarada *s.m.* y *f.* camrade.
camarera *s.f.* 1 waitress. 2 maid.
camarero *s.m.* waiter.
camarilla *s.f.* coterie.
camarón *s.m.* shrimp.
camarote *s.m.* birth, cabin.
camastro *s.m.* rickety bed.
cambado, -a *adj.* (Am.) bow-legged.
cambar *v.t.* (Am.) to bend.
cambiar *v.t.* 1 to change. 2 to exchange. || *v.i.* 3 to veer (viento). || *v.pron.* 4 to change one's clothes.
cambio *s.m.* 1 change, 2 exchange rate.
camelar *v.t.* to cajole.
camelia *s.f.* camellia.
camello *s.m.* camel.
cameraman *s.m.* cameraman.
camerino *s.m.* dressing room.
camilla *s.f.* 1 stretcher. 2 round table.
camillero, -a *s.m.* y *f.* stretcher-bearer.

caminante *s.m.* y *f.* walker.
caminar *v.i.* 1 to walk. 2 to progress. || *v.t.* 3 to cover.
caminata *s.f.* hike.
camino *s.m.* 1 road. 2 way.
camión *s.m.* lorry.
camionero, -a *s.m.* y *f.* lorry driver.
camioneta *s.f.* van.
camisa *s.f.* 1 shirt. 2 covering.
camisería *s.f.* shirt shop.
camiseta *s.f.* 1 vest. 2 T-shirt.
camorra *s.f.* row.
camorrista *adj.* quarrelsome.
campal *adj.* 1 country. 2 pitched.
campamento *s.m.* 1 camp. 2 camping.
campana *s.f.* bell.
campaniforme *adj.* bell-shaped.
campanilla *s.f.* 1 handbell. 2 bubble. 3 uvula. 4 bell flower.
campaña *s.f.* 1 plain. 2 campaign.
campar *v.i.* 1 to stand out. 2 to camp.
campeón, -ona *s.m.* y *f.* champion.
campeonato *s.m.* championship.
campero, -a *adj.* 1 country. 2 outdoor.
campesino, -a *adj.* 1 country. || *s.m.* y *f.* 2 farmer.
campestre *adj.* country.
campiña *s.f.* open land.
campo *s.m.* 1 countryside. 2 field. 3 ground.
camposanto *s.m.* graveyard.
campus *s.m.* compus.
camuflar *v.t.* to camouflage.
can *s.m.* 1 dog. 2 trigger.
cana *s.f.* grey hair.
canal *s.m.* y *f.* 1 canal. 2 channel.
canalización *s.f.* channelling.
canalizar *v.t.* to channel.
canalla *s.f.* rabble.
canallada *s.f.* rotten trick.
canalón *s.m.* roof gutter.
canana *s.f.* cartridge belt.
canapé *s.m.* 1 divan. 2 canapé.
canario, -a *s.m.* y *f.* Canarian. || *s.m.* canary.
canasta *s.f.* 1 wicker basket. 2 canasta.
canastilla *s.m.* 1 layette. 2 small basket.

canasto o **canastro** *s.m.* large basket.

cancelar *v.t.* to cancel.

cáncer *s.m.* cancer.

cancerbero o **cerbero** *s.m.* goalkeeper (fútbol).

cancha *s.f.* 1 DEP. ground. 2 widest part (río) 3 (Am.) knack. 4 (Am.) popcorn.

canciller *s.m.* chancellor.

cancillería *s.f.* chancellery.

canción *s.f.* song.

cancionero *s.m.* song book.

candado *s.m.* padlock.

cande o **candi** *adj.* crystallized.

candela *s.f.* 1 candle power. 2 candle.

candelabro *s.m.* candelabrum.

candelaria *s.f.* great mullein.

candelero *s.m.* candlestick.

candencia *s.f.* incandescence.

candidato, -a *s.m.* y *f.* candidate.

cándido, -a *adj.* simple, inocent.

candil *s.m.* 1 oil lame. 2 ZOOL. tine.

candileja *s.f.* 1 oil lamp reservoir. 2 oil lamp. || *pl.* 3 footlights (teatro).

candor *s.m.* 1 pure whiteness. 2 innocence.

candoroso, -a *adj.* innocent.

canela *s.f.* 1 cinnamon. 2 (fam.) peach.

caney *s.c.* (Am.) 1 river bend. 2 hut.

cangrejo *s.m.* 1 crab. 2 MAR. gaff.

cangrena *s.f.* gangrene.

canguelo *s.m.* (fam.) wind up.

canguro *s.m.* kangaroo.

caníbal *s.m.* y *f.* cannibal.

canica *s.f.* marble.

canícula *s.f.* dog days.

cánido, -a *adj.* canine.

canijo, -a *adj.* sickly.

canilla *s.f.* 1 long bone. 2 barrel tap. 3 bobbin (tejer). 4 weft pirn (tejido).

canino, -a *adj.* canine.

canje *s.m.* exchange.

canjear *v.t.* to exchange.

canoso, -a *adj.* white-haired.

canoa *s.f.* 1 canoe. 2 (Am.) canal.

canódromo *s.m.* dog track.

canon *s.m.* 1 canon. 2 FIN. levy.

canónico, -a *adj.* canonical.

canonizar *v.t.* to canonize.

canoro, -a *adj.* tuneful.

cansado, -a *adj.* tired.

cansancio *s.m.* tiredness.

cansar *v.t.* to tire.

cantante *s.m.* y *f.* singer.

cantar *v.t.* 1 to sing. 2 to chant.

cantarería *s.f.* 1 pottery. 2 pottery shop.

cántaro *s.m.* 1 pitcher. || 2 **a cántaros,** (fam.) bucketfuls.

cantera *s.f.* 1 quarry. 2 talent.

cantero *s.m.* 1 stonemason. 2 brittle end. 3 plot (terreno).

cántico *s.m.* canticle.

cantidad *s.f.* quantity.

cantiga o **cántiga** *s.f.* carol.

cantimplora *s.f.* water bottle.

cantina *s.f.* 1 canteen. 2 refreshment room. 3 wine sellar. 4 lunch box.

cantinela *s.f.* chant.

cantinero, -a *s.m.* y *f.* canteenkeeper.

canto *s.m.* 1 singing. 2 song. 3 edge.

cantón *s.m.* 1 corner. 2 canton.

cantoral *s.m.* choir book.

canturrear *v.i.* to hum.

canuto *s.m.* 1 small tube. 2 (Am.) pen barrel.

caña *s.f.* 1 BOT. stem, cane, rod. 2 long bone.

cañal o **cañaveral** *s.m.* reedbed.

cáñamo *s.m.* hemp.

cañería *s.f.* piping.

cañizo *s.m.* AGR. hurdle.

caño *s.m.* 1 tube. 2 spout . 3 sewer.

cañón *s.m.* 1 long tube. 2 barrel (arma de fuego). 3 quill (pluma). 4 GEOL. canyon. 5 MIL. cannon.

cañonazo *s.m.* cannon shot.

cañonear *v.t.* to shell.

caoba *s.m.* mahogany.

caótico, a *adj.* chaotic.

capa *s.f.* 1 cape. 2 coat. 3 layer (mineral). 4 pretext. 5 colour (animal).

capacidad *s.f.* capacity.

capacitación *s.f.* enabling.

capacitar *v.t.* to capacitate.

capar *v.t.* to castrate.

caparazón *s.m.* 1 shell. 2 covering.

caparra *s.f.* 1 ZOOL. tick. 2 earnest.

caparrosa *s.f.* vitriol.

capataz *s.m.* foreman.

capaz *adj.* able.

capazo *s.m.* large basket.

capcioso, sa *adj.* captious.

capear *v.t.* to steal a cape. 2 to wave the cape. 3 to trick. 4 MAR. to ride out the storm.

capellán *s.m.* chaplain.

capelo *s.m.* cardinal's hat.

caperuza *s.f.* hood.

capicúa *s.m.* 1 reversible number. 2 palindrome.

capilla *s.f.* 1 cowl. 2 chapel. 3 choir. 4 proof sheet (imprimir).

capirote *s.m.* 1 mozetta. 2 hood.

capital *adj.* 1 capital. || *s.f.* 2 capital.

capitalismo *s.m.* capitalism.

capitalizar *v.t.* to capitalize.

capitán *s.m.* captain.

capitanear *v.t.* to captain.

capitel *s.m.* capital.

capitolio *s.m.* capitol.

capitular *adj.* 1 chapter. || *v.t.* 2 to pact. 3 to decree. || *v.i.* 4 to capitulate.

capítulo *s.m.* 1 chapter. 2 charge.

capó o **capota** *s.m.* o *f.* bonnet (coche).

capón *adj.* 1 castrated. || *s.m.* 2 capon. 3 bundle of vines. 4 rap on the head.

caporal *s.m.* 1 corporal. 2 foreman.

capotar *v.i.* to nose over.

capote *s.m.* 1 cloak. 2 cape. 3 scowl.

capricho *s.m.* 1 whim. 2 caprice.

caprichoso, -a *adj.* whimsical.

cápsula *s.f.* 1 cap. 2 capsule.

captar *v.t.* 1 to captivate. 2 to collect.

capturar *v.t.* to capture.

capucha *s.f.* 1 hood. 2 circumflex.

capuchino, -a *s.m.* y *f.* Capuchin.

capullo *s.m.* 1 bud. 2 cocoon.

cara *s.f.* 1 face. 2 side.

carabela *s.f.* caravel.

carabina *s.f.* 1 carbine. 2 chaperon.

caracol *s.m.* 1 snail. 2 snail shell.

caracola *s.f.* spiral shell.

carácter *s.m.* 1 character. 2 characteristic. || 3 **con – de**, in the role of.

característica *s.f.* characteristic.

caracterizar *v.t.* 1 to characterize. || *v.pron.* 2 to dress up (actor).

caradura *s.m.* y *f.* (desp.) swine.

¡caramba! *interj.* good grief!

carambola *s.f.* 1 cannon. 2 chance.

caramelo *s.m.* sweet.

carantoña *s.f.* 1 ugly person. || *pl.* 2 cajolery.

carasol *s.m.* suntrap.

carátula *s.f.* 1 mask. 2 the stage (teatro). 3 cover (libro). 4 title page.

caravana *s.f.* 1 caravan. 2 stream (tráfico). || *pl.* (Am.) 3 long earrings.

carbón *s.m.* 1 coal. 2 carbon.

carbonatar *v.t.* to carbonate.

carbónico, -a *adj.* carbonic.

carburación *s.f.* carburation.

carburante *s.m.* carburant.

carcaj, carcax o **carcaza** *s.c.* 1 quiver. 2 holder.

carcajada *s.f.* loud laugh.

carcamal *s.m.* old fogey.

carcasa *s.f.* chassis.

carcelero *s.m.* y *f.* jailer.

carcoma *s.f.* 1 woodworm. 2 dust.

carcomer *v.t.* to gnaw away.

cardar *v.t.* to card.

cardenal *s.m.* 1 cardinal. 2 bruise.

cardiaco, -a *adj.* cardiac.

cardinal *adj.* cardinal.

cardiopatía *s.f.* cardiopathy.

cardo *s.c.* 1 thistle. || 2 **– ajonjero**, carline thistle. 3 **– borriqueño**, cotton thistle.

carear *v.t.* 1 to bring face to face. 2 to compare. || *v.pron.* 3 to come together.

carecer *v.i.* to lack.

carena *s.t.* 1 careening. 2 ribbing.

carenar *v.t.* to careen.

carencia *s.f.* 1 lack. 2 need.

carente *adj.* lacking.

careo *s.m.* confrontation.

carestía *s.f.* 1 scarcity. 2 high cost.

carga *s.f.* 1 load. 2 weight. 3 cargo. 4 tax. 5 duty. 6 worr. 7 charge.

cargado, -a *adj.* 1 loaded. 2 close (tiempo). 3 strong (café, etc.).

cargamento *s.m.* 1 loading. 2 shipment.

cargante *adj.* boring.
cargar *v.t.* to load. **2** to burden. **3** to annoy. **4** to charge. ‖ *v.pron.* **5** to do away with. **6** to become overcast (cielo). **7** to fill oneself up with.
cargo *s.m.* loading. **2** weight. **3** post. **4** duty. **5** charge.
carguero *s.m.* freighter.
cariátide *s.f.* caryatid.
caribeño, -a *s.m. y f.* Caribbean.
caricatura *s.f.* caricature.
caricia *s.f.* **1** caress. **2** endearment.
caridad *s.f.* **1** charity. **2** alms.
caries *s.f.pl.* **1** decay. **2** AGR. blight.
cariño *s.m.* **1** affection. **2** tenderness.
carisma *s.m.* charisma.
cariz *s.m.* look.
carmesí *adj.* crimson.
carmín *s.m.* **1** carmine. **2** rouge. **3** BOT. dog rose.
carnada *s.f.* **1** bait. **2** lure.
carnal *adj.* carnal.
carnaval *s.m.* carnival.
carnaza *s.f.* **1** bait. **2** inner skin.
carne *s.f.* **1** flesh. **2** meat.
carnear *v.t.* (Am.) to slaughter.
carnero *s.m.* ram.
carnicería *s.f.* butcher's shop.
carnicero *adj.* **1** carnivorous. **2** blood-thirsty. ‖ *s.m.* **3** butcher.
carnívoro, -a *adj.* carnivorous.
carótida *s.f.* carotid.
carpa *s.f.* **1** carp. **2** tent.
carpanta *s.f.* **1** keen hunger. **2** laziness.
carpelo *s.m.* carpel.
carpeta *s.f.* **1** portfolio. **2** table cover. **3** (Am.) savoir faire.
carpintería *s.f.* carpentry.
carpintero, -a *s.m. y f.* carpenter.
carrascal *s.m.* kermes oak grove.
carraspear *v.i.* to clear ones throat.
carraspera *s.f.* hoarseness.
carrera *s.f.* **1** running. **2** race. **3** career.
carrerilla *s.f.* **1** run up. **2** MÚS. scale.
carreta *s.f.* cart.
carrete *s.m,* **1** real. **2** ELEC. coil.
carretera *s.f.* road.
carretilla *s.f.* **1** wheelbarrow. **2** walking frame (niños). **3** firecracker. **4** (Am.) jaw.

carril *s.m.* **1** lane. **2** rut. **3** rail.
carrillo *s.m.* **1** smail cart. **2** cheek. **3** pulley.
carro *s.c.* **1** cad. **2** cartload. **3** carriage (máquina de escribir). **4** tank. **5** (Am.) car.
carrocería *s.f.* **1** bodywork. **2** coach-builder's.
carrocero, -a *s.m. y f.* coachbuilder.
carroño, -a *adj.* rotten.
carruaje *s.m.* carriage.
carrusel *s.m.* roundabout.
carta *s.f.* **1** letter. **2** card. **3** map.
cartabón *s.m.* set square, drawing triangle.
cartapacio *s.m.* **1** notebook. **2** portfolio.
cartear *v.i.* **1** to play low (cartas). ‖ *v.pron.* **2** to write to one another.
cartel *s.c.* **1** placard. **2** pasquinade. **3** sardine net. **4** COM. cartel.
cartelera *s.c.* hoarding.
cartera *s.c.* **1** wallet. **2** POL. portfolio. **3** ECON. holdings. **4** pocket flap (coser). **5** handbag.
carterista *s.m.* pickpocket.
cartero *s.m.* postman.
cartílago *s.m.* cartilage.
cartilla *s.f.* **1** primer. **2** information book. **3** liturgical calendar.
cartografía *s.f.* mapmaking.
cartomancia *s.f.* fortune telling.
cartón *s.m.* **1** cardboard. **2** carton.
cartuchera *s.f.* cadridge belt.
cartucho *s.m,* **1** cadridge. **2** roll. **3** cone.
cartulina *s.f.* pasteboard.
casa *s.f.* **1** house. **2** home.
casación *s.f.* cessation.
casado, -a *p.p.* **1** de **casar**. ‖ *adj.* **2** married.
casal *s.m.* country house.
casamiento *s.m.* wedding.
casar *s.m.* **1** hamlet. ‖ *v.pron.* **2** to get married. ‖ *v.t.* **3** to marry. **4** to match.
cascabel *s.m.* tiny bell.
cascado,-a *adj.* **1** worn out. **2** cracked (voice). ‖ *s.f.* **3** waterfall.
cascanueces *s.m.* nutcracker.
cascar *v.t.* **1** to crack open. ‖ *v.i.* **2** to chat.

cáscara *s.f.* 1 peel. ‖ *interj.* 2 ¡**cáscaras!**, good heavens!

cascarón *s.m.* eggshell.

cascarrabias *s.m. y f.* grouse,

casco *s.m.* 1 skull. 2 helmet. 3 crown (sombrero). 4 hull (barco). 5 bottle.

caserío *s.m.* country house.

casero, -a *adj.* 1 home. 2 home-loving. 3 homemade. ‖ *s.m. y f.* 4 landlord. 5 tenant. 6 (Am.) customer. 7 (Am.) supplier.

casi *adv.* almost, nearly.

casilla *s.f.* 1 cabin. 2 compartment. 3 pigeonhole. 4 square (ajedrez).

casillero *s.m.* filing cabinet.

casino *c.m.* casino.

caso *s.m.* case, event.

caspa *s.f.* dandruff.

casquillo *s.m.* 1 ferrule. 2 sleeve.

casta *s.f.* caste.

castaña *s.f.* chestnut.

castañetear *v.t.* 1 to play the castanets. ‖ *v.i.* 2 to chatter (dientes).

castaño, -a *adj.* 1 chestnut-coloured. ‖ *s.m.* 2 chestnut tree. ‖ 3 – **de indias**, horse chestnut tree.

castañuela *s.f.* castanet.

castidad *s.i.* chastity.

castigar *v.t.* to punish.

castigo *s.m.* punishment.

castillo *s.m.* castle.

castizo, -a *adj.* 1 pedigree. 2 typical.

casto, -a *adj.* chaste.

castor *s.m.* beaver.

castración *s.f.* castration.

castrar *v.t.* 1 to castrate. 2 to extract honey. ‖ *v.pron.* 3 to dry up (llagas).

castrense *adj.* military.

casual *adj.* unexpected.

casualidad *s.f.* 1 chance. 2 coincidence.

casuística *s.i.* casuistry.

casulla *s.f.* chasuble.

cata *s.f.* 1 tasting. 2 sample.

cataclismo *s.m.* cataclysm.

catacumbas *s.f.pl.* catacombs.

catalejo *s.m.* telescope.

catalepsia *s.f.* catalepsy.

catalizador, -a *s.m. y f.* catalyzer.

catálogo *s.m.* catalogue.

cataplasma *s.f.* poultice.

catar *v.t.* 1 to taste. 2 to examine.

catarata *s.f.* 1 waterfall. 2 cataract.

catarro *s.m.* cold.

catarsis *s.f.* catharsis.

catastro *s.m.* cadaster.

catástrofe *s.f.* catastrophe.

catavino *s.m.* 1 wineglass. ‖ *m. y f.pl.* 2 wine taster.

catear *v.t.* 1 to sample. 2 (Am.) to prospect. 3 to go through (casa). 4 to fail.

catecismo *s.m.* catechism.

cátedra *s.f.* 1 professorship. 2 lecture room.

catedral *s.f.* cathedral.

categoría *s.f.* category.

categórico, -a *adj.* categorical.

catequismo *s.m.* catechism.

catequizar *v.t.* to catechize.

cátodo *s.c.* cathode.

católico, -a *adj.* catholic.

catorce *adj.* fourteen.

catre *s.m.* cot.

cauce *s.m.* riverbed.

caucho *s.m.* rubber.

caudal *s.m.* 1 flow (río). 2 fortune.

caudaloso, -a *adj.* copious.

caudillo *s.m.* leader.

causa *s.f.* cause.

causalidad *s.f.* causality.

causar *v.t.* to cause.

causticidad *s.f.* causticity.

cáustico, -a *adj.* caustic.

cautela *s.f.* 1 cautiousness. 2 cunning.

cautivar *v.t.* to captivate.

cauto, -a *adj.* cautious.

cava *s.f.* 1 wine cellar. 2 digging.

cavar *v.t.* 1 to dig. ‖ *v.i.* 2 to go deep.

caverna *s.f.* 1 cave. 2 cavity.

cavernícola *adj.* cave-dwelling.

cavernoso, -a *adj.* cavernous.

caviar *s.m.* caviar.

cavidad *s.f.* cavity.

cavilar *v.t.* to ruminate.

cayo *s.m.* key.

caza *s.f.* 1 hunting. 2 game. 3 AER. fighter.

cazar *v.t.* 1 to hunt. 2 to catch. 3 to get.

cazo *s.c.* 1 ladle. 2 saucepan.

cazolada *s.f.* saucepan contents.

cazuela *s.f.* 1 saucepan. 2 casserole.

cazurro, -a *adj.* crafty.

cebada *s.f.* barley.

cebadero *s.m.* 1 barley dealer. 2 pack horse. 3 feeding place. 4 falconer.

cebar *v.t.* 1 to fatten. 2 to load. 3 to lure.

cebo *s.m.* 1 food. 2 bait (caza). 3 charge (arma de fuego). 4 lure, monkey.

cebolla *s.f.* onion.

cebolleta *s.f.* chives.

cebollino *s.m.* spring onion.

cebra *s.f.* zebra.

cebú *s.m.* ZOOL. zebu.

cecear *v.i.* to lisp.

cecina *s.f.* salted dry meat.

ceda *s.f.* 1 sow. 2 z.

cedazo *s.m.* 1 sieve. 2 fishing net.

ceder *v.i.* 1 to give in. || *v.t.* 2 to give up.

cedro *s.m.* cedar.

cefalópodo, -a *adj.* cephalopod.

cegador, -a *adj.* blinding.

cegar *v.t.* 1 to blind. 2 to block up. || *v.i.* 3 to go blind.

ceguera *s.f.* blindness.

ceja *s.f.* 1 eyebrow. 2 projection. 3 cloud cap. 4 MÚS. bridge.

cejar *v.i.* 1 to go backwards. 2 to slacken.

cejijunto, -a o **cejudo, -a** *adj.* bushy-eyebrowed.

celada *s.f.* 1 helmet. 2 ambush. 3 trick.

celador, -a *s.m.* y *f.* 1 guard. 2 inspector.

celar *v.t.* 1 to see to (obligación). 2 to watch over. 3 to keep a check on. 4 to hide.

celda *s.f.* cell.

celebración *s.f.* celebration.

celebrar *v.t.* 1 to celebrate. 2 to say mass.

célebre *adj.* 1 famous. 2 funny.

celeridad *s.f.* speed.

celeste o **celestial** *adj.* celestial.

celibato *s.m.* 1 celibacy. 2 bachelor.

célibe *adj.* unmarried.

celo *s.m.* 1 zeal. 2 fervour. 3 ZOOL. heat. || *pl.* 4 jealousy.

celofán *s.m.* cellophane.

celosía *s.f.* blind (tipo de persiana).

celoso, -a *adj.* jealous.

celta *adj.* Celtic.

célula *s.f.* cell.

celular *adj.* cellular.

celulosa *s.f.* cellulose.

cementar *v.t.* to cement.

cementerio *s.m.* cemetery.

cemento *s.m.* cement, concrete.

cena *s.f.* supper.

cenagal *s.m.* 1 bog. 2 messy business.

cenar *v.i.* 1 to have supper. || *v.t.* 2 to have for supper.

cencerro *s.m.* cowbell.

cenefa *s.c.* 1 edging (coser). 2 chasuble stripe. 3 ARCH. ornamental border.

cenicero *s.m.* ashtray.

cenicienta *s.f.* Cinderella.

cenit *s.m.* zenith.

ceniza *s.f.* 1 ash. || *pl.* 2 ashes.

cenizo, -a *adj.* ash-coloured.

censar *v.t.* (Am.) to take a census of.

censo *s.m.* 1 census. 2 rent charge.

censura *s.f.* 1 censorship. 2 criticism.

censurar *v.t.* to censure.

centavo, -a *adj.* 1 hundredth. || *s.m.* 2 cent.

centella *s.c.* 1 flash. 2 spark.

centellear *v.i.* to sparkle.

centena o **centenar** *s.f.* o *m.* hundred.

centenario, -a *adj.* 1 centennial. || *s.m.* 2 centenary.

centeno *s.m.* rye.

centésimo, -a *adj.* hundredth.

centímetro *s.m.* centimetre.

centinela *s.m.* o *f.* sentinel.

centollo, -a *s.m.* o *f.* crab.

central *adj.* 1 central. || *s.c.* 2 headquarters.

centralizar *v.t.* to centralize.

centrar *v.t.* to centre.

céntrico, -a *adj.* central.

centro *s.c.* 1 centre. 2 (Am.) waistcoat.

centrocampista *s.m.* y *f.* midfielder.

centuplicar *v.t.* to centuple.

ceñido, -a *adj.* tight.

ceñir *v.t.* 1 to wrap around. 2 to shorten.

ceño *s.m.* 1 AGR. enclosure. 2 frown.

cepa *s.f.* stock.

cepillar *v.t.* to brush.

cepillo *s.m.* 1 brush. 2 plane (carpintería). 3 collection box (iglesia).

cepo *s.m.* lure.

cera *s.f.* wax.

cerámica *s.f.* ceramics.

ceramista *s.m.* y *f.* ceramist.

cerbatana *s.f.* 1 blowpipe. 2 ear trumpet.

cerca *s.f.* 1 fence. ‖ *adv.* 2 near.

cercado,-a *adj.* fenced-in.

cercar *v.t.* 1 to enclose. 2 to besiege.

cerciorar *v.t.* to ratify.

cerda *s.c.* 1 horsehair. 2 bristlie. 3 corn.

cerdo, -a *s.m.* y *f.* pig.

cereal *s.m.* cereal.

cerebelo *s.m.* cerebellum.

cerebro *s.m.* 1 brain. 2 brains.

ceremonia *s.f.* ceremony.

cereza *s.f.* cherry.

cerezo *s.m.* cherry tree.

cerilla *s.f.* 1 thin candle. 2 match.

cerner *v.t.* 1 to sieve. 2 to observe. ‖ *v.i.* 3 to drizzle. 4 to pollinate (flores). ‖ *v.pron.* 5 to hover (ave). 6 to threaten.

cernícalo *s.m.* kestrel.

cero *s.m.* zero.

cerrado, -a *adj.* 1 closed. 2 incomprehensible. 3 stupid. 4 quiel. 5 thick. 6 cloudy (cielo). ‖ *s.m.* 7 fence.

cerradura *s.f.* lock.

cerro *s.m.* 1 hill. 2 back (animal).

cerrojo *s.m.* bolt.

certamen *s.m.* 1 competition. 2 literary meeting.

certero, -a *adj.* 1 right. 2 well-informed. 3 accurate.

certidumbre *s.f.* certainty.

certificar *v.t.* 1 to cedify. 2 to register.

cerumen *s.m.* earwax.

cervecería *s.f.* 1 brewery. 2 bar.

cervecero, -a *s.m.* y *f.* brewer.

cerveza *s.f.* beer.

cerviz *s.f.* nape.

cesar *v.i.* 1 to cease. 2 to retire.

cese *s.m.* cessation.

cesio *s.m.* cesium.

cesión *s.f.* cession.

césped *s.m.* lawn.

cesta *s.f.* basket.

cetáceo, -a *adj.* 1 celacean. ‖ *s.m.* 2 cetacean.

cetrería *s.f.* falconry.

cetrino, -a *adj.* 1 olive-coloured. 2 melancholic. 3 stern.

cetro *s.m.* 1 sceptre. 2 kingdom.

chabacanería *s.f.* tastelessness.

chabacano, -a *adj.* common.

chabola *s.f.* shack, shanty; hut, shed.

chacal *s.m.* jackal.

chacinería *s.f.* porkbutcher's shop.

chacota *s.f.* joking.

chacra *s.f.* (Am.) farm.

chafar *v.t.* 1 to flatten, to crush, to crumple. ‖ *v.pron.* 2 to be crushed.

chaflán *s.m.* 1 bevel, chamfer. 2 cant.

chalado, -a *adj.* dotty, crazy, mad.

chalán *s.m.* (Am.) horse dealer.

chalar *v.t.* (fam.) to drive crazy.

chaleco *s.m.* waiscoat, (EE.UU.) vest.

chalet o **chalé** *s.m.* country house.

chalupa *s.f.* launch, boat.

chamaco, -a *s.m.* y *f.* boy, lad, girl, lass.

chamal *s.m.* (Am.) Araucanian cape.

chamarilero, -a o **chamarillero, -a** *s.m.* y *f.* secondhand dealer, junk dealer.

chamarra *s.f.* sheepskin jacket.

chamba *s.f.* 1 (fam.) fluke. 2 (Am.) deal.

chambelán *s.m.* chamberlain.

chambergo *s.m.* broad brimmed soft hat.

chambra *s.f.* blouse, camisole.

chamizo *s.m.* shack, slum, hovel.

champaña *s.m.* champagne.

champiñón *s.m.* mushroom.

champú *s.m.* shampoo.

chamuchina *s.f.* (Am.) rabble.

chamullar *v.t.* (fam.) to have a smattering.

chamuscar *v.t.* to scorch, to sear.

chamusquina *s.f.* scorching.

chancar *v.t.* (Am.) to crush.

chancear *v.i.* to joke.

chancho *adj.* (Am.) dirty, filthy.

chanchullo *s.m.* fiddle, crooked deal.

chancillería *s.f.* chancery.

chancla *s.f.* old shoe, slipper.

chanclo s.m. clog, galosh, overshoe.
chancro s.m. chancre, canker.
chanfaina s.f. offal stew.
changa s.f. (Am.) joke.
chanquete s.m. backgammon.
chantaje s.m. blackmail.
chantajista s.m. y f. black mailer.
chantar v.t. to thrust.
chantre s.m. precentor.
chanza s.f. joke.
chapa s.f. plate, sheet, panel.
chapado, -a adj. plated.
chapapote s.m. (Am.) bitumen, asphalt.
chapar v.t. to plate, to veneer, to cover.
chaparral s.m. chaparral, thicket.
chaparrón s.m. downpour, cloudburst.
chapería s.f. veneering.
chapeta s.f. rosy cheek.
chapetón, -ona s.m. y f. new in a job.
chapetonada s.f. awkwardness.
chapín s.m. chopine.
chapitel s.m. spire.
chapotear v.t. 1 to moisten to damp, to wet. || v.i. 2 to splash about.
chapucería s.f. shoddiness.
chapucero,-a adj. shoddy.
chapurrear v.t. to speak badly.
chapuza s.f. odd job, trick, swindle.
chaqué s.m. tail coat, morning coat.
chaqueta s.f. jacket.
chaquetero, -a s.m. y f. turncoat.
chaquetilla s.f. short jacket, bolero.
chaquetón s.m. long jacket, reefer.
charca s.f. pond, pool.
charco s.m. puddle.
charcutería s.f. pork butcher's.
charla s.f. chat, chatter, talk.
charlar v.i. to talk, to chatter, to gossip.
charlatán, -ana adj. 1 gossipy. || s.m. y f. 2 chatterbox.
charlotear v.i. to chafter, to prattle.
charnela o **charneta** s.f. hinge.
charol s.m. patent leather, vanish.
charola s.f. 1 tray. 2 big eyes.
charretera s.f. epaulette.
charro, -a adj. 1 vulgar, rustic. || s.m. y f. 2 peasant; Mexican horseman.
chascarrillo s.m. joke.

chasco s.m. disappointment.
chasis s.m. 1 MEC. chassis. 2 FOT. plate holder.
chasquear v.t. 1 to play a trick.|| v.i. 2 to click. || v.pron. 3 to be disappointed.
chasquido s.m. click, crack, snap.
chatarra s.f. scrap iron, junk, slag.
chato, -a adj. 1 snub, flat. || s.m. 2 small glass, glass of wine.
chauvinismo s.m. chauvinism.
chaval s.m. lad, boy, kid.
chavala s.f. girl, kid.
chaveta s.f. cotter.
checo, -a adj./s.m. y f. Czech.
chelín s.m. shilling.
chepa s.f. hump.
cheque s.m. cheque, (EE.UU.) check.
chequear v.t. to check, to compare.
chequeo s.m. check, checking-up.
chicano, -a adj./s.m. y f. chicano.
chicha s.f. 1 meat. 2 maize liquor.
chicharra s.m. horse mackerel, caranx.
chicharrón s.m. crackling.
chiche s.m. (Am.) breast, teat.
chichera s.f. (Am.) jail.
chichis s.m. drizzle.
chichón s.m. bump, lump, swelling.
chichonera s.f. helmet (para niños).
chicle s.m. chewing gum.
chico, -a adj. 1 small. || s.m. y f. 2 boy (m.), girl (f.).
chifla s.f. hissing, whistling.
chiflado, -a adj. daft, barmy, cranky.
chiflar v.i. 1 to hiss, 2 to be mad about.
chiflo s.m. whistle.
chilaba s.f. jeilab, jellaba, djellaba.
chile s.m. 1 chili, red pepper. 2 lie.
chileno, -a adj./s.m. y f. Chilean.
chillar v.i. to shout, to scream.
chillido s.m. howl, squeak, squeal.
chimenea s.f. 1 chimney, (EE.UU.) smokestack. 2 funnel (barco).
chimpancé s.m. chimpanzee.
chinarro s.m. stone, large pebble.
chinchar v.t. to pester, to bother.
chinche s.f. bug, bedbug.
chincheta s.f. drawing pin, thumbtack.
chinchilla s.f. chinchilla.
chinesco adj. Chinese.

chingar *v.pron.* to fail, to fail through.
chino, -a *adj./s.m.* y *f.* **1** Chinese. ‖ *s.m.* **2** stone, pebble. **3** (Am.) half-breed.
chipichipi *s.m.* (Am.) continuous drizzle.
chipirón *s.m.* squid.
chiquillo, -a *adj.* **1** childish. ‖ *s.m.* y *f.* **2** boy (chico), girl (chica).
chiribita *s.f.* **1** spark. **2** daisy.
chirigota *s.f.* joke, laughing stock.
chirimbolo *s.m.* thing, thingummy.
chirimoyo *s.m.* custard apple.
chiripa *s.f.* lucky break, fluke (billar).
chirla *s.f.* clam.
chirle *adj.* tasteless, insipid.
chirlo *s.m.* scar, slash, gash.
chirona *s.f.* (argot) jail, nick, prison.
chicote *adj.* (Am.) nice, brave.
chirriar *v.i.* **1** to chirp (el grillo). **2** to screech, to squawk. **3** (Am.) to go drinking.
chirrión *s.m.* (Am.) whip.
chisme *s.m.* **1** gadget. **2** piece of gossip.
chismear *v.i.* to gossip.
chismorrear *v.i.* V. chismear.
chispa *s.f.* **1** spark. **2** (fig.) sparkle.
chispazo *s.m.* spark, burn.
chispear *v.i.* **1** to spark. **2** to drizzle.
chispero *s.m.* bungler.
chisporrotear *v.i.* to crackle.
chisquero *s.m.* tinder lighter.
chistar *v.i.* to say a word.
chiste *s.m.* joke, funny story, gibo.
chistera *s.f.* top hat, topper.
chistoso, -a *adj.* funny, amusing.
chiticallando *adv.* quietly.
chivar *v.i.* to squeal.
chivatazo *s.m.* tip-off.
chivo, -a *s.m.* y *f.* goat, billy-goat.
chocante *adj.* stadling, striking.
chocar *v.i.* **1** to hit, to run into. **2** to clash. **3** to argue. **4** to surprise. **5** not to fit in. **6** to clink (vasos), to shake (manos).
chocarrería *s.f.* coarseness, vulgarity.
chochear *v.i.* to dodder.
chochera *s.f.* dotage.
chocho,-a *adj.* doting.
choco *adj.* (Am.) one-eyed.
chocolate *s.m.* chocolate.
chocolatina *s.f.* bar of chocolate.

chófer *s.f.* chauffeur, driver.
cholla o **chola** *s.f.* nut, head.
chollo *s.m.* bargain, snip.
chopo *s.m.* black poplar.
choque *s.m.* impact, crash, collision.
chorizo *s.m.* **1** sausage salami. **2** balancing pole. **3** (fam.) thief.
chorlito *s.m.* plover, scatterbrain.
chorrear *v.i.* to drip, to tick off.
chorrera *s.f.* **1** spout, channel. **2** mark. **3** frill, jabol, lace adornment. **4** rapids.
chorro *s.m.* jet, spurt, stream.
chotear *v.i.* y *pron.* to make fun of.
choto, -a *s.m.* y *f.* **1** kid, young goat, calf. ‖ *s.m.* **2** (Am.) penis.
choza *s.f.* hut, shack, shanty.
chubasco. *s.m.* stormcloud.
chubasquero *s.m.* oilskin raincoat.
chúcaro *adj.* wild, untamed (animal).
chuchería *s.f.* trinket.
chucho *s.m.* **1** dog, hound, mongrel. **2** (Am.) chill, fever, malaria, shiver.
chufa *s.f.* **1** BOT. chufa. **2** boast.
chufla *s.f.* joke, merry quip.
chulería *s.f.* cheekiness.
chuleta *s.f.* **1** chop, cutlet. **2** cheeky person, barefaced individual. **3** slap.
chulo, -a *adj./s.m.* y *f.* cheeky.
chumbera *s.f.* prickly pear.
chunga *s.f.* joke, fun, banter.
chupar *v.t.* e *i.* to suck, to sip.
chupatintas *s.m.* penpusher, scribe.
chupete *s.m.* dummy, teat.
chupinazo *s.m.* **1** loud bang, starting signal. **2** hard kick (fútbol).
chupón, -ona *adj./s.m.* y *f.* sucker.
churro *adj.* y *s.* **1** coarse wooled, coarse. ‖ *s.m.* **2** cruller, fritter.
churruscar *v.t.* y *pron.* to burn.
chusco, -a *adj.* funny, droil.
chusma *s.f.* rabble, mob.
chuzar *v.t.* to prick, to sting, to hurt.
chuzo *s.m.* spiked stick.
cianuro *s.m.* cyanide.
ciática *s.f.* sciatica.
cicatero, -a *adj.* mean.
cicatriz *s.f.* scar.
cicatrizar *v.t.* **1** to heal. ‖ *v.pron.* **2** to heal up.

cíclico, -a *adj.* cyclic.

ciclista *s.m. y f.* cyclist.

ciclo *s.m.* cycle.

ciclón *s.m.* cyclone.

cíclope o **cíclope** *s.m.* Cyclops.

cicuta *s.f.* hemlock.

ciego, -ga *adj.* 1 blind. 2 blocked. 3 dark. || *s.m. y f.* 4 blind person.

cielo *s.m.* 1 sky. 2 heaven.

ciempiés *s.m.* centipede.

cien *adj.* hundred.

ciénaga *s.f.* marsh, swamp.

ciencia *s.f.* 1 science. 2 knowledge.

cieno *s.m.* mud, silt.

ciento *adj.* hundred.

cierre *s.m.* 1 closing, shutting. 2 fastener (vestido).

cierto, -ta *adj.* sure, certain.

cierva *s.f.* hind.

ciervo *s.m.* deer, stag.

cifra *s.f.* 1 figure. 2 cipher (clave). 3 abbreviation. 4 monogram.

cifrar *v.t.* 1 to write in code. 2 to concentrate (en). 3 to summarize.

cigarra *s.f.* cicada.

cigarrería *s.f.* (Am.) tobacconist's.

cigarrillo *s.m.* cigarette.

cigarro *s.m.* 1 cigar. 2 cigarette.

cigüeña *s.f.* stork.

cigüeñal *s.m.* crankshaft.

cilindro *s.m.* cylinder.

cima *s.f.* 1 summit. 2 culmination. 3 BOT. cyme. || 4 **dar** –, to conclude.

cimarrón, -a *adj.* (Am.) 1 wild. 2 bitter.

cimbrar *v.t.* 1 to swish (vara). 2 to bend. 3 to hit (con vara, etc.).

cimbrear *v.pron.* to sway.

cimentación *s.f.* 1 foundation. 2 laying of foundations.

cimentar *v.t.* 1 to lay the foundations of. 2 to found.

cimiento *s.m.* 1 foundation. 2 origin.

cinc o **zinc** *s.m.* zinc.

cincelar *v.t.* to chisel.

cinchar *v.t.* 1 to girth. 2 to hoop || *v.i.* (Am.) 3 to work hard.

cinco *adj.* 1 five. 2 fifth (fecha).

cincuenta *adj.* 1 fifty. 2 fiftieth.

cine *s.m.* cinema.

cinematográfico, -a *adj.* cinematographic.

cinética *s.f.* kinetics.

cíngaro, -a *adj.* gypsy.

cínico, -a *adj.* 1 cynical. || *s.c.* 2 cynic.

cinismo *s.m.* cynicism.

cinta *s.f.* 1 strip (material). 2 ARQ. fillet. 3 MÚS. tape. 4 film. 5 ribbon (pelo).

cinto *s.m.* 1 sash. 2 waist (persona).

cintura *s.f.* 1 waist. 2 waistband.

cinturón *s.m.* belt.

cipote *s.m.* 1 club. 2 (desp.) cretin. 3 prick. 4 milestone. 5 (Am.) lad.

ciprés *s.m.* cypress.

circo *s.m.* circus.

circuito *s.m.* 1 circuit. 2 lap.

circulación *s.f.* 1 circulation.

circular *adj.* 1 circular. || *s.c.* 2 circular. || *v.i.* 3 to circulate. 4 to drive (en un vehículo). 5 to run (transporte).

círculo *s.m.* circle.

circuncidar *v.t.* to circumcise.

circunferencia *s.f.* circumference.

circunflejo, -a *adj.* circumflex.

circunnavegar *v.t.* to circumnavegate.

circunscribir *v.t.* 1 to circumscribe. 2 to confine.

circunspecto, -a *adj.* circumspect.

circunstancia *s.f.* circumstance.

circunvalar *v.t.* to go round.

circunvolución *s.f.* circumvolution.

cirio *s.m.* candle.

cirro *s.m.* 1 cirrus. 2 MED. scirrhus.

cirrosis *s.f.* cirrhosis.

ciruela *s.f.* plum.

ciruelo *s.m.* plum tree.

cirugía *s.f.* surgery.

cirujano *s.m. y f.* surgeon.

cisma *s.m.* o *f.* 1 split. 2 discord.

cisne *s.m.* 1 swan. 2 (Am.) powder puff. || *adj.* 3 brownish (caballo).

cisterna *s.f.* 1 cistern. 2 tank (vehículo).

cita *s.f.* 1 appointment. 2 date (chico con chica, etc.). 3 LIT. quotation.

citar *v.t.* 1 to make an appointment with. 2 LIT. to quote. 3 to provoke (toro). 4 DER. to summon.

cítara *s.f.* zither.

cítrico, -a *adj.* citric.
ciudad *s.f.* 1 town. 2 city.
ciudadano, -a *s.m. y f.* citizen.
cívico, -a *adj.* 1 civic. 2 civil (modales).
civil *adj.* 1 civil. ‖ *s.m.* 2 civil guard.
civilización *s.f.* civilization.
civilizar *v.t.* to civilize.
civismo *s.m.* 1 nacional pride. 2 public spirit.
cizalla *s.f.* 1 wire cutters. 2 metal cuttings.
cizaña *s.f.* darnel.
clamar *v.i.* to cry out.
clamor *s.m.* clamour.
clan *s.m.* 1 clan. 2 sect.
clandestino, -a *adj.* clandestine.
clara *s.f.* 1 albumen (huevo). 2 bald patch (cabeza).
claraboya *s.f.* skylight.
clarear *v.i.* 1 to dawn. 2 to clear (nubes). ‖ *v.t.* 3 to clarify. ‖ *v.pron.* 4 to become clear.
claridad *s.f.* 1 clarity. 2 light. 3 frankness.
clarificar *v.t.* 1 to light up. 2 (fig.) to clarify.
clarinete *s.m.* clarinet.
claro, -a *adj.* 1 bright. 2 clear (idea). 3 clean (sitio). 4 light (color). 5 famous (persona). 6 outspoken (franqueza). 7 intelligent. ‖ *s.m.* 8 interval. 9 window.
clase *s.f.* 1 class. 2 classroom (habitación). 3 subject.
clasificar *v.i.* to classify.
claudicar *v.i.* to limp.
cláusula *s.f.* clause.
clausura *s.f.* confinement.
clausurar *v.t.* 1 to close. 2 to end.
clavado, -a *adj.* 1 exact. 2 most appropriate. 3 studded (clavos).
clavar *v.t.* 1 to stick in. 2 (fam.) to pull a fast one on. 3 to nail (clavo).
clave *s.f.* 1 key. 2 keystone.
clavel *s.m.* carnation.
clavicordio *s.m.* clavichord.
clavícula *s.f.* collar bone.
clavija *s.f.* 1 peg. 2 plug.
clavo *s.m.* 1 nail. 2 corn (pie). 3 BOT. clove. 4 pain.
claxon *s.m.* hooter, horn.

clemencia *s.f.* clemency.
cleptomanía *s.f.* cleptomania.
clerecía *s.f.* clergy.
clero *s.m.* clergy.
cliente *s.m. y f.* customer, client.
clima *s.m.* climate.
climatizar *v.t.* to acclimatize.
clímax *s.m.* climax.
clínica *s.f.* 1 clinic. 2 clinical training.
clínico, -a *adj.* clinical.
clip *s.m.* 1 paper clip. 2 hair grip (pelo).
clisé *s.m.* 1 negative (foto). 2 stencil (imprenta), 3 LIT. cliché. 4 stereotype.
clítoris *s.m.* clitoris.
cloaca *s.f.* 1 sewer. 2 ZOOL. cloaca.
clorofila *s.f.* chlorophyll.
cloroformo *s.m.* chloroform.
cloruro *s.c.* chloride.
club *s.m.* club.
coacción *s.f.* coercion.
coagular *v.t.* to coagulate.
coalición *s.f.* coalition.
coartada *s.f.* alibi.
coartar *v.t.* to restrict.
coba *s.f.* 1 adulation. 2 (fam.) joke.
cobardía *s.f.* cowardice.
cobaya o **cobayo** *s.m.* guinea pig.
cobertizo *s.m.* shed.
cobertura *s.f.* covering.
cobijar *v.t.* 1 to cover. 2 to shelter.
cobra *s.f.* cobra.
cobrar *v.t.* 1 to gain (dinero). 2 to take. 3 to recover. 4 to retrieve (caza). 5 to pull in (cuerda). 6 to receive (golpe). ‖ *v.pron.* 7 to earn (sueldo).
cobre *s.m.* 1 copper. 2 brass section.
cocear *v.t.* to kick.
cocer *v.t.* 1 to cook. ‖ *v.i.* 2 to boil.
coche *s.m.* 1 car. ‖ *s.m.* 2 coach.
cochino, -a *s.m. y f.* dirty, filthy.
cocido *s.m.* stew.
cociente *s.m.* quotient.
cocina *s.f.* 1 kitchen. 2 cooking (el arte).
cocinar *v.t.* to cook.
coco *s.m.* 1 coconut. 2 coccus.
cocodrilo *s.m.* crocodile.
cóctel o **cocktail** *s.m.* cocktail.
codeína *s.f.* codeine.
códice *s.m.* codex.

codicia *s.f.* greed.
codificar *v.t.* to codify.
código *s.m.* 1 code. 2 rules.
codo *s.m.* 1 elbow. 2 TEC. bend.
codorniz *s.f.* quail.
coeficiente *s.m.* coefficient.
coetáneo, -a *adj.* contemporary.
coexistencia *s.f.* coexistence.
cofia *s.f.* 1 cap. 2 hairnet (pelo).
cofradía *s.f.* brotherhood.
coger *v.t.* 1 to take hold of. 2 to catch (pelota). 3 to get. 4 to pick up.
cognición *s.f.* cognition.
cogollo *s.m.* 1 BOT. shool. 2 (Am.) sugar cane.
cogorza *s.f.* (fam.) booziness, binge.
cogote *s.m.* nape.
cohabitar *v.i.* 1 to live together. 2 to have sex.
cohesión *s.f.* cohesion.
cohete *s.m.* rocket.
cohibir *v.t.* 1 to inhibit. 2 to restrain.
cohorte *s.f.* cohort.
coincidir *v.i.* 1 to agree. 2 to coincide.
coito *s.m.* coitus.
cojear *v.i.* 1 to limp. 2 to wobble (mueble). 3 (fig.) to go astray.
cojín *s.m.* cushion.
cojinete *s.m.* 1 small cushion. 2 chair, rail chair (ferrocarril). 3 bearing.
col *s.f.* cabbage.
cola *s.f.* 1 tail. 2 end. 3 queue (personas). 4 glue (para pegar).
colaborar *v.i.* to collaborate.
colación *s.f.* 1 collation. 2 light snack.
colada *s.f.* 1 washing. 2 GEOL. ravine.
colapso *s.m.* collapse.
colar *v.t.* 1 to strain (líquido). 2 to bleach (ropa). || *v.i.* 3 to be swallowed. || *v.pron.* 4 to slip past (espectáculo).
colcha *s.f.* bedspread.
colchón *s.m.* mattress.
colchoneta *s.f.* airbed.
colear *v.i.* 1 to wag the tail. 2 to be still unfinished (asunto).
colección *s.f.* collection.
colecta *s.f.* 1 collection. 2 collect.
colectividad *s.f.* 1 whole unit (personas). 2 community (pueblo).

colector *s.m.* 1 collector (persona). 2 water tank (aguas residuales).
colega *s.m.* y f. colleague.
colegiarse *v.pron.* 1 to become a society. 2 to become a member of a society.
colegiata *s.f.* collegiate church.
colegio *s.m.* 1 school. 2 college.
cólera *s.f.* 1 anger. 2 cholera.
colesterol *s.m.* cholesterol.
coletilla *s.f.* postscript.
colgar *v.t.* 1 to hang. 2 to attribute (culpa). 3 to drape (adornos). || *v.i.* 4 to hang.
colibrí *s.m.* hummingbird.
cólico *s.m.* colic.
coliflor *s.f.* cauliflower.
colilla *s.f.* cigarette butt.
colina *s.f.* hill.
colindar *v.i.* to be adjacent.
colirio *s.m.* eye-drops.
coliseo *s.m.* coliseum.
colisión *s.f.* 1 collision. 2 confrontation.
colitis *s.f.* colitis.
collado *s.m.* hill, ravine.
collar *s.m.* chain, collar, ring.
colmado, -a *adj.* 1 full-up. || *s.m.* 2 cheap restaurant. 3 grocer's shop.
colmar *v.t.* to fill to the brim.
colmena *s.f.* beehive.
colmillo *s.m.* fang, tusk.
colmo *adj.* 1 full up. || *s.m.* 2 last drop. 3 culmination.
colocar *v.t.* y *v.pron.* 1 to place. 2 to find a job for.
colombofilia *s.f.* pigeon rearing.
colon *s.m.* colon.
colonia *s.f.* 1 colony. 2 cologne.
colonizar *v.t.* to colonize.
colono *s.m.* 1 colonist. 2 AGR. tenant farmer.
coloquio *s.m.* dialogue.
color *s.m.* 1 colour. 2 (fig.) nature.
colorado, -a *adj.* 1 coloured. 2 red.
colorear *v.t.* 1 to colour. 2 (desp.) to camouflage. || *v.i.* 3 to redden.
colorido *s.m.* colouring.
colosal *adj.* colossal.
coloso *s.m.* colossus.

columna *s.f.* column.

columpio *s.m.* 1 swing. 2 seesaw.

coma s.f. comma, coma.

comadreja *s.f.* weasel.

comadreo *s.m.* gossip.

comadrona *s.f.* midwife.

comandante *s.m.* commander.

comandar *v.t.* to command.

comarca *s.f.* region.

comba *s.f.* 1 bulge. 2 skipping (juego). 3 skipping rope. 4 (Am.) sledge-hammer.

combar *v.t.* y *v.pron.* to bend.

combatir *v.i.* y *v.pron.* 1 to fight. ‖ *v.t.* 2 to attack.

combinación *s.f.* combination.

combinar *v.t.* 1 to combine. 2 to prepare.

combustible *adj.* 1 combustible. ‖ *s.m.* 2 fuel.

comedia *s.f.* comedy.

comedirse *v.pron.* to show moderation.

comedor *adj.* 1 greedy. ‖ *s.m.* 2 dining room. 3 restaurant.

comensal *s.m.* y *f.* fellow diner.

comentario *s.m.* comment.

comenzar *v.t.* y *v.i.* to begin.

comer *v.t.* to eat.

comerciar *v.i.* 1 to trade. 2 to have dealings with (personas).

comercio *s.m.* 1 trade. 2 shop. 3 commerce (de un país).

comestible *adj.* 1 eatable. ‖ *s.m.* 2 food item.

cometa *s.f.* 1 comet. 2 kite (juguete).

cometer *v.t.* to commit.

cometido *s.m.* obligation.

comicios *s.m.pl.* election.

cómico, -a *adj.* 1 comic. 2 funny. ‖ *s.m.* y *f.* 3 comedian.

comida *s.f.* 1 food. 2 meal.

comienzo *s.m.* beginning.

comillas *s.f.pl.* inverted commas.

comino *s.m.* cumin seed.

comisaría *s.f.* police station.

comisario, -a *s.m.* y *f.* 1 commissary. 2 police commissioner.

comisión *s.f.* 1 commission. 2 assignment (tarea). 3 committee.

comiso *s.m.* 1 confiscation. 2 confiscated item.

comisura *s.f.* corner.

comité *s.m.* committee.

comitiva *s.f.* retinue.

como *adv.* like, as, since.

cómo *adv.inter.* 1 how? 2 what? 3 why?

comodín *s.m.* joker.

cómoda *s.f.* chest of drawers.

compacto, -a *adj.* 1 dense. 2 solid.

compadecer *v.t.* y *v.pron.* 1 to feel sympathy for. ‖ *v.pron.* 2 to square with.

compaginar *v.t.* 1 to put in order. ‖ *v.pron.* 2 to square with.

compañero –a *s.m.* y *f.* 1 companion. ‖ 2 – de clase, schoolmate. 3 – de trabajo, workmate.

compañía *s.f.* company.

comparar *v.t.* to compare.

comparecer *v.i.* to appear.

compartir *v.t.* 1 to divide up. 2 to share.

compás *s.m.* 1 pair of compasses, 2 compass. 3 MÚS. beat.

compasión *s.f.* 1 sympathy. 2 pity.

compatriota *s.m.* y *f.* compatriot.

compensar *v.t.* 1 to compensate (de, for). 2 to make amends for (error).

competir *v.i.* to compete.

compilar *v.t.* to compile.

complacer *v.t.* 1 to please. ‖ *v.pron.* 2 to find pleasure in.

complejo, -a *adj.* complex.

complemento *s.m.* complement.

completar *v.t.* to complete.

completo, -a *adj.* 1 complete. 2 full.

complexión *s.f.* constitution (físico).

complicar *v.t.* to complicate.

cómplice *s.m.* accomplice.

complot *s.m.* conspiracy.

componer *v.t.* 1 to compose. 2 to fix (algo roto). ‖ *v.pron.* 3 to dress up.

comportamiento *s.m.* behaviour.

comportar *v.t.* 1 to put up with.‖ *v.pron.* 2 to behave.

composición *s.f.* 1 composing. 2 composition (obra musical).

compostura *s.f.* make-up.

compota *s.f.* jam.

compra *s.f.* 1 buying. 2 purchase (cosa comprada). 3 shopping.

comprador *s.m.* buyer.

comprar *v.t.* 1 to buy. 2 (desp.) to bribe.

comprender *v.t.* to understand.

comprensión *s.f.* understanding.

compresa *s.f.* 1 compress, 2 sanitary towel (mujeres).

compresión *s.f.* compression.

comprimir *v.t.* to compress.

comprobación *s.f.* proof, check.

comprobar *v.t.* to prove (un hecho).

comprometedor *adj.* compromising.

comprometer *v.t.* 1 to compromise (persona). 2 to endanger (un riesgo). || *v.pron.* 3 to take it upon oneself (tarea).

compromiso *s.m.* commitment.

compuerta *s.f.* sluice gate.

compuesto, -a *adj.* 1 composed (persona). 2 composite (flores). || *s.f.pl.* 3 composites. || *s.m.* 4 composite.

compungido, -a *adj.* sad.

computar *v.t.* 1 to calculate. 2 to compute.

comulgar *v.i.* 1 to receive communion. 2 (fig.) to share ideas.

común *adj.* 1 common. 2 ordinary.

comunicación *s.f.* communication.

comunicar *v.t.* 1 to communicate. 2 to inform. || *v.pron.* 3 to be connected.

comunidad *s.c.* community.

comunista *s.m.* y *f.* communist.

comunicativo *adj.* communicative.

comunión *s.f.* communion.

comunismo *s.m.* communism.

con *prep.* 1 by. 2 with. 3 although, for.

conato *s.m.* attempt.

concatenación *s.f.* concatenation.

cóncavo, -a *adj.* 1 concave. || *s.m.* y *f.* 2 hollow.

concebir *v.t.* to conceive (idea).

conceder *v.t.* to concede.

concejal *s.m.* councillor.

concejo *s.m.* council.

concentración *s.f.* 1 concentration (mental). 2 coming together (agrupación).

concentrar *v.t.* to concentrate.

concéntrico, -a *adj.* concentric.

concepción *s.f.* conception.

concepto *s.m.* 1 concept. 2 opinion (personal). 3 judgement.

concerniente *adj.* concerning.

concernir *v.i.* to concern.

concertar *v.t.* 1 to arrange. 2 to fix (precio). || *v.i.* 3 to agree.

concesión *s.f.* concession.

concha *s.f.* shell.

conciencia *s.f.* 1 conscience. 2 consciousness.

concienzudo, -a *adj.* thorough.

concierto *s.m.* 1 agreement. 2 MÚS. harmony. 3 concert (espectáculo).

conciliación *s.f.* conciliation.

conciliar *adj.* 1 conciliary. || *s.m.* 2 member of a council. || *v.t.* 3 to reconcile.

concilio *s.m.* council (eclesiástico).

conciso, -a *adj.* concise.

conciudadano,-a *s.m.* y *f.* fellow citizan.

cónclave *s.m.* 1 conclave (de cardenales). 2 meeting.

concluir *v.i.* 1 to finish. || *v.t.* 2 to conclude. 3 to decide.

concomitancia *s.f.* accompaniment.

concomitante *adj.* concomitant.

concordancia *s.f.* 1 concordance. 2 MÚS. harmony. 3 GRAM. agreement. || *s.f.pl.* 4 word index (libro).

concordar *v.i.* 1 to agree. || *v.t.* 2 to serie.

concorde *adj.* in agreement.

concordia *s.f.* 1 concord. 2 mutual agreement. 3 double ring (joyería).

concreción *s.i.* concretion.

concretar *v.t.* 1 to make concrete (planes, etc.). 2 to specify (especificar). || *v.r.* 3 to limit oneself.

concreto, -a *adj.* 1 specific. || *s.m.* 2 (Am.) concrete.

concubina *s.f.* concubine.

concupiscente *adj.* 1 greedy (codicioso). 2 lustful (injurioso).

concurrencia *s.f.* 1 meeting (reunión). 2 concurrence (simultaneidad).

concurrir *v.i.* 1 to come together. 2 to contribute. 3 to take part in.

concursar *v.t.* 1 DER. to declare insolvent. || *v.i.* 2 to compete.

concurso *s.m.* competition, contest.

condado *s.m.* county.

conde *s.m.* count.

condecoración *s.f.* 1 decoration. 2 medal (insignia).

condecorar *v.t.* to decorate.

condena *s.f.* 1 conviction (criminal). 2 sentence (cárcel).

condenar *v.t.* 1 to condemn. 2 to convict (reo). 3 to disapprove of. 4 REL. to damn. ‖ *v.pron.* 5 to be damned.

condensar *v.t.* 1 to condense. 2 to summarise (texto).

condesa *s.f.* countess.

condescendencia *s.f.* willingness.

condescender *v.i.* to condescend.

condición *s.f.* 1 condition. 2 status.

condicionar *v.t.* to condition.

condimentar *v.t.* 1 to season. 2 to add flavour to (dar sabor a).

condimento *s.m.* seasoning.

condiscípulo, -a *s.m.* y *f.* fellow pupil.

condolencia *s.f.* condolence.

condolerse *v.pron.* to feel sorry for.

condonación *s.f.* 1 forgiveness (disculpa). 2 cancellation (deuda).

condonar *v.t.* to condone.

cóndor *s.m.* condor.

conducción *s.f.* 1 driving (vehículo). 2 TEC. pipework.

conducir *v.t.* 1 to lead. ‖ *v.i.* 2 to drive (en un vehículo). ‖ *v.pron.* 3 to behave.

conducta *s.f.* behaviour.

conducto *s.m.* conduit.

conductor, -a *adj.* 1 leading. 2 FÍS. conductive. ‖ *s.m.* y *f.* 3 (Am.) conductor (de autobús). 4 driver.

conectar *v.t.* 1 to connect up (máquina). 2 to join.

conejo *s.m.* rabbit.

confabulación *s.f.* 1 plot (complot). 2 made-up story (cuento inventado).

confabularse *v.pron.* to conspire.

confección *s.f.* making-up.

confederación *s.f.* confederation.

conferencia *s.f.* 1 conference. 2 lecture (académica).

conferenciante *s.m.* y *f.* 1 speaker. 2 lecturer (académico).

conferir *v.t.* 1 to confer. 2 to compare (documentos).

confesar *v.t.* 1 to confess. 2 to grant absolution (cura). ‖ *v.i.* 3 to make one's confession (en la iglesia).

confesión *s.f.* confession.

confianza *s.f.* 1 trust. 2 confidence (en sí mismo). 3 vanity.

confiar *v.t.* 1 to entrust, to invest with a trust. ‖ *v.i.* 2 to trust.

confidencia *s.f.* confidence.

confidente *s.m.* y *f.* 1 confidant. 2 informer (policía). 1 two-seater settee (mueble). ‖ *adj.* 4 trustworthy.

configuración *s.f.* shape.

configurar *v.t.* to shape.

confín *s.m.* 1 boundary. 2 horizon. ‖ *adj.* 3 bordering.

confinación *s.f.* restriction.

confinar *v.i.* 1 to border on. ‖ *v.t.* to banish. 3 to lock up.

confirmar *v.t.* 1 to confirm. ‖ *v.pron.* 2 to gain credence.

confiscar *v.t.* to confiscate.

confitar *v.t.* 1 to preserve (fruta en almíbar). 2 (fig.) to sweeten.

confite *s.m.* sweet.

confitería *s.f.* 1 confectioner's shop.

conflicto *s.m.* 1 conflict. 2 clash.

confluir *v.i.* to join up.

conformación *s.f.* make-up.

conformar *v.t.* 1 to adjust. ‖ *v.i.* 2 to be in agreement. ‖ *v.pron.* 3 to resign oneself.

conforme *adj.* agreed.

conformidad *s.f.* 1 similarity. 2 tolerance (de ideas). 3 resignation.

confortar *v.t.* 1 to comfort. 2 to console.

confraternidad *s.f.* camaraderie.

confraternizar *v.i.* to fraternize.

confrontar *v.t.* 1 to confront. 2 to compare (documentos). ‖ *v.pron.* 3 to face. ‖ *v.i.* 4 to border.

confundir *v.t.* 1 to mix up. 2 to mistake. 3 to humiliate (al acusado). 4 to confuse (a un enemigo). ‖ *v.pron.* 5 to become indistinct.

confusión *s.f.* 1 confusion. 2 mix-up.

confuso, -a *adj.* 1 in a mess (revuelto). 2 garbled (ruido). 3 hazy (imagen).

congelación *s.f.* freezing.

congelador *s.m.* freezer.

congelar v.t. 1 to freeze. 2 to block (créditos). ‖ v.pron. 3 to freeze up.

congénere adj. akin.

congeniar v.i. to get on well.

congénito, -a adj. congenital.

congestionar v.t. 1 to congest. ‖ v.pron. 2 to become congested.

conglomerar v.t. 1 to conglomerate. ‖ v.pron. 2 to conglomerate.

congoja s.f. grief.

congraciar v.t. 1 to win over. ‖ v.pron. 2 to ingratiate oneself.

congratularse v.pron. to congratulate oneself.

congregar v.t. 1 to bring together. ‖ v.r. 2 to come together.

congreso s.m. 1 congress. 2 assembly. 3 congress hall (edificio).

congrio s.m. conger eel.

congruencia o **congruidad** s.f. 1 congruence. 2 opportuneness (calidad).

cónico, -a adj. 1 conical. 2 conic.

conífero, -a adj. 1 coniferous. ‖ s.f.pl. 2 conifer.

conjeturar v.t. to conjecture.

conjugar v.t. 1 to bring together. 2 GRAM. to conjugate.

conjunción s.f. 1 bringing together. 2 conjunction.

conjuntivitis s.f. conjunctivitis.

conjuntivo, -a adj. 1 conjunctive. ‖ s.f. 2 ANAT. mucous membrane of the eye.

conjunto, -a adj. 1 united. 2 adjoining (una cosa a otra). ‖ s.m. 3 group.

conjurar v.i. 1 to conspire. ‖ v.t. 2 to swear in. 3 to ward off.

conllevar v.t. 1 to stand by. 2 to tolerate.

conmemorar v.t. to commemorate.

conmigo pron. with me.

conminar v.t. 1 to threaten. 2 to caution.

conmover v.t. 1 to move (compasión). 2 to disturb. ‖ v.pron. 3 to be moved.

conmutación s.f. 1 exchange (reemplazo). 2 DER. commutation.

conmutador, -a adj. 1 changing. ‖ s.m. 2 ELEC. switch.

conmutar v.t. 1 to exchange. 2 DER. to commute.

connivencia s.f. connivance.

connotar v.t. 1 to connote (dos ideas). 2 to relate.

cono s.m. cone.

conocer v.t. 1 to know. 2 to understand. 3 to recognize. ‖ v.pron. 4 to get acquainted.

conocido, -a adj. 1 well-known. ‖ s.m. y f. 2 acquaintance.

conocimiento s.m. 1 knowing. 2 intelligence. 3 acquaintance (persona). 4 MED. consciousness. ‖ pl. 5 knowledge.

conquista s.f. conquest.

conquistar v.t. 1 to conquer (por fuerza). 2 (fig.) to win. 3 to win over.

consabido, -a adj. well-known.

consagrar v.t. 1 to consecrate. 2 to confirm. ‖ v.pron. 3 to devote oneself entirely to.

consanguíneo, -a adj. related by blood.

consciencia s.f. 1 consciousness. 2 (fig.) awareness.

consecución s.f. attainment.

consecuencia s.f. consequence.

consecuente adj. consequent.

consecutivo, -a adj. consecutive.

conseguir v.t. 1 to get. 2 to achieve.

consejero, -a adj. 1 counselling. ‖ s.m. y f. 2 POL. councillor. 3 adviser.

consejo s.m. 1 advice (dictamen). 2 council (grupo).

consenso s.m. 1 approval. 2 POL. consensus.

consentimiento s.m. consent.

consentir v.t. 1 to permit. 2 to tolerate (ceder). 3 to spoil (a un niño). ‖ v.pron. 4 break up (romperse).

conserje s.m. y f. caretaker.

conserva s.f. preserved food.

conservación s.f. 1 conservation. 2 preservation (protección).

conservar v.t. 1 to conserve. 2 to preserve (comida). ‖ v.pron. 3 to last.

conservatorio, -a adj. 1 preserving. ‖ s.m. 2 MÚS. conservatory.

consideración s.f. 1 consideration (reflexión). 2 respect (deferencia).

considerar v.t. 1 to consider (reflexionar). 2 to respect (mostrar deferencia). 3 to believe (estimar).

consigna *s.f.* 1 order (a un subordinado). 2 watchword (lema). 3 left luggage office (en una estación).

consignación *s.f.* COM. consignment.

consignar *v.t.* 1 FIN. to assign. 2 to register (escribir). 3 to consign (una mercancía). 4 to entrust.

consigo *pron.* 1 with him (hombre). 2 with her (mujer). 3 with you (Vd.). 4 with oneself (uno mismo).

consiguiente *adj.* 1 consequent, || por –, as a result.

consistencia *s.f.* 1 durability. 2 consistency (de un líquido).

consistir *v.i.* to consist.

consistorio *s.m.* town council.

consola *s.f.* console.

consolar *v.t.* 1 to console. || *v.pron.* 2 to take comfort.

consolidación *s.f.* consolidation.

consolidar *v.t.* 1 to fortify (una estructura). 2 to consolidate (asegurar).

consomé *s.m.* consommé (sopa).

consonancia *s.f.* consonance.

consonante *adj.* consonant.

consonar *v.i.* 1 MÚS. to harmonize. 2 (fig.) to run parallel.

consorcio *s.m.* consortium.

consorte *s.m. y f.* 1 spouse (matrimonio). 2 patner (compañero).

conspicuo, -a *adj.* famous.

conspiración *s.f.* conspiracy.

conspirar *v.i.* 1 to plot. 2 to conspire.

constancia *s.f.* 1 constancy (perseverancia). 2 proof (prueba). 3 (Am.) written evidence.

constante *adj.* 1 constant, 2 long-lasting (duradero). || *s.f.* 3 MAT. constant.

constar *v.i.* 1 to be composed. 2 to be clear (un hecho). 3 to be recorded.

constatar *v.t.* to confirm (un hecho).

consternar *v.t.* 1 to discourage. || *v.pron.* 2 to be dismayed.

constipado, -a *s.m.* cold.

constiparse *v.pron.* to catch a cold.

constituir *v.t.* 1 to compose. 2 to set up (un negocio). || *v.i.* 3 to count as (implicar).

constreñir *v.t.* 1 to force (a una persona). 2 MED. to constrict.

constricción *s.f.* constriction.

construir *v.t.* to construct, to build.

consuelo *s.m.* consolation, relief.

consulado *s.m.* consulate.

consulta *s.f.* 1 consultation (dictamen). 2 MED. consulting room, surgery.

consultar *v.t.* to consult.

consumar *v.t.* 1 to accomplish fully. 2 to consummate (matrimonio).

consumición *s.f.* 1 consumption (consumo). 2 drink (bebida).

consumidor, -ora *s.m. y f.* consumer.

consumir *v.t.* 1 to consume (mercancías). || *v.r.* 2 to be destroyed.

contabilidad *s.f.* 1 book-keeping. 2 accountancy (profesión). 3 (Am.) accounting department (de una empresa).

contabilizar *v.t.* to register in the accounts.

contactar *v.i.* to get in touch.

contacto *s.m.* 1 contact. 2 ELEC. switch.

contado, -a *adj.* 1 scarce (escaso). 2 fixed (determinado). 3 al –, cash.

contador, -a *adj.* 1 counter. || *s.m.* COM. book-keeper.

contagiar *v.t.* 1 to transmit (enfermedad) ||1 *v.pron.* 2 to become infected.

contagioso, -a *adj.* contagious.

container *s.m.* container.

contaminación *s.f.* 1 contamination. 2 pollution (medio ambiente).

contaminar *v.t.* 1 to contaminate (infección). 2 to soil (ensuciar). 3 (fig.) to corrupt. || *v.pron.* 4 to become contaminated.

contar *v.t.* 1 to count. 2 to tell.

contemplar *v.t.* to contemplate.

contemplativo, -a *adj.* contemplative.

contemporáneo, -a *adj.* contemporary.

contencioso, -a *adj.* contentious.

contender *v.i.* 1 to contend. 2 MIL. to fight.

contenedor *s.m.* container.

contener *v.t.* 1 to contain. 2 to repress.

contenido, -a *adj.* 1 contained. 2 (fig.) temperate. || *s.m.* 3 content.

contentar *v.t.* to satisfy, to please.

contento, -a adj. 1 content (satisfecho). 2 happy (feliz). || s.m. 3 happiness.

contertulio s.m. fellow group member.

contestación s.f. 1 reply. 2 argument.

contestar v.t. 1 to answer. 2 to reply. || v.i. 3 to confirm.

contexto s.m. 1 LIT. context. 2 TEC. web.

contextura s.f. 1 contexture (estructura), 2 ANAT. constitution.

contienda s.f. 1 fight. 2 argument.

contigo pron. with you.

contiguo, -a adj. adjacent.

continencia s.f. continence, abstinence.

continente adj. y s.m. continent.

contingencia s.f. 1 contingency. 2 risk.

contingente adj. 1 contingent. || s.m. 2 contingency. 3 MIL. contingent.

continuación s.f. continuation.

continuar v.t. 1 to continue. || v.i. 2 to go on. || v.pron. 3 to extend.

continuo, -a adj. continuous.

contonearse v.r. to walk with a waggle.

contorno s.m. 1 GEOG. contour. 2 perimeter (cerco).

contorsionarse v.pron. to writhe about.

contra prep. 1 against. 2 facing (enfrente). || s.f. 3 difficulty.

contraataque s.m. 1 MIL. counter-attack. || pl. 2 defensive lines.

contrabandista s.m. y f. smuggler.

contrabando s.m. 1 smuggling (acción). 2 contraband.

contractibilidad s.f. contractibility.

contradecir v.t. 1 to contradict. || v.pron. 2 to contradict oneself.

contradicción s.f. contradiction.

contraer v.t. to contract.

contrafuerte s.m. buttress; counter.

contralto s.m. 1 MÚS. counter tenor. || s.f. 2 MÚS. contralto.

contraluz s.f. 1 view facing the light. || 2 a –, against the light.

contramaestre s.m. boatswain.

contrapartida s.f. 1 COM. correcting entry (contabilidad). 2 (fig.) compensation.

contrapesar v.t. to counterbalance.

contraponer v.t. to compare, oppose.

contraposición s.f. contrasting.

contrapuesto, -a adj. opposed.

contrapunto s.m. 1 MÚS. counterpoint 2 (Am.) MÚS. improvising.

contrariar v.t. 1 to oppose. 2 to upset (alterar). 3 to hinder (estorbar).

contrario, -a adj. 1 opposite. || s.m. y f. 2 enemy (enemigo).

contrarrestar v.t. 1 to counter (resistir). 2 to balance (compensar).

contraseña s.f. 1 password. 2 countersign (firma).

contrastar v.t. 1 to resist. 2 to assay. || v.i. 3 to form a contrast.

contraste s.m. 1 contrast. 2 assay (metales). 3 check (verificación).

contratación s.f. 1 contracting. 2 COM. dealings.

contratar v.t. 1 to negotiate for (productos). 2 to contract (trabajador).

contratiempo s.m. setback.

contrato s.m. contract.

contrayente s.m. y f. contracting.

contribución s.f. 1 contribution. 2 FIN. tax. || s.pl. 3 taxation.

contribuir v.t. 1 to pay (impuestos). 2 to contribute (ofrecer dinero).

contribuyente adj. 1 contributing. || s.m. y f. 2 contributor. 3 FIN. taxpayer.

contrición s.f. contrition.

contrincante s.m. y f. rival.

control s.m. control.

controlar v.t. 1 to control. 2 to check.

controversia s.f. controversy.

contubernio s.m. 1 conspiracy (conjuración). 2 cohabitation (ilícita).

contumacia s.f. 1 stubbornness. 2 DER. contumacy.

contundente adj. 1 crushing (un golpe). 2 forceful (argumento).

contusión s.f. bruise.

convalecencia s.f. convalescence.

convalidación s.f. 1 recognition (aceptación). 2 validation (estudios).

convalidar v.t. to validate (confirmar).

convencer v.t. 1 to convince. || v.pron. 2 to be persuaded.

convención *s.f.* convention.

convenible *adj.* 1 easy-going (persona). 2 reasonable (condición).

conveniencia *s.f.* 1 usefulness. 2 agreement (convenio).

convenio *s.m.* agreement.

convenir *v.i.* 1 to agree. 2 to suit.

convento *s.m.* monastery, convent.

convergencia *s.f.* 1 convergence. 2 (fig.) organized effort. 3 POL. association.

converger *v.i.* to converge.

conversación *s.f.* conversation.

conversar *v.i.* to have a chat.

conversión *s.f.* conversion.

converso, -a *adj.* converted.

convertidor *s.m.* convertor.

convertir *v.t.* 1 to convert. || *v.pron.* 2 to be converted.

convexidad *s.f.* convexness.

convicción *s.f.* conviction.

convicto, -a *adj.* convicted.

convidar *v.t.* to invite.

convite *s.m.* 1 invitation. 2 (Am.) masquerade (mojiganga).

convivir *v.i.* to live together.

convocar *v.t.* to convoke.

convocatoria *s.f.* 1 summons. 2 holding.

convoy *s.m.* 1 convoy. 2 train.

convulsión *s.f.* 1 MED. convulsion. 2 tremor (terremoto). 3 POL. disturbance.

convulsivo, -a *adj.* MED. convulsive.

cónyuges *s.m.* y *f.* husband and wife.

coñac *s.m.* brandy.

cooperación *s.f.* cooperation.

cooperador, -a *adj.* 1 cooperative. || *s.m.* y *f.* 2 cooperator.

cooperar *v.i.* to cooperate.

cooperativo, -a *adj.* 1 cooperative. || *s.f.* 2 cooperative.

coordinación *s.f.* 1 coordination. 2 ordering (ordenación).

coordinar *v.t.* to coordinate.

copa *s.f.* 1 glass, cup. 2 top of a tree.

copar *v.t.* MIL. to cut off.

copia *s.f.* 1 copy. 2 abundance.

copiar *v.t.* 1 to copy (escritos). 2 to imitate (imitar).

copioso, -a *adj.* copious.

copista *s.m.* y *f.* copyist.

copla *s.f.* 1 MÚS. popular song. 2 LIT. verse. 3 (Am.) TEC. joint (tubería).

copo *s.m.* 1 snowflake (nieve). 2 ball (algodón). 3 lump (grumo).

cópula *s.f.* 1 joining (unión). 2 ARQ. dome. 3 copulation (sexo).

copulativo, -a *adj.* copulative.

coque *s.m.* coke (combustible).

coqueta *s.f.* 1 flirt (mujer). 2 dressing table (mueble).

coquetear *v.i.* to flirt (de mujeres).

coraje *s.m.* 1 courage. 2 anger.

coral *s.m.* 1 ZOOL. coral. 2 coral snake (serpiente). || *s.f.* 3 MÚS. chorale. || *adj.* 4 MÚS. choral.

coraza *s.f.* 1 breastplate (armadura). 2 ZOOL. shell. 3 MAR. armour-plating.

corazón *s.m.* 1 MED. head. 2 spirit (ánimo). 3 BOT. core.

corazonada *s.f.* 1 rush of blood (impulso). 2 (fam.) chitterlings (asadura).

corbata *s.f.* tie, craval, necktie.

corbeta *s.f.* corvette.

corcel *s.m.* charger (caballo).

corchea *s.f.* MÚS. quaver.

corchete *s.m.* 1 hook (zapato). || *s.m.pl.* 2 square brackets.

corcho *s.m.* cork (árbol y material)

corcova *s.f.* 1 hump (joroba). 2 (Am.) all night party.

cordal *adj.* 1 wisdom (muela). || *s.m.* 2 MÚS. tailpiece (ceja). 3 MÚS. string fastener (ceja inferior).

cordel *s.m.* cord, thin rope, string.

cordelería *s.f.* 1 ropemaking. 2 ropes.

cordero *s.m.* lamb.

cordial *adj.* 1 cordial (afectuoso). 2 MED. tonic. || *s.m.* 3 MED. tonic.

cordialidad *s.f.* 1 friendliness (afabilidad). 2 genuineness (sinceridad).

cordillera *s.f.* 1 mountain range. || 2 (Am.) por –, from one to the other.

cordón *s.m.* 1 string (cuerda pequeña). 2 cordon (p.ej., de policía). 3 (Am.) kerb.

cordura *s.f.* sensibleness.

corear *v.t.* 1 to sing together (cantar). 2 to cheer (aprobar).

coreografía *s.f.* choreography (baile).

coriáceo, -a *adj.* leathery.

corista *s.m.* y *f.* 1 MÚS. member of a choir. || *s.m.* 2 REL. chorister.

cornada *s.f.* goring.

cornamenta *s.f.* horns.

corneja *s.f.* rook.

córneo, -a *adj.* 1 horny (de cuerno). || *s.f.* 2 ANAT. córnea.

córner *s.m.* DEP. corner (fútbol).

corneta *s.f.* 1 cornet. 2 burgee (bandera). || *s.m.* 3 cornet player.

cornisa *s.f.* 1 eaves (casa). 2 ledge (alpinismo). 3 cornice (arte).

cornucopia *s.f.* 1 horn of plenty. 2 ornamental mirror (espejo).

cornudo, -a *adj.* 1 ZOOL. horned. || *s.m.* 2 cuckold (marido con mujer infiel).

coro *s.m.* 1 MÚS. choir (cantantes). 2 chorus (canción). 3 ARQ. choir. 4 REL. chant.

corona *s.f.* 1 crown (de monarca). 2 ASTR. corona. 3 REL. tonsure. 4 garland (de flores). || 5 – **funeraria**, wreath.

coronar *v.t.* 1 to crown (un rey). 2 to top.

coronaria *s.f.* 1 TEC. second hand wheel (reloj). 2 BOT. carnation.

coronario, -a *adj.* 1 heart-shaped (forma de corazón). 2 ANAT. coronary.

coronel *s.m.* coronel.

coronilla *s.f.* small crown.

corporación *s.f.* corporation.

corporativo, -a *adj.* corporate.

corpóreo, -a *adj.* 1 corporeal (que tiene cuerpo). 2 body (corporal).

corpúsculo *s.m.* corpuscle.

corral *s.m.* 1 pen (animales). 2 open-air theatre.

correa *s.f.* 1 strap (de cuero).

correcaminos *s.m.* roadrunner.

corrección *s.f.* 1 correction. 2 punishment (reprensión).

correccional *adj.* 1 corrective. || *s.m.* 2 reformatory (prisión).

correctivo, -a *adj.* 1 corrective. || *s.m.* 2 punishment (castigo).

correcto, -a *adj.* 1 correct (sin errores). 2 well-mannered (educado).

corredor, -a *adj.* 1 running. || *s.m.* 2 DEP. runner. 3 corridor (pasillo). 4 COM. agent. 5 MIL. scout.

correduría *s.f.* 1 COM. brokerage. 2 commission (de corredor).

corregir *v.t.* 1 to correct. 2 to punish.

correlación *s.f.* correlation.

corredizo, -a *adj.* 1 sliding (puerta). 2 slip (nudo).

correo *s.m.* 1 post. 2 (Am.) mail. 3 HIST. courier (persona). || *pl.* 4 post office.

correr *v.i.* 1 to run, to flow. 2 to go (extenderse). 3 to pass (tiempo). 4 to blow (viento). || *v.t.* 5 to draw (cortinas). 6 to shoot (pestillo).

correspondencia *s.f.* 1 correspondence. 2 contact (enlaces). 3 communication.

corresponder *v.i.* 1 to correspond. 2 to concern (incumbir). 3 to repay (un favor). || *v.pron.* 4 to correspond (cartas).

corresponsal *s.m.* y *f.* 1 correspondent. 2 representative.

corretear *v.i.* to run about.

corrida *s.f.* 1 run. 2 bullfight (tauromaquia). 3 (Am.) (fam.) rave-up.

corrido, -a *adj.* 1 ashamed. 2 experienced.

corriente *adj.* 1 running. 2 usual. 3 present. || *s.f.* 4 current.

corrimiento *s.m.* 1 running. 2 sliding.

corro *s.m.* 1 group (personas). 2 ring (círculo). 3 AGR. plot.

corroboración *s.f.* corroboration.

corroborar *v.t.* 1 to corroborate (ratificar). 2 to fortify (fortificar).

corroer *v.t.* to corrode.

corromper *v.t.* 1 to rot (descomponer). 2 (fig.) to corrupt. || *v.i.* 3 to smell bad. || *v.pron.* 4 to go bad.

corrosión *s.f.* corrosion, erosion.

corrupción *s.f.* rottenness, corruption.

corsario *s.m.* 1 privateer. 2 pirate.

corsé *s.m.* corset.

corso, -a *adj./s.m.* y *f.* Corsican.

cortado, -a *adj.* 1 cut. 2 disjointed (estilo). 3 right (asustado).

cortador, -ora *adj.* cutting.

cortafuego *s.m.* fire-break.

cortante *adj.* cutting.

cortaplumas *s.m.* penknife.

cortar *v.t.* **1** to cut. **2** to interrupt. **3** to leave out. ‖ *v.pron.* **4** to be lost for words. **5** to turn sour (leche).

corte *s.m.* **1** cut. **2** cutting. **3** cutting edge. **4** tailoring (confección). **5** piece. **6** ARQ. section. **7** telling (árboles). ‖ *s.f.* **8** court.

cortejar *v.t.* **1** to pay court to. **2** to flatter (lisonjear).

cortejo *s.m.* retinue.

cortés *adj.* polite.

cortesía *s.f.* **1** courtesy. **2** grace (merced). **3** present (regalo). **4** reward (caza).

corteza *s.f.* **1** bark (árbol). **2** peel (fruta). **3** rind (queso). **4** crust (pan).

cortina *s.f.* curtain. **2** (fig.) screen.

cortinaje *s.m.* curtaining.

corto, -a *adj.* **1** short. **2** scanty.

cortocircuito *s.m.* short-circuit.

cortometraje *s.m.* short film (cine).

corvadura *s.f.* **1** bend. **2** curvature.

corvo, -a *adj.* **1** curved. ‖ *s.m.* **2** hook.

corzo *s.m.* o *f.* roe deer.

cosa *s.f.* **1** thing. **2** affair. **3** fancy.

cosaco *adj. y s.m.* Cossack.

cosecha *s.f.* harvest.

cosechar *v.t.* **1** to harvest. **2** to grow. **3** (fig.) to glean.

coseno *s.m.* cosine.

coser *v.t.* **1** to sew. **2** to join (unir).

cosido, -a *adj.* **1** sewn. ‖ *s.m.* **2** embroidery.

cosmético *adj. y s.m.* cosmetic.

cósmico -a *adj.* cosmic.

cosmología *s.f.* cosmology.

cosmopolita *adj./s.m. y f.* cosmopolitan.

cosmos *s.m.* cosmos.

coso *s.m.* **1** arena. **2** bullring.

cosquillas *s.f.pl.* ticklishness.

cosquillear *v.t.* to tickle.

costa *s.f.* **1** coast. ‖ *pl.* **2** DER. costs.

costado *s.m.* **1** side. **2** MIL. flank. **3** (Am.) platform.

costar *v.i.* **1** to cost. **2** to be difficult.

coste *s.m.* price (en dinero).

costear *v.t.* **1** to pay for (pagar). **2** MAR. to skirt the coast. **3** (Am.) AGR. to pasture.

costero -a *adj.* coastal.

costilla *s.f.* **1** rib. **2** (fig. y fam.) wife.

costo *s.m.* **1** FIN. cost. **2** (Am) effort.

costoso, -a *adj.* costly.

costra *s.f.* **1** crust. **2** MED. scab.

costumbre *s.f.* custom.

costura *s.f.* **1** sewing. **2** seam.

costurero *s.m.* sewing basket.

cota *s.f.* **1** GEOG. height. **2** MIL. armour.

cotejar *v.t.* to compare and contrast.

cotidiano, -a *adj.* daily.

cotillear *v.i.* to gossip.

cotillón *s.m.* **1** country dance. **2** (Am.) party.

cotización *s.f.* quotation.

cotizar *v.t.* **1** COM. to quote. **2** to price (valorar). ‖ *v.i.* **3** to pay one's dues.

coto *s.m.* **1** game preserve (caza). **2** boundary stone (hito). **3** (fig.) limit (límite).

coyote *s.m.* prairie wolf.

coyuntura *s.f.* **1** ANAT. joint. **2** (fig.) opportunity. **3** climate (económico).

coz *s.f.* kick.

cráneo *s.m.* **1** skull. **2** (fam.) nut.

crápula *s.f.* **1** debauchery. ‖ *adj.* **2** debauched.

crasis *s.f.* contraction.

craso, -a *adj.* **1** fat. **2** thick (líquido).

cráter *s.m.* crater.

creación *s.f.* creation.

crear *v.t.* **1** to create. **2** to invent.

crecer *v.i.* **1** to grow. ‖ *v.pron.* **2** to become bolder.

creces *s.f.pl.* increase.

crecida *s.f.* **1** rise, **2** flood.

crecido, -a *adj.* big, grown.

creciente *adj.* **1** growing. **2** waxing (luna). ‖ *s.m.* **3** crescent.

crecimiento *s.m.* growth.

credencial *adj.* certifying.

crédito *s.m.* **1** reputation (fama). **2** credit.

credo *s.m.* creed.

creer *v.t.* **1** to believe. **2** to consider.

crema *s.f.* **1** cream (nata). **2** polish (calzado). **3** – dentífrica, tooth paste.

cremación *s.f.* **1** cremation (personas). **2** incineration (cosas).

cremallera *s.f.* **1** MEC. rack. **2** zip fastener (ropa).

crematorio, -a *s.m.* crematorium.

crepitante *adj.* 1 crackling. 2 cracking.
crepúsculo *s.m.* twilight, dusk.
crespo, -a *adj.* curly (pelo).
cresta *s.f.* crest.
creyente *adj.* 1 believing. || *s.m.* 2 believer.
cría *s.f.* 1 breeding (acto), 2 young animal. 3 brood (camada).
criadero *s.m.* 1 BOT. nursery. 2 chicken farm. 3 fish farm (peces). 4 GEOL. lode.
criado, -a *adj.* 1 brought up. || *s.m.* 2 servant.
criar *v.t.* 1 to create (crear). 2 to feed. 3 to bring up, to rear.
criatura *s.f.* 1 child. 2 (fig.) creature.
criba *s.f.* 1 sieve. 2 sifting.
cribar *v.t.* to sift.
crimen *s.m.* crime.
criminal *adj.* y *s.m.* criminal.
criminalidad *s.f.* guiltiness.
criminología *s.f.* criminology.
crin *s.f.* 1 bristles || *pl.* 2 mane.
crío, -a *s.m.* y *f.* child.
criollo, -a *adj.* Creole.
crisálida *s.f.* chrysalis.
crisis *s.f.* 1 crisis. 2 shortage (escasez).
crisma *s.m.* 1 Christmas card (tarjeta). 2 REL. holy oil. 3 (fam.) nut (cabeza).
crispar *v.t.* to contract.
cristal *s.m.* 1 glass. 2 pane of glass.
cristalera *s.f.* shop window.
cristalería *s.f.* glassware (vasos).
cristalino, -a *adj.* 1 glass-like. || *s.m.* 2 ANAT. crystalline lens.
cristalización *s.f.* crystallization.
cristalizar *v.i.* to crystallise.
cristianismo *s.m.* 1 Christianity. 2 christening (bautizo).
cristiano, -a *adj.* y *s.m.* Christian.
criterio *s.m.* 1 criterion (regla), 2 judgment (juicio). 3 viewpoint (opinión).
criticar *v.t.* to criticise.
crítico, -a *adj.* 1 critical, || *s.m.* 2 critic.
croar *v.i.* to croak (rana).
croata *adj.* y *s.* Croatian.
cromático, -a *adj.* chromatic.
cromo *s.m.* 1 MET. chrome. 2 picture card.
cromosoma *s.m.* chromosome.

crónica *s.f.* report.
crónico, -a *adj.* chronic.
cronista *s.m.* y *f.* columnist.
cronómetro *s.m.* 1 TEC. chronometer. || 2 DEP. stopwatch.
croqueta *s.f.* croquette (cocina).
croquis *s.m.* sketch.
cruce *s.m.* 1 crossing. 2 crossroads.
crucero *s.m.* 1 transept (iglesia). 2 cruise.
crucial *adj.* crucial.
crucífera *s.f.* stonecrop.
crucificar *v.t.* to crucify.
crucigrama *s.m.* crossword puzzle.
crudeza *s.f.* 1 unripeness (fruta). 2 rawness (carne). 3 uncouthness.
crudo, -a *adj.* 1 raw. 2 unripe. || *s.m.* 3 crude (petróleo). 4 sackcloth (tela).
cruel *adj.* cruel.
cruenta, -a *adj.* bloody.
crujido *s.m.* crack, creak, crunch.
crujir *v.i.* 1 to rustle. 2 to grind (dientes). 3 to creak.
cruz *s.f.* 1 cross. 2 (fig.) suffering.
cruzada *s.f.* REL. crusade.
cruzado, -a *adj.* 1 crossed. || *s.m.* 2 crusader. || *s.pl.* 3 shading (dibujo).
cruzar *v.t.* to cross. || *v.i.* MAR. to cruise. || *v.pron.* to meet.
cuadernillo *s m.* 1 section. 2 booklet.
cuaderno *s.m.* notebook.
cuadra *s.f.* stable.
cuadrado, -a *adj.* y *s.m.* square.
cuadrante *s.m.* 1 quadrante. 2 sundial.
cuadrar *v.t.* 1 MAT. to square. || *v.i.* 2 tally. || *v.pron.* 3 MIL. to stand to attention.
cuadratura *s.f.* MAT. quadrature.
cuadricular *adj.* 1 divided into squares. 2 chequered (diseño). || 3 to divide into squares.
cuadro *s.m.* 1 square. 2 painting. 3 frame (marco).
cuadrúpedo, -a *adj.* four-footed.
cuádruple *adj.* fourfold.
cuadruplicar *v.t.* to quadruple.
cuajada *s.f.* curd cheese.
cuajar *s.m.* 1 ZOOL. last stomach (vaca). || *v.i.* 2 to become fixed. 3 to settle (nieve) || *v.t.* 4 to thicken. || *v.pron.* 5 to clot (líquido).

cual *pron.relat.* 1 which. 2 who (personas). || *adv.* 3 like.

cuál *pron.interrog.* 1 which (one). || *interj.* 2 how!

cualidad *s.f.* 1 quality. 2 property.

cualitativo, -a *adj.* qualitative.

cualquiera *adj.* 1 any. || *pron.* 2 anybody. 3 whatever.

cuán *adv.* how.

cuando *adv.* y *conj.* 1 when. 2 whenever. 3 if. 4 even if.

cuándo *adv.* y *conj.interrog.* 1 when. || 2 ¿desde –?, how long?. 3 ¿de – acá?, since when?

cuantía *s.f.* amount, value.

cuantioso, -a *adj.* large, plentiful, considerable.

cuantitativo, -a *adj.* quantitative.

cuanto, -a *adj.* y *pron.* 1 all. || *s.pl.* 2 all. || 3 en –, as soon as.

cuánto *adv.* 1 how. || *interrog.* 2 how much? || *s.pl.* 3 how many?

cuarenta *adj.* 1 forty (cardinal), 2 fortieth (ordinal).

cuarentena *s.f.* 1 forty. 2 quarantine.

cuarta *s.f.* 1 quarter. 2 span. 3 run. 4 (Am.) whip. 5 (Am.) extra horse.

cuartel *s.m.* 1 barracks. 2 quatering (escudo). || 3 – **general**, headquarters.

cuartilla *s.f.* sheet (hoja de papel).

cuarto, -a *adj. s.m.* room (habitación).

cuarzo *s.m.* quartz.

cuatrero, -a *adj.* 1 (Am.) cheating. || *s.m.* 2 rustler (ganadería).

cuatrienio *s.m.* four-year period.

cuatro *adj.* 1 four. 2 (fam.) very few.

cuba *s.f.* barrel.

cubeta *s.f.* 1 keg (tonel). 2 (Am.) (fam.) top-hat.

cúbico *adj.* cubic.

cubierta *s.f.* 1 covering. 2 cover (libro). 3 MAR. deck. 4 ARQ. roof. 5 (fig.) claim.

cubierto, -a *adj.* knife.

cubilete *s.m.* 1 dice cup (juegos). 2 (Am.) top-hat.

cubismo *s.m.* cubism.

cubito *s.m.* ulna.

cubo *s.m.* 1 cubo. 2 bucket (balde).

cubrir *v.t.* 1 to cover. 2 to hide.

cucaracha *s.f.* ZOOL. cockroach.

cuchara *s.f.* 1 spoon. 2 (Am.) trowel. 3 (Am. y fam.) pickpocket.

cucharada *s.f.* spoonful.

cucharón *s.m.* ladle (cocina).

cuchicheo *s.m.* whispering.

cuchilla *s.f.* 1 cleaver. 2 blade. 3 razorblade (de afeitar). 4 (fig.) sword.

cuchillada *s.f.* knife-wound.

cuchillo *s.m.* 1 knife. 2 gore (coser). 3 ARQ. support. 4 ZOOL. bottom fang.

cuclillas (en) *adv.* crouching.

cucurucho *s.m.* cornet.

cuello *s.m.* 1 neck. 2 collar.

cuenca *s.f.* 1 bowl. 2 ANAT. socket. 3 GEOG. basin.

cuenco *s.m.* bowl.

cuenta *s.f.* 1 calculation. 2 bill. 3 account.

cuentagotas *s.m.* dropper.

cuentakilómetros *s.m.* speedometer.

cuentista *s.m.* 1 storyteller. 2 gossip.

cuento *s.m.* 1 tale. 2 piece of gossip (chisme). 3 lie (falsedad).

cuerda *s.f.* 1 string. 2 rope. 3 spring (relojería). || 4 cuerdas vocales, vocal chords.

cuerdo, -a *adj.* sane.

cuerno *s.m.* 1 horn. 2 MIL. wing. 3 tip (punta). || *interj.* 4 blimey!

cuero *s.m.* 1 leather. 2 wineskin (odre).

cuerpo *s.m.* 1 body. 2 substance. 3 thickness. 4 volume (libros). 5 corps.

cuervo *s.m.* crow.

cuesta *s.f.* hill.

cuestión *s.f.* 1 question. 2 argument.

cuestionar *v.t.* 1 to challenge. || *v.i.* 2 to have an argument.

cuestionario *s.m.* 1 questionnaire. 2 examination paper.

cueva *s.f.* 1 cave. 2 wine-cellar.

cuidado *s.m.* 1 care. 2 worry. 3 concern. || *interj.* 4 be careful!

cuidador *adj.* 1 caring. || *s.m.* 2 DEP. coach. 3 (Am.) male nurse.

cuidadoso, -a *adj.* 1 careful (atento). 2 apprehensive (ansioso).

cuidar *v.t.* 1 to take care of. || *v.pron.* 2 to look after oneself.

cuita *s.f.* 1 worry. 2 grief.

culata *s.f.* 1 bub. 2 breech. 3 MEC. cylinder head. 4 ZOOL. hindquarters.

culebra *s.f.* snake.

culinario, -a *adj.* culinary.

culminante *adj.* 1 highest. 2 (fig.) paramount. 3 ASTR. culminant.

culminar *v.i.* 1 to culminate. 2 to reach its highest point (estrella).

culo *s.m.* arse, bottom.

culpa *s.f.* 1 offence. 2 blame.

culpable *adj.* guilty.

cultivar *v.t.* 1 to cultivate. 2 to develop.

cultivo *s.m.* 1 AGR. cultivation. 2 crop. 3 BIO. culture.

culto, -a *adj.* 1 learned. 2 cultured. || *s.m.* 3 adoration. 4 REL. worship.

cultura *s.f.* culture.

cumbre *s.f.* summit.

cumpleaños *s.m.* birthday.

cumplido, -a *adj.* 1 finished. || *s.m.* 2 compliment.

cumplimentar *v.t.* 1 to congratulate. 2 to carry out.

cumplir *v.t.* 1 to carry out. 2 to turn (edad). || *v.i.* 3 to do right, to comply. || 4 to be one's job. || *v.pron.* 5 to be up (plazo). 6 to materialise.

cúmulo *s.m.* 1 accumulation. 2 cumulus (nubes).

cuna *s.f.* 1 cradle (cama). 2 stock (linaje). 3 place of birth (lugar de nacimiento).

cundir *v.i.* 1 to spread (extenderse). 2 to give (dar de sí).

cuneta *s.f.* 1 ditch (foso). 2 gutter.

cuña *s.f.* 1 wedge. 2 (Am. fam.) friend high places.

cuñada *s.f.* sister-in-law.

cuñado *s.m.* brother-in-law.

cuota *s.f.* quota.

cuplé *s.m.* popular song.

cupletista *s.m.* popular singer.

cupo *s.m.* 1 quota. 2 (Am.) capacity. 3 spare seat (coche).

cupón *s.m.* 1 coupon. 2 COM. dividend.

cúprico, -a *adj.* copper.

cúpula *s.f.* 1 ARQ. dome. 2 BOT. involucre. 3 cup (árbol). 4 MAR. turret. 5 POL. party leaders.

cura *s.m.* 1 REL. priest. || *s.f.* 2 MED. cure. 3 remedy (pócima).

curación *s.f.* 1 healing (acto). 2 cure.

curanderismo *s.m.* quack medicine.

curar *v.t.* to cure, to treat.

curativo, -a *adj.* healing.

curia *s.f.* Curia, papal Curia.

curiosamente *adv.* curiously.

curiosear *v.t.* to glanie at, to look over.

curiosidad *s.f.* 1 curiosity. 2 (desp.) meddling. 3 fastidiousness (limpieza).

curioso *adj.* curious, eager.

currante *s.m.* y *f.* worker, labourer.

currar *v.i.* to work.

cursar *v.t.* to send, to dispatch.

cursilería *s.f.* 1 bad taste (mal gusto). 2 showiness (ostentación). 3 affectation.

cursillo *s.m.* short course.

cursiva *s.f.* italics.

curso *s.m.* course, direction, flow.

cursor *s.m.* sile.

curtido, -a *adj.* 1 tanned (cuero). 2 hardened (piel). 3 (fig.) skilled (experto). || *s.m.* 4 tanning (cuero).

curtidor, -a *s.m.* y *f.* tanner.

curtimiento *s.m.* tanning.

curtir *v.t.* to tan.

curva *s.f.* curve.

curvado, -a *adj.* 1 curved (un arco, etc.). 2 bent (varilla). 3 stooping (persona).

curvar *v.t.* 1 to curve. 2 to bend. 3 to warp (madera).

curvo, -a *adj.* curved.

cúspide *s.f.* 1 cusp. 2 summit, peak.

custodiar *v.t.* 1 to guard. 2 (fig.) to watch over.

custodio, -a *adj.* 1 watchful. || *s.m.* 2 keeper. || 3 ángel –, REL. guardian angel.

cúter *s.m.* cutter.

cutícula *s.f.* cuticie.

cutis *s.m.* skin, complexion.

cutre *adj.* mean, stingy (tacaño).

cuyo *adj.* whose of wom, of which.

D

d, D *s.f.* d, D (letra).

dable *adj.* viable, feasible.

dactilar *adj.* digital, finger.

dáctilo *s.m.* dactyl.

dactilografía *s.f.* typing, typewriting.

dactilográfico, -a *adj.* typing.

dádiva *s.f.* 1 present, gift. 2 donation.

dado, -a *p.p.* 1 de dar. ‖ *s.m.* 2 dice. 3 block (para soporte). 4 stud (refuerzo de una cadena). ‖ 5 in view of. 6 – **a**, given to. 7 – **que**, given that.

daga *s.f.* dagger.

daguerrotipo *s.m.* daguerrotype.

dalia *s.f.* dahlia.

daltonismo *s.m.* colour blindness.

dama *s.f.* 1 lady. 2 Queen (en ajedrez). 3 King (en las damas). 4 lover, mistress (manceba). ‖ *pl.* 5 draughts (damas).

damasquinar *v.t.* to damask.

damisela *s.f.* young lady.

damnificar *v.t.* to injure, to harm.

dantesco, -a *adj.* Dantesque.

danza *s.f.* 1 dance. 2 shady deal.

danzar *v.t.* e *i.* to dance.

dañar *v.t.* 1 to damage. 2 to hurt.

daño *s.m.* 1 harm, injury, hud. 2 damage.

dar *v.t.* 1 to give. 2 to hand (en la mano). 3 to produce, to bear (producto natural). 4 to make (emociones). 5 to cause (enfermedad). 6 to show (espectáculo). 7 to emit. 8 to set (modelo). 9 to deal (cartas). 10 to utter (grito). 11 to strike (las horas). ‖ *v.t.* y *v.pron.* 12 to take, to go for (paseo). ‖ *v.i.* 13 to look out (a una parte). 14 to hit (contra un obstáculo). 15 to feel (dolor). 16 to strike (acertar). ‖ *v.pron.* 17 to happen, to take place.

dardo *s.m.* 1 dart. 2 dace (pez).

dársena *s.f.* basin, dock.

datar *v.t.* 1 to date, to place a date on. 2 to credit. ‖ *v.i.* 3 to date.

dátil *s.m.* 1 date. 2 date mussel.

dativo *s.m.* dative.

dato *s.m.* 1 fact, item of information. ‖ *pl.* 2 facts, data. ‖ 3 **datos personales,** personal details.

de *prep.* Indica: **a)** posesión o pertenencia. **b)** procedencia. **c)** composición. **d)** contenido. **e)** característica. **d)** descripción. **g)** tiempo. **h)** edad. **i)** aposición. **i)** precio. **k)** modo. **i)** uso. **m)** introduce el agente. **n)** números. **o)** condicional. **p)** superlativo o comparativo, **q)** partitivo.

deambular *v.i* to saunter, to stroll.

deambulatorio *s.m.* ambulatory.

debajo *adv.* 1 underneath, below. ‖ 2 – **de**, under, beneath. 3 **por – de**, under.

debatir *v.t.* to debate, to discuss.

debe *s.m.* 1 debit side. ‖ 2 – **y haber,** debit and credit.

debelar *v.t.* to beat, to defeat.

deber *v.t.* 1 to owe. ‖ *v.i.* 2 must. 3 should, ought to. ‖ *v.pron.* 4 to be due to. ‖ *s.m.* 5 duty, obligation. ‖ *s.m.pl.* 6 homework (en el colegio).

debido, -a *adj.* due, correct, proper.

débil *adj.* 1 weak. 2 feeble (físico). 3 poor (salud). 4 dim (luz). ‖ *s.m.* y *f.* 5 weak person.

debilidad *s.f.* weakness.

debilitar v.t. 1 to weaken, to debilitate. || v.pron. 2 to grow/get/become weak.

débito s.m. 1 debit (debe). 2 debt (deuda).

debutante s.m. y f. debutante.

debutar v.i. to make one's debut.

década s.f. decade.

decadencia s.f. decline, decay, decadence.

decaer v.i. 1 to decline, to decay. 2 COM. to fall off. 3 to weaken (fuerzas). 4 to sink.

decalvar v.t. to crop.

decano s.m. dean.

decantar v.t. 1 to pour off, to decant (líquidos). 2 to laud, to praise (alabar).

decapitar v.t. to decapitate, to behead.

decena s.f. 1 ten. || pl. 2 tens.

decencia s.f. 1 decency. 2 honesty.

decenio s.m. decade.

decepción s.f. disappointment.

decepcionar v.t. to disappoint.

deceso s.m. death.

dechado s.m. 1 perfect example (ejemplar). 2 model (modelo).

decibel o **decibelio** s.m. decibel.

decidir v.t. 1 to decide. 2 to settle. || v.i. 3 to choose. || v.pron. 4 to make up one's mind, to decide.

decimal adj. y s.c. decimal.

décimo, -a adj./s.m. y f. tenth.

decir v.t. y pron. 1 to say, to tell. || v.t. 2 to tell (una mentira). || s.m. 3 saying, phrase. || 4 **es un** –, it's just a saying. 5 **¡diga!**, hello! 6 **es mucho** –, that's saying a lot.

decisión s.f. 1 decision. 2 DER. judgment || s.i. 3 determination.

declamación s.f. declamation.

declamar v.t. e i. 1 to declaim. 2 to recite (poesía).

declaración s.f. 1 declaration. 2 statement (a la prensa). 3 DER. evidence. 4 bid, call (bridge). 5 proposal (de matrimonio).

declarar v.t. 1 to declare, to state. 2 to bid (bridge). || v.i. 3 to declare. 4 DER. to testify. || v.pron. 5 to declare oneself. 6 to break out.

declinación s.f. 1 FÍS. declination. 2 GRAM. declension.

declinar v.t. 1 to decline, to turn down. || v.i. 2 to decline, to slope down (tierra). 3 to diminish. 4 to decay (decaer). 5 to get weaker (debilitarse).

declive s.m. slope, incline.

decocción s.f. decoction.

decolorar o **descolorar** v.t. 1 to discolour, to fade. || v.pron. 2 to fade, to get discoloured.

decomisar v.t. to confiscate, to seize.

decoración s.f. 1 decoration. 2 set, scenery (teatro).

decoro s.m. 1 decorum, decency (honra). 2 respect (respeto). 3 dignity (dignidad). 4 purity (pureza).

decrecer o **descrecer** v.i. 1 to decrease. 2 to go down (agua). 3 to get shorter (días).

decrepitación s.f. decrepitation.

decretar v.t. 1 to decree. 2 to order.

decreto s.m. decree, order.

decúbito s.m. 1 decubitus. || 2 – **lateral**, side position.

décuplo, -a adj. 1 tenfold, ten times. || s.m. y f. 2 tenfold.

decurso s.m. course.

dedal s.m. thimble.

dédalo s.m. labyrinth.

dedicar v.t. 1 to dedicate. 2 REL. to consecrate. 3 to devote, to give (tiempo, esfuerzos). 4 to inscribe (libros). 5 to address (palabras). || v.pron. 6 to dedicate oneself. 7 to take up.

dedil s.m. fingerstall.

dedo s.m. 1 finger (de la mano). 2 toe (del pie). || 3 – **anular**, ring finger. 4 – **meñique**, little finger. 5 – **del corazón**, middle finger. 6 – **índice**, index finger, forefinger. 7 – **pulgar**, thumb. 8 – **gordo del pie**, big toe.

deducción s.f. deduction, inference.

deducir v.t. 1 to deduce, to infer. 2 DER. to claim.

defecar v.i. to defecate.

defecto s.m. 1 defect, flaw. 2 ELEC. fault. 3 flaw (de una joya). 4 flaw (argumentos). 5 lack, shortage (carencia).

defender *v.t.* 1 to defend against/from (contra, de). 2 to protect (proteger). 3 to uphold. || *v.pron.* 4 to defend oneself. 5 to get by.

defenestrar *v.t.* to throw out of the window.

defensa *s.f.* 1 defence. 2 fender. 3 protection, shelter.

deferencia *s.f.* 1 deference. 2 regard.

deferir *v.i.* 1 to defer. || *v.t.* 2 DER. to refer.

deficiencia *s.f.* 1 deficiency. 2 lack (falta). 3 faultiness.

déficit *s.m.* deficit.

definible *adj.* definable.

definición *c.f.* definition

definir *v.t.* 1 to define. 2 to explain, to clarify.

deflagrar *v.i.* to deflagrate.

defoliación *s.f.* defoliation.

deforestado, -a *adj.* deforested.

deformación *s. f.* 1 deformation. 2 distortion (televisión). 3 TEC. warping.

deformar *v.t.* 1 to deform. 2 to distort. 3 MEC. to strain. 4 to warp. || *v.pron.* 5 to be deformed. 6 to become, get deformed.

defraudación *s.f.* 1 fraud (fraude). 2 disappointment (decepción).

defraudar *v.t.* 1 to defraud. 2 to dash (esperanzas). 3 to disappoint (decepcionar). 4 to deceive (engañar). 5 to evade (impuestos)

defunción *s.f.* 1 demise. 2 death.

degenerar *v.i.* 1 to degenerate. 2 to decay (decaer). || *v.pron.* 3 to become degenerate.

deglución *s.f.* swallowing.

deglutir *v.t.* e *i.* to swallow.

degollar *v.t.* 1 to slit. 2 to behead, to decapitate. 3 to destroy. 4 to murder.

degradar *v.t.* 1 to degrade, to humiliate. 2 ART. to gradate. 3 MIL. to demote.

degustar *v.t.* to sample, to taste.

dehesa *s.m.* meadow, pasture.

deidad *s.f.* 1 deity, god. || *s.i.* 2 divinity.

deificar *v.t.* 1 to deify. 2 to praise, to exalt.

deísmo *s.m.* deism.

dejación *s.f.* abandonment, cession.

dejadez *s.f.* 1 laziness. 2 negligence.

dejado, -a *adj.* untidy, disorderly.

dejar *v.t.* 1 to leave. 2 to give up, to stop. 3 to drop (depositar). 4 to abandon. 5 to produce. 6 to omit (omitir). 7 to let, to allow (permitir). 8 to wait (esperar). 9 to lend (prestar). || *v.i.* 10 – **de**, to give up, to stop. || *v.pron.* 11 to allow, let oneself.

deje *s.m.* accent.

del *contr.* 1 of the. 2 from the.

delación *s.f.* accusation, denunciation.

delantal *s.m.* 1 apron. 2 pinafore.

delante *adv.* 1 in front ahead. 2 oposite (en frente).

delantero, -a *adj.* 1 front. 2 DEP. forward. 3 fore (pata).

delatar *v.t.* 1 to denounce, to accuse. 2 to grass, to betray (soplar).

delco *s.m.* distributor.

delegación *s.f.* 1 delegation. 2 branch.

delegar *v.t.* to delegate.

deleitar *v.t.* 1 to delight, to charm. || *v.pron.* 2 to take pleasure in.

deletéreo, -a *adj.* poisonous, deleterious.

deletrear *v.t.* 1 to spell (out). 2 (fig.) to decipher.

deleznable *adj.* 1 fragile. 2 slippery (resbaladizo). 3 ephemeral (breve).

delfín *s.m.* dolphin.

delgado, -a *adj.* 1 thin. 2 slim (esbelto) 3 poor (tierra). 4 narrow (estrecho). || *s.pl.* 5 flanks (de animales).

deliberar *v.i.* 1 to deliberate, to ponder. || *v.t.* 2 to debate, to discuss.

delicadeza *s.f.* 1 delicacy (finura). 2 tactfulness (tacto). 3 sensitivity (sensibilidad). 4 politeness (cortesía). 5 refinement (de modales). 6 frailty (de salud).

delicia *s.f.* delight.

delicioso, -a *adj.* 1 delicious. 2 charming, pleasant.

delictivo, -a *adj.* criminal.

delimitación *s.f.* delimitation.

delimitar *v.t.* to delimit.

delincuente *adj./s.m.* y *f.* delinquent, criminal, offender.

delineación s.f. delineation.

delineante s.m. y f. draughtsman.

delinear v.t. 1 to delineate, to outline. 2 to draw (dibujar).

delinquir v.i. to commit a crime.

deliquio s.m. faint, fainting fit.

delirar v.i. 1 to be delirious. 2 to rant, to rave (desvariar).

delito s.m. crime, offence.

delta s.f. delta.

demacración s.f. emaciation.

demagogia s.f. demagogy.

demanda s.f. 1 claim, petition. 2 demand. 3 lawsuit, action. 4 search. 5 request, appeal. 6 inquiry.

demandar v.t. 1 to desire. 2 to request. 3 to ask. 4 to sue, to take legal action.

demarcación s.f. demarcation.

demás adj. y pron.indef. 1 rest, remaining, other. || por –, uselessly. 3 por lo –, as to the rest. 4 ... y –, ... and so on.

demasía s.f. surplus, excess.

demasiado, -a adj. 1 too much. || pl. 2 too many. || adv. 3 too, too much.

demencia s.f. madness, insanity.

demisión s.f. demission.

democracia s.f. democracy.

demografía s.f. demography.

demográfico, -a adj. 1 demographic. || atr. 2 population.

demoler v.t. to pull down, to demolish.

demonio s.m. 1 devil. 2 evil spirit. || 3 ¡–!, the hell!

demorar v.t. 1 to delay. 2 to hold up. || v.i. 3 to stay on, to linger (detenerse). || v.pron. 4 to take a long time.

demostrar v.t. 1 to demonstrate. 2 to show. 3 to prove (probar).

demudar v.t. to change, to alter.

denario, -a adj. denary.

dendrita s.f. dendrite.

denegar v.t. 1 to refuse. 2 to reject. 3 to deny.

denegrecer v.t. 1 to blacken. || v.pron. 2 to go black.

denigrar v.t. 1 to denigrate, to belittle. 2 to insult, to abuse.

denodado, -a adj. brave, daring.

denominar v.t. to denominate, to name, to call.

denostar v.t. to insult, to abuse.

denotar v.t. 1 to denote. 2 to mean (significar). 3 to show, to indicate.

densidad s.f. 1 density. 2 thickness.

denso, -a adj. 1 dense, compact. 2 thick. 3 dry, heavy (libro).

dentado, -a adj. 1 toothed (con dientes). 2 cogged (rueda). 3 perforated. 4 serrated.

dentadura s.f. teeth, set of teeth.

dentellada s.f. 1 bite, nip (mordisco). 2 toothmark (señal).

dentellar v.i. to rattle, to chatter.

dentera s.f. 1 setting on edge (dientes). 2 envy (envidia). || 3 **darle – a uno,** to set one's teeth on edge.

dentífrico s.m. 1 toothpaste. || adj. 2 tooth.

dentista s.m. dentist.

dentro adv. 1 inside, indoors 2 – de, a) within, in (en el tiempo). b) inside (lugar).

denuedo s.m. bravery, daring.

denuesto s.m. insult.

denuncia s.f. 1 report. 2 denunciation. 3 report (documento). 4 acusation.

denunciar v.t. 1 to report. 2 to denounce.

deparar v.t. 1 to provide. 2 to cause. 3 to give.

departamento s.m. 1 department, section. 2 office. 3 district. 4 compartment.

departir v.i. to talk, to converse.

depauperar v.t. 1 to impoverish, to pauperise. || v.t. y pron. 2 to weaken.

dependencia s.f. 1 dependence, reliance. 2 office. 3 section, department.

depender v.i. 1 to depend (on). 2 to be under (estar subordinado a).

dependiente adj. 1 dependent, reliant. || s.m. y f. 2 employee. 3 shop assistant.

depilar v.t. 1 to depilate, to shave. || v.r. 2 to pluck (cejas).

deplorar v.t. to deplore.

deponente *adj.* **1** deponent. **2** testifying.

deponer *v.t.* **1** to give evidence, to testify. **2** to lay down (las armas). **3** to depose, to overthrow (derrocar). **4** to remove from office (de un cargo).

deporte *s.m.* sport.

depositar *v.t.* **1** to deposit. **2** to store, to put away (almacenar). **3** to place (poner). **4** to leave (dejar). || *v.pron.* **5** to settle.

depósito *s.m.* **1** FIN. deposit. **2** warehouse, store (almacén). **3** dump (de basuras). **4** sediment.

depravar *v.t.* to deprave, to corrupt.

deprecar *v.t.* **1** to beg. || *v.i.* **2** to pray.

depreciar *v.t.* **1** to depreciate. || *v.pron.* **2** to lose value.

depresión *s.f.* **1** depression, hollow. **2** ECON. slump.

deprimir *v.t.* to depress, to flatten.

deprisa o **de prisa** *adv.* quickly, fast.

depurar *v.t.* **1** to purify. **2** POL. to purge. **3** to cleanse (la sangre).

derecha *s.f.* rigth, rigth-hand side.

derecho, -a *adj.* straight (en dirección). **2** upright, erect (vertical). **3** rigth (mano). **4** (Am.) honest, straigth. **5** fair. || *s.f.* **6** rigth hand. || *s.m.* **7** law (estudio de leyes). **8** claim, title (a algo concreto).

deriva *s.f.* **1** deviation. **2** drift (sin rumbo).

derivación *s.f.* **1** derivation. **2** source, origin. **3** ELEC. shunt.

derivar *v.t.* **1** to derive from (de). **2** to divert (desviar). || *v.i.* **3** MAR. to drift.

dermatología *s.f.* dermatology.

dermis *s.f.* dermis, cutis.

derogar *v.t.* to abolish, to repeal.

derrama *s.f.* distribution, apportionment.

derramar *v.t.* y *v.r.* **1** to spill (sin querer). **2** to pour out (echar). **3** to shed (sangre).

derrapar *v.i.* to skid.

derredor *s.m.* **1** surroundings. **2** al – de, round about; around. **3** en –, around.

derrengar *v.t.* **1** to damage one's back. **2** to twist (torcer).

derretir *v.t.* y *v.pron.* **1** to melt. **2** to thaw.

derribar *v.t.* **1** to demolish, to knock down. **2** to batter down (una puerta). **3** to throw (un caballo). **4** to shoot down (un avión). || *v.pron.* **5** to fall down (caer).

derrocadero *s.m.* rocky cliff.

derrocar *v.t.* **1** to demolish, to knock down. **2** POL. to overthrow. **3** to remove (deponer). **4** to throw down.

derrochar *v.t.* to waste, to squander.

derrota *s.f.* **1** defeat. **2** setback (revés). **3** disaster, debacle (desastre).

derrotar *v.t.* **1** to defeat. **2** to squander.

derrote *s.m.* butt (de un toro).

derrotero *c.m.* **1** MAR. course (rumbo). **2** sailing instruction. **3** pilot book (libro).

derrumbar *v.t.* **1** to knock down, to demolish. **2** to overturn (volcar). **3** to throw down. || *v.pron.* **4** to collapse.

desabarrancar *v.t.* to pull someone out of a gully, ravine.

desabastecido, -a *adj.* out of supplies.

desabor *s.m.* tastelessness, insipidness.

desabordarse *v.r.* to cast off.

desabotonar *v.t.* **1** to unbutton. || *v.i.* **2** BOT. to open out, to blossom.

desabrido, -a *adj.* **1** tasteless, insipid (soso). **2** unsettled (tiempo).

desabrigado, -a *adj.* uncovered, overcoatless (sin abrigo).

desabrochar *v.t.* to undo, to unfasten.

desacatar *v.t.* **1** to be disrespectful to. **2** to disobey.

desacertar *v.t.* to get it wrong.

desacomodar *v.t.* **1** to inconvenience. **2** to sack, to fire.

desaconsejado, -a *adj.* **1** unwise, illadvised. **2** imprudent, foolish. || *s.m.* y *f.* **3** fool.

desaconsejar *v.t.* to dissuade.

desacostumbrar *v.t.* **1** to break the habit of. || *v.pron.* **2** to give up.

desacreditar *v.t.* **1** to discredit, to harm the reputation of. **2** to disparage. || *v.pron.* **3** to disgrace.

desactivar *v.t.* to deactivate.

desacuerdo *s.m.* 1 disagreement, discord. 2 forgetfulness (olvido).

desafecto, -a *adj.* 1 disaffected, hostile. || *s.m.* 2 ill will.

desafiar *v.t.* 1 to challenge, to dare. 2 to defy. 3 to compete.

desafinar *v.i.* 1 MÚS. to be out of tune. 2 to play.

desaforar *v.t.* 1 to take away one's rights. || *v.pron.* 2 to act outrageously.

desafortunado, -a *adj.* 1 unlucky. 2 unfortunate.

desagraciar *v.t.* to disfigure.

desagradar *v.t.* 1 to displease. 2 to dislike. || *v.i.* 3 to be unpleasant.

desagradecer *v.t.* to be ungrateful for.

desagraviar *v.t.* to make amends.

desagregar *v.t.* to disintegrate.

desaguisado, -a *adj.* 1 illegal. 2 outrageous. || *s.i.* 3 insult.

desahogar *v.t.* 1 to relieve, to ease. 2 to console. || *v.pron.* 3 to let off steam.

desahuciar *v.t.* 1 to give up all hope. 2 to evict.

desairado, -a *adj.* ungraceful.

desairar *v.t.* 1 to offend. 2 to snub.

desajustar *v.t.* 1 to disorder. 2 to disconnect. || *v.r.* 3 to go wrong.

desalar *v.t.* 1 to desalinate. 2 to remove the wings of. || *v.pron.* 3 to rush.

desalentar *v.t.* 1 to make breathless. 2 to discourage. || *v.pron.* 3 to lose heart.

desalinear *v.t.* 1 to go off line. || *v.pron.* 2 to go out of line.

desaliñar *v.t.* 1 to disorder. 2 to dirty.

desalmado, -a *adj.* 1 ruthless. 2 cruel. 3 evil.

desalojar *v.t.* 1 to eject. 2 to dislodge. 3 to abandon. 4 to clear. || *v.pron.* 5 to change house.

desamarrar *v.t.* 1 to cast off. 2 to untie.

desamor *s.m.* 1 indifference. 2 dislike.

desamortizar *v.t.* to sell off.

desamparar *v.t.* 1 to desert, to abandon. 2 to leave.

desandar *v.t.* to walk back, to go back.

desangrar *v.t.* 1 to bleed. || *v.pron.* 2 to lose blood (perder sangre).

desanimar *v.t.* 1 to discourage. 2 to depress. || *v.pron.* 3 to get discouraged.

desanudar *v.t.* to disentangle.

desapacible *adj.* unpleasant, disagreeable.

desapadrinar *v.t.* to disapprove of.

desaparecer *v.i.* 1 to disappear, to vanish. || 2 to hide.

desaparejar *v.t. y r.* to unhitch.

desapasionar *v.t.* to take away the passion.

desapegar *v.t.* 1 to remove. 2 to unstick.

desapercibido, -a *adj.* 1 unprepared. 2 unnoticed.

desaprensivo, -a *adj.* 1 unscrupulous. 2 immoral.

desaprobar *v.t.* 1 to disapprove of. 2 to refuse.

desarmar *v.t.* 1 to disarm. 2 to dismantle, to take apart.

desarraigar *v.t.* to uproot.

desarreglar *v.t.* 1 to disarrange. 2 to spoil. || *v.pron.* 3 to get untidy.

desarrendar *v.t.* 1 to unbridle. 2 to stop renting.

desarrollar *v.t. y v.pron.* 1 to unroll. 2 to unfold. 3 to develop. 4 to expound.

desarrollo *s.m.* 1 development. 2 MAT. expansion. 3 DEP. course. 4 evolution.

desarticular *v.t.* 1 to separate. 2 to take apart. 3 (fig.) to break up. || *v.t. y pron.* 4 to put out.

desasear *v.t.* 1 to soil, to dirty. 2 to mess up.

desasentar *v.t.* 1 to remove. || *v.pron.* 2 to stand up.

desasimilación *s.f.* dissimilation.

desasir *v.t.* 1 to loosen. || *v.pron.* 2 to free oneself of.

desasosegar *v.t.* to perturb, to make uneasy, to disquiet.

desastrado, -a *adj.* 1 unlucky. 2 dirty.

desastre *s.m.* disaster.

desatar *v.t.* 1 to untie, to undo. 2 to unleash. || *v.pron.* 3 to get loose (animales). 4 to break out.

desatascar *v.t.* to unblock, to clear.

desatención *s.f.* 1 inattention. 2 rudeness, discourtesy disrespect.

desatender *v.t.* 1 to ignore. 2 to neglect. 3 to offend.

desatentar *v.t. y pron.* to bewilder.

desatinar *v.t.* 1 to bewilder, to confuse. || *v.i.* 2 to talk nonsense.

desatornillar *v.t. y pron.* to unscrew.

desatracar *v.t. y pron.* to cast off.

desatrancar *v.t. y pron.* to unblock, to clear.

desautorizar *v.t.* 1 to take away someone's authority. 2 to deny.

desavenencia *s.f.* 1 disagreement, discord. 2 row.

desayunar *v.i. y pron.* to have breakfast.

desazón *s.m.* 1 tastelessness. 2 itch.

desbancar *v.t.* to replace.

desbandarse *v.r.* 1 MIL. to disband. 2 to flee in disorder. 3 to desert.

desbarajuste *s.m.* chaos, disorder, mess.

desbaratar *v.t.* 1 to spoil. 2 to squander. 3 to frustrate.

desbarrancar *v.t. y v.pron.* (Am.) to throw into a chasm (tirar).

desbarrar *v.i.* to talk nonsense.

desbastar *v.t.* 1 to rough-hew. 2 to plane.

desbocado, -a *adj.* 1 broken. 2 foulmouthed. 3 runaway (caballo). 4 (Am.) overflowing (río).

desbordar *v.t.* 1 to go beyond (superar). 2 to exceed. || *v.i. y pron.* 3 to flood, to overflow (ríos).

desbravar *v.t.* 1 to tame. 2 to break in. || *v.t. y pron.* 3 to get less wild.

desbrozar o **desembrozar** *v.t.* to clear the undergrowth.

descabalar *v.t. y r.* to leave unfinished.

descabellado, -a *adj.* 1 wild, mad. 2 ridiculous.

descabellar *v.t.* 1 to ruffle. 2 to finish off.

descabezado, -a *adj.* headless.

descabezar *v.t.* 1 to behead, to decapitate. 2 to top (flores). || *v.pron.* 3 to shed the grain.

descalabrar *v.t. y pron.* 1 to hit on the head. || *v.t.* 2 to injure.

descalcificar *v.t.* to decalcify.

descalificar *v.t.* 1 to disqualify. || *v.t. y pron.* 2 to discredit.

descalzar *v.t.* 1 to take off. 2 to dig under.

descamar *v.t.* 1 to scale off. || *v.pron.* 2 to flake off.

descambiar *v.t.* to change again.

descaminar o **desencaminar** *v.t.* 1 to send the wrong way, to misdirect. || *v.pron.* 2 to go the wrong way. 3 (fig.) to go astray.

descamisado *adj.* 1 shirtless. 2 (fig.) tattered. || *s.c.* 3 wretch.

descampado, -a o **escampado -a** *adj.* 1 open. || *s.m.* 2 open space.

descansar *v.i. y f.* 1 to rest. 2 to sleep. 3 to lie. 4 to find relief.

descansillo *s.m.* landing (rellano).

descantillar o **descantonar** *v.t.* 1 to embezzle. 2 to deduct.

descapotar *v.t.* to take the hood down.

descararse *v.pron.* to be cheeky, to be insolent.

descarga *s.f.* 1 unloading. 2 firing, discharge.

descargadero *s.m.* wharf.

descargar *v.t.* 1 to unload. 2 to fire, to shoot. 3 (fig.) to hit. || *v.i.* 4 to flow into. 5 to open, to burst (las nubes). || *v.pron.* 6 to resign. 7 to delegate.

descaro *s.m.* cheek, nerve, impudence.

descarriar *v.t.* 1 to misdirect, to send the wrong way. 2 (fig.) to lead astray. || *v.pron.* 3 to get lost.

descarrilar *v.i.* to go off the rails, to be derailed.

descartar *v.t. y v.pron.* 1 to discard, to put aside. 2 to reject. 3 to rule out.

descasar *v.t.* to dissolve a marriage.

descastar *v.r.* to make extinct.

descendencia *s.f.* 1 origin, descent. 2 offspring.

descender *v.i.* 1 to descend, to go down. 2 to drop, to fall. 3 to hang. || *v.t.* 4 to lower, to take down.

descentralización *s.f.* descentralization.

descentrar *v.t.* y *pron.* to put off centre.

desceñir *v.t.* to loosen, to unfasten.

descerrajar *v.t.* to force open.

deschavetado, -a *adj.* (Am.) crazy, daft.

descifrar *v.t.* 1 to decipher. 2 to decode. 3 to work out.

desclavar *v.t.* 1 to unnail. 2 to remove.

descocar *v.t.* 1 to pick coconuts. || *v.pron.* 2 to be cheeky.

descolgar *v.t.* 1 to take down. 2 to lower. 3 to pick up, to lift. || *v.pron.* 4 to descend.

descollar *v.i.* y *pron.* 1 to stand out, to be outstanding. 2 to rise above.

descolorar *v.t.* 1 to discolour, 2 to fade. || *v.pron.* 3 to lose colour.

descomedido, -a *adj.* 1 excessive, immoderate. 2 rude. || *s.m.* y *f.* 3 a rude person.

descompensar *v.t.* y *pron.* to unbalance, to put off balance.

descomponer *v.t.* y *pron.* 1 to rot, to decompose. 2 to break down. 3 to analyse. 4 to split up. 5 to disarrange, to upset || *v.t.* 6 to separate into parts. 7 to spoil. || *v.pron.* 8 to get angry.

descompostura *s.f.* 1 breakdown. 2 untidiness. 3 disorganization.

descomulgar *v.t.* to excommunicate.

descomunal *adj.* enormous, huge.

desconcertar *v.t.* 1 to put out, to upset. 2 to surprise. 3 to baffle, to confuse. || *v.pron.* 4 to be put out. 5 to be dislocated. 6 to break down.

desconectar *v.t.* 1 to disconnect. 2 to turn off. 3 to unplug.

desconfianza *s.f.* mistrust, distrust.

descongestionar *v.t.* y *pron.* 1 to clear. 2 to relieve the congestion.

desconocer *v.t.* 1 not to know, to be ignorant of. 2 not to remember. 3 to deny.

desconsiderar *v.t.* to be inconsiderate towards.

desconsolar *v.t.* 1 to distress. || *v.pron.* 2 to lose hope. 3 to despair.

descontar *v.t.* 1 to deduct, to discount. 2 to take away from. 3 to assume.

descontento, a *adj.* 1 unhappy, dissatisfied. || *s.m.* 2 unhappy o dissatisfied person.

desconvenir *v.i.* 1 to disagree. 2 not to match. || *v.pron.* 3 to be inconvenient.

descorazonar *v.t.* to dishearten, to discourage.

descorchar *v.t.* to uncork.

descornar *v.t.* y *pron.* to dehorn.

descorrer *v.t.* 1 to draw back to open. 2 to unbolt. 3 to drain.

descortés *adj.* impolite, rude.

descoser *v.t.* 1 to unsew, to unstitch. || *v.pron.* 2 to burst.

descosido, -a *adj.* 1 unsewn, unstitched. 2 (fig.) disconnected, disjointed. 3 indiscreet. || *s.m.* 4 unstitched seam.

descotar *v.t.* 1 to cut out. || *v.i.* y *pron.* 2 to pay one's share.

descoyuntar *v.t.* y *v.pron.* to dislocate.

descrédito *s.m.* discredit, disrepute.

descreído, -a *adj.* 1 unbelieving. || *s.m.* y *f.* 2 disbeliever.

describir *v.t.* 1 to describe. 2 to trace.

descriptivo, -a *adj.* descriptive.

descuajaringar o **descuajeringar** *v.t.* 1 to take to pieces, to dismount. || *v.pron.* 2 to fall to bits.

descuartizar *v.t.* 1 to quarter. 2 to cut up.

descubierta *s.f.* scouting, reconnaissance.

descubierto, -a *adj.* 1 uncovered, bare. 2 cloudless, clear. 3 open. 4 under fire. 5 hatless. || *s.m.* 6 deficit. 7 shortage.

descubrir *v.t.* 1 to discover. 2 to find, to detect (detectar). 3 to uncover. 4 to strike. 5 to reveal (revelar). 6 to unearth. 7 to bare. 8 to sight. 9 to show.

descuello *s.m.* 1 superiority. 2 arrogance.

descuento *s.m.* 1 discount. 2 reduction. 3 deduction.

descuidar *v.t.* 1 to neglect. 2 to distract. || *v.i.* 3 not to worry. || *v.pron.* 4 to neglect. 5 to be careless. 6 not to worry.

desde *prep.* 1 from (espacio). 2 from,

since (tiempo). ‖ **3 – hace,** for. **4 – que,** since.

desdecir v.t. **1** to deny, to repudiate. ‖ v.i. y f. **2** to refute. ‖ v.i. **3** not to match, to clash with. ‖ **4** to be unwodhy of, to disappoint. ‖ v.pron. **5** to retract. **6** to go back on, to withdraw.

desdén s.m. disdain, contempt.

desdentado, -a adj. **1** toothless. **2** edentate. ‖ s.pl. **3** ZOOL. edentata.

desdeñar v.t. to disdain, to scorn.

desdibujar v.t. **1** to blur, to fade. ‖ v.pron. **2** to become blurred.

desdicha s.l. misfortune, mishap.

desdoblar v.t. **1** to unwind, to straighten. **2** to unfold, to spread out. **3** to break down, to separate.

desdoro s.m. dishonour, blemish, blot.

desear v.t. **1** to want. **2** to desire, to long for. **3** to wish. **4** to look forward to. **5** to like.

desecar v.t. **1** to dry up. QUÍM. to desiccate. **3** to drain. ‖ v.pron. **4** to dry up.

desechar v.t. **1** to throw away o out. **2** to get rid of. **3** to discard. **4** to reject. **5** to drop. **6** to turn.

desembalar v.t. to unpack.

desembarazar v.t. **1** to evacuate, to clear. **2** to free. **3** to empty. ‖ v.pron. **4** to free oneself of. **5** (Am.) to give birth.

desembarazo s.m. **1** clearing. **2** ease, confidence. **3** (Am.) childbirth.

desembarcar v.t. **1** to land, to put ashore. **2** to unload, to disembark. ‖ v.i. y pron. **3** to go ashore. **4** (Am.) to get out of.

desembocadura s.f. **1** outlet, exit. **2** mouth. **3** end, opening.

desembocar v.i. **1** to flow into, to run into. **2** to join, to meet. **3** (fig.) to end in.

desembolsar v.t. to pay.

desemboscar v.r. to leave the forest.

desembragar v.t. **1** to release. **2** to disconnect. ‖ v.i. **3** to declutch.

desembridar v.t. to unbridle.

desembrozar v.t. **1** to clear the undergrowth. **2** to weed.

desembuchar v.t. to disgorge. ‖

(fig.) to let out, to reveal. ‖ v.i. **3** (fig.) to let out a secret.

desemejar v.i. **1** to be unlike. ‖ v.t. **2** to disfigure, to deform. **3** to change.

desempachar v.t. y r. **1** to get rid of indigestion. ‖ v.pron. **2** to become outgoing.

desempañar v.t. **1** to clean. ‖ v.t. y v.pron. **2** to remove.

desemparejar v.t. y pron. to break up a pair.

desempeñar v.t. **1** to get out of pawn, to redeem. **2** to hold, to occupy. **3** to perform. **4** to play. ‖ v.pron. **5** to pay off someone's debts.

desempleo s.m. unemployment.

desempolvar o desempolvorar v.t. to dust, to do the dusting.

desencadenar v.t. **1** to unchain. **2** to unleash. **3** (fig.) to let loose. ‖ v.pron. **4** to break out. **5** to burst. **6** to rage.

desencajar v.t. **1** to dislocate. **2** to disconnect. **3** to unblock, to free. ‖ v.pron. **4** to become distorted.

desencallar v.t. to refloat.

desencaminar v.t. to send the wrong way.

desencantar v.t. **1** to disillusion, to disappoint. ‖ v.pron. **2** to become disillusioned.

desencapotar v.t. **1** to uncover, to reveal. ‖ v.pron. **2** to clear. **3** to cheer up.

desencerrar v.t. **1** to unlock to open. **2** to get out. **3** to uncover.

desenclavar v.t. to unnail.

desencuadernar o descuadernar v.t. **1** to take off the binding. ‖ v.pron. **2** to come unbound.

desenfadado, -a adj. **1** free-and-easy, carefree. **2** uncaring.

desenfadar v.t. y pron. to calm down.

desenfrenar v.t. **1** to release the brake. ‖ v.r. **2** (fig.) to go wild. **3** to run riot. **4** to burst, to rage.

desengañar v.t. **1** to open the eyes of, to enlighten. **2** to disappoint. ‖ v.pron. **3** to get disillusioned.

desenlazar v.t. **1** to undo, to unfasten, to untie. **2** to unravel, to clear up.

desenmarañar *v.t.* 1 to unravel, to disentangle. 2 to clear up.

desenmascarar *v.t.* to unmask.

desenredar *v.t.* to unravel, to disentangle.

desentenderse *v.pron.* 1 to pretend not to know. 2 not to take part in.

desenterrar *v.t.* 1 to disinter, to exhume. 2 (fig.) to dig up, to unearth.

desentonar *v.i.* 1 to be out of tune. || *v.i. y pron.* 2 (fig.) to clash, not to match. || *v.pron.* 3 to shout.

desentrampar *v.t. y pron.* 1 to get out of debt. 2 to get out of pawn.

desentrañar *v.t.* 1 to disembowel. 2 (fig.) to work out. || *v.pron.* 3 to do/go without.

desenvainar *v.t.* 1 to draw, to unsheathe. 2 to show. 3 to shell. 4 to put out.

desenvoltura *s.f.* 1 ease. 2 facility. 3 assurance. 4 free-and-easy manner.

desenvolver *v.t.* 1 to unwrap. 2 to unroll. 3 to untangle. 4 (fig.) to expound. 5 to unravel. 6 to develop. || *v.pron.* 7 to get out of a fix. 8 to prosper. 9 to grow.

deseo *s.m.* 1 desire, wish. || 2 **buenos deseos**, good intentions.

desequilibrar *v.t.* 1 to unbalance; to throw/knock/put off balance. 2 (fig) to unbalance.

desertar *v.i.* 1 to desert. 2 to abandon. 3 to drop.

desértico, -a *adj.* 1 desert, desert-like. 2 empty.

desesperanzar *v.t.* 1 to deprive of hope. || *v.pron.* 2 to lose hope.

desesperar *v.t.* 1 to drive to despair. 2 (fam.) to annoy. || *v.i.* 3 to give up hope. || *v.pron.* 4 to lose hope.

desestimar *v.t.* 1 to underestimate, 2 to have a low opinion of. 3 to reject. 4 DER. to turn down, to reject.

desfachatez *s.f.* impudence, cheek, nerve.

desfalcar *v.t.* 1 to embezzle. 2 to leave incomplete.

desfallecer *v.i.* 1 to weaken. 2 to faint. 3 to decline.

desfase *s.m.* 1 unadaptability. 2 gap.

desfigurar *v.t.* 1 to disfigure. 2 to deform. 3 to deface. 4 to distort.

desfiladero *s.m.* narrow pass, defile.

desfilar *v.i.* to march in files, to parade.

desfogar *v.t.* 1 to vent, to let fly. || *v.i.* 2 to burst, to break.

desgajar *v.t.* 1 to lear off, to rip off. || *v.pron.* 2 to come away from, to break off.

desgana *s.f.* 1 lack of appetite. 2 lack of willpower. 3 unwillingness.

desgañitarse *v.r.* to go hoarse.

desgarbado, -a *adj.* clumsy, gawky.

desgarrado, -a *adj.* 1 impudent, cheeky. 2 scandalous.

desgarrar *v.t. y r.* 1 to tear, to rip. 2 to crush. 3 to break.

desgarrón *s.m.* 1 large rip o tear. 2 tatter.

desgastar *v.t.* 1 to wear away. 2 to erode. 3 to fray. 4 to corrode. || *v.pron.* 5 to tire. 6 to get weak.

desglosar *v.t.* 1 to remove, to detach. 2 to separate.

desgobernar *v.t.* 1 to misgovern. 2 to dislocate.

desgracia *s.f.* 1 misfortune. 2 mishap. 3 bad luck.

desgraciar *v.t.* 1 to ruin, to spoil. 2 to damage. || *v.pron.* 3 to be ruined. 4 to be damaged.

desgranar *v.t.* 1 to remove the grain. 2 to thresh (trigo). 3 to shell (maíz). || *v.pron.* 4 BOT. to fall.

desgreñar *v.t.* 1 to ruffle, to tousle, to dishevel. || *v.pron.* 2 to get ruffled.

desguarnecer *v.t.* 1 to strip down, to dismantle. 2 to untrim. 3 to abandon.

desguazar *v.t.* 1 to rough-hew, 2 to break up.

deshacer *v.t.* 1 to undo. 2 to damage. 3 to spoil. 4 to destroy. 5 to unpick. 6 to ruin. 7 to take to pieces. 8 to strip down. 9 to unmake. 10 to unpack. 11 to unknot. 12 to melt. 13 to cancel. 14 to thwart. || *v.pron.* 15 to come undone o unfastened. 16 to be shattered, to go to pieces.

desharrapado, -a *adj.* 1 ragged, tattered. || *s.c.* 2 shabby person.

deshecho, -a *adj.* 1 tired out, worn out. 2 crushed, shattered. 3 destroyed. 4 unsewn. 5 broken. 6 melted. 7 dissolved. 8 unmade. 9 unpacked. 10 in pieces. 11 unwrapped. ‖ *s.m.* 12 (Am.) short cut.

desheredado, -a *adj.* 1 disinherited. 2 (fig.) underprivileged, poor. ‖ *s.c.* 3 a disinherited person.

deshidratar *v.t.* y *pron.* to dehydrate.

deshielo *s.m.* 1 thaw. 2 defrosting. 3 (fig.) thawing.

deshilachar *v.t.* 1 to ravel, to fray. ‖ *v.pron.* 2 to become frayed.

deshilar *v.t.* 1 to unravel. ‖ *v.pron.* 2 to get worn, to fray.

deshilvanado, -a *adj.* 1 disconnected, disjointed. 2 untacked (costura).

deshojar *v.t.* 1 to pull o strip. 2 QUÍM. to defoliate. ‖ *v.pron.* 3 to lose its.

deshollinador, -a *adj.* 1 who sweeps chimneys. ‖ *s.m.* 2 chimney sweep.

deshonor *s.m.* dishonour, disgrace.

deshonrar *v.t.* 1 to dishonour, to disgrace. ‖ *v.pron.* 2 to ruin.

deshora *adv.* awkward moment, inconvenient time.

deshuesar o **desosar** *v.t.* 1 to bone. 2 to stone, to pit.

desiderata *s.pl.* desiderata.

desidia *s.f.* 1 negligence, neglect. 2 laziness.

desierto, -a *adj.* 1 deserted, empty. 2 bleak. 3 uninhabited. 4 desert. 5 void. ‖ *s.m.* 6 desert.

designar *v.t.* 1 to designate, to name, to appoint. 2 to select.

designio *s.m.* 1 plan. 2 project. 3 intention.

desigual *adj.* 1 unequal, uneven. 2 different.

desinencia *s.f.* ending.

desinfectar *v.t.* y *pron.* to disinfect.

desinsectar *v.t.* to fumigate.

desintegración *s.f.* 1 disintegration. ‖ 2 – **nuclear**, FÍS. nuclear fission.

desintegrar *v.t.* y *pron.* 1 to disintegrate. 2 to split. 3 (fig.) to break up.

desinterés *s.m.* 1 disinterestedness. 2 impartiality. 3 generosity.

desistir *v.i.* 1 to desist, to stop. 2 to give up. 3 DER. to waive.

desleír o **diluir** *v.t.* y *v.pron.* 1 to dissolve. 2 to dilute, to thin. ‖ *v.t.* 3 to be long-winded.

deslenguar *v.t.* 1 to cut the tongue out/of off. ‖ *v.pron.* 2 to be foul-mouthed.

desliar *v.t.* 1 to untie, to undo. 2 to unwrap, to open. ‖ *v.pron.* 3 to come undone.

desligar *v.t.* 1 to undo, to unfasten, to untie. 2 to free. 3 to separate, to detach. ‖ *v.pron.* 4 to come undone, to come loose. 5 to release o to free oneself.

deslindar *v.t.* to fix, to mark out, to delimit.

desliz *s.m.* 1 slip. 2 sude. 3 skid. 4 (fig.) error. 5 lapse.

deslizar *v.t.* 1 to slip. ‖ *v.i.* y *pron.* 2 to slide. 3 to skid. 4 to slip out. 5 to find its way in (un error). 6 to slither. 7 to glide.

deslomar *v.t.* 1 to break the back of. ‖ *v.r.* 2 (fig.) to break one's back.

deslucir *v.t.* 1 to spoil, to ruin. 2 to damage. 3 to tarnish. 4 to discredit. 5 to dull. ‖ *v.pron.* 6 to get tarnished.

deslumbrar *v.t.* 1 to dazzle, to blind. ‖ 2 (fig.) to confuse, to bewilder.

desmallar *v.t.* 1 to unravel, to untie. 2 to ladder.

desmán *s.m.* 1 desman, muskrat. 2 abuse. 3 excess.

desmandar *v.t.* 1 to annul, to revoke. ‖ *v.pron.* 2 to go too far.

desmantelar *v.t.* 1 to dismantle, to take down. 2 to empty, to strip. 3 MAR. to unrig.

desmañado, -a *adj.* 1 clumsy, ungainly. ‖ *s.m.* y *f.* 2 ungainly/clumsy person.

desmayar *v.i.* 1 to lose heart. ‖ *v.pron.* 2 to faint, to swoon.

desmayo *s.m.* 1 faint, fainting fit. 2 BOT. weeping willow. 3 unconsciousness.

desmedirse *v.pron.* to go over the top.

desmejorar *v.t.* 1 to spoil, to impair. 2 to deteriorate. 3 to damage. ‖ *v.i.* y *pron.* 4 to be spoiled. 5 to get worse. 6 MED. to decline.

desmelenar v.t. 1 to ruffle, to dishevel. || v.pron. 2 to become vain.

desmembrar v.t. 1 to dismember. || v.t. y pron. 2 (fig.) to split up. 3 to separate.

desmemoriado, -a adj. forgetful.

desmentir v.t. 1 to deny, to refute. 2 to contradict. 3 to explode. 4 to go against. || v.i. 5 to be out of line.

desmenuzar v.t. 1 to chop up. 2 to grate. 3 to crumble.

desmerecer v.i. 1 to degenerate, to deteriorate. 2 to be inferior. 3 to lose in comparison. || v.t. 4 to be unworthy of.

desmesurar v.t. 1 to disarrange, to disorder. || v.pron. 2 to go to far.

desmirriado, -a o **esmirriado, -a** adj. 1 thin, skinny. 2 weak, feeble.

desmochar v.t. to lop, to pollard.

desmontar v.t. 1 to fell, to cut. 2 to clear of trees. 3 to level. 4 to take off, to remove. 5 ARQ. to demolish. 6 to uncock. 7 to take down. 8 to throw. || v.i. y pron. 9 to dismount.

desmoralizar v.t. 1 to demoralize. 2 to corrupt. || v.pron. 3 to lose heart. 4 to rebel.

desmoronar v.t. 1 to wear away. 2 (fig) to erode. || v.pron. 3 to decay. 4 to crumble. 5 to decline.

desmovilizar v.t. to demobilize, (fam.) to demob.

desnarigado, -a adj. 1 noseless. 2 stub-nosed.

desnatar v.t. 1 to skim. 2 to remove the top of.

desnaturalizado, -a adj. 1 denaturalized. 2 adulterated. 3 unnatural.

desnaturalizar v.t. 1 QUÍM. to denature. 2 to denaturalize. 3 to pervert, to corrupt (corromper). 4 to misrepresent, to distort (representar mal). 5 to adulterate (adulterar). || v.pron. 6 to give up one's nationality.

desnivel s.m. 1 height difference. 2 slope. 3 unevenness. 4 (fig.) gap, difference.

desnucar v.t. 1 to dislocate the neck. || v.pron. 2 to break one's neck.

desnudo, -a adj. 1 naked, nude. 2 bare. || s.m. 3 nude. || 4 – de, without.

desnutrición s.f. malnutrition.

desobediente adj. disobedient.

desocupación s.f. 1 unemployment. 2 spare time. 3 vacation. 4 evacuation.

desocupar v.t. 1 to vacate, to leave. 2 to evacuate. 3 to empty. || v.pron. 4 to free oneself.

desodorante adj. y s.m. deodorant.

desoír v.t. to ignore, to disregard.

desojarse v.pron. to strain one's eyes.

desolar v.t. 1 to desolate, to devastate. || v.pron. 2 to be disconsolate.

desollador s.m. skinner.

desollar v.t. 1 to skin, to fleece. 2 to criticize.

desorbitar v.t. 1 to leave orbit. 2 to exaggerate. || v.pron. 3 to get out of control. 4 to bulge.

desorden s.m. 1 disorder, confusion. 2 chaos. || pl. 3 riots. || 4 en –, in a mess.

desorganizar v.t. to disorganize, to disrupt.

desorientar v.t. 1 to disorientate. 2 (fig.) to confuse someone. || v.pron. 3 to lose one's way.

desoxidar v.t. to deoxidize, (fam.) to derust.

desoxigenar v.t. y pron. to deoxygenate.

despabilado adj. 1 awake, wideawake. 2 (fig.) sharp, smart.

despabilar o **espabilar** v.t. 1 to snuff. 2 to trim. 3 (fam.) to wake up. 4 to liven up. 5 to squander. || v.pron. 6 to wake up. 7 (fig.) to liven up, to look sharp. 8 (Am.) to vanish.

despachar v.t. 1 to settle, to complete, to dispatch. 2 to deal with, to attend to. 3 to serve. 4 to send. 5 to sell, to issue. 6 (fam.) to polish off, to put away. || v.i. 7 to hurry up. 8 to do business. || v.pron. 9 to finish, (fam.) to knock off.

despacho s.m. 1 sending, dispatch. 2 settling. 3 sale. 4 office. 5 study.

despachurrar v.t. 1 (fam) to flatten, to crush. || v.t. y pron. 2 to squash. 3 to mash.

despacio adv. 1 slowly. 2 (Am.) softly, quietly.

despampanante *adj.* amazing.

desparpajo *s.m.* 1 self-confidence, naturalness. 2 (Am.) chaos, disorder.

desparramado *adj.* 1 scattered. 2 (fig.) spread-out.

desparramar *v.t. y pron.* 1 to spread, to scatter. 2 to spill. 3 (fig.) to squander. || *v.pron.* 4 (fam.) to enjoy oneself.

desparramo *s.f.* dispersion.

despavorido, -a *adj.* very scared, terrified.

despechar *v.t.* 1 (Am.) to wean. 2 to make angry (causar enfado).

despecho *s.m.* 1 spite malice. 2 desperation. 3 (Am.) weaning.

despechugar *v.t.* 1 to cut the breast off. || *v.pron.* 2 to bare one's chest.

despectivo *adj.* 1 scornful, contemptuous. 2 pejorative.

despedazar *v.t.* 1 to destroy, to smash. 2 to mistreat. 3 to break. || *v.pron.* 4 to tear to pieces.

despedida *s.f.* 1 good-bye, farewell. 2 dismissal, (fam.) sacking. 3 send-off. 4 closing formula.

despedir *v.t.* 1 to say goodbye, to see off. 2 to see out. 3 to dismiss, (fam.) to fire, to sack. 4 to send away. 5 to evict. 6 to throw, 7 to release, to give out. 8 to fire. 9 to give off. || *v.pron.* 10 to say goodbye.

despegar *v.t. y pron.* 1 to unstick, to become unstuck. || *v.i.* 2 to take off. || *v.pron.* 3 to break away.

despego *s.m.* 1 separation, detachment. 2 indifference.

despegue *s.m.* 1 takeoff. 2 launch.

despejado, -a *adj.* 1 free, clear, unobstructed. 2 cloudless. 3 awake.

despejar *v.t.* 1 to clear, to free. 2 to sort out, to clear up. 3 DEP. to clear. 4 to explain. || *v.i. y pron.* 5 to clear up. || *v.pron.* 6 to liven up. 7 to wake oneself up.

despejo *s.m.* 1 assurance, self-confidence. 2 brightness.

despellejar *v.t.* 1 to skin. 2 (fig.) to slate, to flay. 3 to murmur.

despeluznante o **espeluznante** *adj.* 1 frightful, dreadful. 2 horrible.

despensa *s.f.* 1 larder, pantry. 2 stock of food.

despeñadero *s.m.* 1 precipice, cliff. 2 (fig.) danger, hazard.

despeñar *v.t. y pron.* 1 to throw down. || *v.pron.* 2 to throw oneself into vice.

desperdiciar *v.t.* 1 to waste, to squander. 2 to throw away, to waste.

desperdicio *s.m.* 1 waste. || *s.pl.* 2 rubbish, scraps.

desperdigar *v.t. y pron.* 1 to scatter, to spread. || 2 to separate.

desperezarse *v.r.* to stretch.

desperfecto *s.m.* 1 flaw, imperfection, damage.

despersonalizar *v.t. y pron.* to depersonalize.

despertador *s.m.* alarm clock.

despertar *v.t., i. y pron.* 1 to wake, to wake up, to awake. 2 to arouse. 3 to recall, to revive. 4 to brighten up, to liven up.

despezar *v.t.* to break up, to split up.

despiadado, -a *adj.* heartless, cruel.

despido *s.m.* dismissal, sacking, firing.

despiece *s.m.* cutting-up, carving-up.

despierto, -a *adj.* 1 awake, wide-awake. 2 (fig.) sharp, brigth.

despiezar *v.t.* to break up, to split up.

despilfarrar *v.t. y pron.* to waste, to squander.

despintar *v.t.* 1 to take the paint off. 2 to change (cambiar). || *v.i.* 3 to be worse, to be inferior. || *v.pron.* 4 to fade, to lose colour.

despiojar *v.t. y pron.* to delouse.

despistar *v.t.* 1 to throw of the scent. 2 to shake off. 3 to mislead. 4 (fig.) to confuse. || *v.i.* 5 to be misleading. || *v.pron.* 6 to get lost. 7 to get confused.

despiste *s.m.* 1 swerve. 2 slip, error. 3 (fig.) confusion, mix-up. 4 forgetfulness.

desplante *s.m.* 1 bad stance. 2 outspoken comment. 3 insolent act.

desplazamiento *s.m.* 1 trip, journey. 2 displacement. 3 movement.

desplazar *v.t. y pron.* 1 to move, to

shift. **2** to move away, to remove. ‖ v.t. **3** to displace. **4** to transfer. **5** to replace. ‖ v.pron. **6** to travel, to go.

desplegar v.t. **1** to show, to display. ‖ v.t. y pron. **2** to unfold, to open out. **3** to spread, to open. **4** to unfurl. **5** to deploy.

desplomar o **desaplomar** v.t. **1** to put off the vertical. **2** (Am) to tick off, to scold. ‖ v.pron. **3** to collapse, to fall down.

desplumar v.t. y pron. **1** to pluck. **2** (fig.) to fleece, to clean out. ‖ v.pron. **3** to moult.

despoblación s.f. depopulation.

despoblado, -a adj. **1** uninhabited, deserted. **2** depopulated. **3** deserted. **4** desolate. ‖ s.m. **5** wilderness.

despojar v.t. **1** to strip, to deprive. **2** DER. to dispossess. **3** (fig.) to denude. ‖ v.pron. **4** to undress. **5** to shed. **6** to give up.

desportillar v.t. y pron. to chip.

desposado, -a adj. **1** recently married, newly-wed. **2** handcuffed.

desposar v.t. **1** to marry ‖ v.pron. **2** to get engaged. **3** to get married.

desposeer v.t. **1** to dispossess. **2** to oust, to remove, ‖ v.pron. **3** to renounce, to relinquish.

desposorios s.m.pl. **1** engagement, bethrothal. **2** wedding. **3** marriage.

déspota s.m. y f. despot.

despotizar v.t. (Am.) to tyrannise.

despotricar v.i y r. to rant, to rave.

despreciable adj. **1** despicable, reprehensible. **2** insignificant.

despreciar v.t. **1** to scorn, to look down on. **2** to despise. **3** to belittle. **4** to rejet. **5** to ignore.

desprecio s.m. **1** disdain, contempt, scorn. **2** cynicism. **3** affront, slight.

desprender v.t. **1** to loosen, to release. **2** to unfasten. **3** to take off. **4** to separate. **5** to give off. ‖ v.pron. **6** to come off. **7** to shed.

desprendimiento s.m. **1** detachment, separation. **2** emission, release. **3** shedding. **4** (fig.) generosity.

despreocupación s.f. **1** impartiality, open-mindedness. **2** negligence. **3** unconcern, lack of worry.

despreocuparse v.pron. **1** to give up worrying. **2** to want nothing to do.

desprestigiar v.t. y pron. **1** to discredit. **2** to lose prestige.

desprevenido, -a adj. unprepared, unready.

despropósito s.m. nonsense, rubbish, silly remark.

desprovisto, -a adj. without, devoid.

después adv. **1** afterward(s), later. **2** then, next. ‖ **3 – de, a)** after (en el tiempo); **b)** next to (en proximidad espacial). **4 – de que,** after.

despuntar v.t. y pron. **1** to blunt. **2** to break the point off. **3** MAR. to round. ‖ v.i. **4** to sprout. **5** to bud. **6** to break.

desquiciar v.t. y pron. **1** to unhinge. **2** to upset, to trouble. **3** to disturb. **4** to unbalance.

desquitar v.t. y pron. **1** to gain/obtain satisfaction. **2** to get/gain revenge. **3** to get back.

desratizar v.t. to clear of rats.

desrielar v.i. to go off the rails, to be derailed.

desriñonar v.t. to break the back of.

destacado, -a adj. **1** prominent, distinguished. **2** outstanding.

destacamento s.m. detachment.

destacar v.t.,i. y pron. **1** to make stand out, to bring out. **2** to throw into relief. **3** to emphasize, to point out. **4** (fig.) to underline. **5** (fig) to stand out. ‖ v.t. y pron. **6** MIL. to detach, to detail.

destajo s.m. **1** piecework. ‖ **2 a –, a)** eagerly; **b)** by the piece.

destapadura s.f. **1** uncorking. **2** opening.

destapar v.t. **1** to take the top off, to uncover. **2** to open, to uncork. **3** to take the lid off. **4** (fig.) to reveal. ‖ v.pron. **5** to start talking. **6** to get uncovered.

destartalado, -a adj. **1** dilapidated, ramshackle. **2** untidy. **3** brokendown.

destartalar v.t. y pron. to ruin, to spoil.

destellar v.i. **1** to flash. **2** to sparkle. **3** to twinkle.

destemplado, -a *adj.* 1 harsh, intemperate. 2 irritable. 3 out of tune. 4 unpleasant. 5 harsh, gruff.

destemplar *v.t.* 1 to untune. 2 to untemper. 3 to disorder. || *v.t.* y *pron.* 4 MÚS. to go out of tune. 5 to lose its temper. || *v.pron.* 6 to get off colour. 7 (fam.) to go too far. 8 to become irregular. 9 (Am.) to set one's teeth on edge.

desteñir *v.t.* y *pron.* 1 to discolour, to fade. 2 to run.

desternillarse *v.pron.* 1 to break one's cartilage. || 2 – **de risa,** to split one's sides laughing.

desterrar *v.t.* 1 to exile, to banish. 2 to put aside, to dismiss. 3 to remove the soil.

destetar *v.t.* y *pron.* to wean.

destiempo *s.m.* a –, at the wrong moment.

destierro *s.m.* 1 exile, banishment. 2 place of exile. 3 (fig.) wilderness.

destilación *s.f.* distillation.

destilador *s.m.* 1 still. 2 destiller. 3 filter.

destilar *v.t.* 1 to distil. 2 to purify. 3 (fig.) to exude, to ooze. || *v.t.* y *pron.* 4 to filter. || *v.i.* 5 to drip. 6 to seep.

destinar *v.t.* 1 to destine. 2 to send. 3 to appoint, to assign. 4 to post. 5 to address. 6 MAR. to be bound for. 7 to put aside.

destinatario, -a *s.m.* y *f.* 1 addressee. 2 payee.

destino *s.m.* 1 destiny, fate. || 2 destination. 3 use. 4 job, position. 5 MIL. posting, station.

destituir *v.t.* to dismiss, to remove, (fam.) to sack, to fire.

destornillado, -a *adj.* (fam.) crazy, nutty, dotty.

destornillador *s.m.* screwdriver.

destornillar *v.t.* 1 to unscrew. || 2 (fig.) to act wildly.

destornudar *v.i.* (Am.) to sneeze.

destrabar *v.t.* y *pron.* 1 to unfetter. 2 to separate, to detach.

destral *s.f.* hatchet.

destreza *s.f.* 1 skill. 2 handiness.

destripar *v.t.* 1 to disembowel. 2 to gut. 3 to crush.

destronar *v.t.* 1 to dethrone. 2 to overthrow.

destroncar *v.t.* 1 to fell, to chop down. 2 to mutilate. 3 to ruin. 4 to exhaust. 5 to spoil. 6 (Am.) to uproot.

destrozar *v.t.* y *pron.* 1 to smash, to shatter. || *v.t.* 2 to ruin, to spoil. 3 to destroy. 4 to tear up. 5 to squander, to waste. 6 to break. 7 to tire out.

destrozo *s.m.* 1 destruction. 2 MIL. defeat. || *pl.* 3 damage. 4 rubble.

destrucción *s.f.* destruction.

destruir *v.t.* 1 to destroy. 2 to demolish. 3 to ruin. 4 to wreck. || *v.pron.* 5 MAT. to cancel each other out.

desuello *s.m.* 1 skinning, flaying. 2 (fig.) cheek, nerve.

desuncir *v.t.* 1 to unyoke. || *v.pron.* 2 (fig.) to free oneself.

desunión *s.f.* 1 disunion, separation. 2 discord.

desunir *v.t.* y *pron.* 1 to separate, to detach. 2 to foment trouble.

desusado, -a *adj.* 1 old-fashioned, out of date, antiquated. 2 obsolete. 3 strange.

desusar *v.t.* to give up using.

desvaído, -a *adj.* 1 pale, dull (pálido). 2 blurred, vague. 3 lanky.

desvalido, -a *adj.* 1 abandoned, destitute. || 2 –m. y f. 2 needy person.

desvalijamiento *s.m.* robbery, theft.

desvalijar *v.t.* 1 to rob. 2 to burgle. 3 to rifle.

desván *s.m.* attic, loft.

desvanecer *v.t.* y *r.* 1 to fade away. 2 to vanish, to disappear. 3 to dismiss. 4 to tone down. 5 to become vain. 6 to blur. || *v.pron.* 7 to evaporate. 8 to faint.

desvariar *v.i.* to talk nonsense, to talk rubbish.

desvarío *s.m.* 1 MED. delirium. 2 caprice. 3 foolish remark. 4 act of madness.

desvelar *v.t.* 1 to keep awake. || *v.pron.* 2 to stay awake.

desvelo *s.m.* insomnia, sleeplessness.

desvencijar *v.t.* y *pron.* 1 to loosen. 2 to break. 3 to fall apart. 4 to spoil.

desvendar o **desenvendar** *v.t.* y *pron.* to unbandage.

desventaja *s.f.* 1 disadvantage. 2 drawback. 3 handicap.

desventura *s.f.* bad luck, misfortune.

desventurado, -a *adj.* unlucky, hapless.

desvergonzado, -a *adj.* 1 shameless, barefaced. 2 cheeky. || *s.m.* y *f.* 3 shameless o barefaced person.

desvergonzarse *v.pron.* 1 to be insolent, to be impudent. || 2 – **a decir algo**, (Am.) to have the nerve to say something.

desviación *s.f.* 1 deviation, variation. 2 detour. 3 deflection.

desviar *v.t.* 1 to deviate, to deflect. 2 to divert. 3 to parry. 4 to change. 5 to look away. 6 to alter. || *v.r.* 7 to be deflected. 8 to change course.

desvirgar *v.t.* to deflower.

desvirtuar *v.t.* y *pron.* 1 to spoil, to impair. 2 to adulterate. 3 to misrepresent.

desvivirse *v.pron.* to long, to yearn.

detall *s.m.* al –, retail.

detallar *v.t.* 1 to detail, to itemize. 2 to give details. 3 COM. to retail.

detallista *s.m.* y *f.* 1 COM. retailer. 2 perfectionist. || *adj.* 3 sweet.

detectar *v.t.* to detect.

detective *s.m.* y *f.* detective.

detector *s.m.* detector.

detención *s.f.* 1 detention, arrest. 2 delay. 3 stop, halt. 4 DEP. stoppage.

detener *v.t.* 1 to stop. 2 to arrest. 3 to delay. 4 to hold. 5 to keep. || *v.pron.* 6 to stop. 7 to hang about.

detenido, -a *adj.* 1 under arrest. 2 timid. || *s.m.* y *f.* 3 prisoner.

detentar *v.t.* 1 to hold illegally unlawfully. 2 DEP. to hold.

detergente *s.m.* y *adj.* detergent.

deteriorar *v.t.* y *pron.* 1 to crack. 2 to deteriorate. 3 to spoil (estropear). 4 to damage. 5 to wear out.

determinación *s.f.* 1 determination. 2 boldness, daring. 3 fixing.

determinar *v.t.* 1 to determine. 2 to set, to fix. 3 to decide. 4 to calculate. 5 to cause. 6 to stipulate. || *v.pron.* 7 to make up one's mind (decidir).

determinativo, -a *adj.* y *s.m.* determinative.

detestable *adj.* detestable, odious, vile.

detonación *s.f.* detonation.

detonar *v.i.* to detonate, to blow up.

detracción *s.f.* 1 detraction, (fam.) backbiting. 2 retreat.

detractar o **detraer** *v.t.* 1 to defame, to vilify. 2 (fam.) to knock. 3 to separate.

detraimiento *s.m.* disgrace, dishonour.

detrás *adv.* 1 behind. 2 on the back. 3 at the back. || 4 **por** –, behind.

detrimento *s.m.* 1 detriment. 2 damage.

detrito o **detritus** *s.m.* detritus.

deuda *s.f.* debt.

deudo *s.m.* y *f.* relative, relation.

deudor, -a *s.m.* y *f.* 1 debtor. || *adj.* 2 indebted. || 3 **saldo** –, COM. debit balance.

devaluar *v.t.* to devalue.

devanar *v.t.* 1 to wind, to reel. 2 to spin.

devanear *v.i.* to talk nonsense, to rave.

devaneo *s.m.* 1 delirium. 2 time-wasting pastime. 3 flirtation.

devastación *s.f.* devastation, ruination.

devastar *v.t.* to devastate, to destroy.

devengar *v.t.* to yield, to earn.

devengo *s.m.* money to be paid.

devenir *v.i.* 1 to happen, to occur. 2 to become. || *s.m.* 3 change. 4 movement.

devoción *s.f.* 1 devotion. 2 piety. 3 habit, custom.

devolución *s.f.* 1 return. 2 repayment. 3 devolution.

devolver *v.t.* 1 to return, to give back. 2 to take back. 3 to send back. 4 to pay back (dinero). 5 to throw up. 6 to restore. || *v.r.* 7 (Am.) to go back.

devorar *v.t.* 1 to devour. 2 to consume. 3 to destroy.

devoto, -a *adj.* 1 devout, pious. || 2 admirer.

deyección s.f. 1 debris. 2 ejecta. 3 defecation.

día s.m. 1 day. 2 date. 3 time. || pl. 4 life, days. 5 **a días**, sometimes. 6 **al otro –**, the following day. 7 **de – en –**, everyday. 8 **– festivo**, holyday. 9 **– laborable**, working day. 10 **hasta otro –**, so long. 11 **romper el –**, to dawn.

diabetes s.f. diabetes.

diablo s.m. 1 devil, demon. 2 imp, rascal. || 3 **del –**, (fam.) a hell of a.

diablura s.f. 1 devilment. 2 prank, practical joke.

diábolo s.m. diabolo.

diaconato s.m. deaconato.

diacrítico, -a adj. 1 diagnostic. 2 diacritic.

diadema s.f. 1 diadem. 2 crown.

diáfano, -a adj. diaphanous.

diafragma s.m. diaphragm.

diagnosis s.f. diagnosis.

diagonal adj. diagonal.

diagrama s.m. diagram.

dialectal adj. dialectal, dialect.

dialecto s.m. dialect.

diálisis s.f. dialysis.

diálogo s.m. dialogue.

diamante s.m. diamond.

diámetro s.m. diameter.

diana s.f. 1 bull's eye, bull. 2 MIL. reveille.

diantre interj. oh hell!, oh damn!

diapasón s.m. 1 tuning fork. 2 MÚS. finger board. 3 MÚS. range, scale, diapason.

diapositiva s.f. slide, transparency.

diario adj. 1 daily, everyday || s.m. 2 newspaper, paper. 3 diary. 4 COM. daybook. 5 daily expenses.

diarismo s.m. (Am.) journalism.

diarrea s.f. diarrhoea.

diáspora s.f. diaspora.

diástole s.f. diastole.

diatriba s.f. diatribe, invective.

dibujante s.m. y f. 1 drawer, sketcher. 2 designer. 3 draughtsman. 4 cartoonist.

dibujar v.t. 1 ART. to draw. 2 to design. 3 to sketch. 4 (fig.) to describe. || v.pron. 5 to stand out.

dibujo s.m. 1 ART. drawing, sketch. 2 TEC. design. 3 cartoon. 4 description.

dicción s.f. 1 diction. 2 word. 3 style.

diccionario s.m. 1 dictionary. || 2 **– de bolsillo**, pocket dictionary.

díceres s.m.pl. 1 (Am.) gossip. 2 rumours.

dicha s.f. 1 happiness. 2 good luck.

dicharacho s.m. 1 witty o humourous remark. 2 coarse remark.

dicho, -a p.p.irreg. 1 de **decir**. || s.m. 2 saying, proverb. 3 witty remark. || s.f. 4 happiness. 5 good luck. 6 **lo –,** OK, well that's it.

diciembre s.m. December.

dicotomía s.f. dichotomy.

dictado s.m. 1 dictation. 2 title. || pl. 3 dictates.

dictadura s.f. dictatorship.

dictáfono s.m. dictaphone.

dictamen s.m. 1 opinion. 2 judgement. 3 report. 4 advice. 5 DER. legal opinion.

dictaminar v.t. 1 to consider, to regard. 2 DER. to pass judgement (fallar). || v.i. 3 to give an opinion. 4 to advise, to give advise.

dictar v.t. 1 to dictate. 2 to pass. 3 to issue. 4 to legislate. 5 to give. 6 to suggest. 7 (Am.) to give. 8 (Am.) to deliver.

dictatorial adj. dictatorial.

didáctico, -a adj. didactic.

diecinueve adj. 1 nineteen. 2 nineteenth. || s.m. 3 nineteen.

dieciocho adj. 1 eighteen. 2 eighteenth. || s.m. 3 eighteen.

dieciséis adj. 1 sixteen. 2 sixteenth. || s.m. 3 sixteen.

diecisiete adj. 1 seventeen. 2 seventeenth. || s.m. 3 seventeen.

diedro adj. 1 GEOM. dihedral (ángulo). || s.m. 2 dihedral.

diente s.m. 1 tooth. 2 ARQ. toothing. 3 MEC. cog, prong. 4 **– incisivo**, incisor. || 5 **– molar**, molar. 6 **pelar el –**, (Am.) **a)** lo flatter; **b)** to smile enticingly.

diéresis s.f. diaeresis.

diesel adj. y s.m. 1 diesel. || 2 **motor –**, diesel engine.

diestra s.f. right hand.

diestro *s.m.* 1 right. 2 skilful. 3 shrewd. 4 favourable.

dieta *s.f.* 1 diet. ‖ *pl.* 2 expense allowance. 3 emoluments.

dietario *s.m.* account book.

dietética *s.f.* dietetics.

diez *adj.* 1 ten. 2 tenth. ‖ *s.m.* 3 ten. 4 decade.

diezmar o **dezmar** *v.t.* 1 to decimate. 2 to pay the tithe.

diezmo *s.m.* 1 tithe. 2 tenth.

difamador, -ora *s.m.* y *f.* 1 libeller, defamer. 2 slanderer. ‖ *adj.* 3 defamatory. 4 libellous.

difamar *v.t.* 1 to libel, to defame. 2 to slander.

diferencia *s.f.* 1 difference. ‖ 2 a – de, unlike; in contrast to.

diferenciar *v.t.* 1 to differentiate. 2 to distinguish. ‖ *v.i.* 3 to disagree, to differ. ‖ *v.pron.* 4 to be different. 5 to be in disagreement.

diferir *v.t.* 1 to postpone, to defer. ‖ 2 to reserve.‖ *v.i.* 3 to differ, to disagree.

difícil *adj.* 1 difficult, hard. 2 unlikely. 3 awkward.

dificultad *s.f.* 1 difficulty. 2 problem. 3 trouble. 4 obstacle.

dificultar *v.t.* 1 to obstruct, to impede, to hinder. 2 to make difficult.

difteria *s.f.* diphtheria.

difuminar *v.t.* y *pron.* to fade away, to blur.

difundir *v.t.* 1 to spread. 2 to divulge. 3 to give off, to emit. 4 to broadcast. ‖ *v.pron.* 5 to spread.

difunto, -a *adj.* 1 dead, deceased. ‖ *s.m.* y *f.* 2 deceased person.

difusión *s.f.* 1 diffusion. 2 spreading. 3 RAD. broadcasting.

digerible *adj.* digestible.

digerir *v.t.* 1 to digest. 2 to swallow. 3 to absorb.

digestión *s.f.* digestion.

digital *adj.* 1 digital. 2 finger. ‖ *s.f.* 3 foxglove.

dígito *s.m.* digit.

dignarse *v.r.* to deign, to condescend.

dignidad *s.f.* 1 dignity. 2 honour.

digresión *s.f.* digression.

dilación *s.f.* delay.

dilapidar *v.t.* to squander, to dissipate.

dilatación *s.f.* 1 dilation. 2 expansion. 3 prolongation.

dilatar *v.t.* 1 to dilate. 2 to expand. 3 to spread. 4 to defer, to put off. 5 to draw out. ‖ *v.pron.* 6 to dilate. 7 to expand. 8 to spread. 9 (Am.) to take a long time. 10 to be late.

dilección *s.f.* fondness, affection.

dilecto, -a *adj.* beloved, cherished.

dilema *s.m.* dilemma.

diletante *s.m.* y *f.* dilettante.

diligencia *s.f.* 1 diligence, attention. 2 speed. 3 stagecoach. 4 business.

diligenciar *v.t.* to take the steps necessary to obtain.

dilucidar *v.t.* 1 to clarify. 2 to clear up.

dilución *s.f.* dilution.

diluir *v.t.* 1 to dilute. 2 to water down. 3 to dissolve.

diluviar *v.i.* to pour down, (fam.) to rain cats and dogs.

diluvio *s.m.* flood, deluge.

dimanación *s.f.* 1 flowing, running. 2 (fig.) origin.

dimanar *v.i.* to spring, to emanate.

dimensión *s.f.* 1 dimension. 2 size.

diminuendo *adj.* y *s.m.* diminuendo.

diminuir *v.t.* y *pron.* to diminish, to dwindle.

dimisión *s.f.* resignation.

dimitir *v.t.* e *i.* to resign.

dina *s.f.* dyne.

dinamismo *s.m.* dynamism.

dinamita *s.f.* dynamite.

dinamitar *v.t.* to dynamite.

dinamo o **dínamo** *s.m.* dynamo.

dinamómetro *s.m.* dynamometer.

dinastía *s.f.* dynasty.

dineral *s.m.* fortune, bomb, packet.

dinero *s.m.* 1 money. 2 currency. 3 wealth. 4 fortune. ‖ 5 – efectivo, cash. 6 – suelto, change.

dinosaurio *s.m.* dinosaur.

dintel *s.m.* 1 lintel. 2 (Am.) threshold.

diñar *v.t.* 1 to give. ‖ 2 diñarla, to die, to pass away.

diocesano, -a *adj. y s.m.* diocesan.

diodo *s.m.* diode.

dios *s.m.* 1 God. 2 god. || *pl.* 3 gods. || 4 ¡a Dios! o ¡adiós!, good bye; bye; bye-bye. 5 ¡gracias a –!, thank God!; thank heavens!

diosa *s.f.* goddess.

dióxido *s.m.* dioxide.

diplodoco *s.m.* diplodocus.

diploma *s.m.* diploma.

diplomado, -a *adj.* 1 qualified, trained. || *s.m. y f.* 2 graduate.

diplomático, -a *adj.* diplomatic.

diplopía *s.f.* double vision.

díptero, -a *adj.* 1 dipteral. 2 dipteran.

díptico *s.m.* diptych.

diptongo *s.m.* diphthong.

diputación *s.f.* 1 delegation, deputation. 2 committee.

diputado *s.m. y f.* 1 representative, delegate. 2 member of parliament (en Inglaterra). 3 member of the Cortes (en España). 4 representative (en Estados Unidos).

diputar *v.t.* 1 to delegate. 2 to consider, to think.

dique *s.m.* 1 dike, jetty. || 2 – de contención, dam. 3 – seco, dry dock.

dirección *s.f.* 1 direction, course, way. 2 management. 3 control.

directamente *adv.* directly, immediately

directiva *s.f.* 1 board. || 2 instruction.

directivo, -a *adj.* 1 directive. 2 managing. 3 executive. || *s.m.* 4 director.

directo, -a *adj.* 1 direct. 2 straight. 3 through. || *s.m.* 4 straight. || 5 en –, live.

director, -ora *adj.* 1 controlling. 2 master. 3 guiding. || *s.m. y f.* 4 director. 5 directress. 6 COM. manager.

directriz *adj./s.f. y pl.* 1 describing, dirigent (línea). 2 guidelines.

dirigente *adj.* 1 directing, ruling. || *s.m. y f.* 2 leader.

dirigible *adj. y s.m.* 1 dirigible. 2 navigable.

dirigido, -a *adj.* guided.

dirigir *v.t.* 1 to direct. 2 to aim, to point. || 3 to drive, to steer. 4 to edit. 5 to pilot, to fly.

6 COM. to manage, to run. 7 to address. 8 to conduct. 9 to lead. 10 to dedicate. 11 to guide. 12 to supervise, to oversee. 13 to make, to level. || *v.pron.* 14 to head for. 15 to be managed. 16 to write. 17 to apply. 18 to speak.

dirimente *adj.* 1 DER. diriment, nullifying. 2 decisive.

dirimir *v.t.* 1 to resolve, to settle. 2 to annul.

discernimiento *s.m.* 1 discernment. 2 judgement. 3 perception.

discernir *v.t.* 1 to discern, to differentiate. 2 DER. to appoint. 3 (Am.) to award.

disciplina *s.f.* 1 discipline. 2 subject. 3 whip. || *s.pl.* 4 lashes.

disciplinar *v.t.* 1 to discipline. 2 to instruct, to teach. 3 to whip, to scourge. 4 to drill, to train. || *v.pron.* 5 to whip oneself.

discípulo *s.m. y f.* 1 disciple, follower. 2 student, pupil.

disco *s.m.* 1 disk, disc. 2 DEP. discus. 3 dial. 4 MÚS. record. 5 signal. 6 (fam.) bore, drag.

discóbolo *s.m.* discus thrower.

díscolo, -a *adj.* disobedient, unruly.

disconformidad *s.f.* 1 disagreement. 2 difference, nonconformity.

discontinuar *v.t. e i.* to discontinue.

discontinuo, -a *adj.* 1 discontinuous. 2 interrupted.

discordancia *s.f.* 1 discord. 2 dissonance. 3 conflicting. 4 difference.

discordar *v.i.* 1 to be dissonant. 2 to disagree, not to agree. 3 to clash.

discordia *s.f.* discord, disagreement.

discoteca *s.f.* discothéque, (fam.) disco.

discreción *s.f.* 1 discretion, good sense, prudence. 2 tact. 3 wisdom, sagacity.

discrepancia *s.f.* 1 discrepancy. || 2 disagreement, difference.

discrepar *v.i.* to disagree, to differ.

discreto, -a *adj.* 1 discreet, tactful. 2 sagacious, wise. 3 shrewd, astute. 4 prudent. 5 sensible. 6 sober. || *s.m. y f.* 7 REL. assistant to the superior. || 8 discret person. 9 prudent person.

discriminación *s.f.* discrimination.
discriminar *v.t.* 1 to discriminate. 2 to differentiate.
disculpa *s.f.* 1 excuse. 2 apology.
disculpar *v.t.* 1 to excuse. || 2 to forgive, to pardon. || *v.pron.* 3 to apologize.
discurrir *v.i.* to think to reflect, to ponder. 2 to wander, to roam. 3 to pass, to pass by. 4 to speak. 5 to flow. 6 to go. || *v.t.* 7 to invent. 8 to conjecture.
discursear *v.i.* to make a speech.
discurso *s.m.* 1 speech, address. 2 reasoning. 3 dissertation.
discusión *s.f.* 1 discussion. 2 argument. 3 debate.
discutir *v.t.* 1 to discuss, to debate. 2 to argue about. || *v.i.* 3 to talk about, to talk over.
disecación o **disección** *s.f.* 1 dissection. 2 stuffing (el relleno de animales). 3 mounting (de plantas).
disecar *v.t.* 1 to dissect. 2 to stuff. 3 to mount.
diseminación *s.f.* dissemination, spread.
diseminar *v.t.* y *pron.* to disseminate, to spread.
disensión *s.f.* 1 row, argument. 2 dissension.
disentería *s.f.* dysentery.
disentimiento *s.m.* disagreement, dissent.
disentir *v.i.* 1 to disagree, not to agree. 2 to dissent. || 3 to differ.
diseñador, -ora *s.m.* y *f.* designer.
diseñar *v.t.* 1 to design. 2 to draw.
diseño *s.m.* 1 design. 2 drawing, sketch.
disertación *s.f.* 1 dissertation. 2 lecture, discourse.
disertar *v.i.* to lecture, to discourse.
disfavor *s.m.* 1 snub, rebuff. 2 damage.
disforme *adj.* 1 deformed. 2 disfigured. 3 huge. 4 ugly.
disfraz *s.m.* 1 disguise. 2 mask. 3 fancy dress. 4 simulation. 5 pretext.
disfrazar *v.t.* 1 to disguise. 2 (fig.) to hide, to conceal. || *v.pron.* 3 to dress up.

disfrutar *v.t.* 1 to enjoy. 2 to own, to possess. 3 to make the most of. || *v.i.* 4 to have a good time.
disfrute *s.m.* 1 enjoyment. 2 possession. 3 use. 4 advantage.
disgregación *s.f.* 1 separation. 2 disintegration. 3 dispersal, break-up.
disgregar *v.t.* y *pron.* 1 to disintegrate, to break up. 2 to separate. 3 to disperse.
disgustado, -a *adj.* 1 irritated, annoyed. 2 unhappy.
disgustar *v.t.* 1 to annoy, to irritate, to displease. 2 to dislike, not to like. || *v.pron.* 3 to get annoyed, to get angry.
disgusto *s.m.* 1 displeasure, anger. 2 misfortune, setback. 3 grief, sorrow. 4 problem, bother. 5 quarrel, row. 6 dispute.
disidencia *s.f.* 1 dissidence, disagreement. 2 REL. dissent.
disidente *adj.* 1 dissident. || *s.m.* y *f.* 2 POL. dissident. 3 REL. nonconformist, dissenter.
disidir *v.i.* to dissent.
disimilación *s.f.* dissimilation.
disimilar *v.t.* y *r.* to dissimilate.
disimilitud *s.f.* dissimilarity, dissimilitude.
disimulación *s.f.* 1 dissimulation, concealment, hiding. 2 excusing, forgiving.
disimular *v.t.* 1 to hide, to conceal. 2 (fig.) to disguise. 3 to excuse, to forgive. || *v.i.* 4 to dissemble, to pretend.
disimulo *s.m.* 1 hiding, concealment. 2 dissimulation. 3 tolerance, indulgence. 4 slyness, cunning.
disipación *s.f.* 1 dissipation. 2 squandering, wasting. 3 dispersion.
disipar *v.t.* 1 to dissipate, to scatter. 2 to dispel, to remove. 3 to shatter, to destroy. 4 to waste, to squander. || *v.pron.* 5 to dissipate, to scatter. 6 to vanish. 7 to evaporate. 8 to be removed.
dislalia *s.f.* disarticulation.
dislate *s.m.* silly thing, stupid thing.
dislexia *s.f.* dislexia.
dislocación *s.f.* 1 dislocation. 2 fault.
dislocar *v.t.* 1 to dislocate. 2 to distort.
disloque *s.m.* (fam.) tops, limit.

disminuir o **diminuir** v.t., i. y pron. 1 to diminish, to reduce. 2 to fall, to drop. 3 to decrease. 4 to come down, to lower. 5 to draw in. 6 to fail. 7 to decline. 8 to relieve.

disnea s.f. dyspnoea.

disociable adj. dissociable.

disociación s.f. dissociation.

disociar v.t. 1 to dissociate, to separate. || v.pron. 2 to dissociate oneself.

disoluble adj. soluble, dissolvable.

disolución s.f. 1 dissolution. 2 solution. 3 liquidation.

disolvente s.m. y adj. solvent, dissolvent.

disolver v.t. 1 to dissolve, to melt. 2 to break up. || v.pron. 3 to dissolve, to melt. 4 to be broken up.

disonancia s.f. 1 dissonance. 2 disharmony. 3 disagreement.

disonante adj. 1 discordant. 2 (fam.) at odds.

disonar v.i. 1 to be dissonant. 2 to look strange. 3 to clash. 4 not to agree.

dísono, -a adj. discordant, dissonant.

dispar adj. 1 unlike, not like, different. 2 unequal, uneven.

disparada s.f. (Am.) stampede, flight, rush.

disparador s.m. 1 trigger. 2 FOT. shutter release. 3 escapement.

disparar v.t. 1 to shoot, to fire. 2 to throw, to fling, to hurl. 3 DEP. to shoot. || v.pron. 4 to go off. 5 to bolt, to run off. 6 to shoot off (irse de prisa). 7 to lose control. 8 (fig.) to talk nonsense.

disparatar v.i. 1 to talk nonsense o rubbish. 2 to act foolishly.

disparate s.m. 1 silly comment, foolish remark. 2 absurd thing, foolish act. 3 mistake, blunder, (fam.) bloomer. || pl. 4 nonsense.

disparo s.m. 1 shot. 2 firing. 3 (fig.) silly o foolish thing. || pl. 4 shots, shooting.

dispendio s.m. 1 waste, squandering. 2 extravagance.

dispensa s.f. dispensation, exemption.

dispensar v.t. 1 to forgive, to excuse. 2

to dispense. 3 to exempt. 4 to grant. 5 to pay. 6 to give. || v.pron. 7 to give (dar).

dispersar v.t. y r. 1 to disperse, to scatter. 2 to break up . 3 MIL. to rout.

dispersión s.f. dispersion.

displicencia s.f. 1 lack of enthusiasm, indifference. 2 bad temper, ill-humour.

disponer v.t. 1 to arrange. 2 to get ready, to prepare. 3 to decide. 4 to order. 5 to lay, to set. 6 to form up, to line up (las tropas). 7 DER. to stipulate. || v.i. 8 to dispose of, to sell. 9 to have available. 10 to own.

disponibilidad s.f. l availability. || pl. 2 resources, means.

disposición s.f. 1 arrangement. 2 temperament. 3 layout, plan. 4 order, decree. 5 inclination. 6 MIL. formation. 7 disposal. || pl. 8 preparations. 9 steps.

dispositivo s.m. 1 mechanism, device. 2 gadget.

dispuesto, -a p.p. 1 de **disponer**. || adj. 2 ready, prepared. 3 disposed, arranged. 4 willing. 5 clever, smart.

disputa s.f. dispute, quarrel.

disputar v.t. 1 to dispute, to challenge. 2 to defend. 3 to fight for, to contend for (la posesión de algo). 4 DEP. to play (jugar). 5 to debate (debatir). || v.i. 6 to dispute, to quarrel. || v.pron. 7 to contend for, to compete for (la posesión de algo). 8 DEP. to be played. 9 to be discussed.

disquisición s.f. 1 disquisition. || pl. 2 divergences, marginal reflections.

distancia s.f. 1 distance. 2 interval, gap. 3 difference.

distanciado, -a adj. 1 far apart, not close. 2 distant, far away. 3 remote.

distanciar v.t. 1 to separate. 2 to place apart, to put apart. 3 to outdistance (dejar atrás). || v.pron. 4 to become separated. 5 to leave behind; to get ahead (dejar atrás). 6 to lose contact; to drift away. 7 to fall out; to quarrel (disgustarse).

distar v.i. 1 to be away, to be off, to be distant. 2 (fig.) to be far from; to be a long way off.

distender v.t. y pron. 1 to distend, to

swell. **2** to loosen, to ease. **3** to stretch. **4** MED. to pull, to strain.

distensión *s.f.* **1** ANAT. distension, swelling. **2** MED. pull, strain. **3** loosening, easing, slackening.

distinción *s.f.* **1** distinction, difference. **2** elegance. **3** honour. **4** lucidity. **5** deference, respect. ‖ **6 a – de**, in contrast to.

distingo *s.m.* reservation, qualification.

distinguido, -a *adj.* **1** distinguished. **2** well-known. **3** elegant, cultivated.

distinguir *v.t.* **1** to distinguish. **2** to recognize, to tell. **3** to discern, to make out. **4** to honour. **5** to prefer. **6** to differentiate. **7** to single out (singularizar). ‖ *v.i.* **8** to discriminate, to be discerning. ‖ *v.pron.* **9** to be distinguished, to differ. **10** to stand out, to be noticeable. **11** to be seen (verse).

distintivo *adj.* **1** characteristic, distinctive. ‖ *s.m.* **2** insignia, emblem. **3** mark.

distinto, -a *adj.* **1** distinct, clear. **2** different. ‖ *pl.* **3** several, different, various.

distorsión *s.f.* **1** twisting, torsion. **2** distortion.

distracción *s.f.* **1** distraction. **2** amusement, entertainment. **3** hobby, recreation. **4** form of entertainment. **5** absentmindedness, forgetfulness. **6** dissipation.

distraer *v.t.* **1** to distract. **2** to disturb, to trouble. **3** to amuse, to entertain. **4** to relax. **5** to lead astray. **6** FIN. to embezzle, to fiddle (malversar fondos). ‖ *v.i.* **7** to be relaxing, to be entertaining. ‖ *v.pron.* **8** to entertain oneself, to amuse oneself. **9** to be inattentive (descuidarse).

distribución *s.f.* **1** distribution. **2** delivery. **3** MEC. distribution. **4** service, supply. **5** ARQ. layout, plan.

distribuir *v.t.* **1** to distribute. **2** to deliver (cartas). **3** to supply (electricidad). **4** ARQ. to design, to lay out. **5** to allocate, to assign. **6** to award. **7** to distribute.

distrito *s.m.* district.

disturbar *v.t.* to disturb.

disturbio *s.m.* disturbance, riot.

disuadir *v.t.* to dissuade, to discourage.

disuasión *s.f.* dissuasion; deterrent.

disuelto, -a *adj.* dissolved.

disyunción *s.f.* disjunction.

disyuntiva *s.f.* **1** alternative, choice. **2** dilemma.

ditirambo *s.m.* dithyramb.

diurético, -a *adj.* y *s.m.* diuretic.

diurno, -a *adj.* **1** daily, diurnal. ‖ *atr.* **2** day.

diva *s.f.* diva, prima donna.

divagación *s.f.* **1** digression, deviation. ‖ *s.pl.* **2** ramblings, wanderings.

divagar *v.i.* **1** to wander, to stray. **2** to digress, (fam.) to branch out. **3** to ramble.

diván *s.m.* divan, couch.

divergencia *s.f.* divergence.

divergir *v.i.* **1** to diverge. **2** to differ. **3** to fork, to turn off (carreteras).

diversidad *s.f.* diversity, variety.

diversificar *v.t.* **1** to diversify, to vary, (fam.) to branch out. ‖ *v.pron.* **2** to be diversified. **3** to vary.

diversión *s.f.* **1** pastime, hobby. **2** amusement, entertainment. **3** MIL. diversion.

divertir *v.t.* **1** to amuse, to entertain. **2** to distract, to divert. ‖ *v.pron.* **3** to have a good time.

dividendo *s.m.* dividend.

dividir *v.t.* **1** to divide. **2** to separate. **3** to share (repartir). **4** to disunite (crear discordia).

divinamente adv. divinely.

divinidad *s.f.* **1** divinity, deity. **2** (fig.) beauty.

divinizar *v.t.* **1** to deify. **2** (fig.) to venerate, to exalt.

divino, -a *adj.* **1** divine. **2** (fig.) lovely, beautiful.

divisa *s.f.* **1** emblem, badge. **2** motto (lema de los escudos). ‖ *pl.* **3** FIN. foreign currency o exchange.

divisar *v.t.* to discern, to distinguish, to make out.

divisibilidad *s.f.* divisibility.

división *s.f.* **1** division. **2** POL. split (de un partido). **3** dash, hyphen (guión). **4** partition (de un país). **5** disagreement, difference.

divisoria *s.f.* **1** divide. **2** dividing line.

divo *s.m.* 1 pagan god. ‖ *adj.* 2 divine.

divorciado, -a *adj.* 1 divorced. ‖ *s.m.* y *f.* 2 divorcee.

divorciar *v.t.* 1 to divorce. 2 (fig.) to separate. ‖ *v.pron.* 3 to get divorced.

divulgación *s.f.* 1 disclosure, divulging. 2 popularizing. 3 spreading, propagation.

divulgador, -ora *adj.* 1 divulging, disclosing. ‖ *s.m.* y *f.* 2 divulger, exposer, revealer.

divulgar *v.t.* 1 to publish. 2 to spread, to propagate. 3 to popularize. 4 to reveal, to out. ‖ *v.pron.* 5 to be revealed, to come out.

do *s.m.* MUS. do, doh.

dobladillar *v.t.* to hem, (fam.) to turn up.

dobladillo *s.m.* 1 hem. 2 turn-up.

doblado, -a *adj.* 1 doubled. 2 double. 3 folded, doubled over. 4 ANAT. stocky, robust. 5 uneven, bumpy (terreno desigual). 6 rough (terreno escabroso). 7 sly, (fam.) two-faced.

doblaje *s.m.* dubbing (cinema).

doblar *v.t.* 1 to double. 2 to fold (papel). 3 to bend (un brazo). 4 to turn up (costura). 5 to go round, to turn (una esquina). 6 to round (un cabo). 7 to dub (una película). 8 to overtake (adelantar un coche). 9 to turn down (el pico de una página). ‖ *v.i.* 10 to turn. 11 to toll (las campanas). 12 (fig.) to submit, to give in (ceder). ‖ *v.pron.* 13 to double (duplicarse). 14 to bend down (el cuerpo). 15 to fold (plegarse). 16 to bend, to give (debido a un peso). 17 (fig.) to yield, to submit.

doble *adj.* 1 double. 2 dual (nacionalidad). 3 thick (grueso). 4 falso. 5 (fig.) hypocritical. ‖ *s.m.* 6 double. 7 fold (pliegue). 8 knell, toll. ‖ *pl.* 9 DEP. doubles.

doblegar *v.t.* 1 to fold (doblar). 2 to brandish. 3 to bend (curvar). 4 to twist (torcer). 5 to beat, to defeat (vencer). ‖ *v.pron.* 6 (fig.) to give in, to submit (ceder).

doblete *adj.* 1 medium-thick. ‖ *s.m.* 2 doublet.

doblón *s.m.* doubloon (moneda).

doce *adj.* 1 twelve. 2 twelfth (para fechas y siglos). ‖ *s.m.* 3 twelve.

docena *s.f.* dozen.

docencia *s.f.* teaching.

docente *adj.* 1 teaching. 2 educational.

docilidad *s.f.* 1 docility. 2 obedience.

docto, -o *adj.* 1 wise (sabio). 2 erudite.

doctor *s.m.* y *f.* doctor.

doctrina *s.f.* 1 doctrine. 2 teaching (enseñanza). 3 preaching (predicación). 4 catechism (catecismo).

doctrinar *v.t.* 1 to teach. 2 to indoctrinate.

documentación *s.f.* 1 documentation. 2 papers (de identidad).

documentar *v.t.* 1 to document. 2 to inform, to instruct. ‖ *v.pron.* 3 to research, (fam.) to swot up, (fam.) to brush up (instruirse).

dodo o **dido** *s.m.* dodo.

dogal *s.m.* halter.

dogma *s.m.* dogma.

dogmatismo *s.m.* dogmatism.

dogmatizar *v.i.* to dogmatize.

dolama *s.f.* ailment, complaint.

dólar *s.m.* dollar.

dolencia *s.f.* 1 affliction, complaint. 2 illness. 3 ills, problems.

doler *v.i.* 1 to ache, to hurt. 2 to have a pain. ‖ *v.pron.* 4 to feel sorry for, to pity (compadecer). 5 to complain (quejarse). 6 to regret, to lament. 7 to grieve (afligirse).

dolmen *s.m.* dolmen.

dolo *s.m.* 1 malice, wickedness. 2 deceit. 3 fraud. 4 trick.

dolomía o **dolomita** *s.f.* dolomite.

dolor *s.m.* 1 pain. 2 ache.

doma *s.f.* 1 taming. 2 training. 3 breaking in. 4 (fig.) taming, controlling.

domador, -a *s.m.* y *f.* 1 tamer. 2 trainer.

domar *v.t.* 1 to tame (fieras). 2 to train (adiestrar). 3 to break in (caballos). 4 (fig.) to dominate, to control.

domeñar *v.t.* 1 to subdue, to suppress. 2 to tame, to train. 3 to dominate.

domesticación *s.f.* 1 domestication. 2 (fam.) house-training.

domesticar *v.t.* to tame, to domesticate. **2** to train (adiestrar).

doméstico, -a *adj.* **1** domestic. **2** household. **3** tame. || *s.m.* y *f.* **4** domestic, servant.

domiciliar *v.t.* to domicile, to home.

domicilio *s.m.* home, residence.

dominación *s.f.* **1** domination. **2** dominance, rule. **3** MIL. high ground.

dominar *v.t.* **1** to dominate. **2** to rule, to control. **3** to contain. **4** to suppress, to put down (una rebelión). **5** to know well, to be fluent in. **6** to overlook (edificios). || *v.i.* **7** to dominate. **8** to stand out (sobresalir). **9** to predominate. || *v.pron.* **10** to control oneself.

domingo *s.m.* Sunday.

dominical *adj.* Sunday, dominical.

dominio *s.m.* **1** dominion, power. **2** control, authority. **3** supremacy. **5** command, fluency. **6** good knowledge. **7** domain (territorio). **8** control. **9** DER. ownership.

dominó *s.m.* **1** domino. **2** dominoes (el juego).

don *s.m.* **1** Mr. **2** Esquire, Esq. (en un sobre). **3** present, gift. **4** favour. **5** talent, ability, gift. **6** wish (deseo).

donación *s.f.* **1** donation. **2** present, gift. **3** bequest (testamento).

donaire *s.m.* **1** elegance, grace. **2** joke, witticism (chiste). **3** charm (encanto).

donante *s.m.* **1** donor. || *adj.* **2** donating.

donar *v.t.* **1** to donate. **2** to give, to grant.

doncel *s.m.* **1** young nobleman o squire. **2** page, pageboy (paje).

doncella *s.f.* **1** maid, maiden (mujer joven). **2** servant. **3** virgin.

donde *adv.rel.* **1** where. **2 a –**, to where. **3 de –**, from. **4 en –**, where; in which. **5 hacia –**, where; to where. **6 hasta –**, as far as. **7 por –**, a) where. b) through which. **8 – no**, otherwise. **9 vayas – vayas**, wherever you go. **10 – quieras**, wherever you want. **11 – sea**, wherever.

dónde *adv.interr.* **1** where?. || **2 ¿en –?**, where. **3 ¿por –?**, a) where? b) which way? (en qué dirección). c) why? (por qué). **4 ¿hasta –?**, how far?

dondequiera, doquiera o **doquier** *adv.* **1** anywhere (en cualquier lugar). **2** everywhere (en todas las partes). || **3 – que**, wherever, anywhere.

donjuán *s.m.* seducer, (fam.) Don Juan, Casanova.

donoso, -a *adj.* **1** witty, amusing. **2** graceful.

donosura *s.f.* **1** humour, wit. **2** elegance.

doña *s.f.* Mrs., madam.

dopar *v.t.* y *r.* to drug, to dope.

doping *s.m.* drugging, doping.

doquier o **doquiera** V. dondequiera.

dorado *adj.* **1** golden. **2** gilt, gilded. || *s.m.* **3** gilt. **4** dorado (pez).

dorar *v.t.* **1** to gild. **2** to brown. || *v.pron.* **3** to turn o go brown.

dórico, -a *adj.* doric.

dormida *s.f.* **1** sleeping. **2** (Am.) short sleep.

dormir *v.t., i.* y *pron.* **1** to sleep. || *v.i.* **2** to spend the night. || *v.pron.* **3** to fall asleep, to go to sleep. **4** to get numb. **5** to neglect one's work.

dormitorio *s.m.* **1** bedroom. **2** dormitory.

dorsal *adj.* **1** back. **2** dorsal. **3** dorsal. || *s.m.* **4** number.

dorso *s.m.* **1** back. **2** (fig.) back.

dos *adj.* **1** two. **2** second (segundo). || *s.m.* **3** two. **4 los –**, both.

doscientos *adj.pl.* two hundred.

dosel *s.m.* canopy.

dosificar *v.t.* **1** to dose, to measure out. **2** (fig.) to apportion, to measure out.

dosis *s.f.inv.* **1** dose. **2** (fig.) dose, dosage.

dossier *s.m.* dossier.

dotación *s.f.* **1** endowment (dinero). **2** crew (tripulación). **3** staff, personnel (oficina).

dotar *v.t.* **1** to give a dowry (dar dote). **2** to set o fix a salary. **3** to equip. **4** to staff.

dote *s.f.* 1 dowry. || *pl.* 2 gift, talent.
dovela *s.f.* voussoir.
dracma *s.f.* drachma.
dragaminas *s.m.* minesweeper.
dragar *v.t.* 1 to dredge. 2 to sweep.
drago *s.m.* dragon tree.
dragón *s.m.* 1 dragon. 2 dragoon. 3 flying dragon. 4 snapdragon (planta).
dragonear *v.i.* (Am.) to boast, to show off.
drama *s.m.* drama.
dramatizar *v.t.* to dramatize.
dramaturgo, -a *s.m. y f.* dramatist, playwright.
dramón *s.f.* melodrama.
drástico, -a *adj.* drastic.
drenaje *s.m.* drainage.
drenar *v.t.* to drain, to drain off.
driblar o **driblear** *v.t. e i.* to dribble.
dril *s.m.* drill (tela fuerte).
droga *s.f.* 1 drug. 2 medicine. 3 (Am.) debt (deuda).
drogadicto, -a *adj./s.m. y f.* drug addict.
drogar *v.t.* 1 to drug. 2 to dope. || *v.pron.* 3 to take drugs.
droguería *s.f.* druggist's, (EE.UU.) drug store.
droguero *s.m.* 1 druggist. 2 (Am.) cheat
dromedario *s.m.* dromedary.
druida *s.m.* druid.
drupa *s.f.* drupe.
dual *adj. y s.m.* dual.
dualidad *s.f.* 1 duality. 2 (Am.) draw.
dubitación *s.f.* doubt.
ducado *s.m.* 1 dukedom. 2 duchy. 3 ducat.
ducal *adj.* ducal.
ducha *s.f.* 1 shower. 2 MED. douche.
duchar *v.t.* 1 MED. to douche. 2 to wet, to dowse (mojar). || *v.pron.* 3 to take a shower.
ducho, -a *adj.* experienced, well versed.

ductilidad *s.f.* softness, malleability.
duda *s.f.* doubt.
dudar *v.t. e i.* to doubt.
duelo *s.m.* 1 duel. 2 sorrow, grief (dolor). 3 mourning (luto).
duende *s.m.* goblin, imp, elf.
dueña *s.f.* 1 owner, proprietress. 2 landlady. 3 owner, mistress.
dueño *s.m.* 1 owner, proprietor, 2 landlord.
dulce *adj.* 1 sweet. 2 fresh (agua). 3 soft (metal). 4 mild, gentle. 5 sweet soft (palabras). || *s.m.* 6 sweet, (EE.UU.) candy (caramelo). || *s.m.pl.* 7 sweet things.
dulcificar *v.t.* 1 to sweeten. 2 (fig.) to soften. || *v.pron.* 3 to turn o become milder,
dulzaina *s.f.* dulzaina.
dulzor *s.m.* 1 gentleness. 2 sweetness.
dulzura *s.f.* 1 sweetness. 2 softness. 3 gentleness (bondad). 4 mildness.
duna *s.f.* dune.
dúo *s.m.* duo, duet.
duodeno *s.m.* duodenum.
duplicado, -a *adj.* 1 duplicate. 2 double. || *s.m.* 3 copy. 4 por –, in duplicate.
duplicar *v.t.* 1 to duplicate. 2 to double. 3 DER. to answer. || *v.pron.* 4 to double.
duplicidad *s.f.* duplicity, deceitfulness, (fam.) two-facedness.
duplo *adj. y s.m.* double; twice.
duque *s.m.* duke.
durable *adj.* durable, lasting.
duración *s.f.* 1 duration, length. 2 life.
duramente *adv.* 1 hard. 2 cruelly, harshly.
durante *prep.* 1 during. 2 in. 3 for.
durar *v.i.* 1 to last. 2 to stay, to remain.
durazno *s.m.* (Am.) 1 peach (el fruto). 2 peach tree (el árbol).
dureza *s.f.* 1 hardness. 2 toughness (de comida). 3 stale (pan). 4 severity. 5 MED. callosity.
durmiente *adj.* 1 sleeping. || *s.m.* 2 sleeper.

E, *s.f.* **1** e, E (letra). ‖ **2** *conj.* and.

ebanistería *s.f.* cabinetmaking, joinery.

ébano *s.m.* ebony.

ebrio, -a *s.m.* y *f.* **1** drunkard, drunk. ‖ **2** *adj.* drunk, inebriated, intoxicated.

ebullición *s.f.* boiling, ebullition.

echado, -a 1 *p.p.* de echar. **2** *adj.* lying down, prone, prostrate.

echar *v.t.* e *i.* **1** to throw. **2** to give off. **3** to put. **4** to pour. **5** to post (una carta). **6** to add. **7** to cast (redes). **8** to throw out. **9** to sack (despedir de un trabajo). **10** BOT. to sprout. **11** to hurl (blasfemias). ‖ *v.pron.* **12** to throw oneself (arrojarse). **13** to lie down (tumbarse).

echarpe *s.m.* shawl.

eclecticisnno *s.m.* eclecticism.

eclesiástico, -a *s.m.* y *f.* **1** clergyman/woman, ecclesiastic (clérigo). ‖ **2** *adj.* ecclesiastical, ecclesiastic.

eclipsar *v.t.* to eclipse, to overshadow.

eclipse *s.m.* eclipse.

eclosión *s.f.* **1** hatching. **2** blooming.

eco *s.m.* echo.

ecología *s.f.* ecology.

economato *s.m.* discount store, cash-and-carry.

economía *s.f.* **1** economics. **2** economy.

económico, -a *adj.* economic, economical.

economista *s.m.* y *f.* economist.

economizar *v.t.* **1** to save, to economize. ‖ **2** *v.i.* to save, to lay by, to budget.

ecosistema *s.m.* ecosystem.

ecuación *s.f.* equation.

ecuador *s.m.* **1** Equator. **2** Ecuador.

ecuánime *adj.* **1** impartial. **2** composed.

ecuestre *adj.* equestrian.

ecuménico, -a *adj.* ecumenical.

ecumenismo *s.m.* ecumenicalism, ecumenism.

edad *s.f.* age.

edema *s.f.* edema, oedema.

edición *s.f.* edition.

edicto *s.m.* decree, edict.

edificación *s.f.* building, construction.

edificar *v.t.* to build, to construct.

edificio *s.m.* building, edifice.

edil *s.m.* town councillor.

editar *v.t.* to publish.

editor, -ora *s.m.* o *f.* **1** publisher (persona) ‖ **2** *adj.* publishing.

editorial *adj.* **1** publishing, editorial. ‖ *s.m.* **2** leading article, editorial. ‖ **3** *s.f.* publishing house.

edredón *s.m.* eiderdown, duvet.

educación *s.f.* **1** education (enseñanza). **2** upbringing (crianza). **3** manners, politeness (modales).

educar *v.t.* **1** to educate. **2** to bring up (criar). **3** to train.

edulcorar *v.t.* to sweeten.

efectivo, -a *adj.* **1** effective. **2** real (verdadero). ‖ *s.m.* **3** cash, ready money.

efecto *s.m.* **1** effect, result. **2** effect, impact.

efectuar *v.t.* **1** to effect, to carry out, to do. **2** to make. ‖ *v.i.* **3** to lake place.

efemérides *f.pl.* ephemerides.

efervescencia *s.f.* effervescence.

eficacia *s.f.* efficacy.
eficaz *adj.* effective.
eficiente *adj.* efficient.
efímero, -a *adj.* ephemeral.
efusión *s.f.* effusion.
efusivo, -a *adj.* effusive.
egipcio, -a *adj./s.m.* y *f.* Egyptian.
egocéntrico, -a *adj.* egocentric.
egoísmo *s.m.* selfishness, egoism.
ególatra *adj.* self-worshipping.
egregio, -a *adj.* illustrious, eminent.
¡eh! *interj.* eh!, hey!
eje *s.m.* 1 TEC. axle. 2 shaft (árbol). 3 MAT. y FÍS. axis. 4 (fig.) hub, core, crux.
ejecutante *s.m.* y *f.* 1 executant. 2 MÚS. performer.
ejecutar *v.t.* 1 to execute, to carry out. 2 MÚS. to perform, to interpret.
ejecutor, -ora *s.m.* y *f.* 1 executant, executor. 2 executioner (de la justicia).
ejemplar *adj.* 1 exemplary. || *s.m.* 2 number, issue, copy. 3 specimen, example.
ejemplo *s.m.* 1 example. 2 epitome, model. || **dar –**, to set an example. 4 **por –**, for example.
ejercer *v.t.* e *i.* 1 to exert, to exercise. 3 to practise.
ejercicio *s.m.* 1 exercise. 2 exertion. 3 performance. 4 MIL. training, drill, exercise.
ejercitar *v.t.* 1 to practise (una profesión). 2 MIL. to drill, to train. || *v.pron.* 3 to train, to practise.
ejército *s.m.* army.
el *art.def.m.sing.* the.
él *pron.pers.m.sing.* 1 he. 2 him.
elaborar *v.t.* 1 to process. 2 to work. 3 to produce, to manufacture. 4 to prepare, to work out.
elasticidad *s.f.* 1 elasticity. 2 stretch.
elástico, -a *adj.* elastic, stretchy.
elección *s.f.* choice, election.
elector, -a *adj.* 1 elective. || *s.m.* y *f.* 2 elector, voter.
electorado *s.m.* electorate, electoral body, voters (*pl.*).
electricidad *s.f.* electricity.

electricista *adj.* 1 electrical. || *s.m.* y *f.* 2 electrician.
eléctrico, -a *adj.* 1 electric, electrical. || *s.m.* 2 electrician.
electrificar *v.t.* to electrify.
electrizar *v.t.* to electrify, to charge.
electrocutar *v.t.* 1 to electrocute. || *v.pron.* 2 to be electrocuted.
electrodo *s.m.* electrode.
electrodoméstico *s.m.* household appliance.
electrón *s.m.* electron.
electrónica *s.f.* electronics.
electrónico, -a *adj.* electronic.
elefante *s.m.* elephant.
elegancia *s.f.* elegance, style.
elegante *adj.* elegant, smart, stylish.
elegía *s.f.* elegy.
elegibilidad *s.f.* eligibility.
elegir *v.t.* 1 to choose, to select. 2 to elect (por voto).
elemental *adj.* elementary, basic, elemental.
elemento *s.m.* 1 element. 2 MEC. part, component. || *pl.m.* 3 basic principles. 4 means (medios).
elenco *s.m.* 1 catalogue, list. 2 cast (reparto); troupe, company (compañía).
elevación *s.f.* 1 raising, lifting (peso). 2 building, erection (edificio). 3 increase, rise (precio). 4 REL. elevation.
elevado, -a *adj.* high, elevated, raised.
elevador, -ora *adj.* 1 elevating. || *s.m.* 2 lift, (Am.) elevator (ascensor).
elevar *v.t.* 1 to raise, to lift. 2 to build, to put up. 3 to raise, to increase, to put up (precios). 4 to raise (la voz). 5 MAT. to raise, to the power of. || *v.pron.* 6 to be conceited.
eliminación *s.f.* elimination, removal.
eliminar *v.t.* to eliminate, to remove.
elipse *s.f.* clipse.
elipsis *s.f.* ellipsis.
elite o **élite** *s.f.* elite.
elixir o **elíxir** *s.m.* elixir.
ella *pron.pers.f.s.* 1 she. 2 her.
ello *pron.pers.neutro.* it.
ellos, ellas *pron.pers.pl.* they, them.
elocuente *adj.* eloquent, significant.

elogiar *v.t.* to praise.

elogio *s.m.* praise.

elucidar *v.t.* to explain, to elucidate.

eludible *adj.* avoidable, eludible.

eludir *v.t.* to avoid, to evade, to elude.

emanar *v.i.* 1 to emanate from, to come from. 2 to arise from, to result from.

emancipar *v.t.* 1 to emancipate. ‖ *v.pron.* 2 to become emancipated, to free oneself (liberarse).

emascular *v.t.* to castrate, (fig.) to emasculate.

embadurnar *v.t.* 1 to daub (con pintura). 2 to smear (con grasa). 3 to plaster (con barro). ‖ *v.pron.* 4 to daub, to snear, to plaster... oneself.

embajada *s.f.* embassy.

embajador, -a *s.m.* y *f.* ambassador (hombre), ambassadress (mujer).

embalaje *s.m.* 1 packing, packaging. ‖ 2 papel de –, wrapping paper.

embalar *v.t.* 1 to package, to pack. 2 to wrap up, to parcel up (regalos).

embaldosar *v.t.* to tile.

embalsamar *v.t.* 1 to embalm (un cadáver). 2 to perfume, to scent (perfumar).

embalsar *v.t.* 1 to dam up, to dam (agua). 2 MAR. to hoist (izar). ‖ 3 *v.pron.* to be dammed up.

embalse *s.m.* dam.

embarazada *adj.f.* pregnant.

embarazar *v.t.* 1 to get a woman pregnant. 2 to hamper. 3 to trouble, to inconvenience (molestar). ‖ *v.pron.* 4 to get embarrassed. 5 to get o become pregnant.

embarazo *s.m.* 1 hindrance (estorbo). 2 obstacle, obstruction (obstáculo). 3 MED. pregnancy.

embarcación *s.f.* boat, craft.

embarcadero *s.m.* 1 landing stage. 2 quay, jetty. 3 dock, wharf.

embarcar *v.t.* 1 to embark (pasajeros). 2 to load (mercancías). 3 to involve. ‖ 4 to embark, to go aboard. ‖ *v.pron.* to embark, to go aboard.

embargar *v.t.* to seize, to impound, to hinder.

embargo *s.m.* seizure, distraint.

embarrado, -a *adj.* muddy.

embarrancar *v.i.* to go o run aground (encallarse).

embarrar *v.t.* to cover/splash with mud.

embarullar o **embarrullar** *v.t.* to mix up.

embate *s.m.* 1 MAR. dashing, breaking (de olas). 2 (fig.) sudden attack (acometida).

embaucar *v.t.* to deceive, to cheat.

embeber *v.t.* 1 to absorb, to soak up. ‖ *v.i.* 2 to shrink. ‖ *v.pron.* 3 to become absorbed in something.

embelecar *v.t.* to deceive, to cheat.

embeleco *s.m.* deceit, deception.

embelesar *v.t.* to charm, to delight.

embellecer *v.t.* 1 to beautify. ‖ *vi.* 2 to improve in looks.

embestida *s.f.* 1 assault, attack. 2 charge.

embestir *v.t.* 1 to assault, to attack. 2 to charge (un toro).

emblema *s.m.* emblem, badge.

emblemático, -a *adj.* emblematic.

embobar *v.t.* to amaze.

embocadura *s.m.* mouth.

embocar *v.t.* to put in the mouth.

embolia *s.f.* clot, embolism.

émbolo *s.m.* piston.

embolsar *v.t.* to collect, to pocket.

emboscada *s.f.* ambush.

emboscar *v.t.* 1 to place under cover/in ambush. ‖ *v.pron.* 2 to lie in ambush, to ambush.

embotellado, -a *adj.* bottled.

embotellamiento *s.m.* traffic jam.

embotellar *v.t.* to bottle.

embragar *v.t.* to engage.

embrague *s.m.* clutch.

embriagar *v.t.* 1 to intoxicate. ‖ *v.pron.* 2 to get drunk.

embrollar *v.t.* to muddle.

embrollo o **embrolla** *s.m.* o *f.* 1 tangle. 2 confusion.

embrujar *v.t.* to bewitch.

embudo *s.m.* funnel.

embustero, -a *adj.* lying.

embutido *s.m.* sausage.

emergencia *s.f.* emergency.

emerger *v.t.* **1** to emerge. **2** to surface.

emigración *s.f.* emigration.

emigrante *s.m.* emigrant.

emigrar *v.t.* to emigrate.

emir *s.m.* emir.

emirato *s.m.* emirate.

emisario, -a *s.m. y f.* messenger.

emisión *s.f.* broadcasting.

emoción *s.f.* emotion.

emocional *adj.* emotional.

emocionar *v.t.* **1** to move. **2** to excite, to thrill. **3** to upset. || *v.pron.* **4** to be moved, to be touched.

empacar *v.t.* to pack.

empacho *s.m.* indigestion.

empadronamiento *s.m.* **1** census, register. **2** enrolment.

empalar *v.t.* to impale.

empalizada *s.f.* palisade.

empalizar *v.t.* to palisade.

empalmar *v.t.* to connect.

empalme *s.m.* connection.

empanadilla *s.f.* pasty.

empañar *v.t.* to steam up.

empapar *v.t.* to soak.

empapelar *v.t.* to wallpaper.

empaquetar *v.t.* to package.

emparedado, -a *adj.* **1** walled in. || *s.m. y f.* **2** prisoner.

emparedar *v.t.* to wall in.

emparejar *v.t.* **1** to match. || *v.i.* **2** to draw level.

emparrar *v.t.* to train.

emparrillar *v.t.* to grill.

empastar *v.t.* to paste.

empatar *v.i.* to tie.

empedrado, -a *adj. y s.m.* cobbled.

empedrar *v.t.* to pave.

empeñado, -a *adj.* insistant.

empeñar *v.t.* to pawn.

empeño *s.m.* determination.

empeoramiento *s.m.* deterioration.

empeorar *v.t.* **1** to make worse. || *v.i.* y *v.pron.* **2** to get worse.

empequeñecer *v.t.* to reduce.

emperador *s.m.* emperor.

emperatriz *s.f.* empress.

empero *conj.* but.

empezar *v.t.* **1** to start, to begin. || *v.i.* **2** to start, to begin.

empilar *v.t.* to pile up.

empinado, -a *adj.* erect.

empinar *v.t.* **1** to stand something up. || *v.i.* **2** (fig. y fam.) to drink a lot.

empírico, -a *adj. y s.m.* empirical.

empirismo *s.m.* empiricism.

empitonar *v.t.* to gore.

emplaste *s.m.* plaster.

emplazamiento *s.m.* **1** emplacement. **2** location.

emplear *v.t.* to use.

empleo *s.m.* **1** job. **2** use. **3** spending. **4** rank. || **5** sin –, unemployed. **6** solicitan –, situation wanted. **7** solicitud de –, job application. **8** modo de –, instructions for use.

empobrecer *v.t.* **1** to impoverish. || **2** *v.i.* y *pron.* to become poor.

empollar *v.t.* **1** to incubate. **2** to swot up. || *v.i.* **3** to sit.

empollón, -ona *s.m. y f.* swot.

empolvar *v.t.* to powder.

emporio *s.m.* trading centre.

empotrar *v.t.* **1** to embed. **2** to build in.

emprender *v.t.* to undertake.

empresa *s.f.* **1** company. **2** enterprise.

empresarial *adj.* **1** managerial. || *s.m.pl.* **2** business studies (carrera universitaria).

empresario, -a *s.m. y f.* manager.

empujar *v.t.* to push.

empuñadura *s.f.* **1** hilt. **2** grip. **3** handle.

empuñar *v.t.* **1** to take. || **2** – las armas, to take up arms.

emular *v.t.* to emulate.

émulo, -a *adj.* **1** emulous. || **2** *s.m. y f.* emulator.

emulsión *s.f.* emulsion.

emulsivo, -a *adj.* emulsive.

en *prep.* **a)** (lugar) in (dentro de). on (sobre). into/in (acción). at. **b)** in (tiempo). **c)** by (modo). d) – cuanto a, with respect to. **e)** pensar –, to think about/of.

enagua *s.f.* y *pl.* (Am.) petticoat.

enajenar *v.t.* to transfer, to alienate.

enamorado, -a *adj.* 1 in love. 2 *s.m.* y *f.* lover.

enamoramiento *s.m.* falling in love.

enano, -a *adj./s.m.* y *f.* dwarf.

encabalgar *v.i.* 1 to mount a horse. ‖ *v.t.* 2 to overlap.

encabestrar *v.t.* to halter.

encabezamiento *s.m.* headline.

encabezar *v.t.* to head.

encabritarse *v.pron.* to rear.

encadenado, -a *adj.* 1 chained. ‖ *s.m.* 2 chain.

encadenamiento *s.m.* chaining.

encadenar *v.t.* to chain.

encajar *v.t.* 1 to insert. ‖ *v.i.* to fit.

encaje *s.m.* insertion.

encajonar *v.t.* 1 to pack. ‖ *v.i.* to run through a narrow place (un río).

encallar *v.i.* to run aground.

encalmar *v.t.* to calm.

encaminar *v.t.* to guide.

encanecer *v.i.* y *v.pron.* to go grey.

encantado, -a *adj.* 1 pleased. 2 haunted (una casa). 3 bewitched.

encantador, -a *adj.* 1 delightful. ‖ *s.m.* y *f.* 2 charmer.

encantamiento *s.m.* spell.

encantar *v.t.* to love.

encapotar *v.t.* to cloak.

encaramar *v.t.* 1 to raise. ‖ *v.pron.* to climb.

encarar *v.t.* to face.

encarcelar *v.t.* to imprison.

encarecer *v.t.* 1 to put the price. 2 to go up in price.

encargado, -a *s.m.* y *f.* 1 person in charge. 2 manager. ‖ *adj.* 3 in charge.

encargar *v.t.* to put in charge.

encariñarse *v.pron.* to grow fond.

encarnación *s.f.* incarnation.

encarnado *adj.* 1 incarnate. 2 red. ‖ 3 **ponerse –**, to blush.

encarnizar *v.t.* to brutalize.

encarrilar *v.t.* to put back on the rails.

encartar *v.t.* 1 to enroll. ‖ *v.i.* 2 to fit in.

encasillar *v.t.* to set out in a table.

encastillado, -a *adj.* fortified.

encastillar *v.t.* 1 to plie. 2 to fortify with castles.

encauzar *v.t.* to guide.

encenagado, -a *adj.* muddy.

encendedor *s.m.* lighter.

encender *v.t.* 1 to light. 2 to set fire to. 3 to switch on.

encendido, -a *adj.* 1 lit. ‖ *s.m.* 2 ignition.

encerar *v.t.* to wax.

encercar *v.t.* (Am.) to encircle (rodear).

encerrar *v.t.* to shut in.

encerrona *s.f.* trap.

encestar *v.t.* to score.

enceste *s.m.* basket.

encharcar *v.t.* 1 to flood, to swamp. 2 to cover with puddles. ‖ *v.pron.* 3 to become flooded o swamped. 4 (Am.) to get muddy.

enchilar *v.t.* 1 (Am.) to season with chili. 2 (Am.) to annoy. ‖ *v.i.* 3 (Am.) to sting, to burn. ‖ *v.pron.* 4 (Am.) to become angry.

enchironar *v.t.* (fam.) to put in the nick.

enchufar *v.t.* ELEC. to plug in, to connect. 2 to fit together, to couple. 3 (fig. y fam.) to pull strings.

enchufe *s.m.* 1 ELEC. plug, socket. 2 TEC. joint, connection. 3 (fig. y fam.) string pulling.

encía *s.f.* gum.

enciclopedia *s.f.* encyclopedia.

encierro *s.m.* 1 confinement (personas). 2 shutting in, shutting up (de una casa). 3 DEP. driving of the bulls into the pen before a bullfight (los toros). 4 reclusion (retiro). 5 penning (del ganado vacuno).

encima *adv.* 1 above. 2 on top. 3 overhead. ‖ 4 **de –**, on top. 5 **por –**, above. 6 **por – de**, beyond. 7 **por – de todo**, above all. 8 **quitarse de –**, to get rid of.

encimero, -a *adj.* top.

encina *s.f.* holm oak.

encinta *adj.* pregnant.

enclavar *v.t.* to nail (clavar).

enclave *s.m.* enclave.

enclenque *adj.* weak.

encoger *v.i.* 1 to shrink. ‖ *v.t.* 2 to shrink.

encogido, -a *adj.* shrunken.

encolar *v.t.* to glue.

encolerizar *v.t.* to anger.

encomendar *v.t.* to commend.

encontrar *v.t.* 1 to find. 2 to meet. 3 to come across. 4 to see. 5 to feel. 6 to be situated.

encorchar *v.t.* to bottle.

encordar *v.t.* to string.

encorvado, -a *adj.* curved.

encorvadura *s.m.* y *f.* bending.

encrespar *v.t.* 1 to curl. 2 to irritate. || *v.pron.* 3 to become rough.

encrucijada *s.f.* crossroads.

encuadernación *s.f.* 1 binding. || 2 taller de –, bindery.

encuadernador, -ora *s.m.* o *f.* bookbinder.

encuadernar *v.t.* to bind.

encuadramiento *s.m.* 1 frame, framework. 2 officering.

encuadrar *v.t.* 1 to frame. 2 to fit. 3 to officer.

encubridor, -ora *s.m.* o *f.* 1 receiver. || *adj.* 2 hiding, concealing.

encubrimiento *s.m.* 1 concealment, hiding (ocultación). 2 DER. receiving of stolen goods (de artículos robados).

encubrir *v.t.* 1 to hide, to conceal. 2 to receive stolen goods. 3 to harbour.

encuentro *s.m.* 1 meeting, encounter. 2 game, match. 3 MIL. encounter, clash. 4 (fig.) find. 5 collision. 6 discovery.

encuesta *s.f.* inquiry, investigation. 2 poll, opinion poll, survey.

encumbrado, -a *adj.* 1 high, lofty, towering. 2 conceited, haughty. 3 eminent, distinguished.

encumbrar *v.t.* 1 to raise. 2 to elevate, to exalt. 3 to climb to the top. || *v.pron.* 4 to rise, to soar.

ende *adv.* 1 there. || 2 **por –**, therefore, hence.

endeble *adj.* 1 feeble, weak. 2 puny, scrawny. 3 flimsy, fragile.

endecasílabo, -a *adj.* y *s.m.* hendecasyllabic.

endemia *s.f.* endemic disease.

endemoniado, -a *adj.* 1 possessed,

diabolical, damned, devilish. || *s.m.* y *f.* 2 person possessed (poseído).

endemoniar *v.t.* 1 to possess with the devil. 2 to infuriate, to anger (encolerizar). 3 to provoke (provocar). || *v.pron.* 4 to get angry.

enderezado, -a *adj.* appropriate, suitable.

enderezar *v.t.* 1 to straighten. 2 to put straight. 3 MAR. to right (una embarcación). 4 to put in order, to set to rights. || *v.pron.* 5 MAR. to right itself (una embarcación). 6 to straighten up. || *v.i.* 7 to head, to make one's way (dirigirse).

endeudarse *v.pron.* to get o run into debt.

endiablado, -a *adj.* 1 possessed. 2 devilish, fiendish. 3 evil, wicked. 4 diabolical, terrible. 5 furious.

endibia *s.f.* endive.

endilgar *v.t.* 1 to land, to deal. 2 to send, to guide. 3 to attribute.

endiosar *v.t.* 1 to deify, to make a god out of (elevar a la divinidad). || *v.pron.* 2 to get o become conceited.

endocrino, -a *adj.* endocrine.

endocrinología *s.f.* endocrinology.

endogamia *s.f.* endogamy, in breeding.

endomingarse *v.pron.* to put on one's Sunday best.

endosar *v.t.* 1 COM. to endorse. 2 (fam.) to palm something off on someone.

endoso *s.m.* COM. endorsement.

endrino, -a *adj.* 1 blue-black. || *s.m.* 2 BOT. blackthorn, sloe (arbusto).

endulzar *v.t.* 1 to sweeten. 2 (fig.) soften, to alleviate.

endurecer *v.t.* 1 to harden, to make hard, to set, to toughen. || *v.pron.* 2 to set to harden, to become hardened.

endurecimiento *s.m.* 1 hardening. 2 hardness. 3 setting. 4 toughness.

eneasílaba *adj.* nine syllable.

enebro *s.m.* juniper (tree).

enema *s.m.* enema.

enemigo, -a *s.m.* y *f.* 1 enemy. || *adj.* 2 enemy, hostile.

enemistad *s.f.* enmity.

enemistar v.t. 1 to make enemies, to cause a rift. ‖ v.pron. 2 to become enemies. 3 to fall out (enfadarse).

energía s.f. energy.

enérgico, -a adj. 1 energetic, spirited (carácter). 2 vigorous, strong (ataque).

energúmeno, -a s.m. y f. madman, fanatic, energumen.

enero s.m. January (mes).

enervación s.f. enervation.

enésimo, -a adj. 1 MAT. Nth, n. 2 (fig.) umpteenth.

enfadar v.t. 1 to annoy, to get on someone's nerves (molestar). 2 to anger, to madden (enojar). ‖ v.pron. 3 to get angry, to become irritated.

enfado s.m. anger, annoyance.

enfangar v.t. 1 to cover with mud. ‖ v.pron. 2 to get muddy.

enfardar v.t. to parcel up, to bale.

énfasis s.m. emphasis, stress.

enfatizar v.t. to emphasize.

enfermar v.i. y pron. 1 to fall o become ill. ‖ v.t. 2 to cause illness.

enfermedad s.f. illness, sickness, disease.

enfermería s.f. infirmary.

enfermero, -a s.m. 1 male nurse. ‖ s.f. 2 nurse.

enfermizo, -a adj. sickly, poorly, unhealthy, morbid.

enfervorizar v.t. 1 to encourage (animar). 2 to enthuse.

enfilar v.t. 1 to line up, to align. 2 to go straight along o down. 3 MIL. to rake, to enfilade.

enflaquecer v.i. 1 to lose weight, to get thin (adelgazar). 2 (fig.) to lose head (desanimarse). ‖ v.t. 3 to make thin (adelgazar). ‖ (fig.) 4 to weaken (debilitar).

enfocar v.t. 1 to focus. 2 to approach, to consider, to look at. ‖ v.i. y v.pron. 3 to focus.

enfoque s.m. 1 focusing, focus. 2 (fig.) point of view, approach.

enfrascamiento s.m. (fig.) absorption.

enfrascar v.t. 1 to bottle (embotellar). ‖ v.i. 2 to get caught in brambles, to get deeply absorbed in something.

enfrentar v.t. 1 to confront, to face (hacer frente). 2 to put face to face (poner frente a frente). ‖ v.i. 3 to face up to, to confront.

enfrente adv. opposite, in front of, facing.

enfriamiento s.m. 1 cooling. 2 refrigeration. 3 MED. cold, chill (catarro).

enfriar v.t. 1 to cool, to cool down, to chill. 2 (fig.) to dampen (una pasión, etc.). 3 (Am.) to kill (matar). ‖ v.i. 4 to cool, to cool down, to cool off. ‖ v.pron. 5 to cool.

enfundar v.t. to sheathe, to holster.

enfurecimiento s.m. fury, range, anger.

enfurecer v.t. 1 to infuriate, to make angry o mad, to madden. ‖ 2 v.pron. to become furious.

engalanar v.t. to adorn, to deck.

enganchar v.t. 1 to hook. 2 to hitch, to couple. 3 to hang (up). 4 TEC. to engage (engranar). 5 MIL. to recruit, to enlist. ‖ v.pron. 6 to get caught, hooked.

enganche s.m. hooking, hitching, coupling, connection, harnessing (caballo).

engañar v.t. 1 to deceive, to cheat. 2 to trick, to fool. 3 to swindle, to trick, to cheat (timar). 4 to be unfaithful. ‖ v.pron. 5 to deceive oneself. 6 to be mistaken, to be wrong. ‖ v.i. 7 to be deceptive, to be misleading.

engañifa s.f. 1 (fam.) trick, swindle (timo). 2 fraud (fraude).

engaño s.m. 1 deceit, deception. 2 mistake, misunderstanding (equivocación).

engañoso, -a adj. 1 deceptive. 2 deceitful.

engarce s.m. setting, mounting, mount.

engarzar v.t. 1 to set, to mount (joyas). 2 to thread, to string (ensartar cuentas, etc.). 3 to curl (rizar). 4 (Am.) to get caught in brambles (enzarzarse).

engastar v.t. to set, to mount (una joya).

engaste s.m. setting, mounting.

engendrar v.t. 1 to engender. 2 (fig.) to give rise to, to cause (causar). 3 BIOL. to breed.

engendro *s.m.* 1 BIOL. foetus. 2 runt, freak.

englobar *v.t.* 1 to include. 2 to lump together.

engomar *v.pron.* 1 to stick. 2 to size.

engordar *v.t.* 1 to fallen, to make fat. 2 to fallen up (un animal). || *v.i.* 3 to get fat, to put on weight.

engorde *s.m.* fattening up.

engorro *s.m.* nuisance, bother.

engorroso, -a *adj.* annoying, bothersome, cumbersome.

engranaje *s.m.* gear, cogwheels, gearing.

engranar *v.t. e i.* TEC. to mesh, to engage. || *v.pron.* 2 (Am.) to size up, to get locked.

engrandecer *v.t.* to enlarge, to make bigger.

engrandecimiento *s.m.* 1 enlargement. 2 praise (alabanza). 3 exaggeration.

engrasar *v.t.* 1 MEC. to grease, to lubricate, to oil. 2 to oil up || *v.pron.* 3 to get covered with o in grease.

engrase *s.m.* greasing, lubrication, oiling.

engreimiento *s.m.* arrogance, conceit.

engreír *v.t.* 1 to make arrogant. 2 (Am.) to spoil, to pamper (mimar). || *v.pron.* 3 to get conceited o arrogant.

engrosar *v.t.* 1 to enlarge. 2 to increase. 3 to swell (un río, etc.). 4 to thicken (espesar). || *v.i.* 5 to get fatter, to put on weight. || *v.pron.* 6 to enlarge.

engrudo *s.m.* paste.

engullir *v.t.* 1 to bolt, to gobble down (comida sólida). 2 to gulp down (un líquido).

enharinar *v.t.* to flour.

enhebrar *v.t.* to thread, to string.

enhiesto, -a *adj.* erect, straight, upright.

enhorabuena *s.f.* 1 congratulations. || *adv.* 2 thank heavens.

enigma *s.m.* enigma, mystery, puzzle.

enigmático, -a *adj.* enigmatic.

enjabonar *v.t.* 1 to soap. 2 (fam. y fig.) to tell someone off (reprender). 3 (Am.) to flatter (adular).

enjaezar *v.t.* to harness.

enjambre *s.m.* swarm.

enjaular *v.t.* 1 to cage, to put in a cage. 2 (fam.) to put in prison, to lock up.

enjoyar *v.t.* to adorn with jewels.

enjuagar *v.t.* 1 to rinse (la ropa). 2 to rinse out, to swill out (la boca).

enjuague *s.m.* 1 mouthwash (para enjuagar la boca). 2 rinsing.

enjugar *v.t.* 1 to dry (secar). 2 to mop, to wide. || *v.pron.* 3 to get thinner.

enjuiciamiento *s.m.* 1 judgement. 2 trial, prosecution.

enjuiciar *v.t.* 1 to judge. 2 to sue (civil).

enjundia *s.f.* 1 animal fat o grease. 2 (fig.) substance.

enjuto, -a *adj.* 1 thin. 2 skinny. || *s.m.* 3 tinder.

enlace *s.m.* 1 connection, link, tie-up. 2 marriage (casamiento). 3 QUÍM. bond. 4 connection. 5 GRAM. liaison.

enladrillar *v.t.* to pave with bricks.

enlatar *v.t.* to can, to tin.

enlazar *v.t.* 1 to link, to connect, to relate. 2 to tie, to bind. || *v.i.* 3 to connect. || *v.pron.* 4 to be linked, to be connected.

enlistonado *s.m.* laths.

enlodar o **enlodazar** *v.t.* 1 to cover in mud, to muddy. || *v.pron.* 2 to get muddy.

enloquecer *v.pron.* 1 to drive mad, to drive crazy. 2 to madden. || *v.pron. o i.* 3 to go insane o mad.

enlosado *s.m.* paving, tiling.

enlucido -a *adj.* 1 plastered. 2 whitewashed. 3 polished. || *s.m.* 4 plaster.

enlucir *v.t.* 1 to plaster (una pared) 2 to polish (las armas).

enlutar *v.t.* to dress in mourning.

enmarañar *v.t.* 1 to tangle (up), to entangle (enredar). 2 (fig.) to confuse, to make more of a mess, to muddle up (una situación, etc.). || *v.pron.* 3 to get tangled.

enmarcar *v.t.* 1 to frame. 2 to surround. 3 (fig.) to provide the setting.

enmascarado, -a *adj.* masked.

enmascaramiento *s.m.* camouflage.

enmascarar v.t. 1 to mask. 2 to camouflage. || v.pron. 3 to put on a mask.

enmendar v.t. 1 to correct, 2 DER. to amend (una ley). 3 to rectify. || v.pron. 4 to mend one's ways, to reform.

enmienda s.f. 1 correction, amendment. 2 compensation, correction, rectification.

enmohecer v.t. 1 to rust. 2 to make mouldy.

enmohecimiento s.m. rusting, rustiness, moulding, mouldiness.

enmudecer v.t. 1 to silence. 2 (fig.) to leave speechless. || v.pron. 3 to be silent, to lose one's voice.

ennegrecer o **denegrecer** v.t. 1 to blacken, to turn black. || 2 v.i. y pron. to turn black, to go black.

ennoblecer v.t. to ennoble.

enojado,-a adj. angry, cross.

enojar v.i. 1 to anger, to make angry (enfadar). 2 to irritate, to annoy, to offend. || v.pron. 3 to get angry.

enojo s.m. anger (ira), annoyance.

enología s.f. viniculture.

enorgullecer v.t. 1 to fill with pride, to make proud. || v.pron. 2 to be proud.

enorme adj. enormous, huge, massive.

enormidad s.f. 1 enormity, vastness (tamaño). 2 (fig.) heinousness, mostruousness, wickedness (de un pecado).

enquistarse v.pron. 1 to encyst. 2 (fig.) to become embedded (encajarse).

enraizar v.i. to take root.

enralecer v.i. 1 to become threadbare (tejido). 2 to become thin o sparse (pelo, árboles, etc.).

enramar v.t. 1 to decorate with branches. 2 MAR. to fit the frames. || v. i. 3 BOT. to branch. || v.pron. 4 to hide among the branches.

enrame s.m. branching.

enrarecer v.t. 1 to rarify. 2 to make scarce. || v.pron. e i. 3 to rarify. 4 to become scarce.

enrasar v.t. 1 to make level o flush. 2 to smooth. 3 to level up. || v.pron. 4 to be at the same level.

enredadera adj. 1 climbing. || s.f. 2 bindweed.

enredado, -a adj. tangled, tangled up.

enredar v.i. 1 to tangle, to entangle. 2 to involve, to implicate. 3 to cause trouble. 4 to net, to catch in a net. || v.pron. 5 to get into a tangle, to get entangled. 6 to become muddled o confused. 7 MAR. to foul. 8 to get involved, to have an affair. || v.i. 9 to get into mischief (un niño).

enredo s.m. 1 tangle. 2 love affair. 3 jam, difficult situation. 4 intrigue. 5 lie.

enredoso, -a adj. complicated.

enrejado s.m. 1 grating, grille. 2 lattice (de una ventana). 3 trellis. 4 bars. 5 wire netting o fencing. 6 openwork.

enrejar v.t. 1 to put a railing round, to fence. 2 (Am.) to put a halter. 3 to fix a grating to. 4 (Am.) to darn, to patch. 5 to fit the share to the plough. 6 to put in prison, to incarcerate.

enrevesado, -a adj. intricate, complicated.

enriquecedor, -a adj. enriching.

enriquecer v.t. 1 to make rich, to enrich (hacer rico). || v.pron. e i. 2 to get o become rich.

enrocar v.t. to castle (en ajedrez).

enrojecer v.t. 1 to redden, to turn red. 2 to make blush (a una persona). || v.pron. e i. 3 to blush.

enrojecimiento s.m. reddening, blushing.

enrolar v.t. 1 (Am.) to enrol, to sign up. 2 MIL. to enlist. || v.pron. 3 to enrol, to sign on.

enronquecer v.t. 1 to make hoarse. || v.pron. e i. 2 to go hoarse.

enroscar v.t. 1 to coil, to wind (enrollar). 2 to screw in (atornillar). || v.pron. 3 to coil oneself round, to wind oneself round.

ensalada s.f. 1 salad. 2 (fig.) mess, mix-up (lío). 3 MÚS. medley, (fig.) traffic jam.

ensaladera s.f. salad bowl.

ensaladilla s.f. 1 diced vegetable salad, Russian salad. 2 (Am.) lampoon, satirical verse (versos satíricos).

ensalzar *v.t.* 1 to exalt (enaltecer). 2 to praise (alabar).

ensamblado *s.m.* joint (empalme).

ensamblaje *s.m.* assembly.

ensamblar *v.t.* 1 to join (unir). 2 to assemble (montar).

ensanchar *v.t.* 1 to widen, to broaden (una carretera, etc.). 2 to enlarge, to expand (una ciudad). 3 to widen, to make bigger. 4 to stretch (una tela). ‖ *v.pron.* 5 to get wider. 6 to become conceited (engreírse).

ensanche *s.m.* 1 widening, broadening. 2 enlargement, expansion. 3 stretching.

ensangrentar *v.t.* 1 to stain with blood. ‖ *v.pron.* 2 to get stained with blood.

ensañamiento *s.m.* 1 mercilessness, cruelty (crueldad). 2 rage, fury (ira).

ensañar *v.t.* 1 to infuriate, to enrage (enfurecer). ‖ *v.pron.* 2 to delight in tormenting, to be merciless.

ensartar *v.t.* 1 to string, to thread, to spit, to broach. ‖ *v.pron.* 2 (Am.) to get into a jam.

ensayar *v.t.* 1 to test, to try, to try out (probar). 2 to rehearse (un baile, etc.). 3 to assay (metal). ‖ *v.i.* 4 to rehearse (un baile, etc.). ‖ *v.pron.* 5 to practise, to rehearse.

ensayista *s.m. y f.* essayist.

ensayo *s.m.* 1 testing, trial (prueba). 2 rehearsal (ensayo general). 3 TEC. assay (metales). 4 essay. 5 DEP. try (en el rugby). 6 QUÍM. test.

enseguida o **en seguida** *adv.* at once, immediately, straight away.

enseña *s.f.* standard, ensign.

enseñanza *s.f.* 1 education. 2 teaching. 3 training.

enseñar *v.t.* 1 to teach. 2 to show. ‖ *v.pron.* 3 (Am.) to learn (aprender). 4 (Am.) to get used.

enseñorear *v.t.* 1 to take control. ‖ *v.pron.* 2 to control oneself.

enseres *m.pl.* 1 equipment (pl.), goods. 2 tools, utensils.

ensillar *v.t.* to saddle (up).

ensimismado, -a *adj.* 1 deep in thought (absorto). 2 engrossed.

ensimismarse *v.pron.* 1 to become lost in thought. 2 to become engrossed in something. 3 (Am.) to become conceited.

ensombrecer *v.t.* 1 to cast a shadow. 2 to darken.

ensoñación *s.f.* fantasy, dream.

ensordecer *v.t.* 1 to deafen. 2 to muffle. ‖ *v.pron.* 3 to go deaf, to turn deaf.

ensortijar *v.t.* 1 to curl, to put curls into (el pelo). 2 to ring, to fix a ring (en la nariz). 3 to coil, to wind (el hilo, cable, etc.). ‖ *v.pron.* 4 to curl (el pelo).

ensuciar *v.t.* 1 to dirty, to make dirty. 2 (fig.) to tarnish (la reputación, etc.). ‖ *v.pron.* 3 to get dirty.

ensueño *s.m.* fantasy, dream.

entablado *s.m.* 1 boards (para el baile). 2 wooden floor (suelo). 3 TEC. boarding, planking.

entablar *v.t.* 1 to board up, to plank. 2 to establish, to set up. 3 DER. to file, to bring. ‖ *v.i.* 4 (Am.) to draw (empatar), to boast (presumir).

entablillar *v.t.* to splint.

entallar *v.t.* 1 to sculpt, to sculpture (la piedra, etc.). 2 to carve (la madera) 3 to engrave (grabar). 4 to notch (hacer un corte). 5 to cut, to tailor (un traje).

entarimado *s.m.* floorboarding.

entarimar *v.t.* 1 to board, to plank (con tablas). 2 to parquet.

ente *s.m.* being, entity.

enteco, -a *adj.* weak, sickly, frail.

entelequia *s.f.* entelechy.

entendederas *s.f.pl.* 1 (fam.) brains. 2 understanding.

entender *v.t.* 1 to understand. 2 to believe, to think. ‖ *v.i.* 3 to understand, to know about. ‖ *v.pron.* 4 to make oneself understood. 5 to agree.

entendido, -a *adj.* 1 understood. 2 agreed. 3 expert. ‖ *s.m. y f.* 4 expert, authority.

entendimiento *s.m.* understanding, intelligence, judgement.

entenebrecer *v.t.* **1** to darken. ‖ *v.pron.* **2** to darken, to get dark.

entente *s.f.* entente, harmony.

enterado, -a *adj.* **1** well up, well informed. **2** aware (al tanto). **3** (Am.) arrogant, conceited. ‖ *s.m.* y *f.* **4** expert, authority (experto).

enterar *v.t.* **1** to inform. **2** (Am.) to pay, to hand over (entregar dinero). **3** (Am.) to make up, to complete (completar una cantidad). ‖ *v.i.* **4** (Am.) to get well, to get better (ponerse mejor).

entereza *s.f.* **1** entirety. **2** integrity (integridad). **3** (fig.) firmness (firmeza).

enternecedor, -a *adj.* touching, moving.

enternecer *v.t.* **1** to soften. **2** to make tender (la carne). **3** (fig.) to touch, to move (conmover). ‖ *v.pron.* **4** to relent (ceder).

entero, -a *adj.* **1** entire, complete, whole. **2** MAT. whole, integral. ‖ *s.m.* **3** point (la bolsa). **4** (Am.) payment (pago), balance (saldo).

enterrador, -ora *s.m.* y *f.* **1** gravedigger. ‖ *s.m.* **2** ZOOL. burying beetle.

enterrar *v.t.* **1** to bury. **2** to inter. **3** (fig.) to bury, to forget (olvidar).

entibar *v.t.* to timber, to shore.

entibiar *v.t.* **1** to cool down. **2** to make lukewarm. **3** (fig.) to moderate (las pasiones). ‖ *v.pron.* **4** to become lukewarm.

entidad *s.f.* **1** FIL. entity. **2** COM. society, firm. **3** organization, body.

entierro *s.m.* **1** burial, interment. **2** funeral (ceremonia). **3** grave (sepultura).

entintar *v.t.* to dye, to ink.

entoldar *v.t.* **1** to cover with an awning. ‖ **2** *v.pron.* to cloud over (nublarse).

entonar *v.t.* **1** MÚS. to intone. **2** to modulate (la voz). **3** to sting to tune (afinar). **4** ART. to tone (una fotografía, etc.). **5** MED. to tone up (un músculo, etc.). ‖ *v.i.* **6** MÚS. to intone. ‖ *v.pron.* **7** to be arrogant o conceited (envanecerse).

entonces *adv.* then, at that time.

entonelar *v.t.* to barrel.

entongado, -a *adj.* (Am.) cross, angry.

entontecer *v.t.* **1** to make silly. ‖ *v.i.* y *pron.* **2** to get silly.

entorchado *s.m.* gold braid, lace.

entornar *v.t.* **1** to half close. ‖ *v.pron.* **2** to lean (inclinar).

entorpecer *v.t.* **1** to hinder, to obstruct. **2** to numb. **3** to delay. ‖ *v.pron.* **4** to be delayed.

entorpecimiento *s.m.* numbing, numbness, obstruction.

entrada *s.f.* **1** entrance, way in, access. **2** FIN. down payment, deposit. **3** (Am.) attack, assault, beating.

entramado *s.m.* **1** trellis. **2** half-timbering, wooden framework.

entrambos, -as *adj.* both (ambos).

entrampar *v.t.* to trap, to catch, to snare.

entraña *s.f.* **1** ANAT. entrails (pl.), insides. **2** core, root, essential part, (fig.) bowels.

entrañable *adj.* **1** close, intimate. **2** dearly loved, beloved.

entrañar *v.t.* **1** to bury deep. **2** to involve. **3** to entail. **4** to carry. ‖ *v.pron.* **5** to become deeply attached.

entrar *v.i.* **1** to go in, to enter, to come in, to fit. **2** to join, to become a member, to join in. ‖ *v.t.* **3** to put, to show in, to smuggle. ‖ *v.pron.* to get in.

entre *prep.* **1** between (entre dos). **2** among, amongst (entre varias cosas).

entreabrir *v.t.* y *pron.* to half open, to leave ajar.

entreacto *s.m.* interval.

entrecejo *s.m.* frown (ceño).

entrecortar *v.t.* **1** to cut into, to cut halfway through. ‖ *v.pron.* **2** to falter (la voz).

entredicho *s.m.* **1** prohibition, ban. **2** (Am.) disagreement, split (desacuerdo). **3** (Am.) alarm bell (alarma). **4** REL. interdict.

entrega *s.f.* **1** delivery. **2** devotion. **3** DEP. pass. **4** installment.

entregar *v.t.* **1** to deliver. **2** to hand over. ‖ *v.pron.* **3** to surrender oneself. **4** to abandon oneself.

entrelazar *v.t.* to entwine, to interweave, to interlace.

entremedias *adj.* 1 in between, half-away. 2 in the meanwhile (mientras tanto). ‖ 3 – **de,** between.

entremés *s.m.* 1 short comedy (teatro). 2 side dish (plato ligero).

entremetido, -a o **entrometido, -a** *adj.* 1 meddlesome. ‖ *s.m.* y *f.* 2 busybody.

entrenado, -a *adj.* trained.

entrenador, -ora *s.m.* y *f.* trainer, coach.

entrenar *v.t.* 1 to train, to coach. ‖ *v.pron.* 2 to train.

entrepiernas *s.f.* crotch, crutch.

entresacar *v.t.* 1 to pick out, to select. 2 to thin out.

entresijo *s.m.* secret, mystery, difficulty.

entresuelo *s.m.* mezzanine, entresol.

entretanto *adv.* meanwhile, in the meantime (mientras tanto).

entretela *s.f.* interlining (costura).

entretener *v.t.* 1 to entertain, to amuse. 2 to distract, to keep occupied. 3 to hold off. 4 MIL. to ward off, to divert (el enemigo). ‖ *v.pron.* 5 to pass the time, to amuse oneself.

entretenido, -a *adj.* entertaining, amusing.

entretenimiento *s.m.* entertainment, amusement.

entrever *v.t.* to foresee.

entreverar *v.t.* to intermingle, to mix.

entrevista *s.m.* interview.

entrevistar *v.t.* 1 to interview. ‖ *v.pron.* 2 to be interviewed.

entristecer *v.t.* 1 to sadden. ‖ *v.pron.* 2 to become sad.

entrometido, -a *adj./s.m.* y *f.* V. **entremetido.**

entroncamiento *s.m.* 1 relationship (parentesco). 2 (Am.) junction (ferrocarril).

entroncar *v.i.* 1 to be related, to join. ‖ *v.t.* 2 to link, to connect.

entronque *s.m.* V. entroncamiento.

entronización *s.f.* throning, enthroning.

entronizar o **entronar** *v.t.* 1 to enthrone, to throne, to put on the throne. 2

to exalt, to worship (enaltecer). ‖ *v.pron.* 3 to become conceited.

entuerto *s.m.* wrong.

entumecer *v.t.* 1 to numb, to make numb (por el frío). ‖ *v.pron.* 2 to go o become numb.

entumecimiento *s.m.* numbness.

enturbiamiento *s.m.* cloudiness.

enturbiar *v.t.* 1 to make cloudy, to cloud (el agua, etc.). 2 to disturb (turbar).

entusiasmar *v.t.* 1 to excite, to be crazy o mad about. ‖ *v.pron.* 2 to be very keen, to love.

entusiasmo *s.m.* 1 enthusiasm. 2 excitement.

entusiasta *s.m.* y *f.* 1 enthusiast. ‖ *adj.* 2 enthusiastic.

enumeración *s.f.* 1 enumeration. 2 census (censo).

enumerar *v.t.* to enumerate.

enunciación *s.f.* 1 enunciation. 2 declaration, statement (de los hechos).

enunciar *v.t.* 1 to enunciate. 2 to state, to declare (declarar).

envainar *v.t.* to sheathe.

envalentonar *v.t.* 1 to embolden, to make bold o coraged (dar valor). 2 to encourage (dar valor). ‖ *v.pron.* 3 to get o become brave o coraged.

envanecer *v.t.* 1 to make conceited. ‖ *v.pron.* 2 to be conceited.

envanecimiento *s.m.* 1 conceit. 2 pride. 3 vanity.

envarar *v.t.* 1 (Am.) to stake (rodrigar). 2 to make numb, to numb (entumecer). ‖ *v.pron.* 3 to go numb.

envasador *s.m.* tinner, canner, bottler, packer.

envasar *v.t.* 1 to can, to tin (enlatar). 2 to bottle (embotellar).

envase *s.m.* container, tin, can, box.

envejecer *v.t.* 1 to make old, to age. ‖ *v.i.* 2 to get old, to age. ‖ *v.pron.* 3 to last (for) a long time.

envenenamiento *s.m.* poisoning.

envenenar *v.t.* 1 to poison. 2 (fig.) to embitter, to poison (agriar). 3 to pollute (contaminar). ‖ 4 *v.pron.* to poison oneself, to take poison.

envergadura *s.f.* **1** expanse, spread, extent. **2** MAR. beam. **3** wingspan.

envés *s.m.* reverse, back.

enviado, -a *adj.* **1** sent. ‖ *s.m.* y *f.* **2** representative.

enviar *v.t.* to send (mandar).

enviciar *v.t.* **1** to corrupt (corromper). ‖ *v.i.* **2** to be addictive. ‖ *v.pron.* **3** to become corrupted.

envidia *s.f.* envy, jealousy (celos).

envidiar *v.t.* to envy, to be envious of.

envido *s.m.* raise (en las cartas).

envilecedor, -a *adj.* degrading, debasing.

envilecer *v.t.* **1** to degrade, to debase ‖ *v.pron.* **2** to degrade oneself.

envío *s.m.* **1** shipment. **2** consignment. **3** letter.

envite *s.m.* **1** raise (en las cartas). **2** offer (ofrecimiento). **3** push, shove (empujón).

enviudarse *v.pron.* to become a widow.

envoltorio *s.m.* wrapping, wrapper.

envoltura *s.f.* wrappin, wrapper.

envolvente *adj.* **1** MIL. encircling, outflanking. **2** surrounding.

envolver *v.t.* **1** to wrap, to pack, to wrap up, to wind (hilo, etc.). **2** MIL. to encircle, to surround (rodear). ‖ *v.pron.* **3** to wrap oneself up (abrigarse), to be wrapped.

enyesar *v.t.* **1** to plaster. **2** MED. to put a plaster (cast) on (poner una escayola).

enzarzar *v.t.* **1** to cover with brambles (cubrir con zarzas). ‖ *v.pron.* **2** to get caught in brambles.

enzima *s.f.* enzyme.

eólico, -a o **eolio, -a** *adj.* aeolian.

epicentro *s.m.* epicentre.

épico, -a *adj.* epic.

epidemia *s.f.* epidemic.

epidermis *s.f.* epidermis.

epigrafía *s.f.* epigraphy.

epigrama *s.m.* epigram.

epilepsia *s.f.* epilepsy.

epílogo *s.m.* **1** epilogue (conclusión). **2** summary (resumen).

episcopado *s.m.* **1** bishopric (oficio). **2** episcopate.

episcopal *adj.* episcopal.

episodio *s.m.* episode.

epístola *s.f.* epistle.

epitafio *s.m.* epitaph.

epitelio *s.m.* epithelium.

epíteto *s.m.* epithel.

epítome *s.m.* epitome, summary.

época *s.f.* **1** epoch, age, era, time. **2** period (período). **3** time, season.

epónimo, -a *adj.* **1** eponymous, eponymic. ‖ *s.m.* **2** eponym.

epopeya *s.f.* **1** epic poem, epopee (poem). **2** (fig.) epic.

equidad *s.f.* **1** equity. **2** fairness, justice.

equidistar *v.i.* to be equidistant.

equilibrar *v.t.* **1** to balance. **2** to counterbalance, to equilibrate.

equilibrio *s.m.* **1** balance. **2** FÍS. equilibrium. **3** calmness, composure.

equilibrista *s.m.* y *f.* **1** tightrope walker. **2** acrobat, equilibrist.

equino, -a *adj.* y *s.m.* equine.

equipaje *s.m.* luggage, baggage.

equipar *v.t.* **1** to equip. **2** to fil out.

equiparar *v.t.* to compare.

equipo *s.m.* **1** team. **2** equipment, gear, kit. **3** instruments. **4** outfit.

equitación *s.f.* horse riding, riding, equitation.

equitativo, -a *adj.* equitable, fair (justo).

equivalencia *s.f.* equivalence.

equivaler *v.i.* to be equivalent, to be equal, to be the equivalent.

equivocación *s.f.* mistake, error, misunderstanding.

equivocar *v.t.* **1** to get wrong, to mistake ‖ *v.pron.* **2** to be mistaken.

equívoco, -a *adj.* **1** ambiguous (ambiguo). **2** misleading (engañoso). ‖ *s.m.* **3** misunderstanding.

era *s.f.* **1** era, age. **2** MIN. pithead.

erario *s.m.* **1** treasury. **2** public funds.

erección *s.f.* **1** erection, raising (de un edificio, etc.). **2** (fig.) establishment.

erguido, -a *adj.* **1** straight, erect (recto). **2** (fig.) proud (orgulloso).

erguir v.t. **1** to raise, to lift (levantar). **2** to straighten (desdoblar). || v.pron. **3** to stand up straight, to straighten up.

erigir v.t. **1** to build, to construct (un edificio). **2** to erect (un monumento). **3** (fig.) to establish, to set up.

erizado, -a adj. prickly.

erizarse v.pron. to stand on end, to bristle.

erizo s.m. hedgehog.

ermita s.f. hermitage.

ermitaño s.m. **1** hermit. **2** hermit crab (cangrejo).

erosión s.f. **1** GEOL. erosion. **2** MED. graze.

erosionar v.t. to erode.

erótico, -a adj. erotic.

errabundo, -a adj. wandering, roving.

erradicar v.t. to eradicate.

errado, -a adj. wrong, mistaken.

errante adj. **1** wandering, roving. **2** nomadic (nómada). **3** stray (animal).

errar v.i. **1** to wander, to rove, to roam (vagar). || v.t. **2** to mistake, to miss.

erróneo, -a adj. erroneous, mistaken.

error s.m. mistake, error, misunderstanding.

eructar o **erutar** v.i. to burp.

erudición s.f. learning, erudition, scholarship, knowledge.

erudito, -a adj. **1** scholarly, erudite, knowledgeable. || s.m. y f. **2** erudite.

erupción s.f. **1** eruption. **2** MED. rash.

esbelto, -a adj. slim, slender, svelte.

esbirro s.m. **1** bailiff (alguacil). **2** henchman.

esbozar v.t. to sketch, to outline.

escabechar v.t. to pickle, to marinade.

escabeche s.m. brine, marinade, pickle.

escabechina s.f. massacre, slaughter.

escabel s.m. foot stool (para los pies).

escabrosidad s.f. **1** roughness, ruggedness. **2** toughness, difficulty.

escabullirse v.pron. to slip away, to escape (escapar).

escacharrar v.t. **1** to break, (fam.) to bust (romper). **2** to ruin (estropear). || v.pron. **3** to break.

escafandra s.f. diving suit.

escala s.f. **1** ladder. **2** scale. **3** stopover (en un viaje). **4** MÚS. scale.

escalador s.m. y f. **1** climber (alpinista). **2** burglar (ladrón).

escalafón s.m. promotion list.

escalar v.t. **1** to scale, to climb. || v.i. **2** to escalate.

escaldar v.t. **1** to scald. **2** to make red hot. **3** (fig.) to teach a lesson. || v.pron. **4** to scald oneself.

escalera s.f. **1** stairs (pl.), staircase (en una casa). **2** ladder (de mano).

escalfar v.t. to poach (los huevos).

escallnata s.f. flight of stairs.

escalofriante adj. bloodcurdling, hair-raising.

escalofrío o **calofrío** s.m. **1** MED. chill, feverish chill. || **2 escalofríos,** shivers.

escalón s.m. **1** step, stair. **2** rung (de escala). **3** MIL. echelon.

escalonar v.t. **1** to spread out. **2** to stagger. **3** MIL. to echelon.

escalope s.m. escalope, veal cutlet.

escalpelo s.m. scalpel.

escama s.f. scale, flake.

escamoso adj. scaly, flaky.

escamotear v.t. to make disappear, to pinch, to skip.

escamoteo s.m. vanishing, disappearing.

escampar v.t. **1** to clear out. || v.i. **2** to clear (el cielo). **3** to stop (la lluvia).

escanciar v.t. **1** to pour (el vino). || v.i. **2** to drink wine (beber).

escandalizar v.t. **1** to scandalize. || v.i. **2** (fam.) to make a racket.

escándalo s.m. **1** scandal. **2** row, commotion, uproar.

escaño s.m. **1** bench seat.

escapada s.f. **1** escape, flight (acción de escapar). **2** DEP. breakaway. **3** quick trip (excursión)

escapar v.i. **1** to escape, to run away, to break away. || v.pron. **2** to escape, to get out.

escaparate s.m. **1** shop window (de una tienda). **2** (Am.) cupboard (armario).

escapatoria *s.f.* 1 way out (salida). 2 escape, flight (huida).

escape *s.m.* 1 escape (huida). 2 leak, escape (de gas). 3 MEC. exhaust (tubo).

escarabajo *s.m.* beetle.

escaramujo *s.m.* 1 dog-rose (rosal silvestre). 2 hip (fruto).

escaramuza *s.f.* skirmish.

escarbar *v.t.* 1 to pick, to scratch (las gallinas). 2 to poke (el fuego).

escarceo *s.m.* 1 MAR. ripple. 2 nervous movement (de un caballo).

escarcha *s.f.* frost.

escarchado, -a *adj.* 1 frost covered, frosty. 2 crystalized (fruta). 3 iced (una tarta). 4 embroidery (costura).

escarlata *adj.* scarlet.

escarlatina *s.f.* scarlet fever.

escarmentar *v.t.* 1 to punish severely (castigar). || *v.i.* 2 to learn one's lesson.

escarmiento *s.m.* lesson, punishment.

escarnecedor, -a *adj.* 1 jeering, mocking (burlón). 2 shameful (vergonzoso). || *s.m.* 3 mocker, jeerer (burlón).

escarnecer *v.t.* to scoff at, to ridicule, to mock (ridiculizar).

escarnio *s.m.* taunt.

escarola *s.f.* endive.

escarpa *s.f.* 1 slope. 2 GEOG. y MIL. escarpment, scarp.

escarpado *adj.* steep, sheer.

escarpia *s.f.* hook.

escarpín *s.m.* slipper.

escasear *v.i.* to be scarce.

escaso, -a *adj.* 1 scarce. 2 limited. 3 thin, sparse.

escatimar *v.t.* 1 to be stingy, to skimp. 2 to be sparing.

escatología *s.f.* 1 scatology. 2 FIL. eschatology.

escayola *s.f.* plaster.

escena *s.f.* 1 scene (teatro, etc.). 2 stage.

escenario *s.m.* 1 stage (teatro). 2 set (plató). 3 (fig.) scene, setting.

escenificar *v.t.* 1 to dramatize, to adapt for the stage. 2 to stage.

escenografía *s.f.* 1 scenography (arte). 2 scenary (decorados).

escepticismo *s.m.* scepticism.

escindible *adj.* 1 divisible. 2 FÍS. fissionable.

escindir *v.t.* to split, to divide.

esclarecer *v.t.* 1 clarify, (fig.) to throw light on. || *v.pron.* 2 to get light.

esclarecimiento *s.m.* 1 illumination. 2 explanation, elucidation, clarification.

esclavina *s.f.* short cloak, cape, tippet.

esclavitud *s.f.* slavery.

esclavizar *v.t.* 1 to enslave. 2 (fig.) to over-work. 3 to dominate (dominar).

esclavo *s.m.* 1 slave. || *adj.* 2 enslaved, ensliaving, time-consuming, devoted.

esclusa *s.f.* lock, sluice, floodgate.

escoba *s.f.* broom.

escobilla *s.f.* brush.

escocedura *s.f.* 1 sore. 2 sting, smarting, soreness.

escocer *v.i.* 1 to sting, to sman. || *v.t.* 2 to chafe. || *v.pron.* 3 to get sore.

escocés, -esa *adj.* y *s.c.* 1 Scottish, Scots (persona). 2 scotch (whisky, etc.).

Escocia *s.f.* Scotland.

escoger *v.t.* 1 to choose, to select, to pick. 2 to elect.

escogido, -a *adj.* 1 chosen, selected. 2 choice. 3 MIL. crack.

escolanía *s.f.* 1 choir school (escuela). || *s.m.* 2 choirboys (pl.). 3 choir (coro).

escolar *adj.* 1 school, scholastic. || *s.m.* y *f.* 2 schoolboy, pupil; schoolgirl.

escolástico, -a *adj.* scholastic.

escollar *v.i.* (Am.) to hit a reef, to strike a rock (encallarse).

escollo *s.m.* 1 reef, rock (arrecife). 2 (fig.) stumbling block.

escolta *s.f.* escort.

escoltar *v.t.* 1 to escort. 2 to convoy.

escombros *s.m.* 1 debris, rubble. 2 MIN. slag (escoria).

esconder *v.t.* y *pron.* to hide.

escondite *s.m.* 1 hiding place. || 2 **jugar al –**, to play hide-and-seek.

escopeta *s.f.* shotgun.

escopetear *v.t.* 1 to shoot at. 2 (Am.) to get at (aludir de modo ofensivo). || *v.i.* 3 to fire a shotgun. 4 (Am.) to answer irritably. ||

v.pron. **5** to shower each other with compliments or insults.

escora *s.f.* **1** level line (línea del fuerte). **2** list (inclinación del barco).

escorbuto *s.m.* scurvy.

escoria *s.f.* **1** MAT. slag, dross. **2** (fig.) scum, dregs.

escorzo *s.m.* foreshortening.

escotar *v.t.* **1** to cut out the neckline. **2** to lower the neckline. **3** to cut to fit. **4** to divert water (de un río). ‖ *v.pron.* e *i.* **5** to pay one's fair share.

escote *s.m.* **1** low neck (line). **2** share, contribution (cuota).

escotilla *s.f.* hatch.

escozor *s.m.* smart, sting (picor).

escriba *s.m.* scribe.

escribanía *s.f.* writing desk (pupitre).

escribano *s.m.* **1** DER. court clerk. **2** ZOOL. whirligig beetle.

escribir *v.t.* **1** to write. **2** to compose (música). **3** to spell (ortografía). ‖ *v.i.* **4** to write. ‖ *v.pron.* **5** to be spelt.

escrito, -a **1** *p.p.* de **escribir**. ‖ *s.m.* **2** writing, works. **3** letter. **4** document.

escritor, -ora *s.m.* y *f.* writer.

escritorio *s.m.* **1** writing desk, bureau (mueble). **2** office (oficina).

escritura *s.f.* **1** writing (acción y arte). **2** writing, handwriting (letra). **3** DER. deed. **4** script.

escriturar *v.t.* to execute by deed, formalize legally.

escroto *s.m.* scrotum.

escrúpulo *s.m.* scruple.

escrupuloso, -a *adj.* scrupulous.

escrutador, -ora *adj.* **1** scrutinizing, examining. ‖ *s.m.* y *f.* **2** teller, scrutineer.

escrutinio *s.m.* **1** count, counting. **2** examination, scrutiny.

escuadra *s.f.* **1** TEC. carpenter's square (carpintería). **2** MIL. squad. **3** fleet (de barcos).

escuadrilla *s.f.* **1** wing, squadron (de aviones). **2** fleet (de barcos).

escuálido, -a *adj.* squalid, sordid.

escucha *s.f.* **1** listening (acción). ‖ *s.m.* **2** MIL. scout. **3** bug (micrófono oculto).

escuchar *v.t.* to listen, to hear.

escudar *v.t.* to shield, to protect.

escudería *s.f.* **1** stable (de coches de carrera). **2** squiredom.

escudo *s.m.* **1** shield (para defenderse). **2** escudo (moneda).

escudriñar *v.t.* to inquire into, to investigate (investigar).

escuela *s.m.* school.

escueto, -a *adj.* plain, unadorned.

esculpir *v.t.* **1** to sculpture. **2** to engrave (grabar).

escultor, -ora *s.m.* y *f.* sculptor, sculptress.

escupir *v.i.* to spit, to spit out.

escurreplatos *s.m.* dish rack.

escurridizo, -a *adj.* slippery.

escurrir *v.t.* **1** to drain. **2** to wring (la ropa). ‖ *v.i.* **3** to drip (gotear). **4** to slip, to slide (resbalar). **5** to be slippery (estar resbaladizo). ‖ *v.pron.* **6** to slip away.

esdrújulo *s.m.* proparoxytone.

ese, -a *adj.* that.

ése, ésa *pron.* **1** that one. **2** he, she, that one. **3** him, her, it.

esencia *s.f.* **1** essence. **2** heart, core.

esencial *adj.* **1** essential. **2** chief, main (principal). ‖ *s.m.* **3** essential.

esfera *s.f.* **1** sphere. **2** dial, face (del reloj).

esfinge *s.f.* **1** sphinx. **2** ZOOL. hawkmoth.

esfínter *s.f.* sphincter.

esforzado, -a *adj.* vigorous, energetic.

esforzar *v.t.* **1** to strengthen (fortalecer). **2** to encourage (animar). ‖ *v.pron.* **3** to make an effort.

esfuerzo *s.m.* effort, stress.

esgrima *s.f.* **1** DEP. fencing. **2** MIL. swordsmanship.

esgrimir *v.t.* **1** to wield. **2** (fig.) to use. ‖ *v.i.* **3** DEP. to fence.

esguince *s.m.* **1** swerve, dodge. **2** MED. sprain, twist.

eslabón *s.m.* **1** link. **2** MAR. shackle.

eslora *s.f.* length.

eslovaco, -a *adj./s.m.* y *f.* Slovak(ian).

esmaltar *v.t.* **1** TEC. to enamel. **2** to varnish.

esmerado, -a *adj.* careful, polished.
esmeralda *s.f.* emerald (piedra).
esmerar *v.t.* 1 to tidy up, to clean up. || *v.pron.* 2 to take pains.
esmero *s.m.* care, carefulness.
esófago *s.m.* oesophagus.
esotérico, -a *adj.* esoteric.
espabilar *v.t.* 1 to snuff (una vela) || *v.i.* 2 (Am.) to blink (parpadear). || *v.pron.* 3 to wake up.
espaciador *s.m.* spacer, space bar.
espacial *adj.* spatial, space.
espaciar *v.t.* 1 to space out. 2 to spread. 3 to stagger. 4 to space (imprenta). || *v.pron.* 5 to spread.
espacio *s.m.* space, room, period.
espacioso, -a *adj.* spacious, ample.
espada *adj.* 1 sword. 2 (fig) sworsman (persona). 3 (fig.) authority (experto).
espalda *s.f.* 1 ANAT. back. 2 DEP. backstroke (natación).
espaldarazo *s.m.* (fig.) backing (apoyo).
espantada *s.f.* stampede.
espantapájaros *s.m.* scarecrow.
espantar *v.t.* 1 to scare away, to frighten off. 2 to frighten, to scare (dar miedo). 3 to ward off. 4 to horrify, to disgust. || *v.pron.* 5 to be frightened away.
espanto *s.m.* 1 fright (susto). 2 threat, menace (amenaza). 3 (Am.) ghost.
España *s.f.* Spain.
español, -ola *adj.* 1 Spanish. || *s.m.* y *f.* 2 Spaniard.
españolizar *v.t.* 1 to make Spanish, to hispanicize. || *v.pron.* 2 to adopt Spanish ways.
esparadrapo *s.m.* sticking plaster.
esparcimiento *s.m.* 1 spreading, scattering. 2 relaxation. 3 amusement.
esparcir *v.t.* 1 to spread, to scatter (dispersar). 2 to sow (sembrar). 3 to amuse (divertir). || 4 *v.pron.* to spread (out), to scatter.
espárrago *s.m.* asparragus.
esparto *s.m.* esparto (planta).
espasmo *s.m.* 1 spasm. 2 jerk, sudden movement.
espátula *s.f.* 1 MED. spatula. 2 ART. palette knife. 3 ZOOL. spoonbill (ave).

especia *s.f.* spice.
especial *adj.* special.
especialidad *s.f.* speciality, specialty.
especializar *v.t.* y *v.pron.* to specialize.
especie *s.m.* 1 BIOL. species. 2 kind, sort (tipo). 3 matter, affair (asunto).
especificar *v.t.* 1 to specify. 2 to itemize, to list (detallar).
específico *adj.* y *s.m.* specific.
espectacular *adj.* spectacular.
espectáculo *s.m.* 1 spectacle, sight. 2 entertainment. 3 show, function, performance.
espectro *s.m.* 1 FÍS. spectrum. 2 spectre, ghost (fantasma).
especulación *s.f.* speculation.
especular *v.i.* 1 COM . to speculate. || *v.t.* 2 to examine, to inspect. 3 (Am.) to ruffle the hair.
espejismo *s.m.* 1 mirage. 2 (fig.) illusion.
espejo *s.m.* mirror, looking glass.
espeleología *s.f.* speleology, potholing.
espeluznante *adj.* (fam.) hair-raising.
espeluznar o **despeluznar** *v.t.* to make someone's hair stand on end.
espera *s.f.* 1 wait, period of wait, waiting. 2 DER. stay, respite.
esperanza *s.f.* 1 hope (confianza). 2 expectation. 3 faith (fe).
esperanzar *v.t.* to give hope to.
esperar *v.t.* 1 to wait. 2 to hope. 3 to expect. 4 to await, to be in store for. || *v.i.* 5 to wait. || *v.pron.* 6 to expect.
esperma *s.f.* 1 sperm. 2 (Am.) candle.
espermatozoide *s.m.* spermatozoid.
esperpento *s.m.* 1 fright, sight. 2 scarecrow.
espesar *v.t.* 1 to thicken. 2 to press together (apretar). || *v.pron.* 3 to thicken, to get thicker.
espeso, -a *adj.* thick, dense.
espesura *s.f.* thickness.
espía *s.m.* y *f.* spy.
espiar *v.t.* 1 to spy. 2 (Am.) to look at, to see. || *v.i.* 3 to spy. 4 MAR. to warp.

espiga *s.f.* 1 ear. 2 spike. 3 pin, peg.

espigado, -a *adj.* tall, lanky.

espigar *v.t.* 1 to glean (en la agricultura). 2 TEC. to tenon. || *v.i.* 3 to form ears (el trigo). || *v.pron.* 4 to become very tall.

espigón *s.m.* 1 point (punta). 2 MAR. jetty, breakwater.

espina *s.f.* 1 BOT. thorn, prickle. 2 bone (del pescado). 3 ANAT. spine.

espinaca *s.f.* spinach.

espinar *v.t.* 1 to prick (herir). 2 to sping (picar). || *s.m.* 3 thicket.

espinazo *s.* spine, backbone.

espinilla *s.f.* shin, blackhead.

espiración *s.f.* breathing out, exhalation.

espiral *adj.* 1 spiral. || *s.f.* 2 hairspring.

espirar *v.t.* 1 to breathe out, to exhale. 2 to give off (un olor). || *v.i.* 3 to breathe.

espíritu *s.m.* 1 spirit. 2 mind (mente). 3 intelligence (inteligencia). 4 REL. spirit, soul (alma). 5 spirit, ghost (fantasma).

espiritualizar *v.t.* to spiritualize.

espita *s.f.* faucet, spigot.

espléndido *adj.* 1 splendid, magnificent. 2 generous.

esplendor *s.m.* 1 splendour, magnificence. 2 resplendence, shining.

espliego *s.m.* lavender.

espolear *v.t.* 1 to spur. 2 (fig.) to spur on, to stimulate (dar ánimos).

espolón *s.m.* spur.

espolvorear *v.t.* to dust, to sprinkle.

esponja *s.f.* sponge.

esponsales *s.m.pl.* engagement.

espontáneo, -a *adj.* wild, spontaneous.

espora *s.f.* spore.

esporádico *adj.* sporadic.

esposa *s.f.* 1 wife, spouse. || 2 **esposas**, handcuffs.

esposar *v.t.* to handcuff, to put handcuffs on.

esposo *s.m.* husband, spouse.

espuela *s.f.* spur.

espuma *s.f.* 1 foam. 2 froth.

espumadera *s.f.* (Am.) skimmer.

espumante *adj.* sparkling.

esputo *s.m.* sputum.

esqueje *s.m.* clip, cutting.

esquela *s.f.* obituary.

esqueleto *s.m.* 1 skeleton. 2 (Am.) rough draft (borrador). 3 (fam.) skinny person.

esquema *s.m.* outline, sketch.

esquemático, -a *adj.* schaematic.

esquí *s.m.* 1 ski. 2 skiing.

esquiar *v.i.* to ski.

esquila *s.f.* bell, cowbell.

esquilador, -a *s.m. y f.* sheepshearer.

esquilar *v.t.* to clip, to shear.

esquimal *adj./s.m. y f.* Eskimo.

esquina *s.f.* corner.

esquinar *v.t.* 1 (Am.) to put in the corner. 2 to form a corner. || *v.pron.* 3 to quarrel.

esquirla *s.f.* splinter.

esquirol *s.m. y f.* blackleg, strikebreaker.

esquivar *v.t.* to avoid, to evade, to lodge.

esquivo, -a *adj.* unsociable.

esquizofrenia *s.f.* schizophrenia.

estabilidad *s.f.* stability.

estabilizar *v.t.* to stabilize.

establecer *v.t.* 1 to establish, to set up, to found. || *v.pron.* 2 to settle (down), to set up (instalarse).

establecimiento *s.m.* establishment, setting up (acción).

establo *s.m.* cowshed, stall.

estaca *s.f.* stake, post, stick.

estacada *s.f.* 1 fence, fencing (valla). 2 palisade, stockade.

estacar *v.t.* 1 to stake out. 2 MIL. to stockade. 3 to stake (un animal). 4 (Am.) to deceive. 5 (Am.) to wound (herir). || *v.pron.* 6 (fig.) to freeze to the spot.

estación *s.f.* station, season, time, resort.

estacionar *v.t.* 1 to station. 2 to park || *v.pron.* 3 to remain stationary.

estadio o **estadium** *s.m.* 1 DEP. stadium. 2 stage, phase (período).

estadística *s.f.* 1 statistics (ciencia). 2 statistic (dato).

estado *s.m.* 1 state, condition. 2 status.**3** MIL. rank (rango). **4** POL. state, government.

estafa *s.f.* **1** swindle, trick (engaño). **2** COM. racket. **3** DER. fraud (fraude).

estafar *v.t.* to swindle, to defraud.

estafeta *s.f.* post office.

estalactita *s.f.* stalactite.

estalagmita *s.f.* stalacmite.

estallar *v.i.* **1** to explode (explotar). **2** to burst (reventar).

estallido *s.m.* **1** explosion. **2** clap. **3** shattering. **4** outbreak. **5** outburst.

estambre *s.m.* **1** worsted, woolen yarn (tela). **2** BOT. stamen.

estamento *s.m.* state.

estampa *s.f.* imprint, print, plate.

estampado, -a *adj.* **1** printed (una tela). **2** engraved (grabado).

estampida *s.f.* stampede.

estampido *s.m.* bang.

estampillar *v.t.* **1** to stamp, to put a stamp on (sellar). **2** to rubber-stamp.

estancamiento *s.m.* **1** damming (de un embalse). **2** stagnation (del agua). **3** standstill (de negociaciones).

estancar *v.t.* **1** to dam up, (fig.) to block, to hold up. **2** to bring to a standstill (negociaciones). || *v.pron.* **3** to stagnate.

estancia *s.f.* **1** stay. **2** room. **3** (Am.) ranch, farm (rancho).

estanco *s.m.* **1** tobacconist's (kiosco). **2** (Am.) liquor store. || *adj.* **3** watertight.

estandardizar o **estandarizar** *v.t.* to standardize.

estanque *s.m.* pool, pond, small lake.

estante *s.m.* **1** shelf. **2** (Am.) prop.

estantería *s.f.* shelves (pl.), shelving.

estañar *v.t.* **1** to tin. **2** to solder (soldar).

estaño *s.m.* tin.

estar *v.i.* to be, to stay, to keep, to cost, to undertake, to stand.

estático, -a *adj.* **1** static. || *s.f.* **2** statics (la estática).

estatua *s.f.* statue.

estatura *s.f.* height, stature.

estatuto *s.m.* statute.

este *adj.* **1** east, easterly (dirección). **2** east, eastern (posición). || *s.m.* **3** east.

este y **esta** *dem. adj.m.* y *f. (sing.)* **1** this. || *dem. adj. (pl.)* **2** these.

éste y **ésta** *pron.dem. m.* y *f. (sing.)* **1** this, this one. || *pron.dem. m.* y *f. (pl.)* **2** these, these ones.

estela *s.f.* **1** MAR. wake, wash. **2** trail.

estenografía *s.f.* shorthand, stenography.

estenotipia *s.f.* stenotypy.

estepa *s.f.* steppe.

estera *s.f.* mat, matting.

estercolero *s.m.* dunghill.

estéreo *adj.* stereo.

estereofonía *s.m.* stereophony.

estereoscopio *s.m.* stereoscope.

estereotipar *v.t.* to stereotype.

estéril *adj.* **1** sterile, barren (terreno). **2** (fig.) vain, futile.

esterilidad *s.f.* **1** barrenness, infertility (terreno). **2** sterility, infertility.

esterilizar *v.t.* to sterilize.

esterilla *s.f.* mat for lying down on.

esterlina *adj.* sterling.

esternón *s.m.* sternum, breastbone.

estertor *s.m.* death rattle.

esteta *s.m.* y *f.* aesthete.

estético, -a *adj.* aesthetic, esthetic.

estibador *s.m.* stevedore.

estiércol *s.m.* dung, manure.

estigma *s.m.* stigma.

estilista *s.m.* y *f.* stylist, designer.

estilizar *v.t.* **1** to stylize. **2** TEC. to design, to style.

estilo *s.m.* **1** style, manner (manera). **2** fashion (moda). **3** DEP. stroke (natación). **4** TEC. stylus.

estilográfica *s.f.* fountain pen.

estima *s.f.* **1** esteem, respect. **2** MAR. dead reckoning.

estimación *s.f.* **1** COM. estimation, valuation. **2** estimate (presupuesto).

estimar *v.t.* **1** to esteem, to respect, to hold in esteem. **2** to value. **3** to consider. **4** DER. to admit. || *v.pron.* **5** to have a high opinion of oneself.

estimulante *adj.* **1** stimulating. || *s.m.* **2** MED. stimulant.

estimular *v.t.* **1** to stimulate. **2** to encourage, to incite.

estío *s.m.* summer (verano).

estipendio *s.m.* 1 stipend. 2 salary.

estipular *v.t.* to stipulate.

estirado, -a *adj.* stretched.

estirar *v.t.* 1 to stretch. 2 (Am.) to kill, to shoot (matar). 3 (Am.) to flog (dar latigazos a alguien). 4 (Am.) to pull (tirar de algo). || *v.pron.* 5 to stretch out.

estirpe *s.f.* stock, lineage.

estival *adj.* summer.

estocada *s.f.* 1 thrust, lunge. 2 stab.

estofa *s.f.* quilting, quited material.

estofado, -a *adj.* 1 stewed. || *s.m.* 2 stew, hotpot.

estofar *v.t.* to stew.

estola *s.f.* stole.

estomacal *adj. y s.m.* stomachic.

estómago *s.m.* stomach.

estomatología *s.f.* stomatology.

estopa *s.f.* 1 tow (fibra). 2 burlap (tela). 3 MAR. oakum. 4 (Am.) cotton waste.

estoque *s.m.* rapier, sword (espada).

estorbar *v.t.* 1 to hinder, to impede. 2 to bother, to upset (molestar). || *v.i.* 3 to be in the way.

estorbo *s.m.* 1 hindrance. 2 obstacle.

estornino *s.m.* starling.

estornudar *v.i.* to sneeze.

estrabismo *s.m.* strabismus, squint.

estrado *s.m.* 1 stage, platform (tarima). 2 MÚS. bandstand. || 3 DER. **estrados**, court rooms.

estrafalario, -a *adj.* odd, outlandish.

estrago *s.m.* ruin, destruction.

estrambótico, -a *adj.* bizarre, weird.

estrangulación *s.f.* strangulation.

estrangular *v.t.* 1 to strangle (a alguien). 2 MED. to strangulate.

estratagema *s.f.* stratagem.

estrategia *s.f.* strategy.

estratificar *v.t.* 1 to stratify. || *v.pron.* 2 to stratify, to be stratified.

estrato *s.m.* 1 stratum, layer. 2 stratus.

estratosfera *s.f.* stratosphere.

estrechar *v.t.* 1 to narrow. 2 to take in (un vestido, etc.). 3 to hug, to embrace (abrazar). 4 to squeeze (apretar). 5 to shake (la mano). || *v.pron.* 6 to narrow, to get narrow.

estrecho, -a *adj.* 1 narrow; tight, short. 2 close, intimate, strict, severe. 3 mean (tacaño). || *s.m.* 4 GEOG. strait(s).

estregar *v.t.* 1 to rub (frotar). 2 to scrub.

estrella *s.f.* 1 ASTR. star. 2 asterix (asterisco). 3 MIL. star, pip.

estrellado, -a *adj.* 1 starry. 2 star-shaped.

estrellar *v.t.* 1 to smash (romper). 2 to fry (huevos). || *v.pron.* 3 to smash, to shatter (romperse). 4 to crash.

estremecedor, -a *adj.* 1 startling. 2 blood-curdling.

estremecer *v.t.* 1 to shake (sacudir). 2 to startle (asustar). 3 to make someone shudder. || *v.pron.* 4 to shake, to shudder.

estrenar *v.t.* 1 to use or to wear for the first time. 2 to release, to put on release (una película). || *v.i.* 3 (Am.) to make a down payment. || *v.pron.* 4 to make one's debut. 5 to open (teatro).

estreñimiento *s.m.* constipation.

estrépito *s.m.* noise, racket, row (ruido).

estrepitoso, -a *adj.* 1 noisy (ruidoso). 2 rowdy, boisterous (persona, etc.).

estría *s.f.* 1 groove. 2 ARQ. flute, fluting. 3 BIOL. striation.

estriar *v.t.* 1 to make a groove. 2 ARQ. flute. 3 BIOL. to striate.

estribación *s.f.* spur

estribar *v.i.* 1 to be supported, to rest (apoyarse). 2 (fig.) to be based. 3 to stem.

estribillo *s.m.* 1 refrain (en poesía). 2 chorus (en una canción).

estribo *s.m.* 1 stirrup (de la montura). 2 running board, footboard.

estribor *s.m.* starboard.

estrictez *s.f.* (Am.) strictness.

estricto, -a *adj.* 1 strict. 2 sever.

estridencia *s.f.* stridency, stridence.

estridente *adj.* strident, raucous.

estrofa *s.f.* verse, stanza.

estropajo *s.m.* 1 scourer. 2 did, rubbish.

estropear *v.t.* 1 to damage, to spoil, to ruin, to hurt, to injure. || *v.pron.* 2 to break down.

estropicio *s.m.* 1 damage (destrozo). 2 mess (desorden).

estructura *s.f.* 1 structure (social, etc.). 2 frame, framework (armazón).

estructurar *v.t.* 1 to construct. 2 to organize, to structure.

estruendo *s.m.* 1 noise, clamour (ruido). 2 crash, clatter.

estrujamiento *s.m.* 1 squeezing. 2 pressing.

estrujar *v.t.* 1 to squeeze. 2 to press (la uva). 3 to crush. ‖ *v.pron.* 4 to crowd.

estuario *s.m.* estuary.

estucar *v.t.* to stucco.

estuche *s.m.* box, case, container, set.

estudiante *s.m. y f.* student.

estudiar *v.t. e i.* to study, to consider.

estudio *s.m.* 1 study. 2 research. 3 survey. 4 study (despacho). 5 studio, flat (piso).

estufa *s.f.* 1 stove, heater. 2 steam room (sauna).

estulto, -a *adj.* stupid, foolish.

estupefacción *s.f.* stupefaction.

estupefaciente *adj.* 1 stupefying. 2 narcotic. ‖ *s.m.* 3 narcotic, drug.

estupefacto, -a *adj.* astonished.

estupendo, -a *adj.* 1 stupendous. 2 marvellous, wonderful, terrific.

estupidez *s.f.* 1 stupidity, silliness. 2 stupid thing.

estúpido, -a *adj.* 1 stupid, silly (tonto). ‖ *s.m. y f.* 2 a stupid person.

estupor *s.m.* stupor, astonishment.

estupro *s.m.* rape.

esturión *s.f.* sturgeon (pez).

etapa *s.f.* stage.

éter *s.m.* 1 ether. 2 sky, heavens.

eternizar *v.t.* 1 to eternalize, to make eternal. 2 to immortalize (inmortalizar). ‖ *v.pron.* 3 to be endless, to drag on.

eterno, -a *adj.* 1 eternal. 2 (fig.) endless, everlasting (amor, etc.).

ético, -a *adj.* 1 ethical (moral). 2 MED. consumptive. 3 (Am.) pale (pálido). ‖ *s.m.* 4 moralist (moralista).

etimología *s.f.* etimology.

etiqueta *s.f.* 1 etiquette, ceremonial, ceremony. 2 label, tag.

etiquetar *v.t.* to label.

etnografía *s.f.* ethnography.

etnología *s.f.* ethnology.

eucalipto *s.m.* eucalyptus.

eufemismo *s.m.* euphemism.

eufonía *s.f.* euphony.

euforia *s.f.* euphoria.

eunuco *s.m.* eunuch.

europeo, -a *adj./s.m.y f.* European.

eutanasia *s.f.* euthanasia, mercy killing.

evacuación *s.f.* 1 evacuation. 2 TEC. exhaust, waste.

evacuar *v.t.* 1 to evacuate. 2 MED. to drain (una herida). 3 to carry out, to undertake.

evadir *v.t.* 1 to evade, to avoid. 2 to escape, to avoid (un peligro). 3 to shirk (una responsabilidad). ‖ *v.pron.* 4 to escape.

evaluar *v.t.* to evaluate.

evangelio *s.m.* Gospel.

evangelista *s.m.* 1 gospeller. 2 evangelist.

evangelizar *v.t.* to evangelize.

evaporar *v.t. y pron.* to evaporate.

evasión *s.f.* 1 escape, flight (huida). 2 (fig.) evasion.

evento *s.m.* 1 event (acontecimiento). 2 DEP. (Am.) sporting fixture (encuentro).

eventual *adj.* 1 possible (posible). 2 temporary, casual (trabajo). 3 fortuitous.

eventualmente *adj.* 1 by chance (por casualidad). 2 possibly (posiblemente).

evidenciar *v.t.* 1 to prove, to show, to demonstrate. ‖ *v.pron.* 2 to be obvious o evident.

evitación *s.f.* prevention, avoidance.

evitar *v.t.* to avoid, to escape, to evade.

evocar *v.t.* 1 to evoke, to conjure up (imágenes, etc.). 2 to call up, to invoke.

evolucionar *v.i.* 1 BIOL. to evolve. 2 (fig.) to change, to evolve, to develop. 3 MIL. to manoeuvre (maniobrar).

exabrupto *s.m.* 1 (fam.) sharp o abrupt remark. 2 MIL. broadside (andanada).

exacción *s.f.* exaction, extortion.

exacerbación *s.f.* 1 exasperation. 2 MED. exacerbation.

exacerbar *v.t.* 1 to irritate, to provoke

(provocar). **2** (fig.) to aggravate, to exacerbate.

exactitud s.f. **1** exactness, accuracy, precision (precisión). **2** punctuality.

exacto, -a adj. **1** exact. **2** faithful. **3** accurate. **4** correct, right true. || adv. **5** exactly.

exagerado, -a adj. exaggerated, far-fetched.

exagerar v.t. **1** to exaggerate. **2** to overdo, to go too far with. || v.i. **3** to overdo things.

exaltado, -a adj. **1** exalted. **2** over-excited, worked-up (estado de ánimo).

exaltar v.t. **1** to exalt. **2** to extol, to praise (alabar). **3** to elevate, to raise (enaltecer). || v.r. **4** to be extolled o exalted o praised.

examen s.m. **1** exam. **2** examination.

examinando, -a s.m. y f. examinee.

examinar v.t. **1** to examine. **2** to consider, to study (un problema). || v.r. **3** to take o sit an exam.

exangüe adj. bloodless.

exánime adj. lifeless.

exasperar v.t. **1** to exasperate. || v.pron. **2** to be exasperated.

excavar v.t. **1** to dig. **2** to excavate, to dig up. **3** to excavate (en arqueología).

excedencia s.f. **1** leave (permiso). **2** sabbatical leave (de profesor).

excedente adj. **1** excess, surplus (sobrante). **2** excessive (excesivo). **3** on leave (un soldado, etc.). || s.m. **4** surplus.

exceder v.t. **1** to exceed, to surpass. || v.pron. **2** to exceed. **3** to go too far.

excelencia s.f. excellence.

excelente adj. excellent.

excelentísimo, -a adj. most excellent.

excentricidad s.f. eccentricity.

excéntrico, -a adj. ecentric.

excepción s.f. exception.

excepto prep. except for, excepting.

exceptuar v.t. **1** to leave out, to exclude (excluir). **2** DER. to exempt. || v.pron. **3** to be excluded, to be left out.

exceso s.m. **1** excess. **2** COM. surplus.

excitar v.t. **1** to excite. **2** to arouse. **3** to raise. **4** ELEC. to excite, to energize. || v.pron. **5** to get excited, to get worked up.

exclamar v.t. e i. to exclaim.

exclaustración s.f. **1** secularization. **2** expulsion (de monjas o frailes).

exclaustrar v.t. to secularize.

excluir v.t. to exclude, to shut out.

exclusiva s.f. **1** COM. sole right (de un producto, etc.). **2** exclusive interview.

exclusivo adj. exclusive, sole.

excomulgado adj. **1** REL. excommunicated. || s.m. **2** REL. excommunicated person.

excomulgar v.t. to excommunicate.

excoriación s.f. chafing, rubbing.

excrecencia s.f. excrescence.

excremento s.m. excrement.

excursión s.f. **1** excursion, outing, trip. **2** MIL. raid. || **3 – campestre**, picnic.

excursionista s.m. y f. **1** sightseer. **2** hiker, rambler.

excusa s.f. **1** excuse. **2** apology.

excusado, -a adj. **1** excused, pardoned. **2** exempt. || s.m. **3** toilet (retrete).

excusar v.t. **1** to excuse, to pardon. **2** to exempt (eximir). **3** to shirk (una responsabilidad). || v.r. **4** to excuse oneself. **5** to apologize (disculparse).

execrar v.t. **1** to hate, to loathe (odiar). **2** to execrate, to curse (maldecir).

exento, -a adj. **1** exempt. **2** free (libre). **3** clear, unobstructed, open (un lugar).

exequias s.f.pl. funeral rights, obsequies.

exfoliar v.t. to exfoliate.

exhalación s.f. **1** exhalation (acción). **2** vapour, fumes (vapor).

exhalar v.t. **1** to exhale, to breathe out. **2** to emit, to give off (humos, etc.). || v.pron. **3** to breathe hard.

exhaustivo, -a adj. exhaustive.

exhibición s.f. **1** exhibition, show. **2** presentation, exhibition.

exhibir v.t. **1** to exhibit, to display, to show. **2** (Am.) to pay in cash. || v.pron. **3** to show oneself.

exhortar v.t. to exhort.

exhumar v.t. to exhume, to dig up.

exigencia *s.f.* 1 exigency, demand (demanda). 2 requirement (requisito).

exigir *v.t.* 1 to exact to levy. 2 to demand, to require. 3 (Am.) to ask for. 4 (Am.) to beg, to plead with (suplicar).

exigüidad *s.f.* smallness, scantiness.

exiguo, -a *adj.* 1 small, tiny. 2 meagre, scanty.

exiliar *v.t.* 1 to exile. || *v.pron.* 2 to go into exile.

exilio *s.m.* exile.

eximio, -a *adj.* 1 choice, select (un producto). 2 distinguished, eminent (una persona).

eximir *v.t.* 1 to exempt. 2 to free.

existencia *s.f.* 1 existence. 2 being (ser). 3 life (vida).

existir *v.i.* 1 to exist, to be (ser). 2 to still be left.

éxito *s.m.* success, hit.

éxodo *s.m.* 1 exodus. 2 depopulation.

exonerar *v.t.* to exonerate.

exorbitante *adj.* exorbitant.

exorcizar *v.t.* to exorcise.

exordio *s.m.* preamble, exordium.

exótico, -a *adj.* exotic.

expandir *v.t.* 1 to expand, to enlarge, to extend, to spread. || *v.pron.* 2 to expand, to spread.

expansionarse *v.pron.* 1 to expand. 2 (fig.) to relax (relajarse).

expatriación *s.f.* 1 expatriation (exilio). 2 emigration (emigración).

expatriarse *v.pron.* 1 to emigrate, to leave one's country (emigrar). 2 to go into exile.

expectación *s.f.* 1 expectation, expectancy, anticipation. 2 excitement. 3 waiting, wait (espera).

expectoración *s.f.* 1 expectoration. 2 sputum (esputo).

expedición *s.f.* expedition.

expediente *s.m.* 1 expedient. 2 means (medios). 3 DER. action, proceedings. 4 DER. records of a case. 5 record card.

expedir *v.t.* 1 COM. to send, to dispatch, to ship (mercancías). 2 DER. to draw up. 3 to issue.

expedito, -a *adj.* 1 expeditious, speedy, prompt. 2 clear, free.

expeler *v.t.* to expel, to eject.

expendedor, -ora *s.m.* y *f.* dealer.

expender *v.t.* 1 to spend, to expend (money). 2 to pass, to circulate.

experiencia *s.f.* experience.

experimentación *s.f.* 1 testing, experimentation. 2 experiment.

experimentar *v.t.* 1 to test, to try out (probar). 2 to experience, to undergo (un cambio). 3 to suffer (una pérdida).

experto, -a *adj./s.m.* y *f.* expert.

expiar *v.t.* 1 to expiate, to atone (un pecado). 2 to serve (una pena).

expirar *v.i.* to die, to expire.

explanar *v.t.* 1 TEC. to level, to grade (nivelar). 2 to elucidate, to explain.

explicación *s.f.* 1 explanation. 2 reason. 3 excuse (excusa).

explicar *v.t.* 1 to explain. 2 to expound (una teoría, etc.). 3 to lecture on, to teach (un curso, etc.). || *v.pron.* 4 to explain oneself. 5 to understand.

explorar *v.t.* 1 to explore. 2 MIN. to prospect (minas). 3 MED. to probe (con una sonda). 4 TEC. to scan (con radar, etc.) 5 MIL. to reconnoitre, to scout. 6 (fig.) to explore, to examine.

explosión *s.f.* 1 explosion, blowing up (acción). 2 bursting.

explosionar *v.t.* 1 to explode. || *v.i.* 2 to explode, to blow up.

explotación *s.f.* 1 exploitation. 2 MIN. working, exploitation.

explotar *v.t.* 1 to exploit. 2 MIL. to blow up, to explode.

expoliación *s.f.* despoiling, spoliation.

expoliar *v.t.* to despoil, to spoliate (despojar).

exponente *adj.* expounding, exponent.

exponer *v.t.* 1 to expound (una teoría). 2 to put forward (una propuesta). 3 to explain (explicar). 4 to show, to exhibit, to put on show (mostrar al público). 5 to expose. || *v.pron.* 6 to expose oneself.

exportación *s.f.* 1 export, exportation. 2 export, exported article (artículo).

exportar *v.t.* to export.

exposición *s.f.* 1 exposing, exposure. 2 COM. show, fair.

expósito, -a *adj.* 1 abandoned. || *s.m. y f.* 2 foundling.

expresar *v.t.* 1 to express. 2 to show. 3 to convoy (comunicar). || *v.pron.* 4 to express oneself.

expresión *s.f.* 1 expression. || 2 expressions, greetings; regards (recuerdos).

expreso, -a *adj.* 1 expressed (dicho). 2 express (tren). || *s.m.* 3 express (tren).

exprimidor *s.m.* squeezer.

exprimir *v.t.* 1 to squeeze (fruta), to squeeze out, to press out, to express (zumo). 2 to wring out, to squeeze dry (ropa). || 3 to exploit (a uno).

expropiación *s.f.* expropriation.

expropiar *v.t.* 1 to expropriate (terrenos). 2 to commandeer (un coche, etc.).

expuesto, -a *adj.* on display, on show.

expulsar *v.t.* 1 to expel. 2 DEP. to send off. 3 to eject, to throw out (a una persona). 4 MED. to spit out, to bring up.

expurgación *s.f.* 1 expurgation (de un libro, etc.). 2 (fig.) purging, purgation.

exquisito, -a *adj.* 1 exquisite. 2 delicious (delicioso). 3 excellent (excelente).

éxtasis *s.m.* ecstasy, rapture.

extemporáneo, -a *adj.* 1 unseasonable. 2 ill-timed, unappropriate.

extender *v.t.* 1 to extend. 2 to enlarge, to make bigger (hacer más grande). 3 to prolong (prolongar). 4 to spread, to issue. || *v.pron.* 5 to stretch out, to stretch away. 6 to range, to last, to reach.

extensión *s.f.* 1 extension. 2 stretching. 3 spreading (de una noticia, etc.). 4 size (tamaño).

extenso *adj.* 1 extensive, vast (amplio). 2 large, big. 3 widespread.

extenuar *v.t.* 1 to emaciate, to weaken (debilitar). || *v.r.* 2 to become emaciated, to waste away.

exterior *s.m.* exterior, outside. 2 appearance (apariencia). || *adj.* 3 foreign. 4 outer, external, exterior.

exteriorizar *v.t.* to show, to manifest.

exterminar *v.t.* to exterminate.

exterminio *s.m.* 1 extermination, wiping out. 2 destruction (destrucción).

externo, -a *adj.* 1 external. 2 outward. 3 outer, external.

extinción *s.f.* extinction.

extinguir *v.t.* 1 to extinguish, to put out. 2 to wipe out, to obliterate. 3 to put down, to stop. || *v.pron.* 4 to go out, to die out (un fuego). 5 to become extinct.

extintor, -ora *adj.* 1 extinguishing. || *s.m.* 2 fire extinguisher (aparato).

extirpar *v.t.* 1 to extirpate, to erradicate, to stamp out. 2 MED. to remove.

extorsionar *v.t.* to extort.

extra *adj. y s.m.* extra.

extracto *s.m.* 1 QUÍM. extract. 2 abstract, summary.

extraer *v.t.* 1 to out, to pull out.

extralimitarse *v.r.* to go too far, to exceed.

extranjerismo *s.m.* 1 foreign word. 2 foreign expression.

extranjero, -a *adj.* 1 foreign. || *s.m. y f.* 2 foreigner (persona), foreign country (país).

extrañar *v.t.* 1 to surprise. 2 not to be used to, to find strange. 3 (Am.) to miss. || *v.i.* 4 to be strange, to be surprising.

extraño, -a *adj.* 1 strange, odd, peculiar (raro). 2 foreign (extranjero).

extraordinario, -a *adj.* 1 extraordinary. 2 unusual (poco usual). || *s.m.* 3 special dish (en un menú, etc.).

extrapolar *v.t. e i.* to extrapolate.

extravagancia *s.f.* extravagance.

extravertido, -a *adj.* 1 extroverted. || *s.m. y f.* 2 extrovert.

extraviar *v.t.* 1 to make lose one's way. 2 to mislead. 3 to misplace. || *v.pron.* 4 to get lost, to go astray.

extravío *s.m.* misplacing, mislaying, loss.

extremado, -a *adj.* extreme.

extremar *v.t.* 1 to carry to an extreme, to overdo (precauciones, etc.). || *v.pron.* 2 to take great pains, to do one's utmost.

extremidad *s.f.* 1 end, tip, extremity (punta). 2 edge, outermost part (borde).

extremo, -a *adj.* 1 extreme, last. 2 far, furthest, outer. 3 last. 4 utmost. ‖ *s.m.* 5 end.
extrínseco *s.f.* extrinsic.
exuberancia *s.f.* exuberance.

exuberante *adj.* exuberant.
exudar *v.t. e i.* to exude.
exultar *v.i.* to exult.
exvoto *s.m.* ex-voto, votive offering.
eyacular *v.t.* to ejaculate.

F

f, F, *s.f.* f, F. (letra).
fa *s.m.* 1 F. 2 fa (en la escala de do).
fabada *s.f.* Asturian dish of haricot beans, pork and bacon.
fábrica *s.f.* 1 factory. 2 building (edificio). 3 making. 4 mill (de papel, madera).
fabricación *s.f.* manufacture, making.
fabricante *s.m.* y *f.* manufacturer, maker.
fabricar *v.t.* to manufacture, to make.
fábula *s.f.* 1 fable, tale. 2 rumour. 3 invention.
fabulista *s.m.* fable writer.
fabuloso, a *adj.* 1 fabulous, fantastic. 2 fictious, invented. 3 (fam.) enormous.
faca *s.f.* large knife.
facción *s.f.* 1 faction (pálido). 2 gang, band. || *pl.* 3 features.
faccioso, -a *adj.* 1 factious, rebellious. || *s.m.* y *f.* 2 a factious person, rebel.
faceta *s.f.* 1 facet. 2 (fig.) facet, aspect, side.
facha *s.f.* 1 (fam.) look, appearance. 2 sigth, disaster, mess. 3 figure.
fachada *s.f.* 1 façade, front. 2 appearance, look.
facial *adj.* facial.
fácil *adj.* 1 easy. 2 simple. 3 probable, likely. 4 docile, compliant. 5 easy, loose.
facilidad *s.f.* 1 easiness, facility. 2 ease. 3 simplicity. 4 docility. 5 fluency. 6 talent. || *pl.* 7 facilities.
facilitar *v.t.* 1 to facilitate, to make easy. 2 to give, to provide. 3 to issue. 4 to supply.
facineroso, -a *adj.* 1 criminal. 2 evil, wicked. || *s.m.* y *f.* 3 criminal. 4 evil o wicked person.
facsímil o **facsímile** *s.m.* facsimile.
factible *adj.* leasible, practicar.
factor *s.m.* 1 factor. 2 agent. 3 element.
factoría *s.f.* 1 factory. 2 agency. 3 post of agent.
factura *s.f.* 1 bill. 2 invoice.
facturación *s.f.* 1 invoicing. 2 bill. 3 registration (en trenes).
facturar *v.t.* 1 to invoice. 2 to charge. 3 to check in; to register.
facultad *s.f.* 1 faculty. 2 power. 3 right. 4 resistance. 5 permit. || *pl.* 6 faculties.
facultar *v.t.* 1 to authorize, to empower. 2 to give the right.
facultativo *adj.* 1 optional. 2 professional. 3 medical. || *adj.* 4 faculty. || 5 doctor; surgeon (cirujano).
facundia *s.f.* 1 eloquence. 2 verbosity.
faena *s.f.* 1 job, task. 2 work. 3 dirty trick. 4 (Am.) overtime.
faenar *v.i.* to fish (pescar).
fagocito *s.m.* phagocyte.
fagot *s.m.* 1 bassoon. 2 bassoonist.
faisán *s.m.* pheasant.
faja *s.f.* 1 sash. 2 corset, girdle. 3 wrapper (postal). 4 sash, insignia. 5 strip (de terreno). 6 band. 7 bandage (vendaje).
fajar *v.t.* y *pron.* 1 to wrap. 2 to bandage. 3 to put a sash on. || *v.t.* 4 to hit to beat.
fajín *s.m.* sash.
fajina *s.f.* 1 pile, rick (almiar). 2 kindling, firewood (leña). 3 orchard (huerta). 4 fascine (haz de ramas). 5 MIL. bugle call.

fajo *s.m.* bundle (haz).
falacia *s.f.* 1 deceit, trick. 2 fallacy. 3 deceitfulness.
falange *s.f.* phalange, phalanx.
falangeta *s.f.* third phalanx.
falangina *s.f.* second phalanx.
falaz *adj.* 1 deceitful. 2 false, misleading.
falda *s.f.* 1 skirt. 2 skirt (de la armadura). 3 slope, hillside. 4 brisket (carne). 5 ANAT. knees, lap (regazo). || *pl.* 6 girls, women.
faldero, -a *adj.* 1 skirt. 2 (fam.) ladies' man.
faldón *s.m.* 1 coattails. 2 skirt.
falibilidad *s.f.* fallibility.
falla *s.f.* 1 fault, defect. 2 GEOL. fault. || *pl.* 3 Valencian Carnaval.
fallar *v.t.* 1 to ruff (naipes). 2 DER. to pronounce sentence o verdict. || *v.i.* 3 to fail. 4 to let down, to disappoint (decepcionar). 5 to fail (fracasar). 6 DEP. to miss. 7 to misfire. 8 to miss.
fallecer *v.i.* to die, (euf.) to pass away.
fallecimiento *s.m.* death, demise.
fallido, -a *adj.* 1 unsuccessful, vain. 2 bad (una deuda). 3 poor (tiro, cosecha).
fallo *s.m.* 1 DER. sentence, verdict. 2 DEP. miss, mistake. 3 MED. failure. 4 MEC. failure. 5 failure (fracaso). 6 fault, shortcoming (de carácter). 7 void (naipes).
falo *s.m.* phallus.
falseamiento *s.m.* falsification.
falsear *v.t.* 1 to falsify. 2 to forge, to counterfeit. 3 TEC. to bevel. || *v.i.* 4 ARQ. to sag; to buckle, to give way.
falsedad *s.f.* 1 falsity, falseness. 2 lie. 3 DER. forgery.
falsete *s.m.* 1 MÚS. falsetto. 2 bung, plug (tapón). 3 door (puerta).
falsificación *s.f.* 1 falsification. 2 forging, forgery.
falsificar *v.t.* 1 to falsify. 2 to forge (una firma). 3 to counterfeit (dinero). 4 to adulterate. 5 to fake (un cuadro). 6 to rig, to fiddle (resultados).
falsilla *s.f.* lined paper.
falso, -a *adj.* 1 false. 2 untrue, not true. 3 counterfeit, (fam.) dud (moneda). 4 fake, imitation. 5 forged, fake (un cuadro). 6 unsound, shaky (opinión). 7 MÚS.

false. 8 wrong, incorrect. 9 deceitful, treacherous.
falta *s.f.* 1 lack. 2 shortage (escasez). 3 need (necesidad). 4 absence (ausencia). 5 defect, fault. 6 failing, shortcoming (defecto de una persona). 7 mistake, error. 8 fault (culpa). 9 DEP. foul; fault.
faltar *v.t.* 1 to offend, to be rude (ofender). || *v.i.* 2 to lack, to be lacking. 3 to be missing. 4 to need. 5 to miss. 6 to fail (un mecanismo). 7 not to go, to stay away. 8 to die (morir).
faltriquera *s.f.* 1 apron. 2 pocket.
fama *s.f.* 1 fame, celebrity. 2 reputation.
famélico, -a *adj.* 1 starving, famished. 2 very thin, (fam.) skinny.
familia *s.f.* family.
familiar *adj.* 1 family. 2 familiar. 3 natural, informal. 4 colloquial. || *s.m.* 5 relation, relative.
familiaridad *s.f.* 1 familiarity. 2 trust.
familiarizar *v.t.* 1 to familiarize. || *v.pron.* 2 to familiarize oneself, to get to know.
famoso, -a *adj.* famous.
fámula *s.f.* servant, maid (criada).
fan *s.m. y f.* fan, supporter.
fanal *s.m.* 1 lamp, lantern. 2 bell glass.
fanatismo *s.m.* fanaticism.
fandango *s.m.* 1 fandango. 2 (fig.) din, racket.
fanfarria *s.f.* 1 MÚS. fanfare. 2 boasting.
fanfarronada *s.f.* showing-off, boasting.
fanfarronear *v.i.* to show off, to boast.
fangal *s.m.* bog, quagmire, mudpit.
fango *s.m.* 1 mud, mire. 2 (fig.) dirt.
fangosidad *s.f.* muddiness.
fantasear *v.i.* to dream, to daydream. 2 to imagine.
fantasía *s.f.* 1 fantasy, imagination. 2 MÚS. fantasia. 3 whim, caprice. || *pl.* 4 imitation jewellery (bisutería).
fantasma *s.m.* 1 ghost, phantom. 2 (fam.) show-off.
fantástico, -a *adj.* 1 fantastic. 2 fabulous, great. 3 huge, enormous.

fantoche *s.m.* 1 puppet. 2 show-off. 3 (fam.) dimwit.

faquir *s.m.* fakir.

faradio *s.m.* farad.

farándula *s.f.* 1 troupe of strolling actors. 2 acting, theatre.

faraón *s.m.* Pharaoh.

fardar *v.t.* 1 to supply, to provide. 2 to outfit, to dress. ‖ *v.i.* 3 to show off, to boast.

fardo *s.m.* 1 parcel. 2 bundle.

fardón, -ona *s.m. y f.* show off, boaster.

farfolla *s.f.* husk.

farfullar *v.t.* 1 (fam.) to gabble, to jabber. ‖ *v.i.* 2 (fig.) to botch, to patch.

faringitis *s.f.* pharyngitis.

fariseo *s.m.* 1 pharisee. 2 (fig.) hypocrite.

farmacia *s.f.* chemist's, chemists's shop; (EE.UU.) pharmacy, drugstore.

fármaco *s.m.* medicine.

faro *s.m.* 1 lighthouse. 2 headlight, headlamp. 3 lantern.

farol *s.m.* 1 lantern, lamp. 2 street lamp. 3 bluff (cartas). 4 showing off.

farolear *v.i.* to show off, to brag.

farra *s.f.* (fam.) fling, binge.

fárrago *s.m.* (fam.) hotchpotch, jumble.

farragoso, -a *adj.* convoluted, confusing.

farruco, -a *adj.* challenging, defiant.

farsa *s.f.* farse, sham.

fascículo *s.m.* fascicle, part.

fascinación *s.f.* fascination.

fascinar *v.t.* 1 to fascinate, to captivate.

fascista *adj., s.m. y f.* fascist.

fase *s.f.* stage, phase.

fastidiar *v.t.* 1 to bother, to annoy. 2 to ruin, to spoil (estropear). 3 to harm, to damage (hacer daño). 4 to sicken (causar asco). ‖ *v.r.* 5 to put up with. 6 to get bored/fed up (aburrirse). 7 to get angry/annoyed (enfadarse). 8 to be spoilt /ruined (estropearse). 9 to break down. 10 to hurt oneself (hacerse daño).

fastidio *s.m.* 1 bother, nuisance. 2 boredom, (fam.) drag (aburrimiento).

fastuoso, -a *adj.* 1 lavish, extremely luxurious. 2 ostentacious.

fatal *adj.* 1 fatal. 2 inevitable. 3 (fam.) terrible, awful. ‖ *adv.* 4 very badly.

fatalidad *s.f.* 1 fate, destiny. 2 bad luck, misfortune.

fatiga *s.f.* 1 tiredness, weariness, fatigue. 2 shaking, agitation. ‖ *s.pl.* 3 troubles.

fatigar *v.t.* 1 to tire, to weary. ‖ *v.r.* 2 to get tired, to wear oneself out.

fatuo, -a *adj.* 1 fatuous, inane. 2 vain.

fauces *s.f.pl.* fauces, gullet.

fauna *s.f.* fauna.

fausto, -a *adj.* 1 happy, cheerful. ‖ *s.m.* 2 magnificence, splendour.

favilla *s.f.* cinder.

favor *s.m.* 1 favour. 2 concession. ‖ 3 de –, free. 4 por –, please.

favorecer *v.t.* 1 to favour. 2 to be in favour of. 3 to help. 4 to enhance (agraciar). 5 to flatter (una foto).

faz *s.f.* 1 face. 2 aspect.

fe *s.f.* 1 faith. 2 trust (confianza). 3 promise (promesa). ‖ 4 a – de, on the word of. 5 dar –, to testify.

fealdad *s.f.* ugliness (calidad de feo).

febrero *s.m.* February.

febril *adj.* 1 feverish. 2 (fig.) intense.

fecal *adj.* faecal.

fecha *s.f.* date.

fechar *v.t.* to date.

fechoría *s.f.* misdeed, offence.

fécula *s.f.* starch.

fecundación *s.f.* fertilization.

fecundar *v.t.* to fertilize, to fecundate.

federación *s.f.* federation.

federalismo *s.m.* federalism.

federar *v.t. y r.* to federate.

fehaciente *adj.* 1 authentic. 2 evident.

feldespato *s.m.* feldspar o felspar.

felicidad *s.f.* happiness.

felicitación *s.f.* congratulation.

felicitar *v.t.* 1 to congratulate. ‖ *v.r.* 2 to be pleased/glad.

feligrés *s.m. y f.* parishoner.

felino, -a *adj. y s.m.* 1 feline. 2 (fam.) catlike.

feliz *adj.* 1 happy. 2 clever (acertado). 3 fortunate. 4 successful (que tiene éxito).

felonía *s.f.* treachery, (fam.) doubledearing.

felpa *s.f.* 1 plush. 2 (fig.) beating, thrashing (paliza). 3 reprimand, telling-off.

femenino, -a *adj.* y *s.m.* 1 feminine. 2 female.

fémur *s.m.* femur.

fenecer *v.t.* 1 to end, to conclude, to finish. || *v.i.* 2 to die.

fénix *s.m.* y *f.* phoenix.

fenol *s.m.* phenol.

fenomenal *adj.* 1 phenomenal. 2 (fig.) fantastic. 3 enormous.

fenómeno *s.m.* 1 phenomenon. 2 freak (persona deforme). || *adj.* 3 (fam.) great.

feo, -a *adj.* 1 ugly. 2 hideous, unsightly (repugnante). 3 awful, lousy, terrible. 4 nasty (una situación). 5 not nice. || *s.m.* 6 insult, slight.

feracidad *s.f.* fertility.

féretro *s.m.* coffin (ataúd).

feria *s.f.* 1 fair. 2 holiday. 3 rest day, day off. 4 carnival. 5 week day, working day. 6 (Am.) change (dinero suelto).

ferial *s.m.* 1 fairground. || *adj.* 2 REL. ferial.

feriar *v.t.* 1 to buy at the fair. 2 to trade. || *v.i.* 3 to take a holiday, to take time off.

fermentación *s.f.* fermentation.

fermentar *v.t.* e *i.* to ferment.

ferocidad *s.f.* ferocity, fierceness.

férreo, -a *adj.* 1 iron, ferrous. 2 (fig.) iron, hard (duro), railway.

ferrería *s.f.* 1 forge (forja). 2 found, ironworks (fábrica). 3 blacksmith's (taller).

ferretería *s.f.* ironmonger's, hardware shop.

ferrocarril *s.m.* railway, railroad.

fértil *adj.* 1 fertile. 2 productive.

fertilidad *s.f.* fertility, richness.

fertilizar *v.t.* to fertilize.

férula *s.f.* 1 MED. splint (tablilla). 2 BOT. ferula o ferule. 3 cane, stick (del profesor).

fervor *s.m.* fervour, passion.

festejar *v.t.* 1 to wine and dine, to entertain (agasajar a uno). 2 to celebrate. 3 to court, to woo (galantear). || *v.r.* 4 to

have a good time, to enjoy oneself (divertirse).

festejo *s.m.* 1 entertainment, feast. 2 celebration. 3 courting, wooing (cortejo). || *s.pl.* 4 festivities, revelries.

festival *s.m.* festival.

festón *s.m.* 1 scallop. 2 festoon.

festonear o **festonar** *v.t.* to festoon.

fetiche *s.m.* fetish.

fetidez *s.f.* stench, smelliness.

feto *s.m.* foetus.

feudalismo *s.m.* feudalism.

fez *s.m.* fez.

fiabilidad *s.f.* reliability, trustworthiness.

fiador, -ora *s.m.* y *f.* 1 guarantor, surety. 2 MEC. catch, fastener. 3 tumbler. 4 (fam.) bottom.

fiambre *adj.* 1 cold. 2 (fig.) old, stale. || *s.m.* 3 cold meat. 4 cold food. 5 (fam.) stiff, corpse.

fiambrera *s.f.* lunch box o basket.

fianza *s.f.* 1 deposit. 2 surety. 3 bail.

fiar *v.t.* 1 to guarantee, to vouch for. 2 COM. to sell on credit. 3 DER. to stand bail for. 4 to entrust. || *v.i.* y *pron.* 5 to trust.

fiasco *s.m.* fiasco.

fibra *s.f.* fibre.

fibroma *s.m.* fibroma.

ficción *s.f.* 1 fiction. 2 (desp.) invention. 3 fantasy.

ficha *s.f.* 1 counter, marker. 2 piece, man (ajedrez). 3 chip (naipes). 4 token (teléfono). 5 record.

fichaje *s.m.* signing-on.

fichar *v.i.* 1 DEP. to sign on. 2 to clock in. || *v.t.* 3 to file, to index. 4 to put in the files. 5 (fam.) to tape.

fichero *s.m.* 1 card index (fichas). 2 filing cabinet (mueble). || *pl.* 3 records (policía).

fidedigno, -a *adj.* reliable.

fideicomiso *s.m.* trusteeship.

fidelidad *s.f.* 1 loyalty, fidelity. 2 accuracy, exactness. || 3 alta –, high fidelity.

fideo *s.m.* 1 noodle, vermicelli (pasta). 2 (fam.) rake.

fiduciario, -a *adj.* 1 fiduciary. || *s.m.* 2 trustee.

fiebre *s.f.* 1 fever. 2 (fig.) fevered excitement.

fiel *adj.* 1 faithful, loyal (leal). 2 exact, accurate. 3 honest. ‖ *s.m.pl.* 4 the faithful. ‖ *s.m.* 5 pointer, needle (de las balanzas).

fieltro *s.m.* felt.

fiera *s.f.* 1 wild animal. 2 buil (toro). 3 (fig.) beast, devil.

fiereza *s.f.* 1 ferocity. 2 cruelty. 3 deformity.

fiero, -a *adj.* 1 wild. 2 savage. 3 ferocious, fierce. 4 cruel. 5 horrendous.

fiesta *s.f.* 1 party. 2 holiday. 3 REL. feast day, holy day. 4 celebration. 5 ceremony. ‖ *s.pl.* 6 holidays. 7 festivities.

figura *s.f.* 1 figure. 2 shape, form (gráfica). 3 face (cara). 4 aspect. 5 piece, man (ajedrez).

figuración *s.f.* figuration.

figurante *s.m. y f.* extra, walker-on.

figurar *v.t.* 1 to represent, to depict. 2 to pretend, to feign. ‖ *v.i.* 3 to figure, to appear. ‖ *v.pron.* 4 to imagine, to think.

figurativo, -a *adj.* figurative.

figurín *s.m.* 1 fashion magazine. 2 sketch, drawing. 3 (fam.) dandy, popinjay.

fijación *s.f.* 1 fixing, setting, fastening. 2 sticking (de un sello). 3 sticking up. 4 PSIQ. fixation.

fijar *v.t.* 1 to stick. 2 to fix, to fasten. 3 to put up. 4 to set. 5 to nail (clavar). 6 to determine. 7 to take to (domicilio). 8 to secure. ‖ *v.pron.* 9 to notice. 10 to settle (establecerse). 11 to pay attention.

fila *s.f.* 1 file, line. 2 row (de asientos). 3 MIL. rank. 4 queue, line.

filamento *s.m.* filament.

filantropía *s.f.* philanthropy.

filarmonía *s.f.* fond of music.

filatelia *s.f.* philately.

filete *s.m.* 1 steak, fillet. 2 sirloin (solomillo). 3 TEC. thread. 4 stripe (raya). 6 fillet (de un impreso).

filiación *s.f.* 1 filiation. 2 dependence. 3 personal description.

filibustero *s.m.* pirate.

filigrana *s.f.* 1 filigree. 2 watermark. 3 delicate thing.

filípica *s.f.* diatribe, tirade, philippic.

film o **filme** *s.m.* film, picture, (EE.UU.) movie.

filmación *s.f.* shooting, filming.

filmar *v.t.* to film, to shoot (rodar).

filmoteca *s.f.* film library, film archive.

filo *s.m.* 1 edge. 2 dividing line. 3 GEOL. ridge.

filología *s.f.* philology.

filón *s.m.* 1 MIN. vein, seam. 2 (fig.) gold mine.

filosofar *v.i.* to philosophize.

filosofía *s.f.* philosophy.

filósofo, -a *s.m. y f.* philosopher.

filoxera *s.f.* 1 ZOOL. phylloxera. 2 drunkenness (borrachera).

filtración *s.f.* 1 filtration. 2 (fig.) leak.

filtrar *v.t. e i.* 1 to filter. 2 to filter, to strain. ‖ *v.pron.* 3 to filter. 4 to leak (un secreto).

filtro *s.m.* 1 TEC. filter. 2 strainer (en la cocina). 3 FOT. filter. 4 **cigarrillo con –**, filter-tipped cigarette.

fimosis *s.f.* phimosis.

fin *s.m.* 1 end. 2 objective, aim, goal, purpose. 3 motive. ‖ 4 **a – de**, in order to.

final *adj.* 1 last, final. ‖ *s.m.* 2 end. 3 ending. 4 MÚS. finale. ‖ *s.f.* 5 DEP. final.

finalidad *s.f.* aim, goal, objective.

finalizar *v.t.* to end, to finish.

financiar *v.t.* to finance.

finanzas *s.f.pl.* finance.

finca *s.f.* 1 country house. 2 country estate. 3 farm.

fineza *s.f.* 1 courtesy, politeness. 2 fineness. 3 kindness, friendliness. 4 gift, present (regalo).

fingimiento *s.m.* pretence, feigning.

fingir *v.t.* 1 to pretend. 2 to feign (simular). ‖ *v.pron.* 3 to pretend to be.

finiquitar *v.t.* 1 COM. to settle, to close. 2 to end, to finish.

finiquito *s.m.* COM. settlement, closing.

finito, -a *adj.* finite (que tiene fin).

fino, -a *adj.* 1 fine, thin. 2 delicate. 3 high quality, excellent. 4 slender, thin (figura). 5 sharp (punta). 6 polite, refined. 7 shrewd, astute, sharp. 8 thin (lonja). 9 MIN. pure, refined. **10** sharp, keen (de oído). ‖ *s.m.* **11** dry sherry.

finta *s.f.* feint.

fiordo o **fiord** *s.m.* fjord, fiord.

firma *s.f.* **1** signature. **2** firm, company. **3** papers, documents. **4** signing.

firmamento *s.m.* firmament.

firmar *v.t.* e *i.* to sign.

firme *adj.* **1** secure, firm, stable. **2** straight, erect. **3** hard (duro). **4** solid, compact. **5** fast (colores). **6** COM. steady, firm. **7** resolute, steady (de carácter).

firulete *s.m.* (Am.) adornment (adorno).

fiscal *adj.* **1** fiscal. **2** financial. **3** *atr.* tax. ‖ *s.m.* **4** DER. prosecutor.

fiscalización *s.f.* inspection.

fiscalizar *v.t.* **1** to control. **2** to inspect. **3** to criticize. **4** to check, to verify.

fisco *s.m.* treasury, exchequer.

fisgar *v.t.* **1** to snoop on (curiosear). ‖ *v.pron.* e *i.* **2** to mock, to laugh at.

fisgonear *v.t.* to snoop on, to pry into.

física *s.f.* physics.

fisiocracia *s.f.* physiocracy.

fisiólogo, -a *s.m.* y *f.* physiologist.

fisión *s.f.* fission.

fisonomía *s.f.* **1** features, face. **2** appearance.

fístula *s.f.* **1** fistula, **2** tube, pipe.

fisura *s.f.* fissure.

flacidez o **flaccidez** *s.f.* flabbiness.

flaco, -a *adj.* **1** thin, slim, (fam.) skinny. **2** feeble, weak.

flacuchento, -a *adj.* (Am.) skinny.

flagelación *s.f.* flagellation, whipping.

flagelar *v.t.* **1** to flagellate, to whip. **2** (fig.) to roast, to flay.

flagelo *s.m.* whip, lash (azote).

flama *s.f.* flame (llama).

flamear *v.i.* **1** to blaze, to flame (echar llamas). **2** MAR. to flutter, to flap. **3** to sterilize.

flamenco, -a *adj.* **1** Flemish (de Flandes). **2** flamenco. **3** (desp.) flashy, vulgar. **4** (Am.) thin, slim (delgado).

flan *s.m.* cream caramel.

flanco *s.m.* side, flank.

flanquear *v.t.* **1** MIL. to flank. **2** to outflank.

flaquear *v.i.* **1** to weaken, to lose strength. **2** to lose heart (desanimarse). **3** to give in (transigir).

flash *s.m.* flash.

flato *s.m.* **1** wind, flatulence. **2** pride (orgullo). **3** (Am.) melancholy, depression.

flauta *s.f.* flute.

flautín *s.m.* piccolo.

flebitis *s.f.* phlebitis.

flecha *s.f.* arrow (arma).

flechar *v.t.* to draw.

flechazo *s.m.* **1** arrow shot. **2** arrow wound (herida de flecha). **3** (fam.) love at first sight.

fleco *s.m.* **1** fringe. **2** frayed edge.

flema *s.f.* phlegm.

flemón *s.m.* gumboil.

flequillo *s.m.* fringe.

fletador *s.m.* charterer.

fletar *v.t.* **1** to charter. **2** (Am.) to utter. ‖ *v.t.* y *pron.* **3** to embark. ‖ *v.pron.* **4** (Am.) to beat it, to take off (marcharse de pronto).

flete *s.m.* **1** hire charge, hiring fee. **2** cargo. **3** load, freight. **4** (Am.) horse (caballo).

flexibilidad *s.f.* **1** flexibility. **2** (fig.) adaptability.

flexión *s.f.* **1** flexion. **2** GRAM. inflexion.

flexo *s.m.* angle-poise lamp.

flirtear *v.i.* to flirt.

flojear *v.i.* **1** to weaken. (flaquear). **2** (fam.) to shirk, to skive. **3** to lose interest.

flojo, -a *adj.* **1** loose, slack (cuerda). **2** loose (tuerca). **3** weak (esfuerzo). **4** limp, soft (de consistencia). **5** weak (café, té). **6** poor (estudiante). **7** light (viento). **8** slack (mercado). **9** feeble (débil).

flor *s.f.* **1** flower. **2** bloom, blossom.

flora *s.f.* flora.

floración *s.f.* **1** flowering. **2** blossoming.

florear *v.t.* y *v.pron.* **1** to adorn with flowers. **2** to compliment.

florecer *v.i.* **1** to flower, to bloom. **2** to blossom.

florero *s.m.* **1** vase, flower vase. **2** florist.

florete *s.m.* foil.

floricultura *s.f.* flower growing.

florín *s.m.* florin.

flota *s.f.* fleet.

flotar *v.i.* 1 to float. 2 to wave, to flutter.

flote *s.m.* 1 flotation. 2 floating.

fluctuar *v.i.* 1 to fluctuate. 2 to hesitate, to waver (vacilar).

fluidez *s.f.* 1 fluidity. 2 (fig.) fluency.

fluir *v.i.* 1 to flow, to run. 2 (fig.) to flow, to stream.

flujo *s.m.* 1 flow. 2 (fig.) stream. 3 MAR. rising tide (ascenso de la marea).

flúor *s.m.* flourine.

fluorescencia *s.f.* fluorescence.

fluvial *adj.* fluvial, river.

fobia *s.f.* phobia.

foca *s.f.* seal.

foco *s.m.* 1 focus. 2 local point, centre. 3 source (fuente). 4 seat (de un incendio). 5 spotlight (en el teatro).

fogata *s.f.* bonfire.

fogón *s.m.* 1 firebox. 2 kitchen range. 3 (Am.) fire (fuego).

fogonazo *s.m.* sudden blaze, flash.

fogosidad *s.f.* 1 ardour. 2 enthusiasm.

foguear *v.t.* y *pron.* to harden to war.

fogueo *s.m.* hardening, toughening.

foie-gras *s.m.* foie-gras.

foliación *s.f.* foliation.

folio *s.m.* 1 page, sheet, folio. 2 (Am.) present, gift.

folklore *s.m.* folklore.

follaje *s.m.* 1 BOT. follage. 2 bombast, verbosity.

folletín *s.m.* 1 newspaper serial. 2 melodrama.

folleto *s.m.* brochure, pamphlet.

follisca *s.f.* (Am.) fight, quarrel.

follón *s.m.* 1 (fam.) row, quarrel (alboroto). 2 silent fart (ventosidad sin ruido). 3 coward. 4 chaos (caos).

fomentar *v.t.* 1 to warm (calentar). 2 to incubate. 3 MED. to foment. 4 (fig.) to encourage, to promote. 5 to incite.

fonación *s.f.* phonation.

fonda *s.f.* inn, tavern.

fondeadero *s.m.* anchorage.

fondear *v.t.* 1 to sound, to take soundings. 2 to examine. 3 to search. 4 (fig.) to get to the bottom of. ‖ *v.t.* y *pron.* 5 MAR. to anchor (anclar). ‖ *v.pron.* 6 (Am.) get rich.

fondo *s.m.* 1 bottom. 2 end. 3 depth (profundidad). 4 bed, floor (lecho de los ríos). 5 background (de un cuadro). 6 DEP. stamina (resistencia). 7 COM. fund.

fonema *s.m.* phoneme.

fonendoscopio *s.m.* stethoscope.

fonética *s.f.* phonetics.

fono *s.m.* (Am.) receiver.

fonógrafo *s.m.* gramophone.

fonología *s.f.* phonology.

fontana *s.f.* fountain, spring.

fontanal *s.m.* spring.

fontanería *s.f.* plumbing.

forajido, -a *s.m.* y *f.* 1 bandit, outlaw. ‖ *adj.* 2 outlawed.

foráneo, -a *adj.* 1 foreign. 2 odd, strange.

forcejear o **forcejar** *v.i.* to struggle, to fight.

forense *adj.* 1 forensic. ‖ *s.m.* 2 MED. pathologist.

forestal *adj.* forest.

forja *s.f.* 1 forge. 2 foundry. 3 forging.

forjar *v.t.* 1 to forge. 2 to construct, to make. 3 (fig.) to invent, to make up. ‖ *v.r.* 4 to be a self-made man.

forma *s.f.* 1 shape. 2 way, form, means. 3 mould, form. 4 size. 5 structure, format.

formación *s.f.* 1 formation. 2 formation. 3 training, education.

formalidad *s.f.* formality, seriousness.

formalizar *v.t.* 1 to formalize. 2 to settle, to fix. 3 to legalize. ‖ *v.pron.* 4 to become or get serious.

formar *v.t.* 1 to form. 2 to make. 3 to shape (una escultura). 4 to make (un plan). 5 to educate. 6 to bring up (criar). ‖ *v.pron.* 7 to develop.

formato *s.m.* 1 format. 2 size.

formidable *adj.* 1 formidable. 2 (fig.) fantastic. 3 enormous.

formón *s.m.* chisel.

fórmula *s.f.* 1 formula. 2 MED. prescription.

formular *v.t.* 1 to formulate. 2 MED. to

prescribe. **3** to express. **4** to make. **5** to pose, to ask.

fornicar *v.i.* to fornicate.

fornido, -a *adj.* well-built, burly.

foro *s.m.* **1** DER. lawcourt. **2** HIST. forum. **3** back off the stage.

forraje *s.m.* **1** forage, fodder. **2** hotchpotch, jumble.

forrajear *v.i.* to forage.

forrar *v.t.* **1** to line. **2** to cover. **3** to lag (tubería). **4** (fig.) **estar forrado,** to be rolling in money. ‖ *v.r.* **5** (fam.) to make a pile (enriquecerse).

forro *s.m.* **1** lining. **2** cover.

fortalecer *v.t.* **1** to strengthen, to toughen (dar fuerza). **2** MIL. to fortify. ‖ *v.r.* **3** to become stronger.

fortaleza *s.f.* **1** MIL. fortress. **2** strength, force.

fortificar *v.t.* **1** MIL. to fortify. **2** to strengthen.

fortín *s.m.* small fort.

fortuna *s.f.* **1** fortune, luck. **2** FIN. fortune, wealth (hacienda). **3** storm (tempestad).

forúnculo *s.m.* boil.

forzar *v.t.* **1** to force. **2** to break into (entrar por la fuerza). **3** to rape (violar). **4** to make (obligar).

fosa *s.f.* **1** grave. **2** ANAT. fossa, cavity.

fosco, -a *adj.* obscure, dark (oscuro).

fosforescer o **fosforecer** *v.i.* to glow.

fósforo *s.m.* **1** phosphorus. **2** match.

fósil *s.m.* y *adj.* **1** GEOL. fossil. **2** (fam.) old fogey.

foso *s.m.* **1** hole. **2** pit (en el teatro). **3** MIL. moat. **4** DEP. sandpit.

foto *s.f.* photo, photograph, (fam.) snap.

fotocopia *s.f.* photocopy.

fotograbado *s.m.* photogravure.

fotografía *s.f.* **1** photography. **2** photo, (fam.) snap.

fotografiar *v.t.* to photograph, to take a photo.

fotógrafo, -a *s.m.* y *f.* photographer.

fotosíntesis *s.f.* photosynthesis.

frac *s.m.* dress coat.

fracasar *v.i.* to fail, to be unsuccessful.

fracaso *s.m.* **1** failure. **2** disaster.

fracción *s.f.* **1** MAT. fraction. **2** part, fragment. **3** POL. splinter group, faction. **4** division, breaking-up.

fraccionar *v.t.* **1** to divide, to break up, to split up. **2** QUÍM. to fractionate.

fractura *s.f.* fracture, break.

fracturar *v.t.* y *r.* to break, to fracture.

fragata *s.f.* **1** frigate. **2** frigate bird (ave).

fragilidad *s.f.* **1** fragility, fraility. **2** delicacy. **3** weakness (de carácter).

fragmentar *v.t.* to fragment.

fragmento *s.m.* **1** fragment, piece. **2** passage. **3** MÚS. fragment, snatch.

fragor *s.m.* **1** din, racket. **2** crash. **3** roar.

fragua *s.f.* forge.

fraguado *s.m.* **1** forging. **2** hardening.

fraguar *v.t.* **1** to forge. **2** to mould. **3** to think up (idear). ‖ *v.i.* **4** to harden, to set (endurecerse).

fraile *s.m.* friar, monk, brother.

francamente *adv.* **1** frankly, honestly, candidly. **2** clearly (sin duda).

franciscano, -a *adj./s.m.* y *f.* Franciscan.

francmasonería *s.f.* freemasonry.

franco, -a *adj.* **1** frank, sincere. **2** open (abierto). **3** generous. **4** liberal. **5** free. ‖ *s.m.* **6** Frank (del pueblo germánico). **7** Frankish (idioma). **8** FIN. franc.

francotirador, -ora *s.m.* y *f.* MIL. sniper, sharpshooter.

franela *s.f.* flannel (tela).

franja *s.f.* **1** border, trimming (adorno). **2** fringe (de flecos). **3** strip (de tierra).

franquear *v.t.* **1** to tree, to exempt. **2** to open, to clear (abrir paso). **3** to frank, to pay postage. **4** to free. **5** to grant, to concede. ‖ *v.pron.* **6** to give way, to give in.

franqueo *s.m.* **1** postage. **2** stamping, franking.

franqueza *s.f.* frankness, sincerity.

franquicia *s.f.* exemption.

frasco *s.m.* flask, small bottle.

frase *s.f.* **1** sentence. **2** expression, phrase.

fraternidad *s.f.* fraternity, brotherhood.

fraternizar *v.i.* to fraternize.

fraude *s.m.* 1 fraud, swindle. 2 (fig.) cheating, dishonesty.

fray *s.m.* brother, friar.

frecuencia *s.f.* frequency.

frecuentar *v.t.* 1 to frequent. 2 to repeat.

fregadero *s.m.* sink (de la cocina).

fregado, -a *adj.* 1 stubborn, obstinate (terco). 2 rogue, rascal (mala persona). 3 (Am.) stupid, foolish (majadero). || *s.m.* 4 washing-up. 5 washing.

fregar *v.t.* 1 to wash-up. 2 to mop (suelo). 3 to rub (frotar). || *v.t. y pron.* 4 (Am.) to annoy (molestar).

fregoteo *s.m.* quick clean.

freiduría *s.f.* fish shop.

freír *v.t. y r.* 1 to fry. || *v.t.* 2 to annoy, to bother (molestar). 3 to harass (acosar)

frenar *v.t.* 1 to brake. 2 (fig.) to check, to control.

frenesí *s.m.* frenzy.

frenillo *s.m.* 1 frenum. 2 (Am.) skill, ability.

freno *s.m.* 1 brake (de coche). 2 bit (de caballería). 3 (fig.) curb, check.

frente *s.f.* 1 ANAT. forehead. 2 face. 3 front. 4 forward. 5 en –, in front; opposite.

fresa *s.f.* 1 strawberry. 2 TEC. milling cutter.

fresar *v.t.* to drill.

fresca *s.f.* fresh air, cool air.

fresno *s.m.* ash, ash tree.

fresquera *s.f.* food safe.

fresquería *s.f.* (Am.) refreshment stall.

frialdad *s.f.* 1 coldness, coolness. 2 (fig.) indifference, unconcern.

fricción *s.f.* 1 MEC. friction. 2 rubbing (triega). 3 massage.

frigorífico *adj.* 1 refrigerating. || *s.m.* 2 (fam.) fridge.

frijol, fríjol o **fréjol** *s.m.* kidney bean.

frío, -a *adj.* 1 cold. 2 indifferent, cool. 3 impotent. 4 unfriendly (recibimiento).

frisa *s.f.* 1 (Am.) frieze (de las telas). 2 (Am.) blanket (manta).

friso *s.m.* 1 frieze. 2 wainscot.

fritada o **fritura** *s.f.* fry, (fam.) fry-up.

frito, -a *adj.* 1 fried. || *s.m.* 2 (Am.)

daily bread, food. || 3 (Am.) to be ruined.

frivolidad *s.f.* frivolity.

fronda *s.f.* 1 frond. || *s.pl.* 2 foliage, leaves.

frontal *adj.* frontal.

frontera *s.f.* 1 border, frontier. 2 ARQ. façade.

frontis o **frontispicio** *s.m.* 1 ARQ. façade. 2 face.

frotar *v.t. y r.* 1 to rub. 2 to strike.

fructificar *v.i.* 1 to bear fruit, to give fruit (dar fruto). 2 (fig.) to be fruitful.

fruición *s.f.* delight, pleasure, joy.

fruncir *v.t.* 1 to frown. 2 to pleat, to gather (plegar). 3 to purse (los labios). || *v.r.* to feign false modesty.

frustrar *v.t.* 1 to frustrate, to thwart. 2 to disappoint (decepcionar). || *v.r.* 3 to fail, to flop.

fruta *s.f.* fruit.

frutal *s.m.* 1 fruit tree. || *adj.* 2 fruit.

frutería *s.f.* fruit shop.

fruto *s.m.* 1 fruit. 2 offspring, child (hijo). 3 result. 4 benefit, profit.

fucsia *s.f.* fuchsia.

fuego *s.m.* 1 fire. 2 light (lumbre). 3 passion. 4 MAR. beacon. 5 home (hogar). || *s.pl.* 6 fireworks (artificiales).

fuel o **fuel-oil** *s.m.* paraffin, fuel oil.

fuelle *s.m.* 1 bellows. 2 accordion pleat (pliegue). 3 bag (de gaita). 4 folding hood (de coche).

fuente *s.f.* 1 spring. 2 fountain. 3 source. 4 (fig.) source, origin.

fuera *adv.* 1 outside. 2 out. 3 abroad (en el extranjero). 4 out (sin relación). 5 DEP. to be out. || *prep.* 6 fuera de, outside. 7 out of.

fuero *s.m.* 1 power. 2 municipal charter. 3 privilege. 4 arrogance, vanity.

fuerte *adj.* 1 strong. 2 robust, tough, hard. 3 loud (música). 4 great, intense (dolor). 5 grave (criss). 6 vigorous. 7 rough, difficult (terreno). 8 strong (palabras). 9 hard, heavy (golpe). 10 intense. 11 hard (duro). || 12 MIL. fort, fortress. || *adv.* 13 hard. 14 loudly (alto).

fuerza *s.f.* 1 strength. 2 force. 3 power. 4 resistence. 5 ELEC. current, energy. || *pl.* 6 MIL. forces.

fuga *s.f.* **1** flight, escape. **2** escape, leak (de un gas). **3** MÚS. fugue.

fugacidad *s.f.* fugacity.

fugarse *v.r.* **1** to flee, to escape. **2** to run away (huir). **3** to elope (amantes).

fugitivo, -a *s.m.* y *f.* **1** fugitive. || *adj.* **2** fleeting, short-lived, brief (fugaz).

fulano, -a *s.m.* y *f.* what's his name, so-and-so.

fulgor *s.m.* brillance, radiance.

fulgurar *v.i.* to shine, to glow (billar).

fulminar *v.t.* **1** to fulminate, to thunder. **2** to strike by lightning. || **3** (fig.) to look daggers.

fumador, -ora *s.m.* y *f.* **1** smoker. || *adj.* **2** smoking. || **3 no –**, non-smoker.

fumar *v.i.* y *t.* **1** to smoke. || *v.pron.* **2** to spend (gastar). **3** to waste, to squander (derrochar).

fumigación *s.f.* fumigation.

funámbulo, -a *s.m.* y *f.* tightrope walker.

función *s.f.* **1** function. **2** duty. **3** show, performance. **4** party.

funcionamiento *s.m.* **1** functioning. **2** MEC. operation, working. **3** performance.

funcionar *v.t.* **1** to work, to go, to function. || **2 no funciona**, out of order.

funcionario, -a *s.m.* y *f.* civil servant, official.

funda *s.f.* **1** cover. **2** case.

fundación *s.f.* foundation.

fundamentar *v.t.* **1** to found. **2** to lay the foundations. || *v.r.* **3** to be based.

fundamento *s.m.* **1** foundation. **2** se-riousness. **3** motive, cause. **4** (fig.) basis, foundation. || *pl.* **5** fundamentals.

fundar *v.t.* **1** to found. **2** to build (edificar). **3** to establish, to create.

fundición *s.f.* foundry, smelting plant.

fundidor *s.m.* founder, smelter.

fundir *v.t.* **1** to cast, to found. **2** to melt. || *v.t.* y *r.* **3** to melt. **4** to merge (unir intereses). || *v.r.* **5** (Am.) to ruin oneself.

funeral *s.m.* funeral.

funicular *s.m.* y *adj.* funicular.

furcia *s.f.* (desp.) tart, pro, whore.

furgón *s.m.* wagon, truck.

furgoneta *s.f.* van.

furia *s.f.* **1** fury. **2** rage. **3** frenzy.

furriel *s.m.* quartermaster.

fusa *s.f.* MÚS. demisemiquaver.

fuselaje *s.m.* fuselage.

fusil *s.m.* rifle, gun.

fusilar *v.t.* to shoot, to execute.

fusión *s.f.* **1** fusion, melting (de metales). **2** melting (de líquidos). **3** joining. **4** merger (de empresas). **5** coming together (de intereses).

fusionar *v.t.* y *pron.* **1** COM. to merge. **2** to fuse (unir).

fusta *s.f.* **1** whip, riding whip (látigo). **2** twigs (leña delgada).

fuste *s.m.* **1** MED. shaft. **2** wood.

fustigar *v.t.* **1** to whip. **2** (fig.) to censure, to upbraid.

fútbol *s.m.* football, soccer.

futilidad *s.f.* triviality, unimportance.

futurista *s.m.* y *f.* futurist.

futuro, -a *adj.* y *s.m.* **1** future. **2** (fam.) fiancé (novio). || *s.m.pl.* **3** COM. futures.

g, G *s.f.* g, G (letra).

gabacho, -a *adj.* (desp.) French (francés).

gabán *s.m.* overcoat.

gabardina *s.f.* raincoat, gabardine.

gabinete *s.m.* **1** POL. cabinet. **2** room (sala). **3** study.

gacela *s.f.* gazelle.

gaceta *s.f.* gazette.

gafas *s.f.pl.* **1** glasses (anteojos). **2** goggles.

gafe *s.m.* jinx.

gaita *s.f.* **1** MÚS. bagpipe. **2** nuisance.

gaitero, -a *s.m. y f.* **1** MÚS. bagpiper. **2** buffoon, clown (bufo). ‖ *adj.* **3** flashy, showy.

gaje *s.m.* salary, wage (sueldo).

gajo *s.m.* **1** segment, slice. **2** branch.

gala *s.f.* **1** gala. **2** best dress.

galán *s.m.* **1** attractive man. **2** suitor.

galante *adj.* **1** gallant. **2** flirtatious.

galantear *v.t.* **1** to court, to woo (cortejar). **2** to win the head of.

galantería *s.f.* gallantry.

galápago *s.m.* **1** ZOOL. tortoise. **2** AGR. sole (del arado).

galardón *s.m.* prize, reward.

galardonar *v.t.* to reward.

galaxia *s.f.* galaxy.

galena *s.f.* lead sulphide, galena.

galera *s.f.* **1** galley. **2** women's prison. **3** (Am.) top hat, bowler hat.

galerada *s.f.* galley proof, galley.

galería *s.f.* gallery, passage, pelmet.

galés, -esa *adj.* Welsh.

galgo *s.m.* **1** ZOOL. greyhound (perro). ‖ *adj.* **2** fast, quick (rápido).

galicismo *s.m.* gallicism.

gallardía *s.f.* **1** eleganoc, grace. **2** bravery, valour.

gallardo, -a *adj.* **1** elegant, smart. **2** brave, valiant.

gallear *v.t.* **1** to tread. ‖ *v.i.* **2** to raise one's voice.

gallego, -a *adj.* Galician.

galleta *s.f.* **1** biscuit. **2** slap (bofetada). **3** nuts (carbón).

gallina *s.f.* **1** chicken, hen. **2** coward, (fam.) chicken.

gallinero, -a *s.m. y f.* **1** chicken farmer. **2** poultry dealer. ‖ *s.m.* **3** henhouse, coop.

gallito *s.m.* (fam.) top dog, cock of the walk.

gallo *s.m.* **1** ZOOL. cock, cockerel (ave). **2** John Dory, dory (pez). **3** wrong note, (fam.) squawk

galo, -a *adj.* **1** HIST. Gallic. ‖ *s.m. y f.* **2** Gaul.

galón *s.m.* **1** gallon (medida inglesa). **2** braid (cinta). **3** MIL. stripe.

galopar *v.i.* to gallop.

galope *s.m.* gallop.

galvanizar *v.t.* to galvanize.

gama *s.f.* **1** scale, range. **2** ZOOL. doe.

gamba *s.f.* prawn.

gamberro, -a *s.m.* **1** lout, hooligan, yob. ‖ *adj.* **2** loutish, yobbish.

gameto *s.m.* gamete.

gamo *s.m.* fallow deer.

gamuza *s.f.* chamois.

gana *s.f.* **1** desire, wish. **2** inclination. **3** will. **4** appetite.

ganadería *s.f.* 1 cattle breeding. 2 cattle, livestock.

ganadero, -a *s.m. y f.* 1 cattle breeder. || *adj.* 2 cattle, livestock.

ganado *s.m.* cattle, livestock.

ganador, -ora *s.m. y f.* 1 winner. || *adj.* 2 winning.

ganancia *s.f.* profit.

ganar *v.t.* 1 to earn, to make (dinero). 2 to win. 3 to beat, to defeat. 4 MIL. to take, to capture. 5 to reach, to make. 6 to win over. 7 to outstrip. 8 to get, to obtain. || *v.t. y pron.* 9 to win. || *v.i.* 10 to improve. || *v.pron.* 11 to earn.

ganchillo *s.m.* crochet.

gancho *s.m.* 1 hook. 2 hairpin.

gandul, -a *adj.* 1 lazy, idle (vago). || *s.m. y f.* 2 (fam.) lazy-bones, idler.

ganga *s.f.* 1 bargain. 2 sandgrouse (ave). 3 MIN. gangue.

gangoso, -o *adj.* nasal (voz).

gangrenoso, -a *adj.* MED. gangrenous.

ganso *s.m.* 1 ZOOL. gander (ave). 2 dope, clot, fool (tonto).

ganzúa *s.f.* picklock (garfio).

gañán *s.m.* 1 labourer. 2 (desp.) big cloud, brute.

garabatear *v.t.* to scrawl, to scribble.

garabato *s.m.* 1 hook (gancho). 2 scrawl, scribble.

garaje *s.m.* garage.

garante *adj.* 1 responsible (responsable). || *s.m. y f.* 2 guarantor.

garantía *s.f.* 1 guarantee. 2 DER. security.

garantizar *v.t.* 1 to guarantee. 2 to assure.

garapiñar *v.t.* 1 to coat (las almendras). 2 to freeze (helar). 3 to clot (nata). 4 to ice (tartas).

garbanzo *s.m.* chick-pea.

garbear *v.i.* 1 to affect elegance. 2 to get along, to manage. || *v.i.* 3 to rob.

garbeo *s.m.* walk, stroll (paseo).

garbo *s.m.* grace, elegance.

gardenia *s.f.* gardenia.

garfio *s.m.* hook (gancho).

gargajo *s.m.* spit, phlegm (flema).

garganta *s.f.* 1 throat, gullet. 2 GEOG. pass, gorge.

gargantilla *s.f.* necklace, bead.

gárgaras *s.f.pl.* gargle, gargling.

garita *s.f.* MIL. sentry box.

garito *s.m.* gambling-den.

garlar *v.i.* to chatter, (fam.) to natter.

garra *s.f.* 1 paw. 2 claw. 3 (fig.) bite, punch.

garrafa *s.f.* decanter, carafe.

garrapata *s.f.* tick.

garrido, -a *adj.* elegant, smart.

garrocha *s.f.* pike, lance.

garrote *s.m.* stick, club.

gárrulo, -a *adj.* 1 garrulous, talkative, (fam.) chatty (persona). 2 twittering, chirping (aves).

garza *s.f.* heron.

garzo, -a *adj.* 1 bluish. 2 blue-eyed.

gas *s.m.* gas.

gasa *s.f.* gauze.

gaseosa *s.f.* lemonade (bebida).

gaseoso, -a *adj.* 1 gaseous. 2 fizzy.

gasificar *v.t. y r.* to gasify.

gasoducto *s.m.* gas pipeline.

gasóleo *s.m.* diesel, diesel oil.

gasolina *s.f.* petrol, (EE.UU.) gas.

gasolinera *s.f.* petrol station, filling station, (EE.UU.) gas station.

gastado, -a *adj.* 1 spent (dinero). 2 worn out. 3 corny, old (chiste).

gastar *v.t.* 1 to spend (dinero). 2 to use, to wear (usar). 3 to consume, to use up. 4 to waste (malgastar). || *v.i.* 5 to spend (dinero). || *v.r.* 6 to wear out (estropearse).

gasto *s.m.* 1 expense, expenditure, spending. 2 MEC. wear. 3 use, consumption. || *pl.* 4 COM. expenses, cost, costs.

gastritis *s.f.* gastritis.

gastronomía *s.f.* gastronomy.

gata *s.f.* 1 cat, she-cat (hembra del gato). 2 hill cloud (nube).

gatear *v.i.* 1 to climb (trepar). 2 to go on all fours, to crawl (andar a gatas). || *v.t.* 3 to scratch (arañar).

gatera *s.f.* cathole.

gatillo *s.m.* trigger.

gato *s.m.* 1 ZOOL. cat, tomcat. 2 MEC. jack

gatuno, -a *adj.* cat-like, feline.
gaveta *s.f.* drawer (cajón).
gavilán *s.m.* sparrowhawk (ave).
gavilla *s.f.* bundle.
gaviota *s.f.* seagull, gull.
gazapo *s.m.* 1 young rabbit. 2 sly fox, wise owl (hombre astuto). 3 (fam.) blunder (error).
gaznápiro, -a *adj.* daft, silly, foolish.
gaznate *s.m.* gullet, throat.
gazuza *s.f.* hunger (hambre).
gel *s.m.* 1 gel. 2 shower soap.
gelatina *s.f.* gelatine.
gelatinoso, -a *adj.* gelatinous.
gélido, -a *adj.* frozen, icy.
gema *s.f.* gem.
gemelo, -a *adj.* 1 twin. || *s.m. y f.* 2 twin. || *pl.* 3 cufflinks (de la camisa). 4 binoculars.
gemido *s.m.* 1 moan, groan, 2 wail.
geminar *v.t.* to geminate.
Géminis *s.m.* Gemini.
gemir *v.i.* 1 to moan, to groan. 2 to wail. 3 to howl.
gendarme *s.m.* gendarme, policeman.
gendarmería *s.f.* gendarmerie, police.
genealogía *s.f.* genealogy.
generación *s.f.* generation.
generador, -ora *adj.* 1 generating. || *s.m.* 2 generator.
general *adj.* 1 general. 2 frequent. 3 common. || *s.m.* 4 general. 5 REL. general. || 6 **en** , in general. 7 **por lo –**, generally.
generalidad *s.f.* 1 generality. 2 majority. 3 community.
generalización *s.f.* generalization.
generalizar *v.t. y r.* 1 general. || *v.t.* 2 to generalize.
generar *v.t.* 1 to generate. 2 to engender.
genérico, -a *adj.* generic.
género *s.m.* 1 type, kind. 2 article. 3 genre. 4 gender. 5 cloth. 6 genus. || *pl.* 7 goods.
generoso, -a *adj.* 1 generous. 2 magnanimous, noble.

génesis *s.f.* 1 origen. || *s.m.* 2 Genesis.
genético, -a *adj.* genetic.
genial *adj.* 1 inspired, brilliant. 2 funny, witty. 3 great, marvellous, fantastic. 4 pleasant, genial.
genialidad *s.f.* 1 genius. 2 great idea. 3 extravagance. 4 originality.
genio *s.m.* 1 character, nature. 2 genius. 3 spirit. 4 bad temper.
genital *adj.* 1 genital. || *s.m.pl.* 2 genital organs.
genitivo *s.m.* genitive.
genocidio *s.m.* genocide.
gente *s.f.* 1 people. 2 nation. 3 folks, relatives, family.
gentil *adj.* 1 pagan, heathen. 2 elegant, smart. 3 charming. 4 nice, pleasant. || *s.m.* 5 pagan, heathen.
gentileza *s.f.* 1 elegance, poise. 2 assurance, self-confidence.
gentilicio, -a *adj.* 1 nacional. 2 family.
gentío *s.m.* crowd, throng, mob.
gentuza o **gentualla** *s.f.* rabble, riffraff.
genuino, -a *adj.* 1 genuine, true. 2 pure. 3 authentic.
geofísica *s.f.* geophysics.
geografía *s.f.* geography.
geología *s.f.* geology.
geometría *s.f.* geometry.
geométrico, -a *adj.* geometric.
geranio *s.m.* geranium.
gerencia *s.f.* 1 management, 2 manager's office.
gerente *s.m. y f.* manager, director.
geriatría *s.f.* geriatrics.
gerifalte *s.m.* 1 gerfalcon. 2 thief. 3 big shot, big noise.
germanio *s.m.* germanium.
germanismo *s.m.* Germanism.
germano, -a *adj./s.m. y f.* German, Germanic.
germen *s.m.* 1 germ. 2 germ, seed.
germinar *v.i.* to germinate.
gerundio *s.m.* gerund.
gesta *s.f.* heroic feat o deed, exploit.
gestación *s.f.* 1 gestation. 2 groundwork, preparation, planning.
gestar *v.t.* to gestate.

gesticulación *s.f.* gesticulation.

gesticular *v.i.* 1 to gesticulate. 2 to grimace, to pull faces.

gestión *s.f.* 1 measure, step. 2 negotiation. 3 management.

gestionar *v.t.* 1 to negotiate. 2 to take sleps to get. 3 to manage.

gesto *s.m.* 1 expression, look. 2 gesture. 3 grimace, face.

gestor *s.m.* y *f.* 1 manager, director. 2 agent. || *adj.* 3 managing.

gestoría *s.f.* agency.

giba *s.f.* 1 hump. 2 hunch.

gibar *v.i.* to make a hump.

giboso, -a *adj.* 1 hunchbacked. || *s.m.* y *f.* 2 hunchback.

gibraltareño, -a *adj.* 1 of/from Gibraltar. || *s.m.* y *f.* 2 Gibraltarian.

giganta *s.f.* 1 giantess. 2 sunflower.

gigante, -a *adj.* y *s.m.* giant.

gigantismo *s.m.* giantism.

gigantón *s.m.* giant.

gimnasia *s.f.* gymnastics.

gimnasio *s.m.* gymnasium, (fam.) gym.

gimnasta *s.m.* y *f.* gymnast.

gimotear *v.i.* to whimper, to whine.

ginebra *s.f.* gin.

gineceo *s.m.* 1 gynaeceum. 2 harem.

ginecología *s.f.* gynaecology.

ginecólogo *s.m.* y *f.* gynaecologist.

gira *s.f.* 1 trip, outing. 2 tour.

giralda *s.f.* weather vane, weathercock.

girar *v.i.* 1 to go round, to rotate. 2 to revolve, to rotate. 3 to spin. 4 to turn on, to centre on. 5 to swing. 6 to turn. || *v.i.* y *t.* 7 to send a money order.

girasol *s.m.* sunflower.

giratorio, -a *adj.* revolving.

giro *s.m.* 1 rotation. 2 turn. 3 turn, turning. 4 spin. 5 draft. 6 turn of phrase. || **7 hacer un –**, to turn; to make a turn. **8 – postal**, postal order.

girondino, -a *adj.* y *s.m.* y *f.* Girondist.

gitanismo *s.m.* gipsy way of life.

gitano *s.m.* y *f.* y *adj.* gipsy.

glacial *adj.* glacial.

glaciar *s.m.* 1 glacier. || *adj.* 2 glacial.

gladiolo o **gladíolo** *s.m.* gladiolus.

glande *s.m.* glans penis.

glándula *s.f.* gland.

glicerina *s.f.* glycerin, glycerine.

global *adj.* 1 global. 2 total, overall. 3 full, complete. 4 lump.

globo *s.m.* 1 sphere, globo. 2 globo, earth. 3 balloon. 4 lampshade.

glóbulo *s.m.* 1 globule. 2 corpuscle.

gloria *s.f.* 1 glory, fame. 2 REL. heaven.

gloriado *s.m.* (Am.) hot toddy.

gloriar *v.t.* 1 to exalt. || *v.pron.* 2 to boast, to brag. 3 to be happy o glad.

glorieta *s.f.* 1 bower, arbour. 2 small square.

glorificar *v.t.* 1 to praise, to extol. 2 to glorify. || *v.r.* 3 to boast, to brag.

glosa *s.f.* 1 annotation. 2 note.

glosar *v.t.* 1 to gloss. 2 to annotate, to comment upon.

glosario *s.m.* glossary.

glotón, -a *adj.* 1 greedy, gluttonous. || *s.m.* y *f.* 2 glutton.

glotonear *v.i.* to eat greedily.

glotonería *s.f.* greediness, gluttony.

glucosa *s.f.* glucose.

gnomo o **nomo** *s.m.* gnome.

gobernación *s.f.* governing, government.

gobernador, -a *adj.* 1 governing. || *s.m.* y *f.* 2 governor.

gobernante, -a *adj.* 1 governing, ruling. || *s.m.* y *f.* 2 governor, ruler.

gobernar *v.i.* y *r.* 1 to govern. 2 to rule. || *v.i.* y *r.* 3 to direct.

gobierno *s.m.* 1 government. 2 direction, control, running.

goce *s.m.* enjoyment.

godo, -a *adj.* 1 Gothic. 2 rich. 3 powerful. || *s.m.* y *f.* 4 Goth.

gol *s.m.* goal.

gola *s.f.* 1 throat. 2 ruff. 3 MAR. narrow channel. 4 cyma.

golear *v.t.* 1 to score a lot of goals. || *v.i.* 2 to score.

golf *s.m.* golf.

golfear *v.i.* 1 to behave like a rogue. 2 to loaf around, to idle around.

golfo, -a *s.m.* y *f.* 1 rascal. || *s.f.* 2 prostitute, whore.

golfo *s.m.* 1 gulf. 2 bay.

golondrina *s.f.* 1 swallow. 2 swallow fish (pez).

golondrino *s.m.* 1 baby swallow. 2 swallow fish.

golosina *s.f.* 1 sweet. 2 titbit.

goloso, -a *adj.* 1 sweet-toothed. 2 tempting, inviting.

golpazo *s.m.* 1 heavy knock. 2 hard bump.

golpe *s.m.* 1 bump, collision. 2 knock, blow. 3 punch, hit. 4 beat. 5 abundance. 6 surprise. 7 hole. 8 coup. 9 gust. 10 shot. 11 punch, hit. 12 stroke, shot.

golpear *v.t.* 1 to knock, to strike, to hit. 2 to punch, to thump. 3 to beat, to pound. 4 to bang. ‖ *v.i.* 5 to knock.

golpeo *s.m.* 1 knocking, striking, hitting. 2 banging. 3 punching, thumping. 4 beating.

golpetear *v.t.* e *i.* 1 to beat. 2 to tap, to drum (con golpecitos). 3 to rattle. 4 to pitter-patter.

golpista *s.m.* y *adj.* insurrectionary.

goma *s.f.* 1 rubber. 2 glue, gum (para pegar). 3 rubber band, elastic band.

gomina *s.f.* hair cream.

góndola *s.f.* gondola.

gondolero *s.m.* gondolier.

gong o **gongo** *s.m.* gong.

gonorrea *s.f.* gonorrhoea.

gorda *s.f.* fat woman.

gordiflón, -ona o **gordinflón, -ona** *adj.* flabby, plump, chubby.

gordo *adj.* 1 fat. 2 big. 3 thick. 4 fatty. 5 important. 6 enormous, huge. 7 hard (agua). 8 big, first. ‖ *s.m.* 9 fat. 10 first prize. 11 fat man.

gorgorito *s.m.* warble, trill.

gorgoteo *s.m.* gurgle.

gorila *s.m.* gorilla.

gorjear *v.i.* 1 to warble, to trill. 2 to twitter, to chirp.

gorra *s.f.* 1 cap. 2 peaked cap. 3 bonnet.

gorrino, -a *s.m.* y *f.* sucking pig.

gorrión *s.m.* sparrow.

gorro *s.m.* 1 cap. 2 bonnet.

gorrón, -a *adj.* 1 scrounging, sponging. ‖ *s.m.* y *f.* 2 scrounger, sponger.

gorronear *v.i.* to scrounge, to sponge.

gota *s.f.* 1 drop. 2 gout. 3 drop, spot.

gotear *v.i.* 1 to drip. 2 to spit. 3 to leak.

gotera *s.f.* 1 leak, drip. 2 crack. 3 stain. 4 complaint, ailment.

gótico, -a *adj.* y *s.m.* y *f.* Gothic.

goyesco, -a *adj.* Goyesque.

gozar *v.t.* 1 to enjoy. ‖ *v.t.* y *v.pron.* 2 to have a good time. ‖ *v.i.* 3 to enjoy.

gozo *s.m.* 1 pleasure, delight. 2 enjoyment. 3 joy.

grabación *s.f.* recording.

grabado *adj.* 1 recorded. ‖ *s.m.* 2 engraving. 3 picture. 4 recording.

grabador, -ora *s.m.* y *f.* engraver.

gracia *s.f.* 1 charm, appeal. 2 humour, wit. 3 DER. pardon, reprieve. 4 grace. 5 grace, elegance. 6 benevolence. 7 joke. 8 name. ‖ *pl.* 9 thanks. ‖ 10 **caer en –,** to please; to hit it off. 11 **dar gracias,** to thank/to give thanks. 12 **derecho de –,** right of pardon. 13 **en – a,** because of /due to. 14 **gracias a,** thanks to. 15 **hacer –,** to find funny.

grácil *adj.* 1 slender, slim. 2 small. 3 delicate.

gracioso, -a *adj.* 1 funny, amusing. 2 charming. ‖ *s.m.* 3 fool.

grada *s.f.* 1 step. 2 row. 3 MAR. slipway. 4 AGR. harrow. ‖ *pl.* 5 flight of steps, steps.

gradación *s.f.* gradation.

graderío *s.m.* o **gradería** *s.f.* 1 flight of steps. 2 stands.

grado *s.m.* 1 step. 2 degree. 3 MIL. rank. 4 GRAM. degree. 5 year, form. 6 willingness.

graduado, -a *adj.* y *s.m.* y *f.* graduated, graduate.

gradual *adj.* gradual.

graduar *v.t.* y *v.pron.* 1 to graduate. 2 to regulate, to adjust. 3 to measure. 4 to test. 5 to calibrate. 6 MIL. to commision. 7 to confer a degree on.

gráfico, -a *adj.* 1 graphic. ‖ 2 **artes gráficas,** graphic arts. ‖ *s.m.* y *f.* 3 MAT. graph. 4 MED. chart. ‖ *s.f.* 5 edge.

grafito *s.m.* graphite.

grafología *s.f.* graphology.

grafólogo *s.m.* graphologist, handwriting expert.

gragea *s.f.* sugar-coated pill.

grajo *s.m.* rook, crow (ave).

gramática *s.f.* grammar.

gramatical *adj.* grammatical.

gramático, -a *adj.* 1 grammatical. ‖ *s.m.* y *f.* 2 grammarian.

gramo *s.m.* gramme, gram.

gramófono *s.m.* gramophone.

grana *s.f.* 1 seeding. 2 scarlet. 3 ZOOL. cochineal. 4 seed.

granada *s.f.* 1 pomegranate. 2 MIL. grenade.

granadero *s.m.* grenadier.

granadino, -a *adj.* 1 of/from Granada. ‖ *s.m.* y *f.* 2 native of Granada.

granar *v.i.* to seed.

granate *s.m.* y *adj.* garnet.

grande *adj.* 1 big, large. 2 big, great. 3 great. 4 great, high. 5 large, great.

grandeza *s.f.* 1 size. 2 largeness. 3 importance. 4 grandeur.

grandioso, -a *adj.* magnificent, impressive.

grandullón *adj.* over big, oversized.

granel *loc. adv.* **a –**, in abundance; loose.

granero *s.m.* barn, granary.

granítico, -a *adj.* granitic, granite.

granito *s.m.* granite.

granizada *s.f.* 1 hailstorm. 2 iced drink.

granizar *v.i.* to hail.

granizo *s.m.* hail.

granja *s.f.* 1 farm. 2 farmhouse.

granjear *v.t.* 1 to get, to obtain, to acquire. ‖ *v.t.* y *r.* 2 to win over.

granjero, -a *s.m.* y *f.* farmer.

grano *s.m.* 1 grain. 2 seed. 3 bean. 4 particle, grain. 5 spot. ‖ *pl.* 6 corn. ‖ *f.* **ir al –**, to get to the point.

granuja *s.f.* 1 loose grapes. 2 pips, seeds. ‖ *m.* y *f.* 3 urchin.

granular *adj.* 1 granular. ‖ *v.t.* 2 to granulate.

grapa *s.f.* staple.

grapar *v.t.* to staple.

grasa *s.f.* 1 lat. 2 grease. 3 dirt, filth.

grasiento, -a *adj.* greasy, oily.

graso, -a *adj.* fatty.

gratificación *s.f.* 1 bonus. 2 reward. 3 tip. 4 satisfaction. 5 incentive.

gratificar *v.t.* 1 to gratify. 2 to tip.

gratis *adj.* free, gratis.

gratitud *s.f.* gratitude.

grato *adj.* 1 pleasant. 2 welcome, gratifying.

gratuito, -a *adj.* free.

grava *s.f.* gravel.

gravamen *s.m.* 1 tax. 2 duty, obligation.

gravar *v.t.* 1 to burden, to encumber. 2 to tax.

grave *adj.* 1 heavy. 2 very important. 3 serious. 4 grave, very ill. 5 awkward, very difficult. 6 FON. grave. 7 tiresome, trying. 8 deep. ‖ *adj.* y *s.m.* 9 bass.

gravedad *s.f.* 1 gravity. 2 importance.

gravidez *s.f.* pregnancy.

grávido, -a *adj.* heavy, weighty.

gravitación *s.f.* gravitation.

gravitar *v.i.* 1 to gravitate. 2 to rest on.

gravoso, -a *adj.* 1 expensive, costly. 2 onerous.

graznar *v.i.* 1 to squawk. 2 to croak. 3 to quack. 4 to cackle.

graznido *s.m.* 1 squawk. 2 croak. 3 quack. 4 cackle.

greda *s.f.* clay.

gregario, -a *adj.* gregarious.

gregoriano *adj.* Gregorian.

greguería *s.f.* din, racket.

gremial *adj.* 1 guild. 2 union. ‖ *s.m.* y *f.* 3 guildsman. 4 union member. ‖ *s.m.* 5 gremial.

gremio *s.m.* 1 guild. 2 trades union.

greña *s.f.* 1 mop of hair. 2 tangle.

greñudo, -a *adj.* matted.

gres *s.m.* sandstone.

gresca *s.f.* row, din, racket, uproar.

grey *s.f.* 1 herd. 2 flock.

grial *s.m.* grail.

griego, -a *adj.* y *s.m.* y *f.* Greek, Grecian.

grieta *s.f.* 1 crack. 2 fissure, crevice. 3 chap, crack.

grifería *s.f.* plumbing.

grifo *s.m.* 1 tap. 2 griffin. ‖ 3 *s.m.* y *adj.* (Am.) drunk.

grillera *s.f.* cricket hole.

grillete *s.m.* fetter, shackle.

grillo *s.m.* 1 cricket. 2 fetter. || *pl.* 3 fetter, shackle.

grima *s.f.* horror.

gringo, -a *adj.* 1 foreign. 2 unintelligible, gibberish. || *s.m.* y *f.* 3 foreigner. 4 (Am.) Yankee.

gripe *s.f.* flu.

gris *adj.* y *s.m.* 1 grey. 2 dull, overcast. 3 sad. 4 cold wind.

grisáceo, -a *adj.* greyish.

gritar *v.i.* 1 to shout, to yell. 2 to scream, to cry. 3 to boo, to hoot.

griterío *s.m.* 1 shouting, screaming. 2 booing, hooting.

grito *s.m.* 1 shout, yell. 2 scream, cry. 3 boo, hoot. 4 call, cry. 5 howl, shriek.

gritón, -a *adj.* loud-mouthed.

grosella *s.f.* currant.

grosería *s.f.* 1 stupidity. 2 discourtesy. 3 vulgarity. 4 rude.

grosero, -a *adj.* crude, vulgar, rude.

grotesco, -a *adj.* ridiculous, absurd.

grúa *s.f.* 1 crane. 2 tow-truck.

grueso, -a *adj.* 1 thick. 2 fat, stout. 3 MAR. rough, heavy. || *s.m.* 4 thickness. 5 main part. || *s.f.* 6 gross. || 7 **en –**, in bulk.

grulla *s.f.* crane.

grumete *s.m.* cabin boy.

grumo *s.m.* 1 lump, clot. 2 bunch, cluster. || 3 **– de leche**, curd.

gruñido *s.m.* grunt.

gruñir *v.i.* 1 to grunt. 2 to growl.

gruñón, -a *adj.* 1 grumpy. || *s.m.* y *f.* 2 grumbler.

grupa *s.f.* haunch, hindquarters.

grupo *s.m.* 1 group. 2 clump. 3 set, unit.

gruta *s.f.* cave, cavern.

guacamayo *s.m.* macaw.

guacho, guaucho o **guascho, -a** *adj.* 1 orphaned. 2 *s.m.* y *f.* abandoned.

guadaña *s.f.* scythe.

guafle *s.m.* (Am.) speaker, loudspeaker.

guagua *s.f.* 1 bus. 2 baby. 3 trifle.

guanche *adj./s.m.* y *f.* Guanche.

guano *s.m.* guano.

guantazo o **guantada** *s.m.* slap.

guante *s.m.* glove.

guantero, -a *s.m.* y *f.* 1 glover. || *s.f.* 2 glove compartment.

guantón *s.m.* slap.

guapetón, -a *adj.* handsome, dishy.

guapo, -a *adj.* 1 handsome, good-looking. 2 pretty, good-looking. 3 flashy, ostentatious. || *s.m.* 4 boaster.

guaraní *adj./s.m.* y *f.* Guarani.

guarapo *s.m.* sugar-cane juice.

guarda *s.m.* y *f.* 1 guard. 2 keeper. 3 conductor. || 4 observance. 5 rib. 6 flyleaf.

guardabarrera *s.m.* y *f.* level crossing keeper.

guardabarros *s.m.* mudguard.

guardabosque *s.m.* y *f.* forester.

guardaespaldas *s.m.* bodyguard.

guardafrenos *s.m.* brakeman.

guardagujas *s.m.* switchman.

guardamonte *s.m.* trigger guard.

guardapolvo *s.m.* dustcoat.

guardar *v.t.* 1 to keep. 2 to observe. 3 to look out, to take care. 4 to keep. 5 to guard. || *v.pron.* 6 to avoid. 7 to look after oneself.

guardarropa *s.m.* 1 cloakroom. || *s.m.* y *f.* 2 cloakroom attendant.

guardarropía *s.f.* 1 props. 2 wardrobe.

guardería *s.f.* 1 guard. 2 day nursery.

guardia *s.m.* y *f.* 1 MIL. guard. 2 MAR. watch. 3 policeman. || 4 **estar de –**, a) to be on guard; b) to be on duty.

guardián, -ana *s.m.* y *f.* guardian, keeper.

guardilla *s.f.* attic, garret.

guarecer *v.t.* 1 to protect. 2 to give shelter to. || *v.r.* 3 to take refuge.

guarida *s.f.* lair, den.

guarismo *s.m.* number, figure.

guarnecer *v.t.* 1 to equip, to provide. 2 to adorn. 3 to plaster. 4 to garrison. 5 to trim.

guarnición *s.f.* 1 decoration, adornment. 2 setting. 3 guard. 4 provision.

guarrada *s.f.* 1 filth, dirt. 2 dirty trick. 3 mess.

guarro, -a s.m. y f. 1 pig. ‖ adj. 2 dirty, filthy.

guasearse v.r. 1 to joke, to tease. 2 to make fun of, to laugh at.

guasón, -ona adj. 1 funny. ‖ s.m. y f. 2 joker, wag.

guata s.f. raw cotton.

guateque s.m. party.

guayaba s.f. guava.

guayabal s.m. guava grove.

guayabo, -a s.m. 1 guava tree. ‖ s.f. 2 young girl.

guayar v.t. to scrape.

gubernamental adj. governmental.

guedeja s.f. 1 long hair. 2 curl. 3 mane.

gueisa o **geisha** s.f. geisha.

guepardo s.m. leopard.

guerra s.f. 1 war. 2 warfare. 3 discord. 4 opposition. 5 hostility.

guerrear v.i. to wage war, to fight.

guerrero, -a adj. 1 warring. 2 warlike, martial. 3 naughty, troublesome. ‖ s.m. 4 soldier, warrior. ‖ s.f. 5 tunic.

guerrilla s.f. guerrilla warfare.

guerrillero, -a s.m. y f. guerrilla, guerrilla figther.

guía s.m. y f. 1 guide. 2 handlebars. ‖ s.m. y f. 3 guidance, guiding. 4 railway timetable.

guiador, -a adj. 1 guiding. ‖ s.m. y f. 2 guide.

guiar v.t. 1 to guide. 2 to lead, to direct. 3 to drive. ‖ v.pron. 4 to be guided.

guija s.f. pebble.

guijarral s.m. stony place.

gillotina s.f. 1 guillotine. 2 paper cutter, guillotine (para cortar papel).

guillotinar v.t. to guillotine.

guinda s.f. morello cherry.

guindilla s.f. 1 red pepper. 2 bobby, cop.

guiñar v.t. to wink.

guiño s.m. wink.

guiñol s.m. puppet show.

guión s.m. 1 standard. 2 leader. 3 script. 4 dash, hyphen.

guionista s.m. y f. scriptwriter.

guirigay s.m. 1 nonsense. 2 hubbub.

guirlache s.m. almond nougat.

guirnalda s.f. 1 garland. 2 wreath.

guisa s.f. way, manner, method.

guisante s.m. pea.

guisar v.t. 1 to cook. 2 to stew.

guiso s.m. 1 cooked dish. 2 stew.

güisqui s.m. whisky.

guitarra s.f. guitar.

guitarrero, -a s.m. y f. 1 guitar maker. 2 guitar seller.

guitarrista s.m. y f. guitarist.

gula s.f. gluttony, greed.

guripa s.m. private.

gusanera s.f. breeding ground for worms.

gusano s.m. 1 worm. 2 maggot. 3 caterpillar. ‖ 4 **- de seda**, silkworm.

gusarapo, -a s.m. y f. bug.

gustar v.t. 1 to taste. 2 to try, to sample. ‖ v.i. 3 to like. 4 to please, to be pleasing.

gustativo, -a adj. tasty, gustative.

gusto s.m. 1 flavour. 2 pleasure. 3 whim, caprice. ‖ 4 **a -**, comfortable. 5 ¡**mucho -**!, pleased to meet you!

gustoso, -a adj. 1 tasty. 2 pleasant.

gutural adj. guttural, throaty.

h, H *s.f.* h, H (letra).

haba *s.f.* **1** broad bean. **2** swelling. **3** tumor on horses' palate. ‖ **4 en todas partes cuecen habas,** it's no different anywhere else, it's the same all over the world.

habanero, -a *adj.* **1** of Havana. ‖ *s.m.* y *f.* **2** inhabitant of Havana, native of Havana. ‖ *s.f.* **3** folk music, folk song from Havana.

habano *s.m.* **1** Havana cigar. ‖ *adj.* **2** brown.

haber *v.imp.* **1** (there) to be. **2** to happen. ‖ *v.t.* **3** to have. ‖ *s.m.* **4** credit. ‖ *s.pl.* **5** salary, wages. ‖ **6 – de/que,** to be necessary; to have to. **7 habérselas con alguien,** to have it out with somebody.

habichuela *s.f.* kidney bean.

hábil *adj.* skillful, adroit.

habilidad *s.f.* skill, adroitness, capability.

habilitación *s.f.* entitlement.

habilitado, -a *p.p.* **1** de **habilitar.** ‖ *s.m.* **2** paymaster (pagador).

habilitar *v.t.* **1** to entitle, to legally empower. **2** to finance.

habitable *adj.* inhabitable, habitable.

habitación *s.f.* room, bedroom.

habitáculo *s.m.* room; small room.

habitado, -a *adj.* inhabited, lived-in.

habitante *s.m.* y *f.* inhabitant, occupant.

habitar *v.t.* e *i.* to inhabit, to dwell, to live.

hábito *s.m.* **1** habit (personal). **2** custom (social). **3** addiction. **4** REL. habit.

habitual *adj.* **1** customary, habitual. **2** regular (cliento).

habituar *v.t.* **1** to accustom, to habituate; to familiarize. ‖ *v.pron.* **2** to get accustomed, to get used.

habla *s.m.* **1** speech, faculty of speech. **2** language.

habladera *s.f.* (Am.) piece of gossip.

hablador, -a *adj.* **1** talkative. **2** (Am.) indiscreet (indiscreto). ‖ *s.m.* y *f.* **3** chatterbox.

habladuría *s.f.* gossip.

hablar *v.i.* **1** to speak, to talk. **2** to communicate. **3** to have one's say. ‖ *v.t.* **4** to speak, to talk.

hacedor *s.m.* **1** maker. ‖ **2 el Hacedor,** REL. the Creator, the Maker.

hacendado, -a *adj.* **1** landed. ‖ *s.m.* y *f.* **2** landowner.

hacendoso, -a *adj.* bustling, hardworking, diligent.

hacer *v.t.* **1** to do. **2** to make. **3** to compel (obligar). **4** to pack (la maleta). **5** to make up (en matemáticas). **6** to make (someone) look. **7** to work, to perform. ‖ *v.i.* **8** to act, to behave. ‖ *v.pron.* **9** to pretend, to pretend to be. **10** to become, to turn into. ‖ *v.imp.* **11** to be (con expresiones sobre el tiempo atmosférico). ‖ *v.t.* e *i.* **12** to evacuate (alguna función corporal). ‖ **13 – de,** to act as. **14 – por,** to do one's best to.

hacha *s.f.* axe, hatchet, chopper.

hachazo *s.m.* **1** axe llow. **2** (Am.) gash, open wound.

hacia *prep.* 1 towards, in the direction of (lugar). 2 about, roundabout, approximately (tiempo). 3 as regards, in relation to (asunto).

hacienda *s.f.* 1 country estate; farm. 2 (Am.) ranch. 3 fortune, wealth, riches.

hacinamiento *s.m.* stacking, overcowding.

hacinar *v.t.* y *pron.* to pile, to pile up, to stack.

hada *s.f.* fairy, sprite, pixy.

hado *s.m.* fate, destinity.

halagador, -a *adj.* flattering.

halagar *v.t.* to flatter, to praise; (EE.UU) to sweet-talk. 2 to gratify, to give pleasure.

halago *s.m.* 1 flattery, praise. 2 gratification. 3 cajolery.

halagüeño, -a *adj.* 1 endearing, flattering. 2 hopeful, promising.

halcón *s.m.* falcon, hawk.

hálito *s.m.* 1 breath. 2 vapour.

halitosis *s.f.* halitosis, bad breath.

hallar *v.t.* y *pron.* 1 to come across, to encounter, to find, to locate, || *v.t.* 2 to invent, to discover. 3 to solve, to resolve. 4 to ascertain, to hit upon, to light upon.

hallazgo *s.m.* 1 act of finding, discovery. 2 find.

halo *s.m.* halo, nimbus.

halógeno, -a *adj.* halogen.

halterofilia *s.f.* weight-lifting.

hamaca *s.f.* 1 hammock. 2 (Am.) rocking chair (mecedora).

hambre *s.m.* 1 hunger (de comida). 2 (fig.) hunger, desire, longing (deseo). 3 famine.

hambriento, -a *adj.* 1 hungry, starving. 2 (fig.) longing.

hambruna *s.f.* famine.

hampa *s.f.* underworld.

hangar *s.m.* hangar.

haragán, -a *adj.* idle, lazy, sluggish. || *s.m.* y *f.* loafer, idler, lounger.

haraganear *v.i.* to idle, to loaf about.

harapiento, -a *adj.* ragged, tattered.

harapo *s.m.* rag, tatter.

harén *s.m.* harem.

harina *s.f.* flour.

harinoso, -a *adj.* floury.

harpillera o **arpillera** *s.f.* sackcloth.

hartar *v.t.* y *pron.* 1 to fill, to stuff; to gorge. 2 (fig.) to weary, to tire, to bore.

harto, -a *adj.* 1 full, satiated. 2 (fig.) fed up, sick. || *adv.* 3 very, quite.

hasta *prep.* 1 as far as, up to. 2 until, till. || *conj.* 2 even (incluso).

hastiar *v.t.* to bore, to sicken, to cloy.

hastío *s.m.* boredom, weariness.

hatajo *s.m.* small herd.

hatillo *s.m.* small bundle.

hato *s.m.* 1 herd, flock. 2 (Am.) cattle ranch.

haya *s.f.* beech tree.

haz *s.m.* 1 bundle, bunch. 2 beam (de luz). 3 AGR. shea.

hazaña *s.f.* deed, exploit, feat.

hazmerreír *s.m.* laughingstock.

hebilla *s.f.* buckle, clasp.

hebra *s.f.* thread.

hebreo, -a *adj.* 1 Jewish. || *s.m.* 2 Hebrew (idioma).

hechicería *s.f.* 1 witchcraft, sorcery. 2 spell, charm.

hechicero, -a *adj.* 1 enchanting, bewitching. || *s.m.* 2 wizard, sorcerer.

hechizar *v.t.* 1 to bewitch, to cast a spell on. 2 (fig.) to charm, to enchant.

hecho, -a *p.p.* 1 de **hacer**. || *adj.* 2 ripe, mature. 3 done, made. 4 to be like, to be. || *s.m.* 5 fact. 6 deed, feat (proeza).

hechura *s.f.* 1 making, creation. 2 creature. 3 shape. 4 cut, style.

hectárea *s.f.* hectare.

heder *v.i.* to stink, to reek.

hedonismo *s.m.* hedonism.

hegemonía *s.f.* hegemony.

heladería *s.f.* ice-cream stall; (EE.UU.) ice-cream parlour.

helado,-a *p.p.* 1 de **helar**. || *adj.* 2 very cold. 3 frozen || *s.m.* 4 ice-cream.

helar *v.t.* y *pron.* 1 to freeze. || *v.pron.* 2 to harden, to congeal. 3 BOT. to become frostbitten. || *v.t.* 4 to chill, to ice.

helecho *s.m.* fern.

hélice *s.f.* 1 airscrew, propeller, 2 spiral, helix.

helicóptero *s.m.* helicopter; (EE.UU) chopper.
helio *s.m.* helium.
hematología *s.f.* hematology.
hematoma *s.m.* bruise, weal.
hembra *s.f.* 1 woman, female. 2 MEC. female; nut (tornillo); socket (enchufe).
hemiciclo *s.m.* semicircle, hemicycle.
hemisferio *s.m.* hemisphere.
hemofilia *s.f.* hemophilia.
hemorragia *s.f.* hemorrhage; bleeding.
hemorroide *s.m.* hemorrhoid; pile.
henchir *v.t.* 1 to fill, to cram, to stuff. ‖ *v.pron.* 2 to stuff oneself.
hendedura o **hendidura** *s.f.* crack, cleft.
hender (Am. **hendir**) *v.t. y pron.* to cleave, to slit, to split.
heno *s.m.* hay.
hepático, -a *adj.* hepatic.
hepatitis *s.f.* hepatitis.
heptágono *s.m.* heptagon.
heráldico, -a *adj.* 1 heraldic. ‖ *s.f.* 2 heraldry.
heraldo *s.m.* herald.
herbáceo, -a *adj.* herbaceous, grassy.
herbario, -a *adj.* 1 herbal. ‖ *s.m.* 2 herbalist, botanist.
herbívoro, -a *adj.* 1 herbivorous. ‖ *s.m.* 2 herbivore.
heredar *v.t.* 1 to inherit, 2 to deed, to institute as heir.
heredero, -a *adj.* 1 inheriting. ‖ *s.m.* 2 heir. ‖ *s.f.* 3 heiress.
herejía *s.f.* heresy.
herencia *s.f.* 1 inheritance. 2 BIOL. heredity. 3 heritage, tradition.
herido, -a *p.p.* 1 de **herir**. ‖ *adj.* 2 wounded, injured. 3 (fig.) hurt, offended.
herir *v.t.* 1 to wound, to injure. 2 to hurt, to offend. 3 to fall on.
hermafrodita *adj.* 1 hermaphroditic. ‖ *s.m. y f.* 2 hermaphrodite.
hermanamiento *s.m.* matching.
hermanar *v.t. y pron.* 1 to match, to put together. 2 to pair, to join in pairs.
hermanastro, -a *s.m.* 1 stepbrother. ‖ *s.f.* 2 stepsister.

hermandad *s.f.* brotherhood, fraternity.
hermano, -a *s.m.* 1 brother. ‖ *s.f.* 2 sister. ‖ *adj.* 3 mate, twin. ‖ 4 – **bastardo**, bastard brother.
hermético, -a *adj.* airtight, watertight.
hermetismo *s.m.* tight secrecy.
hermosear *v.t.* to adorn, to beautify.
hermoso, -a *adj.* 1 beautiful; handsome; lovely. 2 fine, splendid.
hermosura *s.f.* beauty.
herniarse *v.pron.* 1 to rupture. 2 to work hard.
héroe *s.m.* 1 hero. 2 main character.
heroicidad *s.f.* 1 heroism. 2 feat.
heroico, -a *adj.* heroic.
heroína *s.f.* 1 heroine. 2 heroin.
heroísmo *s.m.* heroism.
herpe o **herpes** *s.m.* herpes.
herradura *s.f.* horseshoe.
herraje *s.m.* iron fittings, ironwork.
herramienta *s.f.* 1 tool. 2 set of tools.
herrar *v.t.* 1 to shoe. 2 to brand.
herrería *s.f.* forge, smithy.
herrero *s.m.* blacksmith.
herrín *s.m.* rust, iron rust.
hervidero *s.m.* boiling, bubbling.
hervir *v.i.* 1 to boil. 2 to surge.
hervor *s.m.* 1 boiling, ebullition. 2 fervour, ardour.
heter- o **hetero-** *prefijo* hetero-.
heterodoxo, -a *adj.* 1 heterodox, unorthodox. ‖ *s.m. y f.* 2 heterodox person.
heterogeneidad *s.f.* diversity, variety.
heterogéneo, -a *adj.* different.
heterosexual *adj.* o *s.m. y f.* heterosexual.
hex- o **hexa-** *prefijo* hexa-.
hexaedro *s.m.* hexahedron.
hexagonal *adj.* hexagonal.
hexágono *s.m.* hexagon.
hez *s.f.* 1 sediment. ‖ *s.pl.* 2 excrement.
hibernar *v.i.* to hibernate.
hidalgo, -a *adj.* 1 noble. ‖ *s.m.* 2 nobleman.
hidr- o **hidro-** *prefijo* hidro-.
hidra *s.f.* 1 poisonous serpent. 2 freshwater polyp.
hidratación *s.f.* hydration.

hidratante *adj.* moisturizing.
hidratar *v.t.* y *pron.* to hydrate.
hidrato *s.m.* hydrate.
hidráulico, -a *adj.* 1 hydraulic. || *s.f.* 2 hydraulics.
hidrocarburo *s.m.* hydrocarbon.
hidrófobo, -a *adj.* 1 hydrophobic. || *s.m.* y *f.* 2 hydrophobe.
hidrógeno *s.m.* hydrogen.
hidrografía *s.f.* hydrography.
hidrometría *s.f.* hydrometry.
hidrosfera *s.f.* hydrosphere.
hiedra o **yedra** *s.f.* ivy.
hiel *s.f.* 1 bile, gall. || *s.pl.* 2 difficulties; sorrows, troubles.
hielo *s.m.* 1 ice. 2 indifference. 3 freezing. 4 stupefaction, astonishment.
hiena *s.f.* hyena.
hierático, -a *adj.* hieratic, sacred, sacerdotal.
hierba o **yerba** *s.f.* 1 grass. 2 herb. 3 marihuana, grass.
hierbabuena *s.f.* mint.
hierro *s.m.* 1 iron. 2 brand. 3 iron tip, point.
higadillo o **higadilla** *s.m.* o *f.* liver.
hígado *s.m.* 1 liver. || *s.pl.* 2 guts.
higiene *s.f.* hygiene.
higienizar *v.t.* to make hygienic.
higo *s.m.* 1 fig. || 2 **– chumbo**, prickly pear.
higuera *s.f.* fig tree.
hijastro, -a *s.m.* o *f.* stepson.
hijo, -a *s.m.* y *f.* 1 child, offspring. || *s.m.* 2 son. 3 brain child. 4 young. 5 native. || *s.f.* 6 daughter. 7 child, daughter. || *s.m.pl.* 8 children.
hila *s.f.* 1 row, line. 2 thin gut. 3 spinning.
hilacha o **hilacho** *s.f.* o *m.* filament.
hilar *v.t.* 1 to spin. 2 to ponder.
hilarante *adj.* hilarious, uproarious.
hilaridad *s.f.* hilarity, mirth.
hilera *s.f.* 1 row, line, string. 2 fine thread. 3 drawplate, wiredrawer.
hilo *s.m.* 1 thread yarn, filament. 2 fine wire. 3 linen. 4 hilum. 5 trickle. 6 edge.
hilvanar *v.t.* to stitch; to baste.
himen *s.m.* hymen, maidenhead.

himno *s.m.* 1 hymn. 2 anthem.
hincapié *s.m.* insistence.
hincar *v.t.* 1 to drive in, to sink, to sink in. 2 to brace, to plant. || *v.pron.* 3 to kneel, to kneel down.
hincha *s.m.* y *f.* fan, supporter.
hinchado, -a *p.p.* de **hinchar**. || *adj.* 2 inflated, blown up. 3 swollen. 4 vain. 5 high-flown, stilted. || *s.f.* group of supporters, group of fans.
hinchar *v.t.* y *pron.* 1 to swell; to pump up. || *v.t.* 2 to inflate, to exaggerate. || *v.pron.* 3 to swell.
hinchazón *s.f.* swelling, lump.
hindú *adj.* o *s.m.* y *f.* Hindu.
hinojo *s.m.* 1 fennel. || *s.pl.* 2 knees.
hipar *v.i.* 1 to hiccup, to hiccough. 2 to pant. 3 to wear oneself out.
hípico, -a *adj.* horse.
hipnosis *s.f.* hypnosis.
hipnótico, -a *adj.* hypnotic.
hipnotismo *s.m.* hypnotism.
hipnotizador, -a *adj.* 1 hypnotizing. || *s.m.* y *f.* 2 hypnotist, hypnotizer.
hipnotizar *v.t.* to hypnotize.
hipo *s.m.* 1 hiccup, hiccough. 2 yearning, longing. || 3 **hipo–**, hypo-.
hipocondríaco, -a *adj.* o *s.m.* y *f.* hypochondriac.
hipocresía *s.f.* hypocrisy.
hipócrita *adj.* 1 hypocritical. || *s.m.* y *f.* 2 hypocrite.
hipódromo *s.m.* racetrack.
hipopótamo *s.m.* hippopotamus.
hipotálamo *s.m.* hypothalamus.
hipoteca *s.f.* y *adj.* mortgage.
hipotecar *v.t.* 1 to mortgage. 2 to compromise, to place in a dangerous situation.
hipótesis *s.f.* hypothesis.
hipotético, -a *adj.* hypothetical.
hiriente *adj.* cutting, critical.
hirviente *adj.* boiling, seething.
hispánico, -a *adj.* Hispanic; Spanish.
hispanidad *s.f.* Spanish world.
hispanista *s.m.* y *f.* Spanish expert.
hispano, -a *adj./s.m.* y *f.* Hispanic.
hispanófilo, -a *adj.* 1 Hispanophilic. || *s.m.* y *f.* 2 admirer of all things Spanish.

histeria o **histerismo** *s.f.* o *m.* histeria.

histérico, -a *adj./s.m.* y *f.* hysterical.

histología *s.f.* histology.

historia *s.f.* 1 history. 2 story. || *s.pl.* 3 gossip, tale.

historiador, -a *s.m.* y *f.* historian.

historial *s.m.* file, record.

historiar *v.t.* to chronicle.

histórico, -a *adj.* historic, historical.

historieta *s.f.* short story, anecdote.

hito *s.m.* 1 boundary marker. 2 bull's eye, target.

hobby *s.m.* hobby, pastime.

hocico *s.m.* 1 muzzle, snout. 2 pout. 3 kisser, puss.

hockey *s.m.* hockey.

hogar *s.m.* 1 home. 2 heart, fireplace. 3 home life. 4 bonfire.

hogareño, -a *adj.* home-loving.

hogaza *s.f.* 1 large round loaf, large loaf of bread. 2 coarse bread.

hoguera *s.f.* bonfire.

hoja *s.f.* 1 leaf. 2 sheet, leaf. 3 blade. 4 petal. 5 sheet, foil. 6 leat. || **7 batir –**, to work metal. **8 – de afeitar**, razor blade. **9 – de parra**, fig leaf. **10 – de ruta**, waybill. **11 – de servicios**, record.

hojalata *s.f.* tin-plate.

hojalatero *s.m.* tinsmith.

hojaldrar *v.t.* to make puff pastry, to cover with puff pastry.

hojaldre *s.m.* puff pastry.

hojarasca *s.f.* 1 dead leaves, fallen leaves. 2 rubbish; nonsense. 3 excessive foliage.

hojear *v.t.* 1 to look through, to leaf through, to skim through. || *v.i.* 2 to flake off, to scale off.

hojoso, -a *adj.* leafy.

¡hola! *interj.* hello!, hi!

holanda *s.f.* 1 Dutch linen, holland. || 2 **Holanda,** Holland.

holandés, -a *adj.* y *s.m.* 1 Dutch. || *s.f.* 2 sheet, leaf.

holgado, -a *adj.* 1 comfortable. 2 loose. 3 idle.

holganza *s.f.* 1 rest, leisure. 2 amusement, enjoyment; pleasure.

holgar *v.i.* 1 to rest, to take one's ease. 2 to idle, to loaf, not to work. || *v.pron.* 3 to be happy, to be glad.

holgazán, -a *adj.* 1 lazy, idle. || *s.m.* y *f.* 2 bum, idler, loafer, slacker.

holgazanear *v.i.* to bum around, to idle.

holgura *s.f.* 1 looseness. 2 play, movement. 3 comfort, ease.

hollín *s.m.* soot.

holocausto *s.m.* 1 burnt offering. 2 sacrifice, holocaust.

hológrafo, -a *adj.* 1 holographic. || *s.m.* 2 holograph.

hombrada *s.f.* manly deed, brave act.

hombre *s.m.* 1 man. 2 humanity, man, mankind. 3 husband, man. 4 adult.

hombrera *s.f.* 1 shoulder pad. 2 MIL. epaulette.

hombro *s.m.* 1 shoulder. || **2 a hombros,** piggyback, on one's shoulders.

hombruno, -a *adj.* manly, mannish.

homenaje *s.m.* 1 homage, respect, tribute. 2 celebration.

homicida *adj.* 1 homicidal, murderous. || *s.m.* y *f.* 2 homicide, murderer.

homicidio *s.m.* homicide, murder.

homo- *prefijo* homo-.

homogeneizar *v.t.* to homogenize.

homogéneo, -a *adj.* homogeneous.

homologación *s.f.* homologation.

homologar *v.t.* 1 to confirm. 2 to sanction, to authorize officially. 3 to standardize.

homólogo, -a *adj.* homologous.

homónimo, -a *adj.* 1 homonymous. || *s.m.* y *f.* 2 homonym.

homosexual *adj./s.m.* y *f.* homosexual.

hondo, -a *adj.* 1 deep. 2 profoundly, heartfelt. 3 deep, innermost. 4 intense. || *s.m.* 5 bottom. || *s.f.* 6 sling.

hondura *s.f.* depth, profundity.

honestidad *s.f.* 1 honesty, 2 modesty, purity. 3 decorum, decency.

honesto, -a *adj.* 1 upright, honest. 2 modest.

hongo *s.m.* 1 mushroom. 2 fungus. 3 bowler, bowler hat.

honor *s.m.* 1 honour. 2 virtue, chastity. 3 good name, prestige. 4 dignity, position.

honorable *adj.* honourable.

honorario, -a *adj.* 1 honorary. ‖ *s.m.pl.* 2 professional fees, fees.

honorífico, -a *adj.* honorary, honorific.

honra *s.f.* 1 honour. 2 good name, reputation, fame.

honradez *s.f.* honesty, integrity.

honrado, -a *adj.* decent, honest.

honrar *v.t.* to honour, to respect.

honroso, -a *adj.* honourable; decent, proper; respectable.

hora *s.f.* 1 hour. 2 time. 3 hour, end.

horadar *v.t.* to bore a hole, to drill.

horario, -a *adj.* 1 hourly. ‖ *s.m.* 2 timetable, schedule. 3 clock hand.

horca *s.f.* 1 gallows, gibbet. 2 hayfork, pitchfork.

horchata *s.f.* orgeat.

horchatería *s.f.* orgeat shop, orgeat stand.

horda *s.f.* 1 horde. 2 horde, rabble.

horizontal *adj.* y *s.f.* horizontal.

horizonte *s.m.* 1 horizon. 2 outlook.

horma *s.f.* 1 mould, model, forre. 2 last.

hormiga *s.f.* ant.

hormigón *s.m.* 1 concrete. 2 – **armado**, reinforced concrete.

hormigonera *s.f.* cement mixer.

hormiguear *v.i.* 1 to tingle, to itch; to suffer a prickly feeling. 2 to swarm.

hormigueo *s.m.* 1 lingling; pins and needles. 2 swarm, throng.

hormiguero *s.m.* anthill.

hormiguillo *s.m.* itch, itching.

hormonal *adj.* hormonal.

hornada *s.f.* 1 batch. 2 batch, collection.

hornear *v.t.* e *i.* to bake.

hornillo *s.m.* 1 stove. 2 blasthole.

horno *s.m.* 1 oven. 2 kiln. 3 furnace.

horóscopo *s.m.* horoscope.

horquilla *s.f.* 1 pitchfork. 2 hairpin.

horrendo, -a *adj.* horrendous, hideous.

hórreo *s.m.* raised granary.

horrible *adj.* horrible, dreadful; ghastly.

horripilante *adj.* terrifying, hair-raising.

horripilar *v.t.* y *pron.* to horrify, to terrify.

horror *s.m.* 1 horror, terror, fright. ‖ *s.pl.* 2 atrocities. 3 really, very much.

horrorizar *v.t.* 1 to horrify, to terrify. ‖ *v.pron.* 2 to be terrified.

horroroso, -a *adj.* horrible, terrible.

hortaliza *s.f.* vegetable.

hortelano, -a *s.m.* y *f.* 1 market gardener. ‖ *s.m.* 2 ortolan. ‖ *adj.* 3 garden, orchard.

horticultura *s.f.* horticulture.

hosco, -a *adj.* 1 crabbed, gloomy, sullen. 2 dark brown.

hospedaje *s.m.* lodging, cost of lodging.

hospedar *v.t.* y *pron.* to board, to lodge.

hospedería *s.f.* inn, hostel.

hospicio *s.m.* 1 poorhouse. 2 hospice.

hospital *s.m.* hospital.

hospitalario, -a *adj.* hospitable; inviting.

hospitalidad *s.f.* hospitality.

hospitalizar *v.t.* to hospitalize.

hostal *s.m.* hostel, small hotel.

hostelería *s.f.* hotel management.

hostelero, -a *s.m.* y *f.* innkeeper.

hostería *s.f.* inn.

hostia *s.f.* host.

hostigador, -a *adj.* 1 harassing, annoying, scourging. ‖ *s.m.* y *f.* 2 harasser.

hostigar *v.t.* 1 to whip, to lash. 2 to harass, to pester.

hostil *adj.* hostile.

hostilidad *s.f.* 1 hostility. 2 hostile act. ‖ *s.pl.* 3 MIL. aggression.

hotel *s.m.* 1 hotel. 2 detached house.

hotelero, -a *adj.* 1 hotel. ‖ *s.m.* y *f.* 2 hotel manager, hotelier, hotel keeper.

hoy *adv.* 1 today. 2 at present, nowadays.

hoyo *s.m.* 1 small pit, hole. 2 dent. 3 pockmark. 4 grave.

hoyuelo *s.m.* dimple.

hoz *s.f.* 1 sickle. 2 gorge.

hucha *s.f.* 1 piggy bank. 2 savings.

hueco, -a *adj.* 1 hollow. 2 deep, resounding. **3** vain. || *s.m.* **4** space, hollow, interval. **5** opening. **6** gap. **7** vacancy.

huelga *s.f.* **1** strike, walkout, industrial action. **2** fallow.

huelguista *s.m. y f.* striker.

huella *s.f.* **1** footprint. **2** trace. **3** tread. **4** footstep.

huérfano, -a *adj.* **1** orphaned, fatherless, motherless. **2** unprotected, defenceless. || *s.m. y f.* **3** orphan.

huerta *s.f.* orchard, kitchen garden.

huerto *s.m.* small orchard; fruit garden.

hueso *s.m.* **1** bone. **2** stone. **3** drudgery, hard work.

huésped *s.m. y f.* guest, host.

hueste *s.f.* army.

huesudo, -a *adj.* bony.

hueva *s.f.* roe.

huevería *s.f.* egg shop.

huevero, -a *s.m. y f.* **1** egg dealer, egg seller. || *s.f.* **2** egg cup. **3** oviduct.

huevo *s.m.* **1** egg. **2** ovum.

huevón, -a *adj.* dim, thick.

huida *s.f.* **1** escape. **2** leakage.

huidizo, -a *adj.* fugitive, illusive.

huir *v.t., i. y pron.* **1** to escape, to run away, to escape, to flee. || *v.i.* **2** to slip away.

hulla *s.f.* soft coal.

humanidad *s.f.* **1** humanity, mankind. **2** humaneness. || *s.pl.* **3** humanities, art.

humanista *s.m. y f.* humanist.

humanitario, -a *adj.* humanitarian.

humanizar *v.t. y pron.* **1** to humanize. || *v.pron.* **2** to become more human.

humano, -a *adj.* **1** human. **2** humane.

humear *v.i.* **1** to smoke; to steam. **2** to smolder. || *v.t.* **3** to fumigate.

humedad *s.f.* **1** dampness, humidity. **2** moisture.

humedecer *v.t.* **1** to dampen, to moisten. **2** to humidify. || *v.pron.* **3** to get damp, to get wet. **4** to fill with tears.

húmedo, -a *adj.* **1** damp, moist, wet. || *s.f.* **2** tongue.

humeral *adj.* **1** humeral. || *s.m.* **2** humeral veil.

húmero *s.m.* humerus.

humildad *s.f.* **1** humility, humbleness; meekness. **2** lowly.

humilde *adj.* **1** humble; meek. **2** lowly.

humillar *v.t.* **1** to humiliate, to humble. **2** to bow. || *v.pron.* **3** to humble oneself.

humo *s.m.* **1** smoke. **2** vapour, steam. **3** fume. || *s.pl.* **4** airs.

humor *s.m.* humour, mood.

humorismo *s.m.* humour, wit.

humorístico, -a *adj.* funny; humorous.

hundimiento *s.m.* **1** sinking. **2** cavein.

hundir *v.t. y pron.* **1** to sink. **2** to ruin. || *v.t.* **3** to confuse; to defeat. || *v.pron.* **4** to collapse. **5** to vanish, to disaffear.

húngaro, -a *adj./s.m. y f.* Hungarian.

huno *s.m.* Hun.

huracán *s.m.* hurricane, tornado, gale.

huracanado, -a *adj.* hurricane.

hurgar *v.t.* **1** to poke. **2** to stir.

hurón *s.m.* **1** ferret. **2** unsociable person.

¡hurra! *interj.* hurra!

hurtar *v.t.* **1** to steal, to rob, to pilfer, to pinch. **2** to dodge. **3** to copy, to plagiarize. || *v.pron.* **4** to hide oneself, to hide.

hurto *s.m.* theft; robbery.

husmear *v.t.* to scent, to smell out.

huso *s.m.* **1** MEC. spindle. **2** time zone.

i, I *s.f.* i, I (letra).

íbero, -a o **ibero, -a** *adj.* y *s.m.* y *f.* iberian.

iceberg *s.m.* iceberg.

icono *s.m.* ikon, icon.

iconografía *s.f.* iconography.

ictericia *s.f.* jaundice, icterus.

ictiología *s.f.* ichthyology.

idea *s.f.* 1 idea. 2 project. 3 opinion.

ideal *adj.* 1 ideal. 2 beautiful, perfect. ‖ *s.m.* 3 ideal.

idealizar *v.t.* to idealize.

idear *v.t.* to think up; to plan, to invent.

ideario *s.m.* ideology.

idem *adv.* idem, ditto, the same.

idéntico, -a *adj.* identical; the very same.

identidad *s.f.* identity, sameness.

identificar *v.t.* 1 to identify. 2 to rec-ognize. ‖ *v.pron.* 3 to be identified.

ideograma *s.m.* ideogram.

ideólogo, -a *s.m.* y *f.* ideologue.

idilio *s.m.* idyll.

idioma *s.m.* language.

idiosincrasia *s.f.* idiosyncrasy.

idiota *adj.* 1 idiotic, stupid, foolish. ‖ *s.m.* y *f.* 2 imbecile, idiot.

ido, -a *p.p.* 1 de **ir**. ‖ *adj.* 2 crazy, mentally ill. 3 (fig.) distracted.

idólatra *s.m.* y *f.* 1 idolater, idolizer. 2 (fig.) fan, lover. ‖ *adj.* 3 idolazing.

ídolo *s.m.* idol.

idoneidad *s.f.* aptitude, suitability.

idóneo, -a *adj.* apt, capable, suitable.

ígneo, -a *adj.* igneous.

ignominia *s.f.* disgrace, ignominy.

ignorancia *s.f.* ignorance.

ignoto, -a *adj.* unknown, undiscove-red.

igual *adj.* 1 equal. 2 similar, alike. 3 even, level. 4 uniform, invariable. 5 exact. 6 indifferent, the same. ‖ *adj./s.m.* y *f.* 7 equal, peer. ‖ *s.m.* 8 MAT. equal sign.

igualado, -a *p.p.* 1 de **igualar**. ‖ *adj.* 2 of the same level. 3 DEP. hard-fought.

igualador *s.m.* equalizer.

igualar *v.t.* 1 to even, to smooth. 2 to equalize, to make equal. ‖ *v.t.* y *pron.* 3 to become equal, to be equal. ‖ *v.i.* 4 DEP. to draw.

igualdad *s.f.* 1 equality. 2 uniformity; evenness.

igualitario, -a *adj.* egalitarian.

ijada o **ijar** *s.f.* flank.

ilativo, -a *adj.* illative, inferential.

ilegal *adj.* illegal, unlawful.

ilegible *adj.* illegible.

ilegitimar *v.t.* to make illegal.

ilegítimo, -a *adj.* illegitimate.

ileso, -a *adj.* unhurt.

iletrado, -a *adj.* uncultured, illiterate.

ilícito, -a *adj.* illicit.

ilimitado, -a *adj.* unlimited.

iluminación *s.f.* 1 illumination. 2 lighting. 3 (fig.) enlightment.

iluminar *v.t.* 1 to illuminate, to light, to light up. 2 to enlighten.

ilusión *s.f.* 1 illusion, delusion. 2 unfounded hope. 3 thrill, pleasure.

ilusionado, -a *p.p.* 1 de **ilusionar**. ‖ *adj.* 2 excited, eager.

ilusionar *v.t.* 1 to encourage (someone's) hopes. **2** (Am.) to deceive. ‖ *v.pron.* **3** to have hopes.

iluso, -a *adj.* **1** deluded, misted. **2** dreamer.

ilustración *s.f.* **1** illustration, explanation. **2** learning.

ilustrado, -a *p.p.* **1** de **ilustrar.** ‖ *adj.* **2** learned, erudite. ‖ *s.m.* y *f.* **3** savant.

ilustrar *v.t.* **1** to illustrate, to elucidate. **2** to instruct, to enlighten. ‖ *v.t.* y *pron.* **3** to cultivate oneself.

ilustrativo, -a *adj.* illustrative.

ilustre *adj.* distinguished.

ilustrísimo, -a *adj.super.* **1** most illustrious. ‖ **2 su ilustrísima,** REL. Your Eminence.

imagen *s.f.* imago, likenooo, statue.

imaginación *s.f.* imagination, fancy.

imaginar *v.t.* y *pron.* to imagine, to suppose.

imaginario, -a *adj.* **1** imaginary. ‖ *s.f.* **2** barracks guard, barracks duty.

imaginería *s.f.* imagery.

imán *s.m.* **1** magnet. **2** (fig.) charm, attraction.

imanar o **imantar** *v.t.* to magnetize.

imbatido, -a *adj.* unbeaten.

imbécil *adj./s.m.* y *f.* imbecile, idiot.

imberbe *adj.* beardless.

imbuir *v.t.* to imbue.

imitador, -a *adj.* **1** imitative. ‖ *s.m.* y *f.* **2** imitator.

impaciencia *s.f.* impatience.

impacientar *v.t.* **1** to irritate, (someone) lose his patience. ‖ *v.pron.* to lose one's patience.

impacto *s.m.* **1** hit. **2** impact. **3** repercussion.

impar *adj.* **1** odd. **2** (fig.) unique, exceptional.

imparcial *adj.* impartial, neutral.

impartir *v.t.* to grant, to concede.

impasible *adj.* unmoved, impassible.

impavidez *s.f.* fearlessness, courage.

impávido, -a *adj.* **1** undaunted. **2** intrepid, fearless.

impecable *adj.* impeccable, faultless.

impedir *v.t.* **1** to obstruct, to hinder. **2** to stop, to prevent.

impeler *v.t.* to push, to drive, to propel.

impenetrable *adj.* **1** impenetrable. **2** (fig.) obscure, incomprehensible.

impensable *adj.* unthinkable.

impensado, -a *adj.* unexpected.

imperante *adj.* **1** ruling, dominant. **2** prevailing.

imperativo, -a *adj.* imperative.

imperceptible *adj.* imperceptible.

imperdible *s.m.* safety pin.

imperfecto, -a *adj.* **1** defective. **2** incomplete, unfinished. **3** GRAM. imperfect.

imperial *adj.* imperial.

impericia *s.f.* inexperience.

imperio *s.m.* **1** rule, authority. **2** ompire, dominion. **3** rule, reign.

imperioso, -a *adj.* **1** imperious, lordly. **2** imperative, overriding.

impermeabilidad *s.f.* impermeability.

impermeabilización *s.f.* waterproofing.

impertérrito, -a *adj.* unshaken.

impertinente *adj.* **1** impertinent, insolent. ‖ *s.m.pl.* **2** opera glasses, lorgnette.

imperturbable *adj.* imperturbable.

ímpetu *s.m.* impetus, impulse.

impiedad *s.f.* impiety.

implacable *adj.* implacable, inexorable.

implantar *v.t.* to implant, to introduce.

implicación *s.f.* implication.

implícito, -a *adj.* implicit.

implorar *v.t.* to implore.

impoluto, -a *adj.* unpolluted.

imponderable *adj.* imponderable.

imponente *adj.* imposing, impressive.

imponer *v.t.* **1** to impose. **2** COM. to deposit. **3** to give, to grant. ‖ *v.t.* y *pron.* **4** to get familiar. ‖ *v.pron.* **5** to assed oneself. ‖ *v.i.* **6** to inspire fear.

importación *s.f.* import.

importancia *s.f.* **1** importance, significance. **2** relevance, weight.

importante *adj.* important.

importar *v.i.* **1** to matter. ‖ *v.t.* **2** COM. to import. **3** to cost, to be worth.

importe *s.m.* value, cost.

imposibilitar *v.t.* to make (something) impossible.

imposible *adj.* impossible.

imposición *s.f.* 1 imposition. 2 tax.

impostor, -a *s.m. y f.* impostor.

impotente *adj.* powerless, impotent.

impracticable *adj.* unfeasible.

imprecar *v.t.* to curse, to imprecate.

impreciso, -a *adj.* imprecise, inexact.

impregnar *v.t.* to impregnate.

imprenta *s.f.* printing.

imprescindible *adj.* indispensable.

impresión *s.f.* 1 print, printing. 2 print-out. 3 impression, mark.

impresionar *v.t.* FOT. to expose. || *v.t. y pron.* 2 to impress, to affect; to shock.

impreso, -a *p.p.* 1 de **imprimir**. || *adj.* 2 printed (escrito). || *s.m.* 3 form.

impresor, -a *s.m. y f.* printer.

imprevisible *adj.* unpredictable.

imprevisto, -a *adj.* 1 unforeseen. || *s.m.pl.* 2 incidentals, unexpected events.

imprimir *v.t.* 1 to print. 2 to stamp, to imprint.

improbabilidad *s.f.* improbability.

ímprobo, -a *adj.* arduous, laborious.

improcedente *adj.* 1 inappropiate, inapplicable. 2 DER. irrelevant.

impronta *s.f.* 1 impression. 2 (fig.) mark, stamp.

impropio, -a *adj.* 1 inappropiate, unsuitable. 2 incorrect.

improvisación *s.f.* improvisation.

improvisar *v.t.* to improvise.

imprudencia *s.f.* imprudence.

imprudente *adj.* imprudent, indiscreet; rash, unwise.

impudor o **impudicia** *s.m.* o *f.* immodesty; shamelessness.

impuesto, -a *p.p.* 1 de **imponer**. || *s.m.* 2 tax, duty. || *adj.* 3 obligatory.

impugnar *v.t.* to refute, to challenge.

impulsar *v.t.* 1 to push, to drive, to impel. 2 to stimulate.

impulsivo, -a *adj.* impulsive.

impulso *s.m.* impulse, stimulus.

impune *adj.* unpunished.

impureza *s.f.* impurity.

impuro, -a *adj.* 1 impure (sustancia). 2 lewd, obscene, immoral.

imputar *v.t.* to impute, to attribute.

in- *prefijo* in-, im- (con carácter negativo).

inaccesible *adj.* inaccessible.

inacción *s.f.* inaction, inactivity.

inadaptación *s.f.* inadaptation.

inadvertido, -a *adj.* 1 careless. 2 unseen, unnoticed.

inalámbrico, -a *adj.* wireless.

inalterable *adj.* immutable.

inanición *s.f.* inanition.

inanimado, -a *adj.* dead, lifeless.

inapetencia *s.f.* lack of appetite.

inaplicable *adj.* inapplicable.

inapreciable *adj.* 1 invaluable. 2 imperceptible.

inasistencia *s.f.* absence.

inaudito, -a *adj.* unheard-of, unprecedented.

inaugurar *v.t.* to inaugurate, to open.

incalificable *adj.* indescribable.

incandescencia *s.f.* incandescence.

incapacidad *s.f.* 1 incompetence. 2 incapacity.

incapacitar *v.t.* 1 to incapacitate, to render unfit. 2 to disqualify.

incapaz *adj.* incapable, unable.

incautación *s.f.* confiscation.

incautarse *v.pron.* to seize, to confiscate.

incauto, -a *adj.* unwary, incautious.

incendiar *v.t.* 1 to set on fire. || *v.pron.* 2 to catch fire.

incendiario, -a *adj./s.m. y f.* 1 incendiary. 2 pyromaniac.

incendio *s.m.* fire.

incentivar *v.t.* 1 to encourage, to stimulate. 2 to pay extra money.

incentivo *s.m.* incentive.

incertidumbre *s.f.* uncertainty, doubt.

incesto *s.m.* incest.

incidencia *s.f.* incidence, occurrence.

incidente *adj.* 1 incident, incidental. || *s.m.* 2 occurrence.

incidir *v.i.* to affect, to influence.

incienso *s.m.* incense.

incierto, -a *adj.* 1 uncertain, doubtful. 2 unsteady.

incinerar *v.t.* to incinerate, to cremate.

incisión *s.f.* incision, cut.
incisivo, -a *adj.* cutting, sharp.
inciso *s.m.* interruption.
incitación *s.f.* incitement.
incitar *v.t.* to instigate, to incite.
inclemencia *s.f.* severity.
inclinación *s.f.* 1 bowing. 2 dip, slant.
inclinar *v.t.* 1 to persuade. || *v.t. y pron.* 2 to slant, to bow. || *v.i. y pron.* 3 to resemble. || *v.pron.* 4 to be inclined.
incluir *v.t.* 1 to include. 2 to enclose.
inclusión *s.f.* inclusion.
incluso, -a *p.p.* 1 de **incluir.** || *adj.* 2 enclosed, contained. || *s.f.* 3 foundling hospital. || *prep. y conj. y adv.* 4 even.
incógnito, -a *adj.* 1 unknown. || *s.t.* 2 unknown quantity.
incoherencia *s.f.* incoherence.
incoherente *adj.* incoherent.
incoloro, -a *adj.* colourless.
incombustible *adj.* incombustible.
incomodidad o **incomodo** *s.f.* 1 uncomfortableness. 2 annoyance.
incomparable *adj.* incomparable.
incompatibilidad *s.f.* incompatibility.
incompetencia *s.f.* incompetence.
incomprendido, -a *adj.* misunderstood.
incomprensible *adj.* incomprehensible.
Incomprensión *s.t.* incomprehension.
incomunicado, -a *adj.* isolated.
incomunicar *v.t.* 1 to isolate, to cut off || *v.pron.* 2 to shut oneself off.
inconcebible *adj.* inconceivable.
inconcluso, -a *adj.* unfinished.
incondicional *adj.* 1 unconditional. || *s.m. y f.* 2 follower, stalwart, supporter.
inconfesable *adj.* unspeakable.
inconfundible *adj.* unmistakable.
incongruente *adj.* incongruous.
inconmesurable *adj.* enormous.
inconmovible *adj.* unyielding.
inconsciente *adj.* 1 unconscious. 2 thoughtless.
inconsecuencia *s.f.* inconsistency.
inconsistencia *s.f.* inconsistency.
inconsistente *adj.* inconsistent, weak.

inconstante *adj.* tickle.
incontable *adj.* uncountable.
incontenible *adj.* uncontrollable.
incontinente *adj.* incontinent.
inconveniencia *s.f.* 1 inconvenience. 2 disconfort. 3 rude remark.
inconveniente *adj.* 1 inconvenient. || *s.m.* 2 obstacle, difficulty.
incordiar *v.t.* to pester, to annoy.
Incorporación *s.t.* inclusion.
incorporado, -a *adj.* built-in.
incorporar *v.t.* 1 to include. || *v.t. y pron.* 2 to sit up. || *v.pron.* 3 to join.
incorpóreo, -a *adj.* incorporeal.
incorrección *s.f.* 1 impropriety. 2 mistake.
incorrecto, -a *adj.* Incorrect.
incorregible *adj.* incorrigible.
incorrupto, -a *adj.* incorrupt.
incrédulo, -a *adj.* 1 incredulous. || *s.m. y f.* 2 unbeliever.
increíble *adj.* incredible, unbelievable.
incrementar *v.t. y pron.* to increase.
increpar *v.t.* to rebuke, to reprimand.
incriminar *v.t.* to incriminate, to accuse.
incruento, -a *adj.* bloodless.
incrustación *s.f.* encrustation.
incrustar *v.t.* 1 to inlay. || *v.t. y pron.* 2 to become fixed. || *v.pron.* 3 to become imbedded.
incubar *v.t.* to incubate.
inculpar *v.t.* to indict, to accuse.
inculto, -a *adj.* uncultured, unouth.
incumbir *v.i.* to be of concern to.
incumplir *v.i.* to fail to keep.
incursión *s.f.* raid, strike, incursion.
indagar *v.t.* to investigate.
indecente *adj.* 1 indecent. 2 miserable.
indecisión *s.f.* indecision, irresolution.
indeciso, -a *adj.* undecided, hesistant.
indeclinable *adj.* unavoidable.
indefectible *adj.* unfailing.
indefenso, -a *adj.* defenceless.
indefinido, -a *adj.* undefined, vague.
indeleble *adj.* indelible.
indemnizar *v.t.* to indemnify.
independiente *adj. y s.m. y f.* 1 independent. 2 self-sufficient. || *adv.* 3 independently.

independizar *v.t.* y *pron.* to grant independence, to become independent.
indeseable *adj.* y *s.m.* y *f.* undesirable.
indestructible *adj.* indestructible.
indeterminación *s.f.* indetermination.
indeterminado, -a *adj.* indeterminate.
indicación *s.f.* 1 indication, sign. 2 suggestion. 3 direction.
indicador, -a *adj.* 1 indicating, indicatory. || *s.m.* y *f.* 2 indicator.
indicar *v.t.* to indicate, to show.
indicativo, -a *adj.* y *s.m.* indicative.
índice *adj.* y *s.m.* index.
indicio *s.m.* sign, indication.
indiferente *adj.* indifferent.
indígena *adj./s.m.* y *f.* indigenous.
indigente *adj./s.m.* y *f.* indigent.
indignar *v.t.* y *pron.* to anger.
indignante *adj.* outrageous, infuriating.
indigno, -a *adj.* unworthy.
índigo *s.m.* indigo.
indio, -a *adj.* 1 Hindi. 2 Indian.
indirecto, -a *adj.* indirect.
indisciplina *s.f.* indiscipline.
indiscreto, -a *adj.* indiscreet.
indiscutible *adj.* indisputable.
indispensable *adj.* indispensable.
indisponer *v.t.* 1 to indispose, to upset. 2 to estrange. || *v.t.* y *pron.* 3 to fall out. || *v.pron.* 4 to fall ill.
individual *adj.* 1 individual, single. || *s.m.pl.* 2 singles.
individualizar *v.t.* to individualize.
individuo, -a *adj.* 1 individual. || *s.m.* y *f.* 2 individual. 3 member. 4 man, woman.
indiviso, -a *adj.* undivided.
indocumentado, -a *adj.* without the identity card.
índole *s.f.* 1 nature, character. 2 sort.
indolente *adj.* indolent, lazy, idle.
indoloro, -a *adj.* painless.
inducción *s.f.* induction.
inducir *v.t.* 1 to incite, to persuade. 2 to infer. 3 to induce.
inductivo, -a *adj.* inductive.
indudable *adj.* indubitable, undoubted.

indulgencia *s.f.* indulgence.
indulgente *adj.* lenient.
indultar *v.t.* to pardon.
indumentaria *s.f.* clothing, garments.
industria *s.f.* 1 industry. 2 factory.
industrial *adj.* 1 industrial. || *s.m.* 2 industrialist, manufacturer.
industrializar *v.t.* to industrialize.
inédito, -a *adj.* unpublished.
ineficacia *s.f.* inefficacy.
ineludible *adj.* inevitable, inescapable.
inepto, -a *adj.* inept, incompetent.
inequívoco, -a *adj.* unequivocal.
inesperado, -a *adj.* unexpected.
inestabilidad *s.f.* instability.
inexacto, -a *adj.* inexact, inaccurate.
inexorable *adj.* inexorable.
inexperto, -a *adj./s.m.* y *f.* inexpert.
inexpresivo, -a *adj.* inexpressive; dull.
infalible *adj.* infallible.
infame *adj.* 1 infamous. 2 vile, odious.
infancia *s.f.* infancy.
infante, -a *s.m.* y *f.* 1 prince. 2 infantry soldier. || *s.f.* 3 princess.
infantería *s.f.* infantry.
infanticida *s.m.* y *f.* infanticide.
infantil *adj.* 1 child's. 2 innocent.
infatigable *adj.* untiring.
infeccioso, -a *adj.* infectious.
infectar *v.pron.* 1 to become infected. || *v.t.* 2 to infect, to contaminate.
infecundidad *s.f.* infecundity, sterility.
infecundo, -a *adj.* sterile, infertile.
infeliz *adj.* unfortunate, unhappy.
inferior *adj.* 1 lower. 2 inferior. || *adj.* y *s.m.* 3 subordinate.
inferir *v.t.* 1 to inflict damage. || *v.t.* y *pron.* 2 to infer, to deduce.
infernal *adj.* infernal.
infestar *v.t.* 1 to overrun. 2 to infest.
infidelidad *s.f.* infidelity.
infiel *adj.* 1 inaccurate. 2 unfaithful. || *s.m.* 3 infidel.
infierno *s.m.* y *pl.* 1 hell. 2 torment.
infiltrar *v.t.* y *pron.* 1 to infiltrate. 2 to disseminate, to spread.
ínfimo, -a *adj.* 1 lowest, least. 2 worst.
infinidad *s.f.* 1 infinity. 2 lot.

infinitesimal *adj.* infinitesimal.
infinitivo *s.m.* infinitive.
infinito, -a *adj.* 1 endless. 2 boundless. || *s.m.* 3 infinity. 4 infinite. || *adv.* 5 a lot.
inflación *s.f.* 1 inflation. 2 swelling. 3 vanity, conceit.
inflamación *s.f.* inflammation, ignition.
inflamar *v.t.* y *pron.* 1 to ignite. 2 to inflame, to kindle.
inflamatorio, -a *adj.* inflammatory.
inflar *v.t.* y *pron.* 1 to blow up. 2 to make conceited, to puff up with pride. || *v.t.* 3 to inflate, to exaggerate.
inflexibilidad *s.f.* 1 inflexibility. 2 rigidity. 3 severity.
inflexible *adj.* 1 rigid. 2 inflexible.
inflexión *s.f.* 1 bending. 2 inflection.
infligir *v.t.* to inflict.
influir *v.t.* e *i.* to influence.
influjo *s.m.* 1 influence. 2 high tide.
información *s.f.* 1 information. 2 news, news report. 3 data. 4 references.
informador, -a *adj.* 1 informing. || *s.m.* y *f.* 2 informer.
informal *adj.* 1 informal. || *adj./s.m.* y *f.* 2 unstrustworthy, unreliable.
informar *v.t.* y *pron.* 1 to report, to inform. 2 to instruct, to teach. || *v.t.* 3 to form. || *v.i.* 4 to plead.
informática *s.f.* data processing; computer science, computing.
informativo, -a *adj.* 1 informative, explanatory. 2 TV news.
informe *s.m.* 1 report. || *adj.* 2 shapeless.
infortunado, -a *adj.* unlucky.
infortunio *s.m.* 1 mishap. 2 bad luck.
infra- *prefijo* infra-.
infracción *s.f.* infraction.
infractor, -a *s.m.* y *f.* 1 transgressor. || *adj.* 2 transgressing.
infraestructura *s.f.* infrastructure.
infranqueable *adj.* insurmountable.
infrarrojo, -a *adj.* infrared.
infringir *v.t.* to break, to violate.
infundir *v.t.* 1 to instill. 2 to infuse.
infusión *s.f.* 1 inspiration. 2 infusion.
ingeniar *v.t.* 1 to devise, to contrive. || *v.t.pron.* 2 to manage, to find a way.
ingeniería *s.f.* engineering.

ingeniero, -a *s.m.* y *f.* engineer.
ingenio *s.m.* 1 talent. 2 wit, humour. 3 skill. 4 device; apparatus.
ingenioso, -a *adj.* clever; witty.
ingenuo, -a *adj.* naive, candid.
ingerir *v.t.* y *pron.* to ingest.
ingle *s.f.* groin.
inglés, -a *adj.* y *s.m.* English.
ingobernable *adj.* uncontrollable, ungovernable.
ingratitud *s.f.* ingratitude.
ingrato, -a *adj.* 1 ungrateful. 2 thankless, unrewarding.
ingrávido, -a *adj.* weightless, light.
ingrediente *s.m.* ingredient.
ingresar *v.i.* 1 to go in, to enter. || 2 to deposit, to put into.
ingreso *s.m.* 1 entrance, entry. 2 admission. 3 deposit. || *s.m.pl.* 4 income.
inhábil *adj.* 1 unskillful. 2 unfit.
inhabilidad *s.f.* 1 unskillfulness. 2 ineptitude, Incompetence. 3 handicap.
inhabilitación *s.f.* 1 disqualification. 2 disablement.
inhabilitar *v.t.* 1 to disqualify. || *v.t.* y *pron.* 2 to disable, to render unfit.
inhalar *v.t.* to inhale.
inherente *adj.* inherent.
inhibir *v.t.* 1 to inhibit, to restrain. 2 to inhibit. || *v.pron.* 3 to withdraw, to restrain oneself.
inhospitalario, -a o **inhóspito, -a** *adj.* 1 inhospitable. 2 uninviting. 3 bleak.
inhumar *v.t.* to bury, to inter.
inicial *adj.* y *s.f.* initial.
iniciar *v.t.* y *pron.* 1 to begin. 2 to introduce; to teach oneself. || *v.t.* 3 to let into.
iniciativa *s.f.* 1 initiative. 2 lead, leadership.
inicio *s.m.* beginning, commencement.
inigualado, -a *adj.* unequaled.
ininteligible *adj.* unintelligible.
iniquidad *s.f.* iniquity, wickedness.
injerirse *v.pron.* to meddle.
injertar *v.t.* to graft, to implant.
injerto *s.m.* graft.
injuriar *v.t.* to insult, to offend.
injusticia *s.f.* injustice, unfairness.
injustificado, -a *adj.* unjustified, unwarranted.

injusto, -a *adj.* unjust, unfair.
inmadurez *s.f.* immaturity.
inmediación *s.f.* 1 immediacy. || *s.pl.* 2 outskirts, environs, surroundings.
inmediato, -a *adj.* 1 next. 2 immediate.
inmemorial *adj.* immemorial.
inmenso, -a *adj.* immense.
inmerecido, -a *adj.* undeserved.
inmerso, -a *adj.* 1 immersed, submerged. 2 (fig.) bogged down.
inmigración *s.f.* immigration.
inmigrar *v.i.* to immigrate.
inminente *adj.* imminent.
inmiscuir *v.t.* 1 to mix. || *v.pron.* 2 to meedle, to interfere.
inmobiliario, -a *adj.* 1 real-estate, property. || *s.f.* 2 building, company.
inmodestia *s.f.* immodesty.
inmolar *v.t.* to sacrifice, to immolate.
inmoral *adj.* immoral.
inmortal *adj.* immortal.
inmóvil *adj.* motionless.
inmovilizar *v.t.* 1 to immobilize, to paralise. 2 FIN. to tie up, to lock up.
inmundo, -a *adj.* 1 filthy. 2 obscene.
inmunidad *s.f.* immunity.
inmunizar *v.t.* to immunize.
inmutar *v.t.* 1 to change. || *v.pron.* 2 to change countenance.
innato, -a *adj.* innate.
innovación *s.f.* innovation.
innovar *v.t.* to innovate.
innumerable *adj.* countless.
inocencia *s.f.* innocence.
inocente *adj.* 1 innocent. 2 naive.
inocentón, -a *adj.* 1 gullible. || *s.m.* y *f.* 2 simpleton, naive person.
inocuidad *s.f.* harmlessness.
inocular *v.t.* y *pron.* to inoculate, to contaminate, to corrupt.
inodoro, -a *adj.* 1 odourless. || *s.m.* 2 toilet, lavatory.
inopinado, -a *adj.* unexpected.
inoportuno, -a *adj.* ill-timed.
inoxidable *adj.* rustproof; stainless.
inquebrantable *adj.* unbreakable.
inquietar *v.t.* y *pron.* 1 to disturb, to worry. || *v.pron.* 2 to get upset.

inquieto, -a *adj.* restless, worried.
inquilino, -a *s.m.* y *f.* tenant.
inquisición *s.f.* investigation, inquisition.
inquisitivo, -a *adj.* inquisitive.
insalubre *adj.* unhealthy.
insatisfacción *s.f.* dissatisfaction.
inscribir *v.t.* 1 to inscribe, to engrave. || *v.t.* y *pron.* 2 to enter.
inscripción *s.f.* 1 inscription. 2 enrolment.
insecto *s.m.* insect.
inseguro, -a *adj.* 1 insecure, unsafe. 2 unsteady. 3 uncertain.
inseminación *s.f.* insemination.
insensatez *s.f.* senselessness, stupidity.
insensibilizar *v.t.* to desensitize.
insensible *adj.* 1 insensitive, unfeeling. 2 cruel. 3 numb. 4 unconscious.
inseparable *adj.* inseparable.
insepulto, -a *adj.* unburied.
insertar *v.t.* to insert.
insigne *adj.* 1 notable, famous. 2 distinguished, illustrious (ilustre).
insignia *s.f.* 1 badge, device, emblem. 2 MAR. pennant. 3 flag, banner.
insignificante *adj.* insignificant.
insinuar *v.t.* 1 to insinuate, to hint at. || *v.pron.* 2 to ingratiate oneself.
insípido, -a *adj.* 1 insipid, tasteless. 2 (fig.) dully, tediously.
insistir *v.i.* 1 to insist; to stress. 2 to persist.
insociable *adj.* unsociable.
insolación *s.f.* 1 MED. sunstroke. 2 FÍS. insolation.
insolencia *s.f.* insolence, arrogance.
insólito, -a *adj.* unusual, unwonted.
insoluble *adj.* insoluble, unsolvable.
insomnio *s.m.* insomnia, sleeplessness.
insondable *adj.* bottomless.
insonoro, -a *adj.* soundless.
insoportable *adj.* unbearable.
insospechado, -a *adj.* unsuspected.
insostenible *adj.* untenable.
inspeccionar *v.t.* 1 to examine, to inspect. 2 to supervise.

inspector, -a *adj.* 1 inspecting, examining. || *s.m.* y *f.* 2 inspector, supervisor.

inspirar *v.t.* 1 to inhale, to breathe in. 2 to inspire. || *v.pron.* 3 to inspire oneself.

instalar *v.t.* 1 to install, to fit up. || *v.t.* y *pron.* 2 to set up.

instancia *s.f.* 1 form. 2 petition, entreaty.

instantáneo, -a *adj.* 1 instant, instantaneous. || *s.f.* 2 FOT. photo, snap.

instante *s.m.* instant, moment.

instar *v.t.* to urge, to press.

instaurar *v.t.* 1 to set up. 2 to restore.

instigar *v.t.* to incite, to instigate.

instinto *s.m.* drive, urge. 2 instinct.

institución *s.f.* institution, establishment. || *s.f.pl.* 2 state, state institutions.

instituir *v.t.* to establish, to found.

instituto *s.m.* 1 middle school, school. 2 school. 3 (Am.) college.

instrucción *s.f.* instruction, teaching.

instructivo, -a *adj.* instructive, illuminating, enlightening.

instrumento *s.m.* 1 instrument, implement. 2 tool.

insubordinar *v.t.* 1 to incite to rebellion. || *v.pron.* 2 to rebel.

insuficiencia *s.f.* 1 insufficiency, inadequacy. 2 shortage.

insulina *s.f.* insulin.

insulso, -a *adj.* tasteless, bland.

insulto *s.m.* insult, offense.

insuperable *adj.* 1 insurmountable, insuperable. 2 unsurpassable.

insurgente *adj.* y *s.m.* y *f.* insurgent.

insurrección *s.f.* insurrection, revolt.

insustancial o **insubstancial** *adj.* 1 insubstantial. 2 trite, shallow.

intachable *adj.* irreproachable.

intacto, -a *adj.* 1 intact, untouched. 2 whole. 3 pure.

integral *adj.* integral.

integrar *v.t.* 1 to make up, to compose. 2 MAT. to integrate.

íntegro, -a *adj.* 1 upright, honest. 2 whole, complete, entire.

intelecto *s.m.* intellect, mind.

inteligencia *s.f.* 1 intelligence, intellect, mind. 2 understanding, knowledge.

inteligente *adj.* intelligent, clever.

inteligible *adj.* intelligible.

intemperancia *s.f.* intemperance.

intemperie *s.f.* inclemency.

intempestivo, -a *adj.* inopportune.

intención *s.f.* intention, purpose. 2 will.

intencionado, -a *adj.* deliberate.

intensificar *v.t.* to intensify.

intenso, -a *adj.* 1 intense, powerful. 2 vivid, profound. 3 deep.

intentar *v.t.* to try, to attempt, to mean.

intento *s.m.* 1 purpose. 2 attempt.

interacción *s.f.* interaction, interplay.

intercalar *v.t.* to intercalate, insert.

interceptar *v.t.* 1 to block, to intercept. 2 to cut off.

intercesión *s.f.* intercession, mediation.

intercesor, -a *adj.* 1 interceding || *s.m.* y *f.* 2 intercessor, mediator.

interdicto *s.m.* interdict, prohibition.

interés *s.m.* interest.

interesado, -a *p.p.* 1 de **interesar.** || *adj.* 2 interested. 3 selfish, self-seeking.

interesar *v.i.* y *pron.* 1 to have an interest, to interest, to appeal. || *v.t.* 2 to interest, to attract. 3 to concern.

interferir *v.i.* to interfere.

ínterin *adv.* 1 meanwhile, meantime. || *s.m.* 2 provisional measure.

interino, -a *adj.* temporary, provisional.

interior *adj.* 1 interior, inner, internal. 2 innermost. || *adj.* y *s.m.* 3 inside.

interjección *s.f.* interjection.

intermediario, -a *adj.* 1 intermediary, mediating. || *s.m.* y *f.* 2 go-between.

intermedio, -a *adj.* 1 half-way, intermediate. || *s.m.* 2 interval.

interminable *adj.* interminable.

intermitente *adj.* intermittent.

internacionalizar *v.t.* internationalize.

internado, -a *p.p.* 1 de **internar.** || *s.m.* 2 boarding school.

internar *v.t.* 1 to send inland. 2 to hospitalize. 3 to confine. || *v.t.* y *pron.* 4 to advance, to penetrate.

interno, -a *adj.* 1 internal. 2 boarding. 3 MED. on practice. || *s.m.* y *f.* 4 boarder.

interpelación *s.f.* 1 appeal, plea. 2 POL. parlamentary question.

interpelar *v.t.* to plead, to appeal.

interpolar *v.t.* to interpolate, to insert.

interponer *v.t.* 1 to interpose, to put between. 2 DER. to lodge, to put in. || *v.pron.* 3 to intervene.

interposición *s.f.* 1 insertion. 2 DER. lodging.

interpretar *v.t.* 1 to explain, to clarify. 2 to translate, to interpret.

intérprete *s.m.* y *f.* 1 interpreter. 2 MÚS. performer, singer. 3 actor.

interrogación *s.f.* 1 question. 2 interrogation mark.

interrogar *v.t.* to question, to interrogate; to examine.

interrogatorio *s.m.* interrogation.

interrumpir *v.t.* y *pron.* 1 to stop talking. || *v.t.* 2 to interrupt.

interruptor *s.m.* switch.

intersección *s.f.* intersection, crossing.

intervalo *s.m.* interval.

intervenir *v.i.* 1 to participate, to contribute, to intervene. 2 to mediate, to intercede. 3 to have an influence. || *v.t.* 4 COM. to audit.

intestinal *adj.* intestinal.

intestino, -a *adj.* 1 internal. 2 domestic, civil. || *s.m.* 3 intestine.

intimación *s.f.* hint, intimation.

intimar *v.i.* 1 to become intimate, to become friendly. || *v.t.* 2 to make known; to require.

intimidación *s.f.* intimidation; warning.

intimidad *s.f.* 1 close relationship. 2 privacy.

intimidar *v.t.* y *pron.* 1 to intimidate, to overawe. 2 to bully.

íntimo, -a *adj.* 1 intimate, close. 2 innermost. 3 essential.

intolerancia *s.f.* 1 intolerance; narrow-mindedness. 2 rejection.

intoxicar *v.t.* to intoxicate; to poison.

intranquilizar *v.t.* y *pron.* to worry, to disquiet.

intranscendencia o **intrascendencia** *s.f.* unimportance, insignificance.

intransigencia *s.f.* intransigence.

intratable *adj.* rude, unsociable.

intrépido, -a *adj.* bold, dauntless.

intriga *s.f.* plot, scheme, intrigue.

intrigar *v.t.* 1 to intrigue, to interest. || *v.i.* 2 to scheme, to plot.

intrincar *v.t.* y *pron.* to complicate.

intrínseco, -a *adj.* intrinsic, inherent.

introducción *s.f.* introduction.

introducir *v.t.* y *pron.* 1 to put in. 2 to introduce.

introito *s.m.* 1 introit. 2 prologue.

introspección *s.f.* introspection.

introversión *s.f.* introversion.

intrusión *s.f.* 1 trespass. 2 intrusion.

intruso, -a *adj.* 1 intrusive, meddlesome. || *s.m.* y *f.* 2 intruder.

intuir *v.t.* 1 to intuit, to sense. 2 to feel.

intuitivo, -a *adj.* intuitive.

inundar *v.t.* 1 to flood. 2 (fig.) to flood, to swamp.

inusitado, -a *adj.* unusual, uncommon.

inútil *adj.* useless, vain, fruitless.

inutilizar *v.t.* 1 to ruin, to destroy. 2 to cancel.

invadir *v.t.* 1 to invade. 2 to overrun.

invalidar *v.t.* to invalidate, to nullify.

inválido, -a *adj.* 1 invalid, null. 2 disabled, invalid.

invariable *adj.* invariable.

invasión *s.f.* invasion.

inventar *v.t.* 1 to invent, to discover. 2 to imagine, to make up.

inventariar *v.t.* to inventory.

inventiva *s.f.* inventiveness.

invento *s.m.* invention, creation.

invernadero *s.m.* greenhouse.

invernal *adj.* wintry, very cold.

invernar *v.i.* 1 to hibernate. 2 to winter.

inverosímil *adj.* improbable, unlikely.

inversión *s.f.* 1 inversion. 2 FIN. investment.

inverso, -a *adj.* inverse, inverted.

invertido, -a *p.p.* 1 de **invertir**. || *s.m.* 2 homosexual.

investidura *s.f.* investiture.

investigación *s.f.* 1 research. 2 investigation, enquiry.

investigar *v.t.* 1 to research. 2 to investigate, to enquire.

investir *v.t.* to appoint; to confer.

invicto, -a *adj.* unconquered, unbeaten.

invidencia *s.f.* sightlessness, blindness.

invierno *s.m.* winter.

inviolado, -a *adj.* inviolate.

invisible *adj.* invisible.

invitado, -a *p.p. adj.* 1 invited. || *s.m.* y *f.* 2 guest.

invocación *s.f.* invocation.

invocar *v.t.* 1 to invoke, to call on. 2 to beg for, to implore.

involucrar *v.t.* to involve; to meddle.

involuntario, -a *adj.* unintentional.

inyectar *v.t.* to inject.

ionización *s.f.* ionization.

ir *v.i.* y *pron.* 1 to go. || 2 to leak, to be spilling, to ooze out. || *v.i.* 3 to be good. 4 to work (funcionar). || 5 – **descaminado,** to go astray, to go on the wrong path. 6 – **para largo,** to take a long time.

ira *s.f.* anger, fury, rage.

iracundo, -a *adj.* irate.

irascible *adj.* irascible.

iris *s.m.* 1 iris. 2 rainbow.

irlandés, -esa *adj.* y *s.m.* Irish.

irónico, -a *adj.* ironical.

ironizar *v.t.* to ridicule.

irracional *adj.* 1 irrational, unreasoning. || *s.m.* y *f.* 2 brute.

irradiar *v.t.* e *i.* to irradiate, radiate.

irreal *adj.* unreal.

irreconocible *adj.* unrecognizable.

irrecuperable *adj.* irrecoverable.

irreemplazable *adj.* irreplaceable.

irreflexión *s.f.* thoughtlessness.

irreflexivo, -a *adj.* thoughtless.

irrefutable *adj.* irrefutable.

irregular *adj.* irregular, abnormal.

irremediable *adj.* irremediable.

irremisible *adj.* unpardonable.

irreparable *adj.* irreparable.

irrepetible *adj.* unique.

irresistible *adj.* irresistible.

irresolución *s.f.* irresolution, hesitation.

irrespirable *adj.* unbreathable.

irresponsable *adj.* irresponsible.

irreverente *adj.* irreverent.

irrevocable *adj.* irrevocable.

irrigar *v.t.* AGR. to irrigate, to water.

irrisión *s.f.* derision, ridicule.

irrisorio, -a *adj.* ridiculous, absurd.

irritante *adj.* 1 irritating. || *s.m.* 2 irritant.

irritar *v.t.* y *pron.* to irritate, to get irritated.

irrumpir *v.i.* to burst into, to rush into.

irrupción *s.f.* 1 inrush, irruption. 2 invasion.

isla *s.f.* island.

islandés, -esa *adj.* Icelandic.

isleño, -a *s.m.* y *f.* islander.

isótopo *s.m.* isotope.

istmo *s.m.* isthmus.

italiano, -a *adj./s.m.* y *f.* Italian.

itinorante *adj.* itinorant, roving.

itinerario *s.m.* itinerary, route.

izar *v.t.* to hoist.

izquierdo, -a *adj.* 1 left. || *s.f.* 2 left hand. || *s.f.pl.* 3 left.

J

j, J *s.f.* j, J (letra).
jabalí *s.m.* wild boar.
jabalina *s.f.* **1** ZOOL. wild sow. **2** DEP. javelin.
jabón *s.m.* soap.
jabonar *v.t.* to wash with soap.
jabonoso, -a *adj.* soapy.
jaca *s.f.* small horse; mare.
jacinto *s.m.* hyacinth.
jactancia *s.f.* arrogance, boasting.
jactarse *v.pron.* to boast, to brag.
jadeante *adj.* breathless.
jadear *v.i.* to pant.
jalar *v.t.* **1** (fam.) devour, gulp down. **2** (Am.) to pull, to haul.
jalea *s.f.* jelly.
jalón *s.m.* stake, range pole.
jalonar *v.t.* to mark out.
jamás *adv.* never; ever.
jamón *s.m.* ham.
japonés, -esa *adj.* Japanese.
jaque *s.m.* **1** check (en el ajedrez). || **2** – mate, checkmate (ajedrez).
jaqueca *s.f.* migraine, headache.
jarabe *s.m.* syrup.
jarana *s.f.* (Am.) spree, binge.
jardín *s.m.* garden.
jardinería *s.f.* gardening.
jardinero *s.f.* gardener.
jaripeo *s.m.* (Am.) rodeo.
jarra *s.f.* jug, pitcher.
jarrón *s.m.* vase.
jaspear *v.t.* to marble, to speckle.
jaula *s.f.* cage.
jauría *s.f.* pack (of hounds).
jazmín *s.m.* jasmine.

jefatura *s.f.* **1** leadership. **2** headquarters, central office (oficina central).
jefe *s.m.* **1** boss, chief. **2** leader.
jeque *s.m.* sheik (árabe).
jerarca *s.m.* hierarch, high official.
jerarquizar *v.t.* to rank.
jerez *s.m.* sherry.
jerga *s.f.* slang, jargon.
jeringa o **jeringuilla** *s.f.* syringe.
jeroglífico, -a *adj.* **1** hieroglyphic. || *s.m.* **2** crossword puzzle.
jeta *s.f.* snout.
jíbaro, -a *adj.* y *s.m.* y *f.* jivaroan.
jilguero *s.m.* linnet (ave).
jinete *s.m.* **1** horseman, rider. **2** MIL. cavalryman.
jirafa *s.f.* giraffe.
jirón *s.m.* **1** shred, tafter (de ropa). **2** facing (de costura).
jocoso, -a *adj.* humorous, amusing.
joder *v.t.* to fuck, to screw.
jofaina *s.f.* washbasin.
jolgorio u **holgorio** *s.m.* merriment, fun.
jornada *s.f.* **1** day's journey, journey. **2** day's work. **3** MIL. expedition. **4** act.
jornal *s.m.* **1** wage. **2** day's wage.
joroba *s.f.* hump, hunchback.
jorobar *v.t.* to bother, to pest.
joven *adj.* young.
jovial *adj.* merry, cheerful, jolly.
joya *s.f.* **1** jewel. **2** (fig.) treasure.
joyería *s.f.* jewelry.
joyero *s.m.* jeweller.
juanete *s.m.* bunion.
jubilación *s.f.* retirement.

jubilar *v.t.* y *pron.* to retire.
júbilo *s.m.* jubilation, joy.
judaizar *v.t.* to Judaize.
judas *s.m.* (fig.) traitor.
judicatura *s.f.* judicature.
judicial *adj.* juridical.
judío, -a *adj.* 1 Jewish. || *s.f.* 2 bean. || *s.m.* 3 miser.
judo *s.m.* judo.
juego *s.m.* 1 game, play, playing. 2 sport. 3 juego. 4 gambling. 5 hand (en las cartas). 6 set. 7 play, movement.
juerga *s.f.* fun, spree, binge.
juerguista *s.m.* y *f.* o *adj.* reveller.
jueves *s.m.* Thursday.
juez *s.m.* judge.
jueza *s.f.* female judge.
jugada *s.f.* 1 move, play. 2 dirty trick.
jugador, -a *s.m.* y *f.* 1 player. 2 gambler.
jugar *v.i.* y *t.* 1 to play. 2 to cavort. 3 to make a move, to make a play. || 4 to gamble. || *v.t.* 5 to wield, to handle. || *v.pron.* 6 to risk.
jugarreta *s.f.* dirty trick.
juglar *s.m.* minstrel, troubadour.
juglaresco, -a *adj.* of minstrels.
juglaría o **juglería** *s.f.* minstrelsy.
jugo *s.m.* 1 juice, fluid. 2 essence.
jugosidad *s.f.* 1 juiciness. 2 essence.
jugoso, -a *adj.* 1 juicy. 2 essential.
juguete *s.m.* 1 toy. 2 plaything.
juguetear *v.i.* to toy.
juguetería *s.f.* 1 toy trade. 2 toy shop.
juguetón, -ona *adj.* playful; frolicsome.
juicio *s.m.* 1 trial. 2 judgment, discernment. 3 sanity, sound mind. 4 opinion, judgment. 5 sense.
juicioso, -a *adj.* wise, judicious.
julepe *s.m.* 1 syrup. 2 card game. 3 tongue lashing, telling-off.
julio *s.m.* July.
jumarse *v.pron.* to get drunk, to get stoned.
jumento *s.m.* ass, donkey.
jumo, -a *adj.* drunk, stoned.
juncal *adj.* slim, gallant, good-looking.
junco *s.m.* 1 rush, reed. 2 junk.
juncoso, -a *adj.* rushy, reedy.
jungla *s.f.* jungle.

junio *s.m.* June.
junior *s.m.* 1 junior. 2 novice.
junquera *s.f.* rush, bulrush.
juntar *v.t.* y *pron.* 1 to join. 2 to gather, to collect. || *v.pron.* 3 to live together.
junto, -a *adj.* 1 near, close. || *s.f.* 2 board. 3 meeting, session. 4 union, junction. 5 junta.
juntura *s.f.* joint, coupling.
jura *s.f.* 1 oath, pledge. 2 swearing in.
jurado *p.p.* 1 de **jurar**. || *s.m.* 2 jury. || *adj.* 3 under oath.
juramento *s.m.* 1 oath. 2 swearword.
jurar *v.t.* 1 to swear, to take an oath. 2 to pledge. || *v.i.* 3 to swear.
jurel *s.m.* mackerel.
jurídico, -a *adj.* legal, juridical.
jurisdicción *s.f.* jurisdiction, authority.
jurisdiccional *adj.* jurisdictional.
jurisprudente *s.m.* legal expert.
jurisprudencia *s.f.* case law.
jurista *s.m.* y *f.* lawyer.
justicia *s.f.* 1 justice. 2 law.
justiciero, -a *adj.* strict, severe.
justificable *adj.* justifiable.
justificación *s.f.* 1 justification. 2 proof, evidence. 3 alignment.
justificado, -a *p.p.* 1 de **justificar**. || *adj.* 2 justified.
justificador, -a *adj.* justifying.
justificante *s.m.* receipt, voucher.
justificar *v.t.* 1 to justify. 2 to explain. 3 to align. || *v.t.* y *pron.* 4 to be proved innocent.
justo, -a *adj.* 1 fair, just, right. 2 exact precise, correct. 3 tight, tight-fitting. 4 righteous, upright. || *s.m.* y *f.* 5 just man; just woman. || *adv.* 6 justly, fairly.
juvenil *adj.* young, youthful.
juventud *s.f.* 1 youth, early life. 2 young people.
juzgado, -a *p.p.* 1 de juzgar. || *s.m.* 2 court, tribunal.
juzgador, -a o **juzgante** *adj.* 1 judging. || *s.m.* y *f.* 2 judge.
juzgar *v.t.* 1 to judge, to pass judgment on. 2 to consider, to believe. 3 to assess.

k, K *s.f.* **1** k, K (letra). ‖ *abreviatura* de **2** K (vitamina) **3** grado Kelvin.

kaki *adj.* **1** khaki. **2** date plum.

karate *s.m.* karate.

kayac *s.m.* kayak (pequeña canoa).

kilate o **quilate** *s.f.* carat.

kilo *s.m.* kilo.

kilogramo *s.m.* kilogramme, (EE.UU.) kilogram.

kilolitro *s.m.* kilolitre, (EE.UU.) kiloliter.

kilometraje *s.m* distance in kilometres.

kilométrico *adj.* **1** kilometric. **2** (fig.) very long. ‖ **3 billete –**, runabout ticket. **4 punto –**, kilometric point.

kilómetro *s.m.* kilometre, (EE.UU.) kilometer.

kilovatio *s.m.* **1** kilowatt. ‖ **2 kilovatios-hora**, kilowatt-hour.

kiosco o **quiosco** *s.m.* **1** kiosk, stall (en la calle). **2** summerhouse (en el jardín). **3** bandstand (para los músicos). **4** news stand (de periódicos).

kiwi o **kivi** *s.m.* kiwy.

klínex *s.m.* tissue (marca registrada).

k.o. *s.m.* knock out (boxeo).

kodak *s.f.* camera (marca registrada).

kumis *s.m.* GAST. kumis (bebida fermentada).

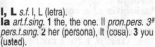

l, L *s.f.* l, L (letra).

la *art.f.sing.* **1** the, the one. ‖ *pron.pers. 3ª pers.t.sing.* **2** her (persona), It (cosa). **3** you (usted).

laberíntico, -a *adj.* labyrinthic.

laberinto *s.m.* labyrinth, maze.

labial *adj., s.f.* labial.

lábil *adj.* **1** labile. **2** weak, feeble.

labio *s.m.* **1** lip. **2** edge, rim. ‖ *pl.* **3** (pl.) mouth. **4** labrum, labium.

labor *s.f.* **1** job, labor, work. **2** farm work, farming.

laborable *adj.* **1** arable, workable. **2** working day.

laborar *v.t.* e *i.* to work.

laboratorio *s.m.* laboratory.

laboreo *s.m.* tilling, working.

laborioso, -a *adj.* laborious.

labrado, -a *adj.* worked; wrought (metal); ploughed, (EE.UU.) plowed (tierra); carved, (madera, piedra).

labrador, -a *adj.* farming.

labrar *v.t.* **1** to work, to plough, (EE.UU.) to plow. **2** to work (metals); to cut, to carve (madera, piedra); to embroider (tela). **3** (fig.) to forge, to cause.

labriego, -a *s.m.* y *f.* farm worker.

laca *s.f.* lac, gum lac.

lacayo *s.m.* lackey.

lacear *v.t.* to beribbon, to trim.

lacerar *v.t.* to lacerate, to damage.

lacio, -a *adj.* whitered, faded.

lacónico, -a *adj.* laconic, terse.

lacra *s.f.* mark, trace, scar.

lacre *s.m.* sealing wax.

lacrimal *adj.* lachrymal, lacrimal.

lacrimoso, -a *adj.* lachrymose, tearful.

lactar *v.t.* e *i.* to nurse, to breast feed.

lácleo, -a *adj.* milky, lacteal.

lacustre *adj.* lake, lacustrine.

ladear *v.t., i* y *pron.* to lean, to incline.

ladera *s.f.* slope, side, hillside.

ladilla *s.f.* crab louse.

lado *s.m.* side, flank.

ladrador, -ora *adj.* barking.

ladrar *v.t.* **1** to bark, to yap. **2** (fig.) to growl.

ladrillo *s.m.* **1** brick, tile. **2** block. **3** check.

ladrón, -ona *s.m.* y *f.* thief, burglar.

lagar *s.m.* press house.

lagarto *s.m.* ZOOL. lizard, (Am.) alligator.

lago *s.m.* lake.

lágrima *s.f.* **1** tear. **2** drop, drop of sap.

lagrimal *adj.* lachrymal.

lagrimear *v.i.* to shed tears, to blubber.

laguna *s.f.* **1** small lake. **2** lacuna.

laico, -a *adj.* **1** lay, secular, laical. ‖ *s.m.* **2** layman.

lambeculo *s.m.* (Am.) creep, toady.

lamber *v.t.* to lick.

lamentable *adj.* regrettable, pitiful.

lamentar *v.t.* y *pron.* **1** to be sorry about, to grieve. **2** to complain about; to bewail.

lamento *s.m.* **1** lament, lamentation. **2** wail, moan.

lamer *v.t.* to lick, to lap.

lámina *s.f.* **1** sheet, lamina. **2** illustration, engraving.

laminación *s.f.* rolling, lamination.

laminar *adj.* 1 laminar. || *v.t.* 2 to laminate, to roll.

lámpara *s.f.* 1 lame, bulb. 2 valve, tube.

lamparería *s.f.* lamp works, lamp shop.

lamparero *s.m.* lamplighter.

lamparilla *s.f.* aspen, nightlight.

lamparón *s.m.* large lamp.

lampista *s.m.* lamp maker, tinsmith.

lamprea *s.f.* lamprey.

lana *s.f.* 1 wool, fleece. 2 woollen cloth. || *pl.* 3 hair, mop.

lanar *adj.* wool-bearing.

lance *s.m.* 1 throw, catch. 2 event, incident. 3 move.

lanceolado *adj.* lanceolate.

lancha *s.f.* 1 flat stone, stone slab. 2 boat, motorboat.

lanero, -a *adj.* 1 wool. || *s.m.* 2 wool dealer; wool warehouse.

langosta *s.f.* locust, lobster.

langostino *s.m.* prawn.

languidecer *v.i.* to languish.

lánguido, -a *adj.* languid, weak, listless.

lanolina *s.f.* lanoline.

lanosidad *s.f.* down.

lanudo, -a *adj.* woolly, downy.

lanza *s.f.* 1 lance, spear. 2 shaft, nozzle. 3 lancer.

lanzada *s.f.* 1 lance thrust. 2 spear wound.

lanzadera *s.f.* shuttle (telar).

lanzar *v.t. y pron.* 1 to throw; to hurl, to fling. 2 to fire, to launch. 3 to throw, to put. 4 to dispossess. 5 to launch. || *v.pron.* 6 to rush, to hurtle.

lapa *s.f.* 1 limpet. 2 vegetal film. 3 hanger-on.

lapicero *s.m.* propelling pencil.

lápida *s.f.* memorial tablet.

lapidar *v.t.* 1 to stone, to lapidate. 2 to cut.

lapislázuli *s.m.* lapis lazuli.

lápiz *s.m.* 1 pencil, crayon. 2 blacklead, graphite.

lapo *s.m.* 1 lash, swig; slap. 2 spit. 3 simple soul, mug.

lapsus *s.m.* slip, lapse.

largar *v.t.* 1 to let go, to let loose. 2 to unfurl, to launch. 3 to fetch, to give. || *v.pron.* 4 to clear off.

largo, -a *adj.* 1 long, lengthy. 2 prolonged. 3 liberal, generous. 4 full, good. || *s.m.* 5 length. || *s.f.* 6 lengthening piece. || *adv.* 7 far, at length, abundantly.

largometraje *s.m.* film, movie.

larguero *s.m.* 1 main beam, bolster. 2 crossbar.

largueza *s.f.* generosity.

larguirucho, -a *adj.* lanky.

laringe *s.f.* larynx.

laringitis *s.f.* laryngitis.

larva *s.f.* larva, (pl.) larvae.

larvado, -a *adj.* larvate, larval.

las *art.def.f.pl.* 1 the. || *pron.pers.f.pl.* 2 them. 3 you.

lasca *s.f.* chip.

lascivo, -a *adj.* lascivious, lustful.

láser *s.m.* laser, laser beam.

lástima *s.f.* compassion, sympathy.

lastimar *v.t.* 1 to hurt, to injure. 2 to offend, to distress. || *v.pron.* 3 to hurt oneself.

lastimoso, -a *adj.* pitiful, pitious.

lastrar *v.t.* to ballast, to weigh down.

lata *s.f.* 1 tin, tinplate. 2 lath.

latente *adj.* latent, intensa.

lateral *adj.* 1 side, lateral. 2 lateral. || *s.m.* 3 wings, side of the stage.

látex *s.m.* latex.

latido *s.m.* 1 beat, throbbing. 2 yelp.

latifundio *s.m.* latifundium, large state.

látigo *s.m.* 1 whip. 2 correa.

latín *s.m.* Latin.

latinizar *v.t. e i.* to latinize.

latino, -a *adj./s.m. y f.* Latin.

latir *v.i.* to beat, to throb.

latitud *s.f.* latitude.

lato *s.f.* 1 width, area. 2 latitude. 3 latitude, freedom.

latón *s.m.* brass.

latrocinio *s.m.* robbery, theft.

laúd *s.m.* 1 lute. 2 catboat.

laude *s.f.* 1 engraved tombstone. 2 *(pl.)* lauds.

laudo *s.m.* award, finding.

laurel *s.m.* laurel.

lava s.f. 1 lava. 2 washing.
lavabo s.m. 1 washbasin. 2 toilet.
lavadero s.m. washing place, laundry.
lavadora s.f. washing machine.
lavanda s.f. lavender.
lavandería s.f. laundry, launderette.
lavar v.t. y pron. 1 to wash, to clean. 2 to wipe away.
lavativa s.f. 1 enema. 2 nuisance, bind.
laxante adj. y s.m. laxative.
laxar v.t. to loosen, to slacken.
laxo, -a adj. slack, loose, lax.
lazada s.f. 1 bow, knot.
lazar v.t. to lasse, to rope.
lazarillo s.m. blindman's guide.
lazo s.m. 1 bow, lasso. 2 bond, tie. 3 interlaced design.
leal adj./s.m. y f. loyal, faithful.
lebrillo s.m. earthenware pot.
lección s.f. 1 lesson, class. 2 reading. 3 warning, example.
lechal adj. 1 sucking. 2 lactiferous, milky. || s.m. 3 milk, milky sap. 4 suckling.
leche s.f. 1 milk. 2 milky juice. 3 rubber.
lechecillas s.f.pl. 1 sweetbread. 2 offal.
lechera s.f. 1 milkmaid, milk seller. 2 milk pot.
lechería s.f. dairy, creamery.
lecho s.m. 1 bed, couch. 2 bottom, floor. 3 layer, stratum. 4 base. 5 bedding.
lechón s.m. 1 piglet. 2 hog, swine.
lechuga s.f. 1 lettuce. 2 ruff, flounce. 3 pleat, crimp.
lechuza s.f. 1 owl. 2 hag.
lectivo, -a adj. día –, school day.
lector s.m. y f. 1 reader, conversation assistant. 2 lecturer.
lectura s.f. 1 reading. 2 reading matter. 3 lectura. 4 culture, knowledge.
leer v.t. e i. 1 to read. 2 to teach.
legado s.m. 1 legacy. 2 legate.
legal adj. 1 legal, lawful. 2 scrupulous.
legalizar v.t. to legalize, to authenticate.
légamo s.m. 1 slime, ooze. 2 loam.
legaña s.f. sleep, rheum.
legar v.t. 1 to bequeath, to legate. 2 to delegate.
legendario, -a adj. legendary.

legión s.f. legion.
legionario, -a adj. y s.m. legionary.
legislativo, -a adj. legislative.
legislatura s.f. legislatura.
legitimar v.t. to legitimate, to legitimize.
legitimidad s.f. legitimacy, justice.
legítimo, -a adj. 1 legitimate, rightful, just. 2 authentic, real. 3 pure.
lego, -a adj. 1 lay, laic, secular. 2 ignorant, uninformed. || s.m. 3 layman.
legua s.f. league.
legumbre s.f. pot, vegetable.
leguminoso, -a adj. 1 leguminous. || s.m. y f. 2 pulse, leguminous plant.
leíble adj. legible.
leído, -a p.p. 1 de leer. || adj. 2 wellread. 3 read.
leitmotiv s.m. leitmotiv, leitmotif.
lejanía s.f. distance.
lejano, -a adj. distant, far off.
lejía s.f. bleach, lye.
lejos adv. 1 far, far away. || s.m. 2 distant view, appearance from a distance.
lelo, -a adj. 1 silly, simple. || s.m. y f. 2 simpleton, fool.
lema s.m. 1 theme, subject. 2 epigraph. 3 slogan.
lencería s.f. linen, drapery, lingerie.
lengua s.f. 1 tongue. 2 language, tongue. 3 clapper. 4 neck.
lenguado s.m. sole.
lenguaje s.m. 1 speech. 2 language. 3 idiom. 4 stile.
lengüeta s.f. 1 epiglottis. 2 reed. 3 pointer, needle. 4 flap, tongue. 5 barb, bit. 6 paper cutter.
lenocinio s.m. pimping, procuring.
lente s.m. y f. 1 lens, magnifying glass. || m.pl. 2 glasses, spectacles. || 3 lentes de contacto/lentillas, contact lenses.
lenteja s.f. 1 lentil. 2 bob.
lentejuela s.f. sequin, spangle.
lento, -a adj. 1 slow. 2 sluggish.
leña s.f. 1 firewood, kindling. 2 rough play, thrashing.
leñador, -ora s.m. y f. woodcutter.
leño s.m. 1 log, firewood. 2 vessel.
leñoso, -a adj. ligneous.
león s.m. lion.

leonado, -a *adj.* fulvous, tawny.

leonera *s.f.* 1 lion's cage, lion's den. 2 gambling den.

leopardo *s.m. y f.* leopard.

leotardo *s.m.* 1 leotard. || *pl.* 2 tights.

lepidóptero, -a *adj./s.m. y f.* lepidopterous, lepidopteran.

lepra *s.f.* leprosy.

leproso, -a *adj./s.m. y f.* leprous, leper.

lerdo. -a *adj.* 1 dull dim. 2 sluggish, slow witted. || *s.m.* 3 dullard, sluggard.

les *pron.pers.* 3.ª *pers.m.* (to) them, you.

lesbiano, -a *adj. y s.f.* lesbian.

lesión *s.f.* 1 injury, lesion. 2 damage. || *pl.* 3 assault and battery.

leso, -a *adj.* 1 injured, wronged. 2 disturbed, warped.

letal *adj.* lethal, deadly.

letanía *s.f.* litany.

letargo *s.m.* lethargy.

letón, -ona *adj. y s.m. y f.* Latvian, Lettish.

letra *s.f.* 1 letter. 2 sound. 3 handwriting, writing. 4 character, letter. 5 meaning, literal meaning. 6 rondeau. 7 lyrics, words.

letrado, -a *adj.* 1 lettered, learned. 2 pedantic. || *s.m. y f.* 3 lawyer.

letrero *s.m.* sign, poster.

letrilla *s.f.* rondeau.

letrina *s.f.* 1 latrine, privy. 2 sewer.

leucocito *s.m.* leucocyte.

levadizo, -a *adj.* **puente –,** drawbridge.

levadura *adj.* leaven, yeast.

levantar *v.t.* 1 to raise, to set. 2 to lift, to pick up. 3 to throw up. 4 to erect, to raise. 5 to draw up. 6 to weigh. 7 to levy, to recruit. 8 to rear, to flush out.

levante *s.m.* 1 East Orient. 2 East wind.

levantino, -a *adj.* Levantine.

levar *v.t.* 1 to weigh. || *v.i.* 2 to set sail, to weigh anchor.

leve *adj.* 1 light. 2 slight, trivial.

levita *s.m.* 1 Levite. 2 frock, coat.

levitación *s.f.* levitation.

léxico *adj.* 1 lexical. || *s.m.* 2 lexicon.

lexicón *s.m.* lexicon, dictionary.

ley *s.f.* 1 law. 2 bill, act. 3 rule, law. 4 measure, quality. 5 loyalty.

liana *s.f.* liana.

liar *v.t.* 1 to lie, to bind. 2 to wrap, to roll. 3 to coax, to involve. 4 to muddle up, to complicate. || *v.pron.* 5 to wrap oneself up.

libanés, -esa *adj./s.m. y f.* Lebanese.

libelo *s.m.* 1 lampoon, satire, 2 libel.

libélula *s.f.* dragonfly, libellula.

liberación *s.f.* liberation, release.

liberal *adj. y s.m.* liberal, lavish.

liberar *v.t.* to liberate, to free.

libertad *s.f.* 1 liberty, freedom. 2 ease, familiarity. || *pl.* 3 liberties.

libertar *v.t.* 1 to liberate, to set free. 2 to exempt, to release from.

liberto, -a *adj.* 1 emancipated. || *s.m. y f.* 2 freedman/woman.

libio, -a *adj./s.m. y f.* Libyan.

libra *s.m.* 1 pound. 2 pound sterling.

libranza *s.f.* 1 order of payment. 2 draft.

librar *v.t. y pron.* 1 to save, to recue. 2 to free, to liberate, to deliver. 3 to relieve, to exempt. 4 to join in, to engage. 5 to draw 6 to pronounce, to promulgate. 7 to give birth.

libre *adj.* 1 free. 2 open. 3 clear, vacant. 4 bold, outspoken; licentious.

librería *s.f.* 1 library. 2 bookshop.

libreta *s.f.* 1 notebook. 2 savings book, bank book, pass book.

libreto *s.m.* libretto.

librillo *s.m.* 1 small book, booklette. 2 third stomach.

libro *s.m.* 1 book. 2 volume. 3 third stomach, omasum. 4 record book, register. 5 notebook. 6 libretto.

licenciado, -a *p.p.* de **licenciar**. || *adj.* 2 graduated. || *s.m. y f.* 3 graduate, bachelor. 4 lawyer.

licenciar *v.t.* 1 to dismisse, to confer a bachelor's degree. 2 to licence, to authorize. 3 to discharge, to demobilize. || *v.pron.* 4 to graduate.

licenciatura *s.f.* 1 bachelor's degree. 2 university degree. 3 graduation.

liceo *s.m.* 1 literary society. 2 Lyceum. 3 grammar school, high school.

lícito, -a *adj.* lawful, legal, allowed.

licor *s.m.* liquid, liqueur.

licuar *v.t. y pron.* **1** to liquify. **2** to liquate.

licurgo, -a *adj.* **1** inteligent, witty, sharp. || *s.m.* **2** legislator.

lid *s.f.* fight, combat, dispute.

liderato *s.m.* leadership.

líder *s.m. y f.* **1** leader. **2** league leader.

lidiar *v.t.* **1** to bullfight. **2** to fight agains/for, to put up with.

liebre *s.f.* **1** hare. **2** coward, mouse.

liendre *s.f.* nit.

lienzo *s.m.* **1** linen, canvas. **2** fabric, material, cloth. **3** painting, picture. **4** stretch.

liga *s.f.* **1** band, suspender, garter. **2** league. **3** alloy.

ligadura *s.f.* **1** ligature. **2** lashing. **3** bond.

ligamento *s.m.* ligament.

ligamiento *s.m.* **1** tie. **2** tying, attaching. **3** harmony.

ligar *v.t. y pron.* **1** to fasten. **2** to join, to unite, to slur. || *v.i.* **3** to mix.

ligazón *s.f.* bond, tie, union.

ligero, -a *adj.* **1** light. **2** swift, quick, rapid. **3** agile. **4** superficial, flippant, frivolous. **5** weak.

liguero *adj.* **1** league. || *s.m.* **2** suspender belt, gamer belt.

lijar *v.t.* to sandpaper.

lila *s.f* **1** lilac. **2** lilac. **3** fool, twit.

liliputiense *adj./s.m. y f.* Lilliputian.

lima *s.f.* **1** file, filling. **2** lime.

limar *v.t.* to file, to file down.

limbo *s.m.* **1** limbo. **2** limb, hem, edge.

limitar *v.t.* **1** to limit. || *v.i.* **2** to border on. || *v.pron.* **3** to limit oneself.

límite *s.m.* **1** limit, end, ceiling. || *pl.* **2** boundaries, borders.

limítrofe *adj.* bordering, neighbouring.

limón *s.m.* **1** lemon, lemon tree. **2** shaft.

limonada *s.f.* lemonade, lemon juice.

limpiar *v.t./i. y pron.* **1** to clean, to cleanse. **2** to wipe, to wipe off. **3** to weep. **4** to shine, to polish. **5** to pinch, to nick, to clean out. **6** to purify, to clear up, to mop up. **7** to prune.

limpio, -a *adj.* **1** clean, tidy, neat. **2** pure. **3** free, clear. || *adv.* **4** fairly.

linaje *s.m.* **1** leanage, family, line. **2** genre, kind, category. **3** nobility.

linaza *s.f.* linseed, flax seed.

lince *s.m.* **1** lynx wild cat. **2** crafty.

linchar *v.t.* to lynch.

lindar *v.i.* **1** to border. **2** to extend to. **3** to be about on.

lindeza *s.f.* **1** beauty. || *pl.* **2** insults.

lindo, -a *adj.* **1** pretty, lovely, nice, charming. || *s.m.* **2** coxcomb.

línea *s.f.* line.

linear *adj.* **1** linear. || *v.t.* **2** to draw lines.

linfa *s.f.* lymph.

linfocito *s.m.* lymphocyte.

lingote *s.m.* **1** ingot. **2** pig, slug. **3** gold bar.

lingüista *s.m. y f.* linguist.

lino *s.m.* **1** flax, linen. **2** flax seed.

linóleo *s.m.* linoleum, lino.

linterna *s.f.* **1** lantern, lamp. **2** torch, spotlight, flashlight.

lío *s.m.* **1** bundle, parcel. **2** muddle, mess, trouble. **3** mess, clutter. **4** affair. **5** tale.

liquen *s.m.* lichen.

liquidar *v.t. y v.pron.* **1** to liquefy. **2** to settle, to pay off, to clear. **3** to liquidate. **4** to murder, to kill off.

líquido, -a *adj. y s.* **1** liquid. **2** net profil.

lira *s.f.* **1** lyre. **2** lire. **3** stanza. **4** lyrebird. **5** Lyra.

lírico, -a *adj.* **1** lyric, lyrical; musical. || *s.f.* **2** lyrical poetry.

lirio *s.m.* iris.

lirón *s.m.* dormouse, sleepyhead.

lis *s.f.* **1** lily, iris. **2** fleur de lis.

lisiar *v.t.* **1** to disable, to cripple, to maim. **2** to injure, to hurt.

liso, -a *adj.* **1** flat. **2** smooth. **3** plain.

lisonja *s.f.* **1** flattery. **2** lozenge.

lista *s.f.* **1** band, stripe. **2** list, roll, register roll. **3** catalogue.

listar *v.t.* **1** to list. **2** to stripe.

listín *s.m.* **1** short list. **2** telephone directory/book.

listo, -a *adj.* **1** clever, alert. **2** ready.

listón *s.m.* **1** lath, stripe. **2** listel, fillet. **3** ribbon. **4** bar, pole.

litera *s.f.* 1 berth. 2 litter.
literatura *s.f.* 1 literature. 2 culture.
litigar *v.t.* 1 to ligitate, to go to law. 2 to contend, to dispute, to argue.
litio *s.m.* lithium.
litografía *s.f.* 1 lithography. 2 lithograph.
litoral *adj.* y *s.m.* littoral, coastal.
litosfera *s.f.* lithosphere.
litro *s.m.* litre.
lituano, -a *adj./s.m.* y *f.* Lithuanian.
liturgia *s.f.* liturgy.
liviano, -a *adj.* 1 light, slight. 2 inconstant. 3 loose. || *s.m.* 4 lungs, lights.
lívido *adj.* livid, pale, pallid.
liza *s.f.* 1 lists, combat, contest. 2 mullet. 3 hemp rope.
lizo *s.m.* 1 heddle, headdle, leash. 2 warp, thread.
llaga *s.f.* sore, ulcer; wound.
llagar *v.t.* to wound, to injure.
llama *s.f.* 1 flame. 2 blaze. 3 passion.
llamada *s.f.* 1 call. 2 appeal. 3 knock. 4 ring. 5 gesture, signal.
llamamiento *s.m.* 1 call, calling. 2 appeal, summons.
llamar *v.t.* 1 to call. 2 to call, to call up, to ring up. 3 to summon. 4 to call, to ask for. 5 fo invoke. 6 to name. 7 to appeal. 8 to beckon. 9 to attract. || *v.i.* 10 to knock, to ring. || *v.pron.* 11 to be called.
llamarada *s.f.* 1 sudden flame, flameup. 2 flushing, flush. 3 outburst.
llamativo, -a *adj.* gaudy, loud, flashy.
llamear *v.i.* to flame, to blaze.
llanero, -a *s.m.* y *f.* plainsman, plainswoman.
llaneza *s.f.* 1 simplicity, sincerity. 2 informality.
llano, -a *adj.* 1 even, smooth, level, flat. 2 frank, straightforward. 3 simple, natural. 4 informal. 5 common. 6 paroxytone. || *s.m.* y *s.f.* 7 plain.
llanta *s.f.* 1 rim. 2 hoop. 3 flat piece of iron. 4 tyre, tyre casing.
llanto *s.m.* 1 crying, weeping. 2 tears, flood of tears.
llanura *s.f.* plain, extensive plain.
llave *s.f.* 1 key. 2 tap, faucet, cock. 3

switch. 4 lock. 5 clef. 6 brace. 7 spanner.
llavero, -a *s.m.* y *f.* 1 keeper of the keys. 2 key maker. || *s.m.* 3 key ring.
llegada *s.f.* arrival; coming.
llegar *v.i.* 1 to arrive. 2 to come. 3 to reach; to attain. 4 [– *inf.*] to manage to, to succeed in. 5 to come to, to reach. 6 to account to. 7 to be enough, to suffice. 8 to last. 9 to get to. 10 to have time to. || *v.t.* 11 to bring up, to draw up. || *v.pron.* 12 to approach. 13 to go round.
llenar *v.t.* 1 to fill. 2 to stuff. 3 to occupy, to take up. 4 to fulfil. 5 to shower, to overwhelm; to load. 6 to please. 7 to fill in. 8 to pervade. || *v.pron.* 9 to get crowded. 10 to fill up, to overeat, to stuff oneself.
lleno, -a *adj.* 1 full. 2 crowded. 3 replete, complete. 4 pregnant. 5 plump. || *s.m.* 6 full house.
llevadero, -a *adj.* tolerable, bearable.
llevar *v.t.* 1 to lake. 2 to carry. 3 to wear. 4 to bear. 5 to charge. 6 to keep. 7 to lead. 8 to run, to manage. 9 to have. || *v.pron.* 10 to take away, to carry away. || 11 to go.
llorar *v.i.* y *f.* 1 to cry, to weep. 2 to water. 3 to lament. 4 to drip.
lloriquear *v.i.* to whimper, to whine.
lloriqueo *s.m.* whimper, whining.
llorón, -ona *adj.* 1 wheeping, snivelling. 2 whining. || *s.m.* 3 weeper; crybaby. || *s.f.* 4 weeper; hired mourner. || 5 **sauce** –, wee-ping willow.
lloroso, -a *adj.* tearful; weeping; sad.
llover *v.imp.* 1 to rain. 2 to shower.
lloviznar *v.imp.* to drizzle.
lluvia *s.f.* 1 rain. 2 rainfall. 3 rainwater. 4 shower. 5 hail. 6 mass, heap.
lluvioso, -a *adj.* wet, rainy.
lo *art.det.n.* 1 the. || *pron.pers.* 3.ª *pers.m.* 2 him, you, it, that. || 3 **a –, a)** in the. **b) a – sumo,** at the most. 4 **así – creo,** I think so. 5 **– + adj.,** how + adj. 6 **– de, a)** the affair of the business about; **b) –** *inf., the idea of.* **– que,** what. 7 **– que es eso,** as for that. 8 **por –,** because of.
loable *adj.* laudable, praiseworthy.
loar *v.t.* to praise.
loba *s.f.* 1 she-wolf. 2 ridge. 3 soutane.
lobagante *s.m.* lobster.

lobezno *s.m.* wolf cub.

lobo *adj.* 1 shrewd, cunning, shy. ‖ *s.m.* 2 wolf. 3 loach. 4 iron for climbing walls. 5 fox, coyote.

lóbrego, -a *adj.* gloomy, dark, murky.

lóbulo *s.m.* lobe, lobule.

locación *s.f.* lease.

local *adj.* 1 local. ‖ *s.m.* 2 place, site, scene, rooms. 3 premises, headquaters.

localidad *s.f.* 1 locallity, location, place. 2 seat, ticket. 3 **reserva de localidades,** booking, advanced booking.

localizar *v.t. y pron.* 1 to find, to locate. 2 to situate, to track down, to localize.

locativo, -a *adj.* 1 leasing. 2 locative.

loción *s.f.* lotion, wash.

loco, -a *adj.* 1 mad, crazy, insane. 2 fantastic, ridiculous. 3 huge, tremendous. 4 free, loose. ‖ *s.m. y f.* 5 lunatic.

locomoción *s.f.* locomotion.

locomotora *adj.* 1 locomotor, locomotive. ‖ *s.f.* 2 engine.

locuaz *adj.* loquatious, talkative.

locución *s.f.* phrase, expression.

locura *s.f.* 1 madness. 2 crazy thing. 3 mad passion. ‖ *pl.* 4 folly.

locutor, -ora *s.m. y f.* announcer, commentator, presenter, newscaster.

locutorio *s.m.* 1 locutory, parlour, visiting room. 2 booth, telephone box.

lodo *s.m.* mud, mire, sludge.

logia *c.f.* lodge.

lógico, -a *adj.* 1 logical. ‖ *s.m.* 2 logician. ‖ *s.f.* 3 logic.

lograr *v.t.* 1 to get, to obtain. 2 to twin. 3 to succeed in. 4 to satisfy. ‖ *v.pron.* 5 to be successful.

logro *s.m.* 1 achievement. 2 realization, satisfaction, fulfilment. 3 winning, success.

loma *s.f.* 1 hillock. 2 slope.

lombriz *s.f.* earthworm.

lomo *s.m.* 1 back. 2 loin. 3 balk, ridge. 4 spine, back.

lona *s.f.* 1 sailcloth, canvas. 2 bigtop.

longaniza *s.f.* sausage.

longevidad *s.f.* longevity.

longitud *s.f.* 1 length. 2 longitude.

lonja *s.f.* 1 slice, rasher. 2 market exchange. 3 wool warehouse. 4 grocer's shop. 5 porch.

loquear *v.i.* to act like a fool.

loquera *s.f.* 1 padded cell. 2 madhouse.

lord *s.m.* Lord.

loro *adj.* 1 dark brown. ‖ *s.m.* 2 parrot. 3 cherry laurel.

los *art.det.m.pl.* 1 the. ‖ *pron.pers.m.pl.* 2 them. ‖ 3 – **que,** those which/who, the ones.

losa *s.f.* 1 stone slab, paving stone, flagstone, tile. 2 grave stone.

losar *v.t.* to tile, to pave, to flag.

lote *s.m.* 1 share, portion. 2 lot.

lotería *s.f.* lutery.

loto *s.m.* lotus.

loza *s.f.* 1 earthenware. 2 crockery.

lozanía *s.f.* 1 luxuriance. 2 vigour.

lozano, -a *adj.* 1 luxuriant, fresh, rank, profuse, lush. 2 vigorous, lively.

lubina *s.f.* bass.

lubricante *adj.* 1 lubricant, lubricating. ‖ *s.m.* 2 lubricant.

lubricar *v.t.* to lubricate.

lúbrico, -a *adj.* lubricous, lewd.

lucerna *s.f.* chandelier, skylight.

lucero *s.m.* 1 bright star, evening/morning star, Venus. 2 window shutter.

lucha *s.f.* 1 fight, battle, war. 2 struggle, strife. 3 dispute, contest. 4 wrestling.

lucidez *s.f.* lucidity, clarity.

lucido, -a *p.p.* 1 de **lucir.** ‖ *adj.* 2 brilliant, successful, sumptuous.

lúcido, -a *adj.* lucid, clear.

luciérnaga *s.f.* glowworm.

lucifer *s.m.* 1 Lucifer. 2 demon.

lucir *v.i.* 1 to shine, to give off light. 2 to glitter, to sparkle. 3 to look nice. ‖ *v.i.* 4 to iluminate. ‖ *v.pron.* 5 to dress up.

lucrar *v.t.* 1 to gain, to obtain, to win. ‖ *v.pron.* 2 to profit, to enrich oneself.

lucrativo, -a *adj.* lucrative, profitable.

lucro *s.m.* gain, profit, benefit.

lucubrar *v.t.* to lucubrate.

luego *adv.* 1 then, afterwards. 2 then, next. 3 later, later on. 4 soon, at once, straightaway. ‖ *conj.* 5 therefore. 6 sometimes, at times. 7 near, close by.

luengo, -a *adj.* long.

lugar *s.m.* 1 place, spot. 2 room. 3 village, locality. 4 part, passage. 5 position, post, office. 6 time, moment. 7 reason.

lugarteniente *s.m.* deputy, lieutenant.

lúgubre *adj.* lugubrious, dismal.

lujo *s.m.* 1 luxury, sumptuousness, lavishness. 2 profusion, wealth, abundance.

lujoso, -a *adj.* luxurious, sumptuous.

lujuria *s.f.* lust, lechery, lust.

lumbago *s.m.* lumbago.

lumbar *adj.* lumbar.

lumbre *s.f.* 1 fire. 2 glow, light. 3 luminary. 4 brilliance. 5 tinder box.

lumbrera *s.f.* 1 luminary, light, skylight. 2 vent port. 3 authority.

luminar *s.m.* luminary.

iuminoso, -a *adj.* luminous, bright.

luna *s.f.* 1 moon. 2 moonlight. 3 mirror glass. 4 window pane.

lunar *adj.* 1 lunar. II *s.m.* 2 mole, spot, stain. 3 flaw, blemish, blot.

lunático, -a *adj.* lunatic, whimsical.

lunes *s.m.* Monday.

luneta *s.f.* 1 glass. 2 half-moon shape.

lupa *s.f.* magnifying glass.

lustrabotas *s.m.* bootblack.

lustrar *v.t.* to polish, to shine.

lustre *adj.* 1 lustre, shine, gloss, polish. 2 sheen, gloss. 3 splendour, distinction, glory. 4 shoe polish.

lustro *s.m.* 1 lustre, lustrum, period of five years. 2 hanging lamp, chandelier.

luto *s.m.* 1 mourning. 2 grief, sorrow.

luz *s.f.* 1 light, daylight, daytime, day; sparkle. 2 lamp, lightning, electricity, electric current. 3 electricity bill. 4 window, opening, aperture; span, space. 5 luminary, guiding light.

M

m, M *s.f.* m, M (letra).
macabro, -a *adj.* macabre.
macaco, -a *adj.* 1 (Am.) ugly. ‖ *s.m.* 2 macaque.
macanada *s.f.* nonsense.
macanudo, -a *adj.* terrific, great.
macedonia *s.f.* fruit salad.
macerar *v.t. y pron.* 1 to soften, to macerate. 2 to mortify oneself.
maceta *s.f.* flowerpot.
machacador, -a *adj.* crushing, grinding.
machacar *v.t. e i.* 1 to crush, to mash. 2 to grind. 3 to persist.
machacón, -a *adj.* tiring, tiresome.
machado, -a *adj.* (Am.) drunk.
machificar *v.t.* (Am.) to trick.
machismo *s.m.* sexism, machismo.
macho *adj. y s.m.* 1 male. 2 mule. 3 pin, peg. 4 plug. 5 (fam.) tough guy.
macilento, -a *adj.* emaciated, gaunt.
macizo, -a *adj. y s.m.* compact.
mácula *s.f.* stain.
macuto *s.m.* rucksack.
madeja *s.f.* 1 hank. 2 mop of hair.
madera *s.f.* 1 wood. 2 timber. 3 (fig.) nature, character.
maderero, -a *adj./s.m. y f.* 1 wood. 2 timber merchant. 3 (fig.) dope, clot.
madrastra *s.f.* stepmother.
madraza *s.f.* indulgent mother.
madre *s.f.* mother.
madreperla *s.f.* mother-of-pearl.
madrépora *s.f.* white coral.
madreselva *s.f.* honeysuckle.
madriguera *s.f.* den, burrow.

madrina *s.f.* 1 bridesmaid (de boda). 2 godmother (de un niño).
madroño *s.m.* 1 strawberry bush. 2 strawberry.
madrugada *s.f.* 1 early morning. 2 daybreak, dawn.
madrugar *v.i.* to get up early.
maduración *s.f.* ripening, maturing.
madurar *v.t., i. y r.* 1 to ripen, ‖ *v.t.* 2 to think over, to ponder.
madurez *s.f.* ripeness, maturity.
maduro, -a *adj.* ripe, mature.
maestre *s.m.* grand master.
maestría *s.f.* 1 mastery, skill. 2 master's degree.
maestro, -a *adj./s.m. y f.* 1 master. 2 main, principal. 3 teacher, schoolmaster.
magdalena *s.f.* 1 sorrowful woman. 2 sponge cake.
magia *s.f.* magic.
mágico, -a *adj./s.m. y f.* 1 magic, magical. 2 magician.
magisterio *s.m.* teaching.
magistrado, -a *s.m. y f.* magistrate.
magistral *adj.* magistral.
magistratura *s.f.* magistracy.
magnánimo, -a *adj.* magnanimous.
magnate *s.m.* magnate, tycoon.
magnesio *s.m.* magnesium.
magnético, -a *adj.* magnetic.
magnetismo *s.m.* magnetism.
magnetizar *v.t.* to magnetize.
magnetófono o **magnetofono** *s.m.* tape recorder.
magnicidio *s.m.* assassination.
magnificar *v.t.* 1 to praise. 2 to exalt.

magnífico, -a *adj.* magnificent, wonderful.

magnitud *s.f.* magnitude.

magno, -a *adj.* 1 great. 2 illustrious.

magnolia *s.f.* magnolia.

mago, -a *s.m. y f.* magician, wizard.

magro, -a *adj.* 1 thin, skinny. 2 lean.

magrura o **magrez** *s.f.* 1 thinness, 2 leanness.

magullar *v.t. y pron.* to bruise.

mahometano, -a *adj./s.m. y f.* Mahommedan.

maicena *s.f.* cornflour.

maíz *s.m.* maize, (EE.UU.) corn.

majadero, -a *adj./s.m. y f.* silly, foolish.

majara *adj./s.m. y f.* crazy, lunatic.

majestad *s.f.* majesty.

majo, -a *adj.* nice, friendly.

mal *adj./adv. y s.m.* 1 badly. 2 bad. 3 evil. 4 harm. 5 illness.

malabarista *s.m. y f.* juggler.

malaconsejado, -a *adj.* ill-advised.

malagana *s.f.* faint (desmayo).

malandanza *s.f.* bad luck, misfortune.

malaquita *s.f.* malachite.

malaria *s.f.* malaria.

malaventurado, -a *adj.* unfortunate.

malbaratar *v.t.* to squander, to waste.

malcriado, -a *adj.* bad-mannered.

maicriar *v.t.* to bring up badly.

maldad *s.f.* badness, evil.

maldecir *v.t.* 1 to curse. 2 to abhor. 3 to swear.

maldición *s.f.* curse.

maldito, -a *adj.* accursed, damned.

maleable *adj.* malleable.

maleante *adj./s.m. y f.* 1 malignant. 2 tramp, vagrant.

malear *v.t. y pron.* 1 to corrupt. 2 to spoil.

malecón *s.m.* dike.

maleducado, -a *adj./s.m. y f.* bad-mannered.

maleducar *v.t.* to bring up badly.

maleficiar *v.t.* 1 to hud. 2 to bewitch.

maleficio *s.m.* hurt, witchcraft.

maléfico, -a *adj./s.m. y f.* 1 evil. 2 sorcerer.

malentender *v.t.* to misunderstand.

malestar *s.m.* sickness.

maleta *s.f.* suitcase, case.

maletero *s.m.* 1 boot. 2 suitcase maker.

maletilla *s.m.* novice bullfighter.

maletín *s.m.* attaché case, briefcase.

malévolo, -a *adj.* malevolent, spiteful.

maleza *s.f.* undergrowth.

malformación *s.f.* deformity.

malgastador, -ora *adj./s.m. y f.* wasteful, spendthrift.

malgastar *v.t.* to waste, to squander.

malhablado, -a *adj./s.m. y f.* rude, foulmouthed.

malhechor, -a *adj./s.m. y f.* 1 wicked. 2 criminal.

malherir *v.t.* to injure seriously.

malhumorado, -a *adj.* angry.

malhumorar *v.t. y pron.* to annoy.

malicia *s.f.* evil, malice.

maliciar *v.t. y pron.* to mistrust.

malicioso, -a *adj.* malicious, spiteful.

maligno, -a *adj.* malignant.

malintencionado, -a *adj./s.m. y f.* ill-intentioned.

malla *s.f.* 1 mesh. 2 net.

malo, -a *adj.* 1 bad. 2 evil. 3 harmful. 4 naughty. 5 ill. 6 useless.

malograr *v.t. y pron.* 1 to waste. 2 to fail.

maloliente *adj.* stinking, smelly.

malparado, -a *adj.* damaged.

malparar *v.t.* 1 to damage. 2 to hurt.

malparir *v.i.* to have a miscarriage.

malparto *s.m.* miscarriage.

malquerer *v.t.* to dislike.

malsano, -a *adj.* unhealthy.

malsonante *adj.* off/ill-sounding.

malta *s.m.* malt.

maltratar *v.t.* to maltreat, to ill-treat.

maltrato *s.m.* ill-treatment.

maltrecho, -a *adj.* injured, battered.

malva *s.f.* mallow.

malvado, -a *adj.* evil, wicked.

malvender *v.t.* to undersell.

malversador, -a *adj./s.m. y f.* embezzling.

malversar *v.t.* to embezzle.

malvivir *v.i.* to live badly.

mama *s.f.* breast.

mamá *s.f.* mum, mummy.

mamada *s.f.* 1 suck. 2 mouthful.

mamado, -a adj. drunk.
mamagrande s.f. (Am.) grandmother.
mamar v.t. to suck.
mamífero s.m. mammal.
mamila s.f. udder, teat.
mamón, -a adj. suckling, unweaned.
mamotreto s.m. large book.
mampara s.f. frame.
mamporro s.m. clout, blow.
mampostería s.f. rubblework.
mamut s.m. mammoth.
maná s.m. manna.
manada s.f. herd, pack, pride.
manager s.m. manager.
manantial s.m. spring, source.
manar v.i. to flow, to run.
mancar v.t. y pron. to cripple, to maim.
manceba s.f. concubine.
mancebo s.m. youth, young man.
mancha s.f. stain, spot.
manchado, -a adj. stained, dirty.
manchar v.t. to stain, to dirty.
mancillar v.t. to sully, to stain.
manco, -a adj./s.m. y f. 1 one-armed.
2 one-handed.
mancomunidad s.f. commonwealth.
mandado, -a s.m. y f. lackey, tool.
mandamás s.m. y f. leader, boss.
mandamiento s.m. 1 commandment.
2 command, order.
mandar v.t. 1 to order. 2 to send. 3 to rule.
mandarina s.f. mandarin.
mandatario, -a s.m. y f. agent.
mandato s.m. 1 order. 2 mandate.
mandíbula s.f. jaw.
mandil s.m. apron.
mando s.m. command, control.
mandolina s.f. mandolin.
mandón, -a adj./s.m. y f. bossy.
mandrágora s.f. mandrake.
mandril s.m. mandril.
manecilla s.f. hand.
manejable adj. manageable.
manejar v.t. 1 to handle. 2 to use. 3 to
operate, to run. 4 to manage.
manejo s.m. 1 handling. 2 running. 3
(Am.) driving.
manera s.f. 1 way, manner, method.
2 type kind. || pl. 3 manners.

manga s.f. 1 sleeve. 2 hose. 3 beam.
manganeso s.m. manganese.
mangante adj. 1 scrounging. || s.m. y f.
2 scrounger.
mangar v.t. (fam.) to pinch, to swipe.
mango s.m. 1 handle. 2 mango.
mangonear v.i. to meddle, to interfere.
mangoneo s.m. meddling, interfering.
mangosta s.f. mongoose.
manguera s.f. hose.
manguito s.m. 1 muff. 2 oversleeve.
maní s.m. (Am.) peanut.
manía s.f. mania, obsession.
maníaco, -a o **maniático, -a** adj.
1 maniacal, crazy. 2 obsessive. 3 odd,
eccentric. || s.m. y f. 4 maniac.
maniatar v.t. to tie the hands of.
manicomio s.m. mental hospital.
manicura s.f. manicure.
manicuro s.m. y f. manicurist.
manido, -a adj. 1 off. 2 high. 3 stale.
manifestación s.f. show, demonstra-
tion.
manifestante s.m. y f. demonstrator.
manifestar v.t. 1 to manifest, to show.
2 to declare, to state. || v.pron. 3 to dem-
onstrate.
manifiesto, -a adj. 1 obvious, clear,
manifest. || s.m. 2 manifesto.
manilla s.f. 1 bracelet. 2 handle.
manillar s.m. handlebars.
maniobra s.f. 1 handling. 2 control,
managing. || pl. 3 manoeuvres.
maniobrar v.t. 1 to operate, to handle
(máquinas). 2 to manoeuvre. 3 to drive.
manipulación s.f. manipulation.
manipulador, -a adj. 1 manipulating.
|| s.m. y f. 2 manipulator.
manipular v.t. to manipulate, to handle.
maniquí s.m. y f. dummy, mannequin.
manisero, -a s.m. y f. (Am.) peanut
seller.
manitas s.m. y f. handyman.
manito, -a s.m. y f. (Am.) mate, pal.
manivela s.f. crank.
manjar s.m. 1 food. 2 tasty dish.
mano s.f. 1 hand. 2 front foot, forefoot.
3 foot. 4 coat. 5 side.
manojo s.m. bunch.

manopla *s.f.* mitten.

manosear *v.t.* to touch, to handle.

manotazo *s.m.* slap, smack.

manotear *v.i.* to gesticulate.

mansedumbre *s.f.* tameness.

mansión *s.f.* 1 mansion. 2 slay.

manso, -a *adj.* 1 gentle. 2 tame. 3 mild. || *s.m.* 4 bellwether. 5 country house.

manta *s.f.* blanket.

manteca *s.f.* fat, animal fat, grease.

mantecado *s.m.* 1 roll, bun (rollo). 2 ice cream (helado).

mantecoso, -a *adj.* greasy, fatty.

mantel *s.m.* tablecloth.

mantelería *s.f.* table linen.

mantenedor, -a *s.m.* y *f.* 1 chairman, presenter (de concursos, certamen). 2 president (presidente). 3 juryman (miembro de un jurado).

mantenencia *s.f.* maintenence.

mantener *v.t.* y *pron.* 1 to maintain, to keep. 2 to hold. 3 to feed, to support.

mantenimiento *s.m.* 1 maintenance, holding. 2 sustenance. 3 provisioning.

mantequería *s.f.* dairy.

mantequero, -a *s.m.* y *f.* 1 dairyman (hombre); dairymaid (mujer). || *adj.* 2 butter.

mantequilla *s.f.* butter.

mantilla *s.f.* mantilla.

mantillo *s.m.* humus, mould.

manto *s.m.* cloak.

mantón *s.m.* shawl.

manual *adj.* 1 manual. || *s.m.* 2 handbook.

manubrio, -a *s.m.* y *f.* crank.

manufacturar *v.t.* to manufacture.

manuscrito, -a *adj.* y *s.m.* manuscript.

manutención *s.f.* feeding.

manzana *s.f.* 1 apple. 2 block.

manzanilla *s.m.* camomile.

manzano *s.m.* apple tree.

maña *s.f.* skill, ability.

mañana *s.f.* 1 morning. || *s.m.* 2 future. || *adv.* 3 tomorrow.

mañoso, -a *adj.* skilful, clever.

mapa *s.m.* map.

mapache *s.m.* racoon.

maqueta *s.f.* 1 model. 2 dummy.

maquillador, -a *s.m.* y *f.* make-up artist.

maquillaje *s.m.* make-up.

maquillar *v.t.* y *pron.* to make up.

máquina *s.f.* 1 machine; locomotive, engine; camera. || 2 **– de afeitar**, razor. 3 **– de coser**, sewing machine. 4 **– de escribir**, typewriter.

maquinar *v.t.* to machinate, to plot.

maquinaria *s.f.* 1 machinery, 2 mechanism, works.

maquinista *s.m.* y *f.* machine worker.

mar *s.m.* o *f.* 1 sea. || 2 **alta –**, high seas.

maraca *s.f.* maraca.

maraña *s.f.* 1 thicket. 2 mess.

maratón *s.m.* y *f.* marathon.

maravilla *s.f.* marvel, wonder.

maravillar *v.t.* to astonish, to amaze.

maravilloso, -a *adj.* marvellous, wonderful.

marca *s.f.* 1 mark. 2 record. 3 brand, trademark.

marcado, -a *adj.* 1 marked. 2 pronounced (acento).

marcador, -ora *adj.* 1 marking. || *s.m.* 2 scoreboard.

marcaje *s.m.* marking.

marcar *v.t.* 1 to mark; to indicate; to distinguish. 2 to dial. 3 to score.

marcha *s.f.* 1 marcha. 2 speed. 3 gear. 4 running. 5 walk. 6 course. || 7 **¡en – !**, let's go! 8 **poner en –**, to stad up.

marchamo *s.m.* stamp.

marchante, -a *s.m.* y *f.* commercial traveller.

marchar *v.i.* 1 to go, to travel. 2 to work, to run. 3 to march. || *v.pron.* 4 to leave.

marchitar *v.t.* y *pron.* to wither, to dry up, to shrivel.

marchito, -a *adj.* withered, shrivelled.

marcial *adj.* 1 martial. 2 military.

marciano, -a *adj./s.m.* y *f.* Martian.

marco *s.m.* 1 mark. 2 frame. 3 setting.

marea *s.f.* tide.

mareado, -a *adj.* 1 sick, ill. 2 seasick.

marear *v.t.* 1 to sail. 2 to captain. 3 to make someone feel sick. 4 to make someone seasick. 5 to make someone dizzy. 6 (fig.) to annoy. || *v.pron.* 7 to get seasick; to feel sick; to feel dizzy.

marejada *s.f.* heavy swell, rough sea.

maremágnum *s.m.* noisy crowd.

maremoto *s.m.* tidal wave.

mareo *s.m.* 1 sickness. 2 seasickness.

marfil *s.m.* ivory.

margarina *s.f.* margarine.

margarita *s.f.* daisy.

margen *s.m.* 1 border, edge. 2 side, bank. 3 margin. 4 profit margin.

marginado, -a *adj.* 1 on the outside. || *s.m. y f.* 2 outcast.

marginal *adj.* marginal.

marginar *v.t.* to exclude.

marica *s.m.* 1 (fam.) puff, pansy. 2 gay.

maricón, -a *s.m. y f.* (fam. y desp.) puff, queer.

maridar *v.i.* 1 to marry. || *v.t.* 2 to join, to unite.

marido *s.m.* husband.

marihuana o **marijuana** *s.f.* marijuana, (fam.) grass.

marimandona *s.f.* (fam.) battle-axe.

marimba *s.f.* 1 drum. 2 (Am.) marimba.

marina *s.f.* 1 coast. 2 navy. 3 navigation. 4 seascape.

marinar *v.t.* 1 to marinate. 2 to man.

marinear *v.i.* to work on a boat.

marinería *s.f.* 1 seamanship. 2 sailoring. 3 crew.

marinero, -a *adj.* 1 sea, marine. 2 seaworthy. || *s.m. y f.* 3 sailor, seaman. || *s.f.* 4 sailor blouse.

marino, -a *adj.* 1 sea, marine. || *s.m.* 2 sailor, seaman.

marioneta *s.f.* 1 puppet. 2 puppet show.

mariposa *s.f.* butterfly.

mariposear *v.i.* to be fickle; to be inconsistent; to flirt.

mariscal *s.m.* marshall.

marisco *s.m.* shellfish, seafood.

marisma *s.f.* mudflats.

marítimo, -a *adj.* maritime, marine.

marmita *s.f.* pot, pan.

mármol *s.m.* marble.

marmolista *s.m.* marble cutter.

marmota *s.f.* 1 marmot. 2 (fig.) sleepyhead.

maroma *s.f.* rope.

marqués, -a *s.m. y f.* marquis, marquess.

marquesina *s.f.* canopy.

marquetería *s.f.* marquetry.

marrana *s.f.* sow.

marranada *s.f.* filth; dirty trick.

marrano *s.m.* 1 pig, hog (puerco). 2 (fig.) pig; swine. || *adj.* 3 filthy, dirty.

marras, de *loc. adv.* same old thing.

marrón *adj.* brown, maroon.

marroquinería *s.f.* leather working.

marrubio *s.m.* horehound.

marrullería *s.f.* low-down.

marrullero, -a *adj./s.m. y f.* nasty.

marsopa o **marsopla** *s.f.* porpoise.

marsupial *adj. y s.m.* marsupial.

marta *s.t.* marten.

martes *s.m.* Tuesday.

martillazo *s.m.* hammer blow.

martillear o **martillar** *v.t.* 1 to hammer. 2 to torment.

martillo *s.m.* hammer.

martín *s.m.* 1 martin. || 2 – **pescador**, kingfisher.

martingala *s.f.* trick; cunning.

mártir *s.m. y f.* martyr.

martirio *s.m.* martyrdom.

martirizador, -ora *adj.* 1 martyring. || *s.m. y f.* 2 torturer.

martirizar *v.t.* to martyr; to torture.

marxismo *s.m.* Marxism.

marzo *s.m.* March.

mas *conj.* but.

más *adv.* 1 more. 2 plus, and. 3 more than, over. 4 past, after. **5 – o menos,** more or less. **6 nada –,** nothing else.

masa *s.f.* 1 mass; dough. 2 (fig.) heap, pile. || *pl.* 3 masses (gente indiferenciada).

masacrar *v.t.* to massacre.

masaje *s.m.* massage.

masajista *s.m. y f.* masseur, masseuse.

mascar *v.t.* 1 to chew. 2 (fam.) to mumble.

máscara *s.f.* 1 mask, disguise; pretence. || *s.m. y f.* 2 masked figure.

mascarilla *s.f.* mask; face mask.

mascarón *s.m.* mascaron.

mascota *s.f.* mascot.

masculinidad *s.f.* masculinity.
masculinizar *v.t.* to make masculine.
masculino, -a *s.m.* 1 masculine. ‖ *adj.* 2 male.
mascullar *v.t.* to mumble, to mutter.
masía *s.f.* farm.
masilla *s.f.* putty.
masivo, -a *adj.* massive.
masón, -ona *s.m./s./s.m. y f.* freemason.
masonería *s.f.* masonry, freemasonry.
masoquismo *s.m.* masochism.
masticación *s.f.* chewing, mastication.
masticar *v.t.* to chew, to masticate.
mástil *s.m.* mast; post; neck.
mastín *s.m.* mastiff.
mastodonte *s.m.* mastodon.
masturbación *s.f.* masturbation.
masturbarse *v.r.* to masturbate.
mata *s.f.* bush, tuft.
matadero *s.m.* slaughterhouse, abattoir.
matador, -a *adj.* 1 killing. ‖ *s.m.* 2 matador.
matanza *s.f.* slaughter, massacre; killing.
matar *v.t.* 1 to kill. 2 to stave off, to stay. 3 to kill oneself, to commit suicide.
matasanos *s.m.* (fam. y desp.) quack, saw-bones (médico).
matasellos *s.m.* postmark.
match *s.m.* match.
mate *s.m.* 1 mate. 2 maté. ‖ *adj.* 3 dull. ‖ 4 **jaque** –, checkmate.
matemático, -a *adj.* 1 mathematical. ‖ *s.m. y f.* 2 mathematician. ‖ *s.f.pl.* 3 mathematics (ciencia).
materia *s.f.* 1 matter; stuff; subject. ‖ 2 – **prima,** raw material.
material *adj. y s.m.* 1 material. ‖ *s.m.* 2 equipment.
materialismo *s.m.* materialism.
materialización *s.f.* materialization.
materializar *v.t. y pron.* to materialize.
maternal *adj.* maternal.
maternidad *s.f.* 1 maternity. 2 maternity hospital.
materno, -a *adj.* 1 motherly, maternal. 2 mother.
matinal *adj.* morning.

matiz *s.m.* 1 shade, tint. 2 (fig.) nuance.
matizar *v.t.* 1 to blend. 2 to vary. 3 to focus. 4 to tinge.
matojo *s.m.* small bush.
matón, -a *s.m. y f.* boaster, braggart.
matorral *s.m.* 1 scrubland. 2 thicket.
matraca *s.f.* rattle.
matriarcado *s.m.* matriarchy.
matrícula *s.f.* 1 registration, enrolment. 2 roll, list. 3 licence plate.
matriculado, -a *adj.* 1 registered. 2 enrolled.
matricular *v.t. y pron.* to enrol, to register, to matriculate.
matrimonial *adj.* marital, matrimonial; married.
matrimoniar *v.i.* to get married.
matrimonio *s.m.* 1 marriage, matrimony. 2 married couple.
matriz *s.f.* 1 womb, uterus. 2 die, mould. 3 matrix. 4 nut. 5 stub. ‖ *adj.* 6 principal.
matrona *s.f.* 1 midwife (partera). 2 matrona. 3 matriarch.
matutino, -a *adj.* morning.
maullar *v.i.* to miaow.
maullido *s.m.* miaow.
mausoleo *s.m.* mausoleum.
maxilar *adj.* 1 maxillary. ‖ *s.m.* 2 jawbone, jaw.
máxima *s.f.* 1 maxim. 2 adage.
máximo, -a *adj. y s.m.* maximum.
mayal *s.m.* flail.
mayestático, -a *adj.* majestic.
mayéutica, -o *s.f. y m.* maieutics.
mayo *s.m.* 1 May. 2 maypole.
mayonesa *s.f.* mayonnaise.
mayor *adj.* 1 bigger, larger. 2 elder, older. 3 biggest, largest. 4 oldest, eldest. 5 greater. 6 greatest. 7 elderly. 8 main, high. ‖ 9 **al por** –, wholesale. 10 **hacerse** –, to grow up. 11 **ser** – **de edad,** to be of age.
mayoral *s.m.* farm foreman.
mayordomo *s.m.* butler.
mayoría *s.f.* 1 majority, most. ‖ 2 **en su** –, in the main. 3 – **absoluta,** absolute majority. 4 – **de edad,** adult age.
mayorista *s.m. y f.* wholesaler.
mayoritario, -a *adj.* majority.
mayúscula *s.f.* capital.

mayúsculo, -a *adj.* 1 capital. 2 enormous, huge.

maza *s.f.* mace; pounder.

mazacote *s.m.* 1 concrete. 2 mess, eyesore. 3 drag, bore. 4 stodgy food.

mazapán *s.m.* marzipan.

mazmorra *s.f.* dungeon.

mazo *s.m.* 1 mallet. 2 pounder. 3 drag, nuisance. 4 bunch.

mazorca *s.f.* ear, cob.

me *pron. personal* 1 (acusativo) me. 2 (dativo) me, to me. 3 (reflexivo) myself.

meandro *s.m.* meander.

mecánica *s.f.* 1 mechanics. 2 mechaniom. 3 (fig.) mechanics.

mecánico, -a *s.m. y f.* 1 mechanic. || *adj.* 2 mechanical.

mecanismo *s.m.* 1 mechanism, works. 2 (fig.) machinery.

mecanización *s.f.* mechanization.

mecanizado, -a *adj.* mechanized.

mecanizar *v.t.* to mechanize.

mecanografía *s.f.* typing, typewriting.

mecanografiar *v.t.* to type.

mecanógrafo, -a *s.m. y f.* typist.

mecenas *s.m. y f.* patron.

mecenazgo *s.m.* patronage.

mecer *v.t.* 1 to stir (agitar líquidos o mezclas). || *v.t. y pron.* 2 to rock. 3 to sway; to swing.

mecha *s.f.* 1 wick (cuerda combustible). 2 fuse. 3 (Am.) joke (broma).

mechas *s.pl.* mope of air.

mechero *s.m.* 1 lighter. 2 wick holder.

mechón *s.m.* 1 tuft, wisp. 2 bundle.

medalla *s.f.* medal.

medallón *s.m.* medallion.

media *s.f.* 1 stocking. 2 mean. 3 halfback line. 4 average.

mediación *s.f.* mediation.

mediado, -a *adj.* 1 half full, half done; halfway through. || 2 **a mediados de**, in the middle of.

mediador, -ora *s.m. y f.* mediator.

mediana *s.f.* median.

medianero, -a *adj.* 1 dividing. 2 party, boundary. 3 mediating. || *s.m. y f.* 4 mediator.

medianía *s.f.* 1 average person, medio-

crity. 2 average means. 3 average social positive.

mediano, -a *adj.* 1 average, medium. 2 mediocre, below average.

medianoche *s.f.* midnight.

mediante *prep.* 1 by means of, using. 2 Dios –, God willing.

mediar *v.i.* 1 to be halfway, to be in the middle. 2 to mediate. 3 to be between. 4 to pass, to go by.

mediatizar *v.t.* to mediatize.

mediato, -a *adj.* mediate.

mediatriz *s.f.* bisector.

medicación *s.f.* treatment, medication.

medicamento *s.m.* medicine, drug.

medicar *v.t.* to medicate.

medicina *s.t.* medicine.

medicinal *adj.* medicinal.

medición *s.f.* measurement.

médico, -a *adj.* 1 medical. || *s.m. y f.* 2 doctor, physician.

medida *s.f.* 1 measurement. 2 measure. 3 size. || 4 a –, according to.

medidor, -a *adj.* 1 measuring. || *s.m.* 2 measure. 3 (Am.) gauge.

medieval *adj.* medieval.

medievo o medioevo *s.m.* Middle Ages.

medio, -a *adj.* 1 half. 2 middle. 3 average. || *adv.* 4 half. || *s.m.* 5 middle, centre. 6 half. 7 step, means. 8 circle. 9 medium. || *pl.* 10 money. 11 means, resources. || 12 – **ambiente**, environment. 13 por – de, through the middle of.

mediocre *adj.* mediocre.

mediocridad *s.f.* mediocrity.

mediodía *s.m.* 1 midday. 2 south.

medir *v.t.* 1 to measure. 2 to judge, to gauge. 3 to weigh up.

meditabundo, -a *adj.* pensive, thoughful.

meditación *s.f.* meditation.

meditar *v.t.* to meditate, to think over.

médium *s.m. y f.* medium.

medrar *v.i.* to improve; to grow.

medroso, -a *s.m. y f.* 1 coward || *adj.* 2 cowardly; afraid.

médula o medula *s.f.* 1 marrow; pith.

2 (fig.) pith, essence. || **3 – espinal,** spinal chord.

medusa *s.f.* jellyfish.

megáfono *s.m.* megaphone.

megalítico, -a *adj.* megalithic.

megalómano, -a *s.m.* y *f.* megalomaniac.

mejilla *s.f.* cheek.

mejillón *s.m.* mussel.

mejor *adj.* **1** better. **2** best. || *adv.* **3** better. **4** best. || **5 a lo –,** perhaps, maybe. **6 – dicho,** or rather.

mejora *s.f.* improvement; increase.

mejorana *s.f.* marjoram.

mejorar *v.t.* **1** to improve, to make better. **2** to increase. **3** to break, to better.

mejoría *s.f.* improvement.

mejunje *s.m.* brew, concoction; botch.

melancolía *s.f.* melancholy; sadness.

melancólico, -a *adj.* melancholic, gloomy.

melanina *s.f.* melanism.

melaza *s.f.* molasses, treacle.

melenudo, -a *adj.* long-haired.

melindre *s.m.* **1** affected mannerisms, affectation. **2** marzipan (mazapán).

melindroso, -a *adj.* affected, mannered; fussy.

mella *s.f.* **1** dent, notch. **2** harm, damage. **3** gap. || **4 hacer –,** to impress.

mellar *v.t.* **1** to chip. **2** to nick, to notch. **3** (fig.) to damage, to harm.

mellizo, -a *adj./s.m.* y *f.* twin.

melocotón *s.m.* peach.

melocotonero *s.m.* peach tree.

melodía *s.f.* melody, tune.

melódico, -a *adj.* melodic.

melodioso, -a *adj.* melodious, tuneful.

melodrama *s.m.* melodrama.

melomanía *s.f.* melomania.

melómano, -a *s.m.* y *f.* **1** melomaniac. || *adj.* **2** melomane.

melón *s.m.* **1** melon. **2** (fam.) nut, loat.

melopea *s.f.* **1** melopoeia. **2** (fam.) drunkenness.

meloso, -a *adj.* sweet, honied; soft.

membrana *s.f.* membrane; web.

membrete *s.m.* resume: note; letterhead.

membrillo *s.m.* quince; quince tree.

memez *s.f.* foolishness, stupidity.

memo, -a *s.m.* y *f.* dope, clot.

memorable *adj.* memorable, unforgettable.

memorándum *s.m.* **1** memorandum; notebook. **2** (Am.) bank slip.

memorar *v.t.* to remember, to recall.

memoria *s.f.* **1** memory. **2** essay, paper. **3** report, account. **4** memorandum. || *pl.* **5** memoirs. || **6 de –,** by heart. **7 en – de,** in memory of.

memorial *s.m.* petition, memorial.

mena *s.f.* ore.

menaje *s.m.* furniture; kitchen equipment.

mención *s.f.* mention.

mencionar *v.t.* to mention, to comment; to name.

mendaz *adj.* **1** mendacious, lying. || *s.m.* y *f.* **2** liar.

mendicante *adj./s.m.* y *f.* mendicant.

mendicidad *s.f.* begging, mendicity.

mendigar *v.t.* to beg.

mendigo, -a *s.m.* y *f.* beggar.

mendrugo *s.m.* **1** crust. **2** dope, dolt.

menear *v.t.* y *pron.* **1** to move, to sway. **2** to wag. **3** to shake. **4** to sway, to waggle. || *v.t.* **5** to stir.

meneo *s.m.* **1** movement. **2** shake. **3** wag. **4** sway, waggle. **5** stir.

menester *s.m.* **1** necessity, need. || *pl.* **2** occupation, job.

menestra *s.f.* mixed vegetable dish.

menestral, -la *s.m.* y *f.* artisan; manual worker.

mengua *s.f.* **1** shrinkage. **2** lack, shortage. **3** scarcity. **4** disgrace, decrease.

menguante *adj.* **1** shrunk. **2** waning. **3** ebb. **4** decreasing, diminishing. || **5 cuarto –,** last quarter.

menguar *v.i.* y *f.* **1** to shrink. **2** to decrease, to diminish. **3** to go down. **4** to wane. **5** to fall.

meninge *s.f.* meninx.

menisco *s.m.* meniscus.

menopausia *s.f.* menopause.

menor *adj.* **1** smaller. **2** smallest. **3** lesser. **4** least. **5** younger. **6** youngest. || *s.m.* **7** young person, minor. || **8 al por –,** retail. **9 – de edad,** under age.

menos *adv.* 1 less, fewer. 2 least. ‖ *prep.* 3 except, less. ‖ *s.m.* 4 MAT. minus. ‖ *conj.* 5 a – que, unless. ‖ 6 al –, o lo –, o por lo –, at least. 7 cada vez –, less and less. 8 echar de –, to miss. 9 – mal, thank goodness. 10 nada –, none less. 11 ni mucho –, far from it. 12 poco –, a little less. 13 venir a –, to go downhill.

menoscabar *v.t.* 1 to reduce, to lessen. 2 to damage, to harm. 3 to spoil.

menospreciable *adj.* contemptible.

menospreciar *v.t.* 1 to show contempt, to scorn. 2 to shun, to slight. 3 to undervalue, to underestimate.

menospreciativo, -a *adj.* contemptuous, disdainful.

menosprecio *s.m.* 1 contempt, disdain. 2 underestimation, undervaluation.

mensaje *s.m.* message.

mensajero, -a *adj./s.m. y f.* messenger.

menstruación *s.f.* menstruation.

menstruar *v.i.* to menstruate.

mensual *adj.* monthly; a month.

mensualidad *s.f.* salary.

ménsula *s.f.* bracket; corbel.

mensura *s.f.* (Am.) measurement.

menta *s.f.* mint.

mentado, -a *adj.* famous.

mental *adj.* mental.

mentalidad *s.f.* mentality, mind.

mentar *v.t.* to mention, to comment.

mentas *s.f.pl.* (Am.) fame.

mente *s.f.* 1 mind. 2 intelligence, intellect. 3 understanding.

mentecato, -a *s.m. y f.* idiot, fool.

mentir *v.i.* to lie, to tell lies.

mentira *s.f.* 1 lie, fib. 2 invention, story.

mentirijillas, de *adv.* jokingly, in fun.

mentiroso, -a *adj.* 1 untruthful, lying. ‖ *s.m. y f.* 2 liar.

mentol *s.m.* menthol.

mentón *s.m.* chin.

mentor *s.m.* mentor.

menú *s.m.* menu.

menudear *v.t.* 1 to repeat frequently. ‖ *v.i.* 2 to rain down, to come think and fast. 3 to tell in great detail.

menudencia *s.f.* 1 small thing, trifle. 2 minuteness, meticulousness.

menudeo *s.m.* 1 repetition. 2 retail trade.

menudo, -a *adj.* 1 small, tiny. 2 petty, unimportant. 3 scrupulous, meticulous. ‖ *s.m.pl.* 4 offal. ‖ 5 a –, often.

meñique *adj.* 1 tiny, little. ‖ *s.m.* 2 little finger.

meollo *s.m.* 1 core, essence. 2 encephalon. 3 marrow (médula). 4 content, gist.

mequetrefe *s.m.* buffoon, clown.

merca *s.f.* (Am.) shopping.

mercader *s.m. y f.* trader, dealer.

mercadería *s.f.* 1 article, commodity. ‖ *pl.* 2 goods.

mercado *s.m.* 1 market (comercio publico). ‖ 2 Mercado Común, Common Market.

mercancía *s.f.* 1 commodity, article. ‖ *pl.* 2 goods, merchandise.

mercante *s.m.* 1 MAR. merchant ship. ‖ *adj.* 2 merchant.

mercantil *adj.* mercantile, commercial.

mercantilismo *s.m.* mercantilism.

merced *s.f.* 1 favour; reward; benefit; grace. 2 a – de, at the mercy of. 3 – a, thanks to.

mercenario, -a *adj./s.m. y f.* mercenary.

mercería *s.f.* haberdashery.

mercurio *s.m.* mercury.

merecedor, -a *adj.* deserving, worthy.

merecer *v.t.* 1 to deserve, to merit. ‖ 2 – la pena, to be worth the trouble.

merecido, -a *adj.* 1 well deserved. ‖ *s.m.* 2 due, just deserts.

merecimiento *s.m.* emerit, worth.

merendar *v.i.* to have tea.

merendero *s.m.* picnic site.

merengue *s.m.* 1 meringue. 2 (Am.) disorder; mess.

meretriz *s.f.* prostitute.

meridiano, -a *adj.* 1 meridian; bright. ‖ *s.m.* 2 meridian.

meridional *adj.* 1 meridional, southern. ‖ *s.m. y f.* 2 meridional, southerner.

mérito *s.m.* merit; worth, value.

meritorio, -a *adj.* worthy; meritorius.

merluza *s.f.* 1 hake. 2 drunkenness.

merma *s.f.* loss; decrease.

mermar v.t. 1 to take away, to reduce. || v.i. y pron. 2 to lessen, to decrease.

mermelada s.f. jam; marmalade.

mero, -a adj. 1 more; pure. || s.m. 2 grouper.

merodeador, -a adj. 1 marauding; prowling. || s.m. y f. 2 marauder; prowler.

merodear v.i. to maraud; to prowl.

mes s.m. 1 month. 2 salary. 3 MED. menses.

mesa s.f. 1 table; desk. 2 board. 3 food, table. || 4 **- de noche,** bedside table. 5 **poner la -,** to lay the table.

mesar v.t. y pron. to pull out.

mescolanza s.f. mixtura; jumble.

meseta s.f. plateau, meseta.

mesiánico, -a adj. messianic.

mesilla s.f. bedside table; small table.

mesnada s.f. y pl. band, gang.

mesón s.m. inn, tavern; restaurant.

mesonero, -a s.m. y f. innkeeper; restaurant owner.

mester s.m. 1 trade (oficio). || 2 **- de clerecía,** clerical verse. 3 **- de juglaría,** minstrel verse.

mestizaje s.m. crossbreeding.

mestizo, -a adj./s.m. y f. 1 half-caste, half-breed. 2 hybrid. 3 mongrel; crossbreed.

mesura s.f. 1 moderation, control. 2 correctness, decorum. 3 dignity, gravity.

mesurado, -a adj. moderate; calm.

mesurar v.t. 1 to moderate; to ponder. 2 (Am.) to measure. || v.pron. 3 to restrain oneself.

meta s.f. 1 finishing line, finish. 2 goal, objective. || s.m. 3 goalkeeper.

metabólico, -a adj. metabolic.

metabolismo s.m. metabolism.

metafísico, -a adj. 1 metaphysical. || s.m y f. 2 metaphysician. || s.f. 3 metaphysics.

metáfora s.f. metaphor.

metafórico, -a adj. metaphoric, metaphorical.

metal s.m. 1 metal. 2 brass. 3 timbre. || pl. 4 MUS. brass (instrumentos de latón).

metálico, -a adj. 1 metallic. || s.m. 2 cash. || 3 **en -,** in cash.

metalizar v.t. y pron. to metallize.

metaloide s.m. metalloid.

metalurgia s.f. metallurgy.

metalúrgico, -a adj. 1 metallurgic, metallurgical. || s.m. 2 metallurgist.

metamorfosear v.t. 1 to metamorphose, to transform. || v.pron. 2 to change, to be metamorphosed.

metamorfosis s.f. metamorphosis, transformation.

metano s.m. methane.

metedura s.f. 1 placing, putting. || 2 **- de pata,** bloomer; clanger.

meteorito s.m. meteorite.

meteoro s.m. meteor.

meteorología s.f. meteorology.

meteorológico, -a adj. meteorological, weather.

meteorólogo, -a s.m. y f. meteorologist.

meter v.t. 1 to put, to place. 2 to insert, to put. 3 to score; to hole. 4 to give. 5 to take up (acortar una prenda). 6 to put something into someone's head. 7 to get mixed up, to involve. 8 to make, to cause. 9 to put in. || v.pron. 10 (fam.) to poke one's nose in. 11 to get into, to go into. || 12 **a todo -,** at full speed. 13 **estar metido en algo,** to be involved in something. 14 **- la pata,** to put one's foot in it. 15 **- mano,** to touch up. 16 **- prisa,** to hurry up. 17 **meterse con alguien,** to annoy; to bother.

meticulosidad s.f. meticulousness.

meticuloso, -a adj. meticulous, thorough.

metido, -a adj. 1 full (lleno) 2 abundant. 3 (Am.) meddling, interfering. 4 (Am.) tipsy, merry (achispado). || 5 (Am.) meddlesome person (entrometido).

metílico, -a adj. methylic.

metilo s.m. methyl.

metódico, -a adj. methodical.

metodismo s.m. Methodism.

método s.m. method.

metodología s.f. methodology.

metomentodo s.m. meddler.

metraje s.m. length.

metralla s.f. shrapnel.

metralleta s.f. submachine gun.

métrica s.f. metrics.

métrico, -a *adj.* metric, metrical.

metro *s.m.* 1 metre. 2 tape measure. 3 underground, tube (ferrocarril).

metrópoli *s.f.* 1 metropolis. 2 mother country.

metropolitano, -a *adj.* 1 metropolitan. II *s.m.* 2 underground, tube.

mexicano, -a *adj./s.m. y f.* Mexican.

mezcla *s.f.* 1 mixing; mixture. 2 mortar. 3 (fig.) combination, blend.

mezclar *v.t. y pron.* 1 to mix. 2 to involve, to mix up. 3 to combine. II *v. pron.* 4 to get mixed up, to mix. 5 to meddle, to interfere. II *v.t.* 6 to mix up.

mezcolanza *s.f.* mess, jumble.

mezquino, -a *adj.* 1 mean, tight. 2 poor.

mezquita *s.f.* mosque.

mi, mis *adj.pos.* my.

mi *s.m.* E, me (nota).

mí *pron.pers.* 1 me. II 2 **a – me toca**, it's my turn. 3 **por – mismo**, by myself; on my own.

miasma *s.m.* miasma.

mica *s.f.* mica.

micada *s.f.* (Am.) affectation.

mico *s.m.* long-tailed monkey.

micra *s.f.* micron.

microbio *s.m.* microbe.

microbús *s.m.* minibus.

microfilm o microfilme *s.m..* microfilm.

micrófono *s.m.* microphone, mike.

microonda *s.f.* microwave.

microscópico, -a *adj.* microscopic.

microscopio *s.m.* microscope.

miedo *s.m.* 1 fear. 2 distrust, mistrust. II 3 **dar –**, to be frightening. 4 **dar – a alguien**, to scare someone. 5 **de –**, fantastic, terrible. 6 **morirse de –**, to be frightened to death. 7 **tener –**, to be afraid.

miel *s.f.* 1 honey. II 2 **luna de –**, honeymoon.

miembro *s.m.* 1 limb, member. 2 penis. II *s.m. y f.* 3 member.

mientras *adv. y conj.* 1 while. 2 as long as. II 3 **– que**, whereas. 4 **– tanto**, meanwhile.

miércoles *s.m.* Wednesday.

mierda *s.f.* 1 shit, crap. 2 filth, dirt. II 3 ¡**vete a la –** !, go to hell!

mies *s.f. y pl.* 1 corn, wheat. 2 harvest time. II *pl.* 3 cornfields.

miga *s.f.* 1 crumb; bit. 2 problem, snag. II *pl.* 3 fried breadcrumbs.

migaja o miaja *s.f.* 1 crumb; bit. II *pl.* 2 scraps, leftovers.

migración *s.f.* migration.

migraña *s.f.* migraine.

migrar *v.i.* to migrate.

migratorio, -a *adj.* migratory.

mijo *s.m.* millet.

mil *adj.* 1 thousand. 2 thousandth. II *s.m.* 3 thousand (número).

milagro *s.m.* 1 miracle. 2 wonder, marvel.

milagroso, -a *adj.* miraculous; wonderful.

milano *s.m.* 1 kite. 2 flying gurnard.

mildíu *s.m.* mildew.

milenario, -a *adj.* 1 millenial. II *s.m.* 2 millennium.

milenio *s.m.* millennium.

milésimo, -a *adj.* 1 thousandth. II *s.m.* 2 thousandth.

milhojas *s.f.* 1 yarrow. II *s.m.* 2 flaky pastry (pastel).

mili *s.f.* military service.

milicia *s.f.* 1 military service. 2 military, soldiery. 3 militia.

miliciano, -a *s.m. y f.* 1 militiaman, conscript. 2 (Am.) revolutionary soldier.

miligramo *s.m.* milligramme.

mililitro *s.m.* millilitre.

milímetro *s.m.* millimetre.

militante *adj./s.m. y f.* militant.

militar *adj.* 1 military. II *v.i.* 2 to serve in the army. 3 to belong, to be a member.

militarismo *s.m.* militarism.

militarista *adj.* 1 militaristic. II 2 militarist.

militarizar *v.t.* to militarize.

milla *s.f.* mile.

millar *s.m.* thousand.

millo *s.m.* millet.

millón *s.m.* million.

millonario, -a *s.m. y f.* millionaire.

millonésimo, -a *adj./s.m. y f.* millionth.

miloca *s.f.* owl.

milonga *s.f.* (Am.) popular song; popular dance.

milord *s.m.* lord.

mimado, -a *adj.* spoiled, pampered.

mimar *v.t.* 1 to spoil, to pamper. 2 to mime. 3 to bring up badly, to indulge.

mimbre *s.m.* o *f.* 1 osier, willow. 2 wicker.

mimético, -a *adj.* mimetic.

mimetismo *s.m.* mimicry.

mímico, -a *adj.* 1 mimic. II *s.f.* mimicry.

mimo *s.m.* 1 caress, cuddle. 2 spoiling. 3 mime. 4 mime, mime artist.

mimosa *s.f.* mimosa.

mina *s.f.* 1 mine. 2 shaft, tunnel. 3 lead.

minar *v.t.* 1 to mine. II *v.t.* y *pron.* 2 to wear away, to undermine.

mineral *s.m.* mineral; ore.

mineralizar *v.t.* to mineralize.

mineralogía *s.f.* mineralogy.

minería *s.f.* 1 mining. 2 mines.

minero, -a *adj.* 1 mining. II *s.m.* y *f.* 2 miner.

miniatura *s.f.* 1 miniatura. II *adj.* 2 miniature.

minifalda *s.f.* miniskirt.

minifundio *s.m.* smallholding.

minimizar *v.t.* to minimize.

mínimo, -a *adj.* 1 smallest, least. 2 minute, very small. 3 minimum. II *s.m.* 4 minimum. II 5 como –, at the very least.

mínimum *s.m.* minimum.

minino, -a *s.m.* y *f.* cat, (fam.) pussy.

miniar *v.t.* to pain miniatures.

minio *s.m.* minium, red leed.

ministerial *adj.* ministerial.

ministerio *s.m.* ministry.

ministro *s.m.* minister.

minorar *v.t.* to reduce, to lessen.

minoría *s.f.* minority.

minorista *adj.* 1 retail. II *s.m.* 2 retailer.

minotauro *s.m.* minotaur.

minucia *s.f.* trifle, trinket.

minuciosidad *s.f.* meticulousness, thoroughness.

minucioso, -a *adj.* meticulous, thorough.

minué *s.m.* minuet.

minúsculo, -a *adj.* 1 minuscule, tiny.

2 worthless. 3 small (letras). II *s.f.* 4 small letter.

minuta *s.f.* 1 minute, note. 2 rough draft, draft. 3 menu. 4 bill.

minutero *s.m.* minute hand.

minuto *s.m.* minute.

mío, -a *adj.* y *pron.pos.* 1 mine. 2 my. 3 of mine.

miope *adj.* 1 short-sighted, myopic. II *s.m.* y *f.* 2 shortsighted person.

miopía *s.f.* shortsightedness, myopia.

mira *s.f.* 1 sight. 2 aim, intention. 3 lookout post, watchtower. 4 levelling rod.

mirada *s.f.* 1 look. 2 glance. 3 expression. II 4 apartar la –, to look away. 5 levantar la –, to look up. 6 – fija, stare.

mirado, -a *adj.* 1 thoughtful, prudent. 2 thought of. 3 careful (cuidadoso).

mirador *s.m.* 1 view point, vantage point. 2 enclosed balcony.

miramiento *s.m.* 1 looking, look. 2 consideration. 3 respect. 4 care, caution.

mirar *v.t.* e *i.* 1 to look at. 2 to watch. 3 to think about, to think carefully about. 4 to think highly of. 5 to look in. 6 to keep an eye on, to watch. 7 to mind, to watch. 8 to face, to look on to. II *v.pron.* 9 to look at oneself. 10 to look at each other. II 11 bien mirado, mirándolo bien o si bien se mira, all in all. 12 ¡mira!, look!; look out! 13 – por alguien, to take care of someone. 14 – por algo, to take care of something.

mirasol *s.m.* sunflower.

mirilla *s.f.* 1 spyhole, peephole. 2 sight.

mirlo *s.m.* blackbird.

mirón, -a *s.m.* y *f.* nosey-parker.

mirra *s.f.* myrrh.

misa *s.f.* 1 mass II 2 oír –, to go to mass.

misal *s.m.* missal.

misantropía *s.f.* misanthropy.

misántropo, -a *s.m.* y *f.* misanthrope.

miscelánea *s.f.* miscellany; mixture.

miserable *adj.* 1 mean, miserly. 2 miserable, paltry. 3 wretched, poor (pobre). 4 wretched, contemptible. 5 perverse. II *s.m.* y *f.* 6 wretch, rotter.

miseria *s.f.* 1 wretchedness, poverty. 2 misfortune, misery. 3 meanness, tightness. 4 pittance, a tiny amount.

misericordia *s.f.* compassion, mercy.
misericordioso, -a *adj.* compassionate.
misil o **mísil** *s.m.* missile.
misión *s.f.* mission.
misionero, -a *adj./s.m. y f.* missionary.
misiva *s.f.* missive.
mismo, -a *adj.* 1 same. 2 (con el pron. pers.) –self. 3 itself. 4 very. || *adv.* 5 right. 6 only. || *conj.* 7 **lo – que**, just as. || 8 **ahora –**, right now. 9 **del – modo**, in the same way. 10 **lo –**, the same.
misoginia *s.f.* misogyny.
misterio *s.m.* mystery; secret.
misterioso, -a *adj.* mysterious.
místico, -a *s.m. y f.* mysticism.
misticismo *s.m.* mysticism.
mistificación *s.f.* falsification; trick.
mistificar o **mixtificar** *v.t.* to trick; to falsify.
mitad *s.f.* 1 half. 2 middle. || 3 **en – de**, in the middle of. 4 **hacia la –**, towards the middle; halfway through. 5 **– y –**, half and half.
mítico, -a *adj.* mythical.
mitificar *v.t. y pron.* to mythicize.
mitigar *v.t. y pron.* to mitigate.
mitin *s.m.* meeting.
mito *s.m.* myth.
mitología *s.f.* mythology.
mitón *s.m.* mitt (guante).
mitra *s.f.* mitre (gorro).
mixto, -a *adj.* 1 mixed. || *s.m.* 2 match.
mixtura *s.f.* (Am.) confetti.
mobiliario *adj. y s.m.* furniture.
moblar *v.t.* to furnish.
moca *s.m.* mocha coffee.
mocasín *s.m.* moccasin.
mocedad *s.f.* youth.
mochila *s.f.* 1 rucksack; gamebag. 2 pack. 3 supplies, provisions.
mocho, -a *adj.* 1 blunt; truncated. 2 shorn. 3 stubby. 4 (Am.) spot.
mochuelo *s.m.* little owl.
moción *s.f.* motion, movement.
moco *s.m.* 1 mucus; snot. 2 hot slag. 3 candle drippings.
mocoso, -a *adj.* 1 (fam.) snotty. 2 naughty, cheeky. 3 (Am.) immature, childish (joven). || *s.m.* 4 little devil, brat.

moda *s.f.* 1 fashion || 2 **a la –**, fashionable; in fashion. 3 **pasado de –**, oldfashioned.
modal *adj.* 1 modal. || *s.m.pl.* 2 manners.
modalidad *s.f.* 1 way, manner. 2 kind.
modelado *s.m.* modelling.
modelar *v.t.* 1 to model. 2 to fashion, to shape.
modelista *s.m. y f.* modeller.
modelo *adj./s.m. y f.* model.
moderación *s.f.* moderation.
moderado, -a *adj.* moderate.
moderador, -a *adj.* 1 moderating. || *s.m. y f.* 2 moderator.
moderar *v.t. y pron.* to moderate; to control.
modernidad *s.f.* modernity.
modernización *s.f.* modernization.
modernizar *v.t.* 1 to modernize. || *v.pron.* 2 to get up to date, to update.
moderno, -a *adj.* modern, up-to-date.
modestia *s.f.* modesty.
modesto, -a *adj.* 1 modest. || *s.m. y f.* 2 modest person.
módico, -a *adj.* moderate; limited.
modificar *v.t. y pron.* to modify, to change.
modismo *s.m.* idiom, saying.
modista *s.f.* dressmaker.
modisto *s.m.* fashion designer.
modo *s.m.* 1 way, manner. 2 mood. 3 mode. || *pl.* 4 manners (modales) || 5 **a o al – de**, like. 6 **buenos modos**, good manners. 7 **malos modos**, bad manners.
modorra *s.f.* heavy sleep.
modoso, -a *adj.* well-behaved.
modulación *s.f.* modulation.
modulador, -a *adj.* 1 modulating. || *s.m. y f.* 2 modulator.
modular *v.t.* to modulate.
módulo *s.m.* 1 modulus. 2 module. 3 modulation.
mofa *s.f.* ridicule, mockery.
mofarse *v.pron.* to ridicule, to mock.
mofeta *s.f.* skunk.
moflete *s.m.* chubby cheek.
mogol, -a *adj./s.m. y f.* Mongolian, Mongol.
mohín *s.m.* gesture.

mohíno, -a *adj.* sad.

moho *s.m.* 1 mould, mildew. 2 rust.

mojado, -a *adj.* wet, soaked.

mojadura *s.f.* wening, soaking.

mojama *s.f.* dried and salted tuna.

mojar *v.t.* 1 to wet, to soak. 2 to dip. 3 (Am.) to bribe. ‖ *v.i. y pron.* 4 to get involved.

mojigato, -a *adj.* 1 prudish. ‖ *s.m. y f.* 2 prude.

mojón *s.m.* 1 boundary marker; signpost. 2 pile, heap.

molde *s.m.* mould.

moldear *v.t.* to mould; to cast.

mole *adj.* 1 smooth; soft. ‖ *s.f.* mass, bulk. ‖ *s.m.* 3 (Am.) chili stew.

molécula *s.f.* molecule.

molecular *adj.* molecular.

moler *v.t.* 1 to grind, to crush. 2 to mistreat, to maltreat. 3 to mill, to grind. ‖ *v.t. y pron.* 4 to tire.

molestar *v.t.* 1 to annoy, to irritate. 2 to bother, to pester. 3 to hurt. 4 to mind. 5 to get on one's nerves. 6 to disturb. ‖ *v.i.* 7 to get in the way, to be a nuisance. ‖ *v.pron.* 8 to worry. ‖ 9 **molestarse en**, to bother to.

molestia *s.f.* 1 nuisance, bother. 2 anger. 3 discomfort. 4 nuisance.

molesto, -a *adj.* 1 annoying; boring. 2 nasty, unpleasant. 3 trying, tiresome. 4 uncomfortable (incómodo).

molienda *s.f.* 1 grinding; milling. 2 quantity ground. 3 grinding period.

molinero, -a *s.m. y f.* miller.

molinete *s.m.* fan; windmill.

molinillo *s.m.* 1 hand mill. ‖ 2 **– de café**, coffee mill.

molino *s.m.* 1 mill. 2 **– de agua**, water mill. 3 **– de viento**, windmill.

molleja *s.f.* 1 gizzard. ‖ *pl.* 2 sweetbreads.

mollera *s.f.* 1 crown. 2 intelligence, (fam.) brains (inteligencia).

molusco *s.m.* mollusc.

momentáneo, -a *adj.* momentary.

momento *s.m.* 1 moment. 2 occasion, moment. 3 momentum. 4 (fig.) importance. ‖ 5 **a cada –**, all the time. 6 **al –**, at once. 7 **en** o **por el –**, at the moment. 8 **de un – a otro**, at any moment. 9 **en este –**, at this moment. 10 **¡un – !**, just a moment!; just a second!

momia *s.f.* mummy.

momificación *s.f.* mummification.

mona *s.f.* 1 female monkey. 2 drunkenness. 3 old maid.

monacal *adj.* monastic.

monada *s.f.* 1 cute o sweet thing. 2 cute o sweet person. 3 **¡qué – !**, how cute! 4 **ser una –**, to be lovely.

mónada *s.f.* monad.

monaguillo *s.m.* altar boy.

monarca *s.m.* monarch, ruler.

monarquía *s.f.* monarchy.

monárquico, -a *adj.* 1 monarchic, monarchical. ‖ *s.m. y f.* 2 monarchist.

monasterio *s.m.* monastery.

monástico, -a *adj.* monastic.

monda *s.f.* 1 pruning; cleaning. ‖ *pl.* 2 peel, peelings. ‖ 3 **es la –**, it's tremendous; it's the limit.

mondadientes *s.m.* toothpick.

mondar *v.t. y pron.* 1 to peel; to shell. 2 (Am.) to whip. ‖ *v.t.* 3 to clean; to trim; to cut. 4 to pare.

moneda *s.f.* 1 coin. 2 currency.

monedero *s.m.* purse.

monetario, -a *adj.* monetary, financial.

mongol, -a o **mogol, -a** *adj.* 1 Mongolian. 2 Mongolic. ‖ *s.m. y f.* 3 Mongol.

mongólico, -a *adj. y s.m. y f.* mongol, mongolian.

mongolismo *s.m.* mongolism.

monigote *s.m.* 1 rag doll; ridiculous figure. 2 dope, clown. 3 daub, bad drawing.

monitor, -a *s.m. y f.* 1 monitor. ‖ *s.m.* 2 monitor.

monja *s.f.* nun, sister.

monje *s.m.* monk.

mono, -a *adj.* 1 pretty; sweet. 2 nice; cute. ‖ *s.m.* 3 ZOOL. monkey, ape. 4 overalls. 5 terrible drawing.

monocorde *adj.* single-stringed.

monocromo, -a *adj. y s.m.* monochrome.

monóculo *s.m.* monocle.

monocultivo *s.m.* monoculture.

monógamo, -a *adj.* monogamous.
monografía *s.f.* monograph.
monolítico, -a *adj.* monolithic.
monolito *s.m.* monolith.
monólogo *s.m.* monologue.
monopolio *s.m.* monopoly.
monopolizar *v.t.* to monopolize.
monosílabo, -a *s.m.* monosyllable.
monoteísmo *s.m.* monotheism.
monotonía *s.f.* monotony.
monótono, -a *adj.* monotonous.
monovalente *adj.* y *s.m.* monovalent.
monóxido *s.m.* monoxide.
monseñor *s.m.* monsignor.
monstruo *s.m.* monster.
monstruoso, -a *adj.* monstrous.
monta *s.f.* 1 mount. 2 value, worth. 3 mating. 4 total, sum.
montacargas *s.m.* goods lift.
montado, -a *adj.* 1 mounted; saddled. 2 set.
montaje *s.m.* 1 assembly, mounting. 2 editing, cutting. 3 staging.
montante *s.m.* 1 window over a door. 2 post. 3 mullion. 4 leg. 5 sum, total.
montaña *s.f.* 1 mountain. 2 mountains, mountainous area.
montañero, -a *adj.* 1 mountain. || *s.m.* y *f.* 2 mountaineer, climber.
montañés, -a *adj.* 1 mountain, highland. || *s.m.* y *f.* 2 highlander.
montañismo *s.m.* mountaineering.
montañoso, -a *adj.* mountainous.
montar *v.t.* y *pron.* 1 to mount, to get on. || *v.i., t.* y *pron.* 2 to ridge. || *v.i.* 3 to amount to. || *v.t.* 4 to assemble; to make. 5 to set up. 6 to cock. 7 to whip, to beat. 8 to mount. 9 to cover, to mate with. 10 to mount. 11 to lift.
montaraz *adj.* 1 mountain. 2 rural; wild.
monte *s.m.* 1 mountain. 2 woodland, forest.
montepío *s.m.* charitable fund.
montera *s.f.* bullfighter's hat.
montero *s.m.* 1 hunter. 2 beater.
montés, -a *adj.* wild.
montículo *s.m.* mound, hillock.
monto *s.m.* total, amount.
montón *s.m.* 1 pile, heap. 2 (fig.) loads, piles. 3 many, good many.

montura *s.f.* 1 mount. 2 mounting, setting. 3 frame. 4 harness; saddle.
monumental *adj.* 1 monumental. 2 enormous; tremendous.
monumento *s.m.* 1 monument. 2 memorial.
monzón *s.m.* monsoon.
moño *s.m.* 1 bun. 2 bow. 3 crest.
mor *adv.* por – de, in consideration of.
mora *s.f.* 1 blackberry. 2 delay.
morada *s.f.* 1 dwelling, abode. 2 stay.
morado, -a *adj.* purple.
morador, -ora *s.m.* y *f.* dweller, resident.
moral *adj.* 1 moral. || *s.f.* 2 morality, morals. 3 morale. 4 conduct.
moraleja *s.f.* moral.
moralidad *s.f.* morality, morals.
moralista *s.m.* y *f.* 1 moralist. || *adj.* 2 moralistic.
morar *v.i.* to inhabit, to dwell.
morbidez *s.f.* softness.
mórbido, -a *adj.* 1 morbid. 2 soft.
morbo *s.m.* sickness, illness.
morbosidad *s.f.* morbidity.
morboso, -a *adj.* 1 sickly. 2 morbid. 3 sadistic. 4 morbific.
morcilla *s.f.* 1 black pudding. 2 ad lib.
mordaz *adj.* 1 corrosive. 2 mordant.
mordaza *s.f.* gag.
mordedura *s.f.* bite.
morder *v.t.* y *pron.* 1 to bite. || *v.t.* 2 to eat away, to eat into.
mordisco *s.m.* biting; bite.
mordisquear *v.t.* to nibble.
morena *s.f.* 1 moray. 2 negress.
moreno, -a *adj.* 1 brown. 2 dark; tanned. || *s.m.* y *f.* 3 negro.
morera *s.f.* mulberry tree.
morfema *s.m.* morpheme.
morfina *s.f.* morphine.
morfología *s.f.* morphology.
moribundo, -a *adj.* 1 moribund. || *s.m.* y *f.* 2 moribund person.
morir *v.i.* y *pron.* 1 to die. 2 to die down; to end. || *v.t.* 3 to kill.
morisco, -a *adj.* 1 Moorish. || *s.m.* y *f.* 2 Morisco.
morisquete *s.f.* (Am.) grimace.

mormón, -ona *s.m.* y *f.* Mormon.
moro, -a *adj.* 1 Moorish. || *s.m.* y *f.* 2 Moor.
moroso, -a *adj.* 1 slow; late. || 2 slow payer.
morral *s.m.* rucksack; nosebag.
morralla *s.f.* 1 small fry. 2 rubbish.
morriña *s.f.* melancholy, depression.
morro *s.m.* 1 snout. 2 (fam.) lips. 3 hill, hillock. 4 nose. || 5 **estar de morros**, to be angry. 6 **tener mucho –**, to have a lot of cheek.
morsa *s.f.* walrus.
morse *s.m.* morse.
mortadela *s.f.* mortadella.
mortaja *s.f.* 1 shroud. 2 mortice. 3 (Am.) cigarette paper.
mortal *adj.* 1 mortal, fatal. 2 deadly. 3 deadly, dreadful. || *s.m.* 4 mortal.
mortalidad *s.f.* mortality.
mortandad *s.f.* heavy loss of life.
mortero *s.m.* mortar.
mortífero, -a *adj.* fatal, lethal.
mortificar *v.t.* y *pron.* 1 to mortify. 2 to bother, to annoy.
mortuorio, -a *adj.* death, mortuary.
mosaico, -a *s.m.* mosaic.
mosca *s.f.* 1 fly. 2 tuft of hair. 3 money, (fam.) bread. || 4 – **muerta**, hypocrite. 5 **peso –**, flyweight. 6 **por si las moscas**, just in case. 7 **soltar** o **aflojar la –**, to cough up. 8 **tener** o **estar con la – detrás de la oreja**, to smell a rat.
moscada *adj.f.* **nuez –**, nutmeg.
moscarda *s.f.* meat fly, bluebottle.
moscardón *s.m.* 1 blowfly; botfly. 2 (tig.) pest, drag.
moscatel *s.m.* muscatel.
moscón *s.m.* 1 bluebottle; meatfly. 2 maple. 3 (fam.) pest, drag.
mosquear *v.t.* 1 to shoo away. || *v.pron.* 2 to get annoyed.
mosqueo *s.m.* 1 shooing. 2 annoyance.
mosquetero *s.m.* musketeer.
mosquetón *s.m.* musketoon.
mosquitero o **mosquitera** *s.m.* o *f.* mosquito net.
mosquito, -a *s.m.* y *f.* mosquito.
mostacho *s.m.* moustache.

mostaza *s.f.* mustard.
mosto *s.m.* grape juice, must.
mostrable *adj.* demonstrable.
mostrador, -ora *adj.* 1 showing. || *s.m.* 2 counter; bar.
mostrar *v.t.* 1 to show; to indicate. 2 to demonstrate. 3 to explain; to point out. || *v.pron.* 4 to appear, to show up.
mota *s.f.* 1 speck, spot. 2 flaw, fault. 3 burl. 4 hillock. 5 dot. 6 not a hint, nothing.
mote *s.m.* 1 motto, device. 2 nickname. 3 (Am.) boiled maize.
motear *v.t.* to speck, to dot.
motejar *v.t.* 1 to call, to label. 2 to accuse.
motín *s.m.* riot; mutiny.
motivar *v.t.* to motivate, to cause.
motivo *s.m.* 1 motive; grounds. 2 motif.
moto *s.f.* motorbike.
motocicleta *s.f.* motorbike.
motor *adj.* 1 motive. || *s.m.* 2 motor, engine || 3 – **de explosión**, internal combustion engine. 4 – **de reacción**, jet engine.
motorista *s.m.* y *f.* motorcyclist.
motorización *s.f.* motorization.
motriz *adj.* motive, driving.
movedizo, -a *adj.* 1 moving, movable. 2 shifting. 3 shaky; inconsistent. 4 unsettled. || 5 **arenas movedizas**, quicksand.
mover *v.t.* y *pron.* 1 to move. 2 to wag. 3 to shake, to nod. 4 to drive, to power. 5 to persuade. 6 to excite, to stir. 7 to cause. 8 to rise. || *v.i.* 9 to bud. || *v.pron.* 10 to get a move on.
movido, -a *adj.* 1 blurred. 2 active; lively. || 3 – **de** o **por**, moved by.
móvil *adj.* 1 mobile, movable. || *s.m.* 2 cause, motive. 3 moving body; mobile.
movilizar *v.t.* to mobilize.
movimiento *s.m.* 1 movement. 2 motion. 3 tempo (velocidad). 4 traffic; movement. || 5 **poner en –**, to set in motion.
moza *s.f.* 1 girl. 2 single girl (soltera).
mozalbete *s.m.* lad, kid.
mozo, -a *adj.* 1 young. 2 single. || *s.m.* 3 youth, lad. 4 single man. 5 servant. 6 porter. 7 conscript.
muchacha *s.f.* 1 girl. 2 servant, maid.

muchedumbre *s.f.* crowd, mass.
mucho, -a *adj.* o *pron. indef.* 1 a lot of, much, many. ‖ *adv.* 2 a lot, much. 3 very. ‖ 4 **como –**, at the most. 5 **con –**, by far. 6 **muchas gracias**, thank you very much. 7 **– más**, much more. 8 **– menos**, much less. 9 **– peor**, much worse. 10 **ni con –**, not nearly. 11 **ni – menos**, by no means; far from it. 12 **por – que**, however much. 13 **tener en – a uno**, to think a lot of someone.
mucosidad *s.f.* mucus.
muda *s.f.* 1 change of clothing. 2 moult; slough. 3 breaking.
mudanza *s.f.* 1 change. 2 move. 3 figure. 4 changing. ‖ 5 **camión de mudanzas**, removal van.
mudar *v.t.* 1 to change. 2 to alter. 3 to moult. 4 to break. 5 to move. ‖ *v.t. y pron.* 6 to move. ‖ *v.pron.* 7 to change clothes. 8 to move house.
mudo, -a *adj.* 1 dumb. 2 silent, mute. 3 silent. ‖ *s.m. y f.* 4 dumb person.
mueble *adj.* 1 movable. ‖ *s.m.* 2 piece of furniture. ‖ *pl.* 3 furniture.
mueca *s.f.* grimace, face.
muela *s.f.* 1 tooth, molar. 2 grindstone. 3 millstone. 4 mound, hilock. 5 vetch. ‖ 6 **dolor de muelas**, toothache. 7 **– del juicio**, wisdom tooth.
muelle *adj.* 1 soft; smooth. 2 voluptuous; luxurious. ‖ *s.m.* 3 quay, wharf. 4 loading bay (para trenes). 5 spring.
muérdago *s.m.* mistletoe.
muerte *s.f.* 1 death. 2 murder. 3 destruction, ruin.
muerto, -a *adj.* 1 dead (sin vida). 2 killed. 3 dull. ‖ *s.m. y f.* 4 dead person. 5 body, corpse. ‖ 6 **echarle a uno el –**, to put the blame on someone. 7 **horas muertas**, dead hours. 8 **más – que vivo**, half-dead. 9 **– de cansancio**, dead tired. 10 **nacido –**, stillborn.
muesca *s.f.* 1 notch. 2 earmark.
muestra *s.f.* 1 model. 2 sample. 3 proof; example. 4 sign; show.
muestreo *s.m.* sampling.
mugir *v.i.* 1 to moo. 2 to bellow. 3 to howl.
mugre *s.f.* filth, dirt.
mujer *s.f.* 1 woman. 2 wife.

mujeriego, -a *adj.* 1 feminine, womanly. 2 lecherous.
mula *s.f.* mule, she-mule.
mulato, -a *adj./ s.m. y f.* mulatto.
muleta *s.f.* crutch.
muletilla *s.f.* 1 cross-handled cane. 2 cliché, padding.
mullido *s.m.* 1 stuffing, padding. 2 bedding.
mullir *v.t.* 1 to soften. 2 to hoe.
mulo *s.m.* mule.
multa *s.f.* fine.
multar *v.t.* to fine.
multiforme *adj.* multiform.
multilateral *adj.* multilateral.
multimillonario, -a *adj./s.m. y f.* multimillionaire.
múltiple *adj.* 1 multiple. ‖ *s.m.pl.* 2 numerous, many.
multiplicación *s.f.* multiplication.
multiplicar *v.t.* 1 to multiply. ‖ *v.pron.* 2 to multiply. 3 to increase.
múltiplo *adj. y s.m.* multiple.
multitud *s.f.* multitude; crowd.
multitudinario *adj.* multitudinous.
mundanal *adj.* worldly, of the world.
mundano, -a *adj.* 1 worldly, of the world. 2 hedonistic, pleasure-loving.
mundial *adj.* 1 world. 2 worldwide.
mundo *s.m.* 1 world. 2 people. 3 society. ‖ 4 **de –**, of the world. 5 **el otro –**, the other world. 6 **hundirse el –**, to be the end of the world. 7 **medio –**, lots of people. 8 **tener –**, to be a man of the world. 9 **todo el –**, everybody.
munición *s.f.* 1 ammunition. ‖ *pl.* 2 munitions, stores.
municipal *adj.* 1 municipal. ‖ *s.m.* 2 policeman.
muñeca *s.f.* 1 wrist. 2 doll. 3 dummy.
muñeco *s.m.* 1 doll. 2 (fig) puppet; sissy.
muñequera *s.f.* wristband.
muñón *s.m.* 1 stump. 2 trunnion.
mural *adj./f. y s.m.* mural.
muralla *s.f.* wall.
murciélago *s.m.* bat.
murmullo *s.m.* murmur, mumble.
murmuración *s.f.* gossip.
murmurador, -a *adj.* 1 gossiping. ‖ *s.m. y f.* 2 gossip.

murmurar *v.i.* **1** to gossip; (fam.) to knock. **2** to criticize. **3** to murmur. ‖ *v.t. e i.* **4** to mumble, to mutter.

muro *s.m.* wall.

musa *s.f.* **1** Muse. **2** muse. ‖ *pl.* **3** the Muses.

musaraña *s.f.* **1** shrew. ‖ **2 pensar en las musarañas,** to have one's head in the clouds.

muscular *adj.* muscular.

musculatura *s.f.* musculature.

músculo *s.m.* muscle.

musculoso, -a *adj.* muscular.

muselina *s.f.* muslin.

museo *s.m.* museum.

musgo *s.m.* moss.

música *s.f.* music.

músico, -a *adj.* **1** musical. ‖ *s.m.* y *f.* **2** musician.

musitar *v.t.* to mumble, to mutter.

muslo *s.m.* **1** thigh. **2 – de pollo,** chicken leg.

mustiarse *v.pron.* to wither.

mustio, -a *adj.* **1** sad, depressed. **2** withered.

musulmán, -ana *adj./s.m.* y *f.* Moslem, Muslim.

mutación *s.f.* mutation.

mutante *adj./s.m.* y *f.* mutant.

mutilación *s.f.* mutilation.

mutilado, -a *adj.* **1** crippled, disabled. ‖ **2** *s.m.* y *f.* crippled person.

mutilar *v.t.* y *pron.* **1** to mutilate. ‖ *v.t.* **2** to cut, to mutilate.

mutismo *s.m.* silence.

mutual *adj.* **1** mutual. ‖ *s.f.* **2** mutual benefit society.

mutualidad o **mutua** *s.f.* mutual benefit society.

mutuo, -a *adj.* mutual, reciprocal.

muy *adv.* **1** very. **2** widely, much. ‖ **3 es – hombre,** he's a real man. **4 – conocido,** very well-known.

N

n, N *s.f.* 1 n, N (letra). 2 Símbolo del **nitrógeno** y del **newton** 3 abreviatura de norte.

nabo *s.m.* turnip.

nácar *s.m.* mother-of-pearl.

nacer *v.i.* 1 to be born. 2 (fig.) to spring. 3 to bud. 4 to sprout. 5 to rise.

nacido, -a *adj.* 1 born. || *s.m.* 2 human being.

nacimiento *s.m.* 1 birth. 2 source. 3 (fig.) origin.

nación *s.f.* nation; country.

nacional *adj.* national; domestic.

nacionalidad *s.f.* nationality.

nacionalismo *s.m.* nationalism.

nacionalización *s.f.* nationalization; naturalization.

nacionalizar *v.t.* nationalize; naturalize.

nada *s.f.* 1 nothingness. || *pron.Ind.* 2 nothing, not... anything. || *adv.* 3 not at all. || *interj.* 4 no! || 5 **casi** –, next to nothing. 6 **como si** –, as though it were nothing at all. 7 **– de** –, nothing at all. 8 **– más**, that's all.

nadador, -a *adj.* 1 swimming. || *s.m.* y *f.* 2 swimmer.

nadar *v.i.* 1 to swim. 2 to float.

nadie *pron.ind.* 1 nobody, no one, not... anybody. || *s.m.* 2 nonentity.

nafta *s.f.* 1 naphta. 2 (Am.) petrol.

naftalina *s.f.* naphtaline.

nagual *s.m.* (Am.) 1 wizard. 2 lie, trick.

naipe *s.m.* playing card.

nalga *s.f.* buttock.

nana *s.f.* 1 lullaby. 2 grandma.

nao *s.f.* vessel, ship.

naranja *adj.* y *s.f.* orange.

naranjo *s.m.* orange tree.

narciso *s.m.* narcissus; daffodil.

narcisismo *s.m.* narcissism.

narcosis *s.f.* narcosis.

narcótico *adj.* y *s.m.* narcotic.

narcotizar *v.t.* to narcotize; to dope.

nardo *s.m.* nard.

narigudo, -a *adj.* big-nosed, long-nosed.

nariz *s.f.* 1 nose. 2 nostril. 3 (fig.) smell; perspicacity. || 4 **dar en la** –, to have a feeling. 5 **de narices**, (fam.) huge. 6 **estar hasta las narices**, (fam.) to be completely fed up.

narración *s.f.* narration; story.

narrador, -a *s.m.* y *f.* narrator; teller.

narrar *v.t.* to narrate, to tell, to relate.

narval *s.m.* narwhal.

nasa *s.f.* fish trap; basket.

nasal *adj.* y *s.f.* nasal.

nata *s.f.* 1 cream, scum. 2 (fig.) cream, best part.

natación *s.f.* swimming.

natal *adj.* natal; native.

natalidad *s.f.* birth rate, natality.

natillas *s.f.* y *pl.* custard.

natividad *s.f.* 1 nativity. 2 Christmas.

nativo, -a *adj./s.m.* y *f.* native, indigenous.

nato, -a *adj.* born, natural.

natural *adj.* 1 natural, fresh. || *s.m.* y *f.* 2 natural, inhabitant. || 3 **del** –, from life. 4 **de tamaño** –, size-sized.

naturaleza *s.f.* nature.

naturalismo *s.m.* naturalism.

naturalizar *v.t.* 1 to naturalize. 2 to acclimatize. || *v.pron.* **3** to become naturalized.

naturismo *s.m.* naturism; nudism.

naufragar *v.i.* **1** to sink; to be shipwrecked. **2** (fig.) to fail.

naufragio *s.m.* **1** shipwreck. **2** (fig.) failure.

náufrago, -a *s.m. y f.* castaway; shipwrecked person.

náusea *s.f.* **1** nausea; sickness. **2** (fig.) repugnance.

náutico, -a *adj.* **1** nautical. || *s.f.* **2** navigation. || **3 club –**, yatch club.

navaja *s.f.* **1** jacknife, pocketknife. **2** razor; (EE.UU.) straightrazor. **3** razor clam. || **4 – barbera**, cut-throat.

navajazo *s.m.* stab; slash.

navajero *s.m.* quarrelsome.

naval *adj.* naval.

nave *s.f.* **1** ship, boat, vessel. **2** nave, shed.

navegación *s.f.* **1** navigation; shipping; seamanship. || **2 – aérea**, aviation. **3 – a vela**, yachting. **4 – de altura**, ocean navigation.

navegante *s.m.* navigator.

navegar *v.t. e i.* to sail, to navigate.

navidad *s.f.* **1** Christmas; Nativity. || **2 feliz –**, Merry Christmas.

naviero, -a *adj.* **1** shipping. || *s.m.* **2** shipowner.

nazismo *s.m.* nazism.

neblina *s.f.* haze; light fog.

nebuloso, -a *adj.* **1** cloudy; foggy. **2** (fig.) vague, obscure. || *s.f.* **3** ASTR. nebula.

necedad *s.f.* foolishness, stupidity.

necesario, -a *adj.* **1** necessary. **2** needful. **3** inevitable. || **4 si es –**, if necessary.

neceser *s.m.* toilet case.

necesidad *s.f.* **1** necessity. **2** need (for). **3** poverty, want. **4** emergency. **5** hunger. || **6 necesidades**, needs; hardships; (fam.) bodily needs. **7 tener – de**, to need.

necesitado, -a *adj.* **1** in need of. **2** necessitous. || *s.m.* **3** a needy person.

necesitar *v.i.* **1** to need, to want. **2** to require. **3** to be wanted.

necio, -a *adj.* **1** foolish. **2** ignorant, silly; stubborn. || *s.m. y f.* **3** idiot, fool.

necrología *s.f.* **1** necrology. **2** obituary.

néctar *s.m.* nectar.

nectarina *s.f.* nectarine.

nefando, -a *adj.* hateful; detestable.

nefasto, -a *adj.* **1** ominous, sad. **2** unlucky. **3** funest.

nefritis *s.f.* nephritis.

negación *s.f.* **1** negation, denial. **2** negative.

negado, -a *adj.* **1** inapt, incapable. **2** dull. || *s.m. y f.* **3** (fam.) nonentity.

negar *v.t.* **1** to deny. **2** to refuse. **3** to withhold. **4** to disown. || *v.pron.* **5** to refuse to. **6** to decline.

negativo, -a *s.f.* **1** refusal, negative. **2** denial. || *adj.* **3** negative. || *s.m.* **4** negative.

negligencia *s.f.* negligence, carelessness.

negligente *adj.* negligent; careless.

negociación *s.f.* negotiation, deal.

negociador, -a *s.m. y f.* **1** negotiator. || *adj.* **2** negotiating.

negociante *s.m. y f.* **1** trader, dealer. || **2** businessman.

negociar || *v.t. e i.* to trade, to negotiate; to deal.

negocio *s.m.* **1** business. **2** transaction, deal. **3** affair. **4** (fig.) bargain. **5** trade. **6** (Am.) store, shop. **7** (Am.) fact; maner.

negrero, -a *s.m. y f.* **1** slave trader. **2** (fig.) tyrant.

negro, -a *adj.* **1** black. **2** negro; dark. **3** (fig.) sad, gloomy; awful. || *s.m. y f.* **4** negro; negress. || *s.m.* **5** black. || **6 verlo todo –**, to be pessimistic.

nene, -a *s.m. y f.* baby; darling.

nenúfar *s.m.* water lily; nenuphar.

neocelandés, -esa *adj.* **1** of/from New Zealand. || *s.m. y f.* **2** New Zealander.

neoclasicismo *s.m.* neoclassicism.

neófito, -a *s.m. y f.* **1** neophyte. **2** (fig.) beginner.

neolítico, -a *adj.* neolitic.

neón *s.m.* neon.

nepotismo *s.m.* nepotism.

nervadura o **nervatura** *s.f.* nervure, ribs; vein.

nervio *s.m.* 1 nerve. 2 (fig.) strength, energy. 3 rib. 4 sinew. ‖ 5 **ataque de nervios,** fit of nerves. 6 **tener los nervios de punta,** (fig.) to be on edge.

nerviosismo *s.m.* nervousness; restlessness; irritability.

nervioso, -a *adj.* 1 nervous; excited. 2 sinewy. 3 nerve. 4 nervy. 5 (fig.) energetic, vigorous. 6 nerved. ‖ 7 **ponerse –,** to get excited.

neto, -a *adj.* 1 net. 2 simple, pure. 3 bare. 4 neat, clear.

neumático, -a *adj.* 1 pneumatic. ‖ *s.m.* 2 tyre. (EE.UU.) tire. 3 – **de repuesto,** spare tyre.

neumonía *s.f.* pneumonia.

neuralgia *s.f.* neuralgia.

neurastenia *s.f.* neurasthenia.

neurología *s.f.* neurology.

neurona *s.f.* neuron, nerve cell.

neurosis *s.f.* neurosis.

neutral *adj./s.m.* y *f.* neutral.

neutralismo *s.m.* neutralism.

neutralizar *v.t.* to neutralize; to counteract.

neutro, -a *adj.* 1 neutral. 2 sexless.

neutrón *s.m.* neutron.

nevado, -a *adj.* 1 snow-covered. 2 (fig.) snowy. ‖ *s.f.* 3 snowfall.

nevar *v.i.* 1 to snow. ‖ *v.t.* 2 to cover with snow.

nevera *s.f.* 1 refrigerator, icebox. 2 (fam.) fridge.

nexo *s.m.* nexus, link.

ni *conj.* 1 nor, neither. 2 or. 3 not even. 4 not one. ‖ 5 **–... –,** neither... nor; either... or. 6 **– que,** not even if...

nicho *s.m.* niche, recess.

nicotina *s.f.* nicotine.

nido *s.m.* 1 nest. 2 (fig.) abode; hiding place; haunt.

niebla *s.f.* 1 fog, mist. 2 (fig.) confusion.

neologismo *s.m.* neologism.

nieto, -a *s.m.* y *f.* 1 grandchild. ‖ *s.m.* 2 grandson. ‖ *s.f.* 3 granddaughter.

nieve *s.f.* 1 snow. ‖ 2 **copo de –,** snowflake.

nigromancia *s.f.* necromancy.

nigua *s.f.* chigoe.

nihilismo *s.m.* nihilism.

nilón *s.m.* nylon.

nimbo *s.m.* 1 halo. 2 nimbus.

nimiedad *s.f.* 1 triviality. 2 prolixity. 3 smallness.

nimio, -a *adj.* 1 insignificant, petty. 2 meticulous, detailed.

ninfa *s.f.* nymph.

ninfomanía *s.f.* nymphomania.

ninguno, -a *adj.* 1 no. ‖ *pron.* 2 no one, nobody. 3 none. 4 [con negación] either. 5 neither. ‖ 6 **de – manera,** not at all. 7 **– parte,** nowhere.

niñera *s.f.* nanny, nursemaid.

niñez *s.f.* childhood.

niño, -a *adj.* 1 (fig.) young, small. 2 (fig.) inmature. ‖ *s.m.* 3 boy, little boy, child. 4 baby. 5 infant. ‖ *s.f.* 6 girl, little girl, child. ‖ 7 **desde –,** from childhood.

níquel *s.m.* 1 nickel. 2 (Am.) money.

niqui *s.m.* T-shirt.

nirvana *s.m.* nirvana.

níscalo *s.m.* milk mushroom.

níspero *s.m.* medlar.

nitidez *s.f.* 1 clarity, clearness. 2 sharpness.

nítido, -a *adj.* 1 clear, sharp. 2 bright.

nitrato *s.m.* nitrate.

nitrógeno *s.m.* nitrogen.

nitroglicerine *s.f.* nitroglycerine.

nivel *s.m.* 1 level. 2 height. 3 (fig.) standard. ‖ 4 **paso a –,** level-crossing, (EE.UU.) railroad crossing.

nivelar *v.t.* 1 to level; to grade to even. (fig.) to balance, to adjust. ‖ *v.pron.* 2 to level off, to become balanced.

no *adv.* 1 no; not ‖ *s.m.* 2 no; non. ‖ 3 **creo que,** I don't think so. 4 **– bien,** as soon as. 5 **todavía –,** not yet.

nobiliario, -a *adj.* nobiliary.

noble *adj.* 1 noble; honest. ‖ *s.m.* y *f.* 2 nobleman; noblewoman.

nobleza *s.f.* nobility; aristocracy.

noche *s.f.* 1 night; evening. 2 (fig.) dark, darkness. 3 **ayer –,** last night. 4 **buenas noches,** good night. 5 **de –,** at night. 6 **por la –,** at night.

nochebuena *s.f.* Christmas Eve.

noción *s.f.* notion, idea.

nocivo, -a *adj.* harmful, pernicious.

noctámbulo, -a *adj.* 1 noctambulant. || *s.m. y f.* 2 night-wanderer.

nocturno, -a *adj.* 1 nocturnal; night. 2 nightly. 3 evening.

nodriza *s.f.* child's nurse; nanny.

nódulo *s.m.* nodule, node.

nogal *s.m.* walnut.

nómada *adj.* 1 nomadic. || *s.m.* nomad.

nombramiento *s.m.* nomination; commission.

nombrar *v.t.* 1 to nominate; to comission. 2 to mention.

nombre *s.m.* 1 name. 2 (fig.) fame. 3 noun. || 4 – **de pila**, Christian name. 5 – **y apellidos**, full name.

nómina *s.f.* 1 payroll. 2 list of names.

nominación *s.f.* nomination; appointment.

nominal *adj.* nominal, titular.

nominalismo *s.m.* nominalism.

nominativo *adj. y s.m.* GRAM. nominative.

non *adj. y s.m.* uneven, odd.

nonato, -a *adj.* unborn.

nopal *s.m.* prickly pear, nopal.

noquear *v.t.* to knock out.

nórdico, -a *adj./s.m. y f.* Nordic.

noreste *adj. y s.m.* north-east.

noria *s.f.* water wheel; big wheel.

norma *s.f.* 1 norm, standard. 2 pattern; rule.

normal *adj.* normal; standard.

normalidad *s.f.* 1 normality. 2 (fig.) calm.

normalizar *v.t.* 1 to normalize, to make normal. 2 to standardize. || *v.pron.* 3 to return to normal.

normativo, -a *adj.* 1 normative; standard. || *s.f.* 2 set of rules.

noroeste *adj. y s.m.* northwest.

norte *adj. y s.m.* 1 North. 2 (fig.) aim.

norteamericano, -a *adj./s.m. y f.* North American, American.

nos *pron.pers.* 1 us. 2 (to) us. 3 ourselves. 4 each other; one another. 5 we.

nosotros, -as *pron.pers.* 1 [como *suj.*] we. 2 [como *o.*] us. 3 [como *r.*] ourselves.

nostalgia *s.f.* nostalgia; homesickness.

nota *s.f.* 1 note, annotation. 2 mark, grade. 3 fame, renown. 4 account. 5 remark. || 6 – **a pie de página**, foot note.

notable *adj.* 1 notable, noteworthy. 2 remarkable; outstanding. || *s.m.* 3 merit; good mark.

notar *v.t.* 1 to notice, to note. 2 to mark, to indicate. 3 to write down. || *v.pron.* 4 to feel, to perceive.

notaría *s.f.* notary's office.

notario *s.m.* notary.

noticia *s.f.* 1 news. 2 piece of news. 3 information. || 4 **no tener** –, to have no idea.

noticiario *s.m.* news bulletin, newscast.

notificación *s.f.* notification, notice.

notificar *v.t.* to notify; to announce.

notorio, -a *adj.* 1 well known, notorious. 2 obvious.

novatada *s.f.* hazing.

novato, -a *s.m. y f.* novice, beginner.

novedad *s.f.* 1 novelty, newness. 2 change. 3 latest news. 4 **sin** –, as usual; without incident.

novedoso, -a *adj.* novel, new.

novela *s.f.* 1 novel. 2 fiction.

novelar *v.t.* 1 to novelize. || *v.i.* 2 to write novels. 3 (fig.) to tell lies.

novelista *s.m. y f.* novelist.

noveno, -a *adj.num.* ninth.

noventa *adj.num.* ninety.

noviazgo *s.m.* engagement.

novicio, -a *s.m. y f.* novice.

noviembre *s.m.* November.

novillero *s.m.* novice bullfighter.

novillo, -a *s.m. y f.* young bull.

novio, -a *s.m.* 1 boyfriend. 2 fiancé. 3 bridegroom. || *s.f.* 4 girlfriend. 5 fiancée. 6 bride.

nube *s.f.* 1 cloud. 2 film spot. 3 (fig.) crowd.

nublado, -a *adj.* cloudy, overcast.

nublar *v.t.* 1 to cloud. 2 to darken. 3 (fig.) to disturb. || *v.pron.* 4 to grow cloudy, to cloud over.

nuca *s.f.* nape.

nuclear *adj.* nuclear.

nucleico, -a *adj.* nucleic.

núcleo *s.m.* 1 nucleus. 2 (fig.) kernel. 3 core. 4 BOT. stone.

nudillo *s.m.* knuckle.

nudismo *s.m.* nudism.

nudo *s.m.* 1 knot. 2 crisis, turning point. 3 function. 4 knot. 5 node. 6 (fig.) link, tie. 7 knot. 8 gnarl. 9 (fig.) lump.

nuera *s.f.* daughter-in-law.

nuestro, -a *adj.pos.* 1 our. 2 of ours. || *pron.pers.* 3 ours.

nueve *adj.num.* 1 nine. 2 ninth.

nuevo, -a *adj.* 1 new; fresh. 2 unused.

nuez *s.f.* 1 walnut; nut. 2 Adam's apple.

nulidad *s.f.* 1 nullity. 2 incompetence. || 3 ser una –, (fam.) to be a dead loss.

nulo, -a *adj.* 1 null, void. 2 useless. 3 tied, drawn.

numeración *s.f.* 1 numeration. 2 numbering. 3 numerals.

numeral *adj.* numeral.

numerar *v.t.* 1 to number. 2 to count.

número *s.m.* 1 number. 2 numeral, figure. 3 sketch. 4 size. 5 quantity.|| 6 – uno, (fig.) the best.

numeroso, -a *adj.* 1 numerous. || 2 familia –, large family.

numismático, -a *adj.* 1 numismatic. || *s.m. y f.* 2 numismatist. || *s.f.* 3 numismatics.

nunca *adv.* 1 never. 2 ever. || 3 – más, nevermore.

nuncio *s.m.* nuncio, Papal envoy.

nupcial *adj.* nuptial, wedding.

nupcias *s.f.pl.* nuptials, marriage.

nutria *s.f.* otter.

nutrición *s.f.* nutrition.

nutrido, -a *adj.* 1 fed, nourished. 2 (fig.) ful.

nutrir *v.t.* 1 to feed, to nourish. 2 (fig.) to fill. 3 (fig.) to encourage.

nutritivo, -a *adj.* nutritious; nutritional.

ñ, Ñ *s.f.* ñ, Ñ (letra, no existe en el alfabeto inglés).

ñafrar *v.t.* to spin.

ñagaza *s.f.* hunting decoy.

ñame *s.m.* yam, sweet potato.

ñanco *s.m.*(Am.) eaglet.

ñandú *s.m.* nandu, rhea, American ostrich.

ñandutí *s.m.* (Am.) nanduti.

ñaña *s.f.* (Am.) child's nurse.

ñapa *s.f.* tip, gratuity.

ñapango,-a *adj.* (Am.) mulatto; half-breed.

ñato, -a *adj.* (Am.) 1 snub-nosed, flat-nosed. 2 (fig.) ugly; deformed. 3 insignificant.

ñeque *adj.* (Am.) 1 strong. 2 clever. ‖ *s.m.* 3 strength. 4 courage.

ñoñería *s.f.* 1 insipidness. 2 silly remark. 3 (Am.) dotage, senility.

ñoñez V. ñoñería.

ñoño,-a *adj.* 1 insipid; spineless; whining. 2 silly. 3 (Am.) old, senile. 4 old-fashioned. ‖ *s.m.* y *f.* 5 drip.

ñu *s.m.* gnu.

ñudillo *s.m.* knuckle.

ñudo *s.m.* knot.

ñufla *s.f.* (Am.) piece of junk.

o, O *s.f.* **1** o, O (letra). ‖ *conj.* **2** or; – ... –, either... or.

oasis *s.m.* oasis.

obcecación *s.f.* stubbornness.

obcecado, -a *p.p.* **1** de **obcecar**. ‖ *adj.* **2** stubborn; blind.

obcecar *v.t.* **1** (fig.) to blind. ‖ *v.r.* **2** to persist obstinately.

obedecer *v.t.* to obey.

obediencia *s.f.* obedience, docility.

obediente *adj.* obedient, docile.

obelisco *s.m.* obelisk.

obertura *s.f.* overture.

obesidad *s.f.* obesity.

obispo *s.m.* bishop.

óbito *s.m.* decease, demise.

objeción *s.f.* objection.

objetar *v.t.* to object (to).

objetividad *s.f.* objectivity.

objetivo, -a *adj.* **1** objective; impartial. ‖ *s.m.* **2** aim, goal. **3** lens.

objeto *s.m.* **1** object. **2** topic. **3** aim.

objetor, -ora *s.m. y f.* objector.

oblicuo, -a *adj.* **1** oblique. **2** slanting.

obligación *s.f.* **1** obligation, duty. **2** bond.

obligar *v.t.* **1** to oblige. **2** to force. ‖ *v.r.* **3** to bind oneself.

obligatorio, -a *adj.* **1** obligatory, compulsory. **2** binding.

obra *s.f.* **1** work. **2** building site. **3** (Am.) brickworks. ‖ *pl.* **4** works. **5** repairs.

obrar *v.i.* to act, to behave.

obrero, -a *adj.* **1** working-class. ‖ *s.m. y f.* **2** worker.

obsceno, -a *adj.* obscene.

obscurantismo *s.m.* obscurantism.

obsequiar *v.t.* to present with, to give.

obsequio *s.m.* **1** gift. **2** kindness.

observación *s.f.* **1** observation. **2** remark.

observador, -a *adj.* **1** observant. ‖ *s.m. y f.* **2** observer.

observar *v.t.* to observe, to watch.

observatorio *s.m.* observatory.

obsesión *s.f.* obsession.

obsesivo, -a *adj.* obsessive.

obseso, -a *adj.* obsessed.

obsoleto, -a *adj.* obsolete.

obstaculizar *v.t.* to obstruct, to hinder.

obstáculo *s.m.* obstacle.

obstante, no –, *loc. adv.* **1** however, nevertheless. **2** *prep.* in spite of.

obstetricia *s.f.* obstetrics.

obstinación *s.f.* stubbornness.

obstinado, -a *p.p.* **1** de **obstinarse**. ‖ *adj.* **2** stubborn, obstinate.

obstinarse *v.pron.* to be obstinate.

obstrucción *s.f.* obstruction.

obstruir *v.t.* **1** to obstruct. **2** to hinder. ‖ *v.pron.* **3** to clog up.

obtención *s.f.* obtaining; achievement.

obtener *v.t.* **1** obtain. **2** to achieve.

obturador *s.m.* **1** shutter. **2** choke.

obturar *v.t.* to plug (a hole), to stop up.

obtuso *adj.* **1** blunt. **2** obtuse.

obús *s.m.* shell; howitzer.

obviar *v.t.* to obviate.

obvio, -a *adj.* obvious.

oca *s.f.* goose.

ocasión *s.f.* **1** occasion; chance. **2** cause, reason. **3** bargain.

ocasionar *v.t.* to cause, to bring about.
ocaso *s.m.* 1 sunset. 2 west. 3 setting. 4 (fig.) decline, end.
occidental *adj.* 1 western. || *s.m.* y *f.* 2 Westerner.
occidente *s.m.* west.
océano *s.m.* ocean.
oceanografía *s.f.* oceanography.
ochenta *s.m.* eighty.
ocho *adj.num.* eight.
ocio *s.m.* 1 leisure. 2 pastime.
oclusión *s.f.* occlusion.
ocre *adj.* y *s.m.* ochre.
octaedro *s.m.* octahedron.
octavo, -a *adj.num.* y *s.m.* eighth.
octubre *s.m.* October.
oculista *s.m.* y *f.* oculist.
ocultar *v.t.* y *pron.* to hide, to conceal.
ocultismo *s.m.* occultism.
oculto, -a *adj.* hidden, concealed.
ocupación *s.f.* 1 occupation, job. 2 squatting.
ocupante *s.m.* y *f.* occupant.
ocupar *v.t.* 1 to occupy, to fill. 2 to keep (someone) busy.
ocurrencia *s.f.* occurrence.
ocurrente *adj.* witty, bright.
ocurrir *v.i.* 1 to happen, to come to mind.
oda *s.f.* ode.
odiar *v.t.* 1 to hate. 2 (Am.) to annoy.
odio *s.m.* 1 hate. 2 (Am.) annoyance.
odisea *s.f.* odyssey.
odontología *s.f.* dentistry.
oeste *s.m.* west.
ofender *v.t.* 1 to offend. 2 to insult. || *v.pron.* y *tr.* 3 to take offence.
ofendido, -a *p.p.* 1 de **ofender**. 2 insulted, hurt.
ofensa *s.f.* ofence, slight.
ofensor, -a *s.m.* y *f.* offender.
oferta *s.f.* 1 offer. 2 sale price. 3 supply.
oficial *adj.* 1 official. || *s.m.* 2 official; officer. 3 craftsman.
oficiar *v.i.* to officiate.
oficina *s.f.* 1 office. 2 laboratory.
oficio *s.m.* 1 profession, occupation. 2 official letter. 3 function. 4 service.
oficioso, -a *adj.* unofficial.
ofrecer *v.t.* 1 to offer. 2 to offer up.

|| *v.pron.* 3 to volunteer. 4 to occur to.
ofrenda *s.f.* offering.
oftalmología *s.f.* ophthalmology.
ofuscación *s.f.* dazzled state, blindness; confusion.
ofuscar *v.t.* 1 to dazzle. 2 to darken. 3 to confuse. 4 (fig.) to blind.
ogro *s.m.* 1 ogre. 2 (fam.) ugly fellow.
oído *s.m.* 1 (sense of) hearing. 2 ear.
oír *v.t.* e *i.* to hear, to listen (to).
ojal *s.m.* buttonhole.
ojeada *s.m.* glance, look.
ojear *v.t.* to eye, to stare at.
ojera *s.f.* 1 eyebath. || *pl.* 2 rings under the eyes.
ojo *s.m.* 1 eye. 2 bull's eye window. 3 (fig. y fam.) care, attention.
ola *s.f.* 1 wave. 2 (fig.) spell. 3 trend.
oleada *s.f.* 1 large wave. 2 (fig.) surge.
oleaje *s.m.* swell, surf.
óleo *s.m.* 1 oil. 2 (Am.) (fig.) baptism.
oleoducto *s.m.* pipeline.
oler *v.t.* e *i.* 1 to smell. || *v.t.* 2 to sniff out, to uncover.
olfatear *v.t.* 1 to sniff. 2 (fig.) to pry.
olfato *s.m.* 1 sense of smell. 2 (fam.) nose, instinct.
oligarquía *s.f.* oligarchy.
oligofrenia *s.f.* mental deficiency.
olimpiada *s.f.* Olympiad.
oliva *s.f.* olive.
olivo *s.m.* olive tree.
olla *s.f.* 1 stewpot. 2 stew.
olmo *s.m.* elm.
olor *s.m.* smell.
oloroso, -a *adj.* sweet-smelling.
olvidar *v.t.* to forget.
olvido *s.m.* 1 oblivion. 2 carelessness.
ombligo *s.m.* 1 umbilical cord. 2 umbilicus, navel. 3 (fig.) centre.
omega *s.f.* omega.
omisión *s.f.* 1 omission. 2 neglect.
omitir *v.t.* 1 to omit. 2 to forget.
ómnibus *s.m.* (Am.) (municipal) bus.
omnipotencia *s.f.* omnipotence.
omnisciencia *s.f.* omniscience.
omóplato *s.m.* shoulder blade.
once *num.card.* 1 eleven. || *num.ord.* 2 eleventh.

oncología *s.f.* oncology.

onda *s.f.* wave.

ondear *v.i.* 1 to be wavy, to undulate. || *v.t.* 2 to wave.

ondulación *s.f.* 1 ripple. 2 wave.

ondular *v.i.* 1 to undulate, to sway. 2 to be wavy.

oneroso, -a *adj.* onerous, burdensome.

ónice *s.f.* onyx.

onomástico, -a *adj.* 1 onomastic, name. || *s.m.* 2 one's saint's day. || *s.f.* 3 onomastics.

onomatopeya *s.f.* onomatopoeia.

ontología *s.f.* ontology.

onza *s.f.* ounce.

opacidad *s.f.* opacity, opaqueness.

opaco, -a *adj.* 1 opaque. 2 dull, lifeless.

ópalo *s.m.* opal.

opción *s.f.* 1 option, choice. 2 right.

opcional *adj.* optional.

ópera *s.f.* opera.

operación *s.f.* operation.

operador, -ora *s.m.* y *f.* 1 operator. 2 surgeon. 3 film cameraman.

operar *v.t.* e *i.* to operate.

operario, -a *s.m.* y *f.* operative.

opinar *v.i.* to think, to be of the opinion.

opinión *s.f.* opinion, view.

opio *s.m.* opium.

opíparo, -a *adj.* sumptuous.

oponer *v.t.* 1 to oppose. || *v.r.* 2 to be opposed.

oporto *s.m.* port wine.

oportunidad *s.f.* 1 opportunity, chance. || *pl.* 2 bargains.

oportunismo *s.m.* opportunism.

oportuno, -a *adj.* opportune; suitable.

oposición *s.f.* 1 opposition. || *pl.* 2 competitive examinations.

opresión *s.f.* 1 oppression. 2 tightness.

oprimir *v.t.* 1 to oppress. 2 to be too tight.

optar *v.i.* 1 **– por,** to opt for, to choose. 2 **– a,** to aspire to.

optativo, -a *adj.* optional.

óptica *s.f.* optics.

optimismo *s.m.* optimism.

optimista *adj.* 1 optimistic. || *s.m.* y *f.* 2 optimist.

óptimo, -a *adj.* optimal, best.

opuesto, -a *adj.* 1 opposite. 2 contrary.

opulencia *s.f.* opulence, affluence.

opulento, -a *adj.* opulent, affluent.

opúsculo *s.m.* short work, minor work.

oración *s.f.* 1 speech, oration. 2 prayer. 3 clause, sentence.

oráculo *s.m.* 1 oracle. 2 (fig.) prophet.

orador, -ora *s.m.* y *f.* orator, public speaker.

orangután *s.m.* orang-utan.

oratoria *s.f.* oratory.

oratorio *s.m.* oratory.

orar *v.i.* to pray.

órbita *s.f.* 1 orbit. 2 eye-socket.

orca *s.f.* killer whale.

orden *s.m.* 1 order. || *s.f.* 2 order, command. || *s.m.* 3 **– público,** law and order.

ordenado, -a *adj.* 1 tidy, orderly. 2 ordained.

ordenador *s.m.* computer.

ordenanza *s.f.* 1 ordinance. 2 rules. || *s.m.* 3 batman. 4 messenger.

ordenar *v.t.* 1 to put in order, to arrange. 2 to marshal. 3 to command. 4 to ordain. || *v.r.* 5 to be ordained.

ordeñar *v.t.* to milk.

ordinal *adj.* y *s.m.* ordinal.

ordinario, -a *adj.* 1 ordinary, common. 2 vulgar, coarse.

orégano *s.m.* marjoram.

oreja *s.f.* ear.

orfanato *s.m.* orphanage.

orfandad *s.f.* orphanhood.

orfebre *s.m.* y *f.* goldsmith, silversmith.

orfeón *s.m.* choral society.

organdí *s.m.* organdie.

orgánico, -a *adj.* organic.

organillo *s.m.* barrel organ.

organismo *s.m.* organism.

organista *s.m.* y *f.* organist.

organización *s.f.* 1 organization. 2 order, arrangement.

organizado, -a *p.p.* 1 de **organizar.** || *adj.* 2 organized, structured.

organizador, -a *s.m.* y *f.* organizer.

organizar *v.t.* 1 to organize. || *v.pron.* 2 to organize oneself, to get organized.

órgano *s.m.* organ.

orgasmo *s.m.* orgasm.

orgía *s.f.* orgy.

orgullo *s.m.* pride.

orgulloso, -a *adj.* proud.

orientación *s.f.* orientation, bearing.

oriental *adj.* eastern, oriental.

orientar *v.t.* 1 to orientate, to position. 2 to inform. 3 to point, to guide. ‖ *v.pron.* 4 to get one's bearings.

oriente *s.m.* east.

orificio *s.m.* orifice, vent.

origen *s.m.* 1 origin. 2 (fig.) reason.

original *adj.* 1 original. 2 unusual. ‖ *s.m.* 3 original.

originalidad *s.f.* originality.

orilla *s.f.* 1 edge. 2 bank. 3 shore. 4 (Am.) pavement. 5 cool breeze. ‖ *pl.* 6 (Am.) the outskirts.

orina *s.f.* urine.

orinar *v.i.* to urinate.

oriundo, -a *adj.* native.

orla *s.f.* border, fringe.

ornamento *s.m.* 1 ornament. 2 virtue.

ornar *v.t.* to adorn.

ornitología *s.f.* ornithology.

ornitorrinco *s.m.* duck-billed platypus.

oro *s.m.* 1 gold. 2 (fig.) wealth.

oropel *s.m.* tinsel.

orquesta *s.f.* orchestra.

orquestar *v.t.* to orchestrate.

orquídea *s.f.* orchid, orchis.

ortiga *s.f.* nettle.

orto *s.m.* 1 rising. 2 (Am.) arse.

ortodoxia *s.f.* orthodoxy.

ortografía *s.f.* spelling, orthography.

ortopedia *s.f.* (brit.) orthopaedics, (EE.UU.) orthopedics.

oruga *s.f.* 1 caterpillar. 2 rocket.

orza *s.f.* 1 earthenware jar. 2 luff.

orzuelo *s.m.* 1 stye. 2 partidge snare.

os *pron. pl.* you.

osa *s.f.* she-bear.

osadía *s.f.* boldness, daring.

osado, -a *p.p.* 1 de *osar.* ‖ *adj.* 2 daring, bold.

osamenta *s.f.* 1 skeleton. 2 bones.

osar *v.i.* to dare.

oscilación *s.f.* 1 oscillation. 2 hesitation.

oscilar *v.i.* 1 oscillate, swing. 2 fluctuate. 3 hesitate.

ósculo *s.m.* kiss.

oscurecer *v.i.* 1 to grow dark. ‖ *v.pron.* 2 to get dark. ‖ *v.t.* 3 to darken. 4 to cloud.

oscuridad *s.f.* 1 darkness. 2 obscurity.

oscuro, -a *adj.* 1 dark. 2 (fig.) obscure. 3 (fig.) confused. 4 uncertain.

óseo, -a *adj.* 1 bony. 2 osseus.

oso *s.m.* bear.

ostensible *adj.* obvious, evident.

ostentación *s.f.* 1 ostentation. 2 vanity. 3 display.

ostentar *v.t.* 1 to show. 2 to display, to show off.

ostentoso, -a *adj.* ostentatious.

ostra *s.f.* oyster.

otear *v.t.* to look down on.

otoño *s.m.* (brit.) autumn, (EE.UU.) fall.

otorgar *v.t.* to grant, to allow.

otorrinolaringólogo, -a *s.m. y f.* ear, nose and throat specialist.

otro, -a *adj.* 1 other. 2 another.‖ *pron.* 3 another, another one. ‖ 4 *pron.pl.* others. ‖ 5 – vez, again.

ovación *s.f.* ovation.

ovacionar *v.t.* to cheer.

ovario *s.m.* ovary.

oveja *s.f.* 1 sheep. 2 ewe.

ovillo *s.m.* 1 ball. 2 tangle.

ovíparo, -a *adj.* oviparous.

ovulación *s.f.* ovulation.

oxidar *v.t.* 1 to rust. 2 to oxidize. ‖ *v.r.* 3 to rust, to go rusty.

óxido *s.m.* 1 oxide. 2 rust.

oxigenar *v.t.* 1 oxigenate. ‖ *v.r.* 2 to become oxygenated. 3 (fig.) to get some fresh air.

oxígeno *s.m.* oxygen.

oyente *s.m. y s.f.* 1 listener, hearer. 2 unofficial student.

ozono *s.m.* ozone.

P

p, P *s.f.* p, P (letra).
pabellón *s.m.* 1 pavilion. 2 billets. 3 national flag. 4 boll tent.
pabilo o **pábilo** *s.m.* 1 wick. 2 snuff.
paca *s.f.* 1 bale. 2 (Am.) spotted cavy.
pacato, -a *adj.* 1 shy. 2 prudish.
pacer *v.i.* 1 to graze. ‖ *v.t.* 2 to feed. 3 to eat away.
paciencia *s.f.* 1 patience. 2 small roll.
paciente *adj. s.m.* y f. patient.
pacificación *s.f.* pacification.
pacificar *v.t.* 1 to pacify. 2 to appease. ‖ *v.pron.* 3 to calm down.
pacífico, -a *adj.* peaceable, pacific.
pacifismo *s.m.* pacifism.
paco, -a *adj.* (Am.) reddish.
pactar *v.t.* to agree.
pacto *s.m.* 1 pact. 2 agreement.
padecer *v.t.* 1 to suffer (from). 2 to endure. ‖ *v.i.* 3 to suffer from, to suffer with.
padecimiento *s.m.* suffering.
padrastro *s.m.* stepfather.
padrazo *s.m.* indulgent father.
padre *s.m.* 1 father. 2 sire. 3 priest. ‖ *pl.* 4 parents. 5 forefathers. ‖ 6 – **espiritual**, confessor. 7 – **Eterno**, God the Father. 8 – **nuestro**, Lord's Prayer. 9 – **Santo**, Holy Father, Pope. 10 **padres políticos**, in-laws.
padrino *s.m.* 1 godfather. 2 sponsor. 3 best man. 4 second. 5 patron. ‖ *pl.* 6 godparents.
padrón *s.m.* 1 local census. 2 electoral roll. 3 pattern.
paella *s.f.* paella.

paga *s.f.* salary, pay.
paganismo *s.m.* paganism.
pagano, -a *adj./s.m.* y f. pagan.
pagar *v.t.* 1 to pay. to pay off. 3 to repay.
pagaré *s.m.* I.O.U., promissory note.
pagel *s.m.* red sea bream.
página *s.f.* page.
pago *s.m.* 1 payment. 2 prize. ‖ *adj.* 3 paid. ‖ *s.m.* 4 agricultural district, field. 5 (Am.) region.
pagoda *s.f.* pagoda.
paipai *s.m.* palm fan.
país *s.m.* country, nation.
paisaje *s.m.* 1 countryside. 2 landscape.
paisano,-a *adj.* 1 of the same country. ‖ *s.m.* y *s.f.* 2 civilian. 3 (Am.) foreigner.
paja *s.f.* 1 straw. 2 blade of grass. 3 trifling matter.
pajar *s.m.* straw loft; straw rick.
pajarero, -a *adj.* 1 bird dealer. ‖ *s.f.* 2 aviary, birdcage.
pajarita *s.f.* 1 paper bird. 2 bowtie. 3 toadflax, snapdragon.
pájaro *s.m.* 1 bird. 2 slippery customer.
pajarraco *s.m.* 1 big, ugly bird. 2 shifty character.
paje *s.m.* page, page-boy.
pala *s.f.* 1 spade, shovel. 2 blade of an oar. 3 bat.
palabra *s.f.* 1 word. 2 power of speech. 3 eloquence. 4 promise. 5 right to speak. ‖ 6 **coger la – a uno**, to take someone at his word. 7 **dirigir la – a uno**, to address someone.

palabrota *s.f.* swear word, obscenity.
palacete *s.m.* small palace.
palacio *s.m.* 1 palace. 2 (fig.) mansion.
palada *s.f.* 1 spadeful, shovelful. 2 stroke.
paladar *s.m.* palate.
paladear *v.t.* to taste, to savour.
paladín *s.m.* 1 paladin. 2 (fig.) champion.
palanca *s.f.* 1 lever. 2 (fam.) influence.
palangana *s.f.* washbasin.
palangre *s.m.* trot line.
palanqueta *s.f.* crowbar, jemmy.
palco *s.m.* 1 box. 2 row of seats.
palear *v.t.* 1 to shovel, to dig. 2 to winnow. 3 (Am.) to pole. 4 (Am.) to thresh. || *v.i.* 5 to paddle.
palenque *s.m.* 1 fence. 2 arena. 3 (Am.) tethering post.
paletilla *s.f.* shoulder blade.
paleto, -a *adj.* 1 (desp.) rustic. || *s.m.* y *s.f.* 2 (desp.) country bumpkin. || *s.f.* 3 palette. 4 palette knife. 5 trowel. 6 turbine blade. 7 fan blade. 8 propeller.
paliar *v.t.* 1 to conceal, (fig.) to cloak. 2 to alleviate.
paliativo, -a *adj.* y *s.m.* 1 palliative. || 2 **sin paliativos**, without excuses.
palidecer *v.i.* 1 to turn pale. 2 to grow dim.
pálido, -a *adj.* 1 pale. 2 wan.
palier *s.m.* bearing.
palillo *s.m.* 1 toothpick. 2 drumstick. 3 lacemaker's bobbins. || *s.pl.* 4 castanets. 5 pins. 6 chopsticks.
palio *s.m.* pallium.
palique *s.m.* chatter, chitchat.
palisandro *s.m.* rosewood.
palitroque *s.m.* 1 stick. || *pl.* 2 banderillas. 3 (Am.) bowling, skittles.
paliza *s.f.* bealing, thrashing.
palizada *s.f.* 1 palisade. 2 embankment.
palma *s.f.* 1 palm. 2 palm leaf. 3 (fig.) palm, glory. || 4 *pl.* clapping. || 5 **llevarse la –**, to triumph.
palmada *s.f.* 1 slap. 2 clap. || *pl.* 3 clapping.
palmar *s.m.* 1 palm grove. 2 fuller's

thistle. || *adj.* 3 palm. || *v.i.* 4 (fam.) to snuff it.
palmarés *s.m.* 1 record. 2 honours list.
palmito *s.m.* dwarf palm.
palmo *s.m.* 1 21 centimetres. 2 span.
palmotear *v.t.* 1 to slap (someone) on the back. || *v.i.* 2 to clap.
palo *s.m.* 1 stick. 2 pole, post. 3 goalpost. 4 blow. 5 suit (naipes). 6 mast (mástil).
paloma *s.f.* dove, pigeon.
palomilla *s.f.* 1 wall bracket. 2 subframe. 3 wing nut. 4 rack, stand.
palomita *s.f.* popcorn.
palomo *s.m.* cock pigeon.
palpar *v.t.* 1 to touch, to feel. 2 to fondle. 3 to grope. 4 to palpate.
palpitar *v.i.* 1 to palpitate. 2 to throb. 3 to flutter.
pálpito *s.m.* 1 excitement. 2 (Am.) hunch.
paludismo *s.m.* swamp fever; malaria.
palurdo, -a *adj.* 1 rustic. || *s.m.* y *s.f.* 2 bumpkin.
pamema *s.f.* humbug.
pámpano *s.m.* vine shoot.
pamplina *s.f.* 1 chickweed. 2 triviality.
pan *s.m.* 1 bread. 2 loaf. 3 wheat. 4 **ganarse el –**, to earn a living.
pana *s.f.* 1 corduroy, velveteen. 2 (Am.) breakdown.
panacea *s.f.* panacea.
panaché *s.m.* mixed vegetables.
panadería *s.f.* bakery.
panadero *s.m.* baker.
panal *s.m.* honeycomb.
pancarta *s.m.* placard, banner.
panceta *s.f.* spiced bacon.
páncreas *s.m.* pancreas.
panda *s.f.* 1 gang. 2 (desp.) bunch. 3 panda.
pandereta *s.f.* tambourine.
pandero *s.m.* tambourine.
panegírico *s.m.* panegyric.
panel *s.m.* panel.
panera *s.f.* 1 granary. 2 bread bin.
pánfilo, -a *adj.* 1 slow-witted. 2 gullible. || *s.m.* y *s.f.* 3 fool.
panfleto *s.m.* 1 pamphlet. 2 (Am.) lampoon. 3 tract.

pánico *s.m.* panic.
paníéculo *s.m.* membrane.
panizo *s.m.* 1 millet. 2 maize.
panoja *s.f.* 1 panicle, corncob. 2 bunch.
panoli *adj.* simple, daft.
panoplia *s.f.* panoply.
panorama *s.m.* panorama, view.
pantalla *s.f.* 1 lampshade. 2 screen. 3 blind.
pantalón *s.m.* (brit.) trousers, (EE.UU.) pants.
pantano *s.m.* 1 swamp, marsh. 2 reservoir.
panteísmo *s.m.* pantheism.
panteón *s m* 1 pantheon. 2 (Am.) cemetery.
pantera *s.t.* panther.
pantomima *s.f.* pantomima, dumb show.
pantorrilla *s.f.* calf.
pantufla *s.f.* slipper.
panza *s.f.* 1 paunch, belly. 2 bulge. 3 rumen.
pañal *s.m.* 1 (brit.) nappy, (EE.UU.) diaper. 2 shirt tail.
paño *s.m.* 1 woollen cloth. 2 material. 3 wall hanging. || *pl.* 4 clothes.
pañuelo *s.m.* handkerchief.
papa *s.m.* 1 pope. || *s.f.* 2 (Am.) potato.
papá *s.m.* (fam.) dad, daddy.
papada *s.f.* 1 double chin. 2 dewlap.
papagayo *s.m.* 1 parrot. 2 wrasse, peacock fish. 3 caladium.
papamoscas *s.m.* 1 flycatcher. 2 (fam.) simpleton.
papanatas *s.m.* simpleton; wally.
paparrucha *s.f.* 1 hoax. 2 lie.
papel *s.m.* 1 paper. 2 letter. 3 document. 4 role. 5 character.
papeleo *s.m.* bureaucratic procedure; (fam.) red tape.
papelera *s.f.* waste paper basket.
papelería *s.f.* stationer's.
papeleta *s.f.* 1 (Am.) visiting card. 2 (fig.) tough one.
papera *s.f.* 1 goitre. || *pl.* 2 mumps.
papilla *s.f.* 1 baby food. 2 guile.
papiro *s.m.* papyrus.
papo *s.m.* 1 dewlap. 2 goitre. 3 crop.

paquebote *s.m.* packet boat.
paquete *s.m.* packet, package.
paquidermo *s.m.* pachyderm.
par *adj.* 1 equal, similar. 2 even. || *s.m.* 3 pair, couple. 4 peer. 5 par.
para *prep.* 1 for. 2 by. || 3 – **que**, *conj.* so that, in order that.
parábola *s.f.* 1 parable. 2 parabola.
parabrisas *s.m.* (brit.) windscreen, (EE.UU.) windshield.
paracaídas *s.m.* parachute.
parachoques *s.m.* (brit.) bumper, (EE.UU.) fender.
parada *s.f.* stop; pause, break.
paradero *s.m.* 1 whereabouts, location. 2 end. 3 (Am.) railway station. 4 (Am.) bus stop.
paradigma *s.m.* 1 model. 2 paradigm.
parado, -a *p.p.* 1 de **parar**. || *adj.* 2 shy (tímido). 3 at a standstill, motionless. 4 out of work, unemployed. 5 standing (en pie). || *s.f.* 6 stop. 7 halt, pause. 8 parade.
paradoja *s.f.* paradox.
parador *s.m.* inn.
parafina *s.f.* paraffin wax; (Am.) paraffin.
parafrasear *v.t.* to paraphrase.
paráfrasis *s.f.* 1 paraphrase. 2 free verse translation.
paraguas *s.m.* umbrella.
paragüero *s.m.* umbrella maker.
paraíso *s.m.* paradise.
paraje *s.m.* faraway place, isolated spot.
paralelo, -a *adj.* 1 parallel. || *s.m.* 2 parallel of latitude. || *s.f.* 3 trench. || *s.f.pl.* 4 parallel bars.
parálisis *s.f.* paralysis.
paralítico, -a *adj./s.m. y f.* paralytic.
paralización *s.f.* 1 paralysis. 2 stagnation. 3 stoppage.
paralizar *v.t. y pron.* 1 to paralyse. 2 to be paralysed, to become paralysed.
paramento *s.m.* ornament; adornment.
parámetro *s.m.* parameter.
páramo *s.m.* 1 moor. 2 bleak plateau. 3 (Am.) high grassland. 4 wilderness. 5 (Am.) drizzle.

parangón *s.m.* comparison, parallel.
paraninfo *s.m.* main hall.
paranoia *s.f.* paranoia.
parapetar *v.t.* y *r.* to fortify, to protect.
parapeto *s.m.* parapet.
paraplejía *s.f.* paraplegia.
parapsicología *s.f.* parapsychology.
parar *v.t.* 1 to stop, to halt. || *v.i.* y *v.pron.* 2 to come to a halt. || *v.i.* 3 to cease. 4 to stay, to lodge. 5 to become, to end up. || *v.pron.* 6 (Am.) to stand up.
pararrayos *s.m.* lightning conductor.
parasitismo *s.m.* parasitism.
parásito, -a o **parasito, -a** *adj.* 1 parasitic. || *s.m.* 2 parasite.
parasol *s.m.* parasol, sunshade.
parcela *s.f.* 1 plot of land. 2 smallholding. 3 part.
parcelar *v.t.* to divide into plots, to divide into lots.
parche *s.m.* 1 sticking plaster. 2 patch. 3 drumhead. 4 botch.
parchís *s.m.* lotto.
parcial *adj.* 1 partial. 2 incomplete. 3 biased. 4 partisan.
parco, -a *adj.* 1 parsimonious. 2 frugal.
pardo, -a *adj.* dun, tawny.
parecer *s.m.* 1 opinion. 2 looks. || *v.i.* 3 to seem, to appear. 4 to look. || *v.imp.* 5 to believe, to think. || *v.r.* 6 to resemble each other, to look alike.
parecido, -a *adj.* 1 similar, like. || *s.m.* 2 similarity.
pared *s.f.* wall.
paredón *s.m.* wall left standing.
parejo, -a *adj.* 1 similar, equal. 2 flat. || *s.f.* 3 couple. 4 partner.
parentesco *s.m.* relationship; relations.
paréntesis *s.m.* 1 parenthesis. 2 bracket. 3 interruption.
paria *s.m.* y *s.f.* pariah.
paridad *s.f.* 1 parity, equality. 2 comparison.
pariente, -a *s.m.* y *s.f.* relation, kin.
parietal *adj.* 1 wall. 2 parietal.
parir *v.t.* 1 to give birth (to), to bear. 2 to drop. 3 to foal; to calve; to farrow; to lamb. 4 to lay eggs.

parking *s.m.* (brit.) car park; (EE.UU.) parking lot.
parlamentar *v.i.* 1 to parley, to negotiate a treaty. 2 to converse.
parlamentario, -a *adj.* 1 parliamentary. || *s.m.* y *f.* 2 member of Parliament.
parlamento *s.m.* 1 Parliament. 2 Houses of Parliament. 3 speech. 4 parley.
parlanchín, -ina *s.m.* y *s.f.* loose talker, (fam.) big mouth.
parloteo *s.m.* prattle, chatter.
paro *s.m.* 1 unemployment. 2 (Am.) strike.
parodia *s.f.* 1 parody, 2 travesty.
parodiar *v.t.* to parody.
paroxismo *s.m.* paroxysm.
parpadear *v.i.* 1 to flutter the eyelids. 2 to blink. 3 to twinkle. 4 to flicker.
parpadeo *s.m.* blinking, flickering.
párpado *s.m.* eyelid.
parque *s.m.* 1 park. 2 MIL. depot.
parquet *s.m.* parquet.
parquedad *s.f.* 1 frugality. 2 parsimony.
parra *s.f.* climbing vine.
parrafada *s.f.* long chat.
párrafo *s.m.* paragraph.
parranda *s.f.* spree, party.
parricida *s.m.* y *f.* parricide.
parrilla *s.f.* 1 gridiron, grating. 2 grill.
párroco *s.m.* parish priest.
parroquia *s.f.* 1 parish church; congregation; parish. 2 customers.
parroquiano, -a *s.m.* y *f.* 1 parishioner. 2 customer, client.
parsimonia *s.f.* 1 thrift. 2 prudence. 3 unhurried attitude.
parte *s.f.* 1 part. 2 portion. 3 share. 4 contender. 5 party. || *s.m.* 6 bulletin. 7 litigant. || *s.f.pl.* 8 genitals.
partera *s.f.* midwife.
parterre *s.m.* 1 public garden. 2 flowerbed.
partición *s.f.* partition.
participación *s.f.* 1 participation. 2 part of a lottery ticket.
participar *v.t.* 1 to announce, to inform. || *v.i.* 2 to take part, to participate.
participio *s.m.* participle.

partícula *s.f.* particle.

particular *adj.* 1 particular, special. 2 peculiar. 3 private.

particularizar *v.t.* 1 to detail, to specify. 2 to favour. || *v.pron.* 3 to stand out.

partida *s.f.* 1 departure. 2 certificate. 3 entry. 4 consignment, batch. 5 armed band. 6 game.

partidario, -a *adj.* 1 partisan, partial. || *s.m. y f.* 2 supporter, follower.

partido, -a *p.p.* 1 de partir. || *adj.* 2 split, divided. 3 cracked. 4 departed. || *s.m.* 5 party. 6 side. 7 match, game. || 8 district.

partir *v.t.* 1 to divide, to break in two. 2 to share out. 3 to crack. || *v.i.* 4 to leave, to depart.

partitura *s.f.* score.

parto *s.m.* 1 childbirth, delivery. 2 (fig.) brainchild.

parturienta *s.f.* parturient.

parvulario *s.m.* nursery school.

pasa *s.f.* raisin.

pasable *adj.* passable, so-so.

pasadizo *s.m.* 1 corridor. 2 alleyway.

pasado, -a *p.p.* 1 de pasar. || *s.m.* 2 past. || *s.f.* 3 passing, passage. 4 coat.

pasador, -a *s.m.* 1 bolt, latch. 2 tie clip, tie pin; slide. 3 pin; split pin. 4 MEC. filter.

pasaje *s.m.* 1 passage, crossing. 2 toll. 3 alley. 4 fare. 5 passengers.

pasajero, -a *adj.* 1 fleeting, transient. || *s.m. y f.* 2 passenger.

pasamano(s) *s.m.* 1 banister(s). 2 handrail.

pasamontañas *s.m.* balaclava.

pasante *adj.* 1 passing. || *s.m.* 2 teaching assistant. 3 articled clerk.

pasaporte *s.m.* passport.

pasar *v.t.* 1 to pass. 2 to cross. 3 to overtake. 4 to pass on. 5 to pass through. 6 to overlook. 7 to skip. 8 to spend. 9 to endure, to suffer. || *v.i.* 10 to happen. 11 to go in (to), to enter. || *v.pron.* 12 (fig.) to overstep the mark. 13 to go bad, to go off. 14 to forget.

pasarela *s.f.* 1 footbridge. 2 gangway.

pasatiempo *s.m.* pastime, hobby.

pascua *s.f.* Easter; Christmas; Epiphany.

pase *s.m.* pass; safeconduct.

pasear *v.i.* 1 to stroll, to walk. 2 to go for a ride. 3 to go for a drive. || *v.t.* 4 to take for a walk. 5 to parade.

paseo *s.m.* 1 walk, stroll. 2 ride. 3 drive. 4 throughfare, promenade. 5 walking distance.

pasillo *s.m.* passage, corridor.

pasión *s.f.* 1 passion. 2 enthusiasm.

pasivo, -a *adj.* 1 passive. 2 state. || *s.m.* 3 liabilities, debts.

pasmado, -a *p.p.* 1 de pasmar. || *adj.* 2 astonished, stunned. 3 (fam.) dopey.

paso, -a *adj.* 1 dried. || *s.f. y adj.* 2 raisin.

paso *s.m.* 1 step, stride. 2 pace. 3 rung, step. 4 passing. 5 passage, way through. 6 move, measure. 7 footprint. 8 progress.

pasta *s.f.* 1 dough, paste. 2 molten metal. 3 pulp. 4 papier mâché. 5 biscuit, sponge.

pastar *v.i.* to graze.

pastel *s.m.* 1 cake. 2 woad. 3 pastel. 4 (fig.) mess, deceit.

pastelería *s.f.* 1 confectionery. 2 confectioner's cake, shop.

pastelero, -a *s.m. y f.* confectioner.

pasteurizar *v.t.* to pasteurise.

pastiche *s.m.* pastiche.

pastilla *s.f.* 1 tablet, lozenge. 2 bar.

pasto *s.m.* 1 grass, fodder. 2 pasture land. 3 grazing. 4 feed.

pastor, -a *s.m.* 1 shepherd. 2 priest. || *s.f.* 3 shepherdess.

pata *s.f.* 1 foot, leg. || 2 **meter la –**, (fam.) to put one's foot in it.

patada *s.f.* 1 kick. 2 stamp.

patalear *v.i.* 1 to throw a tantrum. 2 to kick one's legs in the air.

patán *adj.* 1 rustic. 2 loutish. 3 uncouth. || *s.m.* 4 country bumpkin.

patata *s.f.* 1 potato. 2 chip. 3 crisp.

paté *s.m.* paté.

patear *v.t.* 1 to kick. 2 (fig.) to trample on, to abuse. 3 to boo. || *v.t. y v.i.* 4 to chase around. || *v.i.* 5 to stamp.

patena *s.f.* 1 a large medal. 2 paten.

patentar *v.t.* to patent.
patente *adj.* 1 patent, evident. || *s.f.* 2 licence. 3 warrant.
paternalismo *s.m.* paternalism.
paternidad *s.f.* 1 paternity, fatherhood. 2 authorship.
patético, -a *adj.* pathetic, moving.
patíbulo *s.m.* scaffold, gallows.
patilla *s.f.* side whisker, sideburn.
patín *s.m.* 1 skate. 2 runner. 3 scooter.
patinaje *s.m.* skating.
patinar *v.i.* 1 to skate. 2 to skid. 3 (fig.) to slip up.
patio *s.m.* 1 patio, courtyard. 2 quad, playground. 3 stalls.
pato *s.m.* duck, drake.
patología *s.f.* pathology.
patoso, -a *adj.* 1 tiresome. 2 clumsy.
patraña *s.f.* hoax, misrepresentation.
patria *s.f.* 1 homeland, native country. 2 mother country, fatherland.
patriarca *s.m.* patriarch.
patricio, -a *adj.* y *s.m.* patrician.
patrimonio *s.m.* 1 patrimony, heritage. 2 inheritance. 3 wealth. 4 assets.
patriota *adj.* patriot.
patriotismo *s.m.* patriotism.
patrocinador, -a *adj.* 1 sponsoring. || *s.m.* y *f.* 2 sponsor.
patrocinar *v.t.* to sponsor.
patrón *s.m.* 1 patron. 2 landlord. 3 master. 4 skipper. 5 pattern, template. 6 standard. 7 boss, employer.
patrona *s.f.* 1 patroness. 2 landlady. 3 owner, employer.
patronato *s.m.* 1 patronage, sponsorship. 2 employers' organization. 3 board of trustees.
patrulla *s.f.* 1 patrol. 2 group, band.
patrullar *v.t.* e *i.* to patrol.
paulatino, -a *adj.* slow, gradual.
pauperismo *s.m.* pauperism.
pausa *s.f.* 1 pause. 2 interval. 3 rest.
pausado, -a *adj.* slow, deliberate.
pauta *s.f.* 1 rule. 2 writing guide. 3 model, example.
pava *s.f.* 1 turkey hen. 2 (Am.) kettle.
pavimentar *v.t.* to pave, to tile.
pavimento *s.m.* 1 flooring. 2 paving. 3 surfacing.

pavo *s.m.* 1 (fam.) drip, prat. 2 turkey. || 3 – **real**, peacock.
pavonear *v.i.* y *pron.* to show off.
pavor *s.m.* terror, horror.
pavorido, -a *adj.* terrified.
payaso *s.m.* 1 clown. 2 (fig.) buffoon.
payés, -esa *s.m.* y *f.* peasant farmer.
paz *s.f.* 1 peace. 2 peacefulness.
peaje *s.m.* toll.
peana *s.f.* plinth, pedestal.
peatón *s.m.* pedestrian.
pebetero *s.m.* incense burner.
peca *s.f.* freckle.
pecado *s.m.* sin.
pecar *v.i.* 1 REL. to sin. 2 (fig.) to be at fault.
pecera *s.f.* aquarium, fishtank.
pechar *v.t.* 1 (Am.) to shove. 2 to take on.
pechicato, -a *adj.* (Am.) mean, (fam.) stingy.
pecho *s.m.* 1 chest; breast. 2 bosom, bust. || 3 a – **descubierto**, unarmed; openly. 4 dar el –, to breastfeed. 5 **tomarse algo muy a –**, to take something very much to heart.
pechuga *s.f.* breast.
peciolo *s.m.* petiole.
peculiaridad *s.f.* peculiarity.
pectoral *adj.* pectoral.
peculiar *adj.* peculiar, typical.
pedagogía *s.f.* (brit.) paedagogy, (EE.UU.) pedagogy.
pedal *s.m.* pedal.
pedante *adj.* 1 pedantic. || *s.m.* y *f.* 2 pedant.
pedazo *s.m.* 1 piece, bit. 2 **ser un – de pan**, to be kindness itself.
pederasta *s.m.* pederast.
pedernal *s.m.* silex; flint.
pedestal *s.m.* 1 pedestal; plinth. 2 basis; podium.
pedestre *adj.* 1 (fig.) pedestrian. 2 foot. 3 common, vulgar.
pedicuro, -a *s.m.* y *f.* chiropodist.
pedidera *s.f.* (Am.) request, demand.
pedido *s.m.* 1 order. 2 request, petition.
pedigüeño, -a *adj.* demanding. || *s.m.* y *f.* (fig.) pest, nuisance.

pedir *v.t.* **1** to ask for, to request. **2** to beg. **3** to order; to sue.

pedo *s.m.* **1** fart. **2 agarrarse un –**, (Am. y fam.) to get plastered.

pedrada *s.f.* **1** stone throw. **2** hit.

pedregoso, -a *adj.* stony, rocky.

pedrería *s.f.* jewels, precious stone.

pedrisco *s.m.* hailstones, hailstorm.

pedrusco *s.m.* lump of stone.

pedúnculo *s.m.* peduncle, stalk.

pega *s.f.* **1** sticking, gluing. **2** snag, problem. **3** (Am.) work, job.

pegadizo, -a *adj.* **1** sticky. **2** catchy, to remember.

pegajoso, -a *adj.* **1** sticky **2** contagious. **3** (fig.) smarmy, annoying.

pegamento *s.m.* glue, gum.

pegar *v.t.* **1** to stick, to glue. **2** to infect with. ‖ **3** to hit. ‖ *v.pron.* **4** to be close together. **5** to match, to look right. ‖ **6 – fuego**, to set alight. **7 – un grito**, to yell. **8 – un tiro**, to fire a shot. **9 – un salto**, to jump. **10 – un susto**, to frighten.

peinado, -a *p.p.* **1** de **peinar**. ‖ *adj.* **2** combed, groomed. ‖ *s.m.* **3** hair style, hairdo.

peinar *v.t.* **1** to comb, to groom. **2** (Am.) to flatter (adular). ‖ *v.pron.* **3** to comb one's hair.

peine *s.m.* **1** comb. **2** card (para lana). **3** cartridge clip.

pejesapo *s.m.* angler fish, (EE.UU.) goosefish.

pelado, -a *p.p.* **1** de **pelar**. ‖ *adj.* **2** hairless, bald. **3** (fam.) broke. **4** bare. **5** peeled. **6** round.

pelágico, -a *adj.* pelagic.

pelagra *s.f.* pellagra.

pelaje *s.m.* **1** coat, fur. **2** (fig.) look, appearance.

pelar *v.t.* **1** to pluck. **2** to shear. **3** to cut hair. **4** to peel. **5** (fig.) to fleece. **6** (fig.) to clean out.

peldaño *s.m.* **1** step. **2** rung.

pelear *v.i.* **1** to fight, to brawl. **2** to battle. **3** to quarrel. **4** to struggle.

pelele *s.m.* rag doll, puppet.

peleón *adj.* **1** quarrelsome. **2** rough.

peletería *s.f.* **1** furriery. **2** furrier's.

peliagudo, -a *adj.* tricky, thorny.

pelícano *s.m.* pelican.

película *s.f.* **1** photographic film. **2** film, (EE.UU.) movie. **3** pellicle.

peligro *s.m.* risk; danger.

peligroso, -a *adj.* risky; dangerous.

pelirrojo, -a *adj.* red-haired, ginger.

pellejo *s.m.* **1** skin. **2** wineskin (odre). **3** drunk. ‖ **4 dejar** o **perder el –**, to lose one's life. **5 salvar el –**, to save one's skin.

pelliza *s.f.* **1** pelisse. **2** dolman jacket.

pellizcar *v.t.* to pinch; to take a pinch.

pellizco *s.m.* **1** pinch. **2** (fig.) small bit.

pelmazo *s.m.* bore, nuisance.

pelo *s.m.* **1** hair. **2** pile, nap (de telas). ‖ **3 no tener pelos en la lengua**, to speak one's mind. **4 pelos y señales**, with all the details. **5 tomar el –**, (fig.) to pull (someone's) leg.

pelona *s.f.* (Am.) death.

pelota *s.f.* **1** ball. **2** ball game.

pelotear *v.t.* **1** to audit. ‖ *v.i.* **2** DEP. to kick a ball about.

pelotón *s.m.* **1** platoon. **2** bunch.

pelotudo, -a *adj.* (Am. y fam.) slack.

peluca *s.f.* **1** wig. **2** long hair (melenas).

peluche *s.m.* plush.

peludo *s.m.* (Am.) drunkenness.

peluquería *s.f.* **1** hairdresser's, barber's. **2** hairdressing.

peluquín *s.m.* toupée; peruke.

pelusa *s.f.* **1** down. **2** fluff.

pelvis *s.f.* pelvis.

pena *s.f.* **1** DER. penalty, punishment. **2** grief, sorrow. **3** pain, distress (congoja). ‖ *pl.* **4** hardships. ‖ **5 a duras penas**, with great difficulty. **6 sin/ni – ni gloria**, a non event. **7 valer la –**, to be worth the trouble.

penacho *s.m.* **1** crest, tuft. **2** plume.

penal *adj.* **1** penal. ‖ *s.m.* **2** (brit.) prison, (EE.UU.) penitentiary.

penalidad *s.f.* **1** suffering, hardship. **2** DER. punishment, penalty.

penalizar *v.t.* to penalize.

penalty *s.m.* DEP. penalty.

penar *v.t.* **1** to suffer. **2** to punish. ‖ *v.i.* **3** to die suffering.

penca *s.f.* 1 fleshy leaf. 2 (Am.) palm leaf, leaf of prickly pear.

penco *s.m.* (desp.) nag.

pendejada *s.f.* (Am.) foolishness; cowardice.

pendejo *s.m.* 1 (fam.) prat, berk. ‖ 2 **ser un –**, (Am.) to be a smart arse.

pendencia *s.f.* brawl, fight.

pendenciero, -a *s.m. y f.* troublemaker.

pender *v.i.* to hang, to hang down.

pendiente *adj.* 1 hanging. 2 pending, unsettled. ‖ *s.f.* 3 slope. 4 gradient. ‖ 5 **estar – de**, to hang on.

pendón *s.m.* 1 banner, standard. 2 (desp.) swine, rat.

péndulo, -a *adj.* 1 hanging. ‖ *s.m.* 2 pendulum.

pene *s.m.* penis.

penetración *s.f.* 1 penetration. 2 insight, intelligence.

penetrar *v.t.* 1 to penetrate, to pierce. 2 to be penetrating, to be piercing. ‖ *v.i.* 3 to enter, to go in (to).

penicilina *s.f.* penicillin.

península *s.f.* peninsula.

penique *s.m.* penny.

penitencia *s.f.* 1 penitence. 2 penance.

penitenciaría *s.f.* 1 penitentiary. 2 prison.

penitente *s.m. y f.* penitent.

penoso, -a *adj.* 1 arduous, laborious. 2 distressing, heart-breaking.

pensador, -ora *adj.* 1 thinking. ‖ *s.m. y f.* 2 thinker; philosopher.

pensamiento *s.m.* 1 thought. 2 mind (mente). 3 idea. 4 pansy.

pensar *v.i.* 1 to think, to ponder. ‖ *v.t.* 2 to think about, to think over. 3 to intend.

pensativo, -a *adj.* thoughtful, pensive.

pensión *s.f.* 1 pension. 2 bursary, fellowship. 3 guest house, boarding house.

pensionado, -a *adj.* 1 on a pension. ‖ *s.m. y f.* 2 pensioner. ‖ *s.m.* 3 boarding school.

pensionista *s.m. y f.* 1 pensioner. 2 lodger, boarder. 3 school pupil, boarder.

pentágono, -a *s.m.* pentagon.

penúltimo, -a *adj./s.m. y f.* penultimate.

penumbra *s.f.* penumbra.

penuria *s.f.* penury.

peña *s.f.* 1 GEOG. crag. 2 group. 3 supporters' club, fanclub.

peñasco *s.m.* large rock.

peñón *s.m.* rock, large crag.

peón *s.m.* 1 unskilled worker. 2 MIL. foot soldier, infantryman. 3 pawn (ajedrez).

peonía *s.f.* peony.

peonza *s.f.* top.

peor *adj. y adv.* 1 worse; worst. ‖ 2 **tanto –**, so much the worse.

pepinillo *s.m.* gherkin.

pepino *s.m.* 1 cucumber. 2 (Am.) carnival figure. ‖ 3 **importar un –**, not to care two hoots.

pepita *s.f.* 1 seed, pip. 2 MIN. nugget.

pepitoria *s.f.* fricassée.

péptico, -a *adj.* peptic.

pequeño, -a *adj.* 1 small. 2 young. 3 unimportant. 4 short. 5 humble.

pera *s.f.* pear.

peral *s.m.* pear tree.

peralte *s.m.* superelevation, embankment, bank.

perca *s.f.* perch.

percal *s.m.* 1 percale, calico. 2 (fam.) dough.

percance *s.m.* setback, mishap.

percatar *v.i. y pron.* to realise, to notice.

percebe *s.m.* goose barnacle.

percepción *s.f.* 1 perception. 2 feeling. 3 idea. 4 receipt.

perceptible *adj.* perceptible, visible.

perceptor, -a *s.m. y f.* collector, receiver.

percha *s.f.* 1 hanger, coat hanger. 2 hatstand, clothes rack. 3 carding. 4 perch. 5 rack.

perchero *s.m.* 1 clothes rack, hatstand. 2 coat hanger.

percibir *v.t.* 1 to receive, to collect. 2 to perceive, to sense. 3 to notice.

percusión *s.f.* percussion.

percutir *v.t.* to strike, to hit.

percutor *s.m.* hammer; striker.
perdedor, -a *adj.* 1 losing. || *s.m.* y *f.* 2 loser.
perder *v.t.* 1 to lose. 2 to waste. 3 to miss. 4 to ruin. 5 to spoil, to damage (estropear). || *v.i.* 6 to lose. 7 to fade, to discolour. || *v.pron.* 8 to lose one's way. 9 to go to rack and ruin. 10 to founder. 11 (fig.) to be crazy. 12 to get lost.
perdición *s.f.* undoing.
pérdida *s.f.* 1 loss. 2 waste. 3 wastage.
perdido, -a *adj.* 1 stray. 2 lost. 3 (Am.) vicious, hardened. || *s.m.* y *s.f.* 4 wastrel, libertine. 5 (Am. y brit.) tramp, (EE.UU.) bum, hobo.
perdigón *s.m.* 1 young partridge. 2 (lead) shot, pellet.
perdiguero, -a *adj.* 1 partridge-hunting. || *s.m.* 2 setter (perro).
perdiz *s.f.* partridge.
perdón *s.m.* 1 pardon. 2 forgiveness. 3 mercy.
perdonar *v.t.* 1 to forgive. 2 to pardon. 3 to excuse.
perdulario, -a *adj.* 1 negligent, slovenly. 2 dissolute. 3 forgetful, careless. || *s.m.* y *f.* 4 slovenly person. 5 rake. 6 absent-minded individual (despistado).
perdurar *v.i.* to last a long time, to endure.
perecedero, -a *adj.* perishable.
perecer *v.i.* to perish, to die.
peregrinación *s.f.* pilgrimage.
peregrinar *v.i.* 1 to go on a pilgrimage. 2 to travel far afield.
peregrino, -a *adj.* 1 of pilgrimage. 2 wandering, travelling. 3 odd, outlandish.
perejil *s.m.* parsley.
perenne *adj.* perennial, everlasting.
perentorio, -a *adj.* 1 peremptory. 2 urgent, pressing.
pereza *s.f.* 1 laziness. 2 idleness. 3 sloth.
perezoso, -a *adj.* 1 lazy, slothful. || *s.m.* 2 sloth.
perfección *s.f.* perfection.
perfeccionamiento *s.m.* improvement.
perfeccionar *v.t.* 1 to perfect, to improve. 2 to complete.

perfecto, -a *adj.* 1 perfect. 2 finished, complete..
perfidia *s.f.* perfidy, treachery.
perfil *s.m.* 1 profile. 2 edging. 3 outline, silhouette. || *pl.* 4 finishing touches.
perfilar *v.t.* 1 to profile. 2 (fig.) to put the finishing touches to. || *v.pron.* 3 to turn sideways, to show one's profile. 4 to take shape, to look likely. 5 (Am.) to slim.
perforar *v.t.* to perforate, to pierce.
perfume *s.m.* 1 perfume, scent. 2 fragrance.
pergamino *s.m.* parchment.
pergeñar *v.t.* 1 (fig.) to knock together, to fix up. 2 to rough out, to sketch out.
pérgola *s.f.* 1 pergola. 2 roof garden.
perica *s.f.* (Am. y fam.) drunkenness.
pericia *s.f.* expertise, skill.
periclitar *v.i.* 1 to be in danger. 2 to decline, to decay.
perico *s.m.* 1 parakeet. 2 (Am.) compliment. 3 (Am. y fam.) windbag.
periferia *s.f.* 1 periphery. 2 contour. 3 outskirts.
periférico, -a *adj.* 1 peripheral, marginal. 2 on the outskirts.
perifollo *s.m.* chervil.
perífrasis *s.f.* periphrasis.
perigeo *s.m.* perigee.
perilla *s.f.* goatee beard, Vandyke.
perímetro *s.m.* perimeter.
perineo *s.m.* perineum.
periódico *adj.* 1 periodic, periodical. 2 recurring. || *s.m.* 5 newspaper.
periodista *s.m.* y *f.* journalist.
peripecia *s.f.* vicissitude, incident.
periplo *s.m.* 1 circumnavigation. 2 periplus.
periquito *s.m.* parakeet.
periscopio *s.m.* periscope.
peristáltico, -a *adj.* peristaltic.
perito, -a *adj.* expert, specialist.
peritoneo *s.m.* peritoneum.
perjudicar *v.t.* to harm, to damage.
perjudicial *adj.* harmful, damaging.
perjuicio *s.m.* harm, damage.
perjurar *v.i.* y *pron.* 1 to commit perjury. || *v.i.* 2 to curse, to swear.
perjurio *s.m.* perjury.

perla *s.f.* pearl.
permanecer *v.i.* to stay, to remain.
permanente *adj.* 1 permanent. ‖ *s. f.* 2 permanent wave, perm.
permanganato *s.m.* permanganate.
permeable *adj.* permeable.
permiso *s.m.* 1 permission. 2 leave. 3 licence.
permitir *v.t.* 1 to permit, to allow. 2 to tolerate. 3 to turn a blind eye. ‖ *v.r.* 4 to be allowed. 5 to be tolerated.
permuta *s.f.* exchange.
pernicioso, -a *adj.* pernicious.
pernil *s.m.* ham, haunch.
perno *s.m.* bolt.
pernoctar *v.i.* to spend the night.
pero *conj.* 1 but. ‖ *s.m.* 2 problem, fault, objection. 3 (Am.) pear tree.
perol *s.m.* 1 pot. 2 (Am.) tack, stud. 3 (Am.) cauldron. 4 (Am.) frying pan.
peroné *s.m.* fibula.
perorar *v.i.* 1 to give a speech. 2 to spout.
peróxido *s.m.* peroxide.
perpendicular *adj.* perpendicular.
perpetrar *v.t.* to perpetrate.
perpetuar *v.t.* to perpetuate.
perpetuo, -a *adj.* 1 perpetual. 2 for life. ‖ 3 *s.f.* everlasting, immortelle.
perplejidad *s.f.* 1 perplexity. 2 confusion.
perra *s.f.* 1 ZOOL. bitch. 2 tantrum. 3 small coin. 4 drunkenness. ‖ *pl.* 5 (fig.) dough.
perro, -a *adj.* 1 vile. 2 (fam.) lousy. ‖ *s.m.* y *f.* 3 ZOOL. dog.
persecución *s.f.* chase, hunt.
perseguir *v.t.* 1 to pursue (seguir). 2 to chase. 3 to strive after. 4 to persecute.
perseverancia *s.f.* perseverance.
perseverar *v.i.* to persevere; to persist.
persiana *s.f.* venetian blind.
persistir *v.i.* to persist.
persona *s.f.* person.
personaje *s.m.* 1 personage. 2 character.
personal *adj.* 1 personal. ‖ *s.m.* 2 personnel, staff.
personalidad *s.f.* 1 personality. 2 legal status, legal entity.

personarse *v.r.* 1 to appear in person. 2 to report (to). 3 to appear.
personificación *s.f.* personification, embodiment.
personificar *v.t.* 1 to personify, to embody. 2 to allude to.
perspectiva *s.f.* 1 perspective. 2 point of view. 3 view. ‖ *pl.* 4 prospects.
perspicaz *adj.* 1 keen-sighted, sharpeyed. 2 (fig.) shrewd, perceptive.
persuadir *v.t.* 1 to persuade. ‖ *v.pron.* 2 to become convinced.
persuasión *s.f.* 1 persuasion, 2 conviction.
persuasivo, -a *adj.* persuasive.
pertenecer *v.i.* to belong.
perteneciente *adj.* 1 member. 2 pertaining, belonging.
pertenencia *s.f.* 1 ownership. 2 possession, estate. 3 outbuilding.
pértiga *s.f.* pole.
pertinaz *adj.* 1 pertinacious, obstinate. 2 persistent.
pertinente *adj.* pertinent; relevant.
perturbación *s.f.* 1 disturbance. 2 mental disorder.
perturbado, -a *p.p.* 1 de **perturbar.** ‖ *adj.* 2 mentally unbalanced.
perturbador, -a *adj.* 1 disturbing, upsetting. ‖ *s.m.* y *f.* 2 disturber.
perturbar *v.t.* 1 to disturb. 2 to upset, to unsettle. 3 to perturb.
perversión *s.f.* perversion; corruption.
perverso, -a *adj.* perverse.
pervertido, -a *p.p.* 1 de **pervertir.** ‖ *adj.* 2 perverted. ‖ *s.m.* y *f.* 3 pervert.
pervertir *v.t.* 1 to pervert. 2 to corrupt.
pervivencia *s.f.* 1 survival. 2 persistence.
pervivir *v.i.* 1 to survive. 2 to subsist.
pesa *s.f.* 1 weight. 2 shot. ‖ *pl.* 3 barbell.
pesadilla *s.f.* nightmare.
pesado, -a *adj.* 1 heavy. 2 overweight. 3 tedious, annoying. 4 sluggish, slow. 5 deep. 6 sultry, muggy.
pesadumbre *s.f.* 1 bother, irritation. 2 sorrow, grief.
pésame *s.m.* condolences.

pesar v.i. 1 to weigh, to be heavy. 2 (fig.) to carry weight. 3 to cause distress, to cause regret. ‖ v.t. 4 to weigh. 5 to weigh up ‖ s.m. 6 sorrow, grief. 7 regret. ‖ 8 a – de, in spite of.

pesca s.f. 1 fishing, angling. 2 catch.

pescadería s.f. fish shop.

pescadilla s.f. whiting.

pescado s.m. fish.

pescar v.t. 1 to fish. 2 to catch (coger).

pescuezo s.m. 1 neck. 2 scruff of the neck.

pesebre s.m. 1 manger, crib. 2 stall.

peseta s.f. peseta.

pesimista adj. 1 pessimistic. ‖ s.m. y f. 2 pessimist.

pésimo, -a adj. very bad, dreadful.

peso s.m. 1 gravity. 2 weight. 3 weightiness. 4 scales. 5 (Am.) peso.

pesquisa s.f. inquiry.

pestaña s.f. 1 eyelash. 2 fringe. 3 flange.

pestañear v.i. 1 to blink, to wink. 2 to flutter one's eyelashes. 3 to show signs of life.

peste s.f. 1 plague. 2 stench. 3 pestilence, evil. 4 plague. ‖ 5 pl. curses, threats.

pestilencia s.f. 1 pestilence, plague. 2 stench, reek.

pestilente adj. stinking, foul.

pestillo s.m. 1 bolt. 2 latch.

petaca s.f. 1 tobacco pouch. 2 cigarette case. 3 (Am.) leather chest, suitcase.

pétalo s.m. petal.

petardo s.m. 1 firecracker, squlb. 2 (fig.) bore. 3 (fam.) ugly old bag. 4 swindle, fraud. 5 petard.

petate s.m. 1 bedroll. 2 (Am) palm matting.

petición s.f. 1 request, demand. 2 petition, plea.

petirrojo s.m. robin, redbreast.

petiso, -a adj. 1 (Am.) short, stumpy. ‖ s.m. 2 small horse, pony.

peto s.m. 1 bib, bodice. 2 breastplate. 3 peen.

petrel s.m. petrel.

pétreo, -a adj. 1 stone, of stone. 2 stony, rocky.

petrificar v.t. y r. to petrify.

petróleo s.m. 1 oil, petroleum. 2 (Am.) paraffin.

petrolero, -a adj. 1 petroleum. ‖ s.m. y f. 2 oil tanker, petrol tanker.

petulancia s.f. insolence; arrogance.

petulante adj. vain.

petunia s.f. petunia.

peyorativo, -a adj. pejorative.

pez s.m. 1 fish. ‖ s.f. 2 pitch, tar.

pezón s.m. 1 stem, stalk. 2 nipple. 3 knob, extremity.

pezuña s.f. hoof.

pi s.f. 1 pi. 2 MAT. pi.

piadoso, -a adj. 1 pious, devout (pío). 2 pitiful. 3 compassionate, sympathetic.

piafar v.i. to paw the ground.

piamáter s.f. pia mater.

pianista s.m. y f. pianist, piano player.

piano s.m. 1 piano. ‖ adv. 2 piano.

pianola s.f. pianola.

piar v.i. 1 to chirp, to cheep. 2 (fig.) to cry for, to be longing for.

piara s.f. herd.

pibe, -a s.m. y s.f. (Am.) child, (fam.) kid.

pica s.f. 1 pike. 2 goad, lance. 3 magpie. 4 (Am.) pique, resentment.

picacera s.f. (Am.) pique, resentment.

picadillo s.m. 1 minced meat, mincemeat. 2 sausage meat.

picado, -a adj. 1 minced. 2 pitted, perforated. 3 sour. 4 piqued. 5 (Am.) tipsy. ‖ s.m. 6 nosedive. 7 mince. 8 pizzicato. ‖ s.f. 9 peck, pecking. 10 bite, sting. 11 decayed, bad.

picador s.m. 1 picador; horse breaker. 2 face worker.

picadura s.f. 1 bite, sting. 2 prick. 3 cut tobacco. 4 tooth decay, caries.

picaflor s.m. humming-bird.

picajoso, -a adj. touchy, testy.

picamaderos s.m. woodpecker.

picanear v.t. (Am.) to spur on, to provoke.

picante adj. 1 spicy, hot. 2 saucy, piquant. ‖ s.m. 3 hot taste, piquancy.

picapedrero *s.m.* quarryman, stone-cutter.

picapleitos *s.m.* 1 litigious individual. 2 (desp.) lawyer. 3 (fam.) charlatan.

picaporte *s.m.* 1 doorknocker. 2 latch. 3 latchkey. 4 door handle.

picar *v.t.* 1 to peck. 2 to bite, to sting. 3 to prick. 4 to mince. 5 to peck at, to nibble. 6 to punch. 7 to chip at. 8 to goad, to lance. 9 to spur. || *v.t.* y *v.i.* 10 to bite. 11 to itch. 12 to nibble. || *v.i.* 13 (fig.) to take the bait. 14 to burn. || *v.r.* 15 to go off, to turn sour. 16 to get choppy. 17 to take offence.

picardía *s.f.* 1 naughtiness, mischief. 2 villainy. 3 craftiness. 4 dirty trick. || *s.pl.* 5 insults, naughty things. || *s.m.pl.* 6 babydoll nightie.

picaresco, -a *adj.* 1 roguish; picaresque. || *s.f.* 2 picaresque.

pícaro, -a *adj.* 1 villainous, naughty. || *s.m.* y *s.f.* 2 rogue, villain. 3 scamp, tyke.

picaza *s.f.* magpie.

picazón *s.f.* 1 itch, stinging sensation. 2 discomfort. 3 irritation, pique.

picharse *v.r.* (Am.) 1 to be scared, to flinch. 2 to die, to snuff it.

pichel *s.m.* tankard, jug.

pichón, -a *adj.* 1 (fam.) darling. 2 (Am.) unwary, gullible. 3 (Am.) inexperienced. || *s.m.* 4 young pigeon.

picnic *s.m.* picnic.

pico *s.f.* 1 beak, bill. 2 point, corner. 3 pick (herramienta). 4 peak. 5 mouth, (fam) gob, trap. || 6 **y –**, and a bit, just after; odd.

picor *s.m.* 1 MED. itch, prickling. 2 hot taste, burning sensation. 3 rash.

picoreto, -a *adj.* (Am.) talkative.

picota *s.f.* 1 pike, pikestaff. 2 pillory. 3 spire, point. 4 peak.

picotear *v.t.* 1 to peck, to peck at. 2 (fam.) to gossip, to prattle.

picotijera *s.f.* shearwater.

pictórico, -a *adj.* pictorial.

picudo, -a *adj.* 1 pointed. 2 long-nosed, long-billed. 3 with a spout, with a lip.

pie *s.m.* 1 foot. 2 foot, paw. 3 base, stand. 4 pretext. || 5 **de –** o **de pies** o **en –**, standing, upright. 6 **dar –**, to give a pretext.

piedad *s.f.* 1 piety, piousness. 2 pity.

piedra *s.f.* 1 stone, flint. 2 large hailstone. 3 millstone.

piel *s.f.* 1 skin. 2 leather. 3 peel.

pienso *s.m.* fodder, feed.

pierna *s.f.* 1 leg. 2 haunch, drumstick (de un ave).

pieza *s.f.* 1 piece, part. 2 item. 3 piece, roll. 4 room. 5 coin. 6 specimen. 7 play, piece of music.

pifia *s.f.* 1 (fam.) bloomer. 2 (Am.) mockery.

pigmento *s.m.* pigment.

pigmeo, -a *adj.* pygmy.

pijama *s.m.* 1 (brit.) pyjamas, (EE.UU.) pajamas.

pila *s.f.* 1 basin, sink. 2 battery. 3 pile, heap. 4 pile, bridge support. || 5 **– bautismal**, font.

pilar *s.m.* 1 pillar. 2 pier, pilaster.

pilastra *s.f.* pilaster.

píldora *s.f.* 1 pill. || 2 **dorar la –**, to sweeten the pill.

pileta *s.f.* 1 small basin. 2 stoup. 3 kitchen sink. 4 (Am.) pond, swimming pool.

pillaje *s.m.* 1 plunder, 2 pillage, looting.

pillar *v.t.* 1 to catch, (fam.) to grab. 2 to plunder, to loot. 3 to catch out. 4 to knock down, to run over.

pillo, -a *adj.* 1 rascally, impish. 2 sly, crafty. || *s.m.* 3 rogue, scamp. 4 villain.

pilón *s.m.* 1 basin. 2 mortar.

píloro *s.m.* pylorus.

piloso, -a *adj.* pilose.

pilotar *v.t.* 1 to pilot. 2 to steer. 3 to drive.

piloto *s.m.* 1 pilot. 2 helm. 3 navigator. 4 driver.

pimentón *s.m.* paprika.

pimienta *s.f.* pepper.

pimiento *s.m.* green pepper, red pepper.

pimpinela *s.f.* pimpernel.

pimpollo *s.m.* y *f.* 1 shoot; rosebud, 2 good-looking child, pretty young woman.

pinacoteca *s.f.* picture gallery.

pináculo *s.m.* 1 spire, top. 2 (fig.) pinnacle, acme. 3 pinnacle.

pinar *s.m.* pinewood.

pincel *s.m.* paintbrush.

pincelada *s.f.* brushstroke.

pinchar *v.t.* 1 to prick. 2 to puncture, to pierce. 3 to annoy, to tease.

pinchazo *s.m.* 1 puncture.

pinche *s.m.* kitchen-boy.

pincho *s.m.* 1 point. 2 snack.

pingüe *adj.* 1 fat, fatty. 2 (fig.) abundant, fat.

pingüino *s.m.* penguin.

pino *s.m.* pine, pine tree.

pinta *s.f.* 1 mark, spot. 2 mark. 3 polka dot. 4 look, appearance. 5 pint.

pintado, -a *p.p.* 1 de pintar. || *adj.* 2 colourful, dappled. || *s.f.* 3 ZOOL. Guinea fowl.

pintar *v.t.* 1 to paint. 2 to depict, to portray. 3 (fig.) to describe. 4 (fam.) to be important, to carry weight. || 5 – **bien o mal una cosa**, something to turn out well or badly.

pintarrajear *v.t.* to daub, to bedaub.

pintor, -a *s.m. y s.f.* painter, artist.

pintoresco, -a *adj.* picturesque.

pintura *s.f.* 1 painting. 2 picture, paintig. 3 paint. 4 (fig.) portrayal, description.

pinza *s.f.* 1 pincers. 2 tweezers. 3 tongs. 4 clothes peg. 5 forceps 6 claw, pincer.

pinzón *s.m.* finch, chaffinch.

piña *s.f.* 1 pine cone. 2 pineapple. 3 cluster, group. 4 (Am.) punch, (fam.) thump.

piñata *s.f.* 1 masked ball, masquerade. 2 (Am.) brawl.

piñón *s.m.* 1 pine seed. 2 pine nut. 3 pinion, sprocket.

pío, -a *adj.* 1 pious. 2 charitable. || 3 **no decir ni –**, not to say a word.

piojo *s.m.* louse.

piolet *s.m.* ice axe.

pionero, -a *s.m. y s.f.* pioneer.

piorrea *s.f.* (brit.) pyorrhoea, (EE.UU.) pyorrhea.

pipa *s.f.* 1 pipe. 2 cask. 3 BOT. pip, seed. 4 (Am. y fam.) belly.

piqueta *s.f.* pickaxe.

piquete *s.m.* 1 squad. 2 fence post (jalón). 3 small hole.

pira *s.f.* 1 pyre. 2 bonfire.

piragua *s.f.* 1 pirogue. 2 canoe.

pirámide *s.f.* pyramid.

piraña *s.f.* piranha.

pirata *s.m.* pirate.

piratería *s.f.* piracy.

piropo *s.m.* flattering remark, compliment.

pirotecnia *s.f.* pyrotechnics.

pirueta *s.f.* pirouette.

pirulí *s.m.* lollipop.

pisada *s.f.* 1 footprint. 2 footstep.

pisapapeles *s.m.* paperweight.

pisar *v.t.* 1 to tread on, to step on. 2 to tread (apretar con el pie). 3 to pluck, to strike. 4 (fig.) to trample. || 5 – **los talones**, to be on someone's heels.

piscicultura *s.f.* fish farming.

piscina *s.f.* swimming pool.

pisco, -a *s.m.* pisco brandy.

piso *s.m.* 1 ground, flooring. 2 sole. 3 floor, storey. 4 flat.

pista *s.f.* 1 trail, track. 2 track, course; court. 3 runway, airstrip. 4 clue.

pistilo *s.m.* pistil.

pisto *s.m.* 1 gravy. 2 dish of fried vegetables. 3 (Am.) elegance, style.

pistola *s.f.* 1 pistol. 2 spray gun.

pistolera *s.f.* holster.

pistolero *s.m.* gunman, gangster.

pistoletazo *s.m.* 1 pistol shot, gun shot. || 2 – **de salida**, starting signal.

pistón *s.m.* 1 piston. 2 percussion cap. 3 valve. 4 (Am.) corn tortilla.

pita *s.f.* 1 agave. 2 pita fibre.

pitanza *s.f.* 1 daily ration. 2 dole.

pitar *v.i.* 1 to whistle, to blow a whistle. 2 (fam.) to go well. 3 (Am.) to smoke.

pitido *s.m.* whistling, whistle.

pitillera *s.f.* cigarette case.

pitillo *s.m.* cigarette, (brit. y fam.) fag.

pitiminí *s.m.* fairy rose bush.

pito *s.m.* 1 whistle (silbato). 2 cigarette, (brit. y fam.) fag (cigarrillo).

pitón *s.m.* 1 python. 2 budding horn.

pitonisa *s.f.* 1 pythoness. 2 sorceress.

pituita *s.f.* phlegm, mucus.

pivote *s.m.* pivot.

pizarra *s.f.* 1 slate. 2 blackboard.

pizca *s.f.* 1 pinch. 2 (fig.) spot, jot, scrap. 3 the least bit.

placa *s.f.* 1 badge. 2 plate. 3 plaque. 4 numberplate.

pláceme *s.m.* congratulations.

placenta *s.f.* placenta.

placentero, -a *adj.* pleasing, agreeable.

placer *v.t.* 1 to please. || *s.m.* 2 pleasure. 3 contentment. 4 enjoyment.

plácet *s.m.* 1 approval. 2 placet.

plácido, -a *adj.* placid; pleasing.

plafón *s.m.* soffit.

plaga *s.f.* 1 plague. 2 pest, blight. 3 (fig.) scourge.

plagado, -a *adj.* full, crawling.

plagiar *v.t.* to plagiarise.

plagio *s.m.* copying.

plan *s.m.* plan (proyecto).

plancha *s.f.* 1 sheet, plate. 2 iron. 3 ironing. 4 blunder. 5 horizontal dive.

planchar *v.t.* 1 to iron. || *v.i.* 2 to iron, to do the ironing.

plancton *s.m.* plankton.

planeador *s.m.* glider.

planear *v.t.* 1 to draw a plan. 2 to plan. || *v.i.* 3 AER. to glide.

planeta *s.m.* planet.

planetario *s.m.* planetarium.

planicie *s.f.* 1 plain. 2 level ground.

planificación *s.f.* planning.

planificar *v.t.* to plan.

planisferio *s.m.* planisphere.

plano, -a *adj.* 1 flat, level, smooth. || *s.m.* 2 plane. 3 (fig.) plane. 4 plan. || *s.f.* 5 float. 6 page (hoja).

planta *s.f.* 1 sole of the foot. 2 ground plan. 3 floor, storey. 4 plant.

plantación *s.f.* plantation.

plantar *v.t.* 1 to plant. 2 to put in. 3 to pitch. 4 to throw out. 5 to leave (someone) stranded. || *v.r.* 6 to stand firm, (fam.) to dig one's heels in. 7 to reach, to turn up. 8 to plant oneself.

plante *s.m.* 1 stoppage, strike. 2 stand.

planteamiento *s.m.* 1 outlining. 2 approach.

plantear *v.t.* 1 to plan, to set out. 2 to establish, to set up. 3 to pose, to raise.

plantel *s.m.* 1 nursery, seedbed. 2 (fig.) training centre. 3 squad.

plantificar *v.t.* 1 to establish, to institute. || *v.r.* 2 to plant oneself.

plantígrado, -a *adj./ s.m.* y *f.* plantigrade.

plantilla *s.f.* 1 insole, sole. 2 model, pattern. 3 staff, payroll. 4 squad, team.

plantío, -a *adj.* 1 cultivable, cultivated. || *s.m.* 2 planting. 3 plot, field.

plantón *s.m.* 1 guard, watchman. 2 sentry. 3 tedious wait.

plañir *v.i.* to wail, to moan.

plasma *s.m.* 1 plasma. 2 protoplasm.

plasmar *v.t.* 1 to shape, to give form to. 2 to mould (moldear).

plasticidad *s.f.* plasticity.

plástico, -a *adj.* 1 plastic. 2 ductile. 3 evocative, expressive. || *s.m.* 4 plastic. || *s.f.* 5 plastic art.

plata *s.f.* 1 silver. 2 (Am. y fam.) money.

plataforma *s.f.* 1 platform, stage. 2 open goods wagon, (EE.UU.) flatcar. || 3 – **continental,** continental shelf.

plátano *s.m.* 1 banana tree. 2 banana. 3 plane tree.

platea *s.f.* orchestra stalls.

plateado, -a *p.p.* 1 de **platear.** || *adj.* 2 silvery-plated, silvery.

plática *s.f.* 1 chat, talk. 2 sermon.

platillo *s.m.* 1 saucer. 2 MÚS. cymbal.

platina *s.f.* 1 stage, slide. 2 deck.

platino *s.m.* platinum.

plato *s.m.* 1 plate. 2 dish, course. 3 (fig.) daily fare.

plató *s.m.* film set.

plausible *adj.* 1 praiseworthy, laudable. 2 plausible, acceptable.

playa *s.f.* 1 beach. 2 seaside.

plaza *s.f.* 1 square, town square. 2 market place. 3 stronghold. 4 post, position.

plazo *s.m.* 1 period. 2 time limit, expiry date. 3 instalment.

pleamar *s.f.* high tide, flood tide.

plebe *s.f.* 1 plebs, plebeians. 2 common people, masses.

plebeyo, -a *adj.* **1** plebeian. **2** (desp.) common, coarse. ‖ *s.m.* y *s.f.* **3** plebeian, commoner.

plebiscito *s.m.* plebiscite.

plegar *v.t.* **1** to fold. **2** to bend. **3** to pleat. ‖ *v.pron.* **4** to bend, to crease. **5** (fig.) to give way, to yield.

plegaria *s.f.* **1** prayer (oración). **2** angelus bell.

pleitear *v.t.* **1** to engage in litigation. **2** (Am.) (fig.) to argue.

pleitesía *s.f.* homage, tribute.

pleito *s.m.* **1** lawsuit, case. **2** action. **3** (fig.) dispute. **4** (Am.) quarrel.

plenario, -a *adj.* plenary.

plenilunio *c.m.* full moon.

plenitud *s.f.* **1** plenitude, fullness. **2** (fig.) height.

pleno, -a *adj.* **1** full. ‖ *s.m.* **2** plenary meeting.

plétora *s.f.* plethora, abundance.

plica *s.f.* **1** sealed envelope. **2** escrow.

pliego *s.m.* **1** sheet. **2** signature. **3** sealed letter.

pliegue *s.m.* **1** fold. **2** crease. **3** pleat, tuck.

plinto *s.m.* **1** plinth. **2** horse.

plisado, -a *p.p.* **1** de **plisar.** ‖ *adj.* **2** pleated.

plomada *s.f.* **1** plumb line. **2** lead, sounding line. **3** sinker, weight.

plomo *s.m.* **1** lead. **2** plumb line. **3** (Am.) bullet, shot. **4** fuse. **5** (fig. y fam.) pest, nuisance.

pluma *s.f.* **1** feather. **2** plumage. **3** pen, quill.

plumaje *s.m.* plumage, feathers.

plumón *s.m.* **1** down. **2** eiderdown.

plural *adj.* y *s.m.* plural.

pluralidad *s.f.* plurality.

pluscuamperfecto *s.m.* pluperfect.

plusvalía *s.f.* **1** gain in value. **2** windfall profit.

plutonio *s.m.* plutonium.

pluvioso, -a *adj.* rainy, wet.

población *s.f.* **1** population. **2** town.

poblado *s.m.* **1** town. **2** village.

poblar *v.t.* **1** to populate, to inhabit. **2** to settle, to colonise. ‖ *v.pron.* **3** to become populated.

pobre *adj.* **1** poor. ‖ *s.m.* y *f.* **2** poor person, pauper. **3** (fig.) poor devil, poor wretch.

pocilga *s.f.* pigsty.

pócima o **poción** *s.f.* **1** potion. **2** (fig.) concoction, brew.

poco, -a *adj.sing.* **1** not much. **2** little. **3** small. ‖ *adj.pl.* **4** not many. **5** few. ‖ *s.m.* y *f.sing.* **6** little. ‖ *s.m.* y *f.pl.* **7** few, not many. ‖ *adv.* **8** little, not much. **9** not very. **10** a little. ‖ **11 – a –**, little by little, gradually. **12 – más o menos**, (fam.) near enough, about. **13 por –**, nearly, almost.

podar *v.t.* to prune.

podenco, -a *s.m.* y *f.* hound.

poder *s.m.* **1** power, authority. **2** possession. **3** capacity. **4** strength. **5** ability. ‖ *pl.* **6** powers, power. ‖ *v.i.* **7** can, to be able. **8** may. **9** to cope, to manage. ‖ *v.imp.* **10** may, might. ‖ **11 no – más**, to be all in, (fig.) to be at the end of one's tether. **12 no – menos**, not to be able to help.

poderío *s.m.* **1** power. **2** wealth. **3** might.

poderoso, -a *adj.* powerful, mighty.

podio o **pódium** *s.m.* **1** podium. **2** (Am.) rostrum.

podredumbre *s.f.* **1** putrefaction. **2** pus, rot. **3** (fig.) corruption.

podrido, -a *p.p.* **1** de **pudrir.** ‖ *adj.* **2** rotten.

poema *s.m.* poem.

poesía *s.f.* **1** poetry. **2** poem.

poeta *s.m.* poet.

poético, -a *adj.* **1** poetic. ‖ *s.f.* **2** poetics.

póker *s.m.* poker.

polaina *s.f.* **1** gaiter, legging. **2** (Am.) annoyance.

polaridad *s.f.* polarity.

polarización *s.f.* polarization.

polarizar *v.t.* y *pron.* **1** to polarize. **2** (fig.) to concentrate on.

polca *s.f.* polka.

polea *s.f.* pulley.

polémico, -a adj. 1 polemical. 2 controversial. || s.f. 3 polemic, controversy.

polemizar v.i. to get involved in an argument.

polen s.m. pollen.

poleo s.m. pennyroyal.

policía s.f. 1 police, police woman. || s.m. 2 policeman.

policíaco, -a o **policiaco, a** adj. 1 police (atr.). 2 detective (atr.).

polifacético, -a adj. 1 versatile. 2 multifaceted, many sided.

polifonía s.f. polyphony.

poligamia s.f. polygamy.

políglota adj./s.m. y f. polyglot.

polígono, -a s.m. polygon.

polilla s.f. clothes moth.

polinización s.f. pollination.

poliomielitis s.f. poliomyelitis, infantile paralysis.

polipasto o **polispasto** s.m. hoisting tackle.

pólipo s.m. polyp, polypus.

político, -a adj. 1 political. 2 politic. || s.m. y f. 3 POL. politician. || s.f. 4 politics. 5 policy. 6 tact. || 7 padre –, father-in-law.

póliza s.f. 1 stamp duty. 2 certificate. 3 policy; contract.

polizón s.m. stowaway.

polla s.f. pullet, young hen (gallina).

pollera s.f. (Am.) skirt.

pollino, -a s.m. y f. 1 donkey, ass. 2 (fig.) ass, dunce.

pollo s.m. 1 chick, young bird. 2 lad, youngster.

polo s.m. 1 pole. 2 ice-lolly. 3 polo neck sweater. 4 polo.

polución s.f. pollution.

polvareda s.f. 1 dust cloud. 2 (fig.) fuss, storm.

polvera s.f. powder compact.

polvo s.m. 1 dust. 2 powder. || 3 estar hecho –, (fam.) to be shattered. 4 limpio de – y paja, (fam.) in the clear.

polvoriento, -a adj. dusty.

pólvora s.f. gunpowder.

polvorín s.m. 1 munitions dump. 2 gunpowder keg.

pomada s.f. 1 ointment. 2 cream, pomade.

pomelo s.m. grapefruit.

pomo s.m. 1 pome. 2 perfume bottle. 3 pommel. 4 knob.

pompa s.f. 1 pomp. 2 bubble.

pompón s.m. 1 crest. 2 tassle.

pomposo, -a adj. 1 splendid, magnificent. 2 (desp.) pompous.

pómulo s.m. cheekbone.

ponche s.m. punch.

poncho s.m. 1 (Am.) poncho. 2 cape.

ponderación s.f. 1 consideration. 2 balance.

ponderado, -a p.p. 1 de **ponderar**. || adj. 2 prudent, calm.

ponderar v.t. 1 to weigh up, to ponder over. 2 to speak highly of. 3 to balance.

ponencia s.f. report; paper.

ponente adj. 1 reporting. || s.m. y s.f. 2 rapporteur. 3 speaker.

poner v.t. 1 to put, to place. 2 to set. 3 to put on, to turn on. 4 to suppose. 5 to lay. 6 to put up, to invest. 7 to put on, to show. || v.r. 8 to put oneself, to stand. 9 to put on. 10 ponerse al corriente, to find out. || 11 – en claro, to make clear. 12 – a mal, to cause a rift.

poney s.m. pony.

poniente s.m. West.

pontificado s.m. papacy, pontificate.

pontificar v.i. to pontificate, to pontify.

pontífice s.m. 1 pontiff. 2 Pontifex.

pontón s.m. 1 lighter. 2 pontoon.

ponzoña s.f. poison.

pop adj. pop.

popa s.f. 1 stern. || 2 ir viento en –, (fig.) to go swimmingly. 3 viento en –, following wind.

popelín o **popelina** s.f. poplin.

populacho s.m. (desp.) populace, plebs.

popular adj. 1 popular. 2 folk, of the people.

popularizar v.t. to make popular, to popularize.

populoso, -a adj. populous.

popurrí o **potpurrí** s.m. potpourri, medley.

póquer *s.m.* poker.

por *prep.* 1 for, for the sake of. 2 because of. 3 as. 4 in, around. 5 through. 6 by. 7 times.

porcelana *s.f.* 1 china, porcelain. 2 bluish-white.

porcentaje *s.m.* percentage.

porche *s.m.* porch; arcade.

porcino, -a *adj.* porcine, pig.

porción *s.f.* 1 portion, share, pad. 2 helping.

pordiosero, -a *s.m. y f.* beggar.

porfía *s.f.* persistence; obstinacy.

porfiado, -a *adj.* stubborn, obstinate.

porfiar *v.i.* 1 to argue stubbornly. 2 to persist 3 to vie.

pormenor *s.m.* detail; minor point.

pormenorizar *v.t.* 1 to detail. || *v.i.* 2 to go into detail.

pornografía *s.f.* pornography.

poro *s.m.* 1 pore. 2 (Am.) maté gourd. 3 (Am.) leek.

poroso, -a *adj.* porous.

poroto *s.m.* (Am.) bean.

porque *conj.* 1 because. 2 so that.

porqué *s.m.* reason, cause.

porquería *s.f.* 1 filth, dirt. 2 nastiness. 3 dirty trick, mean action. 4 obscenity. 5 (fig.) rubbish.

porra *s.f.* 1 club, cudgel. 2 sledgehammer. 3 thick fritter. || *interj.* 4 ¡**Vete a la –!**, scram!

porrazo *s.m.* 1 blow, (fam.) wallop. 2 knock, bump.

porro *s.m.* (fam.) joint, smoke.

portaaviones *s.m.inv.* aircraft carrier.

portada *s.f.* 1 front, facade. 2 front page; front cover. 3 title page.

portador, -a *s.m. y f.* carrier, bearer.

portaequipajes *s.m.inv.* (brit.) boot, (EE.UU.) trunk.

portafolio *s.m.* 1 (Am.) briefcase. 2 folder, file.

portal *s.m.* 1 entrance, entrance hall. 2 arcade. 3 city gate.

portalámparas *s.m.inv.* light socket.

portamonedas *s.m.inv.* purse.

portarse *v.pron.* 1 to behave. || 2 – **mal,** to misbehave, to behave badly.

portátil *adj.* portable.

portavoz *s.m. y f.* spokesperson, spokesman.

portazo *s.m.* bang, slam.

porte *s.m.* 1 COM. carriage, transport. 2 bearing.

portento *s.m.* marvel, wonder.

porteño, -a *s.m. y f.* (Am.) native of Buenos Aires (Argentina).

portería *s.f.* 1 porter's lodge, caretaker's office. 2 porter's job. 3 goal.

portero, -a *s.m. y f.* 1 hall porter, caretaker. 2 goalkeeper.

pórtico *s.m.* 1 portico, porch. 2 arcade.

portuario, -a *adj.* port, harbour.

porvenir *s.m.* 1 future. || 2 **de –,** promising.

pos *prep.* **en – de,** after, in pursuit of.

posada *s.f.* 1 shelter, lodging. 2 inn. 3 guest house.

posadero, -a *s.m. y f.* 1 innkeeper. || *s.f.pl.* 2 behind, backside.

posar *v.i.* 1 to rest. 2 to pose, to sit. || *v.i. y pron.* 3 to alight, to settle. 4 to put down, to land. || *v.pron.* 5 to settle. || *v.t.* 6 to put down, to lay down.

pose *s.f.* pose, affectation.

poseedor, -a *s.m. y f.* owner, possessor.

poseer *v.t.* 1 to possess, to own. 2 to enjoy. 3 to hold.

poseído, -a *p.p.* 1 de **poseer.** || *adj.* 2 overcome, crazed. 3 possessed. || *s.m. y f.* 4 one possessed.

posesión *s.f.* 1 possession, ownership. 2 property || *pl.* 3 colony, possessions.

posesivo, -a *adj.* possessive.

poseso, -a *p.p.irr.* 1 de **poseer.** || *adj.* 2 possessed. || *s.m. y f.* 3 one possessed.

posibilitar *v.t.* to make possible.

posible *adj.* 1 possible. || *s.m.pl.* 2 means, resources (recursos).

posición *s.f.* 1 position, place. 2 social position, status.

positivo, -a *adj.* 1 positive. 2 practical.

positivismo *s.m.* 1 realism. 2 materialism. 3 positivism.

poso *s.m.* sediment, lees; dregs.

posponer v.t. to postpone, to put off.

posta s.f. 1 relief horses, relay team. 2 staging post. 3 slug, pellet.

postal adj. 1 postal. ‖ s.f. 2 postcard.

poste s.m. 1 post, pole. 2 goalpost, upright.

postergar v.t. 1 to postpone. 2 to pass over.

posteridad s.f. posterity.

posterior adj. 1 later. 2 rear, back.

postigo s.m. 1 secret door. 2 wicket. 3 postern. 4 shutter.

postín s.m. 1 (desp.) airs and graces. 2 elegance, chic.

postizo, -a adj. 1 false, artificial. ‖ s.m. 2 hairpiece, toupée.

postor s.m. bidder.

postrar v.t. 1 to prostrate, to humble, to weaken. ‖ v.pron. 2 to exhaust oneself, to be overcome. 3 to kneel down.

postre s.m. 1 dessert, sweet. ‖ **2 a la –**, finally, in the end.

postrero, -a adj. 1 last, ultimate. 2 rear, hindmost. ‖ s.m. y f. 3 last one, (fam.) tail-ender.

postrimerías s.f.pl. 1 end (de la vida). 2 dying moments. 3 death. ‖ 4 **en las – del siglo**, at the close of the century.

postulado, -a p.p. 1 de **postular**. ‖ s.m. 2 postulate, proposition.

postular v.t. 1 postulate. 2 to request, to claim. 3 to collect for charity.

póstumo, -a adj. posthumous.

postura s.f. 1 position, posture. 2 (fig.) attitude.

potable adj. 1 drinkable. 2 (fam.) acceptable, passable. ‖ **3 agua –**, drinking water.

potaje s.m. 1 broth; dish of dried vegetables. 2 (fig.) jumble, mishmash.

potasa s.f. potash.

potasio s.m. potassium.

pote s.m. 1 earthenware pot. 2 pan.

potencia s.f. 1 power, capability. 2 strength. 3 potency.

potencial adj. 1 potential. 2 conditional. ‖ s.m. 3 potentiality. 4 potential energy.

potenciar v.t. 1 to promote. 2 to boost, to reinforce.

potentado, -a s.m. y f. potentate.

potente adj. 1 potent. 2 powerful.

potestad s.f. 1 power. 2 authority, jurisdiction.

potestativo, -a adj. facultative.

potingue s.m. (fam.) concoction, brew.

potra s.f. 1 filly. ‖ **tener –**, tener suerte.

potro s.m. 1 colt. 2 rack. 3 vaulting horse.

poyo s.m. stone bench.

poza s.f. 1 pool. 2 deepest part.

pozo s.m. 1 well. 2 pit. 3 mine shaft. 4 (fig.) fount.

práctica s.f. 1 practice. 2 experience, knowledge. 3 skill. ‖ pl. 4 practical training. 5 practicals.

practicante s.m. y f. 1 practitioner. 2 medical assistant.

practicar v.t. 1 (brit.) to practise, (EE.UU.) to practice. 2 to make a practice of. 3 to play.

práctico, -a adj. 1 practical, handy. 2 skilled, expert. 3 sensible, practical. ‖ s.m. 4 coastal pilot.

pradera s.f. 1 meadow. 2 (EE.UU.) prairie. 3 grasslands.

prado s.m. meadow, pasture land.

pragmatismo s.m. pragmatism.

preámbulo s.m. preamble, introduction.

prebenda s.f. 1 prebend. 2 benefice, living. 3 sinecure, (fam.) cushy.

precario, -a precarious, (fam.) shaky.

precaución s.f. precaution; foresight.

precavido, -a wary, guarded.

precedente s.m. precedent.

preceder v.t. to precede, to go before.

preceptivo, -a adj. 1 mandatory. ‖ s.f. 2 precepts.

precepto s.m. precept; rule.

preceptor, -a s.m. y f. teacher, private tutor.

preciado, -a adj. precious, valued.

precintar v.t. 1 to seal. 2 to seal off.

precinto s.m. 1 sealing. 2 seal.

precio *s.m.* 1 price, value. 2 (fig.) worth.
preciosidad *s.f.* beauty.
precioso, -a *adj.* precious; lovely.
precipicio *s.m.* precipice, cliff.
precipitación *s.f.* 1 haste. 2 precipitation, rainfall.
precipitado, -a *adj.* 1 hasty, hurried. 2 impulsive. II *s.m.* 3 precipitate.
precipitar *v.t.* 1 to hurl down. 2 to hasten. 3 to precipitate. II *v.pron.* 4 to hurl oneself down.
precisar *v.t.* 1 to specify. 2 to compel. 3 to need. II *v.i.* 4 to be necessary.
precisión *s.f.* 1 precision. 2 necessity.
preciso, -a *adj.* 1 exact; precise. 2 necessary.
preclaro, -a *adj.* illustrious.
preconizar *v.t.* 1 to praise. 2 to recommend.
precoz *adj.* 1 early. 2 precocious.
precursor, -a *adj.* 1 precursory. II *s.m.* y *f.* 2 precursor.
predecir *v.t.* to predict, to foretell.
predestinación *s.f.* predestination.
predeterminar *v.t.* to predetermine.
prédica *s.f.* 1 sermon. 2 harangue.
predicado *s.m.* predicate.
predicar *v.t.* e *i.* 1 to preach. 2 to sermonize.
predicción *s.f.* prediction, forecast.
predilección *s.f.* predilection.
predilecto, -a *adj.* (brit.) favourite, (EE UU) favorite.
predisponer *v.t.* 1 to predispose. 2 (desp.) to prejudice.
predispuesto, -a *p.p.* 1 de **predisponer.** II *adj.* 2 inclined, with a tendency.
predominante *adj.* predominant.
predominar *v.t.* e *i.* 1 to predominate over, to dominate. 2 (fig.) to overlook.
preeminencia *s.f.* preeminence.
prefabricar *v.t.* to prefabricate.
prefacio *s.m.* preface, foreword.
prefecto *s.m.* prefect.
preferente *adj.* preferential.
preferir *v.t.* to prefer.
prefijo *s.m.* prefix.
pregón *s.m.* public announcement, proclamation.

pregonar *v.t.* proclaim, announce.
pregunta *s.f.* question.
preguntar *v.t.* e *i.* 1 to ask. 2 to question, to interrogate. II *v.pron.* 3 to wonder.
prehistoria *s.f.* prehistory.
prejuicio *s.m.* 1 prejudice. 2 prejudgment.
prejuzgar *v.t.* to prejudge.
preliminar *adj.* y *s.m.* preliminary.
preludio *s.m.* prelude.
prematuramente *adv.* prematurely.
prematuro, -a *adj.* premature.
premeditación *s.f.* premeditation.
premiar *v.t.* to give a prize to, to give an award to.
premio *s.m.* 1 reward, rcompense (recompensa). 2 premium 3 prize, award.
premisa *s.f.* premise, premiss.
premonitorio, -a *adj.* 1 premonitory. 2 indicative, warning.
premura *s.f.* urgency, haste.
prenda *s.f.* 1 pledge, security. 2 darling. 3 garment, clothing.
prendar *v.t.* 1 to pledge. 2 to captivate. II *v.pron.* 3 to be captivated; to fall in love.
prender *v.t.* 1 to grasp, to seize. 2 to arrest, to detain. 3 to imprison. 4 to set. II *v.i.* 5 to take root. 6 to take, to catch. 7 (Am. y fam.) to con, to catch.
prensa *s.f.* 1 press. 2 printing press.
prensar *v.t.* to press.
prensil *adj.* prehensile.
prensor, -a *adj.* 1 gripping. 2 zygodactyl.
preñado, -a *adj.* pregnant.
preñar *v.t.* to make pregnant.
preocupación *s.f.* preocupation, worry.
preocupado, -a *p.p.* 1 de **preocupar.** II *adj.* 2 worried, concerned.
preocupar *v.t.* 1 to worry, to preoccupy. 2 to previously occupy. II *v.pron.* 3 to be worried, to care.
preparación *s.f.* 1 preparation. 2 training, culture.
preparado, -a *p.p.* 1 de **preparar.** II *adj.* 2 prepared. 3 trained. 4 able. II *s.m.* 5 preparation.

preparar v.t. 1 to prepare. 2 to train, to coach. 3 to process.

preparativo, -a adj. 1 preparatory. || s.m. 2 preparation.

preponderante adj. preponderant.

preposición s.f. preposition.

prepotencia s.f. 1 power. 2 (desp.) arrogance.

prepucio s.m. foreskin, prepuce.

prerrogativa s.f. prerogative, privilege.

presagiar v.t. to predict, to foretell.

presagio s.m. 1 portent. 2 foreboding.

presbítero s.m. presbyter; priest.

prescindir v.t. to disregard.

prescribir v.t. to prescribe.

prescripción s.f. prescription.

prescrito, -a p.p. 1 de **prescribir**. || adj. 2 prescribed.

presencia s.f. 1 presence. 2 bearing.

presenciar v.t. 1 to be present at. 2 to witness, to see.

presentación s.f. 1 introduction. 2 presentation.

presentador, -a s.m. y f. host; hostess.

presentar v.t. 1 to present. 2 to offer. 3 to submit. 4 to introduce. || pron. 5 to present oneself/itself. 6 to report, to appear.

presente adj. y s.m. present.

presentimiento s.m. premonition.

presentir v.t. to have a presentiment.

preservar v.t. to preserve, to protect.

presidencia s.f. presidency, chairmanship.

presidente, -a s.m. y f. 1 President; Prime Minister. 2 chairman.

presidiario, -a s.m. y f. convict.

presidio s.m. 1 prison. 2 praesidium. 3 garrison, fortress.

presidir v.t. 1 to preside at, to preside over. 2 to chair. 3 (fig.) to prevail in. || v.i. 4 to preside, to take the chair.

presión s.f. pressure.

presionar v.t. 1 to press. 2 (fig.) to put pressure on.

preso, -a p.p.irr. 1 de **prender**. || adj. 2 under arrest, imprisoned. || s.m. y f. 3 prisoner. || s.f. 4 capture. 5 spoils. 6

prey, quarry. 7 ditch, irrigation channel. 8 (brit.) millrace, (EE.UU.) flume (de molinos, etc.).

prestación s.f. 1 contribution. 2 service. || pl. 3 performance.

prestamista s.m. y f. moneylender.

préstamo s.m. 1 loan. 2 lending. 3 borrowing (lingüística).

prestancia s.f. 1 excellence. 2 distinction.

prestar v.t. 1 to lend, to loan. || v.pron. 2 to lend oneself/itself.

prestigiar v.t. to give prestige to.

prestigio s.m. prestige.

prestigioso, -a adj. prestigious.

presto, -a adj. 1 prompt; ready. || adv. 2 promptly.

presumible adj. probable.

presumido, -a p.p. 1 de **presumir**. || adj. 2 conceited, vain.

presumir v.i. 1 to give oneself airs, (fam.) to show off. || v.t. 2 to presume, to suppose.

presunción s.f. 1 presumption. 2 conceit.

presunto, -a adj. 1 presumed, supposed. 2 (desp.) so-called. 3 alleged.

presuntuoso, -a adj. 1 presumptuous. 2 pretentious.

presuponer v.t. to presuppose.

presupuestar v.t. to budget for.

presupuesto, -a p.p.irr. 1 de **presuponer**. || adj. 2 reason, motive. 3 assumption. 4 budget. 5 estimate.

presuroso, -a adj. quick; hastly.

pretender v.t. 1 to try for. 2 to try. 3 to hope, (desp.) to purport. 4 to court.

pretendiente s.m. y f. 1 suitor. 2 pretender. 3 candidate.

pretensión s.f. 1 claim. || pl. 2 aim(s). 3 pretension(s).

pretérito, -a adj. 1 past. || s.m. 2 past tense.

pretexto s.m. excuse, pretext.

prevalecer v.i. prevail.

prevaler v.i. to prevail. || v.pron. 2 to avail oneself.

prevaricación s.f. prevarication.

prevención s.f. 1 readiness. 2 preparation. **3** prevention. **4** precaution. **5** provision. **6** prejudice.

prevenido, -a *p.p.* **1** de prevenir. ‖ *adj.* **2** prepared, ready. **3** stocked. ‖ **4 hombre – vale por dos,** forewarned is forearmed.

prevenir *v.t.* **1** to prepare, to get ready. **2** to foresee. **3** to prejudice. **4** to prevent, to forestall. ‖ *v.pron.* **5** to get ready. **6** to take precautions.

preventivo, -a *adj.* **1** preventive. **2** precautionary.

prever *v.t.* **1** to foresee. **2** to forecast. **3** to plan, to have in mind.

previo, -a *adj.* **1** previous, prior. **2** preliminary.

previsible *adj.* predictable, foreseeable.

previsión *s.f.* **1** foresight. **2** caution. **3** forecast.

previsor, -a *adj.* prudent, wise.

prieto, -a *adj.* firm.

primacía *s.f.* primacy.

primario, -a *adj.* **1** primary. **2** elementary.

primate *s.m.* primate.

primavera *s.f.* **1** spring, springtime. **2** BOT. primrose.

primerizo, -a *adj.* **1** inexperienced. **2** primiparous. ‖ *s.m.* y *f.* **3** novice, beginner. ‖ *s.f.* **4** primipara.

primero, -a *adj.* [primer delante de *s.m.*] **1** first. **2** former. **3** primary. **4** (fig.) best; leading. **5** prime. **6** (fig.) basic, fundamental. ‖ *adv.* **7** firstly; rather.

primicia *s.f.pl.* **1** first fruits. ‖ *s.f.* **2** PER. scoop.

primigenio, -a *adj.* primitive, original.

primitivo, -a *adj.* **1** early. **2** original. **3** primitive; uncivilised.

primo, -a *adj.* **1** prime. **2** raw. ‖ *s.m.* y *f.* **3** cousin. **4** simpleton; ug. ‖ *s.f.* **5** bonus; insurance premium.

primogénito, -a *adj./s.m.* y *f.* firstborn, eldest.

primogenitura *s.f.* primogeniture; birthright.

primor *s.m.* **1** skill. **2** thing of beauty. **3** exquisiteness, delicacy.

primordial *adj.* **1** prime. **2** basic.

primoroso, -a *adj.* **1** delicate. **2** (brit.) skilful, (EE.UU.) skillful.

princesa *s.f.* princess.

principado *s.m.* **1** princedom. **2** principality.

principal *adj.* **1** principal, chief. **2** essential. ‖ *s.m.* **3** principal, head.

príncipe *adj.* **1** first, original. ‖ *s.m.* **2** prince.

principiante *s.m.* y *f.* beginner, novice.

principiar *v.t.* e *i.* to begin, to start.

principio *s.m.* **1** beginning, start. **2** (fig.) source; origin. **3** principle.

pringar *v.t.* **1** to dip in fat (mojar). **2** to splash with grease. **3** to involve someone (in). ‖ *v.i.* **4** (fam.) to be involved (in). ‖ *v.pron.* **5** to get greasy. **6** (fig.) to be put upon.

priori, a priori, *loc.adv.* a priori.

prioridad *s.f.* **1** priority. **2** seniority.

prisa *s.f.* **1** speed. **2** haste, urgency. ‖ **3 darse –,** to hurry up. **4 de – o deprisa,** quickly.

prisión *s.f.* **1** arrest. **2** prison, gaol, jail. **3** imprisonment.

prisionero, -a *s.m.* y *s.f.* prisoner.

prisma *s.m.* **1** prism. **2** (fig.) point of view.

prismáticos *s.m.pl.* binoculars, field, glasses.

privación *s.f.* **1** want, privation. ‖ *pl.* **2** hardships.

privado, -a *p.p.* **1** de privar. ‖ *adj.* **2** confidential. **3** personal, private. **4** senseless, unconscious. ‖ *s.m.* **5** POL. (brit.) favourite, (EE.UU.) favorite.

privar *v.t.* **1** to deprive. **2** to forbid. ‖ *v.r.* **3** to go without, to deprive oneself.

privativo, -a *adj.* exclusive, peculiar.

privilegiado, -a *p.p.* ·1 de privilegiar. ‖ *adj.* **2** privileged. ‖ *s.m.* y *f.* **3** (the) privileged.

privilegio *s.m.* privilege.

pro *s.m.* y *f.* **el – y el contra,** the pros and the cons.

proa *s.f.* **1** prow, bow. **2** nose.

probado, -a *p.p.* **1** de probar. ‖ *adj.*

2 proved, tried and tested. **3** experienced.

probabilidad *s.f.* probability; chance.

probable *adj.* probable, likely.

probar *v.t.* **1** to prove, to demonstrate. **2** to test. **3** to try, to try on. **4** to taste, to sample. ‖ *v.i.* **5** to try.

probeta *s.f.* test-tube.

problema *s.m.* problem, difficulty.

problemático, -a *adj.* **1** problematic. ‖ *s.f.* **2** problems.

probo, -a *adj.* honest, honourable.

proboscidio, -a *adj.* y *s.m.* proboscidean.

procaz *adj.* **1** insolent. **2** disgusting.

procedencia *s.f.* **1** origin, source. **2** port of origin; point of departure.

proceder *s.m.* **1** behaviour. ‖ *v.i.* **2** to come from. **3** to behave. **4** to proceed. **5** to be right. **6** to be admissible.

procedimiento *s.m.* procedure; method.

procesado, -a *p.p.* **1** de *procesar.* ‖ *adj.* **2** procedural. **3** accused. ‖ *s.m.* y *f.* **4** accused. **5** processing.

procesar *v.t.* **1** to prosecute; to sentence. **2** to process.

procesión *s.f.* procession.

proclamar *v.t.* **1** to proclaim. **2** to acclaim. ‖ *v.r.* **3** to proclaim oneself.

proclive *adj.* inclined, disposed.

procrear *v.t.* to procreate.

procurador, -a *s.m.* y *f.* **1** proxy, procuratory. **2** lawyer, (brit.) solicitor, (EE.UU.) attorney.

procurar *v.t.* **1** to try. **2** to obtain. **3** to yield. ‖ *v.r.* **4** to obtain for oneself.

prodigar *v.t.* **1** to squander. **2** to lavish. ‖ *v.r.* **3** to do one's utmost to please/to help.

prodigio *s.m.* prodigy, marvel.

producción *s.f.* production.

producir *v.t.* **1** to produce. ‖ *v.pron.* **2** to be produced. **3** to happen.

productivo, -a *adj.* productive.

producto *s.m.* **1** product. **2** profit.

productor, -a *adj./s.m.* y *f.* producer.

proeza *s.f.* heroic deed, exploit.

profanar *v.t.* to defile, to desecrate.

profano, -a *adj.* **1** profane, secular; uninitiated. ‖ *s.m.* y *f.* **2** ignoramus, layman.

proferir *v.t.* to utter.

profesar *v.t.* **1** (brit.) to practise, (EE.UU.) to practice. **2** to profess. ‖ *v.i.* **3** REL. to profess vows.

profesión *s.f.* profession, declaration; career.

profesional *adj./s.m.* y *f.* professional.

profesor, -a *s.m.* y *f.* **1** teacher, (brit.) lecturer, (EE.UU.) professor. ‖ *s.m.* **2** master, schoolmaster. ‖ *s.f.* **3** mistress, schoolmistress.

profeta *s.m.* prophet.

profetizar *v.t.* to prophesy.

profilaxis *s.f.* prophylaxis.

prófugo, -a *adj./s.m.* y *f.* fugitive.

profundizar *v.t.* **1** to deepen. **2** to study in depth.

profundo, -a *adj.* **1** deep. **2** (fig.) profound. **3** low.

profusión *s.f.* profusion, abundance.

progenitor, -a *s.m.* y *f.* **1** progenitor. ‖ *s.m.pl.* **2** ancestors (antepasados).

programa *s.m.* (brit.) programme, (EE.UU.) program.

programación *s.f.* **1** timetable of programmes. **2** programming. **3** planning of work.

programar *v.t.* **1** to plan. **2** to programme.

progresar *v.i.* to make progress.

progresión *s.f.* progression.

progreso *s.m.* progress, advance.

prohibición *s.f.* prohibition, ban.

prohibir *v.t.* to ban, to forbid.

prójimo *s.m.* fellow man, neighbour.

prole *s.f.* **1** progeny. **2** (desp.) brats.

proletario, -a *adj./s.m.* y *f.* proletarian.

proliferar *v.i.* to proliferate, to multiply.

prolífico, -a *adj.* prolific.

prolijo, -a *adj.* **1** prolix. **2** exhaustive. **3** (desp.) tedious.

prólogo *s.m.* **1** prologue, introduction. **2** (fig.) prelude.

prolongación *s.f.* **1** prolongation. **2** extension.

prolongado, -a *p.p.* **1** de prolongar. ‖ *adj.* **2** lengthy.

prolongar *v.t.* **1** to prolong. ‖ *v.r.* **2** to extend, to go on.

promedio *s.m.* **1** middle, mid-point. **2** average.

promesa *s.f.* **1** promise. **2** piedge.

prometer *v. t.* **1** to promise. **2** to pledge. ‖ *v.i.* **3** to show promise. ‖ *v.r.* **4** to promise oneself. **5** to get engaged.

prometido, -a *p.p.* **1** de **prometer**. ‖ *adj.* **2** promised. ‖ *s.m.* **3** fiancé. ‖ *s.f.* **4** fiancée.

prominencia *s.f.* **1** protuberance. **2** bulge.

prominente *adj.* prominent.

promiscuo, -a *adj.* **1** mixed. **2** promiscuous.

promoción *s.f.* **1** promotion. **2** year, class.

promocionar *v.t.* **1** to promote. ‖ *v.pron.* **2** to better oneself. **3** to put oneself forward.

promontorio *s.m.* hill; promontory.

promover *v.t.* to promote, to foster.

promulgar *v.t.* **1** to proclaim. **2** to promulgate.

pronombre *s.m.* pronoun.

pronosticar *v.t.* **1** to forecast, to predict. **2** to give a prognosis of.

pronóstico *s.m.* **1** forecast, prediction. **2** prognosis.

pronto, -a *adj.* **1** prompt, quick. **2** ready. ‖ *s.m.* **3** impulse. ‖ *adv.* **4** promptly, quickly. **5** soon.

pronunciado, -a *p.p.* **1** de **pronunciar**. ‖ *adj.* **2** pronounced. **3** sharp. **4** noticeable.

pronunciar *v.t.* **1** to pronounce. **2** to deliver. ‖ *v.pron.* **3** to declare oneself.

propaganda *s.f.* propaganda; advertising, publicity.

propagar *v.t.* y *pron.* to propagate.

propalar *v.t.* to divulge, to reveal.

propano *s.m.* propane.

propasar *v.t.* **1** to overstep. ‖ *v.pron.* **2** to go too far.

propensión *s.f.* inclination, propensity.

propenso, -a *adj.* inclined, prone.

propiciar *v.t.* to propitiate, to placate.

propicio, -a *adj.* propitious, favourable.

propiedad *s.f.* **1** ownership (derecho). **2** property; estate. **3** accuracy.

propietario, -a *adj.* **1** proprietary. ‖ *s.m.* y *f.* **2** owner.

propina *s.f.* tip, gratuity.

propinar *v.t.* to give, to deal.

propio, -a *adj.* **1** own. **2** peculiar, typical. **3** very own. **4** proper.

proponer *v.t.* y *pron.* to propose, to suggest.

proporción *s.f.* **1** proportion. **2** ratio. ‖ *pl.* **3** size, dimensions.

proporcionado, -a *p.p.* **1** do **proporcionar** ‖ *adj.* **2** well-proportioned. **3** proportionate.

proporcionar *v.t.* **1** to provide, to supply. **2** to proportion.

proposición *s.f.* **1** proposition, proposal. **2** clause.

propósito *s.m.* **1** intention. **2** aim, purpose. **3** subject matter.

propugnar *v.t.* **1** to advocate, to defend. **2** to propose, to suggest.

propulsar *v.t.* **1** to reject. **2** to propel. **3** (fig.) to encourage.

propulsión *s.f.* propulsion.

propulsor, -a *adj.* **1** driving, propellent. ‖ *s.m.* y *f.* **2** propellent.

prórroga *s.f.* **1** postponement. **2** extra time. **3** deferment. **4** extension.

prorrogar *v.t.* **1** to prolong, to extend. **2** to adjourn. **3** to postpone, to defer.

prorrumpir *v.i.* **1** to shoot forth. **2** to burst out.

prosa *s.f.* **1** prose. **2** (fig.) prosaic.

prosaico, -a *adj.* prosaic; monotonous.

proscribir *v.t.* to proscribe, to ban.

proscrito, -a *p.p.* **1** de **proscribir**. ‖ *adj.* **2** proscribed; exiled. ‖ *s.m.* y *f.* proscript, outlaw.

prosista *s.m.* y *f.* prose writer.

prosopopeya *s.f.* **1** prosopoeia. **2** (fig.) pomposity.

prospección *s.f.* **1** exploration. **2** prospecting.

prospecto *s.m.* prospectus.

prosperar *v.i.* 1 to prosper. 2 to be successful.

prosperidad *s.f.* 1 success. 2 prosperity.

próspero, -a *adj.* prosperous.

próstata *s.f.* prostate.

prostituir *v.t.* 1 to prostitute. ‖ *v.pron.* 2 to prostitute oneself.

protagonista *s.m.* 1 protagonist, hero. ‖ *s.f.* 2 protagonist, heroine.

protagonizar *v.t.* to play a leading role in.

protección *s.f.* 1 protection. 2 shield. 3 shelter.

protector, -ora *adj.* 1 protecting. ‖ *s.m.* y *f.* 2 protector; patron.

proteger *v.t.* 1 to protect, to shield. ‖ *v.pron.* 2 to protect oneself.

protegido, -a *p.p.* 1 de **proteger**. ‖ *adj.* 2 sheltered. ‖ *s.m.* 3 protégé. ‖ *s.f.* 4 protégée.

proteína *s.f.* protein.

prótesis *s.f.* prosthesis.

protesta *s.f.* protest.

protestante *adj./s.m.* y *f.* Protestant.

protestar *v.t.* 1 to protest. 2 to return, (fam.) to bounce. ‖ *v.i.* 3 to protest. 4 to grumble.

protocolo *s.m.* 1 protocol. 2 formalities.

protón *s.m.* proton.

protoplasma *s.m.* protoplasm.

prototipo *s.m.* prototype.

protozoo *adj./s.m.* y *f.* protozoan, protozoon.

protuberancia *s.f.* protuberance, bulge.

provecho *s.m.* 1 benefit, profit. ‖ 2 **¡buen –!**, enjoy your meal!

provechoso, -a *adj.* beneficial; profitable.

proveedor, -ora *s.m.* y *f.* supplier.

proveer *v.t.* 1 to provide, to furnish. ‖ *v.pron.* 2 to provide oneself with.

provenir *v.i.* to come (from), to originate (from/in).

proverbio *s.m.* proverb.

providencia *s.f.* 1 providence. 2 foresight, forethought. 3 step, measure. 4 ruling.

provincia *s.f.* province.

provincial *adv.* provincial.

provisión *s.f.* 1 provision. 2 supply. 3 precautionary measure.

provisional *adj.* provisional, acting.

provisto, -a *p.p.* 1 de **proveer**. ‖ 2 **– de**, supplied with, armed with.

provocación *s.f.* provocation.

provocador, -ora *adj.* 1 provoking, provocative. ‖ *s.m.* y *f.* 2 provoker.

provocar *v.t.* 1 to provoke (incitar). 2 to rouse, to stir up. 3 to bring about, to cause. 4 to arouse, to stimulate. 5 (Am.) to feel like, to fancy.

proxeneta *s.m.* 1 pimp, procurer, ponce. ‖ *s.f.* 2 procuress.

proximidad *s.f.* 1 nearness, closeness. 2 proximity.

próximo, -a *adj.* 1 near, close. 2 next.

proyección *s.f.* 1 projection. 2 showing.

proyectar *v.t.* 1 to throw, to hurl. 2 to plan, to design. 3 to cast. 4 to show, to project.

proyectil *s.m.* 1 projectile. 2 missile.

proyectista *s.m.* y *f.* planner, designer.

proyecto *s.m.* 1 plan, project. 2 draft, estimate. ‖ 3 **– de ley**, bill.

proyector, -a *adj.* 1 projecting. ‖ *s.m.* 2 projector. 3 spotlight.

prudencia *s.f.* 1 prudence, caution. 2 discretion, wisdom. 3 moderation.

prudencial *adj.* 1 prudential. 2 approximate.

prudente *adj.* wise, prudent.

prueba *s.f.* 1 proof. 2 sign. 3 test. 4 event, race.

prurito *s.m.* (fig.) urge, need.

psicoanálisis o **sicoanálisis** *s.f.* psychoanalysis.

psicología o **sicología** *s.f.* psychology.

sicopatía *s.f.* psychopathy.

psicosis o **sicosis** *s.f.* psychosis.

psiquiatría o **siquiatría** *s.f.* psychiatry.

psíquico, -a o **síquico, -a** *adj.* psychic.

púa *s.f.* **1** sharp point, barb. **2** tooth. **3** spine. **4** graft.

pubis *s.m.* pubis.

publicación *s.f.* **1** publication. **2** book, writing.

publicar *v.t.* **1** to publicize. **2** to divulge. **3** to publish.

publicidad *s.f.* **1** publicity. **2** advertising.

público, -a *adj./s.m.* public.

puchero *s.m.* **1** cooking-pot. **2** (fig.) daily bread.

púdico, -a *adj.* chaste, demure.

pudiento *adj.* rich, wealthy.

pudor *o.m.* **1** modesty. **2** bashfulness. **3** chastity. **4** sense of shame.

pudrir o **podrir** *v.t. y pron.* to rot.

pueblerino, -a *adj./s.m. y f.* provincial.

pueblo *s.m.* **1** people. **2** village.

puente *s.m.* **1** bridge. **2** deck.

puerco, -a *adj.* **1** filthy, foul. ‖ *s.m.* **2** pig; hog (macho). ‖ *s.f.* **3** sow. ‖ **4 – espín,** porcupine.

puericultura *s.f.* (brit.) paediatrics, (EE.UU.) pediatrics, puericulture.

pueril *adj.* **1** childish, child. **2** (desp.) puerile.

puerro *s.m.* leek.

puerta *s.f.* **1** doorway. **2** gateway. **3** door. **4** gate. **5** (fig.) gateway. **6** goal.

puerto *s.m.* **1** port, harbour. **2** pass.

pues *conj.* **1** since, for. ‖ *adv.* **2** well, well then. **3** then. **4** um, er.

puesto, -a *p.p.irreg.* **1** de **poner.** ‖ *adj.* **2** on, wearing. **3** dressed. ‖ *s.m.* **4** place. **5** market stall, stand. **6** post. ‖ **7** laying. **8** bet, stake. **9** setting. ‖ **10 puesta en marcha,** starter.

pugna *s.f.* conflict, struggle.

pugnar *v.i.* to fight, to struggle.

pujante *adj.* forceful, vigorous.

pujar *v.t.* to bid, to bid up.

pulcro, -a *adj.* **1** neat, tidy. **2** immaculately. **3** upright.

pulga *s.f.* flea.

pulgada *s.f.* inch.

pulgar *s.m.* thumb.

pulgón *s.m.* plant louse.

pulido, -a *p.p.* **1** de **pulir.** ‖ *adj.* **2** polished. **3** neat.

pulir *v.t.* **1** to polish. **2** to smooth. **3** to adorn.

pulmón *s.m.* lung.

pulmonía *s.f.* pneumonia.

pulpa *s.f.* pulp.

pulpo *s.m.* octopus.

pulque *s.m.* pulque.

pulsación *s.f.* **1** pulsation, beat. **2** tap.

pulsador *s.m.* button, push-button.

pulsar *v.t.* to push, to press.

pulsera *s.f.* **1** bracelet. **2** wristlet.

pulso *s.m.* **1** pulse. **2** wrist.

pulular *v.i.* **1** to pullulate. **2** to swarm.

pulverizar *v.t.* **1** to pulverize, to powder. **2** to spray. ‖ *v.pron.* **3** to be reduced to powder.

puma *s.f.* puma.

puna *s.f.* **1** puna. **2** mountain sickness.

pundonor *s.m.* **1** dignity. **2** honour.

punta *s.f.* **1** point. **2** tip, end. **3** small nail.

puntada *s.f.* **1** pinhole. **2** stitch.

puntal *s.m.* **1** prop, shore. **2** (fig.) support.

puntapié *s.m.* kick.

puntear *v.t.* **1** to dot. **2** to stipple. **3** to stitch. **4** to pluck. **5** (Am.) to brand.

puntera *s.f.* toecap.

puntería *s.f.* **1** aiming, aim. **2** marksmanship.

puntero, -a *s.m.* **1** pointer. **2** chisel (cincel). **3** (Am.) hand.

puntiagudo, -a *adj.* pointed, sharp.

puntilla *s.f.* **1** fine lace. **2** short dagger. ‖ **3 dar la –,** (fig.) to finish off. **4 de puntillas,** on tiptoe.

punto *s.m.* **1** dot. **2** (brit.) full stop. (EE.UU.) period (puntuación). **3** point. ‖ **4 al –,** at once. **5 a –,** ready; on time. **6 en –,** exactly, on the dot.

puntuación *s.f.* **1** punctuation. **2** score. **3** marks.

puntualizar *v.t.* **1** to fix in one's mind. **2** to specify, to detail.

puntuar *v.t.* **1** to punctuate. **2** (brit.) to mark, (EE.UU.) to grade. ‖ *v.i.* **3** to score.

punzada *s.f.* stab.
punzante *adj.* sharp.
punzar *v.t.* **1** to puncture. **2** to punch.
punzón *s.m.* **1** needle. **2** awl, punch. **3** burin.
puñado *s.m.* fistful, handful.
puñal *s.m.* dagger.
puñalada *s.f.* stab wound, stab.
puñeta *s.f.* (Am.) wank.
puñetazo *s.m.* punch.
puño *s.m.* **1** fist. **2** handle, grip. **3** hilt. **4** cuff (ropa).
pupa *s.f.* **1** pustule; cold sore. **2** hurt, sore. **3** pupa, chrysalis.
pupilo, -a *s.m.* y *f.* boarder, paying guest.
pupitre *s.m.* desk.
puré *s.m.* purée.
pureza *s.f.* **1** purity. **2** innocence. **3** virginity.
purga *s.f.* **1** purgative. **2** purge. **3** draining.
purgar *v.t.* **1** to purge, to cleanse. **2** to drain, to bleed. ‖ *v.r.* **3** MED. to take a purgative.
purgatorio *s.m.* **1** purgatorio. **2** (fig.) purgatory.
purificación *s.f.* purification, cleansing.
purificador, -a o **purificante** *adj.* purifying.
purificar *v.t.* **1** to purify, to cleanse. **2** to refine.
puritanismo *s.m.* puritanism.
puro, -a *adj.* **1** pure. **2** chaste. ‖ *s.m.* **3** cigar.
púrpura *s.f.* **1** purpura. **2** purple.
pus *s.m.* pus.
pusilánime *adj.* pusillanimus, faint-hearted.
pústula *s.f.* pustule.
putativo, -a *adj.* putative.
putear *v.i.* (Am.) to go whoring.
putrefacción *s.f.* putrefaction, rotting.
pútrido, -a *adj.* putrid, rotten, rancid.
puyar *v.t.* (Am.) (fig.) to needle, to annoy.

q, Q *s.f.* q, Q (letra).

que *pron.rel.* **1** *suj.* who, that; that which. ‖ **2** *o.d.* whom, that; which, that. ‖ *conj.* **3** that. **4** and. **5** whether. **6** because. ‖ *comp.* **7** than. ‖ **8 el –, la –,** the one who; the one that; who; that. **9 los –, las –,** the ones who; the ones that; who; that.

qué *pron.interr.* **1** what? ‖ *adj.interr.* **2** what? ‖ *Interj.* **3** what! ‖ **4 y –?,** so what?

quebrada *s.f.* **1** GEOG. gorge. **2** GEOG. pass. **3** (Am.) stream.

quebradero *s.m.* **– de cabeza,** (fig.) headache.

quebrado *s.m.* **1** fraction. **2** bankruptcy.

quebrado, -a *adj.* **1** rough. **2** washed out. **3** ruptured. ‖ **4 línea –,** zigzag line.

quebrantamiento *s.f.* o *m.* **1** cracking. **2** violation.

quebrantahuesos *s.m.* lammergeier, bearded vulture.

quebrantar *v.t.* **1** to break. ‖ *v.t.* y *pron.* **2** to crack. ‖ *v.pron.* **3** to weaken.

quebranto *s.m.* **1** heavy loss. **2** (fig.) sorrow.

quebrar *v.t.* **1** to break. ‖ *v.t.* y *r.* **2** to bend, to twist ‖ *v.i.* **3** to yield. ‖ *v.r.* **4** to get broken; to be ruptured.

quechua *adj. s.m.* y *f.* (Am.) Quechua.

quedar *v.i.* y *pron.* **1** to stay, to remain. ‖ *v.i.* **2** to be left. **3** to meet. ‖ *v.r.* **4** to be. **5 – con,** to retain.

quedo, -a *adj.* **1** quiet. ‖ *adv.* **2** softly.

quehacer *s.m.* task, chore.

queja *s.f.* complaint, grumble.

quejar *v.t.* **1** to distress, to worry. ‖ *v.pron.* **2** to complain; to protest.

quejido *s.m.* sigh, moan, groan.

quejigo *o.m.* gall-oak.

quema *s.f.* **1** burning. ‖ **2 huir de la –,** flee from danger.

quemado, -a *p.p.* **1** de **quemar.** ‖ *adj.* **2** burnt. **3** sunburnt.

quemador *s.m.* burner.

quemadura *s.f.* **1** burn. **2** sunburn.

quemar *v.t.* **1** to burn; to scorch. ‖ *v.r.* **2** to burn oneself. ‖ *v.pron.* **3** (fam.) to be roasting.

quemarropa *a –,* point-blank.

quepis *s.m.* kepi.

querella *s.f.* dispute; complaint.

querellante *s.m.* y *f.* plaintiff.

querellarse *v.i.* to file a complaint.

querencia *s.f.* **1** affection. **2** ZOOL. territory.

querer *s.m.* **1** love, affection. ‖ *v.t.* **2** to love. **3** to want, to desire. **4** to need. ‖ *v.imp.* **5** to try. ‖ **6 como quiera que,** given that. **7 sin –,** by mistake.

querido, -a *adj.* **1** dear, beloved. ‖ *s.m.* y *f.* lover.

queroseno *s.m.* kerosene, paraffin.

querubín *s.m.* cherub.

queso *s.m.* **1** cheese. ‖ *pl.* **2** (fam.) feet.

quetzal *s.m.* quetzal.

quicio *s.m.* **1** door jamb. **2** (Am.) front steps. ‖ **3 sacar de –,** to exasperate.

quid *s.m.* nub, crux.

quiebra *s.f.* **1** bankruptcy. **2** crack.

quien *pron.rel.suj.* **1** who, the one who. ‖ **2** *pron.rel. o.d.* whom. ‖ *pron.ind.suj.* **3**

whoever, whosoever. ‖ *pron.ind. o.d.* **4** whomever, whomsoever.

quién *pron.interr.* **1** who? **2** if only!, who wouldn't? ‖ **3** de –?, whose?

quienquiera *pron.ind.* whoever.

quieto, -a *adj.* **1** still, motionless. **2** calm. ‖ **3** ¡estate –!, keep still!

quijada *s.f.* jawbone.

quilate *s.m.* carat.

quilla *s.f.* **1** keel. **2** carina. **3** (Am.) cushion.

quilo *s.m.* **1** V. kilo. **2** chyle.

quimera *s.f.* **1** chimera. **2** hallucination.

quimérico, -a *adj.* fanciful.

químico, -a *adj.* **1** chemical. ‖ *s.m. y f.* **2** chemist. ‖ *s.f.* **3** chemistry.

quimo *s.m.* chyme.

quimono *s.m.* kimono.

quina *s.f.* **1** cinchona bark. **2** quinine.

quincalla *s.f.* ironmongery.

quiniela *s.f.* pools coupon.

quinina *s.f.* quinine.

quinqué *s.m.* oil lamp.

quinquenal *adj.* five-year.

quinta *s.f.* **1** country house. **2** (Am.) small estate. **3** draft, call-up. **4** (fam.) age.

quintal *s.m.* **1** quintal. ‖ **2** – métrico, hundred kilograms.

quinteto *s.m.* quintet, quintette.

quinto, -a *num.ord. y s.m.* fifth.

quiosco *s.m.* kiosk.

quirófano *s.m.* operating theatre.

quirúrgico, -a *adj.* surgical.

quisquilla *s.f.* shrimp.

quisquilloso, -a *adj.* touchy; finicky.

quiste *s.m.* cyst.

quitanieves *s.m.* snowplough.

quitar *v.t.* **1** to remove. **2** to take off; to take down; to take away. ‖ *v.pron.* **3** to withdraw.

quitina *s.f.* chitin.

quizá *adv.* perhaps, maybe.

R

r, R *s.f.* r, R (letra).

rabadilla *s.f.* **1** coccyx. **2** parson's nose.

rabanillo *s.m.* wild radish.

rábano *s.m.* radish.

rabino *s.m.* rabbi.

rabia *s.f.* **1** rabies. **2** anger, rage.

rabiar *v.i.* **1** MED. to suffer from rabies. **2** (fig.) to suffer a lot. **3** (fig.) to be dying to.

rabieta *s.f.* (fam.) tantrum.

rabillo *s.m.* **1** stalk. **2** small tail. **3** tip. **4** corner.

rabo *s.m.* **1** tail. **2** (Am. y fig.) dirty old man (viejo verde).

racha *s.f.* **1** gust, squall. **2** (fig.) fortune.

racial *adj.* race, racial.

racimo *s.m.* **1** BOT. raceme. **2** bunch.

raciocinio *s.m.* **1** reasoning. **2** reason.

ración *s.f.* **1** helping. **2** ratio. ‖ *pl.* **3** rations.

racional *adj.* y *s.m.* rational (razonable).

racionar *v.t.* **1** to ration, **2** to supply with rations.

racismo *s.m.* racism, racialism.

rada *s.f.* bay, anchorage.

radar o **rádar** *s.m.* radar.

radiactividad *s.f.* radioactivity.

radiactivo, -a *adj.* radioactive.

radiador *s.m.* radiator.

radiante *adj.* **1** radiant. **2** (fig.) beaming.

radiar *v.t.* **1** to radiate. **2** to broadcast.

radical *adj. s.m.* y *f.* **1** radical. ‖ *s.m.* **2** GRAM. root.

radicar *v.i.* **1** to take root. **2** to be, be situated. ‖ *v.pron.* **3** to settle down.

radio *s.m.* **1** radius. **2** radium. **3** spoke. ‖ *o.f.* **4** radio (aparato).

radiodifusión *s.f.* broadcasting.

radiografía *s.f.* radiography.

ráfaga *s.f.* **1** squall, gust. **2** burst. **3** (Am. y fig.) fortune.

raído, -a *adj.* tatty; shabby.

raigambre *s.f.* (fig.) rootedness.

rail *s.m.* rail.

raíz *s.f.* root.

raja *s.f.* slit.

rajá *s.m.* rajah.

rajar *v.t.* **1** to slice; to split. **2** (fam.) to knife, to stab. ‖ *v.pron.* **3** (fam.) to turn chicken. **4** (Am.) to run off.

rajatabla, a *adv.* to the letter, rigorously.

ralea *s.f.* class, kind.

ralentí, al *o.m.* ticking over.

ralo, -a *adj.* thin, gappy.

rama *s.f.* **1** branch. **2** department.

ramal *s.m.* branch.

rambla *s.f.* **1** avenue. **2** river-bed. **3** (Am.) wharf.

ramera *s.f.* whore.

ramificación *s.f.* **1** branching. **2** ramification.

ramillete *s.m.* posy, buquet.

ramaje *s.m.* branches.

ramo *s.m.* **1** branch. **2** bunch. **3** department.

rampa *s.f.* ramp.

ramplón, -ona *adj.* uncouth, coarse.

rana *s.f.* frog.

ranchero, -a *s.m.* y *f.* (Am.) owner.

rancho *s.m.* 1 communal meal. 2 (Am.) ranch.

rancio, -a *adj.* rancid.

rango *s.m.* rank, hierarchy.

ranura *s.f.* slot, aperture.

rapar *v.t.* 1 to crop. 2 to shave.

rapaz *adj.* 1 greedy, avaricious. 2 predatory. ‖ *s.f.pl.* 3 birds of prey. ‖ *s.m.* 4 young lad.

rape *s.m.* 1 crop. 2 angler fish.

rapé *s.m.* snuff.

rápido, -a *adj.* 1 fast, speedy. ‖ *s.m.pl.* 2 rapids.

rapiña *s.f.* 1 robbery with violence, looting. 2 greed. ‖ 3 ZOOL. **ave de –**, bird of prey.

raposo, -a *s.m.* 1 fox. ‖ *s.f.* 2 vixen.

rapsodia *s.f.* rhapsody.

raptar *v.t.* to abduct, kidnap.

rapto *s.m.* 1 abduction, kidnapping. 2 (fig.) rush of blood.

raptor, -ora *s.m.* y *f.* abductor, kidnapper.

raqueta *s.f.* racquet.

raquítico, -a *adj.* rachitic.

raro, -a *adj.* 1 strange, odd. 2 rare, scarce. 3 eccentric.

rasante *adj.* 1 low. ‖ *s.f.* 2 incline, slope.

rascacielos *s.m.* skyscraper.

rascar *v.t.* to scratch, scrape.

rasero *s.m.* 1 strickle. ‖ *s.f.* 2 spatula.

rasgado, -a *adj.* wide.

rasgar *v.t.* 1 to rip, to tear. 2 to strum.

rasgo *s.m.* 1 flourish, stroke. 2 trait, feature. 3 splendid gesture. ‖ *pl.* 4 features.

rasguño *s.m.* scratch.

raso, -a *adj.* 1 flat, smooth. 2 low, ground level. 3 clear, cloudless. ‖ *s.m.* 4 satin.

raspa *s.f.* 1 beard. 2 fishbone.

raspadura *s.f.* 1 scraping. ‖ *pl.* 2 shavings, filings, scrapings.

raspar *v.t.* 1 to scrape, scratch. 2 to scrub out.

rastras, a *s.f.* 1 (fig.) reluctantly. 2 **andar –**, (fig.) to go through a bad patch.

rastrear *v.t.* 1 to track down. 2 to trail. 3 to comb.

rastrero, -a *adj.* 1 dragging, crawling. 2 ingratiating, bootlicking.

rastrillo *s.m.* rake.

rastro *s.m.* 1 track, trail. 2 (fig.) sign, trace.

rastrojo *s.m.* 1 stubble. 2 ploughed field. 3 (Am.) shrub forest.

rata *s.f.* 1 rat.

ratero, -a *adj.* 1 pilfering, thieving. ‖ *s.m.* y *f.* 2 petty crook, pickpocket.

raticida *s.m.* rat poison.

ratificar *v.t.* 1 to ratify. 2 to approve.

rato *s.m.* 1 while, short time, spell. ‖ 2 **a ratos**, from time to time. 3 (Am.) **hasta cada –**, see you later. 4 **pasar el –**, to kill time. 5 **ratos perdidos**, free time.

ratón *s.m.* mouse.

ratonero, a *adj.* 1 mouser. ‖ *s.f.* 2 mousetrap; mousehole.

raudal *s.m.* 1 torrent. 2 (fig.) surfeit, spate. ‖ 3 **a raudales**, in floods.

raudo, -a *adj.* 1 precipitate, rash.

raya *s.f.* 1 stripe, line. 2 limit, boundary. 3 (fig.) end, limit. 4 pading. 5 crease. 6 skate, ray. ‖ 7 **a –**, in check. 8 **pasarse de la –**, go too far.

rayado, -a *adj.* striped, lined.

rayano, -a *adj.* 1 bordering. 2 next to, close to.

rayar *v.t.* 1 to rule, to line. 2 to cross out, to erase. 3 to underline. ‖ *v.i.* 4 to border on, to be near. 5 to break.

rayo *s.m.* 1 beam, ray. 2 flash of lightning. 3 spoke.

rayón *s.m.* rayon.

raza *s.f.* 1 breed, species. 2 race.

razón *s.f.* 1 reasoning, reason. 2 reason. 3 cause, motive. 4 right. ‖ 5 **perder la –**, to go mad.

razonamiento *s.m.* reasoning, deduction.

razonar *v.i.* 1 to reason, to put forward an argument. 2 to discourse, to talk.

re *s.m.* D (nota musical).

reacción *s.f.* reaction.

reaccionar *v.i.* 1 to react. 2 to respond.

reaccionario, -a *adj./s.m. y f.* reactionary.

reacio, -a *adj.* 1 obstinate, stubborn. 2 opposed, unwilling.

reactivar *v.t.* to reactivate.

reactivo, -a *adj.* 1 reactive. || *s.m.* 2 reagent.

reactor *s.m.* 1 reactor. 2 jet.

real *adj.* 1 real, genuine. 2 royal.

realce *s.m.* 1 embossed work. 2 (fig.) splendour, grandeur.

realidad *s.f.* 1 reality. 2 the facts, truth. || **3 en –**, in fact.

realismo *s.m.* 1 realism. 2 royalism.

realista *adj.* 1 realistic. || *s.m. y f.* 2 realist.

realización *s.f.* 1 fulfilment, completion. 2 realization.

realizador, -ora *s.m. y f.* director.

realizar *v.t.* 1 to car out, to complete. 2 to realize. || *v.pron.* 3 to be achieved.

realzar *v.t.* 1 (fig.) to enhance. 2 to raise.

reanudación *s.f.* resumption, renewal.

reanudar *v.t.* 1 to renew. 2 to resume.

reasumir *v.t.* 1 to resume. 2 to reassume.

reavivar *v.t.* to revive, to get going.

rebaja *s.f.* 1 reduction. || *pl.* 2 sales.

rebajado, -a *adj.* reduced, down price.

rebajar *v.t.* 1 to lower, to bring down. 2 to reduce, to lessen. 3 (fig.) to humble. || *v.pron.* 4 to abase oneself.

rebanada *s.f.* slice.

rebanar *v.t.* to slice.

rebañar *v.t.* 1 to polish off. 2 to rake in.

rebaño *s.m.* 1 flock. 2 herd.

rebasar *v.t.* 1 to go past, to overtake. 2 to exceed.

rebatir *v.t.* 1 to beat off, to fend off. 2 to refute, to reject.

rebeca *s.f.* cardigan.

rebeco *s.m.* chamois.

rebelarse *v.pron.* 1 to rise up, to rebel. 2 (fig.) to resist, to challenge.

rebelde *adj.* 1 rebellious, rebel. || *s.m. y f.* 2 rebel.

rebeldía *s.f.* disobedience, rebelliousness.

rebelión *s.f.* 1 rebellion, revolt. 2 uprising.

rebobinar *v.t.* to rewind.

rebosar *v.i.* 1 to overflow, spill over. 2 (fig.) to be brimming with. 3 (fig.) to abound.

rebotar *v.i.* to bounce, to rebound.

rebote *s.m.* rebound, bounce.

rebozar *v.t.* to cover in batter.

rebuscado, -a *adj.* pretentious, affected.

rebuznar *v.i.* to bray.

recabar *v.t.* 1 to manage to get. 2 to ask for.

recadero, -a *s.m. y f.* 1 messenger. 2 errand boy.

recado *s.m.* 1 message. 2 present, gift.

recaer *v.i.* 1 to fall again. 2 to undergo a relapse. 3 to recidivate.

recaída *s.f.* 1 MED. relapse. 2 recidivism.

recalar *v.i.* to pull into port.

recalcar *v.t.* 1 to press down tightly. 2 to fill up, to pack. 3 (fig.) to emphasize. || *v.i.* 4 to heel over.

recalcitrante *adj.* 1 stubborn. 2 recalcitrant.

recámara *s.f.* 1 side room. 2 (Am.) bedroom. 3 explosives chamber. 4 cartridge chamber.

recambio *s.m.* 1 second change. 2 spare part. || **3 piezas de –**, spares.

recapacitar *v.t.* to ponder, to think over.

recapitulación *s.f.* recapitulation.

recapitular *v.t.* 1 to recapitulate. 2 to sum up (resumir).

recargar *v.t.* 1 to reload. 2 to overload. 3 (fig.) to lay it on thick. 4 to make an extra charge.

recargo *s.m.* 1 extra load, extra burden. 2 extra charge.

recatado, -a *adj.* modest.

recato *s.m.* 1 discretion, prudence. 2 modesty, unpretentiousness.

recauchutar *v.t.* to retread, to remould.

recaudación *s.f.* 1 collecting. 2 levy.

recaudar *v.t.* 1 to collect, levy. 2 to take, to obtain.

recaudo *s.m.* 1 precaution. 2 (Am.) assorted vegetables.

recelar *v.t.* to fear, to suspect.

recelo *s.m.* 1 fear, suspicion. 2 distrust.

receloso, -a *adj.* 1 suspicious, sceptical. 2 distrustful.

recensión *s.f.* review, report.

recepción *s.f.* 1 receiving. 2 admission, admitting. 3 reception. 4 reception desk.

receptáculo *s.m.* 1 recipient, container. 2 receptacle.

receptivo, -a *adj.* receptive, sensitive.

receptor, -a *adj.* 1 receiving. || *s.m.* 2 receiver, set.

recesión *s.f.* 1 regression. 2 recession.

receso *s.m.* 1 break, separation. 2 pause. 3 (Am.) recess.

receta *s.f.* 1 recipe. 2 prescription.

recetar *v.t.* to prescribe.

rechazar *v.t.* 1 to reject, to turn down. 2 to beat off, to parry. 3 to refuse.

rechazo *s.m.* 1 rebound. 2 rejection.

rechifla *s.f.* 1 whistling. 2 (fig.) ridicule.

rechinar *v.i.* 1 to creak. 2 to grind, to gnash. 3 to scrape, scratch. 4 to screech.

rechistar *v.i.* 1 to make a sound, to utter a word. 2 to answer. 3 to protest.

rechoncho, -a *adj.* (fam.) short and stocky.

rechupete, de – *loc.adv.* (fam.) smashing.

recibidor, -a *adj.* 1 receiving. || *s.m.* y *f.* 2 receiver. || *s.m.* 3 visits room. 4 entrance hall (vestíbulo).

recibimiento *s.m.* 1 reception. 2 welcome. 3 entrance hall. 4 main room.

recibir *v.t.* 1 to receive. 2 to accept, to admit. || *v.i.* 3 to entertain, to have guests. || *v.pron.* 4 to graduate (Universidad).

recibo *s.m.* 1 reception, receiving. 2 receipt.

reciclaje *s.m.* 1 recycling. 2 modification.

recién *adv.* newly, only just.

reciente *adj.* 1 recent. 2 fresh, just made.

recinto *s.m.* enclosed area, enclosure.

recio, -a *adj.* 1 strong, vigorous. 2 hard, severe. 3 bad, foul. 4 loud.

recipiente *adj.* 1 receiving. || *s.m.* 2 recipient, receptacle.

recíproco, -a *adj.* reciprocal, mutual.

recital *s.m.* 1 reading (poesía). 2 recital.

recitar *v.t.* to recite, to read aloud.

reclamación *s.f.* 1 demand, claim. 2 complaint, grievance.

reclamar *v.t.* 1 to demand, to claim. 2 to beg for. 3 to lure. 4 to file a claim against. || *v.i.* 5 to lodge a complaint, to protest.

reclamo *s.m.* 1 lure. 2 bird-call. 3 call. 4 claim. 5 publicity, advertising.

reclinar *v.t.* 1 to recline, to rest on. || *v.pron.* 2 to lean back, to recline.

reclinatorio *s.m.* 1 reclining seat. 2 priedieu.

recluir *v.t.* 1 to lock up, to put behind bars. || *v.pron.* 2 to lock oneself away.

reclusión *s.f.* 1 withdrawal, retirement. 2 confinement, imprisonment. 3 prison, jail.

recluso, -a *s.m.* y *f.* 1 prisoner. 2 recluse.

recluta *s.f.* 1 recruitment. || *s.m.* 2 recruit.

reclutar *v.t.* 1 to recruit. 2 to sign up, to contract. 3 (Am.) to corral.

recobrar *v.t.* 1 to recover, to regain. || *v.pron.* 2 MED. to get better. 3 to be oneself again. 4 to get one's own back.

recodo *s.m.* turn, bend.

recoger *v.t.* 1 to pick up. 2 to pick, to harvest. 3 to collect. 4 to rake in, to net. || *v.pron.* 5 to retire, to go home. ||

recogido, -a *adj.* 1 apart, separate. 2 sheltered, secluded. || *s.f.* 3 collecting, harvesting. 4 collection.

recogimiento *s.m.* 1 collecting, harvesting. 2 privacy, solitude. 3 piety, devotion.

recolección *s.f.* 1 AGR. harvest. 2 netting, receipt.

recolectar *v.t.* 1 to gather together. 2 to harvest.

recolector, -ora *s.m. y f.* **1** collector. **2** picker, harvester.

recomendación *s.f.* **1** recommendation, piece of advice. **2** reference, testimonial. **3** praise.

recomendado, -a *adj.* **1** recommended. **2** (Am.) registered. || *s.m. y f.* **3** recommended person, person given a reference.

recomendar *v.t.* **1** to recommend. **2** to advise, to suggest. **3** (Am.) to register. **4** (desp.) to buy favours.

recompensa *s.f.* **1** compensation. **2** reward.

recompensar *v.t.* **1** to compensate for. **2** to reward, to provide recompense.

reconciliación *s.f.* reconciliation.

reconciliar *v.t.* **1** to reconcile, to bring back together. || *v.pron.* **2** to become reconciled, to be friends again.

recóndito, -a *adj.* hidden, profound.

reconfortar *v.t.* to comfort, to cheer up.

reconocer *v.t.* **1** to recognize. **2** to acknowledge, to accept. **3** to examine. **4** to confess, to admit. **5** to agree that, to recognize as. || *v.pron.* **6** to be plain, to be quite clear.

reconocido, -a *adj.* **1** recognized, acknowledged. **2** grateful.

reconocimiento *s.m.* **1** acknowledgement, recognition **2** identification. **3** check-up. **4** gratitude, thanks. **5** AER. reconnaissance.

reconstitución *s.f.* reconstitution.

reconstituir *v.t.* **1** to reconstitute, to reconstruct. **2** MED. to restore.

reconstituyente *adj.* **1** reconstituent. || *s.m.* **2** restorative.

reconstrucción *s.f.* reconstruction, remodelling.

reconstruir *v.t.* to reconstruct.

reconvertir *v.t.* to reconvert, to remodify.

recopilación *s.f.* collection, compilation.

recopilar *v.t.* **1** to compile, to collect. **2** to summarize. **3** to codify.

récord *s.m.* record.

recordar *v.t.* **1** to remember. **2** to remind. **3** to remind of. || *v.pron.* **4** (Am.) to wake up. **5** (Am.) to come round.

recordatorio *s.m.* **1** reminder. **2** memorandum.

recorrer *v.t.* **1** to cross, to go through. **2** to go over.

recorrido, -a *adj.* **1** crossed, travelled. || *s.m.* **2** route, journey.

recortar *v.t.* **1** to cut off. **2** to make paper cut-outs. || *v.pron.* **3** to stand out.

recorte *s.m.* **1** cutting out. **2** newspaper cutting. || *pl.* **3** clippings, trimmings.

recostar *v.t.* **1** to rest, to lean on. || *v.pron.* **2** to recline, to lie back.

recoveco *s.m.* **1** turn, corner. **2** (fig.) ruse, trick. **3** (Am.) elaborate decoration. || *pl.* **4** nooks and crannies. **5** (fig.) twists and turns complicated.

recrear *v.t.* **1** to recreate. **2** to entertain. || *v.pron.* **3** to have a good time.

recreativo, -a *adj.* entertaining.

recreo *s.m.* **1** entertainment. **2** playtime.

recriminación *s.f.* recrimination, reproach.

recriminar *v.t.* **1** to recriminate. **2** to countercharge.

recrudecer *v.i.* to get worse.

recrudecimiento *s.m.* **1** worsening. **2** fresh outbreak, renewal.

recrudescente *adj.* recrudescent.

rectangular *adj.* rectangular.

rectángulo, -a *adj.* **1** rectangular, right-angled. || *s.m.* **2** MAT. rectangle.

rectificar *v.t.* **1** to rectify, to put right. **2** to coat, to face.

rectilíneo, -a *adj.* rectilinear.

rectitud *s.f.* **1** straightness. **2** (fig.) rectitude.

recto, -a *adj.* **1** straight. **2** (fig.) upright, honest. **3** basic, proper. || *s.m.* **4** rectum. || *s.f.* **5** straight line (línea).

rector, -a *adj.* **1** ruling. || *s.m. y f.* **2** superior. **3** rector. **4** parish priest.

recua *s.f.* **1** pack, team. **2** (fig. y fam.) herd, bunch.

recuadro *s.m.* **1** box. **2** inset.

recuento *s.m.* **1** recount. **2** registration, enumeration.

recuerdo *s.m.* 1 memory, remembrance. 2 keepsake, souvenir. 3 commemoration. ‖ *pl.* 4 regards.

recular *v.i.* 1 to go back, to go backwards. 2 to kick. 3 (fig.) to get cold feet. 4 to beat a retreat.

recuperación *s.f.* 1 recovery, recuperation. 2 repeat.

recuperar *v.t.* 1 to get back, to recover. 2 to repeat. 3 to reclaim. ‖ *v.pron.* 4 to get better, to recover.

recurrir *v.i.* 1 to look to, to ask for help. 2 to make use of. 3 to appeal.

recurso *s.m.* 1 recourse. 2 means. 3 appeal. ‖ *pl.* 4 resources.

recusar *v.t.* 1 to reject. 2 to challenge.

red *s.f.* 1 net. 2 network (infraestructura). 3 (fig.) trap, device. 4 hairnet. 5 mesh.

redada *s.f.* 1 cast. 2 swoop, raid. 3 (fig.) netful.

redil *s.m.* 1 sheeptold. ‖ 2 **volver al –**, (fig.) to mend one's ways.

redacción *s.f.* 1 LIT. composition, essay. 2 writing. 3 editorial staff. 4 newspaper office.

redactar *v.t.* 1 to write, to compose. 2 to edit.

redactor, -ora *s.m. y f.* 1 writer, journalist. 2 editor.

redención *s.f.* 1 ransom. 2 redemption.

redicho, -a *adj.* (fam.) pedantic.

redimir *v.t.* 1 to redeem, to buy back. 2 to buy the freedom of. ‖ *v.pron.* 3 to free oneself from.

redentor, -a *adj.* 1 redeeming. ‖ *s.m.* 2 redeemer.

rédito *s.m.* return, interest.

redivivo, -a *adj.* resuscitated.

redoblado, -a *adj.* 1 increased, redoubled.

redoble *s.m.* 1 redoubling. 2 drumroll.

redoblar *v.t.* 1 to redouble, to increase. 2 to repeat (repetir). ‖ *v.i.* 3 to play a drumroll.

redomado, -a *adj.* perfect.

redondear *v.t.* 1 to make round, to make curved. 2 to round up.

redondel *s.m.* 1 (fam.) circle. 2 arena, bullring.

redondo, -a *adj.* 1 round, circular. 2 (Am.) separate. 3 successful.

reducción *s.f.* reduction.

reducir *v.t.* 1 to reduce, to shorten. 2 to restrict. 3 to subject, to subdue. 4 to convert. ‖ *v.pron.* 5 to be reduced to.

reducto *s.m.* redoubt.

redundancia *s.f.* 1 surfeit. 2 redundancy.

redundante *adj.* 1 superfluous. 2 redundant.

redundar *v.i.* 1 to overflow. ‖ 2 **– en beneficio de,** to be to the advantage of.

reeducación *s.f.* 1 re-education. 2 rehabilitation.

reeducar *v.t.* 1 to re-educate. 2 to rehabilitate.

reembolsar *v.t. y v.pron.* to be repaid, to be reimbursed.

reembolso *s.m.* repayment.

reemplazar *v.t.* 1 to replace. 2 to stand in for.

reemplazo *s.m.* 1 replacement. 2 substitution. 3 annual reserve.

reencarnar *v.i.* to be reincarnated.

referencia *s.f.* 1 reference (alusión). 2 report, account.

referéndum *s.m.* referendum.

referente, a *adj.* referring to, relating to.

referir *v.t.* 1 to tell, to relate. 2 to refer.

refilón, de *adv.* aslant, obliquely.

refinado, -a *adj.* 1 refined. 2 (fig.) distinguished. ‖ *s.m.* 3 refining.

refinamiento *s.m.* 1 extreme care, refinement. 2 cruelty.

refinar *v.t.* 1 to refine. 2 to polish, to perfect. ‖ *v.pron.* 3 to become refined.

refinería *s.f.* refinery.

reflector, -a *adj.* 1 reflecting. ‖ *s.m.* 2 reflector. 3 spotlight (luz).

reflejar *v.t.* 1 to reflect. ‖ *v.pron.* 2 (fig.) to be reflected, to be seen.

reflejo *s.m.* 1 reflection. 2 reflex. 3 reflexive. 4 streak, rinse.

reflexión *s.f.* reflection.

reflexionar *v.i.* to reflect, to think.

reflexivo, -a *adj.* **1** reflective, contemplative. **2** reflecting. **3** reflexive.
reflujo *s.m.* **1** ebb. **2** (fig.) backward step.
reforma *s.f.* **1** reform, modification. **2** Reformation.
reformador, -a *adj.* **1** reforming. || *s.m.* **2** reformer.
reformar *v.t.* **1** to reform. **2** to restore, to repair. || *v.pron.* **3** (fig.) to mend one's ways.
reformatorio *s.m.* reformatory, borstal.
reformista *adj.* **1** reforming. || *s.m. y f.* **2** reformist.
reforzado, -a *adj.* reinforced, strengthened.
reforzar *v.t.* **1** to reinforce. **2** (fig.) to bolster up, to encourage. **3** to intensify.
refracción *s.f.* refraction.
refractario, -a *adj.* heat-resistant.
refrán *s.m.* saying, proverb.
refregar *v.t.* **1** to scrub, to rub. **2** (Am. y fam.) to be nasty.
refrenar *v.t.* **1** (fig.) to curb, to restrain. **2** to hold back.
refrendar *v.t.* **1** to endorse, to ratif (ratificar). **2** to stamp.
refrendo *s.m.* **1** endorsing, ratification. **2** approval.
refrescante *adj.* **1** cooling. **2** refreshing.
refrescar *v.t.* **1** to cool, to refresh. **2** to repeat, to renew. || *v.i.* **3** to be cooler. **4** to get some fresh air. **5** (Am.) to have an evening snack. || *v.pron.* **6** to feel cooler.
refresco *s.m.* **1** cool drink. || *pl.* **2** refreshments.
refriega *s.f.* fight, scrap.
refrigeración *s.f.* **1** refrigeration. **2** cooling.
refrigerador, -a *adj.* **1** cooling. || *s.m.* **2** refrigerator. **3** cooling system.
refrigerante *adj.* **1** cooling. || *s.m.* **2** condenser.
refrigerar *v.t.* **1** to refrigerate, to cool. **2** to air-condition. **3** (fig.) to restore energy.
refrigerio *s.m.* **1** refreshment, relief. **2** snack.

refuerzo *s.m.* **1** strengthener, reinforcement. **2** strut, prop. **3** (fig.) support, aid. || *pl.* **4** reinforcements.
refugiado, -a *s.m. y f.* refugee.
refugiar *v.t.* **1** to give refuge. || *v.pron.* **2** to take refuge.
refugio *s.m.* **1** shelter, place of refuge. **2** hut. **3** underground shelter.
refulgencia *s.f.* brightness, brilliance.
refulgente *adj.* brilliant, shining.
refulgir *v.i.* to shine, to burn, to be brilliant.
refundición *s.f.* **1** adaptation, revision. **2** recasting.
refundir *v.t.* **1** to adapt, to revise. **2** to recast. || *v.pron.* **3** (Am.) to get lost.
refunfuñar *v.i.* **1** to grumble, to moan. **2** to growl.
refutar *v.t.* to refute, to disprove.
regadera *s.f.* **1** watering can. **2** irrigation ditch.
regadío, -a *adj.* **1** irrigation. || *s.m.* **2** irrigated land.
regalado, -a *adj.* **1** free, given away. **2** pleasant, gratifying. **3** comfortable.
regalar *v.t.* **1** to give away. **2** to give a present. **3** to treat, to regale. || *v.pron.* **4** to give oneself a special treat.
regaliz *s.f.* liquorice.
regalo *s.m.* **1** present, gift. **2** (fig.) delight, pleasure. **3** titbit, treat.
regañadientes, a *loc.adv.* reluctantly.
rogañar *v.i.* **1** to snarl. **2** to moan, to bellyache. **3** to argue. || *v.t.* **4** to tell off.
regar *v.t.* **1** to water. **2** to hose down. **3** to spray. **4** to wash against. **5** to wash down. || *v.pron.* **6** (Am. y fam.) to take a shower. **7** (Am.) to scatter in all directions. || *v.i.* **8** (Am.) to race.
regata *s.f.* **1** regatta, boat-race. **2** small irrigation ditch. **3** (Am.) haggling, bargaining.
regate *s.m.* **1** dodging movement. **2** DEP. piece of dribbling. **3** (fig. y fam.) pretext.
regatear *v.t.* **1** COM. to haggle over, to bargain over. **2** to sell retail. **3** (fam.) to deny, to admit. || *v.i.* **4** to dodge. **5** to dribble, **6** to race.

regateo *s.m.* 1 haggling, bargaining. 2 dribbling.

regazo *s.m.* 1 lap. 2 (fig.) bosom.

regenerador *adj.* 1 regenerative. || *s.m.* 2 regenerator.

regentar *v.t.* to hold temporarily.

regente *s.m.* 1 regent. 2 master, foreman. 3 principal. 4 (Am.) mayor, governor.

regicidio *s.m.* regicide.

regidor, -ora *adj.* 1 ruling. || *s.m.* 2 councillor, alderman.

régimen *s.m.* 1 régime. 2 diet. 3 set of rules. 4 government.

regimiento *s.m.* 1 ruling, governing. 2 regiment.

regio, -a *adj.* 1 royal. 2 (fig.) splendid, magnificent.

región *s.f.* 1 region, part. 2 area. 3 tract.

regional *adj.* regional.

regir *v.t.* 1 to rule, to control. 2 to govern. 3 to run, to be in charge of. || *v.i.* 4 to be in operation. 5 to work.

registrador, -ora *s.m.* 1 registrer. 2 register. || *adj.* 3 recording.

registrar *v.t.* 1 to examine, to inspect. 2 to register, to note down. 3 to record. || *v.pron.* 4 to put one's name down, to register.

registro *s.m.* 1 registration. 2 register. 3 registry office. 4 register entry. 5 check, search. 6 manhole. 7 coupler.

regla *s.f.* 1 rule, ruler. 2 regulation. 3 precept, canon. 4 (fig.) moderation, selfdiscipline. 5 period. || **6 en –**, in order.

reglamentar *v.t.* to regulate.

reglamentario, -a *adj.* 1 appropriate, proper. 2 statutory, mandatory.

reglamento *s.m.* rule, regulation.

reglar *v.t.* 1 to rule, to regulate. 2 to rule (papel). || *v.r.* 3 to be ruled, to adhere.

regocijar *v.t.* 1 to cheer up, to gladen. || *v.pron.* 2 to be pleased, to cheer up.

regocijo *s.m.* 1 joy, gladness. || *pl.* 2 festivities.

regodearse *v.pron.* 1 to be delighted. 2 (fam.) to have a good laugh. 3 (Am.) to be touchy.

regodeo *s.m.* 1 delight, joy. 2 bawdiness. 3 (desp.) unholy delight.

regordete, -a *adj.* chubby, plump.

regresar *v.i.* to go back, to return.

regresión *s.f.* 1 regression. 2 (fig.) decline, deterioration.

regresivo, -a *adj.* regressive, backward.

regulación *s.f.* 1 regulation, controlling. 2 adjustment.

regulador, -a *adj.* 1 regulating. || *s.m.* 2 regulator. 3 control.

regular *adj.* 1 regular, normal. 2 average. 3 (desp.) so-so. || *v.t.* 4 to regulate, put right. 5 to govern, control.

regularidad *s.f.* regularity, order.

regularizar *v.t.* 1 to regularize. 2 to synchronize.

rehabilitación *s.f.* 1 rehabilitation. 2 (fig.) restoration.

rehabilitar *v.t.* 1 to rehabilitate. 2 to restore.

rehacer *v.t.* 1 to remake, to make again. 2 to redo, to do again. 3 to refurbish, to reconstitute. || *v.pron.* 4 to be strengthened, to gain strength. 5 (fig.) to keep calm.

rehén *s.m.* y *f.* hostage.

rehogar *v.t.* to sauté.

rehuir *v.t.* to escape, to avoid.

rehusar *v.t.* 1 to relect. 2 to refuse.

reina *s.f.* 1 queen. 2 female.

reinado *s.m.* reign.

reinar *v.i.* 1 to rule. 2 to predominate.

reincidencia *s.f.* relapse, backsliding.

reincidir *v.i.* 1 to relapse, to backslide. 2 to recidivate.

reineta *s.f.* russet apple.

reino *s.m.* kingdom.

reintegrar *v.t.* 1 to repay, to reimburse. 2 to reintegrate, to reinstate. || *v.pron.* 3 to get back, to be reimbursed.

reintegro *s.m.* 1 reimbursement, repayment. 2 withdrawal. 3 money back.

reír *v.i.* 1 to laugh. 2 (fig.) be to cheerful, to smile. || *v.t.* 3 to laugh at. || *v.pron.* 4 to laugh.

reiteración *s.f.* reiteration, repetition.

reiterar *v.t.* to reiterate, to repeat.

reiterativo, -a *adj.* reiterative, repetitive.

reivindicación *s.f.* 1 claim. 2 complaint, grievance. 3 recovery. 4 vindication.

reivindicar *v.t.* 1 to claim. 2 to recover, to restore. 3 to claim responsibility for. || *v.pron* 4 to clear oneself.

reja *s.f.* 1 ploughshare. 2 bars. 3 (Am. y fam.) clink, nick.

rejilla *s.f.* 1 grille, grating. 2 wicker.

rejuvenecer *v.t.* 1 to make young again. || *v.i.* 2 to grow young again.

relación *s.f.* 1 relation. 2 list. 3 ratio. 4 relationship. 5 report. 6 story (narración). || *pl.* 7 relations, courtship.

relacionar *v.t.* 1 to relate, to connect. || *v.pron.* 2 to have contacts, to be related. 3 (fig.) to hobnob.

relajación *s.f.* 1 relaxation. 2 slackening. 3 hernia. 4 (fig.) slackness.

relajante *adj.* 1 relaxing. 2 (Am. y fam.) sickly. || *s.m.* 3 laxative.

relajar *v.t.* 1 to relax, to loosen (aflojar). 2 (fig.) to weaken. || *v.pron.* 3 to relax, to take things easy. 4 (fig.) to become lax. 5 to be weak. 6 (fig.) to turn corrupt.

relajo *s.m.* (Am.) 1 derision, ridicule. 2 pandemonium. 3 indecency, bad taste. 4 filthy act.

relamer *v.t.* 1 to lick time and time again. || *v.pron* 2 to lick one's lips.

relamido, -a *adj.* 1 priggish, conceited. 2 (Am. y fam.) brazen.

relampaguear *v.i.* 1 to flash, to lighten. 2 (fig.) to sparkle, to twinkle.

relámpago *s.m.* 1 flash of lightning. 2 (fig.) flash.

relatar *v.t.* to relate, to tell.

relatividad *s.f.* 1 relativeness. 2 relativity.

relativo, -a *adj.* y *s.m.* relative.

relegar *v.t.* 1 to relegate. 2 to expel, to exile.

relente *s.m.* night humidity.

relevante *adj.* 1 relevant, pertinent. 2 outstanding.

relevar *v.t.* 1 to relieve, to substitute. 2 to absolve, to acquit.

relicario *s.m.* 1 trinket-box. 2 (Am.) locket.

relieve *s.m.* 1 relief. 2 contours.

religión *s.f.* religion.

religioso, -a *adj.* 1 religious. || *s.m.* y *f.* 2 man/woman of the Church.

relinchar *v.i.* to whinney, to neigh.

relincho *s.m.* whinnying, neighing.

reliquia *s.f.* 1 relic. 2 (Am.) offering. || *pl.* 3 relics, remains.

rellano *s.m.* landing.

rellenar *v.t.* 1 to fill up. 2 to stuff.

relleno, -a *adj.* 1 stuffed. || *s.m.* 2 stuffing, filling. 3 padding.

reloj *s.m.* 1 clock. 2 wristwatch. 3 timer. 4 meter. || 5 – **despertador**, alarm clock.

relojería *s.f.* 1 watchmaking, clockmaking. 2 watchmaker's. 3 clockwork.

relojero, -a *s.m.* y *f.* watchmaker, clockmaker.

relucir *v.i.* 1 to shine. 2 (fig.) to be brilliant, to be outstanding.

relumbrante *adj.* shining, resplendent.

remachar *v.t.* 1 to bang in. 2 (fig.) to drive home. || *v.pron.* 3 (Am.) to say nothing.

remache *s.m.* 1 TEC. rivetting, clinching. 2 rivet. 3 (Am. y fig.) tenacity.

remanente *adj.* 1 remaining. || *s.m.* 2 remnant, remainder. 3 carryover.

remangar *v.t.* to turn up.

remanso *s.m.* 1 pond, pool of still water. 2 (fig.) peaceful spot.

remar *v.i.* 1 to row. 2 (fig.) to strive, to battle on.

rematar *v.t.* 1 to finish off, to conclude. 2 to finish off. 3 to shoot for goal. 4 (Am.) to sell at auction. || *v.i.* 5 to finish, to end.

remate *s.m.* 1 finishing off, end. 2 killing off. 3 pinnacle. 4 selling-off. 5 shot at goal. 6 tip. 7 (Am.) edging. || 8 **de** –, completely. 9 **loco de** –, raving lunating.

remediar *v.t.* 1 to remedy, to put right (corregir). 2 to meet. 3 to avoid, to impede.

remedio *s.m.* 1 remedy, solution. 2 cure. 3 panacea, relief.

remedo *s.m.* poor imitation, rough copy.

remembrar v.t. to remember.

rememorar v.t. to remember, to recall.

remendar v.t. 1 to mend, to repair. 2 to patch up. 3 (fig.) to correct.

remendón s.m. cobbler.

remero, -a s.m. rower, oarsman.

remesa s.f. 1 remittance. 2 consignment.

remiendo s.m. 1 patch. 2 (fig.) correction.

remilgado, -a adj. 1 very prim and proper. 2 (desp.) hypercritical, pernickety. 3 squeamish.

remilgo s.m. 1 fastidiousness. 2 hypercriticism. 3 squeamishness.

reminiscencia s.f. 1 faint recollection. 2 reminiscence.

remirado, -a adj. 1 circumspect, cautious. 2 (desp.) particular.

remisión s.f. 1 consignment. 2 remittance. 3 remission. 4 forgiveness. 5 reference. 6 postponement, adjournment.

remiso, -a adj. irresolute; sluggish.

remitente adj. 1 remittent. ‖ s.m. y f. 2 sender.

remitir v.t. 1 to send. 2 to remit. 3 to put off, to postpone. 4 to refer. ‖ v.i. 5 to lessen, to abate. ‖ v.pron. 6 to stick by, to stand by.

remo s.m. 1 oar. 2 rowing.

remoción s.f. 1 shift, removal. 2 firing.

remojar v.t. 1 to soak, to steep. 2 to dip. 3 (Am.) to buy over.

remojo s.m. 1 soaking, steeping. 2 (Am.) present. 3 (Am.) bribe.

remojón s.m. soaking, dipping.

remolacha s.f. 1 beet. 2 beetroot.

remolcar v.t. to tow.

remolino s.m. 1 whirlpool. 2 whirlwind. 3 sandstorm. 4 ringlet.

remolón, -ona adj. 1 idle, lazy. 2 lethargic, indifferent.

remolonear v.i. (fam.) to be idle, to shirk.

remolque s.m. 1 towing, tow. 2 towrope. 3 trailer.

remontar v.t. 1 to put to flight. 2 to mend, to repair. 3 (fig.) to elevate, to raise up. ‖ v.pron. 4 to fly high. 5 to go back.

remorder v.t. 1 to bite again. 2 (fig.) to trouble, to concern.

remordimiento s.m. remorse.

remoto, -a adj. 1 remote, distant. 2 most unlikely.

remover v.t. 1 to shift, to remove. 2 to stir. 3 to trouble, to disturb. 4 to fire, to dismiss. ‖ v.pron. 5 to become agitated.

remozar v.t. 1 to rejuvenate. 2 to renovate. 3 to revamp. 4 to do up. ‖ v.pron. 5 to be rejuvenated.

remuneración s.f. 1 remuneration, pay. 2 compensation.

renacer v.i. 1 to be born again. 2 (fig.) to regain strength.

renacuajo s.m. 1 tadpole. 2 (fig. y desp.) pip-squeak, shrimp.

renal adj. of the kidney.

rencilla s.f. quarrel.

rencor s.m. resentment, soreness.

rencoroso, -a adj. resentful, bitter.

rendición s.f. surrender.

rendido, -a adj. 1 resigned, unresisting. 2 tired. 3 adulatory, obsequious.

rendija s.f. 1 crack, cleft. 2 (fig.) rift.

rendimiento s.m. 1 performance, output. 2 return, yield.

rendir v.t. 1 to yield, to produce. 2 to give back, to return. 3 to cause to surrender. 4 to tire out. ‖ v.i. 5 COM. to give a good return. ‖ v.pron. 6 MIL. to surrender.

renegado, -a s.m. 1 turncoat. 2 apostate. ‖ adj. 3 renegade (traidor).

renegar v.t. 1 to flatly deny. 2 to detest, to abhor. ‖ v.i. 3 to abandon one's faith. 4 to blaspheme. 5 (fam.) to use swear words.

renglón s.m. 1 line of writing. 2 income.

reno s.m. reindeer.

renombre s.m. renown, prestige.

renovación s.f. 1 renewal. 2 renovation, restoration. 3 revamping. 4 reorganization.

renovador, -a adj. 1 renovating. ‖ s.m. 2 renovator.

renovar v.t. 1 to renew. 2 to renovate, to restore. 3 to reorganize. 4 to repeat.

renta *s.f.* 1 income (ingresos). 2 rent. 3 public debt.

rentabilidad *s.f.* profitability.

rentar *v.t.* 1 to give a return. 2 (Am.) to rent out.

renuncia *s.f.* 1 renunciation. 2 resignation.

renunciar *v.t.* 1 to renounce, give up. 2 to reject. 3 to leave off. 4 to abdicate.

reñir *v.i.* 1 to argue, to quarrel. 2 to fight. 3 to fall out. ‖ *v.t.* 4 to tell off, to reprimand. 5 to wage.

reo, -a *s.m.* y *f.* 1 guilty person. 2 defendant, accused. 3 (Am. y fam.) hobo, good-for-nothing.

reparar *v t* 1 to repair, to mend. 2 to make amends for. 3 to observe, to notice. 4 (Am.) to imitate, to take off.

reparo *s.m.* reservation, misgiving.

repartidor *s.m.* 1 deliveryman. 2 distributor.

repartir *v.t.* 1 to divide up. 2 to share out. 3 (fam.) to deal out, to dish out.

reparto *s.m.* 1 sharing out. 2 distribution. 3 casting. 4 delivery.

repasar *v.t.* 1 to revise, to reread. 2 to skim through. 3 to go over again. 4 to mend, to sew. 5 to overhaul.

repaso *s.m.* 1 revision, rereading. 2 overhaul. 3 (fam.) dressing-down.

repatriación *s.f.* repatriation.

repatriar *v.t.* 1 to repatriate. 2 to deport. ‖ *v.pron.* 3 to return to one's own country.

repecho *s.m.* 1 steep little climb. 2 (Am.) hut.

repelente *adj.* 1 repellent, off-putting. 2 (Am. y fam.) saucy, cheeky.

repeler *v.t.* 1 to reject, to throw out. 2 to repel, to disgust. 3 to drive back.

repente *s.m.* 1 (fam.) quick jerk. 2 (fig.) sudden reaction. ‖ 3 **de –**, all of a sudden.

repentino, -a *adj.* sudden, unexpected.

repercusión *s.f.* repercussion.

repercutir *v.i.* 1 to have repercussions. 2 to bounce back. 3 to reverberate. 4 (Am. y fam.) to pong. ‖ *v.t.* 5 to reject.

repertorio *s.m.* 1 repertoire. 2 index.

repetición *s.f.* 1 repetition. 2 repeat.

repetidor *s.m.* 1 repeater. 2 booster.

repetir *v.t.* e *i.* to repeat. ‖ *v.pron.* 2 to recur, to keep coming up.

repicar *v.t.* 1 to chop up fine. ‖ *v.i.* 2 to peel.

repintar *v.t.* to repaint.

repiquetear *v.t.* 1 to ring merrily. 2 to beat in a lively manner. ‖ *v.i.* 3 to peal out merrily.

repiqueteo *s.m.* 1 pealing. 2 lively beating. 3 clattering.

repisa *s.f.* 1 ledge, corbel. 2 shelf.

replantear *v.t.* 1 to raise again. 2 to retrace.

replegar *v.t.* 1 to fold over. ‖ *v.pron.* MIL. to beat an orderly retreat, to fall back.

repleto, -a *adj.* crammed full, full up.

réplica *s.f.* 1 reply, answer. 2 replica. 3 clone. ‖ *pl.* 4 (fam.) lip.

replicar *v.i.* 1 to contend, to argue. 2 to answer. 3 (desp.) to give backchat.

repoblación *s.f.* repopulating, repopulation. ‖ **– forestal**, reforestation.

repoblar *v.t.* 1 to repopulate. 2 to restock. 3 to reforest (árboles).

repollo *s.m.* cabbage.

reponer *v.t.* 1 to put back. 2 to replace. 3 to put on a second time. ‖ *v.pron.* 4 to get better. 5 to regain one's composture.

reportaje *s.m.* 1 newspaper report. 2 news item.

reportero, -a *s.m.* y *f.* newspaper reporter.

reposado,-a *adj.* calm, leisurely.

reposar *v.i.* 1 to rest. 2 to sleep. 3 to be at rest. ‖ *v.pron.* 4 to settle.

reposición *s.f.* 1 replacement. 2 recovery. 3 re-showing.

reposo *s.m.* rest.

repostar *v.t.* 1 to restock. ‖ *v.i.* 2 to fill up with petrol.

repostería *s.f.* 1 confectionery business. 2 confectioner's.

reprender *v.t.* to tell off, to be angry.

represalia *s.f.* reprisal.

representación *s.f.* 1 representation. 2 performance. 3 body of representatives.

representante *s.m. y f.* representative, rep.

representar *v.t.* 1 to represent. 2 to put on. 3 to symbolize. 4 (fig.) to seem.

represión *s.f.* repression, restraint.

represor, -ora *s.m. y f.* repressor.

reprimenda *s.f.* rebuke, reprimand.

reprimir *v.t.* 1 to check, to curb. 2 to repress, to put down.

reprobar *v.t.* to reprove, to censure.

reprochar *v.t.* 1 to reproach, to censure. || *v.pron.* 2 to reproach oneself.

reproche *s.m.* reproach, censure.

reproducción *s.f.* reproduction.

reproducir *v.t.* 1 to reproduce. || *v.pron.* 2 to breed. 3 to recur.

reproductor, -a *adj.* 1 reproductive. || *s.m.* 2 inseminator.

reptar *v.i.* to creep, to slither.

reptil *adj.* 1 reptilian. || *s.m.* 2 reptile. 3 (fig.) slimy person.

república *s.f.* republic.

repudiar *v.t.* 1 to repudiate. 2 to renounce.

repuesto, -a *adj.* 1 restored to health. || *s.m.* 2 stock.

repugnancia *s.f.* 1 repugnance, disgust. 2 unwillingness.

repugnante *adj.* repugnant, disgusting.

repugnar *v.t.* 1 to disgust, to sicken. || *v.i.* 2 to be sickening.

repulsar *v.t.* 1 to reject, to rebuff. 2 (fig.) to condemn, to rebuke.

repulsión *s.f.* 1 rebuff. 2 repulsion.

repulsivo, -a *adj.* repulsive, disgusting.

reputación *s.f.* reputation.

requemar *v.t.* 1 to burn again. 2 to burn. || *v.pron.* 3 to dry up. 4 to be burning.

requerir *v.t.* 1 to summon. 2 to require. 3 to request. 4 to say nice things.

requesón *s.m.* 1 curd. 2 cream cheese.

réquiem *s.m.* requiem.

requisa *s.f.* 1 inspection. 2 requisition.

requisito *s.m.* requisite, requirement.

res *s.f.* head of cattle.

resabiarse *v.r.* 1 to acquire bad habits. 2 to get angry.

resaca *s.f.* 1 (fam.) hangover. 2 backward movement. 3 (Am. y fam.) going-over, beating-up.

resaltar *v.i.* 1 to stand out. 2 to rebound. 3 to jut out.

resarcir *v.t.* to indemnify.

resbaladizo, -a *adj.* slippery.

resbalar *v.i.* 1 to slip. 2 to slide. 3 to skid. 4 (fig.) to slip up.

resbalón *s.m.* slip, slide.

rescatar *v.t.* 1 to ransom, to recover. 2 to rescue. 3 (fig.) to redeem. 4 to recuperate.

rescate *s.m.* 1 recovery, recapture. 2 ransom.

rescindir *v.t.* to cancel.

rescisión *s.f.* rescission, cancellation.

rescoldo *s.m.* ember.

resecar *v.t.* 1 to dry completely. 2 to scorch, to parch.

resentido, -o *adj.* resentful, smarting.

resentimiento *s.m.* resentment.

resentirse *v.pron.* 1 to begin to weaken. 2 to suffer from. 3 (fig.) to feel bitter about.

reseña *s.f.* 1 description, outline. 2 review.

reseñar *v.t.* 1 to describe. 2 to report.

reserva *s.f.* 1 reserve. 2 aloofness, reticence. 3 booking. 4 reservation. || *s.m.* 5 DEP. reserve, substitute. || *s.f.pl.* 6 reservations.

reservado, -a *adj.* 1 reserved, circumspect. || *s.m.* 2 private room.

reservar *v.t.* 1 to reserve. 2 to book. 3 to conceal, to hush up. || *v.pron.* 4 to save oneself.

resfriado, -a *adj.* 1 (Am.) indiscreet, tactless. || *s.m.* 2 MED. cold.

resfriar *v.t.* 1 to chill. 2 (fig.) to dampen. || *v.pron.* 3 to catch a cold.

resguardar *v.t.* 1 to defend, to protect. || *v.pron.* 2 to safeguard/protect oneself.

resguardo *s.m.* 1 defence, protection. 2 receipt; voucher; ticket.

residencia *s.f.* residence.

residente *adj./s.m. y f.* resident.

residir *v.i.* 1 to reside, to stay. 2 (fig.) to reside/consist.

residual *adj.* residual, residuary.

residuo *s.m.* 1 remainder. 2 waste. 3 residue. 4 residuum.

resignación *s.f.* 1 relinquishing. 2 resignation.

resignarse *v.r.* to resign oneself.

resina *s.f.* resin.

resistencia *s.f.* 1 resistance. 2 endurance. 3 stamina. 4 (fig.) opposition.

resistente *adj.* 1 resistant. 2 hardy.

resistir *v.t.* 1 to resist. 2 to tolerate, to endure. ‖ *v.i.* 3 to fight. 4 to keep going, to last out. ‖ *v.pron.* 5 to have difficulty.

resolución *c.f.* 1 solution. 2 resolution 3 (fig.) initiative. 4 ruling, legal opinion. 5 (Am.) end.

resolver *v.t.* 1 to solve. ‖ *v.i.* 2 to decide, to determine. ‖ *v.pron.* 3 to decide, to resolve. 4 to end in.

resonancia *s.f.* 1 resonance. 2 echo. 3 (fig.) far-reaching effects, importance.

resonar *v.i.* 1 to resound, to echo. 2 (fig.) to be heard about everywhere.

resoplar *v.i.* to puff and blow.

resoplido *s.m.* heavy breathing.

resorte *s.m.* 1 spring (muelle). 2 (fig.) means. 3 (Am.) rubber band. 4 (Am.) responsibility, concern.

respaldar *v.t.* 1 to support, to back. 2 to endorse 3 to guarantee, to ensure. ‖ *v.pron.* 4 to lean back.

respaldo *s.m.* 1 chair back. 2 back. 3 endorsement. 4 support, backing. 5 (fig.) guarantee, protection.

respectivo, -a *adj.* respective.

respecto *s.m.* 1 respect. ‖ 2 **al –**, with regard to this matter. 3 **con – a** o **– de**, with regard to, as for.

respetar *v.t.* 1 to respect, to show respect for. ‖ *v.i.* 2 to concern.

respetuoso, -a *adj.* respectful.

respiración *s.f.* 1 breathing, respiration. 2 ventilation.

respiradero *s.m.* 1 vent. 2 dormer window. 3 airhole.

respirar *v.i.* 1 to breathe. 2 (fig. y fam.)

to make a murmur. 3 (fig. y fam.) to have a breather. ‖ *v.t.* 4 to inhale.

respiro *s.m.* 1 breathing. 2 (fam.) breather. 3 (fig.) relief.

resplandecer *v.i.* to shine, to glow.

resplandor *s.m.* 1 shine, glow. 2 (fig.) brilliance, splendour.

responder *v.t.* e *i.* 1 to answer, to reply to. ‖ *v.i.* 2 to answer, to reply. 3 to respond. 4 to be responsible. 5 to guarantee, to recommend. 6 (fig.) to function well.

responsabilidad *s.f.* responsibility.

responsabilizar *v.t.* 1 to make responsible, to put in charge. ‖ *v.pron.* 2 to hold oneself responsible.

responsable *adj.* 1 responsible. 2 answerable.

responso *s.m.* 1 response. 2 (Am.) rebuke, telling-off.

respuesta *s.f.* answer, reply.

resquebrajar *v.t.* to break, to crack.

resquemor *s.m.* stinging, burning.

resquicio *s.m.* 1 fault, chink. 2 (fig.) opportune occasion. 3 (Am.) bit, scrap.

resta *s.f.* 1 subtraction. 2 remainder.

restablecer *v.t.* 1 to re-establish. ‖ *v.pron.* 2 to get better.

restablecimiento *s.m.* 1 re-establishment. 2 recuperation.

restallar *v.i.* 1 to crack. 2 to crackle.

restante *adj.* 1 remaining, left over. ‖ *s.m.* 2 remainder.

restañar *v.t.* 1 to stanch. 2 to re-tin.

restar *v.t.* 1 to take away. 2 to deduct. 3 to return. ‖ *v.i.* 4 to remain, to be left.

restauración *s.f.* restoration.

restaurante *s.m.* restaurant.

restaurar *v.t.* 1 to restore. 2 to recover.

restituir *v.t.* 1 to return. 2 to restore. ‖ *v.pron.* 3 to return, to go back.

resto *s.m.* 1 remainder, rest. 2 return, return of service. ‖ *pl.* 3 left-overs. 4 remains.

restregar *v.t.* to scrub hard.

restricción *s.f.* restriction, limitation.

restringir *v.t.* to restrict, to limit.

resucitar *v.t.* 1 to revive, to bring back

to life. 2 (fig.) to give fresh life to. ‖ *v.i.* 3 to be resurrected.

resuello *s.m.* 1 breathing. 2 breath.

resuelto, -a *adj.* 1 determined, resolute. 2 assiduous.

resultado *s.m.* 1 result. 2 upshot, outcome.

resultar *v.i.* 1 to turn out, prove. 2 to turn out well. 3 to be born, to be originated/created. 4 (fam.) to please.

resumen *s.m.* summary, résumé.

resumir *v.t.* 1 to sum up. 2 to bridge. ‖ *v.pron.* 3 to be epitomized.

resurgimiento *s.m.* revival, resurgence.

resurgir *v.i.* 1 to reappear. 2 to be resurrected.

retaguardia *s.f.* rearguard.

retal *s.m.* remnant, left-over piece.

retama *s.f.* broom.

retar *v.t.* 1 to challenge. 2 (fam.) to take to task. 3 (Am. y fam.) to slang.

retardar *v.t.* 1 to delay, to make late. ‖ *v.pron.* 2 to slow down.

retazo *s.m.* 1 remnant, piece. 2 (fig.) literary fragment. 3 (Am. y fam.) scrap.

retén *s.m.* 1 stock, reserve. 2 control.

retención *s.f.* 1 retaining, keeping back. 2 retention. 3 withholding, stoppage.

retener *v.t.* 1 to keep back, to retain. 2 to withhold. ‖ *v.pron.* 3 to show restraint.

reticencia *s.f.* 1 insinuation, suggestion. 2 reticence, incommunicativeness.

reticente *adj.* 1 insinuating, suggestive. 2 reticent.

retícula *s.f.* retina.

retirado, -a *adj.* 1 far-off, distant. ‖ *s.f.* 2 retreat.

retirar *v.t.* 1 to take away, to remove. 2 to withdraw. ‖ *v.pron.* 3 to retire.

retiro *s.m.* 1 retirement. 2 FIN. withdrawal. 3 seclusion, privacy. 4 secluded place. 5 retreat.

reto *s.m.* 1 challenge. 2 threat. 3 (Am.) telling-off.

retocar *v.t.* 1 to touch over and over again. 2 to touch up.

retoño *s.m.* 1 sprout, shoot. 2 (fig.) stripling.

retoque *s.m.* 1 touching up, retouching. 2 last coat of paint.

retorcer *v.t.* 1 to twist. 2 (fig.) to distort, to twist. ‖ *v.pron.* 3 to get twisted.

retorcido, -a *adj.* 1 twisted. 2 (fig.) devious, scheming. 3 (fig.) complicated.

retorcimiento *s.m.* 1 twisting. 2 (fig.) complicated nature. 3 (fig.) artfulness.

retórico, -a *adj.* 1 rhetorical. 2 (desp.) long-winded, verbose. ‖ *s.f.* 3 rhetoric.

retornar *v.t.* 1 to return, to replace. ‖ *v.i.* 2 to go back.

retorno *s.m.* 1 return. 2 rebate. 3 exchange.

retozar *v.i.* 1 to skip about, to leap about. 2 to get up to mischief.

retractar *v.t.* to retract, to take back.

retráctil *adj.* retractable.

retraer *v.t.* 1 to bring back. ‖ *v.pron.* 2 to withdraw, to retreat. 3 to take refuge, to take shelter. 4 to live in seclusion.

retraído, -a *adj.* 1 retiring, reserved. 2 (fig.) diffident, shy.

retransmitir *v.t.* 1 to transmit a second time. 2 to retransmit.

retrasar *v.t.* 1 to delay, to put back. ‖ *v.i.* 2 to fall back, to decline. 3 to put back. ‖ *v.pron.* 4 to be late.

retraso *s.m.* 1 delay (demora). 2 tardiness, lateness.

retratar *v.t.* 1 to paint someone's portrait. 2 to photograph. 3 (fig.) to depict.

retrato *s.m.* 1 portrait. 2 description, portrayal. 3 (fig.) resemblance, similarity.

retreta *s.f.* 1 retreat. 2 (Am.) open-air concert.

retrete *s.m.* lavatory, toilet.

retribución *s.f.* compensation, remuneration.

retribuir *v.t.* 1 to pay. 2 to compensate.

retroactivo, -a *adj.* retroactive.

retroceder *v.i.* 1 to move backwards. 2 (fig.) to give way. 3 to retreat. 4 to recede.

retroceso *s.m.* 1 moving back, 2 recession. 3 fresh outbreak. 4 kick.

retrógrado, -a *adj.* 1 retrograde. ‖ *s.m.* y *f.* 2 reactionary.

retrospectivo, -a *adj.* retrospective.

retrovisor *s.m.* rear-view mirror.

retumbar *v.i.* 1 to resound, to echo. 2 to boom, to thunder.

reuma o **reúma** *s.m.* y *f.* rheumatism.

reunión *s.f.* 1 meeting, gathering. 2 party.

reunir *v.t.* 1 to bring together, to join. 2 to collect, to pool. ‖ *v.pron.* 3 to meet, to come together. 4 to unite, to join forces.

revalidar *v.t.* 1 to ratify, confirm. ‖ *v.pron.* 2 to sit an exam.

revalorizar *v.t.* to revalue, to reassess.

revancha *s.f.* 1 revenge. 2 return match.

revelación *s.f.* revelation, discovery.

revelado, -a *adj.* 1 revealed. 2 developed. ‖ *s.m.* 3 developing.

revelar *v.t.* 1 to reveal, to disclose. 2 to develop. 3 to tell on, to betray.

reventa *s.f.* 1 resale. 2 (desp.) speculation. 3 touting.

reventar *v.i.* 1 to burst, to explode. 2 to break. 3 (fig.) to be bursting. ‖ *v.t.* 4 to smash to pieces. 5 (fig.) to gall. 6 (fig.) to be damaging to, to destroy. ‖ *v.pron.* 7 (fam.) to croak, to kick the bucket.

reventón *s.m.* 1 bursting, exploding. 2 blow-out. 3 (Am.) ore outcropping, 4 (Am. y fig.) explosion. 5 (Am.) push.

reverberar *v.i.* 1 to be reflected. 2 to reverberate.

reverencia *s.f.* 1 reverence. 2 bow.

reverenciar *v.t.* to revere, to venerate.

reversible *adj.* reversible.

reverso *s.m.* 1 reverse. 2 tails.

revertir *v.i.* 1 to revert. 2 to come to be.

revés *s.m.* 1 back, reverse. 2 slap. 3 backhand. 4 (fig.) blow, bad patch. 5 defeat.

revestir *v.t.* 1 to coat, to cover. 2 to disguise, to envelope. 3 to contain, possess. ‖ *v.pron.* 4 (fig.) to give oneself airs. 5 to arm oneself. 6 (fig.) to enthuse over.

revisión *s.f.* 1 check, inspection. 2 review, reconsideration. 3 overhaul.

revisar *v.t.* 1 to check, to inspect. 2 to

review, to reconsider. 3 to overhaul. 4 to revise.

revisor *s.m.* 1 conductor, 2 ticket collector.

revista *s.f.* 1 magazine. 2 inspection, examination. 3 review. 4 revue.

revivir *v.i.* 1 to revive, to come back to life. 2 (fig.) to reappear/resurface.

revocar *v.t.* 1 to cancel, to revoke. 2 to disencourage, to dissuade.

revolcar *v.t.* 1 to bring down, to knock to the ground. 2 (fig. y fam.) to tear to bits. ‖ *v.pron.* 3 to roll about, to wallow.

revolotear *v.i.* 1 to flutter. 2 to blow about. ‖ *v.t.* 3 to hurl upwards.

revoltijo *s.m.* 1 hotchpotch. 2 (fig.) mix up, mess. 3 (Am.) bunch, bundle.

revoltoso, -a *adj.* 1 uncontrollable, unstable. 2 rough, turbulent. 3 mischievous, naughty. ‖ *s.m.* 4 trouble-maker.

revolución *s.f.* revolution.

revolucionar *v.t.* 1 to revolutionize. 2 to make something turn faster.

revolucionario, -a *adj./s.m.* y *f.* revolutionary.

revolver *v.t.* 1 to shake. 2 to turn upside down. 3 to stir. 4 to muddle, to mess up. 5 to turn over in one's head. 6 to infect, to excite. 7 to go through. ‖ *v.pron.* 8 to face, to turn on. 9 to writhe.

revólver *s.m.* revolver.

revuelco *s.m.* 1 tumble, fall. 2 wallowing.

revuelo *s.m.* 1 second flight. 2 fluttering. 3 (fig.) ferment, stir.

revuelto, -a *adj.* 1 topsy-turvy, upsidedown. 2 wayward, ungovernable. 3 mischievous, naughty. 4 restless, on edge. 5 (fig.) involved, complicated. 6 cloudy. 7 unsettled. ‖ *s.f.* 8 riot, disturbance. 9 argument, quarrel. 10 turn, bend.

revulsión *s.f.* revulsion.

revulsivo, -a *adj.* 1 revulsive, 2 (fig.) short, sharp shock.

rey *s.m.* 1 king. ‖ *pl.* 2 king and queen.

reyerta *s.f.* 1 argument, quarrel. 2 setto, fight.

rezagar *v.t.* 1 to leave behind. 2 to put

off, to leave until later. ‖ *v.pron.* **3** to fall behind.

rezar *v.i.* **1** REL. to pray, to say prayers. **2** (fam.) to say, to read. **3** (fam.) to grumble, to grouch. **4** (fam.) to be concerned with. ‖ *v.t.* **5** to say. **6** to ask for, to plead for.

rezumar *v.i.* **1** to ooze, to seep. **2** (fig.) to exude, to be full of.

ría *s.f.* estuary.

riachuelo *s.m.* stream, rivulet.

riada *s.f.* **1** flood, great flow. **2** (fig.) crowd.

riba o **ribazo** *s.m.* y f. hill, steep bank.

ribera *s.f.* **1** riverside. **2** shore, coast. **3** flat, irrigated area.

ribereño, -a *adj.* **1** riverside. **2** coastal.

ribete *s.m.* **1** trimming, border. **2** (fig.) frills, embellishments. ‖ *pl.* **3** signs.

ribetear *v.t.* to border, to trim.

ricino *s.m.* castor-oil plant.

rico, -a *adj.* **1** rich, wealthy. **2** delicious, very tasty. **3** rich, fertile. **4** superb, brilliant. **5** (fam.) bonny, sweet. ‖ *s.m.* y *i.* rich man, rich person. **7** (fam.) mate, pal.

rictus *s.m.* rictus, smile.

ridiculez *s.f.* folly, absurdity.

ridiculizar *v.t.* to ridicule.

riego *s.m.* **1** irrigation. **2** watering. ‖ **3** – sanguíneo, blood flow.

riel *s.m.* **1** rod. **2** rail.

rienda *s.f.* **1** reins. **2** (fig.) self-control, moderation. ‖ *pl.* **3** llevar las riendas, to be in charge/control.

riesgo *s.m.* **1** risk. **2** danger. ‖ **3** seguro a todo –, full-cover insurance.

rifa *s.f.* raffle.

rifar *v.t.* **1** to raffle. ‖ *v.pron.* **2** (fig. y fam.) to be a hit.

rifle *s.m.* rifle, gun.

rígido, -a *adj.* **1** rigid, stiff. **2** (fig.) strict, stern. **3** expressionless, impassive.

rigor *s.m.* **1** strictness, severity. **2** toughness, hardness. **3** exactitude, precision. **4** (Am.) great quantity, oceans of.

riguroso, -a *adj.* **1** strict, severe. **2** tough, hard. **3** exact, precise. **4** cruel.

rima *s.f.* rhyme.

rimar *v.i.* **1** to rhyme. ‖ *v.t.* **2** to make rhyme.

rimbombante *adj.* **1** resonant, echoing. **2** (fig.) bombastic, high-sounding. **3** (fig.) showy, ostentatious.

rimel o **rímmel** *s.m.* eye shadow.

rincón *s.m.* **1** corner. **2** cranny. **3** (fig.) retreat, private quarters. **4** lumber room. **5** (Am.) confined area.

rinconera *s.f.* **1** corner section. **2** wall section.

rinoceronte *s.m.* rhinoceros.

riña *s.f.* **1** dispute, quarrel. **2** fight, set-to.

riñón *s.m.* **1** kidney. **2** (fig.) heart.

río *s.m.* **1** river. **2** (fig.) torrent.

riqueza *s.f.* **1** wealth, riches. **2** richness.

risa *s.f.* **1** laugh. **2** laughter. **3** morirse de –, to crack up.

risco *s.m.* **1** crag, scar. ‖ *pl.* **2** rough terrain.

risotada *s.f.* loud laugh, horse laugh.

ristra *s.f.* **1** string. **2** (fig.) long line.

risueño, -a *adj.* **1** smiling. **2** (fig.) pleasant-looking, charming. **3** (fig.) favourable.

ritmo *s.m.* **1** rhythm. **2** (fig.) rate. **3** pace.

rito *s.m.* **1** rite. **2** ceremony.

ritual *adj.* ritual.

rival *adj./s.m.* y f. rival.

rivalizar *v.i.* to compete, to rival.

rizado, -a *adj.* **1** curling, perm.

rizar *v.t.* **1** to curl. ‖ *v.pron.* **2** to ripple.

rizo, -a *adj.* **1** curly. ‖ *s.m.* **2** curl (pelo). **3** loop.

robar *v.t.* **1** to steal. **2** to rob. **3** to burgle. **4** to cheat. **5** to abduct, to kidnap. **6** to take. **7** (fig.) to capture.

roble *s.m.* **1** oak. **2** (fig.) strong and healthy person.

robot *s.m.* **1** robot. **2** (fig.) pawn, puppet.

robustecer *v.t.* **1** to fortify, to make robust. ‖ *v.pron.* **2** to increase in strength.

robusto, -a *adj.* robust, tough.

roca *s.f.* rock.

rocambolesco, -a *adj.* **1** fortuitous. **2** odd.

roce *s.m.* **1** rubbing, rub. **2** (fig.) familiarity, contacts. **3** (fig.) brush.

rociar *v.i.* **1** to fall. ‖ *v.t.* **2** to spray, to sprinkle.

rocín *s.m.* **1** (desp.) nag. **2** carthorse.

rocío *s.m.* **1** dew. **2** fine drizzle. **3** (fig.) light shower, touch.

rodaballo *s.m.* turbot.

rodaja *s.f.* slice.

rodaje *s.m.* **1** set of wheels. **2** shooting. **3** running-in.

rodamiento *s.m.* bearing.

rodar *v.i.* **1** to roll. **2** to go on wheels. **3** to tumble down. **4** (fig.) to rove around. **5** to film. ‖ *v.t.* **6** to roll. **7** to run in. **8** (Am.) to fell.

rodear *v.t.* **1** to surround, to encircle. **2** (Am.) to round up. ‖ *v.i.* **3** to go round.

rodeo *s.m.* **1** long way round. **2** (fig.) cafe distance. **3** (Am.) roundup. **4** (Am.) rodeo. **5** (fig.) evasive words.

rodete *s.m.* **1** bun. **2** pad. **3** ward.

rodilla *s.f.* **1** knee. **2** rough cloth. ‖ **3 de rodillas**, kneeling.

rodillazo *s.m.* blow with the knee.

rodillera *s.f.* kneepad.

rodillo *s.m.* **1** roller. **2** rolling pin.

rododendro *s.m.* rhododendron.

roedor *s.m.* rodent.

roer *v.t.* **1** to gnaw, gnaw at. **2** to pick at. **3** to nibble at. **4** (fig.) to torment, to nag.

rogar *v.t.* **1** to beg for, to plead for. **2** to beg, to plead with. ‖ *v.i.* **3** to beg, to plead. **4** to pray.

rogativas *s.f.pl.* rogations.

roído, -a *adj.* gnawed, gnawed through.

rojizo, -a *adj.* reddish, ruddy.

rojo, -a *adj.* y *s.m.* red.

rollizo, -a *adj.* **1** round. **2** chubby, plump.

rollo *s.m.* **1** roll. **2** roll of film. **3** (fam.) bore, drag. **4** (fam.) the scene, the action.

romana *s.f.* steelyard.

rombo *s.m.* **1** rhombus. **2** turbot.

romería *s.f.* **1** pilgrimage. **2** trip into the country. **3** country feast.

romero *s.m.* **1** pilgrim. **2** rosemary.

romo, -a *adj.* **1** blunt. **2** snub-nosed. **3** (fig.) dim, obtuse.

romper *v.t.* **1** to break. **2** to tear. **3** to wear out. **4** to plough. **5** (fig.) to interrupt. **6** to open. ‖ *v.i.* **7** to start, to begin. **8** to burst out. **9** (fig.) to break out. **10** to finish with, break with.

ron *s.m.* rum.

roncar *v.i.* **1** to snore. **2** to bellow (gamo). **3** (fig.) to threaten.

roncha *s.f.* **1** boil. **2** bruise.

ronco, -a *adj.* **1** hoarse. **2** croaky, husky. **3** raucous, guttural.

ronda *s.f.* **1** night check, night patrol. **2** patrol, group of guards. **3** group of serenaders. **4** round.

rondalla *s.f.* **1** band of street players. **2** old wives' tale.

rondar *v.i.* **1** to go on a night patrol. **2** to go serenading. **3** to walk the streets. ‖ *v.t.* **4** to go round. **5** (fig.) to plague, to badger.

rondó *s.m.* rondo.

ronquido *s.m.* **1** snoring, snore. **2** (fig.) gruff sound, raspy sound.

ronronear *v.i.* **1** to purr (gato). **2** to hum.

ronzal *s.m.* ZOOL. halter.

roña *s.f.* **1** scab. **2** mange. **3** layer of filth, grime. **4** rust. **5** mould. **6** (fig.) tightfistedness. ‖ *s.m.* y *f.* **7** tight-fisted person.

roñoso, -a *adj.* **1** scabby. **2** mangy. **3** (fig.) stingy, mean.

ropa *s.f.* **1** clothes. ‖ **2 - blanca**, underwear. **3 - de cama**, bed linen.

ropaje *s.m.* **1** clothes. **2** evening dress, formal dress. **3** vestments. **4** (fig.) drapery.

ropero *s.m.* **1** wardrobe. **2** outfitter.

rosa *s.f.* **1** rose. ‖ *adj.* **2** pink.

rosal *s.m.* rosebush, rosetree.

rosaleda *s.f.* rosegarden.

rosario *s.m.* **1** rosary. **2** (fig.) stream, series.

rosbif *s.m.* roast beef.

rosca *s.f.* **1** screw thread. **2** screw base. **3** schnecke.

rosco *s.m.* **1** round loaf. **2** (Am.) COM. intermediary, middleman.

roseta *s.f.* **1** BOT. miniature rose. **2** red

spot. **3** rosette. **4** nozzle. **5** (Am.) rowel (espuela). ‖ *pl.* **6** popcorn.

rosetón *s.m.* **1** rose window. **2** rosette.

rosquilla *s.f.* pretzel.

rostro *s.m.* **1** face. **2** beak.

rotación *s.f.* rotation.

rotar *v.i.* **1** to roll. **2** to work a rota system.

rotativo, -a *adj.* **1** revolving. ‖ *s.m.* **2** newspaper. ‖ *s.f.* **3** rotary letterpress press.

roto, -a *adj.* **1** broken. **2** torn. **3** smashed. **4** (fig.) dissolute, debauched. **5** ruined, destroyed. ‖ *s.m.* **6** torn bit. **7** (Am.) pauper.

rotonda *s.f.* **1** round building. **2** circular square. **3** (Am.) roundabout.

rotor *s.m.* rotor.

rótula *s.f.* **1** kneecap. **2** ball-joint.

rotular *adj.* **1** of the kneecap. ‖ *v.t.* **2** to label.

rótulo *s.m.* **1** sign. **2** title, heading. **3** label.

rotundo, -a *adj.* **1** rotund, round. **2** (fig.) decisive, categorical.

rotura *s.f.* **1** break, breaking. **2** crack.

roturar *v.t.* to plough the first time.

roulotte *s.f.* (Am.) caravan, trailer.

rozamiento *s.m.* **1** rubbing. **2** friction.

rozar *v.t.* **1** to graze, to scrape. **2** to clear. **3** to feed on. ‖ *v.i.* **4** to brush past. ‖ *v.pron.* **5** to be in close contact. **6** to trip up.

rubéola *s.f.* German measles.

rubí *s.m.* ruby.

rubia *s.f.* **1** blonde. **2** (fam.) estate car. **3** (fam.) peseta.

rubio, -a *adj.* fair, blonde.

rubor *s.m.* **1** bright red. **2** blushing, blush. **3** (fig.) bashfulness.

ruborizarse *v.pron.* to blush, to go red.

ruboroso, -a *adj.* blushing.

rúbrica *s.f.* **1** rubric. **2** red sign, red mark. **3** flourish. **4** signature.

rubricar *v.t.* **1** to sign. **2** to sign with a flourish. **3** (fig.) to testify to.

ruda *s.f.* rue.

rudimento *s.m.* **1** rudiment. ‖ *pl.* **2** rudiments.

rudo, -a *adj.* **1** (desp.) coarse, uncouth. **2** matter-of-fact. **3** simple, stupid. **4** rough.

rueca *s.f.* distaff, spinning machine.

rueda *s.f.* **1** wheel. **2** tyre.

ruedo *s.m.* **1** turn. **2** circumference. **3** arena.

ruego *s.m.* plea, request.

rufián *s.m.* **1** pimp. **2** (desp.) hoodlum, ruffian.

rugby *s.m.* rugby.

rugir *v.i.* **1** to roar. **2** to howl, to boom, to rage.

rugoso, -a *adj.* **1** bumpy, uneven. **2** rough.

ruibarbo *s.m.* rhubarb.

ruido *s.m.* **1** noise. **2** din, racket.

ruin *adj.* **1** stingy, mean, worthless. **2** small, pathetic. **3** nasty, vicious.

ruina *s.f.* **1** ruin. **2** (fig.) downfall.

ruinoso, -a *adj.* **1** ruinous, dilapidated. **2** calamitous, disastrous.

ruiseñor *s.m.* nightingale.

ruleta *s.f.* roulette.

rulo *s.m.* **1** roller. **2** hair-curler. **3** (Am.) AGR. unirrigated land. **4** (Am.) curl.

rumiante *adj. y s.m.* ruminant.

rumiar *v.t.* **1** to chew again. **2** (fig.) to chew over. ‖ *v.i.* **3** to chew the cud. **4** (fig.) to moan, to complain.

rumor *s.m.* **1** rumour. **2** buzz. **3** muffled sound. **4** murmuring.

rumorearse *v.pron.* to be rumoured.

rupestre *adj.* **1** rock. **2** pinturas rupestres, cave paintings.

ruptura *s.f.* **1** break, rupture. **2** breaking-off.

rural *adj.* **1** rural. **2** (Am.) peasant-like, rustic.

rústico *adj.* **1** rustic, rural. **2** (desp.) coarse, uncouth, crude.

ruta *s.f.* **1** route, itinerary. **2** road, way. **3** (fig.) method of procedure. **4** sales route.

rutilante *adj.* sparkling, glittering.

rutina *s.f.* routine.

rutinario, -a *adj.* **1** routine, customary. **2** (desp.) unimaginative, stereotyped.

S

s S, *s.f.* s, S (letra).
sábado *s.m.* Saturday.
sabana *s.f.* savanna.
sábana *s.f.* 1 sheet. 2 altar cloth
sabandija *s.f.* 1 insect, pest. || *s.m. y f.* 2 louse, insect (persona).
sabanear *v.t.* (Am.) 1 to catch; to pursue. 2 to flatter, to cajole. || *v.i.* 3 to travel over the savanna.
sabañón *s.m.* chilblain.
sabático *adj.* sabbatical.
sabelotodo *s.m. y f.* know-all, (Am.) know-it-all.
saber *s.m. y* 1 knowledge, learning. || *v.t* 2 to know. 3 – **de,** to know about, know of. 4 to find out. 5 can. || *v.i.* 6 – **a,** taste like; (fig.) to smack of. || *v.r.* 7 to be know.
sabiduría *s.f.* 1 wisdom. 2 knowledge.
sabina *s.f.* savin.
sabio, -a *ad.* 1 learned knowledgeable; wise, prudent. 2 sane. 3 trained. || *s.m. y f.* 4 learned man, sage; scholar.
sablazo *s.m.* 1 sabre wound. 2 (fam.) sponging, cadging.
sable *s.m.* 1 sabre, (EE.UU.) saber. 2 sable.
sabor *s.m.* taste, flavour, (EE.UU.) flavor.
saborear *v.t.* 1 to flavour, to give flavour to. 2 to savour, to taste. 3 (fig.) to enjoy.
sabotear *v.t.* to sabotage.
sabrosura *s.f.* (Am.) 1 delight, pleasure. 2 gentleness, mildness.
sabroso, -a *adj.* tasty, rich.
sabueso *s.m.* 1 hound, blood hound. 2 detective, sleuth.

saca *s.f.* 1 sack, mail. 2 withdrawal, removal. 3 exportation.
sacacorohos *o.m.inv.* oorkoorow.
sacar *v.t.* 1 to take out, to bring out; to draw, to get out; to extract, to withdraw. 2 to make, to get. 3 to bring out. 4 to make. 5 to let out. 6 to get out, to get off. 7 to take. 8 to mention, to bring up. 9 to win, to get. 10 to buy. 11 to stick out, to thrust out. 12 to reach, to get; to draw, to come to. || *v.t.* e *i.* 13 to serve, to throw in.
sacarina *s.f.* saccharine, saccarin.
sacarosa *s.f.* saccharose, sucrose.
sacerdote *s.m.* priest.
saciar *v.t.* 1 to satiate, to satisfy. 2 to quench || *v.r.* 3 to satiate oneself.
saco *s.m.* 1 sack, bag. 2 bagful. 3 coarse dress. 4 (Am.) jacket. 5 loose-fitting overcoat. 6 pillage. 7 sac. || 8 **caer en – roto,** to fall upon deaf ears. 9 – **de dormir,** sleeping-bag.
sacrificar *v.t.* 1 to sacrifice. 2 to slaughter; to put to sleep, to put down. || *v.r.* 3 to sacrifice oneself, to suffer.
sacrificio *s.m.* 1 sacrifice, offering. 2 slaughter; putting down.
sacrilegio *s.m.* sacrilege.
sacristán *s.m.* sacristan, sexton.
sacro, -a *adj.* 1 sacred, holy. 2 sacral. || *s.m.* 3 sacrum.
sacudida *s.f.* 1 shake jolt. 2 shock, tremor. 3 blast. 4 toss, jerk.
sacudir *v.t.* 1 to shake, to jolt. 2 to beat. 3 to toss, to jerk. 4 to wag. 5 to brush off. 6 (fam.) to beat up. 7 to spank, to trash. || *v.r.* 8 to shake. 9 to shake off.

sadismo *s.m.* sadism.

saeta *s.f.* arrow, dart.

sagaz *adj.* astute, sagacious, clever.

sagrado, -a *adj.* 1 holy, consecrated. 2 venerable. || *s.m.* 3 asylum, safe place.

sajón *adj.* y *s.m.* Saxon.

sal *s.f.* 1 salt. 2 charm.

sala *s.f.* 1 living room, lounge. 2 large room, room. 3 court.

salado, -a *adj.* 1 safty, salt. 2 witty, funny. 3 (Am.) unfortunate, hapless (infortunado). 4 (Am.) expensive.

salamandra *s.f.* 1 salamander. 2 salamander stove.

salar *v.t.* 1 to salt, season with salt. 2 to salt, cure. 3 (Am.) to spoil, ruin.

salario *s.m.* 1 salary, pay. || 2 – **base**, basic wage.

salazón *s.f.* 1 salting, seasoning. 2 salted meat o fish. 3 salting industry.

salce *s.m.* willow.

saldar *v.t.* 1 to liquidate, to pay off. 2 to sell off. 3 (fig.) to settle.

saldo *s.m.* 1 balance. 2 payment, settlement. 3 clearance sale. 4 remnant.

salero *s.m.* 1 saltcellar. 2 wit, charm.

salida *s.f.* 1 departure, leaving. 2 exit, way out. 3 (fig.) excuse loophole. 4 rising, rise. 5 opening. 6 way out, solution.

saliente *adj.* 1 projecting, bulging. 2 rising. 3 outgoing, retiring. 4 (fig.) salient; outstanding. || *s.m.* 5 projection.

salina *s.f.* 1 salt mine. 2 saltworks.

salino, -a *adj.* saline.

salir *v.i.* 1 to leave, to go out. 2 – **de**, to depart from, to sail from. 3 to get out, to escape. 4 to appear. 5 to come out. 6 to rise. 7 to be published. 8 to come in. 9 to start, to lead. 10 to come up. 11 to cease to be. 12 to be elected. 13 to come up with, to come out with. 14 to turn out. 15 to go. 16 to come up, to arise. 17 to be able to think. 18 to go out with, to date. 19 to enter. 20 to cost. || *v.pron.* 21 to boil over; to leak out.

salitre *s.m.* saltpetre, nitre.

saliva *s.f.* 1 saliva. || 2 **gastar** –, (fig.) to waste one's breath. 3 **tragar** –, (fig.) to swallow.

salmo *s.m.* psalm.

salmón *s.m.* salmon.

salmonete *s.m.* red mullet.

salmuera *s.f.* brine, pickle.

salobre *adj.* brackish, briny.

salón *s.m.* 1 sitting room, lounge; drawing room. 2 hall. 3 salon. 4 show, exhibition. 5 common room.

salpicadura *s.f.* 1 splashing, spattering. 2 splash, spatter.

salpicar *v.t.* 1 – **de**, to splash with, to spatter with. 2 to sprinkle. 3 to scatter (with), to strew (about). 4 (fig.) to sprinkle, to intersperse (with).

salpicón *s.m.* 1 salmagundi. 2 splash, spatter. 3 (Am.) cold fruit juice drink.

salsa *s.f.* 1 sauce; gravy; dressing. 2 (fam.) sauce, zest. 3 (fig.) spice, appetizer.

saltador, -a *adj.* 1 jumping. || *s.m.* y *f.* 2 jumper, hopper. 3 skipping rope.

saltar *v.i.* 1 to jump, to leap. 2 to skip, to hop. 3 to fidget. 4 to bounce. 5 to burst, to explode. 6 to come off, to come loose; to pop out; to come off; to peal off; to fluy off. 7 to break, to snap. 8 to jump, to skip. 9 to blow up, to explode. || *v.t.* 10 to jump, to leap; to vault. 11 to blow up. 12 to knock out. || *v.r.* 13 to skip, to leave. 14 to well up. 15 to break.

saltarín, -a *adj.* 1 restless. || *s.m.* y *f.* 2 dancer.

salteado, -a *adj.* sauté.

salteador *s.m.* highwayman.

saltear *v.t.* 1 to hold up, to rob. 2 to take by surprise. 3 to assault. 4 to sauté.

saltimbanqui *s.m.* acrobat, circus artist.

salto *s.m.* 1 jump, vault. 2 precipice, chasm. 3 omission, hiatus. 4 sudden change. 5 waterfall, cascade; chute. 6 – **de agua**, waterfall, cascade. 7 – **de altura**, high jump. 8 – **de cama**, negligé, (EE.UU.) negligee.

saltón, -ona *adj.* 1 bulging. 2 (Am.) undercooked.

salubre *adj.* healthy, salubrious.

salud *s.f.* 1 health. 2 welfare, wellbeing. 3 state of grace. 4 salvation. || *interj.* 5 (fam.) greetings; cheers!

saludar *v.t.* **1** to greet. **2** to say hello to, to acknowledge. **3** to salute. **4** (fig.) to hail, to welcome.

saludo *s.m.* greeting; bow.

salva *s.f.* volley; salute.

salvación *s.f.* salvation, rescue.

salvado *s.m.* bran.

salvaguardia *s.m.* **1** guardian. ‖ *s.f.* **2** safe-conduct; (fig.) safeguard.

salvajada *adj.* **1** wild; wild uncultivated. **2** savage. ‖ *s.m.* y f. **3** savage. **4** (fig.) boor.

salvamento *s.m.* **1** rescue, saving. **2** REL. salvation. **3** salvage. **4** refuge, haven.

salvar *v.t.* **1** to save, to rescue; to salvage. **2** to cross, to negotiate; to jump across; to overcome. **3** to cover, to do. **4** to exclude, to except. ‖ *v.r.* **5** to escape; to survive. **6** REL. to be saved.

salvavidas *s.m.* **1** life preserver; life belt; life boat; life buoy. ‖ *adj.atr.* **2** lifesaving.

salve *interj.* hail!

salvedad *s.f.* **1** reservation, qualification. **2** exception. **3** condition, proviso.

salvia *s.f.* sage.

salvo -a *adj.* **1** safe. ‖ *adv.* y *prep.* **2** except (for), save. ‖ **3** a –, safe and sound, out of danger.

samba *s.f.* samba.

san *adj.* Saint.

sanar *v.t.* **1** to cure, to heal. ‖ *v.i.* **2** to recover, to get well.

sanatorio *s.m.* **1** sanatorium. **2** nursing home, clinic. **3** hospital.

sancionar *v.t.* **1** to sanction. **2** to ratify.

sanctasanctórum *s.m.* **1** sanctuary, holy of holies. **2** (fig.) sanctum.

sandalia *s.f.* sandal.

sándalo *s.m.* sandal, sandalwood.

sandez *s.f.* **1** nonsense. **2** silly thing.

sandía *s.f.* watermelon.

saneado, -a *adj.* sound.

saneamiento *s.m.* **1** drainage, draining. **2** stabilization. **3** (fig.) remedy. **4** guarantee, security. **5** compensation.

sanear *v.t.* **1** to drain; to remove the damp (from). **2** to put right, to repair. **3** to compensate, to indemnify. **4** to guarantee, to insure. **5** ECON. to stabilize.

sangrar *v.t.* **1** to bleed. **2** to draw resin from, to tap. **3** to indent. **4** (fig.) to bleed dry, to filch. **5** to tap. ‖ *v.i.* **6** to bleed. ‖ *v.r.* **7** to be bled.

sangre *s.f.* blood.

sangría *s.f.* **1** bleeding, bloodletting. **2** (fig.) outflow, drain. **3** sangría.

sangriento, -a *adj.* **1** bleeding. **2** bloodred. **3** bloody, blood-stained.

sanguijuela *s.f.* **1** leech, bloodsucker. **2** (fig.) sponger.

sanguinario, -a *adj.* bloodthirsty.

sanguinolento, -a *adj.* **1** bleeding, blood-stained. **2** (fig.) blood-red.

sanidad *s.f.* **1** health, healthiness. **2** public health, sanitation.

sanitario, -a *adj.* sanitary, health.

sano, -a *adj.* **1** healthy, fit. **2** healthy, good. **3** (fig.) sound healthy. **4** whole, intact. **5** – y salvo, safe and sound.

santiamén *s.m.* instant.

santificar *v.t.* **1** to sanctify, to hallow. **2** to consecrate. **3** to keep, to observe.

santiguar *v.t.* **1** to bless. **2** (Am.) to heal. **3** (fam.) to slap. ‖ *v.r.* **4** to cross oneself.

santo, -a *adj.* **1** holy, sacred. **2** consecrated, holy. **3** saintly, holy. ‖ *s.m.* y f. **4** saint. **5** image of a saint. **6** saint's day.

santuario *s.m.* **1** sanctuary, shrine. **2** (Am.) hidden treasure.

saña *s.f.* **1** anger, fury. **2** cruelty.

sañudo, -a *adj.* furious, enraged, angry.

sapiencia *s.f.* **1** wisdom. **2** knowledge.

sapo *s.m.* toad.

saque *s.m.* serve, service; kick-off.

saquear *v.t.* to sack, to plunder.

sarampión *s.m.* measles.

sarao *s.m.* family dance, evening party.

sarcasmo *s.m.* sarcasm.

sarcófago *s.m.* tomb, sarcophagus.

sarcoma *s.m.* sarcoma.

sardina *s.f.* sardine.

sardónico, -a *adj.* sardonic, insincere.

sarga *s.f.* serge, twill.

sargento *s.m.* sergeant.

sarmiento *s.m.* vine shoot, runner.
sarna *s.f.* 1 itch, scabies. 2 mange.
sarnoso, -a *adj.* 1 MED. itchy, scabby. 2 ZOOL. mangy. 3 (Am.) contemptible, despicable. 4 (Am.) mean.
sarpullido *s.m.* rash, eruption.
sarro *s.m.* 1 deposit, incrustation. 2 tartar; fur.
sarta *s.f.* string, series.
sartén *s.f.* frying pan.
sastre *s.m.* tailor.
satélite *s.m.* satellite.
satén *s.m.* sateen.
satinado, -a *adj.* 1 satiny, shiny. ‖ *s.m.* y *f.* 2 gloss, shine.
sátira. *s.f.* satire.
satirizar *v.t.* to satirize.
sátiro *s.m.* satyr.
satisfacción *s.f.* 1 satisfaction. 2 redres. 3 satisfying, sating.
satisfacer *v.t.* 1 to satisfy. 2 to pay. 3 to compensate. 4 to meet. 5 to honour, (EE.UU.) to honor. ‖ *v.r.* 6 to satisfy oneself.
satisfecho, -a *adj.* 1 satisfied, content. 2 self-satisfied, complacent.
sátrapa *s.m.* satrap.
saturar *v.t.* to saturate, to permeate.
saturnal *adj.* 1 saturnalian. ‖ *s.f.* 2 saturnalia.
sauce *s.m.* 1 willow. ‖ 2 – **llorón,** weeping willow.
saúco *s.m.* elder.
saurio, -a *adj.* y *s.m.* y *f.* saurian.
savia *s.f.* 1 sap. 2 (fig.) vitality, sap.
saxofón o **saxófono** *s.m.* saxophone, sax.
saya *s.f.* 1 skirt. 2 underskirt, petticoat. 3 (Am.) woman.
sayo *s.m.* 1 cassock, cloak. 2 smock, tunic.
sazón *s.f.* 1 maturity, ripeness. 2 opportunity, moment. 3 seasoning.
sazonado, -a *adj.* 1 ripe. 2 tasty.
se *pron.pers.* 1 oneself, yourself, yourselves, himself, herself, itself, themselves. 2 each other, one another. 3 one, you, they, we, people. 4 to him, to her, to it, to you, to them. 5 for him, for her, for it, for you, for

them. 6 from him, from her, from it, from them.
sebáceo, -o *adj.* sebaceous.
sebo *s.m.* 1 suet; tallow; grease, fat. 2 filth, grease. 3 sebum.
seborrea *s.f.* seborrhea.
secador *s.m.* 1 dryer, drier. 2 (Am.) towel.
secano *s.m.* dry land, dry region.
secante *adj.* 1 drying. 2 secant. ‖ *s.m.* 3 blotter. ‖ *s.f.* 4 secant.
secar *v.t.* 1 to dry, to dry up. 2 to wipe dry. 3 to wipe away. 4 to blot. 5 to wipe up. 6 to wither. ‖ *v.r.* 7 to dry. 8 to wither. 9 to run dry. 10 to dry oneself. 11 (fig.) to waste away. 12 to be very thirsty.
sección *s.f.* 1 section, cutting. 2 department; branch. 3 platoon.
seccionar *v.t.* to section, to divide up.
secesión *s.f.* secession.
seco, -a *adj.* 1 dry. 2 dried up, withered. 3 dead. 4 blunt, hard. 5 plain, flat. 6 brusque, curt. 7 sharp; dull. 8 hacking, dry. 9 skinny, thin.
secoya, secuoya o **sequoia** *s.f.* sequoia, redwood.
secreción *s.f.* secretion.
secretaría *s.f.* 1 secretary's office. 2 secretaryship. 3 secretariat. 4 (Am.) ministry, department.
secretario, -a *s.m.* y *f.* 1 secretary. 2 (Am.) POL. minister, secretary.
secretear *v.i.* 1 to whisper. 2 to talk confidentially.
secreter *s.m.* writing desk.
secreto, -a *adj.* 1 secret, hidden. 2 confidencial, classified. 3 secretive. ‖ *s.m.* 4 secret.
secta *s.f.* sect.
sector *s.m.* 1 sector. 2 area; section.
secuaz *s.m.* 1 follower, partisan. 2 (desp.) henchman, hireling. ‖ *adj.* 3 following.
secuela *s.f.* 1 consequence, result. 2 trace, sign.
secuencia *s.f.* sequence.
secuestrar *v.t.* 1 to kidnap, to abdut. 2 to hijack. 3 to sieze, to confiscate.

secular *adj.* 1 century-old, ancient. 2 secular, lay.

secundar *v.t.* to second, to help.

secundario, -a *adj.* 1 secondary. 2 minor, of little importance.

sed *s.f.* 1 thirst, thirstiness. 2 drought. 3 (fig.) thirst, lust.

seda *s.f.* 1 silk. 2 bristle.

sedal *s.m.* fishing line.

sedante *adj. y s.m.* sedative.

sedar *v.t.* to calm (down), to appease.

sede *s.f.* 1 see. 2 seat. 3 headquarters, central office.

sedentario, -a *adj.* sedentary.

sedicioso, -a *adj.* 1 seditious, mutinous. || *s m. y f.* 2 rebel. 3 trouble-maker.

sediento *adj.* 1 thirsty. 2 (fig.) thirsty.

sedimentar *v.t.* 1 to deposit, to settle. 2 (fig.) to calm, to quieten. || *v.r.* 3 to settle. 4 (fig.) to calm down, to settle down.

seducción *s.f.* seduction.

seducir *v.t.* 1 to seduce. 2 (fig.) to tempt, to lead on. 3 (fig.) to charm.

segador *s.m.* harvester, reaper.

segar *v.t.* 1 to reap, to harvest. 2 to mow, to cut. 3 to cut off. 4 (fig.) to cut down, to mow down. 5 (fig.) to ruin, to destroy.

seglar *adj.* 1 secular, lay. || *s.m. y f.* 2 layman.

segmento *s.m.* 1 segment. 2 ring.

segregación *s.f.* segregation.

segregar *v.t.* 1 to segregate, to separate. 2 to secrete.

seguido, -a *adj.* 1 continuous. 2 straight, direct. 3 consecutive, successive. 4 in a row, in succession. || *adv.* 5 straight (on).

seguidor, -ra *s.m. y f.* 1 following. || *s.m. y f.* 2 follower. 3 follower.

seguir *v.t.* 1 to follow. 2 to chase, to pursue. 3 to continue, to carry on. 4 to take. 5 to track. 6 to court. 7 to take. 8 to hound. || *v.i.* 9 to follow, to come after. 10 to follow on, to continue. 11 to carry on, to go on. 12 to be still. || *v.r.* 13 to follow. 14 to ensue, to happen in consequence.

según *prep.* 1 according to, depending

on. 2 according to, in line with. || *adv.* 3 as. 4 it depends, it all depends. || *conj.* 5 depending on, according to.

segundo, -a *adj.* 1 second. || *s.m.* 2 second.

seguridad *s.f.* 1 safety, security. 2 safeness. 3 certainty. 4 surety. 5 sureness, firmness. 6 reliability.

seguro, -a *adj.* 1 secure, safe. 2 certain, sure. 3 firm, solid. 4 reliable, trustworthy. 5 definite, firm. 6 stable, steady. 7 securely fastened. 8 (Am.) honest. || *s.m.* 9 insurance. 10 safety catch. 11 safety device. 12 tumbler. 13 pawl, ratchet. || *adv.* 14 for sure, for certain.

seis *adj.* 1 six. 2 six o'clock.

seísmo o **sismo** *s.m.* earthquake.

selección *s.f.* selection.

seleccionar *v.t.* to select, to pick.

selecto, -a *adj.* 1 selected. 2 (fig.) select, choice. 3 exclusive. 4 the best.

sellar *v.t.* to seal; to stamp. 2 to hallmark. 3 (fig.) to seal.

sello *s.m.* 1 rubber stamp. 2 mark (señal). 3 (fig.) hallmark. 4 capsule.

selva *s.f.* jungle, forest.

semáforo *s.m.* 1 traffic light. 2 semaphore. 3 signal.

semana *s.f.* week.

semanario, -a *adj.* weekly.

semblante *s.f.* 1 countenance, features. 2 look, expression.

sembrado *s.m.* sown field/ground.

sembrar *v.t.* to sow, to seed.

sembrío *s.m.* (Am.) sown field.

semejante *adj.* 1 similar, the same. 2 similar, such. 3 – a, like. 4 (Am.) huge, enormous. || *s.m.* 5 fellowman, fellow creature. 6 likeness, equal.

semejanza *s.f.* 1 similarity. 2 resemblance.

semen *s.m.* semen.

semental *adj.* 1 seminal, germinal. 2 breeding, stud. || *s.m.* 3 sire, stallion.

sementera *s.f.* 1 sowing, seeding. 2 sown land. 3 sowing season, seedtime. 4 seed bed, seed plot.

semestral *adj.* half-yearly, biannual.

semestre *s.m.* 1 period of six months.

2 (EE.UU.) semester. 3 half-yearly payment.

semilla *s.f.* 1 seed. 2 (fig.) cause, source. 3 (Am.) baby, child.

seminal *adj.* seminal.

seminario *s.m.* 1 seminary. 2 seminar.

semita *adj.* 1 semitic. || *s.m.* y *f.* 2 Semite.

sémola *s.f.* semolina.

senado *s.m.* 1 senate. 2 (fig.) assembly, gathering.

sencillo *adj.* 1 simple, plain. 2 easy, simple. 3 unaffected, unadorned. 4 harmless. 5 naive, gullible. 6 single. || *s.m.* 7 (Am.) small change, loose change.

senda *s.f.* path, footpath, track.

sendos *adj.pl.* each, both (of them).

senil *adj.* senile.

sénior *adj.* y *s.m.* y *f.* senior.

seno *s.m.* 1 bosom, breast. 2 lap. 3 womb. 4 cavity, hole. 5 sinus. 6 gulf, bay. 7 trough. 8 sine.

sensación *s.f.* 1 feeling, sensation. 2 emotion.

sensatez *s.f.* 1 sensibleness, sense. 2 wisdom.

sensato, -a *adj.* sensible, wise.

sensible *adj.* 1 sensitive. 2 perceptible, sensible. 3 sentient, feeling. 4 grievous, regrettable. 5 emotional, impressionable.

sensiblería *s.f.* sentimentality, sentimentalism.

sensual *adj.* 1 sensual. 2 sensuous. 3 (Am.) attractive.

sentada *s.f.* 1 sitting. 2 sit-in. 3 sit-down strike.

sentado, -a *adj.* 1 sitting, seated. 2 judicious, sedate. 3 sessile. 4 established. 5 steady, prudent.

sentar *v.t.* 1 to sit, to seat. 2 to set, to place. || *v.t.* e *i.* 3 to suit, to become. 4 to fit. 5 to agree with. 6 (fig.) to go down. || *v.pron.* 7 to sit, to sit down. 8 to settle.

sentencia *s.f.* 1 sentence. 2 decision, ruling. 3 maxim, axiom.

sentenciar *v.t.* 1 to sentence. 2 to judge. || *v.i.* 3 to give one's opinion.

sentido, -a *adj.* 1 deeply felt, regrettable. 2 sincere. 3 (fig.) sensitive, easily hurt. 4 (Am.) with sharp hearing. || *s.m.* 5 sense. 6 (fig.) discernment. 7 meaning. 8 feeling. 9 (Am.) ear. 10 direction, way.

sentimiento *s.m.* 1 feeling, sentiment. 2 regret, grief. 3 sense.

sentina *s.f.* 1 bilge. 2 (fig.) sewer.

sentir *v.t.* 1 to feel. 2 to hear. 3 to perceive, to sense. 4 to feel, to have the feeling (that). 5 to have a feeling for. 6 to be o feel sorry, to regret. 7 to suffer. || *v.pron.* 8 to feel. 9 (Am.) to get angry. || *s.m.* 10 feeling. 11 opinion, judgment.

seña *s.f.* 1 sign, signal. 2 (fig.) token. 3 password. 4 mark. || *s.f.pl.* 5 address.

señal *s.f.* 1 signal. 2 sign, indication. 3 mark. 4 scar. 5 symptom. 6 trace, vestige. 7 deposit, token payment. 8 dialling tone.

señalar *v.t.* 1 to mark. 2 to point to, to show. 3 to point out, to call someone's attention to. 4 to mark, to denote. 5 to set, to fix. 6 to occur. 7 to appoint, to designate. || *v.pron.* 8 to stand out.

señalizar *v.t.* to signpost.

señor *adj.* 1 distinguished, noble. 2 (fig.) some, really big. || *s.m.* 3 man, gentleman. 4 Mr. 5 Sir. 6 owner, master. 7 lord, noble.

señora *s.f.* 1 lady, woman, 2 Mrs.

señorear *v.t.* 1 to rule, to domineer. 2 to control, to master. || *v.r.* 3 to control oneself. 4 to seize of.

señorío *s.m.* 1 dominion, sway. 2 manor, domain. 3 nobility. 4 dignity, majesty. 5 distinguished people, (fam.) toffs. 6 control, mastery.

señorita *s.f.* 1 young lady. 2 Miss. 3 (Am.) school teacher.

señorito *s.m.* 1 young, gentleman. 2 master. 3 (desp.) playboy. 4 (fam.) toff.

señuelo *s.m.* 1 lure. 2 (fig.) bait, trap. 3 (Am.) leading steer.

sépalo *s.m.* sepal.

separación *s.f.* 1 separation. 2 removal. 3 gap, space.

separar *v.t.* 1 to separate. 2 to move away, to take away. 3 to put aside, to keep. 4 to detach, to remove. 5 to pull apart. 6 to dismiss, to remove. 7 to keep away. ||

v.pron. **8** to separate, to part company. **9** to leave. **10** to cut oneself of. **11** to come away. **12** to withdraw.

sepelio *s.m.* burial, interment.

sepia *s.f.* **1** sepia. **2** cuttlefish.

septentrional *adj.* northern, north.

septiembre o **setiembre** *s.m.* September.

séptimo, -a *adj./s.m. y f.* **1** seventh. **2** the seventh.

sepulcro *s.m.* sepulchre, (EE.UU.) sepulcher.

sepultar *v.t.* **1** to bury, to entomb. **2** to trap.

sepultura *s.f.* **1** burial (el acto). **2** tomb, grave.

sepulturero *s.m.* gravedigger.

sequía *s.f.* **1** drought, dry season. **2** (Am.) thirst.

séquito *s.m.* **1** entourage, retinue. **2** adherents. **3** aftermath, train.

ser *s.m.* **1** being. **2** existence, life. **3** essence. **4 un – vivo,** a living creature. || *v.i.* **5** to be. **6** to happen. **7** to belong. **8** to make. **9** to cost. **10** to come.

serenar *v.t.* **1** to calm. **2** (fig.) to calm down, to pacify. **3** to clarify, to settle. || *v.i.* **4** (Am.) to drizzle. || *v.pron.* **5** to calm down, to calm oneself. **6** to grow calm. **7** to settle.

sereno, -a *adj.* **1** serene, tranquil. **2** fine, settled; clear, cloudless. **3** peaceful, calm. **4** (fam.) sober. || *s.m.* **5** night watchman. **6** night dew, cool night air.

serial *s.m.* serial.

serie *s.f.* **1** series. **2** (fig.) string, succession. || **3 en –,** mass-produced. **4 fuera de –,** out of the ordinary, special.

serio, -a *adj.* **1** serious. **2** grave, solemn. **3** staid. **4** reliable, dependable, trustworthy. **5** honest. **6** proper. **7** grave, serious.

sermón *s.m.* sermon.

sermonear *v.t.* (fam.) **1** to lecture. **2** to preach. || *v.i.* **3** to sermonize.

seroso, -a *adj.* serous.

serpentear *v.i.* **1** to slither, to wriggle. **2** (fig.) to wind, to twist and turn. **3** (fig.) to meander.

serpentín *s.m.* **1** coil. **2** worm.

serpiente *s.f.* **1** snake, serpent. **2** (fig.) snake in the grass. || **3 – boa,** constrictor. **4 – cascabel,** rattlesnake. **5 – de mar,** sea serpent. **6 – de anteojo,** cobra. **7 – pitón,** python.

serranía *s.f.* mountains, mountain range.

serrano, -a *adj.* **1** mountain, highland. || *s.m.* **2** highlander. || **3 jamón –,** cured ham.

serrín o **aserrín** *s.m.* sawdust.

serrucho *s.m.* **1** handsaw, saw. **2** (Am.) whore.

servicial *adj.* helpful, obliging.

servicio *s.m.* **1** service. **2** servants; domestic help. **3** set. **4** service charge. **5** serve. || *s.m.pl.* **6** toilet, lavatory; (EE.UU.) rest room.

servidor *s.m.* **1** servant. **2** your humble servant. || *interj.* **3** present! (en clase).

servidumbre *s.f.* **1** servants, staff. **2** servitude. **3** obligation.

servil *adj.* **1** servile. **2** menia. **3** abject, base. **4** slavish.

servilleta *s.f.* serviette, napkin.

servir *v.t.* **1** to serve. **2** to wait on. **3** to be of service, to help. **4** to tend, to mind. **5** to serve up; to pour (out) || *v.i.* **6** to serve; to do one's military service. **7** to be in service. **8** be useful. **9** to follow suit. || *v.pron.* **10** to help/serve oneself.

sésamo *s.m.* sesame.

sesenta *adj.* **1** sixty. **2** sixtieth. || *c.m.* **3** sixty.

sesera *s.f.* **1** brainpan. **2** (fam.) grey matter, brains.

sesgar *v.t.* **1** to cut on the bias, to cut on a slant. **2** to bevel. **3** to slant.

sesgo, -a *adj.* **1** cut o placed askew. **2** slanting, slanted. || *s.m.* **3** bias. **4** slant, slope. **5** bevel. **6** (fig.) turn, direction.

sesión *s.m.* **1** session, meeting. **2** performance, show. **3** showing.

seso *s.m.* **1** brain. **2** (fig.) intelligence. || *s.m.pl.* **3** brains.

sesudo, -a *adj.* **1** wise, sensible. **2** brainy. **3** stubborn.

seta *s.f.* mushroom.

setenta *adj.* 1 seventy. 2 seventieth. ‖ *s.m.* 3 seventy.

seto *s.m.* 1 hedge. 2 fence.

seudónimo *adj.* 1 pseudonymous. ‖ *s.m.* 2 pseudonym, pen name.

severo, -a *adj.* 1 severe, harsh. 2 strict. 3 stern, harsh. 4 harsh; bitter.

sexo *s.m.* sex.

sextante *s.m.* sextant.

sexteto *s.m.* sextet, sextette.

sexto, -a *adj.* y *s.m.* sixth; the sixth.

sexual *adj.* 1 sexual. 2 sex.

sexy *s.m.* sex appeal.

short *s.m.* shorts.

show *s.m.* show.

si *conj.* 1 if. 2 whether. 3 but.

sí *adv.* 1 yes. ‖ *s.m.* 2 aye.

siamés, -esa *adj./s.m.* y *f.* 1 Thai. 2 siamese twin.

sibarita *adj.* 1 sybaritic. ‖ *s.m.* y *f.a.* sybarite.

sibila *s.f.* sibyl, prophetess.

sibilante *adj.* sibilant.

sibilino, -a *adj.* mysterious.

sicario *s.m.* hired assassin.

sideral *adj.* astral, sidereal.

siderurgia *s.f.* iron and steel industry.

sidra *s.f.* cider.

siega *s.f.* 1 harvesting, reaping. 2 harvest time. 3 crop, harvest.

siembra *s.f.* AGR. 1 sowing. 2 sowing time. 3 sowd land, sown land.

siempre *adv.* 1 always, all the time. 2 – que, as long as; every time.

siempreviva *s.f.* everlasting flower.

sien *s.f.* temple.

siena *s.m.* sienna.

sierpe *s.f.* serpent.

sierra *s.f.* 1 saw. 2 mountain range, sierra.

siervo, -a *s.m.* y *f.* 1 slave. 2 (fig.) servant.

siesta *s.f.* nap, afternoon nap.

siete *s.m.* 1 seven. 2 tear (roto). ‖ *adj.* 3 seventh.

sietemesino, -a *adj.* y *s.m.* y *f.* premature; premature baby.

sífilis *s.f.* syphilis.

sifón *s.m.* 1 U-bend, trap. 2 syphon, syphon bottle. 3 soda water. 4 feeler.

sigilo *s.m.* 1 secrecy; stealth. 2 discretion, prudence. 3 stamp.

sigla *s.f.* acronym; abbreviation.

siglo *s.m.* 1 century. 2 (fig.) ages, a long time. 3 secular life, wordly matters.

signar *v.t.* 1 to sign. 2 to mark. ‖ *v.t.* y *pron.* 3 to cross oneself.

significado, -a *p.p.* 1 de **significar**. ‖ *adj.* 2 significant, important. ‖ *s.m.* 3 meaning. 4 signification.

significar *v.t.* 1 to mean. 2 to express. ‖ *v.i.* 3 to have importance, to mean. ‖ *v. pron.* 4 to become famous.

signo *s.m.* 1 symbol. 2 sign. 3 symbol.

siguiente *adj.* following, next.

sílaba *s.f.* syllable.

silbar *v.i.* 1 to whistle. ‖ *v.t.* e *i.* 2 to hiss.

silbato *s.m.* whistle.

silbido *s.m.* 1 whistling, whistle. 2 hiss, hissing. 3 whizzing.

silenciar *v.t.* 1 to silence, to make silent. 2 to keep silent.

silencio *s.m.* 1 silence. 2 silence, quietness. 3 rest.

silex *s.m.* flint, silex.

sílfide *s.f.* sylph.

silicato *s.m.* silicate.

sílice *s.f.* silica.

silicio *s.m.* silicon.

silla *s.f.* 1 chair, seat. 2 saddle. 3 see.

sillar *s.m.* ashlar, block of stone.

sillería *s.f.* 1 set of chairs. 2 chairmaker's workshop. 3 ashlars, building stones.

sillón *s.m.* armchair.

silo *s.m.* silo.

silueta *s.f.* 1 silhouette, form. 2 outline drawing.

silvestre *adj.* 1 wild. 2 rustic, rural.

sima *s.f.* chasm, abyss; deep fissure.

simbiosis *s.f.* symbiosis.

simbolizar *v.t.* to symbolize.

simetría *s.f.* symmetry.

simiente *s.f.* seed.

símil *adj.* 1 similar. ‖ *s.m.* 2 comparison; simile.

similar *adj.* similar, alike.

simio, -a *s.m.* y *f.* ape, monkey.

simpatía *s.f.* 1 liking, affection. 2 charm. 3 sympathy.

simpático, -a *adj.* 1 likeable, charming. 2 sympathetic.

simpatizante *adj.* 1 supporting. ‖ *s.m.* y *f.* 2 supporter.

simple *adj.* 1 easy, not complicated. 2 plain, natural. 3 plain, unadorned. 4 single. 5 not important. ‖ *s.m.* 6 a little bit foolish.

simplificar *v.t.* to simplify.

simposio o **symposium** *s.m.* symposium.

simulación *s.f.* simulation, pretense.

simulacro *s.m.* 1 image. 2 practice, drill. 3 mock, game.

simular *v.t.* to feign.

simultáneo, -a *adj.* simultaneous.

sin *prep.* 1 without. 2 excluding.

sinagoga *s.f.* synagogue.

sinalefa *s.f.* elision.

sincero, -a *adj.* sincere, truthful.

síncopa *s.f.* 1 syncope. 2 syncopation.

síncope *s.m.* attack.

sincronía *s.f.* synchrony.

sindicar *v.t.* y *pron.* to unionize; to join a union.

sindicato *s.m.* trade union.

síndrome *s.m.* syndrome.

sinfín *s.m.* endless number, endless quantity.

sinfonía *s.f.* symphony.

singladura *s.f.* day's run.

singular *adj.* 1 single, singular. 2 unique, exceptional. ‖ *s.m.* 3 singular.

singularizar *v.t.* 1 to make stand out. 2 to make singular. ‖ *v.pron.* 3 to stand out, to distinguish oneself.

siniestro, -a *adj.* 1 left-handed. 2 sinister, wickedly. 3 fateful, unlucky. ‖ *s.m.* 4 accident. ‖ *s.f.* 5 left hand.

sino *s.m.* 1 fate. ‖ *conj.* 2 but.

sínodo *s.m.* synod.

sinónimo, -a *adj.* 1 synonymous. ‖ *s.m.* 2 synonym.

sinrazón *s.f.* absurdity.

sinsabor *s.m.* displeasure, sorrow.

sintagma *s.m.* syntagma.

sintaxis *s.f.* syntax.

síntesis *s.f.* synthesis.

sintético, -a *adj.* synthetical.

sintetizar *v.t.* to synthesize.

síntoma *s.m.* symptom.

sinfonía *s.f.* 1 tuning. 2 musical theme.

sintonizar *v.t.* to tune in.

sinuoso, -a *adj.* winding, sinuous.

sinusitis *s.f.* sinusitis.

sinvergüenza *s.m.* y *f.* 1 shameless person. ‖ *adv.* 2 shameless.

siquiera *conj.* 1 although, if only. ‖ *adv.* 2 at least. ‖ 3 ni –, not even.

sirena *s.f.* 1 siren, foghorn. 2 mermaid.

siringa *s.f.* 1 rubber tree. 2 shepherd's flute.

sirviente, -a *s.m.* y *f.* 1 servant. ‖ *adj.* 2 serving.

sisa *s.f.* 1 petty theft. 2 dart, armhole.

sisear *v.t.* e *i.* to hiss, to boo.

sísmico, -a *adj.* seismic.

sistema *s.m.* 1 system. 2 method.

sistemático, -a *adj.* systematic.

sístole *s.f.* sistole.

sitiar *v.t.* to besiege.

sitio *s.m.* 1 place, spot. 2 siege.

sito, -a *adj.* situated.

situación *s.f.* 1 situation, circumstances. 2 location, site.

situado, -a *p.p.* 1 de *situar*. ‖ *adj.* situated. 2 with a (good/bad/etc.) position in life.

situar *v.t.* y *pron.* to place; to put.

slip *s.m.* underpants.

snob *adj.* 1 snobbish. ‖ *s.m.* y *f.* 2 snob.

so *prep.* 1 under. ‖ *s.m.* 2 you. ‖ *interj.* 3 whoa.

sobaco *s.m.* armpit.

sobado, -a *p.p.* 1 de *sobar*. ‖ *adj.* 2 kneaded. 3 worn, crumpled.

sobaquera *s.f.* 1 armhole. 2 armhole reinforcement. 3 underarm mark, underarm smell. 4 shoulder holster.

sobar *v.t.* 1 to knead, to bull. 2 to thrash, to beat. 3 (fam.) to fondle, to paw. 4 to bother, to pest.

soberano, -a *adj.* 1 sovereign, supreme. ‖ *s.m.* y *f.* 2 sovereign, monarch.

soberbio, -a *adj.* 1 superb. 2 proud, vain. || *s.f.* 3 pride. 4 magnificence, grandeur. 5 anger, fury.

sobra *s.f.* 1 excess, surplus. || *s.pl.* 2 left-overs. 3 remnants. || 4 de –, superfluous.

sobrante *adj.* 1 remaining. || *s.m.* 2 excess, surplus.

sobrar *v.i.* 1 to be left over, to remain. 2 to be unnecessary.

sobre *s.m.* 1 envelope. || *prep.* 2 on. 3 about. 4 approximately. 5 over. 6 above. 7 upon, on top of. 8 to, towards.

sobrealimentación *s.f.* overfeeding.

sobrecarga *s.f.* overload.

sobrecargo *s.m.* 1 purser. 2 steward.

sobrecogedor, -a *adj.* frightening.

sobrecubierta. *s.f.* 1 cover, outer cover. 2 dust jacket, jacket.

sobreentender o **sobrentender** *v.t.* to understand.

sobreestimar o **sobrestimar** *v.t.* to overvalue, to overstimate.

sobrehumano, -a *adj.* superhuman.

sobremesa *s.f.* 1 table cover. 2 after-meal conversation.

sobrenatural *adj.* supernatural.

sobrenombre *s.m.* nickname.

sobrepasar *v.t.* 1 to overtake. || *v.t. y pron.* 2 to surpass, to exceed.

sobreponer *v.i.* 1 to place on top. || *v.pron.* 2 to control oneself.

sobresaliente *adj.* 1 outstanding, extraordinary. 2 projecting, overhanging. || *s.f.* 3 highest mark; first class.

sobresalir *v.i.* 1 to overhang, to jut out. 2 to be outstanding, to excel.

sobresaltar *v.t. y pron.* to startle.

sobreseimiento *s.m.* stay.

sobretodo *s.m.* overcoat.

sobrevenir *v.i.* 1 to happen unexpectedly. 2 to follow, to ensue.

sobrevivir *v.i.* to survive.

sobrio, -a *adj.* 1 sober. 2 moderate.

sobrina *s.f.* niece.

sobrino *s.m.* nephew.

socarrón, -a *adj.* 1 ironic. || *s.m. y f.* 2 ironic person.

socavar *v.t.* to excavate, to dig.

socavón *s.m.* 1 cave-in. 2 gallery.

social *adj.* social.

socialismo *s.m.* socialism.

sociedad *s.f.* 1 society. 2 association. 3 firm, company.

sociología *s.f.* sociology.

socorrer *v.t.* to help, to aid.

socorrido, -a *p.p.* 1 de **socorrer.** || *adj.* 2 trite, hackneyed.

socorrista *s.m. y f.* lifeguard, lifesaver.

socorro *s.m.* 1 help, aid. 2 reinforcement. || *interj.* 3 help.

soda *s.f.* 1 soda. 2 soda water.

sodio *s.m.* sodium.

sodomía *s.f.* sodomy.

soez *adj.* (desp.) crude, vulgar.

sofá *s.m.* sofá.

sofisma *s.m.* sophism.

sofisticación *s.f.* sophistication.

sofocar *v.t.* 1 to suffocate, to smother. 2 to suppress, to put down. || *v.t. y pron.* 3 to blush. || *v. pron.* 4 to chocke. 5 to get angry.

sofoco *s.m.* 1 suffocation. 2 chocking sensation. 3 embarrassment.

sofocón *s.m.* 1 annoyance, vexation. 2 chocking fit.

sofrito *s.m.* lightly fried dish.

soga *s.f.* rope.

soja *s.f.* soya, soybean.

sol *s.m.* 1 sun. 2 sunshine. 3 sunny.

solamente *adv.* only, just.

solapa *s.f.* 1 flap. 2 lapel. 3 (fig.) pretext.

solapado, -a *adj.* sly, underhanded.

solar *s.m.* 1 building site. 2 ancestral home. 3 lineage. || *adj.* 4 solar. || *v.t.* 5 to sole. 6 to pave.

solariego, -a *adj.* ancestral.

solaz *s.m.* relaxation, recreation.

soldado, -a *p.p.* 1 de **soldar.** || *s.m.* 2 soldier. || *s.f.* 3 service pay.

soldadura *s.f.* 1 soldering, welding. 2 soldered joint.

soldar *v.t. y pron.* 1 to solder, to weld. 2 to knit. || *v.t.* 3 to repair, to mend.

soledad *s.f.* 1 loneliness, solitude. 2 grieving, mourning. 3 lonely place.

solemne *adj.* solemn, grave.

soler *v.i.* to be in the habit of.

solera *s.f.* 1 crossbeam. 2 tradition.

solfa *s.f.* 1 musical notation. 2 beating, thrashing.

solfear *v.t.* 1 to sol-fa. 2 to beat, to thrash. 3 to reprimand, to tell.

solicitar *v.t.* 1 to petition, to request. 2 to apply for. 3 to court, to woo.

solícito, -a *adj.* diligent, careful.

solidario, -a *adj.* 1 mutually binding, jointly shared. 2 common.

solidarizarse *v.pron.* 1 to make common cause. 2 to become jointly responsible (responsabilizarse en común).

solidez *s.f.* 1 solidity, strength. 2 soundness.

solidificar *v.t. y pron.* to solidify.

solista *s.m. y f.* soloist.

solitario, -a *adj.* 1 lonely. ‖ *s.m.* 2 ZOOL. hermit crab. 3 solitaire. ‖ *s.f.* 4 tapeworm.

soliviantar *v.t. y pron.* to rouse, to irritate.

sollozar *v.i.* to sob.

sollozo *s.m.* sob.

solo, -a *adj.* 1 on one's own, alone, by oneself. 2 isolated. 3 unique. ‖ *s.m.* 4 solo. ‖ 5 **a solas**, alone, on one's own.

sólo *adv.* only.

solomillo *s.m.* sirloin.

solsticio *s.m.* solstice.

soltar *v.t. y pron.* 1 to free, to loosen, to untie. 2 to let go of. ‖ *v.t.* 3 to blurt out, to let out. ‖ *v.pron.* 4 to loosen up, to lose one's timidity. 5 to become proficient.

soltero, -a *adj.* 1 single. ‖ *s.m. y f.* 2 bachelor; unmarried woman.

soltura *s.f.* 1 loosening. 2 confidence, assurance. 3 nimbleness. 4 fluency.

soluble *adj.* 1 soluble. 2 that can be resolved, solvable.

solución *s.f.* 1 dissolution, solution (disolver, especialmente en un líquido). 2 answer, solution. 3 ending, denouement.

solucionar *v.t. y pron.* to solve, to resolve.

solvencia *s.f.* solvency; dependability.

solventar *v.t. y pron.* 1 to settle. 2 to solve.

solvente *adj.* 1 trustworthy; free of debt. ‖ *s.m.* 2 solvent.

somático, -a *adj.* physical, corporeal.

sombra *s.f.* 1 shadow. 2 darkness. 3 shade. 4 ghost. 5 stain, blot. 6 (fig.) trace.

sombrear *v.t.* to shade, to shade in.

sombrero *s.m.* 1 hat. ‖ 2 **– de copa**, top hat. 3 **– hongo**, bowler.

sombrilla *s.f.* parasol.

sombrío, -a *adj.* 1 shaded. 2 somber, gloomy.

somero, -a *adj.* 1 shallow. 2 brief.

someter *v.t. y pron.* 1 to subdue, to put down. 2 to put under the control of. ‖ *v.t.* 3 to submit, to present.

sometimiento *s.m.* 1 subjection. 2 submission, presentation.

somier *s.m.* spring mattres.

somnámbulo, -a o **sonámbulo, -a** *adj.* 1 sleepwalking. ‖ *s.m. y f.* 2 sleepwalker.

somnífero, -a *s.m. adj.* 1 sleep-inducing. ‖ 2 sleeping-pill.

son *s.m.* 1 sound; tune. ‖ 2 **en – de**, as, like; fashion. 3 **sin ton ni –**, without rhyme or reason.

sonado, -a *p.p.* 1 de **sonar**. ‖ *adj.* 2 famous, well-known. 3 talked-about.

sonajero *s.m.* rattle.

sonar *v.i.* 1 to sound, to ring. 2 to be sounded, to be pronounced. 3 to sound like. 4 to be mentioned, to be brought up. ‖ *v.t.* 5 to sound, to cause a sound. ‖ *v.t. y pron.* 6 to blow. ‖ *v.pron.* 7 to ring a bell. ‖ *v.imp. y pron.* 8 to be rumoured. ‖ *s.m.* 9 sonar.

sonata *s.f.* sonata.

sonda *s.f.* 1 sounding, fathoming. 2 sounding line, sounding lead. 3 drill. 4 probe.

sondear o **sondar** *v.t.* 1 to sound, to fathom. 2 to probe. 3 to inquire into.

sondeo *s.m.* 1 sounding, fathoming. 2 probing. 3 poll, survey.

soneto *s.m.* sonnet.

sonido *s.m.* sound, noise.

sonorizar *v.t. y pron.* 1 to record the sound track of. 2 to voice. 3 to install sound equipment.

sonoro, -a *adj.* 1 sound, with sound. 2 resonant, sonorous. 3 voiced.

sonreír *v.i.* y *pron.* to smile.

sonrisa *s.m.* smile.

sonrojar *v.t.* y *pron.* to blush.

sonrosado, -a *adj.* pink, pinkish.

sonsacar *v.t.* 1 to worm out of; to get by cunning. 2 to wheedle, to coax.

sonsonete *s.m.* 1 tapping. 2 (desp.) rattle, jangling. 3 mocking tone. 4 monotonous tone, sing-song.

soñador, -a *adj.* 1 dreamy. || *s.m.* y *f.* 2 dreamer.

soñar *v.t.* e *i.* 1 to dream. 2 (fig.) to dream, to daydream. || *v.i.* 3 to wish for.

sopa *s.f.* 1 soup. 2 sop.

sopapo *s.m.* slapping.

soplar *v.t.* e *i.* 1 to blow. || *v.i.* 2 to blow. || *v.t.* 3 to blow up. 4 to swipe, to pinch. 5 to split on, to squeal. 6 to prompt; to whisper. || *v.pron.* 7 to become conceited.

soplete *s.m.* blowpipe.

soplido *s.m.* blast, puff.

soplo *s.m.* 1 blowing. 2 gust. 3 second, instant. 4 tip-off. 5 murmur. 6 denunciation.

soplón, -ona *adj.* 1 informing, squealing. || *s.m.* y *f.* 2 informer, squealer, stool pidgeon.

sopor *s.m.* sleepiness, drowsiness.

soporífero, -a *adj.* boring; sleep-inducing.

soportable *adj.* bearable.

soportal *s.m.* 1 porch. 2 arcade.

soportar *v.t.* 1 to support, to hold up. 2 to bear, to endure.

soporte *s.m.* 1 support. 2 pillar.

soprano *s.f.* soprano.

sor *s.f.* sister, nun.

sorber *v.t.* 1 to suck, to sip. 2 to absorb. 3 to swallow.

sorbete *s.m.* 1 sherbet. 2 (Am.) drinking straw.

sorbo *s.m.* 1 sip. 2 sipping.

sórdido, -a *adj.* 1 dirty, squalid. 2 sordid, miserly.

sordina *s.f.* damper, muffler.

sordo, -a *adj.* 1 deaf. 2 silent, noiseless. 3 muffed, dull. 4 FON. voiceless. 5 (fig.) deaf, indifferent. || *s.m.* y *f.* 6 deaf person.

sordomudo, -a *adj./s.m.* y *f.* deaf-mute.

sorna *s.f.* sarcasm.

sorprendente *adj.* surprising, amazing.

sorprender *v.t.* 1 to surprise, to take by surprise. 2 to discover, to find out. || *v.t.* y *pron.* 3 to amaze, to be surprised.

sorpresa *s.f.* surprise.

sortear *v.t.* 1 to draw lots for, to decide by lot. 2 to avoid, to dodge.

sorteo *s.m.* 1 drawing, draw. 2 avoiding, dodging.

sortija *s.f.* 1 ring. 2 curt, ringlet.

sortilegio *s.m.* 1 sorcery, witchcraft. 2 spell, charm.

sosegado, -a *p.p.* 1 de **sosegar**. || *adj.* 2 calm, quiet.

sosegar *v.t.* y *pron.* 1 to cool down; to reassure. || *v.pron.* e *i.* 2 to calm down.

sosiego *s.m.* calmness, peacefulness.

soslayar *v.t.* 1 to put sideways. 2 to dodge, to sidestep.

soslayo *s.m.* 1 slant. || 2 **mirar de –**, look askance.

soso, -a *adj.* 1 tasteless, insipid. 2 unsalted. 3 dull, uninteresting. || *s.f.* 4 QUÍM. soda.

sospecha *s.f.* suspicion.

sospechar *v.t.* 1 to suspect. || *v.i.* 2 to be suspicious.

sospechoso, -a *adj.* 1 suspicious, suspect. 2 distrustful. || *s.m.* y *f.* 3 suspect.

sostén *s.m.* 1 support, stand. 2 sustenance. 3 brassiere, bra.

sostener *v.t.* y *pron.* 1 to support, to hold up. || *v.t.* 2 to maintain, to uphold. 3 to sustain; to maintain. 4 to tolerate.

sota *s.f.* jack.

sotana *s.f.* soutane, cassock.

sotavento *s.m.* leeward, lee.

soterrar *v.t.* 1 to bury. 2 to conceal.

sprint *s.m.* sprint.

stand *s.m.* stand.

standard *s.m.* 1 standard, model. ‖ *adj.* 2 standard.

su *adj.* his, her, its.

suave *adj.* 1 soft, smooth. 2 gentle, mild. 3 soft, sweet. 4 easy, slow.

suavizar *v.t.* y *pron.* 1 to soften. 2 to ease. 3 to tone down.

subalterno, -a *adj./m.s.* y *f.* subordinate.

subarrendar *v.t.* to sublease.

subastar *v.t.* to auction.

subconsciencia o **subconsciente** *s.f.* subconscious.

subdesarrollo *s.m.* underdevelopment.

subdirector, -a *s.m.* y *f.* assistant director, manager.

súbdito, -a *adj.* 1 subject. ‖ *s.m.* y *f.* 2 citizen.

subdividir *v.t.* y *pron.* to subdivide.

subestimar *v.t.* y *pron.* to underestimate.

subido, -a *p.p.* 1 de **subir**. ‖ *adj.* 2 high. 3 intense, deep. ‖ *s.f.* 4 increase. 5 ascent, climb.

subir *v.t., i.* y *pron.* 1 to go up, to climb. 2 to increase, to raise. 3 to carry up, to take up. ‖ *v.t.* e *i.* 4 to increase, to go up. ‖ *v.i.* 5 to rise. 6 to move up, to be promoted. 7 to amount.

súbito, -a *adj.* 1 sudden, unexpected. 2 hasty.

subjetivo, -a *adj.* y *s.m.* subjunctive.

subjuntivo, -a *adj.* subjunctive.

sublevación *s.f.* uprising, revolt; mutiny.

sublevar *v.t.* y *pron.* 1 to incite to rebellion; to rebel. ‖ *v.t.* 2 (fig.) to irritate.

sublimar *v.t.* 1 to sublimate. 2 to exalt.

sublime *adj.* sublime, grand.

submarino, -a *adj.* 1 underwater. ‖ *s.m.* 2 submarine.

subnormal *adj.* 1 subnormal. ‖ *s.m.* y *f.* 2 subnormal person.

suboficial *s.m.* y *f.* warrant officer.

subordinado, -a *p.p.* 1 de **subordinar**. ‖ *adj.* 2 subordinate, secondary.

subrayado, -a *p.p.* 1 de **subrayar**. ‖ *adj.* 2 underlined. ‖ *s.m.* 3 underlining.

subrayar *v.t.* 1 to underline. 2 to emphasize.

subrepticio, -a *adj.* surreptitious.

subsanar *v.t.* 1 to excused. 2 to repair.

subscribir o **suscribir** *v.t.* 1 to sign. 2 to endorse, to subscribe to. ‖ *v.pron.* 3 to underwrite. ‖ *v.t.* y *pron.* 4 to subscribe.

subsecretario, -a *s.m.* y *f.* 1 assistant secretary. 2 undersecretary.

subsecuente o **subsiguiente** *adj.* following, subsequent.

subsidiario, -a *adj.* subsidiary.

subsidio *s.m.* subsidy, compensation.

subsistencia *s.f.* subsistence.

subsistir *v.i.* 1 to survive, to live. 2 to endure, to last.

substancia o **sustancia** *s.f.* 1 substance. 2 essence. 3 judgement, sense. 4 value, importance.

substancial o **sustancial** *adj.* 1 substantial. 2 essential.

substantivo, -a o **sustantivo, -a** *adj.* 1 substantive. ‖ *s.m.* 2 noun.

substituir o **sustituir** *v.t.* o *pron.* to substitute, to replace.

substracción *s.f.* 1 removal. 2 deduction. 3 theft. 4 subtraction.

substraer o **sustraer** *v.t.* 1 to remove, to take away. 2 to steal. 3 to subtract. ‖ *v.pron.* 4 to elude.

substrato o **sustrato** *s.m.* 1 substratum. 2 substance, essence.

subsuelo *s.m.* subsoil.

subterfugio *s.m.* pretext, subterfuge.

subterráneo, -a *adj.* 1 underground. ‖ *s.m.* 2 underground place; (Am.) subway.

subtítulo *s.m.* subtitle.

suburbio *s.m.* 1 suburb, outer district. 2 slum.

subvencionar *v.t.* to subsidize, to aid.

subversión *s.f.* subversion; revolution.

subyacer *v.i.* to underlie.

subyugar *v.t.* y *pron.* 1 to subjugate, to oppress, to dominate. 2 to captivate.

succionar *v.t.* to suck.

sucedáneo, -a *adj.* y *s.m.* substitute.

suceder *v.i.* 1 to follow, to succeed. 2 to inherit. || *v.pron.* 3 to happen.

sucesión *s.f.* 1 succession. 2 inheritance. 3 issue.

sucesivo, -a *adj.* successively.

suceso *s.m.* event, happening.

sucesor, -a *adj.* 1 succeeding. || *s.m.* y *f.* 2 successor; heir.

sucinto, -a *adj.* succinct, concise.

sucio, -a *adj.* 1 dirt, filthy. 2 (fig.) vile, base. 3 shady, dishonest. 4 blurred, smudged. || *adv.* 5 dirtily, unfairly.

suculento, -a *adj.* succulent.

sucumbir *v.i.* 1 to die, to perish. 2 to yield, to succumb. 3 to lose a suit.

sucursal *s.f.* branch.

sudadera *s.f.* (Am.) sweatshirt.

sudar *v.t.* e *i.* 1 to sweat, to perspire. 2 to ooze, to exude. || *v.i.* 3 to work hard. || *v.t.* 4 to sweat for.

sudario *s.m.* shroud.

sudor *s.m.* 1 sweat, perspiration. 2 moisture. 3 swear, toil.

sudoroso, -a *adj.* sweaty.

suegro, -a *s.m./f.* father-in-law; mother-in-law.

suela *s.f.* 1 sole. 2 tanned leather.

sueldo *s.m.* salary.

suelo *s.m.* 1 floor. 2 ground. 3 soil. 4 territory, land.

suelto, -a *p.p.* 1 de **soltar**. || *adj.* 2 loose. 3 nimble, agile. 4 unitied. 5 easy, flowing. 6 odd, unmatched. 7 blank. || *s.m.* 8 insert. || *s.f.* 9 release.

sueño *s.m.* 1 sleep. 2 dream. 3 wish.

suero *s.m.* serum.

suerte *s.f.* 1 luck. 2 fate, lot. 3 condition, circumstances. 4 kind, sort.

suertudo, -a *adj.* (Am.) lucky.

sueter *s.m.* sweater.

sufijo *s.m.* suffix.

sufragar *v.t.* y *pron.* 1 to aid, to support. || *v.i.* 3 (Am.) to vote.

sufragio *s.m.* 1 assistance, aid. 2 vote. || 3 – **universal**, universal suffrage.

sufrido, -a *p.p.* 1 de **sufrir**. || *adj.* 2 patient, long-suffering.

sufrimiento *s.m.* 1 suffering. 2 endurance, tolerance.

sufrir *v.t.* y *pron.* 1 to suffer. 2 to bear, to endure. || *v.t.* 3 to undergo, to experience. 4 to carry, to hold up.

sugerencia. *s.f.* suggestion.

sugerir *v.t.* to suggest.

sugestión *s.f.* 1 suggestion. 2 autosugestion. 3 fascination.

sugestionar *v.t.* 1 to influence. 2 to hypnotize.

sugestivo, -a *adj.* 1 appealing. 2 suggestive.

suicida *adj.* 1 suicidal. || *s.m.* y *f.* 2 suicide.

suicidarse *v.pron.* to commit suicide.

suicidio *s.m.* suicide.

sujeción *s.f.* 1 subjection. 2 fastening.

sujetar *v.t.* y *pron.* 1 to dominate. || *v.t.* 2 to fasten.

sujeto, -a *p.p.* 1 de **sujetar**. || *adj.* 2 subject, liable. || *s.m.* 3 subject. 4 fellow, individual.

sulfamida *s.f.* sulphonamide.

sulfato *s.m.* sulfate.

sulfúrico, -a *adj.* sulfuric.

sultán *s.m.* sultan.

sumar *v.t.* 1 to add. || *v.t.* y *pron.* 2 to add. || *v.pron.* 3 to join.

sumario, -a *adj.* summary.

sumarísimo *adj.* swift.

sumergir *v.t.* y *pron.* 1 to submerge, to immerse. 2 to overwhelm.

sumidero *s.m.* drain, sewer.

suministrar *v.t.* y *pron.* to supply.

sumir *v.t.* y *pron.* 1 to sink. || *v.pron.* 2 to inmerse oneself.

sumiso, -a *adj.* 1 submissive. 2 obedient, compliant.

sumo, -a *adj.* 1 supreme. || *s.f.* 2 sum, collection. 3 addition.

supeditar *v.t.* y *pron.* 1 to subject, to subordinate. || *v.t.* 2 to overpower.

superávit *s.m.* surplus, benefit.

superficial *adj.* 1 superficial. 2 shallow. 3 (desp.) frivolous.

superficie *s.f.* 1 sudace. 2 area.

superfluo, -a *adj.* needless, unnecessary.

superintendente *s.m.* y *f.* supervisor.

superior *adj.* 1 top, higher. 2 upper. 3 magnificent. || *s.f.* 4 superior.

superioridad *s.f.* 1 higher authority. 2 superiority.

superlativo, -a *adj.* 1 excellent. || *s.m.* 2 superlative.

supermercado *s.m.* supermarket.

superponer *v.t.* y *pron.* to superimpose, to place above.

superproducción *s.f.* 1 overproduction. 2 big-budget film.

supersónico, -a *adj.* supersonic.

supersticioso, -a *adj.* superstitious.

supervisar *v.t.* supervise.

supervisor, -a *adj.* 1 supervising. || *a.m.* y *f.* 2 supervisor.

supino, -a *adj.* 1 face-up. 2 crass, excessive.

suplantar *v.t.* to impersonate, to take the place of.

suplemento *s.m.* 1 supplement. 2 extra charge.

suplente *adj.* 1 substitute. || *s.m.* y *f.* 2 reserve, player. 3 substitute, replacement.

supletorio, -a *adj.* 1 supplementary. || *s.m.* 2 extension.

súplica *s.f.* plea; petition.

suplicar *v.t.* 1 to plead, to implore. 2 to beg. 3 to appeal.

suplicio *s.m.* torture.

suplir *v.t.* 1 to make up; to supplement. 2 to replace, to substitute. 3 to infer. 4 to conceal.

suponer *v.t.* 1 to suppose, to assume. 2 to imply, to mean; to involve.

suposición *s.f.* 1 supposition, assumption. 2 guess.

supositorio *s.m.* suppository.

supremo, -a *adj.* supremo.

supresión *s.f.* 1 suppression, elimination. 2 omission.

suprimir *v.t.* y *pron.* 1 to suppress, to eliminate. 2 to leave out.

supuesto, -a *p.p.* 1 de **suponer.** || *adj.* 2 assumed, false. || *s.m.* 3 hypothesis. || 4 por –, certainly, of course.

supurar *v.i.* suppurate.

surcar *v.t.* 1 to plow. 2 to groove. 3 to cut through, to ply.

surco *s.m.* 1 furrow. 2 groove. 3 wrinkle.

surgir *v.i.* 1 to spurt, to shoot out. 2 to emerge, to rise.

surrealismo *s.m.* surrealism.

surtido, -a *p.p.* 1 de surtir. || *adj.* 2 assorted. 3 supplied, provided. || *s.m.* 4 assortment, selection.

surtidor, -a *adj.* 1 providing, supplying. || *s.m.* 2 supplier, 3 jet. 4 pump.

surtir *v.t.* y *pron.* 1 to supply. || *v.i.* 2 to spout.

susceptible *adj.* 1 susceptible. 2 (desp.) touchy. 3 capable, open.

suscitar *v.t.* y *pron.* 1 to provoke. 2 to originate.

susodicho, -a *adj.* aforesaid, above mentioned.

suspender *v.t.* 1 to hang; to suspend. 2 to stop, to suspend. 3 to fail. 4 to astonish, to amaze. || *v.t.* y *pron.* 5 to call off, to postpone.

suspense *s.m.* suspense.

suspensión *s.f.* 1 suspension, hanging. 2 stoppage. 3 adjournment.

suspenso, -a *p.p.* 1 de **suspender.** || *adj.* 2 hanging, suspending. 3 astonished; wildered. 4 failed. || *s.m.* 5 failing mark.

suspicacia *s.f.* suspicion, distrust.

suspirar *v.i.* to sigh.

suspiro *s.m.* sigh.

sustentar *v.t.* y *pron.* 1 to maintain, to uphold. 2 to sustain, to nourish. 3 to support.

sustento *s.m.* sustenance, food.

susto *s.m.* 1 scare, fright. 2 dread, deep worry.

susurrar *v.t.* 1 to whisper, to murmur. 2 to murmur; to rustle. || *v.i.* y *pron.* 3 to be rumoured.

susurro *s.m.* whisper, murmur.

sutil *adj.* 1 fine, delicate. 2 subtle. 3 clever, sharp.

sutura *s.f.* suture, stitch.

suyo, -a *adj.pos.* 1 his; her; its; their; your. 2 muy –, just like, very typical. 3 hers; its; theirs; yours.

T

t, T *s.f.* t, T (letra).
tabaco *s.m.* 1 tobacco. 2 cigarrettes.
tábano *s.m.* horsefly, gadfly.
tabardo *s.m.* tabard.
tabarra *s.f.* (fam.) nuisance, bore.
tabasco *s.m.* tabasco sauce.
taberna *s.f.* 1 bar, tavern. 2 (Am.) gambling joint. 3 (Am.) small grocery shop.
tabernáculo *s.m.* tabernacle.
tabique *s.m.* 1 thin wall, partition. 2 (Am.) brick. 3 **– nasal**, nasal bone.
tabla *s.f.* 1 plank, board (de madera). 2 slab. 3 pleat, box-pleat. 4 index, table of contents. 5 table, list. 6 scale. 7 panel. 8 strip of land between two rows of trees. 9 garden bed, plot. 10 butcher's block. || *f.pl.* 11 stage. 12 barrier, fence. 13 tie, draw.
tablado *s.m.* 1 platform. 2 stage.
tablero *s.m.* 1 board, panel. 2 blackboard, (EE.UU.) chalkboard. 3 notice board. 4 board (de ajedrez, damas, etc.). 5 shop counter. 6 gambling house. 7 planking. 8 switchboard.
tableta *s.f.* 1 small board, block. 2 writing pad. 3 tablet. 4 bar.
tablilla *s.f.* 1 small board, slab. 2 notice board, (EE.UU.) bulletin board. 3 MED. splint. 4 (Am.) bar.
tablón *s.m.* 1 plank, thick board. 2 notice board, (EE.UU.) bulletin board.
tabú *s.m.* taboo.
tabular *adj.* 1 tabular. || *v.t.* 2 to tabulate, to tab.
taburete *s.m.* stool.

tacaño, -a *adj.* 1 miserly, mean. 2 cunning, crafty.
tacha *s.f.* 1 defect, blemish. 2 large tack.
tachadura *s.f.* correction, erasure.
tachar *v.t.* 1 to cross out, to erase. 2 (fig.) to find fault with, to accuse.
tachuela *s.f.* 1 tack, stud. 2 (Am.) drawing pin.
tácito, -a *adj.* silent, inferred.
taciturno, -a *adj.* taciturn, silent.
taco *s.m.* 1 plug, stopper. 2 peg. 3 wedge. 4 wad. 5 book. 6 stub. 7 pad. 8 cue (billar). 9 piece, bite. 10 stud. || 11 swear word. 12 desk calendar. 13 (Am.) rolled tortilla. 14 (Am.) heel.
tacón *s.m.* heel.
táctico, -a *adj.* 1 tactical. || *s.m.* 2 tactician. || *s.f.* 3 tactic. 4 tactics.
tacto *s.m.* 1 touch, feel. 2 tact.
tafetán *s.m.* 1 taffeta. || *s.pl.* 2 flags, standard. 3 frills.
tahúr, -a *adj.* y *s.* gambler, card-sharper.
taimado, -a *adj.* sly, cunning.
tajada *s.f.* 1 slice, chunk. 2 cut, slash.
tajante *adj.* 1 cutting, sharp. 2 (fig.) emphatic, categorical.
tajo *s.m.* 1 cut, incision. 2 steep cliff, gorge. 3 (fam.) job.
tal *adj./adv.* 1 such a, such. 2 such, so large. 3 a certain. || *pron.* 4 such a one, someone. 5 such a thing, something. || 6 **con – de/con – de que/con – que**, provided that, as lor. as. 7 **– como/– cual**, just as, the way. 8 **– para cual**, two of a

kind. **9 – vez,** perhaps. **10 ¿qué –?,** how's things?

taladrar *v.t.* to drill, to perforate.

taladro *s.m.* **1** drill, gimlet. **2** drill hole.

tálamo *s.m.* **1** nuptial, marriage bed. **2** nuptial, bride chamber.

talante *s.m.* **1** humour, disposition. **2** will. **3** appearance, look.

talar *adj.* **1** full-length (vestido). ‖ *v.t.* **2** to fell, to cut down trees. **3** to prune. **4** to destroy, to devastate.

talco *s.m.* **1** talc, talcum. **2** tinsel.

talego *s.m.* **1** long bag, sack. **2** (fam.) clumsy, fat person. **3** money.

talento *s.m.* **1** talent, gift. **2** understanding, intellect.

talismán *s.m.* talisman, lucky charm.

talla *s.f.* **1** wood carving. **2** engraving. **3** cutting. **4** height, stature. **5** size. **6** tally, measuring rod. **7** (Am.) fib, lie.

tallar *v.t.* **1** to carve, to shape. **2** to sculpt. **3** to engrave. **4** to cut. **5** to measure the height of. **6** to deal. ‖ *v.i.* **7** (Am.) to chat.

tallarín *s.m.* noodle.

talle *s.m.* **1** waist. **2** figura. **3** build, physique. **4** (fig.) appearance, outline. **5** (Am.) bodice.

taller *s.m.* **1** workshop, shop. **2** studio. **3** factory mill.

tallo *s.m.* **1** stem, stalk. **2** shoot, sprout. **3** (Am.) cabbage. ‖ *s.m.pl.* **4** (Am.) greens, vegetables.

talón *s.m.* **1** heel. **2** flange, rim. **3** cheque, (EE.UU.) check. **4** voucher, counterfoil.

talonario *s.m.* **1** receipt book, book of counterfoils. **2** cheque book, (EE.UU.) check book.

tamaño, -a *adj.* **1** so big, such a big. **2** so small, such a small. ‖ *s.m.* **3** size.

tamarindo *s.m.* tamarind.

tambalearse *v.pron.* **1** to stagger, to wobble. **2** to wobble. **3** (fig.) to be shaky.

también *adv.* **1** also, too. **2** too, so.

tambor *s.m.* **1** drum. **2** drummer. **3** tambour. **4** eardrum, tympanum. **5** embroidery frame. **6** MAR. capstan-drum, paddle-box. **7** cylinder (de un revólver).

tamborilear *v.t.* **1** (fig.) to praise, to extol. ‖ *v.i.* **2** to beat, to play a drum. **3** (fig.) to drum one's fingers.

tamiz *s.m.* sieve, sifter.

tampoco *adv.* neither, not either, nor.

tampón *s.m.* **1** ink-pad. **2** tampon. **3** plug.

tan *adv.* **1** so. **2** such. **3** What...! **4 es – ... que,** so... that. **5 – ... como,** as... as. **6 ni – siquiera,** not even.

tanda *s.f.* **1** group. **2** batch. **3** series. **4** layer. **5** shower of blows. **6** turn. **7** shift. **8** game, innings. **9** (Am.) performance, show.

tándem *s.m.* **1** tandem. **2** carriage with two horses **3** (fig.) jointly, together.

tangente *adj.* y *s.f.* tangent.

tangible *adj.* tangible, (fig.) sonoroto.

tango *s.m.* tango.

tanino *s.m.* tannin.

tanque *s.m.* **1** tank (depósito). **2** MIL. tank. **3** tanker (barco). **4** water, pool.

tantear *v.t.* **1** to size up, to guage. **2** to guess, to calculate. **3** to consider carefully, to weigh up. **4** (fig.) to sound out, to test. **5** to sketch, to outline. **6** (Am.) to lie in wait for. **7** (Am.) to swindle. ‖ *v.i.* **8** to keep score. **9** to grope, to feel one's way.

tanteo *s.m.* **1** sizing up. **2** approximate calculation. **3** weighing up, careful consideration. **4** test, trial. **5** score. **6** outline.

tanto, -a *adj.* **1** so much, so many. **2** so much, as much. **3 – tiempo,** such a long time. **4** so. ‖ *s.m.* **5** point, goal. **6** a certain amount, a percentage. **7 al –,** up to date, in the know. **8 otro –,** as much again. **9 y tantos,** odd. ‖ *adv.* **10** so much, so long. **11 cuanto más ... – más,** the more... the more. **12 en –, entre –, mientras –,** in the meantime, meanwhile. **13 – mejor,** all the better, so much the better. **14 ¡y –!,** and how! **15 por lo –,** so, therefore. **16 un –,** rather, somewhat.

tañer *v.t.* to play a musical instrument.

tapa *s.f.* **1** lid, cover, top. **2** head (de cilindro). **3** heel plate. **4** aperitive.

tapadera *s.f.* **1** lid, cover. **2** (fig.) cover, front.

tapar *v.t.* **1** to cover, to cover up. **2** to put

the lid on. **3** to put the top on, to cork. **4** to plug, to stop up. **5** (fig.) to conceal, to hide. ‖ (Am.) to fill (diente).

taparrabo *s.m.* **1** swimming trunks. **2** loincloth.

tapete *s.m.* table runner, rug.

tapia *s.f.* **1** adobe or mud wall. **2** garden wall.

tapiar *v.t.* **1** to wall in, to enclose. **2** (fig.) to block up, to stop up.

tapicería *s.f.* **1** tapestry making. **2** tapestry. **3** upholstery (coches). **4** upholsterer's.

tapioca *s.f.* tapioca.

tapiz *s.m.* tapestry.

tapizar *v.t.* **1** to hang with tapestries. **2** to carpet. **3** to upholster.

tapón *s.m.* **1** stopper, cork. **2** plug, wad. **3** bung (tonel). **4** tampon. **5** (Am.) ELEC. fuse.

taponar *v.t.* **1** to stopper, to cork. **2** to plug up, to block.

tapujo *s.m.* **1** muffler. **2** (fig.) deceit, subterfuge.

taquicardia *s.f.* tachycardia.

taquigrafía *s.f.* shorthand, stenography.

taquilla *s.f.* **1** booking office, ticket window. **2** box-office. **3** filing cabinet, locker. **4** takings, gate money. **5** (Am.) bar, liquor store. **6** (Am.) tack (clavo).

tara *s.f.* **1** defect. **2** tare. **3** tally stick.

tarado, -a *adj.* **1** defective, damaged. **2** crippled, maimed. **3** (fam.) cretinous, idiotic. ‖ *s.m.* y *f.* **4** (fam.) cretin, idiot.

tarambana *adj.* **1** (fam.) mad, wild. ‖ *s.m.* y *f.* **2** madcap, crackpot.

tarántula *s.f.* tarantula.

tararear *v.t.* to hum.

tardar *v.i.* **1** to delay. **2** to take.

tarde *s.f.* **1** afternoon, evening. ‖ *adv.* **2** late. ‖ **3 – o temprano,** sooner or later.

tardío, -a *adj.* **1** late, tardy. **2** slow. **3** late.

tarea *s.f.* job, task.

tarifa *s.f.* **1** tariff, fare. **2** price list.

tarima *s.f.* **1** platform, dais. **2** foot stool. **3** bench. **4** stand.

tarjeta *s.f.* **1** card. ‖ **2 – de crédito,** FIN.

credit card. **3 – de embarque,** boarding pass. **4 – de identidad,** identity card. **5 – de visita,** visiting card, (EE.UU.) calling card. **6 – postal,** postcard.

tarro *s.m.* jar.

tarso *s.m.* tarsus.

tarta *s.f.* cake, tart.

tartamudear *v.i.* to stammer, to stutter.

tartana *s.f.* light carriage, trap.

tartera *s.f.* **1** lunch box. **2** cake tin, baking pan.

tarumba *adj.* **1** (fam.) confused. ‖ **2 volver – a uno,** to drive one mad.

tasa *s.f.* **1** appraisal, estimate. **2** tax. **3** measure, norm. **4** rate.

tasca *s.f.* bar, tavern.

tata *s.f.* **1** (Am.) dad, daddy. **2** (fam.) sister. **3** nursemaid, nanny.

¡tate! *interj.* **1** look out!, be careful! **2** so that's it, I see.

tatuaje *s.m.* **1** tatoo. **2** tatooing.

taurino, -a *adj.* bull-fighting.

tautología *s.f.* tautology.

taxativo, -a *adj.* limited, specific.

taxi *s.m.* taxi, cab, taxi-cab.

taxidermia *s.f.* taxidermy.

taxista *s.m.* y *f.* taxidriver, cabby.

taza *s.f.* **1** cup. **2** cupful. **3** bowl. **4** (Am.) basin.

tazón *s.m.* bowl, large cup.

te *pron.* **1** you. ‖ *pron.r.* **2** yourself.

té *s.m.* tea.

tea *s.f.* torch, firebrand.

teatral *adj.* **1** theatre, drama. ‖ **2 obra –,** dramatic work, play. **3** (fig.) theatrical, histrionic.

teatro *s.m.* **1** theatre, (EE.UU.) theater. **2** acting, stage. **3** drama, plays.

teca *s.f.* teak.

techo *s.m.* **1** ceiling. **2** roof. **3** (fig.) limit, ceiling.

tecla *s.f.* key, spacer.

teclado *s.m.* keyboard, keys.

teclear *v.i.* **1** to finger the keyboard, to play. **2** to type. **3** (fig.) to drum one's fingers. **4** (Am.) to be weak, ill.

técnica *s.f.* technique, skill.

técnico, -a *adj.* **1** technical. ‖ *s.m.* y *f.* **2** technician, specialist.

tecnología *s.f.* technology.

tectónico, -a *adj.* tectonic.

tedio *s.m.* (fam.) boredom, tedium.

tegumento *s.m.* tegument.

teja *s.f.* tile.

tejado *s.m.* roof, tiled roof.

tejedor, -a *adj.* 1 (Am.) scheming, intriguing. || *s.m.* y *f.* 2 weaver. 3 (Am.) intriguer, schemer.

tejemaneje *s.m.* (fam.) 1 to-do, fuss. 2 trickery, intrigue. || 3 **se trae un –**, he's up to something.

tejer *v.t.* 1 to weave, to knit (hacer punto). 2 to spin.

tejido *s.m.* 1 material, fabric. 2 weave, texture. 3 ANAT tissue. || *s.m.pl.* 4 textile.

tejo *s.m.* 1 disk. 2 quoits. 3 hopscotch. 4 yew.

tejón *s.m.* badger.

tela *s.f.* 1 material, cloth. 2 membrane, skin. 3 canvas, painting. 4 (fam.) dough (dinero). 5 – **metálica**, wire netting. 6 – **de araña**, spider's web, cobweb. 7 (fig.) matter.

telar *s.m.* 1 loom, frame. || *s.m.pl.* 2 textile mill. 3 gridiron, flies.

telaraña *s.f.* spider's web, cobweb.

tele *s.f.* (fam.) telly, T.V.

telecomunicación *s.f.* telecommunication.

teledifusión *s.f.* television broadcast.

teleférico *s.m.* 1 cable car, cable railway. 2 skilift.

telefonear *v.t.* e *i.* to telephone, to phone, to call, to ring.

teléfono *s.m.* telephone, phone.

telégrafo *s.m.* telegraph.

telegrama *s.m.* telegram, wire.

telepatía *s.f.* telepathy.

telescopio *s.m.* telescope.

telesilla *s.f.* chair lift, ski lift.

televidente *s.m.* y *f.* viewer, televiewer.

televisar *v.t.* to televise.

televisión *s.f.* television, T.V.

televisivo, -a *adj.* 1 television. 2 telegenic.

televisor *s.m.* television set, T.V. set.

telón *s.m.* curtain.

telúrico, -a *adj.* telluric, of the earth, (fig.) earthy.

tema *s.m.* 1 topic, subject. 2 MÚS. theme, motif. 3 stem. 4 **pasar del –**, to dodge the issue. || *s.f.* 5 fixed idea, obsession. 6 grudge, ill will.

temario *s.m.* 1 programme, group of subjects. 2 agenda.

temblar *v.i.* 1 to tremble, to shake. 2 to shiver.

temblor *s.m.* 1 trembling, shivers. || 2 – **de tierra**, earthquake.

tembloroso, -a *adj.* 1 shaking, quivering. 2 tremulous.

temer *v.t.* 1 to be afraid, to fear. || *v.i.* 2 to be afraid, to fear for. || *v.r.* 3 to be afraid.

temerario, -a *adj.* rash, temerarious.

temeroso, -a *adj.* 1 fearful, frightful. 2 frightened, temerous.

temible *adj.* fearsome, dreadful.

temor *s.m.* 1 fear, dread. 2 apprehension, mistrust.

témpano *s.m.* floe, iceberg.

temperamento *s.m.* 1 temperament, disposition. 2 (Am.) climate, wather.

temperar *v.t.* 1 to moderate, to calm. 2 to temper. || *v.i.* 3 (Am.) to have a change of air.

temperatura *s.f.* 1 temperature. 2 temperature, fever.

tempestad *s.f.* 1 storm, tempest. || 2 – **de arena**, sandstorm.

templado, -a *adj.* 1 restrained, moderate. 2 warm, lukewarm. 3 temperate, mild. 4 tuned, in tune. 5 (fig.) brave, courageous. 6 **nervios bien templados**, (fig.) nerves of steel.

templanza *s.f.* 1 temperance, moderation. 2 MET. mildness.

templar *v.t.* 1 to moderate, to temper. 2 to warm up, to cool down. 3 to tune, to temper. 4 to adjust. 5 to temper. 6 to knock down, to beat. || *v.i.* 7 to warm up. || *v.r.* 8 to be moderate, to control oneself. 9 (fam.) to get drunk. 10 (fig. y Am.) to fall in love.

temple *s.m.* 1 temper. 2 tuning. 3 weather. 4 mood, humour. 5 tempera.

templo *s.m.* temple, sanctuary.

temporada *s.f.* 1 season. 2 spell.

temporal *adj.* 1 temporary, provisional. || *s.m.* 2 storm, tempest.

temporero *adj.* 1 seasonal, temporary. || *s.m.* 2 temporary worker, seasonal worker.

temprano, -a *adj.* 1 early. || *adv.* 2 early.

tenaz *adj.* 1 tenacious, resistant. 2 persistent. 3 hard to remove. 4 ingrained.

tenazas *s.f.pl.* 1 pliers, pincers. 2 tongs. 3 forceps. 4 jaws. 5 claws, pincers.

tendal *s.m.* 1 awning. 2 canvas used to catch olives. 3 (Am.) heap, disorder.

tendedero *s.m.* 1 drying place. 2 clothes line.

tendencia *s.f.* tendency.

tender *v.t.* 1 to stretch, to lay out. 2 to hang out. 3 to build (puente). 4 to draw (arco). 5 to lay (cable). 6 (Am.) to set (la mesa o la cama). || *v.i.* 7 to tend towards, to have a tendency towards. || *v.pron.* 8 to lie down, to stretch out.

tenderete *s.m.* 1 stall, market booth. 2 display. 3 clothes line.

tendero, -a *s.m. y f.* shopkeeper.

tendido, -a *adj.* 1 lying down. 2 spread out, laid out. 3 hung out. || *s.m.* 4 coat of plaster. 5 front rows of seats. 6 laying. 7 (Am.) bedclothes. 8 (Am.) long tether, rope. 9 (Am.) stall, booth. || *p.p.* 10 de **tender**.

tendón *s.m.* tendon, sinew.

tenebroso, -a *adj.* 1 dark, dismal. 2 (fig.) sinister, obscure.

tenedor *s.m.* 1 fork. 2 holder, bearer.

tenencia *s.f.* 1 tenancy, occupancy. 2 tenure. 3 possession. 4 deputyship.

tener *v.t.* 1 to have, to have got. 2 to own, to possess. 3 to hold. 4 to hold, to contain. 5 to be. 6 to be, to measure. 7 **– a mano,** to have on hand. 8 **– por,** to consider. 9 **– que,** to have, to must.

tenia *s.f.* tapeworm, taenia.

tenida *s.f.* (Am.) meeting.

teniente *s.m.* 1 lieutenant. 2 deputy.

tenis *s.m.* 1 tennis. || 2 **– de mesa,** table tennis, ping pong.

tenor *s.m.* 1 MÚS. tenor. 2 (fig.) meaning, sense. || 3 **a –,** likewise.

tensar *v.t.* 1 to tauten. 2 to draw.

tensión *s.m.* 1 tension, tautness. 2 stress, strain. 3 tension, voltage. 4 pressure. 5 strain, stress. 6 (fig.) tenseness.

tenso, -a *adj.* 1 tense, tight. 2 (fig.) tense, strained.

tentación *s.f.* temptation.

tentáculo *s.m.* tentacle, feeler.

tentador, -a *adj.* 1 tempting, enciting. || *s.m.* 2 tempter. || *s.f.* 3 temptress.

tentar *v.t.* 1 to touch, to feel. 2 to attempt, to try. 3 to try, to test. 4 to tempt, to entice. 5 MED. to probe.

tentativa *s.f.* attempt, try.

tenue *adj.* 1 thin, slight. 2 light. 3 subdued, weak. 4 simple, natural.

teñido, -a *adj.* 1 dyed. 2 tinted. 3 (fig.) tinged. || *s.m.* 4 dyeing. 5 dye.

teñir *v.t.* 1 to dye. 2 to tone down. 3 (fig.) to tinge, to colour. 4 to stain.

teología *s.f.* theology.

teorema *s.m.* theorem.

teoría *s.f.* theory.

teórico, -a *adj.* theoretic, theoretical. || *s.m. y f.* theoretician.

tequila *s.f.* tequila.

terapia *s.f.* therapy.

tercer *adj.* third.

tercero, -a *adj.* 1 third. || *s.m.* 2 third person, third party. 3 mediator, arbitrator.

terceto *s.m.* 1 tercet, triplet. 2 trio.

terciar *v.t.* 1 to divide into three parts. 2 to slant, to slope. 3 to wear across one's chest. 4 (Am.) to water down. || *v.i.* 5 to arbitrate, to mediate. || *v.pron.* 6 to occur, to arise.

terciario, -a *adj.* tertiary.

tercio, -a *adj.* 1 third. 2 legion. 3 stage. 4 (Am.) pack, bale.

terciopelo *s.m.* velvet.

terco, -a *adj.* 1 obstinately, stubborn. 2 hard, tough.

tergiversación *s.f.* distortion, misrepresentation.

tergiversar *v.t.* 1 to distort, to misrepresent. || *v.i.* 2 to prevaricate.

termal *adj.* thermal.

termas *s.f.pl.* hot baths, hot springs.

terminación *s.f.* 1 end, termination. 2 completion. 3 finish. 4 ending.

terminal *adj.* 1 final, terminal. 2 terminal. II *s.f.* 3 terminal. 4 (Am.) terminus.

terminante *adj.* 1 terminating, ending. 2 final, definitive. 3 categorical, conclusive. 4 strict.

terminar *v.t.* 1 to finish, to complete. II *v.i.* 2 to finish, to end. 3 to have just. 4 to end up. II *v.pron.* 5 to come to an end, to draw to a close. 6 to run out.

término *s.m.* 1 end, conclusion. 2 terminus. 3 boundary, limit. 4 period, time. 5 district, area. 6 term. 7 point. 8 compromise, middle way. II 9 en primer –, in first, place, firstly. 10 en último –, lastly, as a last resort. 11 – medio, average.

termita *s.f.* y *m.* termite.

termo *s.m.* 1 thermos flask. 2 water heater.

termodinámica *adj.* thermodynamic. II *s.f.* thermodynamics.

termómetro *s.m.* thermometer.

termostato *s.m.* thermostat.

ternera *s.f.* 1 heifer calf. 2 veal.

ternero *s.m.* calf, bull calf.

terno *s.m.* 1 set of three. 2 three piece suit. 3 (Am.) set of jewellry. 4 oath, swearword, curse.

ternura *s.f.* tenderness, affection.

terrado *s.m.* flat roof, terrace.

terraplén *s.m.* 1 embankment. 2 rampart, carthwork. 3 slope, gradient.

terráqueo, -a *adj.* terraqueous.

terrateniente *s.m.* landowner, landholder.

terraza *s.f.* 1 terrace. 2 flat roof. 3 balcony. 4 pavement café. 5 terrace, terracing. 6 two-handled glazed jar.

terrazo *s.m.* terrazzo.

terremoto *s.m.* earthquake.

terrenal *adj.* worldly, mundane.

terreno, -o *adj.* terrestrial, earthly. II *s.m.* 1 ground, terrain. 2 soil, land. 3 plot, lot. 4 field, pitch. 5 (fig.) field, sphere.

terrestre *adj.* 1 terrestrial, earthly. 2 ground, land.

terrible *adj.* terrible, dreadful.

terrícola *adj.* 1 terricolous. II *s.m.* y *f.* 2 earth dweller, earthling.

territorio *s.m.* 1 territory. 2 (Am.) region, district.

terrón *s.m.* 1 clod. 2 lump. 3 field, patch.

terror *s.m.* terror.

terrorismo *s.m.* terrorism.

terroso, -a *adj.* 1 earthy. 2 brown, earth-coloured.

terso, -a *adj.* 1 clear. 2 smooth. 3 polished, glossy. 4 (fig.) flowing, easy.

tertulia *s.f.* 1 social gathering, get-together. 2 group, set. 3 (Am.) gallery, boxes.

tesina *s.f.* project, minor thesis.

tesis *s.f.* 1 thesis. 2 theory, idea.

tesitura *s.f.* 1 mood, frame of mind. 2 situation, circumstances. 3 tessitura.

tesón *s.m.* firmness, persistance.

tesorería *s.f.* 1 treasury, treasurer's office. 2 treasurership.

tesoro *s.m.* 1 treasure. 2 treasury, exchequer. 3 thesaurus. 4 (fig.) treasure, jewel. 5 (fam.) dear, darling.

test *s.m.* test.

testador *s.m.* testate, testator.

testamento *s.m.* will, testament.

testar *v.i.* to make a will or testament.

testarudo, -a *adj.* stubborn, pigheaded.

testículo *s.m.* testicle.

testificar *v.t.* 1 to testify. II *v.i.* 2 to testify, to attest.

testigo *s.m.* y *f.* 1 witness. 2 baton, stick. 3 proof, evidence.

testimonio *s.m.* 1 testimony, affidavit. 2 mark, token.

testuz *s.m.* 1 forehead. 2 nape.

teta *s.f.* 1 teat, nipple. 2 breast, tit. 3 udder, teat.

tétano *s.m.* tetanus.

tetera *s.f.* 1 teapot, tea urn. 2 (Am.) feeding bottle.

tetilla *s.f.* 1 nipple. 2 teat.

tetón *adj.* 1 (Am.) stupid, thick. II *s.m.* 2 bubble, swelling.

tetraedro *s.m.* tetrahedron.

tétrico *adj.* 1 sullen, dismal. 2 dim, wan.

teutónico, -a *adj.* teutonic.

textil *adj.* 1 textile, fibrous. ‖ *s.m.* 2 textile.

texto *s.m.* text.

textual *adj.* 1 textual. 2 (fig.) exact, literal.

textura *s.f.* 1 texture. 2 weaving. 3 structure.

tez *s.f.* complexion, skin.

ti *pron.* 1 you. 2 yourself.

tía *s.f.* 1 aunt. 2 (fam.) bird, gal. 3 (desp.) whore, old bag.

tiara *s.f.* tiara, diadem.

tibia *s.f.* tibia, shinbone.

tibio, -a *adj.* 1 lukewarm, tepid. 2 (fig.) lukewarm, cool. 3 (Am.) cross, angry.

tiburón *s.m.* 1 shark. 2 (fig.) shark, gogetter.

tic *s.m.* 1 tic, twitch. 2 (fig.) habit, mannerism.

ticket *s.m.* ticket.

tiempo *s.m.* 1 time. 2 time, days. 3 age. 4 weather. 5 half. 6 movement. 7 tense. 8 stroke. 9 season. 10 a –, in time, on time. 11 a su debido –, in due course. 12 al mismo –, at the same time. 13 al poco –, soon after. 14 con el –, in time, eventually. 15 ¿cuánto –?, how long?

tienda *s.f.* 1 shop, store. 2 tent.

tienta *s.f.* 1 MED. probe. 2 cleverness, astuteness. ‖ 3 a **tientas**, gropingly, blindly.

tiento *s.m.* 1 touch, feeling. 2 (fig.) tact, prudence. 3 sureness of hand. 4 blind person's stick. 5 blow, punch. 6 swig.

tierno, -a *adj.* 1 tender, soft. 2 loving, sensitive. 3 (fig.) young. 4 (Am.) green.

tierra *s.f.* 1 earth, world. 2 land. 3 soil, earth. 4 country.

tieso, -a *adj.* 1 stiff, rigid. 2 erect, straight, upright. 3 fit. 4 taut, tense. 5 (fig.) proud, stuck-up. 6 (fig.) stiff, starchy. 7 (fig.) stubborn, rigid. 8 (fam.) stiff, dead.

tiesto *s.m.* 1 flowerpot. 2 shard, postherd. 3 (Am.) bowl, pot.

tifoideo, -a *adj.* typhoid.

tifón *s.m.* 1 typhoon, waterspout. 2 (Am.) outcrop of ore.

tifus *s.m.* typhus.

tigre *s.m.* 1 tiger. 2 (Am.) jaguar.

tigresa *s.f.* tigress.

tijera *s.f.* 1 scissors. 2 sawbuck, sawhorse. ‖ *s.f.pl.* 3 scissors. 4 shears, clippers. 5 secateurs. 6 backbiter, gossip.

tijereta *s.f.* 1 small scissors. 2 tendril. 3 earwig.

tila *s.f.* 1 lime tree, linden tree. 2 lime blossom, linden blossom. 3 lime-blossom tea, linden-blossom tea.

tildar *v.t.* 1 to put an accent on, to put a tilde over. 2 (fig.) to label, to brand, to stigmatise.

tilde *s.m.* 1 tilde, accent. 2 (fig.) fault, blemish.

tilo *s.m.* linden tree, lime tree.

timar *v.t.* 1 to swindle, to trick. 2 to make eyes at s'one. ‖ *v.pron.* 3 (fam.) to make eyes at each other. 4 to play s'body along.

timba *s.f.* 1 (fam.) hand (of cards). 2 (fam.) gambling den.

timbal *s.m.* 1 small drum, kettledrum. 2 meat pie.

timbrar *v.t.* to stamp, to seal.

timbrazo *s.m.* loud ring.

timbre *s.m.* 1 stamp, seal. 2 fiscal stamp. 3 bell. 4 timbre. 5 (fig.) mark, honour. 6 (Am.) description.

tímido, -a *adj.* shy, timid.

timo *s.m.* swindle, confidence trick.

timón *s.m.* 1 rudder, helm. 2 pole. 3 beam. 4 (Am.) steering wheel.

timonear *v.t.* 1 (Am.) to direct, to manage. 2 (Am.) to drive. ‖ *v.i.* 3 to steer, to be at the helm.

timonel *s.m.* 1 steersman, heimsman. 2 cox.

timorato, -a *adj.* 1 feeble-spirited, timorous. 2 Godfearing. 3 (desp.) pious.

tímpano *s.m.* 1 small drum, kettledrum. 2 tympanum, eardrum. 3 tympanum.

tina *s.f.* 1 vat, tub. 2 bathtub.

tinaja *s.f.* large earthen jar.

tinglado *s.m.* 1 shed. 2 raised floor, platform. 3 (fig.) intrigue, trick. 4 mess-up.

tinieblas *s.f.pl.* 1 darkness, obscurity. 2 hell. 3 (fig.) ignorance, confusion.

tino *s.m.* **1** skill, dexterity. **2** feel, touch. **3** judgment, moderation. **4** good aim.

tinta *s.f.* **1** ink. **2** dye. **3** colour, shade.

tinte *s.m.* **1** dye. **2** dyeing process. **3** (fam.) dry cleaner's. **4** (fig.) shade, colouring overtone. **5** veneer, gloss.

tintero *s.m.* inkwell, inkpot.

tintinear *v.i.* to tinkle, to jingle.

tinto, -a *adj.* **1** dyed. **2** stained. **3** red. **4** (Am.) black (café). **5** (fig.) tinged. || *s.m.* **6** red wine. **7** (Am.) black coffee.

tintorería *s.f.* **1** dyeing; dyeworks. **2** drycleaning; dry cleaner's.

tiñoso, -a *adj.* **1** scabby. **2** (fig.) poor, wretched, mean.

tío *s.m.* **1** uncle. **2** (fam.) fellow, guy. || *s.m. y f.pl.* uncles and aunts.

tiovivo *s.m.* roundabout, (EE.UU.) carousel.

tipejo *s.m.* (fam.) wretch, heel.

típico, -a *adj.* **1** typical, characteristic. **2** traditional, picturesque.

tipificar *v.t.* **1** to typify. **2** to standardise.

tiple *s.m.* soprano, treble.

tipo *s.m.* **1** type, model. **2** rate. **3** figure, physique. **4** type (imprenta). **5** (fam.) chap.

tipografía *s.f.* **1** typography, printing. **2** printing works, printing press.

tíquet *s.m.* ticket.

tiquismiquis *s.m.* **1** silly scruples, fussy details. **2** bowing and scraping, affectations. **3** bickering squabbles.

tira *s.f.* **1** strip, band. **2** comic strip, strip cartoon. || *s.m.* **3** (Am. y fam.) cop.

tirabuzón *s.m.* **1** ringlet, curl. **2** twist, spin.

tirachinas *s.m.* catapult.

tirada *s.f.* **1** throw, shot. **2** distance, stretch. **3** edition, offprint (imprenta). || **4 de una –**, at one go.

tirado, -a *adj.* **1** (fam.) dead easy, a cinch. **2** dirt cheap.

tirador *s.m.* **1** marksman, shooter. **2** archer (de arco). **3** handle, knob. **4** catapult, slingshot (EE.UU.). **5** drawplate. **6** (Am.) wide gaucho belt. || *s.m.pl.* **7** (Am.) braces, suspenders (EE.UU.).

tiralíneas *s.m.* drawing pen.

tiranía *s.f.* tyranny.

tirano, -a *adj.* **1** tyrannic, tyrannical, despotic. || *s.m.* **2** tyrant, despot.

tirante *adj.* **1** tight, tense. **2** (fig.) strained, tense. || *s.m.* **3** tie, crosspiece. **4** brace, stay, strut. **5** trace, harness. **6** strap. || *s.m.pl.* **7** braces, suspenders (EE.UU.).

tirar *v.t.* **1** to throw, to toss. **2** to drop, to spill. **3** to knock over. **4** to pull down, to knock down. **5** to pull. **6** to stretch, to draw. **7** to throw away, to discard, (fam.) to chuck out. **8** to waste, to squander. **9** to print, to run off. **10** to fire, to shoot. || *v.i.* **11** to fire, to shoot. **12** to pull, to tug. **13** to pull out, to take out. **14** to attract, to appeal to. **15** to draw, to turn. **16** to tent towards. **17** DEP. shoot. **18** to throw, to dive. **19** to lie down. **20** to spend.

tirita *s.f.* sticking plaster, bandaid.

tiritar *v.i.* to shiver, to tremble.

tiro *s.m.* **1** throw. **2** shot. **3** report, sound of a shot. **4** impact, bullet mark. **5** shooting, firing. **6** range. **7** flight (escalera). **8** draught, (EE.UU.) draft (chimenea). **9** rope, strap, **10** DEP. shoot, kick. **11** team.

tiroides *adj. y s.m.* thyroid.

tirotear *v.t.* **1** to shoot at, to fire at. || *v.r.* **2** to exchange shots.

tirria *s.f.* dislike, antipathy.

tisana *s.f.* infusion, tisane.

tisis *s.f.* phthisis, tuberculosis.

tisú *s.m.* **1** tissue. **2** lamé.

titánico, -a *adj.* titanic, huge.

titanio *s.m.* titanium.

títere *s.m.* **1** puppet, marionette. || *s.m.pl.* **2** puppet show.

tití *s.m.* titi.

titiritar *v.i.* to tremble, to shake.

titubear *v.i.* **1** to stagger, to be unstable. **2** to stammer, to falter. **3** (fig.) to be hesitant, to waver.

titubeo *s.m.* **1** staggering, instability. **2** stammering. **3** (fig.) hesitancy, faltering.

titular *adj.* **1** titular. **2** DEP. reigning, defending. || *s.m. y f.* **3** holder. **4** REL. incumbent. || *s.m.pl.* **5** headlines. || *v.t.* **6** to title, to call. **7** to titrate. || *v.i.* **8** to be titled, to be called. || *v.pron.* **9** to graduate.

título *s.m.* 1 title. 2 degree. 3 bond. 4 DER. title. 5 DER. heading. 6 titre. 7 headline.

tiza *s.f.* chalk.

tiznar *v.t.* 1 to blacken, to smudge, to soil. 2 (fig.) to stain. ‖ *v.pron.* 3 to blacken, to get dirty. 4 (Am.) to get drunk.

tizne *s.m.* y *f.* 1 soot. 2 grime, smut.

tizón *s.m.* 1 brand, firebrand. 2 stain.

toalla *s.f.* towel.

tobillo *s.m.* ankle.

tobogán *s.m.* 1 slide, chute. 2 toboggan. 3 slide.

toca *s.f.* 1 wimple. 2 hat.

tocadiscos *s.m.* record-player.

tocado, -a *p.p.* 1 de **tocar**. ‖ *adj.* 2 touched, crazy. 3 dressed. ‖ *s.m.* 4 hairdo, hair style.

tocador *s.m.* dressing table.

tocante, -a *adj.* concerning, with reference to.

tocar *v.t.* 1 to touch, to feel. 2 to play. 3 (fig.) to touch, to affect. 4 to handle. 5 to sound, to ring. ‖ *v.t.* y *pron.* 6 to touch on, to allude to. 7 to be next. 8 to cover one's head. 9 to hit, to strike. 10 to comb and dress. ‖ *v.i.* 11 to be one's turn. 12 to be the right time. 13 to win.

tocayo, -a *s.m.* y *f.* namesake.

tocino *s.m.* bacon, salt pork.

tocología *s.f.* tocology, obstetrics.

todavía *adv.* 1 still (afirmativa); yet (negativa). 2 even.

todo, -a *adj.* 1 all. 2 every, each. 3 entire, whole. ‖ *pron.pl.* 4 everybody, everyone, all. ‖ *s.m.* 5 everything. ‖ 6 ante –, first of all. 7 así y –, in spite of all. 8 con –, however, still.

toga *s.f.* 1 toga, gown.

toldo *s.m.* awning, oap.

tolerancia *s.f.* tolerance.

tolerar *v.t.* 1 to bear, to endure. 2 to allow, to give permission. 3 to keep down.

toma *s.f.* 1 taking. 2 capture, seizure. 3 intake. 4 tap, outlet. 5 plug, connection.

tomar *v.t.* y *pron.* 1 to take. 2 to take, to eat, to drink. ‖ *v.t.* 3 to take, to hold. 4 to take (una decisión). 5 to take, to buy. 6 to take, to consider. 7 to take (una dirección). 8 to take

on, to hire. 9 to take, to mistake. 10 to take, to adopt. 11 to take, to have.

tomate *s.m.* 1 tomato. 2 tear, hole. 3 mess, fuss.

tómbola *s.f.* tombola.

tomillo *s.m.* thyme.

tomo *s.m.* volume, book.

tonada *s.f.* tune, melody.

tonel *s.m.* barrel, cask.

tonelada *s.f.* ton.

tonelaje *s.m.* tonnage.

tongo *s.m.* fixing.

tónico, -a *adj.* 1 tonic. 2 tonic, stressed. ‖ *s.f.* 3 keynote. 4 (fig.) trend, tendency.

tonificar *v.t.* to invigorate, to tone up.

tono *s.m.* 1 tone, level. 2 pitch, key. 3 shade, hue. 4 tone.

tonsura *s.f.* tonsure.

tontear *v.i.* 1 to fool around. 2 to flirt.

tontería *s.f.* 1 foolishness, silliness. 2 trivialities. 3 stupid remark.

tonto, -a *adj.* 1 foolish, silly. 2 naive.

topacio *s.m.* topaz.

topar *v.t., i.* y *pron.* to run into.

tope *s.m.* 1 stop, catch. 2 buffer. 3 butt, end. 4 limit, maximum. ‖ *adj.inv.* 5 top, maximum. ‖ 6 hasta los topes, full up.

tópico, -a *adj.* 1 MED. for external application. ‖ *s.m.* 2 commonplace, platitude. 3 (Am.) topic, subject.

topo *s.m.* mole.

topografía *s.f.* topography.

toponimia *s.f.* toponymy.

topónimo *s.m.* place-name.

toque *s.m.* 1 louch. 2 touch, dab. 3 QUÍM. test. 4 warning. 5 peal.

toquetear *v.t.* to finger repeatedly.

torbellino *s.m.* 1 whirlwind. 2 (fig.) restless person.

torcedura *s.f.* sprain.

torcer *v.t.* 1 to twist. 2 to distort. ‖ *v.t.* y *pron.* 3 to bend. 4 to go astray, to go wrong. 5 to corrupt, to pervert. ‖ *v.pron.* 6 to sprain. ‖ *v.i.* 7 to turn.

tordo *s.m.* thrush.

torero, -a *s.m.* y *f.* bullfighter.

tormenta *s.f.* 1 storm, tempest. 2 trouble, misfortune. 3 (fig.) turmoil.

tormento *s.m.* **1** torment, torture. **2** anguish.

torna *s.f.* turning.

tornado *s.m.* tornado, hurricane.

tornar *v.t.* **1** to return. || *v.t.* y *pron.* **2** to change into, to turn. || *v.pron.* **3** to return.

tornasol *s.m.* sunflower.

torneo *s.m.* **1** tournament. **2** championship.

tornillo *s.m.* screw.

torniquete *s.m.* tourniquet.

torno *s.m.* **1** winch, windlass. **2** lathe. || **3 en – a**, around, about.

toro *s.c.* **1** bull. || *s.pl.* **2** bullfighting, bullfights.

toronja *s.f.* grapefruit.

torpe *adj.* **1** clumsy, awkward. **2** dullwitted, stupid.

torpedo *s.m.* **1** torpedo. **2** torpedo fish.

torre *s.f.* **1** tower. **2** belfry. **3** rook, castle. **4** block of flats.

torrente *s.m.* **1** torrent. **2** bloodstream. **3** (fig.) flood, rush.

torso *s.m.* torso.

torta *s.f.* **1** cake. **2** slap.

tortícolis *s.f.* torticollis.

tortilla *s.f.* omelette.

tórtola *s.f.* turtledove.

tortuga *s.f.* turtle, tortoise.

tortuoso, -a *adj.* winding, tortuous.

tortura *s.f.* **1** torture. **2** (fig.) torture, suffering.

tos *s.f.* cough.

tosco, -a *adj.* coarse, crudo.

tostado, -a *adj.* **1** toasted, roasted. **2** tanned, suntanned. || *s.f.* **3** toast.

tostador, -a *adj.* **1** toasting, roasting. || *s.m.* y *f.* **2** toaster (utensilio y personas).

total *adj.* **1** total, whole. || *s.m.* **2.** sum. || *adv.* **3** in short, all in all.

totalidad *s.f.* whole, all.

tótem *s.m.* totem.

tóxico, -a *adj.* toxic.

toxicomanía *s.f.* drug addiction.

toxina *s.f.* toxin.

tozudo, -a *adj.* obstinate, stubborn.

traba *s.f.* **1** tie, bond. **2** hobble. **3** (fig.) obstacle, hindrance.

trabajador, -a *adj.* **1** hard-working, industrious. || *s.m.* y *f.* **2** worker.

trabajar *v.t.* **1** to work. **2** to till. **3** to deal in. || *v.i.* **4** to work.

trabajo *s.m.* **1** work, employment. **2** job. **3** effort; trouble. **4** labour. **5** harship.

trabar *v.t.* **1** to link, to unite. **2** to start up; to join, to engage in; to strick up. **3** to hinder, to obstruct. || *v.t.* e *i.* **4** to hold, to seize. || *v.pron.* **5** to come to blows. **6** (Am.) to stammer.

trabucar *v.t.* y *pron.* **1** to upset. **2** to mix up, to confuse. **3** to get all mixed up.

trabuco *s.m.* blunderbuss.

traca *s.f.* string of firecrackers.

tracción *s.f.* **1** traction, haulage. **2** drive.

tractor *s.m.* tractor.

tradicional *adj.* traditional.

traducir *v.t.* e *i.* to translate.

traductor, -a *s.m.* y *f.* translator.

traer *v.t.* **1** to bring, to get. **2** to wear. **3** to bring about, to cause. **4** to carry. **5** to bring forward, to adduce. || *v.pron.* **6** to plan. **7 – entre manos**, to be up to.

traficar *v.t.* to trade, to deal with/in.

tráfico *s.m.* **1** trading, dealing. **2** traffic. **3** (Am.) transit, passage.

tragaluz *s.m.* skylight.

tragar *v.t.* **1** to swallow. **2** (fig.) to eat a lot. **3** to swallow up, to eat up. || *v.i.* y *pron.* **4** to use up, to eat up. **5** to absorb. **6** (fig.) to swallow. **7** to endure.

tragedia *s.f.* tragedy.

trágico, -a *adj.* **1** tragic. || *s.m.* y *f.* **2** tragedian.

trago *s.m.* **1** swig, gulp. **2** (fig.) drink, shot. **3** bad time, fix.

traición *s.f.* **1** treason, treachery. **2** disloyalty.

traicionar *v.t.* **1** to betray. **2** to give away.

traidor, -a *s.m.* y *f.* **1** traitor, betrayer. || *adj.* **2** treacherous.

traje *s.m.* **1** suit. **2** costume.

trajinar *v.t.* **1** to transport, to carry. || *v.i.* **2** to bustle around, to come and go.

trama *s.f.* **1** plot. **2** scheme, intrigue. **3** woof.

tramar *v.t.* **1** to pict, to intrigue. **2** to

weave. ‖ *v.pron.* **3** to be afoot, to be hatching up.

trámite *s.m.* procedure, transaction.

tramo *s.m.* **1** section, stretch. **2** flight.

tramoya *s.f.* stage machinery.

trampa *s.f.* **1** trap, snare. **2** trick. **3** hatch. **4** bad debt.

trampilla *s.f.* trap door.

trampolín *s.m.* **1** trampoline. **2** diving-board. **3** (fig.) springboard.

tramposo, -a *adj.* **1** cheating, tricking. ‖ *s.m. y f.* **2** cheat, swindler. **3** cardsharp.

trance *s.m.* **1** tight spot. **2** moment, time. **3** trance.

tranquilidad *s.f.* **1** stillness, calmness. **2** lack of worry.

tranquilizar *v.t. y pron.* **1** to quieten, to calm. **2** to reassure, to relieve.

tranquilo, -a *adj.* **1** still. **2** quiet, peaceful. **3** free of worry.

transacción *s.f.* **1** transaction. **2** agreement.

transatlántico, -a o **trasatlántico, -a** *adj.* **1** transatlantic. ‖ *s.m.* **2** ocean liner.

transbordador, -a *adj.* **1** transferring. ‖ *s.m.* **2** ferry.

transcender o **trascender** *v.i.* **1** to stink a mile off. **2** to transpire. **3** to transcend.

transcribir o **trascribir** *v.t.* to transcribe.

transcurrir *v.i.* to pass.

transcurso *s.m.* passing; course.

transeúnte *adj.* **1** passing, transient. ‖ *s.m. y f.* **2** passer-by. **3** non-resident.

transexual *adj./s.m. y f.* transexual.

transferencia o **trasferencia** *s.f.* **1** transfer, transference. **2** transfer, order.

transferir o **trasferir** *v.t.* **1** to transfer. **2** to postpone.

transformador, -a o **trasformador, -a** *adj.* **1** transforming. ‖ *s.m.* **2** transformer.

transformar o **trasformar** *v.t. y pron.* **1** to transform. **2** to convert.

transfusión o **trasfusión** *s.f.* transfusion.

transgredir o **trasgredir** *v.t.* to transgress.

transgresor, -a o **trasgresor, -a** *adj.* **1** transgressing, violating. ‖ *s.m. y* **2** transgressor, violator.

transición *s.f.* transition.

transigir *v.t. e i.* to compromise.

transistor *s.m.* transistor.

transitar *v.i.* to pass; to travel.

transitivo, -a *adj.* transitive.

tránsito *s.m.* **1** transit, passage. **2** (euf.) passing, death. **3** stop, stopping place. **4** traffic, busy traffic.

transitorio, -a *adj.* transitory, temporary.

translación o **traslación** *s.f.* **1** movement. **2** translation.

translúcido, -a o **traslúcido, -a** *adj.* translucent.

transmisión o **trasmisión** *s.f.* **1** broadcasting. **2** transmission.

transmitir o **trasmitir** *v.t. y pron.* **1** to transmit, to communicate. ‖ *v.t.* **2** to broadcast. **3** to infect. **4** to transfer.

transparentarse o **trasparentarse** *v.pron.* **1** to show through. **2** to be transparent. **3** (fig.) to be obvious.

transparente o **trasparente** *adj.* **1** transparent, filmy. **2** (fig.) transparent, clear.

transpiración o **traspiración** *s.f.* **1** perspiration. **2** transpiration (en plantas).

transpirar o **traspirar** *v.i. y pron.* to perspire.

transportar o **trasportar** *v.t.* to transport, to haul. ‖ *v.pron.* **2** (fig.) to fall into ecstasy.

transporte o **trasporte** *s.m.* **1** transport. **2** freight. **3** (fig.) capture, ecstasy.

transversal o **trasversal** *adj.* **1** transversal. **2** cross, oblique.

tranvía *s.m.* tram, tramway; (EE.UU.) streetcar.

trapecio *s.m.* **1** trapeze (circense). **2** trapezoid. **3** trapezius. **4** trapezium.

trapo *s.m.* **1** rag, tatter. **2** cloth. **3** sails.

tráquea *s.f.* trachea, windpipe.

traqueteo *s.m.* 1 bang, crack. 2 rattling.

tras *prep.* 1 after. 2 behind. 3 in pursuit of, in search of. 4 in addition to, besides.

trasegar *v.t.* 1 to untidy, to mix up. 2 to guzzle.

trasero, -a *adj.* 1 back. || *s.m.* 2 (euf.) backside, bottom. || *s.f.* 3 back part, rear.

trasfondo *s.m.* background.

trashumante *adj.* migrating, transhumant.

trasiego *s.m.* 1 bustle, hustle. 2 guzzling.

trasladar *v.t.* y *pron.* 1 to move, to shift. || *v.t.* 2 to transfer. 3 to copy, to transcribe. 4 to postpone, to delay; to change. 5 to translate.

traslado *s.m.* 1 move, removal. 2 transfer. 3 copy, transcript. 4 communication, notification.

trasluz *s.m.* reflected light.

trasnochado, -a *p.p.* 1 de **trasnochar.** || *adj.* 2 out of fashion, obsolete; ancient. 3 wan, haggard; stale. || *s.f.* 4 sleepless night, night watch.

trasnochar *v.i.* to stay up all night, to spend a sleepless night.

traspapelar *v.t.* y *pron.* to misplace, to mislay.

traspasar *v.t.* 1 to cross, to go across. 2 to transfer, to sell. || *v.t.* y *pron.* 3 to pierce.

traspaso *s.m.* 1 transfer, sale. 2 grief, anguish.

trasplantar *v.t.* 1 to transplant. || *v.pron.* 2 to uproot oneself, to emigrate.

trasponer *v.t.* y *pron.* 1 to move, to shift. || *v.pron.* 2 to set. 3 to disappear from sight. 4 to doze off, to nod off.

trasquiladura *s.f.* shearing, clipping.

trasquilar *v.t.* y *pron.* 1 to clip, to crop. 2 to shear. 3 to cut down, to curtail.

trastear *v.i.* 1 to move things around. 2 to play around. || *v.t.* 3 to strum. 4 to tease. 5 to manipulate.

trastero, -a *adj.* 1 junk. || *s.m.* 2 junk room, storage room.

trastienda *s.f.* stock room.

trasto *s.m.* 1 old piece of furniture. 2 piece of junk, piece of lumber (objeto). 3 good-for-nothing, dead loss. || *s.pl.* 4 tools.

trastocar *v.t.* y *pron.* to upset, to disturb.

trastornado, -a *p.p.* 1 de **trastornar.** || *adj.* 2 mad, crazy.

trastornar *v.t.* 1 to upset, to overturn. 2 to disturb, to disrupt. 3 to drive mad. || *v.pron.* 4 to go mad.

trastorno *s.m.* 1 disturbance, upheaval. 2 upset, disturbance.

tratado, -a *p.p.* 1 de **tratar.** || *s.m.* 2 treatise. 3 treaty, pact.

tratamiento *s.m.* 1 treatment. 2 form of address. 3 processing.

tratante *s.m.* y *f.* dealer, trader.

tratar *v.t.* 1 to handle, to use. 2 to treat. 3 to address. 4 to take care of. || *v.t.* e *i.* 5 to be, to deal. || *v.t., i.* y *pron.* 6 to have contacts, to have to do. || *v.i.* 7 **- de,** to try. 8 to deal, to trade. || *v.imp.* 9 to be.

trato *s.m.* 1 treatment. 2 form of address. 3 relationship, dealings. 4 deal, agreement.

trauma *s.m.* trauma.

través *s.m.* 1 slant, incline. 2 missfortune, adversity. || 3 **a -,** across, through; by means of. 4 **de -,** crosswise, crossways.

travesaño *s.m.* 1 crossbeam. 2 crossbar. 3 bolster.

travesía *s.f.* 1 crossing, voyage. 2 crossroad, cross street.

travestí o **travestido** *s.m.* transvestite.

travesura *s.f.* 1 prank, mischief. 2 wit.

travieso, -a *adj.* 1 mischievous, naughty. 2 transverse. 3 lively. || *s.f.* 4 crosstie.

trayecto *s.m.* 1 distance, section. 2 route, way.

trayectoria *s.f.* 1 path. 2 line, evolution.

traza *s.f.* 1 design. 2 plan. 3 appearance.

trazo *s.f.* 1 line. 2 stroke. 3 sketch, outline.

trébol *s.m.* 1 clover. 2 trefoil. 3 club.

trece *num.card.* 1 thirteen. 2 thirteenth. || *s.m.* 3 thirteen.

tregua *s.f.* 1 truce. 2 (fig.) rest, respite.

treinta *num.card.* 1 thirty. 2 thirtieth. || *s.m.* 3 thirty.

tremendo, -a *adj.* 1 tremendous, huge. 2 terrible, horrible. 3 imposing, awesome.

trementina *s.f.* turpentine.

tremolar *v.t.* e *i.* to wave.

tremolina *s.f.* 1 rustling, howling. 2 row, fuss.

tren *s.m.* 1 train. 2 gear, equipment.

trenza *s.f.* braid, plait.

trenzado *p.p.* 1 de **trenzar**. || *s.m.* 2 braid, plait. 3 entrechat.

trepa *s.f.* 1 climbing, climb. || *s.m.* y *f.* 2 social climber.

trepanar *v.t.* to trepan.

trepar *v.t.* e *i.* 1 to climb, to clamber up. 2 to climb (plantas).

trepidante *adj.* 1 shaking, vibrating. 2 (fig.) extreme, shaterring.

tres *adj.num.card.* 1 three. 2 third (con fechas). || *s.m.* 3 three.

treta *s.f.* 1 trick, ruse. 2 feint.

triángulo *s.m.* triangle.

tribu *s.f.* tribe.

tribulación *s.f.* tribulation.

tribuna *s.f.* 1 rostrum, platform. 2 grand-stand, gallery. 3 (fig.) political oratory.

tribunal *s.m.* 1 court of justice, tribunal. 2 board of examiners.

tributar *v.t.* 1 to pay taxes. 2 (fig.) to pay, to show.

tributario, -a *adj.* 1 tax. || *s.m.* 2 tributary.

tributo *s.m.* 1 tax. 2 tribute, respect. 3 recognition.

tríceps *adj.* y *s.m.* triceps.

triciclo *s.m.* tricycle.

tridente *adj.* y *s.m.* trident.

trifulca *s.f.* scuffle, rumpus.

trigal *s.m.* wheat field.

trigo *s.m.* wheat.

trigonometría *s.f.* trigonometry.

trigueño, -a *adj.* dark blond (color).

trilla *s.f.* threshing.

trillado, -a *p.p.* 1 de **trillar**. || *adj.* 2 beaten, worn-out.

trillar *v.t.* 1 to thresh. 2 to use frequently, to use a lot.

trillizo, -a *s.m.* y *f.* triplet.

trimestral *adj.* quaterly.

trinar *v.i.* 1 to trill. 2 to go wild, to get mad.

trinchera *s.f.* 1 trench. 2 cutting.

trineo *s.m.* sleigh, sled.

trino *s.m.* trill.

trío *s.m.* trio.

tripa *s.f.* 1 bowel. 2 (fam.) tummy. || *pl.* 3 guts. 4 innards, insides.

triple *adj.* 1 triple. || *adj.* y *s.m.* 2 triple, three times.

triplicar *v.t.* to triplicate.

trípode *s.m.* tripod.

tripulación *s.f.* crew.

tripular *v.t.* 1 to man. 2 to be a member of the crew.

triquinosis *s.f.* trichinosis.

triquiñuela *s.f.* trick, dodge.

triste *adj.* 1 melancholy. 2 sad, sorrowful. 3 dismal, miserable.

tristeza *s.f.* 1 sadness. 2 sadness, sorrow. 3 gloom.

tritón *s.m.* newt.

triturar *v.t.* 1 to crush, to grind. 2 to chew well. 3 to beat up.

triunfador, -a *adj.* 1 victorious. || *s.m.* y *f.* 2 winner.

triunfar *v.i.* to triumph, to win.

triunfo *s.m.* 1 triumph, success. 2 trump.

triunvirato *s.m.* triumvirate.

trivial *adj.* 1 trivial, unimportant. 2 trite.

trocar *v.t.* y *pron.* 1 to exchange, to barter. 2 to mix up, to confuse.

trocear *v.t.* to divide into pieces.

trofeo *s.m.* 1 trophy. 2 spoils of war. 3 (fig.) victory, success.

troglodita *s.m.* y *f.* 1 cave-dweller, troglodyte. 2 (fig.) gluton.

trola *s.f.* (fam.) lie.

trolebús *s.m.* trolley bus.

tromba *s.f.* whirlwind, waterspout.

trombón *s.m.* trombone.

trombosis *s.f.* thrombosis.

trompa *s.f.* 1 horn. 2 trunk. 3 drunken spree. 4 tube. 5 snout. 6 whirlwind.

trompazo *s.m.* bump, crash.

trompeta *s.f.* 1 trumpet, bugle. 2 (Am.) rogue, rascal.

tronado, -a *p.p.* 1 de **tronar**. || *adj.* 2 mad, crazy.

tronar *v.i.* 1 to thunder. 2 (fig.) to make a lot of noise.

tronchar *v.t. y pron.* to break off.

tronco *s.m.* 1 trunk. 2 trunk. 3 team of horses. 4 lineage. 5 blockhead. 6 frustum.

tronera *s.f.* small window.

trono *s.m.* 1 throne. || *pl.* 2 thrones.

tropa *s.f.* 1 troop, army. 2 (fig.) crowd.

tropezar *v.i.* 1 to stumble, to trip. 2 to slip up. || *v.pron.* 3 to bump Into, to run into.

tropezón *s.m.* 1 stumble, trip. 2 slip, mistake.

tropical *adj.* tropical.

trópico *s.m.* tropic.

tropiezo *s.m.* 1 obstacle, stumbling block. 2 stumble, trip. 3 slip, mistake. 4 downfall.

troquel *s.m.* die.

troquelar *v.t.* to coin, to mint.

trotamundos *s.m. y f.* globetrotter.

trotar *v.i.* to trot.

trote *s.m.* 1 trot, quick pace. 2 difficult chore. || 3 al –, trotting, quickly.

trozo *s.m.* piece, chunk.

trucar *v.i.* to rig, to fix.

trucha *s.f.* trout.

truco *s.m.* 1 trick. 2 deception. 3 knack.

truculento, -a *adj.* truculent, cruel.

trueno *s.m.* 1 thunder. 2 bang, explosion.

trueque *s.m.* barter, exchange.

trufa *s.f.* truffle.

truhán, -a *s.m. y f.* scoundrel, crook.

tu *adj.pos.* your.

tú *pron.pers.* you.

tubérculo *s.m.* tuber.

tuberculosis *s.f.* tuberculosis.

tuberculoso, -a *adj.* 1 tubercular. || *s.m. y f.* 2 tuberculosis sufferer.

tubería *s.f.* plumbing, pipes.

tubo *s.m.* 1 tube, pipe. 2 tract, canal.

tubular *adj.* tubular.

tucán *s.m.* toucan.

tuerca *s.f.* wing nut.

tuerto, -a *adj.* 1 one-eyed. || *s.m. y f.* 2 one-eyed person.

tuétano *s.m.* 1 marrow. 2 (fig.) essence.

tufo *s.m.* stink, stench.

tugurio *s.m.* hovel, shack.

tul *s.m.* tulle.

tulipán *s.m.* tulip.

tullido, -a *adj.* crippled, disabled.

tullir *v.t.* to cripple, to maim.

tumba *s.f.* tomb, grave.

tumbar *v.t.* 1 to knock down, to knock over. 2 to make (someone) dizzy. || *v.pron.* 3 to lie down.

tumbo *s.m.* 1 tumble, fall. 2 jolt.

tumbona *s.f.* deck chair, sling chair.

tumor *s.m.* tumour.

tumulto *s.m.* commotion, riot.

tunante *s.m.* rascal, crook.

tunda *s.f.* whipping, beating.

tundra *s.f.* tundra.

túnel *s.m.* tunnel.

tungsteno *s.m.* tungsten.

túnica *s.f.* tunic, robe, gown.

turba *s.f.* peat, turf.

turbante *s.m.* turban.

turbación *s.f.* upset, disturbance.

turbar *v.t. y pron.* 1 to upset, to disturb. 2 to bewilder, to confuse. 3 to stir up.

turbina *s.f.* turbine.

turbio, -a *adj.* 1 muddy. 2 shady, suspicious. 3 troubled, turbulent. 4 blurred.

turgente *adj.* turgent.

turismo *s.m.* tourism.

turnar *v.i. y pron.* to take turns.

turno *s.m.* turn; shift.

tute *s.m.* 1 card game. 2 hard work, laborious chore.

tutear *v.t.* to address (a alguien) with familiar terms.

tutela *s.f.* guardianship, tutelage; protection.

tutor, -a *s.m. y f.* 1 tutor. 2 guardian, protector.

tuyo, -a *pron.pos.* yours.

u, U *s.f.* 1 u, U (letra). || *conj.* 2 or (ante palabras que empiezan por "o" u "ho").

ubérrimo *adj.* 1 very fertile, very productive. 2 abundant, luxuriant.

ubicación *s.f.* position, location.

ubicar *v.t.* 1 to place, to locate. || *v.i.* 2 to be located, to lie. || *v.pron.* 3 to be situated. 4 (Am.) to get a job (colocarse).

ubre *s.f.* udder.

ufanarse *v.pron.* 1 to pride oneself, to be conceited. 2 (desp.) to boast. 3 [– con/de] to pride oneself on, to boast of.

ufano, -a *adj.* 1 proud, 2 self-satisfied. 3 cheerful, gay. 4 (desp.) conceited, vain.

ujier *s.m.* usher; doorman; attendant.

úlcera *s.f.* ulcer; sore.

ulterior *adj.* 1 ulterior. 2 following. 3 further, farther. 4 subsequent, later.

ultimar *v.t.* 1 to finish, to complete; to put an end to. 2 to conclude. 3 (Am.) to kill.

ultimátum *s.m.* ultimatum.

último, -a *adj.* 1 last. 2 latest, latter. 3 latter. 4 furthest. 5 top. 6 final. ·7 bottom. 8 (fig.) best, superior. 9 back. 10 lowest. || *s.m. y f.* 11 last. || **12 a la última,** up to date. **13 en – caso,** as a last resort.

ultra *prep.* 1 besides. || *adj./s.m. y f.* 2 ultra (extremista).

ultrajar *v.t.* 1 to outrage. 2 to offend.

ultraje *s.m.* 1 outrage. 2 insult, offence.

ultramar *s.m.* 1 place/country across the sea. 2 en –, overseas.

ultramarino, -a *adj.* 1 overseas. || 2 **ultramarinos,** groceries; grocer's.

ultranza, a *loc.adv.* 1 to the death. 2

(fig.) regardless, at any price. 3 out-and-out, extreme.

ultratumba *s.f.* beyond the grave.

ultravioleta *adj.* ultraviolet.

ulular *v.i.* 1 to hoot, to screech. 2 to howl.

umbilical *adj.* umbilical.

umbral *s.m.* 1 threshold. 2 (fig.) beginning.

umbrío, -a *adj.* shady, umbrageous.

un, -a *art.ind.* 1 a, an. || *adj.num.* 2 one.

unánime *adj.* unanimous.

unanimidad *s.f.* 1 unanimity, complete accord. || **2 por –,** unanimously.

unción *s.f.* 1 unction, anointing. 2 religious fervour.

ungir *v.t.* 1 to anoint, to apply ointment to. 2 to consecrate.

ungüento *s.m.* unguent, ointment.

único, -a *adj.* 1 sole, single. 2 alone. 3 (fig.) unique; unusual.

unicornio *s.m.* unicorn.

unidad *s.f.* 1 unit, unity. 2 (fig.) oneness.

unido, -a *adj.* 1 joined. 2 (fig.) united.

unificar *v.t.* to unify; to unite.

uniformar *v.t.* 1 to furnish with uniforms, to provide a uniform for. 2 to make uniform. 3 to standardize.

uniforme *adj.* 1 uniform; steady; even. 2 level. || *s.m.* 3 uniform.

unilateral *adj.* unilateral, one-sided.

unión *s.f.* 1 union, unity. 2 marriage. 3 MEC. joint.

unir *v.t.* 1 to unite, to join. 2 to merge, to bring together. 3 to attach, to connect. 4 to mix. 5 to pool. 6 to link, to link up. || *v.pron.* 7 to unite, to join together; to merge, to become united. 8 to wed, to marry.

unísono, -a *adj.* 1 unisonous; in harmony. || 2 **al –**, (fig.) in unison.

universal *adj.* 1 universal. 2 world. || 3 **de fama –**, world-famous.

universidad *s.f.* university.

universitario, -a *adj.* 1 university. || *s.m.* y *f.* 2 academic; student; lecturer. 3 (EE.UU.) collegiate.

universo *s.m.* universo; world. || *adj.* 2 universal.

uno, -a *adj.num.* 1 one || *pron.ind.* 2 one. 3 you, one. 4 somebody. || *s.m.* 5 one. 6 first. || *s.f.* 7 one. 8 **cada –**, each one, everyone. 9 **– mismo**, oneself. 10 **unos cuantos**, a few, some.

untar *v.t.* 1 to anoint, to smear. 2 (fig.) to bribe. 3 to spread. || *v.pron.* 4 to smear oneself. 5 (fam.) to practise embezzlement.

uña *s.f.* 1 nail; fingernail; toenail. 2 claw. 3 hoof. 4 sting. 5 hook. 6 fluke, bill. 7 pallet.

uranio, -a *s.m.* uranium.

urbanidad *s.f.* urbanity, good manners.

urbanismo *s.m.* urbanism, town-planing.

urbanización *s.f.* 1 urbanization. 2 ARQ. development. 3 new residential area; housing stale.

urbanizar *v.t.* 1 to urbanize. 2 to develop. || *v.pron.* y *v.t.* 3 to civilize.

urbano, -a *adj.* 1 urban. 2 urbane, polite.

urbe *s.f.* large city, metropolis.

urdir *v.t.* 1 to warp. 2 (fig.) to plot.

urea *s.f.* urea.

uréter *s.m.* ureter.

uretra *s.f.* urethra.

urgencia *s.f.* 1 urgency. 2 pressing need. 3 haste, rush. 4 emergency.

urgente *adj.* 1 urgent, pressing. 2 rush. 3 express.

urgir *v.i.* 1 to urge, to press. 2 to be pressing, to be urgent.

úrico, -a *adj.* uric.

urinario, -a *adj.* 1 urinary. || *s.m.* 2 urinal.

urna *s.f.* 1 urn. 2 glass case. 3 ballot box. 4 casket.

urogallo *s.m.* capercaillie.

urología *s.f.* urology.

urraca *s.f.* magpie.

urticaria *s.f.* hives, urticaria.

usado, -a *adj.* 1 used. 2 worn, worn out. 3 second-hand. 4 accustomed, skilled. || 5 *p.p.* de **usar**.

usanza *s.f.* 1 usage, custom. || 2 **a la antigua –**, in the old style.

usar *v.t.* 1 to use. 2 to wear. || *v.i.* 3 to make use of. 4 to be accustomed, to use to. || *v.pron.* 5 to be used. 6 to be in use, to be in fashion. 7 to wear out.

uco *s.m.* 1 use. 2 usage, custom. 3 wear. 4 practice, habit. 5 enjoyment, uco. 6 usage.

usted *pron.pers.* you.

usual *adj.* 1 usual; customy, habitual. 2 ordinary, common.

usuario, -a *s.m.* y *f.* user.

usufructo *s.m.* usufruct.

usura *s.f.* 1 usury. 2 profiteering.

usurario, -a *adj.* 1 usurer; loanshark. 2 (fig.) profiter.

usurpar *v.t.* 1 to usurp. 2 (fig.) to encroach.

utensilio *s.m.* 1 utensil. 2 tool, implement. 3 material.

uterino, -a *adj.* uterine.

útero *s.m.* uterus, womb.

útil *adj.* 1 useful, handy. 2 usable. 3 fit. || *s.m.* 4 utensil. || 5 **día –**, weekday, working day. 6 **útiles**, set of tools; instruments.

utilidad *s.f.* 1 usefulness, utility. 2 profit, benefit. || 3 **utilidades**, profits.

utilitario, -a *adj.* 1 utilitarian. 2 utility. || *s.m.* 3 utility car.

utilizar *v.t.* 1 to use, to utilize, to make use of. 2 to harness.

utillaje *s.m.* set of tools, instruments.

utopía *s.f.* utopia.

uva *s.f.* 1 grape. || 2 **mala –**, bad mood. 3 **– pasa**, raisin.

uve *s.f.* 1 name of the letter v. || 2 **escote en –**, V-neck.

V

v, V *s.f.* v, V (letra).
vaca *s.f.* 1 cow. 2 cowhide. 3 beef.
vacación *s.f.* 1 vacation, holiday. 2 holidays.
vacante *adj.* 1 empty. 2 unfilled. || *s.f.* 3 vacant, post.
vaciar *v.t.* 1 to empty (out). 2 to drain.
vacilar *v.i.* 1 to be unsteady, to wobble. 2 to totter, to stumble. 3 to falter. 4 to flicker. 5 (fig.) to hesitate, to vacillate.
vacío, -a *adj.* 1 empty. 2 unfilled. 3 (fig.) vain, frivolous. || *s.m.* 4 vacuum. 5 hollow.
vacuno, -a *adj.* 1 bovine. 2 cattle. || *s.f.* 3 vaccine. 4 (Am.) vaccination.
vacunar *v.i.* to vaccinate.
vademécum *s.m.* 1 textbook. 2 satchel, case. 3 memorandum, agenda.
vado *s.m.* 1 ford. 2 (fig.) wayout.
vagabundo, -a *adj.* 1 wandering. 2 (desp.) vagrant, vagabond. || *s.m.* y *f.* 3 (EE.UU.) bum. 4 wanderer. 5 (desp.) tramp.
vagabundear *v.i.* to wander, to roam.
vagancia *s.f.* 1 idleness. 2 laziness.
vagar *v.i.* 1 to idle, to loiter. 2 to laze about. 3 to wander.
vagido *s.m.* 1 wail. 2 cry.
vagina *s.f.* vagina.
vago, -a *adj.* 1 blurred. 2 ill-defined. 3 indeterminate. 4 indistinct. 5 lazy. || *s.m.* y *f.* 6 down-and-out. 7 vagrant. 8 tramp. 9 (desp.) slaker. 10 (fam.) dead loss.
vagón *s.m.* 1 coach, carriage. 2 wagon.
vagoneta *s.f.* light truck.
vaguedad *s.f.* vagueness.

vahído *s.m.* 1 dizziness. 2 vertigo.
vaho *s.m.* 1 breath. 2 vapour, steam. || *pl.* 3 inhalation. 4 fumes.
vaina *s.f.* 1 seath. 2 scabbard. 3 case. 4 pod, shell. 5 (Am.) nuisance, troublesome thing. 6 (fam.) fluke, piece of luck. 7 (Am.) screw. 8 (Am.) thing, knick-knack. || *adj.* (Am.) 9 annoying.
vainilla *s.f.* vainilla.
vaivén *s.m.* 1 swinging. 2 swaying. 3 rocking. 4 to-and-fro movement. 5 lurch. 6 seesaw. 7 (fig.) change of fortune.
vajilla *s.f.* 1 crockery. 2 china. 3 dishes.
vale *s.m.* 1 receipt. 2 promissory note. 3 (Am. y fam.) mate. 4 warrant.
valedor *s.m.* 1 protector. 2 sponsor.
valencia *s.f.* valency.
valentía *s.f.* bravery, courage.
valer *v.t.* 1 to be worth, to cost. 2 to help, to aid. 3 to result. 4 to earn. 5 to cause, to give. || *v.i.* 6 to be useful, to be of use. 7 to be worth. || *v.pron.* 8 to make use of. || *s.m.* 9 worth, value.
valía *s.f.* 1 worth. 2 value. 3 merit. || *adj.* 4 worthy. 5 valuable. 6 estimable.
válido, -a *adj.* 1 valid. 2 useful. 3 fit, strong. 4 apt; suitable.
valiente *s.m.* y *f.* 1 brave man. 2 hero. 3 gallant man. 4 (desp.) braggart. || *adj.* 5 brave. 6 valiant. 7 bold. 8 (desp.) boastful; blustering. 9 (fig.) excellent, strong.
valija *s.f.* 1 case. 2 valise. 3 satchel.
valla *s.f.* 1 fence. 2 palisade. 3 barricade, stockade. 4 (fig.) obstacle, barrier.
vallado, -a *s.m.* y *f.* 1 fence. 2 defensive wall.

vallar *v.t.* **1** to fence. **2** to put a fence round. **3** to enclose.

valle *s.m.* valley, dale.

valor *s.m.* **1** value. **2** worth. **3** price. **4** importance. **5** meaning. **6** bravery, nerve. **7** securities; bonds; stock. **8** credit. **9** ¡qué –!, of all the cheek!

valorar *v.t.* **1** to value. **2** to price. **3** to assess. **4** to estimate. **5** to rate. **6** to titrate.

vals *s.m.* waltz.

valuar *v.tr.* **1** (fig.) to price. **2** to assess.

válvula *s.f.* valve.

vampiresa *s.f.* vamp.

vampiro *s.m.* vampire.

vanagloria *s.t.* vainglory.

vanagloriarse *v.i.* to boast.

vándalo, -a *s.m. y f.* vandal.

vandálico, -a *adj.* vandalic.

vanguardia *s.f.* **1** vanguard. **2** avant-garde. **3** van. **4** fore front.

vanidad *s.f.* **1** vanity. **2** futity.

vanidoso, -a *s.m. y f.* **1** vain person. ‖ **2** *adj.* vain. **3** conceited. **4** smug.

vano, -a *adj.* **1** vain. **2** useless. **3** groundless, unfounded. **4** frivolous.

vapor *s.m.* **1** vapour, (EE.UU.) vapor. **2** steam. **3** steamer, steamship. **4** mist.

vaporizador, -ora *s.m. y f.* **1** vaporizer. **2** (fam.) spray.

vaporoso, -a *adj.* **1** vaporous, misty. **2** steaming. **3** light. **4** airy. **5** sheer.

vapulear *v.t.* **1** to beat, to thrash, to give a thrashing. **3** (fig.) to slate.

vaquería *s.f.* **1** cowshed. **2** dairy. **3** herd of caws.

vaquero *s.m.* **1** cattle. **2** cowboy. **3** cowhand. **4** (Am.) milkman, rawhide whip. ‖ *pl.* **5** jeans.

vara *s.f.* **1** stick. **2** pole. **3** rod. **4** rod. **5** branch, twig. **6** main stalk. **7** yard (0,836 m.). **8** pike, lance.

varadero *s.m.* **1** skid. **2** dry dock.

varal *s.m.* **1** long pole. **2** stout stick. **3** frame work of poles. **4** shaft. **5** batten. **6** (fam.) thin person, bean pole.

varapalo *s.m.* **1** long pole. **2** blow with a stick. **3** beating. **4** dissapointment.

varar *v.t.* **1** to launch. **2** to beach. **3** to run aground. **4** to drop anchor.

variable *adj.* **1** variable. **2** changeable. ‖ *s.f.* **3** variable.

variación *s.f.* **1** variation. **2** change.

variado, -a *adj.* **1** varied. **2** mixed.

variante *adj.* variant.

variar *v.t.* **1** to vary. **2** to change round. **3** to vary. **4** to differ. ‖ **5** *v.i.* to change.

variedad *s.f.* **1** variety show. **2** variety.

varilla *s.f.* **1** stick. **2** twing. **3** wand. **4** switch. **5** road. **6** bar. **7** link. **8** spoke. **9** stay. **10** rib. **11** jawbone.

vario *adj.* **1** varied. **2** variegated (color). **3** motted. ‖ **4** *s.pl.* varying, changeable. **5** (fig.) fickle. ‖ **6 varios,** several, some.

variopinto, -a *adj.* colourful; of all kinds.

varón *s.m.* **1** man. **2** male. **3** adult male. **4** (fig.) worthy man. **5** (Am.) bean, timber.

vasallaje *s.m.* **1** vassalage. **2** subjetion.

vasallo *s.m.* **1** vassal. **2** subject.

vaselina *s.f.* **1** vaseline. **2** petroleum jelly.

vasija *s.f.* **1** vessel. **2** container. **3** recipient. **4** urn.

vaso *s.m.* **1** glass. **2** tumbler. **3** glassful. **4** vessel, duct. **5** grease cup.

vástago *s.m.* **1** shoot. **2** sprout (brote). **3** bud. **4** rod, stem. **5** (fam.) scion, offspring. **6** (Am.) trunk of the banana tree.

vasto, -a *adj.* **1** vast. **2** huge, immense.

vaticinar *v.t.* **1** to prophes. **2** to foretell.

vatio *s.m.* **1** watt. **2** watage.

vecinal *adj.* **1** neighbouring. **2** adjacent.

vecindad *s.f.* **1** neighbourhood. **2** vicinity. **3** residents. **4** nearness. **5** tenement.

vecindario *s.m.* **1** neighbourhood. **2** local comunity. **3** residents. **4** population.

vecino, -a *s.m. y f.* **1** neighbour. **2** resident. **3** inhabitant. ‖ *adj.* **4** neighbouring.

vector *s.m.* vector.

veda *s.f.* **1** close season. **2** (EE.UU.) closed season. **3** prohibition.

vedado, -a *s.m. y f.* preserve.

vedar *v.t.* 1 to prohibit. 2 to forbid. 3 to ban. 4 to veto.

vega *s.f.* 1 fertile plain. 2 rich low land area. 3 water meadow. 4 (Am.) tobacco plantation. 5 stretch of alluvial soil.

vegetación *s.f.* 1 vegetation. 2 growth.

vegetal *adj. y s.m.* 1 vegetal. 2 plant. 3 vegetable.

vegetar *v.i.* 1 to grow. 2 to vegetable.

vegetariano, -a *adj./s.m. y f.* vegetarian.

vegetativo, -a *adj.* vegetative.

vehemencia *s.f.* 1 vehemence, passion; (fig.) impetuosity. 2 violence.

vehemente *adj.* vehement.

vehículo *s.m.* vehicle.

veinte *num.* twenty.

vejatorio *adj.* 1 humiliating. 2 hurtful. 3 offensive, vexatious.

vejez *s.f.* 1 old age. 2 (fig.) peevishness.

vejiga *s.f.* 1 bladder. 2 blister.

vela *s.f.* 1 sail. 2 candle. 3 vigil. 4 watch.

velado, -a *adj.* 1 veiled. 2 blurred, fogged. 3 muffled voice. || *s.f.* 4 evening party.

velador, -a *s.m. y f.* 1 watchman, caretaker. || *s.m.* 2 sentinel. 3 candlestick. 4 pedestal table, night table. 5 (Am.) lampshade, night light.

velamen o **velaje** *s.m.* 1 sails. 2 canvas.

velar *v.t.* 1 to watch, to keep watch over. 2 to sit up with, to stay by the side of. 3 (Am.) to look covetuosly at. 4 (fig.) to veil, to hide. 5 to blur, to fog. 6 to glaze. || *v.i.* 7 to state awake (no dormir). 8 to stay up; to keep watch over. 9 to keep vigil. 10 (fig.) to watch over, to look after. 11 to work late. || *adj.* 12 velar.

velatorio *s.m.* funeral wake.

veleidad *s.f.* capriciousness; whim.

velero *adj.* 1 sailing; sailing ship, sailing boat. 2 swift-sailing. 3 MAR. sailboat. 4 glider. 5 sailmaker. || *s.m. y f.* 6 chandler.

veleta *s.f.* weather vane, weather cock.

vello *s.m.* 1 down, fuzz. 2 bloom. 3 nap.

velo *s.m.* 1 veil, light covering. 2 (fig.) shroud, film. 3 fog, veiling. 4 velum.

velocidad *s.f.* 1 speed, velocity. 2 gear.

velódromo *s.m.* 1 cycle track. 2 (EE.UU.) velodrome.

veloz *adj.* 1 fast. 2 quick. 3 swift.

vena *s.f.* 1 vein. 2 seam, lode. 3 grain. 4 vein, rib. 5 underground stream. 6 (fig.) mood, disposition. 7 (fig.) talent, promise.

venablo *s.m.* 1 javelin (jabalina). 2 dart.

venado *s.m.* 1 deer (dual), stag (macho), doe (hembra). 2 venisson. 3 (Am.) whore.

venal *adj.* 1 venal. 2 venous.

vencejo *s.m.* swift.

vencedor, -a *adj.* 1 victorious. 2 winning, successful. || *s.m. y f.* 3 winner.

vencer *v.t.* 1 to defeat. 2 to conquer. 3 to vanquish. 4 to beat. 5 to over come, to surmount. 6 to master, to control. 7 to out do. || *v.i.* 8 to win. 9 to triumph. 10 to fall due. 11 (fig.) to succeed. 12 to expire.

vencido, -a *adj.* 1 beaten. 2 defeated. 3 losing. 4 due. 5 falling due. 6 expired. 7 loser. 8 conquered, vanquished.

vencimiento *s.m.* 1 falling due. 2 breaking, snapping. 3 overcoming, surmounting. 4 maturity. 5 expiration.

venda *s.f.* 1 bandage. 2 band, fillet.

vendaje *s.m.* 1 dressing. 2 bandaging.

vendar *v.t.* 1 to bandage. 2 to cover, to put a bandage over.

vendaval *s.m.* 1 gale, strong wind. 2 hurricane. 3 (fig.) storm.

vendedor, -a *s.m. y f.* 1 seller. 2 salesman (en una tienda). 3 shop asistant.

vender *v.t.* 1 to sell. 2 to market. 3 (fig.) to betray.

vendimia *s.f.* 1 grape harvest, wine harvest. 2 vintage. 3 (fig.) big profit, killing.

vendimiar *v.t.* 1 to harvest. 2 to pick, to gather. 3 (fig.) to bump off.

veneno *s.m.* 1 poison. 2 venom.

venenoso, -a *adj.* poisonous.

venerable *adj.* venerable.

veneración *s.m.* 1 veneration. 2 worship.

venerar *v.t.* 1 to venerate. 2 to revere. 3 to worship.

venéreo, -a *adj.* veneral.

vengador, -a *adj.* avenging, avenger.

venganza *s.f.* vengeance, revenge.

vengar *v.t.* 1 to avenge. || *v.pron.* 2 to retaliate. 3 to revenge.

vengativo, -a *adj.* 1 vindictive. 2 retaliatory.

venia *s.f.* 1 pardon, forgiveness. 2 permission. 3 greeting.

venial *adj.* venial.

venialidad *s.f.* veniality.

venida *s.f.* 1 coming. 2 arrival. 3 return.

venidero, -a *adj.* 1 coming. 2 future.

venir *v.i.* 1 to come. 2 to arrive. || *v.pron.* 3 to come back. 4 to come upon. 5 to ferment.

venoso, -a *adj.* 1 venous. 2 BOT. veined. 3 ribbed.

venta *s.f.* 1 sale, selling. 2 country inn. 3 (fam.) small shop, stall. 4 – **al contado**, cash sale. 5 – **al por mayor**, wholesale. 6 – **al por menor**, retail. 7 – **a plazos**, hire purchase.

ventaja *s.f.* 1 advantage. 2 benefit. 3 profit. 4 odds. 5 vantage. 6 headstart.

ventajoso, -a *adj.* 1 advantageous. 2 profitable bussiness.

ventana *s.f.* 1 window. 2 nasal cavity, nostril. 3 (Am.) florest clear glade.

ventanal *s.m.* large window.

ventanilla *s.f.* 1 window. 2 porthole.

ventear *v.t.* 1 to air to sniff. 2 to air, to air out. 3 to put out to dry. 4 (fig.) to snoop. 5 (fig.) to smell. || *v.pron.* 6 to split, to crack.

ventero, -a *s.m.* y *f.* innkeeper.

ventilación *s.f.* 1 ventilation. 2 draught.

ventilador, -a *s.m.* y *f.* 1 ventilator. 2 fan.

ventilar *v.t.* 1 to ventilate. 2 to air, to dry in the air. 3 (fig.) to air. 4 (fig.) to discuss a matter, to clear up. || *v.pron.* 5 to get some air, to take a breather.

ventisca *s.f.* snowstorm, blizzard.

ventosidad *s.f.* wind, flatulence.

ventoso, -a *adj.* 1 windy. 2 flatulent.

ventrículo *s.m.* ventricle.

ventrílocuo, -a *s.m.* y *f.* 1 ventriloquist. || 2 *adj.* ventriloquistic.

venturoso, -a *adj.* 1 happy. 2 fortunate.

ver *v.t.* 1 to see. 2 to look at. 3 to watch. 4 (fig.) to understand. 5 (fig.) to find. || *v.pron.* 6 to find oneself, to be. 7 to meet. 8 to look. || 9 **a** –, let's see.

veracidad *s.f.* truthfulness, veracity.

veraneante *adj./s.m.* y *f.* 1 holiday maker. 2 (EE.UU.) summer vacationist.

veranear *v.i.* 1 to spend one's summer holidays. 2 to holiday.

veraneo *s.m.* 1 summer holidays. 2 (EE.UU.) summer vacation.

verano *s.m.* 1 summer. 2 (Am.) dry season.

veras *s.f.pl.* truth.

veraz *adj.* truthful, veracious.

verbal *adj.* verbal, oral.

verbena *s.f.* 1 verbena. 2 open air celebration, fair. 3 open air dance.

verbigracia *adv.* for instance, e.g.

verbo *s.m.* 1 verb. 2 language, style.

verborrea *s.f.* 1 verbosity. 2 wordiness.

verdad *s.f.* 1 truth. 2 reliability.

verdadero, -a *adj.* 1 true. 2 real, genuine. 3 veracious.

verde *adj.* 1 green. 2 unripe. 3 unseasoned. 4 premature. 5 dirty, blue.

verdor *s.m.* 1 greenish. 2 verdure, lushness. 3 (fig.) youthful vigour.

verdoso, -a *adj.* greenish.

verdugo, -a *s.m.* y *f.* 1 executioner, hangman. 2 (fig.) tyrant, tormentor. 3 shoot, sprout. 4 whip. 5 torment, scourge.

verdulería *s.f.* greengrocer's.

verdulero, -a *s.m.* y *f.* greengrocer.

verdura *s.f.* 1 verdure, greenery. 2 greeness. 3 vegetables, greens.

vereda *s.f.* 1 lane, path. 2 (EE.UU.) sidewalk, pavement. 3 (Am.) village.

veredicto *s.m.* veredict.

verga *s.f.* 1 rod, stick. 2 yard, spar. 3 prick.

vergonzante *adj.* shamefaced.

vergonzoso, -a *adj.* 1 bashful, timid. 2 shameful, shocking.

vergüenza *s.f.* 1 shame. 2 embarrassment. 3 blasfulness, timidity. 4 (fig.) disgrace. 5 **vergüenzas**, private parts.

verídico, -a *adj.* true, truthful.

verificación *s.m.* 1 check, testing. 2 verification. 3 carrying out, fulfilment.

verificador, -a *adj.* 1 checking, inspecting. 2 verifying.

verificar *v.t.* 1 to check, to inspect. 2 to test, to verify. 3 to carry out, to perform. 4 to take place. 5 to come true.

verja *s.f.* 1 grating, grille. 2 railing(s).

vermut *s.m.* 1 vermouth. 2 (Am.) matinee.

vernáculo, -a *adj.* vernacular.

verosímil *adj.* 1 likely, probable. 2 credible.

verruga *s.f.* 1 wart. 2 (fam.) pest, nuisance. 3 defect, stain.

versado, -a *adj.* 1 versed in. 2 coversant with. 3 skilled in, expert in.

versalita *adj.* y *s.f.* small capitals.

versar *v.i.* 1 to turn, to go round. 2 (Am.) to versify, to improvise verses. 3 (Am.) to chat, to talk. || 4 – **sobre**, to deal with.

versátil *adj.* versatile, easily turned.

versículo *s.m.* 1 versicle. 2 verse.

versificar *v.t.* 1 to versify, to put into a verse. || *v.i.* 2 to versify, to write verse.

versión *s.f.* 1 version. 2 translation.

verso *s.m.* 1 verse. 2 line.

vértebra *s.f.* vertebra.

vertebrado, -a *adj.* vertebrate.

vertebral *adj.* 1 vertebral. || 2 **columna –**, spine, spinal column.

vertedero *s.m.* 1 drain. 2 spillway. 3 rubbish dump, rubbish tip. 4 (Am.) hillside.

vertedor, -a *adj.* 1 pouring. || *s.m.* y *f.* 2 overflow. 3 drain. 4 bailer, scoop.

verter *v.t.* 1 to pour. 2 to spill. 3 to empty. 4 to shed. 5 to dump. 6 to translate into. || *v.i.* 7 to flow. 8 to slope, to fall.

vertical *adj.* 1 vertical, upright. || 2 *s.f.* vertical.

vértice *s.m.* 1 vertex. 2 apex. 3 crown of the head.

vertiente *adj.* 1 pouring, flowing. || *s.f.* 2 slope. 3 (fig.) aspect, variant. 4 (fam.) spring, fountain.

vertiginoso, -a *adj.* vertiginous, dizzy.

vértigo *s.m.* 1 vertigo, giddiness, dizziness. 2 (fig.) a fit of madness.

vesícula *s.f.* 1 vesicle. 2 blister. 3 – **biliar**, gall-bladder.

vestal *adj.* y *s.f.* vestal.

vestíbulo *s.m.* 1 hall. 2 lobby. 3 foyer.

vestido, -a *p.p.* de **vestir**. 1 dressed. || *adj.* 2 dressed, wearing. || *s.m.* 3 dress. 4 garment, cloth. 5 suit.

vestidura *s.f.* 1 clothing, apparell. 2 REL. vestment.

vestigio *s.m.* 1 vestige. 2 trace.

vestimenta *s.f.* 1 clothing. 2 (desp.) gear. 3 vestemts.

vestir *v.t.* 1 to clothe, to dress. 2 to wear. 3 to drape. 4 (fig.) to adorn, to embelish. || *v.r.* 5 to get dressed. 6 (fig.) to cover itself.

vestuario *s.m.* 1 wardrove, clothes. 2 uniform. 3 dressing room. 4 costumes.

veta *s.f.* 1 lode, seam. 2 grain. 3 streak, stripe. 4 vein.

vetar *v.t.* to veto, to put a veto on.

veteado, -a *adj.* 1 veined, grained. 2 stripped. || *s.m.* 3 vening, maring.

vetear *v.t.* 1 to grain. 2 to streak. 3 (Am.) to flog, to beat.

veterano, -a *adj.* veteran.

veterinario, -a *s.m.* y *f.* 1 veterinary surgeon. 2 (fam.) vet. 3 (EE.UU.) veterinarian. || *s.f.* 4 veterinary science.

veto *s.m.* veto.

vetusto, -a *adj.* very old, ancient.

vez *s.f.* 1 time. 2 turn. 3 occasion, instance. || 4 **a la –**, at the same time. 5 **alguna –**, sometimes, ever. 6 **cada – que**, every time, whenever. 7 **de una sola –**, in one go. 8 **en – de**, instead of. 9 **tal –**, perhaps.

vía *s.f.* 1 road, route. 2 (fig.) way, means. 3 railway, rail. 4 route. 5 lane. 6 process. 7 tract, passage. 8 procedure. || 9 *prep.* via. 10 **en vías de**, in the process of.

viable *adj.* viable, feasible.

viaducto *s.m.* viaduct.

viajante *s.m.* 1 comercial traveller, salesman. || *adj.* 2 travelling. 3 (EE.UU.) traveling.

viajar *v.i.* 1 to travel, to journe. 2 to tour.

viaje *s.m.* 1 journey, tour. 2 trip. 3 travel. 4 (fig.) punch. 5 butt. 6 voyage. 7 load.

viajero, -a *s.m.* y *f.* 1 traveller, passenger. || *adj.* 2 travelling. 3 migratory.

vial *adj.* 1 road. 2 traffic.

vianda *s.f.* 1 food. 2 (EE.UU.) dinner pail. 3 (Am.) lunch tin.

viandante *s.m.* y *i.* 1 traveller, wayfarer. 2 passerby.

viático *s.m.* 1 viaticum. 2 food for a journey. 3 travel allowance.

víbora *s.f.* 1 snake, viper. 2 (Am.) money belt.

vibración *s.f.* 1 vibration. 2 throbbing.

vibrador *s.m.* 1 vibrator. || *adj.* 2 vibrating.

vibrar *v.t.* e *i.* 1 to vibrate, to rattle. 2 to throb, to beat.

vicario, -a *s.m.* 1 curate, vicár. || *s.f.* 2 vicarage, vicariate. 3 deputy.

viciar *v.t.* 1 to corrupt, to subvert. 2 to nullify, to invalidate. 3 to falsify. 4 to contaminate, to pollute. 5 to spoil. 6 to adulterate. 7 to bend, to warp. 8 to distort. || *v.pron.* 9 to become spoil. 10 to take to vice, to get depraved. 11 to go out of shape.

vicio *s.m.* 1 vice, depravity. 2 bad habit. 3 fault. 4 rankness, lushness. 5 warp, bend.

vicioso, -a *adj.* 1 vicious. 2 faultly, defective. 3 spoiled. 4 addict, fiend.

vicisitud *s.f.* 1 vicissitude. 2 accident.

víctima *s.f.* 1 victim. 2 (fig.) prey.

victoria *s.f.* 1 victory. 2 win, triumph.

victorioso, -a *adv.* victorious.

vid *s.f.* vine, grapevine.

vida *s.f.* 1 life. 2 lifetime. 3 living.

vidente *s.m.* y *f.* 1 seer, prophet. 2 clairvoyant.

vidriera *s.f.* 1 glass door, glass partition. 2 stained-glass window. 3 (Am.) shopwindow. 4 (EE.UU.) show window.

vidriería *s.f.* 1 glassworks. 2 glass shop.

vidriero *s.m.* 1 glassworker. 2 glassmaker. 3 glazier.

vidrio *s.m.* 1 glass. 2 stained glass.

vidrioso, -a *adj.* 1 glasy, glazed. 2 brittle. 3 slippery. 4 touchy, sensitive.

viejo, -a *s.m.* y *f.* 1 old age. 2 *s.m.* old man. || 3 *s.f.* old lady, old woman. 4 (Am.) craker, squib. || *adj.* 5 old.

viento *s.m.* 1 wind. 2 breeze. 3 ANAT. flatulence. 4 scent. 5 (fig.) vanity, conceit. 6 guy rope. 7 (Am.) strings of a kite.

vientre *s.m.* 1 abdomen. 2 (fam.) belly. 3 womb. 4 (fig.) bowels.

viernes *s.m.* Friday.

viga *s.f.* 1 timber. 2 beam. 3 girder.

vigencia *s.f.* validity, aplicability.

vigente *adj.* valid, in force.

vigía *s.m.* 1 look out, watchman. 2 watch.

vigilancia *s.f.* vigilance, watchfulness.

vigilante *s.m.* 1 watchman. 2 guard. 3 (Am.) policeman. 4 supervisor. 5 warder. || *adj.* 6 vigilant, alert.

vigilar *v.t.* 1 to watch. 2 to look after. 3 to supervise. 4 to keep an eye on. 5 to guard. || *v.i.* 6 to be vigilant, to be watchful. 7 to keep watch.

vigilia *s.f.* 1 vigil, wakefulness. 2 eve.

vigor *s.m.* 1 vigour, energy. 2 force. 3 strength. 4 vitality.

vigorizar *v.t.* 1 to invigorate, to strengthen. || *v.pron.* 2 to be invigorated.

vigoroso, -a *adj.* vigorous, strong.

vigueta *s.f.* 1 small beam. 2 small girder.

vil *adj.* 1 low, villanous. 2 vile, rotten.

vileza *s.f.* 1 low character. 2 vileness. 3 vile deed. 4 shabbiness, meaness.

vilipendiar *v.t.* 1 to vilify, to vilipend. 2 to despise, to scorn. 3 to abuse.

villa *s.f.* 1 villa. 2 small town. 3 borough, municipality.

villano, -a *adj.* 1 peasant, rustic. 2 (fig.) coarse. || *s.m.* y *f.* 3 villain. 4 low individual. 5 (desp.) rotter.

vinagre *s.m.* y *f.* vinegar.

vinagrero, -a *adj.* 1 vinegar. || *s.f.* 2 vinegar bottle. 3 (Am.) heartburn, acidity.

vinagreta *s.f.* vinagrette.

vinajera *s.f.* altar cruet.

vinatero, -a *adj.* 1 wine. || *s.m.* y *f.* 2 wine merchant. 3 vintner.

vinculación *s.f.* 1 linking. 2 bond, link.

vincular *v.t.* 1 to link, to tie. 2 to relate,

to connect. **3** to entail. || *v.pron.* **4** to link oneself to.

vínculo *s.m.* **1** link, tie. **2** entail.

vindicación *s.f.* vengeance, vindication.

vindicar *v.t.* to avenge, to vindicate.

vindicativo, -a *adj.* vindictive, vindicatory.

vinícola *adj.* wine-producing, wine-growing.

vinicultor, -a *s.m. y f.* wine-producer, winegrower.

vino *s.m.* wine.

viña *s.f.* **1** vineyard. **2** (Am.) rubbish dump.

viñedo *s.m.* vineyard.

viñeta *s.f.* **1** vignette. **2** emblem, badge.

viola *s.f.* viola.

violáceo, -a *adj.* violaceous, violet.

violación *s.f.* **1** violation, rape. **2** (fig.) offence. **3** infringement.

violador, -a *adj.* **1** rapist. **2** violator.

violar *v.t.* **1** to rape, to ravish. **2** to infringe, to break.

violencia *s.f.* **1** violence, force. **2** assault. **3** rape. **4** embarrassment.

violentar *v.t.* **1** to force. **2** to break into. **3** to outrage, to violate. **4** to distort.

violento, -a *adj.* **1** violent, wild. **2** rough. **3** akward, unnatural. **4** embarrassing.

violeta *s.f.* **1** violet. || *adj.* **2** violet.

violín *s.m.* **1** violin. **2** (Am.) bad breath.

violinista *s.m. y f.* violinist.

violonchelo *s.m.* cello.

viperino, -a *adj.* **1** (fig.) viperish. **2** viperine.

viraje *s.m.* **1** bend. **2** turn. **3** swerve. **4** toning. **5** change of direction.

virar *v.t.* **1** to put about, to turn. **2** to tone. **3** (Am.) to turn over, to whip. || *v.i.* **4** to change direction. **5** to tack. **6** to turn, to swerve.

virgen *s.f. y adj.* virgin.

virginal *adj.* maidenly, virginal.

virginidad *s.f.* virginity.

viril *adj.* virile, manly.

virilidad *s.f.* **1** virility, manliness. **2** manhood.

virrey *s.m.* viceroy.

virtud *s.f.* **1** virtue. **2** ability. **3** power.

virtuosismo *s.m.* virtuosity.

virtuoso, -a *adj.* **1** virtuous. **2** skilled. || *s.m.* virtuoso.

viruela *s.f.* **1** small pox. **2** pockmark.

virulencia *s.f.* virulence.

virus *s.m.pl.* virus.

viruta *s.f.* **1** shaving. **2** (fig.) bill.

visado *s.m.* **1** visa. **2** permit.

visar *v.t.* **1** to visa. **2** to pass, to endorse.

vísceras *s.f.pl.* **1** viscera, entrails. **2** (fig.) guts, bowels.

viscosa *s.f.* viscose.

viscoso, -a *adj.* **1** viscous, sticky. **2** thick.

visera *s.f.* **1** visor. **2** peak. **3** eyeshade. **4** (Am.) blinkers.

visibilidad *s.f.* visibility.

visible *adj.* visible.

visillo *s.m.* small curtain.

visión *s.f.* **1** vision. **2** sight. **3** view.

visionario, -a *adj.* **1** visionary. **2** (fig.) deluded. || *s.m. y f.* **3** visionary.

visita *s.f.* **1** visit. **2** call. **3** visitor, caller.

visitante *adj.* **1** visiting. || *s.m. y f.* **2** visitor.

visitar *v.t.* **1** to visit, to call on. **2** to inspect. || *v.pron.* **3** to visit each other.

vislumbrar *v.t.* to glimpse, to catch a glimpse of.

viso *s.m.* **1** shimmer, sheen. **2** appearance, aspect. **3** gleam. **4** viewpoint. **5** undersleep.

visón *s.m.* mink.

visor *s.m.* **1** bombsight. **2** viewfinder.

víspera *s.f.* **1** day before. **2** eve. || *pl.* **3** vesper.

vista *s.f.* **1** sight. **2** vision. **3** view. **4** visible. **5** glance, look. **6** hearing, trial. || **7** a primera –, at first sight. **8** a simple –, at a glance.

vistazo *s.m.* look, glance.

visto, -a *p.p.* **1** de **ver.** || *adj.* **2** in view of. **3** approval. **4** por lo –, evidently.

vistoso, -a *adj.* colourful, flashy.

visual *adj.* **1** visual. || *s.f.* **2** line of sight.

vital *adj.* **1** life, living. **2** vital.

vitalicio, -a *adj.* 1 life. || *s.m.* 2 life annuity.

vitalidad *s.f.* vitality.

vitamina *s.f.* vitamin.

vitela *s.f.* bellum.

viticultor, -a *s.m.* y *f.* vinegrower, viticulturist.

viticultura *s.f.* vinegrowing, viticulture.

vitola *s.f.* 1 cigar band. 2 looks, appearance. 3 calibrator.

vitorear *v.t.* to acclaim, to cheer.

vitrina *s.f.* 1 glass, showcase. 2 (Am.) shop window.

vituperar *v.t.* to vituperate, to censure.

viudo, -a *adj.* 1 widowed. || *s.m.* 2 widow. || *s.f.* 3 widower.

vivaz *adj.* 1 long-lived, lasting. 2 quick-witted. 3 vigorous. 4 lively, vivacious.

víveres *s.pl.* 1 provisions. 2 stores.

vivero *s.m.* 1 tree nursery. 2 fish pond. 3 fish-hatch. 4 vivarium.

viveza *s.f.* vividness, liveliness.

vívido, -a *adj.* vivid, graphic.

vividor, -a *adj.* 1 (desp.) unscrupulous, opportunist. 2 shrewd, capable.

vivienda *s.f.* 1 accomodation, housing. 2 habitat, dwelling. 3 (EE.UU.) tenement.

viviente *adj.* living.

vivíparo, -a *adj.* viviparous.

vivir *v.t.* 1 to live through, to experience. || 2 *v.i.* to live. 3 to live on.

vivo, -a *adj.* 1 living. 2 alive. 3 vivid, graphic. 4 (fig.) sharp, clever. 5 (Am.) naughty. 6 vivacious. 7 quick tempered. 8 (Am.) crafty, unscrupulous || *s.m.* 9 living, 10 trimming, border. 11 **los vivos**, the living.

vizconde *s.m.* viscount. || **vizcondesa** *s.f.* viscountess.

vocablo *s.m.* word, vocable.

vocabulario *s.m.* vocabulary.

vocación *s.f.* vocation, calling.

vocacional *adj.* vocational.

vocal *s.f.* 1 vowel. || *s.m.* 2 comitee member, director. || *adj.* 3 vocal.

vocalizar *v.t.* e *i.* to vocalize.

vocativo *s.m.* vocative.

vocear *v.i.* 1 to shout, to bawl. || *v.t.* 2 to cry, to shout out. 3 to acclaim, to hail.

vociferar *v.i.* y *t.* to vociferate, to shout.

vodka *s.m.* o *f.* vodka.

voladizo, -a *adj.* 1 projecting. || 2 projection.

volado, -a *adj.* 1 superior, raised. 2 (Am.) protuberant, big. 3 (Am.) in love. || *adv.* 4 (Am.) hastily.

volador, -a *adj.* 1 flying. 2 (fig.) swift, fleeting. || *s.m.* 3 rocket. 4 flying fish.

voladura *s.f.* blowing up, demolition.

volandas *adv.* in the air, through the air.

volante *adj.* 1 flying. 2 (fig.) unsettled, itinerant. 3 wing half, half back. || *s.m.* 4 steering, wheel. 5 card. 6 flywheel. 7 (Am.) two wheeled carriage.

volar *v.i.* 1 to fly. 2 to fly off, to fly away. 3 (fig.) to pass swiftly. 4 to spread rapidly. 5 to rush, to scorch. 6 (fig.) disappear, vanish. 7 (Am.) to bluff || *v.t.* 8 to fly, 9 to blow up, to demolish. 10 to blast. 11 to rouse, to put to fly. 12 (Am. y fig.) to pinch.

volátil *adj.* 1 volatile. 2 (fig.) changeable.

volatilizar *v.t.* 1 to volatilize, to vaporize. 2 (fig.) to spirit away. || *v.r.* 3 to volatilize.

volcán *s.m.* volcano.

volcánico, -a *adj.* volcanic.

volcar *v.t.* 1 to upset, to overturn. 2 to empty out, to pour out. 3 (fig.) to overturn. || *v.i.* 4 to overturn. 5 to capsize. || *v.pron.* 6 to upset, to tip over. 7 to fall over.

voleo *s.m.* y *f.* 1 volley. 2 lob. || *s.m.* 3 hard slap. 4 high kick. 5 random.

volframio *s.m.* woltram.

volquete *s.m.* 1 tipcart. 2 tip-up. 3 (EE.UU.) chump truck.

voltaje *s.m.* voltage.

voltear *v.t.* 1 to swing. 2 to turn, to turn over. 3 to toss. 4 to turn upside down.

voltereta *s.f.* 1 somersault. 2 hand spring.

voltímetro *s.m.* voltemer.

voltio *s.m.* volt.

voluble *adj.* 1 changeable, inconstant. 2 twining.

volumen *s.m.* 1 volume. 2 size. 3 bulk. 4 (fig.) important, sizeable. 5 volume.

voluminoso, -a *adj.* voluminous.

voluntad *s.f.* 1 will. 2 volition. 3 wish, desire. 4 intention. 5 will power. 6 fondness, affection. ‖ **7 buena –**, goodwill. **8 última –**, lastwill.

voluntario, -a *adj.* voluntary, willful.

voluntarioso, -a *adj.* 1 (desp.) headstrong. 2 dedicated, well-intentioned.

voluptuoso, -a *adj.* voluptuous.

voluta *s.f.* 1 scroll. 2 spiral, column.

volver *v.t.* 1 to turn, to turn over. 2 to turn upside down. 3 to turn inside on. 4 (fig.) to turn. 5 to drive. ‖ *v.i.* 6 to go back, to return. 7 to revert. ‖ *v.pron.* 8 to turn. 9 to turn round. 10 to turn over. 11 to become, to go. 12 to turn sour.

vomitar *v.t.* 1 to vomit, to throw up. 2 to spit. 3 to belch. 4 to spew. ‖ *v.i.* 5 to vomit.

vómito *s.m.* 1 vomiting. 2 vomit.

voraz *adj.* 1 voracious, greedy. 2 raging.

vosotros *pron.pers.pl.* 1 you. ‖ *pron. r.pl.* 2 yourselves.

votación *s.f.* 1 voting, vote. 2 ballot.

votante *s.m. y f.* voter.

votar *v.t.* 1 to vote. 2 (fig.) to curse, to swear.

voto *s.m.* 1 vote. 2 vow. 3 swearword, oath, curse.

voz *s.f.* 1 voice. 2 word. 3 tone, sound, note. 4 shout, yell. 5 call. 6 (fig.) rumour. 7 order, command.

vuelco *s.m.* 1 overturn. 2 upset. 3 (fig.) collapse, ruin.

vuelo *s.m.* 1 flight. 2 wing, flight feathers. 3 loose part, fright. 4 projection. 5 timber, woodland. 6 (fig.) ambitious. 7 gliding.

vuelta *s.f.* 1 walk, stroll. 2 turn. 3 revolution. 4 return. 5 bend, turn. 6 turn up. 7 row. 8 lap. 9 vault. 10 (fig.) change. 11 round. 12 reverse. 13 strip, facing.

vulcanizar *v.t.* to vulcanize.

vulgar *adj.* 1 common, ordinary. 2 (desp.) vulgar.

vulgaridad *s.f.* 1 triviality, banality. 2 ordinariness.

vulgarismo *s.m.* vulgarism.

vulgarizar *v.t.* 1 to vulgarize. 2 to popularize. 3 (fig.) to extend.

vulgo *s.m.* 1 common people. 2 masses. 3 vulgus.

vulnerable *adj.* vulnerable.

vulnerar *v.t.* 1 to injure, to wound. 2 to violate.

vulva *s.f.* vulva.

W

w, W *s.f.* 1 w, W (letra). ‖ *abreviatura.* 2 watio.

wagneriano, -a *adj. / s.m. y f.* wagnerian.

walkiria *s.f.* walkyrie.

wáter *s.m.* 1 lavatory, toilet. 2 water closet.

watio *s.m.* watt.

welter *s.m.* welterweight.

western *s.m.* western.

whisky o güisky *s.m.* whisky.

winchester *s.m.* winchester.

wolframio *s.m.* wolfram.

X

x, X *s.f.* 1 x, X (letra). ‖ 2 rayos X, X rays.

xantofila *s.f.* xanthophyll.

xenón *s.m.* xenon.

xenofobia *s.f.* xenophobia.

xenófobo, -a *adj.* 1 xenophobic. ‖ *s.m. y f.* 2 xenophobe.

xerocopia *s.f.* xerox.

xerocopiar *v.t.* to xerox.

xerófilo, -a *adj.* xerophilous.

xerografía *s.f.* xerography, xerox copy.

xerografiar *v.t.* to xerox.

xilófono *s.m.* xylophone.

xilografía *s.f.* 1 xylography, wood engraving. 2 xylograph.

xilográfico, -a *adj.* xylographic, xylographical.

xilógrafo, -a *s.m. y f.* xylographer, wood engraver.

y, Y *s.f.* **1** y, Y (letra). ‖ *conj.* **2** and.
ya *adv.* **1** already. **2** now. **3** soon, presently.
4 finally. ‖ **5 – lo creo**, of course; I should
say so. **6 – no**, no longer, not any more.
7 – que, since, as. **8 – se ve**, that's obvious. **9**
– veremos, we'll see. **10 ¡– voy!**, I'm coming!
yacaré *s.m.* (Am.) alligator.
yacente *adj.* **1** lying. **2** recumbent (estatua).
yacer *v.i.* **1** to lie. **2** to be lying down. **3** to
lie, to be situated.
yacija *s.f.* **1** makeshift bed. **2** grave,
tomb.
yacimiento *s.m.* **1** bed. ‖ **2 – de
petróleo**, oil field.
yak *s.m.* yak.
yámbico, -a *adj.* iambic.
yambo *s.m.* **1** iamb, iambus. **2** jambo.
yanki *adj./s.m. y f.* (fam.) yankee.
yantar *v.i.* **1** to eat. ‖ *s.m.* **2** food, meal
(manjar).
yarabí *s.m.* (Am.) Indian song.
yarará *s.f.* (Am.) poisonous snake.
yarda *s.f.* yard.
yate *s.m.* yatch.
yayo, -a *s.m. y f.* (fam.) grandpa; grandma.
yedra *s.f.* ivy.
yegua *s.f.* **1** mare. **2** (Am.) butt (colilla de
cigarro). ‖ **3 – de cría**, stud mare.
yeguada *s.f.* **1** herd of mares. ‖ **2** (Am.)
act of folly.
yelmo *s.m.* helmet.
yema *s.f.* **1** yolk. **2** bud, shoot. **3** (fig.) the
cream, the best part. **4** sweet made of egg
yolk. **5** fingertip.

yermo, -a *adj.* **1** uninhabited, waste. **2**
sterile, uncultivated. ‖ *s.m.* **3** desert, wilderness; wasteland.
yerno *s.m.* son-in-law.
yerro *s.m.* fault, mistake.
yerto, -a *adj.* stiff, rigid.
yesca *s.f.* **1** tinder. **2** (fig.) fuel, incentive.
yesero, -a *adj.* **1** plaster. ‖ *s.m.* **2** plasterer. ‖ *s.f.* **3** gypsum pit.
yeso *s.m.* **1** gypsum. **2** plaster. **3** cast,
plaster. **4** chalk. **5** plaster cast.
yesoso, -a *adj.* **1** gypseous. **2** chalky.
yo *pron.pers.* **1** I. ‖ **2 el –**, FIL. the self, the
ego. **3 soy –**, (fam.) it's me.
yodo *s.m.* iodine.
yoduro *s.m.* iodide.
yoga *s.m.* yoga.
yogui *s.m.* yogi.
yogur *s.m.* yogurt, yoghurt, yoghourt.
yola *s.f.* yawl; sailing-boat.
yóquei (también **yoqui**) *s.m.* jockey.
yoyó *s.m.* yo-yo.
yuca *s.f.* yucca.
yugada *s.f.* **1** yoke of land. **2** yoke of
oxen.
yugo *s.m.* **1** yoke. **2** marriage tie. **3** (fig.)
bondage, slavery. **4** transom.
yugular *adj. y s.f.* **1** jugular. ‖ *v.t.* **2** (fig.)
to nip in the bud.
yunque *s.m.* **1** anvil. **2** incus, anvil.
yunta *s.f.* **1** yoke of oxen. **2** yoke of land.
3 pair, couple.
yute *s.m.* jute.
yuxtaponer *v.t. y pron.* to juxtapose.
yuyo *s.m.* (Am.) **1** weed, wild grass. ‖ **2
volverse –**, to faint.

z, Z *s.f.* z, Z (letra).

zacate *s.m.* fodder, hay.

zacatear *v.t.* **1** to beat. ‖ *v.i.* **2** to graze.

zafacooa *s.f.* (Am.) row, squabble, quarrel.

zafado *adj.* **1** (Am.) brazen, impudent. **2** dislocated.

zafadura *s.f.* dislocation, sprain.

zafar *v.t.* **1** to clear, to free. **2** to undo, to unfasten. **3** to decorate. ‖ *v.i.* **4** (Am.) to leave, to go away. ‖ *v.r.* **5** to escape, to slip away. **6** (fig.) to get away, to shake off. **7** (fig.) to evade, to get out (of). **8** (Am.) to be dislocated.

zafarrancho *s.m.* **1** clearing for action. **2** (fam.) quarrel, row. **3** (fig.) havoc, mess. ‖ **4 armar un –**, to cause havoc. **5 – de combate**, call to action stations.

zafio *adj.* coarse, uncouth.

zafiro *s.m.* sapphire.

zafo *adj.* **1** free and clear, unobstructed. **2** unharmed, unscathed. **3** (Am.) free, disentangled. ‖ *prep.* **4** (Am.) except (for).

zafón *s.m.* slip, error.

zafra *s.f.* **1** oil jar, oil container. **2** (Am.) sugar harves, sugar making.

zaga *s.f.* **1** rear. ‖ **2 no irle a la – de nadie**, to be second to none. **3 no irle a uno a la –**, to be every bit as good as someone. **4 no quedarse a la –**, not to be outdone.

zagal *s.m.* **1** boy, youth. **2** shepherd boy.

zagala *s.f.* **1** girl, lass. **2** shepherdess.

zaguán *s.m.* hall, vestibule.

zaguero *adj.* **1** rear, trailing. **2** (fig.) slow, lagging behind. **3** overloaded in the rear. ‖ *s.m.* **4** DEP. back, full-back (en fútbol).

zahorir *v.t.* to criticise sharply/sarcastically, to attack; to hurt someone's feelings; to upbraid.

zahína *s.f.* sorghum.

zahorí *s.m.* **1** seer, clairvoyant. **2** water diviner. **3** (fig.) highly perceptive person, very observant person.

zahúrda *s.f.* **1** (EE.UU.) pigsty, pigpen. **2** (fig.) hovel, pigsty.

zaino *adj.* **1** false, deceitful. ‖ **2 un caballo –**, a chestnut horse. **3 un toro –**, a pure black bull.

zalamería *s.f.* flattery, coaxing by flattery.

zalamero, -a *adj.* **1** flattering, wheedling; suave. ‖ *s.m. y f.* **2** flatterer, wheedler; suave person; cajoler.

zalenquear *v.i.* to limp, to hobble.

zamarra *s.f.* **1** sheepskin jacket. **2** sheepskin.

zamarrear *v.t.* **1** to shake, to worry. **2** (fam.) to knock about, to shove around. **3** (fam.) to sit on, to squash.

zamarrilla *s.f.* mountain germander.

zamarro *s.m.* **1** sheepskin jacket. **2** sheepskin. **3** stupid person, yokel. ‖ *pl.* **4** (Am.) riding breeches, chaps.

zamba *s.f.* **1** samba. **2** knock-kneed woman.

zambo *adj.* **1** knock-kneed. **2** half-breed, mulatto. ‖ *s.m.* **3** knock-kneed man. **4** spider monkey.

zambomba *s.f.* type of drum.

zambombazo *s.m.* 1 explosion, bang. 2 punch, thump.

zambra *s.f.* 1 gypsy dance. 2 noise, rumpus.

zambullida *s.f.* dive, plunge; dip; ducking.

zambullir *v.t.* 1 to dip, to plunge give a ducking. || *v.r.* 2 to dive, to take a dive. 3 to get involved. 4 to hide.

zampabollos *s.m. y f.* 1 glutton, greedy pig. 2 stupid person, nitwit.

zampar *v.t.* 1 to gobble, to wolf down. 2 to put away hurriedly. 3 to hurl, to dash. 4 to deal. || *v.r.* 5 **zamparse en,** to dart into, to shoot into.

zampoña *s.f.* 1 panpipe, rustic flute. 2 stupid remark.

zanahoria *s.f.* 1 carrot. || *s.m.* 2 (Am.) errand boy. 3 (Am.) halfwit; clumsy person.

zanca *s.f.* 1 leg. 2 shank. 3 stringpiece; leg.

zancada *s.f.* 1 stride. 2 (fig.) **en dos zancadas,** in a couple of ticks, quickly.

zancadilla *s.f.* 1 trip. 2 ruse, trick. 3 booby trap, snare. || 4 **echar la – a uno,** to trip someone up.

zancadillear *v.t.* 1 to trip up, to make (someone) trip. 2 (fig.) to lay a trap for.

zancarrón *s.m.* 1 leg bone. 2 old bag of bones. 3 poor teacher.

zanco *s.m.* stilt.

zancudo *adj.* 1 long-legged, lanky. 2 wading. || *s.m.* 3 long-legged person. 4 (Am.) mosquito.

zanganear *v.t.* 1 to idle, to waste one's time. 2 to make stupid comments.

zángano *s.m.* 1 drone. 2 (fig.) lazy bones, drone. 3 boor.

zanja *s.f.* 1 ditch; drainage channel; trench; pit; grave. 2 (Am.) gully, watercourse.

zanjar *v.t.* 1 to settle, to clear up; to conclude. 2 to excavate; to dig trenches in.

zanquear *v.t.* 1 (Am.) to hunt for. || *v.i.* 2 to waddle, to walk awkwardly about; to walk fast; (fig.) to rush about, to bustle about.

zapa *s.f.* 1 spade. 2 trench, sap.

zapador *s.m.* sapper.

zapata *s.f.* 1 half boot. 2 shoe.

zapatazo *s.m.* 1 blow with a shoe; thud; bump; bang. 2 MAR. violent flapping of a sail. || 3 **tratar a uno a zapatazos,** to treat someone uncivilly.

zapateado *s.m.* tap-dance.

zapateador, -ora *s.m. y f.* tap-dancer.

zapatear *v.t.* 1 to tap with one's foot. 2 to kick, to prod with one's foot. 3 to illtreat, to treat roughly. || *v.i.* 4 (baile) to stamp one's feet, to tap one's feet. || *v.r.* 5 (fam.) to get rid of, to polish off.

zapateo *s.m.* 1 tapping, stamping with the feet (baile). 2 tap-dance.

zapatería *s.f.* 1 shoe shop, (EE.UU.) shoe store. 2 shoe factory, footwear factory. 3 shoemaking.

zapatero *adj.* 1 hard, undercooked, underdone. 2 tough. || *s.m.* 3 shoemaker. 4 shoe seller, shoe dealer. || 5 **¡– a tus zapatos!,** mind your own business. 6 – **remendón,** cobbler.

zapateta *s.f.* jump with a slap on one's shoe (at the same time).

zapatilla *s.f.* 1 slipper. 2 pump, plimsoll. 3 shoe. 4 washer, gasket.

zapato *s.m.* 1 shoe. 2 **estar como tres en un –,** to be packed in like sardines.

zapear *v.t.* (Am.) to spy on, to watch.

zaporro *s.m.* (Am.) dwarf, runt.

zarabanda *s.f.* 1 sarabande. 2 (fig.) whirl, turmoil, rush.

zaragata *s.f.* 1 rumpus, set-to. 2 bustle, (fam.) hullabaloo. || 3 **zaragatas,** (Am.) cajolery, wheedling.

zaragüelles *s.m.pl.* 1 wide legged overalls. 2 large breeches.

zarandajas *s.f.pl.* (fam.) odds and ends, trifles.

zarandar *v.t.* 1 to sleve, to sift. 2 (fam.) to shake vigorously. 3 (fam.) to jostle, to shove. 4 to push, to swing. || *v.r.* 5 to strut, to swagger.

zarazo, -a *adj.* (Am.) underripe (fruit).

zarcillo *s.m.* 1 earring. 2 runner, tendril.

zarco, -a *adj.* light blue (ojos).

zarpa *s.f.* 1 claw, paw. 2 mud splash.

zarpar *v.i.* to put to sea, to weigh anchor.

zarpazo *s.m.* blow with a paw, lash with a claw.

zarrapastroso, -a *adj.* (fam.) dirty, shabby.

zarza *s.f.* blackberry bush, bramble.

zarzal *s.m.* bramble patch, brier patch.

zarzamora *s.f.* blackberry.

zarzaparrilla *s.f.* sarsaparilla.

zarzuela *s.f.* light opera, operetta (Spanish).

zas *interj.* bang!, crash!, whack!

zascandil *s.m.* 1 scatterbrain. 2 meddler, busybody.

zascandilear *v.i.* 1 to idle, to waste time. 2 to meddle, to snoop, to pry.

zeta *s.f.* name of the letter z.

zigzaguear *v.i.* to zigzag.

zinc *s.m.* zinc.

zíngaro, -a *adj./s.m. y f.* gypsy.

zipizape *s.m.* (fam.) row, set-to.

zócalo *s.m.* 1 socle, plinth. 2 skirting board, (EE.UU.) baseboard. 3 (Am.) town square, boulevard. 4 insular shelf.

zocato, -a *adj.* 1 left-handed. 2 overripe. || *s.m.* left-handed person.

zoco, -a *adj.* 1 left-handed. 2 one-armed, limbless. || *s.m.* 3 left-handed person, left-hander. 4 (Am.) punch. || *s.m.* 5 Moroccan market square.

Zodiaco *s.m.* Zodiac.

zollenco, -a *adj.* (Am.) big, tough.

zona *s.f.* 1 zone, belt. || *s.m.* 2 shingles.

zonzo, -a *adj.* 1 silly, inane. || *s.m. y f.* 2 idiot, bore.

zoo *s.m.* zoo.

zoófito *s.m.* zoophyte.

zoología *s.f.* zoology.

zopenco, -a *adj.* 1 dull, stupid. || *s.m. y f.* 2 (fam.) dunce, nitwit.

zopo, -a *adj.* deformed, maimed.

zoquete *s.m.* 1 small block, chunk of wood. 2 piece of stale bread. 3 (fam.) dunce, blockhead. 4 (fam.) smack, punch. 5 tubby man.

zorra *s.f.* 1 vixen. 2 (desp.) whore, tart. ||

3 **no tengo ni – idea,** I haven't got a clue.

zorro *s.m.* 1 fox. 2 (fig.) cunning, astute person; knave. || *pl.* duster.

zorruno, -a *adj.* foxy, fox-like.

zorzal *s.m.* 1 thrush. 2 shrewd, old fox.

zote *adj.* 1 dull, stupid. || *s.m.* 2 dimwit, dunce.

zozobra *s.f.* 1 capsizing, sinking. 2 worry, anguish.

zozobrar *v.i.* 1 to capsize, to sink. 2 to worry, to be uneasy. 3 (fig.) to fail, to be ruined.

zueco *s.m.* clog, wooden shoe.

zulo *s.m.* cache.

zumba *s.f.* 1 (fam.) banter, raillery. || 2 **hacer – a,** to rag, to tease. 3 beating.

zumbador *s.m.* 1 buzzer. 2 (Am.) humming bird.

zumbar *v.i.* 1 to tease, to rag, to make fun of. 2 to smack, to cuff. 3 (Am.) to throw, (fam.) to chuck. || *v.i.* 4 to buzz, to hum, to drone. 5 to ring. 6 **salir zumbando,** to shoot off, to streak off.

zumbido *s.m.* 1 buzzing, drone. 2 ringing. 3 punch, slap.

zumbón, -ona *adj.* 1 waggish, bantering. || *s.m.* 2 wag, tease.

zumo *s.m.* 1 juice. 2 profit, gain.

zurcido *s.m.* 1 darning, mending. 2 darn, patch.

zurcir *v.t.* 1 to darn, to patch. 2 (fig.) to join together.

zurdo, -a *adj.* 1 left-handed. || *s.m.* 2 the left hand. 3 left-handed person, (fam.) south-paw.

zurra *s.f.* 1 tanning. 2 (fig.) hiding, flogging beating. 3 (fam.) brawl, scuffle.

zurrar *v.t.* 1 to tan. 2 (fam.) to tan, to flog. 3 to criticize. 4 (fam.) to give a tongue lashing. 5 (fam.) to beat, to be frightened, (fam.) to plaster. || *v.r.* to be frightened, to be scared stiff.

zurribanda *s.f.* 1 flogging, whipping. 2 noisy scuffle, roughhouse.

zurrón *s.m.* provision bag, game-bag.

zutano, -a *s.* so-and-so, what's-his-name.